Frankfurter Kommentar

Frankfurter Kommentar

WpPG und EU-ProspektVO

Herausgegeben von

Dr. Carsten Berrar, LL.M.; Dr. Andreas Meyer;
Cordula Müller, LL.M.; Dr. York Schnorbus, LL.M.;
Dr. Bernd Singhof, LL.M.; Dr. Christoph Wolf, LL.M.

Unter Mitarbeit von

Richard Bauer, LL.M.; Okko Hendrik Behrends; Dr. Thomas Kopp, LL.M.;
Manuel Metzner, LL.M.; Dr. Mark K. Oulds; Dr. Oliver Seiler, LL.M.;
Tilman Wink, LL.M.

2., überarbeitete und erweiterte Auflage 2017

Fachmedien Recht und Wirtschaft | dfv Mediengruppe | Frankfurt am Main

Zitiervorschlag: *Bearbeiter*, in: Frankfurter Kommentar
WpPG/EU-ProspektVO, § ... Rn. ...

Bibliografische Information der Deutschen Nationalbibliothek

Die Deutsche Nationalbibliothek verzeichnet diese Publikation in der Deutschen National-
bibliografie; detaillierte bibliografische Daten sind im Internet über http://dnb.de abrufbar.

ISBN 978-3-8005-1596-7

dfv Mediengruppe

© 2017 Deutscher Fachverlag GmbH, Fachmedien Recht und Wirtschaft, Frankfurt am Main

Das Werk einschließlich aller seiner Teile ist urheberrechtlich geschützt. Jede Verwertung außerhalb
der engen Grenzen des Urheberrechtsgesetzes ist ohne Zustimmung des Verlages unzulässig und strafbar. Das gilt insbesondere für Vervielfältigungen, Bearbeitungen, Übersetzungen, Mikroverfilmungen
und die Einspeicherung und Verarbeitung in elektronischen Systemen.

Satzkonvertierung: Lichtsatz Michael Glaese GmbH, 69502 Hemsbach

Druck und Verarbeitung: Kösel GmbH & Co. KG, 87452 Altusried-Krugzell

Printed in Germany

Vorwort

Die Hoffnung der Herausgeber trog in mehrfacher Hinsicht, als sie die erste Auflage dieses Kommentars zum Wertpapierprospektgesetz im Jahr 2011 abschlossen. Es sollte erstens an sich keine fünf Jahre bis zu einer zweiten Auflage dauern. Zweitens bestand die Hoffnung, dass die im Vorwort zur 1. Auflage genannte „Kapitalmarktrechtsreform in Permanenz" vielleicht zwar nicht zum Erliegen käme, aber sich doch verlangsamen würde. Stattdessen konnte man beobachten, dass die Harmonisierung des rechtlichen Rahmens im Kapitalmarktbereich durch immer neue europäische Rechtssetzung weiter voranschreitet. Gleichzeitig ist der Prozess der europäischen Rechtssetzung weiterhin so fundamental anders als der der nationalen Gesetzgebung, dass die klassischen Auslegungskriterien, mit denen man deutsche Rechtsnormen üblicherweise analysieren würde, nicht passen. Dies schafft in Theorie und Praxis Unsicherheit und Auslegungsschwierigkeiten, denen sich auch viele einzelne Randnummern dieses Werks in der zweiten Auflage (wieder) widmen (müssen).

Die zweite Auflage ist – dem Wunsch vieler Nutzer und des Verlags folgend – wesentlich umfassender angelegt, indem weite Teile der Anhänge zur EU-Prospektverordnung und, nach der entsprechenden Änderung des Wertpapierprospektgesetzes, die neuen Paragraphen des WpPG insbesondere zur Prospekthaftung detailliert kommentiert werden. Da dies von den bisherigen Herausgebern neben der täglichen Praxis nicht zu leisten war, sind die Herausgeber sehr dankbar, viele weitere namhafte Autoren aus der Praxis gewonnen zu haben, um diese zusätzlichen Teile abzudecken.

Gerade bei dieser zweiten Auflage gebührt der Dank aber vor allem auch einigen helfenden Köpfen, insbesondere Herrn Dr. Dariush Bahreini und Herrn Philipp Henkes, ohne die die Überarbeitung mancher Teile insbesondere in der gebotenen Qualität nicht möglich gewesen wäre.

Die zweite Auflage reflektiert Literatur, Rechtsprechung und Praxis bis Juni 2016. Dadurch konnten nicht nur Neuauflagen anderer Kommentare, sondern auch die ersten Entwürfe der EU-Prospektverordnung, die das Wertpapierprospektgesetz auf Dauer ersetzen wird, berücksichtigt werden.

Die Herausgeber, im Oktober 2016

Vorwort zur 1. Auflage

Einen Kommentar zum Wertpapierprospektgesetz und der EU-Prospektverordnung zu schreiben, ist spannend, herausfordernd und undankbar zugleich. Spannend, weil es sich entgegen mancher Unkenrufe durchaus lohnt, an ein praxisorientiertes Rechtsgebiet wie das Kapitalmarktrecht auch von der akademisch-wissenschaftlichen Seite heranzutreten. Herausfordernd, weil die Rechtsmaterie weit verzweigt ist, oftmals wenig Literatur zur Verfügung steht und juristische wie praktische Gesichtspunkte mit nationalen und europäischen Rechtsnormen in Einklang gebracht werden müssen. Diese gesetzlichen Regelungen sind oft wenig aufeinander abgestimmt, geschweige denn mit Liebe zum Detail und Präzision entworfen. Undankbar ist diese Aufgabe, weil es wohl kaum eine Rechtsmaterie gibt, die in den letzten zehn Jahren – auch aufgrund der Rechtsentwicklungen auf europäischer Ebene – derartigen grundlegenden Änderungen unterworfen gewesen wäre. Der oftmals zitierte Begriff der „Aktienrechtsreform in Permanenz" könnte nicht besser auf das Kapitalmarktrecht in Deutschland passen. Zudem ist kaum ein Rechtsgebiet durch eine vergleichbare Vielschichtigkeit der einzelnen Rechtssetzungsakte (EU-Prospektrichtlinie, EU-Prospektverordnung und weitere relevante EU-Verordnungen, Wertpapierprospektgesetz, CESR-Empfehlungen, CESR-Frequently Asked Questions etc.) gekennzeichnet.

Trotz dieses kritischen Befundes verfügt Deutschland über ein Kapitalmarktumfeld, das auch im Hinblick auf die rechtlichen Rahmenbedingungen so gut ausgestaltet ist, dass Unternehmen rechtssicher und im Großen und Ganzen effizient an den Kapitalmarkt treten können. Nach dem fundamentalen Wechsel der rechtlichen Basis durch EU-Prospektrichtlinie und Wertpapierprospektgesetz zwischen 2003 und 2005 ist es aus Sicht der Autoren den neu geschaffenen Prospektreferaten der Bundesanstalt für Finanzdienstleistungsaufsicht und der die Unternehmen begleitenden Banken- und Anwaltspraxis in ausgesprochen guter Kooperation gelungen, Standards (z.B. im Hinblick auf den Inhalt von Wertpapierprospekten) und rechtliche Auslegungen zu entwickeln, die auch verworrene oder widersprüchliche Rechtsnormen und schwierige Probleme in der Praxis einer vernünftigen Lösung zuführen.

Vor diesem Hintergrund fanden sich bereits im Jahr 2007 die Herausgeber dieses Kommentars zusammen, um ihre vielfältigen praktischen Erfahrungen mit Kapitalmarkttransaktionen und den einschlägigen Vorschriften zu Papier zu bringen. Allerdings war es genau diese tagtägliche umfangreiche Befassung mit der Materie, die es den Herausgebern schlicht nicht erlaubte, die Arbeiten früher abzuschließen. Dadurch wurde es aber wiederum möglich, nicht nur die einzelnen Vorschriften des Wertpapierprospektgesetzes und wesentliche Vorschriften der EU-Prospektverordnung, teilweise einschließlich der betreffenden Annexe, zu kommentieren, sondern auch mehrere im Laufe der letzten Jahre erschienene Kommentare, Monographien und Aufsätze einzuarbeiten und die Überarbeitung der EU-Prospektrichtline in Form der sog. Änderungsrichtlinie jedenfalls zu berücksichtigen. Die Kommentierung ist auf dem Stand von Januar 2011.

Wir danken dem Verlag Recht und Wirtschaft, der sein Vertrauen in uns über den langen Zeitraum zwischen Beginn des Projekts und dessen Umsetzung nicht aufgegeben hat. Durch die sehr zügige und professionelle Umsetzung der Manuskripte seitens des Verla-

Vorwort zur 1. Auflage

ges wurde das kurzfristige Erscheinen dieses Werkes erst ermöglicht. Dank gebührt zudem all den helfenden Händen (und Köpfen), insbesondere aber Daniela Helbig und Tatiana Marzoli, die sich undankbaren Aufgaben mit großem Engagement und Verstand gewidmet haben. Last but not least sei den Familien und Lebenspartnern der Herausgeber und Autoren gedankt, die es an unzähligen Wochenenden und Urlaubstagen geduldig ertragen haben, hinter wissenschaftlichem Ehrgeiz zurückstehen zu müssen.

Wie oben gesagt, lebt dieser Kommentar vom Anspruch, eine Verbindung zwischen Wissenschaft und Praxis herzustellen. Die Autoren freuen sich über Hinweise, Anregungen und Verbesserungsvorschläge zu diesem Werk.

Die Verfasser, im Februar 2011

Bearbeiterverzeichnis

RA Richard Bauer, LL.M. (University of Pennsylvania) — § 6 WpPG, Art. 2a, 22, 26, Anh. XX, XXI ProspektVO, Art. 24 ProspektVO (gemeinsam mit Andreas Meyer)

RA Okko Hendrik Behrends — Art. 15, Anh. XII ProspektVO

RA Dr. Carsten Berrar, LL.M. (Harvard), Lic. en Droit (Paris II Panthéon-Assas) — §§ 13–16 WpPG, Art. 26a, Anh. XXIII, XXIV ProspektVO, Art. 6–12 TRS

RA Dr. Thomas Kopp, LL.M. (Duke University) — Art. 4, 13, Anh. I Ziff. 4–8, 10, 11, 14–19, 21–25, Anh. X ProspektVO (gemeinsam mit Manuel Metzner)

RA Manuel Metzner, LL.M. (Brigham Young University) — Art. 4, 13, Anh. I Ziff. 4–8, 10, 11, 14–19, 21–25, Anh. X ProspektVO (gemeinsam mit Thomas Kopp)

RA Dr. Andreas Meyer — §§ 5, 7, 8 WpPG, Art. 3, 4a, 5, Anh. I Ziff. 1, 9, 12, 13, 20.2, 20.5, 20.6, Anh. II, XXII ProspektVO, Art. 24 ProspektVO (gemeinsam mit Richard Bauer)

Cordula Müller, LL.M. (Universität Nijmegen) — §§ 26–34 WpPG, Art. 35, Anh. I Ziff. 2, 3, 20.1, 20.3, 20.4 ProspektVO

RA Dr. Mark K. Oulds — Art. 19–20a, Anh. XVI, XVII, XXX ProspektVO

RA Dr. York Schnorbus, LL.M. (University of Pennsylvania) — Vor §§ 1 ff., §§ 1–4, 36, 37 WpPG, Art. 23, 36 ProspektVO

RA Dr. Oliver Seiler, LL.M. (Cornell) — Vor §§ 21 ff. (gemeinsam mit Bernd Singhof), §§ 21–25 WpPG (gemeinsam mit Bernd Singhof), Art. 6, 17, Anh. III, XIV ProspektVO

RA Dr. Bernd Singhof, LL.M. (Cornell) — §§ 9–12, Vor §§ 21 ff. (gemeinsam mit Oliver Seiler), §§ 21–25 WpPG (gemeinsam mit Oliver Seiler), Art. 25, 28 ProspektVO

RA Tilman Wink, LL.M. (San Diego), Lic. en Droit (Bordeaux) — Art. 1, 2, 7–9, 12, 16, 26b, Anh. IV–VI, IX, XIII, XXV–XXVIII ProspektVO (gemeinsam mit Christoph Wolf)

RA Dr. Christoph Wolf, LL.M. (LSE), Maître en Droit (Montpellier) — §§ 17–20, 35 WpPG, Art. 1, 2, 7–9, 12, 16, 26b, Anh. IV–VI, IX, XIII, XXV–XXVIII ProspektVO (gemeinsam mit Tilman Wink)

Inhaltsverzeichnis

Vorwort	V
Vorwort zur 1. Auflage	VII
Bearbeiterverzeichnis	IX
Abkürzungsverzeichnis	XXI
Literaturverzeichnis	XXXIII

Teil 1: Kommentar zum WpPG

Abschnitt 1
Anwendungsbereich und Begriffsbestimmungen

Vor §§ 1 ff.		1
§ 1	Anwendungsbereich	22
§ 2	Begriffsbestimmungen	43
§ 3	Pflicht zur Veröffentlichung eines Prospekts und Ausnahmen im Hinblick auf die Art des Angebots	100
§ 4	Ausnahmen von der Pflicht zur Veröffentlichung eines Prospekts im Hinblick auf bestimmte Wertpapiere	128

Abschnitt 2
Erstellung des Prospekts

§ 5	Prospekt	176
§ 6	Basisprospekt	217
§ 7	Mindestangaben	237
§ 8	Nichtaufnahme von Angaben	252
§ 9	Gültigkeit des Prospekts, des Basisprospekts und des Registrierungsformulars	279
§ 10	(*weggefallen*)	293
§ 11	Angaben in Form eines Verweises	294
§ 12	Prospekt aus einem oder mehreren Einzeldokumenten	308

Abschnitt 3
Billigung und Veröffentlichung des Prospekts

§ 13	Billigung des Prospekts	319
§ 14	Hinterlegung und Veröffentlichung des Prospekts	365

| § 15 | Werbung | 400 |
| § 16 | Nachtrag zum Prospekt; Widerrufsrecht des Anlegers | 424 |

Abschnitt 4
Grenzüberschreitende Angebote und Zulassung zum Handel

| § 17 | Grenzüberschreitende Geltung gebilligter Prospekte | 526 |
| § 18 | Bescheinigung der Billigung | 539 |

Abschnitt 5
Sprachenregelung und Emittenten mit Sitz in Drittstaaten

| § 19 | Sprachenregelung | 554 |
| § 20 | Drittstaatenemittenten | 571 |

Abschnitt 6
Prospekthaftung

Vor §§ 21 ff.		579
§ 21	Haftung bei fehlerhaftem Börsenzulassungsprospekt	591
§ 22	Haftung bei sonstigem fehlerhaften Prospekt	639
§ 23	Haftungsausschluss	642
§ 24	Haftung bei fehlendem Prospekt	662
§ 25	Unwirksame Haftungsbeschränkung; sonstige Ansprüche	669

Abschnitt 7
Zuständige Behörde und Verfahren

§ 26	Befugnisse der Bundesanstalt	680
§ 27	Verschwiegenheitspflicht	708
§ 28	Zusammenarbeit mit zuständigen Stellen in anderen Staaten des Europäischen Wirtschaftsraums	718
§ 28a	Zusammenarbeit mit der Europäischen Wertpapier- und Marktaufsichtsbehörde	728
§ 29	Vorsichtsmaßnahmen	733
§ 30	Bekanntmachung von Maßnahmen	740
§ 31	Sofortige Vollziehung	745

Abschnitt 8
Sonstige Vorschriften

§ 32	Auskunftspflicht von Wertpapierdienstleistungsunternehmen............	748
§ 33	Gebühren und Auslagen...	753
§ 34	Benennungspflicht..	759
§ 35	Bußgeldvorschriften..	763
§ 36	Übergangsbestimmungen...	790
§ 37	Übergangsbestimmungen zur Aufhebung des Verkaufsprospektgesetzes ...	795

Teil 2: Kommentar zur Prospekt-Verordnung (EG) Nr. 809/2004
Kapitel I
Gegenstand und Begriffsbestimmungen

Artikel 1	Gegenstand...	797
Artikel 2	Begriffsbestimmungen..	810
Artikel 2a	Angabekategorien im Basisprospekt und in den endgültigen Bedingungen..	819

Kapitel II
Mindestangaben

Artikel 3	In einen Prospekt aufzunehmende Mindestangaben.................	824
Artikel 4	Schema für das Registrierungsformular für Aktien.................	828
Artikel 4a	Schema für Aktienregistrierungsformulare bei komplexer finanztechnischer Vorgeschichte oder bedeutenden finanziellen Verpflichtungen...	831
Artikel 5	Modul für Pro forma-Finanzinformationen	850
Artikel 6	Schema für die Wertpapierbeschreibung für Aktien................	851
Artikel 7	Schema für das Registrierungsformular für Schuldtitel und derivative Wertpapiere mit einer Stückelung von weniger als 100 000 EUR......	853
Artikel 8	Schema für die Wertpapierbeschreibung für Schuldtitel mit einer Stückelung von weniger als 100 000 EUR..........................	855
Artikel 9	Modul für Garantien...	858
Artikel 10	Schema für das Registrierungsformular für durch Vermögenswerte unterlegte Wertpapiere („Asset backed securities"/ABS) (*ohne Kommentierung*)...	860
Artikel 11	Modul für durch Vermögenswerte unterlegte Wertpapiere („Asset backed securities"/ABS) (*ohne Kommentierung*)	860
Artikel 12	Schema für das Registrierungsformular für Schuldtitel und derivative Wertpapiere mit einer Mindeststückelung von 100 000 Euro..........	861

Artikel 13	Schema für Zertifikate, die Wertpapiere vertreten („depositary receipts")	862
Artikel 14	Schema für das Registrierungsformular für Banken (*ohne Kommentierung*)	864
Artikel 15	Schema für die Wertpapierbeschreibung für derivative Wertpapiere	865
Artikel 16	Schema für die Wertpapierbeschreibung für Schuldtitel mit einer Mindeststückelung von 100 000 EUR	882
Artikel 17	Zusätzliches Modul für die zugrunde liegende Aktie in Form von Dividendenwerten	884
Artikel 18	Schema für das Registrierungsformular für Organismen für gemeinsame Anlagen des geschlossenen Typs (*ohne Kommentierung*)	886
Artikel 19	Schema für das Registrierungsformular für Mitgliedstaaten, Drittstaaten und ihre regionalen und lokalen Gebietskörperschaften	887
Artikel 20	Schema für das Registrierungsformular für internationale öffentliche Organisationen und für Emittenten von Schuldtiteln, deren Garantiegeber ein OECD-Mitgliedstaat ist	898
Artikel 20a	Zusätzliches Angabemodul für die Zustimmung gemäß Artikel 3 Absatz 2 der Richtlinie 2003/71/EG	906
Artikel 21	Kombinationsmöglichkeiten der Schemata und Module (*ohne Kommentierung*)	920
Artikel 22	In einen Basisprospekt aufzunehmende Mindestangaben und seine dazugehörigen endgültigen Bedingungen	921
Artikel 23	Anpassungen an die Mindestangaben im Prospekt und im Basisprospekt	931
Artikel 24	Inhalt der Zusammenfassung des Prospekts, des Basisprospekts und der einzelnen Emission	957

Kapitel III
Aufmachung des Prospekts, des Basisprospekts und ihrer Nachträge

Artikel 25	Aufmachung des Prospekts	966
Artikel 26	Aufmachung des Basisprospekts und seiner entsprechenden endgültigen Bedingungen	979

Kapitel IIIa
Verhältnismäßige Angabepflichten

Artikel 26a	Verhältnismäßiges Schema für Bezugsrechtsemissionen	988
Artikel 26b	Verhältnismäßige Schemata für kleine und mittlere Unternehmen und Unternehmen mit geringer Marktkapitalisierung	1018

Artikel 26c Verhältnismäßige Anforderungen für die in Artikel 1 Absatz 2 Buchstabe j der Richtlinie 2003/71/EG genannten Emissionen von Kreditinstituten (*ohne Kommentierung*)............................. 1021

Kapitel IV
Angaben und Aufnahme von Angaben in Form eines Verweises

Artikel 27 (*aufgehoben*) 1022
Artikel 28 Regelungen über die Aufnahme von Angaben in Form eines Verweises 1022

Kapitel V
Veröffentlichung von Prospekten und Verbreitung von Werbung

Artikel 29 ff. (*aufgehoben*), siehe hierzu Art. 6 ff. TRS (kommentiert nach Art. 36 EU-ProspektVO) 1033

Kapitel VI
Übergangs- und Schlussbestimmungen

Artikel 35 Historische Finanzinformationen 1034
Artikel 36 Inkrafttreten 1042

Exkurs: Art. 6 ff.
Technische Regulierungsstandards (TRS)

Artikel 6 TRS   Veröffentlichung des Prospekts in elektronischer Form 1043
Artikel 7 TRS   Veröffentlichung der endgültigen Konditionen 1050
Artikel 8 TRS   Veröffentlichung in Zeitungen 1051
Artikel 9 TRS   Veröffentlichung der Mitteilung 1053
Artikel 10 TRS Liste der gebilligten Prospekte 1055
Artikel 11 TRS Verbreitung von Werbung 1056
Artikel 12 TRS Übereinstimmung im Sinne des Artikels 15 Absatz 4 der Richtlinie 2003/71/EG 1059

Anhänge

Anhang I
Mindestangaben für das Registrierungsformular für Aktien (Modul) 1061
Ziffer 1   Verantwortliche Personen 1061

Inhaltsverzeichnis

Ziffer 2	Abschlussprüfer	1064
Ziffer 3	Ausgewählte Finanzinformationen	1068
Ziffer 4	Risikofaktoren	1071
Ziffer 5	Angaben über den Emittenten	1084
Ziffer 6	Geschäftsüberblick	1091
Ziffer 7	Organisationsstruktur	1098
Ziffer 8	Sachanlagen	1102
Ziffer 9	Angaben zur Geschäfts- und Finanzlage	1105
Ziffer 10	Eigenkapitalausstattung	1113
Ziffer 11	Forschung und Entwicklung, Patente und Lizenzen	1119
Ziffer 12	Trendinformationen	1121
Ziffer 13	Gewinnprognosen oder -schätzungen	1124
Ziffer 14	Verwaltungs-, Geschäftsführungs- und Aufsichtsorgane sowie oberes Management	1144
Ziffer 15	Bezüge und Vergünstigungen	1157
Ziffer 16	Praktiken der Geschäftsführung	1161
Ziffer 17	Beschäftigte	1165
Ziffer 18	Hauptaktionäre	1169
Ziffer 19	Geschäfte mit verbundenen Parteien	1175
Ziffer 20	Finanzinformationen über die Vermögens-, Finanz- und Ertragslage des Emittenten	1180
Ziffer 20.1	Historische Finanzinformationen	1180
Ziffer 20.2	Pro forma-Finanzinformationen	1208
Ziffer 20.3	Jahresabschluss	1221
Ziffer 20.4	Prüfung der historischen jährlichen Finanzinformationen	1224
Ziffer 20.5	Alter der jüngsten Finanzinformationen	1227
Ziffer 20.6	Zwischenfinanzinformationen und sonstige Finanzinformationen	1227
Ziffer 20.7	Dividendenpolitik (*ohne Kommentierung*)	1239
Ziffer 20.8	Gerichts- und Schiedsgerichtsverfahren (*ohne Kommentierung*)	1239
Ziffer 20.9	Wesentliche Veränderungen in der Finanzlage oder der Handelsposition des Emittenten (*ohne Kommentierung*)	1239
Ziffer 21	Zusätzliche Angaben	1240
Ziffer 22	Wesentliche Verträge	1251

Ziffer 23	Angaben von Seiten Dritter, Erklärungen von Seiten Sachverständiger und Interessenerklärungen.	1256
Ziffer 24	Einsehbare Dokumente	1260
Ziffer 25	Angaben über Beteiligungen.	1262

Anhang II
Modul für Pro forma-Finanzinformationen 1264

Anhang III
Mindestangaben für die Wertpapierbeschreibung für Aktien (Schema) 1282

Ziffer 1	Verantwortliche Personen	1282
Ziffer 2	Risikofaktoren.	1283
Ziffer 3	Grundlegende Angaben	1285
Ziffer 4	Angaben über die anzubietenden bzw. zum Handel zuzulassenden Wertpapiere	1295
Ziffer 5	Bedingungen und Voraussetzungen für das Angebot	1306
Ziffer 6	Zulassung zum Handel und Handelsregeln	1320
Ziffer 7	Wertpapierinhaber mit Verkaufsposition.	1324
Ziffer 8	Kosten der Emission/des Angebots	1327
Ziffer 9	Verwässerung	1330
Ziffer 10	Zusätzliche Angaben	1333

Anhang IV
Mindestangaben für das Registrierungsformular für Schuldtitel und derivative Wertpapiere (Schema) (Schuldtitel und derivative Wertpapiere mit einer Stückelung von weniger als EUR 100 000). 1335

Anhang V
Mindestangaben für die Wertpapierbeschreibung für Schuldtitel (Schema) (Schuldtitel mit einer Stückelung von weniger als EUR 100 000) 1355

Anhang VI
Mindestangaben für Garantien (Zusätzliches Modul). 1369

Anhang VII
Mindestangaben für das Registrierungsformular für durch Vermögenswerte unterlegte Wertpapiere („asset backed securities"/ABS) (Schema)
(ohne Kommentierung). 1373

Anhang VIII
Mindestangaben für durch Vermögenswerte unterlegte Wertpapiere („asset backed securities"/ABS) (Zusätzliches Modul)
(ohne Kommentierung). 1379

Inhaltsverzeichnis

Anhang IX
Mindestangaben für das Registrierungsformular für Schuldtitel und derivative Wertpapiere (Schema) (Schuldtitel und derivative Wertpapiere mit einer Mindeststückelung von EUR 100 000) 1384

Anhang X
Mindestangaben für Zertifikate, die Aktien vertreten (Schema) (Angaben über den Emittenten der zugrunde liegenden Aktien) 1393

Anhang XI
Mindestangaben für das Registrierungsformular für Banken (Schema) *(ohne Kommentierung)*... 1442

Anhang XII
Mindestangaben für die Wertpapierbeschreibung für derivative Wertpapiere (Schema)... 1449

Anhang XIII
Mindestangaben für die Wertpapierbeschreibung für Schuldtitel mit einer Mindeststückelung von 100 000 EUR (Schema)............................ 1466

Anhang XIV
Zusätzliches Modul für die zugrunde liegende Aktie....................... 1471

Anhang XV
Mindestangaben für das Registrierungsformular für Wertpapiere, die von Organismen für gemeinsame Anlagen des geschlossenen Typs ausgegeben werden (Schema) *(ohne Kommentierung)*... 1473

Anhang XVI
Mindestangaben für das Registrierungsformular für Wertpapiere, die von Mitgliedstaaten, Drittstaaten und ihren regionalen und lokalen Gebietskörperschaften ausgegeben werden (Schema).................................. 1478

Anhang XVII
Mindestangaben für das Registrierungsformular für Wertpapiere, die von internationalen öffentlichen Organismen ausgegeben werden, und für Schuldtitel, deren Garantiegeber ein OECD-Mitgliedstaat ist (Schema)................. 1493

Anhang XVIII *(ohne Kommentierung)*.. 1503

Anhang XIX
Verzeichnis bestimmter Kategorien von Emittenten
(ohne Kommentierung)... 1510

Anhang XX
Verzeichnis der Schemata und Module für die Wertpapierbeschreibung....... 1511

Anhang XXI
Liste der zusätzlichen Angaben in den endgültigen Bedingungen 1536

Anhang XXII
Für die Zusammenfassungen vorgeschriebene Angaben 1538

Anhang XXIII
Mindestangaben für das Aktienregistrierungsformular bei Bezugsrechtsemissionen (verhältnismäßiges Schema) 1556

Anhang XXIV
Mindestangaben für die Wertpapierbeschreibung für Aktien bei Bezugsrechtsemissionen (verhältnismäßiges Schema) 1567

Anhang XXV
Mindestangaben für das Aktienregistrierungsformular von KMU und Unternehmen mit geringer Marktkapitalisierung (verhältnismäßiges Schema) 1572

Anhang XXVI
Mindestangaben für das Registrierungsformular für Schuldtitel und derivative Wertpapiere (< 100 000 EUR) von KMU und Unternehmen mit geringer Marktkapitalisierung (verhältnismäßiges Schema) 1590

Anhang XXVII
Mindestangaben für das Registrierungsformular für Schuldtitel und derivative Wertpapiere (= 100 000 EUR) von KMU und Unternehmen mit geringer Marktkapitalisierung (verhältnismäßiges Schema) 1593

Anhang XXVIII
Mindestangaben für Aktienzertifikate von KMU und Unternehmen mit geringer Marktkapitalisierung (verhältnismäßiges Schema) 1596

Anhang XXIX
Mindestangaben bei Emissionen von Kreditinstituten gemäß Artikel 1 Absatz 2 Buchstabe j der Richtlinie 2003/71/EG (verhältnismäßiges Schema)
(*ohne Kommentierung*) 1609

Anhang XXX
Zusätzliches Angabemodul für die Zustimmung gemäß Artikel 20a (Zusätzliches Modul) 1610

Sachregister 1615

Inhaltsverzeichnis

Sachregister 1613

XIX

Abkürzungsverzeichnis

2. FMFG	Gesetz über den Wertpapierhandel und zur Änderung börsenrechtlicher und wertpapierrechtlicher Vorschriften (Zweites Finanzmarktförderungsgesetz) vom 26.7.1994, BGBl. I 1994, S. 1747, 1779
3. FMFG	Gesetz zur Fortentwicklung des Finanzplatzes Deutschland (Drittes Finanzmarktförderungsgesetz) vom 24.3.1998, BGBl. I 1998, S. 529, 533
4. FMFG	Gesetz zur weiteren Fortentwicklung des Finanzplatzes Deutschland (Viertes Finanzmarktförderungsgesetz) vom 21.6.2002, BGBl. I 2002, S. 2010, 2044
a. A.	anderer Ansicht
a. a. O.	am angegebenen Ort
a. E.	am Ende
a. F.	alte Fassung
ABl. EG	Amtsblatt der Europäischen Gemeinschaft
ABl. EU	Amtsblatt der Europäischen Union
Abs.	Absatz
AcP	Archiv für die civilistische Praxis (Zeitschrift)
ADR	American Depositary Receipts
ÄnderungsRL	Richtlinie 2010/73/EU des Europäischen Parlaments und des Rates vom 24. November 2010 zur Änderung der Richtlinie 2003/71/EG betreffend den Prospekt, der beim öffentlichen Angebot von Wertpapieren oder bei deren Zulassung zum Handel zu veröffentlichen ist, und der Richtlinie 2004/109/EG zur Harmonisierung der Transparenzanforderungen in Bezug auf Informationen über Emittenten, deren Wertpapiere zum Handel auf einen geregelten Markt zugelassen sind, ABl. Nr. L 327 vom 11.12.2010, S. 1 („Änderungsrichtlinie")
AG	Aktiengesellschaft; Die Aktiengesellschaft (Zeitschrift); Amtsgericht
AGB	Allgemeine Geschäftsbedingungen
AktG	Aktiengesetz
Alt.	Alternative
Anh.	Anhang
Anm.	Anmerkung
AnSVG	Gesetz zur Verbesserung des Anlegerschutzes (Anlegerschutzverbesserungsgesetz – AnSVG) vom 28.10.2004, BGBl. I 2004, S. 2630, 2649
AO	Abgabenordnung
AR	Aufsichtsrat
Art.	Artikel
ARUG	Gesetz zur Umsetzung der Aktionärsrechterichtlinie (ARUG) vom 30.7.2009, BGBl. I 2009, S. 2479
Aufl.	Auflage
Az.	Aktenzeichen

Abkürzungsverzeichnis

BaFin/Bundesanstalt	Bundesanstalt für Finanzdienstleistungsaufsicht
BAFinBefugV	Verordnung zur Übertragung von Befugnissen zum Erlass von Rechtsverordnungen auf die Bundesanstalt für Finanzdienstleistungsaufsicht
BAKred	Bundesaufsichtsamt für das Kreditwesen
BAnz	Bundesanzeiger
BAWe	Bundesaufsichtsamt für den Wertpapierhandel
BAWe-Bekanntmachung	Bekanntmachung des Bundesaufsichtsamts für den Wertpapierhandel zum Verkaufsprospektgesetz und Verkaufsprospekt-Verordnung vom 6.9.1999, BAnz. Nr. 177, S. 16180
BB	Betriebs-Berater (Zeitschrift)
Bd.	Band
BDSG	Bundesdatenschutzgesetz
BeckRS	Beck online Rechtsprechung
Begr.	Begründung
betr.	betrifft
BFH	Bundesfinanzhof
BFuP	Betriebswirtschaftliche Forschung und Praxis (Zeitschrift)
BGB	Bürgerliches Gesetzbuch
BGBl.	Bundesgesetzblatt
BGH	Bundesgerichtshof
BGHZ	Entscheidungen des Bundesgerichtshofs in Zivilsachen
BilMoG	Bilanzrechtsmodernisierungsgesetz
BilReG	Bilanzrechtsreformgesetz
BKR	Zeitschrift für Bank- und Kapitalmarktrecht
BMF-Schreiben	Schreiben des Bundesministeriums der Finanzen
BMJ	Bundesministerium der Justiz
Börsenzulassungs-prospektrichtlinie	Richtlinie 2001/34/EG des Europäischen Parlaments und des Rates vom 28.5.2001 über die Zulassung von Wertpapieren zur amtlichen Börsennotierung und über die hinsichtlich dieser Wertpapiere zu veröffentlichenden Informationen, ABl. EG Nr. L 184 vom 6.7.2001, S. 1, zuletzt geändert durch Richtlinie 2005/1/EG des Europäischen Parlaments und des Rates vom 9. März 2005 zur Änderung der Richtlinien 73/239/EWG, 85/611/EWG, 91/675/EWG, 92/49/EWG und 93/6/EWG des Rates sowie der Richtlinien 94/19/EG, 98/78/EG, 2000/12/EG, 2001/34/EG, 2002/83/EG und 2002/87/EG des Europäischen Parlaments und des Rates zur Schaffung einer neuen Ausschussstruktur im Finanzdienstleistungsbereich
BörsG	Börsengesetz
BörsO FWB	Börsenordnung der Frankfurter Wertpapierbörse
BörsZulV	Börsenzulassungs-Verordnung (BörsZulV) in der Fassung der Bekanntmachung vom 9.9.1998, BGBl. I 1998, S. 2832
BR-Drucks.	Bundesrats-Drucksache
bspw.	beispielsweise
BT-Drucks.	Bundestags-Drucksache
BuB	Bankrecht und Bankpraxis
BVerfG	Bundesverfassungsgericht
BVerfGE	Entscheidungssammlung des Bundesverfassungsgerichts

BVerwG	Bundesverwaltungsgericht
BVerwGE	Entscheidungssammlung des Bundesverwaltungsgerichts
bzgl.	bezüglich
bzw.	beziehungsweise
ca.	circa
CESR	Committee of European Securities Regulators, www.esma.europa.eu
CESR's Advice	CESR's Advice on Level 2 Implementing Measures for the Prospectus Directive July 2003, Ref. CESR/03-208 CESR's Advice on Level 2 Implementing Measures for the Prospectus Directive December 2003, Ref. CESR/03-399 CESR's Advice to the European Commission on a possible amendment to Regulation (EC) 809/2004 regarding the historical financial information which must be included in a prospectus, October 2005, Ref. CESR/05-582, erhältlich unter www.esma.europa.eu
CESR-Public statement	CESR, Public statement, Ref: CESR/07-825, erhältlich unter www.esma.europa.eu
CRR	Capital Requirements Regulation
CSES	Centre for Strategy and Evaluation, www.cses.co.uk
DB	Der Betrieb (Zeitschrift)
d.h.	das heißt
D&O	Directors & Officers
DAI	Deutsches Aktieninstitut
DBAG	Deutsche Börse AG
DCGK	Deutscher Corporate Governance Kodex
DepotG	Depotgesetz
DiskE	Diskussionsentwurf
DRS	Deutscher Standardisierungsrat
DStR	Deutsches Steuerrecht (Zeitschrift)
DSW	Deutsche Schutzvereinigung für Wertpapierbesitz
DVFA	Deutsche Vereinigung für Finanzanalyse und Asset Management
DZWir	Deutsche Zeitschrift für Wirtschaftsrecht
E	Entwurf
EBIT	Earnings Before Interest and Taxes
EBITDA	Earnings Before Interest, Taxes, Depreciation and Amortization
EBT	Earnings Before Taxes
EGAktG	Einführungsgesetz zum Aktiengesetz
EGBGB	Einführungsgesetz zum Bürgerlichen Gesetzbuch
EHUG	Gesetz über elektronische Handelsregister und Genossenschaftsregister sowie das Unternehmensregister vom 10.11.2006, BGBl. I 2006, S. 2553

Abkürzungsverzeichnis

Emissionsprospekt-richtlinie	Richtlinie 89/298/EWG des Rates vom 17.4.1989 zur Koordinierung der Bedingungen für die Erstellung, Kontrolle und Verbreitung des Prospekts, der im Falle öffentlicher Angebote von Wertpapieren zu veröffentlichen ist, ABl. EG Nr. L 124 vom 5.5.1989, S. 8
ErfK	Erfurter Kommentar zum Arbeitsrecht
ESMA-Empfehlungen	ESMA update of the CESR recommendations – The consistent implementation of Commission Regulation (EC) No 809/2004 implementing the Prospectus Directive
ESMA	European Securities and Markets Authority, Europäische Wertpapieraufsichtsbehörde
ESMA Recommendations	ESMA update of the CESR recommendations – The consistent implementation of Commission Regulation (EC) No 809/2004 implementing the Prospectus Directive
ESME	European Securities Markets Expert Group, http://ec.eu ropa.eu/internal_market/securities/esme/index_de.htm
EStG	Einkommensteuergesetz
EStR	Einkommensteuerrichtlinien
etc.	et cetera
EU	Europäische Union
EuGH	Europäischer Gerichtshof
EU IFRS	IAS/IFRS und damit verbundenen Auslegungen, die die Europäische Kommission im Verfahren nach Art. 3 der Verordnung 1602/2002 ins europäische Recht übernommen hat
EU-Prospektrichtlinie	EU-Prospektrichtlinie (s.u. „ProspektRL")
EU-Prospektverordnung/ EU-ProspV	EU-Prospektverordnung (s. unten „ProspektVO")
EuZW	Europäische Zeitschrift für Wirtschaftsrecht
EWiR	Entscheidungen zum Wirtschaftsrecht (Zeitschrift)
EWIV	Europäische wirtschaftliche Interessenvereinigung
EWR	Europäischer Wirtschaftsraum
EWS	Europäisches Wirtschafts- und Steuerrecht (Zeitschrift)
f., ff.	folgende, fortfolgende
FASB	Financial Accounting Standards Board
FamFG	Gesetz über das Verfahren in Familiensachen und in den Angelegenheiten der freiwilligen Gerichtsbarkeit
FAZ	Frankfurter Allgemeine Zeitung
FFG	Finanzmarktförderungsgesetz
FinDAG	Finanzdienstleistungsaufsichtsgesetz – FinDAG vom 22.4.2002, BGBl. I 2002, S. 1310, zuletzt geändert durch Art. 9 des Ersten Gesetzes zur Novellierung von Finanzmarktvorschriften auf Grund europäischer Rechtsakte (Erstes Finanzmarktnovellierungsgesetz – 1. FiMaNoG) vom 30.06.2016, BGBl. I 2016, S. 1514
FMStFG	Gesetz zur Errichtung eines Finanzmarktstabilisierungsfonds (Finanzmarktstabilisierungsfondsgesetz – FMStFG) vom 17.10.2008, BGBl. I 2008, S. 1982

FMStFV	Verordnung zur Durchführung des Finanzmarktstabilisierungsfondsgesetzes (Finanzmarktstabilisierungsfonds-Verordnung) vom 20.10.2008, eBAnz AT 123 2008 V1
Fn.	Fußnote
FRUG	Gesetz zur Umsetzung der Richtlinie über Märkte für Finanzinstrumente (RL 2004/39/EG, MiFID) und der Durchführungsrichtlinie (RL 2006/73/EG) der Kommission vom 16.7.2007, BGBl. I 2007, S. 1330
FS	Festschrift
FWB	Frankfurter Wertpapierbörse
GAAP	Generally Accepted Accounting Principles
GbR	Gesellschaft bürgerlichen Rechts
gem.	gemäß
GenG	Gesetz betreffend die Erwerbs- und Wirtschaftsgenossenschaften
GesR	Gesellschaftsrecht
GG	Grundgesetz
ggf.	gegebenenfalls
GmbH	Gesellschaft mit beschränkter Haftung
GmbHG	Gesetz betreffend die Gesellschaften mit beschränkter Haftung
GmbHR	GmbH-Rundschau
GPR	Zeitschrift für Gemeinschaftsprivatrecht
Großkomm.	Großkommentar
GoB	Grundsätze ordnungsmäßiger Buchführung
GVG	Gerichtsverfassungsgesetz
HdJ	Handbuch des Jahresabschlusses
HFA	Hauptfachausschuss des IDW
HGB	Handelsgesetzbuch
HGBEG	Einführungsgesetz zum Handelsgesetzbuch
h. L.	herrschende Lehre
h. M.	herrschende Meinung
Hrsg.	Herausgeber
HV	Hauptversammlung
IAASB	International Auditing and Assurance Standards Board
IAS	International Accounting Standards
IASB	International Accounting Standards Board
IAS-Verordnung	Verordnung (EG) Nr. 1606/2002 des Europäischen Parlaments und des Rates vom 19. Juli 2002 betreffend die Anwendung internationaler Rechnungslegungsstandards, ABl. EG Nr. L 243 vom 11.9.2002, S. 1
i. d. F.	in der Fassung
i. d. R.	in der Regel
IDW	Institut der Wirtschaftsprüfer
IDW PH	IDW Prüfungshinweis
IDW PS	IDW Prüfungsstandard
IDW RH	IDW Rechnungslegungshinweis

Abkürzungsverzeichnis

i. E.	im Ergebnis
i. e. S.	im engeren Sinne
IFLR	International Financial Law Review
IFRIC	International Financial Reporting Interpretations Committee
IFRS	International Financial Reporting Standards
InsO	Insolvenzordnung
InstitutsVergV	Institutsvergütungsverordnung
InvG	Investmentgesetz
IOSCO	International Organization of Securities Commissions, www.iosco.org
IOSCO Disclosure Standards 1998	International Disclosure Standards for Cross-Border Offerings and Initial Listings by Foreign Issuers, Report of IOSCO, September 2008
IPO	Initial Public Offering
i. R. d.	im Rahmen der
i. S. d.	im Sinne des
ISIN	International Securities Identification Number
IStR	Internationales Steuerrecht (Zeitschrift)
i. V. m.	in Verbindung mit
JR	Juristische Rundschau (Zeitschrift)
JStG 2009	Jahressteuergesetz 2009 vom 19.12.2008, BGBl. I 2008, S. 2794
JURI Committee	European Parliament Legal Affairs Committee
JZ	Juristenzeitung
KAGG	Gesetz über Kapitalanlagegesellschaften
KapMuG	Gesetz über Musterverfahren in kapitalmarktrechtlichen Streitigkeiten (Kapitalanleger-Musterverfahrensgesetz) vom 16.8.2005, BGBl. I 2005, S. 2437
KG	Kommanditgesellschaft
KGaA	Kommanditgesellschaft auf Aktien
KG Berlin	Kammergericht Berlin
KölnKomm.	Kölner Kommentar
Komm.	Kommentar
KonTraG	Gesetz zur Kontrolle und Transparenz im Unternehmensbereich
KoR	Kapitalmarktorientierte Rechnungslegung
KSchG	Kündigungsschutzgesetz
KStG	Körperschaftsteuergesetz
KWG	Gesetz über das Kreditwesen (Kreditwesengesetz)
LG	Landgericht
lit.	litera
Marktmissbrauchsrichtlinie	Richtlinie 2003/6/EG des Europäischen Parlaments und des Rates vom 28. Januar 2003 über Insider-Geschäfte und Marktmanipulation (Marktmissbrauch), ABl. EG Nr. 96 vom 12.4.2003, S. 16

Marktmissbrauchs-verordnung	Verordnung 596/2014 des Europäischen Parlaments und des Rates vom 16.4.2014 über Marktmissbrauch (Marktmissbrauchsverordnung) und zur Aufhebung der Richtlinie 2003/6/EG des Europäischen Parlaments und des Rates und der Richtlinien 2003/124/EG, 2003/125/EG und 2004/72/EG der Kommission, ABl. EU L 173 vom 12.6.2014, S. 1
MiFID	Richtlinie 2004/39/EG des Europäischen Parlaments und des Rates vom 21.4.2004 über Märkte für Finanzinstrumente, zur Änderung der Richtlinien 85/611/EWG und 93/6/EWG des Rates und der Richtlinie 2000/12/EG des Europäischen Parlaments und des Rates und zur Aufhebung der Richtlinie 93/22/EWG des Rates, ABl. EU Nr. L 145 vom 30/04/2004, S. 1
MD&A	Management's Discussion and Analysis
MDR	Monatsschrift für Deutsches Recht (Zeitschrift)
Mio.	Millionen
MMR	MultiMedia und Recht (Zeitschrift)
MoMiG	Gesetz zur Modernisierung des GmbH-Rechts und zur Bekämpfung von Missbräuchen
Mrd.	Milliarden
MünchHdb. AG	Münchener Handbuch des Gesellschaftsrechts: Aktiengesellschaft
MVP	Melde- und Veröffentlichungsplattform
m.w.N.	mit weiteren Nachweisen
NASDAQ	National Association of Securities Dealers Automated Quotation
n.F.	neue Fassung
NJW	Neue Juristische Wochenschrift
NJW-RR	NJW-Rechtsprechungs-Report
Nr.	Nummer
NYSE	New York Stock Exchange
NZA	Neue Zeitschrift für Arbeitsrecht
NZG	Neue Zeitschrift für Gesellschaftsrecht
o.Ä.	oder Ähnliches
OECD	Organisation for Economic Cooperation and Development
oHG	Offene Handelsgesellschaft
OLG	Oberlandesgericht
OTC	Over the counter
OWiG	Gesetz über Ordnungswidrigkeiten
ProspektRL/EU-Prospektrichtlinie	Richtlinie 2003/71/EG des Europäischen Parlaments und des Rates vom 4.11.2003 betreffend den Prospekt, der beim öffentlichen Angebot von Wertpapieren oder bei deren Zulassung zum Handel zu veröffentlichen ist, und zur Änderung der Richtlinie 2001/34/EG, ABl. EU Nr. L 345 vom 31.12.2003, S. 64

Abkürzungsverzeichnis

Prospektrichtlinie-Umsetzungsgesetz	Gesetz zur Umsetzung der Richtlinie 2003/71/EG des Europäischen Parlaments und des Rates vom 4.11.2003 betreffend den Prospekt, der beim öffentlichen Angebot von Wertpapieren oder bei deren Zulassung zum Handel zu veröffentlichen ist, und zur Änderung der Richtlinie 2001/34/EG vom 22.6.2005, BGBl. I 2005, S. 1698
ProspektVO/EU-Prospektverordnung/ EU-ProspV	Verordnung (EG) Nr. 809/2004 der Kommission vom 29. April 2004 zur Umsetzung der Richtlinie 2003/71/EG des Europäischen Parlaments und des Rates betreffend die in Prospekten enthaltenen Informationen sowie das Format, die Aufnahme von Informationen mittels Verweis und die Veröffentlichung solcher Prospekte und die Verbreitung von Werbung, ABl. EG Nr. L 149 vom 30. April 2004, in der berichtigten Fassung vom 18.7.2005, ABl. EU Nr. L 186, S. 3 zuletzt geändert durch Delegierte Verordnung (EU) 2016/301 der Kommission vom 30. November 2015 zur Ergänzung der Richtlinie 2003/71/EG des Europäischen Parlaments und des Rates durch technische Regulierungsstandards für die Billigung und Veröffentlichung des Prospekts und die Verbreitung von Werbung und zur Änderung der Verordnung (EG) Nr. 809/2004 der Kommission
RabelsZ	Rabels Zeitschrift für ausländisches und internationales Privatrecht
RefE	Referentenentwurf
RegBegr	Regierungsbegründung
RegE	Regierungsentwurf
REIT	Real Estate Investment Trust
REITG	Gesetz über deutsche Immobilien-Aktiengesellschaften mit börsennotierten Anteilen
RG	Reichsgericht
RGZ	Entscheidungssammlung des Reichsgerichts in Zivilsachen
RIW	Recht der Internationalen Wirtschaft (Zeitschrift)
RL 78/660/EWG	Vierte Richtlinie des Rates vom 25. Juli 1978 auf Grund von Artikel 54 Absatz 3 Buchstabe g) des Vertrages über den Jahresabschluss von Gesellschaften bestimmter Rechtsformen (78/660/EWG), ABl. EG Nr. L 222 vom 14.8.1978, S. 11
RL 83/349/EWG	Siebte Richtlinie des Rates vom 13. Juni 1983 auf Grund von Artikel 54 Absatz 3 Buchstabe g) des Vertrages über den konsolidierten Abschluss (83/349/EWG), ABl. EG Nr. L 193 vom 18.7.1983, S. 1
RL 2006/43/EG	Richtlinie 2006/43/EG des Europäischen Parlamentes und des Rates vom 17. Mai 2006 über Abschlussprüfungen von Jahresabschlüssen und konsolidierten Abschlüssen, zur Änderung der Richtlinien 78/660/EWG und 83/349/EWG des Rates und zur Aufhebung der Richtlinie 84/253/EWG des Rates, ABl. EU Nr. L 157 vom 9.6.2006, S. 87

RL 2007/14/EG	Richtlinie 2007/14/EG der Kommission vom 8. März 2007 mit Durchführungsbestimmungen zu bestimmten Vorschriften der Richtlinie 2004/109/EG zur Harmonisierung der Transparenzanforderungen in Bezug auf Informationen über Emittenten, deren Wertpapiere zum Handel an einem geregelten Markt zugelassen sind, ABl. EU Nr. L 69 vom 8.3.2007, S. 27
Rn.	Randnummer
Rspr.	Rechtsprechung
Rz.	Randzahl
S.	Seite; Satz
s.	siehe
SE	Societas Europaea; Europäische Gesellschaft
SEC	Securities and Exchange Commission
SIC	Standing Interpretation Committee
s. o.	siehe oben
sog.	so genannte (-r, -s)
s. u.	siehe unten
StGB	Strafgesetzbuch
Transparenzrichtlinie	Richtlinie 2004/109/EG des Europäischen Parlaments und des Rates vom 15. Dezember 2004 zur Harmonisierung der Transparenzanforderungen in Bezug auf Informationen über Emittenten, deren Wertpapiere zum Handel auf einem geregelten Markt zugelassen sind, und zur Änderung der Richtlinie 2001/34/EG, ABl. EG Nr. L 390, S. 38 vom 31.12.2004, zuletzt geändert durch Richtlinie 2013/50/EU des Europäischen Parlaments und des Rates vom 22. Oktober 2013 zur Änderung der Richtlinie 2004/109/EG des Europäischen Parlaments und des Rates zur Harmonisierung der Transparenzanforderungen in Bezug auf Informationen über Emittenten, deren Wertpapiere zum Handel auf einem geregelten Markt zugelassen sind, der Richtlinie 2003/71/EG des Europäischen Parlaments und des Rates betreffend den Prospekt, der beim öffentlichen Angebot von Wertpapieren oder bei deren Zulassung zum Handel zu veröffentlichen ist, sowie der Richtlinie 2007/14/EG der Kommission mit Durchführungsbestimmungen zu bestimmten Vorschriften der Richtlinie 2004/109/EG, ABl. L 294 vom 6.11.2013, S. 13
TranspRLDV	Verordnung zur Umsetzung der Richtlinie 2007/14/EG der Kommission vom 8. März 2007 mit Durchführungsbestimmungen zu bestimmten Vorschriften der Richtlinie 2004/109/EG zur Harmonisierung der Transparenzanforderungen in Bezug auf Informationen über Emittenten, deren Wertpapiere zum Handel an einem geregelten Markt zugelassen sind (Transparenzrichtlinie-Durchführungsverordnung)
TransPuG	Transparenz- und Publizitätsgesetz vom 19.7.2002, BGBl. I 2002, S. 2681

Abkürzungsverzeichnis

TRS	Delegierte Verordnung (EU) 2016/301 vom 30.11.2015 zur Ergänzung der Richtlinie 2003/71/EG des Europäischen Parlaments und des Rates durch technische Regulierungsstandards für die Billigung und Veröffentlichung des Prospekts und die Verbreitung von Werbung und zur Änderung der Verordnung (EG) Nr. 809/2004 der Kommission
TUG	Transparenzrichtlinie-Umsetzungsgesetz vom 5.1.2007, BGBl. I 2007, S. 10
Tz.	Textziffer
u. a.	unter anderem
u. Ä.	und Ähnliches
u. E.	unseres Erachtens
UMAG	Gesetz zur Unternehmensintegrität und Modernisierung des Anfechtungsrechts
Umsetzungsgesetz 2010	Gesetz zur Umsetzung der Richtlinie 2010/73/EU und zur Änderung des Börsengesetzes vom 26.06.2012, BGBl. I 2012, S. 1375ff., beschlossen am 24.05.2012, basierend auf RegE zum Gesetz zur Umsetzung der Richtlinie 2010/73/EU und zur Änderung des Börsengesetzes vom 30.11.2011 (BT-Drucks. 17/8684, bereits mit Stellungnahme des Bundesrats vom 15.02.2012) sowie Beschlussempfehlung und Bericht des Finanzausschusses, BT-Drucks. 17/9645
UmwG	Umwandlungsgesetz
Urt.	Urteil
USA	United States of America
US GAAP	US Generally Accepted Accounting Principles
US GAAS	US Generally Accepted Auditing Standards
usw.	und so weiter
u. U.	unter Umständen
v. a.	vor allem
VerkProspG	Wertpapier-Verkaufsprospektgesetz (Verkaufsprospektgesetz)
VerkProspVO	Verordnung über Wertpapier-Verkaufsprospekte (Verkaufsprospektverordnung) in der Fassung der Bekanntmachung vom 9.9.1998, BGBl. I 1998, S. 2853
VermVerkProspV	Verordnung über Vermögensanlagen-Verkaufsprospekte (Vermögensanlagen-Verkaufsprospektverordnung – VermVerkProspV) vom 16.12.2004, BGBl. I 2004, S. 3464
VermVerkProspGebV	Vermögensanlagen-Verkaufsprospektgebührenverordnung (Verordnung über die Gebühren für Amtshandlungen betreffend Verkaufsprospekt) vom 29.6.2005, BGBl. I 2005, S. 1873
VerwArch	Verwaltungsarchiv (Zeitschrift)
VG	Verwaltungsgericht
VGH	Verwaltungsgerichtshof
vgl.	vergleiche
VGR	Gesellschaftsrechtliche Vereinigung
VO	Verordnung

Abkürzungsverzeichnis

VO 2273/2003	Verordnung (EG) Nr. 2273/2003 der Kommission vom 22. Dezember 2003 zur Durchführung der Richtlinie 2003/6/EG des Europäischen Parlaments und des Rates? Ausnahmeregelungen für Rückkaufprogramme und Kursstabilisierungsmaßnahmen, ABl. EU Nr. L 336 vom 23.12.2003, S. 33 ff.
VO 2238/2004	Verordnung (EG) Nr. 2238/2004 der Kommission vom 29. Dezember 2004 zur Änderung der Verordnung (EG) Nr. 1725/2003 betreffend die Übernahme bestimmter internationaler Rechnungslegungsstandards in Übereinstimmung mit der Verordnung (EG) Nr. 1606/2002 des Europäischen Parlaments und des Rates betreffend IFRS 1 und IAS Nrn. 1 bis 10, 12 bis 17, 19 bis 24, 27 bis 38, 40 und 41 und SIC Nrn. 1 bis 7, 11 bis 14, 18 bis 27 und 30 bis 33, ABl. EU Nr. L 394 vom 31.12.2004 S. 1 ff.
VO 1787/2006	Verordnung (EG) Nr. 1787/2006 der Kommission vom 4. Dezember 2006 Verordnung (EG) Nr. 809/2004 der Kommission zur Umsetzung der Richtlinie 2003/71/EG des Europäischen Parlaments und des Rates betreffend die in Prospekten enthaltenen Informationen sowie das Format, die Aufnahme von Informationen mittels Verweis und die Veröffentlichung solcher Prospekte und die Verbreitung von Werbung, ABl. EU Nr. L 337 vom 5.12.2006 S. 17 ff.
VO 211/2007	Verordnung (EG) Nr. 211/2007 der Kommission vom 27. Februar 2007 zur Änderung der Verordnung (EG) Nr. 809/2004 zur Umsetzung der Richtlinie 2003/71/EG des Europäischen Parlaments und des Rates in Bezug auf die Finanzinformationen, die bei Emittenten mit komplexer finanztechnischer Vorgeschichte oder bedeutenden finanziellen Verpflichtungen im Prospekt enthalten sein müssen, ABl. EU Nr. 61 vom 28.2.2007 S. 24 ff.
VO 1569/2007	Verordnung (EG) Nr. 1569/2007 der Kommission vom 21. Dezember 2007 über die Einrichtung eines Mechanismus zur Festlegung der Gleichwertigkeit der von Drittstaatemittenten angewandten Rechnungslegungsgrundsätze gemäß den Richtlinien 2003/71/EG und 2004/109/EG des Europäischen Parlaments und des Rates, ABl. EU Nr. L 340 vom 22.12.2007 S. 66 ff.
VuR	Verbraucher und Recht (Zeitschrift)
VwGO	Verwaltungsgerichtsordnung
VwKostG	Verwaltungskostengesetz
VwVfG	Verwaltungsverfahrensgesetz
VwVG	Verwaltungs-Vollstreckungsgesetz
WKN	Wertpapier-Kennnummer
WM	Wertpapier-Mitteilungen (Zeitschrift)
WpAIV	Wertpapierhandelsanzeige- und Insiderverzeichnisverordnung
WPg	Die Wirtschaftsprüfung (Zeitschrift)
WpHG	Wertpapierhandelsgesetz

Abkürzungsverzeichnis

WpPG	Gesetz über die Erstellung, Billigung und Veröffentlichung des Prospekts, der beim öffentlichen Angebot von Wertpapieren oder bei der Zulassung von Wertpapieren zum Handel an einem organisierten Markt zu veröffentlichen ist (Wertpapierprospektgesetz) vom 22.6.2005, BGBl. I 2005, S. 1698
WpPGebV	Verordnung über die Erhebung von Gebühren nach dem Wertpapierprospektgesetz (Wertpapierprospektgebührenverordnung – WpPGebV) vom 29.6.2005, BGBl. I 2005, S. 1875, zuletzt geändert durch Art. 4 des Gesetzes zur Strukturreform des Gebührenrechts des Bundes vom 7.8.2013, BGBl. I 2013, S. 3154
WPO	Wirtschaftsprüferordnung
WpÜG	Wertpapiererwerbs- und Übernahmegesetz
WpÜG-AngVO	WpÜG-Angebotsverordnung
WpÜG-GebVO	WpÜG-Gebührenverordnung
WuB	Entscheidungssammlung zum Wirtschafts- und Bankrecht (Zeitschrift)
ZAP	Zeitschrift für die Anwaltpraxis
z.B.	zum Beispiel
ZBB	Zeitschrift für Bankrecht und Bankwirtschaft
ZfgK	Zeitschrift für das gesamte Kreditwesen
ZfIR	Zeitschrift für Immobilienrecht
ZGR	Zeitschrift für Unternehmens- und Gesellschaftsrecht
ZHR	Zeitschrift für das gesamte Handels- und Wirtschaftsrecht
Ziff.	Ziffer
ZIP	Zeitschrift für Wirtschaftsrecht
zit.	zitiert
ZNotP	Zeitschrift für die Notarpraxis
ZPO	Zivilprozessordnung
ZRP	Zeitschrift für Rechtspolitik
zzgl.	zuzüglich

Literaturverzeichnis

1. Kommentare, Handbücher und Monografien

Arndt/Voß (Hrsg.), Verkaufsprospektgesetz und Vermögensanlagen-Verkaufsprospektverordnung, 1. Aufl., München 2008 (zit.: *Bearbeiter*, in: Arndt/Voß, VerkProspG)
Assies/Beule/Heise/Strube (Hrsg.), Handbuch des Fachanwalts, Bank- und Kapitalmarktrecht, Köln 2008 (zit.: *Bearbeiter*, in: Assies/Beule/Heise/Strube, Bank- und Kapitalmarktrecht)
Assmann/Lenz/Ritz, Verkaufsprospektgesetz, Verkaufsprospekt-Verordnung und Verkaufsprospektgebührenverordnung, 1. Aufl., Köln 2001 mit Nachtrag (Stand: September 2002) (zit.: *Bearbeiter*, in: Assmann/Lenz/Ritz, VerkProspG); in 2. Aufl. als Assmann/Schlitt/von Kopp-Colomb (s. dort)
Assmann/Pötzsch/Uwe H. Schneider, Wertpapiererwerbs- und Übernahmegesetz, 2. Aufl., Köln 2013 (zit.: *Bearbeiter*, in: Assmann/Pötzsch/Uwe H. Schneider, WpÜG)
Assmann/Schlitt/von Kopp-Colomb, Wertpapierprospektgesetz Verkaufsprospektgesetz, 2. Aufl., Köln 2010 (zit.: *Bearbeiter*, in: Assmann/Schlitt/von Kopp-Colomb, WpPG/VerkProspG), in 1. Aufl. als Assmann/Lenz/Ritz (s. dort)
Assmann/Uwe H. Schneider, Wertpapierhandelsgesetz, 6. Aufl., Köln 2012 (zit.: *Bearbeiter*, in: Assmann/Uwe H. Schneider, WpHG)
Assmann/Schütze, Handbuch des Kapitalanlagerechts, 4. Aufl., München 2015 (zit.: *Bearbeiter*, in: Assmann/Schütze, Handbuch des Kapitalanlagerechts)
Baetge/Kirsch/Thiele, Bilanzen, 9. Aufl. 2007
Baetge/Wollmert/Kirsch/Oser/Bischof, Rechnungslegung nach IFRS, 2. Aufl., Stand: Mai 2014
Bamberger/Roth, Beck'scher OnlineKommentar BGB, Stand: 40. Edition 2016 (zit.: *Bearbeiter*, in: BeckOK-BGB)
Baumbach/Hopt, Handelsgesetzbuch, 36. Aufl., München 2014
Baumbach/Lauterbach/Albers/Hartmann, ZPO, 67. Aufl., München 2009
Baums/Thoma, Wertpapiererwerbs- und Übernahmegesetz, Loseblatt-Sammlung, Köln, Stand: 3. Lieferung November 2008 (zit.: *Bearbeiter*, in: Baums/Thoma, WpÜG)
Bohnert, Ordnungswidrigkeitengesetz, Kommentar, 2. Aufl., München 2007 (zit.: *Bohnert*, OWiG)
Bosch/Groß, Emissionsgeschäft, 2. Aufl. 2000 (aus Bankrecht und Bankpraxis [BuB] 12.97) (zit.: *Bearbeiter*, in: Bosch/Groß, Emissionsgeschäft)
Budde/Förschle/Winkeljohann, Sonderbilanzen 4. Aufl., München 2008
Carl/Machunsky, Der Wertpapier-Verkaufsprospekt, 1. Aufl., Göttingen 1992
Canaris, Bankvertragsrecht, 3. Aufl. 1988; zugleich 10. Lieferung zu: Großkommentar zum HGB, 4. Aufl.
Claussen, Bank- und Börsenrecht, 5. Aufl., München 2014
Denninger, Grenzüberschreitende Prospekthaftung und Internationales Privatrecht, 2015
Derleder/Knops/Bamberger, Handbuch zum deutschen und europäischen Bankrecht, Heidelberg 2004
Dittrich, Die Privatplatzierung im deutschen Kapitalmarktrecht, 1. Aufl., Frankfurt a.M. u.a. 1998

Literaturverzeichnis 1. Kommentare, Handbücher u. Monografien

Driesch/Riese/Schlüter/Senger (Hrsg.), Beck'sches IFRS-Handbuch, 5. Aufl., München 2016

Ebenroth/Boujong/Joost/Strohn (Hrsg.), Handelsgesetzbuch, 2. Aufl., 2008 (zit.: *Bearbeiter*, in: Ebenroth/Boujong/Joost/Strohn, HGB)

Eilers/Rödding/Schmalenbach, Unternehmensfinanzierung, 2. Aufl., München 2014

Ekkenga/Maas, Das Recht der Wertpapieremissionen, Köln 2006

Ellenberger, Prospekthaftung im Wertpapierhandel, 2001

Ellenberger, Prospekthaftung im Wertpapierhandel, Berlin/New York 2001

Engisch, Einführung in das juristische Denken, 11. Aufl., Stuttgart 2010

Erbs/Kohlhaas, Strafrechtliche Nebengesetze, 177. Aufl., München 2009

Fischer, Strafgesetzbuch: StGB und Nebengesetze, 63. Aufl., München 2016 (zit.: *Fischer*, StGB)

Franzen, Privatrechtsangleichung durch die Europäische Gemeinschaft, Berlin 1999

Fried/Hartwig-Jacob (Hrsg.), Schuldverschreibungsgesetz, Kommentar, Frankfurt am Main 2012

Fuchs, Wertpapierhandelsgesetz, Kommentar, 2. Aufl., München 2016 (zit.: *Fuchs*, WpHG)

Göhler, Gesetz über Ordnungswidrigkeiten: OWiG, 15. Aufl., München 2009 (zit.: *Bearbeiter*, in: Göhler, OWiG)

Grabitz/Hilf/Nettesheim, Das Recht der Europäischen Union: EUV/AEUV, Loseblattausgabe, Stand August 2015 (zit.: *Bearbeiter*, in: Grabitz/Hilf/Nettesheim, Recht der EU)

Green/Beller, U.S. Regulation of the International Securities and Derivatives Markets, IIth edition, New York, 2015

Groß, Kapitalmarktrecht – Kommentar zum Börsengesetz, zur Börsenzulassungs-Verordnung, zum Wertpapierprospektgesetz und zum Verkaufsprospektgesetz, 6. Aufl., München 2016 (zit.: *Groß*, Kapitalmarktrecht)

Grottel/Schmidt/Schubert/Winkeljohann (Hrsg.), Beck'scher Bilanz-Kommentar, Handelsbilanz, Steuerbilanz, 10. Aufl., München 2016 (zit.: *Bearbeiter*, in: Beck'scher Bilanz-Kommentar)

Grundmann, Europäisches Gesellschaftsrecht, Heidelberg 2005

Grundmann/Schwintowski/Singer/Weber (Hrsg.), Anleger- und Funktionsschutz durch Kapitalmarktrecht, Berlin 2006

Grunewald/Schlitt, Einführung in das Kapitalmarktrecht, 3. Aufl., München 2014

Haarmann/Schüppen (Hrsg.), Frankfurter Kommentar zum Wertpapiererwerbs- und Übernahmegesetz, Frankfurt am Main, 3. Aufl. 2008 (zit.: *Bearbeiter*, in: Haarmann/Schüppen, Frankfurter Kommentar zum WpÜG)

Habersack/Mülbert/Schlitt (Hrsg.), Unternehmensfinanzierung am Kapitalmarkt, 3. Aufl., Köln 2013 (zit.: *Bearbeiter*, in: Habersack/Mülbert/Schlitt, Unternehmensfinanzierung)

Habersack/Mülbert/Schlitt (Hrsg.), Handbuch der Kapitalmarktinformation, 2. Aufl., München 2013 (zit.: *Bearbeiter*, in: Habersack/Mülbert/Schlitt, Kapitalmarktinformation)

Happ (Hrsg.), Aktienrecht – Handbuch – Mustertexte – Kommentar, 4. Aufl., Köln/Berlin/Bonn/München 2015 (zit.: *Bearbeiter*, in: Happ, Aktienrecht)

Heidel, Aktienrecht und Kapitalmarktrecht, 4. Aufl., Baden-Baden 2014 (zit.: *Bearbeiter*, in: Heidel, Aktienrecht und Kapitalmarktrecht)

Heiden, Pro-forma-Berichterstattung, 2006

1. Kommentare, Handbücher u. Monografien Literaturverzeichnis

Hirte/Möllers (Hrsg.), Kölner Kommentar zum Wertpapierhandelsgesetz, 2. Aufl., Köln 2014 (zit.: *Bearbeiter*, in: Hirte/Möllers, Kölner Kommentar zum WpHG)
Hirte/von Bülow (Hrsg.), Kölner Kommentar zum Wertpapiererwerbs- und Übernahmegesetz, 2. Aufl., Köln 2010 (zit.: *Bearbeiter*, in: Hirte/von Bülow, Kölner Kommentar zum WpÜG)
Hoffmann-Becking, Münchener Handbuch des Gesellschaftsrechts, 4. Aufl., München 2015
Holzborn (Hrsg.), Wertpapierprospektgesetz mit EU-Prospektverordnung und weiterführenden Vorschriften, 2. Aufl., Berlin 2014 (zit.: *Bearbeiter*, in: Holzborn, WpPG)
Hopt, Die Verantwortlichkeit der Banken bei Emissionen, München 1991
Hopt/Merkt, Beck'scher Kurzkommentar Handelsgesetzbuch, 33. Aufl., München 2008 (zit.: *Bearbeiter*, in: Hopt/Merkt, Beck'scher Kurzkommentar HGB)
Hopt/Merkt, Bilanzrecht, Kommentar, München 2010 (zit.: *Bearbeiter*, in: Hopt/Merkt, Bilanzrecht)
Hopt/Voigt (Hrsg.), Prospekt- und Kapitalmarktinformationshaftung, Recht und Reform in der Europäischen Union, der Schweiz und den USA, Tübingen 2005
J. Hüffer, Das Wertpapier-Verkaufsprospektgesetz, Köln 1996
Hüffer, Aktiengesetz, 12. Aufl., München 2016 (zit.: *Hüffer*, AktG)
IDW (Hrsg.), WP Handbuch 2012 Wirtschaftsprüfung, Rechnungslegung, Beratung, Band I, Düsseldorf, 14. Aufl. 2012 (zit.: *Bearbeiter*, in: WP Handbuch 2006)
Jarass/Pieroth, Grundgesetz für die Bundesrepublik Deutschland, München, 7. Auflage, 2004
Jauernig (Hrsg.), Bürgerliches Gesetzbuch, 16. Aufl., München 2015
Just/Voß/Ritz/Zeising (Hrsg.), Wertpapierprospektgesetz und EU-Prospektverordnung, München 2009 (zit.: *Bearbeiter*, in: Just/Voß/Ritz/Zeising, WpPG)
Kallmeyer, Umwandlungsgesetz, 4. Aufl., 2010 (zit.: *Bearbeiter*, in: Kallmeyer, UmwG)
Karlsruher Kommentar zum Gesetz über Ordnungswidrigkeiten: OWiG (Hrsg. Lothar Senge), 3. Aufl., München 2006 (zit. *Bearbeiter*, in: Karlsruher Kommentar OWiG)
Keunecke, Prospekte im Kapitalmarkt, 2. Aufl., Köln 2009
Koch/Rüßmann, Juristische Begründungslehre, Baden-Baden 1982
Kopp/Ramsauer, Verwaltungsverfahrensgesetz, 16. Aufl., München 2015 (zit.: *Kopp/Ramsauer*, VwVfG)
Kopp/Schenke, Verwaltungsgerichtsordnung, 21. Aufl., München 2015 (zit.: *Kopp/Schenke*, VwGO)
Kremer/Bachmann/Lutter/v. Werder, Deutscher Corporate Governance Kodex: Kodex-Kommentar, 6. Aufl., München 2016
Kümpel/Hammen/Ekkenga (Hrsg.), Kapitalmarktrecht – Handbuch für die Praxis, Loseblatt-Sammlung, Stand: Lfg. 04/10
Kümpel/Wittig (Hrsg.), Bank- und Kapitalmarktrecht, 4. Aufl., 2011
Larenz/Canaris, Methodenlehre der Rechtswissenschaften, 3. Aufl., Berlin 1995
Lenenbach, Kapitalmarkt- und Börsenrecht, 2. Aufl., Köln 2010
Lenenbach, Kapitalmarktrecht und kapitalmarktrelevantes Gesellschaftsrecht, 2. Aufl., Köln 2010
Lüdenbach/Hofmann, IFRS-Kommentar, 8. Aufl. 2010
Maloney, EU Securities and Financial Markets Regulation, 3rd edition, Oxford, 2014
Marsch-Barner/Schäfer (Hrsg.), Handbuch börsennotierte AG, 3. Aufl., Köln 2014 (zit.: *Bearbeiter*, in: Marsch-Barner/Schäfer, Handbuch börsennotierte AG)

Literaturverzeichnis 1. Kommentare, Handbücher u. Monografien

Maurer, Allgemeines Verwaltungsrecht, 18. Aufl., München 2010

Medicus, Allgemeiner Teil des BGB, 10. Aufl., Heidelberg 2010

Mock, Finanzverfassung der Kapitalgesellschaften und internationale Rechnungslegung, Köln 2008

Müller, Wertpapierprospektgesetz, Baden-Baden 2012 (zitiert: *Müller*, WpPG)

Müller-Geggenberger/Bieneck, Handbuch des Wirtschaftsstrafrechts, 4. Aufl., Köln 2006 (zit.: *Bearbeiter*, in: Müller-Guggenberger/Bieneck, Hdb. des Wirtschaftsstrafrechts)

Münchener Kommentar (Hrsg. Goette/Habersack), AktG, 3. Aufl., München 2010 (zit.: *Bearbeiter*, in: MünchKomm-AktG)

Münchener Kommentar (Hrsg. Oetker/Säcker/Rixecker/Limperg), BGB, 7. Aufl., München 2015 (zit.: *Bearbeiter*, in: MünchKomm-BGB)

Münchener Kommentar (Hrsg. Karsten Schmidt), HGB, 2. Aufl., München 2008 (zit.: *Bearbeiter*, in: MünchKomm-HGB)

Neuner, Die Rechtsfindung contra legem, 2. Aufl. München 2005

Oppermann/Classen/Nettesheim, Europarecht, 6. Aufl. München 2014

Palandt, Bürgerliches Gesetzbuch, 75. Aufl., München 2016

Schäfer (Hrsg.), Wertpapierhandelsgesetz, Börsengesetz mit Börsenzulassungsverordnung, Verkaufsprospektgesetz mit VerkProspV, 1999 (zit.: *Bearbeiter*, in: Schäfer, WpHG/BörsG/VerkProspG)

Schäfer/Hamann, Kapitalmarktgesetze, Loseblattsammlung, 2. Aufl., inkl. 7. Lieferung (Stand November 2009)

Schanz, Börseneinführung Recht und Praxis des Börsengangs, München, 4. Aufl. 2012

Schimansky/Bunte/Lwowski, Bankrechts-Handbuch, 3. Aufl., München 2007

Schmidt/Lutter (Hrsg.), Aktiengesetz, 3. Aufl., Köln 2015 (zit.: *Bearbeiter*, in: Schmidt/Lutter, AktG)

Schnorbus, Gestaltungsfreiheit im Umwandlungsrecht, Baden-Baden 2001

Schönke-Schröder, Strafgesetzbuch: StGB, Kommentar, 27. Aufl., München 2006 (zit.: *Bearbeiter*, in: Schönke-Schröder, StGB)

Schwark (Hrsg.), Kapitalmarktrechts-Kommentar, 3. Aufl., München 2004 (zit.: *Bearbeiter*, in: Schwark, KMRK); in 4. Aufl. als Schwark/Zimmer, Kapitalmarktrechts-Kommentar (s. dort)

Schwark/Zimmer (Hrsg.), Kapitalmarktrechts-Kommentar, 4. Aufl., München 2010 (zit.: *Bearbeiter*, in: Schwark/Zimmer, KMRK), in 3. Aufl. als Schwark, Kapitalmarktrechts-Kommentar (s. dort)

Stelkens/Bonk/Sachs, Verwaltungsverfahrensrecht, 7. Aufl., München 2008 (zit.: *Bearbeiter*, in: Stelkens/Bonk/Sachs, VwVfG)

von der Groeben/Schwarze/Hatje, Europäisches Unionsrecht, 7. Aufl., Baden-Baden 2015 (zit.: *Bearbeiter*, in: von der Groeben/Schwarze/Hatje, Europäisches Unionsrecht)

Wiedmann, Bilanzrecht, 2. Aufl., München 2003

Wiegel, Die Prospektrichtlinie und Prospektverordnung – eine dogmatische, ökonomische und rechtsvergleichende Analyse, Berlin 2008

Winnefeld, Bilanzhandbuch. Handels- und Steuerbilanz, Rechtsformspezifisches Bilanzrecht, Bilanzelle Sonderfragen, Sonderbilanzen, IAS/US-GAAP, 5. Aufl., München 2015

2. Aufsätze

Angersbach/v. d. Chevallerie/Ulbricht, Prospektfreie Zulassung von neuen Aktien aus einer reinen Bezugsrechtskapitalerhöhung, ZIP 2009, S. 1302

Apfelbacher/Metzner, Das Wertpapierprospektgesetz in der Praxis – Eine erste Bestandsaufnahme, BKR 2006, S. 81

Arbeitskreis zum „Deutsche Telekom III Urteil" des BGH, Thesen zum Umgang mit dem „Deutsche Telekom III-Urteil" des BGH v. 31. Mai 2011, NJW 2011, 2719 bei künftigen Börsengängen, CFL 2011, S. 377

Arnold/Aubel, Einlagenrückgewähr, Prospekthaftung und Konzernrecht bei öffentlichen Angeboten von Aktien, ZGR 2012, S. 113

Asmar/Macbeth, Global employee share schemes and the Prospectus Directive, Capital Markets Law Journal 2006, S. 195.

Assmann, Konzeptionelle Grundlagen des Anlegerschutzes, ZBB 1989, S. 49

Assmann, Neuemissionen von Wertpapieren über Internet, in: Reinhold Geimer (Hrsg.), Wege zur Globalisierung des Rechts, Festschrift für Rolf A. Schütze zum 65. Geburtstag (1999), S. 15

Assmann, Neues Recht für den Wertpapiervertrieb, die Förderung der Vermögensbildung durch Wertpapieranlagen und die Geschäftstätigkeit von Hypothekenbanken, NJW 1991, S. 528

Assmann, Prospektaktualisierungspflichten, in: Habersack/Hommelhoff/Hüffer (Hrsg.), Festschrift für Peter Ulmer zum 70. Geburtstag (2003), S. 757

Aurich, Haftung für fehlerhaftes Testat in einem Wertpapierprospekt, DB 2014, S. 1541

Bachmann/Prüfer, Korruptionsprävention und Corporate Governance, ZRP 2005, S. 109

Barta, Der Prospektbegriff in der neuen Verkaufsprospekthaftung, NZG 2005, S. 305

Bauer, Das geänderte EU-Prospektregime: Praktische Auswirkungen auf Emissionsprogramme, CFL 2012, S. 91

Beck, Kapitalmarktrechtliche Prospekthaftung im Konzern, NZG 2014, S. 1410

Becker/Pospiech, Die Prospektpflicht beim Debt-to-Equity-Swap von Anleihen, NJW 2014, S. 591

Benecke, Haftung für Inanspruchnahme von Vertrauen – Aktuelle Fragen zum neuen Verkaufsprospektgesetz, BB 2006, S. 2597

Berrar/Schnorbus, Rückerwerb eigener Aktien und Übernahmerecht, ZGR 2003, S. 59

Berrar/Wiegel, Auswirkungen des vereinfachten Prospektregimes auf Bezugsrechtskapitalerhöhungen, CFL 2012, S. 97

Binder, Staatshaftung für fehlerhafte Bankenaufsicht gegenüber Bankeinlegern?, WM 2005, S. 1781

Birkholz, Derivate zur Steuerung von Zinsänderungsrisiken in der kommunalen Praxis – empirische Befunde, ZgfK 2007, S. 178

Bischoff, Internationale Börsenprospekthaftung, AG 2002, S. 489

Bloß/Schneider, Prospektfreie Teilzulassung für später ausgegebene Aktien, WM 2009, S. 879

Bohlken/Lange, Die Prospekthaftung im Bereich geschlossener Fonds nach §§ 13, Abs. 1 Nr. 3, 13a Verkaufsprospektgesetz nF, DB 2005, S. 1259

Bongertz, Verschuldensunabhängige Haftung bei fehlendem Prospekt trotz Abstimmung mit der BaFin?, BB 2012, S. 470

Literaturverzeichnis 2. Aufsätze

Boos/Preuße, Die Umsetzung der EU-Prospektrichtlinie in Deutschland – Folgen für daueremittierende Banken, Kreditwesen 2005, S. 523
Bosch, Expertenhaftung gegenüber Dritten – Überlegungen aus der Sicht der Bankenpraxis, ZHR 163 (1999), S. 274
Borges, Lokalisierung von Angeboten bei Electronic Banking, WM 2001, S. 1542
Bozicevic, Das Decoupled Bookbuilding-Verfahren, AG 2006, S. 234
Brocker/Wohlfarter, Die Auswirkungen der neuen Prospektpflicht für Bezugsrechtsemissionen auf die Eigenkapitalbeschaffung mittelständischer Unternehmen, BB 2013, S. 393
Brondics/Mark, Die Verletzung von Informationspflichten im amtlichen Markt nach der Reform des Börsengesetzes, AG 1989, S. 339
Buchheim/Gröner/Kühne, Übernahme von IAS/IFRS in Europa: Ablauf und Wirkung des Komitologieverfahrens auf die Rechnungslegung, BB 2004, S. 1783
Bühring/Linnemannstöns, Private Placement – Rettungsanker bei der Prospektpflicht?, DB 2007, S. 2637
Bürgers, Das Anlegerschutzverbesserungsgesetz, BKR 2004, S. 424
Burn/Wells, The pan-European retail market – are we there yet?, Capital Markets Law Journal 2007, S. 263
Cahn/Hutter/Kaulamo/Meyer/Weiß, Regelungsvorschläge zu ausgewählten Rechtsfragen bei Debt-to-Equity Swaps von Anleihen, WM 2014, S. 1309
Clausius/Kloy, Volatilität: Eine neue Assetklasse oder Crash-Versicherung?, ZfgK 2005, S. 134
Cleary Gottlieb, Guide to Public ADR Offerings in the United States, October 1, 2012
Coing, Haftung aus Prospektwerbung für Kapitalanlagen in der neueren Rechtsprechung des Bundesgerichtshofs, WM 1980, S. 206
Crüwell, Die europäische Prospektrichtlinie, AG 2003, S. 243
Diekmann/Sustmann, Gesetz zur Verbesserung des Anlegerschutzes, NZG 2004, S. 929
Dier/Fürhoff, Die geplante Europäische Marktmissbrauchsrichtlinie, AG 2002, S. 604
Dittrich, Prospektpflicht – ein Beitrag zur Rechtssicherheit am Kapitalmarkt, ZfgK 2000, S. 178
Dreyling, Ein Jahr Anlagerschutzverbesserungsgesetz – Erste Erfahrungen, Der Konzern 2006, S. 1
Duhnkrack/Hasche, Das neue Anlegerschutzverbesserungsgesetz und seine Auswirkungen auf Emissionshäuser und geschlossene Fonds, DB 2004, S. 1351
Ebke, Haftung einer Wirtschaftsprüfungsgesellschaft für einen fehlerhaften Prüfbericht in einem Wertpapierprospekt, ZGR 2015, S. 325
Eder, Die rechtsgeschäftliche Übertragung von Aktien, NZG 2004, S. 107
Ekkenga, Änderungs- und Ergänzungsvorschläge zum Regierungsentwurf eines neuen Wertpapierprospektgesetzes, BB 2005, S. 561
Ellenberger, Die Börsenprospekthaftung nach dem Dritten Finanzmarktförderungsgesetz, FS Schimansky, 1999, S. 591
Elsen/Jäger, Auslaufen des Daueremittentenprivilegs, ZfgK 2008, S. 615
Elsen/Jäger, Revision der Prospektrichtlinie? – Ein erster Ausblick, BKR 2008, S. 459
Elsen/Jäger, Die Nachtragspflicht gemäß § 11 Verkaufsprospektgesetz unter Berücksichtigung der aktuellen Entwicklungen auf dem Kapitalmarkt, BKR 2009, S. 190
Elsen/Jäger, Revision der Prospektrichtlinie – Überblick wesentlicher Neuerungen, BKR 2010, S. 97.

Erchinger/Melcher, Neuregelung der SEC zu IFRS-Abschlüssen von Foreign Private Issuers, DB 2007, S. 2635
Erman, Zur Prospekthaftung aus § 45 Börsengesetz, AG 1964, S. 327
Fingerhut/Voß, Die geplante Abschaffung des Finanzkommissionsgeschäfts – Sippenhaft im Aufsichtsrecht?, BB 2008, S. 1862
Fischer-Appelt/Werlen, The EU Prospectus Directive – An Overview Of The Unified European Prospectus Regime, JIBFL 2004, S. 389 (Part 1) und S. 448 (Part 2)
Fleischer, Gutachten F zum 64. Deutschen Juristentag 2002
Fleischer, Zur Haftung bei fehlendem Verkaufsprospekt im deutschen und US-amerikanischen Kapitalmarktrecht, WM 2004, S. 1897
Fleischer, Prospektpflicht und Prospekthaftung für Vermögensanlagen des Grauen Kapitalmarkts nach dem Anlegerschutzverbesserungsgesetz, BKR 2004, S. 339
Fleischer, Prognoseberichterstattung im Kapitalmarktrecht und Haftung für fehlerhafte Prognosen, AG 2006, S. 2
Fleischer, Umplatzierung von Aktien durch öffentliches Angebot (Secondary Public Offering) und verdeckte Einlagenrückgewähr nach § 57 Abs. 1 AktG, ZIP 2007, S. 1969
Fleischer/Kalss, Kapitalmarktrechtliche Schadensersatzpflichten und Kurseinbrüche an der Börse, AG 2002, S. 329
Fleischer/Thaten, Einlagenrückgewähr und Übernahme des Prospekthaftungsrisikos durch die Gesellschaft bei der Platzierung von Altaktien, NZG 2011, S. 1081
Franx, Disclosure practices under the EU Prospectus Directive and the role of CESR, Capital Markets Law Journal 2007, S. 295
Freitag, Internationale Prospekthaftung revisited – Zur Auslegung europäischen Kollisionsrechts vor dem Hintergrund der „Kolassa"-Entscheidung des EuGH, WM 2015, S. 1165
Fricke, Versicherungsaufsicht integriert – Versicherungsaufsicht unter dem Gesetz über die integrierte Finanzdienstleistungsaufsicht, NVersZ 2002, S. 337
Fürhoff/Ritz, Richtlinienentwurf der europäischen Kommission über den europäischen Pass für Emittenten, WM 2001, S. 2280
Giedinghagen, Arbeitnehmerbeteiligungen im Lichte des Wertpapierprospektgesetzes, BKR 2007, S. 233
Götze, Das jährliche Dokument nach § 10 WpPG – eine Bestandsaufnahme, NZG 2007, S. 570
Götz/Hütte, Kapitalmarktrechtliche Aspekte des deutschen REIT, NZG 2007, S. 332
Grimme/Ritz, Die Novellierung verkaufsprospektrechtlicher Vorschriften durch das Dritte Finanzmarktförderungsgesetz, WM 1998, S. 2091
Groß, Bookbuilding, ZHR 162 (1998), S. 318
Groß, Die börsengesetzliche Prospekthaftung, AG 1999, S. 199
Groß, Haftung für fehlerhafte oder fehlende Regel- oder ad-hoc-Publizität, WM 2002, S. 477
Grub/Thiem, Das neue Wertpapierprospektgesetz – Anlegerschutz und Wettbewerbsfähigkeit des Finanzplatzes Deutschland, NZG 2005, S. 750
Gruson, Prospekterfordernisse und Prospekthaftung bei unterschiedlichen Anlageformen nach amerikanischem und deutschem Recht, WM 1995, S. 89
Güstel, Prospektierung geschlossener Fonds, SJ 2006, S. 31
Haas/Hanowski, Keine Prospekthaftung für Werbeaussagen?, NZG 2010, S. 254

Literaturverzeichnis 2. Aufsätze

Habersack/Meyer, Globalverbriefte Aktien als Gegenstand sachenrechtlicher Verfügungen?, WM 2000, S. 1678
Hasche/Preuße, Verkaufsprospekte bei Wertpapieren, Mehr Informationen für die Anleger, Die Bank 1990, S. 713
Hasenkamp, Die neue Prospektierungspflicht für Anbieter geschlossener Fonds, DStR 2004, S. 2154
Heidelbach/Preuße, Einzelfragen in der praktischen Arbeit mit dem neuen Wertpapierprospektregime, BKR 2006, S. 316
Heidelbach/Preuße, Zweieinhalb Jahre neues Prospektregime und noch viele Fragen offen, BKR 2008, S. 10
Heidelbach/Preuße, Die Anwendung des neuen europäischen Prospektregimes in der Praxis – ausgewählte Probleme, BKR 2012, S. 397
Hein, Rechtliche Frage des Bookbuildings nach deutschem Recht, WM 1996, S. 1
Heintzen, EU-Verordnungsentwurf zur Anwendung von IAS: Kein Verstoß gegen Unionsverfassungsrecht, BB 2001, S. 825
Heisterhagen, Die gesetzliche Prospektpflicht für geschlossene Fonds nach dem Regierungsentwurf des Anlegerschutzverbesserungsgesetzes, DStR 2004, S. 1089
Heisterhagen, Prospekthaftung für geschlossene Fonds nach dem Börsengesetz – wirklich ein Beitrag zum Anlegerschutz, DStR 2006, S. 759
Hennrichs, Unternehmensfinanzierung und IFRS im deutschen Mittelstand, ZHR 170 (2006), S. 498
Henze, Vermögensbindungsprinzip und Anlegerschutz, NZG 2005, S. 115
Herrestahl, Aktuelle Entwicklungen der (v.a. bürgerlich-rechtlichen) Prospekthaftung, in Schriftenreihe der Bankrechtlichen Vereinigung, Bankrechtstag 2015, 2016, S. 113
Hitzer/Hauser, ESMA – ein Statusbericht, BKR 2015, S. 52
Holzborn/Israel, Das Anlegerschutzverbesserungsgesetz – Die Veränderungen im WpHG, VerkProspG und BörsG und ihre Auswirkungen in der Praxis, WM 2004, S. 1948
Holzborn/Israel, Das neue Wertpapierprospektrecht, ZIP 2005, S. 1668
Holzborn/Schwarz-Gondek, Die neue EU-Prospektrichtlinie, BKR 2003, S. 927
Hommelhoff/van Aerssen, Fragen der Prospekthaftung, EWiR 1998, S. 579
Hopt, Risikokapital, Nebenbörsen und Anlegerschutz, WM 1985, S. 793
Hopt, Das Dritte Finanzmarktförderungsgesetz – Börsen- und kapitalmarktrechtliche Überlegungen, FS Drobnig, 1998, S. 525
Hopt/Voigt, Prospekt- und Kapitalmarktinformationshaftung, WM 2004, S. 1801
Hupka, Kapitalmarktaufsicht im Wandel – Rechtswirkungen der Empfehlungen des Committee of European Securities Regulators (CESR) im deutschen Kapitalmarktrecht, WM 2009, S. 1351
Inwinkel, Die neue Prüfgruppe der EU-Kommission und das neue Verfahren zur Anerkennung der IFRS, WPg 2007, S. 289
Ilberg/Neises, Die Richtlinien-Vorschläge der EU-Kommission zum „Einheitlichen Europäischen Prospekt" und zum „Marktmissbrauch" aus Sicht der Praxis, WM 2002, S. 635
Jäger/Maas, Hinweisbekanntmachungen – Neue Divergenz im Prospektrecht, BB 2009, S. 852
Jäger/Voß, Die Prospektpflicht und -prüfung bei geschlossenen Schiffsfonds, in: Winter/Henning/Gerhard (Hrsg.), Grundlagen der Schiffsfinanzierung, 3. Aufl., Frankfurt 2008, S. 893

Jahn, Mehr Schutz vor Bilanzskandalen, ZRP 2003, S. 121
Jaskulla, Anmerkung zu BGH, Urt. v. 20.1.2005 (Amtshaftungsrechtlicher Drittschutz im Zusammenhang mit der Wahrnehmung der Bankenaufsicht durch die Bundesanstalt für Finanzdienstleistungsaufsicht), BKR 2005, S. 231
Kaum/Zimmermann, Das „jährliche Dokument" nach § 10 WpPG, BB 2005, S. 1466
Kamlah, Strukturierte Anleihen, WM 1998, S. 1438
Keller/Langner, Überblick über EG-Gesetzgebungsvorhaben im Finanzbereich, BKR 2003, S. 616
Kersting, Die rechtliche Behandlung des öffentlichen Angebots von Anteilen an Futures-Fonds in der Bundesrepublik Deutschland, WM 1997, S. 1969
Keul/Erttmann, Inhalt und Reichweite zivilrechtlicher Prospekthaftung, DB 2006, S. 1664
Keunecke, Die neuen Prospekt- und Vertriebszulassungsbestimmungen für Geschlossene Fonds: Anmerkungen und Fazit, in: Schoeller/Witt (Hrsg.), Scope Jahrbuch Geschlossene Fonds 2005/2006, S. 143
Keusch/Wankerl, Die Haftung der Aktiengesellschaft für fehlerhafte Kapitalmarktinformationen im Spannungsfeld zum Gebot der Kapitalerhaltung, BKR 2003, S. 744
Klöhn, Grund und Grenzen der Haftung wegen unterlassener Prospektveröffentlichung gem. § 24 WpPG, § 21 VermAnlG; DB 2012, S. 1854
Klöhn, Die Ausweitung der bürgerlich-rechtlichen Prospekthaftung durch das „Rupert Scholz"-Urteil des BGH, WM 2012, S. 97
Klöhn, Prospekthaftung bei (scheinbarer) Ausnahme von der Prospektpflicht gem. §§ 3 Abs. 1 WpPG, 6 VermAnlG, FS Hoffmann-Becking, 2013, S. 679
Klöhn, Prospekthaftung bei (scheinbarer) Ausnahme von der Prospektpflicht gem. §§ 3 Abs. 1 WpPG, 6 VermAnlG, in: Krieger/Lutter/Schmidt (Hrsg.), Festschrift für Michael Hoffmann-Becking zum 70. Geburtstag (2013), S. 679
Klühs, Die Börsenprospekthaftung für „alte" Stücke gemäß § 44 Abs. 1 S. 3 BörsG, BKR 2008, S. 154
König, Die neue europäische Prospektrichtlinie, ZEuS 2004, S. 251
König, Die neue EU-Prospektrichtlinie aus gemeinschaftsprivatrechtlicher Perspektive, GPR 2003–2004, S. 152
Kollmorgen/Feldhaus, Zur Prospektpflicht bei aktienbasierten Mitarbeiterbeteiligungen, BB 2007, S. 225
Kollmorgen/Feldhaus, Neues von der Prospektpflicht für Mitarbeiterbeteiligungsprogramme, BB 2007, S. 2756
von Kopp-Colomb/Lenz, Angebote von Wertpapieren über das Internet, BKR 2002, S. 5
von Kopp-Colomb/Lenz, Der europäische Pass für Emittenten, AG 2002, S. 24
von Kopp-Colomb/Seitz, Das neue Prospektregime – Auswirkungen der Änderungen der Prospektverordnung auf Basisprospekte für die Emission von Anleihen und verbrieften Derivaten WM 2012, S. 1220
Kort, Börsenprospekthaftung und Unternehmensberichtshaftung, AG 1999, S. 9
Krämer/Baudisch, Neues zur Prospekthaftung und zu den Sorgfaltsanforderungen beim Unternehmenskauf, WM 1998, S. 1161
Krämer/Gillessen/Kiefner, Das „Telekom III"-Urteil des BGH – Risikozuweisungen an der Schnittstelle von Aktien- und Kapitalmarktrecht, CFL 2011, S. 328
Krimphove, Aktuelle Entwicklung im europäischen Bank- und Kapitalmarktrecht, ZfgK 2005, S. 97
Krug, Gestaltungsformen bei marktpreisnahen Bezugsemissionen, BKR 2005, S. 302

Literaturverzeichnis 2. Aufsätze

Kullmann/Metzger, Der Bericht der Expertengruppe „Europäische Wertpapiermärkte" (ESME) zur Richtlinie 2003/71/EG („Prospektrichtlinie") – Ausgewählte Aspekte des ESME-Berichts unter Berücksichtigung der Stellungnahme des Ausschusses der Europäischen Wertpapierregulierungsbehörden (CESR) zu „Retail Cascades" und der inhaltlichen Abgrenzung von Basisprospekt und endgültigen Bedingungen –, WM 2008, S. 1292

Kullmann/Müller-Deku, Die Bekanntmachung zum Wertpapier-Verkaufsprospektgesetz, WM 1996, S. 1989

Kullmann/Sester, Inhalt und Format von Emissionsprospekten nach dem WpPG, ZBB 2005, S. 209

Kullmann/Sester, Das Wertpapierprospektgesetz (WpPG) – Zentrale Punkte des neuen Regimes für Wertpapieremissionen, WM 2005, S. 1068

Kunold/Schlitt, Die neue EU-Prospektrichtlinie, BB 2004, S. 501

Kunz, Die Börsenprospekthaftung nach Umsetzung der EG Richtlinien in innerstaatliches Recht, 1991

Kuthe, Änderungen des Kapitalmarktrechts durch das Anlegerschutzverbesserungsgesetz, ZIP 2004, S. 883

Küting, Neufassung des IDW S 4 – Auf dem Weg von einer freiwilligen zu einer gesetzlichen kodifizierten Prospektprüfung?, DStR 2006, S. 1007

Lachner/von Heppe, Die prospektfreie Zulassung nach § 4 Abs. 2 Nr. 1 WpPG („10%-Ausnahme") in der jüngsten Praxis, WM 2008, S. 576

Land/Hallermayer, Prospektpflicht und Informationsdokument nach WpPG bei Mitarbeiteraktienbeteiligungsprogrammen, DB 2014, S. 1001

Lang, Das neue Investmentgesetz und das fehlende Anlegerleitbild des Gesetzgebers, VuR 2004, S. 201

Langenbucher, Kapitalerhaltung und Kapitalmarkthaftung, ZIP 2005, S. 239

Lawall/Maier, Änderungen im Wertpapierprospektgesetz (Teil 1) – Wesentliche Neuregelungen und aktuelle Auslegungsfragen, DB 2012, S. 2443

Lawall/Maier, Änderungen im Wertpapierprospektgesetz (Teil 2) – Wesentliche Neuregelungen und aktuelle Auslegungsfragen, DB 2012, S. 2503

Lehne, Stand der europäischen Corporate Governance-Entwicklung, Der Konzern 2003, S. 272

Lenz/Ritz, Die Bekanntmachung des Bundesaufsichtsamtes zum Wertpapier-Verkaufsprospektgesetz und zur Verordnung über Wertpapier-Verkaufsprospekte, WM 2000, S. 904

Leuering, Prospektpflichtige Anlässe im WpPG, Der Konzern 2006, S. 4

Leuering, Die Neuordnung der gesetzlichen Prospekthaftung, NJW 2012, S. 1905

Leuering/Stein, Prospektpflicht von Bezugsrechtsemissionen, NJW-Spezial 2012, S. 591

Leuering/Stein, Prospektpflichtige Anlässe im WpPG nach der Umsetzung der Änderungsrichtlinie, Der Konzern 2012, S. 382

Livonius, Aktuelle Rechtsfragen des Vertriebs von Finanzprodukten, BKR 2005, S. 12

Lorenz/Schönemann/Wolf, Geplante Neuregelung zur Prospekthaftung – Verjährung, Anspruchskonkurrenz und Prospektzusammenfassung, CFL 2011, S. 346

Lüdenbach/Freiberg, BB-IFRS – Report, BB 2008, S. 2787

Maas/Voß, Nachträge bei Vermögensanlagen-Verkaufsprospekten, BB 2008, S. 2302

Maerker/Biedermann, Änderungen der EU-Prospektrichtlinie – Auswirkungen auf den deutschen Markt, RdF 2011, S. 90

Manzei, Einzelne Aspekte der Prospektpflicht am Grauen Kapitalmarkt, WM 2006, S. 845

Marx/Schleifer, Aktuelle Probleme des IDW S 4 und der gesetzlichen Prospektierungsregeln für geschlossene Fonds, BB 2007, S. 258 ff.
Mattil/Möslein, Die Sprache des Emissionsprospekts – Europäisierung des Prospektrechts und Anlegerschutz, WM 2007, S. 819
Meixner, Das Anlegerschutzverbesserungsgesetz im Überblick, ZAP Fach 8, S. 397
Mentz/Fröhling, Die Formen der rechtsgeschäftlichen Übertragung von Aktien, NZG 2002, S. 201
Meyding, Zweifelsfragen bei Anwendung des Wertpapier-Verkaufsprospektgesetzes, DB 1993, S. 419
Meyer, A., Anlegerschutz und Förderung des Finanzplatzes Deutschland durch die Going Public Grundsätze der Deutschen Börse AG, WM 2002, S. 1864
Meyer, A., Aspekte einer Reform der Prospekthaftung (Teil I), WM 2003, S. 1301, S. 1349 (Teil II)
Meyer, A., Anforderungen an Finanzinformationen in Wertpapierprospekten, Accounting 2/2006, S. 11
Möllers, Zur „Unverzüglichkeit" einer Ad-hoc Mitteilung im Kontext nationaler und europäischer Dogmatik, in: Festschrift für Horn (2007), S. 473
Möllers/Steinberger, Die BGH-Entscheidung zum Telekom-Prozess und das europäische Anlegerleitbild, NZG 2015, S. 329
Möllers/Voß, Der Wegfall des Daueremittentenprivilegs erfordert schnelles Handeln, BB 2008, S. 1131
Moritz/Grimm, Licht im Dunkel des „Grauen Marktes" – Aktuelle Bestrebungen zur Novellierung des Verkaufsprospektes, BB 2004, S. 1352
Moritz/Grimm, Die künftige Prospektpflicht für geschlossene Fonds, BB 2004, S. 1801
Moritz/Grimm, Die Vermögensanlagen-Verkaufsprospektverordnung: Inhaltliche Anforderungen an Verkaufsprospekte geschlossener Fonds, BB 2005, S. 337
Mues, Verkaufsprospektgesetz, Verkaufsprospekt-Verordnung, Verkaufsprospektgebühren-Verordnung, ZHR 166 (2002), S. 119
Mülbert/Steup, Emittentenhaftung für fehlerhafte Kapitalmarktinformation am Beispiel der fehlerhaften Regelpublizität, WM 2005, S. 1633
Müller, Richtlinie für Verkaufsprospekte über Wertpapiere, Die Bank 1989, S. 375
Müller, Prospektpflicht für öffentliche Wertpapier-Angebote ab 1991, WM 1991, S. 213
Müller/Oulds, Transparenz im europäischen Fremdkapitalmarkt, WM 2007, S. 573
Oulds, Die Nachtragspflicht gemäß § 16 WpPG – Abgrenzung, Widerrufsrecht und die Novellierung der Prospektrichtlinie, WM 2011, S. 1452
Oulds, Prospekthaftung bei grenzüberschreitenden Kapitalmarkttransaktionen, WM 2008, S. 1573
Oltmanns/Zöllter-Petzoldt, Bezugsrechtskapitalerhöhungen von Unternehmen im Entry-Standard, NZG 2013, S. 489
Oversberg, Übernahme der IFR in Europa: Der Endorsement-Prozess – Status quo und Aussicht, DB 2007, S. 1597
Parmentier, Die Entwicklung des europäischen Kapitalmarktrechts, EuZW 2016, S. 45
Parmentier, Ad-hoc Publizität bei Börsengang und Aktienplatzierung, NZG 2007, S. 407
Pellens/D. Jödicke/R. Jödicke, Anwendbarkeit nicht freigegebener IFRS innerhalb der EU, BB 2007, S. 2503
Pfeiffer/Buchinger, Prospektpflicht bei Mitarbeiterbeteiligungsprogrammen US-amerikanischer Arbeitgeber, NZG 2006, S. 449

Literaturverzeichnis 2. Aufsätze

Pfüller/Westerwelle, Das Internet als Kapitalmarkt, MMR 1998, S. 171
Pietzner, Rechtsschutz in der Verwaltungsvollstreckung, VerwArch 1993, S. 261
Portner, Bedeutet das neue Wertpapierprospektgesetz das Aus für ausländisch initiierte aktienbasierte Mitarbeiterbeteiligungsprogramme?, IStR 2005, S. 739
Pötzsch, Das Dritte Finanzmarktförderungsgesetz, WM 1998, S. 949
Redeker/Karpenstein, Über Nutzen und Notwendigkeiten, Gesetze zu begründen, NJW 2001, S. 2825
Reinhart/Thiery, „The Public Offers of Securities Regulations", WM 1996, S. 1565
Renz/Rippel, Die Informationspflichten gem. §§ 21 ff. WpHG und deren Änderungen durch das Risikobegrenzungsgesetz, BKR 2008, S. 309
Renzenbrink/Holzner, Das Verhältnis von Kapitalerhaltung und Ad Hoc-Haftung, BKR 2002, S. 434
Ritz, Die Änderungen verkaufsprospektrechtlicher Vorschriften im Jahr 2002 und aufsichtsrechtliche Praxis, AG 2002, S. 662
Rodenwald/Tüxen, Neuregelung des Insiderrechts nach dem Anlegerschutzverbesserungsgesetz (AnSVG) – Neue Organisationsanforderungen für Emittenten und ihre Berater, BB 2004, S. 2249
Rothenhöfer, Mitverschulden des unrichtig informierten Anlegers?, WM 2003, S. 2032
Russ, Gedanken zur kapitalmarktrechtlichen Prospektaktualisierung, in: Brandl/Kalss/Lucius/Oppitz/Saria (Hrsg.), Finanzierung über den Kapitalmarkt, 2006, S. 52
Sandberger, Die EU-Prospektrichtlinie – „Europäischer Pass für Emittenten", EWS 2004, S. 297
Schäfer, Emission und Vertrieb von Wertpapieren nach dem Wertpapierverkaufsprospekt, ZIP 1991, S. 1557
Schäfer, Stand und Entwicklungstendenzen der spezialgesetzlichen Prospekthaftung, ZGR 2006, S. 40
Schanz/Schalast, Wertpapierprospekte – Markteinführungspublizität nach EU-Prospektverordnung und Wertpapierprospektgesetz 2005, HfB – Working Paper Series No. 74, erhältlich unter http://www.frankfurt-school.de/clicnetclm/fileDownload.do?goid=000000056873AB4
Schlitt/Ponick/Gottmann, Mehr Flexibilität durch Equity-Linie-Finanzierungen?, Finanz-Betrieb 10/2005, S. 635
Schlitt/Schäfer, Auswirkungen des Prospektrichtlinie-Umsetzungsgesetzes auf Aktien- und Equity-linked-Emissionen, AG 2005, S. 498
Schlitt/Schäfer, Auswirkungen der Umsetzung der Transparenzrichtlinie auf Aktien- und Equity-linked Emissionen, AG 2007, S. 227
Schlitt/Schäfer, Drei Jahre Praxis unter dem Wertpapierprospektgesetz – eine Zwischenbilanz, AG 2008, S. 525
Schlitt/Seiler, Aktuelle Rechtsfragen bei Bezugsrechtsemissionen, WM 2003, S. 2175
Schlitt/Singhof/Schäfer, Aktuelle Rechtsfragen und neue Entwicklungen im Zusammenhang mit Börsengängen, BKR 2005, S. 251
Schlitt/Smith/Werlen, Die Going-Public-Grundsätze der Deutschen Börse, AG 2002, S. 478
Schmitt, Prospekthaftung von Abschlussprüfern? DStR 2013, S. 1688
Schneider/Haag, Retail cascading in Germany – a model for a revision of the PD?, Capital Markets Law Journal 2007, S. 370

Schnorbus, Die richtlinienkonforme Rechtsfortbildung im nationalen Privatrecht, AcP 201 (2001), S. 860
Schnorbus, Autonome Harmonisierung in den Mitgliedstaaten durch die Inkorporation von Gemeinschaftsrecht, RabelsZ 65 (2001), S. 654
Schnorbus, Drittklagen im Übernahmeverfahren, ZHR 166 (2002), S. 72
Schnorbus, Die prospektfreie Platzierung von Wertpapieren nach dem WpPG, AG 2008, S. 389
Schnorbus, Prospektanforderungen für bestimmte Emittenten („Specialist Issuers"), WM 2009, S. 249
Schulz/Hartig, Vereinfachte Prospekte für Bezugsrechtsemissionen nach den „verhältnismäßigen Schemata" des Art. 26a EU-ProspektVO, WM 2014, S. 1567
Schüppen, Übernahmegesetz ante portas! – Zum Regierungsentwurf eines „Gesetzes zur Regelung von öffentlichen Angeboten zum Erwerb von Wertpapieren und Unternehmensübernahmen", WPg 2001, S. 958
Schwark, Prospekthaftung und Kapitalerhaltung in der AG, in: Schmidt/Schwark (Hrsg.), Festschrift für Peter Raisch (1995), S. 26
Schwark, Wertpapier-Verkaufsprospektgesetz und Freiverkehr, in: Horn/Lwowski/Nobbe (Hrsg.), Bankrecht – Schwerpunkte und Perspektiven, Festschrift für Herbert Schimansky (1999), S. 739
Seibert, Das 10-Punkte-Programm „Unternehmensintegrität und Anlegerschutz", BB 2003, S. 693
Seibt/von Bonin/Isenberg, Prospektfreie Zulassung von Aktien bei internationalen Aktientausch-Transaktionen mit gleichwertigen Dokumentenangaben (§ 4 Abs. 2 Nr. 3 WpPG), AG 2008, S. 565
Seitz, Die Integration der europäischen Wertpapiermärkte und die Finanzmarktgesetzgebung in Deutschland, BKR 2002, S. 340
Seitz, Das neue Wertpapierprospektrecht – Auswirkungen auf die Emission von Schuldverschreibungen, AG 2005, S. 678
Siebel/Gebauer, Prognosen im Aktien- und Kapitalmarktrecht, WM 2001, S. 173
Singhof, BGH, Urt. v. 18.9.2012 – XI ZR 344/11 – Haftung für fehlerhaften Prospekt aus § 13 VerkProspG aF, RdF 2013, S. 76
Sittmann, Die Prospekthaftung nach dem Dritten Finanzmarktförderungsgesetz, NZG 1998, S. 490
Sittmann, Modernisierung der börsengesetzlichen Prospekthaftung, NJW 1998, S. 37
Spindler, Kapitalmarktreform in Permanenz – Das Anlegerschutzverbesserungsgesetz, NJW 2004, S. 3449
Spindler, Persönliche Haftung der Organmitglieder für Falschinformationen des Kapitalmarktes, WM 2004, S. 2089
Spreizer, Die geplante Änderung des Wertpapier-Verkaufsprospektgesetzes durch das Gesetz zur Verbesserung des Anlegerschutzes (AnSVG), VuR 2004, S. 353
Steder, Zum Entwurf eines Gesetzes über den Vertrieb von Anteilen an Vermögensanlagen, AG 1975, S. 173
Stephan, Prospektaktualisierung, AG 2002, S. 3
Stephan, Angebotsaktualisierung, AG 2003, S. 551
Sudmeyer/Rückert/Kuthe, Entry Standard – Das neue Börsensegment für den Mittelstand, BB 2005, S. 2703

Literaturverzeichnis 2. Aufsätze

Süßmann, Wertpapier-Verkaufsprospektgesetz und Verkaufsprospekt-Verordnung, EuZW 1991, S. 210
Thole, Der Debt Equity Swap bei der Restrukturierung von Anleihen, ZIP 2014, S. 2365
Vaupel/Reers, Kapitalerhöhungen bei börsennotierten Aktiengesellschaften in der Krise, AG 2010, S. 93
Veil, Zeitenwende in der Kapitalmarktgesetzgebung – Europäisierung von Recht und Aufsicht, in: Erle et al. (Hrsg.), Festschrift für Peter Hommelhoff zum 70. Geburtstag (2012), S. 1263
Veil, Der Schutz des verständigen Anlegers durch Publizität und Haftung im europäischen und nationalen Kapitalmarktrecht, ZBB 2006, S. 162
Veil/Wundenberg, Prospektpflichtbefreiung nach § 4 Abs. 2 Nr. 3 WpPG bei Unternehmensübernahmen, WM 2008, S. 1285
Verfürth/Grunenberg, Pflichtangaben bei geschlossenen Fonds nach der Vermögensanlagen-Verkaufsprospektverordnung, DB 2005, S. 1043
Volhard/Wilken, Auswirkungen der Richtlinie über Märkte für Finanzinstrumente (MiFiD) auf geschlossene Fonds in Deutschland, DB 2006, S. 2051
Voß, Geschlossene Fonds unter dem Rechtsregime der MiFID?, BKR 2007, S. 45
Voß, Die Überarbeitung der Prospektrichtlinie, ZBB 2010, S. 194
Wagner, Der Europäische Pass für Emittenten – die neue Prospektrichtlinie, Die Bank 2003, S. 680
Waldeck, Hinterlegungsgebühr bei Ausgabe von Optionsschein-Serien, Subsumtion von Optionsscheinen unter dem Begriff der Schuldverschreibungen (Urteil VG Frankfurt a.M.), WuB I L 6. – 1.99
Waldeck/Süßmann, Die Anwendung des Wertpapier-Verkaufsprospektgesetzes, WM 1993, S. 361
Weber, Internet-Emissionen, MMR 1999, S. 385
Weber, Unterwegs zu einer europäischen Prospektkultur – Vorgaben der neuen Wertpapierprospektrichtlinie vom 4.11.2003, NZG 2004, S. 360
Weber, Die Entwicklung des Kapitalmarktrechts im Jahre 2004, NJW 2004, S. 3674
Weber, Internationale Prospekthaftung nach der ROM I-Verordnung, WM 2008, S. 1581
Weinrich/Tiedemann, Richtige und vollständige Darstellung der IRR-Methode im Emissionsprospekt, BKR 2016, S. 50
Weiser, Preisfindung bei Börsengängen – das Accelerated Bookbuilding Verfahren, FB 2006, S. 385
Wicke, Prospektpflicht für öffentlich angebotene Anteile an geschlossenen Immobilienfonds und anderen Anlageformen, ZNotP 2006, S. 24
Wienecke, Haftung der Konzernspitze für die (unrichtige) Darstellung des Unternehmensvertrags im Wertpapierprospekt der Konzerntochter, NZG 2012, S. 1420
Wieneke, Emissionspublizität, NZG 2005, S. 109
Wieneke, Emissionspublizität und informationelle Gleichbehandlung der Anleger, in: Grundmann/Schwintowski/Singer/Weber (Hrsg.), Anleger- und Funktionsschutz durch Kapitalmarktrecht, 2005, S. 37
Willamowski, Die strategische Allokation von Aktien bei Emissionen, WM 2001, S. 653
Wittich, Zweieinhalb Jahre Wertpapierhandelsaufsicht – eine Zwischenbilanz, WM 1997, S. 2026
Wodsak, Zulassungen bei Emissionen im Volumen von weniger als 2,5 Mio. Euro, Going-Public 9/05, S. 60

Zacher, Verschärfungen der Prospektanforderungen bei (Immobilien)Kapitalanlagen – Der neue IDW-Standard zur Prospektprüfung, ZfIR 2000, S. 751

Zahn/Lemke, Die Credit Linked Note – Anleihe mit integriertem Kreditderivat, WM 2002, S. 1536

Zech/Hanowski, Haftung für fehlerhaften Prospekt aus § 13 VerkProspG a. F., NJW 2013, S. 510

Zeising, Asset Backed Securities (ABS) – Grundlagen und neuere Entwicklungen, BKR 2007, S. 311

Ziegler, Die Prospekthaftung am nicht-organisierten Kapitalmarkt im Spannungsverhältnis zu personengesellschaftsrechtlichen Grundsätzen, DStR 2005, S. 30

Ziegler, Die Rechtsfolgen der §§ 13, 13a VerkProspG n. F. und der Kapitalerhaltungsgrundsatz, NZG 2005, S. 301

Ziemons, Neuerungen im Insiderrecht und bei der Ad-hoc-Publizität durch die Marktmissbrauchsrichtlinie und das Gesetz zur Verbesserung des Anlegerschutzes, NZG 2004, S. 537

Zimmer, Prospekthaftung von Experten? Kritik eines Gesetzentwurfs, WM 2005, S. 577

Zimmer/Cloppenburg, Haftung für falsche Information des Sekundärmarktes auch bei Kapitalanlagen des nicht geregelten Kapitalmarktes?, ZHR 171 (2007), S. 519

Zöllner/M. Winter, Folgen der Nichtigerklärung durchgeführter Kapitalerhöhungsbeschlüsse, ZHR 158 (1994), S. 59

3. Sonstige Materialien

Bundesanstalt für Finanzdienstleistungsaufsicht, Neues Prospektrecht (WpPG) – Allgemeine Grundlagen, Stand: Juni 2005

Bundesanstalt für Finanzdienstleistungsaufsicht, Workshop: 100 Tage WpPG, Rechtsfragen aus der Anwendungspraxis, Präsentation vom 3. November 2005

Bundesanstalt für Finanzdienstleistungsaufsicht, Wertpapierprospektgesetz – Hinterlegungsverfahren/Notifizierungsverfahren, Präsentation vom 29. Mai 2006

Bundesanstalt für Finanzdienstleistungsaufsicht, Workshop – Präsentation „Ausgewählte Rechtsfragen und neue Tendenzen in der Verwaltungspraxis" vom 29. Mai 2006

Bundesanstalt für Finanzdienstleistungsaufsicht, Ausgewählte Rechtsfragen in der Aufsichtspraxis, Präsentation vom 4. September 2007

Bundesanstalt für Finanzdienstleistungsaufsicht, Ad-hoc-Publizität, Directors' Dealings und jährliches Dokument, Präsentation zur Informationsveranstaltung der BaFin vom 28. November 2007

Bundesanstalt für Finanzdienstleistungsaufsicht, § 10 WpPG – Jährliches Dokument, Veröffentlichung vom 4.12.2007 (zit. BaFin, Q&A zu § 10 WpPG)

Bundesanstalt für Finanzdienstleistungsaufsicht, Ausgewählte Prospekt- und Verfahrensfragen, Präsentation vom 9. November 2009

Bundesanstalt für Finanzdienstleistungsaufsicht, Ausgewählte Rechtsfragen zum Nachtragsrecht, Präsentation vom 9. November 2009

Bundesanstalt für Finanzdienstleistungsaufsicht, Complex Financial History in der Fallpraxis, Präsentation vom 9. November 2009

Bundesanstalt für Finanzdienstleistungsaufsicht, Europarechtliche Entwicklungen im Prospektrecht, Präsentation vom 9. November 2009

Literaturverzeichnis 3. Sonstige Materialien

Bundesanstalt für Finanzdienstleistungsaufsicht, Basisprospektregime nach neuem Recht, Präsentation vom 4./5. Juni 2012

Bundesanstalt für Finanzdienstleistungsaufsicht, BaFinJournal, Mitteilungen der Bundesanstalt für Finanzdienstleistungsaufsicht, Ausgabe September 2012

Bundesanstalt für Finanzdienstleistungsaufsicht, Auslegungsschreiben zum Begriff des öffentlichen Angebots von Wertpapieren im Sinne des § 2 Nr. 4 WpPG im Rahmen des Sekundärmarkthandels von Wertpapieren vom 24. Juni 2013 (Geschäftszeichen PRO 1 – Wp 2030 – 2012/0013)

Bundesaufsichtsamt für den Wertpapierhandel, Bekanntmachung zum Wertpapier-Verkaufsprospektgesetz (Verkaufsprospektgesetz) in der Fassung der Bekanntmachung vom 9. September 1998 (BGBl. I S. 2701 ff.) und zur Verordnung über Wertpapier-Verkaufsprospekte (Verkaufsprospekt-Verordnung) in der Fassung der Bekanntmachung vom 9. September 1998 (BGBl. I S. 2853 ff.) vom 6. September 1999 (zit.: „BAWe, Bekanntmachung zum Wertpapier-Verkaufsprospektgesetz"), Bundesanzeiger Nr. 177 vom 21. September 1999, S. 16180

CESR, CESR's advice on Level 2 Implementing Measures for the Prospectus Directive July 2003, Ref. CESR/03-208, erhältlich unter www.esma.europa.eu

CESR, CESR's advice on Level 2 Implementing Measures for the Prospectus Directive December 2003, Ref. CESR/03-399, erhältlich unter www.esma.europa.eu

CESR, CESR's advice to the European Commission on a possible amendment to Regulation (EC) 809/2004 regarding the historical financial information which must be included in a prospectus, October 2005, Ref. CESR/05-582, erhältlich unter www.esma.europa.eu

CESR, CESR's comments on the European Commission's background and consultation document on the review of Directive 2003/71/EC, 24th March 2009, Ref: CESR/ 09-240, erhältlich unter http://circa.europa.eu/Public/irc/markt/markt_consultations/library?l=/financial_services/securities_pro spectus&vm=detailed&sb=Title

CESR, CESR data on prospectuses approved and passported January 2009 to June 2009, 18 September 2009, Ref.: CESR/09-707, erhältlich unter www.esma.europa.eu

CESR, Feedback Statement, CESR/03-301, erhältlich unter www.esma.europa.eu

CESR, Prospectus, Overview of language requirements for the vetting of Prospectus across the EU and a summary of CESR Members requirements regarding the translation of the "Summary Prospectus", Version – 3 December 2007, Ref: CESR/07-520, erhältlich unter www.esma.europa.eu

CESR, Public statement, Ref: CESR/07-825 (zit.: „CESR-Public statement"), erhältlich unter www.esma.europa.eu

CESR, Report on CESR members' powers under the Prospectus Directive and its implementing measures, June 2007, Ref.: CESR/07-383, erhältlich unter www.esma.europa.eu

CESR, Report on the supervisory functioning of the Prospectus Directive and Regulation, June 2007, Ref: CESR/07-225, erhältlich unter www.esma.europa.eu

Committee on Economic and Monetary Affairs of the European Parliament, Vorschlag des Berichterstatters (Rapporteur) vom 11. Januar 2010, Draft Report on the proposal for a Directive of the European Parliament and of the Council amending Directives 2003/71/EC on the prospectus to be published when securities are offered to the public or admitted to trading and 2004/109/EC on the harmonisation of transparency requirements in relation to information about issuers whose securities are admitted to trading on a regulated market (COM(2009)0491 – C7-0170/2009 – 2009/0132(COD))

Council of the European Union, ECOFIN (5390/4/03), Statement of the Council's Reasons vom 24.3.2004, erhältlich unter: www.europarl.europa.eu/comparl/econ/lamfalussy_process/prospectus_directive/

Council of the European Union, Proposal for a Directive of the European Parliament and of the Council amending Directives 2003/71/EC on the prospectus to be published when securities are offered to the public or admitted to trading and 2004/109/EC on the harmonisation of transparency requirements in relation to information about issuers whose securities are admitted to trading on a regulated market, Presidency compromise, Document 14640/09, dated October 21, 2009

Council of the European Union, Proposal for a Directive of the European Parliament and of the Council amending Directives 2003/71/EC on the prospectus to be published when securities are offered to the public or admitted to trading and 2004/109/EC on the harmonisation of transparency requirements in relation to information about issuers whose securities are admitted to trading on a regulated market, Presidency compromise, Document 15096/09, dated November 4, 2009, erhältlich unter: http://register.consilium.europa.eu/servlet/driver?typ=&page=Simple&lang=EN&cmsid=638

Council of the European Union, Proposal for a Directive of the European Parliament and of the Council amending Directives 2003/71/EC on the prospectus to be published when securities are offered to the public or admitted to trading and 2004/109/EC on the harmonisation of transparency requirements in relation to information about issuers whose securities are admitted to trading on a regulated market, Presidency compromise, Document 15911/09, dated November 18, 2009, erhältlich unter: http://register.consilium.europa.eu/servlet/driver?typ=&page=Simple&lang=EN&cmsid=638

Council of the European Union, Proposal for a Directive of the European Parliament and of the Council amending Directives 2003/71/EC on the prospectus to be published when securities are offered to the public or admitted to trading and 2004/109/EC on the harmonisation of transparency requirements in relation to information about issuers whose securities are admitted to trading on a regulated market, Presidency compromise, Document 15911/09, dated December 11, 2009, erhältlich unter: http://register.consilium.europa.eu/servlet/driver?typ=&page=Simple&lang=EN&cmsid=638

ESMA, Final Report vom 4. Oktober 2011 („ESMA's technical advice on possible delegated acts concerning the Prospectus Directive as amended by Directive 2010/73/EU", ESMA/2011/323), erhältlich unter www.esma.europa.eu

ESMA, Final Report vom 29. Februar 2012 („ESMA's technical advice on possible delegated acts concerning the Prospectus Directive as amended by Directive 2010/73/EU", ESMA/2012/137), erhältlich unter www.esma.europa.eu

ESMA, Report on Comparison of liability regimes in Member States in relation to the Prospectus Directive vom 30. Mai 2013 (ESMA/2013/619)

ESMA, Opinion vom 17.12.2013, ESMA/2013/1944, Format of the base propectus and consistent application of Article 26(4) of the Prospectus Regulation

ESMA, Questions and Answers Prospectuses, 25th Updated Version – July 2016, Ref: ESMA/2016/1133 (zit.: „ESMA-Questions and Answers (25th Updated Version – July 2016)"), erhältlich unter www.esma.europa.eu

Literaturverzeichnis   3. Sonstige Materialien

Europäische Ratspräsidentschaft, Entwurf für eine Verordnung zur Errichtung einer Europäischen Wertpapieraufsichtsbehörde (Kompromissvorschlag vom 7. Dezember 2009), erhältlich unter http://www.consilium.europa.eu/showPage.aspx?id=1279&lang=EN

Europäische Ratspräsidentschaft, Kompromissvorschlag der Ratspräsidentschaft vom 11. Dezember 2009 zum Entwurf einer Richtlinie des Europäischen Parlaments und des Rates zur Änderung der Richtlinien 2003/71/EG und 2004/109/EG, erhältlich unter http://www.consilium.europa.eu/showPage.aspx?id=1279&lang=EN

Europäische Ratspräsidentschaft, Kompromissvorschlag der Ratspräsidentschaft vom 17. März 2010 zum Entwurf für eine Richtlinie zur Änderung der Richtlinien 1998/26/EG, 2002/87/EG, 2003/6/EG, 2003/41/EG, 2003/71/EG, 2004/39/EG, 2004/109/EG, 2005/60/EG, 2006/48/EG, 2006/49/EG und 2009/65/EG im Hinblick auf die Befugnisse der Europäischen Bankaufsichtsbehörde, der Europäischen Aufsichtsbehörde für das Versicherungswesen und die betriebliche Altersversorgung und der Europäischen Wertpapieraufsichtsbehörde, erhältlich unter http://www.consilium.europa.eu/showPage.aspx?id=1279&lang=EN

European Commission-Internal Market and Services Directorate-General (Markt/G3/WG D(2005), 3rd Informal Meeting on Prospectus Transposition – 26 January 2005 – Summary record, erhältlich unter http://ec.europa.eu/internal_market/securities/prospectus/index_en.htm

European Commission-Internal Market and Services Directorate-General (Markt/G3/WG D(2005), 4th Informal Meeting on Prospectus Transposition – 8 March 2005 – Summary record, erhältlich unter http://ec.europa.eu/internal_market/securities/prospectus/index_en.htm

European Commission, Consultation on a draft proposal for a Directive of the European Parliament and of the Council amending Directives 2003/71/EC on the prospectus to be published when securities are offered to the public or admitted to trading and 2004/109/EC on the harmonisation of transparency requirements in relation to information about issuers whose securities are admitted to trading on a regulated market, January 9, 2009, erhältlich unter: http://ec.europa.eu/internal_market/securities/prospectus/index_de.htm

European Commission, Background Document – Review of Directive 2003/71/EC on the prospectus to be published when securities are offered to the public or admitted to trading and amending Directive 2001/34/EC (Prospectus Directive) – January 9, 2009 (zit. European Commission, Background Document (January 2009))

European Commission, Proposal for a Directive of the European Parliament and of the Council amending Directives 2003/71/EC on the prospectus to be published when securities are offered to the public or admitted to trading and 2004/109/EC on the harmonisation of transparency requirements in relation to information about issuers whose securities are admitted to trading on a regulated market, „summary of the impact assessment" and „impact assessment", dated September 23, 2009, erhältlich unter: http://ec.europa.eu/internal_market/securities/prospectus/index_de.htm

European Securities Markets Expert Group (ESME), Report on Directive 2003/71/EC of the European Parliament and the Council on the prospectus to be published when securities are offered to the public or admitted to trading, September 5, 2007, abrufbar unter http://ec.europa.eu/internal_market/securities/docs/esme/05092007_report_en.pdf

European Securities Markets Expert Group (ESME), Position on Article 10 of the Prospectus Directive in relation to the Transparency Directive, June 4, 2008 (zit. ESME, Position on Art. 10 Prospectus Directive)

Europäische Kommission, Vorschlag für eine Richtlinie des Europäischen Parlaments und des Rates über den Prospekt, der beim öffentlichen Angebot von Wertpapieren oder bei deren Zulassung zum Handel zu veröffentlichen ist (KOM (2001) 208 endgültig) vom 30. Mai 2001

Europäische Kommission, Vorschlag für eine Richtlinie des Europäischen Parlaments und des Rates zur Änderung der Richtlinie 2003/71/EG betreffend den Prospekt, der beim öffentlichen Angebot von Wertpapieren oder bei deren Zulassung zum Handel zu veröffentlichen ist, und der Richtlinie 2004/109/EG zur Harmonisierung der Transparenzanforderungen in Bezug auf Informationen über Emittenten, deren Wertpapiere zum Handel auf einem geregelten Markt zugelassen sind (KOM (2009) 491; 2009/0132 (COD)) vom 23. September 2009 in der Form des am 11.10.2010 vom Europäischen Rat gebilligten Entwurfs, Amtsblatt der EU, 2009/0132 (COD), PE-CONS 29/10, DE v. 29.9.2010.

Europäische Kommission, Kommentare zu bestimmten Artikeln der Verordnung (EG) Nr. 1606/2002 des Europäischen Parlaments und des Rates vom 19. Juli 2002 betreffend die Anwendung internationaler Rechnungslegungsstandards und zur Vierten Richtlinie 78/660/EWG des Rates vom 25. Juli 1978 sowie zur Siebenten Richtlinie 83/349/EWG des Rates vom 13. Juni 1983 über Rechnungslegung, November 2003, erhältlich unter http://ec.europa.eu/internal_market/accounting/ias_en.htm#comments

Europäische Kommission, Vorschlag der Europäischen Kommission für eine Richtlinie zur Änderung der Richtlinien 1998/26/EG, 2002/87/EG, 2003/6/EG, 2003/41/EG, 2003/71/EG, 2004/39/EG, 2004/109/EG, 2005/60/EG, 2006/48/EG, 2006/49/EG und 2009/65/EG im Hinblick auf die Befugnisse der Europäischen Bankaufsichtsbehörde, der Europäischen Aufsichtsbehörde für das Versicherungswesen und die betriebliche Altersversorgung und der Europäischen Wertpapieraufsichtsbehörde vom 26. Oktober 2009, erhältlich unter: http://ec.europa.eu/internal_market/finances/committees/index_de.htm

Europäische Kommission, Konsultation vom 9. Januar 2009 anlässlich der Überprüfung der Prospektrichtlinie (Richtline 2003/71/EG), erhältlich unter http://ec.europa.eu/internal_market/consultations/2009/prospectus_en.htm

Europäische Kommission, Vorschlag vom 23. September 2009 für eine Richtlinie des Europäischen Parlaments und des Rates zur Änderung der Richtlinien 2003/71/EG und 2004/109/EG, erhältlich unter http://ec.europa.eu/internal_market/securities/prospectus/index_de.htm

Europäische Kommission, Folgenabschätzung vom 23. September 2009 zum Vorschlag für eine Richtlinie des Europäischen Parlaments und des Rates zur Änderung der Richtlinien 2003/71/EG und 2004/109/EG erhältlich unter http://ec.europa.eu/inter nal_market/securities/prospectus/index_de.htm

Europäische Kommission – Generaldirektion Binnenmarkt und Dienstleistungen, Zusammenfassung der Kommentare Konsultation zur Übernahme der International Standards on Auditing vom März 2010, S. 2, erhältlich unter: http://ec.europa.eu/internal_market/consultations/2009/isa_en.htm

Literaturverzeichnis 3. Sonstige Materialien

Europäische Kommission, Vorschlag zur Überarbeitung der Prospektrichtlinie 2003/71/EG vom 30.11.2015, erhältlich unter http://ec.europa.eu/finance/securities/prospectus/index_de.htm unter der Rubrik *30.11.2015 – Text des Vorschlags*

European Parliament, Vorschlag vom 26. März 2010 (Session Document A7-0102/2010), Report on the proposal for a Directive of the European Parliament and of the Council amending Directives 2003/71/EC on the prospectus to be published when securities are offered to the public or admitted to trading and 2004/109/EC on the harmonisation of transparency requirements in relation to information about issuers whose securities are admitted to trading on a regulated market (COM(2009)0491 – C7-0170/2009 – 2009/0132(COD))

Europäisches Parlament, vorläufiger Text des Standpunktes des Europäischen Parlaments festgelegt in erster Lesung am 17. Juni 2010 im Hinblick auf den Erlass der Richtlinie 2010/…/EU des Europäischen Parlaments und des Rates zur Änderung der Richtlinie 2003/71/EG betreffend den Prospekt, der beim öffentlichen Angebot von Wertpapieren oder bei deren Zulassung zum Handel zu veröffentlichen ist, und der Richtlinie 2004/109/EG zur Harmonisierung der Transparenzanforderungen in Bezug auf Informationen über Emittenten, deren Wertpapiere zum Handel auf einem geregelten Markt zugelassen sind (KOM(2009)0491 – C7-0170/2009 – 2009/0132(COD); Dokument: P7_TA(2010)0227; erhältlich unter http://www.europarl.europa.eu/oeil/file.jsp?id=5804842

Europäisches Parlament, vorläufiger Text des Standpunktes des Europäischen Parlaments vom 22. September 2010 im Hinblick auf den Erlass der Verordnung des Europäischen Parlaments und des Rates zur Einrichtung einer Europäischen Aufsichtsbehörde (Europäische Wertpapier- und Börsenaufsichtsbehörde), European Parliament legislative resolution of 22 September 2010 on the proposal for a regulation of the European Parliament and of the Council establishing a European Securities and Markets Authority (COM(2009) 0503 – C7-0167/2009 – 2009/0144(COD)), Dokument: P7_TA(2010) 0339; erhältlich unter http://www.europarl.europa.eu/oeil/file.jsp?id= 5804652

Europäisches Parlament, vorläufiger Text des Standpunktes des Europäischen Parlaments vom 22. September 2010 im Hinblick auf den Erlass der Richtlinie des Europäischen Parlaments und des Rates zur Änderung der Richtlinien 1998/26/EG, 2002/87/EG, 2003/6/EG, 2003/41/EG, 2003/71/EG, 2004/39/EG, 2004/109/EG, 2005/60/EG, 2006/48/EG, 2006/49/EG und 2009/65/EG im Hinblick auf die Befugnisse der Europäischen Aufsichtsbehörde (Europäische Bankaufsichtsbehörde), der Europäischen Aufsichtsbehörde (Europäische Aufsichtsbehörde für das Versicherungswesen und die betriebliche Altersversorgung) und der Europäischen Aufsichtsbehörde (Europäische Wertpapier- und Börsenaufsichtsbehörde), European Parliament legislative resolution of 22 September 2010 on the proposal for a directive of the European Parliament and of the Council amending Directives 1998/26/EC, 2002/87/EC, 2003/6/EC, 2003/41/EC, 2003/71/EC, 2004/39/EC, 2004/109/EC, 2005/60/EC, 2006/48/EC, 2006/49/EC and 2009/65/EC in respect of the powers of the European Banking Authority, the European Insurance and Occupational Pensions Authority and the European Securities and Markets Authority (COM(2009)0576 – C7-0251/2009 – 2009/0161(COD)), Dokument: P7_TA(2010)0333; erhältlich unter http://www.europarl.europa.eu/oeil/file.jsp?id= 5819232

Frankfurter Wertpapierbörse, Rundschreiben Listing 01/2005 der Frankfurter Wertpapierbörse vom 2. Juni 2005

3. Sonstige Materialien **Literaturverzeichnis**

Frankfurter Wertpapierbörse, Rundschreiben Listing 01/2007 der Frankfurter Wertpapierbörse vom 21. September 2007
Handelsrechtsausschuss des DAV, Stellungnahme zum Regierungsentwurf zur Verbesserung des Anlegerschutzes (Anlegerschutzverbesserungsgesetz – AnSVG), NZG 2004, S. 703
IDW, IDW Prüfungsstandard: Grundsätze für die ordnungsgemäße Erteilung von Bestätigungsvermerken bei Abschlussprüfungen (IDW PS 400), FN-IDW 1/2015, S. 31
IDW, IDW Prüfungsstandard: Prüfung von Eröffnungsbilanzwerten im Rahmen von Erstprüfungen (IDW PS 205) vom 17.11.2000, WPg 2001, S. 150
IDW, IDW Prüfungsstandard: Prüfung von Vergleichsangaben über Vorjahre (IDW PS 318) vom 24.4.2000, WPg 2001, S. 909, FN-IDW 2/2011, Supplement 1 2011, S. 1
IDW, IDW Prüfungsstandard: Grundsätze für die Erteilung eines Comfort Letter (IDW PS 910) vom 4.3.2004, WPg 2004, S. 342
IDW, IDW Prüfungshinweis: Prüfung von zusätzlichen Abschlusselementen (IDW PH 9.960.2) vom 30.1.2006, WPg 2006, S. 333
Österreichische Finanzmarktaufsicht, Rundschreiben der Finanzmarktaufsicht vom 29.3.2007 zu Fragen der Umsetzung der Prospektrichtlinie in Kapitalmarktgesetz und Börsengesetz (zit.: „Österreichische FMA-Rundschreiben")

Teil 1: Kommentar zum WpPG
Vor §§ 1 ff.

Übersicht

	Rn.		Rn.
I. Der rechtliche Rahmen für das öffentliche Angebot und die Zulassung von Wertpapieren in Deutschland	1	a) Grundlagen	19
1. WpPG	1	b) Abgrenzung der Kompetenzen bei der Entscheidung über Ausnahmetatbestände	22
2. Europäische Vorgaben bei der Anwendung des WpPG	3	aa) BaFin	23
3. Rechtsentwicklungen	4	bb) Geschäftsführung der Börse	25
a) Änderungen der Prospektrichtlinie	4	4. Zivilrechtliche Aspekte von prospektfreien öffentlichen Angeboten und Börsenzulassungen	27
b) Änderungen des WpPG	7	a) Rechtsfolgen der Verletzung der Prospektpflicht nach § 3 Abs. 1 und Abs. 4	27
c) Technische Regulierungsstandards zur Billigung und Veröffentlichung des Prospekts und die Verbreitung von Werbung	10	aa) Grundlagen	27
		bb) Auswirkung auf Kaufverträge	28
d) Zukünftige Änderungen im Rahmen der Schaffung einer Kapitalmarktunion	11	b) Haftung für fehlerhafte Angaben bei bestehender Prospektbefreiung	29
II. Grundlagen zu den Ausnahmen von der Prospektpflicht	14	aa) Zulassung ohne Prospekt	29
1. Tatbestände	14	bb) Öffentliches Angebot ohne Prospekt	30
2. Gestaltungsmöglichkeiten (kombinierte und freiwillige Anwendbarkeit)	17	cc) Haftungsmaßstab	33
3. Kompetenz zur Prüfung der Ausnahmeregelungen	19		

I. Der rechtliche Rahmen für das öffentliche Angebot und die Zulassung von Wertpapieren in Deutschland

1. WpPG

Das „Gesetz über die Erstellung, Billigung und Veröffentlichung des Prospekts, der beim öffentlichen Angebot von Wertpapieren oder bei der Zulassung von Wertpapieren zum Handel an einem organisierten Markt zu veröffentlichen ist (Wertpapierprospektgesetz – WpPG)" trat als Art. 1 und Hauptbestandteil des **Prospektrichtlinie-Umsetzungsgesetzes am 1.7.2005 in Kraft.**[1] Es wurde zuletzt durch Art. 4 des Gesetzes vom 20.11.2015 geän- 1

---

[1] Prospektrichtlinie-Umsetzungsgesetz v. 22.6.2005, BGBl. I 2005, S. 1698. Zur Gesetzeshistorie vgl. Diskussionsentwurf vom 26.11.2004; Regierungsentwurf vom 4.2.2005, BT-Drucks. 15/4999; Stellungnahme Bundesrat vom 18.3.2005, BR-Drucks. 85/05 und BT-Drucks. 15/5219, S. 1–7; Gegenäußerung der Bundesregierung, BT-Drucks. 15/5219, S. 7 ff.; Beschlussempfehlung und Bericht

Vor §§ 1 ff.

dert.[2] Die anderen Artikel innerhalb des Prospektrichtlinie-Umsetzungsgesetzes betrafen u. a. Folgeänderungen des Verkaufsprospektgesetzes (VerkProspG), welches seit 1.6.2012 außer Kraft ist, des Börsengesetzes (BörsG) sowie der Börsenzulassungsverordnung (BörsZulV).

2 Zusammen mit der unmittelbar anwendbaren Prospektverordnung (vgl. Rn. 3) bildet das WpPG den **zentralen rechtlichen Rahmen** für die Erstellung, Billigung und Veröffentlichung von Prospekten für Wertpapiere, die öffentlich angeboten und/oder zum Handel an einem organisierten Markt zugelassen werden sollen. Das WpPG ist in acht Abschnitte unterteilt. Im Einzelnen regelt es insbesondere die Voraussetzungen, unter denen ein Prospekt ein formelles Billigungsverfahren bei der Bundesanstalt für Finanzdienstleistungsaufsicht (BaFin) durchlaufen muss und zu veröffentlichen ist (§§ 1–4), die Anforderungen in Bezug auf den Aufbau, die Mindestangaben und die Erstellung des Prospekts (§§ 5–12), das Verfahren der Prospektbilligung und die Modalitäten der Veröffentlichung des Prospekts (§§ 13–16), grenzüberschreitende Angebote und grenzüberschreitende Zulassung zum Handel (§§ 17, 18) sowie die Sprache des Prospekts (§§ 19, 20). Weiter umfasst das WpPG Bestimmungen zur Prospekthaftung (§§ 21–25), zu den Zuständigkeiten und Befugnissen der BaFin (§§ 26–31) sowie allgemeine Aspekte eines aufsichtsrechtlichen Gesetzes (§§ 31–37).

2. Europäische Vorgaben bei der Anwendung des WpPG

3 Gesetzesgeschichte, Systematik, Zweck und damit Interpretation und Anwendung des WpPG sind maßgeblich durch europarechtliche Vorgaben geprägt:

– *Prospektrichtlinie*. Das WpPG dient der Umsetzung der Richtlinie 2003/71/EG[3] („Prospektrichtlinie").[4] Ziel der Prospektrichtlinie ist die Vollendung des Binnenmarktes für Wertpapiere auf europäischer Ebene unter Berücksichtigung des Anlegerschutzes und der Markteffizienz. Vollständige Informationen über Wertpapiere dienen den Anlegern und sind geeignet, das Vertrauen in die Wertpapiermärkte zu erhöhen. Diese Informationen sind den Anlegern durch einen Wertpapierprospekt bekannt zu geben. Durch die EU-weite Harmonisierung der im Prospekt enthaltenen Informationen soll somit EU-

---

des Finanzausschusses vom 20.4.2005, BT-Drucks. 15/5373; Beschluss des Bundesrates, BR-Drucks. 304/05.

2 BGBl. I, S. 2029.

3 Richtlinie 2003/71/EG des Europäischen Parlaments und des Rats vom 4.11.2003 betreffend den Prospekt, der beim öffentlichen Angebot von Wertpapieren oder bei deren Zulassung zum Handel zu veröffentlichen ist, und zur Änderung der Richtlinie 2001/34/EG, ABl. L 345/64 vom 31.12.2003, berichtigt durch ABl. Nr. L 218/8 vom 24.7.2014, geändert durch Art. 1 der Richtlinie 2008/11/EG des Europäischen Parlaments und des Rates vom 11.3.2008, ABl. L 76/37, Art. 1 der Richtlinie 2010/73/EU des Europäischen Parlaments und des Rates vom 24.11.2010, ABl. Nr. L 327/1, Art. 5 der Richtlinie 2010/78/EU des Europäischen Parlaments und des Rates vom 24.11.2010, ABl. L 331/120, Art. 2 der Richtlinie 2013/50/EU des Europäischen Parlaments und des Rates vom 22.10.2013, ABl. L 294/13 und Art. 1 der Richtlinie 2014/51/EU des Europäischen Parlaments und des Rates vom 16.4.2014, ABl. L 153/1.

4 Aus der Literatur zur Prospektrichtlinie vgl. *Fürsthoff/Ritz*, WM 2001, 2280 ff.; *von Kopp-Colomb/Lenz*, AG 2002, 24 ff.; *Crüwell*, AG 2003, 243 ff.; *Holzborn/Schwarz-Gondek*, BKR 2003, 927 ff.; *Kunold/Schlitt*, BB 2004, 501 ff.; *Weber*, NZG 2004, 360 ff.; umfassend *Wiegel*, Die Prospektrichtlinie und Prospektverordnung, passim.

I. Der rechtliche Rahmen für das öffentliche Angebot   Vor §§ 1 ff.

weit ein gleichwertiger Anlegerschutz sichergestellt werden.[5] Diesen Vorgaben kommt der Gesetzgeber durch die Einführung des WpPG nach, wobei das deutsche Gesetz im Wortlaut und Aufbau weitestgehend der Richtlinie entspricht.

– *Prospektverordnung.* Die Prospektrichtlinie wird konkretisiert durch europäische Durchführungsbestimmungen, insbesondere durch die Verordnung (EG) Nr. 809/2004 („Prospektverordnung").[6] Bei Erlass dieser Durchführungsbestimmungen wendet die Kommission das **Lamfalussy-Verfahren** bzw. das **Komitologieverfahren** an.[7] Das WpPG und die Prospektverordnung haben zu einem erhöhten Standard des Prospektinhalts geführt.[8] § 7 WpPG enthält einen Verweis auf die Prospektverordnung, die in ihren Anhängen die Mindestangaben eines Wertpapierprospekts im Baukastenprinzip vorschreibt.[9] Zusätzliche inhaltliche Anforderungen an den Prospekt ergeben sich – für Zwecke der Zulassung von Wertpapieren an einem organisierten Markt – in eingeschränktem Maße aus der BörsZulV.[10]

– *Technische Regulierungsstandards.* Die am 24.3.2016 in Kraft getretene Delegierte Verordnung (EU) 2016/301 vom 30.11.2015 zur Ergänzung der Richtlinie 2003/71/EG des Europäischen Parlaments und des Rates durch technische Regulierungsstandards für die Billigung und Veröffentlichung des Prospekts und die Verbreitung von Werbung und zur Änderung der Verordnung (EG) Nr. 809/2004 der Kommission enthält Regelungen zur Billigung und Veröffentlichung des Prospekts und zur Verbreitung von Werbung, siehe dazu unten Rn. 10. Außerdem beschreibt die Delegierte Verordnung (EU) Nr. 382/2014 vom 7.3.2014 zur Ergänzung der Richtlinie 2003/71/EG des Europäischen Parlaments und des Rates im Hinblick auf technische Regulierungsstandards für die Veröffentlichung eines Prospektnachtrags Situationen, in denen die Veröffentlichung eines Nachtrags zum Prospekt zwingend vorgeschrieben ist, siehe dazu im Einzelnen die Kommentierung zu § 16.

---

5 Vgl. BT-Drucks. 15/4999, S. 25.
6 Verordnung (EG) Nr. 809/2004 der Kommission vom 29.4.2004 zur Umsetzung der Richtlinie 2003/71/EG des Europäischen Parlaments und des Rats betreffend die in Prospekten enthaltenen Informationen sowie das Format, die Aufnahme von Informationen mittels Verweis und die Veröffentlichung solcher Prospekte und die Verbreitung von Werbung, ABl. L 149/1, berichtigt durch ABl. L 215/1 vom 16.6.2004 und ABl. 186/3 vom 18.7.2005, geändert durch Art. 1 der Verordnung (EG) Nr. 1787/2006 der Kommission vom 4.12.2006, ABl. L 337/17, Art. 1 der Verordnung (EG) Nr. 211/2007 der Kommission vom 27.2.2007, ABl. L 61/24, Art. 1 der Verordnung (EG) Nr. 1289/2008 der Kommission vom 12.12.2008, ABl. L 340/17, Art. 1 der Delegierten Verordnung (EU) Nr. 311/2012 der Kommission vom 21.12.2011, ABl. 2012 L 103/13, Art. 1 der Delegierten Verordnung (EU) Nr. 486/2012 der Kommission vom 30.3.2012, ABl. L 150/1, Art. 1 der Delegierten Verordnung (EU) Nr. 862/2012 der Kommission vom 4.6.2012, ABl. L 256/4 und Art. 1 der Delegierten Verordnung (EU) Nr. 759/2013 der Kommission vom 30.4.2013, ABl. L 213/1.
7 Näher dazu *Wiegel*, Die Prospektrichtlinie und Prospektverordnung, S. 91 ff.; *Hamann*, in: Schäfer/Hamann, Kapitalmarktgesetze, Vor § 1 WpPG Rn. 8; *Groß*, Kapitalmarktrecht, Vorbem. BörsG Rn. 15 ff.
8 Vgl. etwa die Zusammenfassung bei *Schlitt/Singhof/Schäfer*, BKR 2005, 251, 253 ff.
9 Umfassend hierzu *Wiegel*, Die Prospektrichtlinie und Prospektverordnung, S. 213 ff.
10 Danach prüft die Geschäftsführung der jeweiligen Börse im Rahmen des Zulassungsverfahrens, ob die Vorgaben nach § 2 (Mindestbetrag der Wertpapiere), § 3 (Dauer des Bestehens des Emittenten), § 4 (Rechtsgrundlage der Wertpapiere), § 5 Abs. 2 Nr. 1 u. Nr. 2 (Zulassung von nicht voll eingezahlten Wertpapieren oder vinkulierter Aktien), § 7 (Antrag auf Teilzulassung), § 8 Abs. 2 (Druckausstattung von Wertpapieren) sowie § 9 BörsZulV (Streuung der Aktien) beachtet wurden.

Vor §§ 1 ff.

– *Weitere Verordnungen zu Finanzinformationen.* Als weitere Rechtsgrundlagen sind in diesem Zusammenhang für die in den Prospekt aufzunehmenden historischen Finanzinformationen die Verordnung (EG) 1606/2002[11] betreffend die Anwendung internationaler Rechnungslegungsstandards (IFRS-Verordnung) (vgl. Kommentierung zu Nr. 20 Anhang I der Prospektverordnung)[12] sowie für Emittenten mit einer komplexen finanztechnischen Vorgeschichte die Verordnung (EG) Nr. 211/2007[13] („Complex Financial History"-Verordnung) (vgl. Kommentierung zu Art. 4a Prospektverordnung) zu beachten. Hinsichtlich der Angaben über Beziehungen zu nahe stehenden Unternehmen und Personen enthält IAS 24[14] weitere Erläuterungen.
– *CESR und ESMA.*[15] Wesentlicher Bestandteil der Aufsichtspraxis der BaFin und damit der Prospektpraxis der Emittenten und Anbieter sind die Vorgaben des Ausschusses der Europäischen Wertpapierbehörden **CESR** (Committee of European Securities Regulators)[16] und seiner Nachfolgeinstitution **ESMA** (European Securities and Markets Authority).[17] ESMA hat mit Wirkung zum 1.1.2011 sämtliche Kompetenzen von CESR übernommen. Die Vorgaben des CESR bleiben zwar in Kraft. Die Aktualisierung wird aber von der ESMA vorgenommen. Von diesen Vorgaben sind in erster Linie die Empfehlungen von CESR für eine europaweite konsistente Umsetzung der Prospektverord-

---

11 Verordnung (EG) Nr. 1606/2002 des Europäischen Parlaments und des Rats vom 19.7.2002 betreffend die Anwendung internationaler Rechnungslegungsstandards, ABl. L 243/1 vom 11.9.2002.
12 Vgl. hierzu Ziffer 20.1 der Prospektverordnung („Historische Finanzinformationen").
13 Durch die „Complex Financial History"-Verordnung ist die Prospektverordnung erstmals im Wege der Hinzufügung eines neuen Art. 4a geändert worden, der zu weiteren Offenlegungspflichten führt. Vgl. Verordnung (EG) Nr. 211/2007 der Kommission vom 27.2.2007 zur Änderung der Verordnung (EG) Nr. 809/2004 zur Umsetzung der Richtlinie 2003/71/EG des Europäischen Parlaments und des Rats in Bezug auf die Finanzinformationen, die bei Emittenten mit komplexer finanztechnischer Vorgeschichte oder bedeutenden finanziellen Verpflichtungen im Prospekt enthalten sein müssen, ABl. L. 61/24 vom 28.2.2007. Dazu gibt es auch Vorarbeiten durch CESR; vgl. CESR's technical advice to the European Commission on a possible amendment to Regulation (EC) 809/2004 regarding the historical financial information which must be included in a prospectus (CESR/05-528). Vgl. ferner *Schlitt/Schäfer*, AG 2008, 525, 530 f.
14 International Accounting Standard IAS 24, übernommen durch Verordnung (EU) Nr. 632/2010 der Kommission vom 19.7.2010, ABl. L 186/1, zuletzt geändert durch Verordnung (EU) Nr. 1174/2013 der Kommission vom 20.11.2013, ABl. L 312/1.
15 Eingehend und sehr instruktiv zu den europäischen Behörden, insbesondere zur Organisation und zu den Aufgaben von ESMA: *Spindler*, in: Holzborn, WpPG, Einl. Rn. 18 ff.
16 Die EU-Kommission gründete im Juni 2001 das „Committee of European Securities Regulators" (CESR), einen unabhängigen europäischen Ausschuss. CESR ist als Ausschuss der Europäischen Wertpapierregulierungsbehörden Nachfolger des Forum of European Securities Commissions (FESCO); näher dazu *Spindler*, in: Holzborn, WpPG, Einl. Rn. 18.
17 Die ESMA ist nach Art. 8(1)(l) und 76(4) der VO (EU) Nr. 1095/2010 mit Wirkung zum 1.1.2011 errichtet worden. Auch wenn sie als Nachfolgeeinrichtung von CESR gilt, gehen ihre ihren Aufgaben und Befugnissen weit über die von CESR hinaus. ESMA ist Bestandteil des Europäischen Finanzaufsichtssystems (ESFS). Aufgabe der Behörde mit Sitz in Paris ist es, das öffentliche Interesse zu schützen, indem sie für die Wirtschaft der Union, ihre Bürger und Unternehmen zur kurz-, mittel- und langfristigen Stabilität und Effektivität des Finanzsystems beiträgt. Sie ist insbesondere befugt, der Kommission Vorschläge für Verordnungen vorzulegen; ferner kann sie gegenüber nationalen Behörden sowie in besonderen Fällen gegenüber einzelnen Marktteilnehmern direkt aktiv werden.

nung aus dem Jahre 2005 (**CESR-Empfehlungen**)[18] zu nennen, die durch die Empfehlungen der ESMA aus dem Jahre 2013 aktualisiert und fortentwickelt wurden (**ESMA-Empfehlungen**).[19] Weiter zu beachten ist in der Anwendungspraxis des WpPG die gemeinsame Position der Mitgliedstaaten zu ausgewählten Fragen des Prospektrechts, die zunächst in den **CESR-Frequently Asked Questions**[20] und sodann in den **ESMA-Questions and Answers**[21] die – weitgehend abgestimmte – Aufsichtspraxis der ESMA-Mitglieder zu bestimmten Zweifelsfragen zusammenfasst.[22] ESMA-Empfehlungen und ESMA-Questions and Answers haben keine rechtliche Bindungswirkung,[23] weder für die Kommission noch für nationale Aufsichtsbehörden. Bindende Entscheidungen könnten nur durch die nationalen Gerichte und letztendlich durch den Europäischen Gerichtshof im Rahmen des Vorabentscheidungsverfahrens nach Art. 267 AEUV (ex-Art. 234 EGV) erzielt werden. Da sich die BaFin im Rahmen ihrer Aufsichtspraxis zum WpPG jedoch grundsätzlich nach der Interpretation der ESMA richtet, kommt dieser gleichwohl eine gewisse faktische Bindungswirkung zu.[24] Davon abgesehen sind andere Verlautbarungen der CESR bereits höchstrichterlich zur Auslegung nationaler Bestimmungen herangezogen worden.[25]

– *Richtlinienkonforme Auslegung und praktische Anwendung.* Beruht eine Vorschrift des WpPG ganz oder teilweise auf einer Vorgabe der Prospektrichtlinie oder sonstigem europäischen Recht, ist davon auszugehen, dass der deutsche Gesetzgeber diesen Richtlinienbefehl vollständig und korrekt in deutsches Recht umsetzen wollte. So ist dieser Wille sowohl im allgemeinen Teil als auch bei der Kommentierung zahlreicher einzelner Normen im besonderen Teil der Regierungsbegründung zum Prospektrichtlinie-Umsetzungsgesetz zum Ausdruck gekommen.[26] Für die konkrete Anwendung bedeutet dies, dass das WpPG **gemeinschaftskonform und damit richtlinienkonform auszulegen** ist;[27] das gilt insbesondere für die Vielzahl der im WpPG enthaltenen unbestimmten Rechtsbegriffe. Weiter finden sich in den Erwägungsgründen der Prospektrichtlinie und der Prospektverordnung Hinweise für die Auslegung und Anwendung des WpPG. Im Übrigen ist bei der Arbeit mit der Prospektrichtlinie und der Prospektverordnung zu be-

---

18 CESR's recommendations for the consistent implementation of the European Commission's Regulation on Prospectuses n° 809/2004 (CESR/05-054b).
19 ESMA update of the CESR recommendations for the consistent implementation of Commission Regulation (EC) No 809/2004 implementing the Prospectus Directive, dated 20 March 2013. Abrufbar über die homepage: www.esma.europa.eu.
20 Vgl. zuletzt CESR-Frequently Asked Questions regarding Prospectuses: Common positions agreed by CESR Members, 12th Updated Version – November 2010, Ref. CESR/10-1337.
21 Vgl. zuletzt ESMA-Questions and Answers – Prospectuses (25th Updated Version – July 2016), abrufbar über die homepage: www.esma.europa.eu.
22 Näher dazu *Ritz/Voß*, in: Just/Voß/Ritz/Zeising, WpPG, Einleitung WpPG Rn. 44 f.
23 *Ritz/Voß*, in: Just/Voß/Ritz/Zeising, WpPG, Einl. WpPG Rn. 40 f.
24 *Ritz/Voß*, in: Just/Voß/Ritz/Zeising, WpPG, Einl. WpPG Rn. 40; eingehend zu den Rechtswirkungen der Empfehlungen von CESR *Hupka*, WM 2009, 1351 ff.
25 BVerwG, Urt. v. 24.5.2011 – 7 C 6.10 Rn. 26, NVwZ 2011, 1012, 1015.
26 Vgl. BT-Drucks. 15/4999, S. 25 ff.
27 *Assmann*, in: Assmann/Schlitt/von Kopp-Colomb, WpPG/VerkProspG, Einl. WpPG Rn. 15 ff.; *Hamann*, in: Schäfer/Hamann, Kapitalmarktgesetze, Vor § 1 WpPG Rn. 15; *Spindler*, in: Holzborn, WpPG, Einl. Rn. 32; vgl. allgemein zum Einfluss europäischen Rechts auf die Rechtsfortbildung des nationalen Rechts und die richtlinienkonforme Auslegung *Schnorbus*, AcP 201 (2001), 860 ff.; *ders.*, RabelsZ 65 (2001), 654 ff.; zum Einfluss der Prospektrichtlinie auf die Auslegung des WpPG vgl. auch *Kullmann/Sester*, WM 2005, 1068, 1068.

Vor §§ 1 ff.

achten, dass die deutsche Übersetzung teilweise Ungenauigkeiten aufweist; in Zweifelsfällen ist die maßgebliche Bedeutung grundsätzlich einer vergleichenden Betrachtung der Fassungen in allen Amtssprachen der EU zu entnehmen,[28] wobei in der Praxis vor allem der englischen und französischen, sowie der spanischen und italienischen Fassung besondere Bedeutung zukommen dürfte.[29]

3. Rechtsentwicklungen

a) Änderungen der Prospektrichtlinie

4   Seit Juni 2007 wurde auf europäischer Ebene über die Änderung der Prospektrichtlinie diskutiert. Diese Diskussion erfolgte vor dem Hintergrund der **Revisionsklausel aus Art. 31** der Prospektrichtlinie, nach welcher die Kommission fünf Jahre nach Inkrafttreten der Richtlinie deren Anwendung überprüfen und gegebenenfalls dem Europäischen Parlament und dem Rat Änderungsvorschläge vorlegen soll. Die Revisionsklausel soll gewährleisten, dass das Prospektrecht mit den Marktentwicklungen Schritt hält.[30] Die Änderungsrichtlinie (siehe Rn. 6) sieht ebenfalls eine Revisionsklausel mit einer Frist von fünf Jahren vor.

5   Dass die Prospektrichtlinie verbesserungsbedürftig und eine Änderung notwendig war, zeigten die zahlreichen Erläuterungen auf Stufe 3 des Komitologieverfahrens (Empfehlungen der CESR zur einheitlichen Anwendung) und der von europäischen Aufsichtsvertretern zu aktuellen Fragen und Auslegungsproblemen in regelmäßigen Abständen ergänzte Katalog der CESR-Frequently Asked Questions.[31] Diese Auslegungshilfen gewährleisten zwar eine flexible Anwendung des Prospektrechts. Sie können jedoch naturgemäß nur in dem von der Richtlinie und der Verordnung vorgegebenen Rahmen erfolgen. Dagegen können sie bestimmte Vorgaben der Richtlinie nicht aushebeln, selbst wenn diese sich als unzweckmäßig erweisen.

6   Basierend auf Berichten[32] des CESR,[33] der European Securities Markets Expert Group (ESME)[34] und des Centre for Strategy and Evaluation (CESE)[35] veröffentlichte die Kommission gemäß Art. 31 der Prospektrichtlinie im September 2009 einen Vorschlag zur Änderung der Prospektrichtlinie („Änderungsrichtlinie").[36] Der Rat übernahm in seinem Entwurf einer Änderungsrichtlinie zur Prospektrichtlinie[37] vom Februar 2010 die Vorschläge der Kommission überwiegend, wenngleich er vereinzelt erheblich und in Detailfragen gar

---

28 BVerwG, Urt. v. 24.5.2011 – 7 C 6.10 Rn. 25, NVwZ 2011, 1012, 1015; *Weiler*, ZEuP 2010, 861, 866 f. Nicht richtig ist daher, dass im Zweifel nur die englische Übersetzung maßgebend sein soll; so aber *Heidelbach*, in: Schwark/Zimmer, KMRK, Einl. WpPG Rn. 23.
29 Vgl. die Handhabung bei BVerwG, Urt. v. 24.5.2011 – 7 C 6.10 Rn. 25, NVwZ 2011, 1012, 1015.
30 *Elsen/Jäger*, BKR 2008, 459, 460.
31 Vgl. *Ritz/Voß*, in: Just/Voß/Ritz/Zeising, WpPG, Einl. WpPG Rn. 46.
32 Ausführliche Darstellung zum Inhalt der Berichte der CESR, der ESME und des CESE bei *Ritz/Voß*, in: Just/Voß/Ritz/Zeising, WpPG, Einl. WpPG Rn. 47 ff.
33 CESR/07-225, June 2007.
34 ESME-Berichte vom 5.9.2007 und 4.6.2008.
35 CSES Final Report, Studie über die Auswirkungen des Prospekt Regimes auf die Finanzmärkte der EU, Juni 2008.
36 Kommissionsentwurf 2009/491 zur Änderung der Prospektrichtlinie vom 23.9.2009.
37 Entwurf des Rats 17451/1/09 REV 1, 4.2.2010.

I. Der rechtliche Rahmen für das öffentliche Angebot **Vor §§ 1 ff.**

häufig von ihnen abwich. Das Europäische Parlament brachte anschließend weitere Änderungsvorschläge ein.[38] Im Einklang mit Art. 294 AEUV (ex-Art. 251 EGV) und mit der gemeinsamen Erklärung zu den praktischen Modalitäten des Mitentscheidungsverfahrens[39] führten der Rat, das Europäische Parlament und die Kommission informelle Gespräche, um in erster Lesung zu einer Einigung über den Inhalt der Änderungsrichtlinie zu gelangen. Das Europäische Parlament stimmte dem zwischen den drei Organen gefundenen Kompromiss am 17.6.2010 zu. Am 29.9.2010 erfolgte die förmliche Zustimmung durch den Rat. Die verbindliche Fassung wurde am 11.12.2010 im Amtsblatt der Europäischen Union veröffentlicht.[40] Bis zum 1.7.2012 hatte der deutsche Gesetzgeber Zeit, die Vorgaben der Änderungsrichtlinie umzusetzen, im Wesentlichen durch entsprechende Anpassungen des WpPG (vgl. Rn. 8).

b) Änderungen des WpPG

Seit seiner Einführung durch das Prospektrichtlinie-Umsetzungsgesetz (Rn. 1) ist das WpPG – vorbehaltlich der Vorgaben aus der Änderungsrichtlinie (dazu sogleich Rn. 8) und den Änderungen infolge der geschlossenen Aufnahme der Prospekthaftung in das WpPG (dazu Rn. 9) – kaum geändert worden. In erster Linie handelte es sich um Folgeänderungen aufgrund der Überarbeitung anderer Gesetze: Dies betrifft namentlich Art. 11 des Transparenzrichtlinie-Umsetzungsgesetzes vom 5.1.2007 (TUG),[41] das Finanzmarktrichtlinie-Umsetzungsgesetz vom 16.7.2007 (FRUG),[42] das Investmentänderungsgesetz vom 21.12.2007,[43] das Jahressteuergesetz 2009 vom 19.12.2008,[44] das OGAW-IV-Umsetzungsgesetz vom 22.6.2011,[45] das Gesetz zur Umsetzung der Richtlinie 2010/78/EU im

7

---

38 Entwurf einer Legislativen Entschließung des Europäischen Parlaments vom 26.3.2010.
39 ABl. C 145/5 vom 30.6.2007.
40 Richtlinie 2010/73/EU des Europäischen Parlaments und des Rates vom 24.11.2010 zur Änderung der Richtlinie 2003/71/EG betreffend den Prospekt, der beim öffentlichen Angebot von Wertpapieren oder bei deren Zulassung zum Handel zu veröffentlichen ist, und der Richtlinie 2004/109/EG zur Harmonisierung der Transparenzanforderungen in Bezug auf Informationen über Emittenten, deren Wertpapiere zum Handel auf einem geregelten Markt zugelassen sind (ABl. 327/1 vom 11.12.2010).
41 BGBl. I 2007, S. 10. Die Änderungen des § 10 Abs. 1 Satz 1 Nr. 1 WpPG sind Folge der von dem TUG veranlassten Modifikationen in Abschnitt 5 des WpHG und im Zweiten Kapitel der BörsZulV. Die Aufhebung von § 10 Abs. 1 Satz 1 Nr. 2 WpPG ist Folge der Aufhebung von § 39 Abs. 1 Nr. 3 BörsG durch das TUG. Vgl. RegE TUG, BT-Drucks. 16/2498 v. 4.9.2006, S. 57.
42 BGBl. I 2007, S. 1330. Aufgrund von Art. 13b Nr. 2 des FRUG wurde in § 10 Abs. 1 Satz 1 Nr. 3 WpPG die Angabe der „§§ 42 und 54" BörsG durch die Angabe des „§ 42 Abs. 1" BörsG ersetzt.
43 BGBl. I 2007, S. 3089. Aufgrund von Art. 19a Nr. 1 des Investmentänderungsgesetzes wurde die Definition des organisierten Markts in § 2 Nr. 16 WpPG durch die jetzige Definition ersetzt.
44 BGBl. I 2008, S. 2794. Aufgrund von Art. 36 des Jahressteuergesetzes 2009 wurde der bisherige § 14 Abs. 3 Satz 2 WpPG aufgehoben und in § 30 Abs. 1 Nr. 7 a.F die Angabe § 14 Abs. 3 Satz 1 durch die Angabe § 14 Abs. 3 ersetzt. Vgl. dazu insbesondere *Jäger/Maas*, BB 2009, 852 ff.
45 BGBl. I 2011, S. 1126. Aufgrund von Art. 4 des OGAW-IV-Umsetzungsgesetzes wurde in § 1 Abs. 2 Nr. 1 WpPG hinter „Investmentaktiengesellschaft" der Zusatz „mit veränderlichem Kapital" gestrichen. Hierbei handelte es sich um die Behebung eines Redaktionsversehens, denn das Investmentgesetz differenzierte bereits seit dem Investmentänderungsgesetzes 2007 vom 21.12.2007, BGBl. I S. 3089, nicht mehr zwischen Investmentaktiengesellschaften mit fixem und mit veränderlichem Kapital, vgl. BT-Drs. 17/4510 v. 24.1.2011, S. 88.

Vor §§ 1 ff.

Hinblick auf die Errichtung des Europäischen Finanzaufsichtssystems vom 4.12.2011,[46] das AIFM-Umsetzungsgesetz vom 4.7.2013,[47] das Gesetz zur Strukturreform des Gebührenrechts des Bundes vom 7.8.2013,[48] das CRD IV-Umsetzungsgesetz vom 28.8.2013[49] sowie das Gesetz zur Umsetzung der Verbraucherrechterichtlinie.[50]

8 Die bislang tiefgreifendste Änderung des WpPG erfolgte durch das Gesetz zur Umsetzung der Richtlinie 2010/73/EU und zur Änderung des Börsengesetzes vom 26.6.2012. Hiermit trug der Gesetzgeber im Wesentlichen der **Überarbeitung der Prospektrichtlinie** Rechnung und setzte die Änderungsrichtlinie „*eins-zu-eins*" um.[51] Die wesentlichen Änderungen betreffen:

– die weitere Privilegierung kleinvolumiger Wertpapierangebote nach § 1 Abs. 2 Nr. 4 (vgl. § 1 Rn. 13) sowie von Angeboten von Nichtdividendenwerten, die von Kreditinstituten begeben werden nach § 1 Abs. 2 Nr. 5 (vgl. § 1 Rn. 21);

– die Angleichung der Definition **des qualifizierten Anlegers** nach § 2 Nr. 6 an die Definition des professionellen Kunden und der geeigneten Gegenpartei i. S. d. Richtlinie 2004/39/EG („Finanzmarktrichtlinie"/„MiFID")[52] (vgl. § 2 Rn. 99 ff.);

– den **Wegfall** der früheren ständigen deutschen Verwaltungspraxis, bei reinen **Bezugsrechtsemissionen keinen Prospekt** zu fordern (vgl. § 2 Rn. 72 ff.), dafür aber eine Vereinfachung der umfangreichen Angabepflichten bei Bezugsrechtsemissionen börsennotierter Gesellschaften;

– die Regelung in § 3 Abs. 3 zur Ausnahme von der Prospektpflicht bei bereits vorliegendem Prospekt und Verwendung durch Finanzintermediäre (vgl. § 3 Rn. 44 ff.);

– eine Ausweitung der Ausnahme von der Prospektpflicht im Rahmen von **Wertpapierangeboten an Beschäftige** gemäß § 4 Abs. 1 Nr. 5, insbesondere auch zugunsten von ausgewählten Drittstaatenemittenten (vgl. § 4 Rn. 40 ff.);

---

46 BGBl. I 2011, S. 2427. Aufgrund von Art. 3 des Gesetzes wurde das WpPG durch Änderungen seiner §§ 13, 16, 17, 18, 22, 23, 24 sowie die Einfügung des neuen § 23a WpPG an das neu geschaffene europäische Finanzaufsichtssystem angepasst. Die Neuregelungen stellen im Wesentlichen den für die Erfüllung ihrer Aufgaben notwendigen Zugang der ESMA zu Informationen sicher.

47 BGBl. I 2013, S. 1981. Aufgrund von Art. 9 des Gesetzes wurde § 1 Abs. 2 Nr. 1 WpPG an die geänderte Terminologie des KAGB angepasst. Statt auf „Kapitalanlage-, Investmentaktien-" und „ausländischen Investmentgesellschaft" im Sinne des § 2 Abs. 9 a. F. des Investmentgesetzes erstreckt sich der Anwendungsbereich des WpPG nunmehr auf „offene Investmentvermögen" im Sinne des § 1 Abs. 4 KAGB.

48 BGBl. I 2013, S. 3154, 3174. Aufgrund von Art. 2 Abs. 66 des Gesetzes wurde § 33 WpPG terminologisch an das neue Gebührenrecht des Bundes angepasst. Der Begriff der „individuell zurechenbaren öffentlichen Leistung" ersetzt dabei den bisherigen Begriff der „Amtshandlung" als Anknüpfungspunkt einer Gebührenpflicht.

49 BGBl. I 2013, S. 3395, 3452 f. Aufgrund von Art. 6 Abs. 4 des Gesetzes wurden §§ 1, 2 und 6 WpPG terminologisch angepasst, indem „Einlageninstitute" jeweils durch „CRR-Kreditinstitute" ersetzt wurde.

50 BGBl. I 2013, S. 3642, 3661. Aufgrund von Art. 11 des Gesetzes verweist § 8 Abs. 1 Satz 5 WpPG nunmehr auf § 357a BGB statt auf § 357 BGB.

51 Vgl. BT-Drucks. 17/8684, S. 13; *Müller*, WpPG, Einl. Rn. 3; *Groß*, Kapitalmarktrecht, Vorb. zum WpPG Rn. 8; eingehend *Lawall/Maier*, DB 2012, 2443 ff.; und DB 2012, 2503 ff.

52 Richtlinie 2004/39/EG des europäischen Parlaments und Rats vom 21.4.2004 über Märkte für Finanzinstrumente, zur Änderung der Richtlinien 85/611/EWG und 93/6/EWG des Rats und der Richtlinie 2000/12/EG des Europäischen Parlaments und des Rats und zur Aufhebung der Richtlinie 93/22/EWG des Rats 2004/39/EG (ABl. L 145, S. 1 ff. vom 30.4.2004).

I. Der rechtliche Rahmen für das öffentliche Angebot   **Vor §§ 1 ff.**

- die Zusammenfassung muss nun Schlüsselinformationen enthalten, welche dem Anleger bei der Anlageentscheidung behilflich sein sollen (vgl. § 5 Abs. 2 bis 2b);
- das Format des dreiteiligen Prospekts ist bei Basisprospekten nicht länger ausgeschlossen; künftig kann das Registrierungsformular unmittelbar Gegenstand eines Nachtrags sein (§ 9 ff.);
- die **Aufhebung der Pflicht zur Erstellung des jährlichen Dokuments** gemäß § 10 (vgl. § 10 Rn. 1), sowie
- eine Klarstellung bezüglich des Zeitpunkts, an dem gemäß § 16 die Pflicht zur Veröffentlichung eines Prospekts oder von **Prospektnachträgen** endet (ausführlich dazu § 16 Rn. 78 ff.).

Durch das Gesetz zur Novellierung des Finanzanlagevermittler- und Vermögensanlagerechts vom 6.12.2011[53] wurden die früheren **Prospekthaftungsregeln** im Börsen- und Verkaufsprospektgesetz, namentlich §§ 44 ff. BörsG bzw. § 13 VerkProspG i.V.m. §§ 44 ff. BörsG (bei unrichtigen und unvollständigen Prospekten) sowie § 13a VerkProspG (bei fehlenden Prospekten), zusammengefasst und einheitlich in den §§ 21–26 geregelt. Die durch die Übernahme der bis dahin im Börsengesetz und im Verkaufsprospektgesetz enthaltenen Haftungsbestimmungen erreichte Konzentration sämtlicher Haftungsregeln für fehlerhafte oder fehlende Wertpapierprospekte überzeugt.[54] Das Prospektrichtlinie-Umsetzungsgesetz hatte es zum Bedauern der Praxis noch versäumt, für eine einheitliche Regelung zu sorgen.   **9**

c) Technische Regulierungsstandards zur Billigung und Veröffentlichung des Prospekts und die Verbreitung von Werbung

Infolge der Änderung von Art. 13 Abs. 7, 14 Abs. 8 und 15 Abs. 7 der EU-Prospektrichtlinie durch die Richtlinie 2014/51/EU (Omnibus-II-Richtlinie) muss die ESMA zur Billigung und zur Veröffentlichung von Prospekten sowie zur Verbreitung von Werbung Entwürfe für **technische Regulierungsstandards** ausarbeiten. Diese Entwürfe wurden nach Durchführung einer öffentlichen Konsultation am 26.6.2015 von der ESMA an die Kommission übermittelt. Die EU-Kommission hat diese technischen Regulierungsstandards am 30.11.2015 angenommen.[55] Die von der Kommission und dem Europäischen Parlament gebilligte, endgültige Fassung der technischen Regulierungsstandards wurde als „Delegierte Verordnung (EU) 2016/301 vom 30.11.2015 zur Ergänzung der Richtlinie 2003/71/EG des Europäischen Parlaments und des Rates durch technische Regulierungsstandards für die Billigung und Veröffentlichung des Prospekts und die Verbreitung von Werbung und zur Änderung der Verordnung (EG) Nr. 809/2004 der Kommission" (**TRS**) am 4.3.2016 im Amtsblatt der Europäischen Union veröffentlicht und ist am zwanzigsten Tag nach ihrer Veröffentlichung, d. h. **am 24.3.2016, in Kraft** getreten. Die TRS sollen „den Zugang zu den Kapitalmärkten erleichtern" und so lange gelten, bis die neue EU-ProspektVO[56] und   **10**

---

53 BGBl. I 2011, S. 2481.
54 Vgl. *Groß*, Kapitalmarktrecht, § 21 WpPG Rn. 1.
55 Der Entwurf C(2015) 8379 kann unter http://ec.europa.eu/finance/securities/prospectus/index_de.htm unter der Rubrik *30.11.2015 – Text der delegierte Verordnungen* [sic] abgerufen werden (Stand: 26.2.2016).
56 S. dazu unten Rn. 11 ff.

Vor §§ 1 ff.

ihre Durchführungsbestimmungen angewandt werden müssen.[57] Aufgrund ihrer Ausgestaltung als delegierte Verordnung im Sinne von Art. 290 AEUV entfalten die TRS unmittelbare Geltung und bedürfen keiner Umsetzung in deutsches Recht. Die TRS enthalten in den Art. 1 ff. Vorschriften zur Billigung, in den Art. 6 ff. Vorschriften zur Veröffentlichung von Prospekten und in den Art 11 f. Vorschriften zur Verbreitung von Werbung, siehe im Einzelnen dazu unten § 13 Rn. 5a f., § 14 Rn. 6b und § 15 Rn. 7a sowie die Kommentierung zu Art. 6 ff. TRS (Art. 29 ff. EU-Prospektverordnung a. F.).

d) Zukünftige Änderungen im Rahmen der Schaffung einer Kapitalmarktunion

11 Im Rahmen des Aktionsplans zur Schaffung einer Kapitalmarktunion hat die Europäische Kommission unter Leitung von EU-Kommissar Jonathan Hill am 30.11.2015 den Vorschlag COM(2015) 583 zur Überarbeitung der Prospektrichtlinie 2003/71/EG vorgelegt, der die Rückmeldungen zu einer im Jahr 2015 von der Kommission durchgeführten Konsultation berücksichtigt.[58] Die Kapitalmarktunion soll einen echten Binnenmarkt für Kapital in der EU bewirken und dadurch Finanzmittel für Unternehmen erschließen und mehr Möglichkeiten für Anleger in der EU schaffen.[59] Dazu sollen alle bisherigen Prospektvorgaben (also die Richtlinie und die damit in Verbindung stehenden Verordnungen, ESMA-Leitlinien und -Empfehlungen) überprüft und gegebenenfalls geändert werden. Die Überarbeitung der Prospektrichtlinie als ein Element des Aktionsplans soll einerseits insbesondere kleinen und mittleren Unternehmen (KMU) erleichtern, Kapital aufzunehmen und „grenzüberschreitende Investitionen im Binnenmarkt fördern", und andererseits „den Anlegern fundierte Anlageentscheidungen erlauben".[60] Zu diesem Zweck zielt der Vorschlag neben der Harmonisierung der Prospektvorschriften der EU vor allem auf eine Reduzierung des Umfangs von Wertpapierprospekten auf ein „angemessenes Maß"[61] ab.

12 Der Vorschlag sieht unter anderem folgende Änderungen vor:

– *Verordnung statt Richtlinie.* Die jetzige Prospektrichtlinie wird durch eine Prospektverordnung ersetzt, die keiner weiteren Umsetzung in nationales Recht mehr bedarf und direkt anwendbar ist. Durch die Ersetzung der Richtlinie durch eine Verordnung soll die Rechtslage in der gesamten EU weiter harmonisiert, Rechtssicherheit geschaffen und somit die Fragmentierung des Marktes verhindert werden.[62]

---

57 Vgl. Abschnitt „*1. Kontext des delegierten Rechtsakts*" der Begründung des Entwurfs C(2015) 8379, abrufbar unter http://ec.europa.eu/finance/securities/prospectus/index_de.htm unter der Rubrik *30.11.2015 – Text der delegierten Verordnungen* [sic] (Stand: 22.2.2016).
58 Der Vorschlag kann unter http://ec.europa.eu/finance/securities/prospectus/index_de.htm unter der Rubrik *30.11.2015 – Text des Vorschlags* abgerufen werden (zuletzt abgerufen am 26.2.2016).
59 Vgl. hierzu den Aktionsplan der EU-Kommission zur Schaffung einer Kapitalmarktunion, abrufbar unter http://ec.europa.eu/finance/capital-markets-union/docs/building-cmu-action-plan_de.pdf (zuletzt abgerufen am 26.2.2016).
60 Pressemitteilung der EU-Kommission zum Überarbeitungsvorschlag, abrufbar unter http://ec.europa.eu/finance/securities/prospectus/index_de.htm unter der Rubrik *30.11.2015 – Pressemitteilung* (zuletzt abgerufen am 26.2.2016).
61 Pressemitteilung der EU-Kommission zum Überarbeitungsvorschlag, abrufbar unter http://ec.europa.eu/finance/securities/prospectus/index_de.htm unter der Rubrik *30.11.2015 – Pressemitteilung* (zuletzt abgerufen am 26.2.2015).
62 Vgl. dazu Ziffern 3 ff. und 21 der Präambel des Vorschlags COM(2015) 583 der EU-Kommission.

I. Der rechtliche Rahmen für das öffentliche Angebot **Vor §§ 1 ff.**

- *Veröffentlichungsregime für Angebote von kleineren und mittleren Unternehmen, Art. 15.* Über einen Verweis in Art. 2 (1)(f) des Vorschlags sollen künftig Unternehmen mit einer Marktkapitalisierung von bis zu € 200 Mio. statt bislang € 100 Mio. von der Definition der kleinen und mittleren Unternehmen (KMU) erfasst werden. Im Rahmen von Art. 15 des Vorschlags soll ein vereinfachtes Veröffentlichungsregime (sog. Mindestoffenlegungsregelung), das eine starke Beschränkung der zu veröffentlichten Informationen beinhaltet, für Angebote von KMU geschaffen werden, deren Wertpapiere nicht zum Handel an einem regulierten Markt zugelassen sind. Die nähere Ausgestaltung soll die EU-Kommission in delegierten Rechtsakten vornehmen. Für KMU soll es außerdem die Möglichkeit geben, einen Prospekt in einem Frage-Antwort-Format (*Q&A*) aufzusetzen. Auch hier wird die EU-Kommission die nähere Ausgestaltung in delegierten Rechtsakten vornehmen. Die ESMA soll zusätzlich Leitlinien für die Erstellung solcher Prospekte erstellen. Ziel der Neuerungen ist, die Kosten für KMU möglichst gering zu halten und ihnen die Möglichkeit zu geben, Wertpapierprospekte größtenteils auch ohne externe Berater erstellen zu können.[63]
- *Keine Ausnahmen für Mindeststückelung über € 100.000.* Die derzeit bestehende Ausnahme von der Pflicht zur Veröffentlichung eines Prospekts für Wertpapiere mit einer Mindeststückelung von € 100.000 gemäß Art. 3 (2)(d) Prospektrichtlinie (umgesetzt in § 3 Abs. 2 Satz 1 Nr. 4 WpPG) ist im Vorschlag nicht mehr enthalten. Die Ausnahme hatte nach Ansicht der EU-Kommission einen zu starken Anreiz für eine hohe Mindeststückelung gesetzt und damit faktisch viele Investoren von Investments ausgeschlossen oder ihre Diversifizierungsmöglichkeiten begrenzt.[64] Die Ausnahmen für Emittenten, die Wertpapiere nur an qualifizierte Investoren anbieten oder eine Mindestbeteiligung von € 100.000 vorsehen, bleiben aber bestehen (Art. 1 (3)(a) und (c) des Vorschlags).
- *Betragsschwelle für die Prospektpflicht mindestens € 500.000, Art. 1 (3)(d).* Nach heutiger Rechtslage (Art. 3 (2)(e) der Prospektrichtlinie; § 3 Abs. 2 Satz 1 Nr. 5 WpPG) muss bis zu einem Gesamtvolumen von € 100.000 innerhalb von zwölf Monaten kein Prospekt erstellt werden. Gemäß Art. 1 (3)(d) des Vorschlags läge der Wert in Zukunft grundsätzlich bei € 500.000. Mitgliedsstaaten dürften den Wert für Angebote, die sich bloß auf diesen Mitgliedsstaat beziehen, gemäß Art. 3 (2) auf bis zu € 10.000.000 statt bislang € 5.000.000 festlegen.
- *Anhebung prozentualer Jahresgrenze auf 20%, Art. 1 (4)(a).* Derzeit ist ein Wertpapier gemäß Art. 4 (2)(a) der Prospektrichtlinie nicht prospektpflichtig, wenn über einen Zeitraum von 12 Monaten weniger als 10% der Aktien derselben Gattung zugelassen werden, die bereits am selben regulierten Markt zugelassen sind. Dieser Wert wird nach Art. 1(4)(a) des Vorschlags auf 20% erhöht.
- *Verringerung des Umfangs von Wertpapierprospekten.* Wertpapierprospekte sollen in Zukunft kürzer sein und sich auf die wesentlichen Informationen konzentrieren:
- *Prospektzusammenfassung auf sechs Seiten, Art. 7 (3), (4).* Die Zusammenfassung wird von bisher sieben Prozent des Gesamtprospekts oder fünfzehn Seiten auf sechs lesbare DIN A4-Seiten verkürzt und in vier definierte Abschnitte eingeteilt. Verweise sollen allerdings nach wie vor nicht zulässig sein, Art. 7 (10) des Vorschlags.
- *Maximal je fünf der wesentlichsten Risikofaktoren für Emittent und Wertpapier in der Zusammenfassung, Art. 7 (6)(c) und (7)(d).* Nur maximal jeweils fünf der wesentlich-

---

[63] Vgl. dazu Erwägungsgrund 43 ff. zu Vorschlag COM(2015) 583 der EU-Kommission.
[64] Vgl. dazu Erwägungsgrund 47 zu Vorschlag COM(2015) 583 der EU-Kommission.

Vor §§ 1 ff.

sten (*most material*) Risikofaktoren für Emittent und Wertpapier dürfen in der Zusammenfassung dargestellt werden.
- *Einteilung der Risikofaktoren, Art. 16.* Es dürfen nur die Risiken dargestellt werden, die spezifisch für die Situation des Emittenten und/oder des Wertpapiers und wesentlich für die Anlageentscheidung sind. Die Risiken müssen in (höchstens drei) Kategorien eingeteilt werden, die die Risikofaktoren nach Wesentlichkeit sortieren. Für die Frage der Wesentlichkeit ist die Einschätzung des Emittenten bezüglich der Wahrscheinlichkeit ihres Auftretens und des erwarteten Ausmaßes der negativen Folgen im Falle ihres Eintritts maßgeblich. Genauere Leitlinien sollen hierzu noch von der ESMA entwickelt werden.
- *Aufnahme von Informationen mittels Verweis („Incorporation by reference"), Art. 18.* Die Möglichkeit, auf Informationen, die bereits veröffentlicht wurden oder parallel veröffentlicht werden, per Verweis Bezug zu nehmen („*incorporation by reference*"), statt diese im Wertpapierprospekt zu wiederholen, wird stark ausgeweitet, insbesondere für Unternehmen, die nicht der Transparenzrichtlinie unterfallen. Für weitere Einzelheiten sei auf Art. 18 des Vorschlags verwiesen.
- *Zentrale Veröffentlichung aller EU-Prospekte, Art. 20.* Alle Wertpapierprospekte der EU sollen zukünftig nach ihrer Billigung an einer zentralen Stelle verfügbar sein. Die ESMA soll dafür ein Speichersystem entwickeln.
- *Veröffentlichungsregime für Sekundäremissionen, Art 14.* Ein vereinfachtes Veröffentlichungsregime (sog. Mindestoffenlegungsregelung) soll auch bezüglich Sekundäremissionen geschaffen werden, also für Unternehmen, die zum Handel in einem regulierten Markt oder einem KMU-Wachstumsmarkt seit mindestens 18 Monaten zugelassen sind. Der Umfang der jeweiligen Wertpapierprospekte soll insbesondere bezüglich der Informationen reduziert werden, die schon allgemeinen Offenlegungsregelungen (etwa aufgrund der Marktmissbrauchsverordnung und der Transparenzrichtlinie) unterfallen. Die nähere Ausgestaltung soll die EU-Kommission in delegierten Rechtsakten vornehmen.
- *Status des Daueremittenten („Frequent Issuer Regime"), Art. 9.* Es ist vorgesehen, dass Emittenten jährlich ein sogenanntes *„einheitliches Registrierungsformular"* veröffentlichen können; in diesem Falle werden sie nach Art. 9 (11) des Vorschlags als *„Daueremittent"* (*„frequent issuer"*) qualifiziert. Damit kommen sie in den Genuss des beschleunigten Billigungsverfahrens nach Art. 19 (5) des Vorschlags, wodurch sich die Frist zur Billigung von Prospekten auf fünf Arbeitstage verkürzt. Das einheitliche Registrierungsformular muss nach dem Vorschlag nur in den ersten drei aufeinander folgenden Jahren gebilligt werden. Ab dem vierten Jahr braucht es nur hinterlegt zu werden. Gemäß Art. 9 (12) des Vorschlags ist es nicht mehr notwendig, einen Jahresfinanzbericht zu veröffentlichen, wenn man das einheitliche Registrierungsformular in den ersten vier Monaten des Geschäftsjahres veröffentlicht.

13 Als nächster Schritt ist eine Beratung des Vorschlags COM(2015) 583 der EU-Kommission durch das Europäische Parlament und den Rat der Europäischen Union im Rahmen des Mitentscheidungsverfahrens vorgesehen.

II. Grundlagen zu den Ausnahmen von der Prospektpflicht

1. Tatbestände

Bei einem **öffentlichen Angebot von Wertpapieren** in Deutschland und bei der Zulassung **von Wertpapieren zum Handel** an einem inländischen organisierten Markt muss gemäß § 3 Abs. 1 und Abs. 4 ein Prospekt nach Maßgabe des WpPG veröffentlicht werden. Wie zuvor §§ 2–4 VerkProspG a.F. sieht auch das WpPG Ausnahmen von dieser Prospektpflicht vor. Die Ausnahmetatbestände unterscheiden sich zum einen hinsichtlich des Anwendungsbereiches: 14

- § 1 Abs. 2 stellt gewisse Tatbestände **vollständig** von dem Anwendungsbereich des WpPG frei;
- § 3 Abs. 2 nimmt **bestimmte Angebotsformen** von der grundsätzlichen Prospektpflicht aus;
- § 4 Abs. 1 WpPG gilt für das **öffentliche Angebot** von bestimmten Arten von Wertpapieren;
- § 4 Abs. 2 befreit von der Pflicht zur Veröffentlichung eines Prospekts für die **Zulassung zum Handel** an einem organisierten Markt im Hinblick auf bestimmte Wertpapiere.

Zum anderen unterscheiden sich die Ausnahmetatbestände auch auf der Rechtsfolgenseite. Während § 1 Abs. 2 von der Anwendung des WpPG insgesamt befreit, ist ein Emittent nach §§ 3 Abs. 2, 4 Abs. 1 und 2 lediglich von der Pflicht zur Veröffentlichung eines Prospekts befreit. 15

Insgesamt handelt es sich bei den §§ 1 Abs. 2, 3 Abs. 2, 4 um **echte gesetzliche Ausnahmen** von der Prospektpflicht nach dem WpPG. Diese gesetzlichen Ausnahmen unterstellen, dass die beschriebenen Fälle grundsätzlich jeweils eine prospektpflichtige Handlung darstellen.[65] Gerade die in §§ 3 Abs. 2, 4 Abs. 1 aufgeführten Tatbestände beruhen auf dem Verständnis, dass sie im Grundfall ein öffentliches Angebot darstellen können, wenn auch nicht immer müssen.[66] Durch die Ausgestaltung der §§ 1 Abs. 2, 3 Abs. 2, 4 als gesetzliche Ausnahmen von der Prospektpflicht wurde klargestellt, dass diese Regelungen nicht lediglich „Safe Harbor"-Regeln oder Richtlinien darstellen, die die Interpretation bestimmter Gesetzesbegriffe – insbesondere des öffentlichen Angebots nach § 2 Nr. 4 – für die Praxis erleichtern sollen.[67] 16

---

65 *Schnorbus*, AG 2008, 389, 399; vgl. zu dieser Diskussion auf Grundlage des VerkProspG (allerdings mit entgegengesetzter Auffassung) *Ritz*, in: Assmann/Lenz/Ritz, VerkProspG, § 2 Rn. 3.
66 *Grundmann*, Europäisches Gesellschaftsrecht, 2005, Rn. 662; *Wiegel*, Die Prospektrichtlinie und Prospektverordnung, S. 153 f.; wohl auch *Leuering*, Der Konzern 2006, 4, 6; vgl. *Schnorbus*, AG 2008, 389, 399; **a.A.** *Fürhoff/Ritz*, WM 2001, 2280, 2283 f.; *Holzborn/Schwarz-Gondek*, BKR 2003, 927, 929 f.; wohl auch *Hopt/Voigt*, in: Hopt/Voigt, Prospekt- und Kapitalmarktinformationshaftung, S. 9, 20.
67 *Schnorbus*, AG 2008, 389, 399.

Vor §§ 1 ff.

2. Gestaltungsmöglichkeiten (kombinierte und freiwillige Anwendbarkeit)

17 Die Ausnahmetatbestände nach §§ 1 Abs. 2, 3 Abs. 2, 4 Abs. 1 und 2 sind innerhalb ihres Anwendungsbereiches grundsätzlich **nebeneinander anwendbar** und **schließen sich nicht gegenseitig aus**. Weder ordnet das Gesetz eine solche Exklusivität an noch ist sie den einzelnen Ausnahmeregelungen selbst zu entnehmen.[68] Dieses Verständnis entspricht auch der Zulassungspraxis der Frankfurter Wertpapierbörse.

– Die Ausnahmetatbestände des § 3 Abs. 2 können zeitgleich nebeneinander in Anspruch genommen, also kombiniert werden (vgl. § 3 Rn. 15). Eine Kombination eines Angebots an qualifizierte Anleger und an nicht mehr als 149 nicht qualifizierte Anleger pro Mitgliedstaat ist danach ohne Prospekt zulässig (vgl. § 3 Rn. 21).[69]
– Ebenso können die Befreiungstatbestände des § 3 Abs. 2 Satz 1 mit den Befreiungstatbeständen des § 4 Abs. 1 kombiniert werden (vgl. § 3 Rn. 15). So kann beispielsweise eine Emission prospektfrei platziert werden, wenn ein Teil der Emission qualifizierten Anlegern nach § 3 Abs. 2 Satz 1 Nr. 1 und gleichzeitig oder später der andere Teil Mitarbeitern nach § 4 Abs. 1 Nr. 5 angeboten wird.
– Die Befreiungstatbestände des § 4 im Hinblick auf bestimmte Wertpapiere sind wahlweise anwendbar, sofern die jeweiligen Tatbestandsvoraussetzungen vorliegen. Eine Exklusivität für den jeweils sachnäheren Tatbestand besteht nicht (vgl. § 4 Rn. 2). So können Aktien aus einer 10%-Kapitalerhöhung auch dann auf Grundlage des § 4 Abs. 1 Nr. 1 prospektfrei zugelassen werden, wenn die Aktien im Rahmen eines Umtauschangebots (§ 4 Abs. 2 Nr. 3) oder Mitarbeitern angeboten wurden (§ 4 Abs. 2 Nr. 6).
– Weiter können privilegierte Emittenten den Ausnahmetatbestand für Kleinstemissionen gemäß § 1 Abs. 2 Nr. 4 für eine Erstemission in Anspruch nehmen, selbst wenn mit weiteren Emissionen binnen zwölf Monaten das dafür maßgebliche Angebotsvolumen von € 5,0 Millionen überschritten wird, sofern dabei nur die Voraussetzungen für das Daueremittentenprivileg gemäß § 1 Abs. 2 Nr. 5 vorliegen.[70]
– Auch sind die vorhandenen Schwellenwerte nicht aufeinander anzurechnen. So wird für die Ausnahmen nach § 1 Abs. 2 Nr. 4 (vgl. § 1 Rn. 19) und § 4 Abs. 2 Nr. 1 (vgl. § 4 Rn. 71) nur das Emissionsvolumen angerechnet, das auch tatsächlich unter der jeweiligen Ausnahme genutzt wurde.[71]

18 Im Übrigen entsprechen die §§ 1 Abs. 2, 3 und 4 der in § 15 Abs. 3 WpHG vorgesehenen Konzeption der **Selbstbefreiung** durch gesetzmäßiges (Entscheidungs-)Verhalten.[72] Emittent bzw. Anbieter können von den Ausnahmen Gebrauch machen, müssen es aber nicht, wenn sie die Veröffentlichung eines Prospekts nach Maßgabe des WpPG vorziehen (siehe näher dazu § 1 Rn. 35 ff.).

---

68 *Schlitt/Ponick*, in: Habersack/Mülbert/Schlitt, Kapitalmarktinformation, § 4 Rn. 74; vgl. *Meyer*, in: Marsch-Barner/Schäfer, Handbuch börsennotierte AG, § 7 Rn. 15 a. E.; zumindest in Bezug auf die in § 3 Abs. 2 genannten Tatbestände auch *Wiegel*, Die Prospektrichtlinie und Prospektverordnung, S. 168; *Zeising*, in: Just/Voß/Ritz/Zeising, WpPG, § 3 Rn. 32.
69 Insofern anders *Heidelbach/Preuße*, BKR 2006, 316, 319 f.
70 Insofern ebenso *Heidelbach/Preuße*, BKR 2006, 316, 320.
71 *Von Kopp-Colomb/Witte*, in: Assmann/Schlitt/von Kopp-Colomb, WpPG/VerkProspG, § 1 WpPG Rn. 48.
72 So *Mülbert/Steup*, WM 2005, 1633, 1643; *Heidelbach*, in: Schwark/Zimmer, KMRK, § 4 WpPG Rn. 60.

Vor §§ 1 ff.

petenz dahingehend, ob die prospektbefreienden bzw. prospektersetzenden Dokumente vollständig und inhaltlich richtig sind.[77]

b) Abgrenzung der Kompetenzen bei der Entscheidung über Ausnahmetatbestände

22 Auf dieser Grundlage sind nach der gesetzlichen Konzeption des WpPG BaFin und Geschäftsführung der Börse wie folgt für die Prüfung der Voraussetzungen der Ausnahmetatbestände der §§ 1 Abs. 2, 3 Abs. 2, 4 zuständig:

aa) BaFin

23 Die BaFin entscheidet in der Praxis in erster Linie über die **Billigung eines Prospekts** (§ 13), der für ein öffentliches Angebot und/oder die Zulassung von Aktien zum Handel an einem regulierten Markt erforderlich ist. In diesen Fällen beruft sich der Rechtsanwender gerade nicht auf die Anwendbarkeit einer Ausnahme von der Prospektpflicht, so dass sich insofern die Frage der Anwendbarkeit der Ausnahmetatbestände der §§ 1 Abs. 2, 3 Abs. 2, 4 Abs. 1 nicht stellt. Für die Durchführung eines öffentlichen Angebots nach §§ 1 Abs. 2, 3 Abs. 2, 4 Abs. 1 besteht kein Genehmigungserfordernis. Ebenso wenig sieht das Gesetz die Möglichkeit eines **Negativtestats** über das Vorliegen der Ausnahme vor.[78] Zwar zeigt die BaFin sich in der Praxis grundsätzlich konstruktiv im Zusammenhang mit der Diskussion über die Anwendbarkeit dieser Befreiungstatbestände und eine solche vorherige Abstimmung ist im Zweifelsfalle dringend zu raten; die Verantwortung hierfür liegt jedoch (insbesondere im Hinblick auf die Haftung nach § 24, vgl. Rn. 27) letztendlich bei dem Emittenten und den sonstigen Verantwortlichen (Anbieter).

24 Eine **vorgelagerte Prüfungskompetenz** der BaFin im Zusammenhang mit den §§ 3, 4 besteht nur dann, wenn man der – nicht überzeugenden – Auffassung der BaFin folgt, dass die Billigung eines Prospekts für Zwecke eines öffentlichen Angebots von Wertpapieren dann nicht zulässig ist, wenn der Emittent auch ein prospektfreies öffentliches Angebot auf Grundlage einer Ausnahme nach §§ 3 Abs. 2, 4 Abs. 1 durchführen könnte (vgl. dazu näher § 1 Rn. 39 ff.). Schließlich prüft die BaFin die Voraussetzungen der §§ 3 Abs. 2, 4 Abs. 1 im Rahmen der **repressiven Eingriffsverwaltung**, insbesondere auf Grundlage des § 26 Abs. 4 bei der Untersagung eines öffentlichen Angebots, für das entgegen § 3 Abs. 1 kein Prospekt veröffentlicht wurde.[79]

Abs. 1 Satz 2 – *Mülbert/Steup*, WM 2005, 1633, 1641; vgl. auch *Groß*, Kapitalmarktrecht, § 4 WpPG Rn. 9.

77 So auch unter Verweis auf die grundsätzliche Unmöglichkeit einer Vollständigkeitsprüfung bei nicht exakt definierten Mindestangaben des Dokuments *Wiegel*, Die Prospektrichtlinie und Prospektverordnung, S. 180; **a. A.** wohl *Mülbert/Steup*, WM 2005, 1633, 1641.

78 Vgl. BaFin, Ausgewählte Rechtsfragen in der Aufsichtspraxis, Präsentation vom 4.9.2007, S. 6; *Schnorbus*, AG 2008, 389, 400; *Zeising*, in: Just/Voß/Ritz/Zeising, WpPG, § 3 WpPG Rn. 31 sowie § 4 WpPG Rn. 2; *Heidelbach*, in: Schwark/Zimmer, KMRK, § 4 WpPG Rn. 63; näher auch *von Rosen*, in: Assmann/Schütze, Handbuch des Kapitalanlagerechts, § 2 Rn. 162; **anders** wohl *Schanz/Schalast*, Wertpapierprospekte – Markteinführungspublizität nach EU-Prospektverordnung und Wertpapierprospektgesetz 2005, HfB – Working Paper Series No. 74, S. 11.

79 *Schnorbus*, AG 2008, 389, 400; *von Rosen*, in: Assmann/Schütze, Handbuch des Kapitalanlagerechts, § 2 Rn. 162; vgl. auch *Mülbert/Steup*, WM 2005, 1633, 1640, 1643.

II. Grundlagen zu den Ausnahmen von der Prospektpflicht **Vor §§ 1 ff.**

3. Kompetenz zur Prüfung der Ausnahmeregelungen

a) Grundlagen

Wesentliches Novum aus verfahrenstechnischer Sicht des Prospektrichtlinie-Umsetzungsgesetzes ist, dass anders als nach den bis zum 1.7.2005 geltenden Vorschriften des VerkProspG (hinsichtlich des öffentlichen Angebots von Wertpapieren) und der BörsZulV (hinsichtlich der Zulassung von Wertpapieren zum Handel für die Prospektbilligung) für das **Prospektbilligungsverfahren ausschließlich die BaFin zuständig** ist. Die frühere Differenzierung der Prospekte danach, ob ein öffentliches Angebot von Wertpapieren oder eine Börsenzulassung erfolgen soll, ist entfallen.[73] Erst auf Grundlage eines von der BaFin gebilligten Prospekts kann ein separates Börsenzulassungsverfahren bei der Geschäftsführung der jeweiligen Börse betrieben werden. Demgegenüber ist die Geschäftsführung der Börse ausschließlich zuständig, wenn der Zulassungsantragsteller (§ 2 Nr. 11) eine Börsenzulassung ohne Prospekt – und damit ohne vorangegangenes Billigungsverfahren der BaFin – begehrt.

19

Die Tatbestände der §§ 1 Abs. 2, 3 Abs. 2 und 4 stellen **Legalausnahmen** dar; ein Ermessen der BaFin bzw. der Zulassungsbehörden im Rahmen ihrer Zuständigkeiten besteht nicht.[74] Die Prüfungskompetenz der BaFin nach §§ 1 Abs. 2, 3 Abs. 2, 4 Abs. 1 und der Geschäftsführung der Börse nach § 4 Abs. 2 beschränkt sich jeweils darauf, ob die Voraussetzungen des jeweiligen Befreiungstatbestandes vorliegen. Dazu gehört bei den prospektbefreienden bzw. prospektersetzenden Dokumenten nach z.B. § 4 Abs. 1 Nr. 2–5 und § 4 Abs. 2 Nr. 3–6, ob die inhaltlichen Vorgaben des jeweiligen Befreiungstatbestandes erfüllt sind. Insbesondere umfasst die Prüfungskompetenz im Rahmen der § 4 Abs. 1 Nr. 2 und 3 sowie § 4 Abs. 2 Nr. 3 und 4 die Frage, ob die Angaben in dem jeweiligen Dokument denen eines Prospekts gleichwertig sind.

20

In diesem beschränkten Rahmen kann in der Tat von einer gewissen materiellen Prüfungskompetenz der BaFin bzw. der Geschäftsführung der Börse gesprochen werden.[75] Allerdings ist diese materielle Prüfungskompetenz nicht vergleichbar mit der **materiellen Prüfungspflicht** der BaFin nach Maßgabe des § 13 Abs. 1 Satz 2 bei Vollprospekten, die eine Vollständigkeitsprüfung einschließlich einer Prüfung der Kohärenz und Verständlichkeit umfasst.[76] Insbesondere besteht – mangels gesetzlicher Grundlage – keine Prüfungskom-

21

---

[73] Vor diesem Hintergrund ist die Verkaufsprospekt-Verordnung (VerkProspV) in der Fassung der Bekanntmachung vom 9.9.1989 (BGBl. I, S. 2853), zuletzt geändert durch Art. 21 des Gesetzes vom 21.6.2002 (BGBl. I, S. 2010) vollständig (Art. 9 Prospektrichtlinien-Umsetzungsgesetz) sowie das VerkProspG und die Börsenzulassungsverordnung (BörsZulV) in weiten Teilen (Art. 2 und 4 Prospektrichtlinie-Umsetzungsgesetz) geändert worden.

[74] Vgl. *Mülbert/Steup*, WM 2005, 1633, 1640 f.; *Holzborn/Israel*, ZIP 2005, 1668, 1670; *Heidelbach/Preuße*, BKR 2006, 316, 316; *Veil/Wundenberg*, WM 2008, 1285, 1286; *Groß*, Kapitalmarktrecht, § 4 WpPG Rn. 1; *Grosjean*, in: Heidel, Aktienrecht und Kapitalmarktrecht, § 4 WpPG Rn. 1; *von Rosen*, in: Assmann/Schütze, Handbuch des Kapitalanlagerechts, § 2 Rn. 162; *Zeising*, in: Just/Voß/Ritz/Zeising, WpPG, § 3 Rn. 31 sowie § 4 Rn. 2.

[75] *Wiegel*, Die Prospektrichtlinie und Prospektverordnung, S. 180 f.; *Mülbert/Steup*, WM 2005, 1633, 1641, 1643; *Seibt/von Bonin/Isenberg*, AG 2008, 565, 566 f.; *Groß*, Kapitalmarktrecht, § 4 WpPG Rn. 1, 9; *Grosjean*, in: Heidel, Aktienrecht und Kapitalmarktrecht, § 4 WpPG Rn. 12.

[76] *Seibt/von Bonin/Isenberg*, AG 2008, 565, 566 f.; **anders** wohl – die Prüfungspflicht im Rahmen der Prospektbefreiungen könnte nicht weitergehen als die Prüfungspflicht der BaFin nach § 13

Vor §§ 1 ff.

4. Zivilrechtliche Aspekte von prospektfreien öffentlichen Angeboten und Börsenzulassungen

a) Rechtsfolgen der Verletzung der Prospektpflicht nach § 3 Abs. 1 und Abs. 4

aa) Grundlagen

27   Die Rechtsfolgen der Verletzung der Prospektpflicht beurteilen sich zunächst danach, ob sich die Prospektpflicht aus § 3 Abs. 1 (öffentliches Angebot) oder § 3 Abs. 4 (Zulassung) ergibt. Im Fall des § 3 Abs. 4 ist Rechtsfolge, dass eine Zulassung aufgrund der nicht erfüllten Zulassungsvoraussetzung „Prospekt" (§ 32 Abs. 3 Nr. 2 BörsG) nicht erteilt wird. Fehlt im Falle des § 3 Abs. 1 ein Prospekt gänzlich,[87] obwohl ein prospektpflichtiges öffentliches Angebot vorliegt, greift die Haftung nach **§ 24** wegen fehlenden Prospekts (§ 13a VerkProspG a. F.). Im Übrigen handelt nach § 35 Abs. 1 Nr. 1 WpPG ordnungswidrig, wer vorsätzlich oder leichtfertig entgegen § 3 Abs. 1 Satz 1 im Inland Wertpapiere anbietet, ohne dass ein Prospekt nach den Vorschriften des WpPG veröffentlicht worden ist. Die BaFin kann nach § 26 Abs. 4 das Angebot untersagen. Für den **Investor**, der ein entsprechendes fehlerhaftes Angebot ohne Prospekt annimmt, ergeben sich keine Konsequenzen (dazu auch sogleich Rn. 28).

bb) Auswirkung auf Kaufverträge

28   Sofern infolge eines öffentlichen Angebots Kaufverträge oder sonstige Verträge über Wertpapiere geschlossen werden, ohne dass die Prospektpflicht des § 3 Abs. 1 beachtet wird, hat dies **keine Auswirkungen auf die zivilrechtliche Wirksamkeit** der Verträge.[88] Das folgt bereits aus § 24 (§ 13a VerkProspG a. F.), der explizit die Haftung bei einem fehlenden Prospekt regelt. Rechtsfolge der Verletzung der Prospektpflicht ist der gesetzlich vorgesehene Anspruch des Erwerbers gegen den Emittenten bzw. Anbieter auf Übernahme der Wertpapiere (Put Option). Wäre das Erwerbsgeschäft aufgrund des Verstoßes gegen die Prospektpflicht des § 3 Abs. 1 bereits unwirksam, dann bedürfte es der Haftungsregelung des § 24 nicht. Im Übrigen stellen die eine Prospektpflicht anordnenden Bestimmungen nach § 3 Abs. 1 und Abs. 4 **keine Verbotsgesetze i. S. des § 134 BGB** dar.[89] Sie verbieten nicht direkt ein Rechtsgeschäft, den Kaufvertrag über die Wertpapiere, sondern nur ein öffentliches Angebot der Wertpapiere. Sie richten sich auch nur an den Anbieter und nicht an den Vertragspartner.

---

87 Zur problematischen Abgrenzung zwischen gänzlich fehlendem Prospekt und lediglich fehlerhaften Prospekt vgl. *Fleischer*, BKR 2004, 339, 347; *Barta*, NZG 2005, 305, 307 ff.
88 *Groß*, Kapitalmarktrecht, § 3 WpPG Rn. 13; *von Kopp-Colomb/Gajdos*, in: Assmann/Schlitt/von Kopp-Colomb, WpPG/VerkProspG, § 3 WpPG Rn. 11; *Heidelbach*, in: Schwark/Zimmer, KMRK, § 1 VerkProspG Rn. 45.
89 *Groß*, Kapitalmarktrecht, § 3 WpPG Rn. 14; *von Kopp-Colomb/Gajdos*, in: Assmann/Schlitt/von Kopp-Colomb, WpPG/VerkProspG, § 3 WpPG Rn. 11; *Heidelbach*, in: Schwark/Zimmer, KMRK, § 1 VerkProspG Rn. 45.

II. Grundlagen zu den Ausnahmen von der Prospektpflicht Vor §§ 1 ff.

bb) Geschäftsführung der Börse

Die Geschäftsführung der Börse hat nach § 32 Abs. 3 Nr. 2 BörsG als Bestandteil ihrer Zulassungsentscheidung umfassend die Voraussetzungen des § 1 Abs. 2 sowie des § 4 Abs. 2 zu prüfen, soweit es um die **Zulassung von Wertpapieren zum Börsenhandel** ohne vorangegangene Billigung und Veröffentlichung eines Prospekts geht.[80] Eine Prüfungskompetenz der BaFin besteht nach der Konzeption des Gesetzes nicht,[81] auch nicht für Dokumente nach § 4 Abs. 2 Nr. 3 und 4, deren „Angaben denen des Prospekts gleichwertig" zu sein haben.[82] Auch im Rahmen der §§ 1 Abs. 2, 4 Abs. 2 erfolgt die Befreiung kraft Gesetzes; eine Entscheidung der BaFin im Sinne einer gesonderten **Negativbescheinigung**[83] **ist weder vorgesehen noch erforderlich**.[84]

25

Bei den Ausnahmen des § 4 Abs. 2 Nr. 3 und 4 besteht eine gewisse **materielle Prüfungskompetenz** der Geschäftsführung der Börse im Hinblick auf die Gleichwertigkeit bzw. Verfügbarkeit der Dokumente.[85] Die Frankfurter Wertpapierbörse nimmt allerdings für den in § 4 Abs. 2 Nr. 4 geregelten Fall der Verschmelzung lediglich eine formelle Prüfung vor, d. h. eine inhaltliche Prüfung, ob die Gleichwertigkeit eines Verschmelzungsberichts tatsächlich gegeben ist, erfolgt nicht.[86] Soweit die Voraussetzungen eines Ausnahmetatbestandes vorliegen, hat die Geschäftsführung – vorbehaltlich der übrigen Anforderungen – zwingend die Wertpapiere prospektfrei zum Börsenhandel zuzulassen. Insbesondere liegt es anders als nach den früheren Regelungen der §§ 45, 45a BörsZulV a. F. nicht mehr im pflichtgemäßen Ermessen der Börsen, eine Befreiung von der Prospektpflicht für die Zulassung von Wertpapieren zum Börsenhandel zu erteilen.

26

---

80 Frankfurter Wertpapierbörse, Rundschreiben Listing 01/2005 zur Umsetzung der Prospektrichtlinie v. 2.6.2005, S. 3 unter 7; *Schnorbus*, AG 2008, 389, 400; *Zeising*, in: Just/Voß/Ritz/Zeising, WpPG, § 4 Rn. 27 f.
81 *Schnorbus*, AG 2008, 389, 400; *Zeising*, in: Just/Voß/Ritz/Zeising, WpPG, § 4 Rn. 27; **a. A.** *Gebhardt*, in: Schäfer/Hamann, Kapitalmarktgesetze, § 4 WpPG Rn. 20.
82 Vgl. *Mülbert/Steup*, WM 2005, 1633, 1641; *Veil/Wundenberg*, WM 2008, 1285, 1286; unklar *Heise*, in: Assies/Beule/Heise/Strube, Bank- und Kapitalmarktrecht, S. 1158 Rn. 260 (in Bezug auf § 4 Abs. 2 Nr. 8).
83 **So aber** noch die Frankfurter Wertpapierbörse (Rundschreiben Listing 01/2005 zur Umsetzung der Prospektrichtlinie v. 2.6.2005, S. 3 unter 7), wonach der Emittent sich von der BaFin das Vorliegen der Befreiungsvoraussetzungen in Form einer Negativbescheinigung bestätigen lassen und diese Erklärung im Zulassungsverfahren vorlegen könne. Alternativ könne die Zulassungsstelle im Rahmen des Zulassungsverfahrens das Vorliegen der Befreiungsvoraussetzungen prüfen; ebenso wohl auch *Schanz/Schalast*, Wertpapierprospekte – Markteinführungspublizität nach EU-Prospektverordnung und Wertpapierprospektgesetz 2005, HfB – Working Paper Series No. 74, S. 11.
84 *Mülbert/Steup*, WM 2005, 1633, 1640 f.; *Grosjean*, in: Heidel, Aktienrecht und Kapitalmarktrecht, § 4 WpPG Rn. 12.
85 Vgl. *Heidelbach*, in: Schwark/Zimmer, KMRK, § 4 WpPG Rn. 63.
86 Nach *Grosjean*, in: Heidel, Aktienrecht und Kapitalmarktrecht, § 4 WpPG Rn. 12 (dort Fn. 34).

b) Haftung für fehlerhafte Angaben bei bestehender Prospektbefreiung

aa) Zulassung ohne Prospekt

Bei der **bloßen prospektfreien Zulassung** von Wertpapieren zum Handel an einem regulierten Markt scheidet eine Haftung nach § 21 (§§ 44, 45 BörsG a. F.) mangels eines Prospekts als Anknüpfungspunkt für eine Haftung aus. Allerdings setzen die Ausnahmen nach § 4 Abs. 2 Nr. 3–6 gewissermaßen als Ersatz von der Prospektbefreiung ein **prospektbefreiendes bzw. prospektersetzendes Dokument** voraus. Teilweise enthalten die Ausnahmen einige wenige spezifische inhaltliche Vorgaben für dieses Dokument; in § 4 Abs. 2 Nr. 2 und 3 verlangt das Gesetz sogar, dass die **Angaben denen eines Prospekts gleichwertig** sind. Für die Haftung aufgrund eines prospektbefreienden Dokuments stellt sich die Frage nach der Anspruchsgrundlage für fehlerhafte Darstellungen. Für prospektbefreiende Dokumente nach § 4 Abs. 2 Nr. 3–6 ergibt sich die Anspruchsgrundlage **unmittelbar aus § 21 Abs. 4** (§ 44 Abs. 4 BörsG a. F.),[90] wonach ein Dokument, aufgrund dessen Veröffentlichung der Emittent von der Pflicht zur Veröffentlichung eines Prospekts befreit wurde, einem Prospekt für Zwecke der Haftung nach § 21 Abs. 1 gleichsteht. Für die Haftung im Falle der Prospektbefreiung nach § 4 Abs. 1 Nr. 2 im Falle eines Umtauschangebots vgl. § 4 Rn. 22 ff.

29

bb) Öffentliches Angebot ohne Prospekt

Soweit Wertpapiere auf Grundlage der §§ 1 Abs. 2, 3 Abs. 2 oder 4 Abs. 1 **ohne Prospekt angeboten und veräußert werden**, greift zunächst die vorvertragliche Haftung nach **§ 311 Abs. 2, 3 BGB** und/oder die Haftung nach dem **zugrunde liegenden schuldrechtlichen Geschäft** (in der Regel nach Kaufrecht). Soweit die Veräußerung auf Grundlage eines **Vermarktungsdokuments** erfolgt (z.B. sog. Informationsmemorandum bei Aktienumplatzierungen), kommt die zivilrechtliche Prospekthaftung[91] und ggf. auch eine Prospekthaftung nach **§ 22** (§ 13 VerkProspG a. F.) in Betracht, und zwar – wie § 22 nun klarstellt – unabhängig davon, ob die angebotenen Aktien zugelassen sind oder nicht.

30

Besonderheiten bestehen für die prospektbefreienden Dokumente im Falle eines öffentlichen Angebots. Erfüllt das jeweilige prospektbefreiende Dokument (lediglich) nicht die inhaltlichen Vorgaben nach § 4 Abs. 1 Nr. 2–5, fehlt es etwa bei einem Umtauschangebot nach § 4 Abs. 1 Nr. 2 oder einer Verschmelzung nach § 4 Abs. 1 Nr. 3 an der Gleichwertigkeit, greift nach einer Auffassung in der Literatur der scharfe Haftungstatbestand des § 24 (Haftung bei fehlendem Prospekt, § 13a VerkProspG a. F.).[92] Diese Auffassung ist abzulehnen.[93] Richtigerweise gilt das **Haftungsregime des § 22 i.V.m. § 21 Abs. 4 (Haftung bei fehlerhaftem Prospekt)** auch für Fehler in prospektbefreienden Dokumenten nach § 4

31

---

90 Vgl. *Mülbert/Steup*, WM 2005, 1633, 1641 f.; *Grosjean*, in: Heidel, Aktienrecht und Kapitalmarktrecht, § 4 WpPG Rn. 12.
91 Näher zur Diskussion *A. Meyer*, in: Marsch-Barner/Schäfer, Handbuch börsennotierte AG, § 7 Rn. 16.
92 Zu § 13a VerkProspG: *Mülbert/Steup*, WM 2005, 1633, 1644 (aufgrund einer teleologischen Reduktion des Haftungstatbestandes jedoch nicht in den Fällen des § 4 Abs. 1 Nr. 4 u. 5).
93 Ebenso *Groß*, Kapitalmarktrecht, § 4 WpPG Rn. 3b.

Vor §§ 1 ff.

Abs. 1.[94] Eine Fehlinformation in einem prospektersetzenden Dokument kann nicht einer schärferen Haftung unterliegen als ein fehlerhafter Prospekt i. S. d. § 22. Maßgeblich für die Haftung nach § 21 Abs. 4 i.V.m § 22 ist, ob ein Dokument nach Inhalt und Zielrichtung in Erfüllung der jeweils in § 4 Abs. 1 vorgesehenen Angaben erstellt worden ist, auch wenn die gesetzlichen Anforderungen letztlich nicht erfüllt worden sind.[95]

32 Im Übrigen ist es wertungsmäßig gerade in den Fällen des § 4 Abs. 1 Nr. 2 und 3 nicht überzeugend, Investoren in jedem Fall eine Verkaufsoption – auf die § 24 (§ 13a VerkProspG a. F.) letztlich hinausläuft – einzuräumen, nur weil das prospektersetzende Dokument – z.B. wegen des Fehlens formaler Pflichtbestandteile – nicht gleichwertig ist, obwohl insgesamt das Dokument ein zutreffendes Urteil über die Investitionsentscheidung erlaubt. Vielmehr findet das **Haftungsregime des § 22 i.V.m. § 21 Abs. 4** Anwendung, wenn Fehler in dem prospektersetzenden Dokument dazu führen, dass für die Beurteilung der Wertpapiere wesentliche Angaben unrichtig oder unvollständig sind. Für die Prospektbefreiung im Zusammenhang mit einem Umtauschangebot nach dem WpÜG gelten ohnehin spezialgesetzliche, der Prospekthaftung entsprechende Regelungen (vgl. § 4 Rn. 22 ff.).

cc) Haftungsmaßstab

33 Erfüllt das jeweilige ersetzende Dokument nicht die formalen Vorgaben des § 4 Abs. 1 oder Abs. 2, greift der herkömmliche Haftungsmaßstab der Prospekthaftung nach Maßgabe der §§ 21 ff. (§ 13 VerkProspG i.V. m. § 44 ff. BörsG a. F.), einschließlich der Vorgaben nach §§ 5 und 7. Sind die formalen Voraussetzungen des § 4 Abs. 1 oder § 4 Abs. 2 gegeben und greift deshalb eine Befreiung von der Prospektpflicht, dann gelten als Haftungsmaßstab für die **Vollständigkeit die diesem Dokument jeweils zugrunde liegenden formellen und materiellen Anforderungen**,[96] z.B. bei einem Verschmelzungsbericht nach § 4 Abs. 2 Nr. 4 die umwandlungsrechtlichen Anforderungen an den Inhalt nach § 8 UmwG, bei einem Dokument zur Zulassung von Aktien aus einer Sachdividende die Angaben nach § 4 Abs. 2 Nr. 5 (gegebenenfalls zusammen mit den Vorgaben der ESMA-Empfehlungen[97]) oder die Vorgaben einer Verordnung nach § 4 Abs. 3 (näher zur Haftung bei Umtauschangeboten § 4 Rn. 22 ff.). Nicht Haftungsmaßstab für die Vollständigkeit und Richtigkeit des jeweils prospektbefreienden Dokuments sind dagegen die Vorgaben für ein Prospekt nach dem WpPG, insbesondere nicht §§ 5 und 7.[98]

---

94 *Groß*, Kapitalmarktrecht, § 4 WpPG Rn. 3b; *Grosjean*, in: Heidel, Aktienrecht und Kapitalmarktrecht, § 4 WpPG Rn. 8. **A. A.** (noch zur Anwendbarkeit des § 44 Abs. 4 BörsG): *Mülbert/Steup*, WM 2005, 1633, 1644.
95 So auch für die Abgrenzung zwischen § 13 VerkProspG a. F. (Haftung für fehlerhaften Prospekt) und § 13a VerkProspG a. F. (Haftung für fehlenden Prospekt) *Fleischer*, BKR 2004, 339, 347; **anders** *Barta*, NZG 2005, 305, 308 f. (Garantiehaftung des § 13a VerkProspG a. F. greift bereits bei fehlender Billigung).
96 *Groß*, Kapitalmarktrecht, § 21 WpPG Rn. 29; *Pankoke*, in: Just/Voß/Ritz/Zeising, WpPG, §§ 44 BörsG, 13 VerkProspG Rn. 18.
97 Vgl. ESMA-Empfehlungen, Rn. 173 ff.
98 Näher dazu *Groß*, Kapitalmarktrecht, § 21 WpPG Rn. 29 (insbesondere auch unter Hinweis auf § 45 Abs. 5 Nr. 5 BörsG a. F., jetzt § 23 Abs. 2 Nr. 5); *Heidelbach*, in: Schwark/Zimmer, KMRK, § 4 WpPG Rn. 66.

II. Grundlagen zu den Ausnahmen von der Prospektpflicht **Vor §§ 1 ff.**

Bei den Befreiungstatbeständen nach § 4 Abs. 1 Nr. 2–5 bzw. § 4 Abs. 2 Nr. 4–6 ist im Übrigen zu prüfen, ob eine Prospekthaftung gegebenenfalls aus anderen Gründen ausscheidet, etwa weil die Voraussetzungen des § 21 (§ 44 Abs. 1 BörsG a. F.) nicht vorliegen oder wegen einer gebotenen **teleologischen Reduktion des 21 Abs. 4** (§ 44 Abs. 4 BörsG a. F.).[99] So ist es im Hinblick auf die Befreiungstatbestände der § 4 Abs. 1 Nr. 4 und 5 sowie § 4 Abs. 2 Nr. 5 und 6 durchaus zweifelhaft, ob Informationen zu der „Anzahl und Art der Aktien" sowie über die „Gründe und Einzelheiten" überhaupt für die Beurteilung der Wertpapiere wesentliche Angaben i. S. d. § 21 Abs. 1 sein können.[100] Im Ergebnis sind daher in der Regel (nur) **prospektbefreiende Dokumente nach § 4 Abs. 1 Nr. 2 und 3 sowie § 4 Abs. 2 Nr. 3 und 4 haftungsrelevant.**   34

---

99 Eingehend dazu *Mülbert/Steup*, WM 2005, 1633, 1641 ff., 1644; *Groß*, Kapitalmarktrecht, § 21 WpPG Rn. 29.
100 Vgl. *Mülbert/Steup*, WM 2005, 1633, 1642.

Abschnitt 1
Anwendungsbereich und Begriffsbestimmungen
§ 1 Anwendungsbereich

(1) Dieses Gesetz ist anzuwenden auf die Erstellung, Billigung und Veröffentlichung von Prospekten für Wertpapiere, die öffentlich angeboten oder zum Handel an einem organisierten Markt zugelassen werden sollen.

(2) Dieses Gesetz findet keine Anwendung auf

1. Anteile oder Aktien von offenen Investmentvermögen im Sinne des § 1 Absatz 4 des Kapitalanlagegesetzbuchs;
2. Nichtdividendenwerte, die von einem Staat des Europäischen Wirtschaftsraums oder einer Gebietskörperschaft eines solchen Staates, von internationalen Organisationen des öffentlichen Rechts, denen mindestens ein Staat des Europäischen Wirtschaftsraums angehört, von der Europäischen Zentralbank oder von den Zentralbanken der Staaten des Europäischen Wirtschaftsraums ausgegeben werden;
3. Wertpapiere, die uneingeschränkt und unwiderruflich von einem Staat des Europäischen Wirtschaftsraums oder einer Gebietskörperschaft eines solchen Staates garantiert werden;
4. Wertpapiere, die von CRR-Kreditinstituten oder von Emittenten, deren Aktien bereits zum Handel an einem organisierten Markt zugelassen sind, ausgegeben werden; dies gilt nur, wenn der Verkaufspreis für alle im Europäischen Wirtschaftsraum angebotenen Wertpapiere weniger als 5 Millionen Euro beträgt, wobei diese Obergrenze über einen Zeitraum von zwölf Monaten zu berechnen ist;
5. Nichtdividendenwerte, die von CRR-Kreditinstituten dauernd oder wiederholt für einen Verkaufspreis aller im Europäischen Wirtschaftsraum angebotenen Wertpapiere von weniger als 75 Millionen Euro ausgegeben werden, wobei diese Obergrenze über einen Zeitraum von zwölf Monaten zu berechnen ist, sofern diese Wertpapiere
   a) nicht nachrangig, wandelbar oder umtauschbar sind oder
   b) nicht zur Zeichnung oder zum Erwerb anderer Wertpapiere berechtigen und nicht an ein Derivat gebunden sind.

(3) Unbeschadet des Absatzes 2 Nr. 2 bis 5 sind Emittenten, Anbieter oder Zulassungsantragsteller berechtigt, einen Prospekt im Sinne dieses Gesetzes zu erstellen, wenn Wertpapiere öffentlich angeboten oder zum Handel an einem organisierten Markt zugelassen werden.

Übersicht

	Rn.		Rn.
I. Regelungsgegenstand	1	2. Nichtdividendenwerte hoheitlicher Emittenten (Nr. 2)	8
II. Anwendungsbereich	2	3. Durch hoheitliche Emittenten garantierte Wertpapiere (Nr. 3)	9
III. Ausnahmen	3	a) Grundlagen	9
1. Anteile oder Aktien von offenen Investmentvermögen nach dem Kapitalanlagegesetzbuch (Nr. 1)	7	b) Ausgestaltung der Garantie	10

4. Wertpapiere aus Kleinstemissionen (Nr. 4) 13
   a) Grundlagen 13
   b) Referenzzeitraum von zwölf Monaten 14
   c) Maximales Ausgabevolumen von € 5,0 Millionen 16
5. Daueremissionen (Nr. 5) 21
   a) Privilegierte Emittenten 22
   b) Privilegierte Wertpapiere 24
      aa) Verhältnis der Rückausnahmen in § 1 Abs. 2 Nr. 5a und § 1 Abs. 2 Nr. 5b 25
      bb) Keine nachrangigen, wandelbaren oder umtauschbaren Wertpapiere 28
      cc) Keine zur Zeichnung oder zum Erwerb anderer Wertpapiere berechtigenden Wertpapiere und keine Derivate 30
      dd) Dauernd oder wiederholt angebotene Wertpapiere 33
IV. Freiwillige Erstellung eines Prospekts („Opting-in") 35
   1. Grundlagen 35
   2. Freiwillige Prospekte bei Vorliegen der Ausnahmetatbestände der §§ 3, 4 WpPG 39
V. Ermächtigung der Kommission zur Anpassung von bestimmten Wertgrenzen 44

I. Regelungsgegenstand

Die Vorschrift setzt Art. 1 der Prospektrichtlinie um. § 1 regelt in Abs. 1 den Anwendungsbereich des Gesetzes, in Abs. 2 gewisse Ausnahmen von diesem Anwendungsbereich sowie in Abs. 4 die Möglichkeit, freiwillig einen Prospekt zu erstellen, um Wertpapiere öffentlich anzubieten oder zum Handel an einem organisierten Markt zuzulassen.   1

II. Anwendungsbereich

Abs. 1 beschreibt den Anwendungsbereich des Gesetzes. Das Gesetz gilt für die Erstellung, die Billigung und Veröffentlichung von Prospekten für Wertpapiere (vgl. § 2 Nr. 1), die öffentlich angeboten (vgl. § 2 Nr. 4) oder zum Handel an einem organisierten Markt (vgl. § 2 Nr. 16) zugelassen werden sollen. Die für die Bestimmung des Anwendungsbereiches des WpPG maßgeblichen Begriffe sind jeweils in § 2 legaldefiniert, siehe Kommentierung dort. Ein gebilligter Prospekt kann demnach sowohl für ein **öffentliches Angebot** (vgl. § 3 Abs. 1) als auch die **Börsenzulassung** (vgl. § 3 Abs. 4) von Wertpapieren verwendet werden, wobei der jeweilige Verwendungszweck im Prospekt (insbesondere auf dem Deckblatt und unter „Gegenstand des Prospekts") anzugeben ist.[1] Nicht in den Anwendungsbereich des WpPG fällt die **Einbeziehung von Wertpapieren** in den regulierten Markt gemäß § 33 BörsG sowie die Einbeziehung von Wertpapieren in den Freiverkehr (vgl. § 48 BörsG i.V.m. den jeweiligen Börsenordnungen).[2] Das WpPG ist im Übrigen nicht anwendbar auf öffentliche Angebote, die keine Wertpapiere gemäß § 2 Nr. 1 WpPG   2

---

1 *Grosjean*, in: Heidel, Aktienrecht und Kapitalmarktrecht, § 1 WpPG Rn. 1.
2 BT-Drucks. 15/4999, S. 25, 27; *Groß*, Kapitalmarktrecht, § 1 WpPG Rn. 2; *Ritz/Zeising*, in: Just/Voß/Ritz/Zeising, WpPG, § 1 Rn. 2.

§ 1 Anwendungsbereich

zum Gegenstand haben; für sonstige Vermögensanlagen gelten die Regelungen des Vermögensanlagengesetz (VermAnlG), vgl. § 2 Rn. 3.[3]

III. Ausnahmen

3 Abs. 2 beruht auf Art. 1 Abs. 2 der Prospektrichtlinie, der bestimmte Wertpapiere von dem Regelungsregime der Richtlinie ausnimmt. Nach Auffassung des Gesetzgebers müssen diese durch die Richtlinie vorgegebenen Ausnahmen für die Umsetzung in das nationale Recht nicht ausgeschöpft werden,[4] wovon das WpPG ausgeht. So wurden insbesondere Art. 1 Abs. 2 c), e), f), g) und i) der Prospektrichtlinie ohne nähere Begründung des Gesetzgebers nicht übernommen; Art. 1 Abs. 2 h) gilt nur eingeschränkt. Die dort geregelten Sachverhalte unterfallen damit im Ergebnis freilich dem Anwendungsbereich des WpPG. Dieser ist folglich weiter als derjenige der Richtlinie.

4 Diese Entscheidung des deutschen Gesetzgebers zu einer selektiven Übernahme einzelner Ausnahmen des Art. 1 Abs. 2 steht in Einklang mit der Konzeption der Prospektrichtlinie. Die in Art. 1 Abs. 2 genannten Emissionen und Emittenten fallen von vornherein nicht in den Anwendungsbereich der Prospektrichtlinie, sie sollen also nicht durch einen europäischen Rechtsetzungsakt EU-weit harmonisiert werden und unterliegen somit keinen europarechtlichen Vorgaben. Wie mit diesen Sachverhalten zu verfahren ist, soll folglich im Ermessen des jeweiligen nationalen Gesetzgebers bleiben. So ist es dem nationalen Gesetzgeber möglich, abweichende Anforderungen an die entsprechenden Emittenten/Emissionen zu stellen, sie unreguliert zu lassen oder, wie in dem beschriebenen Umfang geschehen, sie in den Anwendungsbereich des WpPG einzubeziehen.[5]

5 Liegen die Voraussetzungen eines der Tatbestände des § 1 Abs. 2 vor, findet das WpPG **generell keine Anwendung**.[6] So kann ein öffentliches Angebot bzw. die Zulassung von Wertpapieren prospektfrei erfolgen, da § 3 Abs. 1 und Abs. 3 keine Anwendung finden.[7] Auch für die Zulassung der betreffenden Wertpapiere zum Börsenhandel ist nach § 32 Abs. 3 Nr. 2 BörsG bei Vorliegen eines Tatbestandes des § 1 Abs. 2 kein Prospekt erforderlich.[8] Auf die Emittenten sind auch nicht – anders als im Fall der dem Anwendungsbereich

---

[3] *Von Kopp-Colomb/Witte*, in: Assmann/Schlitt/von Kopp-Colomb, WpPG/VerkProspG, § 1 WpPG Rn. 16.

[4] BT-Drucks. 15/4999, S. 27; vgl. *Groß*, Kapitalmarktrecht, § 1 WpPG Rn. 3, und *Müller*, WpPG, § 1 Rn. 2.

[5] *Wiegel*, Die Prospektrichtlinie und Prospektverordnung, S. 161 f.; *Ritz/Voß*, in: Just/Voß/Ritz/Zeising, WpPG, § 1 Rn. 8 f.; **a. A.** *Hopt/Voigt*, in: Hopt/Voigt, Prospekt- und Kapitalmarktinformationshaftung, S. 9, 23.

[6] *Groß*, Kapitalmarktrecht, § 1 WpPG Rn. 3.

[7] *Groß*, Kapitalmarktrecht, § 1 WpPG Rn. 3 mit Fn. 4.

[8] Das war vor der Einführung des § 32 Abs. 3 Nr. 2 BörsG im Rahmen des FRUG, der im Wesentlichen § 30 Abs. 3 Nr. 3 BörsG a. F. entsprach, auch so, wenn vom Wortlaut her auch nicht eindeutig, da § 30 Abs. 3 Nr. 2 BörsG a. F. nur den Fall des § 1 Abs. 2 Nr. 5 von der Prospektpflicht ausnahm. Dabei handelte es sich jedoch um ein Redaktionsversehen (vgl. *Heidelbach/Preuße*, BKR 2006, 316, 316 f. (zu § 1 Abs. 2 Nr. 4); *Wodsak*, GoingPublic 9/05, 60, 60 f.; *Ritz/Zeising*, in: Just/Voß/Ritz/Zeising, WpPG, § 1 Rn. 32 (zu § 1 Abs. 2 Nr. 4)), welches der Gesetzgeber nunmehr – allerdings soweit ersichtlich ohne ausdrückliche Erwähnung – behoben hat.

des Gesetzes unterliegenden, aber von der Prospektpflicht ausgenommenen Emissionen nach §§ 3, 4 – die vor Veröffentlichung des Prospekts wirkenden Verhaltenspflichten des WpPG anwendbar.

Vor diesem Hintergrund steht der sog. **„europäische Pass"** (d. h. eine Bescheinigung, dass ein Prospekt nach den Vorgaben des WpPG erstellt worden ist, vgl. § 18 Abs. 1 Satz 1) hinsichtlich der in § 1 Abs. 2 genannten Wertpapiere nicht zur Verfügung. Sofern in Bezug auf die in Abs. 2 mit Ausnahme von Nr. 1 genannten Wertpapiere eine grenzüberschreitende Transaktion beabsichtigt ist, eröffnet § 1 Abs. 3 jedoch eine Wahlmöglichkeit (vgl. Rn. 35 ff.), wonach sich Emittenten, Anbieter oder Zulassungsantragsteller freiwillig einer Prospektpflicht unterwerfen können, um so auch die Vorteile des „europäischen Passes" zu nutzen.[9]

1. Anteile oder Aktien von offenen Investmentvermögen nach dem Kapitalanlagegesetzbuch (Nr. 1)

Die Ausnahme beruht auf der durch die Richtlinie 2011/61/EU[10] („AIFM-Richtlinie") unveränderten Vorgabe des Art. 1 Abs. 2 a) der Prospektrichtlinie, nach der die Prospektrichtlinie keine Anwendung auf Anteilscheine findet, welche von Organismen für gemeinsame Anlagen ausgegeben werden, die nicht dem geschlossenen Typ angehören.[11] § 1 Abs. 2 Nr. 1 WpPG wurde zuletzt im Zuge der Umsetzung der AIFM-Richtlinie durch das AIFM-Umsetzungsgesetz[12] mit Wirkung zum 22.7.2013 geändert[13] und an die Terminologie des neu eingeführten Kapitalanlagegesetzbuches (KAGB)[14] angepasst,[15] das das Investmentgesetz (InvG) abgelöst hat. § 1 Abs. 2 Nr. 1 WpPG a. F. orientierte sich an § 3 Nr. 3 VerkProspG a. F.[16] Das InvG sah als solches bereits die Erstellung und Veröffentlichung eines speziell auf die **Anforderungen von Investmentgesellschaften ausgerichteten Prospekts** vor, so dass kein zusätzliches allgemeines Prospektregime erforderlich war.[17] Die Ausnahme galt nur, sofern die Inhaber eines Anteils oder die Aktionäre einer der in § 1 Abs. 2

---

9 *Ritz/Zeising*, in: Just/Voß/Ritz/Zeising, WpPG, § 1 Rn. 6.
10 Richtlinie 2011/61/EU des Europäischen Parlaments und des Rates vom 8. Juni 2011 über die Verwalter alternativer Investmentfonds und zur Änderung der Richtlinien 2003/41/EG und 2009/65/EG und der Verordnungen (EG) Nr. 1060/2009 und (EU) Nr. 1095/2010, ABl. L 174/1 vom 1.7.2011.
11 BT-Drucks. 17/12294, S. 309 f.
12 Gesetz zur Umsetzung der Richtlinie 2011/61/EU über die Verwalter alternativer Investmentfonds (AIFM-Umsetzungsgesetz – AIFM-UmsG) vom 4.7.2013, BGBl. I 2013, S. 1981 („AIFM-Umsetzungsgesetz").
13 Art. 9, 28 Abs. 2 AIFM-Umsetzungsgesetz.
14 Kapitalanlagegesetzbuch vom 4.7.2013, BGBl. I 2013, S. 1981, zuletzt geändert durch Art. 2 des Gesetzes zur Anpassung von Gesetzen auf dem Gebiet des Finanzmarktes vom 15.7.2014, BGBl. I 2013, S. 934.
15 BT-Drucks. 17/12294, S. 309.
16 BT-Drucks. 15/4999, S. 27; näher zu der Regelung *Ritz/Zeising*, in: Just/Voß/Ritz/Zeising, WpPG, § 1 Rn. 11 ff.
17 Ausführlich zu der Regelung *Hamann*, in: Schäfer/Hamann, Kapitalmarktgesetze, § 1 WpPG Rn. 10 ff.

§ 1 Anwendungsbereich

Nr. 1 WpPG a. F. genannten Gesellschaften ein **Recht auf Rückgabe** ihrer Anteile bzw. Aktien hatten (offene Fonds).

7a Die Neuregelung behält diese Ausnahme weitgehend bei. Nach § 1 Abs. 2 Nr. 1 WpPG findet das WpPG keine Anwendung auf Anteile oder Aktien von offenen Investmentvermögen im Sinne des § 1 Abs. 4 des KAGB. Zu den offenen Investmentvermögen in diesem Sinne zählen einerseits **Organismen für die gemeinsame Anlage von Wertpapieren (OGAW)**, die der OGAW-Richtlinie[18] entsprechen.[19] Zum anderen zählen dazu **Alternative Investmentfonds (AIF)**,[20] für deren Anteile vor dem Beginn der Liquidations- oder Auslaufphase ein **Rückgaberecht** der Anleger besteht (offene AIF).[21] In seiner ursprünglichen Fassung hatte § 1 Abs. 4 Nr. 2 KAGB für die Einordnung als offener AIF noch gefordert, dass das Rückgaberecht mindestens einmal pro Jahr bestehen müsse.[22] Dies wurde mit Wirkung zum 19.7.2014 dahingehend geändert,[23] dass es nunmehr ausreicht, wenn überhaupt ein Rückgaberecht vor dem Beginn der Liquidations- oder Auslaufphase existiert.[24] Die Ausnahme rechtfertigt sich daraus, dass das KAGB für offene Publikumsinvestmentvermögen[25] ähnlich dem früheren Investmentgesetz zahlreiche anlegerschützende Sondervorschriften enthält.[26] Insbesondere hat die Kapitalverwaltungsgesellschaft bzw. EU-OGAW-Verwaltungsgesellschaft für das verwaltete offene Publikumsinvestmentvermögen gem. § 164 Abs. 1 Satz 1 KAGB einen Verkaufsprospekt und die sog. „wesentliche Anlegerinformation" zu erstellen.[27] Eine Prospektpflicht nach dem WpPG kann sich mithin nur für geschlossene Investmentvermögen ergeben, namentlich für geschlossene AIF-Publikumsinvestmentaktiengesellschaften.[28] In diesem Fall genießt der nach dem WpPG zu erstellende Prospekt Vorrang vor dem nach dem KAGB zu erstellenden Verkaufsprospekt: Wenn der nach dem WpPG zu erstellende Prospekt um die Mindestangaben gem.

---

18 Richtlinie 2009/65/EG des Europäischen Parlaments und des Rates vom 13. Juli 2009 zur Koordinierung der Rechts- und Verwaltungsvorschriften betreffend bestimmte Organismen für gemeinsame Anlagen in Wertpapieren (OGAW), ABl. L 302/32 vom 17.11.2009, zuletzt geändert durch die AIFM-Richtlinie (s. o. Fn. 10).
19 § 1 Abs. 4 Nr. 1, Abs. 2 KAGB.
20 AIF sind alle Investmentvermögen im Sinne von § 1 Abs. 1 KAGB, die keine OGAW sind, § 1 Abs. 3 KAGB.
21 Dies ergibt sich aus § 1 Abs. 4 Nr. 2 KAGB i. V. m. Art. 1 Abs. 2 der Delegierten Verordnung (EU) Nr. 694/2014 der Kommission vom 17. Dezember 2013 zur Ergänzung der Richtlinie 2011/61/EU des Europäischen Parlaments und des Rates im Hinblick auf technische Regulierungsstandards zur Bestimmung der Arten von Verwaltern alternativer Investmentfonds, ABl. L 183/18 vom 24.6.2014.
22 Vgl. zur inzwischen wieder überholten Rechtslage *Spindler*, in: Holzborn, WpPG, § 1 Rn. 12.
23 Die Änderung erfolgte durch Art. 2 des Gesetzes zur Anpassung von Gesetzen auf dem Gebiet des Finanzmarktes vom 15.7.2014, BGBl. I 2013, S. 934 und passt das KAGB an die Vorgaben der Delegierten Verordnung (EU) Nr. 694/2014 (s. o. Fn. 21) an, BT-Drucks. 18/1305, S. 43.
24 BT-Drucks. 18/1305, S. 43.
25 Dies sind offene Investmentvermögen, die nicht nur professionellen und semiprofessionellen Anbietern i. S. v. § 1 Abs. 19 Nr. 32 und 33 KAGB angeboten werden, § 1 Abs. 4 Nr. 2, Abs. 6 Satz 2 KAGB.
26 Überblick bei *Spindler*, in: Holzborn, WpPG, § 1 Rn. 11.
27 § 164 KAGB entspricht insoweit im Wesentlichen § 42 InvG a. F., BT-Drucks. 17/12294, S. 254.
28 BT-Drucks. 17/12294, S. 273; *Buck-Heeb*, Kapitalmarktrecht, 7. Aufl. 2014, Rn. 204.

§ 269 KAGB ergänzt wird, entfällt gem. § 268 Abs. 1 Satz 3 KAGB die Pflicht zur Erstellung eines Verkaufsprospekts aus § 268 Abs. 1 Satz 1 KAGB.[29]

2. Nichtdividendenwerte hoheitlicher Emittenten (Nr. 2)

§ 1 Abs. 2 Nr. 2 beruht auf Art. 1 Abs. 2 b) der Prospektrichtlinie und ist vergleichbar mit §§ 36, 52 BörsG a. F., § 3 Nr. 1 VerkProspG a. F.[30] Die **Transparenz, Bonität und Seriosität** der in der Regelung aufgeführten internationalen Organisationen des öffentlichen Rechts, Staaten und sonstigen Gebietskörperschaften rechtfertigt eine Privilegierung solcher Emittenten dahingehend, dass kein Prospekt für Zwecke des Anlegerschutzes nach dem WpPG (insbesondere die Erstellung eines Prospekts bei dem Angebot von Nichtdividendenwerten) erforderlich ist. Die Ausnahmeregelung gilt ausschließlich für die **Nichtdividendenwerte** (vgl. § 2 Nr. 3), also z. B. für die vom Bund emittierten Wertpapiere, öffentliche Pfandbriefe oder Kommunalschuldverschreibungen gem. §§ 1, 20 PfandBG. Ergänzt wird § 1 Abs. 2 Nr. 2 durch § 37 BörsG, demzufolge u. a. Schuldverschreibungen des Bundes kraft Gesetzes zum Handel am regulierten Markt zugelassen sind.

8

3. Durch hoheitliche Emittenten garantierte Wertpapiere (Nr. 3)

a) Grundlagen

§ 1 Abs. 2 Nr. 3 basiert auf Art. 1 Abs. 2 d) der Prospektrichtlinie und ist mit § 3 Nr. 4 VerkProspG a. F. vergleichbar.[31] Die Bestimmung bezieht sich anders als § 1 Abs. 2 Nr. 2 und Nr. 5 auf **alle Arten von Wertpapieren**. Sofern danach ein Staat des Europäischen Wirtschaftsraums (vgl. § 2 Nr. 15) oder eine seiner Gebietskörperschaften die Wertpapiere uneingeschränkt und unwiderruflich garantiert, ist das WpPG nicht anwendbar.[32] Rechtfertigung für diese Ausnahmeregelung ist – wie bei § 1 Abs. 2 Nr. 2 – die besondere Bonität des Garantiegebers. Als Garanten kommen insbesondere der Bund, die Länder, Kommunen sowie der **Sonderfonds Finanzmarktstabilisierung (SoFFin)**[33] gemäß §§ 1 ff. FmStFG[34] in Frage. Ungeachtet dessen verlangte die BaFin eine Darstellung der SoFFin gemäß Anhang VI Prospektverordnung, wozu sich eine etablierte Praxis gebildet hatte.[35]

9

---

29 *Silberberger*, in: Weitnauer/Boxberger/Anders, KAGB, 2014, § 268 Rn. 9; *Buck-Heeb*, Kapitalmarktrecht, 7. Aufl. 2014, Rn. 204.
30 BT-Drucks. 15/4999, S. 27.
31 BT-Drucks. 15/4999, S. 27.
32 Das EU-Beihilferecht (Art. 107, 108 AEUV, ehemalige Art. 87, 88 EGV) ist zu beachten.
33 Je nach ihrer Ausgestaltung im Einzelfall handelte es sich bei einer Garantie des Finanzmarktstabilisierungsfonds (FMS) für ab Inkrafttreten des FMStFG am 18.10.2008 bis zum 31.12.2009 begebene Schuldtitel von Unternehmen des Finanzsektors gem. § 6 Abs. 1 Satz 1 FmStFG, § 2 Abs. 1 FMStFV um eine Garantie im Sinne von § 1 Abs. 2 Nr. 3. Einige deutsche Kreditinstitute hatten entsprechend garantierte Anleihen auf dem Markt platziert.
34 Näher zur Begründung *Heidelbach*, in: Schwark/Zimmer, KMRK, § 1 WpPG Rn. 11; *von Kopp-Colomb/Witte*, in: Assmann/Schlitt/von Kopp-Colomb, WpPG/VerkProspG, § 1 WpPG Rn. 35.
35 *Heidelbach*, in: Schwark/Zimmer, KMRK, § 1 WpPG Rn. 11.

§ 1 Anwendungsbereich

b) Ausgestaltung der Garantie

10 Entsprechend dem Zweck der Vorschrift, solche Emissionen von der Prospektpflicht auszunehmen, denen nur ein zu vernachlässigendes Kreditrisiko innewohnt, weil ein Staat oder eine Gebietskörperschaft hinter ihnen steht, ist der Begriff der „Garantie" nicht wörtlich, sondern funktional zu verstehen.[36] Im Hinblick darauf, dass die Emission von Wertpapieren als Kapitalaufnahme für Unternehmen eine Alternative zum Bankkredit darstellt, bietet sich zunächst eine weite Auslegung anhand der Legaldefinition des **§ 1 Abs. 1 Nr. 8 KWG** an, die unter Garantiegeschäft „die Übernahme von Bürgschaften, Garantien und sonstigen Gewährleistungen für andere" versteht.[37]

11 Da aber nach dem Wortlaut des § 1 Abs. 2 Nr. 2 die Garantie „**unwiderruflich und uneingeschränkt**" sein muss, ist einschränkend zu verlangen, dass das Zahlungsversprechen des Staates oder der Gebietskörperschaft den Wertpapierinhabern liquide sämtliche Zahlungsansprüche nach Maßgabe der Bedingungen des Wertpapiers sichert, sofern und soweit der Emittent ausfallen sollte. Erforderlich sind hierfür **direkte Zahlungsansprüche der Wertpapierinhaber** gegen den Garanten,[38] die von dem Verhalten des Emittenten unabhängig sind. Richtigerweise muss das Zahlungsversprechen daher als Vertrag zugunsten Dritter ausgestaltet werden, wobei Einwendungen aus dem Verhältnis zwischen Emittenten und Garanten auszuschließen sind. Die Sicherung darf insofern nicht an Bedingungen geknüpft sein und muss unkündbar sein, auch bei Vorliegen eines wichtigen Grundes.[39] Dagegen ist **keine abstrakte Garantie** verlangt, die unabhängig von der Hauptschuld (z. B. Zins- und Rückzahlungsanspruch) eingreift.[40] Vielmehr ist Akzessorietät für Zwecke der Prospektbefreiung unschädlich; denn wenn bereits kein Anspruch gegen den Emittenten besteht, verlangt der Anlegerschutz auch keine subsidiäre Haftung des Garanten.

12 Die **vertragliche Ausgestaltung** ist – innerhalb dieses Rahmens – Emittenten und Garantiegeber überlassen (funktionales Verständnis). Als vertragliche Konstruktionen kommen herkömmliche Sicherungsmittel wie Bankgarantie, (selbstschuldnerische) Bürgschaft (§ 765 BGB, unter Ausschluss der Einrede der Vorausklage nach § 771 BGB entsprechend § 239 Abs. 2 BGB),[41] Schuldbeitritt (§ 311 Abs. 1 BGB) oder abstraktes Schuldversprechen (§ 780 BGB) in Betracht. Nicht ausreichend sind dagegen wegen des Bewertungs- und Verwertungsrisikos die in § 232 Abs. 1 BGB aufgeführten Sicherheiten. Ebenso kommt eine Patronatserklärung nicht in Frage. Denkbar sind auch Garantien **kraft Gesetzes**.[42] Dazu zählen neben den Garantien des Finanzmarktstabilisierungsfonds (FMS) die

---

[36] *Spindler*, in: Holzborn, WpPG, § 1 Rn. 18; *Ritz/Zeising*, in: Just/Voß/Ritz/Zeising, WpPG, § 1 Rn. 21.
[37] *Spindler*, in: Holzborn, WpPG, § 1 Rn. 18; vgl. auch *von Kopp-Colomb/Witte*, in: Assmann/Schlitt/von Kopp-Colomb, WpPG/VerkProspG, § 1 WpPG Rn. 33.
[38] *Ritz/Zeising*, in: Just/Voß/Ritz/Zeising, WpPG, § 1 Rn. 21.
[39] *Ritz/Zeising*, in: Just/Voß/Ritz/Zeising, WpPG, § 1 Rn. 21.
[40] So auch für den Fall der Gewährleistungserklärung nach § 327b Abs. 3 AktG: OLG Karlsruhe, AG 2007, 92, 93 – „Novasoft AG"; *Grunewald*, in: MünchKomm-AktG, § 327b Rn. 17; *Schnorbus*, in: Schmidt/Lutter, AktG, § 327b Rn. 31; **a. A.** *Spindler*, in: Holzborn, WpPG, § 1 Rn. 18, nach dem die Gewährleistung so ausgestaltet sein muss, dass sie einer abstrakten Garantie zumindest nahe kommt.
[41] *Spindler*, in: Holzborn, WpPG, § 1 Rn. 18; **a. A.** *von Kopp-Colomb/Witte*, in: Assmann/Schlitt/von Kopp-Colomb, WpPG/VerkProspG, § 1 WpPG Rn. 36.
[42] *Ritz/Zeising*, in: Just/Voß/Ritz/Zeising, WpPG, § 1 Rn. 21.

gesetzliche Haftung des Bundes für bestimmte von der KfW ausgegebene Wertpapiere sowie die gesetzliche Haftung der Länder für ihre verschiedenen Spezialbanken.[43]

4. Wertpapiere aus Kleinstemissionen (Nr. 4)

a) Grundlagen

Grundlage dieser Ausnahme ist Art. 1 Abs. 2 h) der Prospektrichtlinie, wobei die Ausnahme auf Einlagenkreditinstitute (§ 2 Nr. 8) und Emittenten, deren Aktien bereits zum Handel an einem organisierten Markt zugelassen sind, beschränkt ist. Bedeutsam ist diese Ausnahme also für **(kleinere) Banken und börsennotierte Gesellschaften**. Andere Emittenten können lediglich den Ausnahmetatbestand nach § 3 Abs. 2 Nr. 5 nutzen, dem eine wesentlich geringere Obergrenze zugrunde liegt.[44] Der Ausnahmetatbestand gilt **für alle Arten von Wertpapieren** nach § 2 Nr. 1. Auf Basis der Änderungsrichtlinie (vgl. Vor §§ 1 ff. Rn. 4 ff., 8) ist die frühere Obergrenze des maximalen Ausgabevolumens von € 2,5 Mio. auf € 5,0 Mio. erhöht worden.[45]

13

b) Referenzzeitraum von zwölf Monaten

Maßgeblich für die Berechnung der Obergrenze von **€ 5,0 Millionen** ist das Volumen der während des Zeitraums **von zwölf Monaten** emittierten Wertpapiere. Für den Beginn der Frist von zwölf Monaten ist der Tag maßgeblich, an dem der Anbieter oder Zulassungsantragsteller erstmals einen Ausgabepreis öffentlich bekannt gibt;[46] bei Schuldverschreibungen also z. B. mit Veröffentlichung der vollständigen Angebotsbedingungen (der Erstemission).[47] Bei einer bloßen **Wertpapierzulassung** kommt es auf den Tag des Zulassungsbeschlusses an.[48] Die **Berechnung der Frist** erfolgt entsprechend den §§ 187 ff. BGB.[49]

14

Sofern und soweit der Schwellenwert innerhalb des Referenzzeitraums **überschritten wurde**, ist § 1 Abs. 2 Nr. 4 nicht mehr verfügbar.[50] Im Hinblick auf eine etwaige Rückwirkung ist richtigerweise zu unterscheiden: **Laufende Platzierungen** sind abzuschließen, vorherige Emissionen unter Beachtung des Schwellenwerts bleiben aber ohne Prospekt zulässig.[51] Für Zwecke der **Börsenzulassung** von Wertpapieren wird der Referenzzeitraum von zwölf Monaten zum Zeitpunkt des Erlasses des Zulassungsbeschlusses hingegen zurückgerechnet werden müssen, da die Zulassung nur dann erfolgen kann, wenn die Wertpapiere existieren und die Obergrenze für das Ausgabevolumen tatsächlich nicht überschritten worden ist.[52]

15

---

43 Ausführlich dazu *Ritz/Zeising*, in: Just/Voß/Ritz/Zeising, WpPG, § 1 Rn. 22 ff.
44 Grund für die adressatenbezogene Einschränkung des Anwendungsbereichs von Abs. 2 Nr. 4 sind Anlegerschutzgesichtspunkte; vgl. *Ritz/Zeising*, in: Just/Voß/Ritz/Zeising, WpPG, § 1 Rn. 26.
45 Vgl. Art. 1 Nr. 1 a) i) Änderungsrichtlinie sowie BT-Drucks. 17/8684, S. 16.
46 BT-Drucks. 15/4999, S. 27; *Heidelbach/Preuße*, BKR 2006, 316, 316; *Spindler*, in: Holzborn, WpPG, § 1 Rn. 20.
47 *Heidelbach/Preuße*, BKR 2006, 316, 316; *Heidelbach*, in: Schwark/Zimmer, KMRK, § 1 WpPG Rn. 17.
48 *Von Kopp-Colomb/Witte*, in: Assmann/Schlitt/von Kopp-Colomb, WpPG/VerkProspG, § 1 WpPG Rn. 46.
49 BT-Drucks. 15/4999, S. 27.
50 *Ritz/Zeising*, in: Just/Voß/Ritz/Zeising, WpPG, § 1 Rn. 27.
51 *Ritz/Zeising*, in: Just/Voß/Ritz/Zeising, WpPG, § 1 Rn. 30.
52 *Grosjean*, in: Heidel, Aktienrecht und Kapitalmarktrecht, § 1 WpPG Rn. 6.

§ 1 Anwendungsbereich

c) Maximales Ausgabevolumen von € 5,0 Millionen

16 „Verkaufspreis" i. S. d. § 1 Abs. 2 Nr. 4 meint das tatsächlich vom Investor zu zahlende Entgelt und nicht den (objektiven) Wert der Wertpapiere.[53] Maßgeblich für die **Berechnung des erlaubten Ausgabevolumens** ist daher der erste **Ausgabe- bzw. Verkaufspreis**,[54] nicht der Nennwert der Wertpapiere. Bei Schuldverschreibungen ohne Börsennotiz entspricht dies dem Emissionspreis, also dem Preis, den der Emittent von den ersten Investoren erhält bzw. bei festen Vertriebspartnerschaften als ersten Vertriebspreis festlegt.[55] Auf- oder Abschläge (Agio oder Disagio), die z. B. von Vertriebspartnern bei der Abgabe an Endkunden erhoben werden, sind dabei nicht zu berücksichtigen.[56] Ist ein Ausgabepreis nicht festgelegt, gilt als Ausgabepreis der erste nach Einführung der Wertpapiere (§ 38 BörsG) festgestellte oder gebildete Börsenpreis.[57] Im Fall einer gleichzeitigen Feststellung oder Bildung an mehreren Börsen ist der höchste erste Börsenpreis maßgeblich.[58] Erfolgt die Ausgabe der Wertpapiere im Wege der Sacheinlage, so ist auf den festgesetzten Ausgabebetrag je neues Wertpapier als Verkaufspreis abzustellen,[59] es sei denn, die Parteien haben schuldrechtlich insgesamt einen höheren Wert (z. B. im Rahmen eines schuldrechtlichen Agios oder einer Wertzusage) vereinbart.

16a Werden Wertpapiere kostenlos angeboten, bleibt ihr tatsächlicher Wert bei der Berechnung des Angebotsvolumens außer Betracht.[60] Dementsprechend bleiben sog. **Gratisemissionen** für CRR-Kreditinstitute und Emittenten, deren Aktien bereits zum Handel an einem organisierten Markt zugelassen sind, prospektfrei.[61] Praktische Relevanz entfaltet dieser Ausnahmetatbestand zum Beispiel bei der Ausgabe von handelbaren **Andienungsrechten** im Zusammenhang mit der Durchführung von Aktienrückkaufprogrammen.[62] Diese Andienungsrechte werden den Aktionären aufgrund ihrer Aktionärsstellung proportional zu ihrem Anteilsbesitz zugewiesen und berechtigen ihren Inhaber, dem Emittenten eine Aktie gegen Zahlung einer fixen oder variablen Vergütung zu verkaufen. Andienungsrechte kön-

---

53 *Land/Hallermayer*, DB 2014, 1001, 1002 f.
54 BT-Drucks. 15/4999, S. 27; *Heidelbach/Preuße*, BKR 2006, 316, 316, *Spindler*, in: Holzborn, WpPG, § 1 Rn. 20; *Ritz/Zeising*, in: Just/Voß/Ritz/Zeising, WpPG, § 1 Rn. 27; *von Kopp-Colomb/Witte*, in: Assmann/Schlitt/von Kopp-Colomb, WpPG/VerkProspG, § 1 WpPG Rn. 42.
55 *Heidelbach/Preuße*, BKR 2006, 316, 316; *Ritz/Zeising*, in: Just/Voß/Ritz/Zeising, WpPG, § 1 Rn. 27.
56 *Heidelbach/Preuße*, BKR 2006, 316, 316; *Heidelbach*, in: Schwark/Zimmer, KMRK, § 1 WpPG Rn. 17; *Ritz/Zeising*, in: Just/Voß/Ritz/Zeising, WpPG, § 1 Rn. 28.
57 *Von Kopp-Colomb/Witte*, in: Assmann/Schlitt/von Kopp-Colomb, WpPG/VerkProspG, § 1 WpPG Rn. 42.
58 BT-Drucks. 15/4999, S. 27; *Heidelbach/Preuße*, BKR 2006, 316, 316; *Ritz/Zeising*, in: Just/Voß/Ritz/Zeising, WpPG, § 1 Rn. 27; *von Kopp-Colomb/Witte*, in: Assmann/Schlitt/von Kopp-Colomb, WpPG/VerkProspG, § 1 WpPG Rn. 42.
59 *Grosjean*, in: Heidel, Aktienrecht und Kapitalmarktrecht, § 1 WpPG Rn. 6.
60 ESMA-Questions and Answers – Prospectuses (25th Updated Version – July 2016), Nr. 6 (Free Offers), S. 13; *Heidelbach*, in: Schwark/Zimmer, KMRK, § 1 WpPG Rn. 17.
61 So ausdrücklich ESMA-Questions and Answers – Prospectuses (25th Updated Version – July 2016), Nr. 6 (Free Offers), S. 13. Werden die gratis emittierten Aktien den Begünstigten ohne eigene Wahlmöglichkeit in das Depot gebucht, so läge darüber hinaus auch kein öffentliches Angebot im Sinne des § 2 Nr. 4 WpPG vor.
62 Vgl. Xetra-Rundschreiben 096/14 zur Einführung der Andienungsrechte auf Rhön-Klinikum AG am 16.10.2014 in den Xetra-Handel.

III. Ausnahmen §1

nen gemäß § 38 BörsG i.V.m. § 52, 2. HS BörsZulV zum Handel im regulierten Markt prospektfrei zugelassen werden.

Entscheidend ist das **gesamte Ausgabevolumen** und nicht das Ausgabevolumen je Mitgliedstaat.[63] Dafür spricht die Systematik des Gesetzes, welches den Anwendungsbereich des § 3 Abs. 2 Nr. 2 auf Angebote an weniger als 150 nicht qualifizierte Anleger je EWR-Staat beschränkt, während eine solche Formulierung in § 1 Abs. 2 Nr. 4 gerade fehlt. Infolge der Vorgaben der **Änderungsrichtlinie** (vgl. Vor §§ 1 ff. Rn. 4 ff., 8) sieht § 1 Abs. 2 Nr. 5 nunmehr (klarstellend) vor, dass der Verkaufspreis lediglich **gemeinschaftsweit** den Grenzbetrag nicht überschreiten darf,[64] d. h., Emissionen außerhalb Europas zählen bei der Berechnung des Schwellenwertes nicht mit.[65]

17

Im Übrigen ist zwischen den **unterschiedlichen Wertpapierarten** zu unterscheiden:[66] So werden Emissionen von Dividenden- und Nichtdividendenwerten nicht zusammengerechnet.[67] Eine weitere Unterteilung der Wertpapiere in einzelne Arten dürfte im Hinblick auf Erwägungsgrund 13 der Richtlinie[68] indes nicht möglich sein.[69] Die Aufspaltung in unter-

18

---

63 Vgl. ESMA-Questions and Answers – Prospectuses (25th Updated Version – July 2016), Nr. 26 (How should the €5 million limit set in Article 1(2)(h) of the Prospectus Directive and the €75 million limit set in Article 1(2)(j) of the Prospectus Directive be calculated?), S. 26 (Aussage von ESMA folgerichtig nicht mehr fortgeführt); *Grosjean*, in: Heidel, Aktienrecht und Kapitalmarktrecht, § 1 WpPG Rn. 6; *Ritz/Zeising*, in: Just/Voß/Ritz/Zeising, WpPG, § 1 Rn. 29; *Groß*, Kapitalmarktrecht, § 1 WpPG Rn. 7; *von Kopp-Colomb/Witte*, in: Assmann/Schlitt/von Kopp-Colomb, WpPG/VerkProspG, § 1 WpPG Rn. 41; *Heidelbach*, in: Schwark/Zimmer, KMRK, § 1 WpPG Rn. 16; *Müller*, WpPG, § 1 Rn. 6.
64 Vgl. Art. 1 Nr. 1 a) i) Änderungsrichtlinie sowie BT-Drucks. 17/8684, S. 16.
65 *Heidelbach*, in: Schwark/Zimmer, KMRK, § 1 WpPG Rn. 15.
66 Vgl. ESMA-Questions and Answers – Prospectuses (25th Updated Version – July 2016), Nr. 26 (How should the €5 million limit set in Article 1(2)(h) of the Prospectus Directive and the €75 million limit set in Article 1(2)(j) of the Prospectus Directive be calculated?), S. 26; *Grosjean*, in: Heidel, Aktienrecht und Kapitalmarktrecht, § 1 WpPG Rn. 6; *Ritz/Zeising*, in: Just/Voß/Ritz/Zeising, WpPG, § 1 Rn. 28; *von Kopp-Colomb/Witte*, in: Assmann/Schlitt/von Kopp-Colomb, WpPG/VerkProspG, § 1 WpPG Rn. 40; so nunmehr auch *Heidelbach*, in: Schwark/Zimmer, KMRK, § 1 WpPG Rn. 15; **a. A.** noch *Heidelbach/Preuße*, BKR 2006, 316, 316; weiterhin *Hamann*, in: Schäfer/Hamann, Kapitalmarktgesetze, § 1 WpPG Rn. 16 (Verkaufspreis ist in Bezug auf alle angebotenen Wertpapiere im relevanten Zeitraum zu berechnen).
67 Vgl. ESMA-Questions and Answers – Prospectuses (25th Updated Version – July 2016), Nr. 26 (How should the €5 million limit set in Article 1(2)(h) of the Prospectus Directive and the €75 million limit set in Article 1(2)(j) of the Prospectus Directive be calculated?), S. 26; *Ritz/Zeising*, in: Just/Voß/Ritz/Zeising, WpPG, § 1 Rn. 28.
68 Erwägungsgrund 13 lautet wie folgt: „Die Emission von Wertpapieren, die im Falle der Ausgabe von Nichtdividendenwerten auf der Grundlage eines Angebotsprogramms einen ähnlichen Typ und/oder eine ähnliche Klasse aufweisen, einschließlich Optionsscheine und Zertifikate jeder Form, sowie die Emission von Wertpapieren, die dauernd oder wiederholt ausgegeben werden, sollten so verstanden werden, dass nicht nur identische Wertpapiere abgedeckt werden, sondern auch Wertpapiere, die nach allgemeinen Gesichtspunkten in eine Kategorie gehören. Diese Wertpapiere können unterschiedliche Produkte, wie zum Beispiel Schuldverschreibungen, Zertifikate und Optionsscheine, oder gleiche Produkte in ein und demselben Programm zusammenfassen und unterschiedliche Merkmale, insbesondere hinsichtlich der Bedingungen für die Vorrangigkeit, der Typen der Basiswerte oder der Grundlage, auf der der Rückzahlungsbetrag oder die Kuponzahlung zu berechnen ist, aufweisen."
69 *Wiegel*, Die Prospektrichtlinie und Prospektverordnung, S. 278, 276.

§ 1 Anwendungsbereich

schiedliche Wertpapierarten darf jedenfalls nicht zu Umgehungen führen.[70] So hat die BaFin die Möglichkeit, die verschiedenen Tranchen zusammenzufassen, wenn Wertpapiere verschiedener Tranchen einer Emission nicht vergleichbar sind.[71]

19 Die Emission, die **tatsächlich zur Überschreitung** des Schwellenwertes von € 5,0 Millionen geführt hat, führt zur Prospektpflicht für die betreffende Transaktion.[72] Nicht prospektpflichtig werden damit jedoch die Emissionen, die **vor** der betreffenden Transaktion durchgeführt wurden.[73] Ebenso unberücksichtigt bleiben angebotene, aber **nicht verkaufte/platzierte** Wertpapiere;[74] dazu zählt damit auch die gerade anstehende Emission, da deren verkauftes Volumen noch nicht sicher feststeht.[75] Angerechnet werden auf den Schwellenwert von € 5,0 Millionen **weiter** nur solche Emissionen, die tatsächlich **auf der Grundlage des § 1 Abs. 2 Nr. 4 beruhen**; Transaktionen auf der Grundlage anderer Ausnahmen, z. B. Privatplatzierungen nach § 3 Abs. 2 oder prospektfreie Zulassungen nach § 4 Abs. 2 Nr. 1, bleiben unberücksichtigt.[76] Nicht angerechnet werden auch Emissionen, die auf Grundlage eines vorherigen Prospekts erfolgten.[77]

20 Weiter ist bei Options-, Umtausch- oder Wandelanleihen ausschließlich die **Gegenleistung für die jeweilige Anleihe** relevant, nicht die Gegenleistung im Falle der Ausübung des zu-

---

70 Vgl. ESMA-Questions and Answers – Prospectuses (25th Updated Version – July 2016), Nr. 26 (How should the €5 million limit set in Article 1(2)(h) of the Prospectus Directive and the €75 million limit set in Article 1(2)(j) of the Prospectus Directive be calculated?), S. 27; *Ritz/Zeising*, in: Just/Voß/Ritz/Zeising, WpPG, § 1 Rn. 28.
71 *Von Kopp-Colomb/Witte*, in: Assmann/Schlitt/von Kopp-Colomb, WpPG/VerkProspG, § 1 WpPG Rn. 40.
72 *Von Kopp-Colomb/Witte*, in: Assmann/Schlitt/von Kopp-Colomb, WpPG/VerkProspG, § 1 WpPG Rn. 44.
73 *Von Kopp-Colomb/Witte*, in: Assmann/Schlitt/von Kopp-Colomb, WpPG/VerkProspG, § 1 WpPG Rn. 44.
74 *Heidelbach*, in: Schwark/Zimmer, KMRK, § 1 WpPG Rn. 15.
75 So *Heidelbach*, in: Schwark/Zimmer, KMRK, § 1 WpPG Rn. 15 (unter Hinweis auf eine **gegenläufige Auffassung der BaFin**).
76 Vgl. ESMA-Questions and Answers – Prospectuses (25th Updated Version – July 2016), Nr. 26 (How should the €5 million limit set in Article 1(2)(h) of the Prospectus Directive and the €75 million limit set in Article 1(2)(j) of the Prospectus Directive be calculated?), S. 27; *Groß*, Kapitalmarktrecht, § 1 WpPG Rn. 7; *Ritz/Zeising*, in: Just/Voß/Ritz/Zeising, WpPG, § 1 Rn. 28 f.; *von Kopp-Colomb/Witte*, in: Assmann/Schlitt/von Kopp-Colomb, WpPG/VerkProspG, § 1 WpPG Rn. 48; *Heidelbach*, in: Schwark/Zimmer, KMRK, § 1 WpPG Rn. 15; **a. A.** noch (aber aufgegeben) *Heidelbach/Preuße*, BKR 2006, 316, 316. Nach *Grosjean*, in: Heidel, Aktienrecht und Kapitalmarktrecht, 2. Aufl. 2007, § 1 WpPG Rn. 7, soll die Frankfurter Wertpapierbörse dies in der Vergangenheit aber nur bei einer vorherigen Zulassung nach § 1 Abs. 2 so gesehen haben, das heißt, bei einer späteren Zulassung aufgrund von § 4 Abs. 2 Nr. 1 wurden zuvor nach § 1 Abs. 2 zugelassene Aktien nicht mitgerechnet. Umgekehrt sollten jedoch bei einer in Anwendung von § 4 Abs. 2 Nr. 1 bereits erfolgten Zulassung für Zwecke der Zulassung nach § 1 Abs. 2 die zuvor nach § 4 Abs. 2 Nr. 1 zugelassen Aktien mitgerechnet werden. Diese Auffassung überzeugte nicht, weil sich eine Exklusivität für die jeweilige Ausnahmeregelung dem Gesetz nicht entnehmen lässt und sie dem CESR-Verständnis widerspricht. So nun auch *Grosjean*, in: Heidel, Aktienrecht und Kapitalmarktrecht, § 1 WpPG Rn. 7.
77 Vgl. ESMA-Questions and Answers – Prospectuses (25th Updated Version – July 2016), Nr. 26 (How should the €5 million limit set in Article 1(2)(h) of the Prospectus Directive and the €75 million limit set in Article 1(2)(j) of the Prospectus Directive be calculated?), S. 27; *Heidelbach*, in: Schwark/Zimmer, KMRK, § 1 WpPG Rn. 15.

grunde liegenden Rechts („strike price").[78] **Rückflüsse**, d. h. Wertpapiere, die der Emittent bzw. der Anbieter zunächst nach § 1 Abs. 2 Nr. 4 prospektfrei platziert und dann wieder vom Kunden zurücknimmt, um sie danach erneut zu platzieren, werden ebenfalls nicht mit eingerechnet, solange die erneute Platzierung nicht stattgefunden hat.[79] Zusammenzurechnen sind im Falle von **Verschmelzungen** nach dem UmwG dagegen Emissionen, die sowohl vom aufnehmenden Rechtsträger als auch vom übertragenden Rechtsträger auf Grundlage des § 1 Abs. 2 Nr. 4 vorgenommen worden sind.[80]

5. Daueremissionen (Nr. 5)

Diese Ausnahme beruht auf Art. 1 Abs. 2 j) der Prospektrichtlinie und gleicht § 3 Nr. 2 VerkProspG a. F. Sie privilegiert sog. **Daueremissionen bestimmter Nichtdividendenwerte durch Einlagenkreditinstitute** (vgl. § 1 Abs. 3d Satz 1 KWG), die für einen Verkaufspreis aller angebotenen Wertpapiere von weniger als € 75 Mio. über einen Zeitraum von zwölf Monaten ausgegeben werden. Für den Beginn der Frist von **zwölf Monaten** sowie die Berechnung der **Obergrenze von € 75 Mio.** gelten dieselben Kriterien wie für § 1 Abs. 2 Nr. 4 WpPG,[81] so dass auf die entsprechende Kommentierung verwiesen wird (vgl. Rn. 13 ff.). Insbesondere werden Emissionen unter Inanspruchnahme anderer Ausnahmetatbestände, etwa nach § 3 Abs. 2, nicht angerechnet.[82] Durch die Änderungsrichtlinie zur Prospektrichtlinie (vgl. Vor §§ 1 ff. Rn. 4 ff., 8) ist die Obergrenze für privilegierte Daueremissionen von € 50 Mio. auf € 75 Mio. erhöht worden.[83]

21

a) Privilegierte Emittenten

Befreit werden die betreffenden Emittenten, da ihre Bonität außer Frage steht und sie fortlaufend den Kapitalmarkt in Anspruch nehmen. Die Verpflichtung, wiederholt Prospekte für eine Vielzahl vergleichbar ausgestalteter Wertpapiere zu erstellen, erschiene insofern unangemessen. Erfasst sind nur Einlagenkreditinstitute im Sinne von § 1 Abs. 3d Satz 1 KWG, also Kreditinstitute, die Einlagen oder andere unbedingt rückzahlbare Gelder des Publikums entgegennehmen und das Kreditgeschäft betreiben (vgl. auch § 2 Nr. 8).

22

Im Falle der **Verschmelzung** zur Aufnahme (§§ 2 Nr. 1, 4 ff. UmwG) eines privilegierten Emittenten mit einem ebenfalls privilegierten Emittenten oder im Falle einer Verschmel-

23

---

78 ESMA-Questions and Answers – Prospectuses (25th Updated Version – July 2016), Nr. 40 (Total consideration in warrants), S. 36; *von Kopp-Colomb/Witte*, in: Assmann/Schlitt/von Kopp-Colomb, WpPG/VerkProspG, § 1 WpPG Rn. 42; *Heidelbach*, in: Schwark/Zimmer, KMRK, § 1 WpPG Rn. 17.
79 Vgl. *Ritz/Zeising*, in: Just/Voß/Ritz/Zeising, WpPG, § 1 Rn. 50 (zu § 1 Abs. 2 Nr. 5).
80 *Heidelbach/Preuße*, BKR 2006, 316, 318; *von Kopp-Colomb/Witte*, in: Assmann/Schlitt/von Kopp-Colomb, WpPG/VerkProspG, § 1 WpPG Rn. 47.
81 BT-Drucks. 15/4999, S. 27; *Spindler*, in: Holzborn, WpPG, § 1 Rn. 24.
82 *Heidelbach*, in: Schwark/Zimmer, KMRK, § 1 WpPG Rn. 24 (mit Hinweis auf eine **gegenläufige Auffassung der BaFin**).
83 Vgl. Art. 1 Nr. 1 a) ii) Änderungsrichtlinie sowie BT-Drucks. 17/8684, S. 16. Vgl. ferner Entwurf des Europäischen Parlaments und des Rats über die Änderung der Prospektrichtlinie, abgedruckt im Vermerk des Rats 10974/2010 vom 28.6.2010, S. 11; nach dem ursprünglichen Vorschlag des Europäischen Parlaments sollte die Grenze sogar auf € 100 Mio. angehoben werden; vgl. Legislative Entschließung des Europäischen Parlaments zum Entwurf der Änderungsrichtlinie vom 26.3.2010, 20. Änderungsantrag.

§ 1 Anwendungsbereich

zung zur Neugründung (§§ 2 Nr. 2, 36 ff. UmwG) behält der jeweils aufnehmende Rechtsträger den Daueremittenten-Status.[84] Zu beachten ist allerdings, dass die **Volumenobergrenze von € 75 Mio.** nicht überschritten wird, wobei die jeweils für bisherige Daueremissionen nach Abs. 2 Nr. 5 in Anspruch genommenen Emissionsvolumina beider Unternehmen zu addieren sind.[85] Sofern bei der übertragenden Verschmelzung der aufnehmende Rechtsträger kein Einlagenkreditinstitut ist, fällt die Privilegierung des Daueremittenten hingegen mit Eintragung der Verschmelzung im Handelsregister weg.[86]

b) Privilegierte Wertpapiere

24 Der Anwendungsbereich der Ausnahmeregelung ist insoweit eingeschränkt, als die Nichtdividendenwerte nicht nachrangig, wandelbar oder umtauschbar (§ 1 Abs. 2 Nr. 5a) „oder" zur Zeichnung oder zum Erwerb anderer Wertpapiere berechtigen und nicht an ein Derivat gebunden sein (§ 1 Abs. 2 Nr. 5b) dürfen. Hintergrund dieser Begrenzung ist, dass mit solchen Wertpapieren der Anleger trotz guter Bonität des Emittenten aufgrund der Markt- und Wertentwicklung eines anderen Wertpapiers einen Verlust seines Investments erleiden kann. Aus Gründen des Anlegerschutzes soll dann insbesondere die Erstellung eines Prospekts erforderlich sein.[87]

aa) Verhältnis der Rückausnahmen in § 1 Abs. 2 Nr. 5a und § 1 Abs. 2 Nr. 5b

25 Unklar ist das Verhältnis der beiden Rückausnahmen in § 1 Abs. 2 Nr. 5a und § 1 Abs. 2 Nr. 5b zueinander:

- Nach dem Wortlaut („oder") sind die Regelungen als alternative negative Voraussetzungen aufzufassen, d.h. die Befreiung von der Prospektpflicht entfällt bereits dann, wenn Wertpapiere nach a) **oder** b) vorliegen.[88]
- Nach einer Meinung in der Literatur[89] soll die „oder"-Verknüpfung hingegen als „und"-Verknüpfung zu verstehen sein, d.h. die Privilegierung der prospektfreien Emission scheidet erst dann aus, wenn Wertpapiere nach a) **und** b) vorliegen.

26 Diese Auffassung in der Literatur sieht sich an den klaren Wortlaut nicht gebunden, da Art. 1 Abs. 2 j) der Prospektrichtlinie sowie die Gesetzesbegründung (BT-Drucks. 15/4999, S. 27) jeweils von einem „und" ausgehen würden.[90] Der Wortlaut des Art. 1 Abs. 2 j) der Prospektrichtlinie sei indessen wenig aussagekräftig, da er weder einen Hinweis auf

---

84 *Ritz/Zeising*, in: Just/Voß/Ritz/Zeising, WpPG, § 1 Rn. 37.
85 *Ritz/Zeising*, in: Just/Voß/Ritz/Zeising, WpPG, § 1 Rn. 38.
86 *Ritz/Zeising*, in: Just/Voß/Ritz/Zeising, WpPG, § 1 Rn. 38.
87 *Grosjean*, in: Heidel, Aktienrecht und Kapitalmarktrecht, § 1 WpPG Rn. 8; *Hamann*, in: Schäfer/Hamann, Kapitalmarktgesetze, § 1 WpPG Rn. 27.
88 So *Hamann*, in: Schäfer/Hamann, Kapitalmarktgesetze, § 1 WpPG Rn. 21; *Ritz/Zeising*, in: Just/Voß/Ritz/Zeising, WpPG, § 1 Rn. 40 f.; *von Kopp-Colomb/Witte*, in: Assmann/Schlitt/von Kopp-Colomb, WpPG/VerkProspG, § 1 WpPG Rn. 53.
89 Die „oder"-Verknüpfung am Ende des § 1 Abs. 2 Nr. 5a sei ein Redaktionsversehen und als „und" zu verstehen: *Heidelbach/Preuße*, BKR 2006, 316, 317 Fn. 16; *Heidelbach*, in: Schwark/Zimmer, KMRK, § 1 WpPG Rn. 22; *Seitz*, AG 2005, 678, 682; ferner vor allem mit teleologischen Erwägungen *Spindler*, in: Holzborn, WpPG, § 1 Rn. 29.
90 Namentlich *Heidelbach/Preuße*, BKR 2006, 316, 317 Fn. 16; *Heidelbach*, in: Schwark/Zimmer, KMRK, § 1 WpPG Rn. 22; vgl. auch *Seitz*, AG 2005, 678, 682.

eine kumulative noch auf eine alternative Aufzählung enthalte.[91] Die Gesetzesbegründung führt in der Tat eine „und"-Verknüpfung auf, dies ist aber nicht ausreichend, um von dem klaren Wortlaut abzusehen. Vielmehr ist von alternativen negativen Voraussetzungen auszugehen.[92] Neben dem Wortlaut spricht dafür insbesondere auch, dass Wertpapiere, die kumulativ die Merkmale von a) und b) aufweisen, in der Theorie schwer vorstellbar und in der Praxis nicht vorhanden sind.[93]

Hinzu kommt schließlich der Regelungszweck der Rückausnahme. Denn sowohl die Wertpapiere nach a) als auch die Wertpapiere nach b) verkörpern ein gesteigertes Risiko, das unabhängig von der Bonität des Emittenten ist. Vielmehr hängt ihr Wert maßgeblich von Marktentwicklungen ab, so dass ein gesteigertes Informationsbedürfnis seitens der Anleger besteht. Würden die Regelungen in § 1 Abs. 2 Nr. 5a und § 1 Abs. 2 Nr. 5b als kumulative negative Voraussetzungen zu verstehen sein, wäre denkbar, dass auch Derivate prospektfrei platziert werden könnten. Da der Gesetzgeber in der Gesetzesbegründung[94] aber ausdrücklich darauf hinweist, dass sich die Regelung des § 1 Abs. 2 Nr. 5 an der Ausnahme des früheren § 3 Nr. 2 VerkProspG a. F. orientiert und diese Bestimmung ebenfalls Derivat-Produkte vom Anwendungsbereich des Daueremittenten-Privilegs ausschloss,[95] kann nicht angenommen werden, dass der Gesetzgeber des WpPG daran etwas ändern wollte.[96]

27

bb) Keine nachrangigen, wandelbaren oder umtauschbaren Wertpapiere

§ 1 Abs. 2 Nr. 5a nimmt sämtliche nachrangigen Schuldverschreibungen, Genussscheine oder ähnliche Produkte sowie Wandel-, Umtausch-, Bezugs- oder sonstige Optionsrechte von der Privilegierung aus.[97] Soweit Instrumente in Aktien (z. B. Wandel- und Optionsanleihen nach § 221 AktG oder Umtauschanleihen) oder sonstige Anteilsrechte wandelbar sind, scheiden sie als Dividendenwerte (vgl. § 2 Rn. 22 ff.) bereits von vornherein aus dem Anwendungsbereich der Privilegierung aus.

28

Anwendbar ist § 1 Abs. 2 Nr. 5 dagegen auf **Nichtdividendenwerte mit Kündigungsrecht des Schuldners**[98] **sowie auf alle Garantieprodukte** (bei denen ungeachtet der Verzinsungsgestaltung jedenfalls die Rückzahlung des Nennbetrages garantiert ist), **fest- und variabel verzinsliche Anleihen** und **Null-Kupon-Anleihen**.[99] Erforderlich ist für die Zwecke der Privilegierung, dass auch in diesem Fall 100 % des Nominalwertes zurückgezahlt wird. Andernfalls würde das Wertpapier in Anlehnung an die von der CESR vorge-

29

---

91 *Spindler*, in: Holzborn, WpPG, § 1 Rn. 29.
92 *Hamann*, in: Schäfer/Hamann, Kapitalmarktgesetze, § 1 WpPG Rn. 21; *Ritz/Zeising*, in: Just/Voß/Ritz/Zeising, WpPG, § 1 Rn. 40 f.
93 *Hamann*, in: Schäfer/Hamann, Kapitalmarktgesetze, § 1 WpPG Rn. 21.
94 BT-Drucks. 15/4999, S. 25, 27.
95 *Ritz*, in: Assmann/Lenz/Ritz, VerkprospG, § 3 VerkProspG Rn. 20 ff., insb. Rn. 20a und 28.
96 *Ritz/Zeising*, in: Just/Voß/Ritz/Zeising, WpPG, § 1 Rn. 41.
97 *Heidelbach/Preuße*, BKR 2006, 316, 317; *von Kopp-Colomb/Witte*, in: Assmann/Schlitt/von Kopp-Colomb, WpPG/VerkProspG, § 1 WpPG Rn. 54.
98 ESMA-Questions and Answers – Prospectuses (25th Updated Version – July 2016), Nr. 38 (Scope of Article 1.2 j) Directive), S. 34; *Ritz/Zeising*, in: Just/Voß/Ritz/Zeising, WpPG, § 1 Rn. 44.
99 *Heidelbach/Preuße*, BKR 2006, 316, 317; *Spindler*, in: Holzborn, WpPG, § 1 Rn. 29; wohl auch *Ritz/Zeising*, in: Just/Voß/Ritz/Zeising, WpPG, § 1 Rn. 44.

§ 1 Anwendungsbereich

nommene Negativabgrenzung[100] einem Derivat entsprechen (siehe auch sogleich).[101] **Kündigungsrechte des Emittenten** sind für die Anwendung der Ausnahme nach § 1 Abs. 2 Nr. 5 ebenfalls unschädlich, wenn der Anleger bei Kündigung 100 % des Nennbetrags zurückerhält.[102]

cc) Keine zur Zeichnung oder zum Erwerb anderer Wertpapiere berechtigenden Wertpapiere und keine Derivate

30 Nach **§ 1 Abs. 2 Nr. 5b** dürfen die Wertpapiere auch nicht zur Zeichnung oder zum Erwerb anderer Wertpapiere berechtigen. Darunter fallen z. B. Optionsscheine und Aktienanleihen. Optionswerte, die auf andere Basiswerte als Wertpapiere gerichtet sind, bleiben dagegen privilegiert. Dazu gehören namentlich Gestaltungen, bei denen die Wertpapiere nur zu einer Zahlung berechtigen, nicht aber zur Lieferung von anderen Wertpapieren (sog. „cash settlement" anstatt „physical delivery").[103]

31 Ebenfalls sind **Derivate** mit einer Bindung der Rückzahlung des Nominalbetrages an einen Index, eine Währung oder (ein) andere(s) Wertpapier(e) von der Privilegierung ausgenommen. Zur Bestimmung dieses Begriffs ist mangels Legaldefinition im WpPG der rechtliche Rahmen des sonstigen Prospektrechts heranzuziehen:[104] Art. 15 Abs. 2 Prospektverordnung versteht unter „derivativen Wertpapieren" solche, bei denen die Zahlungs- und/oder Lieferungsverpflichtungen an ein zu Grunde liegendes Wertpapier/Aktie gekoppelt sind. Art. 8 Abs. 2 Prospektverordnung definiert in Abgrenzung dazu Schuldtitel als ein Wertpapier, bei dem der Emittent aufgrund der Emissionsbedingungen verpflichtet ist, dem Anleger 100 % des Nominalwertes zu zahlen, wobei zusätzlich noch eine Zinszahlung erfolgen kann.

32 Schuldverschreibungen, bei denen die Rückzahlung des Nennbetrages von der Entwicklung einer derivativen Komponente abhängig ist, die also „strukturiert" sind, fallen somit nicht unter die Privilegierung des § 1 Abs. 2 Nr. 5.[105] Beschränkt sich das Derivat auf die **Verzinsung**, ist der Ausnahmetatbestand dagegen anwendbar.[106] Das ist insbesondere bei **garantierter Rückzahlung** des Nominalbetrages der Fall.[107] Nach anderer – aber nicht

---

100 Nach CESR lässt sich ein Derivat am ehesten im Rahmen einer Negativabgrenzung bestimmen, so dass alle Finanzinstrumente, die nicht die Kriterien eines Schuldtitels im Sinne von Art. 8 Abs. 2, 16 Abs. 2 Prospektverordnung oder eines anderen in der Prospektverordnung beschriebenen Wertpapiers (namentlich Aktien, ABS und Hinterlegungsscheine bzw. GDR) erfüllen, Derivate sind; vgl. CESR, Feedback Statement, 03-301, § 59.
101 *Heidelbach/Preuße*, BKR 2006, 316, 317; *Wiegel*, Die Prospektrichtlinie und Prospektverordnung, S. 275 f.
102 *Heidelbach*, in: Schwark/Zimmer, KMRK, § 1 WpPG Rn. 23.
103 *Hamann*, in: Schäfer/Hamann, Kapitalmarktgesetze, § 1 WpPG Rn. 23.
104 *Von Kopp-Colomb/Witte*, in: Assmann/Schlitt/von Kopp-Colomb, WpPG/VerkProspG, § 1 WpPG Rn. 56.
105 *Heidelbach/Preuße*, BKR 2006, 316, 317; *Heidelbach*, in: Schwark/Zimmer, KMRK, § 1 WpPG Rn. 24; *Seitz*, AG 2005, 678, 682.
106 *Seitz*, AG 2005, 678, 682; *Heidelbach/Preuße*, BKR 2006, 316, 317; *Heidelbach*, in: Schwark/Zimmer, KMRK, § 1 WpPG Rn. 24; *Spindler*, in: Holzborn, WpPG, § 1 Rn. 30; *Ritz/Zeising*, in: Just/Voß/Ritz/Zeising, WpPG, § 1 Rn. 47 ff., 49; *von Kopp-Colomb/Witte*, in: Assmann/Schlitt/von Kopp-Colomb, WpPG/VerkProspG, § 1 WpPG Rn. 57.
107 *Wiegel*, Die Prospektrichtlinie und Prospektverordnung, S. 275 f.; *Heidelbach/Preuße*, BKR 2006, 316, 317; *Ritz/Zeising*, in: Just/Voß/Ritz/Zeising, WpPG, § 1 Rn. 47 ff.

überzeugender, da rechtlich nicht ableitbarer – Auffassung sollen diese Erwägungen nur dann gelten, wenn der Zins in Abhängigkeit des allgemeinen Zinsniveaus variabel ausgestaltet ist.[108] Das Tatbestandsmerkmal „an ein Derivat gebunden" ist im Übrigen dann nicht erfüllt, wenn der Emittent des Nichtdividendenwerts derivative Geschäfte zum Zweck der Absicherung seiner **eigenen Risiken** eingeht.[109]

dd) Dauernd oder wiederholt angebotene Wertpapiere

Der Begriff der „dauernd oder wiederholt" erfolgenden Ausgabe ist in § 2 Nr. 12 legaldefiniert. In Abweichung von der sich noch in § 3 Nr. 2b) VerkProspG a. F./§ 38 BörsZulV a. F. findenden Definition sind für eine **wiederholte** Ausgabe nunmehr mindestens zwei Emissionen von Wertpapieren ähnlicher Art oder Gattung während eines Zeitraumes von zwölf Monaten erforderlich. Dabei ist allerdings bereits die erste Emission prospektfrei zulässig, wenn eine zweite Emission ähnlicher Wertpapiere binnen zwölf Monaten erfolgt und die Durchführung der Folgetransaktion bereits sichergestellt ist (vgl. § 2 Rn. 132).[110] Entfällt die – ursprünglich geplante – zweite Emission gleichwohl (und zwar unabhängig davon, ob der Emittent dies zu vertreten hat), wird die prospektfreie Erstemission mit Ablauf der Zwölfmonatsfrist unzulässig.[111] Neben den verwaltungsrechtlichen Konsequenzen des WpPG ist dann insbesondere die zivilrechtliche Haftung bei fehlendem Prospekt nach § 24 (§ 13a VerkProspG a. F.) zu beachten.[112] Von der Befreiung des § 1 Abs. 2 Nr. 5 sollte daher nur dann Gebrauch gemacht werden, wenn die Zweitemission mit hinreichender Sicherheit durchgeführt wird. Denkbar ist in diesem Fall, dass die Erstemission das Angebotsvolumen von § 1 Abs. 2 Nr. 4 WpPG nicht übersteigt und – im Rahmen des rechtlich Zulässigen – entsprechende Verträge mit den Investoren geschlossen werden, die das Risiko des Ausfalls der Zweitemission zugunsten des Emittenten verteilen.

33

Eine Legaldefinition des Begriffs **dauernd** sieht § 2 Nr. 12 WpPG – wie auch zuvor in § 3 Nr. 2b) VerkProspG a. F./§ 38 BörsZulV a. F. – nicht vor. Ebenso wie unter der Geltung des VerkProspG[113] setzt der Begriff ein fortlaufendes, ohne Unterbrechung erfolgendes Angebot voraus.[114] Danach sind Emissionen erfasst, die über mindestens vier Wochen hinweg – zu möglicherweise veränderlichen Kursen – Investoren angeboten werden (vgl. § 2 Rn. 131). Auch hier greift die Privilegierung bereits dann, wenn das Angebot nur auf einen derartigen längeren Zeitraum ausgerichtet ist; diese Voraussetzung kann auch schon bei der ersten Emission überhaupt des betreffenden Einlagenkreditinstituts erfüllt sein (vgl.

34

---

108 *Hamann*, in: Schäfer/Hamann, Kapitalmarktgesetze, § 1 WpPG Rn. 28.
109 Vgl. ESMA-Questions and Answers – Prospectuses (25th Updated Version – July 2016), Nr. 38 (Scope of Article 1.2 j) Directive), S. 34; *Ritz/Zeising*, in: Just/Voß/Ritz/Zeising, WpPG, § 1 Rn. 49; *von Kopp-Colomb/Witte*, in: Assmann/Schlitt/von Kopp-Colomb, WpPG/VerkProspG, § 1 WpPG Rn. 58.
110 *Heidelbach/Preuße*, BKR 2006, 316, 317; *Spindler*, in: Holzborn, WpPG, § 1 Rn. 26; **a. A.** *Ritz/Zeising*, in: Just/Voß/Ritz/Zeising, WpPG, § 2 Rn. 233 ff.
111 *Heidelbach/Preuße*, BKR 2006, 316, 317; *Spindler*, in: Holzborn, WpPG, § 1 Rn. 26.
112 *Heidelbach/Preuße*, BKR 2006, 316, 317.
113 Vgl. BT-Drucks. 13/8933, S. 84; *Heidelbach*, in: Schwark/Zimmer, KMRK, § 3 VerkProspG Rn. 10.
114 *Heidelbach/Preuße*, BKR 2006, 316, 317.

§ 1 Anwendungsbereich

§ 2 Rn. 131).[115] Ebenso wie bei der wiederholten Ausgabe (vgl. Rn. 33) stellt sich dann aber wieder das Problem, dass die Privilegierung im Nachhinein wegfallen kann, wenn die Emission vorzeitig endet (z. B. bei überraschend schnellem Abverkauf und nicht möglicher Aufstockung).

IV. Freiwillige Erstellung eines Prospekts („Opting-in")

1. Grundlagen

35 Abs. 3 eröffnet die Möglichkeit, einen Wertpapierprospekt zu erstellen, auf den nach dem Willen des betreffenden Emittenten und/oder Anbieters die Vorschriften des WpPG Anwendung finden sollen („**Opting-in**"). Voraussetzung für die freiwillige Erstellung eines Prospekts nach den Vorgaben des WpPG ist, dass Gegenstand des Prospekts ein öffentliches Angebot (§ 2 Nr. 4) oder die Zulassung zum Handel an einem organisierten Markt (vgl. § 2 Nr. 11) ist. Ein Prospekt auf Grundlage des WpPG zum Angebot von Rechten, die den Wertpapierbegriff des WpPG nicht erfüllen (z. B. Namensschuldverschreibungen, Commercial Papers), ist nicht möglich.[116]

36 Sofern Emittent/Anbieter sich für die Erstellung eines Prospekts im Sinne dieses Gesetzes entscheiden, finden die Vorschriften des WpPG in ihrer **Gesamtheit Anwendung**.[117] Gleiches gilt für die Prospektverordnung; im Übrigen sind die Vorgaben der Prospektrichtlinie im Rahmen der richtlinienkonformen Auslegung zu beachten. Weiter finden sämtliche Regelungen Anwendung, die einen Prospekt i. S. d. WpPG voraussetzen. Das betrifft insbesondere die Prospekthaftung nach § 24 (§ 13 VerkProspG a. F.) bzw. § 21 (§§ 44, 45 BörsG a. F.)[118] mit der Folge, dass die kapitalmarktrechtliche Haftungsprivilegierung eingreift (verkürzte Verjährung nach § 44 BörsG sowie Haftungsausschluss nach § 45 BörsG insbesondere bei bloßer Fahrlässigkeit).[119]

37 Der Vorteil bei freiwilliger Erstellung eines Prospekts liegt weiter darin, dass der gebilligte Prospekt nach Maßgabe der §§ 17, 18 notifiziert und für ein **grenzüberschreitendes An-**

---

115 *Ritz/Zeising*, in: Just/Voß/Ritz/Zeising, WpPG, § 2 Rn. 231. Vgl. aber noch zu § 3 VerkProspG *Heidelbach*, in: Schwark/Zimmer, KMRK, § 3 VerkProspG Rn. 10; *Ritz*, in: Assmann/Lenz/Ritz, VerkProspG, § 3 VerkProspG Rn. 12.

116 *Seitz*, AG 2005, 678, 684; *Hamann*, in: Schäfer/Hamann, Kapitalmarktgesetze, § 1 WpPG Rn. 32.

117 BT-Drucks. 15/4999, S. 27; *Schnorbus*, AG 2008, 389, 400 Fn. 113; *Groß*, Kapitalmarktrecht, § 1 WpPG Rn. 9; *Spindler*, in: Holzborn, WpPG, § 1 Rn. 32; *Ritz/Zeising*, in: Just/Voß/Ritz/Zeising, WpPG, § 1 Rn. 51; *von Kopp-Colomb/Witte*, in: Assmann/Schlitt/von Kopp-Colomb, WpPG/VerkProspG, § 1 WpPG Rn. 66; vgl. auch ESMA-Questions and Answers – Prospectuses (25th Updated Version – July 2016), Nr. 70 (Disclosure requirements for securities which are „unconditionally and irrevocable guaranteed by a Member State or by one of a Member State's regional or local authorities"), S. 57; **a. A.** (verschiedene Folgepflichten wie z. B. §§ 10, 15 gelten nicht) *Heidelbach*, in: Schwark/Zimmer, KMRK, § 1 WpPG Rn. 31.

118 *Schnorbus*, AG 2008, 389, 400 Fn. 103; *Hamann*, in: Schäfer/Hamann, Kapitalmarktgesetze, § 1 WpPG Rn. 33; *von Kopp-Colomb/Witte*, in: Assmann/Schlitt/von Kopp-Colomb, WpPG/VerkProspG, § 1 WpPG Rn. 69.

119 *Schnorbus*, AG 2008, 389, 400 Fn. 103.

IV. Freiwillige Erstellung eines Prospekts („Opting-in") § 1

gebot genutzt werden kann.[120] Ferner droht keine Haftung für einen fehlerhaften Prospekt nach § 24 (§ 13a VerkProspG a. F.), insbesondere wenn die Verfügbarkeit einer Ausnahmebestimmung zweifelhaft ist. Schließlich profitiert der Investor davon, vor seiner Investitionsentscheidung die nach Maßgabe des § 5 schriftlich aufbereiteten Informationen prüfen und – falls sich diese Informationen im Nachhinein als unzutreffend herausstellen – Prospekthaftungsansprüche gegen den Emittenten und/oder Anbieter geltend machen zu können.

In der Praxis bedeutet dies, dass auch die **staatlichen Emittenten bzw. Emissionen, die durch den Staat garantiert** sind (vgl. § 1 Abs. Nr. 2 und 3), vollständig dem herkömmlichen Prospekt- und Haftungsregime unterworfen sind.[121] Dies ist auch erforderlich, um den ausreichenden Investorenschutz im Rahmen des grenzüberschreitenden Angebots auf Grundlage des Notifizierungsverfahrens nach §§ 17, 18 in den anderen Mitgliedstaaten zu gewährleisten. Im Einzelfall können hier jedoch die jeweiligen Mitgliedstaaten nach nationalen Recht Erleichterungen von dem Umfang der Offenlegungspflichten vorsehen.

38

2. Freiwillige Prospekte bei Vorliegen der Ausnahmetatbestände der §§ 3, 4 WpPG

Nicht erforderlich ist – entgegen einer insbesondere von der **BaFin** vertretenen Auffassung – jedoch, dass der Anwendungsbereich des WpPG wegen des Vorliegens eines Tatbestandes der § 1 Abs. 2 Nr. 2–5 nicht eröffnet ist. **Eine freiwillige Erstellung nach Maßgabe des WpPG ist auch dann zulässig, wenn aufgrund anderer Ausnahmetatbestände der §§ 3, 4 ein Prospekt nicht erforderlich wäre.**[122] So kann auch dann freiwillig ein Prospekt nach den Vorgaben des WpPG erstellt werden, wenn z. B. (i) ein noch gültiger Prospekt bereits veröffentlicht worden ist (vgl. § 3 Abs. 1 Satz 2), um eine einheitliche Aktualisierung

39

---

120 Ausführlich dazu *Ritz/Zeising*, in: Just/Voß/Ritz/Zeising, WpPG, § 1 Rn. 53; *von Kopp-Colomb/Witte*, in: Assmann/Schlitt/von Kopp-Colomb, WpPG/VerkProspG, § 1 WpPG Rn. 68; vgl. ferner ESMA-Questions and Answers – Prospectuses (25th Updated Version – July 2016), Nr. 70 (Disclosure requirements for securities which are „unconditionally and irrevocable guaranteed by a Member State or by one of a Member State's regional or local authorities"), S. 57.
121 Vgl. ESMA-Questions and Answers – Prospectuses (25th Updated Version – July 2016), Nr. 70 (Disclosure requirements for securities which are „unconditionally and irrevocable guaranteed by a Member State or by one of a Member State's regional or local authorities"), S. 57.
122 *Seitz*, AG 2005, 678, 684 („aufgrund der Natur der Sache"); *Mülbert/Steup*, WM 2005, 1633, 1639 Fn. 74 („Prospekte i. S. des WpPG können auch freiwillige, nicht in Erfüllung einer Prospektpflicht aus § 3 WpPG erstellte Dokumente sein. § 1 Abs. 3 WpPG eröffnet diese Möglichkeit ausdrücklich in Bezug auf solche Wertpapiere, die § 1 Abs. 2 Nr. 2–5 WpPG aus dem Anwendungsbereich des WpPG an sich ausklammert."); *Keunecke*, Prospekte im Kapitalmarkt, Rn. 175; *Schnorbus*, AG 2008, 389, 401; *Heidelbach*, in: Schwark/Zimmer, KMRK, § 1 WpPG Rn. 30; wohl auch *Fleischer*, ZIP 2007, 1969, 1971 („Für bestimmte Fälle hebt § 1 Abs. 3 WpPG die Möglichkeit einer freiwilligen Prospekterstellung sogar ausdrücklich hervor"); *Spindler*, in: Holzborn, WpPG, § 1 Rn. 34 mit der Einschränkung, dass die BaFin zur Durchführung der Billigung eines solchen Prospekts nicht verpflichtet sei; a. A. *Grosjean*, in: Heidel, Aktienrecht und Kapitalmarktrecht, § 1 WpPG Rn. 9; *Hamann*, in: Schäfer/Hamann, Kapitalmarktgesetze, § 1 WpPG Rn. 30; vgl. auch *Ritz/Zeising*, in: Just/Voß/Ritz/Zeising, WpPG, § 1 Rn. 52; *Zeising*, in: Just/Voß/Ritz/Zeising, WpPG, § 3 WpPG Rn. 31; *von Kopp-Colomb/Witte*, in: Assmann/Schlitt/von Kopp-Colomb, WpPG/VerkProspG, § 1 WpPG Rn. 65; *Groß*, Kapitalmarktrecht, § 1 WpPG Rn. 10; wohl auch *Klöhn*, FS Hoffmann-Becking, 2013, S. 679, 686.

§ 1 Anwendungsbereich

durch ein Dokument zu gewährleisten, (ii) das Angebot sich ausschließlich an qualifizierte Investoren richtet (§ 3 Abs. 2 Nr. 1) oder (iii) weniger als 10% der Aktien zum Handel an einem organisierten Markt zugelassen werden sollen (§ 4 Abs. 2 Nr. 1).[123]

40 Gegen dieses Verständnis sprechen zwar auf den ersten Blick der Wortlaut des § 1 Abs. 3 und Ausführungen in der Gesetzesbegründung.[124] Allerdings bezieht sich § 1 Abs. 3 explizit nur auf die Fälle des § 1 Abs. 2, ohne einen Grundsatz für die sonstigen Befreiungstatbestände zu etablieren. Insbesondere unterscheiden sich § 1 Abs. 2 auf der einen Seite und §§ 3, 4 auf der anderen Seite deutlich in Anwendungsbereich und Rechtsfolgen (vgl. Rn. 5). Nach allgemeinen Grundsätzen des Verwaltungsrechts kann ein Antragsteller – hier der Emittent und/oder Antragsteller, der ein Billigungsverfahren nach § 13 einleitet – nach eigenem Belieben von Ausnahmevorschriften Gebrauch machen, die – ausschließlich zu seinen Gunsten – im Gesetz vorgesehen sind.[125] Dieses Verständnis entspricht auch dem des Rates, der in seiner Begründung zur Prospektrichtlinie exemplarisch erwähnt, dass auch im Rahmen des Art. 3 Abs. 2 e) die Möglichkeit des Opting-in bestünde.[126]

41 Nur dieses Ergebnis steht im Einklang mit der Systematik des WpPG:[127] Besteht für öffentliche Angebote, die nicht dem Anwendungsbereich des WpPG unterliegen, aufgrund von § 1 Abs. 3 die Möglichkeit, einen Prospekt i.S.d. WpPG zu erstellen, so muss dies erst recht für Angebote gelten, die dem Anwendungsbereich des WpPG grundsätzlich unterliegen und die lediglich von der Prospektpflicht befreit sind. Denn von dem Anwendungsbereich des WpPG (bzw. eines vergleichbaren Regimes wie das KAGB nach § 1 Abs. 2 Nr. 1) gänzlich ausgenommen sind für den Investor nahezu vollständig risikolose Wertpapiere (§ 1 Abs. 2 Nr. 2, 3 und 5 WpPG) sowie kleinvolumige Emissionen (§ 1 Abs. 2 Nr. 4). Keine Pflicht, einen Prospekt nach §§ 3, 4 zu veröffentlichen, besteht aber unabhängig von dem Risiko des angebotenen Wertpapiers. Diese Regelungen entsprechen, leicht vereinfacht dargestellt, entweder international üblichen Standards (§ 3) oder tragen den ohnehin im Markt vorhandenen Informationen über den Emittenten Rechnung (§ 4). Ist aber Sinn und Zweck der Prospektrichtlinie und somit auch des WpPG, Markteffizienz und Anlegerschutz sicherzustellen,[128] so würde eine Auslegung des Gesetzes dahingehend, dass für die nach § 1 Abs. 2 ausgenommenen – **risikolosen** – Angebote auf Grundlage von § 1 Abs. 3 ein Prospekt i.S.d. WpPG veröffentlicht werden darf, für die durch §§ 3, 4 privile-

---

123 *Schnorbus*, AG 2008, 389, 401.
124 BT-Drucks. 15/4999, S. 25 („Teilweise besteht jedoch auch die Möglichkeit, für die Wertpapiere freiwillig einen Prospekt gemäß den Bestimmungen dieses Gesetzes und der Verordnung zur Durchführung der Prospektrichtlinie zu erstellen") und S. 27 („Absatz 3 eröffnet den in Absatz 2 Nr. 2, 3, 4 und 5 genannten Emittenten die Möglichkeit, einen Wertpapierprospekt zu erstellen …"); vgl. auch *Groß*, Kapitalmarktrecht, § 1 WpPG Rn. 10.
125 *Schnorbus*, AG 2008, 389, 401.
126 Gemeinsamer Standpunkt (EG) Nr. 25/2003 vom 24.3.2003, vom Rat festgelegt gemäß dem Verfahren des Art. 294 AEUV (ex-Art. 251 EGV) des Vertrags zur Gründung der Europäischen Gemeinschaft im Hinblick auf den Erlass einer Richtlinie des Europäischen Parlaments und des Rats betreffend den Prospekt, der beim öffentlichen Angebot von Wertpapieren oder bei deren Zulassung zum Handel zu veröffentlichen ist, und zur Änderung der Richtlinie 2001/34/EG, S. 21–57, Begründung zu Art. 3 Abs. 2 der Prospektrichtlinie.
127 Näher dazu *Schnorbus*, AG 2008, 389, 401 f.; **a.A.** *von Kopp-Colomb/Witte*, in: Assmann/Schlitt/von Kopp-Colomb, WpPG/VerkProspG, § 1 WpPG Rn. 65.
128 Erwägungsgrund 10 der Prospektrichtlinie.

gierten – **risikoreicheren** – Angebote hingegen eine Prospektbilligung verwehrt bleiben soll, diesem skizzierten Gesetzeszweck zuwiderlaufen.

So etablieren die §§ 3, 4 nur Tatbestände, nach denen unter bestimmten Voraussetzungen keine Verpflichtung zur Veröffentlichung eines Prospekts besteht, nicht aber umgekehrt eine Verpflichtung zur Inanspruchnahme dieser Tatbestände, wenn deren jeweiligen Voraussetzungen vorliegen. Funktional entsprechen die §§ 3, 4 der in § 15 Abs. 3 WpHG vorgesehenen Konzeption der Selbstbefreiung durch gesetzmäßiges (Entscheidungs-)Verhalten.[129] Dabei ist die Anwendbarkeit der §§ 3, 4 einerseits nicht immer zweifelsfrei; andererseits liegt es im alleinigen Risiko des Emittenten und/oder Antragstellers zu entscheiden, ob die Voraussetzungen der §§ 3, 4 vorliegen. Die BaFin erlässt in diesen Fällen keinen Verwaltungsakt, der rechtsgestaltend und verbindlich – insbesondere für anschließende Haftungsprozesse – die Befreiung von der Verpflichtung eines Prospekts feststellt (vgl. Vor §§ 1 ff. Rn. 23). Das daraus resultierende Risiko, bei der (fehlerhaften) Inanspruchnahme der §§ 3, 4 der scharfen Haftung nach § 24 (§ 13a VerkProspG a. F.) zu unterfallen (vgl. Vor §§ 1 ff. Rn. 27 ff.), trägt allein der Emittent und/oder Anbieter, der sich durch (vorsorgliche) Veröffentlichung eines Prospekts vor diesen einschneidenden Rechtsfolgen schützen können muss. Im Übrigen würde die Auffassung, die sich gegen ein generelles Opting-in ausspricht, – systemwidrig – dazu führen, dass die Voraussetzungen des Befreiungstatbestandes des § 4 Abs. 2 durch die BaFin geprüft würden, obwohl hierfür an sich die Geschäftsführung der Börse ausschließlich zuständig ist.[130]

Als weiteres Argument für die Möglichkeit, einen Prospekt i. S. d. WpPG bei einem öffentlichen Angebot erstellen zu können, kann eine Parallelbetrachtung bei der Erstellung von Pro Forma-Finanzinformationen dienen. Pro Forma-Finanzinformationen müssen nur bei bestimmten, recht exakt definierten Transaktionen erstellt werden. Liegt keine pro-forma-pflichtige Transaktion vor, so kann der Emittent dennoch freiwillig derartige Informationen veröffentlichen – er ist dann aber gehalten, diese im Einklang mit den Vorgaben der Prospektverordnung zu erstellen.[131] Diesem Beispiel lässt sich als Prinzip entnehmen, dass die Anwendung von strengeren Regeln auf freiwilliger Basis möglich ist, also auch einen Prospekt i. S. d. WpPG zu erstellen.

V. Ermächtigung der Kommission zur Anpassung von bestimmten Wertgrenzen

Nach der Änderungsrichtlinie (vgl. Vor §§ 1 ff. Rn. 4 ff., 8) ist die Kommission ermächtigt, die in Art. 1 Abs. 2 h) und j) der Prospektrichtlinie (entspricht im WpPG § 1 Abs. 2 Nr. 4 und 5) aufgezählten **Wertgrenzen eigenständig anzupassen**. Ziel der Änderung ist es, flexibler auf Marktentwicklungen und/oder Inflation reagieren zu können.[132] Die Anforderungen an die Ermächtigung der Kommission und das Verfahren zur Anpassung der Wertgren-

---

129 So *Mülbert/Steup*, WM 2005, 1633, 1643.
130 *Schnorbus*, AG 2008, 389, 402.
131 ESMA-Questions and Answers – Prospectuses (25th Updated Version – July 2016), Nr. 54 (Pro forma financial information included in a prospectus on a voluntary basis), S. 47.
132 Vgl. Art. 1 Nr. 1 b) Änderungsrichtlinie.

§ 1 Anwendungsbereich

zen ergeben sich aus Art. 24a bis Art. 24c. Soweit die Kommission von dieser Ermächtigung Gebrauch macht, ist der deutsche Gesetzgeber verpflichtet, die entsprechenden Änderungen unverzüglich im WpPG umzusetzen; für die Zwischenzeit können die Regeln der sog. vorweggenommenen richtlinienkonformen Auslegung Anwendung finden.[133] Gleiches gilt für die Anwendungspraxis der BaFin.

---

133 Näher *Schnorbus*, AcP 201 (2001), 860, 871 ff.

§ 2 Begriffsbestimmungen

Im Sinne dieses Gesetzes ist oder sind
1. Wertpapiere: übertragbare Wertpapiere, die an einem Markt gehandelt werden können, insbesondere
   a) Aktien und andere Wertpapiere, die Aktien oder Anteilen an Kapitalgesellschaften oder anderen juristischen Personen vergleichbar sind, sowie Zertifikate, die Aktien vertreten,
   b) Schuldtitel, insbesondere Schuldverschreibungen und Zertifikate, die andere als die in Buchstabe a genannten Wertpapiere vertreten,
   c) alle sonstigen Wertpapiere, die zum Erwerb oder zur Veräußerung solcher Wertpapiere berechtigen oder zu einer Barzahlung führen, die anhand von übertragbaren Wertpapieren, Währungen, Zinssätzen oder -erträgen, Waren oder anderen Indizes oder Messgrößen bestimmt wird,
   mit Ausnahme von Geldmarktinstrumenten mit einer Laufzeit von weniger als zwölf Monaten;
2. Dividendenwerte: Aktien und andere Wertpapiere, die Aktien vergleichbar sind, sowie jede andere Art übertragbarer Wertpapiere, die das Recht verbriefen, bei Umwandlung dieses Wertpapiers oder Ausübung des verbrieften Rechts die erstgenannten Wertpapiere zu erwerben, sofern die letztgenannten Wertpapiere vom Emittenten der zugrunde liegenden Aktien oder von einem zum Konzern des Emittenten gehörenden Unternehmen begeben wurden;
3. Nichtdividendenwerte: alle Wertpapiere, die keine Dividendenwerte sind;
4. öffentliches Angebot von Wertpapieren: eine Mitteilung an das Publikum in jedweder Form und auf jedwede Art und Weise, die ausreichende Informationen über die Angebotsbedingungen und die anzubietenden Wertpapiere enthält, um einen Anleger in die Lage zu versetzen, über den Kauf oder die Zeichnung dieser Wertpapiere zu entscheiden; dies gilt auch für die Platzierung von Wertpapieren durch Institute im Sinne des § 1 Abs. 1b des Kreditwesengesetzes oder ein nach § 53 Abs. 1 Satz 1 oder § 53b Abs. 1 Satz 1 oder Abs. 7 des Kreditwesengesetzes tätiges Unternehmen, wobei Mitteilungen auf Grund des Handels von Wertpapieren an einem organisierten Markt oder im Freiverkehr kein öffentliches Angebot darstellen;
5. Angebotsprogramm: ein Plan, der es erlauben würde, Nichtdividendenwerte ähnlicher Art oder Gattung sowie Optionsscheine jeder Art dauernd oder wiederholt während eines bestimmten Emissionszeitraums zu begeben;
6. qualifizierte Anleger:
   a) Kunden und Unternehmen, die vorbehaltlich einer Einstufung als Privatkunde professionelle Kunden oder geeignete Gegenparteien im Sinne des § 31a Absatz 2 oder 4 des Wertpapierhandelsgesetzes sind, oder die gemäß § 31a Absatz 5 Satz 1 oder Absatz 7 des Wertpapierhandelsgesetzes auf Antrag als solche eingestuft worden sind oder gemäß § 31a Absatz 6 Satz 5 des Wertpapierhandelsgesetzes weiterhin als professionelle Kunden behandelt werden,
   b) natürliche oder juristische Personen, die nach in anderen Staaten des Europäischen Wirtschaftsraums erlassenen Vorschriften zur Umsetzung der Bestimmungen des Anhangs II Abschnitt I Nummer 1 bis 4 der Richtlinie 2004/39/EG

des Europäischen Parlaments und des Rates vom 21. April 2004 über Märkte für Finanzinstrumente, zur Änderung der Richtlinien 85/611/EWG und 93/6/EWG des Rates und der Richtlinie 2000/12/EG des Europäischen Parlaments und des Rates und zur Aufhebung der Richtlinie 93/22/EWG des Rates (ABl. L 145 vom 30.4.2004, S. 1) in der jeweils geltenden Fassung als professionelle Kunden angesehen werden und nicht eine Behandlung als nichtprofessionelle Kunden beantragt haben,
  c) natürliche oder juristische Personen, die nach in anderen Staaten des Europäischen Wirtschaftsraums erlassenen Vorschriften zur Umsetzung der Bestimmungen des Anhangs II der Richtlinie 2004/39/EG auf Antrag als professioneller Kunde behandelt werden,
  d) natürliche oder juristische Personen, die nach in anderen Staaten des Europäischen Wirtschaftsraums erlassenen Vorschriften zur Umsetzung des Artikels 24 der Richtlinie 2004/39/EG als geeignete Gegenpartei anerkannt sind und nicht eine Behandlung als nichtprofessioneller Kunde beantragt haben, und
  e) natürliche oder juristische Personen, die durch Wertpapierfirmen nach in anderen Staaten des Europäischen Wirtschaftsraums erlassenen Vorschriften zur Umsetzung des Artikels 71 Absatz 6 der Richtlinie 2004/39/EG als vor dem Inkrafttreten der Richtlinie bestehende professionelle Kunden weiterhin als solche behandelt werden;
7. (weggefallen)
8. CRR-Kreditinstitute: Unternehmen im Sinne des § 1 Abs. 3d Satz 1 des Kreditwesengesetzes;
9. Emittent: eine Person oder Gesellschaft, die Wertpapiere begibt oder zu begeben beabsichtigt;
10. Anbieter: eine Person oder Gesellschaft, die Wertpapiere öffentlich anbietet;
11. Zulassungsantragsteller: die Personen, die die Zulassung zum Handel an einem organisierten Markt beantragen;
12. Dauernde oder wiederholte Ausgabe von Wertpapieren: die dauernde oder mindestens zwei Emissionen umfassende Ausgabe von Wertpapieren ähnlicher Art oder Gattung während eines Zeitraums von zwölf Monaten;
13. Herkunftsstaat:
  a) für alle Emittenten von Wertpapieren, die nicht in Buchstabe b genannt sind, der Staat des Europäischen Wirtschaftsraums, in dem der Emittent seinen Sitz hat,
  b) für jede Emission von Nichtdividendenwerten mit einer Mindeststückelung von 1 000 Euro sowie für jede Emission von Nichtdividendenwerten, die das Recht verbriefen, bei Umwandlung des Wertpapiers oder Ausübung des verbrieften Rechts übertragbare Wertpapiere zu erwerben oder einen Barbetrag in Empfang zu nehmen, sofern der Emittent der Nichtdividendenwerte nicht der Emittent der zugrunde liegenden Wertpapiere oder ein zum Konzern dieses Emittenten gehörendes Unternehmen ist, je nach Wahl des Emittenten, des Anbieters oder des Zulassungsantragstellers der Staat des Europäischen Wirtschaftsraums, in dem der Emittent seinen Sitz hat, oder der Staat des Europäischen Wirtschaftsraums, in dem die Wertpapiere zum Handel an einem organisierten Markt zugelassen sind oder zugelassen werden sollen, oder der Staat des Europäischen Wirtschaftsraums, in dem die Wertpapiere öffentlich ange-

Begriffsbestimmungen **§ 2**

boten werden; dies gilt auch für Nichtdividendenwerte, die auf andere Währungen als auf Euro lauten, wenn der Wert solcher Mindeststückelungen annähernd 1 000 Euro entspricht,
c) für alle Drittstaatemittenten von Wertpapieren, die nicht in Buchstabe b genannt sind, je nach Wahl des Emittenten, des Anbieters oder des Zulassungsantragstellers entweder der Staat des Europäischen Wirtschaftsraums, in dem die Wertpapiere erstmals öffentlich angeboten werden sollen oder der Staat des Europäischen Wirtschaftsraums, in dem der erste Antrag auf Zulassung zum Handel an einem organisierten Markt gestellt wird, vorbehaltlich einer späteren Wahl durch den Drittstaatemittenten, wenn der Herkunftsstaat nicht gemäß seiner Wahl bestimmt wurde oder die Wertpapiere nicht mehr zum Handel an einem organisierten Markt in dem Herkunftsmitgliedstaat, aber stattdessen in einem anderen Staat des Europäischen Wirtschaftsraums zum Handel an einem organisierten Markt zugelassen sind;
14. Aufnahmestaat: der Staat, in dem ein öffentliches Angebot unterbreitet oder die Zulassung zum Handel angestrebt wird, sofern dieser Staat nicht der Herkunftsstaat ist;
15. Staat des Europäischen Wirtschaftsraums: die Mitgliedstaaten der Europäischen Union und die anderen Vertragsstaaten des Abkommens über den Europäischen Wirtschaftsraum;
16. Organisierter Markt: ein im Inland, in einem anderen Mitgliedstaat der Europäischen Union oder einem anderen Vertragsstaat des Abkommens über den Europäischen Wirtschaftsraum betriebenes oder verwaltetes, durch staatliche Stellen genehmigtes, geregeltes und überwachtes multilaterales System, das die Interessen einer Vielzahl von Personen am Kauf und Verkauf von dort zum Handel zugelassenen Finanzinstrumenten innerhalb des Systems und nach festgelegten Bestimmungen in einer Weise zusammenbringt oder das Zusammenbringen fördert, die zu einem Vertrag über den Kauf dieser Finanzinstrumente führt;
17. Bundesanstalt: die Bundesanstalt für Finanzdienstleistungsaufsicht;
18. Schlüsselinformationen: grundlegende und angemessen strukturierte Informationen, die dem Anleger zur Verfügung zu stellen sind, um es ihm zu ermöglichen, Art und Risiken des Emittenten, des Garantiegebers und der Wertpapiere, die ihm angeboten oder zum Handel an einem organisierten Markt zugelassen werden sollen, zu verstehen und unbeschadet des § 5 Absatz 2b Nummer 2 zu entscheiden, welchen Wertpapierangeboten er weiter nachgehen sollte.

Übersicht

	Rn.		Rn.
I. Regelungsgegenstand	1	a) Praktische Bedeutung	17
II. Legaldefinitionen	2	b) Abgrenzung nach WpPG	19
1. Wertpapiere	2	aa) Grundlagen	19
a) Grundlagen	2	bb) Aktien	20
b) Wesentliche Merkmale des Wertpapierbegriffs	4	cc) Eigenkapitalähnliche Wertpapiere	21
c) Verbriefung	9	dd) Wandelbare Wertpapiere	22
d) Ausländische Wertpapiere	11	ee) Ausgabe durch Konzernunternehmen	25
e) Beispiele	13		
2. Dividendenwerte	17	3. Nichtdividendenwerte	27

§ 2 Begriffsbestimmungen

4. Öffentliches Angebot von Wertpapieren 29
   a) Grundlagen 29
   b) Öffentlich 33
      aa) Grundlagen 33
      bb) Beispiele 40
   c) Form des Angebots 42
   d) Inhalt des Angebots (Grad der Konkretisierung) 48
   e) Erwerbs- oder Zeichnungsmöglichkeit (Investitionsentscheidung) .. 52
   f) Mitteilungen aufgrund des Handels 57
      aa) Grundlagen 57
      bb) Auslegungsschreiben der BaFin zum Begriff des öffentlichen Angebots von Wertpapieren im Sinne des § 2 Nr. 4 WpPG im Rahmen des Sekundärmarkthandels von Wertpapieren ... 62
   g) Ausgewählte Praxisfälle 67
      aa) Einbeziehung in den Freiverkehr 67
      bb) Bezugsangebote und ihre Abwicklung durch Depotbanken 72
      cc) Prospektpflicht beim Debt-to-Equity-Swap 83
      dd) Angebote an Mitarbeiter und Gesellschafter verbundener Unternehmen 86
      ee) Ausübung von Bezugs-, Options- oder Wandlungsrechten als öffentliches Angebot des Underlying 89
      ff) Gratisangebote 92
      gg) Informationsanbieter 95
5. Angebotsprogramm 96
6. Qualifizierte Anleger 99
7. Kleinere und mittlere Unternehmen (aufgehoben) 104
8. CRR-Kreditinstitut 105
9. Emittent 107
10. Anbieter 110
    a) Definition 110
    b) Mehrere Anbieter 111
    c) Abgrenzung Anbieter/Emittent . 112
    d) Weiterveräußerung nach Abschluss der Emission 115
    e) Platzierung ohne Einbeziehung des Emittenten 121
    f) Weitere Einzelfälle 123
11. Zulassungsantragsteller 127
12. Dauernde oder wiederholte Ausgabe 130
13. Herkunftsstaat 133
    a) Sitzstaat als Herkunftsstaat ... 134
    b) Wahlrecht für bestimmte Nichtdividendenwerte 136
    c) Wahlrecht für bestimmte von Drittstaatenemittenten ausgegebene Wertpapiere 141
14. Aufnahmestaat 143
15. Staat des Europäischen Wirtschaftsraums 144
16. Organisierter Markt 145
17. BaFin 147
18. Schlüsselinformationen 148

III. Ermächtigung der Kommission zur Anpassung von Definitionen 149

I. Regelungsgegenstand

1 Die Vorschrift setzt Artikel 2 der Prospektrichtlinie um und enthält – wie in der europäisierten Gesetzgebung zunehmend üblich – Legaldefinitionen der wichtigsten Begriffe des Gesetzes.

II. Legaldefinitionen

1. Wertpapiere

a) Grundlagen

2 Der Gesetzgeber hat sich bei der Begriffsbestimmung bereits an Art. 4 Abs. 1 Nr. 18 der Richtlinie 2004/39/EG über Märkte für Finanzinstrumente („Finanzmarktrichtli-

nie")[1] orientiert, die teilweise von der Definition der Prospektrichtlinie abweicht.[2] Berücksichtigt wurde dagegen Art. 2 Abs. 1 a) der Prospektrichtlinie,[3] wonach **Geldmarktinstrumente** mit einer **Laufzeit von weniger als zwölf Monaten** vom Wertpapierbegriff ausgenommen sind (§ 2 Nr. 1 a. E.) und somit von vornherein nicht den Regelungen des WpPG unterliegen. Hierzu zählen beispielsweise Schatzanweisungen, Einlagenzertifikate und Commercial Papers.[4] Mit dem Begriff Geldmarktinstrumente sind vor dem Hintergrund der Anlegerschutzziele der Richtlinie 2003/71/EG (vgl. beispielsweise Erwägungsgründe 10, 12, 16) nicht an Kleinanleger ausgegebene Inhaberschuldverschreibungen gemeint, auch wenn sie eine unterjährige Laufzeit ausweisen.[5]

Soweit die Voraussetzungen des Wertpapierbegriffs nicht erfüllt sind, findet das WpPG generell keine Anwendung. Bei dem Angebot von anderen Rechten und Vermögensgegenständen sind aber die sonstigen kapitalmarktrechtlichen Bestimmungen zu berücksichtigen, insbesondere die §§ 6 ff. VermAnlG (§§ 8 ff. VerkProspG a. F.).[6] Der allgemeine (zivil- und wertpapierrechtliche) Wertpapierbegriff, der z. B. auch Schecks und Wechsel umfasst (Legitimationsfunktion), spielt für die Auslegung des kapitalmarktorientierten Wertpapierbegriffs des WpPG (Umlauffunktion) nur eine untergeordnete Rolle, auch wenn es im Ergebnis Überschneidungen gibt. 3

b) Wesentliche Merkmale des Wertpapierbegriffs

Nach der Legaldefinition sind „Wertpapiere" i. S. d. WpPG „übertragbare Wertpapiere, die an einem Markt gehandelt werden können". Wesensmerkmal der Wertpapiere ist ihre **Fungibilität und Umlauffähigkeit**,[7] also die Tauglichkeit, Gegenstand gewerbsmäßiger 4

---

1 Richtlinie 2004/39/EG des europäischen Parlaments und Rats vom 21.4.2004 über Märkte für Finanzinstrumente, zur Änderung der Richtlinien 85/611/EWG und 93/6/EWG des Rats und der Richtlinie 2000/12/EG des Europäischen Parlaments und des Rats und zur Aufhebung der Richtlinie 93/22/EWG des Rats (ABl. L 145/1 ff. vom 30.4.2004).
2 Vgl. BT-Drucks. 15/4999, S. 28. Die Prospektrichtlinie bezieht sich noch auf Art. 1 Abs. 4 der Richtlinie 93/22/ EWG, der sog. Wertpapierdienstleistungsrichtlinie. Nach Art. 69 der Richtlinie 2004/39/EG gelten Bezugnahmen auf Begriffsbestimmungen oder Artikel der Richtlinie 93/22/ EWG jedoch als Bezugnahmen auf die entsprechenden Begriffsbestimmungen oder Artikel der Richtlinie 2004/39/ EG.
3 Diese spezielle Regelung der Prospektrichtlinie wird durch den Wertpapierbegriff der Richtlinie 2004/39/EG nicht verdrängt; vgl. BT-Drucks. 15/4999, S. 28.
4 *Seitz*, AG 2005, 678, 680.
5 So OLG Dresden, Urteil vom 23.12.2013 – 8 U 999/12 BeckRS 2014, 00939 (insoweit nicht in WM 2914, 687 abgedruckt); ferner *von Kopp-Colomb/Knobloch*, in: Assmann/Schlitt/von Kopp-Colomb, WpPG/VerkProspG, § 2 WpPG Rn. 19; vgl. auch *Ritz/Zeising*, in: Just/Voß/Ritz/Zeising, WpPG, § 2 Rn. 71.
6 Vgl. die Subsidiaritätsklausel des § 6 VermAnlG (§ 8f Abs. 1 Satz VerkProspG a. F.); ferner *von Kopp-Colomb/Knobloch*, in: Assmann/Schlitt/von Kopp-Colomb, WpPG/VerkProspG, § 2 WpPG Rn. 9; *Ritz/Zeising*, in: Just/Voß/Ritz/Zeising, WpPG, § 2 Rn. 7; BT-Drucks. 16/2424, S. 6 (Antwort der Bundesregierung auf die Kleine Anfrage der Abgeordneten *Dr. Thea Dückert, Dr. Gerhard Schick, Kerstin Andreae*, weiterer Abgeordneter und der Fraktion BÜNDNIS 90/DIE GRÜNEN).
7 BT-Drucks. 15/4999, S. 28; *BAWe*, Bekanntmachung zum Wertpapier-Verkaufsprospektgesetz, unter I. 1., S. 2; *Ekkenga/Maas*, Das Recht der Wertpapieremissionen, § 1 Rn. 19; *Seitz*, AG 2005, 678, 680; *Groß*, Kapitalmarktrecht, § 2 WpPG Rn. 3; *Ritz/Zeising*, in: Just/Voß/Ritz/Zeising, WpPG, § 2 Rn. 32; *von Kopp-Colomb/Knobloch*, in: Assmann/Schlitt/von Kopp-Colomb, WpPG/ VerkProspG, § 2 WpPG Rn. 10.

§ 2 Begriffsbestimmungen

Umsatzgeschäfte am Kapitalmarkt zu sein. Voraussetzung für diese Kapitalmarktfähigkeit ist also zum einen die **standardisierte Ausstattung** als Wertträger, also die Verkörperung derselben Rechte; daran fehlt es namentlich, wenn die Bedingungen individuell vereinbart werden.[8]

5   Weiter setzt die Kapitalmarktfähigkeit **das Fehlen von Übertragungshemmnissen** voraus. Dazu gehört grundsätzlich (zu den Ausnahmen siehe Rn. 10) die Möglichkeit des **gutgläubigen Erwerbs** als essenzielle Voraussetzung für den reibungslosen Handel von Wertpapieren, so dass ein Nachweis über die Verfügungsberechtigung nicht erforderlich ist und Einwendungen des Schuldners gegenüber dem Erwerber weitestgehend ausgeschlossen sind.[9] Fungibilität ist insofern – als Faustregel – grundsätzlich zu bejahen bei der Übertragbarkeit nach **Sachenrecht**, zu verneinen bei der Übertragung durch **Abtretung**.[10] Überhaupt nicht übertragbare Rechte fallen generell nicht unter den Wertpapierbegriff. Unerheblich sind indessen **vertragliche Übertragungsbeschränkungen** (z. B. in Gesellschaftervereinbarungen oder in sog. Haltevereinbarungen); die vertraglich gebundenen Aktien bleiben Wertpapiere i. S. d. WpPG.[11]

6   Herkömmlich ist dabei zwischen **Namenspapieren** einerseits und **Inhaberpapieren** andererseits zu unterscheiden. Namenspapiere bzw. Rektapapiere lauten auf den Namen einer bestimmten Person. Einzig diese Person ist zur Geltendmachung des in der Urkunde verbrieften Rechts berechtigt. Die Übertragung der Rektapapiere erfolgt nach deutschem Wertpapierrecht durch Zession, also mittels Übertragung des Rechts durch Abtretung (§ 398 BGB), gegebenenfalls mit zusätzlichen Sonderregelungen. Namenspapiere erfüllen daher schon deshalb nicht den Wertpapierbegriff, da ein marktmäßiger Handel durch die Möglichkeit der Geltendmachung von Einwendungen (§ 404 BGB) und den Ausschluss des gutgläubigen Erwerbs behindert wird.[12] Inhaberpapiere werden dagegen gem. §§ 929 ff. BGB übereignet mit der Maßgabe, dass das Recht am Papier dem Recht aus dem Papier folgt. Die Übertragung des Papiers und der hierdurch verkörperten Rechte nehmen vollumfänglich am Gutglaubensschutz der §§ 932 ff. BGB teil und verfügen somit über die nötige Kapitalmarktfähigkeit.

7   Klassisches Inhaberpapier des Kapitalmarktes ist die verbriefte **Inhaberaktie**, die nach Maßgabe der §§ 932 ff. BGB gutgläubig erworben werden kann und auch sonst sämtliche Merkmale der Fungibilität und Umlauffähigkeit erfüllt. Dies gilt gleichermaßen für die Übertragung von Aktien innerhalb der **Girosammelverwahrung**, sei es im Falle der Einzelverbriefung (Übertragung des Eigentums an der Urkunde) oder der Verbriefung in einer

---

8   Vgl. *von Kopp-Colomb*, in: Heidel, Aktienrecht und Kapitalmarktrecht, 1. Aufl., § 1 VerkProspG Rn. 7.

9   *Lenenbach*, Kapitalmarkt- und Börsenrecht, Rn. 10.256; *Ritz/Zeising*, in: Just/Voß/Ritz/Zeising, WpPG, § 2 Rn. 36; *Ritz*, in: Assmann/Lenz/Ritz, VerkProspG, § 1 Rn. 14; *von Kopp-Colomb*, in: Heidel, Aktienrecht und Kapitalmarktrecht, 1. Aufl., § 1 VerkProspG Rn. 7.

10 *Hamann*, in: Schäfer/Hamann, Kapitalmarktgesetze, § 2 WpPG Rn. 4 a. E.; *Ritz/Zeising*, in: Just/Voß/Ritz/Zeising, WpPG, § 2 Rn. 36.

11 Vgl. ESMA-Questions and Answers – Prospectuses (25th Updated Version – July 2016), Nr. 67 (Transferable securities), S. 55; *Heidelbach*, in: Schwark/Zimmer, KMRK, § 2 WpPG Rn. 5.

12 *BAWe*, Bekanntmachung zum Wertpapier-Verkaufsprospektgesetz, unter I. 1., S. 2; *Grosjean*, in: Heidel, Aktienrecht und Kapitalmarktrecht, 1. Aufl., § 2 WpPG Rn. 3; *Hamann*, in: Schäfer/Hamann, Kapitalmarktgesetze, § 2 WpPG Rn. 4.

Dauerglobalurkunde (Übertragung des Bruchteilseigentums an der Urkunde).¹³ Als Rechtsscheinträger fungiert hier maßgeblich die Buchung im Verwahrungsbuch (§ 14 DepotG) des Girosammelverwahrers; Anknüpfungspunkt für den Rechtsschein ist das Sammeldepotguthaben des Veräußereres, wie es im Verwahrungsbuch ausgewiesen ist.

Namensaktien können – neben der Übertragung des verbrieften Rechts gemäß §§ 398, 413 BGB – durch Indossament übertragen werden (§ 68 Abs. 1 AktG), der den gutgläubigen Erwerb nach Art. 16 Abs. 2 WG ermöglicht. Die Namensaktie muss aber mit einem **Blankoindossament** versehen sein, um über die für ein Wertpapier erforderliche Umlauffähigkeit verfügen zu können. **Vinkulierte Namensaktien** können zwar nicht ohne Zustimmung des Vorstands übertragen werden (vgl. § 68 AktG); sie erfüllen jedoch dann den Wertpapierbegriff, wenn sie mit einem Blankoindossament versehen sind und der Emittent **generell ihrer Übertragung zustimmt**.¹⁴

8

c) Verbriefung

Die Fungibilität wird regelmäßig durch die **Verbriefung** in einer Urkunde erzielt. Auf eine Verbriefung der einzelnen Wertpapiere kommt es hingegen nicht an.¹⁵ Der durch das WpPG bezweckte Anlegerschutz durch Information ist nicht abhängig davon, ob und wie das angebotene Investment durch ein Dokument verkörpert wird oder in Werte- bzw. Registerrechten entmaterialisiert ist.¹⁶ Wertpapiere i. S. d. WpPG sind somit nicht nur effektive Stücke und Aktien, die durch Sammel- oder Globalurkunden repräsentiert werden, sondern auch sog. **Wertrechte**.¹⁷ In der Praxis wird die Ausgabe effektiver Stücke und die Einzelverbriefung immer seltener, da die Entwicklung des Effektengiroverkehrs und des internationalen Effektenhandels die größtmögliche Umsatzfähigkeit verlangen. Wertrechte im vorgenannten Sinn sind u. a. staatliche Anleihen, bei denen die Verbriefung in Inhaberschuldverschreibungen durch eine Registereintragung ersetzt wird (Schuldbuchforderungen wie etwa Bundesschatzbriefe und Kassenobligationen der öffentlichen Hand).¹⁸

9

---

13 *Eder*, NZG 2004, 107, 112 ff.; *K. Schmidt*, in: MünchKomm-BGB, § 1008 Rn. 31 m. w. N.; *Foelsch*, in: Holzborn, WpPG, § 2 Rn. 4; vgl. auch *Mentz/Fröhling*, NZG 2002, 201, 204 ff., 208 ff.; **a. A.** *Habersack/Meyer*, WM 2000, 1678, 1682 ff. (auf dem Boden der Auffassung von *Habersack/Meyer* dürften Aktien in der Girosammelverwahrung nicht den Wertpapierbegriff des WpPG erfüllen).

14 Vgl. insgesamt zum Thema Namensaktien: §§ 16 f. der „Bedingungen für Geschäfte an den deutschen Wertpapierbörsen" (danach sind Namensaktien lieferbar, wenn die letzte Übertragung – und nur diese – durch ein Blankoindossament ausgedrückt ist oder wenn – bei vinkulierten Namensaktien – eine Blankozession erfolgte oder den Aktien Blankoumschreibungsanträge des Verkäufers beigefügt sind. Bei weiteren Übertragungen ist dann eine erneute Indossierung bzw. Zession nicht erforderlich, so dass die Papiere im Handel den Inhaberaktien ähneln und in Girosammelverwahrung genommen werden können); § 5 Abs. 2 Nr. 2 BörsZulV; ferner *Ritz/Zeising*, in: Just/Voß/Ritz/Zeising, WpPG, § 2 Rn. 33; *Groß*, Kapitalmarktrecht, § 2 WpPG Rn. 3; *Heidelbach*, in: Schwark/Zimmer, KMRK, § 30 BörsG Rn. 8 u. 10; *Wiegel*, Die Prospektrichtlinie und Prospektverordnung, S. 151; *Mentz/Fröhling*, NZG 2002, 201, 202.

15 BT-Drucks. 15/4999, S. 28; *Groß*, Kapitalmarktrecht, § 2 WpPG Rn. 3; *Ritz/Zeising*, in: Just/Voß/Ritz/Zeising, WpPG, § 2 Rn. 44; *Foelsch*, in: Holzborn, WpPG, § 2 Rn. 4; **a. A.** *Keunecke*, Prospekte im Kapitalmarkt, Rn. 166; *Leuering*, Der Konzern 2006, 4, 9.

16 *Groß*, Kapitalmarktrecht, § 2 WpPG Rn. 3.

17 *Foelsch*, in: Holzborn, WpPG, § 2 Rn. 4.

18 *BAWe*, Bekanntmachung zum Wertpapier-Verkaufsprospektgesetz, unter I. 1., S. 2; *Ritz/Zeising*, in: Just/Voß/Ritz/Zeising, WpPG, § 2 Rn. 44.

§ 2 Begriffsbestimmungen

10 Die Verbriefung ist grundsätzlich dann nicht ausschlaggebend für die Erfüllung des Wertpapierbegriffs, wenn im Übrigen der **Gutglaubensschutz** gewahrt ist. Davon ist indessen dann eine Ausnahme zuzulassen, wenn bei funktionaler Betrachtungsweise zwischen einem verbrieften und einem unverbrieften Recht kein Unterschied besteht und das VermAnlG, das grundsätzlich auf „nicht in Wertpapieren im Sinne des Wertpapierprospektgesetzes verbriefte Anteile" Anwendung findet, nicht das passende Regelungsregime ist. Dazu zählen namentlich **unverbriefte Namensaktien**,[19] die nur in einem Register geführt werden (§ 67 AktG).[20] Diese Ausnahme rechtfertigt sich daraus, dass hierdurch alle Aktien unbeschadet ihrer äußeren Form und Ausgestaltung als Wertpapiere i. S. d. WpPG zu qualifizieren und eindeutig gegenüber Vermögensanlagen nach dem VermAnlG abzugrenzen sind.[21]

d) Ausländische Wertpapiere

11 Ausländische Wertpapiere unterliegen den Bestimmungen des WpPG, wenn sie die oben genannten Kriterien erfüllen, unabhängig davon, wie sie im betreffenden Herkunftsland bewertet werden.[22] Zwar richtet sich die Eigenschaft eines nach ausländischem Recht emittierten Wertpapiers zivil-, wertpapier- und kapitalmarktrechtlich nach der einschlägigen Jurisdiktion; soweit es aber um den Anwendungsbereich des WpPG und den Schutz der Anleger in Deutschland geht, müssen Emission und Angebot ausländischer Wertpapiere die Vorgaben des WpPG beachten.

12 Abgrenzungsschwierigkeiten können im Rahmen des **Billigungs- und des Notifizierungsverfahrens** auftreten, wenn es sich nach deutschem Recht um Vermögensanlagen im Sinne des VermAnlG handelt, nach ausländischem Recht aber um Wertpapiere:[23] Soweit solche Instrumente Gegenstand eines Billigungsverfahrens bei der BaFin sind, erfolgt die Abgrenzung nach den Kriterien des WpPG und des VermAnlG. Die BaFin entscheidet also, ob Wertpapiere vorliegen oder nicht und welches Regelungsregime Anwendung findet. Bei einer Notifizierung nach §§ 17, 18 ist nach der Idee des „europäischen Passes" hingegen die Beurteilung der Aufsichtsbehörde des ausländischen Herkunftsstaates maßgeblich.

---

19 Trotz des grundsätzlichen Verbriefungsanspruches eines jeden Aktionärs können die Namensaktien zunächst unverbrieft ausgegeben werden (vgl. auch § 10 Abs. 5 AktG). Sie bleiben unverbrieft bis effektive Stücke oder eine Sammel- bzw. Globalurkunde geschaffen worden sind. Im Falle einer REIT-Aktiengesellschaft ist der Verbriefungsanspruch des Aktionärs sogar von vornherein gesetzlich ausgeschlossen (§ 5 Abs. 2 REITG), ohne dass entsprechende Festsetzungen in der Satzung getroffen werden müssen.
20 *Ritz/Zeising*, in: Just/Voß/Ritz/Zeising, WpPG, § 2 Rn. 44, 50; *Hamann*, in: Schäfer/Hamann, Kapitalmarktgesetze, § 2 WpPG Rn. 5.
21 So zutreffend *Ritz/Zeising*, in: Just/Voß/Ritz/Zeising, WpPG, § 2 Rn. 13.
22 *Von Kopp-Colomb/Knobloch*, in: Assmann/Schlitt/von Kopp-Colomb, WpPG/VerkProspG, § 2 WpPG Rn. 9; *Ritz/Zeising*, in: Just/Voß/Ritz/Zeising, WpPG, § 2 Rn. 45 f.; *Hamann*, in: Schäfer/Hamann, Kapitalmarktgesetze, § 2 WpPG Rn. 3; *Groß*, Kapitalmarktrecht, § 2 WpPG Rn. 5; *Foelsch*, in: Holzborn, WpPG, § 2 Rn. 7; *Müller*, Kommentar zum Wertpapierprospektgesetz, in: Das Deutsche Bundesrecht (III H 39), 27. Lieferung Juli 2010, § 2 Rn. 2; vgl. BAWe, Bekanntmachung zum Wertpapier-Verkaufsprospektgesetz, unter I. 1., S. 2.
23 Zum Folgenden *Ritz/Zeising*, in: Just/Voß/Ritz/Zeising, WpPG, § 2 Rn. 46.

e) Beispiele

Den Wertpapierbegriff **erfüllen** damit insbesondere:[24]

- Inhaber- und Namensaktien einer AG, KGaA oder SE, also das klassische kapitalmarktfähige Eigenkapitalinvestment, einschließlich girosammelverwahrter Aktien, unter bestimmten Voraussetzungen auch vinkulierte Namensaktien (vgl. Rn. 8), unverbriefte Namensaktien (vgl. Rn. 10) und Spartenaktien (*Tracking Stock*);[25]
- andere mit Aktien vergleichbare Wertpapiere, also Papiere, die ein Mitgliedschaftsrecht verkörpern, beispielsweise Zwischenscheine gemäß § 8 Abs. 6 AktG; aktienvertretende Zertifikate, wie z.B. *American Depositary Receipts*, *German Depositary Receipts* oder *Crest Depository Interests*;[26]
- Optionsscheine und Genussscheine;
- Schuldverschreibungen (einschließlich Wandel-, Umtausch- und Optionsanleihen) und andere, Schuldverschreibungen gleichzustellende handelbare Wertpapiere.

Keine Wertpapiere i. S. d. § 2 Nr. 1 sind insbesondere:[27]

- Geldmarktinstrumente kraft gesetzlicher Anordnung (vgl. Rn. 2), wie z.B. Schatzanweisungen oder Commercial Papers;
- Instrumente, bei denen der Anlagebetrag jeweils individuell vereinbart wird oder solche, bei denen abweichend vom festgelegten Nennwert individuelle Anlagesummen vereinbart werden, weil ihnen die notwendige Umlauffähigkeit fehlt;
- Anteile (in der Regel Anteilscheine), die eine stille Beteiligung oder die Gesellschafterstellung in einer GmbH,[28] KG, OHG, BGB-Gesellschaft oder Genossenschaft verkörpern (weil sie nicht jederzeit in einem Markt gehandelt und i. d. R. auch nicht gutgläubig erworben werden können);[29]
- aus denselben Gründen die Vermögenseinlage eines persönlich haftenden Gesellschafters einer KGaA;

---

24 Vgl. BT-Drucks. 15/4999, S. 28; *Groß*, Kapitalmarktrecht, § 2 WpPG Rn. 3; vgl. auch *BAWe*, Bekanntmachung zum Wertpapier-Verkaufsprospektgesetz, unter I.1., S. 2f; *Heidelbach*, in: Schwark/Zimmer, KMRK, § 30 BörsG Rn. 10.
25 *Heidelbach*, in: Schwark/Zimmer, KMRK, § 2 WpPG Rn. 7.
26 *Heidelbach*, in: Schwark/Zimmer, KMRK, § 2 WpPG Rn. 7.
27 Vgl. BT-Drucks. 15/4999, S. 28; *Groß*, Kapitalmarktrecht, § 2 WpPG Rn. 3; vgl. auch *BAWe*, Bekanntmachung zum Wertpapier-Verkaufsprospektgesetz, unter I.1., S. 2f.; *Heidelbach*, in: Schwark/Zimmer, KMRK, § 30 BörsG Rn. 9.
28 Nach dem MoMiG können GmbH-Anteile nunmehr gutgläubig erworben werden (vgl. § 16 GmbHG). Doch ist einerseits dieser Gutglaubensschutz sehr eingeschränkt; andererseits fehlt es aufgrund der notwendigen notariellen Beurkundung für die Anteilsübertragung (vgl. § 15 Abs. 3 und 4 GmbHG) an der nötigen Fungibilität.
29 BT-Drucks. 15/4999, S. 28; *Giedinghagen*, BKR 2007, 233, 234; *Foelsch*, in: Holzborn, WpPG, § 2 Rn. 6; *Heidelbach*, in: Schwark/Zimmer, KMRK, § 2 WpPG Rn. 8; *Ritz/Zeising*, in: Just/Voß/Ritz/Zeising, WpPG, § 2 Rn. 39f. (in Rn. 11 ff. auch ausführlich zu der Frage, ob aufgrund der europäischen Wertpapierdefinition aus Art. 4 Abs. 1 Nr. 18 lit. a) der MiFID Anteile an Personengesellschaften in den Wertpapierbegriff einzubeziehen sind, was nicht der Fall ist); ferner *von Kopp-Colomb/Knobloch*, in: Assmann/Schlitt/von Kopp-Colomb, WpPG/VerkProspG, § 2 WpPG Rn. 10. Vgl. aber zu einer etwaigen Prospektpflicht im Falle **einer Umwandlung in eine AG oder KGaA** Rn. 91.

§ 2 Begriffsbestimmungen

- Anlageinstrumente, die trotz Verbriefung nur durch Abtretung übertragen werden können, wie insbesondere Namensschuldverschreibungen (Sparkassenbriefe, Sparbriefe, Sparkassenobligationen, Namensschuldverschreibungen mit Nachrangabrede);[30]
- weiter Schuldscheindarlehen; Termingeld; Sparbriefe; Wechsel und Schecks; Beweisurkunden; Legitimationspapiere; Hypotheken- und Grundschuldbriefe; Versicherungsscheine;[31]
- nicht fungible Rechte, wie z. B. Optionen im Rahmen der Mitarbeiterbeteiligung (vgl. Rn. 16) oder Wertsteigerungsrechte (*Stock Appreciation Rights* oder *Phantom Stocks*).[32]

15 **Keine Wertpapiere** sind ferner **Bezugsrechte**, die kraft Gesetzes infolge eines Bezugsangebots nach § 186 AktG jedem Aktionär verhältnismäßig zuwachsen.[33] Das aufgrund eines Kapitalerhöhungsbeschlusses bestehende konkrete Bezugsrecht stellt zwar ein selbstständig veräußerliches und übertragbares Recht dar, das die Einrichtung eines Bezugsrechtshandels an der Börse erlaubt; dabei sind die Bezugsrechte als rechtlicher Bestandteil der in den Altaktien verkörperten Mitgliedschaft automatisch zum Börsenhandel zugelassen, wenn bereits die Altaktien an der Börse gehandelt werden,[34] es bedarf lediglich noch der Einführung an der Börse (§ 38 BörsG). Das konkrete Bezugsrecht stellt aber lediglich einen schuldrechtlichen Anspruch der Aktionäre gegen die Gesellschaft auf Zuteilung gemäß dem bisherigen Beteiligungsverhältnis dar, so dass es nur durch Abtretung nach § 398 BGB übertragen und somit nicht gutgläubig erworben werden kann. Und es besteht auch kein besonderes Funktionsäquivalent (vgl. Rn. 10), das für Bezugsrechte ausnahmsweise eine Qualifizierung als Wertpapier ohne Gutglaubensschutz bei der Übertragung fordern würde. Die Tatsache, dass Bezugsrechte nicht dem Wertpapierbegriff unterfallen, bedeutet im Übrigen nicht zwangsläufig, dass eine Bezugsrechtsemission nicht dem WpPG unterliegt, da darin ein Angebot der neu auszugebenden Aktien liegen kann (vorbehaltlich der weiteren Voraussetzungen für ein „öffentliches Angebot").[35] – Die **gleichen Überlegungen** gelten für andere durch den Emittenten ausgegebene – also nicht kraft Gesetzes entstehende – nicht verbriefte Rechte, die Aktionäre zum Bezug von Aktien oder anderen Wertpapieren der Gesellschaft oder Tochtergesellschaften berechtigen.

16 **Aktienoptionen** unterfallen grundsätzlich nicht dem Wertpapierbegriff, wenn sie nicht übertragbar sind.[36] Insbesondere im Rahmen eines Mitarbeiterbeteiligungsprogramms wer-

---

30 *Ritz/Zeising*, in: Just/Voß/Ritz/Zeising, WpPG, § 2 Rn. 38, 42.
31 *Ritz/Zeising*, in: Just/Voß/Ritz/Zeising, WpPG, § 2 Rn. 38, 42.
32 *Leuering*, Der Konzern 2006, 4, 9; *Holzborn/Mayston*, in: Holzborn, WpPG, § 4 Rn. 10 a. E.
33 *Grosjean*, in: Heidel, Aktienrecht und Kapitalmarktrecht, § 2 WpPG Rn. 5; **vgl. aber** *Heidelbach*, in: Schwark/Zimmer, KMRK, § 2 WpPG Rn. 9; *Heidelbach*, in: Schwark/Zimmer, KMRK, § 30 BörsG Rn. 10.
34 *Schlitt/Seiler*, WM 2003, 2175, 2181; *Herfs*, in: Habersack/Mülbert/Schlitt, Unternehmensfinanzierung, § 6 Rn. 106.
35 Vgl. CESR-Frequently Asked Questions (12th Updated Version – November 2010), Nr. 63 (Rights issue to existing shareholders), S. 45 (von ESMA nicht mehr fortgeführt); vgl. weiter *von Kopp-Colomb/Knobloch*, in: Assmann/Schlitt/von Kopp-Colomb, WpPG/VerkProspG, § 2 WpPG Rn. 33.
36 ESMA-Questions and Answers – Prospectuses (25th Updated Version – July 2016), Nr. 5 (Share option schemes), S. 13; BT-Drucks. 16/2424. S. 6 (Antwort der Bundesregierung auf die Kleine Anfrage der Abgeordneten *Dr. Thea Dückert, Dr. Gerhard Schick, Kerstin Andreae*, weiterer Abgeordneter und der Fraktion BÜNDNIS 90/DIE GRÜNEN); *Kollmorgen/Feldhaus*, BB 2007, 225, 225 f.; *Hamann*, in: Schäfer/Hamann, Kapitalmarktgesetze, § 2 WpPG Rn. 4.

den Arbeitnehmern und Managern Optionen eingeräumt, die personenbezogen und damit nicht übertragbar sind. Hinzu kommt, dass die Optionen oftmals erst nach einer gewissen Zeitspanne oder nach dem Ausscheiden aus dem Unternehmen zum Aktienerwerb berechtigen (*vesting period*). Auch sog. *restricted securities* (**Restricted Stock Units** (RSU) oder **Restricted Stocks** (RS)) erfüllen mangels Übertragbarkeit nicht den Wertpapierbegriff.[37] Dabei handelt es sich um Rechte, die nach Ablauf einer gewissen Wartezeit in Form von Aktien oder in Geld umgetauscht werden können. Wenn Aktienoptionen übertragbar sind, bedarf es zur Erfüllung der Voraussetzungen des Wertpapierbegriffs weiter der **Möglichkeit des gutgläubigen Erwerbs** (vgl. oben Rn. 5), was z. B. bei Mitarbeiterbeteiligungsprogrammen aufgrund der fehlenden Ausgabe von Inhaberpapieren regelmäßig nicht der Fall ist. Soweit Aktienoptionen oder Restricted Stocks zur Lieferung von Aktien führen, stellt sich allerdings die Frage, inwieweit dieser Umstand zu einem öffentlichen Angebot führen kann (vgl. Rn. 89 f. und Rn. 91).

2. Dividendenwerte

a) Praktische Bedeutung

Die Definition beruht auf Art. 2 Abs. 1b) der Prospektrichtlinie und dient nach Art. 7 Abs. 2a) der Prospektrichtlinie vor allem der Abgrenzung von Dividendenwerten (§ 2 Nr. 2) zu Nichtdividendenwerten (§ 2 Nr. 3, vgl. auch dort Rn. 27). Praktische Bedeutung kommt der Abgrenzung vornehmlich bei der Frage zu, inwieweit die Emittenten berechtigt sind, einen **Basisprospekt** zu erstellen und/oder den **Herkunftsstaat zu wählen**. Keine maßgebliche Bedeutung hat die Unterscheidung zwischen Dividenden- und Nichtdividendenwerten für die zu befolgenden Offenlegungsvorschriften nach der Prospektverordnung – diese richten sich nach den verschiedenen Anhängen, die namentlich nach Aktien, Hinterlegungsscheinen (*depositary receipts*), Schuldtiteln und derivativen Wertpapieren differenzieren.[38]

17

Diese **Abgrenzung** zwischen Dividenden- und Nichtdividendenwerten dient insbesondere folgenden Punkten:

18

– den Anwendungsbereich des Gesetzes festzulegen (Nichtdividendenwerte bestimmter Emittenten sind von dem Anwendungsbereich des WpPG ausgenommen (vgl. § 1 Abs. 2 Nr. 1 und 5);
– die Emissionen, die mittels eines Basisprospekts erfolgen können, einzugrenzen[39] (vgl. § 6 Abs. 1);
– die Wertpapiere zu bestimmen, deren Emittenten den Herkunftsstaat wählen können (vgl. § 2 Nr. 13 b);
– Emittenten von bestimmten Nichtdividendenwerten von der Erstellung einer Zusammenfassung zu befreien (vgl. § 5 Abs. 2 Satz 4);
– zur Bestimmung der Gültigkeitsdauer von Prospekten (vgl. § 9);

---

37 *Kollmorgen/Feldhaus*, BB 2007, 225, 226.
38 Vgl. *Wiegel*, Die Prospektrichtlinie und Prospektverordnung, S. 175.
39 So ist die Möglichkeit, mittels eines Basisprospekts Wertpapiere zu emittieren, nicht auf Nichtdividendenwerte beschränkt; wie sich aus Art. 22 Abs. 6 Nr. 2 i. V. m. Art. 17 Prospektverordnung ergibt, können auch bestimmte Dividendenwerte mittels eines Basisprospekts emittiert werden. Vgl. *Wiegel*, Die Prospektrichtlinie und Prospektverordnung, S. 316 f.

§ 2 Begriffsbestimmungen

– in einem ersten Schritt einzugrenzen, wann bei der Emission derivativer Wertpapiere zusätzliche Informationen zu veröffentlichen sind (Art. 17 der Prospektverordnung).

b) Abgrenzung nach WpPG

aa) Grundlagen

19 Die deutsche Übersetzung der Begriffe ist nicht unbedingt glücklich gewählt, da es nicht zwingend darauf ankommt, ob das Wertpapier tatsächlich zum Bezug von Dividendenzahlungen berechtigt. Treffender ist die englische Bezeichnung, die zwischen *„equity securities"* und *„non-equity securities"* unterscheidet.[40] Erfasst werden vom Wortlaut des § 2 Nr. 2 dementsprechend (a) **Aktien** (*equity*), (b) **eigenkapitalähnliche Wertpapiere** (*equity equivalent*) sowie (c) **Wertpapiere**, die wiederum in Aktien oder eigenkapitalähnliche Wertpapiere umgewandelt werden können (*equity-linked*). Zusätzliche Voraussetzung, um den Begriff des Dividendenwertes zu erfüllen, ist dabei, dass das betreffende Wertpapier durch den **Emittenten der zugrunde liegenden Aktien** selbst oder durch ein **abhängiges Konzernunternehmen** i.S.d. § 17 AktG (vgl. auch Rn. 25 f.) ausgegeben wurde.

bb) Aktien

20 Unter Dividendenwerte fallen zunächst **sämtliche Aktien**, die von einer AG, KGaA, SE oder ähnlichen juristischen Person ausländischen Rechts ausgegeben wurden, und zwar jeder Gattung (einschließlich Vorzugsaktien nach §§ 139 ff. AktG). Nicht zu Aktien in diesem Sinne, obwohl in § 2 Nr. 1 für die Zwecke der Definition von Wertpapieren zusammen mit Aktien genannt, gehören vertretende Zertifikate wie **American Depositary Receipts** oder **German Depositary Receipts**. Sie sind gleichwohl als Dividendenwerte zu qualifizieren, da sie Aktien „repräsentieren", von ihrer Ausstattung Aktien vergleichbar sind und damit als eigenkapitalähnliches Wertpapier anzusehen sind.[41] Auf ein Umwandlungsrecht in Aktien kommt es in diesem Fall nicht an.

cc) Eigenkapitalähnliche Wertpapiere

21 Unter welchen Voraussetzungen ansonsten ein **eigenkapitalähnliches Wertpapier** vorliegt, ist gesetzlich nicht geregelt. Nicht weiterführend ist § 221 Abs. 1 und Abs. 3 AktG, der für bestimmte Wertpapiere ein Bezugsrecht der Aktionäre vorsieht, ohne dass damit

---

40 Zuvor wurden die Begriffe im Deutschen mit „Eigenkapitalwertpapiere" und „Nichteigenkapitalwertpapiere" übersetzt; erst mit dem Gemeinsamen Standpunkt (ABl. EG C 125/21 ff. vom 27.5.2003) wurde die jetzt gewählte Übersetzung eingeführt.

41 *Crüwell*, AG 2003, 243, 245; *Kunold/Schlitt*, BB 2004, 501, 503; *Hamann*, in: Schäfer/Hamann, Kapitalmarktgesetze, § 2 WpPG Rn. 7; *Heidelbach*, in: Schwark/Zimmer, KMRK, § 2 WpPG Rn. 13; **a.A.** (Nichtdividendenwert) *Schlitt/Schäfer*, AG 2005, 498, 499, Fn. 14; *Ritz/Zeising*, in: Just/Voß/Ritz/Zeising, WpPG, § 2 Rn. 90; *Groß*, Kapitalmarktrecht, § 2 WpPG Rn. 6; *Müller*, WpPG, § 2 Rn. 3. Erwägungsgrund 12 der Prospektrichtlinie, englische Übersetzung. Die praktischen Auswirkungen dieser abweichenden Ansicht sind gering; die Einordnung der depositary receipts als Dividendenwerte hindert zum einen die Möglichkeit, sie im Rahmen eines Emissionsprogramms unter Verwendung eines Basisprospekts zu begeben – eine bei depositary receipts praktisch nicht vorkommende und nicht nachgefragte Emissionsart; zum anderen hindert es die Emittenten, den Herkunftsstaat zu wählen.

zwingend eine Aussage zu dem Eigenkapitalcharakter eines Wertpapiers getroffen wird. So hat die von § 221 Abs. 1 AktG erfasste **Gewinnschuldverschreibung** rein schuldrechtlichen Charakter,[42] ist also ein Nichtdividendenwert, während die Einordnung der von § 221 Abs. 3 AktG erfassten **Genussrechte** als Dividendenwerte von der konkreten Ausgestaltung abhängt, je nachdem ob ein Fall eines „obligationsähnlichen Genussrechts" oder eines „aktienähnlichen Genussrechts" vorliegt. Geeigneter erscheint daher ein Ansatz, der – als nicht abschließende „Daumenregel" – auf die bilanzielle Einordnung nach HGB/IFRS als Eigenkapital (neben den ausgegebenen Aktien) abstellt.[43] Diese funktionelle Betrachtungsweise wird dem Risikocharakter des entsprechenden Wertpapiers am besten gerecht.[44] Vor diesem Hintergrund können z.B. **Hybridanleihen** mit einer unendlichen Laufzeit („**Perpetuals**") als Dividendenwerte eingestuft werden, sofern sie auch bilanziell unter das Eigenkapital fallen. Maßgeblich für die Einschätzung als Nichtdividendenwert sind neben der bilanziellen Behandlung als Fremdkapital insbesondere: feste Verzinsung (versus Gewinn- und Verlustbeteiligung), Rückgabemöglichkeit sowie Rang in der Insolvenz.[45]

dd) Wandelbare Wertpapiere

Entgegen dem Wortlaut des § 2 Nr. 2 kommt es für die Einordnung von **wandelbaren Wertpapieren** als Dividendenwert auf eine Verbriefung des Rechts im wertpapiertechnischen Sinne nicht an (vgl. auch Rn. 9), sondern nur auf das Recht zur Wandelung bzw. zum Bezug als solches, wie die englische und französische Fassung der Prospektrichtlinie deutlich machen. Voraussetzung ist allerdings, dass die **Emittentin der Rechte auch Emittentin der zugrunde liegenden Basistitel** ist.[46] Nicht entscheidend ist, ob der Emittent oder der Investor zur Wandelung berechtigt ist; in beiden Fällen liegt ein Dividendenwert vor.[47]

Klassischer Fall der wandelbaren Wertpapiere sind **Wandel- und Optionsanleihen**.[48] Besteht bei den Wandelanleihen eine Pflicht des Investors unter bestimmten Umständen diese Anleihen in den Basiswert umzuwandeln (sog. **Pflichtwandelanleihen** (*mandatory convertible*)), handelt es sich entsprechend der oben durchgeführten Abgrenzung ebenfalls um einen Dividendenwert.

Wird bei **Optionsanleihen** das bloße Optionsrecht abgetrennt, sind beide Wertpapiere getrennt zu betrachten. In diesem Fall ist die Optionsanleihe mit dem reinen Anleiheelement

---

42 Vgl. *Habersack*, in: MünchKomm-AktG, § 221 Rn. 57.
43 Vgl. *Ritz/Zeising*, in: Just/Voß/Ritz/Zeising, WpPG, § 2 Rn. 82 ff.; vgl. auch *Heidelbach*, in: Schwark/Zimmer, KMRK, § 2 WpPG Rn. 13; *Schlitt/Wilczek*, in: Habersack/Mülbert/Schlitt, Kapitalmarktinformation, § 4 Rn. 25; **a.A.** (kein taugliches Kriterium) *von Kopp-Colomb/Knobloch*, in: Assmann/Schlitt/von Kopp-Colomb, WpPG/VerkProspG, § 2 WpPG Rn. 23.
44 Anders (rein formaljuristische Betrachtung) *von Kopp-Colomb/Knobloch*, in: Assmann/Schlitt/von Kopp-Colomb, WpPG/VerkProspG, § 2 WpPG Rn. 23.
45 Vgl. *Heidelbach*, in: Schwark/Zimmer, KMRK, § 2 WpPG Rn. 13; *Schlitt/Wilczek*, in: Habersack/Mülbert/Schlitt, Kapitalmarktinformation, § 4 Rn. 25.
46 Vgl. ESMA-Questions and Answers – Prospectuses (25th Updated Version – July 2016), Nr. 28 (Convertible bond falling in the definition of equity security), S. 28.
47 Vgl. ESMA-Questions and Answers – Prospectuses (25th Updated Version – July 2016), Nr. 28 (Convertible bond falling in the definition of equity security), S. 28.
48 *Seitz*, AG 2005, 678, 680; *Wiegel*, Die Prospektrichtlinie und Prospektverordnung, S. 175.

§ 2 Begriffsbestimmungen

als Nichtdividendenwert einzustufen,[49] während das abgetrennte Optionsrecht als Dividendenwert gilt – denn es verbrieft das Recht auf Wandlung in ein von dem Emittenten des Optionsrechts begebenes Wertpapier. Optionsrechte ohne Anleihen, sog. „**naked warrants**",[50] fallen dementsprechend ebenfalls unter den Begriff des Dividendenwertes, jedenfalls wenn sie verbrieft sind. **Aktienanleihen**[51] und **Umtauschanleihen**[52] entsprechen dagegen regelmäßig Nichtdividendenwerten.[53]

ee) Ausgabe durch Konzernunternehmen

25 Nach § 2 Nr. 2 a. E. sind auch solche Wandel- und Bezugsrechte, die von einem „**Konzernunternehmen**" des Emittenten der Bezugsaktien emittiert werden, als Dividendenwerte zu qualifizieren. Die klassische Struktur in Deutschland ist dabei, dass aus steuerlichen Gründen eine **Wandelanleihe** über eine (ausländische) Tochter emittiert wird, die Bezugsrechte sich aber gegen die börsennotierte (deutsche) Mutter-AG richten. In einer solchen Struktur gelten gleichermaßen sowohl die aktienrechtlichen Vorgaben des § 221 AktG[54] als auch die Einordnung als Dividendenwert, unabhängig davon, ob die Anleihe von der später die Bezugsaktien emittierenden Mutter oder von einer Tochtergesellschaft begeben wurde.

26 Anders liegen die Dinge im Falle einer **Umtauschanleihe**, die zum Umtausch in Aktien einer anderen Gesellschaft berechtigt. In diesem Fall richtet sich der Lieferanspruch auf die emittierten bzw. noch zu emittierenden Aktien ausschließlich gegen den Aktionär, die Aktiengesellschaft ist außen vor. Umtauschanleihen sind dabei stets Nichtdividendenwerte[55] – unabhängig davon, ob der Emittent der Anleihe mit der Aktiengesellschaft einen Konzern bildet oder nicht. Denn nicht die Mutter gehört zu dem Konzern der Tochter, sondern umgekehrt gehört die Tochter zum Konzern der Mutter. Insofern ist für die Einordnung als Dividendenwert erforderlich, dass die die Anleihe ausgebende Gesellschaft abhängig i. S. d. § 17 AktG gegenüber der die Aktien ausgebenden Gesellschaft ist.

---

49 *Seitz*, AG 2005, 678, 680; vgl. auch *Schlitt/Schäfer*, AG 2005, 498, 505.
50 Zur Diskussion um die aktienrechtliche Zulässigkeit (die zu bejahen ist) vgl. *Habersack*, in: MünchKomm-AktG, § 221 Rn. 36 f. m. w. N.
51 Aktienanleihen sind an die Kursentwicklung einer Aktie gekoppelt und besitzen wie Anleihen einen Kupon, der Zinszahlungen garantiert. Am Ende der Laufzeit kann der Emittent den Nominalbetrag plus Zinsen oder eine zuvor festgelegte Zahl von Aktien plus Zinsen auszahlen. Der Emittent hat mithin das Recht, statt der Rückzahlung der Anleihe zum Nominalbetrag eine zuvor festgelegte Stückzahl der zugrunde liegenden Aktie zu liefern. Der Emittent wird die Aktien liefern, wenn deren Wert geringer ist als der Nominalwert der zu tilgenden Anleihe.
52 Umtauschanleihen (*exchangeable bonds*) sind Anleihen, die nach Wahl des Investors in Aktien einer Gesellschaft umgetauscht werden können, die nicht zugleich Emittentin der Umtauschanleihe ist.
53 *Schlitt/Schäfer*, AG 2005, 498, 506; *Seitz*, AG 2005, 678, 680; *Hamann*, in: Schäfer/Hamann, Kapitalmarktgesetze, § 2 WpPG Rn. 17.
54 Dazu *Schlitt/Seiler/Singhof*, AG 2003, 254, 263 f.; *Hüffer/Koch*, AktG, § 221 Rn. 70 ff.
55 *Schlitt/Schäfer*, AG 2005, 498, 506; *Seitz*, AG 2005, 678, 680; *Hamann*, in: Schäfer/Hamann, Kapitalmarktgesetze, § 2 WpPG Rn. 17; **anders**, aber unklar *Ritz/Zeising*, in: Just/Voß/Ritz/Zeising, WpPG, § 2 Rn. 77.

3. Nichtdividendenwerte

Die Definition beruht auf Art. 2 Abs. 1b) der Prospektrichtlinie und grenzt den Begriff negativ zu den Dividendenwerten ab: Nichtdividendenwerte sind alle Wertpapiere, die nicht gemäß § 2 Nr. 2 Dividendenwerte sind. Dazu gehören insbesondere alle Arten von **Schuldanleihen**, einschließlich Umtauschanleihen (d.h. in Aktien umtauschbare Anleihen, die nicht vom Aktienemittenten selbst oder einem abhängigen Unternehmen i.S.d. § 17 AktG ausgegeben worden sind; vgl. dazu auch Rn. 26).[56] Die Definition umfasst auch **Optionsscheine**, also Wertpapiere, die auf einen anderen Titel bezogen sind und nicht das Recht verbriefen, dieses andere Wertpapier auch zu erwerben, sondern den Gegenwert ausgezahlt zu bekommen.

27

Hintergrund der Regelung ist, dass für Nichtdividendenwerte teilweise Erleichterungen von den Vorgaben des WpPG bestehen. So muss unter bestimmten Umständen der zugrunde liegende Prospekt nach § 5 Abs. 2 Satz 4 keine Zusammenfassung enthalten. Weiter kann, wenn bestimmte Voraussetzungen erfüllt sind, insbesondere nach § 6 nur die Pflicht zur Erstellung eines Basisprospekts bestehen. Im Übrigen gelten nach § 9 Abs. 3 besondere Bestimmungen hinsichtlich der Gültigkeit des Prospekts. Schließlich besteht unter den Voraussetzungen des § 2 Nr. 13b) bei Nichtdividendenwerten die Möglichkeit, abweichend vom Sitz des Emittenten die **Prospektprüfungsbehörde zu wählen**.

28

4. Öffentliches Angebot von Wertpapieren

a) Grundlagen

Das „öffentliche Angebot" ist ein **Grundbegriff des Kapitalmarktrechts**, da das Vorliegen seiner Voraussetzungen über das Eingreifen eines Gutteils der Regelungen über prospektpflichtige Wertpapieremissionen entscheidet. Gleichwohl hatte der Gesetzgeber des früheren VerkProspG darauf verzichtet, den Begriff des öffentlichen Angebots zu definieren. Diese Aufgabe war nach Auffassung des Gesetzgebers angesichts der Vielseitigkeit der Sachverhalte kaum zu leisten gewesen, so dass die Auslegung dieses Begriffs Rechtsprechung und Praxis überlassen blieb.[57] Auch die Verkaufsprospektrichtlinie 89/298/EWG enthielt keine Definition des öffentlichen Angebots. Im Erwägungsgrund 7 der Verkaufsprospektrichtlinie wurde sogar ausdrücklich hervorgehoben, dass eine Definition jedenfalls gegenwärtig nicht möglich sei.

29

Auf Grundlage des Art. 2 Abs. 1d) der Prospektrichtlinie sieht das WpPG nun eine Legaldefinition des öffentlichen Angebots vor. Ein öffentliches Angebot ist laut der Legaldefinition in § 2 Nr. 4 Halbs. 1 eine Mitteilung an das Publikum in jedweder Form und auf jedwede Art und Weise, die ausreichende Informationen über die Angebotsbedingungen und die anzubietenden Wertpapiere enthält, um einen Anleger in die Lage zu versetzen, über den Kauf oder die Zeichnung dieser Wertpapiere zu entscheiden. Ausweislich der Gesetzesbegründung stimmt die Definition des § 2 Nr. 4 mit dem Begriffsverständnis des öffentlichen Angebots nach dem früheren VerkProspG überein, so dass grundsätzlich in der Sache (vorbehaltlich weiterer europäischer Vorgaben, wie z.B. im Falle von Bezugsangeboten, siehe

30

---

56 *Seitz*, AG 2005, 678, 680.
57 Vgl. *Ritz*, in: Assmann/Lenz/Ritz, VerkProspG, § 1 Rn. 39 ff.; *Guenther*, Michigan Journal of International Law 20 (1999), 871 ff.

§ 2 Begriffsbestimmungen

Rn. 72 ff.) keine Unterschiede bestehen sollten und die **früheren Erkenntnisse, insbesondere die Praxis des früheren BAWe zum VerkProspG a. F.**,[58] nach wie vor (jedenfalls ergänzend) herangezogen werden können.[59]

31 Die verschiedenen Tatbestandsmerkmale der Definition des § 2 Nr. 4 müssen **nicht zeitgleich** vorliegen.[60] Vielmehr genügt es aufgrund des funktionalen Ansatzes des Gesetzes, wenn die Wirkung des einen Merkmals bis zum Vorliegen des anderen fortbesteht.[61] Ansonsten könnten Wertpapiertransaktionen, die über einen gestreckten Zeitplan ablaufen und sich nicht auf einen Zeitpunkt fixieren lassen, kaum gesetzlich erfasst werden. Relevant wird dies z. B., wenn Wertpapiere angeboten werden, die noch gar nicht existieren (vgl. auch Rn. 91). Klassisches Beispiel hierfür ist die Bezugsrechtskapitalerhöhung (vgl. auch Rn. 72 ff.).[62]

32 Im Einzelnen ist die Begriffsdefinition des § 2 Nr. 4 durch folgende Kriterien geprägt: Es muss sich um eine **Mitteilung an das Publikum** handeln, womit der Aspekt der **Öffentlichkeit** angesprochen ist (Rn. 33 ff.). Weiter ist die **Form** (Rn. 42 ff.) sowie der **Inhalt** des Angebots (Rn. 48 ff.) entscheidend. Sodann muss diese Mitteilung den **Anleger in die Lage versetzen, über den Kauf oder die Zeichnung dieser Wertpapiere zu entscheiden**, es muss namentlich eine konkrete Erwerbs- oder Zeichnungsmöglichkeit bestehen (Rn. 52 ff.). Schließlich nimmt die Legaldefinition im Rahmen einer negativen Abgrenzung **Mitteilungen aufgrund des Handels** aus dem Anwendungsbereich des öffentlichen Angebots aus (Rn. 57 ff.).

b) Öffentlich

aa) Grundlagen

33 „Öffentlich" sind nur solche Angebote, die sich an das „Publikum" richten. Darunter fallen nach dem Wortlaut des § 2 Nr. 4 WpPG Angebote, die **publikums- statt individualbezogen** sind, also **einem unbestimmten Personenkreis zugänglich** sind.[63] Erforderlich ist

---

58 Vgl. *BAWe*, Bekanntmachung zum Wertpapier-Verkaufsprospektgesetz, unter I. 2., S. 3 f. Die Bekanntmachung stellt keine Rechtsnorm und keinen Verwaltungsakt dar, sondern ist als norminterpretierende Verwaltungsvorschrift zu qualifizieren; vgl. *von Kopp-Colomb*, in: Heidel, Aktienrecht und Kapitalmarktrecht, 1. Aufl., VerkProspG, vor §§ 1 ff. Rn. 11.

59 Vgl. BT-Drucks. 15/4999, S. 25, 28; *BaFin*, Neues Prospektrecht (WpPG), S. 5; *BaFin*, Ausgewählte Rechtsfragen in der Aufsichtspraxis, Präsentation vom 4.9.2007, S. 3; *Pfeiffer/Buchinger*, NZG 2006, 449, 450; *Kollmorgen/Feldhaus*, BB 2007, 225, 226; *Schnorbus*, AG 2008, 389, 392; *Assmann*, in: Assmann/Schütze, Handbuch des Kapitalanlagerechts, § 6 Rn. 50; *Ritz/Zeising*, in: Just/Voß/Ritz/Zeising, WpPG, § 2 Rn. 97.

60 *Von Kopp-Colomb/Knobloch*, in: Assmann/Schlitt/von Kopp-Colomb, WpPG/VerkProspG, § 2 WpPG Rn. 33.

61 Instruktiv *von Kopp-Colomb/Knobloch*, in: Assmann/Schlitt/von Kopp-Colomb, WpPG/VerkProspG, § 2 WpPG Rn. 33.

62 Instruktiv *von Kopp-Colomb/Knobloch*, in: Assmann/Schlitt/von Kopp-Colomb, WpPG/VerkProspG, § 2 WpPG Rn. 33.

63 *Ekkenga/Maas*, Das Recht der Wertpapieremissionen, § 2 Rn. 112; *Groß*, Kapitalmarktrecht, § 2 WpPG Rn. 16; *Ehricke*, in: Hopt/Voigt, Prospekt- und Kapitalmarktinformationshaftung, S. 187, 207; vgl. auch Regierungsbegründung zum VerkProspG, BT-Drucks. 11/6340, S. 11; *Bosch*, in: Bosch/Groß, Emissionsgeschäft, Rn. 10/106; kritisch *Ritz*, in: Assmann/Lenz/Ritz, VerkProspG, § 1 Rn. 44 ff.

eine **wertende, funktionale Betrachtung anhand des Schutzzwecks des WpPG**,[64] ohne dass allgemeingültige Aussagen möglich sind. Bei der Abgrenzung, ob ein Angebot „öffentlich" ist oder noch als „privat" gilt, ist dabei maßgeblich auf den Adressatenkreis abzustellen. „Öffentlich" ist ein Angebot daher dann, wenn es an einen unbestimmten Personenkreis gerichtet ist und von diesem auch angenommen werden kann. Die Praxis geht dabei oftmals kasuistisch vor und behilft sich mit einer negativen Abgrenzung zur sog. **Privatplatzierung**.

Kein negatives Abgrenzungsmerkmal zur Privatplatzierung ist zunächst, ob sich das Angebot an einen **begrenzten Personenkreis** (dann privat) oder **unbegrenzten Personenkreis** (dann öffentlich) richtet.[65] Dafür sprechen der Wortlaut des § 2 Nr. 4 („Publikum") und die Systematik des Gesetzes. § 3 Abs. 1 sieht verschiedene Ausnahmen von der Prospektpflicht im Falle eines öffentlichen Angebots vor; diese greifen denknotwendig also überhaupt nur dann ein, wenn tatbestandlich ein öffentliches Angebot vorliegt.[66] Zu diesen Ausnahmen gehört nach § 3 Abs. 2 Nr. 2 insbesondere das Angebot an weniger als 150 nicht qualifizierte Anleger, also an einen begrenzten Personenkreis. Dieser Ausnahmetatbestand ergibt aber nur dann einen Sinn, wenn das Merkmal „Umfang" bzw. die Unbegrenztheit eines Personenkreises für die Auslegung der „Öffentlichkeit" eines Angebots keine Rolle spielt bzw. ein Angebot an einen derart begrenzten Personenkreis gerade als „öffentlich" i. S. d. WpPG gelten kann. – Dementsprechend sollten Emittenten und Anbieter sehr zurückhaltend sein, ein öffentliches Angebot alleine aufgrund eines eingeschränkten Adressatenkreises zu negieren. Diese Sicht entspricht auch der Verwaltungspraxis der BaFin.

34

Ebenfalls kein negatives Abgrenzungsmerkmal zur Privatplatzierung ist die **abstrakte Bestimmbarkeit des Adressatenkreises**.[67] Deutlich wird dies durch den systematischen Zusammenhang mit verschiedenen Ausnahmetatbeständen für prospektfreie Platzierungen, nämlich nach § 3 Abs. 2 Nr. 1 für das Angebot an qualifizierte Anleger sowie nach § 4 Abs. 1 Nr. 5 für Mitarbeiterbeteiligungsprogramme; beide Personenkreise sind bestimmbar, so dass die Ausnahmevorschriften nur dann einen legislativen Sinn ergeben, wenn die (fehlende) Bestimmbarkeit gerade kein maßgebliches Abgrenzungskriterium ist.

35

Im Übrigen deutet auch der Schutzzweck des Gesetzes, potenzielle Investoren mit umfassenden Informationen zu versorgen, darauf hin, dass der Begriff der Öffentlichkeit nicht anhand der begrenzten Anzahl oder der Bestimmbarkeit des Kreises der Angebotsadressaten zu erfassen ist.[68] Der zahlenmäßige Umfang der angesprochenen Investoren und ihre Bestimmbarkeit kann im Rahmen einer wertenden Betrachtung zwar durchaus ergänzend herangezogen werden. Maßgeblich richtet sich die Abgrenzung öffentliches Angebot/Privatplatzierung jedoch nach **qualitativen** und nicht nach quantitativen Kriterien.[69] Auf der

36

---

64 *Schnorbus*, AG 2008, 389, 394 f.
65 *Schnorbus*, AG 2008, 389, 395.
66 So *Wiegel*, Die Prospektrichtlinie und Prospektverordnung, S. 153 f. (auch unter Hinweis auf die Entstehungsgeschichte der Prospektrichtlinie); a. A. *Hopt/Voigt*, in: Hopt/Voigt, Prospekt- und Kapitalmarktinformationshaftung, S. 9, 20 (unter Hinweis auf den Wortlaut von Art. 3 Abs. 2 Prospektrichtlinie, der nur auf das Angebot, nicht aber auf dessen „Öffentlichkeit" abstellt).
67 *Schnorbus*, AG 2008, 389, 395.
68 *Schnorbus*, AG 2008, 389, 395.
69 *Schlitt/Schäfer*, AG 2005, 498, 500 Fn. 30; *Kollmorgen/Feldhaus*, BB 2007, 225, 226; *Bühring/Linnemannstöns*, DB 2007, 2637, 2637; *Schnorbus*, AG 2008, 389, 395 (rechte Spalte); *Groß*, Ka-

§ 2   Begriffsbestimmungen

anderen Seite kann bei **einer hohen Anzahl** von angesprochenen Investoren allein der zahlenmäßige Umfang Anhaltspunkt dafür sein, dass die Grenze zum öffentlichen Angebot überschritten ist.[70]

37 Zu solchen qualitativen Merkmalen, die einen bestimmten Personenkreis eingrenzen, gehören bestehende **persönliche Kontakte** zwischen dem Anbieter und den jeweiligen Anlegern, **gezielte Auswahl**, **individuelle Ansprache**[71] oder **mangelndes Informationsbedürfnis**[72] durch einen Prospekt.[73] Diese Kriterien können je nach Sachverhalt sowohl kumulativ als auch alternativ vorliegen. So ist es für eine prospektfreie Privatplatzierung nicht zwingend erforderlich, dass (i) die betreffenden Personen dem Anbieter im Einzelnen bekannt sind, (ii) von ihm aufgrund einer gezielten Auswahl nach individuellen Gesichtspunkten angesprochen werden und (iii) eine Aufklärung durch einen Prospekt im Hinblick auf das Informationsbedürfnis des Anlegers nicht erforderlich ist;[74] je nach Einzelfall kann es genügen, wenn bereits eines dieser Merkmale erfüllt ist, damit eine Privatplatzierung vorliegt.[75]

38 Vor diesem Hintergrund kann der Anbieter das Angebot auch **durch inhaltliche Gestaltung** einer öffentlichen Bekanntmachung (*Disclaimer*) auf einen bestimmten Personenkreis beschränken, indem er im Angebotstext hervorhebt, welche Zielgruppe er ansprechen will und welche Personen das Angebot überhaupt annehmen können (vgl. auch § 3 Rn. 16 ff.).[76] Flankierend ist hierfür jedoch erforderlich, dass **Maßnahmen** getroffen wur-

---

pitalmarktrecht, § 2 WpPG Rn. 17; *Hamann*, in: Schäfer/Hamann, Kapitalmarktgesetze, § 2 WpPG Rn. 23; *Ritz/Zeising*, in: Just/Voß/Ritz/Zeising, WpPG, § 2 Rn. 102; *Grunewald/Schlitt*, Einführung in das Kapitalmarktrecht, S. 214; zum VerkProspG: *Kullmann/Müller-Deku*, WM 1996, 1989, 1992; *Bosch*, in: Bosch/Groß, Emissionsgeschäft, Rn. 10/108; anders – allein quantitative Kriterien – *Hüffer*, Das Wertpapier-Verkaufsprospektgesetz, S. 27, 51.

70 Ebenso OLG Dresden, WM 2014, 687, 697 (Angebot von Inhaberschuldverschreibungen an mehrere tausend Kleinanleger).

71 Näher zu den Kriterien gezielte Auswahl und individuelle Ansprache *Manzei*, WM 2006, 845, 846.

72 Vgl. zum Informationsbedürfnis als wesentliches Auslegungskriterium *Kollmorgen/Feldhaus*, BB 2007, 225, 226; vgl. auch *BaFin*, Workshop: 100 Tage WpPG, Rechtsfragen aus der Anwendungspraxis, Präsentation vom 3.11.2005, S. 3; *BaFin*, Ausgewählte Rechtsfragen in der Aufsichtspraxis, Präsentation vom 4.9.2007, S. 4; gegen das Informationsbedürfnis als Kriterium für ein öffentliches Angebot *Heidelbach*, in: Schwark/Zimmer, KMRK, § 2 WpPG Rn. 14.

73 Zusammenfassend *Assmann*, in: Assmann/Schütze, Handbuch des Kapitalanlagerechts, § 6 Rn. 55.

74 *Schnorbus*, AG 2008, 389, 395. **So aber** zur früheren Ausnahmevorschrift des § 2 Nr. 2 VerkProspG: *BAWe*, Bekanntmachung zum Wertpapier-Verkaufsprospektgesetz, unter II. 1., S. 4; *von Kopp-Colomb*, in: Heidel, Aktienrecht und Kapitalmarktrecht, 1. Aufl., § 1 VerkProspG Rn. 19 u. § 2 VerkProspG Rn. 5; **vgl. auch zum WpPG** BT-Drucks. 16/2424, S. 4 (Antwort der Bundesregierung auf die Kleine Anfrage der Abgeordneten *Dr. Thea Dückert*, *Dr. Gerhard Schick*, *Kerstin Andreae*, weiterer Abgeordneter und der Fraktion BÜNDNIS 90/DIE GRÜNEN).

75 *Wiegel*, Die Prospektrichtlinie und Prospektverordnung, S. 154; *Schnorbus*, AG 2008, 389, 395; *Groß*, Kapitalmarktrecht, § 2 WpPG Rn. 17; zum VerkProspG: *Kullmann/Müller-Deku*, WM 1996, 1989, 1992.

76 *Grosjean*, in: Heidel, Aktienrecht und Kapitalmarktrecht, § 3 WpPG Rn. 1; *Heidelbach*, in Schwark/Zimmer, KMRK, § 2 WpPG Rn. 26; *Ritz/Zeising*, in: Just/Voß/Ritz/Zeising, WpPG, § 2 Rn. 116.

den, damit die ausgeschlossenen Personen die angebotenen Wertpapiere auch tatsächlich nicht erwerben können.[77]

Eine individuelle Ansprache der Angebotsadressaten ist nicht erforderlich, wenn sich der Adressatenkreis aus Personen zusammensetzt, die – wie beispielsweise bestimmte Investoren oder Kunden – einer **Aufklärung durch einen Prospekt typischerweise nicht bedürfen**. Dieser Gesichtspunkt spielt insbesondere bei gesetzlichen Bekanntmachungspflichten eine Rolle (vgl. Rn. 57 ff.). Gesetzlich vorgeschriebene Bekanntmachungen können nicht per se wie eine publikumsgerichtete Offerte behandelt werden. 39

bb) Beispiele

Vor diesem Hintergrund lässt sich die Abgrenzung nur anhand des jeweiligen Einzelfalles vornehmen. So kann durchaus eine Vielzahl von **Kunden** einer weltweit agierenden Bank angesprochen werden, wenn sie anhand von bestimmten **qualitativen Kriterien** ausgesucht und **gezielt angesprochen** werden (etwa einzelne Kunden; Kundengruppen; Kunden, die Wertpapiere schon einmal erworben haben und noch im Bestand halten), ohne dass daraus ein öffentliches Angebot resultiert;[78] für die Privatplatzierung ist weder die vorherige persönliche Beziehung zu diesen Kunden erforderlich noch ist die Zahl der angesprochen Kunden relevant.[79] Sofern der Anbieter die angesprochenen Personen nicht mehr im Einzelnen bestimmen kann, liegt dagegen ein öffentliches Angebot vor. Allein grobe Kriterien oder bestimmte Charakteristika, wie bestimmte Berufe oder Einkommensstufen, erlauben womöglich die Bestimmbarkeit des Angebots, genügen für die Bestimmtheit in diesem Sinne aber nicht (vgl. Rn. 35 f.).[80] Die Frage nach einer **funktionalen Betrachtungsweise** stellt sich z.B. bei der **Zwangsversteigerung von Wertpapieren**; hier hat der EuGH zu Recht entschieden, dass ein öffentliches Angebot aus verschiedenen teleologischen Gründen (mangelndes Informationsbedürfnis; Erstellung eines Prospekts nicht vereinbar mit dem Vollstreckungsverfahren; kein Zugang zu Informationen) ausscheidet.[81] 40

Veröffentlichungen in allgemein zugänglichen Informationsquellen können grundsätzlich zu einem öffentlichen Angebot führen, sind jedenfalls ein Anhaltspunkt dafür. Solche allgemein zugänglichen Informationsquellen sind: die zur (gesellschaftsrechtlichen) Bekanntmachung verwendeten Gesellschaftsblätter (in Papierform oder elektronisch) ebenso wie das Internet (es sei denn, der Zugang zu der Internet-Seite ist technisch tatsächlich auf einen bestimmten Adressatenkreis beschränkt);[82] die Verbreitung von Meldungen über 41

---

77 Ebenso OLG Dresden, WM 2014, 687, 697.
78 *Carl/Machunsky*, Der Wertpapier-Verkaufsprospekt, S. 34; *Bosch*, in: Bosch/Groß, Emissionsgeschäft, Rn. 10/108; *Groß*, Kapitalmarktrecht, WpPG, § 2 Rn. 17 f.; *Schnorbus*, AG 2008, 389, 396; *Heidelbach*, in: Schwark/Zimmer, KMRK, § 2 WpPG Rn. 25; vgl. auch *Österreichische Finanzmarktaufsicht*, Rundschreiben der Finanzmarktaufsicht vom 29.3.2007 zu Fragen der Umsetzung der Prospektrichtlinie im Kapitalmarktgesetz und Börsegesetz, S. 4.
79 *Groß*, Kapitalmarktrecht, § 2 WpPG Rn. 18; *Schnorbus*, AG 2008, 389, 396.
80 Vgl. *Groß*, Kapitalmarktrecht, § 2 WpPG Rn. 18; *Ritz/Zeising*, in: Just/Voß/Ritz/Zeising, WpPG, § 2 Rn. 111; *Heidelbach*, in: Schwark/Zimmer, KMRK, § 2 WpPG Rn. 25.
81 EuGH, ZIP 2014, 2342, 2344 – „Almer Beheer und Daedalus Holding".
82 *Groß*, Kapitalmarktrecht, § 2 WpPG Rn. 18; *Ritz/Zeising*, in: Just/Voß/Ritz/Zeising, WpPG, § 2 Rn. 111; vgl. auch OLG Dresden, WM 2014, 687, 697; vgl. zum VerkProspG *Assmann*, in: FS Schütze, 1999, S. 15, 39; ebenfalls wohl auch – wenn auch explizit nur zur Abgrenzung eines Angebots in Deutschland oder im Ausland – *BAWe*, Bekanntmachung zum Wertpapier-Verkaufspros-

elektronische Systeme wie Bloomberg oder Reuters;[83] Aushänge oder Auslagen (Flyer), etwa in einer Bank;[84] allgemeines Rundschreiben an Bankkunden, es sei denn, diese wurden aufgrund spezieller Kriterien ausgewählt (vgl. Rn. 37);[85] Einschaltung von externen Anlagevermittlern (z. B. im Rahmen eines Strukturvertriebs), es sei denn, die Vermittlung beschränkt sich auf einen bestimmten Personenkreis.[86]

c) Form des Angebots

42 Ein Angebot nach § 2 Nr. 4 kann „*in jedweder Form und auf jedwede Art und Weise*" erfolgen. Die Formulierung zeigt, dass der **kapitalmarktrechtliche Begriff des „Angebots"** weit auszulegen und nicht deckungsgleich mit dem Begriff des Angebots (genauer: des Antrags nach § 145 BGB) der Rechtsgeschäftslehre ist. Ein Angebot nach dem WpPG setzt jedoch zumindest voraus, dass **potenzielle Anleger im Geltungsbereich des WpPG mit dem Ziel des Verkaufs von Wertpapieren angesprochen werden**.[87] Erfasst werden dabei nur solche Angebote, die auf die **Distribution von Wertpapieren zielen**. Dazu gehören neben herkömmlichen Verkaufsangeboten auch Tauschangebote.[88] Bloße Kaufangebote unterliegen dagegen nicht dem WpPG, sondern den Regelungen des WpÜG, soweit dessen Voraussetzungen vorliegen.

43 Ausgehend vom Schutzzweck des WpPG ist die **vertragliche Struktur im Prinzip gleichgültig**, sofern die Annahme des Angebots aus Sicht des Investors zu dem jetzigen Zeitpunkt zu einem Erwerb der Wertpapiere seinerseits führen kann. Ausreichend ist, wenn der Erwerb der Wertpapiere keiner weiteren Zwischenschritte mehr bedarf, die durch den Investor zu veranlassen sind. Vor diesem Hintergrund kommt es für das Vorliegen eines Angebots nicht darauf an, ob bereits ein Antrag i. S. d. BGB vorliegt.[89] Das Informationsbedürfnis der Investoren besteht grundsätzlich bereits vor dem Zeitpunkt, zu dem sie ein rechtsgeschäftlich verbindliches Angebot des Anbieters annehmen können.

44 So umfasst § 2 Nr. 4 nicht nur den – regelmäßig vom Zeichner abgegebenen – bürgerlich-rechtlichen Antrag auf Abschluss des Zeichnungsvertrages (§ 145 BGB), sondern auch die

---

pektgesetz, unter I. 2. b) („angemessene Vorkehrungen zu treffen, daß Anleger [...] die Wertpapiere nicht erwerben können").

83 *Hamann*, in: Schäfer, WpHG/BörsG/VerkProspG, § 1 VerkProspG Rn. 8. Häufig wird es sich bei derartigen Meldungen allerdings um bloße Werbeankündigungen handeln, s. *von Kopp-Colomb*, in: Heidel, Aktienrecht und Kapitalmarktrecht, § 1 VerkProspG Rn. 23.

84 *Carl/Machunsky*, Der Wertpapier-Verkaufsprospekt, S. 34; *Bosch*, in: Bosch/Groß, Emissionsgeschäft, Rn. 10/108; *Groß*, Kapitalmarktrecht, § 2 WpPG Rn. 18.

85 *Bosch*, in: Bosch/Groß, Emissionsgeschäft, Rn. 10/108; *Groß*, Kapitalmarktrecht, § 2 WpPG Rn. 18.

86 *Dittrich*, Die Privatplatzierung im deutschen Kapitalmarktrecht, S. 124 f.

87 Vgl. zum VerkProspG: *BAWe*, Bekanntmachung zum Wertpapier-Verkaufsprospektgesetz, unter I. 2., S. 3; *Bosch*, in: Bosch/Groß, Emissionsgeschäft, Rn. 10/106; *von Kopp-Colomb*, in: Heidel, Aktienrecht und Kapitalmarktrecht, 1. Aufl., § 1 VerkProspG Rn. 14; und zur Prospektrichtlinie *Wiegel*, Die Prospektrichtlinie und Prospektverordnung, S. 152 ff.

88 *Schnorbus*, AG 2008, 389, 392; *Groß*, Kapitalmarktrecht, § 2 WpPG Rn. 9. § 4 Abs. 1 Nr. 2 sieht unter bestimmten Voraussetzungen eine Ausnahme von der Prospektpflicht bei Umtauschangeboten im Zusammenhang mit Unternehmensübernahmen vor und unterstellt damit grundsätzlich die Prospektpflicht für derartige Angebotsformen.

89 BT-Drucks. 15/4999, S. 28; *Groß*, Kapitalmarktrecht, § 2 WpPG Rn. 10; *Foelsch*, in: Holzborn, WpPG, § 2 Rn. 11.

II. Legaldefinitionen § 2

(öffentliche) Aufforderung zur Abgabe eines solchen Antrages (**invitatio ad offerendum**).[90] Der Erklärende der *invitatio* behält sich in diesem Fall vor, das Angebot anzunehmen oder abzulehnen, etwa weil die Nachfrage das Angebot übersteigt (Überzeichnung) oder weil einzelne Interessenten nicht zu der gewünschten Investorenzusammensetzung passen. Klassischer Anwendungsfall einer solchen *invitatio* ist das öffentliche Angebot im Falle eines Börsenganges (IPO).

Weiter fallen unter § 2 Nr. 4 beispielsweise folgende Vertragsstrukturen: 45

- **Angebote auf noch nicht existierende bzw. noch zu emittierende Wertpapiere** (im Falle von Aktien z.B. weil die Gesellschaft noch nicht gegründet oder die Kapitalerhöhung bei einer Bezugsrechtsemission noch nicht eingetragen wurde), jedenfalls dann, wenn es letztlich um die Emission von Wertpapieren i. S. d. WpPG geht;[91]
- **aufschiebend oder auflösend bedingte Angebote**, die den Erwerb von Wertpapieren zum Gegenstand haben und bei denen der Eintritt der Bedingung nicht vom Anleger beeinflussbar ist;[92]
- **Angebote auf Abschluss eines befristeten Vertrages**, bei dem der Anleger nach Ablauf der Frist aus dem Vertrag berechtigt und verpflichtet wird;[93]
- **Angebote auf Abschluss eines Darlehensvertrages**, die der anderen Seite (Darlehensnehmer) das Recht einräumt, den Darlehensbetrag wahlweise in Geld oder in Wertpapieren auszugleichen,[94] oder andere Strukturen mit einer **Ersetzungsbefugnis** durch den Anbieter;
- **Angebote auf Abschluss eines unwiderruflichen Vorvertrages** auf Erwerb von Wertpapieren;[95]
- **Angebote auf Abschluss eines widerruflichen Vertrages**, da auch dieser Vertrag auf die Distribution von Wertpapieren zielt und den Anleger berechtigt und verpflichtet, wenn er nicht widerruft, also nicht selbst aktiv wird;[96] oder
- **erfolglose, abgebrochene oder unmöglich werdende Angebote**, weil es auf das Informationsbedürfnis zum Zeitpunkt der konkreten Verpflichtung des Anlegers ankommt.[97]

---

90 *Schnorbus*, AG 2008, 389, 392; *Grosjean*, in: Heidel, Aktienrecht und Kapitalmarktrecht, § 2 WpPG Rn. 13; *Foelsch*, in: Holzborn, WpPG, § 2 Rn. 11; *von Kopp-Colomb*, in: Heidel, Aktienrecht und Kapitalmarktrecht, 1. Aufl., § 1 VerkProspG Rn. 14; *Ehricke*, in: Hopt/Voigt, Prospekt- und Kapitalmarktinformationshaftung, S. 187, 206.
91 Vgl. *von Kopp-Colomb/Knobloch*, in: Assmann/Schlitt/von Kopp-Colomb, WpPG/VerkProspG, § 2 WpPG Rn. 33; *Ritz/Zeising*, in: Just/Voß/Ritz/Zeising, WpPG, § 2 Rn. 133; ferner *Ritz*, in: Assmann/Lenz/Ritz, VerkProspG, § 1 Rn. 32.
92 *Ritz/Zeising*, in: Just/Voß/Ritz/Zeising, WpPG, § 2 Rn. 132 u. 134; *Grosjean*, in: Heidel, Aktienrecht und Kapitalmarktrecht, § 2 WpPG Rn. 15; *Heidelbach*, in: Schwark/Zimmer, KMRK, § 1 VerkProspG, § 1 Rn. 13; vgl. *Ritz*, in: Assmann/Lenz/Ritz, VerkProspG, § 1 Rn. 29 f.
93 *Ritz/Zeising*, in: Just/Voß/Ritz/Zeising, WpPG, § 2 Rn. 135; *Ritz*, in: Assmann/Lenz/Ritz, VerkProspG, § 1 Rn. 31.
94 *Grosjean*, in: Heidel, Aktienrecht und Kapitalmarktrecht, § 2 WpPG Rn. 15; vgl. *Ritz*, in: Assmann/Lenz/Ritz, VerkProspG, § 1 Rn. 28.
95 *Grosjean*, in: Heidel, Aktienrecht und Kapitalmarktrecht, § 2 WpPG Rn. 15; vgl. *Ritz*, in: Assmann/Lenz/Ritz, VerkProspG, § 1 Rn. 28; *Heidelbach*, in: Schwark/Zimmer, KMRK, § 1 VerkProspG, § 1 Rn. 13.
96 *Grosjean*, in: Heidel, Aktienrecht und Kapitalmarktrecht, § 2 WpPG Rn. 15; vgl. *Ritz*, in: Assmann/Lenz/Ritz, VerkProspG, § 1 Rn. 28; *Heidelbach*, in: Schwark/Zimmer, KMRK, § 1 VerkProspG, § 1 Rn. 13.
97 *Ritz*, in: Assmann/Lenz/Ritz, VerkProspG, § 1 Rn. 32.

§ 2 Begriffsbestimmungen

46 Unerheblich ist die **Art der Kommunikation** gegenüber dem Publikum sowie des eingesetzten Mediums.[98] Das Angebot muss nicht in einer klassischen schriftlichen Mitteilung erfolgen; es kann in jedweden Medien (z.B. Printmedien, Internet, Pressekonferenz) veröffentlicht werden und sich auch aus verschiedenen getrennten Veröffentlichungen oder Hinweisen (z.B. verlinkte Internetseiten) zusammensetzen, wenn diese aufeinander verweisen oder anderweitig in der Zusammenschau die Merkmale des § 2 Nr. 4 verwirklichen.[99] Verweisungen (sog. **Hyperlinks**) müssen dem Anbieter zuzurechnen sein, etwa aufgrund eines eigenen wirtschaftlichen Interesses.[100]

47 Ein Angebot setzt weiter voraus, dass potenzielle Anleger im Geltungsbereich des WpPG **zielgerichtet angesprochen** werden.[101] Daher muss die Initiative zum Abschluss eines solchen Geschäftes von dem Anbieter ausgehen bzw. durch ihn veranlasst worden sein. Geht die Initiative dagegen allein vom Anleger aus, ohne dass der Anbieter die Tatbestandsmerkmale des § 2 Nr. 4 bereits durch entsprechende Maßnahmen erfüllt hat, ist darin kein Angebot zu sehen.[102] Voraussetzung hierfür ist aber, dass der Anbieter die Initiative der Anleger zuvor nicht irgendwie bewusst provoziert oder anderweitig den Markt „präpariert" hat.[103] Auch redaktionelle Beiträge in Zeitschriften, Zeitungen und sonstigen Medien sind grundsätzlich nicht als Angebot des Anbieters anzusehen, solange er mit diesen Beiträgen nicht die vorgenannte „Präparierung" beabsichtigt hat (vgl. auch zur Anbietereigenschaft von Informationssystemen Rn. 125).

d) Inhalt des Angebots (Grad der Konkretisierung)

48 Auf der anderen Seite verlangt die Legaldefinition des § 2 Nr. 4 einen gewissen **Konkretisierungsgrad der Mitteilung**, d.h. „*ausreichende Informationen über die Angebotsbedingungen und die anzubietenden Wertpapiere, um einen Anleger in die Lage zu versetzen, über den Kauf oder die Zeichnung dieser Wertpapiere zu entscheiden*". Daraus folgt, dass **allgemein gehaltene Werbemaßnahmen** kein Angebot i.S.d. § 2 Nr. 4 begründen, solange nicht die konkreten Angebotsbedingungen genannt werden.

49 Materiell ist das Angebot insofern von der bloßen **Werbung** zu unterscheiden, die keine Prospektpflicht auslöst, aber den Mindeststandards des § 15 genügen muss und haftungsrechtliche Folgen nach den Grundsätzen der sog. „bürgerlich-rechtlichen Prospekthaftung"

---

98 *Grundmann*, in: Schimansky/Bunte/Lwowski, Bankrechts-Handbuch, § 112 Rn. 33; *Ritz/Zeising*, in: Just/Voß/Ritz/Zeising, WpPG, § 2 Rn. 115; *von Kopp-Colomb/Knobloch*, in: Assmann/Schlitt/von Kopp-Colomb, WpPG/VerkProspG, § 2 WpPG Rn. 34.
99 Plastisch *Grosjean*, in: Heidel, Aktienrecht und Kapitalmarktrecht, § 2 WpPG Rn. 14; *von Kopp-Colomb/Knobloch*, in: Assmann/Schlitt/von Kopp-Colomb, WpPG/VerkProspG, § 2 WpPG Rn. 47; vgl. *Heidelbach*, in: Schwark/Zimmer, KMRK, § 1 VerkProspG, § 1 Rn. 16.
100 Näher *Ritz/Zeising*, in: Just/Voß/Ritz/Zeising, WpPG, § 2 Rn. 117ff.
101 *BaFin*-Workshop: 100 Tage WpPG, Rechtsfragen aus der Anwendungspraxis, Präsentation vom 3.11.2005, S. 3; vgl. zum VerkProspG: *BAWe*, Bekanntmachung zum Wertpapier-Verkaufsprospektgesetz, unter I. 2., S. 3; *Bosch*, in: Bosch/Groß, Emissionsgeschäft, Rn. 10/106.
102 *Grosjean*, in: Heidel, Aktienrecht und Kapitalmarktrecht, § 2 WpPG Rn. 17; *Ritz/Zeising*, in: Just/Voß/Ritz/Zeising, WpPG, § 2 Rn. 114; *Ritz*, in: Assmann/Lenz/Ritz, VerkProspG, § 1 Rn. 61; *von Kopp-Colomb*, in: Heidel, Aktienrecht und Kapitalmarktrecht, 1. Aufl., § 1 VerkProspG Rn. 14.
103 *Schnorbus*, AG 2008, 389, 394; *Grosjean*, in: Heidel, Aktienrecht und Kapitalmarktrecht, § 2 WpPG Rn. 17; *Ritz/Zeising*, in: Just/Voß/Ritz/Zeising, WpPG, § 2 Rn. 114; *Ritz*, in: Assmann/Lenz/Ritz, VerkProspG, § 1 Rn. 62 u. 65.

nach sich ziehen kann (näher dazu § 15 Rn. 19 ff.). Welche Abgrenzungskriterien hierfür maßgeblich sind, ist nicht immer eindeutig. Als Werbemaßnahmen sind nach Ansicht der früheren BAWe „Informationen anzusehen, in denen allgemein über die Emittenten/Unternehmen und über zukünftig geplante Emissionen berichtet wird". Anders verhalte es sich, „wenn in derartigen Veröffentlichungen […] auf die wesentlichen Merkmale der Wertpapiere (u. a. deren Preis und deren Ausstattungsmerkmale – z. B. Stamm- oder Vorzugsaktien) hingewiesen wird".[104]

Kein Angebot – mangels hinreichender Angebotsbedingungen – begründen somit sämtliche Ankündigungen, die den Markt vorbereiten oder auf eine abgeschlossene Platzierung bzw. Zulassung zu einem organisierten Markt hinweisen, oder Informationen, die den Emittenten und die Art der Wertpapiere lediglich beschreiben.[105] Dazu gehören insbesondere der bloße **Hinweis auf die Möglichkeit des Erwerbs** der Wertpapiere,[106] **Unternehmenspräsentationen** ohne konkrete Kaufempfehlungen,[107] **Analystenpräsentationen** ohne Zugang der breiten Öffentlichkeit,[108] ferner **redaktionelle Beiträge** in Zeitungen, Zeitschriften, Internet oder Fernsehen, wenn keine Details zu Bezugsmöglichkeiten (Kontaktadresse) genannt werden.[109]

50

Die **Veröffentlichung eines Prospekts ohne Nennung einer Preisspanne** begründet mangels hinreichender Angebotsbedingungen nach richtiger Auffassung ebenfalls noch kein Angebot.[110] Dazu gehört insbesondere das sog. ***Decoupled*-Verfahren**, bei dem die Roadshow ohne vorherige Bekanntmachung einer Preisspanne und eines Angebotszeitraums beginnt und jene erst nach Abschluss der Roadshow bestimmt und durch einen Nachtrag nach § 16 veröffentlicht wird.[111] Beim ***Bookbuilding*-Verfahren** beginnt das öffentliche Angebot erst mit der Veröffentlichung der Aufforderung zur Abgabe von Zeichnungsgeboten im Anschluss an die Bekanntmachung der Preisspanne.[112] Bei einer **Bezugsrechtsemission** mit Bezugsrechtshandel ist der Zeitpunkt des öffentlichen Angebots der Beginn der Bezugsfrist, also der Tag, an dem Anleger erstmals zeichnen können und regelmäßig der Handel der Bezugsrechte beginnt (vgl. zur Bezugsrechtsemission ferner Rn. 72 ff.).[113]

51

---

104 *BAWe*, Bekanntmachung zum Wertpapier-Verkaufsprospektgesetz, unter I. 2., S. 3.
105 *Schnorbus*, AG 2008, 389, 393.
106 BT-Drucks. 15/4999, S. 28.
107 *Groß*, Kapitalmarktrecht, § 2 WpPG Rn. 18.
108 *Ritz/Zeising*, in: Just/Voß/Ritz/Zeising, WpPG, § 2 Rn. 125.
109 *Groß*, Kapitalmarktrecht, § 2 WpPG Rn. 18; *Ritz/Zeising*, in: Just/Voß/Ritz/Zeising, WpPG, § 2 Rn. 152.
110 *Schnorbus*, AG 2008, 389, 393.
111 *Ritz/Zeising*, in: Just/Voß/Ritz/Zeising, WpPG, § 2 Rn. 143.
112 *BAWe*, Bekanntmachung zum Wertpapier-Verkaufsprospektgesetz, unter I. 2., S. 4; *Groß*, Kapitalmarktrecht, § 2 WpPG Rn. 12; *Wiegel*, Die Prospektrichtlinie und Prospektverordnung, S. 155; *Schnorbus*, AG 2008, 389, 393; vgl. auch die Auslegungshinweise des *Internal Market Directorate-General* (Markt/G3/WG D(2005) vom 26.1.2005, S. 2 f.); *Ritz/Zeising*, in: Just/Voß/Ritz/Zeising, WpPG, § 2 Rn. 142; **anders noch** – bloße Aufforderung zur Abgabe von Zeichnungsangeboten ohne Nennung einer Preisspanne im Prospekt ausreichend – Bekanntmachung des BAWe zum Verkaufsprospektgesetz, 1996, BAnz. vom 30.4.1996, 5094; *Groß*, ZHR 162 (1998), 318, 324.
113 *Schnorbus*, AG 2008, 389, 393.

§ 2 Begriffsbestimmungen

e) Erwerbs- oder Zeichnungsmöglichkeit (Investitionsentscheidung)

52 Die hinreichend konkretisierte Mitteilung muss den Anleger in die Lage *„versetzen, über den Kauf oder die Zeichnung dieser Wertpapiere zu entscheiden"*. Neben der erforderlichen Konkretisierung der Angebotsbedingungen verlangt ein Angebot i. S. d. § 2 Nr. 4 also – in Übereinstimmung mit dem Verständnis zu (dem früheren) § 1 VerkProspG a. F. – weiter,[114] dass für den potenziellen Investor die **konkrete Möglichkeit zum Erwerb der beworbenen Wertpapiere** besteht.[115] Diese Sicht entspricht auch der Aufsichtspraxis der BaFin. Das folgt wie bei § 1 VerkProspG a. F. zwar nicht unmittelbar aus dem Gesetz; § 2 Nr. 4 verlangt vielmehr lediglich ein derart konkretisiertes Angebot, das den Anleger in die Lage versetzt, über das Investment zu entscheiden. Auch folgt dies nicht aus Art. 2 Abs. 1d) der Prospektrichtlinie, der die europäische Definition des öffentlichen Angebots vorgibt. Die **Gesetzesbegründung** zum WpPG stellt jedoch klar, dass in Übereinstimmung mit dem früheren Begriffsverständnis vom „öffentlichen Angebot" allgemeine Werbemaßnahmen, Veröffentlichungen und Informationen, „in denen auf die Möglichkeit zum Erwerb von Wertpapieren hingewiesen wird und bei denen noch keine Erwerbs- oder Zeichnungsmöglichkeit besteht", nicht erfasst werden. Auch die **Gesetzessystematik** zu § 14 Abs. 1 Satz 1 lässt kein anderes Ergebnis zu: Danach ist der Prospekt nach seiner Billigung unverzüglich spätestens einen Werktag vor Beginn des öffentlichen Angebots zu veröffentlichen. Diese Anordnung macht nur dann Sinn, wenn die bloße Veröffentlichung des Prospekts, welcher ja regelmäßig alle Angebotsbedingungen enthält, noch kein öffentliches Angebot konstituiert, weil sonst die Pflicht zur Veröffentlichung mit dem Verbot des Angebots vor dem Tag nach Veröffentlichung des Prospekt kollidiert. Im Übrigen dient das Merkmal der konkreten Erwerbs- oder Zeichnungsmöglichkeit ganz erheblich der **Rechtssicherheit** – im Gegensatz zu anderen Mitgliedstaaten, in denen vergleichbare Voraussetzungen nicht bestehen. Zu beachten ist allerdings, dass eine konkrete Erwerbsmöglichkeit auch in Bezug auf noch nicht ausgegebene Wertpapiere bestehen kann (Rn. 45, 91), wodurch die Bedeutung der Voraussetzung der konkreten Erwerbsmöglichkeit zur Vermeidung eines öffentlichen Angebots reduziert wird.[116]

---

114 Vgl. *BAWe*, Bekanntmachung zum Wertpapier-Verkaufsprospektgesetz, unter I. 2., S. 3.
115 *BaFin*-Workshop: 100 Tage WpPG, Rechtsfragen aus der Anwendungspraxis, Präsentation vom 3.11.2005, S. 3; *BaFin*, Ausgewählte Rechtsfragen in der Aufsichtspraxis, Präsentation vom 4.9.2007, S. 4; *Leuering*, Der Konzern 2006, 4, 6; *Giedinghagen*, BKR 2007, 233, 234; *Schnorbus*, AG 2008, 389, 393; *Schneider*, AG 2016, 341, 341 f.; *Foelsch*, in: Holzborn, WpPG, § 2 Rn. 12; *Groß*, Kapitalmarktrecht, § 2 WpPG Rn. 13; *Ritz/Zeising*, in: Just/Voß/Ritz/Zeising, WpPG, § 2 Rn. 128 f.; *von Kopp-Colomb/Knobloch*, in: Assmann/Schlitt/von Kopp-Colomb, WpPG/VerkProspG, § 2 WpPG Rn. 46; *A. Meyer*, in: Habersack/Mülbert/Schlitt, Unternehmensfinanzierung, § 36 Rn. 4; *Müller*, WpPG, § 2 Rn. 6; vgl. auch *Österreichische Finanzmarktaufsicht*, Rundschreiben der Finanzmarktaufsicht vom 29.3.2007 zu Fragen der Umsetzung der Prospektrichtlinie im Kapitalmarktgesetz und Börsegesetz, S. 3; **a. A.** *Schlitt/Schäfer*, AG 2005, 498, 500; *Heise*, in: Assies/Beule/Heise/Strube, Bank- und Kapitalmarktrecht, S. 1156 Rn. 254; vgl. auch *Grosjean*, in: Heidel, Aktienrecht und Kapitalmarktrecht, § 2 WpPG Rn. 9; *Hamann*, in: Schäfer/Hamann, Kapitalmarktgesetze, § 2 WpPG Rn. 26; **vermittelnd** *Wiegel*, Die Prospektrichtlinie und Prospektverordnung, S. 155, wonach es ausreicht, wenn die Zeichnungsfrist bekannt ist, aber noch nicht begonnen hat.
116 *Von Kopp-Colomb/Knobloch*, in: Assmann/Schlitt/von Kopp-Colomb, WpPG/VerkProspG, § 2 WpPG Rn. 46.

II. Legaldefinitionen § 2

Erforderlich ist ein **rechtsgeschäftliches Handeln**, das auf **Abschluss eines Kaufvertrages oder ähnlichen Vertrages zur rechtsgeschäftlichen Übertragung von Wertpapieren** gerichtet ist.[117] Erforderlich ist also mit anderen Worten eine „**Investitionsentscheidung**" bezüglich des Erwerbs von Wertpapieren auf der Seite des angesprochenen potenziellen Vertragspartners.[118] Werden neue Wertpapiere dagegen unabhängig von dem Willen der anderen Seite zugeteilt oder automatisch kraft Gesetzes erworben, scheidet ein Angebot nach dem WpPG aus.[119] Das betrifft in der Praxis zum einen die Fälle der **bloßen Zuteilung/Umbuchung von Aktien an Mitarbeiter** (z.B. im Rahmen eines Mitarbeiterbeteiligungsprogramms, vgl. § 4 Rn. 40ff., 58). 53

Die Frage einer gegebenen bzw. erforderlichen Investitionsentscheidung stellt sich vor allem bei der **Verschmelzung** (§ 20 Abs. 1 Nr. 3, 122a ff. UmwG), der **Spaltung** (§ 131 Abs. 1 Nr. 3 UmwG), dem **Formwechsel** (§ 202 Abs. 1 Nr. 2 UmwG), der **Kapitalerhöhung aus Gesellschaftsmitteln** (§ 207 ff. AktG; vgl. § 4 Rn. 32) sowie der **Umwandlung von Aktiengattungen durch Satzungsänderung** (vgl. § 4 Rn. 5),[120] z.B. zur Schaffung von Spartenaktien. In all diesen Fällen erfolgt der Erwerb oder die Änderung des Mitgliedschaftsrechtes kraft Gesetzes; ein Angebot i. S. d. § 2 Nr. 4 scheidet aus. Dass in diesen Fällen ein Hauptversammlungsbeschluss erforderlich ist, ändert nichts daran, dass eine Investitionsentscheidung des einzelnen Anlegers fehlt, insbesondere wenn er gegen die Maßnahme stimmt (näher § 4 Rn. 27ff.). In all diesen Fällen geht es bei der Einladung zur Hauptversammlung um die Abgabe einer für die relevante Strukturmaßnahme gesetzlich erforderlichen Stimmerklärung, nicht aber um die Abgabe einer freiwilligen Zeichnungserklärung. Zu beachten ist, dass in diesen Fällen zwar keine Prospektpflicht kraft eines öffentlichen Angebots besteht, die Notwendigkeit eines Prospekts sich aber im Zusammenhang mit der Zulassung der (neuen als Gegenleistung ausgegebenen) Aktien zum Handel an einem organisierten Markt ergeben kann (§§ 1 Abs. 1, 14 Abs. 1 Satz 2), soweit keine Ausnahmen greifen (insbesondere nach § 4 Abs. 2). 54

Das **Angebot beginnt** somit, sobald Anleger Maßnahmen ergreifen können, die ohne weiteres Zutun dazu führen, dass sie Eigentümer der Wertpapiere werden.[121] Dazu gehört die Möglichkeit der Abgabe eines Angebots, welches der Anbieter durch einseitige Erklärung verbindlich annehmen kann.[122] Keine Angebote – mangels Erwerbsmöglichkeit – sind so- 55

---

117 *Groß*, Kapitalmarktrecht, § 2 WpPG Rn. 10; *Hamann*, in: Schäfer/Hamann, Kapitalmarktgesetze, § 2 WpPG Rn. 38.
118 ESMA-Questions and Answers – Prospectuses (25th Updated Version – July 2016), Nr. 6 (Free offers), S. 13; *Kollmorgen/Feldhaus*, BB 2007, 2756, 2757; *Hamann*, in: Schäfer/Hamann, Kapitalmarktgesetze, § 2 WpPG Rn. 38.
119 *Grosjean*, in: Heidel, Aktienrecht und Kapitalmarktrecht, § 2 WpPG Rn. 22; *Hamann*, in: Schäfer/Hamann, Kapitalmarktgesetze, § 2 WpPG Rn. 38; *von Kopp-Colomb/Knobloch*, in: Assmann/Schlitt/von Kopp-Colomb, WpPG/VerkProspG, § 2 WpPG Rn. 44. Vgl. auch ESMA-Questions and Answers – Prospectuses (25th Updated Version – July 2016), Nr. 6 (Free offers), S. 13, wonach kein öffentliches Angebot vorliegt, wenn der Empfänger von Aktien nicht die Wahl hat, die Wertpapiere zu akzeptieren oder abzulehnen. In den Fällen, in denen der Empfänger der Aktien keine Entscheidung trifft, ist danach also kein Angebot gegeben; ferner *Kollmorgen/Feldhaus*, BB 2007, 225, 227; *dies.*, BB 2007, 2756, 2757.
120 Zutreffend *Groß*, Kapitalmarktrecht, § 2 WpPG Rn. 10.
121 *Schnorbus*, AG 2008, 389, 393; vgl. ferner *Ritz*, in: Assmann/Lenz/Ritz, VerkProspG, § 1 Rn. 27 zu § 1 VerkProspG; *Hamann*, in: Schäfer, WpHG/BörsG/VerkProspG, 1999, § 1 VerkProspG Rn. 6.
122 Vgl. *Ritz*, in: Assmann/Lenz/Ritz, VerkProspG, § 1 Rn. 27 zu § 1 VerkProspG.

§ 2 Begriffsbestimmungen

mit die Ankündigung, Wertpapiere verkaufen zu wollen, insbesondere Werbemaßnahmen im Vorfeld einer Kapitalmarkttransaktion wie sog. Road Shows[123] oder postalische oder telefonische Marketingaktionen,[124] Vormerkungen oder Reservierungen, ohne dass bereits eine Verpflichtung entsteht,[125] Verteilung eines Prospekts, ohne dass eine Erwerbsmöglichkeit besteht,[126] sowie die Veröffentlichung der Entscheidung zur Abgabe eines Umtauschangebots nach § 10 WpÜG, da die Veröffentlichung der Angebotsunterlage und damit die Erwerbsmöglichkeit erst nach Gestattung der Angebotsunterlage durch die BaFin erfolgen kann (§ 14 WpÜG). **Das Angebot endet**, sobald keine Erwerbsmöglichkeit mehr besteht.[127] Veröffentlichungen über bereits abgeschlossene Transaktionen unterfallen demnach mangels Zeichnungsmöglichkeit nicht mehr dem Angebotsbegriff des WpPG (z. B. in Pflichtmitteilungen nach den Grundsätzen für die Zuteilung von Aktienemissionen an Privatanleger oder sog. *„Tombstones"*).[128]

56 In die Kategorie der fehlenden Erwerbsmöglichkeit fällt auch der Abschluss eines Vertrages, der den (späteren) Erwerb von Wertpapieren zum Gegenstand hat, dessen Vollzug aber dergestalt von weiteren Voraussetzungen abhängt, dass sich der Anleger zum Zeitpunkt des Abschlusses unter keinen Gesichtspunkten rechtsverbindlich hierzu verpflichten kann.[129] Das betrifft insbesondere Verträge, die dem Anleger das Recht einräumen, zu einem bestimmten zukünftigen Zeitpunkt endgültig über den Erwerb der Wertpapiere zu entscheiden. Der Schutzzweck des WpPG verlangt hier noch nicht, dass sich der Anleger bereits zu dem Zeitpunkt des Vertragsschlusses auf Grundlage eines Prospekts umfassend über das Wertpapier informieren kann. Erst zu dem Zeitpunkt, zu dem der Anleger das Wahlrecht nach den vertraglichen Vorgaben ausüben und damit die Wertpapiere erwerben könnte, liegt – vorbehaltlich der weiteren Voraussetzungen – ein Angebot i. S. d. § 2 Nr. 4 vor, das grundsätzlich einen Prospekt voraussetzt.[130]

---

123 *Dittrich*, Die Privatplatzierung im deutschen Kapitalmarktrecht, S. 125 f.; *Ekkenga/Maas*, Das Recht der Wertpapieremissionen, § 2 Rn. 113; *Groß*, Kapitalmarktrecht, § 2 WpPG Rn. 11.
124 *Dittrich*, Die Privatplatzierung im deutschen Kapitalmarktrecht, S. 130 f.; *Ekkenga/Maas*, Das Recht der Wertpapieremissionen, § 2 Rn. 113.
125 *Groß*, Kapitalmarktrecht, § 2 WpPG Rn. 11.
126 *Ritz*, in: Assmann/Lenz/Ritz, VerkProspG, § 1 Rn. 60.
127 Vgl. *Schneider*, AG 2016, 341, 349; *von Kopp-Colomb/Knobloch*, in: Assmann/Schlitt/von Kopp-Colomb, WpPG/VerkProspG, § 2 WpPG Rn. 50; *Hamann*, in: Schäfer, WpHG/BörsG/VerkProspG, 1999, § 1 VerkProspG Rn. 6.
128 *Groß*, Kapitalmarktrecht, § 2 WpPG Rn. 18; *Grosjean*, in: Heidel, Aktienrecht und Kapitalmarktrecht, § 2 WpPG Rn. 24; *Ritz/Zeising*, in: Just/Voß/Ritz/Zeising, WpPG, § 2 Rn. 150 f.; *von Kopp-Colomb/Knobloch*, in: Assmann/Schlitt/von Kopp-Colomb, WpPG/VerkProspG, § 2 WpPG Rn. 50; vgl. ferner zum VerkProspG: *Schäfer*, ZIP 1991, 1557, 1560; *Kullmann/Müller-Deku*, WM 1996, 1989, 1991; *Hamann*, in: Schäfer, WpHG/BörsG/VerkProspG, 1999, § 1 VerkProspG Rn. 11 f.
129 Vgl. *Heidelbach*, in: Schwark/Zimmer, KMRK, § 1 VerkProspG, § 1 Rn. 13; ferner *Grosjean*, in: Heidel, Aktienrecht und Kapitalmarktrecht, § 2 WpPG Rn. 16; vgl. *Ritz*, in: Assmann/Lenz/Ritz, VerkProspG, § 1 Rn. 33.
130 Vgl. *Ritz*, in: Assmann/Lenz/Ritz, VerkProspG, § 1 Rn. 33.

f) Mitteilungen aufgrund des Handels

aa) Grundlagen

§ 2 Nr. 4 Halbs. 3 WpPG stellt ausdrücklich klar, dass Mitteilungen aufgrund des Handels von Wertpapieren an einem organisierten Markt oder im Freiverkehr kein öffentliches Angebot darstellen. Hintergrund der Regelung ist, dass die **bloße Mitteilung von Tatsachen kein Angebot** begründet. Das gilt insbesondere, soweit die Veröffentlichung **in Erfüllung einer gesetzlichen Pflicht** erfolgt. Welche Kommunikationen „**Mitteilungen aufgrund des Handels**" und somit nicht als öffentliches Angebot nach § 2 Nr. 4 zu qualifizieren sind, bestimmt sich nach den jeweils anwendbaren Bestimmungen für das relevante Marktsegment. Für den Freiverkehr betrifft dies etwa die Verpflichtung zur Veröffentlichung von wesentlichen Unternehmensnachrichten, von Jahresabschlüssen und von sonstigen das Unternehmen betreffenden wesentlichen Informationen.[131] Auch die bloße Mitteilung nach § 30b Abs. 1 Nr. 2 WpHG (**Zulassungsfolgepflichten**) über die Ausgabe neuer Aktien,[132] die Mitteilung über die Ausübung von Umtausch-, Bezugs-, Einziehungs- oder Zeichnungsrechten oder Veröffentlichungen nach § 31h WpHG (**Veröffentlichungspflichten von Banken nach einer Platzierung**) oder Bekanntmachungen von **Stabilisierungsmaßnahmen** nach der Verordnung (EG) Nr. 2273/2003 als solche begründen daher kein Angebot.[133]

57

Veröffentlicht der Emittent oder Anbieter eines Wertpapiers im Zusammenhang mit der Bekanntgabe einer Kapitalmarkttransaktion auf Grundlage des § 15 WpHG (**Pflicht zur Ad-hoc-Mitteilung über Insiderinformationen**) Preis und Art des angebotenen Wertpapiers, so folgt daraus grundsätzlich ebenfalls kein Angebot, soweit der Emittent bzw. Anbieter sich auf die Veröffentlichung der gesetzlichen Mindestangaben beschränkt (vgl. § 4 Wertpapierhandelsanzeige- und Insiderverzeichnisverordnung – WpAIV). Denn mit diesen Veröffentlichungen erfüllt der Emittent/Anbieter eine gesetzliche Pflicht durch die Mitteilung von Tatsachen, ohne dass im Normalfall damit die zielgerichtete Ansprache von Investoren beabsichtigt wäre.

58

Gleiches gilt für bloße Mitteilungen im Falle einer **Privatplatzierung**, ohne dass sie notwendigerweise auf einer kapitalmarktrechtlichen Verpflichtung beruhen müssen (z.B. im Rahmen eines Block Trades oder bei ausländischen Emittenten ohne Listing in Deutschland).[134] Das folgt im Übrigen auch aus der Prospektverordnung,[135] die dem Emittenten gewisse Informationen (wie Einzelheiten zur Natur der Transaktion sowie Zahl und Merkmale der Wertpapiere) abverlangt, wenn er gleichzeitig oder fast gleichzeitig die Börsenzulassung betreibt und deshalb einen Prospekt veröffentlichen muss.[136] Kein öffentliches Angebot ist schließlich das bloße Bereitstellen von **Informationen auf der Website zwecks Marktpflege**,[137] soweit dies nicht anlässlich des Angebots in deutlich über die bisherige Praxis des Emittenten hinausgehender Art und Weise geschieht.

59

---

131 Vgl. § 19 der AGB für den Freiverkehr an der FWB vom 26.7.2013.
132 *Schnorbus*, AG 2008, 389, 394; *Groß*, Kapitalmarktrecht, § 2 WpPG Rn. 14.
133 *Von Kopp-Colomb/Knobloch*, in: Assmann/Schlitt/von Kopp-Colomb, WpPG/VerkProspG, § 2 WpPG Rn. 35.
134 *Schnorbus*, AG 2008, 389, 394.
135 Vgl. Nr. 6.3 in Anhang III zur Prospektverordnung.
136 *Ekkenga/Maas*, Das Recht der Wertpapieremissionen, § 2 Rn. 113.
137 *Ekkenga/Maas*, Das Recht der Wertpapieremissionen, § 2 Rn. 113.

§ 2   Begriffsbestimmungen

60   Die bloße **Wiedergabe von Sekundärmarktpreisen** (z. B. bei einem Listing an verschiedenen Wertpapierbörsen) auf der Homepage eines Emittenten stellt für sich genommen ebenfalls kein öffentliches Angebot dar, sofern sich nicht aufgrund weiterer Umstände etwas anderes ergibt.[138] Das ist auch dann der Fall, wenn die Sekundärmarktpreise zusammen mit ISIN und Angaben zum Emittenten/seiner Geschäftstätigkeit veröffentlicht werden.[139] Gleiche Überlegungen gelten auch für Wertpapiere, die nur im Freiverkehr oder einem anderen nicht regulierten Markt gelistet sind.[140] Bei der **Kommunikation im Zusammenhang mit der eigentlichen Einbeziehung** der Wertpapiere in den Freiverkehr oder der Zulassung der Aktien in einem anderen Mitgliedstaat ist dies aber nicht mehr der Fall, so dass bei dieser Maßnahme keine Sekundärmarktpreise veröffentlicht werden dürfen, wenn ein öffentliches Angebot vermieden werden soll (vgl. Rn. 69 ff.).

61   Die **Trennlinie** zwischen der Mitteilung bloßer Tatsachen bzw. der Beachtung von Pflichtmitteilungen ist jedoch dann überschritten, wenn der Anbieter **weitere publikumswirksame Maßnahmen ergreift**. Grundsätzlich ist daher die Kommunikation auf das geringste mögliche Maß zu beschränken, insbesondere dürfen keine Mitteilungen über Erwerbsmöglichkeiten erfolgen, um nicht in das Risiko der Prospektpflicht und der Haftung nach § 24 (§ 13a VerkProspG a. F.) zu laufen, zumal die Zivilgerichte die Kriterien für ein öffentliches Angebot abweichend von der Anwendungspraxis der BaFin auslegen können.[141] Die Thematik stellt sich insbesondere bei der Einbeziehung in den Freiverkehr (vgl. dazu Rn. 67 ff.).

bb) Auslegungsschreiben der BaFin zum Begriff des öffentlichen Angebots von Wertpapieren im Sinne des § 2 Nr. 4 WpPG im Rahmen des Sekundärmarkthandels von Wertpapieren

62   Die BaFin hat mit dem o. g. (in der Praxis wenig beachteten) Auslegungsschreiben vom 24.6.2013 (Geschäftszeichen PRO 1 – Wp 2030 – 2012/0013) ihre Praxis bezüglich bestimmter Aspekte von Mitteilungen im Handel konkretisiert und damit gewissermaßen einen Safe Harbor („sicheren Hafen") für die Rechtsanwender geschaffen. Das Schreiben wird im Folgenden wörtlich wiedergegeben (Hervorhebungen vom Verfasser):

63   *„Die Wiedergabe sämtlicher Ausstattungsmerkmale eines im organisierten Markt oder im Freiverkehr einer deutschen Börse gehandelten Wertpapiers, die vom jeweiligen Emittenten dieses Wertpapiers als Ausstattungsmerkmale qualifiziert werden, die Veröffentlichung von An- und Verkaufskursen für die betreffenden Wertpapiere auf der Internetseite während der Handelszeiten in dem organisierten Markt oder Freiverkehr, in welchem die Wertpapiere gehandelt werden sowie die Bekanntgabe weitergehender, nicht lediglich*

---

138   ESMA-Questions and Answers – Prospectuses (25th Updated Version – July 2016), Nr. 74 (Definition of public offer), S. 61; *BaFin*-Workshop 2009, Europarechtliche Entwicklungen im Prospektrecht, S. 8 f.

139   ESMA-Questions and Answers – Prospectuses (25th Updated Version – July 2016), Nr. 74 (Definition of public offer), S. 61; *BaFin*-Workshop 2009, Europarechtliche Entwicklungen im Prospektrecht, S. 8 f.

140   *BaFin*-Workshop 2009, Europarechtliche Entwicklungen im Prospektrecht, S. 9.

141   So der treffende Hinweis bei *BaFin*-Workshop 2009, Europarechtliche Entwicklungen im Prospektrecht, S. 9.

II. Legaldefinitionen § 2

werblicher Informationen in Bezug auf diese Wertpapiere auf der Internetseite des Emittenten, wenn und soweit der Emittent sich nach den jeweiligen Emissionsbedingungen zu ihrer Veröffentlichung verpflichtet hat oder er nach gesetzlichen Vorschriften oder den Regularien des Betreibers des jeweiligen organisierten Marktes oder Freiverkehrs dazu verpflichtet ist, **wird unter den nachfolgenden Voraussetzungen nicht mehr als prospektpflichtiges öffentliches Angebot von Wertpapieren im Sinne des § 2 Nr. 4 WpPG qualifiziert***:*

1. *Im Falle eines erstmaligen öffentlichen Angebots der betroffenen Wertpapiere wurde ein Wertpapierprospekt veröffentlicht, der zuvor von der BaFin gebilligt wurde oder über dessen Billigung durch die zuständige Behörde eines anderen Staates des EWR die BaFin nach den § 18 WpPG entsprechenden Vorschriften des Herkunftsstaates unterrichtet wurde (§ 17 Abs. 3 WpPG).*
2. *Der Wertpapierprospekt ist während seiner Gültigkeitsdauer, unabhängig von einer etwa früher erfolgenden Notierungsaufnahme im organisierten Markt oder im Freiverkehr, so lange durch die entsprechenden Nachträge nach § 16 WpPG zu aktualisieren, bis der Vertrieb im Primärmarkt in Bezug auf die Wertpapiere durch die Emittenten abgeschlossen ist und nur noch Handelsaktivitäten im Sekundärmarkt in Bezug auf die Wertpapiere stattfinden. Ist der Vertrieb der Wertpapiere im Primärmarkt am Ende der in § 9 Abs. 2 WpPG festgelegten Prospektgültigkeitsdauer noch nicht abgeschlossen, so ist ein neuer Wertpapierprospekt (ggf. durch Hinterlegung neuer endgültiger Bedingungen im Sinne des § 6 Abs. 3 WpPG) zu erstellen.*
3. *Der Vertrieb der betroffenen Wertpapiere durch die Emittentin im Primärmarkt ist abgeschlossen, wenn*
   a. *die von der Emittentin im Prospekt festgelegte Angebotsfrist verstrichen ist oder das Ende des Primärmarktes von der Emittentin in der in den jeweiligen (endgültigen) Angebotsbedingungen festgelegten Art und Weise mitgeteilt wurde,*
   b. *die Emittentin nach Beendigung des Primärmarktes keine eigenen aktiven Vertriebsaktivitäten unternimmt und solche weiterer Finanzintermediäre oder Dritter – etwa durch Inaussichtstellen von Vertriebsprovisionen – nicht unterstützt (es sei denn, diese finden im Rahmen eines Prospektausnahmetatbestandes im Sinne von § 3 Abs. 2 WpPG statt);*
   c. *die Anzahl der zu Beginn des Primärmarktes zum Handel am organisierten Markt zugelassenen oder in den Freiverkehr einbezogenen Wertpapiere während des Sekundärmarktes nicht überschritten wird (es sei denn, die Anzahl der Wertpapiere erhöht sich durch Platzierung neuer Wertpapiere gleicher Gattung unter Inanspruchnahme eines Prospektausnahmetatbestandes im Sinne von § 3 Abs. 2 WpPG),*
   d. *auf derselben Internetseite der Emittentin, auf welcher die Ausstattungsmerkmale der Wertpapiere abrufbar sind, keine direkten Verlinkungen zu Online-Brokern oder den Betreibern des jeweiligen Sekundärmarktes bestehen,*
   e. *die Emittentin keine An- und Verkaufskurse für die betreffenden Wertpapiere auf der Internetseite außerhalb der Handelszeiten im betreffenden organisierten Markt oder Freiverkehr veröffentlicht und*
   f. *die Internetseite der Emittentin mit den entsprechenden Ausstattungsmerkmalen auch sonst keine werblichen Aussagen in Bezug auf das jeweils dargestellte Produkt und die Möglichkeit zum Erwerb dieses Produkts im Sekundärmarkt enthält.*

64

§ 2   Begriffsbestimmungen

65 *Die Veröffentlichung eines fortlaufend aktualisierten Produktinformationsblatts nach § 31 Abs. 3a WpHG durch einen Emittenten für dessen Wertpapiere stellt auch nach dem Ende des Vertriebs im Primärmarkt kein öffentliches Angebot von Wertpapieren im Sinne des § 2 Nr. 4 WpPG dar.*

66 *Auch die Bereithaltung gebilligter, jedoch nicht mehr nach § 9 WpPG für öffentliche Angebote gültiger Wertpapierprospekte nebst zugehöriger endgültiger Emissionsbedingungen nach § 6 Abs. 3 WpPG durch einen Emittenten stellt auch nach dem Ende des Vertriebs im Primärmarkt kein öffentliches Angebot von Wertpapieren im Sinne des § 2 Nr. 4 WpPG dar."*

g) Ausgewählte Praxisfälle

aa) Einbeziehung in den Freiverkehr

67 Unter dem Gesichtspunkt der Mitteilung bloßer Tatsachen (vgl. Rn. 57 ff.) stellen der Antrag auf **Einbeziehung in den Freiverkehr** (vgl. § 48 BörsG i. V. m. den jeweiligen Börsenordnungen), die tatsächliche Einbeziehung sowie die dortige Aufnahme der Notierung für sich genommen noch kein öffentliches Angebot dar (vgl. § 2 Nr. 4 a. E.).[142] Voraussetzung hierfür ist, dass die Maßnahme sich auf die Mitteilung von Tatsachen beschränkt und keine Werbemaßnahmen im Hinblick auf die Emission vorgenommen werden, also publikumswirksame Maßnahmen unterlassen werden. Selbst wenn die Aufnahme des Handels nachträglich eine gewisse Publizität (insbesondere der Kaufbedingungen) nach sich zieht, besteht eine Prospektpflicht des Emittenten nur bei Werbemaßnahmen, die sich auf den Wertpapierhandel beziehen.[143]

68 Akut wird diese Frage bei Transaktionen, in denen Wertpapiere zunächst im Rahmen einer **prospektfreien Platzierung** qualifizierten Investoren angeboten und zugeteilt, dann aber zur Schaffung einer gewissen Liquidität und eines Zugangs zu einer breiteren Investorenbasis in den Freiverkehr einbezogen werden. Der bloße Hinweis auf die Notierung und die Veröffentlichung reiner Emissionsdaten stellt in diesem Fall noch keine Werbemaßnahme dar (vgl. auch Rn. 57 ff., 67 ff.).[144] **Reine Emissionsdaten** sind beispielsweise die Angabe von Wertpapierkennnummer (WKN, ISIN), eines etwaigen Underlying und der kleinsten handelbaren Einheit, sofern diese Angaben im Rahmen sachlicher Berichterstattung blei-

---

142 BT-Drucks. 15/4999, S. 28; *BaFin*, Ausgewählte Rechtsfragen in der Aufsichtspraxis, Präsentation vom 4.9.2007, S. 6; *Holzborn/Israel*, ZIP 2005, 1668, 1669; *Leuering*, Der Konzern 2006, 4, 7 f.; *Schnorbus*, AG 2008, 389, 396; *Ekkenga/Maas*, Das Recht der Wertpapieremissionen, § 2 Rn. 112; *Groß*, Kapitalmarktrecht, § 2 WpPG Rn. 15; *Grosjean*, in: Heidel, Aktienrecht und Kapitalmarktrecht, § 2 WpPG Rn. 25; *Ritz/Zeising*, in: Just/Voß/Ritz/Zeising, WpPG, § 2 Rn. 157; ebenso zum alten Recht, *BAWe*, Bekanntmachung zum Wertpapier-Verkaufsprospektgesetz, unter II. 1., S. 3. f.; *Dittrich*, Die Privatplatzierung im deutschen Kapitalmarktrecht, S. 119; **a. A.** *Bartz*, in: Derleder/Knops/Bamberger, Handbuch zum deutschen und europäischen Bankrecht, 2004, § 50 Rn. 90 (mit der unzutreffenden Begründung, die Einbeziehung würde einen Erwerb durch jedermann ermöglichen, womit er die kommunikative Komponente des öffentlichen Angebots übersieht).
143 BT-Drucks. 15/4999, S. 28; *Wiegel*, Die Prospektrichtlinie und Prospektverordnung, S. 156; s. auch *Sudmeyer/Rückert/Kuthe*, BB 2005, 2703, 2705; *Ekkenga/Maas*, Das Recht der Wertpapieremissionen, § 2 Rn. 112.
144 BT-Drucks. 15/4999, S. 28; *Ritz/Zeising*, in: Just/Voß/Ritz/Zeising, WpPG, § 2 Rn. 159; *Schnorbus*, AG 2008, 389, 396.

II. Legaldefinitionen § 2

ben.[145] Der Erwerb der Wertpapiere durch den Investor ist in diesem Fall vergleichbar mit dem Kauf von bereits länger gehandelten Wertpapieren – der Markt ist anonymisiert, die Marktgegenseite unbekannt und es ist nicht selektierbar, mit wem das Wertpapiergeschäft zustande kommen soll.[146]

Unschädlich ist in diesem Zusammenhang auch das für die Einbeziehung in den Freiverkehr mancher Regionalbörsen erforderliche Exposé (anstatt eines vollständigen Prospekts),[147] das in der alleinigen Verantwortung des Emittenten steht und nicht öffentlich zugänglich ist. Zur Vermeidung von Haftungsrisiken bei prospektfreien Emissionen (insbesondere nach § 24 (§ 13a VerkProspG a. F.) für solche Transaktionen im Freiverkehr anhand eines Exposés sollte der Emittent eine strikte **Trennung zwischen Unternehmensdarstellung** einerseits sowie **Mitteilung über den Handel der Aktien und einer etwaigen Privatplatzierung** anderseits vornehmen.[148] Nicht anders verhält es sich bei Inanspruchnahme (sonstiger) außerbörslicher Handelssysteme (ATS) im Anschluss an eine Privatplatzierung.[149] 69

Dagegen können Angaben zum **aktuellen Kurs**, zum **Ausübungspreis**, zur **Laufzeit** und zu den **Ausübungsmodalitäten** die Prospektpflicht auslösen,[150] ebenso der Hinweis auf **bestehende Erwerbsmöglichkeiten**.[151] Sofern solche detaillierten Hinweise – unter Mitverursachung des Emittenten/Anbieters – in **elektronisch betriebenen Informationssystemen** (wie Reuters, Bloomberg) oder in anderen Medien in Verbindung mit einer konkreten Möglichkeit zum Erwerb der Wertpapiere zu finden sind, liegt grundsätzlich ein öffentliches Angebot des Emittenten/Anbieters vor.[152] Anders liegen die Dinge, wenn das Informationssystem die Informationen selbstständig generiert und veröffentlicht (siehe auch unten Rn. 125). 70

---

145 *Ritz/Zeising*, in: Just/Voß/Ritz/Zeising, WpPG, § 2 Rn. 159 f.; *von Kopp-Colomb/Knobloch*, in: Assmann/Schlitt/von Kopp-Colomb, WpPG/VerkProspG, § 2 WpPG Rn. 35.
146 *Wiegel*, Die Prospektrichtlinie und Prospektverordnung, S. 155 f.; *Schnorbus*, AG 2008, 389, 396.
147 Seit dem 1.7.2012 ist eine Notierungsaufnahme im Entry Standard des Freiverkehrs auf Grundlage eines kurzen, nicht öffentlichen Exposés nicht mehr möglich. Nach § 17 Abs. 1a der geänderten AGB der Deutschen Börse AG für den Freiverkehr an der Frankfurter Wertpapierbörse ist nunmehr jeder Emittent bei Aufnahme in den „Entry Standard" verpflichtet, ein öffentliches Angebot vorzunehmen und damit auch einen Wertpapierprospekt zu erstellen. Andere Regionalbörsen erlauben aber nach wie vor, dass unter bestimmten Voraussetzungen die Einbeziehung von Aktien und insbesondere von Schuldverschreibung auf Basis eines nicht-öffentlichen Exposés ohne Erstellung und Veröffentlichung eines Wertpapierprospekts erfolgt (vgl. §§ 8, 9, 11 der Geschäftsbedingungen für den Freiverkehr an der Börse Berlin vom 1.11.2012; § 14 Geschäftsbedingungen der Börse Düsseldorf AG für den Freiverkehr an der Börse Düsseldorf vom 20.8.2013; § 8 AGB-Freiverkehr der Hanseatische Wertpapierbörse Hamburg vom 12.9.2013).
148 *Sudmeyer/Rückert/Kuthe*, BB 2005, 2703, 2705; *Ekkenga/Maas*, Das Recht der Wertpapieremissionen, § 2 Rn. 112; *Grosjean*, in: Heidel, Aktienrecht und Kapitalmarktrecht, § 2 WpPG Rn. 26.
149 *Dittrich*, Die Privatplatzierung im deutschen Kapitalmarktrecht, S. 120; *Ekkenga/Maas*, Das Recht der Wertpapieremissionen, § 2 Rn. 112; *Schnorbus*, AG 2008, 389, 397.
150 Vgl. *BAWe*, Bekanntmachung zum Wertpapier-Verkaufsprospektgesetz, unter I. 2., S. 3 f.; *Ritz*, in: Assmann/Lenz/Ritz, VerkProspG, § 1 Rn. 54.
151 *Schnorbus*, AG 2008, 389, 397; vgl. ferner *Ritz*, in: Assmann/Lenz/Ritz, VerkProspG, § 1 Rn. 54.
152 Vgl. *Leuering*, Der Konzern 2006, 4, 8; *Schnorbus*, AG 2008, 389, 397.

§ 2   Begriffsbestimmungen

71 Insgesamt erfordert die prospektfreie Einbeziehung von Wertpapieren in den Freiverkehr (soweit noch zulässig) **erhebliche Zurückhaltung des Anbieters, insbesondere im Hinblick auf Informationen über das Unternehmen und die Bedingungen der Emission**.[153] Besonders öffentlichkeitswirksame Maßnahmen (Road Shows, Unternehmenspräsentationen, Interviews) sollten für einen gewissen Zeitraum nach Einbeziehung generell vermieden werden. Die Webseite sollte keine Links enthalten, die zu über reine Emissionsdaten hinausgehenden Informationen (wie etwa zu Börsenportalen, Betreibern von Wertpapieranalysen etc.) oder gar zu Wertpapierdienstleistungsunternehmen (z. B. Broker, Banken) führen.[154] In jedem Fall sollte bei Bekanntmachungen gleichzeitig der Hinweis erfolgen, dass die betreffenden Wertpapiere lediglich von bestimmten Personengruppen (z. B. i. S. d. § 3 Abs. 2 Nr. 1 oder Nr. 2) erworben werden können (Private Placement Disclaimer, vgl. dazu auch § 3 Rn. 16 ff.). In diesem Fall sollte konkret der betreffende Ausnahmetatbestand zitiert werden.[155]

bb) Bezugsangebote und ihre Abwicklung durch Depotbanken

aaa) Grundlagen

72 **Bezugsrechtsangebote auf Aktien** nach § 186 Abs. 2 oder Abs. 5 AktG galten lange Zeit nicht als **öffentliches Angebot** der Aktiengesellschaft, der KGaA bzw. der SE als Emittenten. Wurden im Zusammenhang mit der Kapitalerhöhung Bezugsrechte ausgegeben, so lag nach ständiger Verwaltungspraxis der BaFin[156] und der Literatur[157] in der entsprechenden Veröffentlichung kein öffentliches Angebot der Bezugsaktien, solange sie sich erkennbar nur an die Gruppe der Altaktionäre als begrenzten Personenkreis wendete. Vielmehr galt das bloße Bezugsangebot als bloße Mitteilung von Tatsachen (den gesetzlich bestehenden Bezugsrechten), die sich erkennbar nicht an das Publikum richtet, sondern an bestehende

---

153 Näher *Grosjean*, in: Heidel, Aktienrecht und Kapitalmarktrecht, § 2 WpPG Rn. 26; *Ritz/Zeising*, in: Just/Voß/Ritz/Zeising, WpPG, § 2 Rn. 157 u. 161; vgl. auch *Österreichische Finanzmarktaufsicht*, Rundschreiben der Finanzmarktaufsicht vom 29.3.2007 zu Fragen der Umsetzung der Prospektrichtlinie im Kapitalmarktgesetz und Börsegesetz, S. 5.
154 *Grosjean*, in: Heidel, Aktienrecht und Kapitalmarktrecht, § 2 WpPG Rn. 26; *Ritz*, in: Assmann/Lenz/Ritz, VerkProspG, § 1 Rn. 58.
155 *Ritz*, in: Assmann/Lenz/Ritz, VerkProspG, § 1 Rn. 54.
156 *BaFin*-Workshop: 100 Tage WpPG, Rechtsfragen aus der Anwendungspraxis, Präsentation vom 3.11.2005, S. 4; *BaFin*, Ausgewählte Rechtsfragen in der Aufsichtspraxis, Präsentation vom 4.9.2007, S. 5; *BAWe*, Bekanntmachung zum Wertpapier-Verkaufsprospektgesetz, unter I. 2. f), S. 4; vgl. auch *Österreichische Finanzmarktaufsicht*, Rundschreiben der Finanzmarktaufsicht vom 29.3.2007 zu Fragen der Umsetzung der Prospektrichtlinie im Kapitalmarktgesetz und Börsegesetz, S. 4.
157 *Krug*, BKR 2005, 302, 306; *Holzborn/Israel*, ZIP 2005, 1668, 1668 f.; *Schlitt/Schäfer*, AG 2005, 498, 500; *Leuering*, Der Konzern 2006, 4, 6; *Schnorbus*, AG 2008, 389, 397; *Angersbach/v. d. Chevallerie/Ulbricht*, ZIP 2009, 1302, 1303; *Heise*, in: Assies/Beule/Heise/Strube, Bank- und Kapitalmarktrecht, S. 1158 Rn. 259; *Schanz/Schalast*, Wertpapierprospekte – Markteinführungspublizität nach EU-Prospektverordnung und Wertpapierprospektgesetz 2005, HfB – Working Paper Series No. 74, S. 11; **a. A.** *Wiegel*, Die Prospektrichtlinie und Prospektverordnung, 2008, S. 156 ff. (mit Verweis auf Stellungnahmen der CESR (CESR-Frequently Asked Questions, Frage 33), Stellungnahmen der Kommission (Summary record, 4th Informal Meeting on Prospectus Transposition – 8 March 2005, MARKT/G3/WG D(2005), S. 2 (erhältlich unter http://ec.europa.eu/in ternal_market/secu rities/docs/prospectus/summary-note-050308_en.pdf) sowie auf das Zusammenspiel mit Art. 4 Abs. 1 a) der Prospektrichtlinie).

II. Legaldefinitionen § 2

Aktionäre, die über die entsprechenden Informationen verfügen und damit nicht so schützenswert sind wie Anleger bei einem Erstinvestment.[158]

Die BaFin war zusammen mit der österreichischen Aufsichtsbehörde die einzige Behörde in Europa, die reine Bezugsrechtsemissionen ohne Prospekt erlaubte. Durch die Änderungsrichtlinie (vgl. Vor §§ 1 ff. Rn. 4 ff., Rn. 8) ist die unterschiedliche Praxis der Mitgliedstaaten bezüglich der Bezugsrechtsemissionen angeglichen worden, was bis zum 30.6.2012 in nationales Recht umzusetzen war. So gilt gemäß **Art. 7 Abs. 2g) der Prospektrichtlinie** in der Fassung der Änderungsrichtlinie für Bezugsrechtsemissionen eine Prospektpflicht („angemessene Offenlegungsregelungen"). Speziell für Bezugsrechtsemissionen gelten jedoch auch Erleichterungen in Form reduzierter Prospektanforderungen, ohne dass dadurch der Schutz der Anleger gemindert werden soll.[159] Die ebenfalls am 1.7.2012 in Kraft getretene **Neufassung der EU-Prospektverordnung enthält einen neuen Art. 26a und neue Anhänge XXIII und XXIV, die Vereinfachungen für Bezugsrechtskapitalerhöhungen vorsehen**. Aus diesen Regelungen in der Prospektrichtlinie und der ProspektVO ergibt sich für die BaFin (und damit für die Rechtspraxis), **dass seit dem 1.7.2012 Bezugsangebote grundsätzlich prospektpflichtig sind**.[160]

73

Erstaunlich ist, dass das Gesetz zur Umsetzung der Änderungsrichtlinie im reformierten WpPG bezüglich Bezugsangeboten keine explizite Regelung getroffen hat, obwohl eine Klarstellung in § 2 Nr. 4 durchaus auf der Hand lag und für die Praxis wünschenswert gewesen wäre. Gab es in der Vergangenheit keine Regelung im WpPG, die Bezugsangebote ausdrücklich vom öffentlichen Angebot ausnahm, gibt es nunmehr im WpPG keine Aussage, nach der Bezugsangebote als öffentliche Angebote anzusehen sind.[161] Daher **scheint der pauschale Ansatz der BaFin, jedwede Bezugsrechtsemission der Prospektpflicht zu unterstellen, zu weitgehend**. Vielmehr ist auf Grundlage einer wertenden, funktionalen Betrachtung anhand des Schutzzwecks des WpPG für jeden Einzelfall zu klären, ob das Angebot öffentlich ist oder nicht (vgl. im Einzelnen Rn. 33 ff.). Im Rahmen der richtlinienkonformen Auslegung des § 2 Nr. 4 ist dabei jedenfalls die Wertung des Art. 7 Abs. 2g) der Prospektrichtlinie in der Fassung der Änderungsrichtlinie zu berücksichtigen mit der Folge, dass die begrenzte Anzahl oder die Bestimmbarkeit des Adressatenkreises (bestehende Aktionäre) keinen Ausschlag geben kann (vgl. auch Rn. 73). Umgekehrt kann es nicht zweifelhaft sein, dass qualitative Kriterien wie persönliche Kontakte, individuelle Ansprache und/oder mangelndes Informationsbedürfnis weiterhin ausschlaggebend dafür sein können, dass ein Bezugsrechtsangebot nicht als öffentlich anzusehen ist. Das ist z. B. der Fall bei einem Bezugsrechtsangebot einer Familien-AG, deren Aktionäre über Poolvereinbarungen gebunden sind. Gegenüber der Rechtslage vor dem 1.7.2012 bedeutet das, dass Bezugsrechtsemissionen an Altaktionäre **nicht mehr per se von der Prospektpflicht**

74

---

158 Vgl. *BaFin*, Ausgewählte Rechtsfragen in der Aufsichtspraxis, Präsentation vom 4.9.2007, S. 5; *Krug*, BKR 2005, 302, 306; *Schnorbus*, AG 2008, 389, 397.
159 Vgl. Erwägungsgrund 18 der Änderungsrichtlinie; Entwurf des Rats 17451/1/09 REV 1, 4.2.2010, Erwägungsgrund 11 (S. 8); Kommissionsentwurf 2009/491 zur Änderung der Prospektrichtlinie vom 23.9.2009, S. 8.
160 Vgl. *Henningsen*, BaFinJournal 09/12, 5, 7; vgl. ferner *Berrar/Wiegel*, CFL 2012, 97, 108; *Brocker/Wohlfarter*, BB 2013, 393, 394; *Groß*, Kapitalmarktrecht, § 2 WpPG Rn. 18a.
161 Vgl. *Oltmanns/Zöllter-Petzoldt*, NZG 2013, 489, 489; *Leuering/Stein*, NJW Spezial 2012, 591, 592.

§ 2 Begriffsbestimmungen

ausgenommen sind, sondern eine Einzelfallprüfung stattzufinden hat, **die tendenziell, aber nicht zwingend** zur Annahme einer Prospektpflicht führt.[162]

bbb) Erwerbsmöglichkeiten durch Dritte sowie Privatplatzierungen

75 Ein **öffentliches Angebot** liegt stets vor, wenn die Mitteilung über ihren obligatorischen/ technischen Gehalt hinaus auch eine **Kaufmöglichkeit durch Dritte** eröffnet.[163] So ist die Formulierung „*... Bereitschaft der Bezugsstelle, den An- und Verkauf von Bezugsrechten zu vermitteln*" nach Auffassung der BaFin als öffentliches Angebot zu qualifizieren, wenn darin keine ausdrückliche Beschränkung auf den Kreis der Altaktionäre enthalten ist.[164] Weiter liegt ein öffentliches Angebot bei einem vom Emittenten organisierten Bezugsrechtshandel vor;[165] dies gilt unabhängig von der Plattform (außerbörslich, Internet, Freiverkehr oder regulierter Markt).

76 **Keine Prospektpflicht besteht dagegen bei Privatplatzierungen** von Aktien – z.B. auf der Grundlage des § 3 Abs. 2 Satz 1 Nr. 1 – im Zusammenhang mit einer Bezugsrechtsemission,[166] unabhängig davon, ob diese Aktien vor, während oder nach Ende der Bezugsfrist institutionellen Investoren angeboten werden. Diese Aktien stammen aus einer parallel durchgeführten bezugsfreien Kapitalerhöhung und/oder wurden im Rahmen der Bezugsemission nicht bezogen und auf diesem Wege marktnah platziert (sog. „*Rump Placement*").

ccc) Abwicklung des Bezugsangebots

77 Unschädlich sind bloße technische **Maßnahmen der Abwicklung** wie die Benachrichtigung über die Einbuchung von Bezugsrechten sowie die Versendung bzw. Weiterleitung der Bezugsangebote **durch die Depotbanken** an die Depotinhaber im Inland.[167] Dadurch wird grundsätzlich kein öffentliches Angebot begründet, weder durch den Emittenten noch durch die Depotbank, sondern die Bank erfüllt vorrangig ihre vertraglichen Pflichten aus dem Depotvertrag. Diese Grundsätze gelten aber nur für die technische Abwicklung des Bezugsangebots **innerhalb Deutschlands**. Maßgeblich hierfür ist der Sitz der jeweiligen Depotbank. Eine Abwicklung des Bezugsangebots gegenüber ausländischen Aktionären

---

162 Zutreffend *Leuering/Stein*, NJW Spezial 2012, 591, 592; vgl. auch *Brocker/Wohlfarter*, BB 2013, 393, 394; *Oltmanns/Zöllter-Petzoldt*, NZG 2013, 489, 489 Fn. 4.

163 *Ritz/Zeising*, in: Just/Voß/Ritz/Zeising, WpPG, § 2 Rn. 112; *Hamann*, in: Schäfer/Hamann, Kapitalmarktgesetze, § 2 WpPG Rn. 34; *Schnorbus*, AG 2008, 389, 397.

164 *BAWe*, Bekanntmachung zum Wertpapier-Verkaufsprospektgesetz, unter I. 2. f), S. 4; *Ritz*, in: Assmann/Lenz/Ritz, VerkProspG, § 1 Rn. 27 zu § 1 VerkProspG Rn. 67 f.

165 *BaFin*, Ausgewählte Rechtsfragen in der Aufsichtspraxis, Präsentation vom 4.9.2007, S. 5. Diese Auffassung ist allerdings zwischen den EU-Mitgliedstaaten streitig.

166 *Krug*, BKR 2005, 302, 306 f.; *Schnorbus*, AG 2008, 389, 397; *Heidelbach*, in: Schwark/Zimmer, KMRK, § 2 WpPG Rn. 22; vgl. auch *Österreichische Finanzmarktaufsicht*, Rundschreiben der Finanzmarktaufsicht vom 29.3.2007 zu Fragen der Umsetzung der Prospektrichtlinie im Kapitalmarktgesetz und Börsengesetz, S. 4.

167 BT-Drucks. 14/4999, S. 28; *Schlitt/Schäfer*, AG 2005, 498, 500; *Schnorbus*, AG 2008, 389, 397; *Keunecke*, Prospekte im Kapitalmarkt, Rn. 172; *Grosjean*, in: Heidel, Aktienrecht und Kapitalmarktrecht, § 2 WpPG Rn. 24; *Ritz/Zeising*, in: Just/Voß/Ritz/Zeising, WpPG, § 2 Rn. 104; *von Kopp-Colomb/Knobloch*, in: Assmann/Schlitt/von Kopp-Colomb, WpPG/VerkProspG, § 2 WpPG Rn. 34; *Heidelbach*, in: Schwark/Zimmer, KMRK, § 2 WpPG Rn. 22.

findet somit auch dann innerhalb Deutschlands statt, wenn das Wertpapierdepot in Deutschland liegt.

Bei **grenzüberschreitenden Bezugsangeboten** kommt es auf die Aufsichtspraxis in der jeweiligen anderen Jurisdiktion, insbesondere in den jeweiligen Mitgliedstaaten der EU und in den USA, an. Nach ESMA stellt die **Weitergabe von Informationen durch eine Depotbank** an Kunden innerhalb eines Mitgliedstaates über die Existenz des Bezugsrechts im Zusammenhang mit einem öffentlichen Bezugsangebot innerhalb eines anderen Mitgliedstaates oder eines Drittstaates grundsätzlich kein öffentliches Angebot durch die Depotbank dar.[168] Ein öffentliches Angebot der Depotbank liegt nach ESMA aber dann vor, wenn eine Depotbank (i) die ausländischen Gesellschafter mit dem Bezugsangebot oder ähnlichen Informationen, die eine Entscheidung über die Ausübung des Bezugsrechts ermöglichen, versorgt und (ii) dabei im Auftrag des Emittenten bzw. des Anbieters handelt.[169]

Überzeugend ist diese Sicht von ESMA nicht, da allein die Grenzüberschreitung kein Merkmal für ein öffentliches Angebot ist. Jedenfalls gelten diese Einschränkungen durch die ESMA-Auffassung jedenfalls dann nicht, wenn die Distribution des Bezugsangebots auf Grundlage eines Ausnahmetatbestandes entsprechend den §§ 3 Abs. 2, 4 Abs. 1 (bzw. den entsprechenden Regeln der anderen Mitgliedstaaten auf Basis der Prospektrichtlinie) erfolgt. Demnach stellt z. B. die **Weiterleitung des Bezugsangebots an institutionelle Investoren** im Ausland nach Maßgabe des § 3 Abs. 2 Nr. 1 kein öffentliches Angebot der Depotbank bzw. des Emittenten dar.

ddd) Zulassung der Bezugsaktien zum Börsenhandel

Da nach der nunmehrigen Praxis der BaFin Bezugsangebote regelmäßig ein öffentliches Angebot begründen (Rn. 73), für das ein Prospekt zu erstellen und zu veröffentlichen ist, entschärft sich die Frage, inwieweit Aktien aus prospektfreien Bezugsangeboten ohne Prospekt zugelassen werden können. Der Angebotsprospekt kann gleichzeitig für die Zulassung verwendet werden.[170]

Soweit im Rahmen der Bezugsemission Aktien gleichwohl prospektfrei angeboten werden konnten (entweder weil kein öffentliches Angebot vorlag oder auf Grundlage von Ausnahmevorschriften nach § 3 Abs. 2) und diese Aktien später zum Handel an einem **organisierten Markt zugelassen** werden sollen (oder müssen), ist zu bedenken, dass eine prospektfreie Zulassung grundsätzlich nur nach **§ 4 Abs. 2 Nr. 1** in Betracht kommt (näher dazu unter § 4 Rn. 60 ff.). Prospektfreie Bezugsrechtsemissionen können daher in der Praxis üblicherweise nicht mehr als 10% (minus eine Aktie) des an der Börse zugelassenen Grundkapitals umfassen, es sei denn, dass unter bestimmten Voraussetzungen auch die Ausnahme des **§ 4 Abs. 2 Nr. 7** genutzt werden kann, um die Bezugsaktien – ohne Beschränkung hinsichtlich der Anzahl der Aktien – zuzulassen (näher dazu unter § 4 Rn. 90 ff., 104 ff.).

---

168 ESMA-Questions and Answers – Prospectuses (25th Updated Version – July 2016), Nr. 42 (Rights issue: communication by a custodian), S. 36; vgl. *Schnorbus*, AG 2008, 389, 398.
169 ESMA-Questions and Answers – Prospectuses (25th Updated Version – July 2016), Nr. 42 (Rights issue: communication by a custodian), S. 36; vgl. *Schnorbus*, AG 2008, 389, 398.
170 *Schulz/Hartig*, WM 2014, 1567, 1570; *Brocker/Wohlfarter*, BB 2013, 393, 395; *Groß*, Kapitalmarktrecht, § 2 WpPG Rn. 18a.

§ 2 Begriffsbestimmungen

eee) Bezugsangebote für eigenkapitalähnliche Finanzinstrumente

82 Die Grundsätze nach Rn. 72 ff. gelten gleichermaßen für Bezugsrechtsangebote in Bezug auf **Wandel- und Optionsanleihen (einschließlich Pflichtwandelanleihen), Genussrechtskapital sowie sonstige eigenkapitalähnliche Finanzinstrumente**, die jeweils dem gesetzlichen Bezugsrecht der Aktionäre nach § 221 Abs. 4 AktG unterfallen.[171] Die prospektfreie Zulassung der nach der Ausübung des Wandel- oder Bezugsrechts ausgegebenen neuen Aktien ist dann jedoch auf Grundlage des **§ 4 Abs. 2 Nr. 7** möglich, der grundsätzlich keine Beschränkung hinsichtlich der Anzahl der Aktien vorsieht (vgl. § 4 Rn. 90 ff., 104 ff.).

cc) Prospektpflicht beim Debt-to-Equity-Swap

aaa) Debt-to-Equity-Swap gem. § 5 Abs. 3 Satz 1 Nr. 5 SchVG

83 Die **Einladung zur Gläubigerversammlung**, auf welcher der Debt-to-Equity-Swap gem. § 5 Abs. 3 Satz 1 Nr. 5 SchVG beschlossen werden soll, als auch der anschließende eigentliche **Umtausch der Schuldverschreibungen in Aktien**, löst – **entgegen der Verwaltungspraxis der BaFin**[172] – **mangels öffentlichen Angebots i. S. d. § 2 Nr. 4 WpPG keine Prospektpflicht gem. § 3 Abs. 1 WpPG** aus.[173] Das Angebot ist bei der gebotenen wertenden Betrachtung nicht „öffentlich" i. S. d. § 2 Nr. 4 WpPG. Der Gesetzgeber hat in § 16 SchVG ein eigenes Informationsrecht der Gläubiger statuiert, auf ein spezielles Informationsdokument aber im Hinblick auf das eigene, abschließende Informationsregime des SchVG bewusst verzichtet.[174] Ziel des SchVG 2009 ist es, eine rasche Entscheidung der Gläubiger ohne unnötige Hürden auf Grundlage vollständiger Informationen zu gewährleisten.[175] Auch im Fall der Schuldnerersetzung (§ 5 Abs. 3 Nr. 10 SchVG) ist kein Informationsdokument zugunsten des neuen Schuldners vorgesehen. Ist aber nach der gesetzlichen Wertung selbst im Falle eines neuen Schuldners kein Informationsdokument erforder-

---

171 *Schnorbus*, AG 2008, 389, 398; *Ritz/Zeising*, in: Just/Voß/Ritz/Zeising, WpPG, § 2 Rn. 105; *Zeising*, in: Just/Voß/Ritz/Zeising, WpPG, § 3 Rn. 41.

172 Vgl. Wertpapierprospekt der ESCADA Aktiengesellschaft vom 26.6.2009, der ein Umtauschangebot von Anleihen zum Gegenstand hatte. Die Praxis hilft sich damit, dass Anleihegläubigerversammlung und die Hauptversammlung nicht den direkten Umtausch von Schuldverschreibungen in neue Aktien, sondern den Umtausch der Schuldverschreibungen in Erwerbsrechte auf neue Aktien beschließen. Durch die Schaffung von Erwerbsrechten, die die Anleihegläubiger erst ab einem bestimmten Zeitpunkt zum Erwerb von Wertpapieren berechtigen, muss der Gläubiger in der Anleihegläubigerversammlung auch nach der Praxis der BaFin keine Anlageentscheidung treffen. Diese Anlageentscheidung trifft er erst dann, an wenn die Erwerbsrechte ausgeübt werden können. Dabei hat der Anleihegläubiger die Wahl, ob er an Stelle der bisherigen Schuldverschreibungen Aktien der Gesellschaft bezieht oder diese zu seinen Gunsten (z. B. über die Börse) verwerten lässt. Erst der Beginn der Erwerbsfrist begründet den Beginn des öffentlichen Angebots (vgl. *Becker/Pospiech*, NJW-Spezial 2014, 591, 592; *Schneider*, AG 2016, 341, 345).

173 *Cahn/Hutter/Kaulamo/Meyer/Weiß*, WM 2014, 1309, 1315; *Groß*, Kapitalmarktrecht, § 2 WpPG Rn. 10 a. E.; *Heidelbach*, in: Schwark/Zimmer, KMRK, § 2 WpPG Rn. 25; *Bliesener/Schneider*, in: Langenbucher/Bliesener/Spindler, Bankrechts-Kommentar, § 5 Rn. 26; **a. A.**: *Friedl/Schmidtbleicher*, in: Friedl/Hartwig-Jacob, SchVG, § 5 Rn. 59 ff.; *Becker/Pospiech*, NJW 2014, 591; *Schneider*, AG 2016, 341, 344 f.

174 *Cahn/Hutter/Kaulamo/Meyer/Weiß*, WM 2014, 1309, 1314; *Bliesener/Schneider*, in: Langenbucher/Bliesener/Spindler, Bankrechts-Kommentar, § 5 Rn. 26 a. E.; **a.A.**: *Schneider*, AG 2016, 341, 344 f.; *Friedl/Schmidtbleicher*, in: Friedl/Hartwig-Jacob, SchVG, § 5 Rn. 63.

175 BT-Drucks. 16/12814, S. 14.

lich, muss dies erst Recht im Falle der Umwandlung von Anleihen in Aktien desselben Emittenten gelten.

Gestützt wird dieses Verständnis auch durch einen systematischen Vergleich zu Umwandlungsvorgängen nach dem UmwG. Auch diese stellen kein öffentliches Angebot dar, wenn die Betroffenen vor Umwandlung schon Wertpapiere halten und keine Zuzahlungen für den Erwerb leisten sollen (vgl. Rn. 54 und § 4 Rn. 27).[176] In all diesen Fällen geht es bei der Einladung zur Hauptversammlung um die Abgabe einer für die relevante Strukturmaßnahme gesetzlich erforderlichen Stimmerklärung, nicht aber um die Abgabe einer freiwilligen Zeichnungserklärung. Wie das SchVG regelt auch das UmwG das Informationsbedürfnis und die Informationsrechte eigenständig und abschließend. Auch findet die Umwandlung von Fremdkapital in Eigenkapital kraft Gesetzes statt, sofern 75% der an der Versammlung teilnehmenden Stimmrechte dafür votieren; eine individuelle Annahmeerklärung durch den einzelnen Gläubiger ist weder nötig noch möglich,[177] so dass es an einer Investitionsentscheidung des Gläubigers fehlt (vgl. Rn. 53 f.).[178]

84

bbb) Debt-to-Equity-Swap gem. § 225 Abs. 2 Satz 1 InsO

Auch im Insolvenzplan kann ein Debt-to-Equity-Swap vorgesehen werden, § 225a Abs. 2 Satz 1 InsO.[179] Diese Umwandlung löst per se keine Prospektpflicht aus.[180] Dies ergibt die gebotene wertende Betrachtung. Es besteht kein Informationsbedürfnis. Die Gläubiger werden durch den Insolvenzplan detailliert über die wirtschaftliche Lage des Emittenten informiert.[181] Zudem sind die angesprochenen Gläubiger bestimmbar, denn die Identität der Gläubiger ergibt sich aus der Insolvenztabelle. Zwar gilt der Insolvenzplan auch für Insolvenzgläubiger, die ihre Forderung nicht angemeldet haben, § 254b InsO.[182] An die nicht angemeldeten Gläubiger richtet sich das Angebot jedoch nicht, denn nur die eingetragenen Gläubiger werden um ihre Zustimmung ersucht (§ 225a Abs. 2 InsO i.V.m. § 230 Abs. 2 InsO).

85

---

176 *Cahn/Hutter/Kaulamo/Meyer/Weiß*, WM 2014, 1309, 1315.
177 *Bliesener/Schneider*, in: Langenbucher/Bliesener/Spindler, Bankrechts-Kommentar, § 5 Rn. 26.
178 Sofern weiter für dieses Ergebnis angeführt wird, dass die Entscheidung, in Wertpapiere des Emittenten zu investieren, mit der Zeichnung der Anleihe getroffen wurde (*so Cahn/Hutter/Kaulamo/Meyer/Weiß*, WM 2014, 1309, 1314 f.), ist dies nicht vollauf überzeugend. Die Investitionsentscheidung betraf ein Fremdkapitalinstrument und nicht eine Investition in das Eigenkapital. Eine Investition in das Fremdkapital eines Emittenten weist aber eine andere Risikostruktur als eine Eigenkapitalinvestition auf, so dass es sich um eine andere Investitionsentscheidung handelt. Dass das Informationsbedürfnis ein anderes ist, spiegelt sich auch in dem Umfang der Information wider, die nach der Prospektverordnung in einem Prospekt betreffend das Angebot von Anleihen oder Aktien enthalten sein muss.
179 Streitig ist, ob auch nach Insolvenzeröffnung § 5 Abs. 3 Nr. 5 SchVG anwendbar ist: dagegen *Thole*, ZIP 2014, 2365, 2373; *Friedl*, in: Friedl/Hartwig-Jacob, SchVG, § 19 Rn. 8; dafür: *Kessler/Rühle*, BB 2014, 907, 912 m.w.N.
180 So i. E. auch *Thole*, ZIP 2014, 2365, 2373, der vor allem die Prospektfreiheit aus einer Parallele zur Prospektfreiheit im Rahmen der Zwangsversteigerung ableitet; **a. A.** mit umfassender Begründung *Schneider*, AG 2016, 341, 345 ff.
181 Zum Inhalt des darstellenden Teils siehe etwa: *Braun*, in: Nerlich/Römermann, InsO (26. EL 2014), § 219 Rn. 42 ff.; so auch *Thole*, ZIP 2014, 2365, 2373.
182 BAG, NZI 2013, 1076.

§ 2 Begriffsbestimmungen

dd) Angebote an Mitarbeiter und Gesellschafter verbundener Unternehmen

86 Nach früherem Recht waren Angebote an Aktionäre von verbundenen Unternehmen (§ 2 Nr. 2 VerkProspG a. F.) sowie Angebote an Arbeitnehmer (§ 2 Nr. 3 VerkProspG a. F.) grundsätzlich von der Prospektpflicht befreit.[183] Auf Basis des WpPG hat sich diese Wertentscheidung **grundlegend geändert**, da das Gesetz keine mit den § 2 Nr. 2 u. 3 VerkProspG a. F. übereinstimmenden Ausnahmeregelungen mehr vorsieht und entsprechende Angebote sich am allgemeinen Begriff des öffentlichen Angebots messen lassen müssen. Aus der gesetzlichen Wertung des § 4 Abs. 1 Nr. 5 folgt vielmehr, dass allein die vertragliche Beziehung zwischen Arbeitnehmer und Arbeitgeber sowie die Fürsorgepflicht des Arbeitgebers nicht per se zu der Verneinung eines öffentlichen Angebots nach § 2 Nr. 4 führen,[184] auch Mitarbeiter sind prinzipiell als „Publikum" anzusehen.[185] Dies ergibt sich auch im Umkehrschluss aus der Ausnahmevorschrift des § 4 Abs. 1 Nr. 5; könnten Angebote an Mitarbeiter nicht öffentlich sein, wäre diese Ausnahmevorschrift obsolet. Gleiche Überlegungen gelten für gesellschaftsrechtliche Beziehungen zwischen Gesellschaft und Aktionär oder Angebote an Aktionäre verbundener Unternehmen.[186]

87 Entscheidend ist nunmehr, dass kein **Informationsbedürfnis** dahingehend besteht, erst nach Zugang zu einem Prospekt eine Investitionsentscheidung zu treffen, wenn dem Informationsbedürfnis auch anderweitig genügt werden kann (vgl. auch Rn. 39).[187] Der Umfang zur Verfügung zu stellender Informationen lässt sich z. B. nach dem Grad der Aus- und Vorbildung der betroffenen Investoren und/oder dem Umfang der Zugangsmöglichkeiten zu den Informationen, die generell in einem Prospekt zu veröffentlichen sind, bestimmen. Allein die Veröffentlichung von Informationen auf der Webseite des Arbeitgebers bzw. des Großaktionärs der Gesellschaft genügt vor diesem Hintergrund grundsätzlich nicht, erforderlich ist vielmehr eine individuelle und gezielte Information der betroffenen Investoren (z. B. durch Übersendung von aussagekräftigen Informationen). Demgegenüber sollten bei Beteiligungsprogrammen – je nach den Umständen des Einzelfalles – Angebote an ausgesuchte Vorstandsmitglieder oder Mitarbeiter auf der ersten oder zweiten Führungsebene nicht als öffentliches Angebot gelten.

---

183 Vgl. *BAWe*, Bekanntmachung zum Wertpapier-Verkaufsprospektgesetz, unter II. 1. und 2., S. 4 f.; *Heidelbach*, in: Schwark/Zimmer, KMRK, § 2 VerkProspG, Rn. 6 ff., 11 ff.

184 Vgl. *Giedinghagen*, BKR 2007, 233, 234; *Hamann*, in: Schäfer/Hamann, Kapitalmarktgesetze, § 2 WpPG Rn. 23; **vgl. aber auch** *Kollmorgen/Feldhaus*, BB 2007, 2756, 2757, 2758 ff. (Versuch einer teleologischen Reduktion des Begriffs des öffentlichen Angebots bei Mitarbeiterbeteiligungsprogrammen).

185 Ebenso zum WpPG: BT-Drucks. 16/2424, S. 4 (Antwort der Bundesregierung auf die Kleine Anfrage der Abgeordneten *Dr. Thea Dückert, Dr. Gerhard Schick, Kerstin Andreae*, weiterer Abgeordneter und der Fraktion BÜNDNIS 90/DIE GRÜNEN); **vgl. aber auch** *Kollmorgen/Feldhaus*, BB 2007, 2756, 2757, 2758 ff. (Versuch einer teleologischen Reduktion des Begriffs des öffentlichen Angebots bei Mitarbeiterbeteiligungsprogrammen).

186 *BaFin*-Workshop: 100 Tage WpPG, Rechtsfragen aus der Anwendungspraxis, Präsentation vom 3.11.2005, S. 4; *Grosjean*, in: Heidel, Aktienrecht und Kapitalmarktrecht, § 2 WpPG Rn. 21; *Assmann*, in: Assmann/Schütze, Handbuch des Kapitalanlagerechts, § 6 Rn. 56.

187 Vgl. *BaFin*, Workshop: 100 Tage WpPG, Rechtsfragen aus der Anwendungspraxis, Präsentation vom 3.11.2005, S. 3 f., 6; *Grosjean*, in: Heidel, Aktienrecht und Kapitalmarktrecht, § 2 WpPG Rn. 21 (für Angebote an Aktionäre verbundener Unternehmen); *Kollmorgen/Feldhaus*, BB 2007, 225, 226 (für Angebot an Mitarbeiter).

ee) Ausübung von Bezugs-, Options- oder Wandlungsrechten als öffentliches Angebot des Underlying

Fraglich ist, inwieweit das Angebot von Bezugs-, Options- oder Wandlungsrechten gleichzeitig auch ein Angebot des zugrunde liegenden Wertpapiers (*Underlying*) darstellen kann. Diese Frage wird insbesondere dann virulent, wenn das angebotene Recht nicht den Wertpapierbegriff erfüllt, aber das Underlying. Stimmen in der Literatur halten es im Zusammenhang mit Mitarbeiterbeteiligungsprogrammen in der Tat für möglich, dass die spätere Gewährung von Aktien bei Ausübung der Optionen ein öffentliches Angebot von Wertpapieren darstellen kann.[188] Die Prospektpflicht würde damit im Ergebnis nicht entfallen, sondern nur aufgeschoben und auf den Beginn des ersten Ausübungsfensters[189] verlagert werden.

Diese Auffassung ist nicht überzeugend.[190] Der Investor (bzw. der Arbeitnehmer im Falle von Mitarbeiterbeteiligungsprogrammen) trifft seine **Investitionsentscheidung zum Zeitpunkt des Erwerbs des Bezugs- bzw. Optionsrechts**. Nur in diesem Zusammenhang existiert eine Mitteilung an das Publikum mit ausreichenden Informationen, also ein kommunikativer Prozess seitens des Anbieters, der ein öffentliches Angebot i. S. d. § 2 Nr. 4 zu begründen vermag. Der spätere Erwerb der Aktien ist lediglich Konsequenz der Ausübung eines einseitigen Rechts, ohne dass hier erneut ein Kommunikationsprozess stattfindet und ein Angebot kreiert wird.[191] Auf Basis dieser Auffassung könnte z. B. bei Wandelanleihen somit sowohl in Bezug auf die Anleihe als auch in Bezug auf die später auszugebenden Aktien bereits zum Zeitpunkt des Angebots ein öffentliches Angebot vorliegen, was wenig Sinn ergibt. Soweit das Angebot des Optionsrechts nur deshalb kein öffentliches Angebot i. S. d. § 2 Nr. 4 darstellt, weil das Recht – etwa mangels Übertragbarkeit – nicht der Definition des Wertpapiers i. S. d. § 2 Nr. 1 entspricht, muss sich dieses nichtsdestoweniger an anderen rechtlichen Vorgaben messen lassen, insbesondere an den §§ 6 ff. VermAnlG (§§ 8 ff. VerkProspG a. F.).

Anders liegen die Dinge in Konstellationen, in denen der Erwerb der Optionen **automatisch und ohne weiteres Zutun zum Erwerb der Wertpapiere führt**.[192] Hier kann in der Tat bereits zum Zeitpunkt der Gewährung des Erwerbsrechts ein öffentliches Angebot des

---

188 Vgl. *Kollmorgen/Feldhaus*, BB 2007, 225, 225 f.; ferner *Apfelbacher/Metzner*, BKR 2006, 81, 82 Fn. 16; *Grunewald/Schlitt*, Einführung in das Kapitalmarktrecht, S. 218 Fn. 42; *Ritz/Zeising*, in: Just/Voß/Ritz/Zeising, WpPG, § 2 Rn. 145; vgl. auch *Kollmorgen/Feldhaus*, BB 2007, 2756, 2757.

189 So *Kollmorgen/Feldhaus*, BB 2007, 225, 225 f.; *Ritz/Zeising*, in: Just/Voß/Ritz/Zeising, WpPG, § 2 Rn. 145; wohl anders – Lieferung der Aktien infolge der Ausübung maßgeblich – *Apfelbacher/Metzner*, BKR 2006, 81, 82 Fn. 16.

190 Siehe auch ESMA-Questions and Answers – Prospectuses (25th Updated Version – July 2016), Nr. 5 (Share option schemes), S. 13; *Schlitt/Schäfer*, in: Assmann/Schlitt/von Kopp-Colomb, WpPG/VerkProspG, § 4 WpPG Rn. 25.

191 Die Tatsache, dass der Gesetzgeber Aktien, die nach Ausübung von Umtausch- oder Bezugsrechten ausgegebenen werden, lediglich in § 4 Abs. 2 Nr. 7 von der Prospektpflicht für die Zulassung, nicht aber in § 4 Abs. 1 von der Prospektpflicht für das Angebot ausnimmt, ergibt nur dann Sinn, wenn der Gesetzgeber die bloße Ausübung von derartigen Umtausch- oder Bezugsrechten nicht als öffentliches Angebot i. S. d. § 2 Nr. 4 ansieht.

192 Anders *Ritz/Zeising*, in: Just/Voß/Ritz/Zeising, WpPG, § 2 Rn. 145 f., wonach eine Prospektpflicht generell gegeben ist und die Frage, ob eine automatische Ausübung der Option stattfindet, alleine für den Zeitpunkt der Prospektpflicht relevant ist.

§ 2 Begriffsbestimmungen

Underlying vorliegen.[193] Wirtschaftlich betrachtet handelt es sich nämlich um nichts anderes als Angebote auf noch nicht existierende bzw. noch zu emittierende Wertpapiere bzw. aufschiebend oder auflösend bedingte Angebote, die nach allgemeinen Grundsätzen die Merkmale eines öffentlichen Angebots erfüllen können (vgl. auch Rn. 45). In diese Kategorie fällt auch das Angebot von Anteilen an einer Gesellschaft, deren Anteile nicht den Wertpapierbegriff erfüllen (GmbH, KG), wenn diese Gesellschaft in eine AG, KGaA oder SE umgewandelt werden soll und diese Umwandlung automatisch, d. h. ohne weitere Entscheidung des betreffenden Investors erfolgt.[194] Wertungsmäßig ist dieses Angebot als aufschiebend bedingter Verkauf von Aktien einer zukünftigen AG etc. zu werten; insofern sind §§ 6 ff. VermAnlG (§§ 8 fff. VerkProspG a. F.) nicht anwendbar. Weiter sind auch **Missbrauchsfälle** denkbar, etwa wenn ein Angebot von Aktien rechtsmissbräuchlich als Option getarnt wird; hier kann im Zeitpunkt der Ausübung der Option ein öffentliches Angebot begründet werden.[195]

ff) Gratisangebote

92 Gratisangebote (*free offers*) fallen nicht unter den Begriff des öffentlichen Angebots nach § 2 Nr. 4.[196] Daher ist der Emittent nicht verpflichtet, einen Prospekt für Wertpapiere zu veröffentlichen, die er ohne Gegenleistung anbietet. Überlegung hierfür ist, dass es an einer **Investitionsentscheidung** sowie an einem **Informationsbedürfnis fehlt**. Für die Prospektfreiheit von Gratisangeboten spricht auch der Ausnahmetatbestand des § 3 Abs. 2 Nr. 5 (Verkaufspreis der angebotenen Wertpapiere unter € 100.000). Ist die Gegenleistung gleich null, liegt der Verkaufspreis denknotwendig in jedem Fall unter € 100.000. Das ist unabhängig davon der Fall, ob der Empfänger eine Wahl zur Annahme des Gratisangebots hat oder nicht.

93 Diese Überlegungen sind auch dann anzuwenden, wenn der Investor zunächst, beispielsweise als Mitarbeiter, eine nicht übertragbare Option auf kostenlose Zuteilung von Aktien erhält, welche nach Ablauf eines bestimmten Zeitraumes gewandelt wird (teilweise als *restricted securities oder restricted stock units (RSUs)* bezeichnet, vgl. Rn. 16). Die zugeteilten Rechte sind selbst keine Wertpapiere, da sie nicht übertragbar sind. Auch der spätere Umtausch in Aktien führt nicht dazu, die Zuteilung der Rechte als bedingtes Angebot auf Wertpapiere anzusehen, da die Zuteilung ohne eine eigene Willenserklärung des Begünstigten erfolgte, ein öffentliches Angebot aber eine Entscheidung des Investors voraussetzt.

---

193 Vgl. *Kollmorgen/Feldhaus*, BB 2007, 225, 225 f.
194 *Ritz*, in: Assmann/Lenz/Ritz, VerkProspG, § 1 Rn. 29.
195 ESMA-Questions and Answers – Prospectuses (25th Updated Version – July 2016), Nr. 5 (Share option schemes), S. 13; *Holzborn/Mayston*, in: Holzborn, WpPG, § 4 Rn. 10 a. E.
196 ESMA-Questions and Answers – Prospectuses (25th Updated Version – July 2016), Nr. 6 (Free offers), S. 13; BT-Drucks. 16/2424, S. 5 (Antwort der Bundesregierung auf die Kleine Anfrage der Abgeordneten *Dr. Thea Dückert, Dr. Gerhard Schick, Kerstin Andreae*, weiterer Abgeordneter und der Fraktion BÜNDNIS 90/DIE GRÜNEN); *Wiegel*, Die Prospektrichtlinie und Prospektverordnung, S. 158 f.; *Kollmorgen/Feldhaus*, BB 2007, 225, 227; *Giedinghagen*, BKR 2007, 233, 234; *Land/Hallermayer*, DB 2014, 1001, 1002 f.; *Grosjean*, in: Heidel, Aktienrecht und Kapitalmarktrecht, § 2 WpPG Rn. 22; *von Kopp-Colomb/Knobloch*, in: Assmann/Schlitt/von Kopp-Colomb, WpPG/VerkProspG, § 2 WpPG Rn. 44; zum VerkProspG *von Kopp-Colomb/Lenz*, BKR 2002, 5, 5.

Kein Gratisangebot liegt dagegen vor, wenn Mitarbeiter einen Teil ihres Gehalts aufwen- 94
den müssen oder wenn mit dem Erwerb – abgesehen von dem Wertverlust des Wertpapiers
– weitere (mittelbare) Kosten[197] oder besondere Risiken verbunden sind, wie etwa **Steuerzahlungen**, **Nachschusspflichten** oder sonstige **Nebenleistungspflichten**. Weiter zu beachten sind **verdeckte Gegenleistungen**, insbesondere beim Gratisangebot von Wertpapieren an Mitarbeiter.[198] Soweit allerdings Gratisaktien nicht offensichtlich als Ersatz für Gehaltsbestandteile gewährt werden, kann bei einem Mitarbeiterbeteiligungsprogramm nicht ohne weiteres von einer verdeckten Gegenleistung gesprochen werden – z. B. mit dem Argument, dass die Arbeitnehmer ein höheres Entgelt erhalten würden, sofern eine Beteiligung an dem Mitarbeiterbeteiligungsprogramm nicht zur Verfügung stünde.[199] Im Zusammenhang mit Mitarbeiterbeteiligungsprogrammen kann das Vorliegen eines prospektfreien Gratisangebots dann zweifelhaft sein, wenn zwar die Option unentgeltlich eingeräumt wird, aber später bei der Ausübung ein Entgelt gezahlt werden muss. Jedenfalls zum Zeitpunkt der Zahlung liegt kein Gratisangebot der zugrunde liegenden Aktien mehr vor; erfolgt die Ausübung automatisch und ohne Willen des Arbeitnehmers, ist sogar der entgeltlose Charakter der Optionsgewährung fraglich.

gg) Informationsanbieter

Die Tätigkeit der klassischen Informationsanbieter (wie Reuters oder Bloomberg) führt als 95
solche grundsätzlich **nicht zu der Begründung eines öffentlichen Angebots seitens des Emittenten**, auch wenn sie durch die Veröffentlichung von Informationen über die Wertpapiere und den betreffenden Emittenten durchaus zur Distribution von Wertpapieren beitragen. Informationsanbieter zielen auf die unabhängige, sachliche Information über Wertpapiere und nicht auf ihre Bewerbung. Sie beziehen ihre Einnahmen aus der Informationsversorgung und Werbung, nicht aber aus Gebühren im Zusammenhang mit Wertpapiergeschäften. Anders können die Dinge liegen, wenn der Informationsanbieter nicht mehr eine Serviceleistung gegenüber allen Anlegern erbringt, sondern (auch) **im Interesse des Emittenten/Anbieters im Rahmen der Vermarktung von Wertpapieren** handelt. Jedenfalls dann, wenn der Informationsanbieter explizit zur Werbung **beauftragt** wurde oder anderweitig ein **Honorar** vom Emittenten erhält, muss der Emittent sich das Handeln des Informationsanbieters mit der Wirkung zurechnen lassen, dass gegebenenfalls eine Ansprache des Publikums anzunehmen ist.[200] In Zweifelsfällen kann ein an prominenter Stelle angebrachter Disclaimer geeignet sein, die Zurechnung auszuschließen.

---

197 Vgl. *von Kopp-Colomb/Lenz*, BKR 2002, 5, 5.
198 Vgl. auch ESMA-Questions and Answers – Prospectuses (25th Updated Version – July 2016), Nr. 6 (Free offers), S. 13; *Kollmorgen/Feldhaus*, BB 2007, 225, 227; *dies.*, BB 2007, 2756, 2757; *Heidelbach*, in: Schwark/Zimmer, KMRK, § 2 WpPG Rn. 24.
199 Vgl. auch ESMA-Questions and Answers – Prospectuses (25th Updated Version – July 2016), Nr. 6 (Free offers), S. 14; *Kollmorgen/Feldhaus*, BB 2007, 225, 227; *von Kopp-Colomb/Knobloch*, in: Assmann/Schlitt/von Kopp-Colomb, WpPG/VerkProspG, § 2 WpPG Rn. 44.
200 Vgl. *von Kopp-Colomb/Lenz*, BKR 2002, 5, 7 (allerdings zu der Frage, unter welchen Voraussetzungen Informationsanbieter als „Anbieter" gelten können).

5. Angebotsprogramm

96 Die in § 2 Nr. 5 enthaltene Bestimmung entspricht der Definition gemäß Art. 2 Abs. 1 k) der Prospektrichtlinie. Die Definition ist vor allem im Zusammenhang mit § 6 Abs. 1 Nr. 1 von Bedeutung, wonach im Falle von **Nichtdividendenpapieren und Optionsscheinen** im Rahmen eines Angebotsprogramms die Erstellung eines Basisprospekts ausreichen kann. In der Praxis spielt die Regelung namentlich für die Ausgabe von derivativen Wertpapieren wie Zertifikaten und Optionsscheinen sowie von Schuldverschreibungen eine Rolle. Mit Hilfe eines Basisprospekts, der für die Hinterlegung und Veröffentlichung von endgültigen Bedingungen für zwölf Monate genutzt werden kann (vgl. § 9 Abs. 2), lassen sich hunderte Einzelemissionen fassen.

97 Nach der Begründung der Prospektrichtlinie ist das Merkmal „**ähnlicher Art oder Gattung**" der Nichtdividendenpapiere und Optionsscheine dahingehend **weit auszulegen**, dass nicht nur identische Wertpapiere, sondern auch Wertpapiere, die **nach allgemeinen Gesichtspunkten** einer Kategorie angehören, von dem Begriff erfasst werden.[201] Danach können Wertpapiere aus unterschiedlichen Produkten, wie etwa Schuldverschreibungen, Zertifikate und Optionsscheine, oder gleiche Produkte in demselben Programm zusammengefasst werden, selbst wenn sie unterschiedliche Merkmale, insbesondere hinsichtlich der Bedingungen für die Vorrangigkeit, der Typen der Basiswerte oder der Grundlage, auf der der Rückzahlungsbetrag oder die Kuponzahlung zu berechnen ist, aufweisen.[202] Daraus folgt, dass unter einem Angebotsprogramm verschiedene Produkte begeben werden können.[203]

98 Die unter das Angebotsprogramm fallenden Wertpapiere müssen einerseits „**dauernd oder wiederholt**" emittiert werden (vgl. § 2 Nr. 12 und Rn. 130 ff.), andererseits dürfen sie nur „**während eines bestimmten Emissionszeitraumes**" begeben werden. Hintergrund dieses Kriteriums ist eine zeitliche Beschränkung, um in gewissen Abständen eine Aktualisierung zu gewährleisten, ohne durch präzise zeitliche Vorgaben die Praxis zu sehr einzuschränken.

6. Qualifizierte Anleger

99 Herausragende Bedeutung kommt dem Begriff des qualifizierten Anlegers im Rahmen der **Ausnahme von der Erstellung eines Prospekts** nach § 3 Abs. 2 Nr. 1 zu, nach dem im Falle eines Angebots, das sich nur an qualifizierte Anleger richtet, ein Prospekt nicht erforderlich ist. Es wird hinsichtlich der Schutzanforderungen vor dem Hintergrund der Zielsetzung der Prospektrichtlinie, für einen angemessenen Anlegerschutz zu sorgen, in unterschiedliche Anlegerkategorien differenziert.[204]

---

201 Erwägungsgrund 13 der Prospektrichtlinie; vgl. ferner *Ritz/Zeising*, in: Just/Voß/Ritz/Zeising, WpPG, § 2 Rn. 179; *Heidelbach*, in: Schwark/Zimmer, KMRK, § 2 WpPG Rn. 30.
202 Erwägungsgrund 13 der Prospektrichtlinie; vgl. ferner *Ritz/Zeising*, in: Just/Voß/Ritz/Zeising, WpPG, § 2 Rn. 179; *von Kopp-Colomb/Knobloch*, in: Assmann/Schlitt/von Kopp-Colomb, WpPG/VerkProspG, § 2 WpPG Rn. 62.
203 *Ritz/Zeising*, in: Just/Voß/Ritz/Zeising, WpPG, § 2 Rn. 179; *von Kopp-Colomb/Knobloch*, in: Assmann/Schlitt/von Kopp-Colomb, WpPG/VerkProspG, § 2 WpPG Rn. 62.
204 Erwägungsgrund 16 der Prospektrichtlinie.

II. Legaldefinitionen § 2

Die für die Einordnung als „qualifizierter Anleger"[205] zu erfüllenden Kriterien nach § 2 Nr. 6 beruhen auf Art. 2 Abs. 1 e) der Prospektrichtlinie, die im Rahmen der **Änderungsrichtlinie erweitert und vereinfacht wurden**. Der Begriff des qualifizierten Investors umfasst nunmehr gemäß Art. 2 Abs. 1 e) n. F. alle professionellen Kunden i. S. d. Annex II der Richtlinie 2004/39/EG über Märkte für Finanzinstrumente („Finanzmarktrichtlinie"), Personen, die auf eigenen Wunsch als professionelle Kunden behandelt werden sowie alle geeigneten Gegenparteien i. S. d. Art. 24 der Finanzmarktrichtlinie.[206] Die maßgeblichen Abschnitte der Finanzmarktrichtlinie sind für in Deutschland ansässige Kunden in § 31a WpHG umgesetzt.[207] Für die Praxis hat diese Neuregelung zu einer Vereinfachung und Harmonisierung der Handhabung von professionellen Kunden geführt. Das bei der Bundesanstalt nach früherer Gesetzeslage gemäß § 27 geführte Register für qualifizierte Anleger ist damit obsolet geworden.

100

Der Begriff des qualifizierten Anlegers in **§ 2 Nr. 6a)** verweist nun in Umsetzung der Vorgaben der Änderungsrichtlinie im Vergleich zur Vorfassung auf die Bestimmungen des § 31a WpHG zu professionellen Kunden. Erfasst sind damit – ohne dass sich zum früheren Recht etwas maßgeblich in der Sache gehändert hat – die klassischen institutionellen Investoren unabhängig von der Rechtsform (sowohl öffentlich-rechtliche als auch privatrechtliche Institutionen), wie z. B. Wertpapierdienstleistungsunternehmen, sonstige zugelassene oder beaufsichtigte Finanzinstitute, Versicherungsunternehmen, Pensionsfonds, große Kapitalgesellschaften, Regierungen, Stellen der öffentlichen Schuldenverwaltung, Zentralbanken, internationale und überstaatliche Einrichtungen (vgl. § 31a Abs. 2 WpHG). Privatkunden können unter bestimmten Voraussetzungen als professioneller Kunde eingestuft werden (vgl. § 31a Abs. 7 WpHG).

101

Für die Qualifizierung entsprechender Anleger im Europäischen Wirtschaftsraum verweist der Gesetzgeber in **§ 2 Nr. 6b) bis e)** auf die Einstufung dieser Personen als professionelle Kunden nach den dortigen Umsetzungsgesetzen der Finanzmarktrichtlinie. Dies war erforderlich, weil für deren Einstufung das jeweilige Recht des betreffenden Mitgliedstaats, mit dem die Richtlinie umgesetzt wurde, entscheidend ist.[208]

102

In Zusammenhang mit § 2 Nr. 6 und der Bestimmung des Status als qualifizierter Anleger ist der neue § 32 zu sehen. Danach müssen – vorbehaltlich der schriftlichen Einwilligung des jeweiligen Kunden – Wertpapierdienstleistungsunternehmen den betreffenden Emittenten oder Anbietern auf Anfrage unverzüglich ihre Einstufung dieses Kunden nach § 31a WpHG mitteilen. Dieser Auskunftsanspruch ist insbesondere für platzierende Banken relevant. Für Einzelheiten siehe Kommentierung zu § 32.

103

---

205 Die deutsche Definition ist weiter gefasst als der Begriff der sog. QIBs (*Qualified Institutional Buyers*) gemäß Rule 144A des U.S.-Securities Act of 1933, der hauptsächlich auf ein Minimumportfoliovolumen von USD 100 Mio. abstellt.
206 Hintergrund ist die Erwägung, dass der durch die verschiedenen Definitionen entstandene Mehraufwand für die Unternehmen sich nicht mit dem Anlegerschutz rechtfertigen lässt. Vgl. Erwägungsgrund 7 der Änderungsrichtlinie.
207 Vgl. BT-Drucks. 17/8684, S. 16.
208 Vgl. BT-Drucks. 17/8684, S. 16.

§ 2 Begriffsbestimmungen

7. Kleinere und mittlere Unternehmen (aufgehoben)

104 Die früheren Kriterien für die Einteilung als kleinere und mittlere Unternehmen nach Nr. 7 a. F. setzten die Vorgaben des Art. 1 Abs. 1 f) der Prospektrichtlinie um[209] und stellten vor allem Schwellenwerte zur Festlegung als qualifizierter Anleger im Sinne von § 1 Nr. 6 c) a. F. auf. Die Regelung ist infolge der Umsetzung der Änderungsrichtlinie ersatzlos gestrichen worden, da die Definition der kleinen und mittleren Unternehmen wegen des Verweises auf § 31a WpHG zur Bestimmung des qualifizierten Anlegers und des Wegfalls des Registers nach § 27 a. F. nicht mehr benötigt werden.[210]

8. CRR-Kreditinstitut

105 Zur Bestimmung des Begriffs des CRR-Kreditinstituts nach Nr. 8 wird auf die Definition des CRR-Kreditinstituts nach § 1 Abs. 3d Satz 1 KWG Bezug genommen. Die Definition nach dem KWG bestimmt sich wiederum nach Art. 4 Abs. 1 Nr. 1 der Verordnung (EU) Nr. 575/2013.[211] Alleiniger Gesichtspunkt ist gemäß der Gesetzesbegründung das Bestehen der **Erlaubnis zum Betreiben eines Einlagengeschäfts**,[212] also die Erlaubnis, Einlagen oder andere rückzahlbare Gelder des Publikums entgegenzunehmen und Kredite für eigene Rechnung zu gewähren. Von Bedeutung ist die Definition insbesondere im Rahmen des Anwendungsbereiches nach § 1 Abs. 2 Nr. 4 und Nr. 5 sowie unter weiteren Voraussetzungen im Rahmen der Erstellung eines Basisprospekts bei der Begebung von Nichtdividendenwerten nach § 6 Abs. 1 Nr. 2.

106 Da § 2 Nr. 8 auf die gesetzliche Definition der Kreditinstitute nach dem KWG Bezug nimmt, fallen **ausländische Kreditinstitute** nur nach den Vorgaben des KWG unter den Begriff des „CRR-Kreditinstituts".[213] Institute aus dem EU-/EWR-Ausland können auf der Basis des Europäischen Passes für Kreditinstitute wie Inlandsinstitute behandelt werden (§ 53b KWG). Drittstaaten-Institute fallen daher grundsätzlich nicht unter die Definition des „CRR-Kreditinstituts" gemäß WpPG. Ausnahmen können für die Zweigniederlassung eines Drittstaaten-Institutes gelten, wenn diese ihrerseits unter § 1 Abs. 3d KWG fällt (§ 53 KWG).[214]

9. Emittent

107 Der Emittent wird nach rein formalen Kriterien ermittelt. In Nr. 9 umfasst der Begriff in Übernahme der Vorgabe des Art. 2 Abs. 1 h) der Prospektrichtlinie sowohl privatrechtliche und öffentlich-rechtliche juristische als auch natürliche Personen, die die Wertpapiere be-

---

209 RegBegr., BT-Drucks. 15/4999, S. 28.
210 Vgl. BT-Drucks. 17/8684, S. 17.
211 Verordnung (EU) Nr. 575/2013 vom 26.6.2013, ABl. L 176/1 ff. vom 27.6.2013, zuletzt geändert durch Delegierte Verordnung (EU) 2015/62 vom 10.10.2014, ABl. L 11/37 ff. vom 17.1.2015.
212 RegBegr., BT-Drucks. 15/4999, S. 29.
213 Näher *Heidelbach*, in: Schwark/Zimmer, KMRK, § 2 WpPG Rn. 47.
214 Näher *Heidelbach*, in: Schwark/Zimmer, KMRK, § 2 WpPG Rn. 47.

geben.²¹⁵ Als Emittent kommen ferner die teilrechtsfähige Außen-GbR sowie der e.V. (z. B. zur Refinanzierung) in Betracht.²¹⁶

Von besonderer Bedeutung ist der Begriff im Rahmen der Erstellung des Prospekts nach §§ 5 ff. Der Emittent ist dabei Bezugsobjekt für die im Prospekt zu veröffentlichenden Informationen.²¹⁷ Das WpPG knüpft an die Emittenteneigenschaft nicht die Pflicht, den Prospekt zu erstellen und zu veröffentlichen; diese Pflicht obliegt dem Anbieter (siehe sogleich Rn. 110 ff.), der nicht zwingend mit dem Emittenten identisch sein muss. Häufig wird der Emittent zugleich Anbieter sein, so dass die Prospektveröffentlichungspflicht aus diesem Grund den Emittenten, jedoch in seiner Eigenschaft als Anbieter, trifft.   **108**

Mitunter ist die Emittenteneigenschaft bei **Zertifikaten, die Aktien vertreten** (wie etwa *American Depositary Receipts* oder *German Depositary Receipts*), fraglich. Hier ist in der Regel nicht der Treuhänder, sondern die Aktiengesellschaft als Emittent anzusehen, da ohne sie diese Struktur – aufgrund der verschiedenen rechtlichen Vorgaben – nicht umgesetzt werden kann (vgl. auch § 12 BörsZulV).   **109**

10. Anbieter

a) Definition

Der „Anbieter" ist einer der **Zentralbegriffe des WpPG** und vor allem im Zusammenhang mit der Pflicht zur Erstellung, Unterzeichnung und Aktualisierung eines Prospekts nach §§ 3 Abs. 1, 16 Abs. 1 und verschiedenen anderen Rechten und Pflichten im WpPG von Bedeutung. Die Definition übernimmt die Fassung des Art. 2 Abs. 1 i) der Prospektrichtlinie. Gleichwohl entspricht nach dem Willen des Gesetzgebers der Begriff des Anbieters nach § 2 Nr. 10 dem Verständnis des VerkProspG a. F.,²¹⁸ so dass auch auf die Verwaltungspraxis hierzu zurückgegriffen werden kann und muss.²¹⁹ Anbieter ist demnach derjenige, der das öffentliche Angebot im Sinne von § 2 Nr. 4 verantwortet.²²⁰ Eine Verantwortung in diesem Sinne setzt voraus, dass ein **aktiver Beitrag zur Distribution der Wertpapiere**²²¹ geleistet wird oder eine **sonstige Kontrolle über den Ablauf der Transaktion** besteht.²²² In Anlehnung an Maßstäbe für die Prospektverantwortlichkeit nach §§ 21, 22 (§ 13 Verk-   **110**

---

215 Er wird damit in gleicher Bedeutung wie auch im VerkProspG verwandt; vgl. BT-Drucks. 15/4999, S. 29.
216 *Heidelbach*, in: Schwark/Zimmer, KMRK, § 2 WpPG Rn. 49.
217 Näher *Ritz/Zeising*, in: Just/Voß/Ritz/Zeising, WpPG, § 2 Rn. 193.
218 BT-Drucks. 15/4999, S. 29, ebenso *Grosjean*, in: Heidel, Aktienrecht und Kapitalmarktrecht, § 2 WpPG Rn. 34, **a. A.** *Groß*, Kapitalmarktrecht, § 2 WpPG Rn. 25.
219 Vgl. *BAWe*, Bekanntmachung zum Wertpapier-Verkaufsprospektgesetz, unter I. 3., S. 4.
220 BT-Drucks. 15/4999, S. 29; *BAWe*, Bekanntmachung zum Wertpapier-Verkaufsprospektgesetz, unter I. 3., S. 4; *Foelsch*, in: Holzborn, WpPG, § 2 Rn. 24; *von Kopp-Colomb/Lenz*, BKR 2002, 5, 6.
221 Vgl. *Grundmann*, in: Schimansky/Bunte/Lwowski, Bankrechts-Handbuch, § 112 Rn. 34 („Handlungen, die darauf gerichtet sind, die Wertpapiere beim Anleger unterzubringen").
222 *Schnorbus*, AG 2008, 389, 390; *von Kopp-Colomb/Knobloch*, in: Assmann/Schlitt/von Kopp-Colomb, WpPG/VerkProspG, § 2 WpPG Rn. 72; *Heidelbach*, in: Schwark/Zimmer, KMRK, § 2 WpPG Rn. 51.

§ 2   Begriffsbestimmungen

ProspG a. F. bzw. §§ 44, 45 BörsG a. F.) ist bei der Auslegung der Definition des Anbieters weiter ein „**eigenes wirtschaftliches Interesse**" erforderlich.[223]

b) Mehrere Anbieter

111   Ebenso wie nach §§ 21, 22 (§ 13 VerkProspG a. F. bzw. §§ 44, 45 BörsG a. F.) diejenigen, die für den Prospekt Verantwortung übernommen haben, und diejenigen, von denen der Erlass ausgeht, gesamtschuldnerisch haften, ist es nach § 2 Nr. 10 möglich, dass auch eine Mehrzahl von Anbietern ein öffentliches Angebot verantwortet.[224] Klassische gemeinsame Anbieter sind in diesem Zusammenhang Emittent und das zur Übernahme und Weiterplatzierung der Wertpapiere eingeschaltete Bankenkonsortium. Die Verpflichtung zur Prospekterstellung trifft in dieser Konstellation alle Anbieter gemeinsam, stellt also gewissermaßen eine **gesamtschuldnerische Haftung** der Anbieter dar.[225] Die Erstellung, Durchführung des Billigungsverfahrens bei der BaFin und die Veröffentlichung des Prospekts durch einen Anbieter wirkt also zugunsten aller Anbieter unter der Bedingung,[226] dass die formalen Voraussetzungen (z. B. Übernahme der Verantwortung im Prospekt; Unterzeichnung) hierfür durch jeden Anbieter jeweils erfüllt wurden.

c) Abgrenzung Anbieter/Emittent

112   Bei der **Abgrenzung zwischen Anbieter (§ 2 Nr. 10) und Emittent (§ 2 Nr. 9)** ist auf die konkrete Situation abzustellen, wobei der Anwendungsbereich nicht zwingend deckend sein muss.[227] Grundsätzlich ist der Emittent indessen auch als Anbieter anzusehen, gleich, ob er selbst die Wertpapiere als Eigenemission direkt platziert oder ob die Platzierung im Wege einer Fremdemission durch Banken oder andere Intermediäre erfolgt.[228] Im letzteren Fall besteht schon deshalb eine Verantwortung des Emittenten für das öffentliche Angebot, weil er die Banken (bzw. andere Finanzintermediäre) mit der Durchführung der Platzierung beauftragt hat oder ein sonstiges Rechtsverhältnis zwischen Emittent und Banken besteht.[229]

113   Innerhalb des Emissionskonsortiums ist jedes Konsortialmitglied als Anbieter anzusehen, das Angebote zum Abschluss eines Kaufvertrages abgibt und entgegennimmt oder sonst nach **außen erkennbar auftritt**, z. B. im Prospekt oder in Zeitungsanzeigen.[230] Die jeweilige Übernahmequote bzw. Verteilung der Provisionen innerhalb des Konsortiums ist grundsätzlich unerheblich und mag allenfalls Anhaltspunkt sein.[231]

---

[223] Vgl. BT-Drucks. 13/8933, S. 78; *von Kopp-Colomb/Lenz*, BKR 2002, 5, 6; *Schnorbus*, AG 2008, 389, 390.
[224] *Grosjean*, in: Heidel, Aktienrecht und Kapitalmarktrecht, § 2 WpPG Rn. 35; *Schnorbus*, AG 2008, 389, 390.
[225] *Ritz/Zeising*, in: Just/Voß/Ritz/Zeising, WpPG, § 2 Rn. 220 f.
[226] Ohne diese Einschränkung *Ritz/Zeising*, in: Just/Voß/Ritz/Zeising, WpPG, § 2 Rn. 221.
[227] BT-Drucks. 15/4999, S. 29; vgl. auch *Fleischer*, ZIP 2007, 1969, 1970.
[228] *Groß*, Kapitalmarktrecht, § 2 WpPG Rn. 26; *Schnorbus*, AG 2008, 389, 390.
[229] *Ekkenga/Maas*, Das Recht der Wertpapieremissionen, § 2 Rn. 147; *Hamann*, in: Schäfer/Hamann, Kapitalmarktgesetze, § 2 WpPG Rn. 62; *Schnorbus*, AG 2008, 389, 390.
[230] *Heidelbach*, in: Schwark/Zimmer, KMRK, § 2 WpPG Rn. 57 f.
[231] *Grosjean*, in: Heidel, Aktienrecht und Kapitalmarktrecht, § 2 WpPG Rn. 35; *Heidelbach*, in: Schwark/Zimmer, KMRK, § 2 WpPG Rn. 57 f.

Wenn der Vertrieb der Wertpapiere über Vertriebsorganisationen, ein Netz von angestellten oder freien Vermittlern oder Untervertriebe erfolgt, ist derjenige als Anbieter anzusehen, der die Kontrolle über die Koordination der Vertriebsaktivitäten ausübt.[232] Als Indiz hierfür dienen insbesondere entsprechende Vereinbarungen mit dem Emittenten, Aufträge an Untervertriebe und Provisionsvereinbarungen mit selbstständigen oder freiberuflich tätigen Vermittlern.[233]

d) Weiterveräußerung nach Abschluss der Emission

Problematisch ist die Anbietereigenschaft des Emittenten in Fällen, in denen die Erstemission und das damit verbundene erste Angebot endgültig abgeschlossen sind und die dieser Transaktion zugrunde liegenden Wertpapiere anschließend von den Erwerbern im Rahmen eines öffentlichen Angebots **weiterveräußert** werden sollen (vgl. § 3 Abs. 2 Satz 2 sowie § 3 Rn. 36 ff.).

Diese Konstellation ist insbesondere dann akut, wenn die Wertpapiere zunächst unter Anwendung einer Ausnahmevorschrift nach §§ 3 Abs. 2 Satz 1, 4 Abs. 1 prospektfrei platziert wurden; sie kann sich aber auch bei einem vorangegangenen, bereits abgeschlossenen öffentlichen Angebot auf Grundlage eines Prospekts stellen. Eine Prospektpflicht als Emittent nach § 2 Nr. 9 scheidet aus, da die Wertpapiere bereits begeben und das ursprüngliche Angebot bereits endgültig abgeschlossen ist (vgl. auch § 16 Abs. 1 Satz 1). Platziert der Ersterwerber die Wertpapiere öffentlich weiter, so ist allein dieser Anbieter.[234]

Der Emittent kann nur dann als Anbieter gelten, wenn er das öffentliche Angebot verantwortet. Erforderlich hierfür ist ein **Beitrag, der den Schluss rechtfertigt, dass (auch) er die Wertpapiere i. S. d. § 2 Nr. 10 öffentlich anbietet**. Dies ist der Fall, wenn die Weiterveräußerung oder Platzierung auf eine **Vereinbarung/Absprache zwischen dem Emittenten und dem jetzigen Anbieter zurückgeht** (vgl. oben Rn. 112).

Bei einer **Übernahme („Underwriting") von Wertpapieren** durch eine Bank mit der Verpflichtung zur Weiterplatzierung ist dies auch dann der Fall, wenn die Bank anders als zunächst vorgesehen nicht sämtliche übernommenen Wertpapiere im Markt platzieren kann, sondern erst zu einem späteren Zeitpunkt weiterveräußert.[235] Etwas anderes gilt dagegen bei einer Vertragsstruktur, bei der keine Pflicht zur Weiterplatzierung durch die Bank besteht (etwa bei einem *„Bought Deal"*).[236]

Abzugrenzen von Verträgen mit Pflicht zur Weiterplatzierung ist auch die Weiterplatzierung von Wertpapieren durch Finanzintermediäre in Vertriebsketten oder sog. **Retail Kaskaden**; in diesen Fällen werden die Vertriebsaktivitäten der Finanzintermediäre durch den ursprünglichen Emittenten (und das erste Emissionskonsortium) weder aktiv gesteuert

---

232 Vgl. BT-Drucks. 15/4999, S. 29; *BAWe*, Bekanntmachung zum Wertpapier-Verkaufsprospektgesetz, unter I. 3., S. 4; *Schnorbus*, AG 2008, 389, 390 f.
233 BT-Drucks. 15/4999, S. 29; *BAWe*, Bekanntmachung zum Wertpapier-Verkaufsprospektgesetz, unter I. 3., S. 4; *Schnorbus*, AG 2008, 389, 390 f.
234 *Ekkenga/Maas*, Das Recht der Wertpapieremissionen, § 2 Rn. 147; *Groß*, Kapitalmarktrecht, § 2 WpPG Rn. 27; *Schnorbus*, AG 2008, 389, 391; ebenso zum alten Recht *Hüffer*, Das Wertpapier-Verkaufsprospektgesetz, S. 82 f.; *Schäfer*, ZIP 1991, 1561, 1663; *Bosch*, in: Bosch/Groß, Emissionsgeschäft, Rn. 10/109.
235 *Schnorbus*, AG 2008, 389, 391.
236 *Schnorbus*, AG 2008, 389, 391.

noch kontrolliert, so dass die Anbietereigenschaft nicht mehr erfüllt ist (ausführlich § 3 Rn. 56 ff.).

120 Bei einer **prospektpflichtigen Umplatzierung** (vgl. auch § 3 Rn. 41 ff.) gilt grundsätzlich neben den veräußernden Aktionären auch der Emittent der Aktien als Anbieter i.S.d. WpPG. Insofern sind hier zivilrechtlicher und prospektrechtlicher Anbieter nicht identisch. Hintergrund hierfür ist, dass die Gesellschaft den Prospekt erstellt und hierfür im Außenverhältnis auch die Verantwortung übernimmt. Anders liegen die Dinge bei der **prospektfreien Umplatzierung**, bei welcher der Emittent keinen wesentlichen Beitrag leistet und den Anbietern gegenüber auch keine Verantwortung übernimmt, weshalb in der Regel die Anbietereigenschaft des Emittenten ausscheidet.

e) Platzierung ohne Einbeziehung des Emittenten

121 Der Emittent ist auf keinen Fall Anbieter, wenn die Weiterveräußerung (§ 3 Abs. 2 Satz 2) bzw. Platzierung (§ 3 Abs. 2 Satz 3) **ohne Abstimmung mit dem Emittenten** oder gar gegen dessen Willen und Absichten erfolgt. In diesem Fall fehlt jeder Verantwortungsbeitrag, der eine Anbietereigenschaft nach § 2 Nr. 10 begründen könnte.[237] Allein die Tatsache, dass der Emittent die zugrunde liegenden Wertpapiere zunächst in den Verkehr gebracht hat, genügt hierfür nicht.[238] Der Emittent wird auch nicht allein dadurch Anbieter, dass er mit einem öffentlichen Wiederverkauf rechnen musste,[239] weil er z.B. nicht auf die gesetzlichen Verkaufsbeschränkungen hinweist oder solche nicht mit dem eigentlichen Anbieter vereinbart. Alles andere würde einer Obliegenheit ähnliche Verhaltensanforderungen statuieren.[240] Voraussetzung um den Emittenten als Anbieter im oben definierten Sinne qualifizieren zu können, ist eine **aktive Zusammenarbeit** mit dem die Wertpapiere übernehmenden Institut mit dem Ziel der Durchführung eines öffentlichen Angebots.[241]

122 Um gleichwohl Probleme aus der Privatplatzierung von Wertpapieren an institutionelle Erwerber zu vermeiden, vereinbaren Emittenten mit den Weiterveräußerern bzw. den platzierenden Banken so genannte „**Verkaufsbeschränkungen**" bzw. „**Selling Restrictions**", die vertraglich die Weiterveräußerung an Dritte im Rahmen eines öffentlichen Angebots beschränken oder generell ausschließen.[242] Bei einem eventuellen Verstoß gegen die Vereinbarung stehen dann dem Emittenten Schadenersatz- bzw. Freistellungsansprüche gegen den betreffenden Weiterveräußerer bzw. die platzierende Bank zu. Eine solche Vereinba-

---

237 *Ritz/Zeising*, in: Just/Voß/Ritz/Zeising, WpPG, § 2 Rn. 201; *Heidelbach*, in: Schwark/Zimmer, KMRK, § 2 WpPG Rn. 53; *Schnorbus*, AG 2008, 389, 391.
238 **So aber zum alten Recht** *Hopt*, Die Verantwortlichkeit der Banken bei Emissionen, Rn. 133.
239 **So aber wohl** *Groß*, Kapitalmarktrecht, § 2 WpPG Rn. 27; vgl. auch *Hamann*, in: Schäfer/Hamann, Kapitalmarktgesetze, § 2 WpPG Rn. 63 (im Rahmen eines Indizienbeweises); ebenso zum alten Recht *Bosch*, in: Bosch/Groß, Emissionsgeschäft, Rn. 10/109.
240 Im Ergebnis ebenfalls wohl *Grosjean*, in: Heidel, Aktienrecht und Kapitalmarktrecht, § 2 WpPG Rn. 34.
241 CESR verlangte ein „*acting in association*" zwischen Emittent und Underwriter, CESR-Frequently Asked Questions (12th Updated Version – November 2010), Nr. 56 (Retail cascade offers), S. 38 (von ESMA nicht mehr fortgeführt); vgl. auch *Wiegel*, Die Prospektrichtlinie und Prospektverordnung, S. 150.
242 *Schäfer*, ZIP 1991, 1557, 1561; *Schnorbus*, AG 2008, 389, 391; *Hamann*, in: Schäfer/Hamann, Kapitalmarktgesetze, § 2 WpPG Rn. 61; *Grosjean*, in: Heidel, Aktienrecht und Kapitalmarktrecht, § 2 WpPG Rn. 34.

rung hat aber nur vorsorglichen Charakter; vereinbart der Emittent keine Verkaufsbeschränkungen, begründet dies nicht automatisch die Position eines Anbieters nach § 2 Nr. 10.[243] Insofern besteht also keine „Obliegenheit", Verkaufsbeschränkungen zu schließen.[244]

f) Weitere Einzelfälle

Bei **Options-, Wandel- und/oder Umtauschanleihen** erfüllt der Emittent dieser Finanzierungsinstrumente den Begriff des Anbieters, unabhängig davon, ob das Wertpapier, auf das sich das Recht bezieht, von ihm selbst oder von Dritten emittiert wurde.[245] Gleiches gilt für andere **Derivate** (Optionsscheine mit einem Wertpapier als Underlying); auch hier ist regelmäßig der Emittent Anbieter. Die **Übernahme der Prospektverantwortung** gemäß § 5 Abs. 4 begründet nicht zwangsweise die Anbietereigenschaft, da es sich hierbei um die Verantwortung für den Inhalt des Prospekts, aber nicht für den Vertrieb der Wertpapiere handelt.[246] In der Praxis werden beide Konstellationen jedoch regelmäßig zusammenfallen.

123

Der **Garantiegeber** einer Anleihe oder eines Derivats ist technisch gesehen kein Anbieter i. S. d. WpPG. WpPG, Prospektverordnung und Prospektrichtlinie trennen den Begriff des Garantiegebers von dem des Anbieters. So verlangt § 5 bestimmte zusätzliche umfassende Angaben über den Garantiegeber; nach Art. 6 Abs. 1 der Prospektrichtlinie muss neben dem Emittenten und dem Anbieter zusätzlich der Garantiegeber die Verantwortung für den Prospekt übernehmen; und Annex VI der Prospektverordnung sieht spezifische Pflichtangaben vor, die über den Garantiegeber in den Prospekt mit aufgenommen werden müssen. Daraus ist zu schließen, dass Anbieter und Garantiegeber nicht identisch sind.[247]

124

Klassische Informationsanbieter (wie Reuters oder Bloomberg) sind ebenfalls keine Anbieter i. S. d. § 2 Nr. 10,[248] auch wenn sie durch die Veröffentlichung von Informationen über die Wertpapiere und den betreffenden Emittenten durchaus zur Distribution von Wertpapieren beitragen. Informationsanbieter geben regelmäßig kein öffentliches Angebot entsprechend der gesetzlichen Definition ab (vgl. oben Rn. 89). Sie handeln weder als Finanzintermediäre noch verfügen sie über eine derart dominante Position, die einen Verantwortungsbeitrag im Sinne eines Anbieters rechtfertigen würde.[249] Ihre Veröffentlichungen können unter gewissen Umständen als Werbung im Sinne von § 15 WpPG zu qualifizieren sein. Davon zu trennen ist die Frage, unter welchen Voraussetzungen der eigentliche Emittent/Anbieter sich das Handeln des Informationsanbieters mit der Wirkung zurechnen lassen muss, dass dadurch ein öffentliches Angebot begründet wird (vgl. oben Rn. 95).

125

---

243 *Schnorbus*, AG 2008, 389, 391.
244 *Heidelbach*, in: Schwark/Zimmer, KMRK, § 2 WpPG Rn. 59.
245 *Groß*, Kapitalmarktrecht, § 2 WpPG Rn. 29; *Foelsch*, in: Holzborn, WpPG, § 2 Rn. 29; *Heidelbach*, in: Schwark/Zimmer, KMRK, § 2 WpPG Rn. 61.
246 *Heidelbach*, in: Schwark/Zimmer, KMRK, § 2 WpPG Rn. 54.
247 Je nach Bedeutung für die Transaktion und wirtschaftlichem Interesse wird der Garantiegeber aber grundsätzlich als Prospektveranlasser i. S. d. § 44 BörsG anzusehen sein.
248 *Groß*, Kapitalmarktrecht, § 2 WpPG Rn. 29a; *Ritz/Zeising*, in: Just/Voß/Ritz/Zeising, WpPG, § 2 Rn. 214; *von Kopp-Colomb/Lenz*, BKR 2002, 5, 7.
249 **Anders** *Kopp-Colomb/Lenz*, BKR 2002, 5, 7 (für den Fall, dass der Informationsanbieter im „Lager" des eigentlichen Emittenten/Anbieters steht).

126 Kein Anbieter sind vom Anbieter zur **Prospekterstellung hinzugezogene Hilfspersonen**.[250] Es steht dem Emittenten wie dem Anbieter frei, zur Erstellung des Prospekts Berater einzuschalten, um den Prospekt etwa durch Banken, Wirtschaftsprüfer und Anwaltskanzleien erarbeiten und inhaltlich prüfen zu lassen. Die Verantwortung für das Angebot bleibt beim Anbieter. Daran ändern auch namentliche Benennungen der Berater im Prospekt (sog. „Football Fields") oder in anderen Bekanntmachungen nichts, unabhängig davon, ob diese werblichen Zwecken dienen oder aufgrund rechtlicher bzw. behördlicher Vorgaben erfolgen.

11. Zulassungsantragsteller

127 Die Regelung der Nr. 11 beruht nicht auf einer Vorgabe der Prospektrichtlinie. Nach der Gesetzesbegründung werden neben dem Emittenten auch die in § 32 Abs. 2 BörsG genannten Institute oder Unternehmen erfasst.[251] Nach § 32 Abs. 1 BörsG bedürfen Wertpapiere, die am regulierten Markt gehandelt werden sollen, einer Zulassung, die nach § 32 Abs. 2 BörsG von dem Emittenten der Wertpapiere **zusammen mit einem Kreditinstitut**, Finanzdienstleistungsinstitut oder einem nach § 53 Abs. 1 Satz 1 KWG oder § 53b Abs. 1 Satz 1 KWG tätigen Unternehmen zu beantragen ist. Der Begriff ist vor allem im Zusammenhang mit der Pflicht zur Erstellung eines Prospekts nach § 3 Abs. 4 und verschiedenen anderen Rechten und Pflichten im WpPG von Bedeutung. Sollten den Zulassungsantragstellern Wahlrechte zustehen, so können diese nur einheitlich ausgeübt werden.[252]

128 Das **Zulassungsverfahren** ist in §§ 48 ff. BörsZulV geregelt. Im Gegensatz zur Rechtslage vor Inkrafttreten des Finanzmarktrichtlinie-Umsetzungsgesetzes (FRUG)[253] zum 1.11.2007 besteht nach der BörsZulV keine Pflicht zur Veröffentlichung des Zulassungsantrags mehr. Die Zulassung darf jedoch frühestens an dem auf das Datum der Einreichung des Zulassungsantrags bei der Geschäftsführung folgenden Handelstag erfolgen (§ 50 BörsZulV). Die Einführung der Wertpapiere darf frühestens an dem auf die erste Veröffentlichung des Prospekts, oder wenn kein Prospekt zu veröffentlichen ist, an dem der Veröffentlichung der Zulassung folgenden Werktag erfolgen (§ 52 BörsZulV). Die Zulassung wird von der Geschäftsführung auf Kosten der Antragsteller im elektronischen Bundesanzeiger veröffentlicht (§ 51 BörsZulV). Somit ergibt sich eine Mindestfrist vom Tag der Stellung des Zulassungsantrags bis zur Notierungsaufnahme von drei Werktagen.

129 Soll der Prospekt für die Zulassung zum Handel an einem regulierten Markt genutzt werden, muss er gemäß § 5 Abs. 3 Satz 2 vom Zulassungsantragsteller unterzeichnet werden, also neben dem Anbieter auch von einem Kreditinstitut; diese müssen dann gemäß § 5 Abs. 4 gemeinsam die Verantwortung für den Prospekt übernehmen und die Verantwortlichkeitserklärung abgeben. Will sich der Emittent bei Einreichung des Prospekts die Nutzung als **Angebots- und Zulassungsprospekt** offen halten, muss der Prospekt (vgl. im Einzelnen § 16 Rn. 46 ff.) die Verantwortlichkeitserklärung und die Unterschrift des Zulas-

---

250 *Groß*, Kapitalmarktrecht, § 2 WpPG Rn. 29a; *Heidelbach*, in: Schwark/Zimmer, KMRK, § 2 WpPG Rn. 62.
251 BT-Drucks. 15/4999, S. 29.
252 BT-Drucks. 15/4999, S. 29.
253 Gesetz zur Umsetzung der Richtlinie über Märkte für Finanzinstrumente (2004/39/EG, MiFID) und der Durchführungsrichtlinie (2006/73/EG) der Kommission (Finanzmarkt-Richtlinie-Umsetzungsgesetz) v. 16.7.2007, BGBl. I 2007, S. 1330 v. 19.7.2007.

sungsantragstellers bereits enthalten, da solche Erklärungen nicht im Wege eines Nachtrags (§ 16) ergänzt werden können.[254]

12. Dauernde oder wiederholte Ausgabe

Die Definition des § 2 Nr. 12 setzt Art. 2 Abs. 1 l) der Prospektrichtlinie um. Die Definitionen sind im Zusammenhang mit dem Anwendungsbereich des WpPG nach § 1 Abs. 2 Nr. 5, der Erstellung eines Basisprospekts für Nichtdividendenpapiere nach § 6 Abs. 1 Nr. 2 sowie dessen Gültigkeit nach § 9 Abs. 3 von Bedeutung. Die **Ähnlichkeit** der dauernd oder wiederholt ausgegebenen Wertpapiere ist anhand vergleichbarer Ausstattungsmerkmale zu beurteilen.[255] Die Kriterien der Ähnlichkeit decken sich mit denen aus Nr. 5 (vgl. Rn. 97).

130

Eine **dauernde** Ausgabe von Wertpapieren besteht aus einer fortlaufenden, ohne Unterbrechung erfolgenden Begebung.[256] Die Praxis sieht eine dauerhafte Ausgabe bereits dann als gegeben an, wenn die betreffenden Wertpapiere – ggf. zu unterschiedlichen Kursen – über mindestens **vier Wochen** öffentlich zum Erwerb angeboten werden.[257] Sofern der Anbieter die Erwerbsmöglichkeiten für diesen Zeitraum von Anfang an sicherstellt, kann die Emission bereits mit der ersten Ausgabe von Wertpapieren dauernd sein (vgl. § 1 Rn. 34).[258]

131

Eine **wiederholte** Ausgabe setzt mindestens zwei Emissionen ähnlicher Art oder Gattung innerhalb von zwölf Monaten voraus.[259] Das bedeutet aber nicht, dass bereits in den zwölf Monaten **vor** Beginn des öffentlichen Angebots einer Emission, deren Prospektpflicht zu prüfen ist, mindestens eine andere Emission begeben sein muss. Vielmehr ist die erste Emission prospektfrei zulässig, wenn eine zweite Emission ähnlicher Wertpapiere binnen zwölf Monaten erfolgt und die Durchführung der zweiten Begebung sichergestellt ist (vgl. § 1 Rn. 33).[260] Dieses Verständnis entspricht dem Wortlaut und der systematischen Auslegung in Bezug auf das Merkmal „dauernd", wo ebenfalls eine solche **zukunftsbezogene Betrachtungsweise** erfolgt (vgl. Rn. 131). Die Tatsache, dass der Emittent die erste Emission mit dem Risiko begibt, in Haftungsrisiken zu laufen, wenn es nicht mehr zu einer zweiten Ausgabe von Wertpapieren kommt (vgl. § 1 Rn. 33), ändert nichts an dem gesetzlichen Anwendungsbereich der Norm. Des Weiteren liegt eine wiederholte Ausgabe auch

132

---

254 *Ritz/Zeising*, in: Just/Voß/Ritz/Zeising, WpPG, § 2 Rn. 225.
255 BT-Drucks. 15/4999, S. 29.
256 *Wiegel*, Die Prospektrichtlinie und Prospektverordnung, S. 176; *Grosjean*, in: Heidel, Aktienrecht und Kapitalmarktrecht, § 2 WpPG Rn. 37.
257 *Ritz/Zeising*, in: Just/Voß/Ritz/Zeising, WpPG, § 2 Rn. 229; *Foelsch*, in: Holzborn, WpPG, § 2 Rn. 31; vgl. ferner *Heidelbach/Preuße*, BKR 2006, 316, 317 („mehrere Wochen").
258 *Ritz/Zeising*, in: Just/Voß/Ritz/Zeising, WpPG, § 2 Rn. 230; *Heidelbach*, in: Schwark/Zimmer, KMRK, § 2 WpPG Rn. 67.
259 *Ritz/Zeising*, in: Just/Voß/Ritz/Zeising, WpPG, § 2 Rn. 233; *Foelsch*, in: Holzborn, WpPG, § 2 Rn. 31; *Heidelbach*, in: Schwark/Zimmer, KMRK, § 2 WpPG Rn. 66; *Grosjean*, in: Heidel, Aktienrecht und Kapitalmarktrecht, § 2 WpPG Rn. 37.
260 *Heidelbach/Preuße*, BKR 2006, 316, 317; *Heidelbach*, in: Schwark/Zimmer, KMRK, § 2 WpPG Rn. 66; *Spindler*, in: Holzborn, WpPG, § 1 Rn. 26; **a. A.** – es muss bereits eine Emission begeben worden sein – *Ritz/Zeising*, in: Just/Voß/Ritz/Zeising, WpPG, § 2 Rn. 233 ff.; *Foelsch*, in: Holzborn, WpPG, § 2 Rn. 31.

§ 2   Begriffsbestimmungen

dann vor, wenn die **erste Emission prospektfrei** erfolgte, weil z. B. ein Ausnahmetatbestand nach §§ 3, 4 einschlägig war.[261]

13. Herkunftsstaat

133   Nach Vorgabe des Art. 2 Abs. 1m) der Prospektrichtlinie wird in Nr. 13 der Herkunftsstaat definiert. Die Vorschrift dient damit vor allem der Bestimmung der für die Billigung zuständigen Behörde. Bedeutung hat die Definition darüber hinaus für die Sprachenregelung des § 19, für die Zusammenarbeit mit mehreren Behörden des Europäischen Wirtschaftsraums nach § 28 Abs. 4 und für Vorsichtsmaßnahmen nach Maßgabe des § 29.

a) Sitzstaat als Herkunftsstaat

134   Grundsätzlich ist der **Sitzstaat** des Emittenten, sofern dieser innerhalb des Europäischen Wirtschaftsraums liegt, der Herkunftsstaat (Nr. 13 a). Die Zuständigkeit der BaFin in Bezug auf Prospekte, die dem WpPG unterfallen, ergibt sich aus §§ 13 Abs. 1 Satz 2, 2 Nr. 17. Die Grundregel des a) wird durch die Wahlrechte nach Nr. 13 b) und Nr. 13 c) indessen durchbrochen, so dass vorab zunächst die Wahlrechte zu prüfen sind.[262] Als Herkunftsstaat können nur solche Staaten gewählt werden, welche die Prospektrichtlinie umgesetzt haben; weiter muss die betreffende Transaktion unter das Regime des einschlägigen angeglichenen Rechts fallen.[263]

135   Aus der neuen Rechtsprechung des EuGH dürfte folgen, dass der **satzungsmäßige Gesellschaftssitz** für die Bestimmung maßgebend ist.[264] Dieser Sitz muss insofern nicht übereinstimmen mit dem Sitz der tatsächlichen Verwaltung. So kann der Sitz einer Luxemburger SA satzungsmäßig Luxemburg sein, während das Unternehmen operativ ausschließlich in Deutschland betrieben wird. Luxemburg ist in diesem Fall Herkunftsstaat, selbst wenn dort weder Zulassung noch öffentliches Angebot der Wertpapiere erfolgt.

b) Wahlrecht für bestimmte Nichtdividendenwerte

136   Nr. 13 b) räumt dem Emittenten, dem Anbieter oder der die Zulassung beantragenden Person im Falle von bestimmten Nichtdividendenwerten das **Wahlrecht** ein, den Herkunftsstaat innerhalb des Europäischen Wirtschaftsraums selbst zu bestimmen.

137   Erfasst sind nach der **1. Alternative** Emissionen von **Nichtdividendenwerten mit einer Mindeststückelung**[265] **von € 1.000** (oder bei einer anderen Währung einem entsprechen-

---

261 *Spindler*, in: Holzborn, WpPG, § 1 Rn. 25; *Heidelbach*, in: Schwark/Zimmer, KMRK, § 2 WpPG Rn. 66; ebenso *Ritz/Zeising*, in: Just/Voß/Ritz/Zeising, WpPG, § 2 Rn. 236.
262 *Ritz/Zeising*, in: Just/Voß/Ritz/Zeising, WpPG, § 2 Rn. 250.
263 Vgl. *von Kopp-Colomb/Knobloch*, in: Assmann/Schlitt/von Kopp-Colomb, WpPG/VerkProspG, § 2 WpPG Rn. 81.
264 *Kullmann/Sester*, WM 2005, 1068, 1070; *Wiegel*, Die Prospektrichtlinie und Prospektverordnung, S. 413 f.; *von Kopp-Colomb/Knobloch*, in: Assmann/Schlitt/von Kopp-Colomb, WpPG/VerkProspG, § 2 WpPG Rn. 79.
265 Im Rahmen der Diskussion der Änderungsrichtlinie (vgl. Vor §§ 1 ff. Rn. 5 ff.) wurde von der Kommission in ihrem Entwurf vorgeschlagen, auch Emittenten von Schuldtiteln mit einer Stückelung unter € 1.000 ein Wahlrecht bezüglich des Herkunftsstaates einzuräumen, um so die Emission von Schuldtiteln in der Gemeinschaft effizienter und flexibler zu gestalten. In der Än-

den Wert).²⁶⁶ Für Basisprospekte bestehen keine Ausnahmen von den Vorgaben zur Mindeststückelung.²⁶⁷ Im Falle der Begebung von **nicht auf Euro** lautenden Wertpapieren erfolgt die Bewertung des Gegenwertes in Euro anhand des Wechselkurses am Tag des Eingangs des Entwurfs des Prospekts bei der BaFin.²⁶⁸

Nach der **2. Alternative** gilt die Regelung aber auch für solche Nichtdividendenwerte, die das Recht verbriefen, bei Umwandlung des Wertpapiers (z. B. **Umtauschanleihen**) oder Ausübung des verbrieften Rechts (z. B. **Optionsschein**) übertragbare Wertpapiere zu erwerben oder einen Barbetrag zu erlangen. Dieses Wahlrecht besteht allerdings nur, sofern der Emittent der Nichtdividendenpapiere nicht der Emittent der zugrunde liegenden Wertpapiere oder ein zum Konzern dieses Emittenten gehörendes Unternehmen ist.²⁶⁹ **Sonstige Derivate** (z. B. Zertifikate), die nicht diese Merkmale aufweisen, scheiden nach der Verwaltungspraxis der BaFin aus.²⁷⁰ **138**

Das Wahlrecht erstreckt sich auf (i) den **Sitzstaat des Emittenten** oder (ii) den Mitgliedstaat des Europäischen Wirtschaftsraums, in dem die **Zulassung zum öffentlichen Handel** oder das **öffentliche Angebot** erfolgen soll. Es kann durch ausdrückliche Erklärung gegenüber der BaFin oder durch konkludente Erklärung mittels Einreichung eines Registrierungsformulars und einer Wertpapierbeschreibung ausgeübt werden.²⁷¹ Das Wahlrecht ist nur dann eröffnet, wenn vernünftigerweise erwartet werden kann, dass in diesem Staat tatsächlich die Zulassung/das öffentliche Angebot erfolgen soll.²⁷² **139**

Eine einmal ausgeübte Wahl ist **nicht bindend für Folgeemissionen**; der Emittent kann für jede einzelne durch das Wahlrecht begünstigte Emission separat den Herkunftsstaat wählen.²⁷³ Gleiches gilt im Rahmen von Emissionen auf der Grundlage eines **Basisprospekts**. Sieht der Basisprospekt lediglich Emissionen vor, nach denen der Emittent das beschriebene Wahlrecht nutzen kann, so gilt dieses Wahlrecht jeweils sowohl für den Basisprospekt selbst wie auch für jede einzelne daraufhin erfolgende Emission. Dem Emittenten steht es demnach theoretisch frei, den Basisprospekt in einem beliebigen Staat der Gemeinschaft billigen zu lassen und die einzelnen Emissionen in jeweils unterschiedlichen, ande- **140**

---

derungsrichtlinie ist dieser Vorschlag hingegen nicht umgesetzt worden; es findet sich dort in Erwägungsgrund 8 jedoch ein Prüfauftrag an die Kommission, inwieweit die Beibehaltung der Mindestgrenze von € 1.000 sachgerecht ist.

266 Dies betrifft gemäß § 2 Nr. 13 b) Halbs. 2 Nichtdividendewerte in einer anderen Währung als EURO mit einem annähernden Wert von € 1.000.
267 Näher *Ritz/Zeising*, in: Just/Voß/Ritz/Zeising, WpPG, § 2 Rn. 257.
268 BT-Drucks. 15/4999, S. 29; ESMA-Questions and Answers – Prospectuses (25th Updated Version – July 2016), Nr. 13 (Nearly equivalence of Euro 1.000), S. 17; *Ritz/Zeising*, in: Just/Voß/Ritz/Zeising, WpPG, § 2 Rn. 256.
269 Diese Einschränkung ergibt sich jedoch schon aus der Definition der Nichtdividendenwerte des § 2 Nr. 3; vgl. *Grosjean*, in: Heidel, Aktienrecht und Kapitalmarktrecht, § 2 WpPG Fn. 82.
270 *Ritz/Zeising*, in: Just/Voß/Ritz/Zeising, WpPG, § 2 Rn. 259 ff.; **a. A.** *Kullmann/Sester*, WM 2005, 1068, 1070; *Heidelbach*, in: Schwark/Zimmer, KMRK, § 2 WpPG Rn. 73.
271 BT-Drucks. 15/4999, S. 29; *Ritz/Zeising*, in: Just/Voß/Ritz/Zeising, WpPG, § 2 Rn. 253; *von Kopp-Colomb/Knobloch*, in: Assmann/Schlitt/von Kopp-Colomb, WpPG/VerkProspG, § 2 WpPG Rn. 82.
272 ESMA-Questions and Answers – Prospectuses (25th Updated Version – July 2016), Nr. 46 (Definition of Home Member State in case of base prospectuses), S. 39; *Ritz/Zeising*, in: Just/Voß/Ritz/Zeising, WpPG, § 2 Rn. 252.
273 *Ritz/Zeising*, in: Just/Voß/Ritz/Zeising, WpPG, § 2 Rn. 253; *von Kopp-Colomb/Knobloch*, in: Assmann/Schlitt/von Kopp-Colomb, WpPG/VerkProspG, § 2 WpPG Rn. 82.

§ 2 Begriffsbestimmungen

ren Mitgliedstaaten durchzuführen. Das Wahlrecht darf allerdings nicht ohne vernünftigen Grund unterschiedlich ausgeübt werden.[274]

c) Wahlrecht für bestimmte von Drittstaatsemittenten ausgegebene Wertpapiere

141 Nr. 13 c) normiert ein Wahlrecht für diejenigen Drittstaatsemittenten, die nicht von Nr. 13 b) erfasst sind. Es besteht wiederum die Möglichkeit, den Mitgliedstaat des Europäischen Wirtschaftsraums, in dem die Wertpapiere **öffentlich angeboten** werden sollen oder in dem der **erste Antrag auf Zulassung zum Handel** an einem organisierten Markt gestellt wird, zu wählen. Sind die beiden identisch, erübrigt sich eine Wahl.[275] Wie bei Gemeinschaftsemittenten ist für die Einordnung als Drittstaatsemittent der Sitz des Emittenten entscheidend und das Wahlrecht des Emittenten kann auch durch Einreichung eines Registrierungsformulars ausgeübt werden.[276] Assoziierte Gebiete (britische Kanalinseln oder Niederländische Antillen), die nicht Mitglied in der EU sind, sind ebenfalls Drittstaaten.[277]

142 Da es sich hierbei im Unterschied zu dem Wahlrecht nach Nr. 13 b) um ein **einmaliges Wahlrecht** handelt, wird mit dieser Entscheidung auch der Herkunftsstaat für alle künftigen Emissionen bestimmt.[278] Dies gilt aber nur insoweit, als die betreffenden Wertpapiere ausschließlich von Nr. 13 c) erfasst sind. Denn der Anwendungsbereich beider Normen hängt von der Art der erfassten Wertpapiere ab, ohne dass das eine Wahlrecht das andere Wahlrecht ausschließt. Den Drittstaatsemittenten steht daher auch nach Ausübung ihres Wahlrechts nach Nr. 13 c) weiterhin das Wahlrecht nach Nr. 13 b) zu, soweit die von Nr. 13 b) erfassten Nichtdividendenwerte begeben werden sollen.[279] Umgekehrt besteht weiterhin das Wahlrecht nach Nr. 13 c), wenn zuvor eine Wahl nach Nr. 13 b) getroffen wurde.[280]

14. Aufnahmestaat

143 Die Bestimmung in Nr. 14 setzt die Vorgabe des Art. 2 Abs. 1 n) der Prospektrichtlinie um. Gebraucht wird die Definition im Zusammenhang mit der **grenzüberschreitenden Geltung von Prospekten** (§§ 17, 18) sowie der **Sprachenregelung** (§§ 19, 20). § 2 Nr. 14 definiert den Aufnahmestaat als den Staat, in dem ein öffentliches Angebot unterbreitet oder die Zulassung zum Handel angestrebt wird, sofern dieser Staat nicht der Herkunftsstaat ist.

---

[274] *Von Kopp-Colomb/Knobloch*, in: Assmann/Schlitt/von Kopp-Colomb, WpPG/VerkProspG, § 2 WpPG Rn. 82. ESMA hat angedeutet, dass spätere Emissionen ausschließlich außerhalb des gewählten Herkunftsstaates – abhängig von dem jeweiligen mitgliedstaatlichen Recht – rechtsmissbräuchlich sein und eine Sanktionierung zur Folge haben können, vgl. ESMA-Questions and Answers – Prospectuses (25th Updated Version – July 2016), Nr. 46 (Definition of Home Member State in case of base prospectuses), S. 39.
[275] BVerwG, Urt. v. 24.5.2011 – 7 C 6.10, Rn. 24, NVwZ 2011, 1012, 1015.
[276] BT-Drucks. 15/4999, S. 29.
[277] *Von Kopp-Colomb/Knobloch*, in: Assmann/Schlitt/von Kopp-Colomb, WpPG/VerkProspG, § 2 WpPG Rn. 86.
[278] *Kullmann/Sester*, WM 2005, 1068, 1070; *Grosjean*, in: Heidel, Aktienrecht und Kapitalmarktrecht, § 2 WpPG Rn. 40.
[279] Näher *Ritz/Zeising*, in: Just/Voß/Ritz/Zeising, WpPG, § 2 Rn. 271.
[280] Näher *Ritz/Zeising*, in: Just/Voß/Ritz/Zeising, WpPG, § 2 Rn. 270.

Aufnahmestaat ist danach ein Mitgliedstaat des EWR,[281] in dem der Emittent auf Grundlage des sog. „europäischen Passes" nach Abschluss des Notifizierungsverfahrens ein öffentliches Angebot durchführt und/oder eine Zulassung zum Handel in einem organisierten Markt beantragt.[282] Ausreichend ist, dass ein öffentliches Angebot oder die Stellung eines Zulassungsantrags erst bevorsteht; beide Maßnahmen müssen nicht schon initiiert sein.[283]

15. Staat des Europäischen Wirtschaftsraums

Die in Nr. 15 enthaltene Definition umfasst die jeweiligen Mitgliedstaaten der Europäischen Union sowie die restlichen Vertragsstaaten des Abkommens über den Europäischen Wirtschaftsraum (namentlich Island, Liechtenstein und Norwegen) und ist vor allem bei grenzüberschreitendem Handel und der Zulassung zum Markt im Sinne der §§ 17 ff. von Bedeutung. Europäische Vorgaben bestehen für die Regelung nicht; sie dient ausschließlich der Verschlankung des WpPG.

144

16. Organisierter Markt

Diese Vorschrift ist insbesondere im Rahmen des Anwendungsbereiches nach § 1 Abs. 1 sowie für die Verpflichtung zu einer Prospekterstellung (§ 3 Abs. 4) und den Ausnahmen davon (§ 4 Abs. 2) von Bedeutung. Die Definition des organisierten Marktes aus Nr. 16 soll nach der Gesetzesbegründung zum WpPG[284] mit der Definition sowohl in § 2 Abs. 5 WpHG als auch in Art. 2 Abs. 1 j) der Prospektrichtlinie übereinstimmen. Art. 2 Abs. 1 j) der Prospektrichtlinie verweist wiederum auf Art. 4 Abs. 1 Nr. 14 der Richtlinie 2004/39/EG über Märkte für Finanzinstrumente („Finanzmarktrichtlinie")[285] und explizit auf Art. 1 Nr. 13 Wertpapierdienstleistungsrichtlinie 93/22/EWG sowie – aufgrund der dynamischen Verweisung in Art. 69 der Finanzmarktrichtlinie – auf Art. 4 Nr. 13 der Finanzmarktrichtlinie.[286] Die Finanzmarktrichtlinie hat durch Art. 4 Abs. 1 Nr. 14 den Begriff des organisierten Marktes vom Wortlaut her deutlich erweitert, was durch den deutschen Gesetzgeber im Rahmen des Finanzmarktrichtlinie-Umsetzungsgesetzes (FRUG)[287] entsprechend durch die Änderung des Wortlauts des § 2 Abs. 5 WpHG umgesetzt wurde. Eine entsprechende

145

---

281 Auch wenn § 2 Nr. 14 nur von „Staat" spricht, kommen aufgrund der zugrunde liegenden Bestimmungen der Prospektrichtlinie nur Mitgliedstaaten in Betracht; vgl. *Ritz/Zeising*, in: Just/Voß/Ritz/Zeising, WpPG, § 2 Rn. 276.
282 Vgl. daher insgesamt näher Kommentierung zu den §§ 17, 18.
283 *Ritz/Zeising*, in: Just/Voß/Ritz/Zeising, WpPG, § 2 Rn. 274.
284 BT-Drucks. 15/4999, S. 29.
285 Richtlinie 2004/39/EG des europäischen Parlaments und Rats vom 21.4.2004 über Märkte für Finanzinstrumente, zur Änderung der Richtlinien 85/611/EWG und 93/6/EWG des Rats und der Richtlinie 2000/12/EG des Europäischen Parlaments und des Rats und zur Aufhebung der Richtlinie 93/22/EWG des Rats (ABl. L 145/1 ff. vom 30.4.2004). Die Prospektrichtlinie 2003/71/EG Art. 1 Abs. 1 j) verweist auf Art. 1 Abs. 13 der Richtlinie 93/22/EWG, der von Art. 69 der MiFID-Richtlinie 2004/39/EG dahingehend aufgehoben wurde, dass ab 24 Monate nach Inkrafttreten der MIFID Bezugnahmen auf 2003/71/EG als Bezugnahme auf die entsprechenden Begriffsbestimmungen der MiFID gelten.
286 *Groß*, Kapitalmarktrecht, § 2 Rn. 35.
287 Gesetz zur Umsetzung der Richtlinie über Märkte für Finanzinstrumente (2004/39/EG, MiFID) und der Durchführungsrichtlinie (2006/73/EG) der Kommission (Finanzmarktrichtlinie-Umsetzungsgesetz) v. 16.7.2007, BGBl. I 2007, S. 1330 v. 19.7.2007.

§ 2   Begriffsbestimmungen

Änderung des WpPG und der Definition in § 2 Nr. 16 war zunächst nicht erfolgt. Dieses, wohl als Redaktionsversehen zu wertende Versäumnis des Finanzmarktrichtlinie-Umsetzungsgesetzes, wurde mit dem Investmentänderungsgesetz durch Art. 19 a Ziffer 1 beseitigt.[288] Dieser hat die Definition des organisierten Marktes in § 2 Nr. 16 an die des § 2 Abs. 5 WpHG i. d. F. des Finanzmarktrichtlinie-Umsetzungsgesetzes und damit an Art. 4 Nr. 13 der Finanzmarktrichtlinie angeglichen.[289]

146   Auch wenn die Definition des § 2 Nr. 16 dem Wortlaut nach dahingehend keine Einschränkung vornimmt, folgt aus Art. 2 Abs. 1 j) der Prospektrichtlinie, der auf Art. 4 Abs. 1 Nr. 14 der Finanzmarktrichtlinie 2004/39/EG verweist, dass nur Märkte **innerhalb des Europäischen Wirtschaftsraums** als „organisierte Märkte" i. S. d. § 2 Nr. 16 in Frage kommen.[290] Auch die Neufassungen der §§ 2 Abs. 5 WpHG, 2 Nr. 16 WpPG zeigen, dass „organisierte Märkte" auf Märkte im Geltungsbereich der Finanzmarktrichtlinie beschränkt sind („Inland, in einem anderen Mitgliedstaat der Europäischen Union oder einem anderen Vertragsstaat des Abkommens über den Europäischen Wirtschaftsraum").[291] In **Deutschland** umfasst die Zulassung zu einem organisierten Markt den regulierten Markt (vgl. § 32 Abs. 1 BörsG)[292] sowie die Terminbörse Eurex.[293] Nicht erfasst wird dagegen der im Wesentlichen auf privatrechtlicher Basis stattfindende Freiverkehr (§ 48 BörsG),[294] wie etwa das Segment des „Open Market" der Frankfurter Wertpapierbörse oder der „Entry Standard" als ein Teilbereich des Open Market.

17. BaFin

147   Die Regelung in Nr. 17 definiert als Bundesanstalt die BaFin. Ihre Befugnisse richten sich nach den §§ 21 ff. Die zuständige Abteilung WA 5 (Prospekte, Überwachung Wertpapieranalysten) gliedert sich in die folgenden Referate auf: WA 51 (Grundsatzfragen), WA 52 (Wertpapierprospekte (A-G)), WA 53 (Wertpapierprospekte (H-Z)), WA 54 (Billigung von Vermögensanlagen-Verkaufsprospekten), WA 55 (Marktüberwachung Vermögensanlagen und Wertpapierangebote) und WA 56 (Aufsicht über Ersteller und Weitergeber von Finanzanalysen sowie Verwender von Ratings). Die einzelnen Referate der Abteilung WA 5 sind unter Marie-Curie-Straße 24–28, 60439 Frankfurt/Main, Tel.-Nr. 0228/4108-0, Fax-Nr. 0228/4108-123 oder www.bafin.de zu erreichen.

---

288   BGBl. I 2007, S. 3089.
289   *Groß*, Kapitalmarktrecht, § 2 Rn. 35.
290   *Pfeiffer/Buchinger*, NZG 2006, 449, 450; *Kollmorgen/Feldhaus*, BB 2007, 225, 227; *dies.*, BB 2007, 2756, 2756; *Giedinghagen*, BKR 2007, 233, 235; *Ritz/Zeising*, in: Just/Voß/Ritz/Zeising, WpPG, § 2 Rn. 281.
291   Vgl. BT-Drucks. 16/4028, S. 57.
292   Mit Inkrafttreten des Finanzmarktrichtlinie-Umsetzungsgesetz (Gesetz zur Umsetzung der Richtlinie über Märkte für Finanzinstrumente (RL 2004/39/EG, MiFID) und der Durchführungsrichtlinie (RL 2006/73/EG) der Kommission (FRUG) v. 16.7.2007, BGBl. I 2007, S. 1330 v. 19.7.2007) am 1.11.2007 ist die Zweiteilung des gesetzlichen Börsenhandels in amtlichen und geregelten Markt aufgegeben worden. Die vorherigen Zulassungen bestehen als Zulassungen für den regulierten Markt fort.
293   Vgl. *Grunewald/Schlitt*, Einführung in das Kapitalmarktrecht, S. 216; *Schlitt/Wilczek*, in: Habersack/Mülbert/Schlitt, Kapitalmarktinformation, § 4 Rn. 39.
294   Vgl. *Heise*, in: Assies/Beule/Heise/Strube, Bank- und Kapitalmarktrecht, S. 1156 Rn. 255; *Grunewald/Schlitt*, Einführung in das Kapitalmarktrecht, S. 216.

18. Schlüsselinformationen

Die Änderungsrichtlinie (vgl. Vor §§ 1 ff. Rn. 4 ff., Rn. 8) nimmt in den Katalog des Art. 2 Abs. 1s) der Prospektrichtlinie den Begriff der „Schlüsselinformationen" („*key information*") als neue Legaldefinition, welche entsprechend vom deutschen Gesetzgeber durch die neue Nr. 18 in § 2 WpPG umgesetzt worden ist, auf. Der Begriff ist relevant für die Frage, welche inhaltlichen Anforderungen an die Zusammenfassung nach § 5 Abs. 2 bestehen, wobei § 5 Abs. 2a weiter konkretisiert, welche Informationen unter den Begriff Schlüsselinformationen fallen (im Wesentlichen Risikofaktoren bezogen auf den Emittenten und ggf. den Garantiegeber; Risikofaktoren bezogen auf das Produkt; Angebotsbedingungen; Einzelheiten der Zulassung zum Handel; Gründe für das Angebot sowie Verwendung der Erlöse). Der Begriff der Schlüsselinformationen ist daher auch haftungsrelevant im Falle fehlender oder falscher Informationen in der Zusammenfassung (vgl. § 23 Abs. 2 Nr. 5 a. E.).[295]

148

III. Ermächtigung der Kommission zur Anpassung von Definitionen

Durch den neuen Art. 2 Abs. 4 der Änderungsrichtlinie wird die Kommission gleich der in Art. 1 Abs. 4 neu eingeführten Regelung (vgl. § 1 Rn. 44) ermächtigt, die Definitionen des gesamten Art. 2 an neue Umstände anzupassen. Soweit die Kommission von dieser Ermächtigung Gebrauch macht, ist der deutsche Gesetzgeber verpflichtet, die entsprechenden Änderungen unverzüglich im WpPG umzusetzen; für die Zwischenzeit können die Regeln der sog. vorweggenommenen richtlinienkonformen Auslegung Anwendung finden.[296] Gleiches gilt für die Anwendungspraxis der BaFin.

149

---

295 *Müller*, WpPG, § 2 Rn. 18; *Foelsch*, in: Holzborn, WpPG, § 2 Rn. 37.
296 Näher *Schnorbus*, AcP 201 (2001), 860, 871 ff.

§ 3 Pflicht zur Veröffentlichung eines Prospekts und Ausnahmen im Hinblick auf die Art des Angebots

(1) Sofern sich aus den Absätzen 2 und 3 oder aus § 4 Absatz 1 nichts anderes ergibt, darf der Anbieter Wertpapiere im Inland erst dann öffentlich anbieten, wenn er zuvor einen Prospekt für diese Wertpapiere veröffentlicht hat.

(2) [1]Die Verpflichtung zur Veröffentlichung eines Prospekts gilt nicht für ein Angebot von Wertpapieren,

1. das sich ausschließlich an qualifizierte Anleger richtet,
2. das sich in jedem Staat des Europäischen Wirtschaftsraums an weniger als 150 nicht qualifizierte Anleger richtet,
3. das sich an Anleger richtet, die Wertpapiere ab einem Mindestbetrag von 100 000 Euro pro Anleger je Angebot erwerben können,
4. die eine Mindeststückelung von 100 000 Euro haben oder
5. sofern der Verkaufspreis für alle angebotenen Wertpapiere im Europäischen Wirtschaftsraum weniger als 100 000 Euro beträgt, wobei diese Obergrenze über einen Zeitraum von zwölf Monaten zu berechnen ist.

[2]Jede spätere Weiterveräußerung von Wertpapieren, die zuvor Gegenstand einer oder mehrerer der in Satz 1 genannten Angebotsformen waren, ist als ein gesondertes Angebot anzusehen.

(3) Die Verpflichtung zur Veröffentlichung eines Prospekts gilt nicht für ein späteres Angebot oder eine spätere endgültige Platzierung von Wertpapieren durch Institute im Sinne des § 1 Absatz 1b des Kreditwesengesetzes oder ein nach § 53 Absatz 1 Satz 1 oder § 53b Absatz 1 Satz 1 oder Absatz 7 des Kreditwesengesetzes tätiges Unternehmen, solange für das Wertpapier ein gültiger Prospekt gemäß § 9 vorliegt und der Emittent oder die Personen, die die Verantwortung für den Prospekt übernommen haben, in dessen Verwendung schriftlich eingewilligt haben.

(4) Für Wertpapiere, die im Inland zum Handel an einem organisierten Markt zugelassen werden sollen, muss der Zulassungsantragsteller einen Prospekt veröffentlichen, sofern sich aus § 4 Absatz 2 nichts anderes ergibt.

Übersicht

	Rn.
I. Grundlagen	1
II. Prospektpflicht bei einem öffentlichen Angebot in Deutschland (§ 3 Abs. 1 Satz 1)	2
1. Grundsätzlicher Anwendungsbereich	2
2. Inlandsbezug	5
a) Grundlagen	5
b) Kriterien für die Praxis	6
c) Ausschluss eines Inlandsbezugs (Disclaimer, technische Vorkehrungen)	8
III. Ausnahmekatalog im Hinblick auf die Art des Angebots (§ 3 Abs. 2 Satz 1)	12
1. Einführung	12
a) Grundlagen	12
b) Angebotsbezogenheit	14
c) Kombinationsmöglichkeiten mit anderen Ausnahmebestimmungen	15
d) Privatplatzierung durch inhaltliche Gestaltung	16

- e) Gegenleistung der Anleger 19
- 2. Angebote an qualifizierte Anleger (Nr. 1)....................... 20
- 3. Angebote an weniger als 150 nicht qualifizierte Anleger (Nr. 2) 22
- 4. Angebote mit Mindestbetrag oder Mindeststückelung (Nr. 3 und Nr. 4) 28
- 5. Angebote zu geringer Gegenleistung (Nr. 5)...................... 32
- **IV. Weiterveräußerung von Wertpapieren (§ 3 Abs. 2 Satz 2)** 36
  - 1. Grundlagen 36
  - 2. Rechtsstellung des Emittenten..... 39
  - 3. Umplatzierungen im Wege eines öffentlichen Angebots 41
    - a) Fehlende Mitwirkungspflicht des Emittenten............... 41
    - b) Beschränkungen durch § 3 Abs. 3 WpPG 42
    - c) Sonstige rechtliche Restriktionen 43
- **V. Ausnahme von der Prospektpflicht bei bereits vorliegendem Prospekt und Verwendung durch Finanzintermediäre (§ 3 Abs. 3)**.......... 44
  - 1. Grundlagen 44
  - 2. Voraussetzungen 45
    - a) Einwilligung des Emittenten.... 45
    - b) Prospekt nach den Vorschriften des WpPG 48
    - c) Fungibilität der nachfolgenden Wertpapiere................ 50
    - d) Gültigkeit 51
    - e) Nachtrag nach § 16 52
  - 3. Aufstockung und Erhöhung des Emissionsvolumens............. 53
    - a) Grundlagen 53
    - b) Praxisfälle 54
  - 4. Retail Kaskaden............... 56
    - a) Grundlagen 56
    - b) Rechtliche Bewertung......... 57
- **VI. Prospektpflicht bei der Zulassung zum Handel an einem organisierten Markt in Deutschland (§ 3 Abs. 4)** .. 60
  - 1. Grundlagen 60
  - 2. Besonderheiten bei bestimmten gesellschaftsrechtlichen Maßnahmen 61
    - a) Formwechsel nach dem UmwG . 61
    - b) Grenzüberschreitende Sitzverlegung nach der SE-Verordnung .. 64
    - c) Kapitalerhöhung aus Gesellschaftsmitteln 66
- **VII. Ermächtigung der Kommission** 67

I. Grundlagen

§ 3 Abs. 1 sieht im Grundsatz eine Prospektpflicht für ein öffentliches Angebot vor, während § 3 Abs. 2 – zusammen mit § 4 Abs. 1 – die zentrale Bestimmung für Ausnahmen von der Prospektpflicht für bestimmte Arten öffentlicher Angebote von Wertpapieren begründet. Eine weitere Ausnahme von der Prospektpflicht sah bis zur Umsetzung der Änderungsrichtlinie zur Prospektrichtlinie (vgl. Vor §§ 1 ff. Rn. 4 ff., Rn. 8) § 3 Abs. 1 Satz 2 1. Alt. a. F. vor. Danach war kein Prospekt vorzulegen, soweit bereits ein Prospekt nach den Vorschriften des WpPG veröffentlicht worden war. Diese Regelung war nicht durch die Prospektrichtlinie vorgegeben, so dass sich eine vergleichbare Ausnahme in anderen EU-Staaten nicht fand. § 3 Abs. 3 sieht nun vor, dass diese Ausnahme nur noch unter den dort normierten zusätzlichen Voraussetzungen greift (Platzierung durch Finanzintermediäre mit Einwilligung des Emittenten).[1] Die vor Umsetzung der Änderungsrichtlinie in § 3 Abs. 3 WpPG a. F. enthaltene Prospektpflicht für die Zulassung zum Handel an einem organisierten Markt wurde zu § 3 Abs. 4. Die Änderungsrichtlinie ermächtigt im Übrigen die Kommission, die Schwellenwerte in Art. 3 Abs. 2 c)–e) (§ 3 Abs. 2 Nr. 3–5) anzupassen (vgl. zu den sich daraus ergebenden Folgen oben Vor §§ 1 ff. Rn. 11 f.).

1

---

1 Vgl. BT-Drucks. 17/8684, S. 17.

II. Prospektpflicht bei einem öffentlichen Angebot in Deutschland (§ 3 Abs. 1 Satz 1)

1. Grundsätzlicher Anwendungsbereich

2 § 3 Abs. 1 setzt Art. 3 Abs. 1 der Prospektrichtlinie um. Danach muss der Anbieter (§ 2 Nr. 10) für Wertpapiere (§ 2 Nr. 1), die im Inland öffentlich angeboten (§ 2 Nr. 4) werden, einen Prospekt veröffentlichen. Die Bestimmung orientiert sich ausweislich der Regierungsbegründung an § 1 VerkProspG a. F.,[2] der allerdings noch zwischen dem Angebot noch nicht zum Handel an einer inländischen Börse zugelassener Wertpapiere (dann Prospektpflicht) und dem Angebot bereits zugelassener Wertpapiere (dann keine Prospektpflicht) differenzierte.

3 Bei Umplatzierungen von bereits zugelassenen Aktien verbunden mit einem öffentlichen Angebot führte dieser Umstand seinerzeit zu zahlreichen Zweifelsfragen, insbesondere im Hinblick auf die Haftung für etwaige Vermarktungsdokumente. Das WpPG sieht hingegen eine **einheitliche Prospektpflicht vor, also auch für das Angebot bereits zugelassener Aktien**.[3] Dazu zählt nunmehr auch die öffentliche Umplatzierung von bereits zugelassenen Aktien, die nach altem Recht noch nicht der Prospektpflicht unterlag.

4 Nach § 3 Abs. 1 besteht keine Pflicht zur Veröffentlichung eines Prospekts, sofern sich aus Abs. 2 oder § 4 Abs. 1 etwas anderes ergibt. Diese Ausnahme gilt dabei **nur für öffentliche Angebote**, nicht aber für die Börsenzulassung von Wertpapieren.[4] Hier erlaubt alleine § 4 Abs. 2 unter bestimmten Voraussetzungen die Zulassung zu einem organisierten Markt ohne Prospekt.[5]

2. Inlandsbezug

a) Grundlagen

5 Die Legaldefinition des öffentlichen Angebots in § 2 Nr. 4 enthält keine Einschränkung dahingehend, dass das öffentliche Angebot sich auf das Inland beziehen muss. Aus dem Wortlaut des § 3 Abs. 1 Satz 1 sowie dem territorialen Anwendungsbereich des WpPG folgt jedoch, dass nur solche öffentlichen Angebote der Prospektpflicht unterliegen, die im Inland erfolgen.[6] Für die Abgrenzung, ob ein Angebot diese Voraussetzungen erfüllt, finden nach wie vor die einschlägigen Aussagen der **BAWe-Bekanntmachung von 1999** An-

---

2 BT-Drucks. 15/4999, S. 29.
3 *Schlitt/Schäfer*, AG 2005, 498, 500; *Schnorbus*, AG 2008, 389, 390; *Groß*, Kapitalmarktrecht, § 3 WpPG Rn. 2; *Holzborn/Mayston*, in: Holzborn, WpPG, § 3 Rn. 8; *von Kopp-Colomb/Gajdos*, in: Assmann/Schlitt/von Kopp-Colomb, WpPG/VerkProspG, § 3 WpPG Rn. 10; *Heidelbach*, in: Schwark/Zimmer, KMRK, § 3 WpPG Rn. 2; kritisch, aber wenig überzeugend *Zeising*, in: Just/Voß/Ritz/Zeising, WpPG, § 3 Rn. 6 ff.
4 ESMA-Questions and Answers – Prospectuses (25th Updated Version – July 2016), Nr. 44 (Obligation to publish a prospectus for admission of securities to trading on a regulated market), S. 37.
5 ESMA-Questions and Answers – Prospectuses (25th Updated Version – July 2016), Nr. 44 (Obligation to publish a prospectus for admission of securities to trading on a regulated market), S. 37.
6 Vgl. *Schnorbus*, AG 2008, 389, 398.

II. Prospektpflicht bei einem öffentlichen Angebot in Deutschland (§ 3 Abs. 1 Satz 1) **§ 3**

wendung.[7] Erforderlich ist, dass das Angebot in der Bundesrepublik Deutschland erfolgt, hier ansässige Anleger **zielgerichtet angesprochen** werden und sich die **Maßnahme im Inland auswirkt** (marktbezogener Ansatz), was im Einzelfall anhand von Indizien zu ermitteln ist (Gesamtschau aller Indizien aus Anlegerperspektive).[8] Das bedeutet umgekehrt, dass öffentliche Angebote an deutsche Anleger im Ausland nicht vom Gesetz erfasst sind.[9]

b) Kriterien für die Praxis

Auf die Nationalität der Anleger kommt es nicht an. Ein öffentliches Angebot im Inland liegt unabhängig davon vor, von welchem Ort aus dieses abgegeben wurde. Bei Angeboten über das **Internet** spielt es keine Rolle, von welchem Ort aus der Upload der Daten erfolgt ist bzw. wo der Server mit den abrufbaren Daten steht, sofern Anleger in Deutschland angesprochen werden sollen. Indizien für ein Angebot im Inland sind insbesondere die Verwendung der **deutschen Sprache** und die **Nennung deutscher Ansprechpartner**. Weitere Anhaltspunkte können die Angabe des **Kaufpreises in Euro** und **Hinweise auf das deutsche Steuerrecht** sein.[10] Weitere Anhaltspunkte sind die Abwicklung der Verträge nach **deutschem Recht**, die **Zuständigkeit deutscher Gerichte** sowie die Abwicklung von Zahlungen über den **deutschen Postweg** oder ein **deutsches Konto**.[11]

6

Gleiche Maßstäbe gelten für Angebote, die in **ausländischen Zeitungen** veröffentlicht werden. Allein der Umstand, dass diese Zeitungen auch in Deutschland erworben werden können, genügt für den (zielgerichteten) Inlandsbezug nicht.[12] Ein **Fernsehinterview in einem deutschsprachigen Grenzstaat** (etwa Österreich) führt gleichermaßen nicht ohne weiteres zu einem (zielgerichteten) Inlandsbezug, wenn die Sendung auch in Deutschland ausgestrahlt wird.

7

c) Ausschluss eines Inlandsbezugs (Disclaimer, technische Vorkehrungen)

Umgekehrt kann der Inlandsbezug inhaltlich oder mangels inländischen Zugangs zu der Informationsquelle ausgeschlossen sein.[13] Das frühere BAWe hatte bereits in Bezug auf die frühere Rechtslage nach dem (ehemaligen) VerkProspG seine Verwaltungspraxis dahin

8

---

7 Vgl. *BAWe*, Bekanntmachung zum Wertpapier-Verkaufsprospektgesetz, unter I. 2., S. 3; eingehend dazu auch *Holzborn/Mayston*, in: Holzborn, WpPG, § 3 Rn. 7; *Ritz/Zeising*, in: Just/Voß/Ritz/Zeising, WpPG, § 2 Rn. 171 ff.
8 *Schnorbus*, AG 2008, 389, 398; *von Kopp-Colomb/Gajdos*, in: Assmann/Schlitt/von Kopp-Colomb, WpPG/VerkProspG, § 3 WpPG Rn. 6 f.; *Ritz/Zeising*, in: Just/Voß/Ritz/Zeising, WpPG, § 2 Rn. 173, unter zutreffendem Hinweis auf die Rechtsprechung des VG Frankfurt zur Auslegung von § 32 Abs. 1 Satz 1 KWG.
9 *Ritz/Zeising*, in: Just/Voß/Ritz/Zeising, WpPG, § 2 Rn. 171.
10 *Grosjean*, in: Heidel, Aktienrecht und Kapitalmarktrecht, § 3 WpPG Rn. 1; *Ritz/Zeising*, in: Just/Voß/Ritz/Zeising, WpPG, § 2 Rn. 172; vgl. auch *Ritz*, in: Assmann/Lenz/Ritz, VerkProspG, § 1 Rn. 71.
11 *Ritz/Zeising*, in: Just/Voß/Ritz/Zeising, WpPG, § 2 Rn. 173 unter Hinweis auf die Rechtsprechung des VG Frankfurt zur Auslegung von § 32 Abs. 1 Satz 1 KWG.
12 Näher dazu und zu den Ausnahmen *Ritz*, in: Assmann/Lenz/Ritz, VerkProspG, § 1 Rn. 73.
13 *Ritz/Zeising*, in: Just/Voß/Ritz/Zeising, WpPG, § 2 Rn. 174 f.; *von Kopp-Colomb/Knobloch*, in: Assmann/Schlitt/von Kopp-Colomb, WpPG/VerkProspG, § 2 WpPG Rn. 36; *von Kopp-Colomb/Gajdos*, in: Assmann/Schlitt/von Kopp-Colomb, WpPG/VerkProspG, § 3 WpPG Rn. 8; *Heidelbach*, in: Schwark/Zimmer, KMRK, § 3 WpPG Rn. 8 ff.

§ 3 Pflicht zur Veröffentlichung eines Prospekts

konkretisiert,[14] dass durch einen sog. **Disclaimer** ein Angebot in Deutschland vermieden werden kann, wenn aus einem an hervorgehobener Stelle (z. B. Seitenbeginn) stehenden und in **deutscher Sprache**[15] verfassten Hinweis unmissverständlich hervorgeht, dass eine Zeichnung für Anleger in Deutschland nicht möglich ist. Bestimmte Formulierungsvorschläge seitens der BaFin gibt es für den Disclaimer nicht. Denkbar ist auch eine Formulierung, die das Angebot explizit auf einen Anlegerkreis eines Landes beschränkt und damit mittelbar alle anderen Länder ausnimmt.[16]

9 Die Zulässigkeit der Verwendung eines Disclaimers, um die grenzüberschreitende Wirkung eines Angebots zu vermeiden, wird nunmehr auch explizit durch Art. 6 Abs. 3 der TRS[17] anerkannt. Danach sind bei Veröffentlichung eines Wertpapierprospekts im Internet Maßnahmen zu ergreifen, um zu vermeiden, dass Gebietsansässige in Mitgliedstaaten oder Drittstaaten, in denen die Wertpapiere dem Publikum nicht angeboten werden, angesprochen werden.[18] Dies kann z. B. durch eine deutliche Erklärung dahingehend erfolgen, wer die Adressaten des Angebots sind. Die Vorschrift ermöglicht sowohl eine negative als auch eine positive Bestimmung des Adressatenkreises.[19]

10 Zusätzlich sind **angemessene Vorkehrungen** zu treffen, dass Anleger von Deutschland aus die Wertpapiere nicht erwerben können.[20] Denn ein Mangel an angemessenen Vorkehrungen gegen den Wertpapiererwerb durch inländische Anleger kann als Indiz für ein territorial unbeschränkt gewolltes Angebot zu werten sein.[21] So sind Maßnahmen vorzusehen, damit Anfragen aus Deutschland nicht bearbeitet und Zahlungen eines deutschen Kreditinstituts nicht entgegengenommen werden.[22] Bei öffentlichen Angeboten über das Internet ist ein sog. Filter vorzuschalten, der bestimmte Informationen zum Wohnort prüft.[23] Denk-

---

14 Vgl. *BAWe*, Bekanntmachung zum Wertpapier-Verkaufsprospektgesetz, unter I. 2., S. 3; vgl. auch *Ritz*, in: Assmann/Lenz/Ritz, VerkProspG, § 1 VerkProspG Rn. 73; *von Kopp-Colomb/Lenz*, BKR 2002, 5, 6.
15 Vgl. aber auch *Heidelbach*, in: Schwark/Zimmer, KMRK, § 3 WpPG Rn. 10 (Disclaimer in deutscher Sprache nur dann nötig, wenn Angebot auch in deutscher Sprache verfasst ist).
16 *Assmann*, FS Schütze, 1999, S. 15, 30; *Ritz*, in: Assmann/Lenz/Ritz, VerkProspG, § 1 Rn. 74; *von Kopp-Colomb*, in: Heidel, Aktienrecht und Kapitalmarktrecht, 1. Aufl., § 1 VerkProspG Rn. 29.
17 Delegierte Verordnung (EU) 2016/301 vom 30.11.2015 zur Ergänzung der Richtlinie 2003/71/EG des Europäischen Parlaments und des Rates durch technische Regulierungsstandards für die Billigung und Veröffentlichung des Prospekts und die Verbreitung von Werbung und zur Änderung der Verordnung (EG) Nr. 809/2004 der Kommission, s. dazu auch die gesonderte Kommentierung Vor Art. 6 ff. TRS (Art. 29 ff. EU-Prospektverordnung a. F.).
18 Vgl. auch OLG Dresden, WM 2014, 687, 697.
19 *Von Kopp-Colomb/Gajdos*, in: Assmann/Schlitt/von Kopp-Colomb, WpPG/VerkProspG, § 3 WpPG Rn. 8.
20 Vgl. *BAWe*, Bekanntmachung zum Wertpapier-Verkaufsprospektgesetz, unter I. 2., S. 3; vgl. *Schnorbus*, AG 2008, 389, 399; *Holzborn/Mayston*, in: Holzborn, WpPG, § 3 Rn. 7; *Ritz/Zeising*, in: Just/Voß/Ritz/Zeising, WpPG, § 2 Rn. 174; *Heidelbach*, in: Schwark/Zimmer, KMRK, § 3 WpPG Rn. 9; ferner *Ritz*, in: Assmann/Lenz/Ritz, VerkProspG, § 1 Rn. 73; vgl. auch OLG Dresden, WM 2014, 687, 697.
21 *Von Kopp-Colomb/Gajdos*, in: Assmann/Schlitt/von Kopp-Colomb, WpPG/VerkProspG, § 3 WpPG Rn. 9; *Heidelbach*, in: Schwark/Zimmer, KMRK, § 3 WpPG Rn. 9.
22 *Ritz/Zeising*, in: Just/Voß/Ritz/Zeising, WpPG, § 2 Rn. 174; *Lenz/Ritz*, WM 2000, 904, 906; kritisch *Heidelbach*, in: Schwark/Zimmer, KMRK, § 3 WpPG Rn. 11 (dort Fn. 34).
23 *Ritz/Zeising*, in: Just/Voß/Ritz/Zeising, WpPG, § 2 Rn. 174; *Lenz/Ritz*, WM 2000, 904, 906.

bar ist auch die Vergabe eines Kennwortes oder einer PIN unter der Voraussetzung, dass der Adressatenkreis bekannt ist.[24]

Diese Vorkehrungen sind jedoch nur im Rahmen der technischen und tatsächlichen Gegebenheiten zu treffen. Der Anbieter muss nicht – zur Vermeidung eines Angebots in Deutschland – gewährleisten, dass Anleger im Inland die Wertpapiere nicht erwerben können.[25] Oftmals wird es dem Anbieter nicht möglich sein, auszuschließen, dass ein im Inland ansässiger Investor Wertpapiere erwirbt, zumal er sich auf die Angaben der Interessenten verlassen muss. Eine Pflicht des Anbieters zur Überprüfung falscher Angaben von Zeichnungswilligen besteht nicht.[26] Nach Ansicht der ESMA soll der Anbieter (wissentlich) die Zeichnung durch einen vom Angebot ausgeschlossenen deutschen Anleger akzeptieren dürfen, ohne dass hierdurch ein Inlandsbezug entsteht, sofern die Voraussetzungen für ein öffentliches Angebot in Deutschland im Übrigen nicht erfüllt sind.[27] Eine Verwaltungspraxis der BaFin hierzu existiert noch nicht. Problematisch an dieser Ansicht ist, dass ein Disclaimer und die zusätzlichen Vorkehrungen zur bloßen Formalität werden, wenn der Anbieter diese bei der Zeichnung durch ausgeschlossene Anleger bewusst ignorieren kann. Auf der anderen Seite sind nach dieser Sichtweise Bezugsrechtsangebote durch ausländische Aktiengesellschaften möglich, an denen auch deutsche Aktionäre teilnehmen können, ohne dass in Deutschland eine Prospektpflicht entsteht (vgl. § 2 Rn. 72 ff. und 78 f.).

11

III. Ausnahmenkatalog im Hinblick auf die Art des Angebots (§ 3 Abs. 2 Satz 1)

1. Einführung

a) Grundlagen

Der Ausnahmenkatalog des § 3 Abs. 2 Satz 1 stimmt nahezu wörtlich mit den Vorgaben des Art. 3 Abs. 2 Satz 1 a) – e) der Prospektrichtlinie (in der Fassung der Änderungsrichtlinie) überein. Die Vorgängerregelung befand sich in § 2 VerkProspG a. F., wobei § 3 Abs. 2 nun deutliche Änderungen im Detail vorsieht, die die Ausnahmen von der Prospektpflicht reduzieren bzw. die Prospektpflicht erweitern.[28] Die Regelung gilt gleichermaßen für alle Arten von Wertpapieren und sieht für bestimmte Angebotsformen eine Ausnahme von der Prospektpflicht vor. § 3 Abs. 2 Satz 1 ist – zusammen mit § 4 Abs. 1 – die **zentrale Bestimmung für Ausnahmen von der Prospektpflicht** für bestimmte öffentliche Angebote von Wertpapieren; für die prospektfreie Zulassung von Wertpapieren ist ausschließlich § 4 Abs. 2 einschlägig.

12

---

24 *Ritz/Zeising*, in: Just/Voß/Ritz/Zeising, WpPG, § 2 Rn. 174.
25 *Groß*, Kapitalmarktrecht, § 3 WpPG Rn. 4; *Holzborn/Mayston*, in: Holzborn, WpPG, § 3 Rn. 7; *Ritz/Zeising*, in: Just/Voß/Ritz/Zeising, WpPG, § 2 Rn. 174; vgl. auch *Ritz*, in: Assmann/Lenz/Ritz, VerkProspG, § 1 VerkProspG Rn. 73.
26 *Heidelbach*, in: Schwark/Zimmer, KMRK, § 3 WpPG Rn. 11.
27 ESMA-Questions and Answers – Prospectuses (25th Updated Version – July 2016), Nr. 43 (Subscription of securities by residents of a country where the public offer is not taking place), S. 37.
28 Vgl. *Groß*, Kapitalmarktrecht, § 3 WpPG Rn. 3; *Zeising*, in: Just/Voß/Ritz/Zeising, WpPG, § 3 Rn. 29.

§ 3   Pflicht zur Veröffentlichung eines Prospekts

13   Sofern die Voraussetzungen einer Ausnahme nach § 3 Abs. 2 Satz 1 erfüllt sind, gilt die Befreiung von der Prospektpflicht kraft Gesetzes.[29] Eine Kompetenz oder Ermessen der BaFin besteht insofern nicht; insbesondere kann sie nicht mit Bindungswirkung Befreiungen oder Unbedenklichkeitsbescheinigungen erteilen (näher Vor §§ 1 ff. Rn. 23 f.). Zu den Haftungsrisiken vgl. Vor §§ 1 ff. Rn. 27 ff.

b) Angebotsbezogenheit

14   Die Ausnahmen des § 3 Abs. 2 Satz 1 gelten jeweils für ein Angebot, so dass für verschiedene Angebote eine Ausnahme von der Prospektpflicht jeweils erneut in Anspruch genommen werden muss. Jedes Angebot, das sich hinsichtlich der Wertpapiermerkmale (wie Dividendenwert/Nichtdividendenwert, Laufzeit, Valuta, Rückzahlungstag, WKN/ISIN, Verzinsung oder Stückelung) von dem vorhergehenden unterscheidet, ist als **neues Angebot anzusehen, für das die Ausnahmen des § 3 Abs. 2 Satz 1 erneut in Anspruch genommen werden können**.[30] Sofern es sich um fungible Wertpapiere handelt, richtet sich die Frage, ob mehrere Transaktionen als ein oder mehrere Angebote zu behandeln sind, nach dem Einzelfall.[31] Ein größerer zeitlicher Abstand oder die Veränderung des Sachverhalts (z. B. neuer Verwendungszweck, der bisher noch nicht vorgesehen war) sprechen für unterschiedliche Angebote.

c) Kombinationsmöglichkeiten mit anderen Ausnahmebestimmungen

15   In Übereinstimmung mit der früheren Rechtslage nach § 2 VerkProspG a. F.[32] können darüber hinaus die Ausnahmetatbestände des § 3 Abs. 2 zeitgleich nebeneinander in Anspruch genommen, also **kombiniert werden**.[33] Möglich ist es auch, die Ausnahmetatbestände zeitlich hintereinander zu koppeln oder zeitlich nur begrenzt in Anspruch zu nehmen.[34] Eine Einschränkung dahingehend, dass die unter dem früheren VerkProspG anerkannte und sinnvolle Gestaltungsmöglichkeit nach dem WpPG nicht mehr zulässig sein sollte, ergibt sich weder aus dem WpPG noch aus den europäischen Vorgaben. Im Gegen-

---

29 *Grosjean*, in: Heidel, Aktienrecht und Kapitalmarktrecht, § 3 WpPG Rn. 4; *Zeising*, in: Just/Voß/Ritz/Zeising, WpPG, § 3 Rn. 31; *von Kopp-Colomb/Gajdos*, in: Assmann/Schlitt/von Kopp-Colomb, WpPG/VerkProspG, § 3 WpPG Rn. 22.
30 *Schnorbus*, AG 2008, 389, 402; *Heidelbach/Preuße*, BKR 2006, 316, 319 (allerdings explizit nur zu § 3 Abs. 2 Satz 1 Nr. 2).
31 *Von Kopp-Colomb/Gajdos*, in: Assmann/Schlitt/von Kopp-Colomb, WpPG/VerkProspG, § 3 WpPG Rn. 29 (in Bezug auf § 3 Abs. 2 Satz 1 Nr. 3).
32 Vgl. *BAWe*, Bekanntmachung zum Wertpapier-Verkaufsprospektgesetz, unter II. 1., S. 5; *Heidelbach*, in: Schwark/Zimmer, KMRK, § 2 VerkProspG Rn. 2.
33 *Wiegel*, Die Prospektrichtlinie und Prospektverordnung, S. 168; *Giedinghagen*, BKR 2007, 233, 236 Fn. 37; *Schnorbus*, AG 2008, 389, 402; *Schulz/Hartig*, WM 2014, 1567, 1568; *Zeising*, in: Just/Voß/Ritz/Zeising, WpPG, § 3 Rn. 32; *Hamann*, in: Schäfer/Hamann, Kapitalmarktgesetze, § 3 WpPG Rn. 26; *von Kopp-Colomb/Gajdos*, in: Assmann/Schlitt/von Kopp-Colomb, WpPG/VerkProspG, § 3 WpPG Rn. 21; *Meyer*, in: Marsch-Barner/Schäfer, Handbuch börsennotierte AG, § 7 Rn. 15 a. E.; **a. A.** – im Fall einer Kombination von § 3 Abs. 2 Satz 1 Nr. 1 und § 3 Abs. 2 Satz 1 Nr. 2 – *Heidelbach/Preuße*, BKR 2006, 316, 319 f.
34 Ebenso *Heidelbach/Preuße*, BKR 2006, 316, 320; *Schnorbus*, AG 2008, 389, 402 f.; *Zeising*, in: Just/Voß/Ritz/Zeising, WpPG, § 3 Rn. 32; vgl. ferner *BAWe*, Bekanntmachung zum Wertpapier-Verkaufsprospektgesetz, unter II. 1., S. 5; *Heidelbach*, in: Schwark/Zimmer, KMRK, § 2 VerkProspG Rn. 2.

III. Ausnahmenkatalog im Hinblick auf die Art des Angebots (§ 3 Abs. 2 Satz 1) § 3

teil lassen die englische und französische Fassung der Prospektrichtlinie („and/or" bzw. „et/ou" nach jedem Katalogtatbestand) deutlich werden, dass die Ausnahmetatbestände des § 3 Abs. 2 Satz 1 alternativ oder kumulativ angewandt werden können. Diese Erkenntnis ist bei der richtlinienkonformen Auslegung des WpPG zu berücksichtigen. Eine Kombination eines Angebots an z.B. qualifizierte Anleger und an nicht mehr als 149 nicht qualifizierte Anleger pro Mitgliedstaat ist danach ohne Prospekt zulässig.[35] Ebenso können die **Befreiungstatbestände des § 3 Abs. 2 Satz 1 mit den Befreiungstatbeständen des § 4 Abs. 1 kombiniert** werden.[36] So kann beispielsweise eine Emission prospektfrei platziert werden, wenn ein Teil der Emission qualifizierten Anlegern nach § 3 Abs. 2 Satz 1 Nr. 1 und gleichzeitig oder später der andere Teil Mitarbeitern nach § 4 Abs. 1 Nr. 5 angeboten wird.

d) Privatplatzierung durch inhaltliche Gestaltung

Schon nach altem Recht stellte sich für eine Privatplatzierung an institutionelle Anleger bzw. an einen beschränkten Personenkreis die Frage, ob der Emittent bzw. Anbieter das Angebot veröffentlichen und gleichwohl **durch inhaltliche Gestaltung** auf einen bestimmten Personenkreis beschränken kann („**Disclaimer**").[37] Zusammengefasst lässt sich nach der strengen Sichtweise die Marktgerichtetheit eines Angebots nur dann vermeiden, wenn ausschließlich der relevante Personenkreis angesprochen wird. Nach anderer Sichtweise kann der Anbieter bei der Inanspruchnahme der Ausnahmen des § 3 Abs. 2 Satz 1 Nr. 1 und Nr. 2 im Angebotstext hervorheben, welche Zielgruppe er ansprechen will sowie welche potenziellen Investoren er zur Zeichnung überhaupt zulassen möchte und welche nicht.

16

Für die Möglichkeit der Begrenzung des Adressatenkreises durch inhaltliche Gestaltung spricht, dass bei der Frage des Informationsbedürfnisses nur auf die Anleger abzustellen ist, die auch tatsächlich das Angebot annehmen können.[38] Das sonstige Publikum, das lediglich Kenntnis von dem Angebot erlangt, ist insofern irrelevant. So hat auch die Wertpapieraufsicht die Zulässigkeit der Beschränkung von Angeboten auf bestimmte Anlegerkreise mittels eines Disclaimers zur Vermeidung eines öffentlichen Angebots im Inland (vgl. Rn. 8 ff.)[39] zu Recht anerkannt.

17

Des Weiteren legitimiert nunmehr auch **Art. 6 Abs. 3 a.E. der TRS**[40] die Beschränkung des angesprochenen Teilnehmerkreises mittels einer Erklärung (vgl. Rn. 9f.). Insofern ist ein expliziter und deutlicher Hinweis erforderlich, dass das Angebot sich nur an qualifizierte Investoren richtet, wobei es sich anbietet, zugleich den Begriff des „qualifizierten

18

---

35 *Schnorbus*, AG 2008, 389, 403; *Groß*, Kapitalmarktrecht, § 3 WpPG Rn. 6a; *Zeising*, in: Just/Voß/Ritz/Zeising, WpPG, § 3 Rn. 34; *Meyer*, in: Marsch-Barner/Schäfer, Handbuch börsennotierte AG, § 7 Rn. 15 a.E.; **a.A.** *Heidelbach/Preuße*, BKR 2006, 316, 319f.
36 *Schnorbus*, AG 2008, 389, 403.
37 Vgl. *Ekkenga/Maas*, Das Recht der Wertpapieremission, § 2 Rn. 117.
38 *Schnorbus*, AG 2008, 389, 403.
39 Vgl. *BAWe*, Bekanntmachung zum Wertpapier-Verkaufsprospektgesetz, unter I. 2b), S. 3.
40 Delegierte Verordnung (EU) 2016/301 vom 30.11.2015 zur Ergänzung der Richtlinie 2003/71/EG des Europäischen Parlaments und des Rates durch technische Regulierungsstandards für die Billigung und Veröffentlichung des Prospekts und die Verbreitung von Werbung und zur Änderung der Verordnung (EG) Nr. 809/2004 der Kommission, s. dazu auch die gesonderte Kommentierung Vor Art. 6ff. TRS (Art. 29ff. EU-Prospektverordnung a.F.).

Anlegers" näher zu umschreiben.[41] Der Anbieter muss jedoch die Beschränkung auf einen bestimmten Anlegerkreis auch **tatsächlich beabsichtigen und dementsprechend angemessene Vorkehrungen** treffen, damit nicht angesprochene Anleger (also z. B. nicht qualifizierte Anleger) die angebotenen Wertpapiere auch nicht erwerben können (vgl. § 2 Rn. 38).[42]

e) Gegenleistung der Anleger

19 Die Ausnahmen des § 3 Abs. 2 Satz 1 sind nicht darauf beschränkt, dass der Anbieter die entsprechenden Wertpapiere – wie im Normalfall – gegen einen Barbetrag in Euro anbietet und veräußert. Denkbar ist ebenso, dass die angesprochenen Investoren die angebotenen **Wertpapiere gegen andere Wertpapiere tauschen**; so können z. B. Aktionäre oder Inhaber einer Wandelanleihe ihre Wertpapiere gegen Wertpapiere prospektfrei tauschen, wenn die Voraussetzungen eines Ausnahmetatbestandes des § 3 Abs. 2 Satz 1 erfüllt sind. Zwar verlangt § 3 Abs. 2 Satz 1 Nr. 3 für die angebotenen Wertpapiere „einen Mindestbetrag von 100.000 Euro" und § 3 Abs. 2 Satz 1 Nr. 5 einen Verkaufspreis von „weniger als 100.000 Euro", aber sie betreffen jeweils nur den vom Anbieter verlangten Preis bzw. die Ausstattung des Wertpapieres.[43] Es steht den Parteien jedoch frei, diesen Betrag im Hinblick auf die gegenständliche Gegenleistung des Investors umzurechnen. Die gleichen Grundsätze gelten naturgemäß, wenn die Investoren nicht in Euro, sondern in einer anderen Währung zahlen, was unproblematisch zulässig ist.

2. Angebote an qualifizierte Anleger (Nr. 1)

20 Von besonderer praktischer Bedeutung ist der Ausnahmegrund des § 3 Abs. 2 Satz 1 Nr. 1, der an die Stelle des alten § 2 Nr. 1 VerkProspG a. F. getreten ist. Danach besteht keine Prospektpflicht, wenn sich das Angebot ausschließlich an **qualifizierte Anleger** richtet. Dabei handelt es sich u. a. um Kredit- und Finanzdienstleistungsinstitute, Großunternehmen in der Rechtsform der AG oder GmbH und professionelle Anleger, die den Voraussetzungen des § 31a WpHG genügen (§ 2 Nr. 6).[44] Die Ausnahme rechtfertigt sich daraus, dass diese qualifizierten Anleger ausreichend vorgebildet sind und über die entsprechenden Informationsquellen verfügen, um sich die für den Kauf von Wertpapieren notwendige Erkenntnisgrundlage zu schaffen.[45]

21 Bereits aus dem Wortlaut der Regelung („ausschließlich an") geht hervor, dass Angebote, die sich nur teilweise an qualifizierte Anleger und im Übrigen an das Publikum richten,

---

41 *Von Kopp-Colomb/Gajdos*, in: Assmann/Schlitt/von Kopp-Colomb, WpPG/VerkProspG, § 3 WpPG Rn. 24.
42 *Von Kopp-Colomb/Gajdos*, in: Assmann/Schlitt/von Kopp-Colomb, WpPG/VerkProspG, § 3 WpPG Rn. 24; *Schnorbus*, AG 2008, 389, 403.
43 So verlangt § 3 Abs. 2 Satz 1 Nr. 4 auch nur eine Mindeststückelung von 100.000 Euro, was alleine die Frage der Ausstattung des angeboten Wertpapiers betrifft.
44 Ausführlich *Lawall/Maier*, DB 2012, 2443.
45 Erwägungsgrund 16 der Prospekt-Richtlinie; *Keunecke*, Prospekte im Kapitalmarkt, Rn. 184; ausführlich zu der ökonomischen Rechtfertigung der Ausnahmen des Art. 3 Abs. 2 der Prospekt-Richtlinie *Wiegel*, Die Prospektrichtlinie und Prospektverordnung, S. 206 ff.; *Holzborn/Mayston*, in: Holzborn, § 3 Rn. 15; *Zeising*, in: Just/Voß/Ritz/Zeising, WpPG, § 3 Rn. 33.

III. Ausnahmenkatalog im Hinblick auf die Art des Angebots (§ 3 Abs. 2 Satz 1) **§ 3**

nicht in den Genuss der Befreiung von der Prospektpflicht kommen.[46] Zulässig ist es aber, **einzelne Tatbestände des Katalogs des § 3 Abs. 2 zu verbinden**, so dass ein Angebot an qualifizierte Anleger (auf Grundlage des § 3 Abs. 2 Satz 1 Nr. 1) mit einem Angebot an nicht mehr als 149 nicht qualifizierte Anleger (vgl. Rn. 22 f.) pro Mitgliedstaat (auf Grundlage des § 3 Abs. 2 Satz 1 Nr. 2) kombiniert werden kann.[47] Zulässig ist auch eine **prospektfreie Privatplatzierung auf Basis des § 3 Abs. 2 Satz 1 Nr. 1 in Deutschland kombiniert mit einem öffentlichen Angebot in einem anderen Mitgliedstaat auf Basis eines Prospekts**.[48] Die ausschließliche Ansprache von qualifizierten Anlegern lässt sich durch gestalterische Maßnahmen erreichen (vgl. Rn. 16 ff. und § 2 Rn. 38).[49] Wenn (ungewollt) ein nicht qualifizierter Anleger die angebotenen Wertpapiere erwirbt, ist § 3 Abs. 2 Satz 1 Nr. 1 dennoch erfüllt, weil dies an der Zielrichtung des Angebots nichts ändert.[50] Der Anbieter darf dagegen nicht bewusst den Erwerb der Wertpapiere durch vom Angebot ausgeschlossene Anleger gestatten.[51] Nach Ansicht der ESMA kann allerdings ein ausländischer Anbieter im Fall von grenzüberschreitenden Angeboten, die im Inland nur an qualifizierte Anleger gerichtet sind und dort kein öffentliches Angebot darstellen, die Zeichnung durch nicht qualifizierte Anleger akzeptieren, ohne dass im Inland eine Prospektpflicht entsteht (vgl. Rn. 11).[52]

3. Angebote an weniger als 150 nicht qualifizierte Anleger (Nr. 2)

Privilegiert sind daneben – wie schon nach § 2 Nr. 2 VerkProspG a. F. – Angebote an einen **begrenzten Personenkreis**, den § 3 Abs. 2 Satz 1 Nr. 2 auf weniger als **150 Personen, also 149 – nicht 150 – Anleger pro EWR-Staat** festlegt. Die frühere Regelung hatte generell ein Angebot an einen begrenzten Personenkreis von der Prospektpflicht ausgenommen, ohne diesen Personenkreis zu quantifizieren, und damit teilweise erhebliche Rechtsunsicherheit hervorgerufen. Entsprechend der Vorgängerregelung des § 2 Nr. 2 VerkProspG a. F. rechtfertigt sich diese Ausnahmebestimmung dadurch, dass die Erstellung eines Prospekts unverhältnismäßig wäre und das Angebot wegen des kleinen Adressatenkreises in die Nähe einer Privatplatzierung rückt.[53] Infolge der **Änderungsrichtlinie zur Prospektrichtlinie** (vgl. Vor §§ 1 ff. Rn. 4 ff., Rn. 8) erweiterte der deutsche Gesetzgeber den relevanten Personenkreis von **weniger als 100 auf weniger als 150 Personen**.[54]

22

---

46 *Schnorbus*, AG 2008, 389, 403; *Groß*, Kapitalmarktrecht, § 3 WpPG Rn. 6.
47 *Schnorbus*, AG 2008, 389, 403; *Groß*, Kapitalmarktrecht, § 3 WpPG Rn. 6a; *Zeising*, in: Just/Voß/Ritz/Zeising, WpPG, § 3 Rn. 34; **a. A.** *Heidelbach/Preuße*, BKR 2006, 316, 319 f.
48 *Schnorbus*, AG 2008, 389, 404.
49 Wie etwa „Das Angebot richtet sich nur an unsere Kunden und kann nur durch diese angenommen werden".
50 *Groß*, Kapitalmarktrecht, § 3 WpPG Rn. 6.
51 *Groß*, Kapitalmarktrecht, § 3 WpPG Rn. 6 Fn. 22; *Holzborn/Mayston*, in: Holzborn, § 3 Rn. 15.
52 ESMA-Questions and Answers – Prospectuses (25th Updated Version – July 2016), Nr. 43 (Subscription of securities by residents of a country where the public offer is not taking place), S. 37 Fn. 21.
53 So *Giedinghagen*, BKR 2007, 233, 236.
54 Vgl. BT-Drucks. 17/8684, S. 17 sowie Art. 1 Nr. 3 a) der Änderungsrichtlinie. Nach dem ursprünglichen Vorschlag des Europäischen Parlaments sollte die Grenze sogar auf 250 Personen angehoben werden; vgl. Legislative Entschließung des Europäischen Parlaments zum Entwurf der Änderungsrichtlinie vom 26.3.2010, 27. Änderungsantrag.

§ 3   Pflicht zur Veröffentlichung eines Prospekts

23   Die Frage, ob ein Angebot einen Prospekt erfordert oder die Ausnahme des § 3 Abs. 2 Satz 1 Nr. 2 eingreift, ist vor Beginn des Angebots zu entscheiden. Maßgeblich ist daher, **an wie viele Anleger sich das Angebot richtet**, und nicht, wie viele Investoren Wertpapiere tatsächlich erwerben oder erwerben können.[55] Die Feststellung, wie viele Anleger im Zuge eines Angebots tatsächlich angesprochen werden, mag im Einzelfall Schwierigkeiten bereiten;[56] die Ausnahme hilft aber ungemein in den Fällen, in denen der Adressatenkreis quantitativ von vornherein feststeht (besondere Kunden, leitende Mitarbeiter,[57] Gesellschafter) und die Aufsicht gleichwohl eine Befreiung versagt mit dem Argument, dass die angesprochenen Anleger der Aufklärung durch einen Prospekt bedürften.[58]

24   Ein von vornherein in Bezug auf den Adressatenkreis uneingeschränktes Angebot fällt daher nicht unter die Ausnahmeregelung, selbst wenn am Ende tatsächlich nur 149 Anleger zeichnen.[59] Der Kreis der angesprochenen Adressaten lässt sich indessen durch **gestalterische oder technische Maßnahmen beschränken** (vgl. Rn. 16 ff.), sofern gesichert ist, dass maximal 149 Anleger die Wertpapiere erwerben können.[60] Allein der Hinweis, das Angebot richte sich ausschließlich an „deutsche nicht-qualifizierte Investoren" genügt daher nicht,[61] es sei denn wiederum, dem Anbieter ist bekannt, dass dieser Adressatenkreis weniger als 150 Personen umfasst. Nicht privilegiert ist dagegen ein Angebot an das breite Publikum, das aber nur von den ersten 149 Zeichnern angenommen werden kann.[62] Denn das Gesetz stellt offensichtlich auf die Ansprache von potenziellen Anlegern und nicht auf die Zeichnungsmöglichkeit von potenziellen Anlegern ab.

25   **Qualifizierte Anleger** werden für Zwecke des § 3 Abs. 2 Satz 1 Nr. 2 nicht mitgerechnet, d.h. auch ein Angebot an mehr als 149 „Personen" ist prospektfrei zulässig, wenn die 149 Personen-Schwelle in Bezug auf nicht-qualifizierte Anleger eingehalten wird (vgl. Rn. 15).[63] Die Grenze von 149 Personen, die nicht zu den qualifizierten Anlegern zählen,

---

55 *Heidelbach/Preuße*, BKR 2006, 316, 318; *Heidelbach*, in: Schwark/Zimmer, KMRK, § 3 WpPG Rn. 16; *Schnorbus*, AG 2008, 389, 404; *Zeising*, in: Just/Voß/Ritz/Zeising, WpPG, § 3 Rn. 43; *Hamann*, in: Schäfer/Hamann, Kapitalmarktgesetze, § 3 WpPG Rn. 18; *von Kopp-Colomb/Gajdos*, in: Assmann/Schlitt/von Kopp-Colomb, WpPG/VerkProspG, § 3 WpPG Rn. 26.
56 Vgl. *Kunold/Schlitt*, BB 2004, 501, 504; *Schlitt/Schäfer*, AG 2005, 498, 500; *Grosjean*, in: Heidel, Aktienrecht und Kapitalmarktrecht, § 3 WpPG Rn. 7.
57 *Land/Hallermayer*, DB 2014, 1001 f., halten die Ausnahmen der § 3 Abs. 2 Satz 1 Nr. 2 und Nr. 5 WpPG für Mitarbeiterbeteiligungsprogramme von kleineren AGs mit überschaubarer Belegschaft als gangbaren Weg.
58 Vgl. *BAWe*, Bekanntmachung zum Wertpapier-Verkaufsprospektgesetz, unter II. 1., S. 4; zu Recht kritisch gegen die damalige Praxis *Heidelbach*, in: Schwark/Zimmer, KMRK, § 2 VerkProspG Rn. 8.
59 *Von Kopp-Colomb/Gajdos*, in: Assmann/Schlitt/von Kopp-Colomb, WpPG/VerkProspG, § 3 WpPG Rn. 26.
60 Wie etwa das „Angebot richtet sich nur an die Arbeitnehmer der Gesellschaft" oder das „Angebot richtet sich nur an die Aktionäre der Gesellschaft" – vorausgesetzt ist in diesen Fällen jedoch, dass der Anbieter tatsächlich Kenntnis davon hat, dass die Anzahl der Arbeitnehmer bzw. Gesellschafter unter 150 Personen liegt. Vgl. auch *von Kopp-Colomb/Gajdos*, in: Assmann/Schlitt/von Kopp-Colomb, WpPG/VerkProspG, § 3 WpPG Rn. 27.
61 *Von Kopp-Colomb/Gajdos*, in: Assmann/Schlitt/von Kopp-Colomb, WpPG/VerkProspG, § 3 WpPG Rn. 27.
62 *Hamann*, in: Schäfer/Hamann, Kapitalmarktgesetze, § 3 WpPG Rn. 18; *von Kopp-Colomb/Gajdos*, in: Assmann/Schlitt/von Kopp-Colomb, WpPG/VerkProspG, § 3 WpPG Rn. 27;
63 *Zeising*, in: Just/Voß/Ritz/Zeising, WpPG, § 3 Rn. 42; *Heidelbach*, in: Schwark/Zimmer, KMRK, § 3 WpPG Rn. 18.

III. Ausnahmenkatalog im Hinblick auf die Art des Angebots (§ 3 Abs. 2 Satz 1) **§ 3**

ist ferner **für jeden Mitgliedstaat**, in dem das öffentliche Angebot erfolgen soll, **gesondert zu bestimmen**.[64] Ein entsprechendes Angebot kann sich also in der Summe an mehr als 149 Personen richten, sofern dieser Schwellenwert je Mitgliedstaat nicht überschritten wird. Jedoch muss sich das Angebot **in jedem Mitgliedstaat an weniger als 150 Personen richten**; allein das Überschreiten des Schwellenwertes in einem Mitgliedstaat führt dazu, dass auf die Ausnahmevorschrift nicht mehr zurückgegriffen werden kann.[65] Der Wortlaut ist eindeutig und es nicht ersichtlich, dass der Gesetzgeber diese (europaweite) Einschränkung so nicht gewollt hatte.[66] Im Übrigen bezieht sich die Einschränkung der 149 Anleger **explizit auf ein Angebot von Wertpapieren in Staaten des Europäischen Wirtschaftsraums**. Angebote in anderen Jurisdiktionen (etwa in den USA, Kanada, Japan oder Australien) an mehr als 149 Anleger werden daher für Zwecke des § 3 Abs. 1 Nr. 2 nicht berücksichtigt und ändern daher nicht die Befreiungsfähigkeit.[67]

Von dem Grundsatz, dass sich das Angebot für die Anwendung des § 3 Abs. 2 Satz 1 Nr. 2 in keinem Mitgliedstaat an mehr als 149 nicht qualifizierte Anleger richten darf, sind gewisse Ausnahmen zuzulassen.[68] So ist es durchaus möglich, in einem Mitgliedstaat ein **öffentliches Angebot an alle Anleger unter Verwendung eines Prospekts** durchzuführen und **gleichzeitig Privatplatzierungen** in anderen Mitgliedstaaten ohne Prospekt mit einem beschränkten Personenkreis auf Grundlage des § 3 Abs. 2 Satz 1 Nr. 2 durchzuführen.[69] Dabei kann es sich um einen Prospekt handeln, der von der zuständigen Aufsichtsbehörde des betreffenden Mitgliedstaates gebilligt wurde oder dort im Wege des Notifizierungsverfahrens (§§ 17, 18) gültig ist. Relevant ist dies insbesondere bei Börsengängen, bei denen Mitarbeitern von ausländischen Tochtergesellschaften Aktien angeboten werden sollen, die spezifische Ausnahme des § 4 Abs. 2 Nr. 5 mangels bisheriger Zulassung von Wertpapieren aber nicht zur Verfügung steht.

26

Schließlich sollte die Ausnahme des § 3 Abs. 2 Satz 1 Nr. 2 auch dann zur Verfügung stehen, wenn sich das Angebot in einem anderen Mitgliedstaat **an mehr als 149 nicht qualifizierte Anleger** richtet, in diesem Mitgliedstaat aber **aus anderen Gründen ein Prospekt**

27

---

64 BT-Drucks. 15/4999, S. 30; *Groß*, Kapitalmarktrecht, § 3 WpPG Rn. 7; *Heidelbach/Preuße*, BKR 2006, 316, 319; *Giedinghagen*, BKR 2007, 233, 236; *Schnorbus*, AG 2008, 389, 404; *Zeising*, in: Just/Voß/Ritz/Zeising, WpPG, § 3 Rn. 42; *Schlitt/Wilczek*, in: Habersack/Mülbert/Schlitt, Kapitalmarktinformation, § 4 Rn. 47.
65 *Kollmorgen/Feldhaus*, BB 2007, 2756, 2758; *Schnorbus*, AG 2008, 389, 404; *Zeising*, in: Just/Voß/Ritz/Zeising, WpPG, § 3 Rn. 46 (mit Hinweisen zu Problemen bei der Marktaufsicht durch die BaFin); a. A. *Heidelbach*, in: Schwark/Zimmer, KMRK, § 3 WpPG Rn. 16; ebenso *Groß*, Kapitalmarktrecht, § 3 WpPG Rn. 7a.
66 Anders mit guter Begründung *Groß*, Kapitalmarktrecht, § 3 WpPG Rn. 7a (wonach der Umkehrschluss nicht richtig sei, dass ein Angebot, das sich in Deutschland an 50 Privatinvestoren richtet, in einem oder mehreren anderen Mitgliedstaaten aber jeweils einen Adressatenkreis von 150 Personen oder mehr anspricht, eine Prospektpflicht in Deutschland auslöst. Mit dem Anliegen, die Prospektrichtlinie möglichst wortlautgetreu umzusetzen, sei der Gesetzgeber nicht von dem Grundsatz abgewichen, dass er nur innerstaatliche Sachverhalte regeln wollte. Vor dem Hintergrund des Schutzes der Investoren in Deutschland und der damit einhergehenden Prospektpflicht sei es jedoch gleichgültig, an wen, wie und in welchem Umfang Wertpapiere angeboten wurden).
67 *Schnorbus*, AG 2008, 389, 404.
68 *Schnorbus*, AG 2008, 389, 404 f.
69 *Schnorbus*, AG 2008, 389, 404; vgl. auch *Zeising*, in: Just/Voß/Ritz/Zeising, WpPG, § 3 Rn. 42.

nicht gesetzlich verlangt wird.[70] Im Ergebnis kann damit die Schwelle von 149 nicht qualifizierten Anlegern in einem Mitgliedstaat überschritten werden und gleichwohl die Anwendung des § 3 Abs. 2 Satz 1 Nr. 2 erlaubt sein, wenn das Angebot dort entweder einer Ausnahmeregelung unterliegt oder die Voraussetzungen des § 2 Nr. 4 nicht erfüllt.[71] Diese teleologische Auslegung des § 3 Abs. 1 Nr. 2 harmonisiert mit dem Verständnis der §§ 3 Abs. 2 Satz 1, 4 Abs. 1, dass diese Regelungen echte Ausnahmetatbestände von der Prospektpflicht darstellen, die dementsprechend im Grundfall von dem Vorliegen eines prospektpflichtigen Angebots ausgehen.

4. Angebote mit Mindestbetrag oder Mindeststückelung (Nr. 3 und Nr. 4)

28 § 3 Abs. 2 Satz 1 Nr. 3 und Nr. 4 sind mit den Regelungen des § 2 Nr. 4 VerkProspG a. F. vergleichbar. Während das WpPG mit Inkrafttreten noch Schwellenwerte für den Mindestbetrag bzw. die Mindeststückelung von jeweils € 50.000 vorsah, hat der Gesetzgeber infolge der **Änderungsrichtlinie** (vgl. Vor §§ 1 ff. Rn. 4 ff., 8) den Mindestbetrag bzw. die Mindeststückelung in Nr. 3 und 4 von € 50.000 auf € **100.000** jeweils verdoppelt.[72] Hintergrund war nach Erwägungsgrund 9 der Änderungsrichtlinie, dass Kleinanleger z. T. offenbar mehr als € 50.000 pro Transaktion investiert haben. Die Kommission wird durch die Änderungsrichtlinie dazu ermächtigt, die Wertgrenzen von Art. 3 Abs. 2 c)–e), dies entspricht § 3 Abs. 2 Nr. 3–5, eigenständig anzupassen (vgl. Rn. 67).

29 Insbesondere für **Schuldverschreibungen** haben diese Ausnahmen eine besondere praktische Relevanz.[73] Für Dividendenwerte, die von deutschen Aktiengesellschaften ausgegeben werden und auf die (nicht ausgeschlossene) Bezugsrechte der Aktionäre bestehen, sind die Grundsätze des faktischen Bezugsrechtsausschlusses zu beachten.[74] Die Ausnahmen der § 3 Abs. 2 Satz 1 Nr. 3 und Nr. 4 rechtfertigen sich daraus, dass Anleger, die in dieser Größenordnung investieren, als professionelle oder quasi-professionelle Anleger nicht schutzbedürftig sind bzw. sich anderweitig hinreichend über die angebotenen Wertpapiere informieren können.[75] Eine Unterscheidung zwischen qualifizierten und nicht-qualifizierten Anlegern sieht das Gesetz dabei nicht vor. Eine Emission **in anderer Währung als Euro** muss bei Umrechnung ebenfalls den Mindestbetrag pro Anleger bzw. die Mindeststückelung erreichen.[76]

30 Die Ausnahme nach **§ 3 Abs. 2 Satz 1 Nr. 3 (Mindestanlagebetrag)** enthält keine Vorgaben in Bezug auf die Stückelung, diese gelten nur im Rahmen des § 3 Abs. 2 Satz 1

---

70 Näher dazu *Kollmorgen/Feldhaus*, BB 2007, 225, 227 f.; *dies.*, BB 2007, 2756, 2758; *Schnorbus*, AG 2008, 389, 404; *Zeising*, in: Just/Voß/Ritz/Zeising, WpPG, § 3 Rn. 47.
71 Vgl. *Kollmorgen/Feldhaus*, BB 2007, 225, 227 f.; deutlicher *dies.*, BB 2007, 2756, 2758; *Schnorbus*, AG 2008, 389, 404; *Heidelbach*, in: Schwark/Zimmer, KMRK, § 3 WpPG Rn. 16.
72 Vgl. BT-Drucks. 17/8684, S. 17 und Art. 1 Nr. 3a) Änderungsrichtlinie.
73 Vgl. *Müller/Oulds*, WM 2007, 573 ff.
74 Näher *Heidelbach*, in: Schwark/Zimmer, KMRK, § 3 WpPG Rn. 19.
75 *Groß*, Kapitalmarktrecht, § 3 WpPG Rn. 8; *Heidelbach*, in: Schwark, KMRK, § 2 VerkProspG Rn. 15; *Holzborn/Mayston*, in: Holzborn, WpPG, § 3 Rn. 17.
76 Vgl. in Bezug auf die Mindeststückelung Erwägungsgrund 14 der Prospektverordnung; ferner *Hamann*, in: Schäfer/Hamann, Kapitalmarktgesetze, § 3 WpPG Rn. 21; *von Kopp-Colomb/Gajdos*, in: Assmann/Schlitt/von Kopp-Colomb, WpPG/VerkProspG, § 3 WpPG Rn. 31.

III. Ausnahmenkatalog im Hinblick auf die Art des Angebots (§ 3 Abs. 2 Satz 1) § 3

Nr. 4. § 3 Abs. 2 Satz 1 Nr. 3 erlaubt es daher, dass die Wertpapiere in kleinere Einheiten gestückelt sind (z. B. € 1.000), solange die angebotenen Pakete einen Gegenwert von insgesamt mindestens € 100.000 pro Anleger haben.[77] Im Vergleich zu der Ausnahme nach § 3 Abs. 2 Satz 1 Nr. 4 ist eine Struktur mit Mindestbetrag jedenfalls dann vorzugswürdig, wenn es keine ausreichende Marktakzeptanz für eine hohe Stückelung gibt oder oberhalb eines Mindestbetrages von € 100.000 gebrochene Nennbeträge öffentlich angeboten werden sollen.[78] Bei der Berechnung des Mindestbetrages werden Gebühren nicht berücksichtigt.[79] Entscheidend ist bei Options-, Umtausch- oder Wandelanleihen **die Gegenleistung für die jeweilige Anleihe**, nicht die Gegenleistung im Falle der Ausübung des zugrunde liegenden Rechts (*strike price*).[80]

§ 3 Abs. 2 Satz 1 Nr. 4 (Mindeststückelung) setzt zwingend voraus, dass die angebotenen Wertpapiere einen Nennbetrag/Nominalwert aufweisen; ansonsten steht lediglich § 3 Abs. 2 Satz 1 Nr. 3 offen. Soweit die Wertpapiere diese Merkmale aufweisen, kommt es nach dem klaren Wortlaut der Norm nicht mehr darauf an, zu welchem Kurs die Wertpapiere tatsächlich verkauft werden; ein Erwerb zu einem Kurs **von unter 100 % des Nominalwertes** ist dann immer noch prospektfrei möglich.[81] Zu beachten ist im Zusammenhang mit § 3 Abs. 2 Satz 1 Nr. 4, dass bei einer Stückelung eines Wertpapiers mit einem Nominalbetrag von € 100.000 jeweils nur ein **Vielfaches dieser Stückelung** übertragen werden kann.[82] Nach dem sachenrechtlichen Bestimmtheitsgrundsatz ist die Übertragung des Miteigentumsanteils an einem Wertpapier nur möglich, soweit jedes zu übertragende Wertpapier die gleichen Rechte verkörpert.

31

5. Angebote zu geringer Gegenleistung (Nr. 5)

§ 3 Abs. 2 Satz 1 Nr. 5 nimmt Wertpapierangebote von der Verpflichtung zur Veröffentlichung eines Prospekts aus, wenn der Verkaufspreis aller im Europäischen Wirtschaftsraum über einen Zeitraum von zwölf Monaten angebotenen Wertpapiere weniger als € 100.000 Euro beträgt. Die Ausnahme gilt nur für das öffentliche Angebot von Wertpapieren und nicht für deren Börsenzulassung. Gegenüber der früheren Rechtslage nach § 2 Nr. 4, 3. Var. VerkProspG a. F. wurde der maßgebliche Schwellenwert im WpPG von € 40.000 auf € 100.000 erhöht. Die Vorschrift sucht einen Ausgleich zwischen Anlegerschutz und Kos-

32

---

77 *Heidelbach/Preuße*, BKR 2006, 316, 319; *Zeising*, in: Just/Voß/Ritz/Zeising, WpPG, § 3 Rn. 50.
78 Vgl. *Müller/Oulds*, WM 2007, 573, 573 f.; *Heidelbach/Preuße*, BKR 2006, 316, 319.
79 *Groß*, Kapitalmarktrecht, § 3 WpPG Rn. 8; *Zeising*, in: Just/Voß/Ritz/Zeising, WpPG, § 3 Rn. 52; so zu § 2 Nr. 4 VerkProspG a. F. auch *BAWe*, Bekanntmachung zum Wertpapier-Verkaufsprospektgesetz, unter II. 3, S. 5.
80 ESMA-Questions and Answers – Prospectuses (25th Updated Version – July 2016), Nr. 40 (Total consideration in warrants), S. 36; *von Kopp-Colomb/Gajdos*, in: Assmann/Schlitt/von Kopp-Colomb, WpPG/VerkProspG, § 3 WpPG Rn. 30.
81 *Von Kopp-Colomb/Gajdos*, in: Assmann/Schlitt/von Kopp-Colomb, WpPG/VerkProspG, § 3 WpPG Rn. 32.
82 *Heidelbach/Preuße*, BKR 2006, 316, 319; *Zeising*, in: Just/Voß/Ritz/Zeising, WpPG, § 3 Rn. 54; *Hamann*, in: Schäfer/Hamann, Kapitalmarktgesetze, § 3 WpPG Rn. 21; *von Kopp-Colomb/Gajdos*, in: Assmann/Schlitt/von Kopp-Colomb, WpPG/VerkProspG, § 3 WpPG Rn. 31; *Müller*, Kommentar zum Wertpapierprospektgesetz, in: Das Deutsche Bundesrecht (III H 39), 27. Lieferung Juli 2010, § 3 Rn. 6.

§ 3   Pflicht zur Veröffentlichung eines Prospekts

ten für die Prospekterstellung.[83] Sie hat gleichwohl einen relativ geringen Anwendungsbereich, zeigt aber, dass die Ausgabe von Aktien ohne Gegenleistung generell nicht der Prospektpflicht unterliegt (vgl. § 2 Rn. 92 ff.). Die Kommission wird durch die Änderungsrichtlinie dazu ermächtigt, die Wertgrenzen von Art. 3 Abs. 2 c)–e), dies entspricht § 3 Abs. 2 Nr. 3–5, eigenständig anzupassen (vgl. Rn. 67).

33 Es kommt – im Gegensatz zu der ähnlichen Ausnahme des § 1 Abs. 2 Nr. 4 (Angebote von Wertpapieren mit einem Verkaufspreis von weniger als € 5,0 Mio.), nach welcher das Angebot vollständig von dem Anwendungsbereich des WpPG ausgenommen wird – nicht darauf an, dass der Emittent ein Einlagenkreditinstitut oder ein Emittent ist, dessen Aktien bereits zum Handel an einem organisierten Markt zugelassen sind. Dieser Ausnahmetatbestand gilt im Übrigen auch für die Ausgabe von **Gratisaktien** (vgl. § 2 Rn. 92 ff.).[84] Deren Gegenwert entspricht immer null Euro und liegt somit unter der € 100.000 Schwelle.[85]

34 „Verkaufspreis" i. S. d. § 3 Abs. 2 Satz 1 Nr. 5 meint das tatsächlich vom Investor zu zahlende Entgelt und nicht den (objektiven) Wert der Wertpapiere.[86] Für die Berechnung der Schwelle ist ausschließlich der **Verkaufspreis** der angebotenen Wertpapiere entscheidend, nicht aber der Nominalbetrag oder der tatsächlich vom Anbieter erzielte Nettoerlös.[87] **Gebühren** und **Nebenkosten** zählen nicht mit.[88] Der Schwellenwert **gilt für alle im Europäischen Wirtschaftsraum angebotenen Wertpapiere**.[89] Dabei gilt eine Gesamtbetrachtung dergestalt, dass für die Ermittlung des Schwellenwertes eine nationale Aufteilung irrelevant ist; vielmehr ist das gesamte EWR-Angebot zu betrachten. Für jeden Mitgliedstaat steht also nicht jeweils ein Betrag von € 100.000 für ein prospektfreies Angebot zur Verfügung.[90] Dies folgt aus einem Umkehrschluss aus § 3 Abs. 2 Satz 1 Nr. 2, wonach der dort vorgesehene Schwellenwert von weniger als 150 nicht qualifizierten Anlegern explizit auf jeden einzelnen EWR-Staat begrenzt ist. § 3 Abs. 2 Satz 1 Nr. 5 sieht eine derartige Begrenzung (bzw. besser: Erweiterung) indessen nicht vor. Maßgebend für die Einhaltung des Schwellenwertes ist grundsätzlich die Betrachtung des gesamten Angebots. Bei einer **tranchenweisen Emission** von Wertpapieren oder wenn Wertpapiere nur gemeinsam an-

---

83 Vgl. *Groß*, Kapitalmarktrecht, § 3 WpPG Rn. 9; *Holzborn/Mayston*, in: Holzborn, WpPG, § 3 Rn. 19.
84 Ausführlich zur Ausklammerung von auszugebenden Gratisaktien aus der Prospektpflicht des WpPG *Land/Hallermayer*, DB 2014, 1001, 1002 f.
85 Vgl. auch ESMA-Questions and Answers – Prospectuses (25th Updated Version – July 2016), Nr. 6 (Free offers), S. 13; *Wiegel*, Die Prospektrichtlinie und Prospektverordnung, S. 158 f.
86 *Land/Hallermayer*, DB 2014, 1001, 1002 f.
87 *Zeising*, in: Just/Voß/Ritz/Zeising, WpPG, § 3 Rn. 57; *Groß*, Kapitalmarktrecht, § 3 WpPG Rn. 9.
88 *Zeising*, in: Just/Voß/Ritz/Zeising, WpPG, § 3 Rn. 64; *Heidelbach*, in: Schwark/Zimmer, KMRK, § 3 WpPG Rn. 21.
89 Die **gemeinschaftsweite Berechnung** des Schwellenwertes hat der Gesetzgeber infolge der Umsetzung der Änderungsrichtlinie (vgl. § 1 Rn. 4 ff.) klargestellt; vgl. BT-Drucks. 17/8684, S. 17. Im Rahmen der Revision der Prospektrichtlinie wurde dies durch den Zusatz „in the European Union" ausdrücklich in Art. 3 Abs. 2 lit. e der Prospektrichtlinie klargestellt.
90 *Grosjean*, in: Heidel, Aktienrecht und Kapitalmarktrecht, § 3 WpPG Rn. 9; *Zeising*, in: Just/Voß/Ritz/Zeising, WpPG, § 3 Rn. 56; *von Kopp-Colomb/Gajdos*, in: Assmann/Schlitt/von Kopp-Colomb, WpPG/VerkProspG, § 3 WpPG Rn. 35.

geboten und verkauft werden, greift die Ausnahme nur, wenn das Emissionsvolumen insgesamt unter dem Schwellenwert liegt.[91]

Die Obergrenze ist über einen Zeitraum von **zwölf Monaten** zu berechnen. Anfangszeitpunkt für die Berechnung des Zeitraums ist der Beginn des öffentlichen Angebots (vgl. im Übrigen wegen des Schwellenwertes und der Frist § 1 Rn. 14 f.).[92] **Nicht berücksichtigt** werden bei der Berechnung des Schwellenwertes allerdings Wertpapiere, die aufgrund einer **anderen Ausnahme der §§ 3 Abs. 2, 4 Abs. 1** gleichzeitig oder zu einem anderen Zeitpunkt prospektfrei angeboten werden, da die Ausnahmetatbestände kombinierbar sind (vgl. Rn. 15).[93] Die gemeinschaftsweite Berechnung des Schwellenwertes führt ferner dazu, dass Platzierungen außerhalb des Europäischen Wirtschaftsraums irrelevant und nicht für Zwecke des Schwellenwertes nach § 3 Abs. 2 Satz 1 Nr. 5 zu berücksichtigen sind. Dieses Verständnis deckt sich mit der Interpretation des § 3 Abs. 2 Satz 1 Nr. 2, wonach sich die Einschränkung der 149 Anleger explizit auf ein Angebot von Wertpapieren in Staaten des Europäischen Wirtschaftsraums bezieht und Angebote in anderen Jurisdiktionen an mehr als 149 Anleger für Zwecke des § 3 Abs. 1 Nr. 2 nicht berücksichtigt werden (vgl. Rn. 25).

35

IV. Weiterveräußerung von Wertpapieren (§ 3 Abs. 2 Satz 2)

1. Grundlagen

§ 3 Abs. 2 Satz 2, der im Rahmen der Änderungsrichtlinie (vgl. Vor §§ 1 ff. Rn. 4 ff., Rn. 8) nicht geändert wurde, ist vom Wortlaut wenig gelungen; deutlicher ist dagegen die europarechtliche Vorgabe in Art. 3 Abs. 2 Satz 2 der Prospektrichtlinie. Die Regelung hebt jeweils die Selbstverständlichkeit hervor, dass eine einmal nach § 3 Abs. 2 Satz 1 prospektfrei erfolgte Emission nicht dazu führt, dass sämtliche Weiterveräußerungen automatisch ebenfalls keiner Prospektpflicht mehr unterliegen; gleiche Überlegungen gelten, wenn im Zusammenhang mit dem ursprünglichen Angebot ein Prospekt veröffentlicht wurde.[94]

36

Eine **Verklammerung von Erst- und Anschlussveräußerung** mit dem Ziel einer Befreiung der Anschlussveräußerung von der Prospektpflicht **findet jeweils nicht statt**. Vielmehr ist jede spätere Weiterveräußerung von Wertpapieren durch Wertpapierinhaber, die zuvor Gegenstand einer oder mehrerer der in § 3 Abs. 2 Satz 1 genannten von der Prospektpflicht ausgenommenen Angebotsformen waren (oder auf Basis eines Prospekts erfolgten), als neues Angebot anzusehen und dementsprechend erneut auf die Prospektpflicht zu prüfen. Es bleibt bei der Grundregel des § 3 Abs. 1, wonach jedes öffentliche Angebot von Wertpapieren im Inland grundsätzlich die Veröffentlichung eines Prospekts erfordert.

37

---

91 *Von Kopp-Colomb/Gajdos*, in: Assmann/Schlitt/von Kopp-Colomb, WpPG/VerkProspG, § 3 WpPG Rn. 35; vgl. auch *Brocker/Wohlfarter*, BB 2013, 393, 395.
92 BT-Drucks. 15/4999, S. 29; *Grosjean*, in: Heidel, Aktienrecht und Kapitalmarktrecht, § 3 WpPG Rn. 9.
93 *Heidelbach*, in: Schwark/Zimmer, KMRK, § 3 WpPG Rn. 22.
94 Vgl. CESR-Frequently Asked Questions (12th Updated Version – November 2010), Nr. 56 (Retail cascade offers), S. 38 auch unter Hinweis auf Umgehungsschutz (von ESMA nicht mehr fortgeführt); *Schnorbus*, AG 2008, 389, 405; *Holzborn/Mayston*, in: Holzborn, WpPG, § 3 Rn. 22; vgl. ferner *Heidelbach/Preuße*, BKR 2008, 10, 10 f.

§ 3 Pflicht zur Veröffentlichung eines Prospekts

38 Eine Befreiung von der Prospektpflicht besteht auch in diesem Fall nach Maßgabe des § 3 Abs. 1 nur dann, sofern eine Ausnahme nach § 3 Abs. 2, § 3 Abs. 3 oder § 4 Abs. 2 eingreift.[95] Die gleichen Grundsätze – wenn auch nicht gesetzlich geregelt – gelten bei einer prospektfreien Erstplatzierung nach § 4 Abs. 2. Für die Abgrenzung, ob es sich bei dem zu prüfenden Sachverhalt noch um das ursprüngliche Angebot oder um eine Weiterveräußerung bzw. Folgeplatzierung i.S.d. § 3 Abs. 2 Satz 2 handelt, können die Grundsätze des § 16 Abs. 1 Satz 1 WpPG herangezogen werden. Entscheidend kommt es damit auf den „endgültigen Schluss des öffentlichen Angebots" an (vgl. § 16 Rn. 78 ff.).

2. Rechtsstellung des Emittenten

39 Das eigentliche Problem bei einer Weiterveräußerung (§ 3 Abs. 2 Satz 2) ist die Rechtsstellung des ursprünglichen Emittenten, der die Wertpapiere begeben hatte, und des jetzigen Anbieters. Zum einen stellt sich die Frage, ob das zum Zwecke der Umplatzierung unterbreitete öffentliche Angebot des Ersterwerbers der Wertpapiere, der diese zuvor in Anwendung einer Ausnahmevorschrift nach §§ 3 Abs. 2 Satz 1, 4 Abs. 1 erworben hat, nicht nur eine Prospektpflicht des nunmehr abgebenden Anbieters, sondern auch eine solche des ursprünglichen Emittenten auslösen kann. Dies ist der Fall, wenn der ursprüngliche Emittent der Erstemission auch noch als **Anbieter der Folgeplatzierung** anzusehen ist (ausführlich dazu § 2 Rn. 115 ff.).

40 Zum anderen träfe nach **§ 24** (§ 13a VerkProspG a.F.) den Emittenten eine Haftung für einen fehlenden Prospekt, wenn der anbietende Dritte auf keine Ausnahme von der Prospektpflicht vertrauen konnte und gleichwohl keinen Prospekt erstellen würde.[96] Bei fehlender Veranlassung des Emittenten ist diese Rechtsfolge des § 24 (§ 13a VerkProspG a.F.) durch eine **teleologische Reduktion** so einzuschränken, dass der Emittent nicht Anspruchsadressat ist.[97] Vor diesem Hintergrund sollten Emittenten im Hinblick auf eine mögliche Haftung nach § 24 (§ 13a VerkProspG a.F.) oder auch § 21 (§ 13 VerkProspG a.F.) mit den Erwerbern von Wertpapieren sog. Verkaufsbeschränkungen (*Selling Restrictions*) vereinbaren, in denen die Weiterveräußerung der prospektfrei angebotenen und erworbenen Wertpapiere mittels eines öffentlichen Angebots untersagt wird (vgl. § 2 Rn. 122). Zwingend ist das aber zur Vermeidung einer Haftung nach §§ 21, 24 nicht.

3. Umplatzierungen im Wege eines öffentlichen Angebots

a) Fehlende Mitwirkungspflicht des Emittenten

41 Aus praktischer Sicht besteht das Problem, dass Umplatzierungen im Wege eines öffentlichen Angebots (*Secondary Public Offering*) ohne Kooperation mit dem Emittenten kaum durchführbar sind. Das betrifft insbesondere das Angebot von Aktien. In der Regel ist der jetzige Wertpapierinhaber oder die Bank nicht selbstständig in der Lage, die für die Prospekterstellung nach dem WpPG notwendigen Informationen zu erstellen und entsprechend aufzuarbeiten. Eine Mitwirkungspflicht des Emittenten ist gesetzlich nicht vorgesehen; der

---

[95] Vgl. *Wiegel*, Die Prospektrichtlinie und Prospektverordnung, S. 166 f.
[96] *Grosjean*, in: Heidel, Aktienrecht und Kapitalmarktrecht, § 2 WpPG Rn. 34.
[97] *Grosjean*, in: Heidel, Aktienrecht und Kapitalmarktrecht, § 2 WpPG Rn. 34; ebenso *Schnorbus*, AG 2008, 389, 405.

Emittent kann sich aber vertraglich im Rahmen der aktienrechtlichen Grenzen (vgl. Rn. 43) zu einer entsprechenden Mitwirkung verpflichten. Sind keine entsprechenden Abreden getroffen, ist die Weiterveräußerung der Wertpapiere mittels eines öffentlichen Angebots *de facto* nicht möglich und nach Neuregelung des § 3 Abs. 3 im Rahmen der Umsetzung des Prospektrichtlinie auch *rechtlich* nicht zulässig (näher dazu sogleich Rn. 45 ff.).[98] Dieses Ergebnis ist auch nicht unbillig:[99] Die dann fehlende Ausstiegsmöglichkeit des Ersterwerbers ist diesem bereits bei der Übernahme der Aktien bekannt und wird sich aller Wahrscheinlichkeit nach negativ auf den zu zahlenden Kaufpreis auswirken. Im Übrigen ist eine anderweitige prospektfreie Veräußerung im Kapitalmarkt, beispielsweise durch eine Privatplatzierung und Einbeziehung der Aktien in den Freiverkehr (vgl. oben § 2 Rn. 67 ff.), grundsätzlich möglich.[100]

b) Beschränkungen durch § 3 Abs. 3 WpPG

Sofern Emittent und Anbieter sich über die Verwendung eines bereits vorliegenden Prospekts einig sind, bietet es sich an, diesen für die Weiterplatzierung zu nutzen. Bis zur Umsetzung der Änderungsrichtlinie bestand – neben den Tatbeständen des § 3 Abs. 2 – in § 3 Abs. 1 Satz 2 Alt. 1 a. F. eine weitere Einschränkung der Prospektpflicht dahingehend, dass kein Prospekt zu veröffentlichen war, wenn bereits ein Prospekt gemäß WpPG veröffentlicht worden ist (vgl. Rn. 1). Die Regierungsbegründung zum Gesetz zur Umsetzung der Änderungsrichtlinie führt jedoch aus, dass durch die Streichung des § 3 Abs. 1 Satz 2 Alt. 1 a. F. klargestellt werden soll, dass die Ausnahme der vorherigen Prospektveröffentlichung nur unter den einschränkenden Voraussetzungen des neu gefassten § 3 Abs. 3 gelten soll.[101] Aus der gesetzlichen Neuregelung und den Motiven des Gesetzgebers ist zu schließen, dass nur Finanzintermediären und auch nur unter den einschränkenden Voraussetzungen des § 3 Abs. 3 in diesem Fall eine Weiterplatzierung gestattet ist.[102] Dass nur Banken und andere Finanzinstitute in den Genuss der Befreiung des § 3 Abs. 3 kommen sollen, erscheint sehr weitgehend, ist aber vom Gesetzgeber offensichtlich so gewollt.

42

c) Sonstige rechtliche Restriktionen

Im Falle einer Aktiengesellschaft, die sich gegenüber einem Aktionär zur Mitwirkung an einem öffentlichen Angebot von Wertpapieren der Gesellschaft verpflichtet, sind bei der Umplatzierung verschiedene gesetzliche Beschränkungen zu beachten. Soweit kein **spezifisches Interesse** der AG an der Umplatzierung im Wege eines öffentlichen Angebots besteht, sind insbesondere das Verbot der Einlagenrückgewähr (§ 57 AktG) bei vertraglichen Verpflichtungen (Haftungsfreistellungen) und (direkten und indirekten) Leistungen gegenüber den Emissionsbanken und den Altaktionären (wie insbesondere bei der Übernahme der Prospekthaftung),[103] der Schutz von Betriebs- und Geschäftsgeheimnissen (§ 93 Abs. 1

43

---

98 Zutreffend *Groß*, Kapitalmarktrecht, § 3 WpPG Rn. 10b.
99 Vgl. aber noch zum alten Recht *König*, ZEuS 2004, 251, 259, und im Ergebnis wohl *Hopt/Voigt*, in: Hopt/Voigt, Prospekt- und Kapitalmarktinformationshaftung, S. 9, 25.
100 Vgl. *Wiegel*, Die Prospektrichtlinie und Prospektverordnung, S. 167 m. w. N.
101 Vgl. BT-Drucks. 17/8684, S. 17.
102 Ausführlich *Groß*, Kapitalmarktrecht, § 3 WpPG Rn. 10b ff., mit rechtspolitischer Kritik in Rn. 10d; ferner *Holzborn/Mayston*, in: Holzborn, WpPG, § 3 Rn. 8 u. 22.
103 Vgl. BGHZ 190, 7 ff. – „DT-3"; OLG Köln, ZIP 2009, 1276 ff.; LG Bonn, ZIP 2007, 1267 ff.; eingehend dazu *Fleischer*, ZIP 2007, 1969 ff.

§ 3 Pflicht zur Veröffentlichung eines Prospekts

Satz 2 AktG), das Verbot der unbefugten Weitergabe von Insidertatsachen (§ 14 Abs. 1 Nr. 2 WpHG) sowie der Grundsatz der informationellen Gleichbehandlung der Aktionäre (§§ 53a, 131 Abs. 4 AktG) problematisch.[104] Insgesamt stellen diese aktienrechtlichen Vorgaben jedoch kein unüberwindbares Hindernis für eine Mitwirkung des Emittenten bei einer Umplatzierung seiner Aktien dar.

V. Ausnahme von der Prospektpflicht bei bereits vorliegendem Prospekt und Verwendung durch Finanzintermediäre (§ 3 Abs. 3)

1. Grundlagen

44 § 3 Abs. 1 Satz 2 Alt. 1 a. F. sah vor, dass im Falle eines öffentlichen Angebots dann kein Prospekt erforderlich war, wenn ein Prospekt nach den Vorschriften des WpPG bereits veröffentlicht wurde. Bedingt durch die **Änderungsrichtlinie**[105] hat der deutsche Gesetzgeber durch den neuen § 3 Abs. 3 den Anwendungsbereich dieser Ausnahmeregelung **erheblich eingeschränkt**, insbesondere steht diese Regelung – im Gegensatz zur vorherigen Rechtslage – **ausschließlich Finanzintermediären** zu. § 3 Abs. 3 erlaubt Finanzintermediären (Instituten im Sinne des § 1 Abs. 1b des KWG oder ein nach § 53 Abs. 1 Satz 1 oder § 53b Abs. 1 Satz 1 oder Abs. 7 des KWG tätiges Unternehmen) bei Weiterveräußerungen von Wertpapieren den von dem Emittenten erstellten Wertpapierprospekt zu nutzen, solange für das Wertpapier ein gültiger Prospekt gemäß § 9 vorliegt und der Emittent oder die Personen, die die Verantwortung für den Prospekt übernommen haben, in dessen Verwendung schriftlich eingewilligt haben. Die Zweite Delegierte Verordnung vom 4.6.2012 enthält Vorgaben dazu, welche Informationsbestandteile mit der Einwilligung zur Nutzung des Prospekts im Prospekt selbst wiedergegeben werden müssen und welche in den endgültigen Bedingungen ergänzt werden können.[106]

2. Voraussetzungen

a) Einwilligung des Emittenten

45 Der Prospekt darf nur verwendet werden, wenn Emittent oder die Personen, die die Verantwortung für den Prospekt übernommen haben, in dessen Verwendung schriftlich eingewilligt haben. Einwilligung ist technisch im Sinne des § 183 BGB zu verstehen und bedeutet die **vorherige Zustimmung**.[107] Eine nachträgliche Zustimmung, also die Genehmigung nach § 184 BGB genügt nicht und führt auch nachträglich nicht zur Prospektfreiheit. Die Tatsache, dass Art. 3 Abs. 2 Prospektrichtlinie (in der Fassung der Änderungsrichtlinie) verlangt, dass die verantwortlichen Personen der Verwendung des Prospekts in einer

---

104 Insgesamt dazu *A. Meyer*, in: Marsch-Barner/Schäfer, Handbuch börsennotierte AG, § 7 Rn. 19 ff.; *Ekkenga/Maas*, Das Recht der Wertpapieremission, § 2 Rn. 115.
105 Vgl. Erwägungsgrund 10 und Art. 1 Nr. 3 a) ii) der Änderungsrichtlinie; vgl. ferner *Elsen/Jäger*, BKR 2008, 459, 462 f.
106 Zum Ganzen *Lawall/Maier*, DB 2012, 2443, 2446.
107 *Groß*, Kapitalmarktrecht, § 3 WpPG Rn. 10c.

V. Ausnahme von der Prospektpflicht bei bereits vorliegendem Prospekt § 3

schriftlichen Erklärung „zugestimmt haben", ändert daran nichts, da der europäische Richtliniengeber offensichtlich – deckungsgleich mit der deutschen Sicht – davon ausgeht, dass die jeweilige Erklärung zuvor und nicht nachträglich vorliegen muss. Dass der Wortlaut der Regelung ernst zu nehmen ist, folgt schließlich aus der historischen Auslegung[108] sowie aus der den Emittenten treffenden Prospekthaftung aus §§ 21 ff.

Der von der Einwilligung begünstigte Finanzintermediär sowie der Gültigkeitszeitraum der Einwilligung müssen im Interesse der Rechtssicherheit bestimmt oder **jedenfalls bestimmbar** sein.[109] Der Emittent muss also nicht zwingend einzelnen Finanzintermediären die Verwendung des Prospekts erlauben. Möglich und übliche Praxis ist auch, dass der Emittent eine allgemeine Berechtigung zur Verwendung des Prospekts unter Beachtung der Bestimmbarkeit erteilt.[110] Die Einwilligung muss nach dem Gesetzeswortlaut **schriftlich** erfolgen. Nach mehrfach bestätigter Auffassung der BaFin gilt das gesteigerte **Schriftformerfordernis des § 126 BGB** jedoch nicht.   46

Die Einwilligung und etwaige Bedingungen hierfür müssen ausdrücklich den Anlegern mitgeteilt und dem Prospekt beigefügt werden. In diesem Fall muss kein neuer Prospekt erstellt werden, da für Investoren ausreichende Informationen bereitgestellt werden, um fundierte Anlageentscheidungen treffen zu können. Der ursprüngliche Emittent oder Anbieter haftet dann allerdings weiterhin für die Informationen des Prospekts. Stimmt der ursprüngliche Emittent der Weiternutzung dagegen nicht zu, so ist der Finanzintermediär dazu verpflichtet, einen neuen Prospekt zu erstellen. Er haftet für alle Informationen des neuen Prospekts, selbst wenn es sich dabei um Verweise auf den ursprünglichen Prospekt handelt.[111]   47

b) Prospekt nach den Vorschriften des WpPG

§ 3 Abs. 3 unterstellt, dass ein Prospekt **nach den Vorschriften des WpPG** vorliegt. Daraus folgt zunächst, dass Prospekte auf Grundlage des früheren VerkProspG, des BörsG a. F. oder anderer (ausländischer) Vorschriften nicht Grundlage eines öffentlichen Angebots sein können. Ein öffentliches Angebot von (zugelassenen oder nicht zugelassenen) Wertpapieren erfordert grundsätzlich einen Prospekt, es sei denn, es handelt sich um Wertpapiere, für die ein Prospekt nach dem WpPG bereits veröffentlicht wurde. In den Anwen-   48

---

108 Der Referentenentwurf zum WpPG hatte noch den Begriff „zugestimmt" verwendet (vgl. Referentenentwurf, S. 5 u. 21), während der Gesetz gewordene Regierungsentwurf verlangt, dass der Emittent „eingewilligt" hat; dazu *Groß*, Kapitalmarktrecht, § 3 WpPG Rn. 10c.
109 Vgl. BT-Drucks. 17/8684, S. 17; *Groß*, Kapitalmarktrecht, § 3 WpPG Rn. 10c.
110 Praxisbeispiel: *„Für im Rahmen des Programms begebene Wertpapiere, die auf der Grundlage von vor dem 1. Januar 2014 gebilligten Prospekten emittiert werden oder worden sind, erteilen wir hiermit allen Instituten im Sinne von § 3 Abs. 3 WpPG für die Zwecke des öffentlichen Angebots dieser Wertpapiere im Rahmen der geltenden Verkaufsbeschränkungen unsere Zustimmung zur Verwendung des jeweiligen Prospektes in Deutschland, einschließlich etwaiger Nachträge sowie ggf. der zugehörigen Endgültigen Bedingungen für die jeweilige Dauer der Gültigkeit des Prospekts."* Zu den Anforderungen an einen Nachtrag i. S. d. § 16 Abs. 1 bei einer Einwilligung nach § 3 Abs. 3 gegenüber einer unbestimmten Anzahl von Finanzintermediären, siehe *Heidelbach/Preuße*, BKR 2012, 397, 404.
111 Vgl. zu alledem Erwägungsgrund 10 der Änderungsrichtlinie.

dungsbereich des § 3 Abs. 3 fallen auch **notifizierte Prospekte**, die nach § 17 in Deutschland gültig sind.[112]

49 Unerheblich ist für Zwecke der Befreiung von der Prospektpflicht nach § 3 Abs. 3 für ein öffentliches Angebot, ob es sich bei dem bereits veröffentlichten Dokument um einen **Prospekt für die Zulassung** von Wertpapieren zum Handel oder um einen **Prospekt für das öffentliche Angebot** von Wertpapieren handelt.[113] § 3 Abs. 3 gilt umgekehrt allerdings nur für die Prospektpflicht bei öffentlichen Angeboten und nicht für die Prospektpflicht nach § 3 Abs. 4 für die Zulassung von Wertpapieren zum Handel an einem organisierten Markt.[114] Ein reiner Angebotsprospekt kann im Übrigen schon aufgrund der fehlenden Verantwortungsklausel des Emissionsbegleiters nicht für nachfolgende Börsenzulassungen dienen (vgl. § 2 Rn. 129).[115]

c) Fungibilität der nachfolgenden Wertpapiere

50 Für § 3 Abs. 1 Satz 2 Alt. 1 a. F. war davon auszugehen, dass der – von einer erneuten Prospektpflicht – befreiende Prospekt sich auf die **gleiche Gattung von Wertpapieren** bezog.[116] Diese Voraussetzung folgte zwar nicht aus dem Wortlaut der Ausnahmevorschrift des § 3 Abs. 1 Satz 2 1. Alt. a.F., aber aus dem Schutzzweck der Prospektpflicht und der zugrunde liegenden Regelungen. Ob Gattungsidentität für § 3 Abs. 3 noch ausreicht, ist allerdings fraglich, da im Gegensatz zur vorherigen Regelungen nunmehr die Gesetzesbestimmung zusätzlich die einschränkende Formulierung „*solange für das Wertpapier ein gültiger Prospekt vorliegt*" enthält.[117] Richtigerweise ist die Formulierung – auch mangels weitere Anhaltspunkten in den gesetzgeberischen Motiven – jedenfalls nicht so zu verstehen, dass der Prospekt sich auf ein und dieselben Wertpapiere beziehen muss (etwa gleiche ISIN), da ansonsten die Einschränkungen des § 3 Abs. 3 überspannt wären. Es muss ausreichend sein, dass die anzubietenden Wertpapiere „fungibel" sind.[118] Fungibel in diesem Sinne sind z. B. Stammaktien, die von abgebenden Aktionären und aus einer späteren Kapital-

---

112 Vgl. zu § 3 Abs. 1 Satz 2 Alt. 1 a. F.: *Seitz*, AG 2005, 678, 683 Fn. 52; *Schnorbus*, AG 2008, 389, 402; *Hamann*, in: Schäfer/Hamann, Kapitalmarktgesetze, § 3 WpPG Rn. 13; *von Kopp-Colomb/Gajdos*, in: Assmann/Schlitt/von Kopp-Colomb, WpPG/VerkProspG, § 3 WpPG Rn. 15; *Heidelbach*, in: Schwark/Zimmer, KMRK, § 3 WpPG Rn. 13.
113 Vgl. zu § 3 Abs. 1 Satz 2 Alt. 1 a. F.: *Zeising*, in: Just/Voß/Ritz/Zeising, WpPG, § 3 Rn. 21; *Heidelbach*, in: Schwark/Zimmer, KMRK, § 3 WpPG Rn. 2 u. 13.
114 Vgl. zu § 3 Abs. 1 Satz 2 Alt. 1 a. F.: *Von Kopp-Colomb/Gajdos*, in: Assmann/Schlitt/von Kopp-Colomb, WpPG/VerkProspG, § 3 WpPG Rn. 13.
115 Vgl. zu § 3 Abs. 1 Satz 2 Alt. 1 a. F.: *von Kopp-Colomb/Gajdos*, in: Assmann/Schlitt/von Kopp-Colomb, WpPG/VerkProspG, § 3 WpPG Rn. 13.
116 Vgl. zu § 3 Abs. 1 Satz 2 Alt. 1 a. F.: *Hamann*, in: Schäfer/Hamann, Kapitalmarktgesetze, § 3 WpPG Rn. 12; *Holzborn/Mayston*, in: Holzborn, WpPG, § 3 Rn. 8; *Schnorbus*, AG 2008, 389, 402; bereits seinerzeit weitergehend – die anzubietenden Wertpapiere müssten „identisch, d.h. fungibel" sein – *Zeising*, in: Just/Voß/Ritz/Zeising, WpPG, § 3 Rn. 21; *von Kopp-Colomb/Gajdos*, in: Assmann/Schlitt/von Kopp-Colomb, WpPG/VerkProspG, § 3 WpPG Rn. 16.
117 So die Bedenken bei: *Groß*, Kapitalmarktrecht, § 3 WpPG Rn. 10c; *Holzborn/Mayston*, in: Holzborn, WpPG, § 3 Rn. 8; **anders** (Gattungsidentität genügt auch unter dem neuen § 3 Abs. 3) *Grosjean*, in: Heidel, Aktienrecht und Kapitalmarktrecht, § 3 WpPG Rn. 2.
118 *Hamann*, in: Schäfer/Hamann, Kapitalmarktgesetze, § 3 WpPG Rn. 12; *Schnorbus*, AG 2008, 389, 402; bereits seinerzeit weitergehend – die anzubietenden Wertpapiere müssten „identisch, d.h. fungibel" sein – *Zeising*, in: Just/Voß/Ritz/Zeising, WpPG, § 3 Rn. 21; *von Kopp-Colomb/Gajdos*, in: Assmann/Schlitt/von Kopp-Colomb, WpPG/VerkProspG, § 3 WpPG Rn. 16.

V. Ausnahme von der Prospektpflicht bei bereits vorliegendem Prospekt § 3

erhöhung stammen,[119] nicht aber Stamm- und Vorzugsaktien oder zugelassene und nicht zugelassene Aktien. **Nicht** erforderlich ist, dass die betreffenden Wertpapiere **bereits zuvor Gegenstand desselben Prospektes** waren (eingehend § 16 Rn. 3 ff., 39 ff.).[120]

d) Gültigkeit

Wie alle Prospekte generell muss auch ein die Ausnahme des § 3 Abs. 3 begründender Prospekt nach **§ 9 gültig** sein.[121] Das hat der Gesetzgeber des WpPG infolge der Umsetzung der Änderungsrichtlinie nun im neuen § 3 Abs. 3 klargestellt,[122] war aber auch unter dem Regime des § 3 Abs. 1 Satz 2 Alt. 1 a. F. herrschende Meinung.[123] Ansonsten würde die Entscheidung des Gesetzgebers, dass auch das öffentliche Angebot von bereits zugelassenen Wertpapieren (was in der Regel auf Grundlage eines zuvor veröffentlichten Prospektes erfolgte) grundsätzlich durch einen Prospekt zu dokumentieren ist, ausgehebelt werden. Der verwendete Prospekt muss im Übrigen für die gesamte Dauer des nach § 3 Abs. 3 durchgeführten prospektfreien Angebots gültig sein. Nach Streichung des § 9 Abs. 5 a. F. genügt es gerade nicht mehr, dass der zuvor veröffentlichte Prospekt nur zum Zeitpunkt des Beginns des Angebots gültig ist.[124] Das neue prospektfreie Angebot kann demnach nur unter Beachtung der Gültigkeitsdauer nach § 9 Abs. 1 offengehalten werden; nach altem Recht konnten bestehende prospektfreie Angebote nach § 3 Abs. 1 Satz 2 Alt. 1 a. F. auch dann fortgeführt werden, wenn die Gültigkeitsdauer des verwendeten Prospekts während der Angebotsfrist abgelaufen war.[125]

51

e) Nachtrag nach § 16

Die Nutzung eines bereits gebilligten und veröffentlichten Prospekts für eine weitere Wertpapiertransaktion kann abhängig vom Zeitablauf die Aktualisierung durch einen **Nachtrag nach § 16** erfordern.[126] Weiter kann der Prospekt für nachfolgende Angebote nur dann verwendet werden, wenn der (jetzige) Anbieter durch Nachtrag dafür auch gemäß § 5 Abs. 3

52

---

119 A. A. auch zu § 3 Abs. 1 Satz 2 Alt. 1 a. F.: *Zeising*, in: Just/Voß/Ritz/Zeising, WpPG, § 3 Rn. 21.
120 A. A. *Zeising*, in: Just/Voß/Ritz/Zeising, WpPG, § 3 Rn. 21, 22; *von Kopp-Colomb/Gajdos*, in: Assmann/Schlitt/von Kopp-Colomb, WpPG/VerkProspG, § 3 WpPG Rn. 16.
121 *Groß*, Kapitalmarktrecht, § 3 WpPG Rn. 10c; *Holzborn/Mayston*, in: Holzborn, WpPG, § 3 Rn. 8.
122 Vgl. BT-Drucks. 17/8684, S. 17.
123 Vgl. *Wiegel*, Die Prospektrichtlinie und Prospektverordnung, S. 166; *Seitz*, AG 2005, 678, 683; *Schnorbus*, AG 2008, 389, 402; *Hamann*, in: Schäfer/Hamann, Kapitalmarktgesetze, § 3 WpPG Rn. 12; *Zeising*, in: Just/Voß/Ritz/Zeising, WpPG, § 3 Rn. 23 ff.; *von Kopp-Colomb/Gajdos*, in: Assmann/Schlitt/von Kopp-Colomb, WpPG/VerkProspG, § 3 WpPG Rn. 17; *Lenenbach*, Kapitalmarkt- und Börsenrecht, Rn. 10.287; a. A. *Holzborn/Israel*, in: Holzborn, WpPG, 1. Aufl., § 3 Rn. 7; *Heidelbach*, in: Schwark/Zimmer, KMRK, § 3 WpPG Rn. 13.
124 Vgl. § 9 Abs. 2 WpPG und BT-Drucks. 17/8684, S. 19: „Die Neuregelung bewirkt, dass nach Ablauf eines Jahres grundsätzlich ein neuer Prospekt zu erstellen ist, auch wenn das ursprüngliche öffentliche Angebot von Wertpapieren unverändert weitergeführt werden soll. Eine Ausnahme gilt lediglich für ein öffentliches Angebot aufgrund endgültiger Bedingungen, die im Rahmen eines Angebotsprogramms noch während der Gültigkeit des Basisprospekts hinterlegt wurden."
125 Vgl. Vorauflage § 3 Rn. 14 a. E.
126 BT-Drucks. 17/8684, S. 17; *Groß*, Kapitalmarktrecht, § 3 WpPG Rn. 10c; *Holzborn/Mayston*, in: Holzborn, WpPG, § 3 Rn. 8. So bereits zu § 3 Abs. 1 Satz 2 Alt. 1 a. F.: *von Kopp-Colomb/Gajdos*, in: Assmann/Schlitt/von Kopp-Colomb, WpPG/VerkProspG, § 3 WpPG Rn. 18.

und 4 die Verantwortung übernommen hat. Für jeden Einzelfall ist jedoch zu prüfen, ob die Ersetzung des Anbieters nach Maßgabe des § 16 überhaupt zulässig ist (eingehend § 16 Rn. 46 ff.), was hier aber regelmäßig der Fall sein dürfte. Problematisch ist ein Nachtrag vor allem dann, wenn ein Zweitanbieter hierfür Informationen von einem Erstanbieter benötigt. Ein irgendwie gearteter Anspruch auf Mitwirkung besteht hier grundsätzlich nicht.

3. Aufstockung und Erhöhung des Emissionsvolumens

a) Grundlagen

53 Nicht erforderlich ist, dass die nunmehr zu platzierenden Wertpapiere bereits Gegenstand des Erstprospektes waren, also bereits öffentlich angeboten wurden bzw. Gegenstand eines Zulassungsprospekts waren (vgl. ausführlich auch § 16 Rn. 3 ff., 39 ff.).[127] Weder Gesetzeswortlaut noch Sinn und Zweck geben eine solche Einschränkung her. Ist die Aufstockung bzw. Erhöhung des Emissionsvolumens bereits im Erstprospekt vorgesehen, werden die entsprechenden Aktien nicht prospektfrei, sondern im Rahmen des Erstprospektes angeboten. Insofern bedarf es keiner Ausnahme nach § 3 Abs. 3. Fehlt der Hinweis auf die Aufstockung bzw. Erhöhung des Emissionsvolumens, ist bereits die Angebotsfrist ausgelaufen oder sind die entsprechenden Angaben anderweitig unvollständig, ist der Anwendungsbereich des § 3 Abs. 3 eröffnet und ggf. ein diesbezüglicher Nachtrag nach § 16 erforderlich.[128]

b) Praxisfälle

54 Der Anwendungsbereich des § 3 Abs. 3 erfasst somit zum einen **aufgeteilte Emissionen**, die in mehreren Tranchen öffentlich angeboten werden. Zum anderen erfasst die Regelung die nachträgliche **Aufstockung**[129] **bzw. Erhöhung des Emissionsvolumens**. Unter „Aufstockung" ist eine Ausweitung des Emissionsvolumens einer bereits zuvor begebenen Emission durch Ausgabe weiterer fungibler Wertpapiere mit identischer technischer und rechtlicher Ausstattung, z.B. hinsichtlich ISIN, Stückelung, Verzinsung und Zinslauf, zu verstehen. Das ist auch dann der Fall, wenn die neuen Aktien durch **eine Kapitalerhöhung** ausgegeben werden und der gleichen Gattung entsprechen, also z.B. Stammaktien mit gleichem nominalen Anteil am Grundkapital und gleicher Gewinnberechtigung. Die zusätzlichen Informationen sind nach Maßgabe des § 16 nachzutragen.

55 In Betracht kommt auch die Verwendung für eine **Neuemission** oder die **Weiterveräußerung von Schuldverschreibungen durch Finanzintermediäre**, sofern die Finanzintermediäre in Abstimmung mit den Emittenten handeln und dieser Umstand abstrakt im Pros-

---

127 So wohl auch *Heidelbach*, in: Schwark/Zimmer, KMRK, § 3 WpPG Rn. 13; **a. A.** *Zeising*, in: Just/Voß/Ritz/Zeising, WpPG, § 3 Rn. 21 f.; *von Kopp-Colomb/Gajdos*, in: Assmann/Schlitt/von Kopp-Colomb, WpPG/VerkProspG, § 3 WpPG Rn. 16.
128 Im Übrigen ist § 3 Abs. 1 Satz 2 Alt. 1 a. F. (Vorgängervorschrift zu § 3 Abs. 3) vergleichbar mit der früheren Regelung des § 2 Nr. 5 VerkProspG a. F. zur sog. Teilemission, der ebenfalls von der Möglichkeit der Ausweitung des Angebots ohne weitere Prospektpflicht ausging.
129 *Grosjean*, in: Heidel, Aktienrecht und Kapitalmarktrecht, 3. Aufl. 2011, § 3 WpPG Rn. 4; **a. A.** *von Kopp-Colomb/Gajdos*, in: Assmann/Schlitt/von Kopp-Colomb, WpPG/VerkProspG, § 3 WpPG Rn. 16.

V. Ausnahme von der Prospektpflicht bei bereits vorliegendem Prospekt § 3

pekt offengelegt wird im Rahmen einer Ersetzungsklausel und der neue Anbieter konkret durch einen Nachtrag benannt wird.[130] Für das öffentliche Angebot der jeweiligen weiteren oder neuen Tranche ist aber dann kein Prospekt erforderlich, wenn hinsichtlich der ersten Tranche bereits ein vollständiger Prospekt erstellt wurde, welcher anlässlich des Angebots der weiteren Tranche nach Maßgabe des § 9 nicht älter als zwölf Monate nach Veröffentlichung ist und um nach § 16 erforderliche Nachträge ergänzt wurde.

4. Retail Kaskaden

a) Grundlagen

Ein praktisches Beispiel für eine Problematik in der Schnittmenge des § 3 Abs. 3 und der Anbietereigenschaft (vgl. zuvor § 2 Rn. 110 ff.) ist die Verantwortlichkeit zwischen ursprünglichen Emittenten und weiterverkaufenden Intermediären bei sog. **Retail Kaskaden**.[131] Unter solchen Retail Kaskaden begibt und veräußert ein Emittent Schuldverschreibungen (Nichtdividendenwerte) an eine oder mehrere Emissionsbanken (Emissionskonsortium), welche diese Schuldverschreibungen dann an andere Finanzintermediäre auf Basis einer Ausnahme nach § 3 Abs. 2 weitervermarkten zur Endplatzierung an sog. „Retailinvestoren", also zum Verkauf an nicht qualifizierte Anleger nach Maßgabe des § 3 Abs. 2 Nr. 1. In der Praxis kann sich dieser Platzierungsprozess über zahlreiche, teilweise hintereinander geschaltete Finanzintermediäre erstrecken und mehrere Wochen oder Monate dauern. Während dieses Zeitraumes kann sich der Preis der Schuldverschreibungen ständig ändern, abhängig von dem dann existierenden Marktpreis.

56

b) Rechtliche Bewertung

In dieser Konstellation stellt sich die Frage, inwieweit der ursprüngliche Emittent und das ursprüngliche Emissionskonsortium auch innerhalb dieser Distributionskette noch als Anbieter gelten und sicherstellen müssen, dass ein vorhandener Prospekt nach § 9 gültig ist und nach Maßgabe des § 16 Abs. 1 gegebenenfalls aktualisiert wird (bzw. Verkaufsbeschränkungen nach § 3 Abs. 2 Satz 1 eingehalten werden). Richtigerweise sind **Emittent und Konsortium nicht mehr als Anbieter** anzusehen, soweit die Schuldverschreibungen nur noch von den Finanzintermediären als Wiederverkäufer vertrieben werden und **nicht in Kooperation** mit Emittent und Konsortium.[132] Die Vermarktungsaktivitäten werden dann weder positiv unterstützt durch Emittent und Konsortium, noch haben sie Kontrolle

57

---

130 So zu den sog. Retail Kaskaden noch CESR-Frequently Asked Questions (12th Updated Version – November 2010), Nr. 56 (Retail cascade offers), S. 38 (von ESMA nicht mehr fortgeführt).
131 Näher dazu CESR-Frequently Asked Questions (12th Updated Version – November 2010), Nr. 56 (Retail cascade offers), S. 38 (von ESMA nicht mehr fortgeführt); European Securities Markets Expert Group (ESME), Report on Directive 2003/71/EC of the European Parliament and of the Council on the prospectus to be published when securities are offered to the public or admitted to trading, September 2007, S. 14 f.; aus der Literatur *Schneider/Haag*, Capital Markets Law Journal 2007, 370 ff.; *Heidelbach/Preuße*, BKR 2008, 10 ff.; *Elsen/Jäger*, BKR 2008, 459, 462 f.; *Schnorbus*, AG 2008, 389, 405 f.
132 CESR-Frequently Asked Questions (12th Updated Version – November 2010), Nr. 56 (Retail cascade offers), S. 38 (von ESMA nicht mehr fortgeführt); European Securities Markets Expert Group (ESME), Report on Directive 2003/71/EC of the European Parliament and of the Council on the prospectus to be published when securities are offered to the public or admitted to trading,

§ 3   Pflicht zur Veröffentlichung eines Prospekts

hierüber. Im Übrigen unterliegt der Preis der Wertpapiere dann dem Markt – und nicht mehr dem Preisregime der Vertragsparteien und den sonstigen Vorgaben des Übernahmevertrages zwischen Emittent und Konsortium – so dass Weiterveräußerungen durch Finanzintermediäre auch insofern ihnen nicht mehr zugerechnet werden können (vgl. auch § 2 Rn. 119). Dagegen ist der Emittent dann verantwortlich für das Angebot, wenn er das öffentliche Angebot innerhalb einer Vertriebskette von Anfang an beabsichtigt hat.[133]

58 Im Umkehrschluss bedeutet dies, dass jeder **Wiederverkauf über mehrere Stufen als selbstständiges Angebot jedes einzelnen Finanzintermediäres** zu werten und die Prospektpflicht dementsprechend erneut zu prüfen ist.[134] Klargestellt wird dies durch § 3 Abs. 1, wonach bei der Platzierung von Wertpapieren durch Finanzintermediäre ein Prospekt zu erstellen ist, wenn die endgültige Platzierung keine der unter § 3 Abs. 3 genannten Ausnahmen erfüllt. § 3 Abs. 2 Satz 2 begründet jedoch keine selbstständige Prospektpflicht der Finanzintermediäre bei einer Weiterplatzierung in einer Retail Kaskade. Vielmehr wird nur klargestellt, dass jede Weiterplatzierung darauf zu untersuchen ist, ob sie einer Prospektpflicht unterliegt, was nicht der Fall ist, wenn kein öffentliches Angebot vorliegt (z. B. mangels Öffentlichkeit) oder eine der Ausnahmen der §§ 3 Abs. 2 Satz 1, 4 Abs. 1 eingreift.

59 Da jede Weiterplatzierung durch Finanzintermediäre als selbstständiges, von der ursprünglichen Emission getrenntes Angebot zu werten ist, sind dementsprechend auch die Ausnahmetatbestände unabhängig von der ursprünglichen Emission anzuwenden. Der jeweilige Finanzintermediär kann daher z. B. auf die Ausnahmen des § 3 Abs. 2 Satz 1 Nr. 2 oder Nr. 5 zurückgreifen, selbst wenn die entsprechenden Schwellenwerte bei der Ausgangsemission weit überschritten wurden.[135] Die einzelnen Weiterplatzierungen durch die jeweiligen Finanzintermediäre werden für Zwecke der Prüfung eines öffentlichen Angebots oder der Ausnahmebestimmungen nicht zusammengefasst, sie werden nicht aggregiert.[136] Schließlich besteht auch dann keine Prospektpflicht, wenn bereits ein **gültiger (Zulassung-)Prospekt vorliegt** (vgl. oben Rn. 48 f.).[137]

September 2007, S. 15; vgl. auch *Schneider/Haag*, Capital Markets Law Journal 2007, 370, 376; *Heidelbach/Preuße*, BKR 2008, 10, 10; *Schnorbus*, AG 2008, 389, 406.

133 Vgl. *Heidelbach/Preuße*, BKR 2008, 10, 10; *Schnorbus*, AG 2008, 389, 406.
134 *Schnorbus*, AG 2008, 389, 406; in diese Richtung auch CESR-Frequently Asked Questions (12th Updated Version – November 2010), Nr. 56 (Retail cascade offers), S. 38 (von ESMA nicht mehr fortgeführt); *Holzborn/Mayston*, in: Holzborn, WpPG, § 3 Rn. 22; *von Kopp-Colomb/Gajdos*, in: Assmann/Schlitt/von Kopp-Colomb, WpPG/VerkProspG, § 3 WpPG Rn. 40; *Lenenbach*, Kapitalmarkt- und Börsenrecht, Rn. 10.285; *Müller*, Kommentar zum Wertpapierprospektgesetz, in: Das Deutsche Bundesrecht (III H 39), 27. Lieferung Juli 2010, § 3 Rn. 8; **a. A.** *Heidelbach*, in: Schwark/Zimmer, KMRK, § 3 WpPG Rn. 28 u. Fn. 96 (insbesondere mit praktischen Bedenken).
135 *Schnorbus*, AG 2008, 389, 406.
136 *Schnorbus*, AG 2008, 389, 406.
137 So zu § 3 Abs. 1 Satz 2 a. F.: *Schneider/Haag*, Capital Markets Law Journal 2007, 370, 377; *Kullmann/Metzger*, WM 2008, 1292, 1295; *Zeising*, in: Just/Voß/Ritz/Zeising, WpPG, § 3 Rn. 74; *Müller*, Kommentar zum Wertpapierprospektgesetz, in: Das Deutsche Bundesrecht (III H 39), 27. Lieferung Juli 2010, § 3 Rn. 8.

VI. Prospektpflicht bei der Zulassung zum Handel an einem organisierten Markt in Deutschland (§ 3 Abs. 4)

1. Grundlagen

Die Regelung setzt Art. 3 Abs. 4 der Prospektrichtlinie um und orientiert sich an § 30 BörsG a. F.[138] Danach setzt die Zulassung von Wertpapieren zum Handel an einem organisierten Markt in Deutschland die Veröffentlichung eines Prospekts durch den Zulassungsantragsteller voraus, soweit keine Ausnahme des § 4 Abs. 2 einschlägig ist. Darüber hinaus ist auch in sämtlichen Fällen des § 1 Abs. 2 kein Prospekt für die Zulassung von Wertpapieren erforderlich (vgl. § 1 Rn. 5 f.). Die Regelung ist in Zusammenhang mit § 32 Abs. 3 BörsG zu sehen: Während § 3 Abs. 4 die eigentliche Pflicht zur Durchführung eines Billigungsverfahrens bei der BaFin und der Veröffentlichung eines Prospekts statuiert, verlangt § 32 Abs. 3 die Vorlage des gebilligten und veröffentlichten Prospekts für Zwecke der Zulassung durch die Geschäftsführung der Börse.

2. Besonderheiten bei bestimmten gesellschaftsrechtlichen Maßnahmen

a) Formwechsel nach dem UmwG

Voraussetzung für die Prospektpflicht nach § 3 Abs. 4 i. V. m. § 32 Abs. 3 BörsG ist, dass es sich bei dem Vorgang um eine **Zulassung** von Wertpapieren handelt. Dies ist nicht der Fall bei einem **Formwechsel** auf Grundlage des UmwG **zwischen den börsenfähigen Rechtsträgern der AG, der KGaA oder der SE**, da diese Maßnahme **keinen** Einfluss auf die bestehende Börsenzulassung der betreffenden Aktien hat.[139] Insbesondere erlischt die Zulassung der Aktien des formzuwechselnden Rechtsträgers nicht nach § 43 Abs. 2 VwVerfG.[140] Bei einem Formwechsel (§§ 190 ff. UmwG) ändert sich allein die Rechtsform und damit die Struktur des Rechtsträgers. Der Formwechsel ist durch das Prinzip der Identität geprägt (Identitätsgrundsatz). Eine Vermögensübertragung – unabhängig von Ausgangs- und Zielrechtsform – findet nicht statt; der Rechtsträger ändert lediglich sein rechtliches Kleid (§ 202 Abs. Nr. 1 UmwG). Die Identität bezieht sich gleichfalls auf den Kreis der Anteilsinhaber vor und nach der Umwandlung (§§ 194 Abs. Nr. 3, 202 Abs. 2 Nr. 2 Satz 1 UmwG). Dem Informationsbedürfnis der Aktionäre wird hinreichend durch die Umwandlungsdokumentation Rechnung getragen.

---

138 Vgl. BT-Drucks. 15/4999, S. 30.
139 *Groß*, Kapitalmarktrecht, § 3 WpPG Rn. 11a. Ebenso die Wertpapierbörsen in Düsseldorf, München und Stuttgart für den Formwechsel der **KGaA in eine AG**, während die Frankfurter Wertpapierbörse die Auffassung vertreten hat, dass in diesem Fall eine neue Zulassungsentscheidung und somit auch die Erstellung eines neuen Zulassungsprospekts erforderlich sei (vgl. Umwandlungsbericht gemäß § 192 UmwG zum Formwechsel der HSBC Trinkaus&Burkhard KGaA in eine Aktiengesellschaft unter der Firma HSBC Trinkaus&Burkhardt, S. 31). Vgl. auch Zulassungsprospekt der Dräger AG anlässlich des Wechsels der Rechtsform von einer AG in eine KGaA vom 13.12.2007. Dagegen vertritt die Frankfurter Wertpapierbörse – aus ihrer Sicht inkonsequenterweise – im Fall der Umwandlung einer **AG in eine SE** die Auffassung, dass keine neue Zulassungsentscheidung erforderlich sei.
140 *Groß*, Kapitalmarktrecht, § 3 WpPG Rn. 11a.

§ 3 Pflicht zur Veröffentlichung eines Prospekts

62 Bei einer **Umwandlung einer KGaA in eine AG** z.B. wird eine bisherige Kommanditaktie automatisch zu einer Aktie der AG. Das Grundkapital und die Anzahl der Aktien ändern sich durch den Formwechsel nicht. Neue Anteile werden nicht ausgegeben. Die auf die KGaA ausgestellten Aktienurkunden werden mit Eintragung des Formwechsels in das Handelsregister zwar unrichtig; es genügt jedoch der Austausch gegen Aktienurkunden, die auf die AG lauten. Da es sich bei den Rechtsträgern der AG, der KGaA oder der SE jeweils um Kapitalgesellschaften handelt, führt der Formwechsel zwischen diesen Rechtsträgern auch nicht zu einer veränderten Haftungssituation der Aktionäre; sowohl vor als auch nach dem Formwechsel ist eine persönliche Haftung für die Verbindlichkeiten ausgeschlossen. Im Übrigen setzen sich auch dingliche Rechte Dritter an den durch den Formwechsel entstehenden Anteilen fort (§ 202 Abs. 2 Nr. 2 Satz 2 UmwG).

63 **Nichts anderes gilt für den Formwechsel einer AG oder SE in eine KGaA.**[141] Die Zulassungsstelle der **Frankfurter Wertpapierbörse** sieht hier jedoch zu Unrecht in der Eintragung des Formwechsels und in dem Wechsel der Inhaberschaft von Aktien an einer AG in Aktien einer KGaA den Untergang der Zulassung begründet mit der Folge, dass die Aktien der formwechselnden KGaA neu zuzulassen sind. Argument ist, dass die Rechte eines Aktionärs in einer AG oder SE sich von denen eines Aktionärs substantiell unterscheiden. Explizit für diesen Fall hat der Gesetzgeber des UmwG jedoch konstatiert, dass „die Rechtsstellung des einzelnen Aktionärs beim Formwechsel einer AG in eine KGaA im Wesentlichen unverändert bleibt, so dass ihm auch bei einer Umwandlung durch Mehrheitsbeschluss zugemutet werden kann, in der Gesellschaft zu verbleiben".[142] Daher finden sowohl bei dem Formwechsel einer KGaA in eine AG als auch bei einem Formwechsel einer AG in eine KGaA kraft gesetzlicher Anordnung des § 250 UmwG die Regelungen des UmwG über Ausscheiden gegen Abfindung (§§ 207 bis 212 UmwG) gleichermaßen keine Anwendung. Bleibt damit die Rechtsstellung der Kommanditaktionäre nach der gesetzlichen Wertung unverändert, so überzeugt es nicht, dass das Prospektrecht dieser Wertung des Gesetzgeber des UmwG nach der Lesart der Zulassungsstelle der Frankfurter Wertpapierbörse nicht folgt. Vielmehr bedarf es auch im Fall eines Formwechsels in die KGaA keiner Neuzulassung. Eine Änderung der Verwaltungspraxis der Zulassungsstelle der Frankfurter Wertpapierbörse zeichnet sich indes nicht ab; sie hilft den Emittenten aber mit der „Krücke" des § 4 Abs. 2 Nr. 4, so dass zwar eine Neuzulassung erforderlich bleibt, aber kein neuer Prospekt zu erstellen ist und der Umwandlungsbericht als prospektersetzendes Dokument dient (ausführlich dazu und den damit verbundenen Problemen § 4 Rn. 86).

b) Grenzüberschreitende Sitzverlegung nach der SE-Verordnung

64 Nach Art. 8 Abs. 1 Satz 1 SE-VO kann eine SE ihren Sitz in einen anderen Mitgliedstaat verlegen. Mit Eintragung in das Register des Zuzugstaates gilt die SE als Aktiengesellschaft des neuen Domizilstaates. Damit ändert sich das über Art. 9 Abs. 1 c) auf sie anwendbare nationale Recht. Die darin begründete nationale Prägung der SE lässt z.B. eine holländische SE beim Umzug nach Deutschland eben zu einer deutschen SE werden und unterwirft sie einem anderen Rechtsregime. Deshalb trägt die grenzüberschreitende Sitzverlegung nach Art. 8 SE-VO starke **Züge eines Formwechsels** in eine nicht verwandte

---

141 *Groß*, Kapitalmarktrecht, § 3 WpPG Rn. 11a.
142 BT-Drucks. 12/6699, 159.

Gesellschaftsform, beispielsweise einer Kapitalgesellschaft in eine Personengesellschaft (sog. subsidiäres Formwechselmodell).

Gleichwohl folgt – entsprechend den Überlegungen zu dem Formwechsel zwischen börsenfähigen Kapitalgesellschaften AG, KG und SE untereinander (vgl. Rn. 61) – daraus nicht, dass die an einer deutschen Wertpapierbörse bereits notierten Aktien einer ausländischen SE bei der „Umwandlung" in eine deutsche SE erneut der Zulassung nach § 3 Abs. 4 i.V. m. § 32 Abs. 3 BörsG bedürften.[143] **Insbesondere ist kein Prospekt zu erstellen**, auch nicht unter dem Gesichtspunkt des Anlegerschutzes. Denn abgesehen von den Zügen eines Formwechsels, der ohnedies auch nach dem UmwG identitätswahrend erfolgt, gilt auch bei der Sitzverlegung der Grundsatz der Identitätswahrung nach Art. 8 Abs. 1 Satz 2 SE-VO. Die SE wird nicht aufgelöst und bleibt als juristische Person erhalten. Es bedarf weder einer erneuten Kapitalaufbringung noch werden neue Aktien ausgegeben.[144]

c) Kapitalerhöhung aus Gesellschaftsmitteln

Eine Prospektpflicht entfällt ebenfalls, wenn eine Gesellschaft, deren Aktien bereits zum Handel an einem regulierten Markt zugelassen sind, eine **Kapitalerhöhung aus Gesellschaftsmitteln** durchführt. Die dann emittierten jungen Aktien sind gemäß § 33 Abs. 4 EGAktG bereits *ipso iure* zum Handel an dem geregelten Markt zugelassen (näher § 4 Rn. 88).

VII. Ermächtigung der Kommission

Nach Art. 3 Abs. 4 der Prospektrichtlinie in der Fassung der Änderungsrichtlinie ist die Kommission gleich den in Art. 1 Abs. 4 und Art. 2 Abs. 4 neu eingeführten Regelungen (vgl. § 1 Rn. 44 und § 2 Rn. 149) dazu ermächtigt, die in Art. 3 Abs. 2 c)–e) genannten Schwellenwerte anzupassen.[145] Für das WpPG betrifft dies § 3 Abs. 2 Nr. 3 bis Nr. 5. Soweit die Kommission von dieser Ermächtigung Gebrauch macht, ist der deutsche Gesetzgeber verpflichtet, die entsprechenden Änderungen unverzüglich im WpPG umzusetzen; für die Zwischenzeit können die Regeln der sog. vorweggenommenen richtlinienkonformen Auslegung Anwendung finden.[146] Gleiches gilt für die Anwendungspraxis der BaFin.

---

143 So auch *Groß*, Kapitalmarktrecht, § 3 WpPG Rn. 11b.
144 Weil die SE mit der Sitzverlegung gemäß Art. 9 Abs. 1 c) (ii) SE-VO unter ein neues Rechtsregime gerät, beim Zuzug nach Deutschland also das deutsche Aktiengesetz beachten muss, können Anpassungen der Satzung erforderlich sein, insbesondere bei der Ausstattung der Aktien (vgl. *Austmann*, in: MünchHdb. AG, 4. Aufl., § 85 Rn. 11 f.). Wenn etwa eine SE aus einem Mitgliedstaat, in dem Mehrstimmrechte zulässig sind, ihren Sitz nach Deutschland verlegt, fallen diese Mehrstimmrechte wegen Art. 5 SE-VO, 12 Abs. 2 AktG mit dem Wirksamwerden der Sitzverlegung weg. Aber diese Maßnahme beurteilt sich allein nach dem Gesellschaftsrecht, ohne eine Prospektpflicht auszulösen. Die Inhaber der Mehrstimmrechtsaktien sind insoweit durch Art. 60 SE-VO geschützt. Danach bedarf es zu der Sitzverlegung eines Sonderbeschlusses ihrer Aktiengattung.
145 Vgl. Art. 1 Nr. 3 b) der Änderungsrichtlinie.
146 Näher *Schnorbus*, AcP 201 (2001), 860, 871 ff.

§ 4 Ausnahmen von der Pflicht zur Veröffentlichung eines Prospekts im Hinblick auf bestimmte Wertpapiere

(1) Die Pflicht zur Veröffentlichung eines Prospekts gilt nicht für öffentliche Angebote folgender Arten von Wertpapieren:

1. Aktien, die im Austausch für bereits ausgegebene Aktien derselben Gattung ausgegeben werden, ohne dass mit der Ausgabe dieser neuen Aktien eine Kapitalerhöhung verbunden ist;
2. Wertpapiere, die anlässlich einer Übernahme im Wege eines Tauschangebots angeboten werden, sofern ein Dokument verfügbar ist, dessen Angaben denen des Prospekts gleichwertig sind;
3. Wertpapiere, die anlässlich einer Verschmelzung oder Spaltung angeboten oder zugeteilt werden oder zugeteilt werden sollen, sofern ein Dokument verfügbar ist, dessen Angaben denen des Prospekts gleichwertig sind;
4. an die Aktionäre ausgeschüttete Dividenden in Form von Aktien derselben Gattung wie die Aktien, für die solche Dividenden ausgeschüttet werden, sofern ein Dokument zur Verfügung gestellt wird, das Informationen über die Anzahl und die Art der Aktien enthält und in dem die Gründe und Einzelheiten zu dem Angebot dargelegt werden;
5. Wertpapiere, die derzeitigen oder ehemaligen Mitgliedern von Geschäftsführungsorganen oder Arbeitnehmern von ihrem Arbeitgeber oder einem anderen mit ihm verbundenen Unternehmen im Sinne des § 15 des Aktiengesetzes als Emittent angeboten werden, sofern ein Dokument zur Verfügung gestellt wird, das über die Anzahl und die Art der Wertpapiere informiert und in dem die Gründe und die Einzelheiten zu dem Angebot dargelegt werden, und
   a) der Emittent seine Hauptverwaltung oder seinen Sitz in einem Staat des Europäischen Wirtschaftsraums hat,
   b) Wertpapiere des Emittenten bereits an einem organisierten Markt zugelassen sind oder
   c) Wertpapiere des Emittenten bereits an dem Markt eines Drittlands zugelassen sind, die Europäische Kommission für diesen Markt einen Beschluss über die Gleichwertigkeit erlassen hat und ausreichende Informationen einschließlich des genannten Dokuments in einer in der internationalen Finanzwelt üblichen Sprache vorliegen.

(2) Die Pflicht zur Veröffentlichung eines Prospekts gilt nicht für die Zulassung folgender Arten von Wertpapieren zum Handel an einem organisierten Markt:

1. Aktien, die über einen Zeitraum von zwölf Monaten weniger als zehn Prozent der Zahl der Aktien derselben Gattung ausmachen, die bereits zum Handel an demselben organisierten Markt zugelassen sind;
2. Aktien, die im Austausch für bereits an demselben organisierten Markt zum Handel zugelassene Aktien derselben Gattung ausgegeben werden, ohne dass mit der Ausgabe dieser neuen Aktien eine Kapitalerhöhung verbunden ist;

3. Wertpapiere, die anlässlich einer Übernahme im Wege eines Tauschangebots angeboten werden, sofern ein Dokument verfügbar ist, dessen Angaben denen des Prospekts gleichwertig sind;
4. Wertpapiere, die anlässlich einer Verschmelzung oder Spaltung angeboten oder zugeteilt werden oder zugeteilt werden sollen, sofern ein Dokument verfügbar ist, dessen Angaben denen des Prospekts gleichwertig sind;
5. Aktien, die nach einer Kapitalerhöhung aus Gesellschaftsmitteln den Inhabern an demselben organisierten Markt zum Handel zugelassener Aktien derselben Gattung angeboten oder zugeteilt werden oder zugeteilt werden sollen, sowie Dividenden in Form von Aktien derselben Gattung wie die Aktien, für die solche Dividenden ausgeschüttet werden, sofern ein Dokument zur Verfügung gestellt wird, das Informationen über die Anzahl und die Art der Aktien enthält und in dem die Gründe und Einzelheiten zu dem Angebot dargelegt werden;
6. Wertpapiere, die derzeitigen oder ehemaligen Mitgliedern von Geschäftsführungsorganen oder Arbeitnehmern von ihrem Arbeitgeber oder von einem verbundenen Unternehmen im Sinne des § 15 des Aktiengesetzes angeboten oder zugeteilt werden oder zugeteilt werden sollen, sofern es sich dabei um Wertpapiere derselben Gattung handelt wie die Wertpapiere, die bereits zum Handel an demselben organisierten Markt zugelassen sind, und ein Dokument zur Verfügung gestellt wird, das Informationen über die Anzahl und den Typ der Wertpapiere enthält und in dem die Gründe und Einzelheiten zu dem Angebot dargelegt werden;
7. Aktien, die nach der Ausübung von Umtausch- oder Bezugsrechten aus anderen Wertpapieren ausgegeben werden, sofern es sich dabei um Aktien derselben Gattung handelt wie die Aktien, die bereits zum Handel an demselben organisierten Markt zugelassen sind;
8. Wertpapiere, die bereits zum Handel an einem anderen organisierten Markt zugelassen sind, sofern sie folgende Voraussetzungen erfüllen:
    a) die Wertpapiere oder Wertpapiere derselben Gattung sind bereits länger als 18 Monate zum Handel an dem anderen organisierten Markt zugelassen,
    b) für die Wertpapiere wurde, sofern sie nach dem 30. Juni 1983 und bis einschließlich 31. Dezember 2003 erstmalig börsennotiert wurden, ein Prospekt gebilligt nach den Vorschriften des Börsengesetzes oder den Vorschriften anderer Staaten des Europäischen Wirtschaftsraums, die auf Grund der Richtlinie 80/390/EWG des Rates vom 17. März 1980 zur Koordinierung der Bedingungen für die Erstellung, die Kontrolle und die Verbreitung des Prospekts, der für die Zulassung von Wertpapieren zur amtlichen Notierung an einer Wertpapierbörse zu veröffentlichen ist (ABl. EG Nr. L 100 S. 1) in der jeweils geltenden Fassung oder auf Grund der Richtlinie 2001/34/EG des Europäischen Parlaments und des Rates vom 28. Mai 2001 über die Zulassung von Wertpapieren zur amtlichen Börsennotierung und über die hinsichtlich dieser Wertpapiere zu veröffentlichenden Informationen (ABl. EG Nr. L 184 S. 1) in der jeweils geltenden Fassung erlassen worden sind; wurden die Wertpapiere nach dem 31. Dezember 2003 erstmalig zum Handel an einem organisierten Markt zugelassen, muss die Zulassung zum Handel an dem anderen organisierten Markt mit der Billigung eines Prospekts einhergegangen sein, der in einer in § 14 Abs. 2 genannten Art und Weise veröffentlicht wurde,

§ 4 Ausnahmen von der Pflicht zur Veröffentlichung eines Prospekts

c) der Emittent der Wertpapiere hat die auf Grund der Richtlinien der Europäischen Gemeinschaft erlassenen Vorschriften betreffend die Zulassung zum Handel an dem anderen organisierten Markt und die hiermit im Zusammenhang stehenden Informationspflichten erfüllt,

d) der Zulassungsantragsteller erstellt ein zusammenfassendes Dokument in deutscher Sprache,

e) das zusammenfassende Dokument nach Buchstabe d wird in einer in § 14 vorgesehenen Art und Weise veröffentlicht und

f) der Inhalt dieses zusammenfassenden Dokuments entspricht den Schlüsselinformationen gemäß § 5 Absatz 2a. Ferner ist in diesem Dokument anzugeben, wo der neueste Prospekt sowie Finanzinformationen, die vom Emittenten entsprechend den für ihn geltenden Publizitätsvorschriften offen gelegt werden, erhältlich sind.

(3) ¹Das Bundesministerium der Finanzen kann im Einvernehmen mit dem Bundesministerium der Justiz und Verbraucherschutz durch Rechtsverordnung, die nicht der Zustimmung des Bundesrates bedarf, bestimmen, welche Voraussetzungen die Angaben in den in Absatz 1 Nr. 2 und 3 sowie Absatz 2 Nr. 3 und 4 genannten Dokumenten im Einzelnen erfüllen müssen, um gleichwertig im Sinne des Absatzes 1 Nr. 2 oder 3 oder im Sinne des Absatzes 2 Nr. 3 oder 4 zu sein. ²Dies kann auch in der Weise geschehen, dass Vorschriften des deutschen Rechts oder des Rechts anderer Staaten des Europäischen Wirtschaftsraums bezeichnet werden, bei deren Anwendung die Gleichwertigkeit gegeben ist. ³Das Bundesministerium der Finanzen kann die Ermächtigung durch Rechtsverordnung auf die Bundesanstalt für Finanzdienstleistungsaufsicht übertragen.

Übersicht

	Rn.		Rn.
I. Grundlagen	1	dd) Entbehrlichkeit der Angaben nach § 2 Nr. 2 Halbs. 1 u. 2 WpÜG-Angebotsverordnung im Falle anderer Ausnahmeregelungen?	13
II. Prospektbefreiung bei öffentlichen Angeboten (Abs. 1)	3		
1. Im Austausch ausgegebene Aktien (Nr. 1)	4	ee) Prüfungskompetenz der BaFin	14
2. Umtauschangebote (Nr. 2)	6	b) Umtauschangebote außerhalb des WpÜG	15
a) Umtauschangebote nach Maßgabe des WpÜG	7	aa) Gleichwertigkeit der Angaben des prospektbefreienden Dokuments (§ 4 Abs. 1 Nr. 2)	15
aa) Beschreibung der angebotenen Wertpapiere in der Angebotsunterlage (§ 2 Nr. 2 Halbs. 1 WpÜG-Angebotsverordnung)	7		
bb) Anforderungen an den bestehenden Prospekt (§ 2 Nr. 2 Halbs. 2 WpÜG-Angebotsverordnung)	9	bb) Ausländische Dokumente	19
		c) Verfügbarkeit des prospektbefreienden Dokuments (§ 4 Abs. 1 Nr. 2)	21
		d) Haftung	22
		aa) Haftung des Anbieters	22
cc) Gleichwertigkeit der Angaben des prospektbefreienden Dokuments (§ 4 Abs. 1 Nr. 2)	12	bb) Haftung der begleitenden Bank(en)	25

3. Verschmelzungen und Spaltungen
   (Nr. 3) 26
4. Sachdividenden (Nr. 4) 32
   a) Grundlagen 32
   b) Vorliegen eines prospektersetzen-
      den Dokuments 34
   c) Praxisrelevanz nach deutschem
      Recht 35
      aa) Grundlagen 35
      bb) Scrip Dividends 38
5. Ausgabe von Aktien an Mitarbeiter
   (Nr. 5) 40
   a) Regelungsgegenstand 40
   b) Regelungszweck 42
   c) Voraussetzungen im Einzelnen .. 43
      aa) Privilegierter Personenkreis . 44
      bb) Emittent der angebotenen
          Wertpapiere 46
      cc) Prospektersetzendes Doku-
          ment 47
      dd) Privilegierte Emittenten 50
   d) Prospektbefreiung aufgrund
      anderer Ausnahmevorschriften .. 58
III. Prospektbefreiung bei der Zulassung
     zum Handel (Abs. 2) 59
   1. 10%-Kapitalerhöhungen (Nr. 1) ... 60
      a) Aktien derselben Gattung 63
      b) Zeitraum von zwölf Monaten ... 64
      c) Zulassung an einem organisierten
         Markt (§ 2 Nr. 16) 65
      d) Maßgeblicher Zeitpunkt für die
         Ermittlung der bereits zugelas-
         senen Aktien 66
      e) Kapitalerhöhung mit Volumen
         über 10% des Grundkapitals.... 68
      f) Keine Anrechnung anderer Aus-
         nahmetatbestände 71

g) Zusammenspiel mit § 186 Abs. 3
   Satz 4 AktG 72
2. Im Austausch ausgegebene Aktien
   (Nr. 2) 74
3. Umtauschangebote (Nr. 3) 75
4. Verschmelzungen und Spaltungen
   (Nr. 4) 76
   a) Anwendungsbereich 76
   b) Bestimmung der Gleichwertig-
      keit 81
   c) Formwechsel 86
5. Kapitalerhöhung aus Gesellschaftsmitteln und Sachdividenden (Nr. 5) . 87
6. Ausgabe von Aktien an Mitarbeiter
   (Nr. 6) 89
7. Aktien aus Umtausch- oder Bezugsrechten (Nr. 7) 90
   a) Regelungsgegenstand 90
   b) Zugrunde liegende Aktien...... 94
   c) Zeitpunkt und Umfang der Zu-
      lassung von Aktien 96
   d) Zusammenhang mit § 11 Abs. 1
      BörsZulV 98
   e) Platzierung und Zulassung der
      Schuldverschreibungen ohne
      Prospekt 102
   f) Bezugsrechtskapitalerhöhungen
      ohne Erwerbsmöglichkeiten
      durch Nicht-Aktionär 104
   g) Ausgabe von Aktien beim
      Tausch von anderen Wert-
      papieren 109
8. Altfälle (Nr. 8) 111
   a) Grundlagen 111
   b) Voraussetzungen im Einzelnen . 113
IV. Verordnungsermächtigung 115

I. Grundlagen

§ 4 dient der Umsetzung von Art. 4 der Prospektrichtlinie. Er ist – zusammen mit § 3 **1**
Abs. 2 – die **zentrale Bestimmung für Ausnahmen von der Prospektpflicht** für bestimmte öffentliche Angebote von Wertpapieren (Abs. 1) und für die Börsenzulassung bestimmter Wertpapiere zu einem organisierten Markt (Abs. 2). Die Ausnahmen von der
Prospektpflicht betreffen namentlich Fälle, in denen bereits eine gewisse Kapitalmarktpublizität besteht, dem Anlegerschutz durch eine dem Prospekt nach dem WpPG gleichwertige Veröffentlichung genüge getan wurde und/oder die Personenkreise, an die sich die beschriebenen Angebote richten, nicht der Information durch einen Prospekt bedürfen.[1] Die
Ausnahmen entsprechen in vielen Fällen den bis zum 1.7.2005 in §§ 2–4 VerkProspG a. F.

---
1 BT-Drucks. 15/4999, S. 30.

§ 4   Ausnahmen von der Pflicht zur Veröffentlichung eines Prospekts

und in §§ 44 ff. BörsZulV a. F. geregelten Ausnahmetatbeständen, sind aber insgesamt gegenüber der früheren Rechtslage restriktiver, führen also zu einer Erweiterung der Prospektpflicht.[2] Die **Änderungsrichtlinie zur Prospektrichtlinie** (vgl. Vor §§ 1 ff. Rn. 4 ff., 8) hat zu Änderungen bei den § 4 Abs. 1 Nrn. 3, 4, 5 sowie § 4 Abs. 2 Nrn. 4, 8 geführt (siehe jeweils dort).

2   Sofern die Voraussetzungen einer Ausnahme nach § 4 Abs. 1 oder § 4 Abs. 2 erfüllt sind, gilt die **Befreiung von der Prospektpflicht kraft Gesetzes**.[3] Eine Kompetenz oder ein Ermessen der BaFin (im Falle des § 4 Abs. 1) oder der Geschäftsführung der Börse (im Falle des § 4 Abs. 2) besteht insofern nicht; insbesondere können sie nicht mit Bindungswirkung Befreiungen oder Unbedenklichkeitsbescheinigungen erteilen (näher Vor §§ 1 ff. Rn. 20, 23 ff.). Zu den Haftungsrisiken, insbesondere für prospektersetzende Dokumente vgl. Vor §§ 1 ff. Rn. 27 ff. Die Ausnahmetatbestände des § 4 Abs. 1 und § 4 Abs. 2 sind jeweils unter ihren Voraussetzungen auch dann anwendbar, wenn ein an sich sachverhaltsnäherer Tatbestand (z. B. Umtauschangebot, Angebot an Arbeitnehmer, Zulassung von Aktien aus einer Wandelanleihe) gegeben ist (Grundsatz der Meistbegünstigung).[4] Es steht dann im Belieben des Anbieters, welche Ausnahme er von der Prospektpflicht anwenden möchte (**Selbstbefreiung durch gesetzmäßiges (Entscheidungs-)Verhalten**, vgl. Vor §§ 1 ff. Rn. 18).[5]

II. Prospektbefreiung bei öffentlichen Angeboten (Abs. 1)

3   Die Regelung betrifft ausschließlich Fälle der Befreiung von der Prospektpflicht bei einem öffentlichen Angebot. Im Übrigen besteht die Möglichkeit, im Rahmen eines öffentlichen Angebots die einschlägigen Ausnahmetatbestände des § 3 Abs. 2 Satz 1 und des § 4 Abs. 1 zu kombinieren, und zwar gleichzeitig oder zeitlich hintereinander (vgl. § 3 Rn. 15).

1. Im Austausch ausgegebene Aktien (Nr. 1)

4   § 4 Abs. 1 Nr. 1 setzt Art. 4 Abs. 1 a) der Prospektrichtlinie um und bildet das Gegenstück zu Abs. 2 Nr. 2. Die Norm gilt nur für Aktien und regelt den Fall, dass ohne Änderung der Höhe des gezeichneten Kapitals Aktien im Umtausch **für bereits ausgegebene Aktien derselben Gattung** ausgegeben werden. Aktien gehören derselben Gattung an, wenn die durch sie verbrieften Rechte – einschließlich der Gewinnberechtigung – identisch sind (vgl. § 11 AktG). **Vorzugs- und Stammaktien** bilden nicht dieselbe Gattung, so dass auf Grundlage des § 4 Abs. 1 Nr. 1 kein prospektfreier Umtausch von Vorzügen gegen Stämme (oder umgekehrt) möglich ist. Auch andere Ausnahmen von der Prospektpflicht nach § 4 Abs. 1 passen nicht auf den Umtausch von Vorzügen gegen Stämme, so dass eine solche

---

[2] *Groß*, Kapitalmarktrecht, § 4 WpPG Rn. 1; *Zeising*, in: Just/Voß/Ritz/Zeising, WpPG, § 4 Rn. 3.
[3] *Grosjean*, in: Heidel, Aktienrecht und Kapitalmarktrecht, § 4 WpPG Rn. 1; *Zeising*, in: Just/Voß/Ritz/Zeising, WpPG, § 4 Rn. 2.
[4] *Gebhardt*, in: Schäfer/Hamann, Kapitalmarktgesetze, § 4 WpPG Rn. 23; *Schlitt/Schäfer*, in: Assmann/Schlitt/von Kopp-Colomb, WpPG/VerkProspG, § 4 WpPG Rn. 2.
[5] ESMA-Questions and Answers – Prospectuses (25th Updated Version – July 2016), Nr. 32 (Exemptions from the obligation to publish a prospectus in Article 4 Directive as standalone exemptions), S. 31; *Gebhardt*, in: Schäfer/Hamann, Kapitalmarktgesetze, § 4 WpPG Rn. 23.

Transaktion grundsätzlich der Prospektpflicht unterliegt, was mitunter nicht angemessen ist. Im Einzelfall ist jedoch zu prüfen, ob die Voraussetzungen eines öffentlichen Angebots überhaupt vorliegen. **Ein öffentliches Angebot liegt z. B. insbesondere dann nicht vor, wenn lediglich kraft Satzungsänderung Gattungen ausgetauscht werden** (vgl. § 2 Rn. 54).[6] In diesem Fall können die kraft Satzung umgetauschten Aktien über die entsprechende Anwendung des § 4 Abs. 2 Nr. 7 auch prospektfrei zugelassen werden (vgl. Rn. 110).

Der hier geregelte Tatbestand war nach altem Recht für Zwecke der Börsenzulassung in § 45 Nr. 2 c) BörsZulV a.F. in ähnlicher Weise enthalten und betrifft beispielsweise die **Neustückelung des Kapitals** nach Nennwertveränderungen (wie bei einer Aktienzusammenlegung oder einem Aktiensplit) oder die **Umstellung von Nennwertaktien auf nennwertlose Stückaktien** (oder umgekehrt) kraft Satzungsänderung.[7] Eine Kapitalerhöhung darf zu diesem Zwecke allerdings nicht durchgeführt werden, so dass es sich um keine eigenständige Emission handelt. Anders als nach früherem Recht wird der Umtausch von Aktien vertretenden Zertifikaten, die zur Erhöhung der Fungibilität anstelle von Namensaktien ausgegeben wurden, nicht mehr erfasst.[8]

2. Umtauschangebote (Nr. 2)

§ 4 Abs. 1 Nr. 2 setzt Art. 4 Abs. 1 b) der Prospektrichtlinie um; eine vergleichbare Ausnahme bestand nach altem Recht gemäß § 4 Abs. 1 Nr. 9 VerkProspG a.F. Eine Prospektpflicht besteht nach § 4 Abs. 1 Nr. 2 nicht für Wertpapiere, **die anlässlich einer Übernahme im Wege eines Tauschangebots angeboten werden**, sofern den Aktionären der Zielgesellschaft ein **Dokument zur Verfügung steht, dessen Angaben denen eines Prospektes gleichwertig** sind. Zur Vermeidung einer Doppelpublizität – das Umtauschangebot nach dem WpÜG stellt regelmäßig gleichzeitig ein die Prospektpflicht auslösendes öffentliches Angebot i. S. d. § 2 Nr. 4 in Bezug auf die seitens des Bieters angebotenen Wertpapiere dar – verzichtet das Gesetz daher auf eine zusätzliche Prospekterstellung. Im Falle von **Übernahmeangeboten nach dem WpÜG** (vgl. sogleich Rn. 7–14) ist auf Basis der nach § 11 Abs. 4 i.V.m. § 2 Nr. 2 Halbs. 1 WpÜG-Angebotsverordnung in die Angebotsunterlage aufzunehmenden bzw. zu inkorporierenden Informationen sichergestellt, dass die Anteilseigner der Zielgesellschaft in einem solchen Fall im gleichen Umfang über die als Gegenleistung angebotenen Wertpapiere informiert werden, wie dies nach dem WpPG und der Prospektverordnung vorgeschrieben ist. Das ist nicht zwingend der Fall bei **Übernahmeangeboten außerhalb des WpÜG** (Rn. 15 ff.). Hier hängt die Verfügbarkeit der Ausnahme nach § 4 Abs. 1 Nr. 2 maßgeblich von der Gleichwertigkeit des bereits veröffentlichten Dokuments ab.

---

6 *Groß*, Kapitalmarktrecht, § 4 WpPG Rn. 2.
7 Vgl. *Grosjean*, in: Heidel, Aktienrecht und Kapitalmarktrecht, § 4 WpPG Rn. 3; *Schlitt/Schäfer*, in: Assmann/Schlitt/von Kopp-Colomb, WpPG/VerkProspG, § 4 WpPG Rn. 7; *Heidelbach*, in: Schwark/Zimmer, KMRK, § 4 WpPG Rn. 6; ferner zum alten Recht *Heidelbach*, in: Schwark/Zimmer, KMRK, § 45 BörsZulV Rn. 6.
8 *Heidelbach*, in: Schwark/Zimmer, KMRK, § 4 WpPG Rn. 6; *Zeising*, in: Just/Voß/Ritz/Zeising, WpPG, § 4 Rn. 5.

§ 4   Ausnahmen von der Pflicht zur Veröffentlichung eines Prospekts

a) Umtauschangebote nach Maßgabe des WpÜG

aa) Beschreibung der angebotenen Wertpapiere in der Angebotsunterlage (§ 2 Nr. 2 Halbs. 1 WpÜG-Angebotsverordnung)

7 Die Ausnahme betrifft in erster Linie die Konstellation, dass bei **Übernahmeangeboten nach dem WpÜG** der Bieter als Gegenleistung (i) liquide, an einem organisierten Markt gehandelte Aktien nach Maßgabe des § 31 Abs. 2 Satz 1 WpÜG oder (ii) – zusätzlich zu Bargeld oder Aktien nach Maßgabe des § 31 Abs. 2 Satz 1 WpÜG – sonstige Wertpapiere (freiwillig) anbietet. In diesen Fällen verlangen § 11 Abs. 4 WpÜG i.V.m. **§ 2 Nr. 2 Halbs. 1 WpÜG-Angebotsverordnung**, dass der Bieter in seine Angebotsunterlage zusätzlich **Mindestangaben nach § 7 i.V. m. der Prospektverordnung** aufnimmt. Soweit es sich bei der Gegenleistung um Wertpapiere handelt, bedeutet dies, dass die Angebotsunterlage sich gemäß § 11 WpÜG i.V. m. der WpÜG-Angebotsverordnung nicht wie sonst auf eine Kurzbeschreibung des Bieters beschränken kann, sondern eine **umfassende Beschreibung des Bieters und der als Gegenleistung angebotenen Aktien** enthalten muss. Dies betrifft bei Aktien insbesondere die Angaben nach Anhang I, Anhang II und Anhang III der Prospektverordnung. Die Angaben in der Angebotsunterlage sind somit nicht nur „gleichwertig" mit denen eines Prospekts i. S. d. § 4 Abs. 1 Nr. 2, sondern sogar im Wesentlichen identisch.

8 Erforderlich ist von Rechts wegen aber nicht der Aufwand eines umfassenden *„Disclosure Documents"*, das zur Vermarktung einer Transaktion (etwa bei einem IPO oder einer Bezugsrechtsemission) eingesetzt wird und/oder den Anforderungen einer Platzierung in den USA nach Rule 144A des U.S. Securities Act of 1933 entspricht. Die „Abarbeitung" der formellen Vorgaben des WpPG i. V. m. der Prospektverordnung, also der deutschen gesetzlichen Mindeststandards genügt. Gemäß § 11 Abs. 1 Satz 4 WpÜG müssen dabei aber sämtliche Angaben in der Angebotsunterlage in **deutscher Sprache** abgefasst werden, also auch die ergänzenden Angaben nach § 2 Nr. 2 Halbs. 1 WpÜG-Angebotsverordnung.[9] Die Verwendung eines englischen Dokuments – etwa auf Grundlage des § 19 – kommt insofern nicht in Betracht. § 11 Abs. 1 Satz 4 WpÜG ist hier klar die vorrangige Regelung, die (bedauerlicherweise) auch nicht (teilweise) durch die Sprachenregelung des § 19 Abs. 4 WpPG (anderer EWR-Staat als Herkunftsstaat, Inlandsbezug) verdrängt oder überlagert wird (**anders** *Wolf* § 19 Rn. 28a f mit umfassender Begründung).

bb) Anforderungen an den bestehenden Prospekt (§ 2 Nr. 2 Halbs. 2 WpÜG-Angebotsverordnung)

9 Wurde für die als Gegenleistung angebotenen Wertpapiere **vor Veröffentlichung der Angebotsunterlage ein Prospekt veröffentlicht**, aufgrund dessen die Wertpapiere öffentlich angeboten oder zum Handel an einem organisierten Markt zugelassen worden sind, genügt die Angabe, dass ein Prospekt veröffentlicht wurde und wo dieser jeweils erhältlich ist (**§ 2 Nr. 2 Halbs. 2 WpÜG-Angebotsverordnung**). Dieser bereits veröffentlichte Prospekt muss verschiedene Kriterien erfüllen. Voraussetzung ist zunächst, dass der betreffende Prospekt „**im Inland in deutscher Sprache**" veröffentlicht wurde;[10] die Regelung des § 2

---

9 *A. Meyer*, in: Assmann/Pötzsch/Uwe H. Schneider, WpÜG, § 2 WpÜG-AngVO Rn. 7.
10 Jahresbericht der Bundesanstalt für Finanzdienstleistungsaufsicht für 2005, S. 174; *A. Meyer*, in: Assmann/Pötzsch/Uwe H. Schneider, WpÜG, § 2 WpÜG-AngVO Rn. 11; *Oechsler*, in: Ehricke/Ekkenga/Oechsler, WpÜG, § 11 Rn. 29 a. E.; **a. A.** *Bachmann*, ZHR 172 (2008), 597, 617 f.

II. Prospektbefreiung bei öffentlichen Angeboten (Abs. 1) § 4

Nr. 2 Halbs. 2 WpÜG-Angebotsverordnung ist eindeutig. Die Veröffentlichung eines nach §§ 17, 18 notifizierten englischsprachigen Prospekts genügt also nicht.

Weiter muss **„während der gesamten Laufzeit des Angebots ein gültiger Prospekt"** veröffentlicht sein.[11] Gültigkeit in diesem Sinne ist dann gegeben, wenn der bereits veröffentlichte Prospekt nicht älter als 12 Monate ist (§ 9 Abs. 1 WpPG) und erforderlichenfalls durch Nachträge ergänzt wurde (§ 16 Abs. 1 WpPG).[12] Dabei ist – entgegen der früheren Rechtslage zu § 9 (vgl. § 3 Rn. 51 und Vorauflage Rn. 11) – nicht ausreichend, dass der zuvor veröffentlichte Prospekt **zum Zeitpunkt des Beginns** des Umtauschangebots gültig ist; anhand dieses Prospektes kann die Angebotsfrist nur unter Beachtung der Gültigkeitsanforderungen nach § 9 Abs. 1 auslaufen, wie sich aus der Streichung des § 9 Abs. 5 a. F. ergibt (vgl. § 3 Rn. 51).[13] Der zum Zeitpunkt des Angebotsbeginns gültige Prospekt muss demnach **für die Laufzeit des Umtauschangebots** nicht nur für die Wertpapierinhaber verfügbar sein, sondern nach Maßgabe des § 9 auch weiter gültig und dementsprechend durch Nachträge ergänzt worden sein. Dies betrifft aber nur den Zeitraum der Annahmefrist nach § 16 Abs. 1 WpÜG und ggf. den Zeitraum der weiteren Annahmefrist nach § 16 Abs. 2 WpÜG, aber nicht mehr den Zeitraum, in welchem etwaige Andienungsrechte nach § 39c WpÜG geltend gemacht werden können (oder etwaige vergleichbare Andienungsrechte anderer Jurisdiktionen im Falle von europäischen Angeboten nach § 2 Abs. 1a WpÜG). Das gilt auch dann, wenn das Angebot noch von Angebotsbedingungen i. S. d. § 18 WpÜG abhängt, die nach Ablauf der Annahmefrist erfüllt werden können (in aller Regel regulatorische Auflagen und Vollzugsverbote).

Diese Vorgaben hinsichtlich der Gültigkeit des zu inkorporierenden Dokuments führen (neben dem Erfordernis, dass es in deutscher Sprache veröffentlicht sein muss) dazu, dass die Regelung des § 2 Nr. 2 Halbs. 2 WpÜG-Angebotsverordnung in der – ohnehin auf Einzelfälle beschränkten – deutschen Praxis der Umtauschangebote einen geringen Anwendungsbereich hat.[14] Selbst wenn ein noch relativ „frischer" Prospekt des Bieters (z. B. ein Zulassungsprospekt im Zusammenhang mit einer Kapitalerhöhung oder ein ausschließlich für das Umtauschangebot erstellter Angebotsprospekt, der taggleich mit der Gestattung der Angebotsunterlage gebilligt wurde) zur Verfügung steht, muss der Bieter berücksichtigen, dass das Übernahmeangebot auch bei der gesetzlichen Mindestfrist von vier Wochen (§ 16 Abs. 1 S. 1 WpÜG zuzüglich zwei Wochen für die weitere Annahmefrist nach § 16 Abs. 2 WpÜG) – z. B. aufgrund verschiedener gesetzlicher Verlängerungstatbestände (§§ 16, Abs. 2, 16 Abs. 3 S. 1, 21 Abs. 5, 22 Abs. 2 WpÜG) – so lange offen ist, dass seit Gestattung der Angebotsunterlage wesentliche neue Informationen verfügbar sind (z. B. neuer (Zwischen-)Abschluss). Das bereits veröffentlichte, in Bezug genommene Dokument muss um diese Informationen jedoch durch **Nachtrag nach § 16 Abs. 1 WpPG** aktualisiert werden, was sich bei neuen Finanzinformationen aufgrund der vielfältigen Auswirkungen auf das bestehende Dokument (insb. Änderungen in den Abschnitten „Zusam-

---

11 Vgl. auch BT-Drucks. 15/4999, S. 43; *Zeising*, in: Just/Voß/Ritz/Zeising, WpPG, § 4 Rn. 6.
12 Vgl. *Gebhardt*, in: Schäfer/Hamann, Kapitalmarktgesetze, § 4 WpPG Rn. 9; *Renner*, in: Haarmann/Schüppen, Frankfurter Kommentar zum WpÜG, § 11 Rn. 54.
13 Zutreffend *A. Meyer*, in: Assmann/Pötzsch/Uwe H. Schneider, WpÜG, § 2 WpÜG-AngVO Rn. 10.
14 Vgl. aber Umtauschangebot der ADLER Real Estate AG an die Aktionäre der ESTAVIS AG, wo vorab ein Prospekt zur Zulassung der Angebotsaktien veröffentlicht und darauf in der Angebotsunterlage verwiesen wurde.

menfassung", „Kapitalausstattung und Verschuldung", „Darstellung und Analyse der Vermögens-, Finanz- und Ertragslage" und „Geschäftsstreitigkeit" sowie Aufnahme des neuen (Zwischen-) Abschlusses) nur unter gesteigerten Anforderungen darstellen lässt und das Risiko der Prospekthaftung erhöht. Weiter kommt erschwerend das **prospektrechtliche Widerrufsrecht** hinzu: So können nach § 16 Abs. 3 WpPG die Aktionäre, die vor der Veröffentlichung des Nachtrags eine auf den Erwerb oder die Zeichnung der Angebotsaktien gerichtete Willenserklärung abgegeben haben, diese innerhalb einer Frist von zwei Werktagen nach Veröffentlichung des Nachtrags widerrufen, sofern der neue Umstand oder die Unrichtigkeit gemäß § 16 Abs. 1 WpPG vor dem endgültigen Schluss des öffentlichen Angebots und vor der Lieferung der Wertpapiere eingetreten ist. Für die Praxis bedeutet das, dass die andienenden Aktionäre von ihrer Annahmeerklärung und damit von dem Umtauschangebot wohl auch noch nach Ablauf der Annahmefrist und Eintritt der Angebotsbedingungen wie z. B. die Mindestannahmequote faktisch zurücktreten können – ein Umstand, den jeder Bieter zu vermeiden sucht. Der Bieter kommt daher bei konservativer Herangehensweise nicht umhin, in seine Angebotsunterlage zusätzlich die nach § 11 Abs. 4 WpÜG i.V.m. § 2 Nr. 2 Halbs. 1 WpÜG-Angebotsverordnung geforderten Mindestangaben nach § 7 i.V. m. der Prospektverordnung aufzunehmen und wird in den meisten Fällen nicht von der Möglichkeit des Verweises nach § 2 Nr. 2 Halbs. 2 WpÜG-Angebotsverordnung Gebrauch machen können.

cc) Gleichwertigkeit der Angaben des prospektbefreienden Dokuments (§ 4 Abs. 1 Nr. 2)

12   Für Zwecke der Ausnahme nach § 4 Abs. 1 Nr. 2 liegt bei Erfüllung der Voraussetzungen des § 2 Nr. 2 Halbs. 1 oder 2 WpÜG-Angebotsverordnung ein „gleichwertiges" Dokument vor.[15] Das heißt, Angebotsunterlagen, die im Rahmen eines Tauschangebots nach dem WpÜG veröffentlicht werden, sind als gleichwertig anzusehen. Für § 2 Nr. 2 Halbs. 1 oder 2 WpÜG-Angebotsverordnung liegt die Gleichwertigkeit auf der Hand, zumal diese ergänzenden Angaben zur Angebotsunterlage durch die BaFin im Angebotsverfahren geprüft werden (vgl. sogleich Rn. 14). § 2 Nr. 2 Halbs. 2 WpÜG-Angebotsverordnung ist rechtsmethodisch nichts anderes als eine Einbeziehung mittels Verweisung („*incorporation by reference*"), die im WpPG (§ 11) im gewissen Umfang ebenfalls vorgesehen ist. Die in § 11 (WpPG) aufgestellten Anforderungen werden durch § 2 Nr. 2 Halbs. 2 WpÜG-Angebotsverordnung erfüllt, so dass das Angebotsdokument in entsprechender Anwendung von § 11 mittels Verweises den bereits veröffentlichten Prospekt einbezieht. Dass der Prospekt selbst ein gleichwertiges Dokument im Sinne des § 4 Abs. 1 Nr. 2 darstellt, kann *a majore ad minus* nicht zweifelhaft sein.[16]

---

15 BT-Drucks. 15/4999, S. 30; *Seibt/von Bonin/Isenberg*, AG 2008, 565, 567, 569; *Veil/Wundenberg*, WM 2008, 1285 1286 (dort Fn. 3); *Bachmann*, ZHR 172 (2008), 597, 617; *A. Meyer*, in: Assmann/Pötzsch/Uwe H. Schneider, WpÜG, § 2 WpÜG-AngVO Rn. 7; *Gebhardt*, in: Schäfer/Hamann, Kapitalmarktgesetze, § 4 WpPG Rn. 10; *Heidelbach*, in: Schwark/Zimmer, KMRK, § 4 WpPG Rn. 9.
16 Zu Letzterem auch *Wiegel*, Prospektrichtlinie und Prospektverordnung, S. 180.

II. Prospektbefreiung bei öffentlichen Angeboten (Abs. 1) § 4

dd) Entbehrlichkeit der Angaben nach § 2 Nr. 2 Halbs. 1 u. 2 WpÜG-Angebotsverordnung im Falle anderer Ausnahmeregelungen?

Fraglich ist, ob Angaben zu den als Gegenleistung angebotenen Wertpapieren auch dann nach Maßgabe des § 2 Nr. 2 Halbs. 1 u. 2 WpÜG-Angebotsverordnung erforderlich sind, wenn diese nach dem WpPG **gemäß einer anderen Ausnahmevorschrift** prospektfrei öffentlich angeboten werden könnten. Auch wenn diese Frage in der Literatur teilweise mit sehr guten Gründen bejaht wird,[17] sollte davon ausgegangen werden, dass die BaFin in § 11 Abs. 4 WpÜG i.V.m. § 2 Nr. 2 Halbs. 1 u. 2 WpÜG-Angebotsverordnung ein übernahmerechtliches Sonderrecht im Hinblick auf die Offenlegungspflichten sieht, das nicht durch prospektrechtliche Regelungen reduziert werden kann. Da es sich hier um einen Rechtsfolgenverweis handelt, wird die Angebotsunterlage ohne die entsprechenden Angaben wahrscheinlich nicht gestattet werden.[18] 13

ee) Prüfungskompetenz der BaFin

Die Befreiung des § 4 Abs. 1 Nr. 2 greift **kraft Gesetzes**. Eine Prüfungskompetenz der BaFin nach dem WpPG besteht insofern nur im Hinblick auf die **Gleichwertigkeit der Angaben** in dem prospektersetzenden Dokument (wobei sich die Thematik vor allem bei Dokumenten stellt, die nicht gemäß der Prospektverordnung erstellt wurden, vgl. Rn. 17) sowie im Rahmen der **allgemeinen Marktaufsicht** nach § 26 (vgl. Vor §§ 1 ff. Rn. 24). Allerdings ist für ein Tauschangebot, das dem WpÜG unterliegt, nach § 14 WpÜG vorgeschrieben, dass die Veröffentlichung der Angebotsunterlage nur nach vorheriger Gestattung durch die BaFin erfolgen darf. Sofern dieses Tauschangebot auf Grundlage des § 2 Nr. 2 Halbs. 1 WpÜG-Angebotsverordnung ergänzende Informationen über den Bieter und die angebotenen Wertpapiere enthält, sind diese Angaben vollständiger Bestandteil der Angebotsunterlage. Sie unterliegen somit vollumfänglich der **formellen Vollständigkeitsprüfung nach dem Konzept des WpÜG**, die durch Elemente einer materiellen Richtigkeitsprüfung ergänzt wird (§§ 11, 14, 15 WpÜG).[19] Die Gestattung der Angebotsunterlage ist zwar formal unabhängig von der Befreiungswirkung des § 4 Abs. 1 Nr. 2, wenn anlässlich eines Tauschangebots Wertpapiere angeboten werden, solange nur ein Dokument mit den einem Prospekt gleichwertigen Angaben vorliegt; in einem ordnungsgemäßen Verfahren kommt es zu einem solchen Angebot aber nur nach Gestattung und Veröffentlichung der Angebotsunterlage nach § 14 WpÜG. 14

---

17 Vgl. *Bachmann*, ZHR 172 (2008), 597, 617; *A. Meyer*, in: Assmann/Pötzsch/Uwe H. Schneider, WpÜG, § 2 WpÜG-AngVO Rn. 12.
18 So wohl auch *Oechsler*, in: Ehricke/Ekkenga/Oechsler, WpÜG, § 11 Rn. 28.
19 Näher *Lenz/Linke*, AG 2002, 361, 362 f.; *Mülbert/Steup*, WM 2005, 1633, 1642; *Bosch/A. Meyer*, in: Assmann/Pötzsch/Uwe. H. Schneider, WpÜG, § 15 Rn. 11; *Assmann*, in: Assmann/Pötzsch/ Uwe. H. Schneider, WpÜG, § 14 Rn. 20.

b) Umtauschangebote außerhalb des WpÜG

aa) Gleichwertigkeit der Angaben des prospektbefreienden Dokuments (§ 4 Abs. 1 Nr. 2)

15 In zweiter Linie betrifft die Ausnahme des § 4 Abs. 1 Nr. 2 **Tauschangebote, die nicht dem WpÜG unterliegen**,[20] also insbesondere Tauschangebote an Gesellschafter einer nicht börsennotierten Gesellschaft (vgl. § 2 Abs. 3 WpÜG). Die Anwendbarkeit des § 4 Abs. 1 Nr. 2 hängt dann – mangels weiterer Vorgaben des deutschen Gesetzgebers – davon ab, ob „**Gleichwertigkeit**" des bereits veröffentlichten Dokuments vorliegt.[21] Für Tauschangebote nach dem WpÜG stellt sich die Frage der Gleichwertigkeit jedoch durchaus auch, und zwar dann, wenn die aus einer Kapitalerhöhung zu schaffenden (jungen) Angebotsaktien nach Ausgabe und vor Abwicklung des Angebots im Inland an einem organisierten Markt gemäß § 3 Abs. 4 zugelassen werden müssen (vgl. näher dazu Rn. 75 f.). Das Tatbestandsmerkmal der Gleichwertigkeit ist ein unbestimmter Rechtsbegriff, dessen Auslegung durch die BaFin im verwaltungsgerichtlichen Verfahren der vollen richterlichen Überprüfung unterliegt.[22]

16 Kriterien für die „Gleichwertigkeit" können nach § 4 Abs. 3 durch Rechtsverordnung festgelegt werden, wovon bislang noch nicht Gebrauch gemacht worden ist (vgl. Rn. 115). Von Relevanz ist hier insbesondere, ob das Dokument eine **adäquate, das heißt prospektähnliche Beschreibung** des Bieters bzw. des Emittenten sowie der als Gegenleistung angebotenen Wertpapiere (einschließlich Anzahl und Art der Angebotsaktien) enthält[23] und eine mit dem **WpPG vergleichbare Vollständigkeits- bzw. Richtigkeitsgewähr** besteht.[24] Eine solche vergleichbare Vollständigkeits- bzw. Richtigkeitsgewähr liegt jedenfalls dann vor, wenn das Dokument durch eine unabhängige Stelle geprüft wird und eine Haftung begründen kann,[25] zwingend ist das aber nicht. Denn die abstrakte Gleichwertigkeit ist in erster Linie anhand von qualitativen und weniger anhand von formalen oder quantitativen Vorgaben festzumachen.

17 Erforderlich ist im Hinblick auf die **Gleichwertigkeit der Angaben** ein Minimum an inhaltlicher und qualitativer Vergleichbarkeit mit einem nach den Anforderungen des WpPG und der Prospektverordnung erstellten Prospekt.[26] Dazu gehören Angaben zu den zum Umtausch angebotenen Wertpapieren einschließlich Anzahl und Art, zum Emittenten bzw.

---

20 *Seibt/von Bonin/Isenberg*, AG 2008, 565, 567; *Veil/Wundenberg*, WM 2008, 1285, 1286; *Gebhardt*, in: Schäfer/Hamann, Kapitalmarktgesetze, § 4 WpPG Rn. 7; vgl. auch *Zeising*, in: Just/Voß/Ritz/Zeising, WpPG, § 4 Rn. 9 f.; *Schlitt/Schäfer*, in: Assmann/Schlitt/von Kopp-Colomb, WpPG/VerkProspG, § 4 WpPG Rn. 9.
21 *Gebhardt*, in: Schäfer/Hamann, Kapitalmarktgesetze, § 4 WpPG Rn. 7; vgl. auch *Zeising*, in: Just/Voß/Ritz/Zeising, WpPG, § 4 Rn. 9.
22 *Schlitt/Schäfer*, in: Assmann/Schlitt/von Kopp-Colomb, WpPG/VerkProspG, § 4 WpPG Rn. 10.
23 Vgl. ganz allgemein Erwägungsgrund 18 der Prospektrichtlinie.
24 Vgl. *Veil/Wundenberg*, WM 2008, 1285, 1288 f.; *Seibt/von Bonin/Isenberg*, AG 2008, 565, 572, 574; *Schlitt/Schäfer*, in: Assmann/Schlitt/von Kopp-Colomb, WpPG/VerkProspG, § 4 WpPG Rn. 12.
25 Vgl. *Veil/Wundenberg*, WM 2008, 1285, 1288 f.; *Seibt/von Bonin/Isenberg*, AG 2008, 565, 572, 574; *Schlitt/Schäfer*, in: Assmann/Schlitt/von Kopp-Colomb, WpPG/VerkProspG, § 4 WpPG Rn. 12.
26 *Zeising*, in: Just/Voß/Ritz/Zeising, WpPG, § 4 Rn. 10.

Bieter sowie historische Finanzinformationen.[27] Nach Aussage der Kommission ist es allerdings zu Recht nicht erforderlich, dass das Dokument sämtliche nach der Prospektverordnung erforderlichen Angaben enthält.[28] Um den Informationsanspruch des WpPG zu erfüllen und zur Vermeidung einer Haftung nach §§ 21, 22 (§ 13 VerkProspG a. F. i. V. m. § 44 Abs. 1 Satz 1 BörsG a. F.) kann der Bieter zwar auf wesentliche Informationen naturgemäß nicht verzichten.[29] Dabei geht es aber mitnichten um die vollumfängliche Abarbeitung von Formanforderungen der Prospektverordnung und ihrer Anhänge, sondern darum, dass dem Investor materiell ein Mindestmaß an Informationen zur Verfügung gestellt wird, das eine informierte Investitionsentscheidung ausgerichtet an den Maßstäben des § 5 erlaubt. Im Übrigen, und vor diesem Hintergrund, muss das Dokument indessen eine gewisse **Aktualität** aufweisen, wobei sich der Maßstab der §§ 9, 16 (nicht älter als zwölf Monate vor Angebotsbeginn, ggf. Nachtrag von wesentlichen Informationen) anbietet (vgl. Rn. 10).[30]

Bleiben die in dem prospektersetzenden Dokument verfügbaren Informationen qualitativ hinter den Anforderungen des § 5 zurück, können Emittent bzw. Anbieter die erforderlichen Angaben **ergänzen**,[31] z. B. innerhalb eines separaten, aber mit dem Prospekt verbundenen Zusatzes („Wrapper"). Gleichermaßen denkbar ist auch, dass ein (mittlerweile aufgrund des Ablauf des Übernahmeangebots) veralteter Prospekt schlicht aktualisiert wird, indem insbesondere typische Abschnitte wie *„Zusammenfassung",*[32] *„Risikofaktoren",*[33] *„Ausgewählte Finanz- und Geschäftsinformationen",*[34] *„Darstellung und Analyse der Vermögens-, Finanz- und Ertragslage "*[35] auf ihren aktuellen Stand gebracht werden.

18

bb) Ausländische Dokumente

Da diese Tauschangebote nicht dem WpÜG unterliegen, greift das WpÜG und insbesondere dessen § 11 Abs. 1 Satz 4 nicht mit der Folge, dass auch **englischsprachige Dokumente** „gleichwertig" für Zwecke des § 4 Abs. 1 Nr. 2 sein können.[36] Auch besteht **keine rechtliche Notwendigkeit zur Aufnahme einer deutschsprachigen Zusammenfassung** in das englischsprachige Dokument,[37] auch wenn sich das in vielen Fällen aus Marktgesichtspunkten anbieten mag. Die Sprachregelungen der §§ 19, 20 gelten für Prospekte, während es im Rahmen des § 4 Abs. 1 Nr. 2 um das Vorliegen gleichwertiger Angaben geht und

19

---

27 *Zeising*, in: Just/Voß/Ritz/Zeising, WpPG, § 4 Rn. 10.
28 *Internal Market Directorate-General* (Markt/G3/WG D(2005) vom 26.1.2005, S. 5).
29 *Wiegel*, Prospektrichtlinie und Prospektverordnung, S. 180.
30 *Gebhardt*, in: Schäfer/Hamann, Kapitalmarktgesetze, § 4 WpPG Rn. 9; *Zeising*, in: Just/Voß/Ritz/Zeising, WpPG, § 4 Rn. 10; *Groß*, Kapitalmarktrecht, § 4 WpPG Rn. 3a.
31 *Seibt/von Bonin/Isenberg*, AG 2008, 565, 572; *Veil/Wundenberg*, WM 2008, 1285, 1289; *Schlitt/Schäfer*, in: Assmann/Schlitt/von Kopp-Colomb, WpPG/VerkProspG, § 4 WpPG Rn. 12.
32 Art. 24 Prospektverordnung.
33 Art. 4 Abs. 1 Prospektverordnung i.V.m. Anhang I Nr. 4.
34 Art. 4 Abs. 1 Prospektverordnung i.V.m. Anhang I Nr. 3 und 20.
35 Art. 4 Abs. 1 Prospektverordnung i.V.m. Anhang I Nr. 9.
36 *Schlitt/Schäfer*, in: Assmann/Schlitt/von Kopp-Colomb, WpPG/VerkProspG, § 4 WpPG Rn. 12; *Groß*, Kapitalmarktrecht, § 4 WpPG Rn. 3a.
37 Insbesondere gilt nicht § 19 Abs. 4 Satz 2; **a. A.** *Zeising*, in: Just/Voß/Ritz/Zeising, WpPG, § 4 Rn. 10; *Gebhardt*, in: Schäfer/Hamann, Kapitalmarktgesetze, § 4 WpPG Rn. 9; unklar *Groß*, Kapitalmarktrecht, § 4 WpPG Rn. 3a („Sprachregelung entsprechend § 19").

§ 4   Ausnahmen von der Pflicht zur Veröffentlichung eines Prospekts

eine fundierte Investitionsentscheidung ohnehin nur aufgrund des Inhalts des gesamten Prospektes getroffen werden kann.[38] § 4 Abs. 1 Nr. 2 setzt keine einem Prospekt gleichwertige Unterlage voraus, sondern nur gleichwertige Angaben in dem prospektersetzenden Dokument, und befreit dann von der Prospektpflicht.[39]

20 Die Voraussetzung der gleichwertigen Angaben ist jedenfalls dann erfüllt, wenn das Ausgangsdokument nach Maßgabe **international anerkannter Prospektstandards** (Prospektverordnung; IOSCO; US Standards für registrierte Kapitalmarkttransaktionen) erstellt wurde und die Informationspflichten, auch in Bezug auf die Finanzinformationen, denen des WpPG gleichwertig sind (gleichwertige Richtigkeitsgewähr).[40] Dazu gehört namentlich nach der Zulassungspraxis der Geschäftsführung der Frankfurter Wertpapierbörse ein sog. **Registration Statement on Form F-4 (F-4)**, mit dem ein ausländischer Bieter (*Foreign Investor*) Aktionären einer Zielgesellschaft in den USA im Rahmen eines öffentlichen Tauschangebots Aktien anbietet,[41] sowie ein sog. **Registration Statement on Form S-4 (S-4)**, mit dem ein US-amerikanischer Bieter (*U.S. Registrant*) Aktionären einer Zielgesellschaft in den USA im Rahmen eines öffentlichen Tauschangebots Aktien anbietet (näher Rn. 75a). Dies gilt folgerichtig auch für solche Prospekte und Angebotsunterlagen, die von europäischen Aufsichtsbehörden auf **Basis der Prospektrichtlinie/Prospektverordnung und der Übernahmerichtlinie** geprüft sowie gebilligt bzw. gestattet wurden.[42] In diesem Fall sollte auch eine Vermutung dafür sprechen, dass das prospektersetzende Dokument „gleichwertig" für Zwecke des § 4 Abs. 1 Nr. 2 ist.[43]

c) Verfügbarkeit des prospektbefreienden Dokuments (§ 4 Abs. 1 Nr. 2)

21 Nach § 4 Abs. 1 Nr. 2 muss schließlich das prospektbefreiende Dokument „**verfügbar**" sein. Erforderlich ist, dass ein herkömmlicher Zugang aller Anleger (Aktionäre der Zielgesellschaft) gewährleistet ist. Dies ist jedenfalls dann der Fall, wenn die Publizität entsprechend der **förmlichen Veröffentlichung von Prospekten nach § 14** hergestellt wurde.[44] Zwingend ist das aber nicht.[45] Zum einen hat der Gesetzgeber in § 4 Abs. 1 Nr. 2 gerade keinen Verweis auf § 14 vorgenommen. Zum anderen besteht eine entsprechende Veröffentlichungspflicht für prospektersetzende Dokumente, die nicht zuvor nach Maßgabe des WpPG veröffentlicht wurden, nicht und könnte demnach auch nicht erfüllt werden. Ausreichend sollte daher sein, wenn (i) der Bieter (Emittent der angebotenen Aktien) während der Laufzeit des Umtauschangebots das Dokument **auf seiner Internetseite veröffentlicht**

---

38 Überzeugend *Seibt/von Bonin/Isenberg*, AG 2008, 565, 575.
39 *Wackerbarth*, in: MünchKomm-AktG, § 11a WpÜG Rn. 4.
40 Vgl. § 20 Abs. 1 sowie *Seibt/von Bonin/Isenberg*, AG 2008, 565, 570, 574 f.
41 Eingehend *Seibt/von Bonin/Isenberg*, AG 2008, 565, 575 ff. mit Hinweisen zu einem Praxisfall (Evotec AG); dazu auch *Veil/Wundenberg*, WM 2008, 1285 ff.; *Heidelbach*, in: Schwark/Zimmer, KMRK, § 4 WpPG Rn. 10.
42 Vgl. *auch Holzborn/Mayston*, in: Holzborn, WpPG, § 4 Rn. 6.
43 Vgl. *auch Holzborn/Mayston*, in: Holzborn, WpPG, § 4 Rn. 6.
44 *Seibt/von Bonin/Isenberg*, AG 2008, 565, 567; *Schlitt/Schäfer*, in: Assmann/Schlitt/von Kopp-Colomb, WpPG/VerkProspG, § 4 WpPG Rn. 13.
45 *Seibt/von Bonin/Isenberg*, AG 2008, 565, 567, 577; *Schlitt/Schäfer*, in: Assmann/Schlitt/von Kopp-Colomb, WpPG/VerkProspG, § 4 WpPG Rn. 13.

II. Prospektbefreiung bei öffentlichen Angeboten (Abs. 1) § 4

(vgl. § 14 Abs. 2 Nr. 3)[46] oder (ii) Bieter und Zahlstellen das Dokument in **gedruckter Form zur kostenlosen Ausgabe vor Ort bereithalten** (vgl. § 14 Abs. 2 Nr. 2).[47]

d) Haftung

aa) Haftung des Anbieters

Die **Haftung für das gleichwertige Dokument** richtet sich danach, ob es sich um ein Tauschangebot unter dem Regime des WpÜG handelt. Ist dies der Fall und sind ergänzende Angaben zu den als Gegenleistung angebotenen Wertpapieren nach **§ 2 Nr. 2 Halbs. 1 WpÜG-Angebotsverordnung** in der Angebotsunterlage enthalten, regelt sich die Haftung nach **§ 12 WpÜG**,[48] die der Prospekthaftung nach § 22 (§ 13 VerkProspG a.F.) entspricht. Denn insofern liegt eine Angebotsunterlage nach dem WpÜG vor und nicht zwei separate Dokumente, die unterschiedlichen Haftungsmaßstäben unterliegen. Dabei handelt es sich um eine spezialgesetzliche Haftung, jedenfalls soweit eine Haftung für fehlerhafte Kapitalmarktinformation betroffen ist. Lediglich eine Haftung nach Vertrags- und/oder Deliktsrecht bleibt nach § 12 Abs. 6 WpÜG unberührt. Eine Haftung gemäß § 21 (§§ 44 ff. BörsG a.F.) (bei unrichtigen und unvollständigen Prospekten) sowie § 24 (§ 13a VerkProspG a.F.) (bei fehlenden Prospekten) hingegen scheidet nach der Konzeption des WpÜG eindeutig aus.[49]

22

Gleiches gilt auch im Falle eines Verweises nach **§ 2 Nr. 2 Halbs. 2 WpÜG-Angebotsverordnung**, da der separate Prospekt letztendlich in die WpÜG-Angebotsunterlage **inkorporiert** und von den Aktionären der Zielgesellschaft im Zusammenhang mit dem Tauschangebot gelesen wird. Folgt man dem nicht, ergibt sich die Haftung aus § 21 (§§ 44, 45 BörsG a.F.).[50] Nach § 21 Abs. 4 (§ 44 Abs. 4 BörsG a.F.) steht einem Prospekt eine schriftliche Darstellung gleich, aufgrund deren Veröffentlichung der Emittent von der Pflicht zur Veröffentlichung eines Prospekts befreit wurde.

23

Diese Grundsätze gelten sowohl für die Befreiungstatbestände nach § 4 Abs. 1 (öffentliches Angebot) als auch für die Befreiungstatbestände nach § 4 Abs. 2 (Zulassung von Wertpapieren zum Börsenhandel). Vor diesem Hintergrund ergibt sich die Haftung für eine Angebotsunterlage für Zwecke des § 4 Abs. 1 Nr. 2, die nicht dem WpÜG unterliegt, nach Maßgabe des § 21 Abs. 1 i.V.m. § 21 Abs. 4 (§§ 44, 45 i.V.m. § 44 Abs. 4 BörsG a.F.); vgl. insgesamt auch Vor §§ 1 ff. Rn. 29 ff.

24

bb) Haftung der begleitenden Bank(en)

Die spezielle Prospekthaftung nach § 12 WpÜG richtet sich nur gegen den Bieter, aber nicht z.B. gegen die die nach § 13 WpÜG erforderliche Finanzierungsbestätigung ausge-

25

---

46 *Veil/Wundenberg*, WM 2008, 1285, 1286; *Seibt/von Bonin/Isenberg*, AG 2008, 565, 567 f.; *Holzborn/Mayston*, in: Holzborn, WpPG, § 4 Rn. 6.
47 *Veil/Wundenberg*, WM 2008, 1285, 1286; *Seibt/von Bonin/Isenberg*, AG 2008, 565, 568.
48 *Groß*, Kapitalmarktrecht, § 4 WpPG Rn. 3b; ebenso – allerdings jeweils ohne Problematisierung – *Grosjean*, in: Heidel, Aktienrecht und Kapitalmarktrecht, § 4 WpPG Rn. 4; *Heidelbach*, in: Schwark/Zimmer, KMRK, § 4 VerkProspG Rn. 20.
49 *Thoma*, in: Baums/Thoma, WpÜG, § 12 Rn. 2; **anders** – § 44 Abs. 4 BörsG nicht von vornherein ausgeschlossen – *Mülbert/Steup*, WM 2005, 1633, 1642.
50 *Groß*, Kapitalmarktrecht, § 4 WpPG Rn. 3b, der in diesem Fall nicht § 12 anwenden will.

§ 4   Ausnahmen von der Pflicht zur Veröffentlichung eines Prospekts

bende Bank (ihre Haftung beschränkt sich auf die Richtigkeit der Finanzierungsbestätigung) oder den M&A Advisor.[51] Da nach § 4 Abs. 1 Nr. 2 WpPG bzw. § 4 Abs. 2 Nr. 3 WpPG das öffentliche Angebot sowie die Zulassung der von dem Bieter angebotenen Aktien keines Prospekts nach dem WpPG mehr bedürfen, für den eine Bank die Verantwortung übernehmen müsste, scheidet auch unter diesem Gesichtspunkt eine Bankenhaftung, wie sie bei einem öffentlichen Angebot oder einer Prospektzulassung jeweils auf Grundlage eines Prospektes der Fall ist, aus.

3. Verschmelzungen und Spaltungen (Nr. 3)

26 § 4 Abs. 1 Nr. 3 setzt Art. 4 Abs. 1 c) der Prospektrichtlinie um. Ein entsprechender Ausnahmetatbestand war bereits in § 4 Abs. 1 Nr. 7 VerkProspG a. F. vorgesehen. Die Regelung betrifft in erster Linie die Ausgabe von Aktien bei Verschmelzungen (§§ 2 ff. UmwG) und – infolge der Umsetzung der Änderungsrichtlinie (vgl. Vor §§ 1 ff. Rn. 4 ff., 8) – Spaltungen (§§ 123 ff. UmwG), aber auch grenzüberschreitende Transaktionen nach den §§ 122a ff. sowie die Ausgabe von Wertpapieren nach **§ 23 UmwG** (näher dazu Rn. 77). Zur Anwendung auf sonstige wirtschaftlich gleichwertige Strukturmaßnahmen vgl. Rn. 78 ff. Voraussetzung für die Inanspruchnahme der Ausnahme ist die Verfügbarkeit eines Dokuments, dessen Angaben mit denen eines Prospekts nach dem WpPG **gleichwertig** sind (näher dazu Rn. 81 ff.).

27 Im Zusammenhang mit dem eigentlichen Hauptanwendungsfall dieser Bestimmung – Verschmelzungen und Spaltungen nach dem UmwG – ist allerdings zweifelhaft, ob und unter welchen Voraussetzungen überhaupt ein öffentliches Angebot vorliegt, da nach § 20 Nr. 3 bzw. § 131 Abs. 1 Nr. UmwG der **Erwerb der Aktien kraft Gesetzes** mit Eintragung der Transaktion in das Handelsregister erfolgt.[52] In diesem Fall fehlt der für ein Angebot i. S. v. § 2 Nr. 4 erforderliche **mögliche derivative Erwerb**, mithin eine „Entscheidungsmöglichkeit" des Anlegers zum Kauf oder Zeichnen von Aktien. Dass in diesen Fällen ein Hauptversammlungsbeschluss erforderlich ist, ändert nichts daran, dass eine Investitionsentscheidung des einzelnen Anlegers fehlt, insbesondere wenn er gegen die Maßnahme stimmt (vgl. auch § 2 Rn. 54). In all diesen Fällen geht es bei der Einladung zur Hauptversammlung um die Abgabe einer für die relevante Strukturmaßnahme gesetzlich erforderlichen Stimmerklärung, nicht aber um die Abgabe einer freiwilligen Zeichnungserklärung. Ein öffentliches Angebot findet insoweit in der Regel nicht statt, so dass dieser Ausnahmetatbestand **leer läuft**.

---

51 *Assmann*, in: Assmann/Pötzsch/Uwe. H. Schneider, WpÜG, § 12 Rn. 38 a. E.; vgl. auch *Möllers*, in: KK-WpÜG, § 12 Rn. 93.

52 Die Literatur ist überwiegend ablehnend bzw. kritisch. Vgl. *Wiegel*, Prospektrichtlinie und Prospektverordnung, S. 179; *Mülbert/Steup*, WM 2005, 1633, 1643 Fn. 111a; *Assmann*, ZHR 172 (2008), 635, 659; *Hamann*, in: Schäfer/Hamann, Kapitalmarktgesetze, § 2 WpPG Rn. 38, 42; *Holzborn/Mayston*, in: Holzborn, WpPG, § 4 Rn. 7; *Schlitt/Schäfer*, in: Assmann/Schlitt/von Kopp-Colomb, WpPG/VerkProspG, § 4 WpPG Rn. 16; *Heidelbach*, in: Schwark/Zimmer, KMRK, § 4 WpPG Rn. 13; im Ergebnis ebenso *Schneider*, AG 2016, 341, 343 (Schneider stellt jedoch nicht auf das Kriterium der Investitionsmöglichkeit ab – das sei auch bei Kollektiventscheidungen durchaus gegebenen –, es fehle jedoch an dem für das Angebot erforderliche „Zwei-Personen-Verhältnisses"); ferner zum früheren Recht *Lenz*, in: Heidel, Aktienrecht und Kapitalmarktrecht, 1. Aufl., § 4 VerkProspG Rn. 13, *Heidelbach*, in: Schwark/Zimmer, KMRK, § 4 VerkProspG Rn. 18.

II. Prospektbefreiung bei öffentlichen Angeboten (Abs. 1) § 4

Die Regierungsbegründung stellt in diesem Zusammenhang fest, dass Umwandlungsvorgänge nach dem UmwG kein öffentliches Angebot darstellen, sofern die Personen, die bereits vor Wirksamwerden des Umwandlungsvorganges Wertpapiere des übertragenden Rechtsträgers halten, anlässlich der Umwandlung keine Zuzahlungen für den Erwerb der Wertpapiere leisten sollen.[53] Abgesehen davon, dass das UmwG bei Verschmelzungen und Spaltungen grundsätzlich keine Barkomponente vorsieht (vorbehaltlich von Ausgleichzahlungen im Rahmen eines Spruchverfahrens nach § 15 UmwG oder Zuzahlungen nach § 68 Abs. 3 UmwG), handelt es sich auch nicht um den prospektfreien Tatbestand eines Angebots ohne Gegenleistung (vgl. § 2 Rn. 92). Vielmehr fehlt es bereits am Tatbestand eines Angebots (vgl. § 2 Rn. 54).

28

Richtigerweise ist die Regelung auch nicht bei einer sog. **Mischverschmelzung** nach § 29 UmwG einschlägig.[54] Zwar haben die Aktionäre in diesem Fall in der Tat die Wahlmöglichkeit, in den aufnehmenden Rechtsträger zu wechseln oder im Wege einer Barabfindung endgültig auszuscheiden. Dabei handelt es sich jedoch lediglich um eine zwingende gesetzliche Regelung zum Schutz der Minderheitsaktionäre vor einer Beteiligung an einer ungewünschten neu strukturierten Gesellschaft. Im Übrigen regelt § 29 UmwG ein Barabfindungsgebot gegen Übertragung von Aktien und betrifft also ein **Angebot zum Erwerb und nicht zum Verkauf von Aktien** (vgl. § 2 Rn. 33).[55] Akzeptieren die Aktionäre das Abfindungsangebot nicht, findet der tatsächliche Erwerb wiederum kraft gesetzlich angeordneter Universalsukzession statt. Allein die Möglichkeit, hier zu wählen, begründet aber noch kein öffentliches Angebot, ebenso wenig wie die gesetzlich vorgesehene Möglichkeit, einer Verschmelzungsmaßnahme in der Hauptversammlung zuzustimmen oder sie abzulehnen (vgl. § 13 UmwG).

29

In der **Literatur** wird allerdings die Auffassung vertreten, dass § 4 Abs. 1 Nr. 3 durchaus eine **Ausnahme von der Prospektpflicht bei einem öffentlichen Angebot** vorsehe.[56] Argumentation ist, dass aufgrund der Regelung des § 4 Abs. 1 Nr. 3 der Gesetzgeber offensichtlich auch im Falle einer Verschmelzung von einer Prospektpflicht ausginge und diese Konstellation lediglich durch die Möglichkeit eines prospektersetzenden Dokuments privilegiert sei.[57] Dies würde bedeuten, dass der Gesetzgeber gewissermaßen für einen Sonderfall den Begriff des öffentlichen Angebots erweitert hat. Dagegen spricht jedoch, dass der deutsche Gesetzgeber die entsprechenden Richtlinienvorgaben (auch der Änderungsrichtlinie) des Art. 4 Abs. 1c) nahezu deckungsgleich in das WpPG umgesetzt hat, ohne deutsch-rechtliche Besonderheiten im Wortlaut zu reflektieren. Dagegen hat der Gesetzge-

30

---

53 BT-Drucks. 15/4999, S. 28, 30; vgl. auch BT-Drucks. 17/8684, S. 17 (zur Spaltung).
54 *Heidelbach*, in: Schwark/Zimmer, KMRK, § 4 WpPG Rn. 13; **a.A.** *Groß*, Kapitalmarktrecht, § 4 WpPG Rn. 4; *Grosjean*, in: Heidel, Aktienrecht und Kapitalmarktrecht, § 4 WpPG Rn. 5; *Hamann*, in: Schäfer/Hamann, Kapitalmarktgesetze, § 2 WpPG Rn. 42; *Schlitt/Schäfer*, in: Assmann/Schlitt/von Kopp-Colomb, WpPG/VerkProspG, § 4 WpPG Rn. 16; vgl. auch *Mülbert/Steup*, WM 2005, 1633, 1643 Fn. 111a.
55 Zutreffend *Bachmann*, ZHR 172 (2008), 597, 619; *Assmann*, ZHR 172 (2008), 635, 660.
56 *Ritz/Zeising*, in: Just/Voß/Ritz/Zeising, WpPG, § 2 Rn. 138 ff.; *Zeising*, in: Just/Voß/Ritz/Zeising, WpPG, § 4 Rn. 13; ebenso – allerdings ohne nähere Begründung – *Seibt/von Bonin/Isenberg*, AG 2008, 565, 566.
57 *Ritz/Zeising*, in: Just/Voß/Ritz/Zeising, WpPG, § 2 Rn. 138 ff.

ber in der Gesetzesbegründung durchaus konstatiert, dass Umwandlungen – abgesehen vom Fall der Zuzahlungen – kein öffentliches Angebot begründen (vgl. Rn. 28).[58]

31 Im Übrigen besteht eine umfassende Informationspflicht, insbesondere nach dem UmwG, so dass auch eine am Schutzzweck des § 2 Nr. 4 orientierte Auslegung kein anderes Ergebnis gebietet.[59] Dass in diesen Strukturmaßnahmen ein Hauptversammlungsbeschluss auf Basis der zur Verfügung gestellten Informationen erforderlich ist, ändert nichts daran, dass eine Investitionsentscheidung des einzelnen Anlegers fehlt, insbesondere wenn er gegen die Maßnahme stimmt.[60] Schließlich ist zu beachten, dass der Anwendungsbereich durch das hier begründete Verständnis nicht völlig leer läuft: Anwendung findet § 4 Abs. 1 Nr. 3 nach wie vor auf **Verschmelzungsvorgänge ausländischen Rechts**, soweit hierbei ein öffentliches Angebot in Deutschland begründet wird.[61] Die Regierungsbegründung zum Entwurf eines Gesetzes zur Umsetzung der Richtlinie 2010/73/EU und zur Änderung des Börsengesetzes hebt diesen Aspekt ausdrücklich hervor.[62]

4. Sachdividenden (Nr. 4)

a) Grundlagen

32 Die auf Art. 4 Abs. 1 d) der Prospektrichtlinie beruhende Ausnahme nach § 4 Abs. 1 Nr. 4 betrifft Sachdividenden **in Form von Aktien derselben Gattung**. Die Beschränkung auf Aktien derselben Gattung führt dazu, dass eine aktienrechtlich zulässige **Ausschüttung von Aktien einer Tochtergesellschaft** (vgl. § 58 Abs. 5 AktG) nicht von dem Anwendungsbereich des § 4 Abs. 1 Nr. 4 erfasst ist; damit ist aber nicht zwingend ausgemacht, dass die Ausschüttung einer Prospektpflicht unterliegt, da der Vorgang in aller Regel kein öffentliches Angebot begründet (vgl. Rn. 35 ff.). Die Zulassung der Aktien zum Börsenhandel kann jedoch ggf. eine Prospektpflicht auslösen, da die entsprechende Prospektbefreiung des § 4 Abs. 1 Nr. 5 ebenfalls nur Aktien derselben Gattung, für die Dividenden ausgeschüttet werden sollen, erfasst. – Durch die Umsetzung der Änderungsrichtlinie zur Prospektrichtlinie (vgl. Vor §§ 1 ff. Rn. 4 ff., 8) ist der Fall der Kapitalerhöhung aus Gesellschaftsmitteln aus dem Anwendungsbereich der Ausnahmeregelung gestrichen worden, ohne dass sich inhaltlich etwas an der Ausnahme geändert hat. Dahinter steht die Erwägung, dass nach Art. 3 Abs. 2e) der Prospektrichtlinie (umgesetzt in § 3 Abs. 2 Nr. 5 WpPG) ein Angebot über einen Gesamtgegenwert von weniger als € 100.000 völlig von der Verpflichtung zur Veröffentlichung eines Prospekts befreit ist. Insofern ist die bisherige

---

58 BT-Drucks. 15/4999, S. 28, 30; anders *Ritz/Zeising*, in: Just/Voß/Ritz/Zeising, WpPG, § 2 Rn. 140, die den Gesetzgeber wohl dahin verstehen, dass in Fällen ohne Barleistungen durchaus ein öffentliches Angebot vorliegen würde, die Prospektpflicht jedoch kraft Anordnung in der Gesetzesbegründung entfalle.
59 *Assmann*, ZHR 172 (2008), 635, 659 f.
60 *Assmann*, ZHR 172 (2008), 635, 659 f.; **a.A.** *Ritz/Zeising*, in: Just/Voß/Ritz/Zeising, WpPG, § 2 Rn. 139.
61 *Grosjean*, in: Heidel, Aktienrecht und Kapitalmarktrecht, § 4 WpPG Rn. 5; *Schlitt/Schäfer*, in: Assmann/Schlitt/von Kopp-Colomb, WpPG/VerkProspG, § 4 WpPG Rn. 16; *Groß*, Kapitalmarktrecht, § 4 WpPG Rn. 4c.
62 Vgl. BT-Drucks. 17/8684, S. 17: „*Wie bei der Verschmelzung liegt auch bei der Spaltung nach deutschem Recht im Regelfall allerdings schon kein öffentliches Angebot und damit keine Prospektpflicht vor (vergleiche Regierungsbegründung zum Prospektrichtlinie-Umsetzungsgesetz, Bundestagsdrucksache 15/4999, S. 28 und 30).*"

Befreiung der Kapitalerhöhung aus Gesellschaftsmitteln in § 4 Abs. 1 Nr. 4 WpPG überflüssig, da ein unentgeltliches Angebot von Wertpapieren im Rahmen einer Kapitalerhöhung aus Gesellschaftsmitteln notwendigerweise auch stets unter dem Gegenwert von € 100.000 bleibt.[63] Für deutsche Aktiengesellschaften lag zudem schon kein öffentliches Angebot im Sinne des § 2 Nr. 4 WpPG vor, da die Aktien bei einer Kapitalerhöhung aus Gesellschaftsmitteln direkt eingebucht werden bzw. dem Altaktionär direkt zustehen (§ 212 AktG); vgl. Voraufl. Rn. 34 ff.

Die Begrenzung auf Sachdividenden macht vor einem rein deutschen Rechtshintergrund Sinn, erfasst aber nicht denkbare Sachverhalte ausländischen Rechts, wonach eine Ausgabe von Aktien möglich sein kann, ohne diese als Sachdividende qualifizieren zu können. In diesem Fall müsste in einer richtlinienkonformen Auslegung die Vorschrift des § 4 Abs. 2 Nr. 4 erweiternd ausgelegt werden. Der deutsche Gesetzgeber war der Auffassung, die Richtlinie umfassend umgesetzt zu haben, so dass eine richtlinienkonforme Auslegung möglich und angezeigt ist.[64]

b) Vorliegen eines prospektersetzenden Dokuments

Voraussetzung für die Anwendung des § 4 Abs. 1 Nr. 4 ist, dass ein prospektersetzendes Dokument zur Verfügung gestellt wird,[65] das Informationen über die Anzahl und die Art der Aktien enthält und in dem die Gründe und Einzelheiten des Angebots dargelegt werden.[66] Weitere Vorgaben enthalten Rn. 173 ff. der **ESMA-Empfehlungen** (vgl. Rn. 47). § 4 Abs. 1 Nr. 4 findet sowohl auf die AG als auch auf die KGaA, die SE oder vergleichbare ausländische, börsenfähige Rechtsträger Anwendung.

c) Praxisrelevanz nach deutschem Recht

aa) Grundlagen

Die Sachdividende des § 4 Abs. 1 Nr. 4 stellt nach deutschem Recht kein öffentliches Angebot dar, so dass die Regelung insofern leer läuft. Aktien im Rahmen einer Sachdividende werden nicht angeboten, sondern eingebucht oder übertragen.[67] Die Übertragung erfolgt hier auf Grundlage des Gewinnverwendungsbeschlusses, und zwar im Falle von sammelverwahrten Aktien zum Tag der Einbuchung der Dividende (auch Ex-Tag) oder bei effekti-

---

63 Erwägungsgrund 13 der Änderungsrichtlinie; BT-Drucks. 17/8684, S. 17.
64 Näher zu den methodischen Grundlagen *Schnorbus*, AcP 201 (2001), 860 ff.
65 Eine Veröffentlichung ist nach Rn. 176 ESMA-Empfehlungen nicht erforderlich, soweit das betreffende Dokument den Adressaten zur Verfügung gestellt wird.
66 Eine ähnliche Regelung sah für Zwecke der Börsenzulassung § 45 Nr. 2 a) BörsZulV a. F. vor, wonach ebenfalls eine Veröffentlichung einer Bekanntmachung erforderlich war, die Angaben nach §§ 15 und 16 BörsZulV a. F. enthalten musste. Diese Regelung kann als erster Orientierungsmaßstab dienen. Da § 45 Nr. 2 a) BörsZulV a. F. allerdings nur die Kapitalerhöhung aus Gesellschaftsmitteln und nicht die Sachdividende betraf, ist ein Rückgriff nach Streichung der Kapitalerhöhung aus Gesellschaftsmitteln aus dem § 4 Abs. 1 Nr. 4 nicht unproblematisch; anders *Grosjean*, in: Heidel, Aktienrecht und Kapitalmarktrecht, § 4 WpPG Rn. 8.
67 *Groß*, Kapitalmarktrecht, § 4 WpPG Rn. 5; *Zeising*, in: Just/Voß/Ritz/Zeising, WpPG, § 4 Rn. 19; *Schlitt/Schäfer*, in: Assmann/Schlitt/von Kopp-Colomb, WpPG/VerkProspG, § 4 WpPG Rn. 21; *Heidelbach*, in: Schwark/Zimmer, KMRK, § 4 WpPG Rn. 17.

§ 4 Ausnahmen von der Pflicht zur Veröffentlichung eines Prospekts

ven Stücken gegen Vorlage des Gewinnberechtigungsscheins. Solche Beschlussfassungen einer Hauptversammlung begründen kein öffentliches Angebot (näher dazu Rn. 27).

36 Selbst bei nicht börsennotierten Gesellschaften, bei denen die technische Abwicklung der Ausschüttung der Sachdividende in Form von Aktien nicht über das Clearingsystem erfolgt, liegt kein Angebot im Sinne des WpPG vor, da es keiner Handlung und damit auch keiner Willenserklärung des Aktionärs bedarf, um das Verpflichtungsgeschäft abzuschließen; der Emittent ist bereits *ipso iure* verpflichtet, dem Aktionär die Aktien zu übertragen. Nur für das sachenrechtliche Übereignungsgeschäft ist eine Annahmeerklärung des Aktionärs erforderlich; eine solche allein ist hier aber nicht konstitutiv für ein öffentliches Angebot.

37 Im Übrigen werden die Aktien den Investoren ohne eine Gegenleistung zugeteilt, so dass auch aus diesem Grund derartige Emissionen von der Prospektpflicht nach § 3 Abs. 2 Nr. 5 ausgenommen sind (vgl. § 3 Rn. 32 ff.).[68] Relevant wird die Ausnahmevorschrift daher nur dann, wenn die beschriebenen Konstellationen über eine bloße Zuteilung hinaus ein öffentliches Angebot, welches nicht ohnehin von der Prospektpflicht ausgenommen ist, darstellen. Dies mag, wenn überhaupt, **bei ausländischen Emittenten** von Bedeutung sein.

bb) Scrip Dividends

38 Einen originären und wirklich praxisrelevanten Anwendungsbereich des § 4 Abs. 1 Nr. 4 WpPG (und § 4 Abs. 2 Nr. 5 WpPG) hat die BaFin dagegen im Fall sog. **Aktiendividenden (Scrip Dividends)** etabliert. In dieser Struktur räumt die Gesellschaft ihren Aktionären die Möglichkeit ein, ihren Dividendenanspruch als Sacheinlage gegen die Gewährung neuer Aktien einzubringen. Nach dem Vorbild solcher Transaktionen etwa in Großbritannien und Spanien[69] erfreut sich dieses Modell inzwischen auch in Deutschland zunehmender Beliebtheit.[70] Eine Vorreiterrolle kommt der Deutsche Telekom AG zu, die bereits im Jahr 2013 ihren Aktionären ein entsprechendes Angebot unterbreitete. In diesem Fall beschloss die Hauptversammlung eine Dividende, die nach Wahl der Aktionäre in bar oder in Form von Aktien der Deutsche Telekom AG geleistet wird und Vorstand und Aufsichtsrat schufen die dafür benötigten Aktien durch teilweise Ausnutzung des genehmigten Kapitals. Dabei kann das Bezugsrecht ausgeschlossen werden, was aber nicht zwingend ist.[71] Aktionäre, die von dem Angebot durch Erklärung gegenüber ihrer jeweiligen Depotbank Gebrauch machten, erhielten die neuen Aktien (zu einem Abschlag gegenüber dem Referenzpreis der Aktien) und ihr Dividendenanspruch wurde als Sacheinlage eingebracht; anderenfalls erhielten sie die Bardividende. Denkbar sind auch andere Ausgestaltungsvarianten, wie etwa ein Tausch des Dividendenanspruchs gegen eigene Aktien der Gesellschaft i. S. v. § 71 AktG.[72] In beiden Fällen ergibt sich für die Gesellschaft der Vorteil, eine Dividende unter Schonung ihrer Liquidität ausgeben zu können.

---

68 *Wiegel*, Prospektrichtlinie und Prospektverordnung, S. 181.
69 *Wettich*, AG 2014, 534, 535, auch zu den teilweise abweichenden Strukturvarianten.
70 Beispiele zu Gesellschaften, die mindestens bereits einen entsprechenden Hauptversammlungsbeschluss gefasst haben, finden sich bei *Mense/Klie*, GWR 2015, 45, 47, sowie *Krämer/Sitter*, Börsenzeitung v. 30.5.2015, S. B3.
71 *Krämer/Sitter*, Börsenzeitung v. 30.5.2015, S. B3.
72 So praktiziert etwa von der E.ON SE, siehe *Mense/Klie*, GWR 2015, 45, 47; *Wettich*, AG 2014, 534, 536.

Die Behandlung von *Scrip Dividends* nach § 4 Abs. 1 Nr. 4 ist **nicht unproblematisch**, da der Wortlaut des Gesetzes offensichtlich von einer durch die Gesellschaft direkt an die Aktionäre ausgeschütteten Sachdividende (etwa im Zuge einer Sachausschüttung nach Maßgabe des § 58 Abs. 5 AktG) ausgeht und nicht von der Einbringung eines Dividendenanspruchs im Rahmen einer Sachkapitalerhöhung. Dass solche *Scrip Dividends* der Ausnahme von § 4 Abs. 1 Nr. 4 WpPG unterfallen und daher lediglich ein prospektersetzendes Dokument nach dieser Vorschrift zu erstellen ist, entspricht dennoch in Deutschland seit den *Scrip Dividends* der Deutschen Telekom AG in den Geschäftsjahren 2012 bis 2014[73] der Marktpraxis und zudem allgemeiner Auffassung in der Literatur.[74] Allerdings handhaben diesen Fall nicht alle Aufsichtsbehörden im EWR-Raum (für die entsprechenden Parallelregelungen zu Art. 4 Abs. 1d) der Prospektrichtlinie) einheitlich. So lässt etwa die **norwegische Aufsichtsbehörde** das prospektersetzende Dokument im Fall einer Aktiendividende gegen Einbringung des Anspruchs auf Bardividende als Sacheinlage nicht ausreichen. Wie in Deutschland entscheiden dagegen wohl die Behörden in Italien und Spanien. 39

5. Ausgabe von Aktien an Mitarbeiter (Nr. 5)

a) Regelungsgegenstand

§ 4 Abs. 1 Nr. 5 setzt Art. 4 Abs. 1e) der Prospektrichtlinie nahezu wortgleich um und etabliert eine Ausnahme von der Prospektpflicht im Rahmen von sog. **Mitarbeiter- und Managementbeteiligungsprogrammen**. Die Regelung ähnelt § 2 Nr. 3 VerkProspG a. F., der generell Angebote an Arbeitnehmer von der Prospektpflicht ausgenommen hatte. Prospektrichtlinie und WpPG nahmen aber ursprünglich eine nicht unwesentliche Verschärfung vor, indem zusätzlich bestimmte Wertpapiere des Emittenten bereits an einem organisierten Markt zugelassen sein mussten. Dieses Erfordernis ist aufgrund zahlreicher Kritik[75] aus der Praxis im Rahmen der Änderungsrichtlinie (vgl. Vor §§ 1 ff. Rn. 4 ff., 8) und ihrer Umsetzung in das deutsche Recht wieder aufgegeben worden: Solange ein prospektähnliches Dokument zur Verfügung gestellt wird, sind Mitarbeiterbeteiligungsprogramme von der Prospektpflicht befreit, wenn der Emittent seine Hauptverwaltung oder seinen Sitz in einem Staat des Europäischen Wirtschaftsraums hat (§ 4 Abs. 1 Nr. 5a). Es kommt nicht darauf an, dass Wertpapiere des Emittenten an einem Markt zum Handel zugelassen sind. Für Emittenten mit Sitz außerhalb des Europäischen Wirtschaftsraums entfällt die Prospektpflicht, wenn die angebotenen Wertpapiere bereits an einem organisierten Markt im 40

---

73 Laut ihrer Website hat die Deutsche Telekom AG auch für das Geschäftsjahr 2015 wieder eine Aktiendividende ausgeschüttet.
74 *Groß*, Kapitalmarktrecht, § 4 WpPG Rn. 5 m. Fn. 40; *Mense/Klie*, GWR 2015, 45, 47; *Wettich*, AG 2014, 534, 535; *Krämer/Sitter*, Börsenzeitung v. 30.5.2015, S. B3.
75 Es bestand eine nachhaltige Diskussion, die damalige Rechtslage zu ändern und die Ausnahme auch auf Nicht-EWR Emittenten mit vergleichbarem Listing (z. B. USA, Kanada und Japan) zu erstrecken, vgl. European Securities Markets Expert Group (ESME), Report on Directive 2003/71/EC of the European Parliament and of the Council on the prospectus to be published when securities are offered to the public or admitted to trading, September 2007, S. 17 f.; *Kollmorgen/Feldhaus*, BB 2007, 2756, 2758 ff. Diese Diskussion war zu begrüßen, da dem Sinn und Zweck der Ausnahme, der Bewertung des Unternehmens durch den Markt auf der Basis von Informationen über die Geschäftstätigkeit des Emittenten unabhängig von dem Ort der Notierung, Genüge getan werden kann; wichtig ist nur eine umfangreiche Sekundärmarktpublizitätspflicht, die in hoch entwickelten Kapitalmärkten Standard ist.

§ 4   Ausnahmen von der Pflicht zur Veröffentlichung eines Prospekts

Sinne des § 2 Nr. 16 WpPG zugelassen sind (§ 4 Abs. 1 Nr. 5b). Ist auch dieser Fall nicht gegeben, so kommt ein prospektfreies Angebot nur dann in Betracht, wenn die Wertpapiere an dem Markt eines Drittlandes zugelassen sind und die Europäische Kommission von der Gleichwertigkeit des Marktes ausgeht. (§ 4 Abs. 1 Nr. 5c WpPG).

41   Von der Regelung nicht erfasst ist die „Zuteilung" von Wertpapieren an Arbeitnehmer, wie sie in der Vorgabe der Richtlinie und in der Parallelvorschrift des § 4 Abs. 2 Nr. 6 vorgesehen ist, da in diesem Fall die Ausgabe der Wertpapiere ohne Angebot, etwa durch Zubuchung nach Fälligwerden von Optionen, erfolgt. Die insoweit eingeschränkte Umsetzung der Richtlinie durch das WpPG korrigiert deren in diesem Fall überflüssig weiten Wortlaut. Soweit Gegenstand des Angebots Rechte sind, die den **Wertpapierbegriff nicht erfüllen** (GmbH-Anteile, KG-Anteile, nicht übertragbare Optionen), ist der Anwendungsbereich des WpPG nicht gegeben (vgl. § 2 Rn. 14). Soweit Gesellschaftsanteile den §§ 1 ff., 6 ff. VermAnlG (§§ 8 ff. VerkProspG) unterliegen, besteht gleichwohl keine Prospektpflicht, da § 2 Nr. 6 VerkProspG (§ 8f Abs. 2 Nr. 6 VerkProspG a. F.) Mitarbeiterbeteiligungsprogramme insoweit umfassend befreit.[76]

b) Regelungszweck

42   Aus dieser gesetzlichen Wertung folgt zum einen, dass allein die vertragliche Beziehung zwischen Arbeitnehmer und Arbeitgeber sowie die Fürsorgepflicht des Arbeitgebers nicht per se zu der Verneinung eines öffentlichen Angebots nach § 2 Nr. 4 führen (vgl. § 2 Rn. 86). Zum anderen folgt daraus, dass die Stellung des Arbeitnehmers als eine Art Primärinsider nicht ausreichend ist, um von der Information des potenziellen Investors absehen zu können. Der Verzicht auf eine Prospekterstellung bei einem Angebot von Wertpapieren an Arbeitnehmer und Mitgliedern von Geschäftsführungsorganen rechtfertigt sich vielmehr dadurch, dass (i) die Anleger durch ihr **Rechtsverhältnis zum Anbieter**, insbesondere dessen Fürsorgepflichten, geschützt sind, (ii) die **Kapitalbeteiligung von Mitgliedern von Geschäftsführungsorganen und Arbeitnehmern gefördert** werden soll, und – im Falle von Auslandsemittenten – (iii) durch die **bestehende Kapitalmarktpublizität** schon ein weitgehender Anlegerschutz gewährleistet wird.[77]

c) Voraussetzungen im Einzelnen

43   Insgesamt ist die Norm komplex, schwer verständlich und dementsprechend in der Praxis teilweise schwer umsetzbar. Voraussetzung für diese Befreiung ist, dass

(i) derzeitigen oder ehemaligen Mitgliedern von Geschäftsführungsorganen oder Arbeitnehmern

(ii) von ihrem Arbeitgeber oder einem mit ihm verbundenem Unternehmen im Sinne von § 15 AktG

(iii) Wertpapiere angeboten werden,

---

[76] BT-Drucks. 16/2424, S. 6 (Antwort der Bundesregierung auf die Kleine Anfrage der Abgeordneten *Dr. Thea Dückert, Dr. Gerhard Schick, Kerstin Andreae*, weiterer Abgeordneter und der Fraktion BÜNDNIS 90/DIE GRÜNEN).

[77] Die kapitalmarktmäßige Information verbunden mit der Notierung stellt sicher, dass die publizierten Informationen durch den Kurs des Wertpapiers reflektiert werden und insoweit eine vom Emittenten unabhängige Bewertung des Unternehmenswertes erfolgt.

(iv) ein Dokument zur Verfügung gestellt wird, das Informationen über die Anzahl und die Art der Wertpapiere enthält und in dem die Gründe und die Einzelheiten des Angebots dargelegt werden und

(v) der Emittent im Europäischen Wirtschaftsraums sitzt (§ 4 Abs. 1 Nr. 5a) oder seine Wertpapiere bereits an einem organisierten Markt in Sinne des § 2 Nr. 16 WpPG zugelassen sind (§ 4 Abs. 1 Nr. 5b) oder an einem solchen Markt notiert sind, dessen Rechts- und Aufsichtsrahmen die Kommission als gleichwertig mit europäischen Maßstäben anerkannt hat (§ 4 Abs. 1 Nr. 5c WpPG).

aa) Privilegierter Personenkreis

Entgegen der früheren Rechtslage nach § 2 Nr. 3 VerkProspG a. F. erfasst das WpPG ausdrücklich neben derzeitigen Arbeitnehmern und Geschäftsleitern auch **ehemalige** Mitarbeiter und Geschäftsleiter. **Aufsichts- und Verwaltungsräte** gehören nicht zu dem privilegierten Personenkreis. Angeboten werden müssen die Wertpapiere von dem Arbeitgeber oder einem verbundenen Unternehmen. Der Arbeitgeberbegriff ist in diesem Zusammenhang richtigerweise untechnisch in dem Sinne zu verstehen, dass ein arbeits- oder dienstvertragliches Rechtsverhältnis bestehen muss; bei Organmitgliedern werden die Wertpapiere also durch die jeweilige Gesellschaft angeboten. 44

Bei einem klassischen Mitarbeiterbeteiligungsprogramm durch die (ggf. börsennotierte) Konzernspitze erhalten also die privilegierten Personen der Konzernspitze von ihrem Arbeitgeber bzw. ihrer Gesellschaft und privilegierte Personen der Tochterunternehmen von einem herrschenden Unternehmen i. S. d. § 17 AktG das Angebot. Auch Mitarbeiter und Mitglieder von Geschäftsführungsorganen eines Aktionärs der Konzernspitze gehören zum privilegierten Personenkreis, soweit die Konzernspitze gegenüber dem Aktionär abhängiges Unternehmen i. S. d. § 17 AktG ist. Gleiche Überlegungen gelten für sonstige Konzernunternehmen (§ 18 AktG), insbesondere für Schwesterunternehmen. 45

bb) Emittent der angebotenen Wertpapiere

Vor der Änderungsrichtlinie war unklar, ob tauglicher Emittent i. S. d. § 4 Abs. 1 Nr. 5 **nur der Arbeitgeber ist**[78] oder ob die Wertpapiere **auch von einem nach § 15 AktG verbundenen Unternehmen**[79] ausgegeben werden können (Rn. 45 Vorauflage). Der Wortlaut erlaubte durchaus eine weite Auslegung dahingehend, dass auch verbundene Unternehmen Emittent sein können. Der geänderte Wortlaut des § 4 Abs. 1 Nr. 5 WpPG stellt klar, dass letztere Sicht richtig ist, da durch das Prospektrichtlinie-Umsetzungsgesetz die Worte „als Emittent" eingefügt wurden und damit entweder der anbietende Arbeitgeber oder das anbietende verbundene Unternehmen Emittent der als Mitarbeiterbeteiligung auszugebenden Wertpapiere sein muss. Des Weiteren kommen auch solche Wertpapiere in Betracht, deren 46

---

78 So *Zeising*, in: Just/Voß/Ritz/Zeising, WpPG, § 4 Rn. 23.
79 *Leuering*, Der Konzern 2006, 4, 9; *Grosjean*, in: Heidel, Aktienrecht und Kapitalmarktrecht, § 4 WpPG Rn. 11; *Schlitt/Schäfer*, in: Assmann/Schlitt/von Kopp-Colomb, WpPG/VerkProspG, § 4 WpPG Rn. 27; *Heidelbach*, in: Schwark/Zimmer, KMRK, § 4 WpPG Rn. 24; zum alten Recht *Heidelbach*, in: Schwark/Zimmer, KMRK, § 4 VerkProspG Rn. 12.

§ 4   Ausnahmen von der Pflicht zur Veröffentlichung eines Prospekts

Basiswert Aktien des Arbeitgebers sind (z. B. bei Wandelanleihen von Finanztöchtern, die zur Wandelung in Aktien des Arbeitgebers berechtigen).[80]

cc) Prospektersetzendes Dokument

47 Das **prospektersetzende Dokument** muss über den Emittenten und die Einzelheiten der Emission informieren.[81] Im Einzelnen ist nach den **ESMA-Empfehlungen** anzugeben, wer der Emittent ist und wo über ihn weitere Informationen eingeholt werden können. Ferner soll der Emittent die Gründe für die Emission schildern, Details über das Angebot darlegen (Anzahl und Art der auszugebenden Aktien, Angebotszeitraum, Ordermöglichkeiten, Maximal- und Minimalorder, Angabe, ob die Wertpapiere zum Handel an einem organisierten Markt zugelassen werden sollen) und eine kurze Beschreibung der mit den Wertpapieren verbundenen Rechte und Pflichten in das Dokument aufnehmen. Ebenso sollten bekannte **Risikofaktoren** sowie sonstige wesentliche, bereits veröffentlichte Informationen zum Emittenten offengelegt werden.[82] Abzuschließen ist das Dokument mit dem Hinweis, dass es keinen Wertpapierprospekt darstellt, und mit der Erläuterung, weshalb ein solcher Prospekt nicht zwingend erstellt werden muss.

48 Unklar ist, welches **Sprachregime für das prospektersetzende Dokument** gilt. Das Gesetz trifft nur in § 4 Abs. 1 Nr. 5c) eine Aussage dazu, dass ein Dokument in einer in der internationalen Finanzwelt üblichen Sprache vorliegen müsse, was nur Englisch sein kann (vgl. Rn. 55 unten). Daraus folgt aber nicht, dass auch die prospektersetzenden Dokumente nach § 4 Abs. 1 Nr. 5a) und b) in Englisch abgefasst werden können.[83] Näher liegt vielmehr der systematische Umkehrschluss aufgrund der Einführung von § 4 Abs. 1 Nr. 5c). Wenn für diesen Fall explizit angeordnet wurde, dass das Dokument in Englisch abgefasst sein muss, könnte dies für den Normalfall (Nr. 5 a) und b)) bedeuten, dass das prospektersetzende Dokument gerade nicht auf Englisch erstellt werden darf, sonst wäre dieser Satz überflüssig.[84] Auf der anderen Seite spricht viel dafür, dass das Sprachregime des § 4 Abs. 1 Nr. 5c) lediglich einen Mindeststandard für Drittstaaten setzen soll, ohne eine verbindliche Aussage für das Sprachregime nach § 4 Abs. 1 Nr. 5a) und b) treffen zu wollen. Am Ende werden der **Empfängerhorizont und das Informationsbedürfnis** entscheidend sein. Dafür muss das Dokument in einer für die Mitarbeiter verständlichen Sprache verfasst sein. Werden die Wertpapiere in Deutschland angeboten, so wird **Deutsch** die verständlichste Sprache sein. Etwas anderes kann ausnahmsweise aber dann gelten, wenn Englisch z. B. in internationalen Konzernen ohnehin die gebräuchliche Sprache im Unternehmen ist

---

80 *Leuering*, Der Konzern 2006, 4, 9; *Schlitt/Schäfer*, in: Assmann/Schlitt/von Kopp-Colomb, WpPG/VerkProspG, § 4 WpPG Rn. 27.
81 Vgl. ESMA-Empfehlungen Rn. 173–175; eingehend dazu *Land/Hallermayer*, DB 2014, 1001, 1004 f.
82 Näher *Schlitt/Schäfer*, in: Assmann/Schlitt/von Kopp-Colomb, WpPG/VerkProspG, § 4 WpPG Rn. 30.
83 So aber wohl *Groß*, Kapitalmarktrecht, § 4 WpPG Rn. 6, mit unzutreffenden Verweis auf die Regierungsbegründung (BT-Drucks. 17/8684), S. 17, wo offensichtlich nur der Fall des § 4 Abs. 1 Nr. 5c) abgehandelt wird.
84 In Art. 4 e) der RL 2003/71/EG wird die Ausnahme von der Prospektpflicht bei einem Mitarbeiterprogramm geregelt, wenn ein Informationsdokument zur Verfügung gestellt wird, ohne jedoch ausdrücklich die Sprache festzulegen, obwohl in Art. 19 (eine auf Art. 4 nicht anwendbare) Sprachregel getroffen wird. Durch die Änderungsrichtlinie wurde dann an Art. 4 e) ein Unterabsatz angefügt, der § 4 Abs. 1 Nr. 5 c) WpPG entspricht, so dass auch hier der Umkehrschluss naheliegt.

und/oder nur Arbeitnehmer angesprochen werden, die (nur) über ausreichende Englischkenntnisse verfügen; dann kann (und ggf. muss sogar) das prospektersetzende Dokument in Englisch abgefasst sein.

Hinsichtlich der Art und Weise, wie das prospektersetzende Dokument den Mitgliedern der Geschäftsführungsorgane und den Arbeitnehmern **zur Verfügung** zu stellen ist, trifft das Gesetz keine Aussage. Anders als bei den prospektersetzenden Dokumenten nach § 4 Abs. 1 Nr. 3 und 4 genügt es nicht, wenn das Dokument lediglich verfügbar ist. Es muss vielmehr aktiv übermittelt werden.[85] Möglich ist eine Versendung per Post, Hauspost oder E-Mail.[86] Die bloße Veröffentlichung im Internet/Intranet ohne weiteren Hinweis hierauf oder Benachrichtigung der Adressaten des Angebots genügt jedoch grundsätzlich nicht.[87]

49

dd) Privilegierte Emittenten

Die **Änderungsrichtlinie zur Prospektrichtlinie** (vgl. Vor §§ 1 ff. Rn. 4 ff., 8) führt zu einer signifikanten Ausweitung der Ausnahmeregelung. Zum einen sind alle Wertpapiere, die durch Arbeitgeber, die ihre Hauptverwaltung oder ihren Sitz in der Europäischen Union haben, ihren Leitungsorganen und Mitarbeitern angeboten werden, von der Prospektpflicht ausgenommen, **unabhängig davon, ob die Wertpapiere des Arbeitgebers gehandelt werden oder nicht**. Zum anderen werden nunmehr solche **Drittstaatenemittenten** berücksichtigt, deren Wertpapiere gehandelt werden.

50

aaa) Unternehmen mit Hauptverwaltung oder Sitz im Europäischen Wirtschaftsraum (§ 4 Abs. 1 Nr. 5a)

Es besteht im Rahmen von Mitarbeiterprogrammen **keine Verpflichtung zur Erstellung eines Prospekts**, wenn der Emittent seine **Hauptverwaltung oder seinen Sitz im Europäischen Wirtschaftsraum** hat. Sofern die Wertpapiere des betreffenden Arbeitgebers nicht zum Handel zugelassen sind (und er somit nicht den ständigen Offenlegungspflichten und nicht den Vorschriften über Marktmissbrauch unterliegt), müssen der emittierende Arbeitgeber oder die mit ihm verbundenen Unternehmen das prospektersetzende Dokument erforderlichenfalls **aktualisieren**, um eine Bewertung der Wertpapiere zu ermöglichen.[88]

51

bbb) Drittstaatenemittenten mit an einem organisierten Markt bereits zugelassenen Wertpapieren (§ 4 Abs. 1 Nr. 5b)

Die Ausnameregelung greift auch für Drittstaatenemittenten, deren Wertpapiere an einem organisierten Markt i. S. v. § 2 Nr. 16 zugelassen sind.[89] Nur **organisierte Märkte innerhalb des Europäischen Wirtschaftsraums** werden als organisierte Märkte anerkannt

52

---

85 *Heidelbach*, in: Schwark/Zimmer, KMRK, § 4 WpPG Rn. 31.
86 *Zeising*, in: Just/Voß/Ritz/Zeising, WpPG, § 4 Rn. 22; *Heidelbach*, in: Schwark/Zimmer, KMRK, § 4 WpPG Rn. 31.
87 *Zeising*, in: Just/Voß/Ritz/Zeising, WpPG, § 4 Rn. 22; wohl a. A. für Aushänge am Schwarzen Brett *Heidelbach*, in: Schwark/Zimmer, KMRK, § 4 WpPG Rn. 31.
88 Erwägungsgrund 14, Art. 1 Nr. 4 a) der Änderungsrichtlinie; kritisch dazu *Holzborn/Mayston*, in: Holzborn, WpPG, § 4 Rn. 10.
89 Ausführlich zum organisierten Markt i. S. v. § 2 Nr. 16 WpPG, oben § 2 Rn. 139 f.

§ 4 Ausnahmen von der Pflicht zur Veröffentlichung eines Prospekts

(vgl. § 2 Rn. 145 f.).[90] Diese Auffassung wird auch von der BaFin vertreten.[91] Im Übrigen ist gleichgültig, ob es sich um einen deutschen oder ausländischen Emittenten handelt und ob der Handel in Deutschland oder in einem anderen Staat des Europäischen Wirtschaftsraums stattfindet. In Deutschland erfüllt diese Voraussetzung namentlich der regulierte Markt, während der Freiverkehr keinen organisierten Markt darstellt (vgl. § 2 Rn. 146).

53 Für Emittenten, die keine an einem organisierten Markt innerhalb des Europäischen Wirtschaftsraums zum Handel zugelassenen Wertpapiere ausgegeben haben (sondern z. B. nur in den USA an der New York Stock Exchange oder an der NASDAQ), scheidet daher die Ausnahme generell aus.[92] Ihnen steht nunmehr aber der Weg über § 4 Abs. 1 Nr. 5c offen (Rn. 55 ff.).

54 Bei den angebotenen Wertpapieren muss es sich nicht notwendigerweise um die Wertpapiere des Arbeitgebers handeln, die bereits zum Handel an einem organisierten Markt zugelassen sind. Nicht die Aktien des Unternehmens, sondern irgendwelche Wertpapiere müssen zugelassen sein. Anders als bei der Parallelvorschrift des § 4 Abs. 2 Nr. 6 für die prospektfreie Zulassung (vgl. Rn. 89) ist für ein prospektfreies Angebot an Mitglieder von Geschäftsführungsorganen und Mitarbeiter **insbesondere nicht erforderlich**, dass die bereits an einem organisierten Markt zugelassenen Wertpapiere **derselben Gattung** angehören, wie die dem berechtigten Personenkreis nunmehr angebotenen Wertpapiere.[93] Dafür spricht, dass § 4 Abs. 2 Nr. 6 ebendiese Einschränkung („*sofern es sich dabei um Wertpapiere derselben Gattung handelt wie die Wertpapiere, die bereits zum Handel an demselben organisierten Markt zugelassen sind*") für die prospektfreie Zulassung vornimmt, § 4 Abs. 1 Nr. 5 für das prospektfreie Angebot aber gerade nicht. Daher ist die Ausnahme des § 4 Abs. 1 Nr. 5 auch dann für das Angebot von Aktien an Mitglieder von Geschäftsführungsorganen und Mitarbeiter anwendbar, wenn bislang lediglich Nichtdividendenwerte des Arbeitgebers an einem organisierten Markt zugelassen sind.[94]

---

90 *Kollmorgen/Feldhaus*, BB 2007, 225, 227; *dies.*, BB 2007, 2756, 2756; *Zeising*, in: Just/Voß/Ritz/Zeising, WpPG, § 4 Rn. 21.

91 BaFin-Workshop: 100 Tage WpPG, Rechtsfragen aus der Anwendungspraxis, Präsentation vom 3.11.2005, S. 6.

92 Ebenso zur Rechtslage unter dem § 4 Abs. 1 Nr. 5 a. F.: *Apfelbacher/Metzner*, BKR 2006, 82, 83; *Pfeiffer/Buchinger*, NZG 2006, 449, 450; *Leuering*, Der Konzern 2006, 4, 9; *Kollmorgen/Feldhaus*, BB 2007, 225, 227; *dies.*, BB 2007, 2756, 2756; *Grunewald/Schlitt*, Einführung in das Kapitalmarktrecht, S. 217 Fn. 41; *Zeising*, in: Just/Voß/Ritz/Zeising, WpPG, § 4 Rn. 21.

93 Ebenso zur Rechtslage unter dem § 4 Abs. 1 Nr. 5 a. F.: *Apfelbacher/Metzner*, BKR 2006, 82, 83; *Pfeiffer/Buchinger*, NZG 2006, 449, 451; *Schlitt/Schäfer*, in: Assmann/Schlitt/von Kopp-Colomb, WpPG/VerkProspG, § 4 WpPG Rn. 28; *Heidelbach*, in: Schwark/Zimmer, KMRK, § 4 WpPG Rn. 25; vgl. auch *Zeising*, in: Just/Voß/Ritz/Zeising, WpPG, § 4 Rn. 24 ff.; **vgl. aber** auch das Verständnis von EU-Kommission, vgl. Summary record, 4th Informal Meeting on Prospectus Transposition – 8 March 2005, MARKT/G3/WG D(2005), S. 3 f. (erhältlich unter http://ec.europa.eu/internal_market/securities/docs/prospectus/summary-note-050308_en.pdf).

94 *Holzborn/Mayston*, in: Holzborn, WpPG, § 4 Rn. 12. Ebenso zur Rechtslage unter dem § 4 Abs. 1 Nr. 5 a. F.: *Apfelbacher/Metzner*, BKR 2006, 82, 83; *Schlitt/Schäfer*, in: Assmann/Schlitt/von Kopp-Colomb, WpPG/VerkProspG, § 4 WpPG Rn. 28; *Heidelbach*, in: Schwark/Zimmer, KMRK, § 4 WpPG Rn. 25.

ccc) **Drittstaatenemittenten mit außerhalb eines organisierten Marktes zugelassenen Wertpapieren (§ 4 Abs. 1 Nr. 5c)**

Liegt auch keine Zulassung in einem organisierten Markt vor, kommt ein prospektfreies Mitarbeiterprogramm nur unter folgenden Voraussetzungen in Betracht: (i) Wertpapiere des Emittenten sind bereits an dem Markt eines Drittlands zugelassen, (ii) die Europäische Kommission hat für diesen Markt einen Beschluss über die Gleichwertigkeit erlassen, und (iii) es liegen ausreichende Informationen einschließlich des (prospektersetzenden) Dokuments in einer in der internationalen Finanzwelt üblichen Sprache vor, was nur Englisch sein kann.[95]

Um von der Kommission als gleichwertig anerkannt zu werden, muss der in Frage stehende Markt eines Drittstaates gemäß Art. 4 Abs. 1e) Unterabs. 4 der Prospektrichtlinie in Fassung der Änderungsrichtlinie wenigstens die folgenden Voraussetzungen erfüllen:

– das Betreiben eines solchen Marktes muss einer Erlaubnis bedürfen und eine effektive Aufsicht muss gewährleistet sein;
– es müssen klare und transparente Regeln bezüglich der Zulassung zum Handel vorliegen, um sicherzustellen, dass die Wertpapiere fair, ordnungsgemäß, effizient gehandelt werden können und frei handelbar sind;
– der Emittent muss regelmäßig wiederkehrenden und kontinuierlichen Informationspflichten unterworfen sein, die ein hohes Maß an Investorenschutz gewährleisten; und
– der Markt muss Markttransparenz und -integrität gewährleisten, indem Marktmissbrauch durch Insider-Geschäfte und Marktmanipulation unterbunden werden.

Die Befugnis, einen Antrag auf Gleichwertigkeit bei der Kommission einzureichen, haben ausschließlich die jeweiligen Aufsichtsbehörden der Mitgliedstaaten. Bei der Einreichung soll die jeweilige Aufsichtsbehörde darlegen, aus welchen Gründen sie den Rechts- und Aufsichtsrahmen des Drittstaates als gleichwertig betrachtet.[96] Um den Entwicklungen auf den Finanzmärkten Rechnung zu tragen, ist die Kommission ermächtigt, Maßnahmen zur Präzisierung der vorstehenden Kriterien zu erlassen oder weitere Kriterien für die Beurteilung der Gleichwertigkeit aufzustellen (siehe in Art. 1 Abs. 4 der neu einzuführenden Regelung (vgl. § 1 Rn. 44).[97] Die Europäische Kommission hat ESMA mit Mandat vom 19.1.2011 beauftragt, weitere Kriterien zu entwickeln, anhand derer eine Gleichwertigkeitsprüfung vorgenommen werden kann. Soweit die Europäische Kommission keinen Beschluss über die Gleichwertigkeit des betreffenden Marktes eines Drittstaates gefasst hat, will die BaFin Prospekte von Drittstaatenemittenten, deren Wertpapiere an einem Markt zugelassen sind, dann akzeptieren, wenn sie alle nach Frage 71 der *ESMA-Questions and Answers* erforderlichen Informationsbestandteile enthalten.[98]

d) Prospektbefreiung aufgrund anderer Ausnahmevorschriften

Die Ausnahmevorschrift des § 4 Abs. 1 Nr. 5 gelangt erst zur Anwendung, wenn nicht bereits aufgrund **anderer Vorschriften** eine **Prospektpflicht entfällt**. So besteht schon keine

---

[95] *Holzborn/Mayston*, in: Holzborn, WpPG, § 4 Rn. 10.
[96] Art. 1 Nr. 4 a) ii) Änderungsrichtlinie.
[97] Art. 1 Nr. 4 a) ii) Änderungsrichtlinie.
[98] Vgl. *Henningsen*, BaFinJournal 09/12, 5, 10 Zu Frage 71, siehe ESMA-Question and Answers – Prospectuses (25th Updated Version – July 2016), Nr. 71, S. 58.

§ 4 Ausnahmen von der Pflicht zur Veröffentlichung eines Prospekts

Prospektpflicht, wenn die Aktien an die Mitarbeiter **automatisch**, also ohne eine eigene Investitionsentscheidung der Mitarbeiter vorauszusetzen, abgegeben werden. Die Überlassung ist mangels einer aktiven Annahmehandlung der Mitarbeiter kein Angebot (vgl. § 2 Rn. 53). Daran ändert sich auch nichts, wenn zunächst lediglich **nicht übertragbare** Anrechte auf Aktien zugeteilt werden, die erst nach Ablauf eines Zeitraums („*vesting period*") in Aktien umgewandelt werden. Die Anrechte selbst stellen mangels Übertragbarkeit schon keine Wertpapiere dar (§ 2 Rn. 16)[99] und die spätere Umwandlung in übertragbare Aktien erfolgt ohne aktives Tun des Mitarbeiters (vgl. § 2 Rn. 90). Regelmäßig besteht keine Prospektpflicht nach § 3 Abs. 2 Nr. 5, wenn die Aktien **unentgeltlich** an die Mitarbeiter ausgegeben werden (näher dazu § 2 Rn. 92 ff.). Zudem liegt nach § 3 Abs. 2 Nr. 2 kein prospektpflichtiges öffentliches Angebot vor, wenn die Wertpapiere maximal **149 Mitarbeitern** in jedem Mitgliedstaat offeriert werden.

III. Prospektbefreiung bei der Zulassung zum Handel (Abs. 2)

59 Die Regelung betrifft ausschließlich Fälle der Befreiung von der Prospektpflicht bei der beantragten Zulassung zum Handel an einem organisierten Markt. Bei den prospektersetzenden Dokumenten nach § 4 Abs. 2 Nr. 3 (Umtauschangebot) und Nr. 4 tendiert die Frankfurter Wertpapierbörse dahin, keine materielle Prüfung der Gleichwertigkeit vorzunehmen, sondern von der die Börsenzulassung begleitenden Bank (ggf. alternativ von den begleitenden Rechtsanwälten oder der Emittentin selbst) eine – vom Gesetz nicht vorgesehene – Bestätigung einzuholen, dass das entsprechende prospektersetzende Dokument als Dokument angesehen werden kann, dessen Angaben denen eines Prospekts gleichwertig sind.[100]

1. 10%-Kapitalerhöhungen (Nr. 1)

60 § 4 Abs. 2 Nr. 1 beruht auf Art. 4 Abs. 2a) der Prospektrichtlinie und nimmt die Zulassung von Aktien aus einer sog. „10%-Kapitalerhöhung" von der Prospektpflicht aus. Die Regelung ist mit § 45 Nr. 3b) BörsZulV a.F. vergleichbar, unterscheidet sich von dieser aber durch die Einfügung des zeitlichen Kriteriums von zwölf Monaten. Legitimation für die Ausnahme ist, dass bei relativ kleinen Emissionen von Aktien eines börsennotierten Emittenten der Aufwand der Prospekterstellung höher wiegt als das grundsätzlich bestehende Informationsbedürfnis der Anleger,[101] zumal im Zusammenhang mit der Börsenzulassung der bereits ausgegebenen Aktien ein kapitalmarktgerechtes Informationsniveau hergestellt

---

99 ESMA-Questions and Answers – Prospectuses (25th Updated Version – July 2016), Nr. 5 (Share option schemes), S. 13.

100 Formulierungsbeispiel: „*Im Zusammenhang mit dem Antrag auf Zulassung von Wertpapieren der Gesellschaft zum Börsenhandel im regulierten Markt der Frankfurter Wertpapierbörse unter gleichzeitiger Zulassung zum Teilbereich des regulierten Marktes mit weiteren Zulassungsfolgepflichten (Prime Standard) bestätigen wir Ihnen, dass die Angaben des Dokuments den Angaben eines Prospekts gemäß § 4 Abs. 2 Nr. 3/4 WpPG gleichwertig sind.*"

101 So z.B. bei einer „kleinen" Equity-Line-Finanzierung; siehe dazu *Schlitt/Ponick/Gottmann*, Finanz Betrieb 2005, 635, 636.

III. Prospektbefreiung bei der Zulassung zum Handel (Abs. 2) § 4

wurde.[102] Die Regelung ist für die Praxis von herausragender Bedeutung – und diese wird noch weiter zunehmen, wenn im Rahmen des Aktionsplans zur Schaffung einer Kapitalmarktunion der jährliche Schwellenwert von 10 % auf 20 % erhöht wird (vgl. Vor §§ 1 ff. Rn. 10 f.).

Gegenstand des Zulassungsantrags dürfen **höchstens zehn Prozent minus eine Aktie** („weniger als zehn Prozent") der Gesamtzahl der bereits zugelassenen gattungsgleichen Aktien des Emittenten sein. § 4 Abs. 2 Nr. 1 ist unter seinen Voraussetzungen (weniger als 10 % der Aktien über einen Zeitraum von zwölf Monaten) auch dann anwendbar, wenn ein an sich sachverhaltsnäherer Tatbestand (z. B. Umtauschangebot, Angebot an Arbeitnehmer, Zulassung von Aktien aus einer Wandelanleihe) gegeben ist (vgl. auch Rn. 2).[103] Im Falle einer **reinen Bezugsrechtskapitalerhöhung** kommt unter sehr engen Voraussetzungen auch eine **prospektfreie Zulassung nach § 4 Abs. 2 Nr. 7** in Betracht, so dass die Volumenbegrenzung von höchstens zehn Prozent minus eine Aktie insoweit nicht gilt (vgl. Rn. 104 ff.). 61

Die Ausnahme findet im Einzelnen Anwendung 62

(i) auf Aktien,

(ii) soweit sie über einen Zeitraum von zwölf Monaten

(iii) weniger als 10 %

(iv) der Zahl der Aktien derselben Gattung ausmachen, die

(v) bereits zum Handel an einem organisierten Markt (§ 2 Nr. 16) zugelassen sind.

a) Aktien derselben Gattung

Nach ihrem Wortlaut gilt die Ausnahme des § 4 Abs. 2 Nr. 1 – in Übereinstimmung mit Art. 4 Abs. 2 a) der Prospektrichtlinie – nur für die Zulassung von Aktien. Dazu gehören **alle Gattungen von Aktien** i. S. d. § 11 AktG, somit auch Vorzugsaktien nach §§ 139 ff. AktG, aber **keine sonstigen** – auch eigenkapitalähnlichen – Wertpapiere. Aktien gehören derselben **Gattung** an, wenn die durch sie verbrieften Rechte – einschließlich der Gewinn- und Stimmberechtigung – identisch sind (vgl. § 11 AktG). Für Zwecke der Ausnahme nach § 4 Abs. 2 Nr. 1 stellt die Gesetzesbegründung jedoch klar, dass Aktien, die sich nur in Bezug auf den **Beginn der Dividendenberechtigung** unterscheiden, derselben Gattung angehören.[104] Bei dieser Äußerung in der Gesetzesbegründung handelt es sich nicht um eine gesetzgeberische Anordnung, die zu einer Abweichung von der aktienrechtlichen Rechtslage führt, sondern um eine reine Klarstellung des einheitlichen Verständnisses des Gattungsbegriffs nach dem WpPG und dem AktG, zumal der Gesetzgeber durch bloße Äußerungen in der Gesetzesbegründung zu einem Gesetz keine materielle Änderungen ande- 63

---

102 Näher *Lachner/v. Heppe*, WM 2008, 576, 577; *Schnorbus*, AG 2008, 389, 406; BT-Drucks. 15/4999, S. 30; vgl. auch *Holzborn/Schwarz-Gondek*, BKR 2003, 927, 930.
103 ESMA-Questions and Answers – Prospectuses (25th Updated Version – July 2016), Nr. 32 (Exemptions from the obligation to publish a prospectus in Article 4 Directive as standalone exemptions), S. 31; *Schnorbus*, AG 2008, 389, 406.
104 BT-Drucks. 15/4999, S. 30; *Schnorbus*, AG 2008, 389, 407; *Gebhardt*, in: Schäfer/Hamann, Kapitalmarktgesetze, § 4 WpPG Rn. 25; *Grosjean*, in: Heidel, Aktienrecht und Kapitalmarktrecht, § 4 WpPG Rn. 13; *Groß*, Kapitalmarktrecht, § 4 WpPG Rn. 10; *Schlitt/Schäfer*, in: Assmann/Schlitt/von Kopp-Colomb, WpPG/VerkProspG, § 4 WpPG Rn. 41.

rer Gesetze vornimmt.[105] Keine unterschiedlichen Gattungen bestehen auch bei unterschiedlichen Nennbeträgen, unterschiedlicher Ausgestaltung in Inhaber- oder Namensaktien sowie Differenzierungen bei der Vinkulierung einzelner Aktien.[106] Unterschiedlicher Gattung sind dagegen Stamm- und Vorzugsaktien. In diesem Fall können demnach vorbehaltlich aktienrechtlicher Vorgaben sowohl weniger als 10% der Stammaktien als auch weniger als 10% der Vorzugsaktien gleichzeitig nach § 4 Abs. 2 Nr. 1 prospektfrei zugelassen werden (dazu auch Rn. 72 f.).

b) Zeitraum von zwölf Monaten

64 § 4 Abs. 2 Nr. 1 sieht einen zeitlichen Rahmen von **zwölf Monaten** vor, innerhalb dessen die Zehn-Prozent-Grenze nicht erreicht oder überschritten werden darf. Die Frist von zwölf Monaten soll verhindern, dass Emittenten schrittweise binnen kurzer Zeit kleine Tranchen unter 10% des Grundkapitals zulassen (sog. Daueremissionen), ohne jemals einen Prospekt veröffentlichen zu müssen.[107] Die Frist berechnet sich entsprechend §§ 187 Abs. 1, 188 BGB. Aufgrund des klaren Wortlauts der Ausnahme („zugelassen sind") **beginnt die Frist mit dem Zeitpunkt der Zulassung**, die die neu zuzulassenden Aktien betrifft.[108] Zwar geht die Gesetzesbegründung davon aus, dass die Einführung der Aktien maßgeblich ist (vgl. § 38 BörsG);[109] diese Interpretation lässt sich jedoch nicht mit dem Wortlaut der Norm vereinbaren. Dementsprechend sieht auch die Zulassungspraxis der Geschäftsfüh-

---

105 Auch im Aktienrecht führt die bloße vorübergehende zeitliche Abweichung der Dividendenberechtigung von Aktien nach richtiger Auffassung nicht zu unterschiedlichen Gattungen (ebenso *Singhof*, in: FS Hoffmann-Becking, 2013, 1163, 1180 f.; *Wiesbrock*, in: Helios/Wewel/Wiesbrock, REIT-Gesetz Kommentar, § 5 Rn. 9; *Butzke*, in: Marsch-Barner/Schäfer, Handbuch börsennotierte AG, § 6 Rn. 5a; *Franck*, MittBayNot 2007, 173, 175; **a. A. allerdings** *Happ*, in: Happ, Aktienrecht, 3. Aufl., 12.01 Rn. 7; *Meyer-Landrut*, in: Großkomm. AktG, 3. Aufl., § 11 Rn. 4 (mit unzutreffender Berufung auf RGZ 83, 415 und LG Hamburg); *Ziemons*, in: Schmidt/Lutter, AktG, § 11 Rn. 5; wohl auch *Busch*, in: Marsch-Barner/Schäfer, Handbuch börsennotierte AG, § 44 Rn. 21; *Sickinger/Kuthe*, in: MünchAnwHdb, § 33 Rn. 33; *Groß*, DB 1994, 2431, 2431 f.). Denn zwischen den Aktien besteht kein materieller Unterschied, abgesehen von der Gewinnverwendung für das zurückliegende Geschäftsjahr, für die eine Sonderbeschlussfassung ohnehin nicht vorgesehen wäre. Wenn schon teil- und volleingezahlte Aktien nach § 60 Abs. 2 AktG keine eigenen Gattungen bilden, obwohl diese sogar im Stimmrecht abweichen, dann kann dies erst recht nicht für Aktien gelten, die nur vorübergehend unterschiedliche Gewinnberechtigungen aufweisen. Weiter trifft § 4 Abs. 2 Nr. 5 WpPG im Rahmen des Begriffes der Gattung auch keine Differenzierung. Schließlich verlangt § 23 Abs. 1 Nr. 4 AktG die satzungsmäßige Bestimmung unterschiedlicher Aktiengattungen, was bei bloßer vorübergehender zeitlicher Abweichung der Dividendenberechtigung kaum handhabbar wäre und im Übrigen auch nicht von der Praxis beachtet wird.
106 *Zeising*, in: Just/Voß/Ritz/Zeising, WpPG, § 4 Rn. 42 a. E.
107 *Lachner/v. Heppe*, WM 2008, 576, 577.
108 *Grosjean*, in: Heidel, Aktienrecht und Kapitalmarktrecht, § 4 WpPG Rn. 13; *Holzborn/Mayston*, in: Holzborn, WpPG, § 4 Rn. 14; *Gebhardt*, in: Schäfer/Hamann, Kapitalmarktgesetze, § 4 WpPG Rn. 27; *Zeising*, in: Just/Voß/Ritz/Zeising, WpPG, § 4 Rn. 34; *Schlitt/Schäfer*, in: Assmann/Schlitt/von Kopp-Colomb, WpPG/VerkProspG, § 4 WpPG Rn. 40; nunmehr auch *Groß*, Kapitalmarktrecht, § 4 WpPG Rn. 10b.
109 BT-Drucks. 15/4999, S. 30; so auch *Heidelbach*, in: Schwark/Zimmer, KMRK, § 4 WpPG Rn. 32; *Müller*, Kommentar zum Wertpapierprospektgesetz, in: Das Deutsche Bundesrecht (III H 39), 27. Lieferung Juli 2010, § 4 Rn. 7.

rung der Frankfurter Wertpapierbörse den Zeitpunkt des Zulassungsbeschlusses als maßgeblich an.

c) Zulassung an einem organisierten Markt (§ 2 Nr. 16)

Bezugsgröße für den Schwellenwert von 10% sind allein die an der **zulassenden Börse bereits zugelassenen Aktien** des Emittenten. Berechnungsgrundlage sind somit nicht alle im Inland an Börsen zugelassenen Aktien gleicher Gattung,[110] sondern nur die Aktien gleicher Gattung, die an der über den Zulassungsantrag entscheidenden Börse zugelassen sind.[111] Dafür spricht der Wortlaut des § 4 Abs. 2 Nr. 1 („an demselben organisierten Markt") sowie die Tatsache, dass die deutschen Wertpapierbörsen voneinander unabhängige Anstalten des öffentlichen Rechts sind, deren jeweilige regulierte Märkte zu trennen sind. In der Praxis spielt diese Diskussion indessen keine Rolle, da nach § 7 BörsZulV sich der Antrag auf Zulassung von Aktien auch bei verschiedenen Börsen auf alle Aktien derselben Gattung beziehen muss; so sind an allen Börsen in Deutschland auch alle Aktien der betreffenden Gattung zugelassen.

65

d) Maßgeblicher Zeitpunkt für die Ermittlung der bereits zugelassenen Aktien

Relevant ist die **Anzahl der bereits zugelassenen Aktien** einer Gattung vor **der Zulassungsentscheidung** durch die Geschäftsführung der Börse[112] – und nicht die Aktienzahl, die zwölf Monate vor dem Zeitpunkt der Zulassung der neuen Aktien oder zwölf Monate vor dem Zeitpunkt der relevanten Kapitalerhöhung zugelassen waren. Referenzgröße für den Nenner ist also die Anzahl der vor Durchführung der Kapitalerhöhung ausstehenden Aktien.[113] Die Berechnung erfolgt demnach auf Basis des Grundkapitals **vor Eintragung der Kapitalerhöhung**, da die neuen Aktien durch die Kapitalerhöhung erst geschaffen und dann zugelassen werden. Ausreichend ist das rein rechnerische Unterschreiten der 10%-Schwelle; maximal ist also eine prospektfreie Zulassung von 10% des bestehenden und bereits zugelassenen Grundkapitals abzüglich einer Aktie möglich.

66

Erhebliche Probleme bereitet die Festlegung des relevanten Zeitpunktes zur Berechnung der 10%-Schwelle bei **wiederholten Inanspruchnahmen** von prospektfreien Zulassun-

67

---

110 So aber *Schlitt/Schäfer*, in: Assmann/Schlitt/von Kopp-Colomb, WpPG/VerkProspG, § 4 WpPG Rn. 41; *Holzborn/Mayston*, in: Holzborn, WpPG, § 4 Rn. 14.
111 Zutreffend *Gebhardt*, in: Schäfer/Hamann, Kapitalmarktgesetze, § 4 WpPG Rn. 28; *Zeising*, in: Just/Voß/Ritz/Zeising, WpPG, § 4 Rn. 33; so wohl auch *Groß*, Kapitalmarktrecht, § 4 WpPG Rn. 10a.
112 ESMA-Questions and Answers – Prospectuses (25th Updated Version – July 2016), Nr. 31 (Exemption for admission to trading provided for in Article 4.2 a) Directive), S. 30 f.; *Gebhardt*, in: Schäfer/Hamann, Kapitalmarktgesetze, § 4 WpPG Rn. 29; *Groß*, Kapitalmarktrecht, § 4 WpPG Rn. 10b; ebenso *Lachner/v. Heppe*, WM 2008, 576 ff. (mit Hinweisen zu der entsprechenden Praxis der Frankfurter Wertpapierbörse).
113 Vgl. ESMA-Questions and Answers – Prospectuses (25th Updated Version – July 2016), Nr. 31 (Exemption for admission to trading provided for in Article 4.2 a) Directive), S. 30 f.: „*In the denominator the issuer should include the number of shares of the same class already admitted to trading on the same regulated market at the time it is applying for the new admission.*"

gen nach § 4 Abs. 2 Nr. 1 (prospektfreie Zulassungen aufgrund anderer Ausnahmetatbestände werden nicht mit berücksichtigt, vgl. Rn. 71):[114]

- Eine Berechnung könnte dadurch erfolgen, dass die Zahl der bei der ersten nach § 4 Abs. 2 Nr. 1 prospektfreien Zulassung bereits zugelassenen Aktien für den gesamten Zwölf-Monatszeitraum maßgeblich ist (*Alternative 1*).[115] Ermittelt wird danach die Gesamtzahl der vor der erstmaligen Inanspruchnahme von § 4 Abs. 2 Nr. 1 bereits zugelassenen Aktien. Die Zulassung setzt dann die Zwölf-Monatsfrist in Gang. Damit bleibt die maßgebliche Größe für die Berechnung der 10%-Schwelle **(nämlich der Nenner) für einen Zeitraum von zwölf Monaten unverändert**.
- Als Alternative ist denkbar, dass bei wiederholten Inanspruchnahmen von prospektfreien Zulassungen der Referenzwert von 10% hinsichtlich jeder einzelnen Zulassung *separat zu bestimmen* ist (*Alternative 2*).[116] Dies würde bedeuten, dass mehrere 10%-Schwellen im Zeitablauf entstehen, deren jeweilige Fristen auch zu unterschiedlichen Zeitpunkten beginnen und enden. Dabei ist davon auszugehen, dass mit jeder vorhergehenden Zulassung neuer Aktien sich die maßgebliche Bezugsgröße **(nämlich der Nenner) für die Berechnung der 10%-Schwelle erhöht**.
- Die 1. Alternative führt zu einer vereinfachten Gesetzesanwendung und nimmt dem Emittenten die Gestaltungsmöglichkeit, durch passende Staffelung von Zulassungsanträgen Einfluss auf die Berechnung der 10%-Schwellen zu nehmen. Für die Sichtweise der 2. Alternative mit unterschiedlich laufenden Referenzperioden spricht dagegen eindeutig der Wortlaut des Gesetzes („die bereits zum Handel zugelassen sind"). Sie ist daher vorzuziehen (anders noch die Vorauflage in Rn. 64) und entspricht auch dem Verständnis von ESMA.[117]
- Eine weitere Besonderheit ergibt sich, wenn in dem Zwölfmonatszeitraum zuvor ein **Wertpapierprospekt** gebilligt wird, der auch hätte genutzt werden können, um die prospektfrei zugelassenen Aktien zum Handel zuzulassen. Sollen dann nach der Veröffentlichung eines solchen Wertpapierprospekts und während der Zwölfmonatsfrist neue Aktien gestützt auf § 4 Abs. 2 Nr. 1 WpPG prospektfrei zugelassen werden, steht das bis zu zehnprozentige Emissionsvolumen nach der Praxis der Frankfurter Wertpapierbörse wieder in voller Höhe zur Verfügung und bezieht sich auf das durch die vorangegangene und mit einem Prospekt begleitete Kapitalmaßnahme erhöhte Grundkapital, soweit – was regelmäßig der Fall ist – die neuen Aktien zugelassen worden sind.

e) Kapitalerhöhungen mit Volumen über 10% des Grundkapitals

68 Unter bestimmten engen Voraussetzungen können neben bis zu 10%-Kapitalerhöhungen auch **großvolumigere Kapitalerhöhungen** von der Prospektpflicht nach § 4 Abs. 2 Nr. 1 befreit sein, wenn die Zulassungen der Aktien innerhalb **mehrerer, aufeinander folgen-**

---

114 Instruktive Erläuterung der verschiedenen Berechnungsweisen bei *Zeising*, in: Just/Voß/Zeising, WpPG, § 4 Rn. 35 ff.
115 Vgl. die Darstellung bei *Gebhardt*, in: Schäfer/Hamann, Kapitalmarktgesetze, § 4 WpPG Rn. 29.
116 Vgl. *Schlitt/Schäfer*, AG 2008, 525, 528; *Schlitt/Schäfer*, in: Assmann/Schlitt/von Kopp-Colomb, WpPG/VerkProspG, § 4 WpPG Rn. 40; *Groß*, Kapitalmarktrecht, § 4 WpPG Rn. 10b.
117 Näher ESMA-Questions and Answers – Prospectuses (25th Updated Version – July 2016), Nr. 31 (Exemption for admission to trading provided for in Article 4.2 a) Directive), S. 30 f.

III. Prospektbefreiung bei der Zulassung zum Handel (Abs. 2) § 4

der **Zwölf-Monatszeiträume** erfolgen.[118] Relevant werden solche Konstellationen insbesondere bei Sachkapitalerhöhungen unter Ausschluss des Bezugsrechts oder bei Transaktionen ausländischer Emittenten, die nach dem relevanten Gesellschaftsrecht auch in Höhe von 10% und mehr bezugsrechtsfreie Barkapitalerhöhungen durchführen dürfen.

Richtig ist, dass grundsätzlich alle neuen Aktien innerhalb eines Jahres nach ihrer Ausgabe zum Börsenhandel zugelassen werden müssen (§ 40 Abs. 1 BörsG i.V. m. §§ 7 Abs. 1, 69 Abs. 1 BörsZuLV).[119] Sofern die Aktien nicht frei handelbar sind, ist der Antrag indessen erst zum **Zeitpunkt ihrer freien Handelbarkeit** zu stellen (§ 69 Abs. 2 BörsZuLV). Die Aktien sind nach § 7 Abs. 1 Satz 2 Alt. 2 BörsZuLV nicht frei handelbar, wenn sie bestimmten **Haltevereinbarungen** (z.B. zwischen Investor, der die Kapitalerhöhung gezeichnet hat, und Gesellschaft) unterliegen.[120] Der Emittent hat der zulassenden Börse in diesem Fall darzulegen, aus welchen Gründen eine solche Haltevereinbarung geschlossen wurde und warum dem Investor hieraus keine Nachteile erwachsen (§ 7 Abs. 1 Satz 2 Alt. 2 BörsZuLV).[121] Dabei ist allerdings zu berücksichtigen, dass der Abschluss einer Haltevereinbarung auch dann legitim ist, wenn sie einzig das Ziel hat, die Tatbestandsvoraussetzungen des § 7 Abs. 1 BörsZuLV zu verwirklichen.[122]

69

Auf dieser Grundlage kann die Zulassung von Aktien aus einer Kapitalerhöhung in Höhe von z.B. 15% des Grundkapitals so aufgesetzt werden, dass zunächst Aktien in Höhe von 10% (minus eine Aktie) ohne Prospekt nach § 4 Abs. 1 Nr. 1 zugelassen werden, die übrigen Aktien einer Haltevereinbarung für mindestens zwölf Monate unterliegen und nach Ablauf dieser Frist ebenfalls nach § 4 Abs. 1 Nr. 1 prospektfrei zugelassen werden. Die Beantragung der Teilzulassung ist mit einer entsprechenden Darlegung der Gründe zu veröffentlichen. Die von der Haltevereinbarung betroffenen Aktien sind mit einer separaten ISIN zu versehen.[123]

70

f) Keine Anrechnung anderer Ausnahmetatbestände

Fraglich ist, ob diese **Frist nur für die prospektfreie Zulassung von Aktien nach § 4 Abs. 2 Nr. 1 gilt oder sonstige prospektfreie Zulassungen einzurechnen sind**, z.B. die Zulassung von Aktien zur Bedienung einer Wandelanleihe nach § 4 Abs. 2 Nr. 7. Nach richtigem Verständnis dient die Frist jedoch nur der Vermeidung einer unbegrenzten wiederholten Ausnutzung der 10%-Schwelle (minus eine Aktie), so dass die Grenzen einer – gesetzlich privilegierten – Daueremission nicht umgangen werden. Nach der Systematik des Gesetzes steht die Ausnahme des § 4 Abs. 2 Nr. 1 neben denjenigen von § 4 Abs. 2 Nr. 2–8.[124] Es besteht kein Vorrangverhältnis einer einzelnen Ausnahme, woraus sich er-

71

---

118 Näher *Schlitt/Schäfer*, in: Assmann/Schlitt/von Kopp-Colomb, WpPG/VerkProspG, § 4 WpPG Rn. 43 unter Hinweis auf eine entsprechende Abstimmung mit der Frankfurter Wertpapierbörse; **a.A.** *Holzborn/Mayston*, in: Holzborn, WpPG, § 4 Rn. 14.
119 So *Holzborn/Mayston*, in: Holzborn, WpPG, § 4 Rn. 14.
120 *Heidelbach*, in: Schwark/Zimmer, KMRK, § 7 BörsZulV Rn. 2.
121 *Schlitt/Schäfer*, in: Assmann/Schlitt/von Kopp-Colomb, WpPG/VerkProspG, § 4 WpPG Rn. 43.
122 *Bloß/Schneider*, WM 2009, 879, 883; *Heidelbach*, in: Schwark/Zimmer, KMRK, § 7 BörsZulV Rn. 2.
123 *Schlitt/Schäfer*, in: Assmann/Schlitt/von Kopp-Colomb, WpPG/VerkProspG, § 4 WpPG Rn. 43 unter Hinweis auf eine entsprechende Auffassung der Frankfurter Wertpapierbörse.
124 *Lachner/v. Heppe*, WM 2008, 576, 579; *Schlitt/Schäfer*, AG 2008, 525, 528; *Schnorbus*, AG 2008, 389, 407.

§ 4   Ausnahmen von der Pflicht zur Veröffentlichung eines Prospekts

gibt, dass Sachverhalte, die durch einen Tatbestand von der Prospektpflicht ausgenommen sind, für die anderen Tatbestände neutral sind.[125] **Berücksichtigt werden daher für die Berechnung des 10%-Schwellenwerts nur Zulassungen auf Grundlage des § 4 Abs. 2 Nr. 1**. Das gilt aber nur für den Zähler, nicht auch für den Nenner im Rahmen der Berechnung des 10%-Schwellenwerts über den Zwölfmonatszeitraum.[126] Das bedeutet, dass prospektfreie Zulassungen auf Basis anderer Ausnahmetatbestände die mögliche Anzahl prospektfrei nach § 4 Abs. 2 Nr. 1 zuzulassender Aktien in dem relevanten Zwölfmonatszeitraum absolut erhöhen (weil eben der Nenner sich entsprechend erhöht).[127] Im Übrigen sind sonstige Veränderungen der Aktienanzahl – etwa im Rahmen einer Kapitalerhöhung aus Gesellschaftsmitteln oder im Rahmen eines Aktiensplits – dahingehend anzupassen, dass sie für die 10%-Berechnung im Ergebnis keine Rolle spielen.[128]

g) Zusammenspiel mit § 186 Abs. 3 Satz 4 AktG

72   Für die Praxis ist die Regelung im Zusammenhang mit der vereinfachten Kapitalerhöhung nach **§ 186 Abs. 3 Satz 4 AktG** zu sehen und von **hoher Bedeutung**; sie gilt indessen gleichermaßen für **nicht-deutsche Gesellschaften**, die Aktien zulassen wollen. § 186 Abs. 3 Satz 4 AktG erlaubt den sog. vereinfachten Bezugsrechtsausschluss bei Barkapitalerhöhungen von bis zu 10% des Grundkapitals, wenn der Ausgabepreis den Börsenkurs nicht wesentlich unterschreitet. Viele deutsche Aktiengesellschaften, KGaAs und SEs lassen sich standardmäßig von der Hauptversammlung ein genehmigtes Kapital mit vereinfachtem Bezugsrechtsausschluss einräumen (vgl. §§ 202 ff. AktG). Der Vorstand kann dann mit Zustimmung des Aufsichtsrats je nach Marktlage ohne nennenswerten zeitlichen Vorlauf und ohne besondere aktien- oder kapitalmarktrechtliche Vorgaben die Kapitalerhöhung durchführen und neue Aktien ausgeben.[129] Im Gegensatz zur früheren Rechtslage (§ 4 Abs. 1 Nr. 2 und Nr. 3 VerkProspG a. F.) sind öffentliche Angebote von Aktien aus 10%-Kapitalerhöhungen nicht mehr von der Prospektpflicht befreit. In der Praxis werden derartige Kapitalerhöhungen regelmäßig im Rahmen von Privatplatzierungen bei institutionellen Investoren platziert (vgl. § 3 Abs. 2 Nr. 1 und 2), so dass es hierfür keiner gesonderten Befreiung bedarf.[130] Die Zulassung erfolgt im Anschluss an das Angebot dann prospektfrei nach § 4 Abs. 2 Nr. 1.

---

125 *Schnorbus*, AG 2008, 389, 407; *Gebhardt*, in: Schäfer/Hamann, Kapitalmarktgesetze, § 4 WpPG Rn. 29; *Groß*, Kapitalmarktrecht, § 4 WpPG Rn. 9a.
126 Näher dazu ESMA-Questions and Answers – Prospectuses (25th Updated Version – July 2016), Nr. 31 (Exemption for admission to trading provided for in Article 4.2 a) Directive), S. 30 f.; vgl. ferner *Schnorbus*, AG 2008, 389, 407; *Schlitt/Schäfer*, in: Assmann/Schlitt/von Kopp-Colomb, WpPG/VerkProspG, § 4 WpPG Rn. 40.
127 Vgl. Beispielsrechnung bei ESMA-Questions and Answers – Prospectuses (25th Updated Version – July 2016), Nr. 31 (Exemption for admission to trading provided for in Article 4.2 a) Directive), S. 30 f.
128 Näher dazu ESMA-Questions and Answers – Prospectuses (25th Updated Version – July 2016), Nr. 31 (Exemption for admission to trading provided for in Article 4.2 a) Directive), S. 30 f.; *Schnorbus*, AG 2008, 389, 407; *Groß*, Kapitalmarktrecht, § 4 WpPG Rn. 10b.
129 Instruktiv zur Strukturierung von sog. 10%-Kapitalerhöhungen *A. Meyer*, in: Marsch-Barner/Schäfer, Handbuch börsennotierte AG, § 8 Rn. 180 ff.
130 Vgl. auch *Wiegel*, Prospektrichtlinie und Prospektverordnung, S. 184; *Schnorbus*, AG 2008, 389, 407.

III. Prospektbefreiung bei der Zulassung zum Handel (Abs. 2) § 4

Soweit die Gesellschaft **sowohl Stammaktien als auch Vorzugsaktien** ausgegeben hat, ist zu beachten, dass die 10%-Vorgabe des § 186 Abs. 3 Satz 4 AktG sich auf das gesamte Grundkapital bezieht, während § 4 Abs. 2 Nr. 1 auf 10% (minus eine Aktie) der jeweiligen Gattung abstellt.[131] Aktienrechtlich kann demnach theoretisch innerhalb einer Gattung eine Kapitalerhöhung mit vereinfachtem Bezugsrechtsausschluss mehr als 10% der Aktien dieser Gattung ausmachen; für die prospektfreie Zulassung bleibt es aber bei der Grenze von 10% (minus eine Aktie) innerhalb dieser Gattung.[132] Weiter können neue Stammaktien nicht prospektfrei zugelassen werden, wenn ausschließlich die Vorzugsaktien an der Börse notiert sind (und umgekehrt), da § 4 Abs. 2 Nr. 1 voraussetzt, dass die bisherigen Aktien der betreffenden Gattung bereits zum Handel an demselben organisierten Markt zugelassen sind. 73

2. Im Austausch ausgegebene Aktien (Nr. 2)

§ 4 Abs. 2 Nr. 2 setzt Art. 4 Abs. 2b) der Prospektrichtlinie um und ist mit § 45 Nr. 2c) BörsZulV a. F. vergleichbar. Die Vorschrift ist die Parallelvorschrift zur Ausnahme für das öffentliche Angebot solcher Wertpapiere gemäß § 4 Abs. 1 Nr. 1, setzt allerdings zusätzlich voraus, dass die **auszutauschenden Wertpapiere bereits an demselben organisierten Markt zum Handel zugelassen sind.** Zu den übrigen Voraussetzungen vgl. Rn. 4f. 74

3. Umtauschangebote (Nr. 3)

Die Ausnahme nach § 4 Abs. 2 Nr. 3 beruht auf Art. 4 Abs. 2c) der Prospektrichtlinie und ist mit § 45 Nr. 1b) BörsZulV a. F. vergleichbar. Sie ist die Parallelvorschrift zu § 4 Abs. 1 Nr. 2, so dass auf die dortigen Ausführungen, insbesondere zur Gleichwertigkeit der Angebotsunterlage und der Haftung, verwiesen werden kann. Da in diesem Fall jedoch keine Aktien angeboten, sondern zugelassen werden sollen, ist es wichtig, dass das prospektersetzende Dokument, wenn es auf einem Angebotsdokument beruht, was oftmals der Fall ist, die nötigen Mindestangaben für den Zulassungsprozess enthält (insbesondere Anzahl und Art der zuzulassenden Aktien). In der Praxis spielt die Regelung jedenfalls bei Umtauschangeboten nach dem WpÜG und der Verwendung derselben als prospektersetzendes Dokument bislang kaum eine Rolle,[133] da die Angebotsunterlage aufgrund des erheblichen Zeitablaufs zwischen ihrer Gestattung durch die BaFin und der dann tatsächlichen Zulassung der Angebotsaktien (mindestens ca. acht Wochen) oftmals nicht mehr über die erforderliche Aktualität verfügt, so dass ein separater Zulassungsprospekt erstellt wird (§ 3 Abs. 4). Soweit die Aktien jedoch weniger als 10% des bestehenden Grundkapitals umfassen, bietet sich die erleichterte prospektfreie Zulassung über § 4 Abs. 2 Nr. 1 an, was ohne Weiteres zulässig ist (vgl. Rn. 2). 75

---

131 Vgl. *Schnorbus*, AG 2008, 389, 407f.
132 Beispiel: Das Grundkapital der AG besteht aus 100 Aktien eingeteilt in 60 Stammaktien und 40 Vorzugsaktien. Nach § 186 Abs. 3 Satz 4 AktG kann das Grundkapital um 10 weitere Stammaktien ohne Bezugsrecht erhöht werden; prospektfrei zugelassen werden können davon nach § 4 Abs. 2 Nr. 1 allerdings nur 6 Stammaktien.
133 Vgl. jedoch die Transaktion alstria office REIT-AG/DO Deutsche Office AG, in welcher die Angebotsaktien auf Basis der Angebotsunterlage gemäß § 4 Abs. 2 Nr. 3 prospektfrei zugelassen wurden.

§ 4   Ausnahmen von der Pflicht zur Veröffentlichung eines Prospekts

75a Dem Problem, dass die Angebotsunterlage nicht mehr über die hinreichende Aktualität verfügt, lässt sich jedoch dadurch begegnen, dass der Bieter den sog. Prospektanhang (Angaben nach § 2 Nr. 2 WpÜG-Angebotsverordnung i.V.m. § 7 WpPG / ProspVO) der ursprünglich von der BaFin gebilligten Angebotsunterlage auf die bis zum Zulassungstag eingetretenen neuen Informationen (z.B. Finanzinformationen für neue Quartale) aktualisiert, um die Gleichwertigkeit zu gewährleisten; dieses Dokument würde dann auf der Internetseite der Gesellschaft als Dokument i.S.d. § 4 Abs. 2 Nr. 3 WpPG veröffentlicht. Dabei wäre es auch auch zulässig, die englischsprachige, für die Verbreitung an internationale Investoren vorgesehene Fassung der Angaben nach § 2 Nr. 2 WpÜG-Angebotsverordnung i.V.m. § 7 WpPG / ProspVO der ursprünglich von der BaFin gebilligten Angebotsunterlage mit deutscher Zusammenfassung zu verwenden. – Gleichermaßen erlaubt die Zulassungspraxis der Frankfurter Wertpapierbörse auch die Verwendung bei der SEC unter Formular F-4 oder S-4 eingereichte und für wirksam erklärte englischsprachige Registrierungsformulare als prospekterstezende Dokumente nach § 4 Abs. 2 Nr. 3 (vgl. Rn. 20). Der Bieter veröffentlicht in diesen Fällen das Registrierungsformular ebenfalls auf seiner Internetseite und aktualisiert es durch dynamische Verweise auf bestimmte bis zur Abwicklung des Übernahmeangebots (welche nach der geplanten Zulassung der Aktien der Gesellschaft stattfinden wird) erfolgende Einreichungen der Gesellschaft bei der SEC, insbesondere Jahres- und Quartalsabschlüsse, Proxy Statements und Berichte über ungeplante wesentliche oder Gesellschaftsereignisse; dabei bietet es sich an, einen separaten Link auf der Website der Gesellschaft einzurichten für Zwecke des gleichwertigen Dokuments, auf dem sich nicht nur das Ausgangsdokument des S-4 findet, sondern auch die einbezogenen Dokumente.

4. Verschmelzungen und Spaltungen (Nr. 4)

a) Anwendungsbereich

76 Die Ausnahme nach § 4 Abs. 2 Nr. 4 beruht auf Art. 4 Abs. 2 d) der Prospektrichtlinie und ist mit § 45 Nr. 1 b) BörsZulV a. F. vergleichbar. Sie ist die Parallelvorschrift zu § 4 Abs. 1 Nr. 3. Infolge der Umsetzung der Änderungsrichtlinie (vgl. Vor §§ 1 ff. Rn. 4 ff., 8) hat der deutsche Gesetzgeber nunmehr klargestellt, dass die Ausnahme neben der Verschmelzung auch die Fälle der Spaltung mitumfasst, die bislang nicht ausdrücklich genannt wurden. Während § 4 Abs. 1 Nr. 3 praktisch bedeutungslos ist, da im Zusammenhang mit einer Verschmelzung regelmäßig kein öffentliches Angebot begründet wird (vgl. Rn. 27 ff.), hat § 4 Abs. 2 Nr. 4 durchaus einen gewissen Anwendungsbereich. Bei Verschmelzungen erwarten jedenfalls die Anteilsinhaber der börsennotierten übertragenden Gesellschaft, dass die an sie im Tausch für die alten Aktien ausgegebenen neuen Aktien der übernehmenden Gesellschaft an der Börse gehandelt werden. § 4 Abs. 2 Nr. 3 umfasst dabei den typischen Fall, dass Wertpapiere – mangels Investitionsentscheidung ohne öffentliches Angebot – zugeteilt und an einem organisierten Markt zugelassen werden.

77 Die Ausnahmeregelung betrifft nach ihrem Wortlaut zunächst gemäß §§ 69, 142 UmwG infolge einer Verschmelzung oder Spaltung ausgegebene Aktien. Sie erstreckt sich darüber hinaus auch auf andere nach **§ 23 UmwG ausgegebene Wertpapiere**, wenn zur Bedienung von Sonderrechten wie etwa Wandelschuldverschreibungen, Gewinnschuldverschreibungen oder bestimmten Genussrechten Wertpapierkonditionen angepasst oder neue Wertpa-

piere emittiert werden.¹³⁴ Anwendung findet § 4 Abs. 2 Nr. 3 darüber hinaus nicht nur auf innerdeutsche Verschmelzungen nach dem UmwG, sondern auch auf **Verschmelzungsvorgänge nach §§ 122a ff. UmwG (grenzüberschreitende Verschmelzung in der EU) und Verschmelzungsvorgänge sonstigen ausländischen Rechts**, soweit hierbei Aktien an einem organisierten Markt in Deutschland zugelassen werden.¹³⁵ Zum **Formwechsel** vgl. unten Rn. 86.

Zweifelhaft ist, ob § 4 Abs. 2 Nr. 3 neben der Verschmelzung auch auf sonstige **Strukturmaßnahmen im Wege der Gesamt- oder Teilrechtsnachfolge nach dem UmwG und wirtschaftlich gleichwertige Strukturmaßnahmen (insbesondere Sachkapitalerhöhungen)** Anwendung findet. Während § 4 Abs. 1 Nr. 7 VerkProspG a. F. (Vorgängervorschrift zu § 4 Abs. 1 Nr. 3) sich nach seinem Wortlaut ausschließlich auf Verschmelzungen bezog, umfasste § 45 Nr. 1b) BörsZulV a. F. (Vorgängervorschrift zu § 4 Abs. 2 Nr. 4) neben der Verschmelzung zudem die Ausgabe von Aktien bei „*Spaltung, Übertragung des gesamten oder eines Teils des Vermögens eines Unternehmens oder als Gegenleistungen für Sacheinlagen*".

78

Dies würde für die Praxis viel Sinn ergeben, da diese Strukturmaßnahmen wirtschaftlich oftmals austauschbar sind und/oder den gleichen Rechtsprinzipien unterliegen. Gegen eine entsprechende Erweiterung des Anwendungsbereiches des § 4 Abs. 2 Nr. 4 sprechen zwar der eindeutige Wortlaut der Norm sowie die Konzeption des Gesetzgebers, die Prospektrichtlinie – jedenfalls was die §§ 1–4 WpPG betrifft – nahezu identisch in das nationale Recht umzusetzen, die wiederum vom Wortlaut her nur die Verschmelzung und die Spaltung erfasst. Doch jedenfalls in solchen Fällen, in denen eine Strukturmaßnahme dem gleichen Regelungsregime wie eine Verschmelzung bzw. Spaltung unterliegt und somit die gleichen Informationen veröffentlicht werden, gibt es keinen Grund, eine entsprechende Anwendung der Regelung abzulehnen.

79

Nicht erweitert werden kann die Regelung des § 4 Abs. 2 Nr. 4 hingegen auf die **Sachkapitalerhöhung**, insbesondere unter Ausnutzung eines genehmigten Kapitals, oder andere Strukturen, die nicht dem UmwG vergleichbare Informationspflichten zugunsten der Gesellschafter vorsehen. Schließlich fällt auch ein **scheme of arrangement** nach englischem Recht nicht unter die Ausnahme nach § 4 Abs. 2 Nr. 4.¹³⁶

80

b) Bestimmung der Gleichwertigkeit

Bei der Bestimmung der Gleichwertigkeit der Verschmelzungsdokumentation ist nach der Gesetzesbegründung¹³⁷ insbesondere zu berücksichtigen, ob ein Dokument verfügbar ist, dass nach früherer Rechtslage eine Möglichkeit zur Befreiung von der Prospektpflicht nach § 45 Nr. 1b) BörsZulV eröffnet hätte.

81

Die Verschmelzungsdokumentation nach den Anforderungen des UmwG, insbesondere der (gemeinsame) Verschmelzungs- bzw. Spaltungsbericht nach §§ 8, 127 UmwG, ist

82

---

134 *Zeising*, in: Just/Voß/Ritz/Zeising, WpPG, § 4 Rn. 11; *Heidelbach*, in: Schwark/Zimmer, KMRK, § 4 WpPG Rn. 12; vgl. ferner zum alten Recht *Heidelbach*, in: Schwark/Zimmer, KMRK, § 4 VerkProspG Rn. 18.
135 Vgl. zu § 4 Abs. 1 Nr. 3: *Grosjean*, in: Heidel, Aktienrecht und Kapitalmarktrecht, § 4 WpPG Rn. 5; *Heidelbach*, in: Schwark/Zimmer, KMRK, § 4 WpPG Rn. 14.
136 *Zeising*, in: Just/Voß/Ritz/Zeising, WpPG, § 4 Rn. 16.
137 BT-Drucks. 15/4999, S. 30; *Groß*, Kapitalmarktrecht, § 4 WpPG Rn. 14.

§ 4 Ausnahmen von der Pflicht zur Veröffentlichung eines Prospekts

durchaus detailliert und umfassend, zielt aber eher auf die Information über eine zu beschließende gesellschaftsrechtliche Strukturmaßnahme als auf die Aufklärung über eine Investitionsentscheidung nach Maßgabe des § 5. So fehlen insbesondere die im Rahmen eines Prospekts für Eigenkapitalemissionen geforderten und international typischen Abschnitte *„Zusammenfassung"*,[138] *„Risikofaktoren"*,[139] *„Ausgewählte Finanz- und Geschäftsinformationen"*,[140] *„Darstellung und Analyse der Vermögens-, Finanz- und Ertragslage"*,[141] deren Informationsgehalt zumindest auch nicht vollständig durch etwaige vorhandene IFRS-Konzernabschlüsse abgedeckt werden könnte.[142] Zu berücksichtigen ist dabei auch, dass § 4 Abs. 2 Nr. 4 „Gleichwertigkeit" und nicht „wesentliche Gleichwertigkeit" verlangt. Daher ist davon auszugehen, dass die Pflichtangaben eines Verschmelzungs- bzw. Spaltungsberichts nur dann gleichwertig mit denen eines Prospektes sind, wenn sie **um zusätzliche – freiwillige – Angaben ergänzt** werden.[143]

83   Bei der Gleichwertigkeit ist weiter die **Aktualität des Verschmelzungs- bzw. Spaltungsberichts** im Vergleich zur Aktualität eines Prospekts zu berücksichtigen.[144] In einer üblichen Verschmelzungstransaktion unter Ausgabe neuer, an der Börse handelbarer Aktien der übernehmenden Gesellschaft muss der Verschmelzungs- bzw. Spaltungsbericht vor Einberufung der Hauptversammlung vorliegen (§ 63 Abs. 1 Nr. 1 UmwG). Der Prospekt zur Zulassung der Aktien wird dagegen üblicherweise kurz vor der Entstehung und Zulassung der Aktien aus der Kapitalerhöhung gebilligt und veröffentlicht; im Übrigen besteht eine Nachtragspflicht bei wichtigen neuen Umständen oder wesentlichen Unrichtigkeiten nach Maßgabe des § 16 Abs. 1. Im Normalfall liegen daher – unter Berücksichtigung des üblichen Zeitplans einschließlich eines Freigabeverfahrens nach § 16 Abs. 3 UmwG – mehrere Monate oder Jahre zwischen dem Datum des Verschmelzungs- bzw. Spaltungsberichts und dem Datum eines Prospekts.

84   Daher tendieren die Beteiligten in der Praxis zu Recht dahin, die Ausnahme nach § 4 Abs. 2 Nr. 4 nicht in Anspruch zu nehmen und stattdessen separat einen Verschmelzungs- bzw. Spaltungsbericht und einen vollständigen Prospekt für die Börsenzulassung zu erstellen und zu veröffentlichen. Gründe hierfür sind neben den Unwägbarkeiten bei der Fest-

---

138 Art. 24 Prospektverordnung.
139 Art. 4 Abs. 1 Prospektverordnung in Verbindung mit Anhang I Nr. 4.
140 Art. 4 Abs. 1 Prospektverordnung in Verbindung mit Anhang I Nr. 3 und 20.
141 Art. 4 Abs. 1 Prospektverordnung in Verbindung mit Anhang I Nr. 9.
142 Darüber hinaus sieht die Verschmelzungsdokumentation von Gesetzes wegen auch keine Angaben zu „Kapitalausstattung und Verschuldung" (Art. 4 Abs. 1 Prospektverordnung in Verbindung mit Anhang I Nr. 10.), „Regulatorischem und Umfeld" (Art. 4 Abs. 1 Prospektverordnung in Verbindung mit Anhang I Nr. 9.2.3) oder „Geschäften und Rechtsbeziehungen mit nahestehenden Personen" (Art. 4 Abs. 1 Prospektverordnung in Verbindung mit Anhang I Nr. 19) vor.
143 *Veil/Wundenberg*, WM 2008, 1285, 1288; *Seibt/von Bonin/Isenberg*, AG 2008, 565, 570; *Bachmann*, ZHR 172 (2008), 597, 618; *Assmann*, ZHR 172 (2008), 635, 660; *Grosjean*, in: Heidel, Aktienrecht und Kapitalmarktrecht, § 4 WpPG Rn. 5; *Gebhardt*, in: Schäfer/Hamann, Kapitalmarktgesetze, § 4 WpPG Rn. 12; *Schlitt/Schäfer*, in: Assmann/Schlitt/von Kopp-Colomb, WpPG/VerkProspG, § 4 WpPG Rn. 17; wohl auch *Mülbert/Steup*, WM 2005, 1633, 1643. **Anders** *Groß*, Kapitalmarktrecht, § 4 WpPG Rn. 14 mit dem Verständnis, dass abgesehen von den Prospektabschnitten „Zusammenfassung" und „Risikofaktoren" sowie der Verantwortungsklausel die Informationen in Verschmelzungsberichten „jedenfalls als im Wesentlichen denen des Prospekts gleichwertig anzusehen" seien; zustimmend *Heidelbach*, in: Schwark/Zimmer, KMRK, § 4 WpPG Rn. 14.
144 Vgl. *Groß*, Kapitalmarktrecht, § 4 WpPG Rn. 15.

stellung der Gleichwertigkeit und Haftung die Notwendigkeit der Vermarktung (auch im Ausland mit einer englischen Übersetzung des Prospekts) der Aktien der aufnehmenden Gesellschaft zur Regulierung eines Angebotsüberhangs im Markt nach Vollzug der Verschmelzung bzw. Spaltung. Insgesamt lassen sich diese rechtlichen Themen nur durch eine Verordnung auf Grundlage des § 4 Abs. 3 für die Praxis lösen.[145] Gegenstand dieser Verordnung müssten insbesondere die erforderlichen Informationen, die Aktualisierung des Dokuments sowie der zugrunde liegende Haftungsmaßstab sein.

Die Einschätzung, ob die relevante Verschmelzungsdokumentation gleichwertig mit einem Prospekt ist, liegt im Falle der Zulassung in der **Verantwortung der zuständigen Börse**. Dabei besteht eine gewisse **materielle Prüfungskompetenz** im Hinblick auf die Gleichwertigkeit der Dokumente (vgl. Vor §§ 1 ff. Rn. 25 f.). Die **Frankfurter Wertpapierbörse** tendiert für den in § 4 Abs. 2 Nr. 4 geregelten Fall der Verschmelzung entschlossen dahin, lediglich eine **formelle Prüfung** vorzunehmen, d.h. eine inhaltliche Prüfung, ob die Gleichwertigkeit eines Verschmelzungsbericht tatsächlich gegeben ist, findet nicht statt.[146] Vielmehr bedarf es einer entsprechenden Gleichwertigkeitsbestätigung (Rn. 59). Gleiches wird wohl auch für einen Spaltungsbericht gelten. Bei grenzüberschreitenden Verschmelzungen entscheiden jeweils die Börsen in den jeweiligen Mitgliedstaaten, in denen die Aktien gehandelt werden sollen.[147] Bei einem mehrfachen Listing sind somit entsprechend parallele Zulassungsverfahren durchzuführen. Ein „**Passporting**" der Ausnahme des § 4 Abs. 2 Nr. 4 besteht nicht.[148] Unbenommen bleibt es den jeweiligen Börsen, sich im Hinblick auf einen gemeinsamen Standard abzustimmen.

85

c) Formwechsel

Der **Formwechsel** einer börsennotierten Gesellschaft (AG, SE, KGaA) in eine andere börsennotierte Gesellschaft erfordert keine erneute Zulassung der „neuen" Aktien (vgl. § 3 Rn. 61 ff.) und ist folgerichtig auch nicht von dem Wortlaut der Regelung des § 4 Abs. 1 Nr. 3 erfasst. Die Zulassungsstelle der Frankfurter Wertpapierbörse sieht dies jedenfalls bei dem Formwechsel in eine KGaA wenig überzeugend anders und verlangt die erneute Zulassung der Aktien der KGaA, kommt den Emittenten aber entgegen, indem sie analog § 4 Abs. 2 Nr. 4 eine prospektfreie Zulassung erlaubt, wenn ein gleichwertiges den Prospekt ersetzendes Dokument vorliegt (vgl. § 3 Rn. 63). Als prospektersetzendes Dokument dient in diesen Fällen der nach § 192 UmwG zu erstellende Umwandlungsbericht, dessen Angaben aber – soweit er lediglich auf Grundlagen der umwandlungsrechtlichen Vorgaben erstellt und nicht ergänzt wurde – in aller Regel nicht denen eines Prospekts gleichwertig sind (vgl. Rn. 81 ff.). Wie in Verschmelzungsfällen nimmt die Börse dabei keine materielle Prüfung der Gleichwertigkeit vor, sondern verlangt von der die Börsenzulassung begleitenden Bank (ggf. alternativ von den begleitenden Rechtsanwälten oder der Emittentin selbst)

86

---

145 Vgl. *Groß*, Kapitalmarktrecht, § 4 WpPG Rn. 15 (insbesondere unter Hinweis auf § 45 Nr. 1b) BörsZulV a. F., der die Frage der Aktualisierung des Verschmelzungsberichts ausdrücklich regelte).
146 Nach *Grosjean*, in: Heidel, Aktienrecht und Kapitalmarktrecht, § 4 WpPG Rn. 12 Fn. 34.
147 *Internal Market Directorate-General* (Markt/G3/WG D(2005) vom 26.1.2005, S. 5 f.
148 ESMA-Questions and Answers – Prospectuses (25th Updated Version – July 2016), Nr. 30 (Exemptions provided for in Articles 4.1 c) and 4.2 d) Directive in case of mergers), S. 29 (mit dem Hinweis, dass die einzelnen Zulassungsbehörden jedoch auf Prüfungen anderer Zulassungsbehörden zurückgreifen könnten).

eine – vom Gesetz nicht vorgesehene – Bestätigung, dass der Umwandlungsbericht als Dokument angesehen werden könne, dessen Angaben denen eines Prospekts gleichwertig sind (vgl. Rn. 59). Dabei sieht die Zulassungsstelle der Frankfurter Wertpapierbörse keine formelle Notwendigkeit, den Bericht von seinem originären Datum (vor Einladung zur Hauptversammlung) auf das Datum der Börsenzulassung zu aktualisieren. Seitdem veröffentlichte Zwischenabschlüsse wären aber ggf. zu ergänzen. Offenbar haben sich die Beteiligten in den o.g. Fällen darauf verlassen, dass auf Grundlage des Umwandlungsberichts keine „Anlageentscheidung" der Aktionäre getroffen wird und eine Haftung nach § 21 Abs. 4 WpPG daher nicht zum Tragen kommen kann.

5. Kapitalerhöhung aus Gesellschaftsmitteln und Sachdividenden (Nr. 5)

87 § 4 Abs. 2 Nr. 5 geht zurück auf Art. 4 Abs. 2e) der Prospektrichtlinie. Wie die Parallelnorm in § 4 Abs. 1 Nr. 4 regelt § 4 Abs. 2 Nr. 5 Ausnahmen von der Prospektpflicht im Fall der Sachdividende in Form von Aktien (vgl. daher im Einzelnen dort unter Rn. 32 ff.). Anders als § 4 Abs. 1 Nr. 4 gilt die Vorschrift auch für Kapitalerhöhungen aus Gesellschaftsmitteln, da dieser Anwendungsfall nicht im Rahmen der Umsetzung der Änderungsrichtlinie durch den deutschen Gesetzgeber gestrichen wurde. In Ergänzung zu § 4 Abs. 1 Nr. 4 verlangt § 4 Abs. 2 Nr. 5, dass **Aktien derselben Gattung der Aktien**, die angeboten oder zugeteilt werden oder zugeteilt werden sollen, **bereits zum Handel an demselben organisierten Markt**, zu dem die Börsenzulassung beantragt werden soll, **zugelassen sind**. Nach der systematischen Stellung bezieht sich diese einschränkende Voraussetzung nur auf Aktien aus einer nominellen Kapitalerhöhung; richtig verstanden erfasst sie aber auch die Sachdividende. Zum einen ergibt sich das aus dem insofern eindeutigen Art. 4 Abs. 2e) der Prospektrichtlinie; zum anderen würde ein anderes Ergebnis dazu führen, dass durch eine Sachdividende Aktien einer noch nicht börsennotierten Tochtergesellschaft ohne weitere Prospekterstellung zum Handel an einem organisierten Markt zugelassen werden könnten.

88 Im Übrigen ist der Anwendungsbereich des § 4 Abs. 2 Nr. 5 (ebenso wie im Falle der Parallelnorm des § 4 Abs. 1 Nr. 4) gering. Soweit es um die Zuteilung von Aktien aus einer Kapitalerhöhung aus Gesellschaftsmitteln in- und ausländischer[149] Emittenten geht, deren Aktien bereits an einer deutschen Börse zum Handel (also im regulierten Markt) zugelassen sind, sind diese neuen Aktien gemäß **§ 33 Abs. 4 EGAktG kraft Gesetzes ebenfalls zum Börsenhandel zugelassen**.[150] Eines Antrages auf prospektfreie Zulassung gemäß § 32 Abs. 1 BörsG, der den Anforderungen des § 4 Abs. 2 Nr. 5 genügen muss (insbesondere im Hinblick auf die Veröffentlichung eines prospektersetzenden Dokuments), bedarf es daher nicht.[151] Erforderlich ist lediglich der (formale) Antrag auf Notierungsaufnahme

---

149 *Groß*, Kapitalmarktrecht, § 4 WpPG Rn. 17; *Grosjean*, in: Heidel, Aktienrecht und Kapitalmarktrecht, § 4 WpPG Rn. 16; **a. A.** *Mülbert/Steup*, WM 2005, 1633, 1641 Fn. 99.

150 Vgl. *Groß*, Kapitalmarktrecht, § 4 WpPG Rn. 17; *Grosjean*, in: Heidel, Aktienrecht und Kapitalmarktrecht, § 4 WpPG Rn. 16; *Mülbert/Steup*, WM 2005, 1633, 1641; *Schanz/Schalast*, Wertpapierprospekte – Markteinführungspublizität nach EU-Prospektverordnung und Wertpapierprospektgesetz 2005, HfB – Working Paper Series No. 74, S. 11 Fn. 29; *Schlitt/Schäfer*, in: Assmann/Schlitt/von Kopp-Colomb, WpPG/VerkProspG, § 4 WpPG Rn. 47.

151 Vgl. aber SAP AG, „Bekanntmachung über die Erhöhung des Grundkapitals aus Gesellschaftsmitteln und Aufforderung zur Entgegennahme von Berichtigungsaktien – zugleich Dokument i. S. v. § 4 Abs. 2 Nr. 5 WpPG", Dezember 2006.

der jungen Aktien (§ 38 BörsG).¹⁵² Zu dem Anwendungsfall bei sog. **Scrip Dividends** vgl. Rn. 38 ff., die für die prospektfreie Zulassung entsprechend Anwendung finden.

6. Ausgabe von Aktien an Mitarbeiter (Nr. 6)

Die Ausnahme des § 4 Abs. 2 Nr. 6 beruht auf Art. 4 Abs. 2 f) der Prospektrichtlinie und ist mit § 45 Nr. 3c) BörsZulV a. F. vergleichbar. Zusätzlich zu den auch in § 4 Abs. 1 Nr. 5 enthaltenen Voraussetzungen (siehe daher dort im Einzelnen Rn. 40 ff.), ist – ähnlich den Vorgaben in § 4 Abs. 2 Nr. 5b) – im Rahmen des § 4 Abs. 2 Nr. 6 erforderlich, dass es sich bei den Wertpapieren um **dieselbe Gattung** handelt wie bei den Wertpapieren, **die bereits zum Handel an demselben organisierten Markt zugelassen sind**, an dem die Zulassung prospektfrei erfolgen soll. Dies bedeutet beispielsweise, dass bei der Ausgabe von Aktien an Mitarbeiter auch bereits andere Aktien desselben Emittenten an einem organisierten Markt zugelassen sein müssen, damit die Ausnahme greift. Die bloße Zulassung von irgendwelchen Wertpapieren (etwa einer Anleihe) des Arbeitgebers an einem organisierten Markt genügt – anders als bei der Parallelvorschrift des § 4 Abs. 1 Nr. 5b (vgl. Rn. 54) – insofern gerade nicht.¹⁵³ Soweit die Aktien weniger als 10 % des bestehenden Grundkapitals umfassen, bietet sich die erleichterte prospektfreie Zulassung über § 4 Abs. 2 Nr. 1 an, was ohne weiteres zulässig ist (vgl. Rn. 2 und Rn. 61). Im Falle einer prospektfreien Zulassung nach § 4 Abs. 2 Nr. 6 verlangen die Börsen im Übrigen, dass das Mitarbeiterprogramm bereits **konkretisiert** ist, also vom Management entsprechend beschlossen wurde.¹⁵⁴

89

7. Aktien aus Umtausch- oder Bezugsrechten (Nr. 7)

a) Regelungsgegenstand

§ 4 Abs. 2 Nr. 7 beruht auf Art. 4 Abs. 2g) der Prospektrichtlinie und ist mit § 45 Nr. 2b BörsZulV a. F. vergleichbar. Die Regelung ist von **hoher praktischer Bedeutung**. Sie ermöglicht es, Aktien, die nach der **Ausübung von Umtausch- oder Bezugsrechten** aus anderen Wertpapieren ausgegeben werden, prospektfrei zuzulassen, sofern es sich dabei um Aktien derselben Gattung handelt wie die Aktien, die bereits zum Handel an demselben organisierten Markt zugelassen sind. Über ihren Wortlaut hinaus findet die Regelung auch auf Fälle Anwendung, in denen Aktien im Rahmen einer **Bezugsrechtskapitalerhöhung** ausgegeben werden (Rn. 104 ff.), **Aktien im Tausch gegen andere Wertpapiere ausgege-**

90

---

152 Nach Stimmen in der Literatur (*Mülbert/Steup*, WM 2005, 1633, 1641 f., und wohl auch *Zeising*, in: Just/Voß/Ritz/Zeising, WpPG, § 4 Rn. 47) fehlt es gänzlich an einem Anwendungsfall für § 4 Abs. 2 Nr. 5 in Bezug auf Sachdividenden, da eine entsprechende Befreiung bereits nach § 4 Abs. 2 Nr. 1 zur Verfügung stehe. Es ist zumindest theoretisch denkbar, dass die Schwelle von 10 % überschritten wird oder der Emittent kein Interesse hat, die Emission auf die 10 %-Schwelle anrechnen zu lassen, da er innerhalb des 12-Monatszeitraums beabsichtigt, weitere Emission durchzuführen und für deren Zulassung zum Handel an einem organisierten Markt die Ausnahmevorschrift des § 4 Abs. 2 Nr. 1 zu nutzen beabsichtigt.
153 Vgl. BT-Drucks. 16/2424, S. 5 (Antwort der Bundesregierung auf die Kleine Anfrage der Abgeordneten *Dr. Thea Dückert, Dr. Gerhard Schick, Kerstin Andreae*, weiterer Abgeordneter und der Fraktion BÜNDNIS 90/DIE GRÜNEN); *Apfelbacher/Metzner*, BKR 2006, 82, 83 Rn. 19.
154 *Holzborn/Mayston*, in: Holzborn, WpPG, § 4 Rn. 19; *Schlitt/Schäfer*, in: Assmann/Schlitt/von Kopp-Colomb, WpPG/VerkProspG, § 4 WpPG Rn. 48.

ben werden (Rn. 109 ff.) oder infolge von **Satzungsänderungen bzw. Umwandlungsmaßnahmen ein automatischer Umtausch von Aktien** erfolgt (Rn. 110).

91 Klassische Anwendungsfälle sind die Zulassungen von Aktien, die bei Ausübung des Wandel- oder Optionsrechtes an den Inhaber von **Wandel- oder Optionsanleihen** geliefert werden müssen. Weiter umfasst der Wortlaut der Ausnahme ausdrücklich auch Umtauschrechte, so dass auch Aktien aus **Umtauschanleihen** nach § 4 Abs. 2 Nr. 7 prospektfrei zugelassen werden können. **Pflichtwandel- oder Pflichtumtauschanleihen** fallen ebenfalls unter die Ausnahme, da auch hier Umtausch- bzw. Bezugsrechte entstehen, der Anleger sich jedoch lediglich in den Anleihebedingungen zur Ausübung seines Bezugs- bzw. Umtauschrechts verpflichtet.[155]

92 Voraussetzung ist in jedem Fall jedoch, dass es sich bei dem **„Hauptrecht" um Wertpapiere** im technischen Sinne nach § 2 Nr. 1 handelt; **nicht übertragbare** Options-, Umtausch-, oder Wandelrechte (vgl. § 2 Rn. 14 ff.) sind demnach nicht im Rahmen des § 4 Abs. 2 Nr. 7 privilegiert.[156] Hier und in sonstigen Fällen besteht zudem die Möglichkeit die zugrunde liegenden Aktien nach § 4 Abs. 2 Nr. 1 zuzulassen (vgl. Rn. 61).

93 Eine § 4 Abs. 2 Nr. 7 entsprechende Regelung fehlt im Rahmen des § 4 Abs. 1, der prospektfreie Angebote regelt. Bei der bloßen Ausübung von Options-, Wandel- und Umtauschrechten handelt es sich jedoch nicht um ein öffentliches Angebot nach §§ 3 Abs. 1, 2 Satz 1 Nr. 4, so dass insofern eine Befreiung von der Prospektpflicht für die der Anleihe zugrundeliegenden Aktien nicht erforderlich ist.[157] Anders mag dies zwar für das Angebot der Anleihe selbst sein; hier greifen jedoch in der Praxis regelmäßig die Ausnahmen nach § 3 Abs. 1 Satz 1 Nr. 3 und 4. Sofern allerdings die Anleihe selbst zum Börsenhandel in Deutschland zugelassen werden soll, greift die Prospektpflicht nach § 3 Abs. 4; vgl. auch Rn. 98 ff. u. Rn. 102 ff.

b) Zugrunde liegende Aktien

94 Anwendungsfälle von § 4 Abs. 2 Nr. 7 sind die Zulassung von **bestehenden Aktien**,[158] aber auch von **zukünftigen Aktien**, die erst durch Kapitalmaßnahmen geschaffen werden

---

155 *Schlitt/Schäfer*, AG 2005, 488, 501; *Schlitt/Schäfer*, in: Assmann/Schlitt/von Kopp-Colomb, WpPG/VerkProspG, § 4 WpPG Rn. 51; *Schnorbus*, AG 2008, 389, 408; *Grosjean*, in: Heidel, Aktienrecht und Kapitalmarktrecht, § 4 WpPG Rn. 18; *Zeising*, in: Just/Voß/Ritz/Zeising, WpPG, § 4 Rn. 49; *Groß*, Kapitalmarktrecht, § 4 WpPG Rn. 19; *Schanz/Schalast*, Wertpapierprospekte – Markteinführungspublizität nach EU-Prospektverordnung und Wertpapierprospektgesetz 2005, HfB – Working Paper Series No. 74, S. 11 Fn. 34.
156 ESMA-Questions and Answers – Prospectuses (25th Updated Version – July 2016), Nr. 29 (Exemption provided for in Article 4.2 g), S. 29; *Schnorbus*, AG 2008, 389, 408; *Schlitt/Schäfer*, in: Assmann/Schlitt/von Kopp-Colomb, WpPG/VerkProspG, § 4 WpPG Rn. 50.
157 *Schlitt/Schäfer*, in: Assmann/Schlitt/von Kopp-Colomb, WpPG/VerkProspG, § 4 WpPG Rn. 52.
158 **A.A.** *Schlitt/Schäfer*, in: Assmann/Schlitt/von Kopp-Colomb, WpPG/VerkProspG, § 4 WpPG Rn. 50. Voraussetzung ist nach *Schlitt/Schäfer*, „dass die Aktien erst nach der Ausübung des Wandlungs- oder Umtauschrechts ausgegeben werden", wobei sie zur Stützung ihrer Auffassung CESR (Frequently Asked Questions Nr. 29) sowie *Grosjean* (in: Heidel, Aktienrecht und Kapitalmarktrecht, § 4 WpPG Rn. 18) zitieren. Ihre Auffassung lässt sich aber weder dem Gesetz noch den genannten Zitaten entnehmen; sie widerspricht auch ihrer eigenen Auffassung, dass § 4 Abs. 2 Nr. 7 Umtauschanleihen umfasst, da bei diesem Instrument sich das Umtauschrecht in der Praxis stets auf bereits ausgegebene, im Besitz des Aktionärs befindliche Aktien bezieht.

müssen. Die Aktien stammen bei Wandel- oder Optionsanleihen in der Regel aus **bedingtem Kapital** (§§ 192 ff. AktG), in Betracht kommen aber auch eigene Aktien (§ 71 AktG) oder Aktien aus genehmigtem Kapital (§§ 202 ff. AktG).[159] Ferner ist eine Kombination von Aktien aus bedingtem und genehmigtem Kapital möglich. Die Regelung gilt entsprechend für **ausländische Emittenten** mit Aktien, die an einem regulierten Markt in Deutschland zugelassen sind; hier erfolgt die Bedienung von Wandel- oder Optionsanleihen oftmals aus genehmigten Kapital, wenn die ausländische Rechtsordnung kein bedingtes Kapital deutscher Prägung kennt, z. B. Luxemburg. Bei Umtauschanleihen handelt es sich um Aktien einer dritten Gesellschaft, die sich im Eigentum eines Aktionärs befinden.

Grundsätzlich setzt die Zulassung von Aktien zum Börsenhandel zwar deren Existenz voraus (vgl. § 48 Abs. 2 Nr. 5–7 BörsZulV).[160] Jedenfalls bei bedingtem Kapital ist jedoch auf Grundlage des § 4 Abs. 2 Nr. 7 die Zulassung von Aktien möglich, die erst nach Ausübung von Umtausch- oder Bezugsrechten aus Wandel-, Options- oder Umtauschanleihen ausgegeben werden und daher **im Zeitpunkt der Zulassung noch nicht entstanden sind** (der Wortlaut erfasst Aktien, die „*ausgegeben werden*" und nicht „*wurden*").[161] Da der Wortlaut des § 4 Abs. 2 Nr. 7 nicht zwischen den verschiedenen „Underlyings" differenziert, sollte dies im Prinzip auch für Aktien aus genehmigtem Kapital gelten. 95

c) Zeitpunkt und Umfang der Zulassung von Aktien

Auch wenn die **Ausübung** des Wandelungs- bzw. Bezugsrechts **noch nicht absehbar ist**, kann die Geschäftsführung der Börse die Zulassung nach § 4 Abs. 2 Nr. 7 nicht mit dem Hinweis auf ein fehlendes Bescheidungsinteresse ablehnen, da § 32 Abs. 3 Nr. 2 BörsG einen zwingenden Zulassungsanspruch dann gewährt, wenn eine Ausnahme nach § 4 Abs. 2 eingreift.[162] Davon geht auch § 11 Abs. 1 BörsZulV aus, der eine gleichzeitige Zulassung von Anleihe und Aktien verlangt, ohne für die Zulassung der Aktien auf die Absehbarkeit oder sonstige zeitliche Nähe der Ausübung des Wandelungs- bzw. Bezugsrechts abzustellen. 96

Weiter grenzt § 4 Abs. 2 Nr. 7 die **Anzahl der Aktien**, die danach prospektfrei zugelassen werden können, **nicht ein**. Die Zulassung von noch nicht zugelassenen Aktien ist allerdings nur in dem Umfang möglich, in dem theoretisch Bezugs- oder Umtauschrechte aufgrund der zugrunde liegenden Wertpapiere bestehen.[163] Des Weiteren ist es unschädlich, wenn – zur Vermeidung der Volumenbegrenzung auf 50 % des Grundkapitals aus §§ 192 Abs. 3 Satz 1, 202 Abs. 3 Satz 1 AktG – die zuzulassenden Aktien kombiniert aus geneh- 97

---

159 *Groß*, in: Marsch-Barner/Schäfer, Handbuch börsennotierte AG, § 51 Rn. 60.
160 Vgl. auch Frankfurter Wertpapierbörse, Rundschreiben Listing 01/2005 zur Umsetzung der Prospektrichtlinie v. 2.6.2005, S. 3 unter Nr. 7.
161 *Grosjean*, in: Heidel, Aktienrecht und Kapitalmarktrecht, § 4 WpPG Rn. 18; ebenso *Schnorbus*, AG 2008, 389, 408; *Heidelbach*, in: Schwark/Zimmer, KMRK, § 4 WpPG Rn. 46.
162 *Grosjean*, in: Heidel, Aktienrecht und Kapitalmarktrecht, § 4 WpPG Rn. 18; *Schnorbus*, AG 2008, 389, 408; *Heidelbach*, in: Schwark/Zimmer, KMRK, § 4 WpPG Rn. 46. Die Frankfurter Wertpapierbörse verlangt dagegen, dass die Umwandlung bzw. der Umtausch der Anleihen innerhalb von sechs bis zwölf Monaten wahrscheinlich ist. Das ist z. B. unabhängig von der Ausübungsmöglichkeit durch die Investoren richtigerweise dann der Fall, wenn die Anleihe jederzeit durch den Emittenten gewandelt werden kann.
163 *Grosjean*, in: Heidel, Aktienrecht und Kapitalmarktrecht, § 4 WpPG Rn. 18; *Schnorbus*, AG 2008, 389, 408.

§ 4   Ausnahmen von der Pflicht zur Veröffentlichung eines Prospekts

migtem und bedingtem Kapital ausgegeben werden (etwa zur Bedienung von Wandelanleihen in Restrukturierungssituationen).

d) Zusammenhang mit § 11 Abs. 1 BörsZulV

98 § 4 Abs. 2 Nr. 7 ist im Zusammenhang mit **§ 11 Abs. 1 BörsZulV** zu sehen. Danach können Wertpapiere, die den Gläubigern ein Umtausch- oder Bezugsrecht einräumen, nur zugelassen werden, wenn die Wertpapiere, auf die sich das Umtausch- oder Bezugsrecht bezieht, an einer inländischen Börse entweder zum Handel zugelassen oder in einen anderen organisierten Markt einbezogen sind oder gleichzeitig zugelassen oder einbezogen werden. Die Geschäftsführung der Börse kann allerdings abweichend von § 11 Abs. 1 BörsZulV gemäß § 11 Abs. 2 BörsZulV Umtausch- und Wandelanleihen zulassen, wenn die Aktien, auf die sich das Umtausch- oder Bezugsrecht bezieht, zum Handel an einem organisierten Markt (im Ausland) zugelassen sind und wenn sich das Publikum im Inland regelmäßig über die Kurse unterrichten kann, die sich an dem Markt im Ausland im Handel mit diesen Wertpapieren bilden.

99 Bei mit bedingtem oder genehmigtem Kapital (vgl. Rn. 94) unterlegten Wandel- oder Optionsanleihen muss also grundsätzlich **mit Zulassung der jeweiligen Anleihe auch das entsprechende bedingte/genehmigte Kapital zugelassen sein**, obwohl die Aktien mangels Ausübung des Wandel- oder Optionsrechts noch nicht existieren. Bei einer Umtauschanleihe müssen bereits existierende Aktien einer dritten Gesellschaft ebenfalls zumindest zeitgleich mit der Umtauschanleihe zugelassen werden.

100 Wenn jedoch die Wandel- und Optionsrechte, z. B. aufgrund vertraglicher Vereinbarungen oder der Anleihebedingungen, **noch gar nicht ausgeübt werden können**, scheidet eine Zulassung der Aktien aus bedingtem Kapital **wegen fehlendem rechtlichen Interesse** an der Zulassung aus; von einem solchen fehlendem Interesse ist auszugehen, wenn die Wandlung oder Ausübung der Option erst nach Monaten oder später erfolgen kann.[164]

101 Die Zulassung der betreffenden Anleihe zum Börsenhandel ist im Übrigen auch für manche Investoren nach ihren Anlagerichtlinien Voraussetzung für den Erwerb des Wertpapiers, wenngleich dieses Vermarktungserfordernis immer weniger eine Rolle spielt. Allerdings besteht für die Zulassung von Umtauschanleihen bzw. Wandel- und Optionsanleihen keine spezielle Ausnahme im Rahmen des § 4 Abs. 2,[165] so dass hierfür grundsätzlich ein Prospekt zu erstellen ist.

e) Platzierung und Zulassung der Schuldverschreibungen ohne Prospekt

102 Viele Emittenten gehen den Weg, ihre Umtauschanleihen sowie Wandel- und Optionsanleihen nicht in Deutschland, sondern über ein Vehikel an einem anderen Handelsplatz zuzulassen, der großzügigere Ausnahmen von der Prospektpflicht vorsieht.[166] Denkbar und erfasst von dem Anwendungsbereich des § 4 Abs. 2 Nr. 7 ist auch eine **Einbeziehung in**

---

164 *Groß*, Kapitalmarktrecht, §§ 1–12 BörsZulV Rn. 21; vgl. auch *Holzborn/Mayston*, in: Holzborn, WpPG, § 4 Rn. 20.
165 Denkbar ist eine Ausnahme nach § 4 Abs. 2 Nr. 6 im Rahmen von Mitarbeiterbeteiligungsprogrammen.
166 Dazu gehören namentlich die nicht segmentierten Märkte in Luxemburg und Irland.

III. Prospektbefreiung bei der Zulassung zum Handel (Abs. 2) § 4

den Freiverkehr (§ 48 BörsG i.V. m. den Börsenordnungen)[167] oder eine **vorherige Privatplatzierung** der Anleihen nach § 3 Abs. 2 ohne Prospekt.[168] In diesen Fällen findet § 11 Abs. 1 BörsZulV keine Anwendung, so dass die Zulassung der zugrunde liegenden Aktien in Deutschland nach dem Ermessen des Emittenten betrieben werden kann (zeitlich meist deutlich nach Platzierung). Vor diesem Hintergrund ist es im Extremfall möglich, (i) die Anleihen ohne Prospekt anzubieten (etwa nach § 3 Abs. 2) sowie (ii) die zugrunde liegenden Aktien ohne Prospekt (nach § 4 Abs. 2 Nr. 7) und (iii) in einem Volumen über 10% (entgegen § 4 Abs. 2 Nr. 1) zum Handel an einem organisierten Markt zuzulassen.[169]

Auch wenn dadurch die grundsätzlich bestehende Pflicht zur Erstellung eines Prospekts für die Anleihe vermieden und gleichwohl eine kostengünstige prospektfreie Börsenzulassung der zugrunde liegenden Aktien durch § 4 Abs. 2 Nr. 7 auch für Tranchen über 10% erzielt werden kann, kann die Geschäftsführung der Börse die prospektfreie Zulassung der Aktien nicht (etwa aufgrund mangelnder Publizität) ablehnen.[170] Diese Struktur ist im Gesetz angelegt. § 4 Abs. 2 Nr. 7 setzt im Übrigen eine gewisse **Information des Kapitalmarktes** voraus, da die bisherigen Aktien bereits zum Handel an einem organisierten Markt zugelassen sein müssen; weiter gibt es andere Ausnahmebestimmungen, die keine Obergrenzen im Hinblick auf die zuzulassenden Aktien vorsehen (vgl. etwa § 4 Abs. 2 Nr. 5 u. 6). Sind die Voraussetzungen des Befreiungstatbestandes nach § 4 Abs. 2 Nr. 7 erfüllt, besteht nach § 32 Abs. 3 Nr. 2 BörsG ein zwingender Zulassungsanspruch. 103

f) Bezugsrechtskapitalerhöhungen ohne Erwerbsmöglichkeiten durch Nicht-Aktionär

Unter bestimmten Voraussetzungen ist § 4 Abs. 2 Nr. 7 auch auf **Bezugsaktien im Rahmen einer Bezugsrechtsemission** nach § 186 AktG anwendbar, so dass die Zulassung der am Ende der Bezugsfrist ausgegebenen Aktien ohne Volumenbegrenzung, wie sie eigentlich § 4 Abs. 2 Nr. 1 für 10%-Kapitalerhöhungen vorsieht, möglich ist.[171] Denn bei den Be- 104

---

167 Seit dem 1.7.2012 ist eine Notierungsaufnahme im Entry Standard des Freiverkehrs auf Grundlage eines kurzen, nicht öffentlichen Exposés nicht mehr möglich. Nach § 17 Abs. 1a der geänderten AGB der Deutschen Börse AG für den Freiverkehr an der Frankfurter Wertpapierbörse ist nunmehr jeder Emittent bei Aufnahme in den „Entry Standard" verpflichtet, ein öffentliches Angebot vorzunehmen und damit auch einen Wertpapierprospekt zu erstellen. Andere Regionalbörsen erlauben aber nach wie vor, dass unter bestimmten Voraussetzungen die Einbeziehung von Aktien und insbesondere von Schuldverschreibung auf Basis eines nicht-öffentlichen Exposés ohne Erstellung und Veröffentlichung eines Wertpapierprospekts erfolgt (vgl. §§ 8, 9, 11 der Geschäftsbedingungen für den Freiverkehr an der Börse Berlin vom 1.11.2012; § 14 Geschäftsbedingungen der Börse Düsseldorf AG für den Freiverkehr an der Börse Düsseldorf vom 20.8.2013; § 8 AGB-Freiverkehr der Hanseatische Wertpapierbörse Hamburg vom 12.9.2013).
168 Vgl. *Holzborn/Israel*, ZIP 2005, 1668, 1670 Fn. 35; *Schnorbus*, AG 2008, 389, 409.
169 *Schnorbus*, AG 2008, 389, 409.
170 *Schnorbus*, AG 2008, 389, 409; *Grosjean*, in: Heidel, Aktienrecht und Kapitalmarktrecht, § 4 WpPG Rn. 18; *Holzborn/ Mayston*, in: Holzborn, WpPG, § 4 Rn. 20; *Heidelbach*, in: Schwark/Zimmer, KMRK, § 4 WpPG Rn. 48; so auch ESMA-Questions and Answers – Prospectuses (25th Updated Version – July 2016), Nr. 27 (Convertible or exchangeable securities), S. 28, wonach in diesen Fällen keine Beschränkungen vorgesehen werden sollten. Allerdings sollen weitere Entwicklungen beobachtet werden und die Aufsichtsbehörden das Recht haben, in Missbrauchsfällen einzuschreiten.
171 *Angersbach/v. d. Chevallerie/Ulbricht*, ZIP 2009, 1302, 1303 ff.; *Schlitt/Schäfer*, in: Assmann/Schlitt/von Kopp-Colomb, WpPG/VerkProspG, § 4 WpPG Rn. 51; *Heidelbach*, in: Schwark/

§ 4   Ausnahmen von der Pflicht zur Veröffentlichung eines Prospekts

zugsaktien handelt es sich um Aktien, die nach der Ausübung von Bezugsrechten aus anderen Wertpapieren (= bereits zugelassene Aktien der Altaktionäre) ausgegeben werden.[172]

105 Die Zulassungspraxis verschiedener Wertpapierbörsen akzeptiert die Anwendung des § 4 Abs. 2 Nr. 7 auf Bezugsaktien unter der Voraussetzung, dass die neuen Aktien im Rahmen einer Kapitalerhöhung ausschließlich an Aktionäre ausgegeben werden, die von ihrem Bezugsrecht Gebrauch machen. Gangbar ist also die prospektfreie Zulassung bei **reinen Bezugsrechtskapitalerhöhungen ohne organisierten Bezugsrechtshandel und ohne sog. Rump Placement** (d. h. nachfolgendes Angebot der nicht bezogenen Aktien an einen beschränkten Personenkreis oder qualifizierte Investoren, die jeweils nicht Aktionäre sind).[173] Dies geht aber nur, wenn insbesondere alle neuen Aktien durch Bezugsrechtsausübung erworben werden, mithin dürfen die Aktien nicht an Außenstehende, sondern nur im bisherigen Aktionärskreis platziert werden. Dazu müssen Großaktionäre gefunden werden, die sich zu einem sog. Über- bzw. Mehrbezug verpflichten.

106 Soweit die neuen Aktien bei einer Kapitalerhöhung im Rahmen der Ausübung des gesetzlichen Bezugsrechts aus alten Aktien ausgegeben werden, und es sich bei diesen Aktien um Aktien derselben Gattung handelt wie die Aktien, die bereits zum Handel an demselben Markt zugelassen sind, greift damit die Prospektausnahme des § 4 Abs. 2 Nr. 7 WpPG. Für die Börsenzulassung dieser neuen Aktien ist ein Prospekt demnach nach § 3 Abs. 4 WpPG nicht erforderlich. Diese Grundsätze gelten auch bei der üblichen Einschaltung einer Emissionsbank im Rahmen des **mittelbaren Bezugsrechts nach § 186 Abs. 5 AktG**, da die Bank in diesem Fall nur als Intermediär handelt.[174]

107 Zweck dieser Konstruktion ist es, eine prospektfreie Börsenzulassung von neuen Aktien ohne Volumenbegrenzung zu ermöglichen. Sie basiert dabei auf der Prämisse, dass für reine Bezugsrechtskapitalerhöhungen als Angebot keine Prospektpflicht besteht. **Nach der BaFin-Praxis unterliegen Bezugsrechtsemissionen jedoch generell der Prospektpflicht** (vgl. § 2 Rn. 72 ff.). Ein Anwendungsbereich besteht für diese Struktur also nur, wenn man annimmt, dass es dennoch im Einzelfall Bezugsrechtsemissionen ohne öffentliches Angebot geben kann – wie dies hier vertreten wird (vgl. § 2 Rn. 74) – oder wenn auf Grundlage des § 3 Abs. 2 ein Ausnahmetatbestand von der Prospektpflicht greift und § 4 Abs. 2 Nr. 1 nicht zur Verfügung steht.

108 Insgesamt sollte diese Transaktionsstruktur **wohl überlegt** sein. Emittent oder Banken, die die Kapitalerhöhung begleiten, können die Nachfrage nach den Aktien vor Ablauf der Bezugsfrist nur eingeschränkt überprüfen und dementsprechend auch nur begrenzt (etwa durch gezielte Ansprache von Großaktionären) eingreifen.[175] Steht kein Großaktionär bereit, der sich zum Festbezug nicht bezogener Aktien verpflichtet, läuft die Gesellschaft ohnedies Gefahr, dass die Höhe des erzielbaren Emissionserlöses und damit der Transakti-

---

Zimmer, KMRK, § 4 WpPG Rn. 45; **a. A.** *Herfs*, in: Habersack/Mülbert/Schlitt, Unternehmensfinanzierung (2. Aufl.), § 4 Rn. 105 Fn. 205; offen *Bloß/Schneider*, WM 2009, 879, 880 Fn. 6.
172 Der Umstand, dass Bezugsrechte auf Aktien selbst keine Wertpapiere sind (vgl. § 2 Rn. 15), ist insofern irrelevant, da hier die Alt-Aktien die „anderen Wertpapiere" i. S. d. § 4 Abs. 2 Nr. 7 sind; vgl. auch *Angersbach/v. d. Chevallerie/Ulbricht*, ZIP 2009, 1302, 1304.
173 *Angersbach/v. d. Chevallerie/Ulbricht*, ZIP 2009, 1302, 1307; *Gillessen/Kiss*, AG 2010, R188, R190.
174 *Schlitt/Schäfer*, in: Assmann/Schlitt/von Kopp-Colomb, WpPG/VerkProspG, § 4 WpPG Rn. 51.
175 Vgl. *Gillessen/Kiss*, AG 2010, R188, R190.

onserfolg mit Unsicherheit belastet ist.[176] Im Hinblick auf Haftungsrisiken ist schließlich abzuwägen, ob die im Markt verfügbaren Informationen ausreichend sind. Das Transaktionsmodell bietet sich daher vornehmlich für Emittenten an, die ein gut verständliches Geschäftsmodell betreiben, die generell ein hohes Transparenzniveau haben und bei denen auch zum Transaktionszeitpunkt keine Informationslücke besteht.[177]

g) Ausgabe von Aktien beim Tausch von anderen Wertpapieren

§ 4 Abs. 2 Nr. 7 erfasst nach seinem Wortlaut nur *„Aktien, die nach der Ausübung von Umtausch- oder Bezugsrechten ausgegeben werden"*. Dies widerspricht den klaren Vorgaben von Art. 4 Abs. 2g) der Prospektrichtlinie, wonach auch für *„Aktien, die bei der Umwandlung oder beim Tausch von anderen Wertpapieren* oder infolge der Ausübung von mit anderen Wertpapieren verbundenen Rechten ausgegeben werden ..."* keine Prospektpflicht besteht. Auch die Vorgängerregelung zu § 4 Abs. 2 Nr. 7, § 45 Nr. 2b BörsZulV a. F., privilegierte nur Aktien, die infolge der Ausübung von Umtausch- und Bezugsrechten entstehen. Aus der Entwicklungsgeschichte des § 4 Abs. 2 Nr. 7 WpPG ergibt sich aber kein Hinweis, warum diese Ausnahme von der Prospektpflicht nicht in Übereinstimmung mit der Prospektrichtlinie umgesetzt wurde und lediglich den Stand des § 45 Nr. 2b BörsZulV a. F. replizierte. Insbesondere gibt es keinen Anhaltspunkt dafür, dass der Gesetzgeber, der die Richtlinie oftmals wörtlich übernommen hat, gerade hier hinter den Vorgaben des europäischen Rechts signifikant zurückbleiben wollte.[178] Im Rahmen der **europarechtlich bedingten analogen Anwendung**[179] findet § 4 Abs. 2 Nr. 7 daher auch auf den Tausch von anderen Wertpapieren gegen Ausgabe von Aktien Anwendung; diese gegen Umtausch des anderen Wertpapiers übertragenen Aktien können daher prospektfrei zugelassen werden. Besondere Bedeutung hat diese Interpretation vor allem bei der Kapitalrestrukturierung, wenn zur Entschuldung Forderungen von Gläubigern aus Anleihen und anderen Fremdkapitalinstrumenten im Rahmen einer Sachkapitalerhöhung in die Gesellschaft gegen Ausgabe neuer Aktien eingebracht werden (**Debt-to-Equity Swap**, siehe dazu auch § 2 Rn. 83 ff.). Diese an die Gläubiger im Rahmen einer Sachkapitalerhöhung gegen Einbringung der jeweiligen Teilschuldverschreibungen ausgegebenen neuen Aktien können demzufolge analog § 4 Abs. 2 Nr. 7 ohne Prospekt zugelassen werden. Gleichermaßen können Aktien nach § 4 Abs. 2 Nr. 7 prospektfrei zugelassen werden, die im Anschluss an ein Umtauschangebot ausgegeben werden, um **Andienungsrechte nach § 39c WpÜG** befriedigen zu können.

109

Vor diesem Hintergrund sollte § 4 Abs. 2 Nr. 7 auch entsprechend Anwendung bei der **Umwandlung von Aktiengattungen durch Satzungsänderung** finden,[180] z.B. bei der Einführung einer neuen Aktiengattung (Vorzugsaktien, Spartenaktien) kraft Satzungsände-

110

---

176 Vgl. *Gillessen/Kiss*, AG 2010, R188, R190.
177 Vgl. *Gillessen/Kiss*, AG 2010, R188, R190.
178 Der Finanzausschuss des Bundestages hatte im Regierungsentwurf zum WpPG diese enge Umsetzung ebenfalls moniert, allerdings nur im Hinblick auf Pflichtwandelanleihen, bei denen „keine Ausübung von Umtausch- oder Bezugsrechten erfolge" (vgl. DAI, 8. April 2005 Stellungnahme für den Finanzausschuss des Deutschen Bundestages zu dem Regierungsentwurf eines Gesetzes zur Umsetzung der Richtlinie 2003/71/EG, S. 6). Dieser Punkt ist allerdings nicht zutreffend, vgl. oben Rn. 91.
179 *Schnorbus*, AcP 201 (2001), 860 ff.
180 So *Groß*, Kapitalmarktrecht, § 4 WpPG Rn. 19.

rung.[181] Bei dieser Strukturmaßnahme besteht zwar weder ein Umtauschrecht noch findet ein rechtsgeschäftlicher Tausch statt, vielmehr erfolgt kraft Eintragung der Satzungsänderung ein automatischer „Tausch" von einer Gattung in die andere. Wertungsmäßig kann aber in diesen Fällen die technische Überleitung in die zuzulassenden Aktien keinen Unterschied machen. Voraussetzung ist allerdings, dass die Gattung, in die umgetauscht werden soll, bereits zugelassen ist; **die umzutauschende Gattung muss aber noch nicht zugelassen sein**.[182] Auf diesem Weg kann z.B. der Umtausch von Vorzugsaktien und Stammaktien ohne Prospekt erfolgen. Gleiche Überlegungen gelten auch, wenn man – unzutreffender Weise – den Formwechsel auf Grundlage des UmwG zwischen den börsenfähigen Rechtsträgern der AG, der KGaA oder der SE nach § 3 Abs. 4 i.V.m. § 32 Abs. 3 BörsG einer Prospektpflicht unterwerfen möchte (vgl. § 3 Rn. 61 ff.). Als bereits zugelassene Aktiengattung gelten die Aktien des Rechtsträgers, der in einen anderen börsenfähigen Rechtsträger nach dem UmwG umgewandelt wird.

8. Altfälle (Nr. 8)

a) Grundlagen

111 § 4 Abs. 2 Nr. 8 privilegiert bestimmte bereits vor Inkrafttreten des WpPG zum Handel an einem anderen organisierten Markt (vgl. § 2 Nr. 16) zugelassene Wertpapiere, sofern die in der Ausnahme einzeln aufgeführten **Voraussetzungen der Buchstaben a) – f) kumulativ erfüllt** sind. Diese Ausnahme von der Prospektpflicht beruht auf Art. 4 Abs. 2 h) der Prospektrichtlinie und entspricht § 45a BörsZulV a.F. Die Mindestfrist der Zulassung der Wertpapiere an einem anderen organisierten Markt wurde von drei Jahren (§ 45a Abs. 1 Nr. 1 BörsZulV a.F.) entsprechend der Vorgaben der Prospektrichtlinie auf 18 Monate verkürzt. Zusammenfassend erlaubt die Vorschrift, dass Wertpapiere, die einmal auf Grundlage der in den verschiedenen Mitgliedstaaten zur Umsetzung der Börsenzulassungsrichtlinie bzw. Prospektrichtlinie erlassenen Vorschriften an einem organisierten Markt zugelassen wurden, **ohne aktuellen Prospekt an jedem anderen organisierten Markt innerhalb des EWR zugelassen werden können**.

112 § 4 Abs. 2 Nr. 8 begründet nach Stellungnahmen in der Literatur gleichsam einen **besonderen europäischen Pass** für an organisierten Märkten gehandelte Wertpapiere.[183] Im Gegensatz zum europäischen Pass nach Maßgabe der §§ 17, 18 ist die Ausnahme indessen auf Altfälle ausgerichtet, für die gerade kein aktueller oder mittels eines Nachtrages aktualisierter Prospekt nach dem WpPG vorliegt.[184] Des Weiteren ist auch nicht erforderlich, dass der Fall einer europäischen Grenzüberschreitung vorliegt. Die Vorschrift erlaubt auch die Erstreckung der Zulassung auf eine andere Börse desselben Mitgliedstaates. Dafür gibt es

---

181 § 4 Abs. 1 Nr. 1 gilt in Bezug auf ein öffentliches Angebots nur für den Fall, dass Aktien im Umtausch für bereits ausgegebene Aktien derselben Gattung ausgegeben werden.
182 Anders *Groß*, Kapitalmarktrecht, § 4 WpPG Rn. 19 a. E., wonach „die umzutauschende Gattung und die Gattung, in die umgetauscht wird, bereits zugelassen" sein müssen. § 4 Abs. 2 Nr. 7 verlangt aber keine Börsennotierung des Instruments, das eingetauscht wird. Vielmehr ist lediglich erforderlich, dass die Aktien, die prospektfrei zugelassen werden sollen, derselben Gattung von Aktien entsprechen, die bereits zugelassen sind.
183 Vgl. *Zeising*, in: Just/Voß/Ritz/Zeising, WpPG, § 4 Rn. 50.
184 *Crüwell*, AG 2003, 243, 245; *Holzborn/Schwarz-Gondek*, BKR 2003, 927, 930; *Zeising*, in: Just/Voß/Ritz/Zeising, WpPG, § 4 Rn. 50.

durchaus Anwendungsfälle, insbesondere auch innerhalb Deutschlands (z. B. Erstreckung der Notierung an einer Regionalbörse auf eine Notierung in Frankfurt).

b) Voraussetzungen im Einzelnen

Die Ausnahme des § 4 Abs. 2 Nr. 8 bezieht sich ausschließlich auf Wertpapiere oder Wertpapiere derselben Gattung, die bereits länger als 18 Monate jedenfalls an einem in einem Mitgliedstaat des EWR gelegenen organisierten Markt zugelassen sind (**Nr. 8a**). Weiter muss für die Wertpapiere zumindest in der Vergangenheit – die mehr als 18 Monate zurückliegen muss – ein Prospekt gebilligt worden sein (**Nr. 8b**). Der Prospekt kann entweder nach den Vorschriften des BörsG oder sonst einer nationalen Vorschrift eines EWR-Staates gemäß der früheren Börsenzulassungsprospektrichtlinie erstellt worden sein. Wurden Wertpapiere nach dem Inkrafttreten der Prospektrichtlinie am 31.12.2003 erstmals zum Handel an einem organisierten Markt zugelassen, muss die Zulassung zum Handel an dem anderen organisierten Markt mit der Billigung eines Prospekts einhergegangen sein, der in einer in § 14 Abs. 2 genannten Art und Weise veröffentlicht wurde.

113

Weitere Voraussetzung ist, dass der Emittent seine Zulassungsfolgepflichten erfüllt hat (**Nr. 8b**). Das in diesem Zusammenhang zu **erstellende Dokument** muss in deutscher Sprache verfasst werden (**Nr. 8d**), in einer nach § 14 vorgesehenen Art und Weise veröffentlicht werden (**Nr. 8e**) und hat inhaltlich einer Prospektzusammenfassung gemäß **§ 5 Abs. 2a** zu entsprechen (**Nr. 8f Satz 1**). Dabei muss das Dokument, um möglichst einen aktuellen Status zu vermitteln, schließlich darauf hinweisen, wo der neueste Prospekt sowie Finanzinformationen, die vom Emittenten entsprechend den für ihn geltenden Publizitätsvorschriften offen gelegt werden, erhältlich sind (**Nr. 8f Satz 2**).

114

IV. Verordnungsermächtigung

§ 4 Abs. 3 Satz 1 enthält eine Verordnungsermächtigung des Bundesministerium der Finanzen zur Bestimmung der Voraussetzungen, nach denen die in § 4 Abs. 1 Nr. 2 und 3 sowie § 4 Abs. 2 Nr. 3 und 4 erwähnten Dokumente als einem Prospekt nach dem WpPG gleichwertig anerkannt werden können. Obwohl wegen zahlreicher Zweifelsfragen etwa in Bezug auf den Inhalt und die Haftung für solche Dokumente (vgl. z. B. Rn. 22 ff., 81 ff.) eine derartige Verordnung für die Praxis sehr zu begrüßen wäre, hat der Verordnungsgeber von der Ermächtigung **noch keinen Gebrauch gemacht**.[185] Die Voraussetzungen können auch durch Verweis auf Vorschriften des deutschen oder europäischen Rechts bestimmt werden, bei deren Anwendung Gleichwertigkeit gegeben ist (§ 4 Abs. 3 Satz 2). Die Ermächtigung kann vom Bundesministerium der Finanzen auf die BaFin übertragen werden (§ 4 Abs. 3 Satz 3).

115

---

185 Nicht zu berücksichtigten hätte der Verordnungsgeber hierbei die einschlägigen Vorgaben durch die **ESMA-Empfehlungen** zu § 4 Abs. 1 Nr. 4 und 5 sowie § 4 Abs. 1 Nr. 5 und 6. Diese Vorgaben betreffen das Informationsdokument insbesondere bei Mitarbeiterprogrammen, treffen aber keine Aussage zur Gleichwertigkeit der Angaben in einem prospektersetzenden Dokument.

Abschnitt 2
Erstellung des Prospekts

§ 5 Prospekt

(1) ¹Der Prospekt muss unbeschadet der Bestimmungen des § 8 Abs. 2 in leicht analysierbarer und verständlicher Form sämtliche Angaben enthalten, die im Hinblick auf den Emittenten und die öffentlich angebotenen oder zum Handel an einem organisierten Markt zugelassenen Wertpapiere notwendig sind, um dem Publikum ein zutreffendes Urteil über die Vermögenswerte und Verbindlichkeiten, die Finanzlage, die Gewinne und Verluste, die Zukunftsaussichten des Emittenten und jedes Garantiegebers sowie über die mit diesen Wertpapieren verbundenen Rechte zu ermöglichen. ²Insbesondere muss der Prospekt Angaben über den Emittenten und über die Wertpapiere, die öffentlich angeboten oder zum Handel an einem organisierten Markt zugelassen werden sollen, enthalten. ³Der Prospekt muss in einer Form abgefasst sein, die sein Verständnis und seine Auswertung erleichtern.

(2) ¹Der Prospekt muss vorbehaltlich des Satzes 5 eine Zusammenfassung enthalten, die die Schlüsselinformationen nach Absatz 2a und die Warnhinweise nach Absatz 2b umfasst. ²Die Zusammenfassung ist in derselben Sprache wie der ursprüngliche Prospekt zu erstellen. ³Form und Inhalt der Zusammenfassung müssen geeignet sein, in Verbindung mit den anderen Angaben im Prospekt den Anlegern bei der Prüfung der Frage, ob sie in die betreffenden Wertpapiere investieren sollten, behilflich zu sein. ⁴Die Zusammenfassung ist nach dem einheitlichen Format zu erstellen, das durch die Delegierte Verordnung (EU) Nr. 486/2012 der Kommission vom 30. März 2012 zur Änderung der Verordnung (EG) Nr. 809/2004 in Bezug auf Aufmachung und Inhalt des Prospekts, des Basisprospekts, der Zusammenfassung und der endgültigen Bedingungen und in Bezug auf die Angabepflichten (ABl. L 150 vom 9.6.2012, S. 1) vorgegeben ist. ⁵Betrifft der Prospekt die Zulassung von Nichtdividendenwerten mit einer Mindeststückelung von 100 000 Euro an einem organisierten Markt, muss keine Zusammenfassung erstellt werden.

(2a) Die erforderlichen Schlüsselinformationen umfassen in kurzer Form und allgemein verständlicher Sprache unter Berücksichtigung des jeweiligen Angebots und der jeweiligen Wertpapiere:

1. eine kurze Beschreibung der Risiken und wesentlichen Merkmale, die auf den Emittenten und einen etwaigen Garantiegeber zutreffen, einschließlich der Vermögenswerte, Verbindlichkeiten und der Finanzlage des Emittenten und etwaigen Garantiegebers,
2. eine kurze Beschreibung der mit der Anlage in das betreffende Wertpapier verbundenen Risiken und der wesentlichen Merkmale dieser Anlage einschließlich der mit den Wertpapieren verbundenen Rechte,
3. die allgemeinen Bedingungen des Angebots einschließlich einer Schätzung der Kosten, die dem Anleger vom Emittenten oder Anbieter in Rechnung gestellt werden,

4. Einzelheiten der Zulassung zum Handel und
5. Gründe für das Angebot und die Verwendung der Erlöse.

(2b) Die erforderlichen Warnhinweise umfassen die Hinweise, dass
1. die Zusammenfassung als Einführung zum Prospekt verstanden werden sollte,
2. der Anleger jede Entscheidung zur Anlage in die betreffenden Wertpapiere auf die Prüfung des gesamten Prospekts stützen sollte,
3. für den Fall, dass vor einem Gericht Ansprüche auf Grund der in einem Prospekt enthaltenen Informationen geltend gemacht werden, der als Kläger auftretende Anleger in Anwendung der einzelstaatlichen Rechtsvorschriften der Staaten des Europäischen Wirtschaftsraums die Kosten für die Übersetzung des Prospekts vor Prozessbeginn zu tragen haben könnte und
4. diejenigen Personen, die die Verantwortung für die Zusammenfassung einschließlich etwaiger der Übersetzungen hiervon übernommen haben oder von denen der Erlass ausgeht, haftbar gemacht werden können, jedoch nur für den Fall, dass die Zusammenfassung irreführend, unrichtig oder widersprüchlich ist, wenn sie zusammen mit den anderen Teilen des Prospekts gelesen wird, oder sie, wenn sie zusammen mit den anderen Teilen des Prospekts gelesen wird, nicht alle erforderlichen Schlüsselinformationen vermittelt.

(3) ¹Der Prospekt ist mit dem Datum seiner Erstellung zu versehen und vom Anbieter zu unterzeichnen. ²Sollen auf Grund des Prospekts Wertpapiere zum Handel an einem organisierten Markt zugelassen werden, ist der Prospekt vom Zulassungsantragsteller zu unterzeichnen.

(4) ¹Der Prospekt muss Namen und Funktionen, bei juristischen Personen oder Gesellschaften die Firma und den Sitz der Personen oder Gesellschaften angeben, die für seinen Inhalt die Verantwortung übernehmen; er muss eine Erklärung dieser Personen oder Gesellschaften enthalten, dass ihres Wissens die Angaben richtig und keine wesentlichen Umstände ausgelassen sind. ²Im Falle des Absatzes 3 Satz 2 hat stets auch das Kreditinstitut, Finanzdienstleistungsinstitut oder nach § 53 Abs. 1 Satz 1 oder 53b Abs. 1 Satz 1 des Kreditwesengesetzes tätige Unternehmen, mit dem der Emittent zusammen die Zulassung der Wertpapiere beantragt, die Verantwortung zu übernehmen und muss der Prospekt dessen Erklärung nach Satz 1 enthalten.

Übersicht

	Rn.		Rn.
I. Vorbemerkung zum 2. Abschnitt/ Regelungsgegenstand des § 5	1	b) Gegenstand	13
1. Bedeutung und systematische Stellung des 2. Abschnitts	1	aa) Emittent	14
		bb) Garantiegeber	17
2. Regelungsgegenstand des § 5	3	cc) Wertpapiere	19
II. Allgemeine Anforderungen an den Prospekt, § 5 Abs. 1	4	c) Kriterien	20
1. Prospektinhalt (Satz 1, 2)	6	aa) Emittentenbezogene Kriterien	21
a) Maßstab	6	bb) Wertpapierbezogene Kriterien	35
aa) Richtigkeit („Prospektwahrheit")	7	cc) Beispielcharakter der Kriterien	36
bb) Vollständigkeit und Wesentlichkeit	9	2. Prospektklarheit (Satz 1, 3)	37

a) Leichte Analysierbarkeit und verständliche Form (§ 5 Abs. 1 Satz 1) 37	b) Inhalt 63
b) Empfängerhorizont 38	aa) Einführung zum Prospekt ... 63
c) Erleichterung der Verständlichkeit und Auswertung (§ 5 Abs. 1 Satz 3) 45	bb) Gesamter Prospekt als Entscheidungsgrundlage.... 64
III. Zusammenfassung, § 5 Abs. 2, 2a, 2b 50	cc) Übersetzungskosten........ 65
1. Allgemeine Anforderungen (Abs. 2) 50	dd) Haftung.................. 66
2. Inhalt (Abs. 2a) 53	c) Verzicht auf die Zusammenfassung 68
a) Schlüsselinformationen....... 53	IV. Unterzeichnung und Verantwortlichkeitsklausel, § 5 Abs. 3 und 4 72
b) Kurz und allgemein verständlich 57	1. Unterzeichnung und Prospektverantwortung 72
c) Sprache 59	a) Anbieter................. 74
3. Warnhinweis (Abs. 2b) 60	b) Zulassungsantragsteller....... 79
a) Bedeutung................. 61	2. Erforderliche Angaben und Form .. 80
aa) Warnfunktion............ 61	3. Versicherung der Richtigkeit und Vollständigkeit................ 83
bb) Konkretisierungsfunktion ... 62	4. Bedeutung 85

I. Vorbemerkung zum 2. Abschnitt/Regelungsgegenstands des § 5

1. Bedeutung und systematische Stellung des 2. Abschnitts

1 Während die anderen Abschnitte des Wertpapierprospektgesetzes sich im Wesentlichen mit dem Anwendungsbereich, Begriffsbestimmungen und verfahrenstechnischen Fragen befassen, betrifft der 2. Abschnitt die **Erstellung des Prospekts** selbst. Dabei legt § 5, neben einigen formalen Vorgaben, allgemein geltende **Grundsätze für die inhaltlichen Anforderungen** an einen Prospekt fest. Ihm kommt mithin zentrale Bedeutung auch für die Auslegung anderer Bestimmungen zu, die den erforderlichen Prospektinhalt näher konkretisieren. Mit § 6 folgt eine **Sonderregelung für Basisprospekte**, einer speziellen Form des Prospekts, die für mehrere gleichartige Emissionen im Rahmen von Angebotsprogrammen (§ 6 Abs. 1 Nr. 1) sowie für Daueremissionen von CRR-Kreditinstituten (früher: Einlagenkreditinstituten) (§ 6 Abs. 1 Nr. 2) verwendet werden kann. Sie trägt den Besonderheiten dieser Emissionsformen dadurch Rechnung, dass bestimmte Informationen im Prospekt (noch) nicht enthalten sein müssen. § 7 ist eine bloße **Verweisungsnorm**, die darauf hinweist, dass ein Prospekt mindestens diejenigen Angaben zu enthalten hat, die für die konkrete Art von Emittenten und Wertpapieren in der **EU-Prospektverordnung** vorgesehen sind. In § 8 sind Fälle beschrieben, in denen das Gesetz die **Nichtaufnahme von Angaben** zulässt, die eigentlich zwingend vorgeschrieben sind. Er weist insoweit gewisse Parallelen zu § 6 auf, hat aber generelle Gültigkeit für alle Arten von Emissionen und bestimmt in allgemeiner Form die Voraussetzungen für die Abweichung vom Katalog der Mindestangaben der EU-Prospektverordnung, auf den § 7 verweist.

2 In den §§ 9–12 schließen sich eher technische Bestimmungen an. § 9 regelt die **zeitlichen Grenzen der Verwendbarkeit** eines Prospekts, Basisprospekts und Registrierungsformulars sowie die Voraussetzungen für deren Verwendung während dieses Zeitraumes. Dabei kommt dem Verweis auf die Nachtragspflicht nach § 16 zentrale Bedeutung zu. Diese ist

Ausdruck des allgemeinen Prinzips, dass die in § 9 bestimmte Gültigkeit des Prospekts (bzw. der Prospektbestandteile) unter dem Vorbehalt der Aktualisierung steht. Zugleich greift § 9 die in § 12 näher konkretisierte Möglichkeit der Aufteilung eines Prospekts in die drei Einzeldokumente – Registrierungsformular, Wertpapierbeschreibung und Zusammenfassung – auf. Die im früheren § 10 enthaltene Pflicht zur Veröffentlichung eines jährlichen Dokuments wurde im Zuge der Umsetzung der Prospektrichtlinie-Änderungsrichtlinie gestrichen. § 11 bezieht sich wiederum auf die Prospekterstellung. Danach kann vom Abdruck bestimmter Angaben abgesehen werden, wenn diese bereits in anderen Dokumenten enthalten sind, die nach prospekt- oder börsenrechtlichen Bestimmungen von der zuständigen Behörde gebilligt oder bei dieser hinterlegt wurden. In Betracht kommen dabei insbesondere in früheren Prospekten enthaltene Angaben. Anstelle des Abdrucks der betreffenden Informationen ist auf die frühere Veröffentlichung zu verweisen (**Einbeziehung durch Verweis**). In § 12 wird die Möglichkeit konkretisiert, einen Prospekt nicht nur als **einteiliges Dokument** zu erstellen, sondern als sog. **dreiteiligen Prospekt** in die Bestandteile Registrierungsformular, Wertpapierbeschreibung und Zusammenfassung aufzuteilen. Dies ist vor allem für Emittenten von Interesse, die während der Gültigkeitsdauer eines Prospekts mehrmals Wertpapiere ausgeben möchten. Wurde einmal ein Registrierungsformular gebilligt, ist nach § 12 Abs. 2 und 3 während dessen Gültigkeit zur Erfüllung der Prospektpflicht bei einem öffentlichen Angebot oder der Zulassung von Wertpapieren des Emittenten zu einem organisierten Markt nur noch die Erstellung (sowie Billigung und Veröffentlichung) einer Wertpapierbeschreibung und Zusammenfassung erforderlich. Das Registrierungsformular ist dabei ggf. durch entsprechende Angaben in der Wertpapierbeschreibung oder durch einen Nachtrag nach § 16 zu aktualisieren.

2. Regelungsgegenstand des § 5

Der Schwerpunkt des § 5 liegt, wie bereits dargelegt, in der Festlegung genereller inhaltlicher Anforderungen an einen Prospekt. In seinem Abs. 1 legt er das allgemeine Grundprinzip fest, an dem sich die weitere Ausgestaltung des Prospekts auszurichten hat. Der Prospekt ist in Form und Inhalt an seiner Funktion im Rahmen des Angebots und der Zulassung von Wertpapieren auszurichten. Er dient als Grundlage der Investitionsentscheidung der Anleger, sei es beim Erwerb im Primärmarkt (d.h. im Rahmen eines öffentlichen Angebots) oder im Sekundärmarkt (also: im Rahmen des Handels an einem organisierten Markt), ist mithin das **zentrale Informationsdokument** für den Anleger. Dies ergibt sich auch daraus, dass jegliche Vertriebsdokumente, die neben dem Prospekt existieren mögen, auf dessen Existenz und Erhältlichkeit hinzuweisen haben und mit dem Prospekt konsistent sein müssen (vgl. dazu § 15 und die Kommentierung hierzu). Vor diesem Hintergrund werden in § 5 generalklauselartig allgemeine Vorgaben festgelegt, die den Maßstab bestimmen, an dem sich der Prospekt in seiner Gesamtheit bzw. das durch ihn erzeugte Bild des dargestellten Emittenten bzw. der betreffenden Wertpapiere zu orientieren hat. Zudem kommt der Generalklausel in § 5 Abs. 1 eine für die Auslegung der die Gestaltung des Prospekts konkretisierenden Bestimmungen prägende Bedeutung zu: Sie definiert den Zweck des Prospekts und damit den Regelungszweck der Bestimmungen über die einzelnen Prospektangaben. Die Einzelnormen hierzu sind daher im Lichte dieser Generalklausel auszulegen.

II. Allgemeine Anforderungen an den Prospekt, § 5 Abs. 1

4 Mit § 5 Abs. 1 werden die allgemeinen Prospektvorgaben des Art. 5 Abs. 1 der EU-Prospektrichtlinie in deutsches Recht umgesetzt.[1] Dabei lehnt sich der deutsche Gesetzeswortlaut eng an die Vorgaben der **Richtlinie** an, die er nahezu wörtlich übernimmt. Zudem knüpft § 5 Abs. 1 an die **Vorläuferbestimmungen** §§ 30, 32 BörsG a. F., § 13 BörsZulV a. F. und § 7 Abs. 1 und 3 VerkProspG a. F. an,[2] so dass bei der Konkretisierung der Anforderungen an einen Prospekt Sekundärquellen zu diesen Regelungen berücksichtigt werden können.

5 Bei der Auslegung der Begriffe des § 5 WpPG lassen sich zudem Literatur und Kasuistik zur **Prospekthaftung** nach § 21 bzw. zu dessen wortgleicher Vorläuferregelung § 44 BörsG heranziehen. Danach stehen Erwerbern von Wertpapieren, die aufgrund eines Prospekts zum Börsenhandel zugelassen wurden, Prospekthaftungsansprüche zu, wenn der Prospekt in Bezug auf „für die Beurteilung der Wertpapiere wesentliche Angaben" unrichtig oder unvollständig war, § 21 Abs. 1 Satz 1. Nach § 22 gilt in Bezug auf Prospekte für ein öffentliches Angebot, (auch) wenn er nicht Grundlage für die Zulassung von Wertpapieren zum Börsenhandel ist, § 21 entsprechend anzuwenden. Obwohl die Mitgliedstaaten nach Art. 6 Abs. 1 der EU-Prospektrichtlinie sicherzustellen haben, dass die für die Prospekterstellung Verantwortlichen für die Richtigkeit und Vollständigkeit der Prospektangaben haften, hat der deutsche Gesetzgeber bei Umsetzung der Prospektrichtlinie darauf verzichtet, die Prospekthaftung neu zu regeln, und hat an der bis dahin geltenden Regelung der §§ 44 ff. BörsG festgehalten.[3] Die zwischenzeitliche Verlagerung der ansonsten weitestgehend wortgleichen Regelung in die §§ 21 ff. ändert daran nichts. Die besonderen Haftungsregelungen in Bezug auf die Prospektzusammenfassung (Art. 5 Abs. 2 Satz 4 lit. d; Art. 6 Abs. 2 Satz 2 der EU-Prospektrichtlinie) wurden durch Einfügung des heutigen § 23 Abs. 2 Nr. 5 (zuvor § 45 Abs. 2 Nr. 5 BörsG) umgesetzt.[4] Folglich sind die in §§ 21 ff. geregelten Ansprüche die haftungsrechtliche Sanktion für Verstöße gegen § 5. Trotz unterschiedlicher Wortwahl kann davon ausgegangen werden, dass sich die Anforderungen an Richtigkeit und Vollständigkeit des Prospekts in § 5 einerseits und in §§ 21, 22 andererseits nicht unterscheiden.[5]

1. Prospektinhalt (Satz 1, 2)

a) Maßstab

6 Der Inhalt des Prospekts hat sich zunächst an seinem Zweck zu orientieren. Nach Erwägungsgründen 16 und 18 der EU-Prospektrichtlinie ist deren Ziel (vor allem) der Anlegerschutz. Dieser soll u. a. durch vollständige Informationen über Wertpapiere und deren Emittenten erreicht werden. Insbesondere ist nach Erwägungsgrund 19 der EU-Prospekt-

---

1 RegBegr. Prospektrichtlinie-Umsetzungsgesetz, BT-Drucks. 15/4999, S. 25, 31.
2 RegBegr. Prospektrichtlinie-Umsetzungsgesetz, BT-Drucks. 15/4999, S. 25, 31.
3 Zur Entstehungsgeschichte und zum Verzicht auf die Harmonisierung der Prospekthaftung im Rahmen der EU-Prospektrichtlinie vgl. *Just*, in: Just/Voß/Ritz/Zeising, WpPG, § 5 Rn. 1.
4 RegBegr. Prospektrichtlinie-Umsetzungsgesetz, BT-Drucks. 15/4999, S. 25, 31.
5 Ähnlich *Just*, in: Just/Voß/Ritz/Zeising, WpPG, § 5 Rn. 4, 13.

II. Allgemeine Anforderungen an den Prospekt, § 5 Abs. 1 §5

richtlinie der Anleger (durch den Prospekt) in die Lage zu versetzen, eine fundierte Anlageentscheidung in voller Kenntnis der Sachlage treffen zu können.

aa) Richtigkeit („Prospektwahrheit")

§ 5 Abs. 1 spricht davon, dass der Prospekt dem Anleger ein **zutreffendes Urteil** zu ermöglichen hat und zwar – so fasst es die Regierungsbegründung des Prospektrichtlinie-Umsetzungsgesetzes in Verkürzung des Gesetzeswortlautes treffend zusammen – über den Emittenten und die Wertpapiere (dazu näher s. u. Rn. 13 ff.).[6] Mit anderen Worten: Der Anleger (zum hierbei relevanten Anlegerbegriff s. u. Rn. 38 ff.) muss in die Lage versetzt werden, die Chancen und Risiken der Anlage richtig einzuschätzen, um eine nach Maßgabe seiner eigenen Anlagestrategie richtige Entscheidung zu treffen. Auch wenn der Begriff „zutreffend" auf das Urteil des Investors, nicht jedoch auf die Prospektdarstellung abstellt, kann man daraus schließen, dass die Prospektangaben „zutreffend" sein müssen. Denn sonst wäre der Anleger außerstande, ein „zutreffendes" Urteil zu fällen.[7] Darauf deuten zum einen die auf die Grundlage der „fundierten" Anlageentscheidung abstellenden Vorgaben in Erwägungsgrund 19 der EU-Prospektrichtlinie hin. Zum anderen stellt auch die Sanktionsnorm für fehlerhafte Prospekte, der Haftungstatbestand der §§ 21, 22 (s. o. Rn. 5) als Voraussetzung für Prospekthaftungsansprüche darauf ab, dass ein Prospekt in Bezug auf für die **Beurteilung der Wertpapiere wesentliche Angaben** „unrichtig" oder „unvollständig" ist. Daraus lässt sich auch eine für die Auslegung des § 5 bedeutsame Einschränkung des Grundsatzes der Richtigkeit durch das Prinzip der **Wesentlichkeit** (s. u. Rn. 9) ableiten.

7

Für die Beurteilung der Richtigkeit kommt es auf den Zeitpunkt der Prospektveröffentlichung [...] bzw. jeden danach liegenden **Zeitpunkt** an, zu dem der Prospekt (noch) im Hinblick auf das konkrete Angebot und die konkrete Zulassung für die er verwendet wird, nach den Bestimmungen des Wertpapierprospektgesetzes aktualisiert werden muss.[8] Maßgeblich ist also die „ex ante" Perspektive bei der Prospekterstellung bzw. – im Falle der Aktualisierungspflicht – der vorzunehmenden Aktualisierung.[9] Dass sich ein Urteil über eine Anlage aufgrund später eintretender Umstände als im Nachhinein unzutreffend herausstellt, ändert nichts daran, dass es ursprünglich zutreffend gewesen sein mag bzw. der Prospekt zu diesem Zeitpunkt eine hinreichende Grundlage für die Anlageentscheidung darstellte.

8

bb) Vollständigkeit und Wesentlichkeit

Der Prospekt muss **sämtliche Angaben** enthalten, die für das vorstehend erläuterte „zutreffende Urteil" **notwendig** sind. Das bedeutet: Es sind die Informationen aufzunehmen, ohne die eine Anlageentscheidung nicht getroffen werden kann. Lediglich „nützliche" (Hintergrund-)Informationen können, müssen aber nicht aufgenommen werden, es sei denn ihre Aufnahme ist für das bessere Verständnis des Prospekts geboten (s. u. zum Empfängerhorizont, Rn. 38 ff.). Auch der Begriff der „Notwendigkeit" der Aufnahme von An-

9

---

[6] RegBegr. Prospektrichtlinie-Umsetzungsgesetz, BT-Drucks. 15/4999, S. 25, 31.
[7] *Just*, in: Just/Voß/Ritz/Zeising, WpPG, § 5 Rn. 14 f.; *Holzborn/Mayston*, in: Holzborn, WpPG, § 5 Rn. 5; *Straßner*, in: Heidel, Aktienrecht und Kapitalmarktrecht, § 5 WpPG Rn. 3.
[8] Ebenso *Holzborn/Mayston*, in: Holzborn, WpPG, § 5 Rn. 14, die daher zutreffend darauf hinweisen, dass der Prospekt ggf. zwischen erster Einreichung und Billigung zu aktualisieren ist.
[9] *Groß*, Kapitalmarktrecht, § 21 WpPG Rn. 43 f.; § 16 WpPG Rn. 3 ff.

§ 5   Prospekt

gaben ist anhand der Haftungsregelung des § 21 WpPG zu konkretisieren (s. o. Rn. 5). Notwendig und daher für die Vollständigkeit der Prospektangaben i. S. v. § 5 WpPG erforderlich können deshalb nur solche Angaben sein, die (für die Beurteilung der Wertpapiere) **wesentlich** sind.[10] Das bedeutet: Alle Umstände, die aus Sicht des Anlegers für die Bewertung der Wertpapiere relevant sind (**wertbildende Faktoren**[11]) und die er deshalb „eher als nicht" bei seiner Entscheidung berücksichtigen würde,[12] sind in den Prospekt aufzunehmen. Damit führt § 5 Abs. 1 – wenngleich in etwas abweichender Formulierung – den Grundgedanken der Generalnorm des vor der Umsetzung der Prospektrichtlinie geltenden Rechts, § 13 BörsZulV a. F. fort.[13] Anders gewendet: Fehler oder Auslassungen in Bezug auf Detailangaben sind solange unschädlich, als sie kein anderes **Gesamtbild** des Emittenten und/oder der angebotenen oder zuzulassenden Wertpapiere ergeben, das zu einer anderen Anlageentscheidung führen könnte.[14]

10   Um das am Grundsatz der Wesentlichkeit ausgerichtete Vollständigkeitsprinzip zu konkretisieren, lassen sich auch die Anforderungen an die fortlaufende Publizität börsennotierter Emittenten heranziehen. Während die Prospektpublizität nach den Erwägungsgründen 16 und 19 der EU-Prospektrichtlinie eine fundierte Anlageentscheidung ermöglichen soll, hat die auf Art. 6 der EU-Marktmissbrauchsrichtlinie[15] beruhende Pflicht börsennotierter Emittenten zur **Ad-hoc-Publizität** nach § 15 WpHG (ebenfalls) den Sinn, Anlegern zu ermöglichen, ihre Entscheidungen aufgrund ausreichender Tatsachengrundlage zu treffen.[16] Letztlich erweist sich die vollständige Information der Anleger zur Ermöglichung informierter Anlageentscheidungen als ein durchgängiges Prinzip des europäischen Kapitalmarktrechts. Die Ad-hoc-Publizität hat damit die Perpetuierung des für eine fundierte Anlageentscheidung erforderlichen Informationsniveaus für die Zeit nach erfolgter Zulassung der betreffenden Wertpapiere zum Handel an einem regulierten Markt zum Ziel, das zum Zeitpunkt der Zulassung durch die vorherige Veröffentlichung eines Prospekts herbeigeführt wurde. Mithin liegt vordergründig nahe, die für eine informierte Anlageentscheidung „notwendigen" Informationen mit solchen Informationen gleichzusetzen, die – sofern sie nicht öffentlich bekannt sind – den Charakter einer Insiderinformation haben. Folgt man dem, lässt sich zur Bestimmung der Anforderungen an in einen Prospekt aufzunehmende Informationen auch der Begriff der **Insiderinformation** nach § 13 WpHG heranziehen. Dabei handelt es sich (verkürzt dargestellt) um konkrete Informationen (über nicht öffentlich bekannte Umstände), die sich auf Wertpapiere oder deren Emittenten beziehen und im Falle ihres öffentlichen Bekanntwerdens zur erheblichen Beeinflussung des Preises jener

---

10 Ebenso *Just*, in: Just/Voß/Ritz/Zeising, WpPG, § 5 Rn. 9, 17.
11 *Habersack*, in: Habersack/Mülbert/Schlitt, Kapitalmarktinformation, § 29 Rn. 17.
12 *Schlitt/Schäfer*, in: Assmann/Schlitt/von Kopp-Colomb, WpPG/VerkProspG, § 5 WpPG Rn. 11 unter Verweis auf BGH, 6.10.1908 – II ZR 60/80, BGHZ 79, 337, 344.
13 RegBegr. Prospektrichtlinie-Umsetzungsgesetz, BT-Drucks. 15/4999, S. 25, 31; dazu auch *Groß*, Kapitalmarktrecht, § 5 WpPG Rn. 2.
14 Ähnlich auf den „Gesamteindruck" abstellend *Just*, in: Just/Voß/Ritz/Zeising, WpPG, § 5 Rn. 15; *Groß*, Kapitalmarktrecht, § 21 WpPG Rn. 40; *Straßner*, in: Heidel, Aktienrecht und Kapitalmarktrecht, § 5 WpPG Rn. 2; so wohl auch *Holzborn/Mayston*, in: Holzborn, WpPG, § 5 Rn. 10, 12; grundlegend BGH, 12.7.1982 – II ZR 175/81, WM 1982, 862 („Beton- und Monierbau"); bestätigt in BGH, 3.5.2013 – II ZR 252/11, WM 2013, 734.
15 Richtlinie 2003/6/EG des Europäischen Parlaments und des Rates vom 28. Januar 2003 über Insider-Geschäfte und Marktmanipulation (Marktmissbrauch), ABl. EG Nr. L 96/16 vom 12.3.2004.
16 Dazu *Klöhn*, in: Kölner Kommentar zum WpHG, vor § 15 Rn. 35.

II. Allgemeine Anforderungen an den Prospekt, § 5 Abs. 1   § 5

Wertpapiere geeignet sind. Das WpHG geht von einer solchen Eignung aus, wenn ein **verständiger Anleger** die Information bei seiner Anlageentscheidung berücksichtigen würde, § 13 Abs. 1 Satz 2 WpHG. Indes ist streitig, ob der Begriff des „verständigen" Anlegers i. S. v. § 13 WpHG mit jenem des für die Prospekterstellung relevanten, von der Rechtsprechung entwickelten Begriff des „**durchschnittlichen Anlegers, der zwar eine Bilanz zu lesen versteht**, aber nicht unbedingt mit der in eingeweihten Kreisen gebräuchlichen Schlüsselsprache vertraut zu sein braucht"[17] identisch ist (näher zu letzterem Begriff siehe Rn. 38 ff.). Zwar deuten beide Begriffe darauf hin, dass es sich hierbei nicht um völlige Laien handelt, sondern um Anleger, die zumindest über ökonomische Grundkenntnisse verfügen. Freilich scheint der prospekthaftungsrechtliche Anlegerbegriff stärker auf das betriebswirtschaftliche und bilanztechnische Grundwissen abzustellen („der eine Bilanz zu lesen versteht"), während § 13 WpHG den mit den Verhältnissen an den Kapitalmärkten vertrauten Anleger im Blick hat.[18] So mag zwar einiges dafür sprechen, dass die solchermaßen abstrakt bestimmten Anlegertypen identisch sind; vollständig gesichert ist dies jedoch nicht. Eine Harmonisierung der Begrifflichkeit von Prospekt- und Ad-hoc-Publizität wäre indes im Interesse sowohl von Publizitätspflichtigen als auch Anlegern. Es ergäbe sich so ein geschlossenes System der Kapitalmarktpublizität mit einem einheitlichen Adressatenkreis. Es wäre zu begrüßen, wenn dieser Grundgedanke im Zuge der anstehenden Überarbeitung der verschiedenen europäischen Kapitalmarktrechtsrichtlinien bzw. bei deren Umsetzung in deutsches Recht aufgegriffen würde. In diesem Zusammenhang ist auch darauf hinzuweisen, dass es nach der jüngeren Rspr. bei einem Prospekt für Wertpapiere, die nicht an der Börse gehandelt werden sollen, auf das Verständnis der mit dem Prospekt angesprochenen Interessenten ankommt.[19] Wendet sich das Angebot ausdrücklich auch an das unkundige und börsenunerfahrene Publikum, kann von dem so angesprochenen (Klein-)Anleger nicht erwartet werden, dass er eine Bilanz lesen kann. Maßgeblich ist dann der Empfängerhorizont eines durchschnittlichen (Klein-)Anlegers, der sich allein anhand des Prospektes informiert und über keinerlei Spezialkenntnisse verfügt.[20] Diese verschärften Anforderungen dürften sich freilich vor allem bei dem erforderlichen Detaillierungsgrad und allgemein der Darstellungsweise niederschlagen (siehe dazu Rn. 37 ff. unter dem Gesichtspunkt der „Prospektklarheit").

Im Zusammenhang mit den hier betrachteten Anforderungen an die Prospektvollständigkeit ist zudem zu bedenken, dass es Informationen geben mag, die für ein zutreffendes Gesamtbild des Emittenten, wie es sich aus dem Prospekt ergeben muss, erforderlich sein mögen, auch wenn sie bei isolierter Betrachtung nicht die insiderrechtliche Wesentlichkeitsschwelle überschreiten oder beispielsweise bereits öffentlich bekannt sind. Anders gewendet: Jede Insiderinformation, die in einer Ad-hoc-Mitteilung zu veröffentlichen wäre, wird man in den Prospekt aufzunehmen haben.[21] Bestünde der Prospekt aber nur aus einer An-

11

---

17 BGH, 12.7.1982 – II ZR 175/81, WM 1982, 862, 863 („Beton- und Monierbau").
18 *Klöhn*, in: Kölner Kommentar zum WpHG, § 13 Rn. 249 („professioneller Marktteilnehmer"); *Sethe*, in: Assmann/Schütze, Handbuch des Kapitalanlagerechts, § 12 Rn. 48 („verständiger, mit den Marktgegebenheiten vertrauter Anleger"); *Assmann*, in: Assmann/Uwe H. Schneider, WpHG, § 13 Rn. 57 f. („verständiger, mit den Marktgegebenheiten vertrauter (also börsenkundiger) Anleger"); *Mennicke/Jakovou*, in: Fuchs, WpHG, § 13 Rn. 141 („börsenkundiger Anleger").
19 BGH, 5.7.1993 – II ZR 194/92, BGHZ 123, 106, 110 = WM 1993, 1787 („Hornblower Fischer").
20 BGH, 18.9.2012 – XI ZR 344/11, WM 2012, 2147, 2150 („Wohnungsbau Leipzig I").
21 Ähnlich *Heidelbach/Doleczik*, in: Schwark/Zimmer, KMRK, § 5 WpPG Rn. 3.

§ 5 Prospekt

sammlung ad hoc zu publizierender Insiderinformationen, so wäre er möglicherweise unvollständig, soll er doch ein „Gesamtbild" des Emittenten vermitteln (s. o. Rn. 9).[22] Dies ergibt sich auch aus dem Katalog der in den Prospekt aufzunehmenden **Mindestangaben** nach § 7, die nicht nur Informationen enthalten, die das Potential zu ggf. ad hoc zu publizierenden Insiderinformationen haben. Freilich mag die Aufnahme sämtlicher Mindestangaben aus den jeweils einschlägigen Schemata und Modulen der Anhänge zur EU-Prospektverordnung ein Indiz für die Prospektvollständigkeit sein.[23] Für ein abschließendes Urteil über die Prospektvollständigkeit ist dies ist aber weder notwendig noch hinreichend. Zum einen kann nach § 8 Abs. 2 und 3 von bestimmten Mindestangaben abgesehen werden, insbesondere, wenn sie im Einzelfall unangemessen, untergeordnet oder gar irreführend sind (s. dazu § 8 Rn. 58 ff.). Eine solche Auslassung bestimmter Mindestangaben beeinträchtigt die Vollständigkeit des Prospekts nicht. Zum anderen sind für die Anlageentscheidung wesentliche Umstände denkbar, die von den Mindestangaben i. S. v. § 7 nicht erfasst werden.[24]

12 Dem steht auch nicht Art. 3 Unterabs. 2 der EU-Prospektverordnung entgegen. Danach soll die Billigungsbehörde für den Prospekt nur diejenigen Informationsbestandteile verlangen dürfen, die für die jeweilige Art des Emittenten und der Wertpapiere in den Anhängen I bis XVII der EU-Prospektverordnung genannt sind. Bereits der folgende Unterabs. 3 jenes Art. 3 stellt klar, dass die Billigungsbehörde in Bezug auf jeden der in den einschlägigen Anhängen zur EU-Prospektverordnung genannten Informationsbestandteile im Einzelfall Ergänzungen fordern kann, sofern dies zur Einhaltung der allgemeinen Prospektanforderungen nach Art. 5 Abs. 1 der EU-Prospektrichtlinie (~ § 5 Abs. 1 WpPG) nötig ist. Fehlen im Einzelfall darüber hinaus weitere Angaben, die als Grundlage für ein „zutreffendes Urteil" notwendig sind, können diese ebenfalls verlangt werden. Insoweit geht der in Art. 5 Abs. 1 der EU-Prospektrichtlinie statuierte allgemeine Grundsatz der Prospektwahrheit der restriktiveren Regelung der EU-Prospektverordnung als höherrangige Bestimmung vor. Die EU-Prospektverordnung dient nämlich nur der Durchführung der höherrangigen EU-Prospektrichtlinie. Nach deren Art. 7 legt sie auch nur „Mindestangaben" fest. Diese haben – wie bereits der Begriff der Mindestangabe nahelegt – keinen abschließenden Charakter.[25] Die in Art. 24 Abs. 2 der EU-Prospektrichtlinie erhaltene Verfahrensregelung zum Erlass von Durchführungsmaßnahmen durch die Kommission, auf die die Ermächtigung zum Erlass von Mindestangaben in Art. 7 der EU-Prospektrichtlinie ausdrücklich Bezug nimmt, stellt insoweit auch klar, dass die Durchführungsmaßnahmen die wesentlichen Bestimmungen der EU-Prospektrichtlinie nicht ändern. Dazu gehören auch die allgemeinen inhaltlichen Prospektanforderungen in Art. 5 Abs. 1 der EU-Prospektrichtlinie. Ange-

---

22 *Wienecke*, NZG 2005,109, 114, verweist dabei zu Recht darauf, dass die Ad-hoc-Publizität der Veröffentlichung von herausragenden Ereignissen dient, über die das Anlegerpublikum zusätzlich zu der durch die Prospektpublizität gelegten Basis informiert werden muss.
23 Ebenso *Just*, in: Just/Voß/Ritz/Zeising, WpPG, § 5 Rn. 13; *Wiegel*, Die Prospektrichtlinie und Prospektverordnung, Teil 4 A. I (S. 212); *Heidelbach/Doleczik*, in: Schwark/Zimmer, KMRK, § 5 WpPG Rn. 7.
24 *Just*, in: Just/Voß/Ritz/Zeising, WpPG, § 5 Rn. 12; *Holzborn/Mayston*, in: Holzborn, WpPG, § 5 Rn. 8. *Groß*, Kapitalmarktrecht, § 21 WpPG Rn. 45; *Assmann*, in: Assmann /Schütze, Handbuch des Kapitalanlagerechts, § 6 Rn. 104; *Schlitt/Schäfer*, in: Assmann/Schlitt/von Kopp-Colomb, WpPG/VerkProspG, § 5 Rn. 13; *Müller*, in: Das Deutsche Bundesrecht, 1. Aufl. 2012, III H 39, WpPG, § 7 Rn. 1.
25 *Ekkenga/Maas*, Das Recht der Wertpapieremissionen, § 2 Rn. 196.

sichts der Fülle der in den Schemata und Modulen der EU-Prospektverordnung vorgesehenen „Mindestangaben" dürfte es freilich die absolute Ausnahme sein, dass darüber hinaus weitere Informationen „notwendig" werden.

b) Gegenstand

Nach dem Wortlaut des § 5 Abs. 1 sind Gegenstand der Prospektdarstellung nicht nur die angebotenen bzw. zuzulassenden Wertpapiere, sondern auch deren Emittent bzw. der Aussteller einer diesbezüglichen Garantie. In dieser ausdrücklichen Differenzierung kommt die in der EU-Prospektrichtlinie angelegte Aufteilung der Prospektinformationen in emittentenbezogene Angaben im sog. **Registrierungsformular** und wertpapierbezogene Angaben in der sog. **Wertpapierbeschreibung** zum Tragen. 13

aa) Emittent

Emittent ist nach § 2 Nr. 9 WpPG eine Person oder Gesellschaft, die Wertpapiere begibt oder zu begeben beabsichtigt. Dabei schließt der Begriff „Person" sowohl juristische Personen des Privatrechts als auch solche des öffentlichen Rechts ein.[26] Es handelt sich um die Person, die die Wertpapiere ausgegeben hat (bzw. ausgeben wird) und unmittelbarer Schuldner der in den Wertpapieren verbrieften Verpflichtungen ist. 14

Berücksichtigt man, dass Gegenstand der Investition des Anlegers stets das betreffende Wertpapier ist, wird klar, dass die Beurteilung des Emittenten als Teil der Anlageentscheidung ein Unterfall der Beurteilung des Wertpapiers ist. So erklärt sich auch, dass § 21 Abs. 1 allein auf die für die „Beurteilung der Wertpapiere" wesentlichen Angaben abstellt und den Emittenten insoweit nicht erwähnt. In der Sache bedeutet das aber nicht, dass § 5 einerseits und § 21 andererseits unterschiedliche inhaltliche Anforderungen regeln (s. o. Rn. 5). Jedoch hat sich die Wesentlichkeit von Informationen für die Beurteilung des Emittenten an den Bedürfnissen der Anlageentscheidung in Bezug auf diejenige Art von Wertpapieren zu bestimmen, die Gegenstand des Prospekts ist. Anders wäre es auch nicht zu erklären, weshalb die EU-Prospektverordnung unterschiedliche Schemata für das Registrierungsformular für Emittenten von Aktien einerseits und für Emittenten von Schuldtiteln und derivativen Wertpapieren andererseits vorsieht.[27] 15

Indes verdeutlicht die Nennung des Emittenten, dass Wertpapiere stets auch auf der Grundlage der (wirtschaftlichen) Situation ihres Emittenten zu beurteilen sind. Das gilt auch für Derivate, deren Wertentwicklung zwar primär von ihrem Basiswert abhängt, bei denen aber die Bonität des Emittenten ebenfalls ein wertbildender Faktor ist. Dies veranschaulicht die Insolvenz der US-Investmentbank Lehman Brothers, die zum völligen Wertverfall der von dieser ausgegebenen Derivate geführt hat – unabhängig von den jeweils zugrunde liegenden Basiswerten. 16

bb) Garantiegeber

Der Begriff des **Garantiegebers** ist im WpPG nicht definiert. Zu seiner näheren Bestimmung kann aber die Definition der **Garantie** herangezogen werden, die sich in Anhang VI 17

---

26 RegBegr. des Prospektrichtlinie-Umsetzungsgesetzes, BT-Drucks. 15/4999, S. 25, 31.
27 Vgl. Art. 4, 7 und 12 der EU-Prospektverordnung sowie deren Anhänge I, V und IX.

der EU-Prospektverordnung findet. Nach dessen Ziff. 1 bezeichnet Garantie jede Vereinbarung, mit der sichergestellt werden soll, dass jeder[28] Verpflichtung, die für die Emission von großer Bedeutung ist, angemessen nachgekommen wird, und zwar in Form einer Garantie, Sicherheit, „Keep well"-Übereinkunft, „Monoline"-Versicherungspolice oder einer gleichwertigen Verpflichtung. Der Aussteller einer solchen Garantie (und damit daraus Verpflichtete) wird in der Prospektverordnung als **„Garantiegeber"** bezeichnet.

18   In der Praxis bedeutet eine Garantie im Zusammenhang mit Wertpapieremissionen insbesondere, worauf auch in Anhang VI der EU-Prospektverordnung verwiesen wird, eine Verpflichtungen zur Gewährleistung der Rückzahlung von Schuldtiteln und/oder der Zahlung von Zinsen. Ein häufiger Anwendungsfall hierfür sind Schuldverschreibungen, die anstelle von einem deutschen Unternehmen von einer ausländischen Finanzierungstochter dieses Unternehmens ausgegeben werden, die ihrerseits den Emissionserlös an die Muttergesellschaft als Darlehen zu Konditionen weiterreicht, die den Schuldverschreibungen entsprechen. Dadurch wird vermieden, dass das Unternehmen in Bezug auf die aus der Schuldverschreibung geschuldeten Zinsen Kapitalertragsteuer abführen muss, die sich ausländische Investoren dann wieder in einem aufwändigen Verfahren rückerstatten lassen müssen. Dies führt zu Nachteilen bei der Vermarktung der betroffenen Wertpapiere außerhalb Deutschlands. Die von der ausländischen Finanzierungstochter ausgegebenen Schuldverschreibungen können freilich nur dann zu Konditionen vermarktet werden, die der Bonität der Konzernmutter entsprechen, wenn diese die Garantie für sämtliche Ansprüche der Investoren aus den Schuldverschreibungen übernimmt.[29] Dann entspricht das wirtschaftliche Risiko aus den betreffenden Schuldverschreibungen dem Bonitätsrisiko der Konzernmutter. Diese ist dann aufgrund ihrer Funktion als Garantiegeber genauso zu beschreiben, als ob sie Emittent der Schuldverschreibungen wäre, vgl. Anhang VI Ziff. 3 der EU-Prospektverordnung.

cc) Wertpapiere

19   Neben den Angaben in Bezug auf Emittenten und Garantiegeber hat der Prospekt auch Informationen über die Wertpapiere, die auf der Grundlage des Prospekts öffentlich angeboten oder zum Börsenhandel zugelassen werden sollen, zu enthalten. Die mit § 5 korrespondierende Haftungsnorm des § 21 Abs. 1 Satz 1 stellt sogar nur auf die „zur Beurteilung der Wertpapiere wesentlichen Angaben" ab. Die ausdrückliche Erwähnung neben den Angaben über den Emittenten stellt klar, dass auch vom Emittenten unabhängige Eigenschaften der Wertpapiere für die Anlageentscheidung von Bedeutung sein können (dazu sogleich Rn. 35).

c) Kriterien

20   Als Gegenstand der Beurteilung durch das Anlegerpublikum zählt das Gesetz mit den Begriffen „Vermögenswerte", „Verbindlichkeiten", „Finanzlage", „Gewinne und Verluste", „Zukunftsaussichten" und „mit diesen Wertpapieren verbundene Rechte" vorwiegend

---

28 Der Vergleich mit der englischen Sprachfassung der EU-Prospektverordnung, die insoweit von „any obligation" spricht, legt nahe, dass es im Deutschen richtigerweise „(irgend)einer" Verpflichtung heißen muss.
29 *Kaulamo*, in: Habersack/Mülbert/Schlitt, Unternehmensfinanzierung, § 17 Rn. 64; *Breuninger/ Frey*, in: Habersack/Mülbert/Schlitt, Unternehmensfinanzierung, § 20 Rn. 50 ff.

II. Allgemeine Anforderungen an den Prospekt, § 5 Abs. 1 §5

emittentenbezogene Beurteilungsparameter auf. Legt man das vorstehend ausgeführte und auch in der Begründung des Regierungsentwurfs zum Ausdruck kommende Verständnis des in § 5 angesprochenen „Urteils" als Anlageentscheidung über die angebotenen bzw. zuzulassenden Wertpapiere zugrunde, so wird klar, dass diese Aufzählung beispielhaften Charakter hat, ohne das umfassende und wertpapierbezogene Verständnis des Gegenstands des Prospekts zu verändern.

aa) Emittentenbezogene Kriterien

Die emittentenbezogenen Beurteilungsparameter lehnen sich an die aus der Rechnungslegung bekannte Begriffstrias „Vermögens-, Finanz- und Ertragslage" an, die sich in den Generalklauseln der §§ 264 Abs. 2 Satz 1, 297 Abs. 2 Satz 2 HGB[30] sowie in IAS 1.7, 1.13 und 1.15 findet.[31] Demzufolge sind diese zunächst auch unter Heranziehung der bilanziellen Terminologie zu konkretisieren. Freilich übernimmt das WpPG die bilanzielle Generalklausel der „Vermögens-, Finanz- und Ertragslage" nicht wörtlich, sondern stellt teilweise auf leicht abweichende Begriffe ab. Im Einzelnen:

21

aaa) Vermögenswerte und Verbindlichkeiten

Der Begriff „**Vermögenswerte**" bezeichnet die Aktiva des Emittenten, sprich Anlage- und Umlaufvermögen, vgl. § 266 Abs. 2 HGB.[32] **Verbindlichkeiten** stehen wiederum nach bilanzrechtlichem Verständnis für einen Teil der Passivseite der Bilanz in § 266 Abs. 3 lit. C HGB und bezeichnen die nach Höhe und Fälligkeit feststehenden Verpflichtungen der Gesellschaft, mithin eine Vermögensbelastung und damit bilanzielle Schuld.[33] Damit scheinen die in § 266 Abs. 3 lit. A und B HGB aufgeführten Bestandteile der Passivseite Eigenkapital und Rückstellungen nicht erfasst. Das Eigenkapital unterscheidet sich dem Grundsatz nach vom Fremdkapital (d. h. den Schulden, zu denen Rückstellungen und Verbindlichkeiten gehören)[34] darin, dass es dem Unternehmen ohne zeitliche Begrenzung zur Verfügung steht.[35] Rückstellungen wiederum bilden Aufwendungen ab, deren Existenz oder Höhe – anderes als bei den Verbindlichkeiten – nicht sicher feststehen.[36]

22

bbb) Finanzlage

Die „**Finanzlage**" bezieht sich dagegen einerseits auf die Herkunft des Unternehmenskapitals, schließt andererseits die Auskunft über die Verwendung und Fristigkeit der eingesetzten Mittel ein und gibt damit letztlich auch Auskunft über die Liquidität des Unternehmens.[37] Der Begriff schließt also die eben dargestellte Lücke, die der vorstehend erläuterte Begriff der Verbindlichkeiten im Hinblick auf die Darstellung von Eigenkapitalausstattung

23

---

30 Darauf weisen ausdrücklich *Ekkenga/Maas*, Das Recht der Wertpapieremissionen, § 2 Rn. 194, hin.
31 *Merkt*, in: Hopt/Merkt, Bilanzrecht, § 264 Rn. 30.
32 *Reiner/Haußer*, in: MünchKomm-HGB, § 266 Rn. 17.
33 *Böcking/Gros*, in: Ebenroth/Boujong/Joost/Strohn, HGB, § 266 Rn. 54.
34 *Baetge/Kirsch/Thiele*, Bilanzen, 12. Aufl. 2012, S. 3, 172 f.
35 *Reiner/Haußer*, in: MünchKomm-HGB, § 266 Rn. 89.
36 *Baetge/Kirsch/Thiele*, Bilanzen, 12. Aufl. 2012, S. 174.
37 *Winkeljohann/Schellhorn*, in: Beck'scher Bilanz-Kommentar, § 264 Rn. 37.

und Rückstellungen lässt. Damit ist klargestellt, dass die gesamte Passivseite der Bilanz darzustellen ist. Neben der Komplettierung des Bildes über die Bilanz des Emittenten erfasst der Begriff der Finanzlage zudem die Zahlungsströme des Unternehmens, die durch die Kapitalflussrechnung reflektiert werden.[38]

ccc) Gewinne und Verluste

24 Das in § 5 Abs. 1 ferner zu findende Gegensatzpaar der Begriffe „**Gewinne und Verluste**" erweist sich bei genauerer Betrachtung als etwas unscharf. Denn mit Bilanzgewinn bzw. -verlust wird nach § 268 Abs. 1 Satz 1 HGB „nur" eine Bilanzposition bezeichnet, die sich aus der Verwendung des Jahresüberschusses bzw. -fehlbetrags bzw. der Auflösung von oder Einstellung in Rücklagen ergibt.[39] Ausgehend von dem im Prospekt darzustellenden „Gesamtbild" des Emittenten dürften die Begriffe „Gewinn und Verlust" in § 5 Abs. 1 wohl eher auf eine Darstellung der in der – insoweit auch etwas irreführend bezeichneten – Gewinn- und Verlustrechnung nach § 242 Abs. 2 HGB ausgewiesenen Aufwendungen und Erträge abzielen. Diese werden in der Rechnungslegung auch mit dem Begriff der **Ertragslage** zusammengefasst.[40] Gemeint dürfte eine Darstellung der Aufwendungen und Erträge des Emittenten sein, somit dessen in der Gewinn- und Verlustrechnung (sic!) darzustellende Ertragslage.[41]

25 Mithin zeigt sich, dass – trotz abweichender Terminologie – auch nach § 5 Abs. 1 eine Darstellung der Vermögens-, Finanz- und Ertragslage des Emittenten verlangt ist. Im Bilanzrecht stehen diese Begriffe nicht isoliert nebeneinander, sondern überschneiden sich und entfalten Wechselwirkungen untereinander. Dabei sind die einzelnen Kategorien untereinander grds. gleichwertig, ihnen kann aber im Einzelfall unterschiedlich starke Bedeutung zukommen.[42] Maßgeblich für die Darstellung des nach § 264 Abs. 2 Satz 2 HGB zu vermittelnden den tatsächlichen Verhältnissen entsprechenden Bildes ist der **Gesamteindruck von der Lage der Gesellschaft**.[43] Angesichts des prospektrechtlichen Postulats der Darstellung eines Gesamtbildes, das ein zutreffendes Urteil des Anlegers ermöglicht, kann für die Auslegung der aus der Rechnungslegung entlehnten Begriffe in § 5 Abs. 1 nichts anderes gelten. Ihre prominente Hervorhebung in der prospektrechtlichen Generalklausel des § 5 zeigt, dass die Darstellung der wirtschaftlichen Verhältnisse des Emittenten einen wesentlichen Kern der Prospektberichterstattung darstellt.

26 Ungeachtet der begrifflichen Parallelen von § 5 Abs. 1 und der bilanziellen Generalklausel des § 264 Abs. 2 HGB ist aber die **unterschiedliche Zielrichtung von Prospekt und Jah-**

---

[38] *Reiner*, in: MünchKomm-HGB, § 264 Rn. 80; *Böcking/Gros*, in: Ebenroth/Boujong/Joost/Strohn, HGB, § 264 Rn. 29.
[39] *Reiner/Haußer*, in: MünchKomm-HGB, § 268 Rn. 3.
[40] *Reiner/Haußer*, in: MünchKomm-HGB, § 264 Rn. 81, § 275 Rn. 1.
[41] *Förschle/Ries*, in: Beck'scher Bilanz-Kommentar, § 246 Rn. 90.
[42] *Reiner*, in: MünchKomm-HGB, § 264 Rn. 82 f.; *Böcking/Gros*, in: Ebenroth/Boujong/Joost/Strohn, HGB, § 264 Rn. 26; *Winkeljohann/Schellhorn*, in: Beck'scher Bilanz-Kommentar, § 264 Rn. 38.
[43] *Reiner*, in: MünchKomm-HGB, § 264 Rn. 83; *Winkeljohann/Schellhorn*, in: Beck'scher Bilanz-Kommentar, § 264 Rn. 39 ff. (insb. Rn. 41).

II. Allgemeine Anforderungen an den Prospekt, § 5 Abs. 1 §5

resabschluss nach HGB[44] zu beachten. Anders als der Jahresabschluss hat die Prospektdarstellung die Funktion, die Grundlage für die Beurteilung des an einer Investition in Wertpapiere des Emittenten interessierten Anlegers zu legen. Dies ähnelt umgekehrt der kapitalmarktorientierten Informationsfunktion des Konzernabschlusses nach IFRS, die primär an den Interessen der (Eigen-)Kapitalgeber ausgerichtet ist.[45] Wiewohl sich freilich nach der Rechtsprechung des BGH der Prospekt an den Anleger richtet, der „eine Bilanz zu lesen versteht" (dazu Rn. 38 ff.), sieht der Gesetzgeber das Informationsbedürfnis der Anleger auch in Bezug auf bilanzielle Sachverhalte nicht allein durch die Aufnahme von Finanzinformationen (dazu im Einzelnen die Kommentierung zu Anhang I zur EU-Prospektverordnung, Ziff. 20) als befriedigt an.[46] Vielmehr schreibt die EU-Prospektverordnung in den Anforderungen für das Registrierungsformular für Aktien (Anhang I Ziff. 9 EU-Prospektverordnung) einen Abschnitt „**Angaben zur Geschäfts- und Finanzlage**" vor. Angelehnt an die englische Sprachfassung der EU-Prospektverordnung wird dieser Prospektabschnitt in der Praxis auch als **OFR** (*Operating and Financial Review*) oder auch, wie in den USA, **MD&A** (*Management's Discussion and Analysis*) genannt.[47] Darin sind die Finanzlage und Geschäftsergebnisse für die von historischen Finanzinformationen abgedeckten Zeiträume, einschließlich der wesentlichen Veränderungen zwischen den Geschäftsjahren, zu erläutern, sofern dies für das Verständnis der Geschäftstätigkeit des Emittenten insgesamt erforderlich ist. Letztere Einschränkung spielt in der Praxis keine Rolle. Vielmehr erwartet die BaFin, dass in den „Angaben zur Geschäfts- und Finanzlage" auf alle im Prospekt enthaltenen historischen Finanzinformationen eingegangen wird. Allerdings kann der Detaillierungsgrad unterschiedlich ausfallen. So reicht es bei dem nach der Verwaltungspraxis der BaFin auch bei konzernabschlusspflichtigen Unternehmen aufzunehmenden HGB-Einzelabschluss für das letzte Geschäftsjahr regelmäßig aus, auf dessen wesentliche Bedeutung neben dem ebenfalls in den Prospekt aufgenommenen IFRS-Konzernabschluss einzugehen. Diese beschränkt sich typischerweise darauf, als Grundlage für die Besteuerung der Gesellschaft und für die Gewinnausschüttung (d.h. Bemessung der Dividende) zu dienen.[48]

---

44 Zu den verschiedenen Zwecken des Jahresabschlusses nach HGB vgl. *Nonnenmacher*, in: Marsch-Barner/Schäfer, Handbuch börsennotierte AG, § 55 Rn. 1 ff.
45 *Nonnenmacher*, in: Marsch-Barner/Schäfer, Handbuch börsennotierte AG, § 56 Rn. 4; ähnlich, jedoch unter Verweis auf einen neuerdings erweiterten Ansatz, der aber weiterhin u.a. Investorenbelange berücksichtigt *Baetge/Kirsch/Thiele*, Bilanzen, 12. Aufl. 2012, S. 145 f.
46 Der Grundgedanke deutete sich bereits in der Rechtsprechung an – so führte das OLG Frankfurt im Urteil vom 1.2.1994 – 5 U 213/92, WM 1994, 291, 295 („Bond") aus: „Abzustellen ist nach der Rechtsprechung des Bundesgerichtshofs auf einen durchschnittlichen Anleger, der zwar eine Bilanz zu lesen versteht, der aber kein überdurchschnittliches Fachwissen aufweist." Daraus ergibt sich die Forderung, dass für die Beurteilung wesentliches Datenmaterial nicht nur irgendwie offenbart werden muss, sondern dass dies in einer für den genannten Durchschnittsanleger verständlichen Form geschehen muss, die ihn in die Lage versetzt, zutreffende Schlussfolgerungen zu ziehen. Gegebenenfalls müssen die Angaben entsprechend erläutert werden.
47 Dazu eingehend *Meyer*, in: Habersack/Mülbert/Schlitt, Unternehmensfinanzierung, § 36 Rn. 47 ff.; *Kopp*, RIW 2002, 661.
48 *Meyer*, in: Habersack/Mülbert/Schlitt, Unternehmensfinanzierung, § 36 Rn. 30; daran hat sich auch durch das Bilanzrechts-Modernisierungsgesetz (BilMoG) nichts geändert, vgl. Begründung zum Regierungsentwurf des BilMoG BT-Drucks. 16/10067, S. 1, 32.

ddd) Zukunftsaussichten

27 Der Begriff „**Zukunftsaussichten**" ist von den vorstehenden, ineinandergreifenden rechnungslegungsbezogenen Begriffen zu unterscheiden. Er geht über die auf Stichtage bzw. Perioden in der Vergangenheit bezogene Sichtweise jener Termini hinaus. Dies trägt dem Umstand Rechnung, dass die Anlageentscheidung maßgeblich von der Einschätzung der künftigen Entwicklung des Emittenten abhängt, die sich dann auch in der Wertentwicklung der angebotenen oder zuzulassenden Wertpapiere niederschlägt. Inwieweit es allerdings zwingend erforderlich ist, zukunftsgerichtete Aussagen zu treffen, ist im Einzelfall sorgfältig zu prüfen. Die Praxis macht jedenfalls von zukunftsgerichteten Aussagen in Prospekten im Allgemeinen nur sparsam Gebrauch.[49] Dies dürfte vor allem daran liegen, dass diese ebenfalls der Prospekthaftung unterliegen. Auch der BGH mahnt hier ausdrücklich zur Zurückhaltung.[50] Allerdings finden sich in den Schemata und Modulen der EU-Prospektverordnung eine Reihe von (Pflicht-)Angaben, die sich (auch) als Konkretisierung der allgemeinen in § 5 Abs. 1 genannten „für ein Urteil über die Zukunftsaussichten des Emittenten notwendige Informationen" ansehen lassen. Dazu gehört die Beschreibung des Geschäftsbetriebs des Emittenten und der Märkte, in denen er tätig ist. Eine Darstellung der mit diesem Geschäftsbetrieb verbundenen Risiken gehört ebenfalls hierzu – wie sich anhand des Pflichtbestandteils „Risikofaktoren" erkennen lässt, vgl. Anhang I zur Prospektrichtlinie Ziff. 4 sowie Art. 25 Abs. 1 Nr. 3 der EU-Prospektverordnung. Als Paradebeispiel für Prospektaussagen über die Zukunftsaussichten gelten schließlich vor allem die nach Anhang I Ziff. 12 der EU-Prospektverordnung aufzunehmenden Trendinformationen sowie Gewinnprognosen und -schätzungen nach Anhang I Ziff. 13 der EU-Prospektverordnung. Der Hauptunterschied zwischen den letzteren beiden Kategorien besteht in formaler Hinsicht darin, dass Trendinformationen zum Katalog „Mindestinformationen" gehören, die in dem Prospekt enthalten sein müssen, während es den Prospektverantwortlichen grds. frei steht, Gewinnprognosen und -schätzungen aufzunehmen. Dies ergibt sich zum einen aus Erwägungsgrund 8 der EU-Prospektverordnung, aber auch aus dem Wortlaut von Anhang I Ziff. 13 der EU-Prospektverordnung.[51] Trendinformationen einerseits und Gewinnprognosen und -schätzungen andererseits sind freilich bisweilen schwer voneinander abzugrenzen.

28 Basierend auf der Definition in Anhang I Ziff. 12 der EU-Prospektverordnung sind **Trendinformationen** Angaben über operative Kennzahlen des Emittenten aus der jüngsten Vergangenheit sowie über aktuelle Umstände, von denen erwartet wird, dass sie einen erheblichen Einfluss auf die Entwicklung des Emittenten im laufenden Geschäftsjahr haben werden, ferner Ausführungen zu diesen Auswirkungen. Diese sollen jedoch nur insoweit in den Prospekt aufgenommen werden, als sie dem Ersteller bekannt sind.[52] Freilich wird man von den Prospekterstellern erwarten können, dass sie öffentlich bekannte Branchentrends

---

[49] *Wienecke*, NZG 2005, 109, 113; *Schlitt/Wilczek*, in: Habersack/Mülbert/Schlitt, Kapitalmarktinformation, § 5 Rn. 85.
[50] BGH, 12.7.1982 – II ZR 175/81, WM 1982, 862, 865 („Beton- und Monierbau").
[51] Ebenso *Seibt/Huizinga*, CFL 2010, 289, 301; dazu auch die Kommentierung zu Ziff. 13 des Anhangs I der EU-Prospektverordnung, Rn. 13 ff.
[52] *Rieckhoff*, BKR 2011, 221, 223.

II. Allgemeine Anforderungen an den Prospekt, § 5 Abs. 1 § 5

berücksichtigen.[53] Nicht erwartet wird jedoch, dass sich das Management dazu äußern muss, *wie* sich diese Trends voraussichtlich auf das Unternehmen auswirken werden.[54]

Dagegen wird die Grenze zur (grds. freiwilligen) **Gewinnprognose** (näher dazu die Kommentierung zu Anhang I Ziff. 13 der EU-Prospektverordnung) nach der Definition des Art. 2 Nr. 10, 11 der EU-Prospektverordnung überschritten, wenn die wahrscheinliche Höhe eines noch nicht veröffentlichten Jahresergebnisses genannt wird oder Daten angegeben werden, anhand derer ein solches Jahresergebnis berechnet werden kann.[55] Wurde allerdings in einem **früheren Prospekt**, der zum Zeitpunkt der Veröffentlichung eines neuen Prospekts noch „aussteht" (wohl gemeint: noch gültig ist) eine Gewinnprognose veröffentlicht, ist nach Anhang I Ziff. 13.4 der EU-Prospektverordnung eine Erklärung darüber abzugeben,[56] ob diese Prognose noch zutrifft bzw. warum dies nicht mehr der Fall ist. Hat der Emittent eine **Äußerung außerhalb eines Prospekts** getätigt, die man als Gewinnprognose oder -schätzung ansehen würde, wenn sie Teil eines Prospekts wäre, und ist diese Aussage noch gültig, so hat nach Auffassung von ESMA der Emittent zu prüfen, ob diese wesentlich und noch zutreffend ist. Er soll dann in Erwägung ziehen, sie in den Prospekt aufzunehmen. Indes ist nach der Ansicht von ESMA bei Aktienemissionen die Wesentlichkeit einer solchen Gewinnprognose zu vermuten. Dann wäre sie zwingend in den Prospekt aufzunehmen und mit der Bescheinigung eines Wirtschaftsprüfers nach Anhang I Ziff. 13.2 der EU-Prospektverordnung zu versehen. Die Kompetenzen von ESMA werden jedoch überschritten, wenn im Rahmen von Empfehlungen auf Stufe 3 des Lamfalussy-Prozesses[57] Vorgaben gemacht werden, die den Grundprinzipien des höherrangigen Rechts (hier: Grundsatz der Freiwilligkeit bei der Aufnahme von Gewinnprognosen nach der Stufe 2 zuzuordnenden EU-Prospektverordnung) zuwiderlaufen.[58] Vereinzelt wird zudem die Pflicht zur Aufnahme einer Gewinnprognose im Hinblick auf das Prinzip der Prospektrichtig- und -vollständigkeit erwogen, falls eine frühere Gewinnprognose nicht mehr aufrechterhalten werden könne.[59] Dies könnte man allenfalls in den Fällen begründen, in denen der Emittent eine diesbezügliche Ad-hoc-Mitteilung zu veröffentlichen hätte (sog. Gewinnwarnung).[60] Auch in diesem Fall ist aber nicht ersichtlich, weshalb der Emittent eine nicht mehr aktuelle Gewinnprognose durch eine neue zu ersetzen hätte – eine solche Pflicht ergibt sich weder im Rahmen der Ad-hoc-Publizität noch aus dem Prospektrecht. Er kann sich also darauf beschränken, mitzuteilen, dass an der alten Gewinnprognose nicht mehr festgehalten werde.[61]

29

---

53 U.S. Securities and Exchange Commission, Commission Guidance Regarding Management's Discussion and Analysis of Financial Condition and Results of Operations, Release No's. 33-8350; 34-48960; FR-72; 17 CFR Parts 211, 231 and 241 vom 29.12.2003; dazu auch *Rieckhoff*, BKR 2011, 221, 223.
54 *Rieckhoff*, BKR 2011, 221, 224.
55 ESMA Update der CESR-Empfehlungen, Rn. 49.
56 In der deutschen Sprachfassung erweckt die Verwendung des Hilfsverbs „sollte" den Eindruck, es handele sich nur um eine Empfehlung. Da sich dies aber anhand der englischen Sprachfassung nicht bestätigen lässt, ist von einer diesbezüglichen Veröffentlichungspflicht auszugehen.
57 Zum Lamfalussy-Prozess *von Kopp-Colomb/Lenz*, AG 2002, 24, 25.
58 *Schlitt/Schäfer*, AG 2005, 498, 504; *Schlitt/Schäfer*, AG 2008, 525, 533.
59 *Schlitt/Wilczek*, in: Habersack/Mülbert/Schlitt, Kapitalmarktinformation, § 5 Rn. 93.
60 *Schlitt/Singhof/Schäfer*, BKR 2005, 251, 258; zur Ad-hoc-Pflicht vgl. nur BaFin, Emittentenleitfaden, 4. Aufl. 2013, Tz. IV.2.2.4 S. 56.
61 *Schlitt/Wilczek*, in: Habersack/Mülbert/Schlitt, Kapitalmarktinformation, § 5 Rn. 93; *Meyer*, in: Habersack/Mülbert/Schlitt, Unternehmensfinanzierung, § 36 Rn. 61; *Schlitt/Schäfer*, in: Assmann/Schlitt/von Kopp-Colomb, WpPG/VerkProspG, EU-ProspektVO Anhang I Rn. 118.

§ 5 Prospekt

30 Ohnehin ist nicht jede Aussage zu künftigen Ertragskennzahlen gleich als Gewinnschätzung oder -prognose anzusehen. So fehlt es beispielsweise **Planzahlen oder Gewinnzielen** typischerweise an der für eine Gewinnschätzung nach Art. 2 Nr. 10 der EU-Prospektverordnung erforderlichen Wahrscheinlichkeitskomponente. Nicht jeder, der sich (mitunter ehrgeizige) Ziele setzt, verbindet damit die begründete und auf konkrete Tatsachen gestützte Erwartung, dass er diese wahrscheinlich erreichen wird. Gleiches gilt für Rohertrags-Kennzahlen, anhand derer man ohne Kenntnis weiterer Parameter nicht den endgültigen Gewinn oder Verlust ermitteln kann. Werden im Rahmen einer Bilanzpressekonferenz, mitunter schon vor Feststellung und Prüfung des Jahresabschlusses, oder anlässlich einer Analystenkonferenz solche Planvorgaben oder erwartete Roh-Kennzahlen veröffentlicht, löst dies auch unter Zugrundelegung der vorstehend beschriebenen Auffassung von ESMA regelmäßig keine Pflicht aus, diese als Gewinnprognose in einen Prospekt aufzunehmen.[62]

30a Gleiches gilt für sog. **Projektionen**. Projektionen stellen zukunftsgerichtete Aussagen des Managements eines Unternehmens dar, die auf hypothetischen Annahmen über die zukünftige Entwicklung des Unternehmens basieren, deren Eintritt das Management nicht notwendigerweise erwartet oder für überwiegend wahrscheinlich hält und/oder denen Annahmen über Handlungen des Managements zugrunde liegen, die dieses nicht unbedingt beabsichtigt durchzuführen.[63]

31 Den Vorgaben für die Trendinformationen nicht unähnlich sind die Anforderungen an zukunftsgerichtete Aussagen im **Lagebericht bzw. Konzernlagebericht**. Nach § 289 Abs. 1 Satz 4, § 315 Abs. 1 Satz 5 HGB sind dort die voraussichtliche Entwicklung mit ihren wesentlichen Chancen und Risiken der Gesellschaft bzw. des Konzerns zu beurteilen und zu erläutern sowie die zugrunde liegenden Annahmen anzugeben. Jedoch ist zu beachten, dass – anders als in Bezug auf die Jahres- bzw. Konzernabschlüsse der jüngeren Vergangenheit (vgl. Anhang I Ziff. 20.1. der EU-Prospektverordnung) – die EU-Prospektverordnung darauf verzichtet hat, die Aufnahme des Lageberichts oder Konzernlageberichts in den Prospekt vorzuschreiben.[64] Es dürfte daher im Hinblick auf die Zukunftsaussichten ausreichen, die aus der Sicht des Emittenten zum Datum des Prospekts für die künftige Entwicklung maßgeblichen Umstände anzugeben, ohne notwendigerweise eine konkrete Prognose über deren Eintreten oder gar eine Quantifizierung von deren Auswirkungen vorzunehmen.[65]

31a Gewisse Brisanz mag sich freilich im Lichte der o.g. Auffassung von ESMA zu außerhalb des Prospektes getätigten Prognosen aus der Anwendung des neuen Deutschen Rechnungslegungsstandards **DRS 20**[66] ergeben. Danach sind im Konzernlagebericht Prognosen der

---

[62] Ebenso – eine Pflicht zur Ad-hoc-Veröffentlichung von Planzahlen aus denselben Gründen verneinend *Geibel/Schäfer*, in: Schäfer/Hamann, Kapitalmarktgesetze, § 15 WpHG Rn. 55.

[63] *Pföhler/Riese*, WPg 2014, 1184, 1186 mit Verweis auf die Systematik nach den International Standards on Assurance Engagements (ISAE) 3400.

[64] Anders noch die Rechtslage vor Umsetzung der EU-Prospektrichtlinie: Nach § 21 Abs. 1 Nr. 1 BörsZulV war der Lagebericht des letzten Geschäftsjahres in den Prospekt aufzunehmen, vgl. *Groß*, Kapitalmarktrecht, 1. Aufl. 2000, §§ 13–32 BörsZulV Rn. 12.

[65] Allgemein zu den verschiedenen Vorgaben für die Prognosepublizität im Kapitalmarktrecht *Fleischer*, AG 2006, 2, 4 ff.; *Veil*, AG 2006, 690.

[66] Deutscher Rechnungslegungs Standard Nr. 20 (DRS 20) – Konzernlagebericht – des Deutschen Rechnungslegungs Standards Committees e. V., Berlin, nach § 342 Abs. 2 des Handelsgesetzbuches vom 25.11.2012, BAnz. AT 4.12.2012 B1, S.1 ff. im Internet verfügbar unter www.bundesan

II. Allgemeine Anforderungen an den Prospekt, § 5 Abs. 1 §5

Konzernleitung zum Geschäftsverlauf und zur Lage des Konzerns zu beurteilen und zu erläutern sowie die Ausführungen zu einer Gesamtaussage zu verdichten, DRS 20 Tz.118. Prognosen sind für mindestens ein Jahr, gerechnet vom letzten Konzernabschlussstichtag zu den bedeutsamsten finanziellen und nichtfinanziellen Leistungsindikatoren abzugeben, DRS 20, Tz. 126 f. Sie müssen Aussagen zur erwarteten Veränderung der prognostizierten Leistungsindikatoren gegenüber dem Berichtsjahr enthalten und dabei die Richtung und Intensität der Veränderung verdeutlichen. Dabei können Prognosen nach DRS 20 Tz. 130 in folgender Form abgegeben werden:[67]

- **Punktprognose**: Prognose mit Angabe eines Zahlenwertes (z. B. „Wir erwarten für das Geschäftsjahr 20XX einen Umsatz von 100 Mio. Euro.").
- **Intervallprognose**: Prognose mit Angabe einer Bandbreite zwischen zwei Zahlenwerten (z. B. „Wir rechnen für das Geschäftsjahr 20XX mit einem Umsatz zwischen 90 und 110 Mio. Euro.").
- **Qualifiziert komparative Prognose**: Prognose mit Angabe einer Veränderung im Vergleich zum Istwert der Berichtsperiode unter Angabe der Richtung und der Intensität dieser Veränderung (z. B. „Wir erwarten für das Geschäftsjahr 20XX einen leicht steigenden Umsatz.").

Zuvor war nach dem früheren DRS 15 (dort Tz. 88) lediglich zu beschreiben, ob die Konzernleitung einen positiven oder negativen Trend erwartet.[68] Die Spezifizierung der Anforderungen an die Prognosepublizität erscheint mit Blick auf die Definition der „Gewinnprognose" nach Art 2 Ziff. 10 der EU-Prospektverordnung nicht unproblematisch. Danach ist unter einer „Gewinnprognose" ein Text zu verstehen, in dem ausdrücklich oder implizit eine Zahl oder eine Mindest- bzw. Höchstzahl für die wahrscheinliche Höhe der Gewinne oder Verluste im laufenden Geschäftsjahr und/oder in den folgenden Geschäftsjahren genannt wird, oder der Daten enthält, aufgrund derer die Berechnung einer solchen Zahl möglich ist. Gibt der Vorstand im Lagebericht eine Punkt- oder Intervallprognose ab, mag dies also dazu führen, dass er diese – der Logik von ESMA folgend – als außerhalb des Prospektes getätigte Prognose in den nächsten Prospekt jedenfalls für eine Aktienemission aufnehmen müsste. In der jüngeren Verwaltungspraxis der BaFin wurde in Einzelfällen auch erwogen, eine qualifiziert komparative Prognose als Gewinnprognose anzusehen, da etwa die Angabe einer erwarteten Veränderung zum Istwert der vorangegangenen Berichtsperiode implizit deren Ergebnis zum Mindest- bzw. Höchstwert bestimmt. Mit anderen Worten: Die Aussage, der Emittent erwarte für das laufende Geschäftsjahr einen steigenden Gewinn, erkläre damit den Vorjahresgewinn zur Mindestzahl für das erwartete Jahresergebnis und stelle folglich eine Gewinnprognose dar. Immerhin hat ESMA im Rahmen seiner Q&As signalisiert, in Fällen, in denen der Emittent aufgrund der für ihn geltenden Regelungen verpflichtet ist, eine Gewinnprognose zu veröffentlichen, im Einzelfall die Anwendung seiner Empfehlungen zu diskutieren.[69] Käme man dessen ungeachtet jedoch zu einer Pflicht der Aufnahme der im Lagebericht enthaltenen Prognose in den Prospekt, wäre auch eine Bescheinigung (sog. „Bericht") eines Wirtschaftsprüfers nach Ziff. 13.2

31b

---

zeiger.de; allgemein zur Chancenberichterstattung nach DRS 20 und zur Anwendung der neuen Vorgaben in der Praxis *Eisenschmidt/Scherner*, DStR 2015, 1068.
67 Den Begriffen liegen die Definitionen nach DRS 20 Tz. 11 zugrunde; diesem sind auch die Formulierungsbeispiele entnommen.
68 Dazu *Henckel/Rimmelspacher/Schäfer*, Der Konzern 2014, 386, 396.
69 ESMA-Questions and Answers – Prospectuses (25th Updated Version – July 2016), Frage 25.

des Anhangs I der EU-Prospektverordnung aufzunehmen. Dies gilt unabhängig davon, dass der Lagebericht (und damit auch der Prognosebericht) im Rahmen der Abschlussprüfung bereits geprüft wurde. Denn dort ist nach § 317 Abs. 2 HGB Prüfungsgegenstand, ob der (Konzern-)Lagebericht mit dem Einzelabschluss bzw. dem Konzernabschluss sowie mit den bei der Prüfung gewonnenen Erkenntnissen des Abschlussprüfers in Einklang stehen und ob der (Konzern-)Lagebericht eine zutreffende Vorstellung von der Lage des Unternehmens bzw. des Konzerns vermittelt. Freilich mag die Feststellung nach Ziff. 13.2 des Anhangs I der EU-Prospektverordnung, wonach eine Gewinnprognose auf der angegebenen Grundlage ordnungsgemäß erstellt wurde und dass die dabei verwendete Rechnungslegungsgrundlage mit den Rechnungslegungsstrategien des Emittenten konsistent ist, auf der Grundlage der im Rahmen der Abschlussprüfung vorgenommenen Prüfungshandlungen ohne großen Zusatzaufwand getroffen werden können. Emittenten, die sich in ihrer Lageberichterstattung für eine Punkt- oder Intervallprognose entscheiden, sollten dies idealerweise bereits bei der Erstellung des (Konzern-)Lageberichts mit ihrem Abschlussprüfer klären.[70]

32   Wie bereits ausgeführt (s.o. Rn. 10 ff.), lassen sich die allgemeinen inhaltlichen Anforderungen an die Prospektpublizität auch anhand der Regelungen über die Ad-hoc-Publizität konkretisieren. Diese knüpft wiederum an den Begriff der Insiderinformation nach § 13 WpHG an, der auch künftige Umstände einschließt, sofern mit hinreichender Wahrscheinlichkeit davon ausgegangen werden kann, dass sie in Zukunft eintreten werden (§ 13 Abs. 1 Satz 3 WpHG). Mithin sind solche (auch zukünftigen) Umstände, die ab Eintreten der Ad-hoc-Pflicht nach § 15 WpHG durch Antrag auf Zulassung der Wertpapiere zum Börsenhandel (§ 15 Abs. 1 Satz 2 WpHG) ad hoc zu publizieren sind, auch in den Prospekt aufzunehmen.

33   Die **strategische Planung und zukünftige Finanzierungsmaßnahmen** sind in den Mindestangaben der EU-Prospektverordnung nicht ausdrücklich angesprochen. Nach Anhang I Ziff. 5.2.3 sind vielmehr Angaben über die wichtigsten künftigen Investitionen des Emittenten (nur) dann zu machen, wenn sie von seinen Verwaltungsorganen bereits verbindlich beschlossen sind. Dementsprechend sind bei der Verwendung des Emissionserlöses zur Finanzierung einer konkreten Akquisition nach Ziff. 3.4 des Anhangs I der EU-Prospektverordnung dann detaillierte Angaben zu machen, wenn der betreffende Erwerb eines anderen Unternehmens bereits angekündigt war. Soweit der Emittent aber konkrete **Akquisitionen** oder weitere Finanzierungsmaßnahmen plant, die zwar noch nicht verbindlich beschlossen sind, aber für seine Zukunftsaussichten oder auch sonst für die Beurteilung der angebotenen oder zuzulassenden Wertpapiere wesentlich sind, muss dies aber zumindest in allgemeiner Form erwähnt werden.[71] Dabei ist dem u.U. noch geringen Konkretisierungsgrad solcher Maßnahmen und den Geheimhaltungsinteressen des Emittenten gerade bei zukünftigen, noch nicht ausgehandelten und noch nicht beschlossenen Akquisitionsvorhaben Rechnung zu tragen. Vor diesem Hintergrund erscheinen – abhängig von den Umständen des Einzelfalls – auch unter Berücksichtigung des Informationsinteresses der Anleger abstrakte Ausführungen ausreichend, z.B. dahin gehend, dass derzeit der Markt aktiv nach Akquisitionen oder Refinanzierungsmöglichkeiten beobachtet werde und diesbezügliche

---

70   Zum mangelnden systematischen Abgleich zwischen DRS 20 und der EU-Prospektverordnung *Pföhler/Riese*, WPg 2014, 1184.
71   OLG Frankfurt a.M., 29.1.2004 – 3 U 21/01, BKR 2004, 156 ff.; ähnlich *Rieckhoff*, BKR 2011, 221, 226.

II. Allgemeine Anforderungen an den Prospekt, § 5 Abs. 1 §5

Maßnahmen u. U. auch kurzfristig ergriffen werden können.[72] Dagegen dürfte es zu weit gehen, das Absehen von einer konkreteren Darstellung noch nicht verbindlich beschlossener geplanter Akquisitionen von einer Gestattung der Nichtaufnahme durch die BaFin nach § 8 Abs. 2 abhängig zu machen,[73] jedenfalls solange diese noch nicht so konkret sind, dass sie – auch unter Berücksichtigung der aktuellen Rechtsprechung zur ad-hoc-Pflicht bei mehrstufigen Entscheidungsprozessen – nach § 15 WpHG veröffentlicht werden müssten.[74] Dabei ist freilich zu beachten, dass eine sog. Selbstbefreiung nach § 15 Abs. 3 WpHG für die Frage, ob Informationen über eine geplante Unternehmenstransaktion in den Prospekt aufzunehmen sind, irrelevant ist. Zudem würde hier auch eine Gestattung der Nichtaufnahme von Angaben durch die BaFin im Zweifel nicht weiterhelfen, da sie den Vorwurf der Unvollständigkeit des Prospektes und die Geltendmachung darauf gestütztes Prospekthaftungsansprüche nicht verhindern könnte (dazu § 8 Rn. 61). Soll indes der Emissionserlös zur Finanzierung einer konkreten Akquisition verwendet werden, gelten konkretere Anforderungen. Nach Ziff. 3.4 des Anhangs I der EU-Prospektverordnung ist die Verwendung der Erträge der Emission u. a. insbesondere dann im Detail darzulegen, wenn sie außerhalb der normalen Geschäftsvorfälle zum Erwerb von Aktiva verwendet oder zur Finanzierung des angekündigten Erwerbs anderer Unternehmen oder zur Begleichung, Reduzierung oder vollständigen Tilgung der Schulden eingesetzt werden.

Werden Einschätzungen über die Zukunftsaussichten aufgenommen, stellt sich die weitere Frage, inwieweit diese „**zutreffend**" sein können, d. h. am Maßstab der Prospektwahrheit messbar sind. Hier wird man auf die insoweit von der Rechtsprechung entwickelten Grundsätze zurückgreifen können. Danach dürfen zukunftsgerichtete Aussagen keine bloßen Mutmaßungen sein, sondern Schlussfolgerungen aus nachgeprüften Tatsachen oder Wertfeststellungen, die auf einer sorgfältigen Analyse beruhen, es sei denn aus dem Prospekt ergibt sich deutlich etwas anderes. Voraussagen und Werturteile müssen ausreichend durch Tatsachen gestützt und kaufmännisch vertretbar sein. Bestehen Zweifel an ihrem Eintritt, so ist darauf unter deutlichem Hinweis auf die insoweit bestehenden Risiken hinzuweisen.[75] Nach der jüngeren Rechtsprechung sind Prognosen zudem nach den bei der Prospekterstellung gegebenen Verhältnissen und unter Berücksichtigung der sich abzeichnenden Risiken zu erstellen. Für eine Prognose, die mit erheblichen Risiken verbunden ist (etwa weil sie sich auf einen langen Zeitraum bezieht – im vom BGH zu entscheidenden Fall 25 Jahre), muss aus den Erfahrungen in der Vergangenheit vorsichtig kalkulierend auf die Zukunft geschlossen werden.[76] In einem solchen Fall einer langfristigen zukunftsgerichteten Aussage dürfte es sich ohnehin anbieten, dem hohen Maß an Unsicherheit dadurch Rechnung zu tragen, dass eine derart langfristige Aussage (wenn man sie denn überhaupt in einem Prospekt treffen will) nicht als Prognose, sondern – dem Schrifttum im

34

---

72 Vgl. *Ekkenga/Maas*, Das Recht der Wertpapieremissionen, § 2 Rn. 199; ähnlich OLG Frankfurt a. M., 16.5.2012 – 23 Kap 1/06, BeckRS 2012, 10607 unter Tz. 6 a) (S. 53) = NZG 2012, 747, 748.
73 So aber offenbar *Rieckhoff*, BKR 2011, 221, 226.
74 Angedeutet in OLG Frankfurt a. M., 16.5.2012 – 23 Kap 1/06, BeckRS 2012, 10607 unter Tz. 6 a) (S. 53) = NZG 2012, 747, 748; zur insiderrechtlichen Rechtsprechung grundlegend EuGH, 28.6.2012 – Rs. C-19/11, WM 2012, 1807 (*Geltl./ Daimler*); EuGH, 11.3.2015 – Rs. C-628/13, WM 2015, 816 (*Lafonta*); BGH, 23.4.2013 – II ZB 7/09, WM 2013, 1171 (*Geltl./ Daimler*), sowie zur Anwendung dieser Vorgaben auf M&A-Transaktionen etwa *Bingel*, AG 2012, 685; *Wilsing/ Goslar*, DStR 2013, 1610; *Kiesewetter/Parmentier*, BB 2013, 2371.
75 BGH, 12.7.1982 – II ZR 175/81, WM 1982, 862, 865 („Beton- und Monierbau").
76 BGH, 23.4.2012 – II ZR 75/10, NZG 2012, 789, 790.

§ 5 Prospekt

Bereich der Wirtschaftsprüfung folgend – als Projektion bezeichnet, um dem zunehmend hypothetischen Charakter der Aussage Rechnung zu tragen (dazu Rn. 30a).

34a Generell erscheint es im Hinblick auf das Gebot der Prospektklarheit (s. u. Rn. 37 ff.) auch sinnvoll, für zukunftsgerichtete Aussagen durch den Gebrauch zurückhaltender Formulierungen und spezifischer Schlüsselbegriffe (z. B. Verben wie „erwartet", „geht davon aus", „nimmt an", „schätzt", „plant", „beabsichtigt") deutlich zu machen, dass ihr Eintritt notwendigerweise gewissen Unwägbarkeiten unterliegt.[77] Eine quasi vor die Klammer gezogene Erläuterung der wesensimmanenten Problematik zukunftsgerichteter Aussagen erscheint dabei durchaus sachgerecht, ohne dass diese freilich Hinweise auf spezifische Prognoserisiken ersetzen kann.[78]

bb) Wertpapierbezogene Kriterien

35 Nach dem Wortlaut des Abs. 1 Satz 1 sind in Bezug auf die angebotenen und/oder zuzulassenden Wertpapiere lediglich Angaben über die „mit den Wertpapieren verbundene Rechte" zu machen. Das bedeutet, dass deren Ausstattung und Wirkungsweise zu beschreiben ist. Was nach dem Wortlaut freilich fehlt, sind beispielsweise im Falle eines Prospekts für ein öffentliches Angebot Angaben zu dessen Durchführung und Umfang. Dass diese Angaben erforderlich sind, zeigen zum einen die diesbezüglichen Abschnitte der Schemata für Wertpapierbeschreibungen in den Anhängen zur EU-Prospektverordnung (z. B. Anhang III und Anhang V). Diese verlangen auch die Offenlegung von Marktrisiken (also solcher Risiken, die emittentenunabhängig sind), mit denen die jeweiligen Wertpapiere behaftet sind. Als Beispiele können genannt werden, dass der durch Veräußerung erzielbare Wert von Wertpapieren vom Zustandekommen eines liquiden Zweitmarktes abhängt oder dass die Wertentwicklung von Schuldverschreibungen von der Entwicklung der Zinskonditionen im Markt beeinflusst wird. Bei Derivaten ist auszuführen, wie der Wert der Anlage durch die Entwicklung des zugrunde gelegten Basiswerts beeinflusst wird. Auch wenn solche Anforderungen strenggenommen über den reinen Wortlaut des § 5 Abs. 1 hinausgehen, sind sie dennoch von den allgemeinen Anforderungen an den Inhalt eines Prospekts erfasst und stellen – im Sinne von § 21 Abs. 1 Satz 1 – für die Beurteilung der Wertpapiere wesentliche Informationen dar.

cc) Beispielcharakter der Kriterien

36 Es zeigt sich mithin, dass die allgemeinen inhaltlichen Anforderungen an Prospekte nicht auf die (lückenhaften) Einzelkriterien des Wortlauts des § 5 Abs. 1 Satz 1 beschränkt sind.[79] Dies ergibt sich auch aus der Zielsetzung der EU-Prospektrichtlinie. Nach deren Erwägungsgründen 18 und 19 sollen Anleger vollständige Informationen über Wertpapiere und deren Emittenten erhalten, um ihre Anlageentscheidung in **voller Kenntnis der Sachlage** zu treffen. Ein derart umfassendes Verständnis der inhaltlichen Prospektanforderun-

---

[77] Dazu *Meyer*, in: Habersack/Mülbert/Schlitt, Unternehmensfinanzierung, § 36 Rn. 57.
[78] *Groß*, Kapitalmarktrecht, § 21 WpPG Rn. 52; *Schlitt/Schäfer*, AG 2008, 525, 534, die darauf hinweisen, dass die BaFin die – in den USA übliche – Aufzählung von „Signalbegriffen", anhand derer Anleger zukunftsgerichtete Aussagen erkennen können, jedenfalls in Bezug auf die nicht nur bei zukunftsgerichteten Aussagen verwandten Hilfsverben „sollen" und „werden" kritisch beurteilt und bisweilen auf die Streichung des Beispielskatalogs gedrängt hat.
[79] Ebenso *Hamann*, in: Schäfer/Hamann, Kapitalmarktgesetze, § 5 WpPG Rn. 2.

gen bestätigt ferner Art. 16 der Prospektrichtlinie (der seine Entsprechung in § 16 WpPG findet). Danach ist in Bezug auf jeden wichtigen neuen Umstand oder jede wesentliche Unrichtigkeit oder Ungenauigkeit in Bezug auf Prospektangaben, die die Beurteilung der Wertpapiere beeinflussen könnten (…) ein **Nachtrag** zu veröffentlichen. Daraus ergibt sich, dass für den ursprünglich zu veröffentlichenden Prospekt kein anderer Maßstab gelten kann: Alle für die Beurteilung der angebotenen oder zuzulassenden Wertpapiere wesentlichen Informationen sind in den Prospekt aufzunehmen. Den Kategorien in Satz 1 kann dabei nur beispielhafter Charakter zukommen.[80] Der Aussage des Satzes 2, dass der Prospekt „insbesondere" Angaben über den Emittenten und über die angebotenen oder zuzulassenden Wertpapiere enthalten muss, kommt eigenständige Bedeutung zu. Sie stellt klar, dass auch weder unmittelbar emittenten- noch wertpapierbezogene Informationen (wie z.B. solche über das Angebot selbst sowie mögliche Marktentwicklungen und deren Auswirkungen auf die Bewertung der Wertpapiere) für die Anlageentscheidung wesentlich sein können und daher in den Prospekt aufgenommen werden müssen (s.o. Rn. 9).[81]

2. Prospektklarheit (Satz 1, 3)

a) Leichte Analysierbarkeit und verständliche Form (§ 5 Abs. 1 Satz 1)

Die Formulierung des Satzes 1, dass die Prospektangaben in leicht analysierbarer und verständlicher Form abzufassen sind, wurde wörtlich aus Art. 5 Abs. 1 Satz 2 der EU-Prospektrichtlinie übernommen. Es handelt sich dabei um ein grundlegendes Prinzip des Prospektrechts, das sich auch in Erwägungsgrund 20 der EU-Prospektrichtlinie wiederfindet und Ausdruck des die EU-Prospektrichtlinie prägenden Prinzips des Anlegerschutzes ist. In der deutschen Umsetzung wird flankierend in Satz 3 noch betont, dass der Prospekt in einer Form abzufassen ist, die sein Verständnis und seine Auswertung erleichtert. Versucht man den Sätzen 1 und 3 jeweils eigenständige Bedeutung beizumessen, so erscheint die folgende Differenzierung sachgerecht: Satz 1 bezieht sich auf die Art der Prospektdarstellung selbst, insbesondere hinsichtlich ihrer Verständlichkeit, die sich am typisierten Empfängerhorizont auszurichten hat (dazu sogleich Rn. 38). Satz 3 erhält eigenständige Bedeutung dadurch, dass er das Erfordernis statuiert, dass die nach den Anforderungen des Satzes 1 formulierten Prospektbestandteile in einer Art und Weise anzuordnen sind, die dem Anleger das Verständnis und die Auswertung erleichtern (dazu unten Rn. 45 ff.). Mit anderen Worten: Satz 1 bezieht sich auf die Darstellung selbst, Satz 3 auf deren Aufbau.

37

b) Empfängerhorizont

Die Anforderungen der Sätze 1 und 3 an Darstellung und Aufbau sind am typischen Adressatenkreis eines Prospekts zu messen. Dabei deuten die Vorgaben der EU-Prospektrichtlinie auf eine differenzierte Betrachtungsweise hin. So ist es nach deren Erwägungsgrund 16 angebracht, den unterschiedlichen Schutzanforderungen für die verschiedenen Anlegerkategorien und ihrem jeweiligen Sachverstand Rechnung zu tragen. Daraus folgert Erwägungsgrund 16 zunächst, dass qualifizierte Anleger des Schutzes durch einen Prospekt

38

---

80 In diesem Sinne auch *Müller*, in: Das Deutsche Bundesrecht, 1. Aufl. 2012, III H 39, WpPG, § 5 Rn. 2.
81 So auch *Just*, in: Just/Voß/Ritz/Zeising, WpPG, § 5 Rn. 16, mit Verweis auf BGH, 5.7.1993 – II ZR 194/92, BGHZ 123, 106, 110 ff. („Hornblower Fischer").

§ 5 Prospekt

nicht bedürfen, wohingegen bei einem Angebot an das Publikum oder der Zulassung zum (öffentlichen) Handel an einem geregelten Markt ein Prospekt erforderlich wird. Man wird beiden Fällen der Prospektpflicht grundsätzlich von einem **typisierten Empfängerhorizont** ausgehen müssen, da der Kreis der potenziellen Erwerber öffentlich (!) angebotener und/oder börsenzuzulassender Wertpapiere grds. nicht eingegrenzt oder auch nur eingrenzbar ist.

39 Dabei erscheint es sinnvoll, die im Zusammenhang mit der Haftung für Verkaufs- und Zulassungsprospekte des alten Rechts entwickelten Kriterien der **Rechtsprechung** heranzuziehen. Dass diese auch nach Umsetzung der EU-Prospektrichtlinie gelten, lässt sich u. a. auch der Regierungsbegründung des Prospektrichtlinie-Umsetzungsgesetzes entnehmen. Danach entsprechen die Anforderungen an die Prospektdarstellung jenen des früheren Rechts, nämlich § 13 BörsZulV und § 2 VerkProspV.[82] Folglich gilt der durch die Rechtsprechung im Rahmen der gesetzlichen Prospekthaftung nach § 21 WpPG und dessen Vorläuferbestimmungen einschränkend definierte Maßstab.[83] Die Prospektdarstellung ist daher auszurichten an der Urteilsfähigkeit eines aufmerksamen, aber „**durchschnittlichen Anlegers, der zwar eine Bilanz zu lesen versteht**, aber nicht unbedingt mit der in eingeweihten Kreisen gebräuchlichen Schlüsselsprache vertraut zu sein braucht".[84] Das bedeutet, es handelt sich um einen Anleger, der ein so vertieftes Verständnis von Jahresabschlüssen aufweist, dass er keiner ausufernden Erläuterungen bedarf, um bilanzielle Zusammenhänge zu verstehen. Ein Anleger, der darüber nicht verfügt, ist auf sachkundige Hilfe zu verweisen.[85]

40 Vereinzelt wurde anhand der angeblichen „Banalität der Warnhinweise" des § 5 Abs. 2 Satz 2 im Hinblick auf den Charakter der Zusammenfassung gefolgert, ein Anleger, der solchermaßen gewarnt werden muss, könne nur mit einem völlig ahnungslosen Verbraucher gleichgestellt werden, nicht jedoch mit einem bilanzkundigen durchschnittlichen Anleger.[86] Dies überinterpretiert freilich die Hinweise auf nur vermeintliche Selbstverständlichkeiten. Angesichts der Bedeutung der Zusammenfassung im Rahmen der Notifizierung in andere Staaten als dem Herkunftstaat und des insoweit geltenden modifizierten Sprachenregimes beinhalten diese durchaus sinnvolle Klarstellungen.[87] Dies ist gerade deshalb bedeutsam, weil davon abgesehen wurde, die Anspruchsgrundlagen für Prospekthaftungsansprüche im Rahmen der EU-Prospektrichtlinie europaweit zu harmonisieren.[88] Daher hält auch das nach Umsetzung der EU-Prospektrichtlinie erschienene Schrifttum am „durchschnittlichen Anleger, der eine Bilanz zu lesen versteht", als Prospektmaßstab fest.[89]

---

82 RegBegr. Prospektrichtlinie-Umsetzungsgesetz, BT-Drucks. 15/4999, S. 25, 31.
83 *Straßner*, in: Heidel, Aktienrecht und Kapitalmarktrecht, § 5 WpPG Rn. 2; *Holzborn/Mayston*, in: Holzborn, WpPG, § 5 Rn. 16.
84 BGH, 12.7.1982 – II ZR 175/81, WM 1982, 862, 863 („Beton- und Monierbau").
85 OLG Frankfurt a. M., 6.7.2004 – 5 ZU 122/03, ZIP 2004, 1411, 1414 („EM.TV II").
86 *Ekkenga/Maas*, Das Recht der Wertpapieremissionen, § 2 Rn. 197.
87 Ebenso *Schlitt/Schäfer*, in: Assmann/Schlitt/von Kopp-Colomb, WpPG/VerkProspG, § 5 Rn. 20.
88 *Mülbert/Steup*, in: Habersack/Mülbert/Schlitt, Unternehmensfinanzierung, § 41 Rn. 2; dies bemängelt auch die European Securities Markets Expert Group (ESME) in ihrem Report on Directive 2003/71/EC of the European Parliament and of the Council on the prospectus to be published when securities are offered to the public or admitted to trading vom 5. September 2007, Tz. 3.6 (S. 19).
89 *Krämer*, in: Marsch-Barner/Schäfer, Handbuch börsennotierte AG, § 10 Rn. 318; *Mülbert/Steup*, in: Habersack/Mülbert/Schlitt, Unternehmensfinanzierung, § 41 Rn. 33 ff.; *Schlitt/Wilczek*, in: Habersack/Mülbert/Schlitt, Kapitalmarktinformation, § 5 Rn. 16.

II. Allgemeine Anforderungen an den Prospekt, § 5 Abs. 1 § 5

Die Rechtsprechung stellt in jüngerer Zeit verstärkt auf die Kenntnisse und Erfahrungen eines durchschnittlichen Anlegers ab, der als **Adressat** des Prospektes in Betracht kommt. Bei einem Börsenzulassungsprospekt hält man dabei daran fest, dass ein solcher Anleger es zwar versteht, eine Bilanz zu lesen, aber nicht unbedingt mit der in eingeweihten Kreisen gebräuchlichen Schlüsselsprache vertraut zu sein braucht. Entsprechendes gilt bei Prospekten, die zur Durchführung eines Angebots von börsenzugelassenen Wertpapieren erstellt werden, einschließlich solcher, deren Börsenzulassung beabsichtigt ist. Bei einem Wertpapierprospekt für Wertpapiere, die nicht an der Börse gehandelt werden sollen, kommt es dagegen auf das Verständnis der mit dem Prospekt angesprochenen Interessenten an.[90] Wendet sich der Emittent ausdrücklich auch an das unkundige und börsenunerfahrene Publikum, so kann von dem durchschnittlich angesprochenen (Klein-)Anleger nicht erwartet werden, dass er eine Bilanz lesen kann. In diesen Fällen bestimmt sich der Empfängerhorizont nach den Fähigkeiten und Erkenntnismöglichkeiten eines durchschnittlichen (Klein-)Anlegers, der sich allein anhand der Prospektangaben über die Kapitalanlage informiert und über keinerlei Spezialkenntnisse verfügt.[91] In diesen Fällen verlangt die instanzgerichtliche Rechtsprechung die Erläuterung von Umständen, die nicht zum Allgemeinwissen gehören, deren Bewertung juristisches oder wirtschaftswissenschaftliches Fachwissen erfordert und die dazu geeignet sind, auf die Sicherheit oder Unsicherheit der Anlage schließen zu lassen, so dass sie auch für deren Wert bestimmend sind.[92]

40a

Die vom BGH geprägte Begriffsformel des „durchschnittlichen Anlegers, der eine Bilanz zu lesen versteht", steht dagegen für einen Anleger, der über **bilanzielle Grundkenntnisse** verfügt. Dieser unterscheidet sich damit vom wirtschaftlichen Laien, so dass von einem Prospekt keine Aufklärung über die Wirkungsweise grundlegender wirtschaftlicher Zusammenhänge erwartet werden muss. Komplexere bilanztechnische Fragestellungen sind indes durchaus zu erläutern.[93] Oder – um an der Terminologe des BGH anzuknüpfen: Der Prototyp des Anlegers, an dem sich die Darstellung in Prospekten für börsenzugelassene oder zuzulassende Wertpapiere auszurichten hat, versteht zwar eine Bilanz zu lesen, kann aber zu einer eingehenderen Analyse und Bewertung durchaus einiger Erläuterungen bedürfen.[94]

41

Dass der Prospektverfasser jedenfalls bei Angeboten von Wertpapieren an geregelten Kapitalmärkten bzw. der Zulassung zum Handel an diesen ein gewisses **Grundverständnis wirtschaftlicher Zusammenhänge und der Verhältnisse am Kapitalmarkt** voraussetzen kann, ist im Vergleich mit anderen Bereichen der dort geltenden Kapitalmarktpublizität konsequent. So haben Emittenten von Wertpapieren, die zum Handel im regulierten Markt zugelassen sind, fortlaufend Insiderinformationen, die sie unmittelbar betreffen, unverzüglich nach § 15 WpHG zu veröffentlichen (Ad-hoc-Publizität). Diese dient der fortlaufenden Information des Anlegerpublikums über die für die Anlageentscheidung wesentlichen aktuellen Verhältnisse des Emittenten,[95] mithin der Perpetuierung der durch die

42

---

90 BGH, 5.7.1993 – II ZR 194/92, BGHZ 123, 106, 110 = WM 1993, 1787, 1788 („Hornblower/Fischer").
91 BGH, 18.9.2012 – XI ZR 344/11, WM 2012, 2147, 2150 („Wohnungsbau Leipzig I").
92 LG Nürnberg-Fürth, 28.2.2013 – 6 O 3556/12, BeckRS 2013, 04063, Tz. II.1a.
93 OLG Frankfurt a. M., 1.2.1994, WM 1994, 291, 295 („Bond").
94 Eingehend dazu *Groß*, Kapitalmarktrecht, § 21 WpPG Rn. 41 ff., 49 ff.
95 *Pfüller*, in: Fuchs, WpHG, § 15 Rn. 31 ff.

§ 5   Prospekt

Prospektveröffentlichung anlässlich der erstmaligen Zulassung geschaffenen Publizität.[96] Zur Bestimmung der zu veröffentlichenden Informationen stellt § 15 WpHG seit Umsetzung der EU-Marktmissbrauchsrichtlinie durch das Anlegerschutzverbesserungsgesetz auf den in § 13 WpHG definierten Begriff der Insiderinformation ab. Dabei handelt es sich – vereinfacht – um (nicht öffentlich bekannte) Informationen mit Eignung zur erheblichen Kursbeeinflussung. Diese wird angenommen, wenn ein verständiger Anleger die Information bei seiner Anlageentscheidung berücksichtigen würde. Stellt der Gesetzgeber bei der fortlaufenden Information des Anlegerpublikums auf eine gewisse Verständigkeit des typisierten Anlegers ab, so kann bei der Prospektpublizität, die sich an denselben Adressatenkreis ausrichtet, nichts anderes gelten.

43   Der Gesetzgeber hat – anders als in den USA[97] – davon abgesehen, etwa durch Regelbeispiele die Anforderungen an die sprachliche Ausgestaltung von Prospekten näher zu konkretisieren.[98] Daher ginge es zu weit, die US-Anforderungen an die sprachliche Darstellung einfach zu übernehmen. Indes können auch daraus Anhaltspunkte dafür gewonnen werden, worauf bei einer den Anforderungen der Prospektklarheit nach § 5 Abs. 1 Satz 1 genügenden Art der Darstellung zu achten ist.[99] Allgemein sollte die Darstellungsweise des Prospekts dessen Lesbarkeit erleichtern, so z. B. durch die Verwendung kurzer Sätze und von Aktiv- anstelle von Passivsätzen.[100] Dabei ist möglichst eine an der **Umgangssprache** orientierte Ausdrucksweise zu wählen. Hinweise zur Konkretisierung einer am vorstehend beschriebenen Empfängerhorizont und dem Gebot der leichten Analysierbarkeit orientierten Prospektdarstellung können den früheren Going Public-Grundsätzen der Deutsche Börse AG entnommen werden. Diese dienten der Konkretisierung der Prospektanforderungen nach § 13 Abs. 1 Satz 2 BörsZulV a. F.[101] Danach war der Prospekt in einer Form abzufassen, die sein Verständnis und seine Auswertung erleichtert. Ausweislich der Materialien zum Prospektrichtlinie-Umsetzungsgesetz hat sich daran durch die Umsetzung der EU-Prospektrichtlinie nichts geändert, so dass die Going Public-Grundsätze im Sinne einer „best practice" weiter zur Konkretisierung der Anforderungen an die Prospektgestaltung herangezogen werden können.[102]

44   Indes lässt sich die Verwendung von Fachbegriffen, insbesondere je nach Geschäftsbetrieb des Emittenten, nicht völlig vermeiden. Sie sollte freilich auf ein Mindestmaß begrenzt sein. Fachausdrücke, die auch einem mit Grundbegriffen der Rechnungslegung und des Kapitalmarkts vertrauten Anleger nicht notwendigerweise geläufig sind, müssen erläutert

---

96 *Wienecke*, NZG 2005, 109, 114.
97 Sog. Plain English rule der U.S. Securities and Exchange Commission (SEC), Regulation C, § 230.421 zum U.S. Securities Act von 1933 und die dazu erlassenen Rundschreiben der SEC, vgl. dazu *Greene/Rosen/Silverman/Braverman/Sperber*, US Regulation of the International Securities and Derivatives Markets, 11th edition 2015, vol. 1, § 3.08[10].
98 *Crüwell*, AG 2003, 243, 246.
99 Auf die Vergleichbarkeit der zugrunde liegenden Prinzipien weist zu Recht hin: *Groß*, Kapitalmarktrecht, § 5 Rn. 4.
100 *Just*, in: Just/Voß/Ritz/Zeising, WpPG, § 5 Rn. 19; *Holzborn/Mayston*, in: Holzborn, WpPG, § 5 Rn. 18.
101 *Gebhardt*, in: Schäfer/Hamann, Kapitalmarktgesetze, § 13 BörsZulV a. F. Rn. 35.
102 Ebenso *Schlitt/Schäfer*, in: Assmann/Schlitt/von Kopp-Colomb, WpPG/VerkProspG, § 5 Rn. 23; zu den Going Public-Grundsätzen im Einzelnen: *Schlitt/Smith/Werlen*, AG 2002, 475; *Meyer*, WM 2002, 1864.

werden.¹⁰³ Treten sie in größerem Umfang auf, wird dem Prospekt in der Praxis bisweilen auch ein Stichwortverzeichnis der verwandten Fachbegriffe (**Glossar**) angefügt. Wiewohl die Textdarstellung grds. auch ohne Heranziehung des Glossars aus sich heraus verständlich sein sollte, dürfen hierbei die Anforderungen an den Umfang der Darstellung nicht überspannt werden. Bei Sachverhalten, die eine zwangsläufig hohe Komplexität der Darstellung erfordern, kann durch Verweis auf die im Glossar enthaltenen Definitionen eine in der Gesamtschau verständliche Darstellung erreicht werden, ohne den Prospektumfang übermäßig aufzublähen.

c) Erleichterung der Verständlichkeit und Auswertung (§ 5 Abs. 1 Satz 3)

Wie ausgeführt, bezieht sich das Erfordernis des Satzes 3 in Abgrenzung zu Satz 1 auf die Struktur der Darstellung, d.h. den **Aufbau des Prospekts**. Bei dessen Ausgestaltung sind die Prospektverantwortlichen grds. frei, soweit sie sich an die in Art. 25 und 26 der EU-Prospektverordnung enthaltenen Vorgaben halten (siehe die Kommentierung hierzu). Diese sehen folgende Prospektgliederung vor: 45

- Inhaltsverzeichnis,
- Zusammenfassung (soweit kein dreiteiliger Prospekt gewählt wird und die Zusammenfassung gemäß § 12 Abs. 1 WpPG zu einem gesonderten Einzeldokument wird),
- Risikofaktoren, sowie
- sonstige Informationsbestandteile nach den Schemata und Modulen der EU-Prospektverordnung.

Diese Reihenfolge ist zwingend vorgeschrieben.¹⁰⁴ Darüber hinaus erwartet die BaFin ein Deckblatt am Anfang und die Unterschriftenseite am Ende des Prospekts.¹⁰⁵ 46

Davon abgesehen kann aber nach Art. 25 Abs. 3 der EU-Prospektverordnung der Aufbau frei gewählt werden. Insbesondere die Reihenfolge der Mindestangaben in den jeweils einschlägigen Anhängen zur EU-Prospektverordnung muss nicht zwingend eingehalten werden. Wird jedoch von dieser Reihenfolge abgewichen, kann die Billigungsbehörde nach Art. 25 Abs. 4 der EU-Prospektverordnung verlangen, zur Erleichterung der Prospektprüfung eine sog. **Überkreuz-Checkliste** zu erstellen. Darin sind in der Reihenfolge der einschlägigen Schemata und Module die Seiten zu nennen, auf denen die jeweiligen Mindestangaben im eingereichten Prospekt zu finden sind. Die BaFin macht von dieser Möglichkeit generell Gebrauch und erwartet eine synopsenartige Übersicht mit genauer Seitenangabe für jeden Gliederungspunkt.¹⁰⁶ Sind einzelne, nach den jeweiligen Schemata und Modulen geforderte Angaben nicht einschlägig, ist die diesbezügliche Auslassung zu begründen.¹⁰⁷ 47

---

103 Ähnlich die britische Financial Conduct Authority (FCA) in der UKLA Technical Note 632.1 – Non-equity prospectuses aimed at retail investors vom 27.11.2014, im Internet abrufbar unter https://www.fca.org.uk/your-fca/documents/ukla/technical-note-632-1-final).
104 ESMA-Questions and Answers – Prospectuses (25th Updated Version – July 2016), Frage 9 zur Reihenfolge der im Prospekt darzustellenden Informationen.
105 BaFin-Workshop am 28.5.2008, Präsentation „Typische Prospektmängel und wie sie zu vermeiden sind" (*Gockel*), S. 6.
106 BaFin-Workshop „100 Tage WpPG" am 3.11.2005, Präsentation „Das Hinterlegungsverfahren", S. 6.
107 BaFin-Workshop am 28.5.2008, Präsentation „Das Billigungs- und Hinterlegungsverfahren als Verwaltungsverfahren" (*Zeising*), S. 5.

§ 5   Prospekt

48   Daneben wurde in der (instanzgerichtlichen) Rechtsprechung vereinzelt gefordert, dass die Anleger zum Verständnis der Prospektdarstellung erforderliche Bezüge zwischen unterschiedlichen Prospektbestandteilen herstellen können. Ergibt sich, dass Ausführungen an unterschiedlichen Stellen des Prospekts in Zusammenhang stehen und ist dies erforderlich, damit der Anleger sein zutreffendes Urteil bilden kann, so soll er darauf (z. B. durch deutliche **Verweise**) aufmerksam gemacht werden, damit er die Beziehung der beiden Passagen zueinander herstellen kann.[108] Hier ist freilich Zurückhaltung geboten. Maßgeblich für das Urteil des Anlegers ist nach wie vor der Prospekt in seiner Gesamtheit.[109] Das Aufzeigen von Bezügen einzelner Passagen zueinander ist deshalb (nur dann) nötig, wenn das Gesamtbild des Prospekts dadurch beeinträchtigt wird, dass die Zusammenhänge der an verschiedenen Stellen vorgenommenen Einzeldarstellungen nicht ausreichend hergestellt werden.[110] So darf ein Prospekt nicht so aufgebaut sein, dass ein maßgebliches Risiko erst aus dem Finanzteil entnommen werden kann und aus den dort aufgelisteten Unternehmenszahlen und Bilanzvorgängen herauszuarbeiten ist.[111] Freilich ist ein Anleger nicht schützenswert, der sich deswegen kein zutreffendes Urteil bilden kann, weil er den Prospekt nur auszugsweise liest und ihm deshalb Informationen entgehen.[112] So verlangt auch der BGH eine sorgfältige und eingehende Lektüre des Prospekts.[113] Wird auf andere Prospektpassagen verwiesen, ist zudem darauf zu achten, dass der Leser nicht mit einer Vielzahl von Verweisen überfrachtet wird, die die Lektüre unnötig erschweren. Ferner sollten Verweise spezifisch sein und nicht etwa nur allgemein auf größere Prospektabschnitte lauten.[114]

49   Schließlich ist darauf hinzuweisen, dass bestimmte zwingend vorgeschriebene Prospektteile auf einen **Stichtag** in der Vergangenheit bezogen sind, insbesondere die in den Finanzteil aufzunehmenden Jahres- und Konzernabschlüsse. Diese sind so im Prospekt abzudrucken wie sie von den zuständigen Organen auf- und festgestellt sowie vom Abschlussprüfer testiert wurden, auch wenn zum Datum des Prospekts, etwa aufgrund zwischenzeitlich aufgetretener sog. wertaufhellender Ereignisse, bei einer Neuaufstellung zum Prospektdatum einige Positionen anders auszuweisen wären. Auf **wesentliche Veränderungen** der Geschäfts- oder Finanzlage seit dem letzten Stichtag ist freilich gesondert hinzuweisen.[115]

---

108 LG Frankfurt a. M., 7.10.1997 – 3/11 O 44/96, ZIP 1998, 641, 643 („MHM Mode"); OLG Frankfurt a. M., 17.3.1999 – 21 U 260/97, ZIP 1999, 1005, 1006 („MHM Mode").
109 OLG Frankfurt a. M., 6.7.2004 – 5 U 122/03, ZIP 2004, 1411, 1415 („EM.TV II"); *Mülbert/Steup*, in: Habersack/Mülbert/Schlitt, Unternehmensfinanzierung, § 41 Rn. 43; *Schlitt/Schäfer*, in: Assmann/Schlitt/von Kopp-Colomb, WpPG/VerkProspG, § 5 Rn. 23.
110 OLG Frankfurt a. M., 1.2.1994 – 5 U 213/92, WM 1994, 291, 295 („Bond"); OLG Frankfurt a. M., 17.3.1999 – 21 U 260/97, ZIP 1999, 1005, 1007 („MHM Mode").
111 LG Nürnberg-Fürth, 28.2.2013 – 6 O 3556/12, BeckRS 2013, 04063, Tz. II.1b.
112 *Groß*, Kapitalmarktrecht, § 21 WpPG Rn. 67.
113 BGH, 31.3.1992 – XI ZR 70/91, WM 1992, 901, 904.
114 BaFin-Workshop am 28.5.2008, Präsentation „Typische Prospektmängel und wie sie zu vermeiden sind" (*Gockel*), S. 3.
115 Das ergibt sich aus Anhang I Ziff. 20.9 der EU-Prospektverordnung und den entsprechenden Parallelbestimmungen anderer Module für Registrierungsformulare. Der dort verwandte Begriff „Handelsposition" ist freilich unklar und wird wohl hier allgemein im Sinne von „Geschäftslage" zu verstehen sein.

III. Zusammenfassung, § 5 Abs. 2, 2a, 2b

1. Allgemeine Anforderungen (Abs. 2)

Nach § 5 Abs. 2 Satz 1 muss der Prospekt grds. eine Zusammenfassung enthalten, die die Schlüsselinformationen nach Abs. 2a (dazu sogleich Rn. 53) und die Warnhinweise nach Absatz 2b umfasst. Wie sich aus dem Risikohinweis nach § 5 Abs. 2b Nr. 1 (dazu Rn. 60 ff.) ergibt, hat die Zusammenfassung den Charakter einer **Einleitung zum Prospekt**. Form und Inhalt der Zusammenfassung müssen nach § 5 Abs. 1 Satz 3 geeignet sein, in Verbindung mit den anderen Angaben im Prospekt den Anlegern bei der Prüfung der Frage, ob sie in die betreffenden Wertpapiere investieren sollten, behilflich zu sein. Noch deutlicher wird dieser Einleitungscharakter aus Erwägungsgrund 15 der Prospektrichtlinie-Änderungsrichtlinie. Danach soll die Zusammenfassung alle Schlüsselinformationen enthalten, die die Anleger benötigen, um zu entscheiden, welchen Angeboten und Zulassungen von Wertpapieren sie weiter nachgehen sollten. Daraus ergibt sich, dass sie nicht den Anspruch erheben kann, ausreichende Grundlage für eine informierte Anlageentscheidung zu sein. Für diese ist der Anleger vielmehr nach § 5 Abs. 2b Nr. 2 zwingend aufzufordern, den gesamten Prospekt zu prüfen. Daher ist die Zusammenfassung als ein Instrument zu verstehen, das eine Vorprüfung („ersten Überblick") ermöglichen soll, ob die auf Grundlage des Prospekts angebotenen oder zuzulassenden Wertpapiere für den betreffenden Anleger ein geeignetes Investitionsobjekt darstellen, so dass es sich lohnt, den Prospekt in seiner Gesamtheit auszuwerten.[116] Somit ist es logisch, wenn Erwägungsgrund 15 der EU-Prospektrichtlinie betont, dass die Zusammenfassung kurz, einfach, klar und für das Zielpublikum leicht verständlich sein soll.

Besondere Bedeutung erlangt die Zusammenfassung aufgrund der **Sprachenregelung** in Art. 19 der EU-Prospektrichtlinie. Wird bei grenzüberschreitenden Angeboten oder Börsenzulassungen ein Prospekt in einer in internationalen Finanzkreisen gebräuchlichen Sprache (d.h. in der Regel Englisch) erstellt,[117] kann bei Notifizierung der Billigung in einem anderen Mitgliedstaat als dem Herkunftstaat nach Art. 18 EU-Prospektrichtlinie die zuständige Behörde des Aufnahmemitgliedstaats nach Art. 19 Abs. 2 Satz 2, Abs. 3 Satz 2 der EU-Prospektrichtlinie nur die Übersetzung der Zusammenfassung in ihre Amtssprache(n) verlangen (siehe dazu die Kommentierung zu § 19).[118] Die Zusammenfassung ist mithin der einzige Teil des Prospekts, das dem jeweiligen Anleger zwingend in einer von seinem Heimatstaat anerkannten Amtssprache vorgelegt werden muss. Dies bedeutet freilich nicht, dass sich dadurch der vorstehend beschriebene Charakter der Zusammenfassung ändert. Die Sprachenregelung muss vielmehr als politischer Kompromiss zur Lösung einer bis kurz vor endgültiger Verabschiedung der EU-Prospektrichtlinie offenen Streitfrage gesehen werden, der aber nicht die Qualität eines beispielsweise auf die Auslegung des § 5 ausstrahlenden Strukturprinzips der EU-Prospektrichtlinie zukommt. Dafür ist auch der

---

116 Entwurf eines Gesetzes zur Umsetzung der Richtlinie 2010/73/EU und zur Änderung des Börsengesetzes, BR-Drucks. 846/11, S. 1, 24.
117 Beschlussempfehlung und Bericht des Finanzausschusses des Bundestages, BT-Drucks. 15/5373, S. 50; *Kullmann/Sester*, WM 2005, 1068, 1071; *Groß*, Kapitalmarktrecht, § 19 WpPG Rn. 5; kritisch zur Gleichsetzung der in internationalen Finanzkreisen gebräuchlichen Sprache mit Englisch *Mattil/Möslein*, WM 2007, 819, 821.
118 Ausführlich hierzu *Crüwell*, AG 2003, 243, 248 f.; *Kunold/Schlitt*, BB 2004, 501, 508; *Mattil/Möslein*, WM 2007, 819.

den Mitgliedstaaten eingeräumte Gestaltungsrahmen bei der Umsetzung des Sprachenregimes zu groß, kommt es doch für die ursprüngliche Sprache, in der der Prospekt zu erstellen ist nach Art. 19 der EU-Prospektrichtlinie nicht etwa auf die Amtssprache des Herkunftmitgliedstaates, sondern nur auf eine von der zuständigen Behörde anerkannten Sprache an. So erklärt sich beispielsweise, dass im (deutschsprachigen) Österreich Prospekte in englischer Sprache abgefasst werden können[119] und für Emittenten mit dem Herkunftstaat Deutschland lediglich eine Erweiterung eines öffentlichen Angebots auf Österreich ausreicht, um nach § 19 Abs. 3 den Prospekt in englischer Sprache zu erstellen.

52 Seit Wirksamwerden der Reform der Prospektrichtlinie und -verordnung zum 1. Juli 2013[120] enthält die EU-Prospektverordnung auch konkrete Vorgaben für Aufmachung und Inhalt der Zusammenfassung. Sie ist nach § 5 Abs. 2 Satz 4 dem insoweit vorgegebenen einheitlichen Format zu erstellen, das durch die Delegierte Verordnung (EU) Nr. 486/2012 der Kommission vom 30. März 2012 zur Änderung der Verordnung (EG) Nr. 809/2004 in Bezug auf Aufmachung und Inhalt des Prospekts, des Basisprospekts, der Zusammenfassung und der endgültigen Bedingungen und in Bezug auf die Angabepflichten (ABl. Nr. L 150 vom 9.6.2012, S. 1) vorgegeben ist; zu den Details dieser Vorgaben siehe die Kommentierung zu Art. 24 EU-Prospektverordnung und Anhang XXII. Das einheitliche Format soll die Vergleichbarkeit der Zusammenfassungen ähnlicher Wertpapiere erleichtern.[121] Wesentlicher Bestandteil der Konkretisierungen in der EU-Prospektverordnung ist auch die Vorgabe in deren Art. 24 Abs. 1 Unterabs. 2, wonach der Umfang der Zusammenfassung die Länge von 7% des Prospekts oder 15 Seiten nicht überschreiten darf.

2. Inhalt (Abs. 2a)

a) Schlüsselinformationen

53 Maßgeblich für den Inhalt der Zusammenfassung ist der Begriff der **Schlüsselinformationen**. Darunter sind nach § 2 Nr. 18 grundlegende und angemessen strukturierte Informationen zu verstehen, die dem Anleger ermöglichen, Art und Risiken des Emittenten, des Garantiegebers und der Wertpapiere, die ihm angeboten oder zum Handel an einem organisierten Markt zugelassen werden sollen, zu verstehen und zu entscheiden, welchen Wertpapierangeboten er weiter nachgehen sollte. Das bedeutet, dass sie nur dazu dienen, dem Anleger einen ersten Überblick über die für die Anlageentscheidung wesentlichen Informationen verschaffen sollen. Sie ersetzen aber nicht die Lektüre des gesamten Prospektes.[122] Das ist angesichts der schon angesichts der Umfangsvorgaben (dazu Rn. 52 sowie Art. 24 EU-Prospektverordnung, Rn. 4) notwendigerweise komprimierten und verkürzten Darstellung nur konsequent.

---

[119] Vgl. § 7b öKMG, öBGBl. I Nr. 78/2005 v. 28.7.2005, dazu beispielsweise *Groß*, Kapitalmarktrecht, § 19 WpPG Rn. 4.
[120] Dazu *Meyer*, in: Habersack/Mülbert/Schlitt, Unternehmensfinanzierung, § 36 Rn. 2; zur Entstehungsgeschichte der neuen Vorgaben für die Zusammenfassung *Voß*, ZBB 2010, 194, 204.
[121] Entwurf eines Gesetzes zur Umsetzung der Richtlinie 2010/73/EU und zur Änderung des Börsengesetzes („Prospektrichtlinie-Änderungsrichtlinie-Umsetzungsgesetz"), BR-Drucks. 846/11, S. 1 ff.
[122] RegBegr. Prospektrichtlinie-Änderungsrichtlinie-Umsetzungsgesetz, BR-Drucks. 846/11, S. 24.

Diese Schlüsselinformationen müssen jedenfalls nach Abs. 2a die folgenden Informationen enthalten:

1. eine kurze Beschreibung der Risiken und wesentlichen Merkmale, die auf den Emittenten und einen etwaigen Garantiegeber zutreffen, einschließlich der Vermögenswerte, Verbindlichkeiten und der Finanzlage des Emittenten und etwaigen Garantiegebers,
2. eine kurze Beschreibung der mit der Anlage in das betreffende Wertpapier verbundenen Risiken und der wesentlichen Merkmale dieser Anlage einschließlich der mit den Wertpapieren verbundenen Rechte,
3. die allgemeinen Bedingungen des Angebots einschließlich einer Schätzung der Kosten, die dem Anleger vom Emittenten oder Anbieter in Rechnung gestellt werden,
4. Einzelheiten der Zulassung zum Handel und
5. Gründe für das Angebot und die Verwendung der Erlöse.

b) Kurz und allgemein verständlich

Die Inhalte der Zusammenfassung sind „in kurzer Form und allgemein verständlich" darzustellen. Angesichts der allgemeinen Anforderungen an die Prospektdarstellung (s.o. Rn. 37 ff.) fragt sich, welche zusätzliche Bedeutung das Kriterium der Allgemeinverständlichkeit haben kann. Dies erklärt sich zum einen im Zusammenspiel mit dem Merkmal „kurz". Die Zusammenfassung soll die in ihr darzustellenden Inhalte auf wesentliche und prägnante Kernaussagen reduzieren. Auf eine Beschreibung von Details und Hintergründen ist ebenso zu verzichten wie auf technische Fachsprache. Ein Verlust an Präzision im Detail ist zu verschmerzen, da der Anspruch auf Vollständigkeit („sämtliche Angaben", § 5 Abs. 1 Satz 1) an den Prospekt in seiner Gänze, nicht jedoch an die Zusammenfassung gestellt wird. Dabei ist auch zu berücksichtigen, dass nach Erwägungsgrund 15 der Prospektrichtlinie-Änderungsrichtlinie die Zusammenfassung die zentrale Informationsquelle für Kleinanleger darstellen soll. Zwar ist der Begriff des „Kleinanlegers" nicht näher definiert. Es dürfte sich jedoch daraus ergeben, dass an die Vorkenntnisse des Lesers der Zusammenfassung keine zu hohen Anforderungen gestellt werden dürfen. Vereinzelt wurde bereits aus der „Banalität" der Warnhinweise nach § 5 Abs. 2 a.F. (die im Wesentlichen jenen in Abs. 2b entsprachen) (s. dazu Rn. 40) geschlossen, der Adressatenkreis für den Prospekt – zumindest der Zusammenfassung – sei ein völlig ahnungsloser Verbraucher.[123] Nach einer weiteren Ansicht soll nur die Zusammenfassung am Empfängerhorizont des durchschnittlichen (Privat-)Anlegers ausgerichtet werden. Dies wird mit der Bedeutung der Zusammenfassung bei der Notifizierung in andere EWR-Staaten begründet. In deren Rahmen muss diese – anders als der Rest des Prospekts – in die jeweilige Amtssprache des Aufnahmemitgliedstaates übersetzt werden (Art. 19 Abs. 2 und 3 EU-Prospektrichtlinie, dazu sogleich Rn. 59). Andere Teile des Prospekts, insbesondere die Finanzangaben und die darauf bezogenen Aussagen in der MD&A (s.o. Rn. 26) richteten sich dagegen an institutionelle Anleger.[124]

Jedenfalls muss die Zusammenfassung aus sich heraus verständlich sein, nicht erst unter Einbeziehung von anderen Textpassagen außerhalb der Zusammenfassung. So darf die Zusammenfassung nach § 11 Abs. 1 Satz 4 keine Angaben in Form eines Verweises auf andere zuvor oder gleichzeitig veröffentlichte Dokumente (sog. *incorporation by reference*) enthalten.

---

123 *Ekkenga/Maas*, Das Recht der Wertpapieremissionen, Rn. 197.
124 *Wienecke*, NZG 2005, 109, 111.

Daneben folgt aus dem allgemeinen Verständlichkeitsgebot des § 5 Abs. 2a, dass die Zusammenfassung auch nicht auf andere Teile desselben Prospekts verweisen darf.[125] Sonst wäre auch der Sinn ihrer Verwendung im Rahmen der Notifizierung nach § 18 infrage gestellt. Denn Aufnahmemitgliedstaaten können bei einem nicht in einer ihrer Amtssprachen abgefassten Prospekt gem. Art. 19 Abs. 2 Unterabs. 1 Satz 2, Abs. 3 Satz 2 der EU-Prospektrichtlinie lediglich die Übersetzung der Zusammenfassung verlangen. Auch ist darauf zu achten, dass die Darstellungen in der Zusammenfassung konsistent mit dem übrigen Prospekt sind. Denn im Falle von Widersprüchen zu den anderen Teilen des Prospekts gilt die Haftungsprivilegierung nach § 23 Abs. 2 Nr. 5 nicht mehr. Danach besteht ein Prospekthaftungsanspruch nach §§ 21, 22 grundsätzlich nicht, sofern er sich ausschließlich aufgrund von Angaben in der Zusammenfassung oder einer Übersetzung ergäbe (s. u. Rn. 66 f.).

c) Sprache

59 Die Zusammenfassung ist nach § 5 Abs. 2 Satz 1 in **derselben Sprache** abzufassen wie die anderen Teile des Prospekts, da sie dessen Bestandteil ist. Modifikationen dieses Prinzips können sich jedoch bei grenzüberschreitenden Angeboten oder Zulassungen ergeben. So kann im Falle eines in einer „in internationalen Finanzkreisen gebräuchlichen Sprache" erstellten Prospekts nach § 19 neben der Zusammenfassung in der Prospektsprache noch eine **Übersetzung** der Zusammenfassung in die deutsche Sprache erforderlich werden. Umgekehrt kann nach Art. 19 der EU-Prospektrichtlinie im Fall der Notifizierung der Billigung in einen anderen EWR-Staat als den Herkunftmitgliedstaat nach Art. 19 Abs. 2 Unterabs. 2 und Abs. 3 der EU-Prospektrichtlinie bzw. nach den diese umsetzenden Bestimmungen des jeweiligen nationalen Rechts die zuständige Behörde des Aufnahmemitgliedstaates eine Übersetzung der Zusammenfassung in ihre jeweilige Amtssprache verlangen (näher dazu die Kommentierung zu § 19). Denn nach § 19 Abs. 3 und 4 hat der Prospekt eine Zusammenfassung in deutscher Sprache zu „enthalten". Art. 19 Abs. 2 und 3 der EU-Prospektrichtlinie sind insoweit freilich offener, als danach eine Übersetzung der Zusammenfassung (…) verlangt werden kann. Zur Frage, ob diese in den Prospekt aufzunehmen oder zumindest fest mit diesem zu verbinden ist, schweigt sich die Richtlinie aus. Daher kommt es insoweit auf die konkrete Umsetzung der Bestimmung in dem jeweiligen Aufnahmemitgliedstaat bzw. die Verwaltungspraxis der dort zuständigen Behörde an.

3. Warnhinweis (Abs. 2b)

60 Die Zusammenfassung muss nach § 5 Abs. 2b ausdrückliche Warnhinweise enthalten, dass sie als Einführung zum Prospekt zu verstehen ist (Nr. 1), eine Anlageentscheidung auf die Prüfung des gesamten Prospekts gestützt werden sollte (Nr. 2) und dass Prospekthaftungsansprüche nur in dem Fall auf die Zusammenfassung gestützt werden können, dass diese irreführend, unrichtig oder widersprüchlich ist, wenn sie zusammen mit den anderen Teilen des Prospekts gelesen wird oder sie, zusammen gelesen mit den anderen Teilen des Prospekts, nicht alle erforderlichen Schlüsselinformationen enthält (Nr. 4). Ferner ist darauf

---

125 Zur entsprechenden Vorläuferregelung in § 5 Abs. 2 Satz 2 a. F.: *Apfelbacher/Metzner*, BKR 2006, 81, 85; *Schlitt/Schäfer*, AG 2008, 525, 534; *Schlitt/Wilczek*, in: Habersack/Mülbert/Schlitt, Kapitalmarktinformation, § 5 Rn. 26; so jetzt ausdrücklich EU-Prospektverordnung, Anhang XXII, Vorbemerkung „Leitfaden für die Tabellen" Ziff. 6.

hinzuweisen, dass im Falle der Geltendmachung von Prospekthaftungsansprüchen etwaige Kosten für die Übersetzung des Prospekts möglicherweise vom Kläger zu tragen sind (Nr. 3).

a) Bedeutung

aa) Warnfunktion

Der Warnhinweis dient zunächst einmal dazu, dem Anleger die **Natur und Grenzen der Zusammenfassung** deutlich zu machen. Dadurch soll insbesondere die potenzielle Fehlvorstellung von Anlegern vermieden werden, die Zusammenfassung könne eine ausreichende Grundlage für eine fundierte Investitionsentscheidung darstellen.[126] So wird auch sichergestellt, dass ein Prospekt dem von der EU-Prospektrichtlinie angestrebten Anlegerschutz durch vollständige (!) Information (vgl. Erwägungsgründe 16, 18, 21) gerecht werden kann. Des Weiteren wird der Anleger vor sonst möglicherweise überraschenden Rechtsverfolgungskosten gewarnt.

61

bb) Konkretisierungsfunktion

Daneben dient der Inhalt des Warnhinweises auch zur Konkretisierung der Anforderungen an die Zusammenfassung selbst, die sich sonst so aus dem Gesetz nicht unmittelbar ergeben. Dies gilt insbesondere für die **Klarstellung des Verhältnisses von Zusammenfassung und dem Rest des Prospekts**, aber auch allgemein hinsichtlich der Vollständigkeit und Ausführlichkeit der Darstellung.

62

b) Inhalt

aa) Einführung zum Prospekt

Als Einführung zum Prospekt soll die Zusammenfassung einen Überblick über den Prospekt geben. Dadurch wird dem Anleger erleichtert, eine Vorprüfung der im Prospekt beschriebenen Wertpapiere auf ihre grundsätzliche Eignung für eine Investition vorzunehmen. Zugleich wird ihm für seine weitere Analyse das Verständnis des gesamten Prospekts erleichtert.

63

bb) Gesamter Prospekt als Entscheidungsgrundlage

Der daneben vorzunehmende Hinweis, dass der Anleger jede Entscheidung zur Anlage in die Wertpapiere, die Gegenstand des Prospekts sind, auf die Prüfung des gesamten Prospekts stützen sollte, unterstreicht die praktische Bedeutung der Zusammenfassung. Er stellt klar, dass die Zusammenfassung zwangsläufig überblicksartig sein muss. Um diesem Anspruch gerecht zu werden, muss ihr Inhalt **vereinfacht und auf Kernaussagen reduziert** sein. Dass dies zwingend zu Lasten der Präzision und des für eine fundierte Anlageentscheidung erforderlichen Maßes an Ausführlichkeit gehen muss, ist zwar ohnehin logisch, wird aber zur Vermeidung des Entstehens einer Erwartungslücke auf Seiten des Anlegers durch den Warnhinweis ausdrücklich betont. Insbesondere ergibt sich daraus, dass die Zusammenfassung nicht am Maßstab des § 5 Abs. 1 Satz 1 gemessen werden kann. Sie erhebt

64

---

126 *Wiegel*, Die Prospektrichtlinie und Prospektverordnung, Teil 4 A. I (S. 211).

nicht den Anspruch, für sich genommen ausreichende Grundlage für eine fundierte Anlageentscheidung sein zu können. Sie soll nur einen ersten Eindruck erwecken, aufgrund dessen der Anleger entscheiden kann, ob sich eine eingehendere Prüfung des gesamten Prospekts lohnt.

cc) Übersetzungskosten

65 Die Zusammenfassung muss ferner darauf hinweisen, dass für den Anleger Übersetzungskosten entstehen können, falls er **Prospekthaftungsansprüche** aufgrund des Prospekts vor einem Gericht innerhalb des EWR geltend macht. Diese muss er ggf. nach den Regelungen des für das Verfahren vor dem betreffenden Gericht **anwendbaren Prozessrechts** vor Prozessbeginn übernehmen. Im Kanon der Warnhinweise, die sich ansonsten auf die Zusammenfassung und deren Bedeutung beziehen, ist dieser Hinweis ein Fremdkörper. Er hat mit der Zusammenfassung allenfalls insoweit entfernt zu tun, als sie (wie sich aus dem Hinweis Nr. 4 insbesondere ergibt) Prospekthaftungsansprüche auslösen kann, wenngleich nur in dem in Art. 6 Abs. 2 2. Unterabs. der EU-Prospektrichtlinie konkretisierten eingeschränkten Umfang (dazu sogleich Rn. 66 f.). Der Hintergrund für diesen Hinweis ist das Auseinanderfallen der sprachlichen Vorgaben der EU-Prospektrichtlinie und der Gerichtssprache des anwendbaren nationalen Prozessrechts. Letztere ist grds. Sache des betreffenden Staates. So ist in Deutschland die Gerichtssprache nach § 184 Satz 1 GVG deutsch. Jedenfalls in Ermangelung entsprechender eigener Sprachkenntnisse kann daher ein deutsches Gericht in einem Prospekthaftungsprozess nach § 142 Abs. 3 Satz 1 ZPO verlangen, dass eine Partei eine Übersetzung einer von ihr eingereichten fremdsprachigen Urkunde beibringt.[127]

dd) Haftung

66 Schließlich ist in der Zusammenfassung darauf hinzuweisen, dass diejenigen Personen, die die Verantwortung für die Zusammenfassung einschließlich einer Übersetzung hiervon übernommen haben, oder von denen deren Erlass ausgeht, haftbar gemacht werden können, jedoch nur für den Fall, dass die Zusammenfassung **irreführend, unrichtig** oder **widersprüchlich ist** oder sie **nicht alle erforderlichen Schlüsselinformationen** enthält, jeweils wenn sie **zusammen mit den anderen Teilen des Prospekts gelesen** wird. Die Personen, die für die Zusammenfassung die Verantwortung übernommen haben, sind jene nach § 5 Abs. 3 und 4 (dazu sogleich). Auf die Verantwortung „für die Zusammenfassung" wird im Hinblick auf die mögliche Dreiteiligkeit des Prospekts nach § 12 abgestellt; die Verantwortung für die Zusammenfassung wird indes auch bei einem dreiteiligen Prospekt typischerweise von denselben Personen übernommen, die für die anderen Prospektbestandteile verantwortlich zeichnen.

67 Die Einschränkung der Haftung auf Fälle der Inkonsistenz mit den anderen Teilen des Prospekts beruht auf § 6 Abs. 2 2. Unterabs. der EU-Prospektrichtlinie, der durch § 45

---

[127] Vgl. nur *Baumbach/Lauterbach/Albers/Hartmann*, ZPO, 71. Aufl. 2013, § 142 Rn. 19. Ob der Prospekt eine Urkunde i. S. v. § 416 ZPO darstellt, kann dahinstehen, da andere Akten gleichermaßen gewürdigt werden können (vgl. *Baumbach/Lauterbach/Albers/Hartmann*, ZPO, 71. Aufl. 2013, § 286 Rn. 63 ff.) und angesichts der Allgemeingültigkeit von § 184 GVG insoweit nichts anderes gelten kann.

Abs. 2 Nr. 5 BörsG in deutsches Recht umgesetzt wurde.[128] Sie ist logische Konsequenz des Grundsatzes, dass der **gesamte Prospekt Entscheidungsgrundlage** für den Anleger sein soll (s. o. Rn. 66). Die Haftung im Fall der Inkonsistenz der Zusammenfassung mit anderen Teilen des Prospekts verdeutlicht, dass die Haftungsprivilegierung lediglich dem ihr wesensimmanenten Bedürfnis nach Verkürzung und Vereinfachung der Darstellung Rechnung trägt, der Prospekt insgesamt dadurch aber kein nicht wahrheitsgetreues, unvollständiges oder unrealistisches Gesamtbild ergeben darf.[129] Eine stärkere eigenständige Haftung für die Prospektzusammenfassung, auch als Sanktion für eine fehlerhafte Aufnahme von Schlüsselinformationen, wurde zwar im Rahmen der Vorbereitungen der Reform der EU-Prospektrichtlinie erwogen, aber im Laufe der weiteren Beratungen wieder verworfen.[130] Daraus lässt sich entnehmen, dass auch die Einführung des Konzepts der Schlüsselinformationen an der vorstehend dargestellten ursprünglichen Konzeption der nur eingeschränkten Haftung für die Zusammenfassung nichts ändert (näher dazu § 23).[131]

4. Verzicht auf die Zusammenfassung

Bei einem Prospekt, der ausschließlich der Börsenzulassung von Nichtdividendenwerten mit einer **Mindeststückelung von 100.000 Euro** dient, kann nach Abs. 2 Satz 5 auf die Erstellung einer Zusammenfassung verzichtet werden. Dieser Regelung liegt die Überlegung zugrunde, dass für diese Art von Wertpapieren der Schutz der betreffenden Anleger einer überblicksartigen Darstellung in Form der Zusammenfassung nicht bedarf. Dies folgt aus dem in der EU-Prospektrichtlinie angelegten Prinzip, dass für verschiedene Anlegerkategorien unterschiedliche Schutzanforderungen gelten, die ihrem jeweiligen Sachverstand Rechnung tragen (vgl. Erwägungsgrund 16 der EU-Prospektrichtlinie). Wertpapiere mit einer Mindeststückelung von 100.000 Euro können daher bereits nach § 3 Abs. 2 Nr. 4 öffentlich angeboten werden, ohne dass es dafür der Erstellung eines Prospekts bedarf. Für die Börsenzulassung solcher Schuldtitel ist zwar ein Prospekt zu erstellen, es gilt aber ein verringerter Katalog von Mindestangaben für Registrierungsformular (Anhang IX) und Wertpapierbeschreibung (Anhang XIII) verglichen mit den Mindestangaben für Schuldverschreibungen mit niedrigerer Stückelung (Anhänge IV und V der EU-Prospektverordnung). Diese geringeren Anforderungen basieren auf der Annahme, dass eine Stückelung von 100.000 Euro das typische Investitionsvolumen eines Privatanlegers in einem einzelnen Wert übersteigt, so dass es sich bei solchen Schuldverschreibungen um ein Produkt handelt, das sich bereits aufgrund seiner formalen Ausgestaltung an einen rein institutionellen Kreis von Investoren wendet. Das gilt auch für den Erwerb solcher Wertpapiere im Sekundärmarkt, d. h. insbesondere über die Börse.

68

Wird im Hinblick auf ein öffentliches Angebot solcher Schuldtitel freiwillig ein Prospekt erstellt, sollte ungeachtet des engeren Wortlauts des Gesetzes nichts anderes gelten.[132] In diesem Zusammenhang wird zwar darauf verwiesen, dass ein „**freiwilliger Prospekt**" mangels gesetzlicher Prospektpflicht ohnehin nicht von der BaFin gebilligt werde und dass

69

---

128 RegBegr. Prospektrichtlinie-Umsetzungsgesetz, BT-Drucks. 15/4999, S. 25, 31.
129 Vgl. zum Abstellen des Gesamtbildes des Prospekts bei der Haftung nach § 21 WpPG *Groß*, Kapitalmarktrecht, § 21 WpPG Rn. 44.
130 Dazu *Voß*, ZBB 2010, 194, 205; *Elsen/Jäger*, BKR 2010, 97, 99.
131 *Fischer-Appelt*, LFMR 2010, 490, 491; *Heun*, die bank 9/2010, 20, 21; *Lawall/Maier*, BB 2012, 2443, 2446; ebenso wohl auch *Maerker/Biedermann*, RdF 2011, 90, 91.
132 *Kullmann/Sester*, WM 2005, 1068, 1071; *Holzborn/Mayston*, in: Holzborn, WpPG, § 5 Rn. 24 f.

§ 5 Prospekt

Prospektersteller bei freiwilligen Prospekten in der Gestaltung frei seien.[133] Indes mag die Ausnahmeregelung des Abs. 2 Satz 4 bei etwaigen Haftungsfällen zur Klärung der Frage der Prospektvollständigkeit herangezogen werden.

70 Wird trotz der gesetzlichen Befreiung eine Zusammenfassung freiwillig in einen Prospekt aufgenommen, sollten auch für diese die gesetzlichen Anforderungen für die Prospektzusammenfassung nach WpPG, der EU-Prospektrichtlinie und der EU-Prospektverordnung beachtet werden, auch wenn ESMA in den Q&As an diesem Erfordernis nicht mehr ausdrücklich festhält.[134] Dies ergibt sich aus Erwägungsgrund 11 der Verordnung 486/2012, mit der im Rahmen der Reform des Prospektrechts u. a. die Vorgaben für die Zusammenfassung geändert wurden.[135] Danach soll eine freiwillige überblicksartige Darstellung am Anfang eines Prospektes nicht als Zusammenfassung bezeichnet werden dürfen, es sei denn sie enthält alle für Zusammenfassungen vorgeschriebenen Angaben. Diese Vorgabe wurde auch ausdrücklich unter Verweis auf Angabepflichten in Art. 24 EU-Prospektverordnung und in deren Anhang XXII in Art. 24 Abs. 1 3. Unterabs. aufgenommen, so dass es einer aufsichtlichen Klarstellung insoweit nicht mehr bedarf (dazu Art. 24 Rn. 10).

71 Wird ein Prospekt in einer anderen Sprache als der Landessprache erstellt, erlaubt die EU-Prospektrichtlinie in Art. 19 Abs. 4 Satz 2 den Mitgliedstaaten auch im Fall der Börsenzulassung von Nichtdividendenwerten mit einer Mindeststückelung von 10.000 Euro eine Zusammenfassung in ihrer **Landessprache** zu verlangen (obwohl diese grds. bei diesen Wertpapieren gänzlich entfallen kann). Deutschland hat davon – konsequenterweise – keinen Gebrauch gemacht. Im Fall der Notifizierung eines in Deutschland gebilligten Prospektes ohne Zusammenfassung kann aber ggf. die zuständige Behörde des Aufnahmemitgliedstaates eine Zusammenfassung in ihrer Amtssprache verlangen.[136]

IV. Unterzeichnung und Verantwortlichkeitsklausel, § 5 Abs. 3 und 4

1. Unterzeichnung und Prospektverantwortung

72 Der Prospekt muss nach Abs. 3 und 4 **datiert und unterzeichnet** werden. Dabei ist, auch nach Auffassung der BaFin, das auf dem Prospekt angegebene Datum dasjenige seiner Erstellung, nicht jenes der Billigung – dies legt auch der Wortlaut des § 5 Abs. 3 Satz 1 nahe; es muss auf Deckblatt und Unterschriftenseite übereinstimmen.[137] Dies wird in der Literatur mit Verweis darauf kritisiert, dass es für den Beginn der Haftung nach §§ 21, 22 auf das

---

133 *Just*, in: Just/Voß/Ritz/Zeising, WpPG, § 5 Rn. 36.
134 In den ESMA-Questions and Answers – Prospectuses (25th Updated Version – July 2016), wurde die frühere Frage 41 zu den Anforderungen an eine freiwillig aufgenommene Zusammenfassung gestrichen.
135 Delegierte Verordnung (EU) Nr. 486/2012 der Kommission vom 30. März 2012 zur Änderung der Verordnung (EU) Nr. 809/2004 in Bezug auf Aufmachung und Inhalt des Prospekts des Basisprospekts der Zusammenfassung und der endgültigen Bedingungen und in Bezug auf die Angabepflichten, ABl. EU Nr. L 150 vom 9.6.2012, S. 1
136 *Schlitt/Schäfer*, in: Assmann/Schlitt/von Kopp-Colomb, WpPG/VerkProspG, § 5 Rn. 39.
137 BaFin-Workshop am 28.5.2008, Präsentation „Typische Prospektmängel und wie sie zu vermeiden sind" (*Gockel*), S. 20.

IV. Unterzeichnung und Verantwortlichkeitsklausel, § 5 Abs. 3 und 4 §5

Datum der Veröffentlichung und nicht jenes der Erstellung ankomme.[138] Indes dürfte ersterer Auffassung der BaFin der Vorzug einzuräumen sein. Dafür spricht nicht nur der eindeutige Gesetzeswortlaut. Auch können die für den Prospekt verantwortlichen Personen schwerlich ihre Erklärung zur Richtigkeit und Vollständigkeit vordatieren, ohne wissen zu können, ob ihre Aussage zu einem späteren Datum überhaupt noch zutrifft.

Ferner sind die Personen anzugeben, die für den Inhalt des Prospekts die **Verantwortung** 73
übernehmen. Diese haben zu erklären, dass der Prospekt nach ihrem Wissen richtig und vollständig ist. Beide Absätze dienen der Umsetzung von Art. 6 Abs. 1 der EU-Prospektrichtlinie. Diese Bestimmung enthält die (rudimentären) Vorgaben der EU-Prospektrichtlinie für die Prospekthaftung. Diese wiederum ist im deutschen Recht in §§ 21, 22 geregelt, die damit in engem Zusammenhang mit § 5 Abs. 3 und 4 stehen. Denn § 21 Abs. 1 Satz 1 Nr. 1 (der in den Fällen des § 22 entsprechend gilt) greift die Übernahme der Prospektverantwortung nach § 5 Abs. 3 und 4 auf. Er sieht vor, dass diejenigen, die für den Prospekt die Verantwortung übernommen haben, den Erwerbern der aufgrund des Prospekts zugelassenen und/oder angebotenen Wertpapiere (vgl. den Verweis in § 22) für die Richtigkeit und Vollständigkeit des Prospekts haften. Daraus wird deutlich, dass die Unterzeichner des Prospekts diejenigen sind, die für den Inhalt des Prospekts die Verantwortung übernehmen. Eine Differenzierung zwischen beiden Personengruppen ist weder in Art. 6 der EU-Prospektrichtlinie vorgesehen, noch gibt es in der Regierungsbegründung zum Prospektrichtlinie-Umsetzungsgesetz Anhaltspunkte hierfür.[139] Sinn der Angaben ist, die Anleger darüber zu informieren, gegen wen als Prospektverantwortlichen ggf. Ansprüche gem. § 21 Abs. 1 zu richten wären.[140]

a) Anbieter

Prospekte, die im Hinblick auf ein **öffentliches Angebot** von Wertpapieren erstellt werden, 74
sind vom Anbieter jener Wertpapiere zu unterzeichnen, § 5 Abs. 3 Satz 1. Ausweislich der Regierungsbegründung zum Prospektrichtlinie-Umsetzungsgesetz entspricht diese Pflicht jener des früheren § 2 Nr. 2 VerkProspV a. F.,[141] wonach den Anbieter die Prospektpflicht nach § 1 VerkProspG a. F. traf. § 2 Nr. 10 definiert als Anbieter eine Person oder Gesellschaft, die Wertpapiere öffentlich anbietet. Gemeint ist damit derjenige, der für ein öffentliches Angebot verantwortlich ist, insbesondere wer gegenüber den Anlegern als Anbieter nach außen erkennbar in Erscheinung tritt. Das muss nicht zwingend der Emittent sein, wenngleich dies regelmäßig der Fall ist.[142] Im Einzelfall ist auf die Umstände des konkreten Angebots abzustellen, insbesondere ob ein Angebot in Abstimmung mit dem Emittenten erfolgt.[143] Bietet der Emittent die Wertpapiere unmittelbar selbst an (sog. **Eigenemission**), ist er offensichtlich Anbieter. Schaltet er einen Dritten ein, beispielsweise eine Bank (sog. **Fremdemission**), tritt zunächst einmal dieser Dritte unmittelbar gegenüber den Anlegern

---

138 *Schlitt/Schäfer*, in: Assmann/Schlitt/von Kopp-Colomb, WpPG/VerkProspG, § 5 Rn. 42.
139 Ähnlich *Groß*, Kapitalmarktrecht, § 5 WpPG Rn. 7 f.
140 *Hamann*, in: Schäfer/Hamann, Kapitalmarktgesetze, § 5 WpPG Rn. 16.
141 RegBegr. Prospektrichtlinie-Umsetzungsgesetz, BT-Drucks. 15/4999, S. 25, 31.
142 RegBegr. Prospektrichtlinie-Umsetzungsgesetz, BT-Drucks. 15/4999, S. 25, 29; so schon zum alten Recht Bekanntmachung des BAWe zum Verkaufsprospektgesetz vom 9.9.1998 unter Tz. I.3, BAnz. vom 21.9.1999, 16180.
143 *Groß*, Kapitalmarktrecht, § 2 WpPG Rn. 26 f.

§ 5 Prospekt

auf und ist damit Anbieter.[144] Durch die Einschaltung eines Dritten als Erfüllungsgehilfen verliert der Emittent jedoch die Anbietereigenschaft nicht (siehe dazu im Einzelnen die Kommentierung zu §§ 2 und 3).[145]

75 Handelt es sich dagegen um eine **Weiterplatzierung** von Wertpapieren, ist zu differenzieren. Ist die zunächst private Ausgabe der Wertpapiere Teil eines weiter gehenden Platzierungsplans des Emittenten, der als weiteren Schritt die breite Platzierung im Publikum beinhaltet, ist die Frage nach der Anbietereigenschaft des Emittenten nicht anders zu beurteilen als bei der vorstehend beschriebenen Fremdemission. Hatte der Emittent die Weiterveräußerung im Wege des öffentlichen Angebots aber bei der Ausgabe der Wertpapiere an den Ersterwerber gerade nicht vorgesehen, so wird er durch das von letzterem eigenständig und ohne Abstimmung mit dem Emittenten durchgeführte öffentliche Angebot nicht zum Anbieter i. S. v. § 2 Nr. 10, § 5 Abs. 3.[146] Dafür spricht auch die Klarstellung in § 3 Abs. 2 Satz 2, wonach jede Weiterveräußerung von Wertpapieren, die zuvor Gegenstand einer von der Prospektpflicht ausgenommenen Angebotsform waren, als ein neues Angebot gilt, bei der die Prospektpflicht (und die Anbietereigenschaft) gesondert zu prüfen ist.

76 Handelt es sich bei einem öffentlichen Angebot um eine **Kombination** aus der Platzierung von bestehenden Aktien aus dem Bestand eines oder mehrerer Altaktionäre und von neuen, vom Emittenten noch auszugebenden Aktien (eine bei Börsengängen häufige Konstellation), ist es nicht zwingend erforderlich, dass sowohl der Emittent, als auch der abgebende Aktionär den Prospekt unterzeichnet bzw. für ihn die Verantwortung übernimmt. Dies hat ESMA im Rahmen ihrer regelmäßig veröffentlichten „Questions and Answers" klargestellt. Derlei ergibt sich auch nicht aus Art. 6 Abs. 1 der EU-Prospektrichtlinie, der lediglich verlangt, dass mindestens eine der dort genannten Personen den Prospekt unterzeichnet und damit die Verantwortung übernimmt.[147] Aus deutscher Sicht ist hinzuzufügen, dass nach § 5 Abs. 3 vor dem Hintergrund der Position von ESMA ausreichen dürfte, wenn jedenfalls einer der Anbieter den Prospekt unterzeichnet.

77 Im gleichen Sinne hat sich ESMA auch in Bezug darauf geäußert, ob ein **Garantiegeber** den Prospekt unterzeichnen muss.[148] Dies betrifft (wie oben bei Rn. 17 ff. ausgeführt) beispielsweise Fälle, in denen eine ausländische Finanzierungstochter eine Schuldverschreibung begibt, die der Finanzierung der (deutschen) Konzernmutter dient, diese den Erlös im Wege eines konzerninternen Darlehens weitergereicht bekommt und im Gegenzug die Verpflichtungen der Tochter aus der Schuldverschreibung garantiert. In Bezug auf die Rechtslage in Deutschland ist zu ergänzen, dass der „Garant" nach § 5 Abs. 3 WpPG gar nicht als Unterzeichner des Prospekts vorgesehen ist; er käme hierfür allenfalls in Betracht, wenn man ihn als Anbieter der von seiner Tochtergesellschaft ausgegebenen Schuldverschreibungen ansähe.

78 Im Hinblick auf den Regelungszweck des Art. 6 Abs. 1 der EU-Prospektrichtlinie ist freilich darauf hinzuweisen, dass sowohl abgebender Aktionär als auch Garant nach §§ 21

---

144 Ebenso zum alten Recht *Ritz*, in: Assmann/Lenz/Ritz, VerkProspG, 1. Aufl. 2001, § 1 Rn. 83.
145 Ebenso *Groß*, Kapitalmarktrecht, § 2 WpPG Rn. 27.
146 *Groß*, Kapitalmarktrecht, § 2 WpPG Rn. 27.
147 ESMA-Questions and Answers – Prospectuses (25th Updated Version – July 2016), Frage 47 zur Erforderlichkeit der Übernahme der Prospektverantwortung durch einen angebenden Aktionär.
148 ESMA-Questions and Answers – Prospectuses (25th Updated Version – July 2016), Frage 48 zur Erforderlichkeit der Übernahme der Prospektverantwortung durch einen Garantiegeber.

Abs. 1 Satz 1 Nr. 2, 22 Prospekthaftungsansprüchen ausgesetzt sein können, ohne den Prospekt unterzeichnet bzw. förmlich die Verantwortung für dessen Inhalt übernommen zu haben. Dies ist der Fall, wenn der Prospekt tatsächlich von ihnen „ausgeht", d. h. sie die tatsächlichen Urheber des Prospekts sind. Man spricht insoweit auch vom **Prospektveranlasser** (s. u. Rn. 87).

b) Zulassungsantragsteller

Sollen aufgrund des Prospekts Wertpapiere zu einem organisierten Markt (§ 2 Nr. 16, z. B. dem regulierten Markt an einer deutschen Wertpapierbörse) zugelassen werden, so ist der Prospekt nach Abs. 3 Satz 2 vom **Zulassungsantragsteller** zu unterzeichnen, also nach § 2 Nr. 11 jenen Personen, die die Zulassung zum Handel an einem organisierten Markt beantragen. Nach § 32 Abs. 2 BörsG ist die Zulassung zum Handel von Wertpapieren im regulierten Markt vom **Emittenten** zusammen mit einem **Kreditinstitut**, Finanzdienstleistungsinstitut oder einem nach § 53 Abs. 1 Satz 1 oder § 53b Abs. 1 Satz 1 KWG tätigen Unternehmen zu beantragen. Beantragt ein Kreditinstitut die Zulassung eigener Wertpapiere, ist die Unterzeichnung des Prospektes durch ein weiteres Kreditinstitut nicht erforderlich.[149] Bei der geplanten Zulassung zum Handel an einem organisierten Markt im Ausland hängt die Pflicht zur Unterzeichnung durch ein Kreditinstitut neben dem Emittenten von den nach dem anwendbaren ausländischen Recht geltenden Zulassungsvorschriften ab.[150]

79

2. Erforderliche Angaben und Form

In Bezug auf die Prospektverantwortlichen sind nach Abs. 4 Satz 1 **Namen und Funktionen, bei juristischen Personen oder Gesellschaften deren Firma und Sitz** anzugeben. Dient der Prospekt der Börsenzulassung, müssen diese Angaben stets auch in Bezug auf das hierbei mitwirkende Institut erfolgen. In formaler Hinsicht verlangt die BaFin weiterhin, dass der eingereichte Prospekt mit einer **Originalunterschrift** zu versehen ist; die Namen der Unterzeichner müssen in Druckbuchstaben wiedergegeben werden.[151] Dies ergibt sich aus dem Erfordernis der Unterzeichnung nach Abs. 3 Satz 1, das sich als Schriftformerfordernis im Sinne des Verwaltungsverfahrensrechts auslegen lässt. In diesem Fall ist dann eine eigenhändige Namensunterschrift nach § 126 Abs. 1 BGB erforderlich.[152] Eine elektronische Unterzeichnung ist rechtswirksam nur möglich, wenn der eingereichte Prospekt nach Maßgabe des § 3a Abs. 2 VwVfG mit einer qualifizierten elektronischen Signatur nach dem Signaturgesetz versehen ist.[153]

80

---

149 *Trapp*, in: Habersack/Mülbert/Schlitt, Unternehmensfinanzierung, § 37 Rn. 40; *Schlitt/Schäfer*, in: Assmann/Schlitt/von Kopp-Colomb, WpPG/VerkProspG, § 5 Rn. 43.
150 *Schlitt/Schäfer*, in: Assmann/Schlitt/von Kopp-Colomb, WpPG/VerkProspG, § 5 Rn. 44.
151 BaFin-Workshop am 28.5.2008, Präsentation „Typische Prospektmängel und wie sie zu vermeiden sind" (*Gockel*), S. 21.
152 *Kopp/Ramsauer*, VwVfG, 15. Aufl. 2014, § 22 Rn. 52; *Schmitz*, in: Stelkens/Bonk/Sachs, VwVfG, § 22 VwVfG, Rn. 31, 38.
153 *Groß*, Kapitalmarktrecht, § 5 WpPG Rn. 7; BaFin-Workshop „100 Tage WpPG" am 3.11.2005, Präsentation „Rechtsfragen aus der Anwendungspraxis", S. 17.

81 Wird der Prospekt zunächst aber ohne Unterschrift(en) eingereicht, so hindert dies das Prüfungsverfahren und den Fristenlauf nicht.[154] Daher ist es in der Praxis nicht unüblich, erst die endgültige Version, die alle Kommentare aus dem Prüfungsverfahren berücksichtigt (sog. **"Billigungsfassung"**), mit Originalunterschriften kurz vor der Billigung einzureichen.[155] Das ist auch sachgerecht, unterliegt der Prospekt doch erfahrungsgemäß während des Billigungsverfahrens noch Änderungen, angesichts derer es unangemessen erscheint, den Unterzeichnern bereits bei den ersten Einreichungsfassungen die mit der Unterzeichnung einhergehende Erklärung über die Richtigkeit und Vollständigkeit abzunötigen. In der zu veröffentlichenden Fassung kann aber darauf verzichtet werden, den Namenszug der Unterzeichner abzudrucken; nach der Verwaltungspraxis der BaFin reicht es aus, wenn die Namen der Unterzeichner mit dem Zusatz „gez." aufgenommen werden.[156]

82 Wird in Bezug auf die Unterzeichnung teilweise vertreten, diese müsse bei natürlichen Personen eigenhändig, bei juristischen Personen durch deren gesetzliche Vertreter erfolgen,[157] so entspricht dies nicht der Praxis. Insbesondere bei den ein Börsenzulassungsverfahren begleitenden Instituten werden Prospekte kaum je von Organmitgliedern (also den Vorständen des Instituts) unterschrieben. Das Gesetz verlangt derlei auch nicht. Vielmehr genügt die Unterzeichnung durch Bevollmächtigte mit ausreichender Vertretungsmacht (also Prokuristen oder Handlungsbevollmächtigte). Dies ergibt sich schon aus § 14 Abs. 1 VwVfG, wonach sich ein an einem Verwaltungsverfahren Beteiligter durch einen Bevollmächtigten vertreten lassen kann und dieser im Zweifel zu allen Verfahrenshandlungen ermächtigt ist.[158] Davon geht auch die BaFin aus, die sich in diesem Fall grundsätzlich die **Vollmacht** nach § 14 Abs. 1 Satz 3 VwVfG im Original vorlegen lässt.[159] Das Erfordernis der **Schriftform** steht dem nicht entgegen, zumindest wenn das Vertretungsverhältnis offen gelegt wird.[160]

3. Versicherung der Richtigkeit und Vollständigkeit

83 Die (natürlichen oder juristischen) Personen, die die Verantwortung für den Prospekt übernehmen und als solche in dem Prospekt genannt sind, müssen ferner die Richtigkeit und Vollständigkeit des Prospekts versichern (sog. **Verantwortungsklausel**). Diese wird bisweilen fälschlich als „Garantieerklärung" bezeichnet.[161] Tatsächlich handelt es sich jedoch

---

154 *Just*, in: Just/Voß/Ritz/Zeising, WpPG, § 5 Rn. 38; BaFin-Workshop „100 Tage WpPG" am 3.11.2005, Präsentation „Das Hinterlegungsverfahren", S. 7.
155 BaFin-Workshop am 28.5.2008, Präsentation „Das Billigungs- und Hinterlegungsverfahren als Verwaltungsverfahren" (*Zeising*), S. 13.
156 *Just*, in: Just/Voß/Ritz/Zeising, WpPG, § 5 Rn. 44; *Holzborn/Mayston*, in: Holzborn, WpPG, § 5 Rn. 31.
157 *Just*, in: Just/Voß/Ritz/Zeising, WpPG, § 5 Rn. 44.
158 So auch *Holzborn/Mayston*, in: Holzborn, WpPG, § 5 Rn. 33, ebenso zum schriftlich zu stellenden Zulassungsantrag *Gebhardt*, in: Schäfer/Hamann, Kapitalmarktgesetze, § 48 BörsZulV Rn. 4
159 BaFin-Workshop am 28.5.2008, Präsentation „Das Billigungs- und Hinterlegungsverfahren als Verwaltungsverfahren" (*Zeising*), S. 13.
160 *Schmitz*, in: Stelkens/Bonk/Sachs, VwVfG, § 22 VwVfG Rn. 36; ebenso zur insoweit wortgleichen Vorgängerbestimmung § 13 Abs. 1 Satz 5 BörsZulV a. F. *Gebhardt*, in: Schäfer/Hamann, Kapitalmarktgesetze, § 13 BörsZulV a. F. Rn. 37.
161 *Ekkenga/Maas*, Das Recht der Wertpapieremissionen, § 2 Rn. 203.

IV. Unterzeichnung und Verantwortlichkeitsklausel, § 5 Abs. 3 und 4 **§ 5**

lediglich um eine subjektive Wissenserklärung. Dies legt bereits der Gesetzeswortlaut nahe, wonach die Prospektverantwortlichen die Erklärung „ihres Wissens" nach abzugeben haben.[162] Die Erklärung hat sich – wie schon nach den Vorläuferbestimmungen § 3 VerkProspV a. F. und § 13 Abs. 1 Satz 4 BörsZulV a. F. – stets auf den gesamten Prospekt zu beziehen.[163] Wiewohl der Wortlaut des § 5 Abs. 4 Satz 1 2. Halbsatz nicht exakt jenem des Art. 6 Abs. 1 Satz 2 der EU-Prospektrichtlinie entspricht, den er in deutsches Recht umsetzt, empfiehlt es sich, die in den Prospekt aufzunehmende Erklärung eng an den Wortlaut des Gesetzes anzulehnen.[164]

Auch wenn die BaFin die Nennung der Namen der für den jeweiligen Prospektverantwortlichen unterzeichnenden natürlichen Personen verlangt,[165] bleibt die Versicherung der Richtigkeit und Vollständigkeit eine **Erklärung des jeweiligen Prospektverantwortlichen** (Emittent oder Emissionsbegleiter), nicht jedoch der für diesen handelnden natürlichen Personen.[166] Wird mithilfe des Prospekts die Zulassung vom Wertpapieren zum Börsenhandel beantragt, muss auch das Institut, das nach § 32 Abs. 2 BörsG gemeinsam mit dem Emittenten den Zulassungsantrag stellt, die Prospektverantwortung übernehmen und die Erklärung zur Richtigkeit und Vollständigkeit abgeben. Dies stellt Abs. 4 Satz 2 klar. Einer gesonderten Originalunterschrift bedarf es neben der nach Abs. 3 erforderlichen Unterzeichnung nicht, sofern sich aus dieser ergibt, dass sie auch die Erklärung zur Verantwortung abdeckt.[167] Davon wird auszugehen sein, wenn die Unterschrift den Prospekt räumlich abschließt. Die BaFin erwartet ohnehin, dass die Unterschriftenseite die letzte Seite des Prospekts ist.[168]

84

4. Bedeutung

Die Unterzeichnung und Versicherung der Richtigkeit des Prospekts ist eng mit der **Haftung** für die Vollständigkeit und Richtigkeit des Prospekts verbunden. Dies zeigt bereits Art. 6 Abs. 1 und 2 der EU-Prospektrichtlinie, der die Bestimmungen zur Prospektunterzeichnung und Übernahme der Verantwortung im Zusammenhang mit den Vorgaben für die Prospekthaftung regelt. Nach Art. 6 Abs. 2 der EU-Prospektrichtlinie haben die Mitgliedstaaten sicher zu stellen, dass die Prospektverantwortlichen auch der Prospekthaftung unterliegen. Hinsichtlich der Frage, wer die Verantwortung für den Prospekt übernehmen muss, beschränkt sich Art. 6 Abs. 1 Satz 1 der EU-Prospektrichtlinie freilich darauf, einen Katalog potenziell verantwortlicher Personen zu nennen und überlässt es den Mitgliedstaa-

85

---

162 Ebenso *Hamann*, in: Schäfer/Hamann, Kapitalmarktgesetze, § 5 WpPG Rn. 16.
163 RegBegr. Prospektrichtlinie-Umsetzungsgesetz, BT-Drucks. 15/4999, S. 25, 31.
164 BaFin-Workshop am 28.5.2008, Präsentation „Typische Prospektmängel und wie sie zu vermeiden sind" (*Gockel*), S. 8; dazu ausführlich *Just*, in: Just/Voß/Ritz/Zeising, WpPG, § 5 Rn. 49ff.; *Schlitt/Schäfer*, in: Assmann/Schlitt/von Kopp-Colomb, WpPG/VerkProspG, EU-ProspektVO Anhang I Rn. 8.
165 *Just*, in: Just/Voß/Ritz/Zeising, WpPG, § 5 Rn. 44.
166 Ebenso *Schlitt/Schäfer*, in: Assmann/Schlitt/von Kopp-Colomb, WpPG/VerkProspG, EU-ProspektVO Anhang I Rn. 7.
167 *Just*, in: Just/Voß/Ritz/Zeising, WpPG, § 5 Rn. 52 mit Verweis auf *Voß*, in: Arndt/Voß, VerkProspG, § 3 Rn. 12.
168 BaFin-Workshop am 28.5.2008, Präsentation „Typische Prospektmängel und wie sie zu vermeiden sind" (*Gockel*), S. 21.

86 Die zwingend vorgesehene Unterzeichnung durch ein **Kreditinstitut** (…) als Mit-Zulassungsantragsteller mit der Folge der Prospekthaftung wäre daher so nicht zwingend vorgegeben gewesen und ist im europaweiten Vergleich eher eine Ausnahme geblieben.[169] Sie ist für Deutschland aber nichts Neues, führt sie doch die vor Umsetzung der EU-Prospektrichtlinie geltende Regelung nach § 30 Abs. 2 BörsG i.V. m. § 13 Abs. 1 Satz 5 BörsZulV fort.

87 Allerdings ist die förmliche Übernahme der Verantwortung für einen Prospekt durch dessen Unterzeichnung zwar hinreichende, aber nicht notwendige Voraussetzung für die Haftung. Denn die gesetzliche Prospekthaftung trifft nach § 21 Abs. 1 Satz 1 nicht nur denjenigen, der durch Unterzeichnung formal nach außen die Verantwortung für den Prospekt übernimmt (§ 21 Abs. 1 Satz 1 Nr. 1). Daneben unterliegt der Prospekthaftung jeder, von dem der Erlass des Prospekts ausgeht, sog. **Prospektveranlasser** (§ 21 Abs. 1 Satz 1 Nr. 2). Als Prospektveranlasser gilt derjenige, der als tatsächlicher Urheber hinter dem Erlass des Prospekts steht. Dies wird angenommen bei solchen Personen, die ein eigenes wirtschaftliches Interesse an dem Angebot oder der Zulassung haben. Dabei kommt es nicht mehr darauf an, ob diese tatsächlich auf die Prospekterstellung einwirken.[170] Prospektveranlasser können etwa ein Großaktionär oder auch ein oder mehrere Organmitglieder des Emittenten sein. Auch soll ein im Rahmen der Prospekterstellung und -billigung nach außen nicht auftretendes Kreditinstitut als Prospektverantwortlicher in Betracht kommen.[171] Dies erscheint freilich zweifelhaft, wenn sich das Interesse der Bank auf ihre Provision als Berater oder Emissionsbegleiter beschränkt.[172]

---

169 Vgl. *Groß*, Kapitalmarktrecht, § 5 Rn. 8.
170 So jetzt BGH, 18.9.2012 – XI ZR 344/11, WM 2012, 2147, 2152 (Wohnungsbau Leipzig-West); dazu *Mülbert/Steup*, in: Habersack/Mülbert/Schlitt, Unternehmensfinanzierung, § 41 Rn. 74 ff.
171 *Schwark*, in: Schwark/Zimmer, KMRK, § 45 BörsG Rn. 10, ohne allerdings zwischen den Tatbeständen Prospektverantwortlicher und Prospektveranlasser zu differenzieren; unklar bleibt dabei auch, inwieweit es auf die Unterzeichnung des Prospektes ankommt; in letzterem Sinne *Mülbert/Steup*, in: Habersack/Mülbert/Schlitt, Unternehmensfinanzierung, § 41 Rn. 73; *Hamann*, in: Schäfer/Hamann, Kapitalmarktgesetze, §§ 44, 45 BörsG Rn. 92.
172 *Groß*, Kapitalmarktrecht, § 21 WpPG Rn. 35 m. w. N.

§ 6 Basisprospekt

(1) Für die folgenden Wertpapierarten kann der Anbieter oder der Zulassungsantragsteller einen Basisprospekt erstellen, der alle nach den §§ 5 und 7 notwendigen Angaben zum Emittenten und den öffentlich anzubietenden oder zum Handel an einem organisierten Markt zuzulassenden Wertpapieren enthalten muss, nicht jedoch die endgültigen Bedingungen des Angebots:
1. Nichtdividendenwerte sowie Optionsscheine jeglicher Art, die im Rahmen eines Angebotsprogramms ausgegeben werden;
2. Nichtdividendenwerte, die dauernd oder wiederholt von CRR-Kreditinstituten begeben werden,
   a) sofern die Wertpapiere durch in ein Deckungsregister eingetragene Vermögensgegenstände gedeckt werden, die eine ausreichende Deckung der aus den betreffenden Wertpapieren erwachsenden Verbindlichkeiten bis zum Fälligkeitstermin bieten, und
   b) sofern die Vermögensgegenstände im Sinne des Buchstaben a im Falle der Insolvenz des CRR-Kreditinstituts unbeschadet der auf Grund der Richtlinie 2001/24/EG des Europäischen Parlaments und des Rates vom 4. April 2001 über die Sanierung und Liquidation von Kreditinstituten (ABl. EG Nr. L 125 S. 15) erlassenen Vorschriften vorrangig zur Rückzahlung des Kapitals und der aufgelaufenen Zinsen bestimmt sind.

(2) Die Angaben des Basisprospekts sind erforderlichenfalls durch aktualisierte Angaben zum Emittenten und zu den Wertpapieren, die öffentlich angeboten oder zum Handel an einem organisierten Markt zugelassen werden sollen, nach Maßgabe des § 16 zu ergänzen.

(3) [1]Werden die endgültigen Bedingungen des Angebots weder in den Basisprospekt noch in einen Nachtrag nach § 16 aufgenommen, so sind sie unverzüglich bei Unterbreitung eines öffentlichen Angebots und, sofern möglich, vor dem Beginn des öffentlichen Angebots oder der Zulassung zum Handel vom Anbieter oder Zulassungsantragsteller in der in § 14 genannten Art und Weise zu veröffentlichen sowie bei der Bundesanstalt zu hinterlegen. [2]§ 8 Absatz 1 Satz 1 und 2 ist entsprechend anzuwenden. [3]Die endgültigen Bedingungen des Angebots sind ausschließlich elektronisch über das Melde- und Veröffentlichungssystem der Bundesanstalt zu hinterlegen und bedürfen nicht der Unterzeichnung. [4]Die Bundesanstalt übermittelt die endgültigen Bedingungen des Angebots der zuständigen Behörde des oder der Aufnahmestaaten sowie der Europäischen Wertpapier- und Marktaufsichtsbehörde.

Übersicht

	Rn.		Rn.
I. Regelungsgegenstand des § 6	1	aa) Nichtdividendenwerte	21
II. Begriff und Anwendungsbereich,		bb) Optionsscheine	22
§ 6 Abs. 1	6	b) Dauernd oder wiederholt von	
1. Begriff des Basisprospekts	8	CRR-Kreditinstituten begebene	
2. Anwendungsbereich	14	Pfandbriefe (Nr. 2)	23
a) Angebotsprogramme (Nr. 1)	20	aa) Nichtdividendenwerte	24

bb) Dauernde Begebung 27
cc) Wiederholte Begebung 28
dd) CRR-Kreditinstitute 29
III. Aktualisierung des Basisprospekts, § 6 Abs. 2 30
IV. Endgültige Bedingungen, § 6 Abs. 3 33
1. Begriff der Endgültigen Bedingungen 33
2. Veröffentlichung (Satz 1 Halbs. 1) . 42
3. Hinterlegung bei der BaFin (Satz 1 Halbs. 2, Satz 3) 52
4. Entsprechende Anwendung von § 8 Abs. 1 Satz 1 und 2 (Satz 2) ... 56
5. Übermittlung an Aufnahmestaaten (Satz 4) 62

I. Regelungsgegenstand des § 6

1 Mit § 6 wird **Art. 5 Abs. 4 der EU-Prospektrichtlinie** in einem eigenen Paragraphen in deutsches Recht transponiert.[1] Der deutsche Gesetzgeber hat sich an dieser Stelle weitgehend an die Vorgaben der Richtlinie gehalten. Kleinere Abweichungen lassen sich dennoch feststellen und sind bei den betroffenen Unterpunkten mitbesprochen.[2]

2 Mit dem **Basisprospekt** wird eine Sonderform des Prospekts für Anleihen und andere Nichtdividendenwerte[3] geregelt, die es erlaubt, Angaben zu jenen Wertpapiermerkmalen, die erst im Rahmen einer konkreten Wertpapierbegebung festgelegt werden, zunächst wegzulassen und dennoch eine Billigung für den insoweit nicht vollständigen Prospekt zu erhalten.[4]

3 Der zweite, damit untrennbar verbundene Teil des Konzepts besteht darin, dass die **endgültigen Bedingungen** – eben jene zunächst weggelassenen Wertpapierangaben, die die allgemein gehaltene Beschreibung der Wertpapiere im Basisprospekt komplettieren – dann später aus Anlass einer konkreten Emission veröffentlicht und hinterlegt werden, sobald sie im Rahmen der konkreten Emission verfügbar sind. Anders als bei einem Nachtrag gemäß § 16 erfordert die Veröffentlichung der endgültigen Bedingungen keine gesonderte Billigung.[5] Im Ergebnis stellt der Basisprospekt somit zugleich eine Ausnahme zu § 5 Abs. 1 Satz 1, 2 und § 7 dar, insofern bestimmte inhaltliche Billigungsvoraussetzungen aufgehoben werden.[6] Im Gegensatz zur nachträglichen Vervollständigung des Prospektes nach § 8 Abs. 1 wird den Anlegern auch kein Widerrufsrecht eingeräumt (dazu Rn. 30, 60).

4 § 6 teilt also den in § 5 geregelten, regulären Prospekt mit allen darin aufzunehmenden Angaben in zwei Teile, den zu billigenden Basisprospekt und die nur zu hinterlegenden endgültigen Bedingungen. Der Basisprospekt kann während seiner Gültigkeit[7] durch eine beliebige Anzahl von endgültigen Bedingungen ergänzt werden und damit im Zusammen-

---

1 Die hilfreicherweise weitgehend synchron zur EU-Prospektrichtlinie verlaufende Nummerierung im WpPG kommt dabei nicht aus dem Tritt, da sich die Umsetzung von Art. 6 der EU-Prospektrichtlinie („Prospekthaftung") nicht im WpPG niederschlägt.
2 S. u. z. B. Rn. 12, 18, 43 oder 46.
3 Zum ausführlichen Anwendungsbereich s.u. Rn. 21 f. und 24 ff.
4 Zur Abgrenzung zu § 8, der ebenfalls ein Weglassen bestimmter Angaben erlaubt, s.u. Rn. 59.
5 So auch ausdrücklich Erwägungsgrund 21 EU-Prospektverordnung; *Groß*, Kapitalmarktrecht, § 6 WpPG, Rn. 9.
6 *Just/Ritz*, in: Just/Voß/Ritz/Zeising, WpPG, § 6 Rn. 5, dort als lex specialis qualifiziert.
7 Zur Gültigkeitsdauer des Basisprospekts (i. d. R. 12 Monate) s. § 9 Abs. 2 und unten Rn. 12.

spiel mit den jeweiligen endgültigen Bedingungen ohne erneute Billigung den Prospekt für eine ganze Reihe unterschiedlicher Emissionen bilden, die als Ziehungen bezeichnet werden. Dies ermöglicht es Emittenten, die wiederholt Wertpapiere gleicher oder ähnlicher Art emittieren, für eine erwartete Mehrzahl von Emissionen nur einen Prospekt zu erstellen. Dieser muss für die einzelne Emission nur noch im Hinblick auf deren Besonderheiten durch die jeweiligen endgültigen Bedingungen ergänzt werden.[8] Damit ermöglicht das Prospektrecht die effiziente Unternehmensfinanzierung durch die wiederholte Ausgabe von Schuldverschreibungen, wobei es zugleich möglich ist, kurzfristig auf vorteilhafte Marktverhältnisse zu reagieren. Der Basisprospekt komplettiert so das Konzept des Anleiheemissionsprogramms, einer Emissionsplattform mit einer Rahmendokumentation, die zeitintensive Arbeitsschritte bereits vorweg abschichtet.[9] In diesem Rahmen übernimmt der Basisprospekt die Rolle des weitgehend vor die Klammer gezogenen, gebilligten Prospekts. In gleicher Weise kann mit der vom deutschen Gesetzgeber in § 48a BörsZulVO geregelten Rahmenzulassung ein wesentlicher Teil der Voraussetzungen der Börsenzulassung erledigt werden, bevor es zu den eigentlichen Anleiheemissionen kommt.

Die Idee des Basisprospekts ist nicht neu, sondern hat ihren Vorläufer im unvollständigen Verkaufsprospekt nach § 10 Verkaufsprospektgesetz a.F. und dem unvollständigen Prospekt gemäß § 44 BörsZulVO a.F.[10] Das Konzept hatte sich in dieser Form bewährt und fand trotzdem erst im Verlauf des Richtliniensetzungsverfahrens noch Eingang in das Prospektregime nach der EU-Prospektrichtlinie.[11] Dies mag erklären, warum sich die Regelung des Basisprospekts weder in die EU-Prospektrichtlinie, noch, daraus folgend, in das WpPG nahtlos einfügt;[12] der Versuch einer Auslegung anhand des exakten Wortlauts oder aus dem Zusammenspiel des § 6 mit anderen Vorschriften erweist sich daher mitunter als nicht ganz einfach.

5

II. Begriff und Anwendungsbereich, § 6 Abs. 1

Absatz 1 enthält für den Basisprospekt zugleich eine **Begriffsbestimmung** und die **Festlegung des Anwendungsbereichs**.

6

Zusammengefasst kann sich danach der Emittent für Ziehungen unter einem Programm oder für die dauernde bzw. wiederholte Emission von Pfandbriefen einen Prospekt billigen lassen, der noch nicht die letzten Details der konkreten Anleihe enthält, den Basisprospekt.

7

---

8 Mit der Einführung detaillierter Regeln zum zulässigen Inhalt der endgültigen Bedingungen in 2012, s. dazu die Kommentierung zu Art. 2a, wurde die Flexibilität erheblich eingeschränkt; so auch *Glismann*, in: Holzborn, WpPG, § 6 Rn. 1.
9 *Kaulamo*, in: Habersack/Mülbert/Schlitt, Unternehmensfinanzierung, § 17 Rn. 19 ff.; *Müller*, in: Kümpel/Wittig, Bank- und Kapitalmarktrecht, Rz. 15.272 ff.
10 RegBegr. EU-ProspRL-UmsetzungsG zu § 6 WpPG, BT-Drs. 15/4999, S. 25, 32.
11 Zu den Einzelheiten vgl. *Just/Ritz*, in: Just/Voß/Ritz/Zeising, WpPG, § 6 Rn. 2 ff.; *Seitz*, in: Assmann/Schlitt/von Kopp-Colomb, WpPG/VerkProspG, § 6 WpPG Rn. 2.
12 S. z.B. die für Basisprospekte nicht richtig passende Regelung zur Wahl der Heimatbehörde in Art. 2 Abs. 1 lit. m) der EU-Prospektrichtlinie und dazu die Antwort zu Frage 46a in ESMA-Questions and Answers – Prospectuses (25th Updated Version – July 2016).

§ 6 Basisprospekt

1. Begriff des Basisprospekts

8 Der Basisprospekt wird über die Erlaubnis definiert, von den nach §§ 5 und 7 in einem Prospekt an sich notwendigen Angaben die endgültigen Bedingungen des Angebots wegzulassen.[13] Umgekehrt formuliert muss auch der Basisprospekt alle Angaben zum Emittenten und zu den Wertpapieren enthalten, die allgemein nach § 5 und spezieller von der EU-Prospektverordnung[14] gefordert werden, es sei denn, sie lassen sich als Teil der endgültigen Bedingungen des Angebots qualifizieren.[15]

9 Gesetzestechnisch wird der Begriff „Basisprospekt" unmittelbar verwendet und dann mithilfe eines Relativsatzes näher bestimmt. Das ist etwas unglücklich, da der Text auch so gelesen werden könnte, dass § 6 Abs. 1 von einer Unterart des Basisprospekts handelt, die die dort beschriebenen Angaben enthält. Zudem wird der Basisprospekt dadurch in § 6 nicht ausdrücklich als Prospekt bezeichnet oder anderweitig mit dem Begriff des Prospekts in Beziehung gesetzt. Deutlicher wäre es gewesen, von einem Prospekt zu sprechen, der die in § 6 Abs. 1 genannten Merkmale erfüllt, und einen solchen am Ende der Passage in Klammern als Basisprospekt legalzudefinieren.

10 Im WpPG fehlt nicht zuletzt deswegen eine klare Bestimmung, dass alle Regelungen zu Prospekten, etwa hinsichtlich Erstellung, Billigung, Veröffentlichung, Nachtragspflicht oder Notifizierung, auch für Basisprospekte gelten; umgekehrt enthalten diese Regelungen selbst auch keine Bezugnahme auf den Basisprospekt.

11 Es ist aber im Wege der richtlinienkonformen Auslegung davon auszugehen, dass in § 6 Abs. 1 auch die Definition aus Art. 2 Abs. 1 lit. r) EU-Prospektrichtlinie umgesetzt werden soll. Dort wird der Basisprospekt unmissverständlich als Prospekt definiert, der bestimmte Merkmale besitzt.[16] Der Basisprospekt ist somit selbst Prospekt[17] und löst die mit einem Prospekt verbundenen Rechte und Pflichten aus,[18] auch ohne Ergänzung durch die endgültigen Bedingungen. Es ist also festzuhalten, dass der Basisprospekt gem. § 5 zu erstellen,[19]

---

13 Die Weglassung bezieht sich auch auf Angaben in der Zusammenfassung; Erwägungsgrund 17 EU-Änderungsrichtlinie verweist zum ersten Mal ausdrücklich auf diese Möglichkeit. Dies ist notwendig, da die Zusammenfassung bei Basisprospekten typischerweise nur durch Anpassung an die jeweilige Ziehung mittels der endgültigen Bedingungen die geforderten Schlüsselinformationen enthalten kann.

14 Deklaratorisch per Verweis des § 7, tatsächlich aber auch aus der direkten Geltung der EU-Prospektverordnung.

15 Zum möglichen Inhalt der endgültigen Bedingungen s.u. Rn. 38 ff.

16 In diesem Sinne wird der Begriff dann auch in Art. 5 Abs. 4 EU-Prospektrichtlinie verwendet.

17 Die häufige Verwendung des Ausdrucks „Prospekt oder Basisprospekt" in der EU-Prospektverordnung wirft einen Schatten auf diese Annahme; allerdings ist diese getrennte Nennung nicht konsequent durchgeführt und scheint eher der Klarstellung zu dienen, auf dass niemand auf den Gedanke komme, die Vorschriften für Prospekte gälten nicht auch für den Basisprospekt; zudem ist zu beobachten, dass sich die Kommission bei jüngeren Modifizierungen der EU-Verordnungen auf den Ausdruck „Prospekt" beschränkt; Erwägungsgrund 27 EU-Prospektverordnung und Art. 26 Abs. 3 EU-Prospektverordnung sprechen den Basisprospekt sogar direkt als Prospekt an; vgl. auch *Röhrborn*, in: Heidel, Aktienrecht und Kapitalmarktrecht, § 6 WpPG Rn. 9.

18 Ein Basisprospekt muss allen für den Prospekt geltenden Bestimmungen genügen, s. auch Reg-Begr. EU-ProspRL-UmsetzungsG zu § 6 WpPG, BT-Drs. 15/4999, S. 25, 32; sowie *Groß*, Kapitalmarktrecht, § 6 WpPG Rn. 4.

19 Wobei das Vollständigkeitserfordernis auf den durch die jeweiligen endgültigen Bedingungen komplettierten Basisprospekt zu beziehen ist, vgl. *Heidelbach/Preuße*, BKR 2008, 10, 14.

II. Begriff und Anwendungsbereich, § 6 Abs. 1 § 6

gem. § 13 zu billigen, gem. § 14 zu veröffentlichen, gem. § 16 nachzutragen ist und gem. § 17 notifiziert werden kann.[20] Mehr sollte daraus allerdings nicht abgeleitet werden, da der Basisprospekt ohne die Angaben in den endgültigen Bedingungen nicht zum öffentlichen Angebot oder zur Zulassung geeignet ist:[21] praktisch gesehen erfüllt erst der um die hinterlegten endgültigen Bedingungen ergänzte, gebilligte Basisprospekt alle Funktionen eines regulären Prospekts.[22] Indes kann die Veröffentlichung der endgültigen Bedingungen nach Abs. 3 Satz 1 auch erst nach Beginn des öffentlichen Angebots erfolgen, sofern dies nicht anders möglich ist (siehe Rn. 46). Zudem soll nach einer Opinion[23] der ESMA ein dreiteiliger Basisprospekt nicht zulässig sein, also in § 12 der Begriff Prospekt nicht auch für Basisprospekte stehen, obwohl das vorher in § 12 Abs. 1 Satz 6 bestimmte Verbot des dreiteiligen Basisprospekts[24] in Umsetzung der Änderungsrichtlinie aufgehoben wurde.

Der Begriff „Basisprospekt" findet sich im WpPG nur noch in einer weiteren substanziellen[25] Vorschrift, dem § 9. § 9 Abs. 2 begrenzt die **Gültigkeit** des Basisprospekts auf zwölf Monate nach seiner Billigung,[26] sofern es sich um ein Angebotsprogramm, d.h. den Fall aus Nr. 1 von § 6 Abs. 1, handelt. Dies führt in der Praxis zur jährlichen Aufdatierung der Emissionsprogramme, mit der die Erstellung und Billigung eines neuen Basisprospekts einhergeht. Unklar bleibt der erstrebte Zusatznutzen von § 9 Abs. 2, wenn man wie oben beschrieben davon ausgeht, dass der Basisprospekt ein Prospekt ist und § 9 Abs. 1 schon alles Nötige – und nichts Abweichendes – zur Gültigkeit von Prospekten normiert. Gemäß § 9 Abs. 3 ist der Prospekt im Fall aus Nr. 2 von § 6 Abs. 1,[27] d.h. im Fall von Pfandbriefen, solange gültig, bis keine der relevanten Papiere mehr dauernd oder wiederholt begeben werden, also gegebenenfalls länger als zwölf Monate.[28] **12**

Dagegen findet sich eine ganze Reihe von speziellen Regelungen zum Basisprospekt in der **EU-Prospektverordnung**, insbesondere zu den Inhaltsanforderungen (Art. 22), zur Zu- **13**

---

20 S. daher die Kommentierungen zu diesen Vorschriften für Einzelheiten auch bezüglich des Basisprospekts.
21 S. RegBegr. EU-ProspRL-UmsetzungsG zu § 6 WpPG, BT-Drs. 15/4999, S. 25, 32, im Umkehrschluss; s. auch BaFin, Prospekte für Wertpapiere, Verlautbarung KWG 30.19b, S. 4; *Groß*, Kapitalmarktrecht, § 6 WpPG Rn. 8.
22 Es kann daher auch offenbleiben, ob ein gebilligter Basisprospekt auch die Anforderungen an einen Prospekt i. S. v. § 3 Abs. 1 erfüllt; denn im Ergebnis ist die Veröffentlichung der endgültigen Bedingungen gem. § 6 Abs. 3 Satz 1 Halbsatz 1 zumindest eine zusätzlich zu erfüllende Voraussetzung für ein öffentliches Angebot.
23 ESMA Opinion vom 17.12.2013, ESMA/2013/1944, Format of the base prospectus and consistent application of Article 26(4) of the Prospectus Regulation.
24 Das selbst eine Bestätigung darstellte, dass der Gesetzgeber § 12 auf den Basisprospekt für anwendbar hielt.
25 In § 5 Abs. 2 taucht der Begriff nur im Rahmen eines Verweises im Titel der Delegierten Verordnung (EU) Nr. 486/2012 auf; die Übergangsbestimmung in § 36 Abs. 2, ist seit Ablauf des Jahres 2013 überholt; und die Übergangsbestimmungen in § 36 Abs. 1a Satz 1 und 2 haben sich zwölf bzw. neun Monate nach Verkündung des Kleinanlegerschutzgesetzes am 9. Juli 2015 überholt.
26 In Abweichung von Art. 9 Abs. 2 EU-Prospektrichtlinie, der nicht ausdrücklich an einen bestimmten Zeitpunkt anknüpft.
27 § 9 Abs. 3 enthält im Übrigen den einzigen Querverweis im WpPG auf § 6.
28 Dem Umstand, dass § 9 Abs. 3, anders als § 9 Abs. 2, von „Prospekt" statt von „Basisprospekt" spricht, obwohl es in beiden Absätzen eindeutig um Basisprospekte geht, ist keine inhaltliche Bedeutung zuzumessen.

§ 6   Basisprospekt

sammenfassung (Art. 24) und zur Aufmachung (Art. 26);[29] siehe die jeweiligen Kommentierungen dort. Diese Regelungen der EU-Prospektverordnung finden direkte Anwendung auf Basisprospekte, die nach dem WpPG zu erstellen sind.[30] Der Verweis in § 7 wäre dazu nicht notwendig und bezieht sich ohnehin nur auf die Vorschriften zu den Mindestangaben; dennoch trägt er dazu bei, das WpPG mit der EU-Prospektverordnung zu verzahnen.

2. Anwendungsbereich

14   Absatz 1 beschreibt den Anwendungsbereich des Basisprospekts in mehrerer Hinsicht. Im Vordergrund steht die **Art der Wertpapiere**. Damit verbunden sind die **Art der Begebung** und die **Art des Emittenten**. Hinzu treten der mögliche **Ersteller** und schließlich der zulässige **Verwendungszweck** für den Basisprospekt.

15   Die Erstellung und Nutzung eines Basisprospekts ist nicht für alle vom WpPG erfassten Arten von Wertpapieren zulässig, sondern nur für **Nichtdividendenwerte**, sowie teilweise für Optionsscheine, abhängig von der Begebungsart. Es ist nicht ersichtlich, warum für andere Wertpapierarten nicht auch ein Basisprospekt erlaubt sein sollte, außer, dass der Richtliniensetzer, und ihm folgend das WpPG, mit der Aufweichung des regulären Prospekts restriktiv umgehen wollte und den Basisprospekt nur dort zulässt, wo er aus der Erfahrung heraus tatsächlich auch gebraucht wird.[31]

16   Dabei müssen die Wertpapiere entweder im Rahmen eines **Angebotsprogramms** (Nr. 1) – dann können es Nichtdividendenwerte sowie Optionsscheine jeglicher Art sein – oder **dauernd bzw. wiederholt** begeben werden (Nr. 2) – dann können es (mit Blick auf die weiteren in Nr. 2 lit. a) und b) geregelten Anforderungen) nur Pfandbriefe sein, also eine Untergruppe von Nichtdividendenwerten.

17   Basisprospekte stehen generell **allen Emittenten** offen, zum Zwecke der dauernden oder wiederholten Begebung von Pfandbriefen außerhalb von Angebotsprogrammen allerdings nur **CRR-Kreditinstituten**.[32]

18   Als Ersteller eines Basisprospekts kommen der **Anbieter**[33] oder der **Zulassungsantragsteller**[34] in Betracht. Nicht erwähnt ist in Abweichung von Art. 5 Abs. 4 der EU-Prospektrichtlinie der Emittent. Daraus ist aber nicht abzuleiten, dass der Emittent selbst – ohne Mithilfe einer dritten Partei – keinen Basisprospekt erstellen dürfte. Zunächst ist dem deutschen Gesetzgeber im Zweifel zu unterstellen, eine Richtlinie der EU, zumal eine maximal-harmonisierende, richtlinienkonform umsetzen zu wollen. Darüber hinaus spricht das WpPG an einer Reihe von Stellen nur vom Anbieter und Zulassungsantragsteller, an denen die EU-Prospektrichtlinie den Emittenten mit erwähnt. An anderen Stellen dagegen führt das WpPG den Emittenten neben dem Anbieter und Zulassungsantragsteller mit auf, pa-

---

29 Die Ermächtigung dazu ergibt sich aus Art. 5 Abs. 5 EU-Prospektrichtlinie.
30 Darüber hinaus finden auch die anderen auf Prospekte bezogenen Vorschriften der EU-Prospektverordnung auf Basisprospekte Anwendung, soweit nicht durch Spezialregeln für Basisprospekte verdrängt, da der Basisprospekt eben Prospekt ist (s. o. Rn. 11).
31 *Kullmann/Metzger*, WM 2008, 1292, 1296, mit dem Hinweis auf die Bedeutung des Basisprospekts für die Fortführung dieser Emissionspraktiken.
32 So auch *Glismann*, in: Holzborn, WpPG, § 6 Rn. 2.
33 Zur Definition s. § 2 Nr. 10.
34 Zur Definition s. § 2 Nr. 11.

rallel zur EU-Prospektrichtlinie. Als Erklärung kommt in Betracht, dass der deutsche Gesetzgeber den Emittenten nur dort gesondert erwähnt, wo er klarstellen möchte, dass sich ein Recht, z. B. ein Wahlrecht, oder eine Pflicht ausdrücklich auch auf den Emittenten bezieht, während er ansonsten davon ausgeht, dass der Emittent zwangsläufig in seiner Rolle als Anbieter oder Zulassungsantragsteller mit erfasst ist und diese beiden Begriffe ausreichen. Hinzu kommt, dass der deutsche Gesetzgeber offenbar davon ausgeht, dass der Emittent grds. auch als Anbieter anzusehen ist (dazu § 2 Rn. 106).

Sowohl aus den möglichen Erstellern, als auch aus der Formulierung „öffentlich anzubietenden oder zum Handel an einem organisierten Markt zuzulassenden Wertpapieren" ergibt sich, dass der Basisprospekt zu den gleichen Zwecken verwendet werden darf wie der reguläre Prospekt, zum **öffentlichen Angebot** und/oder zur **Zulassung zum Handel am organisierten Markt**.[35]

19

a) Angebotsprogramme (Nr. 1)

Der Begriff „Angebotsprogramm" ist in § 2 Nr. 5 – in enger Anlehnung an die EU-Prospektrichtlinie[36] – definiert als ein **Plan**, der es erlauben würde, **Nichtdividendenwerte ähnlicher Art oder Gattung** sowie **Optionsscheine** jeder Art **dauernd**[37] **oder wiederholt**[38] **während eines bestimmten Emissionszeitraums** zu begeben.[39] Die nochmalige Nennung von Nichtdividendenwerten und Optionsscheinen in Nr. 1 wäre also nicht nötig gewesen, diese Elemente wohnen nach der Definition des § 2 Nr. 5 dem Begriff „Angebotsprogramm" bereits inne; die Verdoppelung ist aber auch nicht schädlich. Das bescheidene Erfordernis eines Plans bleibt deutlich hinter der Realität der meisten internationalen Angebotsprogramme[40] zurück, zu der neben dem Basisprospekt insbesondere auch ein vertraglicher Rahmen mit den Banken gehört, die die Wertpapiere übernehmen können.[41] In der Praxis manifestiert sich der Plan zudem in einem internen Beschluss des Emittenten.[42] Zugleich impliziert der Begriff „Plan", dass es nicht tatsächlich zu einer mehrfachen Emission kommen muss, sondern der Basisprospekt auch für nur eine einzige Begebung wirksam ist.[43] Dies erscheint sinnvoll, da zum Zeitpunkt der Billigung des Basisprospekts allenfalls das subjektive Element und nicht die tatsächliche Anzahl der darunter später begebenen Ziehungen bekannt ist. Es wäre nicht akzeptabel, wenn die prospektrechtliche Ordnungsmäßigkeit der ersten Ziehung von der Begebung weiterer Wertpapiere unter dem

20

---

35 So auch RegBegr. EU-ProspRL-UmsetzungsG zu § 6 WpPG, BT-Drs. 15/4999, S. 25, 32.
36 Dort Art. 2 Abs. 1 lit. k) EU-Prospektrichtlinie.
37 S.u. Rn. 27.
38 S.u. Rn. 28.
39 S. dazu Kommentierung zu § 2 Rn. 96 ff.
40 Typischerweise „Debt Issuance Programme" oder „Euro Medium Term Note Programme" genannt.
41 Dagegen werden Programme für derivative Wertpapiere oft allein vom Emittenten betrieben; vgl. auch *Seitz*, in: Assmann/Schlitt/von Kopp-Colomb, WpPG/VerkProspG, § 6 WpPG Rn. 22 m.w.N.
42 *Glismann*, in: Holzborn, WpPG, § 6 Rn. 6.
43 So auch *Röhrborn*, in: Heidel, Aktienrecht und Kapitalmarktrecht, § 6 WpPG Rn. 7.

§ 6 Basisprospekt

Basisprospekt abhinge. Daneben regelt Art. 22 Abs. 5 EU-Prospektverordnung, dass der Basisprospekt eine allgemeine Beschreibung des Programms enthalten muss.[44]

aa) Nichtdividendenwerte

21 Nichtdividendenwerte sind nach § 2 Nr. 3 **Wertpapiere, die keine Dividendenwerte** sind, also – in weiterer Auflösung unter Rückgriff auf die Definitionen in § 2 Nr. 1 und 2 – übertragbare, am Markt gehandelte Wertpapiere außer Aktien bzw. vergleichbaren Papieren und außer Papieren, die zum Umtausch in oder Erwerb von Aktien bzw. vergleichbarer Papiere desgleichen Emittenten berechtigen.[45] Positiv ausgedrückt handelt es sich bei Nichtdividendenwerten also insbesondere um Schuldverschreibungen, Zertifikate (sofern sie nicht die ausgenommenen aktienbezogenen Papiere vertreten) und sonstige Wertpapiere, die zum Erwerb oder zur Veräußerung von solchen Wertpapieren berechtigen (mit Ausnahme von Aktien und vergleichbaren Papieren des gleichen Emittenten) oder zu einer Zahlung, die von einer Bandbreite von Indizes und Messgrößen abhängen kann.

bb) Optionsscheine

22 Weder das WpPG noch die EU-Prospektrichtlinie enthalten eine eigene Definition von Optionsscheinen, sondern setzen den Begriff voraus. Unter Optionsscheinen werden derivative Wertpapiere verstanden, die zum Erwerb oder zur Veräußerung bestimmter Werte zu einem vorweg festgelegten Preis und Zeitpunkt berechtigen.[46] Die allermeisten Optionsscheine fallen ohnehin unter die Definition von Nichtdividendenwerten. Optionsscheine, die sich jedoch auf Aktien oder vergleichbare Wertpapiere des Emittenten beziehen, gehören laut Definition zu den Dividendenwerten. Um wie gewünscht alle Arten zu erfassen, war es daher nötig, ausdrücklich zu bestimmen, dass auch die Letzteren Gegenstand eines Basisprospekts sein können.[47] Im WpPG wird diese Erweiterung deutlicher ausgedrückt als in der EU-Prospektrichtlinie, die an dieser Stelle formuliert: „Nichtdividendenwerte, wozu auch Optionsscheine jeglicher Art gehören".[48]

b) Dauernd oder wiederholt von CRR-Kreditinstituten begebene Pfandbriefe (Nr. 2)

23 Die zweite Fallgruppe bezieht sich auf dauernd oder wiederholt von CRR-Kreditinstituten begebene Nichtdividendenwerte mit bestimmten zusätzlichen Charakteristiken. Dabei ist allerdings nicht ersichtlich, welchen zusätzlichen Nutzen diese Fallgruppe im Vergleich zur ersten Fallgruppe bringen kann, auch nach Wegfall des Daueremittentenprivilegs.[49] Es ist in der Praxis schwer vorstellbar, dass ein CRR-Kreditinstitut dauernd oder wiederholt

---

44 Laut ESMA ist es dabei nicht nötig, ein Programmvolumen anzugeben, Antwort zu Frage 36 in ESMA-Questions and Answers – Prospectuses (25th Updated Version – July 2016).
45 Zur detaillierteren Abgrenzung s. die Kommentierung zu den genannten Vorschriften.
46 Z. B. *Oulds*, in: Kümpel/Wittig, Bank- und Kapitalmarktrecht, Rz. 14.38; zu einer auf alle derivativen Wertpapiere erweiterten Auslegung des Begriffs unter Verweis auf die Entstehungsgeschichte vgl. *Kullmann/Sester*, ZBB 2005, 209, 211 f.
47 *Just/Ritz*, in: Just/Voß/Ritz/Zeising, WpPG, § 6 Rn. 9.
48 So auch *Seitz*, in: Assmann/Schlitt/von Kopp-Colomb, WpPG/VerkProspG, § 6 WpPG Rn. 19.
49 Unter der Daueremittentenprivileg genannten Übergangsvorschrift in § 31 Abs. 2 a. F. war es bis zum 31.12.2008 insbesondere CRR-Kreditinstituten (da noch Einlagenkreditinstitute genannt)

Nichtdividendenwerte begibt, ohne auch die Voraussetzungen von Fallgruppe Nr. 1 zu erfüllen. Das einzige zusätzliche Element dort ist ein Plan zur Begebung und der dürfte in jedem Fall zu unterstellen sein. Dann aber spielen die zusätzlichen Anforderungen der zweiten Fallgruppe keine Rolle mehr, diese geht in der ersten auf. Der Grund für die Existenz der zweiten Fallgruppe dürfte darin zu suchen sein, dass der Richtliniensetzer zwei in der Praxis anzutreffende Finanzierungsmethoden sicher erfassen und weiter ermöglichen wollte.

aa) Nichtdividendenwerte

In Fallgruppe Nr. 2 geht es nur um Nichtdividendenwerte, die wie oben (Rn. 21) beschrieben definiert sind. Die Nichtdividendenwerte müssen aber zwei weitere Voraussetzungen erfüllen, die darauf hinauslaufen, dass diese Fallgruppe nur für die Begebung von gedeckten Schuldverschreibungen, d.h. in Deutschland von Pfandbriefen, verwendet werden kann. In Betracht kommen insbesondere Hypothekenpfandbriefe, Öffentliche Pfandbriefe und Schiffspfandbriefe.[50]   24

aaa) Deckung der Wertpapiere durch Vermögensgegenstände

Zum einen müssen die Nichtdividendenwerte ausreichend durch Vermögensgegenstände **gedeckt** werden, die in ein Deckungsregister eingetragen sind.[51] Damit konkretisiert das WpPG die allgemeine Aussage der EU-Prospektrichtlinie auf die Gegebenheiten des deutschen Rechts.   25

bbb) Vorrangige Bestimmung zur Rückzahlung in der Insolvenz

Zum anderen müssen diese Vermögensgegenstände im Falle der **Insolvenz** des Emittenten **vorrangig** zur Rückzahlung des Kapitals und der Zinsen bestimmt sein, also eine erhöhte Insolvenzfestigkeit aufweisen. Die aufgrund der Richtlinie 2001/24/EG des Europäischen Parlaments und des Rates vom 4. April 2001 über die Sanierung und Liquidation von Kreditinstituten (ABl. EG Nr. L 125 S. 15) erlassenen Vorschriften, die in ihrem speziellen Anwendungsbereich eine insolvenzrechtlich generell gegebene Vorrangigkeit infrage stellen könnten, bleiben bei der Bewertung unberücksichtigt.   26

bb) Dauernde Begebung

Die dauernde Ausgabe von Wertpapieren wird in § 2 Nr. 12 wenig weiterführend als dauernde Ausgabe von Wertpapieren definiert. Gemeint ist die **Daueremission**, also die im Gesamtbetrag zunächst nicht begrenzte Emission, im Rahmen derer der Emittent zu jedem Valutatag den jeweils nachgefragten Betrag des immer gleichen Wertpapiers begibt und so den ausstehenden Nennbetrag stetig erhöht.   27

---

möglich, Schuldverschreibungen und vergleichbare übertragbare Wertpapiere dauernd und wiederholt zu begeben, ohne dafür einen Prospekt zu benötigen.

50 S. auch RegBegr. EU-ProspRL-UmsetzungsG zu § 6 WpPG, BT-Drs. 15/4999, S. 25, 32, formuliert vor Verabschiedung des Pfandbriefgesetzes.

51 Dazu *Hagen*, in: Habersack/Mülbert/Schlitt, Unternehmensfinanzierung, § 23, insbes. Rn. 12 ff.

cc) Wiederholte Begebung

28 Die wiederholte Ausgabe von Wertpapieren wird in § 2 Nr. 12 als die **mindestens zwei Emissionen** umfassende Ausgabe von Wertpapieren ähnlicher Art oder Gattung während eines Zeitraums von **zwölf Monaten** definiert. Diese Voraussetzung ist bei den typischen Emittenten von Pfandbriefen, die sich in weitem Umfang über die Ausgabe dieser Papiere refinanzieren, schnell erreicht.

dd) CRR-Kreditinstitute

29 Fallgruppe Nr. 2 steht zudem nur CRR-Kreditinstituten offen, also gemäß § 2 Nr. 8 WpPG, § 1 Abs. 3d Satz 1 KWG, Art. 4 Abs. 1 Nr. 1 der Verordnung (EU) Nr. 575/2013[52] Unternehmen, deren Tätigkeit darin besteht, Einlagen oder andere rückzahlbare Gelder des Publikums entgegenzunehmen und Kredite für eigene Rechnung zu gewähren.[53] Daneben sind bei der Emission von Pfandbriefen die daneben geltenden Anforderungen des PfandbriefG zu beachten.[54]

III. Aktualisierung des Basisprospekts, § 6 Abs. 2

30 **Absatz 2** bestimmt, dass auch der Basisprospekt hinsichtlich der Angaben zu Emittent und den Wertpapieren gemäß **§ 16** per **Nachtrag** zu aktualisieren ist. Darin ist allerdings nur eine Klarstellung zu erblicken,[55] da der Basisprospekt Prospekt ist (s. o. Rn. 11) und § 16 ohnehin unmittelbar Anwendung findet. Der Hinweis auf § 16 in Absatz 2 ist also rein deklaratorisch.

31 Neue Details liefert erst **Art. 22 Abs. 7** EU-Prospektverordnung.[56] Nach dessen Satz 1 besteht die Verpflichtung zur Veröffentlichung eines Nachtrags nach § 16 von der Billigung des Basisprospekts bis zum Ende des öffentlichen Angebots der Ziehung, bzw. bis zum Handelsbeginn der Papiere. Anders als in § 16 ist hier deutlich bestimmt, dass der Nachtrag vor dem Ende der vorgenannten Periode zu veröffentlichen ist. Zudem bringt Satz 2 eine Sonderregel zum Widerrufsrecht: Werden in einem Basisprospekt durch einen Nachtrag Angaben geändert, die sich nur auf spezifische Emissionen beziehen, so gilt das Widerrufsrecht nur hinsichtlich dieser Emissionen.[57]

32 Klar ist aber ohnehin, dass der Basisprospekt für kommende Ziehungen nur dann seinen Bestimmungszweck erfüllen kann, wenn er aktuell gehalten wurde.[58] Basisprospekte wer-

---

52 Verordnung (EU) Nr. 575/2013 des Europäischen Parlaments und des Rates vom 26. Juni 2013 über Aufsichtsanforderungen an Kreditinstitute und Wertpapierfirmen und zur Änderung der Verordnung (EU) Nr. 646/2012 (ABl. L 176 vom 27.6.2013, S. 1).
53 Vor dem 1.1.2014 als Einlagenkreditinstitute bezeichnet.
54 Dazu *Hagen*, in: Habersack/Mülbert/Schlitt, Unternehmensfinanzierung, § 23 Rn. 8.
55 So auch *Just/Ritz*, in: Just/Voß/Ritz/Zeising, WpPG, § 6 Rn. 31.
56 S. auch die Kommentierung dort.
57 Zum Vorgehen, falls der wichtige neue Umstand eine Angabe in den endgültigen Bedingungen betrifft, s. auch Antwort zu Frage 64 in ESMA-Questions and Answers – Prospectuses (25th Updated Version – July 2016).
58 Daraus ergibt sich die gesteigerte Bedeutung von § 16 für Basisprospekte, vgl. auch *Seitz*, in: Assmann/Schlitt/von Kopp-Colomb, WpPG/VerkProspG, § 6 WpPG Rn. 68.

den regelmäßig in den Zeiten nachgetragen, in denen keine Emission vorgesehen ist, um ein Widerrufsrecht der Investoren nach § 16 Abs. 3 gar nicht erst Thema werden zu lassen. Seit der starken Einschränkung der zulässigen Inhalte der endgültigen Bedingungen im Zuge der Änderung der Prospektverordnung durch die EU-Verordnung 486/2012 zum 1. Juli 2012[59] kommt es neben den regelmäßigen Nachträgen zur Beschreibung des Emittenten vermehrt auch zu Nachträgen hinsichtlich der Angaben zu den Wertpapieren. Diese Möglichkeit stößt dort an ihre Grenzen, wo die BaFin im Nachtrag von Wertpapierbedingungen das Hinzufügen eines neuen Produkts, einen sogenannten Produktnachtrag, erblickt.[60] Die Grenze zieht die BaFin traditionell dort, wo der Nachtrag zu einer sachlichen Erweiterung des ursprünglichen Billigungsgegenstandes führt.[61] Die Hoffnung, von ESMA im Rahmen eines technischen Regulierungsstandards genauere Maßgaben zu erhalten, hat sich nicht erfüllt.[62] Weder die Q&A der ESMA[63] noch die der BaFin[64] gehen auf die Frage ein. In einer Präsentation vom Juni 2012[65] konstatiert die BaFin immerhin, dass sich bei ESMA eine Tendenz zur Flexibilität mit Einschränkungen abzeichnet. Zudem bestätigt die BaFin an gleicher Stelle, dass sie die Ergänzung von weiteren Arten von Basiswerten und von emissionsspezifischen Risikofaktoren per Nachtrag für zulässig hält. Klarheit im Einzelfall kann nur die Abstimmung mit der BaFin bieten. Kommt es zur Ablehnung der Nachtragslösung, bleibt nur noch die Billigung eines neuen Prospekts, sei es in Form eines erneut in erweiterter Form gebilligten Basisprospekts, in Form eines Zusatz-Basisprospekts, der wesentliche Teile des Ausgangs-Basisprospekts durch Verweis einbezieht, oder in Form eines sogenannten „Drawdown"-Prospekts, der nur die geplante Emission abdeckt und dazu ebenso Teile des Ausgangs-Basisprospekts durch Verweis einbezieht.

IV. Endgültige Bedingungen, § 6 Abs. 3

1. Begriff der Endgültigen Bedingungen

Wie oben beschrieben (Rn. 3), sind die **billigungsfreien** endgültigen Bedingungen der notwendige zweite Teil des Konzepts Basisprospekt. Sie stellen gegenüber einem dreiteiligen Prospekt mit einer für jede Emission neu zu billigenden Wertpapierbeschreibung eine deut-

---

59 S. dazu die Kommentierung zu Art. 2a EU-Prospektverordnung Rn. 1, 4.
60 S. z. B. BaFin, Basisprospektregime nach neuem Recht, Präsentation vom 4./5. Juni 2012, S. 14 f.; *Just/Ritz*, in: Just/Voß/Ritz/Zeising, WpPG, § 6 Rn. 33; *Seitz*, in: Assmann/Schlitt/von Kopp-Colomb, WpPG/VerkProspG, § 6 WpPG Rn. 79; *Glismann*, in: Holzborn, WpPG, § 6 Rn. 20; offener: *Oulds*, WM 2011, 1452, 1453; für eine Grenze erst bei Heranziehung eines neuen Anhangs der EU-Prospektverordnung: *Heidelbach/Preuße*, BKR 2012, 397, 404.
61 *Heidelbach/Preuße*, BKR 2012, 397, 404 m. w. N.
62 ESMA verwies in Nr. 169 ff. ihres Final Report on Draft Regulatory Technical Standards on specific situations that require the publication of a supplement to the prospectus (ESMA 2013/1970 vom 17. Dezember 2013) darauf, dass die Frage der Möglichkeit zur Änderung von Anleihebedingungen durch Nachträge außerhalb ihres Mandats in Art. 16 Abs. 3 EU-Prospektrichtlinie liegt. Dementsprechend wurde die Frage auch nicht in EU-Verordnung 382/2014 vom 7. März 2014 aufgegriffen.
63 ESMA-Questions and Answers – Prospectuses (25th Updated Version – July 2016).
64 BaFin, Häufig gestellte Fragen zum Basisprospektregime, Stand: 4.6.2014, abzurufen unter www.bafin.de (abgerufen am 11.1.2016).
65 BaFin, Basisprospektregime nach neuem Recht, Präsentation vom 4./5. Juni 2012, S. 14 f.

§ 6 Basisprospekt

lich effizientere Alternative dar, die dem Emittenten offensteht, solange sich die Ausgestaltung der Wertpapierbedingungen im Rahmen der Vorgaben des Basisprospektes hält.

34 Die endgültigen Bedingungen können im Basisprospekt oder einem Nachtrag dazu enthalten sein (s.u. Rn. 46), in der Regel werden sie aber als **selbstständiges Dokument** abgefasst.[66] Dazu ist zu bemerken, dass in der Praxis naheliegenderweise auch dieses vom Basisprospekt getrennte Dokument selbst als endgültige Bedingungen bezeichnet wird, aber von den darin enthaltenen und in § 6 gemeinten endgültigen Bedingungen zu unterscheiden ist.

35 Der Basisprospekt muss unter Einbeziehung der endgültigen Bedingungen alle Angaben enthalten, die die EU-Prospektverordnung für einen Prospekt vorschreibt.[67] Und sämtliche für einen Prospekt geltenden allgemeinen Grundsätze sind auch auf die endgültigen Bedingungen anwendbar.[68]

36 Für die Emissionspraxis von erheblicher Bedeutung ist die Frage, welche Prospektangaben in endgültigen Bedingungen nachgereicht werden können. Denn in diesem Fall müssen sie nicht im Basisprospekt enthalten sein, sondern können zunächst weggelassen werden und sind lediglich später bei der BaFin zu hinterlegen. Da man vorweg bekannte Angaben in den Basisprospekt aufnehmen und billigen lassen kann, spitzt sich die Abgrenzung bei erst später vorliegenden Umständen in der Regel darauf zu, ob eine bestimmte Angabe Teil der endgültigen Bedingungen sein darf oder in einen Nachtrag nach § 16 aufgenommen werden muss, der vor seiner Veröffentlichung der Billigung bedarf.

37 Dabei besteht ein **Spannungsverhältnis** zwischen dem Interesse der Praxis, nach der Erstellung des Basisprospekts möglichst flexibel zu bleiben und möglichst viele Einzelheiten erst kurzfristig in den endgültigen Bedingungen bestimmen zu dürfen, und dem Interesse der Investoren, wesentliche Informationen nicht kurzfristig und ohne Widerrufsrecht untergeschoben zu bekommen, gepaart mit dem entsprechenden Willen des Richtliniensetzers, dieses Interesse der Anleger zu schützen.[69]

38 Der **Begriff** der „endgültigen Bedingungen" findet sich im **WpPG** nur in § 6[70] und ist dort, wie auch schon in der EU-Prospektrichtlinie, nicht weiter definiert.[71] Bei Betrachtung des **Wortsinns** ist zu beachten, dass die EU-Prospektrichtlinie und ihr folgend das WpPG

---

66 S. auch Art. 26 Abs. 5 Satz 1 EU-Prospektverordnung.
67 Erwägungsgrund 21 EU-Prospektverordnung; die endgültigen Bedingungen müssen zudem einen Hinweis enthalten, dass sich die vollständigen Angaben aus dem Basisprospekt und den endgültigen Bedingungen zusammen ergeben und wo der Basisprospekt erhältlich ist, Art. 26 Abs. 5 Satz 4 EU-Prospektverordnung.
68 Erwägungsgrund 21 EU-Prospektverordnung.
69 Sowie des Verordnungsgebers, s. Erwägungsgrund 25 EU-Prospektverordnung; wobei auch der Richtliniensetzer um die Notwendigkeit der Flexibilität weiß, s. Erwägungsgrund 24 EU-Prospektrichtlinie.
70 In § 5 Abs. 2 taucht der Begriff nur im Rahmen eines Verweises im Titel der Delegierten Verordnung (EU) Nr. 486/2012 auf; die Übergangsbestimmung in § 36 Abs. 2, ist seit Ablauf des Jahres 2013 überholt; und die Übergangsbestimmungen in § 36 Abs. 1a Satz 1 und 2 haben sich zwölf bzw. neun Monate nach Verkündung des Kleinanlegerschutzgesetzes am 9.7.2015 überholt.
71 Während der Basisprospekt in Absatz 1 noch bequem über das Fehlen der endgültigen Bedingungen definiert werden konnte, wäre nun eine Beschreibung der endgültigen Bedingungen mithilfe des Basisprospekts – etwa als all jene Elemente, die im zugehörigen Basisprospekt nicht enthalten sind – nicht mehr zulässig, will man einen Zirkelschluss vermeiden.

durchgängig die Formulierung der „endgültigen Bedingungen des Angebots" verwenden, anders als die EU-Prospektverordnung, die stets einfach von den „endgültigen Bedingungen" spricht. Das weist darauf hin, dass es sich bei den endgültigen Bedingungen nicht ausschließlich um die eigentlichen Bedingungen des jeweiligen Wertpapiers, also dessen Emissionsbedingungen, handeln muss, sondern dass auch darüber hinausgehende Angaben zum Angebot und Vertrieb der Wertpapiere erlaubt sind,[72] letztlich also alle Details die im Zusammenhang mit dem endgültigen Wertpapier und seiner konkreten Begebung stehen.[73]

Genaueres zur Abgrenzung zwischen Basisprospekt und endgültigen Bedingungen ergibt sich erst aus der **EU-Prospektverordnung**, deren Inhalt dem deutschen Gesetzgeber allerdings schon bekannt war und deren konkretisierende Funktion der Richtliniensetzer mit eingeplant hat.[74] Grundsätzlich ist aus Art. 22 Abs. 4 EU-Prospektverordnung[75] zu entnehmen, dass die endgültigen Bedingungen nur Angaben zu den Wertpapieren enthalten dürfen.[76] Alle Angaben zum Emittenten müssen also in den Basisprospekt eingefügt oder per Nachtrag nach § 16 ergänzt werden. Die verbleibende Frage beschränkt sich deshalb darauf, inwieweit die Beschreibung der Wertpapiere schon im Basisprospekt enthalten sein muss. Das regelt nun Art. 2a EU-Prospektverordnung in Verbindung mit Anhang XX zur EU-Prospektverordnung.[77] Alle Angaben aus den wertpapierbeschreibenden Anhängen werden in Anhang XX zur Prospektverordnung einer von drei **Kategorien** zugeordnet, die in Art. 2a EU-Prospektverordnung definiert sind. Dadurch wird festgelegt, ob eine Angabe komplett im Basisprospekt abgehandelt werden muss (Kategorie A), nur in den grundsätzlichen Punkten im Basisprospekt wiederzugeben ist (Kategorie B) oder ganz den endgültigen Bedingungen vorbehalten bleiben darf (Kategorie C).[78]

39

Zum **Inhalt** der endgültigen Bedingungen bestimmt Art. 22 Abs. 4 EU-Prospektverordnung zudem, dass über die Angaben aus Kategorie B und C hinaus nur noch die in Anhang XXI der EU-Prospektverordnung[79] abschließend aufgezählten zusätzlichen Angaben, sowie eine Wiederholung von im Basisprospekt genannten Optionen oder Verweise darauf in den endgültigen Bedingungen enthalten sein dürfen.

40

Zur **Aufmachung** und **Sprache** der endgültigen Bedingungen schließlich finden sich Bestimmungen in Art. 26 Abs. 5 bzw. Abs. 5a EU-Prospektverordnung (für Einzelheiten siehe die dortige Kommentierung).

41

---

72 Tatsächlich finden sich in der Praxis Angaben aus beiden Kategorien in den endgültigen Bedingungen; zu einer praxisfernen, einengenden Auslegung, s. die Darstellung und Ablehnung bei *Just/Ritz*, in: Just/Voß/Ritz/Zeising, WpPG, § 6 Rn. 22.
73 Mit anderem Ausgangspunkt, aber vergleichbarem Ergebnis: *Seitz*, in: Assmann/Schlitt/von Kopp-Colomb, WpPG/VerkProspG, § 6 WpPG Rn. 43.
74 S. die Ermächtigung in Art. 5 Abs. 5 EU-Prospektrichtlinie.
75 S. dazu auch die dortige Kommentierung.
76 Dies umfasst alle Informationsbestandteile, die sich aus einem der Schemata für Wertpapierbeschreibungen ergeben, also z.B. auch die Risikofaktoren bzgl. der Wertpapiere.
77 Für Einzelheiten siehe die dortige Kommentierung.
78 Zur Entwicklung dorthin vgl. *Bauer*, CFL 2012, 91, 92.
79 S. dazu auch die dortige Kommentierung.

2. Veröffentlichung (Satz 1 Halbs. 1)

42 Satz 1 Halbs. 1 bestimmt, dass die endgültigen Bedingungen unverzüglich bei Unterbreitung eines öffentlichen Angebots und, sofern möglich, vor dem Beginn des öffentlichen Angebots oder der Zulassung zum Handel veröffentlicht werden müssen, sofern sie nicht im Basisprospekt oder einem Nachtrag dazu enthalten sind.

43 Die **Veröffentlichung** hat nach Satz 1 Halbs. 1 in der in § 14 genannten Art und Weise zu erfolgen.[80] Damit geht das WpPG über die Vorgabe von Art. 5 Abs. 4 EU-Prospektrichtlinie hinaus, wo nur allgemein vom Zugänglichmachen für die Anleger gesprochen und kein Verweis auf Art. 14 EU-Prospektrichtlinie vorgenommen wird.[81] Art. 33 EU-Prospektverordnung stellt klar, dass der Veröffentlichungsweg nicht dem des Basisprospekts entsprechen muss, sofern einer der nach Art. 14 EU-Prospektrichtlinie zulässigen Veröffentlichungskanäle gewählt wird.[82] Das eröffnet eine willkommene Flexibilität und erlaubt es, den Basisprospekt umfassender zur Verfügung zu stellen, als man es für die jeweiligen endgültigen Bedingungen vorsehen würde. Art. 22 Abs. 5 Satz 1 Nr. 2 EU-Prospektverordnung[83] regelt, welche Angaben im Basisprospekt zum Veröffentlichungsweg der endgültigen Bedingungen gemacht werden müssen.

44 Die Veröffentlichung der endgültigen Bedingungen hat durch den **Anbieter** oder den **Zulassungsantragsteller** zu erfolgen. Diese Begriffe schließen auch den Emittenten selbst in der jeweiligen Rolle ein.[84]

45 Neben der separaten Veröffentlichung beschreibt Satz 1 Halbs. 1, in Form von Ausnahmen zur Veröffentlichungspflicht, **zwei weitere zulässige Varianten** für das Zurverfügungstellen der endgültigen Bedingungen an die Investoren. Zum einen können die endgültigen Bedingungen in den Basisprospekt aufgenommen und mit ihm gebilligt und veröffentlicht werden. Allerdings ist es schwierig, sich einen Anwendungsfall für diese Variante vorzustellen. Nicht zuletzt weil unklar ist, inwieweit es sich, zumindest hinsichtlich des damit beschriebenen Wertpapiers, überhaupt noch um einen Basisprospekt handeln würde, da dieser in Absatz 1 gerade über das Weglassen der endgültigen Bedingungen definiert wird. Zum anderen können die endgültigen Bedingungen in einen Nachtrag zum Basisprospekt nach § 16 aufgenommen und zusammen mit diesem gebilligt und veröffentlicht werden. Diese Variante lässt sich zwar durchführen und könnte theoretisch genutzt werden, um im Rahmen eines Nachtrags – etwa einer neuen Spielart eines Wertpapiers – zugleich die endgültigen Bedingungen mit zu erledigen oder um bei Zweifeln zur Abgrenzung zwischen Nachtrag und endgültigen Bedingungen sicher zu gehen. Aber der einfachere Weg wäre immer, erst den Nachtrag billigen zu lassen und dann in einem zweiten Schritt die endgültigen Bedingungen zu veröffentlichen. Für keine der beiden Varianten lässt sich daher prak-

---

80 Die BaFin hat die nicht mit der EU-Verordnung kongruente Ansicht vertreten, dass hierin ein Verweis auf alle Anforderungen von § 14 zu erblicken ist, nicht nur ein Verweis auf die dort genannten Veröffentlichungsvarianten. Ablehnend schon *Kullmann/Sester*, WM 2005, 1068, 1074.
81 S. dazu *Groß*, Kapitalmarktrecht, § 6 WpPG Rn. 10.
82 So auch *Seitz*, in: Assmann/Schlitt/von Kopp-Colomb, WpPG/VerkProspG, § 6 WpPG Rn. 89.
83 S. dazu die dortige Kommentierung.
84 S. dazu oben Rn. 18.

IV. Endgültige Bedingungen, § 6 Abs. 3 § 6

tische Relevanz erkennen;[85] sie sind eher der Vollständigkeit halber aufgenommen worden, wohl um eine denkbare doppelte Veröffentlichungspflicht sicher auszuschließen.

Erforderlicher **Zeitpunkt** der Veröffentlichung ist nach Satz 1 Halbs. 1 „sofern möglich vor dem Beginn des öffentlichen Angebots", jedenfalls aber unverzüglich bei Unterbreitung desselben. Diese Anforderung ist hinsichtlich des spätesten Zeitpunkts strenger als die der EU-Prospektrichtlinie.[86] Dort ist die Veröffentlichung nur „sobald wie möglich nach Unterbreitung des öffentlichen Angebots" gefordert. Das könnte damit zusammenhängen, dass sich in der EU-Prospektrichtlinie, gewollt oder versehentlich, die Bestimmung des Zeitpunkts nur auf die Verpflichtung der zuständigen Behörde zur Übermittlung der endgültigen Bedingungen an die Aufnahmestaaten bezieht, nicht aber auf das Zugänglichmachen für die Anleger. „Bei Unterbreitung des öffentlichen Angebots" ist als Zeitpunkt nicht näher definiert und als Begriff anderweitig im WpPG nicht verwendet, kann aber mit dem Beginn des öffentlichen Angebots gleichgesetzt werden. Unverzüglich ist, unter Bezugnahme auf die Legaldefinition in § 121 BGB, auch hier als „ohne schuldhaftes Zögern" zu verstehen.[87] Gemeint ist also nicht zwingend sofort, aber unter Berücksichtigung der berechtigten Belange der Beteiligten auch nicht später als unvermeidlich.[88] Dies lässt den nötigen Spielraum, um die endgültigen Bedingungen nach der wirtschaftlichen Einigung auf die konkreten Einzelheiten einer Emission zu erstellen und zu unterschreiben. Denn in der Praxis haben Emittenten das nachvollziehbare Interesse, auch im Rahmen eines öffentlichen Angebots die wirtschaftlichen Konditionen der Emission (wie z.B. Zinssatz, Emissionsvolumen, Ausgabepreis) möglichst marktnah, d.h. anhand der konkreten durch das öffentliche Angebot erst generierten Nachfrage festzulegen, um sich zu möglichst optimalen Konditionen zu finanzieren. Das setzt aber voraus, dass endgültige Bedingungen vor Beginn des öffentlichen Angebots gerade nicht feststehen können. Daher läuft in der Regel für öffentliche Angebote auch der andere Teil der zeitlichen Bestimmung leer. Denn vor Beginn des öffentlichen Angebots bietet sich selten die Möglichkeit der Veröffentlichung der endgültigen Bedingungen.

46

Auf die Veröffentlichung endgültiger Bedingungen für die Zwecke der **Zulassung zum Handel** findet nur die zeitliche Bestimmung „sofern möglich vor Beginn" Anwendung. Was gilt, wenn die Veröffentlichung vor der Zulassung nicht möglich ist, wird nicht geregelt. In der Praxis spielt dies aber keine entscheidende Rolle. Denn die Veröffentlichung der endgültigen Bedingungen muss nach § 48b Satz 2 BörsZulV jedenfalls vor der Einführung der Wertpapiere in den Handel am regulierten Markt erfolgen.

47

Die Veröffentlichungspflicht für endgültige Bedingungen nach Satz 1 Halbs. 1 bezieht sich auch hier[89] auf Wertpapiere, für die die BaFin „Heimatbehörde" ist, d.h. die für die Billigung des die Emission betreffenden Prospektes **zuständige Behörde des Herkunftstaates**

48

---

85 S. auch *Glismann*, in: Holzborn, WpPG, § 6 Rn. 21, die diese Konstellationen als seltene Ausnahmefälle wertet.
86 Ganz davon abgesehen, dass die Formulierung in der EU-Prospektrichtlinie unscharf ist und einen Zeitpunkt eigentlich nur für die Weiterübermittlung der endgültigen Bedingungen durch die Billigungsbehörde an die Aufnahmestaaten vorschreibt, nicht aber für die Veröffentlichung.
87 Zur generellen Geltung für alle Rechtsbereiche s. z.B. *Wendtland*, in: BeckOK-BGB, § 121 BGB Rn. 6.
88 *Wendtland*, in: BeckOK-BGB, § 121 BGB Rn. 7.
89 Zur generellen Frage der Anwendbarkeit des WpPG auf in anderen Mitgliedstaaten gebilligte Prospekte s. Kommentierung zu § 17 Abs. 3.

§ 6 Basisprospekt

(§ 2 Nr. 13). Die Veröffentlichungspflicht für endgültige Bedingungen zu Basisprospekten, die in einem anderen Mitgliedstaat gebilligt sind, ergibt sich aus den dortigen Regeln. Die danach erfolgte Veröffentlichung wirkt EWR-weit[90] und Satz 1 Halbs. 1 normiert diesbezüglich keine erneute Veröffentlichungs- oder Bekanntmachungspflicht.

49 Eine ausdrückliche Pflicht zur zusätzlichen Veröffentlichung einer Mitteilung über die Veröffentlichung der endgültigen Bedingungen[91] ist nicht vorgesehen. Mit der Abschaffung der früher im Gesetz vorgesehenen Pflicht zur Veröffentlichung einer Hinweisbekanntmachung über die Veröffentlichung des Prospektes nach § 14 Abs. 3 Satz 2 WpPG a. F. gibt es hierfür auch keine sonstige gesetzliche Grundlage.[92]

50 Auch wenn die für einen Prospekt geltenden generellen Grundsätze auch auf die endgültigen Bedingungen anwendbar sind (s. o. Rn. 35), kommt § 14 Abs. 3 – die Pflicht zur schriftlichen Anzeige der Veröffentlichung an die BaFin – für endgültige Bedingungen nicht zur Anwendung, da § 6 Abs. 3 insoweit die speziellere Regel für den Umgang mit endgültigen Bedingungen darstellt und keine solche Anzeige vorsieht. Zudem bezieht sich der Verweis in § 6 Abs. 3 auf § 14 Abs. 3 ausdrücklich nur auf die Art und Weise der Veröffentlichung, nicht auf sonstige, zusätzliche Verpflichtungen, die Art. 14 Abs. 3 im Rahmen der Veröffentlichung von Prospekten vorsieht.[93]

51 Die endgültigen Bedingungen enthalten Eckdaten, die nicht fehlen dürfen, aber dem Investor auch keine entscheidend neuen Erkenntnisse liefern, da sie ihm ohnehin aus dem Verkaufsvorgang bekannt sind. Ihre Veröffentlichung hat daher nur begrenzte Bedeutung für den Anlegerschutz. Weil dies aber zugleich der Grund ist, dass der Richtliniengeber den Basisprospekt überhaupt gestattet hat, und die hier nachgeschobenen Informationsbestandteile andernfalls als Teil des regulären Prospekts hätten veröffentlicht werden müssen, erscheint die gesonderte Veröffentlichungspflicht stimmig.

3. Hinterlegung bei der BaFin (Satz 1 Halbs. 2, Satz 3)

52 Der Anbieter bzw. Zulassungsantragsteller, einschließlich des Emittenten, hat die endgültigen Bedingungen im gleichen zeitlichen Rahmen, wie er für die Veröffentlichung gilt (s. Rn. 46), nach Satz 1 Halbs. 2 zudem bei der BaFin zu **hinterlegen**. Parallel zu dem oben zur Veröffentlichung Gesagten (Rn. 48) gilt auch diese Verpflichtung nur für endgültige Bedingungen unter Basisprospekten, die von der BaFin gebilligt wurden.[94] Dies ergibt sich nicht zuletzt daraus, dass eine gesonderte Hinterlegung von endgültigen Bedingungen unter Basisprospekten, für die die BaFin eine Aufnahmebehörde ist, auch überflüssig wäre,

---

90 Die endgültigen Bedingungen sind auch nicht Teil des Notifizierungsverfahrens, s. auch *Seitz*, in: Assmann/Schlitt/von Kopp-Colomb, WpPG/VerkProspG, § 6 WpPG Rn. 98; man darf sich angesichts dessen fragen, warum eine zentrale, elektronische Veröffentlichung nicht auch für gebilligte Prospekte und Nachträge ausreichend sein kann, um – bei Erfüllung aller sonstigen Voraussetzungen – ein EWR-weites Angebot zu ermöglichen.
91 So von Erwägungsgrund 33 Satz 3 EU-Prospektverordnung als zulässig erachtet.
92 S. § 14 Abs. 3 in der Fassung seit 25.12.2008; in der Zeit davor, während der Geltung der Vorschrift, hatte die BaFin die mit dem Gesetzestext nicht kongruente Ansicht vertreten, die Veröffentlichungspflicht aus § 14 Abs. 3 Satz 2 a. F. bezöge sich auch auf die endgültigen Bedingungen.
93 Ebenso *Glismann*, in: Holzborn, WpPG, § 6 Rn. 21.
94 Die BaFin verlangt seit der Änderung von § 14 Abs. 3 zum 25.12.2008 (s. auch Rn. 49) nicht mehr die Hinterlegung endgültiger Bedingungen hinsichtlich derer sie Aufnahmebehörde ist.

da sie die endgültigen Bedingungen in diesen Situationen von der jeweiligen Heimatbehörde übermittelt bekommt (s. Rn. 62 zu Satz 4). Umgekehrt gilt die Verpflichtung zur Hinterlegung bei der BaFin aber auch dann, wenn die BaFin Heimatbehörde ist und das öffentliche Angebot oder die Zulassung zum Handel nur in einem Aufnahmestaat erfolgt.

Die Hinterlegung, als kleine Schwester der Billigung, führt in der Praxis nicht zu zusätzlichen Erschwernissen, da sie keine Handlung der zuständigen Behörde erfordert, jedenfalls nicht in Bezug auf die Hinterlegung selbst,[95] und dementsprechend mit keinen behördlichen Bearbeitungsfristen verknüpft ist.

Aus der bisherigen Möglichkeit zur Nutzung des **Melde- und Veröffentlichungssystems** der BaFin ist zum 1.1.2016[96] nun eine Verpflichtung geworden, dieses für die Hinterlegung von endgültigen Bedingungen zu nutzen (Satz 3). Konkret stellt die BaFin dafür ihr Melde- und Veröffentlichungsplattform Portal (MVP Portal) zur Verfügung. Während die Einrichtung des Zugangs zum MVP Portal vergleichsweise aufwändig ist, bietet es neben dem Hochladen von endgültigen Bedingungen im PDF-Format auch die Möglichkeit einer direkten maschinellen Verbindung zwischen den IT-Systemen der BaFin und der Nutzer und schafft dadurch die Möglichkeit einer effizienten, rein elektronischen Hinterlegung von großen Stückzahlen von endgültigen Bedingungen, wie sie gerade bei strukturierten Zertifikateprogrammen üblich sind.

Die elektronisch hinterlegten endgültigen Bedingungen bedürfen keiner **Unterschrift**. Ein solches Erfordernis würde auch die beschriebene maschinelle Verbindung verkomplizieren. Nach Art. 26 Abs. 5 a. E. EU-Prospektverordnung können die endgültigen Bedingungen Unterschriften tragen, sofern nationale Rechtsvorschriften dies vorsehen. In der Praxis werden die endgültigen Bedingungen bei Anleiheemissionen außerhalb der strukturierten Zertifikateprogramme vom Emittenten unterschrieben.

4. Entsprechende Anwendung von § 8 Abs. 1 Satz 1 und 2 (Satz 2)

Satz 2 bestimmt die entsprechende Anwendung von § 8 Abs. 1 Satz 1 und 2.[97] Auch im Fall von Basisprospekten gilt also, dass **Emissionspreis** und **Emissionsvolumen** durch die Angabe der Kriterien zu deren Bestimmung ersetzt werden dürfen, bzw. im Falle des Emissionspreises ebenso durch einen Höchstpreis.

Dabei stellt sich aber die Frage, worauf die entsprechende Anwendung abzielt. Hinsichtlich des Basisprospekts bedürfte es keiner entsprechenden Anwendung, da der Basisprospekt Prospekt ist (s. o. Rn. 11) und § 8 für den Basisprospekt selbst unmittelbar gilt.[98] Es ist insofern kein Zufall, dass sich die Regelung der entsprechenden Anwendung in Absatz 3 findet und nicht in Absatz 1, bzw. dass sie auf Absatz 3 Satz 1 zielt und nicht auf Absatz 1. Die entsprechende Anwendung kann auch nicht dadurch erklärt werden, dass § 8 sonst

---

95 Zur eventuellen Übermittlung der hinterlegten endgültigen Bedingungen an Aufnahmestaaten s. Rn. 62.
96 Mit Inkrafttreten einer Änderung durch das Kleinanlegerschutzgesetz (vom 3.7.2015, BGBl. I S. 1114). Diese Änderung erfolgt nicht in Umsetzung einer europäischen Richtlinie.
97 Die in der Vorfassung des WpPG (dort Satz 5) noch enthaltene, ausdrückliche Bezugnahme auf die Fälle des Satz 1 (von § 6 Abs. 3) wurde durch das Verschieben nach vorne entbehrlich.
98 Zur direkten Anwendung von § 8 vgl. die dortige Kommentierung.

nicht für die Nichtdividendenwerte in § 6 gelten würde; denn § 8 handelt ausdrücklich auch von Nichtdividendenwerten, siehe § 8 Abs. 1 Satz 8.[99]

58 Es kann also bei der entsprechenden Anwendung nur darum gehen, dass auch noch in den **endgültigen Bedingungen** bezüglich einer konkreten Begebung Emissionspreis und Emissionsvolumen durch die Angabe von Kriterien ersetzt werden dürfen.[100] Ohne die ausdrückliche entsprechende Anwendung wäre es jedenfalls nicht eindeutig, ob sich der Begriff „Prospekt" in § 8 auch auf die endgültigen Bedingungen bezieht oder nur auf den Basisprospekt. Das Ergebnis ist auch stimmig, da die Auslassung der Angaben zu Emissionspreis und Emissionsvolumen bzw. die Kriterien zu ihrer späteren Bestimmung frühestens auf der Ebene der einzelnen Ziehung, eben als Teil der endgültigen Bedingungen des Angebots, festgelegt werden. Dem steht nicht entgegen, dass die ersten beiden der drei in Satz 1 geschilderten Varianten auch vom Basisprospekt bzw. einem Nachtrag handeln. Denn letztlich geht es in allen drei Fällen um die endgültigen Bedingungen, in ihnen sind die Angaben zu Emissionspreis und Emissionsvolumen enthalten oder eben nicht. Relevant ist die Vorschrift wiederum vor allem für den Fall der später getrennt veröffentlichten endgültigen Bedingungen.

59 Die **Konkurrenz** von § 6 und § 8 lässt sich somit als teilweise Überlappung beschreiben. Hinsichtlich der Bandbreite erlaubt § 6 zwar eine viel weiter reichende Auslassung von Angaben, darunter auch Emissionspreis und Emissionsvolumen, und überlagert als Spezialregelung für Basisprospekte insofern § 8, der bei regulären Prospekten für Auslassungen nur einen geringen Spielraum lässt. Dafür ist die Auslassung der Angaben bei § 6 grundsätzlich nur bis zum Beginn des öffentlichen Angebots gestattet,[101] während § 8 die Veröffentlichung erst nach Festlegung der Angaben fordert, und daher, wenn auch nur in bescheidenem Umfang, auch etwas für die endgültigen Bedingungen zu bieten hat. § 8 ist so gesehen eine Spezialregelung für die nachgelagerte Veröffentlichung von Emissionspreis und Emissionsvolumen. Es wäre auch nicht einzusehen, warum diesbezüglich nicht die gleichen Überlegungen für eine Emission unter einem Basisprospekt wie unter einem regulären Prospekt gelten sollten, nur weil bestimmte Angaben schon aus dem Basisprospekt ausgelassen werden durften. Auch bei einer Ziehung unter einem Basisprospekt kann das Angebot so gestaltet werden, dass Emissionspreis und Emissionsvolumen erst am Ende einer Angebotsphase bestimmt werden.

60 Dabei ist zu beachten, dass § 8 Abs. 1 Satz 3 bis 10 nicht referenziert werden. Das bedeutet, dass bei Auslassung der Angaben zu Emissionspreis und Emissionsvolumen in endgültigen Bedingungen zwingend die Kriterien zur Bestimmung dieser Angaben aufgenommen werden müssen. Die Alternative[102] aus § 8 Abs. 1 Satz 3, das Weglassen auch dieser Kriterien unter Inkaufnahme eines Widerrufsrechts der Investoren, steht nicht zur Verfügung. Die in § 8 Abs. 1 Satz 6 geregelte, baldmöglichste spätere Veröffentlichungspflicht der beiden ausgelassenen Angaben muss freilich, auch wenn sie nicht ausdrücklich anwendbar ist, aus

---

99 So im Ergebnis auch *Kullmann/Sester*, ZBB 2005, 209, 212.
100 Vgl. *Hamann*, in: Schäfer/Hamann, § 6 WpPG Rn. 16; im Ergebnis auch *Seitz*, in: Assmann/Schlitt/von Kopp-Colomb, WpPG/VerkProspG, § 6 WpPG Rn. 103; a. A. *Just/Ritz*, in: Just/Voß/Ritz/Zeising, WpPG, § 6 Rn. 37.
101 Die Veröffentlichung der endgültigen Bedingungen hat sofern möglich vor dem Beginn des öffentlichen Angebots, jedenfalls aber unverzüglich bei Unterbreitung desselben zu erfolgen, s. Rn. 46.
102 Sofern man hierin eine Alternative und nicht eine Sanktion sehen möchte.

dem Gesichtspunkt des Anlegerschutzes sinnvollerweise angenommen werden; es ist nicht erkennbar, inwiefern die Interessenlage hier anders als beim regulären Prospekt sein sollte.[103] Ein Blick zur EU-Prospektrichtlinie zeigt zudem, dass der Verweis auf die Regelung zur Auslassung von Emissionspreis und Emissionsvolumen auch in dieser allgemeineren Form gedeutet werden kann und der enge Verweis im WpPG einer fehlenden Anpassung an die andersartige Struktur des umgesetzten § 8 geschuldet ist.[104] Da insofern und insbesondere auch aus der Regierungsbegründung zum WpPG kein gegenteiliger Wille des Gesetzgebers erkennbar ist, kann man von einer planwidrigen Regelungslücke ausgehen und die Verpflichtung zur späteren Veröffentlichung im Wege einer Analogie begründen. Selbst wenn sich eine solche Verpflichtung nicht ergäbe, empfähle sich aber die Veröffentlichung zur Vervollständigung des Prospekts.

Diese Option einer dreistufigen Veröffentlichung findet in der Praxis von Anleiheemissionen allerdings keine verbreitete Anwendung, da mit der Veröffentlichung der endgültigen Bedingungen gemäß Satz 1 regelmäßig gewartet wird, bis diese Angaben vorhanden sind. Denn bei der Emission von Anleihen unter einem Basisprospekt ist die Periode zwischen Beginn des öffentlichen Angebots und Preisfestlegung in der Regel sehr kurz, meist fällt sie in nur einen Tag.[105] **61**

5. Übermittlung an Aufnahmestaaten (Satz 4)

Die BaFin **übermittelt** gem. Satz 4 die bei ihr hinterlegten endgültigen Bedingungen an die zuständigen Behörden der **Aufnahmestaaten**, also nach der Definition von § 2 Nr. 14 jener Staaten, in denen öffentlich angeboten oder zum Handel zugelassen werden soll.[106] Vor der Änderung des WpPG zum 1.1.2016 durch das Kleinanlegerschutzgesetz[107] in Umsetzung der Omnibus II-Richtlinie waren die endgültigen Bedingungen vom Anbieter oder Zulassungsantragsteller an die zuständige Behörde der Aufnahmestaaten zu übermitteln. Die Übermittlung durch die BaFin erfolgt also nicht in alle aufgrund einer entsprechenden Notifzierung des Basisprospekts möglichen Mitgliedstaaten.[108] Vielmehr bestimmt der Anbieter bzw. Zulassungsantragsteller durch das öffentliche Angebot bzw. die angestrebte Zulassung zum Handel, welche Mitgliedstaaten im Hinblick auf jede einzelne Emission unter dem Basisprospekt als Aufnahmestaaten gelten. Wenn sich diese Angabe nicht aus den endgültigen Bedingungen ergibt, was sich allein aus diesem Grund empfiehlt, muss sie der BaFin bei der Hinterlegung gesondert kommuniziert werden. Diese Steuerungsmöglichkeit ist auch deswegen relevant, da Art. 26 Abs. 5a EU-Prospektverordnung die Übersetzung der endgültigen Bedingungen oder jedenfalls der anhängenden Zusammenfassung der einzelnen Emission entsprechend der Sprachenregelung von Art. 19 EU-Prospektricht- **62**

---

103 *Seitz*, in: Assmann/Schlitt/von Kopp-Colomb, WpPG/VerkProspG, § 6 WpPG Rn. 105, weist in diesem Zusammenhang auf die EU-Prospektverordnung hin, in deren Anhängen die entsprechenden Informationsbestandteile gefordert sind und trotz der Möglichkeiten des § 8 gefordert bleiben.
104 *Hamann*, in: Schäfer/Hamann, § 6 WpPG Rn. 16, kommt zum gegenteiligen Ergebnis.
105 S. aber auch *Seitz*, in: Assmann/Schlitt/von Kopp-Colomb, WpPG/VerkProspG, § 6 WpPG Rn. 101, der auf eine denkbare Anwendung im Bereich von Zertifikatsemissionen verweist.
106 Art. 26 Abs. 5a Satz 3 EU-Prospektverordnung muss in diesem Punkt noch an die geänderte EU-Prospektrichtlinie angepasst werden.
107 Vom 3.7.2015, BGBl. I, S. 1114.
108 Vgl. *Heidelbach/Preuße*, BKR 2012, 397, 398.

§ 6 Basisprospekt

linie anordnet und davon abhängig macht, in welche Aufnahmestaaten die endgültigen Bedingungen übermittelt werden.

63 Ebenfalls neu ist, dass die BaFin die bei ihr hinterlegten endgültigen Bedingungen zudem an die Europäische Wertpapier- und Marktaufsichtsbehörde (**ESMA**) **übermittelt**.[109] Damit laufen zum ersten Mal alle im EWR hinterlegten endgültigen Bedingungen bei einer zentralen Stelle zusammen. Dies könnte den Startpunkt bilden für eine wünschenswerte, zentrale europaweite Veröffentlichungsplattform unter dem Dach der ESMA, mit der Investoren eine einheitliche Anlaufstelle auf der Suche nach Informationen über Wertpapiere gewinnen würden. Die Übermittlung erfolgt bei jeder Hinterlegung, unabhängig davon, ob Notifizierungen in einen Aufnahmestaat geplant sind, also auch bei einem öffentlichen Angebot oder einer Zulassung zum Handel nur im Herkunftsstaat.

---

[109] Auch diese Veränderung ist der Umsetzung der Omnibus II-Richtlinie durch das Kleinanlegerschutzgesetz geschuldet.

§ 7 Mindestangaben

Die Mindestangaben, die in einen Prospekt aufzunehmen sind, bestimmen sich nach der Verordnung (EG) Nr. 809/2004 der Kommission vom 29. April 2004 zur Umsetzung der Richtlinie 2003/71/EG des Europäischen Parlaments und des Rates betreffend die in Prospekten enthaltenen Informationen sowie das Format, die Aufnahme von Informationen mittels Verweis und die Veröffentlichung solcher Prospekte und die Verbreitung von Werbung (ABl. EU Nr. L 149 S. 1, Nr. L 215 S. 3) in der jeweils geltenden Fassung.

Übersicht

	Rn.		Rn.
I. Regelungsgegenstand des § 7	1	4. Nicht relevante Mindestangaben	29
II. Rechtsnatur des Verweises	4	IV. Weitere Mindestangaben außerhalb der EU-Prospektverordnung	30
1. Unmittelbare Geltung der EU-Prospektverordnung	4	1. Börsenzulassung	31
2. Wirkungsweise der inhaltlichen Anforderungen der EU-Prospektverordnung	5	a) Nicht voll eingezahlte Wertpapiere, § 5 Abs. 2 Nr. 1 BörsZulV	32
a) Mindestangaben	5	b) Zulassung nur eines Teils der Aktien derselben Gattung, § 7 Abs. 1 Satz 3 BörsZulV	33
b) Verhältnis zu § 5/Erfordernis weiterer Angaben	8	c) Nicht fälschungssichere Druckausstattung der Wertpapiere, § 8 Abs. 2 BörsZulV	34
III. Systematik der Mindestangaben	15	2. Rating	36
1. Schemata und Module	15		
2. Besondere Kategorien von Emittenten (*„specialist issuers"*)	24		
3. Nicht von Mindestangaben erfasste Wertpapiere und Emittenten	27		

I. Regelungsgegenstand des § 7

§ 7 setzt Art. 7 der EU-Prospektrichtlinie um. Dieser enthält in seinem Absatz 1 eine Ermächtigung der Kommission, detaillierte **Durchführungsmaßnahmen** zu erlassen. Diese sollen die Angaben konkretisieren, die in einen Prospekt im Einzelnen aufzunehmen sind. In seinem Absatz 2 stellt Art. 7 der EU-Prospektrichtlinie einen Kriterienkatalog für die von der Kommission zu erlassenden Durchführungsmaßnahmen auf, wobei insbesondere den unterschiedlichen Arten von Emittenten und Wertpapieren Rechnung zu tragen ist. Zudem sollen neben den Anhängen zur EU-Prospektrichtlinie selbst die Standards der IOSCO als Grundlage für die zu erlassenden Durchführungsmaßnahmen herangezogen werden.[1] Die Kommission hat auf der Grundlage dieser Ermächtigung die Verordnung 809/2004 vom 29. April 2004 („EU-Prospektverordnung")[2] erlassen, die einen detaillierten Katalog

1

---

1 Ausführlich dazu *Crüwell*, AG 2003, 243, 236, sowie zur Entstehungsgeschichte *Just*, in: Just/Voß/Ritz/Zeising, WpPG, § 7 Rn. 4.
2 Verordnung (EG) Nr. 809/2004 der Kommission vom 29.4.2004, ABl. EG Nr. L 149 v. 30.4.2004, S. 1; Berichtigung in ABl. EG Nr. L 215 v. 16.6.2004, S. 3.

§ 7 Mindestangaben

von in einen Prospekt aufzunehmenden Mindestangaben enthält (zur Systematik im Einzelnen siehe Rn. 15 ff.).

2 In Art. 7 der EU-Prospektrichtlinie kommt der abgestufte Rechtssetzungsprozess zum Ausdruck, der durch den vom Rat der Wirtschafts- und Finanzminister der Europäischen Union eingesetzten sog. Ausschuss der Weisen zur beschleunigten Realisierung des Aktionsplans Finanzdienstleistungen (**Financial Services Action Plan**, kurz **FSAP**) von 1999[3] geschaffen wurde und der nach dem Vorsitzenden des Ausschusses seither auch als **Lamfalussy-Prozess** bezeichnet wird. Danach wird zur Schaffung eines integrierten europäischen Finanzmarkts ein abgestuftes vierstufiges Rechtssetzungsverfahren verwandt, wobei für die Gesetzgebung i. e. S. die beiden ersten Stufen relevant sind. So werden im üblichen Rechtssetzungsverfahren durch Parlament und Rat auf **Stufe 1** grundsätzliche Regelungen vorgegeben, typischerweise in Form von Richtlinien (sog. Rahmenrichtlinien), während die technischen Einzelheiten durch die Kommission in Form von Durchführungsbestimmungen auf **Stufe 2** erlassen werden können. Deren Erarbeitung erfolgte ursprünglich in Zusammenarbeit mit dem EU-Wertpapierausschuss („**European Securities Committee – ESC**") und den im **Committee of European Securities Regulators (CESR)** zusammengefassten Wertpapieraufsichtsbehörden der Mitgliedstaaten. Dabei bestimmen die Grundsätze der Stufe 1 Art und Umfang der auf Stufe 2 zu erlassenden technischen Durchführungsbestimmungen und geben an, innerhalb welcher Grenzen sie auf dieser Stufe geändert und aktualisiert werden können. Bereits im Abschlussbericht des Ausschusses der Weisen wurden dabei die technischen Einzelheiten, die den konkreten Inhalt eines Prospekts für ein bestimmtes Finanzinstrument betreffen, der Stufe 2 zugewiesen. Art. 7 der EU-Prospektrichtlinie setzt dieses Konzept in Gemeinschaftsrecht um.[4]

2a Als Reaktion auf die Finanzmarktkrise seit 2007 wurde das sog. Lamfalussy-Verfahren auf der Grundlage des Berichts der **Larosière**-Kommission mit Wirkung zum 16. Dezember 2010 modifiziert. Die Änderungen bestehen im Wesentlichen darin, dass anstelle der aus Vertretern der nationalen Aufsichtsbehörden der Mitgliedstaaten bestehenden Komitees (die bisher für die koordinierte Umsetzung des Gemeinschaftsrechts auf Stufe 3 zuständig waren, wie etwa CESR) zentrale europäische Finanzmarktaufsichtsbehörden geschaffen wurden. Dazu zählt die für die Aufsicht über die Kapitalmärkte zuständige Europäische Wertpapier- und Marktaufsichtsbehörde European Securities and Markets Authority (**ESMA**).[5] Diese europäischen Aufsichtsbehörden haben weitgehende Befugnisse bei der Vorbereitung von sog. technischen Standards, die der einheitlichen Anwendung der Richtlinien und Verordnungen im Kapitalmarktrecht dienen. Diese sind von der Kommission als delegierte Rechtsakte nach Art. 290 AEUV (**technische Regulierungsstandards**) bzw.

---

3 Mitteilung der Kommission „Finanzdienstleistungen: Umsetzung des Finanzmarktrahmens: Aktionsplan" vom 11.5.1999, KOM (1999) 232, im Internet abrufbar unter http://ec.europa.eu/internal_market/finances/docs/actionplan/index/action_de.pdf.
4 Schlussbericht des Ausschusses der Weisen über die Regulierung der Europäischen Wertpapiermärkte vom 15.2.2001, insbesondere S. 29 ff., im Internet abrufbar unter http://ec.europa.eu/internal_market/securities/docs/lamfalussy/wisemen/final-report-wise-men_de.pdf; dazu ausführlich *von Kopp-Colomb/Lenz*, AG 2002, 24, 25; *Seitz*, BKR 2002, 340, 341; *Keller/Langner*, BKR 2003, 616; *Schmolke*, NZG 2005, 912.
5 Verordnung (EU) Nr. 1095/2010 des Europäischen Parlaments und des Rates vom 24. November 2010 zur Errichtung einer Europäischen Aufsichtsbehörde (Europäische Wertpapier- und Marktaufsichtsbehörde), zur Änderung des Beschlusses Nr. 716/2009/EG und zur Aufhebung des Beschlusses 2009/77/EG der Kommission, ABl. Nr. L 331 vom 15. Dezember 2010, S. 84 („ESMA-VO").

Durchführungsrechtsakte gem. Art. 291 AEUV (**technische Durchführungsstandards**) auf Stufe 2 zu erlassen, wobei die Kommission nur unter bestimmten Voraussetzungen von den Vorschlägen der europäischen Aufsichtsbehörde abweichen kann.[6] Sie haben die Form von Verordnungen oder Beschlüssen und gelten in den Mitgliedstaaten unmittelbar.[7] Daneben kann ESMA auch aufsichtliche **Leitlinien und Empfehlungen** zur Anwendung des Gemeinschaftsrechts herausgeben.[8]

Der deutsche Gesetzgeber hat sich bei der Umsetzung mit einem reinen **Verweis** auf die aufgrund von Art. 7 der EU-Prospektrichtlinie erlassene EU-Prospektverordnung begnügt, auf den sich § 7 nach seinem Wortlaut beschränkt.

3

II. Rechtsnatur des Verweises

1. Unmittelbare Geltung der EU-Prospektverordnung

Bei der Ausübung der durch Art. 7 Abs. 1 der EU-Prospektrichtlinie eingeräumten Ermächtigung hat sich die Kommission des Mittels der Verordnung bedient, die nach Art. 288 Abs. 2 AEUV[9] (früher Art. 249 Abs. 2 EGV) **in den Mitgliedstaaten unmittelbar geltendes Recht** begründet, ohne dass es eines nationalen Umsetzungsakts bedürfte. Damit wird im Hinblick auf die gemeinschaftsweite Geltung gebilligter Prospekte nach Art. 17 der EU-Prospektrichtlinie sichergestellt, dass für diese EWR-weit einheitliche inhaltliche Vorgaben gelten („**Kohärenz**", vgl. Erwägungsgrund 38 der EU-Prospektverordnung).[10] Die EU-Prospektverordnung wurde seit ihrem Inkrafttreten mehrfach geändert. Zu erwähnen sind insbesondere die Verordnung (EG) Nr. 1787/2006[11] sowie die Verordnung (EG) Nr. 211/2007,[12] die sich beide auf spezifische Fragen der in den Prospekt aufzunehmenden Finanzinformationen beziehen. Im Rahmen der Überarbeitung der EU-Prospektrichtlinie im Jahr 2010 durch die sog. EU-Prospektrichtlinie-Änderungsrichtlinie wurde die EU-Prospektverordnung durch zwei als nunmehr sogenannte delegierte Rechtsakte nach Art. 24a EU-Prospektrichtlinie erlassene Verordnungen geändert und ergänzt.[13] Wei-

4

---

6 Art. 10–15 ESMA-VO (Fn. 5).
7 Art. 88 AEUV.
8 Art. 16 ESMA-VO (Fn. 5); zu den weiteren Einzelheiten *Baur/Boegl*, BKR 2011, 177; *Lehmann/Manger-Nestler*, ZBB 2011, 2.
9 Vertrag über die Arbeitsweise der Europäischen Union, konsolidierte Fassung abgedruckt in ABl. EG Nr. C 115 vom 9.5.2008, S. 47.
10 *Holzborn*, in: Holzborn, WpPG, § 7 Rn. 1 f.
11 Verordnung (EG) Nr. 1787/2006 der Kommission vom 4.12.2006 zur Änderung der Verordnung (EG) Nr. 809/2004 zur Umsetzung der Richtlinie 2003/71/EG des Europäischen Parlaments und des Rats betreffend die in Prospekten enthaltenen Informationen sowie das Format, die Aufnahme von Informationen mittels Verweis und die Veröffentlichung solcher Prospekte und die Verbreitung von Werbung, ABl. EG Nr. L 337 vom 5.12.2006, S. 17.
12 Verordnung (EG) Nr. 211/2007 der Kommission vom 27.2.2007 zur Änderung der Verordnung (EG) Nr. 809/2004 zur Umsetzung der Richtlinie 2003/71/EG des Europäischen Parlaments und des Rates in Bezug auf die Finanzinformationen, die bei Emittenten mit komplexer finanztechnischer Vorgeschichte oder bedeutenden finanziellen Verpflichtungen im Prospekt enthalten sein müssen, ABl. EG Nr. L 61 vom 28.2.2007, S. 24.
13 Delegierte Verordnung (EU) Nr. 486/2012 der Kommission vom 30.3.2012 zur Änderung der Verordnung (EG) Nr. 809/2004 in auf Bezug Aufmachung und Inhalt des Prospekts, des Basispros-

§ 7 Mindestangaben

terhin ist zu nennen eine ergänzende Verordnung zu Mindestangaben in Prospekten für Wandel-, Options- und Umtauschanleihen.[14] Angesichts der unmittelbaren Geltung der Verordnung in den Mitgliedstaaten kann es sich bei der (deklaratorischen) Verweisung auf die EU-Prospektverordnung nur um eine **dynamische Verweisung** handeln, was mittlerweile durch den nachträglich angefügten Zusatz „in der jeweils geltenden Fassung" auch im Gesetzeswortlaut klargestellt ist.

2. Wirkungsweise der inhaltlichen Anforderungen der EU-Prospektverordnung

a) Mindestangaben

5 Die EU-Prospektverordnung soll konkretisieren, welche Informationen bei bestimmten Emittenten und Wertpapierarten in einen Prospekt (mindestens) aufzunehmen sind, damit die Anforderungen des Art. 5 Abs. 1 der EU-Prospektrichtlinie (und der zu seiner Umsetzung dienenden Bestimmungen nationalen Rechts wie § 5 Abs. 1 WpPG) erfüllt sind, der Prospekt also sämtliche Angaben enthält, die notwendig sind, um dem Anleger ein zutreffendes Urteil über den Emittenten und die angebotenen bzw. zuzulassenden Wertpapiere zu ermöglichen, vgl. Erwägungsgrund 1 der Verordnung 211/2007. Dazu enthält die EU-Prospektverordnung einen Katalog von Mindestangaben, der **nach Art des Emittenten und der jeweiligen Wertpapiere differenziert** und dessen generelle Wirkungsweise in Art. 3 Abs. 2 Satz 1 der EU-Prospektverordnung beschrieben ist. Danach hat ein Prospekt (mindestens) die Informationsbestandteile zu enthalten, die in den nach Art des Emittenten und der Wertpapiere einschlägigen Schemata und Modulen der Anhänge I bis XVII der EU-Prospektverordnung genannt sind. Das heißt: Grundsätzlich handelt es sich bei den Informationskatalogen der Anhänge der EU-Prospektverordnung um Mindestanforderungen. Ausnahmen hiervon sind nur zulässig, soweit dies in der EU-Prospektrichtlinie (bzw. den nationalen Umsetzungsgesetzen) oder der EU-Prospektverordnung ausdrücklich vorgesehen ist. Dies betrifft im Einzelnen die folgenden Fälle:

– Emissionspreis und -volumen (d. h. Zahl der angebotenen bzw. zuzulassenden Wertpapiere) nach § 8 Abs. 1 Satz 1, wenn diese bei Prospektveröffentlichung noch nicht genannt werden können;
– Angaben, deren Offenlegung nach Ansicht der Billigungsbehörde überwiegende öffentliche Interessen oder Interessen des Emittenten entgegenstehen (§ 8 Abs. 2 Nr. 1 und 2);
– Angaben, die im konkreten Fall nach Ansicht der Billigungsbehörde von untergeordneter Bedeutung sind (§ 8 Abs. 2 Nr. 3);

---

pekts, der Zusammenfassung und der endgültigen Bedingungen und in Bezug auf die Angabepflichten, ABl. EU Nr. L 150 v. 9.6.2012 S. 1; Delegierte Verordnung (EU) Nr. 862/2012 der Kommission vom 4.6.2012 zur Änderung der Verordnung (EG) Nr. 809/2004 in Bezug auf die Zustimmung zur Verwendung des Prospekts, die Informationen über Basisindizes und die Anforderungen eines von unabhängigen Buchprüfern oder Abschlussprüfern erstellten Berichts, ABl. EU Nr. L 256 v. 22.9.2012, S. 4.

14 Delegierte Verordnung (EU) Nr. 759/2013 der Kommission vom 30.4.2013 zur Änderung der Verordnung (EG) Nr. 809/2004 in Bezug auf die Angabepflichten bei wandelbaren und umtauschbaren Schuldtiteln ABl. EU Nr. L 213 vom 8.8.2013, S. 1.

- Angaben, die für den konkreten Emittenten oder die konkreten Wertpapiere nicht angemessen sind und durch gleichwertige andere (Ersatz-)Angaben ersetzt werden können (§ 8 Abs. 3);
- Angaben, die für den konkreten Emittenten oder die konkreten Wertpapiere nicht angemessen sind und für die auch keine angemessenen Ersatzangaben vorliegen (Art. 23 Abs. 4 der EU-Prospektverordnung);
- Angaben, die für den konkreten Emittenten oder die konkreten Wertpapiere „denklogisch" nicht möglich, d.h. nicht relevant, nicht anwendbar oder nicht existent sind (Art. 8 Abs. 3 Satz 3 der EU-Prospektrichtlinie, Erwägungsgrund 24 der EU-Prospektverordnung).

Zu den Einzelheiten dieser Ausnahmetatbestände wird auf die Kommentierung zu § 8 (dort ab Rn. 8) verwiesen. **6**

Keine Vorgaben enthalten die Bestimmungen der EU-Prospektverordnung über die Mindestangaben für den **Aufbau** und die **Reihenfolge** der Darstellung. Insoweit sind die Prospektverantwortlichen nach Art. 25 Abs. 3 der EU-Prospektverantwortung grds. frei, sofern sie die rudimentären Vorgaben der Art. 25 und 26 der EU-Prospektverordnung einhalten (dazu § 5 Rn. 45 ff.). **7**

b) Verhältnis zu § 5/Erfordernis weiterer Angaben

Wie eingangs (Rn. 5) ausgeführt, dienen die Mindestangaben der EU-Prospektverordnung zur **Konkretisierung der allgemeinen Prospektanforderungen** nach § 5 Abs. 1. Damit ist aber noch nichts über das Verhältnis der Mindestangaben zur prospektrechtlichen Generalklausel des § 5 Abs. 1 gesagt. Erwägungsgrund 1 der die EU-Prospektverordnung ergänzenden Verordnung 211/2007 erweckt den Eindruck, als ob ein Prospekt, der alle einschlägigen Mindestangaben enthält, damit auch als vollständig i.S.v. § 5 Abs. 1 gelten könne („damit Art. 5 Abs. 1 dieser Richtlinie als erfüllt gelten kann"). Indes sieht bereits Erwägungsgrund 5 der EU-Prospektverordnung vor, dass Emittent, Anbieter oder Zulassungsantragsteller als die Personen, die für den Prospekt nach § 5 Abs. 3, 4 die Verantwortung zu übernehmen haben, in einen Prospekt auch zusätzliche Angaben aufnehmen dürfen, die über die in den Schemata und Modulen genannten Informationsbestandteile hinausgehen. Dies ist konsequent, denn diese Personen müssen in eigener Verantwortung zu erklären, dass ihres Wissens die Angaben des Prospekts richtig und (vor allem) keine wesentlichen Umstände ausgelassen sind. Dies korrespondiert schließlich damit, dass diese Personen nach § 21 Abs. 1 Satz 1 Nr. 1 WpPG den Erwerbern der Wertpapiere haften, wenn der Prospekt in Bezug auf für die Beurteilung der Wertpapiere wesentliche Angaben unrichtig oder unvollständig ist, ohne dass es dafür ausschließlich darauf ankäme, ob der Prospekt alle Mindestangaben nach § 7 i.V.m. der EU-Prospektverordnung enthielte (s. dazu auch § 5 Rn. 11 ff.).[15] Allerdings kann die Aufnahme sämtlicher Mindestangaben aus den jeweils einschlägigen Schemata und Modulen der Anhänge zur EU-Prospektverord- **8**

---

15 *Groß*, Kapitalmarktrecht, § 21 WpPG Rn. 45; *Mülbert/Steup*, in: Habersack/Mülbert/Schlitt, Unternehmensfinanzierung, § 41 Rn. 40 f.; *Habersack*, in: Habersack/Mülbert/Schlitt, Kapitalmarktinformation, § 29 Rn. 19; *Krämer*, in: Marsch-Barner/Schäfer, Handbuch börsennotierte AG, § 10 Rn. 326.

§ 7 Mindestangaben

nung im Normalfall zumindest ein Indiz für die **Prospektvollständigkeit** sein.[16] Umgekehrt werden aber nicht schon deshalb Prospekthaftungsansprüche nach § 21 WpPG ausgelöst, weil eine Mindestangabe nach § 7 i.V.m. der EU-Prospektverordnung fehlt. Denn nicht jede der nach den Schemata und Modulen der EU-Prospektverordnung aufzunehmenden Informationen stellt notwendigerweise auch eine für die Beurteilung der Wertpapiere wesentliche Angabe dar. Daher wird der Prospekt allein durch ihr Fehlen nicht zwingend unvollständig i. S. v. § 21 Abs. 1 Satz 1 WpPG.[17]

9 Unabhängig davon stellt sich jedoch die Frage, inwieweit eine Billigungsbehörde die Aufnahme **weiterer Informationen** verlangen kann, wenn sie der Auffassung ist, dass ein Prospekt, der die Mindestangaben nach den einschlägigen Anhängen der EU-Prospektverordnung, nicht jedoch alle für die Anlageentscheidung („zutreffendes Urteil") wesentlichen Umstände i. S. v. § 5 Abs. 1 enthält.

10 In seiner ursprünglichen Fassung sah Art. 3 Abs. 2 Satz 2 der EU-Prospektverordnung insoweit vor, dass die zuständigen Behörden nur die in den Anhängen I bis XVII genannten Informationsbestandteile verlangen dürfen. Die Billigungsbehörde kann aber nach Art. 3 Abs. 3 der EU-Prospektverordnung im Einzelfall eine **Ergänzung der Prospektangaben** für jeden der in den einschlägigen Anhängen der EU-Prospektverordnung vorgesehenen Informationsbestandteile fordern, wenn dies zur Einhaltung der allgemeinen Anforderungen an Richtigkeit und Vollständigkeit des Prospekts nach Art. 5 Abs. 1 der EU-Prospektrichtlinie bzw. § 5 Abs. 1 erforderlich ist. Dies mag zwar eine sinnvolle Klarstellung dahingehend sein, dass der Umfang der zu jedem einzelnen Informationsbestandteil der einschlägigen Anhänge beigebrachten Angaben am Maßstab der prospektrechtlichen Generalklausel des Art. 5 der EU-Prospektrichtlinie bzw. an § 5 Abs. 1 zu messen ist. Sollten aber für die Anlageentscheidung wesentliche Umstände bei dem betreffenden Emittenten bzw. den betreffenden Wertpapieren vorliegen, die gar nicht vom relevanten Katalog der Mindestangaben der EU-Prospektverordnung erfasst sind, hätte – nach dem Wortlaut der EU-Prospektverordnung – die Billigungsbehörde keine Handhabe, die Aufnahme weiterer Informationen durchzusetzen, die sie nach § 5 Abs. 1 für erforderlich hält.

11 Dies zeigte sich als praktisches Problem vor allem bei Emittenten, die in dem für die Prospektdarstellung maßgeblichen Zeitraum von drei Jahren, für den nach Ziff. 20.1 des Anhangs I der EU-Prospektverordnung (bei Aktienemittenten) historische Finanzinformationen im Prospekt darzustellen sind, Gegenstand gesellschaftsrechtlicher **Umstrukturierungen** waren oder erhebliche **Unternehmenstransaktionen** durchgeführt haben. Wurde beispielsweise unmittelbar vor dem Börsengang ein seit Jahren aktiver Geschäftsbetrieb in eine neu gegründete Holdinggesellschaft eingebracht, so können von dem Emittenten historische Finanzinformationen nach Ziff. 20.1 des Annex I der EU-Prospektverordnung nur seit seinem Bestehen verlangt werden, d.h. ggf. nur die wenig aussagekräftige Eröffnungsbilanz. Pro-forma-Finanzinformationen, die die Struktur des Emittenten zum Zeit-

---

16 *Groß*, Kapitalmarktrecht, § 21 WpPG Rn. 45 und § 7 WpPG Rn. 2; *Mülbert/Steup*, in: Habersack/Mülbert/Schlitt, Unternehmensfinanzierung, § 41 Rn. 40; *Krämer*, in: Marsch-Barner/Schäfer, Handbuch börsennotierte AG, § 10 Rn. 326; ebenso *Just*, in: Just/Voß/Ritz/Zeising, WpPG, § 5 Rn. 13 und § 7 Rn. 13.

17 *Groß*, Kapitalmarktrecht, § 21 WpPG Rn. 45 und § 7 WpPG Rn. 2; *Habersack*, in: Habersack/Mülbert/Schlitt, Kapitalmarktinformation, § 29 Rn. 19; *Krämer*, in: Marsch-Barner/Schäfer, Handbuch börsennotierte AG, § 10 Rn. 326; ebenso *Just*, in: Just/Voß/Ritz/Zeising, WpPG, § 7 Rn. 15.

punkt der Prospektveröffentlichung für vor einer Umstrukturierung oder Unternehmenstransaktion liegende Zeiträume fingieren, dürfen sich nach Anhang II Ziff. 5 der EU-Prospektverordnung maximal für das letzte abgeschlossene Geschäftsjahr in die Vergangenheit erstrecken. Selbst wenn Finanzangaben für eine Tochtergesellschaft eines solchen neu gegründeten Emittenten, die das operative Geschäft des Emittenten betreibt, über einen längeren Zeitraum vorliegen, konnte deren Aufnahme in den Prospekt auf der Grundlage der ursprünglichen Fassung der EU-Prospektverordnung nicht verlangt werden. Denn hinsichtlich historischer Finanzinformationen stellte diese nur auf den (rechtlichen) Emittenten ab. Die gleiche Problematik ergab sich beispielsweise, wenn der Emittent den Erwerb eines anderen Unternehmens schuldrechtlich vereinbart, aber (beispielsweise wegen ausstehender kartellrechtlicher Genehmigungen) noch nicht vollzogen hatte. Auch wenn absehbar war, dass der Erwerb eine „bedeutende Brutto-Veränderung" zur Folge haben würde, hätte es Art. 3 Abs. 2 Satz 2 a. F. der EU-Prospektverordnung widersprochen, wenn die Billigungsbehörde verlangt hätte, diese Auswirkungen durch Pro-forma-Finanzinformationen abzubilden. Denn Ziff. 20.2 der EU-Prospektverordnung sieht die Aufnahme von Pro-forma-Finanzinformationen nur vor, wenn eine bedeutende Brutto-Veränderung eingetreten ist, nicht jedoch, wenn deren Eintritt erst in der Zukunft bevorsteht. Auch bestand hier aufgrund der EU-Prospektverordnung für die Billigungsbehörden keine Handhabe, zu verlangen, dass existierende historische Finanzinformationen des Zielunternehmens des bevorstehenden Erwerbs abgedruckt werden.[18]

Die vorstehend beschriebene Problematik wurde in der Praxis regelmäßig dadurch gelöst, dass Emittenten freiwillig zusätzliche Finanzangaben aufnahmen.[19] Um aber klarzustellen, dass die Billigungsbehörden auch in der Lage sind, solche zusätzlichen Finanzangaben in Fällen der sog. **komplexen finanztechnischen Vorgeschichte** oder von dem Emittenten eingegangenen **bedeutenden finanziellen Verpflichtungen** zu verlangen, wurde die EU-Prospektverordnung durch die Verordnung Nr. 211/2007 (s. o. Rn. 4) um Art. 4a ergänzt. In den vorstehend beschriebenen Fällen können seither die Billigungsbehörden auch die Aufnahme von Finanzinformationen anderer Gesellschaften als des Emittenten in den Prospekt verlangen, wenn dies erforderlich ist, um die Vollständigkeit des Prospekts nach Maßgabe von Art. 5 Abs. 1 der EU-Prospektrichtlinie sicherzustellen. In Art. 3 Abs. 2 Satz 2 der EU-Prospektverordnung wurde dabei ein Vorbehalt eingefügt, der den Billigungsbehörden erlaubt, über die in den Anhängen genannten Informationen auch weitere Finanzinformationen nach Art. 4a der EU-Prospektverordnung zu verlangen; ansonsten wurde jedoch an der bisherigen Regelungstechnik festgehalten. 12

Es bleibt daher die Frage, wie Billigungsbehörden zu verfahren haben, wenn sie der Auffassung sind, dass der Prospekt durch die bloße Aufnahme der Mindestangaben nach den relevanten Anhängen der EU-Prospektverordnung auch unter Berücksichtigung etwaiger weiterer Informationen nach Art. 4a der EU-Prospektverordnung noch nicht sämtliche Angaben i. S. v. § 5 Abs. 1 WpPG enthält, die für ein zutreffendes Urteil über die wirtschaft- 13

---

18 Zu dieser Problematik *Meyer*, in: Habersack/Mülbert/Schlitt, Unternehmensfinanzierung, 2. Aufl. 2008, § 30 Rn. 56.
19 Beispielsweise sog. kombinierte Finanzinformationen im Fall der konzerninternen Umstrukturierung im Vorfeld des Börsengangs der Praktiker Bau- und Heimwerkermärkte Holding AG oder Pro-forma-Finanzinformationen, die die Auswirkungen einer noch nicht vollzogenen Unternehmensakquisition abbilden, im Falle der Kapitalerhöhung der Fresenius AG, beides im November 2005, dazu *Meyer*, Accounting 2/2006, 11.

§ 7 Mindestangaben

liche Lage und die Zukunftsaussichten des Emittenten notwendig sind. Hierbei ist zu beachten, dass die BaFin nach § 13 Abs. 1 Satz 2 über die Billigung nach einer Prüfung des Prospekts auf Kohärenz, Verständlichkeit, aber vor allem auch **Vollständigkeit** entscheidet. Diese ist nicht notwendigerweise bereits dann gegeben, wenn der Prospekt alle Mindestangaben nach Maßgabe der Anhänge der EU-Prospektverordnung enthält. Denn der in § 5 Abs. 1 zum Ausdruck kommende Grundsatz der Prospektvollständigkeit wird durch die zur Durchführung (d.h. Konkretisierung) der allgemeinen Vorgaben der Prospektverordnung erlassene EU-Prospektverordnung nicht eingeschränkt (s.o. § 5 Rn. 9).

14 Dies ergibt sich auch aus der Normenhierarchie im Rahmen des sog. **Lamfalussy-Verfahrens** (s.o. Rn. 2), wonach die EU-Prospektverordnung als Durchführungsmaßnahme die Anforderungen der Richtlinie konkretisiert, deren wesentliche Bestimmungen aber nicht verändern darf, was Erwägungsgrund 40 sowie Art. 24 Abs. 2 der EU-Prospektrichtlinie auch ausdrücklich klarstellen. Der Grundsatz der Prospektvollständigkeit nach Art. 5 Abs. 1 der EU-Prospektrichtlinie ist die zentrale Bestimmung für die **inhaltlichen Anforderungen** an einen Prospekt (dazu § 5 Rn. 1, 4) und stellt damit fraglos eine solche wesentliche Bestimmung dar. Es bleibt damit festzuhalten, dass – wie im Übrigen schon der Begriff der „Mindest"angabe nahelegt – die sich aus den in den Schemata und Modulen der EU-Prospektverordnung ergebenden Mindestangaben i.S.v. § 7 keinen abschließenden Charakter haben, so dass ungeachtet von Art. 3 Abs. 2 Satz 2 der EU-Prospektverordnung eine Billigungsbehörde nicht daran gehindert ist, die Billigung von der Aufnahme weiterer Informationen abhängig zu machen, wenn diese notwendig erscheinen, um dem Anleger ein zutreffendes Urteil i.S.v. § 5 Abs. 1 zu ermöglichen.[20] Im Hinblick auf den Umfang und den Detaillierungsgrad der Mindestangaben dürfte dies aber auf besonders gelagerte Ausnahmefälle beschränkt sein (s.o. § 5 Rn. 12).

III. Systematik der Mindestangaben

1. Schemata und Module

15 Die Anhänge der EU-Prospektverordnung definieren nach den typischen Anwendungsfällen von Wertpapierprospekten differenzierende Mindestanforderungen. Zum einen wird nach **Arten von Emittenten und Wertpapieren** unterschieden. Zum anderen geht diese Unterscheidung damit einher, dass jeweils gesonderte Vorgaben für **Registrierungsformulare** und **Wertpapierbeschreibungen** gemacht werden. Dies trägt der in § 12 der EU-Prospektrichtlinie angelegten möglichen Dreiteiligkeit des Prospekts Rechnung. Danach kann ein Prospekt nicht nur als ein einziges Dokument, sondern auch in mehreren Einzeldokumenten erstellt werden. In letzterem Fall sind als einzelne Bestandteile das Registrierungsformular, die Wertpapierbeschreibung und die Zusammenfassung i.S.v. § 5 Abs. 2 vorgesehen. Dabei enthält das Registrierungsformular die Informationen über den Emittenten, die Wertpapierbeschreibung diejenigen über die betreffenden Wertpapiere (dazu § 5 Rn. 13 sowie die Kommentierung zu § 12). Wird ein einheitlicher Prospekt erstellt, muss

---

20 A.A. freilich die wohl h.M. *Groß*, Kapitalmarktrecht, § 7 WpPG Rn. 5; *Hamann*, in: Schäfer/Hamann, Kapitalmarktgesetze, § 7 WpPG Rn. 4 (*ders.* aber bei Rn. 5 mit kritischen Anmerkungen im Hinblick auf das Verhältnis zu § 5); *Just*, in: Just/Voß/Ritz/Zeising, WpPG, § 7 Rn. 28; *Schlitt/Wilczek*, in: Habersack/Mülbert/Schlitt, Kapitalmarktinformation, § 5 Rn. 23.

dieser die Mindestangaben für Registrierungsformular und Wertpapierbeschreibung enthalten.

Bei den Anhängen wird im Einzelnen zwischen Schemata und Modulen unterschieden. Der Begriff **Schema** bezeichnet dabei gemäß Art. 2 Nr. 1 der EU-Prospektverordnung eine Liste von Mindestangaben für die betreffende Art von Emittent und/oder Wertpapieren. Ein **Modul** enthält dagegen nach Art. 2 Nr. 2 der EU-Prospektverordnung zusätzliche Angaben, die in Sonderfällen ergänzend zu den Mindestangaben nach den einschlägigen Schemata in den Prospekt aufzunehmen sind. **16**

Je nach Art der Wertpapiere und Emittenten sieht die EU-Prospektverordnung mehrere **Schemata** jeweils für Registrierungsformulare und für Wertpapierbeschreibungen vor, da je nach Risikoprofil des Wertpapiers ein unterschiedlicher Informationsbedarf der Anleger angenommen wird und je nach Art der Wertpapiere auch unterschiedliche Informationen relevant werden. Bei Schuldverschreibungen und derivativen Wertpapieren wird zudem nach der Stückelung der einzelnen Wertpapiere differenziert. Beträgt diese mindestens EUR 100.000, gelten erleichterte Anforderungen. Denn in diesem Fall wird unterstellt, dass Zielgruppe von Emissionen solcher Wertpapiere (nur) institutionelle Anleger („*wholesale investors*"), nicht aber Kleinanleger („*retail investors*") sind, so dass die (erhöhten) Informationsbedürfnisse letzterer nicht berücksichtigt werden müssen. Nicht ausdrücklich definiert sind die derivativen Wertpapiere, die letztlich einen Unterfall der Schuldtitel darstellen. Die Abgrenzung lässt sich allerdings aus der Konkretisierung des Anwendungsbereichs der einschlägigen Schemata ableiten. So finden die Schemata für Wertpapierbeschreibungen von Schuldtiteln nach Art. 8 Abs. 2, 16 Abs. 2 der EU-Prospektverordnung Anwendung, wenn der Emittent verpflichtet ist, dem Anleger (mindestens) 100% des Nominalwerts, ggf. zuzüglich Zinsen zurückzuzahlen.[21] Umgekehrt gilt das Schema für die Wertpapierbeschreibung für derivative Wertpapiere nach Art. 15 Abs. 2 als Auffangregelung für alle Wertpapiere, die nicht in den Anwendungsbereich der in den Art. 6, 8 und 16 genannten anderen Schemata nach den Anhängen III, V und XIII (Wertpapierbeschreibungen für Aktien oder Schuldtitel, s. u.) fallen. Dies betrifft insbesondere solche Wertpapiere, bei denen die Zahlungs- und/oder Lieferverpflichtungen an ein zugrunde liegendes Wertpapier geknüpft sind, deren Wert also von einem sog. Basiswert abgeleitet wird (d.h. dem typischen Fall eines Derivats).[22] **17**

Gesonderte Anforderungen gelten auch für Wertpapiere bestimmter Emittenten sowie für besondere Arten von Wertpapieren. Im Einzelnen gibt es die folgenden **Schemata**: **18**

– Anhang I: Registrierungsformular für Aktien;[23]
– Anhang III: Wertpapierbeschreibung für Aktien;
– Anhang IV: Registrierungsformular für Schuldtitel und derivative Wertpapiere mit einer Stückelung < EUR 100.000 („*retail debt*");

---

21 *Kullmann/Sester*, ZBB 2005, 209, 214; *Seitz*, AG 2005, 678, 687; *Just*, in: Just/Voß/Ritz/Zeising, WpPG, §7 Rn. 28.
22 Zum Begriff des Derivats *Becker*, in: Grunewald/Schlitt, Einführung in das Kapitalmarktrecht, § 7 I. 1 (S. 125); *Rudolf*, in: Kümpel/Wittig, Bank- und Kapitalmarktrecht, Rn. 19.10.
23 In der deutschen Sprachfassung fälschlicherweise als „Modul" bezeichnet; tatsächlich handelt es sich aber um ein Schema. Dies zeigt auch der Vergleich mit der englischen Sprachfassung, die Anhang I richtigerweise als „*schedule*" (Schema) und nicht als „*building block*" (Modul) bezeichnet.

§ 7   Mindestangaben

- Anhang V: Wertpapierbeschreibung für Schuldtitel mit einer Stückelung < EUR 100.000 („*retail debt*");
- Anhang VII: Registrierungsformular für durch Vermögenswerte unterlegte Wertpapiere („*asset backed securities/ABS*");
- Anhang IX: Registrierungsformular für Schuldtitel und derivative Wertpapiere mit einer Stückelung EUR 100.000 („*wholesale debt*");
- Anhang X: Mindestangaben für Zertifikate, die Aktien vertreten;
- Anhang XI: Registrierungsformular für Schuldtitel und derivative Wertpapiere,[24] die von Banken ausgegeben werden;
- Anhang XII: Wertpapierbeschreibung für derivative Wertpapiere;
- Anhang XIII: Wertpapierbeschreibung für Schuldtitel mit einer Stückelung; EUR 100.000 („*wholesale debt*");
- Anhang XV: Registrierungsformular für Wertpapiere, die von geschlossenen Investmentfonds ausgegeben werden;
- Anhang XVI: Registrierungsformular für Wertpapiere, die von Staaten oder Gebietskörperschaften ausgegeben werden;
- Anhang XVII: Registrierungsformular für Wertpapiere, die von internationalen Organisationen ausgegeben werden sowie für von OECD-Mitgliedstaaten garantierte Schuldtitel;
- Anhang XXIII: Mindestangaben für das Aktienregistrierungsformular bei Bezugsrechtsemissionen (verhältnismäßiges Schema);
- Anhang XXIV: Mindestangaben für die Wertpapierbeschreibung für Aktien bei Bezugsrechtsemissionen (verhältnismäßiges Schema);
- Anhang XXV: Mindestangaben für das Aktienregistrierungsformular von KMU und Unternehmen mit geringer Marktkapitalisierung (verhältnismäßiges Schema);
- Anhang XXVI: Mindestangaben für das Registrierungsformular für Schuldtitel und derivative Wertpapiere (< 100.000 EUR) von KMU und Unternehmen mit geringer Marktkapitalisierung (verhältnismäßiges Schema);
- Anhang XXVII: Mindestangaben für das Registrierungsformular für Schuldtitel und derivative Wertpapiere (≥ 100.000 EUR) von KMU und Unternehmen mit geringer Marktkapitalisierung (verhältnismäßiges Schema);
- Anhang XXVIII: Mindestangaben für Aktienzertifikate von KMU und Unternehmen mit geringer Marktkapitalisierung (verhältnismäßiges Schema);
- Anhang XXIX: Mindestangaben bei Emissionen von Kreditinstituten gemäß Artikel 1 Absatz 2 Buchstabe j der Richtlinie 2003/1711/EG (verhältnismäßiges Schema).

19 Gesonderte **Module** sind für folgende Konstellationen vorgesehen:

- Anhang II: Pro-forma-Finanzinformationen;
- Anhang VI: Garantien (für Verpflichtungen, die von wesentlicher Bedeutung für die Emission sind);
- Anhang VIII: Zusätzliche Informationen zur Wertpapierbeschreibung für durch Vermögenswerte unterlegte Wertpapiere („*asset backed securities/ABS*");
- Anhang XIV: Zusätzliche Informationen bei der Emission von Wandelschuldverschreibungen betreffend den Basistitel für bestimmte Dividendenwerte.[25]

---

24 Vgl. Art. 14 Abs. 1 EU-Prospektverordnung.
25 Vgl. Art. 17 EU-Prospektverordnung.

III. Systematik der Mindestangaben § 7

Je nach Art der angebotenen oder zuzulassenden Wertpapiere sind die jeweils in den Prospekt aufzunehmenden Mindestangaben durch Kombination der Schemata und Module zu ermitteln. Dabei ergeben sich die relevanten **Kombinationsmöglichkeiten** zunächst aus der Kombinationsübersicht des Anhangs XVIII der EU-Prospektverordnung, die insoweit nach Art. 21 Abs. 1 Unterabs. 1 EU-Prospektverordnung verbindlich ist. Soweit die dort aufgeführten Kombinationsmöglichkeiten aber nicht einschlägig sind, können gem. Art. 21 Abs. 1 Unterabs. 2 der EU-Prospektverordnung weitere Kombinationsmöglichkeiten in Betracht kommen.

20

Zu beachten ist ferner, dass die Schemata für Registrierungsformulare je nach Art der Wertpapiere, für die sie vorgesehen sind, unterschiedlich umfangreiche und strenge Anforderungen vorsehen. Daraus ergibt sich die folgende **Hierarchie der Registrierungsformulare**. Am weitesten gehen die Anforderungen für das Registrierungsformular für Aktien, gefolgt vom Registrierungsformular für Schuldtitel und derivative Wertpapiere mit einer Stückelung unter EUR 100.000, während bei Schuldtiteln und derivativen Wertpapieren mit einer Stückelung von mindestens EUR 100.000 das Registrierungsformular „schlanker" ausfallen kann. Ein den umfangreichsten und strengsten Anforderungen entsprechendes Registrierungsformular kann jedoch nach Art. 21 Abs. 2 der EU-Prospektverordnung auch für Emissionen verwendet werden, für die ein Schema mit geringeren Anforderung gilt.

21

Zur einheitlichen Anwendung der in den Schemata und Modulen der EU-Prospektverordnung enthaltenen Vorgaben hatte CESR im Rahmen seiner Tätigkeit auf Stufe 3 des Lamfalussy-Verfahrens (s. dazu Rn. 2) Empfehlungen herausgegeben („**CESR-Empfehlungen**").[26] Im Zuge der Einrichtung der Europäischen Wertpapier- und Marktaufsichtsbehörde European Securities and Markets Authority (**ESMA**)[27] als europäischer Kapitalmarktaufsichtsbehörde sind die Aufgaben von CESR auf die ESMA übergegangen und erweitert worden. Sie kann insbesondere aufsichtliche Leitlinien und Empfehlungen zur Anwendung des Gemeinschaftsrechts herausgeben.[28] Im Bereich des Prospektrechts hat ESMA die CESR-Empfehlungen übernommen und aktualisiert („**ESMA-Empfehlungen**").[29]

22

Die von CESR regelmäßig publizierten Antworten auf häufig zur praktischen Anwendung der EU-Prospektverordnung an CESR oder die nationalen Aufsichtsbehörden herangetragene Fragen (seinerzeit sogenannte „**Frequently Asked Questions regarding Prospectu-**

23

---

26 CESR's recommendations for the consistent implementation of the European Commission's Regulation on Prospectuses n° 809/2004, Ref. CESR/05-054b vom Januar 2005 (CESR-Empfehlungen).
27 Verordnung (EU) Nr. 1095/2010 des Europäischen Parlaments und des Rates vom 24. November 2010 zur Errichtung einer Europäischen Aufsichtsbehörde (Europäische Wertpapier- und Marktaufsichtsbehörde), zur Änderung des Beschlusses Nr. 716/2009/EG und zur Aufhebung des Beschlusses 2009/77/EG der Kommission, ABl. Nr. L 331 vom 15. Dezember 2010, S. 84.
28 Art. 16 Verordnung (EU) Nr. 1095/2010 des Europäischen Parlaments und des Rates vom 24.11.2010 zur Errichtung einer Europäischen Aufsichtsbehörde (Europäische Wertpapier- und Marktaufsichtsbehörde), zur Änderung des Beschlusses Nr. 716/2009/EG und zur Aufhebung des Beschlusses 2009/77/EG der Kommission, ABl.EU Nr. L 331 vom 15.12.2010, S. 84 („ESMA-Verordnung"); zu den weiteren Einzelheiten *Baur/Boegl*, BKR 2011, 177; *Lehmann/Manger-Nestler*, ZBB 2011, 2.
29 ESMA update of the CESR recommendations „The consistent implementation of Commission Regulation (EC) No 809/2004 implementing the Prospectus Directive" vom 23.3.2011, ESMA ref. 2011/81 („ESMA-Empfehlungen").

§ 7   Mindestangaben

ses – FAQs") führt ESMA nunmehr unter dem Namen „**Questions and Answers Prospectuses – Q&As**" fort. Ursprünglich stellten die FAQs des CESR keine förmlichen Standards, Richtlinien oder Empfehlungen dar, sondern sollten lediglich die Marktteilnehmer über die aktuelle Verwaltungspraxis der Billigungsbehörden informieren.[30] Unter Wahrnehmung ihrer erweiterten Befugnisse nach der sog. ESMA-Verordnung[31] nutzt die ESMA ihre Q&As nunmehr als Instrument i. S. v. Art. 29 Abs. 2 ESMA-Verordnung, um die Konvergenz innerhalb der Union zu Fragen des Prospektrechts zu erhöhen, d. h. um eine gemeinsame Verwaltungspraxis der verschiedenen europäischen Billigungsbehörden zu fördern.[32] Daneben sollen Marktteilnehmer ein besseres Verständnis für die Anwendung des europäischen Prospektrechts erhalten, ohne dass dadurch zusätzliche Anforderungen geschaffen werden.[33]

2. Besondere Kategorien von Emittenten („specialist issuers")

24   Für **Emittenten**, die in einigen **besonderen Bereichen** tätig sind, sieht Art. 23 Abs. 1 der EU-Prospektverordnung vor, dass zusätzlich zu den Informationsbestandteilen, die sich aus den Schemata und Modulen ergeben, **weitere Angaben** verlangt werden können. Insbesondere kann eine Bewertung des Vermögens des Emittenten oder ein diesbezüglicher Bericht eines Sachverständigen vorgeschrieben werden. Anhang XIX zur EU-Prospektverordnung enthält ein abschließendes Verzeichnis der Kategorien von Emittenten, für die diese besonderen Anforderungen gelten.[34] Es handelt sich im Einzelnen um:

- Immobiliengesellschaften,
- Bergbaugesellschaften,
- Investmentgesellschaften,
- in der wissenschaftlichen Forschung tätige Gesellschaften,
- seit weniger als drei Jahren bestehende Gesellschaften (Start-ups),
- Schifffahrtsgesellschaften.

25   Eine Ergänzung der vorstehenden Liste muss nach Art. 23 Abs. 1 Unterabs. 2 der EU-Prospektverordnung von einem Mitgliedstaat bei der Kommission beantragt werden, die für eine Aktualisierung das Verfahren nach Art. 24 der EU-Prospektrichtlinie zu befolgen hat.

---

30 CESR: Frequently asked questions regarding Prospectuses: Common positions agreed by CESR Members, 12th Updated Version – November 2010, Ref. 10-1337.
31 Verordnung (EU) Nr. 1095/2010 des Europäischen Parlaments und des Rates vom 24.11.2010 zur Errichtung einer Europäischen Aufsichtsbehörde (Europäische Wertpapier- und Marktaufsichtsbehörde), zur Änderung des Beschlusses Nr. 716/2009/EG und zur Aufhebung des Beschlusses 2009/77/EG der Kommission, ABl.EU Nr. L 331 vom 15.12.2010, S. 84 („ESMA-Verordnung").
32 ESMA update of the CESR recommendations „The consistent implementation of Commission Regulation (EC) No 809/2004 implementing the Prospectus Directive" vom 23.3.2011, ESMA ref. 2011/81 („ESMA-Empfehlungen"), Vorbemerkung Tz. 7.
33 ESMA update of the CESR recommendations „The consistent implementation of Commission Regulation (EC) No 809/2004 implementing the Prospectus Directive" vom 23.3.2011, ESMA ref. 2011/81 („ESMA-Empfehlungen"), Vorbemerkung Tz. 5.
34 Eingehend hierzu *Schnorbus*, WM 2009, 249.

III. Systematik der Mindestangaben   § 7

Die für besondere Emittenten der vorgenannten Kategorien geltenden Anforderungen wurden in den ESMA-Empfehlungen konkretisiert.[35] Ferner ist hierzu auf die Kommentierung zu Art. 23 der EU-Prospektverordnung zu verweisen.

26

3. Nicht von Mindestangaben erfasste Wertpapiere und Emittenten

Sind für Wertpapiere, die auf der Grundlage eines Prospekts öffentlich angeboten oder zum Börsenhandel zugelassen werden sollen, **keine Mindestangaben** vorgesehen, sind diese aber mit anderen Arten von Wertpapieren **vergleichbar**, die in der Kombinationsübersicht von Anhang XVIII der EU-Prospektverordnung genannt werden, so hat der Prospekt nach Art. 23 Abs. 2 der EU-Prospektverordnung die für diese vergleichbare Wertpapierart geltenden Mindestangaben zu enthalten.

27

Handelt es sich um eine **neue Art von Wertpapieren**, die sich derart von den in Anhang XVIII der EU-Prospektverordnung aufgeführten anderen Arten von Wertpapieren unterscheidet, dass eine Kombination der verschiedenen Informationsbestandteile der vorhandenen Schemata und Module nicht angemessen ist, entscheidet die Billigungsbehörde gemäß Art. 23 Abs. 3 der EU-Prospektverordnung über die erforderlichen Angaben anhand der allgemeinen Prospektanforderungen nach § 5 Abs. 1. Der Emittent hat hierzu einen Prospektentwurf einzureichen. Der Prospektinhalt sollte sich nach Erwägungsgrund 23 Satz 4 der EU-Prospektverordnung aber auch in diesen Sonderfällen an den Mindestangaben aus den Schemata und Modulen der EU-Prospektverordnung orientieren, denen zumindest Indizwirkung für die Einhaltung der übergreifenden allgemeinen Prospektanforderungen nach § 5 Abs. 1 zukommt (dazu § 5 Rn. 11 f.). Von etwaigen zusätzlichen Informationsanforderungen sollte nur restriktiv Gebrauch gemacht werden. Diese müssen nach Erwägungsgrund 23 Satz 5 der EU-Prospektverordnung im Hinblick auf die betreffende Wertpapierart verhältnismäßig und geeignet sein. Über ihre Entscheidung hat die Billigungsbehörde die Kommission unverzüglich zu informieren.

28

4. Nicht relevante Mindestangaben

Ein weiteres Korrektiv, das eine flexible Anwendung des Katalogs der Mindestangaben ermöglicht, ergibt sich aus Erwägungsgrund 24 der EU-Prospektverordnung. Danach soll der Emittent die Möglichkeit haben, auf bestimmte Informationsbestandteile, die in den Schemata und Modulen der EU-Prospektverordnung als Mindestangaben gefordert werden, zu verzichten, wenn diese im konkreten Fall **nicht relevant** sind. Zu den verschiedenen Konstellationen, in denen auf Mindestangaben verzichtet werden kann, siehe die Kommentierung zu § 8.

29

---

35 ESMA update of the CESR recommendations „The consistent implementation of Commission Regulation (EC) No 809/2004 implementing the Prospectus Directive" vom 23.3.2011, ESMA ref. 2011/81 („ESMA-Empfehlungen"), Rn. 128 ff.

§ 7 Mindestangaben

IV. Weitere Mindestangaben außerhalb der EU-Prospektverordnung

30 Neben der Fragestellung, ob die Billigungsbehörde die Aufnahme weiterer Informationen verlangen kann, die über den Katalog der Mindestangaben nach den Schemata und Modulen der EU-Prospektverordnung hinausgehen, kann es auch aus anderen rechtlichen Gründen erforderlich werden, weitere Informationen aufzunehmen.

1. Börsenzulassung

31 Die Regelungen der Börsenzulassungsverordnung über die Voraussetzungen der Zulassung von Wertpapieren zum regulierten Markt fordern in bestimmten Konstellationen die Aufnahme bestimmter Zusatzinformationen in den für die Zwecke der Zulassung erstellten Prospekt. Zwar hat die über die Zulassung nach § 32 Abs. 1 BörsG entscheidende Geschäftsführung der betreffenden Wertpapierbörse den Prospekt an sich nicht zu prüfen und kann daher auch dessen Billigung nicht beeinflussen. Die zusätzlichen Angaben beziehen sich aber auf Konstellationen, in denen **von einer gesetzlichen Zulassungsvoraussetzung abgewichen** werden kann, dies aber eine diesbezügliche Prospektoffenlegung voraussetzt. Soll der Prospekt also auch zur Börsenzulassung dienen, so empfiehlt es sich, frühzeitig zu prüfen, ob einer dieser Ausnahmefälle vorliegt, und in diesem Fall die entsprechende Prospektoffenlegung frühzeitig mit der Börsengeschäftsführung abzustimmen. Im Einzelnen geht es um folgende Fälle:

a) Nicht voll eingezahlte Wertpapiere, § 5 Abs. 2 Nr. 1 BörsZulV

32 Nach § 5 Abs. 2 Nr. 1 BörsZulV können nicht voll eingezahlte Wertpapiere zugelassen werden, wenn sichergestellt ist, dass der Börsenhandel nicht beeinträchtigt wird. In diesem Fall ist in dem für die Zulassung erstellten Prospekt auf die **fehlende Volleinzahlung** sowie auf die im Hinblick hierauf getroffenen **Vorkehrungen** hinzuweisen.

b) Zulassung nur eines Teils der Aktien derselben Gattung § 7 Abs. 1 Satz 3 BörsZulV

33 Grundsätzlich muss sich der Antrag auf Zulassung von Aktien auf alle Aktien derselben Gattung beziehen, § 7 Abs. 1 Satz 1 BörsZulV. Ausnahmsweise kann aber ein Zulassungsantrag auf einen **Teil einer Gattung** beschränkt werden. Dies betrifft zum einen den Fall, dass die nicht zuzulassenden Aktien zu einer Beteiligung gehören, die der Aufrechterhaltung eines beherrschenden Einflusses auf den Emittenten dient. Zum anderen ist die Nichtzulassung eines Teils der Gattung möglich, wenn sie für eine bestimmte Zeit nicht gehandelt werden dürfen und wenn aus der nur teilweisen Zulassung keine Nachteile für die Erwerber der zuzulassenden Aktien zu befürchten sind. Ein für die Zulassung des anderen Teils der Gattung erstellter Prospekt muss in diesen Fällen darauf hinweisen, dass die Zulassung nur für einen Teil der Aktiengattung beantragt wurde. Dabei ist auch der Grund für die Teilzulassung anzugeben.

c) Nicht fälschungssichere Druckausstattung der Wertpapiere, § 8 Abs. 2 BörsZulV

Bei der Verbriefung der zuzulassenden Wertpapiere in ausgedruckten **Einzelurkunden** müssen diese nach § 7 Abs. 1 BörsZulV einen ausreichenden **Schutz vor Fälschung** bieten. Ist dies nicht der Fall, so muss in dem für die Zulassung der Wertpapiere erstellten Prospekt nach § 8 Abs. 2 BörsZulV darauf hingewiesen werden. Angesichts der heute nahezu ausschließlich erfolgenden Globalverbriefung von börsennotierten Wertpapieren dürfte diese Regelung freilich geringe praktische Relevanz haben.

34

Sofern erst nach erfolgter Billigung offenbar wird, dass nach der BörsZulV erforderliche Informationen fehlen, wird hierzu vorgeschlagen, den Prospekt durch einen **Nachtrag** nach § 16 WpPG zu ergänzen.[36] Sofern die für einen Nachtrag nach § 16 erforderliche Wesentlichkeit (siehe die Kommentierung zu § 16 Rn. 18 ff.) nicht erreicht wird, kommt ggf. eine **Prospektberichtigung** nach § 23 Abs. 2 Nr. 4 in Betracht.[37] Für die Zwecke der Börsenzulassung sollte dies ausreichend sein, da die BörsZulV in allen drei vorgenannten Fällen für den Fall der prospektfreien Zulassung eine Unterrichtung des Publikums auf andere geeignete Weise vorsieht.

35

2. Rating

Nach Art. 4 Abs. 1 Unterabs. 2 der EU-Ratingverordnung[38] muss ein Prospekt, der einen Verweis auf ein Rating oder mehrere Ratings enthält, klare und unmissverständliche Informationen darüber enthalten, ob diese Ratings von einer **Ratingagentur mit Sitz in der Gemeinschaft** abgegeben wurden, die im Einklang mit der EU-Ratingverordnung registriert wurde.

36

---

36 *Schlitt/Schäfer*, in: Assmann/Schlitt/von Kopp-Colomb, WpPG/VerkProspG, § 7 Rn. 28; a.A. *Röhrborn*, in: Heidel, Aktienrecht und Kapitalmarktrecht, § 7 WpPG Rn. 3.
37 Dazu *Friedl/Ritz*, in: Just/Voß/Ritz/Zeising, WpPG, § 16 Rn. 44 ff.
38 Verordnung (EG) Nr. 1060/2009 des Europäischen Parlaments und des Rates vom 16. September 2009 über Ratingagenturen, ABl. EU Nr. L 302 vom 17.11.2009, S. 1; dazu, unter besonderer Berücksichtigung aktueller Änderungen *Blaurock*, EuZW 2013, 608.

§ 8 Nichtaufnahme von Angaben

(1) [1]Für den Fall, dass der Ausgabepreis der Wertpapiere (Emissionspreis) und die Gesamtzahl der öffentlich angebotenen Wertpapiere (Emissionsvolumen) im Prospekt nicht genannt werden können, muss der Prospekt die Kriterien oder die Bedingungen angeben, anhand deren die Werte ermittelt werden. [2]Abweichend hiervon kann bezüglich des Emissionspreises der Prospekt auch den Höchstpreis angeben. [3]Enthält der Prospekt nicht die nach Satz 1 oder Satz 2 erforderlichen Kriterien oder Bedingungen, hat der Erwerber das Recht, seine auf den Abschluss des Vertrages gerichtete Willenserklärung innerhalb von zwei Werktagen nach Hinterlegung des endgültigen Emissionspreises und des Emissionsvolumens zu widerrufen. [4]Der Widerruf muss keine Begründung enthalten und ist in Textform gegenüber der im Prospekt als Empfänger des Widerrufs bezeichneten Person zu erklären; zur Fristwahrung genügt die rechtzeitige Absendung. [5]Auf die Rechtsfolgen des Widerrufs ist § 357a des Bürgerlichen Gesetzbuchs entsprechend anzuwenden. [6]Der Anbieter oder Zulassungsantragsteller muss den endgültigen Emissionspreis und das Emissionsvolumen unverzüglich nach deren Festlegung in einer nach § 14 Abs. 2 zulässigen Art und Weise veröffentlichen. [7]Erfolgt kein öffentliches Angebot, sind der endgültige Emissionspreis und das Emissionsvolumen spätestens einen Werktag vor der Einführung der Wertpapiere zu veröffentlichen. [8]Werden Nichtdividendenwerte eingeführt, ohne dass ein öffentliches Angebot erfolgt, kann die Veröffentlichung nach Satz 6 nachträglich vorgenommen werden, wenn die Nichtdividendenwerte während einer längeren Dauer und zu veränderlichen Preisen ausgegeben werden. [9]Der endgültige Emissionspreis und das Emissionsvolumen sind zudem stets am Tag der Veröffentlichung bei der Bundesanstalt zu hinterlegen. [10]Der Prospekt muss in den Fällen des Satzes 3 an hervorgehobener Stelle eine Belehrung über das Widerrufsrecht enthalten.

(2) Die Bundesanstalt kann gestatten, dass bestimmte Angaben, die nach diesem Gesetz oder der Verordnung (EG) Nr. 809/2004 vorgeschrieben sind, nicht aufgenommen werden müssen, wenn

1. die Verbreitung dieser Angaben dem öffentlichen Interesse zuwiderläuft,
2. die Verbreitung dieser Angaben dem Emittenten erheblichen Schaden zufügt, sofern die Nichtveröffentlichung das Publikum nicht über die für eine fundierte Beurteilung des Emittenten, des Anbieters, des Garantiegebers und der Wertpapiere, auf die sich der Prospekt bezieht, wesentlichen Tatsachen und Umstände täuscht, oder
3. die Angaben für das spezielle Angebot oder für die spezielle Zulassung zum Handel an einem organisierten Markt von untergeordneter Bedeutung und nicht geeignet sind, die Beurteilung der Finanzlage und der Entwicklungsaussichten des Emittenten, Anbieters oder Garantiegebers zu beeinflussen.

(3) Sind bestimmte Angaben, die nach der Verordnung (EG) Nr. 809/2004 in den Prospekt aufzunehmen sind, dem Tätigkeitsbereich oder der Rechtsform des Emittenten oder den Wertpapieren, auf die sich der Prospekt bezieht, ausnahmsweise nicht angemessen, hat der Prospekt unbeschadet einer angemessenen Information

des Publikums Angaben zu enthalten, die den geforderten Angaben gleichwertig sind.

(4) Übernimmt ein Staat des Europäischen Wirtschaftsraums eine Garantie für ein Wertpapier, so muss der Prospekt keine Angaben über diesen Garantiegeber enthalten.

Übersicht

	Rn.		Rn.
I. Regelungsgegenstand des § 8	1	a) Zeitpunkt	48
1. Regelungsgegenstand	1	aa) Grundsatz: unverzüglich nach Festlegung	48
2. Regelungszweck	4	bb) Sonderregelung für reine Zulassungsprospekte	49
3. Verhältnis zu den allgemeinen Regelungen	6	cc) Sonderregelung für Nichtdividendenwerte	50
a) § 5	6	b) Form	51
b) § 7 und Mindestangaben nach der EU-Prospektverordnung	7	c) Verpflichteter	52
II. Nichtaufnahme von Emissionspreis und Emissionsvolumen, § 8 Abs. 1	8	8. Hinterlegung	53
1. Begriffe von Emissionspreis und Emissionsvolumen	8	9. Verhältnis zum Nachtrag nach § 16	54
a) Emissionspreis	9	III. Nichtaufnahme sonstiger Angaben, § 8 Abs. 2	58
b) Emissionsvolumen	11	1. Gestattung durch die BaFin	59
2. Unmöglichkeit der Nennung im Prospekt	12	a) Antrag	59
a) Bookbuilding	14	b) Ermessen	60
b) Decoupled Bookbuilding	18	c) Verhältnis zur Prospekthaftung	61
c) Bezugsrechtskapitalerhöhungen	19	d) Auswirkungen auf die Notifizierungsbescheinigung nach § 18	62
3. Nichtaufnahme	20	2. Voraussetzungen	63
4. Kriterien und Bedingungen der Ermittlung	31	a) Öffentliches Interesse	63
5. Angabe eines Höchstpreises	33	b) Drohende Schädigung des Emittenten	64
6. Widerrufsrecht	37	c) Untergeordnete Bedeutung der Angabe	65
a) Voraussetzungen	37	IV. Ersatzangaben, § 8 Abs. 3	66
b) Gegenstand des Widerrufsrechts	41	1. Fehlende Angemessenheit	67
c) Frist	42	2. Gleichwertigkeit	69
d) Form	44	3. Nicht einschlägige Informationen	70
e) Rechtsfolge	45	V. Entfall der Angaben über einen EWR-Staat als Garantiegeber, § 8 Abs. 4	71
f) Belehrung	46		
7. Veröffentlichung des endgültigen Emissionspreises und/oder -volumens	47		

I. Regelungsgegenstand des § 8

1. Regelungsgegenstand

§ 8 dient der Umsetzung von Art. 8 der EU-Prospektrichtlinie. Dieser regelt die Voraussetzungen unter denen grds. erforderliche Prospektangaben entfallen können. So kann nach Art. 8 Abs. 1 der EU-Prospektrichtlinie im Fall eines öffentlichen Angebotes auf die Angabe des endgültigen „Emissionskurses" (zur Terminologie s. u. Rn. 9) und des endgültigen 1

§ 8 Nichtaufnahme von Angaben

„Emissionsvolumens" im Prospekt unter bestimmten Voraussetzungen verzichtet werden, wenn die Nennung dieser Parameter (noch) nicht möglich ist. Für diesen Fall sieht die EU-Prospektrichtlinie zwei Handlungsoptionen vor: Entweder werden die Kriterien und/oder Bedingungen, anhand derer die genannten Werte ermittelt werden, hilfsweise im Falle des „Emissionskurses" ein Höchstkurs (offensichtlich gemeint: Höchstpreis), im Prospekt aufgeführt (Art. 8 Abs. 1 lit. a) der EU-Prospektrichtlinie). Oder es wird auch auf die Angabe von Kriterien, Bedingungen oder „Höchstkurs" verzichtet und dem Anleger stattdessen entsprechend der Regelungen zum Nachtrag nach Art. 16 der EU-Prospektrichtlinie ein Widerrufsrecht von (mindestens) zwei Arbeitstagen eingeräumt (Art. 8 Abs. 1 lit. b) der EU-Prospektrichtlinie). In jedem Fall sind der endgültige „Emissionskurs" und das endgültige „Emissionsvolumen" zu veröffentlichen. In seinem Abs. 2 ermöglicht Art. 8 der EU-Prospektrichtlinie, mit Zustimmung der Billigungsbehörde auf bestimmte Pflichtangaben nach EU-Prospektrichtlinie oder -verordnung zu verzichten, wenn diese im Einzelfall dem öffentlichen Interesse oder dem Interesse des Emittenten zuwiderlaufen oder nicht relevant sind. Ergänzt wird dies in Abs. 3 des Art. 8 der EU-Prospektrichtlinie um die Möglichkeit, Mindestangaben der EU-Prospektverordnung durch gleichwertige Angaben zu ersetzen oder auf diese zu verzichten, wenn sie für den konkreten Emittenten oder die konkreten Wertpapiere, auf die sich der Prospekt bezieht, nicht passen.

2 § 8 übernimmt die Vorgaben der EU-Prospektrichtlinie nahezu wortwörtlich und ergänzt diese um Verfahrensregelungen zum Widerrufsrecht, diesbezügliche Belehrungen und die Veröffentlichung der zunächst nicht aufgenommenen Informationen. Während die EU-Prospektrichtlinie den Anwendungsbereich ihres Art. 8 Abs. 1 in Bezug auf die Angaben von „Emissionskurs" und „Emissionsvolumen" bei **öffentlichen Angeboten** beschränkt, scheint § 8, ausweislich der Begründung des Regierungsentwurfs, weiter zu gehen.[1] Dies dürfte jedoch sinnvollerweise kaum praktische Relevanz haben. Dient der Prospekt nur der **Zulassung von Wertpapieren** zum regulierten Markt und werden diese im Zusammenhang mit der Zulassung im Wege der Privatplatzierung, also ohne öffentliches Angebot prospektfrei angeboten, stützt der jeweilige Investor seine Anlageentscheidung gerade nicht auf den Prospekt. Es wäre daher systemwidrig, wenn ihm das Widerrufsrecht des Abs. 1 Satz 3 zugute käme. Handelt es sich also um einen reinen Zulassungsprospekt und sollen die bereits an ihre Inhaber ausgegebenen und nunmehr zuzulassenden Wertpapiere lediglich durch Börsenzulassung fungibel gemacht werden, so ist nicht ersichtlich, weshalb ein Anleger, der die betreffenden Wertpapiere an der Börse erwirbt, berechtigt sein soll, dieses Börsengeschäft durch Ausübung des Widerrufs nach Abs. 1 Satz 3 rückgängig zu machen. Dies wäre auch kaum umzusetzen, da ein über die Börse erwerbender Anleger seinen Veräußerer grds. nicht identifizieren kann.[2] Abgesehen davon, wäre ein solcher Widerruf auch nicht sachgerecht. Die mit dem Widerrufsrecht angestrebte Sanktionierung der unzureichenden Prospektangaben zu Emissionspreis und -volumen würde in diesem Fall ihren Zweck verfehlen. Denn der Erwerb über die Börse erfolgt typischerweise gerade nicht von dem prospektverantwortlichen Anbieter oder Zulassungsantragsteller, so dass der Widerruf des Erwerbsgeschäfts nicht den richtigen Adressaten träfe.

3 Die Ausführungen der **Begründung des Regierungsentwurfs**, wonach in Ermangelung eines Ausgabepreises der erste nach der Einführung der Wertpapiere (in den Börsenhandel)

---

[1] RegBegr. Prospektrichtlinie-Umsetzungsgesetz zu § 8 WpPG, BT-Drucks. 15/4999, S. 25, 32.
[2] *Ekkenga*, in: Claussen, Bank- und Börsenrecht, § 7 Rn. 152.

festgestellte oder gebildete **Börsenpreis** als Höchstpreis gilt,[3] erscheinen zudem irreführend. Dieser kann notwendigerweise nie vor Prospektveröffentlichung feststehen. Denn nach § 52 BörsZulV darf die Einführung der Wertpapiere im Falle einer Zulassung aufgrund eines Prospektes frühestens an dem auf die Prospektveröffentlichung folgenden Werktag erfolgen. Die Begründung ergibt auch im Hinblick auf die Sonderregelung des Abs. 1 Satz 7, wonach in Fällen, in denen kein öffentliches Angebot erfolgt, der endgültige Emissionspreis (...) spätestens einen Werktag vor (!) der Einführung der Wertpapiere zu veröffentlichen ist, keinen Sinn. Die Bedeutung dieser Unstimmigkeit dürfte indes gering sein. Zum einen lässt sich im Falle eines reinen Zulassungsprospektes der Preis, zu dem die Wertpapiere ursprünglich ausgegeben wurden, grds. problemlos angeben. Zum anderen können die Kriterien und/oder die Bedingungen der Preisermittlung an der Börse unschwer beschrieben werden. Soweit die Gesetzesbegründung in Bezug auf Schuldverschreibungen und derivative Wertpapiere pauschal auf die EU-Prospektverordnung verweist und auf das daraus zu entnehmende Erfordernis, stets den anfänglichen Kurs anzugeben, so bleibt ferner unklar, auf welche Bestimmung dieser Verweis erfolgt.

2. Regelungszweck

Sinn und Zweck der Regelung in § 8 liegt zunächst darin, Emittenten und Emissionsbegleitern die nötige **Flexibilität** zu verschaffen, Wertpapieremissionen in wirtschaftlich sinnvoller Weise durchführen zu können. Dadurch können **moderne Angebotsstrukturen** genutzt werden, die auch in volatilen Märkten den Zugang zum Kapitalmarkt für Emittenten und deren Anteilsinhaber sowie Emissionsbegleiter zu angemessenen Konditionen ermöglichen (Abs. 1). Daneben stellen die Absätze 2 und 3 das notwendige Korrektiv zu den sehr detaillierten Mindestangaben nach § 7 i.V.m. den Anhängen der EU-Prospektverordnung dar. Er erlaubt den Prospektverantwortlichen und der Billigungsbehörde eine angemessene Handhabung der Prospektpublizität unter Wahrung der Interessen aller Beteiligten und ermöglicht insbesondere ein Absehen von unangemessenen oder gar unsinnigen oder schädlichen Angaben.

4

Diese Korrektivfunktion ist sowohl in den Erwägungsgründen der EU-Prospektrichtlinie als auch in jenen der EU-Prospektverordnung verankert. Nach Erwägungsgrund 25 der EU-Prospektrichtlinie sollen die Billigungsbehörden die Möglichkeit haben, die **Nichtaufnahme sensibler Informationen** gestatten zu können, um Nachteile für einen Emittenten zu vermeiden. Erwägungsgrund 24 der EU-Prospektverordnung sieht vor, dass Emittenten die Möglichkeit haben sollen, auf Angaben, die in den Schemata und Modulen der EU-Prospektverordnung gefordert werden, zu verzichten, wenn diese für ein bestimmtes Wertpapier **nicht relevant** und folglich nicht anwendbar sind.

5

3. Verhältnis zu den allgemeinen Regelungen

a) § 5

§ 5 regelt in seinem Abs. 1 das allgemeine Prinzip des Prospektrechts, dass nämlich der Prospekt alle **für die Anlageentscheidung wesentlichen Informationen** enthalten muss (s. dazu im Einzelnen die Kommentierung zu § 5). Dieses Grundprinzip gilt auch für die

6

---

3 RegBegr. Prospektrichtlinie-Umsetzungsgesetz zu § 8 WpPG, BT-Drucks. 15/4999, S. 25, 32.

§ 8 Nichtaufnahme von Angaben

Auslegung des § 8. So führt die Begründung des Regierungsentwurfs zum WpPG insbesondere aus, dass an eine Gestattung der Nichtaufnahme von Mindestangaben nach Abs. 2 im Hinblick auf das Interesse des Publikums an einer umfassenden Information hohe Anforderungen zu stellen sind (s. u. Rn. 60).[4]

b) § 7 und Mindestangaben nach der EU-Prospektverordnung

7 Eng verknüpft ist § 8 auch mit § 7 und den **Mindestangaben der EU-Prospektverordnung**, auf die dieser verweist. Wie ausgeführt, ergibt sich bereits aus den europäischen Vorgaben (s. o. Rn. 4) die Korrektivfunktion des § 8 im Hinblick auf den hohen Detaillierungsgrad der Schemata und Module der EU-Prospektverordnung. § 8 eröffnet demnach die Möglichkeit, die vermeintlich starren Mindestangaberegelungen im Einzelfall so flexibel anzuwenden, dass die Interessen des Emittenten ausreichend berücksichtigt werden können. Dabei ist dem Grundprinzip des § 5, insbesondere in der konkreten Ausprägung des Grundsatzes der Prospektvollständigkeit (s. o. Rn. 6), Rechnung zu tragen. Mit anderen Worten: § 5 bildet die Grenze der Flexibilität, die § 8 eröffnet.

II. Nichtaufnahme von Emissionspreis und Emissionsvolumen, § 8 Abs. 1

1. Begriffe von Emissionspreis und Emissionsvolumen

8 Abs. 1 ermöglicht, im Prospekt auf die Angaben (der endgültigen Beträge) von Emissionspreis und/oder Emissionsvolumen im Prospekt zu verzichten, wenn diese **(noch) nicht genannt werden können**. Auch wenn der Wortlaut der Bestimmung darauf hindeutet, dass die Ausnahmeregelung des § 8 Abs. 1 nur eingreift, wenn sowohl Emissionspreis als auch Emissionsvolumen nicht genannt werden können, ist nach Sinn und Zweck der Regelung erst recht (*a maiore ad minus*) die Nichtaufnahme auch nur einer der beiden Angaben möglich, wenn sie zum Zeitpunkt der Prospektveröffentlichung noch nicht genannt werden kann.[5]

a) Emissionspreis

9 Das Gesetz konkretisiert den Begriff „Emissionspreis" mit „**Ausgabepreis der Wertpapiere**". Dieser Begriff ist freilich nach Sinn und Zweck der Regelung irreführend, kann doch der Ausgabepreis, d. h. der Preis, zu dem ein Wertpapier vom Emittenten („Geber") an den „Nehmer" des Wertpapiers ausgegeben wird,[6] von dem Preis, zu dem das betreffen-

---

[4] RegBegr. Prospektrichtlinie-Umsetzungsgesetz zu § 8 WpPG, BT-Drucks. 15/4999, S. 25, 33.
[5] *Schlitt/Schäfer*, in: Assmann/Schlitt/von Kopp-Colomb, WpPG/VerkProspG, § 8 Rn. 15; *Groß*, Kapitalmarktrecht, § 8 WpPG Rn. 6; ebenso – mit Abstellen auf das Weglassen des endgültigen Preises als Hauptanwendungsfall: ESMA-Questions and Answers – Prospectuses (25th Updated Version – July 2016), Frage 58.
[6] Zum rechtlichen Begriff der Ausgabe neu emittierter Wertpapiere *Bosch*, in: Bosch/Groß, Emissionsgeschäft, Rn. 10/65; *Ekkenga/Maas*, Recht der Wertpapieremissionen, § 2 Rn. 57; anschaulich zur Weiterentwicklung des Emissionsbegriffs über die wertpapierrechtliche Begebung hinaus: *Müller*, in: Kümpel/Wittig, Bank- und Kapitalmarktrecht, Rn. 15.62 ff.

II. Nichtaufnahme von Emissionspreis und Emissionsvolumen, § 8 Abs. 1 § 8

de Wertpapier im Rahmen eines öffentlichen Angebotes an Anleger angeboten wird, durchaus abweichen. Beispielsweise werden Aktien bei einer Kapitalerhöhung im Rahmen eines Börsenganges oder auch bei einer Kapitalerhöhung eines bereits börsennotierten Unternehmens in aller Regel zum „geringsten Ausgabebetrag" nach § 9 Abs. 1 AktG ausgegeben und zwar an eine oder mehrere Emissionsbanken, die die gesamte Emission zum Zweck der Verfahrensvereinfachung zeichnen.[7] Dieser Preis unterscheidet sich typischerweise erheblich von dem Preis, zu dem die Aktien sodann den Investoren angeboten werden. Dies gilt erst recht bei der Umplatzierung bereits ausgegebener Aktien aus dem Bestand von Altaktionären, die mitunter bereits vor längerer Zeit „ausgegeben" worden sind und bei denen der Ausgabepreis für den Preis, zu dem sie nun öffentlich angeboten werden, kaum mehr von Bedeutung ist. Letzterer ist aber der Preis, der für die Anlageentscheidung in Bezug auf das konkrete Angebot maßgeblich ist und auf den es daher bei der Prospektdarstellung ankommt. Dass mit „Emissionspreis" bzw. „Ausgabepreis" im Sinne von § 8 tatsächlich der „Angebotspreis" gemeint sein muss, ergibt sich nicht nur aus Sinn und Zweck der Regelung, sondern auch aus der englischen Sprachfassung der EU-Prospektrichtlinie. So ist in Art. 8 Abs. 1 der EU-Prospektrichtlinie vom *„final offer price"* die Rede, was an dem Begriff des die Prospektpflicht nach Art. 3 Abs. 1 der EU-Prospektrichtlinie auslösenden „offer to the public" anknüpft und letztlich sprachlich, systematisch und teleologisch richtigerweise nur als (endgültiger) „**Angebotspreis**" verstanden werden kann.

Im Fall von Schuldverschreibungen wird man unter den Begriff des Emissionspreises auch deren **Zinssatz**, bei Wandel-, Options- und Umtauschanleihen auch deren **Wandlungs-, Options- oder Umtauschpreis** zu subsumieren haben. Denn anders als bei Aktien ist bei diesen Wertpapieren der Ausgabebetrag oft fest. Die vorgenannten Parameter determinieren dagegen (allein oder zusammen mit dem Ausgabepreis) den wirtschaftlichen Wert des Wertpapiers und entsprechen daher in ihrer Funktion im Rahmen des Platzierungsprozesses dem Angebots- bzw. Platzierungspreis bei einer Aktienemission.[8]

b) Emissionsvolumen

Auch der Begriff des „Emissionsvolumens" ist nicht aus sich heraus verständlich. Unter Emissionsvolumen wird in der Kapitalmarktpraxis üblicherweise die Größe einer Emission im Sinne ihres Gesamtwerts in Geld, also der sog. Bruttoemissionserlös verstanden. In § 8 bezeichnet der Begriff des „Emissionsvolumens" etwas anderes, nämlich die **Gesamtzahl der öffentlich angebotenen Wertpapiere**, wie hier freilich bereits der Wortlaut des Gesetzes insoweit im Einklang mit der englischen Sprachfassung der EU-Prospektrichtlinie (*„amount of securities"*) klarstellt.

---

[7] *Meyer*, in: Marsch-Barner/Schäfer, Handbuch börsennotierte AG, § 8 Rn. 120 ff. m. w. N.
[8] *Just*, in: Just/Voß/Ritz/Zeising, WpPG, § 8 Rn. 26; zur „Preis"festsetzung bei Anleihen allgemein *Diekmann*, in: Habersack/Mülbert/Schlitt, Unternehmensfinanzierung, § 31 Rn. 11 ff., sowie bei den in Fachkreisen auch als Equity Linked-Instrumente bezeichneten Wandel-, Options- und Umtauschanleihen *Madjlessi/Leopold*, in: Habersack/Mülbert/Schlitt, Unternehmensfinanzierung, § 11 Rn. 82.

2. Unmöglichkeit der Nennung im Prospekt

12 Auf die Nennung des (im Gesetz als Emissionspreis bezeichneten, s. o. Rn. 9) endgültigen Angebotspreises und der endgültigen Zahl der angebotenen Wertpapiere kann nach Abs. 1 verzichtet werden, wenn deren Nennung zum Zeitpunkt der Prospektveröffentlichung unmöglich ist. Dies betrifft vor allem Fälle, in denen diese Angaben aufgrund der spezifischen **Art des Angebots** bzw. der **Bestimmung des Angebotspreises** nicht bereits zu Beginn des Angebots erfolgen können. Damit trägt der Gesetzgeber dem Umstand Rechnung, dass bei öffentlichen Angeboten von Wertpapieren nur selten Preis und Zahl der angebotenen Wertpapiere bereits vor Beginn des Angebots fixiert werden. Denn dies hätte aufgrund der nicht mit Sicherheit vorhersehbaren Nachfrage nach den angebotenen Wertpapieren, die auch von dem sich teilweise sehr schnell verändernden Marktumfeld geprägt wird, zur Folge, dass im Interesse der Transaktionssicherheit erhebliche Sicherheitsabschläge vorgenommen werden müssen. Daher haben sich in der Praxis eine Reihe unterschiedlicher Transaktionsstrukturen und Preisermittlungsverfahren herausgebildet, die eine marktnahe Preisfestsetzung zum Ziel haben.[9]

13 Als Beispiele lassen sich insbesondere die folgenden, in der Praxis häufig vorkommenden Konstellationen aufführen:

a) Bookbuilding

14 Das Bookbuilding-Verfahren ist seit Mitte der 1990er Jahre das bei Börsengängen nahezu ausschließlich verwandte Verfahren zur Preisermittlung.[10] In dessen klassischer Ausgestaltung werden Aktien unter Angabe einer **Preisspanne** angeboten, genauer: Anleger werden in einem sog. „Verkaufsangebot" aufgefordert, Kaufaufträge über die angebotenen Wertpapiere zu einem Preis innerhalb dieser Spanne abzugeben. Der endgültige Platzierungspreis wird dann auf der Grundlage der während der Angebotsperiode eingehenden Kaufaufträge von Anlegern („*orders*") ermittelt. Diese werden im sog. **Orderbuch** gesammelt, wovon der Begriff Bookbuilding abgeleitet wird.[11] Nach dem Ende der Angebotsperiode wird sodann das Orderbuch ausgewertet und auf der Grundlage der sich aus den gesammelten Kaufaufträgen ergebenden Nachfrage der endgültige Platzierungspreis festgelegt. Danach erfolgt die Zuteilung der Wertpapiere an die Anleger, die Kaufaufträge abgegeben haben. Rechtlich werden mit der Zuteilung die betreffenden Kaufaufträge angenommen, so dass dadurch ein Kaufvertrag über die Wertpapiere zustande kommt.[12]

15 Das klassische Bookbuilding ist ein typischer Anwendungsfall des Abs. 1 Satz 2. Das obere Ende der Bookbuilding-Spanne stellt zugleich auch einen **Höchstpreis** im Sinne dieser Bestimmung dar (dazu Rn. 33 ff.). Nach Auffassung der BaFin darf dabei das untere Ende

---

9 Zu den unterschiedlichen Verfahren bei Aktienemissionen siehe *Meyer*, in: Marsch-Barner/Schäfer, Handbuch börsennotierte AG, § 8 Rn. 24 ff. m. w. N.
10 Grundlegend *Groß*, ZHR 162 (1998), 318, 319; *Schäcker/Brehm*, in: Habersack/Mülbert/Schlitt, Unternehmensfinanzierung, § 3 Rn. 45 ff.; *Meyer*, in: Marsch-Barner/Schäfer, Handbuch börsennotierte AG, § 8 Rn. 30 ff. m. w. N.
11 Dazu *Groß*, ZHR 162 (1998), 318, 321 ff.
12 *Groß*, ZHR 162 (1998), 318, 331; *Singhof/Weber*, in: Habersack/Mülbert/Schlitt, Unternehmensfinanzierung, § 4 Rn. 79 f., 82; *Meyer*, in: Marsch-Barner/Schäfer, Handbuch börsennotierte AG, § 8 Rn. 30; *König/van Aerssen*, in: Eilers/Rödding/Schmalenbach, Unternehmensfinanzierung, Kapitel B Rn. 188.

II. Nichtaufnahme von Emissionspreis und Emissionsvolumen, § 8 Abs. 1 § 8

der Spanne nicht unter 50% des Höchstpreises liegen, da es sich sonst um eine rein fiktive Angabe handele.[13] Diese Auffassung findet indes keine Stütze im Gesetz, da dort ja die Angabe einer Preisspanne gar nicht vorgesehen ist. Wenn es aber dem Anbieter frei steht, nur einen Höchstpreis anzubieten, kann für Restriktionen hinsichtlich des unteren Endes einer Preisspanne kein Raum sein. Davon abgesehen dürfte jedoch die 50%-Regelung faktisch ausreichende Flexibilität gewähren.

Daneben enthält der Prospekt jedoch üblicherweise auch eine Beschreibung des Bookbuildingverfahrens, einschließlich der bei diesem Verfahren für die Preisfestsetzung maßgeblichen **Kriterien und Bedingungen**, zumal diese auch nach Anhang III Ziff. 5.3.1 der EU-Prospektverordnung ohnehin zu nennen sind („Angabe der Methode, mittels derer der Angebotspreis (sic!, s. o. Rn. 9) festgelegt wird"), siehe dazu auch die bei Rn. 31 abgedruckte Beispielsformulierung. 16

Neben der Festlegung des Platzierungspreises auf der Grundlage der tatsächlichen Nachfrage wird mitunter auch die **Zahl der zu platzierenden Aktien** endgültig erst aufgrund der Ergebnisse des Bookbuildings festgelegt. Auch insoweit kann also ein Anwendungsfall des Abs. 1 gegeben sein. 17

b) Decoupled Bookbuilding

Seit dem Jahr 2005 kommt bei Börsengängen bisweilen eine Variante des Bookbuilding-Verfahrens zur Anwendung, bei der das Angebot (dem die Prospektveröffentlichung vorauszugehen hat) und die Preisfestsetzung durch das Bookbuilding-Verfahren zeitlich entkoppelt werden. Man spricht daher insoweit von dem sog. **entkoppelten Bookbuildingverfahren** („*decoupled bookbuilding*"). Dieses wird insbesondere in solchen Fällen herangezogen, in denen die Festlegung einer Preisspanne in erhöhtem Maße unsicher ist,[14] etwa weil Vergleichsunternehmen fehlen, deren Börsenbewertung sonst bei der Festlegung einer Preisspanne herangezogen werden könnte. Auch kann ein volatiles Marktumfeld dazu führen, dass sich eine zu Beginn des Angebotes sachgerecht festgelegte Preisspanne binnen weniger Tage für das aktuelle Marktumfeld als nicht mehr realistisch erweist. Daher enthält beim entkoppelten Bookbuilding der Prospekt zunächst keine Preisspanne. Deren Festlegung erfolgt erst, nachdem sich aus Gesprächen mit ausgewählten Investoren, die den Emittenten anhand des Prospekts analysieren konnten, erste Preisindikationen ergeben. Das eigentliche Bookbuilding beginnt dann einige Tage nach der Prospektveröffentlichung, nachdem die aufgrund der vorgenannten Investorengespräche bestimmte Preisspanne veröffentlicht wurde (zur Frage, wie diese Veröffentlichung vorzunehmen ist, insbesondere ob ein Nachtrag i. S. v. § 16 erforderlich wird, s. u. Rn. 54). Daneben besteht wegen der Unwägbarkeiten der Entwicklung der konkreten Nachfrage oft ein Interesse, die genaue Zahl der angebotenen Aktien – wie bereits beim klassischen Bookbuilding ausgeführt (s. o. Rn. 14) offenzulassen. 18

---

13 *Just*, in: Just/Voß/Ritz/Zeising, WpPG, § 8 Rn. 9.
14 Dieses Verfahren wurde erstmals beim Börsengang der Conergy AG im März 2005 angewandt; dazu *Meyer*, in: Marsch-Barner/Schäfer, Handbuch börsennotierte AG, § 8 Rn. 34; *Schlitt/Schäfer*, AG 2008, 525, 532; *Ries*, in: Grunewald/Schlitt, Einführung in das Kapitalmarktrecht, § 2 III. 3 b) (S. 38 f.).

§ 8   Nichtaufnahme von Angaben

c) Bezugsrechtskapitalerhöhungen

19 Einen weiteren Anwendungsfall bilden Bezugsrechtskapitalerhöhungen börsennotierter Gesellschaften. Traditionell war nach § 186 Abs. 2, Abs. 5 Satz 2 AktG bereits in dem Bezugsangebot an die Aktionäre der „Ausgabebetrag" zu nennen, worunter auch hier nicht der aktienrechtliche Ausgabebetrag im technischen Sinne, sondern das pro bezogene neue Aktie zu leistende Entgelt (sog. **Bezugspreis**) gemeint ist.[15] In diesem klassischen Fall des Bezugsangebots kann der Bezugspreis meist auch unproblematisch im grds. zuvor zu veröffentlichenden Prospekt genannt werden.[16] Die frühzeitige Festlegung des Bezugspreises führt jedoch zu mitunter erheblichen Abschlägen vom Börsenkurs und macht daher Bezugsrechtskapitalerhöhungen unattraktiv.[17] Um dies zu vermeiden, genügt es seit der Ergänzung des § 186 Abs. 2 Satz 1 AktG durch das **Transparenz- und Publizitätsgesetz (TransPuG)**,[18] im Bezugsangebot zunächst nur die **Grundlagen der Festlegung** des Bezugspreises anzugeben. Der endgültige Bezugspreis muss dann nach § 186 Abs. 2 Satz 2 AktG spätestens drei Tage vor Ablauf der Bezugsfrist in den Gesellschaftsblättern und über ein elektronisches Informationsmedium bekannt gemacht werden.[19] Dieser sog. TransPuG-Struktur bei einer Bezugsrechtskapitalerhöhung ist also wesensimmanent, dass der endgültige Bezugspreis in dem vor Beginn des Bezugsangebots zu veröffentlichenden Prospekt noch nicht genannt werden kann. Eine in jüngerer Zeit ebenso vorkommende Spielart der Bezugsrechtskapitalerhöhung sieht vor, dass das Emissionsvolumen ganz oder teilweise bei institutionellen Investoren „vorwegplatziert" wird, bevor die eigentliche Bezugsfrist beginnt.

3. Nichtaufnahme

20 Die Reichweite der unter den Voraussetzungen des Abs. 1 zulässigen Nichtaufnahme der Angaben des endgültigen Emissionspreises und der angebotenen Zahl an Wertpapieren führt in der Praxis immer wieder zu Unsicherheiten. Denn eine Reihe der nach § 7 i.V. m. den gemäß der EU-Prospektverordnung (insbesondere deren Schemata und Modulen) in den Prospekt aufzunehmenden sog. Mindestangaben werden **aus Emissionspreis oder -volumen abgeleitet** (dazu im Einzelnen sogleich).

21 So verlangt die BaFin regelmäßig, in dem zu billigenden Prospekt zumindest eine **Indikation für den erwarteten Emissionserlös**[20] sowie die maximale **Gesamtzahl der angebo-**

---

15 *Busch*, in: Marsch-Barner/Schäfer, Handbuch börsennotierte AG, § 42 Rn. 16, 53 ff.; weitere Nachweise bei *Schlitt/Seiler*, WM 2003, 2175 (dort Fn. 1).
16 Allgemein zur Prospektpflicht bei Bezugsangeboten *Herfs*, in: Habersack/Mülbert/Schlitt, Unternehmensfinanzierung, § 6 Rn. 119.
17 *Meyer*, in: Marsch-Barner/Schäfer, Handbuch börsennotierte AG, § 7 Rn. 29.
18 BGBl. I vom 25.7.2002, S. 2681.
19 Dazu *Herfs*, in: Habersack/Mülbert/Schlitt, Unternehmensfinanzierung, § 6 Rn. 102 ff.; *Busch*, in: Marsch-Barner/Schäfer, Handbuch börsennotierte AG, § 42 Rn. 53 ff.
20 *Schlitt/Schäfer*, in: Assmann/Schlitt/von Kopp-Colomb, WpPG/VerkProspG, § 8 Rn. 18; angedeutet bei *Just*, in: Just/Voß/Ritz/Zeising, WpPG, § 8 Rn. 32 f.; diese Indikation für den erwarteten Emissionserlös kann aus einem grob geschätzten Maximalbetrag („bis zu"), aber auch einer weiten Spanne bestehen, die bis zu 50% ihres oberen Endes betragen kann, so auch *Zanner*, Börsen-Zeitung v. 13.12.2006; *Schlitt/Schäfer*, in: Assmann/Schlitt/von Kopp-Colomb, WpPG/VerkProspG, § 8 Rn. 23.

II. Nichtaufnahme von Emissionspreis und Emissionsvolumen, § 8 Abs. 1 § 8

tenen **Wertpapiere** (!) aufzunehmen.[21] Indes ergibt sich der Emissionserlös aus dem Produkt des Preises pro angebotenem Wertpapier (also dem Angebotspreis) und der Zahl der platzierten Aktien. Er kann also nur anhand eben jener Faktoren errechnet werden, die nach Abs. 1 Satz 1 gerade nicht zwingend in den Prospekt aufgenommen werden müssen. Die BaFin begründet diese Praxis damit, dass sich die Sonderregelung des Abs. 1 nicht ausdrücklich auf die von Emissionspreis und -volumen abgeleiteten Angaben wie z. B. die geschätzten Gesamtnettoerträge der Emission nach Ziff. 8.1 Anh. III ProspVO erstrecke und zudem als Ausnahmeregelung restriktiv ausgelegt werden müsse.[22] Diese formale Argumentation überzeugt nicht, führt sie doch dazu, dass die vom Gesetzgeber bewusst eingeräumte Flexibilität wieder eingeschränkt wird. Dies widerspricht dem Sinn und Zweck der Regelung.[23] Das Verlangen nach der Angabe einer maximalen Gesamtzahl angebotener Wertpapiere widerspricht sogar dem klaren Wortlaut des Abs. 1 Satz 1, der ausdrücklich erlaubt, auf die Angabe der Gesamtzahl der öffentlich angebotenen Wertpapiere zu verzichten.[24] Daher ist die Aktienzahl – soweit sie nicht im Prospekt genannt werden kann – nicht zwingender Bestandteil eines zu billigenden Prospekts.

Aus dem Prinzip der Vollständigkeit nach §§ 5, 7 WpPG folgt nichts anderes. Daraus ergibt sich nämlich keineswegs, dass ein Prospekt alle in den relevanten **Schemata und Modulen** genannten Informationsbestandteile der Prospektverordnung enthalten müsste.[25] Dies bestätigt auch Erwägungsgrund 24 der EU-Prospektverordnung. Danach soll der Emittent die Möglichkeit haben, auf bestimmte Informationsbestandteile zu verzichten, die in den Schemata und Modulen zwar generell gefordert werden, für ein bestimmtes Wertpapier aber nicht relevant sind. Daraus ergibt sich, dass die EU-Prospektverordnung mit ihren einzelnen Informationsbestandteilen und Schemata kein statisches Gebilde sein soll, sondern die Auslassung bestimmter Informationen durchaus möglich ist, soweit dies – wie hier durch Art. 8 der EU-Prospektrichtlinie (bzw. § 8) ausdrücklich eingeräumt – geboten erscheint. 22

Zudem hat die EU-Prospektverordnung keinen Vorrang vor der EU-Prospektrichtlinie und den mit ihr in Einklang stehenden nationalen Umsetzungsgesetzen. Im Rahmen der Normenhierarchie auf europäischer Ebene stellt die Prospektverordnung lediglich eine Durchführungsverordnung auf einer niedrigeren Stufe des sog. **Lamfalussy-Verfahrens**[26] dar. Sie hat keineswegs die Legitimationswirkung der vom Europäischen Parlament beschlossenen EU-Prospektrichtlinie, sondern dient lediglich zur Konkretisierung der darin enthal- 23

---

[21] Von ihrer insoweit vorübergehend flexibleren Verwaltungspraxis ist die BaFin leider wieder abgerückt, kritisch dazu *Meyer*, in: Habersack/Mülbert/Schlitt, Unternehmensfinanzierung, § 36 Rn. 75; *Just*, in: Just/Voß/Ritz/Zeising, WpPG, § 8 Rn. 34 f.; *Schlitt/Schäfer*, AG 2008, 525, 532; *Schlitt/Schäfer*, in: Assmann/Schlitt/von Kopp-Colomb, WpPG/VerkProspG, § 8 Rn. 24.

[22] BaFin-Workshop „100 Tage WpPG", Präsentation „Rechtsfragen aus der Anwendungspraxis" vom 3.11.2005, S. 8; ähnlich offenbar *Hamann*, in: Schäfer/Hamann, Kapitalmarktgesetze, § 8 WpPG Rn. 4.

[23] Ebenso kritisch hierzu *Just*, in: Just/Voß/Ritz/Zeising, WpPG, § 8 Rn. 32, 35; *Apfelbacher/Metzner*, BKR 2006, 81, 87; *Schlitt/Wilczek*, in: Habersack/Mülbert/Schlitt, Kapitalmarktinformation, § 5 Rn. 100; *Schlitt/Schäfer*, AG 2008, 525, 532.

[24] *Meyer*, in: Habersack/Mülbert/Schlitt, Unternehmensfinanzierung, § 36 Rn. 75; *Schlitt/Wilczek*, in: Habersack/Mülbert/Schlitt, Kapitalmarktinformation, § 5 Rn. 100.

[25] *Groß*, Kapitalmarktrecht, § 7 WpPG Rn. 2.

[26] Dazu *von Kopp-Colomb/Lenz*, AG 2002, 24, 25; *Seitz*, BKR 2002, 340, 341; *Schmolke*, NZG 2005, 912.

§ 8   Nichtaufnahme von Angaben

tenen Vorgaben (vgl. auch Erwägungsgrund 1 der EU-Prospektverordnung). Dass dies in Form einer gemäß Art. 288 Abs. 2 AEUV[27] (früher Art. 249 Abs. 2 EGV) unmittelbar in den Mitgliedstaaten geltenden Verordnung geschah, dürfte sich aus praktischen Erwägungen ergeben haben. So sollen dadurch eine übermäßige Umsetzungstätigkeit des nationalen Gesetzgebers vermieden und gerade im Hinblick auf die gemeinschaftsweite Geltung gebilligter Prospekte nach Art. 17 EU-Prospektrichtlinie möglichst einheitliche inhaltliche Vorgaben erreicht werden. An der Normenhierarchie nach dem Lamfalussy-Verfahren ändert sich dadurch jedoch nichts.

24   In systematischer Hinsicht ist vielmehr zu beachten, dass § 8 (nahezu wortgleich mit Art. 8 der Prospektrichtlinie) gerade eine Einschränkung der Verweisungsnorm des § 7 (der Art. 7 der EU-Prospektrichtlinie in nationales Recht umsetzt und diesem inhaltlich entspricht) darstellt, die auf den Katalog der in einen Prospekt (grds.) aufzunehmenden sog. Mindestangaben aus der EU-Prospektverordnung verweist.

25   Auch eine konkrete Analyse der einzelnen relevanten **Bestimmungen der EU-Prospektverordnung** ergibt nichts anderes (wobei hier auf die für Aktienemissionen relevanten Schemata und Module abgestellt wird):

26   Anhang III Ziff. 5.1.2 der EU-Prospektverordnung („**Gesamtsumme der Emission**"):

– Nach Ziffer 5.1.2 von Anhang III ist die Gesamtsumme der Emission/des Angebots anzugeben, wobei zwischen den zum Verkauf und den zur Zeichnung angebotenen Aktien zu unterscheiden ist. Satz 2 von Ziffer 5.1.2 sieht dabei – konsistent mit der Grundentscheidung von Art. 8 der EU-Prospektrichtlinie – für den Fall, dass der Betrag der angebotenen Aktien bei Prospektbilligung nicht festgelegt worden ist, vor, dass die insoweit getroffenen Vereinbarungen und der Zeitpunkt der Veröffentlichung der endgültigen Zahl zu nennen sind. Also gestattet auch die EU-Prospektverordnung ausdrücklich die Möglichkeit eines gebilligten Prospekts, der keine Aktienzahl enthält.

27   Anhang III Ziffer 5.3.1 der EU-Prospektverordnung („**Preis**, zu dem die Wertpapiere angeboten werden"):

– Die in Ziff. 5.3.1 des Anhangs III der EU-Prospektverordnung vorgesehene Angabe des Preises, zu dem die Wertpapiere angeboten werden, fällt unmittelbar in den Anwendungsbereich des Abs. 1 Satz 1. Konsequenterweise ist in Satz 2 jener Ziff. 5.3.1 auch eine diesem entsprechende Regelung vorgesehen. Danach ist in Fällen, in denen der Preis nicht bekannt oder kein etablierter und/oder liquider Markt für die Wertpapiere besteht (wie dies typischerweise beim Börsengang der Fall ist), die Methode anzugeben, mittels derer der Angebotspreis festgelegt wird, einschließlich der Angabe der Person, die die Kriterien festgelegt hat oder offiziell für deren Festlegung verantwortlich ist.

28   Anhang III Ziffer 7.2 der EU-Prospektverordnung („**Zahl** und Kategorie der von jedem Wertpapierinhaber angebotenen Wertpapiere"):

– Ziffer 7.2 des Anhangs III der EU-Prospektverordnung sieht die Angabe der Zahl der von jedem Wertpapierinhaber angebotenen Wertpapiere vor, freilich ohne dass eine Ziff. 5.1.2 Satz 2 des Anhangs III der EU-Prospektverordnung entsprechende Ausnahme enthalten wäre. Ohne die in Abs. 1 und in Ziff. 5.1.2 des Anhang III der EU-Pros-

---

27 Vertrag über die Arbeitsweise der Europäischen Union, konsolidierte Fassung abgedruckt in ABl. EG Nr. C 115 vom 9.5.2008, S. 47.

II. Nichtaufnahme von Emissionspreis und Emissionsvolumen, § 8 Abs. 1

pektverordnung vorgegebene Grundentscheidung zu konterkarieren, sollte daher jedenfalls die voraussichtliche Prozentzahl der nach dem Angebot von dem abgebenden Aktionär an der Gesellschaft noch gehaltenen Aktien genannt werden. Alternativ kann eine „bis zu"-Angabe für die ggf. zum Verkauf stehenden Aktien aus dem Bestand des jeweiligen Altaktionärs erfolgen, ergänzt um die nach Abs. 1 Satz 1 erforderliche Angabe der Bedingungen und Kriterien für die Festlegung des endgültigen Betrags.

Anhang III Ziffer 8.1 der EU-Prospektverordnung („Angabe der Gesamtnettoerträge und Schätzung der Gesamtkosten der Emission"): 29

– Hier gilt das vorstehend unter Rn. 21 Gesagte. Die Angabe des Emissionserlöses hängt denklogisch genau von denjenigen Faktoren ab, die nach Abs. 1 Satz 1 weggelassen werden können. Vor diesem Hintergrund zwingend auch unter den Voraussetzungen des Abs. 1 Satz 1 die Angabe des Emissionserlöses (gekürzt um die Emissionskosten) zu verlangen, widerspricht daher der in Abs. 1 Satz 1 zum Ausdruck kommenden Grundentscheidung des Richtlinien- und Gesetzgebers. Jedenfalls muss es hier genügen, eine grobe Indikation in Form eines „bis zu"-Betrags vorzunehmen.

Anhang III Ziffer 9.1 der EU-Prospektverordnung („Verwässerung"): 30

– Die nach Ziffer 9.1 des Anhangs III der EU-Prospektverordnung anzugebende, unmittelbare Verwässerung der Aktionäre folgt aus der endgültigen Zahl der im Rahmen eines Angebots neu ausgegebenen Aktien und kann daher nur ermittelt werden, wenn jene Zahl feststeht. Kann diese aber nach Abs. 1 Satz 1 zunächst offen bleiben, folgt daraus logisch zwingend, dass auch endgültige Angaben zur Verwässerung weggelassen werden können und für diese daher Abs. 1 Satz 1 entsprechend gilt.

4. Kriterien und Bedingungen der Ermittlung

Werden der endgültige Angebotspreis und/oder die endgültige Zahl der angebotenen Wertpapiere im Prospekt nicht genannt, sind nach Abs. 1 Satz 1 die Kriterien oder Bedingungen anzugeben, anhand derer diese Werte ermittelt werden. Für den Hauptanwendungsfall dieser Regelung, das Bookbuilding, erfolgt insoweit eine Beschreibung des **Bookbuilding-Verfahrens** und der in dessen Rahmen erfolgenden Festlegung von Preis und Zahl der platzierten Wertpapiere. Diese wurde zunächst als ausreichende Darstellung der für die Ermittlung von Preis und Volumen angewandten Kriterien und Bedingungen angesehen.[28] Eine typische Beschreibung des Bookbuildingverfahrens in einem für einen Börsengang veröffentlichten Prospekt lautet wie folgt: 31

Nach Ablauf des Angebotszeitraums wird der Platzierungspreis mithilfe des im Bookbuildingverfahren erstellten sog. Orderbuchs festgelegt. Der Preisfestsetzung liegen die im vorgenannten Orderbuch gesammelten Kaufangebote zugrunde, die von Investoren während des Angebotszeitraums abgegeben wurden. Diese Kaufangebote werden nach dem gebotenen Preis sowie nach der erwarteten Ausrichtung der betreffenden Investoren ausgewertet. Die Festsetzung des Platzierungspreises und der Zahl der zu platzierenden Aktien erfolgt auf dieser Grundlage zum einen im Hinblick auf eine ange-

---
28 *Schlitt/Schäfer*, AG 2005, 498, 505; *Hamann*, in: Schäfer/Hamann, Kapitalmarktgesetze, § 8 WpPG Rn. 7.

§ 8 Nichtaufnahme von Angaben

strebte Erlösmaximierung. Zum anderen wird berücksichtigt, ob der Platzierungspreis und die Zahl der zu platzierenden Aktien angesichts der sich aus dem Orderbuch ergebenden Nachfrage nach den Aktien der Gesellschaft vernünftigerweise die Aussicht auf eine stabile Entwicklung des Aktienkurses im Zweitmarkt erwarten lassen. Dabei wird nicht nur den von den Investoren gebotenen Preisen und der Zahl der zu einem bestimmten Preis Aktien nachfragenden Investoren Rechnung getragen. Vielmehr wird auch die Zusammensetzung des Aktionärskreises der Gesellschaft (sog. Investoren-Mix), die sich bei der zu einem bestimmten Preis möglichen Zuteilung ergibt, und das erwartete Investorenverhalten berücksichtigt.

31a Mit Wirkung zum 28. Januar 2014 hat ESMA freilich die Anforderungen an die Angabe der **Kriterien oder Bedingungen zur Ermittlung des endgültigen Angebotspreises** verschärft. Danach müssen diese Kriterien ausreichend präzise sein, um den Preis **vorhersehbar** zu machen und ein ähnliches Schutzniveau für die Anleger bieten wie die Angabe eines Höchstpreises. Anleger müssen in der Lage sein, zu überprüfen, ob der endgültige Angebotspreis **korrekt „berechnet"** wurde. Daher sieht ESMA in Fällen, in denen es **noch keinen liquiden Markt** in der angebotenen Wertpapiergattung gibt (d. h. bei Neuemissionen, insbesondere Börsengängen) einen bloßen Verweis auf das Bookbuildingverfahren nicht als ausreichende Angabe von Kriterien i. S. v. § 8 Abs. 1 an. Wird die Beschreibung des Bookbuildingverfahrens jedoch kombiniert mit der Angabe eines Höchstpreises oder einem Widerrufsrecht, dann sind nach Auffassung von ESMA die Anforderungen der Ziff. 5.3.1 des Annex III der Prospektverordnung erfüllt. Der endgültige Angebotspreis kann auch einen im Prospekt angegebenen, lediglich als „indikativ" bezeichneten Höchstpreis (bzw. Preisspanne) überschreiten; in diesem Fall soll den Anlegern jedoch ein Widerrufsrecht zustehen.[29] Letztere Situation setzt aber ohnehin voraus, dass eine solche Erhöhungsmöglichkeit im Prospekt vorgesehen ist; ansonsten wäre es fraglich, ob eine Zuteilung von Wertpapieren zu einem Preis über dem Höchstpreis bzw. dem oberen Ende der Preisspanne noch von dem (konkludenten) Inhalt der Kaufaufträge der Anleger gedeckt wäre. Die neue Auffassung von ESMA erscheint ohnehin in Anbetracht des Gesetzeswortlauts fragwürdig. Weder verlangt die Prospektrichtlinie bzw. das WpPG, dass die anzugebenden „Kriterien oder Bedingungen zur Ermittlung des endgültigen Angebotspreises" dessen (auch nur nachträgliche) Berechnung ermöglichen müssen, noch lässt sich den gesetzlichen Vorgaben entnehmen, dass mangels einer solchen Berechenbarkeit stets ein Höchstpreis angegeben werden müsste (siehe auch Rn. 36 m. w. N.).

31b Bei öffentlichen Angeboten einer bereits börsennotierten Gattung, für die es einen **liquiden Markt** gibt, genügt nach der Auffassung von ESMA die Angabe der Kriterien oder Bedingungen zur Ermittlung des endgültigen Angebotspreises den Anforderungen des § 8 Abs. 1, wenn der Preis durch **Bezugnahme auf den Marktpreis** bestimmt wird (z. B. durch einen Abschlag von x% vom durchschnittlichen Marktpreis). In einem solchen Fall stehen diese Angaben laut ESMA auch ohne Höchstpreis oder Widerrufsrecht im Einklang mit Ziff. 5.3.1 des Annex III der EU-Prospektverordnung.[30] Auch hier scheinen die Vorgaben von ESMA nicht durch die gesetzlichen Vorgaben gedeckt zu sein, da der Gesetzeswortlaut hinsichtlich der Art und des Detaillierungsgrades der Angaben zu den Kriterien oder Bedingungen zur Ermittlung des endgültigen Angebotspreises macht.

---

29 ESMA-Questions and Answers – Prospectuses (25th Updated Version – July 2016), Frage 58.
30 ESMA-Questions and Answers – Prospectuses (25th Updated Version – July 2016), Frage 58.

II. Nichtaufnahme von Emissionspreis und Emissionsvolumen, § 8 Abs. 1   § 8

Erhalten Investoren außerhalb des Prospektes weitere wesentliche preisbezogene Informationen (etwa zum Prozess der Bewertung des Emittenten), erwartet ESMA dass diese Informationen gem. § 15 Abs. 5 in den Prospekt aufgenommen werden (dazu § 15).   31c

In Bezug auf die Angabe des „Emissionsvolumens" genügt bei sog. **„bis zu" Kapitalerhöhungen** die Angabe der maximal angebotenen Aktienzahl.[31] Freilich ist es unschwer möglich und daher empfehlenswert, die Bedingungen darzustellen, von denen es abhängt, in welchem Umfang die Kapitalerhöhung durchgeführt wird, bzw. die Kriterien zu erläutern, anhand derer diese Entscheidung getroffen wird.[32]   32

5. Angabe eines Höchstpreises

In Bezug auf den „Emissionspreis" kann anstelle der Kriterien und Bedingungen für dessen Festlegung nach Abs. 1 Satz 2 alternativ ein **Höchstpreis** angegeben werden. Dies kann auch in Form einer Preisspanne erfolgen, so wie dies beim klassischen Bookbuilding-Verfahren der Fall ist (s. o. Rn. 14 ff.). In diesem Fall ist das **obere Ende der Preisspanne** der Höchstpreis. Der Sinn der Regelung liegt darin, dem Anleger eine Indikation über den maximal von ihm zu erbringenden Kapitaleinsatz zu geben, die er seiner Investitionsentscheidung zugrunde legen kann. Dabei kann der Höchstbetrag durchaus großzügig bemessen sein, denn gegen einen geringeren von ihm zu erbringenden Kapitaleinsatz muss der Anleger nicht geschützt werden.   33

Die Begründung des Regierungsentwurfs des Prospektrichtlinie-Umsetzungsgesetzes führt in diesem Zusammenhang aus, ein Höchstpreis „sollte soweit möglich" angegeben werden.[33] Dies bezog sich jedoch noch auf die Formulierung des Abs. 1 Satz 2 nach dem Regierungsentwurf, wonach „bezüglich des Emissionspreises auch der Höchstpreis angegeben werden soll". Im endgültigen Gesetzeswortlaut wurde aber durch die Verwendung der Worte „abweichend hiervon kann" klargestellt, dass ein **Wahlrecht** zwischen der Angabe von Kriterien/Bedingungen oder Höchstpreis besteht.[34]   34

Nach der Regierungsbegründung soll zudem in den Fällen, in denen kein Ausgabepreis festgelegt wird, als Höchstpreis der erste nach der Einführung der Wertpapiere festgestellte oder gebildete Börsenpreis, bei Mehrfachnotierungen der höchste erste Börsenpreis gelten.[35] Der tiefere Sinn dieser Ausführungen bleibt unklar. Zum einen ist der erste Börsenpreis eindeutig weder Emissions- noch Ausgabepreis, da der Börsenhandel die wirksame   35

---

31 *Schlitt/Schäfer*, AG 2005, 498, 505; *Schlitt/Wilczek*, in: Habersack/Mülbert/Schlitt, Kapitalmarktinformation, § 5 Rn. 103; *Just*, in: Just/Voß/Ritz/Zeising, WpPG, § 8 Rn. 28.
32 *Hamann*, in: Schäfer/Hamann, Kapitalmarktgesetze, § 8 WpPG Rn. 7.
33 RegBegr. Prospektrichtlinie-Umsetzungsgesetzes zu § 8 WpPG, BT-Drucks. 15/4999, S. 25, 32; dies ändert an dem nach dem Wortlaut klar bestehenden Wahlrecht zwischen der Angabe von Kriterien/Bedingungen oder Höchstpreis nichts, ebenso *Hamann*, in: Schäfer/Hamann, Kapitalmarktgesetze, § 8 WpPG Rn. 7.
34 Siehe die Änderung des Abs. 1 Satz 2 in der Beschlussempfehlung und Bericht des Finanzausschusses, BT-Drucks. 15/5373, S. 15; zur Entstehungsgeschichte *Just*, in: Just/Voß/Ritz/Zeising, WpPG, § 8 Rn. 2. Damit entspricht der Gesetzeswortlaut den Vorgaben des Art. 8 Abs. 1 lit. a) der EU-Prospektrichtlinie. Dies belegt insbesondere die englische Sprachfassung, die das Wahlrecht durch den Gebrauch des Wortes „or" zum Ausdruck bringt.
35 RegBegr. Prospektrichtlinie-Umsetzungsgesetz zu § 8 WpPG, BT-Drucks. 15/4999, S. 25, 32.

§ 8   Nichtaufnahme von Angaben

Ausgabe der Wertpapiere bereits voraussetzt.[36] Er ist auch nicht der Preis, zu dem Anleger die betreffenden Wertpapiere erwerben können, da sich dieser im Laufe des Börsenhandels ständig verändern kann. Erst recht stellt er keinen Höchstpreis dar, denn der erste Börsenpreis bildet keine Obergrenze für künftige Börsenpreise. Da der Prospekt regelmäßig Voraussetzung für die Börsenzulassung ist (vgl. § 3 Abs. 3 WpPG, § 32 Abs. 3 Nr. 2 BörsG) und damit seine Veröffentlichung der Feststellung des ersten Börsenpreises typischerweise vorausgeht, kann der erste Börsenpreis auch kaum im Prospekt genannt werden. Schließlich besteht, wie oben ausgeführt, ohnehin kein rechtliches Bedürfnis, zwingend einen Höchstpreis zu nennen.

36   Umgekehrt soll nach der bereits dargestellten Auffassung von ESMA die Angabe der Kriterien und Bedingungen der Ermittlung des noch nicht im Prospekt angegebenen endgültigen Platzierungspreises in Form einer Beschreibung des Bookbuildingverfahrens nicht ausreichen, wenn für die angebotenen/zuzulassenden Wertpapiere noch kein liquider Markt besteht.[37] Dem steht jedoch – ebenso wie dem vorstehend erörterten Postulat, grundsätzlich einen Höchstpreis anzugeben – der klare Wortlaut des § 8 Abs. 1 Satz 2 WpPG entgegen, der die Angabe eines Höchstpreises klar als Alternative bzw. ersetzende Angabe für die Kriterien und Bedingungen der Festsetzung vorsieht, was an der Formulierung „abweichend hiervon. . ." deutlich wird. Dies wird auch anhand der Verknüpfung der Kriterien mit „oder/or" und „bzw." in Art. 8 Abs. 1 lit. (a) der EU-Prospektrichtlinie deutlich.[38]

6. Widerrufsrecht

a) Voraussetzungen

37   Enthält der Prospekt weder den endgültigen Angebotspreis und/oder die endgültige Zahl der angebotenen Wertpapiere und nennt er auch keinen Höchstpreis, so bleibt er dennoch billigungsfähig. Dem steht zwar scheinbar der Wortlaut des Abs. 1 Satz 1 und 2 entgegen („...muss der Prospekt die Kriterien oder Bedingungen angeben"/"abweichend hiervon kann...").[39] Klarheit ergibt jedoch eine richtlinienkonforme Auslegung[40] im Lichte des Art. 8 Abs. 1 der EU-Prospektrichtlinie. Dieser sieht bei Ausbleiben der Angaben von endgültigem Emissionskurs und/oder -volumen alternativ die Angabe von Kriterien, Bedingungen und/oder Höchstpreis einerseits und bei deren Fehlen ein den Anlegern zuzubilligendes Recht zum Widerruf nach Hinterlegung des endgültigen Emissionspreises und/oder -volumens vor. So ist nach Abs. 1 Satz 3 bis 5 in letzterem Fall dem Erwerber angebotener Wertpapiere ein **Widerrufsrecht** einzuräumen, über das der Prospekt nach Abs. 1 Satz 10 auch eine Belehrung enthalten muss (dazu Rn. 46). Dieses Belehrungserfordernis liefe leer, wenn ein Prospekt ohne die Angaben zu Emissionspreis und -volumen nicht ge-

---

36 Das ergibt sich aus § 4 BörsZulV, vgl. *Groß*, Kapitalmarktrecht, §§ 1–12 Rn. 8 (zu § 4 BörsZulV).
37 ESMA-Questions and Answers – Prospectuses (25th Updated Version – July 2016), Frage 58.
38 Ebenso *Hamann*, in: Schäfer/Hamann, Kapitalmarktgesetze, § 8 WpPG Rn. 7 („Wahlrecht"), *Rauch*, in: Holzborn, WpPG, § 8 Rn. 6; *Just*, in: Just/Voß/Ritz/Zeising, WpPG, § 8 Rn. 24; *Groß*, Kapitalmarktrecht, § 8 WpPG Rn. 6; *Schlitt/Schäfer*, in: Assmann/Schlitt/von Kopp-Colomb, WpPG/VerkProspG, § 8 Rn. 17; *Heidelbach*, in: Schwark/Zimmer, KMRK § 8 WpPG Rn. 8.
39 Insoweit kritisch *Hamann*, in: Schäfer/Hamann, Kapitalmarktgesetze, § 8 WpPG Rn. 9; *Straßner*, in: Heidel, Aktienrecht und Kapitalmarktrecht, § 8 WpPG Rn. 5.
40 Zum Gebot der richtlinienkonformen Auslegung vgl. nur *Schnorbus*, AcP 201 (2001), 860, 865, mit umfangreichen Nachweisen zu Rspr. und Literatur.

II. Nichtaufnahme von Emissionspreis und Emissionsvolumen, § 8 Abs. 1   § 8

billigt werden könnte. Dieses Widerrufsrecht ist auch dann gegeben, wenn es nur an einer der Angaben des endgültigen Emissionspreises oder des Emissionsvolumens fehlt (und auch jeweils die Ermittlungskriterien bzw. ein Höchstpreis nicht genannt sind). Der Wortlaut impliziert zwar auf den ersten Blick, dass es an beiden Parametern fehlen müsse. Dies liefe aber dem Sinn und Zweck der Regelung zuwider, dass beide Angaben als für die Anlageentscheidung maßgeblich angesehen werden.[41]

Das Widerrufsrecht nach Abs. 1 Satz 3 besteht auch, wenn die Angaben zu Kriterien und Bedingungen der Ermittlung von Emissionspreis und -volumen (oder auch die Angabe des Höchstpreises) **unrichtig** oder diese Angaben entweder nur zum Preis oder zum Volumen vorgesehen sind, in Bezug auf das jeweils andere Merkmal aber keine Aussagen getroffen werden. Denn auch in diesen Fällen fehlt es an den nach Abs. 1 Satz 1 und 2 erforderlichen Angaben.[42]   38

Das Widerrufsrecht nach Abs. 1 Satz 3 ist jenem bei **Verbraucherverträgen** nachgebildet.[43] Die Regelungen des Widerrufs nach § 8 weichen jedoch teilweise von den §§ 355 ff. BGB ab. Auch die bloße Rechtsfolgenverweisung auf § 357a BGB (dazu Rn. 45) zeigt, dass gerade kein Widerrufsrecht nach §§ 355 ff. BGB eingeräumt wird. Daher können diese Bestimmungen nicht ohne Weiteres zur Konkretisierung der Modalitäten des Widerrufsrechts nach § 8 herangezogen werden.[44]   39

Dass bei der klassischen Ausgestaltung des **Bookbuildings** die Erwerbsangebote der Anleger bis zum Ende der Angebotsperiode frei widerruflich sind,[45] ändert am Bestehen des gesetzlichen Widerrufsrechts nach Abs. 1 Satz 3 nichts.[46] Das vertragliche Widerrufsrecht im Rahmen des Bookbuilding-Verfahrens ist typischerweise auch anders ausgestaltet und endet insbesondere bereits mit dem Ende der Angebotsperiode. Das Gesetz sieht zudem keine Ausnahmen in Fällen eines vertraglich eingeräumten Widerrufsrechts vor. Da beim Bookbuilding-Verfahren die Voraussetzungen des Widerrufsrechts nach Abs. 1 Satz 3 jedoch in aller Regel ohnehin nicht vorliegen werden, dürfte diese Frage von geringer praktischer Relevanz sein.   40

---

41 Das wird auch aus den Beispielsfällen in den ESMA-Questions and Answers – Prospectuses (25th Updated Version – July 2016), bei Frage 58 deutlich; so auch *Hamann*, in: Schäfer/Hamann, Kapitalmarktgesetze, § 8 WpPG Rn. 11; *Just*, in: Just/Voß/Ritz/Zeising, WpPG, § 8 Rn. 41; *Rauch*, in: Holzborn, WpPG, § 8 Rn. 18; *Straßner*, in: Heidel, Aktienrecht und Kapitalmarktrecht, § 8 WpPG Rn. 5; a. A. *Schlitt/Schäfer*, in: Assmann/Schlitt/von Kopp-Colomb, § 8 WpPG Rn. 15, und *Groß*, Kapitalmarktrecht, § 8 WpPG Rn. 4, nach deren Auffassung ein Widerruf nur bei Fehlen sowohl des Emissionsvolumens als auch des -preises in Betracht kommt.
42 *Hamann*, in: Schäfer/Hamann, Kapitalmarktgesetze, § 8 WpPG Rn. 6, 10 ff.; *Just*, in: Just/Voß/Ritz/Zeising, WpPG, § 8 Rn. 41; *Heidelbach*, in: Schwark/Zimmer, KMRK, § 8 WpPG Rn. 19; a. A. *Schlitt/Schäfer*, in: Assmann/Schlitt/von Kopp-Colomb, WpPG/VerkProspG, § 8 Rn. 33.
43 *Kullmann/Sester*, ZBB 2005, 209, 212.
44 Zum sachlichen Anwendungsbereich der §§ 355 ff. BGB *Grüneberg*, in: Palandt, BGB, 74. Aufl. 2015, vor § 355 Rn. 5.
45 Dies ergibt sich üblicherweise aus dem als *invitatio ad offerendum* ausgestalteten sog. „Verkaufsangebot", *Groß*, ZHR 162 (1998), 318, 323; siehe auch das Beispiel für die Formulierung eines Verkaufsangebots bei *Meyer*, in: Marsch-Barner/Schäfer, Handbuch börsennotierte AG, § 8 Rn. 31 (dort Fn. 1).
46 *Just*, in: Just/Voß/Ritz/Zeising, WpPG, § 8 Rn. 42.

§ 8   Nichtaufnahme von Angaben

b) Gegenstand des Widerrufsrechts

41 Gegenstand des Widerrufsrechts ist nach Abs. 1 Satz 3 die auf den **Abschluss des Vertrags gerichtete Willenserklärung**. Mit „Vertrag" ist dabei der Vertrag über den Erwerb der angebotenen Wertpapiere gemeint. Es kommt dabei nicht darauf an, ob die Erklärung des Anlegers wie im Fall der Ausübung des Bezugsrechts bei einer Bezugsrechtskapitalerhöhung i. S. v. § 186 Abs. 1 Satz 2 AktG die Annahme eines Angebotes oder wie typischerweise bei einem Börsengang selbst erst den „Antrag" i. S. v. § 145 BGB darstellt, der auf eine vorherige *invitatio ad offerendum* des Anbieters erklärt wird und von diesem im Rahmen der Zuteilung angenommen wird.[47]

c) Frist

42 Der Widerruf ist binnen **zwei Werktagen nach Hinterlegung** des endgültigen Emissionspreises und -volumens zu erklären. Mit der Hinterlegung ist dabei die nach Abs. 1 Satz 9 am Tag der Veröffentlichung vorzunehmende Hinterlegung bei der BaFin gemeint (s. u. Rn. 53). Die Widerrufsfrist ist der an der Veröffentlichung eines Nachtrags anknüpfenden Widerrufsfrist nach § 16 Abs. 3 (s. Kommentierung zu § 16 Rn. 146 ff.) nachgebildet und nach §§ 187 ff. BGB zu berechnen. Dabei ist nach § 187 Abs. 1 BGB der Tag der Hinterlegung nicht mitzurechnen; die Frist endet also nach § 188 Abs. 1 BGB mit Ablauf des zweiten auf die Hinterlegung folgenden Werktags. Der Samstag bzw. Sonnabend gilt während des Laufs der Frist als Werktag;[48] fällt das Fristende aber auf einen Samstag/Sonnabend, Feiertag oder Sonntag, endet die Widerrufsfrist gem. § 193 BGB mit Ablauf des nächsten Werktages. Zur Fristwahrung genügt die rechtzeitige Absendung des Widerrufs. Da die Hinterlegung typischerweise der Veröffentlichung nachfolgt, fragt sich, ob bereits nach Veröffentlichung, aber vor Hinterlegung widerrufen werden kann. Nach Sinn und Zweck der Regelung dürfte dies zu bejahen sein.[49]

43 Unabhängig vom Ablauf der so bestimmten Frist besteht jedoch kein Widerrufsrecht, wenn die auf den Abschluss des Erwerbsvertrags gerichtete Willenserklärung des Anlegers nach Veröffentlichung des endgültigen Emissionspreises oder -volumens abgegeben wird. Die Voraussetzungen des Widerrufsrechts, nämlich das Fehlen der erforderlichen Informationen über Emissionspreis und -volumen, liegen dann nicht mehr vor, so dass der Anleger dann des Schutzes des Widerrufsrechts nicht mehr bedarf.[50] Gleiches soll entsprechend der Regelung zum Nachtrag nach § 16 Abs. 3 Satz 1 letzter Halbsatz gelten, wenn Erfüllung eingetreten ist.[51]

---

47 *Meyer*, in: Marsch-Barner/Schäfer, Handbuch börsennotierte AG, 8 Rn. 31.
48 Vgl. *Heinrichs*, in: Palandt, BGB, 74. Aufl. 2015, § 193 Rn. 4; *Repgen*, in: Staudinger, BGB, 2014, § 193 Rn. 4; BGH, 27.4.2005 – VIII ZR 206/04, NJW 2005, 2154.
49 *Schlitt/Schäfer*, in: Assmann/Schlitt/von Kopp-Colomb, WpPG/VerkProspG, § 8 Rn. 36; so wohl auch *Heidelbach*, in: Schwark/Zimmer, KMRK, § 8 WpPG Rn. 17.
50 RegBegr. Prospektrichtlinie-Umsetzungsgesetz zu § 8 WpPG, BT-Drucks. 15/4999, S. 25, 32; *Hamann*, in: Schäfer/Hamann, Kapitalmarktgesetze, § 8 WpPG Rn. 13; *Groß*, Kapitalmarktrecht, § 8 WpPG Rn. 4; *Just*, in: Just/Voß/Ritz/Zeising, WpPG, § 8 Rn. 44; *Schlitt/Schäfer*, in: Assmann/Schlitt/von Kopp-Colomb, WpPG/VerkProspG, § 8 Rn. 34; *Heidelbach*, in: Schwark/Zimmer, KMRK, § 8 WpPG Rn. 20; wohl auch *Rauch*, in: Holzborn, WpPG, § 8 Rn. 17.
51 *Kullmann/Sester*, ZBB 2005, 209, 212; *Rauch*, in: Holzborn, WpPG, § 8 Rn. 20.

d) Form

Der Widerruf muss nach Abs. 1 Satz 4 nicht begründet werden und ist in **Textform** gem. § 126b BGB gegenüber der im Prospekt als Empfänger des Widerrufs bezeichneten Person zu erklären. Es genügt also beispielsweise die Erklärung per E-Mail oder Fax.[52]

44

e) Rechtsfolge

Hinsichtlich der Rechtsfolgen des Widerrufs verweist Abs. 1 Satz 5 auf § 357a BGB. Wie der Rücktritt wandelt der Widerruf den bestehenden Schuldvertrag (hier: Kaufvertrag über eine bestimmte Zahl von angebotenen Wertpapieren) in ein Rückgewährschuldverhältnis um. Das bedeutet: Das Schuldverhältnis zwischen Anbieter und dem widerrufenden Erwerber besteht fort, erhält jedoch infolge des Widerrufs („ex nunc") einen anderen Inhalt.[53] Nach § 357a Abs. 1 BGB sind die empfangenen Leistungen spätestens nach 30 Tagen zurückzugewähren. Freilich dürfte diese Bestimmung bei einem Widerruf nach § 8 Abs. 1 Satz 4 kaum praktische Bedeutung erlangen, da vor Festsetzung von Preis und Platzierungsvolumen regelmäßig noch keine Leistungen erfolgt sind, d. h. weder Wertpapiere geliefert noch ein Entgelt gezahlt wurde.

45

f) Belehrung

Nennt der Prospekt weder den endgültigen Angebotspreis noch einen Höchstpreis oder gibt er die endgültige Zahl der angebotenen Wertpapiere nicht an, muss er eine **Belehrung** über das dann nach Abs. 1 Satz 3 bestehende **Widerrufsrecht** enthalten. Diese muss an hervorgehobener Stelle erfolgen. Nähere Vorgaben zu diesem in der EU-Prospektrichtlinie nicht ausdrücklich vorgesehene Erfordernis nennt das Gesetz nicht. Es dürfte sich anbieten, die Belehrung im Abschnitt „das Angebot" vorzusehen und auch in der entsprechenden Passage der Zusammenfassung darauf hinzuweisen sowie die Belehrung drucktechnisch hervorzuheben. Teils wird auch vorgeschlagen, die Belehrung auf dem Deckblatt oder der letzten Seite des Prospekts vorzusehen.[54] Inhaltliche Anforderungen für die Belehrung regelt das Gesetz nicht. Sie sollte aber alle zur Ausübung des Widerrufsrechts erforderlichen Informationen enthalten, also Form, Frist und Inhalt des Widerrufs, die Angabe des Empfängers des Widerrufs nach Abs. 1 Satz 4 sowie eine Darstellung von dessen Rechtsfolgen.[55] Anders als in § 355 Abs. 2 Satz 1 BGB im Fall des Widerrufsrechts bei Verbraucherverträgen (der hier keine Anwendung findet, s. o. Rn. 39) knüpft § 8 den Beginn der Widerrufsfrist nicht an die ordnungsgemäße Belehrung, sondern lediglich an die Hinterlegung von Emissionspreis und -volumen.

46

---

52 Zu den Einzelheiten der Textform vgl. *Ellenberger*, in: Palandt, BGB, 74. Aufl. 2014, § 126b Rn. 3.
53 *Fritsche* in: MünchKomm-BGB, § 357a Rn. 50.
54 *Just*, in: Just/Voß/Ritz/Zeising, WpPG, § 8 Rn. 40.
55 *Hamann*, in: Schäfer/Hamann, Kapitalmarktgesetze, § 8 WpPG Rn. 17

§ 8 Nichtaufnahme von Angaben

7. Veröffentlichung des endgültigen Emissionspreises und/oder -volumens

47 Sind der Emissionspreis bzw. das Emissionsvolumen endgültig festgelegt, ist der Anbieter oder Zulassungsantragsteller nach Abs. 1 Satz 6 verpflichtet, dies unverzüglich danach zu veröffentlichen.

a) Zeitpunkt

aa) Grundsatz: unverzüglich nach Festlegung

48 Nach dem Regierungsentwurf sollte die Veröffentlichung des endgültigen Emissionspreises und des Emissionsvolumens noch „spätestens am Tag des öffentlichen Angebotes" erfolgen.[56] Dies hätte das Bookbuilding-Verfahren, bei dem Angebotspreis und die Zahl der zu platzierenden Wertpapiere auf der Grundlage der tatsächlich vorhandenen Nachfrage bestimmt werden und daher notwendigerweise erst nach Beginn des Angebots festgelegt werden können, unmöglich gemacht. Daher wurde dies zur Beibehaltung des **Bookbuilding**-Verfahrens in der Beschlussempfehlung des Finanzausschusses korrigiert.[57] Es reicht also aus, die Veröffentlichung des endgültigem Emissionspreises und -volumens **unverzüglich nach deren Festlegung** vorzunehmen.

bb) Sonderregelung für reine Zulassungsprospekte

49 Für den Fall, dass kein öffentliches Angebot erfolgt, mithin der Prospekt „nur" der Börsenzulassung dient, sind nach Abs. 1 Satz 7 der endgültige Emissionspreis und das endgültige Emissionsvolumen spätestens einen **Werktag vor der Einführung** der betreffenden Wertpapiere (§ 52 BörsZulV) zu veröffentlichen.

cc) Sonderregelung für Nichtdividendenwerte

50 Werden Nichtdividendenwerte in den Börsenhandel eingeführt, ohne dass ein öffentliches Angebot erfolgt, sieht Abs. 1 Satz 8 vor, dass die Veröffentlichung des endgültigen Emissionspreises und -volumens (abweichend von Satz 7) **nachträglich** erfolgen kann, wenn die Nichtdividendenwerte während einer längeren Dauer und zu veränderlichen Preisen ausgegeben werden. Dies schafft die nötige Flexibilität insbesondere für fortlaufende Ziehungen unter Anleiheemissionsprogrammen.

b) Form

51 Die Veröffentlichung von Preis und/oder Volumen nach Abs. 1 Satz 6 muss in einer Art und Weise erfolgen, die für die **Prospektveröffentlichung nach § 14 Abs. 2 zulässig** ist. Anders als in § 16 Abs. 1 Satz 4 für einen Nachtrag vorgeschrieben, ist diese Veröffentlichung nicht zwingend in derselben Art und Weise vorzunehmen, in der der ursprüngliche

---

56 RegE Prospektrichtlinie-Umsetzungsgesetz, BT-Drucks. 15/4999, S. 10.
57 Beschlussempfehlung und Bericht des Finanzausschusses, BT-Drucks. 15/5373, S. 50.

Prospekt veröffentlicht worden war. Es reicht unabhängig von der Form der Prospektveröffentlichung insbesondere die Veröffentlichung auf der Internetseite des Emittenten aus.[58]

c) Verpflichteter

Wie im Falle des Nachtrags ist der **Anbieter** oder **Zulassungsantragsteller** zur Veröffentlichung verpflichtet. Da es sich dabei um einen Annexverpflichtung zur Pflicht zur Prospektveröffentlichung handelt, obliegt die Verpflichtung jedem, der als Anbieter oder Zulassungsantragsteller zur Veröffentlichung des Prospekts verpflichtet ist. 52

8. Hinterlegung

Zusätzlich zur Veröffentlichung sieht Abs. 1 Satz 9 vor, dass der endgültige Emissionspreis und das endgültige Emissionsvolumen – ebenso wie der Prospekt – nach § 14 Abs. 1 Satz 1 am Tag der Veröffentlichung **bei der BaFin zu hinterlegen** sind. Die Hinterlegung ist dabei insbesondere auch für den Beginn des Laufs der Widerrufsfrist nach Abs. 1 Satz 3 bedeutsam (s. o. Rn. 42). 53

9. Verhältnis zum Nachtrag nach § 16

Emissionspreis und -volumen können grds. auch „wichtige neue Umstände" i. S. v. § 16 darstellen. Ausweislich der Regierungsbegründung bestimmt sich dies nach dem Maßstab des § 5 Abs. 1 Satz 1,[59] ist also der Fall, wenn es sich um für die Anlageentscheidung wesentliche Informationen handelt (s. dazu die Kommentierung zu § 5 Rn. 9 und zu § 16 Rn. 18 ff.). Damit fragt sich, inwieweit neben der Veröffentlichung nach Abs. 1 Satz 6 auch eine Nachtragspflicht nach § 16 entstehen kann. Betrachtet man indes die Regelungssystematik genauer, so zeigt sich, dass eine Anwendung der Nachtragsregelungen neben der Veröffentlichung nach Abs. 1 Satz 6 keinen Sinn ergibt. Vielmehr trifft § 8 für den spezifischen Fall der endgültigen Festlegung von Emissionspreis und -volumen nach Prospektveröffentlichung eine differenzierte **Sonderregelung**. Dies zeigt sich insbesondere anhand des Widerrufsrechts, das hierbei nur dann entsteht, wenn der Prospekt auf die Angabe der Kriterien und Bedingungen für deren Ermittlung verzichtet hatte. Diese abgestufte Systematik würde bei Annahme einer Pflicht zur Veröffentlichung eines Nachtrages schon bei der bloßen endgültigen Festlegung von Emissionspreis und -volumen nach Prospektveröffentlichung leerlaufen. Denn ein Nachtrag hätte nach § 16 Abs. 3 Satz 2 stets ein Widerrufsrecht des Anlegers zur Folge. Somit zeigt sich, dass die Veröffentlichung nach Abs. 1 Satz 6 in ihrem Anwendungsbereich der Nachtragspflicht nach § 16 vorgeht und insoweit eine **Sperrwirkung** entfaltet.[60] Die Nachtragspflicht nach § 16 ist daher auf preisbildende Faktoren beschränkt, bezieht sich aber nicht auf den Preis selbst. Man kann die Veröffentlichung nach Abs. 1 Satz 6 deshalb auch als **unechten Nachtrag** bezeichnen. Die Sperrwir- 54

---

58 *Apfelbacher/Metzner*, BKR 2006, 81, 87; *Hamann*, in: Schäfer/Hamann, Kapitalmarktgesetze, § 8 WpPG Rn. 19.
59 RegBegr. Prospektrichtlinie-Umsetzungsgesetz zu § 16 WpPG, BT-Drucks. 15/4999, S. 25, 36.
60 *Apfelbacher/Metzner*, BKR 2006, 81, 87; ähnlich *Schlitt/Singhof/Schäfer*, BKR 2005, 251, 261; *Meyer*, in: Habersack/Mülbert/Schlitt, Unternehmensfinanzierung, § 36 Rn. 90; *Schlitt/Wilczek*, in: Habersack/Mülbert/Schlitt, Kapitalmarktinformation, § 5 Rn. 99; *Hamann*, in: Schäfer/Hamann, Kapitalmarktgesetze, § 8 WpPG Rn. 19; *Rauch*, in: Holzborn, WpPG, § 8 Rn. 9.

§ 8 Nichtaufnahme von Angaben

kung des Abs. 1 Satz 6 gegenüber der allgemeinen Nachtragspflicht nach § 16 erstreckt sich auch auf preis- und volumenabhängige Informationen, die sich erst anhand der endgültigen Beträge konkretisieren lassen. Dies gilt ungeachtet der unterschiedlichen Auffassungen zur Reichweite des Abs. 1 Satz 6 auf jeden Fall, wenn bereits der gebilligte Prospekt die Abhängigkeit dieser Angaben von Preis und Volumen beschreibt und diese neben Volumen und Preis deshalb keine „wichtigen neuen Umstände" i.S.v. § 16 Abs. 1 Satz 1 darstellen können. Die endgültigen Beträge dieser Angaben können ggf. zusammen mit dem endgültigen Emissionspreis und -volumen nach Abs. 1 Satz 6 veröffentlicht werden.[61] Würde man ansonsten nur wegen der Konkretisierung der von Preis und Volumen abhängigen Informationen durch die endgültige Festlegung dieser Parameter einen Nachtrag i.S.v. § 16 verlangen, wäre auch dadurch die Sonderregelung des Abs. 1 Satz 6 ausgehebelt. Dies würde dem Regelungszweck zuwiderlaufen.

55 Wird im Falle des **Decoupled Bookbuilding** bei einem Börsengang zunächst ein Prospekt veröffentlicht, der weder Emissionspreis und -volumen noch eine bei klassischen Börsengängen üblicherweise angegebene **Preisspanne** enthält, und werden diese nach ersten Preisindikationen der Investoren vor Beginn der eigentlichen Zeichnungsperiode nachgereicht, so müsste hierfür erst recht die Veröffentlichung nach Abs. 1 Satz 6 ausreichen. Es erscheint bereits fraglich, ob die bloße Angabe der Preisspanne für sich genommen nach dem für die Nachtragspflicht entscheidenden Maßstab des § 5 Abs. 1 Satz 1 (s. o.) relevante Angaben enthält, die also für die Beurteilung der Vermögenswerte, Verbindlichkeiten, Finanzlage, Gewinne und Verluste, Zukunftsaussichten des Emittenten sowie der mit diesen Wertpapieren verbundenen Rechte notwendig sind. Außerdem handelt es sich bei der Preisspanne um ein dem endgültigen Angebotspreis wesensgleiches Minus, dessen Angabe zudem gesetzlich nicht erforderlich ist, sondern vielmehr überobligationsmäßig als Zwischenschritt zur Veröffentlichung des endgültigen Preises erfolgt.[62] Nach der bisherigen Verwaltungspraxis der BaFin hat jedoch die nach Prospektveröffentlichung erfolgende Veröffentlichung der Preisspanne beim Decoupled Bookbuilding in Form eines **Nachtrags** i.S.v. § 16 WpPG zu erfolgen.[63] Dies ist insbesondere wegen des dann erforderlichen Billigungsverfahrens lästig. Indes erteilt die BaFin in diesen Fällen die Billigung des nur auf die Preisspanne und die von ihr abhängenden Angaben beschränkten Nachtrages üblicherweise sehr kurzfristig,[64] so dass die Verwendbarkeit des Decoupled Bookbuilding durch die Nachtragsbilligung nicht ernsthaft beeinträchtigt wird. Dies zeigt aber auch, dass es sich bei einem solchen Nachtragserfordernis wohl eher um eine Förmelei handelt, mit der im Sinne des Anlegerschutzes nichts gewonnen ist und die daher hinterfragt werden sollte.[65]

56 Wird eine **Preisspanne** veröffentlicht (gleich ob im Prospekt, im Fall des Decoupled Bookbuilding in einem Nachtrag nach § 16 oder – nach der hier vertretenen Auffassung – in einem „unechten" Nachtrag nach Abs. 1 Satz 6), reicht es in Bezug auf die vom (endgülti-

---

61 *Rauch*, in: Holzborn, WpPG, § 8 Rn. 12.
62 In diesem Sinne auch *Schlitt/Singhof/Schäfer*, BKR 2005, 251, 261.
63 So auch *Rauch*, in: Holzborn, WpPG, § 8 Rn. 7; kritisch dagegen *Just*, in: Just/Voß/Ritz/Zeising, WpPG, § 8 Rn. 25.
64 „Wenn möglich tagglich", BaFin-Workshop „100 Tage WpPG", Präsentation „Rechtsfragen aus der Anwendungspraxis" vom 3.11.2005, S. 8.
65 So weisen *Schlitt/Singhof/Schäfer*, BKR 2005, 251, 261, zu Recht darauf hin, dass es undenkbar erscheint, dass die Angabe einer Preisspanne einmal nicht billigungsfähig sein sollte.

gen) Emissionspreis abhängigen Angaben aus, wenn diese zusammen mit der Veröffentlichung der Preisspanne auf der Grundlage des Mittelwerts der Preisspanne mitgeteilt werden.[66] Dabei ist darauf hinzuweisen, dass es sich nur um eine vorläufige Indikation der Beträge handelt, die sich in Abhängigkeit von dem endgültigen Emissionspreis noch ändern können. Bei Angabe eines **Höchstpreises** gilt Entsprechendes. In diesem Fall bedarf es bei einem unter dem Höchstpreis festgelegten endgültigen Emissionspreis keiner Veröffentlichung der preisabhängigen Angaben in Form eines Nachtrags, wenn aus dem Prospekt deutlich wird, wie sich ein geringerer Emissionspreis auf diese preisabhängigen Angaben auswirkt.[67] Die Veröffentlichung des endgültigen Emissionspreises nach Abs. 1 Satz 6, ggf. ergänzt um den endgültigen Betrag der preisabhängigen Angaben, ist in diesem Fall ausreichend. Ein Widerrufsrecht nach Abs. 1 Satz 3 (wie es auch im Falle der Nachtragsveröffentlichung nach § 16 Abs. 3 bestünde) steht den Wertpapiererwerbern in diesem Fall nicht zu (s. o. Rn. 54).[68]

Liegt hingegen der endgültige Emissionspreis über einem zuvor im Prospekt angegebenen Höchstpreis oder haben sich sonst Angaben zu Emissionspreis oder -volumen geändert, ohne dass der Prospekt die Möglichkeit dieser Änderungen und deren Auswirkungen auf Prospektangaben beschreibt, sind die Änderungen dagegen in einem Nachtrag zu veröffentlichen.[69] Davon losgelöst zu betrachten ist die Frage, ob dann unlimitierte Erwerbserklärungen („*orders*"), die auf der Grundlage des den ursprünglichen Höchstpreis enthaltenden Prospekts abgegeben worden waren, mit dem höheren Preis bestätigt werden müssen, da ansonsten mangels korrespondierender Willenserklärungen gemäß § 150 Abs. 2 BGB (noch) kein Erwerbsgeschäft zu dem „endgültigen" Emissionspreis zustande gekommen ist.

57

III. Nichtaufnahme sonstiger Angaben, § 8 Abs. 2

Nach Abs. 2 kann die BaFin gestatten, dass auf andere nach dem WpPG oder der EU-Prospektverordnung zwingend in den Prospekt aufzunehmende Angaben als Emissionspreis oder -volumen ausnahmsweise verzichtet werden kann, wenn überwiegende öffentliche Interessen oder Interessen des Emittenten deren Aufnahme entgegenstehen oder die Angaben im konkreten Fall von untergeordneter Bedeutung sind. Die Bestimmung entspricht nahezu wortwörtlich dem früheren § 47 BörsZulV a. F. und weitgehend § 14 Abs. 4 VerkProspV a. F.

58

---

66 *Schlitt/Wilczek*, in: Habersack/Mülbert/Schlitt, Kapitalmarktinformation, § 5 Rn. 101; alternativ kann die Angabe auch auf der Grundlage des oberen und des unteren Endes der Preisspanne erfolgen, vgl. *Hamann*, in: Schäfer/Hamann, Kapitalmarktgesetze, § 8 WpPG Rn. 4; *Apfelbacher/Metzner*, BKR 2006, 81, 87.
67 BaFin-Workshop 2009, Präsentation „Ausgewählte Rechtsfragen zum Nachtragsrecht" vom 9.11.2009, S. 9 (*Hehne*).
68 *Hamann*, in: Schäfer/Hamann, Kapitalmarktgesetze, § 8 WpPG Rn. 12.
69 BaFin-Workshop 2009, Präsentation „Ausgewählte Rechtsfragen zum Nachtragsrecht" vom 9.11.2009, S. 9 (*Hehne*); *Hamann*, in: Schäfer/Hamann, Kapitalmarktgesetze, § 8 WpPG Rn. 5; *Straßner*, in: Heidel, Aktienrecht und Kapitalmarktrecht, § 8 WpPG Rn. 6; *Rauch*, in: Holzborn, WpPG, § 8 Rn. 7.

§ 8 Nichtaufnahme von Angaben

1. Gestattung durch die BaFin

a) Antrag

59 Die Gestattung sollte von dem Anbieter oder Zulassungsantragsteller unter Angabe von Gründen bei Einreichung des Prospekts mit dem Billigungsantrag **ausdrücklich beantragt** werden. Auch wenn das Gesetz nicht ausdrücklich einen Antrag vorsieht, besteht ansonsten die Gefahr, dass die BaFin das Fehlen der betreffenden Angabe im Rahmen ihrer Vollständigkeitsprüfung im Billigungsverfahren nach § 13 Abs. 1 beanstandet und ggf. die Billigung ablehnt.

b) Ermessen

60 Die Gestattung der Nichtaufnahme von Pflichtangaben steht im Ermessen der BaFin. Diese trifft ihre Entscheidung ausschließlich **im öffentlichen Interesse**.[70] Dabei hat regelmäßig das Informationsinteresse des Anlegerpublikums Vorrang vor den Interessen des Emittenten (etwa an der Geheimhaltung sensibler Informationen),[71] so dass an die Gestattungsvoraussetzungen hohe Anforderungen zu stellen sind.[72] Die BaFin macht demzufolge von der Möglichkeit, die Nichtaufnahme von Pflichtangaben zu gestatten, äußerst **restriktiv** Gebrauch.[73] Insbesondere ist eine Gestattung nicht möglich, wenn die betreffende Information nach § 15 WpHG ad hoc zu veröffentlichen wäre, die Anwendbarkeit jener Bestimmung unterstellt. Dabei soll die Möglichkeit der Selbstbefreiung nach § 15 Abs. 3 WpHG außer Betracht bleiben.[74] Dafür spricht auch, dass ansonsten die Gefahr eines Verstoßes gegen § 14 Abs. 1 Satz 1 Nr. 1 WpHG bestünde, dessen Geltung von der Inanspruchnahme der Selbstbefreiung nach § 15 Abs. 3 WpHG unberührt bleibt.

c) Verhältnis zur Prospekthaftung

61 Wird den Prospektverantwortlichen ausnahmsweise gestattet, auf bestimmte Pflichtangaben zu verzichten, so ist damit aber nicht ausgeschlossen, dass der Prospekt insoweit in Bezug auf für die Beurteilung der betreffenden Wertpapiere wesentliche Angaben unvollständig i. S. v. § 21 Abs. 1 Satz 1 sein kann, so dass Erwerbern von Wertpapieren ggf. Prospekthaftungsansprüche zustehen.[75] **Unabhängig** von einer etwaigen Gestattung der BaFin, auf bestimmte Prospektangaben zu verzichten, liegt die Verantwortung für die Vollständigkeit und Richtigkeit des Prospekts ausschließlich bei den Prospektverantwortlichen und -veranlassern i. S. v. § 21 Abs. 1 Nr. 1 und 2.

d) Auswirkungen auf die Notifizierungsbescheinigung nach § 18

62 Beantragt der Emittent nach § 18, dass die BaFin zum Zwecke eines Angebots oder einer Börsenzulassung in einem Staat des Europäischen Wirtschaftsraums, der nicht der Her-

---

70 RegBegr. Prospektrichtlinie-Umsetzungsgesetz zu § 8 WpPG, BT-Drucks. 15/4999, S. 25, 33.
71 So wohl jetzt auch *Heidelbach*, in: Schwark/Zimmer, KMRK, § 8 WpPG Rn. 36; ähnlich *Lenz*, in: Assmann/Lenz/Ritz, VerkProspG, § 14 VerkProspV Rn. 21.
72 RegBegr. Prospektrichtlinie-Umsetzungsgesetz zu § 8 WpPG, BT-Drucks. 15/4999, S. 25, 33.
73 *Schlitt/Schäfer*, in: Assmann/Schlitt/von Kopp-Colomb, WpPG/VerkProspG, § 8 Rn. 44.
74 *Schlitt/Schäfer*, in: Assmann/Schlitt/von Kopp-Colomb, WpPG/VerkProspG, § 8 Rn. 45.
75 RegBegr. Prospektrichtlinie-Umsetzungsgesetz zu § 8 WpPG, BT-Drucks. 15/4999, S. 25, 33.

kunftsstaat des Emittenten ist, der zuständige Behörde des betreffenden Staates eine Bescheinigung über die Billigung des Prospekts übermittelt (sog. **Notifizierung**), hat sie gem. § 18 Abs. 3 im Fall einer **Gestattung nach § 8 Abs. 2 oder 3** auf diese **hinzuweisen** und die Gründe für die Anwendung dieser Regelungen zu nennen.

2. Voraussetzungen

a) Öffentliches Interesse

Dass die Aufnahme von Pflichtangaben nach der EU-Prospektverordnung dem öffentlichen Interesse zuwiderläuft, ist nur **in seltenen Ausnahmefällen** vorstellbar, so dass der die Gestattungsmöglichkeit für diesen Fall vorsehende Abs. 2 Nr. 1 kaum eigenständige Bedeutung erlangt. Denkbar erscheinen allenfalls Angaben zu neuen Produkten, deren Entwicklung und Stand nach Anhang I Ziff. 6.1.2 der EU-Prospektverordnung bei sicherheitsrelevanten (Rüstungs-)Unternehmen. 63

b) Drohende Schädigung des Emittenten

Daneben kann nach Abs. 2 Nr. 2 von der Aufnahme von Pflichtangaben in den Prospekt abgesehen werden, wenn deren Verbreitung dem Emittenten erheblichen Schaden zufügt, es sei denn die Nichtveröffentlichung täuscht das Publikum über für eine fundierte Beurteilung des Emittenten, des Anbieters, des Garantiegebers oder der Wertpapiere wesentliche Tatsachen und Umstände. Anwendungsfälle sind hier wegen des zu beachtenden Schutzinteresses der Anleger schwer vorstellbar, denn die Gefahr des drohenden erheblichen Schadens dürfte häufig mit einem Risiko korrespondieren, das der Anleger selbst bei seiner Investitionsentscheidung zu berücksichtigen haben wird. Insbesondere gibt es **keine generelle Ausnahme für Betriebsgeheimnisse** – auch deren Schutz ist damit durch eine Art der Darstellung zu gewährleisten, die zwar dem Geheimhaltungsinteresse Rechnung trägt, aber den Informationsbedarf der Anleger befriedigt.[76] 64

c) Untergeordnete Bedeutung der Angabe

Schließlich kann auch von der Aufnahme von Angaben abgesehen werden, die für das spezielle Angebot oder für die spezielle Zulassung von untergeordneter Bedeutung und nicht geeignet sind, die Beurteilung der Finanzlage und der Entwicklungsaussichten des Emittenten, Anbieters oder Garantiegebers zu beeinflussen. Diese Konstellation mag häufiger eintreten. Indes sind schützenswerte Interessen, die es gebieten, von der Aufnahme solcher untergeordneter Informationen abzusehen, jedenfalls dann kaum erkennbar, wenn diese Informationen tatsächlich vorliegen. Denkbar erscheint dagegen, dass die Zusammenstellung der entsprechenden Informationen **hohen Aufwand** (für den Emittenten) verursacht und der **geringe Informationsgehalt** der Informationen diesen Aufwand nicht rechtfertigt. 65

---

[76] *Schlitt/Schäfer*, in: Assmann/Schlitt/von Kopp-Colomb, WpPG/VerkProspG, § 5 Rn. 15.

§ 8   Nichtaufnahme von Angaben

IV. Ersatzangaben, § 8 Abs. 3

66   Abs. 3 ermöglicht es Erstellern von Prospekten ausnahmsweise, auf bestimmte Angaben im Prospekt zu verzichten, falls diese im Hinblick auf den konkreten Emittenten oder die konkreten Wertpapiere **nicht angemessen** sind.

1. Fehlende Angemessenheit

67   Pflichtinformationen sind dann nicht angemessen, wenn die betreffenden Umstände zwar vorliegen, sie aber angesichts des Tätigkeitsbereichs oder der Rechtsform des Emittenten oder für die Wertpapiere, auf die sich der Prospekt bezieht, **keine oder nur untergeordnete Bedeutung** haben und es stattdessen für die Beurteilung des Emittenten und/oder der Wertpapiere insoweit auf **andere Umstände** ankommt, mit denen die ausgelassenen Pflichtangaben **ersetzt** werden können.

68   Daneben erlaubt auch Art. 23 Abs. 4 der EU-Prospektverordnung, auf bestimmte Informationen ganz zu **verzichten**, wenn weder diese Informationen noch gleichwertige Ersatzangaben für den Emittenten „angemessen" sind. Keinesfalls kann jedoch auf Grundbestandteile wie z.B. Risikofaktoren verzichtet werden.[77] Der Verzicht auf die Aufnahme von Pflichtinformationen darf weder dazu führen, dass für das zutreffende Urteil nach § 5 Abs. 3 notwendige Informationen fehlen, noch die fundamentalen Grundprinzipien der Prospektdarstellung, wie sie in den Gliederungsvorgaben nach Art. 25 und 26 EU-Prospektverordnung zum Ausdruck kommen, missachtet werden. Im Vorgriff auf von der Kommission im Rahmen der Überarbeitung der EU-Prospektrichtlinie geplante Erleichterungen für Prospekte, die nur für Angebote im Rahmen von Mitarbeiterbeteiligungsprogrammen veröffentlicht werden, erlauben die Aufsichtsbehörden in diesen Fällen, auf bestimmte emittentenbezogene Prospektangaben zu verzichten, sofern Wertpapiere des Emittenten zum Handel an einem Markt mit gewissen Regelpublizitätsanforderungen zugelassen sind. Dies betrifft insbesondere Angaben zur Geschichte, Entwicklung des Emittenten, des von ihm betriebenen Geschäfts und seiner Organisationsstruktur sowie Finanzangaben. Im Hinblick auf die für den Emittenten ohnehin geltenden Publizitätsanforderungen und die Vertrautheit der Mitarbeiter mit den Verhältnissen ihres Arbeitgebers wird dabei angenommen, dass es nicht angemessen ist, nur wegen eines Angebotes an Mitarbeiter des Emittenten von diesem die Veröffentlichung eines auch insoweit vollständigen Prospektes zu verlangen.[78] Ein ausdrücklicher Hinweis auf die Nichtaufnahme der betreffenden Information (sog. **Fehlanzeige**) dürfte nur dann erforderlich sein, wenn der betreffende Anhang der EU-Prospektverordnung dies ausdrücklich verlangt;[79] es steht dem Emittenten natürlich frei, eine Fehlanzeige freiwillig vorzunehmen (s.u. Rn. 70).

---

[77] ESMA-Questions and Answers – Prospectuses (25th Updated Version – July 2016), Frage 11 zur Möglichkeit des vollständigen Verzichts auf einen Abschnitt „Risikofaktoren" unter Verweis auf Art. 23 Abs. 4 der EU-Prospektverordnung.

[78] ESMA-Questions and Answers – Prospectuses (25th Updated Version – July 2016), Frage 71 zur Möglichkeit der Verwendung eines Kurzprospekts für prospektpflichtige Angebote an Mitarbeiter des Emittenten unter Verweis auf Art. 23 Abs. 4 der EU-Prospektverordnung; dort wird unter „Q3" die im Einzelnen verzichtbaren Mindestangaben der Annexes I und III aufgeführt.

[79] *Schlitt/Schäfer*, in: Assmann/Schlitt/von Kopp-Colomb, WpPG/VerkProspG, § 8 Rn. 51; ebenso wohl auch *Fingerhut/Voß*, in: Just/Voß/Ritz/Zeising, WpPG, EU-ProspektVO vor Anhang I Rn. 20.

2. Gleichwertigkeit von Ersatzangaben

Bei der Aufnahme von Ersatzangaben ist darauf zu achten, dass diese dem **Informations-** **69** **bedürfnis des Anlegerpublikums** ausreichend Rechnung tragen, das unter normalen Umständen durch die Aufnahme der ersetzten Angabe befriedigt wird. Dafür ist aber nicht erforderlich, dass sie den eigentlich erforderlichen Angaben inhaltlich entsprechen, da eben diese Information ja nicht angemessen ist.[80]

3. Nicht einschlägige Informationen

Kein Fall des Absatzes 3 liegt jedoch vor, wenn eine Pflichtangabe nach der EU-Prospekt- **70** verordnung nicht erfolgen kann, weil die betreffende Information aufgrund der Natur des Emittenten oder des betreffenden Wertpapiers **nicht relevant** ist bzw. gar **nicht vorliegt**. Art. 8 Abs. 3 Satz 2 der EU-Prospektrichtlinie, der nicht ausdrücklich vom deutschen Gesetzgeber in das Gesetz aufgenommen wurde, sowie Erwägungsgrund 24 der EU-Prospektverordnung sehen für diesen Fall ausdrücklich vor, dass dann die Möglichkeit bestehen soll, auf diese Angaben ganz zu verzichten. Die Begründung des Regierungsentwurfs des Prospektrichtlinie-Umsetzungsgesetzes stellt insoweit jedoch klar, dass es sich insoweit nicht um einen Fall des Abs. 3 handelt. Das bedeutet, dass dann auch **keine Ersatzinformationen** zu liefern sind. Diese Möglichkeit des vollständigen Verzichts auf einen „Pflichtbestandteil" nach der EU-Prospektverordnung soll aber auf Situationen beschränkt sein, in denen eine Angabe „denklogisch" nicht möglich ist.[81] In solchen Fällen ist dann ggf. eine ausdrückliche Negativaussage (sog. **Fehlanzeige**) vorzunehmen, jedenfalls wenn der betreffende Anhang der EU-Prospektverordnung dies fordert.[82] Die überobligationsmäßige Aufnahme einer Fehlanzeige kann sich freilich im Einzelfall auch ohne ausdrückliche Erwähnung in den Anhängen der EU-Prospektverordnung empfehlen, stellt diese doch für den Anleger klar, dass der Prospekt insoweit nicht etwa unvollständig ist, sondern die betreffende Information im konkreten Fall nicht einschlägig ist und deshalb keine Angaben gemacht werden können.[83]

V. Entfall der Angaben über einen EWR-Staat als Garantiegeber, § 8 Abs. 4

Übernimmt ein Staat des Europäischen Wirtschaftsraums (EWR) eine Garantie für ein **71** Wertpapier, so muss der Prospekt über das betreffende Wertpapier nach § 8 Abs. 4 keine Angaben über diesen Garantiegeber enthalten. § 8 Abs. 4 wurde im Zuge der Umsetzung

---

80 *Hamann*, in: Schäfer/Hamann, Kapitalmarktgesetze, § 8 WpPG Rn. 30.
81 RegBegr. Prospektrichtlinie-Umsetzungsgesetz zu § 8 WpPG, BT-Drucks. 15/4999, S. 25, 33.
82 *Schlitt/Schäfer*, in: Assmann/Schlitt/von Kopp-Colomb, WpPG/VerkProspG, § 8 Rn. 51; ebenso wohl auch *Fingerhut/Voß*, in: Just/Voß/Ritz/Zeising, WpPG, EU-ProspektVO vor Anhang I Rn. 20.
83 *Groß*, Kapitalmarktrecht, § 8 WpPG Rn. 12, *Straßner*, in: Heidel, Aktienrecht und Kapitalmarktrecht, § 8 WpPG Rn. 15; *Hamann*, in: Schäfer/Hamann, Kapitalmarktgesetze, § 8 WpPG Rn. 31; *Just*, in: Just/Voß/Ritz/Zeising, WpPG, § 8 Rn. 55.

§ 8 Nichtaufnahme von Angaben

der Prospektrichtlinie-Änderungsrichtlinie[84] eingefügt und beruht auf deren Art. 1 Nr. 8 lit. b. Der Regelung liegt ausweislich des Erwägungsgrundes 19 der Prospektrichtlinie-Änderungsrichtlinie die Überlegung zugrunde, dass die Mitgliedstaaten ohnehin reichlich Informationen über ihre Finanzlage veröffentlichen, die im Allgemeinen öffentlich zugänglich seien. Die Bestimmung erscheint inkonsequent. Zum einen sieht die Prospektrichtlinie sonst auch keine generelle Ausnahme für die Aufnahme von Angaben vor, nur weil diese öffentlich verfügbar sind. Vielmehr ist dies ansonsten nur unter den spezifischen Voraussetzungen der Einbeziehung durch Verweis nach § 11 zulässig. So wird es dem Anleger ermöglicht, anderweitig in der dort vorgesehenen Form bereits veröffentlichte Informationen einfach aufzufinden. Bei nach § 8 Abs. 4 weggelassenen Angaben fehlt es dagegen nicht nur an dem (der Auffindbarkeit dienlichen) Verweis, insbesondere den Angaben, wo diese Informationen anstatt im Prospekt aufzufinden sind. Zudem wird die anderweitige Veröffentlichung gar nicht zur Voraussetzung für das Weglassen gemacht (geschweige denn die Veröffentlichung in einer bestimmten Art und Weise). Vielmehr wird diese pauschal unterstellt („im Allgemeinen öffentlich zugänglich"). Dies erscheint sowohl in Anbetracht des Regelungszusammenhangs noch unter dem Gesichtspunkt des Anlegerschutzes überzeugend. Denn die offenbar vom Richtliniengeber unterstellte Prämisse, es handele sich hier ohnehin nur um eine Formalie, trifft nicht zu. Die Finanzkrise der Jahre 2008 ff. hat gezeigt, dass auch bei EWR-Staaten die Gefahr der massiven Bonitätsverschlechterung und des damit einhergehenden Kursrückgangs der von ihnen emittierten oder garantierten Wertpapiere, ggf. sogar des Zahlungsausfalls durchaus real ist. Daher ist nicht einzusehen, weshalb dennoch für die Angaben über einen EWR-Staat als Garantiegeber eine derart weitreichende und undifferenzierte Freistellung von der Aufnahme in den Prospekt erfolgt. Auch hier ist darauf hinzuweisen, dass die Möglichkeit, Angaben über den Garantiegeber wegzulassen, nicht bedeutet, dass eben solche Angaben als für die Beurteilung der betreffenden Wertpapiere wesentlich erachtet werden. Unterbleiben sie, kann dies dazu führen, dass der Prospekt ggf. als unvollständig i. S. v. § 21 Abs. 1 Satz 1 BörsG angesehen werden könnte.

---

84 Richtlinie 2010/73/EU des Europäischen Parlaments und des Rates vom 24.11.2010 zur Änderung der Richtlinie 2003/71/EG betreffend den Prospekt, der beim öffentlichen Angebot von Wertpapieren oder bei deren Zulassung zum Handel zu veröffentlichen ist, und der Richtlinie 2004/109/EG zur Harmonisierung der Transparenzanforderungen in Bezug auf Informationen über Emittenten, deren Wertpapiere zum Handel auf einem geregelten Markt zugelassen sind, ABl. EU Nr. L 327 vom 11.12.2010, S. 1 („Prospektrichtlinie-Änderungsrichtlinie").

§ 9 Gültigkeit des Prospekts, des Basisprospekts und des Registrierungsformulars

(1) Ein Prospekt ist nach seiner Billigung zwölf Monate lang für öffentliche Angebote oder Zulassungen zum Handel an einem organisierten Markt gültig, sofern er um die nach § 16 erforderlichen Nachträge ergänzt wird.

(2) Im Falle eines Angebotsprogramms ist der Basisprospekt nach seiner Billigung zwölf Monate lang gültig.

(3) Bei Nichtdividendenwerten im Sinne des § 6 Abs. 1 Nr. 2 ist der Prospekt gültig, bis keines der betroffenen Wertpapiere mehr dauernd oder wiederholt ausgegeben wird.

(4) [1]Ein zuvor gebilligtes und hinterlegtes Registrierungsformular im Sinne des § 12 Absatz 1 Satz 2 und 3 ist nach seiner Billigung bis zu zwölf Monate lang gültig. [2]Ein Registrierungsformular, das gemäß § 12 Absatz 3 oder § 16 aktualisiert worden ist, ist zusammen mit der Wertpapierbeschreibung und der Zusammenfassung als gültiger Prospekt anzusehen.

(5) (weggefallen)

Übersicht

	Rn.		Rn.
I. Regelungsgegenstand	1	a) Gedeckte Nichtdividendenwerte	13
1. Überblick	1	b) Dauermittierende CRR-Kreditinstitute	14
2. Wesentliche Änderungen	4	2. Nachtragspflicht	15
II. Gültigkeit des Prospekts	5	V. Gültigkeit des Registrierungsformulars	16
1. Allgemeines	5		
2. Frist	7	1. Frist	16
3. Nachtragspflicht	9	2. Aktualisierungspflicht	18
III. Gültigkeit des Basisprospekts für Angebotsprogramme	11	3. Nutzung für die Erstellung eines mehrteiligen Prospekts	19
IV. Gültigkeit des Basisprospekts für bestimmte Nichtdividendenwerte	12	VI. Ablauf der Gültigkeit	20
1. Anwendungsbereich der Sonderregelung	12	1. Grundsatz	20
		2. Rechtsfolgen bei Verstoß	22

I. Regelungsgegenstand

1. Überblick

Die Vorschrift setzt Art. 9 ProspektRL in der Fassung der Änderungsrichtlinie 2010/73/EU um.[1] Sie enthält die grundsätzliche Regel, dass ein **Prospekt** nach seiner Billigung zwölf Monate lang für öffentliche Angebote oder Zulassungen von Wertpapieren zum Handel an

---

1 Vgl. Erwägungsgründe 26 und 27 ProspektRL. Zur Entstehungsgeschichte s. *Seitz*, in: Assmann/Schlitt/von Kopp-Colomb, WpPG/VerkProspG, § 9 WpPG Rn. 3 ff.

§ 9   Gültigkeit des Prospekts, des Basisprospekts und des Registrierungsformulars

einem organisierten Markt gültig ist, sofern er um die nach § 16 erforderlichen Nachträge (§ 16) ergänzt wird (Abs. 1). Dies setzt einen angemessenen zeitlichen Rahmen für die Verwendbarkeit von Prospekten. Die Absätze 2–4 enthalten dazu besondere Bestimmungen für den Basisprospekt für ein Angebotsprogramm, den Prospekt für Nichtdividendenwerte i. S. v. § 6 Abs. 1 Nr. 2 und ein Registrierungsformular. Die ProspektVO sieht keine weitergehenden Präzisierungen vor, da Art. 9 ProspektRL keine Ermächtigung für entsprechende Durchführungsmaßnahmen enthält.

2 Die Gültigkeit des (aktualisierten) Prospekts zielt auf die **erleichterte Vornahme zukünftiger weiterer Emissionen** ab. Dies steht in sachlichem Zusammenhang mit § 3 Abs. 3, der vorsieht, dass die Verpflichtung zur Veröffentlichung eines Prospekts nicht für ein späteres Angebot oder eine spätere endgültige Platzierung von Wertpapieren durch die dort genannten Finanzintermediäre gilt, wenn ein gültiger Prospekt gemäß § 9 vorliegt und der Emittent oder die Personen, die die Verantwortung für den Prospekt übernommen haben, in dessen Verwendung schriftlich eingewilligt haben (vgl. § 3 Rn. 10). § 9 geht auf entsprechende Regelungen in anderen Rechtsordnungen zurück. Eine bestimmte Gültigkeitsdauer für den Prospekt war dagegen in Deutschland vor Inkrafttreten des WpPG mit Ausnahme der Regelung in § 44 BörsZulV a. F. für unvollständige Börsenzulassungsprospekte **unbekannt**. Danach musste ein Prospekt lediglich am Tag der Zulassung zum Handel oder während der Dauer des öffentlichen Angebots aktuell und richtig sein (vgl. §§ 10, 11 VerkProspG a. F.).[2] Daran hat das Wertpapierprospektgesetz zwar nichts geändert, da die Nachtragspflicht mit dem endgültigen Schluss des öffentlichen Angebots oder, falls diese später erfolgt, mit der Einführung in den Handel an einem organisierten Markt endet (§ 16 Abs. 1 Satz 1).[3] Eine Pflicht zur fortlaufenden Aktualisierung zur Erhaltung der Gültigkeit besteht nicht (s. ausf. Rn. 10).[4] Jedoch erhält der Emittent die **Möglichkeit**, die Verwendbarkeit eines Prospekts oder Registrierungsformulars während des Gültigkeitszeitraums vor einer neuen Emission durch Ergänzung um die nach § 16 erforderlichen Nachträge aufrechtzuerhalten. Angesichts der Ausdehnung der prospektpflichtigen Vorhaben gegenüber der Rechtslage vor Inkrafttreten des WpPG (vgl. § 3 Rn. 2) kann dies erhebliche Kosten sparen.

3 **Bedeutung** hat die Gültigkeit des Prospekts vor allem für Emittenten, die mit einem Registrierungsformular (§ 12) mehrfach Emissionen vornehmen wollen, sowie für Emissionen auf Grundlage eines Basisprospekts, d. h. von Nichtdividendenwerten oder Optionsscheinen im Rahmen eines Angebotsprogramms (§ 6 Abs. 1 Nr. 1) oder von dauernd oder wiederholt ausgegebenen Nichtdividendenwerten i. S. v. § 6 Abs. 1 Nr. 2.[5] Demgegenüber ist die Gültigkeitsvorgabe für Aktienemissionen nahezu bedeutungslos, weil sie nur singulär, zeitlich eng begrenzt und in aller Regel nicht in kurzen zeitlichen Abständen vorgenommen werden. Zudem wird in der Praxis trotz der gesetzlichen Möglichkeiten regelmäßig

---

2 *Ritz*, in: Assmann/Lenz/Ritz, VerkProspG, § 11 Rn. 20.
3 Es ist daher auch nicht zutreffend, von einer Dispositionsbefugnis über eine fortbestehende Nachtragspflicht zu sprechen; in diese Richtung wohl aber *Holzborn/Schwarz-Gondek*, BKR 2003, 927, 933.
4 *Groß*, Kapitalmarktrecht, § 9 WpPG Rn. 4; *Schlitt/Wilczek*, in: Habersack/Mülbert/Schlitt, Kapitalmarktinformation, § 6 Rn. 35; *Seitz*, in: Assmann/Schlitt/von Kopp-Colomb, WpPG/VerkProspG, § 9 WpPG Rn. 2; *Ebermann*, in: Holzborn, WpPG, § 9 Rn. 6.
5 Vgl. *Ebermann*, in: Holzborn, WpPG, § 9 Rn. 2; *Seitz*, in: Assmann/Schlitt/von Kopp-Colomb, WpPG/VerkProspG, § 9 WpPG Rn. 10 mit Beispielen.

die Erstellung eines neuen Prospekts vorgezogen.⁶ Ausnahmsweise kann die Verwendung eines gesondert hinterlegten (und gebilligten) Registrierungsformulars interessant sein, wenn eine großvolumige Kapitalerhöhung entweder in zeitlich eng aufeinanderfolgende Tranchen aufgeteilt oder mit einer zeitlich vor- oder nachgelagerten „*equity-linked*"-Emission (Umtausch-, Wandel- oder Optionsanleihe) verbunden wird. Ebenso kann dies in Betracht kommen, wenn bereits frühzeitig für eine absehbar erforderliche Kapitalerhöhung dahingehend Vorsorge getroffen werden soll, dass das Billigungsverfahren abgekürzt und der Emissionszeitpunkt flexibler bestimmt werden kann. Diese Vorteile schwinden jedoch erheblich, wenn der Emissionszeitpunkt nach der Veröffentlichung neuer Quartalszahlen liegt und das Registrierungsformular daher in doch erheblichem Maße aktualisiert werden muss. Vorteilhaft ist die Verwendung eines Registrierungsformulars in diesem Fall nur, wenn dieses ohnehin für eine zahlreiche Emissionen von Nicht-Dividendenwerten verwendet wird und vorsorglich nach den für Aktienemissionen maßgeblichen Anhängen erstellt wird.

2. Wesentliche Änderungen

§ 9 wurde erstmals durch das Gesetz zur Umsetzung der Richtlinie 2010/73/EU und zur Änderung des Börsengesetzes geändert.⁷ Durch die **Änderungsrichtlinie**⁸ selbst ergab sich in § 9 nur **geringfügiger Änderungsbedarf**, da keine grundsätzliche Änderung am systematischen Konzept der Gültigkeit von Wertpapierprospekten vorgenommen wurde. Auch ursprüngliche Bestrebungen, die Gültigkeitsdauer von Prospekten auf 24 oder gar 36 Monate⁹ zu verlängern, konnten sich nicht durchsetzen. Hauptsorge war, dass der durch Nachträge aktualisierte Prospekt bei einer längeren Gültigkeitsdauer für die Anleger zu unübersichtlich und damit weniger verständlich werden könnte.¹⁰ Die Gültigkeit von Prospekten beträgt somit unverändert 12 Monate.

4

Durch die ÄnderungsRL geändert wurde, dass es für den Beginn der Gültigkeitsdauer gemäß § 9 Abs. 1 auf die **Billigung** statt auf die Veröffentlichung des Prospekts ankommt (vgl. Rn. 7). Dies soll größere rechtliche Sicherheit bieten, weil der Billigungszeitpunkt leichter überprüfbar ist.¹¹ Ob dies in der Praxis größere Auswirkungen hat, darf bezweifelt werden, zumal wegen der Verpflichtung zur unverzüglichen Veröffentlichung nach Billigung und Hinterlegung des Prospekts (§ 14 Abs. 1) das Datum der Veröffentlichung häufig mit dem Datum der Billigung zusammenfällt. In § 9 Abs. 4 wird klargestellt, was auch

4a

---

6 Vgl. *Schlitt/Wilczek*, in: Habersack/Mülbert/Schlitt, Kapitalmarktinformation, § 6 Rn. 33. Irreführend ist der teilweise verwendete Begriff der „Greenshoe Emission"; **s. aber** *Kunold/Schlitt*, BB 2004, 501, 510; *Seitz*, in: Assmann/Schlitt/von Kopp-Colomb, WpPG/VerkProspG, § 9 WpPG Rn. 11; *Ebermann*, in: Holzborn, WpPG, § 9 Rn. 2.
7 BGBl. I 2012, 1375.
8 Richtlinie 2010/73/EU des Europäischen Parlaments und des Rates vom 24.11.2010 zur Änderung der Richtlinie 2003/71/EG betreffend den Prospekt, der beim öffentlichen Angebot von Wertpapieren oder bei deren Zulassung zum Handel zu veröffentlichen ist, und der Richtlinie 2004/109/EG zur Harmonisierung der Transparenzanforderungen in Bezug auf Informationen über Emittenten, deren Wertpapiere zum Handel auf einem geregelten Markt zugelassen sind (ABl. Nr. L 327 vom 11.12.2010, S. 1).
9 Vgl. *Voß*, ZBB 2010, 194, 203 f.; *Maerker/Biedermann*, RdF 2011, 90, 95.
10 Krit. dazu *Ebermann*, in: Holzborn, WpPG, § 9 Rn. 1.
11 Vgl. Begr. RegE, BT-Drucks. 17/8684, S. 19; Erwägungsgrund 20 der Änderungsrichtlinie, S. 4.

§ 9 Gültigkeit des Prospekts, des Basisprospekts und des Registrierungsformulars

nach alter Rechtslage schon galt, nämlich dass auch die Billigung des Registrierungsformulars Voraussetzung für den Beginn der Gültigkeitsdauer ist (vgl. Vorauf. Rn. 17). Außerdem wird im Gesetzestext nunmehr deutlich, dass die Nutzung des Registrierungsformulars innerhalb der Gültigkeitsdauer seine Aktualisierung voraussetzt und diese nun auch „separat" durch einen Nachtrag gemäß § 16 vorgenommen werden kann (vgl. Rn. 18 und § 12 Rn. 18).[12]

4b Mit der Streichung von § 9 Abs. 5 wurde eine Regelung rückgängig gemacht, die in der ProspektRL kein Vorbild hatte und erst im Laufe des Gesetzgebungsverfahrens zum Wertpapierprospektgesetz auf Vorschlag des Bundesrats eingefügt worden war.[13] Abs. 5 sollte ermöglichen, dass bestehende **öffentliche Angebote** nicht am Ende des zwölften Monats der Gültigkeitsfrist abgeschlossen sein müssen, sondern auf Basis eines bestehenden, gebilligten und veröffentlichten Prospekts **fortgeführt** werden konnten (vgl. näher Rn. 11).[14] Aufgrund der Streichung war zwar grds. nach Ablauf eines Jahres ein neuer Prospekt zu erstellen. Zugleich wurde durch die Einfügung eines neuen Satzes 2 in Abs. 2 eine Ausnahme für öffentliche Angebote aufgrund endgültiger Bedingungen geschaffen. Danach waren öffentliche Angebote von Wertpapieren bei Angebotsprogrammen auf den Zeitraum bis zum Ablauf des Angebots, höchstens jedoch auf 12 Monate seit Hinterlegung der endgültigen Bedingungen beschränkt, wenn die endgültigen Bedingungen während des Gültigkeitszeitraums des Basisprospekts für dieses Angebot hinterlegt wurden. Durch das Kleinanlegerschutzgesetz[15] ist diese Regelung wieder aufgehoben worden, da sie ebenfalls nicht den Vorgaben aus der ProspektRL entsprach.[16]

II. Gültigkeit des Prospekts

1. Allgemeines

5 Nach § 9 Abs. 1 ist ein Prospekt nach seiner Billigung **zwölf Monate** lang für öffentliche Angebote oder Zulassungen zum Handel an einem organisierten Markt gültig, sofern er um die nach § 16 erforderlichen Nachträge ergänzt wird (s. unten Rn. 9 ff.). Dies gilt aufgrund der Klarstellung in § 9 Abs. 4 Satz 2 unabhängig davon, ob der Prospekt als einteiliges oder mehrteiliges Dokument erstellt wird (näher unten Rn. 19).[17] Die Gültigkeit des Prospekts beträgt auch dann zwölf Monate ab Billigung, wenn im Wege der Einbeziehung durch Verweis nach § 11 ein Dokument einbezogen wird, dessen Gültigkeitsdauer nach

---

12 Zur Änderungsrichtlinie *Voß*, ZBB 2010, 194, 202 f.
13 Stellungnahme des Bundesrats vom 7.4.2005 zum RegE, BT-Drucks. 15/5219, S. 2; s. dazu auch *Friedl/Ritz*, in: Just/Voß/Ritz/Zeising, WpPG, § 9 Rn. 8.
14 Vgl. zum alten Recht *Heidelbach/Preuße*, BKR 2008, 10, 14; *Kullmann/Sester*, WM 2005, 1068, 1074; *Hamann*, in: Schäfer/Hamann, Kapitalmarktgesetze, § 9 WpPG Rn. 7; *Seitz*, in: Assmann/Schlitt/von Kopp-Colomb, WpPG/VerkProspG, § 9 WpPG Rn. 15; *Ebermann*, in: Holzborn, WpPG, § 9 Rn. 17.
15 Kleinanlegerschutzgesetz v. 3.7.2015, BGBl. I, 1114.
16 Vgl. Begr. RegE, BT-Drucks. 18/3994, S. 55. Vgl. auch ESMA-Questions and Answers – Prospectuses (25th Updated Version – July 2016), Nr. 98, wonach die Dauer des Angebots nicht durch die Gültigkeit des Prospekts beschränkt wird.
17 Vgl. Begr. RegE, BT-Drucks. 15/4999, S. 33.

dem WpPG schon vorher abläuft.[18] Nur wenn die Gültigkeit des Prospekts noch gegeben ist und das Einverständnis des Emittenten für dessen Verwendung vorliegt, löst ein **prospektpflichtiges Ereignis** nach Veröffentlichung eines Prospekts nach den Vorschriften des WpPG (§ 3 Abs. 3) keine Prospektpflicht mehr aus.[19] Der noch gültige Prospekt kann sowohl für ein oder mehrere öffentliche Angebote von Wertpapieren (s. § 16 Rn. 3 ff.) als auch (isoliert oder zusätzlich) für eine Zulassung von Wertpapieren zum Handel an einem organisierten Markt verwendet werden; auf seinen ursprünglichen Verwendungszweck kommt es nicht an.

Die **Gültigkeitsdauer** von **zwölf Monaten** für den (aktualisierten) Prospekt geht darauf zurück, dass der erste Entwurf der ProspektRL noch von einer Pflicht zur jährlichen Aktualisierung des Registrierungsformulars ausging (vgl. 1. Aufl., § 10 Rn. 2), so dass eine längere Gültigkeit nicht sinnvoll war.[20] Auch nach Wegfall dieser Aktualisierungspflicht ist aber eine Verlängerung der Gültigkeitsdauer abzulehnen, da zu berücksichtigen ist, dass die Aktualisierung des Prospekts in einem oder mehreren Nachträgen über einen längeren Zeitraum kaum mehr hinnehmbare Einbußen an die Verständlichkeit und Übersichtlichkeit des Dokuments mit sich brächte.[21] Entsprechende Reformbestrebungen sind im Rahmen der Überarbeitung der ProspektRL aufgegeben worden (vgl. Rn. 4).

6

2. Frist

Die für den **Beginn der Gültigkeit** maßgebliche **Billigung** richtet sich nach § 13. Unbeachtlich ist damit der nach alter Rechtslage noch maßgebliche Zeitpunkt der Veröffentlichung. Erreicht werden soll dadurch eine Erhöhung der Rechtssicherheit für die Geltungsdauer des Prospekts, da die Billigung im Gegensatz zur Veröffentlichung des Prospekts von der zuständigen Behörde leicht überprüfbar ist (s. bereits Rn. 4). Der Unterschied fällt jedoch nicht wirklich ins Gewicht, da der Prospekt unverzüglich, spätestens einen Werktag vor Beginn des öffentlichen Angebots zu veröffentlichen ist (§ 14 Abs. 1 Satz 1). Verlangt wird damit in jedem Fall eine Veröffentlichung ohne schuldhaftes Zögern (§ 121 Abs. 1 BGB). In der Emissionspraxis ist die mit der Billigung gleichtägige elektronische Veröffentlichung des Prospekts nach § 14 Abs. 2 Nr. 3 und 4 die Regel.[22] Im Übrigen ist die bessere Überprüfbarkeit des maßgeblichen Zeitpunkts nur marginal, da der Bundesanstalt Datum und Ort der Veröffentlichung des Prospekts unverzüglich vom Anbieter oder Zulassungsantragsteller schriftlich anzuzeigen ist (§ 14 Abs. 3). Beim **mehrteiligen Prospekt** ist die parallele Billigung von Registrierungsformular, Wertpapierbeschreibung und Zusammenfassung entscheidend, sofern das Registrierungsformular wegen einer früheren Nutzung im Zusammenhang mit einer anderen Emission nicht bereits zu einem früheren Zeitpunkt separat gebilligt und hinterlegt wurde (§ 14 Abs. 4; näher unten Rn. 19).

7

---

18 Zust. *Groß*, Kapitalmarktrecht, § 9 WpPG Rn. 1.
19 Zum Zusammenhang zw. öffentlichem Angebot und Gültigkeitsdauer s. auch *Seitz*, in: Assmann/Schlitt/von Kopp-Colomb, WpPG/VerkProspG, § 9 WpPG Rn. 12 ff. und unten Rn. 20 ff.
20 Ausf. *Friedl/Ritz*, in: Just/Voß/Ritz/Zeising, WpPG, § 9 Rn. 1 ff.; s. auch *Ebermann*, in: Holzborn, WpPG, § 9 Rn. 1.
21 A. A. *Voß*, ZBB 2010, 194, 203 f.; *Heidelbach*, in: Schwark/Zimmer, KMRK, § 9 WpPG Rn. 2.
22 Vgl. den Zeitplan bei *Singhof/Weber*, in: Habersack/Mülbert/Schlitt; Unternehmensfinanzierung, § 4 Rn. 108.

§ 9 Gültigkeit des Prospekts, des Basisprospekts und des Registrierungsformulars

8   Die **Berechnung der Gültigkeitsdauer** ist nach den allgemeinen Regeln der §§ 187 ff. BGB vorzunehmen. Anzuknüpfen ist an die erste Billigung des Prospekts. Die Billigung eines Nachtrags zum Prospekt setzt den Fristlauf für die Gültigkeit des Prospekts nicht erneut in Gang. Da für den Anfang der Frist das Ereignis der Prospektbilligung maßgebend ist (§ 187 Abs. 1 BGB), endet die Frist mit Ablauf des entsprechenden Monatstages (§ 188 Abs. 2 BGB). Grundsätzlich kann auch am letzten Tag der Frist noch eine Zulassung beantragt oder ein öffentliches Angebot begonnen werden; auf den Zeitpunkt der Bescheidung bzw. des Endes des öffentlichen Angebots kommt es nicht an (s. auch Rn. 21).

3. Nachtragspflicht

9   Entscheidend für die Gültigkeit des Prospekts ist seine Ergänzung um die erforderlichen Nachträge (§ 16) nach § 9 Abs. 1 Halbs. 2, da nur so die Darstellung der **jeweils aktuellen Angaben** im Prospekt sichergestellt ist.[23] Ein Nachtrag nach § 16 ist erforderlich, wenn seit der Billigung des Prospekts wichtige Umstände eingetreten sind, die für die Bewertung des jeweiligen Wertpapiers wichtig sind, oder wesentliche Unrichtigkeiten in Bezug auf bewertungserhebliche Angaben festgestellt wurden (näher § 16 Rn. 15 ff. bzw. Rn. 55 ff. (Einzelfälle der Erforderlichkeit eines Nachtrags)).

10 Der Gesetzeswortlaut in § 9 Abs. 1 deutet daraufhin, dass die Ergänzung des Prospekts um die erforderlichen Nachträge **Voraussetzung für die Gültigkeit** des Prospekts ist („*sofern*"). Dies ist aber nicht dahin zu verstehen, dass zur Erhaltung der Gültigkeit des Prospekts eine emissionsunabhängige fortlaufende Aktualisierungspflicht zu erfüllen ist (s. auch § 16 Rn. 93). Dies stünde im Widerspruch zu § 16 Abs. 1 Satz 1, der unmissverständlich festlegt, dass die Nachtrags*pflicht* mit dem endgültigen Schluss des öffentlichen Angebots oder, falls diese später erfolgt, der Einführung in den Handel an einem organisierten Markt endet. Ohne konkretes Emissionsvorhaben wäre dies für den Emittenten nur mit Kosten verbunden, ohne dass er hiervon Nutzen hätte. Auch der Kapitalmarkt würde von einer weiteren fortlaufenden Publizitätspflicht nicht profitieren: Er wird in dem Zeitraum zwischen zwei Emissionen durch die Regelpublizität, die ereignisabhängige Ad-hoc-Pflicht nach Art. 17 MarktmissbrauchsVO (bislang § 15 WpHG) und die weiteren Informationspflichten des Emittenten nach der MarktmissbrauchsVO bzw. dem WpHG ausreichend informiert. Schließlich wäre der Einheitlichkeit und Übersichtlichkeit der Prospektdarstellung nicht gedient, wenn bis zur nächsten Emission u. U. mehrere Nachträge zu veröffentlichen wären. Der Nachtrag ist somit nur das Medium, um vor einem **konkreten Emissionsvorhaben** bei Bedarf rechtzeitig die Aktualität des abermals verwendeten Prospekts sicherzustellen.[24] Er fasst sämtliche wesentlichen neuen Umstände zusammen, die bis dahin zu berichten sind. Bis zur Veröffentlichung dieses „zusammenfassenden Nachtrags" kann man von einer „Aussetzung" der Gültigkeit des Prospekts sprechen,[25] ohne dass dies zwingend erscheint. Besser wäre es gewesen, wenn der Gesetzestext deutlich gemacht hätte, dass nicht die (grundsätzliche) Gültigkeit, wohl aber Verwendbarkeit des Prospekts von der Ergänzung durch einen Nachtrag abhängt. Jedenfalls kann der Emittent

---

23 Begr. RegE, BT-Drucks. 15/4999, S. 25, 33.
24 Vgl. Begr. RegE, BT-Drucks. 17/8684, S. 18 („erforderlichenfalls").
25 *Ebermann*, in: Holzborn, WpPG, § 9 Rn. 6. Vom „Ende" der Gültigkeit zu sprechen, ist dagegen zu eng; so aber *Holzborn/Schwarz-Gondek*, BKR 2003, 927, 933.

mit dem Nachtrag bis zur **erneuten Verwendung des Prospekts** warten.[26] So gesehen ist der Emittent/Anbieter/Zulassungsantragsteller nach § 9 Abs. 1 nur berechtigt, aber nicht verpflichtet, den Prospekt um einen erforderlichen Nachtrag zu ergänzen. Zur Pflicht verdichtet es sich erst dann, wenn er den Prospekt innerhalb der 12-Monats-Frist für ein konkretes Vorhaben verwenden will. Bei der zeitlichen Planung der Emission ist nur die erforderliche Billigungsfrist für den Nachtrag und dessen Veröffentlichung zu berücksichtigen. Die Koppelung der Gültigkeitsdauer an die Ergänzung um die erforderlichen Nachträge führt im Übrigen auch nicht dazu, dass der Prospekt bei einer laufenden Emission seine Gültigkeit verliert, wenn die Nachtragspflicht (i. S. d. § 16) verletzt wird.[27]

Umgekehrt führt die Berechtigung zur Ergänzung des Prospekts um die erforderlichen Nachträge gemäß § 9 Abs. 1 dazu, dass die **BaFin** auch **verpflichtet** ist, die Nachträge auch nach Ablauf der Frist nach § 16 Abs. 1 Satz 1 entgegenzunehmen und zu prüfen (§ 16 Rn. 92). Die Nachtragsmöglichkeit besteht nur ganz ausnahmsweise nicht, wenn durch den Nachtrag die Notwendigkeit einer vollständigen Prüfung des Prospekts durch die BaFin ausgelöst würde (zu dieser Frage der „Nachtragsfähigkeit" s. § 16 Rn. 37 f.). Danach ausgeschlossen ist etwa die Aufnahme eines neuen Anbieters oder Zulassungsantragstellers (s. näher § 16 Rn. 46 ff.) oder die wesentliche Veränderung der vorher angebotenen Wertpapiere oder Ausdehnung auf andere Wertpapiere (s. näher § 16 Rn. 51 ff.). **10a**

III. Gültigkeit des Basisprospekts für Angebotsprogramme

§ 9 Abs. 2 stellt klar, dass der Basisprospekt für ein Angebotsprogramm für Nichtdividendenwerte oder Optionsscheine (§ 2 Nr. 5) nach seiner Billigung **zwölf Monate** lang gültig ist. Er kann damit in diesem Zeitraum für Emissionen von Wertpapieren genutzt werden, die im Basisprospekt bereits angelegt sind.[28] Voraussetzung ist natürlich auch hier, dass der Basisprospekt um die erforderlichen **Nachträge** ergänzt wird (§ 6 Abs. 2 i.V.m. § 16).[29] Nach dem Wortlaut der Vorschrift beginnt der Fristlauf für die Gültigkeit mit der **Billigung des Basisprospekts**.[30] Nach Ablauf eines Jahres ist ein neuer Prospekt zu erstellen, auch wenn das ursprüngliche öffentliche Angebot von Wertpapieren unverändert weitergeführt werden soll.[31] Die zwischenzeitlich bestehende Ausnahme gemäß § 9 Abs. 2 Satz 2 a. F. ist durch das Kleinanlegerschutzgesetz schon kurze Zeit nach ihrer Einführung wieder aufgehoben worden (s. bereits oben Rn. 4b). Danach konnte für ein öffentliches Angebot aufgrund endgültiger Bedingungen nach § 6 Abs. 3, die im Rahmen eines Angebotsprogramms noch während der Gültigkeit des Basisprospekts (also bis zu deren letzten Tag) hinterlegt wurden, der Gültigkeitszeitraum des Basisprospekts für dieses öffentliche Ange- **11**

---

26 Allg. M.; s. *Kunold/Schlitt*, BB 2004, 501, 510 (Fn. 120); *Weber*, NZG 2004, 360, 365; *Schlitt/Schäfer*, AG 2005, 498, 507; *Holzborn/Israel*, ZIP 2005, 1668, 1671; *Hamann*, in: Schäfer/Hamann, Kapitalmarktgesetze, § 9 WpPG Rn. 3; *Seitz*, in: Assmann/Schlitt/von Kopp-Colomb, WpPG/VerkProspG, § 9 WpPG Rn. 40, 43; *Ebermann*, in: Holzborn, WpPG, § 9 Rn. 6.
27 *Seitz*, in: Assmann/Schlitt/von Kopp-Colomb, WpPG/VerkProspG, § 9 WpPG Rn. 41.
28 *Ebermann*, in: Holzborn, WpPG, § 9 Rn. 7.
29 Unzutreffend **a. A.** *Heidelbach*, in: Schwark/Zimmer, KMRK, § 9 WpPG Rn. 8.
30 Insoweit besteht ein Unterschied zu Art. 9 Abs. 2 ProspektRL, der nicht an einen bestimmten Zeitpunkt anknüpft.
31 Vgl. Begr. RegE, BT-Drucks. 17/8684, S. 19; Begr. RegE, BT-Drucks. 18/3994, S. 55.

§ 9 Gültigkeit des Prospekts, des Basisprospekts und des Registrierungsformulars

bot bis zu dessen Ablauf, höchstens jedoch um weitere zwölf Monate ab Hinterlegung der endgültigen Bedingungen bei der BaFin, verlängert werden.[32] Diese Ausdehnung des Gültigkeitszeitraums, die maßgeblich von dem Zeitpunkt der Hinterlegung der endgültigen Bedingungen abhängt, war der Änderungsrichtlinie nicht unmittelbar zu entnehmen. Gleichwohl wurde ihr überwiegend bescheinigt, dass sie im Einklang mit Art. 9 ProspektRL stehe.[33] Mit dem Abstellen auf die Hinterlegung der endgültigen Bedingungen sei sichergestellt, dass der Basisprospekt für jede Einzelemission (also jedes öffentliche Angebot) maximal 12 Monate gültig sei.[34] Nach Ablauf des (letztmalig) erweiterten Gültigkeitszeitraums sei in jedem Fall ein neuer Basisprospekt zu erstellen.[35] Diese Ausdehnung des Gültigkeitszeitraums hat sich nicht durchgesetzt. Zwar stellte sie gegenüber der früheren Praxis einer (unendlichen) Gültigkeitsdauer von (Basis-)Prospekten bei fortlaufenden öffentlichen Angeboten von Wertpapieren (Daueremissionen) eine Einschränkung dar (s. dazu auch Rn. 20). Mangels direkter Ableitung des § 9 Abs. 2 Satz 2 a. F. aus der ÄnderungsRL war ihre Revision durch das Kleinanlegerschutzgesetz aber letztlich konsequent.

11a Die Streichung des Satzes 2 hat zur Folge, dass **nach Ablauf eines Jahres** ausnahmslos ein **neuer Basisprospekt** zu erstellen ist, auch wenn das ursprüngliche Angebot von Wertpapieren unverändert fortgeführt werden soll. Sofern ein öffentliches Angebot über den Gültigkeitszeitraum des Basisprospekts hinaus fortgeführt werden soll, ist es auf einen aktuellen Basisprospekt zu überführen (vgl. auch Art. 26 ProspektVO Rn. 12).[36] Mit anderen Worten: Der Prozess ist vollständig neu aufzusetzen, d. h. (i) rechtzeitige Einreichung und Billigung eines neuen Basisprospekts (mit Billigungstermin spätestens am letzten Tag der Gültigkeit des alten Basisprospekts),[37] (ii) Hinterlegung neuer endgültiger Bedingungen, die sich auf den neuen Basisprospekt beziehen, und (iii) Veröffentlichung der endgültigen Bedingungen gemäß § 14.[38] Sofern der Emittent die endgültigen Bedingungen des alten Basisprospekts weiter nutzen möchte, müssen diese in den neuen Basisprospekt aufgenommen oder per Verweis nach § 11 einbezogen werden.[39] Die Emittenten müssen so oder so mit einem erhöhten Verwaltungsaufwand rechnen, da sie bei Daueremissionen das Auslaufen des Gültigkeitszeitraums überwachen und ggf. eine neue Dokumentation erstellen müssen.[40] Dass in der Folge unter Umständen mehrere Basisprospekte bzw. endgültige Bedingungen für ein und dasselbe Wertpapiere vorliegen, wird aus Anlegersicht aber durchaus auch kritisch gesehen.[41] Letztlich führt daran aber kein Weg vorbei, wenn man unter

---

32 Vgl. Begr. RegE, BT-Drucks. 17/8684, S. 19; *Heidelbach/Preuße*, BKR 2012, 397, 400.
33 *Heidelbach/Preuße*, BKR 2012, 397, 401; wohl auch v. *Kopp-Colomb/Seitz*, WM 2012, 1220, 1228.
34 *Heidelbach/Preuße*, BKR 2012, 397, 401.
35 Begr. RegE, BT-Drucks. 17/8684, S. 19 (ÄnderungsRL-Umsetzungsgesetz).
36 Begr. RegE, BT-Drucks. 18/3994, S. 55 (Kleinanlegerschutzgesetz).
37 ESMA-Questions and Answers – Prospectuses (25th Updated Version – July 2016), Nr. 98.
38 Begr. RegE, BT-Drucks. 18/3994, S. 55 (Kleinanlegerschutzgesetz).
39 Vgl. auch ESMA-Questions and Answers – Prospectuses (25th Updated Version – July 2016), Nr. 98. Die ESMA verlangt in diesem Zusammenhang, dass die Wertpapiere, für die das Angebot fortbestehen soll, klar zu identifizieren sind und die endgültigen Bedingungen des alten Basisprospekt einen deutlich hervorgehobenen Warnhinweis enthalten, den letzten Tag der Gültigkeit des Basisprospekts enthält und aufzeigt, wo der nachfolgende Basisprospekt veröffentlicht wird.
40 So bereits zur alten Rechtslage mit der Ausnahme nach § 9 Abs. 2 Satz 2 a. F. *Lawall/Maier*, DB 2012, 2503, 2503.
41 Vgl. *Lawall/Maier*, DB 2012, 2503, 2504.

IV. Gültigkeit des Basisprospekts für bestimmte Nichtdividendenwerte

1. Anwendungsbereich der Sonderregelung

Bei Nichtdividendenwerten im Sinne des § 6 Abs. 1 Nr. 2 ist der (Basis-)Prospekt nach § 9 Abs. 3 gültig, bis keines der betroffenen Wertpapiere (von CRR-Kreditinstituten begebene Pfandbriefe) mehr dauernd oder wiederholt ausgegeben wird. Dadurch bleibt der Prospekt **zeitlich unbegrenzt gültig**, solange die relevanten Emissionen in diesem Sinne fortgesetzt werden („Endlosgültigkeitsdauer"). Diese erweiternde Ausnahmeregelung soll zusammen mit der Möglichkeit der Erstellung eines Basisprospekts nach § 6 die Vornahme von **Pfandbriefemissionen** durch daueremittierende **CRR-Kreditinstitute** erleichtern, die vor Inkrafttreten des WpPG in der Regel keiner Prospektpflicht unterlagen.[42] Sie gilt mithin nur für einen sehr engen Bereich, in dem in der Regel besondere Transparenzanforderungen bestehen (vgl. z. B. § 28 Pfandbriefgesetz). Es wird angenommen, dass dem Anlegerschutz dadurch hinreichend Rechnung getragen wird.[43] Für Daueremissionen anderer Wertpapiere muss nach wie vor alle zwölf Monate ein neuer Prospekt gebilligt und veröffentlicht werden, um auf dieser Grundlage weiter zu emittieren. Auch kann ein bei Ablauf der Gültigkeit noch andauerndes öffentliches Angebot nicht mehr bis zu seiner Beendigung fortgeführt werden, sofern nicht ein neuer Prospekt erstellt wird (s. Rn. 21).

12

a) Gedeckte Nichtdividendenwerte

Die Ausnahmeregelung gilt nur für gedeckte Nichtdividendenwerte nach § 6 Abs. 1 Nr. 2, also insbesondere für Hypothekenpfandbriefe, Kommunalschuldverschreibungen und Schiffspfandbriefe.[44]

13

b) Daueremittierende CRR-Kreditinstitute

Die genannten gedeckten Nichtdividendenwerte müssen von einem **CRR-Kreditinstitut** im Sinne des § 1 Abs. 3d Satz 1 KWG (§ 2 Nr. 8; s. dort Rn. 95) dauerhaft oder wiederholt begeben werden. Von einer dauernden oder wiederholten Emission ist nach § 2 Nr. 12 auszugehen, wenn während eines Zeitraums von zwölf Monaten mindestens zwei Emissionen von Wertpapieren ähnlicher Art oder Gattung ausgegeben werden. Genauer betrachtet ist zwischen einer **dauernden**, d.h. fortlaufenden, ohne Unterbrechung erfolgenden Begebung und einer **wiederholten** Ausgabe zu unterscheiden, bei der zwischen den beiden ähnlichen Emissionen maximal ein Abstand von fast zwölf Monaten liegen kann (s. § 2 Rn. 119 f.).[45] Wird dieser Zeitraum überschritten, ist von einer Beendigung der Emission auszugehen, so dass auch die Gültigkeit des Prospekts dann endet.

14

---

42 Vgl. *Ebermann*, in: Holzborn, WpPG, § 9 Rn. 8.
43 *Heidelbach/Preuße*, BKR 2012, 397, 401.
44 Begr. RegE, BT-Drucks. 15/4999, S. 32.
45 Vgl. auch *Hamann*, in: Schäfer/Hamann, Kapitalmarktgesetze, § 9 WpPG Rn. 5.

2. Nachtragspflicht

15 Auch wenn der Wortlaut des § 9 Abs. 3 dazu nichts sagt, kann die (unbegrenzte) Gültigkeit des (Basis-)Prospekts für die genannten Angebotsprogramme nur bestehen, wenn der Prospekt um die nach § 16 erforderlichen Nachträge ergänzt wird.[46] Etwas anderes wäre mit dem Anlegerschutz nicht zu vereinbaren. Für die dauernde Begebung folgt dies bereits unmittelbar aus § 16, da sie fortlaufend und ohne Unterbrechung erfolgt. Hier ist gemäß § 16 fortlaufend parallel zur Ad-hoc-Publizität nach Art. 17 MAR nachzutragen. Bei der wiederholten Begebung kann mit dem Nachtrag bis zur nächsten Ausgabe gewartet werden (s. oben Rn. 10).

V. Gültigkeit des Registrierungsformulars

1. Frist

16 Nach § 9 Abs. 4 Satz 1 ist ein zuvor gebilligtes und hinterlegtes Registrierungsformular im Sinne von § 12 Abs. 1 Satz 2 und 3 nach seiner Billigung bis zu zwölf Monate lang gültig. Für den **Beginn der Gültigkeit** des Registrierungsformulars ist somit nach der Neufassung des Wortlauts nicht mehr die **Hinterlegung**, sondern ebenso wie beim Prospekt die Billigung maßgeblich. Damit wird eine vorzugswürdige einheitliche Regelung erreicht (vgl. Rn. 17) und es kommt nicht mehr darauf an, dass keine Pflicht besteht, das hinterlegte Registrierungsformular unverzüglich nach der Hinterlegung (bereits vorab und ohne konkretes Emissionsvorhaben) zu veröffentlichen. Eine solche Pflicht stünde mit dem Grundsatz im Widerspruch, dass nur ein gebilligter Prospekt veröffentlicht werden darf (vgl. § 14 Abs. 1 Satz 1). Als gültiger (vollständiger) Prospekt ist das Registrierungsformular nur zusammen mit der Wertpapierbeschreibung und der Zusammenfassung anzusehen (§ 9 Abs. 4 Satz 2). Zwar gestattet § 14 Abs. 4 eine getrennte Veröffentlichung, wenn der Prospekt in mehreren Einzeldokumenten erstellt wird. Jedoch geht die Bestimmung ersichtlich davon aus, dass bei der erstmaligen Nutzung des Registrierungsformulars eine parallele Veröffentlichung der drei Einzeldokumente stattfindet. Die Vorschrift trägt somit nur dem Umstand Rechnung, dass das (gebilligte) Registrierungsformular innerhalb der Gültigkeitsdauer mehrmals genutzt werden kann und daher bei der zweiten Verwendung bereits veröffentlicht ist. Dann muss eine getrennte Veröffentlichung möglich sein, will man den Emittenten nicht nochmals zur Veröffentlichung des bereits veröffentlichten Registrierungsformulars verpflichten. Die Anknüpfung der Gültigkeitsdauer an die Billigung (und Hinterlegung) stellt damit sicher, dass ein Registrierungsformular nicht faktisch für einen wesentlich längeren Zeitraum als zwölf Monate gültig ist, wenn es nach seiner Hinterlegung erst Monate später genutzt und daher auch erst dann veröffentlicht wird.[47]

17 Der Gesetzestext in seiner alten Fassung ließ durch die Anknüpfung an die *Hinterlegung* des Registrierungsformulars offen, ob auch die **Billigung** Voraussetzung für den Beginn

---

46 ESMA-Questions and Answers – Prospectuses (25th Updated Version – July 2016), Nr. 37; *Seitz*, AG 2005, 678, 688; *Seitz*, in: Assmann/Schlitt/von Kopp-Colomb, WpPG/VerkProspG, § 9 WpPG Rn. 58; *Hamann*, in: Schäfer/Hamann, Kapitalmarktgesetze, § 9 WpPG Rn. 5; *Ebermann*, in: Holzborn, WpPG, § 9 Rn. 8.
47 A. A. *Seitz*, in: Assmann/Schlitt/von Kopp-Colomb, WpPG/VerkProspG, § 9 WpPG Rn. 64.

der Gültigkeitsdauer ist. Denn nach § 12 Abs. 4 kann auch nur ein nicht gebilligtes Registrierungsformular bei der BaFin hinterlegt werden. Man musste jedoch davon ausgehen, dass nur die Hinterlegung des *gebilligten* Dokuments den Fristlauf in Gang setzt (vgl. 1. Aufl. Rn. 17).[48] Der notwendige Gleichklang mit dem Prospekt ist nun dadurch hergestellt worden, dass in § 9 Abs. 4 die Worte „*zuvor gebilligtes*" eingefügt wurden.[49] Die Festsetzung einer Gültigkeitsdauer für das hinterlegte nicht gebilligte Registrierungsformular ist dagegen nicht erforderlich, da es vor seiner erstmaligen Verwendung gebilligt (§ 12 Abs. 4) und zu diesem Zwecke noch einmal vollständig aktualisiert werden muss. Diese Aktualisierung muss im Dokument vorgenommen werden, da die Möglichkeit des Nachtrags in der Wertpapierbeschreibung nach § 12 Abs. 3 oder separat nach § 16 nur besteht, wenn das Registrierungsformular nach § 12 Abs. 2 zuvor bereits gebilligt wurde. Die Situation der Billigung eines zuvor nach § 12 Abs. 4 hinterlegten Registrierungsformulars ist damit vergleichbar mit der Situation, in der es unmittelbar gebilligt und hinterlegt wird.

2. Aktualisierungspflicht

Die Nutzung des Registrierungsformulars innerhalb der Gültigkeitsdauer setzt voraus, dass es ggf. aktualisiert wird. Die Aktualisierung richtet sich nach § 12 Abs. 3 oder nach § 16, d. h., entweder die **Wertpapierbeschreibung** oder ein oder mehrere **Nachträge** müssen die Angaben zu erheblichen Veränderungen oder neuen Entwicklungen enthalten, die sich auf die Beurteilung durch das Publikum auswirken könnten. Die Vorschrift stellt damit klar, dass das Registrierungsformular auch bei *wiederholter* Nutzung nicht mehr – wie vormals – ausschließlich nach **§ 12 Abs. 3**, sondern auch nach § 16 aktualisiert werden kann (vormals str., s. näher 1. Aufl. § 12 Rn. 17 f.).[50] Die Aktualisierung des Registrierungsformulars durch einen Nachtrag gemäß § 16 kann auch bereits vorgenommen werden, wenn gerade oder noch kein öffentliches Angebot unter Verwendung des Registrierungsformulars stattfindet.[51] Bei einer *dauernden*, d. h. fortlaufenden, ohne Unterbrechung erfolgenden Begebung von Wertpapieren auf Grundlage eines Registrierungsformulars konnte die Aktualisierung auch nach alter Gesetzesfassung bereits in einem Nachtrag zum Registrierungsformular nach § 16 erfolgen, wenn keine neue Wertpapierbeschreibung zu erstellen war.

18

---

48 So wohl auch *Seitz*, in: Assmann/Schlitt/von Kopp-Colomb, WpPG/VerkProspG, § 9 WpPG Rn. 64; s. auch ESMA-Questions and Answers – Prospectuses (25th Updated Version – July 2016), Nr. 75, die nur auf die Billigung abstellt.
49 Vgl. zu dieser Klarstellung Begr. RegE, BT-Drucks. 17/8684, S. 13, 19 (ÄnderungsRL-Umsetzungsgesetz).
50 Vgl. Begr. RegE, BT-Drucks. 17/8684, S. 19 (ÄnderungsRL-Umsetzungsgesetz). Art. 9 Abs. 4 ProspektRL a. F. ging von einer Aktualisierung des Registrierungsformulars gemäß Art. 10 ProspektRL aus. Dabei handelte es sich offensichtlich um ein Redaktionsversehen, das mit der ursprünglich geplanten jährlichen Aktualisierungspflicht zusammenhing und zu Recht keinen Eingang in § 9 Abs. 4 WpPG gefunden hat.
51 BaFin, „Häufig gestellte Fragen zum neuen Basisprospektregime ab 1.7.2012" vom 31.5.2012 (zuletzt geändert am 4.6.2014), Abschn. VI., Frage 1, abrufbar unter www.bafin.de; *Lawall/Maier*, DB 2012, 2503, 2504.

3. Nutzung für die Erstellung eines mehrteiligen Prospekts

19 Wird das separat gebilligte und bei der BaFin hinterlegte Registrierungsformular nach § 12 Abs. 2, 3 für die Erstellung eines mehrteiligen Prospekts genutzt, ist fraglich, wonach sich die **Gültigkeit des Gesamtdokuments** richtet. In Betracht kommt, dass die Gültigkeit der „Restgültigkeit" des Registrierungsformulars entspricht oder mit der Billigung sämtlicher Prospektbestandteile zu laufen beginnt und sich auf die volle Gültigkeitsdauer von zwölf Monaten erstreckt. Schließlich könnte auch von einer unterschiedlichen Gültigkeitsdauer der Einzeldokumente auszugehen sein. Letzteres scheidet schon aus Praktikabilitätserwägungen und fehlender aufsichtsrechtlicher Handhabbarkeit aus. Außerdem ist das Registrierungsformular (nur) **zusammen** mit der Wertpapierbeschreibung und der Zusammenfassung **als gültiger Prospekt** anzusehen (§ 9 Abs. 4 Satz 2). Daraus ergibt sich, dass die zusammengeführten Dokumente **einheitlich zu behandeln** sind. Zugleich folgt daraus aber auch, dass die für „den Prospekt" geltenden Bestimmungen unabhängig davon anwendbar sind, ob der Prospekt in einem Dokument oder in Einzeldokumenten erstellt wird. Die Restgültigkeit des Registrierungsformulars als eines seiner Bestandteile hat keinen Einfluss auf die Gültigkeit des Gesamtdokuments. Folgt man dem, ist auch der mehrteilige Prospekt, der mittels eines zuvor gebilligten und hinterlegten Registrierungsformulars erstellt wurde, gemäß § 9 Abs. 1 ab dem Zeitpunkt der Billigung der Wertpapierbeschreibung und der Zusammenfassung **zwölf Monate gültig**.[52] Dieser Befund wird weder durch die Änderung des § 9 Abs. 4 noch durch sonstige Erwägungen infrage gestellt: Es ist nicht erkennbar, dass die Flexibilität der mehrfachen Nutzung eines gültigen Registrierungsformulars für die Erstellung eines vollständigen Prospekts dadurch eingeschränkt sein sollte, dass mit fortschreitendem Ablauf der Gültigkeit des Registrierungsformulars nur noch ein mehrteiliger Prospekt mit einer vergleichsweise kurzen Gültigkeit erstellt werden kann. Eine solche Beschränkung ist auch aus Gründen des Anlegerschutzes nicht erforderlich, da die notwendige Aktualität des Gesamtdokuments durch § 12 Abs. 3 oder § 16 im Zusammenhang mit dem Registrierungsformular (s. dort Rn. 17 f.) und durch § 9 Abs. 1 i.V. m. § 16 nach Billigung der weiteren Bestandteile des Gesamtdokuments sichergestellt ist (s. Rn. 9).[53]

VI. Ablauf der Gültigkeit

1. Grundsatz

20 Gemäß § 9 Abs. 5 a.F. durfte nach Ablauf der Gültigkeit aufgrund dieses Prospekts **kein neues öffentliches Angebot** von Wertpapieren vorgenommen **oder** deren **Zulassung** zum Handel an einem organisierten Markt beantragt werden.[54] Durch den Ausschluss des nicht

---

52 Wie hier *Groß*, Kapitalmarktrecht, § 9 WpPG Rn. 1; zum alten Recht Voraufl. Rn. 19; Begr. RegE, BT-Drucks. 15/4999, S. 33; ESMA-Questions and Answers – Prospectuses (25th Updated Version – July 2016), Nr. 75; *Seitz*, in: Assmann/Schlitt/von Kopp-Colomb, WpPG/VerkProspG, § 9 WpPG Rn. 74; *Ebermann*, in: Holzborn, WpPG, § 9 Rn. 14.
53 Vgl. Begr. RegE, BT-Drucks. 15/4999, S. 33; in diesem Sinne auch *Ebermann*, in: Holzborn, WpPG, § 9 Rn. 14.
54 Die Verdeutlichung der Rechtsfolgen fand keine Entsprechung in Art. 9 ProspektRL; s. auch *Friedl/Ritz*, in: Just/Voß/Ritz/Zeising, WpPG, § 9 Rn. 6 ff.

mehr gültigen Prospekts lediglich für *neue* öffentliche Angebote sollte klargestellt werden, dass alte **öffentliche Angebote** nicht am Ende des zwölften Monats der Gültigkeitsfrist abgeschlossen sein müssen, sondern **fortgeführt** werden können.[55] Das kam in der ProspektRL nicht zum Ausdruck und wurde erst im Laufe des Gesetzgebungsverfahrens auf Vorschlag des Bundesrats eingefügt.[56] Eine ähnliche Klarstellung hatte zwischenzeitlich auch CESR vorgenommen.[57] Damit sollte den Besonderheiten von Daueremissionen Rechnung getragen werden. Üblich ist es nämlich, dass öffentliche Angebote von Derivaten, die nicht zum Handel an einem organisierten Markt zugelassen sind, über einen längeren Zeitraum als zwölf Monate aufrechterhalten werden. Im Zweifel kann in diesen Fällen von der Fortführung eines Angebots und nicht von einem neuen öffentlichen Angebot ausgegangen werden. Für die Anleger wurde die Fortdauer der Gültigkeitsdauer über den 12-Monats-Zeitraum hinaus vielfach als nicht problematisch angesehen, da die Aktualisierungspflicht fortbestand (§ 16).[58] Auch wie lange ein öffentliches Angebot fortdauerte, war nicht entscheidend,[59] solange auch bei Fortführung des öffentlichen Angebots nach Ablauf der Gültigkeitsdauer die Nachtragspflicht beachtet wurde. Fraglich konnte nur sein, wann das öffentliche Angebot **endgültig abgeschlossen** war. Davon konnte man ausgehen, wenn die in dem öffentlichen Angebot festgelegten Angebots- oder Zeichnungsfristen abgelaufen, die parallelen Werbemaßnahmen eingestellt oder die angebotenen Wertpapiere vollständig platziert waren (näher § 16 Rn. 79 ff.).[60] Die **Aufstockung** von Schuldverschreibungsemissionen, also die Ausgabe weiterer Wertpapiere mit identischer Ausstattung, war grundsätzlich als neues (öffentliches) Angebot anzusehen. Um hierfür einen bestehenden Basisprospekt nutzen zu können, musste der Beginn des Angebots für das aufgestockte Emissionsvolumen mithin vor Ablauf der Gültigkeitsdauer liegen, und auch die neuen endgültigen Bedingungen mussten vor diesem Zeitpunkt bei der BaFin hinterlegt und veröffentlicht werden.[61]

Die beschriebene „großzügige Handhabung"[62] der Gültigkeit von Prospekten bei Daueremissionen wurde Gesetzgeber kritisch gesehen, weil die Nachvollziehbarkeit und Verständlichkeit der Prospektangaben kaum mehr gegeben ist, wenn ältere Basisprospekte durch eine Vielzahl von Nachträgen aktualisiert worden sind und offenbar fortlaufenden Angeboten zugrunde liegende Prospekte zum Teil nicht gemäß § 16 aktualisiert wurden.[63] Die zwischenzeitliche Neuregelung in § 9 Abs. 2 Satz 2 a. F. bewirkte vor diesem Hintergrund genau das Gegenteil, nämlich dass nach Ablauf von zwölf Monaten grundsätzlich

---

55 *Heidelbach/Preuße*, BKR 2008, 10, 14; *Kullmann/Sester*, WM 2005, 1068, 1074; *Groß*, Kapitalmarktrecht, § 9 WpPG Rn. 3; *Hamann*, in: Schäfer/Hamann, Kapitalmarktgesetze, § 9 WpPG Rn. 7; *Seitz*, in: Assmann/Schlitt/von Kopp-Colomb, WpPG/VerkProspG, § 9 WpPG Rn. 15; *Ebermann*, in: Holzborn, WpPG, § 9 Rn. 17.
56 Stellungnahme des Bundesrats vom 7.4.2005 zum RegE, BT-Drucks. 15/5219, S. 2; s. dazu auch *Friedl/Ritz*, in: Just/Voß/Ritz/Zeising, WpPG, § 9 Rn. 8.
57 ESMA-Questions and Answers – Prospectuses (25th Updated Version – July 2016), Nr. 37. Zum Fehlen einer entsprechenden Vorschrift in den Rechtsordnungen der anderen Mitgliedstaaten *Seitz*, in: Assmann/Schlitt/von Kopp-Colomb, WpPG/VerkProspG, § 9 WpPG Rn. 16.
58 *Kullmann/Sester*, WM 2005, 1068, 1074; *Heidelbach*, in: Schwark/Zimmer, KMRK, § 9 WpPG Rn. 5.
59 *Heidelbach/Preuße*, BKR 2008, 10, 14.
60 *Heidelbach/Preuße*, BKR 2008, 316, 320 m. w. N.; s. auch *Seitz*, in: Assmann/Schlitt/von Kopp-Colomb, WpPG/VerkProspG, § 9 WpPG Rn. 80.
61 Vgl. *Heidelbach/Preuße*, BKR 2008, 10, 12.
62 *Heidelbach/Preuße*, BKR 2012, 397, 401.
63 *Lawall/Maier*, DB 2012, 2503, 2503.

auch dann ein neuer Prospekt zu erstellen war, wenn ein bereits laufendes öffentliches Angebot unverändert fortgeführt werden sollte. Da die insoweit gestattete Ausnahme für ein öffentliches Angebot aufgrund endgültiger Bedingungen, die im Rahmen eines Angebotsprogramms noch während der Gültigkeit des Basisprospekts hinterlegt wurden, ebenfalls nicht der ProspektRL zu entnehmen war, ist die Regelung nur kurze Zeit nach ihrer Einführung wieder gestrichen worden (näher Rn. 11a). Wegen der Änderung für Basisprospekte besteht eine Übergangsregelung in § 36 Abs. 1a Satz 2.

2. Rechtsfolgen bei Verstoß

22 Die BaFin hat ein öffentliches **Angebot zu untersagen**, wenn der Prospekt oder das Registrierungsformular nicht mehr nach § 9 gültig ist (§ 26 Abs. 4 Satz 1). Bei einem Verstoß droht außerdem ein Ordnungswidrigkeitsverfahren. Denn nach Ablauf der Gültigkeit des Prospekts wird ein öffentliches Angebot nämlich ohne „gültigen" Prospekt vorgenommen (§ 3 Abs. 1 Satz 1). Zwar wurde in diesem Fall ein Prospekt nach den Vorschriften des Gesetzes bereits veröffentlicht, jedoch kann dies nur so lange tatbestandsausschließend sein, solange dessen Gültigkeit fortbesteht. Damit ist der Tatbestand des § 35 Abs. 1 Nr. 1 erfüllt.[64] Diese **Ordnungswidrigkeit** wird nach § 36 Abs. 3 mit bis zu € 500.000,– geahndet. Bei Stellung eines Zulassungsantrags ohne „gültigen" Prospekt wird die zuständige Behörde die **Zulassung versagen**.

23 Der Verstoß kann auch **haftungsrechtliche Folgen** nach sich ziehen. Zu denken ist an die zivilrechtliche Prospekthaftung und ggf. an § 823 Abs. 2 BGB i.V. m. § 264a StGB. Insbesondere kann der Erwerber von Wertpapieren von dem Emittenten und Anbieter als Gesamtschuldnern nach § 24 Schadensersatz verlangen, wenn der nach § 3 Abs. 1 erforderliche Prospekt fehlt.[65] Nicht einzusehen ist, weshalb der Fall eines Angebots auf Grundlage eines nicht mehr gültigen Prospekts nicht mit dem Fall eines Angebots ohne Prospekt oder jedenfalls auf Grundlage eines nicht gebilligten Prospekts gleichzusetzen sein soll.[66] Sollten die Prospektangaben ausnahmsweise noch vollständig und richtig sein, kann dies schadensmindernd berücksichtigt werden.

---

64 **A.A.** offenbar *Seitz*, in: Assmann/Schlitt/von Kopp-Colomb, WpPG/VerkProspG, § 9 WpPG Rn. 90.
65 Näher zur Haftung nach § 24 *Habersack*, in: Habersack/Mülbert/Schlitt, Kapitalmarktinformation, § 29 Rn. 63, 66.
66 Wie hier *Groß*, Kapitalmarktrecht, § 9 WpPG Rn. 5; *Klöhn*, DB 2012, 1854, 1858; **a. A.** *Seitz*, in: Assmann/Schlitt/von Kopp-Colomb, WpPG/VerkProspG, § 9 WpPG Rn. 92. Stattdessen soll daraus eine mögliche Prospekthaftung gemäß § 21 resultieren.

§ 10 (weggefallen)

Nach § 10 a. F. war ein Emittent, dessen Wertpapiere zum Handel an einem organisierten Markt zugelassen sind, verpflichtet, mindestens einmal jährlich dem Publikum ein Dokument zur Verfügung zu stellen, das alle Informationen enthielt oder auf sie verwies, die der Emittent in den vorausgegangenen zwölf Monaten aufgrund verschiedener Kapitalmarktgesetze veröffentlicht oder dem Publikum zur Verfügung gestellt hatte. Diese Pflicht zur Veröffentlichung und Hinterlegung eines **jährlichen Dokuments** ist vom deutschen Gesetzgeber nach den Vorgaben der Änderungsrichtlinie 2010/73/EU mit Wirkung zum 1.7.2012 ersatzlos aufgehoben worden. Das ist uneingeschränkt zu begrüßen (zur Kritik s. die Voraufl. Rn. 6 ff.), da ein Informationsbedürfnis neben der Publizität aufgrund der TransparenzRL nicht zu erkennen war.[1] Letztmalig war damit das jährliche Dokument für den Zeitraum des vor dem 1.7.2012 zu veröffentlichenden Jahresabschlusses zu erstellen, dem Publikum zur Verfügung zu stellen und bei der BaFin zu hinterlegen (§ 36 Abs. 3).

1

---

1 So auch Erwägungsgrund 21 der Änderungsrichtlinie; Begr. RegE, BT-Drucks. 17/8684, S. 19.

§ 11 Angaben in Form eines Verweises

(1) ¹Der Prospekt kann Angaben in Form eines Verweises auf eines oder mehrere zuvor oder gleichzeitig veröffentlichte oder der Öffentlichkeit zur Verfügung gestellte Dokumente enthalten,

1. die nach diesem Gesetz von der Bundesanstalt gebilligt oder bei ihr hinterlegt wurden, oder
2. deren Veröffentlichung der Bundesanstalt nach § 2b Absatz 1, § 15 Absatz 5, § 15a Absatz 4, § 26 Absatz 2, den §§ 26a, 29a Absatz 2, § 30e Absatz 1, § 30f Absatz 2 des Wertpapierhandelsgesetzes, jeweils auch in Verbindung mit der Wertpapierhandelsanzeige- und Insiderverzeichnisverordnung, mitgeteilt worden ist, oder
3. deren öffentliches Zurverfügungstellen der Bundesanstalt nach § 37v Absatz 1, § 37w Absatz 1, § 37x Absatz 2, § 37y oder § 37z des Wertpapierhandelsgesetzes, jeweils auch in Verbindung mit der Wertpapierhandelsanzeige- und Insiderverzeichnisverordnung, mitgeteilt worden ist.

²Der Prospekt kann auch Angaben in Form eines Verweises auf ein oder mehrere zuvor oder gleichzeitig veröffentlichte Dokumente enthalten, die nach den in anderen Staaten des Europäischen Wirtschaftsraums zur Umsetzung der Richtlinie 2003/71/EG des Europäischen Parlaments und des Rates vom 4. November 2003 betreffend den Prospekt, der beim öffentlichen Angebot von Wertpapieren oder bei deren Zulassung zum Handel zu veröffentlichen ist, und zur Änderung der Richtlinie 2001/34/EG (ABl. EU Nr. L 345 vom 31.12.2003, S. 64) in der jeweils geltenden Fassung oder zur Umsetzung der Richtlinie 2004/109/EG des Europäischen Parlaments und des Rates vom 15. Dezember 2004 zur Harmonisierung der Transparenzanforderungen in Bezug auf Informationen über Emittenten, deren Wertpapiere zum Handel auf einem geregelten Markt zugelassen sind, und zur Änderung der Richtlinie 2001/34/EG (ABl. L 390 vom 31.12.2004, S. 38) in der jeweils geltenden Fassung erlassenen Vorschriften von der zuständigen Behörde gebilligt oder bei ihr hinterlegt wurden. ³Dabei muss es sich um die aktuellsten Angaben handeln, die dem Emittenten zur Verfügung stehen. ⁴Die Zusammenfassung darf keine Angaben in Form eines Verweises enthalten.

(2) Werden Angaben in Form eines Verweises aufgenommen, muss der Prospekt eine Liste enthalten, die angibt, an welchen Stellen Angaben im Wege des Verweises in den Prospekt aufgenommen worden sind, um welche Angaben es sich handelt und wo die im Wege des Verweises einbezogenen Angaben veröffentlicht sind.

Übersicht

	Rn.		Rn.
I. Regelungsgegenstand	1	2. Zuvor oder gleichzeitig veröffentlichte oder der Öffentlichkeit zur Verfügung gestellte Dokumente	6
1. Allgemeines	1		
2. Wesentliche Änderungen	4		
3. Reformvorhaben	4c	3. Hinterlegung bei oder Billigung von der zuständigen Behörde	10
II. Zulässigkeit und Voraussetzungen des Verweises	5	a) Maßgebliche Gesetze	10
1. Prospekt	5	b) Eingeschränkter Anwendungsbereich	14

4. Mitteilung der Veröffentlichung ... 16
5. Mitteilung der öffentlichen Zurverfügungstellung (Satz 1 Nr. 3). 17
6. Inhaltliche Anforderungen. 18
   a) Mindestangaben nach den Anhängen zur ProspektVO 18
   b) Aktualität. 19
   c) Verständlichkeit. 20
III. Ausschluss des Verweises in der Zusammenfassung 21
IV. Verweisliste 23
V. Rechtswirkungen des Verweises; Haftungsfragen 25

I. Regelungsgegenstand

1. Allgemeines

Die Vorschrift setzt Art. 11 der ProspektRL in der Fassung der Änderungsrichtlinie 2010/73/EU um. Sie ermöglicht es, in einen Wertpapierprospekt Angaben in Form eines Verweises auf bestimmte Dokumente aufzunehmen (*incorporation by reference*). Dadurch sollen die **Erstellung des Prospekts erleichtert** und die Kosten für die Emittenten gesenkt werden, ohne dass der Anlegerschutz beeinträchtigt wird (vgl. Erwägungsgrund 29 ProspektRL und Erwägungsgrund 30 ProspektVO).[1] Das geht auf eine früher vorwiegend im anglo-amerikanischen Rechtskreis, aber auch in einigen europäischen Ländern etablierte Praxis zurück.[2] In Deutschland war die Einbeziehung durch Verweis im Rahmen des 3. Finanzmarktförderungsgesetzes zwar diskutiert, aber dann verworfen worden.[3] **1**

Die Möglichkeit zur Einbeziehung führt nicht zur Verringerung der in einen Prospekt aufzunehmenden Mindestangaben nach § 7,[4] da die einbezogenen Dokumente Bestandteil des Prospekts werden und nur deren (technische) Aufnahme in den Prospekt erleichtert werden soll. Um sicherzustellen, dass der **Anlegerschutz** nicht beeinträchtigt wird, sind an die Angaben in Form eines Verweises bestimmte Voraussetzungen zu stellen, die die Verständlichkeit und Kohärenz mit den übrigen Bestandteilen des Prospekts sowie Sprache, Aktualität und Verfügbarkeit der Informationen betreffen. Der auf Grundlage von Art. 11 Abs. 3 ProspektRL erlassene **Art. 28 ProspektVO** enthält dazu weitere Konkretisierungen. **2**

Von der in § 11 eröffneten Gestaltungsmöglichkeit wird sehr unterschiedlich Gebrauch gemacht: Während Prospekte für Aktienemissionen nur selten auf externe Dokumente verweisen, ist dies in Anleihe- und Zertifikateprospekten häufiger der Fall.[5] In der Praxis geht es im Wesentlichen darum, die umfangreichen **Finanzinformationen** von Emittent, Garantiegeber und/oder Zielgesellschaft in den Prospekt einzubeziehen. **3**

---

1 Vgl. auch Begr. RegE, BT-Drucks. 15/4999, S. 34; CESR's Advice on Level 2 Implementing Measures (July 2003), Rn. 91 f.
2 Vgl. für die USA *Hutter*, in: von Rosen/Seifert, Zugang zum US-Kapitalmarkt für deutsche Aktiengesellschaften, 1998, S. 115, 135 f. Zu einer ähnlichen Praxis in Luxemburg vor Inkrafttreten der ProspektRL *Kunold/Schlitt*, BB 2004, 501, 506 (dort Fn. 79).
3 Vgl. *Crüwell*, AG 2003, 243, 246; *Groß*, Kapitalmarktrecht, § 11 WpPG Rn. 1.
4 Begr. RegE, BT-Drucks. 15/4999, S. 34.
5 Etwas zu eng, weil nur für Aktienemissionen zutreffend, daher die Beobachtung von *Schlitt/Schäfer*, AG 2008, 525, 528 („erwartungsgemäß keine größere Bedeutung erlangt").

2. Wesentliche Änderungen

4 Der **Anwendungsbereich** von § 11 war vor Inkrafttreten des Gesetzes zur Umsetzung der Richtlinie 2010/73/EU und zur Änderung des Börsengesetzes vom 26.6.2012[6] **erheblich eingeschränkt**, da nach Ansicht der BaFin nur auf Dokumente verwiesen werden konnte, die *zwingend* nach dem WpPG oder dem BörsG oder dem entsprechenden harmonisierten Recht eines EWR-Staats von der zuständigen Behörde (in Deutschland: BaFin oder Börsenzulassungsstelle) **gebilligt oder** bei ihr **hinterlegt** wurden (zur Kritik s. unten Rn. 15 und Voraufl. Rn. 15).[7] Die Revision des § 11 hat zum einen die Folgeänderungen vollzogen, die wegen des Wegfalls des jährlichen Dokuments nach Art. 10 ProspektRL (§ 10) notwendig geworden sind (zur ohnehin sehr eingeschränkten praktische Relevanz vgl. Voraufl. Rn. 14 ff.). Durch den Verweis auf die Transparenzrichtlinie wird zum anderen – endlich – deren Umsetzung Rechnung getragen und der Kreis der Dokumente, auf die verwiesen werden kann, erheblich erweitert. Zwar besteht das Billigungs- und Hinterlegungserfordernis fort, jedoch wird in der Regierungsbegründung klargestellt, dass in „Deutschland […] diese ‚Hinterlegung' […] durch bloße ‚Mitteilung' der Veröffentlichung an die Bundesanstalt im Wertpapierhandelsgesetz umgesetzt [wurde]" (s. näher Rn.16).[8]

4a Im Zuge der Umsetzung der **Transparenzrichtlinie-Änderungsrichtlinie** ist die Finanzberichterstattung börsennotierter Unternehmen nach dem WpHG neu geregelt worden. Die hier interessierenden Änderungen betreffen im Bereich der Rechnungslegung im Wesentlichen die Abschaffung der Pflicht zur quartalsweisen Berichterstattung (§ 37x WpHG a. F.). Dadurch musste der Verweis in § 11 Abs. 1 Nr. 3 WpPG auf § 37x Abs. 2 WpHG angepasst werden. Fraglich geworden ist dadurch, ob der Verweis auf freiwillig erstellte Quartalsfinanzberichte noch möglich ist (vgl. Rn. 17).

4b Infolge der Änderung des Art. 11 Abs. 3 ProspektRL durch Art. 1 der Richtlinie 2014/51/EU (Omnibus-II-Richtlinie)[9] erhielt die ESMA den Auftrag, bis zum 1.7.2015 Entwürfe für **technische Regulierungsstandards** auszuarbeiten, in denen festgelegt wird, welche Angaben in Form eines Verweises aufzunehmen sind. Dadurch sollte eine „konsequente Harmonisierung" der *incorporation by reference* sichergestellt werden. Auf Grundlage der im Rahmen einer Konsultation[10] eingegangenen Antworten hat die ESMA jedoch entschieden, der Kommission diesbezüglich keine Vorschläge zu unterbreiten.[11] Unter anderem hat die ESMA erkannt, dass ihr im Rahmen der Konsultation unterbreiteter Vorschlag einer abschließenden Liste von Verweisdokumenten[12] nicht mit der Intention in Einklang zu brin-

---

6 BGBl. I 2012, 1375.
7 Vgl. *Schlitt/Singhof/Schäfer*, BKR 2005, 251, 253; *Schlitt/Schäfer*, AG 2005, 498, 503; s. auch *Holzborn/Israel*, ZIP 2005, 1668, 1674.
8 Vgl. Begr. RegE, BT-Drucks. 17/8684, S. 19.
9 Richtlinie 2014/51/EU des Europäischen Parlaments und des Rates vom 16.4.2014, ABl. L 153/1.
10 ESMA Consultation Paper „Draft Regulatory Technical Standards on prospectus related issues under the Omnibus II Directive" of 25 September 2014, ESMA/2014/1186, S. 19 ff.
11 ESMA Final Report Draft RTS on prospectus related issues under the Omnibus II Directive of 25 June 2015, ESMA/2015/1014, S. 16 ff.
12 Siehe die Liste in ESMA Consultation Paper „Draft Regulatory Technical Standards on prospectus related issues under the Omnibus II Directive" of 25 September 2014, ESMA/2014/1186, S. 25 f.

gen ist, den bürokratischen Aufwand für die Emittenten zu reduzieren und den Zugang zum Kapitalmarkt zu erleichtern.[13]

3. Reformvorhaben

Im Rahmen des Aktionsplans zur Schaffung einer Kapitalmarktunion hat die Europäische Kommission einen Vorschlag für die Ersetzung der jetzigen Prospektrichtlinie durch eine **Prospektverordnung** vorgelegt (s. Vor §§ 1 ff. Rn. 11 ff.). Dabei soll die Möglichkeit, Informationen, die bereits veröffentlicht wurden oder parallel veröffentlicht werden, per Verweis in den Prospekt einzubeziehen (*incorporation by reference*), stark ausgeweitet werden. Dies ist nicht nur aufgrund der Vorteile für Unternehmen, die nicht der Transparenzrichtlinie unterfallen, zu begrüßen. Gemäß der Empfehlung der ESMA sollten dabei auch die derzeitigen Inkonsistenzen zwischen Art. 11 ProspektRL und Art. 28 ProspektVO behoben werden.[14]

4c

II. Zulässigkeit und Voraussetzungen des Verweises

1. Prospekt

§ 11 Abs. 1 Satz 1 spricht davon, dass Dokumente in Form eines Verweises in den Prospekt (§ 5) einbezogen werden können. Gleiches gilt nach Art. 28 Abs. 1 ProspektVO für den **Basisprospekt**. Eine Beschränkung auf den Prospekt in einem einzigen Dokument ist damit nicht verbunden. Für die Zulässigkeit des Verweises kann es keine Rolle spielen, ob der Prospekt als ein einziges Dokument oder in mehreren Einzeldokumenten erstellt wird (§ 12 Abs. 1 Satz 1), so dass auch das **Registrierungsformular** und die **Wertpapierbeschreibung** einen Verweis enthalten dürfen.[15] Insoweit entfaltet § 9 Abs. 4 Satz 2 keine Präklusionswirkung. Ausgenommen ist nur die Zusammenfassung (§ 11 Abs. 1 Satz 3; näher unten Rn. 21 f.). Nicht zweifelhaft sollte schließlich sein, dass Angaben in Form eines Verweises auch in einem **Nachtrag** (§ 16) aufgenommen werden können.[16] Der Nachtrag führt zu einer Änderung bzw. Ergänzung des Prospekts, so dass für ihn letztlich die gleichen Bestimmungen wie für den Prospekt maßgeblich sind.[17]

5

---

13 *DAI*, When setting standards for the approval and publication of prospectuses, their advertisement and the incorporation by reference, ESMA has to stay within its mandate, S. 6 f. (verfügbar unter www.dai.de).
14 ESMA Final Report „Draft RTS on prospectus related issues under the Omnibus II Directive" of 25 June 2015, ESMA/2015/1014, S. 21 Rn. 58.
15 Zust. *Klöckner/Assion*, in: Holzborn, WpPG, § 11 Rn. 4.
16 Wie hier *Hamann*, in: Schäfer/Hamann, Kapitalmarktgesetze, § 11 WpPG Rn. 3; *Klöckner/Assion*, in: Holzborn, WpPG, § 11 Rn. 4; **a. A.** *von Ilberg*, in: Assmann/Schlitt/von Kopp-Colomb, WpPG/VerkProspG, § 11 WpPG Rn. 26.
17 *Klöckner/Assion*, in: Holzborn, WpPG, § 11 Rn. 4 weisen darauf hin, dass die Verwaltungspraxis der BaFin dies anders sehe, was aber nicht ausschließen soll, dass in Prospekte mithilfe eines Nachtrags zusätzliche Angaben per Verweis einbezogen werden können. Diese Unterscheidung ist nicht nachvollziehbar.

§ 11 Angaben in Form eines Verweises

2. Zuvor oder gleichzeitig veröffentlichte oder der Öffentlichkeit zur Verfügung gestellte Dokumente

6 Nach § 11 Abs. 1 Satz 1 müssen Dokumente, die in Form eines Verweises in den Prospekt einbezogen werden, zuvor oder gleichzeitig (mit dem Prospekt) veröffentlicht oder der Öffentlichkeit zur Verfügung gestellt worden sein. Daraus folgt zunächst, dass auf zukünftig zu veröffentlichende Dokumente im Prospekt **nicht (dynamisch) verwiesen** werden kann.[18] Dem ist aus Gründen der Prospektklarheit und -transparenz zuzustimmen; nur so steht zweifelsfrei fest, auf welche Information die Anlageentscheidung des Anlegers gestützt wurde. Die relevante Information ist (erst) nach der Veröffentlichung des Dokuments oder dessen Zurverfügungstellung an die Öffentlichkeit in einen Nachtrag zum Prospekt (§ 16) aufzunehmen, wenn der Prospekt schon zuvor gebilligt und veröffentlicht wurde. In dem Nachtrag kann dann auch auf das relevante Dokument verwiesen werden, wenn die anderen Voraussetzungen von § 11 erfüllt sind.

7 Nur unzureichend wird in § 11 Abs. 1 Satz 1 festgestellt, dass die Dokumente, auf die verwiesen wird, für den Anleger verfügbar sein müssen. Das Erfordernis der (einmaligen) Veröffentlichung sagt zwar unmittelbar nichts über die **fortbestehende Verfügbarkeit** aus; diese ist aber aus Gründen des Anlegerschutzes unabdingbar (vgl. auch Rn. 16).[19] Dies wird nunmehr unmissverständlich für den in elektronischer Form veröffentlichten Prospekt klargestellt. Nach Art. 6 Abs. 2 TRS muss der elektronische Prospekt **Hyperlinks** zu allen Dokumenten enthalten, in denen die mittels Verweis aufgenommenen Informationen enthalten sind, bzw. zu allen Webseiten, auf denen das betreffende Dokument veröffentlicht wird (vgl. auch Art. 28 ProspektVO Rn. 27).[20] Bereits zuvor kam die Notwendigkeit einer dauerhaften Verfügbarkeit in Art. 28 Abs. 5 ProspektVO („Zugänglichkeit" – s. dort Rn. 27 f.) und an etwas versteckter Stelle in Ziff. 25 Anh. I ProspektVO zum Ausdruck. Nach Ziff. 25 Anh. I ProspektVO müssen auch *„sonstige Dokumente, [. . .] sofern Teile davon in das Registrierungsformular eingeflossen sind oder in ihm darauf verwiesen wird"* während der Gültigkeitsdauer des Registrierungsformulars einsehbar sein. Anzugeben ist in der entsprechenden Erklärung, wo in die Dokumente in Papierform (am Sitz der Emittentin) oder elektronisch (auf der Website der Emittentin) Einsicht genommen werden kann. Vorsorglich empfiehlt es sich, beide Optionen anzubieten und die Erklärung über die einsehbaren Dokumente der Verweisliste beizufügen (s. unten Rn. 23). Auch prospekthaftungsrechtlich wäre es nicht vorstellbar, dass ein Bestandteil des Prospekts, der zu dessen Vollständigkeit und Richtigkeit beitragen soll, nicht fortdauernd verfügbar ist.[21]

8 Eine bestimmte **Veröffentlichungsform** wird in § 11 nicht vorgeschrieben. Durch die terminologische Erweiterung des Wortlauts auf veröffentlichte oder *der Öffentlichkeit zur*

---

18 Vgl. *Seitz*, AG 2005, 678, 686; *Friedl*, in: Just/Voß/Ritz/Zeising, WpPG, § 11 Rn. 13; *von Ilberg*, in: Assmann/Schlitt/von Kopp-Colomb, WpPG/VerkProspG, § 11 WpPG Rn. 16; *Klöckner/Assion*, in: Holzborn, WpPG, § 11 Rn. 18; **krit.** *Müller*, WpPG, § 11 Rn.4; *Hamann*, in: Schäfer/Hamann, Kapitalmarktgesetze, § 11 WpPG Rn. 3 (teleologische Auslegung wegen des Anlegerinteresses an der aktuellsten Information); *Heidelbach*, in: Schwark/Zimmer, KMRK, § 11 WpPG Rn. 15.
19 Zust. *Klöckner/Assion*, in: Holzborn, WpPG, § 11 Rn. 17.
20 Zu der entsprechenden – seinerzeit noch nicht übernommenen – Empfehlung des CESR s. CESR's Advice on Level 2 Implementing Measures (July 2003) Rn. 109.
21 Vgl. *Klöckner/Assion*, in: Holzborn, WpPG, § 11 Rn. 17.

Verfügung gestellte Dokumente wird lediglich die Formulierung des WpHG bezüglich der Finanzberichterstattung aufgegriffen, weil insoweit bestimmte Formalien zu beachten sind.[22] Daraus ergibt sich materiell kein Unterschied zur Veröffentlichung. Aus § 37v Abs. 1 Satz 2 WpHG folgt insoweit, dass der Jahresfinanzbericht neben der Verfügbarkeit im Unternehmensregister über eine für alle zugängliche Homepage, insbesondere die Website des Unternehmens und über das Unternehmensregister öffentlich zugänglich sein soll. Darauf ist einer Hinweisbekanntmachung hinzuweisen. Wenn das Unternehmen diese Vorgaben beachtet, steht der Jahresfinanzbericht der Öffentlichkeit zur Verfügung.[23] § 14 Abs. 4 Satz 1 WpPG könnte darüber hinaus entnommen werden, dass die in Bezug genommenen Dokumente in einer nach § 14 Abs. 2 genannten Art und Weise zu veröffentlichen sind. Nach dem Sinn und Zweck ist dies jedoch auf die Fälle zu beschränken, in denen keine gesetzlichen Bestimmungen für die Veröffentlichung existieren oder die Dokumente *gleichzeitig* mit dem Prospekt veröffentlicht werden. Nur in diesen Fällen kann nämlich in den Verweisdokumenten auch die in § 14 Abs. 4 Satz 2 enthaltene Anforderung erfüllt werden, dass in jedem Einzeldokument anzugeben ist, wo die anderen Einzeldokumente erhältlich sind. Etwas anderes ist auch aus Gründen des Anlegerschutzes nicht erforderlich, da für den Anleger die **Verfügbarkeit** und (leichte) Zugänglichkeit des einbezogenen Dokuments nach Prospektveröffentlichung maßgeblich sind (s. auch unten Rn. 23 und Art. 28 ProspektVO Rn. 27 f.). Da die Internetseite des Emittenten (§ 14 Abs. 2 Nr. 3a) regelmäßig das vorzugswürdige Medium ist, besteht in der Praxis auch kein Unterschied zwischen Veröffentlichung und Verfügbarkeit. Es ist daher nicht erforderlich, dass die Dokumente ursprünglich gemäß § 14 veröffentlicht wurden. Ihre Veröffentlichung richtet sich vielmehr nach den für das Dokument maßgeblichen Bestimmungen.[24]

Nicht notwendig ist, dass auf das Dokument insgesamt verwiesen wird; ein **Teilverweis** ist möglich (Art. 28 Abs. 4 ProspektVO; s. näher Art. 28 ProspektVO Rn. 21 f.). In diesem Fall ist eine gesonderte Veröffentlichung der Angaben, auf die verwiesen werden soll, nicht erforderlich. Jedoch müssen sie in der Verweisliste genau bezeichnet werden (vgl. Rn. 23).

3. Hinterlegung bei oder Billigung von der Bundesanstalt oder der zuständigen Behörde (Satz 1 Nr. 1)

a) Maßgebliche Gesetze

Die Dokumente, auf die verwiesen wird, müssen von der zuständigen Behörde des Herkunftsmitgliedstaats **aufgrund WpPG gebilligt oder** bei ihr **hinterlegt** worden sein (§ 11 Abs. 1 Satz 1). Hinterlegungspflichten gegenüber der BaFin nach anderen Vorschriften (etwa nach dem KWG oder WpHG) genügen demnach nicht. Aufgrund der Änderungen des Gesetzes zur Umsetzung der Richtlinie (EU) 2010/73 und zur Änderung des Börsenge-

---

22 Vgl. Beschlussempfehlung und Bericht des Finanzausschusses zu dem Gesetzesentwurf der Bundesregierung – Drucksache 17/8684 – Entwurf eines Gesetzes zur Umsetzung der Richtlinie 2010/3/EU und zur Änderung des Börsengesetzes, BT-Drucks. 17/9645, S. 26.
23 Vgl. dazu *Hönsch*, in: Assmann/Uwe H. Schneider, WpHG, § 37v Rn. 11; s. auch BaFin, Emittentenleitfaden, 4. Aufl. 2013, XIV.3.3.
24 *Heidelbach/Preuße*, BKR 2008, 10, 11; *Heidelbach*, in: Schwark/Zimmer, KMRK, § 11 WpPG Rn. 7; **enger** *Hamann*, in: Schäfer/Hamann, Kapitalmarktgesetze, § 11 WpPG Rn. 5, der sich insoweit auf das WpPG, das BörsG oder die entsprechenden ausländischen Vorschriften bezieht, die unmittelbar jedoch nur für die Billigung bedeutsam sind.

§ 11 Angaben in Form eines Verweises

setzes[25] sind die börsenrechtlichen Bestimmungen als gesetzliche Grundlage für das Hinterlegungserfordernis entfallen (s. auch oben Rn. 4).[26] Mit dem Billigungs- oder Hinterlegungserfordernis soll sichergestellt werden, dass ein hinlänglicher **Sachbezug** zum Billigungsverfahren gegeben ist und die den Prospekt billigende Behörde unmittelbaren oder (im Wege der Amtshilfe) mittelbaren **Zugriff** auf die Originaldokumente hat. Eine bestimmte Qualitätssicherung ist damit nicht verbunden, da die bloße „Hinterlegung" ausreicht.[27] Dies ist aber auch nicht erforderlich, weil die einbezogenen Dokumente die Mindestangaben nach § 7 enthalten oder zu ihrer erforderlichen Darstellung beitragen müssen und als Bestandteil des Prospekts (s. unten Rn. 18 ff.) der Prüfung nach § 13 Abs. 1 Satz 2 unterliegen. Vor diesem Hintergrund erscheint die Auslegung der ESMA, wonach nicht einmal eine Bereitstellung relevanter Dokumente nach Art. 4 ProspektRL (§ 4) für das Hinterlegungserfordernis genügen soll (vgl. auch Art. 28 ProspektVO Rn. 5) zu eng.[28]

11 Nach § 11 Abs. 1 Satz 2 kann auf ein oder mehrere zuvor oder gleichzeitig veröffentlichte Dokumente verwiesen werden, die von einer **zuständigen Behörde (eines anderen Staats des Europäischen Wirtschaftsraums)** nach Maßgabe der zur Umsetzung der ProspektRL oder der TransparenzRL in der jeweils gültigen Fassung **erlassenen Vorschriften** gebilligt oder bei ihr hinterlegt wurden.[29]

12 Im Rahmen der Verweismöglichkeit nach § 11 Abs. 1 Satz 2 muss die Behörde, bei der das Verweisdokument hinterlegt wurde oder die es gebilligt hat, folglich nicht zwingend mit der Behörde identisch sein, die den verweisenden Prospekt zu billigen hat. Entsprechend sind die Verweisdokumente dem Billigungsantrag beizufügen, sofern sie der BaFin nicht bereits aufgrund Billigung oder Hinterlegung vorliegen (Art. 2 Abs. 2 lit. d) TRS).[30]

13 **Drittstaatenemittenten** können auf die von ihrer „Heimatbehörde" gebilligten oder dort hinterlegten Dokumente nur verweisen, wenn diese zuvor auch bei der zuständigen Behörde eines Staates des Europäischen Wirtschaftsraums hinterlegt wurden.[31]

---

25 BGBl. I 2012, 1375.
26 Vgl. auch ESMA Consultation Paper „Draft Regulatory Technical Standards on prospectus related issues under the Omnibus II Directive" of 25 September 2014, ESMA/2014/1186, S. 22 f.
27 Gleichermaßen ist dies ein Argument für die Zulassung einer „freiwilligen" Hinterlegung von Unterlagen, um ihre Verweistauglichkeit zu erreichen; s. *DAI*, When setting standards for the approval and publication of prospectuses, their advertisement and the incorporation by reference, ESMA has to stay within its mandate, S. 8 f. (verfügbar unter www.dai.de).
28 Vgl. auch ESMA Final Report „Draft RTS on prospectus related issues under the Omnibus II Directive" of 25 June 2015, ESMA/2015/1014, S. 16 ff. zu entsprechenden Antworten im Konsultationsverfahren.
29 Vgl. auch ESMA Consultation Paper „Draft Regulatory Technical Standards on prospectus related issues under the Omnibus II Directive" of 25 September 2014, ESMA/2014/1186, S. 21.
30 Delegierte Verordnung (EU) 2016/301 vom 30.11.2015 zur Ergänzung der Richtlinie 2003/71/EG des Europäischen Parlaments und des Rates durch technische Regulierungsstandards für die Billigung und Veröffentlichung des Prospekts und die Verbreitung von Werbung und zur Änderung der Verordnung (EG) Nr. 809/2004 der Kommission" (TRS), ABl. L 53/13 v. 4.3.2016. Zuvor bereits Voraufl. Rn. 12; *Friedl*, in: Just/Voß/Ritz/Zeising, WpPG, § 11 Rn. 24; dem folgend *von Ilberg*, in: Assmann/Schlitt/von Kopp-Colomb, WpPG/VerkProspG, § 11 WpPG Rn. 9.
31 Wie hier *Friedl*, in: Just/Voß/Ritz/Zeising, WpPG, § 11 Rn. 24.

b) Eingeschränkter Anwendungsbereich

Wegen des im WpPG nur sporadisch vorgesehenen Hinterlegungs- (und Billigungs-)Erfordernisses kann regelmäßig nur auf gebilligte **(Basis-)Prospekte** sowie **Registrierungsformulare, Wertpapierbeschreibungen** (vgl. § 12) oder **Nachträge** (§ 16) bereits börsennotierter Emittenten verwiesen werden.[32] In der Praxis am häufigsten zu beobachten ist der Verweis auf historische **Finanzinformationen**, der nach Satz 1 möglich ist, wenn diese bereits Bestandteil eines der vorgenannten Dokumente waren. Daneben sehen nur noch § 6 Abs. 3 Satz 2 die Hinterlegung der **endgültigen Bedingungen** eines Angebots von Nichtdividendenwerten und § 12 Abs. 4 die Hinterlegung des nicht gebilligten Registrierungsformulars bei der BaFin vor. Das nicht gebilligte Registrierungsformular kann aber nicht zuvor oder gleichzeitig veröffentlicht worden sein, so dass es als Verweisdokument ausscheidet (s. auch Art. 26 Abs. 4 ProspektVO, der nur die Einbeziehung eines hinterlegten und gebilligten Registrierungsformulars vorsieht).[33]

14

Der **Anwendungsbereich** der Bestimmung war nach altem Recht durch das Hinterlegungs- oder Billigungserfordernis stark **eingeschränkt**, zumal nach Ansicht der BaFin eine „freiwillige" – vom Emittenten oder Anbieter herbeigeführte – „Hinterlegung" nicht in Betracht kam.[34] Emittenten, die noch nicht börsennotiert sind oder noch keine Wertpapiere öffentlich angeboten haben, konnten somit von der Möglichkeit des Verweises nicht Gebrauch machen, da sie noch nicht nach dem WpPG oder BörsG oder entsprechenden Bestimmungen anderer Staaten des EWR publizitätspflichtig waren. Dies stand auch in Widerspruch zu Art. 28 Abs. 1 ProspektVO, da die dort enthaltene nicht abschließende Aufzählung „verweistauglicher" Dokumente insbesondere solche enthält, die gerade nicht zwingend gebilligt oder hinterlegt werden müssen (vgl. Art. 28 ProspektVO Rn. 3).[35] Daher wurde teilweise argumentiert, auf sie sollte dann verwiesen werden können, wenn zuvor (auf Betreiben des Emittenten) eine Hinterlegung bei der BaFin, der Börse oder einer anderen zuständigen Behörde herbeigeführt wird.[36] Ohne Hinterlegungserfordernis nach WpPG (oder nach alter Rechtslage BörsG) war und ist dies mit dem Wortlaut des § 11 indessen nur schwer zu vereinbaren. In anderen Ländern des europäischen Wirtschaftsraums,

15

---

32 So auch *von Ilberg*, in: Assmann/Schlitt/von Kopp-Colomb, WpPG/VerkProspG, § 11 WpPG Rn. 25 für Nachträge.

33 So auch ESMA Consultation Paper „Draft Regulatory Technical Standards on prospectus related issues under the Omnibus II Directive" of 25 September 2014, ESMA/2014/1186, S. 21.

34 Im Ergebnis zustimmend ESMA Consultation Paper „Draft Regulatory Technical Standards on prospectus related issues under the Omnibus II Directive" of 25 September 2014, ESMA/2014/1186, S. 21 f.; Voraufl. Rn. 15; *von Ilberg*, in: Assmann/Schlitt/von Kopp-Colomb, WpPG/VerkProspG, § 11 WpPG Rn. 10, 14 f.; *Klöckner/Assion*, in: Holzborn, WpPG, Art. 28 ProspektVO Rn. 1; wohl auch *Friedl*, in: Just/Voß/Ritz/Zeising, WpPG, § 11 Rn. 20 ff.; **a. A.** *Kullmann/Sester*, ZBB 2005, 209, 214; *Holzborn/Israel*, ZIP 2005, 1668, 1674 „richtlinienkonforme Auslegung" – alle Dokumente, die *im Sinne der Richtlinie* gebilligt oder hinterlegt wurden.

35 Zutreffend *Hamann*, in: Schäfer/Hamann, Kapitalmarktgesetze, § 11 WpPG Rn. 6; ähnlich *Kullmann/Sester*, ZBB 2005, 209, 214, unter Verweis auf den Wortlaut von § 11 Abs. 1 ProspektRL („gemäß der Richtlinie"). Auf Art. 28 ProspektVO verweist auch die Regierungsbegründung; s. RegE WpPG, BT-Drucks. 15/4999, S. 34.

36 So wohl *Kullmann/Sester*, ZBB 2005, 209, 214; *Holzborn/Israel*, ZIP 2005, 1668, 1674 „richtlinienkonforme Auslegung" – alle Dokumente, die *im Sinne der Richtlinie* gebilligt oder hinterlegt wurden); **a. A.** *von Ilberg*, in: Assmann/Schlitt/von Kopp-Colomb, WpPG/VerkProspG, § 11 WpPG Rn. 10, 14 f.; **ablehnend** wohl auch *Friedl*, in: Just/Voß/Ritz/Zeising, WpPG, § 11 Rn. 20 ff.

§ 11   Angaben in Form eines Verweises

in denen vielfach auch kein Hinterlegungserfordernis bekannt ist,[37] wurde die Verweismöglichkeit dagegen schon früher liberaler gehandhabt. Zum Teil nicht mehr relevant ist der eingeschränkte Anwendungsbereich und die Forderung nach einer „freiwilligen" Hinterlegung nun dadurch, dass die Verweismöglichkeiten nach § 11 Abs. 1 Satz 1 Nr. 2 und 3 hinzugekommen sind (s. zu den Quartalsfinanzberichten aber auch Rn. 17).

4. Mitteilung der Veröffentlichung (Satz 1 Nr. 2)

16   Nach § 11 Abs. 1 Satz 1 Nr. 2 kann ein Verweis auch auf Dokumente vorgenommen werden, deren Veröffentlichung der BaFin nach § 2b Abs. 1 WpHG, § 15 Abs. 5 WpHG (Ad-hoc-Mitteilung von Insiderinformationen), § 15a Absatz 4 WpHG (Mitteilung von Geschäften von Personen mit Führungsaufgaben), § 26 Abs. 2 WpHG (Veröffentlichung von Stimmrechtsmitteilungen), § 26a WpHG (Veröffentlichung der Gesamtzahl der Stimmrechte), § 29a Abs. 2 WpHG (Mitteilung über die Befreiung von den Mitteilungspflichten nach §§ 26 und 26a), § 30 e Abs. 1 WpHG (Mitteilung von Änderungen der mit den zugelassenen Wertpapieren verbundenen Rechte sowie von in Drittstaaten veröffentlichten relevanten Informationen), § 30f Abs. 2 WpHG (Mitteilung über die Befreiung von den Pflichten nach den §§ 30a, 30b und 30e Abs. 1 Satz 1 Nr. 1 und 2), jeweils auch in Verbindung mit der Wertpapierhandelsanzeige- und Insiderverzeichnisverordnung, mitgeteilt worden ist. Dies geht auf **Art. 19 Abs. 1 Unterabs. 1 TransparenzRl** zurück. Nach der Gesetzesbegründung müssen die Dokumente für jedermann auf der Internetseite der BaFin oder des Unternehmensregisters während der gesamten Dauer des öffentlichen Angebots abrufbar sein (s. allg. zur Zugänglichkeit auch Rn. 7).[38] Erforderlich ist insoweit nach der Verwaltungspraxis der BaFin außerdem, dass die Vorschrift, aufgrund derer die Mitteilung vorgenommen wird, im Anschreiben zum Prospektbilligungsantrag oder im Prospekt selbst konkret benannt wird.[39]

5. Mitteilung der öffentlichen Zurverfügungstellung (Satz 1 Nr. 3)

17   Nach § 11 Abs. 1 Satz 1 Nr. 3 kann ein Verweis auch auf Dokumente vorgenommen werden, deren öffentliches Zurverfügungstellen der Bundesanstalt nach § 37v Abs. 1, § 37w Abs. 1, § 37x Abs. 2, § 37y oder § 37z WpHG, jeweils auch in Verbindung mit der Wertpapierhandelsanzeige- und Insiderverzeichnisverordnung, mitgeteilt worden ist. Im Einzelnen sind dies der Jahresfinanzbericht (§ 37v WpHG), der Halbjahresfinanzbericht (§ 37w WpHG) und der Konzernabschluss (§ 37y WpHG). Keine Bedeutung dürften die Hinweisbekanntmachung nach § 37x Abs. 2 WpHG und die Bekanntmachung von Ausnahmen nach § 37z WpHG erlangen. Unklar ist, ob der Wegfall der Pflicht zur Erstellung von Quartalsfinanzberichten (§ 37w Abs. 2 Nr. 1 und 2, Abs. 3 und Abs. 4 WpHG a. F.) zur Folge hat, dass auf gleichwohl erstellte Quartalsfinanzberichte nicht mehr verwiesen werden kann.[40] Nach dem Wortlaut der Bestimmung kommt ein Verweis nach § 11 Abs. 1

---

37 *Fischer-Appelt/Werlen*, JIBFL 2004, 389, 392.
38 Begr. RegE, BT-Drucks. 17/8684, S. 19.
39 *Klöckner/Assion*, in: Holzborn, WpPG, § 11 Rn. 13.
40 Nicht zu verwechseln sind diese mit den Quartalsmitteilungen nach § 51a BörsO FWB, die die im Teilbereich des regulierten Marktes mit weiteren Zulassungsfolgepflichten an der Frankfurter Wertpapierbörse (*Prime Standard*) notierten Unternehmen nach wie vor erstellen müssen. Als in-

Satz 1 Nr. 3 nicht in Betracht, da die Finanzberichte, die nach der TransparenzRL gesetzlich verlangt werden, dort gerade abschließend und nicht nur beispielhaft aufgezählt sind. In ähnlicher Weise hat sich die ESMA zu § 11 Abs. 1 Nr. 1 bzw. dem zugrunde liegenden Art. 11 ProspektRL geäußert: Es dürfe nur hinterlegt werden, was die TransparenzRL auch fordere.[41] Eine **freiwillige Hinterlegung** nach § 11 Abs. 1 Satz 1 Nr. 1 als Einfallstor scheidet danach aus. Dies ist nicht zu Unrecht kritisch gesehen worden;[42] der Gesetzgeber ist dem Vorschlag einer entsprechenden Erweiterung des Wortlauts von § 11 Abs. 1 Satz 1 Nr. 1 jedoch nicht gefolgt. Der praktische Anwendungsbereich für einen Verweis auf Quartalskennzahlen dürfte auch gering sein. Ihre Aufnahme in den Prospekt ist zwar rechtlich nur dann unabdingbar, wenn sie auch erstellt worden sind (vgl. ProspektVO Anh. I Ziff. 20.6.1, Anh. IV Ziff. 13.5.1). Tatsächlich wird dies aber jedenfalls bei Aktienemissionen kaum vermeidbar sein, um Erwartungen der Investoren an eine möglichst aktuelle unterjährige Transparenz und der Emissionsbegleiter an den Inhalt des *Comfort Letter* des Abschlussprüfers zu erfüllen (s. auch Art. 28 ProspektVO Rn. 19). Jedoch handelt es sich bei ihnen immer um die aktuellsten Finanzzahlen, die – soweit der Emittent sie nicht ohnehin nach wie vor (freiwillig) vorlegt – gerade wegen der Wertpapieremission und für die Zwecke ihrer Publizität im Prospekt erstellt werden. Daher böte die Verweismöglichkeit keinen wirklichen Vorteil gegenüber der naheliegenden Veröffentlichung im Prospekt.

Nicht einleuchtend ist, weshalb ein Verweis auf die im **Unternehmensregister** (§ 8b HGB) eingestellten Informationen nach wie vor nicht möglich ist. Hierauf hätte die Verweismöglichkeit schon im Zuge der Umsetzung der TransparenzRL erweitert werden sollen.[43]   17a

6. Inhaltliche Anforderungen

a) Mindestangaben nach den Anhängen zur ProspektVO

Es bedarf keiner näheren Begründung, dass § 11 Abs. 1 nur einen Verweis auf Dokumente zulässt, die die im Prospekt geforderten Angaben enthalten. Das Dokument muss also hinsichtlich der in ihm enthaltenen Informationen selbst oder zusammen mit den anderen Angaben im Prospekt dazu beitragen, dass die **Mindestangaben** nach § 7 i.V. m. den Anhängen zur ProspektVO erfüllt werden. Eine Verringerung der inhaltlichen Anforderungen ist mit der Möglichkeit der Einbeziehung nicht verbunden,[44] da die einbezogenen Dokumente Bestandteil des Prospekts werden und nur deren (technische) Aufnahme in den Prospekt erleichtert werden soll.   18

---

haltlicher Mindeststandard reichen sie nicht an die strengeren Maßstäbe der Quartalsfinanzberichten bzw. der Ziff. 20.6 Anh. I ProspektVO heran.
41 Vgl. ESMA, „Draft Regulatory Technical Standards on prospectus related issues under the Omnibus II Directive" of 25 September 2014 (ESMA/2015/1186), S. 23 ff.; ESMA, Final report Draft RTS on prospectus related issues under the Omnibus II Directive, 25 June 2015 (ESMA/2015/1014), S. 18 ff.
42 *DAI*, Stellungnahme zum Entwurf eines Gesetzes zur Umsetzung der Transparenzrichtlinie-Änderungsrichtlinie, 13.3.2015 („Umsetzung der geänderten EU-Transparenzrichtlinie braucht noch Feinschliff"), S. 11 (verfügbar unter www.dai.de); siehe dazu auch *Schilha*, DB 2015, 1821, 1827.
43 Vgl. *Schlitt/Singhof/Schäfer*, BKR 2005, 251, 253 (dort Fn. 26).
44 Vgl. Begr. RegE, BT-Drucks. 15/4999, S. 34; zust. *Friedl*, in: Just/Voß/Ritz/Zeising, WpPG, § 11 Rn. 8; *Groß*, Kapitalmarktrecht, § 11 WpPG Rn. 2.

§ 11   Angaben in Form eines Verweises

b) Aktualität

19 Ausdrücklich klargestellt wird in § 11 Abs. 1 Satz 3, dass es sich auch bei den einbezogenen Dokumenten um die **aktuellsten Angaben** handeln muss, die dem Emittenten zur Verfügung stehen. Die Angaben müssen also genau so aktuell sein, als wenn sie unmittelbar in den Prospekt aufgenommen würden.[45] Das ist eine Selbstverständlichkeit, da dies eine zwingende Anforderung an den Prospektinhalt ist,[46] zu dem auch das jeweilige Dokument durch Einbeziehung wird (vgl. § 5 Abs. 1). Ebenso bedarf es eigentlich keiner Erwähnung, dass der Verweis auf historische Finanzinformationen dadurch nicht ausgeschlossen ist, zumal diese nach den Anhängen zur ProspektVO ja gerade zwingender Bestandteil des Prospekts sind.[47] Maßstab ist die Perspektive des Emittenten.[48] Dies bereitet in den Fällen, in denen der Anbieter vom Emittenten verschieden ist und keinen Zugriff auf die diesem vorliegenden aktuellsten Informationen hat, Schwierigkeiten. Das ist aber kein spezifisches Problem der Verweistechnik, sondern der Prospektpflicht für das Angebot bereits zugelassener Wertpapiere (z. B. bei einer Sekundärplatzierung einer Beteiligung direkt und/oder über eine Umtauschanleihe). Näher konkretisiert wird das Aktualitätsgebot in Art. 28 Abs. 3 ProspektVO (vgl. dort Rn. 14 ff.).

c) Verständlichkeit

20 Die Einbeziehung von Angaben in der Form des Verweises darf nicht die allgemeinen Anforderungen an den Prospekt beeinträchtigen, der „in **leicht analysierbarer und verständlicher Form** sämtliche Angaben" für ein zutreffendes Urteil über den Emittenten und die Wertpapiere enthalten und in einer Form abgefasst sein muss, die sein Verständnis und seine Auswertung erleichtern (vgl. § 5 Abs. 1 Satz 1 und 3).[49] Auf dieses allgemeine Gebot der Verständlichkeit wird in Art. 28 Abs. 5 ProspektVO für die Angaben in Form eines Verweises Bezug genommen. Wegen der daraus ableitbaren Einzelpflichten wird auf die dortige Kommentierung verwiesen (vgl. Art. 28 ProspektVO Rn. 24 ff.). Ebenso sind die allgemeinen Anforderungen an die **Sprache** des Prospekts zu beachten (vgl. Art. 28 ProspektVO Rn. 17 ff.).

20a Neben der Unzulässigkeit eines dynamischen Verweises (auf das jeweils aktuellste Dokument) (s. bereits oben Rn. 6) wird in inhaltlicher Hinsicht an eine Einbeziehung durch Verweis nach überwiegender Ansicht insbesondere die Anforderung gestellt, dass die relevanten Angaben im Verweisdokument selbst enthalten sind. Anderenfalls sei die Lesbarkeit und Verständlichkeit des Prospekts beeinträchtigt; ein „**Kettenverweis**" soll demnach **nicht zulässig** sein.[50] Betroffen sind hiervon auch Registrierungsformulare, in die zuvor Informationen per Verweis einbezogen wurden. Sofern absehbar ist, dass sie § 11 WpPG

---

45 Zutr. *Heidelbach/Preuße*, BKR 2008, 10, 11 f.
46 Vgl. Begr. RegE, BT-Drucks. 15/4999, S. 34.
47 Siehe dennoch *Klöckner/Assion*, in: Holzborn, WpPG, § 11 Rn. 16.
48 Begr. RegE, BT-Drucks. 15/4999, S. 34; zust. *Groß*, Kapitalmarktrecht, § 11 WpPG Rn. 3.
49 Vgl. ESMA Consultation Paper „Draft Regulatory Technical Standards on prospectus related issues under the Omnibus II Directive" of 25 September 2014, ESMA/2014/1186, S. 25.
50 Vgl. *Apfelbacher/Metzner*, BKR 2006, 81, 82 Fn. 7; *Heidelbach/Preuße*, BKR 2008, 10, 12; *Schlitt/Singhof/Schäfer*, BKR 2005, 251, 263 Fn. 178; *von Ilberg*, in: Assmann/Schlitt/von Kopp-Colomb, WpPG/VerkProspG, § 11 WpPG Rn. 21; *Heidelbach*, in: Schwark/Zimmer, KMRK, § 11 WpPG Rn. 14; *Klöckner/Assion*, in: Holzborn, WpPG, § 11 Rn. 19 mit Verweis auf die Verwaltungspraxis der BaFin.

i.V. m. Art. 26 Abs. 4 ProspektVO später insgesamt zum Inhalt eines Basisprospekts gemacht werden sollen, sollte das Registrierungsformular keinen Verweis enthalten.[51] Ob diese einschränkende Auslegung in Gänze sinnvoll ist, erscheint zweifelhaft. Der Anlegerschutz ist nicht beeinträchtigt, da die in das Verweisdokument einbezogenen Dokumente ihrerseits durch Hinterlegung, Billigung oder Mitteilung der Veröffentlichung die Voraussetzungen an einen Verweis erfüllen müssen. Technisch könnte eine leichte Verfügbarkeit der relevanten (mittelbar einbezogenen) Informationen beispielsweise über (dauerhaft funktionierende) Hyperlinks sichergestellt werden, wie sie jetzt für einen elektronisch veröffentlichten Prospekt mit Verweisdokumenten verbindlich sind (vgl. Art. 6 Abs. 2 TRS).

III. Ausschluss des Verweises in der Zusammenfassung

Die Zusammenfassung nach § 5 Abs. 2 darf keine Angaben in Form eines Verweises enthalten (§ 11 Abs. 1 Satz 4).[52] Aufgrund ihrer Funktion ist dies naheliegend, da sie **aus sich heraus verständlich** sein muss, wenn sie komprimiert die „Schlüsselinformationen" umfassen soll (§ 5 Abs. 2 Satz 1, Abs. 2a). Dies belegt auch der Umstand, dass sie bei grenzüberschreitenden Angeboten oder Zulassungen der einzige Teil des Prospekts ist, der zwingend in die Amtssprache des Aufnahmestaats übersetzt wird (vgl. § 19 Abs. 3 Satz 2).[53] Nichts mit § 11 Abs. 1 Satz 4 zu tun hat die Verwaltungspraxis der BaFin, neben den allgemeinen, verpflichtenden Warnhinweisen nach § 5 Abs. 2a in der Zusammenfassung keine Verweise auf andere Teile des Prospekts zuzulassen. Dies lässt sich allein aus § 5 Abs. 2 herleiten.

21

Auch wenn dies nicht ausdrücklich im Gesetz bestimmt wird, dürfen auch die **Risikofaktoren** keine Angaben in Form eines Verweises enthalten.[54] Dies stünde der gesteigerten Bedeutung der konzentrierten und zusammenhängenden Darstellung der Risiken am Anfang des Prospekts entgegen, die aus sich heraus verständlich sein muss. Auch ergibt sich dies bereits daraus, dass ein Verweis auf andere Abschnitte des Prospekts in den Risikofaktoren nicht zulässig ist (s. dazu Art. 25 ProspektVO Rn. 9).

22

IV. Verweisliste

Um den Anlegern den Überblick über die nicht im Prospekt enthaltenen Informationen und das Auffinden der Einzelangaben zu erleichtern, sind sämtliche Verweise in einer Liste

23

---

51 *Klöckner/Assion*, in: Holzborn, WpPG, § 11 Rn. 19.
52 Die Begr. RegE, BT-Drucks. 15/4999, S. 34, spricht davon, dass die Zusammenfassung nicht im Wege des Verweises in den Prospekt aufgenommen werden kann. Das ist zwar abgesehen davon, dass es ohnehin keine zweite, vollständig passende Zusammenfassung gibt, richtig, sagt aber als Redaktionsversehen zum eigentlichen Regelungsgehalt des § 5 Abs. 2 Satz 3 a. F. nichts aus.
53 Begr. RegE, BT-Drucks. 15/4999, S. 34; *Müller*, WpPG, § 11 Rn.3.
54 Ebenso *Friedl*, in: Just/Voß/Ritz/Zeising, WpPG, § 11 Rn. 37; *von Ilberg*, in: Assmann/Schlitt/von Kopp-Colomb, WpPG/VerkProspG, § 11 WpPG Rn. 44; *Klöckner/Assion*, in: Holzborn, WpPG, § 11 Rn. 22 mit Verweis auf die entsprechende Verwaltungspraxis der BaFin.

§ 11 Angaben in Form eines Verweises

aufzuführen. Dies ergibt sich aus § 11 Abs. 2.[55] Danach müssen die relevanten Prospektstellen, an denen Verweise aufgenommen worden sind (**Seitenangaben**) und die **Bezeichnung der Dokumente**, auf die verwiesen wird, in einer im Prospekt enthaltenen Liste zusammengeführt werden. Handelt es sich um Verweise, die lediglich den Finanzteil („F-Pages") „en bloc entschlacken", kann sich die Seitenangabe erübrigen. Regelmäßig steht die Verweisliste vor der „Zusammenfassung" am Anfang des Prospekts.[56] Zusätzlich ist natürlich nochmals im fortlaufenden Text anzugeben, wo jeweils Informationen wegen eines Verweises nicht enthalten sind. Beschränken sich die Verweise auf den Finanzteil, wird dann an dessen Beginn konzentriert nochmals wiederholt, auf welche Finanzinformationen verwiesen wird.[57] Wird von der Möglichkeit Gebrauch gemacht, nur auf bestimmte Teile eines Dokuments zu verweisen (Art. 28 Abs. 4 ProspektVO), muss diese Einschränkung z. B. durch Angabe der Seitenzahlen oder genaue Bezeichnung der einbezogenen Abschnitte schon in der Verweisliste zum Ausdruck kommen (vgl. auch Art. 28 ProspektVO Rn. 21 f.). Außerdem hat diese Verweisliste die Aufgabe **anzugeben**, „wo die im Wege des Verweises einbezogenen Angaben **veröffentlicht sind**", um so das Auffinden zu erleichtern. Das ist für den Anlegerschutz entscheidend.

24 Eine **Verweisliste** kann daher wie folgt aussehen:

Angaben in Form eines Verweises

Die folgenden Dokumente oder Dokumententeile sind Bestandteile dieses Prospekts kraft Verweises und sind am Sitz der [. . .] AG, [Adresse], einsehbar oder werden auf Verlangen kostenfrei zugesandt. Zusätzlich enthält der auf der Internetseite der [. . .] AG (www. . . .) und der Deutsche Börse AG als Betreiberin der Frankfurter Wertpapierbörse (www.deutsche-boerse.com) eingestellte elektronische Prospekt Hyperlinks zu allen Dokumenten, in denen die mittels Verweis aufgenommenen Informationen enthalten sind, bzw. zu allen Webseiten, auf denen das betreffende Dokument veröffentlicht wird.

Bezeichnung des Dokuments	Seitenzahl, Kapitelbezeichnung o. Ä. im Dokument	Seitenzahl im Prospekt	Ort der Veröffentlichung/ Website

Sonstige Informationen, die in den in der vorstehenden Liste in Bezug genommenen Dokumenten enthalten sind, aber nicht oben aufgeführt sind, sind für die Anleger nicht relevant oder bereits an anderer Stelle im Prospekt enthalten.[58]

---

55 Zur Aufsichtspraxis in anderen EU-Mitgliedstaaten CESR, Report On CESR Members' Powers Under The Prospectus Directive, Ziff. 8, S. 45 f. Nicht zu verwechseln ist die Verweisliste mit der Liste der einsehbaren Dokumente, die auch dann erforderlich ist, wenn der Prospekt keine Verweise enthält (vgl. ProspektVO Anh. I Ziff. 24; IV Ziff. 17, IX Ziff. 14 und XI Ziff. 14).
56 Wo sich die Verweisliste im Prospekt befindet, ist auch im Inhaltsverzeichnis anzugeben; so ausdrücklich *Österreichische FMA*, Rundschreiben, S. 17.
57 Vgl. den Wertpapierprospekt der Axel Springer AG vom 24.11.2006, S. 6, F-1.
58 Zum Hintergrund s. Art. 28 ProspektVO (dort Rn. 22).

V. Rechtswirkungen des Verweises; Haftungsfragen

Durch die Einbeziehung werden die Angaben **Bestandteil des Prospekts**.[59] Die Einzeldokumente bilden somit zusammen den (einheitlichen) Prospekt. Dem entspricht es, dass die europäischen Aufsichtsbehörden ganz überwiegend die Einhaltung der Voraussetzungen einer Einbeziehung durch Verweis im Rahmen des Billigungsverfahrens ex ante prüfen und deren Nichteinhaltung zur Versagung der Billigung führen kann.[60] Unberührt bleibt von der Einbeziehung durch Verweis die **Gültigkeitsdauer** des Prospekts; sie beträgt auch dann zwölf Monate ab Veröffentlichung (§ 9 Abs. 1), wenn auf ein Dokument verwiesen wird, dessen Gültigkeitsdauer nach dem WpPG schon vorher abläuft.[61] Auch ist es grundsätzlich zulässig, auf Dokumente zu verweisen, deren Gültigkeit im Zeitpunkt der Einbeziehung bereits abgelaufen ist, sofern es sich hierbei immer noch um die **aktuellsten Informationen** handelt, die dem Emittenten zur Verfügung stehen (s. Rn. 19).[62]

25

Aus den skizzierten Rechtswirkungen des Verweises folgt unmittelbar, dass sich die **Prospekthaftung** nach §§ 21 ff. WpPG in vollem Umfang auch auf die durch Verweis in den Prospekt einbezogenen Angaben erstreckt. Denn für Inhalte, die „vollwertiger" Bestandteil eines Prospekts sind, ist ungeachtet der konkreten Darstellungsform die Verantwortung nach den allgemeinen Grundsätzen zu übernehmen.[63] Eine Beschränkung der Haftung auf die bloße Richtigkeit des Verweises ist nicht möglich.[64] Anderenfalls könnte der Prospektverantwortliche durch weitreichende Nutzung der durch § 11 eröffneten Möglichkeit nicht nur die Erstellung des Prospekts erleichtern, sondern auch seine Verantwortung signifikant reduzieren. Dies gilt natürlich auch dann, wenn die in Bezug genommenen Dokumente von Dritten stammen. Ob sich dieser Umstand bei entsprechendem Hinweis haftungsreduzierend auswirken kann, ist hier nicht auszuführen, weil es sich dabei um ein von der Darstellungsform unabhängiges Problem der Prospekthaftung handelt.[65]

26

---

59 Vgl. Begr. RegE, BT-Drucks. 15/4999, S. 34. Dort heißt es, dass die einbezogenen „Dokumente" Bestandteil des Prospekts werden. Da auch die Möglichkeit des Teilverweises besteht (vgl. Art. 28 Abs. 4 ProspektVO), die nicht zur Einbeziehung des gesamten Dokuments, sondern nur einzelner Angaben hieraus führt, ist die hier verwendete Terminologie zutreffender; s. auch *Friedl*, in: Just/Voß/Ritz/Zeising, WpPG, § 11 Rn. 9.
60 Näher CESR, Report On CESR Members' Powers Under The Prospectus Directive, Ziff. 8, S. 45 f.
61 Wie hier *Friedl*, in: Just/Voß/Ritz/Zeising, WpPG, § 11 Rn. 29 ff.; *von Ilberg*, in: Assmann/Schlitt/von Kopp-Colomb, WpPG/VerkProspG, § 11 WpPG Rn. 33 ff.
62 Vgl. ESMA-Questions and Answers – Prospectuses (25th Updated Version – July 2016), Nr. 8; *von Ilberg*, in: Assmann/Schlitt/von Kopp-Colomb, WpPG/VerkProspG, § 11 WpPG Rn. 36 ff.
63 Ebenso *Becker*, in: Heidel, Aktienrecht und Kapitalmarktrecht, § 11 WpPG Rn. 12; *Groß*, Kapitalmarktrecht, § 11 WpPG Rn. 2; *Hamann*, in: Schäfer/Hamann, Kapitalmarktgesetze, § 11 WpPG Rn. 14; dagegen eine „Erleichterung" der Prospekthaftung noch vermutend *Weber*, NZG 2004, 360, 363.
64 Gleichsinnig *Friedl*, in: Just/Voß/Ritz/Zeising, WpPG, § 11 Rn. 40 ff. m. w. N.; *von Ilberg*, in: Assmann/Schlitt/von Kopp-Colomb, WpPG/VerkProspG, § 11 WpPG Rn. 48.
65 So offenbar *Groß*, Kapitalmarktrecht, § 11 WpPG Rn. 2.

§ 12 Prospekt aus einem oder mehreren Einzeldokumenten

(1) ¹Der Prospekt kann als ein einziges Dokument oder in mehreren Einzeldokumenten erstellt werden. ²Besteht ein Prospekt aus mehreren Einzeldokumenten, so sind die geforderten Angaben auf ein Registrierungsformular, eine Wertpapierbeschreibung und eine Zusammenfassung aufzuteilen. ³Das Registrierungsformular muss die Angaben zum Emittenten enthalten. ⁴Die Wertpapierbeschreibung muss die Angaben zu den Wertpapieren, die öffentlich angeboten oder zum Handel an einem organisierten Markt zugelassen werden sollen, enthalten. ⁵Für die Zusammenfassung gilt § 5 Absatz 2 bis 2b.

(2) Ein Emittent, dessen Registrierungsformular bereits von der Bundesanstalt gebilligt wurde, ist zur Erstellung der Wertpapierbeschreibung und der Zusammenfassung verpflichtet, wenn die Wertpapiere öffentlich angeboten oder zum Handel an einem organisierten Markt zugelassen werden.

(3) ¹Im Fall des Absatzes 2 muss die Wertpapierbeschreibung die Angaben enthalten, die im Registrierungsformular enthalten sein müssen, wenn es seit der Billigung des letzten aktualisierten Registrierungsformulars zu erheblichen Veränderungen oder neuen Entwicklungen gekommen ist, die sich auf die Beurteilung durch das Publikum auswirken könnten. ²Satz 1 ist nicht anzuwenden, wenn das Registrierungsformular wegen dieser neuen Umstände bereits nach § 16 aktualisiert worden ist. ³Die Wertpapierbeschreibung und die Zusammenfassung werden von der Bundesanstalt gesondert gebilligt.

(4) Hat ein Emittent nur ein nicht gebilligtes Registrierungsformular hinterlegt, so bedürfen alle Dokumente der Billigung der Bundesanstalt.

Übersicht

	Rn.		Rn.
I. Regelungsgegenstand	1	III. Mehrfache Verwendung des Registrierungsformulars	13
1. Überblick	1	1. Gesonderte Billigung des Registrierungsformulars	13
2. Wesentliche Änderungen	4		
II. Einteiliger oder mehrteiliger Prospekt	5	2. Erstellung der anderen Bestandteile des mehrteiligen Prospekts	14
1. Gestaltungsmöglichkeiten	5	3. Aktualisierung des gebilligten Registrierungsformulars	17
a) Prospekt	5		
b) Basisprospekt	7		
2. Bestandteile des Prospekts aus mehreren Einzeldokumenten	8	IV. Hinterlegung des nicht gebilligten Registrierungsformulars	19
a) Registrierungsformular	8		
b) Wertpapierbeschreibung	10		
c) Zusammenfassung	12		

I. Regelungsgegenstand
1. Überblick

Die Vorschrift setzt in Abs. 1 Art. 5 Abs. 3 ProspektRL und in den Abs. 2–4 Art. 12 ProspektRL jeweils in der Fassung der Änderungsrichtlinie 2010/73/EU um.[1] Danach kann der Anbieter (§ 2 Nr. 10) oder Zulassungsantragssteller (§ 2 Nr. 1) den Prospekt als **einteiliges oder dreiteiliges Dokument** – bestehend aus Registrierungsformular, Wertpapierbeschreibung und Zusammenfassung – erstellen (Abs. 1). Aus diesem Grund unterscheiden auch die den Prospektinhalt bestimmenden Anhänge der ProspektVO unter Zusatz bestimmter Module weitgehend zwischen Emittenten- und Wertpapierbeschreibungen. Anders als nach alter Rechtslage darf aufgrund des Wegfalls von Abs. 1 Satz 6 a. F. nun auch der Basisprospekt (§ 6) in mehreren Einzeldokumenten erstellt werden (s. aber Rn. 7).[2]

1

Die Möglichkeit, den Wertpapierprospekt auch als dreiteiliges Dokument zu gestalten, war im deutschen Prospektrecht vor Inkrafttreten des WpPG nicht bekannt. Sie geht auf das US-amerikanische Vorbild der „*shelf registration*" zurück, die ähnlich auch in Großbritannien und Frankreich praktiziert wurde.[3] Nicht durchgesetzt hat sich eine obligatorische Einführung des dreiteiligen Prospekts für bestimmte Emittenten, die damit zunächst einmal bezweckt war. Ursprünglich wurde sie vor allem mit der Beschleunigung des Emissionsverfahrens für häufig Kapital aufnehmende Emittenten begründet.[4] Jedenfalls für Anleiheprogramme lässt sich das (wohl auch effizienter) durch die Verwendung eines (ein- oder dreiteiligen) Basisprospekts (§ 6) erreichen, der ebenfalls für wiederholte Emissionen verwendet werden kann. Verbliebene **Aufgabe** der Bestimmung ist damit, außerhalb dieses Konkurrenzverhältnisses **zusätzliche Flexibilität** bei der Prospekterstellung zu schaffen,[5] um die Erstellung des Prospekts zu erleichtern und die Kosten zu senken. Der Emittent kann das Registrierungsformular auch vorbereitend erstellen und isoliert billigen lassen, um es bei Bedarf mehrfach (auch für unterschiedliche Wertpapiere) zu nutzen. Wertpapierbeschreibung und Zusammenfassung sind in diesem Fall erst zu erstellen und (gesondert) zu billigen, wenn ein öffentliches Angebot oder eine Zulassung von Wertpapieren zum Handel an einem organisierten Markt vorgenommen werden soll (Abs. 2). Da sich bis dahin auch erhebliche Veränderungen oder neue Entwicklungen, die das bereits gebilligte Registrierungsformular betreffen, ergeben können, enthält Abs. 3 eine Sonderregelung zur Nachtragspflicht nach § 16 und gestattet, dass notwendige Aktualisierungen in der noch zu billigenden Wertpapierbeschreibung vorgenommen werden, sofern diese nicht bereits im Wege des Nachtrags nach § 16 vorgenommen wurden. Letztere Möglichkeit ist durch die Umsetzung der Änderungsrichtlinie 2010/73/EU neu hinzugekommen (vgl. Rn. 4 und 18 ff.). Wurde das Registrierungsformular bei der BaFin im Vorfeld nur hinterlegt und nicht von ihr gebilligt, so sollte eigentlich selbstverständlich sein, dass dann alle drei Dokumente der Billigung der BaFin bedürfen; dies stellt Abs. 4 klar.

2

---

[1] RegBegr., BT-Drucks. 15/4999, S. 34.
[2] RegBegr., BT-Drucks. 17/8684, S. 19.
[3] Vgl. *Groß*, Kapitalmarktrecht, § 12 WpPG Rn. 2. Ausführlich zur Normentwicklung *Kunold*, in: Assmann/Schlitt/von Kopp-Colomb, WpPG/VerkProspG, § 10 WpPG Rn. 1 ff.
[4] Vgl. Erwägungsgrund 15 des Ersten Kommissionsentwurfs der ProspektRL v. 30.5.2001, KOM(2001) 280 endgültig. Krit. angesichts der Erfahrungen mit einem ähnlichen System in Großbritannien *Seitz*, BKR 2002, 340, 345.
[5] RegBegr., BT-Drucks. 15/4999, S. 34.

§ 12 Prospekt aus einem oder mehreren Einzeldokumenten

3 **Praktische Bedeutung** kann das durch § 12 geschaffene Wahlrecht erlangen,[6] wenn parallele Emissionen unterschiedlicher Wertpapiere (Dividendenwerte und Nichtdividendenwerte)[7] oder Emissionen in engerem zeitlichen Zusammenhang (Angebotsprogramme, § 2 Nr. 5) begeben werden sollen. Die Begebung unterschiedlicher Wertpapiere kann dann unter einem einheitlichen Registrierungsformular vorgenommen werden. Die Verwendung dreiteiliger Prospekte ist aber in der Praxis insgesamt eher die Ausnahme geblieben. Für Angebotsprogramme weist das dreiteilige Prospektformat aber gegenüber dem Basisprospekt (vgl. § 6 Abs. 1 Nr. 1) keine wesentlichen Vorteile auf (s. bereits oben Rn. 2),[8] zumal dieser nun grds. auch als dreiteiliges Dokument ausgestaltet werden kann (vgl. Rn. 7). Die Erstellung eines dreiteiligen Prospekts kommt daher grundsätzlich nur dann in Betracht, wenn der Emittent kein CRR-Kreditinstitut ist (vgl. § 6 Abs. 1 Nr. 2) oder mangels vergleichbarer Struktur der zu begebenden Papiere die Einreichung eines Basisprospekts ausscheidet. Auch unter dem Eindruck der publizitätsträchtigen einmaligen Aktienemissionen, die fast ausschließlich auf Basis eines einteiligen Prospekts begeben werden, werden die **Vorzüge** des mehrteiligen Prospekts überwiegend als **gering** eingeschätzt.[9] Die Bedeutung ist auch dadurch geschmälert, dass im Zuge der Verabschiedung der ProspektRL die ursprünglich vorgesehene Pflicht, jährlich ein zu aktualisierendes Registrierungsformular einzureichen, aufgegeben wurde (vgl. auch 1. Aufl., § 10 Rn. 2).[10] Ohne diese Aktualisierungspflicht dürfte die Verwendung eines separat hinterlegten Registrierungsformulars innerhalb seiner Gültigkeitsfrist von zwölf Monaten (§ 9 Abs. 4) überwiegend von geringem Vorteil sein.[11] Allerdings ist eine „freiwillige" Aktualisierung ggf. sinnvoll, um die abermalige Billigung eines aktualisierten Registrierungsformulars von dem öffentlichen Angebot vergleichsweise schneller zu erhalten (s. aber auch § 9 Rn. 3).[12] Nicht zu verkennen ist der Gewinn an Flexibilität und verfahrenstechnischer Vereinfachung im Billigungsverfahren, wenn ein Emittent mit Blick auf eine bevorstehende, zeitlich aber noch nicht exakt einzugrenzende Emission ein Registrierungsformular billigen lässt, um nach Festlegung des Emissionszeitpunkts zügig die Erstellung und Billigung der Wertpapierbeschreibung und Zusammenfassung zu betreiben. Dieser Vorteil schwindet mit zunehmendem Zeitablauf nach der Billigung freilich, insbesondere wenn aufgrund neuer Quartalszahlen wesentliche Teile, insbesondere das OFR (*Operating and Financial Review*), neu geschrieben werden müssen (s. bereits § 9 Rn. 3).[13]

---

6 *Weber*, NZG 2004, 360, 364.
7 In der Praxis waren z. B. Kombinationen von Aktien-, Wandelanleihe- und High Yield Bond-Emissionen zu beobachten.
8 Vgl. *Kunold/Schlitt*, BB 2004, 501, 505.
9 *Crüwell*, AG 2003, 243, 247; *Kunold/Schlitt*, BB 2004, 501, 505; *Friedl*, in: Just/Voß/Ritz/Zeising, WpPG, § 12 Rn. 19; *Seitz*, in: Assmann/Schlitt/von Kopp-Colomb, WpPG/VerkProspG, § 12 WpPG Rn. 7; *Meyer*, in: Habersack/Mülbert/Schlitt, Unternehmensfinanzierung, § 36 Rn. 17.
10 Zutr. *Meyer*, in: Habersack/Mülbert/Schlitt, Unternehmensfinanzierung, § 36 Rn. 17.
11 *Hamann*, in: Schäfer/Hamann, Kapitalmarktgesetze, § 12 WpPG Rn. 2.
12 Vgl. die gebilligten Registrierungsformulare der Deutsche Bank AG vom 9.4.2009 und 7.5.2010 sowie die gebilligten Registrierungsformulare der Commerzbank AG vom 6.4.2011 und 14.5. 2013.
13 Vgl. die Bezugsrechtskapitalerhöhung der Deutsche Bank AG (September 2010) im Zusammenhang mit dem Übernahmeangebot für die Postbank, bei der eine Aktienemission in Deutschland erstmals auf Basis eines dreiteiligen Prospekts vorgenommen wurde.

2. Wesentliche Änderungen

Durch das Gesetz zur Umsetzung der Richtlinie 2010/73/EU und zur Änderung des Börsengesetzes[14] wurde § 12 Abs. 1 Satz 6 a. F. gestrichen. Damit kann der **Basisprospekt** nun nicht mehr nur noch als Einzeldokument, sondern auch in mehreren Einzeldokumenten erstellt werden (s. näher Rn. 7). Die Änderung geht darauf zurück, dass der dies in Art. 5 Abs. 3 ProspektRL ausschließende Vorbehalt („vorbehaltlich Abs. 4") durch die ÄnderungsRL gestrichen wurde (s. Art. 1 Nr. 5 b) ÄnderungsRL).[15] Aus dem früheren Vorbehalt hatte der deutsche Gesetzgeber ein Verbot für die Erstellung von dreiteiligen Basisprospekten entnommen, wenngleich ein solches nie ausdrücklich in der Prospekt RL oder ProspektVO enthalten war.[16] Außerdem wird in § 12 Abs. 3 Satz 2 n. F. festgelegt, dass ein Registrierungsformular nicht nur in der Wertpapierbeschreibung anlässlich der konkreten Emission, sondern alternativ auch „separat" durch einen Nachtrag nach § 16 zum **Registrierungsformular** aktualisiert werden kann (s. näher Rn. 18 ff.). Diese Änderung setzt Art. 9 Abs. 4 (bzw. Art. 12 Abs. 2) der geänderten ProspektRL um. In der europäischen Behördenpraxis wurde die Aktualisierung von Registrierungsformularen zuvor unterschiedlich gehandhabt (vgl. dazu und zum früheren Meinungsstreit 1. Aufl. Rn. 18).[17] Unter dem Aspekt der Verständlichkeit und der Übersichtlichkeit war durchaus nachvollziehbar, die Aktualisierung nur in der Wertpapierbeschreibung vorzunehmen. Nunmehr ist dies nur noch der Regelfall.

4

II. Einteiliger oder mehrteiliger Prospekt

1. Gestaltungsmöglichkeiten

a) Prospekt

Nach § 12 Abs. 1 Satz 1 kann der Anbieter (§ 2 Nr. 10) oder Zulassungsantragssteller (§ 2 Nr. 11) den Prospekt entweder als einteiliges oder mehrteiliges Dokument erstellen. Für den Prospekt in mehreren Einzeldokumenten wird eine **Aufteilung** der Mindestangaben (§ 7) zwingend **auf drei Dokumente** vorgegeben: **Registrierungsformular** (*registration document*), **Wertpapierbeschreibung** (*securities note*) und **Zusammenfassung** (*summary*) (zur Reihenfolge der Darstellung bei der (drucktechnischen) Zusammenführung in einem Dokument s. Art. 25 ProspektVO Rn. 10). Eine weitere Aufteilung des Prospekts ist damit ausgeschlossen.[18] Zu berücksichtigen ist lediglich, dass die endgültigen Bedingungen des Angebots nebst ihnen beizufügender transaktionsbezogener Zusammenfassung

5

---

14 BGBl. I 2012, 1375.
15 Vgl. *Bauer*, CFL 2012, 91, 95; *Heidelbach/Preuße*, BKR 2012, 397, 399; *von Kopp-Colomb/Seitz*, WM 2012, 1220, 1226.
16 *Heidelbach*, in: Schwark/Zimmer, KMRK, § 12 WpPG Rn. 3; ähnlich *Groß*, Kapitalmarktrecht, § 12 WpPG Rn. 2; anders noch 1. Aufl. Rn. 7 mit dem Hinweis, dass Art. 26 ProspektVO, der hinsichtlich seiner Aufmachung anders als Art. 25 ProspektVO nicht zwischen dem ein- und dreiteiligen Dokument unterscheidet.
17 Vgl. *Voß*, ZBB 2010, 194, 203.
18 *Röhrborn*, in: Heidel, Aktienrecht und Kapitalmarktrecht, § 12 WpPG Rn. 2; *Seitz*, in: Assmann/Schlitt/von Kopp-Colomb, WpPG/VerkProspG, § 12 WpPG Rn. 18; *Holzborn*, in: Holzborn, WpPG, § 12 Rn. 1.

§ 12 Prospekt aus einem oder mehreren Einzeldokumenten

den dreiteiligen Basisprospekt als weiteres Dokument ergänzen, sofern sie noch nicht in den Basisprospekt bzw. in dessen Wertpapierbeschreibung aufgenommen wurden (vgl. § 5 Abs. 3 Satz 1). Umgekehrt ist zu bedenken, dass infolge der ausnahmsweisen Entbehrlichkeit der Zusammenfassung nach allgemeinen Vorgaben (§ 5 Abs. 2 Satz 4) auch ein zweiteiliges Dokument möglich ist (s. Rn. 12). Zum Aufbau des ein- oder dreiteiligen Prospekts enthält Art. 25 ProspektVO weitergehende Vorgaben (s. dort Rn. 2 ff.). Beim dreiteiligen Prospekt gilt § 5 Abs. 3 für jedes Einzeldokument; d.h., jedes Dokument ist mit dem Datum seiner Erstellung zu versehen und vom Anbieter und/oder Zulassungsantragsteller zu unterzeichnen. Lediglich (separate) endgültige Bedingungen des Angebots bedürfen nicht der Unterzeichnung (§ 6 Abs. 3 Satz 6).

6 Die Gestaltungsmöglichkeiten des § 12 unterliegen den **allgemeinen Anforderungen** an den Prospekt, insbesondere an die Verständlichkeit (s. § 5 Rn. 37 ff.).[19] Bei der Aufteilung des Prospekts auf die drei Einzeldokumente sollen Wiederholungen vermieden werden, was durch die detaillierten Schemata in den Anhängen zur ProspektVO nach der Vorstellung des Richtliniengebers konzeptionell grundsätzlich sichergestellt ist.[20] Beide Prospektformen müssen somit dem gleichen „Standard" entsprechen.[21] Zu konzedieren ist aber, dass aufgrund der Möglichkeit der Aktualisierung des gebilligten Registrierungsformulars in der Wertpapierbeschreibung oder durch einen oder mehrere Nachträge (§ 12 Abs. 3) Abstriche von der Einheitlichkeit der Emittentenbeschreibung zu machen sind, da sachlich zusammengehörige Informationen auseinandergezogen werden. Das wird aber auch in anderen Fällen, etwa der Einbeziehung von Dokumenten durch Verweis, toleriert (vgl. Art. 28 ProspektVO Rn. 24 f.).

b) Basisprospekt

7 Der Basisprospekt steht als eigenes Prospektformat neben dem einteiligen oder mehrteiligen (Voll-)Prospekt. Er ermöglicht es, (kontinuierlich) flexible Emissionen vorzunehmen, indem die konkreten Emissionsbedingungen erst kurz vor dem öffentlichen Angebot nach der aktuellen Marktlage festgesetzt werden müssen. Auch ein Basisprospekt darf nach Wegfall des § 12 Abs. 1 Satz 6 a.F. grds. **in mehreren Einzeldokumenten** erstellt werden. Dadurch soll auch insoweit ein höheres Maß an Flexibilität ermöglicht werden.[22] Ob dies bei Anleihen und derivativen Wertpapieren Vorzüge hat,[23] muss durchaus kritisch gesehen werden. Diese können sich zwar im Zusammenhang mit der ebenfalls neuen Möglichkeit der separaten Aktualisierung von Registrierungsformularen durch Nachträge nach § 16

---

19 Zu den allgemeinen Anforderungen s. *Meyer*, in: Habersack/Mülbert/Schlitt, Unternehmensfinanzierung, § 36 Rn. 14 f.
20 Vgl. Erwägungsgrund 4 der ProspektVO (gesonderte detaillierte Schemata zur Vermeidung einer Wiederholung von Angaben), s. auch ESMA-Questions and Answers – Prospectuses (25th Updated Version – July 2016), Nr. 10. Sollte es doch einmal zu Wiederholungen kommen, kann nach Ansicht von ESMA auf in anderen Prospektteilen enthaltene Informationen Bezug genommen werden, wenn eine Überkreuz-Checkliste bereitgestellt wird.
21 Vgl. RegBegr, BT-Drucks. 15/4999, S. 34; ESMA-Questions and Answers – Prospectuses (25th Updated Version – July 2016), Nr. 75; *Hamann*, in: Schäfer/Hamann, Kapitalmarktgesetze, § 12 WpPG Rn. 3; *Röhrborn*, in: Heidel, Aktienrecht und Kapitalmarktrecht, § 12 WpPG Rn. 1; *Holzborn*, in: Holzborn, WpPG, § 12 Rn. 1.
22 *Lawall/Maier*, DB 2012, 2503, 2504 berichten, dass die Praxis hiervon offenbar bereits kurz nach Eröffnung der neuen Gestaltungsmöglichkeit Gebrauch gemacht habe.
23 So etwa *von Kopp-Colomb/Seitz*, WM 2012, 1220, 1226.

(§ 12 Abs. 3 Satz 2 n. F.; s. näher Rn. 18 ff.) ergeben; dagegen stehen die Zersplitterung des Dokuments und die für Anleger nur schwer mögliche Identifizierung der jeweils maßgeblichen Prospektteile sowie Zweifelsfragen bei der auseinanderlaufenden Gültigkeit der einzelnen Prospektteile nach § 9 (vgl. Rn. 19).[24] Die ESMA geht so weit, zu sagen, dass ein dreiteiliger Basisprospekt nicht billigungsfähig ist.[25] Trotz der genannten Bedenken ist dies mit der Umsetzung der Änderungsrichtlinie nicht vereinbar. Jedenfalls sind bei der Ausgestaltung eines Basisprospekts in mehreren Einzeldokumenten neben den Vorgaben des Art. 26 ProspektVO auch die des Art. 25 ProspektVO zu beachten (s. näher Art. 25 ProspektVO Rn. 10). Außerdem kann mit den endgültigen Bedingungen noch ein weiteres Dokument hinzukommen. Daneben besteht nach Art. 26 Abs. 4 ProspektVO die Möglichkeit, ein hinterlegtes (und gebilligtes) Registrierungsformular durch Verweisung in den Basisprospekt einzubeziehen (s. dazu auch Rn. 20 und Art. 26 ProspektVO Rn. 8 ff.).

2. Bestandteile des Prospekts aus mehreren Einzeldokumenten

a) Registrierungsformular

Das Registrierungsformular muss die Angaben zum Emittenten enthalten (§ 12 Abs. 1 Satz 3). Diese **Emittentenbeschreibung** ist – abhängig von der Art der Emission – unterschiedlich umfangreich. Den strengsten Vorgaben unterliegen Aktienemissionen. Dafür ist das **„Schema" für das Registrierungsformular** in Art. 4 ProspektVO i. V. m. Anhang I enthalten (vgl. das Inhaltsverzeichnis unter Art. 25 ProspektVO Rn. 13a und Art. 21 Abs. 2 Nr. 1 ProspektVO). Entsprechende „Schemata" gibt es für Schuldverschreibungsemissionen; hier wird nach den Stückelungen bzw. Mindesterwerbspreisen unterschieden (vgl. Art. 12 ProspektVO i. V. m. Anhang IX für Angebote mit Stückelungen bzw. Mindesterwerbspreisen ab € 100.000 und Art. 7 ProspektVO i. V. m. Anhang IV für Angebote mit Stückelungen bzw. Mindesterwerbspreisen bis € 100.000). Gleiches gilt für derivative Wertpapiere (vgl. Art. 7, 12 ProspektVO).

8

Das Registrierungsformular kann unabhängig von der Wertpapierbeschreibung und der Zusammenfassung zur Billigung bei der BaFin eingereicht werden (§ 12 Abs. 2). Dies ermöglicht seine **mehrfache Nutzung** (s. näher Rn. 13 ff.). Soll es in diesem Zusammenhang nicht nur mehrfach, sondern auch für Emissionen unterschiedlicher Wertpapiere verwendet werden, ist das Registrierungsformular nach dem Anhang mit den jeweils **strengsten Anforderungen** zu verfassen.[26] Denn nach Art. 21 Abs. 2 ProspektVO kann ein den umfangreichsten und strengsten Anforderungen entsprechendes Registrierungsformular auch für Emissionen verwendet werden, für die weniger strenge Vorgaben gelten. Das anspruchsvollste Registrierungsformular wird – wie bereits erwähnt – für Aktien vorgegeben; die „Rangfolge" der Registrierungsformulare legt Art. 21 Abs. 2 Nr. 1–3 ProspektVO fest.

9

b) Wertpapierbeschreibung

Die Wertpapierbeschreibung muss die Angaben zu den Wertpapieren, die öffentlich angeboten oder zum Handel an einem organisierten Markt zugelassen werden sollen, enthalten

10

---

24 *Heidelbach/Preuße*, BKR 2012, 397, 400.
25 ESMA Opinion v. 17.12.2013, ESMA/2013/1944, Format of the base prospectus and consistent application of Article 26(4) of the Prospectus Regulation.
26 Vgl. auch *Seitz*, in: Assmann/Schlitt/von Kopp-Colomb, WpPG/VerkProspG, § 12 WpPG Rn. 22.

§ 12 Prospekt aus einem oder mehreren Einzeldokumenten

(§ 12 Abs. 1 Satz 4). Auch hierfür bestehen **unterschiedliche Schemata**: Art. 6 ProspektVO i.V.m. Anhang III (Aktienemissionen), Art. 16 ProspektVO i.V. m. Anhang XIII (Schuldverschreibungen mit Stückelungen bzw. Mindesterwerbspreisen ab € 100.000), Art. 8 ProspektVO i.V. m. Anhang V (Schuldverschreibungen mit Stückelungen bzw. Mindesterwerbspreisen bis € 100.000) und Art. 15 ProspektVO i.V. m. Anhang XII (derivative Wertpapiere unabhängig von Stückelungen bzw. Mindesterwerbspreisen). Kernpunkt der Ausführungen ist eine verständliche **Produktbeschreibung** (vgl. das Inhaltsverzeichnis unter Art. 25 ProspektVO Rn. 12).[27] Soweit ein Wertpapiertyp keinem dieser Schemata zugeordnet werden kann, sieht Erwägungsgrund 23 ProspektVO vor, dass der Prospektinhalt in Abstimmung mit der zuständigen Behörde auf der Grundlage der vorhandenen Vorgaben zu entwickeln ist.[28]

11 Die verschiedenen Schemata können entsprechend dem „*Building Block*"-Konzept mit einem oder mehreren Modulen kombiniert werden (Art. 21 ProspektVO; s. auch Erwägungsgrund 6 ProspektVO). Die verschiedenen **Kombinationsmöglichkeiten** sind in Anhang XVIII ProspektVO dargestellt.

c) Zusammenfassung

12 Für die Zusammenfassung gilt § 5 Abs. 2 bis 2b (§ 12 Abs. 1 Satz 5); vgl. eingehend § 5 Rn. 50 ff. In jedem Fall wird nur *eine* Zusammenfassung erstellt, die sich auf alle Einzeldokumente bezieht. Lediglich bei einem mehrteiligen Basisprospekt tritt eine weitere emissionsbezogene Zusammenfassung hinzu, die den endgültigen Bedingungen für die einzelne Emission beizufügen ist. Der mehrteilige Prospekt kann ausnahmsweise auch nur aus zwei Dokumenten bestehen, wenn die Zusammenfassung nach Maßgabe von § 5 Abs. 2 Satz 4 nicht erstellt werden muss. Dies ist dann der Fall, wenn der Prospekt die Zulassung von Nichtdividendenwerten (§ 2 Nr. 3) mit einer Mindeststückelung von € 100.000 zum Handel an einem organisierten Markt (§ 2 Nr. 16) betrifft.

III. Mehrfache Verwendung des Registrierungsformulars

1. Gesonderte Billigung des Registrierungsformulars

13 Entscheidet sich der Emittent für den dreiteiligen Prospekt, erwächst ihm weitere Flexibilität grundsätzlich dadurch, dass er das Registrierungsformular von der BaFin gesondert billigen lassen kann. Dies ergibt sich mittelbar aus § 12 Abs. 2. Dadurch kann die im Registrierungsformular enthaltene Emittentenbeschreibung **für mehrere Emissionen genutzt** werden. Vor allem kann die Erstellung und Billigung eines großen Teils des Prospekts unabhängig von einem konkreten Anlass vorgezogen und die Vorbereitung der späteren Emission somit deutlich entlastet werden. Die spätere Verwendung des Registrierungsformulars setzt natürlich voraus, dass es nach Billigung aktualisiert wurde (s. dazu Rn. 17 ff.) und im Emissionszeitpunkt noch gültig ist (§ 9 Abs. 4; s. § 9 Rn. 16 ff.).[29] Zudem sollte der

---

27 Zu den Anforderungen s. BaFin – Häufig gestellte Fragen zum neuen Basisprospektregime vom 31.5.2012 (zuletzt geändert am 4.6.2014), I. 4; verfügbar unter www.bafin.de.
28 Siehe dazu auch *Meyer*, in: Habersack/Mülbert/Schlitt, Unternehmensfinanzierung, § 36 Rn.19.
29 Begr. RegE, BT-Drucks. 15/4999, S. 34.

zeitliche Abstand zur Emission nicht zu groß sein, da sonst die vorgenannten Vorteile schwinden (vgl. Rn. 3).

2. Erstellung der anderen Bestandteile des mehrteiligen Prospekts

Die Verpflichtung zur Erstellung der Wertpapierbeschreibung und der Zusammenfassung entsteht erst, wenn die Wertpapiere öffentlich angeboten oder zum Handel an einem organisierten Markt zugelassen werden (§ 12 Abs. 2). Das ist selbstredend, da einerseits die prospektpflichtigen Vorhaben nur auf Grundlage eines vollständigen Prospekts (§§ 3, 9 Abs. 4 Satz 2) durchgeführt werden können und andererseits nur die **voneinander unabhängige Erstellung der Einzeldokumente** die Vorteile des dreiteiligen Prospekts hervorbringt. Zugleich ist es ungenau, weil die Erstellung der Prospektbestandteile natürlich im Vorfeld des prospektpflichtigen Vorhabens liegt, um im entscheidenden Moment ein **insgesamt gebilligtes Dokument** veröffentlicht zu haben. Auch diese Form der Prospekterstellung setzt voraus, dass sämtliche Prospektbestandteile von der BaFin gebilligt wurden.[30] Entsprechend heißt es in § 12 Abs. 3 Satz 2, dass die Wertpapierbeschreibung und die Zusammenfassung von der BaFin gesondert gebilligt werden. 14

Eine **Billigung** der Prospektbestandteile durch **Behörden verschiedener EWR-Staaten** ist **nicht möglich**. Dies würde voraussetzen, dass ein bereits gebilligtes Registrierungsformular nach § 17 in einen Aufnahmestaat notifiziert wird, den der Emittent, etwa für Anleiheemissionen, als Herkunftsstaat wählen kann. Die zuständige Behörde müsste dann die „gesonderte" Billigung der Wertpapierbeschreibung und der Zusammenfassung vornehmen. Es liegt auf der Hand, dass dies mit einem einheitlichen, konsistenten Billigungsverfahren nicht zu vereinbaren ist.[31] Dementsprechend ist eine separate Notifizierung eines Registrierungsformulars nicht vorgesehen; sie wurde nur für Prospekte eröffnet (vgl. §§ 17, 9 Abs. 4 Satz 2).[32] Zudem könnte die BaFin einen solchen dreiteiligen Prospekt nicht nach § 17 (weiter) notifizieren, da ein einzelner Prospektteil nicht von ihr gebilligt worden wäre.[33] 15

Fraglich ist, ob bei Beachtung von § 19 das Registrierungsformular auch in einer **anderen Sprache** erstellt werden kann als die anderen Prospektbestandteile (gebrochenes Sprachregime).[34] Die BaFin hat ein gebrochenes Sprachregime akzeptiert, wenn die Kohärenzprüfung dadurch nicht erschwert wird, der Prospekt lesbar und verständlich bleibt und die Sprachunterschiede auf klar abgrenzbare Teile des Prospekts beschränkt sind (näher § 19 Rn. 23). Auf den ersten Blick scheint dies beim dreiteiligen Prospekt nach den Kriterien der BaFin möglich zu sein. So könnte ein Emittent mit Blick auf mögliche grenzüberschreitende öffentliche Angebote ein in englischer Sprache verfasstes und gebilligtes Registrierungsformular später für ein öffentliches Angebot ausschließlich im Inland mit einer deutschen Wertpapierbeschreibung kombinieren wollen. Ob dies opportun ist, erscheint zweifelhaft. So würde schon eine Aktualisierung des englischen Registrierungsformulars in der deutschen Wertpapierbeschreibung nach § 12 Abs. 3 Satz 1 nicht mehr den 16

---

30 *Groß*, Kapitalmarktrecht, § 12 WpPG Rn. 3; *Holzborn*, in: Holzborn, WpPG, § 12 Rn. 2.
31 Vgl. auch *Lawall/Maier*, DB 2012, 2503, 2504 (aus „Gründen der Rechtsklarheit").
32 *Friedl*, in: Just/Voß/Ritz/Zeising, WpPG, § 12 Rn. 21; *Lawall/Maier*, DB 2012, 2503, 2504; s. auch *Seitz*, in: Assmann/Schlitt/von Kopp-Colomb, WpPG/VerkProspG, § 12 WpPG Rn. 7.
33 *Lawall/Maier*, DB 2012, 2503, 2504.
34 So *Hamann*, in: Schäfer/Hamann, Kapitalmarktgesetze, § 12 WpPG Rn. 6; *Seitz*, in: Assmann/Schlitt/von Kopp-Colomb, WpPG/VerkProspG, § 12 WpPG Rn. 33.

§ 12 Prospekt aus einem oder mehreren Einzeldokumenten

oben beschriebenen Anforderungen entsprechen, da die die Sprachunterschiede nicht mehr auf klar abgrenzbare Teile des Prospekts beschränkt wären. Entsprechend geht auch die BaFin beim dreiteiligen Prospekt von *einer* „Prospektsprache" aus.[35] Im Übrigen wird ein international ausgerichteter Emittent durch die Erstreckung des Angebots auf einen weiteren Staat des europäischen Wirtschaftsraums regelmäßig ohne Weiteres die Voraussetzungen schaffen können, dass der dreiteilige Prospekt insgesamt in englischer Sprache verfasst werden kann.

3. Aktualisierung des gebilligten Registrierungsformulars

17 Nach § 12 Abs. 3 Satz 1 muss die Wertpapierbeschreibung die Angaben enthalten, die im Registrierungsformular enthalten sein müssen, wenn es seit der Billigung des letzten aktualisierten Registrierungsformulars oder eines Nachtrags nach § 16 zu erheblichen Veränderungen oder neuen Entwicklungen gekommen ist, die sich auf die Beurteilung durch das Publikum auswirken könnten. Als **Sondervorschrift** ermöglicht die Norm, die entsprechende Beschreibung in der noch zu billigenden Wertpapierbeschreibung vorzunehmen, wo sie nach den inhaltlichen Vorgaben eigentlich nicht hingehört. Diese (konzentrierte) **Aktualisierung in der Wertpapierbeschreibung** soll dem Interesse des Publikums an der Übersichtlichkeit der Angaben des Prospekts dienen.[36] In dem Zeitraum zwischen zwei Emissionen besteht grundsätzlich kein Bedürfnis für einen Nachtrag zum Registrierungsformular. Ein gesondert zu billigender Nachtrag erscheint insbesondere nicht opportun, wenn die gleiche Information anlässlich einer Emission in ein ebenfalls noch zu billigendes Dokument aufgenommen werden kann. Dem Prospekterstellter wird somit ein separates Billigungsverfahren für den Nachtrag erspart.[37]

18 Nach § 12 Abs. 3 Satz 2 ist die Aktualisierung in der Wertpapierbeschreibung nicht vorzunehmen, wenn das **Registrierungsformular** wegen dieser neuen Umstände bereits **durch einen Nachtrag** nach § 16 **aktualisiert** worden ist. Der isolierte Nachtrag zum Registrierungsformular ist nur während dessen Gültigkeit (12 Monate ab Billigung) möglich.[38] Geklärt ist damit die nach alter Rechtslage umstrittene Frage, ob das bereits gebilligte Registrierungsformular *ausschließlich* gemäß § 12 Abs. 3 in der Wertpapierbeschreibung oder alternativ auch durch einen Nachtrag gemäß § 16 aktualisiert werden kann (s. auch ausf. § 16 Rn. 71 ff.).[39] Von Letzterem ging offenbar das Gesetz aus, da es auch auf erhebliche Veränderungen oder neue Entwicklungen „seit der Billigung eines Nachtrags nach § 16" abzielte. In der Situation eines vorab gesondert gebilligten Registrierungsformulars kann sich der Nachtrag nur auf dieses Registrierungsformular beziehen. Teilweise wurde für diese Möglichkeit zu Recht auch angeführt, dass die durch § 12 Abs. 2 eröffnete „mehrfache" Verwendung des

---

35 Vgl. BaFin – Häufig gestellte Fragen zum neuen Basisprospektregime vom 31.5.2012 (zuletzt geändert am 4.6.2014), IV. 1 und 2; verfügbar unter www.bafin.de.
36 Begr. RegE, BT-Drucks. 15/4999, S. 34. Zu dem an § 16 WpPG orientierten Maßstab für eine Aktualisierungspflicht *Seitz*, in: Assmann/Schlitt/von Kopp-Colomb, WpPG/VerkProspG, § 12 WpPG Rn. 39.
37 Vgl. auch *Kullmann/Sester*, ZBB 2005, 209, 211.
38 BaFin – Häufig gestellte Fragen zum neuen Basisprospektregime vom 31.5.2012 (zuletzt geändert am 4.6.2014), IV. 1 und 2; verfügbar unter www.bafin.de.
39 Für die Aktualisierung des Registrierungsformulars durch Nachträge Voraufl. Rn. 18; *Müller/Oulds*, WM 2007, 574, 576 f.; zust. *Hamann*, in: Schäfer/Hamann, Kapitalmarktgesetze, § 12 WpPG Rn. 7.

III. Mehrfache Verwendung des Registrierungsformulars **§ 12**

Registrierungsformulars für verschiedene Emissionen dagegen spreche, eine separate Aktualisierung eines Registrierungsformulars völlig auszuschließen.[40] Die besseren, vor allem praxisnäheren Gründe sprachen daher dafür, das Registrierungsformular auch durch einen Nachtrag aktualisieren zu können und in § 12 Abs. 3 nur eine Sonderregelung für den Fall einer neuen Emission zu sehen (s. ausf. Voraufl. R. 18).[41] Gleichwohl lehnte die BaFin seit 2006 **Nachträge von Registrierungsformularen** ab.[42] Darin stimmte sie mit der ESMA überein, die erst im Zuge der Überarbeitung der Prospektrichtlinie ihre Position revidierte.[43]

Die gesetzliche Neuregelung ist unter **Kosten- und Effizienzgesichtspunkten** zu begrüßen. Gerade bei kurz aufeinanderfolgenden Emissionen wäre nicht nachvollziehbar, wenn zwischenzeitlich veröffentlichte Nachträge zu dem Registrierungsformular keine Berücksichtigung fänden und die darin enthaltenen wesentlichen Informationen über den Emittenten anlässlich einer weiteren Emission abermals in der neuen Wertpapierbeschreibung enthalten sein müssten. Die Einheitlichkeit und Übersichtlichkeit der Darstellung wird bei mehrfacher Verwendung des Registrierungsformulars durch die „Einbeziehung" eines oder mehrerer separater Nachträge nur unwesentlich tangiert. Denn auch die nach alter Verwaltungspraxis zwingende Aufnahme von emittentenbezogenen Angaben in verschiedenen (dafür eigentlich nicht vorgesehenen) Prospektteilen war mit einem Verlust an Transparenz verbunden. Insofern ist die Trennung von emittenten- und wertpapierbezogenen Informationen zu begrüßen.[44] Nach § 16 ist eine Aktualisierung des Registrierungsformulars insbesondere auch dann vorzunehmen, wenn bei einer *dauernden*, d. h. fortlaufenden, ohne Unterbrechung erfolgenden Begebung von Wertpapieren auf Grundlage eines gebilligten dreiteiligen Prospekts (also nach Billigung auch der Wertpapierbeschreibung), ein nachtragspflichtiger Umstand für das Registrierungsformular eintritt. Unter Effizienzgesichtspunkten ist bei der mehrfachen Verwendung des Registrierungsformulars insoweit auch von Vorteil, dass der oder die **Nachträge** zum Registrierungsformular „**dynamisch wirken**", also nicht jeweils ein Nachtrag für jeden einzelnen (dreiteiligen) Prospekt erforderlich ist, sondern der eine Nachtrag zum Registrierungsformular dazu führt, dass die nachgetragenen Informationen in alle gebilligten Prospekte einbezogen sind, deren Bestandteil das Registrierungsformular ist.[45] Diese Wirkung auf den (dreiteiligen) Prospekt hat der Nachtrag zum Registrierungsformular freilich nicht, wenn es nicht Bestandteil des Prospekts ist, sondern nur (bezüglich einzelner in ihm enthaltener Angaben) per Verweis nach § 11 in den (Basis-)Prospekt einbezogen ist. Hier bedarf es eines weiteren Nachtrags zum (Basis-)Prospekt, in dem auf das aktualisierte Registrierungsformular hingewiesen wird.[46]

18a

---

40 *Müller/Oulds*, WM 2007, 574, 577.
41 Ausf. *Müller*, WpPG, § 12 Rn. 5; *Müller/Oulds*, WM 2007, 574, 576 f.; *Hamann*, in: Schäfer/Hamann, Kapitalmarktgesetze, § 12 WpPG Rn. 7.
42 Vgl. *Müller/Oulds*, WM 2007, 574, 576; *Hamann*, in: Schäfer/Hamann, Kapitalmarktgesetze, § 12 WpPG Rn. 7.
43 ESMA-Questions and Answers – Prospectuses (25th Updated Version – July 2016), Nr. 34 („*The registration document is updated either by way of supplement in accordance with Article 16 or through the securities note published each time the issuer wishes to offer securities in accordance with Article 12(2)*").
44 *Müller*, WpPG, § 12 Rn. 6.
45 *Lawall/Maier*, DB 2012, 2503, 2504; *Heidelbach/Preuße*, BKR 2012, 397, 399; *von Kopp-Colomb/Seitz*, WM 2012, 1220, 1226; *Müller*, WpPG, § 11 Rn. 4.
46 BaFin – Häufig gestellte Fragen zum neuen Basisprospektregime vom 31.5.2012 (zuletzt geändert am 4.6.2014), IV. 3, verfügbar unter www.bafin.de; *Lawall/Maier*, DB 2012, 2503, 2504; **a. A.**

§ 12 Prospekt aus einem oder mehreren Einzeldokumenten

18b Geht die notwendige Aktualisierung über den emittentenbezogenen Inhalt des Registrierungsformulars hinaus und sind auch die **Wertpapierbeschreibung** bzw. insbesondere die Zusammenfassung **betroffen**, ist nach Auffassung der BaFin ein Nachtrag zum Prospekt erforderlich.[47] Zu berücksichtigen ist insoweit, dass durch diese Auslegung der praktische Nutzen der Neuregelung erheblich eingeschränkt wird. Gerade angesichts der parallel erweiterten Anforderungen an die Zusammenfassung (vgl. § 5 Rn. 50 ff.) dürfte damit eine isolierte „Betroffenheit" des Registrierungsformulars in vielen Fällen fraglich sein. Will man den Anwendungsbereich sinnvoller ausschöpfen, ist die Abgrenzung richtigerweise nicht formal anhand der Prospektteile, sondern materiell anhand des Inhalts der nachzutragenden Information vorzunehmen.[48] Dann könnte die lediglich reflexartige Betroffenheit der Zusammenfassung unberücksichtigt bleiben.

18c Ein **Nachtrag zum** gesamten dreiteiligen **(Basis-)Prospekt** ist immer dann erforderlich, wenn die isolierte Gültigkeit des Registrierungsformulars abgelaufen ist. Er ermöglicht es außerdem, das gesamte Registrierungsformular durch ein aktualisiertes Registrierungsformular zu ersetzen (s. auch § 16 Rn. 71).[49]

IV. Hinterlegung des nicht gebilligten Registrierungsformulars

19 § 12 Abs. 4 stellt klar, dass **alle Dokumente** der **Billigung** der Bundesanstalt bedürfen, wenn ein Emittent nur ein nicht gebilligtes Registrierungsformular hinterlegt hat.[50] Dieser **Klarstellung** hätte es eigentlich nicht bedurft, da einerseits das Registrierungsformular nur zusammen mit der Wertpapierbeschreibung und der Zusammenfassung als gültiger Prospekt anzusehen ist (s. § 9 Abs. 4 Satz 2) und andererseits die Veröffentlichung eines *gebilligten* Prospekts (§§ 13, 14) Voraussetzung für die Durchführung der in § 3 genannten Maßnahmen ist. Dies schließt bei einem dreiteiligen Prospekt natürlich alle Bestandteile mit ein. Dies geht auch aus § 14 Abs. 4 hervor. Die Vorschrift gestattet bei der Erstellung des Prospekts in mehreren Einzeldokumenten lediglich, dass die den Prospekt bildenden (gebilligten) Dokumente **getrennt veröffentlicht** werden. Eine Aufgabe des Billigungserfordernisses für die Veröffentlichung ist damit nicht verbunden. Anzugeben ist in den Einzeldokumenten, wo die anderen Einzeldokumente erhältlich sind, die zusammen mit diesen den vollständigen Prospekt bilden (vgl. § 14 Rn. 54).

20 Mittelbar geht aus der Bestimmung hervor, dass ein Emittent auch die Möglichkeit hat, das **Registrierungsformular** nur bei der BaFin zu **hinterlegen**, statt es vorab auch bereits gesondert billigen zu lassen. Erkennbare Vorteile bringt dies nicht. Auch eine Einbeziehung durch Verweis auf ein lediglich hinterlegtes Registrierungsformular ist nicht möglich (vgl. Art. 28 ProspektVO Rn. 8).

Heidelbach/Preuße, BKR 2012, 397, 399 (Technik der Zusammenstellung des Prospekts rechtfertigt keine Unterscheidung bei der Nachtragsform).
47 BaFin – Häufig gestellte Fragen zum neuen Basisprospektregime vom 31.5.2012 (zuletzt geändert am 4.6.2014), IV. 3; *Lawall/Maier*, DB 2012, 2503, 2504; *Müller*, WpPG, § 11 Rn. 4.
48 *Heidelbach/Preuße*, BKR 2012, 397, 400.
49 BaFin – Häufig gestellte Fragen zum neuen Basisprospektregime vom 31.5.2012 (zuletzt geändert am 4.6.2014), IV. 4; *Lawall/Maier*, DB 2012, 2503, 2504; *Heidelbach/Preuße*, BKR 2012, 397, 399.
50 Begr. RegE, BT-Drucks. 15/4999, S. 34.

Abschnitt 3
Billigung und Veröffentlichung des Prospekts

§ 13 Billigung des Prospekts

(1) ¹Ein Prospekt darf vor seiner Billigung nicht veröffentlicht werden. ²Die Bundesanstalt entscheidet über die Billigung nach Abschluss einer Vollständigkeitsprüfung des Prospekts einschließlich einer Prüfung der Kohärenz und Verständlichkeit der vorgelegten Informationen.

(2) ¹Die Bundesanstalt teilt dem Anbieter oder dem Zulassungsantragsteller innerhalb von zehn Werktagen nach Eingang des Prospekts ihre Entscheidung mit, unterrichtet im Fall der Billigung gleichzeitig die Europäische Wertpapier- und Marktaufsichtsbehörde und übermittelt dieser gleichzeitig eine Kopie des Prospekts. ²Die Frist beträgt 20 Werktage, wenn das öffentliche Angebot Wertpapiere eines Emittenten betrifft, dessen Wertpapiere noch nicht zum Handel an einem in einem Staat des Europäischen Wirtschaftsraums gelegenen organisierten Markt zugelassen sind und der Emittent zuvor keine Wertpapiere öffentlich angeboten hat.

(3) ¹Hat die Bundesanstalt Anhaltspunkte, dass der Prospekt unvollständig ist oder er ergänzender Informationen bedarf, so gelten die in Absatz 2 genannten Fristen erst ab dem Zeitpunkt, an dem diese Informationen eingehen. ²Die Bundesanstalt soll den Anbieter oder Zulassungsantragsteller hierüber innerhalb von zehn Werktagen ab Eingang des Prospekts unterrichten.

(4) Die Bundesanstalt macht die gebilligten Prospekte auf ihrer Internetseite für jeweils zwölf Monate zugänglich.

(5) Der zu billigende Prospekt einschließlich der Übersetzung der Zusammenfassung ist der Bundesanstalt sowohl in Papierform als auch elektronisch über das Melde- und Veröffentlichungssystem der Bundesanstalt oder auf einem Datenträger zu übermitteln.

Übersicht

	Rn.
I. Vorbemerkung zum 3. Abschnitt/ Regelungsgegenstand des § 13	1
II. Änderungen des EU-Rechts mit Bezug zu § 13	5
1. Überarbeitung der EU-Prospektrichtlinie durch die Änderungsrichtlinie 2010/73/EU sowie die Richtlinien 2010/78/EU und 2014/51/EU	5
2. Technische Regulierungsstandards für die Billigung des Prospekts	5a
3. Stand des Entwurfs einer neuen EU-Prospektverordnung	5c
III. Billigung des Prospekts durch die BaFin	6
1. Billigungsvorbehalt, Rechtsnatur der Billigung und Prüfungsmaßstab	6
a) Billigungsvorbehalt gemäß § 13 Abs. 1 Satz 1	6
b) Rechtsnatur der Billigung	8
c) Prüfungsmaßstab der BaFin nach § 13 Abs. 1 Satz 2	9
2. Billigungsverfahren nach § 13 Abs. 2 und Abs. 3	16
a) Antragsberechtigung	17

§ 13 Billigung des Prospekts

b) Zuständigkeit der BaFin 19
   aa) Örtliche bzw. internationale Zuständigkeit 19
   bb) Sachliche Zuständigkeit 22
c) Einzelne Schritte des Billigungsverfahrens 24
   aa) Einzureichende Dokumente bei Einleitung des Verfahrens 24
   bb) Keine Übermittlungspflicht des Antragstellers 31
   cc) Rücknahme des Antrags auf Billigung 33
   dd) Prüfungsfristen und Ablauf des Verfahrens 34
d) Verwendung nicht gebilligter Entwurfsfassungen 43
e) Kosten des Billigungsverfahrens. 44
3. Charakter des gebilligten Prospekts 45
4. Wirkung bzw. Rechtsfolgen der Billigung 46
5. Formelle Verfahrensschritte nach Billigung (§ 13 Abs. 4 und Abs. 5) . 52
   a) Zugänglichmachung des Prospekts im Internet gemäß § 13 Abs. 4 .. 52
   b) Übermittlung des Prospekts in elektronischer Form nach § 13 Abs. 5/Art. 2 TRS 59

IV. Rechtsschutz im Zusammenhang mit der Billigung 62
V. Haftungsansprüche gegen die BaFin 69
   1. Ansprüche von Anlegern 70
   2. Ansprüche des Anbieters bzw. Zulassungsantragstellers 72
VI. Exkurs: Zulassungsverfahren nach §§ 32, 34 BörsG/BörsZulV 74
   1. Verhältnis der Kompetenzen von BaFin und Geschäftsführung der Börsen 75
   2. Notwendigkeit der (Mit-)Antragstellung durch einen sog. Emissionsbegleiter 82
   3. Ablauf des Zulassungsverfahrens .. 84
      a) Formelle und materielle Voraussetzungen nach § 32 Abs. 3 BörsG, §§ 48 ff. BörsZulV 84
      b) Zeitlicher Ablauf und Veröffentlichungen nach §§ 50–52, 72a Abs. 2 BörsZulV 88

I. Vorbemerkung zum 3. Abschnitt/Regelungsgegenstand des § 13

1 Während sich der 2. Abschnitt des Wertpapierprospektgesetzes vorrangig mit dem Inhalt des Prospekts befasst, regelt der 3. Abschnitt mit den **§§ 13–16 die zentralen Vorschriften der Billigung und Veröffentlichung des Prospekts im Anschluss an dessen Erstellung**. Dies betrifft zum einen die Regelung des Verfahrens zwischen Anbieter bzw. Zulassungsantragsteller auf der einen Seite und Bundesanstalt für Finanzdienstleistungsaufsicht (BaFin) auf der anderen Seite. Insoweit haben die Vorschriften verwaltungsrechtlichen Charakter. Andererseits präjudizieren die §§ 13–16 auch das Verfahren und den Ablauf des Angebots und wirken damit auch auf Anleger und die Verfügbarkeit der relevanten Informationen für Anleger (Prospekt (§ 13 und § 14), Werbung (§ 15) und nachtragspflichtige Umstände (§ 16)) ein. § 16 kombiniert dabei inhaltliche Vorgaben für einen Nachtrag (also parallel zu den §§ 5 ff. für den Prospekt) und Verfahrensvorschriften (parallel zu §§ 13–14 für den Prospekt).

2 Dabei ist **§ 13** mit der Regelung über die Billigung des Prospekts eine der wesentlichen Vorschriften des Wertpapierprospektgesetzes und setzt im Wesentlichen Art. 13 und Art. 14 Abs. 4 der EU-Prospektrichtlinie in deutsches Recht um, wobei einerseits zudem Art. 2 Abs. 1 lit. q) der EU-Prospektrichtlinie in § 13 inkorporiert, aber andererseits

I. Vorbemerkung zum 3. Abschnitt/Regelungsgegenstand des § 13   § 13

Art. 13 Abs. 5 der Prospektrichtlinie nicht in deutsches Recht umgesetzt wurde (siehe dazu unten Rn. 21).[1] Anders als in den Vorgängervorschriften für Verkaufsprospekte bei öffentlichen Angeboten (§§ 8, 8a VerkProspG a. F.) und für Börsenzulassungsprospekte bei der Börsenzulassung (§ 30 Abs. 4/§ 51 Abs. 3 BörsG a. F.) wurde erstens die **Billigung von Wertpapierprospekten bei der BaFin konzentriert** und zweitens die **Unterscheidung auf verfahrensrechtlicher Ebene zwischen Verkaufs- und Börsenzulassungsprospekten** bei öffentlichen Angeboten, bei denen der Prospekt gleichzeitig der Zulassung von Wertpapieren dienen soll, **aufgegeben**[2] (während diese Trennung in § 4 Abs. 1 und § 4 Abs. 2 im Hinblick auf die materielle Frage, ob ein Prospekt erforderlich ist, nach wie vor besteht[3]). Folgerichtig nimmt § 32 Abs. 3 Nr. 2 BörsG Bezug insbesondere auf einen nach dem Wertpapierprospektgesetz gebilligten Prospekt als eine der Voraussetzungen, auf Basis derer ein Emittent einen Anspruch gegen die Geschäftsführung der jeweiligen Börse auf Zulassung der Wertpapiere zum regulierten Markt hat. Insofern gibt es einen Wertpapierprospekt, der zugleich für das öffentliche Angebot als auch für die Zulassung der Wertpapiere verwendet werden kann.[4] Zum Charakter dieses gebilligten Prospekts siehe unten Rn. 45.

Zentrale Aussage des § 13 ist das **Verbot der Veröffentlichung eines Prospekts vor Billigung** des Prospekts durch die BaFin. Aus der Gebotsnorm nach § 1 VerkProspG a. F. („*muss ... einen Prospekt veröffentlichen*") ist also eine Verbotsnorm nach neuem Recht geworden, so dass „Prospektpflicht" im Sinne des § 3 Abs. 1 Satz 1 über die Formulierung des § 13 Abs. 1 Satz 1 (und die entsprechende Ordnungswidrigkeitsnorm des § 35 Abs. 1 Nr. 1) eine Unterlassungspflicht statt eines Handlungsgebots statuiert.[5] Ein Verstoß gegen das Verbot der Veröffentlichung vor Billigung stellt eine Ordnungswidrigkeit nach § 35 Abs. 1 Nr. 5 dar. Gleichzeitig darf erstens nach § 3 Abs. 1 kein öffentliches Angebot ohne zuvor veröffentlichten Prospekt durchgeführt werden (soweit sich nicht Ausnahmen nach § 3 Abs. 2 oder § 4 Abs. 1 ergeben, vgl. § 3 Abs. 1 Satz 2) und zweitens keine Zulassung ohne zuvor veröffentlichten Prospekt erteilt werden, vgl. § 3 Abs. 3 in Verbindung mit § 32 Abs. 3 Nr. 2 BörsG (soweit sich nicht Ausnahmen nach § 4 Abs. 2 ergeben, vgl. § 3 Abs. 3 a. E.).[6] Auch die Durchführung eines öffentlichen Angebots ohne Prospekt ist eine Ord-

3

---

1 Vgl. RegBegr. EU-ProspRL-UmsetzungsG, BT-Drucks. 15/4999, S. 25, 34.
2 Vgl. zum einheitlichen Prospekt für öffentliches Angebot und Zulassung von Wertpapieren z. B. *Leuering*, Der Konzern 2006, S. 4, 5; *König*, ZEuS 2004, 251, 256; *Schlitt/Wilczek*, in: Habersack/Mülbert/Schlitt, Kapitalmarktinformation, § 4 Rn. 13–15; *Meyer*, in: Habersack/Mülbert/Schlitt, Unternehmensfinanzierung, § 36 Rn. 80 ff.; *Weber*, NZG 2004, 360, 361; *Sandberger*, EWS 2004, 297, 298; *Kullmann/Sester*, ZBB 2005, 209, 210; *Kullmann/Sester*, WM 2005, 1068, 1068; *Crüwell*, AG 2003, 243, 244; *Keunecke*, Prospekte im Kapitalmarkt, S. 106; *Schlitt/Schäfer*, AG 2005, 498, 499; *Kunold/Schlitt*, BB 2004, 501, 502; *von Kopp-Colomb*, in: Assmann/Schlitt/von Kopp-Colomb, WpPG/VerkProspG, § 13 Rn. 3.
3 Siehe oben *Schnorbus*, § 4 Rn. 2 f. und Rn. 59. Vgl. z. B. auch *Giedinghagen*, BKR 2007, 233, 236 ff.; *Leuering*, Der Konzern 2006, S. 4, 6 ff.
4 Vgl. auch *Groß*, Kapitalmarktrecht, § 13 WpPG Rn. 1; *Preuße*, in: Holzborn, WpPG, § 13 Rn. 1. Zum Begriff der Prospektpflicht *Leuering*, Der Konzern 2006, S. 4, 5, sowie *Holzborn/Schwarz-Gondek*, BKR 2003, 927, 929.
5 *Ekkenga/Maas*, Das Recht der Wertpapieremissionen, S. 78 Rn. 107.
6 Vgl. zu den Ausnahmen ausführlich z. B. *Mülbert/Steup*, WM 2005, 1633, 1640 ff.; *Keunecke*, Prospekte im Kapitalmarkt, S. 114 ff.; *König*, ZEuS 2004, 251, 261; *Heidelbach/Preuße*, BKR 2006, 316 ff.; *Schlitt/Wilczek*, in: Habersack/Mülbert/Schlitt, Kapitalmarktinformation, § 4 Rn. 42 ff.; *Wiegel*, Die Prospektrichtlinie und Prospektverordnung, S. 171 ff.; *Kunold/Schlitt*, BB 2004, 501, 503 ff.

§ 13 Billigung des Prospekts

nungswidrigkeit (vgl. § 35 Abs. 1 Nr. 1).[7] Zudem hat die BaFin in diesen Fällen die Möglichkeit, ein öffentliches Angebot nach § 26 Abs. 4 zu untersagen. Insoweit greifen die § 3, § 13, § 26 und § 35 ineinander und sichern die dem Anlegerschutz dienende Prüfungs- und Eingriffskompetenz der BaFin im Bereich der Wertpapierprospekte. Dem liegt der gesetzgeberische Gedanke zugrunde, dass der Prospekt das „wesentliche und zentrale Element der Primärmarktpublizität"[8] ist.

4 **Verwandte Vorschriften** zu § 13 finden sich in § 8 Abs. 1 Vermögensanlagegesetz für Verkaufsprospekte nach dem Vermögensanlagegesetz sowie in § 14 WpÜG für Angebotsunterlagen nach dem Wertpapiererwerbs- und Übernahmegesetz. In letzterem Fall wird terminologisch allerdings nicht von einer Billigung, sondern von einer Gestattung durch die BaFin gesprochen. Zudem bestehen andere erhebliche Unterschiede (vgl. z. B. die Gestattungsfiktion hinsichtlich der Angebotsunterlage in § 14 Abs. 2 Satz 1 2. Alt. WpÜG).

II. Änderungen des EU-Rechts mit Bezug zu § 13

1. Überarbeitung der EU-Prospektrichtlinie durch die Änderungsrichtlinie 2010/73/EU sowie die Richtlinien 2010/78/EU und 2014/51/EU

5 Die **Überarbeitung der EU-Prospektrichtlinie** durch die Richtlinie 2010/73/EU des Europäischen Parlaments und des Rates vom 24. November 2010[9] hatte **keine erheblichen Auswirkungen auf Art. 13 und dementsprechend auch keine erheblichen Auswirkungen auf § 13**.[10] Die Änderung des § 13 Abs. 5[11] war Folge der Änderung von Art. 14 Abs. 1 der EU-Prospektrichtlinie.[12] Die Änderung des Abs. 2 Satz 1 beruht auf Art. 5 Nr. 5 (a) der Richtlinie 2010/78/EU, durch den Art. 13 Abs. 2 der Prospektrichtlinie geändert wurde. Mit dieser Änderung soll sichergestellt werden, dass die Europäische Wertpapier- und Marktaufsichtsbehörde (ESMA) über die Billigung von Prospekten informiert wird und Kopien der Prospekte erhält.[13] Durch Art. 1 Nr. 3 der Richtlinie 2014/51/EU (sog. Omnibus-II-Richtlinie) wurde Art. 13 Abs. 7 der Prospektrichtlinie geändert. Die ESMA soll danach zur Sicherstellung der Harmonisierung der Billigung von Prospekten **technische Re-**

---

7 Es droht zudem eine Haftung nach § 24, falls ein öffentliches Angebot entgegen § 3 Abs. 1 Satz 1 ohne vorherige Veröffentlichung eines Prospekts durchgeführt wird.
8 *Wieneke*, NZG 2005, 109, 109 (ebenso *Wieneke*, Emissionspublizität, in: Grundmann/Schwintowski/Singer/Weber, Anleger- und Funktionsschutz durch Kapitalmarktrecht, S. 37, 39); *Schanz/ Schalast*, HfB – Working Paper Series No. 74, 2005, S. 7.
9 Richtlinie 2010/73/EU des Europäischen Parlaments und des Rates vom 24. November 2010 zur Änderung der Richtlinie 2003/71/EG betreffend den Prospekt, der beim öffentlichen Angebot von Wertpapieren oder bei deren Zulassung zum Handel zu veröffentlichen ist, und der Richtlinie 2004/109/EG zur Harmonisierung der Transparenzanforderungen in Bezug auf Informationen über Emittenten, deren Wertpapiere zum Handel auf einem geregelten Markt zugelassen sind, ABl. L 327/1 vom 11.12.2010 („Änderungsrichtlinie").
10 Zur Gesetzgebungsgeschichte, einschließlich wesentlicher Änderungsvorschläge, die nicht umgesetzt wurden, siehe Vorauflage, Rn. 4.
11 Siehe dazu im Einzelnen unten Rn. 59 ff.
12 Vgl. RegBegr. zur Umsetzung der Richtlinie 2010/73/EU, BT-Drucks. 17/8684, S. 19.
13 RegBegr. zur Umsetzung der Richtlinie 2010/78/EU, BT-Drucks. 17/6255, S. 31.

II. Änderungen des EU-Rechts mit Bezug zu § 13   **§ 13**

gulierungsstandards im Entwurf ausarbeiten und der Kommission vorlegen. Der Kommission wurde vom Europäischen Parlament die Befugnis übertragen, die technischen Regulierungsstandards als sog. **Delegierte Verordnung** i. S. v. Art. 290 AEUV zu erlassen. Als (wenn auch delegierte) Verordnung beanspruchen die technischen Regulierungsstandards allgemeine Geltung und überlagern damit auch nationales Recht, insbesondere solches, das zur Umsetzung von Richtlinien ergangen ist.[14]

2. Technische Regulierungsstandards für die Billigung des Prospekts

Nach dem neuen Art. 13 Abs. 7 der EU-Prospektrichtlinie muss die ESMA u. a. zur Billigung von Prospekten Entwürfe für **technische Regulierungsstandards** ausarbeiten. Diese Entwürfe wurden nach Durchführung einer öffentlichen Konsultation am 26.6.2015 von der ESMA an die Kommission übermittelt. Die von der Kommission und dem Europäischen Parlament gebilligte, endgültige Fassung der technischen Regulierungsstandards wurde als „Delegierte Verordnung (EU) 2016/301 vom 30.11.2015 zur Ergänzung der Richtlinie 2003/71/EG des Europäischen Parlaments und des Rates durch technische Regulierungsstandards für die Billigung und Veröffentlichung des Prospekts und die Verbreitung von Werbung und zur Änderung der Verordnung (EG) Nr. 809/2004 der Kommission" **(TRS)** am 4.3.2016 im Amtsblatt der Europäischen Union veröffentlicht und ist am zwanzigsten Tag nach ihrer Veröffentlichung, d. h. **am 24.3.2016, in Kraft** getreten.   5a

In den Art. 2 bis 5 der TRS werden die Anforderungen und der Ablauf des Billigungsverfahrens näher ausgeführt. Die TRS bringen verschiedene Änderungen mit sich, darunter unter anderem die folgenden: 5b

– Die **Kommunikation mit der zuständigen Behörde** wird künftig **auf dem elektronischen Weg** erfolgen müssen (siehe dazu Rn. 61). So sind sämtliche Prospektentwürfe der zuständigen Behörde auf elektronischem Wege in durchsuchbarem, elektronischem Format zu übermitteln (Art. 2 Abs. 1 Satz 1 TRS). Die zuständige Behörde bestätigt den Eingang des Erstantrags auf Billigung eines Prospekts schriftlich auf elektronischem Wege so früh wie möglich, spätestens jedoch bis Geschäftsschluss am zweiten Arbeitstag nach Eingang (Art. 5 Abs. 1 Satz 1 TRS). Sie teilt am Tag der Entscheidung auf elektronischem Wege mit, wie über die Billigung des Prospekts entschieden wurde (Art. 5 Abs. 5 Satz 1 TRS).
In Deutschland wird dadurch die bereits seit geraumer Zeit eingerichtete **Melde- und Veröffentlichungsplattform** der BaFin (**MVP**),[15] die sich aber bislang in der Praxis bei der Einreichung von Prospekten noch nicht durchzusetzen vermochte, erheblich an Bedeutung gewinnen, da nur sie es erlaubt, das Verfahren vollständig elektronisch abzuwickeln. Hinsichtlich des Erfordernisses der Übermittlung der Dokumente in **durch-**

---

14 Vgl. allgemein *Nettesheim*, in: Grabitz/Hilf/Nettesheim, Recht der EU, Loseblatt, Stand August 2015, Art. 288 Rn. 89 ff.; *von der Groeben/Schwarze/Hatje*, Europäisches Unionsrecht, Art. 290 Rn. 18.
15 Siehe zur Einreichung von Prospekten über das MVP Portal http://www.bafin.de/DE/DatenDokumente/MVPportal/Prospekte/mvp_prospekte_node.html, inkl. Link zum Benutzerhandbuch für das MVP Portal; ausführlich hierzu unten Rn. 59 ff.

§ 13 Billigung des Prospekts

suchbarem, elektronischem Format ist anzunehmen, dass entsprechend der bisherigen Praxis das nicht veränderliche PDF-Format diesen Ansprüchen genügt.[16]
- Gelangt die zuständige Behörde zu der Auffassung, dass die übermittelten Unterlagen unvollständig sind oder es ergänzender Informationen bedarf, so setzt sie den Antragsteller davon schriftlich auf elektronischem Wege in Kenntnis. Ist die Unvollständigkeit nach Auffassung der Behörde von untergeordneter Wichtigkeit, so kann sie den Antragsteller mündlich in Kenntnis setzen; nur in diesem Fall der mündlichen Information sollen die in Art. 13 Abs. 4 der Prospektrichtlinie genannten Fristen, auf denen auch die Fristen aus § 13 Abs. 2, 3 fußen, nicht unterbrochen werden. Es bleibt abzuwarten, ob und gegebenenfalls wie sich der Ablauf des Verfahrens in der Praxis[17] dadurch in Deutschland ändern wird.

3. Stand des Entwurfs einer neuen EU-Prospektverordnung

5c   Im Zuge der Reformierung des Kapitalmarktrechts zur Schaffung einer Kapitalmarktunion werden künftig an Stelle von Rahmenrichtlinien vermehrt gemäß Art. 288 Abs. 2 Satz 2 AEUV unmittelbar geltende Verordnungen treten.[18] Am 30.11.2015 hat die Europäische Kommission den Vorschlag „COM(2015) 583 final für eine Verordnung des Europäischen Parlaments und des Rates über den Prospekt, der beim öffentlichen Angebot von Wertpapieren oder bei deren Zulassung zum Handel zu veröffentlichen ist" (die **neue EU-ProspektVO**) vorgelegt.[19] Die jetzige **EU-Prospektrichtlinie soll durch die neue EU-ProspektVO ersetzt werden**. Aufgrund der unmittelbaren Wirkung der Verordnung und unter Berücksichtigung der allgemeinen Aufsicht der ESMA zur Erreichung größerer Konvergenz sowie insbesondere der von ihr durchzuführenden Peer Reviews der zuständigen Behörden der Mitgliedstaaten[20] kann dies dazu führen, dass es in der Zukunft wesentlich seltener zu einer von der Praxis in anderen Mitgliedstaaten abweichenden BaFin-Praxis kommt.

5d   In der vorgeschlagenen Fassung wird Art. 19 der neuen EU-ProspektVO die aktuell in Art. 13 der EU-Prospektrichtlinie bzw. in § 13 geregelten Themenkomplexe der Prüfung und Billigung des Prospekts behandeln. Art. 19 der neuen EU-ProspektVO baut im Wesentlichen auf Art. 13 der EU-Prospektrichtlinie auf und es bleibt insbesondere dabei, dass

---

16 *Preuße*, in: Holzborn, WpPG, § 13 Rn. 14; vgl. auch die Klarstellung im „ESMA Final Report, Draft RTS on prospectus related issues under the Omnibus II Directive", 25.6.2015, ESMA/2015/1014 Rn. 26 („for example searchable portable document format (pdf))".
17 Siehe unten Rn. 40.
18 Grundsätzlich zu diesem Trend der Vollharmonisierung bei der Kapitalmarktgesetzgebung *Veil*, in FS Hommelhoff 2012, 1263, 1266 ff.; *Parmentier*, EuZW 2016, 45, 51; vgl. zu dieser Entwicklung beispielsweise auch die Marktmissbrauchsverordnung (Verordnung Nr. 596/2014 des Europäischen Parlaments und des Rates vom 16. April 2014), die die Marktmissbrauchsrichtlinie (Richtlinie 2003/6/EG vom 28. Januar 2003) abgelöst hat und die gemäß ihrem 3. Erwägungsgrund als neues Rechtsinstrument erforderlich ist, um für einheitliche Regeln, die Klarheit zentraler Begriffe und ein einheitliches Regelwerk zu sorgen.
19 Der Vorschlag kann unter http://ec.europa.eu/finance/securities/prospectus/index_de.htm unter der Rubrik *30.11.2015 – Text des Vorschlags* abgerufen werden (Stand: 21.1.2016). Siehe dazu im Einzelnen oben *Schnorbus*, vor §§ 1 ff. Rn. 11 ff.
20 Siehe zur Peer Review und zur allgemeinen ESMA-Aufsicht Rn. 5d fünfter Spiegelstrich; allgemein zu den Aufgaben und Befugnissen der ESMA *Hitzer/Hauser*, BKR 2015, 52, 54.

ein Prospekt erst nach der Billigung veröffentlicht werden darf und für eine Billigung die vorausgesetzten Standards bezüglich Vollständigkeit, Verständlichkeit und Kohärenz zu erfüllen sind (Art. 19 Abs. 1, 4 der neuen EU-ProspektVO). Unterstellt, dass sie in der derzeitigen Entwurfsfassung in Kraft tritt, wird die neue EU-ProspektVO jedoch auch in Bezug auf Prüfung und Billigung des Prospekts verschiedene Änderungen mit sich bringen, darunter unter anderem die folgenden:

- Aufgrund der unmittelbaren Geltung des Rechtsinstruments der Verordnung werden bislang in der EU-Prospektrichtlinie angelegte Möglichkeiten, von denen der deutsche Gesetzgeber keinen Gebrauch gemacht oder die er schlicht nicht umgesetzt hatte, auch in Deutschland unmittelbar geltendes Recht. So verhält es sich beispielsweise mit der Regelung, dass die zuständige Behörde des Herkunftsmitgliedstaates die Billigung eines Prospekts der zuständigen Behörde eines anderen Mitgliedstaates übertragen kann. Diese bereits in der Prospektrichtlinie enthaltene Regelung hatte sich nicht im WpPG niedergeschlagen (dazu unten Rn. 21), wird jedoch als Art. 19 Abs. 7 der neuen EU-ProspektVO in Deutschland unmittelbar anwendbares Recht werden.
- Die Prüfungsfrist beträgt nunmehr 10 bzw.[21] 20 *Arbeits-* statt bislang *Werk*tage, d. h. dass neben Sonn- und Feiertagen nunmehr gemäß der Definition des Begriffs „Arbeitstag" aus Art. 2 Abs. 1 lit. s) der neuen EU-ProspektVO bei der Berechnung dieser Fristen auch Samstage nicht mitzählen.
- Die Prüfungsfrist für Emittenten, die den durch die neue EU-ProspektVO neu eingeführten Status eines Daueremittenten haben, verkürzt sich gemäß Art. 19 Abs. 5 der neuen EU-ProspektVO von 10 auf lediglich 5 Arbeitstage. Den Status des Daueremittenten können Emittenten gemäß Art. 9 Abs. 11 i.V.m. Abs. 2, 3 der neuen EU-ProspektVO erlangen, indem sie in drei aufeinanderfolgenden Geschäftsjahren ein einheitliches Registrierungsformular, das Angaben zu Organisation, Geschäftstätigkeit, Finanzlage, Ertrag und Zukunftsaussichten, Führung und Beteiligungsstruktur des Unternehmens enthält, erstellt sowie hinterlegt haben und diese von der zuständigen Behörde gebilligt wurden.
- Die zuständigen Behörden müssen auf ihren Websites eine Anleitung zum Prüfungs- und Billigungsverfahren bereithalten.[22] Der Antragsteller muss die Möglichkeit erhalten, während des gesamten Verfahrens der Billigung des Prospekts direkt mit dem Personal der zuständigen Behörde zu kommunizieren und zu interagieren. Das war bislang nicht kodifiziert, entsprach aber der gelebten Praxis der BaFin.
- Um sicherzustellen, dass alle zuständigen Behörden einen einheitlichen Ansatz verfolgen, wenn sie die Vollständigkeit, Kohärenz und Verständlichkeit der in einem Prospekt enthaltenen Informationen prüfen, soll die ESMA ihre Befugnisse[23] im Rahmen der

---

21 Siehe zur Abgrenzung der jeweils anwendbaren Frist unten Rn. 34 f.
22 Die BaFin hält bereits eine solche Darstellung auf ihrer Seite bereit, abrufbar unter http://www.bafin.de/DE/Aufsicht/Prospekte/ProspekteWertpapiere/ErstellungBilligung/erstellung_billigung_node.html (zuletzt geändert am 2. Februar 2016); vgl. auch die ebenfalls dort zum Abruf bereitgehaltene BaFin-Broschüre „Wertpapierprospekt – Türöffner zum deutschen und europäischen Kapitalmarkt".
23 Gemäß Art. 8 Abs. 2 der Verordnung (EU) Nr. 1095/2010 gehören zu den Befugnissen der ESMA insbesondere die Entwicklung von Entwürfen technischer Regulierungs- und Durchführungsstandards, die Herausgabe von Leitlinien, die Abgabe von Empfehlungen sowie der Erlass von an die zuständigen Behörden oder in Sonderfällen direkt an Finanzmarktteilnehmer gerichteten Beschlüssen im Einzelfall; allgemein dazu *Hitzer/Hauser*, BKR 2015, 52. 54.

§ 13   Billigung des Prospekts

Verordnung (EU) Nr. 1095/2010 zur Errichtung einer Europäischen Aufsichtsbehörde (sog. **ESMA-Verordnung**) nutzen. Unbeschadet von dieser „allgemeinen Aufsicht" soll die ESMA speziell das Prüfungs- und Billigungsverfahren der zuständigen Behörden einer vergleichenden Analyse (*„Peer review"*) unterziehen. Der Bericht über diese vergleichende Analyse soll spätestens drei Jahre nach dem Inkrafttreten der neuen EU-ProspektVO veröffentlicht werden.

III. Billigung des Prospekts durch die BaFin

1. Billigungsvorbehalt, Rechtsnatur der Billigung und Prüfungsmaßstab

a) Billigungsvorbehalt gemäß § 13 Abs. 1 Satz 1

6   Gemäß § 13 Abs. 1 Satz 1 darf ein Prospekt vor seiner Billigung nicht veröffentlicht werden (d.h. **Verbot mit Erlaubnisvorbehalt**,[24] siehe oben Rn. 3). Anders als nach früherem Recht (vgl. z.B. § 8a VerkProspG a.F.) und dem geltenden Recht im Wertpapiererwerbs- und Übernahmegesetz (§ 14 WpÜG) oder anderen öffentlich-rechtlichen Erlaubnistatbeständen[25] ist dem mangels expliziter Regelung[26] zu entnehmen, dass es einer ausdrücklichen Entscheidung der BaFin bedarf und eine Billigungsfiktion nicht eintritt. Das **Nichtbestehen einer Billigungsfiktion** folgt aus europarechtlichen Vorgaben.[27] Da auch § 8 Abs. 2 VermAnlG ohne Gestattungsfiktion ausgestaltet ist, scheint dies zudem der Wertungsentscheidung des deutschen Gesetzgebers in Bezug auf prospektrechtliche Vorschriften zu entsprechen. Der Anbieter bzw. Zulassungsantragsteller ist also auf die aktive verwaltungsrechtliche Durchsetzung seiner Rechtsposition (siehe unten Rn. 8, 50 und 62ff.) verwiesen.

---

24 *Ritz/Voß*, in: Just/Voß/Ritz/Zeising, WpPG, § 13 Rn. 27; *Lenenbach*, Kapitalmarktrecht und kapitalmarktrelevantes Gesellschaftsrecht, Rn. 10.333.

25 Vgl. den mit Wirkung zum 18.12.2008 eingeführten § 42a VwVfG, nach dessen Abs. 1 Satz 1 sehr weitgehend eine beantragte Genehmigung nach Ablauf einer für die Entscheidung festgesetzten Frist als erteilt gilt (Genehmigungsfiktion), wenn dies durch Rechtsvorschrift angeordnet und der Antrag hinreichend bestimmt ist; vgl. als gesetzlich geregelte Spezialfälle z.B. § 22 Abs. 5 Satz 4 BauGB, § 145 Abs. 1 Satz 1 BauGB; § 57 Abs. 2 Satz 3 Hessische Bauordnung; § 31 Abs. 1 Satz 2 und Satz 3 AufenthV; § 29 Abs. 2a Satz 3 AMG.

26 Vgl. RegBegr. EU-ProspRL-UmsetzungsG, BT-Drucks. 15/4999, S. 25, 34f.; *Groß*, Kapitalmarktrecht, § 13 WpPG Rn. 9; *Apfelbacher/Metzner*, BKR 2006, 81, 83; *Schlitt/Singhof/Schäfer*, BKR 2005, 251, 255; *Schlitt/Schäfer*, AG 2005, 498, 506, die aber, wie sich nunmehr gezeigt hat, zu Recht darauf hingewiesen haben, dass dies in der Praxis keine großen Auswirkungen haben werde.

27 So zu Recht *Preuße*, in: Holzborn, WpPG, § 13 Rn. 4, mit Verweis auf die Definition der Billigung in Art. 2 Abs. 1 lit. q) der EU-Prospektrichtlinie und die ausdrückliche Untersagung der Gestattungsfiktion in Art. 13 Abs. 2 Unterabs. 2 der EU-Prospektrichtlinie; *König*, ZEuS 2004, 251, 271; *Heidelbach*, in: Schwark/Zimmer, KMRK, § 13 WpPG Rn. 25; *Crüwell*, AG 2003, 243, 251; *Kullmann/Sester*, WM 2005, 1068, 1073; *Wiegel*, Die Prospektrichtlinie und Prospektverordnung, S. 418; *Kunold/Schlitt*, BB 2004, 501, 509, mit Verweis auf den noch anders lautenden überarbeiteten Kommissionsentwurf vom August 2002, während umgekehrt *Ritz/Voß*, in: Just/Voß/Ritz/Zeising, WpPG, § 13 Rn. 5, darauf verweisen, dass im ersten Vorschlag der EU-Kommission sogar eine „Ablehnungsfiktion" enthalten gewesen sei. Im Detail auch *von Kopp-Colomb*, in: Assmann/Schlitt/von Kopp-Colomb, WpPG/VerkProspG, § 13 Rn. 1.

III. Billigung des Prospekts durch die BaFin § 13

Aufgrund des Billigungsvorbehaltes und der sich an einen Prospekt anknüpfenden Prospekthaftung ist es für die Prospektverantwortlichen von entscheidender Bedeutung, dass kein anderes als das von ihnen bei der BaFin eingereichte Dokument als Prospekt zu qualifizieren ist. Dies gilt insbesondere für inhaltlich umfangreichere Werbe- und Informationsmaterialien. Zur daraus folgenden Abgrenzung der Werbeanzeige bzw. Werbung im Sinne von § 15 von einem Prospekt siehe § 15 Rn. 19 ff.

7

b) Rechtsnatur der Billigung

Die Entscheidung der BaFin zur Billigung eines Prospekts im Rahmen des Wertpapierprospektgesetzes stellt einen **begünstigenden Verwaltungsakt** im Sinne des § 35 VwVfG dar, d. h. eine dem Antragsteller ein Recht einräumende Regelung eines Einzelfalls auf dem Gebiet des öffentlichen Rechts mit unmittelbarer Außenwirkung.[28] Daraus folgen eine Reihe allgemeiner verwaltungsrechtlicher Feststellungen:

8

– Der Antragsteller hat bei Vorliegen der Voraussetzungen der Billigung einen Anspruch auf Billigung des Prospekts durch die BaFin.[29] Auch wenn der Wortlaut von § 13 und Art. 13 der EU-Prospektrichtlinie dies nicht explizit statuiert und § 13 Abs. 1 Satz 2 „nur" einen Anspruch auf Verbescheidung zu vermitteln scheint,[30] folgt die **Gebundenheit der Verwaltungsentscheidung** aus allgemeinen verwaltungsrechtlichen Grundsätzen.[31]
– Die Billigung unterliegt den allgemeinen verwaltungsrechtlichen Vorschriften über die **Rücknahme und** den **Widerruf** von Verwaltungsakten nach §§ 48 ff. VwVfG. Die allgemeinen verwaltungsrechtlichen Grundsätze werden aber durch die Spezialvorschrift des § 26 überlagert (vgl. Widerrufsmöglichkeit der BaFin nach § 26 Abs. 8 Satz 3).[32] Zu den weiteren Folgen hinsichtlich des Rechtsschutzes und der Drittbeteiligungsrechte, siehe unten Rn. 62 ff.
– Wegen des ausschließlich begünstigenden Charakters des Verwaltungsakts „Billigung" für den Antragsteller – der gleichzeitig erlassene oder in der Praxis oftmals zeitlich nachlaufende Gebührenbescheid ist ein selbstständiger (belastender) Verwaltungsakt – fehlt es regelmäßig an einer Rechtsverletzung des Antragstellers, so dass die von der

---

28 Unstreitig, vgl. ausdrücklich RegBegr. EU-ProspRL-UmsetzungsG, BT-Drucks. 15/4999, S. 25, 34; *Groß*, Kapitalmarktrecht, § 13 WpPG Rn. 2; *Kullmann/Sester*, WM 2005, 1068, 1073; *Preuße*, in: Holzborn, WpPG, § 13 Rn. 30; *Ritz/Voß*, in: Just/Voß/Ritz/Zeising, WpPG, § 13 Rn. 18; *Grosjean*, in: Heidel, Aktienrecht und Kapitalmarktrecht, § 13 WpPG Rn. 14; *von Kopp-Colomb*, in: Assmann/Schlitt/von Kopp-Colomb, WpPG/VerkProspG, § 13 Rn. 15.
29 *Groß*, Kapitalmarktrecht, § 13 WpPG Rn. 11 (mit weiterem Nachweis zur entsprechenden Rechtslage nach § 30 BörsG a. F. und § 8a VerkProspG a. F.); *Grosjean*, in: Heidel, Aktienrecht und Kapitalmarktrecht, § 13 WpPG Rn. 14; *Preuße*, in: Holzborn, WpPG, § 13 Rn. 30; *Wiegel*, Die Prospektrichtlinie und Prospektverordnung, S. 418; *von Kopp-Colomb*, in: Assmann/Schlitt/von Kopp-Colomb, WpPG/VerkProspG, § 13 Rn. 15; *Heidelbach*, in: Schwark/Zimmer, KMRK, § 13 WpPG Rn. 18.
30 So *Kullmann/Sester*, WM 2005, 1068, 1073 („*Pflicht der BaFin, über den Antrag zu entscheiden*").
31 Die Vorschrift räumt kein Ermessen ein, siehe z. B. *Ritz/Voß*, in: Just/Voß/Ritz/Zeising, WpPG, § 13 Rn. 22. Vgl. zu gebundenen Entscheidungen der Verwaltung allgemein *Maurer*, Allgemeines Verwaltungsrecht, § 7 Rn. 10. Insoweit ist es etwas missverständlich, von der Ausübung pflichtgemäßen Ermessens durch die BaFin zu sprechen (so *Preuße*, in: Holzborn, WpPG, § 13 Rn. 30).
32 Siehe unten *Müller*, § 26 Rn. 79.

§ 13   Billigung des Prospekts

BaFin in ihren Billigungsbescheiden erwähnte Möglichkeit, Rechtsmittel einzulegen, keinen Anwendungsbereich hat.[33]

c) Prüfungsmaßstab der BaFin nach § 13 Abs. 1 Satz 2

9   Die Prospektprüfung durch die BaFin dient in erster Linie dem präventiven Anlegerschutz, der Gewährleistung eines ordnungsgemäßen Börsenhandels und der Wahrung allgemeiner öffentlicher Interessen.[34]

10   Der Prüfungsmaßstab der BaFin ergibt sich zunächst aus § 13 Abs. 1 Satz 2, der Art. 2 Abs. 1 lit. q) der EU-Prospektrichtlinie umsetzt. Danach entscheidet die BaFin nach Abschluss einer **Vollständigkeitsprüfung** des Prospekts **einschließlich** einer Prüfung der **Kohärenz und Verständlichkeit** der vorgelegten Informationen.[35] Die Prüfung der Kohärenz und Verständlichkeit soll dem Gesetzeswortlaut nach also Teil der Vollständigkeitsprüfung sein.[36] Gleichzeitig hat die BaFin aber auch Kompetenzen, soweit die Aufnahme zusätzlicher Angaben in den Prospekt zum Schutz des Publikums geboten erscheint (§ 26 Abs. 1) oder die inhaltliche Unrichtigkeit oder inhaltliche Unvollständigkeit feststehen (§ 26 Abs. 8).

11   Die Regierungsbegründung zum Wertpapierprospektgesetz führt zum Prüfungsmaßstab des § 13 Abs. 1 Satz 2 aus, dass im Rahmen der Billigung von der BaFin geprüft werde, ob die Angaben im Prospekt konsistent seien, d. h. ob der Prospekt **keine inneren Widersprüche** enthalte. Eine Prüfung der Bonität des Emittenten und der inhaltlichen Richtigkeit des Prospekts erfolge dabei nicht.[37] Im Anschluss an diese Aussage ist in der Literatur zum Teil gefolgert worden, dass der Prüfungsmaßstab der BaFin rein formeller Natur sei.[38] Dem ist aus folgenden Gründen nicht zu folgen:

12   Richtig und unstreitig ist, dass **keine umfassende Pflicht der BaFin zur Amtsermittlung** im Hinblick auf eine Überprüfung der inhaltlichen Richtigkeit des Prospekts besteht. Vereinfacht formuliert: die BaFin muss keine Due Diligence durchführen, sie ist nicht ver-

---

33   *Ritz/Voß*, in: Just/Voß/Ritz/Zeising, WpPG, § 13 Rn. 19.
34   Vgl. RegBegr. EU-ProspRL-UmsetzungsG, BT-Drucks. 15/4999, S. 25, 34; *Ekkenga/Maas*, Das Recht der Wertpapieremissionen, S. 153 Rn. 219.
35   Nach der früheren Gesetzesfassung in § 13 Abs. 1 Satz 1 BörsZulV trat der Grundsatz der Prospektwahrheit und -klarheit formulierungstechnisch besser zutage, vgl. *Ekkenga/Maas*, Das Recht der Wertpapieremissionen, S. 142 Rn. 195.
36   **Anders** *Preuße*, in: Holzborn, WpPG, § 13 Rn. 18, der – was zugegebenermaßen logischer erscheint als die Gesetzessystematik – von den drei Eckpunkten Vollständigkeits-, Verständlichkeits- und Kohärenzprüfung spricht. **Wie hier** *Ritz/Voß*, in: Just/Voß/Ritz/Zeising, WpPG, § 13 Rn. 33 und Rn. 34; *von Kopp-Colomb*, in: Assmann/Schlitt/von Kopp-Colomb, WpPG/VerkProspG, § 13 Rn. 9; *Groß*, Kapitalmarktrecht, § 13 WpPG Rn. 8.
37   RegBegr. EU-ProspRL-UmsetzungsG, BT-Drucks. 15/4999, S. 25, 34. Dass keine Prüfung der Bonität des Emittenten erfolgt, wie die Regierungsbegründung sagt, ist sicher unstreitig; vgl. z. B. *Heidelbach*, in: Schwark/Zimmer, KMRK, § 13 WpPG Rn. 13; *Groß*, Kapitalmarktrecht, § 13 WpPG Rn. 8. So auch schon die einhellige Rechtsprechung, vgl. z. B. BGH, NJW 1993, 2433; OLG Frankfurt, NJW-RR 1994, 946; LG Frankfurt, BKR 2004, 412.
38   *Grosjean*, in: Heidel, Aktienrecht und Kapitalmarktrecht, § 13 WpPG Rn. 5; *von Kopp-Colomb*, in: Assmann/Schlitt/von Kopp-Colomb, WpPG/VerkProspG, § 13 Rn. 9 ff.; im Ergebnis auch *Groß*, Kapitalmarktrecht, § 13 WpPG Rn. 8, wobei auch dort die Prüfung der BaFin auf Widersprüche im Prospekt zu ihr anderweitig bekannten Informationen im Rahmen der Kohärenzprüfung anerkannt wird.

III. Billigung des Prospekts durch die BaFin § 13

pflichtet, umfassend Informationen einzuholen, um die Angaben im Prospekt im Einzelnen überprüfen zu können. Als Ausfluss dessen übernimmt die BaFin keine Gewähr für die inhaltliche Richtigkeit des Prospekts.[39] Andererseits wäre es widersinnig und auch im allgemeinen verwaltungsrechtlichen Sinne nicht zu rechtfertigen, wenn die BaFin Umstände, die ihr bekannt sind und die Angaben im Prospekt widersprechen, ignorieren sollte oder gar müsste bzw. sie die Möglichkeit zur Klärung durch Auskunftsverlangen nicht nutzen sollte, soweit sie begründete Zweifel an der Richtigkeit im Prospekt enthaltener Angaben hat. Gesetzliche Begrifflichkeiten wie „Verständlichkeitsprüfung", „Kohärenzprüfung", „Angaben verlangen zum Schutz des Publikums" und Kompetenzen bei Feststehen „inhaltlicher Unrichtigkeit" dokumentieren daher zu Recht unmissverständlich, dass die **BaFin auch in begrenztem Maße in materieller Hinsicht prüft**.[40] Das bedeutet im Detail:

– Die BaFin führt **im Rahmen der Vollständigkeitsprüfung** einen sog. *„Form Check"* durch, d. h. sie prüft, dass insbesondere alle nach der EU-Prospektverordnung und deren Anhängen erforderlichen Angaben im Prospekt enthalten sind. Dieser Teil der Prüfung ist in der Tat rein formaler Natur, selbst wenn auch hier die Analyse, ob bestimmte Punkte der EU-Prospektverordnung (ausreichend) abgedeckt sind, oftmals eine materielle, inhaltliche Wertung erfordern.[41] Das Vollständigkeitsgebot im haftungsrechtlichen Sinne ist von diesem formalen Begriff der Vollständigkeit, die die BaFin prüft, abzugrenzen[42] und kann den Anbieter/Zulassungsantragsteller aber auch dazu zwingen, zusätzliche, nicht nach den einzelnen Modulen der Annexe der Prospektverordnung erforderliche Angaben zu machen[43] und die BaFin kann ebensolche Angaben verlangen.

---

39 RegBegr. EU-ProspRL-UmsetzungsG, BT-Drucks. 15/4999, S. 25, 34 (zu § 13 Abs. 1) und 39 (zu § 21 Abs. 1 a. F., heute geregelt in § 26 Abs. 1). Vgl. unten zur Haftungsthematik Rn. 48 und detailliert Rn. 69 ff.

40 So – entgegen der (zumindest begrifflichen, vgl. Fn. 26) Kritik von *Groß*, Kapitalmarktrecht, § 13 WpPG Rn. 8 – die ganz herrschende Meinung, vgl. *Crüwell*, AG 2003, 243, 250 f., *Schlitt/Schäfer*, AG 2005, 498, 506 f., *Kunold/Schlitt*, BB 2004, 501, 509; *Holzborn/Israel*, ZIP 2005, 1668, 1670; *Sandberger*, EWS 2004, 297, 300 f.; *König*, ZEuS 2004, 251, 271 f.; *Lenenbach*, Kapitalmarktrecht und kapitalmarktrelevantes Gesellschaftsrecht, Rn. 10.334; *Ekkenga/Maas*, Das Recht der Wertpapieremissionen, S. 154 Rn. 219; *Weber*, NZG 2004, 360, 365; *Schanz/Schalast*, HfB – Working Paper Series No. 74, 2005, S. 37; *Heidelbach*, in: Schwark/Zimmer, KMRK, § 13 WpPG Rn. 14; *Schlitt/Wilczek*, in: Habersack/Mülbert/Schlitt, Kapitalmarktinformation, § 6 Rn. 12; *Wiegel*, Die Prospektrichtlinie und Prospektverordnung, S. 417 f. (zum europäischen Recht). **Ähnlich** *Mülbert/Steup*, WM 2005, 1633, 1640 m. w. N. in Fn. 81 zum Streitstand unter § 8a VerkProspG a. F. In gewisser Weise **offenlassend** *Ritz/Voß*, in: Just/Voß/Ritz/Zeising, WpPG, § 13 Rn. 40 a. E., und in Bezug auf das WpPG in Rn. 41 ff. Mit Ausnahme der Wertungsgesichtspunkte hinter der Argumentation ist dagegen der Literaturstreit zur Auslegung der früheren Gesetzeslage eher kontraproduktiv; man sollte anhand der jetzigen Gesetzeslage argumentieren. Eine ähnliche Diskussion besteht i. Ü. auch zur Frage des Prüfungsumfangs der BaFin bezüglich Angebotsunterlagen nach dem WpÜG, vgl. *Preuße*, in: Holzborn, WpPG, § 13 Rn. 22 mit Verweis auf *Seydel*, in: Kölner Kommentar zum WpÜG, § 14 Rn. 36 ff. m. w. N.

41 Die Frage, ob Betriebsgeheimnisse zur „Unvollständigkeit berechtigen", war nach altem Recht umstritten und ist nunmehr wohl anhand des § 8 Abs. 2 Nr. 2 zu lösen, vgl. *Schwark*, in: Schwark/Zimmer, KMRK, §§ 44/45 BörsG Rn. 30 m. w. N.; *Ekkenga/Maas*, Das Recht der Wertpapieremissionen, S. 142 Rn. 195.

42 So auch *Ritz/Voß*, in: Just/Voß/Ritz/Zeising, WpPG, § 13 Rn. 41 m. w. N.; *von Kopp-Colomb*, in: Assmann/Schlitt/von Kopp-Colomb, WpPG/VerkProspG, § 13 Rn. 10.

43 Beispiel der nicht erwähnten, schwebenden Kapitalerhöhung siehe OLG Frankfurt, NZG 2004, 483, dargestellt in *Ekkenga/Maas*, Das Recht der Wertpapieremissionen, S. 142 Rn. 196.

§ 13 Billigung des Prospekts

Zudem ist der Anbieter/Zulassungsantragsteller jederzeit berechtigt, zusätzliche Angaben freiwillig in den Prospekt aufzunehmen.
– Zweitens prüft die BaFin die **Verständlichkeit der Ausführungen im Prospekt** aus Sicht eines verständigen Anlegers (d. h. entscheidend ist der Empfängerhorizont,[44] auch im Lichte der Struktur, des Risikoprofils und der Komplexität[45] des betreffenden Wertpapiers). Nach § 5 Abs. 1 hat der Prospekt sämtliche Angaben in leicht analysierbarer und verständlicher Form zu enthalten und muss in einer Form abgefasst sein, die sein Verständnis und seine Auswertung erleichtern. Die Änderungsrichtlinie 2010/73/EU[46] hat den Grundsatz der Verständlichkeit im Zusammenhang mit dem geänderten Basisprospektregime nochmals hervorgehoben.[47] Die formale Gestaltung und inhaltliche Darstellung muss – wie es seit dem maßgeblichen „Beton und Monierbau (BuM)"-Urteil des BGH stets heißt – dem Erkenntnis- und Verständnishorizont eines *„durchschnittlichen Anlegers"* gerecht werden, *„der zwar eine Bilanz zu lesen versteht, aber nicht unbedingt mit der in eingeweihten Kreisen gebräuchlichen Schlüsselsprache vertraut zu sein braucht"*.[48] Kürzlich hat der BGH diese Rechtsprechung dahingehend konkretisiert, dass bei der Darstellung von möglichen zukünftigen Zahlungen die verständliche Darstellung der Grundstruktur der Berechnungsweise für einen durchschnittlichen Anleger ausreichend sein kann und eine fehlerhafte Darstellung im Prospekt verneint.[49] In diesem Zusammenhang verlangt die BaFin regelmäßig die Streichung von übermäßigen Verweisen und die Vermeidung der Verwendung unnötiger technischer Begrifflichkeiten bzw. Fremdwörter oder regt die Umformulierung bestimmter Passagen des Prospekts oder die Einfügung eines Glossars an (Grundsatz der Prospektklarheit und -über-

---

[44] Vgl. dazu etwa BGH XI ZR 344/11, WM 2012, 2147. Auch Erwägungsgrund 16 der Prospektrichtlinie verlangt, *„den unterschiedlichen Schutzanforderungen für die verschiedenen Anlegerkategorien und ihrem jeweiligen Sachverstand Rechnung zu tragen"*.
[45] *Ritz/Voß*, in: Just/Voß/Ritz/Zeising, WpPG, § 13 Rn. 46; *Preuße*, in: Holzborn, WpPG, § 13 Rn. 20.
[46] Richtlinie 2010/73/EU des Europäischen Parlaments und des Rates vom 24.11.2010 zur Änderung der Richtlinie 2003/71/EG, ABl. 327/1 vom 11.12.2010.
[47] Vgl. *Preuße*, in: Holzborn, WpPG, § 13 Rn. 20 unter Verweis auf Erwägungsgrund 17 sowie Art. 5 Abs. 4 Unterabs. 3 Satz 2 (gemeint ist wohl Art. 1 Abs. 5 c) Satz 2) der Änderungsrichtlinie 2010/73/EU. Zum geänderten Basisprospektregime vgl. oben *Bauer*, § 6 Rn. 8 ff. Zweifelnd, ob die Transparenz dadurch erhöht wird, dass mehr Informationen als bisher bereits im Basisprospekt abgebildet werden müssen *Heidelbach/Preuße*, Die Anwendung des neuen europäischen Prospektregimes in der Praxis – ausgewählte Probleme, BKR 2012, 397, 398 m. w. N.
[48] BGH, WM 1982, 862, 863 = NJW 1982, 2823, 2824; OLG Düsseldorf, WM 1985, 586, 592; OLG Frankfurt, WM 2004, 1831, 1835; *Ehricke*, in: Hopt/Voigt, Prospekt- und Kapitalmarktinformationshaftung, S. 187, 220; *Schlitt/Wilczek*, in: Habersack/Mülbert/Schlitt, Kapitalmarktinformation, § 5 Rn. 16; *Krämer*, in: Marsch-Barner/Schäfer, Handbuch börsennotierte AG, § 10 Rn. 318; *Ekkenga/Maas*, Das Recht der Wertpapieremissionen, S. 143 Rn. 197; *Haas/Hanowski*, NZG 2010, 254 m. w. N.; **kritisch** zur Formulierung des BGH *Schwark*, in: Schwark/Zimmer, KMRK, §§ 44/45 Rn. 19; *Wieneke*, NZG 2005, 109, 111 (ebenso *Wieneke*, Emissionspublizität, in: Grundmann/Schwintowski/Singer/Weber, Anleger- und Funktionsschutz durch Kapitalmarktrecht, S. 37, 43 f.). Für geringere Anforderungen auch *Maas/Voß*, BB 2008, 2302, 2307 (*„durchschnittlich sorgfältiger und kritischer Leser des Verkaufsprospekts"*). Sehr gut dargelegt auch bei *Fleischer*, BKR 2004, 339, 343 m. w. N. in Fn. 70–74.
[49] BGH, ZIP 2016, 27, 28.

sichtlichkeit[50]). Allein anhand des Umfangs eines Prospektes kann aber nicht auf fehlende Verständlichkeit geschlossen werden.[51]
- Drittens verlangt das Gesetz – wie oben dargelegt als Teil der Vollständigkeitsprüfung – eine **Kohärenzprüfung**.[52] Diese Kohärenz- bzw., wie die Gesetzesbegründung auf Basis der englischsprachigen Fassung von Art. 2 Abs. 1 lit. q) der EU-Prospektrichtlinie („*consistency*") sagt, Konsistenzprüfung erfolgt durch Hinweise auf ggf. bestehende Widersprüche im Prospekt und erfordert von der BaFin zunächst nur die Prüfung des Prospekts aus sich selbst heraus, d. h. inwieweit der Prospekt isoliert betrachtet ohne weiteres Wissen über die Gesellschaft widerspruchsfrei, d. h. in sich schlüssig, ist. Soweit die BaFin jedoch Anhaltspunkte dafür hat, dass wesentliche Informationen im Prospekt nicht enthalten sind oder inhaltliche Unrichtigkeiten bestehen (z. B. weil die BaFin auf der Website der Gesellschaft oder aus anderen Kommunikationen der Gesellschaft Kenntnisse hat, die den Aussagen des Prospekts widersprechen),[53] ist sie – dem Interesse des Anlegerschutzes folgend – verpflichtet, auf die entsprechende Ergänzung oder Änderung des Prospekts hinzuweisen.[54] Dies ist sehr treffend in der Stellungnahme des Bundesrates vom 18.3.2005[55] dokumentiert worden:

---

50 Siehe auch BGH, NJW 2002, 1711, 1712, wonach unvollständige Angaben im Hauptteil nicht durch einen versteckten Hinweis im Dokumententeil kompensiert werden können, vgl. *Fleischer*, BKR 2004, 339, 343; so auch *Grosjean*, in: Heidel, Aktienrecht und Kapitalmarktrecht, § 13 WpPG Rn. 4; *Ritz/Voß*, in: Just/Voß/Ritz/Zeising, WpPG, § 13 Rn. 46; *von Kopp-Colomb*, in: Assmann/Schlitt/von Kopp-Colomb, WpPG/VerkProspG, § 13 Rn. 13.
51 *Preuße*, in: Holzborn, WpPG, § 13 Rn. 20.
52 Der Begriff der „Kohärenz" ist dem deutschen Verwaltungsrecht bisher unbekannt gewesen und schafft auch sprachlich einen schwierig auslegbaren unbestimmten Rechtsbegriff. Siehe Kritik auch in Stellungnahme des Bundesrates vom 18.3.2005 zum Regierungsentwurf, BR-Drucks. 85/05, S. 5 (= Unterrichtung durch die Bundesregierung vom 7.4.2005, BT-Drucks. 15/5219, S. 3). Zur Etymologie der Begriffe Kohärenz und Konsistenz instruktiv *Grosjean*, in: Heidel, Aktienrecht und Kapitalmarktrecht, § 13 WpPG Rn. 4 in Fn. 9. Dazu (in Rn. 40) und ausführlich zur Entstehungsgeschichte des Prüfungsumfangs *Ritz/Voß*, in: Just/Voß/Ritz/Zeising, WpPG, § 13 Rn. 35 ff.
53 Im Übrigen wird die BaFin in der Praxis auch des Öfteren vor oder nach der Billigung von Seiten Dritter über Geschehnisse unterrichtet, die die BaFin in ihre Untersuchungen einbeziehen möge, sei es im Vorfeld einer Billigung, sei es nach Billigung durch Maßnahmen z. B. nach § 26 Abs. 8 i.V. m. § 26 Abs. 2. Solche Informationen hat die BaFin ebenso zu berücksichtigen wie Informationen, die Mitarbeitern der BaFin aus ihrer sonstigen beruflichen Tätigkeit, z. B. der Prüfung eines anderen Prospekts, bekannt sind. Für Letzteres zu Recht auch *Heidelbach*, in: Schwark/Zimmer, KMRK, § 13 WpPG Rn. 15.
54 An dieser entscheidenden Schnittstelle wohl **anderer Ansicht** *Ritz/Voß*, in: Just/Voß/Ritz/Zeising, WpPG, § 13 Rn. 42 („*Informationen „außerhalb" des Prospekts werden – mit Ausnahme der in § 21 Abs. 8 [heute in § 26 Abs. 8 geregelt] aufgeführten Fälle – dabei nicht berücksichtigt.*") und nochmals Rn. 51. Nicht überzeugend ist das Argument der begrenzten Prüfungszeit (so angedeutet bei *Ritz/Voß*, in: Just/Voß/Ritz/Zeising, WpPG, § 13 Rn. 42): Ein Prüfungsverfahren dauert in Deutschland z. B. bei IPOs üblicherweise insgesamt mindestens sechs Wochen; rein zeitlich betrachtet könnte man wohl als Anleger also durchaus verlangen, dass die BaFin den Prospekt nicht nur oberflächlich auf offensichtliche Widersprüche im Prospekt selbst durchgeht, sondern z. B. auch die Website und andere öffentlich verfügbare Quellen zur Prüfung heranzieht. Im Ergebnis wohl wie hier *Heidelbach*, in: Schwark/Zimmer, KMRK, § 13 WpPG Rn. 11 („*Erkennt die BaFin Widersprüche zwar nicht innerhalb des Prospekts, aber z. B. zu ihr aus früheren Prospekten bekannten Angaben, hat sie dies im Rahmen der allgemeinen Vollständigkeitsprüfung aufzugreifen.*"); im Ergebnis auch *Groß*, Kapitalmarktrecht, § 13 WpPG Rn. 8 („*versteht sich von selbst*").
55 Stellungnahme des Bundesrates vom 18.3.2005 zum Regierungsentwurf, BR-Drucks. 85/05, S. 5 (= Unterrichtung durch die Bundesregierung vom 7.4.2005, BT-Drucks. 15/5219, S. 3).

§ 13 Billigung des Prospekts

"Unklar ist auch, ob und inwieweit die BaFin im Rahmen der Prospektprüfung externen Informationen nachzugehen oder diese in die Prüfung mit einzubeziehen hat. In der Praxis handelt es sich insbesondere um die persönlichen Erkenntnisse des jeweiligen Sachbearbeiters, Informationen aus Presse, Rundfunk und Fernsehen sowie Informationen aus dem Publikum. Nach § 24 Abs. 1 und 2 VwVfG (Untersuchungsgrundsatz) dürfte von einer Verpflichtung der BaFin auszugehen sein, derartigen Umständen, sofern solche im konkreten Einzelfall vorliegen, von Amts wegen nachzugehen. Somit dürfte eine Prospektprüfung allein auf Grundlage der eingereichten Unterlagen unter generellem Absehen von solchen Umständen, welche der Behörde anderweitig zur Kenntnis gelangt sind, rechtlich nicht möglich sein."

13 Insoweit kann man von einer **„begrenzten materiellen Prüfung"** der BaFin sprechen,[56] um offensichtliche Rechtsverstöße bzw. offensichtliche Unrichtigkeiten, die eine Untersagung nach § 26 Abs. 8 rechtfertigen würden, zu vermeiden,[57] oder, anders formuliert, einer **„negativen materiellen Kontrolle"**, d.h. auf Basis der eingereichten Unterlagen und der ihr bekannten Informationen prüft die BaFin, dass keine Widersprüche zu diesen ihr bekannten Informationen bestehen.[58]

14 **Bei dreiteiligen Prospekten** bezieht sich, falls Wertpapierbeschreibung und Zusammenfassung getrennt vom zuvor gebilligten Registrierungsformular[59] eingereicht werden, der Prüfungsumfang der BaFin nicht nur auf die Prüfung der Wertpapierbeschreibung und der Zusammenfassung, sondern die oben dargestellte Vollständigkeitsprüfung einschließlich Kohärenz und Verständlichkeit erstreckt sich auf den Gesamtprospekt, d.h. es ist auch von der BaFin zu prüfen, ob innere Widersprüche zwischen Wertpapierbeschreibung, Zusammenfassung und Registrierungsformular bestehen.[60] Entsprechendes gilt für per Verweis einbezogene Dokumente, auch dort sind also alle Dokumente auch untereinander auf Kohärenz zu prüfen.[61]

15 Ebenso gehört zum Prüfungsmaßstab der BaFin **bei Nachträgen** nicht nur die Prüfung des Wortlauts des Nachtrags selbst, sondern auch die Zusammenschau mit dem bereits gebilligten Prospekt, d.h. der bereits gebilligte Prospekt ist in die Kohärenzprüfung einzubezie-

---

56 So z.B. *Preuße*, in: Holzborn, WpPG, § 13 Rn. 22; *Küting*, DStR 2006, 1007, 1008. **Andere Ansicht** zumindest hinsichtlich der Begrifflichkeit *Groß*, Kapitalmarktrecht, § 13 WpPG Rn. 8.
57 *Preuße*, in: Holzborn, WpPG, § 13 Rn. 9 weist zu Recht darauf hin, dass es widersprüchlich wäre, einen Prospekt mangels inhaltlicher Prüfungspflicht zu billigen, um ihn anschließend gemäß § 21 Abs. 8 zu untersagen.
58 *von Kopp-Colomb*, in: Assmann/Schlitt/von Kopp-Colomb, WpPG/VerkProspG, § 13 Rn. 11 fasst diese aus seiner Sicht weiterhin formale Prüfung wie folgt zusammen: *„Die BaFin stellt den Widerspruch fest, prüft aber nicht, welche der Angaben gegebenenfalls richtig ist."* So auch *Preuße*, in: Holzborn, WpPG, § 13 Rn. 21.
59 Zur unverzüglichen Veröffentlichungspflicht des Registrierungsformulars bei dreiteiligen Prospekten siehe § 14 Rn. 54.
60 Ebenso *Ritz/Voß*, in: Just/Voß/Ritz/Zeising, WpPG, § 13 Rn. 43; *Preuße*, in: Holzborn, WpPG, § 13 Rn. 21.
61 *von Kopp-Colomb*, in: Assmann/Schlitt/von Kopp-Colomb, WpPG/VerkProspG, § 13 Rn. 12; *Preuße*, in: Holzborn, WpPG, § 13 Rn. 21.

hen.⁶² Denn der Prospekt existiert ab diesem Zeitpunkt in der Fassung, die er durch den gebilligten Nachtrag erhalten hat; siehe dazu näher § 16 Rn. 96.

Bei mehrsprachigen Prospekten soll sich die Kohärenzprüfung nach Auffassung der BaFin nur auf die jeweils einzelnen Sprachfassungen beziehen, da es sich um mehrere Prospekte handle.⁶³

2. Billigungsverfahren nach § 13 Abs. 2 und Abs. 3

Durch den Antragsberechtigten (vgl. dazu nachfolgend unter Rn. 17 f.) ist bei der zuständigen Behörde (vgl. dazu nachfolgend Rn. 19 ff.) das Billigungsverfahren (vgl. dazu nachfolgend Rn. 24 ff.) durch schriftlichen Antrag auf Erlass der Billigung als Verwaltungsakt unter Einreichung des zu billigenden Prospekts einzuleiten. Für das Billigungsverfahren als Verwaltungsverfahren nach § 9 VwVfG gelten die allgemeinen verwaltungsrechtlichen Grundsätze, insbesondere in Bezug auf (i) den bzw. die Antragsteller als Verfahrensbeteiligte(r) im Sinne des § 13 VwVfG,⁶⁴ (ii) den Grundsatz der Spezialität,⁶⁵ durch den Vorschriften der §§ 9 ff. VwVfG durch das WpPG verdrängt sein können, sowie (iii) die Regelungen zur Anhörung nach § 28 VwVfG.⁶⁶ Während sich § 13 Abs. 2 und Abs. 3 rein auf die Fristen und die verfahrensabschließenden Handlungen der BaFin beschränken, regeln die § 26 Abs. 1 bis Abs. 3 die im Laufe des Verfahrens bestehenden Rechte der BaFin.⁶⁷

a) Antragsberechtigung

Nach § 13 Abs. 2 Satz 1 teilt die BaFin dem Anbieter oder dem Zulassungsantragsteller ihre Entscheidung über den Prospekt mit. Auch wenn das Gesetz dies nicht explizit statuiert, geht das Wertpapierprospektgesetz also davon aus, dass entweder der **Anbieter** (d.h. nach § 2 Nr. 10 die Person oder Gesellschaft, die Wertpapiere öffentlich anbietet) oder der **Zulassungsantragsteller** (d.h. nach § 2 Nr. 11 die Personen, die die Zulassung zum Handel an einem organisierten Markt beantragen) den Antrag auf Billigung des Prospekts gestellt haben, da der Verwaltungsakt dem Antragsteller gegenüber bekannt zu geben ist (vgl. § 41 Abs. 1 Satz 1 VwVfG). Das Gesetz nimmt also die beiden eine Prospektpflicht auslö-

---

62 Siehe dazu auch unten mit Begründung *Berrar*, § 16 Rn. 116. **Andere Ansicht** *Ritz/Voß*, in: Just/Voß/Ritz/Zeising, WpPG, § 13 Rn. 45; *von Kopp-Colomb*, in: Assmann/Schlitt/von Kopp-Colomb, WpPG/VerkProspG, § 13 Rn. 12; *Preuße*, in: Holzborn, WpPG, § 13 Rn. 21.
63 *von Kopp-Colomb*, in: Assmann/Schlitt/von Kopp-Colomb, WpPG/VerkProspG, § 13 Rn. 12; *Ritz/Voß*, in: Just/Voß/Ritz/Zeising, WpPG, § 13 Rn. 44, die das Argument der BaFin wiedergeben, Gegenstand der behördlichen Prüfung sei keine Übersetzungstätigkeit. Auch *Preuße*, in: Holzborn, WpPG, § 13 Rn. 21, der die Auffassung der BaFin aber jedenfalls nicht für zwingend hält.
64 *Preuße*, in: Holzborn, WpPG, § 13 Rn. 11.
65 *Ritz/Voß*, in: Just/Voß/Ritz/Zeising, WpPG, § 13 Rn. 30.
66 *Ritz/Voß*, in: Just/Voß/Ritz/Zeising, WpPG, § 13 Rn. 31, auch zu dem Streit zwischen Rechtsprechung und Literatur, ob bei Ablehnung eines begünstigenden Verwaltungsakts § 28 VwVfG Anwendung findet. Siehe auch *von Kopp-Colomb*, in: Assmann/Schlitt/von Kopp-Colomb, WpPG/VerkProspG, § 13 Rn. 17 mit Begründung dafür, dass § 28 VwVfG zwar beim Billigungsverfahren nach WpPG nicht eingreife, aber in der Praxis dem Antragsteller stets ausreichend Gelegenheit zur Stellungnahme gegeben werde.
67 Zu Recht kritisiert allerdings *Groß*, dass das Prospektbilligungsverfahren, seine Einleitung und Durchführung im WpPG nur rudimentär geregelt sind, vgl. *Groß*, Kapitalmarktrecht, § 13 WpPG Rn. 3.

§ 13 Billigung des Prospekts

senden Umstände aus § 3 Abs. 1/§ 3 Abs. 3 bzw. § 4 Abs. 1/§ 4 Abs. 2 auf und führt diese Zweiteilung auch beim Antragsberechtigten in § 13 fort. Der **Emittent** ist hier bewusst nicht genannt (vgl. auch *argumentum e contrario* aus der Nennung des Emittenten in § 13 Abs. 1 Satz 2).[68] Dies zeigt sich auch anhand des § 26 Abs. 1, nach dem die BaFin vom Anbieter oder Zulassungsantragsteller (nicht aber vom Emittenten) die Aufnahme zusätzlicher Angaben in den Prospekt verlangen kann, während das Auskunfts- und Informationsrecht der BaFin in § 26 Abs. 2 gegen Anbieter, Zulassungsantragsteller und Emittent gerichtet ist. Allerdings wird der Emittent regelmäßig Anbieter oder Zulassungsantragsteller sein;[69] fraglich erscheint dies allenfalls bei öffentlichen Angeboten eines Großaktionärs eines Aktienpakets bereits zugelassener Aktien im Wege der sog. Zweit- oder Umplatzierung[70] mit Prospekt, von denen es allerdings in den letzten fünfzehn Jahren wenige gegeben hat,[71] da selbst große Aktienpakete regelmäßig über sog. Block Trades an institutionelle Investoren ohne öffentliches Angebot und damit ohne Prospektpflicht platziert wurden.[72]

18 Umgekehrt ist die Antragstellung aber auch nur durch den Anbieter oder Zulassungsantragsteller ausreichend. Daher ist es nach dem Wertpapierprospektgesetz nicht zwingend notwendig, dass ein **Kreditinstitut** die Prospektbilligung mit beantragt.[73] Dies gilt selbst

---

68 **Anders** ohne Begründung *Groß*, Kapitalmarktrecht, § 13 WpPG Rn. 4 sowie *Preuße*, in: Holzborn, WpPG, § 13 Rn. 11 unter Verweis auf die Fundstelle bei *Groß*. Ebenso wohl *Ritz/Voß*, in: Just/Voß/Ritz/Zeising, WpPG, § 13 Rn. 10 im Rahmen der von ihnen unterstellten Übermittlungspflicht (dazu unten Rn. 31 f.). *Heidelbach*, in: Schwark/Zimmer, KMRK, § 13 WpPG Rn. 6 und Rn. 16 versucht dies mit einer richtlinienkonformen Auslegung zu lösen, die allerdings hier nicht helfen kann, da im Wortlaut keine Basis gelegt ist für eine dahingehende Auslegung zur Einbeziehung des Emittenten. **Wie hier** dagegen *Preuße*, in: Holzborn, WpPG, § 13 Rn. 33, wenn er beim Rechtsschutz differenziert und den Emittenten, der nicht Anbieter (oder Zulassungsantragsteller) ist, als nicht aktivlegitimiert bezeichnet. **Wieder anders** *Lenenbach*, Kapitalmarktrecht und kapitalmarktrelevantes Gesellschaftsrecht, Rn. 10.282, wonach der Emittent stets Anbieter sei, es sei denn der Emittent weise ausdrücklich darauf hin, dass ein öffentliches Angebot nicht zulässig sei.
69 *Schlitt/Wilczek*, in: Habersack/Mülbert/Schlitt, Kapitalmarktinformation, § 4 Rn. 38. Zur Abgrenzung des Emittenten vom Anbieter bei Fremdemissionen vgl. *Fleischer*, ZIP 2007, 1969, 1970 m. w. N.; *Ekkenga/Maas*, Das Recht der Wertpapieremissionen, S. 79 Rn. 109 und S. 84 f. Rn. 115; *Bosch*, in: Bosch/Groß, Emissionsgeschäft (BuB), 2000, Rn. 10/109; Bekanntmachung des BAWe zum Wertpapier-Verkaufsprospektgesetz vom 6.9.1999 (unter I.3, S. 4), Bundesanzeiger Nr. 177 vom 21.9.1999, S. 16180; RegBegr. EU-ProspRL-UmsetzungsG, BT-Drucks. 15/4999, S. 25, 29; in Teilen anderer Ansicht *Schäfer*, ZIP 1991, 1557, 1563.
70 Vgl. zur Umplatzierung bestehender Aktien *Ch. Wolf*, in: Habersack/Mülbert/Schlitt, Unternehmensfinanzierung, § 8 Rn. 1 ff.; *Fleischer*, ZIP 2007, 1969 ff.
71 Beispiele sind der Verkaufsprospekt der Deutsche Telekom AG vom 25.6.2000 über den Verkauf von 200 Mio. Stückaktien (zuzüglich Mehrzuteilung) aus dem Bestand der KfW („*Deutsche Telekom III*") sowie das Informationsmemorandum der Techem AG vom 15.2.2001 über den Verkauf von 7,1 Mio. Stückaktien (zuzüglich Mehrzuteilung) aus dem Bestand von (BC European Capital) Fondsgesellschaften.
72 Vgl. z. B. Rheinmetall AG (November 2004, 74 % der Stammaktien und 10,5 % der Vorzugsaktien), Grammer AG (Juli 2005, 83 % des Grundkapitals), Praktiker Bau- und Heimwerkermärkte Holding AG (April 2006, 40,5 % des Grundkapitals), Airbus Group SE (vormals EADS NV) (1. Halbjahr 2013, insgesamt über 20 % des Grundkapitals; Kion Group AG (März 2015, 14 % des Grundkapitals).
73 So auch *Grosjean*, in: Heidel, Aktienrecht und Kapitalmarktrecht, § 13 WpPG Rn. 8; *Groß*, Kapitalmarktrecht, § 13 WpPG Rn. 4; *Ritz/Voß*, in: Just/Voß/Ritz/Zeising, WpPG, § 13 Rn. 10; *von Kopp-Colomb*, in: Assmann/Schlitt/von Kopp-Colomb, WpPG/VerkProspG, § 13 Rn. 21; *Heidelbach*, in: Schwark/Zimmer, KMRK, § 13 WpPG Rn. 6.

III. Billigung des Prospekts durch die BaFin   § 13

dann, wenn der Emittent nicht selbst Kreditinstitut ist (vgl. § 32 Abs. 2 Satz 3 BörsG) und daher die Zulassung der Wertpapiere neben dem Emittenten auch von einem Kreditinstitut, Finanzdienstleistungsinstitut oder einem nach § 53 Abs. 1 oder § 53b Abs. 1 Satz 1 KWG tätigen Unternehmen zu beantragen ist. Inwieweit dadurch eine Prospekthaftung der begleitenden Bank nach §§ 20 ff.,[74] §§ 20 ff. VermAnlG vermieden werden kann, ist im Einzelfall zu prüfen.

b) Zuständigkeit der BaFin

aa) Örtliche bzw. internationale Zuständigkeit

Nach dem Wortlaut des § 13 Abs. 1 Satz 2 in Verbindung mit § 2 Nr. 17 ist für die Billigung des Prospekts die BaFin zuständig.[75] Dies ist für rein nationale Sachverhalte unzweifelhaft. Bei grenzüberschreitenden Transaktionen ist diese Zuständigkeit der BaFin aber weder immer gegeben noch lässt sich dem § 13 entnehmen, was dann zu gelten hat.   **19**

Nach Art. 13 Abs. 1 der EU-Prospektrichtlinie hat die Billigung durch die „**zuständige Behörde des Herkunftsmitgliedstaates**" zu erfolgen. „Herkunftsstaat" ist gemäß § 2 Nr. 13a) (vgl. auch Art. 2 Abs. 1 lit. m) der EU-Prospektrichtlinie) grundsätzlich[76] der Staat des Europäischen Wirtschaftsraums, in dem der Emittent seinen Sitz[77] hat. Daraus folgt für die Auslegung des § 13 bzw. seine Anwendbarkeit:[78]   **20**

– Die örtliche bzw. internationale Zuständigkeit der BaFin ist immer dann gegeben, wenn der **statutarische Sitz des Emittenten in Deutschland** liegt (unabhängig davon, wo das Angebot oder die Zulassung erfolgen soll[79]). Ausnahmen können sich allerdings insbesondere für Emissionen von Nichtdividendenwerten mit einer Mindeststückelung von 1.000 Euro ergeben, wenn vom Wahlrecht nach § 2 Nr. 13 b) Gebrauch gemacht wird.[80]

---

74 Siehe hierzu ausführlich unten *Müller*, §§ 20 ff.
75 Intern sind für Prospekte nach dem Wertpapierprospektgesetz die Referate WA 52 und WA 53 der Abteilung WA 5 (Prospekte, Überwachung, Wertpapieranalysten), Bereich Wertpapieraufsicht/Asset-Management mit Dienstsitz in Frankfurt am Main zuständig, vgl. Organigramm auf der Website der BaFin.
76 Ausnahmen können sich nach § 2 Nr. 13 b) ergeben, wenn der Emittent von Nichtdividendenwerten sein ihm dort eingeräumtes Wahlrecht ausübt, oder nach § 2 Nr. 13 c) im Fall von Drittstaatemittenten, soweit sich dies aus der Wahl des Emittenten, Anbieters oder Zulassungsantragstellers bzw. aus dem Staat, in dem die Wertpapiere erstmals öffentlich angeboten werden sollen oder in dem der erste Antrag auf Zulassung zum Handel an einem organisierten Markt gestellt wird, resultiert. Vgl. näher *Kullmann/Sester*, WM 2005, 1068, 1070; *Schlitt/Wilczek*, in: Habersack/Mülbert/Schlitt, Kapitalmarktinformation, § 6 Rn. 2 ff., sowie oben *Schnorbus*, § 2 Rn. 136 ff.
77 D.h. statutarischer Gesellschaftssitz, vgl. *Kullmann/Sester*, WM 2005, 1068, 1070; *Preuße*, in: Holzborn, WpPG, § 13 Rn. 6; *Apfelbacher/Metzner*, BKR 2006, 81, 83.
78 *Kullmann/Sester*, WM 2005, 1068, 1070, sprechen von Zuständigkeit gemäß „§§ 2 Nr. 13 i.V.m. 13", *Groß*, Kapitalmarktrecht, § 13 WpPG Rn. 5, und *Preuße*, in: Holzborn, WpPG, § 13 Rn. 6, von einem „*Mitlesen*" bzw. „*Hineinlesen*" und *Ritz/Voß*, in: Just/Voß/Ritz/Zeising, WpPG, § 13 Rn. 29, von „*einer systematischen Zusammenschau von § 2 und § 13*"; zum europäischen Recht *Wiegel*, Die Prospektrichtlinie und Prospektverordnung, S. 413 ff.; siehe auch *von Kopp-Colomb*, in: Assmann/Schlitt/von Kopp-Colomb, WpPG/VerkProspG, § 13 Rn. 7.
79 *Groß*, Kapitalmarktrecht, § 13 WpPG Rn. 5.
80 *Preuße*, in: Holzborn, WpPG, § 13 Rn. 6.

§ 13   Billigung des Prospekts

– Unabhängig von der Absicht, eventuell nur ein öffentliches Angebot in Deutschland durchzuführen, und unabhängig von der Absicht, eventuell nur eine Zulassung an einer deutschen Wertpapierbörse anzustreben, ist die BaFin nicht zuständig, wenn der **Emittent seinen Sitz außerhalb Deutschlands im Bereich des Europäischen Wirtschaftsraums** hat.[81] § 13 ist hier nicht einschlägig. In solchen Fällen ist der Prospekt von der zuständigen Behörde des Sitzstaates zu billigen[82] und über das Notifizierungsverfahren mithilfe des sog. Europäischen Passes (vgl. § 17 Abs. 3) nach Deutschland zu übermitteln und (nach Ansicht der BaFin) hier gesondert zu veröffentlichen.[83]
– Dies gilt auch dann, falls die Emission rechtlich über eine ausländische Tochtergesellschaft abgewickelt wird, selbst wenn die Emission von der deutschen Muttergesellschaft garantiert und von dieser initiiert bzw. gesteuert wird.[84]
– Umgekehrt kann aufgrund eines Wahlrechts aus § 2 Nr. 13 die BaFin z. B. für die Billigung von Kapitalerhöhungsprospekten bei **Drittstaatemittenten**, deren Aktien gar nicht in Deutschland an einem organisierten Markt zugelassen sind und bei denen das öffentliche Angebot auch nicht zwingend in Deutschland durchgeführt werden müsste, zuständig sein.[85]

21   Art. 13 Abs. 5 der EU-Prospektrichtlinie bestimmt, dass die zuständige Behörde des Herkunftsmitgliedstaates die **Billigung** eines Prospekts der zuständigen Behörde eines anderen Mitgliedstaates **übertragen** kann.[86] Damit soll verhindert werden, dass mehrere Aufsichtsbehörden in faktisch ein und derselben Sache tätig werden (Beispiel: deutscher Emittent führt Bezugsrechtskapitalerhöhung mit Prospekt durch und will gleichzeitig eine Wandelanleihe über eine ausländische Tochtergesellschaft ausgeben) bzw. die sachfernere Behörde entscheidet (Beispiel: aufgrund zahlreicher Prospekte in den vergangenen Jahren ist eine Billigungsbehörde sehr vertraut mit einem Emittenten, so dass es aus Effizienzgründen besser wäre, wenn diese Behörde auch den Prospekt für die nunmehr anstehende Emis-

---

81 So auch *Groß*, Kapitalmarktrecht, § 13 WpPG Rn. 5.
82 So auch *Groß*, Kapitalmarktrecht, § 13 WpPG Rn. 5.
83 Paradigmatisch für einen solchen Fall sind die Börsengänge der Stabilus S.A. im Mai 2014 und der Braas Monier Building Group S.A. im Juni 2014. Ebenso für den umgekehrten Fall eines deutschen Emittenten einer Wandelanleihe bei reiner Zulassung in Luxemburg *Seitz*, AG 2005, 678, 687.
84 Paradigmatisch für diesen Fall sind die Emissionen von Wandelanleihen deutscher Unternehmen, die (früher regelmäßig) aus steuerlichen Gründen über eine holländische oder luxemburgische Tochtergesellschaft abgewickelt werden (vgl. z. B. Infineon Technologies Holding B.V. (Mai 2009), Q-Cells International Finance B.V. (Mai 2009) oder Klöckner & Co Financial Services S.A. (Juni 2009)). Vgl. auch *Schlitt/Schäfer*, AG 2005, 498, 506; *Schlitt/Schäfer*, AG 2008, 525, 530; *Kunold/Schlitt*, BB 2004, 501, 509.
85 Paradigmatisch dafür ist der von der BaFin gebilligte Prospekt der Schweizer UBS AG im Zusammenhang mit ihrer Bezugsrechtskapitalerhöhung im April/Mai 2008. Siehe auch *Groß*, Kapitalmarktrecht, § 13 WpPG Rn. 5. Kritisch zur unzureichenden Einbeziehung von Drittstaatemittenten im Rahmen der EU-Prospektrichtlinie im Allgemeinen *Pfeiffer/Buchinger*, NZG 2006, 449, 450; *Kollmorgen/Feldhaus*, BB 2007, 225, 225; *Kollmorgen/Feldhaus*, BB 2007, 2756 ff.; *Wiegel*, Die Prospektrichtlinie und Prospektverordnung, S. 415 f.
86 Wenn eine derartige Delegation erfolgt, soll die Übertragung alle Bestandteile eines Prospekts (bei einem dreiteiligen Prospekt) und auch etwaige anschließende Nachträge umfassen, vgl. European Commission-Internal Market and Services Directorate-General (Markt/G3/WG D(2005), 3rd Informal Meeting on Prospectus Transposition – 26 January 2005 – Summary record, S. 9, erhältlich unter: http://ec.europa.eu/internal_market/securities/prospectus/index_en.htm.

sion, für die sie eigentlich nicht zuständig wäre, prüfte).[87] Das deutsche Recht sieht aber weder die Übertragungsmöglichkeit der BaFin an eine andere europäische Behörde vor noch ein Verfahren, über das die BaFin einen solchen *renvoi* durch eine andere europäische Behörde akzeptieren könnte. Dass trotz Art. 13 Abs. 5 der EU-Prospektrichtlinie eine entsprechende Vorschrift im deutschen Recht fehlt, ist nicht nachvollziehbar, da es sich bei der Regelung nicht um ein Mitgliedstaatenwahlrecht, sondern eine zwingende Vorgabe der EU-Prospektrichtlinie handelt.[88] Der Hinweis, dass der deutsche Gesetzgeber keine Zustimmungspflichtigkeit des Prospektrichtlinie-Umsetzungsgesetzes nach Art. 23 Abs. 1 Satz 2 GG auslösen wollte,[89] mag das Fehlen einer Umsetzung erklären, aber nicht begründen.

bb) Sachliche Zuständigkeit

Die BaFin kann nur dann tätig werden, wenn der **sachliche Anwendungsbereich** des § 13 eröffnet ist. Dies ist insbesondere nur dann gegeben, wenn das ihr vorgelegte Dokument einen **billigungsfähigen Prospekt** darstellt. Relevant wird diese Frage vor allem, wenn eine Ausnahme von der Prospektpflicht nach § 4 Abs. 1 bzw. § 4 Abs. 2 vorliegt und in diesem Zusammenhang ein Dokument erstellt wird (vgl. § 4 Abs. 1 Nr. 2 bis Nr. 5 bzw. § 4 Abs. 2 Nr. 3 bis Nr. 6). Anders als bei der Möglichkeit der freiwilligen Erstellung eines Prospekts nach § 1 Abs. 3 in Bezug auf die Fälle des § 1 Abs. 2 Nr. 2 bis Nr. 5 (sog. *opt in*) ist in diesen Fällen des § 4 Abs. 1/Abs. 2 ein solches Dokument keiner Billigung zugänglich und eine dahingehende Billigungsentscheidung der BaFin wäre mangels Zuständigkeit schon formell rechtswidrig.[90]

22

Andererseits ist der Anbieter/Zulassungsantragsteller nicht verpflichtet, z.B. den Verschmelzungsbericht so auszugestalten, dass er ein „gleichwertiges Dokument" im Sinne des § 4 Abs. 1 Nr. 2, Abs. 2 Nr. 4 darstellt, woraus **in begrenztem Maße eine unterschiedliche Ausgestaltungsmöglichkeit** seitens des Anbieters/Zulassungsantragstellers bezüglich Billigung eines Prospekts oder Berufung auf eine Ausnahme von der Prospektpflicht resultiert. Misslich ist allerdings, dass die BaFin mangels gesetzlicher Kompetenz

23

---

87 *Crüwell* bezeichnet die Regelung (auf Basis der Entwurfsfassung der EU-Prospektrichtlinie) als „*kurios*", da sie kein Initiativrecht des Anbieters/Zulassungsantragstellers statuiere. Relevant sei die Regelung aus seiner Sicht hauptsächlich für komplexe Schuldverschreibungen, weniger für Aktien, da insoweit die Behörde des Herkunftsmitgliedstaates regelmäßig die sachnähere Behörde sei, vgl. *Crüwell*, AG 2003, 243, 250. Ebenfalls auf das ausschließliche Initiativrecht der Behörde verweisend *Holzborn/Schwarz-Gondek*, BKR 2003, 927, 934.
88 Vgl. ausführlich auch *Preuße*, in: Holzborn, WpPG, § 13 Rn. 9; Nichtumsetzung erwähnt auch bei *Heidelbach*, in: Schwark/Zimmer, KMRK, § 13 WpPG Rn. 1. Diese Nichtumsetzung ist umso unverständlicher, als darauf im Gesetzgebungsverfahren auch von den Verbänden hingewiesen wurde (vgl. z.B. Stellungnahme des Deutschen Aktieninstituts e.V. (DAI)/Bundesverband der Deutschen Industrie e.V. (BDI) vom 3.1.2005 zu dem Diskussionsentwurf des Bundesfinanzministeriums, S. 12 zu § 13 WpPG-DiskE, ebenso Stellungnahme des DAI vom 22.2.2005 zum Regierungsentwurf, S. 10; Stellungnahme des Deutschen Derivate Instituts e.V. vom 8.4.2005 für die öffentliche Anhörung des Finanzausschusses, S. 12; Stellungnahme des Zentralen Kreditausschusses vom Februar 2005 zum Regierungsentwurf, S. 16 f.).
89 So *Ritz/Voß*, in: Just/Voß/Ritz/Zeising, WpPG, § 13 Rn. 2; *von Kopp-Colomb*, in: Assmann/Schlitt/von Kopp-Colomb, WpPG/VerkProspG, § 13 Rn. 2 spricht davon, dass die Einräumung einer Delegationsmöglichkeit „*verfassungsrechtlich problematisch sein dürfte*".
90 So auch *Ritz/Voß*, in: Just/Voß/Ritz/Zeising, WpPG, § 13 Rn. 23 f.; *Heidelbach*, in: Schwark/Zimmer, KMRK, § 13 WpPG Rn. 9.

§ 13 Billigung des Prospekts

keine Bescheinigung ausstellen kann, dass das betreffende Dokument ausreichend ist, damit die Voraussetzungen für die Ausnahme von der Prospektpflicht vorliegen (vgl. auch unten Rn. 79 zu dieser **fehlenden Möglichkeit einer Negativbescheinigung der BaFin**). Dennoch wird von der BaFin in der Praxis zu erwarten sein, dass sie den betreffenden Anbieter/Zulassungsantragsteller bei Vorlage des betreffenden anderweitigen Dokuments nicht erst einen formellen Prospekt nach Wertpapierprospektgesetz erstellen lässt, um ihm dann nach Einreichung zu sagen, dass der Prospekt wegen Vorliegens der Voraussetzung des § 4 Abs. 1 und § 4 Abs. 2 mangels Zuständigkeit nicht billigungsfähig sei, sondern ihm einen dementsprechenden Hinweis vorab geben wird.

c) Einzelne Schritte des Billigungsverfahrens

aa) Einzureichende Dokumente bei Einleitung des Verfahrens

24 Bei Einleitung des Verfahrens ist der Prospekt zusammen mit dem **Antrag auf Billigung**[91] bei der BaFin einzureichen. Zwar ließe sich auch aus der bloßen Einreichung eines Prospekts der konkludente Antrag auf Billigung ableiten.[92] Dennoch sollte selbstverständlich ein expliziter Antrag, zusammen mit etwaigen Hinweisen zur Bearbeitung, durch den Anbieter bzw. Zulassungsantragsteller oder einen von ihm Bevollmächtigten im Wege eines Anschreibens an die BaFin gerichtet werden. Im Fall der Bevollmächtigung ist die Vollmacht zur Antragstellung im Original beizufügen.[93]

25 Soweit der Prospekt nach Billigung in ein anderes Land des Europäischen Wirtschaftsraums notifiziert werden soll, sollte der **Antrag auf Bescheinigung der Billigung und Notifizierung** mit der ersten Einreichung gestellt werden, da dies nach § 18 Abs. 1 Satz 2 die Frist zur Ausstellung einer derartigen Bescheinigung von drei Werktagen auf einen Werktag reduziert.

26 **Bislang** war der Prospekt mit dem Datum seiner Erstellung zu versehen und vom Anbieter bzw., falls der Prospekt als Zulassungsdokument fungiert, vom Zulassungsantragsteller zu unterzeichnen (§ 5 Abs. 3 Satz 1 und Satz 2). Die BaFin verlangte[94] – anders als Behörden in anderen EU-Mitgliedstaaten – die Originalunterzeichnung bereits in der ersten Einreichungsfassung, wobei sie in ständiger Praxis die Unterzeichnung durch die Emittentin aus-

---

91 Muster für den Antrag auf Billigung bei *Groß*, in: Happ, Aktienrecht, § 16.02 lit. c.
92 Vgl. *Ritz/Voß*, in: Just/Voß/Ritz/Zeising, WpPG, § 13 Rn. 12 m. w. N.; *Heidelbach*, in: Schwark/Zimmer, KMRK, § 13 WpPG Rn. 6.
93 Andernfalls kann die BaFin wegen ihrer Verschwiegenheitspflicht nach § 22 Abs. 1 nicht ohne Weiteres mit dem Einreichenden kommunizieren, vgl. *Ritz/Voß*, in: Just/Voß/Ritz/Zeising, WpPG, § 13 Rn. 12. In der Praxis ist allerdings z. B. bei anwaltlicher Versicherung im Anschreiben die Nachreichung der Vollmacht zulässig.
94 Siehe auch BaFin-Infotext „Prospekterstellung und Billigungsverfahren" vom 10.5.2013, zuletzt geändert am 21.1.2015, unter II. 2, abrufbar unter www.bafin.de, Aufsicht, Prospekte, Prospekte für Wertpapiere. *Grosjean*, in: Heidel, Aktienrecht und Kapitalmarktrecht, § 13 WpPG Rn. 6; *Groß*, Kapitalmarktrecht, § 13 WpPG Rn. 4a. Detailliert auch *Ritz/Voß*, in: Just/Voß/Ritz/Zeising, WpPG, § 13 Rn. 13; dass die Originalunterschrift eine Mindestangabe nach den jeweiligen Anhängen der EU-Prospektverordnung sei, wie *Ritz/Voß* darlegen, ist allerdings nicht ersichtlich, vgl. vielmehr *Holzborn/Mayston*, in: Holzborn, WpPG, § 5 Rn. 27, wonach § 5 Abs. 3 gerade nicht auf europarechtlichen Vorgaben beruhte, sondern seinen Vorläufer in § 13 Abs. 1 Satz 5 BörsZulVa. F. findet.

III. Billigung des Prospekts durch die BaFin   § 13

reichen lies.[95] Wegen des gesetzlich angeordneten Erfordernisses der Schriftform (§ 3a VwVfG) in Form der Originalunterschrift nach § 5 Abs. 3 Satz 1 war eine Einreichung per E-Mail oder Telefax nicht ausreichend, wobei die BaFin die Möglichkeit einräumte, den Prospekt per Telefax einzureichen, wenn innerhalb von drei Werktagen ein originalunterzeichnetes Exemplar des Prospekts bei der BaFin nachgereicht wurde.[96]

Künftig besteht aufgrund von Art. 2 TRS die Pflicht, Prospekte auf elektronischem Wege über die sog. **Melde- und Veröffentlichungsplattform** (MVP) an die BaFin zu übermitteln und damit das Verfahren vollständig elektronisch abzuwickeln.[97] Damit läuft das bislang nach § 13 Abs. 5 obligatorische Erfordernis der zusätzlichen Einreichung in Papierform (mit Ausnahme hinsichtlich der endgültigen Billigungsfassung) ins Leere.   27

Die **Billigungsfassung** selbst war bislang und **bleibt** nach ersten Indikationen der BaFin weiterhin **auch unter dem Geltungsbereich von Art. 2 TRS** im Falle der Einreichung über MVP entsprechend den Vorgaben des § 5 Abs. 3[98] **zu unterzeichnen** (siehe dazu im Einzelnen unten Rn. 59 ff.).[99]   28

Ausweislich der Standardformulierung in ihren Anhörungsschreiben geht die BaFin davon aus, dass im Fall des § 5 Abs. 3 Satz 2 sowohl Anbieter als auch Zulassungsantragsteller unterzeichnen müssen (dort heißt es regelmäßig: „*Gemäß § 5 Abs. 3 muss der Prospekt datiert, durch den Anbieter und ggf. den Zulassungsantragsteller unterzeichnet und im Original eingereicht werden.*").[100] Da § 5 Abs. 3 nur die Unterzeichnung durch den Anbieter bzw. den Zulassungsantragsteller verlangt, ist die derzeitige Praxis, dass alle in der Prospektverantwortlichkeitsklausel genannten Institutionen den Prospekt auch unterzeichnen, nicht zwingend.[101]   29

Falls der Prospekt im Aufbau – wie eigentlich immer – nicht den Anhängen der EU-Prospektverordnung folgt, ist zudem mit der Einreichungsfassung des Prospekts eine sog.   30

---

95 Eine dezidierte Darstellung zur Originalunterzeichnung auch der Entwurfsfassungen findet sich in der Vorauflage, Rn. 26.
96 BaFin-Präsentation „Workshop: 100 Tage WpPG – Rechtsfragen aus der Anwendungspraxis" vom 3.11.2005, S. 17. Vgl. auch *Keunecke*, Prospekte im Kapitalmarkt, S. 286; *Ritz/Voß*, in: Just/Voß/Ritz/Zeising, WpPG, § 13 Rn. 13; *von Kopp-Colomb*, in: Assmann/Schlitt/von Kopp-Colomb, WpPG/VerkProspG, § 13 Rn. 23.
97 Siehe dazu näher oben Rn. 5a f. und unten Rn. 59 ff. sowie *Schlitt/Singhof/Schäfer*, BKR 2005, 251, 255; *Ritz/Voß*, in: Just/Voß/Ritz/Zeising, WpPG, § 13 Rn. 15; *Grosjean*, in: Heidel, Aktienrecht und Kapitalmarktrecht, § 13 WpPG Rn. 7; *Schanz/Schalast*, HfB – Working Paper Series No. 74, 2005, S. 36 (Fn. 124).
98 Siehe oben *Meyer*, § 5 Rn. 72 ff., insbesondere Rn. 80 f.
99 Anders als Behörden in anderen Mitgliedstaaten verlangt die BaFin, dass auch in der gedruckten Veröffentlichungsfassung des Prospekts die Namen der unterzeichnenden Personen genannt werden, um die Identität des gebilligten mit dem veröffentlichten Prospekt beizubehalten. Diese Praxis erscheint – trotz Art. 14 Abs. 6 der EU-Prospektrichtlinie – aus Sicht der Anlegerinteressen nicht erforderlich und setzt daher z. B. die unterzeichnenden Angestellten der begleitenden Konsortialbanken einer unnötigen Öffentlichkeit aus.
100 **Andere Ansicht** wohl *Preuße*, in: Holzborn, WpPG, § 14 Rn. 4 („*oder*"). Offen *Grosjean*, in: Heidel, Aktienrecht und Kapitalmarktrecht, § 13 WpPG Rn. 6; *Preuße*, in: Holzborn, WpPG, § 13 Rn. 11 („*und/oder*").
101 **Andere Ansicht** die BaFin, die in ihrer Standardformulierung in den Anhörungsschreiben darauf hinweist, dass, falls weitere Personen gemäß § 5 Abs. 4 die Verantwortung für den Inhalt des Prospekts übernehmen, auch sie den Prospekt zu unterzeichnen hätten.

§ 13 Billigung des Prospekts

Überkreuz-Checkliste nach Art. 25 Abs. 4/Art. 26 Abs. 3 der EU-Prospektverordnung zu übermitteln. Ausweislich der Regierungsbegründung[102] zu § 13 Abs. 3 ist die Überkreuz-Checkliste als „ergänzende Information" im Sinne des § 13 Abs. 3 Satz 1 zu betrachten, so dass die Prüfungsfrist der BaFin nicht zu laufen beginnt, wenn der (im Aufbau den Anhängen der EU-Prospektverordnung nicht folgende) Prospekt ohne die erforderliche Überkreuz-Checkliste eingereicht wird.

bb) Keine Übermittlungspflicht des Antragstellers

31 Teilweise ist in der **Literatur** vertreten worden, dass es auch für den Zeitraum vor Billigung eine **Übermittlungspflicht des Antragstellers** im Hinblick auf den Prospekt gebe.[103] Zwar sei dies weder aus dem Billigungsvorbehalt des § 13 Abs. 1 Satz 1 noch aus der Hinterlegungspflicht nach Billigung gemäß § 14 Abs. 1 Satz 1 ersichtlich, aber es sei abwegig und erkennbar sinnwidrig, die Existenz einer Übermittlungspflicht in Abrede zu stellen. Begründet wird dies erstens damit, dass die BaFin nur Prospekte billigen könne, die ihr zur Prüfung zugänglich gemacht und zu diesem Zweck übermittelt werden. Zweitens folge dies aus § 13 Abs. 5 a. F. Denn wenn die BaFin schon eine Übermittlung in einer bestimmten Form (elektronische Übermittlung) verlangen[104] könne, müsse der Gesetzgeber implizit auch vom Bestehen einer Übermittlungspflicht des Anbieters bzw. Zulassungsantragstellers ausgegangen sein.

32 Das kann nicht überzeugen bzw. ist jedenfalls sehr missverständlich. Der Anbieter bzw. Zulassungsantragsteller ist – wie die BaFin auch immer wieder betont – „Herr des Verwaltungsverfahrens". Er kann einen Prospekt bei der BaFin einreichen oder er kann es nicht tun; er ist mitnichten verpflichtet, es zu tun. Das gilt während des gesamten Billigungsverfahrens. Verwaltungsrechtlich kann also der Antrag auf Billigung jederzeit zurückgezogen werden. Selbstverständlich kann der Anbieter bzw. Zulassungsantragsteller die Billigung nur erreichen, wenn er einen Prospekt einreicht, insoweit könnte man von einer **Obliegenheit zur Übermittlung** sprechen, die bei Nichterfüllung zu einem Rechtsverlust (nämlich Verlust des Anspruchs auf die gebundene Entscheidung „Billigung") führt. Aus der Tatsache, dass es ohne Einreichung keine Billigung gibt, folgt aber eben nicht, dass es eine Verpflichtung zur Einreichung gäbe. Insbesondere ist die Übermittlungspflicht keine „dogmatische Spiegelseite der Befugnis zur Antragstellung",[105] sondern die Übermittlung des Prospekts ist gerade **Teil der Antragsberechtigung des Anbieters/Zulassungsantragstellers**. Auch aus § 13 Abs. 5 a. F. folgt nichts anderes, denn dieser behandelte die Konstellation, in der der Prospekt eingereicht wurde (dann konnte die BaFin auch eine elektronische Fassung verlangen) bzw. dass – falls ein Prospekt eingereicht wurde – dieser elektronisch übermittelt wurde. Insofern ist festzuhalten, dass das Gesetz – entgegen der genannten Literaturauffassung – die Rechtslage in § 13 Abs. 1 Satz 1 und § 14 Abs. 1 Satz 1 sehr richtig dokumentiert.

---

102 RegBegr. EU-ProspRL-UmsetzungsG, BT-Drucks. 15/4999, S. 25, 35; ebenso *Ritz/Voß*, in: Just/Voß/Ritz/Zeising, WpPG, § 13 Rn. 52; *von Kopp-Colomb*, in: Assmann/Schlitt/von Kopp-Colomb, WpPG/VerkProspG, § 13 Rn. 27.
103 So *Ritz/Voß*, in: Just/Voß/Ritz/Zeising, WpPG, § 13 Rn. 9.
104 Die elektronische Übermittlung ist zwischenzeitlich ohnehin zwingend, § 13 Abs. 5 n. F. und künftig Art. 2 TRS (siehe dazu Rn. 27 f., 59 ff.).
105 So aber *Ritz/Voß*, in: Just/Voß/Ritz/Zeising, WpPG, § 13 Rn. 11.

III. Billigung des Prospekts durch die BaFin § 13

cc) Rücknahme des Antrags auf Billigung

Entsprechend dem zuvor dargelegten Grundsatz, dass der Antragsteller während des Verwaltungsverfahrens „**Herr des Verwaltungsverfahrens**" ist, behält er die **Verfügungsbefugnis über den Antrag** und kann diesen bis zur Billigung jederzeit zurücknehmen.[106] Mit der Rücknahme des Antrags endet das Verwaltungsverfahren; zu den Kosten siehe unten Rn. 44. Zur Frage der „Rücknahme" nach Billigung siehe unten § 14 Rn. 20 ff., insbesondere zum Rechtsinstitut des Verzichts auf die erhaltene Billigung. 33

Im Falle von Änderungen des regelmäßig im Rahmen einer Voranfrage mit der BaFin abgestimmten Zeitplans, die zu Verschiebungen um mehr als nur einen unsignifikanten Zeitraum führen, verlangt die BaFin eine Rücknahme des Billigungsantrags seitens des Antragstellers. Dem Antragsteller obliegt es, auf Basis des neuen Zeitplans einen neuen Antrag zu stellen. Durch diese Verwaltungspraxis werden zwei (oder je nach Anzahl der Rücknahmen mehr) Gebühren ausgelöst. 33a

dd) Prüfungsfristen und Ablauf des Verfahrens

aaa) Prüfungsfristen nach § 13 Abs. 2 und Abs. 3

Die für das Prüfungsverfahren geltenden Fristen werden – in Umsetzung von Art. 13 Abs. 2 und Art. 13 Abs. 3 der EU-Prospektrichtlinie – in § 13 Abs. 2 und Abs. 3 näher konkretisiert. Gemäß § 13 Abs. 2 Satz 1 beträgt die Frist ab Eingang des Prospekts bei der BaFin bis zu deren Entscheidung über eine Billigung **zehn**[107] **Werktage**.[108] Dazu zählen Samstage, nicht jedoch Sonn- und Feiertage.[109] Eine Billigung an einem Samstag, Sonn- oder Feiertag ist nach derzeitiger BaFin-Praxis nicht (mehr) möglich.[110] 34

Die Frist beträgt nach § 13 Abs. 2 Satz 2 **zwanzig Werktage**, wenn das öffentliche Angebot Wertpapiere eines Emittenten betrifft, dessen Wertpapiere noch nicht zum Handel an einem in einem Staat des Europäischen Wirtschaftsraums gelegenen organisierten Markt zugelassen sind und der Emittent zuvor keine Wertpapiere öffentlich angeboten hat.[111] Re- 35

---

106 Vgl. auch *Ritz/Voß*, in: Just/Voß/Ritz/Zeising, WpPG, § 13 Rn. 32 unter Verweis auf die allgemeinen verwaltungsrechtlichen Grundsätze (*Kopp/Ramsauer*, VwVfG, § 22 Rn. 84); ebenso *von Kopp-Colomb*, in: Assmann/Schlitt/von Kopp-Colomb, WpPG/VerkProspG, § 13 Rn. 24.
107 Siehe zu der für Daueremittenten im Rahmen der neuen EU-ProspektVO vorgesehenen verkürzten Frist von fünf Arbeitstagen oben Rn. 5d.
108 Wie oben dargelegt (Rn. 6), hat der Ablauf der Frist keine Billigungsfiktion zur Folge.
109 Vgl. *Lenz/Ritz*, WM 2000, 904, 907; *Groß*, Kapitalmarktrecht, § 13 WpPG Rn. 9; *Schlitt/Schäfer*, AG 2005, 498, 506; *Meyer*, in: Marsch-Barner/Schäfer, Handbuch börsennotierte AG, § 7 Rn. 101; *Ritz/Voß*, in: Just/Voß/Ritz/Zeising, WpPG, § 13 Rn. 47; *Preuße*, in: Holzborn, WpPG, § 13 Rn. 24; *Grosjean*, in: Heidel, Aktienrecht und Kapitalmarktrecht, § 13 WpPG Rn. 9; *Heidelbach*, in: Schwark/Zimmer, KMRK, § 13 WpPG Rn. 23. So auch BaFin in ihrer Broschüre „Der Wertpapierprospekt – Türöffner zum deutschen und europäischen Kapitalmarkt", Oktober 2011, abrufbar unter www.bafin.de, Aufsicht/Prospekte/Prospekte für Wertpapiere/Broschüre Wertpapierprospekt (Stand: 23.2.2016).
110 Siehe auch BaFin-Präsentation „Wertpapierprospektgesetz – Hinterlegungsverfahren/Notifizierungsverfahren" vom 29.5.2006, S. 20. **Anders** noch Nachtrag Nr. 1 zum Prospekt der Interhyp AG vom 16.9.2005, der am Sonntag, den 25.9.2005, gebilligt wurde.
111 Die Fristen von 10 bzw. 20 Werktagen im WpPG bzw. endgültiger Fassung der EU-Prospektrichtlinie sind kürzer als in den Entwurfsfassungen der EU-Prospektrichtlinie, in denen 15 bzw. 30 oder sogar 40 Tage vorgesehen waren, vgl. *Crüwell*, AG 2003, 243, 251; *von Kopp-Colomb/Lenz*,

gelmäßig wird die Frist bei einem Initial Public Offering (IPO) daher zwanzig Werktage betragen. Allerdings kann dies bei einem IPO im weiteren Begriffssinne einmal anders sein, wenn die Börseneinführung ohne öffentliches Angebot und nur durch Zulassung erfolgt.[112] Umgekehrt ist es auch trotz erstmaligen öffentlichen Angebots der Aktien des Emittenten denkbar, dass die Zehn-Tages-Frist einschlägig ist, wenn der Emittent z. B. am Anleihemarkt bereits (per öffentlichem Angebot) aktiv war. Der Wortlaut der Vorschrift mit den kumulativ genannten Voraussetzungen für das Eingreifen der Zwanzig-Tages-Frist („*20 Werktage, wenn . . . eines Emittenten . . ., dessen Wertpapiere . . . und . . . zuvor keine Wertpapiere öffentlich angeboten hat*") macht deutlich, dass entweder eine vorherige Zulassung oder ein vorheriges öffentliches Angebot bereits die Zehn-Tages-Frist des § 13 Abs. 2 Satz 1 eingreifen lässt.[113]

36 § 13 Abs. 3 Satz 1 bestimmt allerdings in Umsetzung von Art. 13 Abs. 4 der EU-Prospektrichtlinie, dass, soweit die BaFin **Anhaltspunkte** hat, dass der Prospekt unvollständig ist oder es ergänzender Informationen bedarf[114] (bzw. nach Art. 13 Abs. 4 Satz 1 der EU-Prospektrichtlinie die BaFin insoweit zu einer „hinreichend begründeten Auffassung" gelangt ist), die vorgenannten Fristen erst ab dem Zeitpunkt, an dem diese Informationen eingehen, also mit Einreichung eines aus Sicht der BaFin vollständigen, nicht mehr zu ergänzenden Prospekts (einschließlich der sog. Überkreuz-Checkliste, vgl. oben Rn. 30) beginnen. Auf diese Gesetzeslage weist die BaFin in ihren sog. Anhörungsschreiben auch regelmäßig explizit hin.

37 Um das Verwaltungsverfahren voranzutreiben und in Anbetracht der nicht mehr bestehenden Billigungsfiktion legt § 13 Abs. 3 Satz 2 fest, dass die BaFin den Anbieter/Zulassungsantragsteller über derartige Anhaltspunkte innerhalb von zehn Werktagen ab Eingang des Prospekts unterrichten „soll". In der Literatur ist die Ansicht vertreten worden, dass es nicht eindeutig sei, ob diese **„Soll"-Bestimmung** eine bindende Verpflichtung der BaFin begründe, wobei dies im Regelfall wohl zu bejahen sei, weil andernfalls das Verfahren zeitlich gänzlich unkalkulierbar werde.[115] Das verkennt, dass der deutsche Gesetzgeber bewusst nicht die in Art. 13 Abs. 4 Unterabs. 2 der EU-Prospektrichtlinie genannte Formulierung („*sollte*") gewählt hat, sondern mit dem Begriff „soll" einen im deutschen Verwaltungsrecht bekannten Terminus verwendet hat. Daher ist – unabhängig von der Verpflichtung zur europarechtskonformen Auslegung – davon auszugehen, dass der Begriff „soll" in der üblichen verwaltungsrechtlichen Weise zu interpretieren ist, so dass er **ermessenslenkenden Charakter** hat, d. h. die BaFin ist grundsätzlich verpflichtet, nach zehn Werktagen

---

AG 2002, 24, 28; *von Kopp-Colomb*, in: Assmann/Schlitt/von Kopp-Colomb, WpPG/VerkProspG, § 13 Rn. 1; *Fürhoff/Ritz*, WM 2001, 2280, 2285; *Wiegel*, Die Prospektrichtlinie und Prospektverordnung, S. 418.

112 Vgl. den am 7.10.2015 veröffentlichten Zulassungsprospekt der Schaeffler AG.

113 Umgekehrt kann ein Prospekt bei einem öffentlichen Angebot, der mit einem Wechsel vom Freiverkehr in den regulierten Markt verbunden ist, der 20-Tages-Frist unterliegen, wenn es zuvor kein öffentliches Angebot gab, vgl. *von Kopp-Colomb*, in: Assmann/Schlitt/von Kopp-Colomb, WpPG/VerkProspG, § 13 Rn. 26.

114 Kritik an dieser eine Sachverhalts- statt eine Rechtsfrage suggerierenden Formulierung des § 13 Abs. 3 Satz 1 bei *Preuße*, in: Holzborn, WpPG, § 13 Rn. 26. Zu Recht weisen *Ritz/Voß*, in: Just/Voß/Ritz/Zeising, WpPG, § 13 Rn. 49, darauf hin, dass der Wortlaut an sich nahelegen würde, dass die BaFin bis zu diesem Zeitpunkt ausschließlich die Vollständigkeit, nicht aber die Verständlichkeit und Kohärenz zu prüfen habe.

115 So *Groß*, Kapitalmarktrecht, § 13 WpPG Rn. 10.

III. Billigung des Prospekts durch die BaFin § 13

mittels Anhörungsschreiben auf den Anbieter/Zulassungsantragsteller zurückzukommen, es sei denn besondere Umstände hindern sie daran.[116] Eine Unklarheit ist an dieser Begrifflichkeit nicht zu erkennen. Spätestens mit dem Inkrafttreten der technischen Regulierungsstandards dürfte sich die Diskussion angesichts des Wortlauts von Art. 5 Abs. 2, nach dem die zuständige Behörde den Antragsteller *in Kenntnis setzt*, wenn sie zu der Auffassung gelangt, dass die übermittelten Unterlagen unvollständig sind oder ergänzender Informationen bedürfen, jedenfalls erledigt haben.

Die Regelung des § 13 Abs. 3 Satz 1 wird in der Gesetzesbegründung zum Wertpapierprospektgesetz damit gerechtfertigt, dass die BaFin ihrem Prüfungsauftrag nur auf der Grundlage eines vollständigen Prospekts nachkommen könne.[117] Dennoch ist an dieser **Verschiebung der Billigungsfrist nach § 13 Abs. 3 Satz 1** zu Recht Kritik geübt worden, weil es nicht gerechtfertigt erscheint, dass jegliche noch so kleine Nachforderung die Frist neu beginnen lässt (soweit also der Prospekt dem Grunde nach in einem prüfungsfähigen Zustand ist und die fehlenden Teile oder Informationen eine Prüfung nicht unmöglich machen).[118] Vor allem aber wird es nicht der Realität gerecht, dass die Anzahl der BaFin-Kommentare auf einen Prospekt mit jeder Einreichung (vgl. dazu im Detail nachfolgend unter bbb)) im Regelfall abnimmt und daher zunehmend die volle Frist bis zur Billigung unangemessen wäre. 38

In Art. 5 Abs. 3 der technischen Regulierungsstandards ist folgerichtig für eine „*Unvollständigkeit von untergeordneter Bedeutung*" jedenfalls dann kein neuer Fristbeginn vorgesehen, wenn „*die Zeitplanung jedoch von höchster Wichtigkeit ist*". Auch wenn sich trotz § 25 VwVfG[119] an der derzeitigen gesetzlichen Regelung des § 13 Abs. 3 Satz 1 nichts ändern lässt, läuft das Billigungsverfahren aber auch heute schon in der Praxis anders ab: 39

bbb) Ablauf des Verfahrens in der Praxis

Die BaFin hat sich dankenswerter Weise bereit erklärt, anstehende Prospektbilligungsverfahren bereits im Vorfeld vor der ersten Einreichung mit dem Anbieter/Zulassungsantragsteller und den beteiligten Banken, Rechtsanwälten und Wirtschaftsprüfern in einem **unverbindlichen Vorgespräch** zu erörtern, um den Prozess ab Ersteinreichung des Prospekts möglichst effizient gestalten zu können.[120] In diesem Gespräch werden kritische, transak- 40

---

116 Statt aller *Maurer*, Allgemeines Verwaltungsrecht, § 7 Rn. 11; ausführlicher *Kopp/Schenke*, VwGO, § 114 Rn. 21 m. w. N. in Fn. 35; *Kopp/Ramsauer*, VwVfG, § 40 Rn. 60. Ebenso *Ritz/Voß*, in: Just/Voß/Ritz/Zeising, WpPG, § 13 Rn. 31 und nochmals Rn. 48.
117 RegBegr. EU-ProspRL-UmsetzungsG, BT-Drucks. 15/4999, S. 25, 35; *Holzborn/Israel*, ZIP 2005, 1668, 1670; *Preuße*, in: Holzborn, WpPG, § 13 Rn. 29.
118 *Crüwell*, AG 2003, 243, 251; *Kunold/Schlitt*, BB 2004, 501, 509 (jeweils zur entsprechenden Vorschrift der EU-Prospektrichtlinie); *Groß*, Kapitalmarktrecht, § 13 WpPG Rn. 10; *Schlitt/Singhof/Schäfer*, BKR 2005, 251, 256; *Apfelbacher/Metzner*, BKR 2006, 81, 83.
119 Vgl. ausführlicher *Groß*, Kapitalmarktrecht, § 13 WpPG Rn. 10; *Preuße*, in: Holzborn, WpPG, § 13 Rn. 29. Die BaFin hat in der Praxis ein sehr gutes Verständnis von der gesetzlichen Rechtslage und den aus Gründen der Verhältnismäßigkeit und der Praktikabilität notwendigen Anpassungen des Verfahrens.
120 Siehe auch BaFin-Präsentation „Wertpapierprospektgesetz – Hinterlegungsverfahren/Notifizierungsverfahren" vom 29.5.2006, S. 19. *Meyer*, in: Marsch-Barner/Schäfer, Handbuch börsennotierte AG, § 7 Rn. 101; *Meyer*, in: Habersack/Mülbert/Schlitt, Unternehmensfinanzierung, § 36 Rn. 81; *von Kopp-Colomb*, in: Assmann/Schlitt/von Kopp-Colomb, WpPG/VerkProspG, § 13 Rn. 31. Zum formelleren Vorprüfungsverfahren zu Beginn der Tätigkeit der BaFin in Abgren-

§ 13 Billigung des Prospekts

tionsspezifische Punkte besprochen, die in dem Prospekt abzubildenden Finanzinformationen festgelegt und auch ein indikativer Zeitplan abgestimmt. Auch wenn dieser Zeitplan selbstverständlich für die BaFin in keiner Weise bindend ist, gibt er doch den an dem Verfahren beteiligten Parteien eine verlässliche Arbeitsgrundlage. Dass die BaFin sich im Regelfall – falls die eingereichten Prospekte und die Kooperation des Antragstellers und der anderen Parteien gut sind – an einen solchen Zeitplan hält, ist auch verglichen mit vielen anderen Ländern der Welt ein nicht zu unterschätzender Vorteil des deutschen Prospektbilligungsverfahrens.

41 Von den einzelnen Fristen ist zwischen einem IPO und einem Angebot eines bereits börsennotierten Unternehmens zu unterscheiden, wobei die nachfolgenden Angaben nur Indikationen sind, die im jeweiligen Einzelfall mit der BaFin konkret besprochen werden müssen:

– **Bei einem IPO** hat sich mittlerweile die Praxis eingespielt, dass die BaFin nach **ca. 13 Arbeitstagen** (ohne Samstage/Sonntage/Feiertage) mit einem ersten Anhörungsschreiben auf die Beteiligten zurückkommt (wobei bei Einreichung vor 8 Uhr der Tag der Einreichung als voller Arbeitstag von der BaFin mitgezählt wird, also anders als sich dies bei formeller Betrachtung nach § 31 Abs. 1 VwVfG i. V. m. § 187 Abs. 1 BGB ergeben würde[121]). Nach einer Zweiteinreichung sind weitere Anmerkungen nach **ca. 10 Arbeitstagen** möglich, woraufhin üblicherweise eine dritte Einreichung folgt. In dessen Anschluss gibt es entweder nochmals ein weiteres Anhörungsschreiben oder eine rein mündliche Übermittlung verbliebener offener Punkte. Im Regelfall ist aber ab der dritten Einreichung mit einer Billigung nach **drei/vier Arbeitstagen** zu rechnen.[122] Diese Bearbeitungszeiten sind aber nach wie vor deutlich länger als in anderen europäischen Ländern.[123]

– **Bei bereits börsennotierten Unternehmen** findet die vorgenannte Drei-Schritt-Abfolge ebenfalls Anwendung. Die Fristen sind allerdings kürzer und betragen – je nach Einzelfall – z. B. **10-8-4 Arbeitstage**, d. h. erstes Anhörungsschreiben zehn Arbeitstage

---

zung zur jetzigen Vorabstimmung *Grosjean*, in: Heidel, Aktienrecht und Kapitalmarktrecht, § 13 WpPG Rn. 13.

121 Zu diesem formellen Punkt *Apfelbacher/Metzner*, BKR 2006, 81, 83; *Meyer*, in: Habersack/Mülbert/Schlitt, Unternehmensfinanzierung, § 36 Rn. 80; auch *Groß*, Kapitalmarktrecht, § 13 WpPG Rn. 10. Vgl. dazu, dass § 31 Abs. 3 S. 1 VwVfG, wonach, wenn der Fristablauf auf einem Samstag fällt, der darauffolgende Werktag maßgeblich ist, für das Behördenhandeln nicht gilt, *von Kopp-Colomb*, in: Assmann/Schlitt/von Kopp-Colomb, WpPG/VerkProspG, § 13 Rn. 28.

122 Siehe auch im Rahmen des 4. Workshop „Praxiserfahrungen mit dem Wertpapierprospektgesetz" BaFin-Präsentation *Knobloch/Langenkamp*, „Der Prospekt für Immobiliengesellschaften/Property Companies" vom 4.9.2007, S. 14. Ähnlich *Meyer*, in: Habersack/Mülbert/Schlitt, Unternehmensfinanzierung, § 36 Rn. 81; *Schlitt/Schäfer*, AG 2008, 525, 529; *Schlitt/Wilczek*, in: Habersack/Mülbert/Schlitt, Kapitalmarktinformation, § 7 Rn. 18 f. („*zwei bis fünf Arbeitstage*"); *von Kopp-Colomb*, in: Assmann/Schlitt/von Kopp-Colomb, WpPG/VerkProspG, § 13 Rn. 29, der allerdings bei der zweiten und dritten Prüfungsdurchsicht der BaFin von „Werktagen", nicht „Arbeitstagen" spricht; *Groß*, Kapitalmarktrecht, § 13 WpPG Rn. 10 a. E. spricht ebenfalls von „Werktagen" und veranschlagt für die dritte Durchsicht drei bis fünf Werktage; *Ries*, in: Grunewald/Schlitt, Einführung in das Kapitalmarktrecht, S. 34 („*zwei bis fünf Werktage*").

123 In Großbritannien z. B. kommentiert die FSA unter normalen Umständen erstmals nach fünf Werktagen und auf folgende Einreichungsfassungen nach jeweils drei Werktagen, vgl. UKLA Publications, List!, Issue No. 11 – September 2005, S. 4, abrufbar unter www.fsa.gov.uk/pubs/ukla/list_ sep05_no11.pdf.

III. Billigung des Prospekts durch die BaFin § 13

nach Ersteinreichung, zweites Anhörungsschreiben acht Arbeitstage nach Zweiteinreichung und Billigung vier Arbeitstage nach Dritteinreichung.[124]
- Bei den vorgenannten Fristen hängt auch viel davon ab, ob bei der ersten Einreichung bereits alle Prospektbestandteile zur Verfügung stehen. Grundsätzlich ist das eine der Vorbedingungen der BaFin.[125] Lediglich bei der Einfügung und Erörterung von insbesondere unterjährigen Finanzangaben, die zum Zeitpunkt der Ersteinreichung noch nicht vorliegen können, ist die BaFin – nach vorheriger Abstimmung und unter leichter Verschiebung der vorgenannten Fristen – bereit, diese Teile erst bei der zweiten Einreichung vorgelegt zu bekommen.[126]
- Wie oben dargelegt, würde sich aus § 13 Abs. 3 Satz 2 eine stets wieder neu laufende (volle) Prüfungsfrist ergeben. Um endlose Billigungsverfahren zu vermeiden, fordert die BaFin den Anbieter/Zulassungsantragsteller ab einem bestimmten Zeitpunkt (üblicherweise falls nach der dritten Einreichung eine billigungsfähige Fassung weiterhin nicht abzusehen ist) unter Fristsetzung förmlich zu einer letztmaligen Nachbesserung auf, bevor der Billigungsantrag dann endgültig abgelehnt wird.[127]

Inhaltlich läuft das Verfahren, wie zuvor bereits inzident dargelegt, wie folgt ab: **42**

- Üblicherweise bereits am Tag der ersten Prospekteinreichung sendet die BaFin an den Antragsteller eine **Eingangsbestätigung**. Da dies – anders als nach § 8i Abs. 3 Satz 1 VerkProspG – in § 13 nicht gesetzlich vorgesehen ist, geschieht dies von Seiten der BaFin auf freiwilliger Basis. Für den Antragsteller ist das nicht nur hilfreich, um die Fristen nach § 13 berechnen zu können,[128] sondern ermöglicht ihm auch, frühzeitig den Namen des zuständigen Sachbearbeiters als Ansprechpartner zu kennen.
- Im Folgenden übermittelt die BaFin **sog. Anhörungsschreiben**, in denen sie ihre Anmerkungen zum Prospekt darlegt. Dabei unterteilt sie regelmäßig ihre Anmerkungen in allgemeine Anmerkungen (z.B. zum Verfahren), inhaltliche Anmerkungen zum Prospekt (bezüglich Kohärenz, Verständlichkeit, Fehlen von Angaben im Abgleich zur Prospektverordnung etc.), Anmerkungen zur eingereichten Überkreuz-Checkliste sowie sonstige, redaktionelle Anmerkungen und (unverbindliche) Anregungen.
- Bei Wiedereinreichung des Prospekts ist **erstens eine überarbeitete, unmarkierte Prospektfassung und zweitens eine markierte Version des Prospekts** einzureichen, die alle seit der vorherigen Einreichung vorgenommenen Änderungen kenntlich macht.[129] Dem neuen Prospektentwurf ist zudem eine Erklärung beizufügen, dass dieser neu eingereichte Prospekt mit Ausnahme der seitdem vorgenommenen und in der markierten Fassung gekennzeichneten Änderungen mit der vorherigen Einreichungsfas-

---

124 Ähnlich *Schlitt/Schäfer*, AG 2008, 525, 529; *Groß*, Kapitalmarktrecht, § 13 WpPG Rn. 10, der für die zweite und dritte Durchsicht allerdings wieder von „Werktagen" spricht.
125 Vgl. die Hinweise der BaFin zu Prospekterstellung und Billigungsverfahren, www.bafin.de/DE/Aufsicht/Prospekte/Wertpapiere/ErstellungBilligung/erstellung_billigung_node.html (zuletzt geändert am 21. Januar 2015).
126 *Meyer*, in: Marsch-Barner/Schäfer, Handbuch börsennotierte AG, § 7 Rn. 101.
127 *Ritz/Voß*, in: Just/Voß/Ritz/Zeising, WpPG, § 13 Rn. 53.
128 Darauf weisen *Ritz/Voß*, in: Just/Voß/Ritz/Zeising, WpPG, § 13 Rn. 17, hin.
129 Siehe auch BaFin-Präsentation „Wertpapierprospektgesetz – Hinterlegungsverfahren/Notifizierungsverfahren" vom 29.5.2006, S. 5 f.; *Ritz/Voß*, in: Just/Voß/Ritz/Zeising, WpPG, § 13 Rn. 55; *Meyer*, in: Habersack/Mülbert/Schlitt, Unternehmensfinanzierung, § 36 Rn. 81; *Grosjean*, in: Heidel, Aktienrecht und Kapitalmarktrecht, § 13 WpPG Rn. 12; *von Kopp-Colomb*, in: Assmann/Schlitt/von Kopp-Colomb, WpPG/VerkProspG, § 13 Rn. 30.

§ 13 Billigung des Prospekts

sung übereinstimmt. Auf das Erfordernis dieser Erklärung weist die BaFin auch bereits in ihrem Anhörungsschreiben hin.
- Die Billigungsentscheidung selbst übermittelt die BaFin regelmäßig dem Antragsteller bzw. dessen Bevollmächtigtem per Telefax.
- Im Fall der Billigung unterrichtet die BaFin die ESMA und übermittelt dieser gleichzeitig eine Kopie des Prospekts (§ 13 Abs. 2 Satz 1 2. Halbs.).

d) Verwendung nicht gebilligter Entwurfsfassungen

43 In der Vergangenheit stellte sich zum Teil das Problem, dass im Vorfeld des Angebotsbeginns ein Interesse des Anbieters und der begleitenden Banken bestand, den nicht gebilligten Prospekt in seiner Entwurfsfassung[130] ausgewählten Investoren, die als **sog. Ankerinvestoren** für das Angebot fungieren sollten, zur Verfügung zu stellen. Selbstverständlich darf dies nicht dazu führen, dass es zu einer vorzeitigen Veröffentlichung des Prospekts im Sinne des WpPG kommt oder ein öffentliches Angebot durch diese Schritte ausgelöst wird. Soweit dies aber nicht der Fall ist, ist die Weitergabe dieser Entwurfsfassung kein Problem des Wertpapierprospektgesetzes, sondern eine Frage der potenziellen Haftung der weitergebenden Parteien gegenüber den betreffenden potenziellen Ankerinvestoren. Zudem können sich insiderrechtliche Fragestellungen ergeben. Insgesamt empfiehlt sich hier selbstverständlich eine möglichst restriktive Herangehensweise.[131]

43a Davon zu unterscheiden ist jedoch der Fall, in dem ein reiner Zulassungsprospekt erstellt, gebilligt und veröffentlicht wird, ohne dass ein öffentliches Angebot stattfindet. Die Platzierung der Aktien im Rahmen des Börsengangs findet ausschließlich über (internationale) Privatplatzierungen statt. Für die Ansprache der qualifizierten Anleger wird dabei, bereits vor der Billigung des Zulassungsprospekts, ein nicht von der BaFin oder einer anderen Behörde zu billigender *Offering Circular* genutzt („Zwei-Röhren-Modell").[132]

e) Kosten des Billigungsverfahrens

44 Die im Zusammenhang mit der Billigung eines Prospekts anfallenden Kosten sind in der Verordnung über die Erhebung von Gebühren nach dem Wertpapierprospektgesetz (**Wertpapierprospektgebührenverordnung – WpPGebV**[133]) (in Verbindung mit § 28 WpPG) geregelt. Die Billigung eines Prospekts als einziges Dokument im Sinne des § 12 Abs. 1

---

[130] Bezüglich des Begriffs „Entwurfsfassung" weisen *Ritz/Voß*, in: Just/Voß/Ritz/Zeising, WpPG, § 13 Rn. 9 darauf hin, dass es keinen „Prospektentwurf" gebe, weil bei der BaFin im Laufe des Verfahrens eingereichte Dokumente stets billigungsfähigen Charakter haben müssten und daher kein „Entwurf" sein könnten. Das ist sicher rechtstechnisch im Hinblick auf die Prüfungsfrist richtig, ändert aber nichts an der Tatsache, dass immer allen Beteiligten, einschließlich BaFin, klar ist, dass in dem eingereichten Dokument Platzhalter z. B. für eine Angebotsspanne enthalten sind und der Prospekt daher naturgemäß bis zur Billigung ein (nicht billigungsfähiger) „Entwurf" bleiben muss.

[131] Den Research-Analysten der beteiligten Banken, die an der sog. Analystenpräsentation teilnehmen, werden aus diesen Gründen regelmäßig nur Ausschnitte des Prospekts (z. B. die sog. Management's Discussion & Analysis, MD&A) zur Verfügung gestellt.

[132] Siehe z. B. im Rahmen des Börsengangs der Schaeffler AG den *Preliminary Offering Circular* vom 5.10.2015 und den Zulassungsprospekt vom 7.10.2015.

[133] Verordnung über die Erhebung von Gebühren nach dem Wertpapierprospektgesetz vom 29.6.2005, BGBl. I, 2005, S. 1875.

Satz 1 kostet danach derzeit Euro 6.500 (die Billigung eines Nachtrags im Sinne von § 16 weitere Euro 84). Dabei ist aber zu berücksichtigen, dass die BaFin bei kombinierten Angeboten eventuell von mehreren Prospekten ausgeht, auch wenn die Angebote in einem Dokument zusammengefasst sind.[134] Falls das Verwaltungsverfahren durch Rücknahme des Antrags auf Billigung beendet wird, ermäßigen sich die Kosten für den Antragsteller in der Regel um ein Viertel der vorgenannten Gebühr.[135]

3. Charakter des gebilligten Prospekts

Im Rahmen von Aktienplatzierungen wird regelmäßig nicht nur der zu billigende deutschsprachige Prospekt erstellt, sondern auch englischsprachige sog. *Offering Circulars*, die inhaltlich dem deutschsprachigen Prospekt entsprechen und regelmäßig für Privatplatzierungen außerhalb Deutschlands benutzt werden. Aufgrund der Tatsache, dass der bei Angebotsbeginn gebilligte und veröffentlichte Prospekt oftmals keine Angaben zum endgültigen Emissionspreis enthält, hat es sich dem amerikanischen Rechtsverständnis folgend eingebürgert, den internationalen Prospekt als „**Preliminary Offering Circular**" zu bezeichnen und diesen später, bei Vorliegen des finalen Angebotspreises, zu aktualisieren (sog. **Final Offering Circular**). Nach deutschem Recht vor Inkrafttreten des WpPG gab es eine verwandte Praxis, den vor Angebotsbeginn veröffentlichten Prospekt als „unvollständigen Verkaufsprospekt" zu bezeichnen und anschließend am Ende des Angebots einen weiteren „Verkaufs- und Börsenzulassungsprospekt" (quasi als „endgültigen" Prospekt mit finalem Angebotspreis) zu veröffentlichen. Diese Bezeichnung als „unvollständig" oder „vorläufig" war schon nach damaligem Recht nicht gerechtfertigt.[136] Auf Basis des Wertpapierprospektgesetzes ist nunmehr unzweifelhaft klargestellt, dass das europäische Recht keinen gebilligten „*preliminary prospectus*" kennt.[137] Der gebilligte Prospekt ist ein finaler Prospekt, der alle gesetzlich erforderlichen Angaben zum Zeitpunkt der Billigung enthält.[138] Für die notwendige Harmonisierung aufgrund des Nichtvorliegens einzelner Angaben, z. B. des endgültigen Angebotspreises, sorgt § 8 Abs. 1.[139]

---

134 Zum Beispiel Wertpapierprospekt der Q-Cells SE vom 28. September 2010 für die öffentlichen Bezugsrechtsangebote auf neue Aktien und Wandelschuldverschreibungen. Siehe auch VG Frankfurt v. 4.6.2009 mit Anmerkung bei *Just/Voß*, EWiR § 13 WpPG 1/09, 627 sowie *Heidelbach*, in: Schwark/Zimmer, KMRK, § 13 WpPG Rn. 6.
135 Vgl. die Hinweise der BaFin zu Prospekterstellung und Billigungsverfahren, www.bafin.de, Aufsicht, Prospekte für Wertpapiere, Prospekterstellung und Billigungsverfahren (zuletzt geändert am 9.3.2016).
136 Vgl. auch *Krug*, BKR 2005, 302, 305; *Heidelbach*, in: Schwark/Zimmer, KMRK, § 10 VerkProspG Rn. 2; *Ritz*, in: Assmann/Lenz/Ritz, VerkProspG, § 10 VerkProspG Rn. 2.
137 Statt aller *Schanz/Schalast*, HfB – Working Paper Series No. 74, 2005, S. 39. Dies gilt jedenfalls bei Verwendung eines einteiligen Prospekts im Sinne von § 12. Ob man das Registrierungsformular bei einem dreiteiligen Prospekt als einen „vorläufigen" Prospekt bezeichnen möchte, ist eine terminologische Frage ohne rechtliche Relevanz. Die EU-Prospektrichtlinie und das WpPG benutzen derartige Begrifflichkeiten jedoch nicht; sie wären ihnen vom Rechtscharakter des Prospekts betrachtet auch fremd.
138 Vgl. auch z. B. *Apfelbacher/Metzner*, BKR 2006, 81, 83. Allerdings ist es im Bereich des VermAnlG nach wie vor anders: Dort spricht die Überschrift des § 10 VermAnlG nach wie vor von einem „unvollständigen Verkaufsprospekt".
139 Siehe oben *Meyer*, § 8 Rn. 8 ff.

4. Wirkung bzw. Rechtsfolgen der Billigung

46 Im Anschluss an die Billigung des Prospekts nach § 13 greift § 14 Abs. 1 Satz 1 ein, d. h. der Prospekt ist bei der BaFin zu **hinterlegen** und **unverzüglich zu veröffentlichen**. Insoweit ist der Anbieter/Zulassungsantragsteller zur Veröffentlichung des Prospekts nicht nur berechtigt, sondern auch verpflichtet.[140] Die Billigung ermöglicht außerdem die Notifizierung nach § 18.[141]

47 Zu Recht ist darauf hingewiesen worden, dass die **Billigung des Prospekts keine Befreiung von der Prospekthaftung zugunsten des Antragstellers** oder anderer Prospektverantwortlicher darstellt, falls wesentliche Angaben im Prospekt trotzdem unrichtig oder unvollständig sein sollten.[142] Dennoch hat es z. B. für die Frage der groben Fahrlässigkeit des Prospektverantwortlichen im Sinne der §§ 21, 22 i.V.m. § 23 Abs. 1 selbstverständlich eine Bedeutung, wenn eine Rechtsfrage nachweislich mit der BaFin diskutiert und unter Einschluss aller Beteiligten in einer gewissen Weise entschieden worden ist (z. B. bei der Frage von Offenlegungspflichten nach einzelnen Vorschriften der EU-Prospektverordnung).

48 Umgekehrt entsteht durch die Prospektbilligung **keine Prospektverantwortlichkeit** oder Gewähr für die inhaltliche Richtigkeit des Prospekts durch die **BaFin**. Eine Prospekthaftung der BaFin allein aufgrund des Umstands der Prüfung und Billigung des Prospekts durch die BaFin scheidet daher aus.[143] Vgl. zu etwaigen Amtshaftungsansprüchen näher unten Rn. 70ff.

49 Auch stellt die Billigung des Prospekts keine anderweitige Aussage seitens der BaFin z. B. hinsichtlich einer Vertriebserlaubnis für ein bestimmtes Produkt oder einer inhaltlichen Sanktionierung von Anbieter/Zulassungsantragsteller bzw. der betreffenden Wertpapiere dar.[144] Dahingehende öffentliche Aussagen können eine irreführende und daher unzulässige Werbung darstellen, vgl. unten § 15 Rn. 33ff.

50 Der Verwaltungsakt „Billigung" unterliegt hinsichtlich einer möglichen Aufhebung den allgemeinen verwaltungsrechtlichen Regelungen. Daher kann der Verwaltungsakt durch die BaFin nur im Rahmen der Tatbestandsmerkmale der §§ 48 bzw. 49 VwVfG zurückgenommen bzw. widerrufen werden (siehe aber § 26 Abs. 8 Satz 3 als Spezialregelung des Widerrufs). Soweit der (begünstigende) Verwaltungsakt rechtswidrig war, ist also insbesondere § 48 Abs. 2 bis 4 VwVfG zu beachten, während bei ursprünglicher Rechtmäßig-

---

140 Vgl. *Grosjean*, in: Heidel, Aktienrecht und Kapitalmarktrecht, § 13 WpPG Rn. 15 unter Verweis auf § 30 Abs. 1 Nr. 6 i.V.m. § 30 Abs. 3; *von Kopp-Colomb*, in: Assmann/Schlitt/von Kopp-Colomb, WpPG/VerkProspG, § 13 Rn. 16.
141 *Preuße*, in: Holzborn, WpPG, § 13 Rn. 30; *Heidelbach*, in: Schwark/Zimmer, KMRK, § 13 WpPG Rn. 19.
142 RegBegr. EU-ProspRL-UmsetzungsG, BT-Drucks. 15/4999, S. 25, 34; *Groß*, Kapitalmarktrecht, § 13 WpPG Rn. 12; *Preuße*, in: Holzborn, WpPG, § 13 Rn. 30; *Grosjean*, in: Heidel, Aktienrecht und Kapitalmarktrecht, § 13 WpPG Rn. 16; *Heidelbach*, in: Schwark/Zimmer, KMRK, § 13 WpPG Rn. 17.
143 *Groß*, Kapitalmarktrecht, § 13 WpPG Rn. 12; *Grosjean*, in: Heidel, Aktienrecht und Kapitalmarktrecht, § 13 WpPG Rn. 16; *Heidelbach*, in: Schwark/Zimmer, KMRK, § 13 WpPG Rn. 17. Siehe näher unten Rn. 69ff.
144 *Ritz/Voß*, in: Just/Voß/Ritz/Zeising, WpPG, § 13 Rn. 20.

keit des Verwaltungsakts ein Widerruf nur unter Berücksichtigung der in § 49 Abs. 2 VwVfG genannten Voraussetzungen zulässig ist.[145]

Zur Frage, inwieweit nach Billigung, aber vor Veröffentlichung des Prospekts ein Verzicht auf die Billigung möglich ist, siehe unten § 14 Rn. 22. 51

5. Formelle Verfahrensschritte nach Billigung (§ 13 Abs. 4 und Abs. 5)

a) Zugänglichmachung des Prospekts im Internet gemäß § 13 Abs. 4

Nach § 13 Abs. 4, der Art. 14 Abs. 4 der EU-Prospektrichtlinie umsetzt, hat die BaFin die gebilligten Prospekte auf ihrer Internetseite für jeweils zwölf Monate zugänglich zu machen. Diese **Zwölfmonatsfrist** korrespondiert mit der Gültigkeitsdauer von Prospekten nach § 9 Abs. 1, auch wenn nach dem Willen des Gesetzgebers die Frist mit dem der Einstellung des Prospekts folgenden Werktag beginnt.[146] Teilweise waren Prospekte in der Vergangenheit aber auch länger als ein Jahr auf der Website der BaFin verfügbar. 52

Neben den gebilligten Prospekten stellt die BaFin auch gebilligte Nachträge ein und gibt weitere Informationen, wann der Prospekt veröffentlicht wurde und ggf. wann das öffentliche Angebot, auf das sich der Prospekt bezieht, begonnen hat. Schließlich weist die BaFin auf der Website, die zur Datenbank führt, erläuternd explizit darauf hin, dass Veröffentlichungen des Emittenten nach § 15 WpHG weitere wesentliche Informationen enthalten können. 53

Bewusst spricht der Gesetzestext von einer „**Zugänglichmachung**" des Prospekts durch die BaFin, d. h. dieser Akt soll sich auch begrifflich von der „**Veröffentlichung**", die durch den Anbieter bzw. Zulassungsantragsteller zu erfolgen hat und durch die Zugänglichmachung des Prospekts seitens der BaFin keineswegs ersetzt wird, abgrenzen.[147] Interpretiert man den Begriff des „Zugänglichmachens" so, bleibt der BaFin auch das Wahlrecht aus Art. 14 Abs. 4 der EU-Prospektrichtlinie,[148] d. h. wahlweise entweder alle gebilligten Prospekte oder zumindest die Liste der gebilligten Prospekte auf ihrer Website einzustellen, 54

---

145 *Ritz/Voß*, in: Just/Voß/Ritz/Zeising, WpPG, § 13 Rn. 58 ff.
146 RegBegr. EU-ProspRL-UmsetzungsG, BT-Drucks. 15/4999, S. 25, 35, *Groß*, Kapitalmarktrecht, § 13 WpPG Rn. 6; *Ritz/Voß*, in: Just/Voß/Ritz/Zeising, WpPG, § 13 Rn. 65; *Heidelbach*, in: Schwark/Zimmer, KMRK, § 13 WpPG Rn. 31.
147 Siehe so auch Hinweis der BaFin auf ihrer Website zur Datenbank, dass die Datenbank nicht als Veröffentlichung im Sinne von § 14 WpPG zu verstehen sei, sondern die BaFin damit (nur) ihrer Pflicht zur Zugänglichmachung nach § 13 Abs. 4 WpPG nachkommen wolle. So jetzt auch *Groß*, Kapitalmarktrecht, § 13 WpPG Rn. 7; siehe auch *Preuße*, in: Holzborn, WpPG, § 14 Rn. 16, der die hier vertretene Differenzierung ebenfalls vornimmt und davon spricht, dass die Zugänglichmachung neben die Veröffentlichung nach § 14 Abs. 2 trete (eher unglücklich aber seine Formulierung in § 13 Rn. 31, die „*Veröffentlichungen*" stünden nebeneinander). Ebenso *Grosjean*, in: Heidel, Aktienrecht und Kapitalmarktrecht, § 13 WpPG Rn. 17.
148 **Andere Ansicht** *Groß*, Kapitalmarktrecht, § 13 WpPG Rn. 7, wonach der Gesetzgeber mit § 13 Abs. 4 von dem Wahlrecht Gebrauch gemacht habe. So auch *Ritz/Voß*, in: Just/Voß/Ritz/Zeising, WpPG, § 13 Rn. 64. Vgl. auch zum europäischen Recht *Wiegel*, Die Prospektrichtlinie und Prospektverordnung, S. 418.

§ 13 Billigung des Prospekts

ggf. einschließlich einer elektronischen Verknüpfung (Hyperlink) zu dem auf der Website des Emittenten oder des organisierten Marktes veröffentlichten Prospektes.[149]

55 Dass die Zugänglichmachung nicht Teil der Veröffentlichung ist, mag auch der Grund dafür gewesen sein, dass der Gesetzgeber die Vorschrift von der Veröffentlichungsnorm des § 14/Art. 14 der EU-Prospektrichtlinie in den § 13 verschoben hat.[150]

56 Ein gesonderter Hinweis (*disclaimer*) auf der Internetseite der zuständigen Behörde, dass damit kein Angebot an Anleger insbesondere in Ländern verbunden sei, in denen auf Basis des Prospekts kein öffentliches Angebot durchgeführt werden soll, ist nach Ansicht von ESMA (ESMA Questions and Answers on Prospectuses – „ESMA-Q&A") nicht erforderlich, da die zuständige Behörde in keinem Fall ein öffentliches Angebot mache.[151]

57 Inzwischen sieht das Gesetz für die Schalter- und Internetpublizität explizit vor, wie lange der Anbieter bzw. Zulassungsantragssteller den Prospekt nach der Veröffentlichung dem Publikum zugänglich halten muss.[152] Nach § 14 Abs. 2 Satz 3 muss die Bereitstellung mindestens bis zum endgültigen Schluss des öffentlichen Angebotes oder, falls diese später erfolgt, bis zur Einführung in den Handel an einem organisierten Markt andauern (vgl. dazu im Einzelnen § 14 Rn. 47 ff.). Nach dem endgültigen Schluss des öffentlichen Angebots bzw. der Einführung in den Handel an einem organisierten Markt ist der Anbieter/Zulassungsantragsteller also frei, den Prospekt z. B. von seiner Website wieder zu entfernen.

58 Die BaFin macht die von ihr gebilligten Wertpapierprospekte sowie gegebenenfalls die gebilligten Nachträge zu gebilligten Wertpapierprospekten auf ihrer Internetseite zugänglich.[153]

---

149 Im letztgenannten Falle ist nach Art. 10 TRS (entspricht Art. 32 EU-Prospektverordnung a. F.) in der Liste auch darzulegen, wie diese Prospekte veröffentlicht wurden und wo sie erhältlich sind; etwas anders *von Kopp-Colomb*, in: Assmann/Schlitt/von Kopp-Colomb, WpPG/VerkProspG, § 13 Rn. 33, wonach der deutsche Gesetzgeber sich nicht für die zweite Möglichkeit einer „reinen Liste" entschieden habe; vgl. näher *Heidelbach*, in: Schwark/Zimmer, KMRK, § 13 WpPG Rn. 31.
150 Vgl. Kritik daran bei *Ritz/Voß*, in: Just/Voß/Ritz/Zeising, WpPG, § 13 Rn. 3 (*„im Hinblick auf eine stringente Systematik nicht konsequent"*).
151 ESMA-Questions and Answers (25th Updated Version – July 2016), Frage 4; zu den Aufgaben und Befugnissen der ESMA vgl. *Hitzer/Hauser*, BKR 2015, 52; zu der Rolle der ESMA Vorgängereinrichtung CESR im europäischen Rechtsetzungsverfahren vgl. *Wiegel*, Die Prospektrichtlinie und Prospektverordnung, S. 136 ff. sowie zu den Rechtswirkungen der CESR-Empfehlungen auf Haftungs- und Strafrecht *Hupka*, WM 2009, 1351, 1353 ff.
152 Die zum 1.7.2005 aufgehobenen Going Public Grundsätze der Deutsche Börse AG sahen noch eine Verpflichtung der Emittenten vor, den Prospekt dem Publikum für drei Jahre zugänglich zu machen. Nach Aufhebung dieser Grundsätze war die Frage zur Dauer der Schalter- und Internetpublizität offen; siehe hierzu m. w. N. Vorauflage Rn. 57.
153 Vgl. Website der BaFin (Daten & Dokumente – Hinterlegte Prospekte für Wertpapiere), Stand: 22.1.2015; vgl. auch *Heidelbach*, in: Schwark/Zimmer, KMRK, § 13 WpPG Rn. 32 zur zu Recht verneinten Frage einer Amtshaftung der BaFin bei Nichterfüllung der Pflicht zur Einstellung des Prospekts.

b) Übermittlung des Prospekts in elektronischer Form nach § 13 Abs. 5/Art. 2 TRS

Die bisherige Rechtslage und Praxis zur Übermittlung des Prospekts aus § 13 Abs. 5 wird sich durch Art. 2 TRS (teilweise erheblich) ändern (siehe Rn. 61). In § 13 Abs. 5 wurde mit dem Gesetz zur Umsetzung der Änderungsrichtlinie 2010/73/EU und zur Änderung des Börsengesetzes vom 26.6.2012[154] die bislang bestehende Befugnis der BaFin, eine Übermittlung in elektronischer Form zu verlangen, in eine Verpflichtung zur Übermittlung sowohl in Papierform als auch[155] elektronisch über das Melde- und Veröffentlichungssystem der Bundesanstalt oder auf einem Datenträger[156] umgestaltet. Diese Verpflichtung setzt die Änderung des Art. 14 Abs. 1 der EU-Prospektrichtlinie durch die EU-Richtlinie 2010/78/EU[157] in deutsches Recht um und ermöglicht der BaFin die kurzfristige Weiterleitung der Billigungsbescheinigung und des Prospekts nach erfolgter Billigung an die Europäische Wertpapier- und Marktaufsichtsbehörde ESMA.[158] Damit ist sichergestellt, dass die BaFin ihrer Verpflichtung aus dem neu geschaffenen § 13 Abs. 2 Satz 1 2. Halbs.[159] nachkommen kann.[160] Eine **förmliche Einreichung per E-Mail war und bleibt auch weiterhin nicht möglich**.[161]

Bisher nutzten Anbieter/Zulassungsantragsteller üblicherweise die Möglichkeit der Einreichung des Prospekts bei der BaFin in Papierform sowie CD-ROM. Die alternativ zur Übermittlung auf einem Datenträger eingerichtete Möglichkeit des Anbieters/Zulassungs-

---

154 BGBl. I 2012, 1375, 1378.
155 Der Gesetzgeber hat zwar bei der Änderung des § 13 Abs. 5 den bisherigen § 13 Abs. 5 Satz 2 gestrichen, der die Verpflichtung enthielt, bei Übermittlung eines PDF-Dokuments gegenüber der BaFin schriftlich zu erklären, dass die in elektronischer Form übermittelten Dokumente mit den in Papierform eingereichten Fassungen übereinstimmen. Es versteht sich aber von selbst, dass elektronische Form und Papierform identisch sein müssen und die BaFin verlangt auch weiterhin eine dahingehende Erklärung des Emittenten.
156 Die bislang nach ständiger Verwaltungspraxis der BaFin verlangte Übermittlung einer CD-ROM, die den Prospekt in der zu billigenden Fassung (bis 2012 verlangte die BaFin hier eine Fassung des gebilligten Prospekts) im PDF-Format (vgl. auch *Preuße*, in: Holzborn, WpPG, § 13 Rn. 14) enthielt, genügte der in § 13 Abs. 5 alternativ zur Übermittlung über das Melde- und Veröffentlichungssystem der Bundesanstalt verlangten Übermittlung auf einem Datenträger.
157 Richtlinie 2010/78/EU des Europäischen Parlaments und des Rates vom 24.11.2010, ABl. L 331/120.
158 RegBegr. Gesetz zur Umsetzung der RL 2010/73/EU, BT-Drucks. 17/8684, S. 13, 19; *Preuße*, in: Holzborn, WpPG, § 13 Rn. 9.
159 Siehe dazu oben Rn. 4 und 42.
160 Schon zuvor hatte der nationale Gesetzgeber, über die Anforderungen der EU-Prospektrichtlinie hinausgehend, die BaFin ermächtigt, vom Anbieter bzw. Zulassungsantragsteller zu verlangen, dass ihr der Prospekt (auch) in elektronischer Form übermittelt wird, um den Prospekt auf der Website der BaFin nach § 13 Abs. 4 zugänglich zu machen und auch umfangreiche Dokumente innerhalb der Frist des § 18 an die zuständigen Behörden anderer Staaten des Europäischen Wirtschaftsraums übermitteln zu können (RegBegr. EU-ProspRL-UmsetzungsG, BT-Drucks. 15/4999, S. 25, 35 mit Kritik daran bei *Groß*, Kapitalmarktrecht, 4. Aufl. 2009, § 13 WpPG Rn. 3 in Fn. 4).
161 Zur Vereinfachung der internen Verteilung bei der BaFin, aber auch zur Beschleunigung im Laufe und insbesondere gegen Ende des Billigungsverfahrens hatte sich aber die Praxis etabliert, der BaFin zeitgleich die Dokumente zusätzlich per E-Mail zu übermitteln, verbunden mit einer Erklärung, dass diese per E-Mail übermittelten Dokumente mit der eingereichten Papierform übereinstimmen.

§ 13 Billigung des Prospekts

antragstellers, den Prospekt über die Melde- und Veröffentlichungsplattform (MVP) der BaFin elektronisch zu übermitteln und dadurch eine vollständige elektronische Abwicklung des Verfahrens zu erreichen, hat in der Praxis von Prospekten für Eigenkapitalemissionen dagegen bisher keine Bedeutung erlangt, was sich jedoch in Folge des Inkrafttretens der technischen Regulierungsstandards (TRS) ändern wird.

61 **Künftig** sind **gemäß Art. 2 TRS sämtliche Prospektentwürfe auf elektronischem Wege** in durchsuchbarem, elektronischem Format[162] an die zuständige Behörde zu übermitteln. Welche Art der Übermittlung die Anforderung „auf elektronischem Wege" erfüllt, also ob beispielsweise eine E-Mail mit Anhängen oder eine CD-ROM ausreicht, stellen die TRS nicht klar. Es ist aber – aufgrund erster Indikationen der BaFin – anzunehmen, dass die BaFin, gestützt auf § 13 Abs. 5 und den 3. Erwägungsgrund der TRS nur eine **Übermittlung über das MVP Portal** als „für sie annehmbare" Form der Übermittlung auf elektronischem Wege ansehen und eine Übermittlung per E-Mail oder CD-ROM ablehnen wird.

Für eine Übermittlung im elektronischen Format bedarf es einer **Registrierung beim MVP Portal der BaFin**.[163] Regelmäßig werden die von dem Emittent eingeschalteten Rechtsanwälte als sog. „Drittmelder für ein Unternehmen" auftreten und die Eröffnung eines Fachverfahrens beantragen. Nach der Auswahl der Verfahrensart und der Wahl des Meldefalls wird vom MVP Portal automatisch ein Antragsdokument angezeigt, welches ausgedruckt und unterschrieben an die BaFin zu senden ist. Im Rahmen der Vollharmonisierung überlagern die technischen Regulierungsstandards als delegierte *Verordnung* das WpPG, so dass für das weitergehende, allein dem nationalen WpPG entstammende Erfordernis der zusätzlichen Einreichung in Papierform aus § 13 Abs. 5 – jedenfalls bei der Einreichung der Entwürfe – kein Platz bleiben wird. Nachdem das gesamte Verfahren über MVP abgewickelt wurde (einschließlich finaler Einreichung am Billigungstag), ist **ausschließlich** die **zu billigende Fassung** des Prospekts nach Indikationen der BaFin weiterhin **in Papierform mit Unterschriften** zu übermitteln, um die Anforderung der Unterzeichnung aus § 5 Abs. 3 Satz 1 – die jedoch kein Vorbild in der Prospektrichtlinie hat und auf deutscher Rechtshistorie[164] beruht – zu erfüllen.[165] Obgleich dieses Erfordernis der Übermittlung in Papierform mit Originalunterschrift über den Wortlaut von Art. 2 TRS hinausgeht, hält die ESMA eine solche Anforderung nationaler Behörden bei der zu billigenden, d. h. finalen, Fassung für ausnahmsweise zulässig.[166]

---

162 Darunter fällt jedenfalls das PDF-Format, vgl. oben Rn. 5b.
163 Siehe dazu oben Rn. 5a f., Rn. 28 f., insbesondere auch mit weiteren Hinweisen zur MVP Plattform.
164 BegrRegE Prospektrichtlinie-Umsetzungsgesetz zu § 5 Abs. 3 WpPG, BT-Drucks. 15/4999, S. 31 („Das Erfordernis der Unterschrift [...] entspricht dem bisherigen § 2 Abs. 2 Verkaufsprospekt-Verordnung.").
165 Bislang war dies jedenfalls auch bei Nutzung des MVP Portals notwendig, weil das MVP-Verfahren nicht die Voraussetzungen für eine elektronische Signatur nach dem SigG erfüllt. Vgl. dazu *Ritz/Voß*, in: Just/Voß/Ritz/Zeising, WpPG, § 13 Rn. 15.
166 Klarstellung im „ESMA Final Report, Draft RTS on prospectus related issues under the Omnibus II Directive", 25.6.2015, ESMA/2015/1014 Rn. 27.

IV. Rechtsschutz im Zusammenhang mit der Billigung

Bezüglich Rechtsmittel im Zusammenhang mit der Billigung eines Prospekts nach dem Wertpapierprospektgesetz gelten die allgemeinen verwaltungsrechtlichen Grundsätze. 62

Die Billigung stellt einen begünstigenden **Verwaltungsakt** dar, hinsichtlich dessen die oben unter Rn. 17 f. genannten Parteien antragsberechtigt sind. Falls die Billigung als beantragter begünstigender Verwaltungsakt versagt wird, handelt es sich dabei um einen belastenden Verwaltungsakt, der nach § 39 VwVfG mit einer Begründung zu versehen ist.[167] Gegen einen solchen ablehnenden Bescheid kann der Antragsteller als **Adressat** des Verwaltungsakts **Widerspruch** einlegen. Dieses Widerspruchsverfahren ist nach § 68 Abs. 2 VwGO – vorbehaltlich § 75 VwGO – wie üblich einem verwaltungsgerichtlichen Verfahren verpflichtend vorgeschaltet, da die BaFin keine oberste Bundesbehörde ist, so dass das Widerspruchsverfahren nicht nach § 68 Abs. 1 Satz 2 Nr. 1 VwGO entbehrlich ist. Vielmehr untersteht die BaFin nach § 2 des Gesetzes über die Bundesanstalt für Finanzdienstleistungsaufsicht (FinDAG) der Rechts- und Fachaufsicht des Bundesministeriums der Finanzen (BMF). Da es sich beim BMF um eine oberste Bundesbehörde handelt, ist nach § 73 Abs. 1 Satz 2 Nr. 2 VwGO die BaFin selbst für die Prüfung und den Erlass des Widerspruchsbescheides zuständig.[168] 63

Für den Fall des (erfolglosen) Durchlaufens des Widerspruchsverfahrens steht dem Antragsteller nach § 40 VwGO der Verwaltungsrechtsweg mittels **Anfechtungs- bzw. Verpflichtungsklage** offen. Da eigentliches Ziel des Antragstellers aber die Erlangung der Billigung ist, entspräche die Anfechtungsklage nicht seinem endgültigen Anliegen. Daher ist die richtige Klageart die **Verpflichtungsklage** nach § 42 Abs. 1 2. Alt. VwGO **in Form der Versagungsgegenklage**.[169] Klagegegner ist die BaFin selbst als bundesunmittelbare, rechtsfähige Anstalt des öffentlichen Rechts (vgl. § 78 Abs. 1 Nr. 1 VwGO i.V. m. § 1 Abs. 1 FinDAG). Örtlich und sachlich zuständig ist das Verwaltungsgericht Frankfurt am Main nach § 52 Nr. 2 Satz 1 bzw. Satz 2 VwGO, da die BaFin nach § 1 Abs. 3 FinDAG ihren prozessualen Sitz in Frankfurt am Main hat. 64

Da es keine Billigungsfiktion gibt, muss es zu einer Entscheidung der BaFin über die Billigung kommen, d.h. der Antragsteller hat einen **gerichtlich durchsetzbaren Anspruch auf Verbescheidung**.[170] Bleibt die Behörde untätig, d.h. es wird ohne zureichenden Grund nicht in angemessener Frist über die Billigung entschieden, hat der Antragsteller die Möglichkeit, ohne weiteres Vorverfahren unter den Voraussetzungen des § 75 VwGO **Verpflichtungsklage in Form der Untätigkeitsklage** zu erheben. 65

---

167 *Preuße*, in: Holzborn, WpPG, § 13 Rn. 30; *Groß*, Kapitalmarktrecht, § 13 WpPG Rn. 6.
168 Innerhalb der BaFin wird der Widerspruch in einer anderen Organisationseinheit bearbeitet als die Ausgangsverfügung, vgl. für den Fall des Wertpapierhandelsgesetzes auch überarbeiteter Emittentenleitfaden der BaFin, 4. Aufl., Stand vom 28.4.2009, Kapitel XIII.2.1.1. Widerspruchsbehörde, S. 195. Damit wird dem Umstand Rechnung getragen, dass der ursprünglich mit der Angelegenheit befasste Beamte als befangen anzusehen ist, vgl. näher auch zum diesbezüglichen Streitstand im Rahmen von § 68 VwGO *Ritz/Voß*, in: Just/Voß/Ritz/Zeising, WpPG, § 13 Rn. 74.
169 Vgl. zur Versagungsgegenklage (oder auch Weigerungsklage genannt) z.B. *Kopp/Schenke*, VwGO, § 42 Rn. 6.
170 *Grosjean*, in: Heidel, Aktienrecht und Kapitalmarktrecht, § 13 WpPG Rn. 10, Rn. 14 und Rn. 20; *Preuße*, in: Holzborn, WpPG, § 13 Rn. 4; *von Kopp-Colomb*, in: Assmann/Schlitt/von Kopp-Colomb, WpPG/VerkProspG, § 13 Rn. 18.

§ 13 Billigung des Prospekts

66 Soweit das Durchlaufen eines Widerspruchs- bzw. Klageverfahrens die Gefahr begründen würde, dass die Verwirklichung eines Rechts des Antragstellers vereitelt oder wesentlich erschwert würde, bietet es sich für den Anbieter/Zulassungsantragsteller an, den Anspruch auf Billigung mittels **einstweiligem Rechtsschutz** (in Form der **Regelungsanordnung** nach § 123 Abs. 1 Satz 2 VwGO, da es um eine Erweiterung der Rechtsposition des Antragstellers geht[171]) geltend zu machen. Der Antrag ist begründet, wenn aufgrund einer summarischen Prüfung der in § 123 Abs. 1 VwGO genannten Voraussetzungen eine überwiegende Wahrscheinlichkeit für das Bestehen eines **Anordnungsanspruchs** (d.h. hier eines Anspruchs auf Billigung als Rechtsverhältnis zwischen BaFin und Antragsteller im Sinne des § 123 Abs. 1 Satz 2 VwGO) spricht und ein **Anordnungsgrund** besteht, d.h. die Regelung nötig erscheint, um wesentliche Nachteile abzuwenden.[172] Zwar dürfte hinsichtlich des Anordnungsgrundes im Rahmen der erforderlichen Abwägung das Interesse des Anbieters/Zulassungsantragstellers das der BaFin überwiegen, da das Nichtvorliegen der Billigung und die dadurch ausgelöste Verschiebung des Angebots (anders z.B. eventuell bei reinen Zulassungsprospekten) schwerwiegende wirtschaftliche Folgen für den Antragsteller haben könnte und daher eine Entscheidung in der Hauptsache zu spät käme.[173] Andererseits wird durch den einstweiligen Rechtsschutz hier im Ergebnis regelmäßig die Hauptsache vorweggenommen, so dass eine einstweilige Verfügung nach allgemeinen Grundsätzen nur dann in Betracht kommt, wenn eine sehr hohe Wahrscheinlichkeit des Obsiegens in der Hauptsache vorliegt.[174]

67 Fraglich ist, ob einzelne Anleger/Aktionäre im Fall einer positiven Billigungsentscheidung widerspruchs-/anfechtungsbefugt bzw. im Fall einer Versagung der Billigung widerspruchs-/verpflichtungsklagebefugt sind. Für eine entsprechende Widerspruchs- bzw. Klagebefugnis müsste der Anleger/Aktionär geltend machen können, durch den Verwaltungsakt bzw. seine Ablehnung in seinen eigenen subjektiv-öffentlichen Rechten verletzt zu sein. Nach der im allgemeinen Verwaltungsrecht herrschenden **Möglichkeitstheorie**[175] ist dies dann gegeben, wenn die Verletzung einer Rechtsnorm, die auch dem Schutz dieses Anlegers/Aktionärs zu dienen bestimmt ist, *„nicht offensichtlich und eindeutig nach jeder Betrachtungsweise unmöglich erscheint"*. Hinsichtlich dieser geltend zu machenden Rechtsverletzung wiederum ist der sog. **Schutznormtheorie**[176] zur Abgrenzung der **Drittbezogenheit** des Schutzzwecks der Norm vom **reinen Rechtsreflex** zu folgen. Trotz der expliziten Erwähnung des Schutzes der Anleger in § 26 Abs. 1 ist davon auszugehen, dass das Handeln der BaFin im Bereich des § 13 ausschließlich im öffentlichen Interesse erfolgt und der Schutz des Anlegers als ein reiner Rechtsreflex zu der primären Aufgabe des Schutzes der Allgemeinheit zu sehen ist. Daher fehlt es mangels potenzieller Verletzung in eigenen subjektiv-öffentlichen Rechten, die zumindest auch individualschützenden Cha-

---

171 *Kopp/Schenke*, VwGO, § 123 Rn. 6 und Rn. 8.
172 *Kopp/Schenke*, VwGO, § 123 Rn. 23 m.w.N.
173 So *Ritz/Voß*, in: Just/Voß/Ritz/Zeising, WpPG, § 13 Rn. 77. *Von Kopp-Colomb*, in: Assmann/Schlitt/von Kopp-Colomb, WpPG/VerkProspG, § 13 Rn. 18 nennt das Beispiel einer Refinanzierung eines Emittenten, die von der rechtzeitigen Platzierung der Wertpapiere abhängig ist.
174 Siehe *Kopp/Schenke*, VwGO, § 123 Rn. 25.
175 Vgl. z.B. *Kopp/Schenke*, VwGO, § 42 Rn. 66 m.w.N. in Fn. 139; *Hipp/Hufeld*, JuS 1998, 802, 804.
176 Vgl. z.B. *Kopp/Schenke*, VwGO, § 42 Rn. 78 und Rn. 83 ff. m.w.N.; *Hipp/Hufeld*, JuS 1998, 802, 804 f.; *Jaskulla*, BKR 2005, 231, 233.

rakter haben, an der Widerspruchs- bzw. Klagebefugnis des betreffenden Anlegers/Aktionärs.[177]

Von den vorgenannten Überlegungen sind eventuelle zivilrechtliche Ansprüche im Hinblick auf den veröffentlichten Prospekt, z. B. auf Basis wettbewerbsrechtlicher Anspruchsgrundlagen eines Konkurrenten, zu unterscheiden. **68**

V. Haftungsansprüche gegen die BaFin

Wie oben (Rn. 47) dargelegt, entlastet die Billigungsentscheidung der BaFin die Prospektverantwortlichen nicht von der gesetzlichen Prospekthaftung nach WpPG/VermAnlG. Fraglich ist jedoch, inwieweit Haftungsansprüche gegen die BaFin geltend gemacht werden können.[178] Dabei ist zwischen **Ansprüchen von Anlegern** und **Ansprüchen der am Verfahren beteiligten Parteien** zu unterscheiden: **69**

1. Ansprüche von Anlegern

Um eine Amtshaftung für pflichtwidriges Handeln nach § 839 BGB i. V. m. Art. 34 GG[179] begründen zu können, müsste ein **Anleger/Aktionär** die Verletzung von Vorschriften mit **spezifisch drittschützendem Charakter** geltend machen können. Dies wäre dann nicht möglich, wenn die BaFin ausschließlich im öffentlichen Interesse tätig würde und der Schutz des Anlegers ein bloßer Rechtsreflex wäre. Zwar ist dies im Wertpapierprospektgesetz – anders als z. B. in § 4 Abs. 2 WpÜG[180] – nicht explizit niedergelegt, ergibt sich aber, worauf in der Literatur zu Recht hingewiesen wurde,[181] allgemein aus § 4 Abs. 4 FinDAG, der generell für das Handeln der BaFin bestimmt, dass dieses ausschließlich im öffentlichen Interesse erfolge, und nach der Rechtsprechung des BGH und des EuGH mit dem Grundgesetz und dem Europäischen Gemeinschaftsrecht vereinbar ist.[182] Zudem weist die **70**

---

177 So auch *Groß*, Kapitalmarktrecht, § 13 WpPG Rn. 15 sowie § 32 BörsG Rn. 45 f.; *Grosjean*, in: Heidel, Aktienrecht und Kapitalmarktrecht, § 13 WpPG Rn. 20; *Preuße*, in: Holzborn, WpPG, § 13 Rn. 33; *Heidelbach*, in: Schwark/Zimmer, KMRK, § 13 WpPG Rn. 22.
178 Für Klagen gegen die BaFin ergibt sich die örtliche Zuständigkeit der Gerichte in Frankfurt am Main aus dem Sitz der BaFin, vgl. § 1 Abs. 3 Satz 1 und 2 FinDAG.
179 Vgl. z. B. *Papier*, in: MünchKomm-BGB, § 839 Rn. 129 ff. (Anspruchsvoraussetzungen allgemein) sowie Rn. 227 ff. (Drittbezogenheit der Amtspflicht); *Sprau*, in: Palandt, BGB, § 839 Rn. 31 ff. (Anspruchsvoraussetzungen allgemein) und Rn. 43 ff. (Drittbezogenheit).
180 Angesichts der Streichung von § 6 Abs. 4 KWG und § 4 Abs. 2 WpHG im Hinblick auf den im Folgenden dargestellten § 4 Abs. 4 FinDAG lässt sich berechtigterweise die Frage stellen, warum der Gesetzgeber nicht auch § 4 Abs. 2 WpÜG aufgehoben hat, vgl. *Preuße*, in: Holzborn, WpPG, § 13 Rn. 34 Fn. 80.
181 *Preuße*, in: Holzborn, WpPG, § 13 Rn. 34; *von Kopp-Colomb*, in: Assmann/Schlitt/von Kopp-Colomb, WpPG/VerkProspG, § 13 Rn. 36; *Groß*, Kapitalmarktrecht, § 13 WpPG Rn. 16. Zur Entwicklungsgeschichte von der Rechtsprechung des BGH zu den gesetzlich geregelten Fällen vgl. *Ritz/Voß*, in: Just/Voß/Ritz/Zeising, WpPG, § 13 Rn. 81.
182 Vgl. zur Vereinbarkeit von § 4 Abs. 4 FinDAG mit Europäischem Gemeinschaftsrecht und dem Grundgesetz BGH, ZIP 2005, 287 = BKR 2005, 231 sowie EuGH, NJW 2004, 3479 ff. = BKR 2005, 29 ff. = WM 2005, 365 ff.; siehe auch *Jaskulla*, BKR 2005, 231 ff. und *Binder*, WM 2005, 1781 ff.

§ 13 Billigung des Prospekts

Regierungsbegründung zum Wertpapierprospektgesetz mehrfach darauf hin, dass die Prospektprüfung und -billigung durch die BaFin **ausschließlich im öffentlichen Interesse** stehe und die BaFin daher keine Verantwortung bzw. Gewähr für die Vollständigkeit oder Richtigkeit des Prospekts übernehme.[183]

71 Nichtsdestotrotz gibt es auch im Wertpapierprospektgesetz Stellen, die auf eine Drittbezogenheit der Tätigkeit der BaFin und ihrer Eingriffskompetenzen hindeuten (vgl. allein der oben bereits erwähnte § 26 Abs. 1, wonach die BaFin gerade zum Schutz der Anleger tätig werden darf). Und auch die Regierungsbegründung zum WpPG stellt den Anlegerschutz nicht als bloßen Reflex hoheitlichen Handelns, sondern als Kernanliegen des Wertpapierprospektgesetzes und damit als wesentliche Aufgabe der BaFin dar.[184] Darüber hinaus wird in Erwägungsgrund (10) der EU-Prospektrichtlinie der **Anlegerschutz** als das oberste Ziel, das mit der Verabschiedung der EU-Prospektrichtlinie verfolgt werde, genannt. Insoweit lässt sich die Frage nicht (allein) durch den Rückgriff auf den Wortlaut des Gesetzes oder die Intention des Gesetzgebers lösen, zumal auch **verfassungsrechtliche Gesichtspunkte** zu berücksichtigen sind.[185] Andererseits bedeutet das Ziel „Anlegerschutz" nicht notwendigerweise, dass der einzelne Anleger in den Schutzbereich der Vorschrift einbezogen werden sollte und die Norm damit spezifisch drittschützenden Charakter hat. Außerdem würde eine Haftung der BaFin für fehlerhafte Billigungsbescheide gegenüber Anlegern/Aktionären aufgrund des unabsehbaren Haftungsrisikos nicht zu der begrenzten materiellen Prüfungspflicht der BaFin (vgl. oben Rn. 12 f.) passen. Von Ausnahmefällen abgesehen ist daher trotz der verfassungsrechtlich verankerten Drittschutzpflicht der Staatsaufsicht durch die BaFin – auch angesichts der vorgenannten Rechtsprechung von BGH und EuGH zu § 4 Abs. 4 FinDAG – davon auszugehen, dass **Ansprüche von Anlegern bei fehlerhaft erteilter oder versagter Prospektbilligung grundsätzlich nicht in Betracht kommen**.[186] Sie sind nicht „Dritte" im Sinne des § 839 Abs. 1 BGB; im Übrigen wäre auch das Verweisungsprivileg des § 839 Abs. 1 Satz 2 BGB zu beachten.[187]

---

183 RegBegr. EU-ProspRL-UmsetzungsG, BT-Drucks. 15/4999, S. 25, 34 f. Vgl. auch *Groß*, Kapitalmarktrecht, § 13 WpPG Rn. 16; *von Kopp-Colomb*, in: Assmann/Schlitt/von Kopp-Colomb, WpPG/VerkProspG, § 13 Rn. 16 und Rn. 36; *Heidelbach*, in: Schwark/Zimmer, KMRK, § 13 WpPG Rn. 20.

184 RegBegr. EU-ProspRL-UmsetzungsG, BT-Drucks. 15/4999, S. 25.

185 Vgl. ausführlich die Darstellung der Literatur pro/contra eines grundsätzlichen Ausschlusses des Amtshaftungsanspruches in diesem und anderen Bereichen des Aufsichtsrechts bei *Leuering*, in: Holzborn, WpPG, 1. Aufl. 2008, § 13 Rn. 32 in Fn. 54, nur noch pro grundsätzlichen Ausschlusses *Preuße*, in: Holzborn, WpPG, § 13 Rn. 34 in Fn. 77 mit Verweis auf die verfassungsrechtliche Literatur in Fn. 78. Siehe auch *Ritz/Voß*, in: Just/Voß/Ritz/Zeising, WpPG, § 13 Rn. 82 m. w. N.

186 So auch *Groß*, Kapitalmarktrecht, § 13 WpPG Rn. 16; *Grosjean*, in: Heidel, Aktienrecht und Kapitalmarktrecht, § 13 WpPG Rn. 21; *von Kopp-Colomb*, in: Assmann/Schlitt/von Kopp-Colomb, WpPG/VerkProspG, § 13 Rn. 37. So auch im Bereich der Bankenaufsicht *Jaskulla*, BKR 2005, 231, 232. Ebenso hinsichtlich Ansprüchen von Anlegern gegen die betreffenden Bundesländer wegen Amtspflichtverletzung der Zulassungsstellen der jeweiligen Börsen auf Basis ihrer Prospektprüfung nach altem Recht z. B. LG Frankfurt, BKR 2004, 411 f. (Deutsche Telekom). Weitergehend *Preuße*, in: Holzborn, WpPG, § 13 Rn. 34, der auf eine Prüfung im Einzelfall abstellen will. Ausführlich zum Parallelproblem des Drittschutzes im Übernahmerecht *Schnorbus*, ZHR 166 (2002), 72 ff.

187 Vgl. LG Frankfurt, BKR 2004, 411 f.: Vorsatz würde nur bestehen, wenn die Amtsträger wissen, dass der Prospekt nicht billigungsfähig ist und ihn gleichwohl billigen.

2. Ansprüche des Anbieters bzw. Zulassungsantragstellers

Anders verhält es sich hinsichtlich der Geltendmachung von Ansprüchen durch den **Anbieter/Zulassungsantragsteller oder andere am Verfahren beteiligte Parteien**. Denn aufgrund der subjektiv-öffentlichen Rechte aus § 13 von Anbieter bzw. Zulassungsantragsteller besteht eine unmittelbare Amtspflicht der BaFin im Sinne von § 839 BGB i.V. m. Art. 34 GG gegenüber diesen Personen, über die Billigung in angemessener, von § 13 vorgegebener Zeit sachgerecht zu entscheiden (vgl. die oben näher dargelegten Ansprüche auf Verbescheidung und auf Billigung bei Vorliegen der Billigungsvoraussetzungen). Daher bestehen Amtshaftungsansprüche dieser Personen gegenüber der BaFin bei rechtswidriger Versäumnis/Versagung oder sonstigen Fällen rechtswidriger Verbescheidung.[188]

72

In Betracht kommen Amtshaftungsansprüche insbesondere im **Falle der Nichtbescheidung**. Das wirft die Frage auf, ob Amtshaftungsansprüche auch bei nicht billigungsfähigen Prospekten entstehen können. Von der Literatur wird das mit dem Argument bejaht, dass auch bei der Nichtbescheidung nicht billigungsfähiger Prospekte ein Verstoß gegen die Unterrichtungspflicht des § 13 Abs. 3 vorliege und die BaFin sich daher nicht auf die nicht bestehende Billigungsfähigkeit zurückziehen könne (solange der Grad der Unvollständigkeit des Prospekts einen derartigen Schadensersatzanspruch nicht als rechtsmissbräuchlich erscheinen lasse).[189] Dem ist mit Verweis darauf, dass dies Ausfluss bzw. logische Kehrseite der Entscheidung des Gesetzgebers gegen eine Billigungsfiktion nach Ablauf einer gewissen Zeit ist, zuzustimmen. Sinn der Fristen aus § 13 Abs. 2 und Abs. 3 ist es gerade, den Beteiligten eine exakte Zeitplanung zu ermöglichen und die Behörde zu einer fristgerechten Entscheidung zu zwingen.[190]

73

Denkbar wäre ein Amtshaftungsprozess zudem bei **Versagung der Billigung** durch die BaFin im Falle unüberbrückbarer, unterschiedlicher Auffassungen über den Inhalt des Prospekts, d. h. die BaFin verlangt die Aufnahme bestimmter Informationen oder die Streichung bestimmter Aussagen, wozu sich der Anbieter bzw. Zulassungsantragsteller nicht bereit erklärt.[191]

---

188 Ebenso *Groß*, Kapitalmarktrecht, § 13 WpPG Rn. 17; *Grosjean*, in: Heidel, Aktienrecht und Kapitalmarktrecht, § 13 WpPG Rn. 21; *Kullmann/Sester*, WM 2005, 1068, 1073 m.w.N. in Fn. 27; *Preuße*, in: Holzborn, WpPG, § 13 Rn. 34; *von Kopp-Colomb*, in: Assmann/Schlitt/von Kopp-Colomb, WpPG/VerkProspG, § 13 Rn. 39; vorsichtiger *Heidelbach*, in: Schwark/Zimmer, KMRK, § 13 WpPG Rn. 22 („*erscheint möglich*").
189 Vgl. zum Ganzen näher *Groß*, Kapitalmarktrecht, § 13 WpPG Rn. 17; *Kullmann/Sester*, WM 2005, 1068, 1073 mit Verweis auf eine (nicht bestehende) Entlastung durch rechtmäßiges Alternativverhalten; *Preuße*, in: Holzborn, WpPG, § 13 Rn. 36.
190 *Kullmann/Sester*, WM 2005, 1068, 1073; *Preuße*, in: Holzborn, WpPG, § 13 Rn. 36.
191 Eher fraglich dagegen ist, ob Fälle von Schäden des Anbieters/Zulassungsantragstellers durch verzögerte Billigung (Beispiel: Billigung kommt eine Woche später als angekündigt und durch Veränderungen der Marktverfassung kann der Anbieter sein Angebot nicht erfolgreich zu Ende führen) oder Schäden des Anbieters/Zulassungsantragstellers durch Prospekthaftungsansprüche gerade aufgrund von Ergänzungen oder Streichungen, die die BaFin verlangt hat, denkbar sind.

§ 13   Billigung des Prospekts

VI. Exkurs: Zulassungsverfahren nach §§ 32, 34 BörsG/ BörsZulV

74   Im Zusammenhang mit dem Billigungsverfahren nach § 13 ist das Zulassungsverfahren für die angebotenen und/oder zuzulassenden Wertpapiere nach §§ 32, 34 BörsG bzw. den einschlägigen Vorschriften der Börsenzulassungsverordnung (insbesondere §§ 48–52, 72a BörsZulV) zu sehen. Mit der Einführung des Wertpapierprospektgesetzes und durch einige weitere Gesetze[192] im Anschluss daran hat das Zulassungsverfahren **grundlegende Änderungen** erfahren. Dazu hier nur folgende in Verbindung mit dem Billigungsverfahren nach Wertpapierprospektgesetz stehende Anmerkungen:

1. Verhältnis der Kompetenzen von BaFin und Geschäftsführung der Börsen

75   Im Gesetzgebungsverfahren zur Umsetzung der EU-Prospektrichtlinie und Einführung des Wertpapierprospektgesetzes hat es umfangreiche Diskussionen gegeben, wie die Kompetenzverteilung zwischen der neu einzurichtenden BaFin und den Börsen in Zukunft ausgestaltet sein soll. Nach zahlreichen Verschiebungen und Stellungnahmen in den einzelnen Phasen des Gesetzgebungsverfahrens[193] ist es zu folgendem Ergebnis gekommen.

76   Die **BaFin** hat, auch zum Zwecke der europaweiten Harmonisierung,[194] die vollständige **Hoheit über das Prospektbilligungsverfahren** nach dem Wertpapierprospektgesetz. Damit hat die BaFin in diesem Bereich die Aufgaben der (ehemaligen) Zulassungsstellen der Börsen übernommen, die bis zum 1.7.2005 für die Prüfung und Billigung von Verkaufs- und Börsenzulassungsprospekten zuständig waren, soweit für die betreffenden Wertpapiere die Zulassung zum amtlichen oder geregelten Markt beantragt wurde.[195]

77   Der von der BaFin (oder im Notifizierungsverfahren von einer anderen zuständigen Behörde im Europäischen Wirtschaftsraum) gebilligte Prospekt bildet nach § 32 Abs. 3 Nr. 2 BörsG – zusammen mit den weiteren Voraussetzungen nach § 32 Abs. 3 Nr. 1 BörsG – die Grundlage für die gebundene Entscheidung der Geschäftsführungen[196] der Börsen über die Zulassung der Wertpapiere. Die Börse hat also keinerlei Prüfungsbefugnis (mehr) in Bezug

---

192   Vgl. ausführliche Übersicht bei *Seifert/Pfeiffer*, in: Holzborn, WpPG, Vorbemerkung BörsZulV Rn. 1–7.
193   Vgl. dazu ausführlich von der Übertragung der Kompetenzen auf die BaFin im Referentenentwurf zur Umsetzung der EU-Prospektrichtlinie vom 14.9.2006 bis zur endgültigen Gesetzesfassung insbesondere des jetzigen § 32 Abs. 1 BörsG z.B. *Holzborn*, in: Holzborn, WpPG, § 32 BörsG Rn. 1–4.
194   Vgl. *Seifert/Pfeiffer*, in: Holzborn, WpPG, Vorbemerkung BörsZulV Rn. 3.
195   *Apfelbacher/Metzner*, BKR 2006, 81, 81; Rundschreiben Listing 01/2005 der Frankfurter Wertpapierbörse vom 2.6.2005 („*Umsetzung der Prospektrichtlinie*"); *Ekkenga*, BB 2005, 561, 562.
196   Eine der Folgen der zahlreichen gesetzlichen Änderungen war die Abschaffung der bisherigen Zulassungsstellen bei den Börsen (durch das Finanzmarkt-Richtlinie-Umsetzungsgesetz vom 16.7.2007 (FRUG), BGBl. I 2007, S. 1330 vom 19.7.2007). Das Zulassungsverfahren wird nunmehr von den Geschäftsführungen der Börsen betreut (§§ 32 Abs. 1 Satz 1, 39 Abs. 1/Abs. 2, § 42 Abs. 2 BörsO FWB), vgl. *Trapp*, in: Habersack/Mülbert/Schlitt, Unternehmensfinanzierung, § 37 Rn. 39; *Seifert/Pfeiffer*, in: Holzborn, WpPG, Vorbemerkung BörsZulV Rn. 7; *Lachner/v. Heppe*, WM 2008, 576; 576; *Schlitt/Schäfer*, AG 2007, 227, 228 sowie Ziffer 2 des Rundschreibens Listing Nr. 1/2007 der Frankfurter Wertpapierbörse vom 21.9.2007.

VI. Exkurs: Zulassungsverfahren nach §§ 32, 34 BörsG/BörsZulV § 13

auf den Inhalt des Prospekts; eine **doppelte Durchsicht** oder Infragestellung der Billigung durch die Börsen ist also **ausgeschlossen**.[197]

Umgekehrt verbleibt die **Zulassungsentscheidung** – anders als im Laufe des Gesetzgebungsverfahrens zunächst geplant – **bei der jeweiligen Börse** (vgl. § 32 Abs. 1 BörsG), sofern es sich nicht um staatliche Schuldverschreibungen nach § 37 BörsG handelt oder in anderen Gesetzen etwas anderes bestimmt ist, und wird nicht auf die BaFin übertragen. Zulassungs- und Billigungsverfahren sind also unabhängig voneinander zu betreiben.[198] Auch dieser Verbleib der Kernkompetenzen der Börse in Bezug auf die Zulassung dient der Vermeidung einer doppelten Prüfung durch BaFin und Börsen, die bei Übertragung auf die BaFin unter Umständen eingetreten wäre.[199]

78

Sofern Anbieter bzw. Emittent davon ausgehen, dass ihr Angebot bzw. die Zulassung der betreffenden Wertpapiere keiner Prospektpflicht unterliegt (vgl. § 1 Abs. 2, § 3 Abs. 1 und Abs. 2, § 4 Abs. 1 und Abs. 2), besteht also für die Frage der Zulassung der Wertpapiere zum Börsenhandel allein eine Prüfungskompetenz der Börse. Aufgrund der oben dargestellten Aufgabenverteilung gibt es allerdings insoweit eine **Überlappung**, als zum einen die BaFin im Rahmen der repressiven Eingriffsverwaltung einschreiten kann, falls sie von einer Prospektpflicht ausgeht (vgl. § 26 Abs. 4, auch wenn dies keine Ordnungswidrigkeit nach § 35 Abs. 1 Nr. 1 darstellt), und zum anderen die Börse im Rahmen des Zulassungsverfahrens unter Anwendung des Untersuchungsgrundsatzes des § 24 VwVfG[200] prüft, ob tatsächlich keine Prospektpflicht bestand, weil für den Fall des Bestehens einer Prospektpflicht die Voraussetzungen des § 32 Abs. 3 Nr. 2 BörsG nicht eingehalten wurden.[201] Dies gilt vor allem bei den (Ausnahme-)Tatbeständen, die für öffentliches Angebot und Zulassung parallel formuliert sind (vgl. zum Beispiel das Erfordernis eines gleichwertigen Dokuments bei Übernahmen oder Verschmelzungen nach § 4 Abs. 1 Nr. 2/Nr. 3 bzw. § 4 Abs. 2 Nr. 3/Nr. 4) und bei denen die BaFin jedenfalls unstreitig für die Überwachung zu-

79

---

197 Vgl. *Groß*, Kapitalmarktrecht, § 48 BörsZulV Rn. 5; *Seifert/Pfeiffer*, in: Holzborn, WpPG, § 48 BörsZulV Rn. 1; *Schlitt/Singhof/Schäfer*, BKR 2005, 251, 255; *Groß*, in: Marsch-Barner/Schäfer, Handbuch börsennotierte AG, § 9 Rn. 46 ff.; *Grub/Thiem*, NZG 2005, 750, 751. So auch das Rundschreiben Listing 01/2005 der Frankfurter Wertpapierbörse vom 2.6.2005, Ziffer 2, S. 2 („*Eine Prüfung, ob der Prospekt den formellen und materiellen Anforderungen des WpPG, einschließlich der EG-Durchführungsverordnung (Verordnung EG Nr. 809/2004 vom 29. April 2004) genügt, wird durch die Zulassungsstelle nicht vorgenommen. Denn hierfür ist ausschließlich die BaFin zuständig. Die Zulassungsstelle prüft den Prospekt nur dann und nur insoweit, als dies gesetzlich vorgeschrieben ist (z. B. §§ 5 Abs. 2 Nr. 1, 7 Abs. 1 Satz 3 BörsZulV n. F.*“).
198 *Holzborn/Israel*, ZIP 2005, 1668, 1669. Hierin liegt dann auch eine materielle Prüfungskompetenz der Geschäftsstellen der jeweiligen Börse, vgl. *Groß*, Kapitalmarktrecht, § 4 WpPG, Rn. 9; *Seibt/v. Bonin/Isenberg*, AG 2008, 565, 566 f.
199 Es drohte ein zusätzliches börsliches Zulassungsverfahren aufgrund der Selbstverwaltungsrechte der Börsen, vgl. *Holzborn*, in: Holzborn, WpPG, § 32 BörsG Rn. 2–4.
200 *Bloß/Schneider*, WM 2009, 879, 884.
201 Davon gehen offensichtlich auch *Schlitt/Schäfer*, AG 2005, 498, 501 aus. Auch *Schlitt/Wilczek*, in: Habersack/Mülbert/Schlitt, Kapitalmarktinformation, § 4 Rn. 73 Fn. 110; *Trapp*, in: Habersack/Mülbert/Schlitt, Unternehmensfinanzierung, 2. Aufl. 2008 § 31 Rn. 43, anders allerdings 3. Aufl. 2013, § 37 Rn. 42: „*Zuständigkeiten der BaFin bestehen [...] nicht*“. Siehe weiterhin *Veil/Wundenberg*, WM 2008, 1285, 1286; *Holzborn/Israel*, ZIP 2005, 1668, 1669 in Fn. 37, die allerdings wohl (vgl. aber S. 1670, Fn. 48) davon ausgehen, dass in diesem Fall die BaFin keine Eingriffsbefugnisse mehr habe, die eine Prüfung auslösen könnten. **Für Letzteres auch die h. M.**, vgl. die in der folgenden Fußnote genannten.

§ 13 Billigung des Prospekts

ständig ist, ob ein öffentliches Angebot ohne (dafür notwendigen) gebilligten Prospekt vorliegt. Diese Überlappung rührt auch daher, dass die BaFin **keine gesetzliche Grundlage für das Ausstellen sog. Negativbescheinigungen** besitzt, in denen sie bestätigen würde, dass aus ihrer Sicht keine Prospektpflicht besteht.[202] Für die Zusammenarbeit von BaFin und Börse vgl. insbesondere § 26 Abs. 5.

80 Überschneidungen sind schließlich dort denkbar, wo die **§§ 1–12 BörsZulV inhaltliche Anforderungen an den Prospekt** stellen (vgl. § 5 Abs. 2 Nr. 1 BörsZulV bzw. § 7 Abs. 1 Satz 3 BörsZulV),[203] was aber in der Praxis keine wesentlichen Schwierigkeiten bereitet.[204]

81 Ob ein bei der BaFin eingeleitetes Billigungsverfahren für einen **Nachtrag** zu einem Prospekt **Einfluss auf das Zulassungsverfahren** hat, ist unklar. Teilweise ist in der Literatur vertreten worden, dass sich bis zur Billigung des Nachtrags die Zulassung der Aktien zum Börsenhandel verzögere, da der gebilligte Prospekt nach § 32 Abs. 3 Nr. 2 BörsG Voraussetzung für die Zulassung sei.[205] Zwingend erscheint dies nicht, da es ja einen gebilligten Prospekt, der Grundlage einer Zulassungsentscheidung sein könnte, bereits gibt. Fraglich ist vielmehr, ob die Börse sich materiell gehindert sieht, die Zulassung auf Basis eines noch um einen Nachtrag zu ergänzenden (und damit im Moment der Zulassungsentscheidung eventuell nicht mehr richtigen bzw. vollständigen) Prospekts zu erteilen.[206]

2. Notwendigkeit der (Mit-)Antragstellung durch einen sog. Emissionsbegleiter

82 Wie oben bereits dargelegt,[207] ist nach § 32 Abs. 2 BörsG, der den §§ 30 Abs. 2, 51 Abs. 1 Nr. 2 BörsG a. F. entspricht, die Zulassung vom Emittenten der Wertpapiere zusammen mit einem **Kreditinstitut, Finanzdienstleistungsinstitut oder einem nach § 53 Abs. 1 Satz 1 oder § 53b Abs. 1 Satz 1 KWG tätigen Unternehmen** zu beantragen. Das Institut oder Unternehmen hat bestimmte Mindestvoraussetzungen zu erfüllen (an einer inländischen Börse zur Teilnahme am Handel zugelassen; haftendes Eigenkapital von mindestens € 730.000), vgl. § 32 Abs. 2 Satz 2 BörsG. Soweit der Emittent selbst Institut bzw. Unter-

---

202 Vgl. näher *Seibt/v. Bonin/Isenberg*, AG 2008, 565, 566 (insbesondere auch Fn. 9); *Schnorbus*, AG 2009, 389, 400; *Mülbert/Steup*, WM 2005, 1633, 1640; *Veil/Wundenberg*, WM 2008, 1285, 1286; *Grosjean*, in: Heidel, Aktienrecht und Kapitalmarktrecht, § 4 WpPG Rn. 1; *Ritz/Voß*, in: Just/Voß/Ritz/Zeising, WpPG, § 13 Rn. 24; *Heidelbach/Preuße*, BKR 2006, 316, 316; *Keunecke*, Prospekte im Kapitalmarkt, S. 287; anders noch *Holzborn/Israel*, ZIP 2005, 1668, 1670 auf Basis des Rundschreibens Listing 01/2005, Ziff. 4, S. 2, der Frankfurter Wertpapierbörse vom 2.6.2005.
203 Vgl. *Holzborn/Israel*, ZIP 2005, 1668, 1670.
204 Für Schuldverschreibungen ist zusätzlich die Regelung des § 48a BörsZulV in Bezug auf den gebilligten Basisprospekt zu beachten, die ebenfalls z. T. auf den konkreten Inhalt des Basisprospekts abstellt.
205 *Schlitt/Wilczek*, in: Habersack/Mülbert/Schlitt, Kapitalmarktinformation, § 6 Rn. 30.
206 Jedenfalls im Eigenkapitalmarktgeschäft wird es auch in der Praxis kaum vorkommen, dass der Zulassungsbeschluss ansteht, während ein noch nicht von der BaFin gebilligter Nachtrag aussteht, da die Zulassung in der Regel erst zum Ende der Angebotsfrist angestrebt wird. Daher wird ein Nachtrag regelmäßig vor der Zulassung liegen, vgl. z. B. im Rahmen des *Initial Public Offering* der Covestro AG den Nachtrag vom 2.10.2015 und den Zulassungsbeschluss vom 5.10.2015.
207 Siehe oben Rn. 18.

nehmen im vorgenannten Sinne ist, kann er aber den Antrag nach § 32 Abs. 2 Satz 3 BörsG allein stellen.

Daraus folgt erstens, dass das Börsengesetz hier notwendigerweise auf den **Emittenten** abstellt und nicht auf den im Wertpapierprospektrecht verwendeten Begriff des Anbieters. Zweitens ist es – anders als bei dem Billigungsverfahren für den Prospekt bei der BaFin nach dem Wertpapierprospektgesetz – beim Erfordernis der (Mit-)Antragstellung durch ein qualifiziertes Institut/Unternehmen, sog. **Emissionsbegleiter**, geblieben. Die (Mit-)Antragstellung durch den Emissionsbegleiter stellt aber nicht zugleich die Aussage dar, dass der Emissionsbegleiter auch die Prospektverantwortung im Sinne des § 21 Abs. 1 Satz 1 Nr. 1 übernommen habe oder von ihm gar der Erlass des Prospekts im Sinne von § 21 Abs. 1 Satz 1 Nr. 2 ausgehe – auch wenn es im Regelfall am Ende so sein mag, dass die (führende) Konsortialbank auch Mitantragsteller für Zwecke des Zulassungsverfahrens ist.[208] Die rechtlichen Konsequenzen der Mitantragstellung sind daher grundsätzlich separat festzulegen.[209] 83

3. Ablauf des Zulassungsverfahrens

a) Formelle und materielle Voraussetzungen nach § 32 Abs. 3 BörsG, §§ 48ff. BörsZulV

Die Entscheidung der Geschäftsführung der jeweiligen Börse über die Zulassung der Wertpapiere ist ein (für den Adressaten begünstigender bzw. bei Ablehnung belastender) **Verwaltungsakt** im Sinne des § 35 VwVfG.[210] Inhaltlich begründet die Zulassung das öffentlich-rechtliche Benutzungsverhältnis zwischen Emittent und Börse.[211] Die Zulassung der Wertpapiere ist – schon aus der Formulierung des § 38 Abs. 1 Satz 1 BörsG („*zugelassener*") heraus ersichtlich – Voraussetzung für die **Einführung**, d.h. die Aufnahme der Notierung der entsprechenden Wertpapiere.[212] Die Einführung der Wertpapiere ist separat zu beantragen und wird ebenfalls von der Geschäftsführung der Börsen verbeschieden. 84

Die **materiellen Zulassungsvoraussetzungen** ergeben sich – neben dem Vorliegen eines gebilligten Prospekts nach § 32 Abs. 3 Nr. 2 BörsG – aus § 32 Abs. 3 Nr. 1 BörsG, d.h. kumulativ sind die Voraussetzungen nach Art. 35 der Verordnung (EG) Nr. 1287/2006 (MiFID-Durchführungsverordnung[213]) und nach der Börsenzulassungsverordnung (insbeson- 85

---

208 Denkbar wäre z.B. bereits eine Trennung dergestalt, dass die in Großbritannien ansässige Gesellschaft einer Konsortialbank die Prospektverantwortung übernimmt, während die Mitantragstellung durch ein deutsches Unternehmen der Gruppe ausgeführt wird.
209 Keine klare Trennung der Prospektverantwortung von der Mitantragstellung bei *Baumbach/Hopt*, HGB, § 32 BörsG Rn. 3; *Gebhardt*, in: Schäfer/Hamann, Kapitalmarktgesetze, § 30 BörsG Rn. 37ff. Ebenso *Heidelbach*, in: Schwark/Zimmer, KMRK, § 30 BörsG Rn. 14 a.E., die apodiktisch sagt, dass der Emissionsbegleiter für die Richtigkeit und Vollständigkeit des Prospekts nach §§ 44 ff. BörsG a.F. (als Vorgängernormen der §§ 21 ff.) hafte. Eher trennend *Groß*, Kapitalmarktrecht, § 32 BörsG Rn. 33 a.E.
210 Statt aller *Groß*, in: Marsch-Barner/Schäfer, Handbuch börsennotierte AG, § 9 Rn. 3 m.w.N.; *Trapp*, in: Habersack/Mülbert/Schlitt, Unternehmensfinanzierung, § 37 Rn. 10.
211 Vgl. *Ritz/Voß*, in: Just/Voß/Ritz/Zeising, WpPG, § 13 Rn. 6 m.w.N.
212 Vgl. *Gebhardt*, in: Schäfer/Hamann, Kapitalmarktgesetze, § 30 BörsG Rn. 46.
213 Basierend auf der Richtlinie 2004/39/EG des Europäischen Parlaments und des Rates vom 21. April 2004 über Märkte für Finanzinstrumente, zur Änderung der Richtlinien 85/611/EWG

§ 13   Billigung des Prospekts

dere §§ 1–12, 48 BörsZulV) zu erfüllen.[214] Bei etwaigen Widersprüchen zwischen MiFID-Durchführungsverordnung und BörsZulV hätte erstere als ranghöheres Recht Vorrang.[215] Allerdings ging der Gesetzgeber, der in § 32 Abs. 3 Nr. 1 BörsG den Verweis auf Art. 35 der MiFID-Durchführungsverordnung einführte, ohne insbesondere § 5 BörsZulV zu ändern, ersichtlich davon aus, dass die jeweiligen Vorschriften kompatibel seien und daher kein weiterer Änderungsbedarf im deutschen Recht bestünde.[216]

86   Die **formellen Voraussetzungen des Zulassungsantrags** ergeben sich aus § 48 Abs. 1 BörsZulV; die Börsen haben Formblätter entwickelt und auf ihren Internetseiten zur Verfügung gestellt, die für die Antragstellung benutzt werden sollten.[217] Die im Rahmen des Zulassungsverfahrens vorzulegenden[218] Dokumente sind in nicht abschließender Aufzählung („*insbesondere*") in § 48 Abs. 2 BörsZulV genannt. Relevant sind in der Praxis insbesondere die Dokumentation über die Kapitalerhöhung, aus der die zuzulassenden Aktien stammen, sowie bei Nichtbestehen des Emittenten für mehr als drei Jahre Unterlagen zur Begründung einer Entscheidung der Geschäftsführung nach § 3 Abs. 2 BörsZulV.

87   § 48 Abs. 2 Satz 1 und Satz 2 BörsZulV spiegeln die (nunmehr begrenzte) **Rolle der jeweiligen Börse** wider, die ausschließlich das Vorliegen eines gebilligten Prospekts sowie eines vollständigen Zulassungsantrags (plus Einhaltung der materiellen Voraussetzungen insbesondere der §§ 1–12 BörsZulV) prüft.[219]

b) Zeitlicher Ablauf und Veröffentlichungen nach §§ 50–52, 72a Abs. 2 BörsZulV

88   Der Umfang des Zulassungsverfahrens ist nicht nur inhaltlich durch die ausschließliche Prospektprüfungskompetenz der BaFin reduziert worden, sondern das Zulassungsverfahren ist auch in zeitlicher Hinsicht signifikant beschleunigt und überdies im Verwaltungs- bzw. Veröffentlichungsaufwand vereinfacht worden.

89   Auf der **Zeitschiene** regeln §§ 50, 52 BörsZulV das Zulassungsverfahren nunmehr wie folgt:

---

und 93/6/EWG des Rates und der Richtlinie 2000/12/EG des Europäischen Parlaments und des Rates zur Aufhebung der Richtlinie 93/22/EWG, ABl. Nr. L 145 vom 30.3.2004 (sog. MiFID-Richtlinie).

214 Vgl. dazu im Detail z. B. *Trapp*, in: Habersack/Mülbert/Schlitt, Unternehmensfinanzierung, § 37 Rn. 11 ff.; *Groß*, in: Marsch-Barner/Schäfer, Handbuch börsennotierte AG, § 9 Rn. 11 ff.
215 So zu Recht *Holzborn*, in: Holzborn, WpPG, § 32 BörsG Rn. 7.
216 *Groß*, in: Marsch-Barner/Schäfer, Handbuch börsennotierte AG, § 9 Rn. 12.
217 Muster für den Antrag auf Zulassung bei *Groß*, in: Happ, Aktienrecht, § 16.02 lit. d.
218 Die in § 48 Abs. 2 Satz 2 Nr. 1–8 BörsZulV genannten Dokumente sind, soweit einschlägig, nicht nur auf Verlangen vorzulegen, sondern Teil einer vollständigen Antragstellung, vgl. *Seifert/Pfeiffer*, in: Holzborn, WpPG, § 48 BörsZulV Rn. 5; *Gebhardt*, in: Schäfer/Hamann, Kapitalmarktgesetze, § 48 BörsZulV Rn. 10; *Singhof/Weber*, in: Habersack/Mülbert/Schlitt, Unternehmensfinanzierung, § 4 Rn. 91 (S. 199).
219 Vgl. *Apfelbacher/Metzner*, BKR 2006, 81, 84 insbesondere auch Fn. 30 zur Streichung des § 30 Abs. 3 Nr. 3 BörsG a. F. Ebenso *Schlitt/Singhof/Schäfer*, BKR 2005, 251, 255; vgl. auch *Schlitt/Schäfer*, AG 2007, 227, 228. Detailliert zu den Voraussetzungen des Zulassungsverfahrens z. B. *Ekkenga/Maas*, Das Recht der Wertpapieremissionen, S. 122 ff. Rn. 166 ff.

VI. Exkurs: Zulassungsverfahren nach §§ 32, 34 BörsG/BörsZulV § 13

- Die Zulassung darf frühestens an dem auf das Datum der Einreichung des (vollständigen[220]) Zulassungsantrags bei der Geschäftsführung folgenden Handelstags erfolgen. Damit wurde die bisherige Mindestfrist von drei Werktagen nach § 50 BörsZulV a. F. durch das Finanzmarkt-Richtlinie-Umsetzungsgesetz (FRUG) signifikant verkürzt.[221]
- Zudem hat die Börse schon länger die Auffassung vertreten, dass zwischen dem Tag der Einreichung (bzw. nach altem Recht der Veröffentlichung des Zulassungsantrags) und dem Tag der Zulassungsentscheidung kein weiterer Werktag liegen müsse.[222] Daher (und aufgrund der nicht mehr bestehenden Verpflichtung zur Veröffentlichung des Zulassungsantrags,[223] an den die Frist früher anknüpfte) kann der Zulassungsbeschluss tatsächlich bereits einen Handelstag nach Einreichung des Zulassungsantrags erfolgen.[224]
- Die Einführung der Wertpapiere im Sinne von § 38 BörsG darf nach § 52 BörsZulV frühestens an dem auf die erste Veröffentlichung des Prospekts oder, wenn kein Prospekt zu veröffentlichen ist, an dem der Veröffentlichung der Zulassung folgenden Werktag[225] erfolgen.[226]
- Insgesamt kann daher nach jetzt geltendem Recht ein Zulassungsverfahren innerhalb von ca. drei Werktagen abgeschlossen werden (so explizit die Frankfurter Wertpapierbörse:[227] Zulassungsantrag/Antrag auf Notierungsaufnahme am Tag T, Zulassungsbeschluss T+1, Veröffentlichung der Zulassung T+2 und Notierungsaufnahme T+3). Bei Namensaktien

---

220 Insofern ist die frühzeitige Einreichung und Abstimmung des Zulassungsantrags natürlich nach wie vor sehr empfehlenswert, um etwaige zusätzlich einzureichende Dokumente mit der Börse im Vorfeld des ins Auge gefassten Termins für den Zulassungsbeschluss abstimmen zu können.
221 Vgl. zur Begründung Regierungsbegründung zu Art. 9 Nr. 11 FRUG, BT-Drucks. 16/4028, S. 140; *Seifert/Pfeiffer*, in: Holzborn, WpPG, § 50 BörsZulV Rn. 1. Zum FRUG im Einzelnen *Schlitt/Schäfer*, AG 2007, 227 ff.
222 BAWe bzw. BaFin hatten hier früher eine andere Auffassung vertreten, vgl. zu diesem Meinungsstreit ausführlich unten *Berrar*, § 14 Rn. 15.
223 Vgl. *Trapp*, in: Habersack/Mülbert/Schlitt, Unternehmensfinanzierung, § 37 Rn. 44 sowie *Singhof/Weber*, in: Habersack/Mülbert/Schlitt, Unternehmensfinanzierung, § 4 Rn. 91, insbesondere auch bezüglich der bereits zuvor abgeschafften Notwendigkeit der Veröffentlichung in einem überregionalen Börsenpflichtblatt siehe S. 199 Fn. 2.
224 *Meyer*, in: Marsch-Barner/Schäfer, Handbuch börsennotierte AG, § 7 Rn. 103; *Schlitt/Schäfer*, AG 2007, 227, 228 f.; *Trapp*, in: Habersack/Mülbert/Schlitt, Unternehmensfinanzierung, § 37 Rn. 48; *Groß*, in: Marsch-Barner/Schäfer, Handbuch börsennotierte AG, § 9 Rn. 54; *J. Schäfer*, in: Grunewald/Schlitt, Einführung in das Kapitalmarktrecht, S. 204.
225 Warum in § 52 BörsZulV nach wie vor auf „Werktag" abgestellt wird, während § 50 BörsZulV auf „Handelstag" umgestellt wurde, ist nicht ersichtlich. *Groß*, in: Marsch-Barner/Schäfer, Handbuch börsennotierte AG, § 9 Rn. 55 weist zu Recht darauf hin, dass wohl nur „Handelstag" gemeint sein kann, da nur an diesem die in § 52 BörsZulV geregelte Notierungsaufnahme erfolgen könne.
226 Zur Bedeutung des § 52 BörsZulV im Rahmen der EU-Prospektrichtlinie und der Veröffentlichung des Prospekts vgl. unten *Berrar*, § 14 Rn. 23.
227 Rundschreiben Listing Nr. 1/2007 der Frankfurter Wertpapierbörse vom 21.9.2007, wobei unter Ziffer 5 vorsorglich darauf hingewiesen wird, dass es sich um Mindestfristen handelt und im konkreten Fall längere Fristen notwendig sein könnten aufgrund der Umstände des Einzelfalles. Ebenso *Groß*, in: Marsch-Barner/Schäfer, Handbuch börsennotierte AG, § 9 Rn. 55; laut den Angaben der Deutsche Börse zum Zulassungsverfahren beträgt die Bearbeitungsdauer eines Zulassungsantrags bei einem IPO je nach Umfang bis zu zehn Werktage (abrufbar unter http://www.deutsche-boerse-cash-market.com/dbcm-de/primary-market/going-public/ipo-line-going-public/Zulassungsverfahren/1426170).

§ 13 Billigung des Prospekts

hat sich allerdings in der jüngeren Vergangenheit gezeigt, dass wegen des erforderlichen Aktienregisters und des Clearstream-Verfahrens mehr Zeit erforderlich ist.
– Durch die Bezugnahme in § 52 BörsZulV auf die Veröffentlichung nach § 51 BörsZulV und die dortige ausschließliche[228] Nennung des elektronischen Bundesanzeigers könnte sich auf der Zeitschiene aber wegen des Vorlaufs des elektronischen Bundesanzeigers eventuell eine Verzögerung der Einführung der Wertpapiere ergeben, die bei zeitkritischen Verfahren (z. B. *accelerated bookbuilt offerings* ohne zugrunde liegende Wertpapierleihe) problematisch sein kann.[229] Allerdings arbeitet die Frankfurter Wertpapierbörse z. B. sehr eng und gut mit dem elektronischen Bundesanzeiger zusammen und kann so in der Praxis eine sehr zügige Umsetzung gewährleisten.

90 Bezüglich der Veröffentlichungspflichten im Zulassungsverfahren bedarf es durch die Streichung von § 49 BörsZulV a. F. **keiner Veröffentlichung des Zulassungsantrages** durch die Börsen mehr. Lediglich der Zulassungsbeschluss wird nach § 51 BörsZulV von der Geschäftsführung der Börse auf Kosten des Antragstellers im elektronischen Bundesanzeiger veröffentlicht. Zudem wird die Zulassung durch Börsenbekanntmachung veröffentlicht (vgl. z. B. § 60 Abs. 3 Börsenordnung der Frankfurter Wertpapierbörse, d. h. per Internetveröffentlichung).

---

228 Zur vormals notwendigen zusätzlichen Veröffentlichung des Zulassungsbeschlusses in einem (überregionalen) Börsenpflichtblatt siehe Vorauflage, Rn. 91.
229 *Meyer*, in: Marsch-Barner/Schäfer, Handbuch börsennotierte AG, § 7 Rn. 103.

§ 14 Hinterlegung und Veröffentlichung des Prospekts

(1) ¹Nach seiner Billigung hat der Anbieter oder Zulassungsantragsteller den Prospekt bei der Bundesanstalt zu hinterlegen und unverzüglich, spätestens einen Werktag vor Beginn des öffentlichen Angebots, nach Absatz 2 zu veröffentlichen. ²Werden die Wertpapiere ohne öffentliches Angebot in den Handel an einem organisierten Markt eingeführt, ist Satz 1 mit der Maßgabe entsprechend anzuwenden, dass für den Zeitpunkt der spätesten Veröffentlichung anstelle des Beginns des öffentlichen Angebots die Einführung der Wertpapiere maßgebend ist. ³Findet vor der Einführung der Wertpapiere ein Handel von Bezugsrechten im organisierten Markt statt, muss der Prospekt mindestens einen Werktag vor dem Beginn dieses Handels veröffentlicht werden. ⁴Im Falle eines ersten öffentlichen Angebots einer Gattung von Aktien, für die der Emittent noch keine Zulassung zum Handel an einem organisierten Markt erhalten hat, muss die Frist zwischen dem Zeitpunkt der Veröffentlichung des Prospekts nach Satz 1 und dem Abschluss des Angebots mindestens sechs Werktage betragen.

(2) ¹Der Prospekt ist zu veröffentlichen

1. in einer oder mehreren Wirtschafts- oder Tageszeitungen, die in den Staaten des Europäischen Wirtschaftsraums, in denen das öffentliche Angebot unterbreitet oder die Zulassung zum Handel angestrebt wird, weit verbreitet sind,
2. indem der Prospekt in gedruckter Form zur kostenlosen Ausgabe an das Publikum bereitgehalten wird
   a) bei den zuständigen Stellen des organisierten Marktes, an dem die Wertpapiere zum Handel zugelassen werden sollen,
   b) beim Emittenten,
   c) bei den Instituten im Sinne des § 1 Abs. 1b des Kreditwesengesetzes oder den nach § 53 Abs. 1 Satz 1 oder § 53b Abs. 1 Satz 1 des Kreditwesengesetzes tätigen Unternehmen, die die Wertpapiere platzieren oder verkaufen, oder
   d) bei den Zahlstellen,
3. auf der Internetseite
   a) des Emittenten,
   b) der Institute im Sinne des § 1 Abs. 1b des Kreditwesengesetzes oder der nach § 53 Abs. 1 Satz 1 oder § 53b Abs. 1 Satz 1 des Kreditwesengesetzes tätigen Unternehmen, die die Wertpapiere platzieren oder verkaufen, oder
   c) der Zahlstellen oder
4. auf der Internetseite des organisierten Marktes, für den die Zulassung zum Handel beantragt wurde.

²Sofern der Prospekt nach Nummer 1 oder Nummer 2 veröffentlicht wird, ist er zusätzlich nach Nummer 3 zu veröffentlichen. ³Die Bereitstellung nach den Nummern 2, 3 und 4 muss mindestens bis zum endgültigen Schluss des öffentlichen Angebotes oder, falls diese später erfolgt, bis zur Einführung in den Handel an einem organisierten Markt andauern.

§ 14 Hinterlegung und Veröffentlichung des Prospekts

(3) Der Anbieter oder der Zulassungsantragsteller hat der Bundesanstalt Datum und Ort der Veröffentlichung des Prospekts unverzüglich schriftlich mitzuteilen.

(4) ¹Wird der Prospekt in mehreren Einzeldokumenten erstellt oder enthält er Angaben in Form eines Verweises, können die den Prospekt bildenden Dokumente und Angaben getrennt in einer der in Absatz 2 genannten Art und Weise veröffentlicht werden. ²In jedem Einzeldokument ist anzugeben, wo die anderen Einzeldokumente erhältlich sind, die zusammen mit diesem den vollständigen Prospekt bilden.

(5) Wird der Prospekt im Internet veröffentlicht, so muss dem Anleger vom Anbieter, vom Zulassungsantragsteller oder von den Instituten im Sinne des § 1 Abs. 1b des Kreditwesengesetzes oder den nach § 53 Abs. 1 Satz 1 oder § 53b Abs. 1 Satz 1 des Kreditwesengesetzes tätigen Unternehmen, die die Wertpapiere platzieren oder verkaufen, auf Verlangen eine Papierversion kostenlos zur Verfügung gestellt werden.

(6) ¹Der hinterlegte Prospekt wird von der Bundesanstalt zehn Jahre aufbewahrt. ²Die Aufbewahrungsfrist beginnt mit dem Schluss des Kalenderjahres, in dem der Prospekt hinterlegt worden ist.

Übersicht

	Rn.
I. Regelungsgegenstand des § 14 und Rechtsfolgen	1
II. Änderungen des EU-Rechts mit Bezug zu § 14	6
1. Überarbeitung der EU-Prospektrichtlinie durch Änderungsrichtlinie 2010/73/EU sowie die Richtlinien 2010/78/EU und 2014/51/EU	6
2. Technische Regulierungsstandards für die Veröffentlichung des Prospekts	6b
3. Stand des Entwurfs der neuen EU-ProspektVO	6c
III. Hinterlegung und Fristen für die Veröffentlichung gemäß § 14 Abs. 1	7
1. Pflicht zur Hinterlegung gemäß § 14 Abs. 1 Satz 1	7
2. Pflicht zur Veröffentlichung und Fristen gemäß § 14 Abs. 1 Satz 1–4	11
a) Grundregel für Prospekte bei öffentlichen Angeboten (§ 14 Abs. 1 Satz 1)	11
b) Einführung von Wertpapieren ohne öffentliches Angebot (§ 14 Abs. 1 Satz 2)	23
c) Handel von Bezugsrechten (§ 14 Abs. 1 Satz 3)	24
d) Erstes öffentliches Angebot einer Gattung von Aktien (§ 14 Abs. 1 Satz 4)	26
IV. Veröffentlichungsformen und Dauer der Bereitstellung gemäß § 14 Abs. 2	30
1. Zeitungspublizität gemäß § 14 Abs. 2 Satz 1 Nr. 1, Abs. 2 Satz 2	32
2. Schalterpublizität gemäß § 14 Abs. 2 Satz 1 Nr. 2, Abs. 2 Satz 2	36
3. Internetpublizität gemäß § 14 Abs. 2 Satz 1 Nr. 3 und Nr. 4	40
4. Dauer der Bereitstellung nach § 14 Abs. 2 Satz 3/Verhältnis zu § 13 Abs. 4	47
V. Mitteilung der Veröffentlichung gemäß § 14 Abs. 3	49
1. Mitteilung der Veröffentlichung an die BaFin gemäß § 14 Abs. 3	49
2. Streichung des § 14 Abs. 3 Satz 2 a.F.	52
VI. Veröffentlichung bei mehreren Einzeldokumenten bzw. Verweisen gemäß § 14 Abs. 4	54
VII. Papierversion bei Internetveröffentlichung gemäß § 14 Abs. 5	57
VIII. Aufbewahrungsfrist gemäß § 14 Abs. 6	61

I. Regelungsgegenstand des § 14 und Rechtsfolgen

§ 14 setzt Art. 14 der EU-Prospektrichtlinie in nationales Recht um. **Regelungsgegen-** 1
stand des § 14 sind primär die im Anschluss an die Billigung des Prospekts nach § 13 ausgelöste Verpflichtung zur Veröffentlichung des Prospekts, einschließlich Regelungen zu Fristen und Formen der Veröffentlichung, durch den Anbieter bzw. Zulassungsantragsteller (§ 14 Abs. 1 und Abs. 2) und die entsprechende Mitteilung über die Veröffentlichung an die BaFin (§ 14 Abs. 3), die Hinterlegung des Prospekts bei der BaFin (§ 14 Abs. 1 Satz 1) und dessen Aufbewahrung bei der BaFin (§ 14 Abs. 6) sowie Sondervorschriften bei bestimmten Veröffentlichungen (§ 14 Abs. 4 und Abs. 5). Zudem sind die Vorschriften der Art. 6–10 der Delegierten Verordnung (EU) 2016/301 vom 30.11.2015[1] (entsprechen Art. 29–33 der EU-Prospektverordnung a. F.) zu beachten, die einzelne Veröffentlichungsformen näher konkretisieren.

§ 14 hat seit seinem Inkrafttreten zwei wesentliche Änderungen erfahren. Zum einen hatte 2
seit dem Inkrafttreten des Wertpapierprospektgesetzes am 1.7.2005 § 14 Abs. 3 Satz 2 a. F. bestimmt, dass der Anbieter oder Zulassungsantragsteller in einer oder mehreren Zeitungen im Sinne des § 14 Abs. 2 Nr. 1 eine Mitteilung zu veröffentlichen habe, aus der hervorgeht, wie der Prospekt veröffentlicht worden ist und wo er erhältlich ist. Damit hatte Deutschland von der in Art. 14 Abs. 3 der EU-Prospektrichtlinie vorgesehenen Wahlmöglichkeit, eine solche Hinweisbekanntmachung zu verlangen, Gebrauch gemacht.[2] Unter anderem auf Basis eines Berichts der Bundesregierung über die praktischen Erfahrungen mit Veröffentlichungen derartiger Hinweisbekanntmachungen[3] wurde § 14 Abs. 3 Satz 2 durch Art. 36 Nr. 1 des **Jahressteuergesetzes 2009** aufgehoben.[4] Eine Hinweisbekanntmachung ist daher seit Ende 2008 in Deutschland nicht mehr erforderlich.[5] Zum anderen wurden die Sätze 2 und 3 des § 14 Abs. 2 mit dem Gesetz zur Umsetzung der Änderungsrichtlinie 2010/73/EU und zur Änderung des Börsengesetzes vom 26.6.2012 eingefügt. Der neue § 14 Abs. 2 Satz 2 schreibt auch bei der Veröffentlichung in gedruckten Medien eine **zusätzliche elektronische Veröffentlichung** auf der Website des Emittenten, Anbieters oder Zulassungsantragstellers vor und setzt damit im Ergebnis die Änderung des Art. 14 Abs. 2 Unterabsatz 2 der EU-Prospektrichtlinie um.[6] Die neue Regelung soll der leichten Zugänglichkeit der Informationen dienen, ohne nennenswerten zusätzlichen Aufwand für Emittenten oder Anbieter mit sich zu bringen.[7]

---

1 Siehe dazu unten unter Rn. 6b.
2 Kritisch zu der Wahlmöglichkeit *Wiegel*, Die Prospektrichtlinie und Prospektverordnung, S. 349 f.
3 Unterrichtung durch die Bundesregierung, Bericht der Bundesregierung über die praktischen Erfahrungen mit Veröffentlichungen von Emittenten gemäß Wertpapierhandelsgesetz und Hinweisbekanntmachungen in Zeitungen gemäß Wertpapierprospektgesetz vom 10. Juni 2008, BT-Drucks. 16/9568.
4 Jahressteuergesetz 2009 (JStG 2009) vom 24.12.2008, BGBl. I 2008, S. 2794 ff. Siehe dazu ausführlich *Jäger/Maas*, BB 2009, 852 ff.
5 Siehe dazu auch unten Rn. 52 f.
6 Siehe dazu im Einzelnen unten Rn. 6.
7 RegBegr. ProspRLÄndRLUmsG, BT-Drucks. 17/8684, S. 20. Kritisch hinsichtlich des zusätzlichen Aufwandes insbesondere für kleine und mittelständische Unternehmen *Preuße*, in: Holzborn, WpPG, § 14 Rn. 14.

§ 14   Hinterlegung und Veröffentlichung des Prospekts

Der neue § 14 Abs. 2 Satz 3 schließt die bisherige Regelungslücke hinsichtlich der Dauer der Veröffentlichung eines Prospekts.[8] Der gewählte Zeitraum der Veröffentlichungspflicht deckt sich mit dem Zeitraum, in dem der Prospekt nach § 16 zu aktualisieren ist.

3   Seit Abschaffung des § 14 Abs. 3 Satz 2 a. F. hat die BaFin wohl auch ihre frühere, den Anwendungsbereich des § 14 erweiternde Auffassung, dass auch im Falle einer Notifizierung eines in einem anderen Mitgliedstaat gebilligten Prospekts eine Veröffentlichung des Prospekts in Deutschland als Aufnahmemitgliedstaat nach § 14 Abs. 2 erforderlich sei und das Angebot aufgrund von § 14 Abs. 1 erst am Werktag nach dieser Veröffentlichung beginnen dürfe,[9] aufgegeben.[10] Insofern besteht weder eine gesonderte Verpflichtung zur Veröffentlichung des notifizierten Prospekts in Deutschland nach § 14 Abs. 2 noch eine Verpflichtung zur Mitteilung nach § 14 Abs. 3.

4   **Verwandte Vorschriften zu § 14** finden sich in § 9 VermAnlG für Vermögensanlagen nach dem Vermögensanlagengesetz sowie in § 14 Abs. 2 und Abs. 3 WpÜG für Angebotsunterlagen nach dem Wertpapiererwerbs- und Übernahmegesetz. Dabei ist allerdings festzustellen, dass es nach § 14 Abs. 3 Satz 1 WpÜG nur eine Form der Veröffentlichung von Angebotsunterlagen gibt (Internet und elektronischer Bundesanzeiger kumulativ), während die EU-Prospektrichtlinie bzw. das Wertpapierprospektgesetz dem Anbieter/Zulassungsantragsteller im Grundsatz eine ganze Reihe von Veröffentlichungsalternativen zur Wahl stellt. In Folge der durch § 14 Abs. 2 Satz 2 eingeführten zwingenden elektronischen Veröffentlichung hat sich dieser Spielraum allerdings deutlich eingeengt und dürfte faktisch dazu führen, dass fast ausschließlich die Internetpublizität gewählt wird.[11] Im Ergebnis ist die Internetpublizität zum gesetzlichen Regelfall ausgestaltet worden.[12]

5   Die **Nichteinhaltung der Pflichten nach § 14 Abs. 1 Satz 1, § 14 Abs. 3, § 14 Abs. 4 Satz 2 oder § 14 Abs. 5** kann gemäß § 35 Abs. 1 Nr. 6, Nr. 7, Nr. 7a bzw. Nr. 8 eine Ordnungswidrigkeit darstellen, wenn sie vorsätzlich oder leichtfertig erfolgt.

II. Änderungen des EU-Rechts mit Bezug zu § 14

1. Überarbeitung der EU-Prospektrichtlinie durch die Änderungsrichtlinie 2010/73/EU sowie die Richtlinien 2010/78/EU und 2014/51/EU

6   Die EU-Prospektrichtlinie ist auf Basis von Art. 31 EU-Prospektrichtlinie seit 2007 in einem mehrjährigen Prozess, der verschiedenste **Vorschläge zur Änderung der EU-Prospektrichtlinie** von Europäischer Kommission, Europäischer Ratspräsidentschaft und Eu-

---

8   RegBegr. ProspRLÄndRLUmsG, BT-Drucks. 17/8684, S. 20, vgl. dazu auch Rn. 47 f. der Vorauflage; *Groß*, Kapitalmarktrecht, § 14 WpPG Rn. 1.
9   Siehe zu dem diesbezüglichen Meinungsstreit im Zusammenhang mit der Hinweisbekanntmachung Rn. 52 f. der Vorauflage sowie unten *Wolf*, § 17 Rn. 16 ff.
10 *Kunold*, in: Assmann/Schlitt/von Kopp-Colomb, WpPG/VerkProspG, § 14 Rn. 39 ff., insbesondere Rn. 43 mit Verweis auf die jetzige Position der BaFin in Fußnote 2; auch *Groß*, Kapitalmarktrecht, § 14 WpPG Rn. 7a.
11 Siehe dazu im Einzelnen unten Rn. 34 f. und 39 f.
12 *Preuße*, in: Holzborn, WpPG, § 14 Rn. 15.

II. Änderungen des EU-Rechts mit Bezug zu § 14 § 14

ropäischem Parlament hervorgebracht hat, überarbeitet worden. Dieser Prozess mündete in der am 11.12.2010 veröffentlichten Änderungsrichtlinie 2010/73/EU (zur weiteren Entstehungsgeschichte vgl. die Vorauflage Rn. 6).[13] Durch die Änderungsrichtlinie wurde Art. 14 Abs. 2 Unterabsatz 2 der EU-Prospektrichtlinie dahingehend geändert, dass die bislang als Option für die Mitgliedsstaaten ausgestaltete Regelung, bei der Veröffentlichung in gedruckten Medien eine zusätzliche elektronische Veröffentlichung auf der Website des Emittenten, Anbieters oder Zulassungsantragstellers vorzuschreiben, in eine verpflichtende Vorschrift umgestaltet wurde. Diese Änderung wurde beschlossen,[14] aber zunächst irrtümlicherweise nicht in den deutschen Text der Änderungsrichtlinie 2010/73/EU übernommen, so dass auch der deutsche Wortlaut von Art. 14 Abs. 2 Unterabsatz 2 der Prospektrichtlinie zunächst als Option ausgestaltet blieb.[15] Auch die Regierungsbegründung zum Gesetz zur Umsetzung der Änderungsrichtlinie ging davon aus, der damit eingeführte neue § 14 Abs. 2 Satz 2 mache von einer in Art. 14 Abs. 2 Unterabsatz 2 der EU-Prospektrichtlinie enthaltenen „Option" Gebrauch.[16] Erst am 24.7.2014 wurde der Fehler in der deutschen Version der Änderungsrichtlinie und der Prospektrichtlinie berichtigt, wobei in der Berichtigung wiederum das Wort „zu" unterschlagen wurde.[17] Seither ist die **zwingende elektronische Verfügbarkeit des Prospekts** auch in der deutschen Fassung der EU-Prospektrichtlinie reflektiert. Im Übrigen hat die Änderungsrichtlinie zu keinen wesentlichen Änderungen des Art. 14 der EU-Prospektrichtlinie geführt, die sich auf § 14 WpPG auswirken. Die im Rahmen des Konsultationsprozesses zur Überarbeitung der EU-Prospektrichtlinie u.a. von der *High Level Group of Independent Stakeholders on Administrative Burdens* (sog. Stoiber-Gruppe) geforderte Streichung von Art. 14 Abs. 7 der EU-Prospektrichtlinie (korrespondierend § 14 Abs. 5), der die Verpflichtung enthält, bei elektronischer Veröffentlichung des Prospekts dem Anleger zwingend auch eine Papierversion zur Verfügung zu stellen, spielte in den abschließenden Diskussionen und der endgültigen Fassung der Änderungsrichtlinie keine Rolle mehr.

Die in der tagggleich mit der Änderungsrichtlinie erlassenen EU-Richtlinie 2010/78/EU[18] vorgesehene Pflicht der BaFin, gebilligte Prospekte der ESMA zugänglich zu machen (Art. 14 Abs. 1 EU-Prospektrichtlinie), wurde in § 13 Abs. 2 Satz 1 2. Halbs. umgesetzt (vgl. dazu § 13 Rn. 5). Bei der Verpflichtung zur Veröffentlichung der Liste der gebilligten 6a

---

13 Richtlinie 2010/73/EU des Europäischen Parlaments und des Rates vom 24.11.2010 zur Änderung der Richtlinie 2003/71/EG, ABl. 327/1 vom 11.12.2010 (im Folgenden „Änderungsrichtlinie"). Vgl. dazu näher oben *Schnorbus*, Vor §§ 1 ff. Rn. 4 ff.
14 Vgl. den vom EU-Parlament im Juni 2010 beschlossenen finalen Richtlinienentwurf, dem vom Rat der Europäischen Union im Oktober 2010 zugestimmt wurde (siehe Council of the European Union, Document 14708/10 vom 11.10.2010 und das dort verlinkte Dokument vom 29.9.2010 sowie die Pressemitteilung 14426/1/10 REV 1 vom 11./12.10.2010). Vgl. auch den englischen Wortlaut der Richtlinie 2010/73/EU, abrufbar unter http://eur-lex.europa.eu/legal-content/EN/TXT/HTML/?uri=CELEX:32010L0073&qid=1451987571179&from=DE (Stand vom 5.1.2016).
15 Vgl. die konsolidierte deutsche Fassung der Prospektrichtlinie vom 4.1.2011, abrufbar unter http://eur-lex.europa.eu/legal-content/DE/TXT/?uri=CELEX:02003L0071-20110104 (Stand vom 5.1.2016).
16 RegBegr. ProspRLÄndRLUmsG, BT-Drucks. 17/8684, S. 20. So aber auch *Preuße*, in: Holzborn, WpPG, § 14 Rn. 1.
17 Berichtigung der Richtlinie 2010/73/EU des Europäischen Parlaments und des Rates vom 24.11.2010 zur Änderung der Richtlinie 2003/71/EG, ABl. 218/8 vom 24.7.2014.
18 Richtlinie 2010/78/EU des Europäischen Parlaments und des Rates vom 24.11.2010, ABl. L 331/120 vom 15.12.2010.

Prospekte durch die ESMA (Art. 14 Abs. 4a der EU-Prospektrichtlinie) handelt es sich um eine unmittelbare Pflicht der ESMA, die nicht in deutsches Recht umgesetzt werden musste.[19]

Durch Art. 1 Nr. 4 der Richtlinie 2014/51/EU (sog. Omnibus-II-Richtlinie) wurde Art. 14 Abs. 8 der Prospektrichtlinie geändert. Die ESMA soll danach zur Sicherstellung der Harmonisierung der Billigung von Prospekten **technische Regulierungsstandards** im Entwurf ausarbeiten und der Kommission vorlegen. Der Kommission wurde vom Europäischen Parlament die Befugnis übertragen, die technischen Regulierungsstandards als sog. **Delegierte Verordnung** i. S. v. Art. 290 AEUV zu erlassen.

2. Technische Regulierungsstandards für die Veröffentlichung des Prospekts

6b Infolge der Änderung von Art. 14 Abs. 8 der Prospektrichtlinie durch Art. 1 Abs. 4 der Richtlinie 2014/51/EU (sog. Omnibus-II-Richtlinie) hat die ESMA einen Entwurf technischer Regulierungsstandards ausgearbeitet, der am 30.11.2015 von der EU-Kommission angenommen wurde.[20] Die endgültige Fassung der Delegierten Verordnung (EU) 2016/301 vom 30.11.2015 zur Ergänzung der Richtlinie 2003/71/EG des Europäischen Parlaments und des Rates durch technische Regulierungsstandards für die Billigung und Veröffentlichung des Prospekts und die Verbreitung von Werbung und zur Änderung der Verordnung (EG) Nr. 809/2004 der Kommission (**TRS**)[21] ist am 24.3.2016 in Kraft getreten und wird so lange gelten, bis die neue EU-ProspektVO[22] und ihre Durchführungsbestimmungen angewandt werden müssen.[23] Aufgrund ihrer Ausgestaltung als delegierte Verordnung im Sinne von Art. 290 AEUV entfalten die TRS unmittelbare Geltung und bedürfen keiner Umsetzung in deutsches Recht.[24] Die TRS enthalten in den Art. 6 ff. auch Vorschriften zur Veröffentlichung von Prospekten.

– Art. 6 Abs. 4 setzt (wie auch der Entwurf der neuen EU-ProspektVO[25]) die in der *Timmel*-Entscheidung des EuGH aufgestellten Grundsätze zu Disclaimern um und statuiert, dass für den Zugang zum Prospekt weder eine Registrierung noch die Zustimmung zu einer Haftungsbegrenzungsklausel noch die Entrichtung einer Gebühr erforderlich sein darf, wobei die TRS insoweit sogar über die *Timmel*-Entscheidung hinausgehen, als dass dort Registrierung und Haftungsbegrenzungsklausel nur kumulativ als unzulässig

---

19 *Preuße*, in: Holzborn, WpPG, § 14 Rn. 1, zweifelhaft aber angesichts der Schaffung des § 13 Abs. 2 Satz 1 2. Halbs. die dort vertretene Ansicht, auch die Unterrichtungs- und Übermittlungspflicht der BaFin sei nicht in deutsches Recht umzusetzen gewesen.
20 Der Entwurf C(2015) 8379 kann unter http://ec.europa.eu/finance/securities/prospectus/index_de.htm unter der Rubrik *30.11.2015 – Text der delegierte Verordnungen* [sic] abgerufen werden (Stand: 22.2.2016).
21 Siehe dazu auch oben *Schnorbus*, vor §§ 1 ff. Rn. 10.
22 S. dazu unten Rn. 6c.
23 Vgl. Abschnitt „*1. Kontext des delegierten Rechtsakts*" der Begründung des Entwurfs C(2015) 8379, abrufbar unter http://ec.europa.eu/finance/securities/prospectus/index_de.htm unter der Rubrik *30.11.2015 – Text der delegierte Verordnungen* [sic] (Stand: 22.2.2016).
24 Siehe dazu oben *Berrar*, § 13 Rn. 5 m. w. N.
25 Vgl. unten Rn. 6c zu Art. 20 des Vorschlag COM(2015) 583.

angesehen wurden.²⁶ Nach Erwägungsgrund 7 der TRS sollen aber Warnfilter, die darauf hinweisen, an welche Rechtsräume sich ein Angebot richtet, und von den Anlegern die Angabe ihres Sitzlandes oder eine Erklärung verlangen, dass sie in einem bestimmten Staat oder Rechtsraum nicht ansässig sind, nicht als Haftungsbegrenzungsklausel angesehen werden.

– Für die Staaten, die anders als die Bundesrepublik von der Möglichkeit Gebrauch gemacht haben, eine Hinweisbekanntmachung zu verlangen,²⁷ harmonisieren die TRS Inhalt und Veröffentlichungsort dieser Hinweisbekanntmachung.²⁸

Im Übrigen ähneln die Regelungen dem, was bislang in Art. 29 ff. der (derzeit geltenden²⁹) EU-Prospektverordnung geregelt war.³⁰ Nach Art. 13 der TRS wurden daher Art. 29 bis 34 der derzeitigen EU-Prospektverordnung aufgehoben.³¹

3. Stand des Entwurfs der neuen EU-ProspektVO

Im Rahmen des Aktionsplans zur Schaffung einer Kapitalmarktunion hat die Europäische Kommission am 30.11.2015 den Vorschlag COM(2015) 583 zur Überarbeitung der EU-Prospektrichtlinie vorgelegt, der unter anderem vorsieht, die jetzige EU-Prospektrichtlinie durch eine unmittelbar geltende Verordnung zu ersetzen (die **neue EU-ProspektVO**).³² Der Vorschlag sieht auch eine Reihe von Änderungen in Bezug auf den derzeitigen Art. 14 der EU-Prospektrichtlinie (Art. 20 der geplanten Verordnung) vor, insbesondere:

6c

– *Veröffentlichungsfrist.* Der Passus „*so bald wie praktisch möglich*" wird gestrichen. Es verbleibt damit der bislang nur als Höchstgrenze ausformulierte Teil „*rechtzeitig vor und spätestens mit Beginn des öffentlichen Angebots [...]*". Es bleibt abzuwarten, ob sich damit die bislang um den Begriff „unverzüglich" entstandene Diskussion, die insbesondere bei der Frage einer zeitlich hinausgeschobenen Veröffentlichung aufkommt (siehe dazu im Einzelnen unten Rn. 12 ff.), entschärft.

---

26 EuGH v. 15.5.2014 – C-359/12. Vgl. zu diesem Aspekt der *Timmel*-Entscheidung unten Rn. 45 und die Kommentierung zu Art. 6 TRS (Art. 29 EU-Prospektverordnung a. F.).
27 Vgl. dazu unten Rn. 52 f.
28 So zumindest Abschnitt „*3. Rechtliche Aspekte des delegierten Rechtsakts*" der Begründung des Entwurfs C(2015) 8379, abrufbar unter http://ec.europa.eu/finance/securities/prospectus/index_de.htm unter der Rubrik *30.11.2015 – Text der delegierte Verordnungen* [sic] (Stand: 23.2.2016). Beim Vergleich von Art. 9 TRS mit Art. 31 der EU-Prospektverordnung a. F. kann allerdings kein wesentlicher Unterschied ausgemacht werden.
29 Neben der bisherigen EU-Prospektrichtlinie soll auch die derzeitige EU-Prospektverordnung im Rahmen der Schaffung der neuen EU-ProspektVO aufgehoben werden, nachdem ein neues Regime bezüglich des Mindestinhalts von Prospekten geschaffen wurde, vgl. Frage 19 des Fact Sheet „*Revamping the prospectus, the gateway to European capital markets*" zum Entwurf der neuen EU-ProspektVO, abrufbar unter http://ec.europa.eu/finance/securities/prospectus/index_de.htm unter der Rubrik *30.11.2015 – Häufig gestellte Fragen* (nur englisch) (Stand: 16.2.2016).
30 Siehe zum genauen Wortlaut der TRS unten die Kommentierung zu Art. 6 ff. TRS (Art. 29 ff. EU-Prospektverordnung a. F.).
31 Im Folgenden werden die entsprechenden ehemaligen Normen der EU-Prospektverordnung und die aktuell geltenden Normen der TRS parallel zitiert, sofern sich keine entscheidenden Unterschiede ergeben.
32 Der Vorschlag kann unter http://ec.europa.eu/finance/securities/prospectus/index_de.htm unter der Rubrik *30.11.2015 – Text des Vorschlags* abgerufen werden (Stand: 21.1.2016). Siehe dazu im Einzelnen oben *Schnorbus*, vor §§ 1 ff. Rn. 11 ff., sowie *Berrar*, § 13 Rn. 5c.

§ 14 Hinterlegung und Veröffentlichung des Prospekts

– *Abschaffung der Zeitungs- und Schalterpublizität.* Absatz 2 des neu zu schaffenden Art. 20 sieht als einzige Veröffentlichungsform die Internetpublizität vor. Damit wird deren faktischer Dominanz[33] und der durch die Einführung der verpflichtenden zusätzlichen elektronischen Veröffentlichung und Aufwertung der Internetpublizität zur Regelpublizität[34] letztlich besiegelten Bedeutungslosigkeit der beiden anderen Arten der Publizität Rechnung getragen.
– *Leicht zugängliche, eigene Rubrik auf der Website.* Die neue EU-ProspektVO enthält dezidierte Bestimmungen, wie genau der Prospekt abrufbar sein muss. Dies beinhaltet, dass der Prospekt *„in einer beim Aufrufen der Website leicht zugänglichen eigenen Rubrik veröffentlicht"* wird und dass in dieser Rubrik auch die Informationen enthalten sind, auf die im Prospekt verwiesen wird, Abs. 3 des neu zu schaffenden Art. 20. Außerdem werden durch Abs. 4 (wie durch Art. 6 Abs. 4 TRS) die durch die *Timmel*-Entscheidung[35] des EuGH aufgestellten Grundsätze zu Disclaimern umgesetzt, so dass für den Zugang zum Prospekt weder eine Registrierung noch die Akzeptanz einer Haftungsbegrenzungsklausel noch die Entrichtung einer Gebühr erforderlich sein darf, wobei der Entwurf wie schon Art. 6 Abs. 4 TRS über die *Timmel*-Entscheidung hinausgeht, da in der Entscheidung Registrierung und Haftungsbegrenzungsklausel nur kumulativ als unzulässig angesehen wurden.[36]
– *Verfügbarkeit des Prospektes an einer zentralen Stelle.* Nach Art. 20 Abs. 6 des Entwurfs soll die ESMA einen kostenlos zugänglichen Speichermechanismus mit Suchfunktionen entwickeln, der sämtliche Prospekte erfassen soll.
– *Bereitstellung für zehn Jahre.* Sowohl bei der zentralen Stelle der ESMA **als auch auf der im Rahmen der Internetpublizität nach dem neuen Abs. 2 gewählten Website** ist der Prospekt für mindestens **zehn Jahre** öffentlich verfügbar zu halten, vgl. Art. 20 Abs. 7 und Erwägungsgrund 55 des Entwurfs. Auch die bei der BaFin *„veröffentlichten"*[37] Prospekte bzw. Hyperlinks müssen nach Art. 20 Abs. 5 Unterabs. 1 Satz 2 für denselben Zeitraum verfügbar sein **und auf aktuellem Stand gehalten werden**. Angesichts der korrespondierenden Verjährungshöchstfrist von zehn Jahren (vgl. unten unter Rn. 61) erscheint dieser Zeitraum zwar sehr lange, aber nicht inkonsequent.
– *Streichung der Option zur Hinweisbekanntmachung.* Die ebenfalls vorgesehene Streichung des bisherigen Art. 14 Abs. 3 der EU-Prospektrichtlinie (Option der Mitgliedstaaten, eine Hinweisbekanntmachung vorzusehen)[38] ergibt Sinn vor dem Hintergrund, dass ohnehin nur noch die Internetpublizität gewählt werden kann und sämtliche Prospekte zumindest bei der ESMA erhältlich sind. Für die hiesige Rechtslage ändert sich dadurch aber ohnehin nichts, da der Gesetzgeber von dieser Option keinen Gebrauch (mehr) gemacht hat (vgl. oben Rn. 2).
– *Adressatenkreis der Papierversion.* Statt wie bislang nur „Anleger" kann nach dem Entwurf „jede natürliche oder juristische Person" verlangen, dass ihr eine Papierversion zur Verfügung gestellt wird. Die Auswirkungen dieser Änderung in der Praxis erscheinen auf den ersten Blick eher überschaubar. Mehr Konfliktpotenzial bietet wohl die Tat-

---

33 Vgl. dazu unten Rn. 44.
34 Vgl. dazu oben Rn. 2 ff., 6 und unten Rn. 34 f. und 39 f.
35 EuGH v. 15.5.2014 – C-359/12.
36 Vgl. zu diesem Aspekt der *Timmel*-Entscheidung unten Rn. 45 und die Kommentierung zu Art. 6 TRS (Art. 29 EU-Prospektverordnung a. F.).
37 Dazu, dass diese Wortwahl eher ungeschickt erscheint vgl. unten Rn. 48 und § 13 Rn. 54.
38 Siehe zur Hinweisbekanntmachung Rn. 2 und 39.

sache, dass offenbar darauf verzichtet wurde, die zumindest im deutschen Rechtskreis entstandene Frage, ob „zur Verfügung stellen" das Zusenden des Prospekts bedeutet,[39] einer Klärung zuzuführen. Zugegebenermaßen spricht der neue Art. 20 Abs. 10 Unterabs. 2, der die Bereitstellung *„auf Rechtsordnungen beschränkt, in denen im Rahmen dieser Verordnung das öffentliche Angebot unterbreitet wird oder die Zulassung zum Handel erfolgt"*, eher für eine grundsätzlich bestehende Übersendungspflicht. Denn wenn ein Zurverfügungstellen am Sitz des Anbieters/Zulassungsantragsstellers der Pflicht aus Unterabs. 1 genügt, der dem Wortlaut des bisherigen Art. 14 Abs. 7 der EU-Prospektrichtlinie angelehnt ist, bedürfte es des zweiten Unterabsatzes streng genommen nicht. Für diese Sichtweise spricht auch, dass in der (allerdings nicht etwa vorrangigen[40]) englischen Sprachfassung der Wortlaut *„delivered to"* beibehalten wurde. Zwingend ist diese Lesart indes nicht. Erwägungsgrund 55 legt mit seinem Wortlaut *„sollte der Prospekt den Anlegern auf Anfrage stets auch in Papierform kostenlos zur Verfügung stehen"* nämlich umgekehrt eher nahe, dass gerade keine Übersendung geschuldet ist. Außerdem kann man den in Art. 20 Abs. 10 Unterabs. 2 enthaltenen Aussagegehalt auch als bloße Klarstellung interpretieren, dass **jedenfalls** eine Übersendung in dort nicht genannte Rechtsordnungen nicht geschuldet ist, ohne aber eine generelle Übersendungspflicht anzuerkennen.

III. Hinterlegung und Fristen für die Veröffentlichung gemäß § 14 Abs. 1

1. Pflicht zur Hinterlegung gemäß § 14 Abs. 1 Satz 1

Gemäß § 14 Abs. 1 Satz 1 hat der Anbieter oder Zulassungsantragsteller[41] den Prospekt nach seiner Billigung bei der BaFin zu hinterlegen. **Hinterlegung** ist dabei als die förmliche Übermittlung des Prospekts in seiner zuvor gebilligten Fassung an die BaFin zu verstehen.[42] Die Entgegennahme der Hinterlegungsfassung durch die BaFin ist lediglich ein „Reflex der Billigung" bzw. – besser formuliert – ein schlicht-hoheitlicher Realakt.[43] Entgegen

7

---

39 Vgl. dazu im Einzelnen unten unter Rn. 59.
40 Bei Abweichungen zwischen den verschiedenen Sprachfassungen hat vielmehr eine Auslegung anhand der Zielsetzung und des Gesamtsystems zu erfolgen, vgl. dazu etwa die *Timmel*-Entscheidung des EuGH, EuGH v. 15.5.2014 – C-359/12.
41 Der Emittent wird in § 14 Abs. 1 Satz 1 – anders als in Art. 14 Abs. 1 EU-Prospektrichtlinie – nicht als Adressat der Verpflichtung genannt. Der Vorschlag einer richtlinienkonformen Auslegung, siehe *Heidelbach*, in: Schwark/Zimmer, KMRK, § 14 WpPG Rn. 4, stößt allerdings wegen des eindeutigen Wortlauts der Vorschrift an seine Grenze, vgl. näher oben *Berrar*, § 13 Rn. 17.
42 RegBegr. EU-ProspRL-UmsetzungsG, BT-Drucks. 15/4999, S. 25, 35 mit Hinweis darauf, dass eine Hinterlegung erst nach der Billigung des Prospekts erfolgen könne. Siehe Definition des Begriffs „Hinterlegung" bei *Preuße*, in: Holzborn, WpPG, § 14 Rn. 4. Ähnlich (für das jährliche Dokument in § 10 a. F.) *Götze*, NZG 2007, 570, 573 (*„schriftliche Übermittlung"*). Insbesondere ist keine Hinterlegung eines nicht gebilligten oder gar eines nicht billigungsfähigen Prospekts möglich oder zulässig, vgl. *Ritz/Voß*, in: Just/Voß/Ritz/Zeising, WpPG, § 14 Rn. 13 f.
43 Näher zur Rechtsnatur der Hinterlegung *Ritz/Voß*, in: Just/Voß/Ritz/Zeising, WpPG, § 14 Rn. 15, den Charakter der Hinterlegung als eigenständiges Rechtsinstitut betonend, wobei allerdings gleichzeitig nicht klar Stellung bezogen wird, ob der Ansicht der BaFin, es handele sich um einen Reflex der Billigung, gefolgt wird (*Preuße*, in: Holzborn, WpPG, § 14 Rn. 4 interpretiert die Stelle

§ 14   Hinterlegung und Veröffentlichung des Prospekts

einer in der Literatur vertretenen Auffassung[44] besteht vor Billigung des Prospekts weder eine Übermittlungs- noch eine Hinterlegungspflicht; § 14 Abs. 1 Satz 1 ist daher zutreffend formuliert.[45]

8   Die Hinterlegung dient der **Funktionsfähigkeit der BaFin als Aufsichtsbehörde** und ermöglicht ihr die Erfüllung ihrer Verpflichtungen zur Zugänglichmachung des Prospekts (§ 13 Abs. 4) und Aufbewahrung (§ 14 Abs. 6). Daher weist die BaFin in ihren Anhörungsschreiben[46] bereits darauf hin, dass der Prospekt unmittelbar nach der Billigung in der Fassung der Billigung als Datei (im PDF-Format) nachzureichen sei.

9   Die zu hinterlegende Fassung des Prospekts muss den förmlichen Anforderungen des Wertpapierprospektgesetzes entsprechen, d.h. insbesondere, dass der Prospekt nach § 5 Abs. 3 mit dem Datum seiner Erstellung zu versehen ist und vom Anbieter und/oder dem Zulassungsantragsteller **zu unterzeichnen** ist.[47] Da die BaFin verlangt, dass jedenfalls die üblicherweise am Morgen der Billigung eingereichte finale Einreichungsfassung auch von allen Beteiligten mit Originalunterschrift versehen wurde,[48] liegt der BaFin, soweit sie auf diese Fassung keine weiteren Anmerkungen hat, am Tag der Billigung eine hinterlegungsfähige Fassung des Prospekts vor.

10   Die BaFin akzeptiert – trotz des Wortlauts des § 14 Abs. 1 Satz 1, wonach erst nach Billigung hinterlegt werden kann – in ständiger Praxis, dass diese finale Einreichungsfassung nach Billigung zur hinterlegten Fassung erklärt wird. In der Praxis ist daher in diesen Fällen üblicherweise nur die elektronische Fassung zum Zwecke der Zugänglichmachung noch an die BaFin zu übermitteln.[49]

Eine freiwillige Hinterlegung nicht gebilligter Prospekte ist aufgrund der Missbrauchsgefahr nach der Praxis der BaFin nicht möglich.[50]

---

jedenfalls als der BaFin widersprechend, angesichts der Betonung, die Gegenansicht *Gebauers* abzulehnen, lässt sich die Stelle aber auch als Zustimmung zur Auffassung der BaFin interpretieren). Zur Rückgängigmachung der Hinterlegung in einem eigenständigen Verwaltungsrechtsstreit erscheint aber die allgemeine Leistungsklage als die richtige Klageart, mangels Verwaltungsakt nicht die von *Ritz/Voß* genannte Anfechtungsklage.

44   *Ritz/Voß*, in: Just/Voß/Ritz/Zeising, WpPG, § 14 Rn. 10 und ausführlich *Berrar*, § 13 Rn. 9 ff.
45   Siehe näher mit Begründung oben *Berrar*, § 13 Rn. 31 f.
46   Vgl. zu den Anhörungsschreiben der BaFin näher oben *Berrar*, § 13 Rn. 36 f. und 41 f.
47   Siehe näher dazu oben *Meyer*, § 5 Rn. 72 ff., insbesondere Rn. 80 f. sowie *Berrar*, § 13 Rn. 26 ff., auch zur Frage der kumulativen Unterzeichnung durch Anbieter und Zulassungsantragsteller; *Preuße*, in: Holzborn, WpPG, § 14 Rn. 4.
48   Siehe näher dazu oben *Meyer*, § 5 Rn. 72 ff., insbesondere Rn. 80 f. sowie *Berrar*, § 13 Rn. 26 ff.; *Preuße*, in: Holzborn, WpPG, § 14 Rn. 5; *Kunold*, in: Assmann/Schlitt/von Kopp-Colomb, WpPG/VerkProspG, § 14 Rn. 5.
49   Ähnlich auch *Preuße*, in: Holzborn, WpPG, § 14 Rn. 5; *Kunold*, in: Assmann/Schlitt/von Kopp-Colomb, WpPG/VerkProspG, § 14 Rn. 5; *Heidelbach*, in: Schwark/Zimmer, KMRK, § 14 WpPG Rn. 5; *Ritz/Voß*, in: Just/Voß/Ritz/Zeising, WpPG, § 14 Rn. 11 und Rn. 12. Vgl. zur Übermittlung dieser elektronischen Fassung oben *Berrar*, § 13 Rn. 31 f.
50   *Ritz/Voß*, in: Just/Voß/Ritz/Zeising, WpPG, § 14 Rn. 13; *Preuße*, in: Holzborn, WpPG, § 14 Rn. 5.

2. Pflicht zur Veröffentlichung und Fristen gemäß § 14 Abs. 1 Satz 1–4

a) Grundregel für Prospekte bei öffentlichen Angeboten (§ 14 Abs. 1 Satz 1)

Gemäß § 14 Abs. 1 Satz 1 2. Halbs. hat der Anbieter oder Zulassungsantragsteller den Prospekt unverzüglich, spätestens einen Werktag vor Beginn des öffentlichen Angebots, nach § 14 Abs. 2 zu veröffentlichen. Wie in der Regierungsbegründung explizit dargelegt, soll diese **Pflicht zur unverzüglichen Veröffentlichung des Prospekts** dem Publikum einen möglichst frühzeitigen Zugang zum Prospekt ermöglichen; gleichzeitig solle dieses Interesse des Publikums mit den Belangen des Emittenten, des Anbieters oder des Zulassungsantragstellers in Einklang gebracht werden.[51]

11

Die Auslegung des Begriffs „**unverzüglich**" im kapitalmarktrechtlichen Bereich ist in den letzten Jahren in die Diskussion geraten. Teils wird dem Tatbestandsmerkmal jede eigenständige Bedeutung abgesprochen und vertreten, „Unverzüglichkeit" sei lediglich im Sinne der gesetzlich festgelegten Veröffentlichungsfrist zu verstehen.[52] Das überzeugt schon deshalb nicht, weil mit den statuierten Fristen lediglich eine zusätzliche, verschuldensunabhängige letzte Grenze eingezogen wird (vgl. dazu Rn. 13) und ansonsten der (derzeitigen, vgl. Rn. 6c) Vorgabe der EU-Prospektrichtlinie „so bald wie praktisch möglich" überhaupt nicht Rechnung getragen würde. Mit *Kunold* ist vielmehr davon auszugehen, dass der Gesetzgeber mit dem Wort „unverzüglich" gerade den Ausdruck „so bald wie praktisch möglich" der EU-Prospektrichtlinie in die deutsche Rechtsterminologie umsetzen wollte.[53] Üblicherweise wurde bzw. wird „unverzüglich" im deutschen Recht in Anlehnung an die Legaldefinition des § 121 Abs. 1 Satz 1 BGB als „ohne schuldhaftes Zögern" verstanden.[54] In der neueren Literatur und Rechtsprechung ist zu Recht stattdessen (so Teile der Literatur) oder als nächster Schritt zur Auslegung des Begriffs „schuldhaftes Zögern" (so z.B. OLG Frankfurt) eine **inhalts- bzw. funktionsbezogene Interpretation** vorgeschlagen worden, wonach eine dem jeweiligen Einzelfall entsprechende Abwägung der Interessen des Publikums zu treffen und die Zeitspanne dann nach Inhalt und Funktion der jeweils konkret auferlegten Handlungspflicht zu bestimmen sei.[55] Richtig ist erstens, dass die Aus-

12

---

51 RegBegr. EU-ProspRL-UmsetzungsG, BT-Drucks. 15/4999, S. 25, 35; *Groß*, Kapitalmarktrecht, § 14 WpPG Rn. 2; *Ritz/Voß*, in: Just/Voß/Ritz/Zeising, WpPG, § 14 Rn. 2.
52 *Preuße*, in: Holzborn, WpPG, § 14 Rn. 7, wobei die dort als Beleg der „herrschenden Auffassung" genannten *Ritz/Voß*, in: Just/Voß/Ritz/Zeising, WpPG, § 14 Rn. 22 (vgl. Rn. 18) und *Kunold*, in: Assmann/Schlitt/von Kopp-Colomb, WpPG/VerkProspG, § 14 Rn. 6 (vgl. insb. Fn. 3) die eigenständige Bedeutung gerade nicht verneinen, sondern stattdessen der im Folgenden ausgeführten inhalts- bzw. funktionsbezogenen Interpretation folgen und der ebenfalls genannte *Gebhardt*, in: Schäfer/Hamann, Kapitalmarktgesetze, § 14 WpPG Rn. 4 unverzüglich als „ohne schuldhaftes Zögern" auslegt. Wie *Preuße* aber im Ergebnis wohl auch *Heidelbach*, in: Schwark/Zimmer, KMRK, § 14 WpPG Rn. 6;
53 *Kunold*, in: Assmann/Schlitt/von Kopp-Colomb, WpPG/VerkProspG, § 14 Rn. 6.
54 *Grosjean*, in: Heidel, Aktienrecht und Kapitalmarktrecht, § 14 WpPG Rn. 3; *Gebhardt*, in: Schäfer/Hamann, Kapitalmarktgesetze, § 14 WpPG Rn. 4; unentschieden *Groß*, Kapitalmarktrecht, § 14 WpPG Rn. 2, Fn. 8.
55 *Maas/Voß*, BB 2008, 2302, 2311; *Ritz/Voß*, in: Just/Voß/Ritz/Zeising, WpPG, § 14 Rn. 18 m.w.N.; sowie detailliert *Friedl/Ritz*, in: Just/Voß/Ritz/Zeising, WpPG, § 16 Rn. 142 ff.; siehe auch OLG Frankfurt, NZG 2003, 638 f. (zum WpÜG). Ähnlich *Kunold*, in: Assmann/Schlitt/von Kopp-Colomb, WpPG/VerkProspG, § 14 Rn. 6 und Fn. 3 dazu.

§ 14 Hinterlegung und Veröffentlichung des Prospekts

legung „ohne schuldhaftes Zögern" auch nicht weiter führt, weil man dann vor der Frage steht, wie „schuldhaftes Zögern" zu verstehen ist; insofern kann diese für das BGB maßgebliche Legaldefinition nur ein erster Schritt zu einer spezifischen, dem kapitalmarktrechtlichen Bereich gerecht werdenden Definition sein. Zweitens erlaubt die inhalts- bzw. funktionsbezogene Interpretation eine normspezifische Auslegung, die zudem gerade für die hier in Frage stehende Auslegung besser geeignet ist, die europarechtlichen Ursprünge in die Interpretation einfließen zu lassen (insbesondere die Formulierung von Art. 14 Abs. 1 der EU-Prospektrichtlinie *„so bald wie praktisch möglich [...], auf jeden Fall aber rechtzeitig [...]"*, siehe dazu insbesondere unten Rn. 14). Im Ergebnis sollte aber zwischen den genannten Ansichten, die dem Merkmal „unverzüglich" nicht von vornherein jede eigenständige Bedeutung absprechen, kein wesentlicher Unterschied im Verständnis liegen.

13 Jedenfalls aber hat der Gesetzgeber mit der Setzung eines spätesten Zeitpunkts (*„spätestens einen Werktag vor Beginn des öffentlichen Angebots"*) eine **verschuldensunabhängig**[56] **geltende Grenze** eingezogen. Diese Frist entspricht auch der in § 9 Abs. 1 VermAnlG für Vermögensanlagen nach dem Vermögensanlagengesetz enthaltenen zeitlichen Vorgabe.

14 Nach **Art. 14 Abs. 1 EU-Prospektrichtlinie** hätte es ausgereicht, wenn der Gesetzgeber verlangt hätte, dass der Prospekt *„so bald wie praktisch möglich [...], auf jeden Fall aber rechtzeitig vor und spätestens mit Beginn des öffentlichen Angebots"* veröffentlicht wird. Der deutsche Gesetzgeber geht daher, anknüpfend an § 9 Abs. 1 VerkProspG a. F. und § 43 Abs. 1 Satz 1 BörsZulV a. F., über die europäischen Mindestvorgaben hinaus, indem die Veröffentlichung nicht spätestens mit dem Beginn, sondern am Werktag vor dem Beginn des öffentlichen Angebots verlangt wird.[57]

15 Dafür ist ein anderer Streit um die richtige **Fristberechnung im Zusammenhang mit der Veröffentlichung von Prospekten** vor Beginn des öffentlichen Angebots jedenfalls für die Praxis entschieden: das Bundesaufsichtsamt für den Wertpapierhandel (BAWe), die Vorgängerbehörde der BaFin, hatte vertreten, dass es bei der Fristberechnung auf § 31 VwVfG i. V. m. §§ 187 Abs. 1, 188 Abs. 1 BGB ankomme, so dass zwischen dem Tag der Veröffentlichung des Prospekts und dem Tag des Beginns des öffentlichen Angebots noch ein weiterer voller Werktag liegen müsse, da bei der Berechnung der Frist der Tag, auf den das für den Beginn der Frist maßgebliche Ereignis fällt, nicht mitgerechnet werde.[58] Die Zulassungsstelle der Frankfurter Börse wendete dagegen unter Berufung darauf, dass es sich bei

---

56 RegBegr. EU-ProspRL-UmsetzungsG, BT-Drucks. 15/4999, S. 25, 35; *Ritz/Voß*, in: Just/Voß/Ritz/Zeising, WpPG, § 14 Rn. 25; *Kunold*, in: Assmann/Schlitt/von Kopp-Colomb, WpPG/VerkProspG, § 14 Rn. 7.
57 So die ganz herrschende Literatur, vgl. z.B. *Kullmann/Sester*, WM 2005, 1068, 1073; *Meyer*, in: Habersack/Mülbert/Schlitt, Unternehmensfinanzierung, § 36 Rn. 87; *Kunold*, in: Assmann/Schlitt/von Kopp-Colomb, WpPG/VerkProspG, § 14 Rn. 7; *Heidelbach*, in: Schwark/Zimmer, KMRK, § 14 WpPG Rn. 8; **andere Ansicht** *Ritz/Voß*, in: Just/Voß/Ritz/Zeising, WpPG, § 14 Rn. 21, wonach der europäische Richtliniengeber mit der Formulierung *„rechtzeitig vor"* im Regelfall auch eine möglichst frühzeitige Veröffentlichung gewollt habe, so dass letztlich kein signifikanter Unterschied zum geltenden deutschen Recht bestehe.
58 Unter VIII. Abs. 1 der Bekanntmachung des BAWe zum Wertpapier-Verkaufsprospektgesetz vom 6.9.1999, Bundesanzeiger Nr. 177 vom 21.9.1999, S. 16180; vgl. *Ritz*, in: Assmann/Lenz/Ritz, VerkProspG, § 9 VerkProspG, Rn. 4 ff.; *Lenz/Ritz*, WM 2000, 904, 908; *Kullmann/Müller-Deku*, WM 1996, 1989, 1995. Bei der Bekanntmachung des BAWe handelte es sich um sog. „norminterpretierende Verwaltungsvorschriften" ohne Rechtsnormcharakter, vgl. zur Vorgängerbekanntma-

III. Hinterlegung und Fristen für die Veröffentlichung gemäß § 14 Abs. 1 **§ 14**

der Veröffentlichung des Prospekts nicht um ein Ereignis im Sinne des § 187 Abs. 1 BGB handele, § 187 Abs. 2 BGB an, mit der Folge, dass der Tag der Veröffentlichung bei der Berechnung der Frist mitgerechnet wird, so dass es keines zusätzlichen vollen Werktages zwischen Veröffentlichung und Beginn des öffentlichen Angebots bedarf.[59] Die BaFin, die im Zusammenhang mit dem Verkaufsprospektgesetz und zu Beginn bzw. im Vorfeld ihrer Tätigkeit unter dem Wertpapierprospektgesetz noch der Auffassung des BAWe gefolgt war, hat sich dieser Meinung der Zulassungsstelle der Frankfurter Börse – nach einer entsprechenden Weisung des Bundesministeriums der Finanzen – angeschlossen;[60] sie entspricht zudem nunmehr fast einhelliger Auffassung in der Literatur.[61]

Das öffentliche Angebot kann daher **am auf die Veröffentlichung des Prospekts folgenden Werktag** beginnen.[62] Zu den Werktagen zählen Samstage, nicht jedoch Sonn- und Feiertage.[63]/[64] Daher ist es für den Beginn eines öffentlichen Angebots an einem Montag ausreichend, wenn ein am Freitag gebilligter Prospekt am Samstag veröffentlicht wird.   16

Umgekehrt ist der Anbieter/Zulassungsantragsteller **berechtigt, unmittelbar** nach Billigung den Prospekt z. B. durch die jederzeit mögliche Internet- oder Schalterpublizität (vgl. dazu § 14 Abs. 2) **zu veröffentlichen**, also **auch tagglich mit der Billigung**.[65] Dies entspricht auch der üblichen Praxis, jedenfalls im Bereich von Aktienemissionen.   17

Fraglich ist, ob der Anbieter/Zulassungsantragsteller berechtigt sein kann, den gebilligten Prospekt trotz technischer Möglichkeit zunächst nicht zu veröffentlichen, wenn dies seinen Interessen dient und das geplante öffentliche Angebot noch nicht unmittelbar nach Billigung beginnen soll. Letztlich geht es dabei um die oben genannte inhalts- und funktions-   18

---

chung von 1996 *Kullmann/Müller-Deku*, WM 1996, 1989, 1989; *Bosch*, in: Bosch/Groß, Emissionsgeschäft (BuB), Rn. 10/104.
59 *Preuße*, in: Holzborn, WpPG, § 14 Rn. 8, ebenso *Groß*, Kapitalmarktrecht, § 14 WpPG, Rn. 4.
60 Vgl. http://www.bafin.de/DE/Aufsicht/Prospekte/ProspekteWertpapiere/ErstellungBilligung/erstellung_billigung_node.html, unter II.3.a) (Stand vom 19.1.2016). Siehe auch *Groß*, Kapitalmarktrecht, § 14 WpPG Rn. 4 a. E. und Fn. 14 m. w. N.; *Ritz/Voß*, in: Just/Voß/Ritz/Zeising, WpPG, § 14 Rn. 20; *Heidelbach*, in: Schwark/Zimmer, KMRK, § 14 WpPG Rn. 9.
61 *Meyer*, in: Habersack/Mülbert/Schlitt, Unternehmensfinanzierung, § 36 Rn. 88; *Schlitt/Singhof/Schäfer*, BKR 2005, 251, 256; *Groß*, Kapitalmarktrecht, § 14 WpPG Rn. 4; *Preuße*, in: Holzborn, WpPG, § 14 Rn. 8; *Heidelbach*, in: Schwark/Zimmer, KMRK, § 9 VerkProspG Rn. 3; *Manzei*, WM 2006, 845, 850 (für VerkProspG); *Kunold*, in: Assmann/Schlitt/von Kopp-Colomb, WpPG/VerkProspG, § 14 Rn. 8; *Heidelbach*, in: Schwark/Zimmer, KMRK, § 14 WpPG Rn. 9; **andere Ansicht** nach wie vor sehr dezidiert *Ritz/Voß*, in: Just/Voß/Ritz/Zeising, WpPG, § 14 Rn. 19 f.
62 Zur Frage, wann ein öffentliches Angebot vorliegt, siehe oben *Schnorbus*, § 2 Rn. 29 ff.
63 Vgl. auch Bekanntmachung des BAWe zum Wertpapier-Verkaufsprospektgesetz vom 6.9.1999, Bundesanzeiger Nr. 177 vom 21.9.1999, S. 16180, unter VII.1.; *Lenz/Ritz*, WM 2000, 904, 907; *Groß*, Kapitalmarktrecht, § 13 WpPG Rn. 9; *Ritz/Voß*, in: Just/Voß/Ritz/Zeising, WpPG, § 14 Rn. 24, und *Preuße*, in: Holzborn, WpPG, § 13 Rn. 24. Vgl. zu § 15a WpHG auch Emittentenleitfaden der BaFin, 4. Aufl. 2013, S. 79. **Andere Ansicht** *Carl/Machunsky*, Der Wertpapier-Verkaufsprospekt, S. 62.
64 Ein Feiertag liegt nach der zu § 15a WpHG vertretenen Ansicht der BaFin vor, „*wenn der fragliche Tag am Sitz des Emittenten oder an einem der Dienstsitze der BaFin (Hessen/Nordrhein-Westfalen) ein gesetzlicher Feiertag ist*" (Emittentenleitfaden der BaFin, 4. Aufl. 2013, S. 79). Ähnlich *Holzborn/Israel*, ZIP 2005, 1668, 1670 (Feiertage der Länder Nordrhein-Westfalen und Hessen). **Andere Ansicht** *Ritz/Voß*, in: Just/Voß/Ritz/Zeising, WpPG, § 14 Rn. 24 (nur bundesweite Feiertage).
65 *Apfelbacher/Metzner*, BKR 2006, 81, 84; *Groß*, Kapitalmarktrecht, § 14 WpPG Rn. 5; *Heidelbach*, in: Schwark/Zimmer, KMRK, § 14 WpPG Rn. 7.

§ 14 Hinterlegung und Veröffentlichung des Prospekts

bezogene Auslegung des Begriffs „unverzüglich" im Lichte der europäischen Vorgaben. Denkbar wäre eine solche **zeitlich hinausgeschobene Veröffentlichung** zum Beispiel in Fällen, in denen der Emittent zunächst auf Basis eines gebilligten Prospektes[66] mit wenigen Kerninvestoren das Gespräch suchen möchte, ob diese das Angebot unterstützen, und der Anbieter erst danach über die Durchführung eines Angebots endgültig entscheiden möchte. In anderen Fällen, in denen lediglich aufgrund des Marktumfeldes unklar ist, wann das Angebot beginnen soll, scheint es dagegen wegen der entgegenkommenden, pragmatischen Haltung der BaFin naheliegender, die **Billigung aufzuschieben** und die BaFin um Billigung erst zu einem Zeitpunkt zu bitten, wenn die Entscheidung für ein Angebot gefallen ist (zumal im Prospekt auch ein vorläufiger Zeitplan für das Angebot enthalten ist, dessen Änderung eventuell auch Nachtragspflichten in Bezug auf den bereits gebilligten Prospekt auslösen könnte, die durch Aufschieben der Billigung vermieden werden könnten).

19 Gegen die Zulässigkeit einer solchen zeitlich hinausgeschobenen Veröffentlichung spricht der Wortlaut von Art. 14 Abs. 1 der EU-Prospektrichtlinie, der die Veröffentlichung „*so bald wie praktisch möglich*" verlangt. Auch die österreichische Kapitalmarktaufsicht hat sich gegen die Zulässigkeit einer zeitlich hinausgeschobenen Veröffentlichung ausgesprochen.[67] Allerdings verkennt das vorgenannte Wortlautargument das in der Regierungsbegründung zum Ausdruck gebrachte Ziel der Norm, die Interessen des Publikums an einer sofortigen Veröffentlichung mit den Belangen des Emittenten/Anbieters/Zulassungsantragstellers in Ausgleich zu bringen (siehe oben Rn. 11). Daher ist in Art. 14 Abs. 1 der EU-Prospektrichtlinie als ein entscheidendes Kriterium auch die **„rechtzeitige" Veröffentlichung** genannt. Und auch auf nationaler Ebene hat bereits das Reichsgericht zu § 121 BGB entschieden, dass „unverzüglich" nicht „sofort" bedeutet.[68] Soweit die Interessen der Anleger nicht beeinträchtigt werden (vgl. z.B. normative Wertung der Sechs-Tages-Frist in § 14 Abs. 1 Satz 4 für IPOs), kann die Abwägung daher durchaus ergeben, dass der Anbieter nicht verpflichtet ist, den Prospekt innerhalb weniger Werktage nach Erhalt der Billigung zu veröffentlichen, sondern berechtigt ist, die Veröffentlichung kurzzeitig hinauszuschieben.[69] Im Sinne der Subsumtion unter § 14 Abs. 1 Satz 1 liegt ein schuldhaftes Zögern dann eben nicht vor, weil keine dahingehende kapitalmarktrechtliche Handlungspflicht bestand, die verletzt worden wäre. Im Regelfall wird man hier aber nur über einen Zeitraum von einigen Tagen reden können.

---

66 Vgl. oben *Berrar*, § 13 Rn. 43 zur Frage, ob eine nicht gebilligte Einreichungsfassung für derartige Gespräche verwendet werden kann.
67 Österreichische Finanzmarktaufsicht, Rundschreiben der Finanzmarktaufsicht vom 29.3.2007 zu Fragen der Umsetzung der EU-Prospektrichtlinie in Kapitalmarktgesetz und Börsegesetz, S. 7 („*Das Zuwarten mit der Veröffentlichung eines gebilligten Prospekts ist nicht gestattet.*").
68 RGZ 124, 117, 118; vgl. auch *Ellenberger*, in: Palandt, Bürgerliches Gesetzbuch, § 121 Rn. 4 m.w.N. sowie *Gebhardt*, in: Schäfer/Hamann, Kapitalmarktgesetze, § 14 WpPG Rn. 4.
69 So auch *Ritz/Voß*, in: Just/Voß/Ritz/Zeising, WpPG, § 14 Rn. 22, die zudem zu Recht darauf hinweisen, dass ein Hinausschieben jedenfalls dann unzulässig ist, wenn es rechtsmissbräuchlich anderen Zwecken, z.B. der Umgehung von Mindestangabeerfordernissen, dient. Ebenso *Kunold*, in: Assmann/Schlitt/von Kopp-Colomb, WpPG/VerkProspG, § 14 Rn. 6; *Groß*, Kapitalmarktrecht, § 14 WpPG Rn. 2. Im Ergebnis spricht sich auch *Preuße*, in: Holzborn, WpPG, § 14 Rn. 7 für die Möglichkeit einer zeitlich hinausgeschobenen Veröffentlichung aus, allerdings mit der Begründung, dass dem Merkmal der „Unverzüglichkeit" ohnehin keine eigenständige Bedeutung zukomme (vgl. dazu oben unter Rn. 12 und Fn. 52).

III. Hinterlegung und Fristen für die Veröffentlichung gemäß § 14 Abs. 1 § 14

Eine zeitlich hinausgeschobene Veröffentlichung käme auch bei Vorliegen mehrerer Einzeldokumente und einer vorweggenommenen Billigung bloß eines dieser Einzeldokumente in Betracht, ist im Ergebnis aber abzulehnen, so dass eine unverzügliche Veröffentlichung des Einzeldokuments erfolgen muss, siehe dazu im Einzelnen unten Rn. 54a. **19a**

Damit im Zusammenhang steht die Frage, ob der Anbieter/Zulassungsantragsteller verpflichtet ist, einen **Prospekt für ein öffentliches Angebot zu veröffentlichen, das er kurzfristig gar nicht mehr durchführen möchte.** Als (fiktives) Beispiel möge die Billigung eines Prospekts einer Bank am Freitagabend vor der Einleitung des Insolvenzverfahrens der Lehman Brothers-Gruppe im September 2008 dienen für ein in der darauf folgenden Woche beginnendes Angebot. Falls hier Anbieter/Zulassungsantragsteller über das Wochenende das Interesse an der Durchführung des öffentlichen Angebots verloren haben mögen, so wird man aufgrund potenzieller haftungsrechtlicher Konsequenzen, die bei Veröffentlichung eines Prospekts – trotz Nichteingreifens des Wortlauts von §§ 44, 45 BörsG a. F. bzw. § 13 VerkProspG a. F., heute geregelt in §§ 21 ff. WpPG und § 20 VermAnlG – auch bezüglich Transaktionen im Sekundärmarkt nicht völlig ausgeschlossen werden können (Stichwort: Anlegerstimmung), von dem Anbieter/Zulassungsantragsteller nicht mehr verlangen können, den Prospekt überhaupt zu veröffentlichen. **20**

Rechtstechnisch ließe sich das möglicherweise über einen Widerspruch nach §§ 68 ff. VwGO erreichen, der in der Rechtsbehelfsbelehrung der BaFin zu Billigungsbescheiden üblicherweise vorgesehen ist bzw. über eine nachfolgende Anfechtungsklage. Allerdings dürfte es angesichts des begünstigenden[70] Charakters der Billigung wohl schon an der Widerspruchs-/Anfechtungsbefugnis oder jedenfalls der Verletzung in eigenen Rechten sowie angesichts der einfacheren Möglichkeit eines Verzichts (siehe dazu sogleich unter Rn. 22) und der Tatsache, dass dem Anbieter/Zulassungsantragsteller letztlich genau das bewilligt wurde, was er beantragt hat, auch am Rechtsschutzinteresse fehlen. Der Anbieter/Zulassungsantragsteller könnte außerdem versuchen, über einen entsprechenden Antrag bei der Behörde bzw. per Verpflichtungsklage einen **Widerruf nach § 49 VwVfG zu erreichen,**[71] wobei allerdings keiner der in § 49 Abs. 2 VwVfG genannten Fälle eingreift und zudem von der Interessenslage her zu berücksichtigen ist, dass es hier der Anbieter/Zulassungsantragsteller und nicht die BaFin ist, die den Billigungsbescheid aus der Welt haben möchte, um der als Rechtsreflex aus der Billigung folgenden Verpflichtung des § 14 Abs. 1 Satz 1 nicht mehr zu unterliegen. So passen auch die Rechtsfolgen des § 49 VwVfG (vgl. Entschädigungspflicht nach § 49 Abs. 6 VwVfG) ganz allgemein in dieser Konstellation nicht. Schließlich könnte man über die Möglichkeit der Rücknahme des Antrags auf Billigung auch nach Erlass eines dahingehenden Verwaltungsaktes nachdenken. Im Einzelnen sind **21**

---

70 Bei der Veröffentlichungspflicht aus § 14 WpPG dürfte es sich insoweit um einen bloßen Rechtsreflex handeln, der den begünstigenden Charakter des Billigungsbescheids selbst nicht berührt. Maßgeblich ist insoweit nämlich allein der objektive Regelungsgehalt des Verwaltungsakts selbst und dessen Beurteilung durch die Rechtsordnung, selbst wenn der Adressat dadurch auch indirekt negative Auswirkungen erfährt, vgl. etwa (zum Thema Umzugskostenvergütung) BVerwG v. 9.1.1989, – 6 C 47.86, gekürzt abgedruckt in NVwZ 1989, 1172; OVG Nordrhein-Westfalen, 22.5.2012 – 1 A 1351/10.

71 Vgl. zur grundsätzlichen Möglichkeit eines solchen Antrags bzw. einer Verpflichtungsklage (im konkreten Fall allerdings auf Rücknahme nach § 48 VwVfG gerichtet) OVG Magdeburg v. 30.9.1998 – A 3 S 317/96 unter Verweis auf BVerwG v. 9.1.1989 – 6 C 47.86, gekürzt abgedruckt in NVwZ 1989, 1172.

hier zahlreiche Fragestellungen allerdings bereits im allgemeinen Verwaltungsrecht umstritten.[72]

22 Daher ist es vorzugswürdig, das **Rechtsinstitut des „Verzichts"** zu nutzen.[73] Denn die sich aus der Billigung ergebene Rechtsposition liegt vor der Veröffentlichung im ausschließlichen Verfügungsbereich des Adressaten der Billigung, d. h. der Bestand bzw. die Weitergeltung des begünstigenden Verwaltungsaktes liegt nicht zugleich auch im öffentlichen Interesse oder im geschützten Interesse Dritter,[74] und ist damit einem Verzicht zugänglich. Nach allgemeinen Grundsätzen zum Verzicht im Verwaltungsrecht (und den ergänzend heranzuziehenden Regelungen des bürgerlichen Rechts) hat der Anbieter/Zulassungsantragsteller dazu der BaFin gegenüber klar zum Ausdruck zu bringen, dass er auf die Billigung verzichten und sein sich aus der Billigung resultierendes Recht aufgeben will. Die Erklärung selbst wird als empfangsbedürftige Willenserklärung mit Zugang bei der Behörde wirksam und hat bereits rechtsgestaltende Wirkung, indem sie zu einem Erlöschen der Billigung führt. In der Praxis erlässt die BaFin allerdings noch einen weiteren Bescheid, der unter Verweis auf den Verzicht die Billigung *expressis verbis* aufhebt, wobei diesem Bescheid rechtlich nur deklaratorische Wirkung zukommt.[75] Ein derartiger Verzicht ist aber im Regelfall[76] nur bis zur Veröffentlichung des Prospekts möglich, da die Billigung dann nicht mehr dem ausschließlichen Verfügungsbereich des Adressaten unterliegt.[77]

b) Einführung von Wertpapieren ohne öffentliches Angebot (§ 14 Abs. 1 Satz 2)

23 Falls der Prospekt die Einführung von Wertpapieren in den Handel an einem organisierten Markt betrifft, ohne dass dies mit einem vorherigen oder gleichzeitigen öffentlichen Angebot im Zusammenhang steht, so ist nach **§ 14 Abs. 1 Satz 2** der Prospekt spätestens **einen Werktag vor der Einführung der Wertpapiere in den Handel** zu veröffentlichen.[78] Ausweislich der Regierungsbegründung wollte der Gesetzgeber hier an die Regelung zu § 43

---

72 *von Kopp-Colomb*, in: Assmann/Schlitt/von Kopp-Colomb, WpPG/VerkProspG, § 13 Rn. 24 mit einer Kurzdarstellung der betreffenden Rechtsfragen und Unklarheiten.
73 Vgl. spezifisch zur Erledigung des Verwaltungsakts durch Verzicht *Kopp/Ramsauer*, VwVfG, § 43 Rn. 45 m. w. N. (insbesondere zur Rechtsprechung des BVerwG) sowie grundlegend zum Rechtsinstitut des Verzichts *Kopp/Ramsauer*, VwVfG, § 53 Rn. 50 ff. m. w. N.
74 Vgl. oben *Berrar*, § 13 Rn. 67; *Heidelbach*, in: Schwark/Zimmer, KMRK, § 13 Rn. 22.
75 Vgl. detailliert *Ritz/Voß*, in: Just/Voß/Ritz/Zeising, WpPG, § 13 Rn. 60 ff. m. w. N. insbesondere in Fn. 62; die Möglichkeit des Verzichts ebenfalls bejahend *von Kopp-Colomb*, in: Assmann/Schlitt/von Kopp-Colomb, WpPG/VerkProspG, § 13 Rn. 25.
76 Eine Ausnahme kann z. B. bei einem Registrierungsformular vor Veröffentlichung der Wertpapierbeschreibung/Zusammenfassung möglich sein, vgl. *von Kopp-Colomb*, in: Assmann/Schlitt/von Kopp-Colomb, WpPG/VerkProspG, § 13 Rn. 25.
77 So im Ergebnis auch *Ritz/Voß*, in: Just/Voß/Ritz/Zeising, WpPG, § 13 Rn. 63 mit der Begründung, dass die Billigung dann „verbraucht" sei, da die Billigung und das aus ihr folgende Recht zur Veröffentlichung lediglich ein einmaliges Inverkehrbringen ermögliche.
78 Als Beispiel für eine Einführung von Wertpapieren in den Handel an einem organisierten Markt ohne öffentliches Angebot sehr zeitnah nach Veröffentlichung des Prospekts kann der Börsenzulassungsprospekt der Schaeffler AG dienen, der am 7.10.2015 veröffentlicht wurde (abrufbar unter www.schaeffler.com/ir (Stand vom 17.1.2016)), während die Wertpapiere am 9.10.2015 in den Handel eingeführt wurden (vgl. Ad-hoc-Meldung der Schaeffler AG vom 8.10.2015, abrufbar unter www.schaeffler.com/ir (Stand vom 17.1.2016)).

III. Hinterlegung und Fristen für die Veröffentlichung gemäß § 14 Abs. 1 § 14

BörsZulV a. F. anknüpfen.[79] Die Umsetzung ist allerdings aus folgenden Erwägungen heraus nicht sehr gelungen:

- Es ist bezüglich der **Frage des Regelungsgehalts des § 14 Abs. 1 Satz 2** darauf hingewiesen worden, dass der Begriff der „Einführung" die Aufnahme der Erstnotierung der betreffenden Wertpapiere zum Handel meine (vgl. Legaldefinition des Begriffs „Einführung" in § 38 BörsG, siehe auch § 52 BörsZulV, der parallel zur Regelung des § 14 Abs. 1 Satz 2 bestimmt, dass die Einführung bei Vorliegen eines Prospekts erst am auf die Veröffentlichung des Prospekts folgenden Werktag erfolgen dürfe), die wiederum die Zulassung voraussetze.[80] Da die Zulassung von Wertpapieren im regulierten Markt gemäß § 32 Abs. 3 Nr. 2 BörsG an die zuvor erfolgte Veröffentlichung des Prospekts anknüpfe, müsse die Veröffentlichung des Prospekts zwangsläufig vor der Einführung der Wertpapiere liegen und insofern verbleibe für § 14 Abs. 1 Satz 2 keine eigenständige Bedeutung bzw. stelle einen glatten Normenwiderspruch dar.[81] Diese Ansicht verkennt, dass § 32 Abs. 3 Nr. 2 BörsG gerade keinen zeitlichen Mindestvorlauf von Veröffentlichung des Prospekts und Zulassung vorsieht, also kein Werktag zwischen Veröffentlichung des Prospekts und Zulassung liegen muss. D. h. die Zulassung könnte nach § 32 Abs. 3 Nr. 2 BörsG noch am gleichen Tag erfolgen wie die Veröffentlichung des Prospekts. Wegen § 14 Abs. 1 Satz 2 bzw. § 52 BörsZulV muss die Veröffentlichung aber zumindest einen Tag vor Einführung der Wertpapiere liegen. Börsengesetz, Börsenzulassungsverordnung und Wertpapierprospektgesetz würden insoweit ineinander greifen, ohne dass, wie in der Literatur behauptet wurde, § 14 Abs. 1 Satz 2 wegen § 32 Abs. 3 Nr. 2 BörsG leer liefe oder gar gestrichen werden müsste.
- Allerdings besagt **Art. 14 Abs. 1 Satz 1 der EU-Prospektrichtlinie**, dass der Prospekt im Falle des Fehlens eines öffentlichen Angebots spätestens mit der Zulassung der betreffenden Wertpapiere zum Handel veröffentlicht werden müsse, d. h. die EU-Prospektrichtlinie stellt gerade nicht auf die Einführung, sondern auf die Zulassung ab. Das wiederum statuiert § 14 Abs. 1 Satz 2 nun gerade nicht (direkt), aus § 14 Abs. 1 Satz 2 allein wäre es sogar denkbar, dass die Veröffentlichung erst nach Zulassung erfolgen würde. Insofern hat der deutsche Gesetzgeber die Vorgaben von Art. 14 Abs. 1 Satz 1 der EU-Prospektrichtlinie nicht in § 14 Abs. 1 Satz 2 **umgesetzt**, sondern **durch Weitergeltung des § 32 Abs. 3 Nr. 2 BörsG**, der sicherstellt, dass es keine Zulassung ohne Veröffentlichung des betreffenden Prospekts geben kann.

c) Handel von Bezugsrechten (§ 14 Abs. 1 Satz 3)

Findet vor der Einführung der Wertpapiere ein Handel von Bezugsrechten im organisierten Markt statt, muss der Prospekt nach **§ 14 Abs. 1 Satz 3 mindestens einen Werktag vor dem Beginn dieses Handels** veröffentlicht werden.

---

79 RegBegr. EU-ProspRL-UmsetzungsG, BT-Drucks. 15/4999, S. 25, 35; *Groß*, Kapitalmarktrecht, § 14 WpPG Rn. 3.
80 *Preuße*, in: Holzborn, WpPG, § 14 Rn. 9; *Heidelbach*, in: Schwark/Zimmer, KMRK, § 37 BörsG Rn. 2 ff.
81 *Preuße*, in: Holzborn, WpPG, § 14 Rn. 9; *Ekkenga*, BB 2005, 561, 563; *Ekkenga/Maas*, Das Recht der Wertpapieremissionen, S. 118 Rn. 161 („*Redaktionsversehen*", „*schlicht nicht anzuwenden*"); offenlassend *Schlitt/Schäfer*, AG 2005, 498, 507.

§ 14 Hinterlegung und Veröffentlichung des Prospekts

25 Da die Durchführung eines Bezugsrechtshandels nach jetziger Ansicht der BaFin, die sich bis zur Umsetzung der Änderungen der EU-Prospektrichtlinie ein Bezugsangebot auch als reine Privatplatzierung vorstellen konnte,[82] ein öffentliches Angebot auslöst,[83] sollte der originäre **Regelungsgehalt des § 14 Abs. 1 Satz 3 gering** sein. Im Übrigen führt § 14 Abs. 1 Satz 3 nicht nur § 43 Abs. 1 Satz 2 BörsZulV a. F. fort, sondern wird z. B. in § 85 Abs. 2 Börsenordnung der Frankfurter Wertpapierbörse gespiegelt, wonach der Bezugsrechtshandel frühestens am ersten Tag der Bezugsfrist, jedoch nicht vor dem ersten Werktag nach der Veröffentlichung des Wertpapierprospektes beginnen kann.

d) Erstes öffentliches Angebot einer Gattung von Aktien (§ 14 Abs. 1 Satz 4)

26 § 14 Abs. 1 Satz 4 enthält in Umsetzung von Art. 14 Abs. 1 Satz 2 der EU-Prospektrichtlinie eine **Sonderregelung für die Veröffentlichung eines Prospekts im Falle eines öffentlichen Erstangebots einer Gattung von Aktien**, die noch nicht zum Handel an einem organisierten Markt zugelassen sind.[84] In diesem Fall muss die Frist zwischen dem Zeitpunkt der Veröffentlichung des Prospekts und dem Abschluss des Angebots mindestens sechs Werktage betragen. Dies trage einem besonderen Informationsbedürfnis der Anleger Rechnung.[85] Zudem bleibt es auch bei der Grundregel des Satzes 1, dass der Prospekt mindestens einen Werktag vor Beginn des öffentlichen Angebots veröffentlicht werden muss.

---

82 BaFin-Präsentation „Ausgewählte Rechtsfragen in der Aufsichtspraxis" vom 4.9.2007, S. 5. Vgl. zu dieser von anderen EU-Behörden abweichenden Ansicht der BaFin CESR Frequently Asked Questions (12th Updated Version – November 2010), Antwort zu Frage 63. Die European Securities Markets Expert Group (ESME) unterstützte dagegen die Position der BaFin, vgl. *ESME*, Report on Directive 2003/71/EC of the European Parliament and the Council on the prospectus to be published when securities are offered to the public or admitted to trading vom 5.9.2007, abrufbar unter http://ec.europa.eu/internal_market/securities/docs/esme/05092007_report_en.pdf, S. 16 f. (Stand: 22.1.2016). Ebenso schon *Süßmann*, EuZW 1991, 210, 211 unter Verweis auf die Gesetzesbegründung des Verkaufsprospektgesetzes, sowie *Schnorbus*, AG 2008, 389, 397; *Groß*, Kapitalmarktrecht, 4. Aufl. 2009, § 2 WpPG Rn. 18 (anders die aktuelle Aufl., dort § 2 Rn. 18a); *Meyer*, in: Marsch-Barner/Schäfer, Handbuch börsennotierte AG, 2. Aufl. 2009, § 7 Rn. 14 (anders die aktuelle Auflage); *Apfelbacher/Metzner*, BKR 2006, 81, 82 (insbesondere Fn. 10); *Schlitt/Schäfer*, AG 2005, 498, 500; *Holzborn/Israel*, ZIP 2005, 1668, 1669; *Bloß/Schneider*, WM 2009, 879, 880; *Meyer*, in: Habersack/Mülbert/Schlitt, Unternehmensfinanzierung, 2. Aufl. 2008, § 30 Rn. 6 (anders die aktuelle Aufl., dort § 36 Rn. 5); *Herfs*, in: Habersack/Mülbert/Schlitt, Unternehmensfinanzierung, 2. Aufl. 2008, § 4 Rn. 105 (anders die aktuelle Aufl., dort § 6 Rn. 119); *Schlitt/Ponick*, in: Habersack/Mülbert/Schlitt, Kapitalmarktinformation, 1. Aufl. 2008, § 4 Rn. 36 (anders *Schlitt/Wilczek* in der aktuellen Aufl.).

83 Vgl. zu diesem nicht unumstrittenen Themenkreis oben *Schnorbus*, § 2 Rn. 72 ff. m. w. N. Die anderweitige Auffassung von *Heidelbach* in: Schwark/Zimmer, KMRK, § 14 WpPG Rn. 11, auf die *Preuße*, in: Holzborn, WpPG, § 14 Rn. 10 verweist, basiert auf dem Stand vor Umsetzung der Änderungsrichtlinie.

84 Die Vorschrift enthält gerade keine Sonderregelung für die Dauer des öffentlichen Angebots selbst, wie die Regierungsbegründung fälschlicherweise besagt (RegBegr. EU-ProspRL-UmsetzungsG, BT-Drucks. 15/4999, S. 25, 35; so aber auch *Heidelbach*, in: Schwark/Zimmer, KMRK, § 14 WpPG Rn. 12, die das dann aber in den folgenden Sätzen richtigstellt).

85 RegBegr. EU-ProspRL-UmsetzungsG, BT-Drucks. 15/4999, S. 25, 35; *Groß*, Kapitalmarktrecht, § 14 WpPG Rn. 3; *Preuße*, in: Holzborn, WpPG, § 14 Rn. 11. Warum aber gerade an dieser Stelle zwischen Gattungen von Aktien differenziert werden musste, ist aus dem Schutzbedürfnis des Anlegers heraus nicht zwangsläufig klar (beispielsweise in Fällen großer Unternehmen, die bisher schon über Jahrzehnte Vorzugsaktien an der Börse notiert hatten, der entsprechenden Regelpublizität unterlagen und nun eventuell Stammaktien anbieten wollen würden).

III. Hinterlegung und Fristen für die Veröffentlichung gemäß § 14 Abs. 1 **§ 14**

Wegen der Formulierung des § 14 Abs. 1 Satz 4 (*„zwischen dem Zeitpunkt der Veröffentlichung [...] und dem Abschluss des Angebots"*) ist der **Tag der Veröffentlichung** in diesem Fall **nicht mitzurechnen**.[86] 27

Unzutreffend führt die Regierungsbegründung zum Wertpapierprospektgesetz aus, dass das öffentliche Angebot mindestens sechs Werktage aufrechterhalten werden müsse.[87] Das Gesetz bestimmt – im Einklang mit Art. 14 Abs. 1 Satz 2 der EU-Prospektrichtlinie – vielmehr lediglich eine **Frist für die Veröffentlichung des Prospekts (vis-à-vis Abschluss des Angebots) und nicht für die Dauer des Angebots**.[88] Das Angebot kann daher auch bei einem IPO z. B. nur drei Werktage laufen.[89,90] Neben dem unzweideutigen Wortlaut ist entscheidend, dass der Schutzzweck des § 14 Abs. 1 Satz 4 darin liegt, den Anlegern die relevanten Informationen bei einem erstmaligen öffentlichen Angebot früher zur Verfügung zu stellen, nicht aber, dass zwangsläufig eine längere Zeichnungsperiode für diese Wertpapiere bestehen muss. Dies entspricht auch der Ansicht auf europäischer Ebene[91] und der gängigen Praxis der BaFin schon seit Beginn der Tätigkeit der BaFin im Juli 2005.[92] 28

---

86 RegBegr. EU-ProspRL-UmsetzungsG, BT-Drucks. 15/4999, S. 25, 35; *Ding*, in: Heidel, Aktienrecht und Kapitalmarktrecht, § 14 WpPG Rn. 5; *Ritz/Voß*, in: Just/Voß/Ritz/Zeising, WpPG, § 14 Rn. 27; *Kunold*, in: Assmann/Schlitt/von Kopp-Colomb, WpPG/VerkProspG, § 14 Rn. 10.
87 RegBegr. EU-ProspRL-UmsetzungsG, BT-Drucks. 15/4999, S. 25, 35; so unzutreffend aber auch *Keunecke*, Prospekte im Kapitalmarkt, S. 289 und *Ritz/Voß*, in: Just/Voß/Ritz/Zeising, WpPG, § 14 Rn. 3 a. E. (anders Rn. 27, siehe folgende Fußnote).
88 Richtig daher *Schlitt/Singhof/Schäfer*, BKR 2005, 251, 261; *Schlitt/Schäfer*, AG 2005, 498, 508; *Preuße*, in: Holzborn, WpPG, § 14 Rn. 11; *Kunold*, in: Assmann/Schlitt/von Kopp-Colomb, WpPG/VerkProspG, § 14 Rn. 10; *Kunold/Schlitt*, BB 2004, 501, 510; *Heidelbach*, in: Schwark/Zimmer, KMRK, § 14 WpPG Rn. 12 ff.; *Ding*, in: Heidel, Aktienrecht und Kapitalmarktrecht, § 14 WpPG Rn. 5; *Schlitt/Wilczek*, in: Habersack/Mülbert/Schlitt, Kapitalmarktinformation, § 6 Rn. 22; *Schäfer*, in: Grunewald/Schlitt, Einführung in das Kapitalmarktrecht, S. 230; inzwischen auch *Groß*, Kapitalmarktrecht, § 14 WpPG Rn. 3; dazu auch tendierend *Ritz/Voß*, in: Just/Voß/Ritz/Zeising, WpPG, § 14 Rn. 27.
89 Diese Drei-Tages-Frist sah die BaFin nach Aufnahme ihrer Tätigkeit auch als eine Art Mindestfrist für ein öffentliches Angebot an, da erstens andernfalls nicht wirklich von einem öffentlichen Angebot gesprochen werden könne und zweitens kein unzulässiger zeitlicher Druck auf die Privatanleger ausgeübt werden solle, sich in einer sehr kurzen Frist entscheiden zu müssen. Diese Position hält die BaFin nun wohl nicht mehr aufrecht, vgl. Verkaufsangebot der Vtion Wireless Technology AG vom 26.9.2009 (FAZ vom 26.9.2009, S. 22), wonach die Angebotsfrist für den IPO nur am 28. und 29.9.2009 (bis maximal 16 Uhr) lief.
90 Auch in diesen Fällen muss die Frist entsprechend dem Wortlaut von § 14 Abs. 1 Satz 4 sechs Werktage zwischen dem Zeitpunkt der Veröffentlichung des Prospekts und dem *Abschluss* des Angebots betragen (wohl unglücklich formuliert: *Preuße*, in: Holzborn, WpPG, § 14 Rn. 11: Sechs Werktage *vor Beginn* des öffentlichen Angebots).
91 *European Commission-Internal Market and Services Directorate-General* (Markt/G3/WG D(2005), 3rd Informal Meeting on Prospectus Transposition – 26 January 2005 – Summary record, S. 9 f., erhältlich unter: http://ec.europa.eu/internal_market/securities/prospectus/index_en.htm (Stand: 20.1.2016)).
92 Vgl. alle nach dem sog. Decoupled-Approach an den Markt gekommenen IPOs der Jahre 2005–2007, z. B. Nachtrag Nr. 1 vom 25.9.2005 zum Prospekt der Interhyp AG vom 16.9.2005 (Angebotsperiode vom 26.–28.9.2005).

29 Fraglich ist, was mit „**Abschluss des Angebots**" gemeint ist.[93] Denkbar wäre zum einen der letzte Tag der Angebotsfrist oder zum anderen der Abschluss mit Lieferung und Abrechnung der Wertpapiere gegen Zahlung (d.h. Closing/Settlement). Für Ersteres spräche der Schutzzweck des § 14 Abs. 1 Satz 4, dass zwischen Veröffentlichung des Prospekts und der endgültigen Investitionsentscheidung des Anlegers mindestens sechs Werktage liegen sollen. Andererseits legt der Wortlaut „Abschluss des Angebots" nahe, dass das Closing/Settlement gemeint ist, da dies der Zeitpunkt ist, zu dem das Angebot abgeschlossen wird und eben nicht der Ablauf der Angebotsfrist. Hätte der europäische bzw. deutsche Normgeber den letzten Tag der Angebotsfrist gemeint (der Text der Richtlinie spricht ebenfalls vom „Abschluss des Angebots"), hätte er das klarer zum Ausdruck bringen müssen. Insofern ist davon auszugehen, dass „Abschluss des Angebots" Closing/Settlement meint. Dies sieht wohl auch die BaFin so.[94] Das gilt umso mehr, als in Abs. 2 Satz 3 sowie in § 16 Abs. 1 Satz 1 und Abs. 3 Satz 1, wo offenbar eine Anknüpfung an das Ende der Angebotsfrist gewünscht war (vgl. dazu unten Rn. 47 sowie die Kommentierung zu § 16, insbesondere Rn. 80), ein anderer Wortlaut, nämlich „bis zum endgültigen Schluss des öffentlichen Angebots", verwendet wurde. Wäre das auch im Rahmen von § 14 Abs. 1 Satz 1 gewollt gewesen, hätte (etwa auch im Rahmen der Umsetzung der Änderungsrichtlinie 2010/73/EU) eine Veränderung des Wortlauts hin zu „bis zum endgültigen Schluss des öffentlichen Angebots" nahegelegen. Der unterschiedliche Wortlaut indiziert dagegen eine offenbar bewusste Unterscheidung zwischen den beiden Zeitpunkten.

IV. Veröffentlichungsformen gemäß § 14 Abs. 2

30 In Umsetzung von Art. 14 Abs. 2 der EU-Prospektrichtlinie listet § 14 Abs. 2 Satz 1 **vier verschiedene Formen der Veröffentlichung** auf. Dem Anbieter/Zulassungsantragsteller wird im Grundsatz ein **Wahlrecht** gegeben, auf welche Art er den Prospekt veröffentlichen möchte.[95] In Umsetzung des geänderten Art. 14 Abs. 2 Unterabsatz 2 der EU-Prospektrichtlinie verlangt der Gesetzgeber allerdings inzwischen in § 14 Abs. 2 Satz 2 für die Veröffentlichung per Zeitungspublizität (siehe dazu nachfolgend 1.) oder per Schalterpublizität (siehe dazu nachfolgend 2.) zusätzlich die elektronische Veröffentlichung nach § 14 Abs. 2 Satz 1 Nr. 3.[96] Art. 6 und 8 TRS (Art. 29 und Art. 30 der EU-Prospektverordnung a.F.) enthalten nähere Vorgaben für einzelne Veröffentlichungsformen (siehe dazu unten gesonderte Kommentierung zu Art. 6 und Art. 8 TRS (Art. 29 und 30 EU-Prospektverordnung a.F.)). Bei den Vorschriften zur Veröffentlichung von Verkaufsprospekten nach dem Vermögensanlagegesetz und von Angebotsunterlagen nach dem Wertpapiererwerbs- und Übernahmegesetz bestehen keine derartigen vielfältigen Wahlmöglichkeiten zur Veröffentlichung (vgl. § 9 Abs. 2 VermAnlG bzw. § 14 Abs. 3 WpÜG).

---

93 Vgl. zur parallelen Frage in § 16, wie der Begriff „*endgültiger Schluss des öffentlichen Angebots*" zu verstehen ist, unten *Berrar*, § 16 Rn. 79 ff.
94 Vgl. IPO der SMARTRAC N.V., bei dem der Prospekt am Donnerstag, den 13.7.2006, veröffentlicht wurde, das öffentliche Angebot am Dienstag, den 18.7.2006, endete, und Closing/Settlement am 20.7.2006 war, so dass die Sechs-Werktage-Frist zum Closing exakt eingehalten wurde.
95 RegBegr. EU-ProspRL-UmsetzungsG, BT-Drucks. 15/4999, S. 25, 35; *Groß*, Kapitalmarktrecht, § 14 WpPG Rn. 6; *Preuße*, in: Holzborn, WpPG, § 14 Rn. 12; *Ritz/Voß*, in: Just/Voß/Ritz/Zeising, WpPG, § 14 Rn. 28; *Kunold*, in: Assmann/Schlitt/von Kopp-Colomb, WpPG/VerkProspG, § 14 Rn. 13; *Heidelbach*, in: Schwark/Zimmer, KMRK, § 14 WpPG Rn. 15.
96 Siehe dazu im Einzelnen oben Rn. 2 ff. und 6 sowie unten Rn. 34 f. und 39 f.

IV. Veröffentlichungsformen gemäß § 14 Abs. 2 § 14

Nach **Art. 14 Abs. 6 der EU-Prospektrichtlinie** müssen Wortlaut und Aufmachung des Prospekts, wie er veröffentlicht wird, jederzeit mit der ursprünglichen Fassung identisch sein, die von der zuständigen Behörde des Herkunftsmitgliedstaates gebilligt wurde. Auf diesen, im deutschen Recht nicht nochmals explizit aufgenommenen Punkt (anders noch der Diskussionsentwurf des Bundesfinanzministeriums vom 26.11.2004[97]) legt die BaFin sehr viel Wert, vgl. z.B. die Praxis der BaFin, die Namen der den Prospekt unterzeichnenden Personen auch im gedruckten/veröffentlichten Prospekt zu verlangen.[98]   31

1. Zeitungspublizität gemäß § 14 Abs. 2 Satz 1 Nr. 1, Abs. 2 Satz 2

§ 14 Abs. 2 Satz 1 Nr. 1 gibt dem Anbieter/Zulassungsantragsteller die Möglichkeit, den Prospekt in **einer oder mehreren Wirtschafts- oder Tageszeitungen**, die in den Staaten des Europäischen Wirtschaftsraums, in denen das öffentliche Angebot unterbreitet oder die Zulassung zum Handel angestrebt wird, weit verbreitet sind, zu veröffentlichen. Soweit in mehreren Staaten ein öffentliches Angebot bzw. eine Zulassung durchgeführt wird, muss also entweder die ausgewählte Zeitung in allen diesen Staaten weit verbreitet[99] sein oder es müssen mehrere Zeitungen ausgewählt werden.   32

Nicht zwingend notwendig ist, dass es sich dabei um ein **überregionales Börsenpflichtblatt** im Sinne von § 32 Abs. 5 Satz 1 BörsG handelt;[100] umgekehrt wird ein solches überregionales Börsenpflichtblatt immer auch eine „weit verbreitete Zeitung" im Sinne des § 14 Abs. 2 Satz 1 Nr. 1 sein und daher für eine solche Veröffentlichung grundsätzlich geeignet sein. Weitere Vorgaben bzw. Konkretisierungen enthält Art. 8 TRS (Art. 30 EU-Prospektverordnung a. F.), siehe unten Art. 8 TRS (Art. 30 EU-Prospektverordnung a. F.) Rn. 1–4.   33

Aufgrund der Kosten der Veröffentlichung per Vollabdruck mittels Zeitungspublizität und der zeitlichen Grenzen für eine Veröffentlichung am Folgetag (Annahmeschluss um ca. 15–16 Uhr) hat die Zeitungspublizität **keine praktische Bedeutung** erlangt, da auch wesentlich kostengünstigere und einfachere Alternativen zur Verfügung stehen.[101]   34

Durch den neuen § 14 Abs. 2 Satz 2, der Art. 14 Abs. 2 Unterabsatz 2 der EU-Prospektrichtlinie umsetzt,[102] ist ein Prospekt, der nach § 14 Abs. 2 Satz 1 Nr. 1 veröffentlicht wird, zusätzlich nach § 14 Absatz 2 Satz 1 Nr. 3 zu veröffentlichen. Das wirft die Frage auf, ob die Veröffentlichungspflicht nach § 14 Abs. 1 Satz 1 in diesen Fällen durch die erste oder   35

---

97 § 14 Abs. 6 WpPG-E des Art. 1 des Diskussionsentwurfs des Bundesfinanzministeriums vom 26.11.2004 besagte, dass der Wortlaut und die Aufmachung des Prospekts oder der Nachträge zum Prospekt, die veröffentlicht oder dem Publikum zur Verfügung gestellt werden, jederzeit mit der Fassung identisch sein müssen, die von der BaFin gebilligt wurde.
98 Kritik daran oben *Berrar*, § 13 Rn. 28 in Fn. 99. Siehe auch *Keunecke*, Prospekte im Kapitalmarkt, S. 286.
99 D.h. nach Art. 14 Abs. 2 Satz 1 a) der EU-Prospektrichtlinie „*gängig sind oder in großer Auflage verlegt werden*".
100 **Andere Ansicht** *Schäfer*, in: Grunewald/Schlitt, Einführung in das Kapitalmarktrecht, S. 230; **wie hier** *Ritz/Voß*, in: Just/Voß/Ritz/Zeising, WpPG, § 14 Rn. 27. Ebenso *Heidelbach*, in: Schwark/Zimmer, KMRK, § 14 WpPG Rn. 19 und *Kunold*, in: Assmann/Schlitt/von Kopp-Colomb, WpPG/VerkProspG, § 14 Rn. 14, auch mit weiteren Ausführungen zu den sprachlichen Divergenzen von § 14, Art. 14 EU-Prospektrichtlinie und Art. 30 EU-Prospektverordnung a. F.
101 *Heidelbach*, in: Schwark/Zimmer, KMRK, § 14 WpPG Rn. 17; *Jäger/Maas*, BB 2009, 852, 852.
102 Vgl. dazu im Einzelnen oben unter Rn. 6.

§ 14   Hinterlegung und Veröffentlichung des Prospekts

erst die zweite Veröffentlichung erfüllt wird. Der Wortlaut besagt, dass der Prospekt „zusätzlich nach Nummer 3 zu **veröffentlichen**" ist, im Gegensatz etwa zum „zur Verfügung gestellt werden" in § 14 Abs. 5. Dieser unterschiedliche Wortlaut legt nahe, dass die zusätzliche Veröffentlichung auch zur Veröffentlichungspflicht aus § 14 Abs. 1 Satz 1 an sich gehört und nicht bloß eine über die Veröffentlichung hinausgehende Verpflichtung statuiert wird, sodass im Ergebnis eine „echte" kombinierte Publizität vorliegt.[103] Dem entspricht auch die systematische Stellung innerhalb des § 14 Abs. 2. Hätte der Gesetzgeber eine Ausgestaltung als zusätzliche Pflicht neben der Veröffentlichungspflicht beabsichtigt, hätte er eine Regelung innerhalb des § 14 Abs. 5 oder in einem gesonderten Absatz vorsehen können, um sie von der Ausgestaltung der eigentlichen Veröffentlichungspflicht in § 14 Abs. 2 abzugrenzen. Folgerichtig enthält etwa auch § 35 Abs. 1 keine separate Sanktionierung für einen Verstoß gegen § 14 Abs. 2 Satz 2. Der Gesetzgeber ist demnach davon ausgegangen, dass ein Verstoß schon durch § 35 Abs. 1 Nr. 6 sanktioniert ist, ein Verstoß gegen § 14 Abs. 2 S. 2 also die Veröffentlichungspflicht nach § 14 Abs. 1 Satz 1 verletzt. Da die Pflicht zur Veröffentlichung in den Fällen des § 14 Abs. 2 Satz 2 damit sowohl die Zeitungs- bzw. Schalterpublizität als auch die Internetpublizität umfasst, ist für die Frage der Erfüllung der Veröffentlichungspflicht folglich auf die **zweite Veröffentlichung** abzustellen, da erst mit dieser die Veröffentlichungspflicht aus § 14 Abs. 1 Satz 1 insgesamt erfüllt ist.

35a   Außerdem stellt sich die Folgefrage, ob durch § 14 Abs. 2 Satz 2 zusätzlich eine Pflicht nach § 14 Abs. 5 ausgelöst wird, den Anlegern auf Verlangen eine Papierversion kostenlos zur Verfügung zu stellen.[104] Nach dem klaren Wortlaut des § 14 Abs. 2 Satz 2 „zu **veröffentlichen**" wird die Pflicht nach § 14 Abs. 5 („Wird der Prospekt im Internet **veröffentlicht**") auch durch die Veröffentlichung nach § 14 Abs. 2 Satz 2 ausgelöst. Allenfalls für die Fälle des § 14 Abs. 2 Satz 1 Nr. 2 kommt diesbezüglich eine **teleologische Reduktion** in Betracht.[105] Für den Anbieter/Zulassungsantragssteller bedeutet dies eine mögliche zusätzliche, nach § 35 Abs. 1 Nr. 8 sanktionierte Fehlerquelle. Die aus der doppelten Veröffentlichung erwachsende Unsicherheit bezüglich einer taggenauen Veröffentlichung[106] und die zusätzliche Bereitstellungspflicht nach § 14 Abs. 5 dürften der verschwindenden Bedeutung der Zeitungspublizität in der Praxis weiter Vorschub leisten.

2. Schalterpublizität gemäß § 14 Abs. 2 Satz 1 Nr. 2, Abs. 2 Satz 2

36   Nach § 14 Abs. 2 Satz 1 Nr. 2 kann der Prospekt auch durch sog. Schalterpublizität veröffentlicht werden, d.h. indem der Prospekt **in gedruckter Form zur kostenlosen Ausgabe** an das Publikum an einer der in Nr. 2 a) – d) genannten Stellen **bereitgehalten** wird, d.h. (i) bei den zuständigen Stellen des organisierten Marktes, an dem die Wertpapiere zum

---

103   Vgl. zum Meinungsstand zur ähnlich gelagerten, aber im Ergebnis anders zu beantwortenden Frage zum Verhältnis der Internetpublizität und § 14 Abs. 5 unten Rn. 42.
104   *Preuße*, in: Holzborn, WpPG, § 14 Rn. 20 scheint sich dagegen auszusprechen, wenn er ausdrückt, die Pflicht nach § 14 Abs. 5 bestünde nur bei „ausschließlich" im Internet veröffentlichten Prospekten. Die Formulierung ist jedoch RegBegr. EU-ProspRL-UmsetzungsG, BT-Drucks. 15/4999 entnommen und entspricht damit der Rechtslage vor Umsetzung der Änderungsrichtlinie. Die Wechselwirkungen zwischen dem neuen § 14 Abs. 2 Satz 2 und § 14 Abs. 5 werden soweit ersichtlich nicht thematisiert.
105   Siehe dazu unten unter Rn. 39a.
106   Vgl. dazu unten unter Rn. 43 f.

Handel zugelassen werden sollen, (ii) beim Emittenten, (iii) bei den Instituten im Sinne des § 1 Abs. 1b KWG oder den nach § 53 Abs. 1 Satz 1 oder § 53b Abs. 1 Satz 1 KWG tätigen Unternehmen, die die Wertpapiere platzieren oder verkaufen, oder (iv) bei den Zahlstellen. Nicht erforderlich ist dabei, dass der Prospekt in Deutschland bereitgehalten wird – dies gilt aufgrund der klaren europarechtlichen Vorgaben für alle vier vorgenannten Alternativen (siehe bezüglich der Zahlstelle auch *argumentum e contrario* zu § 30a Abs. 1 Nr. 4 WpHG, wo gerade eine „Zahlstelle im Inland" zu benennen ist).[107]

36a Im Rahmen der sogenannten *Timmel*-Entscheidung[108] hat sich der EuGH insbesondere mit der Frage beschäftigt, ob **Art. 14 Abs. 2 lit. (b) der EU-Prospektrichtlinie** dahingehend auszulegen ist, dass der Prospekt dem Publikum **sowohl** am Sitz des Emittenten **als auch** beim Finanzintermediär zur Verfügung gestellt werden muss. Die Frage war deshalb aufgekommen, weil nach der damaligen deutschen Sprachfassung der Bestimmung dem Publikum der Prospekt am Sitz des Emittenten **oder** beim Finanzintermediär zur Verfügung gestellt werden musste, während er nach der spanischen, englischen und französischen Fassung **an beiden Orten** verfügbar sein musste. Der EuGH führte dazu aus, dass *„eine Vorschrift, aus deren Wortlaut sich aufgrund von Abweichungen zwischen den verschiedenen Sprachfassungen keine klare und einheitliche Auslegung herleiten lässt, anhand ihrer Zielsetzung und ihres Gesamtsystems auszulegen ist"*[109] und folgerte aus der *„Notwendigkeit einer einheitlichen Anwendung und Auslegung einer Vorschrift des Unionsrechts"* und den Erwägungsgründen der Prospektrichtlinie die Pflicht zur kumulativen Zurverfügungstellung am Sitz sowohl des Emittenten als auch des Finanzintermediärs.[110] Die inhaltliche Begründung stellte maßgeblich auf den Anlegerschutz ab und darauf, den *„weitestmöglichen Zugang der Unternehmen zu Anlagekapital in der gesamten Europäischen Union durch Gewährung einer Einmalzulassung zu gewährleisten"*, und dass *„diese Ziele in Fällen, in denen der Emittent seinen Sitz in einem anderen Mitgliedstaat hat als der Finanzintermediär, beeinträchtigt werden, da ein dem Publikum allein in Papierform zur Verfügung gestellter Prospekt dann nur an einem dieser beiden Orte verfügbar wäre"*.[111] Die Interpretation wird weiter systematisch mit Verweis auf Art. 14 Abs. 7 der Richtlinie begründet, der voraussetze, dass sowohl Emittent als auch Finanzintermediäre über eine Papierversion des Prospekts verfügten.[112] Inzwischen wurde folgerichtig der deutsche Wortlaut von Art. 14 Abs. 2 lit. (b) der EU-Prospektrichtlinie offenbar im Rahmen der Umsetzung der Richtlinie 2014/51/EU („Omnibus II-Richtlinie") angepasst und verlangt nunmehr ein Zurverfügungstellen beim Sitz der Emittenten **und** bei den Finanzintermediären, wobei soweit ersichtlich weder eine förmliche Berichtigung erfolgte noch die Richtlinie 2014/51/EU eine solche Änderung vorsah.[113]

---

107 *Ritz/Voß*, in: Just/Voß/Ritz/Zeising, WpPG, § 14 Rn. 36.
108 EuGH v. 15.5.2014 – C-359/12.
109 EuGH v. 15.5.2014 – C-359/12, Rn. 62.
110 EuGH v. 15.5.2014 – C-359/12, Rn. 63 ff.
111 EuGH v. 15.5.2014 – C-359/12, Rn. 64 f.
112 EuGH v. 15.5.2014 – C-359/12, Rn. 66 f. Zu dieser Interpretation des Art. 14 Abs. 7 der EU-Prospektrichtlinie siehe unten unter Rn. 59a.
113 Vgl. die konsolidierte deutsche Fassung der Prospektrichtlinie vom 23.5.2014, abrufbar unter http://eur-lex.europa.eu/legal-content/DE/TXT/?uri=CELEX:02003L0071-20140523 (Stand vom 16.1.2016) und im Gegensatz dazu die konsolidierte deutsche Fassung der Prospektrichtlinie vom 26.11.2013, abrufbar unter http://eur-lex.europa.eu/legal-content/DE/TXT/?uri=CELEX:02003L0071-20131126 (Stand vom 16.1.2016).

§ 14 Hinterlegung und Veröffentlichung des Prospekts

Dementsprechend ist jedenfalls für die Praxis dazu zu raten, die aktuelle Fassung des § 14 Abs. 2 Satz 1 Nr. 2, der weiterhin nur eine alternative Bereithaltung vorsieht, da er auf Basis der ehemaligen deutschen Sprachfassung geschaffen wurde,[114] **jedenfalls für die Fälle internationaler Angebote richtlinienkonform auszulegen** und dementsprechend den Prospekt sowohl beim Anbieter/Zulassungsantragssteller als auch beim Finanzintermediär zur Verfügung zu stellen.

37 Ausreichend ist selbstverständlich, dass die Bereithaltung **zu üblichen Schalter-/Öffnungszeiten** geschieht, eine Bereithaltung über 24 Stunden pro Tag ist nicht erforderlich. Der Prospekt muss ab dem ersten Veröffentlichungstag bis jedenfalls zum endgültigen Schluss des öffentlichen Angebots oder, falls diese später erfolgt, bis zur Einführung in den Handel an einem organisierten Markt bereitgehalten werden, § 14 Abs. 2 Satz 3, vgl. dazu im Einzelnen unten unter Rn. 47 f. Aufgrund der Verfügbarkeit des Prospekts für zwölf Monate über die Website der BaFin nach § 13 Abs. 4 ist der Zugang für Anleger weiterhin gewährleistet (vgl. potenzielle Haftungsansprüche für Sekundärmarktgeschäfte innerhalb von sechs Monaten nach erstmaliger Einführung gemäß § 21 Abs. 1 Satz 1 a. E. WpPG), so dass zudem kein Bedürfnis besteht für eine auch nach Einführung des § 14 Abs. 2 Satz 3 im Gesetz **nicht vorgesehene längere Dauer der Verpflichtung zur Vorhaltung des Prospekts** (siehe auch unten Rn. 47 f.).[115] Während nach § 14 Abs. 5 eine „Papierversion" genügt, muss für die Schalterpublizität nach § 14 Abs. 2 Satz 1 Nr. 2 der Prospekt in **„gedruckter Form"** bereitgehalten werden, worunter man wohl eine gebundene Druckfassung verstehen könnte.[116]

38 Der Begriff **„zur kostenlosen Ausgabe [...] bereithalten"** ist wie folgt zu verstehen:

– Erstens reicht die bloße Möglichkeit der Einsichtnahme nicht aus; vielmehr hat der Anleger das Recht, den Prospekt am Ort der Schalterpublizität ausgehändigt zu bekommen (vgl. bereits Wortlaut *„Ausgabe"*).[117] Denn alle Formen der Veröffentlichung sollen letztlich dem Anleger ermöglichen, in den Besitz des (ausgedruckten) Prospekts zu gelangen und ihn so lange und intensiv zu studieren, wie er möchte, vgl. z. B. Art. 6 Abs. 1 lit. d) TRS (Art. 29 Abs. 1 Unterabs. 1 Nr. 4 EU-Prospektverordnung a. F.), wonach der

---

114 *Preuße*, in: Holzborn, WpPG, § 14 Rn. 14, Fn. 31.
115 *Heidelbach*, in: Schwark/Zimmer, KMRK, § 14 WpPG Rn. 26 mit allerdings etwas anderer Argumentationslinie.
116 So auch *Kunold*, in: Assmann/Schlitt/von Kopp-Colomb, WpPG/VerkProspG, § 14 Rn. 22; *Gebhardt*, in: Schäfer/Hamann, Kapitalmarktgesetze, § 14 WpPG Rn. 10. *Heidelbach*, in: Schwark/Zimmer, KMRK, § 14 WpPG Rn. 23 f. legt den Begriff „gedruckte Form" dagegen anders aus und lässt insbesondere auch eine Version auf einem dauerhaften Datenträger i. S. d. § 34 Abs. 2 WpHG genügen. So inzwischen auch *Preuße*, in: Holzborn, WpPG, § 14 Rn. 14, wobei der Verweis in Fn. 39 auf die elektronische Veröffentlichung im Internet die gesetzgeberische Trennung von Schalter- und Internetpublizität verwischt.
117 So auch *Ritz/Voß*, in: Just/Voß/Ritz/Zeising, WpPG, § 14 Rn. 37 f. (allerdings auch mit Verweis auf die Gegenauffassung); *Gebauer*, in: Kümpel/Hammen/Ekkenga, Kapitalmarktrecht, Kennz. 100 S. 57 (bis zur Ergänzungslieferung 3/2014); *Kunold*, in: Assmann/Schlitt/von Kopp-Colomb, WpPG/VerkProspG, § 14 Rn. 23; *Preuße*, in: Holzborn, WpPG, § 14 Rn. 14. **Andere Ansicht** *Heidelbach*, in: Schwark/Zimmer, KMRK, § 14 WpPG Rn. 25, u. a. unter unzutreffendem Hinweis auf einen Vorrang der englischen Sprachfassung der EU-Prospektrichtlinie. Im Übrigen ist nicht gesagt, dass der deutsche Gesetzgeber nicht zulässigerweise über die englischsprachige Fassung der Richtlinie hinausgehen wollte, so dass eine richtlinienkonforme Auslegung der Intentionen des deutschen Gesetzgebers entlang der englischsprachigen Fassung der EU-Prospektrichtlinie nicht überzeugt.

Prospekt bei Internetveröffentlichung ausdruckbar sein muss. Alles andere als dieses **Recht zur Aushändigung des Prospekts** wäre vom Schutzzweck der Norm her nicht nachvollziehbar, und es bestehen auch keinerlei berechtigte Interessen des Anbieters/ Zulassungsantragstellers für eine andere Auslegung. Schließlich sollte die Formulierung von Art. 14 Abs. 2 lit. b der EU-Prospektrichtlinie („*kostenlos [...] zur Verfügung gestellt wird*") auch dafür sprechen, weil „Zurverfügungstellung" eben mehr ist als reine Möglichkeit zur Einsichtnahme.

- Zweitens bedeutet Veröffentlichung im Wege der Schalterpublizität aber auch, dass bei Verlangen nach Zusendung die **Portokosten** nicht vom Anbieter/Zulassungsantragsteller (oder gar von den Börsen bzw. Zahlstellen, falls sie sich zur Veröffentlichung nach § 14 Abs. 2 Satz 1 Nr. 2 a) bzw. d) bereiterklären) getragen werden müssen. Ein Recht auf Zusendung besteht nicht. Denn die Schalterpublizität statuiert eben eine Hol- und nicht eine Bringschuld – veröffentlicht und zur Verfügung gestellt wird an den in § 14 Abs. 2 Satz 1 Nr. 2 a) – d) genannten Stellen.[118]

Nachdem es nach Streichung des § 14 Abs. 3 Satz 2 seit 2009 keiner Hinweisbekanntmachung auf den gebilligten und veröffentlichten Prospekt mehr bedarf (siehe oben Rn. 2), ist die bloße Schalterpublizität **keine für den Anleger sehr transparente Veröffentlichungsform**. Dies gilt umso mehr, wenn keine Bereithaltung in Deutschland erfolgen würde, z. B. bei einem ausländischen Emittenten oder ausländischen Konsortialbanken; hier lässt sich – auch wenn sich *de lege lata* daran nichts ändern lässt – berechtigt die Frage stellen, ob der Schutzzweck des Prospektrechts nicht vollständig konterkariert wird.[119] Darüber hinaus ist unklar, ob die Börsen bereit wären, die Mittlerfunktion zur Schalterpublizität nach § 14 Abs. 2 Satz 1 Nr. 2 a) überhaupt zu erfüllen.[120] In der Praxis kommt die Schalterpublizität wohl vorrangig bei Fremdkapitalemissionen oder reinen Zulassungsprospekten in Frage. 39

Eine gewisse Verbesserung der Transparenz in Fällen der Schalterpublizität ist nunmehr durch die verpflichtende Internet-Publizität (nach Umsetzung der überarbeiteten EU-Prospektrichtlinie durch § 14 Abs. 2 Satz 2) eingetreten.[121] Die Norm statuiert dabei im Gegensatz zu § 14 Abs. 5 eine „echte" kombinierte Veröffentlichungspflicht, sodass es für die Frage der Veröffentlichung auf die letzte der beiden Veröffentlichungen ankommt.[122] Im Gegensatz zur kombinierten Veröffentlichung nach § 14 Abs. 2 Satz 1 Nr. 1 und Abs. 2 Nr. 2 dürfte in dieser Konstellation aber § 14 Abs. 5 teleologisch zu reduzieren sein. Es leuchtet nicht ein, worin neben der Veröffentlichung durch „Bereithalten" eines Prospekts in gedruckter Form zur kostenlosen Ausgabe an das Publikum eine Verpflichtung nach § 14 Abs. 5 bestehen soll, „eine Papierversion kostenlos zur Verfügung zu stellen", zumal durch § 14 Abs. 5 vom Anbieter/Zulassungsantragsteller nicht mehr verlangt werden kann als nach § 14 Abs. 2 Satz 1 Nr. 2 (str., vgl. unten Rn. 59). Auch hierbei ist allerdings in der 39a

---

118 So auch *Gebauer*, in: Kümpel/Hammen/Ekkenga, Kapitalmarktrecht, Kennz. 100 S. 57 f. (bis zur Ergänzungslieferung 3/2014), unter anderem unter Verweis auf eine diesbezügliche Praxis der Frankfurter Wertpapierbörse, € 5 pro verschicktem Prospekt zu verlangen; *Kunold*, in: Assmann/ Schlitt/von Kopp-Colomb, WpPG/VerkProspG, § 14 Rn. 23; *Preuße*, in: Holzborn, WpPG, § 14 Rn. 14; **andere Ansicht** *Ritz/Voß*, in: Just/Voß/Ritz/Zeising, WpPG, § 14 Rn. 38 a. E.
119 Ebenso kritisch *Ritz/Voß*, in: Just/Voß/Ritz/Zeising, WpPG, § 14 Rn. 36.
120 Vgl. allerdings *Kunold*, in: Assmann/Schlitt/von Kopp-Colomb, WpPG/VerkProspG, § 14 Rn. 18, u. a. mit Verweis auf Ziffer 9 des Antrags auf Zulassung von Wertpapieren zum Börsenhandel im regulierten Markt an der Frankfurter Wertpapierbörse.
121 Siehe dazu im Einzelnen oben unter Rn. 6, 34 f.
122 Siehe dazu im Einzelnen oben unter Rn. 35.

§ 14   Hinterlegung und Veröffentlichung des Prospekts

Praxis die Sanktionierung einer Verletzung des § 14 Abs. 5 durch § 35 Abs. 1 Nr. 8 zu beachten. Wie für die Zeitungspublizität gilt auch für die Schalterpublizität, dass sich deren Bedeutung durch die Einführung des § 14 Abs. 2 Satz 2 noch weiter verringern dürfte.[123] Die Implikationen der *Timmel*-Entscheidung bekräftigen diese Sichtweise umso mehr.[124]

3. Internetpublizität gemäß § 14 Abs. 2 Satz 1 Nr. 3 und Nr. 4

40 § 14 Abs. 2 Satz 1 Nr. 3 ermöglicht im Gegensatz zur Rechtslage vor Schaffung des WpPG die Veröffentlichung ausschließlich über eine Internetseite, wobei alternativ die **Internetseite des Emittenten, der Konsortialbanken des Angebots oder der Zahlstellen** in Betracht kommt.

41 Interessanterweise ist im Rahmen der Überarbeitung der EU-Prospektrichtlinie durch die Änderungsrichtlinie 2010/73/EU beschlossen worden, in **Art. 14 Abs. 2 lit. c) der EU-Prospektrichtlinie** ein Wort zu ändern („*in elektronischer Form auf der Website des Emittenten* **oder** *gegebenenfalls auf der Website der die Wertpapiere platzierenden oder verkaufenden Finanzintermediäre einschließlich der Zahlstellen*", d.h. anstelle des bisherigen „*und*" das vorstehend hervorgehobene „*oder*"). Diese Änderung sei, so die Begründung zum Richtlinienvorschlag des EU-Parlaments vom März 2010[125] notwendig, da die bisherige Fassung stets eine kumulative elektronische Veröffentlichung beim Emittenten und den nachfolgend genannten Intermediären verlangt habe. Wäre das richtig, wäre die deutsche Umsetzung in § 14 mit der alternativen elektronischen Veröffentlichung fehlerhaft gewesen und hätte nicht europäischem Recht entsprochen. Dies erscheint aber nicht richtig. Vielmehr zeigt die deutsche Fassung mit dem Wort „gegebenenfalls", dass hier wohl bereits unter der früheren Fassung der EU-Prospektrichtlinie die im deutschen Recht niedergelegte alternative Veröffentlichungsform gewollt war. Insofern stellt die beschlossene Überarbeitung der EU-Prospektrichtlinie wohl lediglich eine Klarstellung bzw. an den ursprünglichen Intentionen des Normgebers orientierte Korrektur (insbesondere der englischen Fassung) dar.[126]

42 Bei der Internetpublizität gemäß § 14 Abs. 2 Satz 1 Nr. 3 und Nr. 4 als Form der Veröffentlichung ist zusätzlich nach § 14 Abs. 5 eine **Papierversion** des Prospekts auf Verlangen kostenlos zur Verfügung zu stellen; dies ist aber nicht mehr Teil des Veröffentlichungsaktes,[127] d.h. es ist **keine kombinierte Internet-/Schalterpublizität**,[128] sondern die Veröffentlichung ist mit Einstellen auf der Internetseite erfolgreich abgeschlossen (vgl. unten zu

---

123 *Preuße*, in: Holzborn, WpPG, § 14 Rn. 14: „*dürfte ihre Praxisrelevanz wohl nahezu verlieren.*"
124 Siehe dazu im Einzelnen oben unter Rn. 36a.
125 Session document of the European Parliament A7-002/2010 vom 26.3.2010, S. 36.
126 So auch *Kunold*, in: Assmann/Schlitt/von Kopp-Colomb, WpPG/VerkProspG, § 14 Rn. 24 in Fn. 2. **Anders** *Heidelbach*, in: Schwark/Zimmer, KMRK, § 14 WpPG Rn. 35, die danach differenziert, dass eine Veröffentlichung nur auf der Website des Emittenten zwar nationalem Recht genügte, aber bei europarechtskonformer Auslegung, was insbesondere bei grenzüberschreitenden Angeboten zu beachten gewesen sei, nicht den Vorgaben der EU-Prospektrichtlinie, so dass es jedenfalls in diesen Fällen bis zur Änderung der EU-Prospektrichtlinie einer kumulativen Internetveröffentlichung bedurft habe.
127 **Andere Ansicht** *Ritz/Voß*, in: Just/Voß/Ritz/Zeising, WpPG, § 14 Rn. 40. Wie hier *Kunold*, in: Assmann/Schlitt/von Kopp-Colomb, WpPG/VerkProspG, § 14 Rn. 36.
128 Unglücklich daher die Formulierung bei *Groß*, in: Marsch-Barner/Schäfer, Handbuch börsennotierte AG, § 9 Rn. 69 („*Kombination zwischen Internetveröffentlichung und Schalterpublizität*").

§ 14 Abs. 5 Rn. 57 f.). Dies ist schon daran erkennbar, dass an die Nichterfüllung von § 14 Abs. 5 nach § 35 Abs. 1 Nr. 8 eine eigene Ordnungswidrigkeitsanordnung geknüpft ist, was entbehrlich wäre, wenn die Zurverfügungstellung der Papierversion Teil der Veröffentlichung wäre, weil dies dann bereits eine Ordnungswidrigkeit nach § 35 Abs. 1 Nr. 6 darstellen würde. Zudem zeigt der Wortlaut von Art. 14 Abs. 7 der EU-Prospektrichtlinie (*„Wird der Prospekt in elektronischer Form veröffentlicht [...]"*), dass die Internetpublizität eine rein elektronische Veröffentlichung ist, zu der aber – wie wenn der nationale Gesetzgeber von der Hinweispflicht nach Art. 14 Abs. 3 der EU-Prospektrichtlinie Gebrauch gemacht hat – Nebenpflichten treten. Schon nach der Systematik der EU-Prospektrichtlinie besteht eine Verpflichtung zur Kombination von Veröffentlichungsmedien nur im Rahmen des Art. 14 Abs. 2 Unterabsatz 2 EU-Prospektrichtlinie, der zusätzlich zur Zeitungs- oder/ und Schalterpublizität eine Internetveröffentlichung verlangt. Dies spiegelt sich inzwischen auch in der Systematik des § 14 wider, da der deutsche Gesetzgeber Art. 14 Abs. 2 Unterabsatz 2 der EU-Prospektrichtlinie in § 14 Abs. 2 Satz 2 umgesetzt hat (siehe dazu näher oben Rn. 2), der tatsächlich eine kombinierte Publizität regelt, und somit eine klare Trennung zwischen Regelungen, die die Veröffentlichung selbst betreffen (§ 14 Abs. 2), und zusätzlichen Verpflichtungen wie der separaten Pflicht der Zurverfügungstellung einer Papierversion bei Wahl der Internetpublizität (§ 14 Abs. 5) vorgenommen hat. Wäre der deutsche Gesetzgeber davon ausgegangen, dass es sich bei § 14 Abs. 5 um die Regelung einer kombinierten Internet-/Schalterpublizität handelte, hätte eine Umsetzung des Art. 14 Abs. 2 Unterabsatz 2 der EU-Prospektrichtlinie im dann sachnäheren § 14 Abs. 5 nähergelegen.

Es ist auch **nicht empfehlenswert**, eine **doppelte Veröffentlichungsform nach § 14 Abs. 2 Satz 1 Nr. 2 und Nr. 3** aus Internet- und Schalterpublizität zu wählen,[129] da dadurch Unklarheiten über den Zeitpunkt der wirksam erfolgten Veröffentlichung entstehen könnten. Denn da nicht geregelt ist, ob die erste von zwei gewählten Veröffentlichungsarten ausreicht, um eine wirksame Veröffentlichung zu vollenden, läuft der Anbieter/Zulassungsantragsteller unnötigerweise – dafür gibt es ja gerade die Verbindung von § 14 Abs. 2 Satz 1 Nr. 3 mit § 14 Abs. 5 – Gefahr, dass seine Veröffentlichung erst später als von ihm gewollt vollendet wird (beispielsweise bei Internetveröffentlichung am Freitagabend, wenn die Schalterpublizität eventuell erst Montagmorgen erreicht wird). Wegen der erzwungenen doppelten Veröffentlichung bei Wahl der Zeitungs- oder Schalterpublizität aufgrund von § 14 Abs. 2 Satz 2[130] kann einem Anbieter/Zulassungsantragsteller daher im Ergebnis nicht zur Wahl einer anderen Veröffentlichungsform als der Internetpublizität geraten werden. 43

Die Internetveröffentlichung ist ohnehin die **dominierende Form der Veröffentlichung bei Eigenkapitalemissionen seit Inkrafttreten des Wertpapierprospektgesetzes** geworden.[131] Schon der erste IPO nach Inkrafttreten des Wertpapierprospektgesetzes[132] wurde 44

---

129 So aber *Ries*, in: Grunewald/Schlitt, Einführung in das Kapitalmarktrecht, 1. Aufl. 2007, S. 36, und – etwas abgeschwächt – 2. Aufl. 2009, S. 33. Es ist auch nicht zutreffend, dass diese Kombination in der Praxis bevorzugt wird, wie *Ries* behauptet (so allerdings auch *Singhof/Weber*, in: Habersack/Mülbert/Schlitt, Unternehmensfinanzierung, § 4 Rn. 90). Tendenziell anders (und vorzugswürdig) *Ponick*, in: Grunewald/Schlitt, Einführung in das Kapitalmarktrecht, 2. Aufl. 2009, S. 217.
130 Vgl. dazu im Einzelnen oben Rn. 35.
131 So auch *Meyer*, in: Habersack/Mülbert/Schlitt, Unternehmensfinanzierung, § 36 Rn. 89.
132 Prospekt der Interhyp AG, gebilligt und veröffentlicht am 16.9.2005.

§ 14 Hinterlegung und Veröffentlichung des Prospekts

auf diese Art veröffentlicht. Durch die verpflichtende zusätzliche elektronische Veröffentlichung aus § 14 Abs. 2 Satz 2 dürfte sich dies nochmals dramatisch verstärken und die Zeitungs- und Schalterpublizität im Ergebnis in der Bedeutungslosigkeit verschwinden.[133] Die geplante Abschaffung der Zeitungs- und Schalterpublizität durch den Entwurf der neuen EU-ProspektVO (siehe dazu oben Rn. 6c) erscheint daher durchaus konsequent.

45 **Art. 6 TRS** (Art. 29 der EU-Prospektverordnung a. F.) gibt weitere Bedingungen vor, die für eine ordnungsgemäße Internetveröffentlichung erfüllt sein müssen (Art. 6 Abs. 1, 2 TRS/ Art. 29 Abs. 1 EU-Prospektverordnung a. F.) bzw. die eingehalten werden müssen, um ein öffentliches Angebot in anderen Ländern, in denen das nicht beabsichtigt ist, zu vermeiden (Art. 6 Abs. 3 TRS/ Art. 29 Abs. 2 EU-Prospektverordnung a. F.), siehe näher unten die gesonderte Kommentierung zu Art. 6 TRS (Art. 29 EU-Prospektverordnung a. F.), auch zu den technischen Anforderungen an die zur Verfügung gestellte Datei und die Ausgestaltung des sog. Filters, der der Internetseite, auf der der Prospekt verfügbar ist, üblicherweise vorgeschaltet ist. Mit den genauen Anforderungen an die leichte Zugänglichkeit des Prospekts, die von Art. 6 Abs. 1 lit. a) TRS (Art. 29 Abs. 1 Unterabs. 1 Nr. 1 der EU-Prospektverordnung a. F.) gefordert wird, hat sich der EuGH etwa im Rahmen der sogenannten *Timmel*-Entscheidung[134] beschäftigt und dabei bekräftigt, dass *„das Erfordernis der leichten Zugänglichkeit eines Prospekts bei Aufrufen der Webseite, auf der er veröffentlicht wird, nicht erfüllt ist, wenn auf der Website eine mit einer Haftungsausschlussklausel und der Pflicht zur Bekanntgabe einer E-Mail-Adresse verbundene Registrierungspflicht besteht, wenn dieser elektronische Zugang kostenpflichtig ist* **oder** *wenn die kostenlose Abrufbarkeit von Prospektteilen auf zwei Dokumente pro Monat begrenzt ist"*.[135] Auch durch die Begründung des EuGH wird klar, dass nach dem Urteil eine Unvereinbarkeit mit Art. 6 Abs. 1 lit. a) TRS (das Urteil ist allerdings auf Basis des Art. 29 Abs. 1 Unterabs. Nr. 1 der EU-Prospektverordnung a. F. ergangen) schon für Fälle vorliegt, in denen eine Verbindung von Haftungsausschlussklausel und Registrierungspflicht vorliegt.[136] Die Vorgaben der *Timmel*-Entscheidung wurden zwischenzeitlich zusätzlich in Art. 6 Abs. 4 TRS umgesetzt, dabei aber noch verschärft. Demnach darf der Zugang zu einem in elektronischer Form veröffentlichten Prospekt nicht vom Abschluss eines Registrierungsverfahrens **oder** der Zustimmung zu einer Haftungsbegrenzungsklausel **oder** der Entrichtung einer Gebühr abhängig gemacht werden. Die Zulässigkeit üblicher Filter mit bloßer Angabe des Wohnorts und Bestätigung, dass die im Text des Filters enthaltenen Hinweise gelesen wurden, dürfte dadurch nicht berührt sein, wobei die extensive Auslegung der „freien Zugänglichkeit" des EuGH-Urteils durchaus Rechtsunsicherheiten für die Praxis schaffen könnte, da die Verbindung mit anderen Maßnahmen dazu führen kann, dass ein Prospekt im Ergebnis als nicht frei verfügbar eingestuft wird, womit möglicherweise keine hinreichende Veröffentlichung vorläge;[137] insofern wäre eine Klarstellung im Rahmen des Gesetzgebungsverfahrens zur neuen EU-ProspektVO hilfreich.

---

133 Vgl. auch *Preuße*, in: Holzborn, WpPG, § 14 Rn. 14.
134 EuGH v. 15.5.2014 – C-359/12, insb. Rn. 50 ff. Vgl. zu weiteren Implikationen dieses Urteils auch oben Rn. 36a.
135 EuGH v. 15.5.2014 – C-359/12, Rn. 59.
136 EuGH v. 15.5.2014 – C-359/12, Rn. 51. Vgl. auch *Berrar*, Art. 6 TRS (Art. 29 EU-Prospektverordnung a. F.) Rn. 4.
137 Vgl. zu dieser Frage *Berrar*, Art. 6 TRS (Art. 29 EU-Prospektverordnung a. F.) Rn. 3.

§ 14 Abs. 2 Satz 1 Nr. 4 erlaubt ferner die Veröffentlichung durch Bereitstellen auf der Internetseite des organisierten Marktes, für den die Zulassung zum Handel beantragt wurde. Während zum Beispiel die Luxemburger Börse diese Möglichkeit einräumt, ist die Frankfurter Wertpapierbörse hinsichtlich dieser Art der Veröffentlichung zurückhaltend.

4. Dauer der Bereitstellung nach § 14 Abs. 2 Satz 3/Verhältnis zu § 13 Abs. 4

Seit der Überarbeitung des WpPG im Zuge der Umsetzung der Änderungsrichtlinie 2010/73/EU schreibt das Gesetz dem Anbieter bzw. Zulassungsantragsteller im Gegensatz zur früheren Rechtslage vor, wie lange der Prospekt nach der Veröffentlichung dem Publikum zugänglich gemacht werden muss. Der neue § 14 Abs. 2 Satz 3 sieht eine Bereitstellung nach den Nrn. 2, 3 und 4 des § 14 Abs. 2 Satz 1 mindestens bis zum endgültigen Schluss des öffentlichen Angebotes, oder, falls diese später erfolgt, bis zur Einführung in den Handel an einem organisierten Markt vor. Eine entsprechende Regelung hatte bisher jedenfalls seit Aufhebung der früheren – wenn auch unverbindlichen – Going Public-Grundsätze der Deutschen Börse AG[138] zum 1.7.2005 gefehlt. Diese sahen in Ziffer 7.2 eine Frist von drei Jahren vor, innerhalb derer der Emittent den Prospekt dem Publikum zugänglich zu machen habe (was sich offensichtlich an der früheren Verjährungsregelung für Prospekthaftungsansprüche orientierte). Durch das Fehlen einer gesetzlichen Regelung war ein Streit über die notwendige Dauer der Bereitstellung entstanden,[139] der sich nun angesichts des neuen § 14 Abs. 2 Satz 3 erledigt hat. Der Gesetzgeber hat sich dabei für einen Zeitraum entschieden, der zuvor schon verschiedentlich[140] aus dem Normzweck des § 14 Abs. 2 hergeleitet wurde. Nach dem endgültigen Schluss des öffentlichen Angebots bzw. der Einführung in den Handel an einem organisierten Markt ist der Anbieter/Zulassungsantragsteller also **frei, die Bereitstellung nach § 14 Abs. 2 Satz 1 Nr. 2 zu beenden oder den Prospekt von der entsprechenden Internetseite wieder zu entfernen**. Zum im Rahmen der derzeitigen Umgestaltung und Überarbeitung der Prospektrichtlinie hin zur Prospektverordnung vorgesehenen neuen Art. 20 Abs. 7, der vorsieht, dass Prospekte mindestens zehn Jahre nach ihrer Veröffentlichung auf der Internetseite vorgehalten werden, vgl. oben Rn. 6c.

Mit der Anknüpfung an den „endgültigen Schluss des öffentlichen Angebots" sollte offenbar ein Gleichlauf mit der Dauer der Nachtragspflicht aus § 16 Abs. 1 Satz 1 hergestellt werden. Dort ergibt die Gesamtschau des § 16, dass nicht der Abschluss der Lieferung und Abrechnung der Wertpapiere gegen Zahlung (d. h. Closing/Settlement), sondern das Ende der Angebotsfrist gemeint sein sollte. Denn in § 16 Abs. 3 Satz 1 wird ebenfalls an den „endgültigen Schluss des öffentlichen Angebots" angeknüpft, als weiterer, davon zu unterscheidender Zeitpunkt aber die „Lieferung der Wertpapiere" genannt, vgl. unten § 16 Rn. 80. Angesichts des bewusst identisch gewählten Wortlauts ist daher auch im Rahmen von § 14 auf das Ende der Angebotsfrist abzustellen. Auf die parallele Diskussion zum „Abschluss des Angebots" i. R. d. § 14 Abs. 1 Satz 4 schlägt diese Argumentation allerdings nicht durch, vgl. oben Rn. 29.

---

138 Going Public-Grundsätze der Deutschen Börse AG in der Fassung vom 1.8.2004; vgl. auch *Meyer*, WM 2002, 1864 ff.
139 Siehe dazu im Einzelnen die Vorauflage, Rn. 47 f.
140 Vgl. insb. die Vorauflage, Rn. 47.

48 An der in § 14 Abs. 2 Satz 3 explizit statuierten Dauer der Bereitstellungspflicht ändert die eventuelle **Verfügbarkeit des Prospekts über die Internetseite der BaFin nach § 13 Abs. 4** nichts. Denn, wie oben bereits dargelegt (vgl. § 13 Rn. 54), spricht der Gesetzestext in § 13 Abs. 4 bewusst von einer „Zugänglichmachung" des Prospekts durch die BaFin. Folglich soll dieser Akt sich auch begrifflich von der „Veröffentlichung", die durch den Anbieter bzw. Zulassungsantragsteller zu erfolgen hat und durch die Zugänglichmachung des Prospekts seitens der BaFin keineswegs ersetzt wird, abgrenzen.[141]

V. Mitteilung der Veröffentlichung gemäß § 14 Abs. 3

1. Mitteilung der Veröffentlichung an die BaFin gemäß § 14 Abs. 3

49 Nach § 14 Abs. 3 hat der Anbieter/Zulassungsantragsteller der BaFin Datum und Ort der Veröffentlichung des Prospekts unverzüglich[142] schriftlich mitzuteilen. Dies gilt für alle Formen der Veröffentlichung nach § 14 Abs. 2 Satz 1 und dient der Überwachung, dass der Anbieter/Zulassungsantragsteller seiner Veröffentlichungspflicht nach § 14 Abs. 1 Satz 1 nachgekommen ist. § 14 Abs. 3 hat aber **kein Pendant in der EU-Prospektrichtlinie** und ist daher keine Umsetzung europäischen Rechts.[143] Vielmehr wollte der Gesetzgeber ausweislich der Regierungsbegründung eine Parallelregelung zu § 9 Abs. 3 Satz 3 VerkProspG a. F. schaffen.[144]

50 „**Ort der Veröffentlichung**" meint die konkret vom Anbieter/Zulassungsantragsteller gewählte Veröffentlichungsform nach § 14 Abs. 2 Satz 1,[145] einschließlich z. B. der konkreten

---

141 Siehe so auch Hinweis der BaFin auf ihrer Website zur Datenbank, dass die Datenbank nicht als Veröffentlichung im Sinne von § 14 zu verstehen sei, sondern die BaFin damit (nur) ihrer Pflicht zur Zugänglichmachung nach § 13 Abs. 4 nachkommen wolle. So auch *Groß*, Kapitalmarktrecht, § 13 WpPG Rn. 7. Ebenso *Preuße*, in: Holzborn, WpPG, § 14 Rn. 16, der die hier vertretene Differenzierung ebenfalls vornimmt und davon spricht, dass die Zugänglichmachung neben die Veröffentlichung nach § 14 Abs. 2 trete (eher in eine andere Richtung weisend aber die Formulierungen von *Preuße* in § 13 Rn. 31, die „Veröffentlichungen" stünden nebeneinander, sowie von *Groß* in § 13 Rn. 6 („Veröffentlichung auf der Internet-Seite der BaFin")).
142 Ein Zeitraum von drei Tagen nach Veröffentlichung sollte angesichts der Funktion dieser Benachrichtigung dem Kriterium der Unverzüglichkeit der Mitteilung noch genügen, siehe *Ritz/Voß*, in: Just/Voß/Ritz/Zeising, WpPG, § 14 Rn. 52; *Kunold*, in: Assmann/Schlitt/von Kopp-Colomb, WpPG/VerkProspG, § 14 Rn. 30 m. w. N.; *Heidelbach*, in: Schwark/Zimmer, KMRK, § 14 WpPG Rn. 42; *Preuße*, in: Holzborn, WpPG, § 14 Rn. 17.
143 **Andere Ansicht** *Groß*, Kapitalmarktrecht, § 14 WpPG Rn. 7, wonach § 14 Abs. 3 (genau wie § 14 Abs. 3 Satz 2 a. F.) von dem in Art. 14 Abs. 3 der EU-Prospektrichtlinie eingeräumten Wahlrecht Gebrauch mache. Mindestens missverständlich auch der erste Satz der Regierungsbegründung, der sich aber eventuell auch nur auf § 14 Abs. 3 Satz 2 a. F. beziehen könnte (vgl. RegBegr. EU-ProspRL-UmsetzungsG, BT-Drucks. 15/4999, S. 25, 35), da der zweite Absatz der Regierungsbegründung Satz 1 abzudecken scheint. Da Art. 14 Abs. 3 der EU-Prospektrichtlinie von der Möglichkeit spricht, eine „Veröffentlichung" zu verlangen, stellt die Verpflichtung zur Kommunikation an die BaFin auch kein Minus, sondern ein Aliud dar.
144 Vgl. letzter Absatz zu § 14 Abs. 3, RegBegr. EU-ProspRL-UmsetzungsG, BT-Drucks. 15/4999, S. 25, 35. Zutreffend *Kunold*, in: Assmann/Schlitt/von Kopp-Colomb, WpPG/VerkProspG, § 14 Rn. 2.
145 *Preuße*, in: Holzborn, WpPG, § 14 Rn. 17.

Angabe der Internetseite für den Fall der Internetpublizität nach § 14 Abs. 2 Satz 1 Nr. 3/ Nr. 4.

Die BaFin weist auf die Mitteilungspflicht nach § 14 Abs. 3 in ihrem jeweiligen Billigungsbescheid auch ausdrücklich hin. Zudem ist auf der Internetseite der BaFin ein Muster einer solchen Mitteilung erhältlich.[146] Die BaFin lässt hinsichtlich der Schriftlichkeit der Mitteilung eine Übermittlung per Telefax ausreichen.[147] Für den Fall, dass die Mitteilung nicht, nicht richtig, nicht vollständig, nicht in der vorgeschriebenen Weise oder nicht rechtzeitig vorgenommen wird, kann dies als **Ordnungswidrigkeit nach § 35 Abs. 1 Nr. 7** verfolgt werden. 51

2. Streichung des § 14 Abs. 3 Satz 2 a. F.

Der bis zum Inkrafttreten des **Jahressteuergesetzes 2009** in § 14 Abs. 3 enthaltene Satz 2, der Anbieter/Zulassungsantragsteller in Ausübung des dem Gesetzgeber zustehenden Wahlrechts nach Art. 14 Abs. 3 der EU-Prospektrichtlinie verpflichtete, in einer oder mehreren Zeitungen eine Hinweisbekanntmachung zu veröffentlichen, aus der hervorging, wie der Prospekt veröffentlicht wurde und wo er erhältlich ist, wurde auf Basis eines Berichts der Bundesregierung über die praktischen Erfahrungen unter anderem mit Veröffentlichungen derartiger Hinweisbekanntmachungen, der insbesondere auf den geringen Nutzen der Hinweisbekanntmachung und die im Verhältnis zu dem geringen Nutzen hohen Kosten dieser Veröffentlichung abstellte,[148] durch Art. 36 Nr. 1 des **Jahressteuergesetzes 2009**[149] aufgehoben.[150] 52

Allerdings hat dies natürlich zur Konsequenz, dass die breitere Öffentlichkeit auf verfügbare Prospekte bei Wahl der Schalterpublizität bzw. Internetpublizität nicht mehr gesondert hingewiesen wird.[151] Für öffentliche Angebote (jedenfalls bei Eigenkapital-, aber wohl auch üblicherweise bei Fremdkapitalemissionen) wird dies wohl kein Problem sein, da je- 53

---

146 Vgl. „Muster Nachweis Veröffentlichung § 14 Abs. 3 Satz 1 WpPG" unter www.bafin.de, Aufsicht/Prospekte/Prospekte für Wertpapiere/Prospekterstellung und Billigungsverfahren, Stand vom 20.1.2016.
147 *Ritz/Voß*, in: Just/Voß/Ritz/Zeising, WpPG, § 14 Rn. 51. Übermittlung per einfacher E-Mail ohne elektronische Signatur ist dagegen nicht ausreichend, vgl. näher *Kunold*, in: Assmann/Schlitt/von Kopp-Colomb, WpPG/VerkProspG, § 14 Rn. 29.
148 Unterrichtung durch die Bundesregierung, Bericht der Bundesregierung über die praktischen Erfahrungen mit Veröffentlichungen von Emittenten gemäß Wertpapierhandelsgesetz und Hinweisbekanntmachungen in Zeitungen gemäß Wertpapierprospektgesetz vom 10. Juni 2008, BT-Drucks. 16/9568. Vgl. dazu auch *Kunold*, in: Assmann/Schlitt/von Kopp-Colomb, WpPG/VerkProspG, § 14 Rn. 3; *Jäger/Maas*, BB 2009, 852, 854.
149 Jahressteuergesetz 2009 (JStG 2009) vom 24.12.2008, BGBl. I 2008, S. 2794 ff.
150 Für die Kritik an § 14 Abs. 3 Satz 2 a. F. in Literatur und Praxis und die sich an § 14 Abs. 3 Satz 2 a. F. anschließenden Streitfragen vgl. die Vorauflage, Rn. 52 m. w. N. Detailliert zu § 14 Abs. 3 Satz 2 a. F., dessen Aufhebung sowie zu Entwicklung und Zweck der Hinweisbekanntmachung *Jäger/Maas*, BB 2009, 852 ff.
151 Auch wenn *Groß*, Kapitalmarktrecht, 4. Aufl. 2009, § 14 WpPG Rn. 7, natürlich zu Recht darauf hinweist, dass der Anleger Ort und Datum des Erscheinens nicht vorab kennt und der Anleger zudem nicht weiß, in welcher Zeitung die Hinweisbekanntmachung erfolgen wird, so hat die Hinweisbekanntmachung in der Vergangenheit doch dazu beigetragen, dass die Redaktionen der betreffenden Zeitung oder anderer Zeitungen die Veröffentlichung aufgegriffen und im redaktionellen Teil ihrer Zeitung darüber berichtet haben.

§ 14   Hinterlegung und Veröffentlichung des Prospekts

denfalls deutsche Emittenten im Zusammenhang mit öffentlichen Angeboten ihrer Wertpapiere regelmäßig eine Ad-hoc-Mitteilung werden veröffentlichen müssen, die dann auch als „Werbeanzeige" im Sinne von § 15 Abs. 2 gelten wird und in der daher darauf hingewiesen werden muss, dass ein Prospekt veröffentlicht wurde und wo Anleger ihn erhalten können. Reine Zulassungsprospekte dagegen können daher nunmehr noch eher von der breiteren Öffentlichkeit unbemerkt gebilligt und veröffentlicht werden. Dem könnte abgeholfen werden, wenn die BaFin bei ihrer Zugänglichmachung nach § 13 Abs. 4 eine Rubrik einrichten würde, in der die gebilligten Prospekte z. B. der letzten Woche oder des letzten Monats aufgelistet wären.[152]

VI. Veröffentlichung bei mehreren Einzeldokumenten bzw. Verweisen gemäß § 14 Abs. 4

54   Ein Prospekt kann nach § 12 Abs. 1 Satz 1 als ein einziges Dokument erstellt werden oder aus mehreren Einzeldokumenten bestehen (Registrierungsformular, Wertpapierbeschreibung und Zusammenfassung, vgl. § 12 Abs. 1 Satz 2). Falls ein **Prospekt in Form mehrerer Einzeldokumente** erstellt wird, bestimmt § 14 Abs. 4 Satz 1 in Umsetzung von Art. 14 Abs. 5 der EU-Prospektrichtlinie die **Zulässigkeit einer getrennten Veröffentlichung**, d. h. die Einzeldokumente können getrennt in einer in § 14 Abs. 2 Satz 1 genannten Art und Weise veröffentlicht werden. Gemäß § 14 Abs. 4 Satz 2 ist in jedem Einzeldokument anzugeben, wo die anderen Einzeldokumente erhältlich sind, die zusammen mit diesem den vollständigen Prospekt bilden. Im Übrigen aber gelten für die Veröffentlichung die Regelungen des § 14, insbesondere die Frist des § 14 Abs. 1 Satz 1.[153]

54a   Nicht ausdrücklich geregelt ist, ob auch bei der vorweggenommenen Billigung bloß eines Einzeldokuments eine unverzügliche Pflicht zur Veröffentlichung dieses Einzeldokuments besteht. Der Wortlaut des § 14 Abs. 1 Satz 1 legt das nicht unbedingt nahe, da er eine Veröffentlichung nur bei Billigung des „Prospekts" fordert. Ausweislich § 14 Abs. 4 liegt bei einem bloßen Einzeldokument aber gerade noch kein „Prospekt" vor. Auch die Regierungsbegründung, die undifferenziert auf „die Frist des Absatzes 1" verweist, hilft insoweit nicht weiter. Eine derart am Wortlaut haftende Auslegung und daraus folgende Ablehnung einer unverzüglichen Veröffentlichungspflicht für die Einzeldokumente hätte allerdings letztlich zur Folge, dass bei gestaffelter Billigung zu keinem Zeitpunkt eine Billigung „des Prospekts" einträte, da auch beim letzten Einzeldokument nur eine Billigung dieses Dokuments vorläge, womit die Pflichten aus § 14 Abs. 1 Satz 1 überhaupt nie ausgelöst würden. Darüber hinaus hätte bei folgerichtiger Erstreckung dieser Lesart auf § 13 Abs. 1 Satz 1 eine gestaffelte Billigung letztlich keinen Mehrwert für den Anbieter/Zulassungsantragsteller, da eine Veröffentlichung erst nach einer (weiteren) Billigung des „Prospekts" erfol-

---

152   Ganz allgemein wäre die Möglichkeit einer chronologischen Sortierung der auf der BaFin-Seite verfügbaren bzw. aufgelisteten Prospekte durchaus zu begrüßen.
153   RegBegr. EU-ProspRL-UmsetzungsG, BT-Drucks. 15/4999, S. 25, 36; *Groß*, Kapitalmarktrecht, § 14 WpPG Rn. 8; *Ritz/Voß*, in: Just/Voß/Ritz/Zeising, WpPG, § 14 Rn. 62; *Kunold*, in: Assmann/Schlitt/von Kopp-Colomb, WpPG/VerkProspG, § 14 Rn. 34.

gen dürfte. Dementsprechend verlangt die BaFin in der Praxis auch eine unverzügliche Veröffentlichung des Einzeldokuments.[154]

Die Regierungsbegründung bestätigt indirekt, dass „getrennte Veröffentlichung" nicht nur in zeitlicher Hinsicht gemeint ist, sondern dass für die Einzeldokumente **auch unterschiedliche Arten der Veröffentlichung** nach § 14 Abs. 2 Satz 1 gewählt werden können.[155] Denn falls beispielsweise das Registrierungsformular dadurch veröffentlicht worden sei, dass es dem Publikum in gedruckter Form zur Verfügung gestellt worden sei (vgl. § 14 Abs. 2 Satz 1 Nr. 2), die Wertpapierbeschreibung und die Zusammenfassung hingegen ausschließlich gemäß § 14 Abs. 2 Satz 1 Nr. 3/Nr. 4 im Internet veröffentlicht worden seien, verlangt die Regierungsbegründung, dass die Papierversion nach § 14 Abs. 5 auch das Registrierungsformular umfasse, d.h. in dem in Papierform zur Verfügung gestellten Dokument müssen stets alle Angaben enthalten sein.[156] 55

Die gleichen Anforderungen wie bei der Veröffentlichung von mehreren Einzeldokumenten gelten für **Angaben**, die gemäß § 11 **in Form eines Verweises** in den Prospekt einbezogen werden, d.h. auch hier dürfen die Angaben getrennt in einer in § 14 Abs. 2 Satz 1 genannten Art und Weise veröffentlicht werden. 56

VII. Papierversion bei Internetveröffentlichung gemäß § 14 Abs. 5

Falls der Prospekt nach § 14 Abs. 2 Satz 1 Nr. 3/Nr. 4 im Internet veröffentlicht wurde, muss dem Anleger nach § 14 Abs. 5 vom Anbieter, vom Zulassungsantragsteller oder von den die Emission begleitenden Konsortialbanken eine Papierversion des Prospekts **kostenlos zur Verfügung gestellt** werden. Damit wird Art. 14 Abs. 7 der EU-Prospektrichtlinie in deutsches Recht umgesetzt. Auch durch die inzwischen zwingende zusätzliche elektronische Veröffentlichung nach § 14 Abs. 2 Satz 2 bei Wahl der Zeitungs- oder Schalterpublizität wird die Pflicht des § 14 Abs. 5 ausgelöst, wenngleich im Rahmen der Schalterpublizität an eine teleologische Reduktion zu denken ist.[157] Insgesamt hätte allerdings angesichts der Aufwertung der Internetpublizität zum gesetzlichen Regelfall[158] eine korrespondierende Streichung des Art. 14 Abs. 7 der EU-Prospektrichtlinie und infolgedessen 57

---

154 Vgl. etwa am 6.4.2011 gebilligtes Registrierungsformular der Commerzbank AG, veröffentlicht am 6.4.2011.
155 Vgl. letzter Satz der Regierungsbegründung zu § 14 Abs. 4 (RegBegr. EU-ProspRL-Umsetzungsg, BT-Drucks. 15/4999, S. 25, 36). So auch *Preuße*, in: Holzborn, WpPG, § 14 Rn. 19; *Heidelbach*, in: Schwark/Zimmer, KMRK, § 14 WpPG Rn. 64.
156 Für die Veröffentlichung von Basisprospekt und endgültigen Konditionen insbesondere bei bestimmten Nichtdividendenwerten nach § 6 stellt Art. 7 TRS (Art. 33 der EU-Prospektverordnung a. F.) ebenfalls klar, dass auch die Veröffentlichungsmethoden für Basisprospekt und endgültige Konditionen divergieren können. Vgl. dazu unten Art. 7 TRS (Art. 33 EU-Prospektverordnung a. F.) Rn. 1 f. Insofern missverständlich *Heidelbach*, in: Schwark/Zimmer, KMRK, § 14 WpPG Rn. 66 und *Preuße*, in: Holzborn, WpPG, § 14 Rn. 18, nach denen aufgrund fehlender Regelung in § 14 Abs. 4 die „*allgemeinen Regeln*" gelten.
157 Vgl. dazu im Einzelnen oben Rn. 35 und 39a.
158 *Preuße*, in: Holzborn, WpPG, § 14 Rn. 15. Siehe dazu im Einzelnen auch Rn. 2, 4, 34 f. und 39 f.

des § 14 Abs. 5 durchaus Sinn ergeben,[159] wurde aber im Rahmen des Gesetzgebungsverfahrens nicht weiter verfolgt.[160] Wie zu § 14 Abs. 4 hinsichtlich der Veröffentlichung bei mehreren Einzeldokumenten ausgeführt und in der Regierungsbegründung zu § 14 Abs. 5 nochmals wiederholt, muss der in Papierform zur Verfügung gestellte Prospekt stets alle Angaben enthalten.[161]

58 Die Verpflichtung, eine Papierversion zur Verfügung zu stellen, ist **nicht Teil der Veröffentlichung**, sondern eine **gesonderte Nebenpflicht**, wenn eine bestimmte Art der Veröffentlichung gewählt wurde.[162] Sie dient bei Veröffentlichungen ausschließlich über das Internet der Wahrung der gleichen Zugangsmöglichkeiten für das gesamte Publikum.[163] Interessant ist in diesem Zusammenhang, dass der deutsche Gesetzgeber in § 175 Abs. 2 Satz 4 AktG für die Frage der Dokumente für eine Hauptversammlung die Internetveröffentlichung ausreichen lässt, d. h. es besteht gerade kein Anspruch (mehr), eine Papierversion/Abschrift (nach § 175 Abs. 2 Satz 2 AktG) zu bekommen.

59 Auch bei § 14 Abs. 5 spricht aber dessen Wortlaut dagegen, dass der Anbieter bzw. Zulassungsantragsteller verpflichtet ist, die Kosten der Übersendung zu tragen. „Zur Verfügung stellen" bedeutet **nicht „Bringschuld" des Anbieters/Zulassungsantragstellers**. Vielmehr kann er die Papierversion auch an seinem Sitz „zur Verfügung stellen".[164] Zwar spricht die englische Sprachfassung von Art. 14 Abs. 7 der EU-Prospektrichtlinie von *„delivered to"*, und auch anderssprachige Fassungen legen anders als die deutsche eher eine Pflicht zur Zusendung nahe. Allerdings besteht bei Abweichungen zwischen den verschiedenen Sprachfassungen der EU-Prospektrichtlinie gerade kein Vorrang der englischen oder einer anderen Sprachfassung; vielmehr hat eine Auslegung anhand der Zielsetzung und des Gesamtsystems zu erfolgen.[165] **Gegen eine Bringschuld** spricht dabei, dass es nicht einzusehen wäre, warum der Anbieter/Zulassungsantragsteller hier über § 14 Abs. 5 zu mehr verpflichtet würde als bei der Schalterpublizität, bei der auch nur ein Bereithalten geschuldet ist.[166] Auch statuiert Erwägungsgrund 31 der EU-Prospektrichtlinie das Ziel, dass die Verbreitung der Prospekte durch den *„Rückgriff auf elektronische Kommunikationsmittel wie das Internet gefördert werden"* soll. Die elektronische Verbreitung mit einer umfassenden Zusendungspflicht zu flankieren, wird diesem Förderungszweck aber kaum gerecht.

---

159 *Preuße*, in: Holzborn, WpPG, § 14 Rn. 15.
160 Siehe dazu im Einzelnen oben unter Rn. 6.
161 RegBegr. EU-ProspRL-UmsetzungsG, BT-Drucks. 15/4999, S. 25, 36; *Groß*, Kapitalmarktrecht, § 14 WpPG Rn. 9; *Ritz/Voß*, in: Just/Voß/Ritz/Zeising, WpPG, § 14 Rn. 63.
162 Vgl. näher oben Rn. 42.
163 RegBegr. EU-ProspRL-UmsetzungsG, BT-Drucks. 15/4999, S. 25, 36; *Groß*, Kapitalmarktrecht, § 14 WpPG Rn. 6 und Rn. 9; *Preuße*, in: Holzborn, WpPG, § 14 Rn. 20; *Kunold*, in: Assmann/Schlitt/von Kopp-Colomb, WpPG/VerkProspG, § 14 Rn. 36.
164 So auch *Preuße*, in: Holzborn, WpPG, § 14 Rn. 14: *„zur Mitnahme auszuhändigen"*.
165 Vgl. dazu etwa die *Timmel*-Entscheidung des EuGH, EuGH v. 15.5.2014 – C-359/12.
166 Siehe dazu oben Rn. 38; so auch *Wiegel*, Die Prospektrichtlinie und Prospektverordnung, S. 345. **Andere Ansicht** wohl *Crüwell*, AG 2003, 243, 252 (*„zugesandt werden muss"*) sowie explizit *Ritz/Voß*, in: Just/Voß/Ritz/Zeising, WpPG, § 14 Rn. 63/Rn. 38 a. E. und *European Commission-Internal Market and Services Directorate-General* (Markt/G3/WG D(2005), 3rd Informal Meeting on Prospectus Transposition – 26 January 2005 – Summary record, S. 10 (*„a paper copy must be sent free of charge to the investor. It is not sufficient for the issuer etc. to allow the investor to inspect a physical copy at a designated premise."*), erhältlich unter: http://ec.europa.eu/internal_market/securities/prospectus/index_en.htm (Stand: 31.3.2016). **Dagegen zu Recht** *Kunold*, in: Assmann/Schlitt/von Kopp-Colomb, WpPG/VerkProspG, § 14 Rn. 37.

Parallel zur Frage der Veröffentlichungspflicht in Folge von Art. 14 Abs. 2 lit. b) der EU-Prospektrichtlinie, bei der der EuGH sich in seiner *Timmel*-Entscheidung trotz der damals anderslautenden deutschen Sprachfassung der EU-Prospektrichtlinie dafür ausgesprochen hat, dass der Prospekt sowohl am Sitz des Emittenten als auch beim Finanzintermediär zur Verfügung gestellt werden muss,[167] hat sich der EuGH in seiner Urteilsbegründung auch dafür ausgesprochen, dass Art. 14 Abs. 7 der Richtlinie so zu verstehen ist, dass sowohl Emittent als auch Finanzintermediär dazu verpflichtet sind, auf Verlangen eine Papierversion zur Verfügung zu stellen und daraus geschlussfolgert, dass beide über ein Exemplar des Prospekts verfügen müssen.[168] Auch wenn man die Formulierung mit *„oder"* auch so verstehen könnte, dass es ausreicht, wenn eine der in Art. 14 Abs. 7 der EU-Prospektrichtlinie genannten Personen den Prospekt bereithält, entspricht ein weitgehender Anlegerschutz doch dem Grundgedanken der Richtlinie.[169] Konsequenterweise ist auch das *„oder"* in § 14 Abs. 5 jedenfalls nach der *Timmel*-Entscheidung des EuGH so zu verstehen, dass der Anleger **nach seiner Wahl** vom Anbieter/Zulassungsantragssteller oder vom Finanzintermediär die Papierversion verlangen kann, so dass **auch im Rahmen von § 14 Abs. 5 der Prospekt sowohl vom Anbieter/Zulassungsantragssteller als auch von den Finanzintermediären zur Verfügung gestellt werden muss**.

59a

Falls entgegen § 14 Abs. 5 eine Papierversion nicht zur Verfügung gestellt wird, stellt dies in der Regel eine **Ordnungswidrigkeit nach § 35 Abs. 1 Nr. 8** dar.

60

VIII. Aufbewahrungsfrist gemäß § 14 Abs. 6

Der nach § 14 Abs. 1 Satz 1 hinterlegte Prospekt wird von der BaFin als sog. Evidenzzentrale gemäß § 14 Abs. 6 (in Umsetzung von Art. 14 Abs. 4 EU-Prospektrichtlinie) für **einen Zeitraum von zehn (bzw. wegen des Fristendes bis zu fast elf) Jahren** aufbewahrt. Das Fristende berechnet sich ab dem Ende des Kalenderjahres, in dem der Prospekt hinterlegt worden ist.[170] Diese Vorschrift entspricht dem früheren § 8 Satz 4 und Satz 5 VerkProspG a. F. (der sich wiederum an den Aufbewahrungspflichten der §§ 147 Abs. 3 AO und 257 Abs. 4 HGB orientierte). Auch wenn man an dem Sinn einer derart langen Aufbewahrungsfristzweifeln kann,[171] erscheint die Regelung vor dem Hintergrund der korrespondierenden Verjährungshöchstfrist von zehn Jahren ab Schadenseintritt aus § 199 Abs. 3 Satz 1 Nr. 1 BGB durchaus konsequent, zumal der Ersatzanspruch eines Anlegers regelmäßig bereits mit dem Erwerb des Wertpapiers entstehen dürfte und somit die weitere Höchstfrist von 30 Jahren aus § 199 Abs. 1 Satz 1 Nr. 2 BGB im Prospekthaftungsrecht keine Bedeutung haben dürfte.[172] Zur im Rahmen des Entwurfs der neuen EU-ProspektVO bestehenden Planung, auch die Bereitstellung des Prospekts im Internet für einen Zeitraum von zehn Jahren zu verlangen, siehe oben Rn. 6c.

61

---

167 EuGH v. 15.5.2014 – C-359/12, vgl. dazu im Einzelnen oben Rn. 36a.
168 EuGH v. 15.5.2014 – C-359/12, Rn. 67.
169 Vgl. nur etwa Erwägungsgründe 10 und 16, 18 der EU-Prospektrichtlinie.
170 Der Gesetzeswortlaut, wonach die Aufbewahrungsfrist erst mit dem Schluss des Kalenderjahres beginne, in dem der Prospekt hinterlegt worden sei, ist etwas ungenau. Natürlich muss die BaFin auch schon im ersten Kalenderjahr der Hinterlegung und nicht erst ab 1. Januar des Folgejahres der Aufbewahrungspflicht nachkommen.
171 Siehe *Ritz/Voß*, in: Just/Voß/Ritz/Zeising, WpPG, § 14 Rn. 65 f.
172 *Singhof*, in: Münchener Kommentar zum HGB, 3. Aufl. 2014, Emissionsgeschäft, Rn. 285.

§ 15 Werbung

(1) ¹Jede Art von Werbung, die sich auf ein öffentliches Angebot von Wertpapieren oder auf eine Zulassung zum Handel an einem organisierten Markt bezieht, muss nach Maßgabe der Absätze 2 bis 5 erfolgen. ²Die Absätze 2 bis 4 sind nur anzuwenden, wenn das öffentliche Angebot von Wertpapieren oder die Zulassung von Wertpapieren zum Handel an einem organisierten Markt prospektpflichtig ist.

(2) In allen Werbeanzeigen ist darauf hinzuweisen, dass ein Prospekt veröffentlicht wurde oder zur Veröffentlichung ansteht und wo die Anleger ihn erhalten können.

(3) ¹Werbeanzeigen müssen als solche klar erkennbar sein. ²Die darin enthaltenen Angaben dürfen nicht unrichtig oder irreführend sein. ³Die Angaben dürfen darüber hinaus nicht im Widerspruch zu den Angaben stehen, die der Prospekt enthält oder die im Prospekt enthalten sein müssen, falls dieser erst zu einem späteren Zeitpunkt veröffentlicht wird.

(4) Alle über das öffentliche Angebot oder die Zulassung zum Handel an einem organisierten Markt verbreiteten Informationen, auch wenn sie nicht zu Werbezwecken dienen, müssen mit den im Prospekt enthaltenen Angaben übereinstimmen.

(5) ¹Besteht nach diesem Gesetz keine Prospektpflicht, muss der Anbieter wesentliche Informationen über den Emittenten oder über ihn selbst, die sich an qualifizierte Anleger oder besondere Anlegergruppen richten, einschließlich Informationen, die im Verlauf von Veranstaltungen betreffend Angebote von Wertpapieren mitgeteilt werden, allen qualifizierten Anlegern oder allen besonderen Anlegergruppen, an die sich das Angebot ausschließlich richtet, mitteilen. ²Muss ein Prospekt veröffentlicht werden, sind solche Informationen in den Prospekt oder in einen Nachtrag zum Prospekt gemäß § 16 Abs. 1 aufzunehmen.

(6) ¹Hat die Bundesanstalt Anhaltspunkte für einen Verstoß gegen die Absätze 2 bis 5, kann sie anordnen, dass die Werbung für jeweils höchstens zehn aufeinander folgende Tage auszusetzen ist. ²Die Bundesanstalt kann die Werbung mit Angaben untersagen, die geeignet sind, über den Umfang der Prüfung nach § 13 oder § 16 irrezuführen. ³Vor allgemeinen Maßnahmen nach Satz 2 sind die Spitzenverbände der betroffenen Wirtschaftskreise und des Verbraucherschutzes zu hören.

Übersicht

	Rn.		Rn.
I. Regelungsgegenstand des § 15 und Normzusammenhang	1	2. Technische Regulierungsstandards in Bezug auf Werbung	7a
1. Regelungsgegenstand des § 15	1	3. Stand des Entwurfs einer neuen EU-Prospektverordnung	7b
2. Folgerungen aus der Normierung von § 15	3	**III. Grundsätzliche Anordnung der Regulierung von Werbung (§ 15 Abs. 1)**	8
3. Sonstige und verwandte Vorschriften	6	1. Anwendbarkeit der § 15 Abs. 2–5 und Normadressat	8
II. Änderung des EU-Rechts mit Bezug zu § 15	7	2. Begriff der „Werbung"	15
1. Überarbeitung der EU-Prospektrichtlinie durch die Änderungsrichtlinie 2010/73/EU sowie die Richtlinie 2014/51/EU	7	a) Abgrenzung der Werbung von einer neutralen Geschäftskommunikation	15

- b) Abgrenzung der Werbung von einem Prospekt 19
- IV. **Anforderungen bei prospektpflichtigen Angeboten/Zulassungen (§ 15 Abs. 2–4)** 25
  1. Hinweispflicht auf den Prospekt nach § 15 Abs. 2 25
  2. Formale und inhaltliche Anforderungen an Werbeanzeigen nach § 15 Abs. 3. 31
     - a) Formales Erfordernis der Erkennbarkeit (§ 15 Abs. 3 Satz 1). 31
     - b) Inhaltliche Erfordernisse der Richtigkeit und Konsistenz (§ 15 Abs. 3 Satz 2 und Satz 3). . 32
  3. Inhaltliche Anforderungen an sonstige Informationen nach § 15 Abs. 4 . . . 39
- V. **Pflicht zur Gleichbehandlung (§ 15 Abs. 5)** 42
  1. Tatbestand des § 15 Abs. 5 Satz 1 . . 44
  2. Rechtsfolge des § 15 Abs. 5 Satz 1 . 46
  3. Übertragung der Rechtsfolge auf prospektpflichtige Sachverhalte (§ 15 Abs. 5 Satz 2) 49
- VI. **Befugnisse der BaFin bei Verstößen (§ 15 Abs. 6)** 52
  1. Aussetzungsbefugnis nach § 15 Abs. 6 Satz 1 55
  2. Untersagungsbefugnis nach § 15 Abs. 6 Satz 2 58

I. Regelungsgegenstand des § 15 und Normzusammenhang

1. Regelungsgegenstand des § 15

§ 15 regelt in Umsetzung von Art. 15 der EU-Prospektrichtlinie in erster Linie die **Handhabung von Werbung** und ordnet die **Regulierung von Werbemaßnahmen** an (Abs. 1 Satz 1). Die europäische Harmonisierung der Regulierung von Werbemaßnahmen dient nach Erwägungsgrund (33) der EU-Prospektrichtlinie der Vermeidung von Lücken in den gemeinschaftlichen Rechtsvorschriften, die das Vertrauen des Anlegerpublikums unterminieren und folglich dem reibungslosen Funktionieren der Finanzmärkte abträglich wären. Gleichzeitig soll die Rolle des Prospekts als zentrales Informationsdokument für die Anleger gestärkt werden.[1]

Diese Regulierung betrifft zum einen prospektpflichtige öffentliche Angebote bzw. Zulassungsverfahren (Abs. 1 Satz 2, Abs. 2–4). Dabei sind sowohl formale Aspekte wie die Hinweispflicht auf den Prospekt zu beachten (Abs. 2) als auch inhaltliche Anforderungen, gerade im Vergleich zum Prospekt, einzuhalten (Abs. 3). Dieses **Konsistenzerfordernis** wird auch über die reinen Werbeanzeigen hinaus gesetzlich verankert (Abs. 4).[2] Zum anderen unterliegt der Anbieter auch bei nicht prospektpflichtigen Angeboten einer **Gleichbehandlungspflicht** in Bezug auf Informationen, die selektiv einer bestimmten Gruppe von Anlegern, z. B. im Rahmen von Roadshows, zur Verfügung gestellt werden (Abs. 5 Satz 1). Eine aus der selektiven Unterrichtung einzelner Gruppen folgende Informationsasymmetrie wird durch die Verpflichtung zur Aufnahme derartiger Informationen in den Prospekt auch für prospektpflichtige Angebote/Zulassungsverfahren unterbunden (Abs. 5 Satz 2). Schließlich legt § 15 Abs. 6, der Art. 21 Abs. 3 lit. e) der EU-Prospektrichtlinie in

---

1 So zu Recht *Voß*, in: Just/Voß/Ritz/Zeising, WpPG, § 15 Rn. 4.
2 Insofern weist *Grosjean*, in: Heidel, Aktienrecht und Kapitalmarktrecht, § 15 WpPG Rn. 1 Fn. 2 zutreffend darauf hin, dass der Anwendungsbereich entgegen der Überschrift über reine Werbemaßnahmen hinausgeht.

§ 15 Werbung

nationales Recht inkorporiert, die **Befugnisse der BaFin** im Zusammenhang mit Verstößen gegen die vorgenannten Pflichten im Zusammenhang mit Werbeanzeigen fest.[3]

2. Folgerungen aus der Normierung von § 15

3   Mit § 15 wurden in Deutschland erstmals umfassend das **Verhältnis von Prospekt und Werbemaßnahmen bzw. sonstigem Informationstransfer außerhalb des Prospekts** sowie die Vermeidung von Informationsasymmetrien bei prospektpflichtigen und nicht-prospektpflichtigen Angeboten spezifisch kodifiziert.[4] Vorher ergaben sich die jeweiligen Rechtssätze allerdings teilweise (wenn auch nur in rudimentärer Form) bereits aus den §§ 8e und 12 VerkProspG a. F.[5] sowie für börsennotierte Unternehmen aus den Vorgängervorschriften der Marktmissbrauchsverordnung,[6] namentlich den Insider-/Marktmanipulationsvorschriften (§§ 12 ff. bzw. §§ 20a ff. WpHG, einschließlich Marktmanipulations-Konkretisierungsverordnung (MaKonV) und Wertpapierhandelsanzeige- und Insiderverzeichnisverordnung (WpAIV)), der Verpflichtung zur Veröffentlichung von Ad-hoc-Mitteilungen (§ 15 WpHG), den verschiedenen Gleichbehandlungspflichten (vgl. § 30a Abs. 1 Nr. 1 WpHG, § 53a AktG), den Regelungen zu Finanzanalysen (§ 34b WpHG, einschließlich Finanzanalyseverordnung (FinAnV)) und bis zum Inkrafttreten des Wertpapierprospektgesetzes aus den – wenn auch unverbindlichen – Going Public-Grundsätzen der Deutschen Börse AG.[7]

4   Trotz der erstmaligen umfassenden Regelung in § 15 darf man die **Auswirkungen in der Praxis** auch nicht überschätzen. Gerade bei größeren internationalen Transaktionen wurden die sich aus § 15 ergebenden rechtlichen Verpflichtungen regelmäßig schon zur Vermeidung potenzieller Prospekthaftungsansprüche oder aufgrund internationaler Marktusancen bzw. rechtlicher Anforderungen z. B. des amerikanischen Kapitalmarktrechts eingehalten. In der Praxis hat es sich bei IPOs und prospektpflichtigen Kapitalerhöhungen darüber hinaus etabliert, dass sich Banken vom Emittenten im „Underwriting Agreement" die Einhaltung der Vorgaben aus § 15 bestätigen und gewährleisten lassen.[8]

5   Auch wenn die Regelung des § 15 formal und inhaltlich umfassende Anforderungen stellt, so unterliegen Werbeanzeigen doch zu Recht **keiner Vorabkontrolle durch die BaFin**, die aus Praktikabilitätsgründen faktisch schwer durchführbar wäre. Der europäische Richt-

---

3   § 15 ist lex specialis zu § 31 Abs. 2 WpHG, vgl. näher *Heidelbach*, in: Schwark/Zimmer, KMRK, § 15 WpPG Rn. 4.
4   *Groß*, Kapitalmarktrecht, § 15 WpPG Rn. 1a; *Rauch*, in: Holzborn, WpPG, § 15 Rn. 2; *Schäfer/Ernst*, in: Habersack/Mülbert/Schlitt, Kapitalmarktinformation, § 7 Rn. 3.
5   Auf diese Regelung als „rudimentär" verweisend *Rauch*, in: Holzborn, WpPG, § 15 Rn. 2.
6   Verordnung (EU) Nr. 596/2014 des Europäischen Parlaments und des Rates vom 16.4.2014.
7   Vgl. auch *Schlitt/Schäfer*, in: Assmann/Schlitt/von Kopp-Colomb, WpPG/VerkProspG, § 15 Rn. 5.
8   Eine in den Jahren 2013 bis 2015 wiederholt in (englischsprachigen) „Underwriting Agreements" vereinbarte Gewährleistung zu § 15 lautete wie folgt: *„As to all material, written information concerning the offering that is or will be disclosed by the company (for the avoidance of doubt including analysts' presentations, pilot fishing materials, press releases and roadshow presentations (together the Marketing Materials)), the company has complied and will comply with § 15 of the German Securities Prospectus Act (Wertpapierprospektgesetz) and, to the extent applicable, the respective rules of other jurisdictions in which the offered shares are offered."*

liniengeber hat sich in der EU-Prospektrichtlinie (anders als in ersten Entwürfen[9]) gegen eine Pflicht zur Vorlage aller Bekanntmachungen, Anzeigen und Broschüren bei der zuständigen Behörde des Herkunftsmitgliedstaates mit anschließender Prüfung und Genehmigung entschieden.[10]

3. Sonstige und verwandte Vorschriften

Weitere Regelungen über die Verbreitung von Werbung, insbesondere hinsichtlich der Pflicht zur Veröffentlichung einer aktualisierten Werbung bei Eintritt eines nachtragspflichtigen Umstandes und der Konkretisierung der durch Art. 15 Abs. 4 der EU-Prospektrichtlinie (umgesetzt in § 15 Abs. 4) vorgeschriebenen Kongruenz zwischen Werbung und Prospekt, ergeben sich aus Art. 11 und 12 der Delegierten Verordnung 2016/301 vom 30.11.2015.[11] Vorschriften zur Werbung und den Eingriffsrechten der BaFin finden sich zudem in § 16 VermAnlG (Nachfolgevorschrift zu dem zuvor erwähnten § 8e VerkProspG a. F.) und § 12 VermAnlG für Vermögensanlagen nach dem Vermögensanlagengesetz und § 28 WpÜG für Werbung im Zusammenhang mit Angeboten nach dem Wertpapiererwerbs- und Übernahmegesetz. Neben § 15 bleiben zudem insbesondere die wettbewerbsrechtlichen Regeln des UWG anwendbar.[12]

6

II. Änderung des EU-Rechts mit Bezug zu § 15

1. Überarbeitung der EU-Prospektrichtlinie durch die Änderungsrichtlinie 2010/73/EU sowie die Richtlinie 2014/51/EU

Die **Überarbeitung der EU-Prospektrichtlinie** durch die Änderungsrichtlinie hatte **keine erheblichen Auswirkungen auf Art. 15 und dementsprechend auf § 15**. Signifikante Ergänzungen und Klarstellungen von § 15 ergeben sich jedoch durch die technischen Regulierungsstandards, die infolge der Änderung von Artikel 15 Abs. 7 der EU-Prospekt-

7

---

9 Vgl. zur Entwicklung anhand der ersten Entwürfe der EU-Prospektrichtlinie auf Basis der Vorschläge der Europäischen Kommission *Rauch*, in: Holzborn, WpPG, § 15 Rn. 2; *Grosjean*, in: Heidel, Aktienrecht und Kapitalmarktrecht, § 15 WpPG Rn. 13 (Fn. 37); *Voß*, in: Just/Voß/Ritz/Zeising, WpPG, § 15 Rn. 2; siehe auch *Crüwell*, AG 2003, 243, 251; *Fürhoff/Ritz*, WM 2001, 2280, 2285. Im Übrigen war eine solche Vorabkontrolle dem deutschen Recht auch nicht fremd, vgl. § 68 BörsZulV a. F., worauf *König*, ZEuS 2004, 251, 283 zu Recht hinweist.
10 Einige Mitgliedstaaten haben eine solche Vorabkontrolle dennoch eingeführt, kritisch dazu *European Securities Markets Expert Group (ESME)*, Report on Directive 2003/71/EC of the European Parliament and the Council on the prospectus to be published when securities are offered to the public or admitted to trading, abrufbar unter http://ec.europa.eu/internal_market/securities/docs/esme/05092007_report_en.pdf, S. 26; vgl. zu der Effizienz einer *ex post* Überprüfung auch *Wiegel*, Die Prospektrichtlinie und Prospektverordnung, S. 353 f.
11 Siehe unten Rn. 7 f. und die Kommentierung zu Art. 11 und 12 TRS (dort auch Ausführungen zu Art. 34 der EU-Prospektverordnung a. F.).
12 *Voß*, in: Just/Voß/Ritz/Zeising, WpPG, § 15 Rn. 7; *Schlitt/Schäfer*, in: Assmann/Schlitt/von Kopp-Colomb, WpPG/VerkProspG, § 15 Rn. 3.

§ 15 Werbung

richtlinie durch Richtlinie 2014/51/EU (Omnibus-II-Richtlinie) von der ESMA ausgearbeitet wurden und am 24.3.2016 in Kraft getreten sind.[13]

2. Technische Regulierungsstandards in Bezug auf Werbung

7a In Kapitel III der TRS[14] werden die Anforderungen an die Verbreitung von Werbung in Bezug auf öffentliche Angebote von Wertpapieren oder deren Zulassung zum Handel hinsichtlich der folgenden Themenkomplexe konkretisiert (siehe im Einzelnen die Kommentierung zu Art. 11 und 12 TRS, auch mit Ausführungen zu Art. 34 EU-Prospektverordnung a. F.):

– Wird ein Nachtrag zum Prospekt veröffentlicht, dann muss gemäß Art. 11 Abs. 1 TRS eine geänderte Werbung verbreitet werden, falls die zuvor verbreitete Werbung durch den wichtigen neuen Umstand oder die wesentliche Unrichtigkeit oder Ungenauigkeit in Bezug auf die im Prospekt enthaltenen Angaben inhaltlich unrichtig oder irreführend geworden ist. Gemäß Art. 11 Abs. 2 TRS muss eine geänderte Werbung einen Verweis auf die vorhergehende Werbung enthalten, unter Hinweis darauf, dass die vorhergehende Werbung geändert wurde, weil sie unrichtige oder irreführende Angaben enthielt, und unter Angabe der Unterschiede zwischen den beiden Werbeversionen. Die geänderte Werbung ist nach Art. 11. Abs. 3 TRS unverzüglich nach Veröffentlichung des Nachtrags zu verbreiten. Mit Ausnahme mündlich verbreiteter Werbung ist eine geänderte Werbung mindestens auf demselben Wege zu verbreiten wie die ursprüngliche Werbung. Die Ausnahme für mündlich verbreitete Werbung umfasst dabei insbesondere sogenannte *Roadshows*, auch wenn dabei Begleitmaterialien wie Handouts oder Präsentationen verwendet werden, es muss also keine gänzlich neue Roadshow organisiert werden.[15] Allerdings bezieht sich die Ausnahme nur auf die Art der Verbreitung und entbindet nicht von der generellen Pflicht, eine geänderte Werbung zu verbreiten. Hierbei sollte diejenige Veröffentlichungsmethode ausgewählt werden, die die bestmögliche Erreichbarkeit der Teilnehmer der Roadshow gewährleistet. Je nach Art der Roadshow und der Teilnehmer kommt zum Beispiel eine Pressemitteilung, eine Veröffentlichung im Internet oder eine direkte Ansprache der Teilnehmer in Betracht.[16]

– Zur Konkretisierung von Art. 15 Abs. 4 EU-Prospektrichtlinie, dem § 15 Abs. 4 entspricht, bestimmt Art. 12 Satz 1 lit. c) TRS neben der ohnehin gültigen Aussage, dass Werbung nicht im Widerspruch zu den im Prospekt enthaltenen Angaben stehen darf, unter anderem, dass Werbung nicht ein in wesentlicher Hinsicht unausgewogenes Bild der im Prospekt enthaltenen Angaben vermitteln darf, beispielsweise indem negative Aspekte verschwiegen oder weniger hervorgehoben werden als die positiven Aspekte. Art. 12 Satz 1 lit. d) TRS bestimmt außerdem, dass Werbung keine alternativen Leistungsmessgrößen enthalten darf, es sei denn, diese sind auch im Prospekt enthalten. Alternative Leistungsmessgrößen sind finanzielle Messgrößen für die historische und künftige finanzielle Leistungsfähigkeit, Finanzlage oder Cashflows, die nicht den im geltenden Rechnungslegungsrahmen definierten finanziellen Messgrößen entsprechen.

---

13 Siehe allgemein zu den TRS § 13 Rn. 5a.
14 Siehe allgemein zu den TRS § 13 Rn. 5a.
15 ESMA-Questions and Answers – Prospectuses (25th Updated Version – July 2016), Frage 99.
16 ESMA-Questions and Answers – Prospectuses (25th Updated Version – July 2016), Frage 99.

- Wie schon Art. 34 Satz 2 der EU-Prospektverordnung a. F. enthält auch Art. 11 Abs. 4 TRS die Verpflichtung, einen Warnhinweis in Werbung aufzunehmen, wenn nach der EU-Prospektrichtlinie kein Prospekt erforderlich ist.

3. Stand des Entwurfs einer neuen EU-Prospektverordnung

Unterstellt, dass die neue EU-ProspektVO in der derzeitigen Entwurfsfassung in Kraft tritt,[17] wird sie in Art. 2 Abs. 1 (k) und Art. 21 den Themenkomplex der Werbung nahezu inhaltsgleich zum bisherigen Art. 15 EU-Prospektrichtlinie und damit auch zu § 15 regeln. Allerdings wird Art. 21 Abs. 1 der neuen EU-ProspektVO im Gegensatz zu Art. 15 Abs. 1 Satz 2 EU-Prospektrichtlinie und entsprechend § 15 Abs. 1 Satz 2 nicht mehr differenzieren, ob der Emittent, der Anbieter oder die die Zulassung beantragende Person der Prospektpflicht unterliegt oder nicht.[18] Daher entfällt auch die Notwendigkeit der Regelung aus Art. 15 Abs. 5 der EU-Prospektrichtlinie und § 15 Abs. 5 für die Fälle, in denen keine Prospektpflicht besteht.

7b

III. Grundsätzliche Anordnung der Regulierung von Werbung (§ 15 Abs. 1)

1. Anwendbarkeit der § 15 Abs. 2–5 und Normadressat

§ 15 Abs. 1 Satz 1 stellt klar, dass jegliche Form von Werbung, die sich auf ein öffentliches Angebot von Wertpapieren oder auf die Zulassung zum Handel an einem organisierten Markt bezieht, reguliert ist und den Vorschriften der § 15 Abs. 2 bis Abs. 5 unterliegt, wobei Satz 2 einschränkend bestimmt, dass die **§ 15 Abs. 2 bis § 15 Abs. 4** nur anzuwenden sind, wenn das öffentliche Angebot oder die Zulassung zum organisierten Markt prospektpflichtig ist (vgl. dazu §§ 3 und 4). Daher gilt für nicht prospektpflichtige Angebote/Zulassungsverfahren, die aber dem Anwendungsbereich des Wertpapierprospektgesetzes nach § 1 unterliegen, ausschließlich **§ 15 Abs. 5**. Insoweit folgt § 15 auch in Struktur und Aufbau Art. 15 der EU-Prospektrichtlinie.

8

Aus dem Regelungssystem des § 15 und dem Normzweck der Vorschrift ergeben sich zudem für die Frage der Anwendbarkeit des § 15 die folgenden Feststellungen:

9

- Die Kontrolle der Werbung ist wohl aus aufsichtsrechtlich-hoheitlichen Gründen auf das **deutsche Hoheitsgebiet** beschränkt.[19] Allerdings gibt Art. 15 Abs. 6 der EU-Prospektrichtlinie der zuständigen Behörde des Herkunftsmitgliedstaates die umfassende Kompetenz zur Kontrolle der Werbung, was für eine **europaweite Kompetenzzuweisung zugunsten der Herkunftsstaatsbehörde** auch außerhalb ihres Hoheitsgebietes

10

---

17 Siehe allgemein zur neuen EU-ProspektVO § 13 Rn. 5c.
18 Siehe zur aktuellen Rechtslage unten Rn. 8.
19 So RegBegr. EU-ProspRL-UmsetzungsG, BT-Drucks. 15/4999, S. 25, 36, in ihrer einzigen über die Wiedergabe des Gesetzeswortlauts hinausgehenden materiellen Aussage zu § 15 Abs. 1 bis Abs. 5; ebenso *Grosjean*, in: Heidel, Aktienrecht und Kapitalmarktrecht, § 15 WpPG Rn. 13; *Voß*, in: Just/Voß/Ritz/Zeising, WpPG, § 15 Rn. 6; vgl. zur Kooperation der Mitgliedstaaten zur wirksamen Überwachung der Vorgaben unten Rn. 54.

§ 15 Werbung

spräche.[20] Soweit Medien innerhalb und außerhalb Deutschlands Verbreitung finden, kann die BaFin jedenfalls für Deutschland einschreiten, selbst wenn dies bedeutet, dass dadurch mittelbar auch auf die Verbreitung von Werbung außerhalb Deutschlands Einfluss genommen wird. Der BaFin sind also nicht die Hände gebunden, nur weil die betroffene Werbemaßnahme auch außerhalb von Deutschland wirkt (Beispiele: Printmedien mit Verbreitung in- und außerhalb Deutschlands bzw. Fernsehsender, die in- und außerhalb Deutschlands empfangen werden können).[21]

11 – Auch wenn das Wertpapierprospektgesetz zwischen prospektpflichtigen und nicht prospektpflichtigen Tatbeständen unterscheidet, wird gemäß § 1 Abs. 3 für die Fälle des § 1 Abs. 2 Nr. 2–5 und nach richtiger Auffassung auch darüber hinaus dem Anbieter/ Zulassungsantragsteller die Möglichkeit gegeben, freiwillig ein Angebot/Zulassungsverfahren dem Wertpapierprospektgesetz zu unterstellen (**sog. opt-in**).[22] In einem solchen Fall müssen trotz der Terminologie der einzelnen Absätze des § 15 das Angebot und die Werbemaßnahmen im Zusammenhang mit einem solchen Angebot so behandelt werden, als bestünde eine Prospektpflicht nach dem Wertpapierprospektgesetz; das Vorliegen eines Prospekts lässt insbesondere auch die Anwendung der § 15 Abs. 2 bis Abs. 4 sinnvoll erscheinen.[23]

12 – Soweit das Wertpapierprospektgesetz nach **§ 1 Abs. 1** bzw. **§ 1 Abs. 2** keine Anwendung findet, gelten auch die Vorschriften des § 15 nicht.[24] Zu berücksichtigen ist allerdings, wie oben dargelegt,[25] dass sich manche der normativen Anordnungen des § 15 auch aus anderen Rechtsvorschriften bzw. allgemeinen Rechtssätzen ergeben können.

13 – § 15 enthält **keinen zeitlichen Anwendungsbereich**, d.h. es gibt insbesondere keine Bestimmung, nach der die Konsistenz- oder Kongruenzanforderungen der § 15 Abs. 3 und Abs. 4 erst ab einem bestimmten Zeitpunkt vor dem Beginn des öffentlichen Angebots gelten würden. Aus dem Wortlaut des § 15 Abs. 2 (*„zur Veröffentlichung ansteht"*) und § 15 Abs. 3 Satz 3 (*„falls dieser erst zu einem späteren Zeitpunkt veröffentlicht wird"*) ergibt sich lediglich, dass die Vorschrift jedenfalls schon vor Prospektveröffentlichung eingreifen kann.[26] Demgegenüber sahen die (unverbindlichen) Going Public-Grundsätze der Deutschen Börse AG, die zum 1.7.2005 aufgehoben wurden, vor, dass Emittenten spätestens ab vier Wochen vor dem öffentlichen Angebot bis spätestens 30

---

20 Davon geht wohl auch das CESR Prospectus Consultation Feedback Statement CESR 03-400 vom Dezember 2003 in Ziffern 74, 76 f. aus. Für eine über das Staatsgebiet hinausgehende Kompetenz der Behörde des Herkunftsmitgliedstaates *Wiegel*, Die Prospektrichtlinie und Prospektverordnung, S. 353, mit der Begründung, dass nur die Behörde des Herkunftsmitgliedstaates den Prospekt und den Sachverhalt kenne.
21 So jetzt auch *Groß*, Kapitalmarktrecht, § 15 WpPG Rn. 1a in Fn. 4. Nach der hier vertretenen Auffassung darf das Printmedium zum Beispiel in zwei Fassungen erstellt werden und die BaFin darf keinen Einfluss auf die z.B. in Österreich verwendete Version nehmen. Aber der Anbieter kann sich nicht auf eine unzulässige Überschreitung der Hoheitskompetenz der BaFin berufen, soweit es die Verbreitung in Deutschland betrifft.
22 Vgl. detailliert oben *Schnorbus*, § 1 Rn. 35 ff.
23 *Groß*, Kapitalmarktrecht, § 15 WpPG Rn. 1a in Fn. 3; *Rauch*, in: Holzborn, WpPG, § 15 Rn. 7; *Schlitt/Schäfer*, in: Assmann/Schlitt/von Kopp-Colomb, WpPG/VerkProspG, § 15 Rn. 12.
24 So auch *Rauch*, in: Holzborn, WpPG, § 15 Rn. 6; *Heidelbach/Preuße*, BKR 2006, 316, 322.
25 Siehe oben Rn. 3 und Rn. 6.
26 Auf diesen letztgenannten Aspekt weisen auch *Schlitt/Schäfer*, in: Assmann/Schlitt/von Kopp-Colomb, WpPG/VerkProspG, § 15 Rn. 3 hin.

III. Grundsätzliche Anordnung der Regulierung von Werbung (§ 15 Abs. 1)   § 15

Kalendertage nach Notierungsaufnahme keine Informationen über ihr Geschäft oder ihre Finanz- und Ertragslage zur Verfügung stellen durften, die wesentlich und nicht im Prospekt enthalten waren.[27] Dass eine solche **sog. Quiet Period** nicht gesetzlich verankert ist, ist zu begrüßen. Derartige Fragen lassen sich nicht schematisch mit unflexiblen zeitlichen Fristen lösen, sondern sind anhand einer materiellen Abgrenzung des Begriffs „Werbung" – unter Berücksichtigung des zeitlichen und sachlichen Zusammenhangs – zu beantworten.[28] Auch die bisher in der Transaktionspraxis üblichen, aus dem amerikanischen Kapitalmarktrecht übertragenen Fristen[29] waren und sind keine festen Vorgaben, sondern stellten Richtlinien dar, die dann im Einzelfall zu verifizieren waren.

Während § 15 Abs. 5 Satz 1 ausdrücklich (nur) den Anbieter verpflichtet, sind die § 15 Abs. 2–4 bewusst offen formuliert, so dass Normadressat dieser Vorschriften jeder ist, der eine entsprechende Werbeanzeige (§ 15 Abs. 2 und Abs. 3) in den Verkehr bringt bzw. die entsprechenden Informationen verbreitet (§ 15 Abs. 4), wobei wegen des subjektiven Elements des Begriffs „Werbung" (siehe nachfolgend) neben Emittent, Anbieter/Zulassungsantragsteller, Großaktionär oder sonstigen unmittelbar „Betroffenen" außenstehende Dritte, die nicht im Auftrag oder für Rechnung einer der Beteiligten handeln, in der Praxis ausscheiden sollten.[30] Art. 34 der EU-Prospektverordnung a. F. hatte dies durch eine beispielhafte Aufzählung der „interessierten Parteien", die Urheber von Werbung sein können, ergänzt.[31] In Art. 11 und 12 TRS ist eine solche Aufzählung nicht mehr enthalten, ohne dass daraus allerdings Rückschlüsse bezüglich des Adressatenkreises gezogen werden könnten.   **14**

2. Begriff der „Werbung"

a) Abgrenzung der Werbung von einer neutralen Geschäftskommunikation

Der **Begriff „Werbung"** wird nach Art. 2 Ziffer (9) der EU-Prospektverordnung[32] sehr weit gefasst[33] und bezeichnet Bekanntmachungen, die   **15**

---

27 Vgl. Ziffer 5 der Going Public-Grundsätze der Deutschen Börse AG in der Fassung vom 1.8.2004; vgl. auch *Meyer*, WM 2002, 1864 ff. Siehe auch *Schlitt/Singhof/Schäfer*, BKR 2005, 251, 258; *Ekkenga/Maas*, Das Recht der Wertpapieremissionen, S. 152 Rn. 218.
28 In diesem Sinne auch *Wiegel*, Die Prospektrichtlinie und Prospektverordnung, S. 352, und *Schlitt/Schäfer*, in: Assmann/Schlitt/von Kopp-Colomb, WpPG/VerkProspG, § 15 Rn. 20; diesen zeitlichen und sachlichen Zusammenhang betonen auch *Schäfer/Ernst*, in: Habersack/Mülbert/Schlitt, Kapitalmarktinformation, § 7 Rn. 10 („*Information wesentlich und noch aktuell*"), und nunmehr auch *Groß*, Kapitalmarktrecht, § 15 WpPG, Rn. 1b.
29 *Schlitt/Schäfer*, AG 2005, 498, 510 und *Schäfer/Ernst*, in: Habersack/Mülbert/Schlitt, Kapitalmarktinformation, § 7 Rn. 11, die jeweils von einer Fortgeltung dieser Fristen in der Praxis ausgehen.
30 *Wiegel*, Die Prospektrichtlinie und Prospektverordnung, S. 355; *Schlitt/Schäfer*, in: Assmann/Schlitt/von Kopp-Colomb, WpPG/VerkProspG, § 15 Rn. 11. Weites Verständnis unter Einschluss unabhängig handelnder Dritter dagegen bei *Voß*, in: Just/Voß/Ritz/Zeising, WpPG, § 15 Rn. 15 m. w. N.
31 Vgl. unten Art. 11 TRS (Art. 34 EU-Prospektverordnung a. F.) Rn. 3.
32 Diese Legaldefinition wird voraussichtlich wortgleich als Art. 2 Abs. 1 (k) der neuen EU-ProspektVO (siehe dazu oben Rn. 7b) fortgelten.
33 Ebenso *Wieneke*, NZG 2005, 109, 110 (und *Wieneke*, Emissionspublizität, in: Grundmann/Schwintowski/Singer/Weber, Anleger- und Funktionsschutz durch Kapitalmarktrecht, S. 37, 41); *Voß*, in: Just/Voß/Ritz/Zeising, WpPG, § 15 Rn. 12.

§ 15 Werbung

- sich auf ein spezifisches Angebot von Wertpapieren an das Publikum oder deren Zulassung zum Handel auf einem geregelten[34] Markt beziehen (d. h. objektives Element) *und*
- darauf abzielen, die potenzielle Zeichnung oder den potenziellen Erwerb von Wertpapieren spezifisch zu fördern (d. h. subjektives Element).

16 Insofern muss also die Veröffentlichung im **Zusammenhang mit einem Angebot bzw. einer Zulassung** stehen und zumindest auch darauf gerichtet sein, Verkaufsbemühungen zu unterstützen (**directed selling efforts**) bzw. Interesse am Erwerb der Wertpapiere zu kreieren (**solicitation of interest**).[35] Nicht erforderlich ist, dass diese Förderung des Absatzes primäres Ziel des Handelns ist. Daher können auch Pflichtmitteilungen (z. B. über Quartalszahlen oder nach früherem Recht die Hinweisbekanntmachung nach § 14 Abs. 3 Satz 2 a. F.[36]), selbst wenn sie generisch gehalten werden, eine „Werbung" im Sinne von § 15 darstellen – sofern die genannten Voraussetzungen (Bezug auf spezifisches Angebot, Emissionsförderungsabsicht) erfüllt sind.[37] Unerheblich ist auch das für die Veröffentlichung genutzte Medium, darunter können also insbesondere Fernsehwerbung, E-Mails, Broschüren und Ähnliches fallen.[38]

17 Insgesamt wird man bei der Subsumtion unter den Begriff „Werbung" aus dem anlegerschützenden Normzweck heraus die Anforderungen nicht sehr hoch schrauben, d. h. im Zweifel wird einer Bekanntmachung, die im zeitlichen Zusammenhang mit einem Angebot steht, auch werbender Charakter zu unterstellen sein.[39] Anders ist dies aber zu beurteilen in Bezug auf Werbeanzeigen, die ein Unternehmen innerhalb seines üblichen Geschäftsverkehrs erstellt und die im Rahmen seiner normalen, auch bisher so geübten Praxis liegen (**ordinary course of business**).[40]

18 Zur Frage, ab wann im Vorfeld eines Angebots von „Werbung" im Sinne des § 15 auszugehen ist, siehe unten Rn. 27.

---

34 Der Begriff des „organisierten" Markts aus § 2 Nr. 16 ist identisch mit dem Begriff des „geregelten" Markts nach Art. 2 Ziffer 9 der EU-Prospektverordnung, vgl. BegrRegE WpPG, BT-Drucks. 15/4999, S. 29.
35 Zu den einzelnen, im Zusammenhang mit einer Transaktion üblichen Vermarktungsmaßnahmen siehe detailliert *Schäfer/Ernst*, in: Habersack/Mülbert/Schlitt, Kapitalmarktinformation, § 7 Rn. 17 ff.
36 Siehe BaFin-Präsentation „Ausgewählte Rechtsfragen in der Aufsichtspraxis" vom 4.9.2007, S. 11.
37 Die Nennung wesentlicher Wertpapiermerkmale ist zwar hinreichend, aber nicht notwendig, um einen ausreichend konkreten Bezug auf eine spezifische Wertpapieremission zu schaffen; insoweit nicht ganz eindeutig *Heidelbach*, in: Schwark/Zimmer, KMRK, § 15 WpPG Rn. 8.
38 *Grosjean*, in: Heidel, Aktienrecht und Kapitalmarktrecht, § 15 WpPG Rn. 3; *Rauch*, in: Holzborn, WpPG, § 15 Rn. 3; *Voß*, in: Just/Voß/Ritz/Zeising, WpPG, § 15 Rn. 11 m. w. N.; *Heidelbach*, in: Schwark/Zimmer, KMRK, § 15 WpPG Rn. 8. Die Streichung der ohnehin nicht abschließenden Aufzählung in Art. 34 Satz 1 EU-Prospektverordnung a. F. ändert an diesem Befund nichts, siehe unten Art. 11 TRS (Art. 34 EU-Prospektverordnung a. F.) Rn. 2.
39 Ebenso *Wieneke*, NZG 2005, 109, 110 (und *Wieneke*, Emissionspublizität, in: Grundmann/Schwintowski/Singer/Weber, Anleger- und Funktionsschutz durch Kapitalmarktrecht, S. 37, 41); vgl. auch *Rauch*, in: Holzborn, WpPG, § 15 Rn. 3; *Heidelbach/Preuße*, BKR 2006, 316, 322; *Schäfer/Ernst*, in: Habersack/Mülbert/Schlitt, Kapitalmarktinformation, § 7 Rn. 5; enger *Wiegel*, Die Prospektrichtlinie und Prospektverordnung, S. 351 f.
40 Vgl. auch *Voß*, in: Just/Voß/Ritz/Zeising, WpPG, § 15 Rn. 14 bezüglich Praxis der BaFin bei Online-Werbebannern.

III. Grundsätzliche Anordnung der Regulierung von Werbung (§ 15 Abs. 1)   § 15

b) Abgrenzung der Werbung von einem Prospekt

In der Praxis von noch wichtigerer Bedeutung insbesondere für die Prospektverantwortlichen ist die Abgrenzung von Werbe- bzw. Informationsmaterialien zu einem Prospekt im Sinne des Wertpapierprospektgesetzes. Denn je nach Einstufung könnte das betreffende Dokument einen fehlerhaften und nicht gebilligten Prospekt darstellen und zudem könnten Prospekthaftungsansprüche von Anlegern begründet sein.[41]   19

Bei der Abgrenzung ist zunächst zurückzugreifen auf die allgemeine Diskussion zum **Prospektbegriff** im Rahmen der spezialgesetzlichen und der allgemeinen bürgerlich-rechtlichen Prospekthaftung.[42] Nach richtiger Auffassung reicht nicht jede Kurzmitteilung aus, sondern es muss ein **Dokument sein, das erhebliche Anlageinformationen enthält bzw. einen solchen Eindruck erweckt**[43, 44] oder, wie es der BGH formuliert, das erkennbar den Anspruch erhebt, eine umfassend informierende Beschreibung zu liefern.[45] Auf Basis dieses „inhaltlich anspruchsvollen Prospektbegriffs"[46] ist bei einer Dokumentation, die ersichtlich nicht umfassend die für einen Prospekt nach dem Wertpapierprospektgesetz und der EU-Prospektverordnung erforderlichen Angaben enthält und vom Anbieter nicht bei der BaFin zur Billigung eingereicht[47] wurde, die Absicht des Anbieters ersichtlich, dass es sich dabei nicht um einen Prospekt im Sinne des WpPG handeln soll, auf den der Anleger seine Investitionsentscheidung stützen soll. Von dieser Intention des Anbieters sollte – je-   20

---

41 Davon zu unterscheiden ist die Fragestellung, inwieweit in einem (gebilligten) Prospekt bestimmte Aussagen ausschließlich werbenden Charakter haben und daher als Werbeaussagen aus dem Empfängerhorizont keine Prospekthaftungsansprüche auszulösen vermögen, vgl. dazu *Haas/Hanowski*, NZG 2010, 254 ff.

42 *Assmann*, in: Assmann/Schütze, Handbuch des Kapitalanlagerechts, § 5 Rn. 35 ff.; *Hüffer*, Das Wertpapier-Verkaufsprospektgesetz, S. 133; *Schwark*, in: Schwark/Zimmer, KMRK, §§ 44/45 BörsG Rn. 15 f.; *Keul/Erttmann*, DB 2006, 1664, 1665 (m. w. N. in Fn. 19); *Groß*, Kapitalmarktrecht, 4. Aufl. 2009, § 47 BörsG Rn. 4 ff. Zur Abgrenzung des Prospektbegriffs bei gesetzlicher und bürgerlich-rechtlicher Prospekthaftung vgl. z. B. *Barta*, NZG 2005, 305, 307 f.; *Meyer*, WM 2003, 1301, 1302 ff.

43 So *Mülbert/Steup*, WM 2005, 1633, 1649 m. w. N., *Fleischer*; BKR 2004, 339, 347; *Meyer*, WM 2003, 1301, 1304; *Assmann*, in: Assmann/Schütze, Handbuch des Kapitalanlagerechts, § 5 Rn. 36 ff.; *Groß*, Kapitalmarktrecht, 4. Aufl. 2009, § 47 BörsG Rn. 4 ff.; *Rützel*, AG 2003, 69, 71; *Keunecke*, Prospekte im Kapitalmarkt, S. 445 f.; *Kort*, AG 2005, 21; *Hopt/Voigt*, in: Hopt/Voigt, Prospekt- und Kapitalmarktinformationshaftung, S. 46 (allerdings mit Kritik an dem prospektorientierten Ansatz in der eigenen Stellungnahme ab S. 48).

44 Zu weitgehend daher *Schwark*, in: Schwark/Zimmer, KMRK, §§ 44/45 BörsG, Rn. 16 a. E.; *Hamann*, in: Schäfer/Hamann, Kapitalmarktgesetze, §§ 44/45 BörsG Rn. 46 („*jede marktbezogene schriftliche Erklärung, die Angaben enthält, die einem unbestimmten Kreis von Personen die Beurteilung von Vermögensanlagen ermöglichen soll*"); *Bühring/Linnemannstöns*, DB 2007, 2637, 2638 („*jedes Werbemittel, das der Information und Akquisition von Kapitalanlegern dient und für diese eine wesentliche Entscheidungsgrundlage bildet*").

45 BGHZ 160, 149 = WM 2004, 1721, 1722 (Infomatec).

46 *Mülbert/Steup*, WM 2005, 1633, 1650 und 1655 in Abgrenzung zu „offenkundigen Teilinformationen".

47 Auf dieses Kriterium, ob das Schriftstück bei der BaFin eingereicht wurde oder nicht, wollen *Schäfer*, ZGR 2006, 40, 50, und *Rauch*, in: Holzborn, WpPG, § 15 Rn. 4 abstellen.

§ 15 Werbung

denfalls für Zwecke des Billigungsvorbehalts nach dem WpPG[48] – nur in besonderen Ausnahmefällen abgewichen werden.

21 Eine solche Korrektur wäre dann denkbar, wenn der Anleger aus seinem Verständnishorizont heraus davon ausgehen durfte, dass es sich bei dem Dokument um einen Prospekt handelt, und wenn sich der Anleger bei seiner Investitionsentscheidung nicht nur tatsächlich auf dieses Dokument gestützt hat, sondern er dies aus den Umständen heraus auch redlicherweise tun durfte. Es musste also für den entsprechenden Prospektverantwortlichen erkennbar sein, dass der Anleger dieses **Dokument als Investitionsgrundlage** verwenden würde. Dies kann dann in Betracht kommen, wenn es sich um ein in sich geschlossenes, umfangreicheres Dokument handelt, das zahlreiche Pflichtangaben eines Prospekts quasi in Form eines „Mini-Prospekts" abdeckt.[49]

22 Soweit dies zum Ergebnis führt, dass kein Prospekt im Sinne des spezialgesetzlichen Prospektbegriffs vorliegt, ist außerhalb des Anwendungsbereichs der spezialgesetzlichen Prospekthaftung zu prüfen, ob ein **Prospekt im Sinne der zivilrechtlichen Prospekthaftung** anzunehmen ist, der Ansprüche des Anlegers begründen könnte.[50]

23 Problematisch ist in diesem Zusammenhang ebenfalls die von Konsortialbanken teilweise geübte Praxis, bei (insbesondere größeren) öffentlichen Angeboten in ihren Filialen **sog. Flyer für ihre Kunden** auszulegen. In diesen werden das Angebot, die angebotenen Wertpapiere, bestimmte Kerninformationen zum Emittenten sowie z. T. die Stärken/Strategie des Unternehmens und die mit einem Kauf von Aktien dieses Emittenten verbundenen Risiken kurz beschrieben. Damit derartige Flyer **keinen „Mini-Prospekt"** mit den o. g. Rechtsfolgen darstellen, müssen jedenfalls **drei Voraussetzungen** erfüllt sein:

– Erstens muss der Inhalt des Flyers so gestaltet sein, dass in keiner Weise suggeriert wird, dass dieses Dokument alle für den Anleger relevanten Informationen enthält (Empfängerhorizont).
– Zweitens (und mit dem ersten Punkt zusammenhängend) muss in formaler Weise durch einen für den Anleger sofort wahrnehmbaren Hinweis (*Disclaimer*) (d. h. auf der ersten, nicht auf der letzten Seite des Dokuments angebracht) klargestellt werden, dass es sich vorliegend nicht um einen Prospekt handelt, und der Anleger aufgefordert werden, seine Anlageentscheidung nicht ohne Einsichtnahme in den Prospekt zu treffen. Diese Hinweispflicht für den Flyer als Werbeanzeige ergibt sich selbstverständlich bereits aus § 15 Abs. 2, erfüllt hier aber eine besonders wichtige Funktion im Rahmen der Abgrenzung einer Werbemaßnahme von einem Prospekt (und muss daher in diesem Fall – vgl. dagegen Rn. 26 für den Regelfall des § 15 Abs. 2 – auch an hervorgehobener Stelle erfolgen).

---

48 Hinsichtlich der Frage des Prospektbegriffs für Zwecke der Prospekthaftung nach dem BörsG/VerkProspG vgl. *Assmann*, in: Assmann/Schütze, Handbuch des Kapitalanlagerechts, § 5 Rn. 35 ff.; *Hamann*, in: Schäfer/Hamann, Kapitalmarktgesetze, §§ 44/45 BörsG Rn. 38 ff.; *Groß*, Kapitalmarktrecht, 4. Aufl. 2009, §§ 44/45 BörsG Rn. 23 ff. Rechtsvergleichend *Gruson*, WM 1995, 89 ff.
49 Vgl. *Rauch*, in: Holzborn, WpPG, § 15 Rn. 4
50 Umfassend dazu *Groß*, WM 2002, 477, 479 ff.; *Assmann*, in: Assmann/Schütze, Handbuch des Kapitalanlagerechts, § 5 Rn. 26 ff.; sowie *Groß*, Kapitalmarktrecht, 4. Aufl. 2009, § 47 BörsG Rn. 4 ff. zu Verkaufsangeboten, Kurzexposés, Handzetteln und weiteren Beispielen.

– Drittens darf das Verhalten der Mitarbeiter der Bank die vorgenannten Punkte nicht konterkarieren (z.B. durch Aussagen wie *„Hier steht alles, was Sie wissen müssen. Den Prospekt liest eh niemand."*).

Banken ist insgesamt zu raten, mit dieser Praxis der Verwendung von Flyern überaus vorsichtig umzugehen oder auf sie ganz zu verzichten.[51]

IV. Anforderungen bei prospektpflichtigen Angeboten/ Zulassungen (§ 15 Abs. 2 – 4)

1. Hinweispflicht auf den Prospekt nach § 15 Abs. 2

Nach § 15 Abs. 2 ist in allen Werbeanzeigen darauf hinzuweisen, **dass** ein Prospekt veröffentlicht wurde oder zur Veröffentlichung ansteht **und wo** die Anleger ihn erhalten können.[52] Ein solcher **Hinweis** auf die Prospektveröffentlichung und die Art der Bezugsmöglichkeit sollte zudem auch zum Ausdruck bringen, dass der Prospekt die wesentliche Informationsgrundlage für die Investitionsentscheidung des Anlegers sein sollte.[53] In der Praxis lautet der Hinweis zum Beispiel wie folgt:

„Diese Veröffentlichung stellt weder ein Angebot zum Verkauf noch eine Aufforderung zum Kauf von Wertpapieren der XYZ AG dar. Das Angebot erfolgt ausschließlich durch und auf Basis eines Prospektes, der im Zusammenhang mit dem Angebot veröffentlicht werden wird. Der Prospekt wird voraussichtlich nach § 14 Abs. 2 Satz 1 Nr. 3a) auf der Internetseite der XYZ AG veröffentlicht und unter anderem bei der XYZ AG ([Adresse, Fax- oder Telefonnummer]) zur kostenlosen Ausgabe bereitgehalten werden."

Anders als in der Literatur teilweise vertreten worden ist,[54] muss der Hinweis **nicht an hervorgehobener Stelle** erfolgen. Dies zeigt ein Umkehrschluss zu § 16 Abs. 3 Satz 3, wo der Gesetzgeber bezüglich der Belehrung im Nachtrag einen hervorgehobenen Hinweis verlangt, während der Wortlaut des § 15 Abs. 2 darüber gerade nichts aussagt. Daher kann die bisherige Praxis, den Hinweis z.B. in einem *Disclaimer* am Ende von Pressemitteilungen

---

51 Ähnlich *Groß*, Kapitalmarktrecht, 4. Aufl. 2009, § 47 BörsG Rn. 7 m.w.N., wonach eine bürgerlich-rechtliche Prospekthaftung ausscheidet, wenn an hervorgehobener Stelle Hinweise enthalten sind, dass es sich bei der Veröffentlichung nicht um ein Angebot von Wertpapieren handelt und dass die Veröffentlichung keine umfassende Darstellung enthalte bzw. wenn sogar explizit auf einen Prospekt verwiesen wird.
52 Ausführlich hierzu *Rauch*, in: Holzborn, WpPG, § 15 Rn. 8ff.; § 15 Abs. 2 nennt nicht ausdrücklich den Adressaten der Verpflichtung. Richtig ist aber wohl, dass dies (in erster Linie) der Veranlasser, also der Auftraggeber, der Werbeanzeige ist, vgl. näher *Heidelbach*, in: Schwark/Zimmer, KMRK, § 15 WpPG Rn. 7.
53 *Voß*, in: Just/Voß/Ritz/Zeising, WpPG, § 15 Rn. 20; anders aber der in der Rn. 31 abgedruckte Musterhinweis. **Andere Ansicht** *Heidelbach*, in: Schwark/Zimmer, KMRK, § 15 WpPG Rn. 9; *Rauch*, in: Holzborn, WpPG, § 15 Rn. 8.
54 *Grosjean*, in: Heidel, Aktienrecht und Kapitalmarktrecht, § 15 WpPG Rn. 4; wie hier *Groß*, Kapitalmarktrecht, § 15 WpPG Rn. 1a in Fn. 7; *Voß*, in: Just/Voß/Ritz/Zeising, WpPG, § 15 Rn. 28 f., allerdings auch unter Verweis auf den Sonderfall, wonach die BaFin die Anbringung des Hinweises an prominenter Stelle verlange bei Ausgabe einer Zeitschrift durch den Emittenten, in der (auch) für die Wertpapiere geworben wird. Siehe auch *Heidelbach*, in: Schwark/Zimmer, KMRK, § 15 WpPG Rn. 11 (*„in angemessener Größe und Lesbarkeit"*).

§ 15 Werbung

einzufügen oder z. B. klein gedruckt in einer Ecke auf Werbeanzeigen in Zeitungen anzubringen, beibehalten werden.

27 Der Wortlaut des § 15 Abs. 2 („*zur Veröffentlichung ansteht*") dokumentiert, dass die Hinweispflicht zeitlich nicht erst eintritt, wenn ein Prospekt gebilligt wurde.[55] Andererseits lässt sich aus dem Wort „ansteht" auch schließen, dass der Richtlinien- bzw. Gesetzgeber keine Hinweispflichten weit vor Billigung vorschreiben wollte. Insofern verpflichtet § 15 Abs. 2 nicht dazu, vorzeitig durch derartige Hinweise ein Indiz für ein bevorstehendes Angebot zu geben. Regelmäßig wird im Zusammenhang mit einem öffentlichen Angebot (jedenfalls bei IPOs) eine Analystenpräsentation durchgeführt, auf Basis derer sog. Research-Berichte durch die Analysten der beteiligten Konsortialbanken erstellt werden. Wenn diese Research-Berichte verteilt werden, gibt der Emittent üblicherweise ein **sog. Soft Statement** über ein potenziell bevorstehendes Angebot ab. Ab diesem Zeitpunkt, der auch die öffentliche Ankündigung im Sinne von § 12 Satz 2 WpHG darstellen sollte,[56] sollte die Hinweispflicht gemäß § 15 Abs. 2 eingreifen.

28 Für den (wohl eher seltenen) Fall, dass zum Zeitpunkt der Werbeanzeige vor Billigung und Veröffentlichung des Prospekts noch nicht feststeht, wie der Prospekt veröffentlicht werden wird und wo er zu erhalten ist, sind die **verschiedenen konkret in Betracht kommenden Möglichkeiten zu beschreiben** (insbesondere die zulässigen Formen der Veröffentlichung).[57]

29 Obwohl die deutsche Fassung der EU-Prospektrichtlinie terminologisch zwischen „Werbung" nach § 15 Abs. 1 und „Werbeanzeigen" im Sinne von § 15 Abs. 2 und Abs. 3 unterscheidet, zeigt doch die englische Fassung der EU-Prospektrichtlinie, die einheitlich von „*advertisements*" spricht, dass hier keine unterschiedliche Begrifflichkeit gewollt war. Insoweit wird man Werbeanzeigen als einen Unterfall der Werbung interpretieren müssen bzw. die **Begriffe „Werbung" und „Werbeanzeigen"** als **synonym** anzusehen haben, d. h. Werbeanzeigen sind Werbemaßnahmen jeglicher Art i. S. d. Art. 2 Nr. 9 der EU-Prospektverordnung. Ein anderes Ergebnis ließe sich vor dem Hintergrund des anlegerschützenden Normzwecks des § 15 nicht rechtfertigen.[58]

30 In ihren Billigungsbescheiden weist die BaFin den Anbieter/Zulassungsantragsteller stets nochmals ausdrücklich auf die Verpflichtungen nach § 15 Abs. 2 hin. Zudem achtet sie in der Praxis darauf, dass nicht nur ein generischer Hinweis erfolgt, sondern genaue Angaben gemacht werden.[59]

---

55 *Heidelbach*, in: Schwark/Zimmer, KMRK, § 15 WpPG Rn. 9; *Rauch*, in: Holzborn, WpPG, § 15 Rn. 8.
56 *Assmann*, in: Assmann/Uwe H. Schneider, WpHG, § 12 Rn. 8 m. w. N. in Fn. 4; *Feuring/Berrar*, in: Habersack/Mülbert/Schlitt, Unternehmensfinanzierung, § 39 Rn. 9; *Parmentier*, NZG 2007, 407, 409.
57 *Voß*, in: Just/Voß/Ritz/Zeising, WpPG, § 15 Rn. 26; *Rauch*, in: Holzborn, WpPG, § 15 Rn. 9; detailliert *Heidelbach*, in: Schwark/Zimmer, KMRK, § 15 WpPG Rn. 10.
58 Ebenso *Voß*, in: Just/Voß/Ritz/Zeising, WpPG, § 15 Rn. 18 und nochmals Rn. 32; *Rauch*, in: Holzborn, WpPG, § 15 Rn. 12; *Schlitt/Schäfer*, in: Assmann/Schlitt/von Kopp-Colomb, WpPG/VerkProspG, § 15 Rn. 10 sowie Fn. 3 dazu; so jetzt auch *Heidelbach*, in: Schwark/Zimmer, KMRK, § 15 WpPG Rn. 6 unter ausdrücklicher Aufgabe der in *Heidelbach/Preuße*, BKR 2006, 316, 322 vertretenen Auffassung.
59 *Apfelbacher/Metzner*, BKR 2006, 81, 89; *Groß*, Kapitalmarktrecht, § 15 WpPG Rn. 1a (Fn. 6).

IV. Anforderungen bei prospektpflichtigen Angeboten/Zulassungen (§ 15 Abs. 2 – 4) § 15

2. Formale und inhaltliche Anforderungen an Werbeanzeigen nach § 15 Abs. 3

a) Formales Erfordernis der Erkennbarkeit (§ 15 Abs. 3 Satz 1)

In formaler Hinsicht müssen Werbeanzeigen[60] als solche klar erkennbar sein (§ 15 Abs. 3 Satz 1). Der Anleger muss also darauf aufmerksam gemacht werden, ob es sich um Werbe-/Informationsmaterialien und damit um eine Werbeanzeige handelt oder um eine sonstige Geschäftsinformation (zur Abgrenzung siehe oben Rn. 15 ff.). Dies kann sich auch aus dem Kontext ergeben. Nicht erforderlich (aber unter Umständen eventuell sinnvoll) ist, dass ausdrücklich erwähnt wird, dass es sich um eine „Werbung" bzw. „Werbeanzeige im Sinne von § 15 WpPG" handelt.[61]   31

b) Inhaltliche Erfordernisse der Richtigkeit und Konsistenz (§ 15 Abs. 3 Satz 2 und Satz 3)

In inhaltlicher Hinsicht dürfen die in der Werbeanzeige enthaltenen Angaben nicht unrichtig oder irreführend sein (§ 15 Abs. 3 Satz 2) und nicht im Widerspruch zu den Angaben im Prospekt stehen (§ 15 Abs. 3 Satz 3).   32

Der Begriff der **Unrichtigkeit im Sinne des § 15 Abs. 3 Satz 2** ist wie in § 21 Abs. 1 Satz 1 WpPG bzw. wie bei § 20a Abs. 1 Satz 1 Nr. 1 WpHG, der ebenfalls „unrichtige oder irreführende Angaben" betrifft, zu verstehen, d. h. unrichtig sind (Tatsachen-)Angaben, die nicht der Wahrheit bzw. den objektiven Gegebenheiten/tatsächlichen Verhältnissen entsprechen. Bei Werturteilen oder Prognosen liegt die Unrichtigkeit dann vor, wenn das Werturteil bzw. die Prognose (zum Zeitpunkt der Verbreitung der Werbeanzeige) nicht durch Tatsachen gedeckt oder kaufmännisch nicht vertretbar ist.[62]   33

In Anlehnung an die im Zusammenhang mit § 20a Abs. 1 Satz 1 Nr. 1 WpHG verwendete Definition ist eine **Werbeanzeige irreführend**, wenn aus Sicht eines verständigen durchschnittlichen Anlegers Angaben gemacht werden, *„welche zwar inhaltlich richtig sind, jedoch aufgrund ihrer Darstellung beim Empfänger der Information eine falsche Vorstellung über den geschilderten Sachverhalt nahelegen"* bzw. *„welche objektiv geeignet sind, einen nicht ganz unbeachtlichen Teil des angesprochenen Anlegerkreises zu täuschen"*.[63] Dass   34

---

60 Zum Begriff „Werbeanzeigen" siehe oben Rn. 29.
61 *Schlitt/Schäfer*, in: Assmann/Schlitt/von Kopp-Colomb, WpPG/VerkProspG, § 15 Rn. 17; *Wiegel*, Die Prospektrichtlinie und Prospektverordnung, S. 353; *Heidelbach*, in: Schwark/Zimmer, KMRK, § 15 WpPG Rn. 12, Letztere auch mit Darstellung der Parallele zum unlauteren Wettbewerb nach UWG.
62 *Groß*, Kapitalmarktrecht, 4. Aufl. 2009, §§ 44/45 BörsG Rn. 44 m.w.N.; *Vogel*, in: Assmann/Uwe H. Schneider, WpHG, § 20a Rn. 60; ähnlich *Voß*, in: Just/Voß/Ritz/Zeising, WpPG, § 15 Rn. 36; **andere Ansicht** *Grosjean*, in: Heidel, Aktienrecht und Kapitalmarktrecht, § 15 WpPG Rn. 5, wonach § 15 Abs. 3 Satz 2 auf falsche Tatsachenbehauptungen beschränkt sei (womit Werturteile bzw. Prognosen nicht umfasst wären).
63 Siehe *Vogel*, in: Assmann/Uwe H. Schneider, WpHG, § 20a Rn. 62, auf Basis der explizit in der Regierungsbegründung zum Anlegerschutzverbesserungsgesetz enthaltenen Definition bzw. in Anlehnung an die Merkmale des § 16 Abs. 1 UWG; terminologisch mehr vom wettbewerbsrechtlichen Gedanken kommend *Voß*, in: Just/Voß/Ritz/Zeising, WpPG, § 15 Rn. 37 m.w.N. (*„Täuschung der angesprochenen Verkehrskreise"*).

§ 15 Werbung

hier Parallelen zu den allgemeinen Regeln des WpHG und des UWG, insbesondere zum Begriff des unlauteren Wettbewerbs nach § 5 UWG, bestehen, ist offensichtlich.[64]

35 Eine **Irreführung im Sinne des § 15 Abs. 3 Satz 2** (wie auch des § 5 UWG[65]) kann auch dadurch ausgelöst werden, dass auf die Prüfung des Prospekts durch die BaFin verwiesen wird und damit der Eindruck vermittelt wird, dass der Prospekt durch die Billigung inhaltlich von der BaFin als ordnungsgemäß und vollständig angesehen wird.[66]/[67] In diesen Fällen besteht eine spezifische Eingriffsbefugnis der BaFin nach § 15 Abs. 6 Satz 2 (siehe unten Rn. 58 ff.). Andererseits darf auf die Prüfung durch die BaFin verwiesen werden, wenn gleichzeitig der (begrenzte) Prüfungsumfang der BaFin beschrieben wird. Mit dieser zusätzlichen Information hinsichtlich des Prüfungsumfangs oder einer ähnlichen Qualifikation versehen darf auch auf die Billigung des Prospekts durch die BaFin verwiesen werden.[68]

36 Der Wortlaut des **§ 15 Abs. 3 Satz 3** macht deutlich, dass die Verpflichtung zur **Widerspruchsfreiheit in Bezug auf Prospektangaben** auch gilt, wenn der Prospekt erst zu einem späteren Zeitpunkt veröffentlicht wird. Sollten sich also Unrichtigkeiten der Werbeanzeigen oder Widersprüche zum Prospekt im weiteren Verlauf der Prospekterstellung he-

---

64 *Heidelbach*, in: Schwark/Zimmer, KMRK, § 15 WpPG Rn. 13.
65 Vgl. LG Hamburg, WM 2007, 1738 f., wonach eine Werbung für eine Kunstanleihe irreführend i. S. d. § 5 UWG sei, wenn sie dem Anleger etwa mit der Aussage „*BaFin genehmigt erste deutsche Kunstanleihe*" vortäuscht, die beworbene Kunstanleihe sei von der BaFin genehmigt worden, wohingegen die BaFin tatsächlich nur den Verkaufsprospekt für diese Anleihe genehmigt hat; **anders** *Voß*, in: Just/Voß/Ritz/Zeising, WpPG, § 15 Rn. 45, der sagt, die o.g. Rechtsprechung habe die betreffenden Aussagen für zulässig erklärt.
66 Dieses Beispiel greift *Groß*, Kapitalmarktrecht, § 15 WpPG Rn. 3, im Anschluss an die Beschlussempfehlung des Finanzausschusses zu § 8e VerkProspG a. F. (3. Finanzmarktförderungsgesetz) (BT-Drucks. 13/9874, S. 132) auf; siehe auch *Rauch*, in: Holzborn, WpPG, § 15 Rn. 21; *Voß*, in: Just/Voß/Ritz/Zeising, WpPG, § 15 Rn. 38 ff.
67 Beispiele in der BaFin-Präsentation „Ausgewählte Rechtsfragen in der Aufsichtspraxis" vom 4.9.2007, S. 12 (z. B. „*Von der BaFin zur Anlage empfohlen*"; „*BaFin-gebilligtes Produkt*"). Dementsprechend darf auch keinesfalls der Hinweis auf die BaFin drucktechnisch stark hervorgehoben werden oder anderweitig, z. B. durch unzulässige Verwendung des Logos der BaFin, der Name der BaFin als eine Art „Gütesiegel" missbraucht werden (siehe *Voß*, in: Just/Voß/Ritz/Zeising, WpPG, § 15 Rn. 43 f.). Daher dürfte es auch regelmäßig unzulässig sein, den Billigungsbescheid zu Werbezwecken der Öffentlichkeit zugänglich zu machen, da dadurch diese vorgenannte Zertifizierung bzw. „Gütesiegel"-Eigenschaft der Billigung suggeriert wird (**andere Ansicht** entgegen der wie hier skeptischen Haltung der BaFin *Voß*, in: Just/Voß/Ritz/Zeising, WpPG, § 15 Rn. 46, unter Hinweis darauf, dass der Billigungsbescheid die zuvor geforderte Information hinsichtlich des Prüfungsumfangs enthält; irreführend ist hier aber nicht der Inhalt, sondern die Form der Verwendung „zu Werbezwecken"). Zulässig ist dagegen – soweit im Einzelfall zutreffend – der Hinweis, dass das betreffende Unternehmen von der BaFin beaufsichtigt wird, vgl. näher *Keunecke*, Prospekte im Kapitalmarkt, S. 292, oder dass der Prospekt bei der BaFin hinterlegt ist, falls damit keine weitergehenden Aussagen intendiert sind (so *Voß*, in: Just/Voß/Ritz/Zeising, WpPG, § 15 Rn. 40 f. m. w. N.; *Gebauer*, in: Kümpel/Hammen/Ekkenga, Kapitalmarktrecht, Kennz. 100 S. 54 (bis zur Ergänzungslieferung 3/2014)).
68 **Andere Ansicht** *Voß*, in: Just/Voß/Ritz/Zeising, WpPG, § 15 Rn. 45, wo entgegen dem klaren Wortlaut des § 13 Abs. 1 und der Überschrift zu § 13 und dem 3. Abschnitt behauptet wird, die BaFin billige lediglich die Veröffentlichung und nicht den Prospekt selbst. Insofern unterscheidet sich das Wertpapierprospektgesetz aber gerade von z. B. § 8i Abs. 2 Satz 1 VerkProspG a. F. oder § 14 Abs. 2 Satz 1 WpÜG.

IV. Anforderungen bei prospektpflichtigen Angeboten/Zulassungen (§ 15 Abs. 2 – 4) § 15

rausstellen, darf die Werbung nicht weiter verwendet werden[69] und muss ggf. auch nachträglich durch eine entsprechende Mitteilung (*actus contrarius*) korrigiert werden.[70] Für den Fall von Werbeanzeigen, die in Folge eines Nachtrags unrichtig oder ungenau geworden sind, wird das Erfordernis einer nachträglichen Korrektur – mindestens auf demselben Verbreitungsweg wie die ursprüngliche Werbung – nunmehr durch Art. 11 TRS klargestellt.[71]

Bei Verstößen gegen § 15 Abs. 3 stehen der BaFin die **Befugnisse nach § 15 Abs. 6** zu. Dagegen begründet ein Verstoß gegen § 15 Abs. 3 **keinen direkten Anspruch der Anleger gegen den Urheber der Werbung**. Dies lässt sich aus folgenden Argumenten ableiten: 37

– Erstens geht der in § 15 Abs. 3 geforderte Standard für Werbeanzeigen signifikant über den Prospekthaftungsmaßstab hinaus. Während die Prospekthaftung nur für wesentliche Angaben greift, untersagt § 15 Abs. 3 jegliche Form von Unrichtigkeit, Unvollständigkeit und Widersprüchlichkeit. Zudem ist die Widersprüchlichkeit kein Anknüpfungspunkt der Prospekthaftung. Anlegern einen Ersatzanspruch auf Basis dieses Standards zu gewähren, würde nicht in die **Systematik der Prospekt- und Anlagehaftung** passen.
– Zweitens besaß der europäische Richtliniengeber gerade **keine umfassende Normsetzungskompetenz** für den dem Zivilrecht zuzuordnenden Bereich der (Prospekt-)Haftung.[72] Es wäre daher nicht einsichtig anzunehmen, dass der europäische Richtliniengeber sonstige unmittelbare Haftungsnormen mit einem noch darüber hinausgehenden Anwendungsbereich schaffen wollte.
– Drittens würde ein solcher Schadensersatzanspruch auch nicht zum **Konzept der Haftung für Ad-hoc-Mitteilungen nach § 37b bzw. § 37c WpHG** passen. Der Gesetzgeber hat sich dort bewusst auf eine Haftung für Ad-hoc-Mitteilungen (und nicht für jegliche Pressemitteilungen) beschränkt und gewisse inhaltliche Hürden gesetzt (vgl. z. B. Haftungsmaßstab).

Daher ist davon auszugehen, dass die Vorschrift des § 15 Abs. 3 auch **keinen unmittelbar individualschützenden Charakter** vermitteln soll, der zu Schadensersatzansprüchen z. B. 38

---

69 So *Rauch*, in: Holzborn, WpPG, § 15 Rn. 13; vorsichtiger *Voß*, in: Just/Voß/Ritz/Zeising, WpPG, § 15 Rn. 50 („*empfiehlt sich*").
70 **Andere Ansicht** *Rauch*, in: Holzborn, WpPG, § 15 Rn. 13 f., die im Zusammenhang mit § 15 Abs. 3, 4 eine nachträgliche Korrektur einer widersprüchlichen Werbeaussage durch eine entsprechende Mitteilung sowie eine Benachrichtigungspflicht des Emittenten gegenüber den (dem Emittenten bekannten) Anlegern über die unrichtigen Informationen bzw. die Unrichtigkeit der Informationen ablehnt; **wie hier** *Wiegel*, Die Prospektrichtlinie und Prospektverordnung, S. 353, der auf Basis der europäischen Vorgaben von einer Sanktionsmöglichkeit seitens der Aufsichtsbehörde ausgeht, sollte die Werbeanzeige sich als inkonsistent zu dem später veröffentlichten Prospekt herausstellen.
71 Siehe oben Rn. 7a sowie die Kommentierung zu Art. 11 TRS (Art. 34 EU-Prospektverordnung a. F.).
72 *Wagner*, Die Bank 2003, 680, 683; *Wiegel*, Die Prospektrichtlinie und Prospektverordnung, S. 403 ff.; *Crüwell*, AG 2003, 243, 252; *Weber*, NZG 2004, 360, 366; *Holzborn/Schwarz-Gondek*, BKR 2003, 927, 934; *König*, GPR 2004, 152, 154 f.; *Sandberger*, EWS 2004, 297, 301 f.; *König*, ZEuS 2004, 251, 284 f.; *Kunold/Schlitt*, BB 2004, 501, 511.

über § 823 Abs. 2 BGB berechtigen würde.[73] § 15 Abs. 3 flankiert vielmehr im ordnungspolitischen Sinne die Maßnahmen zur Funktionsfähigkeit des Kapitalmarkts und Widerspruchsfreiheit der Kapitalmarktkommunikation und liegt daher (ausschließlich) im öffentlichen Interesse.

3. Inhaltliche Anforderungen an sonstige Informationen nach § 15 Abs. 4

39 Alle über das öffentliche Angebot oder die Zulassung zum Handel an einem organisierten Markt verbreiteten Informationen müssen, auch wenn sie nicht zu Werbezwecken dienen, nach § 15 Abs. 4 mit den im Prospekt enthaltenen Angaben übereinstimmen.

40 Diese **Kongruenzverpflichtung** geht auf der einen Seite über § 15 Abs. 3 hinaus, indem erstens – jedenfalls dem Wortlaut des deutschen Gesetzes und der deutschen Fassung der EU-Prospektrichtlinie nach – Kongruenz und nicht nur Konsistenz mit dem Prospekt verlangt wird.[74] Inzwischen wird dieses Kongruenzerfordernis durch Art. 12 TRS, insbesondere durch Satz 1 lit. c), konkretisiert, der verbietet, ein in wesentlicher Hinsicht unausgewogenes Bild der im Prospekt enthaltenen Angaben zu vermitteln (beispielsweise, indem negative Aspekte verschwiegen oder weniger hervorgehoben werden als die positiven Aspekte), siehe dazu und zum weiteren Konkretisierungsgehalt im Einzelnen die Kommentierung zu Art. 12 TRS. Zweitens werden auch Angaben außerhalb von Werbeanzeigen von § 15 Abs. 4 erfasst und dementsprechend dem Maßnahmenkatalog des § 15 Abs. 6 unterworfen.[75] Andererseits betrifft § 15 Abs. 4 tatsächlich **nur die konkret über das Angebot bzw. die Zulassung verbreiteten Informationen, d. h. insbesondere nicht Informationen, die das Geschäft des Emittenten betreffen, oder dessen Finanzangaben**. Dies folgt schon aus dem Wortlaut der Norm und dem systematischen Zusammenhang mit § 15 Abs. 3 Satz 3.[76] Zudem wäre ohne dieses restriktive Verständnis des Gegenstands der Norm eine solch allgemeine Vorschrift wie § 15 Abs. 4 nicht zu rechtfertigen.

41 Schließlich ist § 15 Abs. 4 im Lichte des § 16 auszulegen: nicht jede noch so **unwichtige zusätzliche Information**, die im Laufe des Angebots veröffentlicht wird und noch nicht

---

73 Vgl. dazu z. B. *Sprau*, in: Palandt, BGB, § 823 Rn. 58, und ausführlich *Wagner*, in: MünchKomm-BGB, § 823 Rn. 405 ff., insbesondere Rn. 408 zur Parallelität des Tatbestandsmerkmals des individualschützenden Charakters mit dem nach der Schutznormtheorie zu bestimmenden Drittschutz im öffentlichen Recht. Darauf aufbauend sollte die Wertung, dass § 15 Abs. 3 keinen individualschützenden Charakter hat, Zustimmung finden. Ebenso für §§ 44/45 BörsG a. F. *Groß*, Kapitalmarktrecht, 4. Aufl. 2009, § 47 BörsG Rn. 2 m. w. N.; *Kort*, AG 1999, 9, 18 m. w. N.
74 Zu Recht weisen aber *Schlitt/Singhof/Schäfer*, BKR 2005, 251, 257 in Fn. 90; *Grosjean*, in: Heidel, Aktienrecht und Kapitalmarktrecht, § 15 WpPG Rn. 6 in Fn. 12 und *Voß*, in: Just/Voß/Ritz/Zeising, WpPG, § 15 Rn. 52 darauf hin, dass es sich nach der EU-Prospektrichtlinie an sich um ein reines Konsistenzgebot handeln sollte, da die englische Fassung sowohl bezüglich des Inhalts der Werbung als auch bezüglich der über das Angebot verbreiteten Informationen einheitlich von „*shall be consistent with*" spricht. Ebenso *Schäfer/Ernst*, in: Habersack/Mülbert/Schlitt, Kapitalmarktinformation, § 7 Rn. 7 mit Fn. 7, sowie *Schlitt/Schäfer*, in: Assmann/Schlitt/von Kopp-Colomb, WpPG/VerkProspG, § 15 Rn. 18.
75 S. zu diesem Aspekt *Rauch*, in: Holzborn, WpPG, § 15 Rn. 18.
76 Wie hier *Groß*, Kapitalmarktrecht, WpPG, § 15 Rn. 2; **Andere Ansicht** *Schlitt/Schäfer*, in: Assmann/Schlitt/von Kopp-Colomb, WpPG/VerkProspG, § 15 Rn. 18, die § 15 Abs. 3 Satz 3 für entbehrlich halten.

im Prospekt abgedeckt war, löst eine Nachtragspflicht nach § 16 aus. Wird zum Beispiel in einer Pressemitteilung darauf hingewiesen, dass der Prospekt nun auch bei der führenden Konsortialbank erhältlich ist, muss dafür trotz Kongruenzverpflichtung des § 15 Abs. 4 selbstverständlich kein Nachtrag erstellt werden.

V. Pflicht zur Gleichbehandlung (§ 15 Abs. 5)

Nach § 15 Abs. 5 Satz 1 muss der Anbieter für den Fall, dass keine Prospektpflicht besteht,[77] wesentliche Informationen über den Emittenten oder über ihn selbst, die sich an qualifizierte Anleger oder besondere Anlegergruppen richten, einschließlich Informationen, die im Verlauf von Veranstaltungen betreffend Angebote von Wertpapieren mitgeteilt werden, allen qualifizierten Anlegern oder allen besonderen Anlegergruppen, an die sich das Angebot ausschließlich richtet, mitteilen. 42

Während § 15 Abs. 2 bis Abs. 4 nur anzuwenden sind, wenn das öffentliche Angebot bzw. die Zulassung prospektpflichtig ist, regelt § 15 Abs. 5 Satz 1 also spezifisch den Fall, dass der Anwendungsbereich des Wertpapierprospektgesetzes zwar eröffnet ist (also gerade kein Fall des § 1 Abs. 2 vorliegt[78]), dieses aber keine Prospektpflicht auferlegt. Dabei kann es sich um **nicht prospektpflichtige öffentliche Angebote** handeln oder um **sog. Privatplatzierungen**, z. B. ausschließlich mit institutionellen Anlegern. § 15 Abs. 5 Satz 2 dagegen nimmt den Regelungsgegenstand von § 15 Abs. 5 Satz 1 auch für prospektpflichtige Sachverhalte wieder auf. Nicht eindeutig ist dagegen, ob von § 15 Abs. 5 auch Fälle umfasst sind, in denen eine (prospektfreie) Zulassung nur außerhalb der organisierten Märkte angestrebt wird.[79] Anders als § 15 Abs. 4 ist § 15 Abs. 5 nach dem Wortlaut nicht auf Zulassungen zum Handel an *organisierten* Märkten beschränkt, was im Umkehrschluss dafür sprechen könnte, dass § 15 Abs. 5 eine solche Einschränkung nicht kennt. Allerdings heißt es in § 15 Abs. 1 S. 1, dass jede Art von Werbung, die sich auf eine Zulassung zum Handel an einem *organisierten* Markt bezieht, nach Maßgabe der Absätze 2 bis 5 erfolgen muss. Das spricht dafür, dass der Anwendungsbereich der Abs. 2 bis 5 insgesamt nur bei Zulassungen zum Handel an einem organisierten Markt eröffnet ist. Dafür spricht auch, dass nach § 1 Abs. 1 der Anwendungsbereich des gesamten WpPG u. a. auf die Zulassung von Wertpapieren zum Handel an einem *organisierten* Markt umgrenzt ist. Für die praktische Anwendung gilt für diesen Fall jedoch unabhängig von der Anwendbarkeit von § 15 Abs. 5, im Übrigen genau wie für die unstreitig außerhalb von § 15 Abs. 5 liegenden Fälle des § 1 Abs. 2, dass die Vermeidung einer „selective disclosure" als angestrebtes Ziel von § 15 Abs. 5 (siehe unten Rn. 47) eine allgemeine Gültigkeit[80] für sich beanspruchen kann und in der Praxis, selbst wenn § 15 Abs. 5 formal-juristisch keine Anwendung findet, stets zu beachten ist. 43

---

77 Zu dem in diesem Fall außerdem nach Art. 11 Abs. 4 TRS in jeder Werbung erforderlichen Warnhinweis siehe unten Art. 11 TRS (Art. 34 EU-Prospektverordnung a. F.) Rn. 4.
78 *Rauch*, in: Holzborn, WpPG, § 15 Rn. 6, 15.
79 Zu denken ist hier beispielsweise an die Zulassung von Schuldverschreibungen mit einer Stückelung von über 100.000 Euro im Segment Euro MTF der Luxemburger Börse.
80 Beispielsweise sehen die „Rules and Regulations of the Luxembourg Stock Exchange" in der Fassung vom 01/2016 in Kapitel 9 eine Gleichbehandlung („*the issuer must ensure equal treatment of all shareholders and holders of units*") vor, abrufbar unter https://www.bourse.lu/listing-requirements.

§ 15 Werbung

1. Tatbestand des § 15 Abs. 5 Satz 1

44 **Normadressat** des § 15 Abs. 5 Satz 1 ist nach dem Gesetzeswortlaut nur der **Anbieter** (§ 2 Nr. 10), d.h. § 15 Abs. 5 verpflichtet weder den Emittenten (wenn vom Anbieter verschieden) noch eventuell begleitende Konsortialbanken.[81]

45 **Gegenstand** des § 15 Abs. 5 Satz 1 sind (i) wesentliche Informationen über den Emittenten oder über den Anbieter, einschließlich Informationen, die im Verlauf von Veranstaltungen betreffend Angebote von Wertpapieren mitgeteilt werden, und (ii) die sich an qualifizierte Anleger (vgl. Definition von „qualifiziertem Anleger" in § 2 Nr. 6) oder besondere Anlegergruppen richten. Daraus folgt:

- Anders als bei § 15 Abs. 3 und § 15 Abs. 4 werden schon nach dem Wortlaut nur „**wesentliche Informationen**" von § 15 Abs. 5 Satz 1 erfasst. Entgegen dem eigentlichen Wortsinn fallen unter „**Informationen**" neben Tatsachen auch Werturteile, Meinungen und Prognosen (vgl. ebenso allgemein zum Begriff „Werbung" oben Rn. 15 ff.). Die Informationen müssen nach dem eindeutigen Wortlaut den **Emittenten oder den Anbieter betreffen**.[82] Andererseits müssen die Informationen keinen Werbecharakter haben.[83]

- Für die Frage der **Wesentlichkeit** kann grundsätzlich auf die zu § 16 entwickelten Anforderungen zurückgegriffen werden.[84] Gefordert wird also von § 15 Abs. 5 Satz 1 keine Informationsidentität für alle Anleger, sondern Ziel der Vorschrift ist die **Vermeidung wesentlicher Informationsasymmetrien**. Erfasst werden, worauf zutreffend hingewiesen worden ist,[85] auch Prognosen,[86] Budgetangaben und sonstige Planzahlen – allerdings nur soweit diese tatsächlich wesentliche Informationen darstellen.[87]

---

81 So auch *Grosjean*, in: Heidel, Aktienrecht und Kapitalmarktrecht, § 15 WpPG Rn. 8, allerdings unter Verweis auf den anders lautenden Art. 15 Abs. 5 der EU-Prospektrichtlinie („*material information provided by an issuer or an offeror*"). Insofern spricht manches für die Kritik von *Voß*, in: Just/Voß/Ritz/Zeising, WpPG, § 15 Rn. 56 f., der den Emittenten in den Adressatenkreis des § 15 Abs. 5 einbeziehen will und den Gesetzgeber zu einer Korrektur von § 15 Abs. 5 auffordert. So im Ergebnis auch *Rauch*, in: Holzborn, WpPG, § 15 Rn. 15 („Redaktionsversehen"). Dieses Ergebnis will *Heidelbach*, in: Schwark/Zimmer, KMRK, § 15 WpPG Rn. 17 mittels einer nach den Regeln der Methodenlehre aber unzulässigen richtlinienkonformen Auslegung erreichen.
82 *Anderer Auffassung Rauch*, in: Holzborn, WpPG, § 15 Rn. 16.
83 Darauf weisen *Rauch*, in: Holzborn, WpPG, § 15 Rn. 17 und *Voß*, in: Just/Voß/Ritz/Zeising, WpPG, § 15 Rn. 59 zutreffend hin.
84 Ähnlich *Voß*, in: Just/Voß/Ritz/Zeising, WpPG, § 15 Rn. 61; *Schlitt/Schäfer*, in: Assmann/Schlitt/von Kopp-Colomb, WpPG/VerkProspG, § 15 Rn. 29; *Heidelbach*, in: Schwark/Zimmer, KMRK, § 15 WpPG Rn. 18. In diese Richtung auch *Grosjean*, in: Heidel, Aktienrecht und Kapitalmarktrecht, § 15 WpPG Rn. 10, der dann aber den Begriff der Wesentlichkeit aus dem Normzweck heraus eher weit auslegen möchte.
85 *Groß*, Kapitalmarktrecht, § 15 WpPG Rn. 2; *Schlitt/Singhof/Schäfer*, BKR 2005, 251, 258; *Wiegel*, Die Prospektrichtlinie und Prospektverordnung, S. 355 Fn. 1742; *Schlitt/Schäfer*, in: Assmann/Schlitt/von Kopp-Colomb, WpPG/VerkProspG, § 15 Rn. 30.
86 Zu Prognosen im Kapitalmarktrecht im Allgemeinen siehe *Fleischer*, AG 2006, 2 ff.; *Veil*, AG 2006, 690 ff.; *Siebel/Gebauer*, WM 2001, 118 ff. (Teil I) und S. 173 ff. (Teil II); *Baums*, ZHR 167 (2003), 139, 162 ff. Siehe auch *Apfelbacher/Metzner*, BKR 2006, 81, 88 f.; *Meyer*, in: Habersack/Mülbert/Schlitt, Unternehmensfinanzierung, § 36 Rn. 57 ff.; *Schlitt/Singhof/Schäfer*, BKR 2005, 251, 258; *Schlitt/Schäfer*, AG 2005, 498, 504; *Schlitt/Schäfer*, AG 2008, 525, 533 f.
87 Es ist ein weit verbreiteter Irrtum, dass alle zukunftsbezogenen Geschäftsinformationen, insbesondere Finanzangaben aus einem Businessplan, „wesentliche Informationen" für einen Anleger sei-

- Die Informationen müssen sich an bestimmte Anleger oder Anlegergruppen und eben nicht an die Allgemeinheit richten. Erfasst sind daher erstens Informationen im Rahmen sog. **Roadshows oder anderweitiger (Einzel-)Gespräche mit Investoren (insbesondere sog. „one-on-one"-Termine).** „Veranstaltungen betreffend Angebote von Wertpapieren" können aber zweitens auch indirekt an derartige bestimmte Anlegergruppen gerichtet sein. Daher sind auch **sog. Analystenpräsentationen**, bei denen an sich gerade keine Investoren anwesend sind, sondern Analysten (in der Regel die Analysten der das Angebot begleitenden Konsortialbanken), umfasst, weil die Informationen indirekt dazu dienen, von den Analysten in ihren sog. *Research Reports* aufgenommen zu werden, und sich damit im Sinne von § 15 Abs. 5 Satz 1 (indirekt) an Investoren „richten".[88] Diese Auslegung folgt auch dem Normzweck der Vermeidung von wesentlichen Informationsasymmetrien (auch wenn der Wortlaut „richten" auf das Erfordernis einer direkten Kommunikation hingedeutet hätte).
- Der Tatbestand enthält **kein subjektives Element einer „Absicht zur Förderung von Verkaufsbemühungen"** oder Ähnliches.[89] Der Gesetzgeber hat auf ein subjektives Element verzichtet und dafür auf der objektiven Tatbestandsseite das Kriterium der „Wesentlichkeit" eingefügt, um dadurch für ein Korrektiv zu sorgen und ein zu weitreichendes Eingreifen der Vorschrift zu verhindern.
- Wie unten zur Rechtsfolge des § 15 Abs. 5 Satz 1 näher dargelegt, dient die Vorschrift der **Vermeidung von sog. selective disclosure** an ausgewählte Anleger bzw. Anlegergruppen. Daher fallen öffentlich verfügbare Informationen aus dem Anwendungsbereich des § 15 Abs. 5 heraus. Denn wenn die **Informationen für jedermann zugänglich** sind, handelt es sich eben gerade nicht um eine selektive Informationsweitergabe an einzelne Anleger bzw. Anlegergruppen, durch die diese einen Informationsvorsprung gegenüber anderen Anlegern bekommen würden.

2. Rechtsfolge des § 15 Abs. 5 Satz 1

Rechtsfolge des § 15 Abs. 5 Satz 1 ist, dass die vorgenannten Informationen vom Anbieter allen qualifizierten Anlegern oder allen besonderen Anlegergruppen, an die sich das Angebot ausschließlich richtet, mitzuteilen sind.

Diese **Gleichbehandlungspflicht im Rahmen von nicht prospektpflichtigen Angeboten** bewirkt die **Vermeidung von sog. selective disclosure** an ausgewählte Anleger.[90] Unzu-

---

en. Dies ist vielmehr im Einzelfall zu prüfen. Zutreffend und sehr ausgewogen der Emittentenleitfaden der BaFin, Stand 28.4.2009, Kapitel IV. 2.2.9.2 Prognosen, S. 56. So auch *Schlitt/Singhof/Schäfer*, BKR 2005, 251, 258. Sehr instruktiv *Ekkenga/Maas*, Das Recht der Wertpapieremissionen, S. 144 Rn. 199 m. w. N. zum Streitstand in Fn. 374.

88 So auch *Schlitt/Singhof/Schäfer*, BKR 2005, 251, 257; *Schlitt/Schäfer*, in: Assmann/Schlitt/von Kopp-Colomb, WpPG/VerkProspG, § 15 Rn. 34; *Grosjean*, in: Heidel, Aktienrecht und Kapitalmarktrecht, § 15 WpPG Rn. 9. Nicht erfasst sind dagegen von § 15 Abs. 5 die eben nicht von dem Emittenten stammenden Research Reports selbst, die daher auch nicht allen Anlegern zur Verfügung gestellt werden müssen; anders *Ekkenga*, BB 2005, 561, 562.

89 So auch *Voß*, in: Just/Voß/Ritz/Zeising, WpPG, § 15 Rn. 60.

90 *Groß*, Kapitalmarktrecht, § 15 WpPG Rn. 2; *Schlitt/Singhof/Schäfer*, BKR 2005, 251, 257 m. w. N.; *Rauch*, in: Holzborn, WpPG, § 15 Rn. 17; *Voß*, in: Just/Voß/Ritz/Zeising, WpPG, § 15 Rn. 53; *Weber*, NZG 2004, 360, 365; *Grosjean*, in: Heidel, Aktienrecht und Kapitalmarktrecht, § 15 WpPG Rn. 7; *Kunold/Schlitt*, BB 2004, 501, 511; *Heidelbach/Preuße*, BKR 2006, 316, 322;

treffend ist allerdings die Aussage, dass „selective disclosure" bisher möglich gewesen sei.[91] Richtig ist vielmehr, dass es sich bei diesem Verbot der Weitergabe wesentlicher Informationen an nur einen Teil der angesprochenen Anleger um einen jener Rechtssätze des § 15 handelt, die auch bisher schon bei Kapitalmarkttransaktionen strikt beachtet wurden.[92] Der Tatbestand und die Rechtsfolgen des § 15 Abs. 5 orientieren sich unter anderem auch an der Regulation FD der Securities and Exchange Commission (SEC).[93]

48 § 15 Abs. 5 Satz 1 schreibt indes nicht vor, **wie** der Anbieter diese Gleichbehandlung **sicherstellt**; die Entscheidung darüber bleibt daher dem Anbieter vorbehalten. Nicht erforderlich ist zudem, dass die Informationen zeitgleich allen Anlegern, an die sich das Angebot richtet, zur Verfügung gestellt werden.[94]

3. Übertragung der Rechtsfolge auf prospektpflichtige Sachverhalte

49 § 15 Abs. 5 Satz 2 ordnet an, dass die vorgenannten Informationen für den Fall einer Prospektpflicht in den Prospekt aufzunehmen sind. Satz 2 hat mehr **klarstellenden Charakter**, denn „wesentliche Informationen über den Emittenten oder den Anbieter" dürften *eo ipso* ohne gesonderte gesetzliche Anordnung in den Prospekt aufzunehmen sein.[95]

50 Auch im Rahmen prospektpflichtiger Sachverhalte bestätigt § 15 Abs. 5 Satz 2 somit das Verbot von „selective disclosure" und kodifiziert, dass z.B. wesentliche Informationen aus der Analysten- oder Roadshow-Präsentation, einschließlich etwaiger Prognosen oder sonstiger zukunftsgerichteter Aussagen, auch **in den Prospekt aufzunehmen sind**[96] **oder zumindest aus im Prospekt enthaltenen Informationen unmittelbar ableitbar sein müssen** (*„contained in the prospectus or readily derivable from information contained in the prospectus"* ist der aus dem amerikanischen Kapitalmarktrecht abgeleitete, auch bisher bereits gängige Standard).

51 Erwähnt sei abschließend, dass sich aus § 15 Abs. 5 Satz 2 i.V.m. dem in § 15 Abs. 5 Satz 1 genannten Maßstab eine Prospektpflicht für Angaben ergibt, die sich jedenfalls vom Wortlaut her nicht mit dem Maßstab des § 5 Abs. 1 Satz 1 deckt (z.B. indem Angaben hinsichtlich des Anbieters in § 15 Abs. 5 Satz 1, aber nicht in § 5 Abs. 1 Satz 1 umfasst sind).

Wiegel, Die Prospektrichtlinie und Prospektverordnung, S. 356; *Schlitt/Schäfer*, in: Assmann/Schlitt/von Kopp-Colomb, WpPG/VerkProspG, § 15 Rn. 24.

91 Dies andeutend *Schlitt/Schäfer*, in: Assmann/Schlitt/von Kopp-Colomb, WpPG/VerkProspG, § 15 Rn. 24 (*„nicht mehr zulässig"*).
92 Siehe dazu oben bereits Rn. 4, dass dies für manche Bereiche von § 15 gilt.
93 17 CFR § 243.100, Securities Act Release No. 7881, abrufbar unter www.sec.gov/rules/final/33-7881.htm, siehe auch *Crüwell*, AG 2003, 243, 251, *Grosjean*, in: Heidel, Aktienrecht und Kapitalmarktrecht, § 15 WpPG Rn. 7 in Fn. 13 und *Schlitt/Schäfer*, in: Assmann/Schlitt/von Kopp-Colomb, WpPG/VerkProspG, § 15 Rn. 25.
94 *Heidelbach*, in: Schwark/Zimmer, KMRK, § 15 WpPG Rn. 19.
95 Siehe ausführliche Auseinandersetzung mit der Aussage und Funktion von Art. 15 Abs. 5 S. 2 der EU-Prospektrichtlinie bei *Wiegel*, Die Prospektrichtlinie und Prospektverordnung, S. 355 f. (Fn. 1742).
96 *Groß*, Kapitalmarktrecht, § 15 WpPG Rn. 2; *Schlitt/Singhof/Schäfer*, BKR 2005, 251, 257 m.w.N. Zur Darstellung zukunftsgerichteter Aussagen im Prospekt näher *Meyer*, in: Habersack/Mülbert/Schlitt, Unternehmensfinanzierung, § 36 Rn. 57 ff.

VI. Befugnisse der BaFin bei Verstößen (§ 15 Abs. 6)

§ 15 Abs. 6 setzt Art. 21 Abs. 3 lit. e) der EU-Prospektrichtlinie um und enthält in den ersten beiden Sätzen **verschiedene Eingriffsbefugnisse der BaFin**. Sowohl bei der Aussetzungsanordnung nach § 15 Abs. 6 Satz 1 als auch bei der Untersagungsanordnung nach § 15 Abs. 6 Satz 2 handelt es sich um einen **belastenden Verwaltungsakt**, für den die allgemeinen verwaltungsrechtlichen Regeln, z. B. über Anhörung, Widerspruch, Anfechtungsklage und einstweiligen Rechtsschutz, gelten. Ein Verstoß gegen die Aussetzungs- oder Untersagungsanordnung stellt eine Ordnungswidrigkeit nach § 35 Abs. 2 Nr. 1 dar.[97]

52

Nach **§ 15 Abs. 6 Satz 3** sind vor allgemeinen Maßnahmen nach § 15 Abs. 6 Satz 2 die Spitzenverbände der betroffenen Wirtschaftskreise und des Verbraucherschutzes zu hören. § 15 Abs. 6 Satz 2 und Satz 3 sind, ausweislich der Regierungsbegründung, § 8e des Verkaufsprospektgesetzes (a. F.) nachgebildet.[98] Neben § 16 Abs. 2 VermAnlG existieren parallele Regelungen zu § 15 Abs. 6 Satz 3 in § 36b Abs. 2 WpHG und § 23 Abs. 2 KWG.

53

Erwägungsgrund (35) der EU-Prospektverordnung fordert die Mitgliedstaaten auf, eine wirksame Einhaltung der Werbevorschriften für öffentliche Angebote und die Zulassung zum Handel auf einem organisierten Markt sicherzustellen. Da Art. 15 Abs. 6 der EU-Prospektrichtlinie (und daher § 15 Abs. 6) die Eingriffsbefugnisse der zuständigen Behörde des Herkunftsmitgliedstaates zuweist, wird im Erwägungsgrund (35) der EU-Prospektverordnung ferner darauf hingewiesen, dass bei grenzüberschreitenden Angeboten oder einer grenzüberschreitenden Zulassung zum Handel eine **angemessene Koordinierung zwischen den zuständigen Behörden** herzustellen sei. Denn bei öffentlichen Angeboten ausschließlich außerhalb des Herkunftsmitgliedstaates oder bei Werbemaßnahmen, die mehrere Mitgliedstaaten erreichen, kann eine andere Behörde als die des Herkunftsmitgliedstaates die sachnähere Behörde sein bzw. kann diese der Behörde des Herkunftsmitgliedstaates eventuell wichtige Unterstützung leisten.[99]

54

1. Aussetzungsbefugnis nach § 15 Abs. 6 Satz 1

Die BaFin kann, wenn sie Anhaltspunkte für einen Verstoß gegen § 15 Abs. 2 bis Abs. 5 hat, anordnen, dass die Werbung für jeweils höchstens zehn aufeinander folgende Tage auszusetzen ist. Die Anordnung steht im **pflichtgemäßen Ermessen der BaFin**. Dabei hat sie das öffentliche Interesse an einer unverzüglichen Aussetzung gegen das Interesse des Anbieters/Zulassungsantragstellers an Weiterverwendung der Werbung, einschließlich der ihm bei einer Aussetzung drohenden wirtschaftlichen Nachteile, abzuwägen.

55

Nicht erforderlich ist dem Wortlaut „**Anhaltspunkte**" nach, dass der Verstoß gegen § 15 erwiesen ist, ausreichend ist vielmehr der – eventuell auch durch Dritte an die BaFin heran-

56

---

97 *Schlitt/Schäfer*, in: Assmann/Schlitt/von Kopp-Colomb, WpPG/VerkProspG, § 15 Rn. 37; *Heidelbach*, in: Schwark/Zimmer, KMRK, § 15 WpPG Rn. 27.
98 RegBegr. EU-ProspRL-UmsetzungsG, BT-Drucks. 15/4999, S. 25, 36; *Groß*, Kapitalmarktrecht, § 15 WpPG Rn. 3; *Grosjean*, in: Heidel, Aktienrecht und Kapitalmarktrecht, § 15 WpPG Rn. 14.
99 Vgl. näher *Rauch*, in: Holzborn, WpPG, § 15 Rn. 24; *Kunold/Schlitt*, BB 2004, 501, 511; *Schlitt/Schäfer*, AG 2005, 498, 510; *Schlitt/Schäfer*, in: Assmann/Schlitt/von Kopp-Colomb, WpPG/VerkProspG, § 15 Rn. 42 f.

getragene – begründete Verdacht der BaFin.[100] Ob es um einen nachgewiesenen Verstoß oder eine Anordnung aufgrund begründeten Verdachts geht, ist aber im Rahmen des **Entschließungsermessens**[101] der BaFin zu berücksichtigen.

57 Die Frist gilt für jeweils höchstens zehn aufeinander folgende Tage, d.h. einschließlich Sonn- und Feiertage. Wie sich aus der Formulierung „jeweils" ergibt, kann die BaFin eine Aussetzung demnach auch wiederholt und damit insgesamt wohl auch für eine längere Frist aussprechen.[102] Die Regierungsbegründung stellt klar, dass in der Aussetzungsverfügung als Beginn oder Ende der Frist auch ein Sonn- oder Feiertag bestimmt werden kann und der Rechtsgedanke des § 193 BGB somit keine Anwendung findet.[103]

2. Untersagungsbefugnis nach § 15 Abs. 6 Satz 2

58 Werbung mit Angaben, die geeignet sind, über den Umfang der Prüfung eines Prospekts nach § 13 oder eines Nachtrags nach § 16 durch die BaFin irrezuführen, kann die BaFin untersagen. Da dies die einschneidendere Maßnahme im Vergleich zur Aussetzung nach § 15 Abs. 6 Satz 1 ist, sind **hier bloße Anhaltspunkte** der BaFin **nicht ausreichend**.

59 Im Rahmen der Entscheidung über die Billigung eines Prospekts bzw. Nachtrags führt die BaFin eine Vollständigkeitsprüfung einschließlich einer Prüfung der Kohärenz und Verständlichkeit der vorgelegten Informationen durch.[104] Die Billigung stellt daher keine Bestätigung der inhaltlichen Richtigkeit und Vollständigkeit des Prospekts bzw. Nachtrags dar. Über diesen begrenzten Prüfungsumfang der BaFin darf in Werbeanzeigen nicht in die Irre geführt werden (vgl. oben Rn. 35, einschließlich deren Fußnoten). Aufgrund der divergierenden Ansichten, ob dies eine begrenzte materielle Prüfung durch die BaFin einschließt oder eine lediglich formale Prüfung bedeutet, kann dem Anbieter/Zulassungsantragsteller nur geraten werden, gar keine Aussage über den Prüfungsumfang der BaFin zu machen. Die Aussage, dass der Prospekt bzw. Nachtrag von der BaFin gebilligt wurde, ist zulässig, solange sie nicht so in den Kontext gesetzt wird, dass sie werbenden Charakter bekommt.[105]

60 Wie aus § 15 Abs. 6 Satz 3 ersichtlich, ist die BaFin im Rahmen von § 15 Abs. 6 Satz 2 auch zu einer Untersagung durch allgemeine Maßnahmen, d.h. insbesondere in Form sog.

---

100 Der begründete Verdacht muss aber, wie der Begriff „Anhaltspunkte" schon aussagt, auf konkreten Tatsachen und nicht lediglich auf Annahmen oder Befürchtungen beruhen, vgl. *Voß*, in: Just/Voß/Ritz/Zeising, WpPG, § 15 Rn. 66 m.w.N.; *Rauch*, in: Holzborn, WpPG, § 15 Rn. 20 sowie *Heidelbach*, in: Schwark/Zimmer, KMRK, § 15 WpPG Rn. 22 mit Verweis darauf, dass die entsprechende Vorschrift der EU-Prospektrichtlinie „*hinreichende Gründe für die Annahme*" verlangt.
101 Siehe zum Entschließungsermessen z.B. *Maurer*, Allgemeines Verwaltungsrecht, § 7 Rn. 7; *Kopp/Schenke*, VwGO, § 114 Rn. 1 ff.
102 Vgl. *Rauch*, in: Holzborn, WpPG, § 15 Rn. 19.
103 RegBegr. EU-ProspRL-UmsetzungsG, BT-Drucks. 15/4999, S. 25, 36; *Groß*, Kapitalmarktrecht, § 15 WpPG Rn. 3; *Rauch*, in: Holzborn, WpPG, § 15 Rn. 19; *Grosjean*, in: Heidel, Aktienrecht und Kapitalmarktrecht, § 15 WpPG Rn. 13; *Voß*, in: Just/Voß/Ritz/Zeising, WpPG, § 15 Rn. 67; *Schlitt/Schäfer*, in: Assmann/Schlitt/von Kopp-Colomb, WpPG/VerkProspG, § 15 Rn. 39; *Heidelbach*, in: Schwark/Zimmer, KMRK, § 15 WpPG Rn. 23.
104 So § 13 Abs. 1 Satz 2. Vgl. näher zu dem sich daraus ergebenden Prüfungsmaßstab oben *Berrar*, § 13 Rn. 9 ff., insbesondere Rn. 12.
105 Vgl. oben Rn. 35.

VI. Befugnisse der BaFin bei Verstößen (§ 15 Abs. 6) **§ 15**

Allgemeinverfügungen, befugt.[106] Bislang hat die BaFin von der Möglichkeit aber noch keinen Gebrauch gemacht.[107] Sollte sie in Zukunft davon Gebrauch machen, so wären vor Erlass einer solchen Allgemeinverfügung[108] nach § 15 Abs. 6 Satz 3 die Spitzenverbände der betroffenen Wirtschaftskreise und des Verbraucherschutzes zu hören.

---

106 Vgl. z. B. *Heidelbach*, in: Schwark/Zimmer, KMRK, § 15 WpPG Rn. 29.
107 *Heidelbach*, in: Schwark/Zimmer, KMRK, § 15 WpPG Rn. 29; *Schlitt/Schäfer*, in: Assmann/Schlitt/von Kopp-Colomb, WpPG/VerkProspG, § 15 Rn. 41.
108 Nach dem ausdrücklichen Wortlaut des § 15 Abs. 6 Satz 3 bedarf es außerhalb von Allgemeinverfügungen einer solchen Anhörung nicht, vgl. auch *Rauch*, in: Holzborn, WpPG, § 15 Rn. 22.

§ 16 Nachtrag zum Prospekt; Widerrufsrecht des Anlegers

(1) ¹Jeder wichtige neue Umstand oder jede wesentliche Unrichtigkeit in Bezug auf die im Prospekt enthaltenen Angaben, die die Beurteilung der Wertpapiere beeinflussen könnten und die nach der Billigung des Prospekts und vor dem endgültigen Schluss des öffentlichen Angebots oder, falls diese später erfolgt, der Einführung in den Handel an einem organisierten Markt auftreten oder festgestellt werden, müssen in einem Nachtrag zum Prospekt genannt werden. ²Der Emittent, Anbieter oder Zulassungsantragsteller muss den Nachtrag bei der Bundesanstalt einreichen. ³Der Nachtrag ist innerhalb von höchstens sieben Werktagen nach Eingang bei der Bundesanstalt nach § 13 zu billigen. ⁴§ 13 Absatz 2 Satz 1 Halbsatz 2 gilt entsprechend. ⁵Nach der Billigung muss der Anbieter oder Zulassungsantragsteller den Nachtrag unverzüglich in derselben Art und Weise wie den ursprünglichen Prospekt nach § 14 veröffentlichen.

(2) Die Zusammenfassung und etwaige Übersetzungen davon sind um die im Nachtrag enthaltenen Informationen zu ergänzen.

(3) ¹Betrifft der Nachtrag einen Prospekt für ein öffentliches Angebot von Wertpapieren, haben Anleger, die vor der Veröffentlichung des Nachtrags eine auf den Erwerb oder die Zeichnung der Wertpapiere gerichtete Willenserklärung abgegeben haben, das Recht, diese innerhalb einer Frist von zwei Werktagen nach Veröffentlichung des Nachtrags zu widerrufen, sofern der neue Umstand oder die Unrichtigkeit gemäß Absatz 1 vor dem endgültigen Schluss des öffentlichen Angebots und vor der Lieferung der Wertpapiere eingetreten ist. ²Die Widerrufsfrist kann vom Emittenten, Anbieter oder Zulassungsantragsteller verlängert werden. ³Der Nachtrag muss an hervorgehobener Stelle eine Belehrung über das Widerrufsrecht nach Satz 1 enthalten; die Widerrufsfrist ist anzugeben. ⁴§ 8 Abs. 1 Satz 4 und 5 ist mit der Maßgabe entsprechend anzuwenden, dass an die Stelle der im Prospekt als Empfänger des Widerrufs bezeichneten Person die im Nachtrag als Empfänger des Widerrufs bezeichnete Person tritt.

Übersicht

	Rn.		Rn.
I. Regelungsgegenstand des § 16 und Normzusammenhang	1	3. Sonstige und verwandte Vorschriften	10
1. Regelungsgegenstand des § 16	1	**II. Änderungen des EU-Rechts und Auswirkungen auf § 16**	12
2. Bedeutung der Regelungen des § 16	2	1. Überarbeitung der EU-Prospektrichtlinie durch die Änderungsrichtlinie 2010/73/EU sowie die Richtlinie 2010/78/EU	12
a) Zweck des § 16	2		
b) Anwendbarkeit von § 16 im Zusammenhang mit mehreren Angeboten	3		
c) Entsprechende Anwendung des Notifizierungsverfahrens auf Nachträge	8	2. Technische Regulierungsstandards für die Veröffentlichung eines Prospektnachtrags	13
d) Möglichkeiten zum Nachtrag von Prospektangaben bei sog. Decoupled-Approach	9	3. Stand des Entwurfs der neuen EU-ProspektVO	14

III. Bestehen einer Nachtragspflicht (§ 16 Abs. 1 Satz 1) 15
1. Wichtiger neuer Umstand bzw. wesentliche Unrichtigkeit in Bezug auf Prospektangaben 16
2. Möglichkeit der Beeinflussung der Beurteilung der Wertpapiere 27
3. Kein Berichtigungsrecht per Nachtrag bei Unwesentlichkeit 30
4. Besondere Fragestellungen hinsichtlich des Bestehens einer Nachtragspflicht....................... 36
   a) Keine Nachtragsmöglichkeit aufgrund der Gesamtkonzeption des WpPG 37
      aa) Aufstockungen der Anzahl der angebotenen Wertpapiere 39
      bb) Neuer Anbieter oder Zulassungsantragsteller..... 46
      cc) Erweiterung der Produktpalette.................. 51
      dd) Änderung von endgültigen Bedingungen 54
   b) Spezielle Einzelfälle 55
      aa) Veröffentlichung von Jahres- oder Zwischenabschlüssen bzw. Gewinnprognosen; Rating des Emittenten...... 55
      bb) Weitere in den technischen Regulierungsstandards für die Veröffentlichung eines Prospektnachtrags geregelte Einzelfälle 57a
      cc) Veränderung von Angebotsbedingungen...... 58
5. Keine Nachträge bei Registrierungsformularen? 71
6. Zeitraum der Nachtragspflicht..... 74
   a) Beginn der Nachtragspflicht.... 75
   b) Ende der Nachtragspflicht...... 78
      aa) Begriff des „endgültigen Schlusses des öffentlichen Angebots" 79
      bb) Einführung in den Handel an einem organisierten Markt 82
      cc) Verhältnis der für das Ende der Nachtragspflicht genannten Alternativen 83
      dd) Nachträge nach Ende des in § 16 Abs. 1 Satz 1 festgelegten Zeitraums............. 92
7. Rechtscharakter sowie Form bzw. Aufbau des Nachtrags 96

IV. Billigungsverfahren für den Nachtrag (§ 16 Abs. 1 Satz 2–5)........ 103
1. Einreichungspflicht des Emittenten/Anbieters/Zulassungsantragstellers 103
   a) Bestehen einer zwingenden Nachtragspflicht 104
   b) Zeitlicher Nexus zwischen § 16 Abs. 1 Satz 1 und Satz 2 .. 106
   c) Rechtsfolgen der Nichteinreichung eines Nachtrags zur Billigung................. 107
2. Billigungsverfahren der BaFin ... 112
   a) Prüfungsmaßstab und Verfahren 115
   b) Fristen 119
   c) Billigungsentscheidung....... 121
   d) Unterrichtung der ESMA und Übermittlung einer Kopie des Prospekts................ 123a
3. Veröffentlichung des Nachtrags... 124
   a) Veröffentlichungsmedium nach § 14 Abs. 2 i.V.m. § 16 Abs. 1 Satz 5.................... 125
   b) Anwendbarkeit der weiteren Vorschriften des § 14....... 127

V. Ergänzung der Zusammenfassung und von Übersetzungen (§ 16 Abs. 2)....................... 128

VI. Widerrufsrecht der Anleger (§ 16 Abs. 3) 130
1. Prospekt für ein öffentliches Angebot von Wertpapieren 132e
2. Widerrufsberechtigte Anleger.... 133
   a) Abgabe einer Willenserklärung 133
   b) Weitere Voraussetzungen in inhaltlicher und zeitlicher Hinsicht....................... 134
      aa) Teleologische Reduktion in inhaltlicher Hinsicht 136
      bb) Teleologische Reduktion in zeitlicher Hinsicht 139
      cc) Keine Begrenzung auf Umstände mit negativem Kursbeeinflussungspotenzial 144
3. Widerrufsfrist von zwei Werktagen..................... 146
4. Zeitpunkt des Eintritts des neuen Umstandes oder der Unrichtigkeit. 149
5. Ausübung und Rechtsfolgen des Widerrufs per Widerrufserklärung 156
6. Rechtsfolgen des unterbliebenen Widerrufs im Hinblick auf Prospekthaftung 159

§ 16 Nachtrag zum Prospekt; Widerrufsrecht des Anlegers

    7. Belehrung über das Widerrufsrecht im Nachtrag 163
VII. Verhältnis von Nachtragspflicht und Ad-hoc-Publizität 167
    1. Ausführungen in der Regierungsbegründung 168
    2. Stellungnahme zur Regierungsbegründung und zum Verhältnis der Vorschriften 170

    a) Kein Vorrang der Nachtragspflicht gegenüber der Ad-hoc-Publizität 170
    b) Keine Sonderregelung in Bezug auf reine Zulassungsprospekte 176
    c) Hinweis auf Ad-hoc-Mitteilung bis zur Veröffentlichung des Nachtrags 177

I. Regelungsgegenstand des § 16 und Normzusammenhang

1. Regelungsgegenstand des § 16

1 § 16 regelt in Umsetzung von Art. 16 der EU-Prospektrichtlinie die **Voraussetzungen für das Bestehen einer Nachtragspflicht** (§ 16 Abs. 1 Satz 1) und das diesbezügliche **Verwaltungsverfahren zur Billigung** des Nachtrags zum Prospekt durch die BaFin und die Veröffentlichung des Nachtrags (§ 16 Abs. 1 Satz 2-5) sowie das im Zusammenhang mit der Veröffentlichung eines Nachtrags bestehende **Widerrufsrecht** der Anleger, die vor Veröffentlichung des Nachtrags eine auf den Erwerb oder die Zeichnung der Wertpapiere gerichtete Willenserklärung abgegeben haben (§ 16 Abs. 3 Satz 1, 2 und 4). Zudem bestehen Sonderregelungen für den Inhalt des Nachtrags hinsichtlich des vorgenannten Widerrufsrechts (§ 16 Abs. 3 Satz 3) und der Ergänzung von Zusammenfassung und etwaiger Übersetzungen um die im Nachtrag enthaltenen Informationen (§ 16 Abs. 2).

1a § 16 hat seit seinem Inkrafttreten zwei wesentliche Änderungen erfahren. Am 4.12.2011 wurde mit dem Gesetz zur Umsetzung der Richtlinie 2010/78/EU vom 24. November 2010 im Hinblick auf die Errichtung des Europäischen Finanzaufsichtssystems[1] § 16 Abs. 1 Satz 4 eingefügt, der mit dem Verweis auf § 13 Abs. 2 Satz 1 Halbsatz 2 die BaFin verpflichtet, die ESMA über die Billigung von Nachträgen zu unterrichten und ihr eine Kopie zu übermitteln. Noch deutlich umfangreicher waren die Änderungen durch das Gesetz zur Umsetzung der Änderungsrichtlinie 2010/73/EU und zur Änderung des Börsengesetzes vom 26.6.2012.[2] In § 16 Abs. 1 Satz 1 wurden aus „*der Einführung oder Einbeziehung in den Handel*" die Worte „*falls diese später erfolgt, der Einführung in den Handel an einem organisierten Markt*", wodurch jahrelange Unklarheiten und Unsicherheiten auch im deutschen Recht beseitigt wurden.[3] In § 16 Abs. 1 Satz 2 wurde der „*Emittent*" ergänzt.[4] § 16 Abs. 3 Satz 1 wurde dahingehend klargestellt, dass das Widerrufsrecht nur dann greift, wenn „*der Nachtrag einen Prospekt für ein öffentliches Angebot von Wertpapieren*" betrifft.[5] Außerdem wird für das Ende der Widerrufsmöglichkeit nicht mehr auf den Zeitpunkt der Erfüllung abgestellt, sondern darauf, dass „*der neue Umstand oder die Unrichtigkeit gemäß Absatz 1 vor dem endgültigen Schluss des öffentlichen Angebots und vor der*

---

1 BGBl. I 2011, S. 2427 ff.
2 BGBl. I 2012, S. 1375 ff.
3 Siehe dazu unten Rn. 82 und 83 ff.
4 Siehe dazu unten Rn. 103.
5 Siehe dazu unten Rn. 132e.

Lieferung der Wertpapiere eingetreten ist".[6] Der ehemalige Abs. 3 Satz 2 wurde in Satz 4 verschoben und der unklare Verweis auf § 8 Abs. 1 Satz 3 entfernt.[7] Der neue Abs. 3 Satz 2 statuiert die Möglichkeit der Verlängerung der Widerrufsfrist durch den Emittenten, Anbieter oder Zulassungsantragssteller.[8] Folgerichtig wurde in Abs. 3 Satz 3 ein zweiter Halbsatz angefügt, der dazu verpflichtet, in den Nachtrag eine Angabe zur Dauer der Widerrufsfrist aufzunehmen.[9] Zu guter Letzt wurde die Überschrift um *„Widerrufsrecht des Anlegers"* ergänzt. Die Änderungen gehen zu einem großen Teil auf die Änderungen der EU-Prospektrichtlinie durch Änderungsrichtlinie 2010/73/EU[10] zurück.[11]

2. Bedeutung der Regelungen des § 16

a) Zweck des § 16

Zweck des § 16 ist es ausweislich Erwägungsgrund (34) der EU-Prospektrichtlinie, den Anlegern die Möglichkeit zu geben, jeden neuen Umstand, der die Anlageentscheidung beeinflussen könnte und im Zeitraum nach Veröffentlichung des Prospekts, aber vor dem Schluss des öffentlichen Angebots oder der Aufnahme des Handels an einem geregelten Markt eintritt, **angemessen bewerten zu können**. Daher statuiert § 16 eine (zeitlich und inhaltlich begrenzte) Aktualisierungspflicht per Nachtrag mit Widerrufsrecht der Anleger.[12] Die Nachtragspflicht wird flankiert von der in Art. 11 TRS enthaltenen Verpflichtung, bei Veröffentlichung eines Nachtrags auch zuvor veröffentlichte Werbung zu aktualisieren, vgl. dazu im Einzelnen die Kommentierung zu Art. 11 TRS (ersetzt Art. 34 EU-Prospektverordnung a. F.). Konsequenterweise knüpft diese Verpflichtung an den in Art. 16 Abs. 1 der EU-Prospektrichtlinie (umgesetzt in § 16 Abs. 1) genannten Zeitpunkt an und besteht wie die Nachtragspflicht selbst nur bis zum endgültigen Schluss des öffentlichen Angebots bzw. bis zur Eröffnung des Handels an einem geregelten Markt, je nachdem, welches Ereignis später eintritt.

b) Anwendbarkeit von § 16 im Zusammenhang mit mehreren Angeboten

Nach § 9 Abs. 1 ist ein Prospekt nach seiner Veröffentlichung zwölf Monate lang für öffentliche Angebote oder Zulassungen zum Handel an einem organisierten Markt gültig, sofern er um die nach § 16 erforderlichen Nachträge ergänzt wird.[13] Diese Formulierung – insbesondere der verwendete Plural – legt den Schluss nahe, dass ein Prospekt für diesen

---

6 Siehe dazu unten Rn. 149 ff.
7 Siehe dazu unten Rn. 156 ff.
8 Siehe dazu unten Rn. 147a.
9 Siehe dazu unten Rn. 163.
10 Richtlinie 2010/73/EU des Europäischen Parlaments und des Rates vom 24.11.2010 zur Änderung der Richtlinie 2003/71/EG, ABl. 327/1 vom 11.12.2010 (im Folgenden „Änderungsrichtlinie"). Vgl. dazu näher oben *Schnorbus*, Vor §§ 1 ff. Rn. 4 ff.
11 Siehe zu den Änderungen der EU-Prospektrichtlinie mit Auswirkung auf § 16 unten Rn. 12 ff.
12 Der Begriff „*permanente Aktualisierung*" (vgl. *Grundmann*, in: Schimansky/Bunte/Lwowski, Bankrechts-Handbuch, § 112 Rn. 41) ist im Zusammenhang mit § 16 etwas missverständlich. Wie hier z.B. *Hamann*, in: Schäfer/Hamann, Kapitalmarktgesetze, § 16 WpPG Rn. 1. Vgl. auch unten Rn. 16, Rn. 30, Rn. 77 und insbesondere Rn. 93 f. und Rn. 104 f. m. w. N.
13 Vgl. zu den verschiedenen Vorschlägen zur Veränderung der Frist der Gültigkeit von Prospekten im Rahmen der Überarbeitung der EU-Prospektrichtlinie oben *Singhof*, § 9 Rn. 4 m. w. N.

§ 16 Nachtrag zum Prospekt; Widerrufsrecht des Anlegers

Gültigkeitszeitraum von zwölf Monaten **für verschiedene Angebote bzw. Zulassungen** verwendet werden kann.[14] Die **BaFin** jedoch **interpretiert** diese Vorschrift wohl nach wie vor **sehr eng**, so dass gerade nicht verschiedene Angebote mit ein- und demselben Prospekt – ergänzt um die jeweiligen Angebotsbedingungen – durchgeführt werden können.[15] Die BaFin argumentiert, dass andernfalls der gebilligte Prospekt zu einem versteckten Registrierungsformular werde und lediglich um einen Nachtrag (statt um Wertpapierbeschreibung und Zusammenfassung) ergänzt werde. Das Wertpapierprospektgesetz sehe für diese Fälle aber gerade die Möglichkeit des Prospekts aus mehreren Einzeldokumenten (vgl. § 12 Abs. 1 Satz 1) vor. Insofern sei ein Prospekt in Form eines einzelnen Dokuments für ein bestimmtes Angebot zu erstellen. Sei dieses abgelaufen oder werde nicht durchgeführt, habe sich der **Prospekt „verbraucht"**, d.h. eine Aktualisierung per Nachtrag sei nicht ausreichend, um diesen Prospekt wieder für ein Angebot einsetzen zu können.[16]

4 Diese Ansicht lässt sich nicht mit dem Wortlaut von § 9 Abs. 1 vereinbaren und begrenzt systemwidrig den Anwendungsbereich von Nachträgen im Sinne von § 16.[17] Sie lässt sich auch nicht mit dem Argument der Einheit der Rechtsordnung und einem Blick auf § 11 VerkProspG a.F. rechtfertigen, bei dem bezüglich des Begriffs „Veränderung" eine ähnliche Diskussion geführt wurde.[18] Der Unterschied besteht nämlich darin, dass bei dem Nachtrag nach Verkaufsprospektgesetz keine Prüfung durch die BaFin erfolgte, so dass – anders als im Nachtragsrecht nach Wertpapierprospektgesetz und nach Vermögensanlagengesetz[19] – in der Tat die Umgehung aufsichtsrechtlicher Kontrolle drohte.[20]

5 Als offensichtlicher Beispielsfall für die These, dass ein Prospekt **entsprechend dem Wortlaut des § 9 Abs. 1 für mehrere Angebote** verwendet werden darf, mag der Prospekt eines Emittenten dienen, der auf Basis dieses Prospekts zunächst eine Kapitalerhöhung mit Bezugsrecht aus genehmigtem Kapital durchführt, gleichzeitig zu einer außerordentlichen Hauptversammlung einlädt, um im Anschluss daran eine weitere, von der außerordentli-

---

14 So auch *Rauch*, in: Holzborn, WpPG, § 16 Rn. 1; *Holzborn/Israel*, ZIP 2005, 1668, 1671 m.w.N.; *Kunold/Schlitt*, BB 2004, 501, 511 (Letztere jedenfalls für ein im Rahmen einer Kapitalerhöhung verwendetes Registrierungsformular in Bezug auf eine weitere Kapitalerhöhung oder die Begebung einer Wandelschuldverschreibung innerhalb des 12-Monats-Zeitraums); **a.A.**, jedenfalls für Angebotsprospekte, *Wiegel*, Die Prospektrichtlinie und Prospektverordnung, S. 390.
15 Siehe oben *Singhof*, § 9 Rn. 5 ff. Vgl. auch den in Abschnitt II.5.b) „*Nachträge*" auf der Website der BaFin unter *Aufsicht – Prospekte – Prospekte für Wertpapiere – Prospekterstellung und Billigungsverfahren*, abrufbar unter http://www.bafin.de/DE/Aufsicht/Prospekte/ProspekteWertpapiere/ErstellungBilligung/erstellung_billigung_node.html (Stand: 13.4.2016) zur Frage der Erhöhung der Aktienzahl enthaltenen Hinweis, dass „*die Erweiterung des Prospektgegenstandes durch Nachtrag um ein neues Angebot […] mit abweichender Dividendenberechtigung*" unzulässig sei.
16 Ähnlich ESMA-Questions and Answers (25th Updated Version – July 2016), Antwort zu Frage 34.
17 Siehe im Detail zu diesem und weiteren Fällen, in denen aufgrund der Gesamtkonzeption des Wertpapierprospektgesetzes keine Nachtragsmöglichkeit bestehen soll, unten Rn. 37 ff.
18 *Maas/Voß*, BB 2008, 2302, 2304.
19 Da § 11 Abs. 1 Satz 3 VermAnlG als Nachfolgeregelung des § 11 VerkProspG a.F. inzwischen ebenfalls eine Billigung durch die BaFin vorsieht, bleibt die Entwicklung der diesbezüglichen Kommentarliteratur abzuwarten.
20 Dass die Gebühren bei einem Nachtrag geringer sind als bei Prospektbilligung, sollte kein Argument sein (so aber *Maas/Voß*, BB 2008, 2302, 2304). Denn ob eine Gebührenverkürzung vorliegt, ist ja gerade die Frage. Wenn die Erstellung eines Nachtrags zulässig ist, ist es keine Gebührenverkürzung. Das Argument ist also ein Zirkelschluss.

chen Hauptversammlung beschlossene ordentliche Kapitalerhöhung anzuhängen. Für diese zweite Kapitalerhöhung kann der erste Prospekt verwendet werden; es bedarf „nur" eines Nachtrags, nicht eines vollständig neuen Prospektbilligungsverfahrens.[21] Ein zweiter Beispielsfall ist ein öffentliches Angebot eines Großaktionärs zur Veräußerung eines weiteren Aktienpakets innerhalb von 12 Monaten nach einem IPO der Gesellschaft (beispielsweise wenn der IPO auf den Verkauf neuer Aktien beschränkt wurde). Hier lässt sich Erwägungsgrund (10) der Richtlinie zur Überarbeitung der EU-Prospektrichtlinie (Änderungsrichtlinie) nur so verstehen, dass dies auf Basis des ursprünglichen Prospekts zulässig sein soll.[22]

Soweit die BaFin ihre Auffassung nicht ändert, bleibt dem Anbieter/Zulassungsantragsteller in Fällen wie dem vorgenannten der **Weg über einen dreiteiligen Prospekt**,[23] wodurch mehrere Wertpapierbeschreibungen auf ein Registrierungsformular verwendet werden können (die schon nach alter Rechtslage zweifelhafte Auffassung der BaFin, die hier vormals wiederum die Nachtragsfähigkeit des Registrierungsformulars bestritten hat, hat sich angesichts der neuen §§ 9 Abs. 4 Satz 2, 12 Abs. 3 Satz 2 überholt, siehe unten Rn. 71 ff.). 6

Unstreitig sollte jedenfalls sein, dass der **Prospekt für ein kurzzeitig verschobenes/verlängertes Angebot oder für ein nach Abschluss der Angebotsfrist wieder eröffnetes Angebot** durch einen Nachtrag zum Prospekt aktualisiert werden kann.[24] Auch wenn nach Ende eines öffentlichen Angebots die Entscheidung getroffen wird, anstelle eines erneuten öffentlichen Angebots lediglich eine Privatplatzierung bei institutionellen Investoren durchzuführen, kann der Prospekt im Wege des Nachtrags aktualisiert werden.[25] 7

c) Entsprechende Anwendung des Notifizierungsverfahrens auf Nachträge

Auf Nachträge finden die Vorschriften über die grenzüberschreitende Geltung gebilligter Prospekte (vgl. § 17 Abs. 3) und die Bescheinigung der Billigung (vgl. § 18 Abs. 2) entsprechende Anwendung. Daher ist das für den Prospekt bereits praktizierte **Notifizierungsverfahren** auch für den Nachtrag durchzuführen, vgl. auch Rn. 128 f. zu § 16 Abs. 2 unten. 8

---

21 In der Praxis mag der Anbieter/Zulassungsantragsteller eine Präferenz für einen gänzlich neuen Prospekt haben, vgl. *Schlitt/Wilczek*, in: Habersack/Mülbert/Schlitt, Kapitalmarktinformation, § 6 Rn. 33.
22 Vgl. Richtlinie 2010/73/EU des Europäischen Parlaments und des Rates vom 24.11.2010 zur Änderung der Richtlinie 2003/71/EG, ABl. L 327/1 vom 11.12.2010.
23 Vgl. z.B. den dreiteiligen Prospekt, den die Commerzbank AG für ihre Bezugsrechtskapitalerhöhung 2013 nutzte (Zusammenfassung, Wertpapierbeschreibung und Registrierungsformular jeweils vom 14.5.2013), oder denjenigen, den die Deutsche Bank AG für ihre Bezugsrechtskapitalerhöhung 2010 nutzte (Registrierungsformular vom 7.5.2010, Zusammenfassung und Wertpapierbeschreibung jeweils vom 21.9.2010; ebenso bereits verfügbar Registrierungsformular vom 9.4.2009; *Schlitt/Wilczek*, in: Habersack/Mülbert/Schlitt, Kapitalmarktinformation, § 5 Rn. 5; zum Vergleich des dreiteiligen mit dem einteiligen Prospekt siehe auch *Kunold/Schlitt*, BB 2004, 501, 505 („*sinnvolle Nutzung des dreiteiligen Prospektformats jedenfalls bei Aktienemissionen kaum erkennbar*") und 510.
24 Für ersteren Fall *Schlitt/Schäfer*, AG 2008, 525, 533 sowie Nachtrag Nr. 1 vom 1.10.2015 zum Prospekt der Covestro AG vom 18.9.2015, für letzteren Fall siehe Nachtrag Nr. 1 vom 20.6.2006 zum Prospekt der Demag Cranes AG vom 6.6.2006.
25 Siehe hierzu Nachtrag Nr. 1 vom 10.7.2013 zum Prospekt der Deutsche Annington Immobilien SE vom 19.6.2013; auch *Schlitt/Schäfer*, AG 2008, 525, 533.

§ 16 Nachtrag zum Prospekt; Widerrufsrecht des Anlegers

d) Möglichkeiten zum Nachtrag von Prospektangaben bei sog. Decoupled-Approach

9 Nach hier vertretener Auffassung erlaubt das Wertpapierprospektgesetz die Wahl einer Angebotsstruktur, bei der der Prospekt jedenfalls ohne Angabe einer Preisspanne und ohne Angabe der genauen Daten für die Veröffentlichung der Preisspanne sowie hinsichtlich Beginn und Ende der Angebotsfrist gebilligt und veröffentlicht wird (sog. **entkoppeltes Bookbuilding-Verfahren**, *Decoupled Bookbuilding-Approach*). Dabei sind grundsätzlich zwei verschiedene Vorgehensweisen zu unterscheiden.

9a Beim klassischen *Late Decoupled Bookbuilding-Approach* erfolgt die Billigung und Veröffentlichung des Prospekts unmittelbar vor Beginn der Roadshow, üblicherweise etwa zwei Wochen nach der Ankündigung der Absicht, an die Börse zu gehen (*Intention to Float*). Preisspanne und Zeitplan, einschließlich Zeichnungsfrist, werden erst nach Durchführung eines ersten Teils der sog. Roadshow festgelegt; im Anschluss daran wird die Roadshow auf Basis der dann festgelegten Preisspanne einige Tage fortgeführt und zum Abschluss gebracht. Bei diesem Verfahren ist zwangsläufig ein Nachtrag mit den vorgenannten Informationen zu erstellen.[26] Dieser zwingende Nachtrag besitzt aufgrund des zentralen Charakters der nachgetragenen Informationen (*essentialia negotii*) eine wesentlich wichtigere Bedeutung im Vergleich zum ursprünglichen Prospekt als in vielen anderen Fällen, in denen alle Angaben bereits im ursprünglichen Prospekt enthalten sind und Nachträge nur bei unerwarteten neuen Umständen verwendet werden. Der Nachtrag mit Preisspanne und Angebotsfrist unterliegt aber nicht seinerseits dem § 14 Abs. 1 Satz 1, d. h. mit der Veröffentlichung des ursprünglichen Prospekts darf der Anbieter/Zulassungsantragsteller am folgenden Werktag mit dem öffentlichen Angebot beginnen, so dass es nicht erforderlich ist, dass die Veröffentlichung des vorgenannten Nachtrags einen Werktag vor Beginn der Angebotsfrist erfolgen muss. Vielmehr ist die Veröffentlichung des Nachtrags unabhängig vom Beginn der Angebotsfrist und kann daher auch an dem Tag erfolgen, an dem die Angebotsfrist schon begonnen hat bzw. beginnt.[27] Die BaFin hält den *Decoupled-Approach* grundsätzlich für zulässig, hat sich aber aus nicht gerechtfertigten, formalen Gründen nach anfänglich flexiblerer Praxis gegen bestimmte Formen davon gewandt (insbesondere soweit es das völlige Offenlassen der Anzahl der angebotenen Aktien betrifft, vgl. aber zur (inzwischen gelockerten) Praxis zur Erhöhung bzw. Verringerung der festgelegten Anzahl von Aktien unten Rn. 39 ff. und 65 ff.; zu dem in § 8 Abs. 1 Satz 1 beschriebenen Fall, dass das Emissionsvolumen nicht genannt werden kann, siehe unten Rn. 25).[28]

9b In letzter Zeit ist in der Praxis als Alternative diskutiert worden, den Zeitpunkt der Billigung und Veröffentlichung des Prospekts weiter nach vorne zu verlagern und den Nachtrag, der Informationen zu Preisspanne und Zeitplan, einschließlich der Zeichnungsfrist, enthält, schon vor Beginn der Roadshow zu veröffentlichen (sog. *Early Decoupled Bookbuilding-Approach*). D. h. Billigung und Veröffentlichung des Prospekts würden zum Zeit-

---

26 *Hamann*, in: Schäfer/Hamann, Kapitalmarktgesetze, § 16 WpPG Rn. 8; *Friedl/Ritz*, in: Just/Voß/Ritz/Zeising, WpPG, § 16 Rn. 93; *Apfelbacher/Metzner*, BKR 2006, 81, 86; *Schlitt/Schäfer*, in: Assmann/Schlitt/von Kopp-Colomb, WpPG/VerkProspG, § 16 Rn. 131.
27 Ebenso *Friedl/Ritz*, in: Just/Voß/Ritz/Zeising, WpPG, § 16 Rn. 93.
28 Vgl. im Detail oben *Meyer*, § 8 Rn. 18; *Meyer*, in: Habersack/Mülbert/Schlitt, Unternehmensfinanzierung, § 36 Rn. 75 m. w. N.; *Friedl/Ritz*, in: Just/Voß/Ritz/Zeising, WpPG, § 16 Rn. 92 ff.; *Parmentier*, NZG 2007, 407, 408 und 413.

punkt der *Intention to Float* erfolgen. Dieses an ähnliche Verfahren in anderen Staaten wie etwa Großbritannien erinnernde Vorgehen hat den Vorteil, dass den Investoren der (noch um den Nachtrag zu ergänzende) Prospekt bei diesem *Early Decoupled Bookbuilding-Approach* schon etwa 14 Tage früher als beim *Late Decoupled Bookbuilding-Approach* zur Verfügung steht. Der Prospekt könnte in der an die *Intention to Float* sich anschließenden, typischerweise etwa zweiwöchigen Phase der „Investor Education" bis zum Beginn der Roadshow u. a. genutzt werden, um frühzeitig wichtige Kerninvestoren (sog. *Cornerstone Investors* oder *Anchor Investors*) zu gewinnen. Die Festlegung von Preisspanne und sonstigen Angebotsdetails sowie Billigung und Veröffentlichung des Nachtrags erfolgt dann unmittelbar vor Beginn der Roadshow, d. h. anders als beim *Late Decoupled Bookbuilding-Approach* geht das Management gerade nicht ohne Preisspanne in die Roadshow.

3. Sonstige und verwandte Vorschriften

§ 11 VermAnlG regelt die Nachtragspflicht des Anbieters und das Widerrufsrecht des Anlegers für Vermögensanlagen nach dem Vermögensanlagengesetz. Eine ähnliche Regelung enthielt auch dessen Vorgängerregelung in **§ 11 VerkProspG a. F.** sowie **§ 52 Abs. 2 BörsZulV a. F.**, der im Zusammenhang mit der Einführung des Wertpapierprospektgesetzes gestrichen wurde. Die Regelung des § 11 VermAnlG deckt sich in weiten Teilen mit § 16, der sich wiederum sehr eng an Art. 16 der EU-Prospektrichtlinie orientiert. Beide Vorschriften weichen daher in Struktur und Inhalt (notwendigerweise) signifikant von den genannten Vorgängervorschriften ab. Das betrifft insbesondere drei Bereiche:[29]

10

- **Umfang der Nachtragspflicht:** Erstens verlangt § 16 Abs. 1 – wie auch § 11 Abs. 1 VermAnlG – für die Nachtragspflicht – anders als noch § 11 VerkProspG a. F. – keinen Eintritt von Veränderungen bzw. veränderten Umständen. Vielmehr deckt § 16 sowohl wichtige neue Umstände als auch das Feststellen (bereits ursprünglich bei Billigung vorhandener) wesentlicher Unrichtigkeiten im Prospekt ab, so dass nunmehr[30] eine **Berichtigungspflicht für wesentliche Unrichtigkeiten** besteht. Zweitens genügt es, wenn diese Umstände die Beurteilung der Wertpapiere **beeinflussen könnten**, d. h. ausreichend ist, dass dies möglich ist, auch wenn es nicht zwingend feststeht.
- **Billigung des Nachtrags:** Nach altem Recht gab es – jedenfalls für Verkaufsprospekte auf Basis von § 11 VerkProspG a. F. – keine § 16 vergleichbare Billigungsverpflich-

---

29 Siehe auch *Rauch*, in: Holzborn, WpPG, § 16 Rn. 2; *Groß*, Kapitalmarktrecht, § 16 WpPG Rn. 1 und Rn. 2.
30 Hier war nach altem Recht zum § 11 VerkProspG a. F. bzw. § 52 Abs. 2 BörsZulV a. F. manches unklar, vgl. *Heidelbach*, in: Schwark, KMRK, § 52 BörsZulV Rn. 4; *Stephan*, AG 2002, 3, 10; *Schlitt/Schäfer*, AG 2005, 498, 507 in Fn. 141 (jeweils für nur sehr eingeschränkte Pflicht zur Billigung); **a. A.** *Hamann*, in: Schäfer, WpHG/BörsG/VerkProspG, 1999, § 11 VerkProspG Rn. 5 (wohl für generelle Pflicht zur Billigung), **nochmals anders** *Groß*, Kapitalmarktrecht, 4. Aufl. 2009, §§ 45/46 BörsG Rn. 34 und § 11 VerkProspG Rn. 10; *Ritz*, in: Assmann/Lenz/Ritz, VerkProspG, § 11 VerkProspG Rn. 29 (generell keine Billigungspflicht). Insofern ist die Berichtigungspflicht auch als Berichtigungsmöglichkeit für den Emittenten/Anbieter/Zulassungsantragsteller zu sehen (zur Vermeidung von Haftung, vgl. § 23 Abs. 2 Nr. 4). Dass nunmehr nach dem klaren Gesetzeswortlaut auch ursprünglich unrichtige Prospekte zu berichtigen sind, verkennt *Lenenbach*, Kapitalmarktrecht und kapitalmarktrelevantes Gesellschaftsrecht, Rn. 10.329; wie hier *Seitz*, in: Assmann/Schlitt/von Kopp-Colomb, WpPG/VerkProspG, § 16 Rn. 6.

§ 16 Nachtrag zum Prospekt; Widerrufsrecht des Anlegers

tung[31] (für Börsenzulassungsprospekte ohne begleitendes öffentliches Angebot war dies im Zusammenhang mit § 52 Abs. 2 BörsZulV a. F. streitig[32]). Dieses nach dem Wertpapierprospektgesetz wie auch dem Vermögensanlagengesetz nunmehr bestehende **Erfordernis einer Billigung des Nachtrags vor Veröffentlichung** ist heftig kritisiert worden.[33] Auch im Rahmen der Überarbeitung der EU-Prospektrichtlinie durch die Änderungsrichtlinie 2010/73/EU (siehe dazu unten Rn. 12 ff.) ist das Billigungserfordernis wieder Gegenstand von Diskussionen gewesen, ohne dass sich im Ergebnis etwas geändert hätte.[34]

– **Bestehen eines Widerrufsrechts:** Ein Widerrufsrecht für Anleger, wie es jetzt in § 16 Abs. 3 und § 11 Abs. 2 VermAnlG kodifiziert ist, bestand nach früherer Rechtslage jedenfalls gesetzlich nicht.[35]

11 Das Wertpapiererwerbs- und Übernahmegesetz enthält dagegen keine spezifische Regelung über eine Aktualisierungs- bzw. Nachtragspflicht des Bieters. An das Fehlen einer solchen Kodifizierung knüpft sich umfangreiche Literatur über diese Frage.[36]

II. Änderungen des EU-Rechts und Auswirkungen auf § 16

1. Überarbeitung der EU-Prospektrichtlinie durch die Änderungsrichtlinie 2010/73/EU sowie die Richtlinie 2010/78/EU

12 Am 9.1.2009 hat die Europäische Kommission einen **Konsultationsprozess zur Überarbeitung bzw. Ergänzung der EU-Prospektrichtlinie** eingeleitet und um Stellungnahmen bis zum 10.3.2009 gebeten.[37] Zum Teil rekurrierte der Konsultationsprozess auf einem teil-

---

31 Vgl. näher *Elsen/Jäger*, BKR 2009, 190, 191.
32 *Rauch*, in: Holzborn, WpPG, § 16 Rn. 2 m. w. N.; *Schlitt/Schäfer*, AG 2005, 498, 507; *Schlitt/Singhof/Schäfer*, BKR 2005, 251, 256; *Stephan*, AG 2002, 3, 6 f.; *Grub/Thiem*, NZG 2005, 750, 751; *Seitz*, in: Assmann/Schlitt/von Kopp-Colomb, WpPG/VerkProspG, § 16 Rn. 5; *Friedl/Ritz*, in: Just/Voß/Ritz/Zeising, WpPG, § 16 Rn. 127 m. w. N. und Rn. 129.
33 *Groß*, Kapitalmarktrecht, § 16 WpPG Rn. 9 („widersinnig", „wenig sinnvoll"); *Crüwell*, AG 2004, 243, 251 („ausgesprochen emittentenfeindlich"; „Auch aus Anlegersicht ... fragwürdig"); *Seitz*, in: Assmann/Schlitt/von Kopp-Colomb, WpPG/VerkProspG, § 16 Rn. 5 und Rn. 96 m. w. N.; *Heidelbach*, in: Schwark/Zimmer, KMRK, § 16 WpPG Rn. 28.
34 Forderung nach Abschaffung des Billigungserfordernisses bei *European Securities Markets Expert Group (ESME)*, Report on Directive 2003/71/EC of the European Parliament and the Council on the prospectus to be published when securities are offered to the public or admitted to trading, abrufbar unter http://ec.europa.eu/internal_market/securities/docs/esme/05092007_report_en.pdf, S. 22 (Stand: 10.3.2016); *Kullmann/Metzger*, WM 2008, 1292, 1298. Vgl. *Friedl/Ritz*, in: Just/Voß/Ritz/Zeising, WpPG, § 16 Rn. 128 und Rn. 130 ff. sowie mit Ausblick *de lege ferenda* in Rn. 206. Siehe auch unten Rn. 113.
35 Zu vertraglichen Widerrufsrechten bzw. der Frage, wann die Zeichnungserklärung des Anlegers bindend wird, siehe unten Rn. 143 m. w. N. in Fn. 388.
36 Grundlegend *Stephan*, AG 2002, 3 ff. Vgl. auch z. B. *Thoma*, in: Baums/Thoma, Wertpapiererwerbs- und Übernahmegesetz, Loseblatt, Stand Dezember 2011, § 12 Rn. 29 ff.; *Möllers*, in: Kölner Kommentar zum WpÜG, § 12 Rn. 49 ff., jeweils m. w. N.
37 European Commission, Consultation on a draft proposal for a Directive of the European Parliament and of the Council amending Directives 2003/71/EC on the prospectus to be published when securities are offered to the public or admitted to trading and 2004/109/EC on the harmonisation of

II. Änderungen des EU-Rechts und Auswirkungen auf § 16 § 16

weise – auch zu Art. 16 der EU-Prospektrichtlinie und deren Umsetzung – sehr kritischen Bericht der European Securities Markets Expert Group (ESME) vom September 2007.[38] Die Einsetzung von ESME wiederum ging auf einen Beschluss der Europäischen Kommission vom März 2006 zurück.[39] Im Anschluss daran folgte eine Vielzahl verschiedener Vorschläge aus den einzelnen Organisationen der EU mit zum Teil weit auseinandergehenden bzw. sich diametral widersprechenden Inhalten. Der Prozess des Rechtssetzungsverfahrens war schwer nachzuvollziehen, da die einzelnen Organe der EU offensichtlich teilweise in völlig unabgestimmter Weise agierten, so dass keine kontinuierliche Linie in den Vorschlägen zu erkennen war. Insofern war auch kaum vorherzusagen, wie der endgültige Beschluss über die Änderung der EU-Prospektrichtlinie aussehen würde, geschweige denn, dass konkret hätte beurteilt werden können, welche Änderungen am Wertpapierprospektgesetz erforderlich sein würden. Im Ergebnis mündete der Prozess in der am 11.12.2010 veröffentlichten Änderungsrichtlinie 2010/73/EU (zur weiteren Entstehungsgeschichte vgl. detailliert die Vorauflage Rn. 12 f.).[40]

In Bezug auf Art. 16 der EU-Prospektrichtlinie bzw. § 16 betrafen die einzelnen **Änderungen** insbesondere folgende Bereiche: 12a

- Klarstellung hinsichtlich des **Zeitpunkts des Endes der Nachtragspflicht** (späterer Zeitpunkt von (i) endgültigem Schluss des öffentlichen Angebots oder (ii) Eröffnung des Handels an einem geregelten Markt), in deutsches Recht umgesetzt in § 16 Abs. 1 Satz 1, siehe näher unten Rn. 79 ff., insbesondere Rn. 80 und Rn. 83 ff.;
- Klarstellung, dass ein Nachtrag nur bei einem Prospekt im Zusammenhang mit einem öffentlichen Angebot ein **Widerrufsrecht** auslöst, d.h. **nicht bei reinen Zulassungsprospekten**, umgesetzt in § 16 Abs. 3 Satz 1, siehe näher unten Rn. 132e;
- **Beschränkung des Widerrufsrechts** auf Fälle, in denen der den Nachtrag auslösende Umstand vor dem endgültigen Schluss des öffentlichen Angebots und vor Lieferung der Wertpapiere eingetreten ist, ebenfalls umgesetzt in § 16 Abs. 3 Satz 1, siehe näher unten Rn. 132b und Rn. 149 ff.;
- Europaweite **Harmonisierung der Dauer des Widerrufsrechts** ("zwei Werktage" statt „mindestens zwei Werktage"), siehe näher unten Rn. 131 und Rn. 147. Hier bestand kein Umsetzungsbedarf, da das deutsche Recht ohnehin eine Frist von zwei Werktagen vorgesehen hatte;
- Möglichkeit des Emittenten/Anbieters/Zulassungsantragsstellers, diese Widerrufsfrist zu verlängern, umgesetzt in § 16 Abs. 3 Satz 2, siehe näher unten Rn. 147a; sowie
- Klarstellung, dass (insbesondere aufgrund der Verlängerungsmöglichkeit) der **genaue Ablauf der Frist** für den durch den Nachtrag ausgelösten Widerruf **explizit im Nachtrag** genannt werden muss, umgesetzt in § 16 Abs. 3 Satz 3 Halbs. 2, siehe näher unten Rn. 166.

---

transparency requirements in relation to information about issuers whose securities are admitted to trading on a regulated market, January 9, 2009.
38 *European Securities Markets Expert Group (ESME)*, Report on Directive 2003/71/EC of the European Parliament and the Council on the prospectus to be published when securities are offered to the public or admitted to trading, abrufbar unter http://ec.europa.eu/internal_market/securities/docs/esme/05092007_report_en.pdf (Stand: 10.3.2016), zu Art. 16 vgl. S. 21 f.
39 Ausführlich zu ESME und dessen Bericht, *Kullmann/Metzger*, WM 2008, 1292 ff.
40 Richtlinie 2010/73/EU des Europäischen Parlaments und des Rates vom 24.11.2010 zur Änderung der Richtlinie 2003/71/EG, ABl. 327/1 vom 11.12.2010. Vgl. auch oben *Schnorbus*, Vor §§ 1 ff. Rn. 4 ff.

§ 16 Nachtrag zum Prospekt; Widerrufsrecht des Anlegers

Mit der Ergänzung des Wortlauts des Art. 9 Abs. 4 und Art. 12 Abs. 2 der EU-Prospektrichtlinie (umgesetzt in §§ 9 Abs. 4 Satz 2, 12 Abs. 3 Satz 2) wurde darüber hinaus die Nachtragsfähigkeit von Registrierungsformularen bestätigt, siehe näher unten Rn. 71 ff.

12b Die Änderung des § 16 Abs. 1 Satz 4 beruht auf der Änderung von Art. 13 Abs. 2 der EU-Prospektrichtlinie durch Art. 5 Nr. 5 (a) der Richtlinie 2010/78/EU. Mit der Änderung wird sichergestellt, dass die Europäische Wertpapier- und Marktaufsichtsbehörde (ESMA) über alle Prospektnachträge informiert wird und Kopien aller Prospektnachträge erhält.[41]

12c Durch Art. 5 Nr. 7 der Richtlinie 2010/78/EU wurde Art. 16 Abs. 3 der EU-Prospektrichtlinie eingefügt. Die ESMA sollte danach bis zum 1.1.2014 **technische Regulierungsstandards** im Entwurf ausarbeiten und der Kommission vorlegen, die Situationen benennen, in denen ein wichtiger neuer Umstand oder eine wesentliche Unrichtigkeit oder Ungenauigkeit in Bezug auf die im Prospekt enthaltenen Angaben die Veröffentlichung eines Prospektnachtrags erfordert, um eine kohärente Harmonisierung zu gewährleisten, die Anforderungen von Art. 16 zu präzisieren und den technischen Entwicklungen auf den Finanzmärkten Rechnung zu tragen. Der Kommission wurde die Befugnis übertragen, die technischen Regulierungsstandards als sog. **Delegierte Verordnung** i. S. v. Art. 290 AEUV zu erlassen. Als (wenn auch delegierte) Verordnung beanspruchen die technischen Regulierungsstandards allgemeine Geltung und überlagern damit auch nationales Recht, insbesondere solches, das zur Umsetzung von Richtlinien ergangen ist.

2. Technische Regulierungsstandards für die Veröffentlichung eines Prospektnachtrags

13 Auf Grundlage des neuen Art. 16 Abs. 3 der EU-Prospektrichtlinie hat die Kommission die Delegierte Verordnung (EU) Nr. 382/2014 vom 7.3.2014 zur Ergänzung der Richtlinie 2003/71/EG des Europäischen Parlaments und des Rates im Hinblick auf technische Regulierungsstandards für die Veröffentlichung eines Prospektnachtrags erlassen. Sie wurde am 15.4.2014 im Amtsblatt der Europäischen Union veröffentlicht und ist am zwanzigsten Tag nach ihrer Veröffentlichung, d. h. **am 5.5.2014, in Kraft** getreten. Sie schreibt in einem nicht abschließenden Katalog Situationen vor, in denen die Veröffentlichung eines Nachtrags zum Prospekt zwingend erforderlich ist.[42] Zweck der Verordnung ist die Gewährleistung der kohärenten Harmonisierung in allen Mitgliedsstaaten.[43] Zu den weiteren Einzelheiten der verschiedenen aufgeführten Fälle siehe unten Rn. 55 ff.

3. Stand des Entwurfs der neuen EU-ProspektVO

14 Die **EU-Prospektrichtlinie soll durch die neue EU-ProspektVO ersetzt werden** (siehe zu dieser Entwicklung und der aktuellen Vorschlagsfassung § 13 Rn. 5c). In der derzeit vorgeschlagenen Fassung wird Art. 22 der neuen EU-ProspektVO den aktuell in Art. 16 der EU-Prospektrichtlinie bzw. in § 16 geregelten Themenkomplex „Nachtrag zum Prospekt" behandeln. Art. 22 der neuen EU-ProspektVO baut im Wesentlichen auf Art. 16 der

---

41 Vgl. zu § 16 Abs. 1 Satz 4 RegBegr. zur Umsetzung der Richtlinie 2010/78/EU, BT-Drucks. 17/6255, S. 31.
42 Vgl. Erwägungsgründe 4 und 5.
43 Vgl. Erwägungsgrund 4.

EU-Prospektrichtlinie auf und es bleibt insbesondere dabei, dass bei wichtigen neuen Umständen oder wesentlichen Unrichtigkeiten in Bezug auf die im Prospekt enthaltenen Angaben ein Nachtrag zum Prospekt zu erstellen ist. Unterstellt, dass sie in der derzeitigen Entwurfsfassung in Kraft tritt, wird die neue EU-ProspektVO jedoch auch in Bezug auf Nachträge verschiedene Änderungen mit sich bringen, darunter insbesondere die folgenden:

– Gemäß Art. 16 Abs. 1 der Prospektrichtlinie können neben wichtigen neuen Umständen oder wesentlichen Unrichtigkeiten auch *Ungenauigkeiten* Gegenstand der Nachtragspflicht sein. Der deutsche Gesetzgeber hat den Begriff der Ungenauigkeit bewusst nicht umgesetzt (siehe unten Rn. 17). Die neue EU-ProspektVO wird der EU-Prospektrichtlinie folgend den Begriff der Ungenauigkeit ebenfalls beinhalten. Infolge der Gesamtverbindlichkeit von Verordnungen (Art. 288 Abs. 2 AEUV) wird dadurch der Begriff der Ungenauigkeit auch Eingang in das deutsche Kapitalmarktrecht finden. Die Auslegung dieses dem deutschen Recht bislang fremden Begriffs ist noch ungeklärt und bleibt abzuwarten. Da sich aber von der EU-Prospektrichtlinie zur neuen EU-ProspektVO in dieser Hinsicht nichts geändert hat und bislang kein Anlass zur Annahme bestand, dass § 16 Abs. 1 WpPG die Vorgaben der Prospektrichtlinie unterschritt, ist davon auszugehen, dass diese Änderung jedenfalls nicht zu einer materiellen Ausdehnung der Prospekthaftung führt.
– Die neue EU-ProspektVO wird nunmehr – der bisherigen Auslegung entsprechend Sinn und Zweck folgend (siehe unten Rn. 106) – ausdrücklich regeln, dass ein Nachtrag *unverzüglich* zu erstellen ist. Die Billigungsfrist von bislang sieben Arbeitstagen wird auf fünf Arbeitstage verkürzt werden, was allerdings aufgrund der sehr zügigen Bearbeitung von Prospektnachträgen durch die BaFin in der Praxis in Deutschland ebenfalls keine Auswirkungen haben wird.
– Hinsichtlich des relevanten Zeitraums, bis wann ein neuer Umstand oder eine Unrichtigkeit die Anleger dazu berechtigt, bereits abgegebene Zusagen zurückzuziehen, war bislang durch die Formulierung „**vor** dem endgültigen Schluss des öffentlichen Angebots **und vor** der Lieferung der Wertpapiere" nicht klar, ob es im Rahmen von § 16 Abs. 3 Satz 1 auf den **früheren** oder den **späteren** der beiden Zeitpunkte ankommt.[44] Die neue EU-ProspektVO wird dies dahingehend klarstellen, dass der *frühere* der beiden Zeitpunkte maßgeblich sein soll.
– Art. 22 der neuen EU-ProspektVO wird für Nachträge in Bezug auf Basisprospekte und einheitliche Registrierungsformulare spezifische Einschränkungen enthalten. Erstellt der Emittent einen Nachtrag für Angaben im Basisprospekt, die sich nur auf eine oder mehrere Einzelemissionen beziehen, so soll das Recht der Anleger, ihre Zusagen zurückzuziehen, nur für die betreffenden Emissionen gelten. Betrifft der Gegenstand des Nachtrags nur die in einem einheitlichen Registrierungsformular enthaltenen Angaben und wurde dieses Registrierungsformular gleichzeitig als Bestandteil mehrerer Prospekte verwendet, muss nur ein Nachtrag erstellt und gebilligt werden. Allerdings sind in diesem Nachtrag alle Prospekte zu benennen, auf die er sich bezieht.
– Die zuständige Behörde soll nunmehr vor der Billigung eines Nachtrags verlangen können, dass der Nachtrag in der Anlage eine konsolidierte Fassung des ergänzten Prospekts enthält, sofern dies zur Gewährleistung der Verständlichkeit der Angaben des Prospekts erforderlich ist. Bisher hatte die BaFin eine solche konsolidierte Fassung des

---

44 Siehe zu dieser Diskussion unten Rn. 151.

ergänzten Prospekts stets abgelehnt – zum einen weil sie es für den Anleger als nicht hilfreich ansah, zum anderen weil eine explizite Rechtsgrundlage für eine solche konsolidierte Fassung fehlte.

III. Bestehen einer Nachtragspflicht (§ 16 Abs. 1 Satz 1)

15 Nach § 16 Abs. 1 Satz 1 müssen jeder wichtige neue Umstand oder jede wesentliche Unrichtigkeit in Bezug auf die im Prospekt enthaltenen Angaben, die die Beurteilung der Wertpapiere beeinflussen könnten und die nach der Billigung des Prospekts und vor dem endgültigen Schluss des öffentlichen Angebots oder, falls diese später erfolgt, der Einführung in den Handel an einem organisierten Markt auftreten oder festgestellt werden, in einem Nachtrag zum Prospekt genannt werden.

1. Wichtiger neuer Umstand bzw. wesentliche Unrichtigkeit in Bezug auf Prospektangaben

16 Die Nachtragspflicht bezieht sich zum einen auf einen wichtigen neuen Umstand und zum anderen auf eine wesentliche Unrichtigkeit (jeweils in Bezug auf im Prospekt enthaltene Angaben, die die Beurteilung der Wertpapiere beeinflussen könnten), d. h. (i) im Falle eines ursprünglich richtigen und vollständigen Prospekts bedarf es aufgrund nachträglich eingetretener wichtiger neuer Umstände eines Nachtrags (**sog. Aktualisierungspflicht**) und/oder (ii) im Falle eines bereits ursprünglich unrichtigen Prospekts bedarf es aufgrund des Feststellens der wesentlichen Unrichtigkeit eines Nachtrags (**sog. Berichtigungspflicht**). „Unrichtig gewordene Prospektangaben" fallen dagegen nicht unter die Berichtigungspflicht des § 16 Abs. 1 Satz 1 Alt. 2, sondern sind eine Frage der Aktualisierungspflicht; „wesentliche Unrichtigkeit" meint ausschließlich die ursprüngliche Unrichtigkeit.[45]

17 Nicht umgesetzt wurde dagegen der im Text von Art. 16 Abs. 1 Satz 1 der EU-Prospektrichtlinie zusätzlich enthaltene Begriff der „**Ungenauigkeit**".[46] Da der deutsche Gesetzgeber die Vorgaben der EU-Prospektrichtlinie nicht unterschreiten durfte, ging der deutsche Gesetzgeber wohl (zu Recht) davon aus, dass (i) eine wesentliche Ungenauigkeit auch eine Unrichtigkeit darstellt und (ii) der Begriff „Ungenauigkeit" sehr unscharf ist und für sich genommen kein dem Prospektrecht vertrauter Terminus Technicus ist, der im deutschen Recht nur Auslegungsschwierigkeiten ausgelöst hätte. Umgekehrt enthält § 16 Abs. 1 Satz 1 nicht den in § 21 Abs. 1 WpPG, § 20 Abs. 1 VermAnlG, § 12 Abs. 1 WpÜG sowie in § 44 Abs. 1 Satz 1 BörsG a. F. und § 13 Abs. 1 VerkProspG a. F. neben der Unrichtigkeit üblichen Begriff der „**Unvollständigkeit**". Allerdings vertritt die Literatur die Auffassung, dass auch die „Unvollständigkeit" nur ein Unterfall der „Unrichtigkeit" sei.[47] Jedenfalls

---

45 **Anders** *Apfelbacher/Metzner*, BKR 2006, 81, 86. Anhand der dort in Fn. 54 genannten Beispiele zeigt sich aber, dass das eine Frage der Aktualisierungs- und nicht der Berichtigungspflicht ist; **wie hier** *Wiegel*, Die Prospektrichtlinie und Prospektverordnung, S. 365; *Hamann*, in: Schäfer/Hamann, Kapitalmarktgesetze, § 16 WpPG Rn. 2.
46 Siehe aber zur neuen EU-ProspektVO und der damit verbundenen Einführung des Begriffs „Ungenauigkeit" in das deutsche Recht oben Rn. 14.
47 *Mülbert/Steup*, in: Habersack/Mülbert/Schlitt, Unternehmensfinanzierung, § 41 Rn. 38 m. w. N.; *Mülbert/Steup*, WM 2005, 1633, 1639.

III. Bestehen einer Nachtragspflicht (§ 16 Abs. 1 Satz 1)   § 16

muss für Zwecke des Wertpapierprospektgesetzes der Begriff der „Unrichtigkeit" die „Unvollständigkeit" umfassen.[48]

Die Regierungsbegründung[49] verweist für die Frage, ob ein **Umstand wichtig** ist oder eine **wesentliche Unrichtigkeit** vorliegt, auf den **Maßstab des § 5 Abs. 1 Satz 1**.[50] Danach muss ein Prospekt sämtliche Angaben enthalten, die im Hinblick auf den Emittenten und die öffentlich angebotenen oder zum Handel an einem organisierten Markt zugelassenen Wertpapiere notwendig sind, um dem Publikum ein zutreffendes Urteil über die Vermögenswerte und Verbindlichkeiten, die Finanzlage, die Gewinne und Verluste, die Zukunftsaussichten des Emittenten und jedes Garantiegebers sowie über die mit diesen Wertpapieren verbundenen Rechte zu ermöglichen.   18

Allerdings führt dieser Verweis nur bedingt weiter. Denn bei Unrichtigkeiten (Beispiel: Statt € 825 Mio. findet sich bei den Sachanlagen der Gesellschaft im ursprünglich gebilligten Prospekt der Gesellschaft ein Wert von € 852 Mio. aufgrund eines Tippfehlers) wird selbstverständlich das „zutreffende Urteil" (im Beispiel über die Vermögenswerte) des Publikums, eventuell eben auch in Bezug auf notwendige Angaben, beeinträchtigt. Gleiches ist für nachträgliche Veränderungen von Umständen denkbar (Beispiel: nachträglich eingetretener Abschreibungsbedarf, durch den das zutreffende Urteil des Anlegers über die Vermögenswerte der Gesellschaft tangiert sein kann). Doch muss dies nicht zwingend eine Nachtragspflicht auslösen, weil die Frage der Wesentlichkeit in § 16 sich nicht über den Maßstab bzw. Wortlaut des § 5 Abs. 1 Satz 1 beschreiben lässt. Insofern setzt § 5 Abs. 1 Satz 1 zwar die inhaltliche Basis für den Bezugsgegenstand der Prüfung, aber nicht den Schlusspunkt für einen Ober- oder Untersatz, unter den sich für Zwecke des § 16 Abs. 1 Satz 1 subsumieren ließe.   19

Welche Unrichtigkeiten oder veränderten Umstände eine Nachtragspflicht auslösen, lässt sich daher **nicht abstrakt** beschreiben.[51] Gerade diese Situation motivierte die Kommis-   20

---

48 So auch *Hamann*, in: Schäfer/Hamann, Kapitalmarktgesetze, § 16 WpPG Rn. 3 und jetzt auch *Rauch*, in: Holzborn, WpPG, § 16 Rn. 4.
49 RegBegr. EU-ProspRL-UmsetzungsG, BT-Drucks. 15/4999, S. 25, 36. Vgl. hinsichtlich des Maßstabs der in einem Prospekt aufzunehmenden Informationen näher oben *Meyer*, § 5 Rn. 6 ff.
50 So auch *Rauch*, in: Holzborn, WpPG, § 16 Rn. 5; *Groß*, Kapitalmarktrecht, § 16 WpPG Rn. 2 sowie Rn. 6 und Rn. 7; *Müller*, WpPG, § 16 Rn. 3; *Seitz*, in: Assmann/Schlitt/von Kopp-Colomb, WpPG/VerkProspG, § 16 Rn. 34; *Heidelbach*, in: Schwark/Zimmer, KMRK, § 16 WpPG Rn. 11 und Rn. 12; *Chr. Becker*, in: Heidel, Aktienrecht und Kapitalmarktrecht, § 16 WpPG Rn. 3; *Hamann*, in: Schäfer/Hamann, Kapitalmarktgesetze, § 16 WpPG Rn. 4; *Friedl/Ritz*, in: Just/Voß/Ritz/Zeising, WpPG, § 16 Rn. 25 und Rn. 66 f.; *Heidelbach/Preuße*, BKR 2006, 316, 320; *Holzborn/Israel*, ZIP 2005, 1668, 1674; *Kullmann/Sester*, WM 2005, 1068, 1075. Auf europäischer Ebene sieht auch die ESMA einen starken Zusammenhang zwischen Art. 5 Abs. 1 und Art. 16 Abs. 1 der EU-Prospektrichtlinie bzw. bezeichnet Art. 16 Abs. 1 sogar als Teilmenge („*subset*") von Art. 5 Abs. 1, vgl. ESMA, Final Report 2013/1970 zu den Draft Regulatory Standards on specific situations that require the publication of a supplement to the prospectus vom 17.12.2013, S. 9 und 10, abrufbar unter https://www.esma.europa.eu/sites/default/files/library/2015/11/2013-1970_report_on_draft_rts_for_supplements_to_prospectuses.pdf (Stand: 5.4.2016).
51 Das ist auch die Auffassung der ESMA, siehe S. 8 des Final Report 2013/1970 zu den Draft Regulatory Standards on specific situations that require the publication of a supplement to the prospectus vom 17.12.2013, abrufbar unter https://www.esma.europa.eu/sites/default/files/library/2015/11/2013-1970_report_on_draft_rts_for_supplements_to_prospectuses.pdf (Stand: 5.4.2016). Selbst die Aussage, dass zu den von der Nachtragspflicht betroffenen Informationen jedenfalls die Angaben in der Zusammenfassung gehören (vgl. *Rauch*, in: Holzborn, WpPG, § 16 Rn. 5), ist

§ 16 Nachtrag zum Prospekt; Widerrufsrecht des Anlegers

sion dazu, die von der ESMA entworfenen technischen Regulierungsstandards für die Veröffentlichung eines Prospektnachtrags[52] zu erlassen, um zu Zwecken der Harmonisierung wenigstens ein Minimum an Situationen festzulegen, in denen ein Nachtrag stets verlangt wird.[53] Von diesen in den technischen Regulierungsstandards nun verbindlich festgehaltenen Fällen[54] abgesehen ist zunächst unstreitig, dass erstens ein **objektiver Maßstab** anzulegen ist, d. h. es kann in diesem Zusammenhang – wie im Prospektrecht im Allgemeinen – nur auf die **Auffassung eines verständigen, durchschnittlichen Anlegers**[55] ankommen, d. h. entscheidend ist, ob dieser seine Anlageentscheidung nicht mehr getroffen oder modifiziert hätte bzw. – neutraler formuliert – wenn die Unrichtigkeit bzw. der neue Umstand, hätte er sie zu dem Zeitpunkt seiner Anlageentscheidung bereits gekannt, diese Anlageentscheidung möglicherweise beeinflusst hätte.[56] Zweitens kommt es bei der Beurteilung der Frage der Wesentlichkeit auf den **Emittenten** und das **Wertpapier** an, dessen Angebot oder Zulassung Gegenstand der Prospektpflicht ist.[57] Denn bestimmte Informationen kön-

---

nicht richtig (dagegen auch *Heidelbach*, in: Schwark/Zimmer, KMRK, § 16 WpPG Rn. 40). Dort stehen regelmäßig zum Beispiel auch die Adresse und HRB der Gesellschaft oder die Anzahl der Mitarbeiter. Umgekehrt gibt es aber auch keine Vermutung, dass, wenn die Beschreibung der Ausgangssituation für den neuen Umstand zu Recht nicht in der Zusammenfassung verankert ist, der neue Umstand auch keine Nachtragspflicht auslöst (so aber *Heidelbach*, in: Schwark/Zimmer, KMRK, § 16 WpPG Rn. 40), vgl. nur die Ausführungen in der sog. MD&A eines Prospekts, während in der Zusammenfassung die Analyse der historischen Finanzinformationen regelmäßig nur sehr knapp erfolgt. Auch § 15 Abs. 4 und § 15 Abs. 5 lösen nicht zwingend eine Nachtragspflicht aus (andere Ansicht *Rauch*, in: Holzborn, WpPG, § 16 Rn. 5), vgl. näher oben *Berrar*, § 15 Rn. 41 für § 15 Abs. 4.

52 Delegierte Verordnung (EU) Nr. 382/2014 vom 7.3.2014 zur Ergänzung der Richtlinie 2003/71/EG des Europäischen Parlaments und des Rates im Hinblick auf technische Regulierungsstandards für die Veröffentlichung eines Prospektnachtrags.

53 Vgl. Erwägungsgrund 5 der Delegierten Verordnung (EU) Nr. 382/2014 vom 7.3.2014 zur Ergänzung der Richtlinie 2003/71/EG des Europäischen Parlaments und des Rates im Hinblick auf technische Regulierungsstandards für die Veröffentlichung eines Prospektnachtrags; ESMA, Final Report 2013/1970 zu den Draft Regulatory Standards on specific situations that require the publication of a supplement to the prospectus vom 17.12.2013, S. 8, abrufbar unter https://www.esma.europa.eu/sites/default/files/library/2015/11/2013-1970_report_on_draft_rts_for_supplements_to_prospectuses.pdf (Stand: 5.4.2016).

54 Siehe dazu unten Rn. 57a.

55 Im Rahmen der Prospekthaftung stellt der BGH seit dem maßgeblichen „Beton und Monierbau (BuM)"-Urteil regelmäßig ab auf den *„durchschnittlichen Anleger, der zwar eine Bilanz zu lesen versteht, aber nicht unbedingt mit der in eingeweihten Kreisen gebräuchlichen Schlüsselsprache vertraut zu sein braucht"*, BGH, WM 1982, 862, 863 = NJW 1982, 2823, 2824. Kürzlich hat der BGH diese Rechtsprechung dahingehend konkretisiert, dass bei der Darstellung von möglichen zukünftigen Zahlungen die verständliche Darstellung der Grundstruktur der Berechnungsweise für einen durchschnittlichen Anleger ausreichend sein kann und auf dieser Basis eine fehlerhafte Darstellung im Prospekt verneint, BGH, ZIP 2016, 27, 28.

56 Vgl. nur *Heidelbach/Preuße*, BKR 2006, 316, 320; *Hamann*, in: Schäfer/Hamann, Kapitalmarktgesetze, § 16 WpPG Rn. 4; *Lenz/Ritz*, WM 2000, 904, 908; *Seitz*, in: Assmann/Schlitt/von Kopp-Colomb, WpPG/VerkProspG, § 16 Rn. 35; *Elsen/Jäger*, BKR 2009, 190, 191; *Friedl/Ritz*, in: Just/Voß/Ritz/Zeising, WpPG, § 16 Rn. 26; *Ritz*, in: Assmann/Lenz/Ritz, VerkProspG, § 11 VerkProspG Rn. 5; *Hüffer*, Das Wertpapier-Verkaufsprospektgesetz, S. 72 (Letztere jeweils zu § 11 VerkProspG a. F.); ähnlich auch *Rauch*, in: Holzborn, WpPG, § 16 Rn. 5. Siehe ferner oben *Berrar*, § 13 Rn. 12 insbesondere auf Basis der BuM-Rechtsprechung des BGH.

57 Vgl. Erwägungsgrund 5 der Delegierten Verordnung (EU) Nr. 382/2014 vom 7.3.2014 zur Ergänzung der Richtlinie 2003/71/EG des Europäischen Parlaments und des Rates im Hinblick auf tech-

III. Bestehen einer Nachtragspflicht (§ 16 Abs. 1 Satz 1) §16

nen für Aktienemissionen bereits wesentlich sein, während es im Rahmen von Fremdkapitalemissionen in erster Linie um die Bonität des Emittenten und die Sicherheit der Erfüllung der dem Wertpapier zugrunde liegenden Forderungen bzw. Handelbarkeit und Liquidität des betreffenden Wertpapiers selbst geht.[58] Darüber hinaus können einige, in den nachfolgenden Randnummern dargestellte Feststellungen für die praktische Anwendung getroffen werden.

Die Prospektverantwortlichen sind bei der Erstellung des Prospekts insofern frei, als sie nicht nur wesentliche oder nach § 5 Abs. 1 Satz 1 oder der EU-Prospektverordnung (und den Anhängen dazu) geforderte und damit notwendige Angaben in den Prospekt aufnehmen dürfen. Vielmehr enthält ein Prospekt eine Vielzahl von Angaben, die freiwillig bzw. zur Dokumentation eines vollständigen Bildes oder aber auch schlicht zum Zwecke der Vermarktung aufgenommen wurden. Daraus folgt aber auch, dass eben **nicht jede Unrichtigkeit oder Veränderung von Umständen von im Prospekt enthaltenen Angaben eine für den Anleger wesentliche Information betrifft und daher nachtragspflichtig wäre**.[59] Dies gilt auch für obligatorische Mindestangaben nach den Anhängen der EU-Prospektverordnung, d.h. es gibt keine Vermutung, dass jede Unrichtigkeit oder jeder neue Umstand in Bezug auf diese Pflichtangaben wesentlich bzw. wichtig wäre.[60] 21

Umgekehrt ist zu Recht[61] darauf verwiesen worden, dass der Wortlaut („*in Bezug auf die im Prospekt enthaltenen Angaben*") unmissverständlich dokumentiert, dass nicht nur Unrichtigkeiten bzw. Veränderungen in Bezug auf obligatorische Prospektangaben relevant für eine eventuelle Nachtragspflicht sind, sondern dies auch freiwillig aufgenommene Informationen betreffen kann, d.h. **relevant ist, was im Prospekt steht, nicht was im Prospekt hätte stehen müssen**. Schließlich verlangt die Formulierung „*in Bezug auf die im Prospekt enthaltenen Angaben*" zwar einen gewissen sachlichen Zusammenhang der im Nachtrag enthaltenen Informationen mit den bereits im Prospekt dargestellten. Allerdings ist dieser sachliche Zusammenhang weit zu interpretieren; insbesondere kann dieser Wortlaut des § 16 Abs. 1 Satz 1 nicht ausreichen, um materielle Fragen (Nachtragsfähigkeit bei Erweiterung der Produktpalette; Wechsel oder Ergänzung eines Anbieters, siehe dazu unten Rn. 51 ff.) zu beantworten.[62] 22

---

nische Regulierungsstandards für die Veröffentlichung eines Prospektnachtrags. Zum Einfluss der Art des Wertpapiers siehe auch *Rauch*, in: Holzborn, WpPG, § 16 Rn. 8.

58 *Ritz*, in: Assmann/Lenz/Ritz, VerkProspG, § 11 VerkProspG Rn. 6f.; unter X.1. der Bekanntmachung des BAWe zum Wertpapier-Verkaufsprospektgesetz vom 6.9.1999, Bundesanzeiger Nr. 177 vom 21.9.1999, S. 16180; *Friedl/Ritz*, in: Just/Voß/Ritz/Zeising, WpPG, § 16 Rn. 28; *Müller*, WpPG, § 16 Rn. 3; *Heidelbach*, in: Schwark/Zimmer, KMRK, § 16 WpPG Rn. 12 f.; *Seitz*, in: Assmann/Schlitt/von Kopp-Colomb, WpPG/VerkProspG, § 16 Rn. 39 und Rn. 140.

59 A.A. *Chr. Becker*, in: Heidel, Aktienrecht und Kapitalmarktrecht, § 16 WpPG Rn. 4. Die Behauptung *Chr. Beckers*, wenn der betreffende Sachverhalt nicht wesentlich gewesen wäre, wäre er ja wohl nicht freiwillig in den Prospekt aufgenommen worden, trifft in der Praxis nicht zu. Zudem ist – selbst wenn der Sachverhalt als solches wesentlich wäre – nicht gesagt, dass der neue Umstand oder die Unrichtigkeit in Bezug auf diesen Sachverhalt „wichtig" bzw. „wesentlich" im Sinne von § 16 ist.

60 Offensichtliches Beispiel: Falsche Rundung hinter dem Komma beim Bruttoemissionserlös. A.A. *Chr. Becker*, in: Heidel, Aktienrecht und Kapitalmarktrecht, § 16 WpPG Rn. 3; *Friedl/Ritz*, in: Just/Voß/Ritz/Zeising, WpPG, § 16 Rn. 25.

61 So zutreffend *Rauch*, in: Holzborn, WpPG, § 16 Rn. 4 a.E.; ebenso für § 11 VerkProspG a.F. *Maas/Voß*, BB 2008, 2302, 2303. A.A. wohl *Ekkenga*, BB 2005, 561, 564.

62 A.A. *Friedl/Ritz*, in: Just/Voß/Ritz/Zeising, WpPG, § 16 Rn. 2.

§ 16   Nachtrag zum Prospekt; Widerrufsrecht des Anlegers

23   Dass der Inhalt des Prospekts maßgeblich ist, gilt auch für bereits im Prospekt antizipierte, zukünftige Ereignisse: Sind **bestimmte zukünftige Ereignisse im Prospekt vorweggenommen** (Beispiel: Inhalt eines im Laufe des Angebots noch abzuschließenden Übernahmevertrages) **oder als möglich beschrieben worden** (Beispiel: Weitere Klagen aus einem Sachverhalt, zu dem es bereits im Prospekt beschriebene Klagen gibt), löst der Eintritt dieses Ereignisses wegen der im Prospekt enthaltenen Beschreibung eventuell keine Nachtragspflicht aus. Dies deckt sich auch mit der Auffassung der BaFin.[63]

24   Da sie den Nachtrag nach § 16 Abs. 1 Satz 2 einzureichen haben, haben **Emittenten, Anbieter oder Zulassungsantragsteller** über die Frage der Nachtragspflicht zu entscheiden.[64] Der BaFin stehen aber bei wesentlicher inhaltlicher Unrichtigkeit oder Unvollständigkeit die Eingriffsbefugnisse des § 26 Abs. 8 zu. Da die Veröffentlichung eines Nachtrags aus Sicht der Prospektverantwortlichen der Haftungsvermeidung dient, haben auch andere Prospektverantwortliche als Emittenten, Anbieter oder Zulassungsantragsteller eventuell ein fundamentales Interesse an der Veröffentlichung eines Nachtrags.[65]

25   Für den Fall, dass **der endgültige Emissionspreis und das endgültige Emissionsvolumen** nicht im gebilligten Prospekt enthalten sind (vgl. § 8 Abs. 1 Satz 1), bestimmt § 8 Abs. 1 Satz 6, dass der Anbieter oder Zulassungsantragsteller diese Angaben unverzüglich in einer nach § 14 Abs. 2 zulässigen Art und Weise veröffentlichen muss. Schon aus dieser Spezialregelung heraus wird deutlich, dass dies nicht in Form eines Nachtrags zu geschehen hat.[66] Das Nichtbestehen einer Nachtragspflicht erstreckt sich dann auch auf **weitere, sich daraus ableitende preisabhängige Angaben** wie z. B. Höhe des Emissionserlöses

---

63   Vgl. auch BaFin-Präsentation „Workshop: 100 Tage WpPG – Rechtsfragen aus der Anwendungspraxis" vom 3.11.2005, S. 16 („*Ausgestaltung der Prospektinformationen kann in Einzelfällen Nachtrag entbehrlich machen*"). Ebenso für den Fall von im Prospekt vorbehaltenen Leistungsbestimmungsrechten *Heidelbach*, in: Schwark/Zimmer, KMRK, § 16 WpPG Rn. 25. **Restriktiver** *Friedl/Ritz*, in: Just/Voß/Ritz/Zeising, WpPG, § 16 Rn. 35 und *Maas/Voß*, BB 2008, 2302, 2306 (zu § 11 VerkProspG a. F.), wonach eine erwartete Veränderung nur dann keine Nachtragspflicht auslöst, wenn eine bestimmte Änderung anlagerelevanter Umstände einschließlich ihrer Auswirkung auf die durch die Vermögensanlage zu erzielenden wirtschaftlichen Ergebnisse im Verkaufsprospekt bereits im vollumfänglichen Detail konkret beschrieben wurde und die Änderung dann auch im beschriebenen Umfang eintritt. Zutreffend weisen sie dagegen darauf hin, dass eine Nachtragspflicht besteht, wenn der Verkaufsprospekt den zukünftigen Eintritt einer Veränderung zwar vorhersagt, deren Eintrittswahrscheinlichkeit und Folgen für die Vermögensanlage und die Anleger aber nicht hinreichend konkret beschrieben worden ist (so auch Auslegungsschreiben der BaFin zur Prospektpflicht für Vermögensanlagen-Verkaufsprospekte i. d. F. vom 30.6.2005, Nr. 7). Scheinbar weitergehend als *Friedl/Ritz*, diese aber zitierend *Seitz*, in: Assmann/Schlitt/von Kopp-Colomb, WpPG/VerkProspG, § 16 Rn. 41 für den Fall der Entbehrlichkeit eines weiteren Nachtrags, wenn derartige zukünftige Umstände im ersten Nachtrag „angelegt" seien.

64   Nach *Rauch*, in: Holzborn, WpPG, § 16 Rn. 5 besteht insoweit ein „*Ermessensspielraum*".

65   Daher sichern sich die begleitenden Konsortialbanken zum Beispiel ihre Interessen im Hinblick auf die Erstellung und Veröffentlichung eines Nachtrags über die Verpflichtungen des Emittenten bzw. veräußernden Aktionärs im Underwriting Agreement ab.

66   Siehe ausführlich dazu oben *Meyer*, § 8 Rn. 8 ff. Vgl. auch statt aller *Apfelbacher/Metzner*, BKR 2006, 81, 87; *Schlitt/Singhof/Schäfer*, BKR 2005, 251, 252; *Groß*, Kapitalmarktrecht, § 16 WpPG Rn. 8; *Schanz/Schalast*, HfB – Working Paper Series No. 74, 2005, S. 40; *Friedl/Ritz*, in: Just/Voß/Ritz/Zeising, WpPG, § 16 Rn. 90; *Hamann*, in: Schäfer/Hamann, Kapitalmarktgesetze, § 16 WpPG Rn. 12; *Schlitt/Wilczek*, in: Habersack/Mülbert/Schlitt, Kapitalmarktinformation, § 6 Rn. 25; *Meyer*, in: Habersack/Mülbert/Schlitt, Unternehmensfinanzierung, § 36 Rn. 90; inzwischen auch *Rauch*, in: Holzborn, WpPG, § 16 Rn. 14.

III. Bestehen einer Nachtragspflicht (§ 16 Abs. 1 Satz 1)   § 16

bzw. der Bankenprovision oder Tabellen zur Kapitalisierung und Verschuldung.[67] Der endgültige Emissionspreis und das daraus folgende Emissionsvolumen werden aber vom Emittenten (auch) eine **Ad-hoc-Mitteilung nach § 15 WpHG** (bzw. Art. 17 der Marktmissbrauchsverordnung,[68] die im Wesentlichen ab dem 3.7.2016 unmittelbar anwendbar ist) verlangen.[69] Anders als in der Literatur vertreten,[70] erfüllt diese Ad-hoc-Mitteilung als solche aber nicht bereits die Anforderungen des § 8 Abs. 1 Satz 6, da die Verteilung über die Kanäle einer Ad-hoc-Mitteilung noch nicht eine Veröffentlichung „in einer nach § 14 Abs. 2 zulässigen Art und Weise" darstellt, d.h. hierfür muss der Anbieter/Zulassungsantragsteller (formal also nicht der Emittent) separat Sorge tragen. Die vorgenannten Aussagen zu den rechtlichen Verpflichtungen bezüglich der Veröffentlichung des endgültigen Emissionspreises/Emissionsvolumens gelten selbstverständlich auch (insbesondere keine Nachtragspflicht) im Rahmen des sog. *Decoupled Bookbuilding* (siehe dazu oben Rn. 9a).[71]

Bei Bezugsrechtskapitalerhöhungen hat das Transparenz- und Publizitätsgesetz im Jahr 2002 die Möglichkeit geschaffen, den **endgültigen Bezugspreis nach § 186 Abs. 2 AktG** erst drei Tage vor Ablauf der Bezugsfrist bekannt zu machen. Soweit davon Gebrauch gemacht wird und im vor Beginn der Bezugsfrist gebilligten Prospekt lediglich die Grundlagen für die Festlegung des Ausgabebetrags oder ein Höchstpreis des Bezugspreises mit Hinweis auf einen ggf. vorzunehmenden marktüblichen Abschlag enthalten sind, bedarf es für den während der Bezugsfrist festgelegten Bezugspreis keines Nachtrags. Vielmehr ist parallel zu dem Vorgesagten eine Bekanntmachung nach § 8 Abs. 1 Satz 6 ausreichend, da dieser Fall ebenfalls direkt unter § 8 Abs. 1 Satz 1 subsumierbar ist.[72] Die BaFin vertritt

26

---

67 *Apfelbacher/Metzner*, BKR 2006, 81, 87 mit näherer Begründung; *Meyer*, in: Habersack/Mülbert/Schlitt, Unternehmensfinanzierung, § 36 Rn. 90; *Schlitt/Wilczek*, in: Habersack/Mülbert/Schlitt, Kapitalmarktinformation, § 6 Rn. 25 (Fn. 32); inzwischen auch *Rauch*, in: Holzborn, WpPG, § 16 Rn. 14. Wie inzwischen auch bei *Groß*, Kapitalmarktrecht, § 16 WpPG Rn. 8. sollten Hauptargumente hier allerdings sein, dass der Prospekt schon Angaben auf Basis des Mittelwerts der Preisspanne und/oder oberes/unteres Ende der Preisspanne enthält und andernfalls die vom Gesetzgeber beabsichtigte Privilegierung konterkariert würde. Vgl. auch BaFin-Präsentation „Workshop: 100 Tage WpPG – Rechtsfragen aus der Anwendungspraxis" vom 3.11.2005, S. 16 (*„Ausgestaltung der Prospektinformationen kann in Einzelfällen Nachtrag entbehrlich machen"*). **A.A.** *Chr. Beckers*, in: Heidel, Aktienrecht und Kapitalmarktrecht, § 16 WpPG Rn. 7 (*„Deshalb wird regelmäßig neben der Veröffentlichung des endgültigen Emissionspreises und des Emissionsvolumens gemäß § 8 Abs. 1 Satz 6 auch zusätzlich die Veröffentlichung eines Nachtrags erforderlich sein."*) und wohl auch *Hamann*, in: Schäfer/Hamann, Kapitalmarktgesetze, § 16 WpPG Rn. 12. Die Ansicht *Chr. Beckers* ist wegen der vorgenannten Argumente nicht haltbar. Sie würde zudem wegen des dann jedes Mal unmittelbar nach Preisfestsetzung mit Nachtragsveröffentlichung eintretenden Widerrufsrechts jegliche Platzierung unmöglich machen.
68 Verordnung (EU) Nr. 596/2014 des Europäischen Parlaments und des Rates vom 16. April 2014 über Marktmissbrauch (Marktmissbrauchsverordnung) und zur Aufhebung der Richtlinie 2003/6/EG des Europäischen Parlaments und des Rates und der Richtlinien 2003/124/EG, 2003/125/EG und 2004/72/EG der Kommission, ABl. L 173/1 vom 12.6.2014.
69 Siehe *Friedl/Ritz*, in: Just/Voß/Ritz/Zeising, WpPG, § 16 Rn. 98; *Parmentier*, NZG 2007, 407, 413.
70 *Friedl/Ritz*, in: Just/Voß/Ritz/Zeising, WpPG, § 16 Rn. 98; *Parmentier*, NZG 2007, 407, 413.
71 So auch *Groß*, Kapitalmarktrecht, § 16 WpPG Rn. 8
72 Ebenso *Schlitt/Schäfer*, AG 2008, 525, 532; *Schanz/Schalast*, HfB – Working Paper Series No. 74, 2005, S. 40 (dort Fn. 144); *Hamann*, in: Schäfer/Hamann, Kapitalmarktgesetze, § 16 WpPG Rn. 10; jetzt auch *Groß*, Kapitalmarktrecht, § 16 WpPG Rn. 8. Vgl. auch die Prospekte der Deut-

§ 16 Nachtrag zum Prospekt; Widerrufsrecht des Anlegers

jedenfalls für den Fall, dass im Prospekt ein Höchstpreis nach § 8 Abs. 1 Satz 2 angegeben ist, ebenfalls die Auffassung, dass dies nicht nachtragspflichtig sei, wenn aus dem Prospekt deutlich werde, wie sich der niedrigere Bezugspreis gegenüber dem angegebenen Höchstpreis auf die preisabhängigen Prospektangaben (wie etwa Verwässerung, Nettoemissionserlös, Kapitalisierung und Verschuldung) auswirken würde.[73]

2. Möglichkeit der Beeinflussung der Beurteilung der Wertpapiere

27 Ein Nachtrag ist zu erstellen, falls Angaben betroffen sind, die die Beurteilung der Wertpapiere beeinflussen könnten bzw. auf Basis der englischen Fassung der EU-Prospektrichtlinie, die geeignet sind (*„capable of affecting the assessment of the securities"*), die Beurteilung der Wertpapiere zu beeinflussen.[74]

28 In § 11 VermAnlG hat sich der Gesetzgeber dieser Formulierung des § 16 Abs. 1 WpPG angeschlossen, während die Formulierungen zur Nachtragspflicht in § 11 VerkProspG a. F.

---

sche Wohnen AG zu den Bezugsrechtskapitalerhöhungen vom 14.11.2011, 11.6.2012 und 20.5.2015 sowie die dazugehörigen, den Bezugspreis festsetzenden Ad-hoc-Mitteilungen vom 24.11.2011, 19.6.2012 und 27.5.2015; außerdem die Ad-hoc-Mitteilung der Premiere AG vom 18.9.2007 (Festlegung des Bezugspreises) mit Bezug zum Prospekt vom 7.9.2007.

73 BaFin-Workshop 2009, Ausgewählte Rechtsfragen zum Nachtragsrecht, Präsentation vom 9.11.2009, S. 9. Die BaFin hat damit ursprünglich bestehende Bedenken gegen das Nichtbestehen der Nachtragspflicht beim aktienrechtlichen TransPuG-Verfahren zu Recht aufgegeben. Allerdings muss dies nicht nur gelten, wenn ein Höchstpreis nach § 8 Abs. 1 Satz 2 im Prospekt festgelegt wurde, sondern auch wenn „nur" die Kriterien oder Bedingungen angegeben werden, anhand derer der endgültige Bezugspreis ermittelt wird. Denn § 8 Abs. 1 Satz 1 und Satz 2 stehen nicht in einem Rangverhältnis zueinander. Die weiteren von der BaFin geforderten Angaben zu Verwässerung, Nettoemissionserlös, Kapitalisierung und Verschuldung lassen sich bei einem börsennotierten Unternehmen unter Bezugnahme auf einen (oder, um die Sensitivitäten darzulegen, mehrere) Referenzaktienkurs(e) darstellen und können somit im ursprünglich gebilligten Prospekt bereits enthalten sein. Gleichzeitig hat die BaFin festgehalten, dass es nachtragspflichtig ist, wenn der endgültige Bezugspreis über dem im Prospekt nach § 8 Abs. 1 Satz 2 enthaltenen Höchstpreis liegt.

74 In der neuen EU-ProspektVO (siehe oben Rn. 14) wird voraussichtlich in der deutschen Sprachfassung aus „könnten" „können", d. h. ein Nachtrag ist zu erstellen, falls Angaben betroffen sind, „die die Bewertung der Wertpapiere beeinflussen *können*". Es ist zweifelhaft und jedenfalls unklar, ob sich daraus ein Unterschied zur derzeitigen Rechtslage ergeben wird, insbesondere da in Erwägungsgrund 57 der neuen EU-ProspektVO weiterhin die Rede von „*könnten*" ist. Nach ständiger Rechtsprechung des EuGH kann die in einer der Sprachfassungen einer Vorschrift des Unionsrechts verwendete Formulierung zum einen nicht als alleinige Grundlage für die Auslegung dieser Vorschrift herangezogen werden oder ihr insoweit Vorrang vor den anderen Sprachfassungen eingeräumt werden. Zum anderen müssen die verschiedenen Sprachfassungen einer Vorschrift des Unionsrechts einheitlich ausgelegt werden, vgl. EuGH, Urt. v. 28.7.2011 – C-215/10, *Pacific World und FDD International* m. w. N. Bei Betrachtung weiterer maßgeblicher Sprachfassungen fällt auf, dass sich in jeder Sprachfassung nach dem aktuellen Entwurfsstand der neuen Prospekt-VO eine vergleichbare Änderung/Anpassung vollziehen wird, ohne dass die dahinterstehende Absicht jedoch erkennbar wird. So wird in der englischen Sprachfassung aus „*capable of affecting*" „*may affect*", in der französischen Sprachfassung wird aus „*est de nature à influencer*" „*peut influencer*", in der spanischen Sprachfassung wird aus „*susceptibles de* afectar" „*que pueda* afectar" und in der italienischen Sprachfassung wird aus „*siano atti a* influire" „*possano* influire". Im italienischen kann der neue Wortlaut wohl weiter ausgelegt werden, während dies bei den anderen Sprachfassungen nicht ohne Weiteres anzunehmen ist. Die weitere Entwicklung hierzu bleibt abzuwarten.

III. Bestehen einer Nachtragspflicht (§ 16 Abs. 1 Satz 1) § 16

und § 52 Abs. 2 BörsZulV a. F. noch einheitlich von *„für die Beurteilung der Wertpapiere … von wesentlicher Bedeutung sind"* sprachen. Anders als dort reicht es nach dem Wertpapierprospektgesetz also aus, dass die **Möglichkeit zur Beeinflussung der Beurteilung** besteht. Der Wortlaut des Wertpapierprospektgesetzes erweitert die Nachtragspflicht daher erheblich, sowohl im Vergleich zu den früheren Nachtragsnormen des deutschen Rechts[75] als auch im Vergleich zu den Regelungen zur Prospekthaftung in § 21 Abs. 1 WpPG, § 20 Abs. 1 VermAnlG und § 12 Abs. 1 WpÜG (sowie § 44 Abs. 1 BörsG a. F. und § 13 Abs. 1 VerkProspG a. F.), bei denen auf *„für die Beurteilung [der Wertpapiere/der Vermögensanlagen/des Angebots] wesentliche Angaben"* abgestellt wird.

Aus dem Wortlaut des § 16 Abs. 1 Satz 1 (*„festgestellt"*) ergibt sich aber auch, dass die Unrichtigkeit andererseits feststehen muss, d. h. eine **mögliche Unrichtigkeit** verpflichtet bzw. berechtigt nicht zu einem Nachtrag. 29

3. Kein Berichtigungsrecht per Nachtrag bei Unwesentlichkeit

§ 16 Abs. 1 Satz 1 statuiert eine Aktualisierungspflicht bei wichtigen neuen Umständen bzw. eine Berichtigungspflicht bei wesentlichen Unrichtigkeiten. Umgekehrt steht ein Nachtrag aber auch nur für derartige wichtige neue Umstände bzw. wesentliche Unrichtigkeiten zur Verfügung, d. h. soweit es sich um einen **unwichtigen neuen Umstand oder eine unwesentliche Unrichtigkeit** handelt, muss nicht nur kein Nachtrag bei der BaFin eingereicht werden, es darf auch kein Nachtrag erstellt, gebilligt und veröffentlicht werden.[76] Das Wertpapierprospektgesetz kennt also **kein** über die Pflicht nach § 16 hinausgehendes **Berichtigungsrecht per Nachtrag** des Emittenten/Anbieters/Zulassungsantragstellers auf freiwilliger Basis.[77] 30

Der Emittent/Anbieter/Zulassungsantragsteller ist aber bei Nichtvorliegen der Tatbestandsvoraussetzungen des § 16 nicht gehindert, eine **sonstige Veröffentlichung** vorzunehmen, um z. B. die Unrichtigkeit klarzustellen. Das bestätigen auch explizit die **ESMA-Questions and Answers**, die sich in einer Frage-Antwort spezifisch mit dieser Problema- 31

---

75 *Groß*, Kapitalmarktrecht, § 16 WpPG Rn. 2; *Rauch*, in: Holzborn, WpPG, § 16 Rn. 6; **andere Ansicht** *Heidelbach*, in: Schwark/Zimmer, KMRK, § 16 WpPG Rn. 9; *Friedl/Ritz*, in: Just/Voß/Ritz/Zeising, WpPG, § 16 Rn. 30 f. unter Verweis auf (i) die parallelen Formulierungen in den europäischen Richtlinien, die § 11 VerkProspG a. F./§ 52 Abs. 2 BörsZulV a. F. und § 16 zugrunde liegen (jeweils *„capable of affecting the assessment of the securities"*) und (ii) die mit dem jetzigen Verständnis bei § 16 übereinstimmende bisherige Auslegung von § 11 VerkProspG a. F./§ 52 Abs. 2 BörsZulV a. F.
76 So auch *Rauch*, in: Holzborn, WpPG, § 16 Rn. 7 und 13; *Hamann*, in: Schäfer/Hamann, Kapitalmarktgesetze, § 16 WpPG Rn. 4; *Friedl/Ritz*, in: Just/Voß/Ritz/Zeising, WpPG, § 16 Rn. 41 ff.; *Wiegel*, Die Prospektrichtlinie und Prospektverordnung, S. 365. Scheinbar anders *Heidelbach*, in: Schwark/Zimmer, KMRK, § 16 WpPG Rn. 27, wobei dort insbesondere auf die Aktualisierung außerhalb der gesetzlichen Nachtragspflicht abgestellt wird; für diese Aktualisierung während der Gültigkeitsdauer des Prospekts ist es in der Tat zutreffend, dass es auf die Wesentlichkeit des neuen Umstands nicht ankommt.
77 *A. A. Keunecke*, Prospekte im Kapitalmarkt, S. 296, der ein Recht des Anbieters/Zulassungsantragstellers behauptet, nicht wesentliche Nachträge ohne Weiteres, insbesondere ohne Billigungsverfahren, vorzunehmen. Es empfehle sich jedoch, den geänderten Prospekt der BaFin zur Kenntnis und zum Verbleib bei ihren Akten zu übermitteln. Diese Ansicht ist, wie oben dargelegt, schlicht unzutreffend.

§ 16   Nachtrag zum Prospekt; Widerrufsrecht des Anlegers

tik befassen.[78] Kommt der Emittent/Anbieter/Zulassungsantragsteller zu dem Schluss, dass kein Nachtrag erforderlich ist, scheint eine solche Veröffentlichung auch aus Haftungsgründen (vgl. Berichtigungsmöglichkeit nach § 23 Abs. 2 Nr. 4)[79] nicht notwendigerweise angezeigt, denn schon aufgrund der ähnlichen Formulierung der Tatbestände sollte im Regelfall ein Gleichlauf zwischen der Frage der Nachtragspflicht (bzw. dem Recht des Emittenten/Anbieters/Zulassungsantragstellers zur Einreichung und Billigung eines Nachtrags) nach § 16 und der drohenden Prospekthaftung nach §§ 21 f. bestehen oder jedenfalls die Prospekthaftung nicht über die Nachtragspflicht hinausgehen, vgl. oben Rn. 28. Umgekehrt ändert die Veröffentlichung des Nachtrags selbstverständlich nichts an Prospekthaftungsansprüchen, die Anleger aufgrund von vor der Veröffentlichung des Nachtrags getroffenen Investitionsentscheidungen erlitten haben.

32   Wegen des Billigungserfordernisses des Nachtrags sind vorgenannte „sonstige Veröffentlichungen", insbesondere **Berichtigungen nach § 23 Abs. 2 Nr. 4**, von Nachträgen im Sinne des Wertpapierprospektgesetzes **abzugrenzen**. Zwar führen derartige Berichtigungen zu einem Ausschluss eines potenziellen Prospekthaftungsanspruchs aus §§ 21 f. (Haftungsausschlussgrund, vgl. Formulierung des § 23 Abs. 2: *„Ein Anspruch nach den §§ 21 oder 22 besteht nicht, ..."*), aber sie gestalten nicht den Prospekt (im wertpapierprospektrechtlichen Sinne) als solchen formell um, da dies nur im Wege eines von der BaFin gebilligten Nachtrags möglich ist.[80] Abgesehen davon stehen aber die Nachtragspflicht nach § 16 und die Berichtigungsmöglichkeit nach § 23 Abs. 2 Nr. 4 jedenfalls für einen bestimmten Zeitraum (d.h. bis zum Ende der Nachtragspflicht) nebeneinander.[81] Dass die Berichtigung nach § 23 Abs. 2 Nr. 4 keine Widerrufsmöglichkeit der Anleger auslöst, bietet dennoch keine Möglichkeit zur Umgehung für den Emittenten/Anbieter/Zulassungsantragsteller. Denn er hat kein Wahlrecht zwischen Nachtrag nach § 16 und Berichtigung nach § 23 Abs. 2 Nr. 4, da er – wenn § 16 tatbestandlich erfüllt ist – verpflichtet ist, einen Nachtrag zur Billigung einzureichen.[82]

33   Unabhängig von dieser Abgrenzung von Nachtragspflicht und Berichtigungsmöglichkeit ist zu beachten, dass der Emittent/Anbieter/Zulassungsantragsteller den Prospekt auch **nur so verwenden** darf, **wie** er **gebilligt** wurde.[83] Daraus folgt, dass der Emittent/Anbieter/Zulassungsantragsteller unwichtige neue Umstände nicht einfach im gebilligten Prospekt ergänzen und insbesondere auch unwesentliche Unrichtigkeiten nicht einfach ausbessern

---

78 Vgl. Antwort zu Frage 23 der ESMA-Questions and Answers (25th Updated Version – July 2016). So auch *Heidelbach*, in: Schwark/Zimmer, KMRK, § 16 WpPG Rn. 21.
79 *Groß*, Kapitalmarktrecht, § 16 WpPG Rn. 21 leitet die Möglichkeit zur Korrektur unwesentlicher Prospektmängel durch Berichtigung aus *„erweiternder Auslegung"* her. Siehe dort auch allgemein zum Verhältnis der beiden Vorschriften Rn. 20.
80 *Friedl/Ritz*, in: Just/Voß/Ritz/Zeising, WpPG, § 16 Rn. 45 und Rn. 54; **a. A.** *Hamann*, in: Schäfer/Hamann, Kapitalmarktgesetze, §§ 44/45 BörsG Rn. 274; *Stephan*, AG 2002, 3, 12; *Assmann*, in: Assmann/Lenz/Ritz, VerkProspG, § 13 VerkProspG Rn. 45 m. w. N. (*„nachträgliche Herstellung eines richtigen Prospekts"*).
81 Siehe *Seitz*, in: Assmann/Schlitt/von Kopp-Colomb, WpPG/VerkProspG, § 16 Rn. 23 und sehr ausführlich zum Verhältnis von Nachtragspflicht und Berichtigungsmöglichkeit *Friedl/Ritz*, in: Just/Voß/Ritz/Zeising, WpPG, § 16 Rn. 45 ff.; ebenfalls ausführlich *Groß*, Kapitalmarktrecht, § 16 WpPG Rn. 20.
82 Siehe allerdings unten Rn. 106 und Rn. 110 dazu, dass § 35 Abs. 1 Nr. 9 den Fall des nicht eingereichten Nachtrags nicht erfasst.
83 Siehe zu dieser Identitätspflicht oben *Berrar*, § 13 Rn. 28 in Fn. 99 und *Berrar*, § 14 Rn. 31.

und in der Folge den ergänzten bzw. korrigierten Prospekt für das Angebot verwenden darf. Kombiniert mit der nicht bestehenden Billigungsmöglichkeit hat das wiederum zur Folge, dass der Prospekt mit etwaigen Rechtschreibfehlern oder Rechenfehlern (soweit die Rechenfehler unwesentlich sind) oder anderen offensichtlichen Unrichtigkeiten weiter so verwendet werden muss.[84]

In Zweifelsfällen wird allerdings die BaFin in der Praxis die Entscheidung des Emittenten/ Anbieters/Zulassungsantragstellers, einen Nachtrag veröffentlichen zu wollen, nicht inhaltlich hinterfragen (soweit nicht offensichtlich die Voraussetzungen des § 16 Abs. 1 Satz 1 nicht gegeben sind). Dennoch muss auch der Emittent/Anbieter/Zulassungsantragsteller die Vor- und Nachteile abwägen. Denn entscheidet er sich vorschnell zu einem Nachtrag bei einem Grenzfall, setzt er auch einen gewissen **Standard für in diesem Prospektfall anzuwendende Maßstäbe für Nachträge**, d.h. treten ähnlich schwerwiegende Umstände im Laufe des Billigungsverfahren nochmals auf, wird der Emittent/Anbieter/Zulassungsantragsteller Schwierigkeiten haben, nunmehr zu argumentieren, dass diese Umstände von vergleichbarer Bedeutung unwichtig seien und keine Nachtragspflicht auslösten.

34

Ungeklärt ist schließlich die Frage, ob der Emittent/Anbieter/Zulassungsantragsteller berechtigt ist, „**bei Gelegenheit eines Nachtrags**", d.h. falls wegen eines neuen Umstands oder einer Unrichtigkeit eine Nachtragspflicht nach § 16 besteht, auch unwesentliche Unrichtigkeiten in diesem Nachtrag zu berichten oder unwichtige neue Umstände in diesen Nachtrag einzufügen. Aus Anlegerschutzgesichtspunkten spricht nichts dagegen, diese Möglichkeit zu nutzen. Da hier tatbestandlich § 16 auch erfüllt ist, also der Wortlaut des § 16 nicht entgegensteht, kann dem Emittenten/Anbieter/Zulassungsantragsteller daher wohl zugestanden werden, den Nachtrag entsprechend zu erweitern.[85] Nach anderer Ansicht[86] ist eine solche Vorgehensweise dagegen nicht möglich, da es für den Anleger andernfalls nicht eindeutig sei, aufgrund welcher Angaben der Nachtrag erstellt worden sei. Das trifft allerdings schon deshalb nicht zu, weil es sich etabliert hat, am Anfang des Nachtrags die materiellen Punkte aufzulisten, die zu dem Nachtrag geführt haben.[87] Auch Erwägungsgrund (3) der technischen Regulierungsstandards für die Veröffentlichung eines Prospektnachtrags[88] fordert genau dies. Danach sollte ein Nachtrag „*auch alle wesentlichen Informationen in Bezug auf die Situationen, die jeweils zur Erstellung des Nachtrags geführt haben und gemäß der Richtlinie 2003/71/EG [EU-Prospektrichtlinie] und der Verordnung (EG) Nr. 809/2004 der Kommission [EU-Prospektverordnung] in den Prospekt aufgenommen werden müssen*" umfassen, also erklären, welche Unrichtigkeit bzw. welcher Umstand zur Erstellung des Nachtrags geführt hat. Jedenfalls in der hier beschriebenen Konstellation dürfte eine solche Klarstellung dann aber auch regelmäßig geboten sein. Teils wird auch gefordert, auf die Unwesentlichkeit im Nachtrag explizit hinzuweisen.[89]

35

---

84 *Rauch*, in: Holzborn, WpPG, § 16 Rn. 13.
85 So auch *Seitz*, in: Assmann/Schlitt/von Kopp-Colomb, WpPG/VerkProspG, § 16 Rn. 33, Rn. 38 a.E. und Rn. 50.
86 *Rauch*, in: Holzborn, WpPG, § 16 Rn. 7.
87 Vgl. unten Rn. 96 ff., insbesondere Rn. 100.
88 Delegierte Verordnung (EU) Nr. 382/2014 vom 7.3.2014 zur Ergänzung der Richtlinie 2003/71/EG des Europäischen Parlaments und des Rates im Hinblick auf technische Regulierungsstandards für die Veröffentlichung eines Prospektnachtrags, siehe dazu auch oben Rn. 13 und unten Rn. 55 ff.
89 *Lawall/Maier*, DB 2012, 2503, 2506.

4. Besondere Fragestellungen hinsichtlich des Bestehens einer Nachtragspflicht

36 Neben den vorgenannten grundsätzlichen Auslegungsfragen haben sich einige besondere Fragestellungen im Zusammenhang mit der Nachtragspflicht herausgebildet. Diese können zwei grundlegenden Kategorien zugeordnet werden: der **systematischen Abgrenzung des Instituts des Nachtrags von anderen Gestaltungsformen des Wertpapierprospektgesetzes** (siehe dazu nachfolgend a)) und **spezielle Einzelfälle** im Zusammenhang mit dem Bestehen oder Nichtbestehen einer Nachtragspflicht (siehe dazu nachfolgend b)).

a) Keine Nachtragsmöglichkeit aufgrund der Gesamtkonzeption des WpPG

37 Auf der einen Seite ist ein Prospekt nach § 9 Abs. 1 nach seiner Veröffentlichung zwölf Monate lang für öffentliche Angebote gültig. Auf der anderen Seite ist es richtig, dass die Möglichkeiten zur Ergänzung des Prospekts per Nachtrag insofern begrenzt sind, als der Emittent/Anbieter/Zulassungsantragsteller nicht extensive Nachträge zu einem gebilligten Prospekt erstellen kann, durch die der (nachgetragene) Prospekt einem gänzlich anderen Zweck dient als zuvor ursprünglich geplant.[90] Andernfalls würden die Vorschriften über die Einreichung und Billigung eines (neuen) Prospekts, insbesondere auch die Fristen des § 13 Abs. 2 und Abs. 3 zur Prüfung eines Prospekts, die deutlich länger sind als die Fristen zur Prüfung eines Nachtrags nach § 16 Abs. 1 Satz 3, umgangen.[91] Insofern ist aus systematischen Gründen insbesondere eine **Abgrenzung** erforderlich, **wann das Institut des Nachtrags nicht mehr verwendet werden kann (Nachtragsfähigkeit)**.

38 Aufgrund der Systematik der §§ 9 Abs. 1, 16 kann diese Abgrenzung aber nur bedeuten, dass **grundsätzlich eine Nachtragsmöglichkeit** besteht, die **nur ausnahmsweise dann nicht** gegeben ist, **wenn** durch den Nachtrag quasi ein **Aliud zum ursprünglich gebilligten Prospekt entstehen würde**, der nicht ohne vollständige (neue) Prüfung der BaFin für öffentliche Angebote zur Verfügung stehen sollte. Das bedeutet konkret (wobei die hier erörterte Frage des grundsätzlichen Bestehens einer **Nachtragsfähigkeit** gedanklich zu trennen ist von der **Nachtragspflichtigkeit**, also der Frage, ob bei Bestehen einer solchen Möglichkeit tatsächlich überhaupt ein Nachtrag **erforderlich** ist, siehe dazu insbesondere die Einzelfälle unten unter Rn. 55 ff.):

aa) Aufstockungen der Anzahl der angebotenen Wertpapiere

39 Es ist die Ansicht vertreten worden, dass das **ursprüngliche Emissionsvolumen – jedenfalls wenn als Prospektformat ein Einzelprospekt genutzt wurde – nicht im Wege eines Nachtrags aufgestockt werden dürfe**.[92] Unter „Aufstockung" ist eine „Ausweitung des

---

[90] Vgl. auch ESMA-Questions and Answers (25th Updated Version – July 2016), Antwort zu Frage 34.
[91] *Rauch*, in: Holzborn, WpPG, 1. Aufl. 2008, § 16 Rn. 6, der allerdings beim Abgrenzungskriterium darauf abstellen will, ob es sich um geänderte Umstände bzw. Unrichtigkeiten handelt, die die Beurteilung der in dem Prospekt dargestellten Wertpapiere beeinflussen.
[92] *Rauch*, in: Holzborn, WpPG, § 16 Rn. 10 unter Hinweis darauf, dass die Luxemburger Aufsichtsbehörde bei öffentlichen Angeboten Aufstockungen durch Nachtrag nicht beanstandet habe; *Müller*, WpPG, § 16 Rn. 5; *Seitz*, in: Assmann/Schlitt/von Kopp-Colomb, WpPG/VerkProspG, § 16 Rn. 60.

III. Bestehen einer Nachtragspflicht (§ 16 Abs. 1 Satz 1) § 16

Emissionsvolumens einer bereits zuvor begebenen Emission durch Ausgabe weiterer Wertpapiere mit identischer technischer und rechtlicher Ausstattung, z. B. hinsichtlich ISIN, Stückelung, Verzinsung und Zinslauf" zu verstehen.[93] Dieser Fall ist zu unterscheiden von sog. Greenshoe-Optionen, bei denen schon im Prospekt eine Mehrzuteilung von Aktien durch die Konsortialbanken vorgesehen ist (und die betreffenden Aktien daher von Anfang an mit angeboten werden), und von dem in § 8 Abs. 1 Satz 1 beschriebenen Fall, dass das Emissionsvolumen im Prospekt noch nicht genannt werden kann,[94] sowie von der Frage, ob ein Prospekt auch für ein gänzlich neues Angebot verwendet werden kann.[95] Nachdem die **BaFin** bis vor Kurzem grundsätzlich (mit gewissen Einschränkungen) auch diese restriktive Auffassung vertreten hatte,[96] **lässt sie inzwischen eine Aufstockung (oder auch eine Verringerung) der Anzahl der angebotenen neuen und/oder bestehenden Aktien sowie der Anzahl der insgesamt mit einem Prospekt zuzulassenden Aktien durch Nachtrag zu**, wenn es sich **innerhalb desselben Angebots oder derselben Zulassung** um Aktien **mit identischer Ausstattung** handelt.[97] Unzulässig bleibt nach der BaFin also weiterhin die Erweiterung des Prospektgegenstandes durch Nachtrag um ein neues Angebot[98] oder neue Zulassung von Aktien des Emittenten mit abweichender Dividendenberechtigung.[99] Bei dem Nachtrag müssen außerdem insbesondere die Angaben aktualisiert werden, die in Abhängigkeit von der Anzahl der angebotenen Aktien stehen (z. B. Angaben zur Verwässerung, Angaben zu den Brutto- und Nettoerlösen und zur Erlösverwendung, mögliche Angaben zur künftigen Kapitalisierung und Verschuldung sowie zur künftigen Aktionärsstruktur).[100] Jedenfalls für den Fall, dass schon der Prospekt eine solche Aufstockung vorsieht (sog. „*Upsize Option*"), existieren auch schon Fallbeispiele gebilligter Prospekte.[101] Dabei ist festzuhalten, dass die hier erörterte Frage der **Nachtragsfähigkeit** nicht gleichzusetzen ist mit der **tatsächlichen Erforderlichkeit eines Nachtrags,**[102] **wie sich an der Ausübung der** *Upsize Option* **durch die Scout24 AG im Wege einer (bloßen) Ad-hoc-Mitteilung zeigt.**[103] In der Praxis der BaFin besteht dabei zu Recht keine prozentuale Obergrenze, immerhin wurde im Rahmen des Prospektes der Hapag-Lloyd Aktiengesellschaft vom 14.10.2015 eine *Upsize Option* gebilligt, die eine Erhöhung der im Rahmen des S*econdary Placement* zu platzierenden Altaktien von Null auf rund 2,3 Millionen vorsah. Die Gegenauffassung wird zum einen damit begründet, dass ein Prospekt sich auf ein konkretes Angebot beziehe und, wenn dieses abverkauft sei, ein neuer Prospekt zu erstellen sei.[104]

---

93 *Heidelbach/Preuße*, BKR 2008, 10, 12; *Friedl/Ritz*, in: Just/Voß/Ritz/Zeising, WpPG, § 16 Rn. 117.
94 Siehe dazu oben Rn. 25.
95 Siehe dazu oben Rn. 3 ff.
96 Darstellung bei *Friedl/Ritz*, in: Just/Voß/Ritz/Zeising, WpPG, § 16 Rn. 120 ff.
97 Vgl. Abschnitt II.5.b) „*Nachträge*" auf der Website der BaFin unter *Aufsicht – Prospekte – Prospekte für Wertpapiere – Prospekterstellung und Billigungsverfahren*, abrufbar unter http://www.bafin.de/DE/Aufsicht/Prospekte/ProspekteWertpapiere/ErstellungBilligung/erstellung_billigung_node.html (Stand: 13.4.2016).
98 Vgl. dazu auch oben Rn. 3 ff.
99 Vgl. Fn. 97.
100 Vgl. Fn. 97.
101 Vgl. Prospekte der Scout24 AG vom 18.9.2015 und der Hapag-Lloyd Aktiengesellschaft vom 14.10.2015.
102 Siehe dazu unten Rn. 65 ff.
103 Vgl. Ad-hoc-Mitteilung der Scout24 AG vom 1.10.2015. Siehe dazu auch unten Rn. 65 f.
104 *Rauch*, in: Holzborn, WpPG, § 16 Rn. 10.

§ 16   Nachtrag zum Prospekt; Widerrufsrecht des Anlegers

Zum anderen habe der Anbieter, wenn es sich um einen Basisprospekt handelte, neue endgültige Bedingungen zu erstellen und diese zu veröffentlichen; insofern gebe es zwar eine Lösung für den Fall des dreiteiligen Prospekts, dies sei aber bei einem einteiligen Prospekt gerade nicht möglich.[105] Teils wurde auch unter Berufung auf § 3 Abs. 1 Satz 2 a. F. darauf abgestellt, dass dieser nur für den Fall eines öffentlichen Angebots die Berufung auf einen bereits veröffentlichten Prospekt erlaube, während diese Argumentation mangels entsprechender Regelung in § 3 Abs. 3 a. F. (entspricht dem heutigen § 3 Abs. 4) nicht möglich sei.

40 Diese **Auffassung, dass Aufstockungen nicht per Nachtrag durchgeführt werden könnten, ist abzulehnen**; sie ist schlicht mit dem Gesetzestext unvereinbar.[106] Auch die technischen Regulierungsstandards für die Veröffentlichung eines Prospektnachtrages[107] sehen in Art. 2 lit. h) eine Erhöhung des aggregierten Nominalbetrags des Angebotsprogramms als eine zum Nachtrag verpflichtende Situation an und gehen damit zumindest für gewisse Aufstockungen von einer grundsätzlichen Nachtragsfähigkeit aus. Außerdem ist auch die unterschiedliche Behandlung von Prospekten für ein öffentliches Angebot und Prospekten für die Zulassung von Wertpapieren systemwidrig und inhaltlich nicht zu rechtfertigen, sodass eine solche Differenzierung konsequenterweise auch von der BaFin nicht mehr vorgenommen wird.[108]

41 Erstens ist das in Rn. 39 vorgenannte zweite Argument richtig, aber irrelevant: der Anbieter muss in der Tat in diesem Fall neue endgültige Bedingungen veröffentlichen, weil endgültige Bedingungen nicht nachtragsfähig sind.[109] Gerade diese Tatsache hatte die ESMA zur Entwicklung ihrer abgestuften Lösung zur Ermöglichung der Veränderung bzw. Berichtigung endgültiger Bedingungen bewogen, siehe unten Rn. 54. Damit ist aber mitnichten gesagt, dass zum Beispiel bei einer Eigenkapitalemission nicht die Anzahl der angebotenen Aktien per Nachtrag erhöht werden könnte. § 9 Abs. 1 lässt explizit den gebilligten Prospekt für mehrere öffentliche Angebote zu. Es ist überhaupt nicht einzusehen, warum

---

105 *Rauch*, in: Holzborn, WpPG, § 16 Rn. 10. Diese Aussage bezieht sich auf den Fall, dass der entsprechende Basisprospekt noch gültig ist; soweit dies nicht der Fall ist, müssen die Emissionsbedingungen per Verweis nach § 11 in einen neuen Basisprospekt einbezogen werden, vgl. näher *Friedl/Ritz*, in: Just/Voß/Ritz/Zeising, WpPG, § 16 Rn. 119.
106 So nunmehr auch *Groß*, Kapitalmarktrecht, § 16 WpPG Rn. 8b mit Blick auf § 9 (siehe dazu sogleich) und unter Hinweis auf den fehlenden Nutzen eines neuen Prospekts. Dass die Aufstockung per Nachtrag zulässig ist, unterstellen zu Recht auch *Groß*, Bookbuilding, ZHR 162 (1998), 318, 327; *Ritz*, in: Assmann/Lenz/Ritz, VerkProspG, § 11 VerkProspG Rn. 15; *Chr. Becker*, in: Heidel, Aktienrecht und Kapitalmarktrecht, § 16 WpPG Rn. 6 a. E., und *Apfelbacher/Metzner*, BKR 2006, 81, 86, ohne dass sie dies überhaupt für diskussionsbedürftig hielten.
107 Delegierte Verordnung (EU) Nr. 382/2014 vom 7.3.2014 zur Ergänzung der Richtlinie 2003/71/EG des Europäischen Parlaments und des Rates im Hinblick auf technische Regulierungsstandards für die Veröffentlichung eines Prospektnachtrags, vgl. dazu unten Rn. 57a.
108 Vgl. Abschnitt II.5.b) „*Nachträge*" auf der Website der BaFin unter *Aufsicht – Prospekte – Prospekte für Wertpapiere – Prospekterstellung und Billigungsverfahren*, abrufbar unter http://www.bafin.de/DE/Aufsicht/Prospekte/ProspekteWertpapiere/ErstellungBilligung/erstellung_-billigung_node.html (Stand: 13.4.2016). Dort wird für die Erhöhung oder Verringerung der Aktienzahl explizit auf die „*Anzahl der angebotenen ... Aktien* **sowie** *die Anzahl der insgesamt mit einem Prospekt zuzulassenden Aktien*" abgestellt.
109 So zutreffend an anderer Stelle *Rauch*, in: Holzborn, WpPG, § 16 Rn. 16. So auch *Seitz*, in: Assmann/Schlitt/von Kopp-Colomb, WpPG/VerkProspG, § 16 Rn. 55 und BaFin-Workshop 2009, „Ausgewählte Prospekt- und Verfahrensfragen", 9.11.2009, S. 7 f.

III. Bestehen einer Nachtragspflicht (§ 16 Abs. 1 Satz 1) § 16

dann nicht während eines laufenden Angebots der Anbieter die Möglichkeit haben soll, die Anzahl der angebotenen Aktien zu erhöhen. Es ändert sich grundsätzlich nichts an der Beschreibung des Emittenten, an seinen Vermögenswerten und Verbindlichkeiten, an seiner Finanzlage, an seinen Gewinnen und Verlusten, an seinen Zukunftsaussichten und an den mit den Wertpapieren verbundenen Rechten. Das heißt, alle in § 5 Abs. 1 Satz 1 genannten Kriterien sind zunächst einmal nicht tangiert – eventuell mit Ausnahme einiger weniger, dann per Nachtrag zu ergänzender Informationen, die letztlich Ziffer 5.1.2 von Anhang III der EU-Prospektverordnung („Gesamtsumme des Angebots") betreffen bzw. von dieser abgeleitet sind (z. B. bezüglich Kapitalisierungstabelle oder voraussichtlichem Aktienbesitz von Großaktionären).[110] Der „geänderte Umstand" im Sinne von § 16 Abs. 1 Satz 1 ist eben die Absicht des Anbieters, eine geänderte Anzahl von Aktien anzubieten; insofern fällt die **Subsumtion unter § 16** nicht schwer.[111]

Schon die Vorgängerbehörde der BaFin, das **Bundesaufsichtsamt für den Wertpapierhandel (BAWe)**, ging ohne nähere Diskussion davon aus, dass die nachträgliche Aufstockung oder Verringerung einer Emission – soweit sie überhaupt wesentlich sind – ein nachtragsfähiger Umstand sei.[112] Die BaFin selbst hatte bereits in den Jahren 2006/2007 dann insoweit bei Decoupled-Verfahren eine begrenzte Ausnahme ihrer ehemals grundsätzlich ablehnenden Haltung gemacht, als sie zugestimmt hatte, dass die Anzahl der angebotenen Aktien höchstens bis zur Gesamtzahl von Aktien, für die laut des vor Beginn des Angebotszeitraums zu veröffentlichenden Nachtrags die Zulassung zum Handel im regulierten Markt an der jeweiligen Wertpapierbörse beantragt wird, erhöht werden kann.[113]

42

Die Behauptung, der Prospekt sei für eine konkrete Anzahl von Aktien gedacht und, wenn diese abverkauft seien, sei der Prospekt verbraucht, ist offensichtlich mit § 9 Abs. 1 nicht vereinbar und hat keinerlei Ansatzpunkt im geltenden Recht. Ein Blick in das amerikanische Kapitalmarktrecht würde übrigens auch offenbaren, dass man dort ein solches **Aufstockungsverbot** für völlig **abwegig** halten würde. Vielmehr darf eine Aufstockung bis zu 20 % dort sogar ohne weitere Prüfung der Securities and Exchange Commission (SEC) mit einem sog. *short-form registration statement* innerhalb kürzester Zeit durchgeführt werden.[114] Die Ansicht zum Aufstockungsverbot per Nachtrag verkennt das grundlegende Regel-Ausnahme-Verhältnis, dass ein Prospekt so lange nachtragsfähig ist, als die geänderten Umstände den neuen Prospekt nicht zu einem *Aliud* im Verhältnis zum ursprünglichen

43

---

110 Zur Frage, ob in diesen Fällen überhaupt ein Nachtragserfordernis besteht, siehe unten Rn. 65 ff.
111 Dass damit zwei gültige Prospekte für ein- und dieselbe Aktiengattung desselben Emittenten – eventuell noch während der Laufzeit desselben Angebots – in der Welt sein sollen, ist nicht nur aufwendig für den Anbieter, wie *Rauch*, in: Holzborn, WpPG, § 16 Rn. 10, sagt, sondern schafft Verwirrung beim Anleger und kreiert auch haftungsrechtlich zusätzliche Unklarheiten, was die Haftungsgrundlage anbetrifft.
112 Unter X.1., letzter Absatz, der Bekanntmachung des BAWe zum Wertpapier-Verkaufsprospektgesetz vom 6.9.1999, Bundesanzeiger Nr. 177 vom 21.9.1999, S. 16180. So auch *Lenz/Ritz*, WM 2000, 904, 908 und bereits *Grimme/Ritz*, WM 1998, 2091, 2096 auf Basis der früheren Bekanntmachung des BAWe vom 15.4.1996.
113 Vgl. z. B. Prospekt der Hamburger Hafen und Logistik AG vom 19.10.2007, S. 44; Prospekt der Symrise AG vom 24.11.2006, S. 29. Das von der BaFin gewählte Kriterium zur Abgrenzung überzeugte allerdings nicht.
114 Siehe näher unten Rn. 63.

§ 16   Nachtrag zum Prospekt; Widerrufsrecht des Anlegers

Prospekt machen, was bei einer Aufstockung jedenfalls im Eigenkapitalemissionsbereich nicht der Fall ist.[115]

44 Im Übrigen hat das Beispiel des (am Ende nicht durchgeführten) Börsengangs der Scan Energy A/S Ende 2009 gezeigt, dass auch die dänische Aufsichtsbehörde der Auffassung folgt, dass eine Aufstockung der Anzahl der angebotenen Aktien per Nachtrag zulässig ist[116] – und dies sogar, obwohl in dem ursprünglichen Prospekt lediglich die Reduzierung, nicht aber die Erhöhung der Anzahl der angebotenen Aktien vorbehalten war.[117]

45 Da Eigenkapitalemissionen regelmäßig mit einteiligen Prospekten durchgeführt werden, würde – wenn man der Gegenauffassung folgte – auch eine ungerechtfertigte Benachteiligung von Aktien- gegenüber Schuldverschreibungsemissionen eintreten. Denn hier ist eine Aufstockung auf Grundlage eines Basisprospekts (eventuell auch ohne Nachtrag[118]) oder auch eine Erhöhung des Programmvolumens (per Nachtrag) ebenfalls ohne Weiteres möglich.[119]

bb) Neuer Anbieter oder Zulassungsantragsteller

46 Im Ergebnis richtig ist dagegen in manchen, aber bei weitem nicht allen Fällen die Auffassung, dass die **Aufnahme eines neuen Anbieters oder Zulassungsantragstellers nicht per Nachtrag** ergänzt werden kann (anders die bloße Änderung der **Beschreibung** eines Emittenten, die uneingeschränkt nachtragsfähig ist). Allerdings ist erstens die Begründung der Literatur teilweise unzutreffend und zweitens ist auch wie im Folgenden beschrieben zu differenzieren.

47 Die Literatur begründet dies erstens damit, dass ein Anleger, der sich auf Grundlage des Prospekts für den Erwerb der Wertpapiere entscheidet, nicht zwangsläufig sämtliche Nachträge zu Rate ziehen müsse.[120] Diese Begründung ist nicht stichhaltig. Selbstverständlich wird vom Wertpapierprospektgesetz erwartet, dass der **Anleger** Nachträge zur **Kenntnis nimmt**, sonst funktioniert das ganze System des Angebots von Wertpapieren per Prospekt plus Nachtrag und der auf den Prospekt, einschließlich Nachtrag, bezogenen Prospekthaftung nicht mehr.

---

115 Auch bei Wandelschuldverschreibungen (*Convertible Bonds*) und Umtauschanleihen (*Exchangeable Bonds*) sollten derartige Aufstockungen möglich sein. Fraglich könnte es allenfalls bei Fremdkapital-Programmen sein, die in Tranchen gezogen werden und bei denen bei Ausschöpfung der ursprünglichen Gesamtsumme eine Aufstockung quasi die Auflegung eines neuen Programms darstellen würde. Das müsste dann anhand der Umstände des Einzelfalles geprüft werden.
116 Nachtrag Nr. 2 vom 7.12.2009 zum Prospekt der Scan Energy A/S vom 19.11.2009, vgl. auch Ad-hoc-Mitteilung der Scan Energy A/S vom 6.12.2009.
117 Prospekt der Scan Energy A/S vom 19.11.2009, S. 54.
118 Zur Trennung von Nachtragsmöglichkeit und tatsächlicher Erforderlichkeit eines Nachtrags siehe auch das Beispiel oben in Rn. 39.
119 Vgl. ausführlich *Heidelbach/Preuße*, BKR 2008, 10, 12 f. und *Seitz*, in: Assmann/Schlitt/von Kopp-Colomb, WpPG/VerkProspG, § 16 Rn. 61. Zudem ist es bei derartigen Programmen nach der Prospektverordnung nicht zwingend, einen Maximalbetrag anzugeben, vgl. *Heidelbach/Preuße*, BKR 2008, 10, 13 mit Verweis in Fn. 50 auf die CESR-Frequently Asked Questions (entspricht den heutigen ESMA-Questions and Answers). Ebenso *Friedl/Ritz*, in: Just/Voß/Ritz/Zeising, WpPG, § 16 Rn. 126 zur Erhöhung des Programmvolumens (Rahmenerweiterung).
120 *Rauch*, in: Holzborn, WpPG, § 16 Rn. 11. Andere Ansicht für den Wechsel einer die Verantwortung für das Angebot übernehmenden Person *Maas/Voß*, BB 2008, 2302, 2303.

III. Bestehen einer Nachtragspflicht (§ 16 Abs. 1 Satz 1) **§ 16**

Zweitens dürften „so entscheidende Grundlagen für das Angebot der Wertpapiere wie deren Emittenten" nicht mittels Nachtrag geändert werden.[121] Dem ist mit Abstrichen (siehe nachfolgend) zuzustimmen – allerdings betrifft die Aussage zunächst den **Emittenten** (vgl. § 2 Nr. 9), nicht den Anbieter (§ 2 Nr. 10), um den es bei vorliegender Frage geht. **48**

Drittens könnte der Ergänzung eines Anbieters bzw. Zulassungsantragstellers per Nachtrag § **5 Abs. 4 Satz 2** und die diesbezügliche Regierungsbegründung entgegenstehen. Nach § 5 Abs. 4 Satz 2 muss im Fall, dass der Prospekt (auch) der Zulassung von Wertpapieren an einem organisierten Markt dient, stets auch der Emissionsbegleiter die Verantwortung übernehmen, und der Prospekt muss auch dessen **Verantwortungserklärung** enthalten. Nach der **Regierungsbegründung**[122] kann eine solche Erklärung nicht im Wege eines Nachtrags gemäß § 16 abgegeben werden, da per Nachtrag nur Angaben berichtigt oder ergänzt werden könnten. Dies verkennt erstens, dass die Unvollständigkeit ein Unterfall der Unrichtigkeit ist[123] und daher auch das (vollständige) Fehlen von Pflichtbestandteilen den Prospekt unrichtig und damit auch über § 16 nachtragbar macht. Richtigerweise wird man zweitens die Regelung des § 5 Abs. 4 Satz 2, die formellen Charakter hat, nicht als eine Aussage über die Zulässigkeit oder Unzulässigkeit der Veränderung von Prospektbeteiligten verstehen können. Insofern sollte die Aussage der Regierungsbegründung nur den Fall eines ursprünglich bereits beteiligten Emissionsbegleiters betreffen, dessen Verantwortungserklärung im ursprünglichen Prospekt enthalten sein und nicht per Nachtrag nachgetragen werden sollte,[124] nicht aber dahingehend interpretiert werden, dass bei einer Ergänzung des Anbieters/Zulassungsantragstellers als neuer Umstand nicht auch dem neuen Umstand entsprechende sonstige Angaben, die nach Wertpapierprospektgesetz und der EU-Prospektverordnung erforderlich sind, im Nachtrag ergänzt werden können. **49**

Damit führt die Argumentation zurück auf die vorgenannte Ausgangsthese, dass es im Lichte auch einer Subsumtion unter § 16 darauf **ankommt, wie schwerwiegend die Ergänzung ist** – im Hinblick erstens darauf, dass dieser Anbieter bei dem BaFin-Billigungsverfahren nicht dabei war (dies kann unter Umständen ein erheblicher Faktor sein, der aus § 13 folgend für die Notwendigkeit eines neuen Prospekts spricht) und zweitens, dass der **Prospekt durch den neuen Anbieter zu einem Aliud würde**: **50**

– Das **Austauschen des Emittenten** wird im Regelfall nicht per Nachtrag möglich sein. Ausnahmen bestehen allerdings insbesondere im Bereich der Schuldverschreibungen, zum Beispiel falls ein Emittent bestimmter Wertpapiere auf Basis einer in den Wertpapierbedingungen enthaltenen und im Prospekt bereits dargestellten Schuldnerersetzungsklausel im Wege der Einzelrechtsnachfolge ausgetauscht wird. Soweit es zu einer

---

121 *Rauch*, in: Holzborn, WpPG, § 16 Rn. 11; ohne Begründung ebenso *Heidelbach*, in: Schwark/Zimmer, KMRK, § 16 WpPG Rn. 11. Siehe auch BaFin-Workshop 2009, Ausgewählte Rechtsfragen zum Nachtragsrecht, Präsentation vom 9.11.2009, S. 5 („*Aufnahme eines weiteren Emittenten nicht nachtragsfähig*").
122 RegBegr. EU-ProspRL-UmsetzungsG, BT-Drucks. 15/4999, S. 25, 31. Siehe auch BaFin-Präsentation „Wertpapierprospektgesetz – Hinterlegungsverfahren/Notifizierungsverfahren" vom 29.5.2006, S. 12.
123 *Mülbert/Steup*, in: Habersack/Mülbert/Schlitt, Unternehmensfinanzierung, § 41 Rn. 38 m. w. N.; *Mülbert/Steup*, WM 2005, 1633, 1639. Siehe auch oben Rn. 17 m. w. N.
124 Auch an dieser Aussage der Regierungsbegründung ließe sich zweifeln, da sie im Ergebnis besagt, dass bei Feststellen (vollständig) fehlender Pflichtbestandteile keine Berichtigung zulässig wäre, während unrichtige Ausführungen dazu per Nachtrag korrigiert werden könnten. Diese Differenzierung erscheint nicht sinnvoll, vgl. das erste oben genannte Argument.

§ 16 Nachtrag zum Prospekt; Widerrufsrecht des Anlegers

Gesamtrechtsnachfolge eines Emittenten z. B. aufgrund umwandlungsrechtlicher Maßnahmen wie Verschmelzung oder Spaltung kommt, liegt schon gar kein Austauschen im vorgenannten Sinne vor. In diesen Fällen ist der Wechsel des Schuldners als wesentlicher Faktor für die Beurteilung der betreffenden Wertpapiere sehr wohl per Nachtrag darstellbar, ohne den Charakter des gebilligten Prospekts vollständig zu verändern.[125]

– Nachtragsfähig ist auch in der Regel der Fall, dass **lediglich eine der Konsortialbanken ausgetauscht wird** (die ja auch als Anbieter im Sinne von § 2 Nr. 10 gelten[126]); der Prospekt wird hier nicht zu einem *Aliud*, es entsteht durch den Nachtrag auch keine Unklarheit oder Verwirrung beim Anleger.[127]

– Wenn dagegen **erstmals veräußernde Altaktionäre** einem Angebot von jungen Aktien durch den Emittenten „beitreten" wollen, spricht manches dafür, dass dies nicht per Nachtrag möglich sei, da man vertreten könnte, ein Wertpapierangebot von rein neuen Aktien sei seiner Natur nach doch wesentlich etwas anderes als die Kombination aus einem Angebot von alten und neuen Aktien. Andererseits ist es unstreitig zulässig und mit Fällen aus der BaFin-Praxis belegt,[128] das Angebot per Nachtrag so umzustellen, dass nicht mehr neue und alte Aktien angeboten werden, sondern nur noch neue Aktien.

– Anders (und damit einem Nachtrag zugänglich) mag der Fall liegen, wenn z. B. **lediglich ein Altaktionär als Verkäufer wechselt oder hinzugefügt wird** (z. B. wenn ein Private Equity Investor, der über drei Fonds investiert ist, nunmehr das Angebot ändert und über einen anderen Fonds veräußert), weil erstens eine Subsumtion unter § 16 („im Prospekt enthaltene Angaben") möglich ist und es zweitens einen unnötigen Formalismus ohne Gewinn an Anlegerschutz darstellen würde, einen neuen Prospekt zu verlangen. Ähnlich erscheint der Fall der **Hinzufügung weiterer Emittenten im Bereich der Schuldverschreibungen** (z. B. bei Emissionsprogrammen die Ergänzung eines weiteren (Offshore-)Emissionsvehikels).[129]

cc) Erweiterung der Produktpalette

51 Fraglich ist ferner, ob eine (i) **wesentliche Veränderung der angebotenen Wertpapiere** bzw. eine (ii) **Ausdehnung/Änderung der mit dem Prospekt bisher angebotenen Wertpapiere auf andere Wertpapiere per Nachtrag** möglich ist oder nicht. Derartige Veränderungen in Bezug auf das angebotene Wertpapier sind zunächst nur dann überhaupt denkbar, wenn sie zivilrechtlich zulässig sind.[130] Zudem legt der Wortlaut von § 16 Abs. 1 („*die die Beurteilung der Wertpapiere beeinflussen könnten*") nahe, dass das betreffende Wertpapier nicht per Nachtrag ausgetauscht werden kann, sondern mit dem Nachtrag nur Änderungen „*innerhalb des gebilligten Rahmens*"[131] vorgenommen werden sollen.[132] Ähnlich

---

125 Zu den genannten Ausnahmen *Friedl/Ritz*, in: Just/Voß/Ritz/Zeising, WpPG, § 16 Rn. 104.
126 Siehe oben *Schnorbus*, § 2 Rn. 104 ff.
127 Siehe *Groß*, Bookbuilding, ZHR 162 (1998), 318, 327 und 331, dass es auch zivilrechtlich keine Konsequenzen auf die Willenserklärung des Anlegers, d. h. seine Zeichnungserklärung, hat.
128 Vgl. z. B. Nachtrag Nr. 1 der CropEnergies AG vom 25.9.2006 zum Prospekt vom 15.9.2006.
129 *Friedl/Ritz*, in: Just/Voß/Ritz/Zeising, WpPG, § 16 Rn. 103.
130 Dafür erforderliche Änderungsvorbehalte bzw. Emissionsänderungsklauseln finden sich regelmäßig bei Schuldverschreibungen, siehe *Friedl/Ritz*, in: Just/Voß/Ritz/Zeising, WpPG, § 16 Rn. 105.
131 So die treffende Formulierung bei *Friedl/Ritz*, in: Just/Voß/Ritz/Zeising, WpPG, § 16 Rn. 109.
132 So auch *Rauch*, in: Holzborn, WpPG, § 16 Rn. 9.

III. Bestehen einer Nachtragspflicht (§ 16 Abs. 1 Satz 1) **§ 16**

scheint es auch die BaFin zu halten, wenn sie eine Erhöhung der Anzahl der angebotenen oder zuzulassenden Aktien per Nachtrag[133] unter die Voraussetzung stellt, dass es sich „*innerhalb desselben Angebots oder derselben Zulassung um Aktien mit identischer Ausstattung handelt*".[134] Unzulässig sei insbesondere die „*Erweiterung des Prospektgegenstandes durch Nachtrag um ein neues Angebot oder neue Zulassung von Aktien des Emittenten mit abweichender Dividendenberechtigung*".[135]

In den meisten Fällen wird es sich bei der **Veränderung der Produktpalette auf bisher nicht angebotene Wertpapiere** um eine derart schwerwiegende Änderung handeln, dass der Prospekt, der sich durch den Nachtrag ergäbe, nicht mehr mit dem ursprünglichen Prospekt vergleichbar sein wird (*aliud*-Gedanke). Eine Erweiterung der Produktpalette per Nachtrag ist z. B. jedenfalls dann nicht möglich, wenn bei einem Basisprospekt für Zertifikate der zugrunde liegende Basiswert erweitert bzw. ausgetauscht wird.[136] In derartigen Fällen ist die Erweiterung der Produktpalette daher durch die Erstellung eines neuen Prospekts, nicht durch einen Nachtrag durchzuführen. Allerdings verbieten sich auch diesbezüglich generelle Aussagen, denn auch hier sind erstens **Ausnahmen im Einzelfall denkbar**, z. B. wenn sich der Anbieter von existierenden Aktien in einem IPO entscheidet, nicht nur diese Aktien öffentlich anzubieten, sondern auch eine Umtauschanleihe (*Exchangeable Bonds*) auf einen Teil dieser Aktien zu begeben.[137] Hier sind alle im Prospekt enthaltenen Informationen weiterhin sinnvoll und wichtig für den Anleger und es wäre ineffizient und aus Anlegerschutzgesichtspunkten kontraproduktiv, einen zweiten Prospekt zu verlangen. Zweitens ist nicht jede Änderung des Wertpapiers per Nachtrag unzulässig, sondern nur **Änderungen, die den Charakter des angebotenen Produkts so signifikant verändern**, dass der Anleger an sich keine ergänzenden Informationen bräuchte, sondern dem Grunde nach neu in das Angebot eingeführt werden müsste. Die Gegenauffassung, jede Änderung am Wertpapier für nicht nachtragsfähig zu halten, ist zu formalistisch und würde zur Konsequenz haben, dass Emittenten z. B. im Basisprospekt möglichst wenig Angaben machten, um später keine „Änderungen", sondern nur „Ergänzungen" zum Wertpapier geben zu müssen, die dann per Nachtrag möglich wären bzw. über die endgültigen Bedingun-

52

---

133 Siehe dazu oben Rn. 39 ff.
134 Vgl. Abschnitt II.5.b) „*Nachträge*" auf der Website der BaFin unter *Aufsicht – Prospekte – Prospekte für Wertpapiere – Prospekterstellung und Billigungsverfahren*, abrufbar unter http://www.bafin.de/DE/Aufsicht/Prospekte/ProspekteWertpapiere/ErstellungBilligung/erstellung_billigung_node.html (Stand: 13.4.2016).
135 Siehe vorherige Fn.
136 So *Rauch*, in: Holzborn, WpPG, § 16 Rn. 9. So auch BaFin-Workshop 2009, Ausgewählte Rechtsfragen zum Nachtragsrecht, Präsentation vom 9.11.2009, S. 5, mit Beispiel zu einem neuen Basiswert bei Discount-Zertifikaten. *Müller*, WpPG, § 16 Rn. 6 differenziert danach, ob es sich um eine Erweiterung der vom Prospekt erfassten Wertpapiertypen um neue Typen handelt (dann unzulässig) oder um eine Veränderung, bei der die Produktpalette zwar erweitert wird, aber die Gattung der angebotenen Wertpapiere nicht verändert wird. Diese Differenzierung dürfte dem hier vertretenen Aliud-Gedanke im Ergebnis entsprechen. Vgl. auch *Heidelbach*, in: Schwark/Zimmer, KMRK, § 16 WpPG Rn. 11.
137 Vgl. der Börsengang der Deutsche Postbank AG vom Juni 2004 (allerdings wurde die Umtauschanleihe dort nicht öffentlich angeboten, sondern per Privatplatzierung platziert).

§ 16   Nachtrag zum Prospekt; Widerrufsrecht des Anlegers

gen erfolgen würden.[138] Solchermaßen reduzierte Basisprospekte sind aber gerade nicht im Interesse des Anlegers.[139]

53   Zudem sollen bestimmte **wesentliche Veränderungen der außerhalb des Wertpapiers selbst liegenden, aber auf das Wertpapier zurückwirkenden Umstände** auch nach der strengeren Auffassung in der Literatur **ohne neuerliche Prospekterstellung zulässig** sein, z. B. im Nachhinein per Nachtrag eine Garantie (z. B. bei bestehenden Emissionsprogrammen) einzufügen, d. h. in diesen Fällen wäre dann kein neuer Prospekt erforderlich. Diese Auffassung ist aber nur dann konsequent, wenn man auch der oben genannten Einschränkung folgt, dass nicht jede Änderung des Wertpapiers einen neuen Prospekt erfordert; andernfalls gerät man in Wertungswidersprüche.

dd) Änderung von endgültigen Bedingungen

54   Von den vorgenannten Fällen der Erweiterung der Produktpalette zu unterscheiden ist der Fall, dass sich notwendige **Änderungen an Angaben ergeben, die in endgültigen Bedingungen zu einem Basisprospekt enthalten sind**. Da die endgültigen Bedingungen selbst keiner Billigungs- bzw. Nachtragspflicht unterliegen (vgl. § 6 Abs. 3 Satz 1, Art. 22 Abs. 2 EU-Prospektverordnung), kann an sich auch eine Änderung der endgültigen Bedingungen nicht über einen formellen Nachtrag der endgültigen Bedingungen durchgeführt werden. Andererseits besteht ein erhebliches Bedürfnis in der Praxis, Emittenten zu ermöglichen, diese Angaben zu verändern bzw. zu berichtigen. Daher hat die ESMA über die ESMA-Questions and Answers[140] eine abgestufte Lösung vorgeschlagen:

– Handelt es sich bei der vorzunehmenden Änderung nicht um einen wichtigen neuen Umstand oder eine wesentliche Unrichtigkeit in Bezug auf die in dem Prospekt als Ganzes enthaltenen Angaben, kann der Emittent einen **neuen Satz von endgültigen Bedingungen bei der BaFin einreichen**. Diese Lösung entspricht der von der deutschen Praxis entwickelten sog. Ersetzungslösung.[141] Alternativ kann der Emittent – wie stets wenn ein Nachtrag nicht zur Verfügung steht – von der Möglichkeit einer anderweitigen Kommunikation an den Markt Gebrauch machen (siehe oben Rn. 31).
– Falls eine wesentliche Änderung vorliegt, verlangt die ESMA einen **Nachtrag zum Basisprospekt**, der explizit auf die endgültigen Bedingungen Bezug nimmt. Um dem Anleger ein klares Bild zu verschaffen, empfiehlt die ESMA, **zusätzlich einen zweiten Satz von endgültigen Bedingungen bei der BaFin einzureichen**, der die vorherigen endgültigen Bedingungen ersetzt.
– Der zweite Satz von endgültigen Bedingungen muss jedenfalls so gestaltet sein, dass erstens die Änderungen ersichtlich werden und zweitens ein deutlich gestalteter Hin-

---

138   Diese Vorgehensweise dürfte allerdings unter dem neuen Basisprospektregime nicht mehr so leicht möglich sein, was aber wiederum eher für als gegen die Möglichkeit eines Produktnachtrags spricht, vgl. im Einzelnen mit Beispielen *Heidelbach/Preuße*, BKR 2012, 397, 404.
139   Vgl. im Detail mit weiteren Argumenten *Friedl/Ritz*, in: Just/Voß/Ritz/Zeising, WpPG, § 16 Rn. 111 ff., die in Rn. 115 dann danach abgrenzen, ob eine neue „Angabe" erforderlich wird, die einen anderen Anhang der EU-Prospektverordnung betrifft und man sich damit außerhalb des bisherigen Rahmens befände.
140   Vgl. Antwort zu Frage 64 der ESMA-Questions and Answers (25th Updated Version – July 2016).
141   *Friedl/Ritz*, in: Just/Voß/Ritz/Zeising, WpPG, § 16 Rn. 116. BaFin-Workshop 2009, „Ausgewählte Prospekt- und Verfahrensfragen", 9.11.2009, S. 6.

weis eingefügt wird, der verdeutlicht, dass es sich um abgeänderte endgültige Bedingungen handelt.

b) Spezielle Einzelfälle

aa) Veröffentlichung von Jahres- oder Zwischenabschlüssen bzw. Gewinnprognosen; Rating des Emittenten

Nach Art. 2 lit. a) der technischen Regulierungsstandards für die Veröffentlichung eines Prospektnachtrags[142] ist für Dividendenwerte und bei Hinterlegungsscheinen bei der Veröffentlichung **neuer geprüfter Jahresabschlüsse durch den Emittenten**[143] zwingend ein Nachtrag zum Prospekt zu veröffentlichen.[144] Erwägungsgrund 6 der technischen Regulierungsstandards führt als Begründung aus, dass die geprüften Jahresabschlüsse für Anleger eine entscheidende Rolle spielen. Aufgrund dieser besonderen Bedeutung waren auch vor der expliziten Regelung kaum Situationen denkbar, in denen die Veröffentlichung eines Jahresabschlusses keine Nachtragspflicht ausgelöst hätte (vgl. die folgende Diskussion zu Zwischenabschlüssen). Dank der Klarstellung dürfte sich die Diskussion in der Literatur aber in Zukunft darauf beschränken, ob auch **Zwischenabschlüsse** einen nachtragspflichtigen neuen Umstand im Sinne des § 16 Abs. 1 Satz 1 darstellen. Dabei ist vertreten worden, dass dies nicht generell beantwortet werden könne, sondern anhand der Bedeutung der veränderten Kennzahlen für die Vermögens-, Finanz- und Ertragslage des Emittenten eingeschätzt werden müsse, welchen Einfluss diese neuen Angaben im Verhältnis zu den veröffentlichten Finanzinformationen aus Sicht eines verständigen Anlegers auf die Beurteilung der Wertpapiere haben könnte.[145] Dieser Ansatz entspricht grundsätzlich der hier vertretenen Auffassung zur Herangehensweise an die Subsumtion unter § 16 Abs. 1 Satz 1. Konkret für die Frage der Nachtragspflicht bei Veröffentlichung von Zwischenabschlüssen vertreten dies auch die zuständigen Behörden der Mitgliedstaaten so (ausweislich der ESMA-Questions and Answers[146]). Dennoch ist in der Praxis jedenfalls bei Eigenkapitalemissio-

---

142 Delegierte Verordnung (EU) Nr. 382/2014 vom 7.3.2014 zur Ergänzung der Richtlinie 2003/71/EG des Europäischen Parlaments und des Rates im Hinblick auf technische Regulierungsstandards für die Veröffentlichung eines Prospektnachtrags.
143 Sofern sich der Prospekt auf Aktien oder andere übertragbare, aktienähnliche Wertpapiere gemäß Art. 4 Abs. 2 Unterabs. 1 der EU-Prospektverordnung bezieht. Liegen dagegen Dividendenwerte vor, die die in Art. 17 Abs. 2 der EU-Prospektverordnung festgelegten Bedingungen erfüllen, oder wurde der Prospekt im Einklang mit dem Schema für Hinterlegungsscheine gemäß Anhang X oder Anhang XXVIII der EU-Prospektverordnung erstellt, greift die Nachtragspflicht, wenn der Emittent **der zugrunde liegenden Aktien** (oder anderer übertragbarer, aktienähnlicher Wertpapiere) neue geprüfte Jahresabschlüsse veröffentlicht.
144 Zum Inhalt eines solchen Nachtrags siehe S. 17 des Final Report 2013/1970 zu den Draft Regulatory Technical Standards on specific situations that require the publication of a supplement to the prospectus vom 17.12.2013, abrufbar unter https://www.esma.europa.eu/sites/default/files/library/2015/11/2013-1970_report_on_draft_rts_for_supplements_to_prospectuses.pdf (Stand: 5.4.2016).
145 So *Rauch*, in: Holzborn, WpPG, § 16 Rn. 12 im Anschluss an *Heidelbach/Preuße*, BKR 2006, 316, 320; ebenso im Grundsatz *Müller/Oulds*, WM 2007, 573, 576; *Friedl/Ritz*, in: Just/Voß/Ritz/Zeising, WpPG, § 16 Rn. 36 ff.; *Müller*, WpPG, § 16 Rn. 3; *Seitz*, in: Assmann/Schlitt/von Kopp-Colomb, WpPG/VerkProspG, § 16 Rn. 44; **für eine weitere Auslegung** *Wiegel*, Die Prospektrichtlinie und Prospektverordnung, S. 364 f.
146 Vgl. Antwort zu Frage 19 der ESMA-Questions and Answers (25th Updated Version – July 2016).

§ 16 Nachtrag zum Prospekt; Widerrufsrecht des Anlegers

nen – für andere Arten von Wertpapieren kann bzw. wird das entsprechend der vorgenannten konkret durchzuführenden Analyse anders sein[147] – schwer vorstellbar, wie die Veröffentlichung von Zwischenabschlüssen aufgrund der regelmäßig besonderen Bedeutung von aktuellen Geschäftszahlen für Anleger nicht einen Nachtrag auslösen soll, zumal Ziffer 9.1 von Anhang I der EU-Prospektverordnung die Diskussionen dieser aktuellen Finanzlage in der sog. MD&A verlangt.[148] Daher empfehlen die vorgenannten ESMA-Questions and Answers **bei Eigenkapitalemissionen im Zweifel** auch die **Erstellung eines Nachtrags**.[149] Schon bei Billigung eines Prospekts nach Ablauf eines Quartals, das nicht mehr mit Finanzinformationen im Prospekt abgedeckt ist, werden üblicherweise vor Billigung erhöhte Due Diligence-Anstrengungen unternommen, um zu eruieren, ob bereits erste Erkenntnisse aus dem abgelaufenen Quartal vorliegen, die im Rahmen des Abschnittes *„Jüngster Geschäftsgang und -aussichten"* berücksichtigt werden könnten.[150]

56 Die technischen Regulierungsstandards für die Veröffentlichung eines Prospektnachtrags[151] behandeln in Art. 2 lit. b) ferner einen weiteren spezifischen nachtragspflichtigen Fall für Dividendenwerte und bei Hinterlegungsscheinen, nämlich die **Veröffentlichung von Änderungen bereits in den Prospekt aufgenommener Gewinnprognosen** (*profit forecasts*, vgl. Art. 2 Nr. 10 EU-Prospektverordnung) **oder Gewinnschätzungen** (*profit*

---

147 Bei (reinen) Schuldverschreibungen werden neue (Zwischen-)Finanzinformationen nur dann einen Nachtrag auslösen, wenn sie nahelegen, dass die Erfüllung der mit dem Finanzinstrument verbundenen Verpflichtungen des Emittenten (z. B. Rückzahlung, Zinszahlung) beeinträchtigt sein könnte, siehe zu § 15 WpHG ebenso Emittentenleitfaden der BaFin, 4. Aufl., Stand 28.4.2009, Kapitel IV.2.2.5.1 Herkömmliche Schuldverschreibungen, S. 57. Ähnlich *Friedl/Ritz*, in: Just/Voß/Ritz/Zeising, WpPG, § 16 Rn. 40; *Heidelbach*, in: Schwark/Zimmer, KMRK, § 16 WpPG Rn. 16 ff. und *Seitz*, in: Assmann/Schlitt/von Kopp-Colomb, WpPG/VerkProspG, § 16 Rn. 44 im Zusammenspiel mit Rn. 46.
148 So auch ohne nähere Diskussion schon *Waldeck/Süßmann*, WM 1993, 361, 366. **A. A.** *Heidelbach*, in: Schwark/Zimmer, KMRK, § 16 WpPG Rn. 19 und *Heidelbach/Preuße*, BKR 2006, 316, 320, die ohne Vorliegen besonderer Umstände die Nachtragspflicht verneinen, da die Regelpublizität nur ganz ausnahmsweise einen Nachtrag auslösen könne. **Wie diese** *Hamann*, in: Schäfer/Hamann, Kapitalmarktgesetze, § 16 WpPG Rn. 13 (*„nur bei Vorliegen besonderer Umstände nachtragspflichtig"*). Wegen des völlig unterschiedlichen Charakters der Vorschriften ist es auch nicht überzeugend, davon auszugehen, dass eine Veröffentlichung im Rahmen von § 10 a. F. die Nachtragspflicht nach § 16 verdrängt habe (so aber *Hamann*, in: Schäfer/Hamann, Kapitalmarktgesetze, § 16 WpPG Rn. 13; *Heidelbach/Preuße*, BKR 2006, 316, 320). Dagegen auch zu Recht *Friedl/Ritz*, in: Just/Voß/Ritz/Zeising, WpPG, § 16 Rn. 38 und *Seitz*, in: Assmann/Schlitt/von Kopp-Colomb, WpPG/VerkProspG, § 16 Rn. 45, der aber umgekehrt die in der nachfolgenden Fußnote dargestellte Ansicht der ESMA (ehemals CESR) als *„nicht hilfreich"*, weil zu pauschal bezeichnet.
149 Vgl. Antwort zu Frage 19 der ESMA-Questions and Answers (25th Updated Version – July 2016). **A. A.** (*„eher abzulehnen"*) *Müller/Oulds*, WM 2007, 573, 576 unter (schon damals) unzutreffender Bezugnahme auf die CESR-Frequently Asked Questions vom Juli 2006 (damals Antwort zu Frage 12).
150 Dagegen fallen Zwischenabschlüsse nicht unter § 15 Abs. 4 und lösen nicht dadurch eine Nachtragspflicht aus (**so aber** *Rauch*, in: Holzborn, WpPG, § 16 Rn. 12 a. E., falls diese per Ad-hoc-Mitteilung veröffentlicht würden). Denn § 15 Abs. 4 betrifft nur angebots- bzw. zulassungsbezogene Informationen (*„über das öffentliche Angebot oder die Zulassung..."*), siehe oben *Berrar*, § 15 Rn. 40.
151 Delegierte Verordnung (EU) Nr. 382/2014 vom 7.3.2014 zur Ergänzung der Richtlinie 2003/71/EG des Europäischen Parlaments und des Rates im Hinblick auf technische Regulierungsstandards für die Veröffentlichung eines Prospektnachtrags.

III. Bestehen einer Nachtragspflicht (§ 16 Abs. 1 Satz 1) **§ 16**

estimates, vgl. Art. 2 Nr. 11 EU-Prospektverordnung) durch den Emittenten.[152, 153] Auch hinsichtlich sonstiger, also insbesondere erstmaliger bzw. nicht im Prospekt veröffentlichter Gewinnprognosen oder Gewinnschätzungen besteht nach Auffassung der ESMA[154] unter Verweis auf Ziffer 44 der „*ESMA's Recommendations for the consistent implementation of the European Commission Regulation on Prospectuses No. 809/2004 (ESMA/2011/81)*" – auch wenn die endgültige Entscheidung dem Emittenten („*issuer*") obliegen müsse – **bei Eigenkapitalemissionen eine Vermutung**, dass es sich dabei um einen wichtigen neuen Umstand handelt, der einen **Nachtrag erforderlich** macht (insbesondere bei einem IPO).[155] Sofern daraus, dass schon die Änderung bereits in den Prospekt aufgenommener Gewinnprognosen oder -schätzungen eine Nachtragspflicht auslöst, nicht schon im Wege eines Erst-Recht-Schlusses[156] eine Nachtragspflicht für erstmalige bzw. nicht im Prospekt veröffentlichte Gewinnprognosen oder -schätzungen hergeleitet wird, dürfte in diesem Lichte jedenfalls die Entkräftung der Vermutung kaum gelingen. Bei einer diesbezüglichen Argumentation käme es aber wieder nach allgemeinen Grundsätzen auf die Wichtigkeit dieses neuen Umstands im Einzelfall an.[157]

Als weiteres Beispiel einer nachtragspflichtigen neuen Tatsache führte die CESR als Vorgängerin der ESMA in einem *Feedback Statement* im Rahmen der Beratung der Kommis- **57**

---

152 Sofern sich der Prospekt auf Aktien oder andere übertragbare, aktienähnliche Wertpapiere gemäß Art. 4 Abs. 2 Unterabs. 1 der EU-Prospektverordnung bezieht. Bezieht sich der Prospekt dagegen auf Dividendenwerte, die die in Art. 17 Abs. 2 der EU-Prospektverordnung festgelegten Bedingungen erfüllen, oder wurde der Prospekt im Einklang mit dem Schema für Hinterlegungsscheine gemäß Anhang X oder Anhang XXVIII der EU-Prospektverordnung erstellt, greift die Nachtragspflicht, wenn der Emittent **der zugrunde liegenden Aktien** (oder anderer übertragbarer, aktienähnlicher Wertpapiere) Änderungen bereits in den Prospekt aufgenommener Gewinnprognosen oder Gewinnschätzungen veröffentlicht.
153 Zum Inhalt eines solchen Nachtrags siehe S. 19 und 21 des Final Report 2013/1970 zu den Draft Regulatory Standards on specific situations that require the publication of a supplement to the prospectus vom 17.12.2013, abrufbar unter https://www.esma.europa.eu/sites/default/files/library/2015/11/2013-1970_report_on_draft_rts_for_supplements_to_prospectuses.pdf (Stand: 5.4.2016).
154 Vgl. Antwort zu Frage 20 der ESMA-Questions and Answers (25th Updated Version – July 2016).
155 Zudem löse dies die Anforderungen nach Ziffer 13 von Anhang I der EU-Prospektverordnung aus. Vgl. *Seitz*, in: Assmann/Schlitt/von Kopp-Colomb, WpPG/VerkProspG, § 16 Rn. 49 und näher auch *Apfelbacher/Metzner*, BKR 2006, 81, 89.
156 Ein Umkehrschluss dahingehend, dass etwa erstmalige Gewinnprognosen oder -schätzungen nicht nachtragspflichtig sein sollen, kann aus Art. 2 lit. b) jedenfalls nicht gezogen werden, wie sich schon an Erwägungsgrund 5 der technischen Regulierungsstandards für die Veröffentlichung eines Prospektnachtrags zeigt, der ausdrückt, dass nur ein **Minimum** an Situationen festgelegt werden sollte, in denen ein Nachtrag verlangt wird. Noch deutlicher hätte dieser Befund allerdings durch Einfügung eines Wortes wie „*insbesondere*" zu Beginn von Art. 2 ausgedrückt werden können.
157 Für die Auslegung könnte dann zurückgegriffen werden auf die sehr ausgewogene Darstellung zu § 15 WpHG im Emittentenleitfaden der BaFin, 4. Aufl., Stand 28.4.2009, Kapitel IV.2.2.9.2 Prognosen, S. 56 („*Allgemein formulierte Erwartungen oder langfristige Planungen des Emittenten (z. B. Planungen mit einem Zeithorizont von drei oder mehr Jahren oder interne Planungen i. S. v. Zielvorgaben) lassen in vielen Fällen noch nicht hinreichend konkrete Rückschlüsse auf die tatsächliche Unternehmensentwicklung zu und fallen damit nicht unter die Veröffentlichungspflicht*"). Siehe auch *Heidelbach*, in: Schwark/Zimmer, KMRK, § 16 WpPG Rn. 20.

§ 16   Nachtrag zum Prospekt; Widerrufsrecht des Anlegers

sion zu der EU-Prospektverordnung die **Änderung des Ratings des Emittenten** an.[158] Im Final Report zu den technischen Regulierungsstandards für die Veröffentlichung eines Prospektnachtrags[159] legt die ESMA dagegen dar, dass es sich bei Abwertungen im Rating jedenfalls nicht um eine Situation handelt, in der stets ein Nachtrag erforderlich ist und die deshalb in den Katalog der technischen Regulierungsstandards aufzunehmen gewesen wäre.[160] Die Erforderlichkeit eines Nachtrags ist daher nach allgemeinen Grundsätzen zu beurteilen, wobei der Aussage der ESMA gerade nicht entnommen werden kann, dass bei einer solchen Abwertung kein Nachtrag erforderlich wäre.[161]

bb) Weitere in den technischen Regulierungsstandards für die Veröffentlichung eines Prospektnachtrags geregelte Einzelfälle

57a Neben der Veröffentlichung von Jahresabschlüssen und Gewinnprognosen (siehe dazu oben Rn. 55 f.) führen die technischen Regulierungsstandards für die Veröffentlichung eines Prospektnachtrages[162] in Art. 2 lit c) – h) noch weitere zum Nachtrag verpflichtende Fallgruppen auf. Gravierende Änderungen in der Praxis haben sich durch Einführung der technischen Regulierungsstandards allerdings nicht ergeben, da die dort beschriebenen Fallgruppen schon bisher nach allgemeinen Grundsätzen (siehe dazu oben Rn. 16 ff., insbesondere Rn. 20) zu einer Nachtragspflicht führten.[163]

– Nach Art. 2 lit. c) greift für Dividendenwerte und bei Hinterlegungsscheinen eine Nachtragspflicht bei **Veränderungen der Kontrollverhältnisse** beim Emittenten.[164] Erwä-

---

158 Feedback Statement July 2003, CESR 03-209, Nr. 293.
159 Delegierte Verordnung (EU) Nr. 382/2014 vom 7.3.2014 zur Ergänzung der Richtlinie 2003/71/EG des Europäischen Parlaments und des Rates in Hinblick auf technische Regulierungsstandards für die Veröffentlichung eines Prospektnachtrags.
160 S. 33 des Final Report 2013/1970 zu den Draft Regulatory Standards on specific situations that require the publication of a supplement to the prospectus vom 17.12.2013, abrufbar unter https://www.esma.europa.eu/sites/default/files/library/2015/11/2013-1970_report_on_draft_rts_for_supplements_to_prospectuses.pdf (Stand: 5.4.2016).
161 So auch der allgemeine Hinweis der ESMA auf S. 11 des Final Report 2013/1970 zu den Draft Regulatory Standards on specific situations that require the publication of a supplement to the prospectus vom 17.12.2013, abrufbar unter https://www.esma.europa.eu/sites/default/files/library/2015/11/2013-1970_report_on_draft_rts_for_supplements_to_prospectuses.pdf (Stand: 5.4.2016). Allerdings muss gerade bei Eigenkapitalemissionen eine geringfügige Herabstufung des *debt ratings* eines Emittenten durch eine der Ratingagenturen eben auch nicht zwingend ein „wichtiger neuer Umstand" sein, der eine Nachtragspflicht auslöst.
162 Delegierte Verordnung (EU) Nr. 382/2014 vom 7.3.2014 zur Ergänzung der Richtlinie 2003/71/EG des Europäischen Parlaments und des Rates im Hinblick auf technische Regulierungsstandards für die Veröffentlichung eines Prospektnachtrags.
163 Dies entspricht auch der vorherigen Einschätzung der ESMA, siehe S. 8 und 10 des Final Report 2013/1970 zu den Draft Regulatory Standards on specific situations that require the publication of a supplement to the prospectus vom 17.12.2013, abrufbar unter https://www.esma.europa.eu/sites/default/files/library/2015/11/2013-1970_report_on_draft_rts_for_supplements_to_prospectuses.pdf (Stand: 5.4.2016).
164 Sofern sich der Prospekt auf Aktien oder andere übertragbare, aktienähnliche Wertpapiere gemäß Art. 4 Abs. 2 Unterabs. 1 der EU-Prospektverordnung bezieht. Handelt es sich hingegen um einen Prospekt, der sich auf Dividendenwerte bezieht, die die in Art. 17 Abs. 2 der EU-Prospektverordnung festgelegten Bedingungen erfüllen, oder um einen Prospekt, der in Einklang mit dem Schema für Hinterlegungsscheine gemäß Anhang X oder Anhang XXVIII der EU-Prospektverordnung erstellt wurde, greift die Nachtragspflicht, wenn sich bei einem Emittenten der **zugrunde**

III. Bestehen einer Nachtragspflicht (§ 16 Abs. 1 Satz 1) § 16

gungsgrund 8 der technischen Regulierungsstandards hebt die Bedeutung von Angaben zu den Hauptaktionären oder etwaigen beherrschenden Unternehmen als eine wesentliche Voraussetzung für die sachkundige Beurteilung des Emittenten hervor. Wenn das Angebot sich auf Dividendenwerte und Hinterlegungsscheine beziehe, falle eine Änderung der Kontrollverhältnisse beim Emittenten besonders stark ins Gewicht, da diese Arten von Wertpapieren im Allgemeinen besonders preissensitiv auf solche Situationen reagierten. In einem solchen Nachtrag sind die Vereinbarungen in Bezug auf die Veränderung der Kontrollverhältnisse aufzuführen, die dem Emittenten bekannt sind.[165]

- Ferner löst bei Dividendenwerten und Hinterlegungsscheinen ein **neues öffentliches Übernahmeangebot von Dritten**[166] **sowie das Vorliegen des Ergebnisses** eines öffentlichen Übernahmeangebots bezüglich des Eigenkapitals des Emittenten[167] gemäß Art. 2 lit. d) die Nachtragspflicht aus.[168] Nach Erwägungsgrund 9 müssen potenzielle Anleger, die ein Angebot prüfen, die Bedingungen des betreffenden Angebots mit dem Preis bzw. den Umtauschkonditionen eines während der Angebotsfrist angekündigten öffentlichen Übernahmeangebots vergleichen können. Das Ergebnis eines öffentlichen Übernahmeangebots spiele für die Anleger wiederum wegen möglicher Änderungen der Kontrollverhältnisse beim Emittenten eine wichtige Rolle.
- Art. 2 lit. e) regelt den Fall, dass bei Dividendenwerten[169] eine bereits in einem Prospekt aufgenommene **Erklärung zum Geschäftskapital geändert** wird, wenn dadurch das Geschäftskapital im Hinblick auf die aktuellen Verpflichtungen des Emittenten eine ausreichende bzw. nicht ausreichende Höhe erreicht.[170] Wenn die Erklärung zum Geschäftskapital nicht mehr zutreffend ist, können die Anleger keine sachkundige Anlage-

---

liegenden Aktien (oder anderer übertragbarer, aktienähnlicher Wertpapiere) die Kontrollverhältnisse verändern.

165 S. 24 des Final Report 2013/1970 zu den Draft Regulatory Standards on specific situations that require the publication of a supplement to the prospectus vom 17.12.2013, abrufbar unter https://www.esma.europa.eu/sites/default/files/library/2015/11/2013-1970_report_on_draft_rts_for_supplements_to_prospectuses.pdf (Stand: 5.4.2016).

166 Im Sinne von Arti. 2 Abs. 1 lit. a) der Richtlinie 2004/25/EG des Europäischen Parlaments und des Rates vom 21.4.2004 betreffend Übernahmeangebote (ABl. L 142 vom 30.4.2004, S. 12).

167 Sofern sich der Prospekt auf Aktien oder andere übertragbare, aktienähnliche Wertpapiere gemäß Art. 4 Abs. 2 Unterabs.1 der EU-Prospektverordnung bezieht. Bezieht sich der Prospekt dagegen auf Dividendenwerte, die die in Art. 17 Abs. 2 der EU-Prospektverordnung festgelegten Bedingungen erfüllen oder wurde der Prospekt in Einklang mit dem Schema für Hinterlegungsscheine gemäß Anhang X oder Anhang XXVII der EU-Prospektverordnung erstellt, greift die Nachtragspflicht, wenn ein öffentliches Übernahmeangebot von Dritten bzw. ein Ergebnis eines solchen Übernahmeangebots bezüglich des Eigenkapitals des Emittenten **der zugrunde liegenden Aktien** (oder anderer übertragbarer, aktienähnlicher Wertpapiere) vorliegt.

168 Zum Inhalt eines solchen Nachtrags siehe S. 25 des Final Report 2013/1970 zu den Draft Regulatory Standards on specific situations that require the publication of a supplement to the prospectus vom 17.12.2013, abrufbar unter https://www.esma.europa.eu/sites/default/files/library/2015/11/2013-1970_report_on_draft_rts_for_supplements_to_prospectuses.pdf (Stand: 5.4.2016).

169 Genauer bei Aktien und anderen übertragbaren, aktienähnlichen Wertpapieren gemäß Art. 4 Abs. 2 Unterabs. 1 der EU-Prospektverordnung sowie bei wandelbaren oder austauschbaren Schuldtiteln, bei denen es sich um Dividendenwerte handelt, die die in Art. 17 Abs. 2 der EU-Prospektverordnung festgelegten Bedingungen erfüllen.

170 Zum Inhalt eines solchen Nachtrags siehe S. 27 des Final Report 2013/1970 zu den Draft Regulatory Standards on specific situations that require the publication of a supplement to the prospectus vom 17.12.2013, abrufbar unter https://www.esma.europa.eu/sites/default/files/library/2015/11/2013-1970_report_on_draft_rts_for_supplements_to_prospectuses.pdf (Stand: 5.4.2016).

§ 16 Nachtrag zum Prospekt; Widerrufsrecht des Anlegers

entscheidung hinsichtlich der finanziellen Lage des Emittenten in der unmittelbaren Zukunft treffen.[171] Die Anleger sollen ihre Anlageentscheidungen unter Berücksichtigung der neuen Informationen über die Fähigkeit des Emittenten, sich zur Bedienung seiner Verbindlichkeiten Barmittel und andere liquide Mittel zu verschaffen, einer Neubewertung unterziehen können.[172]

– Beantragt ein Emittent die Zulassung zum Handel an einem **zusätzlichen geregelten Markt/zusätzlichen geregelten Märkten** eines zusätzlichen Mitgliedsstaats/zusätzlicher Mitgliedsstaaten oder plant ein öffentliches Angebot in einem **zusätzlichen Mitgliedstaat/zusätzlichen Mitgliedstaaten**, der/die noch nicht im Prospekt genannt war/waren, so ist gemäß Art. 2 lit. f) ein Nachtrag erforderlich.[173]

– Bei Dividendenwerten[174] fasst Art. 2 lit. g) **neue, bedeutende finanzielle Verpflichtungen**, die voraussichtlich eine bedeutende Bruttoveränderung im Sinne von Art. 4a Abs. 6 der EU-Prospektverordnung bewirken, unter die für einen Nachtrag relevanten Fallgruppen, da sich diese wahrscheinlich auf die finanzielle Lage und die Geschäftstätigkeit von Unternehmen auswirken.[175] Der Nachtrag muss, sofern Art. 4a der EU-Prospektverordnung einschlägig ist, Pro-Forma-Finanzinformationen nach Anhang II der EU-Prospektverordnung enthalten.[176]

– Schließlich nennt Art. 2 lit. h) eine **Erhöhung des aggregierten Nominalbetrags des Angebotsprogramms** als eine zum Nachtrag verpflichtende Situation.[177] Erwägungsgrund 13 begründet die Nachtragspflichtigkeit in einem solchen Fall damit, dass die Erhöhung Rückschlüsse auf den Finanzierungsbedarf des Emittenten oder einen Anstieg der Nachfrage nach Wertpapieren des Emittenten zulässt.

---

171 Erwägungsgrund 10 der technischen Regulierungsstandards für die Veröffentlichung eines Prospektnachtrages.
172 Erwägungsgrund 10 der technischen Regulierungsstandards für die Veröffentlichung eines Prospektnachtrages.
173 Durch die Regelung der Nachtragspflicht ist gleichzeitig auch klargestellt, dass die entsprechenden Fälle grundsätzlich auch nachtragsfähig sind, vgl. auch Erwägungsgrund 11 der technischen Regulierungsstandards für die Veröffentlichung eines Prospektnachtrages. Die Angabe, ob Wertpapiere überhaupt zum Handel an einem organisierten Markt zugelassen werden sollen, kann dagegen nach Auffassung der BaFin nicht im Wege eines Nachtrags erfolgen, weil die erforderliche Erklärung des Zulassungsantragstellers nicht per Nachtrag nachgeholt werden könne, vgl. Präsentation der BaFin im Rahmen einer Informationsveranstaltung der BaFin vom 10.6.2005 unter dem Titel „Neues Prospektrecht (WpPG) – Allgemeine Grundlagen", S. 15. Siehe auch BaFin-Workshop 2009, „Ausgewählte Prospekt- und Verfahrensfragen", 9.11.2009, S. 3 ff., insbesondere S. 10, sowie derselbe BaFin-Workshop 2009, „Ausgewählte Rechtsfragen zum Nachtragsrecht", Präsentation vom 9.11.2009, S. 6.
174 Genauer bei Aktien und anderen übertragbaren, aktienähnlichen Wertpapieren gemäß Art. 4 Abs. 2 Unterabs. 1 der EU-Prospektverordnung und bei sonstigen Dividendenwerten, die die Bedingungen von Art. 17 Abs. 2 der EU-Prospektverordnung erfüllen.
175 Erwägungsgrund 12 der technischen Regulierungsstandards für die Veröffentlichung eines Prospektnachtrages.
176 S. 29 des Final Report 2013/1970 zu den Draft Regulatory Standards on specific situations that require the publication of a supplement to the prospectus vom 17.12.2013, abrufbar unter https://www.esma.europa.eu/sites/default/files/library/2015/11/2013-1970_report_on_draft_rts_for_supplements_to_prospectuses.pdf (Stand: 5.4.2016).
177 Auch hier zeigt die Aufnahme in den Katalog nachtragspflichtiger Tatbestände, dass dieser Umstand grundsätzlich als nachtragsfähig anzusehen ist, vgl. auch Erwägungsgrund 13 der technischen Regulierungsstandards für die Veröffentlichung eines Prospektnachtrages.

III. Bestehen einer Nachtragspflicht (§ 16 Abs. 1 Satz 1) §16

cc) Veränderung von Angebotsbedingungen

Fraglich ist, ob Veränderungen von Angebotsbedingungen eine Nachtragspflicht auslösen. Denkbar sind insbesondere (i) die Erhöhung oder Verringerung der Preisspanne, (ii) die Erhöhung oder Verringerung des Emissionsvolumens sowie (iii) die Verkürzung oder Verlängerung der Angebotsfrist. Dies ist ausschließlich eine Frage von § 16; § 8 enthält dazu keine Regelung.[178] 58

aaa) Grundsätzliche Feststellungen

Die Frage etwaiger Nachtragspflichten bei einer Veränderung von Angebotsbedingungen ist **anhand der allgemeinen Regeln zu beantworten**. Daher gilt – wie zuvor ausgeführt –, dass im Einzelfall zu beurteilen ist, ob ein wichtiger neuer Umstand vorliegt, der für den verständigen Anleger die Beurteilung der Wertpapiere beeinflussen könnte.[179] Dabei ist zutreffend darauf hingewiesen worden, dass die vorgenannten Veränderungen der Angebotsbedingungen weder an den angebotenen Wertpapieren als solchen noch an den Elementen, die nach der EU-Prospektverordnung in den Wertpapierprospekt aufzunehmen sind, etwas ändern.[180] Betrachtet man vielmehr den von der Regierungsbegründung und der herrschenden Meinung zum Maßstab für § 16 Abs. 1 Satz 1 erhobenen § 5 Abs. 1 Satz 1 (*„Angaben, die im Hinblick auf den Emittenten und die öffentlich angebotenen oder zum Handel an einem organisierten Markt zugelassenen Wertpapiere notwendig sind, um dem Publikum ein zutreffendes Urteil über die Vermögenswerte und Verbindlichkeiten, die Finanzlage, die Gewinne und Verluste, die Zukunftsaussichten des Emittenten und jedes Garantiegebers sowie über die mit diesen Wertpapieren verbundenen Rechte zu ermöglichen"*), stellt man fest, dass die Veränderung der Angebotsbedingungen nicht ohne Weiteres hier subsumierbar wäre. Dennoch sind diese Angebotsbedingungen selbstverständlich Pflichtangaben, vgl. Ziffer 5.1.2, 5.1.3 und 5.3.1 von Anhang III der EU-Prospektverordnung. 59

Dass nicht etwa jede der vorgenannten Veränderungen eine Nachtragspflicht auslöst, steht in dem Standard-Wortlaut von zahlreichen Prospekten, die von der BaFin in den letzten elf Jahren gebilligt worden sind. Dort heißt es regelmäßig (Hervorhebung eingefügt):[181] 60

---

178 Zutreffend *Groß*, Kapitalmarktrecht, § 16 WpPG Rn. 8a, in aktueller Auflage allerdings verbunden mit der eher missverständlichen Aussage, dass auch § 16 nichts dazu sage; *Friedl/Ritz*, in: Just/Voß/Ritz/Zeising, WpPG, § 16 Rn. 87.
179 So im Grundsatz auch *Friedl/Ritz*, in: Just/Voß/Ritz/Zeising, WpPG, § 16 Rn. 88, sowie *Chr. Becker*, in: Heidel, Aktienrecht und Kapitalmarktrecht, § 16 WpPG Rn. 5, der aber dann jegliche nachträgliche Veränderung der im Prospekt enthaltenen Emissionspreisspanne pauschal für nachtragspflichtig hält. Das von, *Groß*, in: Bosch/Groß, Emissionsgeschäft (BuB), Rn. 10/268 und ähnlich *Schlitt/Schäfer*, AG 2008, 525, 533 (Fn. 88), genannte Kriterium *„inhaltlich Auswirkungen hat"* lässt das Erfordernis der Wesentlichkeit außer Acht. Die Formulierung bei *Groß*, Kapitalmarktrecht, § 16 WpPG Rn. 8a *„inhaltlich wesentliche Auswirkungen"* zeigt aber, dass *Groß* dies auch als Frage der Subsumtion unter den gesetzlichen Tatbestand verstanden wissen will und daher das Kriterium der Wesentlichkeit für ihn durchaus von (ausschlaggebender) Relevanz sein sollte.
180 *Groß*, Kapitalmarktrecht, § 16 WpPG Rn. 8 und schon zuvor *Groß*, Bookbuilding, ZHR 162 (1998), 318, 328.
181 Zitiert ist nachfolgend der Prospekt der windeln.de AG vom 22.4.2015, S. 42. Weitere Beispiele für einen ähnlichen Wortlaut finden sich unter anderem bei den Prospekten der Covestro AG vom 18.9.2015, S. S-47 f. und der Sixt Leasing AG vom 24.4.2015, S. S-47. Auch ältere Prospekte bringen dies zum Ausdruck, vgl. etwa den in der Vorauflage abgedruckten Wortlaut des Prospekts

§ 16 Nachtrag zum Prospekt; Widerrufsrecht des Anlegers

„Die Gesellschaft und die Abgebenden Aktionäre behalten sich das Recht vor, gemeinsam mit den Joint Global Coordinators die Gesamtzahl der Angebotsaktien zu erhöhen oder herabzusetzen, die obere und/oder untere Grenze der Preisspanne zu erhöhen oder zu senken und/oder den Angebotszeitraum zu verlängern oder zu verkürzen. Durch Änderungen der Anzahl der Angebotsaktien, Änderungen der Preisspanne oder die Verlängerung oder Verkürzung des Angebotszeitraums werden bereits abgegebene Kaufangebote nicht unwirksam. **Falls eine solche Änderung die Veröffentlichung eines Nachtrags zum Prospekt erforderlich macht,** *haben Anleger, die bereits vor der Veröffentlichung des Nachtrags ein Kaufangebot abgegeben haben, gemäß dem Wertpapierprospektgesetz das Recht, dieses Kaufangebot innerhalb von zwei Werktagen nach der Veröffentlichung des Nachtrags zu widerrufen. Anstelle des Widerrufs der vor der Veröffentlichung des Nachtrags abgegebenen Kaufangebote können Anleger innerhalb von zwei Werktagen nach der Veröffentlichung des Nachtrags ihre Kaufangebote abändern oder neue limitierte oder unlimitierte Kaufangebote abgeben ..."*

61 Insofern ist davon auszugehen, dass auch die BaFin, mit der die Thematik auch im Jahre 2005 bei Abstimmung des vorgenannten Wortlauts explizit erörtert wurde, diese Auffassung nach wie vor teilt. Daher sind erstens hinsichtlich der Nachtragspflicht verschiedene Fallgruppen anhand ihrer Auswirkungen zu unterscheiden und zweitens auch die zivilrechtlichen Auswirkungen auf die Willenserklärung der Anleger zu berücksichtigen.

bbb) Erhöhung bzw. Verringerung der Preisspanne

62 Eine reine **Verengung der Preisspanne**, d.h. Erhöhung der unteren Grenze der Preisspanne und Reduzierung der oberen Begrenzung der Preisspanne, sollte nicht nachtragspflichtig sein.[182] Dies gilt unabhängig davon, ob nur existierende Aktien aus dem Besitz von Altaktionären oder auch neue Aktien aus einer Kapitalerhöhung angeboten werden. Sofern alle anderen Parameter des Angebots gleich bleiben, verändern sich für den Anleger die Bedingungen des Angebots nicht in wesentlicher Weise. Bereits abgegebene Zeichnungserklärungen, die innerhalb der neuen Preisspanne liegen bzw. kein Limit enthielten, bleiben wirksam. In der Praxis kommt es zudem oftmals zu einer informellen Verengung der Preisspanne, indem von den führenden Konsortialbanken (in Absprache mit dem Emittenten und ggfls. abgebenden Aktionären) eine sogenannte *„narrowing the price range message"* z.B. über Bloomberg verbreitet wird, die regelmäßig am letzten oder vorletzten Tag der Angebotsfrist erfolgt und eben nach gängiger Marktusance auch keinen Nachtrag erfordert.[183]

---

der Wacker Chemie AG vom 24.3.2006, S. 35 oder die Prospekte der Tognum AG vom 18.6.2007, S. 38 f., der CropEnergies AG vom 15.9.2006, S. 27, und der Hamburger Hafen und Logistik AG vom 19.10.2007, S. 44.

182 So jetzt auch *Groß*, Kapitalmarktrecht, § 16 WpPG Rn. 8b.

183 Davon zu unterscheiden ist die sogenannte *„books covered message"*, die regelmäßig auch über Bloomberg verbreitet wird und nach gängiger Marktpraxis ebenfalls keine Nachtragspflicht auslöst. Diese Praxis ist aber weder rechtlich glücklich noch hilft sie den Prinzipalen immer. Denn in Fällen, in denen keine *books covered message* erfolgt, gerät das Angebot regelmäßig gerade deshalb in Schwierigkeiten.

III. Bestehen einer Nachtragspflicht (§ 16 Abs. 1 Satz 1) § 16

Bei einer **Erhöhung der Preisspanne** wird dagegen regelmäßig ein Nachtrag erforderlich 63
sein.[184] Dies entspricht auch der Auffassung der BaFin.[185] Zwar ließe sich argumentieren,
dass die Erhöhung für den Emittenten und damit für die Beurteilung des Emittenten keine
Rolle spielt, soweit es sich um ein *secondary placement* von Altaktien handelt. Und soweit
Aktien aus einer Kapitalerhöhung betroffen sind, könnte es für den Anleger kein wesentlicher, weil nur positiver Effekt sein, dass der Emittent höhere Erlöse hat. Aber erstens ist
der Begriff des „wichtigen neuen Umstands" (jedenfalls nach geltendem Recht[186]) nicht
auf „wesentlich nachteilige Umstände" beschränkt und zweitens kann auch zivilrechtlich
der Anleger nicht ohne Weiteres an seiner Erklärung festgehalten werden.[187] Lediglich soweit er ohne Limit innerhalb der ursprünglichen Preisspanne gezeichnet hat und die neue
Preisspanne am unteren Ende noch unter dem oberen Ende der ursprünglichen Preisspanne

---

184 So jetzt auch *Groß*, Kapitalmarktrecht, § 16 WpPG Rn. 8b. Vgl. auch z.B. Nachtrag Nr. 1 der Q-Cells AG vom 28.9.2005 zum Prospekt vom 20.9.2005 oder Nachtrag Nr. 2 der Deutsche Telekom AG vom 10.11.1996 zum unvollständigen Verkaufsprospekt vom 3.10.1996; **weitergehend** *Schlitt/Wilcek*, in: Habersack/Mülbert/Schlitt, Kapitalmarktinformation, § 6 Rn. 31, die auch für den Fall der Erhöhung der Preisspanne die nachfolgend unter ccc) zur Verringerung der Anzahl der angebotenen Aktien dargestellte volumenmäßige Differenzierung hinsichtlich einer etwaigen Nachtragspflicht vornehmen möchten. **Ebenso** bei Erhöhung des Angebotsvolumens um bis zu 10% *Ritz*, in: Assmann/Lenz/Ritz, VerkProspG, § 10 VerkProspG Rn. 16. **Wieder anders** *Schlitt/Schäfer*, in: Assmann/Schlitt/von Kopp-Colomb, WpPG/VerkProspG, § 16 Rn. 128, wonach die Änderung der Preisspanne nicht nachtragspflichtig sei (soweit keine weitergehenden inhaltlichen Auswirkungen eine Nachtragspflicht erforderten), da auch die Veröffentlichung des endgültigen Emissionspreises keinen nachtragspflichtigen Umstand darstelle. Dies verkennt, dass der endgültige Emissionspreis auch nur dann nicht nachtragspflichtig ist, wenn er sich aus den nach § 8 Abs. 1 Satz 1 erforderlichen Kriterien bzw. Bedingungen ergibt und diesbezüglich gerade keine Veränderung der ursprünglichen Absichten vorliegt. **Enger** *Groß*, Bookbuilding, ZHR 162 (1998), 318, 329 und *Hein*, WM 1996, 1, 5, die eine Nachtragspflicht bei jeder Änderung der Preisspanne annehmen, es sei denn – so *Hein* – dass die Möglichkeit der Veränderung von Anfang an Bestandteil des Angebotes war und der Investor daher mit dieser Veränderung rechnen musste. Dann müsse man ihm „nur" die Möglichkeit geben, seine ursprüngliche Kaufforder zu modifizieren bzw. zurückzunehmen. **Pauschaler** (bei Änderung der Preisspanne im laufenden Bookbuilding-Verfahren „in der Regel ein Nachtrag") *Friedl/Ritz*, in: Just/Voß/Ritz/Zeising, WpPG, § 16 Rn. 91; *Apfelbacher/Metzner*, BKR 2006, 81, 86; *Straßner*, in: Heidel, Aktienrecht und Kapitalmarktrecht, § 8 WpPG Rn. 6; *Hamann*, in: Schäfer/Hamann, Kapitalmarktgesetze, § 16 WpPG Rn. 8.
185 *Schlitt/Schäfer*, in: Assmann/Schlitt/von Kopp-Colomb, WpPG/VerkProspG, § 16 Rn. 128.
186 Vgl. Diskussionen zur Überarbeitung der EU-Prospektrichtlinie im Vorfeld der Änderungsrichtlinie; im Draft Report des Berichterstatters vom 11.1.2010 war der Vorschlag enthalten (vgl. Document 2009/0132(COD), S. 28), das Widerrufsrecht nur bei Vorliegen von *„adverse developments"* eingreifen zu lassen. Dies ist aber im weiteren Rechtssetzungsverfahren, insbesondere im Vorschlag des EU-Parlaments vom März 2010 und im endgültig beschlossenen Text vom Mai/September 2010, nicht aufgegriffen worden. **A.A.** *Heidelbach*, in: Schwark/Zimmer, KMRK, § 16 WpPG Rn. 14 f.; siehe auch unten Rn. 144 f.
187 Zu diesem zweiten Punkt ebenso *Groß*, Bookbuilding, ZHR 162 (1998), 318, 327 und 331, soweit das ursprüngliche Angebot der Anleger unannehmbar ist. Dabei ist zu beachten, dass *Groß* grundsätzlich von der zivilrechtlichen Fortgeltung der Angebote der Anleger ausgeht und lediglich in einem weitergehenden Umfang Informationspflichten aus dem vorvertraglichen Schuldverhältnis heraus sieht. **Etwas anders** *Groß*, in: Bosch/Groß, Emissionsgeschäft (BuB), Rn. 10/269, wonach allgemein vom automatischen Wegfall der Kaufangebote der Anleger auszugehen sei, etwas anderes aber gelte, wenn auf die Möglichkeit der Veränderung im Prospekt hingewiesen worden sei. Dann gelten nach *Groß* auch bei einer wesentlichen Erhöhung der Preisspanne z.B. unlimitierte Zeichnungsaufträge der Anleger weiter. So wohl auch *Hein*, WM 1996, 1, 5.

§ 16 Nachtrag zum Prospekt; Widerrufsrecht des Anlegers

läge, ließe sich argumentieren, dass die Willenserklärung bis zur oberen Grenze der ursprünglichen Preisspanne weiter gilt.[188] Das deutsche Recht kennt leider keine dem amerikanischen Recht vergleichbare Regelung,[189] wonach bei einer Erhöhung des Emissionsvolumens (sei es über die Anzahl der Aktien, sei es über den Angebotspreis) von bis zu 20% ein sog. *short-form registration statement* verwendet werden kann, das automatisch (ohne *review* der SEC) wirksam (*effective*) ist und im Zusammenhang mit dem sogar (aufgrund weiterer Sonderregeln) unter Umständen eine unmittelbare Preisfestsetzung möglich ist.[190]

64 Bei einer **Verringerung der Preisspanne** ist dagegen kein Nachtrag erforderlich, wenn es eine unwesentliche Verringerung (z.B. bis zu 10%) betrifft und auf die Möglichkeit der Änderung im Prospekt hingewiesen wurde.[191] Dies gilt jedenfalls bei Platzierung ausschließlich bereits existierender Aktien, sollte aber bei der genannten Grenze nicht anders zu beurteilen sein, wenn auch neue Aktien aus einer Kapitalerhöhung angeboten werden. Man wird allerdings verlangen müssen, dass kumulativ (d.h. zusätzlich zu der genannten Volumengrenze)[192] auf diese Möglichkeit der Veränderung im Prospekt bereits hingewiesen[193] wurde (siehe oben genannten üblichen Wortlaut). In einem solchen Fall können die Parteien ohne weitere Verlängerung der Angebotsfrist zur Preisfestsetzung übergehen, die per Ad-hoc-Meldung bekannt zu machen ist. Zivilrechtlich sind die entsprechenden Zeichnungsangebote der Anleger umzudeuten bzw. auszulegen, bleiben aber wirksam. Handelt es sich dagegen um eine wesentliche Veränderung der Preisspanne, so tritt eine Nachtragspflicht ein;[194] in der Praxis der BaFin greift die Nachtragspflicht auch bei *secondary offe-*

---

188 So auch *Groß*, Bookbuilding, ZHR 162 (1998), 318, 332 auf Basis seines Konzepts der weiter bestehenden Annahmefähigkeit des Angebots nach Änderung der Angebotsbedingungen.
189 Rule 430A unter dem Securities Act von 1933, Instruction to paragraph (a), of the General Rules and Regulations promulgated under the Securities Act of 1933.
190 Die beteiligten Parteien müssen daher die Chance, höhere Erlöse zu erzielen, abwägen gegen das Risiko, dass innerhalb der Widerrufsfrist des § 16 Abs. 3 z.B. marktbedingte Umstände eintreten, die Investoren von ihrer Zeichnungserklärung zurücktreten lassen.
191 So auch *Schlitt/Singhof/Schäfer*, BKR 2005, 251, 261, die das mit einer Parallele zur bloßen Veröffentlichungspflicht des endgültigen Emissionspreises begründen. In Anlehnung an das zuvor dargestellte US-Recht sehen sie erst eine Abweichung von mehr als 20% der Unter- oder Obergrenze der Bookbuilding-Spanne als materiell an. Ebenso *Schlitt/Schäfer*, in: Assmann/Schlitt/von Kopp-Colomb, WpPG/VerkProspG, § 16 Rn. 130; *Schlitt/Wilczek*, in: Habersack/Mülbert/Schlitt, Kapitalmarktinformation, § 6 Rn. 31. Wie hier *Meyer*, in: Habersack/Mülbert/Schlitt, Unternehmensfinanzierung, § 36 Rn. 90. **Differenzierend** zum alten Recht *Ritz*, in: Assmann/Lenz/Ritz, VerkProspG, § 11 VerkProspG Rn. 11 ff., die aber jedenfalls eine Erhöhung des Angebotsvolumens bei einer Aktienemission um 10% auch ohne Nachtrag für unbedenklich hält. **A.A.** *Chr. Becker*, in: Heidel, Aktienrecht und Kapitalmarktrecht, § 16 WpPG Rn. 5 (stets nachtragspflichtig).
192 *Schlitt/Singhof/Schäfer*, BKR 2005, 251, 261 nennen das Fehlen einer materiellen Abweichung und den Hinweis auf die Möglichkeit der Veränderung der Spanne dagegen als alternative Rechtfertigungen für das Nichtbestehen einer Nachtragspflicht.
193 Der Hinweis auf eine etwaige Veränderung der *invitatio ad offerendum* durch den Anbieter im Prospekt ist auch aus schuldrechtlicher Sicht in Bezug auf die Fortgeltung der von Anlegern abgegebenen Angebote von Bedeutung, vgl. *Groß*, Bookbuilding, ZHR 162 (1998), 318, 326 sowie klarer *Groß*, in: Bosch/Groß, Emissionsgeschäft (BuB), Rn. 10/269.
194 Vgl. etwa Nachtrag Nr. 1 vom 1.10.2015 zum Prospekt der Covestro AG vom 18.9.2015.

III. Bestehen einer Nachtragspflicht (§ 16 Abs. 1 Satz 1) §16

rings.[195] Insbesondere wenn auch Aktien aus einer Kapitalerhöhung platziert werden, müssen dann auch andere Angaben wie z. B. die Kapitalisierungstabelle angepasst und daher nachgetragen werden.[196]

ccc) Erhöhung bzw. Verringerung der Anzahl der angebotenen Aktien

Grundsätzlich kommt es auch bei der Frage der kapitalmarktrechtlichen Nachtragspflicht im Falle der Erhöhung bzw. Verringerung der Anzahl der angebotenen Aktien auf die allgemeinen, oben genannten Kriterien der Wesentlichkeit z. B. im Hinblick auf das betreffende Wertpapier (Handelbarkeit/Liquidität) und das Ausmaß der Veränderung an.[197] 65

Zunächst einmal ist festzuhalten, dass eine **Erhöhung der Anzahl der angebotenen Aktien** (bei identischer Ausstattung) grundsätzlich **nachtragsfähig** ist. Die von Teilen der Literatur vertretene Auffassung, eine Aufstockung könne nicht per Nachtrag zu dem ursprünglichen Prospekt erfolgen, sondern erfordere einen neuen Prospekt, ist schon wegen des Wortlauts des § 9 Abs. 1 abwegig, siehe näher dazu oben Rn. 39 ff. und bereits Rn. 4 zur parallelen Frage der mehrfachen Verwendung eines Prospekts. In der Regel ist eine **Erhöhung der Anzahl der angebotenen Aktien auch nachtragspflichtig**, da die betreffende Anzahl von Wertpapieren durch den Prospekt bisher nicht abgedeckt war.[198] Etwas anderes gilt dann, wenn die Erhöhung der Aktienzahl bereits in Form einer sogenannten *Upsize Option*[199] angelegt war, bei der sich der Emittent schon im Prospekt vorbehält, die Anzahl der angebotenen oder zuzulassenden Aktien (um eine konkret benannte Anzahl) zu erhöhen. *Eine solche Upsize Option* kann, jedenfalls wenn sie sich auf eine Platzierung von Altaktien (*secondary placement*) bezieht, auch ohne Erfordernis eines Nachtrags ausgeübt werden, wie sich etwa an deren Ausübung durch die Scout24 AG im Wege einer (bloßen) Ad-hoc-Mitteilung zeigt.[200] Bei wesentlichen Verschiebungen der Mehrheitsverhältnisse am Emittenten oder gleichzeitigen Veränderungen am Pricing (s. dazu oben Rn. 62 ff.) dürfte aber wegen des Kriteriums der Wesentlichkeit wiederum eine Nachtragspflicht bestehen. Bei einer Erhöhung der Anzahl der angebotenen Aktien bleiben bereits erteilte Zeichnungsaufträge grundsätzlich schuldrechtlich wirksam; dies gilt nach herrschender Literatur für alle Fälle der Veränderung des Volumens der Emission.[201] 66

Eine **Verringerung der Anzahl der angebotenen Aktien** erfordert dagegen grundsätzlich keinen Nachtrag. Dies gilt jedenfalls dann, wenn (i) das Angebot auf eine Anzahl von Ak- 67

---

195 Vgl. Nachtrag Nr. 1 vom 20.6.2006 zum Prospekt der Demag Cranes AG vom 6.6.2006. Ebenso Nachtrag Nr. 4 der Praktiker Bau- und Heimwerkermärkte Holding AG vom 17.11.2005 zum Prospekt vom 4.11.2005.
196 *Apfelbacher/Metzner*, BKR 2006, 81, 85; *Groß*, Kapitalmarktrecht, § 16 WpPG Rn. 8b.
197 So schon *Ritz*, in: Assmann/Lenz/Ritz, VerkProspG, § 11 VerkProspG Rn. 15. **A. A.** *Chr. Becker*, in: Heidel, Aktienrecht und Kapitalmarktrecht, § 16 WpPG Rn. 6 (Veränderung des Emissionsvolumens mit Ausnahme vom Fall der Verringerung von umzuplatzierenden Altaktien stets nachtragspflichtig).
198 So jetzt auch *Groß*, Kapitalmarktrecht, § 16 WpPG Rn. 8b.
199 Vgl. Prospekte der Scout24 AG vom 18.9.2015 und der Hapag-Lloyd Aktiengesellschaft vom 14.10.2015.
200 Vgl. Ad-hoc-Mitteilung der Scout24 AG vom 1.10.2015.
201 *Groß*, Bookbuilding, ZHR 162 (1998), 318, 327; *Groß*, in: Bosch/Groß, Emissionsgeschäft (BuB), Rn. 10/269; *Hein*, WM 1996, 1, 5.

§ 16 Nachtrag zum Prospekt; Widerrufsrecht des Anlegers

tien lautete, ohne dass eine Mindestzahl von Aktien genannt wurde,[202] (ii) auf die Möglichkeit der Veränderung der Angebotsbedingungen im Prospekt hingewiesen wurde und (iii) sich nicht aus anderen Gegebenheiten die Verringerung als wichtiger neuer Umstand darstellt.[203] Das könnte bei einer Verringerung der Platzierung von Altaktien dann gelten, wenn die Mehrheitsverhältnisse am Emittenten nach Durchführung des Angebots signifikant anders aussehen als im ursprünglichen Prospekt vorgesehen[204] oder wenn sich bei einer Platzierung von neuen Aktien dadurch die Erlöse der Gesellschaft so signifikant verschieben, dass es eines Nachtrags bedarf (siehe Ausführungen oben in Rn. 64 zur Reduzierung der Preisspanne). Die BaFin schien hier in der Vergangenheit eine sehr viel weniger restriktive Haltung einzunehmen. Es gab im Jahr 2006 gleich mehrere Fälle von Angeboten, in denen weniger als die Hälfte der ursprünglich angebotenen Aktien platziert wurden, ohne dass die BaFin auf einen Nachtrag bestanden hätte – und das obwohl es sich jeweils überwiegend bzw. fast ausschließlich um Angebote von Aktien aus einer Kapitalerhöhung handelte.[205] Vielmehr gab der Emittent jeweils nur mit Ad-hoc-Mitteilung ohne Verlängerung der Angebotsfrist die Platzierung einer gegenüber dem Ausgangsvolumen entsprechend reduzierten Anzahl von Aktien bekannt. Offensichtlich hatten die entsprechenden Zeichnungsaufträge trotz geringeren Emissionsvolumens auch zivilrechtlich Bestand.[206] Absprachen in Fällen jüngeren Datums deuten darauf hin, dass die BaFin jedenfalls eine Reduzierung der Zahl der Altaktien im Rahmen eines *secondary placements* um 50 % ohne Nachtrag für zulässig hält, sofern keine besonderen Umstände vorliegen.

ddd) Verkürzung bzw. Verlängerung der Angebotsfrist; Verschiebung des ersten Handelstages

68 Eine **Verkürzung der Angebotsfrist** löst keine Nachtragspflicht aus. Entsprechend den Ausführungen zur Verengung der Preisspanne liegt kein wichtiger neuer Umstand vor, der für die Beurteilung der Wertpapiere relevant sein könnte. Die Verkürzung ist lediglich durch Ad-hoc-Mitteilung (sofern der Emittent den Zulassungsantrag zum regulierten Markt bereits gestellt hat) bekannt zu machen.[207]

---

202 Parallel zu dieser Argumentation bei der Veränderung der Anzahl der angebotenen Aktien vertreten *Schlitt/Singhof/Schäfer*, BKR 2005, 251, 261 die Auffassung, dass jedenfalls dann volle Flexibilität verbleibe, wenn – was nach Wertpapierprospektgesetz und EU-Prospektverordnung zulässig wäre – das Angebot nur mit einem Höchstpreis durchgeführt werde. Nach hier vertretener Auffassung gelten auch dann die nachfolgend und zuvor unter bbb) genannten zusätzlichen materiellen Kriterien.
203 So jetzt auch *Groß*, Kapitalmarktrecht, § 16 WpPG Rn. 8b. Ähnlich *Meyer*, in: Habersack/Mülbert/Schlitt, Unternehmensfinanzierung, § 36 Rn. 90.
204 Beispielsweise wenn die Verringerung dazu führt, dass die Gesellschaft im Mehrheitsbesitz eines Aktionärs bleibt oder dieser jetzt weiter über 75 % der Aktien an der Gesellschaft hält. *Groß*, Kapitalmarktrecht, § 16 WpPG Rn. 8a erwähnt das Beispiel der aktienrechtlich relevanten Mehrheitsverhältnisse im umgekehrten Fall der Aufstockung des Emissionsvolumens.
205 Vgl. Ad-hoc-Meldung der 10tacle studios AG vom 21.6.2006 und Ad-hoc-Mitteilung der Berliner Synchron AG vom 13.10.2006.
206 Allerdings gibt es auch Gegenbeispiele, in denen die Reduzierung der Anzahl der angebotenen Aktien per Nachtrag veröffentlicht wurde, was jedenfalls sinnvoll erscheint, wenn dies in einem frühen Stadium der Angebotsfrist geschieht, siehe z.B. Nachtrag Nr. 1 vom 7.11.2005 zum Prospekt der Praktiker Bau- und Heimwerkermärkte Holding AG vom 4.11.2005.
207 So jetzt auch *Groß*, Kapitalmarktrecht, § 16 WpPG Rn. 8b. Vgl. auch die Ad-hoc-Mitteilung der Rocket Internet AG vom 26.9.2014 zum Prospekt vom 23.9.2014.

Dies könnte man auch für eine **unwesentliche Verlängerung der Angebotsfrist**, z. B. aus technischen Gründen, annehmen.[208] Die Erwägung zur Erhöhung der Anzahl der angebotenen Aktien, dass über den bisherigen Prospekt „hinausgegangen" wird, passt nicht für die bloße Verlängerung der Angebotsfrist. Jedenfalls bei einer **signifikanten Verlängerung der Zeichnungsfrist** wird man allerdings in der Regel von einer Nachtragspflicht ausgehen müssen, zumal wenn dies auf eine schwierige Vermarktbarkeit der Wertpapiere zurückzuführen ist.[209] Die BaFin verlangt jedenfalls bei einer Verlängerung von einer Woche die Erstellung eines Nachtrags.[210] 69

Zivilrechtlich ist die Verkürzung der Verkaufsfrist unproblematisch, da der Wille des Anlegers auf den Abschluss eines Kaufvertrages gerichtet war, der nun früher zustande kommt. Trotz eines gewissen Begründungsaufwands sollte man aber auch bei einer – jedenfalls kurzfristigen – Verlängerung der Angebotsfrist zivilrechtlich von der Weitergeltung der Zeichnungsaufträge der Anleger ausgehen können.[211] 70

Auch bei Verschiebungen des ersten Handelstages verlangt die BaFin einen Nachtrag, sofern die Verschiebung für den Anleger relevant ist (z. B. weil sich das Closing dadurch über ein Wochenende verschiebt). 70a

5. Keine Nachträge bei Registrierungsformularen?

Lange umstritten war die Frage, ob auch das Registrierungsformular ein zulässiges Bezugsobjekt für einen Nachtrag darstellt. Aufgrund des neugefassten Wortlauts des § 12 Abs. 3 Satz 2 und des § 9 Abs. 4 Satz 2 dürfte sich dieser Streit nunmehr zugunsten der **Nachtragsfähigkeit des Registrierungsformulars** entschieden haben.[212] Dort wird die Anwendbarkeit des diesbezüglich seinem Wortlaut nach nicht eindeutigen § 16 auch auf Registrierungsformulare vorausgesetzt. Die Änderungen gehen auf das Gesetz zur Umsetzung der Änderungsrichtlinie 2010/73/EU und zur Änderung des Börsengesetzes vom 71

---

208 So jetzt auch *Groß*, Kapitalmarktrecht, § 16 WpPG Rn. 8b. Das BAWe ging – allerdings natürlich unter Geltung des Verkaufsprospektgesetzes alter Fassung – weitergehend davon aus, dass eine Verlängerung der Zeichnungsfrist keine Veränderung von wesentlicher Bedeutung sei, vgl. unter X.1. der Bekanntmachung des BAWe zum Wertpapier-Verkaufsprospektgesetz vom 6.9.1999, Bundesanzeiger Nr. 177 vom 21.9.1999, S. 16180. **Kritisch** dazu *Ritz*, in: Assmann/Lenz/Ritz, VerkProspG, § 11 VerkProspG Rn. 14.
209 So das Argument von *Ritz*, in: Assmann/Lenz/Ritz, VerkProspG, § 11 VerkProspG Rn. 14. Richtig ist aber auch, dass ein Nachtrag nicht zwingend eine Verlängerung der Angebotsfrist auslöst, vgl. *Schlitt/Schäfer*, in: Assmann/Schlitt/von Kopp-Colomb, WpPG/VerkProspG, § 16 Rn. 136.
210 Vgl. Nachtrag Nr. 1 der Hapag-Lloyd Aktiengesellschaft vom 27.10.2015 zum Prospekt vom 14.10.2015.
211 So auch *Groß*, Bookbuilding, ZHR 162 (1998), 318, 327 für die Verkürzung der Frist, während er bei der Verlängerung – unabhängig von der Dauer der Verlängerung – das Erfordernis einer vorherigen Unterrichtung der Anleger sieht. Zivilrechtlich bleiben die Erklärungen aber in jedem Fall wirksam, vgl. *Groß*, Bookbuilding, ZHR 162 (1998), 318, 331. Etwas anders, aber mit überzeugender Begründung für die Verlängerung der Verkaufsfrist *Groß*, in: Bosch/Groß, Emissionsgeschäft (BuB), Rn. 10/269.
212 So auch *Rauch*, in: Holzborn, WpPG, § 16 Rn. 16; *Lawall/Maier*, DB 2012, 2503, 2504; *Heidelbach/Preuße*, BKR 2012, 397, 399.

§ 16   Nachtrag zum Prospekt; Widerrufsrecht des Anlegers

26.6.2012[213] zurück, das die Änderungen durch die Änderungsrichtlinie 2010/73/EU[214] an Art. 9 Abs. 4 und Art. 12 Abs. 2 der EU-Prospektrichtlinie widerspiegelt.[215] Auch die BaFin hat sich entgegen ihrer früheren Praxis dieser Ansicht angeschlossen.[216] Registrierungsformulare können auch dann aktualisiert werden, wenn gerade kein öffentliches Angebot unter Einbindung des entsprechenden Registrierungsformulars stattfindet.[217] Außerdem kann durch Nachtrag eines gesamten dreiteiligen Prospekts auch ein bestehendes durch ein aktuelleres Registrierungsformular ersetzt werden.[218]

72 Die BaFin hatte zuvor seit 2006[219] die Auffassung vertreten, dass nur ein einteiliger Prospekt bzw. ein Basisprospekt nach § 16 nachtragsfähig sei, ein **Registrierungsformular** dagegen **kein zulässiges Bezugsobjekt für einen Nachtrag** darstelle. Dies wurde insbesondere[220] damit begründet, dass § 12 Abs. 3 a. F. eine Sondervorschrift für die Aktualisierung von Registrierungsformularen enthalten habe, die erkennen lasse, dass die Wertpapierbeschreibung aktualisiert und eben nicht das Registrierungsformular nachgetragen werden solle.[221] Daher sei in einem solchen Fall in der Praxis der Basisprospekt selbst (in den oftmals das Registrierungsformular per Verweis einbezogen wird, vgl. § 11 i.V. m. Art. 26 Abs. 4 Nr. 1 EU-Prospektverordnung) nachzutragen. Nur so werde auch verhindert, dass eine „dynamische Verweisung" entstehe (die – aus den Materialien zu Art. 11 EU-Pros-

---

213 BGBl. I 2012, S. 1375 ff.
214 Richtlinie 2010/73/EU des Europäischen Parlaments und des Rates vom 24. November 2010 zur Änderung der Richtlinie 2003/71/EG betreffend den Prospekt, der beim öffentlichen Angebot von Wertpapieren oder bei deren Zulassung zum Handel zu veröffentlichen ist, und der Richtlinie 2004/109/EG zur Harmonisierung der Transparenzanforderungen in Bezug auf Informationen über Emittenten, deren Wertpapiere zum Handel auf einen geregelten Markt zugelassen sind, ABl. L 327/1 vom 11.12.2010.
215 Nach Erwägungsgrund 20 der Änderungsrichtlinie soll die Aktualisierungsmöglichkeit per Nachtrag „*die Flexibilität erhöhen*".
216 Vgl. BaFin – „Häufig gestellte Fragen zum Basisprospektregime" vom 31.5.2014 (zuletzt geändert am 4.6.2012), Punkt III.1., abrufbar unter http://www.bafin.de/SharedDocs/Veroeffentlichungen/DE/FAQ/faq_1205_neues_basisprospektregime.html (Stand: 18.4.2016). Siehe dort unter Punkt III.3. auch zur Frage, wann neben dem Nachtrag auf das Registrierungsformular auch ein Nachtrag auf den dreiteiligen Prospekt oder auf einen einteiligen Prospekt, in den das Registrierungsformular per Verweis einbezogen wurde, erforderlich ist. Siehe dazu und zu weiteren Fällen im Einzelnen *Heidelbach/Preuße*, BKR 2012, 397, 399 f.
217 Vgl. BaFin – „Häufig gestellte Fragen zum Basisprospektregime" vom 31.5.2012 (zuletzt geändert am 4.6.2014), Punkt III.2., abrufbar unter http://www.bafin.de/SharedDocs/Veroeffentlichungen/DE/FAQ/faq_1205_neues_basisprospektregime.html (Stand: 18.4.2016); auch *Lawall/Maier*, DB 2012, 2503, 2504.
218 Vgl. BaFin – „Häufig gestellte Fragen zum Basisprospektregime" vom 31.5.2012 (zuletzt geändert am 4.6.2014), Punkt III.4., abrufbar unter http://www.bafin.de/SharedDocs/Veroeffentlichungen/DE/FAQ/faq_1205_neues_basisprospektregime.html (Stand: 18.4.2016). Siehe dazu und zu weiteren Fällen im Einzelnen *Heidelbach/Preuße*, BKR 2012, 397, 399 f.
219 Siehe *Müller/Oulds*, WM 2007, 573, 576, dass die BaFin zu Beginn ihrer Tätigkeit wiederum noch eine andere Auffassung vertreten habe.
220 Zu weiteren Argumentationssträngen siehe die Vorauflage, Rn. 71 f.
221 Die BaFin ermöglichte es Emittenten jedoch, in die Wertpapierbeschreibung Aktualisierungen des Registrierungsformulars aufzunehmen (z. B. nach Billigung des Registrierungsformulars veröffentlichte Quartalszahlen), vgl. z. B. Wertpapierbeschreibung der Deutsche Bank AG vom 21.9.2010 oder Wertpapierbeschreibung der Commerzbank Aktiengesellschaft vom 23.5.2011. Dadurch wurde das Problem der Auffassung der BaFin zur Nicht-Nachtragsfähigkeit des Registrierungsformulars in der Praxis (wenn auch dogmatisch nicht befriedigend) gelöst.

III. Bestehen einer Nachtragspflicht (§ 16 Abs. 1 Satz 1)   § 16

pektrichtlinie ersichtlich – auch europarechtlich nicht gewollt war), wenn ein Registrierungsformular eventuell für eine Vielzahl von Programmen/Basisprospekten nachgetragen und für den Anleger nicht erkennbar „nur" das Registrierungsformular per Nachtrag ergänzt werde.

Dem ist in der Literatur mit Blick auf den Wortlaut von § 12 Abs. 3 a. F. und den Sinn und Zweck des Registrierungsformulars **zu Recht widersprochen worden**.[222] Schon § 12 Abs. 3 Satz 1 a. F. sprach explizit von „*seit Billigung des . . . Registrierungsformulars oder eines Nachtrags nach § 16*". Aus dem Sachzusammenhang des § 12 Abs. 3 a. F. konnte damit nichts anderes als ein Nachtrag zum Registrierungsformular gemeint sein, den also schon die Vorgängerregelung selbst als möglich voraussetzte. § 12 Abs. 3 a. F. enthielt also nur eine Sonderregelung, dass statt eines (neuerlichen) Nachtrags zum Registrierungsformular die entsprechenden wichtigen neuen Umstände in die Wertpapierbeschreibung aufzunehmen waren.[223] Zudem liegt bei einer Aktualisierung des Registrierungsformulars per Nachtrag gerade keine dynamische Verweisung auf ein Registrierungsformular in seiner „jeweils aktuellen" Fassung vor, sondern Teil des Prospekts ist das Registrierungsformular in seiner durch den Nachtrag ergänzten Fassung, was nach wie vor eine statische Verweisung ist und im Übrigen für den Anleger nicht mehr oder weniger transparent ist als die von der BaFin ehemals verlangte Billigung eines Nachtrags zu dem bzw. den entsprechenden Basisprospekt(en). Schließlich hat die Literatur berechtigterweise ausgeführt, dass bei Registrierungsformularen, die in Basisprospekte einbezogen sind, auch praktische Gründe sowie Anlegerschutz- und Transparenzanforderungen für diese Auffassung sprechen: durch die Zulässigkeit eines Nachtrags eines Registrierungsformulars kann unter Umständen eine Vielzahl von Nachträgen vermieden werden, was sowohl aus Kostengründen für den Anbieter, Effizienzgründen für die BaFin und Transparenzgründen für den Anleger vorzugswürdig ist.[224]

73

6. Zeitraum der Nachtragspflicht

Die Nachtragspflicht nach § 16 Abs. 1 Satz 1 besteht für wichtige neue Umstände oder wesentliche Unrichtigkeiten, die nach der Billigung und vor dem endgültigen Schluss des öf-

74

---

222 *Müller/Oulds*, WM 2007, 573, 576 f.; *Rauch*, in: Holzborn, WpPG, 1. Aufl. 2008, § 16 Rn. 12; *Wiegel*, Die Prospektrichtlinie und Prospektverordnung, S. 393 f.; *Heidelbach*, in: Schwark/Zimmer, KMRK, § 16 WpPG Rn. 4. Gegen die Position der BaFin auch *European Securities Markets Expert Group (ESME)*, Report on Directive 2003/71/EC of the European Parliament and the Council on the prospectus to be published when securities are offered to the public or admitted to trading, abrufbar unter http://ec.europa.eu/internal_market/securities/docs/esme/05092007_report_en.pdf, S. 22 (Stand: 30.3.2016). *Kullmann/Sester*, WM 2005, 1068, 1072 gehen ohne weitere Begründung davon aus, dass ein Registrierungsformular nachtragsfähig im Sinne des § 16 ist. Offenlassend *Seitz*, in: Assmann/Schlitt/von Kopp-Colomb, WpPG/VerkProspG, § 16 Rn. 52 f. Umfassende Darstellung aller Pro- und Contra-Argumente bei *Friedl/Ritz*, in: Just/Voß/Ritz/Zeising, WpPG, § 16 Rn. 18 ff.
223 *Müller/Oulds*, WM 2007, 573, 577 mit ausführlicher und überzeugender Begründung; *Wiegel*, Die Prospektrichtlinie und Prospektverordnung, S. 392 ff.; *Friedl/Ritz*, in: Just/Voß/Ritz/Zeising, WpPG, § 16 Rn. 20; im Ergebnis ebenso *Kullmann/Sester*, WM 2005, 1068, 1072; *Singhof*, § 12 Rn. 16 f.
224 *Rauch*, in: Holzborn, WpPG, 1. Aufl. 2008, § 16 Rn. 12; *Müller/Oulds*, WM 2007, 573, 577; *Friedl/Ritz*, in: Just/Voß/Ritz/Zeising, WpPG, § 16 Rn. 19; *Heidelbach*, in: Schwark/Zimmer, KMRK, § 16 WpPG Rn. 4.

§ 16 Nachtrag zum Prospekt; Widerrufsrecht des Anlegers

fentlichen Angebots oder, falls diese später erfolgt, der Einführung in den Handel an einem organisierten Markt auftreten oder festgestellt werden.

a) Beginn der Nachtragspflicht

75 Der zeitliche Rahmen der Nachtragspflicht beginnt also **ab Billigung des Prospekts** durch die BaFin gemäß § 13 bzw. Wirksamwerden des Verwaltungsakts durch Bekanntgabe gemäß § 13 Abs. 2 Satz 1. Alle wichtigen neuen Umstände, die bis zur Billigung eintreten, bzw. Unrichtigkeiten, die bis zur Billigung festgestellt werden, sind selbstverständlich durch entsprechende Ergänzung der Antragsfassung des Prospekts und nicht per Nachtrag zu berücksichtigen.[225]

76 Indem der Beginn der Nachtragspflicht **nicht an die Veröffentlichung des Prospekts** ansetzt, sondern an die Billigung, wird verhindert, dass eine Lücke entsteht zwischen Billigung und Veröffentlichung, in der, wenn während dieses Zeitraums nachtragspflichtige Umstände eintreten, die zuständige Behörde die Verpflichtung zur Erstellung und Veröffentlichung eines Nachtrags nicht durchsetzen kann – ein Problem, das auch den deutschen Gesetzgeber im Vierten Finanzmarktförderungsgesetz zu einer Änderung des damaligen § 11 VerkProspG veranlasst hat.[226]

77 Trotz dieses verständlichen regulatorischen Hintergrunds ist fraglich, wie in der Praxis zu verfahren ist, wenn **zwischen Billigung des Prospekts und dessen Veröffentlichung wichtige neue Umstände auftreten bzw. wesentliche Unrichtigkeiten festgestellt werden**. Richtigerweise wird man nicht vom Anbieter/Zulassungsantragsteller verlangen können, einen in wesentlichen Punkten unrichtigen oder nicht mehr aktuellen Prospekt zu veröffentlichen.[227] Ihm muss daher ermöglicht werden, auf die BaFin zuzugehen, den Prospekt abzuändern und erneut billigen zu lassen.[228] Erst dann sollte der insoweit ergänzte bzw. abgeänderte Prospekt veröffentlicht werden. Technisch ließe sich dies zum Beispiel durch einen Widerruf der ursprünglichen Billigung seitens der BaFin bzw. durch einen Verzicht seitens des Anbieters/Zulassungsantragstellers erreichen.[229] Für diese Fälle sollte dann auf das Erfordernis eines Nachtrags verzichtet werden. Zwar wird damit der Beginn des Nachtragserfordernisses faktisch für die Fälle, in denen sich der Anbieter/Zulassungsantragsteller für die Veröffentlichung eines komplett neuen Prospekts entscheidet, von der Billigung auf die Veröffentlichung des Prospekts nach hinten verschoben. Aber es wäre ein unnötiger Formalismus, gleichzeitig einen Prospekt und einen Nachtrag zum Prospekt zu veröffentlichen, wenn es möglich ist, praktisch zeitgleich einen Prospekt zu veröffentlichen, der diese Aktualisierung bzw. Berichtigung bereits enthält. Dafür spricht auch Erwä-

---

[225] *Chr. Becker*, in: Heidel, Aktienrecht und Kapitalmarktrecht, § 16 WpPG Rn. 9; *Groß*, Kapitalmarktrecht, § 16 WpPG Rn. 4; *Heidelbach/Preuße*, BKR 2006, 316, 320; *Hamann*, in: Schäfer/Hamann, Kapitalmarktgesetze, § 16 WpPG Rn. 5; *Friedl/Ritz*, in: Just/Voß/Ritz/Zeising, WpPG, § 16 Rn. 59; *Heidelbach*, in: Schwark/Zimmer, KMRK, § 16 WpPG Rn. 6; *Seitz*, in: Assmann/Schlitt/von Kopp-Colomb, WpPG/VerkProspG, § 16 Rn. 64.

[226] Siehe näher *Fürhoff/Ritz*, WM 2001, 2280, 2286, einschließlich Fn. 656; *Ritz*, AG 2002, 662, 667 f.; *Friedl/Ritz*, in: Just/Voß/Ritz/Zeising, WpPG, § 16 Rn. 1.

[227] Siehe oben auch *Berrar*, § 14 Rn. 18 ff. zur Frage, ob der Anbieter berechtigt sein kann, die Veröffentlichung des gebilligten Prospekts hinauszuschieben oder ganz zu unterlassen.

[228] So jetzt auch *Groß*, Kapitalmarktrecht, § 16 WpPG Rn. 4.

[229] Siehe oben auch *Berrar*, § 14 Rn. 20 ff. zur Frage, inwieweit die Billigungsentscheidung der BaFin per Widerruf aufgehoben werden kann bzw. darauf verzichtet werden kann.

III. Bestehen einer Nachtragspflicht (§ 16 Abs. 1 Satz 1) § 16

gungsgrund (34) der EU-Prospektrichtlinie, wonach ein Nachtragserfordernis für *„jede[n] neue[n] Umstand, der … nach der Veröffentlichung des Prospekts, aber vor dem Schluss des öffentlichen Angebots …"* besteht, d.h. der Erwägungsgrund stellt nicht auf die Billigung, sondern auf die Veröffentlichung des Prospekts ab. Das Interesse der Anleger wird durch diese Auslegung nicht tangiert; es wird eher eine gewisse Verwirrung im Markt verhindert.[230] Sollte sich der Anbieter/Zulassungsantragssteller gegen die Veröffentlichung eines gänzlich neuen Prospekts entscheiden (etwa aus Zeitgründen), bliebe ihm freilich die Möglichkeit eines Nachtrags. In dem Fall wäre das Nachtragserfordernis auch von der BaFin durchsetzbar.

b) Ende der Nachtragspflicht

Die Nachtragspflicht endet mit dem endgültigen Schluss des öffentlichen Angebots, oder, falls diese später erfolgt, der Einführung in den Handel an einem organisierten Markt. Fraglich ist, wie die Begriffe des „endgültigen Schlusses des öffentlichen Angebots" sowie der „Einführung in den Handel an einem organisierten Markt" zu verstehen sind (siehe dazu nachfolgend aa) bzw. bb)). Durch den Gesetzgeber geklärt ist zwischenzeitlich, in welchem Verhältnis die Alternativen Schluss des öffentlichen Angebots versus Einführung stehen (siehe dazu nachfolgend cc)). Weiterhin offen ist dagegen, welche Folgerungen die gesetzliche Normierung für die Frage einer Verpflichtung oder Berechtigung zur Nachtragserstellung nach Ende des in § 16 Abs. 1 Satz 1 festgelegten Zeitraums hat (siehe dazu nachfolgend dd)).[231] 78

aa) Begriff des „endgültigen Schlusses des öffentlichen Angebots"

Der **Begriff** des „endgültigen Schlusses des öffentlichen Angebots" ist jedenfalls im Wertpapierprospektgesetz und der deutschen Fassung der EU-Prospektrichtlinie bei isolierter Betrachtung des § 16 Abs. 1 Satz 1 **unklar**. Gemeint sein könnte zum einen der Ablauf der Zeichnungs- bzw. Angebotsfrist. Zum anderen könnte darunter das Closing/Settlement des Angebots, d.h. Lieferung der angebotenen Aktien gegen Zahlung des Angebotspreises, zu verstehen sein. Letzteres würde die Nachtragspflicht um einige Tage länger andauern lassen. 79

Die **herrschende Meinung** geht davon aus, dass darunter der **Ablauf der Zeichnungs- bzw. Angebotsfrist** zu verstehen ist.[232] Da zwischenzeitlich § 16 Abs. 3 Satz 1 in Anknüp- 80

---

230 Eine ähnliche Diskussion existierte unter § 11 VerkProspG a.F., ob der Inhalt des Nachtrags in ein Dokument integriert werden könne oder ob getrennte Dokumente zu veröffentlichen seien, siehe *Stephan*, AG 2002, 3, 13 sowie *Ritz*, AG 2002, 662, 667 f. Da der Nachtrag aber keiner Billigung unterlag, ist die damalige Diskussion letztlich nicht richtungsweisend für die hier vorliegende Fragestellung.
231 Zur Frage, wann die Nachtragspflicht endet, wenn die Wertpapiere nicht in den regulierten Markt, sondern (nur) in den Freiverkehr eingeführt werden, vgl. ausführlich unten Rn. 82 sowie *Rauch*, in: Holzborn, WpPG, § 16 Rn. 17.
232 So explizit *Apfelbacher/Metzner*, BKR 2006, 81, 87 (insbesondere Fn. 63); *Heidelbach/Preuße*, BKR 2006, 316, 320; *Heidelbach*, in: Schwark/Zimmer, KMRK, § 16 WpPG Rn. 7; jetzt auch *Groß*, Kapitalmarktrecht, § 16 WpPG Rn. 5a; wohl auch *Schlitt/Schäfer*, AG 2008, 525, 536; ebenso *Rauch*, in: Holzborn, WpPG, § 16 Rn. 17 (*„das öffentliche Angebot ist endgültig geschlossen, wenn die im öffentlichen Angebot festgelegte Angebots- oder Zeichnungsfrist ausgelaufen ist"*). Die dann von *Rauch* unter Verweis auf *Heidelbach/Preuße*, BKR 2006, 316, 320, ge-

§ 16 Nachtrag zum Prospekt; Widerrufsrecht des Anlegers

fung an Art. 16 Abs. 2 Satz 1 der EU-Prospektrichtlinie ebenfalls in seinem Wortlaut den „*endgültigen Schluss des öffentlichen Angebots*" verankert,[233] und der Gesetzgeber damit offenkundig an den in § 16 Abs. 1 Satz 1 bzw. Art. 16 Abs. 1 Satz 1 der EU-Prospektrichtlinie genannten Zeitpunkt anknüpfen wollte, kann eine Bestimmung dieses Zeitpunkts auch in § 16 Abs. 1 Satz 1 nur in Zusammenschau mit § 16 Abs. 3 Satz 1 erfolgen. § 16 Abs. 3 Satz 1 enthält ebenso wie Art. 16 Abs. 2 Satz 1 der EU-Prospektrichtlinie wiederum unmittelbar nach Erwähnung des „*endgültigen Schlusses des öffentlichen Angebots*" als weiteren Zeitpunkt die „*Lieferung der Wertpapiere*", woraus deutlich wird, dass damit unterschiedliche Zeitpunkte gemeint sind, sodass mit „*endgültigem Schluss des öffentlichen Angebots*" nicht das Closing/Settlement, sondern (mit der in Deutschland herrschenden Meinung) nur das Ende der Angebotsfrist gemeint sein kann. Dass dies der gesetzgeberischen Intention entspricht, bezeugen auch zahlreiche Stellungnahmen der einzelnen EU-Organe, Berichterstatter und sonstigen Gremien im Rahmen der Vorschläge zur Überarbeitung der EU-Prospektrichtlinie im Vorfeld der Änderungsrichtlinie 2010/73/EU.[234] Erwägungsgrund (23) der Änderungsrichtlinie 2010/73/EU spricht gar vom „*endgültigen Auslaufen der Angebotsfrist*". Für Zwecke der Auslegung wird daher der herrschenden Meinung zu folgen sein.

81 Nichtsdestotrotz ist diese Auslegung nicht frei von Friktionen. So verständlich es nämlich aus dem Interesse des Emittenten/Anbieters/Zulassungsantragstellers heraus ist, nach diesem Zeitpunkt nicht mehr nachtragspflichtig und damit dem Widerrufsrecht des § 16 Abs. 3 ausgesetzt zu sein, so gibt es jedenfalls bei Eigenkapitalemissionen[235] durchaus Argumente für die **Auffassung**, dass mit dem „endgültigen Schluss des öffentlichen Angebots" das **Closing/Settlement des Angebots** gemeint sein könnte:

---

nannte weitere Vorverlagerung, dass das Angebot bereits dann beendet sein könne, wenn die angebotenen Wertpapiere „vollständig platziert" seien, „*d. h. wenn sämtliche verkauften Wertpapiere emittiert worden*" seien, ist jedenfalls für Aktienemissionen nicht verständlich, da zeitlich die Allokierung und Platzierung der Wertpapiere üblicherweise nach dem Auslaufen der Angebots- oder Zeichnungsfrist vorgenommen wird. Ein Abstellen auf die vollständige Platzierung könnte allenfalls dann Sinn machen, wenn das Angebot zeitlich nicht begrenzt war und die vollständige Platzierung ein Zeichen für den endgültigen Schluss des öffentlichen Angebots sein könnte, dahin ließen sich *Heidelbach*, in: Schwark/Zimmer, KMRK, § 16 WpPG Rn. 7 und *Seitz*, in: Assmann/Schlitt/von Kopp-Colomb, WpPG/VerkProspG, § 16 Rn. 67 verstehen.

233 Die Änderungen gehen zurück auf das Gesetz zur Umsetzung der Änderungsrichtlinie 2010/73/EU und zur Änderung des Börsengesetzes vom 26.6.2012 (BGBl. I 2012, S. 1375 ff.) bzw. die Änderungsrichtlinie 2010/73/EU (Richtlinie 2010/73/EU des Europäischen Parlaments und des Rates vom 24. November 2010 zur Änderung der Richtlinie 2003/71/EG betreffend den Prospekt, der beim öffentlichen Angebot von Wertpapieren oder bei deren Zulassung zum Handel zu veröffentlichen ist, und der Richtlinie 2004/109/EG zur Harmonisierung der Transparenzanforderungen in Bezug auf Informationen über Emittenten, deren Wertpapiere zum Handel auf einen geregelten Markt zugelassen sind, ABl. L 327/1 vom 11.12.2010).

234 Wie etwa an der Begründung für den Vorschlag der EU-Kommission vom 23.9.2009 (siehe unter Ziffer 5.3.10. zu Article 16) sehr schön ablesbar ist (vgl. S. 9 des Document 13688/09 des Council vom 30.9.2009 bzw. S. 10 des Document KOM(2009) 491), wird hier regelmäßig so getan, als stünde dort nicht „*final closing of the offer*", sondern „*final closing of the offer period*".

235 Bei Daueremissionen im Fremdkapitalemissionsbereich mag es dagegen mangels einheitlichem Closing/Settlement nicht möglich sein, auf etwas Anderes als den Ablauf der Angebotsfrist abzustellen. Dies spricht – um eine einheitliche Handhabung der Auslegung beizubehalten – für die herrschende Meinung.

III. Bestehen einer Nachtragspflicht (§ 16 Abs. 1 Satz 1)   § 16

- Erstens spricht die **englische Fassung** von Art. 16 Abs. 1 der EU-Prospektrichtlinie nach wie vor von „**final closing of the offer**" (ebenso Art. 16 Abs. 3 der englischen Fassung sowie Erwägungsgrund (34) der EU-Prospektrichtlinie: „*closing of the offer*"), was an sich klar auf Closing/Settlement und nicht auf das Ende der Angebots- bzw. Zeichnungsfrist hindeutet.[236]
- Zweitens entspricht diese Auslegung auch dem **Interesse des Anlegerschutzes**, dass bis zum Closing/Settlement eine Nachtragspflicht besteht, so dass mit Veröffentlichung des Nachtrags Anleger auch zu diesem Zeitpunkt noch ein zweitägiges Widerrufsrecht hätten.[237]
- Drittens – und mit dem zweiten Punkt zusammenhängend – **konterkariert** die Auslegung, dass die Nachtragspflicht mit dem Ende der Angebotsfrist endet, die ausführlich **in der Literatur diskutierte Frage der Nachtragspflicht bei Veränderungen von Angebotsbedingungen** (siehe oben Rn. 58 ff.). Denn – wie Beispielsfälle zeigen[238] – müsste der Emittent/Anbieter/Zulassungsantragsteller nur den Ablauf der Angebotsfrist abwarten und könnte dann, vorausgesetzt dass die Einführung in den Handel an einem organisierten Markt schon erfolgt ist (vgl. zum Verhältnis der beiden Alternativen unten cc)) und vorbehaltlich der zivilrechtlichen Weitergeltung der Zeichnungsaufträge, schlicht die veränderten Angebotsbedingungen verkünden und unmittelbar platzieren – auch in Konstellationen, die die herrschende Literatur zu Recht als grundsätzlich nachtragspflichtig einstuft. Damit wird durch die Auslegung über das Ende der Nachtragspflicht das Widerrufsrecht der Anleger ausgehebelt. In den meisten dieser Fälle – jedenfalls bei IPOs – wird helfen, dass eine Einführung in den Handel nach § 38 Abs. 2 BörsG die Zuteilung der Aktien voraussetzt, was im Regelfall erst nach Preisfestsetzung erfolgt, so dass die oben diskutierten Nachtragskonstellationen größtenteils nicht mehr aufkommen können. Dies gilt aber z.B. nicht für bestimmte nicht angebotsbezogene Nachtragsfälle (z.B. Veröffentlichung einer Gewinnprognose) oder z.B. Bezugsrechtskapitalerhöhungen mit Pre-Placement (und Zulassung/Einführung der neuen Aktien) zu Beginn der Angebotsperiode mit sog. *Clawback* bei Bezugsrechtsausübung.[239]

bb) Einführung in den Handel an einem organisierten Markt

In Umsetzung der Änderungsrichtlinie 2010/73/EU[240] wurde durch das Gesetz zur Umsetzung der Änderungsrichtlinie 2010/73/EU und zur Änderung des Börsengesetzes vom

82

---

236 Tatsächlich wird hier aber regelmäßig so getan, als stünde dort nicht „*final closing of the offer*", sondern „*final closing of the offer period*", vgl. etwa die Begründung für den Vorschlag der EU-Kommission vom 23.9.2009 (siehe unter Ziffer 5.3.10. zu Article 16; vgl. S. 9 des Document 13688/09 des Council vom 30.9.2009 bzw. S. 10 des Document KOM(2009) 491).
237 Unabhängig von der Nachtragspflicht behalten sich die Konsortialbanken eines öffentlichen Angebots im Underwriting Agreement üblicherweise das Recht vor, bis zum Closing das Angebot abzubrechen und vom Underwriting Agreement zurückzutreten, insbesondere falls ein sog. *material adverse change* eintritt. Auf dieses Risiko, dass es dann nicht zum Vollzug des Angebots kommt, wird im Prospekt auch hingewiesen.
238 Vgl. Ad-hoc-Meldung der 10tacle studios AG vom 21.6.2006 und Ad-hoc-Mitteilung der Berliner Synchron AG vom 13.10.2006, dazu näher oben Rn. 67.
239 Vgl. z.B. die Bezugsrechtskapitalerhöhung der Continental AG mit Prospekt vom 8.1.2010.
240 Richtlinie 2010/73/EU des Europäischen Parlaments und des Rates vom 24. November 2010 zur Änderung der Richtlinie 2003/71/EG betreffend den Prospekt, der beim öffentlichen Angebot von Wertpapieren oder bei deren Zulassung zum Handel zu veröffentlichen ist, und der Richtlinie

§ 16 Nachtrag zum Prospekt; Widerrufsrecht des Anlegers

26.6.2012[241] die Alternative „*oder Einbeziehung*" gestrichen und dafür die Worte „*an einem organisierten Markt*" ergänzt. Damit wurde klargestellt, dass die Einbeziehung in den Freiverkehr nicht in jedem Fall zum Ende des öffentlichen Angebots führt, sondern das Ende des öffentlichen Angebots und damit der Nachtragspflicht vom jeweiligen Einzelfall abhängt.[242] Dieses Ergebnis erscheint auch gerechtfertigt vor dem Hintergrund der an die Einführung an einen organisierten Markt anknüpfenden, weitreichenden Zulassungsfolgepflichten, die bei einer Einbeziehung in den Freiverkehr nicht bestehen.[243]

cc) Verhältnis der für das Ende der Nachtragspflicht genannten Alternativen

83 In Umsetzung der Änderungsrichtlinie 2010/73/EU[244] wurde durch das Gesetz zur Umsetzung der Änderungsrichtlinie 2010/73/EU und zur Änderung des Börsengesetzes vom 26.6.2012[245] nunmehr das Verhältnis der in § 16 Abs. 1 Satz 1 alternativ genannten Zeitpunkte „*endgültiger Schluss des öffentlichen Angebots*" und „*Einführung in den Handel an einem organisierten Markt*" (vgl. Legaldefinition in § 38 Abs. 1 Satz 1 BörsG) geklärt. Hiernach ist maßgeblich der „*endgültige Schluss des öffentlichen Angebots oder, falls diese* **später** *erfolgt, [die] Einführung in den Handel an einem organisierten Markt.*" Das bedeutet zudem, dass auch nach Einführung in den Handel an einem organisierten Markt weiterhin eine Nachtragspflicht bestehen kann, wenn die Angebotsfrist noch läuft, sodass die Nachtragspflicht in Konkurrenz mit den Zulassungsfolgepflichten tritt.[246] Auswirkungen hat diese Änderung vor allem im Daueremissionsbereich, da die Angebotsfristen hier regelmäßig über einen längeren Zeitraum andauern.[247]

84 Auf europäischer Ebene gingen im Rahmen des Prozesses zur Überarbeitung der EU-Prospektrichtlinie die Vorschläge in diesem Punkt weit auseinander. Letztlich zeigt sich hier ein klarer Konflikt zwischen den Bedürfnissen im Bereich des Aktienemissionsgeschäfts (bei dem die Auslegung, dass die Nachtragspflicht bis Eintritt des jeweils **späteren** Ereignisses fortdauert, mehr Sinn ergeben würde) und des sonstigen (Dauer-)Emissionsgeschäfts (z. B. für Zertifikate) (bei dem die Auslegung „späteres Ereignis" zu einer endlosen Ausdehnung der Nachtragspflicht und damit (soweit man dies nicht gesondert eingrenzt) zu Widerrufsrechten führt, so dass hier die Präferenz für den „**früheren** Zeitpunkt" besteht). Während der EU-Kommissionsvorschlag vom 23.9.2009 auf den jeweils früheren

---

2004/109/EG zur Harmonisierung der Transparenzanforderungen in Bezug auf Informationen über Emittenten, deren Wertpapiere zum Handel auf einen geregelten Markt zugelassen sind, ABl. L 327/1 vom 11.12.2010.

241 BGBl. I 2012, S. 1375 ff.

242 RegBegr. zur Umsetzung der Richtlinie 2010/73/EU, BT-Drucks. 17/8684, S. 20; auch *Groß*, Kapitalmarktrecht, § 16 WpPG Rn. 5; *Heidelbach/Preuße*, BKR 2012, 397, 403.

243 Differenzierend *Rauch*, in: Holzborn, WpPG, § 16 Rn. 17.

244 Richtlinie 2010/73/EU des Europäischen Parlaments und des Rates vom 24. November 2010 zur Änderung der Richtlinie 2003/71/EG betreffend den Prospekt, der beim öffentlichen Angebot von Wertpapieren oder bei deren Zulassung zum Handel zu veröffentlichen ist, und der Richtlinie 2004/109/EG zur Harmonisierung der Transparenzanforderungen in Bezug auf Informationen über Emittenten, deren Wertpapiere zum Handel auf einen geregelten Markt zugelassen sind, ABl. L 327/1 vom 11.12.2010.

245 BGBl. I 2012, S. 1375 ff.

246 *Groß*, Kapitalmarktrecht, § 16 WpPG Rn. 5; *Lawall/Maier*, DB 2012, 2503, 2505; *Heidelbach/Preuße*, BKR 2012, 397, 403.

247 *Heidelbach/Preuße*, BKR 2012, 397, 403.

III. Bestehen einer Nachtragspflicht (§ 16 Abs. 1 Satz 1)   § 16

Zeitpunkt abstellen wollte,[248] sah der Kompromissvorschlag der EU-Ratspräsidentschaft vom 11.12.2009 den jeweils späteren Zeitpunkt als maßgeblich vor.[249] Nachdem sich der Vorschlag des EU-Parlaments vom März 2010 wieder eher dem früheren Zeitpunkt anschloss,[250] folgte dann der endgültig beschlossene Text der Änderungsrichtlinie wieder dem Kompromissvorschlag der EU-Ratspräsidentschaft.[251]

Der Kompromiss besteht nun darin, dass zwar für die Dauer der Nachtragspflicht auf den späteren Zeitpunkt abgestellt wird, aber, um den vorgenannten Bedürfnissen der Praxis insbesondere im Daueremissionsbereich gerecht zu werden, das Widerrufsrecht gleichzeitig nur besteht, wenn der den Nachtrag auslösende Umstand vor dem endgültigen Schluss des öffentlichen Angebots eingetreten ist und vor Lieferung der Wertpapiere, vgl. dazu im Einzelnen unten Rn. 149 ff. Diese Lösung, die zwischen der Nachtragspflicht und dem (nicht gewollten) Eingreifen des Widerrufsrechts trennt, ist in Erwägungsgrund 23 der Änderungsrichtlinie sehr gut erläutert.[252] Es ist zum einen zu begrüßen, dass es überhaupt zu einer Klarstellung gekommen ist, zum anderen im Rahmen des § 16 Abs. 1 Satz 1 auch, dass genau diese Form der Klarstellung gewählt wurde. Insbesondere mit dem Vorschlag des EU-Parlaments, der einen Bezug zum Eingreifen der Ad-hoc-Regeln herstellte, hätten sich eine Reihe von Schwierigkeiten ergeben (siehe dazu im Einzelnen die Vorauflage, Rn. 91). Gleichwohl ergeben sich durch den Kompromiss im Daueremissionsbereich durchaus Schwierigkeiten bezüglich der Dauer des Widerrufsrechts nach § 16 Abs. 3 , vgl. unten Rn. 153 f.   85

Unter Geltung des § 16 Abs. 1 Satz 1 a. F. war das Verhältnis der beiden Alternativen durchaus noch unklar. Die **Unklarheit** rührte daher, dass durch die EU-Prospektrichtlinie[253] und das Wertpapierprospektgesetz hindurch der Wortlaut der betreffenden Vorschriften oftmals das öffentliche Angebot und die Zulassung zum Handel alternativ in einem Absatz abdecken sollte, ohne das Verhältnis klar voneinander abzugrenzen (vgl. beispielsweise § 14 Abs. 2 Nr. 1, § 15 Abs. 1 Satz 2, § 15 Abs. 4; klarer dagegen die Gegenüberstellung der beiden Alternativen in § 14 Abs. 1 Satz 1 und Satz 2).   86

---

248 Kommissionsentwurf KOM (2009) 491 zur Änderung der Prospektrichtlinie vom 23.9.2009, S. 19, und Begründung S. 10).
249 Document 17451/09 zu Interinstitutional File 2009/0132 (COD).
250 Session document of the European Parliament A7-002/2010.
251 Vgl. zum Hergang des Verfahrens und zu den verschiedenen vorgeschlagenen Wortlauten im Einzelnen die Vorauflage, Rn. 90 f.
252 Nämlich wie folgt: „*Zur Erhöhung der Rechtssicherheit sollte klargestellt werden, wann die Pflicht zur Veröffentlichung eines Prospektnachtrags sowie das Widerrufsrecht enden. Es empfiehlt sich, diese Bestimmungen getrennt zu behandeln. Die Pflicht zur Erstellung eines Prospektnachtrags sollte mit dem endgültigen Auslaufen der Angebotsfrist bzw. dem Handelsbeginn an einem geregelten Markt enden, je nachdem, welches von beidem später eintritt. Hingegen sollte das Recht, die Zusage zurückzuziehen, nur gelten, wenn sich der Prospekt auf ein öffentliches Wertpapierangebot bezieht und der neue Umstand, die Unrichtigkeit oder die Ungenauigkeit vor dem endgültigen Schluss des Angebots und der Lieferung der Wertpapiere eingetreten ist. Das Widerrufsrecht ist somit an die zeitliche Einordnung des neuen Umstands, der Unrichtigkeit oder der Ungenauigkeit gekoppelt, durch den bzw. die ein Nachtrag erforderlich wird, und setzt voraus, dass dieses auslösende Ereignis eingetreten ist, solange das Angebot noch gültig und die Lieferung der Wertpapiere noch nicht erfolgt war.*"
253 Die EU-Prospektrichtlinie verband in ihrer Fassung bis zur Änderungsrichtlinie die Alternativen mit „bzw. " / „*or as the case may be*", was für die Auslegung nicht weiter hilfreich war.

§ 16   Nachtrag zum Prospekt; Widerrufsrecht des Anlegers

87 Entsprechend hatten sich in der Vergangenheit mehrere Auslegungsalternativen herausgebildet: § 16 Abs. 1 Satz 1 a. F. konnte so zu verstehen sein, dass es, falls es (auch) ein öffentliches Angebot gibt, auf den Schluss des öffentlichen Angebots ankomme, während, falls (nur) ein Zulassungsverfahren durchgeführt wird, auf die Einführung bzw. die damals noch im Gesetzeswortlaut enthaltene Einbeziehung abzustellen sei (**Auslegungsalternative 1**).[254] Andererseits ließ sich § 16 Abs. 1 Satz 1 a. F. so interpretieren, dass für das Ende der Nachtragspflicht das jeweils zeitlich früher eintretende Ereignis (endgültiger Schluss des öffentlichen Angebots oder Einführung bzw. Einbeziehung) relevant ist (**Auslegungsalternative 2**). Schließlich konnte man beide Fälle getrennt betrachten und davon ausgehen, dass daher das jeweils spätere Ereignis erst zum Ende der Nachtragspflicht führt (**Auslegungsalternative 3**).

88 Der **Bundesrat** hatte schon im Gesetzgebungsverfahren eine Klarstellung für Auslegungsalternative 2 vorgeschlagen („*je nach dem, welches Ereignis früher eintritt*"),[255] die aber nicht umgesetzt wurde. Trotz der fehlenden ausdrücklichen Regelung im Gesetz ging auch die **herrschende Literatur**[256] bisher davon aus, dass bei öffentlichem Angebot mit Zulassungsverfahren die Nachtragspflicht bei Eintritt des jeweils früheren Ereignisses endet.

89 Gleichwohl war vom Anlegerschutz aus betrachtet sicher die nunmehr Gesetz gewordene **gegenteilige Auffassung**, wonach die Alternativen jeweils für unterschiedliche Fälle stehen, schon immer zu bevorzugen (d. h. Auslegungsalternative 3).[257] Dass jedenfalls Auslegungsalternative 2 mitnichten eine Klarstellung gewesen wäre, wie der Bundesrat und die herrschende Literatur meint(e), zeigt sich allein daran, dass die **Interpretation in Groß-**

---

254 So *Meyer*, in: Habersack/Mülbert/Schlitt, Unternehmensfinanzierung, § 36 Rn. 91.
255 Stellungnahme des Bundesrates, BR-Drucks. 85/05 (Beschluss) vom 18.3.2005, S. 6 f. zu Ziffer 9 a), sowie Unterrichtung durch die Bundesregierung, BT-Drucks. 15/5219 vom 7.4.2005, S. 3.
256 *Groß*, Kapitalmarktrecht, 4. Aufl. 2009, § 16 WpPG Rn. 5; *Rauch*, in: Holzborn, WpPG, 1. Aufl. 2008, § 16 Rn. 13 a. E.; *Schlitt/Singhof/Schäfer*, BKR 2005, 251, 256; *Hamann*, in: Schäfer/Hamann, Kapitalmarktgesetze, § 16 WpPG Rn. 6; *Kullmann/Sester*, WM 2005, 1068, 1075; *Heidelbach*, in: Schwark/Zimmer, KMRK, § 16 WpPG Rn. 8. Die apodiktische und von der Literatur leider in weiten Teilen in diesem Zusammenhang schlicht wiederholte Aussage, dass mit der Einbeziehung in den Freiverkehr oder der Einführung der Wertpapiere immer das öffentliche Angebot ende, ist allerdings nicht richtig (Bsp.: Beim Bezugsangebot der Continental AG im Januar 2010 wurden die angebotenen neuen Aktien zu Beginn der Bezugsfrist vollständig zugelassen und eingeführt (da ein Großteil der neuen Aktien im Rahmen eines *accelerated bookbuilt offerings* vorplatziert waren). Das öffentliche Bezugsangebot endete aber erst nach Ablauf der Bezugsfrist). Verständlicher die relativierende Aussage bei *Friedl/Ritz*, in: Just/Voß/Ritz/Zeising, WpPG, § 16 Rn. 5, dass die Einbeziehung (in den Freiverkehr) zum Schluss des öffentlichen Angebots führe, „*wenn ab der Einbeziehung lediglich Mitteilungen aufgrund des Handels erfolgen*". Dann führt aber nicht die Einführung in den Handel zum Ende des öffentlichen Angebots, sondern der Zeitpunkt der Einführung fällt mit dem Ende der Platzierungsaktivitäten und damit dem Ende des öffentlichen Angebots zusammen.
257 Die Aussage von *Hamann*, in: Schäfer/Hamann, Kapitalmarktgesetze, § 16 WpPG Rn. 6, dass kein Informationsbedürfnis des Anlegers nach Ende der Angebotsfrist mehr bestehe, kann aus Sicht eines Anlegers, der bei Settlement seinen Kaufpreis bezahlen soll, bezweifelt werden. Der Verweis auf die dann bestehende Regelpublizität ist zutreffend, beantwortet aber nicht die Frage, ob (auch) eine prospektrechtliche Publizität per Nachtrag bestehen sollte. Insgesamt spricht vieles dafür, dass die Diskussion ergebnisorientiert von der verständlicherweise nicht gewünschten Widerrufsmöglichkeit der Anleger getrieben war. Jedenfalls ist die bei *Hamann*, in: Schäfer/Hamann, Kapitalmarktgesetze, § 16 WpPG Rn. 21 beschriebene „Flucht in die Einführung" nicht glücklich.

britannien unter Berufung darauf, dass man wie bei Art. 4 Abs. 1 und Art. 4 Abs. 2 der EU-Prospektrichtlinie von getrennten Regelungen für öffentliches Angebot und Zulassung ausgehen müsse, der Auslegungsalternative 3 folgte – mit der Folge, dass im Ergebnis umgekehrt in Großbritannien schon immer auf das spätere der beiden Ereignisse abzustellen war, wenn bei einem Verfahren sowohl ein öffentliches Angebot als auch ein Zulassungsverfahren durchgeführt wurde.[258]

Nachdem die **BaFin** ursprünglich die Auffassung vertreten hatte, dass die Nachtragspflicht mit dem Ende der Angebotsfrist ende, hatte sie zwischenzeitlich ihre Praxis dahingehend geändert, dass die Nachtragspflicht bei öffentlichen Angeboten, die auch eine Zulassung und Einführung von Aktien in den Handel umfassen, erst mit der Notierungsaufnahme ende, auch wenn diese nach dem Ende der Angebotsfrist liegt.[259] Die BaFin folgte also der oben genannten Auffassung der UKLA in Großbritannien, dass das spätere der beiden Ereignisse maßgeblich ist, wenn sowohl öffentliches Angebot als auch Zulassungsverfahren in Rede stehen.

90

Das Problem hatte sich aber seit je her ein wenig dadurch entschärft, dass nach **§ 38 Abs. 2 BörsG** Wertpapiere, die zur öffentlichen Zeichnung aufgelegt werden, erst nach beendeter Zuteilung eingeführt werden dürfen.

91

dd) Nachträge nach Ende des in § 16 Abs. 1 Satz 1 festgelegten Zeitraums

Mit Ablauf des in § 16 Abs. 1 Satz 1 genannten Zeitraums besteht keine Nachtragspflicht mehr. Dennoch muss der Emittent/Anbieter/Zulassungsantragsteller – auch wenn sich das nicht direkt aus § 16 ergibt – weiterhin berechtigt sein, bis zum Ablauf der Gültigkeitsdauer des Prospekts diesen durch Nachträge zu ergänzen, um ihn für öffentliche Angebote und Zulassungen zu verwenden (in den oben näher dargelegten Grenzen). Andernfalls liefe § 9 Abs. 1 leer. Insofern besteht umgekehrt eine **Pflicht der BaFin, auch nach Ablauf des in § 16 Abs. 1 Satz 1 genannten Zeitraums Nachträge des Emittenten/Anbieters/Zulassungsantragstellers entgegenzunehmen und zu prüfen**.[260] Die abweichende Ansicht der BaFin[261] wird dem Gesetzeswortlaut nicht gerecht. Sie ist nur dann richtig, wenn sich ausnahmsweise durch Durchführung des Angebots bzw. abgeschlossene Zulassung der Prospekt „verbraucht" hat und vernünftigerweise eben nicht mehr für andere Angebote verwendet werden kann, ohne dass dafür ein gänzlich neuer Prospekt zu erstellen wäre. In dem Fall steht dem Emittenten/Anbieter/Zulassungsantragsteller schon die Möglichkeit aus § 9 Abs. 1 nicht mehr zu, so dass er folglich auch nicht über § 16 Nachträge zu diesem Prospekt einreichen und billigen lassen kann. Nur dann steht dem Emittenten/Anbieter/Zulas-

92

---

258 UKLA Publications, Issue No. 11 – September 2005, S. 2 mit weiteren Argumenten für diese Auffassung, abrufbar unter www.fsa.gov.uk/pubs/ukla/list_sep05_no11.pdf (Stand: 21.3.2016). In Österreich war eine zeitliche Rangfolge sogar schon vor der Klarstellung in § 6 Abs. 1 Kapitalmarktgesetz niedergelegt; im Ergebnis auch *Wiegel*, Die Prospektrichtlinie und Prospektverordnung, S. 371 f.
259 BaFin-Workshop 2009, Ausgewählte Rechtsfragen zum Nachtragsrecht, Präsentation vom 9.11.2009, S. 10. *Schlitt/Schäfer*, AG 2008, 525, 536; *Schlitt/Wilczek*, in: Habersack/Mülbert/Schlitt, Kapitalmarktinformation, § 6 Rn. 28; *Schlitt/Schäfer*, in: Assmann/Schlitt/von Kopp-Colomb, WpPG/VerkProspG, § 16 Rn. 127.
260 *Kunold/Schlitt*, BB 2004, 501, 510; *Rauch*, in: Holzborn, WpPG, § 16 Rn. 18.
261 *Rauch*, in: Holzborn, WpPG, § 16 Rn. 18 a. E.

§ 16   Nachtrag zum Prospekt; Widerrufsrecht des Anlegers

sungsantragssteller kein Anspruch auf Billigung eines Nachtrags auch nach Ablauf der Frist des § 16 Abs. 1 Satz 1 zu.

93   Falls dem Emittenten/Anbieter/Zulassungsantragsteller das vorgenannte Recht zur weiteren Verwendung des Prospekts und der entsprechenden Einreichung und Billigung von Nachträgen zum Prospekt während der Gültigkeitsdauer des Prospekts zusteht, besteht dennoch **keine Pflicht des Emittenten/Anbieters/Zulassungsantragstellers zur unverzüglichen Nachtragseinreichung**, sobald wichtige neue Umstände auftreten oder wesentliche Unrichtigkeiten festgestellt werden. Erstens unterliegt der Emittent der kapitalmarktrechtlichen Regelkommunikation, insbesondere nach dem Wertpapierhandelsgesetz, die während der Gültigkeitsdauer des Prospekts nicht durch Nachträge überlagert werden soll.[262] Zweitens würden regelmäßige Nachträge auch im Anlegerinteresse eher Verwirrung schaffen, weil sie auf eventuelle (weitere) Angebote/Zulassungen schließen lassen könnten, die zu dem Zeitpunkt gar nicht in der Intention des Emittenten/Anbieters/Zulassungsantragstellers sein mögen. Dies gilt zum Beispiel auch in Bezug auf einen Basisprospekt, der zu einem späteren Zeitpunkt (nochmals) für ein öffentliches Angebot genutzt werden soll. Daher kann der Emittent/Anbieter/Zulassungsantragsteller mit der Einreichung eines Nachtrags warten, bis sich seine Absicht, den Prospekt nochmals zu benutzen, konkretisiert hat. Anders als im Laufe eines Angebots im Anwendungsbereich der Nachtragspflicht von § 16 Abs. 1 Satz 1[263] darf der Emittent/Anbieter/Zulassungsantragsteller hier also "**sammeln**" und ist **nicht weiter regelmäßig zur Aktualisierung verpflichtet**.[264] Der Prospekt muss also gerade nicht während seiner gesamten Gültigkeitsdauer im Sinne des § 9 Abs. 1 richtig und vollständig sein.[265]

94   Mit der gesetzlichen Regelung von Beginn und Ende der Nachtragspflicht im Sinne von § 16 Abs. 1 Satz 1, einschließlich der betreffenden Gesetzesmaterialien, dürfte auch klargestellt sein, dass es darüber hinaus **keine Aktualisierungspflicht des Emittenten/Anbieters/Zulassungsantragstellers** für den Prospekt z. B. für einen Zeitraum von bis zu sechs Monaten nach der Einführung gibt.[266] Nach herrschender Meinung in Recht-

---

262   Zum Verhältnis von kapitalmarktrechtlicher Regelpublizität und Wertpapierprospektgesetz siehe grundlegend *Mülbert/Steup*, WM 2005, 1633 ff.
263   Siehe dazu unten Rn. 104 ff.
264   So auch die **ganz herrschende Meinung in der Literatur**, vgl. *Kunold/Schlitt*, BB 2004, 501, 510 (insbesondere Fn. 120); *Rauch*, in: Holzborn, WpPG, § 16 Rn. 19; *Hamann*, in: Schäfer/Hamann, Kapitalmarktgesetze, § 16 WpPG Rn. 6; *Schlitt/Schäfer*, AG 2005, 498, 507; *Friedl/Ritz*, in: Just/Voß/Ritz/Zeising, WpPG, § 16 Rn. 71; *Heidelbach*, in: Schwark/Zimmer, KMRK, § 16 WpPG Rn. 27; *Seitz*, in: Assmann/Schlitt/von Kopp-Colomb, WpPG/VerkProspG, § 16 Rn. 78 f.; *Holzborn/Israel*, ZIP 2005, 1668, 1671; *Seitz*, in: Assmann/Schlitt/von Kopp-Colomb, WpPG/VerkProspG, § 16 Rn. 3; *Schanz/Schalast*, HfB – Working Paper Series No. 74, 2005, S. 39; *Wiegel*, Die Prospektrichtlinie und Prospektverordnung, S. 391 f.; *Schlitt/Wilczek*, in: Habersack/Mülbert/Schlitt, Kapitalmarktinformation, § 6 Rn. 35. **A. A.** explizit *Schäfer*, ZGR 2006, 40, 55 und 67, zudem könnte man *Kullmann/Sester*, ZBB 2005, 209, 211 und *Holzborn/Schwarz-Gondek*, BKR 2003, 927, 933 dahingehend verstehen. Diese Mindermeinung differenziert nicht ausreichend zwischen der Periode der zwingenden Nachtragspflicht nach § 16 Abs. 1 Satz 1 und der dem Anbieter/Zulassungsantragsteller nach § 9 Abs. 1 lediglich eingeräumten Möglichkeit zur weiteren Verwendung des Prospekts.
265   A. A. *Friedl/Ritz*, in: Just/Voß/Ritz/Zeising, WpPG, § 16 Rn. 6.
266   So zu Recht *Meyer*, in: Habersack/Mülbert/Schlitt, Unternehmensfinanzierung, 2. Aufl. 2008, § 30 Rn. 72; *Wiegel*, Die Prospektrichtlinie und Prospektverordnung, S. 373; *Groß*, Kapital-

sprechung²⁶⁷ und Literatur²⁶⁸ bestand eine solche Aktualisierungspflicht auch nach früherem Recht bereits nicht, da die sich aus § 44 Abs. 1 BörsG a.F. (entspricht § 21 Abs. 1) ergebende Vermutungsregel nur die Prospekthaftungsfolgen betroffen habe, aber keine Nachtrags- oder Aktualisierungspflicht begründet habe (vielmehr bestand lediglich die Berichtigungsmöglichkeit nach § 45 Abs. 2 Nr. 4 BörsG a.F. (entspricht § 23 Abs. 2 Nr. 4), um einen Haftungsausschluss zu erreichen). Für die zu dieser Frage vertretene und bereits zuvor abzulehnende Mindermeinung²⁶⁹ sollte daher kein Raum mehr sein.

Der Emittent von an einem regulierten Markt gehandelten Wertpapieren unterliegt selbstverständlich unabhängig davon den allgemeinen Veröffentlichungspflichten aufgrund der Zulassungsfolgepflichten nach dem Wertpapierhandelsgesetz. Die spezifische Verpflichtung zur Erstellung des jährlichen Dokuments nach (§ 10 a. F.) ist dagegen entfallen.²⁷⁰ **95**

7. Rechtscharakter sowie Form bzw. Aufbau des Nachtrags

Das Wertpapierprospektgesetz selbst und auch die EU-Prospektverordnung enthalten – mit **96** Ausnahme einiger Mindestangaben, die zu beachten sind²⁷¹ – **keine Vorgaben zu Form,**

---

marktrecht, § 16 WpPG Rn. 5d; *Friedl/Ritz*, in: Just/Voß/Ritz/Zeising, WpPG, § 16 Rn. 63; *Schlitt/Wilczek*, in: Habersack/Mülbert/Schlitt, Kapitalmarktinformation, § 6 Rn. 35.

267 Insbesondere OLG Frankfurt, ZIP 2004, 1411, 1413 = WM 2004, 1831, 1834 = AG 2004, 510; LG Frankfurt, ZIP 2003, 400, 404 ff.

268 *Groß*, Kapitalmarktrecht, 4. Aufl. 2009, §§ 44, 45 BörsG Rn. 59 m.w.N. in Fn. 201 sowie Rn. 62; *Schwark*, in: Schwark, KMRK, §§ 44/45 BörsG Rn. 29; *Mülbert/Steup*, in: Habersack/Mülbert/Schlitt, Unternehmensfinanzierung, § 41 Rn. 52 ff., insbesondere Rn. 55 m.w.N. in Fn. 5-7; Kort, AG 1999, 9, 15 f.; *Hamann*, in: Schäfer/Hamann, Kapitalmarktgesetze, §§ 45, 46 a.F. BörsG Rn. 90; *Stephan*, AG 2002, 3, 12.

269 *Ellenberger*, Prospekthaftung im Wertpapierhandel, S. 17 ff.; *Assmann*, in: FS Ulmer, S. 757, 770; *Assmann*, in: Assmann/Schütze, Handbuch des Kapitalanlagerechts, 3. Aufl. 2007, § 6 Rn. 112 f. (angesichts des klaren Wortlauts des § 16 Abs. 1 Satz 1 allerdings ebenso wenig überzeugend die in der aktuellen Auflage vertretene Auffassung, die Nachtragspflicht ende zu den in § 21 Abs. 1 Satz 1 bzw. § 22 Nr. 1 genannten Zeitpunkten, also spätestens sechs Monate nach erstmaliger Einführung der Wertpapiere bzw. des ersten öffentlichen Angebots im Inland, vgl. *Assmann*, in: Assmann/Schütze, Handbuch des Kapitalanlagerechts, § 5 Rn. 134. Im Ergebnis wird hier weiterhin versucht, einen Gleichlauf zwischen Nachtragspflicht und Prospekthaftung herzustellen, der so nicht besteht, vgl. schon oben Rn. 28. Zu der ohnehin auch im Rahmen von §§ 21, 22 kaum glücklich gewählten Sechsmonatsfrist siehe instruktiv *Wackerbarth*, in: Holzborn, WpPG, §§ 21–23 Rn. 58 ff.).

270 Diese Pflicht nach § 10 a.F. traf nicht den Anbieter/Zulassungsantragsteller, sondern (anders als § 16 a.F., der diesen nicht nannte) den Emittenten und war in Struktur und Zielsetzung völlig anders gelagert als die sonstigen mit dem Prospekt zusammenhängenden Veröffentlichungspflichten (vgl. auch die ursprünglich angedachte Konzeption der EU-Prospektrichtlinie, nach die kontinuierliche Publizität umfassen sollte). Insofern ging die in der Literatur z.T. zu findende Begründung vom Bestehen oder Nichtbestehen von Pflichten des Anbieters/Zulassungsantragstellers unter Verweis auf § 10 a.F. schon zu Zeiten der Geltung von § 10 a.F. regelmäßig fehl.

271 Zum einen Mindestanforderungen, die auch für den Prospekt gelten (Datum, Unterschrift, Art des Wertpapiers, Erklärung, wo Prospekt und Nachtrag erhältlich sind etc.), zum anderen Angaben hinsichtlich des Widerrufs, d.h. insbesondere die Nennung der Person, die als Empfänger des Widerrufs fungiert (vgl. § 16 Abs. 3 Satz 4, siehe dazu im Einzelnen *Heidelbach/Preuße*, BKR 2012, 397, 404, insbesondere zur Frage, welche Person bei Vertriebsketten als Adressat genannt werden sollte), die Widerrufsbelehrung (vgl. § 16 Abs. 3 Satz 3, 1. Halbsatz) und die Widerrufsfrist (vgl. § 16 Abs. 3 Satz 2, 2. Halbsatz), siehe dazu unten Rn. 163 ff.

§ 16 Nachtrag zum Prospekt; Widerrufsrecht des Anlegers

Aufbau oder inhaltlicher Gestaltung[272] **des Nachtrags**. Erwägungsgrund 3 der technischen Regulierungsstandards für die Veröffentlichung eines Prospektnachtrags[273] statuiert immerhin, dass ein Nachtrag *„auch alle wesentlichen Informationen in Bezug auf die Situationen, die jeweils zur Erstellung des Nachtrags geführt haben und gemäß der Richtlinie 2003/71/EG [EU-Prospektrichtlinie] und der Verordnung (EG) Nr. 809/2004 der Kommission [EU-Prospektverordnung] in den Prospekt aufgenommen werden müssen"* umfassen sollte. Nach Auffassung der BaFin ist in einem Nachtrag außerdem *„der Zeitpunkt, zu dem dieser [der wichtige neue Umstand] eingetreten ist, genau anzugeben"*.[274] Dabei soll eine genaue Zeitangabe nicht erforderlich sein, sondern eine Datumsangabe ausreichen.[275] Bei mehreren nachtragspflichtigen Umständen soll die Angabe des zeitlich ersten Ereignisses genügen.[276] Abgesehen davon ist zu beachten, dass auf der einen Seite der Anleger möglichst schnell und präzise über die wichtigen neuen Umstände unterrichtet werden soll (**inhaltliche Komponente**). Auf der anderen Seite ergänzt der Nachtrag den Prospekt und der Prospekt inkorporiert die nachgetragenen Informationen, so dass man sich den Prospekt als um den Nachtrag ergänzt vorstellen muss (**formale Komponente**), d. h. seinem Rechtscharakter nach ist der Nachtrag mit Billigung und Veröffentlichung Bestandteil des ursprünglich gebilligten Prospekts und insofern weder ein eigenständiger Prospekt noch allein Gegenstand etwaiger Prospekthaftungsansprüche, sondern „nur" insoweit als der durch den Nachtrag geänderte Prospekt unrichtig oder unvollständig ist.[277] Zu beachten ist jedoch, dass der Nachtrag in der Sprache erstellt werden muss, in der der Prospekt gebilligt

---

272 Hinsichtlich der inhaltlichen Gestaltung hat *Groß*, Kapitalmarktrecht, § 16 WpPG Rn. 7, zu Recht darauf verwiesen, dass die Unrichtigkeit nicht nur „genannt", sondern auch korrigiert werden muss – der Wortlaut des § 16 Abs. 1 Satz 1 ist insoweit unscharf, so auch *Friedl/Ritz*, in: Just/Voß/Ritz/Zeising, WpPG, § 16 Rn. 67.

273 Delegierte Verordnung (EU) Nr. 382/2014 vom 7.3.2014 zur Ergänzung der Richtlinie 2003/71/EG des Europäischen Parlaments und des Rates im Hinblick auf technische Regulierungsstandards für die Veröffentlichung eines Prospektnachtrags.

274 Vgl. Abschnitt II.5.b) *„Nachträge"* auf der Website der BaFin unter *Aufsicht – Prospekte – Prospekte für Wertpapiere – Prospekterstellung und Billigungsverfahren*, abrufbar unter http://www.bafin.de/DE/Aufsicht/Prospekte/ProspekteWertpapiere/ErstellungBilligung/erstellung_billigung_node.html (Stand: 21.3.2016)); auch Abschnitt III.5. der *„Häufig gestellten Fragen zum Basisprospektregime"* vom 31.5.2012 (zuletzt geändert am 4.6.2014), abrufbar unter http://www.bafin.de/SharedDocs/Veroeffentlichungen/DE/FAQ/faq_1205_neues_basisprospektregime.html (Stand: 18.4.2016).

275 So *Lawall/Maier*, DB 2012, 2503, 2506; *Rauch*, in: Holzborn, WpPG, § 16 Rn. 20; zweifelhaft aber angesichts der Aussage der BaFin, der Zeitpunkt des Eintritts sei *„möglichst genau aufzunehmen"*, vgl. Abschnitt III.5. der *„Häufig gestellten Fragen zum Basisprospektregime"* vom 31.5.2012 (zuletzt geändert am 4.6.2014), abrufbar unter http://www.bafin.de/SharedDocs/Veroeffentlichungen/DE/FAQ/faq_1205_neues_basisprospektregime.html (Stand: 18.4.2016); kritisch hierzu mit Blick auf Gesetz und Gesetzesbegründung und unter Vergleich mit der parallelen Diskussion zur Ad-Hoc-Pflicht *Heidelbach/Preuße*, BKR 2012, 397, 403 m. w. N., wobei die dort genannten Schwierigkeiten durch Verwendung des Begriffs *„möglichst"* im Ergebnis ausgeräumt werden dürften, wie die Autoren selbst betonen. Im Sinne einer solchen möglichst genauen Angabe dürfte auch die Aussage der BaFin in BaFin-Journal, Ausgabe September 2012, S. 11 zu sehen sein, wonach der Zeitpunkt *„wenn möglich auch mit Uhrzeit"* zu bezeichnen ist.

276 *Lawall/Maier*, DB 2012, 2503, 2506; *Rauch*, in: Holzborn, WpPG, § 16 Rn. 20.

277 *Friedl/Ritz*, in: Just/Voß/Ritz/Zeising, WpPG, § 16 Rn. 11. Vgl. auch *Heidelbach*, in: Schwark/Zimmer, KMRK, § 16 WpPG Rn. 36.

III. Bestehen einer Nachtragspflicht (§ 16 Abs. 1 Satz 1)   § 16

wurde, d.h. etwaige Wahlrechte nach dem Sprachenregime stehen dann nicht mehr zur Verfügung.[278]

Für den Aufbau eines Nachtrags wären an sich **zwei grundsätzliche Modelle** denkbar: 97

– Der Nachtrag könnte sich beschränken auf die **Aufzählung der wichtigen, neu eingetretenen Umstände** (bzw. die Korrektur der festgestellten wesentlichen Unrichtigkeiten), die nachzutragen sind. D.h. es würden lediglich die materiellen Informationen ohne Bezugnahme auf einzelne Seiten bzw. Absätze im Prospekt, die sich dadurch ändern, aufgeführt. Für den Anleger hätte das im Sinne der o.g. inhaltlichen Komponente den Vorteil, sehr übersichtlich die relevanten neuen Informationen zu bekommen. In dieser Gestaltungsart werden üblicherweise internationale Prospekte für Privatplatzierungen bei institutionellen Anlegern (sog. *international offering circulars*) im Rahmen eines Angebots nachgetragen.
– Die zweite Methode bestünde darin, entsprechend der formellen Komponente jeweils die einzelnen Seiten und Absätze zu nennen und **konkret diese Stellen durch Abänderungen oder Ergänzungen zu verändern**. Der Anleger bekommt damit in der Gesamtbetrachtung wiederum einen Prospekt, der in der Zusammenschau von Prospekt und Nachtrag zu lesen und als Haftungsgrundlage unmissverständlich ist.

Die beiden Möglichkeiten sind zu Beginn der Praxis der BaFin im Juli/August 2005 mit 98 dieser besprochen worden. Die **BaFin** hat bei diesen Gesprächen klar kommuniziert, dass für sie ein Nachtrag ohne Verwendung der **zweiten Methode** nicht denkbar sei, da sie andernfalls die Gefahr sehe, dass Unklarheit über den exakten Inhalt des *„Prospekts, wie durch Nachtrag Nr. 1 nachgetragen"* herrschen könnte. Deshalb müsse der Emittent/Anbieter/Zulassungsantragsteller konkret jede Stelle, die sich aus seiner Sicht aufgrund der neuen Umstände bzw. der festgestellten Unrichtigkeiten ändern müsse, benennen und mithilfe des Nachtrags anpassen. Nur diese Methode werde auch der oben genannten formellen Komponente gerecht.

Die Praxis ist dieser Position der BaFin gefolgt, wobei es **zur Umsetzung dieser Methode** 99 wiederum **zwei Vorgehensweisen** gibt,[279] die ebenso in Art. 25 Abs. 5 und Art. 26 Abs. 7 der EU-Prospektverordnung angelegt sind:

– Zum einen können die nachtragspflichtigen Umstände in den gebilligten Prospekt an den entsprechenden Stellen eingefügt und im Wege einer markierten Fassung besonders kenntlich gemacht werden (sog. **Integrationslösung**).
– Zum anderen kann der Nachtrag in einem separaten Dokument getrennt vom Prospekt erstellt werden, indem die einzelnen Seiten und Passagen, die nachgetragen werden sollen, aufgeführt und angepasst werden (sog. **Trennungslösung**).

Regelmäßig wird – jedenfalls bei Eigenkapitalemissionen – mit einem getrennten Nachtrag gearbeitet, also die **Trennungslösung** verwendet, da der Anleger hier nicht gezwungen wird, den gesamten Prospekt nochmals auf (wenn auch formatierungstechnisch hervor-

---

[278] *Seitz*, in: Assmann/Schlitt/von Kopp-Colomb, WpPG/VerkProspG, § 16 Rn. 106; *Mattil/Möslein*, WM 2007, 819, 822.
[279] Zum Nachfolgenden BaFin-Workshop 2009, Ausgewählte Rechtsfragen zum Nachtragsrecht, Präsentation vom 9.11.2009, S. 11 ff.; *Rauch*, in: Holzborn, WpPG, § 16 Rn. 20; *Friedl/Ritz*, in: Just/Voß/Ritz/Zeising, WpPG, § 16 Rn. 76 ff.; *Heidelbach*, in: Schwark/Zimmer, KMRK, § 16 WpPG Rn. 37; *Seitz*, in: Assmann/Schlitt/von Kopp-Colomb, WpPG/VerkProspG, § 16 Rn. 81 ff.

§ 16 Nachtrag zum Prospekt; Widerrufsrecht des Anlegers

gehobene) Änderungen durchzusehen.[280] Um gleichzeitig den Anlegern auch übersichtlich die materiellen Informationen zu vermitteln, hat es sich etabliert, am Anfang des Nachtrags die materiellen Punkte aufzulisten, die zu dem Nachtrag geführt haben, um dann in einem zweiten Teil konkret die einzelnen Seiten/Absätze nachzutragen, die aufgrund der vorgenannten neuen Umstände anzupassen sind. Insofern werden **in der Praxis** heute also die **beiden oben (Rn. 97) genannten grundsätzlichen Modelle im Ergebnis kombiniert**.

101 Bei beiden Vorgehensweisen ist schon auf dem Deckblatt klar kenntlich zu machen, dass es sich um einen Nachtrag handelt (einschließlich Datum und Nummer des Nachtrags), und explizit Bezug zu nehmen auf den gebilligten Prospekt, der durch den Nachtrag angepasst werden soll und fortan in der geänderten Fassung Geltung haben soll.

102 Ein **Muster für einen Nachtrag**, einschließlich einer Auflistung von der BaFin geforderter inhaltlicher Mindestangaben für einen Nachtrag, ist auf der Internetseite der BaFin verfügbar.[281]

IV. Billigungsverfahren für den Nachtrag (§ 16 Abs. 1 Satz 2–5)

1. Einreichungspflicht des Emittenten/Anbieters/Zulassungsantragstellers

103 Adressat der Verpflichtung zur Einreichung eines Nachtrags ist nach § 16 Abs. 1 Satz 2 der **Emittent, Anbieter oder Zulassungsantragsteller**. An der **Verpflichtung** auch des Emittenten zur Einreichung von Nachträgen könnte man angesichts der Regierungsbegründung durchaus zweifeln.[282] Dort heißt es, die Einfügung stelle nur klar, *„dass Emittenten, auch wenn sie nicht mehr Anbieter der Wertpapiere sind, einen Nachtrag zum Prospekt einreichen* **können**, etwa weil sie sich hierzu gegenüber einem Finanzintermediär aus der Vertriebskette verpflichtet haben." Nach § 16 Abs. 1 Satz 2 **muss** aber der Emittent, Anbieter oder Zulassungsantragsteller den Nachtrag bei der BaFin einreichen.[283] Dass die Verpflichtung nur zwei der drei genannten treffen soll, lässt sich mit diesem insoweit klaren Wortlaut nicht vereinbaren. Die Regierungsbegründung stellt aber jedenfalls klar, dass der Emittent auch dann nachtragspflichtig ist, wenn er nicht mehr Anbieter der Wertpapiere ist.[284] Weiterhin ist trotz des in dieser Hinsicht etwas unklaren Wortlauts wohl davon aus-

---

280 Unter gewissen Voraussetzungen kann es bei Wahl der Trennungslösung zulässig sein, zusätzlich eine konsolidierte, um die Änderungen des Nachtrags angepasste Fassung der (Basis-)Prospektinformationen zu veröffentlichen, um insbesondere bei einer Vielzahl von Nachträgen die Übersichtlichkeit zu wahren, vgl. so auch BaFin-Workshop 2009, Ausgewählte Rechtsfragen zum Nachtragsrecht, Präsentation vom 9.11.2009, S. 14 (Voraussetzungen) und S. 15 (rechtliche Begründung für Zulässigkeit).
281 Vgl. „Muster Nachtrag" unter www.bafin.de, Unternehmen/Allgemeine Pflichten/Prospekte für Wertpapiere/Aktuelle Rechtslage, Stand vom 27.5.2013, abgedruckt auch bei *Chr. Becker*, in: Heidel, Aktienrecht und Kapitalmarktrecht, § 16 WpPG Rn. 29, *Friedl/Ritz*, in: Just/Voß/Ritz/Zeising, WpPG, § 16 Rn. 84 f. und *Seitz*, in: Assmann/Schlitt/von Kopp-Colomb, WpPG/VerkProspG, § 16 Rn. 88 f.
282 RegBegr. zur Umsetzung der Richtlinie 2010/73/EU, BT-Drucks. 17/8684, S. 20.
283 So auch *Rauch*, in: Holzborn, WpPG, § 16 Rn. 22.
284 *Müller*, WpPG, § 16 Rn. 5; *Rauch*, in: Holzborn, WpPG, § 16 Rn. 22.

IV. Billigungsverfahren für den Nachtrag (§ 16 Abs. 1 Satz 2–5) § 16

zugehen, dass die Verpflichtung sowohl den Emittenten als auch den Anbieter und auch den Zulassungsantragsteller trifft.[285] Auch für den – schriftlich einzureichenden – Antrag auf Billigung eines Nachtrags hat die BaFin auf ihrer Internetseite ein Muster eingestellt.[286]

a) Bestehen einer zwingenden Nachtragspflicht

Bei Vorliegen der gesetzlichen Voraussetzungen des § 16 Abs. 1 Satz 1/Satz 2 besteht eine **zwingende Nachtragspflicht**. Dieser Verpflichtung kann der Emittent/Anbieter/Zulassungsantragsteller nicht dadurch entgehen, dass er im Prospekt erklärt, eine Aktualisierung des Prospekts werde auch bei wichtigen neuen Umständen nicht vorgenommen. Dies verstieße gegen die gesetzlich zwingende Regelung und würde dem Anlegerschutz nicht gerecht.[287] Üblich sind jedoch Formulierungen in Prospekten, die z. B. wie folgt lauten:

104

„Unbeschadet von § 16 WpPG sind weder die Gesellschaft noch die Konsortialbanken nach Maßgabe gesetzlicher Bestimmungen verpflichtet, den Prospekt zu aktualisieren."[288]

„Die Emittentin übernimmt keine Verpflichtung, solche zukunftsgerichteten Aussagen fortzuschreiben und an zukünftige Ereignisse oder Entwicklungen anzupassen, soweit sie hierzu nicht gesetzlich verpflichtet ist. ... Die weitergehende Verpflichtung, jeden wichtigen neuen Umstand oder jede wesentliche Unrichtigkeit ... gemäß § 16 Absatz 1 Satz 1 WpPG in einem Nachtrag zum Prospekt zu nennen, bleibt unberührt."[289]

Damit wird zum einen anerkannt, dass eine Nachtragspflicht nach zwingendem Recht besteht, dem Anleger zum anderen aber kommuniziert, dass die Prospektverantwortlichen darüber hinaus keine Verpflichtung zur Aktualisierung übernehmen.

105

b) Zeitlicher Nexus zwischen § 16 Abs. 1 Satz 1 und Satz 2

Nicht gesetzlich geregelt ist der **zeitliche Nexus zwischen § 16 Abs. 1 Satz 1 und Satz 2**, d. h. inwieweit der Emittent/Anbieter/Zulassungsantragsteller – während des Zeitraums

106

---

285 So auch *Friedl/Ritz*, in: Just/Voß/Ritz/Zeising, WpPG, § 16 Rn. 12; *Heidelbach*, in: Schwark/Zimmer, KMRK, § 16 WpPG Rn. 3 (aufgrund alter Rechtslage allerdings noch davon ausgehend, dass der Emittent bewusst nicht erfasst ist). A. A. *Chr. Becker*, in: Heidel, Aktienrecht und Kapitalmarktrecht, § 16 WpPG Rn. 10, der eine gesamtschuldnerische Nachtragspflicht aller Prospektverantwortlichen postuliert.
286 Vgl. „Muster Antrag auf Billigung eines Nachtrags" unter www.bafin.de, Unternehmen/Allgemeine Pflichten/Prospekte für Wertpapiere/Aktuelle Rechtslage, Stand vom 27.5.2013, abgedruckt in ähnlicher Form auch bei *Chr. Becker*, in: Heidel, Aktienrecht und Kapitalmarktrecht, § 16 WpPG Rn. 30, und *Friedl/Ritz*, in: Just/Voß/Ritz/Zeising, WpPG, § 16 Rn. 134.
287 So zu Recht *Rauch*, in: Holzborn, WpPG, § 16 Rn. 21; *Friedl/Ritz*, in: Just/Voß/Ritz/Zeising, WpPG, § 16 Rn. 65; *Heidelbach*, in: Schwark/Zimmer, KMRK, § 16 WpPG Rn. 3, die zudem darauf verweist, dass das unabhängig davon eintritt, ob der Emittent/Anbieter/Zulassungsantragsteller die Änderung selbst gesetzt oder zu vertreten hat. Andererseits besteht keine Verpflichtung, sofern dem Nachtragspflichtigen die entsprechenden Umstände nicht bekannt sind, vgl. *Heidelbach*, in: Schwark/Zimmer, KMRK, § 16 WpPG Rn. 10.
288 Prospekt der Hess AG vom 5.10.2012.
289 Registrierungsformular der UmweltBank Aktiengesellschaft vom 2.9.2015, S. 9; ähnliche Formulierung im Prospekt der Deutsche Postbank AG vom 11.11.2008, S. 46 und S. 48 f.(abgedruckt in der Vorauflage).

§ 16 Nachtrag zum Prospekt; Widerrufsrecht des Anlegers

nach Billigung und vor Ende der Nachtragspflicht[290] – verpflichtet ist, unverzüglich nach Eintreten des wichtigen neuen Umstandes bzw. Feststellen der wesentlichen Unrichtigkeit nach § 16 Abs. 1 Satz 1 einen Nachtrag zu erstellen und bei der BaFin nach § 16 Abs. 1 Satz 2 einzureichen. Auch § 35 Abs. 1 Nr. 9, der an die Pflicht zur unverzüglichen **Veröffentlichung** anknüpft, erfasst den Fall der verzögerten Einreichung eines Nachtrags nicht.[291] Aus dem Normzweck des Wertpapierprospektgesetzes heraus, Anlegern während dieses Zeitraums einen aktualisierten Stand des Prospekts schnellstmöglich zur Verfügung zu stellen (vgl. auch Pflicht zur unverzüglichen Veröffentlichung des gebilligten Nachtrags nach § 16 Abs. 1 Satz 5), wird aber eine **implizite Pflicht** abzuleiten sein, den **Nachtrag unverzüglich zu erstellen und zur Billigung einzureichen.**[292] Dieses sich regelmäßig mit dem Interesse der Prospektverantwortlichen an der Vermeidung von potenziellen (Prospekt-)Haftungsfolgen und am möglichst frühzeitigen Auslaufen der nach Veröffentlichung des Nachtrags beginnenden Widerrufsfrist deckende Ergebnis bestätigen auch explizit die ESMA-Questions and Answers.[293] Es ist daher insbesondere nicht zulässig, zunächst abzuwarten und weitere wichtige neue Umstände bzw. wesentliche Unrichtigkeiten zu „sammeln", um dann einen gemeinsamen Nachtrag veröffentlichen zu können.[294] Ferner darf der Emittent/Anbieter/Zulassungsantragsteller die Einreichung des Nachtrags nicht verzögern, bis die Nachtragspflicht nicht mehr besteht (d. h. bis zum endgültigen Schluss des öffentlichen Angebots bzw. Einführung der Wertpapiere), um dieser zu entgehen. Andererseits ist der Emittent/Anbieter/Zulassungsantragsteller natürlich berechtigt, den neuen Sachverhalt zunächst sorgfältig bzw. umfassend zu untersuchen, um dann auf besserer Informationsbasis einen auch für die Anleger nützlicheren, weil auf vollständigerem Sachstand beruhenden Nachtrag verfassen zu können – auch um einen unmittelbar folgenden weiteren Nachtrag nach Erhalt detaillierterer Informationen vermeiden zu können.

---

290 Davon zu unterscheiden sind die Fälle nach Ende der Nachtragspflicht während der Gültigkeitsdauer des Prospekts, z. B. auch im Falle eines Basisprospekts, der zu einem späteren Zeitpunkt (nochmals) für ein öffentliches Angebot genutzt werden soll, siehe dazu oben Rn. 93.

291 Darauf weisen z. B. auch *Ekkenga*, BB 2005, 561, 564; *Ekkenga/Maas*, Das Recht der Wertpapieremissionen, S. 170 Rn. 247; *Hamann*, in: Schäfer/Hamann, Kapitalmarktgesetze, § 16 WpPG Rn. 33 hin.

292 So auch *Rauch*, in: Holzborn, WpPG, § 16 Rn. 17; *Hamann*, in: Schäfer/Hamann, Kapitalmarktgesetze, § 16 WpPG Rn. 14; *Holzborn/Schwarz-Gondek*, BKR 2003, 927, 933; *Wiegel*, Die Prospektrichtlinie und Prospektverordnung, S. 370; *Friedl/Ritz*, in: Just/Voß/Ritz/Zeising, WpPG, § 16 Rn. 73 f.; *Chr. Becker*, in: Heidel, Aktienrecht und Kapitalmarktrecht, § 16 WpPG Rn. 10; *Heidelbach*, in: Schwark/Zimmer, KMRK, § 16 WpPG Rn. 24. **Anders** *Seitz*, in: Assmann/Schlitt/von Kopp-Colomb, WpPG/VerkProspG, § 16 Rn. 77, der aufgrund der Interessen des Nachtragspflichtigen an Haftungsvermeidung eine gesetzliche Regelung für entbehrlich hält und daher auch keine implizite Pflicht zur unverzüglichen Einreichung sieht.

293 Vgl. Antwort zu Frage 22 der ESMA-Questions and Answers (25th Updated Version – July 2016) („*as soon as practicable*"); vgl. auch die Wertung des Gesetzgebers in der neuen EU-ProspektVO, der eine „unverzügliche" Veröffentlichung von relevanten Umständen oder Unrichtigkeiten in einem Nachtrag verlangt (siehe oben Rn. 14).

294 So völlig zu Recht *Chr. Becker*, in: Heidel, Aktienrecht und Kapitalmarktrecht, § 16 WpPG Rn. 10; *Rauch*, in: Holzborn, WpPG, § 16 Rn. 17; zu den Anreizen, Nachträge unverzüglich zu veröffentlichen *Wiegel*, Die Prospektrichtlinie und Prospektverordnung, S. 369.

c) Rechtsfolgen der Nichteinreichung eines Nachtrags zur Billigung

Bezüglich der Rechtsfolgen bei Nichteinreichen eines Nachtrags zur Billigung trotz Bestehens einer zwingenden Nachtragspflicht gilt das in den nachfolgenden Randnummern Gesagte: 107

Da es einen gebilligten und veröffentlichten Prospekt gibt, greifen im Fall der Nichteinreichung eines Nachtrags weder die Befugnisse der BaFin zur Untersagung nach § 26 Abs. 4 Satz 1 i.V.m. § 3 oder zur Aussetzung nach § 26 Abs. 4 Satz 2 noch die Haftungsfolge bei Fehlen eines Prospekts nach § 24 ein.[295] Insbesondere **wird der Prospekt durch die Nichteinreichung des Nachtrags nicht ungültig**. Denn die Regelung des § 9 Abs. 1 2. Halbsatz, wonach ein Prospekt für zwölf Monate gültig ist, sofern er um die notwendigen Nachträge ergänzt wird, betrifft zukünftige Emissionen, macht aber den Prospekt im Rahmen einer laufenden Emission nicht ungültig; eine solche Ungültigkeit bedürfte auch der expliziten Anordnung des Gesetzgebers.[296] 108

Falls bei der BaFin trotz Vorliegen der Voraussetzungen des § 16 Abs. 1 Satz 1 kein Nachtrag zur Billigung eingereicht wird, hat die **BaFin** jedenfalls bei den Fällen, bei denen aufgrund des betreffenden Prospekts Wertpapiere zum Handel an einem organisierten Markt zugelassen werden sollen, aber die **Eingriffsbefugnisse des § 26 Abs. 8 Satz 1 i.V.m. § 26 Abs. 2** zum Zwecke des Auskunftsersuchens bis hin zur Aussetzung oder Untersagung nach § 26 Abs. 8 Satz 2 und Satz 3.[297] 109

Nach § 35 Abs. 1 Nr. 9 stellt nur die Nichtveröffentlichung eines gebilligten Nachtrags eine Ordnungswidrigkeit dar; die Nichteinreichung eines Nachtrags zur Billigung trotz bestehender Nachtragspflicht ist dagegen – auch wenn dies rechtspolitisch nicht überzeugen mag[298] – **über § 35 nicht sanktioniert**.[299] 110

Den Beteiligten drohen aber selbstverständlich zudem **Prospekthaftungsansprüche** oder eventuell auch eine **Strafbarkeit wegen Kapitalanlagebetrug nach § 264a StGB** (mit einhergehenden zivilrechtlichen Ansprüchen über § 823 Abs. 2 BGB bzw. § 826 BGB).[300] 111

---

295 *Hamann*, in: Schäfer/Hamann, Kapitalmarktgesetze, § 16 WpPG Rn. 25 und Rn. 33; *Friedl/Ritz*, in: Just/Voß/Ritz/Zeising, WpPG, § 16 Rn. 186 und Rn. 190; *Chr. Becker*, in: Heidel, Aktienrecht und Kapitalmarktrecht, § 16 WpPG Rn. 18. Prospekthaftungsansprüche wegen des fehlerhaften Prospekts nach §§ 21 ff. bleiben aber freilich möglich, vgl. *Chr. Becker*, in: Heidel, Aktienrecht und Kapitalmarktrecht, § 16 WpPG Rn. 19 sowie unten Rn. 111.
296 *Friedl/Ritz*, in: Just/Voß/Ritz/Zeising, WpPG, § 16 Rn. 182 ff.; *Seitz*, in: Assmann/Schlitt/von Kopp-Colomb, WpPG/VerkProspG, § 16 Rn. 149 und Rn. 151 f.
297 Diese Möglichkeit erörtern *Chr. Becker*, in: Heidel, Aktienrecht und Kapitalmarktrecht, § 16 WpPG Rn. 17 ff., und *Ekkenga/Maas*, in: Kümpel/Hammen/Ekkenga, Kapitalmarktrecht, Kennz. 055 Rn. 247, nicht, wenn sie bei den Rechtsfolgen einzig die drohenden Prospekthaftungsfolgen als Mechanismus zur Disziplinierung der Nachtragspflichtigen darstellen.
298 *Friedl/Ritz*, in: Just/Voß/Ritz/Zeising, WpPG, § 16 Rn. 188; *Seitz*, in: Assmann/Schlitt/von Kopp-Colomb, WpPG/VerkProspG, § 16 Rn. 153 f. *Heidelbach*, in: Schwark/Zimmer, KMRK, § 16 WpPG Rn. 52 verweist auf die Sanktionierung durch Haftungs- und Strafrecht.
299 So jetzt auch *Rauch*, in: Holzborn, WpPG, § 16 Rn. 23.
300 Näher dazu *Seitz*, in: Assmann/Schlitt/von Kopp-Colomb, WpPG/VerkProspG, § 16 Rn. 160 ff.

§ 16   Nachtrag zum Prospekt; Widerrufsrecht des Anlegers

2. Billigungsverfahren der BaFin

112 Wie oben dargelegt,[301] unterliegt der Nachtrag einem Billigungsvorbehalt der BaFin, darf also – anders als nach § 52 Abs. 2 BörsZulV a. F. (teilweise streitig) und § 11 VerkProspG a. F.[302] – nicht vor Billigung veröffentlicht werden. Da Anleger und Anbieter gerade in diesem Zeitraum der Nachtragspflicht (nach Billigung, aber vor endgültigem Schluss des öffentlichen Angebots) ein fundamentales Interesse an möglichst frühzeitiger Information (Anleger) bzw. Kommunikation (Anbieter) haben, ist das **Verfahren** hinsichtlich der gesetzlichen Fristen und der praktischen Handhabung durch die BaFin **deutlich beschleunigt gegenüber dem Billigungsverfahren eines Prospekts nach § 13**. Zudem wird das Interesse der Anleger an frühzeitiger Information und des Emittenten/Anbieters/Zulassungsantragstellers an frühzeitiger Kommunikation auch bei dem Verhältnis zu anderen Vorschriften, insbesondere der Ad-hoc-Mitteilung nach § 15 WpHG (bzw. Art. 17 der Marktmissbrauchsverordnung,[303] die im Wesentlichen ab dem 3.7.2016 unmittelbar anwendbar ist), berücksichtigt.[304]

113 Anders als in den Vorschlägen der EU-Kommission vom September 2009 und den Kompromissvorschlägen der EU-Ratspräsidentschaft vom Oktober, November und Dezember 2009 hat der EU-Berichterstatter im Januar 2010 und ihm folgend das EU-Parlament im Vorfeld der Änderungsrichtlinie[305] eine **Abschaffung des Billigungserfordernisses für den Nachtrag gefordert**. Dies ergibt sich daraus, dass der Art. 16 Abs. 1 Satz 2 des Vorschlags der EU-Kommission (*„Such a supplement shall be approved in the same way in a maximum of seven working days . . ."*) umformuliert wurde und die Billigung nicht mehr erwähnte (*„Such a supplement shall be immediately submitted to the competent authority and shall be published . . .").*[306] Dieser Vorschlag hat sich aber im weiteren Rechtsetzungsverfahren **nicht durchgesetzt, so dass es beim Billigungserfordernis des Nachtrags geblieben ist**.[307]

---

301 Siehe oben Rn. 10.
302 Die Nachfolgenorm § 11 VermAnlG sieht dagegen wie § 16 eine Billigung des Nachtrags vor.
303 Verordnung (EU) Nr. 596/2014 des Europäischen Parlaments und des Rates vom 16. April 2014 über Marktmissbrauch (Marktmissbrauchsverordnung) und zur Aufhebung der Richtlinie 2003/6/EG des Europäischen Parlaments und des Rates und der Richtlinien 2003/124/EG, 2003/125/EG und 2004/72/EG der Kommission, ABl. L 173/1 vom 12.6.2014.
304 Siehe dazu unten Rn. 139 ff. und Rn. 167 ff.
305 Richtlinie 2010/73/EU des Europäischen Parlaments und des Rates vom 24. November 2010 zur Änderung der Richtlinie 2003/71/EG betreffend den Prospekt, der beim öffentlichen Angebot von Wertpapieren oder bei deren Zulassung zum Handel zu veröffentlichen ist, und der Richtlinie 2004/109/EG zur Harmonisierung der Transparenzanforderungen in Bezug auf Informationen über Emittenten, deren Wertpapiere zum Handel auf einen geregelten Markt zugelassen sind, ABl. L 327/1 vom 11.12.2010.
306 Session document of the European Parliament A7-002/2010 vom 26.3.2010, S. 38. Vgl. auch *Elsen/Jäger*, BKR 2010, 97, 100, die eine solche billigungsfreie Veröffentlichung begrüßen würden.
307 Richtlinie 2010/73/EU des Europäischen Parlaments und des Rates vom 24. November 2010 zur Änderung der Richtlinie 2003/71/EG betreffend den Prospekt, der beim öffentlichen Angebot von Wertpapieren oder bei deren Zulassung zum Handel zu veröffentlichen ist, und der Richtlinie 2004/109/EG zur Harmonisierung der Transparenzanforderungen in Bezug auf Informationen über Emittenten, deren Wertpapiere zum Handel auf einen geregelten Markt zugelassen sind, ABl. L 327/1 vom 11.12.2010.

IV. Billigungsverfahren für den Nachtrag (§ 16 Abs. 1 Satz 2–5) § 16

Ob das Billigungsverfahren für den Nachtrag **Einfluss auf das Zulassungsverfahren** hat, 114
ist umstritten. Teilweise ist in der Literatur vertreten worden, dass sich bis zur Billigung
des Nachtrags die Zulassung der Aktien zum Börsenhandel verzögere, da der gebilligte
Prospekt nach § 32 Abs. 3 Nr. 2 BörsG Voraussetzung für die Zulassung sei.[308] Allerdings
gibt es ja bereits einen gebilligten Prospekt, der Grundlage einer Zulassungsentscheidung
sein könnte,. Außerdem nennt § 32 Abs. 3 Nr. 2 BörsG den Nachtrag gerade nicht als Zulassungsvoraussetzung. Die Billigungsentscheidung der BaFin über einen etwaigen Nachtrag ist also nicht Voraussetzung für die Zulassung von Wertpapieren. Faktisch kann das
Billigungsverfahren gleichwohl Einfluss auf das Zulassungsverfahren nehmen, sofern die
Börse sich materiell gehindert sieht, die Zulassung auf Basis eines noch um einen Nachtrag
zu ergänzenden Prospekts zu erteilen.

a) Prüfungsmaßstab und Verfahren

Nach § 16 Abs. 1 Satz 3 ist der Nachtrag durch die BaFin **"nach § 13 zu billigen"**. Daher 115
hat die BaFin eine Vollständigkeitsprüfung, einschließlich einer Prüfung der Kohärenz und
Verständlichkeit der vorgelegten Informationen, durchzuführen.[309]

Gegenstand der Prüfung ist zwar der Nachtrag als solcher, da dieser und nicht auch der 116
zuvor bereits gebilligte Prospekt in diesem Verfahren gebilligt wird. Dennoch ist bezüglich
des **Prüfungsmaßstabes der BaFin** der bereits gebilligte Prospekt in die Kohärenzprüfung des Nachtrags einzubeziehen, d.h. zur Prüfung der Vollständigkeit, Verständlichkeit
und Kohärenz des Nachtrags gehört auch der durch den Nachtrag ergänzte Prospekt als
Ganzes.[310] Denn erstens schließt die Tatsache, dass Billigungsgegenstand in diesem Verfahren der Nachtrag ist, im Sinne der oben genannten Grundsätze[311] nicht aus, dass die BaFin auch außerhalb des Billigungsgegenstands liegende Umstände (hier den zuvor gebilligten Prospekt) zu berücksichtigen hat. Zweitens gestaltet der Nachtrag den Prospekt insoweit um, als der Prospekt im Folgenden in der Fassung heranzuziehen ist, die er durch den
gebilligten Nachtrag erhalten hat; insofern kann die BaFin den Nachtrag nicht vollständig
getrennt von dem Prospekt, auf dessen Inhalt der Nachtrag einwirkt, betrachten. Da der
Prospekt selbst bereits im Detail von der BaFin geprüft wurde, steht dieser Sichtweise auch
der für die Billigung des Nachtrags begrenzte zeitliche Rahmen nicht entgegen.[312]

Die BaFin prüft zwar nicht in materieller Hinsicht, ob der betreffende neue Umstand bzw. 117
die Unrichtigkeit wichtig bzw. wesentlich ist, d.h. die Beurteilung obliegt dem Emittenten,
Anbieter oder Zulassungsantragsteller.[313] Aber soweit sie konkrete Anhaltspunkte hat, dass

---

308 *Schlitt/Wilczek*, in: Habersack/Mülbert/Schlitt, Kapitalmarktinformation, § 6 Rn. 30; siehe auch unten Rn. 123.
309 *Hamann*, in: Schäfer/Hamann, Kapitalmarktgesetze, § 16 WpPG Rn. 15; *Heidelbach/Preuße*, BKR 2006, 316, 321; *Heidelbach*, in: Schwark/Zimmer, KMRK, § 16 WpPG Rn. 28.
310 Siehe oben *Berrar*, § 13 Rn. 15; *Rauch*, in: Holzborn, WpPG, § 16 Rn. 24; **andere Ansicht** *Ritz/Voß*, in: Just/Voß/Ritz/Zeising, WpPG, § 13 Rn. 45; *Friedl/Ritz*, in: Just/Voß/Ritz/Zeising, WpPG, § 16 Rn. 137; *Seitz*, in: Assmann/Schlitt/von Kopp-Colomb, WpPG/VerkProspG, § 16 Rn. 91.
311 Siehe oben *Berrar*, § 13 Rn. 9 ff., insbesondere Rn. 12.
312 **A.A.** *Ritz/Voß*, in: Just/Voß/Ritz/Zeising, WpPG, § 13 Rn. 45; *Seitz*, in: Assmann/Schlitt/von Kopp-Colomb, WpPG/VerkProspG, § 16 Rn. 91.
313 *Rauch*, in: Holzborn, WpPG, § 16 Rn. 24; *Friedl/Ritz*, in: Just/Voß/Ritz/Zeising, WpPG, § 16 Rn. 137. So auch BaFin-Workshop 2009, Ausgewählte Rechtsfragen zum Nachtragsrecht, Prä-

die Voraussetzungen der Nachtragspflicht nach § 16 Abs. 1 Satz 1 nicht vorliegen, weil der Umstand bzw. die Unrichtigkeit offensichtlich unwichtig bzw. unwesentlich ist, wird sie in Ausnahmefällen die **Billigung verweigern** können.[314]

118 Auch das Billigungsverfahren orientiert sich an § 13, so dass auf die dortigen Ausführungen, insbesondere zu den einzuhaltenden Formalia, wie Übermittlungsformen oder Unterschriftsleistung, verwiesen werden kann.[315] Insbesondere sind nach Auffassung der BaFin Nachträge künftig stets elektronisch über deren MVP-Portal einzureichen.[316] Die BaFin kommt bei Nachträgen entweder ebenfalls mit einem formellen Anhörungsschreiben, in dem ihre Anmerkungen zum eingereichten Nachtrag aufgeführt sind, auf den Emittenten/Anbieter/Zulassungsantragsteller zurück oder bei kürzeren Nachträgen mittels mündlicher Kommunikation.

b) Fristen

119 Der Nachtrag ist durch die BaFin „**innerhalb von höchstens sieben Werktagen**" zu billigen.[317] Diese (immer noch[318]) lange Frist wird den Bedürfnissen von Anbieter und Anlegern im Rahmen von laufenden Angeboten in keiner Weise gerecht.[319] Hinzu kommt, dass – wie die Regierungsbegründung ausdrücklich festschreibt[320] – der Verweis auf § 13 in § 16 Abs. 1 Satz 3 auch bedeutet, dass, falls die BaFin bei der Einreichung bzw. Prüfung eines Nachtrags Anhaltspunkte dafür hat, dass die ihr übermittelten Unterlagen unvollstän-

---

sentation vom 9.11.2009, S. 4; *Seitz*, in: Assmann/Schlitt/von Kopp-Colomb, WpPG/VerkProspG, § 16 Rn. 37 und Rn. 91.

314 Wesentlich interessanter ist die umgekehrte Frage der Eingriffsbefugnisse der BaFin, wenn die BaFin bestimmte Umstände für wichtig hält. § 26 Abs. 8 nennt lediglich die „*wesentliche inhaltliche Unrichtigkeit oder wesentliche inhaltliche Unvollständigkeit*", nicht aber das Feststellen wichtiger neuer Umstände. Vgl. dazu unten *Müller*, § 26 Rn. 68 ff., insbesondere Rn. 71 f.

315 Siehe oben *Berrar*, § 13 Rn. 16 ff.

316 Siehe zu dieser nicht zwingenden Interpretation des Art. 2 TRS und zur technischen Vorgehensweise oben *Berrar*, § 13 Rn. 61.

317 Denkbar wäre, dass nach Ablauf der sieben Tage, ohne dass es zu einer Rückmeldung der Behörde gekommen ist, der Nachtrag als gebilligt gilt; dies ließe sich auf Grundlage der EU-Prospektrichtlinie dadurch herleiten, dass, im Vergleich zu Art. 13 in Art. 16 ausdrücklich davon gesprochen wird, dass „höchstens" nach sieben Tagen der Nachtrag zu billigen sei und eine Art. 13 Abs. 2 Unterabs. 2 vergleichbare Feststellung, wonach keine Billigung nach Fristablauf eintritt, fehlt; so zumindest *Wiegel*, Die Prospektrichtlinie und Prospektverordnung, S. 363. Allerdings weist *Rimbeck*, in: Heidel, Aktienrecht und Kapitalmarktrecht, § 13 WpPG Rn. 10 zutreffend darauf hin, dass eine Billigung ohne aktives Tun der Behörde nur möglich ist, wenn es im Gesetz ausdrücklich vorgesehen ist. So auch zu Recht die herrschende Meinung, vgl. *Hamann*, in: Schäfer/Hamann, Kapitalmarktgesetze, § 16 WpPG Rn. 15; *Seitz*, in: Assmann/Schlitt/von Kopp-Colomb, WpPG/VerkProspG, § 16 Rn. 97; jetzt auch *Rauch*, in: Holzborn, WpPG, § 16 Rn. 26 unter Hinweis auf die mögliche Haftung der BaFin aus Amtspflichtverletzung nach § 839 BGB i.V. m. Art. 34 GG m. w. N.

318 Zur Entstehungsgeschichte des entsprechenden Art. 16 Abs. 1 der EU-Prospektrichtlinie, in dem erst im Zuge des Verfahrens überhaupt eine kürzere Frist für den Nachtrag im Vergleich zum Prospektprüfungsverfahren eingefügt wurde, siehe *Rauch*, in: Holzborn, WpPG, § 16 Rn. 25.

319 Kritik z. B. bei *Crüwell*, AG 2004, 243, 251; *König*, ZEuS 2004, 251, 275; *Kunold/Schlitt*, BB 2004, 501, 510 („*umständlich und aus Anlegerschutz nicht geboten*"); *Rauch*, in: Holzborn, WpPG, § 16 Rn. 25; *Meyer*, in: Habersack/Mülbert/Schlitt, Unternehmensfinanzierung, § 36 Rn. 92.

320 RegBegr. EU-ProspRL-UmsetzungsG, BT-Drucks. 15/4999, S. 25, 36.

IV. Billigungsverfahren für den Nachtrag (§ 16 Abs. 1 Satz 2–5) § 16

dig sind oder es ergänzender Informationen bedarf, die Frist von sieben Werktagen beginnt, wenn diese Informationen vorgelegt werden, d.h. der Verweis auf § 13 soll auch § 13 Abs. 3 umfassen.[321]

Deshalb ist es ausgesprochen begrüßenswert, dass die **konkrete Praxis der BaFin extrem kooperativ** ist und eingereichte Nachträge sehr zügig geprüft und gebilligt werden. Empfehlenswert ist selbstverständlich, so frühzeitig wie möglich, sobald absehbar ist, dass ein Nachtrag einzureichen sein könnte, den Kontakt mit der BaFin zu suchen, um die Verfahrensbeschleunigung ab Einreichung zu gewährleisten. Falls dies geschieht und die an einen Nachtrag zu stellenden formellen und inhaltlichen Erfordernisse eingehalten werden, ist eine **Billigung des Nachtrags innerhalb von 1-2 Werktagen** durchaus üblich.[322]

c) Billigungsentscheidung

Die Billigung eines Nachtrags (bzw. dessen Versagung) stellt – wie die Billigung des Prospekts selbst (vgl. dazu oben § 13 Rn. 8) – einen begünstigenden (bzw. belastenden) Verwaltungsakt dar, der dem Antragsteller gegenüber bekannt zu geben ist.

Ausweislich der Billigungsbescheide der BaFin für Nachträge billigt die BaFin die Nachträge ausschließlich unter Hinweis auf § 13, d.h. ohne Referenz auf § 16. Die BaFin sieht also in § 16 Abs. 1 Satz 3 offensichtlich eine **reine Verweisungsnorm**, während die eigentliche Rechtsgrundlage ihres Verwaltungshandelns § 13 ist.

Die Billigungsentscheidung der BaFin über einen etwaigen Nachtrag ist **nicht Voraussetzung für die Zulassung von Wertpapieren**; das zeigt sich schon daran, dass § 32 Abs. 3 Nr. 2 BörsG den Nachtrag nicht als Zulassungsvoraussetzung nennt (siehe oben Rn. 114).[323]

d) Unterrichtung der ESMA und Übermittlung einer Kopie des Prospekts

Nach § 16 Abs. 1 Satz 4 gilt § 13 Abs. 2 Satz 1 Halbs. 3 entsprechend. Die BaFin muss demnach im Fall der Billigung die ESMA unterrichten und ihr gleichzeitig eine Kopie des Nachtrags übermitteln. § 16 Abs. 1 Satz 4 wurde mit dem Gesetz zur Umsetzung der Richtlinie 2010/78/EU vom 24. November 2010 im Hinblick auf die Errichtung des Europäi-

---

321 Vgl. auch *Rauch*, in: Holzborn, WpPG, § 16 Rn. 25; *Friedl/Ritz*, in: Just/Voß/Ritz/Zeising, WpPG, § 16 Rn. 136; *Chr. Becker*, in: Heidel, Aktienrecht und Kapitalmarktrecht, § 16 WpPG Rn. 12 sowie *Groß*, Kapitalmarktrecht, § 16 WpPG Rn. 10, der berechtigterweise darauf hinweist, dass der Verweis auf § 13 in Art. 16 der EU-Prospektrichtlinie nicht enthalten ist.
322 So jetzt auch *Groß*, Kapitalmarktrecht, § 16 WpPG Rn. 8b; *Meyer*, in: Habersack/Mülbert/Schlitt, Unternehmensfinanzierung, § 36 Rn. 92; *Schlitt/Wilczek*, in: Habersack/Mülbert/Schlitt, Kapitalmarktinformation, § 6 Rn. 27 („*sofern der Nachtrag im Vorfeld abgestimmt werden konnte, häufig sogar taggleich*"); *Chr. Becker*, in: Heidel, Aktienrecht und Kapitalmarktrecht, § 16 WpPG Rn. 12 („*BaFin strebt nach eigener Aussage bei Standardmeldungen eine taggleiche Billigung der Nachträge an.*"); *Friedl/Ritz*, in: Just/Voß/Ritz/Zeising, WpPG, § 16 Rn. 135; *Seitz*, in: Assmann/Schlitt/von Kopp-Colomb, WpPG/VerkProspG, § 16 Rn. 96.
323 A.A. wohl *Schlitt/Singhof/Schäfer*, BKR 2005, 251, 256 („*Da ein gebilligter Prospekt Voraussetzung für die Zulassung der Aktien ist, verzögert sich bis zur Billigung eines Nachtrags die Zulassung*"), so auch *Hamann*, in: Schäfer/Hamann, Kapitalmarktgesetze, § 16 WpPG Rn. 16.

§ 16 Nachtrag zum Prospekt; Widerrufsrecht des Anlegers

schen Finanzaufsichtssystems[324] eingefügt. Die Änderung stellt sicher, dass die ESMA über Nachträge im Prospekt informiert wird und eine Kopie erhält.[325]

3. Veröffentlichung des Nachtrags

124 Gemäß § 16 Abs. 1 Satz 5 muss der **Anbieter/Zulassungsantragsteller** den Nachtrag nach der Billigung unverzüglich in derselben Art und Weise wie den ursprünglichen Prospekt nach § 14 veröffentlichen. Anders als in der aktuellen Fassung des § 16 Abs. 1 Satz 2[326] ist also der **Emittent nach wie vor nicht genannt**. Auch die EU-Prospektrichtlinie ist insoweit wenig aufschlussreich, da Art. 16 Abs. 1 Satz 1 überhaupt keinen Adressaten nennt. Angesichts der weitreichenden Umgestaltung des § 16 im Rahmen des Gesetzes zur Umsetzung der Änderungsrichtlinie 2010/73/EU und zur Änderung des Börsengesetzes vom 26.6.2012,[327] bei dem § 16 Abs. 1 Satz 2 bewusst um den Emittenten ergänzt wurde,[328] erscheint es fraglich, ob es sich insoweit um ein Versehen des Gesetzgebers handelt bzw. eine planwidrige Reglungslücke vorliegt. Dementsprechend ließe sich vertreten, dass den Emittenten keine Veröffentlichungspflicht trifft, auch wenn dieses Ergebnis eher unbefriedigend erscheint, sofern er selbst (in Einklang mit § 16 Abs. 1 Satz 2) den Nachtrag bei der BaFin eingereicht hat.

124a Die Auslegung des Begriffs „unverzüglich" entspricht den zu § 14 dargestellten Grundsätzen (vgl. § 14 Rn. 12, auch zu einer in der neueren Literatur und Rechtsprechung vertretenen kapitalmarktrechtlichen Auslegung des Begriffs „unverzüglich"), wobei zu berücksichtigen sein wird, dass der Anbieter erstens regelmäßig kein schützenswertes Interesse an einem Aufschub der Veröffentlichung haben wird und zweitens das Interesse des Kapitalmarkts an dem Erhalt des Nachtrags aufgrund der Dringlichkeit während eines laufenden Angebotsverfahrens regelmäßig eine sofortige Veröffentlichung erfordern wird.[329] Wird ein Nachtrag nicht, nicht richtig, nicht vollständig, nicht in der vorgeschriebenen Weise oder nicht rechtzeitig veröffentlicht, kann dies eine Ordnungswidrigkeit nach § 35 Abs. 1 Nr. 9 darstellen.

a) Veröffentlichungsmedium nach § 14 Abs. 2 i.V.m. § 16 Abs. 1 Satz 5

125 Der Nachtrag muss „in derselben Art und Weise" wie der ursprüngliche Prospekt veröffentlicht werden. Dem Anbieter/Zulassungsantragsteller steht damit das **Wahlrecht aus § 14 Abs. 2 zwischen den einzelnen Veröffentlichungsmethoden nicht zu**; er ist gebunden, das gleiche Medium zu wählen wie das zuvor für die Prospektveröffentlichung ver-

---

324 BGBl. I 2011, S. 2427 ff.
325 RegBegr. zur Umsetzung der Richtlinie 2010/78/EU, BT-Drucks. 17/6255, S. 31. *Groß*, Kapitalmarktrecht, § 16 WpPG Rn. 8b.
326 Siehe dazu oben Rn. 103.
327 BGBl. I 2012, S. 1375 ff.
328 RegBegr. zur Umsetzung der Richtlinie 2010/73/EU, BT-Drucks. 17/8684, S. 20.
329 Vgl. auch *Friedl/Ritz*, in: Just/Voß/Ritz/Zeising, WpPG, § 16 Rn. 142 ff., die daher auch zu dem Schluss kommen, dass „sofort" bzw. „zügigst" zu veröffentlichen sei, es sei denn ganz besondere Umstände würden ein anderes Ergebnis rechtfertigen. Auf das Eigeninteresse des Anbieters bzw. Zulassungsantragstellers verweisend *Heidelbach*, in: Schwark/Zimmer, KMRK, § 16 WpPG Rn. 38.

wendete.[330] Damit soll sichergestellt werden, dass dem Anleger der Zugang zu den im Nachtrag enthaltenen Informationen ebenso offen steht wie die Informationen des ursprünglichen Prospekts.[331]

Der Anbieter/Zulassungsantragsteller kann daher nicht den (eventuell sehr kurzen) Nachtrag durch vollständigen Abdruck über eine Wirtschafts- oder Tageszeitung nach § 14 Abs. 2 Nr. 1 veröffentlichen, wenn der Prospekt zuvor nach § 14 Abs. 2 Nr. 2b) beim Emittenten in gedruckter Form zur kostenlosen Ausgabe bereitgehalten wurde. Wegen § 14 Abs. 2 Satz 2 sind aber ohnehin alle Prospekte und somit auch alle Nachträge zumindest zusätzlich **zwingend im Internet zu veröffentlichen**, wodurch die anderen Publizitätsformen endgültig bedeutungslos werden dürften (siehe dazu auch die Kommentierung zu § 14, insbesondere Rn. 4, 35 und 39a). Anders als das deutsche Recht in § 16 Abs. 1 Satz 4 stellt aber die EU-Prospektrichtlinie in Art. 16 Abs. 1 Satz 2 klar, dass der Anbieter/Zulassungsantragsteller frei ist, zusätzlich zu der für den Prospekt verwendeten Veröffentlichungsmethode für den Nachtrag auch eine weitere Veröffentlichungsform anzuwenden (*„zumindest gemäß denselben Vorkehrungen zu veröffentlichen"*).

b) Anwendbarkeit der weiteren Vorschriften des § 14

Aus der Tatsache, dass der Gesetzgeber pauschal auf § 14 verwiesen hat und auch Art. 16 der EU-Prospektrichtlinie für die Veröffentlichung des Nachtrags im Plural auf die „Vorkehrungen" verweist, wie sie für die Verbreitung des ursprünglichen Prospekts galten, lässt sich argumentieren, dass § 16 Abs. 1 Satz 5 nicht nur auf die Veröffentlichungsform nach § 14 Abs. 2 verweist, sondern dass **auch die anderen Teile des § 14**, soweit sie die Veröffentlichung betreffen, **anwendbar** sind. Dass es sich um einen **umfassenden Verweis** handelt, sieht auch die Regierungsbegründung[332] ausdrücklich so.[333] Folgt man mit der überwiegenden Meinung dieser Ansicht jedenfalls grundsätzlich, bedeutet dies insbesondere:

– Erstens finden **§ 14 Abs. 3 und § 14 Abs. 5** auch für den Nachtrag Anwendung. Daher hat der Anbieter/Zulassungsantragsteller der BaFin Datum und Ort der Veröffentlichung des Nachtrags unverzüglich schriftlich **mitzuteilen** (§ 14 Abs. 3).[334] Durch die Streichung des § 14 Abs. 3 Satz 2 a. F. mit dem Jahressteuergesetz 2009 ist nunmehr

---

330 *Rauch*, in: Holzborn, WpPG, § 16 Rn. 29; *Groß*, Kapitalmarktrecht, § 16 WpPG Rn. 11; *Heidelbach*, in: Schwark/Zimmer, KMRK, § 16 WpPG Rn. 34; *Wiegel*, Die Prospektrichtlinie und Prospektverordnung, S. 367 f.; **andere Ansicht** *Seitz*, in: Assmann/Schlitt/von Kopp-Colomb, WpPG/VerkProspG, § 16 Rn. 99 unter Verweis auf *Friedl/Ritz*, in: Just/Voß/Ritz/Zeising, WpPG, § 16 Rn. 139, die sich auf die Gleichrangigkeit der Veröffentlichungsarten nach § 14 Abs. 2 und die englischsprachige Fassung von Art. 16 Abs. 1 Satz 2 der EU-Prospektrichtlinie berufen, was aber beides – trotz des berechtigten Anliegens hinsichtlich des Ergebnisses – nicht überzeugt.
331 *Chr. Becker*, in: Heidel, Aktienrecht und Kapitalmarktrecht, § 16 WpPG Rn. 13; *Hamann*, in: Schäfer/Hamann, Kapitalmarktgesetze, § 16 WpPG Rn. 17.
332 RegBegr. EU-ProspRL-UmsetzungsG, BT-Drucks. 15/4999, S. 25, 36, indem auf die (inzwischen angesichts der Aufhebung des § 14 Abs. 3 Satz 2 a. F. nicht mehr bestehende) Notwendigkeit einer Hinweisbekanntmachung nach hingewiesen wird. So auch *Kullmann/Sester*, WM 2005, 1068, 1075; auch *Rauch*, in: Holzborn, WpPG, § 16 Rn. 28 betont, dass auf *„grds. sämtliche Regelungen des § 14 WpPG"* verwiesen werde.
333 Dem Wortlaut nach ließe sich aber auch durchaus eine andere Auffassung vertreten, vgl. kritisch *Heidelbach/Preuße*, BKR 2006, 316, 321, Fn. 72.
334 So auch BaFin-Workshop 2009, „Ausgewählte Prospekt- und Verfahrensfragen", 9.11.2009, S. 15.

§ 16 Nachtrag zum Prospekt; Widerrufsrecht des Anlegers

keine Hinweisbekanntmachung mehr erforderlich.[335] Zudem ist bei Internetveröffentlichung, die seit Einführung des § 14 Abs. 2 Satz 2 stets (zumindest zusätzlich) verpflichtend ist, eine **Papierversion** des Nachtrags auf Verlangen kostenlos zur Verfügung zu stellen (§ 14 Abs. 5). Ein Verweis des § 16 auf **§ 14 Abs. 4** macht dagegen keinen Sinn.

- Zweitens spricht § 16 Abs. 1 Satz 5 aber eindeutig nur von der **„Veröffentlichung", nicht von der Hinterlegung**. Die Begriffe sind in § 14 klar getrennt. Gleiches gilt für Art. 16 der EU-Prospektrichtlinie. Daher finden weder die Hinterlegungspflicht des § 14 Abs. 1 Satz 1 noch die Aufbewahrungspflicht des § 14 Abs. 6 dem Wortlaut nach Anwendung auf den Nachtrag. Das mag nicht sehr sinnvoll erscheinen und auch vom Gesetzgeber nicht gewollt gewesen sein, aber eine gegenteilige Auslegung *contra legem* erscheint schwierig.[336]
- Drittens wird selbstverständlich über § 16 Abs. 1 Satz 5 auch nicht auf etwaige Fristen in Bezug auf öffentliches Angebot oder Einführung verwiesen (**§ 14 Abs. 1 Satz 1 – Satz 4**), d.h. der Nachtrag muss nicht vor einem bestimmten Zeitpunkt veröffentlicht werden, das öffentliche Angebot wird ja gerade nicht unterbrochen. Das zeigt sich auch daran, dass § 16 Abs. 1 Satz 5 explizit eine „unverzügliche" Veröffentlichung des Nachtrags fordert. Das wäre zum einen überflüssig, wenn auch auf die Fristen des § 14 Abs. 1 Satz 1–4 verwiesen würde. Zum anderen zeigt die Nennung nur dieser einen der in § 14 Abs. 1 genannten Grenzen, dass die anderen, starren Höchstgrenzen hier gerade nicht gelten sollen.

V. Ergänzung der Zusammenfassung und von Übersetzungen (§ 16 Abs. 2)

128 Im Umsetzung von Art. 16 Abs. 1 Satz 3 der EU-Prospektrichtlinie bestimmt § 16 Abs. 2, dass die Zusammenfassung und etwaige Übersetzungen davon um die im Nachtrag enthaltenen Informationen zu ergänzen sind.[337] Mit der **Pflicht zur Ergänzung der Zusammenfassung und deren Übersetzung** soll – so die Regierungsbegründung zum Wertpapierprospektgesetz – dem Publikum ein erleichterter Zugang zu den im Nachtrag enthaltenen Informationen ermöglicht werden.[338]

---

335 Siehe oben *Berrar*, § 14 Rn. 2 und Rn. 52 f.
336 Es gibt auch keinen Verweis von § 16 auf § 13 Abs. 4 (selbst im neu eingeführten § 16 Abs. 1 Satz 4, der § 13 Abs. 2 Satz 1 2. Halbsatz explizit nennt), so dass jedenfalls gesetzlich keine Pflicht der BaFin zur Zugänglichmachung bestünde, **anders** RegBegr. EU-ProspRL-UmsetzungsG, BT-Drucks. 15/4999, S. 25, 35; *Rimbeck*, in: Heidel, Aktienrecht und Kapitalmarktrecht, § 13 WpPG Rn. 17.
337 Nach Art. 25 Abs. 5 Unterabs. 1, Art. 26 Abs. 7 Unterabs. 1 der EU-Prospektverordnung kann der Emittent, Anbieter oder Zulassungsantragsteller in diesem Fall individuell entscheiden, ob die neuen Angaben in die ursprüngliche Zusammenfassung einbezogen bzw. aufgenommen werden, indem eine neue Zusammenfassung erstellt wird, oder ob ein Nachtrag zur Zusammenfassung erstellt wird.
338 RegBegr. EU-ProspRL-UmsetzungsG, BT-Drucks. 15/4999, S. 25, 36; *Groß*, Kapitalmarktrecht, § 16 WpPG Rn. 12; *Rauch*, in: Holzborn, WpPG, § 16 Rn. 31; *Heidelbach*, in: Schwark/Zimmer, KMRK, § 16 WpPG Rn. 39; *Holzborn/Israel*, ZIP 2005, 1668, 1674; *Hamann*, in: Schäfer/Hamann, Kapitalmarktgesetze, § 16 WpPG Rn. 18.

Da die Zusammenfassung Teil des Prospekts ist und nicht im Widerspruch zu dem Prospekt in der durch den Nachtrag ergänzten Fassung stehen darf, hätte insoweit sowieso bereits eine Nachtragspflicht aus § 16 Abs. 1 Satz 1 heraus bestanden.[339] Auch die Prüfungspflicht der BaFin erstreckt sich nach dem oben Gesagten[340] auf die Zusammenfassung (nicht aber auf die Übersetzung, die die BaFin im Notifizierungsverfahren gar nicht prüft[341]); der systematischen Stellung des § 16 Abs. 2 ist also nichts Gegenteiliges zu entnehmen.[342] Daher hat § 16 Abs. 2 **konstitutive Bedeutung eher im Zusammenhang mit grenzüberschreitenden Angeboten**, für die bei Nachträgen die Regeln zum Notifizierungsverfahren entsprechende Anwendung finden (vgl. oben Rn. 8).

VI. Widerrufsrecht der Anleger (§ 16 Abs. 3)

§ 16 Abs. 3 basiert auf Art. 16 Abs. 2 der EU-Prospektrichtlinie und regelt das bereits zuvor mehrfach erwähnte, **vor Inkrafttreten des WpPG im deutschen Recht nicht gesetzlich verankerte Widerrufsrecht der Anleger** nach Veröffentlichung eines Nachtrags. Betrifft der Nachtrag einen Prospekt für ein öffentliches Angebot von Wertpapieren, haben nach § 16 Abs. 3 Satz 1 Anleger, die vor der Veröffentlichung des Nachtrags eine auf den Erwerb oder die Zeichnung der Wertpapiere gerichtete Willenserklärung abgegeben haben, das Recht, diese innerhalb einer Frist von zwei Werktagen nach Veröffentlichung des Nachtrags zu widerrufen, sofern der neue Umstand oder die Unrichtigkeit gemäß § 16 Abs. 1 vor dem endgültigen Schluss des öffentlichen Angebots und vor der Lieferung der Wertpapiere eingetreten ist. Zudem enthält § 16 Abs. 3 Regelungen zu einer möglichen Verlängerung der Widerrufsfrist durch Emittenten, Anbieter oder Zulassungsantragssteller (Abs. 3 Satz 2), zur Hinweispflicht auf das Widerrufsrecht und die Widerrufsfrist im Nachtrag selbst (Abs. 3 Satz 3) sowie zur Widerrufserklärung (Abs. 3 Satz 4). Durch die Änderungsrichtlinie 2010/73/EU[343] und das nachfolgende Gesetz zur Umsetzung der Änderungsrichtlinie 2010/73/EU und zur Änderung des Börsengesetzes vom 26.6.2012[344] hat § 16 Abs. 3 weitreichende Änderungen erfahren:

Erstens wurde die **Dauer des Widerrufsrechts europaweit auf zwei Werktage harmonisiert.** Nach Erwägungsgrund (10) des Konsultationspapiers der Kommission[345] im Vorfeld der Änderungsrichtlinie sollte der zeitliche Rahmen für die Ausübung von Widerrufsrech-

---

339 So auch *Friedl/Ritz*, in: Just/Voß/Ritz/Zeising, WpPG, § 16 Rn. 68 a. E.
340 Siehe oben Rn. 116.
341 Hierauf weist die BaFin bei grenzüberschreitenden Angeboten, falls die fremdsprachigen Zusammenfassungen mit in den Prospekt eingebunden werden, in ihren Billigungsentscheidungen auch hin.
342 Insoweit hinsichtlich der Zusammenfassung zutreffend *Rauch*, in: Holzborn, WpPG, § 16 Rn. 31.
343 Richtlinie 2010/73/EU des Europäischen Parlaments und des Rates vom 24.11.2010 zur Änderung der Richtlinie 2003/71/EG, ABl. 327/1 vom 11.12.2010. Vgl. auch oben *Schnorbus*, Vor §§ 1 ff. Rn. 4 ff.
344 BGBl. I 2012, S. 1375 ff.
345 European Commission, Consultation on a draft proposal for a Directive of the European Parliament and of the Council amending Directives 2003/71/EC on the prospectus to be published when securities are offered to the public or admitted to trading and 2004/109/EC on the harmonisation of transparency requirements in relation to information about issuers whose securities are admitted to trading on a regulated market, vom 9.1.2009.

§ 16   Nachtrag zum Prospekt; Widerrufsrecht des Anlegers

ten nach Art. 16 der EU-Prospektrichtlinie auf europäischer Ebene vereinheitlicht werden, um **Rechtsunsicherheiten insbesondere bei grenzüberschreitenden Angeboten zu reduzieren**. Im Konsultationspapier war diesbezüglich (unter Art. 1 Nr. 1 Ziffer 5) noch vorgeschlagen worden, statt der bisherigen Formulierung *„exercisable within a time limit which shall not be shorter than two working days"* die Frist zu begrenzen durch die Fassung *„exercisable within at least two working days"*. Wie die Stellungnahme von CESR[346] (als Vorgängerin der ESMA) zum Konsultationspapier zu Recht anmerkte, wäre dadurch aber der Zweck der Vereinheitlichung nicht erreicht worden. Daher ist in den Vorschlägen von EU-Kommission vom September 2009,[347] EU-Ratspräsidentschaft vom Oktober/November/Dezember 2009[348] und EU-Parlament vom März 2010[349] eine Klarstellung erfolgt, dass das Widerrufsrecht einheitlich zwei Werktage betragen soll. Auf Ebene der deutschen Gesetzgebung bestand allerdings kein Umsetzungsbedarf, da das Widerrufsrecht auch nach alter Fassung des § 16 Abs. 1 Satz 1 bereits zwei Werktage betragen hatte. Siehe zur Widerrufsfrist im Einzelnen unten Rn. 146 ff.

132 Zweitens wurde dem **„Emittenten oder Anbieter"** die Möglichkeit eingeräumt, eine **längere Widerrufsfrist zu bestimmen**. In folgerichtiger Anknüpfung an § 16 Abs. 1 Satz 2, der die Adressaten der Nachtragspflicht festlegt,[350] räumt der deutsche Gesetzgeber dieses Recht davon abweichend in § 16 Abs. 3 Satz 2 dem **„Emittenten, Anbieter oder Zulassungsantragssteller"** ein. Es bleibt schleierhaft, warum der Zulassungsantragssteller auf europäischer Ebene ausgeklammert wurde.

132a Drittens wurde klargestellt, dass ein Nachtrag nur bei einem Prospekt im Zusammenhang mit einem **öffentlichen Angebot** ein **Widerrufsrecht** auslöst, d. h. **nicht bei reinen Zulassungsprospekten**, siehe näher unten Rn. 132e.

132b Viertens ist bestimmt worden, dass das **Widerrufsrecht nur eingreift, wenn der neue Umstand oder die Unrichtigkeit gemäß § 16 Abs. 1 vor dem endgültigen Schluss des öffentlichen Angebots und vor Lieferung der Wertpapiere eingetreten ist**. Das Widerrufsrecht **endet daher nicht wie bisher mit Erfüllung**, zeitlicher Anknüpfungspunkt ist vielmehr der **Eintritt des nachtragspflichtigen Umstandes**. Inzwischen ist es also möglich, eine auf den Erwerb oder die Zeichnung von Wertpapieren gerichtete Erklärung auch dann noch zu widerrufen, wenn die Wertpapiere bereits vor der Veröffentlichung des Nachtrags in das Depot des Anlegers eingebucht worden waren, solange nur der **nachtragspflichtige Umstand** vor Lieferung der Wertpapiere eingetreten ist.[351] Siehe zum Ende der Widerrufsmöglichkeit im Einzelnen unten Rn. 149 ff. Dabei ist aber zu beachten, dass freilich überhaupt ein Nachtrag veröffentlicht worden sein muss, damit das Widerrufsrecht

---

[346] CESR's comments on the European Commission's background and consultation document on the review of Directive 2003/71/EC vom 24.3.2009, S. 9 zu Article 16, abrufbar unter http://ec.europa.eu/internal_market/consultations/docs/2009/prospectus/background_en.pdf (Stand: 30.3.2016).
[347] Kommissionsentwurf KOM (2009) 491 zur Änderung der Prospektrichtlinie vom 23.9.2009.
[348] Siehe insbesondere Kompromissvorschlag der EU-Ratspräsidentschaft vom 11.12.2009 (Document 17451/09 zu Interinstitutional File 2009/0132 (COD)).
[349] Session document of the European Parliament A7-002/2010 vom 26.3.2010.
[350] Siehe dazu oben Rn. 103.
[351] RegBegr. zur Umsetzung der Richtlinie 2010/73/EU, BT-Drucks. 17/8684, S. 20, wobei dort unglücklicherweise statt an die „Lieferung der Wertpapiere" in Anlehnung an den ehemaligen Gesetzeswortlaut an die „Erfüllung" angeknüpft wird.

ausgelöst wird, sodass bei Ablauf der Nachtragspflicht nach § 16 Abs. 1 auch kein Widerrufsrecht mehr eintreten kann. Das Ende des Widerrufsrechts ist also eng mit der Frage verknüpft, wie der Begriff „Schluss des öffentlichen Angebots" zu verstehen ist und ob für das Ende der Nachtragspflicht der frühere oder spätere Zeitpunkt von „Schluss des öffentlichen Angebots" bzw. „Einführung " maßgeblich ist, siehe oben Rn. 79 ff. und Rn. 83 ff., insbesondere Rn. 85, vgl. aber auch unten Rn. 136 ff. und Rn. 139 ff. in Bezug auf die im deutschen Recht nach herrschender Meinung bereits vor Inkrafttreten der Änderungsrichtlinie geltenden teleologischen Reduktionen.

Fünftens muss der Nachtrag neben der Belehrung über das Bestehen des Widerrufsrechts nun auch die Widerrufsfrist enthalten, § 16 Abs. 3 Satz 3 Halbs. 2. Grund hierfür ist die oben erwähnte Möglichkeit des Emittenten, Anbieters oder Zulassungsantragstellers, eine längere Frist zu gewähren.[352] **132c**

Sechstens wurde der ehemalige Abs. 3 Satz 2 in Satz 4 verschoben und der unklare Verweis auf § 8 Abs. 1 Satz 3 entfernt, s. dazu unten Rn. 156. **132d**

1. Prospekt für ein öffentliches Angebot von Wertpapieren

Durch die Änderungsrichtlinie 2010/73/EU[353] wurde, dem Kompromissvorschlag der EU-Ratspräsidentschaft vom Dezember 2009 folgend,[354] klargestellt, dass ein Nachtrag nur bei einem Prospekt im Zusammenhang mit einem **öffentlichen Angebot** ein **Widerrufsrecht** auslöst, d.h. **nicht bei reinen Zulassungsprospekten**. Das nachfolgende Gesetz zur Umsetzung der Änderungsrichtlinie 2010/73/EU und zur Änderung des Börsengesetzes vom 26.6.2012[355] setzte dies in deutsches Recht um. Auch in Fällen, in denen Wertpapiere sowohl am organisierten Markt gehandelt als auch parallel öffentlich angeboten werden, ergibt sich ein Widerrufsrecht nur für den Kauf von denjenigen Wertpapieren, die aufgrund des öffentlichen Angebots bezogen und nicht über den Handel erworben wurden.[356] Damit **132e**

---

352 RegBegr. zur Umsetzung der Richtlinie 2010/73/EU, BT-Drucks. 17/8684, S. 20.
353 Richtlinie 2010/73/EU des Europäischen Parlaments und des Rates vom 24.11.2010 zur Änderung der Richtlinie 2003/71/EG, ABl. 327/1 vom 11.12.2010. Vgl. auch oben *Schnorbus*, Vor §§ 1 ff. Rn. 4 ff.
354 Die EU-Ratspräsidentschaft hatte diese Klarstellung schon in ihren verschiedenen Kompromissvorschlägen zur Überarbeitung der EU-Prospektrichtlinie seit Oktober 2009 und insbesondere auch in ihrem finalen Vorschlag vom Dezember 2009 angeregt, siehe (jeweils nur englisch) Council of the European Union Document 14640/09 (vom 21.10.2009), S. 17, Document 15096/09 (vom 4.11.2009), S. 19, Document 15911/09 (vom 18.11.2009), S. 20 und Document 17451/09 (vom 11.12.2009), S. 24, abrufbar jeweils über http://register.consilium.europa.eu (Stand: 30.3.2016). Der Wortlaut des Vorschlags lautete: *„If the prospectus relates to an offer of securities to the public, . . .".* Der Vorschlag des Europäischen Parlaments vom März 2010 zur Änderung der Prospektrichtlinie sah eine ähnliche Ergänzung vor („*For offers to the public, . . .*"), vgl. Session document of the European Parliament A7-002/2010 vom 26.3.2010. S. 38. Der endgültig beschlossene Text der Änderungsrichtlinie folgte dann aber wieder fast wörtlich dem Kompromissvorschlag der EU-Ratspräsidentschaft vom Dezember 2009 („*Where the prospectus relates to an offer of securities to the public, . . .*").
355 BGBl. I 2012, S. 1375 ff.
356 RegBegr. zur Umsetzung der Richtlinie 2010/73/EU, BT-Drucks. 17/8684, S. 20. Auch *Groß*, Kapitalmarktrecht, § 16 WpPG Rn. 15 mit Beispiel; *Heidelbach/Preuße*, BKR 2012, 397, 403 mit weiteren Ausführungen; im Zusammenhang mit dem Umfang der Rückabwicklungspflichten dagegen zweifelnd *Lawall/Maier*, DB 2012, 2503, 2506.

§ 16 Nachtrag zum Prospekt; Widerrufsrecht des Anlegers

weicht das Widerrufsrecht nach § 16 Abs. 3 von der Prospekthaftung ab, die sich aufgrund der speziellen Regelung aus § 21 Abs. 1 Satz 3 auch auf Wertpapiere mit derselben ISIN erstreckt, die über die Börse erworben wurden.[357] Nach der Regierungsbegründung bleibt damit der reibungslose Ablauf des Handels gewährleistet.[358] Dass bei reinen Zulassungsprospekten kein Widerrufsrecht besteht, ist schon zur alten Rechtslage in Praxis und Literatur vertreten worden, allerdings hatte die BaFin auch in diesen Fällen eine Belehrung nach § 16 Abs. 3 Satz 3 verlangt.[359] Durch die gesetzgeberische Klarstellung dürfte nun jede verbleibende Unklarheit beseitigt sein.[360]

2. Widerrufsberechtigte Anleger

a) Abgabe einer Willenserklärung

133 Widerrufsberechtigt sind ausschließlich Anleger, die *„vor der Veröffentlichung des Nachtrags eine auf den Erwerb oder die Zeichnung der Wertpapiere gerichtete Willenserklärung abgegeben haben"*. Art. 16 Abs. 2 der EU-Prospektrichtlinie spricht etwas untechnischer davon, dass der *„Erwerb oder eine Zeichnung der Wertpapiere zugesagt"* war. Aus dem Wortlaut des deutschen Rechts lassen sich **zwei Schlussfolgerungen** ziehen:

– Entscheidend ist die **Abgabe der Willenserklärung**, d.h. dass der Erklärende seinen rechtsgeschäftlichen Willen erkennbar so geäußert hat, dass an der Endgültigkeit der Äußerung kein Zweifel möglich ist[361] bzw. der Erklärende alles seinerseits Erforderliche getan hat, damit die Erklärung wirksam werden kann.[362] Da ein Zugang der Willenserklärung an den Erklärungsempfänger also gerade nicht erforderlich ist, reicht es insbesondere aus, dass der Anleger die entsprechende Willenserklärung gegenüber seiner Depotbank abgegeben hat (unabhängig davon, ob diese sie bereits weitergereicht hat).

– Mit der Formulierung *„auf den Erwerb oder die Zeichnung der Wertpapiere gerichtete Willenserklärung"* wird das Gesetz der einhelligen Auffassung zur allgemeinen Rechtsgeschäftslehre im Kapitalmarktrecht gerecht, dass **bei einem Bookbuilding-Verfahren die Zeichnung des Anlegers** nicht etwa eine Annahmeerklärung eines ihm zuvor unterbreiteten Angebots darstellt, sondern ein **Angebot zum Abschluss eines Kaufvertrages** – basierend auf einer *invitatio ad offerendum* des bzw. der Anbieter –, das im Rahmen der Zuteilung konkludent angenommen wird.[363]

---

357 *Groß*, Kapitalmarktrecht, § 16 WpPG Rn. 15.
358 RegBegr. zur Umsetzung der Richtlinie 2010/73/EU, BT-Drucks. 17/8684, S. 20.
359 Vgl. unten zur Frage der Belehrung über das Widerrufsrecht Rn. 163 ff.
360 Auch *Groß*, Kapitalmarktrecht, § 16 WpPG Rn. 15 bezeichnet dies als *„wichtige Klarstellung"*.
361 So *Ellenberger*, in: Palandt, Bürgerliches Gesetzbuch, § 130 Rn. 4 m.w.N.
362 So *Medicus*, Allgemeiner Teil des BGB, Rn. 263; *Einsele*, in: MünchKomm-BGB, § 130 Rn. 13 m.w.N.
363 Siehe z.B. *Groß*, Bookbuilding, ZHR 162 (1998), 318, 323 ff.; *Groß*, in: Bosch/Groß, Emissionsgeschäft, Rn. 10/266 (= BuB Rn. 10/266); *Hein*, WM 1996, 1, 4; *Meyer*, in: Marsch-Barner/Schäfer, Handbuch börsennotierte AG, § 8 Rn. 31; *Parmentier*, NZG 2007, 407, 411; *Kümpel*, in: Kümpel/Hammen/Ekkenga, Kapitalmarktrecht, Kennz. 240 unter I.; *Willamowski*, WM 2001, 653, 655; ebenso bereits *Canaris*, in: Handelsgesetzbuch (Großkommentar), 3. Band, 3. Teil, Bankvertragsrecht, 2. Bearbeitung 1981, Rn. 2268.

b) Weitere Voraussetzungen in inhaltlicher und zeitlicher Hinsicht

Nach dem Gesetzeswortlaut ist weitere Voraussetzung des Widerrufsrechts (neben dem Erfordernis, dass der neue Umstand oder die Unrichtigkeit gemäß § 16 Abs. 1 vor dem endgültigen Schluss des öffentlichen Angebots und vor der Lieferung der Wertpapiere eingetreten sein muss, siehe dazu unten Rn. 149 ff.), dass die Willenserklärung des Anlegers **vor Veröffentlichung des Nachtrags** erfolgte. Dem liegt offensichtlich – ohne dass dies im Gesetzeswortlaut explizit zum Ausdruck gekommen wäre – der Gedanke zugrunde, dass der Anleger in Unkenntnis eines bestimmten, neuen Umstandes eine Willenserklärung abgegeben hat, an der er auch unter Berücksichtigung der berechtigten Interessen des Anbieters nicht mehr festgehalten werden soll.

134

Wegen dieser der Norm zugrunde liegenden Ratio sind aber sowohl in inhaltlicher als auch in zeitlicher Hinsicht Fragen zur Auslegung des § 16 Abs. 3 Satz 1 zu stellen:

135

aa) Teleologische Reduktion in inhaltlicher Hinsicht

Die Regierungsbegründung zum Wertpapierprospektgesetz führt aus, dass das Widerrufsrecht in den Fällen, in denen ein Nachtrag ausschließlich wegen des Eintritts eines wichtigen neuen Umstands im Sinne des § 16 Abs. 1 Satz 1 besteht (sprachlich besser wohl: erstellt und veröffentlicht wurde), nur dann eingreift, wenn die Willenserklärung nach dem Eintritt des nachtragspflichtigen Umstands abgegeben worden sei.[364] Umgekehrt bedeutet das, dass dem Anleger das Widerrufsrecht nicht zur Verfügung stehen soll, wenn er seine **Willenserklärung abgegeben hat, bevor der neue Umstand eingetreten ist**. Damit wird also, wenn man so will, das **Risiko des nachträglichen Prospektfehlers dem Anleger zugewiesen**.[365] Nicht tangiert wird das Widerrufsrecht durch die Regierungsbegründung, falls der Nachtrag zumindest auch Berichtigungen bereits ursprünglich unrichtiger Aussagen enthält.[366]

136

Begründet wird diese Auslegung in der Regierungsbegründung damit, dass die neuen Umstände im Prospekt noch nicht genannt werden konnten, so dass der **Prospekt bis zum Zeitpunkt des Eintritts dieses Umstands richtig** und die diesbezüglich abgegebene Willenserklärung des Anlegers auf der Basis aller zu diesem Zeitpunkt bestehender Informationen erfolgt ist, mithin fehlerfrei und **nicht mit Willensmängeln oder Ähnlichem behaftet** war. Rechtstechnisch wird man diese Auslegung der Regierungsbegründung, da sie nicht unmittelbar aus dem Gesetzeswortlaut ableitbar ist, als **teleologische Reduktion** verstehen müssen, d. h. als Einschränkung entgegen dem Wortsinn des Gesetzes, die aufgrund der immanenten Teleologie des Gesetzes vorzunehmen ist, um die zu weit gefasste Regel auf den ihr nach dem Regelungszweck oder Sinnzusammenhang des Gesetzes zukommenden Anwendungsbereich zurückzuführen.[367]

137

---

364 RegBegr. EU-ProspRL-UmsetzungsG, BT-Drucks. 15/4999, S. 25, 36 f.
365 So *Hamann*, in: Schäfer/Hamann, Kapitalmarktgesetze, § 16 WpPG Rn. 19.
366 So auch *Chr. Becker*, in: Heidel, Aktienrecht und Kapitalmarktrecht, § 16 WpPG Rn. 21; *Seitz*, in: Assmann/Schlitt/von Kopp-Colomb, WpPG/VerkProspG, § 16 Rn. 110.
367 Vgl. zur teleologischen Reduktion auf Basis des genereller gefassten Konzepts der Ausfüllung „verdeckter" Lücken ausführlich *Larenz/Canaris*, Methodenlehre der Rechtswissenschaften, 3. Aufl. 1995, S. 210 ff. m. w. N., insbesondere auch in Abgrenzung zur einschränkenden Auslegung. *Groß*, Kapitalmarktrecht, 4. Aufl. 2009, § 16 WpPG Rn. 15, spricht etwas offener von „restriktiver Interpretation".

§ 16   Nachtrag zum Prospekt; Widerrufsrecht des Anlegers

138 In der **Literatur** ist diese Auslegung zum Teil begrüßt worden,[368] zum Teil unkommentiert wiedergegeben worden[369] und zum Teil kritisiert worden.[370] Die **Kritik** stützt sich erstens formal darauf, dass diese Auslegung dem Wortlaut des § 16 Abs. 3 Satz 1 nicht zu entnehmen sei, was allerdings der teleologischen Reduktion immanent ist. Zweitens könne es für den Anleger keinen Unterschied machen, ob er seine Erklärung vor oder nach dem Eintritt des betreffenden Umstands abgegeben habe, solange er keine Kenntnis von dem Umstand gehabt habe; insofern müsse ihm das Widerrufsrecht auch in diesen Fällen zustehen.[371] Auch wenn die Argumente der ablehnenden Auffassung nachvollziehbar sind, ist **im Ergebnis der Ansicht der Regierungsbegründung** aus nachstehenden Gründen **zu folgen**:

– Zunächst hat rein formal die Gesetzesbegründung nach der herrschenden „Paktentheorie" eine gewisse Maßgeblichkeit – entgegen mancher Fehlvorstellung auch dann, wenn sie nicht zugleich ihren Niederschlag in dem Gesetzeswortlaut gefunden hat.[372] Dies gilt auch im Zusammenhang mit nationalen Vorschriften, die auf europarechtlichen Vorgaben beruhen. Daraus folgt, dass teleologische Reduktionen europarechtlicher Vorschriften durchaus europarechtskonform sein können und keinen Verstoß gegen die Verpflichtung darstellen, die nationalen Vorschriften im Lichte des Europarechts auszulegen.[373]

– Wichtiger ist aber, dass sich diese teleologische Reduktion auch inhaltlich rechtfertigen lässt: Denn es mag zwar für den Anleger aus seiner Sicht keine Rolle spielen, ob er die Erklärung vor oder nach Eintritt des betreffenden neuen Umstands abgegeben hat. Aus Sicht der **Interessenslage des Anbieters** ist dies aber sehr wohl entscheidend, da die Willenserklärung des Anlegers, wie oben beschrieben, zum Zeitpunkt der Abgabe der Willenserklärung nicht mit Willensmängeln oder Ähnlichem behaftet war und der Anbieter ihm auch keine anderen Informationen zur Verfügung stellen konnte, weil der Prospekt zu dieser Zeit richtig und vollständig war. Wie in der Regierungsbegründung zu § 14 niedergelegt, dient das WpPG auch dem Ausgleich der Interessen des Publi-

---

368 *Groß*, Kapitalmarktrecht, 4. Aufl. 2009, § 16 WpPG Rn. 15; *Chr. Becker*, in: Heidel, Aktienrecht und Kapitalmarktrecht, § 16 WpPG Rn. 21; *Friedl/Ritz*, in: Just/Voß/Ritz/Zeising, WpPG, § 16 Rn. 159.

369 *Schlitt/Singhof/Schäfer*, BKR 2005, 251, 256 in Fn. 75; *Seitz*, in: Assmann/Schlitt/von Kopp-Colomb, WpPG/VerkProspG, § 16 Rn. 110.

370 *Rauch*, in: Holzborn, WpPG, § 16 Rn. 32.

371 *Rauch*, in: Holzborn, WpPG, § 16 Rn. 32.

372 Vgl. *Berrar/Schnorbus*, ZGR 2003, 59, 69, insbesondere Fn. 52. Die Begründung eines Gesetzes ist für die Auslegung desselben maßgeblich (eingehend dazu *Redeker/Karpenstein*, NJW 2001, 2825 ff.). Nach der sog. „Paktentheorie" macht sich der Gesetzgeber nämlich diejenigen Vorstellungen und Erwägungen zu eigen, die die eigentlichen Gesetzesverfasser vor Augen hatten und in der Begründung dokumentiert haben (vgl. *Engisch*, Einführung in das juristische Denken, S. 171; *Neuner*, Die Rechtsfindung contra legem, 1992, S. 103 f.; ferner *Koch/Rüßmann*, Juristische Begründungslehre, 1982, S. 211 f.; *Franzen*, Privatrechtsangleichung durch die Europäische Gemeinschaft, 1999, S. 306 f.; *Schnorbus*, Gestaltungsfreiheit im Umwandlungsrecht, S. 81 f.). Diese Auffassung wird auch von der Rechtsprechung geteilt (vgl. BGHZ 46, S. 74, 80 ff.; BGHZ 87, S. 191, 195; siehe auch BVerfGE, 32, S. 54, 69 f.); anders etwa *Schüppen*, WPg 2001, S. 958 ff., der durchweg die Regierungsbegründung zum WpÜG nur dann als maßgeblich ansieht, wenn sie zugleich auch in dem Gesetzeswortlaut ihren Niederschlag gefunden hat).

373 Im Gegenteil: die teleologische, an Sinn und Zweck der EU-Rechtsvorschriften orientierte Auslegung hat überragendes Gewicht bei der Interpretation europarechtlicher Normen, vgl. z. B. *Oppermann/Classen/Nettesheim*, Europarecht, § 9 Rn. 165 ff., insbesondere Rn. 176 ff. mit Verweis auf EuGHE 2000, I-1129, Rs. C-434/97 („Kommission/Frankreich").

VI. Widerrufsrecht der Anleger (§ 16 Abs. 3) **§ 16**

kums bzw. der Anleger mit denen des Anbieters bzw. der Anbieter.[374] Insofern ist es von der **Risikoverteilung** her durchaus **angemessen**, dem Anleger in diesen Fällen kein Widerrufsrecht nach § 16 Abs. 3 einzuräumen. Auch nach allgemeinem Zivilrecht ändern nachträglich eintretende Umstände grundsätzlich an der Wirksamkeit der abgegebenen Willenserklärung nichts.[375] Betrachtet man also § 16 Abs. 3 Satz 1 auch als gesetzlich niedergelegten Fall der **allgemeinen Rechtsgeschäftslehre**, folgt auch daraus die Vertretbarkeit der von der Regierungsbegründung dargelegten inhaltlichen Anforderungen an das Widerrufsrecht der Anleger.

Indes wurde im Rahmen des Gesetzes zur Umsetzung der Änderungsrichtlinie 2010/73/EU und zur Änderung des Börsengesetzes vom 26.6.2012[376] zwar eine weitreichende Umgestaltung des § 16 Abs. 3 vorgenommen, diese Frage aber weder im geänderten Gesetzeswortlaut reflektiert noch im Gesetzgebungsverfahren aufgegriffen.[377] Das verwundert vor allem insofern, als gerade im Hinblick auf die zeitliche Abfolge Änderungen vorgenommen wurden, nämlich mit der Ersetzung des Merkmals „noch keine Erfüllung eingetreten" durch eine Anknüpfung an den Eintritt des Umstandes oder der Unrichtigkeit vor dem endgültigen Schluss des öffentlichen Angebots und vor der Lieferung der Wertpapiere (siehe dazu unten Rn. 149 ff.). Im Zuge dessen hätte eine gleichzeitige Klarstellung dahingehend nahegelegen, dass dieser Umstand auch vor Abgabe der Willenserklärung eingetreten sein muss. Auch auf europäischer Ebene findet sich in den Materialien zur Änderungsrichtlinie keine Auseinandersetzung mit dieser Frage, sodass insbesondere fraglich erscheint, ob die teleologische Reduktion noch dem Sinn und Zweck des zugrunde liegenden EU-Rechts entspricht.[378] In Österreich hat man die Umsetzung der Änderungsrichtlinie jedenfalls (ohne nähere Begründung) zum Anlass genommen, die explizit im Gesetz (§ 6 Abs. 2 Satz 1 des österreichischen Kapitalmarktgesetzes a. F.) niedergelegte, mit der Regierungsbegründung zum WpPG übereinstimmende Auffassung („*Anleger, die nach dem Eintritt eines Umstandes . . . einen Erwerb oder eine Zeichnung zugesagt haben . . .*") aufzugeben.[379] Auch die BaFin scheint in dieser Konstellation das Widerrufsrecht jedenfalls nicht

138a

---

374 RegBegr. EU-ProspRL-UmsetzungsG, BT-Drucks. 15/4999, S. 25, 35. Explizit zu § 16 Abs. 3 auch Stellungnahme des Bundesrates vom 18.3.2005 zum Regierungsentwurf, BR-Drucks. 85/05, S. 7 (= Unterrichtung durch die Bundesregierung vom 7.4.2005, BT-Drucks. 15/5219, S. 3) („*Widerrufsrechte können Unsicherheit auf Seiten der Emittenten hervorrufen. Daher ist ein angemessener Ausgleich zwischen den Interessen der Emittenten und dem Anlegerschutz anzustreben.*"). Siehe auch *Seitz*, in: Assmann/Schlitt/von Kopp-Colomb, WpPG/VerkProspG, § 16 Rn. 12.
375 Das zeigt sich etwa an der Ausnahmestellung des § 313 BGB.
376 BGBl. I 2012, S. 1375 ff.
377 *Lawall/Maier*, DB 2012, 2503, 2505 behaupten dagegen nach neuer Rechtslage das Bestehen eines Widerrufsrechts auch bei Eintritt des Umstandes nach Abgabe der Willenserklärung, ohne sich aber mit der teleologischen Reduktion näher zu befassen. Auch der dort in Bezug genommene Erwägungsgrund 23 der Änderungsrichtlinie 2010/73/EU enthält keine Auseinandersetzung mit dieser Frage.
378 Im Gegenteil findet sich im Kommissionsentwurf KOM (2009) 491 zur Änderung der Prospektrichtlinie vom 23.9.2009 unter Punkt 5.3.10 der Begründung die Aussage, dass Anlegern „**immer dann**" das Recht zustehen soll, frühere Zusagen zurückzunehmen, wenn im Laufe eines Angebots ein Prospektnachtrag veröffentlicht wird. Auch im Erwägungsgrund 23 der Änderungsrichtlinie 2010/73/EU findet sich keine weitergehende Differenzierung.
379 Vgl. KMG-Novelle 2012, öBGBl. I Nr. 83/2012 sowie die dazugehörige Begründung der Regierungsvorlage (1806 BlgNR 23.GP, S. 6).

zu hinterfragen.[380] An der Interessenlage von Anbieter und Anleger hat sich aber durch die Neuregelung nichts geändert. Für einen Anleger, der seine Willenserklärung in Kenntnis aller Umstände abgegeben hat, käme die Einräumung eines Widerrufsrechts aufgrund eines nachträglich eingetretenen Umstandes einem unerwarteten (und im Ergebnis unverdienten) Glücksfall gleich. Letztlich darf die Bedeutung dieser Frage in der Praxis aber (außerhalb der unter Rn. 149 ff. erläuterten Fälle des Widerrufs nach Lieferung der Wertpapiere) auch nicht überschätzt werden, da nach herrschender Meinung der Anleger abweichend von § 145 BGB im Bookbuilding-Verfahren bis zur Zuteilung der Wertpapiere im Angebot nicht gebunden ist und seine Willenserklärung ohnehin frei widerrufen kann, siehe unten Rn. 143.

bb) Teleologische Reduktion in zeitlicher Hinsicht

139 In zeitlicher Hinsicht stellt sich nach Sinn und Zweck der Vorschrift des Weiteren die Frage, ob einem Anleger, der die Willenserklärung zum Erwerb bzw. zur Zeichnung der Wertpapiere **zwar vor Veröffentlichung des Nachtrags, aber nach Veröffentlichung einer Ad-hoc-Mitteilung**,[381] in der die nachtragspflichtigen Umstände dargelegt werden, abgegeben hat, das Widerrufsrecht nach § 16 Abs. 3 zustehen soll.

140 Auch hier ist es richtig, von einer **teleologischen Reduktion** der Vorschrift auszugehen und in einem solchen Fall ein Widerrufsrecht zu verneinen. Zwar ergibt sich das auch hier nicht unmittelbar aus dem Wortlaut des § 16 Abs. 3.[382] Aber aus Erwägungsgrund (34) der EU-Prospektrichtlinie ist bereits ersichtlich,[383] dass es Ziel des § 16 und des Wertpapierprospektgesetzes im Allgemeinen ist, dass dem Anleger alle wesentlichen relevanten Informationen für seine Anlageentscheidung zur Verfügung stehen sollen. Dieser Information des Publikums über wichtige neue Umstände dient bei börsennotierten Unternehmen bzw. solchen, die einen Antrag auf Zulassung von Wertpapieren gestellt haben (vgl. § 15 Abs. 1 Satz 2 WpHG (bzw. Art. 17 Abs. 1 Unterabs. 3 der Marktmissbrauchsverordnung,[384] die im Wesentlichen ab dem 3.7.2016 unmittelbar anwendbar ist)), aber gerade die Veröffentlichung von Ad-hoc-Mitteilungen nach § 15 WpHG (bzw. Art. 17 der Marktmissbrauchsver-

---

380 Vgl. BaFin-Präsentation „Die wesentlichen Änderungen des Prospektrechts zum 1.7.2012 – BaFin-Workshop" vom 4./5.6.2012, S. 17.
381 Zum Verhältnis zwischen Nachtragspflicht und Ad-hoc-Publizität siehe unten Rn. 167 ff.
382 Für diese teleologische Reduktion auch *Rauch*, in: Holzborn, WpPG, § 16 Rn. 33; im Ergebnis ebenso *Hamann*, in: Schäfer/Hamann, Kapitalmarktgesetze, § 16 WpPG Rn. 20; *Friedl/Ritz*, in: Just/Voß/Ritz/Zeising, WpPG, § 16 Rn. 162 f.; *Schlitt/Schäfer*, AG 2005, 498, 507; *Müller/Oulds*, WM 2007, 573, 577; *Schanz/Schalast*, HfB – Working Paper Series No. 74, 2005, S. 42. Die Rechtslage deckt sich hier mit der in Österreich nach § 6 Abs. 2 des österreichischen Kapitalmarktgesetzes („*Anleger, die sich bereits zu einem Erwerb oder einer Zeichnung der Wertpapiere oder Veranlagungen verpflichtet haben, bevor der Nachtrag veröffentlicht wird, …*, "– wobei zu berücksichtigen ist, dass nach österreichischem Recht der Nachtrag sofort, d. h. wie eine Ad-hoc-Mitteilung vor Billigung, veröffentlicht wird).
383 Erwägungsgrund (34) hebt nämlich als Grund für die Anordnung der Nachtragspflicht hervor, dass „*jeder neue Umstand, der die Anlageentscheidung beeinflussen könnte…, von den Anlegern angemessen bewertet werden können sollte…*".
384 Verordnung (EU) Nr. 596/2014 des Europäischen Parlaments und des Rates vom 16. April 2014 über Marktmissbrauch (Marktmissbrauchsverordnung) und zur Aufhebung der Richtlinie 2003/6/EG des Europäischen Parlaments und des Rates und der Richtlinien 2003/124/EG, 2003/125/EG und 2004/72/EG der Kommission, ABl. L 173/1 vom 12.6.2014 (nachfolgend: „Marktmissbrauchsverordnung").

VI. Widerrufsrecht der Anleger (§ 16 Abs. 3) § 16

ordnung). Auch wenn es für den konkreten Inhalt des Prospekts auf den Prospekt einschließlich des Nachtrags ankommt, hat also die **Ad-hoc-Mitteilung** insofern **Komplementärfunktion**, als der Emittent/Anbieter das Publikum über diesen neuen Umstand per Ad-hoc-Mitteilung informieren darf bzw. muss. Es wäre unbillig, wenn der Anleger eine solche Ad-hoc-Mitteilung, die sich auch jeder andere Anleger nach dem Wertpapierhandelsgesetz entgegenhalten lassen muss, im Rahmen des Wertpapierprospektgesetzes ignorieren dürfte. Um hier auch die **Einheit der Rechtsordnung** zu wahren, ist einem Anleger, der seine Willenserklärung zum Erwerb bzw. zur Zeichnung der Wertpapiere erst nach der Veröffentlichung der nachtragsbegründenden neuen Umstände abgegeben hat, kein Widerrufsrecht nach § 16 Abs. 3 zu geben. Dies gilt – anders als bei der zuvor unter aa) genannten Ausnahme – auch für die Offenlegung von bereits ursprünglich bestehenden **Unrichtigkeiten** durch den Emittenten (soweit dafür eine Ad-hoc-Mitteilung nach § 15 WpHG (bzw. Art. 17 der Marktmissbrauchsverordnung) möglich ist).

Dabei kommt es **nicht auf die individuelle Kenntnis des Anlegers zum Zeitpunkt seiner Willenserklärung an**.[385] Denn die Ad-hoc-Mitteilung stellt eine sog. Bereichsöffentlichkeit her, d. h. es ist mit Veröffentlichung der Ad-hoc-Mitteilung davon auszugehen, dass der Markt und die Marktteilnehmer Kenntnis haben; die Marktteilnehmer haben insofern die Verpflichtung bzw. Obliegenheit, sich über Ad-hoc-Mitteilungen selbst zu informieren.[386] Aufgrund dieser konzeptionellen Wirkung der Ad-hoc-Mitteilung ist es auch für die Frage des Widerrufsrechts irrelevant, ob der Anleger tatsächlich vor Abgabe der Willenserklärung Kenntnis genommen hat. Eine parallele Regelung enthält § 23 Abs. 2 Nr. 4 für die Frage der Prospekthaftung, die ausscheidet, wenn vor dem Abschluss des Erwerbsgeschäftes im Rahmen einer Ad-hoc-Mitteilung eine deutlich gestaltete Berichtigung der unrichtigen oder unvollständigen Angaben veröffentlicht wurde (dass es auch dabei nicht auf Kenntnisnahme ankommt, zeigt die Abgrenzung von § 23 Abs. 2 Nr. 4 zu § 23 Abs. 2 Nr. 3). 141

Technisch handelt es sich wiederum um eine **teleologische Reduktion** von § 16 Abs. 3. Zwar liegt dem auch, soweit der Anleger tatsächlich Kenntnis hatte zum Zeitpunkt der Zeichnungserklärung, der Grundgedanke eines widersprüchlichen Verhaltens zugrunde, aber es geht – anders als in der Literatur teilweise vertreten[387] – nicht um eine Fallgruppe von § 242 BGB (abgesehen davon, dass es **kein „venire contra factum proprium"** ist, denn das „factum" (Zeichnungserklärung) mit anschließendem „venire" (Absicht zum Widerruf) liegt allen Situationen des § 16 Abs. 3 zugrunde; den Unterschied macht hier die 142

---

385 So auch explizit *Friedl/Ritz*, in: Just/Voß/Ritz/Zeising, WpPG, § 16 Rn. 163. **Anders** *Rauch*, in: Holzborn, WpPG, § 16 Rn. 33 und *Seitz*, in: Assmann/Schlitt/von Kopp-Colomb, WpPG/VerkProspG, § 16 Rn. 112.
386 *Assmann*, in: Assmann/Schneider, WpHG, § 13 Rn. 34 ff.; *Lenenbach*, Kapitalmarkt- und Börsenrecht, Rn. 10.33; *Schäfer*, in: Schäfer/Hamann, Kapitalmarktgesetze, § 13 WpHG Rn. 33; Emittentenleitfaden der BaFin, 4. Aufl., Stand 15.7.2005, Kapitel III.2.1.2 „Nicht öffentlich bekannt", S. 34.
387 *Schlitt/Schäfer*, AG 2005, 498, 507; *Schlitt/Schäfer*, in: Assmann/Schlitt/von Kopp-Colomb, WpPG/VerkProspG, § 16 Rn. 136; *Hamann*, in: Schäfer/Hamann, Kapitalmarktgesetze, § 16 WpPG Rn. 20; *Schlitt/Singhof/Schäfer*, BKR 2005, 251, 257; *Müller/Oulds*, WM 2007, 573, 577; *Müller*, WpPG, § 16 Rn. 5; *Schlitt/Wilczek*, in: Habersack/Mülbert/Schlitt, Kapitalmarktinformation, § 6 Rn. 30. Auch *Rauch*, in: Holzborn, WpPG, § 16 Rn. 33, zitiert das *„venire contra factum proprium"*, was rechtstechnisch nicht ganz zu der von ihm sonst vertretenen teleologischen Reduktion passt.

§ 16   Nachtrag zum Prospekt; Widerrufsrecht des Anlegers

Kenntnis des Anlegers bzw. die vorzeitige Veröffentlichung der Ad-hoc-Mitteilung), sondern um eine Frage von an Sinn und Zweck der Vorschrift und billigem Interessensausgleich zwischen Anleger und Anbieter orientierter Auslegung.

143   Im Übrigen dürfte die **praktische Bedeutung beider vorgenannter teleologischer Reduktionen** nicht so groß sein, wie man vermuten möchte, da erstens rechtlich regelmäßig davon ausgegangen wird, dass der Anleger abweichend von § 145 BGB im Bookbuilding-Verfahren bis zur Zuteilung der Wertpapiere im Angebot nicht gebunden ist und seine Willenserklärung frei widerrufen kann,[388] und zweitens – unabhängig von rechtlichen Erwägungen – in der Praxis wohl kaum Anbieter denkbar sind, die in diesen Konstellationen Anleger an ihren Erklärungen festhalten wollen würden. Bedeutung hat die Frage aber gerade für die Fälle, in denen nach neuer Rechtslage ein Widerrufsrecht auch nach Lieferung der Wertpapiere in Betracht kommt, also bei Eintritt des neuen Umstandes oder der Unrichtigkeit vor dem endgültigen Schluss des öffentlichen Angebots und vor der Lieferung der Wertpapiere, vgl. unten Rn. 149 ff.[389]

cc) Keine Begrenzung auf Umstände mit negativem Kursbeeinflussungspotenzial

144   Dagegen ist es *de lege lata* keine materielle Voraussetzung des Widerrufs, dass die mittels des Nachtrags veröffentlichten Informationen sich ausschließlich negativ auf die Beurteilung der Wertpapiere auswirken können. D. h. das Widerrufsrecht ist nicht nur dann zuzugestehen, wenn der Anleger geltend machen kann, dass die neuen Umstände den Kurs (nur) negativ beeinflussen könnten und er daher nicht an seiner Willenserklärung festgehalten werden möchte. Denn der Anleger soll sich anhand aller wichtigen Umstände ein eigenes Gesamtbild über seine Investitionsentscheidung machen können, so dass ihm auch nach Billigung des Prospekts weiterhin alle wichtigen Umstände bekannt gemacht werden sollen. Konsequenz daraus ist, dass es sich wegen des daran anknüpfenden Widerrufsrechts in der Tat um eine (vorbehaltlich der unter bb) zuvor beschriebenen teleologischen Reduktion in zeitlicher Hinsicht) **inhaltlich „unbeschränkte Put Option"** handelt.[390]

145   Dass der Anleger damit **auch bei einer positiven emittentenbezogenen Nachricht**, die im Wege des Nachtrags veröffentlicht wurde, von seinem Widerrufsrecht Gebrauch ma-

---

388 *Hein*, WM 1996, 1, 4; *Groß*, in: Bosch/Groß, Emissionsgeschäft (BuB), Rn. 10/266 ff.; *Groß*, Bookbuilding, ZHR 162 (1998), 318, 329; *Groß*, Kapitalmarktrecht, § 16 WpPG Rn. 16; *Hamann*, in: Schäfer/Hamann, Kapitalmarktgesetze, § 16 WpPG Rn. 16; *Schlitt/Singhof/Schäfer*, BKR 2005, 251, 256; *Lenenbach*, Kapitalmarkt- und Börsenrecht, Rn. 4.46 ff.; *Hein*, WM 1996, 1, 4; *Apfelbacher/Metzner*, BKR 2006, 81, 86 Fn. 62 (allerdings beschränkt „*je nach Ausgestaltung der Angebotsbedingungen*").
389 Ähnlich auch *Lawall/Maier*, DB 2012, 2503, 2505.
390 So die Formulierung bei *Kullmann/Metzger*, WM 2008, 1292, 1297 im Anschluss an den ESME-Report vom September 2007, vgl. *Seitz*, in: Assmann/Schlitt/von Kopp-Colomb, WpPG/VerkProspG, § 16 Rn. 26. Wie hier auch *Hamann*, in: Schäfer/Hamann, Kapitalmarktgesetze, § 16 WpPG Rn. 20; *Apfelbacher/Metzner*, BKR 2006, 81, 86; *Maas/Voß*, BB 2008, 2302, 2303; *Elsen/Jäger*, BKR 2009, 190, 191 (Letztere zu § 11 VerkProspG a. F.); **andere Ansicht** *Friedl/Ritz*, in: Just/Voß/Ritz/Zeising, WpPG, § 16 Rn. 160, die auch auf Basis des geltenden Rechts eine weitere Einschränkung des Widerrufsrechts des Anlegers darin sehen, dass sich die in Form des Nachtrags veröffentlichten Umstände negativ auf die getroffene Anlageentscheidung auswirken; so auch *Müller*, WpPG, § 16 Rn. 9; **offenlassend** *Seitz*, in: Assmann/Schlitt/von Kopp-Colomb, WpPG/VerkProspG, § 16 Rn. 111. Dagegen verneint *Heidelbach*, in: Schwark/Zimmer, KMRK, § 16 WpPG Rn. 45 bereits das Bestehen einer Nachtragspflicht, siehe oben Rn. 63.

chen kann, ist zum Teil in der Literatur[391] kritisiert worden, aber auf Basis des geltenden Rechts unabänderlich. So hatte die ESME in ihrem Bericht vom September 2007 auf diesen Punkt hingewiesen und ihn als einen im Rahmen des Überarbeitungsprozesses der EU-Prospektrichtlinie durch die Änderungsrichtlinie 2010/73/EU dringend zu ändernden Aspekt bezeichnet.[392] Auch der Berichterstatter des EU-Parlaments für die Überarbeitung der EU-Prospektrichtlinie hatte diesen Punkt aufgegriffen;[393] er wurde aber im weiteren Rechtssetzungsverfahren, insbesondere im Vorschlag des EU-Parlaments vom März 2010 und im endgültig beschlossenen Text der überarbeiteten EU-Prospektrichtlinie, nicht weiter verfolgt. Im Final Report zu den technischen Regulierungsstandards für die Veröffentlichung eines Prospektnachtrags[394] unterstreicht die ESMA sogar explizit, dass Anlegern das Widerrufsrecht unabhängig davon zusteht, ob es sich um einen negativen, positiven oder neutralen Aspekt handelt.[395] Im Übrigen scheint es auch kaum möglich, rechtssicher festzulegen, was eine positive und was eine negative emittentenbezogene Nachricht ist.[396]

3. Widerrufsfrist von zwei Werktagen

Widerrufsberechtigte Anleger können ihre auf den Erwerb oder die Zeichnung gerichtete Willenserklärung innerhalb einer Frist von zwei Werktagen nach Veröffentlichung des Nachtrags widerrufen (sofern der neue Umstand oder die Unrichtigkeit gemäß § 16 Abs. 1 vor dem endgültigen Schluss des öffentlichen Angebots und vor der Lieferung der Wertpapiere eingetreten ist, vgl. dazu 4. unten).

Die EU-Prospektrichtlinie sah bis zur Änderungsrichtlinie 2010/73/EU in Art. 16 Abs. 2 eine Frist von „*mindestens zwei Arbeitstagen*" vor. Der deutsche Gesetzgeber hatte sich –

---

391 *Kullmann/Metzger*, WM 2008, 1292, 1297 („*Das Widerrufsrecht stört daher in seiner derzeitigen Ausgestaltung das Interessengleichgewicht zwischen den Anlegern und dem Emittenten.*"); *Friedl/Ritz*, in: Just/Voß/Ritz/Zeising, WpPG, § 16 Rn. 2 sowie Rn. 32 f., dass daran *de lege lata* aber für § 16 Abs. 1 und das Bestehen der Nachtragspflicht nichts zu ändern sei (vgl. aber anders vorherige Fußnote), ebenso *Seitz*, in: Assmann/Schlitt/von Kopp-Colomb, WpPG/VerkProspG, § 16 Rn. 40. Ausführlich dazu und zu den Lösungsmöglichkeiten *Wiegel*, Die Prospektrichtlinie und Prospektverordnung, S. 373 ff.
392 *European Securities Markets Expert Group (ESME)*, Report on Directive 2003/71/EC of the European Parliament and the Council on the prospectus to be published when securities are offered to the public or admitted to trading, abrufbar unter http://ec.europa.eu/internal_market/securities/docs/esme/05092007_report_en.pdf, S. 21 (Stand: 30.3.2016); *Kullmann/Metzger*, WM 2008, 1292, 1297.
393 Im Draft Report des Berichterstatters vom 11.1.2010 war der Vorschlag enthalten (vgl. Document 2009/0132(COD), S. 28), das Widerrufsrecht nur bei Vorliegen von „*adverse developments*" eingreifen zu lassen. Siehe dazu auch *Elsen/Jäger*, BKR 2010, 97, 100.
394 Delegierte Verordnung (EU) Nr. 382/2014 vom 7.3.2014 zur Ergänzung der Richtlinie 2003/71/EG des Europäischen Parlaments und des Rates im Hinblick auf technische Regulierungsstandards für die Veröffentlichung eines Prospektnachtrags.
395 S. 8 und 9 des Final Report 2013/1970 zu den Draft Regulatory Standards on specific situations that require the publication of a supplement to the prospectus vom 17.12.2013, abrufbar unter https://www.esma.europa.eu/sites/default/files/library/2015/11/2013-1970_report_on_-draft_rts_for_supplements_to_prospectuses.pdf (Stand: 5.4.2016).
396 So auch die ESMA, S. 9 des Final Report 2013/1970 zu den Draft Regulatory Standards on specific situations that require the publication of a supplement to the prospectus vom 17.12.2013, abrufbar unter https://www.esma.europa.eu/sites/default/files/library/2015/11/2013-1970_report_on_draft_rts_for_supplements_to_prospectuses.pdf (Stand: 5.4.2016).

§ 16 Nachtrag zum Prospekt; Widerrufsrecht des Anlegers

wie die meisten, aber anders als einige andere europäische Gesetzgeber[397] – dazu entschieden, die kürzest mögliche Frist von zwei Werktagen gesetzlich festzulegen. Wegen der unterschiedlichen Fristen in den einzelnen Ländern konnte es aber bei grenzüberschreitenden Angeboten dazu kommen, dass das Widerrufsrecht in einzelnen Ländern unterschiedlich lang läuft.[398] Um diesen Missstand zu beheben, war im Rahmen der **Überarbeitung der EU-Prospektrichtlinie** einhellig in allen (fortgeschrittenen) Vorschlägen der EU-Kommission, der EU-Ratspräsidentschaft und des EU-Parlaments vorgesehen,[399] dass (i) die **Frist europaweit auf zwei Werktage harmonisiert wird** und (ii) gleichzeitig dem Emittenten, Anbieter bzw. Zulassungsantragsteller die **Möglichkeit** gegeben wird, diese **Frist einseitig**, aber dann eben auch einheitlich für alle Länder, in denen das Angebot gemacht wird, **zu verlängern** (siehe zum Gesetzgebungsprozess auch oben Rn. 131). Dies wurde schließlich im endgültigen Text der überarbeiteten EU-Prospektrichtlinie (Änderungsrichtlinie) auch so beschlossen.[400] Der **Anpassungsbedarf im deutschen Recht** beschränkte sich bei der Umsetzung der Änderungen der EU-Prospektrichtlinie an diesem Punkt daher auf die Möglichkeit der freiwilligen Verlängerung der Frist, umgesetzt in § 16 Abs. 3 Satz 2.

147a Die Möglichkeit, die **Frist zu verlängern**, soll Emittenten aus Ländern mit einem traditionell längeren Zeitraum Flexibilität ermöglichen.[401] Vom deutschen Gesetzgeber wurden bei der Umsetzung in folgerichtiger Anknüpfung an § 16 Abs. 1 Satz 2, der die Adressaten der Nachtragspflicht festlegt,[402] auch in § 16 Abs. 3 Satz 2 „**Emittenten, Anbieter oder Zulassungsantragsteller**" erfasst. Auf europäischer Ebene werden dagegen nur **Emittent oder Anbieter** genannt, wobei unklar ist, warum der Zulassungsantragsteller auf europäischer Ebene ausgeklammert wurde. Aufgrund der Verlängerungsmöglichkeit muss der Nachtrag nunmehr auch die Widerrufsfrist angeben, § 16 Abs. 3 Satz 3 Halbs. 2, siehe dazu unten Rn. 163.

---

397 Zypern, Griechenland, Rumänien hatten drei Werktage, Litauen und Schweden fünf Werktage und Ungarn 15 Werktage, vgl. Annex V des *Impact Assessment* der EU-Kommission vom 23.9.2009, S. 66.
398 Vgl. *Summary of Impact Assessment* als *Commission Staff Working Document* vom 23.9.2009 (Document 13688/09), S. 3 unter Ziffer 1.1.3. und S. 7 unter Ziffer 5, veröffentlicht im Zusammenhang mit dem Kommissionsentwurf vom gleichen Tage. Ebenso *Impact Assessment* selbst, S. 11 unter Ziffer 3.1.3., sowie Begründung des EU-Kommissionsvorschlags (S. 10 des Document KOM (2009) 491 unter Ziffer 5.3.10.).
399 Kommissionsentwurf KOM (2009) 491 zur Änderung der Prospektrichtlinie vom 23.9.2009; Council of the European Union Document 17451/09 (vom 11.12.2009); Draft Report des Berichterstatters Wolf Klinz vom 11.1.2010 zu Document 2009/0132(COD); Session document of the European Parliament A7-002/2010 vom 26.3.2010. Siehe dazu auch *Elsen/Jäger*, BKR 2010, 97, 100.
400 Richtlinie 2010/73/EU des Europäischen Parlaments und des Rates vom 24. November 2010 zur Änderung der Richtlinie 2003/71/EG betreffend den Prospekt, der beim öffentlichen Angebot von Wertpapieren oder bei deren Zulassung zum Handel zu veröffentlichen ist, und der Richtlinie 2004/109/EG zur Harmonisierung der Transparenzanforderungen in Bezug auf Informationen über Emittenten, deren Wertpapiere zum Handel auf einen geregelten Markt zugelassen sind, ABl. L 327/1 vom 11.12.2010.
401 Kommissionsentwurf KOM (2009) 491 zur Änderung der Prospektrichtlinie vom 23.9.2009, S. 11.
402 Siehe dazu oben Rn. 103.

VI. Widerrufsrecht der Anleger (§ 16 Abs. 3) § 16

Da es sich mit der Anknüpfung der Frist an die Veröffentlichung des Nachtrags um eine Ereignisfrist handelt, ist für den **Fristbeginn nach § 187 Abs. 1 BGB** der Tag der Veröffentlichung nicht mitzuzählen. Das **Fristende** liegt **nach § 188 Abs. 1 BGB** am Ende des übernächsten Werktages. Wird also zum Beispiel ein Nachtrag am Dienstagnachmittag veröffentlicht, läuft die Widerrufsfrist mit Ablauf des Donnerstags ab. Die vorgenannten teleologischen Reduktionen (vgl. oben Rn. 136 ff. und Rn. 139 ff.) betreffen die materielle Widerspruchsberechtigung des Anlegers und ändern nichts an der Berechnung der Widerrufsfrist. 148

4. Zeitpunkt des Eintritts des neuen Umstandes oder der Unrichtigkeit

Nach § 16 Abs. 3 Satz 1 a. F. bestand kein Widerrufsrecht, sofern bereits Erfüllung eingetreten war, bzw., falls Erfüllung während der Widerrufsfrist eintrat, endete das Widerrufsrecht. Durch die Änderungsrichtlinie 2010/73/EU[403] und das nachfolgende Gesetz zur Umsetzung der Änderungsrichtlinie 2010/73/EU und zur Änderung des Börsengesetzes vom 26.6.2012[404] wurde ein völlig anderer Anknüpfungspunkt für das zeitliche Ende der Widerrufsmöglichkeit gewählt. Seither besteht das **Widerrufsrecht nur, wenn der neue Umstand oder die Unrichtigkeit gemäß § 16 Abs. 1 vor dem endgültigen Schluss des öffentlichen Angebots und vor Lieferung der Wertpapiere eingetreten ist**. Das Widerrufsrecht **endet daher nicht wie bisher mit Erfüllung**, zeitlicher Anknüpfungspunkt ist vielmehr der **Eintritt des nachtragspflichtigen Umstandes** (bzw. der Unrichtigkeit). Inzwischen ist es also möglich, eine auf den Erwerb oder die Zeichnung von Wertpapieren gerichtete Erklärung auch dann noch zu widerrufen, wenn die Wertpapiere bereits vor der Veröffentlichung des Nachtrags in das Depot des Anlegers eingebucht worden waren, solange nur der **nachtragspflichtige Umstand** (oder die Unrichtigkeit) vor dem endgültigen Schluss des öffentlichen Angebots und vor der Lieferung der Wertpapiere eingetreten ist.[405] Allerdings muss überhaupt ein Nachtrag veröffentlicht worden sein, damit das Widerrufsrecht ausgelöst wird, sodass bei Ablauf der Nachtragspflicht nach § 16 Abs. 1 auch kein Widerrufsrecht mehr eintreten kann, siehe dazu sogleich Rn. 154. 149

Mit dem Bezug auf den „*endgültigen Schluss des öffentlichen Angebots*" wollte der Normgeber offenkundig an die Frist des § 16 Abs. 1 Satz 1 anknüpfen. Wie dort stellt sich auch im Rahmen von § 16 Abs. 3 Satz 1 die Frage, wie der „**endgültige Schluss des öffentlichen Angebots**" zu verstehen ist.[406] Auch hier kommt zunächst in Betracht, auf den Ablauf der Zeichnungs- bzw. Angebotsfrist oder auf das Closing/Settlement des Angebots, d.h. Lieferung der angebotenen Aktien abzustellen. Da § 16 Abs. 3 Satz 1 ebenso wie Art. 16 Abs. 2 Satz 1 der EU-Prospektrichtlinie neben dem „*endgültigen Schluss des öffentlichen* 150

---

403 Richtlinie 2010/73/EU des Europäischen Parlaments und des Rates vom 24.11.2010 zur Änderung der Richtlinie 2003/71/EG, ABl. 327/1 vom 11.12.2010. Vgl. auch oben *Schnorbus*, Vor §§ 1 ff. Rn. 4 ff.
404 BGBl. I 2012, S. 1375 ff.
405 RegBegr. zur Umsetzung der Richtlinie 2010/73/EU, BT-Drucks. 17/8684, S. 20, wobei dort unglücklicherweise stattdessen in Anlehnung an den ehemaligen Gesetzeswortlaut an die „Erfüllung" angeknüpft wird. Wie hier auch *Groß*, Kapitalmarktrecht, § 16 WpPG Rn. 14 f.; *Rauch*, in: Holzborn, WpPG, § 16 Rn. 36; *Lawall/Maier*, DB 2012, 2503, 2505.
406 Vgl. oben Rn. 79 ff.

§ 16 Nachtrag zum Prospekt; Widerrufsrecht des Anlegers

Angebots" als weiteren Zeitpunkt die „*Lieferung der Wertpapiere*" nennt, müssen damit unterschiedliche Zeitpunkte gemeint sein. Mit „*endgültigen Schluss des öffentlichen Angebots*" kann also nicht das Closing/Settlement, sondern (mit der in Deutschland zu § 16 Abs. 1 Satz 1 ohnehin herrschenden Meinung)[407] nur das **Ende der Angebotsfrist** gemeint sein. Dass dies auch der gesetzgeberischen Intention entspricht, bezeugen zahlreiche Stellungnahmen der einzelnen EU-Organe, Berichterstatter und sonstigen Gremien im Rahmen der Vorschläge zur Überarbeitung der EU-Prospektrichtlinie im Vorfeld der Änderungsrichtlinie.[408] Für Zwecke der Auslegung wird daher der herrschenden Meinung zu folgen sein. Dafür spricht auch, dass vom deutschen Gesetzgeber die Ersetzung des Begriffs „*Erfüllung*" bei Umsetzung der Änderungsrichtlinie für notwendig erachtet wurde. „*Erfüllung*" im Sinne des § 16 Abs. 3 Satz 1 a. F. war (erst dann) eingetreten, wenn die Wertpapiere durch den Anbieter gegen Zahlung der Gegenleistung durch die Anleger geliefert wurden,[409] d.h. **Closing und Settlement** abgeschlossen waren. Verstünde man – anders als die herrschende Meinung – „*endgültiger Schluss des öffentlichen Angebots*" nicht als Ablauf der Angebotsfrist, sondern als Closing/Settlement, wäre dies mit dem Begriff „*Erfüllung*" (in § 16 Abs. 3 Satz 1 a. F.) identisch und somit eine Ersetzung des Begriffs für die Umsetzung der EU-Prospektrichtlinie nicht erforderlich gewesen.

151 Anders als in § 16 Abs. 1 Satz 1 hat der Gesetzgeber in § 16 Abs. 3 Satz 1 als weiteren Anknüpfungspunkt die „*Lieferung der Wertpapiere*" gewählt. Leider hat der Gesetzgeber mit der Formulierung „**vor** dem endgültigen Schluss des öffentlichen Angebots **und vor** der Lieferung der Wertpapiere" auf eine Klarstellung verzichtet, ob es im Rahmen von § 16 Abs. 3 Satz 1 auf den **früheren** oder den **späteren** der beiden Zeitpunkte ankommt. Die im Rahmen der Nachtragspflicht aus § 16 Abs. 1 früher gleichermaßen bestehende Frage des Verhältnisses der beiden dort genannten Zeitpunkte (siehe dazu oben Rn. 83 ff.) stellt sich also nun erneut im Kontext der zeitlichen Beschränkung des Widerrufsrechts. Der Wortlaut „**vor […] und vor**" scheint zunächst ein Abstellen auf den früheren Zeitpunkt nahezulegen. Gleichwohl hat sich bereits in der Diskussion um § 16 Abs. 1 bzw. Art. 16 Abs. 1 der EU-Prospektrichtlinie gezeigt, dass die Fälle auch schlicht getrennt voneinander betrachtet werden können, sodass auf das jeweils spätere Ereignis abzustellen wäre.[410] Der Muster-

---

[407] Vgl. oben Rn. 80.
[408] Wie etwa an der Begründung für den Vorschlag der EU-Kommission vom 23.9.2009 (siehe unter Ziffer 5.3.10. zu Article 16) sehr schön ablesbar ist (vgl. S. 9 des Document 13688/09 des Council vom 30.9.2009 bzw. S. 10 des Document KOM(2009) 491), wird hier regelmäßig so getan, als stünde dort nicht „*final closing of the offer*", sondern „*final closing of the offer period*".
[409] **Allgemeine Meinung**, vgl. *Holzborn/Israel*, ZIP 2005, 1668, 1674; *Apfelbacher/Metzner*, BKR 2006, 81, 86; *Friedl/Ritz*, in: Just/Voß/Ritz/Zeising, WpPG, § 16 Rn. 156; *Kullmann/Sester*, WM 2005, 1068, 1075; *Rauch*, in: Holzborn, WpPG, 1. Aufl. 2008, § 16 Rn. 26; *Chr. Becker*, in: Heidel, Aktienrecht und Kapitalmarktrecht, § 16 WpPG Rn. 21; *Seitz*, in: Assmann/Schlitt/von Kopp-Colomb, WpPG/VerkProspG, § 16 Rn. 116; *Hamann*, in: Schäfer/Hamann, Kapitalmarktgesetze, § 16 WpPG Rn. 19. Bei Bezugsrechtskapitalerhöhungen müssen Anleger den Bezugspreis ihrer Depotbank am letzten Tag der Bezugsfrist zur Verfügung stellen (vgl. z.B. Prospekt der Premiere AG vom 6.4.2009, S. 43; Prospekt der Deutsche Postbank AG vom 11.11.2008, S. 52; Prospekt der Merck KGaA vom 22.1.2007, S. 42). Damit trat aber gerade noch keine Erfüllung im Sinne von § 16 Abs. 3 Satz 1 a. F. ein.
[410] In diese Richtung deutet *Groß*, Kapitalmarktrecht, § 16 WpPG Rn. 14: „*Trat der nachtragspflichtige Umstand zwischen dem Schluss des öffentlichen Angebots und der Lieferung der Wertpapiere ein, kann widerrufen werden*". Jedenfalls nach Einführung in den Handel an einem organisierten Markt besteht in diesen Fällen aber schon gar keine Nachtragspflicht nach § 16 Abs. 1

VI. Widerrufsrecht der Anleger (§ 16 Abs. 3) § 16

nachtrag der BaFin[411] enthält etwa entgegen dem Wortlaut des § 16 Abs. 3 das Wort „*oder*", was darauf hindeuten könnte, dass genau diese Sichtweise vertreten wird.[412] Die Regierungsbegründung hilft leider nicht weiter, da dort in Anlehnung an den alten Wortlaut noch auf die „*Erfüllung*" abgestellt wird und gar kein weiterer Zeitpunkt genannt wird.[413] Jedenfalls der EU-Normgeber schien aber ausweislich Erwägungsgrund 23 der Änderungsrichtlinie 2010/73/EU ein Abstellen auf den früheren Zeitpunkt gewünscht zu haben: „*Das Widerrufsrecht ist somit an die zeitliche Einordnung des neuen Umstands, der Unrichtigkeit oder der Ungenauigkeit gekoppelt, durch den bzw. die ein Nachtrag erforderlich wird, und setzt voraus, dass dieses auslösende* **Ereignis eingetreten ist, solange das Angebot noch gültig und die Lieferung der Wertpapiere noch nicht erfolgt war.**"[414] Danach müssen also beide Voraussetzungen kumulativ erfüllt sein, sodass es im Ergebnis auf den früheren Zeitpunkt ankommt. Für diese Sichtweise spricht auch, dass der Entwurf der neuen EU-ProspektVO (bei ansonsten identischer Regelung) auf den früheren Zeitpunkt Bezug nimmt, ohne dass Diskussionen zu diesem Punkt ersichtlich wären.[415] Jedenfalls muss begrüßt werden, dass wenigstens im Rahmen der neuen EU-ProspektVO auf eine eindeutige Klärung dieser Frage hingearbeitet zu werden scheint. Wenn dagegen auf den späteren Zeitpunkt abgestellt würde, würde dies in Kombination mit der Anknüpfung an den Eintritt des Umstandes oder der Unrichtigkeit die daraus gerade im Daueremissionsbereich auftretende, nicht unproblematische Verlängerung des Widerrufsrechts noch weiter verschärfen.[416] Schließlich hätte bei dieser Sichtweise das Tatbestandsmerkmal des § 16 Abs. 3 Satz 1 a. E. praktisch keine Bedeutung, da kaum Fälle denkbar sind, in denen ein Nachtrag für ein öffentliches Angebot veröffentlicht wird (und folglich nach § 16 Abs. 1 der Umstand oder die Unrichtigkeit vor endgültigem Schluss des öffentlichen Angebots, oder, falls diese später erfolgt, der Einführung in den Handeln an einem organisierten Markt auftritt oder festgestellt wird), aber gleichzeitig der Umstand oder die Unrichtigkeit nicht vor dem späteren Zeitpunkt von endgültigem Schluss des öffentlichen Angebots oder Lieferung der Wertpapiere eingetreten sein wird.[417]

Für die Frage, wann eine **Unrichtigkeit eingetreten** ist, stellt die Regierungsbegründung klar, dass es nicht darauf ankommt, wann die Unrichtigkeit bemerkt wird. Ist der Prospekt also von Anfang an unrichtig und wird die Unrichtigkeit bemerkt und durch einen Nachtrag

152

---

mehr. Zudem führt *Groß* in Fn. 51 zu Rn. 15 aus, dass bei der Reihenfolge „*Willenserklärung zum Erwerb, Lieferung, dann erst nachtragspflichtiger Umstand, und dann Veröffentlichung Nachtrag*" unter der Prämisse, dass der Umstand gleichzeitig vor endgültigem Schluss des öffentlichen Angebots eingetreten ist, kein Widerrufsrecht bestehe, was nur dann Sinn ergibt, wenn auf den **früheren** Zeitpunkt abgestellt wird.

411 Muster Nachtrag § 16 Abs. 1 WpPG der BaFin, abrufbar unter http://www.bafin.de/SharedDocs/Downloads/DE/Formular/WA/fo_muster_nachtragemission_wppg16_1.html (Stand: 13.4.2016).
412 Siehe dazu auch unten Rn. 163.
413 RegBegr. zur Umsetzung der Richtlinie 2010/73/EU, BT-Drucks. 17/8684, S. 20.
414 Die englische Sprachfassung lautet an dieser Stelle: „*Hence, the right of withdrawal is linked to the timing of the new factor, mistake or inaccuracy that gives rise to a supplement, and assumes that the* **triggering event has occurred while the offer was open and before delivery of the securities.**"
415 Siehe hierzu oben Rn. 14.
416 Siehe hierzu unten Rn. 154 ff.
417 Vgl. zum Zusammenspiel der Regelungen aus § 16 Abs. 1 und Abs. 3 sogleich Rn. 153 f.

§ 16 Nachtrag zum Prospekt; Widerrufsrecht des Anlegers

korrigiert, so ist die Unrichtigkeit bereits mit Veröffentlichung des Prospekts eingetreten und nicht etwa erst zu dem Zeitpunkt, in dem die Unrichtigkeit bemerkt wurde.[418]

153 **Hintergrund der früheren Regelung**[419] **mit ihrer Anknüpfung an die Erfüllung** war, dass es Wertpapiere gibt, die fortlaufend und unbefristet öffentlich angeboten werden (z. B. bestimmte in Deutschland in großem Umfang emittierte derivative Wertpapiere). Hier bestand schon im Vorfeld der früheren Regelung bei zahlreichen Marktteilnehmern die Sorge, dass ein Anleger, der vor längerer Zeit einen weiterhin fortlaufend öffentlich angebotenen Optionsschein gekauft hat, im Anschluss an einen aktuellen Nachtrag ein Widerrufsrecht haben könnte, durch den er den damaligen Erwerb des Optionsscheins rückgängig machen könnte (z. B. weil die Kursentwicklung für ihn negativ war).[420] Auch im Rahmen des Prozesses zur Überarbeitung der EU-Prospektrichtlinie durch die Änderungsrichtlinie 2010/73/EU hat das Spannungsfeld zwischen den Bedürfnissen im Bereich des Aktienemissionsgeschäfts und des sonstigen (Dauer-)Emissionsgeschäfts (z. B. für Zertifikate) für starke Diskussionen gesorgt. Die Debatte, bei der es inhaltlich wesentlich um die Frage der Dauer des Bestehens des Widerrufsrechts ging, wurde allerdings (eigentlich eher sachwidrig) zunächst an die Dauer der Nachtragspflicht geknüpft, namentlich an die Frage, ob im Rahmen des Art. 16 Abs. 1 Satz 1 der EU-Prospektrichtlinie der frühere oder spätere der beiden Zeitpunkte Schluss des öffentlichen Angebots oder Eröffnung des Handels an einem geregelten Markt maßgeblich sein sollte, vgl. hierzu im Einzelnen oben Rn. 84 f. Der in der finalen Fassung der Änderungsrichtlinie 2010/73/EU gefundene Kompromiss besteht nun darin, dass zwar für die **Dauer der Nachtragspflicht** auf den späteren Zeitpunkt abgestellt wird, aber, um den vorgenannten Bedürfnissen der Praxis insbesondere im Daueremissionsbereich gerecht zu werden, das Widerrufsrecht gleichzeitig nur besteht, wenn das den Nachtrag auslösende **Ereignis** vor dem endgültigen Schluss des öffentlichen Angebots und vor der Lieferung der Wertpapiere **eingetreten** ist. Diese Lösung, die **zwischen der Nachtragspflicht und dem (nicht gewollten) Eingreifen des Widerrufsrechts trennt**, ist in Erwägungsgrund 23 der Änderungsrichtlinie sehr gut erläutert.[421] Auch der

---

418 RegBegr. zur Umsetzung der Richtlinie 2010/73/EU, BT-Drucks. 17/8684, S. 20.
419 Zur Gesetzgebungsgeschichte vgl. die Vorauflage, Rn. 151 f.
420 Vgl. z. B. Stellungnahme des Deutschen Aktieninstituts e. V. (DAI)/Bundesverband der Deutschen Industrie e. V. (BDI) vom 3.1.2005, S. 13 zu § 16 WpPG-DiskE, zum Diskussionsentwurf des Bundesfinanzministeriums, ebenso Stellungnahme des DAI vom 22.2.2005 zum Regierungsentwurf, S. 2 f. und S. 11 f.; Stellungnahme des Zentralen Kreditausschusses (ZKA) vom 18.1.2005, S. 4, zum Diskussionsentwurf des Bundesfinanzministeriums.
421 Nämlich wie folgt: *„Zur Erhöhung der Rechtssicherheit sollte klargestellt werden, wann die Pflicht zur Veröffentlichung eines Prospektnachtrags sowie das Widerrufsrecht enden. Es empfiehlt sich, diese Bestimmungen getrennt zu behandeln. Die Pflicht zur Erstellung eines Prospektnachtrags sollte mit dem endgültigen Auslaufen der Angebotsfrist bzw. dem Handelsbeginn an einem geregelten Markt enden, je nachdem, welches von beidem später eintritt. Hingegen sollte das Recht, die Zusage zurückzuziehen, nur gelten, wenn sich der Prospekt auf ein öffentliches Wertpapierangebot bezieht und der neue Umstand, die Unrichtigkeit oder die Ungenauigkeit vor dem endgültigen Schluss des Angebots und der Lieferung der Wertpapiere eingetreten ist. Das Widerrufsrecht ist somit an die zeitliche Einordnung des neuen Umstands, der Unrichtigkeit oder der Ungenauigkeit gekoppelt, durch den bzw. die ein Nachtrag erforderlich wird, und setzt voraus, dass dieses auslösende Ereignis eingetreten ist, solange das Angebot noch gültig und die Lieferung der Wertpapiere noch nicht erfolgt war."*

VI. Widerrufsrecht der Anleger (§ 16 Abs. 3) § 16

Entwurf der neuen EU-ProspektVO,[422] der in Art. 22 eine inhaltsgleiche Regelung vorsieht, beschreibt dieses Verhältnis von Nachtragspflicht und Widerrufsrecht in derselben Art und Weise, wenn auch in sprachlich leicht anderer Form.[423]

Durch das Zusammenspiel der Fristen bzw. festgelegten Zeitpunkte in § 16 Abs. 1 und 3 müssen also für das Widerrufsrecht einige Voraussetzungen kumulativ erfüllt sein. Erstens muss überhaupt ein Nachtrag veröffentlicht worden sein, d. h., dass nach § 16 Abs. 1 Satz 1 der (nachtragsfähige und nachtragspflichtige)[424] wichtige neue Umstand oder die wesentliche Unrichtigkeit vor dem endgültigen Schluss des öffentlichen Angebots oder, falls diese später erfolgt, der Einführung in den Handel an einem organisierten Markt **aufgetreten sein oder festgestellt werden** muss (siehe dazu oben Rn. 74 ff.). Der Umstand oder die Unrichtigkeit muss zweitens nach § 16 Abs. 3 Satz 1 a. E. vor dem endgültigen Schluss des öffentlichen Angebots und vor der Lieferung der Wertpapiere **eingetreten sein**.[425] Drittens muss nach § 16 Abs. 3 Satz 1 der jeweilige Anleger seine **Willenserklärung** zum Erwerb oder der Zeichnung der Wertpapiere **vor Veröffentlichung des Nachtrags** (der einen Prospekt für ein öffentliches Angebot von Wertpapieren betreffen muss) abgegeben haben, für die Fallgruppe des wichtigen neuen Umstandes mit der zusätzlichen Einschränkung, dass die Willenserklärung nach Eintritt dieses Umstandes abgegeben worden sein muss.[426] Viertens muss schließlich die Widerrufserklärung innerhalb von zwei Werktagen nach Veröffentlichung des Nachtrags abgegeben werden.[427]

154

Trotz der an sich nunmehr gelungenen Nutzung der Trennung zwischen Eingreifen der Nachtragspflicht und des Widerrufsrechts sind nach der aktuellen Rechtslage Fälle denkbar, in denen auch **zeitlich nach Erfüllung noch eine Rückabwicklung** stattfindet, etwa wenn die **Veröffentlichung eines Nachtrags einen Tag vor Erfüllung** erfolgt.[428] In die-

155

---

422 Der Vorschlag kann unter http://ec.europa.eu/finance/securities/prospectus/index_de.htm unter der Rubrik *30.11.2015 – Text des Vorschlags* abgerufen werden (Stand: 17.4.2016), siehe dazu auch oben Rn. 14.
423 Dort heißt es: „*Um die Rechtssicherheit zu erhöhen, sollte festgelegt werden, innerhalb welcher Frist ein Emittent einen Nachtrag zum Prospekt veröffentlichen muss und innerhalb welcher Frist die Anleger nach der Veröffentlichung eines Nachtrags das Recht haben, ihre Zusage zum Angebot zu widerrufen. Einerseits sollte die Pflicht zur Erstellung eines Prospektnachtrags bis zum endgültigen Auslaufen der Angebotsfrist bzw. bis zum Beginn des Handels der betreffenden Wertpapiere an einem geregelten Markt gelten, je nachdem, welcher Zeitpunkt später eintritt. Andererseits sollte das Recht, eine Zusage zu widerrufen, nur gelten, wenn sich der Prospekt auf ein öffentliches Wertpapierangebot bezieht und der neue Umstand, die Unrichtigkeit oder die Ungenauigkeit vor dem endgültigen Schluss des Angebots und der Lieferung der Wertpapiere eingetreten ist. Das Widerrufsrecht sollte somit an die zeitliche Einordnung des neuen Umstands, der Unrichtigkeit oder der Ungenauigkeit gekoppelt sein, durch den bzw. die ein Nachtrag erforderlich wird, und sollte voraussetzen, dass dieses auslösende Ereignis eintritt, solange das Angebot noch gültig und die Lieferung der Wertpapiere noch nicht erfolgt ist.*"
424 Vgl. dazu oben Rn. 15 ff.
425 Zur Frage des Verhältnisses der beiden Zeitpunkte siehe oben Rn. 151, zur Frage wann eine Unrichtigkeit „*eintritt*" siehe oben Rn. 152.
426 Vgl. die oben unter Rn. 136 ff. erörterte teleologische Reduktion.
427 Siehe oben Rn. 146 ff.
428 Aufgrund von § 16 Abs. 1 setzt dieses Beispiel voraus, dass der neue Umstand bzw. die Unrichtigkeit schon vor dem späteren Zeitpunkt von Ende der Angebotsfrist und Einführung in den Handel an einem organisierten Markt aufgetreten ist oder festgestellt wurde, und aufgrund von § 16 Abs. 3, dass der neue Umstand bzw. die Unrichtigkeit vor Ende der Angebotsfrist und vor der Lieferung der Wertpapiere eingetreten ist.

§ 16 Nachtrag zum Prospekt; Widerrufsrecht des Anlegers

sem Fall hätte nach altem Recht kein Widerruf nach Erfüllung mehr stattgefunden, nach neuem Recht besteht das Widerrufsrecht dagegen noch einen Tag nach Erfüllung fort. Diese kleinere Ausdehnung des Widerrufsrechts kann zwar faktisch schwierige Situationen schaffen, ist aber wohl unter Anlegerschutzgesichtspunkten zu rechtfertigen.

155a Neben diesem weniger gravierenden Beispielsfall sind aber auch Extremfälle denkbar, etwa wenn ein wichtiger neuer Umstand vor Lieferung der Wertpapiere (und vor Schluss des öffentlichen Angebots) **eintritt, aber erst weit danach bemerkt** wird. Bei Unrichtigkeiten dürfte sich dieses Problem noch stärker stellen, da für deren Eintritt stets auf den Zeitpunkt der Veröffentlichung des Prospekts abzustellen sein dürfte.[429] Als Beispielsfall mag eine Daueremission dienen, bei der die Angebotsfrist 6 Monate läuft. Da § 16 Abs. 1 auf den späteren Zeitpunkt abstellt, besteht also mindestens bis zum Ende der Angebotsfrist eine Nachtragspflicht. Wenn nun in z. B. monatlichen Abständen Wertpapiere geliefert werden, würde eine anfängliche **Unrichtigkeit**, die kurz vor Ende der Angebotsfrist bemerkt wird und einen Nachtrag auslöst, auch demjenigen Anleger ein Widerrufsrecht gewähren, dessen Wertpapiere schon im ersten Monat geliefert wurden, **im Beispielsfall also fast fünf Monate nach Erfüllung**. Da zumindest nach hier vertretener Lesart auf den früheren der beiden in § 16 Abs. 3 a. E. genannten Zeitpunkte abzustellen ist,[430] bedeutet das für **neue Umstände** zwar, dass diese im genannten Beispiel zumindest vor Lieferung der Wertpapiere **eingetreten** sein müssten. Auch hier würde aber ein früh eingetretener, aber spät bemerkter neuer Umstand zum selben Ergebnis führen.[431] Im Ergebnis erweist sich also die Sorge mancher Marktteilnehmer über die aktuelle Regelung zumindest für gewisse Fälle als durchaus berechtigt. Außerdem führt der Verzicht auf einen von vornherein klar abgrenzbaren Zeitpunkt wie den der Erfüllung zu Unsicherheiten hinsichtlich der Verlässlichkeit abgeschlossener Verträge. Zumindest im Bereich der Daueremissionen handelt es sich folglich aus Sicht des Emittenten um eine ausgesprochen negative Entwicklung. Aus Anlegerschutzgesichtspunkten mag diese Ausdehnung der Widerrufsmöglichkeit zwar grundsätzlich zu begrüßen sein, zur Rechtssicherheit trägt ein potenziell weit ausuferndes Widerrufsrecht allerdings nicht bei. Immerhin setzt § 16 Abs. 1 Satz 1 durch das Ende der Nachtragspflicht eine zeitliche Grenze hinsichtlich der Feststellung von Umständen oder Unrichtigkeiten, die schon vor dem endgültigen Schluss des öffentlichen Angebots und vor Lieferung der Wertpapiere aufgetreten (bzw. eingetreten[432]) sind, da ohne Nachtragspflicht auch ein Widerrufsrecht aus § 16 Abs. 3 nicht entstehen kann.

---

[429] Siehe oben Rn. 152 und RegBegr. zur Umsetzung der Richtlinie 2010/73/EU, BT-Drucks. 17/8684, S. 20. Streng genommen hat die zeitliche Grenze des § 16 Abs. 3 Satz 1 a. E. für Unrichtigkeiten also überhaupt keinen Anwendungsbereich bzw. ist dieses Tatbestandsmerkmal stets erfüllt, da eine Veröffentlichung des Prospekts nach Schluss des öffentlichen Angebots oder nach Lieferung der Wertpapiere nicht denkbar ist.

[430] Siehe oben Rn. 151.

[431] Da § 16 Abs. 1 es für die Nachtragspflicht jedenfalls ausreichen lässt, wenn der neue Umstand vor Ende der Angebotsfrist **festgestellt** wurde, wird dieses Ergebnis auch nicht etwa schon durch die fehlende Nachtragspflicht verhindert.

[432] Ein Unterschied zwischen „*aufgetreten*" (vgl. Art. 16 Abs. 1 Satz 1 der EU-Prospektrichtlinie und § 16 Abs. 1 Satz 1) und „*eingetreten*" (vgl. Art. 16 Abs. 2 Satz 1 der EU-Prospektrichtlinie und § 16 Abs. 3 Satz 1) ist nicht auszumachen. Dafür spricht auch, dass die entsprechenden Worte in der englischen Sprachfassung der EU-Prospektrichtlinie identisch sind („*arises*" bzw. „*arose*").

VI. Widerrufsrecht der Anleger (§ 16 Abs. 3)   § 16

Auch außerhalb dieses engen Zeitrahmens ist aber zu beachten, dass regelmäßig davon ausgegangen wird, dass der Anleger abweichend von § 145 BGB im Bookbuilding-Verfahren **bis zur Zuteilung der Wertpapiere** im Angebot ohnehin nicht gebunden ist und seine **Willenserklärung** unabhängig von § 16 Abs. 3 **frei widerrufen** kann.[433] Gerade für die unter Rn. 155a dargestellten Fälle des Widerrufs auch (weit) nach Erfüllung zeigt sich aber die eigenständige Bedeutung des Widerrufsrechts nach § 16 Abs. 3 Satz 1 neben der freien Widerruflichkeit bis zur Zuteilung der Wertpapiere.[434] Sofern ein Widerruf nach § 16 Abs. 3 Satz 1 nicht möglich sein sollte, bleiben dem Anleger außerdem selbstverständlich Sekundäransprüche, insbesondere potenzielle Ansprüche auf Prospekthaftung gegen die Prospektverantwortlichen.[435]

155b

5. Ausübung und Rechtsfolgen des Widerrufs per Widerrufserklärung

Der Widerruf erfordert als **actus contrarius zur Zeichnung** die nach dem Empfängerhorizont erkennbare Willenserklärung, an der auf den Erwerb bzw. die Zeichnung der Wertpapiere gerichteten Willenserklärung nicht mehr festgehalten werden zu wollen. Zu Inhalt und Form des Widerrufs stellt **§ 16 Abs. 3 Satz 4** in Verbindung mit **§ 8 Abs. 1 Satz 4** klar, dass (i) der Widerruf keine Begründung enthalten muss und in Textform (vgl. § 126b BGB) gegenüber der im Prospekt[436] bzw. nach der Spezialregelung des § 16 Abs. 3 Satz 4 a. E. im Nachtrag als Empfänger des Widerrufs bezeichneten Person zu erklären ist und (ii) zur Fristwahrung die rechtzeitige Absendung des Widerrufs ausreichend ist. Der frühere Verweis von § 16 Abs. 3 Satz 2 auf **§ 8 Abs. 1 Satz 3** wurde mit dem Gesetz zur Umsetzung der Änderungsrichtlinie 2010/73/EU und zur Änderung des Börsengesetzes vom 26.6.2012[437] zurecht gestrichen. Er erschien ohnehin unklar bzw. keinen gegenüber § 16 Abs. 3 Satz 1 eigenständigen Regelungsgehalt zu haben.[438] Der Widerruf muss, um wirksam zu werden, nach allgemeinen Regeln zugehen; insbesondere müssen die Voraussetzungen für die Widerrufserklärung bei Zugang noch vorliegen.[439]

156

Über den Verweis in § 16 Abs. 3 Satz 4 auf **§ 8 Abs. 1 Satz 5** ist für die **Rechtsfolgen** des Widerrufs **§ 357a BGB** entsprechend anzuwenden. Es soll also das Rechtsverhältnis ex nunc in ein **Rückgewährschuldverhältnis** umgestaltet werden. Die Verweisungskette ist in ihrer Form vor Inkrafttreten des Gesetzes zur Umsetzung der Änderungsrichtlinie 2010/

157

---

433 *Hein*, WM 1996, 1, 4; *Groß*, in: Bosch/Groß, Emissionsgeschäft (BuB), Rn. 10/266 ff.; *Groß*, Bookbuilding, ZHR 162 (1998), 318, 329; *Groß*, Kapitalmarktrecht, § 16 WpPG Rn. 16; *Hamann*, in: Schäfer/Hamann, Kapitalmarktgesetze, § 16 WpPG Rn. 16; *Schlitt/Singhof/Schäfer*, BKR 2005, 251, 256; *Lenenbach*, Kapitalmarkt- und Börsenrecht, Rn. 4.46 ff.; *Hein*, WM 1996, 1, 4; *Apfelbacher/Metzner*, BKR 2006, 81, 86 Fn. 62 (allerdings beschränkt „je nach Ausgestaltung der Angebotsbedingungen").
434 *Lawall/Maier*, DB 2012, 2503, 2505 gehen deshalb von einer Zunahme der Bedeutung des Widerrufsrechts aus.
435 Siehe dazu unten 6. unter Rn. 159 ff.
436 Insofern handelt es sich – vorbehaltlich der Spezialregelung des § 16 Abs. 3 Satz 4 a. E. – bei der Bezeichnung der für den Widerruf empfangsberechtigten Person nicht nur im Nachtrag, sondern bereits im Prospekt um eine Pflichtangabe.
437 BGBl. I 2012, S. 1375 ff.
438 So auch *Hamann*, in: Schäfer/Hamann, Kapitalmarktgesetze, § 16 WpPG Rn. 22.
439 *Heidelbach*, in: Schwark/Zimmer, KMRK, § 16 WpPG Rn. 48.

§ 16 Nachtrag zum Prospekt; Widerrufsrecht des Anlegers

73/EU und zur Änderung des Börsengesetzes vom 26.6.2012,[440] die auf § 357 BGB und daraus folgend auf §§ 346 ff. BGB verwies, „jedenfalls bei den normalen Angebotsverfahren" als **missverständlich bzw. überflüssig** bezeichnet worden, da erstens bei den klassischen Emissionen ein ausdrückliches Widerrufsrecht nicht erforderlich sei, weil die entsprechende Erklärung des Anlegers bis zu der erst in der Zuteilung der Wertpapiere liegenden Annahme des Angebots durch den Anbieter per se widerruflich sei,[441] und zweitens bei einem Widerrufsrecht aufgrund eines Nachtrags im Rahmen einer üblichen Zeichnungsfrist die Zeichnungserklärung des Anlegers schlicht storniert werden könne.[442] Einer Rückabwicklung bereits erfüllter Verträge, die der Verweis auf § 357 BGB nahe legte, habe es wegen der oben dargelegten Regelung des § 16 Abs. 3 Satz 1 a. F., wonach ein Widerrufsrecht mit Erfüllung erlischt, gerade nicht bedurft.[443]

158 Für die aktuell geltende Regelung kann dem nicht mehr zugestimmt werden, da das Widerrufsrecht nicht wie vormals zwingend mit Erfüllung endet, vgl. oben Rn. 149 ff. Nach der heutigen Rechtslage sind also durchaus Fälle von Rückabwicklungen auch noch weit nach Erfüllung denkbar.[444] Gerade in diesen Fällen zeigt sich die selbstständige Bedeutung des Widerrufsrechts aus § 16 Abs. 3 Satz 1 neben der freien Widerruflichkeit der Willenserklärung bis zur Zuteilung der Wertpapiere.[445] Insbesondere in diesen Fällen ergibt also die Konstruktion eines Rückgewährschuldverhältnisses über Verweis auf § 357a BGB einen gewissen Sinn. Auch nach alter Rechtslage war dem Befund der Überflüssigkeit freilich nur im Grundsatz zuzustimmen. Der Verweis hatte etwa schon dann **einen gewissen Regelungsgehalt**, wenn es in der genannten klassischen Angebotsstruktur zu einer Zuteilung und damit zu einem schuldrechtlichen Vertragsschluss gekommen ist, aber noch nicht zu Closing/Settlement, d.h. der dinglichen Abwicklung. Die Umwandlung dieses aus dem Zeichnungsvertrag folgenden Schuldverhältnisses in ein Rückgewährschuldverhältnis kreiert dann mangels Erfüllung zwar keine schuldrechtlichen Hauptleistungspflichten unter dem Rückgewährschuldverhältnis (bzw. die Umwandlung führt zu einem Erlöschen der

---

440 BGBl. I 2012, S. 1375 ff.
441 So auch oben Rn. 143 m. w. N. in Fn. 388.
442 Interessanterweise wurde auch in § 16 Abs. 2 Satz 2 WpPG-E des Art. 1 des Diskussionsentwurfs des Bundesfinanzministeriums vom 26.11.2004 nur auf § 8 Abs. 1 Satz 3 und Satz 4 verwiesen, also gerade nicht auf Satz 5.
443 *Groß*, Kapitalmarktrecht, 4. Aufl. 2009 § 16 WpPG Rn. 16; *Hamann*, in: Schäfer/Hamann, Kapitalmarktgesetze, § 16 WpPG Rn. 22. *Chr. Becker*, in: Heidel, Aktienrecht und Kapitalmarktrecht, § 16 WpPG Rn. 22 und *Heidelbach*, in: Schwark/Zimmer, KMRK, § 16 WpPG Rn. 44 sprechen von einem „*Redaktionsversehen*". Vgl. auch *Rauch*, in: Holzborn, WpPG, 1. Aufl. 2008, § 16 Rn. 26 und *Seitz*, in: Assmann/Schlitt/von Kopp-Colomb, WpPG/VerkProspG, § 16 Rn. 123, jeweils mit Verweis auf die Gesetzesmaterialien und die Forderung des Bundesrates (Stellungnahme des Bundesrates vom 18.3.2005 zum Regierungsentwurf, BR-Drucks. 85/05, S. 7, sowie Unterrichtung durch die Bundesregierung vom 7.4.2005, BT-Drucks. 15/5219, S. 3 f.), wegen der genannten Begründung nur auf § 8 Abs. 1 Satz 3 und Satz 4 zu verweisen, was allerdings nicht umgesetzt wurde. Ebenso auch einige Verbände im Gesetzgebungsverfahren (vgl. z. B. Stellungnahme des Deutschen Aktieninstituts (DAI) vom 22.2.2005, S. 12, zum Regierungsentwurf; Stellungnahme des Deutschen Derivate Instituts e. V. vom 8.4.2005 für die öffentliche Anhörung des Finanzausschusses, S. 16; Stellungnahme des Zentralen Kreditausschusses vom Februar 2005, S. 20 ff., zum Regierungsentwurf).
444 Vgl. oben Rn. 155a. Nach *Groß*, Kapitalmarktrecht, § 16 WpPG Rn. 16 handelt es sich dabei aber „*eher um Ausnahmefälle*"; ähnlich *Rauch*, in: Holzborn, WpPG, § 16 Rn. 36.
445 Vgl. auch oben Rn. 155b.

jeweiligen primären Hauptleistungspflichten[446]), kann aber für Nebenpflichten von Bedeutung sein. Im Übrigen leistet zum Beispiel bei Bezugsrechtskapitalerhöhungen der Anleger seinen Kaufpreis für die neuen, von ihm bezogenen Aktien (jedenfalls an seine Depotbank) bereits am letzten Tag der Bezugsfrist, während das Closing mit Lieferung der Wertpapiere (und damit Erfüllung) erst ein/zwei Tage danach stattfindet. Insofern kann es auch hier Konstellationen geben, in denen eine Rückgewähr eventuell bereits erfolgter Leistungen denkbar ist. Zudem liegt in diesen Fällen im Bezugsangebot (anders als bei der *invitatio ad offerendum* des Verkaufsangebots) ein echtes schuldrechtliches Angebot, das der Aktionär durch Zeichnungserklärung annimmt, so dass hier ein wirksamer schuldrechtlicher Vertrag besteht, d. h. das oben genannte Argument der jederzeitigen freien Widerruflichkeit greift nicht. Gleichwohl läuft auch nach heutiger Rechtslage der Verweis von § 16 Abs. 3 Satz 4 über § 8 Abs. 1 Satz 5 jedenfalls auf § 357a Abs. 2-3 BGB ins Leere, und die rechtstechnische Umsetzung ist an dieser Stelle insgesamt sicher wenig geglückt. Auch der Verweis auf § 357a BGB erklärt etwa nicht, wie genau die Rückabwicklung bei bereits eingetretener Erfüllung oder im Rahmen von Vertriebsketten zu erfolgen hat.[447]

6. Rechtsfolgen des unterbliebenen Widerrufs im Hinblick auf Prospekthaftung

Oben wurde bereits ausgeführt,[448] dass

159

– erstens der **Nachtrag** als solcher **potenzielle Prospekthaftungsansprüche nicht ausschließt**, d. h. die Veröffentlichung des Nachtrags ändert nichts an der potenziellen Prospekthaftung gegenüber Anlegern, die im Vertrauen auf den zu diesem Zeitpunkt unrichtigen bzw. unvollständigen Prospekt Wertpapiere erworben haben,[449]
– zweitens das **Nichtbestehen eines Widerrufsrechts** z. B. wegen bereits eingetretener Erfüllung ebenfalls **keinen Einfluss auf mögliche haftungsrechtliche Sekundäransprüche** hat, aber
– drittens nach § 23 Abs. 2 Nr. 4 ein **Prospekthaftungsanspruch nicht besteht**, **sofern** vor dem Abschluss des Erwerbsgeschäfts im Rahmen (insbesondere) einer **Ad-hoc-Mitteilung** nach § 15 WpHG (bzw. Art. 17 der Marktmissbrauchsverordnung,[450] die im Wesentlichen ab dem 3.7.2016 unmittelbar anwendbar ist) oder einer vergleichbaren

---

446 Ebenso *Friedl/Ritz*, in: Just/Voß/Ritz/Zeising, WpPG, § 16 Rn. 169.
447 *Lawall/Maier*, DB 2012, 2503, 2506. Die dort ebenfalls aufgeworfene Frage, ob ein Emittent auch für die Rückabwicklung im Fall eines Sekundärmarktgeschäfts verantwortlich ist, auch wenn er in dieses gar nicht involviert gewesen ist, wird dagegen durch den Gesetzgeber in § 16 Abs. 3 Satz 1 beantwortet, der ein Widerrufsrecht gerade nur für den Kauf von denjenigen Wertpapieren gewährt, die aufgrund des öffentlichen Angebots bezogen und nicht über den Handel erworben wurden, vgl. RegBegr. zur Umsetzung der Richtlinie 2010/73/EU, BT-Drucks. 17/8684, S. 20 und oben Rn. 132e.
448 Vgl. für erstens Rn. 31 a. E., für zweitens Rn. 155b und für drittens Rn. 141.
449 *Chr. Becker*, in: Heidel, Aktienrecht und Kapitalmarktrecht, § 16 WpPG Rn. 25; *Müller*, WpPG, § 16 Rn. 9; *Heidelbach*, in: Schwark/Zimmer, KMRK, § 16 WpPG Rn. 50.
450 Verordnung (EU) Nr. 596/2014 des Europäischen Parlaments und des Rates vom 16. April 2014 über Marktmissbrauch (Marktmissbrauchsverordnung) und zur Aufhebung der Richtlinie 2003/6/EG des Europäischen Parlaments und des Rates und der Richtlinien 2003/124/EG, 2003/125/EG und 2004/72/EG der Kommission, ABl. L 173/1 vom 12.6.2014.

§ 16 Nachtrag zum Prospekt; Widerrufsrecht des Anlegers

Bekanntmachung eine deutlich gestaltete Berichtigung der unrichtigen oder unvollständigen Angaben veröffentlicht wurde.

160 Daraus folgt, dass für nach dem Zeitpunkt der Veröffentlichung des Nachtrags bzw. einer diesbezüglichen Ad-hoc-Mitteilung (siehe teleologische Reduktion des § 16 Abs. 3 Satz 1 oben Rn. 139 ff.) abgeschlossene Erwerbsgeschäfte der **Prospekt in der Fassung, die er durch den Nachtrag erhalten hat**, maßgeblich ist; insbesondere der nachtragsbegründende Umstand kann dann nicht mehr Basis eines Prospekthaftungsanspruchs sein.[451] Hinsichtlich auf den Erwerb bzw. die Zeichnung von Wertpapieren gerichteter Willenserklärungen, die vor der Veröffentlichung des Nachtrags bzw. einer diesbezüglichen Ad-hoc-Mitteilung abgegeben wurden, ist zu unterscheiden, ob der Prospekt ursprünglich richtig und vollständig war oder nicht.

161 War der **Prospekt ursprünglich richtig und vollständig**, d.h. er wurde lediglich unrichtig bzw. unvollständig durch den nachträglich neu eingetretenen Umstand, besteht erstens für vor Eintritt des Umstands abgegebene Willenserklärungen kein Widerrufsrecht (siehe teleologische Reduktion des § 16 Abs. 3 Satz 1, oben Rn. 136 ff.) und zweitens kann der betreffende Anleger keine Schadensersatzansprüche aus Prospekthaftung geltend machen.[452]

162 Fraglich ist, welche Rechtsfolgen eintreten, wenn (i) es sich um **ursprüngliche Unrichtigkeiten** handelt, die durch den Nachtrag korrigiert werden, **oder** (ii) der Anleger nach Eintritt des nachtragsbegründenden Umstands, aber vor entsprechender Veröffentlichung durch den Anbieter (per Nachtrag bzw. Ad-hoc-Mitteilung) eine Zeichnungserklärung abgibt (und damit widerrufsberechtigt ist), aber der **Anleger von diesem Widerrufsrecht keinen Gebrauch macht**.[453] Unter diesen Umständen muss auf Basis der in § 23 Abs. 2 Nr. 4 niedergelegten gesetzlichen Wertung[454] davon ausgegangen werden, dass dem Anleger im Nachhinein keine Prospekthaftungsansprüche mehr zur Verfügung stehen. Der vor Abschluss des Erwerbsgeschäfts veröffentlichte Nachtrag erfüllt die Anforderungen an eine Berichtigung nach § 23 Abs. 2 Nr. 4.[455] Der Anleger steht daher in Bezug auf den korrigierten Prospekt und das nicht ausgeübte Widerrufsrecht so wie bei einem bereits ursprünglich richtigen und vollständigen Prospekt, d.h. der Anleger, der unter diesen Umständen von seinem Widerrufsrecht keinen Gebrauch macht, kann nicht im Anschluss Prospekthaftungsansprüche aufgrund des ursprünglichen Prospekts ungeachtet der im Nachtrag korrigierten bzw. neu kommunizierten Angaben geltend machen.[456]

---

451 So auch *Groß*, Kapitalmarktrecht, § 16 WpPG Rn. 17a.
452 Bezüglich des zweiten Aspekts vgl. ebenso *Chr. Becker*, in: Heidel, Aktienrecht und Kapitalmarktrecht, § 16 WpPG Rn. 27.
453 *Groß*, Kapitalmarktrecht, § 16 WpPG Rn. 17 ff. *Groß* weist (in Rn. 16 und 17b) auch zu Recht nochmals darauf hin, dass die vom Anleger abgegebene Willenserklärung im Regelfall, soweit sich aus der Natur des Angebots nichts Anderes ergibt, bis zur Zuteilung im Rahmen des Angebots, durch die der (Kauf-)Vertrag mit konkludenter Annahme zustande kommt, ohnehin frei widerruflich ist.
454 Auch der Wortlaut von § 23 Abs. 2 Nr. 4 ist einschlägig, da der Abschluss des Erwerbsgeschäftes zeitlich nach dem Widerrufsrecht (im Regelfall mit Zuteilung) erfolgen wird.
455 *Friedl/Ritz*, in: Just/Voß/Ritz/Zeising, WpPG, § 16 Rn. 193-195 m.w.N.; *Seitz*, in: Assmann/Schlitt/von Kopp-Colomb, WpPG/VerkProspG, § 16 Rn. 157 und Rn. 159 für den Fall des nicht geltend gemachten Widerrufs.
456 So auch *Groß*, Kapitalmarktrecht, § 16 WpPG Rn. 17, 18 und 20; *Chr. Becker*, in: Heidel, Aktienrecht und Kapitalmarktrecht, § 16 WpPG Rn. 26; *Schlitt/Singhof/Schäfer*, BKR 2005, 251, 256 in Fn. 75; *Heidelbach*, in: Schwark/Zimmer, KMRK, § 16 WpPG Rn. 51; *Seitz*, in: Assmann/

7. Belehrung über das Widerrufsrecht im Nachtrag

Als eine den Inhalt des Nachtrags regelnde Vorschrift bestimmt **§ 16 Abs. 3 Satz 3**, dass der Nachtrag an hervorgehobener Stelle eine Belehrung über das Widerrufsrecht nach § 16 Abs. 3 Satz 1 enthalten muss. Da der Emittent/Anbieter/Zulassungsantragsteller die Widerrufsfrist inzwischen nach § 16 Abs. 3 Satz 2 verlängern kann, muss die Belehrung nach dem neu angefügten 2. Halbsatz außerdem die Widerrufsfrist angeben[457] sowie aufgrund europarechtskonformer Auslegung auch der genaue Zeitpunkt des Ablaufs der Widerrufsfrist, vgl. unten Rn. 165 f. Diese **verpflichtende Belehrung** über das Widerrufsrecht ist nach dem Wortlaut des Art. 16 der EU-Prospektrichtlinie nicht vorgegeben. Art. 16 Abs. 2 Satz 3 verlangt nur die Angabe der Widerrufsfrist. Allerdings kann die Widerrufsfrist kaum angegeben werden, ohne zugleich auf das Bestehen des Widerrufsrechts an sich hinzuweisen. Der Hinweis auf das Widerrufsrecht wird also offenbar durch das EU-Recht als selbstverständlich vorausgesetzt. Dem entspricht auch, dass die früher in den CESR-Frequently Asked Questions enthaltene Unterfrage 1 zu Frage 21, die sich mit der Hinweispflicht befasste, gestrichen wurde.[458] In der Praxis hat es sich eingebürgert, **am Ende des Nachtrags** vor der Unterschriftsseite in deutlich hervorgehobener Weise (**per Fettschrift**[459]) folgenden, auf einem Formulierungsvorschlag der BaFin[460] fußenden Wortlaut einzufügen:

163

„Nach § 16 Abs. 3 Wertpapierprospektgesetz können Anleger, die vor der Veröffentlichung des Nachtrags eine auf den Erwerb oder die Zeichnung der Wertpapiere gerichtete Willenserklärung abgegeben haben, diese innerhalb von zwei Werktagen nach Veröffentlichung des Nachtrags widerrufen, sofern der neue Umstand oder die Unrichtigkeit gemäß § 16 Abs. 1 Wertpapierprospektgesetz vor dem endgültigen Schluss des öffentlichen Angebots und[461] vor der Lieferung der Wertpapiere eingetreten ist.

Der Widerruf muss keine Begründung enthalten und ist in Textform gegenüber derjenigen Stelle zu erklären, bei der der betreffende Anleger seine auf den Erwerb der ange-

---

Schlitt/von Kopp-Colomb, WpPG/VerkProspG, § 16 Rn. 158. Ebenso (mit gewissen Zweifeln) *Friedl/Ritz*, in: Just/Voß/Ritz/Zeising, WpPG, § 16 Rn. 198-205. **Einschränkend** *Hamann*, in: Hamann/Schäfer, Kapitalmarktgesetze, § 16 WpPG Rn. 27 f. Siehe ergänzend zu §§ 21-23 und einer Berichtigung im Rahmen der Bookbuilding-Periode *Groß*, Kapitalmarktrecht, § 23 WpPG Rn. 10 m. w. N.; zu §§ 44/45 BörsG a. F. siehe *Schwark*, in: Schwark, KMRK, §§ 44/45 BörsG Rn. 58.

457 So die Begründung der RegBegr. zur Umsetzung der Richtlinie 2010/73/EU, BT-Drucks. 17/8684, S. 20. Auch *Groß*, Kapitalmarktrecht, § 16 WpPG Rn. 14.
458 Siehe CESR-Frequently Asked Questions (12th Updated Version – November 2010) und im Vergleich dazu ESMA-Questions and Answers (25th Updated Version – July 2016). Aus der Streichung der Frage den Umkehrschluss zu ziehen, dass eine solche Hinweispflicht nicht mehr erforderlich ist, erscheint vor dem Hintergrund des Art. 16 Abs. 2 Satz 3 der EU-Prospektrichtlinie, der die Angabe der Widerrufsfrist explizit verlangt, kaum angezigt.
459 Siehe auch BaFin-Präsentation „Wertpapierprospektgesetz – Hinterlegungsverfahren/Notifizierungsverfahren" vom 29.5.2006, S. 26 („*Belehrung muss ins Auge springen (Fettdruck)*"); *Chr. Becker*, in: Heidel, Aktienrecht und Kapitalmarktrecht, § 16 WpPG Rn. 23.
460 Muster Nachtrag § 16 Abs. 1 WpPG der BaFin, abrufbar unter http://www.bafin.de/SharedDocs/Downloads/DE/Formular/WA/fo_muster_nachtragemission_wppg16_1.html (Stand: 13.4.2016).
461 Der Vorschlag der BaFin sieht hier dagegen das Wort „*oder*" vor, was allerdings dem Wortlaut des § 16 Abs. 3 Satz 1 widerspricht, vgl. auch oben Rn. 151.

§ 16   Nachtrag zum Prospekt; Widerrufsrecht des Anlegers

botenen Aktien gerichtete Willenserklärung abgegeben hat. Zur Fristwahrung genügt die rechtzeitige Absendung."

164   Soweit es im Zusammenhang mit der Veröffentlichung des Prospekts kein öffentliches Angebot gibt und damit keine auf den Erwerb bzw. die Zeichnung von Wertpapieren gerichtete Erklärung der Anleger vorliegt, d. h. **bei reinen Prospekten für die Zulassung von Wertpapieren**, wäre diese Belehrung über ein (angebliches) Widerrufsrecht unnötig bzw. eventuell sogar irreführend. Aufgrund des inzwischen eindeutigen Wortlauts des § 16 Abs. 3 Satz 1, der reine Zulassungsprospekte vom Widerrufsrecht ausnimmt,[462] ist in diesen Fällen daher entgegen der früheren Praxis der BaFin keine Belehrung in den Nachtrag aufzunehmen.[463]

165   Fraglich ist, ob neben der Dauer der Widerrufsfrist auch der konkrete **Zeitpunkt des Ablaufs der Widerrufsfrist** genannt werden muss. Im finalen Kompromissvorschlag der EU-Ratspräsidentschaft vom Dezember 2009 zur Überarbeitung der EU-Prospektrichtlinie im Vorfeld der Änderungsrichtlinie 2010/73/EU war die Ergänzung des Art. 16 Abs. 2 um einen Satz 3 enthalten, wonach der **Zeitpunkt des Ablaufs des Widerrufsrechts** im Nachtrag (explizit) genannt werden müsse (*„the final date of the right of withdrawal shall be stated in the supplement"*).[464] Der Vorschlag des EU-Parlaments vom März 2010[465] hatte dies leider sprachlich in anderer Form übernommen (*„The duration of the right of withdrawal shall be specified in the supplement"*). Dieser Text wiederum konnte nun zum einen das meinen, was die EU-Ratspräsidentschaft wollte. Er konnte sich aber andererseits auch auf die Möglichkeit des Emittenten, Anbieters oder Zulassungsantragstellers beziehen, die Frist von zwei Werktagen freiwillig zu verlängern. Dann hätte dieser Satz lediglich bedeutet, dass im Nachtrag genannt werden muss, ob die Frist zwei Werktage beträgt oder darüber hinaus verlängert wurde.[466] Der endgültig beschlossene Text der überarbeiteten EU-Prospektrichtlinie (Änderungsrichtlinie)[467] folgt in seiner englischen Sprachfassung nicht

---

462   Vgl. oben Rn. 132e, auch zur Gesetzgebungsgeschichte auf EU-Ebene.
463   Schon vor dieser gesetzgeberischen Klarstellung ist die Praxis in diesen Fällen an die BaFin mit dem Wunsch herangetreten, bei Nachträgen zu reinen Zulassungsprospekten auf den Hinweis nach § 16 Abs. 3 Satz 3 zu verzichten. Die BaFin hatte aber unter Verweis darauf, dass die Hinweisverpflichtung nach § 16 Abs. 3 Satz 3 eine solche Einschränkung nicht vorsehe, darauf bestanden, dass eine solche Belehrung auch in diesen Fällen erfolgt. Auch wenn diese Ansicht der BaFin explizit den CESR-Frequently Asked Questions widersprach (vgl. CESR-Frequently Asked Questions (12th Updated Version – November 2010), Antworten zur Unterfragen 1 und 3 der Frage 21 sowie Fn. 7), war daher der Hinweis auch bei Nachträgen zu reinen Zulassungsprospekten enthalten (vgl. z. B. Nachtrag Nr. 1 vom 25.9.2007 zum Prospekt der Hypo Real Estate Holding AG vom 10.9.2007.
464   Council of the European Union Document 17451/09 (vom 11.12.2009), S. 24.
465   Session document of the European Parliament A7-002/2010 vom 26.3.2010. S. 39.
466   Recital (16) des Vorschlags des EU-Parlaments scheint aber darauf hinzudeuten, dass das EU-Parlament mit der veränderten Formulierung keine inhaltliche Änderung gegenüber der EU-Ratspräsidentschaft beabsichtigt hatte (*„To improve legal certainty the supplement to the prospectus should specify when the right of withdrawal ends."*).
467   Richtlinie 2010/73/EU des Europäischen Parlaments und des Rates vom 24. November 2010 zur Änderung der Richtlinie 2003/71/EG betreffend den Prospekt, der beim öffentlichen Angebot von Wertpapieren oder bei deren Zulassung zum Handel zu veröffentlichen ist, und der Richtlinie 2004/109/EG zur Harmonisierung der Transparenzanforderungen in Bezug auf Informationen über Emittenten, deren Wertpapiere zum Handel auf einen geregelten Markt zugelassen sind, ABl. L 327/1 vom 11.12.2010.

nur wörtlich dem Vorschlag der EU-Ratspräsidentschaft vom Dezember 2009, sondern sieht in Erwägungsgrund (24) eine zusätzliche Klarstellung vor, was mit Art. 16 Abs. 2 Satz 3 n. F. gemeint ist („*To improve legal certainty the supplement to the prospectus should specify when the right of withdrawal ends.*"). In der deutschen Sprachfassung der Änderungsrichtlinie 2010/73/EU heißt es allerdings stattdessen: „*Die Frist für das Widerrufsrecht wird im Nachtrag angegeben*". In Erwägungsgrund (24) kommt das in der englischen Sprachfassung ausgedrückte Ziel wiederum besser zum Ausdruck: „*Zur Erhöhung der Rechtssicherheit sollte in dem Prospektnachtrag angegeben werden, wann das Widerrufsrecht endet*". Gleichwohl ist der deutsche Gesetzgeber bei der Umsetzung der Änderungsrichtlinie ausweislich des deutschen Gesetzeswortlauts „*die Widerrufsfrist ist anzugeben*" offenbar davon ausgegangen, dass tatsächlich nur die Dauer der Widerrufsfrist anzugeben ist.[468] Der EuGH hat in seiner sogenannten *Timmel*-Entscheidung zu sich widersprechenden Sprachfassungen der EU-Prospektrichtlinie ausgeführt, dass „*eine Vorschrift, aus deren Wortlaut sich aufgrund von Abweichungen zwischen den verschiedenen Sprachfassungen keine klare und einheitliche Auslegung herleiten lässt, anhand ihrer Zielsetzung und ihres Gesamtsystems auszulegen ist*".[469] Legt man hier die Gesetzgebungsgeschichte und das in Erwägungsgrund (24) zutage tretende Ziel des Gesetzgebers zugrunde, spricht vieles dafür, trotz des anderslautenden deutschen Wortlauts die EU-Prospektrichtlinie so zu verstehen, dass auch der **konkrete Zeitpunkt des Ablaufs der Widerrufsfrist genannt werden muss**. Der Wortlaut von § 16 Abs. 3 Satz 3 Halbs. 2 kann mithilfe einer **europarechtskonformen Auslegung** gleichermaßen interpretiert werden. In der Praxis deutschsprachiger Nachträge scheint sich dies aber soweit ersichtlich noch nicht durchgesetzt zu haben, was maßgeblich darauf zurückzuführen sein dürfte, dass auch der Musternachtrag der BaFin auf die Nennung eines konkreten Zeitpunkts verzichtet.[470]

An eine fehlende oder fehlerhafte Belehrung knüpft das deutsche Recht explizit keine Sanktion. Bei einer komplett fehlenden oder grob fehlerhaften Belehrung könnte der Nachtrag aber als „nicht richtig" oder „nicht vollständig" veröffentlicht angesehen werden, sodass die Bußgeldvorschrift des § 35 Abs. 1 Nr. 9 ausgelöst wird. Die teilweise für § 8 Abs. 1 Satz 10 propagierte Lösung, dass die Widerrufsfrist nicht beginne und der Anleger auch nach Ablauf von zwei Werktagen noch widerrufen könne,[471] kann aber jedenfalls für das Widerrufsrecht aus § 16 Abs. 3 nicht einschlägig sein. Hätte der Gesetzgeber diese Rechtsfolge gewünscht, hätte er das, wie an anderer Stelle geschehen (vgl. etwa § 356 Abs. 3 und § 574b Abs. 2 Satz 1 BGB, § 58 VwGO, § 172 Abs. 2 2. Halbs. StPO, § 356 AO, § 66 SGG, ähnlich § 233 Satz 2 ZPO, § 17 Abs. 2 FamFG), regeln müssen.

VII. Verhältnis von Nachtragspflicht und Ad-hoc-Publizität

Bei Eintritt eines wichtigen neuen Umstandes in Bezug auf die im Prospekt enthaltenen Angaben, die die Beurteilung der Wertpapiere beeinflussen könnten, besteht bei Identität

---

468 So auch explizit RegBegr. zur Umsetzung der Richtlinie 2010/73/EU, BT-Drucks. 17/8684, S. 20.
469 EuGH v. 15.5.2014 – C-359/12, Rn. 62.
470 Musternachtrag der BaFin, abrufbar unter: http://www.bafin.de/SharedDocs/Downloads/DE/Formular/WA/fo_muster_nachtragemission_wppg16_1.html?nn=2696532 (Stand: 2.4.2016).
471 Vgl. zu § 8 Abs. 1 Satz 10 *Heidelbach*, in: Schwark/Zimmer, KMRK, § 8 WpPG Rn. 15.

§ 16   Nachtrag zum Prospekt; Widerrufsrecht des Anlegers

von Anbieter und Emittent (von bereits börsennotierten Wertpapieren[472]) eine hohe Wahrscheinlichkeit,[473] dass der Anbieter/Emittent, der nach § 16 Abs. 1 Satz 1 einer Nachtragspflicht unterliegt, **auch zur Veröffentlichung einer Ad-hoc-Mitteilung nach § 15 WpHG (bzw. Art. 17 der Marktmissbrauchsverordnung,**[474] **die im Wesentlichen ab dem 3.7.2016 unmittelbar anwendbar ist) verpflichtet** ist, weil es sich um eine Insiderinformation gemäß § 13 WpHG (bzw. Art. 7 der Marktmissbrauchsverordnung) handelt.[475] Zwischen dem Billigungserfordernis des Nachtrags und der Verpflichtung nach § 15 WpHG (bzw. Art. 17 der Marktmissbrauchsverordnung) zur unverzüglichen Veröffentlichung der betreffenden Insiderinformation, die im Wertpapierhandelsgesetz gerade ohne vorherige Durchsicht der BaFin erfolgt, könnte ein gewisser **Konflikt** gesehen werden. Denn durch die Veröffentlichung der Information mit dem vom Emittenten in der Ad-hoc-Mitteilung festgelegten Inhalt, so könnte argumentiert werden, werde in gewisser Weise die Prüfung des Nachtrags durch die BaFin präjudiziert. Da der europäische bzw. nationale Norm-/Gesetzgeber **keine Subsidiaritätsregelung in der EU-Prospektrichtlinie bzw. dem Wertpapierprospektgesetz** aufgenommen hat, ist das Verhältnis der Vorschriften näher zu untersuchen.

---

472 Allerdings kann dies auch bei IPO-Fällen relevant werden, da die Verpflichtung zur Ad-hoc-Mitteilung nach § 15 Abs. 1 Satz 2 WpHG (bzw. Art. 17 Abs. 1 Unterabs. 3 der Marktmissbrauchsverordnung (siehe dazu sogleich)) auch bereits gilt, wenn ein Antrag auf Zulassung von Finanzinstrumenten gestellt ist.

473 *Meyer*, in: Habersack/Mülbert/Schlitt, Unternehmensfinanzierung, § 36 Rn. 94; *Groß*, Kapitalmarktrecht, § 16 WpPG Rn. 19; *Hamann*, in: Schäfer/Hamann, Kapitalmarktgesetze, § 16 WpPG Rn. 30; *Parmentier*, NZG 2007, 407, 413; *Friedl/Ritz*, in: Just/Voß/Ritz/Zeising, WpPG, § 16 Rn. 97 und Rn. 175. Vorsichtiger *Chr. Becker*, in: Heidel, Aktienrecht und Kapitalmarktrecht, § 16 WpPG Rn. 14; *Kullmann/Sester*, WM 2005, 1068, 1075 („*kann zugleich ein Umstand sein*"). *Apfelbacher/Metzner*, BKR 2006, 81, 85 stellen umgekehrt die These auf, dass neue Umstände, die eine Ad-hoc-Mitteilung auslösen, in diesem Zeitraum immer bzw. in aller Regel auch eine Nachtragspflicht begründen. So auch *Schlitt/Schäfer*, AG 2008, 525, 536, *Friedl/Ritz*, in: Just/Voß/Ritz/Zeising, WpPG, § 16 Rn. 175 und *Schlitt/Schäfer*, in: Assmann/Schlitt/von Kopp-Colomb, WpPG/VerkProspG, § 16 Rn. 134, die zu Recht darauf hinweisen, dass insbesondere bei Nachträgen wegen Unrichtigkeiten umgekehrt ein Nachtrag nicht regelmäßig eine Ad-hoc-Mitteilung auslösen muss.

474 Verordnung (EU) Nr. 596/2014 des Europäischen Parlaments und des Rates vom 16. April 2014 über Marktmissbrauch (Marktmissbrauchsverordnung) und zur Aufhebung der Richtlinie 2003/6/EG des Europäischen Parlaments und des Rates und der Richtlinien 2003/124/EG, 2003/125/EG und 2004/72/EG der Kommission, ABl. L 173/1 vom 12.6.2014 (nachfolgend: „Marktmissbrauchsverordnung").

475 Denkbar ist diese doppelte Verpflichtung indes auch bei wesentlichen Unrichtigkeiten, wenn die im Prospekt enthaltene (unrichtige) Angabe vom Emittenten auch anderweitig stets dem Markt kommuniziert wurde und für das Publikum so wesentlich ist, dass die Unrichtigkeit dieser Kapitalmarktkommunikation eine Insiderinformation darstellt. Die Definition der Insiderinformation in § 13 Abs. 1 WpHG (bzw. Art. 7 der Marktmissbrauchsverordnung) ist offen für derartige Umstände. Allerdings kann im Fall einer solchen wesentlichen Unrichtigkeit eben durchaus eine Nachtragspflicht bestehen, ohne dass der nachzutragende Umstand bzw. die Berichtigung eine Ad-hoc-Mitteilungspflicht auslöst (vgl. *Friedl/Ritz*, in: Just/Voß/Ritz/Zeising, WpPG, § 16 Rn. 176; *Apfelbacher/Metzner*, BKR 2006, 81, 86). Falls der dann zu erwartende Nachtrag allerdings z.B. wegen des Widerrufsrechts der Anleger eine Verzögerung des laufenden Angebots auslöst, kann auch diese Verzögerung bzw. anderweitige Beeinträchtigung des Angebots wiederum eine Ad-hoc-Mitteilungspflicht auslösen.

VII. Verhältnis von Nachtragspflicht und Ad-hoc-Publizität § 16

1. Ausführungen in der Regierungsbegründung

Der nationale Gesetzgeber hat in der Regierungsbegründung zum Wertpapierprospektgesetz folgende Ausführungen dazu gemacht:

"Eine Besonderheit besteht in den Fällen, in denen ein nachtragspflichtiger Umstand eintritt, für den sich eine Veröffentlichungspflicht nach § 15 des Wertpapierhandelsgesetzes (WpHG) ergibt. In diesen Fällen geht die Regelung des § 15 WpHG der des § 16 grundsätzlich vor. Denn die Veröffentlichung gemäß § 15 WpHG erfolgt in der Regel vor Ablauf der Frist für die Billigung eines Nachtrags. Nach Veröffentlichung des Umstandes gemäß § 15 WpHG ist der Prospekt jedoch unverzüglich um einen Hinweis auf die Veröffentlichung gemäß § 15 WpHG zu ergänzen. Dieser ergänzende Hinweis im Prospekt ist mit oder unverzüglich nach der Veröffentlichung nach § 15 WpHG in der gleichen Art wie der Prospekt zu veröffentlichen. Dieser Hinweis bedarf dabei nicht der Billigung der Bundesanstalt.

Anders zu beurteilen ist das Verhältnis von § 15 des WpHG zu § 16, wenn Wertpapiere öffentlich angeboten werden, die zum Handel an einem organisierten Markt zugelassen werden sollen. In diesen Fällen herrscht insbesondere während der Zeichnungsfrist häufig eine besondere Anlagestimmung. Für einen Umstand, der eine Veröffentlichungspflicht gemäß § 15 WpHG auslöst, besteht deshalb eine Nachtragspflicht gemäß § 16. Der Nachtrag ist dann frühestens zum Zeitpunkt der Veröffentlichung der Mitteilung nach § 15 WpHG zu veröffentlichen."

168

Diese Ausführungen der Regierungsbegründung sind zu Recht als **„unverständlich"** bzw. **„nicht klar, was damit gemeint ist"** kritisiert worden.[476] Offensichtlich wollte der Gesetzgeber zwischen reinen Zulassungsprospekten (erster Absatz des Zitats) und Prospekten für öffentliche Angebote (hier formatierungstechnisch als zweiter Absatz des Zitats hervorgehoben) unterscheiden. **Bei reinen Zulassungsprospekten** scheint der Gesetzgeber von einem Vorrang von § 15 WpHG (bzw. Art. 17 der Marktmissbrauchsverordnung) vor der Regelung des § 16 auszugehen, d.h. in einem solchen Fall soll wohl die **Veröffentlichung nach § 15 WpHG (bzw. Art. 17 der Marktmissbrauchsverordnung) den Nachtrag nach § 16 ersetzen**. Nur so wird auch verständlich, dass der Gesetzgeber eine Hinweispflicht im Prospekt auf die Veröffentlichung nach § 15 WpHG (bzw. Art. 17 der Marktmissbrauchsverordnung) statuiert und für diesen Hinweis, der gerade kein Nachtrag im Sinne des WpPG sein soll, eine separate Veröffentlichung „in der gleichen Art wie der Prospekt", d.h. anlehnend an den Wortlaut des § 16 Abs. 1 Satz 5, nach § 14 fordert. Auch aus der Formulierung für die Anforderungen bei öffentlichen Angeboten (*„besteht deshalb eine Nachtragspflicht gemäß § 16"*) wird deutlich, dass der Gesetzgeber bei reinen Zulassungsprospekten auf das Billigungserfordernis eines Nachtrags scheinbar verzichten zu können glaubte.[477] Für den **Fall eines Prospekts für ein öffentliches Angebot von Wert-**

169

---

[476] *Groß*, Kapitalmarktrecht, § 16 WpPG Rn. 19; ähnlich *Friedl/Ritz*, in: Just/Voß/Ritz/Zeising, WpPG, § 16 Rn. 180; vorsichtiger *Hamann*, in: Schäfer/Hamann, Kapitalmarktgesetze, § 16 WpPG Rn. 32.
[477] Nur so erklärt sich auch der letzte Satz der Regierungsbegründung zum Zeitpunkt der Veröffentlichung des Nachtrags in Abgrenzung zur reinen Hinweispflicht in den Fällen, in denen es kein öffentliches Angebot gibt.

§ 16   Nachtrag zum Prospekt; Widerrufsrecht des Anlegers

papieren, die zum Handel an einem organisierten Markt zugelassen werden sollen,[478] geht der Gesetzgeber wegen der „besonderen Anlagestimmung während der Zeichnungsfrist" dagegen davon aus, dass ein **Nachtrag** gebilligt werden muss, der aber ausweislich des letzten Satzes der Regierungsbegründung **nicht vor der Ad-hoc-Mitteilung veröffentlicht werden soll** (was in der Praxis wegen des Erfordernisses der unverzüglichen Veröffentlichung der Ad-hoc-Mitteilung ohnehin kaum vorkommen würde und sich im Übrigen bereits aus § 15 Abs. 5 Satz 1 WpHG[479] sowie aus § 14 Abs. 1 Nr. 2 WpHG[480] (bzw. Art. 14 lit. c) der Marktmissbrauchsverordnung) ergibt). Umgekehrt besagt dieser Satz auch in dieser Konstellation nicht, dass die Ad-hoc-Mitteilung nicht vor dem Nachtrag veröffentlicht werden soll.

2. Stellungnahme zur Regierungsbegründung und zum Verhältnis der Vorschriften

a) Kein Vorrang der Nachtragspflicht gegenüber der Ad-hoc-Publizität

170   Richtig ist an den Ausführungen der Regierungsbegründung zunächst der Ausgangspunkt, nämlich dass – anders gewendet – § 16 nichts an der Verpflichtung eines Emittenten zur Veröffentlichung von Ad-hoc-Mitteilungen nach § 15 WpHG (bzw. Art. 17 der Marktmissbrauchsverordnung) ändert, d.h. die Veröffentlichung der Ad-hoc-Mitteilung kann nicht allein wegen des laufenden Billigungsverfahrens hinausgezögert werden.[481] Bei Vorliegen der entsprechenden Tatbestandsvoraussetzungen unterliegt der Emittent sowohl der Nachtragspflicht nach § 16 als auch der Pflicht zur Veröffentlichung einer Ad-hoc-Mitteilung nach § 15 WpHG (bzw. Art. 17 der Marktmissbrauchsverordnung).[482] Die **Verpflichtung zur Ad-hoc-Mitteilung wird durch die Nachtragspflicht** aus den in den folgenden Randnummern genannten Gründen **nicht verdrängt**:

171   Der Kapitalmarkt hat ein fundamentales Interesse an unverzüglicher Information über derartige wichtige Umstände. Würde der Anbieter bzw. Emittent die Ad-hoc-Mitteilung auf-

---

478 Anders als bei *Friedl/Ritz*, in: Just/Voß/Ritz/Zeising, WpPG, § 16 Rn. 180 dargestellt, trifft dies nicht nur auf IPOs zu, sondern regelmäßig auch für Bezugsrechtskapitalerhöhungen bereits notierter Emittenten.
479 Art. 17 der Marktmissbrauchsverordnung enthält allerdings keine entsprechende Regelung. Auch unter dessen Geltung dürfte aber wegen der Pflicht zur unverzüglichen Veröffentlichung („*so bald wie möglich*") sowie wegen Art. 14 lit. c) (siehe dazu sogleich) eine vorherige Veröffentlichung eines Nachtrags kaum in Betracht kommen.
480 Das Verbot der anderweitigen Veröffentlichung nach § 15 Abs. 5 Satz 1 WpHG ist aus Sicht des Emittenten im Wesentlichen deckungsgleich mit dem Weitergabeverbot nach § 14 Abs. 1 Nr. 2 WpHG, vgl. *Zimmer/Kruse*, in: Schwark/Zimmer, KMRK, § 15 WpHG Rn. 103. **A. A.** *Klöhn*, in: Hirte/Möllers, Kölner Kommentar zum WpHG, § 15 Rn. 447.
481 So auch *Apfelbacher/Metzner*, BKR 2006, 81, 86; *Schlitt/Singhof/Schäfer*, BKR 2005, 251, 256; *Müller/Oulds*, WM 2007, 573, 577; *Meyer*, in: Habersack/Mülbert/Schlitt, Unternehmensfinanzierung, § 36 Rn. 94; *Müller*, WpPG, § 16 Rn. 5; *Heidelbach*, in: Schwark/Zimmer, KMRK, § 16 WpPG Rn. 26; *Schlitt/Wilczek*, in: Habersack/Mülbert/Schlitt, Kapitalmarktinformation, § 6 Rn. 28 und wohl auch *Friedl/Ritz*, in: Just/Voß/Ritz/Zeising, WpPG, § 16 Rn. 97 (klarer dann in Rn. 172 und Rn. 174). D.h. der Nachtrag geht der Ad-hoc-Mitteilung nicht zeitlich vor. Ebenso *Wiegel*, Die Prospektrichtlinie und Prospektverordnung, S. 365 ff., allerdings differenzierend für den Fall, dass noch keine Börsennotierung besteht.
482 So auch die BaFin in: BaFin-Journal, Ausgabe September 2012, S. 11.

VII. Verhältnis von Nachtragspflicht und Ad-hoc-Publizität   § 16

schieben, bis die BaFin den eingereichten Nachtrag geprüft und inhaltlich freigegeben hat, würden in der Zwischenzeit zahlreiche Transaktionen am Kapitalmarkt auf Basis unzureichender Informationen abgewickelt, was den im Markt handelnden Kapitalmarktteilnehmern nicht zugemutet werden kann.[483] Insofern ist zu berücksichtigen, dass die Pflichten nach § 16 WpPG und § 15 WpHG (bzw. Art. 17 der Marktmissbrauchsverordnung) unterschiedlichen Zielen dienen.[484] Die daran geäußerte Kritik, dass nicht einzusehen sei, warum dem Publikum vor Prüfung und Billigung eines Nachtrags durch die BaFin eine ungeprüfte Ad-hoc-Mitteilung gemacht werden solle,[485] ist vor diesem **fundamentalen Interesse des Kapitalmarkts an möglichst aktueller Transparenz** nicht nachzuvollziehen (zumal auch sonst Ad-hoc-Mitteilungen ja nicht behördlich geprüft werden).[486] Auch der Emittent muss berechtigterweise den Kapitalmarkt informieren dürfen, um kein falsches Bild über sein Unternehmen im Markt zu belassen und damit Vertrauen des Kapitalmarkts zu verlieren. Aus diesem Grund lässt sich dieses Ergebnis – Aufschieben der Ad-hoc-Mitteilung bis zur Billigung des Nachtrags – auch nicht über § 15 Abs. 3 WpHG (bzw. Art. 17 Abs. 4 der Marktmissbrauchsverordnung) erreichen, d.h. der Emittent ist nicht berechtigt, aufgrund des Prüfungsverfahrens des Nachtrags durch die BaFin die Veröffentlichung der Ad-hoc-Mitteilung hinauszuschieben, bis die BaFin den Nachtrag gebilligt hat.[487]

Sollte die BaFin – was in der Praxis wegen der begrenzten materiellen Prüfungspflicht der BaFin ohnehin eher unwahrscheinlich ist – tatsächlich inhaltliche Anmerkungen haben oder Änderungen verlangen, die nicht nur in den Details des Nachtrags liegen, sondern an der Grundaussage der Ad-hoc-Mitteilung etwas ändern, wäre der Emittent verpflichtet, dies durch eine **weitere Ad-hoc-Mitteilung** (vgl. § 15 Abs. 2 Satz 2 WpHG,[488] falls es sich

---

483 Siehe ausgesprochen überzeugend die Darlegung der rechtssystematischen Stellung und der Bedeutung von § 15 WpHG (bzw. Art. 17 der Marktmissbrauchsverordnung) für den Kapitalmarkt bei *Assmann*, in: Assmann/Schneider, WpHG, § 15 Rn. 2 m. w. N.
484 Treffend dargestellt bei *Seitz*, in: Assmann/Schlitt/von Kopp-Colomb, WpPG/VerkProspG, § 16 Rn. 21.
485 *Rauch*, in: Holzborn, WpPG, § 16 Rn. 41; *Ekkenga*, BB 2005, 561, 564. Der Verweis auf § 10 Abs. 6 WpÜG hilft nicht weiter, weil die Veröffentlichung der Entscheidung nach § 10 WpÜG ja gerade nicht von der BaFin geprüft werden muss und daher eben keine Verzögerung der Veröffentlichung durch die Prüfung der BaFin eintritt, die bei Subsidiarität der Ad-hoc-Mitteilung zur Nachtragspflicht drohen würde.
486 Nach Erwägungsgrund (10) der EU-Prospektrichtlinie ist neben dem Anlegerschutz die Markteffizienz auch ein wesentliches Ziel der EU-Prospektrichtlinie und ihrer Durchführungsmaßnahmen. *Crüwell*, AG 2003, 243, 251 formuliert dies treffend: *„Aus Anlegerschutzgründen ist eine Verzögerung der Bekanntgabe neuer wesentlicher Informationen im laufenden Angebotsverfahren jedenfalls widersinnig. Hier kommt es auf schnelle Information der Anleger an; dieses Informationsinteresse überwiegt jedes Prüfungsinteresse."*
487 Dies folgt aus einer Subsumtion des § 15 Abs. 3 WpHG (bzw. Art. 17 Abs. 4 der Marktmissbrauchsverordnung); der Emittent kann die Prüfung der BaFin gerade nicht heranziehen, um ein berechtigtes Interesse am Aufschub zu begründen. Ähnlich, wenn auch vorsichtiger *Friedl/Ritz*, in: Just/Voß/Ritz/Zeising, WpPG, § 16 Rn. 97 (*„dürften die Interessen des Emittenten ... kaum überwiegen"*).
488 Art. 17 der Marktmissbrauchsverordnung enthält keine entsprechende Regelung. Auch unter dessen Geltung dürfte sich aber die Pflicht zur Veröffentlichung einer weiteren Ad-hoc-Mitteilungen für **kursbeeinflussende** Tatsachen schon aus Art. 17 Abs. 1 ergeben. Für **nicht kursbeeinflussende** Tatsachen dürfte eine solche Berichtigungspflicht dagegen wegen des fehlenden Pendants zu § 15 Abs. 2 Satz 2 WpHG nicht bestehen, vgl. zur Rechtslage unter der derzeitigen Marktmissbrauchsrichtlinie 2003/6/EG *Klöhn*, in: Kölner Kommentar zum WpHG, § 15 Rn. 405; zur

um „unwahre Informationen" handelte) oder eine ähnlich gestaltete Veröffentlichung zu korrigieren. Deshalb beeinträchtigt diese Wertung auch nicht die Prüfungskompetenz der BaFin zum Nachtrag, die ihr in voller Hinsicht erhalten bleibt. Diese (ausgesprochen unwahrscheinliche) **Doppelkommunikation ist in Kauf zu nehmen**,[489] um die Funktionsfähigkeit des Kapitalmarkts aufrechtzuerhalten und potenziellen Insidervergehen vorzubeugen.[490] Einer ähnlichen Logik folgend ist nach österreichischem Recht der Nachtrag unmittelbar (d.h. vor Billigung) zu veröffentlichen und, falls das Ergebnis des Billigungsverfahrens zu einem geänderten Nachtragstext geführt hat, eventuell ein richtigstellender Hinweis zu veröffentlichen (vgl. § 6 Abs. 1 Sätze 2-4 des österreichischen Kapitalmarktgesetzes).

173 Hinzu kommt das **formale Argument**, dass nichts in der EU-Prospektrichtlinie oder dem Wertpapierprospektgesetz darauf hindeutet, dass hier eine Spezialität zugunsten des Wertpapierprospektgesetzes eingreifen soll; zum Beispiel existiert keine dem § 10 Abs. 6 WpÜG vergleichbare Regelung. Insofern hat es bei dem sich aus der Regelung selbst ergebenden Nebeneinander der Vorschriften zu bleiben.

174 Schließlich muss aufgrund der fehlenden Subsidiaritätsklausel auch **nicht jeder Prospekt per Ad-hoc-Mitteilung vorab veröffentlicht werden**.[491] Wenn es sich um einen Prospekt eines Emittenten handelt, dessen Wertpapiere bereits gehandelt werden, ist davon auszugehen, dass er alle wesentlichen Informationen über nicht öffentlich bekannte Umstände, die geeignet sind, den Börsenkurs der Wertpapiere erheblich zu beeinflussen, bereits veröffentlicht hat, d.h. der Prospekt sollte gerade keine Insiderinformationen enthalten. Und nach zutreffender Auffassung darf ein Emittent zum Zeitpunkt der Veröffentlichung des Prospekts auch nicht mehr über Informationen verfügen, hinsichtlich derer er sich nach § 15 Abs. 3 WpHG (bzw. Art. 17 Abs. 4 der Marktmissbrauchsverordnung) selbst von einer Ad-hoc-Pflicht befreit hat, weil die Veröffentlichung über den Prospekt (falls die Information dann im Prospekt eingefügt ist) nicht der richtige Kanal für die Veröffentlichung ist, sondern eben über eine Ad-hoc-Mitteilung vorzunehmen ist bzw. der Prospekt unvollständig ist (falls die Information auch nicht im Prospekt ist). Insofern wird der Prospekt zahlreiche wesentliche Informationen über den Anbieter/Emittenten enthalten, aber keine wesentlichen, nicht öffentlich bekannten im Sinne von § 13 WpHG (bzw. Art. 7 der Markt-

---

Rechtslage vor Schaffung des § 15 Abs. 2 Satz 2 WpHG siehe *Pfüller*, in: Fuchs, WpHG, § 15 Rn. 338. Aufgrund von Art. 23 Abs. 2 lit. m) müssen allerdings auch nach der Marktmissbrauchsverordnung die zuständigen Behörden die Möglichkeit haben, die Veröffentlichung einer Berichtigung zu verlangen.

489 A. A. *Rauch*, in: Holzborn, WpPG, § 16 Rn. 41, der befürchtet, dass die Ad-hoc-Mitteilung eher zu einer Verwirrung der Anleger führe als zu deren Schutz. **So auch** *Ekkenga*, BB 2005, 561, 564; *Ekkenga/Maas*, Das Recht der Wertpapieremissionen, S. 171 f. Rn. 248 f.; *Merkner/Sustmann*, NZG 2005, 729, 734. **Wie hier** *Apfelbacher/Metzner*, BKR 2006, 81, 86; *Schlitt/Singhof/Schäfer*, BKR 2005, 251, 256; *Müller/Oulds*, WM 2007, 573, 577; *Wiegel*, Die Prospektrichtlinie und Prospektverordnung, S. 367.

490 Als Beispiele stelle man sich die Festlegung eines Bezugspreises per Nachtrag zu einem Kapitalerhöhungs-Prospekt während der Angebotsfrist vor (vgl. § 186 Abs. 2 AktG) oder die Festlegung der Preisspanne in einem IPO nach dem sog. Decoupled-Approach. Diese extrem sensiblen Insiderinformationen können schlicht nicht ernsthaft zurückgehalten werden, bis die BaFin den Nachtrag gebilligt hat. Hier drohen dem Emittenten auch Schadensersatzansprüche, die unabsehbar sind.

491 Die Gefahr sehen aber *Wieneke*, NZG 2005, 109, 114 (der diese (zu Unrecht befürchtete) Folge zu Recht als „*absurd*" bezeichnet) und *Rauch*, in: Holzborn, WpPG, § 16 Rn. 41.

VII. Verhältnis von Nachtragspflicht und Ad-hoc-Publizität § 16

missbrauchsverordnung). Im Falle eines IPOs wird sich die Frage regelmäßig dadurch erledigen, dass der Prospekt für das Angebot (schon wegen § 14 Abs. 1 Satz 4 und der nunmehr verkürzten Fristen des Börsenzulassungsverfahrens) vor der Stellung des Zulassungsantrags und damit vor Beginn der Anwendbarkeit des § 15 WpHG (bzw. Art. 17 der Marktmissbrauchsverordnung) veröffentlicht werden wird.[492]

Der von der Regierungsbegründung propagierte Vorrang der Ad-hoc-Mitteilung vor der Nachtragspflicht ist **keineswegs dahin zu verstehen**, dass, falls die **Voraussetzungen des § 15 Abs. 3 WpHG** (bzw. Art. 17 Abs. 4 der Marktmissbrauchsverordnung) vorliegen, **sowohl auf die Veröffentlichung einer Ad-hoc-Mitteilung als auch auf die Veröffentlichung eines Nachtrags verzichtet werden kann**.[493] Denn die Verpflichtung des Emittenten/Anbieters/Zulassungsantragstellers zur vollständigen und richtigen Information des Anlegers im Fall des öffentlichen Angebots bzw. Zulassungsverfahrens auf Basis eines Prospekts ist unbedingt und unterliegt gerade nicht einem Vorbehalt, wie ihn § 15 Abs. 3 WpHG (bzw. Art. 17 Abs. 4 der Marktmissbrauchsverordnung) vorsieht. Eine andere Auslegung wäre mit europäischem und deutschem Recht nicht vereinbar.[494]

175

b) Keine Sonderregelung in Bezug auf reine Zulassungsprospekte

Nicht gefolgt werden kann der Regierungsbegründung dagegen – trotz der rechtsnormativen Bedeutung der Regierungsbegründung[495] – hinsichtlich der Unterscheidung zwischen reinen Zulassungsprospekten und Prospekten für öffentliche Angebote.[496] Diese Trennung ist in § 16 ebenso wenig angelegt wie der von der Gesetzesbegründung geschaffene, nach § 14 zu veröffentlichende Hinweis. Daher ist **auch im Zusammenhang mit reinen Zulassungsprospekten nicht lediglich eine Ad-hoc-Mitteilung zu veröffentlichen, sondern auch ein Nachtrag**, der von der BaFin zu billigen ist. Auch wenn der durch das Wertpa-

176

---

492 Vgl. *Apfelbacher/Metzner*, BKR 2006, 81, 84 mit Hinweis auf die frühere Verpflichtung zur Stellung des Zulassungsantrags mit Einreichung des Prospektentwurfs bei der Börse und Beschreibung der hier diskutierten Problematik in Fn. 36. Ausführlich ebenso *Meyer*, in: Habersack/Mülbert/Schlitt, Unternehmensfinanzierung, 2. Aufl. 2008, § 30 Rn. 75; *Parmentier*, NZG 2007, 407 ff.; *Schlitt/Singhof/Schäfer*, BKR 2005, 251, 261 mit Hinweis darauf, dass zudem das Vorliegen einer ad-hoc-pflichtigen Information einen beeinflussbaren Börsen- oder Marktpreis voraussetze. Letzterem beipflichtend *Friedl/Ritz*, in: Just/Voß/Ritz/Zeising, WpPG, § 16 Rn. 96.
493 **So aber** *Müller/Oulds*, WM 2007, 573, 577; *Heidelbach*, in: Schwark/Zimmer, KMRK, § 16 WpPG Rn. 26; *Müller*, WpPG, § 16 Rn. 5; *Schlitt/Schäfer*, AG 2005, 498, 507; *Schanz/Schalast*, HfB – Working Paper Series No. 74, 2005, S. 41; *Schlitt/Ponick*, in: Habersack/Mülbert/Schlitt, Kapitalmarktinformation, § 7 Rn. 28. **Richtig dagegen** *Meyer*, in: Habersack/Mülbert/Schlitt, Unternehmensfinanzierung, 2. Aufl. 2008, § 30 Rn. 76. Vorsichtiger jetzt auch („*ließe sich argumentieren*") *Schlitt/Schäfer*, in: Assmann/Schlitt/von Kopp-Colomb, WpPG/VerkProspG, § 16 Rn. 135.
494 „Vorrang" meint insoweit also, dass eine Ad-hoc-Mitteilung erfolgen kann und dann ein Nachtrag eventuell nicht mehr notwendig sein könnte, nicht vollständigen Regelungsvorrang der Norm. Im Übrigen darf aber auch umgekehrt die Veröffentlichung der Ad-hoc-Mitteilung nicht aufgeschoben werden, bis der Nachtrag gebilligt ist; die Voraussetzungen des § 15 Abs. 3 WpHG bzw. Art. 17 Abs. 4 der Marktmissbrauchsverordnung) sind allein wegen einer möglichen „doppelten Publizität", falls die BaFin Anmerkungen zum Nachtrag hat, nicht gegeben (**andere Ansicht** andeutend *Hamann*, in: Schäfer/Hamann, Kapitalmarktgesetze, § 16 WpPG Rn. 32).
495 Siehe zur sog. „Paktentheorie" oben Rn. 138.
496 So jetzt auch *Groß*, Kapitalmarktrecht, § 16 WpPG Rn. 19.

§ 16   Nachtrag zum Prospekt; Widerrufsrecht des Anlegers

pierprospektgesetz geschaffene Billigungsvorbehalt teilweise (scharf) kritisiert wurde,[497] kann das Ergebnis nicht in normersetzender Weise durch die Regierungsbegründung für Zulassungsprospekte geändert werden. Andernfalls würde im Übrigen eventuell auch Unklarheit über den Inhalt des Prospekts und die nunmehr durch die Ad-hoc-Mitteilung abgeänderten bzw. abzuändernden Passagen und damit auch über die Haftungsgrundlage etwaiger Prospekthaftungsansprüche geschaffen.[498] Dem kann auch nicht durch eine freiwillige Nachtragsveröffentlichung abgeholfen werden,[499] neben den genannten materiellen Punkten schon deshalb, weil die BaFin in einer solchen Konstellation keinen Raum für eine Prüfung eines „freiwilligen" Nachtrags sähe.

c) Hinweis auf Ad-hoc-Mitteilung bis zur Veröffentlichung des Nachtrags

177   Zuzustimmen ist der Regierungsbegründung dagegen in der der Hinweispflicht zugrunde liegenden Aussage, dass der Prospekt ab Veröffentlichung der Ad-hoc-Mitteilung nach § 15 WpHG (bzw. Art. 17 der Marktmissbrauchsverordnung) bis zur Billigung des Nachtrags **nicht mehr ohne die Ad-hoc-Mitteilung verteilt werden darf**, d. h. der Anbieter/Emittent ist verpflichtet, die Ad-hoc-Mitteilung bis zur Billigung des Nachtrags z. B. bei Internetveröffentlichung nach § 14 Abs. 2 Nr. 3 a) neben den Prospekt auf die Internetseite zu stellen oder auf diese dort hinzuweisen bzw. bei Schalterpublizität nach § 14 Abs. 2 Nr. 2 b) oder bei Ausgabe einer Papierversion nach § 14 Abs. 5 auch bereitzuhalten und mit dem Prospekt zusammen an Anleger zu schicken bzw. auszugeben.[500] Diese Verpflichtung ist **Kehrseite der Haftungsprivilegierung**, die der Anbieter/Emittent ab Veröffentlichung der Ad-hoc-Mitteilung nach § 23 Abs. 2 Nr. 4 genießt, und zudem auch im Zusammenhang mit dem Kongruenzgebot des § 15 Abs. 4 zu sehen.[501] Ab Billigung und Veröffentlichung des Nachtrags tritt dieser an die Stelle der Ad-hoc-Mitteilung, so dass ab diesem Zeitpunkt, wie oben bereits dargelegt, der Prospekt nicht mehr ohne den Nachtrag verteilt werden darf. Einer Einbeziehung der Ad-hoc-Mitteilung über § 11 bedarf es gerade nicht.[502]

---

497   Siehe oben Rn. 10.
498   Insofern ist der Nachtrag auch neben der Ad-hoc-Mitteilung nicht etwa entbehrlich. So auch *Hamann*, in: Schäfer/Hamann, Kapitalmarktgesetze, § 16 WpPG Rn. 32; *Friedl/Ritz*, in: Just/Voß/Ritz/Zeising, WpPG, § 16 Rn. 179. **A. A.** *Rauch*, in: Holzborn, WpPG, § 16 Rn. 41.
499   So aber *Schlitt/Schäfer*, in: Assmann/Schlitt/von Kopp-Colomb, WpPG/VerkProspG, § 16 Rn. 132.
500   So jetzt auch *Groß*, Kapitalmarktrecht, § 16 WpPG Rn. 19.
501   § 15 Abs. 5 Satz 2 ist dagegen nicht *sedes materiae*, da die Information gerade nicht selektiv einzelnen Anlegern oder Anlegergruppen übermittelt wurde, **andere Ansicht** *Ekkenga*, BB 2005, 561, 564; *Rauch*, in: Holzborn, WpPG, § 16 Rn. 41. Vgl. zum Ganzen auch *Lenenbach*, Kapitalmarktrecht und kapitalmarktrelevantes Gesellschaftsrecht, Rn. 10.331, der den in der Regierungsbegründung genannten „Vorrang von § 15 WpHG" unter Berufung auf BGHZ 139, 225, 232 f. rundweg ablehnt.
502   **Anders** wohl *Ekkenga*, BB 2005, 561, 564; *Rauch*, in: Holzborn, WpPG, § 16 Rn. 40 („*Dies geschieht regelmäßig per Einbeziehung in Form eines Verweises nach § 11 WpPG.*") und nochmals Rn. 41 in Fn. 76. Eine derartige Praxis besteht jedenfalls bei Eigenkapitalemissionen in Deutschland nicht.

VII. Verhältnis von Nachtragspflicht und Ad-hoc-Publizität § 16

Auf Basis der vorgenannten Interpretation, insbesondere des Nebeneinanders von Nachtragsveröffentlichung und Ad-hoc-Publizität, besteht **kein Bedürfnis für die teilweise in der Literatur geforderte**[503] **weitere gesetzliche Regelung dieses Normverhältnisses**. 178

Allerdings wurde das Zusammenspiel zwischen der Veröffentlichung der Ad-hoc-Mitteilung und der Nachtragspflicht wieder neu diskutiert, als der Vorschlag des EU-Parlaments zur Überarbeitung der EU-Prospektrichtlinie vom März 2010[504] präsentiert wurde. Das EU-Parlament hatte vorgeschlagen, dass die Nachtragspflicht ab endgültigem Schluss des öffentlichen Angebots bzw. Einführung/Einbeziehung der Wertpapiere, je nachdem was früher eintritt, ende und ab dann (ausschließlich) die Ad-hoc-Mitteilungspflichten gelten. Siehe näher dazu oben Rn. 84 f. und die Vorauflage, Rn. 90, einschließlich der Darstellung der sich daraus für Zwecke der Prospekthaftung ergebenden Probleme. Dieser Vorschlag des EU-Parlaments wurde aber in der endgültig beschlossenen Fassung der überarbeiteten EU-Prospektrichtlinie (Änderungsrichtlinie) nicht aufgegriffen, so dass es durch die Umsetzung der neuen Vorschriften der EU-Prospektrichtlinie in deutsches Recht nicht zu einer Änderung der bisherigen Rechtslage kam. Leider hat der nationale Gesetzgeber bei Umsetzung der überarbeiteten EU-Prospektrichtlinie die Gelegenheit nicht dazu genutzt, das Verhältnis von Ad-hoc Publizität und Nachtrag klarzustellen bzw. die interpretationsbedürftige Regierungsbegründung dazu näher zu erläutern. 179

---

503 *Rauch*, in: Holzborn, WpPG, § 16 Rn. 41.
504 Session document of the European Parliament A7-002/2010 vom 26.3.2010, S. 39.

Abschnitt 4
Grenzüberschreitende Angebote und Zulassung zum Handel

§ 17 Grenzüberschreitende Geltung gebilligter Prospekte

(1) Soll ein Wertpapier auch oder ausschließlich in einem oder mehreren anderen Staaten des Europäischen Wirtschaftsraums öffentlich angeboten oder zum Handel an einem organisierten Markt zugelassen werden, so ist unbeschadet des § 29 der von der Bundesanstalt gebilligte Prospekt einschließlich etwaiger Nachträge in beliebig vielen Aufnahmestaaten ohne zusätzliches Billigungsverfahren für ein öffentliches Angebot oder für die Zulassung zum Handel gültig, sofern die Europäische Wertpapier- und Marktaufsichtsbehörde und die zuständige Behörde jedes Aufnahmestaates nach § 18 unterrichtet werden.

(2) ¹Sind seit der Billigung des Prospekts wichtige neue Umstände oder wesentliche Unrichtigkeiten im Sinne von § 16 aufgetreten, hat die Bundesanstalt vom Anbieter oder Zulassungsantragsteller die Einreichung eines Nachtrags zum Prospekt zur Billigung und dessen Veröffentlichung zu verlangen. ²Hat die Bundesanstalt Anhaltspunkte dafür, dass ein Nachtrag nach § 16 zu veröffentlichen ist, kann sie diese nach § 28 der zuständigen Behörde des Herkunftsstaates übermitteln.

(3) Ein von der zuständigen Behörde eines anderen Staates des Europäischen Wirtschaftsraumes gebilligter Prospekt einschließlich etwaiger Nachträge ist in der Bundesrepublik Deutschland ohne zusätzliches Billigungsverfahren für ein öffentliches Angebot oder für die Zulassung zum Handel gültig, sofern die Bundesanstalt nach den § 18 entsprechenden Vorschriften des Herkunftsstaates unterrichtet wird und die Sprache des Prospekts die Anforderungen des § 19 Abs. 4 und 5 erfüllt.

Übersicht

	Rn.		Rn.
I. Überblick	1	f) Reaktion der BaFin – Bekanntmachung/Bestätigung der erfolgten Notifizierung	21
II. Regelungsgehalt	6		
1. Anwendungsbereich	6	3. Geltung im Inland gebilligter Prospekte im EWR-Ausland (§ 17 Abs. 1)	23
2. Geltung im EWR-Ausland gebilligter Prospekte im Inland (§ 17 Abs. 3)	9		
a) Unterrichtung der BaFin	13	4. Maßnahmen nach § 17 Abs. 2	25
b) Sprachanforderungen	14	a) Bei in Deutschland gebilligten Prospekten	26
c) Rechtsfolgen bei Verstößen	15		
d) Veröffentlichungsmodalitäten	16	b) Bei nach Deutschland notifizierten Prospekten	30
aa) Ort der Prospekthinterlegung	18		
bb) Mitteilung endgültiger Angaben	19	c) Subsidiäre Notmaßnahmen der BaFin	31
e) Subsidiäre Notmaßnahmen der BaFin	20		

I. Überblick

§ 17 regelt für das deutsche Recht den so genannten **Europäischen Pass** für Wertpapiere, 1
d. h. die in Art. 17 Abs. 1 ProspektRL vorgeschriebene Möglichkeit, mit einem in einem
Mitgliedstaat des **EWR** gebilligten Prospekt öffentliche Angebote auch in anderen Mitgliedstaaten des **EWR**[1] durchzuführen und/oder die Wertpapiere auch in anderen Mitgliedstaaten des **EWR** an einem organisierten Markt zuzulassen, ohne dass in den anderen Mitgliedstaaten ein weiteres Verwaltungsverfahren erforderlich ist. Am deutlichsten drückt das Art. 17 Abs. 1 Satz 1 ProspektRL in der Wendung aus, dass „der vom Herkunftsmitgliedstaat gebilligte Prospekt in beliebig vielen Aufnahmestaaten für ein öffentliches Angebot oder für die Zulassung zum Handel **gültig**[2] ist". Damit ist § 17 zentral für das WpPG.
Die Norm trägt wesentlich zur Erreichung des Zieles der ProspektRL bei, den Binnenmarkt
für Wertpapiere auf europäischer Ebene unter Berücksichtigung des **Anlegerschutzes** und
der **Markteffizienz** zu vollenden. Auf das Spannungsfeld zwischen diesen beiden Zielen –
Anlegerschutz und Markteffizienz – sei schon an dieser Stelle hingewiesen; die dabei auftretenden Spannungen überwölben den hier zu kommentierenden Abschnitt 4 (Grenzüberschreitende Angebote und Zulassung zum Handel) und seine Auslegung und haben darüber
hinaus erhebliche Bedeutung für zahlreiche weitere Bestimmungen des WpPG. Hintergrund des Europäischen Passes für Wertpapiere sind gemeinschaftsrechtliche Vorgaben in
der ProspektRL und den sie konkretisierenden Verordnungen hinsichtlich der einheitlichen
materiellen Grundlage der Anforderungen an Wertpapierprospekte und hinsichtlich der
formellen Zuständigkeit lediglich einer Behörde zu deren Prüfung und Sicherstellung
durch Aufsichtsmaßnahmen, d. h. ein **zentralisiertes Genehmigungsverfahren**[3] mit **Einmalzulassung**.[4] Letzteres wird besonders deutlich in Art. 17 Abs. 1 Satz 2 ProspektRL:
„Die zuständigen Behörden der Aufnahmemitgliedstaaten führen für diesen Prospekt keine
Billigungs- oder Verwaltungsverfahren durch." Am besten ist der „Europäische Pass" dabei als „**Regelungsprinzip**"[5] charakterisiert worden: Es handelt sich nicht um eine bestimmte Vorschrift oder ein bestimmtes Verfahren, sondern um ein auf der Grundlage des
Aktionsplans „Finanzdienstleistungen" der Europäischen Kommission auch sonst im europäischen Kapitalmarktrecht (etwa bei der grenzüberschreitenden Erbringung von
Finanzdienstleistungen durch bestimmte, qualifizierte Rechtsträger) verbreitetes Prinzip,
welches durch die einmalige Billigung (und fortbestehende ständige Aufsicht) der Behörde
des Herkunftsmitgliedstaats geprägt ist. Der Europäische Pass ersetzt dabei die alten Regeln über die Zusammenarbeit bzw. die gegenseitige Anwendung in der EG (für das öffentliche Angebot geregelt in §§ 14, 15 VerkProspG a. F.; für die Zulassung zum Handel geregelt in §§ 40, 40a BörsG a. F.).[6]

---

1 Gemäß Art. 36 Abs. 2 i.V. m. Annex IX Ziff. III (i) 24. des Abkommens über den Europäischen Wirtschaftsraum (siehe www.secretariat.efta.int – Stand vom 7.11.2006) gilt die ProspektRL auch in den EFTA-Staaten Island, Liechtenstein und Norwegen.
2 Hervorhebung des Verfassers.
3 *Alfes*, in: Holzborn, WpPG, § 17 Rn. 1 m. w. N.; dazu, dass in der Praxis die Aufsichtsbehörden einiger EWR-Staaten gleichwohl weitere Anforderungen stellen: CESR/07-225, Tz. 240.
4 Siehe Erwägungsgrund (1) der ProspektRL.
5 *Zeising*, in: Just/Voß/Ritz/Zeising, WpPG, § 17 Rn. 3.
6 Dazu auch *Heidelbach*, in: Schwark/Zimmer, KMRK, § 17 WpPG Rn. 1.

§ 17 Grenzüberschreitende Geltung gebilligter Prospekte

2 § 17 lehnt sich in Struktur und Wortlaut eng an den durch ihn umzusetzenden[7] Art. 17 der ProspektRL an. Das ist insofern unglücklich, als die Umsetzung einer Richtlinienvorgabe in innerstaatliches Recht mit dementsprechend lediglich innerstaatlicher Geltung[8] naturgemäß eine zumindest teilweise andere Zielrichtung hat als der gemeinschaftsrechtliche Normsetzungsbefehl selbst. Deutlich ist insofern die Überschrift von Art. 17 der ProspektRL: „Gemeinschaftsweite Geltung gebilligter Prospekte." Folglich ist § 17 auch nur „teilweise geglückt".[9] So ist für das Verständnis der Bestimmung die parallele Lektüre von Art. 17 der ProspektRL unerlässlich. Dort finden sich nämlich auch Regelungen zur Zuständigkeit, die in der deutschen Umsetzung nur unzureichend wieder gegeben sind bzw. nur unzureichend wieder gegeben werden können.

3 Zentral für das Verständnis von § 17 ist dabei das zunächst in Art. 2 Abs. 2 lit. m) ProspektRL definierte **Herkunftsstaatsprinzip**. Art. 17 Abs. 1 Satz 1 ProspektRL sagt dazu: „… so ist … der vom Herkunftsmitgliedstaat gebilligte Prospekt … in beliebig vielen Aufnahmestaaten für ein öffentliches Angebot oder für die Zulassung zum Handel gültig, sofern die ESMA und die zuständige Behörde jedes Aufnahmemitgliedstaats … unterrichtet werden." Der in § 2 Nr. 13 (siehe Kommentierung dort) für das deutsche Recht legal definierte Begriff des Herkunftsstaates regelt und begrenzt die Zuständigkeit der BaFin als national zuständiger Behörde für die Prüfung von Wertpapierprospekten.[10] Bei § 17 und den folgenden Normen ist es für das Verständnis regelmäßig unverzichtbar, sich den **Herkunftsstaat** und die **Zielrichtung (Inland, EWR-Ausland oder Drittstaat)** der jeweiligen Bestimmung zu vergegenwärtigen.

4 In der Praxis des Europäischen Passes ergibt sich angesichts des Zieles der **Schaffung eines einheitlichen Binnenmarktes für Wertpapiere** bisher ein gemischtes Bild: Einerseits zeigten sich von Anfang an und bis heute zwar erhebliche Anzahlen von Notifizierungen nach Deutschland und aus Deutschland heraus.[11] Andererseits ist die Bedeutung des Europäischen Passes qualitativ, im Sinne eines einheitlichen Binnenmarktes für Privatanle-

---

7 Siehe Regierungsbegründung zum WpPG, BR-Drucks. 85/05, S. 79.
8 Die Regierungsbegründung zum WpPG, BR-Drucks. 85/05, S. 57, formuliert: „Die der Bundesanstalt für Finanzdienstleistungsaufsicht nach diesem Gesetz zustehenden Befugnisse **beschränken sich auf das deutsche Hoheitsgebiet**." (*Hervorhebung des Verfassers*)
9 *Groß*, Kapitalmarktrecht, § 17 WpPG Rn. 2.
10 *Kullmann/Sester*, WM 2005, 1068, 1070; a. A. *Alfes*, in: Holzborn, WpPG, § 17 Rn. 9, demzufolge sich die Zuständigkeit nach dem Herkunftsstaatsprinzip dem WpPG genau genommen nicht entnehmen lässt und der das Herkunftsstaatsprinzip für das WpPG lediglich einer richtlinienkonformen Auslegung entnehmen möchte.
11 Als Eckpunkte sollen hier einerseits die Daten von CESR aus der Anfangszeit des gemeinsamen europäischen Prospektrechts und andererseits die neuesten Daten von CESR herangezogen werden: Siehe CESR/07-225, Tz. 44: Insgesamt hat die BaFin zwischen dem 1.7.2005 und dem 30.6.2006 in 331 Fällen Prospekte in andere EWR-Staaten notifiziert und in 382 Fällen Notifizierungen aus anderen EWR-Staaten erhalten; und ESMA 2015/1136, S.19, 21f: insgesamt hat die BaFin zwischen dem 1.1.2014 und dem 31.12.2014 in 257 Fällen Prospekte in andere EWR-Staaten notifiziert und in 372 Fällen Notifizierungen aus anderen EWR-Staaten erhalten; ausgehende Notifizierungen gingen vor allem nach Österreich und Luxemburg, eingehende Notifizierungen kamen vor allem aus Luxemburg. Nach der methodisch anderen Zählweise der BaFin notifizierte diese andererseits im Jahre 2014 3.281 von ihr gebilligte Wertpapierprospekte (einschließlich Nachträge) in andere EWR-Staaten und erhielt 1.455 von anderen EWR-Aufsichtsbehörden gebilligte Wertpapierprospekte nach Deutschland notifiziert, siehe den Jahresbericht 2014 der BaFin, abrufbar unter www.bafin.de. Für eine Liste der aus anderen EWR-Staaten in das Vereinigte Kö-

ger, eher begrenzt: Denn es handelt sich bei grenzüberschreitenden Prospekten zum Ersten vielfach um lediglich in einen anderen Mitgliedstaat (zumeist nach Luxemburg oder Österreich) notifizierte bzw. aus einem anderen Mitgliedstaat (zumeist aus Luxemburg) lediglich nach Deutschland notifizierte. Zweitens ist die Notifizierung vielfach davon getrieben, dass der Emittent[12] oder ein ggf. dahinter stehender Garant entweder seine wesentlichen Vermögensgegenstände in dem Aufnahmestaat hat oder der Garant[13] seinen Sitz im Aufnahmestaat hat. Schließlich ist die Strukturierung der Transaktionen für deutsche Emittenten mit einem öffentlichen Angebot auch in einem anderen Mitgliedstaat und der damit verbundenen Notifizierung oft von dem anwendbaren Sprachregime getrieben, d. h. von der angestrebten Möglichkeit, für die Prüfung durch die BaFin allein einen englischsprachigen Prospekt zu erstellen.[14] Hintergrund dieses gemischten Bildes hinsichtlich des Europäischen Passes dürften sein:

- die fortbestehende kulturelle und sprachliche Vielfalt innerhalb des EWR und die weiterhin in der Regel allein in Bezug auf heimische Gesellschaften ausreichend vorhandene Kenntnis und Vertrauen beim Privatanlegerpublikum, die grenzüberschreitende öffentliche Angebote aus Sicht des Emittenten zumeist nur begrenzt attraktiv erscheinen lassen, und
- die in den letzten Jahren (unabhängig vom Inkrafttreten des neuen Europäischen Prospektrechts) tendenziell abnehmende Bedeutung der Privatanleger für Platzierungen von Wertpapieren.[15]

Der Aufbau der Kommentierung zu den einzelnen Absätzen folgt der Bedeutung dieser Absätze. Dementsprechend beginnt die Kommentierung im Anschluss an allgemeine Begrifflichkeiten mit dem entscheidenden Absatz 3 (Geltung im EWR-Ausland gebilligter Prospekte im Inland), bevor auf die Absätze 1 (Geltung im Inland gebilligter Prospekte im EWR-Ausland, nur deklaratorisch) und 2 (Maßnahmen der BaFin) einzugehen ist.

II. Regelungsgehalt

1. Anwendungsbereich

§ 17 erfasst gebilligte Prospekte einschließlich etwaiger Nachträge. Für in Deutschland geprüfte Prospekte bedeutet dies, dass ein Billigungsverfahren nach § 13 durchgeführt und durch einen Verwaltungsakt[16] abgeschlossen worden sein muss.

---

nigreich notifizierten Prospekte siehe http://www.fsa.gov.uk/ukla/officialPublicationOfProspectuses.do?view=true&listType=publicationOfProspectuses.
12 Siehe etwa den Börsengang der Air Berlin PLC mit Wertpapierprospekt vom 19.4.2006.
13 Siehe als Beispiel (allerdings aus der Zeit vor Inkrafttreten des neuen Prospektrechts) etwa die Wandelschuldverschreibung der Conti-Gummi Finance B.V. in Aktien der Continental AG vom 19.5.2004 bzw. vom 21.6.2004 (Datum des Zulassungsprospekts).
14 Dazu näher unten zu § 19 Abs. 3 Rn. 21.
15 Vorsichtig auch *Heidelbach*, in: Schwark/Zimmer, KMRK, § 17 WpPG Rn. 2, die konstatiert, dass die Vorschrift des § 17 nicht die vom europäischen Gesetzgeber erwartete Bedeutung erlangt hat. *Heidelbach* hält dabei die fehlende Harmonisierung des (Prospekt-)Haftungsrechts und das mit einem Grenzübertritt verbundene Haftungsrisiko für entscheidend.
16 Dies ergibt sich aus der Außenwirkung der Entscheidung, vgl. auch Regierungsbegründung zum WpPG, BR-Drucks. 85/05, S. 75 zu § 13 Abs. 1.

§ 17 Grenzüberschreitende Geltung gebilligter Prospekte

7 Vom **Anwendungsbereich** umfasst sind einteilige und dreiteilige Prospekte, Basisprospekte und Nachträge, jeweils für Wertpapiere; nicht erfasst sind dagegen einzelne Registrierungsformulare (anders aber, wenn sie nach § 9 Abs. 4 gemeinsam mit einer Wertpapierbeschreibung und einer Zusammenfassung als Prospekt anzusehen sind), Wertpapierbeschreibungen und sog. „endgültige Bedingungen" (*final terms*), Letztere schon deswegen nicht, weil sie nicht gebilligt werden müssen, siehe § 6 Abs. 3.[17] Dabei wurde die fehlende Möglichkeit der Notifizierung von Registrierungsformularen und Wertpapierbeschreibungen unter Hinweis auf eine praktische Notwendigkeit oder jedenfalls erhebliche Vereinfachung und in vielen Fällen die mögliche Vermeidung von unübersichtlichen, wiederholten Nachträgen und der damit verbundenen Fehleranfälligkeit kritisiert; hieraus wurde dann geschlossen, dass es sinnvoll wäre, zumindest die separate Notifizierung von Registrierungsformularen (und Nachträgen dazu) zuzulassen.[18] Diese Kritik erscheint plausibel, so dass hierüber de lege ferenda weiter nachzudenken ist.

8 Umstritten ist, ob sonstige Prospekte für nach deutschem Recht mangels voller Fungibilität nicht als Wertpapiere anzusehende Vermögensanlagen, etwa nach dem VerkProspG oder dem InvG, dem Anwendungsbereich unterfallen.[19] Damit verbunden ist die Frage, ob eine zusätzliche materielle Prüfung durch die BaFin als zuständige Behörde des Aufnahmestaates erfolgen könnte. Folgt man dabei dem Herkunftsstaatsprinzip als Leitmotiv, so dürfte im Zweifelsfall die Bestätigung durch die Behörde des Herkunftsstaats maßgeblich und die Möglichkeit einer materiellen Prüfung durch die BaFin zu verneinen sein.[20]

2. Geltung im EWR-Ausland gebilligter Prospekte im Inland (§ 17 Abs. 3)

9 § 17 Abs. 3 sieht die Geltung des **Europäischen Passes** für Wertpapiere in Deutschland vor und stellt damit das **Kernstück** der Umsetzung von Art. 17 ProspektRL in das deutsche Recht dar.[21] Er ordnet die **Geltung** eines von der zuständigen Behörde des **EWR-Herkunftsstaats** (§ 2 Nr. 13) gebilligten Prospektes einschließlich etwaiger Nachträge für ein öffentliches Angebot oder die Zulassung zum Handel **in der Bundesrepublik Deutschland ohne zusätzliches Billigungsverfahren** an. Treffend (für Abs. 3) ist insofern die Gesetzesbegründung des Regierungsentwurfs zu § 17 Abs. 1, die aufgrund eines Redaktionsversehens[22] noch an die Vorversion des Entwurfs des WpPG anknüpft: „Diese Bestimmung regelt die gemeinschaftsweite Geltung von Prospekten. Die Bundesanstalt nimmt im Rahmen der bei ihr eingehenden Prospekte, für die eine Bescheinigung der Billigung der zuständigen Behörde eines anderen Herkunftsstaats vorgelegt wird, keine weitere Billigung

---

17 Dazu § 6 Rn. 33 ff.; für Deutschland ständige Praxis der BaFin, vgl. Präsentation vom 29.5.2006 zum Workshop vom 17. u. 22.5.2006, S. 28; ebenso *Rimbeck*, in: Heidel, Aktienrecht und Kapitalmarktrecht, § 17 WpPG Rn. 1; *Linke*, in: Schäfer/Hamann, Kapitalmarktgesetze, § 17 Rn. 5; *Alfes*, in: Holzborn, WpPG, § 17 Rn. 23.
18 *Zeising*, in: Just/Voß/Ritz/Zeising, WpPG, § 17 Rn. 20 ff.
19 Zu Einzelheiten siehe die Kommentierung oben zu §§ 1 und 2; dagegen *Linke*, in: Schäfer/Hamann, Kapitalmarktgesetze, § 17 WpPG Rn. 1; dafür *von Kopp-Colomb/Witte*, in: Assmann/Schlitt/von Kopp-Colomb, WpPG/VerkProspG, § 17 WpPG Rn. 29 a. E.
20 So auch *von Kopp-Colomb/Witte*, in: Assmann/Schlitt/von Kopp-Colomb, WpPG/VerkProspG, § 17 WpPG Rn. 29 a. E.
21 Statt vieler: *Meyer*, in: Habersack/Mülbert/Schlitt, Unternehmensfinanzierung, § 30 Rn. 64.
22 Siehe auch unten bei Fn. 31 und *Zeising*, in: Just/Voß/Ritz/Zeising, WpPG, § 17 Rn. 26.

des Prospekts vor."²³ **Herkunftsstaat** ist für Emittenten von Dividendenwertpapieren derjenige EWR-Staat, in dem der Emittent seinen Sitz hat; Emittenten von Nichtdividendenwerten sowie Drittstaatenemittenten stehen in Bezug auf die Bestimmung des Herkunftsstaats bestimmte Wahlrechte zu.²⁴

Anders als im früher geltenden Verfahren der gegenseitigen Anerkennung hat die BaFin als zuständige Behörde des **Aufnahmestaates** (§ 2 Nr. 14) kein materielles Prüfungsrecht (grundsätzlich auch nicht hinsichtlich der Zuständigkeit der notifizierenden Behörde) und kann auch nicht die Aufnahme zusätzlicher Angaben in den Prospekt verlangen.²⁵,²⁶ Besonders misslich für die Praxis war an den alten Regelungen wegen des damit verbundenen erheblichen Aufwands, dass eine **Übersetzung** in die deutsche Sprache erforderlich war, sofern nicht die BaFin nach § 15 Abs. 3 Satz 2 VerkProspG a. F. von einer Übersetzung für in **englischer Sprache** verfasste Prospekte absah;²⁷ denn mit Blick auf die Funktion des Prospekts als Haftungsdokument bedurfte es einer sprachlichen und einer rechtlichen Übersetzung.²⁸ Zudem konnte im Rahmen des Anerkennungsverfahrens die Behörde des Aufnahmestaats die Aufnahme weiterer, den Zielmarkt betreffende Angaben verlangen und überprüfen, ob von der Ausgangsbehörde gewährte Befreiungen oder Abweichungen auch nach nationalem Recht zulässig wären, in Deutschland nach § 35 Abs. 1 Satz 2 BörsG a. F. bzw. nach § 35 Abs. 2 BörsG a. F., § 15 Abs. 2 VerkProspG a. F. Dies war zudem im Ergebnis auch für den Anleger eher unbefriedigend, da ihm vor dem Hintergrund der unterschiedlichen nationalen Anforderungen in verschiedenen EWR-Staaten Prospekte mit u. U. erheblich unterschiedlichem Informationsumfang zur Verfügung gestellt wurden.²⁹

10

Auch die zeitliche Geltung (also insbesondere der Beginn der Gültigkeit) des nach Deutschland notifizierten Prospekts richtet sich nach dem jeweiligen Recht des Herkunftsstaates, in dem der Prospekt gebilligt wurde;³⁰ in der Sache handelt es sich dabei aber um die zur Umsetzung von Art. 9 ProspektRL ergangenen nationalen Regelungen, die materiell dem wortgleichen § 9 Abs. 1– 4 entsprechen müssten.

11

§ 17 Abs. 3 sieht explizit zwei weitere Voraussetzungen vor: (a) die Unterrichtung der BaFin nach den § 18 entsprechenden Vorschriften des Herkunftsstaates und (b) die Erfüllung der Sprachanforderungen nach § 19 Abs. 4 und 5. Zudem sind im Folgenden (c) Rechtsfolgen bei Verstößen, (d) Veröffentlichungsmodalitäten, (e) Subsidiäre Notmaßnahmen der BaFin sowie (f) Reaktion der BaFin – Bekanntmachung/Bestätigung der erfolgten Notifizierung anzusprechen.

12

---

23 BR-Drucks. 85/05, S. 79.
24 Siehe dazu oben die Kommentierung zu § 2 Nr. 13.
25 *Kullmann/Sester*, WM 2005, 1068, 1070; *Linke*, in: Schäfer/Hamann, Kapitalmarktgesetze, § 17 WpPG Rn. 1.
26 Hinzuweisen ist darauf, dass hinsichtlich der Zulassung von Wertpapieren zum Handel an einem organisierten Markt die dafür zuständigen Stellen des Aufnahmestaates mittels ihrer Börsenordnung weitere besondere Anforderungen stellen dürfen, die allerdings keine prospektrechtlichen Auswirkungen haben dürfen, siehe Erwägungsgrund 15 der ProspektRL.
27 *Mattil/Möslein*, WM 2007, 819, 820.
28 *Crüwell*, AG 2003, 243, 248.
29 *v. Ilberg/Neises*, WM 2002, 635, 639.
30 So schon die Begründung zum Regierungsentwurf, BR-Drucks. 85/05, S. 80; vgl. auch ESMA-Questions and Answers – Prospectuses (23rd Updated Version – December 2015), ESMA/2015/1874, Frage 3 unter Verweis insbesondere auf die Veröffentlichung des gebilligten Prospektes auf der Internetseite der Behörde des Herkunftsstaats.

§ 17   Grenzüberschreitende Geltung gebilligter Prospekte

a) Unterrichtung der BaFin

13   Das Erfordernis der Notifizierung findet seine Grundlage in Art. 17 Abs. 1 Satz 1 i.V.m. Art. 18 ProspektRL. Wegen der alleinigen Zuständigkeit der Behörde des Herkunftsstaates für die Prospektprüfung ist der Verweis in § 17 Abs. 3 auf die § 18 entsprechenden Vorschriften des Herkunftsstaats die einzig mögliche Lösung. Hierzu bedarf es lediglich der Bescheinigung der Billigung des Prospekts durch die zuständige Behörde.[31] Üblich und ausreichend ist eine Übermittlung aller Unterlagen per E-Mail bzw. als Anlage dazu.[32] In der Praxis hat sich zwischen den Aufsichtsbehörden ein weitestgehend vereinheitlichtes sog. **Certificate of Approval** etabliert.[33] Dabei geht die BaFin bei einer formell einwandfreien Notifizierung durch die Behörde des Herkunftsstaats von einer „Vermutung der Richtigkeit" aus. In Zweifelsfällen wäre die BaFin insofern zwar theoretisch zum Rückgriff auf ausländisches Recht gezwungen, dürfte sich in der Praxis aber einfach mit der Behörde des Herkunftsstaates in Verbindung setzen.

b) Sprachanforderungen

14   Außerdem muss der notifizierte Prospekt nach § 17 Abs. 3 die **Sprachanforderungen** des § 19 Abs. 4 und 5 erfüllen. Hierzu wurde vorgebracht, indem Art. 17 Abs. 1 ProspektRL die gemeinschaftsweite Geltung gebilligter Prospekte nur von der Unterrichtung der zuständigen Behörde des Aufnahmestaates durch eine Bescheinigung abhängig mache, nicht aber von einer in § 17 Abs. 3 vorgesehenen Sprachregelung, entbehre die in § 21 Abs. 4 Satz 1 a. F., nunmehr § 26 Abs. 4 Satz 1, vorgesehene zwingende Untersagung bei Nichteinhaltung der Sprachenregelung des § 19 Abs. 4 und 5 einer gemeinschaftsrechtlichen Grundlage.[34] Nach dieser Ansicht könnte im Falles eines der Sprachenregelung des § 19 Abs. 4 und 5 nicht genügenden Prospektes die BaFin lediglich die Möglichkeit einer grenzüberschreitenden Zusammenarbeit nach § 28 nutzen und mit der zuständigen Behörde des Herkunftsstaates eine einvernehmliche Lösung suchen.[35] Allerdings lässt sich eine Grundlage für eine – lediglich formelle – Prüfung der korrekt gewählten Prospektsprache Art. 19 Abs. 2 und 3 und Art. 18 ProspektRL entnehmen. In diesen finden sich Regelungen zur Prospektsprache bzw. dazu, dass die Bescheinigung der Billigung die Erstellung des Prospektes „gemäß dieser Richtlinie" (und damit eben auch der Sprachanforderungen) umfasst. In der Sache lässt sich dies mit der Bedeutung der korrekten Sprache für den Anlegerschutz begründen. In der Praxis dürfte es hierüber aber auch nicht zum Streit kommen. Zusammenfassend bedeutet die Bezugnahme auf § 19 Abs. 4, dass der nach Deutschland

---

31 Allgemeiner Teil der Begründung zum Regierungsentwurf, BR-Drucks. 85/07, S. 56. Die Regierungsbegründung spricht insofern irreführend von der „Bescheinigung durch die zuständige Behörde des Aufnahmestaates". Gemeint sein kann damit aber nur die zuständige Behörde des Herkunftsstaates, wie sich aus dem Zusammenhang und aus der spezifischen Begründung zu § 17 ergibt, wo dann auch die Rede ist von der „Bescheinigung der Billigung der zuständigen Behörde eines anderen Herkunftsstaats", BR-Drucks. 85/05, S. 79.

32 Ausführlich *von Kopp-Colomb/Witte*, in: Assmann/Schlitt/von Kopp-Colomb, WpPG/VerkProspG, § 17 WpPG Rn. 31.

33 Dieses basiert auf dem von CESR entwickelten Vordruck, siehe CESR/07-225, Tz. 245.

34 *von Kopp-Colomb/Witte*, in: Assmann/Schlitt/von Kopp-Colomb, WpPG/VerkProspG, § 17 WpPG Rn. 32, im Anschluss an *Mattil/Möslein*, WM 2007, 819, 823 f.

35 *von Kopp-Colomb/Witte*, in: Assmann/Schlitt/von Kopp-Colomb, WpPG/VerkProspG, § 17 WpPG Rn. 32, im Anschluss an *Mattil/Möslein*, WM 2007, 819, 823 f.

II. Regelungsgehalt § 17

notifizierte Prospekt entweder vollständig in **deutscher** (denkbar insbesondere bei Notifizierungen aus Luxemburg, Liechtenstein oder Österreich) oder in **englischer**[36] **Sprache**, regelmäßig unter Beifügung einer deutschen Übersetzung der Zusammenfassung, verfasst sein muss. Die Verweisung auch auf § 19 Abs. 5 besagt dabei, dass unter den dort vorgesehenen Voraussetzungen das Erfordernis einer Zusammenfassung[37] entfällt. Zu Einzelheiten siehe die Kommentierung zu § 19.

c) Rechtsfolgen bei Verstößen

Rechtsfolge des Fehlens einer Bescheinigung entsprechend § 18 oder eines Verstoßes gegen die Sprachregelung nach § 19 Abs. 4 und 5 ist nach § 26 Abs. 4 die Untersagung oder Aussetzung des öffentlichen Angebotes in Deutschland. Diese Maßnahmen würden aber am Fortbestand des Prospekts als gebilligter Prospekt, der anderswo im EWR entsprechend den geltenden Regeln benutzt werden kann, nichts ändern.[38]   15

d) Veröffentlichungsmodalitäten

Aus der Systematik der ProspektRL (Art. 14 Abs. 1 und 2) und des WpPG ergibt sich, dass darüber hinaus eine Veröffentlichung des Prospekts im Einklang mit den § 14 Abs. 2 entsprechenden, im Zweifelsfalle vor dem Hintergrund des Art. 14 Abs. 2 ProspektRL wortgleichen Bestimmungen des Herkunftsstaats erforderlich, aber auch ausreichend[39] ist. Dies bedeutet, dass vor diesem Hintergrund jede der genannten Veröffentlichungsmodalitäten ausreicht, unabhängig davon, ob die Veröffentlichung des Prospekts (aus deutscher Sicht) im Inland oder im EWR-Ausland erfolgt ist.[40] Letzteres dürfte bei Emittenten mit Herkunft aus einem anderen EWR-Staat eher die Regel sein.[41]   16

Fraglich ist dagegen, ob daneben Raum für die Anwendung auch von § 14 Abs. 1 und Abs. 3[42] sowie für ein Verlangen durch die Behörde des Aufnahmestaates nach Übermittlung des endgültigen Emissionspreises und -volumens nach § 8 Abs. 1 und der endgültigen Emissionsbedingungen bleibt. Hierbei ist zu differenzieren: 17

---

36 Dazu, dass die in „internationalen Finanzkreisen gebräuchliche Sprache" in Deutschland nur Englisch ist, unten § 19 Rn. 6 ff.
37 Dass ggf. nicht nur eine Übersetzung einer Zusammenfassung in die deutsche Sprache entbehrlich ist, sondern die Zusammenfassung überhaupt, ergibt sich aus § 5 Abs. 2 Satz 4, siehe dazu die dortige Kommentierung.
38 So auch *Alfes*, in: Holzborn, WpPG, § 17 Rn. 25.
39 Demnach ist nicht darüber hinaus auch noch eine Veröffentlichungspflicht nach deutschem Recht zu beachten, so auch *von Kopp-Colomb/Witte*, in: Assmann/Schlitt/von Kopp-Colomb, WpPG/VerkProspG, § 17 WpPG Rn. 34 (unklar insofern aber die dortigen Ausführungen bei Rn. 14 f.)
40 Siehe ESMA-Questions and Answers – Prospectuses (23rd Updated Version – December 2015), ESMA/2015/1874, Frage 3 unter Verweis insbesondere auf die Veröffentlichung des gebilligten Prospektes auf der Internetseite der Behörde des Herkunftsstaats, vgl. auch *Zeising*, in: Just/Voß/Ritz/Zeising, WpPG, § 17 Rn. 14 und 41, und *Heidelbach*, in: Schwark/Zimmer, KMRK, § 17 WpPG Rn. 10.
41 Siehe dazu auch Art. 14 Abs. 2 Unterabs. 2 Prospekt-RL, derzufolge die Mitgliedstaaten verlangen können, dass immer auch eine elektronische Veröffentlichung erfolgt.
42 Dagegen nunmehr auch: *Alfes*, in: Holzborn, WpPG, § 17 Rn. 28.

§ 17   Grenzüberschreitende Geltung gebilligter Prospekte

aa) Ort der Prospekthinterlegung

18   § 14 Abs. 1 statuiert eine Pflicht des Anbieters oder Zulassungsantragstellers zur Hinterlegung des Prospekts bei der BaFin. Der zugrunde liegende Art. 14 Abs. 1 ProspektRL stellt dagegen explizit lediglich die Pflicht zur Hinterlegung bei der zuständigen Behörde des Herkunftsmitgliedstaates auf. Ebenso sieht § 14 Abs. 3 eine unverzügliche Mitteilungspflicht des Anbieters oder Zulassungsantragstellers an die BaFin über Ort und Datum der Veröffentlichung des Prospekts vor, während Art. 14 Abs. 3 ProspektRL lediglich für den Herkunftsmitgliedstaat das Recht vorsieht, eine zusätzliche Mitteilung zu verlangen. Bei diesen Regelungen wird deutlich, dass sie nicht in die Systematik des Europäischen Passes für Wertpapiere passen und für ihre Anwendung auch keine praktische Notwendigkeit besteht: Hier reicht das **Herkunftsstaatsprinzip**. Insofern sollte nämlich davon auszugehen sein, dass die Anleger durch die Regeln des Herkunftsmitgliedstaates ausreichend geschützt werden (sog. **gemeinschaftsrechtliches Äquivalenzprinzip**); die BaFin als Behörde des Aufnahmestaats wird ihrerseits durch die Notifizierung umfassend informiert. Zumal seit dem **Wegfall des Erfordernisses der Hinweisbekanntmachung** nach § 14 Abs. 3 Satz 2 aufgrund von Art. 36 Jahressteuergesetz 2009 vom 19.12.2008[43] mit Wirkung zum 25.12.2008 entspricht dies auch der gängigen Praxis der BaFin, die bei aus dem EWR-Ausland nach Deutschland notifizierten Prospekten keine der in § 14 Abs. 1 und Abs. 3 vorgesehenen Handlungen verlangt.[44]

bb) Mitteilung endgültiger Angaben

19   Dagegen ist für die Festlegung des **endgültigen Emissionspreises und -volumens** regelmäßig[45] kein formeller Nachtrag erforderlich, so dass insofern auch keine Notifizierung an die Behörde des Aufnahmestaats erfolgt. Ebenso wenig erfolgt eine solche Notifizierung hinsichtlich der vom Anwendungsbereich des Art. 17 ProspektRL und, in Deutschland, des § 17 Abs. 3 nicht erfassten **endgültigen Angebotsbedingungen**. Dementsprechend hatte bereits CESR vor dem Hintergrund der insofern unklaren Rechtslage (die ProspektRL verhält sich nicht zu der Frage) auf die gemeinsame Erwartung der Behörden der Aufnahmestaaten aufmerksam gemacht, in diesen beiden Fällen endgültigen Emissionspreis und -volumen und endgültige Angebotsbedingungen vom Emittenten mitgeteilt zu bekommen.[46] Auch dies entspricht der Praxis der BaFin; die Mitteilung dieser Angaben hat ab dem 1.1.2016 nach der Verwaltungspraxis der BaFin ausschließlich elektronisch über die Melde- und Veröffentlichungsplattform, das sog. MVP-Portal der BaFin zu erfolgen.[47] Anzumerken ist noch, dass die nach Deutschland notifizierten Prospekte – anders als die von der BaFin selbst gebilligten Prospekte – nicht nach § 13 Abs. 4 als PDF-Datei im Volltext auf

---

43   BGBl. I, S. 2794.
44   So auch *von Kopp-Colomb/Witte*, in: Assmann/Schlitt/von Kopp-Colomb, WpPG/VerkProspG, § 17 WpPG Rn. 34, und *Heidelbach*, in: Schwark/Zimmer, KMRK, § 17 WpPG Rn. 11.
45   Dies hängt letztlich von den jeweiligen nationalen Regelungen des Herkunftsstaates ab.
46   ESMA-Questions and Answers – Prospectuses (23rd Updated Version – December 2015), ESMA/2015/1874, Frage 1: ESMA weist zudem darauf hin, dass die Behörde des Herkunftsstaats den Emittenten hierauf aufmerksam machen wird.
47   Zuvor erfolgte die Mitteilung auf dem Postweg; *Zeising*, in: Just/Voß/Ritz/Zeising, WpPG, § 17 Rn. 41; siehe auch dazu die Präsentation der BaFin vom Juni 2012 „Die elektronische Hinterlegung endgültiger Angebotsbedingungen"; abrufbar auf der BaFin-Website unter „Daten & Dokumente – Reden – Elektronische Hinterlegung endgültiger Angebotsbedingungen".

der Internetseite der BaFin veröffentlicht werden, sondern lediglich ein Hinweis auf die Notifizierung des Prospekts sowie den Herkunftsstaat, aus dem der Prospekt notifiziert wurde, aufgenommen wird.[48]

e) Subsidiäre Notmaßnahmen der BaFin

Darüber hinaus sind schließlich **subsidiäre Notmaßnahmen** der BaFin nach § 29 Abs. 2 unter den dort genannten Voraussetzungen zulässig gegenüber Emittenten, deren Herkunftsstaat nicht Deutschland ist und für welche die BaFin deswegen nicht (hauptsächlich) zuständig ist.[49] Insofern hätte die Wendung „unbeschadet des § 29" in § 17 Abs. 3, nicht in Abs. 1, wo sie sich aber aufgrund eines Redaktionsversehens findet, eingehen müssen.[50] Dass dem so ist, erhellt bei Lektüre der zugrunde liegenden Bestimmungen der ProspektRL, Art. 17 Abs. 1 und Art. 23 Abs. 2. Subsidiär sind diese Maßnahmen insofern, als die BaFin nur dann tätig werden darf, wenn ihr Eingreifen trotz der von der zuständigen Behörde des Herkunftsstaats ergriffenen Maßnahmen oder weil Maßnahmen der Behörde des Herkunftsstaats unzweckmäßig sind, erforderlich ist. Zudem ist selbst dann die an sich zuständige Behörde (sowie die Kommission) zuvor zu unterrichten. Unabhängig hiervon kann die BaFin die zuständigen Behörden des Herkunftsstaats nach § 29 Abs. 1 informieren.

20

f) Reaktion der BaFin – Bekanntmachung/Bestätigung der erfolgten Notifizierung

Nach gemeinschaftsrechtlicher Vorgabe und der innerstaatlichen deutschen Umsetzung (in § 18, dabei geht es aber allein um von der BaFin notifizierte Prospekte) handelt es sich bei dem Notifizierungsverfahren um ein rein **„zwischenbehördliches"** Verfahren, d. h. es ergeht mangels Regelungswirkung kein Verwaltungsakt gegenüber dem Anbieter oder Zulassungsantragsteller.[51] Die BaFin reagiert auf ihr notifizierte Bescheinigungen nebst Anlagen durch Bestätigung des Eingangs der E-Mail, ebenfalls per E-Mail. Dies bedeutet gleichzeitig, dass es aus Sicht der BaFin keine Beanstandungen gibt. Anderenfalls würde die BaFin der zuständigen Behörde des Herkunftsstaats mitteilen, dass die Notifizierung aufgrund (allein in Betracht kommender) formeller Mängel der Billigungsbescheinigung, der Unvollständigkeit der ihr übersandten Dokumente oder wegen Unzulänglichkeiten hinsichtlich der gewählten Sprachen nicht akzeptiert wird.[52] Letzteres dürfte der absolute Ausnahmefall sein.

21

---

48 Vgl. auf der BaFin Website unter „Daten & Dokumente – Alle Datenbanken – Hinterlegte Prospekte – Hinterlegte Wertpapier-Verkaufsprospekte".
49 Siehe aber auch unten Rn. 30 zu Maßnahmen nach § 17 Abs. 2.
50 Hintergrund dessen ist die Änderung des WpPG im Entwurfsstadium: Während der Diskussionsentwurf vom November 2004 in § 17 Abs. 1 noch den Text der ProspektRL spiegelte, so dass der Hinweis auf § 24 a. F. in dieser Fassung zutreffend war, ist dies in der Endfassung des WpPG dahingehend geändert worden, dass § 17 Abs. 1 von Deutschland als Herkunftsstaat ausgeht, so dass der Hinweis auf § 24 a. F. mit der BaFin als Behörde des Aufnahmemitgliedstaats leer läuft. Es handelt sich deswegen um ein Redaktionsversehen, siehe *Zeising*, in: Just/Voß/Ritz/Zeising, WpPG, § 17 Rn. 26; vgl. auch *Alfes*, in: Holzborn, WpPG, § 17 Rn. 13 und 26.
51 Vgl. *Zeising*, in: Just/Voß/Ritz/Zeising, WpPG, § 17 Rn. 14, und *Kopp/Ramsauer*, VwVfG, § 35 Rn. 50.
52 Vgl. *von Kopp-Colomb/Witte*, in: Assmann/Schlitt/von Kopp-Colomb, WpPG/VerkProspG, § 17 WpPG Rn. 31.

§ 17   Grenzüberschreitende Geltung gebilligter Prospekte

22   Die an dieser Stelle in der Vorauflage gestellte Frage, wie die Beteiligten hinsichtlich der Erfüllung der in § 17 Abs. 3 normierten Voraussetzungen **Rechtssicherheit** erhalten, d. h. sichergehen können, in Deutschland aufgrund ordnungsgemäß erfolgter Notifizierung die Wertpapiere öffentlich anbieten zu dürfen, hat sich durch den neu eingeführten § 18 Abs. 4 geklärt: Nunmehr veröffentlicht die BaFin dementsprechend auf ihrer Internetseite eine Liste der übermittelten Bescheinigungen. Danach ist das öffentliche Angebot in Deutschland zulässig. Zu beachten ist allerdings, dass sich diese Veröffentlichung hinziehen kann, während die Beteiligten regelmäßig dringend zur Veröffentlichung schreiten wollen. Zwischenzeitlich können sich die Beteiligten lediglich durch telefonische Anfrage bei der BaFin Gewissheit verschaffen, dass der Prospekt wegen erfolgter Notifizierung veröffentlicht werden kann.[53]

3. Geltung im Inland gebilligter Prospekte im EWR-Ausland (§ 17 Abs. 1)

23   § 17 Abs. 1 zielt auf die Geltung von der BaFin gebilligter Prospekte (einschließlich etwaiger Nachträge) im Ausland. In der Sache kann das deutsche Recht indessen nur die in Deutschland als Herkunftsmitgliedstaat zu erfüllenden Voraussetzungen regeln.[54] Diese Voraussetzungen sind einerseits die **Billigung** des Prospekts bzw. Nachtrags durch die BaFin als zuständige Behörde und andererseits die **Notifizierung** der Behörde(n) des Aufnahmestaates oder der Aufnahmestaaten und der Europäischen Wertpapier- und Marktaufsichtsbehörde nach dem in § 18 (Einzelheiten dort) geregelten Verfahren durch die BaFin; mit anderen Worten regelt § 18 die deutsch-rechtlichen materiellen Voraussetzungen für die Anerkennung eines von der BaFin gebilligten Prospekts im EWR-Ausland.[55] Außerdem ist in Deutschland als Herkunftsstaat der für das **Sprachregime** maßgebliche § 19 Abs. 2 bzw. 3 zu beachten.

24   Dagegen sind für die eigentliche Geltung in ihrem Hoheitsgebiet die jeweiligen nationalen, § 17 Abs. 3 entsprechenden Vorschriften der anderen EWR-Staaten (sowie die gemeinschaftsrechtlichen Normen) maßgeblich.[56] Denn der deutsche Gesetzgeber hat insofern keine Normsetzungsbefugnis. Folglich hat § 17 Abs. 1 hinsichtlich der Geltung des Prospekts im EWR-Ausland lediglich **deklaratorische Bedeutung**.[57] Anzumerken ist noch, dass die Notifizierung, d.h. die Übersendung der Bescheinigung, des sog. Certificate of Approval[58] nebst Anlagen in aller Regel ausschließlich per E-Mail erfolgt.[59]

---

53 Siehe auch *Alfes*, in: Holzborn, WpPG, § 17 Rn. 28.
54 Treffend die Formulierung bei *von Kopp-Colomb/Witte*, in: Assmann/Schlitt/von Kopp-Colomb, WpPG/VerkProspG, § 17 WpPG Rn. 5 und 7, demzufolge § 17 Abs. 1 nur bestimmt, dass ein in Deutschland gebilligter Prospekt in anderen EWR-Staaten für ein öffentliches Angebot oder eine Zulassung von Wertpapieren verwendet werden kann.
55 *Heidelbach*, in: Schwark/Zimmer, KMRK, § 17 Rn. 4.
56 *Kullmann/Sester*, WM 2005, 1068, 1069; *Seitz*, AG 2005, 678, 689.
57 Manche sprechen insofern von „deklaratorischer Wirkung", so etwa *Alfes*, in: Holzborn, WpPG, § 17 Rn. 7; genau genommen hat die Regelung aber keine Wirkung.
58 Dazu unten § 18 Rn. 7.
59 *von Kopp-Colomb/Witte*, in: Assmann/Schlitt/von Kopp-Colomb, WpPG/VerkProspG, § 18 WpPG Rn. 13.

4. Maßnahmen nach § 17 Abs. 2

§ 17 Abs. 2 regelt – der Systematik von Art. 17 ProspektRL und derjenigen in § 17 Abs. 3 und Abs. 1 folgend – Handlungsbefugnisse der BaFin einerseits für durch sie gebilligte Prospekte (Satz 1), andererseits für durch eine zuständige Behörde eines anderen EWR-Staates gebilligte und nach Deutschland notifizierte Prospekte (Satz 2).

a) Bei in Deutschland gebilligten Prospekten

§ 17 Abs. 2 Satz 1 stellt dabei materiell nur das Offensichtliche und bereits in § 16 Geregelte fest: Für von der BaFin gebilligte und ins Ausland notifizierte Prospekte zwecks dortiger Verwendung zum öffentlichen Angebot oder zur Zulassung muss die BaFin bei Vorliegen neuer Umstände oder wesentlicher Unrichtigkeiten einen Nachtrag verlangen. Allein durch den Umstand der Verwendung eines von der BaFin gebilligten Prospekts in einem oder mehreren anderen EWR-Staaten ändert sich ja die materielle Betrachtung nicht. Auch formell-rechtlich bleibt die BaFin nach dem Herkunftsstaatsprinzip weiter zuständig. Die Regelung geht daher materiell nicht über § 16 hinaus, es wird auf die dortige Kommentierung verwiesen.[60]

Interessant ist dabei, dass § 16 vom Wortlaut her keine dem § 17 Abs. 2 Satz 1 entsprechende Regelung enthält, so dass sich die Frage ergibt, warum eine solche Regelung allein im Zusammenhang mit notifizierten Prospekten aufgenommen wurde. Indes erklärt sich die fast wörtlich Art. 17 Abs. 2 Satz 1 ProspektRL entsprechende Regelung durch die Entstehungsgeschichte der ProspektRL: Denn der erste Vorschlag der Kommission zur ProspektRL[61] ging noch vom Erfordernis einer Anerkennung durch die zuständige Behörde des Aufnahmestaats binnen dreier Monate aus. Weil aber gleichzeitig die Behörde des Aufnahmestaates wahrscheinlich weniger sachnah gewesen und überdies Schwierigkeiten bei der Durchsetzung etwaiger Maßnahmen (Nachforschung und Verwaltungssanktionen) gegenüber einem im Ausland befindlichen Emittenten gehabt hätte, sollte ein Korrektiv vorhanden sein, um die Versorgung der Anleger in den Aufnahmestaaten mit aktuellen Informationen sicherzustellen. Deshalb sollte die Behörde des Herkunftsstaats die Befugnis haben, bei Vorliegen der materiellen Voraussetzungen des Art. 16 Abs. 1 ProspektRL vom Anbieter oder Zulassungsantragsteller die Erstellung und Veröffentlichung eines Nachtrags zu verlangen.[62]

Übersehen wurde auch (bereits in der ProspektRL) die Befugnis, vom Anbieter oder Zulassungsantragsteller die Stellung eines Notifizierungsantrags zu verlangen, was mit Blick auf den Anlegerschutz und das geltende Herkunftsstaatsprinzip ebenfalls sinnvoll wäre.[63]

---

60 So auch *Groß*, Kapitalmarktrecht, § 17 WpPG Rn. 4; *Linke*, in: Schäfer/Hamann, Kapitalmarktgesetze, § 17 WpPG Rn. 7; *Heidelbach*, in: Schwark/Zimmer, KMRK, § 17 WpPG Rn. 5; a. A. *von Kopp-Colomb/Witte*, in: Assmann/Schlitt/von Kopp-Colomb, WpPG/VerkProspG, § 17 WpPG Rn. 17, demzufolge § 17 Abs. 2 Satz 1 gegenüber § 16 die zusätzliche Befugnis der BaFin enthält, die Einreichung eines Nachtrags zu fordern. Gerade diese Befugnis kann aber nicht nur in § 17 für grenzüberschreitende Sachverhalte geregelt sein, sondern muss allgemein gelten; dazu auch oben zu § 16 Rn. 109.
61 Dok KOM(2001) 280 endgültig vom 30.5.2001, siehe dort Art. 15 und 17.
62 Ausführlich *Zeising*, in: Just/Voß/Ritz/Zeising, WpPG, § 17 Rn. 30 ff.
63 *Zeising*, in: Just/Voß/Ritz/Zeising, WpPG, § 17 Rn. 34.

§ 17 Grenzüberschreitende Geltung gebilligter Prospekte

29 Hinzuweisen ist noch auf die in der Gesetzesbegründung der Bundesregierung erfolgte Klarstellung, dass die in § 17 Abs. 2 Satz 1 vorgesehene – in Anlehnung an Art. 17 Abs. 2 Satz 1 ProspektRL quasi als Pflicht formulierte – Befugnis der BaFin, die Einreichung eines Nachtrags und dessen Veröffentlichung zu verlangen, allein im öffentlichen Interesse zusteht,[64] die Norm also **nicht individualschützend** ist. Trotz der unglücklichen Formulierung (als Pflicht der Behörde) bleibt die Verantwortung für die Erstellung des Nachtrags also allein beim Anbieter bzw. Zulassungsantragsteller, was in der Sache auch angemessen erscheint. Dies bedeutet, dass sich Anleger für etwaige Staatshaftungsansprüche nicht auf eine Verletzung des § 17 Abs. 2 Satz 1 stützen können.

b) Bei nach Deutschland notifizierten Prospekten

30 § 17 Abs. 2 Satz 2 regelt die Fälle, in denen bei nach Deutschland notifizierten Prospekten Anhaltspunkte für die Erforderlichkeit eines Nachtrags bestehen, der Verantwortliche einen solchen Nachtrag aber nicht veröffentlicht. Solche **Anhaltspunkte** liegen dann vor, wenn objektive Indizien dafür bestehen, dass ein wichtiger neuer Umstand oder eine wesentliche Unrichtigkeit im Sinne von § 16 aufgetreten ist.[65] Die Zuständigkeit für die Prüfung eines solchen Nachtrags sowie für das Verlangen nach einem solchen Nachtrag bleibt bei der schon für die Prospektprüfung zuständigen Behörde des Herkunftsstaats. Die BaFin hat grundsätzlich keine Jurisdiktion über den Anbieter bzw. Zulassungsantragsteller.[66] Die Vorschrift beschränkt dementsprechend die Handlungsmöglichkeiten der BaFin für solche im EWR-Ausland gebilligten Prospekte: Im Wesentlichen kann sie sich nur an die zuständige Behörde des Herkunftsstaats wenden und dieser dabei von ihr festgestellte Anhaltspunkte für die Erforderlichkeit eines Nachtrags übermitteln. Einzelheiten für die „Zusammenarbeit mit zuständigen Stellen in anderen Staaten des EWR" finden sich in § 28. Dem entspricht, dass die Herrschaft über das eigentliche Verfahren bei der Behörde des Herkunftsstaats verbleibt, gegen die sich der Betreffende ggf. dann auch im Wege des Rechtsschutzes wehren kann.

c) Subsidiäre Notmaßnahmen der BaFin

31 Hinzuweisen ist an dieser Stelle nochmals auf die (fälschlicherweise) in § 17 Abs. 1 erwähnten (da zu § 17 Abs. 3 gehörigen), oben in Rn. 20 bereits genannten subsidiären Notmaßnahmen der BaFin nach § 29 Abs. 2 gegenüber Emittenten, deren Herkunftsstaat nicht Deutschland ist und für welche die BaFin deswegen nicht primär zuständig ist.

---

64 BR-Drucks. 85/05, S. 79.
65 *von Kopp-Colomb/Witte*, in: Assmann/Schlitt/von Kopp-Colomb, WpPG/VerkProspG, § 17 WpPG Rn. 21.
66 *Linke*, in: Schäfer/Hamann, Kapitalmarktgesetze, § 17 WpPG Rn. 7; *Groß*, Kapitalmarktrecht, § 17 WpPG Rn. 4.

§ 18 Bescheinigung der Billigung

(1) ¹Die Bundesanstalt übermittelt den zuständigen Behörden der Aufnahmestaaten und gleichzeitig der Europäischen Wertpapier- und Marktaufsichtsbehörde auf Antrag des Anbieters oder Zulassungsantragstellers innerhalb von drei Werktagen eine Bescheinigung über die Billigung des Prospekts, aus der hervorgeht, dass der Prospekt gemäß diesem Gesetz erstellt wurde, sowie eine Kopie dieses Prospekts. ²Wird der Antrag zusammen mit der Einreichung des Prospekts zur Billigung gestellt, so beträgt die Frist nach Satz 1 einen Werktag nach Billigung des Prospekts. ³Der Anbieter oder Zulassungsantragsteller hat dem Antrag die Übersetzungen der Zusammenfassung gemäß der für den Prospekt geltenden Sprachregelung des jeweiligen Aufnahmemitgliedstaates beizufügen. ⁴Dem Anbieter oder Zulassungsantragsteller wird die Bescheinigung zur gleichen Zeit übermittelt wie den zuständigen Behörden der Aufnahmestaaten.

(2) Absatz 1 ist auf gebilligte Nachträge zum Prospekt entsprechend anzuwenden.

(3) Im Falle einer Gestattung nach § 8 Abs. 2 oder Abs. 3 sind die Vorschriften, auf denen sie beruht, in der Bescheinigung zu nennen und ihre Anwendung zu begründen.

(4) ¹Erhält die Bundesanstalt als zuständige Behörde des Aufnahmestaates Bescheinigungen über die Billigung von Prospekten und Prospektnachträgen nach den Absatz 1 Satz 1 entsprechenden Vorschriften eines Herkunftsstaates, veröffentlicht sie auf ihrer Internetseite eine Liste der übermittelten Bescheinigungen, gegebenenfalls einschließlich einer elektronischen Verknüpfung zu den Prospekten und Prospektnachträgen auf der Internetseite der zuständigen Behörde des Herkunftsstaates, des Emittenten oder des organisierten Marktes. ²Die Bundesanstalt hält die Liste nach Satz 1 stets auf dem aktuellen Stand und sorgt dafür, dass jeder Eintrag für mindestens zwölf Monate zugänglich ist.

Übersicht

	Rn.
I. Überblick	1
II. Regelungsgehalt	3
1. Allgemeines	3
2. Bescheinigung	4
a) Antrag auf Notifizierung	4
b) Notifizierungsfähigkeit	5
c) Einzureichende Dokumente	6
d) Einzelheiten der Bescheinigung	7
3. Zuständige Behörde im EWR-Ausland	12
4. Sprachenregelung	13
a) Prospekte und Nachträge	13
b) Zusammenfassungen	16
c) Sprachenregelung in den EWR-Staaten	18
5. Reaktion der Behörde des Aufnahmestaates	19
6. Fristenregelung	20
a) Zeitpunkt der Antragstellung – gesetzlicher Regelfall	21
b) Zeitpunkt der Antragstellung – Normalfall in der Praxis	22
c) Fristberechnung im Einzelnen	23
7. Gestattung nach § 8 Abs. 2 oder Abs. 3 (§ 18 Abs. 3)	24
8. Veröffentlichung von Auslandsnotifizierungen in Deutschland als Aufnahmestaat (§18 Abs. 4)	26a
9. Gebühren	27

§ 18   Bescheinigung der Billigung

I. Überblick

1 Die Vorschrift setzt Art. 18 ProspektRL (Notifizierung) um und orientiert sich im Wortlaut eng an der gemeinschaftsrechtlichen Formulierung. In Ergänzung zu der in § 17 geregelten grenzüberschreitenden Prospektgeltung und als deren wesentliche Voraussetzung stellt sie in Absatz 1 sicher, dass die BaFin als Herkunftsstaatsbehörde die Behörde des Aufnahmestaates über die Billigung des Prospekts als solche und die im Einzelnen gebilligte Fassung informiert. Nur so kann Letztere die Verwendung des Prospekts im Aufnahmestaat kontrollieren und durch die ihr zustehenden Befugnisse, ggf. zusammen mit der Behörde des Herkunftsstaats, den Anlegerschutz[1] sicherstellen.

2 Bereits im ersten Jahr nach Inkrafttreten des neuen Prospektrechts, nämlich zwischen dem 1.7.2005 und dem 30.6.2006, hatte die BaFin 382 Notifizierungen erhalten und 331 Notifizierungen an Aufnahmestaaten notifiziert.[2] In den ersten Jahren haben sich das Verfahren und die Zusammenarbeit der zuständigen Behörden der beteiligten Staaten in der Praxis im Allgemeinen bewährt.[3]

2a In umgekehrter Richtung, Deutschland als Aufnahmestaat, stellt der neu eingeführte Absatz 4 sicher, dass die BaFin als Behörde des Aufnahmestaates die von den Behörden anderer EWR-Staaten als Herkunftsstaaten übermittelten Bescheinigungen der Billigung auf ihrer Internetseite veröffentlicht. Dadurch erhalten der Antragsteller und der Markt Klarheit und Rechtssicherheit, insbesondere über den zulässigen Beginn eines öffentlichen Angebotes von Wertpapieren in Deutschland.

II. Regelungsgehalt

1. Allgemeines

3 Die Bestimmung regelt zunächst das Verfahren der Bescheinigung der Billigung eines Prospekts und gebilligter Nachträge (§ 18 Abs. 1, Abs. 2) durch die **BaFin als zuständige Behörde des Herkunftsstaats** zwecks Verwendung des Prospekts für ein öffentliches Angebot oder eine Zulassung von Wertpapieren in anderen **EWR-Staaten**,[4] sog. **Notifizierungsverfahren**. Dieses ist ein Verfahren **zwischen Behörden**, d.h. der Anbieter oder Zu-

---

1 Schon in der Kommissionsbegründung zum geänderten Vorschlag des Entwurfs der ProspektRL wird auf den Anlegerschutz als einen zentralen Aspekt des Notifizierungsverfahrens verwiesen, ABl. C 20/122, 134 vom 28.1.2003.
2 Siehe CESR/07-225, Tz. 44; für neuere Zahlen siehe ESMA 2015/1136: insgesamt hat die BaFin zwischen dem 1.1.2014 und dem 30.12.2014 in 3.281 Fällen Prospekte in andere EWR-Staaten notifiziert und in 1.455 Fällen Notifizierungen aus anderen EWR-Staaten erhalten (vgl. BaFin-Jahresbericht 2014, S. 228, www.bafin.de), ausführlich siehe oben zu § 17 Rn. 4; für eine Liste der aus den anderen EWR-Staaten in das Vereinigte Königreich notifizierten Prospekte siehe http://www.fsa.gov.uk/ukla/officialPublicationOfProspectuses.do?view=true&listType=publicationOfProspectuses.
3 Zusammengefasst ergibt sich dies aus der Bestandsaufnahme und den Änderungsvorschlägen der Kommission zur ProspektRL, siehe KOM(2009) 491 vom 23.9.2009, 2009/0132 (COD).
4 Gemäß Art. 36 Abs. 2 i.V. m. Annex IX Ziff. III (i) 24. des Abkommens über den Europäischen Wirtschaftsraum (siehe www.secreteriat.efta.int – Stand vom 7.11.2006) gilt die ProspektRL auch in den EFTA-Staaten Island, Liechtenstein und Norwegen.

lassungsantragsteller kann nicht selbst den Billigungsbescheid und den gebilligten Prospekt an die zuständige Behörde des Aufnahmestaates übermitteln,[5] sondern er muss hierzu einen **Antrag** bei der BaFin stellen.

Daneben regelt Absatz 4 nunmehr explizit einen wesentlichen Teil des deutsch-rechtlichen Verfahrens bei einer Notifizierung eines gebilligten Prospekts oder Nachtrags durch die zuständige **Herkunftsstaatsbehörde eines anderen EWR-Staates** an die **BaFin als zuständige Behörde des Aufnahmestaates**: die Veröffentlichung (einer Liste) der übermittelten Bescheinigungen.

3a

2. Bescheinigung

a) Antrag auf Notifizierung

Die BaFin wird in Bezug auf Notifizierungen ins EWR- Ausland nur auf expliziten **Antrag** tätig. Dieser Antrag ist **formlos**; er hat den zu notifizierenden Prospekt, die zuständige Behörde[6] und den EWR-Staat (oder die EWR-Staaten) zu nennen, in dem der Prospekt für ein öffentliches Angebot oder eine Zulassung verwendet werden soll.[7] Allerdings stellt die BaFin auf ihrer Internetseite ein Muster für den Notifizierungsantrag zur Verfügung.[8] Auch wenn im Prospekt angekündigt wird, dass ein öffentliches Angebot und/oder eine Zulassung an einem organisierten Markt in einem anderen EWR-Staat erfolgen soll, ergibt sich hieraus **nicht** etwa **konkludent** ein solcher Antrag.[9] Auch ist bei einem etwaigen **Nachtrag**, dessen Notifizierung (ebenfalls) gewünscht wird, ein **gesonderter Antrag auf Notifizierung** zu stellen. Dies ergibt sich sowohl aus dem Wortlaut als auch aus Sinn und Zweck der Bestimmung: Denn u. U. ist eine Notifizierung des Nachtrags aus Sicht des Betroffenen nicht zweckmäßig, etwa weil er mit Blick auf die zwischenzeitliche Beendigung des Angebots in einem Aufnahmestaat keine Notifizierung des Nachtrags will; zudem wäre der Antragsteller ggf. unnötig kostenbelastet, da jede Notifizierung Gebühren nach der WpPGebV auslöst.[10]

4

b) Notifizierungsfähigkeit

Notifizierungsfähig sind – entsprechend der Grundidee des Europäischen Passes für Wertpapiere – nur solche Dokumente, die durch die Behörde des Herkunftsstaats gebilligt wur-

5

---

5 Ausführlich oben zu § 17 Rn. 21; vgl. auch *Linke*, in: Schäfer/Hamann, Kapitalmarktgesetze, § 18 WpPG Rn. 2.
6 BaFin, Präsentation vom 3.11.2005 zum Workshop „100 Tage WpPG", Das Notifizierungsverfahren, S. 5 und *Zeising*, in: Just/Voß/Ritz/Zeising, WpPG, § 18 Rn. 3; der Wortlaut des § 18 Abs. 1 Satz 1 lässt diese Auslegung der BaFin jedenfalls zu. Zweifelnd *Alfes*, in: Holzborn, WpPG, § 18 Rn. 6. Zu den in den anderen EWR-Staaten zuständigen Behörden siehe unten Rn. 12.
7 BaFin, Präsentation vom 3.11.2005 zum Workshop „100 Tage WpPG", Das Notifizierungsverfahren, S. 5.
8 Siehe http://www.bafin.de/SharedDocs/Downloads/DE/Formular/WA/fo_muster_billigungdauer emittenten_wppG_dep1.html;jsessionid=AD391F7D3B710B4B4A558078CF529560.1_cid372? nn=2696532, vgl. auch *Alfes*, in: Holzborn, WpPG, §18 Rn. 5.
9 Ebenso *Zeising*, in: Just/Voß/Ritz/Zeising, WpPG, § 18 Rn. 2.
10 *Zeising*, in: Just/Voß/Ritz/Zeising, WpPG, § 18 Rn. 4; zu Gebühren im Einzelnen unten Rn. 27.

§ 18   Bescheinigung der Billigung

den. Demnach notifiziert die BaFin (nur) **Prospekte** nach § 5, **Basisprospekte** nach § 6[11] und **Nachträge** nach § 16, siehe § 18 Abs. 2. Nicht notifizierungsfähig sind insbesondere endgültige Bedingungen sowie Registrierungsformulare und Wertpapierbeschreibungen,[12] soweit es sich nicht bei einem aktualisierten Registrierungsformular, zusammen mit einer Wertpapierbeschreibung und einer Zusammenfassung um einen gültigen Prospekt handelt, § 9 Abs. 4.[13]

c) Einzureichende Dokumente

6   Mit dem Antrag sind der BaFin elektronische Versionen des zu notifizierenden Prospekts und etwaiger nach § 11 in den Prospekt einbezogener Dokumente zu übermitteln, soweit nicht schon bei der BaFin vorliegend. Sofern der Antrag nachträglich gestellt wird, ist dem (ebenfalls elektronisch zu übermittelnden) zu notifizierenden Prospekt bzw. Nachtrag eine Erklärung beizufügen, dass das übermittelte Dokument dem gebilligten entspricht. Gemäß § 18 Abs. 1 Satz 3 ist dem Antrag ferner eine elektronische Version der Übersetzung der Zusammenfassung gemäß der für den Prospekt geltenden Sprachregelung des jeweiligen Aufnahmestaates (bzw. mehrerer solcher Übersetzungen für mehrere Aufnahmestaaten) beizufügen. Dies geschieht entweder durch Übersendung einer CD, auf welcher die jeweiligen Dokumente als PDF-Dateien gespeichert sind, oder durch Einreichung der Dokumente über die sog. Melde- und Veröffentlichungsplattform der BaFin, wobei ab dem 1. Januar 2016 nur noch die Melde- und Veröffentlichungsplattform zu benutzen sein soll.[14] Die elektronische Übermittlung ermöglicht der BaFin dabei die Notifizierung an die Behörde(n) des Aufnahmestaates bzw. der Aufnahmestaaten binnen eines Werktags. Soweit ein Antrag vorliegt, wird die BaFin nach Billigung des Prospekts bzw. Nachtrags (§ 18 Abs. 2) oder, bei nachträglichem Antrag, anderweitig innerhalb der vorgesehenen Fristen, den benannten Aufsichtsbehörden eine entsprechende Bescheinigung sowie Kopien des Prospekts bzw. Nachtrags, ggf. etwaiger nach § 11 in den Prospekt einbezogener Dokumente und die Zusammenfassung(en) und schließlich ggf. die Übersetzung des Prospekts in der entsprechenden Landessprache per E-Mail[15] übersenden. Obwohl die BaFin die Einreichung der zugehörigen vollständigen und richtigen Unterlagen nicht erzwingen kann, hat der Antragsteller insofern eine **verfahrensrechtliche Mitwirkungspflicht** nach § 26 Abs. 2 VwVfG; diese wirkt sich als **Obliegenheit** dahingehend aus, dass sich der Antragsteller bei fehlender Mitwirkung Nachteile, etwa bei der Frist und weiteren Folgen einer

---

11 Vgl. *Zeising*, in: Just/Voß/Ritz/Zeising, WpPG, § 18 Rn. 15.
12 Zur Kritik daran, dass Registrierungsformulare und Wertpapierbeschreibungen individuell nicht notifizierungsfähig sind, siehe oben bei § 17 Rn. 7 f.
13 Allerdings können bei der BaFin gemäß § 6 Abs. 3 endgültige Bedingungen hinterlegt und der zuständigen Behörde des Aufnahmestaates mitgeteilt werden. Siehe BaFin-Workshop Präsentation vom 4.6.2012 und 5.6.2012 zum Thema „Basisprospekte nach neuem Recht", Seite 20.
14 Persönliche Auskunft der BaFin Anfang Februar 2016, vgl. auch *Linke*, in: Schäfer/Hamann, Kapitalmarktgesetze, § 18 WpPG Rn. 4. Die Verwaltungspraxis der BaFin ermöglicht dagegen keine Einreichung der Dokumente per **E-Mail**. Mit Blick auf die praktische Handhabung, die Verbreitung der Benutzung von E-Mail als Kommunikationsmittel und die oben im Text sofort anzusprechende Verwaltungspraxis der Übermittlung der Dokumente per E-Mail an die Aufnahmestaatsbehörde(n) sollte diese Praxis geändert werden. Zudem scheint in der Praxis die Melde- und Veröffentlichungsplattform der BaFin von den Marktteilnehmern bisher wenig verwendet worden zu sein.
15 Siehe auch *Linke*, in: Schäfer/Hamann, Kapitalmarktgesetze, § 18 WpPG Rn. 3.

verspäteten Notifizierung, zurechnen lassen muss.[16] Zu den Einzelheiten hinsichtlich der Zusammenfassungen und Übersetzungen siehe unten bei Ziffer 4. „Sprachenregelung".

d) Einzelheiten der Bescheinigung

Die Bescheinigung wird in deutscher Sprache oder einer in internationalen Finanzkreisen gebräuchlichen Sprache[17] erstellt. **Eine in internationalen Finanzkreisen gebräuchliche Sprache** ist für die Zwecke des deutschen Rechts allein **Englisch**.[18] Die BaFin versendet die Bescheinigung in aller Regel auf Englisch.[19] In der Praxis der Zusammenarbeit der verschiedenen nationalen Behörden hat sich auf Grundlage eines von CESR entwickelten Vordrucks hierzu ein weitgehend vereinheitlichtes sog. **„Certificate of Approval"**[20] herausgebildet.

In ihrer Bescheinigung an die Behörde des Aufnahmestaats bestätigt die BaFin die Billigung des beigefügten Prospekts auf Grundlage des WpPG unter Hinweis auf einzelne, genau bestimmte Anhänge der ProspektVO. Zudem entspricht die BaFin von dem betreffenden Aufnahmestaat ggf. zusätzlich aufgestellten Anforderungen an die Art der Übermittlung, z.B. per Telefax oder per Post.[21] Zudem übermittelt die BaFin gemäß dem neu eingeführten Satz 4 des Abs. 1 dem Antragsteller per Fax oder E-Mail gleichzeitig die Bescheinigung, nicht aber ob diese dort angekommen ist.[22] Letzteres wird nunmehr durch die in Art. 18 Abs. 3 Satz 2 ProspektRL vorgesehene Veröffentlichung durch die zuständige Behörde des Aufnahmestaates klargestellt, sodass der Anbieter weiß, wann er mit dem öffentlichen Angebot beginnen darf. Für Deutschland ist diese Bestimmung in §18 Abs. 4 umgesetzt, dazu unten Rn. 26a. Allerdings ist dem Anbieter ggf. gleichwohl zu raten, sich mit der jeweiligen Behörde des Aufnahmestaates in Verbindung zu setzen, um möglichst kurzfristig Gewissheit über den Zugang zu erhalten.

Die Notifizierung (und erst recht die Mitteilung über die erfolgte Notifizierung) ist nach deutschem Recht mangels Regelungscharakter kein Verwaltungsakt;[23] der richtige Rechtsbehelf bei trotz Antrags ausbleibender Notifizierung ist dementsprechend die allgemeine Leistungsklage.[24]

Nach § 18 Abs. 2 sind diese Regelungen auf **Nachträge** zum Prospekt entsprechend anwendbar.

Weder die ProspektRL noch das deutsche Recht sehen – neben der ebenfalls durch die BaFin vorzunehmenden Übermittlung an die Europäische Wertpapier- und Marktaufsichtsbehörde – für ausgehende Notifizierungen weitere Anforderungen (als die Beachtung der

---

16 Ausführlich *Kopp/Ramsauer*, VwVfG, § 26 Rn. 40ff. m.w.N.
17 Regierungsbegründung zum Gesetzentwurf, BR-Drucks. 85/05, S. 80.
18 Beschlussempfehlung und Bericht des Finanzausschusses, BT-Drucks. 15/5373, S. 85; in der Praxis nicht streitig; ausführlich unten § 19 Rn. 6ff.
19 *von Kopp-Colomb/Witte*, in: Assmann/Schlitt/von Kopp-Colomb, WpPG/VerkProspG, § 18 WpPG Rn. 12.
20 Siehe CESR/07-225, Tz. 245.
21 *Zeising*, in: Just/Voß/Ritz/Zeising, WpPG, § 18 Rn. 20.
22 Vgl. *Alfes*, in: Holzborn, WpPG, § 18 Rn. 12; *Linke*, in: Schäfer/Hamann, Kapitalmarktgesetze, § 18 WpPG Rn. 7.
23 *Kopp/Ramsauer*, VwVfG, § 35 Rn. 50.
24 Vgl. *Alfes*, in: Holzborn, WpPG, § 18 Rn. 19 und 10ff.

§ 18   Bescheinigung der Billigung

entsprechenden Form für die Bescheinigung und ggf. der jeweiligen Sprachanforderungen für die Anlagen, dazu für den umgekehrten Fall der Notifizierung nach Deutschland oben § 17 Rn. 14) vor. Zu beachten ist aber, dass einige EWR-Aufnahmestaaten solche weiter gehenden Voraussetzungen in der Praxis vorsehen (z.B. die Übersendung von Marketingunterlagen oder gedruckten Fassungen des Prospekts).[25]

3. Zuständige Behörde im EWR-Ausland

12   Zuständige Behörden des Aufnahmestaates bzw. Herkunftsstaates sind:[26]
- in Österreich: die Finanzmarktaufsicht;[27]
- in Belgien: die Commission Bancaire, Financière et des Assurances (Banking, Finance and Insurance Commission);[28]
- in Bulgarien: die Financial Supervision Commission;[29]
- in Zypern: (Zypriotische) Securities and Exchange Commission;[30]
- in der Tschechischen Republik: Czech National Bank;[31]
- in Dänemark: Finanstilsynet (Danish Financial Supervisory Authority);[32]
- in Estland: (Estonian) Financial Supervision Authority;[33]
- in Finnland: Finanssivalvonta (Financial Supervisory Authority);[34]
- in Frankreich: Autorité des marchés financiers;[35]
- in Griechenland: Capital Market Commission;[36]

---

25   Siehe im Einzelnen bei CESR/07-225, Tz. 240; wichtig ist in diesem Zusammenhang, dass in Polen durch eine am 25.9.2010 in Kraft getretene Änderung des polnischen „Gesetzes vom 29. Juli 2005 zu öffentlichen Angeboten, zu den Bedingungen zur Einführung von Finanzinstrumenten in den organisierten Handel und zu börsennotierten Gesellschaften" das gemeinschaftsrechtswidrige Erfordernis einer Übersetzung des gesamten Prospekts ins Polnische für notifizierte Prospekte abgeschafft wurde; hiervon zu unterscheiden ist die Frage, ob der Emittent der zuständigen Behörde des Aufnahmemitgliedstaats ggf. den endgültigen Emissionspreis und das endgültige Emissionsvolumen sowie die endgültigen Angebotsbedingungen mitteilen muss: bejahend hierzu ESMA-Questions and Answers – Prospectuses (23rd Updated Version – December 2015), ESMA/2015/1874, Frage 1; zu Einzelheiten siehe oben § 17 Rn. 17 ff.
26   Siehe auch die Zusammenfassung in CESR; Overview of language requirements, Ref.: 07-520. Die Darstellung folgt der alphabetischen Reihenfolge im englischen Originaltext; soweit vorhanden, ist auch die jeweilige englische Bezeichnung angegeben, teilweise in Klammern.
27   § 8a Abs. 1 Kapitalmarktgesetz; Internetseite: www.fma.gv.at.
28   Art. 23 de la Loi relative aux offres publiques d'instruments de placements et aux admissions d'instruments de placement à la négociation sur des marchés réglementés; Internetseite: www.cbfa.be.
29   Art. 13 Abs. 1 Nr. 8 Financial Supervision Commission Act and Art. 73 Abs. 2 und 90–93 Public Offering Securities Act; Internetseite: www.fsc.bg.
30   Auskunft der Behörde; Internetseite: www.cysec.gov.cy.
31   Section 36 C des Act No. 258/2004 on Business Activities on the Capital Market; Internetseite: www.cnb.cz.
32   Securities Trading, etc. Act (Consolidated Act No. 214 of 2 April 2008), Sections 83, 23.2 und 45.2; Internetseite: www.finanstilsynet.dk.
33   § 8 Securities Market Act und Financial Supervision Authority Act; Internetseite: www.fi.ee.
34   Finnish Securities Market Act, Chapter 2, Section 3; Internetseite: www.finanssivalvonta.fi.
35   Règlement général de l'autorité des marchés financiers, Livre II, Art. 212-2; Internetseite: www.amf-france.org.
36   § 5 Art. 2 Chapter A Law 3371/2005; Internetseite: www.hcmc.gr.

II. Regelungsgehalt § 18

- in Ungarn: (Hungarian) Financial Supervisory Authority;[37]
- in Island: Financial Supervisory Authority;[38]
- in Irland: Central Bank of Ireland (Markets Supervision Department);[39]
- in Italien: Commissione Nazionale per le Societá e la Borsa;[40]
- in Lettland: Financial and Capital Market Commission;[41]
- in Liechtenstein: Finanzmarktaufsicht;[42]
- in Litauen: Securities Commission;[43]
- in Luxemburg: Commission de surveillance du secteur financier;[44]
- in Malta: (Malta) Financial Services Authority;[45]
- in den Niederlanden: Autoriteit Financiele Markten;[46]
- in Norwegen: Finanstilsynet[47] (the Financial Supervisory Authority of Norway);
- in Polen: (Polish) Financial Supervision Authority;[48]
- in Portugal: Comissao do Mercado de Valores Mobiliários;[49]
- in Rumänien: (Romanian) National Securities Commission;[50]
- in der Slowakischen Republik: National Bank of Slovakia;[51]
- in Slowenien: Securities Market Agency;[52]
- in Spanien: Comisión Nacional del Mercado de Valores;[53]
- in Schweden: Finansinspektionen[54] und
- im Vereinigten Königreich von Großbritannien und Nordirland: Financial Services Authority.[55]

---

[37] Section 1 Act on the Capital Market; Internetseite: www.pszaf.hu.
[38] Art. 30 Abs. 2 Act on Securities Transactions; Internetseite: www.fme.is.
[39] Regulation 2, 78 S. I. No. 324 of 2005; Internetseite: www.financialregulator.ie.
[40] Art. 94-bis Legislative Decree No. 58 of 24 February 1998 Consolidated Law on Finance pursuant to Art. 8 and 21 of Law no. 52 of 6 February 1996; Internetseite: www.consob.it.
[41] Law on the Financial Instruments Market, Art. 14; Internetseite: www.fktk.lv.
[42] Auskunft der Behörde; Internetseite: www.fma-li.li.
[43] Law on Securities of 8 February 2007 Art. 8; Internetseite: www.lsc.lt.
[44] Law of 10 July 2005 on Prospectuses for Securities, Art. 7; Internetseite: www.cssf.lu.
[45] Chapter 7, MFSA Listing Rules (as amended on 11 January 2010); Internetseite: www.mfsa.com.mt.
[46] Act on the Supervision of Securities Trade, Art. 40; Internetseite: www.afm.nl.
[47] Act on Securities Trading, Section 7-8, subsection (6); Internetseite: www.finanstilsynet.no; beachte, dass die Aufgaben entsprechend Art. 21 Abs. 2 ProspektRL vollumfänglich mit Wirkung zum 1.5.2010 von der Oslo Børs auf die Finanstilsynet übertragen worden sind.
[48] Art. 7 Abs. 1 Act on public offering, conditions governing the introduction of financial instruments to organised trading and public companies; Internetseite: www.knf.gov.pl.
[49] Art. 114 Securities Code; Internetseite: www.cmvm.pt.
[50] Capital Market Law (Law 297/2004 on the capital market, as amended), Art. 173 Abs. 1; Internetseite: www.cnvmr.ro.
[51] Act on Securities and Investment Services; Internetseite: www.nbs.sk.
[52] Market in Financial Instruments Act (ZTFI), Art. 39; Internetseite: www.a-tvp.si.
[53] Art. 26 No. 1 (c), No. 4 Ley del Mercado de Valores (Spanish Securities Market Law); Internetseite: www.cnmv.es.
[54] Chapter 2, Section 25 Swedish Financial Instruments Trading Act; Internetseite: www.fi.se.
[55] In diesem Zusammenhang teilweise auch als UK Listing Authority bezeichnet; Section 72 (1) and 87A (1) Financial Services and Markets Act; Internetseite: www.fsa.gov.uk.

4. Sprachenregelung

a) Prospekte und Nachträge

13 Neben Deutschland nehmen nur Österreich, Luxemburg und Liechtenstein **Prospekte** und **Nachträge** in deutscher Sprache entgegen. Für Notifizierungen in allen anderen Staaten muss zumindest eine englische Übersetzung des Prospekts vorliegen. In der Praxis wird der Anbieter bei in zumindest einen anderen EWR-Staat zu notifizierenden Prospekten mit Blick auf die institutionellen Investoren und aus Effizienzgründen in der Regel ohnehin allein eine englische Prospektversion einreichen, was nach § 19 Abs. 2 oder Abs. 3 auch zulässig ist (siehe im Einzelnen unten zu § 19 Rn. 16 und insbesondere Rn. 21). Dann wird der gebilligte (englischsprachige) Prospekt bzw. Nachtrag als Anlage notifiziert werden. Dagegen stehen dem Antragsteller zwei Möglichkeiten offen, wenn nur ein gebilligter deutschsprachiger Prospekt vorliegt:

– Einreichung des Prospektes in englischer Sprache zur Billigung bei der BaFin, so dass im Ergebnis zwei gebilligte Prospekte für ein Wertpapier vorlägen; die BaFin würde dann den gebilligten englischsprachigen Prospekt als Anlage übermitteln; oder
– Einreichung einer Übersetzung des Prospekts (in das Englische oder eine von der jeweils zuständigen Behörde ansonsten anerkannte Sprache) bei der BaFin nebst ausdrücklicher **Bestätigung** in dem Antrag, **dass die Übersetzung dem gebilligten Prospekt entspricht**.[56]

14 Im letzteren Falle muss die Übersetzung zudem den **deutlichen Hinweis** enthalten, dass es sich um eine **nicht bindende Übersetzung** handelt. Es erfolgt dann keine Prüfung der Übersetzung durch die BaFin, was auch bei den meisten Sprachen außer Englisch auf unüberwindbare praktische Schwierigkeiten stoßen müsste. Die BaFin wird in diesem Fall der Übersendung der Bescheinigung an die jeweilige Aufnahmestaatsbehörde den geprüften deutschen Prospekt beifügen sowie die nicht bindende Übersetzung mit einem expliziten Hinweis, dass es sich bei der Übersetzung nicht um eine gebilligte Fassung des Prospekts handelt.[57]

15 Für Fälle, in denen ein öffentliches Angebot auch in Deutschland stattfindet (§ 19 Abs. 3), dürften die aufgezeigten Möglichkeiten schon aus praktischen Gründen abschließend sein, da dann zwingend ein gebilligter deutschsprachiger oder englischsprachiger Prospekt erforderlich ist.[58] Fraglich ist, ob in Fällen, in denen kein öffentliches Angebot in Deutschland stattfindet (§ 19 Abs. 2), Gegenstand der Billigung ein weder auf Deutsch noch auf Englisch erstellter Prospekt sein kann. Diese Frage wurde unter Hinweis darauf bejaht, dass dann eine deutsche oder englische Übersetzung des Prospekts mit einzureichen sei, die Grundlage für die Prüfung sei, während eben der in der Drittsprache erstellte Prospekt Gegenstand der Billigung sei.[59] Auch wenn zusammen mit diesem Prospekt (entsprechend

---

56 Dazu, dass für durch die zuständige Behörde des Herkunftsstaats ungeprüfte Übersetzungen alleine der Antragsteller verantwortlich ist, schon *Crüwell*, AG 2003, 243, 253 und ESMA-Questions and Answers – Prospectuses (23rd Updated Version – December 2015), ESMA/2015/1874, Frage 33.
57 Zum Ganzen: *Linke*, in: Schäfer/Hamann, Kapitalmarktgesetze, § 18 WpPG Rn. 8, und *Zeising*, in: Just/Voß/Ritz/Zeising, WpPG, § 18 Rn. 8 ff.
58 Einzelheiten unten zu § 19.
59 *von Kopp-Colomb/Witte*, in: Assmann/Schlitt/von Kopp-Colomb, WpPG/VerkProspG, § 17 WpPG Rn. 13.

dem in Rn. 13 am Ende genannten Beispiel) eine Bestätigung eingereicht würde, dass der Prospekt und die Übersetzung des Prospekts einander entsprechen, so bleibt doch ein Störgefühl, weil die BaFin im Grunde ein Dokument billigen würde, dass sie weder gelesen noch verstanden hat.[60] Auch die ProspektRL verlangt nicht eine solche Billigung in einer anderen Sprache als der vom Herkunftsstaat anerkannten oder in Englisch. Art. 19 Abs. 2 Unterabs.2 der ProspektRL besagt vielmehr, dass zur Prüfung durch die zuständige Behörde des Herkunftsstaats der **Prospekt** entweder in einer von dieser Behörde anerkannten oder in einer in internationalen Finanzkreisen gebräuchlichen Sprache zu erstellen ist. Deswegen sprechen die besseren Argumente dafür, dass (vorbehaltlich der Zulassung weiterer Sprachen zur Prospekterstellung in Deutschland) Gegenstand der Billigung durch die BaFin nur deutsch- und englischsprachige Prospekte sein sollten.[61]

b) Zusammenfassungen

Laut § 18 Abs. 1 Satz 3 hat der Antragsteller die Übersetzung(en) der **Zusammenfassung** gemäß der für den Prospekt geltenden Sprachenregelung des Aufnahmestaates oder der Aufnahmestaaten beizufügen. Eine solche Zusammenfassung kann dann erforderlich sein, wenn der gebilligte Prospekt in **Englisch** verfasst ist und der Aufnahmestaat eine Übersetzung der Zusammenfassung in eine von ihm anerkannte Sprache verlangt, vgl. dazu die genau dahin gehende deutsche Regelung in § 19 Abs. 4 Satz 2.[62] Auch dabei verantwortet allein der Antragsteller die korrekte Sprachenfassung.[63] Dies ergibt sich zunächst aus dem Wortlaut des § 18 Abs. 1, der in Satz 1 eine Bescheinigung vorsieht, aus der hervorgeht, „dass der Prospekt **gemäß diesem Gesetz** erstellt wurde" (*Hervorhebung des Verfassers*). Auch die Formulierung des § 18 Abs. 1 Satz 3 bringt die beizufügenden Zusammenfassungen allein mit dem Antragsteller in Verbindung. Schließlich entspricht dem auch die Gesetzessystematik, die in § 17 Abs. 3 vorsieht, dass die BaFin als Behörde des Aufnahmestaates (nur) zu prüfen hat, ob den sprachlichen Anforderungen an Prospekt und Zusammenfassung im Sinne des § 19 Abs. 4 und 5 Genüge getan ist.[64]

16

Die beizufügende Übersetzung (oder Übersetzungen) ist nicht in den Prospekt selbst zu integrieren, sondern als gesondertes Dokument beizufügen. Dies verdeutlicht zum einen, dass sie nicht Bestandteil des Prospekts als gebilligtes Dokument ist. Zum anderen vereinfacht dies die Notifizierung in mehrere Aufnahmestaaten, da dann die BaFin jeder Aufnah-

17

---

60 Deswegen gehen z. B. *Ritz/Voß*, in: Just/Voß/Ritz/Zeising, WpPG, § 19 Rn. 35, davon aus, „dass sich die Notifizierung, die eine Bescheinigung über die Billigung des Prospekts darstellt, *nur auf ein Dokument beziehen kann*, das tatsächlich einer behördlichen Prüfung unterlag" (Hervorhebung des Verfassers).
61 So auch die Kommission im Mai 2006 im Anschluss an einen entsprechenden Vorschlag von CESR, die feststellte, dass die **gebilligte Sprachversion zu notifizieren** sei, dazu *Ritz/Voß*, in: Just/Voß/Ritz/Zeising, WpPG, § 19 Rn. 36 f., die auch darauf hinweisen, dass so die Praxis verfahre: dies bedeutet, dass neben diesem Dokument eine **Vollübersetzung** in eine vom Aufnahmestaat anerkannte Sprache oder ins Englische beizufügen ist, sofern der Prospekt nicht direkt in Englisch gebilligt wird.
62 Dazu unten die Kommentierung zu § 19.
63 So auch die Position der BaFin, WpPG, Hinterlegungsverfahren, Notifizierungsverfahren, Präsentation vom 29.5.2006 zum Workshop vom 17. und 22.5.2006, S. 33.
64 A. A. *Alfes*, in: Holzborn, WpPG, § 18 Rn. 8.

§ 18 Bescheinigung der Billigung

mestaatsbehörde lediglich die jeweils notwendige Übersetzung der Zusammenfassung übermitteln kann.[65]

c) Sprachenregelung in den EWR-Staaten

18 Im Einzelnen gelten in den Staaten des EWR folgende Sprachregelungen (in der Praxis dürfte den Behörden dabei nach § 18 zumeist ein **englischsprachiger Prospekt** – oder eine englische Übersetzung des Prospekts – übermittelt werden):[66]

- in Österreich: Englisch und Deutsch; keine deutsche Übersetzung der Zusammenfassung erforderlich, wenn der Prospekt in Englisch veröffentlicht wird;[67]
- in Belgien: Französisch, Niederländisch und Englisch; niederländische und französische Übersetzungen der Zusammenfassung erforderlich, wobei die Übersetzung in eine der beiden Sprachen ausreicht, sofern keine Werbemaßnahmen in der jeweils anderen Sprache stattfinden;
- Bulgarien: Bulgarisch und Englisch (sofern ein Angebot oder eine Zulassung nur außerhalb Bulgariens stattfindet); bulgarische Übersetzung der Zusammenfassung erforderlich;
- Zypern: Griechisch und Englisch (sofern ein Angebot nur außerhalb Zyperns stattfindet); griechische Übersetzung der Zusammenfassung kann im Ermessen der Financial Supervision Commission verlangt werden außer bei Nichtdividendenpapieren mit einer Mindeststückelung von 100.000 Euro;
- Tschechische Republik: Tschechisch und Englisch; tschechische Übersetzung der Zusammenfassung erforderlich;
- Dänemark: Dänisch bzw., sofern das Angebot nur außerhalb Dänemarks stattfindet, auch Norwegisch, Schwedisch und Englisch; dänische Übersetzung der Zusammenfassung erforderlich außer bei Nichtdividendenpapieren mit einer Mindeststückelung von 100.000 Euro;
- Estland: Estnisch und Englisch; estnische Übersetzung der Zusammenfassung erforderlich;

---

65 *Zeising*, in: Just/Voß/Ritz/Zeising, WpPG, § 18 Rn. 10.
66 Vgl. CESR, Overview of language requirements, Ref.: 07-520, wo sich eine weit gehende Aufstellung findet. Die Darstellung folgt der alphabetischen Reihenfolge im englischen Originaltext. Die Angaben zu **Übersetzungen** betreffen in Übereinstimmung mit den Vorgaben der ProspektRL **nur** die **Zusammenfassung**.
67 Die erste Rubrik bezieht sich auf die Frage, welche Sprachen zur Prospektprüfung akzeptiert werden (und damit ggf. auch für eine Notifizierung in diese Staaten nach Art. 19 Abs. 2 und 3 ProspektRL geeignet sind); dabei setzt die Verwendung einer anderen als der Amtssprache(n), d.h. Englisch, normalerweise ein grenzüberschreitendes Angebot oder eine Zulassung auch in einem anderen Staat voraus. Zu beachten ist dabei, dass bei allen Behörden in ihrer Funktion als Aufnahmestaatsbehörden vor dem Hintergrund der Regelung in Art. 19 Abs. 3 Satz 1 i.V. m. Satz 2 ProspektRL („Die zuständigen Behörden der einzelnen Aufnahmemitgliedstaaten können lediglich eine Übersetzung der Zusammenfassung in ihre Amtssprache verlangen.") davon auszugehen ist, dass Englisch als in internationalen Finanzkreisen gebräuchliche Sprache als Prospektsprache möglich ist. Die zweite Rubrik bezieht sich auf die Frage, inwiefern bei einem in diese Staaten notifizierten englischsprachigen Prospekt eine Übersetzung der Zusammenfassung in die jeweilige(n) Amtssprache(n) erforderlich ist – dabei wird möglichst auch auf die Sonderfrage der Notwendigkeit einer Übersetzung der Zusammenfassung bei Nichtdividendenwerten mit einer Mindeststückelung von 100.000 Euro im Sinne von Art. 19 Abs. 4 ProspektRL eingegangen.

- Finnland: Finnisch und Schwedisch; Englisch kann mit besonderer Begründung akzeptiert werden; finnische oder schwedische Übersetzung der Zusammenfassung erforderlich außer bei Nichtdividendenpapieren mit einer Mindeststückelung von 100.000 Euro;
- Frankreich: Englisch und Französisch; französische Übersetzung der Zusammenfassung erforderlich außer bei Nichtdividendenpapieren mit einer Mindeststückelung von 100.000 Euro;
- Deutschland: Deutsch und Englisch; deutsche Übersetzung der Zusammenfassung erforderlich außer bei Nichtdividendenpapieren mit einer Mindeststückelung von 100.000 Euro;[68]
- Griechenland: Griechisch und Englisch; die Capital Market Commission kann eine griechische Übersetzung der Zusammenfassung in ihrem Ermessen verlangen außer bei Nichtdividendenpapieren mit einer Mindeststückelung von 100.000 Euro;
- Ungarn: Ungarisch und Englisch; ungarische Übersetzung der Zusammenfassung erforderlich;
- Island: Isländisch und Englisch; isländische Übersetzung der Zusammenfassung erforderlich außer bei Nichtdividendenpapieren mit einer Mindeststückelung von 100.000 Euro;
- Irland: Irisch und Englisch; irische oder englische Übersetzung der Zusammenfassung erforderlich außer bei Nichtdividendenpapieren mit einer Mindeststückelung von 100.000 Euro;
- Italien: Italienisch und Englisch; italienische Übersetzung der Zusammenfassung erforderlich;
- Lettland: Lettisch und Englisch; lettische Übersetzung der Zusammenfassung erforderlich;
- Liechtenstein: Deutsch, auf Antrag können andere Sprachen zugelassen werden; wenn der Antrag abgelehnt wird, muss lediglich die Zusammenfassung in das Deutsche übersetzt werden;[69]
- Litauen: Litauisch und Englisch; litauische Übersetzung der Zusammenfassung erforderlich;
- Luxemburg: Englisch, Französisch, Deutsch und Luxemburgisch; keine Übersetzung der Zusammenfassung erforderlich bei Verwendung einer dieser Sprachen;
- Malta: Maltesisch und Englisch; keine Übersetzung der Zusammenfassung erforderlich;
- Niederlande: Holländisch und Englisch; keine Übersetzung der Zusammenfassung erforderlich;
- Polen: Polnisch und Englisch; polnische Übersetzung der Zusammenfassung[70] erforderlich;

---

[68] Einzelheiten siehe unten zu § 19.
[69] Siehe Art. 10 Abs. 1 i.V. m. Abs. 4 Wertpapierprospektgesetz und mündlich bestätigt von der Finanzmarktaufsicht Liechtenstein.
[70] Seit Inkrafttreten einer Änderung zu dem polnischen „Gesetz vom 29. Juli 2005 zu öffentlichen Angeboten, zu den Bedingungen zur Einführung von Finanzinstrumenten in den organisierten Handel und zu börsennotierten Gesellschaften" am 25.9.2010 ist in Polen eine (zuvor verlangte) vollständige Übersetzung des Prospekts ins Polnische nicht mehr erforderlich.

§ 18   Bescheinigung der Billigung

- Portugal: Portugiesisch und Englisch; portugiesische Übersetzung der Zusammenfassung erforderlich außer bei Nichtdividendenpapieren mit einer Mindeststückelung von 100.000 Euro;
- Rumänien: Rumänisch und Englisch; rumänische Übersetzung der Zusammenfassung erforderlich;
- Slowakische Republik: Slowakisch und Englisch (soweit ein öffentliches Angebot oder eine Zulassung ausschließlich im Ausland stattfindet) – für notifizierte Prospekte werden Slowakisch, Englisch und Tschechisch akzeptiert; slowakische Übersetzung der Zusammenfassung erforderlich;
- Slowenien: Slowenisch und Englisch; slowenische Übersetzung der Zusammenfassung erforderlich;
- Spanien: Spanisch und Englisch; spanische Übersetzung der Zusammenfassung erforderlich außer bei Nichtdividendenpapieren mit einer Mindeststückelung von 100.000 Euro;
- Schweden: Schwedisch und – bei Vorliegen besonderer Gründe – andere Sprachen, zumindest Dänisch, Norwegisch und Englisch; schwedische Übersetzung der Zusammenfassung erforderlich außer bei Nichtdividendenpapieren mit einer Mindeststückelung von 100.000 Euro;
- Vereinigtes Königreich von Großbritannien und Nordirland: Englisch; Übersetzung der Zusammenfassung entfällt.[71]

5. Reaktion der Behörde des Aufnahmestaates

19   Die BaFin übermittelt das **Certificate of Approval** nebst Anlagen per E-Mail an die zuständige(n) Behörde(n) des Aufnahmestaates oder der Aufnahmestaaten. Die jeweils zuständige Behörde des Aufnahmestaats bestätigt im Regelfall der BaFin per E-Mail den Eingang der Dokumente und signalisiert damit, dass sie die Notifizierung akzeptiert. Sollte die zuständige Behörde – ausnahmsweise – der BaFin mitteilen, dass sie die Notifizierung nicht akzeptieren kann, so könnte sie sich hierfür nur auf **formelle Mängel** stützen, da eine inhaltliche Prüfung[72] nicht vorzunehmen ist: Solche formellen Mängel können sich finden in der Billigungsbescheinigung, in einer Unvollständigkeit der übersandten Anlagen oder in Unzulänglichkeiten hinsichtlich der Sprachen der übersandten Dokumente.[73]

---

[71] Die Regeln der FSA sehen vor, dass eine Übersetzung der Zusammenfassung in Englisch erforderlich ist, sofern der Prospekt „in einer anderen Sprache als Englisch verfasst ist, die in internationalen Finanzkreisen gebräuchlich ist", siehe 4.1.6 UKLA Prospectus Rules. In 4.1.5A UKLA Prospectus Rules wird dann als „in internationalen Finanzkreisen gebräuchliche Sprache" im Anschluss an CESR definiert eine Sprache, die in jeweils drei internationalen Kapitalmärkten in Europa, Asien und Amerika verwandt wird. Diesen Kriterien kann keine Sprache außer Englisch genügen, wahrscheinlich auch Englisch selbst nicht.
[72] Dazu ausführlich oben § 17 Rn. 1 ff. und insbesondere Rn. 9 f.
[73] Vgl. *von Kopp-Colomb/Witte*, in: Assmann/Schlitt/von Kopp-Colomb, WpPG/VerkProspG, § 18 WpPG Rn. 13.

6. Fristenregelung

Die Erteilung der Bescheinigung mit Notifizierung binnen der vorgegebenen Frist soll zugunsten des Antragstellers sicherstellen, dass die Notifizierung zeitnah erfolgt und ein Angebot bzw. eine Zulassung im Aufnahmestaat stattfinden kann. Sie hat also individualschützende Wirkung. Dementsprechend kommen bei Verstößen gegen die gesetzlichen Vorgaben ggf. Staatshaftungsansprüche in Betracht.[74] Die Frist berechnet sich nach dem Zeitpunkt der Antragstellung, dazu a) und b); zur Fristberechnung im Einzelnen siehe c). 20

a) Zeitpunkt der Antragstellung – gesetzlicher Regelfall

§ 18 Abs. 1 Satz 1 sieht es als Normalfall an, dass der Antrag erst nach Billigung des Prospekts bzw. Nachtrags gestellt wird und bestimmt für diesen Fall eine Frist von drei Werktagen für die Erteilung der Bescheinigung. Dann wird der Antragsteller den gebilligten Prospekt nochmals als Anlage beifügen (müssen); zudem hat er in dem Antrag eine Bestätigung abzugeben, dass das beigefügte Dokument dem gebilligten entspricht.[75] 21

b) Zeitpunkt der Antragstellung – Normalfall in der Praxis

Der Antrag auf Bescheinigung der Billigung kann nicht nur bei einem bereits gebilligten Prospekt gestellt werden, sondern auch schon zugleich mit der Einreichung des Prospekts zur Billigung. In letzterem Fall, der in der Praxis der Normalfall ist, erfolgt die Bescheinigung der Billigung zwar auch erst nach Billigung des Prospekts,[76] § 18 Abs. 1 Satz 2 verkürzt die Frist aber auf einen Werktag. Diese eintägige Frist sollte auch für den nicht ausdrücklich geregelten Fall der Antragstellung im laufenden Verfahren, d.h. mindestens drei Werktage vor Prospektbilligung, gelten. Denn dann besteht kein relevanter Unterschied, die Interessenlage ist gleich.[77] Die Frist beginnt auch dann mit der Billigung des Prospekts.[78] 22

c) Fristberechnung im Einzelnen

Die Frist für die Übermittlung der Bescheinigung berechnet sich nach § 31 VwVfG i.V.m. §§ 187 ff. BGB.[79] Dies bedeutet, dass der Tag der Antragstellung nicht mitgezählt wird. Allerdings gilt der Samstag als Werktag, wenn auch die BaFin am Samstag keine Bescheide erlässt und andere Aufsichtsbehörden am Samstag die Notifizierungen nicht bearbeiten.[80] In der Praxis übermittelt die BaFin ihre Bescheinigung aber regelmäßig am Tag der Billi- 23

---

74 Vgl. *Alfes*, in: Holzborn, WpPG, § 18 Rn. 18.
75 Siehe dazu oben Rn. 6 und *Linke*, in: Schäfer/Hamann, Kapitalmarktgesetze, § 18 WpPG Rn. 4.
76 Das ist logisch vorgegeben, dazu Regierungsbegründung zum WpPG, BR-Drucks. 85/05, S. 80.
77 *Linke*, in: Schäfer/Hamann, Kapitalmarktgesetze, § 18 WpPG Rn. 6 und *von Kopp-Colomb/Witte*, in: Assmann/Schlitt/von Kopp-Colomb, WpPG/VerkProspG, § 18 WpPG Rn. 15; *Heidelbach*, in: Schwark/Zimmer, KMRK, § 18 WpPG Rn. 15; a.A. *Zeising*, in: Just/Voß/Ritz/Zeising, WpPG, § 18 Rn. 5 (im Anschluss an *Kullmann/Sester*, WM 2005, 1068, 1070), der allerdings darauf hinweist, dass die BaFin in diesem Fall die dreitägige Frist nicht voll ausnutzt.
78 *Kullmann/Sester*, WM 2005, 1068, 1069; *Alfes*, in: Holzborn, WpPG, § 18 Rn. 15.
79 Regierungsbegründung zum WpPG, BR-Drucks. 85/05, S. 80.
80 *Linke*, in: Schäfer/Hamann, Kapitalmarktgesetze, § 18 WpPG Rn. 6.

§ 18 Bescheinigung der Billigung

gung, es sei denn die Billigung erfolgt aufgrund der Umstände erst sehr spät im Laufe des Tages.

7. Gestattung nach § 8 Abs. 2 oder Abs. 3 (§ 18 Abs. 3)

24 § 18 Abs. 3 schreibt vor, dass im Falle einer Gestattung der Nichtaufnahme von Angaben gemäß § 8 Abs. 2 oder 3 dies in der Bescheinigung zu nennen und zu begründen ist; dementsprechend enthält der von CESR hierzu entwickelte Vordruck der Billigungsbescheinigung, das bereits angesprochene **Certificate of Approval**, einen sich hierauf beziehenden Abschnitt. Voraussetzung für die Gestattung solcher Ausnahmen ist eine entsprechende Anfrage durch den Anbieter oder Zulassungsantragsteller und eine Aufnahme in die sog. Überkreuzcheckliste.[81] Allerdings ist die praktische Relevanz der Bestimmung bisher wohl eher gering.

25 Nicht unter § 8 Abs. 2 oder Abs. 3 und damit auch nicht unter § 18 Abs. 3 einzuordnen sind Konstellationen der sog. **Blankoklausel**, d.h. solche Mindestangaben, die für ein bestimmtes Wertpapier nicht relevant sind.[82] Die Regierungsbegründung zum WpPG nennt als typischen Fall, dass eine bestimmte Angabepflicht denklogisch nicht erfüllt werden kann und führt als Beispiel Angaben zur Ausübung eines Vorzugsrechts, Ziffer 5.1.10 des Anhangs III der ProspektVO, bei „eine[r] Aktienemission mit Bezugsrechtsausschluss" an.[83] Solche Umstände müssen dementsprechend auch nicht in der Billigungsbescheinigung erwähnt werden.[84]

26 Laut Regierungsbegründung zum WpPG[85] dient § 18 Abs. 3 ausschließlich dem öffentlichen Interesse. Im Ergebnis spricht hierfür einerseits, dass die Behörde des Aufnahmestaates lediglich über die Ausnahmegestattung informiert werden soll, aber nicht zu einer eigenständigen materiellen Prüfung berechtigt ist. Demnach kommt eine etwaige Untersagung eines öffentlichen Angebotes durch die Behörde des Aufnahmestaates unter Hinweis auf fehlende diesbezügliche Angaben grundsätzlich nicht in Betracht.[86] Andererseits überzeugt dies bereits deswegen, weil im Normalfall kein Anspruch auf die Gestattung nach § 8 Abs. 2 oder Abs. 3 bestehen dürfte und hieraus folglich auch keine Staatshaftungsansprüche ableitbar sein sollen.[87]

---

81 Zu letzterem Erfordernis, zumindest für Ausnahmen nach § 8 Abs. 3, siehe *Linke*, in: Schäfer/Hamann, Kapitalmarktgesetze, § 18 WpPG Rn. 9.
82 Siehe Erwägungsgrund (24) der ProspektVO.
83 BR-Drucks. 85/05, S. 71.
84 Zum Ganzen auch *Zeising*, in: Just/Voß/Ritz/Zeising, WpPG, § 18 Rn. 25 und *Just*, ebenda, § 8 Rn. 52.
85 BR-Drucks. 85/05, S. 80.
86 A. A. *Alfes*, in: Holzborn, WpPG, § 18 Rn. 22, der davon ausgeht, dass der notifizierte Prospekt ggf. im Aufnahmestaat nicht verwendet werden kann und § 18 Abs. 3 deswegen individualschützende Wirkung beimisst.
87 *Heidelbach*, in: Schwark/Zimmer, KMRK, § 18 WpPG Rn. 21, weist allerdings darauf hin, dass durch die ProspektRL das Prospekthaftungsregime in den EWR-Staaten nicht vereinheitlicht wurde und der deutsche Gesetzgeber nicht regulierend in die nationalen Haftungsregime der Aufnahmestaaten eingreifen kann. Sie folgert daraus, dass der Verweis auf das ausschließlich öffentliche Interesse nur deklaratorisch sei und etwaige Prospekthaftungsansprüche nicht ausschließe.

8. Veröffentlichung von Auslandsnotifizierungen in Deutschland als Aufnahmestaat (§ 18 Abs. 4)

Der eng am Wortlaut des überarbeiteten Art. 18 Abs. 3 ProspektRL orientierte, neu geschaffene § 18 Abs. 4 regelt, dass die BaFin als zuständige Behörde des Aufnahmestaates auf ihrer Internetseite eine **Liste der übermittelten Bescheinigungen** (über im EWR-Ausland gebilligter Prospekte und Prospektnachträge) veröffentlicht. Die BaFin nimmt die Veröffentlichung der übermittelten Bescheinigungen auf derselben Plattform vor, auf der auch die von ihr selbst gebilligten Prospekte veröffentlicht werden.[88] Die BaFin hat nach § 18 Abs. 4 Satz 2 diese Liste stets auf dem aktuellen Stand zu halten und dafür zu sorgen, dass jeder Eintrag mindestens 12 Monate zugänglich ist. Art. 18 Abs. 3 sieht darüber hinaus noch vor, dass auch ESMA von der Billigungsbehörde im Herkunftsstaat zu notifizieren ist, und ESMA die übermittelten Bescheinigungen ebenfalls auf ihrer Website veröffentlicht. Nach § 18 Abs. 4 Satz 1 veröffentlicht die BaFin auf ihrer Internetseite zudem „gegebenenfalls eine elektronische Verknüpfung zu den Prospekten und Prospektnachträgen auf der Internetseite der zuständigen Behörde des Herkunftsstaates, des Emittenten oder des organisierten Marktes". Dies erfolgt in der Praxis nicht; auf der Website wird lediglich ein Hinweis auf die Notifizierung des Prospekts sowie den Herkunftsstaat, aus dem der Prospekt notifiziert wurde, aufgenommen.

26a

9. Gebühren

Die Gebühr beträgt nach § 28 i.V. m. § 2 WpPGebV und Ziff. 9 des Gebührenverzeichnisses[89] ab dem 1.1.2011 für eine Notifizierung nach § 18 Abs. 1 jeweils 8,55 Euro. Diese Gebühr fällt für jede Notifizierung in einen Aufnahmestaat an, multipliziert sich also mit der Anzahl der gewünschten Notifizierungen. Eine etwaige **Rücknahme** eines Notifizierungsantrags nach erfolgter Notifizierung lässt die (volle) Gebührenpflicht unberührt.[90]

27

---

88 Vgl. auf der BaFin-Website unter „Daten & Dokumente – Alle Datenbanken – Hinterlegte Prospekte – Hinterlegte Wertpapier-Verkaufsprospekte".
89 Siehe BGBl. I 2005, 1875 f.; WpPGebV zuletzt geändert am 6.12.2010, BGBl. I 2010, 1826 f.
90 Vgl. hierzu und zum Ganzen *von Kopp-Colomb/Witte*, in: Assmann/Schlitt/von Kopp-Colomb, WpPG/VerkProspG, § 18 WpPG Rn. 20 f.

Abschnitt 5
Sprachenregelung und Emittenten mit Sitz in Drittstaaten

§ 19 Sprachenregelung

(1) [1]Werden Wertpapiere, für die der Herkunftsstaat des Emittenten die Bundesrepublik Deutschland ist, im Inland öffentlich angeboten oder wird im Inland die Zulassung zum Handel an einem organisierten Markt beantragt und nicht auch in einem anderen Staat oder mehreren anderen Staaten des Europäischen Wirtschaftsraums, ist der Prospekt in deutscher Sprache zu erstellen. [2]Die Bundesanstalt kann die Erstellung eines Prospekts in einer in internationalen Finanzkreisen gebräuchlichen Sprache gestatten, sofern der Prospekt auch eine Übersetzung der Zusammenfassung in die deutsche Sprache enthält und im Einzelfall unter Berücksichtigung der Art der Wertpapiere eine ausreichende Information des Publikums gewährleistet erscheint.

(2) [1]Werden Wertpapiere, für die der Herkunftsstaat des Emittenten die Bundesrepublik Deutschland ist, nicht im Inland öffentlich angeboten und wird nicht im Inland die Zulassung an einem organisierten Markt beantragt, sondern nur in einem anderen Staat oder mehreren anderen Staaten des Europäischen Wirtschaftsraums, kann der Anbieter oder Zulassungsantragsteller den Prospekt nach seiner Wahl in einer von der zuständigen Behörde des Aufnahmestaates oder den zuständigen Behörden der Aufnahmestaaten anerkannten Sprache oder in einer in internationalen Finanzkreisen gebräuchlichen Sprache erstellen. [2]In den Fällen des Satzes 1 ist der Prospekt zusätzlich in einer von der Bundesanstalt anerkannten oder in internationalen Finanzkreisen gebräuchlichen Sprache zu erstellen, sofern eine solche Sprache nicht bereits nach Satz 1 gewählt worden ist.

(3) [1]Werden Wertpapiere, für die der Herkunftsstaat des Emittenten die Bundesrepublik Deutschland ist, im Inland öffentlich angeboten oder wird im Inland die Zulassung an einem organisierten Markt beantragt und werden die Wertpapiere auch in einem anderen Staat oder mehreren anderen Staaten des Europäischen Wirtschaftsraums öffentlich angeboten oder wird auch dort die Zulassung zum Handel beantragt, ist der Prospekt in deutscher oder in einer in internationalen Finanzkreisen gebräuchlichen Sprache zu erstellen. [2]Ist der Prospekt nicht in deutscher Sprache erstellt, muss er auch eine Übersetzung der Zusammenfassung in die deutsche Sprache enthalten.

(4) [1]Werden Wertpapiere, für die der Herkunftsstaat des Emittenten nicht die Bundesrepublik Deutschland ist, im Inland öffentlich angeboten oder wird im Inland die Zulassung zum Handel an einem organisierten Markt beantragt, kann der Prospekt in einer von der Bundesanstalt anerkannten Sprache oder in einer in internationalen Finanzkreisen gebräuchlichen Sprache erstellt werden. [2]Ist der Prospekt nicht in deutscher Sprache erstellt, muss er auch eine Übersetzung der Zusammenfassung in die deutsche Sprache enthalten.

(5) Wird die Zulassung von Nichtdividendenwerten mit einer Mindeststückelung von 100 000 Euro zum Handel an einem organisierten Markt in einem Staat oder mehreren Staaten des Europäischen Wirtschaftsraums beantragt, kann der Prospekt in einer von der Bundesanstalt und der zuständigen Behörde des Aufnahmestaates oder den zuständigen Behörden der Aufnahmestaaten anerkannten Sprache oder in einer in internationalen Finanzkreisen gebräuchlichen Sprache erstellt werden.

Übersicht

	Rn.		Rn.
I. Überblick	1	a) Gesetzeshistorie – Wahlrecht	20
II. Regelungsgehalt	5	b) Ausschließlich englischsprachiger Prospekt	22
1. Herkunftsstaat Deutschland, ausschließlich Inlandsbezug (§ 19 Abs. 1)	5	c) Gebrochenes Sprachregime	24
a) Gemeinschaftsrechtliche Vorgabe	5	4. Anderer EWR-Staat als Herkunftsstaat, Inlandsbezug (§ 19 Abs. 4)	28
b) In internationalen Finanzkreisen gebräuchliche Sprache	6	a) Sprachregime	28
c) Auslegung im Einzelnen	9	b) Strengere Anforderungen bei grenzüberschreitenden Umtauschangeboten?	28a
d) Auswirkungen bei der Wahl von Deutschland als Herkunftsstaat	13	c) Prüfungskompetenz der BaFin	29
e) Regelung in anderen EU-Staaten	14	d) Praktische Handhabung	31
f) Reaktion der Praxis	15	5. Sonderregelung für Nichtdividendenwerte mit Mindeststückelung von 100.000 Euro (§ 19 Abs. 5)	32
g) Bewertung	16	a) Vom Wortlaut der Regelung erfasste Konstellationen	33
2. Herkunftsstaat Deutschland, ausschließlich Auslandsbezug (§ 19 Abs. 2)	17	b) Sinngemäß erfasste Konstellationen	34
a) Sprachwahl durch den Prospektersteller	17		
b) Sonstige Sprachen	19		
3. Herkunftsstaat Deutschland, In- und Auslandsbezug (§ 19 Abs. 3)	20		

I. Überblick

§ 19 setzt Art. 19 der ProspektRL um. Er regelt das **Sprachregime**, d.h. die Frage, in welcher Sprache ein Wertpapierprospekt zu verfassen ist. Wie bereits für den Abschnitt 4 oben zu § 17 angemerkt,[1] ist es auch für das Verständnis des Abschnitts 5 unverzichtbar, sich die jeweilige Perspektive zu überlegen. Die Absätze 1–3 sowie 5 von § 19 betreffen von der BaFin zu prüfende Prospekte, d.h. die Bundesrepublik Deutschland ist Herkunftsstaat. § 19 Abs. 5 sieht dabei vereinfachte Anforderungen für Nichtdividendenwerte mit einer Mindeststückelung von 100.000 Euro vor.[2] Dagegen betrifft § 19 Abs. 4 von der zuständi- 1

---

1 Siehe § 17 Rn. 3.
2 Siehe aber zur Analogiefähigkeit des § 19 Abs. 5 für nach Deutschland notifizierte Prospekte unten Rn. 33.

§ 19   Sprachenregelung

gen Behörde eines anderen EWR-Staates als Herkunftsstaat geprüfte Prospekte, die für ein öffentliches Angebot von Wertpapieren oder deren Zulassung an einem organisierten Markt im Inland genutzt werden.

2 Der im Zuge der WpPG-Novelle von 2012 unverändert gebliebene § 19 (lediglich die Schwelle für vereinfachte Anforderungen in Abs. 5 wurde von 50.000 auf 100.000 Euro angehoben) lehnt sich sehr eng an den Wortlaut des Art. 19 der ProspektRL an. Auch diesbezüglich kann auf die Ausführungen zu § 17[3] verwiesen werden: diese Vorgehensweise mag den Vorwurf der unzulänglichen Umsetzung unwahrscheinlich machen und mit Blick hierauf gewählt worden sein. Klarer und besser handhabbar wird die Norm dadurch für den Anwender nicht. Denkbar wäre insbesondere gewesen, für einzelne oder alle Formen von Wertpapieren die Differenzierung in den Absätzen 1–3 aufzugeben und ein einheitliches, liberales Regime für die dort jeweils getrennt geregelten Sachverhalte zu schaffen.

3 Das Sprachregime ist deswegen so bedeutsam, weil Prospektübersetzungen außerordentlich aufwäldig sind. Dies hängt mit der Komplexität und mit den Haftungsrisiken zusammen, die sich in zusätzlichem Zeitaufwand und erheblichen Kosten niederschlagen. Übersetzungen haben sich so in der Praxis als größtes Hindernis für grenzüberschreitende öffentliche Angebote und Zulassungen zum Handel erwiesen.[4] Gleichzeitig ist die stetig zunehmende Bedeutung der englischen Sprache bei der Prospekterstellung unverkennbar. Dies hängt eng mit der Bedeutung der institutionellen Investoren zusammen, die in der Regel einen englischsprachigen Prospekt (bzw. eine englische Übersetzung) verlangen und etwa bei Aktienemissionen, Emissionen von Wandelschuldverschreibungen und klassischen großvolumigen Schuldverschreibungen in der Regel den größten Teil oder die Gesamtheit der angebotenen Wertpapiere erwerben: bei allen größeren derartigen Transaktionen ist ein englischsprachiger Prospekt oder eine englische Übersetzung des Prospekts daher unverzichtbar. Auch führen in der Praxis die zuständigen Behörden innerhalb des EWR die grenzüberschreitende Kommunikation in aller Regel in Englisch. Schließlich kann eine Prüfung eines Prospekts durch die verschiedenen nationalen Behörden regelmäßig außer in der Landessprache lediglich in **Englisch** erfolgen. Die Frage ist damit, ob **ein englischsprachiger Prospekt** ausreicht oder ob darüber hinaus ein Prospekt oder eine vollständige Übersetzung des Prospekts in die jeweilige Amtssprache(n) erforderlich ist. Dies ist aber im Grunde die zentrale Idee des EWR-Prospektrechts: Englisch als die „in internationalen Finanzkreisen gebräuchliche Sprache"[5] soll (allein) Verwendung finden können. Übersetzungen der Zusammenfassung stellen dagegen kein wesentliches Hindernis dar. Das WpPG enthält hierzu ein abgestuftes Sprachregime, welches einen Ausgleich zwischen Marktbedürfnissen und Anlegerschutz erreichen soll.[6] Dabei sollte in Erinnerung bleiben, dass sowohl auf der EU-Ebene bei der Erarbeitung der ProspektRL als auch auf nationaler Ebene bei deren Umsetzung in deutsches Recht das Sprachregime intensiv und kontrovers diskutiert wurde.[7]

---

3 § 17 Rn. 2.
4 Siehe zum Aufwand und den Gründen für Prospektübersetzungen auch oben, § 17 Rn. 10, und *Crüwell*, AG 2003, 243, 248.
5 Ausführlich sogleich unten bei Rn 7.
6 Vgl. *Holzborn/Israel*, ZIP 2005, 1668, 1673.
7 Statt vieler *Ritz/Voß*, in: Just/Voß/Ritz/Zeising, WpPG, § 19 Rn. 2.

Vor diesem Hintergrund wird die Kontroverse über den Ausgleich zwischen den genannten 4
beiden zentralen Anforderungen bei Schaffung des § 19 deutlich: Markteffizienz, d.h.
letztlich Attraktivität des Finanzplatzes Deutschland (mit möglichst weitgehender Verwendungsmöglichkeit ausschließlich der englischen Sprache) einerseits und Anlegerschutz
(mit nach Vorstellung mancher Beteiligter dem Erfordernis (auch) deutscher Fassungen)
andererseits.[8] Dabei hat sich letztlich – trotz der Liberalisierung in § 19 Abs. 3 – überwiegend die schon in der Regierungsbegründung[9] zum Ausdruck kommende restriktive Auffassung gegenüber nicht deutschsprachigen Prospekten[10] durchgesetzt.

II. Regelungsgehalt

1. Herkunftsstaat Deutschland, ausschließlich Inlandsbezug (§ 19 Abs. 1)

a) Gemeinschaftsrechtliche Vorgabe

Der durch § 19 Abs. 1 umzusetzende Art. 19 Abs. 1 der ProspektRL sieht für den hier geregelten Fall des Angebots oder der Zulassung **ausschließlich**[11] **im Herkunftsstaat**[12] vor, 5
dass der Prospekt in „einer von der zuständigen Behörde des Herkunftsmitgliedstaats anerkannten Sprache erstellt wird". Da damit keine Beschränkung auf die jeweilige(n) Amtssprache(n) vorgegeben ist, eröffnet die gemeinschaftsrechtliche Grundlage den nationalen
Umsetzungen einen **Freiraum**.[13]

b) In internationalen Finanzkreisen gebräuchliche Sprache

Die gegenüber dem Regierungsentwurf unveränderte deutsche Umsetzung in § 19 Abs. 1 6
Satz 1 bestimmt allerdings als Grundsatz, dass im Falle des öffentlichen Angebots oder der
Zulassung ausschließlich in Deutschland der Prospekt in **deutscher Sprache** zu erstellen
ist. Nach § 19 Abs. 1 Satz 2 kann die BaFin die Erstellung des Prospekts in einer „**in internationalen Finanzkreisen gebräuchlichen Sprache**", d.h. **Englisch**[14] ausnahmsweise ge-

---

8 Siehe dazu Erwägungsgrund 10 der ProspektRL (und die weitere Erwähnung der Begriffe auch in anderen Erwägungsgründen) sowie die Kommentierung oben zu § 17 Rn. 1.
9 BR-Drucks. 85/05, S. 80 ff.
10 Vgl. *Groß*, Kapitalmarktrecht, § 19 WpPG Rn. 1; *Heidelbach*, in: Schwark/Zimmer, KMRK, § 19 WpPG Rn. 1, und *Preuße*, in: Holzborn, WpPG, § 19 Rn. 11 f.
11 Ansonsten liegt ein Fall des § 19 Abs. 3 vor; das Tatbestandsmerkmal des Angebots oder der Zulassung **ausschließlich** im Herkunftsstaat muss dementsprechend, da nicht ausdrücklich erwähnt, dazu gedacht werden.
12 Zum Begriff des Herkunftsstaats § 2 Rn. 127 ff., insbesondere auch dazu, dass ein Emittent für unterschiedliche Emissionen unterschiedliche Herkunftsstaaten haben kann wegen des Wahlrechts für Nichtdividendenwerte mit einer Mindeststückelung von 1.000 Euro, § 2 Rn. 130 ff.
13 *Kunold/Schlitt*, BB 2004, 501, 508.
14 Für Deutschland ganz h.M., siehe etwa Beschlussempfehlung und Bericht des Finanzausschusses, BT-Drucks. 15/5373, S. 85, *Crüwell*, AG 2003, 243, 248, *Kunold/Schlitt*, BB 2004, 501, 508, *Boos/Preuße*, ZFGK 2005, 523, 525, und *Preuße*, in: Holzborn, WpPG, § 19 Rn. 13; a. A. soweit ersichtlich anscheinend nur *Mattil/Möslein*, WM 2007, 819, 821, unter Hinweis auf eine „relative" Begriffsbestimmung, die sich nach „jeweils relevanten geographischen Sprachräumen" richten

§ 19   Sprachenregelung

statten, sofern der Prospekt auch eine Übersetzung der Zusammenfassung in die deutsche Sprache enthält und weitere Bedingungen erfüllt sind.

7   Dabei ist es wohl primär der weitgehenden wortgleichen Umsetzung der ProspektRL in das WpPG sowie den diplomatischen Gepflogenheiten innerhalb der Europäischen Union geschuldet, dass die **„in internationalen Finanzkreisen gebräuchliche Sprache"** als solche, d.h. abstrakt in das WpPG Eingang gefunden hat, anstatt **Englisch** konkret zu benennen. Denn Englisch hat sich im Laufe der letzten 20 Jahre in Europa als allgemein anerkannte Finanzsprache etabliert. Dagegen ist es nicht ersichtlich, dass andere, etwa an Schulen weithin gelehrte und möglicherweise in bestimmten Bevölkerungskreisen verbreitete Sprachen – zunächst würde man wahrscheinlich an Französisch denken – in Finanzkreisen in Deutschland oder gar international momentan oder in absehbarer Zeit[15] weithin genutzt werden und damit für sich ausreichend weite Verbreitung in Anspruch nehmen könnten.[16] Bemerkenswert ist in diesem Zusammenhang der Versuch der britischen Financial Services Authority, den Begriff der „in internationalen Finanzkreisen gebräuchlichen Sprache" zu definieren. Dabei wird eine Sprache verlangt, „die in jeweils drei internationalen Kapitalmärkten in Europa, Asien und Amerika verwandt wird".[17] Diesen Test kann keine andere Sprache bestehen, selbst für Englisch ist das Erreichen dieser Kriterien zweifelhaft. Ob man diese Definition für angemessen hält, ist dabei nicht entscheidend: sie verdeutlicht jedenfalls das Gemeinte.

8   Schließlich bestätigt eine weitere Überlegung den Befund, dass aus deutscher Sicht allein Englisch in internationalen Finanzkreisen (ausreichend) gebräuchlich ist: In den Fällen des § 19 Abs. 2, d.h. mit Deutschland als Herkunftsstaat, aber ohne Angebot oder Zulassung in Deutschland, könnte man etwa bei einer Notifizierung eines Prospekts allein nach Frankreich und Luxemburg davon ausgehen, dass mit Blick auf die Aufnahmestaaten ein französischsprachiger Prospekt ausreichend wäre. Dann stellt sich aber die tatsächliche Frage, ob die BaFin für den Herkunftsstaat Deutschland einen Prospekt in französischer Sprache prüfen kann. Diese Frage ist zu verneinen, auch deswegen verlangt § 19 Abs. 2 Satz 2 für den Fall der Einreichung eines Prospekts in einer anderen Sprache als Deutsch oder Englisch zusätzlich eine Prospekterstellung in einer dieser beiden Sprachen.[18]

---

soll; solche „relevanten geographischen Sprachräume" – sofern man sie von der Idee her überhaupt anerkennen möchte – vertragen sich indessen weder mit dem Wortlaut der Norm, der ja gerade eine *in internationalen Finanzkreisen gebräuchliche Sprache* verlangt, noch mit der gemeinschaftsrechtlichen Grundidee der Einmalzulassung mit gemeinschaftsweiter Gültigkeit, dazu v. Ilberg, in: Assmann/Schlitt/von Kopp-Colomb, WpPG, §19 WpHG Rn. 22.

15   Darauf, dass die offene Formulierung „in internationalen Finanzkreisen gebräuchliche Sprache" in Zukunft die theoretische Möglichkeit offen lässt, dass andere Sprachen als solche anerkannt werden, verweist *v. Ilberg*, in: Assmann/Schlitt/von Kopp-Colomb, WpPG/VerkProspG, §19 WpHG Rn. 23; siehe auch *Heidelbach*, in: Schwark/Zimmer, KMRK, § 19 WpPG Rn. 5.

16   Statt vieler *Ritz/Voß*, in: Just/Voß/Ritz/Zeising, WpPG, § 19 Rn. 12.

17   Siehe die UKLA Prospectus Rules, 4.1.5.A. Die FSA hat dabei den Vorteil, dass es auf die Trefflichkeit der Definition nicht ankommt, da im Vereinigten Königreich Englisch eben schon als Landessprache gesetzt ist.

18   Überzeugend *Ritz/Voß*, in: Just/Voß/Ritz/Zeising, WpPG, § 19 Rn. 12 f. und 22. Bei *Ritz/Voß*, a.a.O. § 19 Rn. 18 auch die interessante Überlegung, ob etwa Türkisch als Muttersprache für zahlreiche in Deutschland lebende Bürger, die sich als Anleger für bestimmte Wertpapiere interessieren könnten, als Prospektsprache in Betracht käme. *Ritz/Voß* verneinen dies jedoch zu Recht unter Hinweis darauf, dass auch Türkisch keine „in internationalen Finanzkreisen gebräuchliche Sprache" ist.

c) Auslegung im Einzelnen

Die weitere Diskussion beschränkt sich folglich auf die Sprachen Deutsch und Englisch. **9**
Die Begründung des Regierungsentwurfs führt dazu aus, § 19 Abs. 1 regele Situationen, in denen ausschließlich oder vorrangig in Deutschland ansässige Anleger angesprochen würden. Aus Gründen des Schutzes des Publikums sei die in Satz 2 enthaltene Ausnahme (Prospekterstellung ausschließlich in Englisch) eng auszulegen. In Betracht komme eine solche Ausnahme beispielsweise, wenn die Wertpapiere im Inland ausschließlich institutionellen Anlegern angeboten würden.[19] Diese Begründung vermag indes nicht zu überzeugen. Denn bereits die Prämisse, dass ausschließlich oder vorrangig in Deutschland ansässige Anleger angesprochen werden, ist überaus zweifelhaft: solange das neue Europäische Wertpapierprospektrecht in Kraft ist (seit Juli 2005), ist die Bedeutung zumeist internationaler oder zumindest international aufgestellter institutioneller Investoren für den Erfolg der meisten größeren Wertpapierangebote zentral, diejenige der deutschen Privatinvestoren zumeist gering. Dies liegt nicht am neuen Prospektrecht, sondern an den Marktturbulenzen, die gerade in Deutschland nach dem Zusammenbruch des neuen Marktes 2001 eine gegenüber öffentlichen Angeboten von Wertpapieren verunsicherte Privatanlegerschaft zurückgelassen haben. Zudem stellt sich die Frage, warum das deutsche Publikum weniger schutzwürdig sein sollte, sofern ein Fall des § 19 Abs. 3 oder Abs. 4 vorliegt: für diese Fälle ist das Sprachregime indessen liberaler, da ein englischsprachiger Prospekt ausreicht, dazu unten. Schließlich könnte man sogar die Annahme in Frage stellen, dass ein deutschsprachiger Prospekt private Anleger per se besser schützt: soweit diese einen englischsprachigen Prospekt nicht mit ausreichender Sicherheit verstehen, könnte (und sollte) dies dazu führen, dass sie von einer Investition in das entsprechende Wertpapier absehen, also von vorneherein kein Risiko eingehen: Keiner ist gezwungen, Wertpapiere zu erwerben, deren Prospekt er nicht (ausreichend) versteht.[20] Aber auch die in der Regierungsbegründung genannte Ausnahme überzeugt nicht wirklich: denn nach § 3 Abs. 2 Nr. 1 liegt im Falle eines Angebotes ausschließlich an qualifizierte Anleger (womit „institutionelle Anleger" gemeint sind) unter dem Gesichtspunkt des öffentlichen Angebots bereits keine Pflicht zur Veröffentlichung eines Prospekts vor. Damit bliebe allein die Zulassung nach § 4 als Anknüpfungspunkt für das Prospekterfordernis; dann greift aber der Aspekt des Schutzes des Publikums nicht mehr durch.[21]

Folgt man der Logik der Regierungsbegründung, so müsste die Möglichkeit der Erstellung **10**
ausschließlich eines englischsprachigen Prospekts zumindest in allen in § 3 Abs. 2 genannten Fällen (außer dem Falle des Angebots ausschließlich an qualifizierte Anleger handelt es sich um lediglich maximal 150 nicht qualifizierten Anlegern angebotene Wertpapiere, um die Einhaltung eines Mindestbetrages von 100.000 Euro oder einer Mindeststückelung von 100.000 Euro oder um einen Gesamtverkaufspreis binnen zwölf Monaten, der 100.000 Euro nicht übersteigt) eröffnet sein, in denen jeweils ein Prospekt nicht mit Blick auf das Angebot, sondern lediglich mit Blick auf eine Zulassung an einem organisierten Markt erforderlich ist.

---

19 BR-Drucks. 85/05, S. 81.
20 *Heidelbach*, in: Schwark/Zimmer, KMRK, § 19 WpPG Rn. 3.
21 *Schlitt/Schäfer*, AG 2005, 498, 509; *Holzborn/Israel*, ZIP 2005, 1668, 1673.

§ 19   Sprachenregelung

11 Der Wortlaut von § 19 Abs. 1 Satz 2 stellt darauf ab, ob „im Einzelfall unter Berücksichtigung der *Art der Wertpapiere* eine ausreichende Information des Publikums gewährleistet erscheint". Da es damit entscheidend auf die Art der Wertpapiere und das gerade in diese Wertpapiere investierende Anlegerpublikum ankommt, könnte man in Anlehnung an § 2 Nr. 13 b) beispielsweise bei bestimmten Mindeststückelungen für Nichtdividendenwerte sowie bei den dort ebenfalls genannten Umtauschanleihen und Optionsscheinen, eine solche Ausnahme annehmen; nach der hier vertretenen Auffassung sollte dafür eine Mindeststückelung von 1.000 Euro ausreichen.

12 Wer die Ausnahmeregelung des § 19 Abs. 1 Satz 2 in Anspruch nehmen will, muss einen **Antrag** stellen.[22] Erforderlich ist eine ermessensfehlerfreie Entscheidung der BaFin in jedem Einzelfall.[23]

d) Auswirkungen bei der Wahl von Deutschland als Herkunftsstaat

13 Zudem bedeutet die neue Regelung in Abs. 1 für ausländische Emittenten, die Deutschland als Herkunftsstaat innerhalb des EWR gewählt haben, gegenüber dem zuvor geltenden Recht eine Verschärfung. Denn nach altem Recht reichte für ausländische Emittenten u. a. in Fällen, in denen diese Wertpapiere ausschließlich in Deutschland anboten, regelmäßig ein englischsprachiger Prospekt aus.[24]

e) Regelung in anderen EU-Staaten

14 Vergleichsweise liberalere Regeln finden sich etwa in Österreich (wo nach § 7b Abs. 1 Kapitalmarktgesetz auch bei reinem Inlandsbezug für ein öffentliches Angebot oder eine Zulassung zum Handel an einem geregelten Markt ein englischsprachiger Prospekt ausreicht) und in Luxemburg (wo nach Art. 20 Ziff. 1 des Umsetzungsgesetzes bei reinem Inlandsbezug neben Luxemburgisch auch Französisch, Deutsch und Englisch als gleichberechtigt zugelassen sind).

f) Reaktion der Praxis

15 Schließlich sind bislang keine Fälle deutscher Inlandsemittenten bekannt geworden, in denen die Ausnahme des § 19 Abs. 1 Satz 2 zur Anwendung gekommen ist.[25] Denn die BaFin wendet die Ausnahmeregel vor dem Hintergrund des Wortlautes („*im Einzelfall*") und der Regierungsbegründung ausgesprochen restriktiv an. Um in den Anwendungsbereich des flexibleren § 19 Abs. 3 zu gelangen und lediglich einen englischsprachigen Prospekt zu erstellen, muss neben dem öffentlichen Angebot in Deutschland also auch ein öffentliches

---

22 *v. Ilberg*, in: Assmann/Schlitt/von Kopp-Colomb, WpPG/VerkProspG, §19 WpHG Rn. 20.

23 Vgl. *v. Ilberg*, in: Assmann/Schlitt/von Kopp-Colomb, WpPG/VerkProspG, §19 WpHG Rn. 26.

24 § 15 Abs. 1 Satz 2 und Abs. 3 Satz 3 VerkProspG a. F. i.V. m. § 2 Abs. 1 Satz 4 VerkProspVO a. F. und § 13 Abs. 1 Satz 3 BörsZulVO a. F.; hierzu auch *Preuße*, in: Holzborn, WpPG, § 19 Rn. 8 und *Meyer*, in: Habersack/Mülbert/Schlitt, Unternehmensfinanzierung, § 30 Rn. 59.

25 Vgl. auch *Schlitt/Schäfer*, AG 2008, 525, 528; einen Fall eines ausländischen Emittenten, der offenbar Deutschland als EWR-Herkunftsstaat gewählt hatte und sog. International Depositary Receipts zur Verkörperung seiner an der Börse eines Drittstaates gehandelten Vorzugsaktien aufgrund eines englischsprachigen Prospekts zulassen konnte, die ausschließlich institutionellen Investoren angeboten wurden, nennen *Ritz/Voß*, in: Just/Voß/Ritz/Zeising, WpPG, § 19 Rn. 19.

Angebot in einem anderen Staat des EWR stattfinden.[26] Damit behilft sich auch vielfach die Praxis, da ein öffentliches Angebot in einem anderen EWR-Staat auf der Grundlage eines von der BaFin notifizierten Prospekts ungleich weniger aufwändig ist als die Erstellung des Prospekts in Deutsch und Englisch, Beispiele dazu unten zu § 19 Abs. 3 (Rn. 22).

g) Bewertung

De lege ferenda wäre deswegen zu überlegen, ob man es nicht den Anlegern selbst überlässt, inwiefern sie sich durch einen englischsprachigen Prospekt ausreichend informiert fühlen. Immerhin steht es den Anlegern ja frei – und kann ihnen nur geraten werden – in Wertpapiere, über welche sie sich nicht ausreichend informiert fühlen, nicht zu investieren. Diese Überlegung mag zu den liberaleren Bestimmungen etwa in Österreich und Luxemburg geführt haben. Die Frage der Erstellung (auch) eines deutschsprachigen Prospekts würde dann vorrangig zu einer Frage der Vermarktung, d. h. der Emittent würde einen solchen Prospekt typischerweise dann erstellen, wenn er sich hiervon eine bessere Platzierbarkeit der Wertpapiere in Deutschland verspricht. 16

2. Herkunftsstaat Deutschland, ausschließlich Auslandsbezug (§ 19 Abs. 2)

a) Sprachwahl durch den Prospektersteller

Für den Fall der Billigung eines Prospekts durch die BaFin, mit dem allein im EWR-Ausland Wertpapiere angeboten oder zum Handel zugelassen werden sollen, gewährt § 19 Abs. 2 Satz 1 dem Anbieter oder Zulassungsantragsteller[27] die **Wahl**, den Prospekt in einer von der Behörde des Aufnahmestaates oder den Behörden der Aufnahmestaaten anerkannten Sprache oder in Englisch zu erstellen. Insbesondere mit Blick auf das in § 19 Abs. 2 Satz 2 vorgesehene Erfordernis einer zusätzlichen Prospekterstellung in **Deutsch** als von der BaFin **allein anerkannter Sprache**[28] oder **Englisch**, wenn nicht schon nach Satz 1 eine dieser beiden Sprachen gewählt ist, und zwecks Vermeidung von Übersetzungen, wird der Prospekt im Normalfall in **Englisch**[29] erstellt werden.[30] 17

Das eben genannte Erfordernis einer zusätzlichen Prospekterstellung in Deutsch oder Englisch nach § 19 Abs. 2 Satz 2 soll die BaFin dabei in die Lage versetzen, den Prospekt zu 18

---

26 *Schlitt/Schäfer*, AG 2008, 525, 529, weisen zu Recht darauf hin, dass das Gesetz insofern nicht nach der Sprache des anderen Staates unterscheidet, so dass auch bei einem öffentlichen Angebot in zwei deutschsprachigen Staaten wie Deutschland und Österreich eine Prospekterstellung in englischer Sprache möglich ist.
27 Im Gegensatz dazu räumt Art. 19 Abs. 2 Satz 1 ProspektRL dem „*Emittenten,* Anbieter oder *Zulassungsantragsteller*" (Hervorhebung des Verfassers) dieses Wahlrecht ein. In der Praxis dürfte der Anbieter indes mit dem Emittenten identisch sein oder sich zumindest mit dem Emittenten eng abstimmen, so dass sich kaum Unterschiede ergeben dürften, dazu auch *Heidelbach*, in: Schwark/Zimmer, KMRK, § 19 WpPG Rn. 13.
28 Vgl. *v. Ilberg*, in: Assmann/Schlitt/von Kopp-Colomb, WpPG/VerkProspG, §19 WpHG Rn. 44, der in Rn. 47 auch darauf hinweist, dass die offene Formulierung *„von der Bundesanstalt anerkannte Sprache"* künftig die Anerkennung weiterer Sprachen zulässt.
29 So zu Recht *Linke*, in: Schäfer/Hamann, Kapitalmarktgesetze, § 19 WpPG Rn. 4.
30 Zur Frage der Prüfung und Billigung verschiedener Sprachfassungen ausführlich oben § 18 Rn. 15.

§ 19   Sprachenregelung

prüfen. Es kann nämlich von keiner nationalen Behörde erwartet werden, außer der jeweiligen Landessprache bzw. den jeweiligen Landessprachen und Englisch als in internationalen Finanzkreisen gebräuchlicher Sprache auch sämtliche oder auch nur einzelne andere Sprachen aus dem EWR in der für die Prüfung von Prospekten erforderlichen Tiefe zu beherrschen. Dies stellt auch bereits die ProspektRL in Art. 19 Abs. 2, 2. Unterabs. klar: Zur Prüfung durch die Behörde des Herkunftsmitgliedstaats ist der Prospekt in einer von dieser Behörde anerkannten Sprache oder in Englisch als in internationalen Finanzkreisen gebräuchlicher Sprache zu erstellen. Folglich prüft die BaFin in den Fällen des § 19 Abs. 2 lediglich englischsprachige oder deutschsprachige Prospekte bzw. Übersetzungen, nicht aber sonstige Sprachfassungen. Allein diese können dann auch nach § 18 von der BaFin als gebilligt übermittelt[31] oder nach § 17 Abs. 3 an die BaFin als Behörde des Aufnahmestaats übermittelt[32] werden; zu anderen Sprachfassungen sofort.

b) Sonstige Sprachen

19   Obwohl vom deutschen Recht in § 19 Abs. 2 nicht gefordert, wird dem Prospekt in der Regel nach dem Recht der Staaten, in denen die Wertpapiere angeboten oder zugelassen werden sollen, eine Übersetzung der Zusammenfassung in die jeweilige Landessprache[33] beizufügen sein (wie etwa in Deutschland in § 19 Abs. 4 für den parallelen Fall der Notifizierung aus dem EWR-Ausland vorgesehen). Diese Übersetzung der Zusammenfassung ist – da vom Gesetz nicht gefordert – nicht Bestandteil des Prospekts und wird auch von der BaFin nicht geprüft;[34] genauso verhält es sich mit in der Landessprache des Aufnahmestaates erstellten Prospekten bzw. Übersetzungen in andere Sprachen als Englisch oder Deutsch.

3. Herkunftsstaat Deutschland, In- und Auslandsbezug (§ 19 Abs. 3)

a) Gesetzeshistorie – Wahlrecht

20   Im Regierungsentwurf zum ProspektRL-Umsetzungsgesetz[35] war § 19 Abs. 3, der Art. 19 Abs. 3 Satz 1 ProspektRL umsetzt, noch durchgängig parallel zu § 19 Abs. 1 formuliert. Danach wäre der Prospekt in deutscher Sprache zu erstellen gewesen, soweit die BaFin nicht eine Ausnahme zugelassen hätte. Die Begründung zum Regierungsentwurf hatte hierzu ausgeführt, dass wegen der besonderen Informationsinteressen des Publikums eine solche Gestattung bei der Emission von Dividendenwerten, insbesondere von Aktien, nicht möglich sei.[36]

21   Allerdings wies der Bundesrat – im Einklang mit dem zentralen Kreditausschuss (ZKA)[37] und der Deutschen Bundesbank[38] – in seiner Stellungnahme unter Betonung u. a. der mit

---

31 Dazu oben § 18 Rn. 13 ff., insbesondere Rn. 15.
32 Dazu oben § 17 Rn. 14.
33 Dazu oben § 18 Rn. 18.
34 *Ritz/Voß*, in: Just/Voß/Ritz/Zeising, WpPG, § 19 Rn. 14 ff. mit gutem Beispiel in Rn. 54; *Linke*, in: Schäfer/Hamann, Kapitalmarktgesetze, § 19 WpPG Rn. 4.
35 BR-Drucks. 85/05, S. 24.
36 BR-Drucks. 85/05, S. 81.
37 Gemeinsame Stellungnahme des Zentralen Kreditausschusses (ZKA), des Deutschen Derivate Instituts (DDI), des Derivate Forums und des Verbandes der Auslandsbanken in Deutschland vom 22.2.2005, S. 6.
38 Stellungnahme der Deutschen Bundesbank vom 6.4.2005, S. 3 f.

der Übersetzung von Finanzinformationen verbundenen erheblichen zeitlichen Verzögerungen und hohen Kosten sowie der Erhaltung und Erhöhung der internationalen Attraktivität des Finanzplatzes Deutschland, gerade für Drittstaatenemittenten, welche sich einen EWR-Herkunftsstaat aussuchen, hin, und wollte auch aus Anlegerschutzgesichtspunkten bei grenzüberschreitenden Angeboten nicht zwingend das Primat der deutschen Sprache herleiten.[39] Dem schloss sich der Finanzausschuss des Bundestags[40] an, so dass die Bestimmung ihre geltende Fassung erhielt.[41] Diese stellt Deutsch und Englisch gleichberechtigt nebeneinander und eröffnet dem Prospektersteller (trotz des von § 19 Abs. 2 abweichenden unpersönlichen Wortlauts ohne explizite Nennung eines Berechtigten[42]) insofern wie § 19 Abs. 2 ein **echtes Wahlrecht**,[43] sieht aber für den Fall der Erstellung eines englischsprachigen Prospekt das Erfordernis einer Übersetzung der Zusammenfassung in die deutsche Sprache[44] vor. Damit dürften Vermarktungsgesichtspunkte eine zentrale Rolle für die Frage der Erstellung (auch) eines deutschsprachigen Prospekts spielen.[45]

b) Ausschließlich englischsprachiger Prospekt

Das Gesetz unterscheidet nicht nach der Sprache des anderen Staates, in dem die Wertpapiere öffentlich angeboten oder zum Handel zugelassen werden sollen, so dass auch bei einem öffentlichen Angebot in zwei deutschsprachigen Staaten wie Deutschland und Österreich oder Luxemburg eine Prospekterstellung in englischer Sprache möglich ist.[46] In der Praxis wird diese Möglichkeit dann auch entsprechend genutzt,[47] so dass die Notwendigkeit der Erstellung eines deutschsprachigen Prospekts entfällt. Umgekehrt nehmen lediglich Luxemburg und Österreich (und Liechtenstein) Notifizierungen in Deutsch an, während in alle anderen EWR-Staaten die Notifizierung in Englisch erfolgt.[48]

22

Die Regelung des § 19 Abs. 3 mit der Möglichkeit der Prospekterstellung ausschließlich in Englisch muss auch Anwendung finden auf den Fall eines **Basisprospektes**, unter dem sowohl grenzüberschreitende als auch rein deutsche Emissionen begeben werden sollen. Denn das Sprachregime dieses Prospekts ist nicht teilbar, und es erscheint angemessen,

23

---

39 BR-Drucks. 85/05 (Beschluss), S. 8.
40 BT-Drucks. 15/5373 (Beschlussempfehlung und Bericht des Finanzausschusses), S. 81 f. und 85.
41 Dazu, dass dies auch der gängigen Praxis insbesondere bei Emissionsprogrammen entsprach, *Boos/Preuße*, ZFGK, 2005, 523, 525.
42 Dazu *Heidelbach*, in: Schwark/Zimmer, KMRK, § 19 WpPG Rn. 14.
43 *v. Ilberg*, in: Assmann/Schlitt/von Kopp-Colomb, WpPG/VerkProspG, §19 WpHG Rn. 49, 51.
44 Kritisch dazu *Schlitt/Schäfer*, AG 2005, 498, 509.
45 Dazu bereits oben Rn. 15. Dagegen dürften prospekthaftungsrechtliche Überlegungen insofern von eher geringerer Bedeutung sein, da im Grunde nicht ersichtlich ist, inwiefern sich Prospekthaftungsrisiken bei Wahl einer zulässigen Sprache, typischerweise Englisch, durch Unterlassen einer deutschen Fassung des Prospekts erhöhen; a. A. wohl *v. Ilberg*, in: Assmann/Schlitt/von Kopp-Colomb, WpPG/VerkProspG, §19 WpHG Rn. 49.
46 *Schlitt/Schäfer*, AG 2008, 525, 529.
47 Beispiele sind etwa die Prospekte der Brenntag AG vom 15.3.2010 (öffentliches Angebot in Deutschland und Luxemburg), der Kabel Deutschland AG vom 8.3.2010 (öffentliches Angebot in Deutschland und Luxemburg), der Continental AG vom 11.1.2010 (öffentliches Angebot in Deutschland und Luxemburg) und der HeidelbergCement AG vom 14.9.2009 (öffentliches Angebot in Deutschland und Österreich).
48 Ausführlich hierzu oben bei § 18 Rn. 13; vgl. auch *Linke*, in: Schäfer/Hamann, Kapitalmarktgesetze, § 19 WpPG, Rn. 5.

§ 19 Sprachenregelung

auch in diesem Fall dem Ersteller des u. a. für eine oder mehrere grenzüberschreitende Emission(en) verwendeten Prospekts das Wahlrecht des § 19 Abs. 3 zu belassen.[49]

c) Gebrochenes Sprachregime

24 Der Wortlaut des § 19 Abs. 3 (sowie der der Abs. 1 und 2) sieht vor, dass der Prospekt **in einer Sprache** zu erstellen ist. Eine direkt am Wortlaut bleibende Auslegung würde aber in einigen Konstellationen zu nicht sachgerechten Ergebnissen führen.[50] So besteht etwa ein praktisches Bedürfnis nach der Möglichkeit der Verwendung der in Deutsch oder Englisch erstellten Finanzinformationen in der Originalversion, auch wenn der Prospekt insgesamt in der jeweils anderen Sprache erstellt wird; auch mag der Prospektersteller vorziehen, die endgültigen Emissionsbedingungen mit Blick auf ihre Durchsetzbarkeit, etwa unter dem Gesichtspunkt ihrer denkbaren Einordnung als Allgemeine Geschäftsbedingungen, oder mit Blick auf die bessere Verständlichkeit für Bankberater im Sekundärmarkt, in Deutsch zu erstellen, auch wenn der Prospekt an sich in Englisch erstellt wird.[51] Deswegen hat die BaFin das sog. **gebrochene Sprachregime** als Sonderfall akzeptiert.[52] Danach kann der Prospekt teilweise in einer anderen Sprache (d. h. in Deutsch oder Englisch) abgefasst sein, wenn er weiterhin verständlich bleibt und die unterschiedlichen Sprachfassungen sich auf abgrenzbare Teile des Prospekts beziehen. Konkret hat die BaFin solche Ausnahmen von Anfang an zugelassen für die **Finanzinformationen**, die **Garantieerklärung**, die **Angaben zur Garantin** und die **verbindlichen Emissionsbedingungen**. Die unverbindlichen Emissionsbedingungen dürfen (als solche gekennzeichnet) nach Auffassung der BaFin zudem dann in den Prospekt aufgenommen werden, wenn sie in der Sprache des Prospekts abgefasst sind. Für den Fall, dass eine „Convenience Translation" der Emissionsbedingungen dem Prospektleser zugänglich gemacht werden soll, kann diese hinter der Unterschriftenseite als Annex zum gebilligten Prospekt abgedruckt werden, ohne dass sie hierdurch zum formellen Bestandteil des Prospekts würde.[53] Dies gilt auch für eine unverbindliche Übersetzung des Prospekts insgesamt: Sie muss vom gebilligten Prospekt deutlich getrennt und mit ausdrücklichem Hinweis auf die Unverbindlichkeit versehen werden.

---

49 So auch *Kullmann/Sester*, WM 2005, 1068, 1071, und *Preuße*, in: Holzborn, WpPG, § 19 Rn. 18; ebenso *v. Ilberg*, in: Assmann/Schlitt/von Kopp-Colomb, WpPG/VerkProspG, §19 WpHG Rn. 71, und *Heidelbach*, in: Schwark/Zimmer, KMRK, § 19 Rn. 17, die betont, dass es ausreicht, wenn der Basisprospekt entsprechende Ziehungen mit Auslandsbezug zulässt, ohne dass eine solche Ziehung tatsächlich erfolgt sein muss.
50 *Linke*, in: Schäfer/Hamann, Kapitalmarktgesetze, § 19 WpPG Rn. 6, auch zum Folgenden.
51 Vgl. *Ritz/Voß*, in: Just/Voß/Ritz/Zeising, WpPG, § 19 Rn. 42.
52 Zum Folgenden: *Schlitt/Schäfer*, AG 2008, 525, 529 m. w. N., *Preuße*, in: Holzborn, WpPG, § 19 Rn. 18a und *Linke*, in: Schäfer/Hamann, Kapitalmarktgesetze, § 19 WpPG Rn. 6; *Ritz/Voß*, in: Just/Voß/Ritz/Zeising, WpPG, § 19 Rn. 53.
53 Aus Sicht der BaFin geht es darum, die Trennung deutlich zu machen und darüber hinaus durch einen Hinweis klarzustellen, dass diese Anleihebedingungen nicht von der BaFin gebilligt wurden, dazu und zum Folgenden: Ausgewählte Rechtsfragen in der Aufsichtspraxis, BaFin-Workshop vom 4.9.2007, S. 21; vgl. auch *Linke*, in: Schäfer/Hamann, Kapitalmarktgesetze, § 19 WpPG Rn. 6; *Ritz/Voß*, in: Just/Voß/Ritz/Zeising, WpPG, § 19 Rn. 53 und *v. Ilberg*, in: Assmann/Schlitt/von Kopp-Colomb, WpPG/VerkProspG, §19 WpHG Rn. 69.

II. Regelungsgehalt **§ 19**

Bis Anfang 2007 hatte die BaFin zudem verlangt, dass die **Kohärenzprüfung** durch das gebrochene Sprachregime nicht beeinträchtigt werden darf:[54] Gemeint war damit, dass die Kohärenzprüfung nicht auch die (nicht gewollte) Prüfung der Kohärenz verschiedener Sprachfassungen umfassen solle. Unter Verweis hierauf hatte die BaFin etwa die Möglichkeit der Erstellung eines Registrierungsformulars in Englisch, des Restprospekts aber in Deutsch abgelehnt, da ansonsten der Sachbearbeiter die Angaben zum Emittenten im Registrierungsformular in einer anderen Sprache lesen müsse als die Teile der Zusammenfassung, die sich auf den Emittenten beziehen; dies beinhalte Übersetzungsarbeit, die aber nicht Teil des behördlichen Prüfungsauftrages sei. Seit Anfang 2007 lässt die BaFin aber die Abfassung des **Registrierungsformulares** in einer anderen Sprache als den Restprospekt zu, so dass dieses Merkmal aufgegeben scheint.[55] Wie sich dies in der Praxis im Einzelfall – etwa hinsichtlich der endgültigen Emissionsbedingungen – auswirken wird, bleibt abzuwarten. Hier sind die Dinge erheblich im Fluss. Eine maßgebliche Erwägung mag sein, dass jedenfalls dann bei zweisprachigen Prospektteilen keine Kohärenzprobleme auftreten sollten, wenn eine der beiden Sprachfassungen als verbindlich und die andere als unverbindliche Lesehilfe charakterisiert wird.[56] Sicher ist, dass die BaFin mit ihrer diesbezüglichen Flexibilität den Bedürfnissen der Praxis erheblich entgegenkommt.

25

Bedeutsam für die Praxis ist wegen der damit verbundenen Arbeitserleichterung auch die Möglichkeit, **Angaben aus anderen Dokumenten in Englisch per Verweis** im Sinne von § 11 in einen deutschsprachigen Prospekt aufzunehmen. Hierzu verweist Art. 28 Abs. 2 ProspektVO hinsichtlich der Sprachanforderungen auf Art. 19 ProspektRL. Danach ist es auch möglich, ein in Englisch abgefasstes Dokument, etwa ein in einem anderen EWR-Staat gebilligtes Registrierungsformular (oder sogar Übersetzungen von gebilligten Dokumenten[57]), per Verweis in einen deutschsprachigen Prospekt aufzunehmen.[58]

26

Letztlich sind sogar **vollständig zweisprachig abgefasste Prospekte** (in Deutsch und Englisch) zulässig, d. h. es kann auch eine (zusätzliche) Prüfung einer (englischen oder deutschen) Übersetzung durch die BaFin erfolgen.[59] Allerdings handelt es sich dann um zwei Billigungsverfahren, so dass dementsprechend zwei Gebühren anfallen.[60]

27

---

54 *Linke*, in: Schäfer/Hamann, Kapitalmarktgesetze, § 19 WpPG Rn. 6 und *Ritz/Voß*, in: Just/Voß/Ritz/Zeising, WpPG, § 19 Rn. 44 ff., auch zum Folgenden.
55 *Ritz/Voß*, in: Just/Voß/Ritz/Zeising, WpPG, § 19 Rn. 44 und 47; vgl. auch *Heidelbach*, in: Schwark/Zimmer, KMRK, § 19 WpPG Rn. 27.
56 *Heidelbach*, in: Schwark/Zimmer, KMRK, § 19 WpPG Rn. 6; ausführlich *Preuße*, in: Holzborn, WpPG, § 19 Rn. 19.
57 ESMA-Questions and Answers – Prospectuses (23rd Updated Version – December 2015), ESMA/2015/1874, Frage 7b.
58 Vgl. *Ritz/Voß*, in: Just/Voß/Ritz/Zeising, WpPG, § 19 Rn. 51 im Anschluss an CESR-Frequently Asked Questions (12th Updated Version – November 2010) Ref.: 10-1337, Frage 7 (neueste Fassung in ESMA/2015/1874).
59 Vgl. auch *Preuße*, in: Holzborn, WpPG, § 19 Rn. 19, und *Heidelbach*, in: Schwark/Zimmer, KMRK, § 19 WpPG Rn. 32.
60 So auch *Ritz/Voß*, in: Just/Voß/Ritz/Zeising, WpPG, § 19 Rn. 52 und *v. Ilberg*, in: Assmann/Schlitt/von Kopp-Colomb, WpPG/VerkProspG, § 19 WpHG Rn. 68: beachte, dass dann beide Prospektfassungen unabhängig voneinander geprüft und gebilligt werden und die BaFin keinen Abgleich hinsichtlich möglicher Widersprüche zwischen beiden Prospekten vornimmt.

4. Anderer EWR-Staat als Herkunftsstaat, Inlandsbezug (§ 19 Abs. 4)

a) Sprachregime

28 Die Vorschrift regelt das Sprachregime für die Notifizierung von **Prospekten aus einem anderen EWR-Staat** nach Deutschland zwecks öffentlichen Angebotes im Inland oder inländischer Zulassung an einem organisierten Markt. Unerheblich für die Anwendung von § 19 Abs. 4 ist, ob öffentliche Angebote und/oder Zulassungsanträge auch in anderen Ländern erfolgen.[61] § 19 Abs. 4 gestattet **Deutsch** und **Englisch** (als in internationalen Finanzkreisen gebräuchliche Sprache) als Prospektsprachen.[62] Insofern ist die Verwendung des Wortes „kann" etwas unglücklich, als es sich dabei um eine abschließende Aufzählung der zulässigen Sprachen handelt;[63] letztlich eröffnet auch § 19 Abs. 4, entsprechend Abs. 2 und 3 und trotz der jeweils unterschiedlichen Formulierungen, dem Prospektersteller hinsichtlich dieser beiden Sprachen ein **Wahlrecht**. Bei der Verwendung von Englisch ist nach § 19 Abs. 4 Satz 2 eine deutsche Übersetzung der Zusammenfassung beizufügen. Dabei handelt es sich zwar gegenüber der früheren Rechtslage um ein zusätzliches Erfordernis,[64] das aber den Aufwand nicht wesentlich erhöht und in Art. 19 Abs. 3 Satz 2 ProspektRL eröffnet ist.

b) Schärfere Anforderungen bei grenzüberschreitenden Umtauschangeboten?

28a Nach § 11 Abs. 1 Satz 4 WpÜG ist eine Angebotsunterlage für ein öffentliches Angebot zum Erwerb von börsennotierten Wertpapieren, typischerweise Aktien, in deutscher Sprache abzufassen. Die vom Bieter angebotene Gegenleistung kann dabei nach § 31 Abs. 2 Satz 2 WpÜG auch in an einem organisierten Markt zugelassenen Aktien bestehen. Hierzu sieht § 4 Abs. 1 Nr. 2 vor, dass die Pflicht zur Veröffentlichung eines Prospekts (nach dem WpPG) nicht für Wertpapiere gilt, die anlässlich einer Übernahme im Wege eines Tauschangebots angeboten werden, sofern ein Dokument verfügbar ist, dessen Angaben denen des Prospekts gleichwertig sind.[65] Umgekehrt bestimmt § 2 Nr. 2 Halbsatz 2 WpÜG-Angebotsverordnung, dass in der Angebotsunterlage die Angabe genügt, dass ein Prospekt veröffentlicht wurde und wo dieser jeweils erhältlich ist, wenn vor Veröffentlichung der Prospektunterlage ein Prospekt, auf Grund dessen die Wertpapiere öffentlich angeboten oder zum Handel an einem organisierten Markt zugelassen worden sind, im Inland in deutscher Sprache veröffentlich wurde.

28b Dies wirft die Frage nach dem Verhältnis zwischen § 11 Abs. 1 Satz 4 WpÜG und § 19 Abs. 4 auf, demzufolge ein englischsprachiger Prospekt mit deutscher Übersetzung der

---

61 *Heidelbach*, in: Schwark/Zimmer, KMRK, § 19 WpPG Rn. 20.
62 Einzelheiten sogleich bei Rn. 31.
63 Vgl. *Kullmann/Sester*, WM 2005, 1068, 1071; *Preuße*, in: Holzborn, WpPG, § 19 Rn. 21; zuletzt ausführlich mit guten Argumenten *v. Ilberg*, in: Assmann/Schlitt/von Kopp-Colomb, WpPG/VerkProspG, §19 WpHG Rn. 81 ff.
64 Dies ergab sich aus § 7 Abs. 2 VerkProspG a. F. i.V. m. § 2 Abs. 1 Satz 4 VerkProspVO und § 5 Abs. 1 VerkProspG a. F. i.V. m. § 13 Abs. 1 Satz 3 BörsZulVO a. F.; dazu kritisch *Schlitt/Schäfer*, AG 2005, 498, 509 m. w. N.
65 Siehe oben zu § 4 Rn. 6 ff.

Zusammenfassung für das Angebot an einem organisierten Markt zugelassener Aktien innerhalb des EWR ausreichen müsste. Eine typische Fallgestaltung wäre etwa so, dass ein schwedisches, im dortigen organisierten Markt börsennotiertes Unternehmen den Aktionären einer deutschen Zielgesellschaft im Wege des Umtauschangebots eigene Aktien anbieten möchte. Hierfür müsste der schwedische Bieter eine Kapitalerhöhung machen, für die er in Schweden einen englischsprachigen Prospekt billigen lassen müsste. Aus prospektrechtlicher Sicht und vor dem Hintergrund der gemeinschaftsrechtlichen Konzeption der grenzüberschreitenden Geltung im EWR einmal gebilligter Prospekte spricht viel dafür, dass ein englischsprachiger Prospekt mit deutscher Übersetzung der Zusammenfassung ausreichen müsste.[66] Andererseits sehen sowohl § 11 Abs. 1 Satz 4 WpÜG als auch § 2 Nr. 2 Halbsatz 2 WpÜG-Angebotsverordnung zwingend die Verwendung der deutschen Sprache vor. Daraus schließt die herrschende Meinung, dass ein englischsprachiger Prospekt bei Umtauschangeboten nicht in Betracht kommt – auch nicht in Ergänzung zu einer ansonsten deutschen Angebotsunterlage.[67] Verwiesen wird hierzu insbesondere auf die Regierungsbegründung zum WpÜG,[68] derzufolge durch die zwingende Abfassung in deutscher Sprache die Interessen der Wertpapierinhaber der deutschen Zielgesellschaft und ihrer Arbeitnehmer geschützt werden sollen. Allerdings waren im Jahre 2001 die Prospekt-RL und das EWR-Prospektregime unbekannt; zentral für das seither geschaffene EWR-Prospektrecht ist aber, dass bei grenzüberschreitenden Sachverhalten grundsätzlich die englische Sprache ausreicht (vorbehaltlich einer Übersetzung der Zusammenfassung z.B. ins Deutsche), wodurch dem Anlegerschutz nach gemeinsamen Verständnis ausreichend Rechnung getragen wird.[69] Zudem sind die für die Arbeitnehmer relevanten Angaben nach § 11 Abs. 2 Satz 2 WpÜG in der Angebotsunterlage ohnehin stets in deutscher Sprache abzugeben.[70] Vor diesem Hintergrund sprechen die besseren Argumente dafür, § 19 Abs. 4 als vorrangige Sonderregelung für englischsprachige Prospekte aus dem EWR im Bereich öffentlicher Übernahmen im Wege des Umtauschangebotes anzuwenden. Da dies aber gerade vor dem Hintergrund der aufgrund der fortbestehenden Regelung des Art. 6 Abs. 2 Unterabsatz 2 Übernahme-RL insofern ebenfalls nicht eindeutigen gemeinschaftsrechtlichen Lage – nicht zwingend ist und die Verwaltungspraxis der BaFin am Erfordernis der deutschen Sprache im Bereich der Umtauschangebote nach dem WpÜG auch für einen ggf. neben der Angebotsunterlage zu erstellenden, im EWR-Ausland zu billigenden Prospekt festhält, wäre eine dahingehende Klarstellung auf deutscher oder gemeinschaftsrechtlicher Ebene wünschenswert.[71]

c) Prüfungskompetenz der BaFin

Die BaFin ist insofern auf eine rein formelle Prüfung der Einhaltung der Sprachvorgaben beschränkt, d.h. sie prüft lediglich, ob die relevanten Informationen in Deutsch bzw. Eng-

---

66 So auch – wohl noch weitergehend – Bachmann, ZHR 172 (2008), 597, 617f.
67 *Schnorbus* oben zu § 4 Rn. 6ff., insbesondere 8f.; *Meyer*, in: Assmann/Pötzsch/Schneider, WpÜG, § 11 Rn. 52–54; so auch die Verwaltungspraxis der BaFin.
68 *Meyer*, in: Assmann/Pötzsch/Schneider, WpÜG § 11 Rn. 53.
69 Dazu ausführlich oben, Rn. 7ff. und 20ff.
70 So auch *Bachmann*, ZHR 172 (2008), 597, 618.
71 In der Praxis sind diese Fälle bisher aber sehr selten, so dass das Problem wahrscheinlich deshalb noch nicht größere Aufmerksamkeit erlangt hat.

§ 19 Sprachenregelung

lisch abgefasst sind und ob einem englischsprachigen Prospekt eine deutsche Zusammenfassung beigefügt ist.[72]

30 Allerdings kann die BaFin bei Verstößen gegen § 19 Abs. 4 nicht nur die hierfür aufgrund von Art. 22 und 23 der ProspektRL an sich vorgesehenen Maßnahmen der Zusammenarbeit mit der zuständigen Herkunftsstaatsbehörde nach § 28 und insbesondere ggf. die in § 29 Abs. 2 Satz 1 vorgesehenen Notmaßnahmen ergreifen. Ihr stehen nach dem Wortlaut des § 26 Abs. 4 auch die in der ProspektRL nicht vorgesehenen Möglichkeiten der Untersagung oder Aussetzung des Angebots zu, da § 26 Abs. 4 Satz 1 lediglich verlangt, dass „der Prospekt nicht der Sprachenregelung des § 19 genügt"; hierin ist also auch ein Verstoß gegen die Sprachenregelung in § 19 Abs. 4, nämlich bei einem aus einem anderen EWR-Staat nach Deutschland notifizierten Prospekt, eingeschlossen. Mit Blick auf die fehlende gemeinschaftsrechtliche Grundlage und die eigentlich abschließende Notifizierung wurde deswegen eine die Anwendung des § 26 Abs. 4 als Rechtsfolge für § 19 Abs. 4 ausschließende „gemeinschaftsrechtskonforme Auslegung" gefordert.[73] In der Tat gewährt die ProspektRL nicht ausdrücklich eine solche Befugnis. Andererseits ist in Art. 19 Abs. 3 der ProspektRL angelegt, dass jemand die Einhaltung des dort vorgesehenen Sprachregimes bei Notifizierungen überprüfen (und bei Verstößen dagegen vorgehen) können muss. Hierfür kommt mit Blick auf ihre diesbezügliche Sachnähe zumindest auch die Aufnahmestaatsbehörde in Betracht: Mit Blick auf den in der ProspektRL als eines der Hauptziele genannten Anlegerschutz sprechen sogar die besseren Argumente für eine solche Möglichkeit.[74] Allerdings wurde zu Recht darauf hingewiesen, dass dieser Fall als „sehr theoretisch" einzustufen ist, da sich in der Praxis die BaFin bei Feststellung, dass die Vorgaben des § 19 Abs. 4 nicht eingehalten sind, gemäß § 29 Abs. 1 Satz 1 mit der Herkunftsstaatsbehörde in Verbindung setzen dürfte; diese dürfte ihrerseits den Emittenten informieren, so dass es dann gar nicht zu einem öffentlichen Angebot kommen würde, sondern die Sprachenfrage bereits im Vorfeld geklärt wäre.[75]

d) Praktische Handhabung

31 In der Regel erfolgt eine Notifizierung englischsprachiger Prospekte nach Deutschland.[76] Notifizierungen deutschsprachiger Prospekte kommen allein aus Österreich, Luxemburg und Liechtenstein in Betracht. Daneben besteht aber auch die Möglichkeit, wie in Art. 19 Abs. 3 Satz 1 der ProspektRL vorgesehen, einen Prospekt in einer **anderen, von der Her-**

---

72 Siehe oben § 17 Rn. 9 f. und *Linke*, in: Schäfer/Hamann, Kapitalmarktgesetze, § 19 WpPG Rn. 7.
73 *Mattil/Möslein*, WM 2007, 819, 823 f.; kritisch auch *Groß*, Kapitalmarktrecht, § 19 WpPG Rn. 2.
74 Ausführlich oben § 17 Rn. 14.
75 *Ritz/Voß*, in: Just/Voß/Ritz/Zeising, WpPG, § 19 Rn. 10.
76 Beispiele sind (a) für Aktienemissionen: Holdingstrukturen, in denen die Anteile einer weitgehend in Deutschland tätigen operativen Gesellschaft oder Gruppe von einer im EWR-Ausland sitzenden Mutter gehalten werden, ein öffentliches Angebot und eine Zulassung aber nur in Deutschland erfolgen, siehe dazu etwa die Prospekte der SAF-Holland S. A. vom 6.7.2007 (Notifizierung aus Luxemburg), der GAGFAH S. A. vom 6.10.2006 (Notifizierung aus Luxemburg) und der Air Berlin plc vom 6.7.2007 (Notifizierung aus Großbritannien), sowie (b) für Wandelschuldverschreibungen: Transaktionen, bei denen durch die Begebung über eine ausländische Finanztochter kapitalertragsteuerliche Vorteile entstanden, etwa der Prospekt der EM.TV Finance B.V. vom 12.4.2006 zwecks öffentlichen Angebots und Zulassung in Deutschland (Bezugsrechtsemission, Notifizierung aus den Niederlanden); vgl. hierzu auch *Schlitt/Schäfer*, AG 2008, 525, 530.

kunftsstaatsbehörde anerkannten Sprache[77] zu verfassen und nach Deutschland zu notifizieren, sofern zusammen mit der Notifizierung eine (normalerweise nicht gebilligte) **Übersetzung des Prospekts** in Englisch oder Deutsch sowie – bei einer englischen Übersetzung – eine (normalerweise ebenfalls nicht gebilligte) deutsche **Zusammenfassung** übersandt werden.[78] Diese zweite Möglichkeit dürfte in der Praxis häufig vorkommen in Konstellationen, in denen ein Prospekt ursprünglich in einer von der Herkunftsstaatsbehörde anerkannten Sprache (außer Englisch) eingereicht und gebilligt wurde.[79]

5. Sonderregelung für Nichtdividendenwerte mit einer Mindeststückelung von 100.000 Euro (§ 19 Abs. 5)

Bei § 19 Abs. 5 zeigt sich besonders deutlich, dass es der Klarheit der Norm gedient hätte, nicht einfach der in Art. 19 Abs. 4 der ProspektRL verwendeten Formulierung zu folgen. Im innerstaatlichen Kontext sind so nämlich erhebliche Auslegungsanstrengungen erforderlich, um den Normgehalt zu verstehen. § 19 Abs. 5 enthält eine **Erleichterung** der Sprachanforderungen für bestimmte Konstellationen. Dabei ist es unerheblich, ob der Zulassungsantrag im Inland, im EWR-Ausland oder im In- und Ausland gestellt wird.[80] Die Vorschrift ist praktisch (zunehmend) wenig(er) relevant, da bei den meisten Stückelungen dieser Größenordnung gerade keine Zulassung an einem organisierten Markt (mehr) beantragt wird, erst recht nicht an mehreren organisierten Märkten.

32

a) Vom Wortlaut der Regelung erfasste Konstellationen

Die Bestimmung regelt nach ihrem Wortlaut die Konstellation, dass Deutschland Herkunftsstaat ist. Für den Fall der Prüfung eines Prospektes durch die BaFin lediglich zur **Zulassung von Nichtdividendenwerten** (§ 2 Nr. 3 i.V. m. Nr. 2) mit einer Mindeststückelung von 100.000 Euro zum Handel an einem organisierten Markt im Inland und/oder in einem EWR-Aufnahmestaat, d. h. ohne gleichzeitig stattfindendes öffentliches Angebot, gestattet sie die Verwendung von **Deutsch** oder von **Englisch** als Prospektsprache. Entscheidend ist dabei, dass die Regelung trotz der Formulierung „kann ... erstellt werden" ebenso wie in Abs. 4 allein Deutsch und Englisch als Sprachen zulässt und dabei dem Prospektersteller ein **Wahlrecht** eröffnet. Dies bedeutet, dass **Englisch** immer ausreicht.[81] § 19 Abs. 5 sieht dabei – entsprechend der Regelung in § 5 Abs. 2 Satz 4, derzufolge gar keine Zusammenfassung erforderlich ist – vom Erfordernis einer Übersetzung der Zusammenfassung ab. Damit befindet sich Deutschland im Einklang mit den meisten anderen Mitgliedstaaten insbesondere in Westeuropa,[82] die ebenfalls von diesem Erfordernis abgesehen haben, ob-

33

---

77 Zu den jeweils von den EWR-Staaten zugelassenen Sprachen siehe die Kommentierung oben bei § 18 Rn. 18.
78 Vgl. *Ritz/Voß*, in: Just/Voß/Ritz/Zeising, WpPG, § 19 Rn. 58.
79 Siehe zur parallelen Fragestellung, welche Sprachfassung die BaFin zwecks Notifizierung in das EWR-Ausland billigt und notifiziert, oben § 18 Rn. 15.
80 *Heidelbach*, in: Schwark/Zimmer, KMRK, § 19 WpPG Rn. 23; allerdings kann natürlich die deutsche Regelung anderen EWR-Staaten insofern keine Vorschriften machen.
81 Vgl. *v. Ilberg*, in: Assmann/Schlitt/von Kopp-Colomb, WpPG/VerkProspG, §19 WpHG Rn. 86 f.
82 Anders verhält es sich, soweit ersichtlich, nur in Bulgarien, der Tschechischen Republik, Estland, Ungarn, Lettland, Litauen, Polen, Rumänien, der Slowakischen Republik und Slowenien. Für eine umfassende Aufstellung der jeweils anerkannten Sprachen siehe oben Rn. 18 zu § 18.

wohl Art. 19 Abs. 4 Satz 2 ProspektRL dazu ermächtigt, eine Zusammenfassung in der jeweiligen Amtssprache zu verlangen. Hintergrund dessen ist, dass der deutsche Gesetzgeber bei Privatplatzierungen mit derart großen Stückelungen offenbar davon ausgeht, dass eine Zusammenfassung auch mit Blick auf den Anlegerschutz nicht erforderlich ist.

b) Sinngemäß erfasste Konstellationen

34 Vom Wortlaut her umfasst § 19 Abs. 5 zwar lediglich die Konstellation, dass die BaFin **Herkunftsstaatsbehörde** ist, da er an keiner Stelle eine andere Herkunftsstaatsbehörde erwähnt.[83] Allerdings wird der Fall der ausschließlichen Zulassung von Nichtdividendenwerten mit einer Mindeststückelung von 100.000 Euro aufgrund eines im EWR-Ausland gebilligten Prospekts auch nicht von § 19 Abs. 4 erfasst. Denn dieser sieht ja das Erfordernis einer Übersetzung der Zusammenfassung vor, wenn der Prospekt nicht bereits in Deutsch erstellt worden ist, während nach § 5 Abs. 2 Satz 4 für die hier relevante Konstellation, wie bereits erwähnt, eine Zusammenfassung überhaupt entbehrlich ist. Aufgrund der gleichen Interessenlage handelt es sich um einen Fall, bei dem eine **Analogie** naheliegt: Danach ist die Erleichterung des § 19 Abs. 5 auch auf nach Deutschland zwecks Zulassung von Nichtdividendenwerten mit einer Mindeststückelung von 100.000 Euro notifizierte Prospekte anzuwenden.

---

83 So auch *Ritz/Voß*, in: Just/Voß/Ritz/Zeising, WpPG, § 19 Rn. 61.

§ 20 Drittstaatenemittenten

(1) Die Bundesanstalt kann einen Prospekt, der von einem Emittenten nach den für ihn geltenden Rechtsvorschriften eines Staates, der nicht Staat des Europäischen Wirtschaftsraums ist, erstellt worden ist, für ein öffentliches Angebot oder die Zulassung zum Handel an einem organisierten Markt billigen, wenn

1. dieser Prospekt nach den von internationalen Organisationen von Wertpapieraufsichtsbehörden festgelegten internationalen Standards, einschließlich der Offenlegungsstandards der International Organization of Securities Commissions (IOSCO), erstellt wurde und
2. die Informationspflichten, auch in Bezug auf Finanzinformationen, den Anforderungen dieses Gesetzes gleichwertig sind.

(2) Die §§ 17, 18 und 19 sind entsprechend anzuwenden.

(3) ¹Das Bundesministerium der Finanzen kann im Einvernehmen mit dem Bundesministerium der Justiz durch Rechtsverordnung, die nicht der Zustimmung des Bundesrates bedarf, bestimmen, unter welchen Voraussetzungen die Informationspflichten gleichwertig im Sinne des Absatzes 1 Nr. 2 sind. ²Dies kann auch in der Weise geschehen, dass Vorschriften bezeichnet werden, bei deren Anwendung die Gleichwertigkeit gegeben ist. ³Das Bundesministerium der Finanzen kann die Ermächtigung durch Rechtsverordnung auf die Bundesanstalt für Finanzdienstleistungsaufsicht übertragen.

Übersicht

	Rn.		Rn.
I. Überblick	1	c) Materielle Gleichwertigkeit	7
II. Regelungsgehalt	2	2. Grenzüberschreitende Angebote und Zulassung zum Handel, Sprachenregelung (§ 20 Abs. 2)	10
1. Billigung von Prospekten von Drittstaatenemittenten (§ 20 Abs. 1)	2		
a) Erstellung des Prospekts nach den Rechtsvorschriften eines nicht dem EWR angehörenden Staates	5	3. Ermächtigung zum Erlass von Ausführungsbestimmungen (§ 20 Abs. 3)	12
b) Erstellung des Prospekts nach internationalen Standards	6		

I. Überblick

§ 20 setzt Art. 20 ProspektRL um. Dabei lehnt er sich bis auf Abs. 3 ganz eng an die Formulierungen der ProspektRL an. § 20 Abs. 3 unterscheidet sich von Art. 20 Abs. 3 ProspektRL insofern, als ersterer **deutsche Ausführungsmaßnahmen** ermöglicht, während letzterer gemeinschaftsrechtliche Ausführungsmaßnahmen vorsieht. Ziel des § 20 ist zu regeln, unter welchen Voraussetzungen Prospekte von Emittenten aus **Drittstaaten**, d. h. Staaten, die nicht dem EWR angehören, in Deutschland gebilligt werden können bzw. – nach Billigung im EWR-Ausland – in Deutschland im Anschluss an eine Notifizierung   1 gelten. Hierfür bestand Regelungsbedarf, weil ein vereinheitlichtes EWR-weites – mit einheitlich (strengem) Prüfungsmaßstab[1] – Prospektregime auch eine Vereinheitlichung der Anerkennung von Prospekten aus Drittstaaten verlangt. Denn im Falle einer solchen Anerkennung gemäß § 20 Abs. 1 stellt sich sofort die Folgefrage der Möglichkeit der **EWR-weiten Geltung** eines solchen Prospektes. § 20 Abs. 2 bejaht diese Frage und die Frage der Geltung eines in einem anderen EWR-Staat anerkannten Prospekts in Deutschland entsprechend den Vorgaben des Art. 20 Abs. 2 ProspektRL unter Verweis auf die diesbezüglich auch sonst geltenden Vorschriften des WpPG (§§ 17–19). Damit steht er im Einklang mit dem allgemeinen gemeinschaftsrechtlichen Prinzip, dass die Anerkennung durch einen Mitgliedstaat in der Regel zur gemeinschaftsweiten Verkehrsfähigkeit führt. § 20 Abs. 3 enthält eine Ermächtigung zum Erlass von Ausführungsbestimmungen. Die in § 20 eröffneten Möglichkeiten sollen dabei vor allem auch die Attraktivität des europäischen Binnenmarktes für Emittenten aus Drittstaaten steigern.[2]

II. Regelungsgehalt

1. Billigung von Prospekten von Drittstaatenemittenten (§ 20 Abs. 1)

2 Unausgesprochenes, aber selbstverständliches Tatbestandsmerkmal ist zunächst, dass die **BaFin** für die Prüfung eines Prospektes eines Drittstaatenemittenten für ein öffentliches Angebot oder die Zulassung zum Handel an einem organisierten Markt **zuständig** ist. Dies ist dann der Fall, wenn Deutschland der **Herkunftsstaat** für den Drittstaatenemittenten im Sinne von § 2 Nr. 13 c) bzw. § 2 Nr. 13 b), ggf. in Verbindung mit § 36 Abs. 1,[3] ist. Allerdings handelt es sich bei einer solchen Wahl des Drittstaatenemittenten Deutschlands als Herkunftsstaat regelmäßig nicht um einen Prospekt gemäß § 20. Vielmehr wird regelmäßig der **Prospekt nach den Bestimmungen des WpPG** (insbesondere §§ 5 ff. und 13) erstellt. Nach § 20 Abs. 1 kann dagegen ein nicht nach den Bestimmungen des WpPG erstellter Prospekt eines Drittstaatenemittenten **auf Antrag** unter bestimmten Voraussetzungen von der BaFin gebilligt werden: Auch hierfür ist indessen erforderlich, dass der Drittstaatenemittent Deutschland als Herkunftsstaat wählt.

3 § 20 Abs. 1 sieht vor, dass die BaFin einen solchen Prospekt zwecks eines öffentlichen Angebotes oder der Zulassung zum Handel billigen kann, wenn er

– nach den für ihn geltenden Rechtsvorschriften eines Drittstaates[4] und

---

1 Vgl. *Preuße*, in: Holzborn, WpPG, § 20 Rn. 2.
2 *Linke*, in: Schäfer/Hamann, Kapitalmarktgesetze, § 20 WpPG Rn. 1.
3 Siehe dazu die Kommentierung zu §§ 2 und 31.
4 Der zugrunde liegende Art. 20 Abs. 1 ProspektRL formuliert dabei allgemeiner und spricht von „Emittenten mit Sitz in einem Drittstaat" und von einem „nach den Rechtsvorschriften eines Drittstaates erstellten Prospekt". Ob man daraus schließen sollte, die ProspektRL habe es einem Drittstaatenemittenten ermöglichen wollen, einen Prospekt (auch) nach den Rechtsvorschriften eines vierten (nicht EWR-)Staates zu erstellen, zu dem der Emittent keinen Bezug hat, erscheint indessen sehr zweifelhaft (so aber *Heidelbach*, in: Schwark/Zimmer, KMRK, § 20 WpPG Rn. 8, die hierzu vorschlägt, § 20 Abs. 1 „richtlinienkonform" dahingehend auszulegen).

– nach den von internationalen Organisationen von Wertpapieraufsichtsbehörden festgelegten internationalen Standards, einschließlich der Offenlegungsstandards der IOSCO erstellt wurde (Nr. 1) und

– die **Informationspflichten**, auch in Bezug auf **Finanzinformationen**, den Anforderungen dieses Gesetzes **gleichwertig** sind (Nr. 2).

Wie in der Formulierung „Die Bundesanstalt *kann* ..." angelegt, handelt es sich um eine Ermessensentscheidung der BaFin.[5] In der Praxis dürfte dabei dem dritten Kriterium (Rn. 3, 3. Spiegelstrich) die entscheidende Bedeutung zukommen. Soweit ersichtlich hatte die BaFin bisher noch keinen Antrag nach § 20 zu entscheiden.[6] Hintergrund dessen ist, dass **Drittstaatenemittenten**, die Deutschland als Herkunftsstaat gewählt haben, **die Vorschriften des WpPG vollständig befolgen**.[7] Dieser Weg erscheint aus Sicht der Praxis schneller und gibt die nötige Rechtssicherheit. Folglich dürfte § 20 auch weiterhin kaum oder gar nicht zur Anwendung gelangen.

4

a) Erstellung des Prospekts nach den Rechtsvorschriften eines nicht dem EWR angehörenden Staates

Voraussetzung für die Anwendbarkeit von §20 Abs. 1 ist zunächst, dass der Prospekt nach den für den Emittenten geltenden **Rechtsvorschriften eines nicht dem EWR angehörenden Staates** erstellt worden ist. Diese Voraussetzung dürfte die BaFin im Regelfall materiell kaum prüfen können, zumal die einschlägigen Rechtsvorschriften der meisten Drittstaaten vielfach weder in Deutsch noch in Englisch abgefasst sind. Angemessen ist deswegen lediglich eine „Plausibilitätskontrolle", so dass eine nachgewiesene Billigung der Heimataufsichtsbehörde im Regelfall genügen sollte.[8] Normalfall dürfte demnach sein, dass es sich bei dem Prospekt um einen bereits von der Heimatbehörde bzw. Heimatbörse gebilligten Prospekt handelt.[9] Soweit eine solche Billigung nicht erfolgt, etwa bei bestimmten Prospekten in der Schweiz für Transaktionen, die weniger als 10 % des dann ausstehenden Kapitals umfassen,[10] soweit der jeweilige Antragsteller überzeugend vorträgt, dass der Prospekt unter Einhaltung der für ihn geltenden Vorschriften des Drittstaates erstellt worden ist, und soweit der Prospekt schließlich in **Englisch** oder **Deutsch** (als die Prüfung durch die BaFin überhaupt ermöglichende Sprachen) abgefasst ist, dürfte wiederum das unten in Rn. 7 genannte Kriterium der Gleichwertigkeit maßgeblich sein. Dabei verlangt das Merkmal der Erstellung nach den Vorschriften eines Drittstaates nicht explizit, dass es sich um den Sitzstaat des Emittenten handelt;[11] allerdings muss der relevante Prospekt

5

---

5 So auch *Preuße*, in: Holzborn, WpPG, § 20 Rn. 2, und *v. Ilberg*, in: Assmann/Schlitt/von Kopp-Colomb, WpPG/VerkProspG, § 20 WpHG Rn. 20.
6 So auch *Just*, in: Just/Voß/Ritz/Zeising, WpPG, § 20 Rn. 5 und *Linke*, in: Schäfer/Hamann, Kapitalmarktgesetze, § 20 WpPG Rn. 6.
7 Siehe etwa den Prospekt der UBS AG vom 23.5.2008 im Zusammenhang mit deren Bezugsrechtskapitalerhöhung. Die UBS AG hat auch für viele ihrer Zertifikate Deutschland als Herkunftsstaat gewählt.
8 *Just*, in: Just/Voß/Ritz/Zeising, WpPG, § 20 Rn. 7.
9 *Linke*, in: Schäfer/Hamann, Kapitalmarktgesetze, § 20 WpPG Rn. 6, verweist dazu auf einen von der französischen Autorité des Marchés Financiers gebilligten Prospekt vom 1.10.2007 eines an der New York Stock Exchange gelisteten Emittenten, der nach den Vorgaben der SEC erstellt wurde und nicht älter als 12 Monate war, dazu ausführlich unten Rn. 9.
10 Dazu *Daeniker*, Swiss Securities Regulation, 1998, S. 60 f.
11 *Just*, in: Just/Voß/Ritz/Zeising, WpPG, § 20 Rn. 7.

§ 20 Drittstaatenemittenten

nach den „für den Emittenten geltenden" Rechtsvorschriften eines Drittstaates erstellt worden sein. Hierfür dürfte regelmäßig nur der Heimatstaat des Emittenten in Betracht kommen (oder ggf. der EU vergleichbare Zusammenschlüsse von Staaten).

b) Erstellung des Prospekts nach internationalen Standards

6 Erforderlich ist nach dem Wortlaut in Nr. 1 weiter, dass der Prospekt nach den von internationalen Organisationen von Wertpapieraufsichtsbehörden festgelegten internationalen Standards, einschließlich der IOSCO-Standards erstellt wurde. Dabei bleibt unklar, welche internationalen Organisationen außer IOSCO gemeint sein sollen,[12] da solche nicht ersichtlich sind. Die 1983 gegründete **IOSCO**, die „International Organization of Securities Commissions" ist mit mehr als 90 % aller Wertpapieraufsichtsbehörden als Mitgliedern ein bedeutendes internationales Gremium.[13] Sie hat auch zum öffentlichen Angebot von Wertpapieren bereits zwei Standards veröffentlicht, nämlich 1. die „International Disclosure Standards for Cross-Border Offerings and Initial Listings by Foreign Issuers", IOSCOPD81, vom September 1998[14] und 2. den Final Report „International Disclosure Principles for Cross-Border Offerings and Listings of Debt Securities by Foreign Issuers", IOSCOPD242, vom März 2007.[15] Trotz des Wortlautes des § 20 Abs. 1, der ein kumulatives Vorliegen der drei Voraussetzungen a), b) und c) verlangt, und obwohl die vorgenannten Standards für die Prüfung vielfach hilfreich sein werden, dürften die IOSCO-Standards in der Praxis höchstens Anhaltspunkte[16] geben. Das Schwergewicht der Prüfung dürfte demgegenüber auf dem sogleich zu behandelnden dritten Merkmal c) der Gleichwertigkeit liegen. Dies ist schon deswegen so, weil im Zuge der europäischen (Voll-)Harmonisierung des Prospektrechts die ProspektVO als Durchführungsmaßnahme ihrerseits auf den von den „internationalen Organisationen der Wertpapieraufsichtsbehörden, insbesondere der IOSCO", ausgearbeiteten Standards im Bereich der Finanz- und sonstigen Informationen basiert, siehe Art. 7 Abs. 3 ProspektRL;[17] damit ist die zweite Tatbestandsvoraussetzung im Grunde **redundant**. Dies erscheint auch in der Sache angemessen, weil durch das Merkmal der Gleichwertigkeit ein vergleichbares Schutzniveau für alle Betroffenen erreicht wird. Denn dann bestehen eben den Anforderungen des durch ProspektRL und ProspektVO europarechtlich überwölbten WpPG gleichwertige Informationspflichten.

c) Materielle Gleichwertigkeit

7 Wesentlich ist damit die Prüfung der **materiellen Gleichwertigkeit** der nach der fremden Rechtsordnung bestehenden Informationspflichten mit den Anforderungen des WpPG und der ProspektVO, auch in Bezug auf Finanzinformationen. Damit kann zunächst nicht die völlige Gleichheit der Informationspflichten mit denjenigen des WpPG gemeint sein, sonst hätte § 20 Abs. 1 neben § 13 Abs. 1 keinen eigenen Anwendungsbereich. Bemerkenswert ist andererseits, dass sich auf europäischer Ebene die im zweiten Kommissionsvorschlag

---

12 Vgl. *Kollmorgen/Feldhaus*, BB 2007, 225, 228.
13 Siehe Einzelheiten unter www.iosco.org.
14 Veröffentlicht unter www.iosco.org/library/index.cfm?section=pubdocs&year=1998, Nr. 7.
15 Veröffentlicht unter www.iosco.org/library/index.cfm?section=pubdocs&year=2007, Nr. 20.
16 So auch *Just*, in: Just/Voß/Ritz/Zeising, WpPG, § 20 Rn. 9.
17 Dazu auch *Spindler*, in: Holzborn, WpPG, Einleitung Rn. 28.

zur ProspektRL gewählte Formulierung „nahezu gleichwertig"[18] nicht durchsetzen konnte. Dementsprechend verlangt auch der in § 20 Abs. 1 umgesetzte Art. 20 Abs. 1 b) ProspektRL, dass die Informationspflichten mit den Anforderungen „dieser Richtlinie" **gleichwertig** sind. Damit ist eine **hohe Hürde** aufgestellt, die nur von Emittenten weniger Staaten erreicht werden dürfte, zumal sich (gerade für diese Emittenten) der bereits erwähnte schnellere und rechtssichere Weg der Prospektbilligung nach den Vorschriften des WpPG anbieten dürfte.

Obwohl der Wortlaut von Gleichwertigkeit der Informationspflichten, nicht der Informationen, spricht, dürfte sich dies in der Praxis nicht streng trennen lassen. Ansonsten bliebe lediglich ein abstrakter Vergleich der gesetzlichen Anforderungen, der kaum zu leisten sein dürfte.[19] Bei der Prüfung sollte zunächst auf die **Gleichwertigkeit der Finanzinformationen** geschaut werden, die als erste Hürde zu verstehen ist. Gleichwertigkeit hat die Kommission bisher für die **Rechnungslegungsvorschriften der USA, Japans, Chinas, Kanadas, Südkoreas** und **Indiens** anerkannt.[20] Dabei ging es zwar zunächst nur um die Möglichkeit der an EU-Märkten notierten Gesellschaften aus diesen Staaten, auch weiterhin Abschlüsse vorzulegen, die nach den jeweiligen Rechnungslegungsvorschriften des Heimatstaates erstellt sind. Man wird aber den Umkehrschluss machen können, dass alle anderen Rechnungslegungsvorschriften bisher im Zweifel eben nicht als gleichwertig anerkannt sind. Damit scheitern nach den Vorschriften solcher Staaten erstellte Prospekte bereits an der Hürde der fehlenden Gleichwertigkeit der Finanzinformationen. 8

Dagegen reicht die Gleichwertigkeit der Finanzinformationen keineswegs für die materielle Gleichwertigkeit insgesamt aus. Vielmehr muss es für diese letztlich darauf ankommen, ob den allgemeinen inhaltlichen Anforderungen an einen Prospekt, die in § 5 aufgestellt werden, Genüge getan ist. Maßgeblich sind dabei der **Anlegerschutz** und die damit verbundene Forderung, dass der Prospekt den Anleger in die Lage versetzen muss, **in voller Kenntnis der Sachlage eine fundierte Anlageentscheidung** zu treffen.[21] Für einen Emittenten aus einem Staat mit als gleichwertig anerkannten Rechnungslegungsvorschriften, nämlich die USA, gibt es auch schon ein Beispiel der Billigung durch eine EU-Behörde, nämlich der französischen Autorité des Marchés Financiers.[22] Im Ergebnis hat die AMF 9

---

18 In Englisch „broadly equivalent", siehe Stellungnahme des Europäischen Parlaments, ABl. EG Nr. C 47 vom 27.2.2003, S. 524, und, dann ohne „nahezu", Gemeinsamer Standpunkt, ABl. C 125 vom 27.5.2003, S. 21, 55.
19 A. A. *Heidelbach*, in: Schwark/Zimmer, KMRK, § 20 WpPG Rn. 10.
20 Für die USA und Japan ergibt sich dies auch aus Art. 35 ProspektVO in Verbindung mit Anhang I Ziff. 20.1 (dazu und zum Folgenden die Kommentierung zu Art. 35 ProspektVO Rn. 11 ff.); dabei haben wohl auch im Völkerrecht verbreitete Gesichtspunkte der Gegenseitigkeit eine Rolle gespielt, da auch die US-amerikanischen und japanischen Behörden für nach IFRS bilanzierende Unternehmen aus dem EWR keine Überleitungsrechnung mehr verlangen. Die Entscheidung der Kommission 2008/961/EG (ABl. EU L340 vom 19.12.2008, S. 112 ff.) bestimmt einen Mechanismus zur Festlegung der Gleichwertigkeit der von in Drittstaaten geltenden Rechnungslegungsgrundsätze für nach dem 31.12.2008 beginnende und vor dem 31.12.2011 endende Geschäftsjahre. Siehe weiter die Pressemitteilung der Kommission IP/08/1962 vom 12.12.2008; für China, Kanada, Südkorea und Indien wird die Kommission spätestens 2011 eine Überprüfung vornehmen sowie auch ansonsten regelmäßig den Stand der Gleichwertigkeit überwachen und den Mitgliedstaaten und dem Parlament erforderlichenfalls darüber Bericht erstatten.
21 Für Einzelheiten siehe die Kommentierung oben zu § 5.
22 Siehe hierzu die Presseerklärung der AMF vom 1.10.2007 mit Begründung, www.amf-france.org/documents/general/7941_1.pdf.

§ 20 Drittstaatenemittenten

dabei die Gleichwertigkeit der in den USA geltenden Informationspflichten mit denjenigen des Europäischen Wertpapierrechts anerkannt; auch in den Niederlanden gibt es bereits zumindest ein Beispiel einer Billigung eines Wertpapierprospekts eines US-amerikanischen Emittenten.[23] Damit stellt sich die Frage der Verallgemeinerungsfähigkeit der Gleichwertigkeit der US-Informationspflichten bzw. US-Informationen. Sie wurde von der AMF bejaht.[24] Dem dürfte zu folgen sein, nicht zuletzt vor dem Hintergrund der teilweise prägenden Bedeutung des US-Prospektrechts und der US-Prospektpraxis für das europäische Prospektrecht und der zunehmenden diesbezüglichen Konvergenz.[25] Wollte man dem dagegen nicht folgen, müsste § 20 in der Praxis wohl weiterhin völlig leer laufen. So verhält es sich indessen mit der Verwaltungspraxis der BaFin, die eine solche Gleichwertigkeit nicht anerkennt, weswegen etwa Mitarbeiterprospekte für deutsche Mitarbeiter von US-Unternehmen der Überarbeitung und sodann Billigung der BaFin bedürfen.[26]

9a Anfang 2013 hat ESMA Rahmenbedingungen für die Prüfung von Drittstaatenprospekten veröffentlicht.[27] Zentrale Idee ist dabei ein **Zusatzdokument**, in das nach dem EU-Prospektrecht verbindlich vorgeschriebene Informationen aufzunehmen sind, die nicht (ausreichend) in dem Drittstaatenprospekt enthalten sind: Hierdurch soll in der Gesamtschau Gleichwertigkeit der Information hergestellt werden.[28] Dabei hat ESMA die Angaben der Annexe I, II, III, XXIII, XXIV, XXV und XXX gewichtet und in die Kategorien A und B

---

23 Dazu v. *Ilberg*, in: Assmann/Schlitt/von Kopp-Colomb, WpPG/VerkProspG, § 20 WpHG Rn. 17.
24 Eine dementsprechende Änderung der französischen Börsenzulassungsregeln wurde anschließend bei der AMF diskutiert, dann scheint man aber eine Einigung auf europäischer Ebene von CESR/ESMA vorgezogen zu haben, dazu im Folgenden. Gleichlautende Presseerklärungen haben auch die belgische Commission Bancaire, Financière et des Assurances, www.cbfa.be, und die portugiesische Aufsichtsbehörde, www.cmvm.pt, auf ihren jeweiligen Internetseiten veröffentlicht. CESR hatte eine Arbeitsgruppe damit beauftragt, die Billigungsfähigkeit von Drittstaatenprospekten nach § 20 zu prüfen; explizit genannt werden darin die **USA** und **Israel**, siehe dazu sofort im Text. CESR, Assessment on the Equivalence of Prospectuses from non-EEA Jurisdictions vom 17.12.2008, CESR/08-972. Zum Ganzen, zweifelnd, *Just*, in: Just/Voß/Ritz/Zeising, WpPG, § 20 Rn. 5, der die Entscheidung der französischen AMF vor allem für in der engen Zusammenarbeit zwischen NYSE und der französischen Euronext begründet hält.
25 Dazu etwa *Greene, Beller and others*, in: U.S. Regulation of the International Securities and Derivatives Market, Stand September 2008, § 7.01, Seite 7–9 f.; siehe dazu auch oben die Kommentierung zu § 5. Zweifelnd an der Gleichwertigkeit unter Verweis auf die erheblichen, in Teil II der IOSCO-Standards beschriebenen Abweichungen von den IOSCO-Standards in den USA aber *Crüwell*, AG 2003, 243, 253; zu überlegen wäre aber auch, inwieweit die EU von den USA (oder anderen Drittstaaten) Gegenseitigkeit für die allgemeine Anerkennung der Gleichwertigkeit von nach deren Vorgaben erstellten Prospekten fordern könnte, siehe dazu auch oben Fn. 20.
26 *Just*, in: Just/Voß/Ritz/Zeising, WpPG, § 20 Rn. 13 ff., insbesondere Rn. 17, prognostiziert infolge der Billigung durch Behörden einzelner EWR-Staaten eine **Selbstbindung der Verwaltung** mit damit verbundener Ermessensreduzierung. Insbesondere mit Blick auf eine richtlinienkonforme Auslegung des § 20 Abs. 1 kommt er zu dem Ergebnis, dass die Anerkennung von Drittstaatenprospekten durch die Aufsichtsbehörde eines EWR-Staats zu einer einheitlichen europäischen Praxis führen wird.
27 ESMA, Opinion – Framework for the assessment of third country prospectuses under Article 20 of the Prospectus Directive, ESMA 2013/317 (März 2013).
28 ESMA, Opinion – Framework for the assessment of third country prospectuses under Article 20 of the Prospectus Directive, ESMA 2013/317, Tz. 5, Ziffer 6.1. ff.; vgl. *Preuße*, in: Holzborn, WpPG, § 20 Rn. 3.

eingeteilt.[29] Informationen der Kategorie A sind wegen ihrer Bedeutung zwingend in das Zusatzdokument aufzunehmen, wenn nicht im Drittstaatenprospekt vollständig den Anforderungen der ProspektVO entsprechend enthalten. Für Kategorie B ist ein Ermessen vorgesehen, wobei „wesentliche" Gleichwertigkeit im Drittstaatenprospekt ausreicht. Inwieweit die Ankündigung von ESMA, ihre Arbeit zu Drittstaatenprospekten fortzuführen und länderbezogene Listen mit konkret erforderlichen Angaben für das Zusatzdokument zu erstellen,[30] in der Praxis zu tatsächlichen Erleichterungen gegenüber der bisherigen Übung führt, muss sich noch zeigen.[31]

2. Grenzüberschreitende Angebote und Zulassung zum Handel, Sprachenregelung (§ 20 Abs. 2)

Abs. 2 ermöglicht – entsprechend der auch ansonsten im Gemeinschaftsrecht geltenden Regel – unter Verweis auf die entsprechend anzuwendenden §§ 17, 18 und 19 auch Drittstaatenemittenten die **europaweite Verwendung** eines in Deutschland gebilligten Wertpapierprospekts bzw. die **Verwendung** eines in einem anderen EWR-Staat gebilligten und nach Deutschland notifizierten Prospekts **in Deutschland**. Damit steht er im Einklang mit dem allgemeinen gemeinschaftsrechtlichen Prinzip, dass die Anerkennung durch einen Mitgliedstaat in der Regel zur gemeinschaftsweiten Verkehrsfähigkeit führt. 10

Maßgeblich sind dabei das **Notifizierungsverfahren** und das **Sprachregime**. Der Verweis auf § 19 (Sprachregime) lässt **Deutsch** und **Englisch** als Prospektsprachen zu und dürfte im Regelfall (anders aber bei § 19 Abs. 1) dazu führen, dass der Prospekt in englischer Sprache abgefasst ist und zusätzlich eine deutsche Zusammenfassung enthält. 11

3. Ermächtigung zum Erlass von Ausführungsbestimmungen (§ 20 Abs. 3)

§ 20 Abs. 3 ermächtigt in Satz 1 das Bundesfinanzministerium im Einvernehmen mit dem Bundesjustizministerium zum Erlass einer Rechtsverordnung zu den Voraussetzungen der Gleichwertigkeit im Sinne des Abs. 1 Nr. 2; der Erlass einer solchen Rechtsverordnung bedarf nicht der Zustimmung des Bundesrates. Dabei kann dies nach Satz 2 auch abstrakt in der Weise geschehen, dass die einschlägigen Vorschriften aus bestimmten Rechtsordnungen als gleichwertig benannt werden. Satz 3 schließlich ermächtigt zur Übertragung der Befugnis auf die BaFin. Diese **Verordnungsbefugnis** hat das Bundesfinanzministerium in § 1 Nr. 2 der „Verordnung zur Übertragung von Befugnissen zum Erlass von Rechtsverordnungen auf die Bundesanstalt für Finanzdienstleistungsaufsicht"[32] **auf die BaFin übertragen**. Die BaFin ihrerseits hat von dieser Befugnis noch keinen Gebrauch gemacht. 12

---

29 Siehe, auch zum Folgenden, ESMA, Opinion – Framework for the assessment of third country prospectuses under Article 20 of the Prospectus Directive, ESMA 2013/317, Tz. 5, Ziffer 6.2.
30 ESMA Opinion – Framework for the assessment of third country prospectuses under Article 20 of the Prospectus Directive, ESMA 2013/317, Tz. 5, Ziffer 6.3.
31 Optimistischer *Preuße*, in: Holzborn, WpPG, § 20 Rn. 3: „grundsätzlich praxistauglich", mit der Einschätzung, die Zulassung eines Ergänzungsdokuments „dürfte den europäischen Kapitalmarkt für Drittstaatenemittenten ausreichend attraktiv machen".
32 Sog. BAFiNBefgV vom 13.12.2002, zuletzt geändert durch Art. 341 und Art. 626 Abs. 5 Zehnte ZuständigkeitsanpassungsVO vom 31.8.2015 (BGBl. I S. 1474, 1524 und 1563 f.), abrufbar unter www.bundesrecht.juris.de.

§ 20 Drittstaatenemittenten

13 Der Vollständigkeit halber sei noch darauf hingewiesen, dass auch die dazu nach Art. 20 Abs. 3 ProspektRL ermächtigte Kommission noch keine Durchführungsmaßnahmen zur Anerkennung von Prospekten aus Drittstaaten als gleichwertig erlassen hat.[33] Die oben bei Fußnote 17 angesprochene Anerkennung der Gleichwertigkeit der Rechnungslegungsvorschriften von sechs Staaten ist keine Maßnahme im Sinne von Art. 20 Abs. 3 ProspektRL, stellt aber einen ersten Schritt in diese Richtung dar.

---

33 Vgl. *Preuße*, in: Holzborn, WpPG, § 20 Rn. 1.

Abschnitt 6
Prospekthaftung

Vor §§ 21 ff.

Übersicht

	Rn.		Rn.
I. Einleitung	1	b) Rechtsnatur der Prospekthaftung aus kollisionsrechtlicher Sicht	15
II. Entwicklung der Prospekthaftung in Deutschland	3	c) Folgen der grundsätzlichen Anwendbarkeit von Rom-II	18
III. Prospekthaftung in Europa	8	aa) Anknüpfung an das für die Prospektpflicht maßgebliche Recht	21
1. Fehlende Harmonisierung der Prospekthaftung	8	bb) Anknüpfung an den Erfolgsort – definiert als Ort der Kontobelegenheit	23
2. Internationales Prospekthaftungsrecht und kollisionsrechtliche Fragestellungen	12	cc) Anknüpfung an den Marktort	26
a) Regelung in § 21 Abs. 3	14		

I. Einleitung*

Die Erstellung und Veröffentlichung eines Wertpapierprospekts soll Anlegern die Möglichkeit geben, sich vor dem Erwerb umfassend und vollständig über die betreffenden Wertpapiere und den Emittenten zu informieren (sog. Emissionspublizität). Ziel ist es, auf diesem Weg das „Informationsgefälle" zwischen Anleger und Emittent zu verringern.[1] Der **Prospekt** bildet dabei aus rechtlicher Sicht die **wichtigste Grundlage für** die **Anlageentscheidung**. Dem entspricht es, eine Haftung der Verantwortlichen für den Prospekt zu begründen. Sie dient der Durchsetzung der Informationspflichten des Emittenten im Zusammenhang mit dem öffentlichen Angebot oder der Zulassung der betreffenden Wertpapiere zum Handel an einem organisierten Markt.[2] Neben dem **Individualschutz** des einzelnen Anlegers gewährleistet ein funktionierendes Prospekthaftungssystem aufgrund der damit einhergehenden Stärkung des Anlegervertrauens auch einen effektiven **Funktionenschutz** des Kapitalmarkts.[3] Nach zutreffender h. M. handelt es sich bei der Prospekthaftung um eine kraft Gesetzes entstehende bürgerlich-rechtliche Vertrauenshaftung.[4]   1

Maßgeblich für die Prospekthaftung sind neben den spezialgesetzlichen Vorschriften des WpPG, KAGB und VermAnlG die durch die Rechtsprechung ausgeformte allgemeine   2

---

* Die Verfasser danken Frau Rechtsanwältin *Dr. Camilla Kehler-Weiß* und Herrn Rechtsanwalt *David Rath* für die tatkräftige Unterstützung.
1 *Singhof*, in: MünchKomm-HGB, Bd. 6, Emissionsgeschäft, Rn. 269; *Leuering*, NJW 2012, 1905, 1905 m. w. N.
2 *Habersack*, in: Habersack/Mülbert/Schlitt, Hdb. der Kapitalmarktinformation, § 29 Rn. 1.
3 *Hopt*, WM 2013, 101, 102.
4 BGH, 31.5.2011 – II ZR 141/09, NJW 2011, 2719, 2720 („Telekom III"); *Singhof*, in: Münch-Komm-HGB, Bd. 6, Emissionsgeschäft, Rn. 271; *Groß*, Kapitalmarktrecht, § 21 WpPG Rn. 9; *Schwark*, in: Schwark/Zimmer, KMRK, §§ 44, 45 BörsG Rn. 6.

Vor §§ 21 ff.

bürgerlich-rechtliche Prospekthaftung im engeren Sinne sowie die allgemeine bürgerlich-rechtliche Prospekthaftung im weiteren Sinne, bei der es sich um einen Unterfall der Haftung nach *culpa in contrahendo*-Grundsätzen handelt (zu den Konkurrenzen vgl. § 25 Rn. 5).

II. Entwicklung der Prospekthaftung in Deutschland

3 **Ausgangspunkt** der börsenrechtlichen Prospekthaftung in Deutschland war der Erlass des **Börsengesetzes im Jahr 1896**. Das Gesetz wurde notwendig, da das Fehlen effektiver Anlegerschutzvorschriften sowie einer einheitlichen Überwachung des Börsenhandels zu einem starken Misstrauen der Anleger gegenüber den an den Börsenplätzen gehandelten Gesellschaftsanteilen geführt hatte.[5]

4 Nachdem die entsprechenden Haftungsregelungen danach über einen langen Zeitraum unverändert geblieben waren und zunehmend an Bedeutung verloren, erkannte der Gesetzgeber in den 1990er Jahren,[6] dass die „bislang geltende Regelung der Prospekthaftung nach dem Börsengesetz die Gegebenheiten des modernen Börsenhandels nur [noch] unzureichend [berücksichtigt]",[7] weshalb diese schließlich mit dem **Dritten Finanzmarktförderungsgesetz**[8] im Jahr 1998 grundlegend reformiert wurde. Dabei sollten „rechtliche Unklarheiten, komplizierte oder veraltete Regelungen", die die Transaktionskosten erhöhen und damit die Emission von Aktien insbesondere für junge Unternehmen erschweren können, beseitigt bzw. modernisiert werden. Daneben sollte – etwa durch eine Neuregelung der Beweislastverteilung zugunsten der Anleger – die Rechtssicherheit und damit Berechenbarkeit von Haftungsansprüchen verbessert werden. Die Neuregelung führte dazu, dass das Verschulden des Prospektverantwortlichen nach § 45 Abs. 1 BörsG a. F. (heute § 23 Abs. 1) und das Vorliegen der haftungsbegründenden Kausalität nach § 45 Abs. 2 Nr. 1 BörsG a. F. (heute § 23 Abs. 2 Nr. 1) für sechs Monate erstmals gesetzlich widerlegbar vermutet wurde. Andererseits wurde mit Blick auf die Schnelllebigkeit der Kapitalmärkte die Verjährungsfrist für Prospekthaftungsansprüche auf sechs Monate verkürzt.[9] Das **Vierte Finanzmarktförderungsgesetz**[10] verlängerte die prospektrechtliche Verjährungsfrist zwar auf ein Jahr ab Kenntnis, übernahm die §§ 45 bis 49 BörsG im Übrigen aber unverändert in die §§ 44 bis 48 BörsG a. F.

---

5 *Denninger*, Grenzüberschreitende Prospekthaftung und Internationales Privatrecht, S. 46; *Wackerbarth*, in: Holzborn, WpPG, §§ 21–23 Rn. 3; *Schwark*, in: Schwark/Zimmer, KMRK, BörsG Einl. Rn. 1.

6 *Groß*, Kapitalmarktrecht, § 21 WpPG Rn. 2; vgl. bereits die Beschlussempfehlung des Finanzausschusses zum Entwurf eines Verkaufsprospektgesetzes, BT-Drucks. 11/8323, S. 26: „Die gegenwärtige Prospekthaftung nach dem BörsG erscheint unter dem Gesichtspunkt des Anlegerschutzes allerdings nicht befriedigend. Bei der Novellierung des BörsG in der nächsten Legislaturperiode sollten deshalb die Vorschriften über die Prospekthaftung zu Gunsten eines wirksamen Anlegerschutzes geändert werden."

7 Begr. RegE 3. FMFG, BT-Drucks. 13/8933, S. 54, 55 f.

8 Gesetz zur weiteren Fortentwicklung des Finanzplatzes Deutschland (Drittes Finanzmarktförderungsgesetz – 3. FMFG)) vom 24.3.1998, BGBl. I, S. 529 ff.

9 Begr. RegE 3. FMFG, BT-Drucks. 13/8933, S. 54, 55 f.

10 Gesetz zur weiteren Fortentwicklung des Finanzplatzes Deutschland (Viertes Finanzmarktförderungsgesetz), BGBl. I 2002, S. 2010.

II. Entwicklung der Prospekthaftung in Deutschland Vor §§ 21 ff.

Um die Jahrtausendwende rückte die Auseinandersetzung mit Fragen der Prospekthaftung verstärkt in den Fokus der Gerichte, des Gesetzgebers und, damit einhergehend, auch der rechtswissenschaftlichen Literatur. Dies wurde unter anderem dadurch ausgelöst, dass insbesondere in den Zeiten des „Neuen Marktes"[11] vermehrt Unternehmen an die Börse strebten, denen nach objektiven Maßstäben noch die Börsenreife fehlte und deren Prospekte teils „geschönte" Angaben enthielten, mit denen die Unternehmensbewertung positiv beeinflusst werden sollte.[12] Insbesondere der Versuch, die potenziellen Prospekthaftungsfälle im Zusammenhang mit den Geschehnissen am „Neuen Markt" gerichtlich aufzuarbeiten, ließ die Defizite des damaligen Haftungssystems zum Teil deutlich hervortreten.[13] In der Folge schlugen sowohl die Regierungskommission Corporate Governance[14] als auch der **64. Deutschen Juristentag**[15] vor, die Haftung für Falschinformationen am Kapitalmarkt und damit auch die Prospekthaftung grundlegend zu überarbeiten. Diese Bestrebungen griff die Bundesregierung 2003 mit dem „10-Punkte-Programm: Anlegerschutz und Unternehmensintegrität"[16] auf, das unter anderem das Ziel verfolgte, neben der Haftung des Emittenten auch eine persönliche Inanspruchnahme der verantwortlichen Vorstands- und Aufsichtsratsmitglieder zu begründen. Der vom Bundesministerium der Finanzen im Oktober 2004 vorgestellte Diskussionsentwurf eines **Gesetzes zur Verbesserung der Haftung für Kapitalmarktinformation** (KapInHaG),[17] durch das unter anderem eine solche persönliche Haftung von Vorstands- und Aufsichtsratsmitgliedern sowie eine Expertenhaftung unter anderem für Wirtschaftsprüfer und Rechtsanwälte für fehlerhafte Prospekte eingeführt werden sollte, stieß jedoch in der Wirtschaft auf erheblichen Widerstand. Der Entwurf wurde daraufhin bereits im November 2004 wieder zurückgenommen und seitdem auch nicht mehr weiterverfolgt.

Nachdem es bei der **Umsetzung der EU-Prospektrichtlinie**[18] in deutsches Recht[19] im Jahr 2005 erwartungsgemäß nur zu geringfügigen Änderungen der Prospekthaftungsvorschrif-

---

11 Der „Neue Markt" war ein Segment der Frankfurter Wertpapierbörse nach dem Vorbild der amerikanischen Technologiebörse NASDAQ, das sich an Unternehmen aus sogenannten Zukunftsbranchen wie Informationstechnik, Multimedia, Biotechnik und Telekommunikation richtete. Nach dem Zusammenbruch der „Dotcom"-Blase in den USA wurde das Segment am 5.6.2003 geschlossen.
12 Exemplarisch sind die Fälle EM.TV und Comroad. Folge der Überbewertung war neben einer allgemeinen Eintrübung der wirtschaftlichen Lage erhebliche Kursverluste von teils über 90 %, siehe *Holzborn/Foelsch*, NJW 2003, 932, 932. Vgl. zu den Kursverlusten *Hansen*, AG 2001, 315, 316.
13 *Fleischer*, Gutachten F zum 64. Deutschen Juristentag 2002; *Meyer*, WM 2003, 1301 (Teil I), 1949 (Teil II); *Wackerbarth*, in: Holzborn, WpPG, §§ 21–23 Rn. 3; *Schwark*, in: Schwark/Zimmer, KMRK, BörsG Einl. Rn. 1.
14 *Baums* (Hrsg.), Bericht der Regierungskommission Corporate Governance (2001), Rn. 181 ff.
15 Beschlüsse des 64. Deutschen Juristentages, Abteilung Wirtschaftsrecht E 1.5 – 1.13; *Fleischer*, Gutachten F zum 64. Deutschen Juristentag, F 64.
16 10-Punkte-Programm „Unternehmensintegrität und Anlegerschutz" der Bundesregierung v. 25.2.2003; dazu *Seibert*, BB 2003, 693, 693.
17 Entwurf abrufbar unter: http://www.uni-leipzig.de/bankinstitut/files/dokumente/2004-11-09-01.pdf (zuletzt abgerufen am 25.6.2016).
18 Richtlinie 2010/73/EU des Europäischen Parlaments und des Rates zur Änderung der Richtlinie 2003/71/EG betreffend den Prospekt, der beim öffentlichen Angebot von Wertpapieren oder bei deren Zulassung zum Handel zu veröffentlichen ist, und der Richtlinie 2004/109/EG zur Harmonisierung der Transparenzanforderungen in Bezug auf Informationen über Emittenten, deren Wertpapiere zum Handel auf einem geregelten Markt zugelassen sind, ABl. EU Nr. L 327, 2010, S. 1–12.
19 Vgl. das Gesetz zur Umsetzung der Richtlinie 2010/73/EU und zur Änderung des Börsengesetzes, BGBl. I 2012, S. 1375.

Vor §§ 21 ff.

ten gekommen war,[20] übertrug der Gesetzgeber im Rahmen des **Gesetzes zur Novellierung des Finanzanlagenvermittler- und Vermögensanlagenrechts**[21] schließlich die börsen- und verkaufsprospektgesetzliche Prospekthaftung mit wenigen Änderungen in das WpPG.[22] Grund für diesen Schritt war, dass seit Umsetzung der EU-Prospektrichtlinie sämtliche Prospekte unabhängig davon, ob sie Grundlage für die Zulassung von Wertpapieren zum Handel an einer inländischen Börse oder für die Durchführung eines öffentlichen Angebots von Wertpapieren sein sollten, den Vorschriften des WpPG unterliegen.[23] Die Verortung der Haftungsvorschriften in zwei (weiteren) Gesetzen erschien daher überholt und künstlich.[24]

7 Im Ergebnis wurde auch durch diese Maßnahme indes kein neues **(Prospekt-)Haftungsregime** ein-, sondern das alte Haftungsregime weitestgehend fortgeführt. Dabei entspricht im Wesentlichen § 21 dem § 44 BörsG a. F., § 22 der Regelung des § 13 VerkProspG a. F., § 23 dem § 45 BörsG a. F. und schließlich § 24 dem § 13a VerkProspG a. F. Nicht in das WpPG übernommen wurde allerdings die Verjährungsregelung des § 46 BörsG a. F.[25] Zudem wurde die in § 25 Abs. 2 WpPG normierte Haftung gegenüber § 47 Abs. 2 BörsG a. F. verschärft (vgl. § 25 Rn. 7).

III. Prospekthaftung in Europa

1. Fehlende Harmonisierung der Prospekthaftung

8 Seit ihrem Inkrafttreten im Jahr 2003 regelt die EU-Prospektrichtlinie den Rahmen für die Erstellung, Billigung und Verbreitung von Prospekten, die für ein öffentliches Angebot bzw. für die Zulassung von Wertpapieren zum Handel an einem organisierten Markt in einem EWR-Mitgliedsstaat zu veröffentlichen sind. Ziel der EU-Prospektrichtlinie ist es nach Erwägungsgrund 10 insbesondere, den Anlegerschutz und die Markteffizienz sicherzustellen.

9 Anders als die übrigen Bereiche des Prospektrechts wurden die Regelungen zur Prospekthaftung vom europäischen Gesetzgeber nicht harmonisiert. Dies ist zum jetzigen Zeitpunkt auch für die Zukunft im Rahmen der Kapitalmarktunion nicht geplant. Nach Art. 11 Abs. 2 des Vorschlags der Europäischen Kommission für eine Verordnung des Europäischen Parlaments und des Rates über den Prospekt, der beim öffentlichen Angebot von Wertpapieren

---

20 Durch die in § 45 BörsG a. F. neu eingefügte Nr. 5 wurde klargestellt, dass für die mit der Richtlinie 2010/73/EU neu gestaltete Zusammenfassung die strengen Prospekthaftungsmaßstäbe nicht gelten sollten.
21 Gesetz vom 1.6.2012, BGBl. I 2012, S. 2481.
22 *Mülbert/Steup*, in: Habersack/Mülbert/Schlitt, Unternehmensfinanzierung am Kapitalmarkt, § 41 Rn. 12.
23 Damit wurde die zuvor bestehende Trennung zwischen Verkaufsprospekten für öffentliche Angebote (VerkProspektG) und Börsenzulassungsprospekten (BörsG) aufgegeben.
24 Begr. RegE, BT-Drucks. 17/6051, S. 46.
25 Begründet wurde diese Kehrtwende gegenüber dem 3. und 4. FMFG damit, dass die Ausschlussfrist von sechs Monaten bei Vermögensanlagen, die meist nicht fungibel sind, „eine sachlich nicht gerechtfertigte Benachteiligung der Anleger, die die Vermögensanlage später als sechs Monate nach dem ersten Angebot im Inland erwerben", darstellt, vgl. Begr. RegE, BT-Drucks. 17/6051, S. 36.

III. Prospekthaftung in Europa **Vor §§ 21 ff.**

oder bei deren Zulassung zum Handel zu veröffentlichen ist,[26] soll die Prospekthaftung weiterhin durch **mitgliedstaatliches Recht** geregelt und nicht harmonisiert werden. Somit bleibt es Aufgabe der Mitgliedstaaten sicherzustellen, dass für die in einem Prospekt enthaltenen Angaben zumindest der Emittenten oder dessen Verwaltungs-, Management- bzw. Aufsichtsstellen, der Anbieter, die Person, die die Zulassung zum Handel an einem geregelten Markt beantragt, oder der Garantiegeber haftet (vgl. Art. 6 EU-Prospektrichtlinie). Vorgegeben wird lediglich, dass eine **Haftungsregelung** für die für den Prospekt verantwortlichen Personen (vgl. § 21, Rn. 78 f.) **obligatorisch vorzusehen** ist.

Infolge der fehlenden Harmonisierung bestehen **erhebliche Unterschiede** zwischen den Haftungskonzepten der einzelnen Mitgliedstaaten. Die Unterschiede zwischen den einzelnen materiell-rechtlichen Haftungsregimen verdeutlicht insbesondere ein Bericht der ESMA vom 30.5.2013,[27] der auf Bestreben der Europäischen Kommission erstellt wurde. 10

In einigen Ländern besteht eine spezialgesetzlich geregelte Prospekthaftung des Emittenten und der Emissionsbegleiter, während in anderen Ländern die bürgerlich-rechtliche Prospekthaftung dieser Personen oder jedenfalls der Emissionsbegleiter kaum Bedeutung hat.[28] An deren Stelle tritt teilweise eine Haftung der Prospektbilligungsbehörde. Insoweit würde ein einheitliches europäisches Haftungsregime für mehr Rechtssicherheit und -klarheit sorgen. Für die Annahme, dass ein Investor sich bei seiner Anlageentscheidung oder umgekehrt ein Emittent bei der Frage, in welche Mitgliedstaaten sich sein öffentliches Angebot erstrecken bzw. an welchen Märkten seine Wertpapiere zugelassen werden sollen, von der jeweiligen Ausgestaltung der Prospekthaftung leiten lässt, finden sich in der Praxis jedoch keine hinreichenden Anhaltspunkte. Es erscheint daher zweifelhaft, dass die fehlende Harmonisierung Emittenten wie Emissionsbegleiter in einem Umfang zu verunsichern vermag, der die gemeinschaftsweite Kapitalaufnahme beeinträchtigen könnte,[29] oder umgekehrt ein Wettbewerb der Rechtsordnungen zu befürchten ist.[30] 11

2. Internationales Prospekthaftungsrecht und kollisionsrechtliche Fragestellungen

Während das anwendbare Prospektrecht bzw. die Frage, welche Behörde für die Billigung des jeweiligen Prospekts zuständig ist, europaweit eindeutig geregelt ist (vgl. Erwägungsgrund 14 der EU-Prospektrichtlinie), hat es der europäische Gesetzgeber versäumt (bzw. bewusst unterlassen), eine spezielle Kollisionsnorm für die Prospekthaftung zu schaffen (s. o.).[31] **Sachverhalte mit grenzüberschreitenden Bezügen** sind in verschiedenen Formen praktisch relevant: So kann sich ein Emittent von Wertpapieren mit Sitz in Deutschland dazu entschließen, ein öffentliches Angebot (auch) in einem anderen EWR-Mitgliedstaat durchzuführen bzw. seine Wertpapiere dort zum Handel an einem organisierten Markt zuzulassen. Beide Konstellationen sind meist auf das in Art. 19 der EU-Prospektrichtlinie geregelte Sprachenregime zurückzuführen, das es gestattet, in diesen Fällen den Prospekt 12

---
26 Europäische Kommission, COM (2015) 583 final – 2015/0268 (COD).
27 ESMA, Report: Comparison of liability regimes in Member States in relation to the Prospectus Directive, ESMA/2013/619.
28 Vgl. *Groß*, Kapitalmarktrecht, § 21 WpPG Rn. 8.
29 So *Einsele*, Bank- und Kapitalmarktrecht, § 2 Rn. 6.
30 So auch *Groß*, Kapitalmarktrecht, § 21 WpPG Rn. 7, 8.
31 Vgl. nur *Freitag*, WM 2015, 1165, 1165.

Vor §§ 21 ff.

grundsätzlich in englischer Sprache (mit deutscher Zusammenfassung) zu erstellen. Umgekehrt kann ein Emittent mit Sitz in einem anderen EWR-Mitgliedstaat sein Angebot (auch) nach Deutschland erstrecken oder seine Wertpapiere hier zum Handel an einem organisierten Markt zulassen. All diese Fälle beruhen letztlich auf der gemeinschaftsweiten Geltung gebilligter Prospekte (vgl. Art. 17 EU-Prospektrichtlinie) und der Möglichkeit, einen im Herkunftsmitgliedstaat des Emittenten gebilligten Prospekt für Zwecke eines öffentlichen Angebots oder einer Börsenzulassung entsprechend Art. 18 der EU-Prospektrichtlinie in einen anderen (Aufnahme-)Mitgliedstaat zu notifizieren. Darüber hinaus können Emittenten aus Drittstaaten in bestimmten Fällen den EWR-Mitgliedstaat, in dem die Wertpapiere erstmals öffentlich angeboten werden oder in dem der erste Antrag auf Zulassung zum Handel gestellt wird, als Herkunftsmitgliedstaat wählen und ihren Prospekt in diesem Staat billigen lassen (vgl. Art. 20 EU-Prospektrichtlinie).

13 Aufgrund der fehlenden eindeutigen gesetzlichen Regelung ist für solche Fälle umstritten, woran die Prospekthaftung kollisionsrechtlich anknüpft. In der juristischen Literatur und Rechtsprechung finden sich zahlreiche Argumentationslinien und Folgerungen, die im Folgenden kurz umrissen werden.

a) Regelung in § 21 Abs. 3

14 Ausgangspunkt für die Behandlung der kollisionsrechtlichen Fragestellungen scheint im deutschen Prospektrecht zunächst § 21 Abs. 3 zu sein. Danach besteht bei einem Emittenten mit Sitz im Ausland, dessen Wertpapiere im Ausland zugelassen sind, ein Anspruch nach § 21 Abs. 1 und 2 nur, wenn die Papiere aufgrund eines im Inland abgeschlossenen Geschäfts oder einer zumindest teilweise im Inland erbrachten Wertpapierdienstleistung erworben wurden. In der juristischen Literatur ist umstritten, ob § 21 Abs. 3 (bzw. § 44 Abs. 3 BörsG a. F.) eine Sachnorm[32] oder eine Kollisionsnorm[33] darstellt. Nach vorzugswürdiger Auffassung stellt diese Vorschrift lediglich eine **Sachnorm** dar, da nicht das anwendbare Recht bestimmt, sondern eine materielle Rechtsfolge angeordnet wird. Das Abstellen auf den Geschäftsort durch § 21 Abs. 3 ist in dieser Konsequenz daher entgegen dem ersten Anschein nicht als kollisionsrechtliche Einordnung, sondern als objektive Anspruchsvoraussetzung anzusehen,[34] wobei – gerade vor dem Hintergrund des Art. 6 der EU-Prospektrichtlinie – berechtigte Zweifel an der Europarechtskonformität der Vorschrift bestehen.[35] Richtigerweise kommt es auf diese Unterscheidung seit Inkrafttreten der Rom-II VO[36] (Rom-II)

---

32 *Wackerbarth*, in: Holzborn, WpPG, §§ 21–23 Rn. 16; *Pankoke*, in: Just/Voß/Ritz/Zeising, WpPG, §§ 44 BörsG, 13 VerkProspG Rn. 54; *Hamann*, in: Schäfer/Hamann, Kapitalmarktgesetze, §§ 44, 45 BörsG Rn. 129; *Mülbert/Steup*, in: Habersack/Mülbert/Schlitt, Unternehmensfinanzierung am Kapitalmarkt, § 41 Rn. 121; *Bischoff*, AG 2002, 489, 490.
33 So *Schwark*, in: Schwark/Zimmer, KMRK, §§ 44, 45 BörsG Rn. 41; *Kuntz*, WM 2007, 432, 433 f.; *Denninger*, Grenzüberschreitende Prospekthaftung und Internationales Privatrecht, S. 209 ff.; *Weber*, WM 2008, 1581, 1587.
34 Vgl. nur *Wackerbarth*, in: Holzborn, WpPG, §§ 21–23 Rn. 61.
35 *Weber*, WM 2008, 1581, 1587; *Denninger*, Grenzüberschreitende Prospekthaftung und Internationales Privatrecht, S. 212.
36 Verordnung (EG) Nr. 864/2007 des Europäischen Parlaments und des Rates vom 11. Juli 2007 über das auf außervertragliche Schuldverhältnisse anzuwendende Recht, ABl. Nr. L 199 vom 31.7.2007, S. 40.

und der Rom-I VO[37] (Rom-I) aber nicht mehr an. Im jeweiligen Anwendungsbereich der Verordnungen steht den einzelnen Mitgliedstaaten keine Befugnis mehr zu, Kollisionsrecht zu setzen.[38] Für mitgliedsstaatliche IPR-Vorschriften besteht kein Raum mehr, jeder Anspruch ist kollisionsrechtlich entweder unter Rom-I oder Rom-II zu fassen.[39]

b) Rechtsnatur der Prospekthaftung aus kollisionsrechtlicher Sicht

Damit ist auf die **allgemeinen gemeinschaftsrechtlichen Kollisionsregeln** zurückzugreifen, nach denen es zunächst auf die Rechtsnatur der Prospekthaftung ankommt. Die Qualifikation ist dabei „europäisch-autonom" vorzunehmen, also ohne Bindung an das nationale dogmatische Vorverständnis.[40] Die sachrechtliche Qualifikation der Prospekthaftung im deutschen Recht als eine gesetzlich verankerte **Vertrauenshaftung**,[41] führt also nicht zwingend zur Übertragung dieser Qualifikation auf die gemeinschaftsrechtliche Ebene.

15

Würde es sich um einen vertraglichen Anspruch handeln, fänden die Vorschriften von Rom-I Anwendung; alle außervertraglichen Ansprüche unterfallen hingegen Rom-II. Eine Einordnung als vertraglicher Anspruch genießt dabei Vorrang gegenüber der als außervertraglicher Anspruch. Eine **Qualifikation** des Prospekthaftungsanspruchs als **vertraglicher Anspruch** ist aber **abzulehnen**.[42] So kommt zwischen dem oder den Prospektverantwortlichen und den geschädigten Anlegern nicht notwendigerweise ein Vertrag zustande.[43] Ferner ist fraglich, ob die Prospektverantwortlichen mit dem Prospektinhalt überhaupt eine Willenserklärung, die Voraussetzung für eine vertragliche Haftung wäre, abgeben oder nicht nur eine Wissenserklärung.[44] Auch muss bei einer Einordnung als vertraglicher Anspruch im Hinblick auf unvollständige Prospektangaben ein Erklärungsgehalt konstruiert werden.[45] Aus diesen Gründen ist eine Qualifikation als vertraglicher Anspruch abzulehnen, und es finden die Vorschriften Rom-II Anwendung.

16

Diese **grundsätzliche Einordnung als außervertraglicher Anspruch** entspricht auch der Sichtweise des EuGH. Dieser hatte sich 2015 in der „Kolassa"-Entscheidung[46] mit dem Recht der internationalen Zuständigkeiten[47] für Klagen aus Prospekthaftung nach Art. 5

17

---

37 Verordnung (EG) Nr. 593/2008 des Europäischen Parlaments und des Rates vom 17. Juni 2008 über das auf vertragliche Schuldverhältnisse anzuwendende Recht, ABl. Nr. L 177 vom 4.7.2008, S. 6.
38 *Junker*, RIW 2010, 257, 261.
39 *Denninger*, Grenzüberschreitende Prospekthaftung und Internationales Privatrecht, S. 211 f.
40 Erwägungsgrund 11 Rom-II; *Weber*, WM 2008, 1581, 1585; *Leible/Lehmann*, RIW 2007, 721, 723; *von Hein*, Perspektiven des Wirtschaftsrechts (Beiträge für Hopt), S. 371, 378.
41 BGH, 31.5.2011 – II ZR 141/09, BGHZ 190, 7 ff. Rn. 17 ff.; *Ellenberger*, Prospekthaftung, S. 9; *Groß*, Kapitalmarktrecht, § 21 WpPG Rn. 9; *Schwark*, in: Schwark/Zimmer, KMRK, §§ 44, 45 BörsG Rn. 7.
42 Vgl. *Denninger*, Grenzüberschreitende Prospekthaftung und Internationales Privatrecht, S. 194 ff.
43 *Einsele*, ZEuP 2012, 23, 27; *Oulds*, WM 2008, 1573, 1577.
44 *Denninger*, Grenzüberschreitende Prospekthaftung und Internationales Privatrecht, S. 184.
45 *Denninger*, Grenzüberschreitende Prospekthaftung und Internationales Privatrecht, S. 184.
46 EuGH, 28.1.2015 – Rs. C-375/13 – „Kolassa", NJW 2015, 1581.
47 Diese internationalen Zuständigkeiten werden im europäischen Kontext für Klagen seit dem 1.3.2012 in Zivil-und Handelssachen durch die Brüssel-I bzw. deren Neufassung (Brüssel-Ia) geregelt. Räumlich-persönliche Voraussetzung des Anwendungsbereiches ist, dass der Beklagte seinen Wohnsitz (bei juristischen Personen der satzungsmäßige Sitz, hilfsweise der Sitz der Hauptverwaltung) in einem Mitgliedstaat der EU hat.

Vor §§ 21 ff.

Brüssel-I-VO[48] (Brüssel-I)/ Art. 7 Brüssel-Ia-VO[49] (Brüssel-Ia) zu beschäftigen und hat Ansprüche aus Prospekthaftung in diesem Zusammenhang ebenfalls als außervertragliche Ansprüche qualifiziert.[50] Die Sichtweise des EuGH hat mit Blick auf die hier interessierende kollisionsrechtliche Anknüpfung des maßgeblichen materiellen (Haftungs-)Rechts Bedeutung. Denn nach Erwägungsgrund 7 Rom-II stehen die kollisionsrechtlichen Bestimmungen von Rom-II im Auslegungszusammenhang mit den zuständigkeitsrechtlichen Vorschriften von Brüssel-I. Die Konsequenzen, die die Anwendung von Rom-II für die kollisionsrechtliche Anknüpfung der Prospekthaftung hat, werden unterschiedlich beurteilt. Wie nachfolgend ausgeführt, ist im Ergebnis eine Qualifikation als Anspruch aus unerlaubter Handlung und eine Anknüpfung an den Marktort als vorzugswürdig anzusehen.

c) Folgen der grundsätzlichen Anwendbarkeit von Rom-II

18 Weitgehend unumstritten ist zunächst, dass die Prospekthaftung nicht dem Wertpapier- oder Gesellschaftsrecht zuzuordnen ist – auch wenn Wertpapiere und/oder Gesellschaftsanteile Gegenstand des Prospekts sind, auf den sich die Haftung stützt.[51] Anderenfalls wäre die Prospekthaftung dem Anwendungsbereich von Rom-II von vornherein entzogen (vgl. Art. 1 Abs. 2 lit. c und d Rom-II).

19 Unklar und umstritten ist aber, woran genau die Haftung für fehlerhafte Prospekte kollisionsrechtlich **anknüpfen** soll. Ausgeschlossen ist zunächst eine Qualifikation als Anspruch aus ungerechtfertigter Bereicherung (Art. 10 Rom-II) oder Geschäftsführung ohne Auftrag (Art. 11 Rom-II). In Betracht kommen eine Qualifikation als Anspruch aus Verschulden bei Vertragsverhandlungen (culpa in contrahendo, Art. 12 Rom-II) oder aus unerlaubter Handlung (Art. 4 ff. Rom-II). Entsprechend der hier vertretenen sachrechtlichen Einordnung als gesetzlich angeordnete Vertrauenshaftung könnte eine Qualifikation als Haftung aus Verschulden bei Vertragsverhandlungen nach Art. 12 Rom-II in Betracht kommen, die der Qualifikation als Vertrauenshaftung (am ehesten) entsprechen würde. Jedoch ist die Definition des Verschuldens bei Vertragsverhandlungen auf Verordnungsebene enger gefasst ist als nach deutschem Recht. Dies entspricht der Rechtslage in anderen Mitgliedstaaten. Fallgruppen, die nach deutschem Recht als quasivertragliche Ansprüche zu qualifizieren sind, würden in anderen Mitgliedstaaten deliktsrechtlich gelöst, da beispielsweise eine große deliktsrechtliche Generalklausel besteht und somit keine Notwendigkeit, über eine extensive Handhabung vertragsrechtlicher Instrumente das teils als zu eng empfundene

---

48 Verordnung (EG) Nr. 44/2001 des Rates vom 22. Dezember 2000 über die gerichtliche Zuständigkeit und die Anerkennung und Vollstreckung von Entscheidungen in Zivil- und Handelssachen, ABl. Nr. L 12 vom 16.1.2001, S. 1.
49 Verordnung (EU) Nr. 1215/2012 des europäischen Parlaments und des Rates vom 12. Dezember 2012 über die gerichtliche Zuständigkeit und die Anerkennung und Vollstreckung von Entscheidungen in Zivil- und Handelssachen (Neufassung), ABl. Nr. L 351 vom 20.12.2012, S. 1; diese Verordnung hat mit Inkrafttreten am 10.1. (außer für bis zu diesem Zeitpunkt eingeleitete Verfahren) die Brüssel-I Verordnung ersetzt.
50 EuGH, 28.1.2015 – Rs. C-375/13 – „Kolassa", Rn. 36 f., NJW 2015, 1581, 1583.
51 *Tschäpe/Kramer/Glück*, RIW 2008, 657, 661; *Freitag*, WM 2015, 1165; *Einsele*, ZEuP 2012, 23, 26 f.; *von Hein*, Perspektiven des Wirtschaftsrechts (Beiträge für Hopt), S. 371, 379 ff.; *Weber*, WM 2008, 1581, 1584; *Denninger*, Grenzüberschreitende Prospekthaftung und Internationales Privatrecht, S. 155.

Deliktsrecht zu ergänzen.[52] In diesem Sinne ist auch der Anwendungsbereich von Art. 12 Rom-II zu bestimmen.[53] Insbesondere fordert Art. 12 Rom-II einen unmittelbaren Verhandlungsbezug des schädigenden Ereignisses.[54] Dieses Kriterium trifft im Hinblick auf die Wertpapierprospekthaftung nicht zu. Aus diesen Gründen scheint die kollisionsrechtliche Einordnung als unerlaubte Handlung (Art. 4 ff. Rom-II) eher sachgerecht.[55] Dies gilt auch vor dem Hintergrund, dass eine Subsumtion unter den Tatbestand des Verschuldens bei Vertragsverhandlungen zur Anwendung des hypothetischen Vertragsstatuts führen würde, was im Fall der Prospekthaftung nicht zu ermitteln sein dürfte, so dass letztendlich doch wieder auf den Schadensort abgestellt würde.[56] Auch aus diesem Grund ist eine **Qualifikation als deliktischer Anspruch** vorzugswürdig.[57]

Deliktische **Spezialanknüpfungen** sind **nicht einschlägig**: In der Regel liegt weiterhin weder mangels direkten Kontakts zwischen Anleger und Emittent eine wirksame Rechtswahl der Parteien vor (vgl. Art. 14 Abs. 1 Rom-II),[58] noch finden die speziellen Anknüpfungsregelungen der Art. 5 ff. Rom-II Anwendung.[59] Auch haben die Deliktsbeteiligten nicht notwendigerweise einen gemeinsamen gewöhnlichen Aufenthaltsort in demselben Staat (vgl. Art. 4 Abs. 2 Rom-II).[60] Demnach bleibt offen, wie innerhalb der deliktischen Anknüpfung das maßgebliche anwendbare Recht bestimmt wird.

20

aa) Anknüpfung an das für die Prospektpflicht maßgebliche Recht

Im juristischen Schrifttum wird teilweise vertreten, dass auf die Prospekthaftung dasjenige Recht Anwendung findet, das auch für die Prospektpflicht maßgeblich ist.[61] Dogmatisch knüpfen die Vertreter dieser Ansicht an die Ausweichklausel des Art. 4 Abs. 3 Rom-II (offensichtlich engere Verbindung mit einem anderen Staat) an.[62] Dies würde zu einer akzes-

21

---

52 *Denninger*, Grenzüberschreitende Prospekthaftung und Internationales Privatrecht, S. 172; *Weber*, WM 2008, 1581, 1584.
53 Siehe ausführlich, *Denninger*, Grenzüberschreitende Prospekthaftung und Internationales Privatrecht, S. 196.
54 *Denninger*, Grenzüberschreitende Prospekthaftung und Internationales Privatrecht, S. 196.
55 *Assmann*, in: Assmann/Schütze, Hdb. des Kapitalanlagerechts, § 6 Rn. 25 ff. m. w. N.; *Grundmann*, RabelsZ 54, 283, 309; *Freitag*, WM 2015, 1165; *Einsele*, ZEuP 2012, 23, 27 f.; *Denninger*, Grenzüberschreitende Prospekthaftung und Internationales Privatrecht, S. 194 f.; *Mankowski*, in: Reithmann/Martiny, Internationales Vertragsrecht, Rn. 6.1773; *Junker*, RIW 2010, 257, 262.
56 *Denninger*, Grenzüberschreitende Prospekthaftung und Internationales Privatrecht, S. 200.
57 *Denninger*, Grenzüberschreitende Prospekthaftung und Internationales Privatrecht, S. 200.
58 Soweit es sich um einen Privatanleger handelt, scheidet die Rechtswahl *ante delictum* gem. Art. 14 Abs. 1 S. 1 lit. b Rom-II ohnehin aus, eine Rechtswahl *post delictum* gem. Art. 14 Abs. 1 S. 1 lit. a Rom-II könnte durch die ausdrückliche oder konkludente Rechtswahl im Prozess (Art. 14 Abs. 1 Satz 2 Rom-II) gegeben sein; vgl. auch *Denninger*, Grenzüberschreitende Prospekthaftung und Internationales Privatrecht, S. 213 f. m. w. N.
59 Ausführlich: *Denninger*, Grenzüberschreitende Prospekthaftung und Internationales Privatrecht, S. 214 f. m. w. N.
60 Sofern dies gegeben ist, stellt die Anwendung der *lex domicilii communis* des geschädigten Anlegers einerseits und des in Anspruch genommenen Emittenten, Anbieters oder Garantiegebers ein leicht ermittelbares, unproblematisches Anknüpfungsergebnis dar, das den Gleichlauf von internationaler Zuständigkeit und anwendbarem Recht gewährleistet (*Junker*, RIW 2010, 257, 262).
61 Siehe z. B. *Tschäpe/Kramer/Glück*, RIW 2008, 657; *Wackerbarth*, in: Holzborn, WpPG, §§ 21–23 Rn. 18; *Kuntz*, WM 2007, 432, 427 für Anwendungsfälle innerhalb des EWR.
62 *von Hein*, Perspektiven des Wirtschaftsrechts (Beiträge für Hopt), S. 371, 396.

sorischen Anknüpfung der Prospekthaftung an die Prospektpflicht (*Herkunftsstaatsprinzip*) führen. Bei einer Notifizierung des Prospekts würde also weiterhin das Prospekthaftungsrecht des **EWR-Mitgliedstaates** Anwendung finden, **in dem der Prospekt gebilligt wurde** – auch wenn die Wertpapiere in diesem Staat gar nicht platziert wurden. Begründet wird dies unterschiedlich. Hauptargument ist meist, dass die Vorteile der Notifizierung entwertet würden, wenn trotz einheitlichem Billigungsverfahren und anschließender Notifizierung des Prospekts unterschiedliche Haftungsregime Anwendung fänden.[63] Diese Sichtweise widerspricht jedoch dem vertriebsbezogenen Grundsatz der EU-Prospektrichtlinie.[64] Prospekt(haftungs)rechtlich relevant ist der Kapitalmarkt, der durch das öffentliche Angebot bzw. die Zulassung der Wertpapiere berührt wird. Die behördliche Billigung des Prospekts im Herkunftsmitgliedstaat des Emittenten wird allein aus Gründen der Verfahrenserleichterung für den Emittenten von der Prospektpflicht abgekoppelt.[65] Dass ein Gleichlauf des auf die Prospektpflicht und auf die Prospekthaftung anwendbaren Rechts nicht zwingend ist, zeigt im Übrigen auch das Schweizer IPR.[66] Art. 156 IPRG gibt dem Kläger ein Wahlrecht zwischen dem auf die Gesellschaft anwendbaren Recht und dem Recht des Staates, in dem die öffentliche Ausgabe der Papiere erfolgt ist. Die Prospektpflichten (des Emittenten) richten sich jedoch stets und zwingend gem. Art. 18 IPRG nach dem Recht des schweizerischen Emissionsortes, sodass ein Auseinanderfallen je nach klägerischer Rechtswahl möglich und der Gleichlauf somit kein Automatismus ist.

22 Schließlich vermag die Übertragung des Herkunftsstaatsprinzips auf die Prospekthaftung auch mit Blick auf Emittenten aus Drittstaaten nicht zu überzeugen. In diesen Fällen soll auch nach den Vertretern der akzessorischen Lösung eine Anknüpfung über das Marktortprinzip (vgl. unten Rn. 27) vorgenommen werden.[67]

bb) Anknüpfung an den Erfolgsort – definiert als Ort der Kontobelegenheit

23 Nach der Regelanknüpfung von Rom-II (vgl. Art. 4 Abs. 1 Rom-II) findet grundsätzlich das Recht des Staates Anwendung, in dem der Schaden eingetreten ist (Erfolgsort).[68] Der EuGH hat sich in der oben genannten „Kolassa"-Entscheidung[69] bei der Beurteilung der gerichtlichen Zuständigkeit ebenfalls für eine Anknüpfung an den Erfolgsort ausgesprochen und festgestellt, dass die Gerichte am Wohnsitz des Klägers zuständig sind, wenn sich der Schaden unmittelbar auf einem Bankkonto des Klägers bei einer Bank im Zuständigkeitsbereich dieser Gerichte verwirklicht (Leitsatz 3 Satz 2 des Urteils). Es kann daher nicht ausgeschlossen werden, dass der EuGH im Hinblick auf das materiell anwendbare Recht ebenfalls auf den in dieser Weise definierten Erfolgsort abstellen würde.

---

63 Siehe nur *Wackerbarth*, in: Holzborn, WpPG, §§ 21–23 Rn. 18; **a. A.** *Pankoke*, in: Just/Voß/Ritz/Zeising, WpPG, §§ 44 BörsG, 13 VerkProspG Rn. 2.
64 *Freitag*, WM 2015, 1165, 1171.
65 *Freitag*, WM 2015, 1165, 1171.
66 *Weber*, WM 2007, 432, 437.
67 Vgl. dazu m. w. N. *Denninger*, Grenzüberschreitende Prospekthaftung und Internationales Privatrecht, S. 269 f.
68 *Einsele*, ZEuP 2012, 23, 29 m. w. N.
69 EuGH, 28.1.2015, Rs. C-375/13 – „Kolassa", NJW 2015, 1581.

III. Prospekthaftung in Europa **Vor §§ 21 ff.**

Der **Sichtweise des EuGH** ist jedoch sowohl mit Blick auf die gerichtliche Zuständigkeit[70] als auch auf die materiell-rechtlichen Kollisionsnormen **entgegenzutreten**.[71] Zunächst lässt das Urteil offen, wie verfahren werden soll, wenn sich Bankkonto und Wohnsitz des Geschädigten nicht im gleichen gerichtlichen Zuständigkeitsbereich befinden. Auch ist die „Belegenheit" eines Kontos unter Umständen nur unter Schwierigkeiten zu ermitteln.[72] Ferner ließe sich die Zuständigkeit eines europäischen Gerichts nicht begründen, wenn ein Anleger klagt, dessen Wohnsitz und Konto in einem Drittstaat belegen sind. Dies ist mit Blick auf die Besonderheiten der spezialgesetzlichen Prospekthaftung aber wenig überzeugend. Letztlich wird an dieser Anknüpfung zu Recht kritisiert, dass der Erfolgsort im Falle der spezialgesetzlichen Prospekthaftung kaum festzustellen ist, da durch einen fehlerhaften Prospekt „nur" das Vermögen des Anlegers geschädigt wird.[73]

24

Ferner führte die Anknüpfung an die Belegenheit des Bankkontos des Geschädigten auf Ebene des materiellen Rechts dazu, dass für den Emittenten bzw. die Prospektverantwortlichen die Bestimmung der auf die Prospekthaftung anwendbaren Rechtsordnung im Voraus schlicht unmöglich ist. So müsste stets mit der Anwendbarkeit mehrerer – auch außereuropäischer – Haftungsrechte gerechnet werden.[74] Dies widerspricht dem Ziel der Europäischen Union, eine zunehmende Integration der Märkte zu erreichen.[75] Auch können sich Regelungslücken ergeben, wenn die materiell-rechtlichen Anwendungsvoraussetzungen der spezialgesetzlichen Prospekthaftung nicht erfüllt wären. Dies ist vorstellbar, wenn ein Anleger mit Wohnsitz in Deutschland, dessen Bankkonto sich ebenfalls in Deutschland befindet, im EWR-Ausland Wertpapiere eines ausländischen Emittenten erwirbt. Ein Prospekthaftungsanspruch nach deutschem Recht kann hier gem. § 21 Abs. 3 ausgeschlossen sein.[76]

25

cc) Anknüpfung an den Marktort

Überzeugender ist es vor diesem Hintergrund, auf das Marktortprinzip abzustellen,[77] das kollisionsrechtlich an das **Recht desjenigen Marktes** anknüpft, **auf dem die Wertpapiere platziert** werden.[78] Diese Auffassung trägt dem Umstand Rechnung, dass zum einen die

26

---

70 Vgl ausführlich *Freitag*, WM 2015, 1165, 1167.
71 Vgl. auch *Freitag*, WM 2015, 1165, 1169.
72 *Freitag*, WM 2015, 1165, 1168.
73 *Freitag*, WM 2015, 1165, 1165; *Denninger*, Grenzüberschreitende Prospekthaftung und Internationales Privatrecht, S. 216. Denkbar ist auch, über die Schädigung der Dispositionsfreiheit des Anlegers als Schädigungshandlung den Ort des gewöhnlichen Aufenthaltes als Erfolgsort anzusehen, vgl. *Einsele*, ZEuP 2012, 23, 29.
74 *Bischoff*, AG 2002, 489, 493; *Denninger*, Grenzüberschreitende Prospekthaftung und Internationales Privatrecht, S. 489; *Freitag*, WM 2014, 1165, 1169.
75 *Freitag*, WM 2015, 1165, 1171; *Denninger*, Grenzüberschreitende Prospekthaftung und Internationales Privatrecht, S. 227 m. w. N.
76 So auch *Freitag*, WM 2015, 1165, 1169.
77 Vgl. *Freitag*, WM 2015, 1165, 1165; *Groß*, Kapitalmarktrecht, § 21 WpPG Rn. 72; *Hamann*, in: Schäfer/Hamann, Kapitalmarktgesetze, §§ 44, 45 BörsG Rn. 76; *Bischoff*, AG 2002, 489, 494; *Weber*, WM 2008, 1581, 1586; *Pankoke*, in: Just/Voß/Ritz/Zeising, WpPG, Vor §§ 44 BörsG, 13 VerkProspG Rn. 23; *Wackerbarth*, in: Holzborn, WpPG, §§ 21–23 Rn. 17; *Denninger*, Grenzüberschreitende Prospekthaftung und Internationales Privatrecht, S. 237 m. w. N.; siehe auch *Singhof*, in: MünchKomm-HGB, Bd. 6, Emissionsgeschäft, Rn. 289; *Mankowski* in: Reithmann/Martiny, Internationales Vertragsrecht, Rn. 6.1773.
78 Die dogmatische Herleitung dieser Anknüpfung ist zwar ebenfalls umstritten (vgl. etwa *Denninger*, Grenzüberschreitende Prospekthaftung und Internationales Privatrecht, S. 237 ff.), jedoch für

Vor §§ 21 ff.

Prospekthaftungsvorschriften (zumindest auch) die Funktionsfähigkeit des Kapitalmarkts schützen sollen und zum anderen der Handel von Wertpapieren bzw. das Kapitalmarktrecht insgesamt auf ein Marktgeschehen abstellt. Die dogmatische Herleitung dieser Anknüpfung ist zwar ebenfalls umstritten,[79] jedoch im Ergebnis nicht entscheidend.[80] Mit Blick auf den Emittenten liegen die Vorteile dieser Anknüpfung auf der Hand: Dieser sieht sich nicht dem Risiko ausgesetzt, einer Vielzahl von unterschiedlichen Haftungsregimen ausgesetzt zu sein, da er den jeweiligen Platzierungsmarkt selbst auswählen kann. Gleichzeitig wird auch dem Anlegerschutz Genüge getan, da der Anleger die der Prospekthaftung zugrunde liegenden Wertpapiere in der Regel auf dem jeweiligen Platzierungsmarkt erworben hat. Die Anwendung der materiell-rechtlichen Vorschriften der Rechtsordnung des betreffenden Staates kommt für den Anleger daher nicht überraschend.

27 Für die Anknüpfung an den jeweiligen Platzierungsmarkt spricht auch ein Vergleich mit der kollisionsrechtlichen Sondernorm im Wettbewerbsrecht (Art. 6 Rom-II), das mit dem Prospekthaftungsrecht aufgrund der doppelten Schutzwirkung (Schutz der Wettbewerber und Schutz des Marktes einerseits und Schutz der Anleger und Funktionsfähigkeit des Kapitalmarktes andererseits) starke Ähnlichkeiten aufweist.[81] In die gleiche Richtung geht schließlich der Vorschlag des Deutschen Rats für Internationales Privatrecht, der sich in einem Diskussionsvorschlag für einen neu einzufügenden Art. 6a Rom-II grundsätzlich dem Marktortprinzip angeschlossen hat.[82]

28 Ob ein Gericht dem hier befürworteten Marktortprinzip folgen wird, bleibt abzuwarten. Eine spezielle Kollisionsnorm für Prospekthaftungsansprüche wäre daher aus Gründen der Rechtssicherheit in jedem Falle wünschenswert.

---

das Ergebnis letztlich nicht entscheidend; kritisch, ob eine entsprechende Anknüpfung *de lege lata* möglich ist: *Junker*, RIW 2010, 257, 264.

79 *Denninger*, Grenzüberschreitende Prospekthaftung und Internationales Privatrecht, S. 237 ff.; *Mankowski* in: Reithmann/Martiny, Internationales Vertragsrecht, Rn. 6.1773; kritisch, ob eine entsprechende Anknüpfung *de lege lata* möglich ist: *Junker*, RIW 2010, 257, 264

80 Überzeugend scheint es, den Marktort als Erfolgsort im Sinne von Art. 4 Abs. 1 Rom-II anzusehen (so auch: *Freitag*, WM 2015, 1165, 1172). In Betracht kommt im Übrigen auch eine Anknüpfung an die Ausweichklausel des Art. 4 Abs. 3 Rom-II (offensichtlich engere Verbindung mit einem anderen Staat) (vgl. *Weber*, WM 2008, 1581, 1586).

81 *Einsele*, ZEuP 2012, 23, 38.

82 Entwurf Art. 6a Abs. 1 Satz 1 Rom-II: „Auf außervertragliche Schuldverhältnisse aus unerlaubtem Verhalten auf dem Finanzmarkt ist das Recht des Staates anzuwenden, in dem das betreffende Finanzinstrument zum Handel an einem geregelten Markt zugelassen ist"; vgl. dazu *Lehmann*, IPRax 2012, 399 ff.

§ 21 Haftung bei fehlerhaftem Börsenzulassungsprospekt

(1) ¹Der Erwerber von Wertpapieren, die auf Grund eines Prospekts zum Börsenhandel zugelassen sind, in dem für die Beurteilung der Wertpapiere wesentliche Angaben unrichtig oder unvollständig sind, kann

1. von denjenigen, die für den Prospekt die Verantwortung übernommen haben, und
2. von denjenigen, von denen der Erlass des Prospekts ausgeht,

als Gesamtschuldnern die Übernahme der Wertpapiere gegen Erstattung des Erwerbspreises, soweit dieser den ersten Ausgabepreis der Wertpapiere nicht überschreitet, und der mit dem Erwerb verbundenen üblichen Kosten verlangen, sofern das Erwerbsgeschäft nach Veröffentlichung des Prospekts und innerhalb von sechs Monaten nach erstmaliger Einführung der Wertpapiere abgeschlossen wurde. ²Ist kein Ausgabepreis festgelegt, gilt als Ausgabepreis der erste nach Einführung der Wertpapiere festgestellte oder gebildete Börsenpreis, im Falle gleichzeitiger Feststellung oder Bildung an mehreren inländischen Börsen der höchste erste Börsenpreis. ³Auf den Erwerb von Wertpapieren desselben Emittenten, die von den in Satz 1 genannten Wertpapieren nicht nach Ausstattungsmerkmalen oder in sonstiger Weise unterschieden werden können, sind die Sätze 1 und 2 entsprechend anzuwenden.

(2) ¹Ist der Erwerber nicht mehr Inhaber der Wertpapiere, so kann er die Zahlung des Unterschiedsbetrags zwischen dem Erwerbspreis, soweit dieser den ersten Ausgabepreis nicht überschreitet, und dem Veräußerungspreis der Wertpapiere sowie der mit dem Erwerb und der Veräußerung verbundenen üblichen Kosten verlangen. ²Absatz 1 Satz 2 und 3 ist anzuwenden.

(3) Sind Wertpapiere eines Emittenten mit Sitz im Ausland auch im Ausland zum Börsenhandel zugelassen, besteht ein Anspruch nach Absatz 1 oder 2 nur, sofern die Wertpapiere auf Grund eines im Inland abgeschlossenen Geschäfts oder einer ganz oder teilweise im Inland erbrachten Wertpapierdienstleistung erworben wurden.

(4) Einem Prospekt steht eine schriftliche Darstellung gleich, auf Grund deren Veröffentlichung der Emittent von der Pflicht zur Veröffentlichung eines Prospekts befreit wurde.

Übersicht

	Rn.		Rn.
I. Haftungsvoraussetzungen	1	2. Anspruchsberechtigung	22
1. Anwendungsbereich	1	a) Zulassung zum Börsenhandel aufgrund eines Prospekts	22
a) Erfasste Prospekte	2	b) Erwerb	25
b) Freiwillige Prospekte	6	c) Ausschlussfrist, § 21 Abs. 1 Satz 1	30
c) Gleichzustellende Darstellungen, § 21 Abs. 4	8	d) Inlandsbezug, § 21 Abs. 3	34
d) Prospektbegleitende Werbemaßnahmen	13	3. Fehlerhaftigkeit des Prospekts	36
e) Informationsmemoranda	17	a) Empfängerhorizont	38
f) Andere Informationen	18	b) Beurteilungszeitpunkt	42

§ 21 Haftung bei fehlerhaftem Börsenzulassungsprospekt

    c) Wesentliche Angaben unrichtig
oder unvollständig 44
        aa) Angaben 45
        bb) Unrichtigkeit 46
        cc) Unvollständigkeit 55
        dd) Wesentlichkeit der Angaben. 74
        ee) Gesamteindruck unzutreffend 76
    d) Nachtrag/Berichtigung 78
  4. Haftungsadressaten 79
    a) Überblick 79
    b) Prospektverantwortliche/Prospekt-
erlasser, § 21 Abs. 1 Satz 1 Nr. 1 80
        aa) Unterzeichner i. S. d. § 5
Abs. 3 81
        bb) Verantwortliche durch
Erklärung i. S. d. § 5 Abs. 4
Satz 1 Halbs. 2 84
        cc) Einzelfälle 85
    c) Prospektveranlasser, § 21 Abs. 1
Satz 1 Nr. 2 89
        aa) Großaktionär 91
        bb) Organmitglieder 94
    d) Experten 96
        aa) Wirtschaftsprüfer 98
        bb) Sonstige Gutachter 103

  5. Kausalität 104
  6. Verschulden 105
II. Rechtsfolgen 106
  1. Inhalt der Haftung 106
    a) Anspruch des Inhabers, § 21
Abs. 1 Satz 1 und 2 106
    b) Anspruch des früheren Inhabers
bei zwischenzeitlicher Veräußerung, § 21 Abs. 2 110
    c) Mitverschulden 115
    d) Haftung als Gesamtschuldner . . 117
        aa) Grundsatz 117
        bb) Freistellung der
Emissionsbegleiter durch
den Emittenten 118
        cc) Freistellung des Emittenten
durch einen (Groß-)Aktio-
när 119
  2. Prospekthaftung und Einlagenrückgewähr 121
  3. Darlegungs- und Beweislast 123
  4. Verjährung 125
  5. Konkurrenzen 132
  6. Gerichtliche Zuständigkeit 133
  7. Übergangsregelungen 134

I. Haftungsvoraussetzungen

1. Anwendungsbereich

1 Der Anwendungsbereich des § 21 Abs. 1 ist eröffnet, wenn Wertpapiere i. S. v. § 2 Nr. 1 auf Grundlage eines Börsenzulassungsprospekts erworben wurden.[1] Der entsprechende Prospekt bildet damit den zentralen Anknüpfungspunkt für die im WpPG geregelten spezialgesetzlichen (Prospekt-)Haftungsvorschriften.[2]

a) Erfasste Prospekte

2 § 21 enthält keine Legaldefinition des Prospektbegriffs. Aus dem Wortlaut der Vorschrift sowie der Systematik des Gesetzes ist jedoch zu folgern, dass ein Prospekt im Sinne der Regelung nur diejenige **(schriftliche) Darstellung** sein kann, aufgrund derer die in Rede stehenden **Wertpapiere zum** Börsenhandel an einem **regulierten Markt zugelassen** wurden.[3] Maßgeblich ist dabei – wie § 21 Abs. 3 (vgl. Rn. 34) zeigt – grundsätzlich nur der Handel am regulierten Markt einer inländischen Börse.[4]

---

[1] Vgl. näher auch *Assmann*, in: Assmann/Schütze, Hdb. des Kapitalanlagerechts, § 5 Rn. 122 m. w. N.
[2] *Denninger*, Grenzüberschreitende Prospekthaftung und Internationales Privatrecht, S. 57.
[3] Vgl. *Groß*, Kapitalmarktrecht, § 21 WpPG Rn. 23, 25; *Wackerbarth*, in: Holzborn, WpPG, §§ 21–23 Rn. 19; bezüglich der alten Rechtslage: *Ellenberger*, Prospekthaftung, S. 11; *Hopt/Voigt*, Prospekt- und Kapitalmarktinformationshaftung, S. 45.
[4] Näher dazu *Pankoke*, in: Just/Voß/Ritz/Zeising, WpPG, §§ 44 BörsG, 13 VerkProspG Rn. 1.

Von § 21 direkt erfasst werden damit zunächst **Börsenzulassungsprospekte** im Sinne von § 32 Abs. 3 Nr. 2 BörsG i.V.m. den Vorschriften des WpPG. Über § 22, der wiederum auf § 21 verweist, wird die Prospekthaftung zudem auf Prospekte, die gem. § 3 Abs. 1 für ein öffentliches Angebot von Wertpapieren verwendet werden, erstreckt. Ebenfalls erfasst werden Basisprospekte nach § 6 sowie verkürzte Prospekte nach § 5 i.V.m. § 8 Abs. 2.[5] Für die Haftung unerheblich ist auch, ob der betreffende (Basis-)Prospekt als einteiliger oder als dreiteiliger Prospekt erstellt wird (s. dazu § 9 Rn. 3).[6]

3

Für die Eröffnung des Anwendungsbereichs von § 21 kommt es nicht darauf an, dass der Prospekt auch tatsächlich alle notwendigen Angaben enthält.[7] Diese Frage ist vielmehr gerade Gegenstand der Untersuchung, ob der jeweilige Prospekt im Sinne von § 21 fehlerhaft ist. Der Prospektbegriff schließt auch den Nachtrag gem. § 16 ein (s. auch unter Rn. 77).[8]

4

Einem nach den Vorschriften des WpPG erstellten Börsenzulassungsprospekt gleichzustellen sind Prospekte, die von der zuständigen Behörde eines anderen Staates des Europäischen Wirtschaftsraums gebilligt und entsprechend § 17 Abs. 3 für Zwecke der Börsenzulassung der betreffenden Wertpapiere im Inland nach Deutschland notifiziert werden (sogenannter „Europäischer Wertpapierpass", vgl. zu dem internationalen Anwendungsbereich der Prospekthaftung und dem maßgeblichen Kollisionsrecht Vor §§ 21 ff. Rn. 12 f).

5

b) Freiwillige Prospekte

§ 1 Abs. 3 stellt klar, dass es Emittenten, die gem. § 1 Abs. 2 Nr. 2 bis 5 keiner Prospektpflicht unterliegen, dennoch gestattet ist, einen Prospekt nach den Vorschriften des WpPG zu veröffentlichen (vgl. § 1 Rn. 35). Ob dies auch analog für Emittenten gilt, die nach § 3 Abs. 2 oder § 4 von der Pflicht, einen Prospekt zu erstellen, befreit sind, ist umstritten. Entgegen der Auffassung der BaFin sprechen die überzeugenderen Argumente dafür, dies anzunehmen (vgl. § 1 Rn. 39 ff.). Mit der Entscheidung für die Erstellung und Veröffentlichung eines freiwilligen Prospekts unterwirft sich der Emittent den **Vorschriften des WpPG** sowie den entsprechenden Vorgaben der EU-ProspektVO,[9] insbesondere in Hinblick auf das Gebot der Vollständigkeit und Richtigkeit des Prospekts sowie das Billigungserfordernis nach § 13.[10] In der Folge muss der Emittent sich an diesen Vorgaben auch im Rahmen der Haftung für potenziell fehlerhafte Angaben in dem freiwillig erstellten Prospekt messen lassen. Der BGH ist ebenfalls der Auffassung, dass auf freiwillig erstellte Prospekte die spezialgesetzlichen Vorschriften der (Verkaufs-)Prospekthaftung anzuwenden sind.[11] Das Bestehen einer Prospektpflicht ist für die Eröffnung des Anwendungsbereiches der §§ 21 ff. mithin nicht erforderlich.[12]

6

---

5 *Kumpan*, in: Baumbach/Hopt, HGB, § 21 WpPG Rn. 1; *Mülbert/Steup*, in: Habersack/Mülbert/Schlitt, Unternehmensfinanzierung am Kapitalmarkt, § 41 Rn. 18; *Wackerbarth*, in: Holzborn, WpPG, §§ 21–23 Rn. 19.
6 *Wackerbarth*, in: Holzborn, WpPG, §§ 21–23 Rn. 19.
7 *Groß*, Kapitalmarktrecht, § 21 WpPG Rn. 23; *Habersack*, in: Habersack/Mülbert/Schlitt, Hdb. der Kapitalmarktinformation, § 29 Rn. 10.
8 Vgl. statt anderer *Habersack*, in: Habersack/Mülbert/Schlitt, Hdb. der Kapitalmarktinformation, § 29 Rn. 12.
9 Begr. RegE Prospektrichtlinie-Umsetzungsgesetz, BT-Drucks. 15/4999, S. 28.
10 Vgl. nur *Wackerbarth*, in: Holzborn, WpPG, §§ 21–23 Rn. 26.
11 BGH, 21.10.2014 – XI ZB 12/12, NZG 2015, 20, 27 („Telekom III").
12 *Pankoke*, in: Just/Voß/Ritz/Zeising, WpPG, §§ 44 BörsG, 13 VerkProspG Rn. 10; *Groß*, Kapitalmarktrecht, § 21 WpPG Rn 23.

§ 21 Haftung bei fehlerhaftem Börsenzulassungsprospekt

7 Voraussetzung für eine Haftung nach § 21 ist aber stets, dass der zugrunde liegende **Prospekt** auch gem. § 13 von der BaFin oder der zuständigen Behörde eines anderen EWR-Mitgliedstaats **gebilligt** und anschließend gem. § 3 Abs. 1 Satz 1 **veröffentlicht** wurde.[13] Ist dies nicht der Fall, so kommt lediglich eine Haftung nach § 24 in Betracht, sofern eine Prospektpflicht bestand.[14]

c) Gleichzustellende Darstellungen, § 21 Abs. 4

8 Nach § 21 Abs. 4 stehen **schriftliche Darstellungen**, *„aufgrund deren Veröffentlichung"* der Emittent von der Pflicht zur Veröffentlichung eines Prospekts befreit wurde, einem Prospekt gleich. Damit können auch Darstellungen Gegenstand eines Prospekthaftungsanspruchs sein, die im Zusammenhang mit der Börsenzulassung von Wertpapieren erstellt werden, für die **gem. § 4 Abs. 2** grundsätzlich ein Befreiungsgrund von der Prospektpflicht vorliegt.

9 Ob daneben auch **schriftliche Darstellungen**, die **entsprechend § 4 Abs. 1** einen Angebotsprospekt ersetzen, unter § 21 Abs. 4 fallen, ist **umstritten**. Mit Blick auf die Vorgängervorschrift (§ 44 Abs. 4 BörsG a. F.) ging die ganz h. M. davon aus, dass nur Dokumente von der Prospekthaftung umfasst sind, aufgrund derer die Zulassung von Wertpapieren erfolgt.[15] Für Angebotsprospekte sollte sich eine Haftung demgegenüber lediglich aus § 13 VerkProspG a. F. (Haftung bei fehlerhaftem Prospekt), der wiederum auf die Regelung der §§ 44 ff. BörsG a. F. verwies, ergeben können. Der Wortlaut von § 13 VerkProspG a. F. bezog sich jedoch ausschließlich auf einen „Prospekt i. S. d. Wertpapierprospektgesetzes" und schloss damit prospektersetzende Darstellungen gerade nicht mit ein. Das VerkProspG kannte nämlich – anders als das BörsG a. F. für Börsenzulassungsverfahren – keine dem heutigen § 4 Abs. 1 entsprechenden Befreiungsmöglichkeiten von der Prospektpflicht. Aus dem Umstand, dass der Wortlaut von § 13 VerkProspG a. F. diesbezüglich auch nach Inkrafttreten des WpPG nicht geändert wurde, schloss die h. M., dass sich eine Haftung für unrichtige oder unvollständige Angaben in prospektersetzenden Darstellungen, die nicht die Zulassung von Wertpapieren betrafen, allenfalls nach § 13a VerkProspG a. F. (Haftung bei fehlendem Prospekt) richten sollte.[16]

10 Teilweise geht das Schrifttum davon aus, dass die Rechtslage durch die Reform der Prospekthaftung keine Änderung erfahren sollte und sich für prospektersetzende Dokumente im Sinne von § 4 Abs. 1 die Haftung weiterhin allenfalls aus § 24 (Haftung bei fehlendem Prospekt) ergeben kann.[17] Andere Autoren sind demgegenüber der Auffassung, dass von § 21 Abs. 4 auch Dokumente umfasst werden, die der Ermöglichung eines öffentlichen Angebotes dienen.[18] Dem Wortlaut der §§ 21, 22 lässt sich dies jedoch nach wie vor nicht entnehmen. So bezieht sich § 22 Satz 1 – wie zuvor § 13 VerkProspG – ausdrücklich nur

---

13 Vgl. nur *Assmann*, in: Assmann/Schütze, Hdb. des Kapitalanlagerechts, § 5 Rn. 125.
14 *Nobbe*, WM 2013, 193; **a. A.** *Wackerbarth*, in: Holzborn, WpPG, §§ 21–23 Rn. 26, der in diesem Falle von der Anwendbarkeit der bürgerlich-rechtlichen Prospekthaftung ausgeht.
15 *Wackerbarth*, in: Holzborn, WpPG, §§ 21–23 Rn. 21; a. A.: *Pankoke*, in: Just/Voß/Ritz/Zeising, WpPG, §§ 44 BörsG, 13 VerkProspG Rn. 17.
16 Vgl. *Mülbert/Steup*, WM 2005, 1633, 1644.
17 *Groß*, Kapitalmarktrecht, § 21 WpPG Rn. 27; *Mülbert/Steup*, in: Habersack/Mülbert/Schlitt, Unternehmensfinanzierung am Kapitalmarkt, § 41 Rn. 28.
18 So *Wackerbarth*, in: Holzborn, WpPG, §§ 21–23 Rn. 21; *Schwark*, in: Schwark/Zimmer, KMKR, §§ 44, 45 BörsG Rn. 16; bereits zur alten Rechtslage: *Pankoke*, in: Just/Voß/Ritz/Zeising, WpPG,

auf Prospekte, ohne prospektersetzende Darstellungen zu erwähnen bzw. diese wie in § 21 Abs. 4 Prospekten gleichzustellen.

Grundsätzlich von § 21 Abs. 4 erfasst sind damit die nach **§ 4 Abs. 2 Nr. 3** (Tauschangebote), **Nr. 4** (Verschmelzungs- und Spaltungsvorgänge)[19] und **Nr. 5** (Kapitalerhöhung aus Gesellschaftsmitteln und Sachdividenden) erstellten Dokumente. Mit Blick auf prospektersetzende Dokumente für Tauschangebote (§ 4 Abs. 2 Nr. 3) besteht zwar mit § 12 WpÜG eine eigenständige übernahmerechtliche Haftungsregel für die Angebotsunterlage.[20] Diese schützt jedoch lediglich Angebotsadressaten, die dieses auch angenommen haben, nicht aber (die ebenfalls schützenswerten) Zweiterwerber.[21] Die Prüfung der Angebotsunterlage durch die BaFin reicht zum Schutz des Zweiterwerbers nicht aus.[22] Ob sich darüber hinaus auch ein Angebotsadressat selbst auf § 21 Abs. 4 berufen kann, ist dagegen zu bezweifeln.[23]

11

Die **übrigen Dokumente nach § 4 Abs. 2 Nr. 6 bis 8** sind keine gleichzustellenden Darstellungen i.S.d. § 21 Abs. 4, denn aufgrund dieser Dokumente erfolgt keine Befreiung von der Prospektpflicht.[24]

12

d) Prospektbegleitende Werbemaßnahmen

Werbemaßnahmen, die sich auf ein öffentliches Angebot von Wertpapieren oder auf eine Börsenzulassung beziehen, unterliegen als solche **nicht dem Haftungsregime der §§ 21, 22**.[25] Sie sind (allein) nach Maßgabe von § 15 zu beurteilen, der umfassend das Verhältnis von Prospekt und Werbemaßnahmen regelt sowie Vorgaben zur Vermeidung von Informationsasymmetrien bei prospektpflichtigen und nicht-prospektpflichtigen Angeboten macht (s. näher § 15 Rn. 3).[26] § 15 Abs. 6 sieht bei Verstößen gegen diese Vorschrift Sanktionsmaßnahmen durch die BaFin vor, deren Nichtbeachtung gem. § 35 Abs. 2 als Ordnungswidrigkeit geahndet wird. Bestrebungen des Gesetzgebers, die Haftung für fehlerhafte Kapitalmarktkommunikation insgesamt auszuweiten und etwa auch Pressemitteilungen und mündliche Äußerungen auf von Emittenten veranlassten Informationsveranstaltungen (wie etwa Roadshows) zu erfassen,[27] konnten sich bislang nicht durchsetzen.

13

---

§§ 44 BörsG, 13 VerkProspG Rn. 17; *Krämer*, in: Marsch-Barner/Schäfer, Handbuch börsennotierte AG, § 10 Rn. 314.
19 *Singhof*, in: MünchKomm-HGB, Bd. 6, Emissionsgeschäft, Rn. 276; a.A. *Wackerbarth*, in: Holzborn, WpPG, §§ 21–23 Rn. 23.
20 *Wackerbarth*, in: Holzborn, WpPG, §§ 21–23 Rn. 22; *Groß*, Kapitalmarktrecht, § 21 WpPG Rn. 29; *Vaupel*, WM 2002, 1170, 1172; *Mülbert/Steup*, WM 2005, 1633, 1642.
21 *Wackerbarth*, in: Holzborn, WpPG, §§ 21–23 Rn. 22.
22 *Wackerbarth*, in: Holzborn, WpPG, §§ 21–23 Rn. 22; **a.A.** offenbar *Mülbert/Steup*, WM 2005, 1633, 1642.
23 *Wackerbarth*, in: Holzborn, WpPG, §§ 21–23 Rn. 22.
24 *Singhof*, in: MünchKomm-HGB, Bd. 6, Emissionsgeschäft, Rn. 276; auch § 4 Abs. 2 Nr. 5 WpPG ausschließend: *Wackerbarth*, in: Holzborn, WpPG, §§ 21–23 Rn. 24; *Schwark*, in: Schwark/Zimmer, KMRK, §§ 44, 45 BörsG Rn. 15; *Mülbert/Steup*, WM 2005, 1633, 1642; *Mülbert/Steup*, in: Habersack/Mülbert/Schlitt, Unternehmensfinanzierung am Kapitalmarkt, § 41 Rn. 28.
25 *Ellenberger*, FS Schimansky, 1999, S. 591, 593; *Ellenberger*, Prospekthaftung, S. 12; *Hopt*, FS Drobnig, 1998, S. 525, 530; *Mülbert/Steup*, in: Habersack/Mülbert/Schlitt, Unternehmensfinanzierung am Kapitalmarkt, § 41 Rn. 20, 31.
26 Vgl. die Kommentierung zu § 15 WpPG Rn. 8 f.
27 Vgl. zum sachlichen Anwendungsbereich des KapInHaG etwa *Veil*, BKR 2005, 91.

§ 21   Haftung bei fehlerhaftem Börsenzulassungsprospekt

14 Sind Werbemaßnahmen bereits im Vorfeld der eigentlichen Prospektveröffentlichung inhaltlich unrichtig oder irreführend (§ 15 Abs. 3 Satz 2) bzw. stehen diese im Widerspruch zum später veröffentlichten **Prospekt** (§ 15 Abs. 3 Satz 3), muss der Prospekt hierauf hinweisen und die entsprechenden Aussagen gegebenenfalls **richtig stellen**. Andernfalls enthält der Prospekt nicht sämtliche für die Anlageentscheidung wesentlichen Umstände und ist damit von vornherein unvollständig.[28] Durch **Werbung ausgelöste wesentliche Fehlinformationen**, die zusammen mit dem Erscheinen des Prospekts oder im Anschluss an dessen Veröffentlichung in Umlauf geraten, lösen eine Nachtragspflicht nach § 16 WpPG aus. Wird dieser Nachtragspflicht nicht nachgekommen, ist der Prospekt ebenfalls (nachträglich) unvollständig.[29]

15 Insbesondere bei **internationalen Transaktionen** werden die beschriebenen Grundsätze zum Zusammenspiel von Werbemaßnahmen und Prospekt (wie bereits vor Einführung von § 15) durch Marktusancen bzw. bei Angeboten mit Rule 144A-Komponente durch entsprechende Vorgaben des US-amerikanischen Kapitalmarktrechts ergänzt (vgl. § 15 Rn. 4).[30] Die SEC gestattet **öffentliche Kommentare oder Äußerungen** von an der Transaktion beteiligten Parteien im Zeitraum zwischen der Einreichung des Prospekts bei der SEC und der Registrierung der Wertpapiere nur in sehr eingeschränktem Umfang (sog. *quiet period*).[31] Bei Verstößen gegen diese Regel ist der Emittent gegebenenfalls verpflichtet, die entsprechende Aussage im Wege eines sog. *free writing prospectus* nachzutragen.[32]

16 Da das WpPG die Haftung für dem Gesetz unterfallende Werbung sowie Prospekte und Darstellungen, die Prospekten gleichstehen, abschließend regelt, ist für die Anwendung der **bürgerlich-rechtlichen Prospekthaftung** nach zutreffender Auffassung auch dann **kein Raum**, wenn diese Werbung mit Dokumenten erfolgt, die die Anforderungen des bürgerlich-rechtlichen Prospektbegriffs erfüllen (vgl. § 25 Rn. 6).[33]

---

28 *Mülbert/Steup*, in: Habersack/Mülbert/Schlitt, Unternehmensfinanzierung am Kapitalmarkt, § 41 Rn. 31.
29 *Mülbert/Steup*, in: Habersack/Mülbert/Schlitt, Unternehmensfinanzierung am Kapitalmarkt, § 41 Rn. 31.
30 Vgl. die Kommentierung zu § 15 WpPG Rn. 5.
31 Siehe insgesamt SEC, Release No. 33-8591 (Securities Offering Reform), abrufbar unter https://www.sec.gov/rules/final/33-8591.pdf.
32 Vgl. etwa den am 7.10.2015 von Ferrari veröffentlichten *free writing prospectus*, mit dem verschieden auf einer Konferenz in Mailand getätigte und im Anschluss von Bloomberg veröffentlichte Aussagen von Sergio Ermotti (CEO der UBS, die den Börsengang von Ferrari als Lead Manager begleitete) nachgetragen wurden. Herr Ermotti hatte den Börsengang als „un grande momento" (*ein großer Moment*) bezeichnet und hinzugefügt, es sei „praktisch unmöglich zu glauben, dass der Börsengang von Ferrari kein Erfolg wird". In dem *free writing prospectus* stellte Ferrari klar, dass diese Äußerungen nicht die im Prospekt, insbesondere in den Risikofaktoren, gemachten Angaben einschränken sollten und sich die Gesellschaft diese auch nicht zu eigen macht.
33 *Mülbert/Steup*, in: Habersack/Mülbert/Schlitt, Unternehmensfinanzierung am Kapitalmarkt, § 41 Rn. 31; ebenso auch *Hebrant*, ZBB 2011, 451, 453 ff.; i. E. auch *Klöhn*, WM 2012, 97, 106. Die Entscheidung des BGH, 17.11.2011 – III 103/10 (Rupert Scholz), WM 2012, 19, in der Werbemaßnahmen im Rahmen einer „Gesamtbetrachtung" der bürgerlich-rechtlichen Prospekthaftung unterworfen werden, betraf einen Fall, in dem der Prospekt nicht dem wertpapierprospektrechtlichen Haftungsregime unterfiel. **A. A.** *Wackerbarth*, in: Holzborn: WpPG, §§ 21–23 Rn. 32; offen *Groß*, Kapitalmarktrecht, § 21 WpPG Rn. 25.

e) Informationsmemoranda

Insbesondere bei der Umplatzierung größerer Aktienbestände wurden in der Praxis in der Vergangenheit sogenannte Informationsmemoranda verwendet. Für diese **prospektähnlichen Dokumente**[34] stellt sich die Frage, ob sie (i) als Prospekte i. S. d. § 21 Abs. 1, (ii) als dem Prospekt nach § 21 Abs. 4 gleichzustellende schriftliche Darstellungen oder (iii) aber gar nicht von der Haftung des § 21 erfasst sind.[35] In der Praxis sind diese Informationsmemoranda insbesondere erstellt worden für (a) Aktien, die noch nicht zum Börsenhandel zugelassen sind, deren Zulassung aber prospektfrei erfolgen könnte (z.B. Aktien, die über einen Zeitraum von zwölf Monaten weniger als 10% der Zahl der Aktien derselben Gattung ausmachen, die bereits zum Handel an demselben organisierten Markt zugelassen ist, § 4 Abs. 2 Nr. 1) und (b) im Hinblick auf eine Umplatzierung von bereits an einer inländischen Börse zugelassenen Aktien, die kein öffentliches Angebot darstellt. Für § 22 WpPG hat der Gesetzgeber klargestellt, dass hiervon grundsätzlich auch Prospekte erfasst werden sollen, die nicht Grundlage für die Börsenzulassung sind.[36] Ein freiwillig veröffentlichtes Informationsmemorandum kann hingegen nicht ohne Weiteres unter § 22 WpPG erfasst werden, denn es fehlt hier an der Prospektpflicht im Sinne des § 3 Abs. 1 Satz 1 WpPG. Angezeigt ist für solche Fälle indes eine **analoge Anwendung des § 22 WpPG, sofern** der entsprechende Prospekt **gebilligt und veröffentlicht** wird. Sie verdient wegen der Vergleichbarkeit zu den geregelten Fällen Vorrang gegenüber einer Anwendung der bürgerlich-rechtlichen Prospekthaftung.[37]

17

f) Andere Informationen

Über den oben dargestellten Anwendungsbereich hinaus **gilt § 21 nicht** für andere Informationen und Informationsträger, die im Zusammenhang mit einem Angebot von Wertpapieren unter Umständen erstellt werden.[38] Dies gilt namentlich für Bezugsangebote,[39] Zeichnungsaufforderungen, Finanz- oder Halbjahresfinanzberichte nach dem Wertpapierhandelsgesetz und den einschlägigen Rechnungslegungsvorschriften sowie Presseveröffentlichungen.[40]

18

---

34 *Heidelbach*, in: Schwark/Zimmer, KMRK, § 1 WpPG Rn. 33.
35 *Mülbert/Steup*, in: Habersack/Mülbert/Schlitt, Unternehmensfinanzierung am Kapitalmarkt, § 41 Rn. 21; *Krämer/Baudisch*, WM 1998, 1161, 1170.
36 Begr. RegE Gesetz zur Novellierung des Finanzanlagenvermittler- und Vermögensanlagenrechts, BT-Drucks. 17/6051, S. 46; ebenso *Mülbert/Steup*, in: Habersack/Mülbert/Schlitt, Unternehmensfinanzierung am Kapitalmarkt, § 41 Rn. 21.
37 *Meyer*, WM 2003, 1301, 1303.
38 *Assmann*, in: Assmann/Schütze, Hdb. des Kapitalanlagerechts, § 5 Rn. 37; *Ehricke*, in: Hopt/Voigt, Prospekt- und Kapitalmarktinformationshaftung, S. 187, 194; *Mülbert/Steup*, in: Habersack/Mülbert/Schlitt, Unternehmensfinanzierung am Kapitalmarkt, § 41 Rn. 20. Zur Rechtslage in der EU, der Schweiz und den USA *Hopt/Voigt*, in: Hopt/Voigt, Prospekt- und Kapitalmarktinformationshaftung, S. 46 ff.
39 BGH, 12.7.1982 – II ZR 172/81, WM 1982, 867 f. („Beton- und Monierbau"); *Mülbert/Steup*, in: Habersack/Mülbert/Schlitt, Unternehmensfinanzierung am Kapitalmarkt, § 41 Rn. 20 m.w.N.; *Pankoke*, in: Just/Voß/Ritz/Zeising, WpPG, §§ 44 BörsG, 13 VerkProspG Rn. 15; in diesem Sinne auch *Hamann*, in: Schäfer/Hamann, Kapitalmarktgesetze, §§ 44, 45 BörsG Rn. 39, *Schwark*, in: Schwark/Zimmer, KMRK, §§ 44, 45 BörsG Rn. 17; *Ellenberger*, Prospekthaftung, S. 21 ff.
40 *Mülbert/Steup*, in: Habersack/Mülbert/Schlitt, Unternehmensfinanzierung am Kapitalmarkt, § 41 Rn. 20 m.w.N.

§ 21 Haftung bei fehlerhaftem Börsenzulassungsprospekt

19 Ebenfalls nicht in den Anwendungsbereich der spezialgesetzlichen Prospekthaftung fallen sonstige Informationen, die üblicherweise im Rahmen eines Börsengangs neben dem Prospekt veröffentlicht werden, wie Research-Reports,[41] die sogenannte „*Intention to Float*"-Pressemitteilung im Vorfeld eines Börsengangs und die Ad-hoc-Mitteilung, mit der der endgültige Angebotspreis im Fall des Bookbuildings veröffentlicht wird (vgl. § 8 Rn. 47 f.).

20 Weiterhin sind Publikationen nicht erfasst, die zwar kraft Gesetzes erforderlich sind, aber keine Voraussetzungen für die Zulassung zum regulierten Markt sind. Hierunter fallen Mitteilungen und Berichte nach §§ 30a Abs. 1 Nr. 2, 30b Abs. 1 Satz 1 WpHG (Veröffentlichungspflichten gegenüber Wertpapierinhabern, z.B. Einberufung der Hauptversammlung), § 41 Abs. 2 BörsG (Zusätzliche Offenlegungspflichten für bestimmte Handelssegmente) und (weitere) Ad-hoc-Mitteilungen nach Art. 17 MarktmissbrauchsVO (bislang § 15 WpHG).[42] In den genannten Fällen fehlt es jeweils an der vorausgesetzten Substitution einer an sich bestehenden Prospektpflicht nach § 32 Abs. 3 Nr. 2 BörsG. Spezialgesetzliche und allgemeine Haftungstatbestände bleiben allerdings unberührt.

21 Insgesamt ist in diesem Zusammenhang allerdings das **prospektrechtliche Konsistenzgebot** zu beachten (vgl. § 15 Rn 32 f.).[43] Ein Prospekthaftungsanspruch kann sich auch dann ergeben, wenn Informationen, die von einer Gesellschaft außerhalb des Prospekts veröffentlicht werden, im Widerspruch zu Prospektangaben stehen oder nicht im Prospekt enthalten sind. Insoweit ist den Regelungen in § 15 Abs. 3 Satz 2 und 3 sowie Abs. 4 ein über Werbeanzeigen hinausgehendes allgemeines Richtigkeits- und Konsistenzgebot zu entnehmen.[44]

2. Anspruchsberechtigung

a) Zulassung zum Börsenhandel aufgrund eines Prospekts

22 Anspruchsberechtigt sind die **Erwerber** von Wertpapieren, die aufgrund eines Prospekts zum Börsenhandel zugelassen wurden, § 21 Abs. 1 Satz 1. Von der Haftung grundsätzlich ausgeschlossen sind daher Wertpapiere, die vor der Prospektveröffentlichung emittiert worden sind oder später gegebenenfalls prospektfrei ausgegebene Wertpapiere. Die Prospekthaftung ist folglich im Grundsatz beschränkt auf die jeweilige Emission (s. oben zur Ausschlussfrist Rn. 30).

---

41 Zur Haftung für Research Reports ausführlich *Meyer*, AG 2003, 610, der in diesem Zusammenhang die börsengesetzliche Prospekthaftung nicht einmal andiskutierte. Wie hier *Seiler/Kehler*, CFL 2012, 340, 347; *Mülbert/Steup*, in: Habersack/Mülbert/Schlitt, Unternehmensfinanzierung am Kapitalmarkt, § 41 Rn. 20 m.w.N.; *Pankoke*, in: Just/Voß/Ritz/Zeising, WpPG, §§ 44 BörsG, 13 VerkProspG Rn. 15; *Habersack*, in: Habersack/Mülbert/Schlitt, Hdb. der Kapitalmarktinformation, § 29 Rn. 13.
42 Dazu *Mülbert/Steup*, in: Habersack/Mülbert/Schlitt, Unternehmensfinanzierung am Kapitalmarkt, § 41 Rn. 20; bezüglich Ad-Hoc Mitteilungen *Pankoke*, in: Just/Voß/Ritz/Zeising, WpPG, §§ 44 BörsG, 13 VerkProspG Rn. 15; zum klar umrissenen Anwendungsbereich auch *Denninger*, Grenzüberschreitende Prospekthaftung und Internationales Privatrecht, S. 62.
43 Vgl. *Singhof/Weber*, in: Habersack/Mülbert/Schlitt, Unternehmensfinanzierung am Kapitalmarkt, § 4 Rn. 46; *Schlitt/Schäfer*, in: Assmann/Schlitt/v. Kopp-Colomb, WpPG, § 15 Rn. 18; *Groß*, Kapitalmarktrecht, § 15 WpPG Rn. 2.
44 *Singhof/Weber*, in: Habersack/Mülbert/Schlitt, Unternehmensfinanzierung am Kapitalmarkt, § 4 Rn. 46; *Schlitt/Schäfer*, in: Assmann/Schlitt/v. Kopp-Colomb, WpPG, § 15 Rn. 18; *Groß*, Kapitalmarktrecht, § 15 WpPG Rn. 2.

§ 21 Abs. 1 Satz 3 macht hiervon eine Ausnahme, wenn früher oder später emittierte Wertpapiere **ausstattungsgleich** sind.[45] In diesem Fall sind die Sätze 1 und 2 entsprechend anzuwenden. Für den Anleger, dessen Wertpapiere girosammelverwahrt werden und der keinen Anspruch auf Auslieferung einzelner Stücke hat, wäre es ansonsten unmöglich zu beweisen, dass Grundlage des geltend gemachten Anspruchs der Erwerb aus der jeweiligen Emission ist. Grund hierfür ist, dass neu emittierte Wertpapiere derselben Gattung in aller Regel unter der bestehenden ISIN bzw. WKN ausgegeben werden und deshalb nicht von bereits emittierten oder später emittierten Wertpapieren unterschieden werden können.[46] Es besteht aber **grundsätzlich die Möglichkeit**, neuen Stücken eine **eigene ISIN** bzw. WKN zuzuweisen. Auf diesem Weg könnten die Prospektverantwortlichen, die hinsichtlich der Sicherstellung der Unterscheidbarkeit der girosammelverwahrten Wertpapiere eine Kennzeichnungsobliegenheit trifft,[47] prozessual sicher beweisen, dass es sich um Stücke aus der prospektgegenständlichen Emission handelt. Freilich ist in der Praxis zu beobachten, dass in diesem Fall eine „unnatürliche" Zersplitterung des Handels und damit einhergehend der Liquidität stattfindet, zumal die neuen haftungsbewährten Stücke u. U. nur einen geringen Anteil am Gesamthandel ausmachen und es folglich während des Sechsmonatszeitraums des § 21 Abs. 1 Satz 1 zu einem Auseinanderfallen der Kurse der alten und der jungen Stücke kommt.[48] Aus diesem Grund ist die Emission junger Aktien unter einer eigenen ISIN bzw. WKN in der Praxis unüblich und könnte unter Umständen von Marktteilnehmern auch als Eingeständnis eines erhöhten Prospekthaftungsrisikos gesehen werden. Eine Ausnahme (und eine Beschränkung auf die jungen Stücke) mag man aufgrund einer teleologischen Reduktion für den ungewöhnlichen Fall annehmen, dass ein Anleger eine Anzahl von Wertpapieren erwirbt, die den Umfang der Emission übersteigt. Dann sei die Haftung gegenüber diesem Anleger auf die Anzahl der emittierten Wertpapiere zu begrenzen, die unter dem fehlerhaften Prospekt emittiert worden sind.[49]

23

Wertpapiere **unterschiedlicher Gattung**,[50] die zum Beispiel entsprechend § 11 AktG besondere Rechte gewähren, haben jeweils eine eigene ISIN bzw. WKN.[51] Gleiches gilt für Wertpapiere mit unterschiedlicher Dividendenberechtigung, auch wenn dieser Unterschied nach richtiger Auffassung keine eigene Gattung begründet.

24

---

45 Ausführlich *Hamann*, in: Schäfer/Hamann, Kapitalmarktgesetze, §§ 44, 45 BörsG Rn. 116 ff.; zur Rechtslage in den Ländern der EU, der Schweiz und den USA vgl. *Hopt/Voigt*, in: Hopt/Voigt, Prospekt- und Kapitalmarktinformationshaftung, S. 55 ff.
46 *Wackerbarth*, in: Holzborn, WpPG, §§ 21–23 Rn. 55; *Hamann*, in: Schäfer/Hamann, Kapitalmarktgesetze, §§ 44, 45 Rn. 118.
47 *Klühs*, BKR 2008, 154, 155 zu § 44 BörsG a. F.
48 Vgl. allgemein zur Problematik der Kausalität im Zusammenhang mit der Emission von jungen Stücken in der Girosammelverwahrung: *Hopt*, Die Verantwortlichkeit der Banken bei Emissionen, 1991, S. 74.
49 *Klühs*, BKR 2008, 154, 156 zu § 44 BörsG a. F.
50 *Mülbert/Steup*, in: Habersack/Mülbert/Schlitt, Unternehmensfinanzierung am Kapitalmarkt, § 41 Rn. 91; *Schwark*, in: Schwark/Zimmer, KMRK, §§ 44, 45 BörsG Rn. 45; wohl auch *Groß*, Kapitalmarktrecht, § 21 WpPG Rn. 69.
51 *Klühs*, BKR 2008, 154 zu § 44 BörsG a. F.; Begr. RegE 3. FMFG, BT-Drucks. 13/8933, S. 54, 77; *Schwark*, Kapitalmarktrecht, 3. Aufl. 2004, §§ 44, 45 Rn. 41.

b) Erwerb

25 Des Weiteren muss ein Erwerb stattgefunden haben. Darunter ist der Erwerb des **Vollrechts**, also des (Mit-)Eigentums an dem Wertpapier zu verstehen. Bei der Durchsetzung eines Prospekthaftungsanspruchs muss der Anspruchsberechtigte eben dieses Vollrecht Zug-um-Zug gegen die Schadensersatzleistung übertragen. Ein auf Erlangung bloßer Verfügungsbefugnis bzw. Nießbrauch oder Pfandrecht gerichtetes Geschäft reicht nicht aus. Der Erwerbsvorgang kann über die Börse oder außerhalb der Börse stattfinden.[52] Beim Erwerb von Namensaktien ist die Eintragung des Erwerbers in das Aktienregister des Emittenten keine Anspruchsvoraussetzung für die Prospekthaftung nach § 21.[53]

26 Nach der Gesetzesbegründung des Dritten Finanzmarktförderungsgesetzes muss der **Erwerb** zudem **entgeltlich** vorgenommen worden sein.[54] Ungeachtet der offensichtlichen Intention des Gesetzgebers ist das Merkmal der Entgeltlichkeit in der Literatur umstritten. Zum Teil geht das Schrifttum davon aus, dass es auf das Merkmal der Entgeltlichkeit nicht ankommen kann,[55] weil es andernfalls zu einer ungerechtfertigten Privilegierung des Haftungsverpflichteten (z.B. bei Ausschluss des Erben, s. dazu Rn. 27) kommen könne; stellenweise hätte dies aber auch eine unangemessene Schlechterstellung (so z.B. in Fällen der Veräußerung zu einem geringen Preis) zur Folge.[56] Die Gegenansicht verweist zu Recht auf den eindeutigen Willen des Gesetzgebers.[57] Zudem ergebe sich die Voraussetzung der Entgeltlichkeit bereits aus den §§ 21 Abs. 1 Satz 1, Abs. 2 Satz 1 (auch i.V.m. § 22), 24 Abs. 1 Satz 1, Abs. 2, da die Berechnung des Schadensumfangs nur anhand des Erwerbspreises möglich sei.[58]

27 Gleichwohl ist bei unentgeltlichem Erwerb zu differenzieren. Der **Erbe** (ebenso der Vermächtnisnehmer) sollte sich auf die Haftung nach § 21 Abs. 1 berufen können, da ihm insoweit über die Gesamtrechtsnachfolge der entgeltliche Erwerb des Erblassers zugerechnet werden und die Gefahr einer Vervielfachung möglicher Anspruchsinhaber nicht eintreten kann.[59] Etwas anderes hat hingegen bei der **Schenkung** zu gelten.[60] Hier besteht – im Gegensatz zur

---

52 Allgemeine Meinung, vgl. *Wackerbarth*, in: Holzborn: WpPG, §§ 21–23 Rn. 56; für den Erwerb von Inhaberschuldverschreibungen über den „grauen Kapitalmarkt" siehe OLG Dresden, 6.2.2014 – 8 U 165/11, WM 2014, 598, zitiert nach juris, Rn. 2 und 53; OLG Dresden, 26.9.2013 – 8 U 1510/12, AG 2014, 284, zitiert nach juris, Rn. 37.
53 Auf die Vermutung des § 67 Abs. 2 AktG kommt es insofern nicht an vgl. hierzu *Mülbert/Steup*, in: Habersack/Mülbert/Schlitt, Unternehmensfinanzierung am Kapitalmarkt, § 41 Rn. 89; *Assmann*, in: Assmann/Schlitt/von Kopp-Colomb, WpPG/VerkProspG, § 13 VerkProspG Rn. 83.
54 Begr. RegE 3. FMFG, BT-Drucks. 13/8933, S. 54, 77, 76; siehe auch *Groß*, AG 1999, 199, 205.
55 Vgl. nur *Hamann*, in: Schäfer/Hamann, Kapitalmarktgesetze, §§ 44, 45 Rn. 122; *Schwark*, in: Schwark/Zimmer, KMRK, §§ 44, 45 BörsG Rn. 40.
56 *Schwark*, in: Schwark/Zimmer, KMRK, §§ 44, 45 BörsG Rn. 40.
57 *Mülbert/Steup*, in: Habersack/Mülbert/Schlitt, Unternehmensfinanzierung am Kapitalmarkt, § 41 Rn. 95; *Groß*, Kapitalmarktrecht, § 21 WpPG Rn. 70; entgegen der Gesetzesbegründung geht *Wackerbarth*, in: Holzborn, WpPG, §§ 21–23 Rn. 57, davon aus, dass ein entgeltlicher Erwerb eine praktische, nicht aber eine rechtliche Voraussetzung ist.
58 *Assmann*, in: Assmann/Schütze, Hdb. des Kapitalanlagerechts, § 5 Rn. 169; *Mülbert/Steup*, in: Habersack/Mülbert/Schlitt, Unternehmensfinanzierung am Kapitalmarkt, § 41 Rn. 95.
59 So auch *Assmann*, in: Assmann/Schlitt/von Kopp-Colomb, WpPG/VerkProspG, § 13 VerkProspG Rn. 83; *Wackerbarth*, in: Holzborn, WpPG, §§ 21–23 Rn. 56; *Schwark*, in: Schwark/Zimmer, KMRK, §§ 44, 45 BörsG Rn. 40.
60 A.A. *Hamann*, in: Schäfer/Hamann, Kapitalmarktgesetze, §§ 44, 45 BörsG Rn. 122; *Hauptmann*, Prospekthaftung, § 3 Rn. 94; *Hopt*, in: Baumbach/Hopt, § 44 BörsG Rn. 8.

Erbschaft bzw. zum Vermächtnis – kein Schutzbedürfnis des Beschenkten, da dieser durch rechtsgeschäftliche Vereinbarung eine unentgeltliche Zuwendung erhält und insofern auch keinen Schaden erleidet.[61] Erfolgt die Erfüllung des Kaufpreises für die Übertragung der Wertpapiere durch **"Tausch"** mit anderen Wertpapieren, so kommt es zur Ermittlung des Erwerbspreises auf die nach außen getretenen Preisvorstellungen der Parteien an, welche grundsätzlich mit dem Ausgabepreis der erworbenen Wertpapiere identisch sind,[62] denn nur so können die Parteien eine „dem Sinn und Zweck der gesetzlichen Regelung (§ 13 Abs. 1 VerkProspG a. F. i.V.m. § 44 Abs. 1 BörsG a. F.) [entsprechende] [...] standardisierte für alle Parteien vorhersehbare Schadensberechnung" gewährleisten.[63] Der tatsächliche Wert des in den eingetauschten Wertpapieren verkörperten Rückzahlungsanspruchs ist somit nicht relevant.

Beim Börsengang im Wege der **Abspaltung** (sogenannter *Spin-Off*) wird ein Unternehmensteil von einer (börsennotierten) Muttergesellschaft abgespalten und die Anteile (verhältniswahrend) an die Aktionäre der Muttergesellschaft ausgekehrt und auf Grundlage eines Prospekts zum Handel an der Börse zugelassen.[64] Da die Übertragung der neuen Aktien an die Aktionäre der Muttergesellschaft unentgeltlich erfolgt, sind die Aktionäre der Muttergesellschaft nach richtiger Ansicht grundsätzlich nicht ersatzberechtigt. Dies gilt ungeachtet des Umstands, dass die Aktionäre im Umfang des abgespaltenen Unternehmensanteils einen Substanzverlust bei der Muttergesellschaft hinnehmen müssen. Prospekthaftungsansprüche könnten daher nur von Anlegern geltend gemacht werden, die die Aktien innerhalb von sechs Monaten nach Einführung der Aktien im Sekundärmarkt entgeltlich erworben haben (vgl. zur Frist von sechs Monaten sogleich unter Rn. 30). In der Praxis ist aber damit zu rechnen, dass zumindest ein erheblicher Teil der Aktionäre der Muttergesellschaft die erhaltenen Aktien der neuen Gesellschaft in diesem Zeitraum veräußern wird, so dass das Risiko des Emittenten, wegen Prospekthaftungsansprüchen in Anspruch genommen zu werden, nicht notwendigerweise geringer ist als bei einem „herkömmlichen" öffentlichen Angebot.

28

Für die Anspruchsberechtigung ist nicht erforderlich, dass der Anspruchsinhaber noch Inhaber des Wertpapiers ist. Mit dem Erwerb ist der Anspruch entstanden. Er geht nicht durch Veräußerung unter. Anspruchsinhaber aus der Prospekthaftung ist damit nicht nur der gegenwärtige Inhaber des Wertpapiers, sondern auch der **frühere Inhaber** im Falle einer Veräußerung, § 21 Abs. 2. Die Veräußerung ist freilich im Rahmen des Haftungsumfanges zu berücksichtigen (s. Rn. 110 f.).[65] Somit können eine Vielzahl Anspruchsberechtigter nebeneinander stehen.[66]

29

---

61 Im Ergebnis so auch *Assmann*, in: Assmann/Schlitt/von Kopp-Colomb, WpPG/VerkProspG, § 13 VerkProspG Rn. 83; *Wackerbarth*, in: Holzborn, WpPG, Rn. 56.
62 OLG Dresden, 26.9.2013 – 8 U 1510/12, AG 2014, 284, zitiert nach juris, Rn. 48, 72.
63 OLG Dresden, 26.9.2013 – 8 U 1510/12, AG 2014, 284, zitiert nach juris, Rn. 49
64 Vgl. *Göhring/Borsche/Thurner*, in: Habersack/Mülbert/Schlitt, Unternehmensfinanzierung am Kapitalmarkt, § 5 Rn. 48 f.
65 *Mülbert/Steup*, in: Habersack/Mülbert/Schlitt, Unternehmensfinanzierung am Kapitalmarkt, § 41 Rn. 86; *Assmann*, in: Assmann/Schlitt/von Kopp-Colomb, WpPG/VerkProspG, § 13 VerkProspG Rn. 84.
66 Siehe auch *Kort*, AG 1999, 9, 12; *Mülbert/Steup*, in: Habersack/Mülbert/Schlitt, Unternehmensfinanzierung am Kapitalmarkt, § 41 Rn. 94; *Assmann*, in: Assmann/Schütze, Hdb. des Kapitalanlagerechts, § 5 Rn. 162; *Groß*, Kapitalmarktrecht, § 21 WpPG Rn. 70.

c) Ausschlussfrist, § 21 Abs. 1 Satz 1

30 Weiter verlangt § 21 Abs. 1 Satz 1, dass das Erwerbsgeschäft nach Veröffentlichung des Prospekts und **innerhalb von sechs Monaten nach erstmaliger Einführung** der Wertpapiere abgeschlossen wurde.

31 Mit dieser Regelung hat der Gesetzgeber eine Frist bestimmt, innerhalb derer der Erwerb noch als auf dem Prospekt (und der von ihm ausgehenden Anlagestimmung) beruhend angesehen wird.[67] Bei Erwerb innerhalb der Frist wird die **haftungsbegründende Kausalität** (Erwerb aufgrund des Prospekts) indes nur **vermutet**, kann also durch den hierfür beweispflichtigen Anspruchsgegner widerlegt werden (s. § 23 Rn. 27f.). Bei Erwerb außerhalb der Frist ist ein Anspruch dagegen zwingend ausgeschlossen.[68] Soweit der BGH in einem *obiter dictum* nach Ablauf der Sechsmonatsfrist eine Haftung aus der bürgerlich-rechtlichen Prospekthaftung im engeren Sinne erwogen hat, ist dem entgegenzutreten.[69] Die gesetzgeberische Intention des § 21 Abs. 1 Satz 1 würde ansonsten ignoriert.

32 Die **Frist beginnt** mit erstmaliger Einführung der Wertpapiere, d.h. mit Aufnahme der Notierung der zugelassenen Wertpapiere im regulierten Markt der Börse, § 38 BörsG.[70] Innerhalb dieser Frist muss das Erwerbsgeschäft abgeschlossen sein.[71] Dabei wird hinsichtlich des Erwerbszeitpunkts auf den Zeitpunkt des Abschlusses des Verpflichtungsgeschäfts abgestellt, welches auf die Begründung der Verpflichtung zur Übertragung des (Mit-)Eigentums an den Wertpapieren gerichtet ist, da zu diesem Zeitpunkt der rechtsgeschäftliche Wille zum Erwerb der Wertpapiere erstmals nach außen erkenntlich wird.[72]

33 Zugleich muss der **Erwerb nach Prospektveröffentlichung** vorgenommen werden.[73] Der Anleger, der die Wertpapiere vor der Prospektveröffentlichung erworben hat, wird grundsätzlich nicht durch die gesetzliche Prospekthaftung geschützt. Nicht betroffen davon sind unter bestimmten Bedingungen sogenannte Cornerstone- und Anchor-Investoren, die sich zwar vor Veröffentlichung des Prospekts zum Erwerb der Wertpapiere im Rahmen der Durchführung des öffentlichen Angebots verpflichtet haben. Denn ein Kaufvertrag kommt mit diesen erst nach Beginn des öffentlichen Angebots zustande. Entscheidend ist die konkrete Möglichkeit zum Erwerb der Wertpapiere. Sie besteht, wenn der Interessent ein Angebot zum dinglichen Erwerb abgeben kann, welches der Anbieter durch einseitige Erklärung verbindlich annehmen kann.[74] Dies ist erst mit dem ersten Tag der Zeichnungsfrist im

---

67 Vgl. nur *Wackerbarth*, in: Holzborn, WpPG, §§ 21–23 Rn. 59.
68 *Wackerbarth*, in: Holzborn, WpPG, §§ 21–23 Rn. 59.
69 BGH, 21.2.2013 – III ZR 139/12, WM 2013, 689, 689.
70 *Mülbert/Steup*, in: Habersack/Mülbert/Schlitt, Unternehmensfinanzierung am Kapitalmarkt, § 41 Rn. 90.
71 *Ellenberger*, Prospekthaftung, S. 41; *Hamann*, in: Schäfer/Hamann, Kapitalmarktgesetze, §§ 44, 45 BörsG Rn. 125; *Schwark*, in: Schwark/Zimmer, KMRK, §§ 44, 45 BörsG Rn. 38.
72 Begr. RegE 3. FMFG, BT-Drucks. 13/8933, S. 54, 77; allg. Meinung, siehe *Assmann*, in: Assmann/Schlitt/von Kopp-Colomb, WpPG/VerkProspG, § 13 VerkProspG Rn. 82. m.w.N. in Fn. 5; *Pankoke*, in: Just/Voß/Ritz/Zeising, WpPG, §§ 44 BörsG, 13 VerkProspG Rn. 5; OLG Dresden, 26.9.2013 – 8 U 1510/12, AG 2014, 284, zitiert nach juris, Rn. 37.
73 Siehe bereits BGH, 12.7.1982 – II ZR 172/81, WM 1982, 867, zitiert nach juris Rn. 8 („Beton- und Monierbau").
74 Bekanntmachung des Bundesaufsichtsamts für den Wertpapierhandel zum VerkProspG v. 21.9.1999, S. 2.

Rahmen des öffentlichen Angebots (§ 2 Nr. 4) und damit nach Veröffentlichung des Prospekts möglich.

d) Inlandsbezug, § 21 Abs. 3

§ 21 Abs. 3 enthält eine weitere Voraussetzung zur Anspruchsberechtigung für den Fall, dass der Emittent seinen tatsächlichen Verwaltungssitz im Ausland hat und die Wertpapiere auch im Ausland zugelassen sind. § 21 Abs. 3 stellt – wie oben (vgl. Vor § 21 Rn. 14) bereits dargelegt – keine Kollisionsnorm, sondern eine **Sachnorm** dar.[75] Die Regelung beruht darauf, dass eine Anwendung des deutschen spezialgesetzlichen Prospekthaftungsrechts auf (rein) ausländische Sachverhalte unangemessen wäre.[76] **Ausländischen Emittenten** soll auf diese Weise die Sorge vor dem überraschenden Eingreifen des spezialgesetzlichen Haftungsregimes bei ausschließlich im Ausland erfolgenden Erwerbsvorgängen genommen werden.[77] Dabei bedeutet Zulassung „auch im Ausland" die gleichzeitige Zulassung auf einem dem deutschen organisierten Markt vergleichbaren ausländischen Markt,[78] mithin also auf einem Geregelten Markt i. S. d. Art. 4 Abs. 1 Nr. 14 MiFID.[79]

34

Weiter ist ein **Inlandsbezug** beim Erwerbsgeschäft erforderlich.[80] Dieser liegt nach dem Wortlaut des § 21 Abs. 3 dann vor, wenn die Wertpapiere entweder aufgrund eines im Inland abgeschlossenen Geschäfts (sog. Inlandgeschäft),[81] oder aufgrund einer ganz oder teilweise im Inland erbrachten Wertpapierdienstleistung erworben wurden. Nach der Gesetzesbegründung zu § 44 Abs. 3 BörsG a. F. liegt ein **Inlandsgeschäft** dann vor, wenn die Wertpapiere durch ein börsliches oder außerbörsliches Geschäft im Inland erworben wurden.[82] Dies ist unstreitig beim Erwerb an einer deutschen Börse der Fall.[83] Wenn der Erwerb an einer ausländischen Börse erfolgt, der maßgebliche Prospekt aber in Deutsch-

35

---

75 *Mülbert/Steup*, in: Habersack/Mülbert/Schlitt, Unternehmensfinanzierung am Kapitalmarkt, § 41 Rn. 121.
76 Begr. RegE 3. FMFG, BT-Drucks. 13/8933, S. 54, 79.
77 Begr. RegE 3. FMFG, BT-Drucks. 13/8933, S. 54, 79; *Mülbert/Steup*, in: Habersack/Mülbert/Schlitt, Unternehmensfinanzierung am Kapitalmarkt, § 41 Rn. 121.
78 *Wackerbarth*, in: Holzborn, WpPG, §§ 21–23 Rn. 62; *Bischoff*, AG 2002, 489, 494.
79 Richtlinie 2004/39/EG des Europäischen Parlaments und des Rates vom 21. April 2004 über Märkte für Finanzinstrumente, zur Änderung der Richtlinien 85/611/EWG und 93/6/EWG des Rates und der Richtlinie 2000/12/EG des Europäischen Parlaments und des Rates und zur Aufhebung der Richtlinie 93/22/EWG des Rates, ABl. Nr. L 145 vom 30.4.2004, S. 1.
80 *Groß*, Kapitalmarktrecht, § 21 WpPG Rn. 72; *Assmann*, in: Assmann/Schütze, Hdb. des Kapitalanlagerechts, § 5 Rn. 167; *Hamann*, in: Schäfer/Hamann, Kapitalmarktgesetze, §§ 44, 45 BörsG Rn. 135; *Mülbert/Steup*, in: Habersack/Mülbert/Schlitt, Unternehmensfinanzierung am Kapitalmarkt, § 41 Rn. 121.
81 Zum Begriff des Inlandsgeschäfts ausführlich *Bischoff*, AG 2002, 489, 495 ff.; *Hamann*, in: Schäfer/Hamann, Kapitalmarktgesetze, §§ 44, 45 BörsG Rn. 135; vgl. auch *Assmann*, in: Assmann/Schütze, Hdb. des Kapitalanlagerechts, § 5 Rn. 167.
82 *Wackerbarth*, in: Holzborn, WpPG, §§ 21–23 Rn. 62; *Mülbert/Steup*, in: Habersack/Mülbert/Schlitt, Unternehmensfinanzierung am Kapitalmarkt, § 41 Rn. 122; im Rahmen der Schaffung des § 21 WpPG wurde nach der Gesetzesbegründung (Begr. RegE Gesetz zur Novellierung des Finanzlagenvermittler- und Vermögensanlagenrechts, BT-Drucks. 17/6051, S. 46) die Regelung des § 44 BörsG a. F. in den neuen § 21 WpPG lediglich übernommen, sodass die Gesetzesbegründung zum Dritten Finanzmarktförderungsgesetz weiterhin Anwendung finden kann.
83 *Wackerbarth*, in: Holzborn, WpPG, §§ 21–23 Rn. 63; *Mülbert/Steup*, in: Habersack/Mülbert/Schlitt, Unternehmensfinanzierung am Kapitalmarkt, § 41 Rn. 122; *Bischoff*, AG 2002, 489, 495.

§ 21   Haftung bei fehlerhaftem Börsenzulassungsprospekt

land von der BaFin gebilligt wurde und im Ausland über den Europäischen Wertpapierpass zur Anwendung kommt, wird vereinzelt ebenfalls ein Inlandsbezug (zum deutschen Recht) vermutet, da in diesem Fall die von dem in Deutschland gebilligten Prospekt ausgehende Anlagestimmung ihre maßgebliche Wirkung am Platzierungsmarkt entfalte.[84] Dies würde indes dem vertriebsbezogenen Ansatz der EU-Prospektrichtlinie und zudem dem Sinn und Zweck von § 21 Abs. 3 widersprechen, der jedenfalls für Wertpapiere eines Auslandsemittenten **ausdrücklich auf den Ort des Geschäfts zum Erwerb der Wertpapiere** abstellt, und ist daher abzulehnen. Schwierigkeiten können sich bei der Beurteilung des Inlandsbezugs im Fall des außerbörslichen Direkterwerbs ergeben.[85] Maßgeblich sollte sein, ob der Erwerber aufgrund des fehlerhaften Prospekts dem Risiko einer Fehlentscheidung ausgesetzt war.[86] Dies ist insbesondere dann der Fall, wenn der Erwerber seinen gewöhnlichen Aufenthaltsort bzw. seine Niederlassung im Inland im Geltungsbereich des Prospekts hat.[87]

3. Fehlerhaftigkeit des Prospekts

36   Weitere (und entscheidende) Anspruchsvoraussetzung für eine Haftung nach §§ 21 ff. ist die Fehlerhaftigkeit des Prospekts. Der Prospekt ist dann fehlerhaft, wenn aus Sicht eines Anlegers (zum relevanten Anlegerbegriff vgl. Rn. 37 f.) zum maßgeblichen Beurteilungszeitpunkt **wesentliche Angaben im Prospekt unrichtig oder unvollständig** sind oder der Prospekt einen **falschen Gesamteindruck** vermittelt. Nach §§ 21, 22 wird dabei nur für inhaltliche Fehler gehaftet. Bloße Prospektdarstellungsmängel im Sinne formaler oder stilistischer Unzulänglichkeiten lösen für sich genommen keine Haftung aus.[88] Werden beispielsweise die Anforderungen aus § 14 Abs. 2 i.V. m. den Art. 29 Abs. 1, 30 Abs. 1 der EU-ProspektVO an die Veröffentlichungsform nicht eingehalten, ist dies für eine Haftung nach den §§ 21, 22 unerheblich.[89]

37   Die **Billigung des Prospekts durch die BaFin**, oder im Falle der Unterrichtung nach § 17 Abs. 3 der zuständigen Stelle eines anderen Mitgliedstaats des Europäischen Wirtschaftsraums, ist für die Beurteilung der Fehlerhaftigkeit **unerheblich**.[90] Die BaFin übernimmt mit der Billigung keine Gewähr für die inhaltliche Richtigkeit des Prospekts.[91]

---

84 *Wackerbarth*, in: Holzborn, WpPG, §§ 21–23 Rn. 63.
85 Siehe dazu ausführlich *Bischoff*, AG 2002, 489, 496.
86 So auch *Hamann*, in: Schäfer/Hamann, Kapitalmarktgesetze, §§ 44, 45 BörsG Rn. 135; *Mülbert/Steup*, in: Habersack/Mülbert/Schlitt, Unternehmensfinanzierung am Kapitalmarkt, § 41 Rn. 122.
87 *Wackerbarth*, in: Holzborn, WpPG, §§ 21–23 Rn. 64; *Mülbert/Steup*, in: Habersack/Mülbert/Schlitt, Unternehmensfinanzierung am Kapitalmarkt, § 41 Rn. 122; *Bischoff*, AG 2002, 489, 495 ff.
88 *Groß*, Kapitalmarktrecht, § 21 WpPG Rn. 67.
89 *Mülbert/Steup*, in: Habersack/Mülbert/Schlitt, Unternehmensfinanzierung am Kapitalmarkt, § 41 Rn. 32; einschränkend *Assmann*, in: Assmann/Schütze, Hdb. des Kapitalanlagerechts, § 5 Rn. 145 m. w. N., nach dem eine unzureichende Gestaltung des Prospekts zu einem unzutreffenden Gesamteindruck führen kann.
90 *Mülbert/Steup*, in: Habersack/Mülbert/Schlitt, Unternehmensfinanzierung am Kapitalmarkt, § 41 Rn. 47; BGH, 18.9.2012 – XI ZR 344/11, WM 2012, 2147, 2153; *Groß*, Kapitalmarktrecht, § 21 Rn. 39; *Ellenberger*, FS Schminansky, 1999, S. 591, 595; *Ehricke*, in: Hopt/Voigt, Prospekt- und Kapitalmarktinformationshaftung, S. 187, 225.
91 Begr. RegE Prospektrichtlinie-Umsetzungsgesetz, BT-Drucks. 15/4999, S. 34.

a) Empfängerhorizont

Für die Beurteilung der Richtigkeit bzw. Vollständigkeit eines Prospekts nach § 21 ist in Ermangelung einer genaueren gesetzlichen Festlegung nach überkommener Auffassung der Empfängerhorizont maßgeblich.[92] Dieser bestimmt sich nach dem Adressatenkreis des Prospekts.[93] Wie die Bestimmung im Einzelnen vorzunehmen ist, ist freilich umstritten. Die Ansichten reichen von dem Beurteilungsmaßstab eines „Fachmannes"[94] bis hin zu dem eines „unkundigen Kleinaktionärs".[95] Nach ständiger Rechtsprechung des BGH ist auf die **Kenntnisse** und Erfahrungen **eines durchschnittlichen Anlegers** abzustellen.[96] Unbestritten ist, dass es hierbei nicht um die subjektive Sicht eines einzelnen Anlegers geht, sondern eine **typisierende Betrachtungsweise** zugrunde gelegt werden muss. Weitere Einzelheiten sind indes nach wie vor nicht vollständig geklärt. Für einen durchschnittlichen Anleger hielt der BGH zunächst denjenigen, der eine Bilanz zu lesen verstehe, aber nicht unbedingt mit den in Fachkreisen gebräuchlichen Schlüsselbegriffen vertraut sei.[97] Später betonte der BGH, dass der Anleger den gesamten Prospekt sorgfältig und aufmerksam zu lesen habe.[98] Abzustellen sei demnach auf die Kenntnisse und Erfahrungen eines kritischen sowie aufmerksamen durchschnittlichen Anlegers.[99] Diese Ansicht wurde durch eine Reihe weiterer

38

---

[92] *Assmann*, in: Assmann/Schütze, Hdb. des Kapitalanlagerechts, § 5 Rn. 136; *Groß*, Kapitalmarktrecht, § 21 WpPG Rn. 41.

[93] BGH, 18.9.2012 – XI ZR 344/11, NZG 2012, 1262, 1265 („Wohnungsbau Leipzig-West"); *Habersack*, in: Habersack/Mülbert/Schlitt, Hdb. der Kapitalmarktinformation, § 29 Rn. 14; kritisch zur Möglichkeit der Einflussnahme des Emittenten auf den Haftungsmaßstab durch entsprechende Adressierung; *Casper*, in: Großkommentar HGB, § 161 Rn. 157.

[94] Etwa LG Düsseldorf, 24.10.1980 – 1O 148/80, WM 1981, 102, 106; *Wittmann*, DB 1980, 1579, 1583; vom „professionellen Anleger" sprechen *Schöneberger* in Ökonomische Analyse der Notwendigkeit und Effizienz des börsengesetzlichen Haftungsregimes, 2000, S. 121 ff.; *Watter*, AJP 1992, 48, 55.

[95] Vgl. nur Nachw. bei *Assmann*, in: Assmann/Schütze, Hdb. des Kapitalanlagerechts, § 5 Rn. 45 Fn. 88; *Assmann*, in: Assmann/Lenz/Ritz, VerkProspG, § 13 Rn. 23; *Fleischer*, Gutachten F zum 64. Deutschen Juristentag 2002, F 42 f.; *Ellenberger*, Prospekthaftung, S. 34; *Hamann*, in: Schäfer/Hamann, Kapitalmarktgesetze, §§ 44, 45 BörsG Rn. 190; *Wienecke*, NZG 2012, 1420, 1421; *Schwark*, in: Schwark/Zimmer, KMRK, §§ 44, 45 BörsG Rn. 21.

[96] BGH, 22.2.2005 – XI ZR 359/03, WM 2005, 782, 784; BGH, 14.6.2007 – III ZR 300/05, WM 2007, 1507; BGH, 17.4.2008 – III ZR 227/06, NJOZ 2008, 2685, 2687.

[97] BGH, 12.7.1982 – II ZR 175/81, WM 1982, 862, 865 („Beton- und Monierbau"); OLG Düsseldorf, 15.4.1984 – 6 U 239/82, WM 1984, 586, 593 f.; OLG Frankfurt, 1.2.1994 – 5 U 213/92, WM 1994, 291, 295 („Bond-Anleihen"); OLG Frankfurt, 6.7.2004 – 5U 122/03, ZIP 2004, 1411, 1414; LG Frankfurt, 7.10.1997 – 3/11 O 44/96, WM 1998, 1181, 1184; *Ehricke*, in: Hopt/Voigt, Prospekt- und Kapitalmarktinformationshaftung, S. 187, 220; einschränkend auch *Assmann*, in: Assmann/Schlitt/von Kopp-Colomb, WpPG/VerkProspG, § 13 VerkProspG Rn. 27.

[98] BGH, 31.3.1992 – XI ZR 70/91, WM 1992, 901, 904.

[99] BGH, 12.7.1982 – II ZR 175/81, WM 1982, 862, 863 („Beton- und Monierbau") (anders noch die Vorinstanz OLG Düsseldorf, 14.7.1981 – 6 U 259/80, WM 1981, 960, 964 f.: „kundiger Prospektleser"); BGH, 22.2.2005 – XI ZR 359/03, WM 2005, 782, 784 (Angaben müssen „einem durchschnittlichen Anleger, nicht einem flüchtigen Leser" verständlich sein); BGH, NZG 2007, 663; BGH, 17.4.2008 – III ZR 227/06, NJOZ 2008, 2685, 2687 (dabei dürfen die Prospektverantwortlichen allerdings eine sorgfältige und eingehende Lektüre des Prospekts bei den Anlegern voraussetzen); BGH, 14.6.2007 – III ZR 125/06, ZIP 2007, 1993, 1993; *Kumpan*, in: Baumbach/Hopt, HGB, § 21 WpPG Rn. 3; BGH, 23.4.2012 – II ZR 75/10, WM 2012, 1293, 1294.

§ 21   Haftung bei fehlerhaftem Börsenzulassungsprospekt

Urteile bestätigt.[100] Ein durchschnittlicher Anleger, der nicht in der Lage ist, eine Bilanz zu lesen, wurde daher folgerichtig auf die sachkundige Hilfe Dritter verwiesen.[101] Diese Rechtsprechung hat allerdings insoweit Kritik erfahren, als dass Laien Bilanzen meist nicht (richtig) lesen könnten und somit die Anforderungen an einen durchschnittlichen Anleger verbraucherunfreundlich zu hoch angesetzt würden.[102]

39   Im Hinblick auf den maßgeblichen Adressatenkreis nahm der BGH zuletzt eine **Differenzierung** zwischen Börsenzulassungsprospekten und reinen Verkaufsprospekten für Wertpapiere, die nicht an der Börse gehandelt werden, vor.[103] Für die erste Fallgruppe bestätigte der BGH seine bisherige Rechtsprechung: Bei einem Anleger, der sich für ein börsengehandeltes Produkt entscheidet, sei auch dessen Börsenkundigkeit zu unterstellen.[104] Etwas anderes soll für die zweite Fallgruppe, in der Wertpapiere außerbörslich mit einem Prospekt vertrieben werden, der sich auch an das unkundige und börsenunerfahrene Publikum richtet, gelten. Hier könne von einem durchschnittlichen (Klein-)Anleger nicht erwartet werden, dass er eine Bilanz lesen könne.[105] Der Empfängerhorizont richte sich in einem solchen Fall nach den Fähigkeiten und Erkenntnismöglichkeiten eines „durchschnittlichen (Klein-)Anlegers, der sich allein anhand der Prospektangaben über die Kapitalanlage informiert und über keinerlei Spezialkenntnisse verfügt."[106] Diese Unterscheidung ist mit Stellungnahmen in der Literatur abzulehnen (s. auch § 5 Rn. 39).[107] Die Prospektdarstellung sollte auf ein vernünftiges Maß beschränkt werden, ein gewisses grundlegendes Verständnis von Bilanzen sollte daher erwartet werden können, wenn sich ein Anleger mit der Entscheidung zur Investition in ein Wertpapier trägt.[108] Es handelt sich zudem um eine künstliche Aufspaltung, die im Gegensatz zur gesetzgeberischen Wertung steht.[109] Denn seit der Verlagerung des Prospekthaftungsrechts von VerkProspG und BörsG in das WpPG wird grundsätzlich nicht mehr zwischen Verkaufsprospekten und Börsenzulassungspros-

---

100   BGH, 6.3.2008 – III ZR 298/05, NJW-RR 2008, 1365, 1366; BGH, 17.4.2008 – III ZR 227/06, NJOZ 2008, 2685, 2687 Rn. 8 („Filmfonds"); BGH, 23.10.2012 – II ZR 294/11, NZG 2013, 344, 345 Rn. 12; BGH, 14.6.2007 – III ZR 125/06, ZIP 2007, 1993, 1993; BGH, 28.2.2008 – III ZR 149/07, VuR 2008, 178; BGH, 21.10.2014 – XI ZB 12/12, NZG 2015, 20, 23] („Telekom III").
101   *Zech/Hanowski*, NJW 2013, 510, 511; OLG Frankfurt, 6.7.2004 – 5 U 122/03 , ZIP 2004, 1411, 1414.
102   Gegen die Annahme der Bilanzkundigkeit des durchschnittlichen Anlegers, *Assmann*, in: Assmann/Schlitt/von Kopp-Colomb, WpPG/VerkProspG, § 13 VerkProspG Rn. 27; *Schwark*, in: Schwark/Zimmer, KMRK, §§ 44, 45 BörsG Rn. 22, dem tritt das OLG Frankfurt, 6.7.2004 – 5 U 122/03, ZIP 2004, 1411, 1414, entgegen.
103   *Möllers/Steinberger*, NZG 2015, 329, 331.
104   BGH, 18.9.2012 – XI ZR 344/11, NZG 2012, 1262, 1265 („Wohnungsbau Leipzig-West"); im Anschluss an BGH, 12.7.1982 – II ZR 175/81, WM 1982, 862, 863 („Beton- und Monierbau"); s. dazu *Zech/Hanowski*, NJW 2013, 510, 511; *Singhof*, RdF 2013, 76, 76.
105   BGH, 18.9.2012 – XI ZR 344/11, NZG 2012, 1262, 1265 („Wohnungsbau Leipzig-West").
106   BGH, 18.9.2012 – XI ZR 344/11, NZG 2012, 1262, 1265 („Wohnungsbau Leipzig-West"); zustimmend *Habersack*, in: Habersack/Mülbert/Schlitt, Hdb. der Kapitalmarktinformation, § 29 Rn. 14, und *Nobbe*, WM 2013, 193, 194; *Wieneke*, NZG 2012, 1420, 1421.
107   *Zech/Hanowski*, NJW 2013, 510, 510 ff.; *Singhof*, RdF 2013, 76, 76; *Wienecke*, NZG 2012, 1420, 1421.
108   *Singhof*, RdF 2013, 76, 77; *ders.*, in: MünchKomm-HGB, Bd. 6, Emissionsgeschäft Rn. 278.
109   *Singhof*, RdF 2013, 76, 77; *Zech/Hanowski*, NJW 2013, 510, 511; *Wieneke*, NZG 2012, 1420, 1421, geht davon aus, dass die §§ 3, 5 f. WpPG zudem ein einheitliches Prospektrecht für öffentliche Angebote und die Zulassung vorgeben.

pekten unterschieden.[110] Vielmehr verwendet der Gesetzgeber in § 3 Abs. 1 den umfassenden Begriff „Prospekt" und schreibt zudem die entsprechende Anwendung der Prospekthaftung nach § 21 auf „sonstige" Prospekte nach Maßgabe von § 22 vor. Die Unterscheidung zöge zudem die Gefahr einer Überfrachtung des Prospekts mit zu detaillierten Erklärungen zu grundlegenden Rechnungslegungsgrundsätzen nach sich.[111]

Richtigerweise sollte daher **einheitlich** auf einen **verständigen Anleger**, der über einen „Grundstock an Vorwissen und ein Mindestmaß an Deutungsdiligenz" verfügt, abgestellt werden.[112]

40

Es bleibt weiter abzuwarten, ob sich ein einheitliches **europäisches Anlegerbild** aus der EU-Prospektrichtlinie entwickeln wird.[113] So schreibt Art. 5 Abs. 1 Satz 2 der EU-Prospektrichtlinie vor, dass der Prospekt „in leicht zu analysierender und verständlicher Form" alle Angaben enthalten muss, um dem Adressaten ein fundiertes Urteil über die Vermögenswerte und Verbindlichkeiten, die Finanzlage, die Gewinne und Verluste und die Zukunftsaussichten des Emittenten zu ermöglichen (vgl. § 5 Rn. 37).[114] Auch insoweit ist die Verständlichkeit und Analysierbarkeit für das Publikum maßgeblich. Die Informationen müssen folglich nach den Fähigkeiten und Bedürfnissen der Anleger aufbereitet werden.[115] Dabei ist auf eine „allgemein verständliche Sprache" zu achten.[116] Diesen Anforderungen kann etwa durch den Gebrauch kurzer Sätze oder durch die Vermeidung von Passivkonstruktionen Genüge getan werden (s. § 5 Rn. 43). Sie sind dagegen nicht erfüllt, wenn der Anleger zunächst verschiedene Prospektangaben abgleichen und diverse Rechengänge vornehmen muss.[117] Zu weit geht jedoch auch nach den Vorgaben der Prospektrichtlinie die Annahme, auch ein „unerfahrener Kapitalanleger" müsse den Prospekt „nach [einer] schnelle[n] Durchsicht" verstehen. Es ist nicht Aufgabe des Prospekts, eine individuelle Anlageberatung und eine eigene Risikoeinschätzung (gänzlich) zu ersetzen; völlig unbedarfte Anleger sollten von einer Investition Abstand nehmen, bevor sie sich gewisse Grundkenntnisse angeeignet haben. Diese mitzuliefern kann nicht Aufgabe des Prospekts sein.[118]

41

---

110 *Möllers/Steinberger*, NZG 2015, 329, 331.
111 *Zech/Hanowski*, NJW 2013, 510, 511.
112 Vorschlag von *Fleischer*, Gutachten DJT 2002, Gutachten F, S. 44f.; zustimmend: *Casper*, in: Großkommentar HGB, § 161 Rn. 157; *Groß*, Kapitalmarktrecht, § 21 WpPG Rn. 41; *Schwark*, in: Schwark/ Zimmer, KMRK, § 45 BörsG Rn. 22; *Pankoke*, in: Just/Voß/Ritz/Zeising, WpPG, §§ 44, 13 VerkProspG Rn. 39; *Hamann*, in: Schäfer/Hamann, Kapitalmarktgesetze, §§ 44, 45 BörsG Rn. 192.
113 So etwa angedeutet für Neufälle mit Blick auf eine europarechtskonforme Auslegung in OLG Frankfurt, 21.6.2011 – 5 U 103/10, AG 2011, 920, 921; vgl. zudem *Möllers/Steinberger*, NZG 2015, 329, 335, die der Auffassung sind, dass die Frage der Sachkundeanforderung an die Anleger nach der Rechtsprechung des BGH weiterhin ungeklärt sei.
114 *Schwark*, FS 200 Jahre Juris. Fakultät der Humboldt-Universität zu Berlin, S. 1110; *Assmann*, in: Assmann/Schütze, Hdb. des Kapitalanlagerechts, § 5 Rn. 137.
115 Vgl. auch *Schindele*, Der Grundsatz der Prospektverständlichkeit 2007, S. 122; *Müller*, § 21 WpPG Rn. 7.
116 Vgl. Erwägungsgrund 21 der EU-Prospektrichtlinie für die Zusammenfassung; dazu auch *Ehricke*, in: Hopt/Voigt, S. 220; *Assmann*, in: Assmann/Schütze, § 5 Rn. 137.
117 *Mülbert/Steup*, in: Habersack/Mülbert/Schlitt, Unternehmensfinanzierung am Kapitalmarkt, § 41 Rn. 35; BGH, 18.9.2012 – XI ZR 344/11, WM 2012, 2150ff.
118 *Assmann*, in: Assmann/Schütze, Hdb. des Kapitalanlagerechts, § 5 Rn. 137; *Schwark*, in: Schwark/Zimmer, KMRK §§ 44, 45 BörsG Rn. 23; *Koester*, ZfGK 1983, 698, 701; *Köndgen*, AG 1983, 85, 96ff.; OLG Frankfurt, 6.7.2004 – 5 U 122/03, ZIP 2004, 1411, 1412.

b) Beurteilungszeitpunkt

42 Maßgeblicher Zeitpunkt für die Beurteilung der Fehlerhaftigkeit des Prospekts ist der **Zeitpunkt der Billigung** durch die BaFin, die Voraussetzung für die Veröffentlichung ist.[119]

43 In Literatur[120] und Rechtsprechung[121] wird dagegen zum Teil vereinzelt auf den späteren Zeitpunkt der Veröffentlichung abgestellt. Dagegen spricht jedoch die Nachtragspflicht nach § 16 Abs. 1 Satz 1, die ab dem Billigungszeitpunkt besteht, denn diese impliziert, dass nur bis zur Prospektbilligung eintretende Umstände in die Antragsfassung des Prospekts einzuarbeiten sind.[122] Da die Veröffentlichung des Prospekts gem. § 14 jedoch unverzüglich zu erfolgen hat, kommt es in der Praxis auf diese Unterscheidung in aller Regel nicht an. Ohnehin kommt eine Prospekthaftung auch nach diesem Zeitpunkt in Betracht, wenn wesentliche neue Umstände, die nach Billigung des Prospekts und vor Schluss des öffentlichen Angebots oder vor Einführung oder Einbeziehung in den Handel eingetreten sind, nicht in einem (gebilligten) Nachtrag zum Prospekt offengelegt werden.[123]

c) Wesentliche Angaben unrichtig oder unvollständig

44 Die Haftung nach § 21 Abs. 1 Satz 1 setzt voraus, dass für die Beurteilung der Wertpapiere wesentliche Angaben unrichtig oder unvollständig sind.

aa) Angaben

45 Angaben im Sinne von § 21 Abs. 1 Satz 1 sind zunächst alle im Prospekt enthaltenen **Tatsachen**.[124] Gemeint sind alle der äußeren Wahrnehmung und damit dem Beweis zugänglichen Geschehnisse oder Zustände der Gegenwart und Vergangenheit.[125] Nach mittlerweile ganz h.M. erfasst sind darüber hinaus auch **Meinungen**, **Werturteile** und **zukunftsbezogene Informationen**, insbesondere Prognosen und Aussagen über künftige Vorhaben.[126] Die Weiterung ist ohne Weiteres gerechtfertigt, da zum einen Werturteile und Prognosen ihrerseits bestimmte Tatsachen voraussetzen, weshalb eine trennscharfe Unterscheidung

---

119 So auch *Assmann*, in: Assmann/Schütze, Hdb. des Kapitalanlagerechts, § 5 Rn. 132; *Habersack*, in: Habersack/Mülbert/Schlitt, Hdb. der Kapitalmarktinformation, § 29 Rn. 23.
120 *Groß*, Kapitalmarktrecht, § 21 WpPG Rn. 43.
121 OLG Frankfurt, 1.2.1994 – 5 U 213/92, WM 1994, 291, 292 („Bond-Anleihen").
122 Vgl. *Habersack*, in: Habersack/Mülbert/Schlitt, Hdb. der Kapitalmarktinformation, § 29 Rn. 23.
123 Vgl. auch *Habersack*, in: Habersack/Mülbert/Schlitt, Hdb. der Kapitalmarktinformation, § 29 Rn. 24.
124 Siehe *Groß*, Kapitalmarktrecht, § 21 WpPG Rn. 40; *Wackerbarth*, in: Holzborn, WpPG, §§ 21–23 Rn. 69; *Assmann*, in: Assmann/Schlitt/von Kopp-Colomb, WpPG/VerkProspG, § 13 VerkProspG Rn. 3; *Mülbert/Steup*, in: Habersack/Mülbert/Schlitt, Unternehmensfinanzierung am Kapitalmarkt, § 41 Rn. 36.
125 *Wackerbarth*, in. Holzborn, WpPG, §§ 21–23 Rn. 69; HessVGH, 16.3.1998 – 8 TZ 98/98, AG 1998, 436, 436; *Groß*, Kapitalmarktrecht, § 21 WpPG Rn. 40.
126 So dürfen beispielsweise unsichere Projekte, Absatz- oder Geschäftserwartungen nicht als bereits abgeschlossen oder gesichert dargestellt werden. Grundlegend BGH, 12.7.1982 – II ZR 172/81, WM 1982, 862, 865 („Beton- und Monierbau"); vgl. auch *Singhof*, in: MünchKomm-HGB, Bd. 6, Emissionsgeschäft, Rn. 278; *Groß*, Kapitalmarktrecht, § 21 WpPG Rn. 40; *Wackerbarth*, in: Holzborn, WpPG, §§ 21–23 Rn. 69; *Assmann*, in: Assmann/Schlitt/von Kopp-Colomb, WpPG/VerkProspG, § 13 VerkProspG Rn. 3; *Mülbert/Steup*, in: Habersack/Mülbert/Schlitt, Unternehmensfinanzierung am Kapitalmarkt, § 41 Rn. 36.

der Begriffe ohnehin kaum möglich ist.[127] Zum anderen soll der Prospekt gerade nicht nur Beschreibung des Ist-Zustands und der vergangenen drei Jahre sein, sondern auch und insbesondere ein Urteil über die Zukunftsaussichten des Emittenten ermöglichen (vgl. § 5 Abs. 1).[128] Für Anleger haben in der Regel gerade diese Angaben bei ihrer Anlageentscheidung besondere Bedeutung.[129] Umgekehrt müssen diese dann auch in den Anwendungsbereich der Prospekthaftung fallen.

bb) Unrichtigkeit

Der Prospekt ist unrichtig, wenn die Angaben **nicht der Wahrheit entsprechen**, also gegebene Umstände als nicht gegeben oder nicht gegebene als gegeben bezeichnet werden.[130] Bei der Unrichtigkeit von Werturteilen und Prognosen ist entscheidend, ob diese (im Zeitpunkt der Prospektbilligung) durch die zugrunde liegenden Tatsachen gerechtfertigt und kaufmännisch vertretbar sind.[131] Der **Gesamteindruck** des Prospekts ist unrichtig, wenn die im Prospekt wiedergegebenen Tatsachen, Werturteile und Prognosen ein nicht wahrheitsgetreues, nicht vollständiges oder nicht realistisches Gesamtbild des Emittenten, seiner Vermögens-, Ertrags- und Liquiditätslage abgeben.[132]

46

Eine **Unrichtigkeit des Prospekts** hat die Rechtsprechung beispielsweise in folgenden Fällen angenommen:[133]

47

– **Bezeichnung der Übertragung eines Aktienpakets als „Verkauf"**, obwohl die Aktien nicht im Wege eines Drittgeschäfts veräußert wurden (d. h. weder eine Kaufpreiszahlung noch eine Kaufpreisforderung gegenüber einem konzernfremden Dritten erlangt wurde), sondern lediglich eine konzerninterne Umhängung der Beteiligung auf eine 100%ige Tochtergesellschaft erfolgte.[134] Dabei vermag nach Ansicht des BGH auch die Klarstellung, dass der Verkauf „konzernintern" erfolgte, die Unrichtigkeit des Prospekts nicht zu beseitigen, solange nicht deutlich gemacht wird, dass infolge dieser konzerninternen Übertragung der Emittent (indirekt über den Beteiligungswert seiner nunmehr die Anteile haltenden Tochtergesellschaft) weiterhin das Risiko eines Kursverlustes der übertragenen Aktien mit allen dividendenrelevanten Abschreibungsrisiken trägt.[135] Gänzlich überzeugend ist dies freilich nicht, da auch die gewählte Darstellung für den durch-

48

---

127 *Groß*, Kapitalmarktrecht, § 21 WpPG Rn. 40.
128 *Singhof*, in: MünchKomm-HGB, Bd. 6, Emissionsgeschäft, Rn. 278
129 Hierzu BGH, 12.7.1982 – II ZR 172/81, WM 1982, 862, 865 („Beton- und Monierbau"); *Hamann*, in: Schäfer/Hamann, Kapitalmarktgesetze, §§ 44, 45 BörsG Rn. 140; *Hauptmann*, in: Vortmann, Prospekthaftung und Anlageberatung, § 3 Rn. 65.
130 *Habersack*, in: Habersack/Mülbert/Schlitt, Hdb. der Kapitalmarktinformation, § 29 Rn. 18.
131 Vgl. *Singhof*, in: MünchKomm-HGB, Bd. 6, Emissionsgeschäft, Rn. 278; *Mülbert/Steup*, in: Habersack/Mülbert/Schlitt, Unternehmensfinanzierung am Kapitalmarkt, § 41 Rn. 39; *Groß*, Kapitalmarktrecht, § 21 WpPG Rn. 44.
132 BGH, 12.7.1982 – II ZR 172/81, WM 1982, 862, 862 („Beton- und Monierbau"); *Groß*, Kapitalmarktrecht, § 21 WpPG Rn. 44.
133 Für weitere Beispiele siehe *Wackerbarth*, in: Holzborn, WpPG, §§ 21–23 Rn. 73.
134 BGH, 21.10.2014 – XI ZB 12/12, NZG 2015, 20, Rn. 118, 120 („Telekom III"); dazu auch *Holzborn/Mähner*, DB 2015, 2375, 2376 f.
135 Nach Ansicht des BGH hätten dementsprechend „die wirtschaftlichen Folgen und die bilanzrechtlichen Risiken für den Einzelabschluss des Emittenten durch eine richtige und vollständige Darstellung aufgezeigt werden [müssen]", vgl. BGH, 21.10.2014 – XI ZB 12/12, NZG 2015, 20, 33 f. („Telekom III").

schnittlichen Anleger ohne Weiteres erkennen ließ, dass die Risiken des Aktienpakets im Konzern verblieben.

49 – Angabe von **Abonnentenzahlen** ohne Hinweis darauf, dass die im Prospekt genannten Zahlen auch sogenannte indirekte Abonnenten (deren Verträge über dritte Parteien abgewickelt werden) und Abonnenten, deren Vertrag bereits beendet ist und die auch keine Gebühren mehr entrichten, berücksichtigen.[136] Insgesamt ist bei abonnentenbasierten Geschäftsmodellen auf eine möglichst präzise Definition des Abonnentenbegriffs zu achten. Zu Alternative Performance Measures vgl. auch Rn. 71.

50 – **Verschleierung** der allein durch Rücklagenauflösung ausgeglichenen Verluste.[137]

51 – Fehlender Hinweis im Prospekt, dass eine **Refinanzierung** von Anleihen (ganz oder zum Teil) nur durch die Ausgabe neuer Anleihen bewerkstelligt werden kann.[138]

52 – Fehlender Hinweis auf die mögliche **Erteilung nachteiliger Weisungen** durch eine Konzernmutter an ihre Tochtergesellschaft und die damit verbundene (erhöhte) Gefahr, dass an die Konzerntochtergesellschaft gezahlte Anlegergelder zurückgezahlt werden müssen.[139]

53 **Keine Unrichtigkeit** des Prospekts hat das OLG Frankfurt am Main hingegen angenommen, wenn ein im Zeitpunkt der Prospektbilligung bereits geplanter Unternehmenserwerb zwar für den Emittenten bedeutsam, aber der Ausgang der Verhandlungen noch nicht mit hinreichender Sicherheit absehbar ist.[140] In diesem Fall soll eine Beschreibung der künftigen Akquisitionsstrategie des Emittenten genügen. Wie detailliert eine gegebenenfalls bereits geplante Transaktion im Rahmen dieser Strategiebeschreibung im Prospekt bereits angelegt sein muss, ist in der Regel eine Frage des Einzelfalls und sorgfältig zu prüfen. Dabei ist neben der Größe der Transaktion zu berücksichtigen, wie diese finanziert werden soll und wie sehr sie sich in das Unternehmen einfügt. Feste Regeln, z. B. bezüglich einer „Schamfrist" zwischen Prospektbilligung und Bekanntgabe einer Transaktion, sind zu pauschal und daher abzulehnen.

54 Bei der **Bewertung von Immobilien** ist angesichts der systemimmanenten Ungenauigkeiten ein relativ großer Spielraum anzuerkennen.[141] Eine Grundstücksbewertung ist regelmäßig mit Unschärfen behaftet und deshalb nicht fehlerhaft, solange sich das Bewertungsergebnis im Rahmen zulässiger Toleranzen bewegt. Während in der höchstrichterlichen

---

136 Vgl. die Ausführungen im Wertpapierprospekt der Sky Deutschland AG vom 21.1.2013. Gegen die damals noch als Premiere AG firmierende Gesellschaft wurden vor dem Landgericht München eine Reihe von Prospekthaftungsklagen eingereicht, denen vereinzelt stattgegeben wurde. Die übrigen Klagen wurden abgewiesen.
137 BGH, 12.7.1982 – II ZR 175/81, WM 1982, 862, 863 („Beton- und Monierbau").
138 LG Nürnberg, 27.3.2014 – 6 O 5383/13, BeckRS 2014, 01145, 01145.
139 BGH, 18.9.2012 – XI ZR 344/11, NZG 2012, 1262, 1265 („Wohnungsbau Leipzig-West"); zu einem weiteren Fall aus diesem Komplex vgl. OLG Dresden, 26.9.2013 – 8 U 1510/12, zitiert nach juris, Rn. 30.
140 OLG Frankfurt, 16.5.2012 – 23 Kap 1/06, zitiert nach juris, Rn. 37 f. („Telekom III"); der Vorwurf seitens der Musterkläger, die Deutsche Telekom AG hätte den bereits im Zeitpunkt der Prospektbilligung geplanten Erwerb der VoiceStream Wireless Corp. für 55,7 Mrd. US-Dollar im Prospekt offenlegen müssen, wurde im anschließenden BGH-Verfahren nicht mehr aufgegriffen und ist daher auch nicht Gegenstand des BGH-Beschlusses (vgl. BGH, 21.10.2014 – XI ZB 12/12, NZG 2015, 20, 20 ff.).
141 *Habersack*, in: Habersack/Mülbert/Schlitt, Hdb. der Kapitalmarktinformation, § 29 Rn. 18.

Rechtsprechung bei der Verkehrswertermittlung Schwankungsbreiten von 18% bis 20% als unvermeidbar und daher als noch vertretbar angesehen werden,[142] akzeptiert die Literatur zum Teil noch höhere Abweichungen (bis zu 30%).[143] Wo im Einzelfall die Grenze zu ziehen ist, muss auch insoweit der tatrichterlichen Beurteilung überlassen bleiben.[144] Jedoch ist, insbesondere wenn das Vermögen des Emittenten zu einem nicht unerheblichen Teil aus Immobilien besteht, der Wert des Immobilienvermögens als Bilanzposition im Prospekt formal zutreffend auszuweisen und zu erläutern – und zwar sowohl in Bezug auf den gewählten Bewertungsansatz als auch auf das angewandte Bewertungsverfahren.[145]

cc) Unvollständigkeit

Ein Prospekt ist nach § 21 Abs. 1 Satz weiterhin fehlerhaft, wenn für die Beurteilung der Wertpapiere wesentliche Angaben unvollständig sind – wobei die Unvollständigkeit an sich bereits begrifflich einen **Unterfall der Unrichtigkeit** darstellt.[146] Durch den Prospekt muss dem Anleger ein zutreffendes (und damit vollständiges) Bild über den Emittenten und die Wertpapiere vermittelt werden,[147] d. h. er muss über alle Umstände, die für seine Anlageentscheidung von Bedeutung sind oder sein können, insbesondere über die mit der angebotenen speziellen Beteiligungsform verbundenen Nachteile und Risiken, zutreffend, verständlich und vollständig aufgeklärt werden.[148] **Fehlen** derartige **Angaben**, so ist der Prospekt unvollständig (vgl. zur Konkretisierung des Vollständigkeitsgebots durch die Anforderungen an die fortlaufende (Ad-hoc-)Publizität § 5 Rn. 10 ff.).

55

Ein Prospekt ist in der Regel vollständig, wenn er alle in § 7 i.V.m. den Bestimmungen und Anhängen der EU-ProspektVO geforderten Angaben in ausreichendem Detailierungsgrad enthält.[149] Eine Unvollständigkeit des Prospekts kommt im Einzelfall aber auch bei Erfüllung aller dieser Anforderungen in Betracht, wenn weitere Angaben zum Prospektverständnis unabdingbar sind.[150] Dies ergibt sich nicht zuletzt aus dem Wortlaut von § 7, da es sich bei den Pflichtangaben eben nur um **Mindestangaben** handelt.

56

---

142 BGH, NJW 1991, 2761, 2761; BGH, NJW 2004, 2671, 2671.
143 BGH, NJW 2015, 236, 245; *Kleiber*, Verkehrswertermittlung von Grundstücken, S. 486 ff.; *Holzborn/Mähner*, DB 2015, 2375, 2376 f.
144 BGH, 21.10.2014 – XI ZB 12/12, NZG 2015, 20, 31 („Telekom III"); BGH, NJW 1991, 2761, 2761.
145 Begr. RegE 3. FMFG, BT-Drucks. 13/8933, S. 54, 76, 80; BGH, 21.10.2014 – XI ZB 12/12, NZG 2015, 20, 20 Leitsatz 4 („Telekom III").
146 *Groß*, Kapitalmarktrecht, § 21 WpPG Rn. 45; *Singhof*, in: MünchKomm-HGB, Bd. 6, Emissionsgeschäft, Rn. 278.
147 Begr. RegE Prospektrichtlinie-Umsetzungsgesetz, BT-Drucks. 15/4999, S. 25, 31.
148 BGH, NZG 2013, 344, 344, Rn. 10; BGH, NZG 2010, 709, 709, Rn. 9; BGH, 18.9.2012- XI ZR 344/11, NZG 2012, 1262, 1264 („Wohnungsbau Leipzig-West"); *Assmann*, in: Assmann/Schütze, Hdb. des Kapitalanlagerechts, § 5 Rn. 54; *Mülbert/Steup*, in: Habersack/Mülbert/Schlitt, Unternehmensfinanzierung am Kapitalmarkt, § 41 Rn. 40; *Groß*, Kapitalmarktrecht, § 21 WpPG Rn. 45.
149 *Assmann*, in: Assmann/Schlitt/von Kopp-Colomb, WpPG/VerkProspG, § 13 VerkProspG Rn. 43; *Mülbert/Steup*, in: Habersack/Mülbert/Schlitt, Unternehmensfinanzierung am Kapitalmarkt, § 41 Rn. 40; *Groß*, Kapitalmarktrecht, § 21 WpPG Rn. 49; *Schwark*, in: Schwark/Zimmer, KMRK, §§ 44, 45 BörsG Rn. 35.
150 *Singhof*, in: MünchKomm-HGB, Bd. 6, Emissionsgeschäft, Rn. 278.

§ 21   Haftung bei fehlerhaftem Börsenzulassungsprospekt

57 Umgekehrt wird ein Prospekt aber **nicht automatisch haftungsrechtlich unvollständig, wenn nicht sämtliche Pflichtangaben** enthalten sind.[151] So stellt Erwägungsgrund 24 der EU-ProspektVO klar, dass „bestimmte Informationsbestandteile, die in den Schemata und Modulen gefordert werden oder gleichwertige Informationsbestandteile, [...] für ein bestimmtes Wertpapier nicht relevant [sein können] und folglich in einigen bestimmten Fällen möglicherweise nicht anwendbar [sind]". Ebenso ist der Prospekt nicht automatisch unvollständig, wenn Pflichtangaben fehlen, von deren Angabe die BaFin den Emittenten nach § 8 Abs. 2 Nr. 1 und 2 befreit hat.[152] Der Prospekt ist (selbstverständlich) auch dann nicht unvollständig, wenn bestimmte Umstände rein tatsächlich nicht vorliegen und daher auch keine Angabe darüber im Prospekt erfolgen kann.[153] Wird im Prospekt in der Folge zur Vorbeugung von Haftungsrisiken klargestellt, dass bestimmte Umstände[154] nicht vorliegen, so hat diese Aussage für sich betrachtet indes einen eigenen Informationsgehalt. Für **bestimmte Pflichtangaben** sieht die EU-ProspektVO sogar ausdrücklich vor, dass eine solche **Negativbestätigung** aufgenommen werden muss, so beispielsweise im Hinblick auf das Bestehen von Interessenkonflikten bei Mitgliedern des Managements (vgl. Ziff. 14.1 Anhang I EU-ProspektVO) oder den Angaben zu wesentlichen Aktionären (vgl. Ziff. 18.1 Anhang I EU-ProspektVO).

58 Im Einzelnen gilt Folgendes:

59 – Bei **Berichtigung korrekturbedürftiger Angaben** innerhalb des Prospekts sind beide Darstellungen (also die zu korrigierende und die korrigierte) – etwa durch einen Verweis – zueinander in Beziehung zu setzen,[155] so etwa, wenn die in den (in den Prospekt aufgenommenen) Finanzabschlüssen enthaltenen Angaben im Prospekt für die Zukunft berichtigt bzw. relativiert werden müssen (was freilich ein Ausnahmefall sein dürfte).

60 – Hat sich der **Konsolidierungskreis** des Emittenten erheblich **verändert** und werden aus diesem Grund in dem dem Prospekt angehängten Konzernabschluss „Als ob"-Finanzangaben aufgenommen, die diese Änderungen für die Vergangenheit reflektieren, so muss dies im Prospekt an geeigneter Stelle erläutert werden.[156]

---

151 *Assmann*, in: Assmann/Schütze, Hdb. des Kapitalanlagerechts, § 6 Rn. 104; *Pankoke*, in: Just/Voß/Ritz/Zeising, WpPG, §§ 44 BörsG, 13 VerkProspG Rn. 33; *Groß*, Kapitalmarktrecht, § 21 WpPG Rn. 45.
152 Die Begr. RegE zum Prospektrichtlinie-Umsetzungsgesetz stellt zwar ausdrücklich fest, dass eine solche Befreiung Prospekthaftungsansprüche nicht ausschließt (vgl. BT-Drucks. 15/4999, S. 33). Allerdings liefe es dem Sinn und Zweck der Befreiungsmöglichkeit nach § 8 Abs. 2 zuwider, wenn die Nichtaufnahme von Angaben aufgrund einer Befreiung stets zu einer haftungsrelevanten Unvollständigkeit des Prospekts führen würde, so auch: *Mülbert/Steup*, in: Habersack/Mülbert/Schlitt, Unternehmensfinanzierung am Kapitalmarkt, § 41 Rn. 44; *Groß*, Kapitalmarktrecht, § 21 WpPG Rn. 46.
153 *Mülbert/Steup*, in: Habersack/Mülbert/Schlitt, Unternehmensfinanzierung am Kapitalmarkt, § 41 Rn. 38.
154 *Groß*, Kapitalmarktrecht, § 21 WpPG Rn. 46, nennt das Beispiel, dass der Emittent nicht von einzelnen Patenten abhängig ist.
155 BGH, 12.7.1982 – II ZR 175/81, WM 1982, 862, 863 („Beton- und Monierbau"); OLG Düsseldorf, 15.4.1984 – 6 U 239/82, WM 1984, 586, 592; *Mülbert/Steup*, in: Habersack/Mülbert/Schlitt, Unternehmensfinanzierung am Kapitalmarkt, § 41 Rn. 42; *Schwark*, in: Schwark/Zimmer, KMRK, §§ 44, 45 BörsG Rn. 29.
156 *Groß*, Kapitalmarktrecht, § 21 WpPG Rn. 50. Das LG Frankfurt (7.10.1997 – 3/11 O 44/96, WM 1998, 1181, 1183) und das OLG Frankfurt (17.3.1999 – 21 U 260/97, NZG 1999, 1072, 1073 („MHM Mode")) fordern darüber hinaus, dass in der Darstellung der Finanz- und Ertragslage ein

– Bei der **Ausnutzung bilanzrechtlicher Spielräume** sind unter Umständen nähere Erläuterungen notwendig. So muss etwa in der Regel darauf hingewiesen werden, wenn im Abschluss für das letzte dem Prospekt vorausgehende Geschäftsjahr Möglichkeiten der Bilanzierung ausgeschöpft wurden, die das Ergebnis in diesem Jahr verbessert haben, es sich hierbei aber um einmalige Vorgänge handelt oder sich diese negativ im nächsten Jahresabschluss des Emittenten auswirken können. Beispiele für solche Vorgänge können die einmalige Aktivierung von Vermögensgegenständen oder die einmalige Änderung von Bewertungsmethoden sein.[157]   **61**

– Hat ein Mitglied des Vorstands des Emittenten im Vorfeld des Börsengangs sein **Anteile am Emittenten zu einem Preis veräußert**, der unter dem im Börsengang ermittelten Ausgabepreis liegt, so ist dies offenzulegen, da eine derartige Veräußerung auf mangelndes Vertrauen in die Zukunft der Gesellschaft hindeuten kann.[158] Ebenso wird bei einem **Rückerwerb von Aktien** von (einzelnen) Vorstandsmitgliedern im Vorfeld des Börsengangs auf eine deutliche Offenlegung dieses Vorgangs unter Nennung der Zahl der Aktien und des gezahlten Preises zu achten sein.   **62**

– Bei **risikobehafteten Papieren mit spekulativem Charakter** ist auf diesen Umstand und die damit verbundenen Gefahren deutlich hinzuweisen.[159] Dies ist bereits in Art. 2 Nr. 3 der EU-ProspektVO angelegt. „Risikofaktoren" bezeichnet danach eine Liste von Risiken, die für die jeweilige Situation des Emittenten und/oder der Wertpapiere spezifisch sind und die Anlageentscheidungen erheblich beeinflussen. Es genügt dementsprechend nicht, wenn sich das Risiko nur aus dem im Prospekt enthaltenen Zahlenwerk ergibt.[160]   **63**

– Wurden **Gewinne** in der Vergangenheit lediglich **aufgrund einmaliger Vorgänge** wie der Auflösung stiller Reserven oder aus den Gewinnrücklagen und nicht aus der operativen Geschäftstätigkeit erwirtschaftet, so ist hierauf im Prospekt hinzuweisen.[161] Dies dürfte in besonderem Maße gelten, wenn ein Emittent im Börsengang als Dividendenwert vermarktet werden soll.   **64**

– Auf geplante **Kurspflege- und Stabilisierungsmaßnahmen** ist hinzuweisen.[162] Dies ergibt sich für die in der Praxis bei einem Börsengang regelmäßig vorgesehenen Over-Allotment und Greenshoe-Optionen bereits ausdrücklich aus Ziff. 5.2.5 Anhang III EU-ProspektVO.   **65**

---

verweisender Hinweis aufgenommen werden. Dabei ist zu beachten, dass diese Urteile vor Inkrafttreten des WpPG und damit der Einführung detaillierter Vorgaben für Pro-Forma-Finanzinformationen ergingen. Das Problem dürfte sich daher heute nicht in gleicher Schärfe stellen.
157 BGH, 12.7.1982 – II ZR 175/81, WM 1982, 862, 863 („Beton- und Monierbau").
158 Vgl. Urt. v. 27.11.2009 – 07/11104, BH2162VEB („Stichting VEB-Actie WOL gg. World Online International, ABN Amro Bank und Goldman Sachs International").
159 *Hamann*, in: Schäfer/Hamann, Kapitalmarktgesetze, §§ 44, 45 BörsG Rn. 192; *Schwark*, in: Schwark/Zimmer, KMRK, §§ 44, 45 BörsG Rn. 23; *Mülbert/Steup*, in: Habersack/Mülbert/Schlitt, Unternehmensfinanzierung am Kapitalmarkt, § 41 Rn. 42.
160 *Schwark*, in: Schwark/Zimmer, KMRK, §§ 44, 45 BörsG Rn. 23; *Mülbert/Steup*, in: Habersack/Mülbert/Schlitt, Unternehmensfinanzierung am Kapitalmarkt, § 41 Rn. 42.
161 *Schwark*, in: Schwark/Zimmer, KMRK, §§ 44, 45 BörsG Rn. 29; *Groß*, Kapitalmarktrecht, § 21 WpPG Rn. 50.
162 BGH, 5.7.1993 – II ZR 194/92, WM 1993, 1787, 1792; *Schäfer*, WM 1999, 1345, 1348; *Groß*, Kapitalmarktrecht, § 21 WpPG Rn. 50.

§ 21   Haftung bei fehlerhaftem Börsenzulassungsprospekt

66 – Der Umstand, dass der Emittent aus den Emissionserlösen **Kredite zurückführt**, die ihm von den die Emission begleitenden Banken zuvor gewährt wurden, stellt zwar für sich betrachtet keinen offenzulegenden Interessenkonflikt für die beteiligten Banken dar.[163] Allerdings ist hierauf in der Regel bereits nach Ziff. 3.4 Anhang III EU-Prospekt-VO bei der Darstellung der Verwendung des Emissionserlöses bzw. bei der Darstellung der für die Emission ausschlaggebenden Interessen (Ziff. 3.3 Anhang III EU-Prospekt-VO) hinzuweisen.

67 – Das Bestehen von **Marktschutzklauseln** (Lock-up-Vereinbarungen) muss gem. Ziff. 7.3 Anhang III EU-ProspektVO offengelegt werden. Weitere Hinweise darauf, dass die Einhaltung der Verpflichtung nicht gesichert ist und, dass der Kurs nach Ende der Haltefrist sinken kann oder wird, sind nicht zwingend erforderlich.[164] Bei Börsengängen wird in der Praxis allerdings in der Regel ein Risikofaktor zu möglichen Kursbeeinträchtigungen aufgrund von Abverkäufen nach Ablauf von Haltefristen aufgenommen.

68 – Nach § 5 Abs. 1 Satz 1 WpPG hat der Prospekt auch Angaben zu enthalten, die ein zutreffendes Urteil über die **Zukunftsaussichten** des Emittenten oder Garantiegebers ermöglichen (vgl. § 5 Rn. 27 ff.). Hieraus ergibt sich eine Verpflichtung jedenfalls im bestimmten Umfang zukunftsbezogene Angaben und Prognosen in den Prospekt aufzunehmen. Für sämtliche **Prognosen** gilt nach der Rechtsprechung des BGH, dass diese ausreichend durch Tatsachen gestützt und kaufmännisch vertretbar sein[165] müssen (s. auch oben bereits zum Begriff der „Angabe", Rn. 44).[166] Der BGH verlangt darüber hinaus eine **generelle Zurückhaltung** bei der Aufnahme zukunftsbezogener Angaben in den Prospekt sowie Hinweise auf Risiken, die dem Eintritt des prognostizierten Umstandes oder der vorhergesagten Entwicklung entgegenstehen könnten.[167] Dem wird zum Teil mit dem Hinweis entgegengetreten, dass dies mit der großen Bedeutung zukunftsbezogener Informationen für eine informierte Anlageentscheidung nicht mehr vereinbar sei.[168] Bei näherem Zusehen sind beide Auffassungen jedoch in Einklang zu bringen. Die Rechtsprechung stammt aus der Zeit vor Inkrafttreten von EU-Prospektrichtlinie und der EU-ProspektVO. Spätestens seit Inkrafttreten der EU-ProspektVO ist die Aufnahme bestimmter zukunftsbezogener Angaben verpflichtend. Bei der Erfüllung der Pflichtangaben nach der EU-ProspektVO sollte jedoch weiterhin mit der vom BGH geforderten Zurückhaltung vorgegangen werden. Umstände, die an der Richtigkeit der

---

163 Dies ebenso ablehnend *Groß*, Kapitalmarkrecht, § 21 WpPG Rn. 50; *Bosch*, in: Bosch/Groß, Emissionsgeschäft, Rn. 10/127.
164 LG Frankfurt, 17.1.2003 – 3-07 O 26/01, NZG 2003, 335, 335; *Pankoke*, in: Just/Voß/Ritz/Zeising, WpPG, §§ 44 BörsG, 13 VerkProspG Rn. 48.
165 BGH, 12.7.1982 – II ZR 175/81, WM 1982, 862, 865 („Beton- und Monierbau").
166 *Siebel/Gebauer*, WM 2001, 173, 175; *Assmann*, in: Assmann/Schlitt/von Kopp-Colomb, WpPG/VerkProspG, § 13 VerkProspG Rn. 55.
167 BGH, 12.7.1982 – II ZR 175/81, WM 1982, 862, 865 („Beton- und Monierbau").
168 *Schwark*, in: Schwark/Zimmer, KMRK, §§ 44, 45 BörsG Rn. 23; *Hamann*, in: Schäfer/Hamann, Kapitalmarktgesetze, §§ 44, 45 BörsG Rn. 143; *Siebel/Gebauer*, WM 2001, 173, 175; *Assmann*, in: Assmann/Schlitt/von Kopp-Colomb, WpPG/VerkProspG, § 13 VerkProspG Rn. 55; i. E. so auch *Groß*, Kapitalmarktrecht, § 21 WpPG Rn. 52 mit Hinweis auf die Pflicht zur Aufnahme zukunftsbezogener Informationen nach der EU-ProspektVO.

Prognoseangaben zweifeln lassen, sind im Prospekt deutlich zu machen. Gegebenenfalls muss die Prognose angepasst werden.[169]

Insbesondere sind Umstände anzugeben, nach denen es bereits **absehbar und wahrscheinlich** ist, dass die Fortsetzung der bisherigen **Entwicklung gefährdet** sein könnte.[170] 69

Muss bzw. soll eine **Gewinnprognose** oder -schätzung in den Prospekt aufgenommen werden, so sind die Vorgaben von Ziff. 13 Anhang I EU-ProspektVO zu beachten (vgl. Anhang I Ziffer 13) und zwingend die entsprechende Bescheinigung eines Wirtschaftsprüfers beizufügen. Die Bescheinigung des Wirtschaftsprüfers führt dabei zwar nicht zu einer Enthaftung der Prospektverantwortlichen. Dies folgt bereits aus dem Umstand, dass der Wirtschaftsprüfer die vom Emittenten getroffenen (Grund-)Annahmen nicht prüft (vgl. Ziff. 13 Anhang I EU-ProspektVO Rn. 43). Sie ist aber auf Verschuldensebene im Rahmen der Prüfung, ob die Prospektverantwortlichen grob fahrlässig gehandelt haben (vgl. § 23 Rn. 7 f.) zu berücksichtigen. 70

– **Negative Mitteilungen Dritter** (z.B. Berichte der Wirtschaftspresse) müssen grundsätzlich nicht in den Prospekt aufgenommen werden.[171] Anderes kann für die den (negativen) Mitteilungen zugrunde liegenden Tatsachen gelten, soweit diese nicht bereits in den Prospekt aufgenommen sind.[172] Negative Berichterstattung sollte allerdings Anlass geben, den Prospekt in seiner Gesamtheit und auf sein Gesamtbild hin nochmals kritisch zu prüfen. Zur möglichen Verpflichtung Aussagen Dritter in Bezug auf den Börsengang in den Prospekt aufzunehmen bzw. zu ergänzen. 71

– Haftungsrisiken können sich auch aufgrund der Aufnahme sog. alternativer Leistungskennzahlen (*Alternative Performance Measures* (**APMs**) oder *Non-GAAP Financial Measures*) ergeben.[173] Es handelt sich dabei um Finanzkennzahlen, die außerhalb der eigentlichen Jahres-, Konzern- oder Zwischenabschlüsse des Emittenten liegen. Unvollständig bzw. unrichtig kann ein Prospekt sein, wenn die aufgenommenen APMs selbst fehlerhaft berechnet sind oder, zwar richtig berechnet, aber dennoch einen unrichtigen Eindruck der wirtschaftlichen Leistungsfähigkeit des Emittenten vermitteln. So sollen nach ESMA die APMs mit aussagekräftigen, nicht irreführenden Bezeichnungen (z.B. Gewinngarantie" / zugesicherte Erträge") versehen werden, es sollen Vergleichskennzahlen zu vorausgegangenen Perioden aufgenommen werden, und es ist bei ihrer Ermittlung die Methodenstetigkeit zu wahren.[174] Ferner ist darauf hinzuweisen, dass gleichlautende Kennzahlen anderer Emittenten eine andere Berechnungsgrundlage haben können und diese deshalb nicht vergleichbar sind. Unterlässt der Prospektersteller derartige Hinweise, kann das die Gefahr einer Unvollständigkeit begründen. Die gilt ins- 72

---

169 So auch *Mülbert/Steup*, in: Habersack/Mülbert/Schlitt, Unternehmensfinanzierung am Kapitalmarkt, § 41 Rn. 42; *Groß*, Kapitalmarktrecht, § 21 WpPG Rn. 52.
170 LG Nürnberg-Fürth, 25.7.2013 – 6 O 6321/12, zitiert nach juris.
171 *Wackerbarth*, in: Holzborn, WpPG, §§ 21–23 Rn. 75; *Mülbert/Steup*, in: Habersack/Mülbert/Schlitt, Unternehmensfinanzierung am Kapitalmarkt, § 41 Rn. 45; *Groß*, Kapitalmarkrecht, § 21 WpPG Rn. 51, *Pankoke*, in: Just/Voß/Ritz/Zeising, WpPG, §§ 44 BörSG, 13 VerkProspG Rn. 50; *Assmann*, in: Assmann/Schlitt/von Kopp-Colomb, WpPG/VerkProspG, § 13 VerkProspG Rn. 46; *Schwark*, in: Schwark/Zimmer, KMRK, §§ 44, 45 BörSG Rn. 36.
172 *Hamann*, in: Schäfer/Hamann, Kapitalmarktgesetze, §§ 44, 45 BörSG Rn. 166; *Wackerbarth*, in: Holzborn, WpPG, §§ 21–23 Rn. 75.
173 Siehe hierzu ausführlich die Kommentierung zu Ziff. 9 Anhang I EU-ProspVO, Rn. 7a.
174 ESMA Guidelines on Alternative Performance Measures, 5.10.2015, ESMA/2015/1415en, S. 7 f.

besondere dann, wenn den APMs zumindest mittelbar Aussagen zu den zukünftigen Ertragserwartungen zu entnehmen sind.

73 – Als weiteres Beispiel lässt sich in diesem Zusammenhang die **Darstellung der IRR** (*Internal Rate of Return* bzw. *Interne Zinsfuß*)-Methode[175] in Wertpapierprospekten für bestimmte Kapitalanlagen nennen. Zwar handelt es sich hierbei nicht um eine aus den Abschlüssen des Emittenten abgeleitete alternative Leistungskennzahl, sondern um eine Methode der Renditeberechnung. Diese Methode kann aber geeignet sein, die Rentabilität einer Anlage irreführend darzustellen.[176] So besteht für die IRR keine vorgegebene einheitliche Berechnungsmethode und die Berechnung gilt als so komplex, dass nicht finanzmathematisch vorgebildete Anleger diese kaum nachvollziehen können.[177] Aus diesem Grund sollte die Darstellung des internen Zinsfußes von einer ausführlichen Beschreibung der Besonderheiten dieser Methode, insbesondere der fehlenden Vergleichbarkeit, und der Erläuterung der Berechnungsweise selbst und der ihr zugrunde liegenden Annahmen und Risiken begleitet werden.[178]

dd) Wesentlichkeit der Angaben

74 Unrichtige oder unvollständige Angaben im Prospekt führen schließlich nach § 21 Abs. 1 nur dann zur Haftung, wenn sie für die Beurteilung der Wertpapiere wesentlich sind. Für die Beurteilung der **Wesentlichkeit** ist an das gesetzgeberische Gebot anzuknüpfen, dass der Prospekt „sämtliche Angaben enthalten [soll], die im Hinblick auf den Emittenten und die öffentlich angebotenen oder zum Handel an einem organisierten Markt zugelassenen Wertpapiere notwendig sind, um dem Publikum ein **zutreffendes Urteil** über die Vermögenswerte und Verbindlichkeiten, die Finanzlage, die Gewinne und Verluste, die Zukunftsaussichten des Emittenten und jedes Garantiegebers sowie über die mit diesen Wertpapieren verbundenen Rechte **zu ermöglichen**".[179] Wesentlich sind demnach alle Umstände, die aus Sicht des Anlegers für die Bewertung der betreffenden Wertpapiere relevant sind (wertbildende Faktoren) und die er deshalb „*eher als nicht*" bei seiner Entscheidung berücksichtigen würde (vgl. auch § 5 Rn. 9).[180] Testfrage für die Beurteilung der Wesentlichkeit muss also sein, ob der betreffende Fehler oder die Auslassung in Bezug auf Detailangaben das Gesamtbild des Emittenten und/oder der angebotenen oder zuzulassenden Wertpapiere in einer Weise beeinflusst, die zu einer **anderen Anlageentscheidung** führen kann (vgl. § 5 Rn. 7).[181]

---

175 Vgl. *Weinrich/Tiedemann*, BKR 2016, 50, 50.
176 *Weinrich/Tiedemann*, BKR 2016, 50, 50; *Röhrich*, AG 2006, 448, 448.
177 LG München II, 17.8.2006 – 9B O 3493/05, Rn. 61, zitiert nach juris.
178 *Weinrich/Tiedemann*, BKR 2016, 50, 53.
179 Begr. RegE Prospektrichtlinie-Umsetzungsgesetz, BT-Drucks. 15/4999, S. 9.
180 BGH, 21.10.2014 – XI ZB 12/12, NZG 2015, 20, 31 („Telekom III"); BGH, 18.9.2012 – XI ZR 344/11, WM 2012, 2150; *Groß*, Kapitalmarktrecht, § 21 WpPG Rn. 68; *Habersack*, in: Habersack/Mülbert/Schlitt, Hdb. der Kapitalmarktinformation, § 29 Rn. 17; *Schlitt/Schäfer*, in: Assmann/Schlitt/von Kopp-Colomb, WpPG/VerkProspG, § 5 WpPG Rn. 11.
181 Grundlegend BGH, 12.7.1982 – II ZR 175/81, WM 1982, 862 („Beton- und Monierbau"); bestätigt in BGH, 3.5.2013 – II ZR 252/11,WM 2013, 734.Vgl. auch die Begr. RegE 3. FMFG, BT-Drucks. 18/8933, S. 54, 76 zu § 45 Abs. 1 BörsG – entscheidend soll sein, „ob sich im konkreten Fall bei einer ordnungsgemäßen Angabe die für die Beurteilung der Bewertung der Wertpapiere relevanten maßgeblichen tatsächlichen oder rechtlichen Verhältnisse verändern würden"; ähnlich *Just*, in: Just/Voß/Ritz/Zeising, WpPG, § 5 Rn. 15; *Groß*, Kapitalmarktrecht, § 21 WpPG Rn. 40.

Ob fehlerhafte oder unvollständige Angaben auch eine wesentliche Bedeutung haben, muss daher anhand des Einzelfalls beurteilt werden. Bei **Eigenkapitalinstrumenten** gehören zu den wesentlichen wertbildenden Faktoren regelmäßig alle Angaben, die für die künftige Ertragskraft und das Risiko von Schwankungen der erwarteten Erträge relevant sind.[182] Beispiele hierfür sind etwa die Darstellung der Geschäftsaussichten[183] sowie Angaben über den Stand der Entwicklung eines neuen, für die Geschäftstätigkeit des Emittenten wichtigen Produkts.[184] Unwesentlich sind dagegen beispielsweise fehlerhafte Angaben zur Zahl- und Hinterlegungsstelle oder im Verhältnis zur Bilanzierung unwesentliche Bilanzpositionen sowie generell Bilanzpositionen, die für die künftige Ertrags- und Vermögenslage des Unternehmens unbedeutend sind.[185]

75

ee) Gesamteindruck unzutreffend

Weiterhin muss auch der Prospekt **in seiner Gesamtheit ein richtiges Bild** vermitteln.[186] Nach der Diktion des BGH ist „nicht der Buchstabe, sondern der Gesamteindruck" des Prospekts für die Haftung entscheidend.[187] Der Prospekt kann somit auch fehlerhaft sein, wenn durch die im Prospekt enthaltenen Angaben, Werturteile und Prognosen beim maßgeblichen Prospektadressaten eine Vorstellung über Chancen und Risiken geweckt wird, die nicht mit den tatsächlichen Chancen und Risiken übereinstimmt.[188] So ist ein Prospekt insbesondere auch dahingehend zu beurteilen, ob durch die **Gewichtung** bzw. das **Zusammenspiel** einzelner (möglicherweise nicht zu beanstandender) Angaben, ein unrichtiger oder unvollständiger Gesamteindruck im Hinblick auf die Vermögens-, Ertrags- und Liquiditätslage des Unternehmens vermittelt wird.[189] Auch dürfen positive Angaben nicht über- und negative Angaben nicht untergewichtet werden.[190] Zum Beispiel muss darauf hingewiesen werden, dass eine Gesellschaft in der Vergangenheit erhebliche Verluste erwirtschaftet hat, wenn durch die reine Wiedergabe der Pflichtangaben im Prospekt ein gegen-

76

---

182 *Mülbert/Steup*, in: Habersack/Mülbert/Schlitt, Unternehmensfinanzierung am Kapitalmarkt, § 41 Rn. 49.
183 Vgl. Begr. RegE 3. FMFG, BT-Drucks. 13/8933, S. 54, 76.
184 *Mülbert/Steup*, in: Habersack/Mülbert/Schlitt, Unternehmensfinanzierung am Kapitalmarkt, § 41 Rn. 49.
185 *Groß*, Kapitalmarktrecht, § 21 WpPG Rn. 68; *Mülbert/Steup*, in: Habersack/Mülbert/Schlitt, Unternehmensfinanzierung am Kapitalmarkt, § 41 Rn. 50; *Pankoke*, in: Just/Voß/Ritz/Zeising, WpPG, §§ 44 BörsG, 13 VerkProspG Rn. 28.
186 BGH, 12.7.1982 – II ZR 175/81, WM 1982, 862, 863 („Beton- und Monierbau"); OLG Frankfurt, 1.2.1994 – 5 U 213/92, WM 1994, 291, 295 („Bond-Anleihen"); LG Frankfurt, 7.10.1997 – 3/11 O 44/96, WM 1998, 1181, 1184; *Assmann*, in: Assmann/Schütze, Hdb. des Kapitalanlagerechts, § 7 Rn. 68; *Ellenberger*, Prospekthaftung, S. 32 f.; *Hamann*, in: Schäfer/Hamann, Kapitalmarktgesetze, §§ 44, 45 BörsG Rn. 194 ff. mit Beispielen; *Mülbert/Steup*, in: Habersack/Mülbert/Schlitt, Unternehmensfinanzierung am Kapitalmarkt, § 41 Rn. 37.
187 Vgl. BGH, 12.7.1982 – II ZR 172/81, WM 1982, 862, 865 („Beton- und Monierbau"); eine ausführliche Rechtsprechungsübersicht findet sich bei *Assmann*, in: Assmann/Schütze, Hdb. des Kapitalanlagerechts, § 5 Rn. 61 m. w. N.
188 Vgl. nur *Assmann*, in: Assmann/Schlitt/von Kopp-Colomb, WpPG/VerkProspG, § 13 VerkProspG Rn. 45; *Wackerbarth*, in: Holzborn, WpPG, §§ 21–23 Rn. 72.
189 *Groß*, Kapitalmarktrecht, § 21 WpPG Rn. 40; *Mülbert/Steup*, in: Habersack/Mülbert/Schlitt, Unternehmensfinanzierung am Kapitalmarkt, § 41 Rn. 43, mit weiteren Beispielen.
190 *Groß*, Kapitalmarktrecht, § 21 WpPG Rn. 40.

teiliger Eindruck erwirkt wird.[191] In diesem Fall ist eine Angabe über den nach § 7 i.V.m. Ziff. 20.1 Anhang I EU-ProspektVO für historische Finanzdaten geforderten Dreijahreszeitraum erforderlich.[192]

77 Eine **unübersichtliche Gestaltung** des Prospekts allein führt für sich betrachtet grundsätzlich noch nicht zur Unrichtigkeit des Gesamteindrucks.[193] Davon sind jedoch Ausnahmen zu machen, sofern Gestaltungsmängel z. B. bei der Anordnung der Informationen massiv und häufig vorkommen und der Prospekt gerade dadurch unverständlich wird.[194]

d) Nachtrag / Berichtigung

78 Der Prospekt muss eine **aktuelle Darstellung** der für die Beurteilung der Wertpapiere wichtigen Angaben enthalten.[195] Ein nicht (mehr) aktueller Prospekt kann daher fehlerhaft sein. Die Verwendung veralteter Daten führt dabei zur Unrichtigkeit, die Nichterwähnung neu eingetretener Umstände zur Unvollständigkeit des Prospekts.[196] Um Unrichtigkeiten und Unvollständigkeiten zu vermeiden, ist ein von der BaFin zu billigender und anschließend zu veröffentlichender Nachtrag gem. § 16 zu erstellen (vgl. § 16). Stellt sich die Unrichtigkeit nachträglich, also nach Schluss des öffentlichen Angebots bzw. Einführung zum Handel, heraus, gibt § 23 Abs. 2 Nr. 4 dem Emittenten die Möglichkeit, seine Haftung für die Zukunft dadurch zu vermeiden, dass er freiwillig eine sog. **Berichtigung** veröffentlicht (vgl. § 23 Rn. 37 und § 16 Rn. 31).

4. Haftungsadressaten

a) Überblick

79 § 21 nennt als Haftungsadressaten zum einen die Personen, die für den Prospekt (erkennbar) die Verantwortung übernommen haben (Abs. 1 Satz 1 Nr. 1). § 21 Abs. 1 Satz 1 Nr. 2 erfasst weiter die Personen, von denen der Erlass des Prospekts ausgeht – gemeint sind die „(unerkennbaren) Hintermänner"[197] oder „Veranlasser". Sind mehrere Personen Adressa-

---

191 BGH, 12.7.1982 – II ZR 175/81, WM 1982, 862 („Beton- und Monierbau"), 864; i. E. hinsichtlich der Vermeidung eines unzutreffenden Gesamteindrucks ebenso *Schwark*, in: Schwark/Zimmer, KMRK, §§ 44, 45 BörsG Rn. 29.
192 *Groß*, Kapitalmarkrecht, § 21 WpPG Rn. 50.
193 *Holzborn/Foelsch*, NJW 2003, 932, 933; *Hamann*, in: Schäfer/Hamann, Kapitalmarktgesetze, §§ 44, 45 BörsG Rn. 189.
194 *Assmann*, in: Assmann/Schütze, Hdb. des Kapitalanlagerechts, § 6 Rn. 91; *Assmann*, in: Assmann/Schlitt/von Kopp-Colomb, WpPG/VerkProspG, § 13 VerkProspG Rn. 42 a. E.; *Mülbert/Steup*, in: Habersack/Mülbert/Schlitt, Unternehmensfinanzierung am Kapitalmarkt, § 41 Rn. 43; *Pankoke*, in: Just/Voß/Ritz/Zeising, WpPG, §§ 44 BörsG, 13 VerkProspG Rn. 51.
195 BGH, 12.7.1982 – II ZR 175/81, WM 1982, 862, 864 („Beton- und Monierbau"); BGH, 18.9.2012 – XI ZR 344/11, WM 2012, 2150; OLG Frankfurt, 1.2.1994 – 5 U 213/92, WM 1994, 291, 297 („Bond-Anleihen"); *Mülbert/Steup*, in: Habersack/ Mülbert/Schlitt, Unternehmensfinanzierung am Kapitalmarkt, § 41 Rn. 52; *Hauptmann*, in: Vortmann, Prospekthaftung und Anlageberatung, § 3 Rn. 76.
196 *Hauptmann*, in: Vortmann, Prospekthaftung und Anlageberatung, § 3 Rn. 76.
197 Für den Initiator der Emission, der regelmäßig Folgeemissionen sowie die Grundlagen des Vertriebs der Wertpapiere steuert, insofern bejahend OLG Dresden, 26.9.2013 – 8 U 1510/12, AG 2014, 284, 286.

ten des Haftungsanspruchs aus § 21 Abs. 1, so haften sie als Gesamtschuldner (§§ 421 ff. BGB).[198]

b) Prospektverantwortliche/Prospekterlasser, § 21 Abs. 1 Satz 1 Nr. 1

Gem. § 21 Abs. 1 Satz 1 Nr. 1 sind die Adressaten des Haftungsanspruchs in erster Linie die **Unterzeichner** des Prospekts, also nach § 5 Abs. 3 Satz 1 und Satz 2, § 32 Abs. 2 Satz 1 BörsG insbesondere der Emittent sowie die emissionsbegleitenden Kredit- oder Finanzdienstleistungsinstitute,[199] sowie die Personen, die die **Verantwortung** für den Inhalt des Prospekts durch Abgabe einer Erklärung i. S. d. § 5 Abs. 4 Satz 1 Halbs. 2 **übernehmen**.[200]

80

aa) Unterzeichner i. S. d. § 5 Abs. 3

Bei der unterzeichnenden Person handelt es sich in der Regel gem. § 5 Abs. 3 Satz 1 um den **Emittenten** der zuzulassenden Wertpapiere, um den **Anbieter** (vgl. § 2 Rn. 110 f. sowie § 5 Rn. 74 zum Begriff des Anbieters) sowie – im Falle, dass aufgrund des Prospekts Wertpapiere zum Handel an einem organisierten Markt zugelassen werden sollen – gem. § 5 Abs. 3 Satz 2 um den **Zulassungsantragsteller**. Zulassungsantragsteller sind gem. § 2 Nr. 11 in Verbindung mit § 32 Abs. 2 Satz 1 BörsG der Emittent der Wertpapiere zusammen mit einem Emissionsbegleiter in Gestalt eines Kreditinstituts, Finanzdienstleistungsinstituts oder eines nach § 53 Abs. 1 Satz 1 oder § 53b Abs. 1 Satz 1 KWG tätigen Unternehmens. Die erkennbare Übernahme der Verantwortung ergibt sich dabei bereits aus ihrer Verpflichtung (§ 5 Abs. 3 Satz 1), den Prospekt unterzeichnen zu müssen.[201]

81

Im Fall der Umplatzierung einer großen Anzahl bereits zugelassener Aktien im Wege eines öffentlichen Angebots bei einer geringen Streuung der Aktien (sog. **Re-IPO**)[202] ist der Emittent zwar nicht zwingend beteiligt, da kein Zulassungsantrag (mehr) gestellt werden muss, der seine Mitwirkung erfordern würde. Dennoch ist die Prospekterstellung ohne Beteiligung des Emittenten wegen des Informationsgehalts praktisch unmöglich. Der Emittent übernimmt in der Regel durch (Mit-)Unterzeichnung die Verantwortung für den Prospekt. Die entstehenden Kosten und Haftungsrisiken sind in diesem Fall Gegenstand von dem verkaufenden Großaktionär nach den Grundsätzen des Telekom III-Urteils des BGH zu tragen.[203]

82

---

198 Vgl. für viele *Assmann*, in: Assmann/Schlitt/v. Kopp-Colomb, § 13a VerkProspG Rn.11; *Mülbert/Steup*, in: Habersack/Mülbert/Schlitt, Unternehmensfinanzierung am Kapitalmarkt, § 41 Rn. 64.
199 *Assmann*, in: Assmann/Schütze, Hdb. des Kapitalanlagerechts, § 6 Rn. 222; *Keunecke*, Prospekte im Kapitalmarkt, Rn. 93; *Schwark*, in: Schwark/Zimmer, KMRK, §§ 44, 45 BörsG Rn. 8; *Mülbert/Steup*, in: Habersack/Mülbert/Schlitt, Unternehmensfinanzierung am Kapitalmarkt, § 41 Rn. 66; *Singhof*, in: MünchKomm-HGB, Bd. 6, Emissionsgeschäft, Rn. 273.
200 Begr. RegE 3. FMFG, BT-Drucks. 13/8933, S. 54, 78; *Assmann*, in: Assmann/Schütze, Hdb. des Kapitalanlagerechts, § 5 Rn. 153, 155; *Groß*, Kapitalmarktrecht, § 21 WpPG Rn. 30; *Mülbert/Steup*, in: Habersack/Mülbert/Schlitt, Unternehmensfinanzierung am Kapitalmarkt, § 41 Rn. 66; *Sittmann*, NZG 1998, 490, 493.
201 Siehe dazu Begr. RegE 3. FMFG, BT-Drucks. 13/8933, S. 54, 78.
202 *Singhof*, in: MünchKomm-HGB, Bd. 6, Emissionsgeschäft, Rn. 61 m. w. N.
203 Siehe dazu statt anderer *Singhof*, in: MünchKomm-HGB, Bd. 6, Emissionsgeschäft, Rn. 185.

§ 21 Haftung bei fehlerhaftem Börsenzulassungsprospekt

83 Schließlich kann der Prospekt auch **freiwillig** von Personen **unterzeichnet** werden, die weder Anbieter noch Zulassungsantragsteller sind.[204] Dies hat wenig praktische Relevanz. Erfolgt eine solche freiwillige Unterzeichnung ausnahmsweise, ist die Unterzeichnung des Prospekts keine notwendige,[205] wohl aber eine hinreichende Haftungsvoraussetzung.

bb) Verantwortliche durch Erklärung i. S. d. § 5 Abs. 4 Satz 1 Halbs. 2

84 Adressat eines Haftungsanspruchs aus § 21 Abs. 1 Satz 1 ist auch, wer die **Verantwortung** übernimmt und eine **Erklärung** gem. § 5 Abs. 4 Satz 1 Halbs. 2 abgibt.[206] In dieser erklärt die Person unter Angabe ihres Namens und ihrer Funktion bzw. – im Falle einer juristischen Person oder Gesellschaft – ihrer Firma und ihres Sitzes, dass ihres Wissens die Angaben im Prospekt richtig und keine wesentlichen Umstände ausgelassen sind, § 5 Abs. 4 Satz 1 (vgl. § 5 Rn. 72 f.).

cc) Einzelfälle

aaa) Organmitglieder

85 Eine Haftung von Vorstandsmitgliedern als Prospekterlasser gem. § 21 Abs. 1 Satz 1 Nr. 1 i.V.m. § 5 Abs. 4 Satz 1 käme in Betracht, wenn sie selbst als natürliche Personen – und nicht nur als Mitglieder des Vorstands des Emittenten – ausdrücklich im Prospekt als Verantwortliche genannt würden. Dies ist in der Praxis jedoch unüblich. Von Instanzgerichten wurde eine Prospektverantwortung von Vorstandsmitgliedern des Emittenten teils ohne weitere Begründung angenommen, wobei hier jeweils nicht zwischen einer Haftung als Prospekterlasser oder Prospektveranlasser unterschieden wird.[207] Ähnlich hat sich der BGH in zwei Entscheidungen geäußert, ohne jedoch endgültig Stellung zu nehmen.[208] Ob auch im Fall der (bloßen) Unterzeichnung des Prospekts durch die Vorstandsmitglieder eines Emittenten in ihrer Eigenschaft als Organmitglieder eine Haftung begründet wird, ist somit nicht eindeutig höchstrichterlich entschieden. Eine allein darauf gestützte Haftung ist jedoch abzulehnen, da die Vorstandsmitglieder mit ihrer Unterschrift in aller Regel **lediglich als gesetzliche Vertreter** des Emittenten **handeln**. Ein Wille, persönliche Verant-

---

204 *Mülbert/Steup*, in: Habersack/Mülbert/Schlitt, Unternehmensfinanzierung am Kapitalmarkt, § 41 Rn. 66.
205 Vgl. BGH, 14.7.1998 – XI ZR 173/97, DStR 1998, 1523, 1524; OLG Frankfurt, 17.3.1999 – 21 U 260/97, NZG 1999, 1072, 1073 („MHM Mode").
206 Siehe nur *Groß*, Kapitalmarktrecht, § 21 WpPG Rn. 30; *Wackerbarth*, in: Holzborn, WpPG, §§ 21–23 Rn. 34; Begr. RegE 3. FMFG, BT-Drucks. 13/8933, S. 54, 78.
207 Vgl. Hanseatisches OLG Hamburg, 18.2.2000 – 11 U 213/98, NZG 2000, 1083, 1085 (Haftung des Vorstands als Prospektverantwortlicher nach den Grundsätzen der zivilrechtlichen Prospekthaftung im engeren Sinne aufgrund der mit seiner Position einhergehenden Verantwortung für die Geschicke der Gesellschaft und damit für die Herausgabe des Prospekts); ähnlich OLG Dresden, 30.8.2012 – 8 U 1546/11, zitiert nach juris.
208 BGH, 2.6.2008 – II ZR 210/06, WM 2008, 1545, 1547 Rn. 15 (die spezialgesetzliche Prospekthaftung treffe „diejenigen, von denen der Prospekt ausgeht, und damit u. a. die Verwaltungsmitglieder der emittierenden Gesellschaft"); BGH, 5.7.1993 – II ZR 194/92, WM 1993, 1787, 1788 („Dass der Beklagte zu 1) als Vorstandsvorsitzender der H. F. AG und der für die Herausgabe des Prospekts Verantwortliche zu den danach für Prospektmängel haftenden Personen gehört, bedarf unter den gegebenen Umständen keiner näheren Begründung." Allerdings war der Vorstandsvorsitzende in dieser Entscheidung für die Gestaltung des Verkaufsprospekts verantwortlich, so dass dies die „gegebenen Umstände" für die Prospektverantwortlichkeit begründet haben könnte.).

wortung für den Inhalt des Prospekts zu übernehmen, ist damit grundsätzlich nicht verbunden. Hierfür spricht auch die Vorschrift des § 5 Abs. 3 und 4, wonach die Unterzeichnung des Prospekts durch den Anbieter zu erfolgen hat, bei einer Aktiengesellschaft danach vom Vorstand als gesetzlichem Vertreter des Anbieters bzw. durch Bevollmächtigte mit ausreichender Vertretungsmacht (vgl. § 5 Rn. 82). Daraus folgt, dass der Emittent als juristische Person, nicht aber der gesetzliche Vertreter persönlich die Verantwortung für den Inhalt des Prospekts übernimmt. Mit dieser Begründung hat das LG Nürnberg-Fürth in einer Reihe von Urteilen eine persönliche Prospektverantwortung von Vorständen einer Aktiengesellschaft als Prospekterlasser wegen Unrichtigkeit eines Anleiheprospekts abgelehnt.[209] Die überwiegende Meinung in der Literatur geht übereinstimmend in diesem Sinne davon aus, dass unterzeichnende Vorstandsmitglieder **nicht *per se*** als **Prospekterlasser** anzusehen sind.[210] Die Etablierung einer grundsätzlichen Außenhaftung von Organmitgliedern ist alleine Sache des Gesetzgebers. Von einer Haftung von Organmitgliedern ist richtigerweise nur dann auszugehen, wenn sie ausdrücklich (persönlich) als Prospekterlasser im Prospekt genannt werden oder ausnahmsweise als Prospektveranlasser (insbesondere als prospektverantwortliche „Hintermänner") einzustufen sind.[211]

bbb) Konsortium

Begleitet ein Emissionskonsortium eine Wertpapieremission, wird der Prospekt regelmäßig von allen Konsortialmitgliedern unterzeichnet, und alle Konsortialmitglieder übernehmen gem. § 5 Abs. 4 Satz 1 (freiwillig) die **Verantwortung** für den Prospekt. Insofern ist es irrelevant, dass der Zulassungsantrag in der Regel nur durch eines der führenden Mitglieder des Konsortiums gestellt wird.[212] Eine Haftung auch des Emissionskonsortiums selbst ist damit nicht verbunden, weil es jedenfalls an einer entsprechenden Vertretung fehlt.

86

Konsortialmitglieder, die den Prospekt nicht unterzeichnet oder ihre Verantwortlichkeit nicht erklärt haben, gehören nicht zum Kreis der Haftungsverpflichteten.[213] Hat ein Konsortialmitglied formal die Verantwortung übernommen, obwohl es an der dem Konsortialführer überlassenen Prospekterstellung nicht mitgewirkt hat, so ändert dies nichts an seiner

87

---

209 LG Nürnberg, 14.3.2014 – 10 O 8881/13 (unveröffentlicht); sowie LG Nürnberg, 27.3.2014 – 6 O 5383/13, zitiert nach juris. Allerdings hatte die 6. Zivilkammer des LG Nürnberg in einem früher entschiedenen Parallelfall geurteilt, dass alleine aufgrund der Unterschriften der Vorstandsmitglieder, trotz Klarstellung der Unterzeichnung als Vertreter des Emittenten, eine Prospektverantwortlichkeit gegeben sei (LG Nürnberg, 19.12.2013 – 6 O 4055/13, zitiert nach juris).
210 *Krämer*, in: Handbuch börsennotierte AG, § 10 Rn. 355; *Mülbert/Steup*, in: Habersack/Mülbert/Schlitt, Unternehmensfinanzierung am Kapitalmarkt, § 41 Rn. 86; *Wackerbarth*, in: Holzborn, WpPG, §§ 21–23 Rn. 45.
211 *Heidelbach*, in: Schwark/Zimmer, KMRK, § 13 VerkProspG Rn. 20; so wohl auch *Eyles*, in: Vortmann, Prospekthaftung und Anlageberatung, § 2 Rn. 41; *Mülbert/Steup*, in: Habersack/Mülbert/Schlitt, Unternehmensfinanzierung am Kapitalmarkt, § 41 Rn. 86.
212 In der Literatur wird im Hinblick auf die Haftung der Konsorten teils primär auf die Stellung des Zulassungsantrags abgestellt und in der Folge danach unterschieden, ob das Konsortium als Innen- oder Außengesellschaft besteht (so *Wackerbarth*, in: Holzborn, WpPG, §§ 21–23 Rn. 39). Die Annahme, dass bei Stellung des Zulassungsantrags durch ein Konsortialmitglied die anderen Konsorten nicht öffentlich in Erscheinung treten, stimmt angesichts der beschriebenen Übernahme der Haftung durch alle Konsorten nicht mit der Praxis überein.
213 *Schwark*, in: Schwark/Zimmer, KMRK, §§ 44, 45 BörsG Rn. 10; *Groß*, Kapitalmarktrecht § 21 WpPG Rn. 34.

§ 21   Haftung bei fehlerhaftem Börsenzulassungsprospekt

Verantwortlichkeit.[214] Ebenso zählen auch Käufer von Konsortialquoten, wenn sie im Prospekt (rechtlich) unkorrekt als Konsortialmitglieder erscheinen, grundsätzlich zur Gruppe der Prospekterlasser.[215]

ccc) Sub-Underwriter

88 Bei großen Wertpapieremissionen werden unter Umständen Übernahmerisiken an nachgeordnete Banken weitergegeben, die nicht Mitglieder des Emissionskonsortiums sind (sog. *Sub-Underwriter*).[216] Diese Banken treten nicht nach außen in Erscheinung und übernehmen keine Verantwortung für den Prospekt oder andere Angebotsdokumente. Rechtlich handelt es sich um eine **Unterbeteiligung** an dem Konsortialanteil der jeweiligen Emissionsbank, also eine Innengesellschaft zwischen der Konsortialbank und dem Unterbeteiligten.[217] Die **Sub-Underwriter** sind, da es sich bei ihnen weder um Prospektverantwortliche noch um Prospektveranlasser handelt, **keine Adressaten** des Haftungsanspruchs aus § 21 Abs. 1 Satz 1.[218]

c) **Prospektveranlasser, § 21 Abs. 1 Satz 1 Nr. 2**

89 Adressaten des Haftungsanspruchs sind nach § 21 Abs. Satz 1 Nr. 2 ferner jene, von denen der Erlass des Prospekts ausgeht.

90 Zweck der Regelung ist es, auch juristische oder natürliche Personen und Gesellschaften als „Prospektveranlasser"[219] haften zu lassen, die zwar nicht nach außen erkennbar die Verantwortung für den Prospekt übernommen haben, bei näherem Zusehen aber gerade als seine **tatsächlichen Urheber** gelten müssen.[220] Die Regelung soll **Haftungslücken schließen**, wenn jemand im Hintergrund auf die Prospekterstellung einwirkt, ohne durch seine Unterschrift oder seine Benennung nach § 5 Abs. 4 Satz 1 als Verantwortlicher für den Prospekt hervorzutreten. Diese möglichen Prospektveranlasser eint hierbei ein eigenes geschäftliches Interesse an der Emission.[221] Die Regierungsbegründung zum Dritten Finanzmarktförderungsgesetz nennt als mögliche Prospektveranlasser beispielhaft die **Konzernmutter**, deren Finanzierungstochter auf Veranlassung der Muttergesellschaft Wertpapiere emittiert und den **Großaktionär**, der seine Beteiligung veräußert.[222] Der BGH hat darüber hinaus auch **Vorstandsmitglieder**, die aus eigenem Interesse auf die Veröffentlichung

---

214 *Groß*, Kapitalmarktrecht, § 21 WpPG Rn. 34.
215 BGH, 18.9.2012- XI ZR 344/11, NZG 2012, 1262, 1262 („Wohnungsbau Leipzig-West"); *Wieneke*, NZG 2012, 1420, 1420.
216 Siehe zur Ausgestaltung *Singhof*, in: MünchKomm-HGB, Bd. 6, Emissionsgeschäft, Rn. 266.
217 *Singhof*, in: MünchKomm-HGB, Bd. 6, Emissionsgeschäft, Rn. 266 m. w. N.
218 *Ehricke*, in: Hopt/Voigt, Prospekt- und Kapitalmarktinformationshaftung, S. 227 f.; *Groß*, Kapitalmarktrecht, § 21 WpPG Rn. 34; *Mülbert/Steup*, in: Habersack/Mülbert/Schlitt, Unternehmensfinanzierung am Kapitalmarkt, § 41 Rn. 73; *Schwark*, in: Schwark/Zimmer, KMRK, §§ 44, 45 BörsG Rn. 10.
219 So etwa *Mülbert/Steup*, in: Habersack/Mülbert/Schlitt, Unternehmensfinanzierung am Kapitalmarkt, § 41 Rn. 74 ff.
220 Begr. RegE 3. FMFG, BT-Drucks. 13/8933, S. 54, 78; *Assmann*, in: Assmann/Schütze, Hdb. des Kapitalanlagerechts, § 5 Rn. 223; *Schwark*, in: Schwark/Zimmer, KMRK, §§ 44, 45 BörsG Rn. 9; *Groß*, Kapitalmarktrecht, § 21 WpPG, Rn. 35.
221 Begr. RegE 3. FMFG, BT-Drucks. 13/8933, S. 54, 78.
222 Begr. RegE 3. FMFG, BT-Drucks. 13/8933, S. 54, 78.

eines unrichtigen oder unvollständigen Prospekts hingewirkt haben, als Prospektveranlasser angesehen.[223]

aa) Großaktionär

Literatur und Rechtsprechung beurteilen uneinheitlich, ob ein geschäftliches Interesse an der Emission (ohne aktive Mitwirkung an der Prospekterstellung) für die Prospektveranlassung ausreicht, um eine Haftung als Prospektveranlasser zu begründen. Überwiegend wird verlangt, dass die Person oder Gesellschaft ein **eigenes wirtschaftliches Interesse an der Emission** hat und darüber hinaus kraft eigener Steuerungsmacht auf die vordergründig Beteiligten und die **Erstellung des (unrichtigen) Prospekts einwirkt**, also den Emittenten, die Börsenzulassung oder Platzierung oder den Prospektprozess beherrscht.[224] Im Hinblick auf die Beteiligung eines (Groß-)Aktionärs soll dies selbst dann gelten, wenn aufgrund der Beteiligungshöhe des Aktionärs eine Emission nicht gegen seinen Willen erfolgen kann.[225]

91

Der BGH lässt es in der Entscheidung „Wohnungsbau Leipzig-West" dagegen unter Rückgriff auf die Grundsätze der „Hintermannhaftung" nach der allgemeinen zivilrechtlichen Prospekthaftung nunmehr genügen, dass der **Prospekt mit Kenntnis** des Verantwortlichen **in den Verkehr gebracht** wurde und verzichtet auf das Erfordernis einer aktiven Beteiligung an der Prospekterstellung. In dieser Entscheidung „Wohnungsbau Leipzig-West" bejahte der BGH eine Veranlasserhaftung einer Konzernobergesellschaft in Bezug auf die (unrichtige) Darstellung eines Beherrschungs- und Gewinnabführungsvertrags mit einer Tochtergesellschaft in einem von dieser Tochtergesellschaft veröffentlichten Wertpapierprospekt zur Begebung von Inhaberschuldverschreibungen. Der BGH sah ein wirtschaftliches Eigeninteresse des Hauptaktionärs an der Einwerbung weiterer Anlegergelder aufgrund des mit dem Emittenten abgeschlossenen **Beherrschungs- und Gewinnabführungsvertrags** als gegeben an. Ein wirtschaftliches Eigeninteresse allein genügt zwar auch nach Ansicht des BGH nicht zur Bejahung einer Veranlasserhaftung, lässt aber in Verbindung mit einer gesellschaftsrechtlichen Stellung, etwa als Mehrheitsaktionär, und einem tatsächlichen Eingriff in das Geschäftsmodell der emittierenden Tochtergesellschaft (hier durch die Erteilung von Weisungen zu Zahlungsflüssen) die Annahme einer Haftung als Prospektveranlasser zu. Aus diesem grundsätzlichen beherrschenden Einfluss schließt der BGH, dass der Prospekt mit der Kenntnis und dem erforderlichen Einfluss des Hauptaktionärs auch dann in den Verkehr gebracht wurde, wenn dieser an der Prospekterstellung

92

---

223 *Holzborn/Foelsch*, NJW 2003, 932, 933; *Fleischer*, BKR 2003, 603, 609.
224 *Habersack*, in: Habersack/Mülbert/Schlitt, Hdb. der Kapitalmarktinformation, § 29 Rn. 29; *Mülbert/Steup*, in: Habersack/Mülbert/Schlitt, Unternehmensfinanzierung am Kapitalmarkt, § 41 Rn. 75; *Schwark*, in: Schwark/Zimmer, KMRK, §§ 44, 45 BörsG Rn. 9; *Assmann*, in: Assmann/Schlitt/von Kopp-Colomb, WpPG/VerkProspG, § 13 VerkProspG Rn. 74; *Assmann*, in: Assmann/Schütze, Hdb. des Kapitalanlagerechts, § 6 Rn. 223; *Schlitt*, CF Law 2010, 304, 306; *Schlitt/Ries*, in: Jesch/Striegel/Boxberger, Rechtshandbuch Private Equity, § 16 Ziff. 4.18.
225 In Großbritannien wird etwa eine Prospekthaftung von Aktionären, die einen Anteil von über 50 % des Grundkapitals einer Gesellschaft halten, in Zusammenhang mit Börsengängen diskutiert; vgl. ABI, Encouraging Equity Investment – Facilitation of Efficient Equity Capital Raising in the UK Market, S. 5 abrufbar unter https://www.abi.org.uk/~/media/Files/Documents/Publications/Public/Migrated/Investment%20and%20corporate%20governance/ABI%20Encouraging%20Equity%20Investment%20report.pdf (zuletzt abgerufen am 25.6.2016).

selbst nicht beteiligt war.[226] Dabei soll der Prospektverantwortliche nicht mit den Einzelheiten vertraut sein müssen, sondern **(nur) das Gesamtkonzept kennen**.[227]

93 Der Auffassung des BGH ist entgegenzutreten. Prospektveranlasser kann richtigerweise nur der direkte oder indirekte Gesellschafter des Emittenten oder eine sonstige hinter diesem stehende Person sein, der bzw. die ein **unmittelbares eigenes wirtschaftliches Interesse** an der Emission hat und tatsächlich **maßgeblich auf den gesamten Inhalt des Prospekts Einfluss nimmt**.[228] Die Einflussnahme auf die Prospekterstellung bzw. auf seine Veröffentlichung mag zwar indiziert sein, wenn ein konzernrechtlich vermitteltes Weisungsrecht gem. § 308 AktG vorliegt. Im Regelfall müssen jedoch weitere tatsächliche Anzeichen der Einflussnahme hinzutreten, um eine Haftung als Prospektveranlasser annehmen zu können.[229] Zudem geht die weite Formulierung des dritten amtlichen Leitsatzes der „Wohnungsbau Leipzig-West"-Entscheidung,[230] die keine Unterscheidung nach der Art der Konzernierung trifft, auch unter einem anderen Gesichtspunkt zu weit.[231] Wie dargestellt lag dem vom BGH entschiedenen Fall ein Vertragskonzern zugrunde. Der Leitsatz umfasst jedoch nach seinem Wortlaut auch Personen, denen nicht die gleichen gesellschaftsrechtlich vermittelten Einflussmöglichkeiten zukommen und die damit geringeren Einfluss auf den Emittenten bei der Prospekterstellung ausüben können.[232] Von einer solchen Haftungserweiterung wären aufgrund ihres zweifellos häufig bestehenden wirtschaftlichen Interesses an der Transaktion vor allem abgebende Aktionäre betroffen. Dies entspräche jedoch nicht der Begründung des BGH im genannten Urteil. Der BGH stellt hier maßgeblich auf die Besonderheiten des Einzelfalls (Weisungen im Hinblick auf die Vornahme von Zahlungen aufgrund eines Beherrschungsvertrags) ab.[233] Hingegen ist **im faktischen Konzern** aktienrechtlich die **Vermutung der Konzernleitung** gerade **nicht zulässig**.[234] Es ist unter Wertungsgesichtspunkten nicht einzusehen, weshalb im Bereich der Prospekthaftung ein anderer Maßstab gelten sollte als im Aktienrecht. Demnach kommt eine Prospekthaftung allein aufgrund des Bestehens eines faktischen Konzerns nicht in Betracht. Die Bewertung der Einflussnahme und die damit verbundene Qualifizierung einer an der Erstellung beteiligten Person als Prospektveranlasser hängen auch in solchen Fällen von einer **wertenden Gesamtbetrachtung** aller Umstände des jeweiligen Einzelfalls ab. Führen sie zur Prospektverantwortung, sollte in den Fällen einfacher Abhängigkeit oder Konzernierung aufgrund der bestehenden Informationsgrenzen zwischen Emittent und

---

226 Zu Vorstehendem BGH, 18.9.2012 – XI ZR 344/11, NZG 2012, 1262, 1262 ff., 1266 f. („Wohnungsbau Leipzig-West"); dazu *Singhof*, RdF 2013, 76, 76.
227 BGH, 8.12.2005 – VII ZR 372/03, WM 2006, 427, 427.
228 So auch *Beck*, NZG 2014, 1410, 1411, der allein die Stellung als Konzernmutter für nicht ausreichend hält; *Singhof*, RdF 2013, 76, 77.
229 *Veil*, in: Spindler/Stilz, AktG, § 302 Rn. 10; *Koch*, in: Hüffer, AktG, § 302 Rn. 6, der eine Verhaltenshaftung für die Tochtergesellschaft ablehnt; *Buck-Heeb*, LMK 2013, 341712; *Wieneke*, NZG 2012, 1420, 1422.
230 BGH, 18.9.2012 – XI ZR 344/11, NZG 2012, 1262, 1266 („Wohnungsbau Leipzig-West"), 3. Amtlicher Leitsatz: „[...]insbesondere sollen auch Konzernmuttergesellschaften in die Haftung einbezogen werden, wenn eine Konzerntochtergesellschaft Wertpapiere emittiert."
231 Vgl. *Singhof*, RdF 2013, 76, 77; *Wieneke*, NZG 2012, 1420, 1422.
232 *Singhof*, RdF 2013, 76, 77.
233 BGH, 18.9.2012 – XI ZR 344/11, NZG 2012, 1262, 1266 („Wohnungsbau Leipzig-West"); *Singhof*, RdF 2013, 76, 77.
234 *Singhof*, RdF 2013, 76, 77.

Großaktionär nicht zweifelhaft sein, dass dem Großaktionär dann immer noch den **Entlastungsbeweis** nach § 23 Abs. 1 WpPG zur Verfügung steht (s. § 23 Rn. 3 f.).[235]

bb) Organmitglieder

Eine Außenhaftung von Organmitgliedern des Emittenten, insbesondere Vorstandsmitgliedern, kommt, da diese für den Prospekt üblicherweise nicht persönlich verantwortlich zeichnen, nur unter den Voraussetzungen für eine Prospektveranlassung in Betracht (vgl. auch Rn. 88).[236] Damit unterscheidet sich die Rechtslage beispielsweise von der Rechtslage in den Vereinigten Staaten von Amerika oder derjenigen in Großbritannien.[237] Die Stellung als Vorstandsmitglied reicht für die Haftungsbegründung allein nicht aus.[238]

94

Höchstrichterlich bislang nicht geklärt ist indes die Frage, unter welchen Umständen ein Organmitglied (ausnahmsweise) als **Prospektveranlasser** haftet.[239] Nach den allgemeinen oben dargestellten Kriterien ist ein wirtschaftliches Eigeninteresse und eine tatsächliche Einflussnahme auf die Erstellung des Prospekts erforderlich.[240] Ein **wirtschaftliches Eigeninteresse** kann z. B. dann begründet sein, wenn ein nicht unerhebliches Aktienpaket des Vorstands verkauft werden soll oder das Organmitglied über ein Anreizsystem im Fall einer erfolgreichen Transaktion Aktienoptionen enthält.[241] Allerdings muss das darin begründete Eigeninteresse an der Transaktion von der Gewichtung mit dem Interesse des Emittenten vergleichbar sein.[242] Es kann nur im konkreten Einzelfall entschieden werden, ab welcher prozentualen Schwelle oder ab welchem Betrag dies angenommen werden kann.[243] Eine grundsätzlich hohe „Aufgreifschwelle" ist jedoch insbesondere vor dem Hintergrund der Organpflichten eines Vorstandsmitglieds angezeigt, aufgrund derer Vorstandsmitglieder stets Einfluss auf die Prospekterstellung und die Durchführung einer Emission haben. Dies darf nicht zu einer vorschnellen Annahme direkter Prospekthaftungsansprüche führen. Im Übrigen scheint es systemgerecht, dass lediglich dem Emittenten im Innenverhältnis Organhaftungsansprüche gegen das jeweilige Mitglied zustehen (§ 93 AktG), sofern dieses im Rahmen der Prospekterstellung pflichtwidrig gehandelt hat. Dieses System sollte nicht durch die Annahme einer zusätzlichen direkten Prospekthaftung überspielt werden.

95

---

235 *Singhof*, RdF 2013, 76, 77.
236 *Groß*, Kapitalmarktrecht, § 21 WpPG Rn. 35; *Krämer*, in: Krieger/Schneider, Handbuch Managerhaftung, § 28 Rn. 25; *Wackerbarth*, in: Holzborn, WpPG, §§ 21–23 Rn. 45; *Sittmann*, NZG 1998, 490, 493.
237 PR 5.5.3 (2) FCA Handbook, abzurufen unter: https://www.handbook.fca.org.uk/handbook/PR/5/5.html (zuletzt abgerufen am 3.8.2016).
238 *Wackerbarth*, in: Holzborn, WpPG, §§ 21–23 Rn. 45; *Groß*, Kapitalmarktrecht, § 21 WpPG Rn. 35; *Fleischer*, Gutachten F für den 64. DJT, F 62 ff.
239 *Wackerbarth*, in: Holzborn, WpPG, §§ 21–23 Rn. 45 m.w.N.; a. A. *Kumpan*, in: Baumbach/Hopt, HGB, § 21 WpPG Rn. 4.
240 *Mülbert/Steup*, in: Habersack/Mülbert/Schlitt, Unternehmensfinanzierung am Kapitalmarkt, § 41 Rn. 76.
241 So auch *Fleischer*, BKR 2003, 608, 608; *Wackerbarth*, in: Holzborn, WpPG, §§ 21–23 Rn. 45.
242 Vgl. *Krämer*, in: Krieger/Schneider, Handbuch Managerhaftung, § 28 Rn. 25 („erhebliches" Eigeninteresse).
243 Vgl. *Krämer*, in: Krieger/Schneider, Handbuch Managerhaftung, § 28 Rn. 25.

d) Experten

96 In anderen Rechtsordnungen ist eine strenge prospektbezogene Expertenhaftung anzutreffen. So haften in den USA etwa Wirtschaftsprüfer, die mit ihrer Zustimmung im Prospekt namentlich genannt werden, gemäß Sec. 11(a) (4) Securities Act 1933 für den verantworteten Teil des Prospekts. Auch das englische Recht kennt eine Haftung des Experten für einzelne Teile des Prospekts. Im deutschsprachigen Raum haftet der Wirtschaftsprüfer sowohl in der Schweiz als auch in Österreich.

97 Nach deutschem Recht sind Prospektbegleiter wie Wirtschaftsprüfer, Sachverständige und an der Erstellung des Prospekts beteiligte Rechtsanwälte dagegen grundsätzlich **nicht Adressaten** eines Prospekthaftungsanspruches.[244] Mangels Unterzeichnung des Prospekts kommt eine Haftung nach § 21 Abs. 1 Satz 1 Nr. 1 nicht in Betracht. Eine (Mit-)Urheberschaft und damit eine Verantwortlichkeit als Veranlasser i.S.d. § 21 Abs. 1 Satz 1 Nr. 2 scheidet in aller Regel ebenfalls aus, denn eine solche wird nicht schon durch die Zulieferung von Material oder die Mitarbeit an der Erstellung von Teilen des Prospekts begründet.[245] Die Prospekthaftung der §§ 21 ff. bezweckt eine Haftung für den Prospekt in seiner *Gesamtheit* und nicht für einzelne Abschnitte desselben.[246] Das Interesse an einer Vergütung der erbrachten Tätigkeit begründet darüber hinaus kein ausreichendes wirtschaftliches Interesse an der Emission selbst (zumal die entsprechenden Honorare in der Regel unabhängig von der erfolgreichen Durchführung anfallen).[247]

aa) Wirtschaftsprüfer

98 Besondere Beachtung hat in diesem Zusammenhang in jüngster Zeit eine mögliche **Haftung** der **Wirtschaftsprüfer** erfahren. In einer Reihe von Entscheidungen haben sich zunächst sowohl Instanzgerichte[248] als auch zwischenzeitlich der BGH[249] mit der Haftung von Wirtschaftsprüfern für Prospektaussagen auseinandergesetzt und diese mit teils unterschiedlichen Begründungen im Ergebnis bejaht. Mit den oben genannten Argumenten haben die Gerichte dabei zwar eine Haftung der Wirtschaftsprüfer nach §§ 21 ff. verneint. Je-

---

244 H.M. *Singhof*, in: MünchKomm-HGB, Bd. 6, Emissionsgeschäft, Rn. 275; *Schwark*, in: Schwark/Zimmer, KMRK, §§ 44, 45 BörsG, Rn. 12; *Hamann*, in: Schäfer/Hamann, Kapitalmarktgesetze, §§ 44, 45 BörsG Rn. 100 f.; *Assmann*, AG 2004, 435, 436 f.; *Groß*, Kapitalmarktrecht, § 21 WpPG Rn. 36; *Mülbert/Steup*, in: Habersack/Mülbert/Schlitt, Unternehmensfinanzierung am Kapitalmarkt, § 41 Rn. 81; **a. A.** *Kumpan*, in: Baumbach/Hopt, HGB, § 21 WpPG Rn. 4.
245 Begr. RegE, BT-Drucks. 13/8933, S. 54, 78; *Singhof*, in: MünchKomm-HGB, Bd. 6, Emissionsgeschäft, Rn. 275; *Assmann*, in: Assmann/Schütze, Hdb. des Kapitalanlagerechts, § 6 Rn. 223; *Groß*, Kapitalmarktrecht, § 21 WpPG Rn. 36; *Mülbert/Steup*, in: Habersack/Mülbert/Schlitt, Unternehmensfinanzierung am Kapitalmarkt, § 41 Rn. 81; *Wackerbarth*, in: Holzborn, WpPG, §§ 21–23 Rn. 49.
246 *Singhof*, in: MünchKomm-HGB, Bd. 6, Emissionsgeschäft, Rn. 275; *Groß*, Kapitalmarktrecht, § 21 WpPG Rn. 26; *Wackerbarth*, in: Holzborn, WpPG, §§ 21–23 Rn. 51; *Mülbert/Steup*, in: Habersack/Mülbert/Schlitt, Unternehmensfinanzierung am Kapitalmarkt, § 41 Rn. 81.
247 Vgl. nur *Singhof*, in: MünchKomm-HGB, Bd. 6, Emissionsgeschäft, Rn. 275; *Wackerbarth*, in: Holzborn, WpPG, §§ 21–23 Rn. 49; *Schwark*, in: Schwark/Zimmer, KMRK, §§ 44, 45 BörsG Rn. 12; *Groß*, Kapitalmarktrecht, § 21 WpPG Rn. 36.
248 Vgl. OLG Dresden, 30.6.2011 – 8 U 1603/08, DStR 2012, 2098; LG Hamburg, 12.6.2013 – 309 O 425/08 (unveröffentlicht).
249 BGH, 21.2.2013 – III ZR 139/12, WM 2013, 689, 689.

doch haben diese Haftungsgründe außerhalb der spezialgesetzlichen Prospekthaftung angenommen. Das kann nicht überzeugen. Im Einzelnen:

aaa) Haftung für das Testat

Unbestritten bilden die **historischen Finanzinformationen** eine wichtige Grundlage für die Bewertung der Wertpapiere durch den Anleger.[250] Die Jahresabschlüsse einschließlich der zugehörigen Testate des Abschlussprüfers des Emittenten bilden einen wesentlichen (Pflicht-) Bestandteil des Prospekts.[251] Die vorgeschriebene Aufnahme des Testats des Wirtschaftsprüfers in einen Prospekt führt nach zutreffender h. M. aber nicht zu einer direkten Haftung des Abschlussprüfers gegenüber Anlegern.[252] Eine Haftung nach den Grundsätzen der **allgemeinen bürgerlich-rechtlichen Prospekthaftung** im weiteren Sinn scheidet aus, da es zwischen Anleger und Wirtschaftsprüfer keinen vorvertraglichen Kontakt gibt und der Wirtschaftsprüfer damit kein besonderes persönliches Vertrauen in Anspruch nimmt.[253] Auch aus der gesetzlichen Verpflichtung zur Prüfung der Jahresabschlüsse und zur Abgabe des Testats lässt sich grundsätzlich keine besondere Vertrauensstellung des Abschlussprüfers begründen. Ebenso wird eine Haftung aus einem Vertrag mit Schutzwirkungen zugunsten Dritter zu Recht abgelehnt, da aufgrund der Wertung des § 323 HGB (Verantwortlichkeit des Abschlussprüfers) nicht davon ausgegangen werden kann, dass Anleger in den Schutzbereich des Vertrags zwischen Abschlussprüfer und Emittenten einbezogen werden.[254] Die Haftung kann auch nicht nach den Grundsätzen der allgemein-bürgerlichrechtlichen Prospekthaftung im engeren Sinn begründet werden, sofern der Wirtschaftsprüfer keine über das Testat hinausgehende Erklärung im Hinblick auf die Richtigkeit des Prospekts abgegeben hat.[255] In Betracht kommt daher lediglich eine **deliktische Haftung nach § 826 BGB**, wenn der Wirtschaftsprüfer ein fehlerhaftes Testat „gewissenlos" abgegeben hat (vgl. insgesamt zur allgemeinen bürgerlich-rechtlichen Prospekthaftung, § 25 Rn. 8).[256]

99

Soweit eine **Expertenhaftung** für fehlerhafte Kapitalmarktinformationen als rechtspolitisch wünschenswert angesehen wird,[257] ist die Einführung einer solchen **Sache des Gesetzgebers**. Dieser hat sich aber dagegen entschieden.[258] Aus diesem Grund sollte ein Rückgriff auf andere Anspruchsgrundlagen (insbesondere auf die Grundsätze der allgemeinen bürgerlich-rechtlichen Prospekthaftung) zur Begründung einer Haftung des Wirtschaftsprüfers oder anderer Experten, nur extrem gelagerten Fällen (sittenwidriger Schädi-

100

---

250 *Fleischer*, Gutachten F zum 64. Deutschen Juristentag 2002, F 66 f.
251 Siehe nur *Wackerbarth*, in: Holzborn, WpPG, §§ 21–23 Rn. 51.
252 Siehe zusammenfassend m. w. N. OLG Dresden, 30.6.2011 – 8 U 1603/08, DStR 2012 2098, 2098; BGH, AG 2006, 197, 197 f.
253 BGH, 21.2.2013 – III ZR 139/12, WM 2013, 689, 689; OLG Dresden, 30.6.2011 – 8 U 1603/08, DStR 2012, 2098, 2098; **a. A.** LG Hamburg, 12.6.2013 – 309 O 425/08 (unveröffentlicht).
254 BGH, 15.12.2005 – III ZR 424/04, AG 2006, 197, 198; OLG Dresden, 30.6.2011 – 8 U 1603/08, DStR 2012, 2098, 2098.
255 BGH, 15.12.2005 – III ZR 424/04, AG 2006, 197, 198.
256 OLG Dresden, 30.6.2011 – 8 U 1603/08, DStR 2012, 2098, 2098.
257 LG Hamburg, 12.6.2013 – 309 O 425/08 (unveröffentlicht).
258 Vgl. OLG Braunschweig, 12.1.2016 – 7 U 59/14, zitiert nach juris, Rn. 42; BGH, 13.12.2011 – XI ZR 51/10, zitiert nach juris, Rn. 17.

gung²⁵⁹) vorbehalten bleiben.²⁶⁰ Ein solcher Rückgriff auf andere Anspruchsgrundlagen führte im Übrigen dazu, dass Experten im Ergebnis eine schärfere Haftung zu befürchten haben als die Prospektverantwortlichen und Prospektveranlasser selbst,²⁶¹ denn die haftungsausschließenden Tatbestände des § 23 käme ihnen nicht zugute.

bbb) Haftung für sonstige Bescheinigungen

101 Der BGH setzte sich jüngst auch mit der Haftung des Wirtschaftsprüfers aufgrund einer im Prospekt abgedruckten Bescheinigung für eine (**fehlerhafte**) **Gewinnprognose** i. S. d. § 7 i. V. m. Art. 3 und Ziff. 13.2 Anhang I EU-ProspektVO auseinander.²⁶² Der BGH bejahte dabei eine Haftung des Wirtschaftsprüfers nach den Grundsätzen des Vertrags mit Schutzwirkungen zugunsten Dritter. So sei die betreffende Prognose-Bescheinigung speziell für Prospektzwecke erstellt worden. Ihre Veröffentlichung im Prospekt sei zudem von vornherein beabsichtigt und daher Teil der Beauftragung des Wirtschaftsprüfers gewesen. Anders als im Rahmen des Jahresabschlusstestats nach § 323 HGB könne eine Haftung gegenüber Dritten auch nicht mit der Begründung abgelehnt werden, dass der Jahresabschlussprüfer nicht die Haftung gegenüber einer unbegrenzten Zahl von Gläubigern, Gesellschaftern und Anlegern übernehmen wolle.²⁶³ Der Wirtschaftsprüfer verfüge über eine besondere, vom Staat anerkannte Sachkunde und gebe seine Stellungnahme in dieser Eigenschaft ab.²⁶⁴ Das dem Wirtschaftsprüfer entgegengebrachte besondere Vertrauen rechtfertige eine Einbeziehung der Anleger in den Vertrag zwischen Emittenten und Wirtschaftsprüfer.

102 Die Argumentation des BGH kann auch für diesen besonderen Fall nicht überzeugen.²⁶⁵ So kann das vom BGH angenommene besondere Vertrauen in den Wirtschaftsprüfer, das eine Einbeziehung in den Vertrag zwischen ihm und dem Emittenten rechtfertige, wie oben ausgeführt grundsätzlich nur bei persönlichem Kontakt zwischen Wirtschaftsprüfer und geschädigtem Anleger angenommen werden, an dem es hier gerade fehlt.²⁶⁶ Wenn der BGH zudem annimmt, die Abgabe der Bescheinigung des Wirtschaftsprüfers und deren Veröffentlichung im Prospekt erfolge zu Werbezwecken, so verkennt dies die Vorgaben von § 7

---

259 OLG Dresden, 30.6.2011 – 8 U 1603/08, DStR 2012, 2098, wobei die Voraussetzungen für Annahme einer vorsätzlichen sittenwidrigen Schädigung hier sehr niedrig angesetzt scheinen.
260 Vgl. *Hamann*, in: Schäfer/Hamann, Kapitalmarktgesetze, §§ 44, 45 BörsG Rn. 103, § 47 BörsG Rn. 8; *Pankoke*, in: Just/Voß/Ritz/Zeising, WpPG, §§ 44 BörsG, 13 VerkProspG Rn. 24 f.; *Assmann*, in: Assmann/Schlitt/von Kopp-Colomb, WpPG/VerkProspG, § 13 VerkProspG Rn. 77; *Wackerbarth*, in: Holzborn, WpPG, §§ 21–23 Rn. 51; **a. A.** *Groß*, Kapitalmarktrecht, § 21 WpPG Rn. 37; *Ellenberger*, Prospekthaftung, S. 29 f.
261 *Klöhn*, FS Hoffmann-Becking, S. 679, 681 ff.; *Heisterhagen*, DStR 2006, 759, 762; *Wackerbarth*, in: Holzborn, WpPG, §§ 21–23 Rn. 51; *Fölsing*, WP Praxis 2014, 195, 197.
262 BGH, 24.4.2014 – III ZR 156/13, WM 2014, 935 f.; siehe Besprechungen von *Aurich*, DB 2014, 1541 f.; *Ebke*, ZGR 2015, 325; *Fölsing*, WP Praxis 2014, 195 f.; *Müller*, EWiR 2014, 483 f.; *Juretzek*, DStR 2014, 1515 f.; *Zoller*, GWR 2014, 242 f.
263 BGH, 24.4.2014 – III ZR 156/13, WM 2014, 935, 936.
264 BGH, 24.4.2014 – III ZR 156/13, WM 2014, 935, 936.
265 So *Fölsing*, WP Praxis 2014, 195, 197; *Müller*, EWiR 2014, 483, 484; **a. A.**: *Juretzek*, DStR 2014, 1515, 1516.
266 *Fölsing*, WP Praxis 2014, 195, 197.

i.V.m. Art. 3 und Ziff. 13.2 Anhang I EU-ProspektVO.[267] Danach ist die Bescheinigung des Wirtschaftsprüfers im Falle der Aufnahme einer Gewinnprognose in den Prospekt zwingend vorgesehen. Anders als vom BGH angenommen ist daher der systematische Vergleich mit dem Jahresabschlusstestat nach § 323 HGB gerade nicht fernliegend.[268]

bb) Sonstige Gutachter

Mit der gleichen Argumentation ist eine direkte Haftung von Immobilien-, Bergbau- oder Schiffsgutachtern abzulehnen, deren Gutachten aufgrund prospektrechtlicher Vorgaben in den Prospekt aufgenommen werden (müssen).[269] Eine Haftung nach §§ 21 ff. kommt wiederum nicht in Betracht, da die genannten Gutachter nicht die Gesamtverantwortung für den Prospekt übernehmen. Eine Haftung gegenüber Anlegern nach allgemein-zivilrechtlichen Grundsätzen wird in der Regel aufgrund des mangelnden persönlichen Vertrauens ausscheiden.

103

5. Kausalität

Es besteht auf ein **doppeltes Kausalitätserfordernis**. Zum einen muss der Prospekt kausal für den Erwerb innerhalb der Sechsmonatsfrist (§ 21 Abs. 1 Satz 1) und zum anderen muss das Wertpapier aufgrund des Prospekts zugelassen worden sein. Bei der heute üblichen Girosammelverwahrung von Wertpapieren werden solche gleicher Ausstattung und gleicher Wertpapier-Kennnummer ohne Unterschied verwahrt. Dem Anleger ist der Nachweis, dass es sich bei dem von ihm erworbenen Aktien um solche handelt, die aufgrund des Prospekts emittiert wurden, kaum möglich.[270] Deshalb obliegt der Beweis, dass die Wertpapiere nicht aufgrund des Prospekts erworben wurden nach § 23 Abs. 2 Nr. 1 dem Haftungsverpflichteten (s. näher § 23 Rn. 47). Möchte der Emittent dem Risiko entgehen, für alle emittierten Wertpapiere zu haften, muss er sich für eine Kenntlichmachung der Neuemission entscheiden (vgl. oben Rn. 23).

104

6. Verschulden

Eine Haftung für einen fehlerhaften oder unvollständigen Prospekt setzt voraus, dass der Prospektverantwortliche grob fahrlässig oder vorsätzlich gehandelt hat. Das Verschulden wird auch durch die Prospektprüfung der BaFin im Billigungsverfahren nicht ausgeschlossen (siehe oben, Rn. 36).[271] Vergleiche zu den Einzelheiten § 23 Rn. 7 f.

105

---

267 Vgl. insoweit auch IDW PH 9.960.3, RN. 4 „[...] Darüber hinaus muss der Wirtschaftsprüfer in ausreichendem Umfang mit der Geschäftstätigkeit der, den angewandten Rechnungslegungsgrundsätzen sowie den Ausweis-, Bilanzierungs- und Bewertungsmethoden des Unternehmens, [...], vertraut sein. Üblicherweise werden diese Kenntnisse dadurch gewonnen, dass der Wirtschaftsprüfer den letzten historischen (Zwischen-)Abschluss geprüft oder prüferisch durchgesehen hat."
268 Vgl. *Fölsing*, WP Praxis 2014, 195, 197.
269 Siehe *Schnorbus* WM 2009, 249, 253.
270 Begr. RegE 3. FMFG, BT-Drucks. 13/8933, S. 54, 77; *Bosch*, in: Bosch/Groß, Emissionsgeschäft, Rn. 10/142; *Grundmann/Selbherr*, WM 1996, 985, 990; *Sittmann*, NZG 1998, 490, 491.
271 Vgl. *Groß*, Kapitalmarktrecht, § 21 WpPG Rn. 85 m.w.N.

II. Rechtsfolgen

1. Inhalt der Haftung

a) Anspruch des Inhabers, § 21 Abs. 1 Satz 1 und 2

106 Gem. § 21 Abs. 1 Satz 1 und 2 umfasst der Prospekthaftungsanspruch die **Erstattung des Erwerbspreises** – begrenzt auf den ersten Ausgabepreis – und die üblichen Kosten des Erwerbs (Erwerbsnebenkosten) Zug-um-Zug gegen Rückgabe der Wertpapiere.

107 Die Obergrenze des **ersten Ausgabepreises** ergibt sich aus der Veröffentlichung der Preisfestsetzung. Bei variablen Ausgabepreisen (z.B. bei Daueremissionen) kommt es nur auf den anfänglichen Preis an, denn nur dieser wurde anhand des (fehlerhaften) Prospekts ermittelt.[272] Spätere Änderungen sind nicht mehr nur durch den Inhalt des Prospekts, sondern auch durch Faktoren beeinflusst worden, die nicht im Einflussbereich der Prospektverantwortlichen liegen und über die der Prospekt möglicherweise auch keine Aussagen treffen wollte.[273] Nachfolgende Veränderungen des Preises sind somit keine (alleinige) Folge des Prospekts und sollen die Prospektverantwortlichen nicht unangemessen belasten.

108 Ist kein Ausgabepreis festgelegt, gilt als Ausgabepreis der erste nach Einführung der Wertpapiere festgestellte oder gebildete Börsenpreis, im Falle gleichzeitiger Feststellung oder Bildung an mehreren inländischen Börsen der höchste erste Börsenpreis, § 21 Abs. 1 Satz 2.

109 Ist der Erwerber noch Inhaber der Wertpapiere, so ist der Haftende zur Erstattung des Erwerbspreises nur Zug um Zug gegen **Rückgabe der Wertpapiere** verpflichtet. Diese Rückgewährpflicht entfällt nicht durch Insolvenz des Haftenden.[274]

b) Anspruch des früheren Inhabers bei zwischenzeitlicher Veräußerung, § 21 Abs. 2

110 Wurden die Wertpapiere veräußert, kann der frühere Inhaber gem. § 21 Abs. 2 den **Unterschiedsbetrag** zwischen dem durch den Ausgabepreis begrenzten Erwerbspreis und dem Veräußerungspreis, zuzüglich der Veräußerungskosten (für beide Transaktionen) verlangen.

111 Nach früherer Rechtslage war es für die Geltendmachung des Anspruchs erforderlich, dass der Anleger noch Eigentümer der Wertpapiere war. Wer also aufgrund sinkender Kurse die Wertpapiere weiterkaufte, um einen möglichen Schaden so gering wie möglich zu halten, hatte keinen Anspruch auf Ausgleich des Verlustes. Durch das Dritte Finanzmarktförderungsgesetz wurde diese Lücke geschlossen.[275]

112 Grundsätzlich ist der **Veräußerungspreis** der tatsächlich erzielte Veräußerungserlös. Veräußert ein Ersatzberechtigter Wertpapiere allerdings unter dem erzielbaren Börsenpreis, orientiert sich der Veräußerungspreis am erzielbaren Verkaufspreis und nicht am tatsäch-

---

272 Begr. RegE 3. FMFG, BT-Drucks. 13/8933, S. 54, 78.
273 Begr. RegE 3. FMFG, BT-Drucks. 13/8933, S. 54, 78.
274 *Pankoke*, in: Just/Voß/Ritz/Zeising, WpPG, §§ 44 BörsG, 13 VerkProspG Rn. 65.
275 Begr. RegE 3. FMFG, BT-Drucks. 13/8933, S. 54, 55.

lich erzielten Veräußerungserlös.[276] Andernfalls läge hierin ein Verstoß gegen die Schadensminderungspflicht gem. § 254 BGB.[277]

Derjenige, der die (streitgegenständlichen) Wertpapiere nicht veräußert, sondern, etwa im Wege einer **Schenkung** unentgeltlich übertragen hat, kann nach zutreffender Ansicht nicht den vollständigen Erwerbspreis ersetzt verlangen, sondern ist auf die Differenz zwischen Erwerbspreis und Börsenpreis am Tag der Schenkung verwiesen.[278] Der Beschenkte selbst hat keinen Prospekthaftungsanspruch (vgl. Rn. 27). 113

Die offene Position der Prospektverantwortlichen insgesamt ist trotz der Begrenzung des Schadensersatzanspruches auf den ersten Ausgabepreis dabei nicht zwingend auf die Höhe des Emissionserlöses beschränkt. Sofern der Kurs der Wertpapiere im Zeitraum zwischen Prospektveröffentlichung und Bekanntwerden des Prospektfehlers volatil ist, aber nicht über den ersten Ausgabepreis steigt, kann eine **Kette mehrerer Verkäufe** – anders als im Falle eines linearen Kursrückgangs – in der Gesamtsumme zu Schadensersatzansprüchen der Anleger führen, die den Emissionserlös übersteigen.[279] In einem solchen Szenario könnte dem Prospektverantwortlichen aber unter Umständen der Einwand leichter fallen, dass die Kursveränderungen und damit die den Emissionserlös übersteigenden Verluste der Anleger nicht auf die unvollständigen oder unrichtigen Prospektangaben, sondern auf die Volatilität des Marktes zurückzuführen sind (§ 23 Abs. 2 Nr. 2). 114

c) Mitverschulden

Ein mögliches Mitverschulden des Anspruchsstellers kommt nach allgemeinen zivilrechtlichen Grundsätzen (§ 254 BGB) anspruchsmindernd in Betracht. Dies kann jedoch nicht bereits dann angenommen werden, wenn es sich bei der Anlage um ein erkennbar risikoreiches oder spekulatives Geschäft gehandelt hat. 115

---

276 *Groß*, Kapitalmarktrecht, § 21 WpPG Rn. 87.
277 Begr. RegE 3. FMFG, BT-Drucks. 13/8933, S. 54, 79.
278 *Schwark*, in: Schwark/Zimmer, KMRK, §§ 44, 45 BörsG Rn. 40; *Wackerbarth*, in: Holzborn, WpPG, §§ 21–23 Rn. 110; *Assmann*, in: Assmann/Schütze, Hdb. des Kapitalanlagerechts, § 6 Rn. 253; *Pankoke*, in: Just/Voß/Ritz/Zeising, WpPG, §§ 44 BörsG, 13 VerkProspG Rn. 73; *Groß*, Kapitalmarktrecht, § 21 WpPG Rn. 87; *Mülbert/Steup*, in: Habersack/Mülbert/Schlitt, Unternehmensfinanzierung am Kapitalmarkt, § 41 Rn. 134.
279 Die Verfasser danken Herrn *Prof. Dr. jur. Lars Klöhn*, LL.M. (Harvard) für die fruchtbare Diskussion zu diesem Thema.
Folgendes Rechenbeispiel verdeutlicht diesen Fall:
FALL 1: Ausgabepreis € 50, folgend ein Kursanstieg auf € 60, nach Veröffentlichung des Prospektmangels ein (linearer) Kursverfall auf € 10. Folgende Verkäufe wurden getätigt: A an B für € 60, B an C für € 50, C an D für € 40, D an E für € 30, Veröffentlichung des Prospektmangels, E hält die Aktie und der Kurs sinkt auf € 10. Dann schulden die Prospektverantwortlichen: A und B: kein Schadensersatz, C und D: € 10, E: € 30 gegen Rückübertragung der Aktie, insgesamt: € 50.
FALL 2: Ausgabepreis € 50, folgend ein Kursanstieg auf € 60, nach Veröffentlichung des Prospektmangels ein Kursverfall auf € 10. Folgende Verkäufe wurden getätigt: A an B für € 60, B an C für € 50, C an D für € 40, Anstieg des Kurses auf € 45, D an E für € 45, E an F für € 30, Veröffentlichung des Prospektmangels, F hält die Aktie und der Kurs sinkt auf € 10. Dann schulden die Prospektverantwortlichen: A und B: keinen Schadensersatz, C: € 10, D: keinen Schadensersatz; E: € 15; F: € 30 gegen Rückübertragung der Aktie, insgesamt: € 55.

§ 21 Haftung bei fehlerhaftem Börsenzulassungsprospekt

116 Ebenso wenig trifft den Geschädigten die Obliegenheit, unverzüglich nach Kenntnis des Prospektmangels die Wertpapiere zu veräußern.[280] Der Geschädigte muss seine Ansprüche auch nicht unverzüglich anmelden,[281] da eine fehlende Anmeldung keine (Mit-)Ursache oder Risikoerhöhung für die Entstehung des Schadens darstellt. Der Schaden ist zu diesem Zeitpunkt bereits entstanden.[282]

d) Haftung als Gesamtschuldner

aa) Grundsatz

117 Gem. § 21 Abs. 1 Satz 1 haften die Prospektverantwortlichen (§ 21 Abs. 1 Satz 1 Nr. 1) und Prospektveranlasser (§ 21 Abs. 1 Satz 1 Nr. 2) im Außenverhältnis als Gesamtschuldner. Dies setzt jedoch voraus, dass den einzelnen Gesamtschuldner ein eigenes Verschulden trifft (§ 425 Abs. 2 BGB). Nimmt man entgegen der hier vertretenen Auffassung auch eine Expertenhaftung nach allgemeiner bürgerlich-rechtlicher Prospekthaftung an (vgl. Rn. 95 f.), ist eine Gesamtschuld auch zwischen dem Experten und den Prospektverantwortlichen nach WpPG anzunehmen.

bb) Freistellung der Emissionsbegleiter durch den Emittenten

118 Die Haftungsverteilung zwischen den einzelnen Gesamtschuldnern richtet sich grundsätzlich nach dem **Maß des individuellen Verschuldens**, sofern keine anderweitige Haftungsvereinbarung vorliegt (§ 426 Abs. 1 BGB). In der Praxis sieht der Übernahmevertrag zwischen dem Emittenten und den die Emission begleitenden Konsortialbanken regelmäßig eine umfängliche **Haftungsfreistellung** zugunsten der Banken vor, die der besonderen Verantwortung des Emittenten für die Richtigkeit und Vollständigkeit des Prospekts Rechnung trägt.[283] Der Emittent kennt sein eigenes Unternehmen wie kein Zweiter. Dieser Informationsvorsprung ist auch durch eine umfassende *Due Diligence* der Emissionsbegleiter nicht aufzuholen. Die Freistellung spiegelt auch die wirtschaftlichen Interessen der an der Emission beteiligten Parteien: So fließen dem Emittenten zum weit überwiegenden Teil die Vorteile aus der Emission zu, während die Konsortialbanken nur einen verhältnismäßig geringen Anteil in Form ihrer Provision erhalten.[284] Da sich eine solche Vereinbarung im Innenverhältnis zwischen Emittent und Banken gegenüber den Anlegern nicht auswirkt, ist sie aus Anlegerschutzgesichtspunkten nicht zu beanstanden. Mit der ganz h. M. ist auch ein Verstoß der entsprechenden Freistellungsvereinbarung gegen §§ 57, 71 ff. AktG abzulehnen (vgl. dazu auch unten Rn. 121).[285]

---

280 *Schwark*, in: Schwark/Zimmer, KMRK, §§ 44, 45 BörsG Rn. 73; *Wackerbarth*, in: Holzborn, WpPG, §§ 21–23 Rn. 113; *Assmann*, in: Assmann/Schütze, Hdb. des Kapitalanlagerechts, § 6 Rn. 253; *Pankoke*, in: Just/Voß/Ritz/Zeising, WpPG, §§ 44 BörsG, 13 VerkProspG Rn. 72.
281 Näher *Wackerbarth*, in: Holzborn, WpPG, §§ 21–23 Rn. 113.
282 So auch *Schwark*, in: Schwark/Zimmer, KMRK, §§ 44, 45 BörsG Rn. 72.
283 *Haag*, in: Habersack/Mülbert/Schlitt, Unternehmensfinanzierung am Kapitalmarkt, § 29 Rn. 57 ff.; *Singhof*, in: MünchKomm-HGB, Bd. 6, Emissionsgeschäft, Rn. 182.
284 *Singhof*, in: MünchKomm-HGB, Bd. 6, Emissionsgeschäft, Rn. 182; *Diekmann*, in: Habersack/Mülbert/Schlitt, Unternehmensfinanzierung am Kapitalmarkt, § 31 Rn. 73 ff. für Freistellungen bei Anleiheemissionen.
285 Vgl. dazu ausführlich *Groß*, Kapitalmarktrecht, § 21 WpPG Rn. 17 ff.; *Singhof*, in: MünchKomm-HGB, Bd. 6, Emissionsgeschäft, Rn. 182 f.

cc) Freistellung des Emittenten durch einen (Groß-)Aktionär

Von der Freistellung der Konsortialbanken durch den Emittenten ist die Frage zu unterscheiden, ob der Emittent seinerseits im Innenverhältnis von seinem (Groß-)Aktionär (teilweise) von Prospekthaftungsrisiken freigestellt werden muss, wenn Gegenstand der Platzierung (auch) Aktien aus dem Bestand jenes Aktionärs sind.[286] Hierzu hat der BGH festgestellt, dass mit der Übernahme des Prospekthaftungsrisikos durch die Gesellschaft bei der Platzierung von Altaktien an der Börse **entgegen § 57 Abs. 1 Satz 1 AktG** Einlagen an den Altaktionär zurückgewährt werden, wenn dieser die Gesellschaft nicht seinerseits von der Prospekthaftung freistellt.[287] Dem BGH zufolge stellt die gesetzlich angeordnete oder freiwillig übernommene Haftung für ein Risiko, das wirtschaftlich einen anderen trifft, nach wirtschaftlicher Betrachtung eine Leistung an diesen dar.[288] Für die Frage, wie diese Leistung ausgeglichen und damit ein Verstoß gegen § 57 AktG abgewendet werden kann, sei maßgeblich auf eine **bilanzielle Betrachtungsweise** abzustellen. Diese stützt der BGH auf den Wortlaut von § 57 Abs. 1 Satz 3 AktG in der Fassung des MoMiG[289] („Deckung durch einen vollwertigen Gegenleistungs- oder Rückgewähranspruch"). Einen Ausgleich des von der Gesellschaft übernommenen Prospekthaftungsrisikos könne demnach allein durch „konkrete, bilanziell messbare Vorteile" erfolgen. Das Eigeninteresse der Gesellschaft an der Platzierung der Altaktien oder nicht bezifferbare Vorteile bildeten demgegenüber keine ausreichende Kompensation.[290]

119

In dem der BGH-Entscheidung zugrunde liegenden Fall ging es um eine **reine Umplatzierung** bestehender Aktien. Wie die in der Praxis gerade bei Börsengängen häufigeren gemischten Platzierungen, bei denen neben neuen Aktien aus einer Kapitalerhöhung des Emittenten auch Aktien aus dem Bestand eines oder mehrerer Altaktionäre platziert werden, zu behandeln sind, hat der BGH nicht entschieden. Die wohl h.M. geht richtigerweise davon aus, dass bei **gemischten Platzierungen** die Gesellschaft von einem veräußernden Aktionär auch **nur entsprechend seiner Platzierungsquote anteilig freizustellen** ist.[291] Bei einem Börsengang ohne Umplatzierungskomponente, das heißt einer reinen Platzierung neuer Aktien, ist eine Freistellung durch den Aktionär freilich nicht geboten. Insbesondere ist die Zulassung (auch) der Aktien des Aktionärs nicht als Leistung der Gesellschaft an den Aktionär anzusehen. Die Gesellschaft erfüllt in diesem Fall lediglich ihre in § 7 BörsZulVO geregelte Pflicht, sämtliche Aktien einer Gattung zum Börsenhandel zuzu-

120

---

286 Vgl. ausführlich *Groß*, Kapitalmarktrecht, § 21 WpPG Rn. 22 ff. m.w.N.; *Fleischer* ZIP 2007, 1969, 1973 f.; Arbeitskreis zum Deutsche Telekom III-Urteil des BGH, CFL 2011, 377; *Krämer/Gillessen/Kiefner*, CFL 2011, 328; *Singhof*, in: MünchKomm-HGB, Bd. 6, Emissionsgeschäft, Rn. 184 ff.
287 BGH, 31.5.2011 – II ZR 141/09, NJW 2011, 2719 („Telekom III").
288 BGH, 31.5.2011 – II ZR 141/09, NJW 2011, 2719, 2720, Rn. 16 („Telekom III").
289 Gesetz zur Modernisierung des GmbH-Rechts und zur Bekämpfung von Missbräuchen v. 23.10.2008, BGBl. I, S. 2026.
290 BGH, 31.5.2011 – II ZR 141/09, NJW 2011, 2719, 2721 f. („Telekom III").
291 *Groß*, Kapitalmarktrecht, § 21 WpPG Rn. 22d; *Arnold/Aubel*, ZGR 2012, 113, 144 f.; *Fleischer/Thaten*, NZG 2011, 1081, 1084; *Krämer/Gillessen/Kiefner*, CFL 2011, 328, 334 ff.; *Singhof*, in: MünchKomm-HGB, Bd. 6, Emissionsgeschäft, Rn. 185; ausführlich Arbeitskreis zum „Deutsche Telekom III-Urteil" des BGH, CFL 2011, 377, 378 ff.; vgl. zu den Konsequenzen für die *Legal Opinion* Praxis bei möglicherweise dem Anwendungsbereich des Telekom III-Urteils unterfallenden Transaktionen *Seiler*, in: Habersack/Mülbert/Schlitt, Unternehmensfinanzierung am Kapitalmarkt, § 35 Rn. 43 m.w.N.

lassen.²⁹² Gleiches gilt für die Börsenzulassung von Aktien aus einer Sachkapitalerhöhung, die als Gegenleistung für den Erwerb eines Vermögensgegenstands ausgegeben werden.

2. Prospekthaftung und Einlagenrückgewähr

121 Nach zutreffender h.M. handelt es sich bei der Prospekthaftung um eine kraft Gesetzes entstehende **Vertrauenshaftung**.²⁹³ Gegenüber dem Grundsatz der Vermögensbindung nach § 57 AktG und den Vorschriften über den Erwerb eigener Aktien (§§ 71 ff. AktG) ist sie **als spezielleres** – und jedenfalls seit der grundlegenden Reformierung durch das Dritte Finanzmarktförderungsgesetz – jüngeres **Recht vorrangig**.²⁹⁴ Die Regierungsbegründung zum Dritten Finanzmarktförderungsgesetz stellt insoweit zutreffend fest, dass sich eine Aktiengesellschaft „gegenüber dem Anspruchsteller nicht auf die aktienrechtlichen Verbote der Einlagenrückgewähr gem. § 57 Abs. 1 Satz 1 und des Verbots des Erwerbs eigener Aktien gem. §§ 71 ff. AktG berufen" kann, da die Prospekthaftungsbestimmungen als „abschließende Spezialregelungen [...] den soeben erwähnten allgemeinen Grundsätzen vorgehen".²⁹⁵

122 Nach vermittelnden Auffassungen ist die Prospekthaftung auf das freie Vermögen zu beschränken²⁹⁶ oder ein Rangrücktritt von Prospekthaftungsansprüchen in der Insolvenz anzunehmen.²⁹⁷ Für derartige Beschränkungen besteht indessen kein Anlass. Anerkannt ist, dass Aktionäre bei der Verletzung von Publizitätspflichten nicht schlechter zu stellen sind als andere Gläubiger von Deliktsansprüchen, die mit dem Emittenten nicht gesellschaftsrechtlich verbunden sind.²⁹⁸ Auch mit Blick auf die **Vorgaben der EU-Prospektrichtlinie** sollte grundsätzlich von einem Vorrang des Anlegerschutzes ausgegangen werden. Schließlich wäre auch eine durch die Kapitalerhaltung veranlasste gesetzliche Befreiung des Emittenten von der Prospekthaftung nicht mit Art. 6 Abs. 2 der EU-Prospektrichtlinie zu vereinbaren.²⁹⁹

---

292 So auch *Groß*, Kapitalmarktrecht, § 21 WpPG Rn. 22 ff.; Arbeitskreis zum Deutsche Telekom III-Urteil des BGH, CFL 2011, 377.
293 BGH, 31.5.2011 – II ZR 141/09, NJW 2011, 2719, 2720 („Telekom III"); *Singhof*, in: Münch-Komm-HGB, Bd. 6, Emissionsgeschäft, Rn. 271; *Groß*, Kapitalmarktrecht, § 21 WpPG Rn. 9; *Schwark*, in: Schwark/Zimmer, KMRK, §§ 44, 45 BörsG Rn. 6.
294 So die heute ganz h.M., vgl. ausführlich zum Verhältnis von Prospekthaftung und Einlagenrückgewähr unter Nennung der einzelnen Mindermeinung *Groß*, Kapitalmarktrecht, § 21 WpPG Rn. 10 ff.; *Singhof*, in: MünchKomm-HGB, Bd. 6, Emissionsgeschäft, Rn. 182; wie hier auch *Schäfer*, ZGR 2006, 40, 56 f.; *Langenbucher*, ZIP 2005, 239.
295 Begr. RegE 3. FMFG, BT-Drucks. 13/8933, S. 54, 78, wobei zu Recht darauf hingewiesen wurde, dass eine entsprechende Klarstellung in § 57 AktG wünschenswert gewesen wäre, vgl. *Groß*, Kapitalmarktrecht, § 21 WpPG Rn. 14.
296 Statt anderer *Bayer*, in: MünchKomm-AktG, § 57 Rn. 24.
297 *Langenbucher*, ZIP 2005, 239.
298 BGH, 9.5.2005 – II ZR 287/02, NJW 2005, 2450, 2452 („EM.TV"); zustimmend *Oulds*, in: Kümpel/Wittig, Bank- und Kapitalmarktrecht, Rn. 15.230.
299 *Groß*, Kapitalmarktrecht, § 21 WpPG Rn. 10; *Mülbert/Steup*, in: Habersack/Mülbert/Schlitt, Unternehmensfinanzierung am Kapitalmarkt, § 41 Rn. 7.

3. Darlegungs- und Beweislast

Nach dem allgemeinen Grundsatz, dass die Parteien für die für sie günstigen Tatsachen darlegungs- und beweisbelastet sind, hat der Anleger als Anspruchsgläubiger sowohl die **Unrichtigkeit** oder die Unvollständigkeit des Prospekts, den Erwerb durch ein Inlandsgeschäft nach der Prospektveröffentlichung, sowie den Erwerbspreis bzw. gegebenenfalls den Unterschiedsbetrag zwischen Erwerbspreis oder Ausgabepreis und Veräußerungspreis zu beweisen.

123

Aus § 23 ergibt sich dagegen, dass der Haftungsverpflichtete die Tatsachen für eine fehlende Kausalität sowie das fehlende Verschulden darzulegen und zu beweisen hat.[300] Das Verschulden wird insoweit also, ebenso wie die Kausalität bei Vorliegen eines Prospekts, vermutet (Anscheinsbeweis).[301] Vgl. im Einzelnen § 23 Rn. 47.

124

4. Verjährung

Die Verjährung von Prospekthaftungsansprüchen richtet sich nach den Verjährungsvorschriften der §§ 195, 199 BGB. Die Sonderverjährungsvorschrift des § 46 BörsG a. F. wurde von der Verschiebung der Prospekthaftungstatbestände aus dem VermAnlG und dem BörsG in das WpPG nicht erfasst. Ebensowenig hat der Gesetzgeber eine neue Sonderverjährung eingeführt. Somit verjähren die Prospekthaftungsansprüche gem. §§ 21 ff. gem. § 195 BGB **in drei Jahren**. Die Verjährung beginnt nach § 199 Abs. 1 BGB mit Schluss des Jahres, in dem **der Anspruch entstanden ist** und der Gläubiger von den Anspruch begründenden Umständen (und der Person des Schuldners) Kenntnis erlangt oder ohne grobe Fahrlässigkeit erlangen müsste. Ohne Rücksicht auf die Kenntnis oder grob fahrlässige Unkenntnis verjähren diese Ansprüche spätestens in **zehn Jahren von ihrer Entstehung** an (§ 199 Abs. 3 BGB).

125

Die **Änderung der Verjährung** für Prospekthaftungsansprüche ist **nicht überzeugend**. Die frühere Sonderverjährungsvorschrift hatte sich seit ihrer Einführung durch 3. Finanzmarktförderungsgesetz und insbesondere der Änderung durch das 4. Finanzmarktförderungsgesetz (Verlängerung der kenntnisabhängigen Verjährungsfrist von ursprünglich sechs Monaten auf ein Jahr) in der Praxis bewährt. Ihre Einführung wurde seinerzeit wie folgt begründet: (i) „Schnelligkeit des heutigen Geschäftsverkehrs gerade im Wertpapierbereich", (ii) Zumutbarkeit der gerichtlichen Geltendmachung von Ansprüchen innerhalb der vorgesehenen Fristen und (iii) Förderung von Risikokapital durch Begrenzung der Risiken im Rahmen der Prospekthaftung.[302] Dass diese Begründung tragfähig ist, hatte der Gesetzgeber aufgrund einer Anregung des Bundesrats im Gesetzgebungsverfahren zum Gesetz über Schuldverschreibungen aus Gesamtemissionen (SchVG) erst kurz vor der Änderung im April 2009 bestätigt.[303] Zu Recht wurde dabei auch hervorgehoben, dass die Ver-

126

---

300 Vgl. *Groß*, Kapitalmarktrecht, § 21 WpPG Rn. 88.
301 Zur fehlerhaften Anlageberatung etwa BGH, 8.5.2012 – XI ZR 262/10, BGHZ 193, 159, 159.
302 Vgl. BT-Drucks. 13/8933, S. 81.
303 Die Stellungnahme der damaligen Bundesregierung hielt dazu fest: „Die besonderen kapitalmarktrechtlichen Verjährungsvorschriften wurden im Rahmen der Erarbeitung des Gesetzesentwurfs bereits eingehend geprüft. Die Bundesregierung hält die kurze Verjährungsfrist nach § 46 BörsG nach wie vor für gerechtfertigt, da es hier nach § 45 BörsG sehr weitreichende Beweiserleichterungen für den Anspruchsteller gibt. Dadurch wird im Vergleich zu anderen Haftungs-

jährungsfrist nicht isoliert gesehen werden darf, sondern der enge Zusammenhang mit der Beweislastregel des § 45 BörsG a. F. (jetzt § 23) berücksichtigt werden muss. Sämtliche dort enthaltenen haftungsausschließenden Tatbestände sind dadurch gekennzeichnet, dass die Darlegungs- und Beweislast dem Haftungsadressaten obliegt. Diese Möglichkeit der Exkulpation dürfte unter der jetzt geltenden 10-jährigen Höchstfrist für die Verjährung weitgehend leerlaufen. Sie stellt die Gerichte im Übrigen ganz grundsätzlich vor die schwierige Aufgabe, sehr komplexe Sachverhalte beurteilen zu müssen, die viele Jahre zurückliegen. Unabhängig von der Gesetzesänderung handelt es sich bei Prospekthaftungsklagen um Großverfahren, die die Gerichte an die Grenze der Belastbarkeit führen. Es besteht daher Anlass zur Sorge, dass eine weitere Verlängerung der Verfahrensdauer tritt, die dem Anlegerschutz abträglich ist.[304]

127 Umstritten ist, wann der Prospekthaftungsanspruch entsteht. Nach einer Ansicht kommt es auf den Zeitpunkt an, zu dem eine konkrete Verschlechterung der Vermögenslage des Anlegers eintritt.[305] Dies ist abzulehnen, da der Schaden bereits im Erwerb von Wertpapieren zu sehen ist, für die aufgrund eines fehlerhaften Prospekts ein Preis gezahlt wurde, der nicht dem objektiven Preis entspricht. Bereits in diesem Moment entsteht damit dem Grunde nach auch der Prospekthaftungsanspruch, gerichtet auf die Rückgabe der Wertpapiere gegen Erstattung des Erwerbspreises. Es ist daher davon auszugehen, dass der **Prospekthaftungsanspruch mit dem Erwerb der Wertpapiere entsteht**.[306] Auf den Eintritt eines Schadens i. S. d. zu ersetzenden negativen Interesses kommt es dann nicht an. Der Anlageentschluss wird von der Fehlerhaftigkeit des Prospekts beeinflusst, ohne dass es entscheidend ist, ob und wann die Kapitalanlage später im Wert gefallen ist.[307] Der Schaden liegt insoweit in der Vertragseingehung.

128 Weiter kommt es für den Verjährungsbeginn darauf an, wann der Anspruchsteller von den Anspruch begründenden Umständen **Kenntnis erlangt** hat oder ohne grobe Fahrlässigkeit hätte erlangen müssen. Hierbei ist es nicht erforderlich, dass der Gläubiger den Vorgang rechtlich zutreffend beurteilt.[308]

129 **Grob fahrlässige Unkenntnis** liegt vor, wenn sich dem Gläubiger die Umstände förmlich aufdrängen und er leicht zugängliche Informationsquellen nicht nutzt.[309] Insoweit ist eine Informationsbeschaffungs- und Ermittlungsobliegenheit des Anlegers anzunehmen.[310]

---

grundlagen eine erhebliche Besserstellung des Anspruchstellers bewirkt, die in der Gesamtschau nur bei Beibehaltung der kurzen Verjährungsfrist gerechtfertigt erscheint." Vgl. BT-Drucks. 16/12814, S. 32.

304 Kritisch zur Dauer der Verjährungsfrist auch *Lorenz/Schönemann/Wolf*, CFL 2011, 346, 348 f.; *Wackerbarth*, in: Holzborn, WpPG, §§ 21–23 Rn. 126.
305 *Habersack*, in: Habersack/Mülbert/Schlitt, Hdb. der Kapitalmarktinformation, § 29 Rn. 55; unklar: *Wackerbarth*, in: Holzborn, WpPG, §§ 21–23, Rn. 126.
306 *Mülbert/Steup*, in: Habersack/Mülbert/Schlitt, Unternehmensfinanzierung am Kapitalmarkt, § 41 Rn. 147; *Lorenz/Schönemann/Wolf*, CFL 2011, 346 348; im Hinblick auf eine Haftung aus Anlageberatungsvertrag: BGH, 19.7.2004 – II ZR 354/02, WM 2004, 1823.
307 Im Zusammenhang mit einer Haftung aus Anlageberatungsvertrag: BGH, 8.7.2010 – III ZR 249/09, ZIP 2010, 1548; *Harnos*, ZBB 2015, 176, 178; *Möllers*, WM 2008, 93, 99.
308 *Leuering*, NJW 2012, 1905, 1906; *Ellenberger*, in: Palandt, BGB, § 199 Rn. 27.
309 Siehe auch *Leuering*, NJW 2012, 1905, 1906.
310 Im Zusammenhang mit der Haftung aus Anlageberatungsvertrag wird die Obliegenheit des Anlegers von der Rspr. nicht einheitlich beurteilt. Der BGH nimmt aber selbst dann keine grobe Fahrlässigkeit an, wenn ein Anleger den ihm zur Verfügung gestellten Prospekt nicht liest (BGH,

Dem Anleger liegt mit dem Prospekt eine entsprechende Informationsquelle vor. Erfährt der Anleger von Umständen, die den Wert der Wertpapiere, die Gegenstand des Prospekts sind, beeinträchtigen, kann man von ihm verlangen, dass er den Prospekt auf seine Richtigkeit und Vollständigkeit hin prüft.[311]

Die entsprechende **Beweislast** für den Beginn und Ablauf der Verjährungsfrist trägt der Haftungsverpflichtete.[312] Der Nachweis der positiven Kenntnis beziehungsweise grobfahrlässigen Unkenntnis des Anspruchstellers kann dem Verpflichteten, abhängig u. a. vom Grad der Berichterstattung und Diskussion in der Presse über den (vermeintlichen) Prospektmangel unter Umständen schwerfallen. In solchen Fällen greift die absolute zehnjährige Verjährung des § 199 Abs. 3 Nr. 1 BGB ein.

130

Nach der Rechtsprechung des BGH[313] zur **Hemmung der Verjährung** gilt, dass die auf Veröffentlichung eines fehlerhaften Prospekts gestützte Schadensersatzklage die Verjährung nicht nur in Bezug auf Prospektfehler hemmt, die in der Klageschrift geltend gemacht worden sind, sondern auch für solche, die erst nach Klageerhebung in den Prozess eingeführt werden.[314] Dies begründet der BGH damit, dass Streitgegenstand einer Prospekthaftungsklage alle Ansprüche wegen Prospektfehlern ist, da es sich insoweit um einen einheitlichen Lebenssachverhalt handelt.[315] Die Hemmung durch Klageerhebung umfasst somit den prozessualen Anspruch als solchen und damit nicht nur einzelne materiell-rechtliche Ansprüche.

131

5. Konkurrenzen

Im Anwendungsbereich der spezialgesetzlichen Prospekthaftung ist die allgemeine bürgerlich-rechtliche Prospekthaftung ausgeschlossen (s. dazu § 25 Rn. 5 f.).

132

6. Gerichtliche Zuständigkeit

Die **sachliche Zuständigkeit** für Prospekthaftungsansprüche nach dem WpPG ergibt sich aus § 71 Abs. 2 Nr. 3 GVG. Hiernach ist das Landgericht unabhängig vom Streitwert für Ansprüche sachlich zuständig, die auf eine falsche, irreführende oder unterlassene öffentliche Kapitalmarktinformationen oder auf deren Verwendung oder auf die Unterlassung der gebotenen Aufklärung über die Fehlerhaftigkeit der Kapitalmarktinformation gestützt werden. Dabei sind Kapitalmarktinformationen gem. § 1 Abs. 1 Nr. 1 KapMuG in Verbindung mit § 1 Abs. 2 Satz 2 Nr. 1 insbesondere Prospekte nach dem WpPG. **Funktional** sind die Handelskammern nach § 95 Abs. 1 Nr. 6 GVG zuständig. Gem. § 32b Abs. 1 Nr. 1

133

8.7.2010 – III ZR 249/09, ZIP 2010; ebenso: OLG München v. 6.9.2006 – 20 U 2694/06, zitiert nach juris, Rn. 63; **a.A.**: OLG Frankfurt, 14.1.2008 – 18 U 28/07, OLGR 2008, 880, 881 f.). Allerdings wird diese auf nicht börsennotierte Produkte bezogene anlegerfreundliche Rspr. auf die Haftung für einen fehlerhaften Prospekt im Rahmen der spezialgesetzlichen Prospekthaftung nicht ohne Weiteres übertragbar sein.
311 *Leuering*, NJW 2012, 1905, 1906; als zu weitgehend kritisiert von *Wackerbarth*, in: Holzborn, WpPG, §§ 21–23, Rn. 126.
312 Vgl. nur *Assmann*, in: Assmann/Schütze, Hdb. des Kapitalanlagerechts, § 5 Rn. 202 m. w. N.
313 BGH, 21.10.2014 – XI ZB 12/12, NZG 2015, 20 f. („Telekom III").
314 BGH, 21.10.2014 – XI ZB 12/12, NZG 2015, 20, Leitsatz 6 („Telekom III").
315 BGH, 21.10.2014 – XI ZB 12/12, NZG 2015, 20, 26 Rn. 145 m. w. N. („Telekom III").

§ 21 Haftung bei fehlerhaftem Börsenzulassungsprospekt

ZPO liegt die ausschließliche **örtliche Zuständigkeit** für eine Prospekthaftungsklage gegen einen Emittenten mit Sitz im Inland bei dem Landgericht, in dessen Bezirk der Emittent seinen Sitz hat. Gem. § 32b Abs. 2 ZPO können Streitigkeiten auch bei bestimmten Landgerichten konzentriert werden. Diese Möglichkeit haben bislang Bayern (Landgerichte Augsburg, Landshut, München I und Nürnberg-Fürth),[316] Hessen (Landgericht Frankfurt am Main),[317] Nordrhein-Westfalen (Landgerichte Dortmund, Düsseldorf, und Köln)[318] und Thüringen (Landgericht Gera)[319] genutzt.[320]

7. Übergangsregelungen

134 Die Haftungsvorschriften der §§ 21 ff. WpPG traten mit Wirkung zum 1.6.2012 in Kraft. § 37 WpPG und § 52 BörsG enthielten Übergangsregelungen, die sich zwischenzeitlich erledigt haben.

135 Die Anwendung der §§ 44 ff. BörsG a.F. sowie §§ 13, 13a VerkProspG endete am 1.6. 2015, da die nach dem bisherigen Recht entstandenen Ansprüche einer maximalen Verjährungsfrist von drei Jahren unterlagen, die nunmehr ausgelaufen ist.[321] Sie bleiben freilich noch relevant für Ansprüche, deren Verjährung zum damaligen Zeitpunkt gehemmt war.

---

316 § 37 GZVJu Bayern vom 11.6.2012, GVBl. S. 295.
317 § 46 JuZuV Hessen vom 12.6.2013, GVBl. 2013, S. 386.
318 § 1 Konzentrations-VO – § 32b ZPO, KapMuG-NRW vom 16.11.2012, GVBl. S. 617.
319 § 5 Abs. 3 ThürGerZustVO vom 17.11.2012, GVBl. 2011, S. 511.
320 *Patzina*, in: MünchKomm-ZPO, § 32b Rn. 1; *Hüßtege*, in: Thomas/Putzo, ZPO, § 32b Rn. 11; *Pankoke*, in: Just/Voß/Ritz/Zeising, WpPG, Vor § 44 BörsG Rn. 28; *Wackerbarth*, in: Holzborn, WpPG, §§ 21–23 Rn. 116.
321 So auch *Mülbert/Steup*, Habersack/Mülbert/Schlitt, Unternehmensfinanzierung am Kapitalmarkt, § 41 Rn. 155.

§ 22 Haftung bei sonstigem fehlerhaften Prospekt

Sind in einem nach § 3 Absatz 1 Satz 1 veröffentlichten Prospekt, der nicht Grundlage für die Zulassung von Wertpapieren zum Handel an einer inländischen Börse ist, für die Beurteilung der Wertpapiere wesentliche Angaben unrichtig oder unvollständig, ist § 21 entsprechend anzuwenden mit der Maßgabe, dass

1. bei der Anwendung des § 21 Absatz 1 Satz 1 für die Bemessung des Zeitraums von sechs Monaten anstelle der Einführung der Wertpapiere der Zeitpunkt des ersten öffentlichen Angebots im Inland maßgeblich ist und
2. § 21 Absatz 3 auf diejenigen Emittenten mit Sitz im Ausland anzuwenden ist, deren Wertpapiere auch im Ausland öffentlich angeboten werden.

Übersicht

	Rn.		Rn.
I. Anwendungsbereich	1	a) § 22 Nr. 1	6
II. Haftung	4	b) § 22 Nr. 2	7
1. Verweisung auf § 21	4	3. Zeitlicher Anwendungsbereich	8
2. Abweichende Regelungen nach § 22 Nr. 1 und 2	5	4. Gerichtliche Zuständigkeit	9

I. Anwendungsbereich

§ 22 normiert eine Haftung für alle nach § 3 Abs. 1 Satz 1 veröffentlichten Prospekte, die nicht Grundlage für eine Börsenzulassung sind. Hierunter fallen sowohl **Prospekte für ein öffentliches Angebot** von Wertpapieren, soweit für diese eine Prospektpflicht gem. § 3 Abs. 1 Satz 1 besteht,[1] **freiwillige Prospekte** nach § 1 Abs. 3, als auch Prospekte, die ungeachtet bestehender Befreiungsmöglichkeiten nach § 3 Abs. 2, oder § 4 Abs. 1 freiwillig erstellt und gebilligt wurden.[2] Es kommt nicht darauf an, ob die Wertpapiere, auf die sich der Prospekt bezieht, zu einem früheren Zeitpunkt (auf Grundlage eines anderen Prospekts) zum Handel an einer inländischen Börse zugelassen wurden.[3] Der Anwendungsbereich der Norm hat sich damit gegenüber der Vorgängervorschrift des § 13 VerkprospG erweitert, da nunmehr zweifellos auch Prospekte umfasst sind, die sich auf ein öffentliches Angebot bereits börsennotierter Wertpapiere beziehen.[4]

1

Gegen die Einbeziehung eines nicht gebilligten aber gleichwohl veröffentlichten Prospekts spricht dagegen der Wortlaut des § 22.[5] Ein gem. § 3 Abs. 1 Satz 1 veröffentlichter Pros-

2

---

[1] Vgl. dazu § 21 Rn. 1 f.
[2] *Groß*, Kapitalmarktrecht, § 22 WpPG Rn. 1; *Mülbert/Steup*, in: Habersack/Mülbert/Schlitt, Unternehmensfinanzierung am Kapitalmarkt, § 41 Rn. 23.
[3] Begr. RegE Gesetz zur Novellierung des Finanzanlagenvermittler- und Vermögensanlagenrechts, BT-Drucks. 17/6051, S. 46.
[4] Vgl. Begr. RegE Gesetz zur Novellierung des Finanzanlagenvermittler- und Vermögensanlagenrechts, BT-Drucks. 17/6051, S. 46; siehe auch *Groß*, Kapitalmarktrecht, § 22 WpPG Rn. 1.
[5] *Groß*, Kapitalmarktrecht, § 22 WpPG Rn. 4; zu § 13 VerkProspG: *Assmann*, in: Assmann/Schlitt/von Kopp-Colomb, WpPG/VerkProspG, § 13 VerkProspG Rn. 16, § 13a VerkProspG Rn. 31 f.; *Kind*, in: Arndt/Voß, VerkProspG, § 13a Rn. 5.

§ 22 Haftung bei sonstigem fehlerhaften Prospekt

pekt muss den gesetzlichen Anforderungen des Wertpapierprospektgesetzes entsprechen und damit auch gebilligt sein. Daher ist ein nicht gebilligter und gleichwohl veröffentlichter Prospekt einem fehlenden Prospekt gleichzustellen und unterliegt der **Haftung nach § 24**, nicht nach § 22.[6]

3   Umstritten ist, ob Gleiches im Hinblick auf einen nach § 3 Abs. 1 Satz 1 veröffentlichten und gebilligten Prospekt gilt, wenn ein erneutes öffentliches Angebot nach Ablauf der Gültigkeitsdauer des Prospekts von 12 Monaten erfolgt.[7] Nach richtiger Ansicht greift auch hier § 24 und nicht § 22, da kein Prospekt i. S. d. § 3 Abs. 1 vorliegt (vgl. § 9 Rn. 23).

II. Haftung

1. Verweisung auf § 21

4   § 22 enthält eine **Rechtsgrundverweisung** auf § 21, so dass sich die Haftungsvoraussetzungen im Einzelnen aus § 21 ergeben.

2. Abweichende Regelungen nach § 22 Nr. 1 und 2

5   § 22 Nr. 1 und Nr. 2 tragen den **Besonderheiten** Rechnung, die sich aufgrund der Übertragung der Prospekthaftungsvorschriften für Börsenzulassungsprospekte auf (reine) Angebotsprospekte ergeben.

a) § 22 Nr. 1

6   § 22 Nr. 1 verschiebt den **Beginn der Sechsmonatsfrist** des § 21 Abs. 1 Satz 1 auf den **Zeitpunkt des erstmaligen öffentlichen Angebots**. Der Begriff des öffentlichen Angebots ist in § 2 Nr. 4 definiert. Ein öffentliches Angebot ist danach eine Mitteilung an das Publikum in jedweder Form und auf jedwede Art und Weise, die ausreichend Informationen über die Angebotsbedingungen und die anzubietenden Wertpapiere enthält, um einen Anleger in die Lage zu versetzen, über den Kauf oder die Zeichnung dieser Wertpapiere zu entscheiden (vgl. im Einzelnen § 2 Rn. 29 ff.). Maßgeblich für die Fristberechnung ist allein der Zeitpunkt des Abschlusses des Verpflichtungsgeschäfts. Die Erfüllung des Verpflichtungsgeschäfts ist dagegen nicht entscheidend.[8] Für das sogenannte Bookbuilding ergeben sich keine Besonderheiten (vgl. insofern auch § 21 Rn. 33).

---

6   Ebenso OLG München, 2.11.2011 – 20 U 289/11, BeckRS 2011, 25505, II.1; *Assmann*, in: Assmann/Schlitt/von Kopp-Colomb, WpPG/VerkProspG, § 13a VerkProspG Rn. 31 f.; *Pankoke*, in: Just/Voß/Ritz/Zeising, WpPG, § 13a VerkProspG Rn. 6; *Groß*, Kapitalmarktrecht, § 22 WpPG Rn. 4; die Anwendung von § 22 WpPG **dagegen** bejahend *Mülbert/Steup*, in: Habersack/Mülbert/Schlitt, Unternehmensfinanzierung am Kapitalmarkt, § 41 Rn. 23.
7   *Groß*, Kapitalmarktrecht, § 22 WpPG Rn. 4; *Pankoke*, in: Just/Voß/Ritz/Zeising, WpPG, § 13a VerkProspG Rn. 7.
8   RegE 3. FMFG, BT-Drucks. 13/8933, S. 77; *Groß*, Kapitalmarktrecht, § 21 WpPG Rn. 6; *Wackerbarth*, in: Holzborn, WpPG, §§ 21–23 Rn. 58.

b) § 22 Nr. 2

Grundlage für eine Prospekthaftung nach § 22 ist das öffentliche Angebot von Wertpapieren. § 22 Nr. 2 hebt daher hervor, dass im Rahmen des Haftungsausschlusses nach § 21 Abs. 3 nicht auf die Börsennotierung der ausländischen Wertpapiere abgestellt werden kann. Vielmehr ist auch insoweit das öffentliche Angebot ausschlaggebend. Wird dieses im Ausland vorgenommen, besteht ein Anspruch nach § 21 Abs. 1 nur, sofern die Wertpapiere aufgrund eines **im Inland abgeschlossenen Geschäfts** oder einer ganz oder teilweise im Inland erbrachten Wertpapierdienstleistung erworben wurden.[9]

7

3. Zeitlicher Anwendungsbereich

Auch im Rahmen des § 22 gelten die allgemeinen **Verjährungsvorschriften des BGB**. Diesbezüglich wird auf die Ausführungen zu § 21 verwiesen (s. dort Rn. 124).

8

4. Gerichtliche Zuständigkeit

Die örtliche Zuständigkeit ergibt sich aus § 32b ZPO, die sachliche Zuständigkeit des Landgerichts folgt aus § 71 Abs. 2 Nr. 3 GVG. Die Zuständigkeit der Kammer für Handelssachen ergibt sich aus § 95 Abs. 1 Nr. 6 GVG. Hinsichtlich weiterer Einzelheiten s. § 21 Rn. 131.

9

---

9 *Groß*, Kapitalmarktrecht, § 21 WpPG Rn. 7; *Denninger*, Grenzüberschreitende Prospekthaftung und Internationales Privatrecht, S. 75.

§ 23 Haftungsausschluss

(1) Nach den §§ 21 oder 22 kann nicht in Anspruch genommen werden, wer nachweist, dass er die Unrichtigkeit oder Unvollständigkeit der Angaben des Prospekts nicht gekannt hat und dass die Unkenntnis nicht auf grober Fahrlässigkeit beruht.

(2) Ein Anspruch nach den §§ 21 oder 22 besteht nicht, sofern
1. die Wertpapiere nicht auf Grund des Prospekts erworben wurden,
2. der Sachverhalt, über den unrichtige oder unvollständige Angaben im Prospekt enthalten sind, nicht zu einer Minderung des Börsenpreises der Wertpapiere beigetragen hat,
3. der Erwerber die Unrichtigkeit oder Unvollständigkeit der Angaben des Prospekts bei dem Erwerb kannte,
4. vor dem Abschluss des Erwerbsgeschäfts im Rahmen des Jahresabschlusses oder Zwischenberichts des Emittenten, einer Veröffentlichung nach § 15 des Wertpapierhandelsgesetzes oder einer vergleichbaren Bekanntmachung eine deutlich gestaltete Berichtigung der unrichtigen oder unvollständigen Angaben im Inland veröffentlicht wurde oder
5. er sich ausschließlich auf Grund von Angaben in der Zusammenfassung oder einer Übersetzung ergibt, es sei denn, die Zusammenfassung ist irreführend, unrichtig oder widersprüchlich, wenn sie zusammen mit den anderen Teilen des Prospekts gelesen wird, oder sie enthält, wenn sie zusammen mit den anderen Teilen des Prospekts gelesen wird, nicht alle gemäß § 5 Absatz 2 Satz 1 in Verbindung mit Absatz 2a erforderlichen Schlüsselinformationen.

Übersicht

	Rn.		Rn.
I. Einleitung	1	dd) Prospektveranlasser, insbes. (Groß-)Aktionäre	25
II. Verschulden, § 23 Abs. 1	3	III. Haftungsausschluss, § 23 Abs. 2	27
1. Allgemeines	3	1. Nachweis fehlender haftungsbegründender Kausalität, Abs. 2 Nr. 1	28
2. Vorsatz	5	2. Nachweis fehlender haftungsausfüllender Kausalität, Abs. 2 Nr. 2	33
3. Grob fahrlässige Unkenntnis	7	3. Mitverschulden, Abs. 2 Nr. 3	36
a) Grundsatz	7	4. Berichtigung, Abs. 2 Nr. 4	39
b) Sorgfaltsmaßstab bei Mitwirkung Dritter	10	5. Zusammenfassung, Abs. 2 Nr. 5	47
c) Haftungsmaßstab im Einzelnen	11	IV. Beweislast	49
aa) Emittenten	11		
bb) Emissionsbanken	13		
cc) Emissionskonsortium	23		

I. Einleitung

1   Bei § 23 handelt es sich um eine haftungsausschließende Norm. Die Prospekthaftung kann danach entweder aus subjektiven (fehlendes Verschulden, § 23 Abs. 1) oder objektiven Gründen (insbes. fehlende Kausalität, § 23 Abs. 2) ausgeschlossen sein. Dabei entlastet der Einwand mangelnden Verschuldens (Abs. 1) individuell nur denjenigen, der sich (erfolgreich) auf ihn beruft. Hingegen schließen die Einwendungen nach Abs. 2 eine Haftung

aller denkbaren Adressaten aus.[1] Die Norm entspricht im Wesentlichen § 45 BörsG a. F.

Allerdings hat der Gesetzgeber Umsetzung der Richtlinie 2010/73/EU und zur Änderung des Börsengesetzes[2] § 23 Abs. 2 Nr. 5 2. Halbs. angefügt, der auf entsprechende Änderungen in der Prospektrichtlinie zurückzuführen ist. Hiernach kommt eine Haftung für die Zusammenfassung ausnahmsweise auch dann in Betracht, wenn die Zusammenfassung in einer Gesamtschau mit den anderen Teilen des Prospekts nicht alle gemäß § 5 Abs. 2 Satz 1 in Verbindung mit Abs. 2a erforderlichen Schlüsselinformationen enthält.

II. Verschulden, § 23 Abs. 1

1. Allgemeines

Die Prospekthaftung ist eine Verschuldenshaftung. Denn nach § 23 Abs. 1 haftet nicht, wer nachweisen kann, dass er die Unrichtigkeit oder Unvollständigkeit der Prospektangaben nicht kannte und diese Unkenntnis auch nicht auf **Vorsatz** oder **grober Fahrlässigkeit** beruht. Vor Inkrafttreten des Dritten Finanzmarktförderungsgesetzes[3] hafteten die Prospektverantwortlichen dagegen auch für fahrlässige Unkenntnis. Die Milderung des Haftungsmaßstabs sollte ausweislich der Regierungsbegründung einen Ausgleich dafür gewähren, dass im Bereich der Prospekthaftung ein rechtsgeschäftlicher Kontakt zwischen dem Erwerber der Wertpapiere und den Prospektverantwortlichen nicht erforderlich ist. Eine Verschärfung dieses Haftungsmaßstabs würde – so die Befürchtung des Gesetzgebers – insbesondere bei den Emissionsbanken Zurückhaltung auslösen und so das mit der Neuregelung verfolgte Ziel der Förderung der Bereitschaft zur Unterstützung von Risikokapital gefährden.[4]

Die Haftung für fehlerhafte Prospektangaben setzt freilich keinen positiven Verschuldensnachweis voraus. § 23 Abs. 1 begründet vielmehr eine **Verschuldensvermutung**, die vom Anspruchsgegner im Einzelfall entkräftet werden kann („[…] *kann nicht in Anspruch genommen werden, wer nachweist, dass* […]"). Diese **Beweislastumkehr** beruht auf der Annahme, dass die zur Beurteilung maßgeblichen Informationen allein aus der Sphäre des Prospektverantwortlichen stammen und deshalb der Verschuldensnachweis für den Anleger praktisch kaum möglich ist (sog. Grundsätze über die Beweislastumkehr nach Gefahrenbereichen).[5] Dabei hat die Einrede des fehlenden Verschuldens bei mehreren zur Haftung verpflichteten Gesamtschuldnern gem. § 425 Abs. 2 BGB nur Wirkung für und gegen

---

1 *Pankoke*, in: Just/Ritz/Voß/Zeising, WpPG, § 45 BörsG Rn. 1.
2 BGBl. I 2012, S. 1375.
3 Ferner wurde im Hinblick auf den Verschuldensmaßstab zuvor danach unterschieden, ob der Prospekt unrichtige oder unvollständige Angaben enthielt. In der Rechtsprechung hatte diese Unterscheidung durch die „Gesamtbild-Formel" bereits vor der Gesetzesänderung durch das Dritte Finanzmarktförderungsgesetz an Bedeutung verloren, vgl. *Assmann*, in: Assmann/Schütze, Hdb. des Kapitalanlagerechts, § 5 Rn. 61, 143.
4 Begr. RegE 3. FMFG, BT-Drucks. 13/8933 S. 54, 80.
5 Begr. RegE 3. FMFG, BT-Drucks. 13/8933, S. 80; *Hamann*, in: Schäfer/Hamann, Kapitalmarktgesetze, §§ 44, 45 BörsG Rn. 211; *Müller*, § 23 WpPG Rn. 73.

§ 23   Haftungsausschluss

den Gesamtschuldner, der die Einrede geltend macht.[6] Folglich muss der einzelne Prospektverantwortliche zur Anspruchsabwehr die Verschuldensvermutung erschüttern.

2. Vorsatz

5   Entsprechend bürgerlich-rechtlichen Grundsätzen bedeutet *Vorsatz* das **Wissen und Wollen** des pflichtwidrigen Erfolgs.[7] Vorsätzlich handelt danach, wer einen widrigen Erfolg wissentlich und willentlich verwirklicht, obwohl ihm ein rechtmäßiges Handeln zugemutet werden kann. Demnach ist auch das Bewusstsein der Pflichtwidrigkeit oder des Unerlaubten erforderlich,[8] wobei es genügt, wenn der Handelnde mit der Möglichkeit des pflichtwidrigen Erfolgs rechnet und dessen Eintritt lediglich billigt.[9] Die Kenntnis von der Unrichtigkeit oder Unvollständigkeit der jeweiligen Prospektangaben verlangt damit sowohl Kenntnis der unrichtig dargestellten tatsächlichen Umstände als auch Kenntnis der Rechtspflicht zur richtigen Darstellung.[10] Handelt es sich beim Haftenden – wie regelmäßig – um eine juristische Person, werden dieser die Kenntnisse natürlicher Personen innerhalb ihrer Organisation grundsätzlich zugerechnet.[11]

6   Ein **Rechtsirrtum** dahingehend, dass der Inhalt des Prospekts fälschlicherweise für richtig gehalten wird, schließt ein Verschulden nur dann aus, wenn dieser Rechtsirrtum selbst unverschuldet war. Dies kann etwa der Fall sein, wenn auf höchstrichterliche Rechtsprechung, auf *Legal Opinions* oder *Disclosure Letters* namhafter Anwaltskanzleien in Bezug auf den Prospekt oder auf einen *Comfort Letter* des Wirtschaftsprüfers vertraut wird. Entscheidend ist, ob der Rechtsirrtum über den richtigen Inhalt des Prospekts unvermeidbar war. Die Haftenden müssen beweisen, dass sie bezüglich des Rechtsirrtums kein Verschulden trifft. Dabei lässt nach der Rechtsprechung des BGH das Bemühen, Angaben mit Hilfe eines Rechtsanwalts an die Anforderungen der Rechtsprechung anzupassen, den Vorsatz nicht entfallen, wenn dies nicht in der Absicht geschieht, Anleger sachgerecht aufzuklären, sondern lediglich dazu dient, Haftungsrisiken zu verringern.[12] Immer ist dabei auch zu bedenken, dass der Emittent in der Regel „am Nächsten dran" ist, während etwa der Emissionsbegleiter eher auf die Hinzuziehung von Experten angewiesen ist, vgl. dazu sogleich Rn. 11.

---

6 *Pankoke*, in: Just/Ritz/Voß/Zeising, WpPG, § 45 BörsG Rn. 20; *Schwark*, in: Schwark/Zimmer, KMRK, §§ 44, 45 BörsG Rn. 74.
7 BGH, 20.12.2011 – VI ZR 309/10, NJW-RR 2012, 404, 404.
8 Vgl. nur BGH, 20.12.2011 – VI ZR 309/10, NJW-RR 2012, 404, 404; *Grüneberg*, in: Palandt, BGB, § 276 Rn. 10, 11.
9 BGH, 8.2.1965 – III ZR 170/63, NJW 1965, 962, 963; *Assmann*, in: Assmann/Schütze, Hdb. des Kapitalanlagerechts, § 5 Rn. 180.
10 *Pankoke*, in: Just/Voß/Ritz/Zeising, WpPG, § 45 BörsG Rn. 3.
11 *Pankoke*, in: Just/Voß/Ritz/Zeising, WpPG, § 45 BörsG Rn. 4; *Groß*, Kapitalmarktrecht, § 21 WpPG Rn. 73.
12 BGH, 26.10.2004 – XI ZR 211/03, WM 2005, 27 f.; BGH, 22.11.2005 – XI ZR 76/05, WM 2006, 84; BGH, 18.9.2012 – XI ZR 344/11, NZG 2012, 1262, 1267 („Wohnungsbau Leipzig-West").

3. Grob fahrlässige Unkenntnis

a) Grundsatz

Die Unkenntnis eines Prospektmangels ist bei Zugrundelegung des allgemeinen zivilrechtlichen Beurteilungsmaßstabs grob fahrlässig, wenn die Haftungsadressaten die **erforderliche Sorgfalt in besonders schwerem Maße verletzt**, ganz naheliegende Überlegungen nicht angestellt und nicht beachtet haben, was im gegebenen Fall jedem hätte einleuchten müssen.[13] Grobe Fahrlässigkeit ist in diesem Sinne etwa dann anzunehmen, wenn ein Prospektverantwortlicher konkrete Anhaltspunkte für die Unrichtigkeit von Prospektangaben hatte oder Informationen vorlagen,[14] die Zweifel an der Richtigkeit der Angaben hätten wecken müssen,[15] ohne dass er diesen nachgegangen ist. In der Praxis wird dieser Sorgfaltsmaßstab häufig nahe an der einfachen Fahrlässigkeit der allgemeinen zivilrechtlichen Prospekthaftung liegen[16] und der Nachweis fehlenden Verschuldens dementsprechend schwer fallen.[17]

7

Bei der Beurteilung der groben Fahrlässigkeit sind auch subjektive Elemente wie der persönliche Kenntnisstand und die individuelle Fach- und Sachkunde sowie die jeweiligen Nachforschungsmöglichkeiten des in Anspruch Genommenen zu berücksichtigen.[18] Dies führt dazu, dass der Sorgfaltsmaßstab für alle Haftenden von Gesetzes wegen zwar gleich ausgestaltet ist, die **Beurteilung im Einzelfall** aber durchaus **unterschiedlich** ausfallen kann.[19] Da sich sowohl der Kenntnisstand als auch die Möglichkeiten der Informationsbeschaffung bei den verschiedenen Prospektverantwortlichen unterscheiden, ist auch ihr Verschulden jeweils einzeln zu beurteilen. Dabei gilt: Je näher der Haftungsadressat an den Prospektinformationen ist, desto höhere Sorgfaltspflichten sind in der Regel an ihn zu stellen.[20]

8

---

13 *Assmann*, in: Assmann/Schlitt/von Kopp-Colomb, WpPG/VerkProspG, § 13 VerkProspG Rn. 93; *Groß*, Kapitalmarktrecht, § 21 WpPG Rn. 75; *Schwark*, in: Schwark/Zimmer, KMRK, §§ 44, 45 BörsG Rn. 48; *Mülbert/Steup*, in: Habersack/Mülbert/Schlitt, Unternehmensfinanzierung am Kapitalmarkt, § 41 Rn. 105; *Habersack*, in: Habersack/Mülbert/Schlitt, Hdb. der Kapitalmarktinformation, § 29 Rn. 38.

14 RG, 9.10.1912 – II 106/12, RGZ 80, 196, 199; *Assmann*, in: Assmann/Schütze, Hdb. des Kapitalanlagerechts, § 5 Rn. 182.

15 *Assmann*, in: Assmann/Schütze, Hdb. des Kapitalanlagerechts, § 5 Rn. 182.

16 *Singhof*, in: MünchKomm-HGB, Bd. 6, Emissionsgeschäft, Rn. 280.

17 *Schäfer*, ZGR 2006, 40, 51; *Singhof*, in: MünchKomm-HGB, Bd. 6, Emissionsgeschäft, Rn. 280.

18 *Mülbert/Steup*, in: Habersack/Mülbert/Schlitt, Unternehmensfinanzierung am Kapitalmarkt, § 41 Rn. 105; *Assmann*, in: Assmann/Schlitt/von Kopp-Colomb, WpPG/VerkProspG, § 13 VerkProspG Rn. 93; *Groß*, Kapitalmarktrecht, § 21 WpPG Rn. 75; *Schwark*, in: Schwark/Zimmer, KMRK, §§ 44, 45 BörsG Rn. 48; *Singhof*, in: MünchKomm-HGB, Bd. 6, Emissionsgeschäft, Rn. 280.

19 Begr. RegE 3. FMFG, BT-Drucks. 13/8933, S. 80; *Wackerbarth*, in: Holzborn, WpPG, §§ 21–23 Rn. 91; *Holzborn/Foelsch*, NJW 2003, 932, 934.

20 Siehe auch *Mülbert/Steup*, in: Habersack/Mülbert/Schlitt, Unternehmensfinanzierung am Kapitalmarkt, § 41 Rn. 105, der davon spricht, dass die Anforderungen proportional mit der Nähe des Haftungsadressaten zur jeweiligen Information steigt; vgl. des Weiteren: *Habersack*, in: Habersack/Mülbert/Schlitt, Hdb. der Kapitalmarktinformation, § 29 Rn. 38; *Wackerbarth*, in: Holzborn, WpPG, §§ 21–23 Rn. 91; *Sittmann*, NZG 1998, 490, 494; *Schwark*, in: Schwark/Zimmer, KMRK, §§ 44, 45 BörsG Rn. 48; *Groß*, Kapitalmarktrecht, § 21 WpPG Rn. 76; *Hopt/Voigt*, in: Hopt/Voigt, Prospekt- und Kapitalmarktinformationshaftung, S. 86; *Hamann*, in: Schäfer/Hamann, Kapitalmarktgesetze, §§ 44, 45 BörsG Rn. 217.

§ 23   Haftungsausschluss

9   Bloß fahrlässige Unkenntnis der Prospektmängel führt nicht zu einer anteilsmäßigen Minderung des Prospekthaftungsanspruchs, sondern lässt den Anspruch gänzlich entfallen.[21]

b) Sorgfaltsmaßstab bei Mitwirkung Dritter

10   In der Praxis bedienen sich die Prospektverantwortlichen bei der Erstellung des Prospekts der Hilfe Dritter, wie etwa Sachverständigen oder Rechtsanwälten. Grundsätzlich entbindet dies die Prospektverantwortlichen freilich nicht von ihrer eigenen Verantwortung, zumal eine (ersatzweise) direkte Expertenhaftung *de lege lata* abzulehnen ist (s. dazu näher § 21 Rn. 95).

c) Haftungsmaßstab im Einzelnen

aa) Emittenten

11   Da der Emittent zugleich Gegenstand der Prospektdarstellung und **primärer Informationsschuldner** ist,[22] sind an ihn besonders hohe Sorgfaltsanforderungen zu stellen.[23] Er verfügt sowohl mit Blick auf die Geschäftstätigkeit und Risiken des Unternehmens als auch mit Blick auf die Branche, in der der Emittent tätig ist, über die **genauesten Kenntnisse**.[24] Ebenso ist er am besten in der Lage, die in seiner Bilanz vorhandenen Risiken zu beurteilen.[25] Aufgrund der geschilderten besonderen Sachnähe steht dem Emittenten der Entlastungsbeweis nach § 23 Abs. 1 zwar theoretisch zur Verfügung. Es sind indes kaum Fälle denkbar, in denen einem Emittenten der Nachweis fehlenden Verschuldens tatsächlich gelingen dürfte.[26]

12   Der Emittent ist dazu verpflichtet, die für einen vollständigen und richtigen Prospekt notwendigen **Informationen beizubringen**. Im Verhältnis zu den Emissionsbanken gilt dies auch unabhängig davon, ob zu diesen weitere geschäftliche Beziehungen, etwa aus einem Kreditgeschäft bestehen (vgl. auch Rn. 17). Er kann also aufgrund der bestehenden Vertraulichkeitsbereiche innerhalb der Bank und des Bankgeheimnisses im Verhältnis zu anderen Emissionsbanken nicht darauf vertrauen, dass bestimmte Informationen schon bei dem Kreditinstitut vorhanden sind. Entweder muss er die Informationen selbst in den Prospekt einarbeiten oder sich dabei – wie in aller Regel – der Unterstützung eines sachkundigen Dritten (fachlich qualifizierten Berufsträgers) bedienen.[27] Wird der Dritte allerdings

---

21   *Assmann*, in: Assmann/Schütze, Hdb. des Kapitalanlagerechts, § 5 Rn. 181.
22   *Habersack*, in: Habersack/Mülbert/Schlitt, Hdb. der Kapitalmarktinformation, § 29 Rn. 39; *Groß*, Kapitalmarktrecht, § 21 WpPG Rn. 77.
23   *Mülbert/Steup*, in: Habersack/Mülbert/Schlitt, Unternehmensfinanzierung am Kapitalmarkt, § 41 Rn. 106; *Ellenberger*, Prospekthaftung, S. 44; *Habersack*, in: Habersack/Mülbert/Schlitt, Hdb. der Kapitalmarktinformation, § 29 Rn. 39; *Groß*, Kapitalmarktrecht, § 21 WpPG Rn. 77; Begr. RegE 3. FMFG, BT-Drucks. 13/8033, S. 80; *Singhof*, in: MünchKomm-HGB, Bd. 6, Emissionsgeschäft, Rn. 280.
24   Vgl. nur *Groß*, Kapitalmarktrecht, § 21 WpPG Rn. 77.
25   *Mülbert/Steup*, in: Habersack/Mülbert/Schlitt, Unternehmensfinanzierung am Kapitalmarkt, § 41 Rn. 106.
26   *Groß*, Kapitalmarktrecht, § 21 WpPG Rn. 77; *Singhof*, in: MünchKomm-HGB, Bd. 6, Emissionsgeschäft, Rn. 280; *Fleischer*, Gutachten F zum 64. Deutschen Juristentag 2002, F 62, bezeichnet die Entlastungsmöglichkeit als *probatio diabolica*.
27   *Mülbert/Steup*, in: Habersack/Mülbert/Schlitt, Unternehmensfinanzierung am Kapitalmarkt, § 41 Rn. 106.

lediglich zur Vermeidung von Haftungsrisiken und nicht zur Aufklärung des Anlegerpublikums eingeschaltet, soll dies nach Ansicht des BGH nicht zur Entlastung des Emittenten führen (s. Rn. 6 oben). Dies befreit ihn nicht von der Pflicht, dem Berater alle Informationen zur Verfügung zu stellen, ihn durch die jeweils zuständigen Fachabteilungen zu unterstützen und den Prospektentwurf inhaltlich einer eingehenden sorgfältigen Prüfung zu unterziehen.

bb) Emissionsbanken

Im Gegensatz zum Emittenten kennen die die Emission begleitenden Emissionsbanken die den Prospektangaben zugrunde liegenden Informationen regelmäßig nicht aus eigener Anschauung.[28] Sie sind deshalb auf die Zulieferung der entsprechenden Informationen durch Dritte, insbesondere den Emittenten selbst, aber auch Wirtschaftsprüfer und sonstige Sachverständige, angewiesen.[29] Daher ist es angebracht, den Emissionsbanken **nur gestufte Prüfungs-, Kontroll- und Nachforschungspflichten** aufzuerlegen.[30] Fest steht insoweit, dass eine Emissionsbank sich nicht pauschal mit dem Hinweis im Prospekt, sie habe die Angaben des Emittenten ungeprüft übernommen, von der Haftung befreien kann.[31] Ihr obliegt zumindest eine **Plausibilitätskontrolle**. Eine darüber hinausgehende Prüfungs- und Nachforschungspflicht der Emissionsbanken ist nur dann anzunehmen, wenn konkrete Anhaltspunkte für die Unrichtigkeit oder Unvollständigkeit der den Emissionsbanken vorliegenden Informationen bestehen.[32] Derartige Anhaltspunkte können sich insbesondere aus eigenen Erkenntnissen (des für die Emissionsbegleitung zuständigen Bereichs, s. Rn. 17) oder aus negativen Werturteilen Dritter, z. B. aus Mitteilungen/Ratings von Rating-Agenturen oder Presseberichten, ergeben.[33] In solchen Fällen haben die Emissionsbanken nähere Auskünfte beim Emittenten einzuholen und in extremen Fällen unter Umständen sogar eine Unternehmensprüfung durch Dritte zu veranlassen.[34] Unterschieden werden kann zwischen den Angaben des Emittenten und Angaben Dritter.

13

---

28 *Singhof*, in: MünchKomm-HGB, Bd. 6, Emissionsgeschäft, Rn. 280.
29 *Mülbert/Steup*, in: Habersack/Mülbert/Schlitt, Unternehmensfinanzierung am Kapitalmarkt, § 41 Rn. 107.
30 *Singhof*, in: MünchKomm-HGB, Bd. 6, Emissionsgeschäft, Rn. 280; *Habersack*, in: Habersack/Mülbert/Schlitt, Hdb. der Kapitalmarktinformation, § 29 Rn. 40; *Wackerbarth*, in: Holzborn, WpPG, §§ 21–23 Rn. 93 f.; *Mülbert/Steup*, in: Habersack/Mülbert/Schlitt, Unternehmensfinanzierung am Kapitalmarkt, § 41 Rn. 107; *Schwark*, in: Schwark/Zimmer, KMRK, §§ 44, 45 BörsG Rn. 48.
31 OLG Frankfurt, 17.3.1999 – 21 U 260/97, NZG 1999, 1072, 1074 („MHM Mode"); *Mülbert/Steup*, in: Habersack/Mülbert/Schlitt, Unternehmensfinanzierung am Kapitalmarkt, § 41 Rn. 108; *Wackerbarth*, in: Holzborn, WpPG, §§ 21–23 Rn. 94.
32 Begr. RegE 3. FMFG, BT-Drucks. 13/8933, S. 80; *Groß*, Kapitalmarktrecht, § 21 WpPG Rn. 80; *Mülbert/Steup*, in: Habersack/Mülbert/Schlitt, Unternehmensfinanzierung am Kapitalmarkt, § 41 Rn. 109; *Assmann*, in: Assmann/Schütze, Hdb. des Kapitalanlagerechts, § 6 Rn. 239; *Singhof*, in: MünchKomm-HGB, Bd. 6, Emissionsgeschäft, Rn. 280.
33 Vgl. OLG Frankfurt, 1.2.1994 – 5 U 213/92, WM 1994, 291, 297; *Hamann*, in: Schäfer/Hamann, Kapitalmarktgesetze, §§ 44, 45 BörsG Rn. 226; *Groß*, Kapitalmarktrecht, § 21 WpPG Rn. 80.
34 *Mülbert/Steup*, in: Habersack/Mülbert/Schlitt, Unternehmensfinanzierung am Kapitalmarkt, § 41 Rn. 109; *Hamann*, in: Schäfer/Hamann, Kapitalmarktgesetze, §§ 44, 45 BörsG Rn. 224; *Singhof*, in: MünchKomm-HGB, Bd. 6, Emissionsgeschäft, Rn. 280.

§ 23 Haftungsausschluss

i. Angaben des Emittenten

14 Angaben des Emittenten haben die Emissionsbanken generell durch eigenes Fachpersonal (oder mit externer Unterstützung) auf ihre **Plausibilität und Widerspruchsfreiheit** hin zu prüfen.[35] Ein Fehlen personeller oder technischer Möglichkeiten entlastet die Emissionsbanken nicht.[36] Weitergehende Nachprüfungspflichten entstehen dann, wenn sich im Rahmen der Überprüfung **Anhaltspunkte** für eine Unrichtigkeit oder Unvollständigkeit ergeben. In diesem Fall müssen sich die Emissionsbanken um Klärung und Korrektur bemühen (s. bereits Rn. 14).

15 Zwar besteht keine allgemeine Pflicht der Emissionsbanken zur Durchführung einer eingehenden *Due Diligence* Prüfung.[37] Allerdings unterstützen angemessene Untersuchungen den in einem Prospekthaftungsprozess nach § 23 Abs. 1 gegebenenfalls zu führenden Entlastungsbeweis nachhaltig.[38] Die Durchführung einer *Due Diligence* Prüfung entspricht im Rahmen prospektpflichtiger Aktienemissionen auch der üblichen Marktpraxis,[39] und zwar keineswegs nur bei Transaktionen, die eine Platzierung im Ausland, insbesondere an institutionelle Anleger in den USA, vorsehen.[40] Neben der Durchsicht bestimmter, in der Regel vom Emittenten zur Verfügung gestellter Dokumente, der Befragung der Leitungsorgane und bestimmter (meist leitender) Mitarbeiter des Emittenten umfasst eine **Due Diligence Prüfung** auch die Abgabe entsprechender *Legal* und *Disclosure Opinions* durch die auf Seiten des Emittenten und der Emissionsbanken beteiligten Anwaltskanzleien sowie die Ausstellung von *Comfort Letters* durch den Abschlussprüfer des Emittenten. Mit Blick auf die insoweit etablierte Marktpraxis kann jedenfalls nicht ausgeschlossen werden, dass der Verzicht auf die entsprechenden Prüfungshandlungen von einem Gericht als Abweichung vom Marktstandard und damit als grob fahrlässiges Verhalten der Prospektverantwortlichen gewertet würde.

16 Umstritten ist, welche Informationen bei der Plausibilitätskontrolle durch die Emissionsbanken heranzuziehen sind.[41] Verfügt etwa ein Mitglied der Geschäftsleitung einer der Emissionsbanken aufgrund seiner Zugehörigkeit zum **Aufsichtsrat des Emittenten** über weitergehende Informationen, so dürfen diese Informationen der Emissionsbank nicht zugerechnet werden, da Aufsichtsratsmitglieder bereits aktienrechtlich zur Verschwiegenheit verpflichtet sind (§§ 116, 93 Abs. 1 Satz 2 AktG).[42] Bindet das Aufsichtsratsmitglied auch

---

[35] *Wackerbarth*, in: Holzborn, WpPG, §§ 21–23 Rn. 94; *Mülbert/Steup*, in: Habersack/Mülbert/Schlitt, Unternehmensfinanzierung am Kapitalmarkt, § 41 Rn. 110; *Hamann*, in: Schäfer/Hamann, Kapitalmarktgesetze, §§ 44, 45 BörsG Rn. 224 m. w. N.

[36] *Schwark*, in: Schwark/Zimmer, KMRK, §§ 44, 45 BörsG Rn. 48; *Mülbert/Steup*, in: Habersack/Mülbert/Schlitt, Unternehmensfinanzierung am Kapitalmarkt, § 41 Rn. 110; *Singhof*, in: MünchKomm-HGB, Bd. 6, Emissionsgeschäft, Rn. 280.

[37] Vgl. *Groß*, Kapitalmarktrecht, § 21 WpPG Rn. 82.

[38] *Singhof*, in: MünchKomm-HGB, Bd. 6, Emissionsgeschäft, Rn. 280.

[39] Siehe auch *Hamann*, in: Schäfer/Hamann, Kapitalmarktgesetze, §§ 44, 45 BörsG Rn. 223; *Nägele*, in: Habersack/Mülbert/Schlitt, Unternehmensfinanzierung am Kapitalmarkt, § 33 Rn. 1 f.; *Singhof*, in: MünchKomm-HGB, Bd. 6, Emissionsgeschäft, Rn. 280.

[40] *Singhof*, in: MünchKomm-HGB, Bd. 6, Emissionsgeschäft, Rn. 280.

[41] Zum Überblick siehe auch *Wackerbarth*, in: Holzborn, WpPG, §§ 21–23 Rn. 95.

[42] BGH, 26.4.2016 – XI ZR 108/15, WM 2016, 1031; *Mülbert/Steup*, in: Habersack/Mülbert/Schlitt, Unternehmensfinanzierung am Kapitalmarkt, § 41 Rn. 112; *Groß*, Kapitalmarktrecht, § 21 WpPG Rn. 79; *Schwark*, in: Schwark/Zimmer, KMRK, §§ 44, 45 BörsG Rn. 54; *Habersack*, in: Habersack/Mülbert/Schlitt, Hdb. der Kapitalmarktinformation, § 29 Rn. 40; *Assmann*, WM 1996, 1337,

andere Mitarbeiter der Emissionsbank bei der Wahrnehmung seiner Aufsichtsratstätigkeit ein, so hat es auch diese zur Verschwiegenheit zu verpflichten.[43]

Fraglich ist weiter, ob die Emissionsbanken Kenntnisse, die im Rahmen **sonstiger Geschäftsbeziehungen** mit dem Emittenten – etwa im Zusammenhang mit der Vergabe von Krediten oder der Beratung von Unternehmensübernahmen (M&A) – erlangt wurden, berücksichtigen muss oder darf. Teilweise wird vertreten, dass im Rahmen der Plausibilitätskontrolle von Prospektangaben sämtliche bei einer Emissionsbank vorhandenen Informationen zu berücksichtigen sind, auch wenn diese in verschiedenen Abteilungen der betreffenden Bank vorliegen.[44] Eine Ausnahme soll nach dieser Ansicht nur dann gelten, wenn im Einzelfall die interne Wissensweitergabe gegen das Gebot, Interessenskonflikte zu vermeiden (§ 33 Abs. 1 Nr. 2 WpHG), oder Insiderrecht (Art. 7 ff. MarktmissbrauchsVO) verstößt.[45] Das Bankgeheimnis entfalte jedenfalls seine Wirkung (nur) dahingehend, dass in der Außendarstellung, d. h. im Prospekt, die dem Bankgeheimnis unterliegenden Informationen nicht ohne Zustimmung des Emittenten verwendet werden dürfen.[46] Aufgrund der tatsächlichen und rechtlich erwünschten Trennung der verschiedenen Abteilungen in streng einzuhaltende Verantwortlichkeits- und **Vertraulichkeitsbereiche innerhalb eines Kreditinstituts** (*chinese walls*) ist diese Auffassung jedoch zu weitgehend. Die Informationsbarrieren dienen dem Schutz der geschäftspolitischen Unabhängigkeit der Geschäftsbereiche, dem Ausschluss von Interessenkonflikten zwischen Eigen- und Kundeninteressen unterschiedlicher Geschäftsbereiche innerhalb einer Universalbank und der Sicherstellung des Insiderhandelsverbots. Sie haben daher ganz grundsätzlich Vorrang und kommen nicht nur anlassbezogen im Einzelfall zu Anwendung. Die überzeugenderen Argumente sprechen dafür anzunehmen, dass sich eine Wissenszurechnung aufgrund des – auch intern geltenden – Bankgeheimnisses verbietet und Informationen im Innen- und Außenverhältnis nur mit Einverständnis des Emittenten weitergegeben werden dürfen.[47] Die Einwilligung des Emittenten zur Auswertung von Informationen aus anderen geschäftlichen Beziehungen zwischen den Parteien wird eine Emissionsbank allerdings nur bei Anhaltspunkten

---

1349; zu beachten ist ferner, dass ein Verstoß gegen das aktienrechtliche Verschwiegenheitsgebot nach § 404 AktG strafbewehrt ist; **a.A.** *Ellenberger*, Prospekthaftung, S. 55, der die Ansicht vertritt, dass es logisch ausgeschlossen sei, dass eine prospektpflichtige Angabe als vertraulich i. S. d. §§ 116, 93 AktG anzusehen ist.

43 *Groß*, Kapitalmarktrecht, § 21 WpPG Rn. 79; *Marsch-Barner*, in: Semler/v. Schenck, Arbeitshandbuch für Aufsichtsratsmitglieder, § 12 Rn. 47.

44 Vgl. *Mülbert/Steup*, in: Habersack/Mülbert/Schlitt, Unternehmensfinanzierung am Kapitalmarkt, § 41 Rn. 111; *Hamann*, in: Schäfer/Hamann, Kapitalmarktgesetze, §§ 44, 45 BörsG Rn. 238; *Hauptmann*, in: Vortmann, Prospekthaftung und Anlageberatung, § 3 Rn. 107; *Schwark*, in: Schwark/Zimmer, KMRK, §§ 44, 45 BörsG Rn. 53; *Wackerbarth*, in: Holzborn, WpPG, §§ 21–23 Rn. 95.

45 *Hamann*, in: Schäfer/Hamann, Kapitalmarktgesetze, §§ 44, 45 BörsG Rn. 238; *Schwark*, in: Schwark/Zimmer, KMRK, §§ 45, 45 BörsG Rn. 53; *Wackerbarth*, in: Holzborn, WpPG, §§ 21–23 Rn. 95; *Mülbert/Steup*, in: Habersack/Mülbert/Schlitt, Unternehmensfinanzierung am Kapitalmarkt, § 41 Rn. 111.

46 So *Mülbert/Steup*, in: Habersack/Mülbert/Schlitt, Unternehmensfinanzierung am Kapitalmarkt, § 41 Rn. 111.

47 *Groß*, Kapitalmarktrecht, § 21 WpPG Rn. 79; *Pankoke*, in: Just/Voß/Ritz/Zeising, WpPG, § 45 BörsG Rn. 5; *Singhof*, in: MünchKomm-HGB, Bd. 6, Emissionsgeschäft, Rn. 280; *Habersack*, in: Habersack/Mülbert/Schlitt, Hdb. der Kapitalmarktinformation, § 29 Rn. 40.

§ 23   Haftungsausschluss

für die Unrichtigkeit oder Unvollständigkeit des Prospekts einholen müssen.[48] Eine konkludente Einwilligung ist in der Mandatsvereinbarung nicht zu sehen, insbesondere, wenn wie üblich mehrere Emissionsbanken Partei dieser Vereinbarung sind. Umgekehrt darf die Emissionsbank aufgrund entsprechender vertraglicher Verpflichtung des Emittenten in der Mandatsvereinbarung zur umfassenden Information darauf vertrauen, dass sämtliche Informationen auch aus anderen Geschäftsbeziehungen mit der Bank im Rahmen einer *Due Diligence* Prüfung dem für die Emissionsbegleitung zuständigen Bereich und den externen Beratern (nochmals) durch den Emittenten zur Prüfung vorgelegt werden. Nichts anderes gälte, wenn die Emissionsbank keine solchen weiteren Geschäftsbeziehungen unterhält, für die wesentlichen Geschäftsbeziehungen zu anderen Kreditinstituten. Gerade in einem Emissionskonsortium ist damit sichergestellt, dass alle Mitglieder gleichermaßen mit den notwendigen Informationen versorgt werden, ohne dass ein Einzelnes verpflichtet wäre, von sich aus (routinemäßig) gesetzlich geforderte Vertraulichkeitsbereiche zu durchbrechen.

18   **Verweigert** der Emittent nach entsprechender Aufforderung die Zustimmung zur Offenlegung der betreffenden Informationen gegenüber der für die Prospekterstellung zuständigen Abteilung oder im Prospekt, entlastet dies die Emissionsbank (nach allen Ansichten) nicht. Vielmehr sollte dann notfalls zur Vermeidung von Haftungsrisiken die weitere Mitwirkung an der Emission abgelehnt werden.[49]

ii. Angaben Dritter

19   Bei der Erstellung des Prospekts sind in aller Regel **sachkundige Dritte** wie Rechtsberater, Abschlussprüfer und Sachverständige eingeschaltet.

20   Ein **sorgfaltswidriges Verhalten** der bei der Erstellung des Prospekts eingeschalteten sachkundigen Dritten kann den Emissionsbanken **nicht** bereits **nach § 278 BGB zugerechnet** werden, da es sich bei den betreffenden Dritten nicht um Erfüllungsgehilfen der Emissionsbanken handelt.[50] Dies ergibt sich im Hinblick auf eine Verschuldenszurechnung bei **Abschlussprüfern** schon aus der gesetzlichen Pflicht zur Prüfung der Jahresabschlüsse.[51] Der Abschlussprüfer wird damit nicht im Pflichtenkreis der Emissionsbanken tätig.

21   Eine Haftung der Emissionsbanken kann aber zu bejahen sein, wenn ihnen entweder ein **Auswahlverschulden** im Hinblick auf einen von ihnen beauftragten Dritten oder eine mangelnde Überprüfung der zur Verfügung gestellten Angaben vorzuwerfen ist. Ein Auswahlverschulden in Bezug auf den Dritten kommt etwa in Betracht, wenn der von den Emissionsbanken beauftragte Dritte nicht die notwendige Qualifikation besitzt.[52] Die praktische Relevanz dieser Konstellation dürfte allerdings gering sein, da die Banken mit Ausnahme

---

48 *Singhof*, in: MünchKomm-HGB, Bd. 6, Emissionsgeschäft, Rn. 280.
49 *Mülbert/Steup*, in: Habersack/Mülbert/Schlitt, Unternehmensfinanzierung am Kapitalmarkt, § 41 Rn. 111.
50 *Schwark*, in: Schwark/Zimmer, KMRK, §§ 44, 45 BörsG Rn. 49; *Mülbert/Steup*, in: Habersack/ Mülbert/Schlitt, Unternehmensfinanzierung am Kapitalmarkt, § 41 Rn. 114; *Schwark*, in: Schwark/Zimmer, KMRK, §§ 44, 45 BörsG Rn. 49; *Assmann*, in: Assmann/Schlitt/von Kopp-Colomb, WpPG/VerkProspG, § 13 VerkProspG Rn. 94.
51 *Wackerbarth*, in: Holzborn, WpPG, §§ 21–23 Rn. 92.
52 *Assmann*, in: Assmann/Schlitt/von Kopp-Colomb, WpPG/VerkProspG, § 13 VerkProspG Rn. 93; auch *Mülbert/Steup*, in: Habersack/Mülbert/Schlitt, Unternehmensfinanzierung am Kapitalmarkt, § 41 Rn. 117.

ihrer Rechtsberater in der Regel keine sachkundigen Dritten hinzuziehen. Auch Marktstudien, auf deren Grundlage das Markt- und Wettbewerbsumfeld des Emittenten im Prospekt dargestellt wird, werden letztlich vom Emittenten in Auftrag gegeben. Für die Verschuldensfrage im Außenverhältnis spielt es dann auch keine Rolle, dass die Banken in die Auswahl und Auswertung der Studien eingebunden sind.

Grundsätzlich darf das von Dritten gelieferte Material zwar nicht völlig ungeprüft in den Prospekt übernommen werden.[53] Eine detaillierte, ins Einzelne gehende Nachprüfungspflicht im Hinblick auf die vom Experten gelieferten Informationen ist aber nicht notwendig, vielmehr genügt insoweit die oben bereits erwähnte **Plausibilitätskontrolle**.[54] Etwas anderes gilt (natürlich) auch hier, wenn konkrete Anhaltspunkte für die Unrichtigkeit der Angaben vorliegen und sich eine Prüfung aufdrängt,[55] es also grob fahrlässig wäre, diese zu unterlassen. So können sich die Emissionsbanken etwa mit Blick auf den Prüfungsbericht des Abschlussprüfers im Grundsatz darauf verlassen, dass dieser korrekt ist, und müssen ihn lediglich auf seine Plausibilität hin überprüfen. Einer weitergehenden Überprüfung bedarf es aber beispielsweise dann, wenn die Emissionsbanken (bzw. der für die Emissionsbegleitung zuständige Bereich, s. Rn. 17) Kenntnis von Bemühungen haben, das Bilanzbild zu verbessern, oder wenn die Bilanz wegen des zeitlichen Abstandes zur Prospekterstellung oder auf Grund besonderer neuer Umstände mit Blick auf die entsprechenden Wertansätze nicht mehr aktuell ist.[56] Verdachtsmomente können sich auch ergeben, wenn sich die Vermögens-, Finanz- und Ertragslage im Zeitraum vor der Prospektbilligung unerwartet positiv geändert hat. Dies gilt insbesondere dann, wenn die Steigerungen auf Umsätze mit verbundenen Unternehmen zurückzuführen sind oder sich aus spekulativen, nicht zum Kernbereich gehörenden Tätigkeiten ergeben.[57]

22

---

53 Vgl. auch *Mülbert/Steup*, in: Habersack/Mülbert/Schlitt, Unternehmensfinanzierung am Kapitalmarkt, § 41 Rn. 115, 116; *Assmann*, in: Assmann/Schütze, Hdb. des Kapitalanlagerechts, § 6 Rn. 20; *Groß*, Kapitalmarktrecht, § 21 WpPG Rn. 81.
54 *Groß*, Kapitalmarktrecht, § 21 WpPG Rn. 81; *Mülbert/Steup*, in: Habersack/Mülbert/Schlitt, Unternehmensfinanzierung am Kapitalmarkt, § 41 Rn. 116.
55 *Assmann*, in: Assmann/Schlitt/von Kopp-Colomb, WpPG/VerkProspG, § 13 VerkProspG Rn. 95; *Groß*, Kapitalmarktrecht, § 21 WpPG Rn. 82.
56 *Mülbert/Steup*, in: Habersack/Mülbert/Schlitt, Unternehmensfinanzierung am Kapitalmarkt, § 41 Rn. 116.
57 Vgl. beispielsweise den Fall der Hess AG, Villingen-Schwenningen, die am 5.10.2012 den Wertpapierprospekt für ihren Börsengang veröffentlichte und über deren Vermögen am 1.5.2013 nach dem Bekanntwerden des Verdachts von Bilanzfälschungen das Insolvenzverfahren eröffnet wurde. Für eine eingehende Beschreibung der fehlerhaften Konzern-, Jahres- und Zwischenabschlüsse siehe den diesbezüglichen Sonderprüfungsbericht vom 5.11.2013: http://www.hess.eu/de/Vertreter/hessag/Berichte/Hess_AG_Berichterstattung_Untersuchung_-_elektronisches_Exemplar_1.pdf (zuletzt abgerufen am 27.6.2016). Für die Berücksichtigung von spekulativen Geschäften mit Derivaten auf Rohstoffe außerhalb der gewöhnlichen Geschäftstätigkeit sei auf den Fall der dänischen Gesellschaft OW Bunker A/S verwiesen, die im März 2014 den Wertpapierprospekt für ihren Börsengang veröffentlichte und über deren Vermögen am 7.11.2014 das Insolvenzverfahren eröffnet wurde. Der entsprechende Bericht des Ad hoc trustee ist abrufbar unter http://www.nieuwsbladtransport.nl/Portals/0/docs/pdfs/rapportOWBunker.pdf (zuletzt abgerufen am 27.6.2016). Der Hinweis auf diese Fälle dient lediglich der Veranschaulichung und beinhaltet keine Aussage darüber, ob im jeweils konkreten Fall die Voraussetzungen der Prospekthaftung erfüllt wären.

§ 23 Haftungsausschluss

cc) Emissionskonsortium

23 Begleitet – was häufig der Fall ist – ein aus mehreren Banken bestehendes Konsortium die Wertpapieremission, so muss im Hinblick auf die anzulegenden Sorgfaltspflichten zwischen den einzelnen Konsortialmitgliedern **differenziert** werden. Eine wechselseitige Zurechnung der Sorgfaltspflichtverletzungen innerhalb der Konsortialmitglieder nach § 278 BGB kommt jedenfalls nicht in Betracht, da **jedes Konsortialmitglied im eigenen Pflichtenkreis** tätig wird.[58]

24 Für die Beurteilung des jeweiligen Sorgfaltsmaßstabs ist mit der zutreffenden herrschenden Meinung zwischen den Konsortialführern und den übrigen Konsortialmitgliedern zu unterscheiden.[59] In der Praxis sind nur die **Konsortialführer** aktiv in den Prozess der Prospekterstellung eingebunden, während die übrigen Konsortialmitglieder den Prospekt meist erst kurz vor Veröffentlichung erhalten. Aus diesem Grund ist von **einfachen Konsortialmitgliedern** aufgrund der engen zeitlichen Vorgaben auch lediglich eine (eingeschränkte) Plausibilitätskontrolle des Prospekts sowie eine Überwachung der Konsortialführer zu verlangen,[60] welche sich aus der analogen Anwendung von § 831 BGB ergibt. Eine Verpflichtung jedes einzelnen Konsortialmitglieds, die Prospektangaben direkt gegenüber dem Emittenten nachzuprüfen, würde der Rollenverteilung innerhalb des Emissionskonsortiums nicht gerecht. Bei der Plausibilitätskontrolle kann den Konsortialbanken in der Praxis auch deren Teilnahme an *Due Diligence* Telefonaten helfen, insbesondere den sog. *Bring-down Due Diligence* Telefonaten, in denen zu verschiedenen Zeitpunkten im Wesentlichen bestätigt wird, dass keine wesentlichen neuen Ereignisse eingetreten sind, die die Prospektangaben unrichtig oder unvollständig erscheinen lassen. Davon zu unterscheiden ist der Umstand, dass einfache Konsortialmitglieder aufgrund entsprechender Vereinbarungen im Konsortialvertrag (verschuldungsunabhängig) häufig wirtschaftlich in Höhe ihrer Quote mit einer etwaigen Inanspruchnahme der Konsortialführer aus Prospekthaftung belastet werden.[61] Im Aktienemissionsgeschäft ist dies regelmäßig der Fall.

dd) Prospektveranlasser, insbes. (Groß-)Aktionäre

25 Grundsätzlich sind die Sorgfaltsanforderungen für sog. **Prospektveranlasser** mit denen für den Emittenten gleichlaufend (vgl. zu den Haftungsadressaten § 21 Rn. 78 f.).[62] Sofern

---

58 *Groß*, Kapitalmarktrecht, § 21 WpPG Rn. 83; *Assmann*, in: Assmann/Schütze, Hdb. des Kapitalanlagerechts, § 6 Rn. 239; *Mülbert/Steup*, in: Habersack/Mülbert/Schlitt, Unternehmensfinanzierung am Kapitalmarkt, § 41 Rn. 118; *Schwark*, in: Schwark/Zimmer, KMRK, §§ 44, 45 BörsG Rn. 11; *Wackerbarth*, in: Holzborn, WpPG, §§ 21–23 Rn. 96, 97.
59 *Mülbert/Steup*, in: Habersack/Mülbert/Schlitt, Unternehmensfinanzierung am Kapitalmarkt, § 41 Rn. 118; *Groß*, Kapitalmarktrecht, § 21 WpPG Rn. 83; *Assmann*, in: Assmann/Schütze, Hdb. des Kapitalanlagerechts, § 6 Rn. 240; *Schwark*, in: Schwark/Zimmer, KMRK, §§ 44, 45 BörsG Rn. 11; *Singhof*, in: MünchKomm-HGB, Bd. 6, Emissionsgeschäft, Rn. 280.
60 Vgl. *Singhof*, in: MünchKomm-HGB, Bd. 6, Emissionsgeschäft, Rn. 280; *Mülbert/Steup*, in: Habersack/Mülbert/Schlitt, Unternehmensfinanzierung am Kapitalmarkt, § 41 Rn. 118; *Groß*, Kapitalmarktrecht, § 21 WpPG Rn. 83; *Assmann*, in: Assmann/Schütze, Hdb. des Kapitalanlagerechts, § 6 Rn. 240; *Assmann*, in: Assmann/Schlitt/von Kopp-Colomb, WpPG/VerkProspG, § 13 VerkProspG Rn. 95 f.
61 *Singhof*, in: MünchKomm-HGB, Bd. 6, Emissionsgeschäft, Rn. 257.
62 So auch *Mülbert/Steup*, in: Habersack/Mülbert/Schlitt, Unternehmensfinanzierung am Kapitalmarkt, § 41 Rn. 106.

Aktionäre im Einzelfall als Prospektveranlasser zu qualifizieren sind, ist demnach gesondert zu prüfen, ob der Entlastungsbeweis nach § 23 Abs. 1 gelingt.[63] Zu unterscheiden ist zunächst danach, ob es sich um Teile eines Prospekts handelt, die originär vom Prospektveranlasser stammen (beispielsweise die Darstellung von Aktionärsvereinbarungen, die der Großaktionär für den Prospekt erstellt hat) oder die, wie dies in der Regel der Fall sein wird, verantwortlich vom Emittenten verfasst wurden. Im ersten Fall wird der Entlastungsbeweis kaum gelingen, da es sich um originär vom Prospektveranlasser stammende Informationen handelt. Im anderen Fall sind insbesondere die gesellschaftsrechtlich vorgegebenen Informationsgrenzen zwischen Aktionär und Emittent zu beachten.[64] Insbesondere in Fällen einfacher Abhängigkeit (faktischer Konzern) des Emittenten sollte es möglich sein, dass dem Aktionär der Entlastungsbeweis gelingt,[65] da der Aktionär bei der Informationsbeschaffung zur Überprüfung des Prospektinhalts die aktienrechtlich vorgegebenen Informationsgrenzen beachten muss, während der Aktionär im Vertragskonzern über weitgehende Zugriffsmöglichkeiten verfügt.[66] Nichts anderes sollte – auch wenn der Fall kaum vorkommen sollte – bei Bestehen eines isolierten Gewinnabführungsvertrags gelten, da dieser gerade keine Einflussnahmemöglichkeit vermittelt.

Letztlich ist im Einzelfall zu beurteilen, ob der Aktionär über die zur Feststellung der Unrichtigkeit oder Unvollständigkeit des Prospekts notwendigen Informationen selbst verfügt oder sich – rechtmäßiges Verhalten der Organmitglieder des Emittenten vorausgesetzt – diese Informationen hätte beschaffen können. 26

III. Haftungsausschluss, § 23 Abs. 2

§ 23 Abs. 2 nennt verschiedene Fallgruppen, bei deren Vorliegen – selbst wenn grundsätzlich ein Verschulden des Einzelnen gegeben ist – die Haftung aus objektiven Gründen für alle Prospektverantwortlichen ausscheidet. 27

1. Nachweis fehlender haftungsbegründender Kausalität, Abs. 2 Nr. 1

Ein Prospekthaftungsanspruch ist nach § 23 Abs. 2 Nr. 1 ausgeschlossen, wenn der Prospekt für die Erwerbsentscheidung nicht kausal war (**Fehlen der sog. haftungsbegründende Kausalität**). Die Vorschrift ist im Zusammenhang mit der in § 21 Abs. 1 Satz 1 geregelten Sechsmonatsfrist, innerhalb derer das haftungsgegenständliche Erwerbsgeschäft abgeschlossen worden sein muss, zu sehen.[67] Der Ausschluss nach § 23 Abs. 2 Nr. 1 ist allerdings nur dann einschlägig, wenn der Prospekt in keiner Weise zum Erwerb der Wertpapiere beigetragen hat. Bereits eine Mitursächlichkeit in Form einer positiven Anlagestimmung (ohne, dass es auf die tatsächliche Lektüre des Prospekts durch den jeweiligen 28

---

63 *Singhof*, RdF 2013, 76, 77; *ders.*, in: MünchKomm-HGB, Bd. 6, Emissionsgeschäft, Rn. 280.
64 *Singhof*, RdF 2013, 76, 77.
65 *Singhof*, RdF 2013, 76, 77.
66 Siehe die Kommentierung zu § 21 Rn. 92.
67 *Hamann*, in: Schäfer/Hamann, Kapitalmarktgesetze, §§ 44, 45 Rn. 253; *Wackerbarth*, in: Holzborn, §§ 21–23 WpPG Rn. 81.

§ 23 Haftungsausschluss

Anleger ankäme) reicht aus, um den Einwand fehlender haftungsbegründender Kausalität zu entkräften.[68]

29 Die **Darlegungs- und Beweislast** dafür, dass der Anleger seine individuelle Erwerbsentscheidung nicht aufgrund des fehlerhaften Prospekts getroffen hat, tragen die in Anspruch genommenen Prospektverantwortlichen. Der Anleger hat lediglich darzulegen und zu beweisen, dass der Erwerb, also der Abschluss des schuldrechtlichen Verpflichtungsgeschäfts, innerhalb der Sechsmonatsfrist des § 21 Abs. 1 Satz 1 (s. § 21 Rn. 30) stattgefunden hat.[69]

30 Umstritten ist, welche **Anforderungen** an den Beweis der fehlenden Kausalität zu stellen sind. Vereinzelt wird vertreten, es komme für die Entlastung der Prospektverantwortlichen im Rahmen von § 23 Abs. 2 Nr. 1 darauf an, dass der einzelne Anleger den Prospekt beim Erwerb nicht kannte. Ein Wegfall der Anlagestimmung innerhalb der Sechsmonatsfrist sei hingegen grundsätzlich irrelevant.[70] Diese Sichtweise verkennt jedoch, dass es nach der Konzeption von § 21 für die haftungsbegründende Kausalität gerade nicht darauf ankommt, ob die unvollständigen oder unrichtigen Prospektangaben den Anleger zum Erwerb verleitet haben, soweit der Erwerb nur innerhalb der Sechsmonatsfrist erfolgte.[71] Daher ist mit der zutreffenden herrschenden Meinung davon auszugehen, dass für den Nachweis fehlender haftungsbegründender Kausalität im Rahmen von § 23 Abs. 2 Nr. 1 im Einzelfall dargelegt werden muss, dass **keine Anlagestimmung** bestand bzw. diese **weggefallen** ist.[72] Eine Anlagestimmung dürfte durch die Veröffentlichung des Prospekts jedenfalls dann nicht erzeugt werden, wenn dieser die Einschätzung des Wertpapiers in Fachkreisen nicht mitbestimmt, weil die darin enthaltenen Informationen dem (informationseffizienten) Kapitalmarkt bereits vollumfänglich bekannt sind und der Prospekt nicht für Zwecke eines Angebots erstellt wurde (z. B. Börsenzulassungsprospekt für Aktien aus einer Sachkapitalerhöhung).

31 Ein Wegfall der Anlagestimmung kann bereits bei einer an Umfang und Intensität der Prospektveröffentlichung vergleichbaren **negativen Berichterstattung** über den Emittenten oder die Wertpapiere herbeigeführt werden.[73] Eine (lediglich) allgemeine negative Presse-

---

68 *Groß*, Kapitalmarktrecht, § 21 WpPG Rn. 70; *Schwark*, in: Schwark/Zimmer, KMRK, §§ 44, 45 BörsG Rn. 46.
69 BT-Drucks. 605/97, S. 80; *Hamann*, in: Schäfer/Hamann, Kapitalmarktgesetze, §§ 44, 45 BörsG Rn. 259; *Schwark*, in: Schwark/Zimmer, KMRK, §§ 44, 45 BörsG Rn. 55.
70 *Wackerbarth*, in: Holzborn, WpPG, §§ 21–23 Rn. 83 f.
71 BGH, 12.7.1982 – II ZR 172/81, WM 1982, 862, 867 f. („Beton- und Monierbau"); *Köndgen/Schmies*, in: Schimansky/Bunte/Lwowski, Bankrechts-Handbuch, § 113 Rn.81; *Wackerbarth*, in: Holzborn, WpPG, §§ 21–23 Rn. 81. Dies ergibt sich im Übrigen auch aus der Begr. des RegE 3. FMFG, BT-Drucks. 13/8933, S. 56: „*Die von der Rechtsprechung im Bereich der Prospekthaftung entwickelten Grundsätze beseitigen die Schwächen der gegenwärtigen Regelung nur ansatzweise und führen in Teilbereichen, z. B. hinsichtlich der Frage, wie lange der Zeitraum zu bemessen ist, innerhalb dessen der Anleger sich zur Beweiserleichterung auf eine am Markt herrschende ‚Anlagestimmung' berufen kann, zu einer für alle beteiligten Kreise unzumutbaren erheblichen Rechtsunsicherheit.*" (Hervorhebung durch die Verf.).
72 *Hamann*, in: Schäfer/Hamann, Kapitalmarktgesetze, §§ 44, 45 BörsG Rn. 253; *Assmann*, in: Assmann/Schlitt/von Kopp-Colomb, WpPG/VerkProspG, § 13 VerkProspG Rn. 88; *Mülbert/Steup*, in: Habersack/Mülbert/Schlitt, Unternehmensfinanzierung am Kapitalmarkt, § 41 Rn. 98.
73 *Assmann*, in: Assmann/Schlitt/von Kopp-Colomb, WpPG/VerkProspG, § 13 VerkProspG Rn. 88; *Hauptmann*, in: Vortmann, Prospekthaftung, § 3 Rn. 122; *Groß*, Kapitalmarktrecht, § 21 WpPG

berichterstattung genügt insoweit aber noch nicht.[74] Des Weiteren können im Einzelfall **wesentliche negative Änderungen** des Börsenindex,[75] der Konjunktureinschätzung,[76] neue (negative) Unternehmensdaten,[77] ein Insolvenzantrag,[78] sowie ein Nachtrag im Sinne des § 16 bzw. eine Berichtigung nach § 23 Abs. 2 Nr. 4 (s. auch unten Rn. 37)[79] ebenso wie ein erheblicher Kursverlust[80] zum Wegfall der (positiven) Anlagestimmung und damit zur Widerlegung der Kausalitätsvermutung führen.

Schwierigkeiten bereitet dabei insbesondere die Einschätzung, ab wann ein **Kursverlust** 32 so **erheblich** ist, dass von einem Wegfall der Anlagestimmung ausgegangen werden kann. In der Rechtsprechung wurde ein Wegfall der Anlagestimmung etwa bei einem Kursrückgang auf weniger als 60% des Ausgabekurses angenommen.[81] Eine Pauschalisierung verbietet sich allerdings, auch hier kann eine Entscheidung nur unter Berücksichtigung aller Umstände des Einzelfalls getroffen werden.

2. Nachweis fehlender haftungsausfüllender Kausalität, Abs. 2 Nr. 2

Nach § 23 Abs. 2 Nr. 2 ist die Haftung ferner ausgeschlossen, wenn der konkrete Prospekt- 33 fehler nicht zu einer Minderung des Börsenpreises (§ 21) bzw. des Erwerbspreises (§ 22) der Wertpapiere beigetragen hat. Der Entlastungbeweis gelingt also, wenn nicht das Bekanntwerden des im Prospekt unrichtig oder unvollständig wiedergegebenen Sachverhalts zur Minderung des Börsen- bzw. Erwerbspreises geführt hat, sondern **ausschließlich andere Umstände ursächlich** für den Wertverlust waren.[82] In diesem Fall fehlt es an dem erforderlichen Zusammenhang zwischen dem fehlerhaften Prospekt und dem Schaden des Anlegers, mithin an der haftungsausfüllenden Kausalität.

Mögliche andere Ursachen können neben einer allgemeinen negativen Entwicklung am 34 Kapitalmarkt emittentenbezogene Umstände, wie beispielsweise eine Verschlechterung

---

Rn. 70; *Mülbert/Steup*, in: Habersack/Mülbert/Schlitt, Unternehmensfinanzierung am Kapitalmarkt, § 41 Rn. 99; *Habersack*, in: Habersack/Mülbert/Schlitt, Hdb. der Kapitalmarktinformation, § 29 Rn. 37.

74 *Groß*, Kapitalmarktrecht, § 21 WpPG Rn. 70; *Mülbert/Steup*, in: Habersack/Mülbert/Schlitt, Unternehmensfinanzierung am Kapitalmarkt, § 41 Rn. 99; OLG Düsseldorf, 5.4.1984 – 6 U 239/82, WM 1984, 586, 596; Hanseatisches OLG Bremen, 21.5.1997 – 1 U 132/96, AG 1997, 420, 421.

75 BGH, 14.7.1998 – XI ZR 173/97, WM 1998, 1772, 1772; OLG Frankfurt, 27.3.1996, 21 U 92/95, WM 1996, 1216, 1219.

76 BGH, 14.7.1998 – XI ZR 173/97, WM 1998, 1772, 1772.

77 Insbesondere im Rahmen neuer Jahres- oder Halbjahresfinanzberichte, Quartalsberichte bzw. Zwischenmitteilung der Geschäftsführung; vgl. dazu mit Nachweisen: *Mülbert/Steup*, in: Habersack/Mülbert/Schlitt, Unternehmensfinanzierung am Kapitalmarkt, § 41 Rn. 99.

78 OLG Düsseldorf, 15.4.1984 – 6 U 239/82, WM 1984, 586, 596.

79 *Groß*, Kapitalmarktrecht, § 21 WpPG Rn. 70; *Mülbert/Steup*, in: Habersack/Mülbert/Schlitt, Unternehmensfinanzierung am Kapitalmarkt, § 41 Rn. 99.

80 *Mülbert/Steup*, in: Habersack/Mülbert/Schlitt, Unternehmensfinanzierung am Kapitalmarkt, § 41 Rn. 99.

81 OLG Frankfurt, 27.3.1996, 21 U 92/95, WM 1996, 1216, 1219; vgl. dazu ausführlich *Mülbert/Steup*, in: Habersack/Mülbert/Schlitt, Unternehmensfinanzierung am Kapitalmarkt, § 41 Rn. 99 a. E.

82 *Mülbert/Steup*, in: Habersack/Mülbert/Schlitt, Unternehmensfinanzierung am Kapitalmarkt, § 41 Rn. 102; *Habersack*, in: Habersack/Mülbert/Schlitt, Hdb. der Kapitalmarktinformation, § 29 Rn. 48.

der Bonitätseinschätzung (*down rating*) oder gar die Insolvenz des Emittenten sein.[83] Sie müssen jedoch ausschließlich ursächlich sein. Soweit die fehlerhaften Prospektangaben neben anderen Ursachen zur Minderung des Börsenpreises zumindest beigetragen haben, führt dies allerdings nicht bereits zum Haftungsausschluss.[84] **Ausreichend für die Haftung ist demnach eine bloße Mitursächlichkeit des Prospektfehlers**. Der Anspruch ist in diesen Fällen auch nicht nur teilweise ausgeschlossen, wie es das Wort „sofern" in § 23 Abs. 2 Nr. 2 nahelegen könnte.

35 Der Entlastungsbeweis sollte auch dann gelingen, wenn nachgewiesen werden kann, dass eine im Prospekt nicht oder nicht vollständig dargestellte Information bereits vor der Veröffentlichung des Prospekts aufgrund anderer Verlautbarungen des Emittenten dem Kapitalmarkt bekannt war und ihr (insbesondere von professionellen Akteuren wie Finanzanalysten) nachweislich keine Preisrelevanz beigemessen wurde. Insgesamt dürfte der **Anwendungsbereich** der Vorschrift **in der Praxis beschränkt** sein, da ein im Prospekt fehlerhaft dargestellter Sachverhalt, der nicht zumindest mitursächlich für einen Kursverlust ist, meist auch nicht wesentlich für die Beurteilung der Wertpapiere sein wird.[85] Dann ist der Prospekt aber bereits nicht fehlerhaft im Sinne von § 21 Abs. 1 Satz 1.

3. Mitverschulden, Abs. 2 Nr. 3

36 Nach § 23 Abs. 2 Nr. 3 ist die Haftung ausgeschlossen, wenn der Erwerber die Unrichtigkeit oder Unvollständigkeit der Angaben des Prospekts im Zeitpunkt des Erwerbs kannte. Seit Inkrafttreten des Dritten Finanzmarktförderungsgesetzes umfasst die Norm nur noch **die positive Kenntnis** der Unrichtigkeit bzw. Unvollständigkeit, nicht mehr dagegen die bloß fahrlässige Unkenntnis von der Fehlerhaftigkeit.[86]

37 Die dogmatische Einordnung des Haftungsausschlusses nach § 23 Abs. 2 Nr. 3 ist umstritten. Die überwiegende Ansicht geht zutreffend davon aus, dass es sich bei der Norm um eine **abschließende Sonderregelung** für die Berücksichtigung eines Mitverschuldens des Anlegers handelt.[87] In der Folge sind daher Einwände „außerhalb des Anwendungsbereichs" der Norm ausgeschlossen. Insbesondere kann auch kein anderes Ergebnis über § 254 BGB erzielt werden.[88] Demgegenüber wird teilweise vertreten, die Norm sei als Re-

---

83 *Schwark*, in: Schwark/Zimmer, KMRK, §§ 44, 45 BörsG Rn. 58; *Wackerbarth*, in: Holzborn, WpPG, §§ 21–23 Rn. 87.
84 *Mülbert/Steup*, in: Habersack/Mülbert/Schlitt, Unternehmensfinanzierung am Kapitalmarkt, § 41 Rn. 102; *Wackerbarth*, in: Holzborn, WpPG, §§ 21–23 Rn. 87.
85 *Hamann*, in: Schäfer/Hamann, Kapitalmarktgesetze, §§ 44, 45 BörsG Rn. 260; *Hauptmann*, in: Vortmann, Prospekthaftung und Anlageberatung, § 3 Rn. 124; im Ergebnis ebenso *Sittmann*, NZG 1998, 490, 492; *Singhof*, in: MünchKomm-HGB, Bd. 6, Emissionsgeschäft, Rn. 281.
86 Vgl. Begr. RegE 3. FGG, BT-Drucks. 13/8933, S. 80; *Groß*, Kapitalmarktrecht, § 23 WpPG Rn. 7; *Assmann*, in: Assmann/Schütze, Hdb. des Kapitalanlagerechts, § 5 Rn. 185; *Müller*, § 23 WpPG Rn. 11.
87 *Wackerbarth*, in: Holzborn, WpPG, §§ 21–23 Rn. 100; *Hamann*, in: Schäfer/Hamann, Kapitalmarktgesetze, §§ 44, 45 BörsG Rn. 264 m.w.N.; *Assmann*, in: Assmann/Schütze, Hdb. des Kapitalanlagerechts, § 5 Rn. 185; *Groß*, Kapitalmarktrecht, § 23 WpPG Rn. 7.
88 *Assmann*, in: Assmann/Schlitt/von Kopp-Colomb, WpPG/VerkProspG, § 13 VerkProspG Rn. 97 f.; *Wackerbarth*, in: Holzborn, WpPG, §§ 21–23 Rn. 100; so zu der gleichlautenden Bestimmung des § 45 Abs. 2 Nr. 3 BörsG, Begr. RegE 3. FMFG, BT-Drucks. 13/8933, S. 80.

gelung zur fehlenden haftungsbegründenden Kausalität einzuordnen.[89] Dagegen spricht, dass die Kenntnis eines Fehlers ein subjektives Merkmal darstellt und somit dem Bereich des Verschuldens zuzuordnen ist.

Auch dieser Ausschlussgrund ist in der Praxis jedoch von geringer Bedeutung, so dass eine weitere Auseinandersetzung entbehrlich ist.[90]

4. Berichtigung, Abs. 2 Nr. 4

Nach § 23 Abs. 2 Nr. 4 ist die Haftung der Prospektverantwortlichen weiter ausgeschlossen, wenn durch rechtzeitige Berichtigung eine (öffentliche) Beseitigung eines bestehenden Prospektfehlers erfolgt. Die Berichtigung nach § 23 Abs. 2 Nr. 4 stellt damit eine **freiwillige Berichtigungsmöglichkeit** zur Haftungsvermeidung dar und ist von der Nachtragspflicht nach § 16, die lediglich bis zum Zeitpunkt der Einführung bzw. des Angebotsendes besteht, zu trennen (s. hierzu auch § 21 Rn. 77).

Nachtrag und freiwillige Berichtigung schließen sich nicht gegenseitig aus, so dass das Recht zur Veröffentlichung einer Berichtigung unabhängig von der Nachtragspflicht besteht.[91] Jedoch kommt eine Berichtigung vor Ablauf der Nachtragsfrist faktisch nicht in Betracht. Im Unterschied zum Nachtrag bedarf die Berichtigung nicht der Billigung durch die BaFin und verlängert damit auch nicht die Sechsmonatsfrist.[92] Gegenstand einer Berichtigung können sowohl Angaben sein, die im Zeitpunkt der Prospektveröffentlichung bereits fehlerhaft waren, als auch solche, die bis zur Einführung der Wertpapiere bzw. bis zum Ende des öffentlichen Angebots aufgrund geänderter Umstände fehlerhaft wurden (und eine gebotene Aktualisierung über einen Nachtrag unterblieb).[93]

Die Möglichkeit zur Berichtigung eines Prospektfehlers ist im Zusammenhang mit der sechsmonatigen Frist zu sehen, innerhalb derer der Kauf der Wertpapiere grundsätzlich zur Geltendmachung des Prospekthaftungsanspruchs berechtigt (vgl. § 21 Rn. 30). Die Annahme einer durch die Veröffentlichung des Prospekts hervorgerufenen Anlagestimmung[94] erspart dem Anleger den Nachweis der haftungsbegründenden Kausalität (vgl. § 21 Rn. 31). Für einen Zeitraum von sechs Monaten nach Veröffentlichung des Prospekts wird vielmehr vermutet, der Erwerb der prospektgegenständlichen Wertpapiere habe aufgrund des Prospekts stattgefunden. § 23 Abs. 2 Nr. 4 ermöglicht es dem Anspruchsgegner, diese Anlagestimmung zu „zerstören"[95] und die **Vermutung der haftungsbegründenden Kau-**

---

89 *Nobbe*, WM 2013, 193, 196; *Schwark*, in: Schwark/ Zimmer, KMRK, §§ 44, 45 BörsG Rn. 59; *Habersack*, in: Habersack/Mülbert/Schlitt, Hdb. der Kapitalmarktinformation, § 29 Rn. 50; *Mülbert/ Steup*, in: Habersack/Mülbert/Schlitt, Unternehmensfinanzierung am Kapitalmarkt, § 41 Rn. 138.
90 *Singhof*, in: MünchKomm-HGB, Bd. 6, Emissionsgeschäft, Rn. 281.
91 So auch *Mülbert/Steup*, in: Habersack/Mülbert/Schlitt, Unternehmensfinanzierung am Kapitalmarkt, § 41 Rn. 139; *Groß*, Kapitalmarktrecht, § 16 WpPG Rn. 20.
92 *Wackerbarth*, in: Holzborn, WpPG, §§ 21–23 Rn. 102; *Stephan*, AG 2002, 3, 12; *Habersack*, in Habersack/Mülbert/Schlitt, Hdb. der Kapitalmarktinformation, § 29 Rn. 53; *Groß*, Kapitalmarktrecht, § 23 WpPG Rn. 9.
93 *Mülbert/Steup*, in: Habersack/Mülbert/Schlitt, Unternehmensfinanzierung am Kapitalmarkt, § 41 Rn. 139; *Groß*, Kapitalmarktrecht, § 23 WpPG Rn. 9.
94 Vgl. hierzu *Stephan*, AG 2002, 3, 10 f.
95 *Habersack*, in: Habersack/Mülbert/Schlitt, Hdb. der Kapitalmarktinformation, § 29 Rn. 50.

salität (zwischen Prospektfehler und Anlageentscheidung) mittels Berichtigung zu **beseitigen**.[96]

42 Zeitliche Voraussetzung für die Haftungsbefreiung ist immer, dass die Berichtigung vor **Abschluss des Erwerbsgeschäfts** veröffentlicht wurde. Grundsätzlich ist damit der Zeitpunkt des Abschlusses des Verpflichtungsgeschäfts gemeint.[97] Im Falle eines Widerrufsrechts, insbesondere nach § 16 Abs. 3, ist auf den Zeitpunkt des Ablaufs der Widerrufsfrist abzustellen,[98] da materiell nach Ausübung des Widerrufs kein wirksamer Vertrag und damit auch kein Erwerbsgeschäft zustande gekommen ist.[99] Allgemeiner formuliert kommt es damit auf den **Zeitpunkt der unwiderruflichen Bindung** des Erwerbers an.[100] Bei gestreckten Erwerbsvorgängen, wie dem in der Praxis häufig vorkommenden Bookbuilding-Verfahren, kommt der Kaufvertrag erst nach Abschluss der Bookbuilding-Periode mit Zuteilung durch die Konsortialbanken zustande. Erst zu diesem Zeitpunkt wird das Erwerbsgeschäft abgeschlossen. Vorher können die Anleger ihre Angebote noch zurücknehmen.[101] Berichtigungen während der Bookbuilding-Phase sollten im Wege eines Nachtrags gemäß § 16 vorzunehmen sein.[102] Soweit demgegenüber vertreten wird, dass die Berichtigungsmöglichkeit nur bis zum Zeitpunkt der Einführung oder des Angebotsendes besteht,[103] ist dem entgegenzuhalten, dass die Veröffentlichung einer Berichtigung gerade in den Fällen angebracht ist, in denen ein Prospektfehler erst nach Ablauf der Nachtragsfrist gemäß § 16 erkannt wird und eine weitere **Haftung**, insbesondere **gegenüber Zweiterwerbern**, während der Sechsmonatsfrist des § 21 Abs. 1 Satz 1 **ausgeschlossen** werden soll.[104] Dem tragen im Rahmen von Aktienemissionen üblicherweise auch die Bestimmungen des zwischen Emittent und Konsortialbanken abgeschlossenen Übernahmevertrags Rechnung, die zwischen der Verpflichtung zur Erstellung von Nachträgen und der Möglichkeit, bis zum

---

96 So auch *Groß*, Kapitalmarktrecht WpPG, § 23 Rn. 8; kritisch dazu *Wackerbarth*, in: Holzborn, WpPG, §§ 21–23 Rn 81 ff.: *Wackerbarth* widerspricht der Normierung der „Anlagestimmung in § 21 Abs. 1 Satz 1 WpPG, da der Gesetzgeber mit der Sechsmonatsfrist eine Höchstfrist gesetzt habe. So auch *Ellenberger*, Prospekthaftung, S. 40; *Kort*, AG 1999, 9, 12 f.; *Groß*, AG 1999, 199, 205; *Hamann*, in: Schäfer/Hamann, Kapitalmarktgesetze, §§ 44, 45 BörsG Rn. 253; *Pankoke*, in: Just/Voß/Ritz/Zeising, WpPG, § 45 BörsG Rn. 24 f.; ferner *Assmann*, in: Assmann/Schlitt/von Kopp-Colomb, WpPG/VerkProspG, § 13 VerkProspG Rn. 88 mit Fn. 174.
97 Siehe nur *Mülbert/Steup*, in: Habersack/Mülbert/Schlitt, Unternehmensfinanzierung am Kapitalmarkt, § 41 Rn. 139.
98 *Groß*, Kapitalmarktrecht, § 23 WpPG Rn. 8 f.; *Mülbert/Steup*, in: Habersack/Mülbert/Schlitt, Unternehmensfinanzierung am Kapitalmarkt, § 41 Rn. 141; *Wackerbarth*, in: Holzborn, WpPG, §§ 21–23 Rn. 101.
99 Vgl. auch *Habersack*, in: Habersack/Mülbert/Schlitt, Hdb. der Kapitalmarktinformation, § 29 Rn. 52.
100 *Schwark*, in: Schwark/Zimmer, KMRK, §§ 44, 45 BörsG Rn. 61; *Wackerbarth*, in: Holzborn, WpPG, §§ 21–23 Rn. 101.
101 *Groß*, Kapitalmarktrecht, § 23 WpPG Rn. 10.
102 Grundsätzlich von einem Nebeneinander von Nachtrag und Berichtigung in dieser Phase ausgehend *Wackerbarth*, in: Holzborn, WpPG, §§ 21–23 Rn. 101; *Groß*, Kapitalmarktrecht, § 23 WpPG Rn. 9; *Schwark*, in: Schwark/ Zimmer, KMRK, §§ 44, 45 BörsG Rn. 61.
103 Vgl. *Habersack*, in: Habersack/ Mülbert/Schlitt, Hdb. der Kapitalmarktinformation, § 29 Rn. 50.
104 Siehe auch *Haag*, in: Habersack/Mülbert/Schlitt, Unternehmensfinanzierung am Kapitalmarkt, § 29 Rn. 48; *Groß*, Kapitalmarktrecht, § 16 WpPG Rn. 20.

III. Haftungsausschluss, § 23 Abs. 2 § 23

Ablauf von sechs Monaten nach Einführung der Wertpapiere in den Handel Berichtigungen zu veröffentlichen, unterscheiden.[105]

Formelle Voraussetzung einer wirksamen Berichtigung ist nach § 23 Abs. 2 Nr. 4, dass eine **Bekanntmachung** nach den gesetzlichen Vorgaben vorgenommen wird. Diese muss entweder im Rahmen des Jahresabschlusses, eines Zwischenberichts (damit ist die Finanzberichterstattung nach den §§ 37v ff. WpHG / § 325 HGB gemeint[106]), einer Ad-hoc-Mitteilung gem. Art. 17 MarktmissbrauchsVO (bislang § 15 WpHG) oder einer Veröffentlichung erfolgen, die ein vergleichbares Veröffentlichungsniveau aufweist.[107] Die Einhaltung der Veröffentlichungsvorschriften für den Prospekt (nach § 14 Abs. 1 Satz 1) ist zwar nicht notwendig, jedoch in jedem Falle ausreichend.[108] 43

Des Weiteren fordert § 23 Abs. 2 Nr. 4 eine **deutliche Gestaltung** der Berichtigung. Die Berichtigung muss einem verständigen Leser, dem neben der Berichtigung auch der unrichtige oder unvollständige Prospekt vorliegt, verdeutlichen, dass in der Berichtigung des Prospekts abweichende Angaben enthalten sind.[109] Sie sollte daher **inhaltlich und drucktechnisch** so gestaltet sein, dass ein verständiger Leser ohne Mühe darin ihre Bedeutung erkennt.[110] Gleichwohl ist nach zutreffender Ansicht nicht erforderlich, dass die Berichtigung ausdrücklich auf die Fehlerhaftigkeit des berichtigten Prospekts hinweist, da eine solche Verpflichtung der Aufforderung zur Geltendmachung von Prospekthaftungsansprüchen gleichkäme und in der Folge zu befürchten wäre, dass von der Möglichkeit zur Berichtigung in der Praxis kein Gebrauch gemacht würde.[111] 44

Die Berichtigung wirkt **ex nunc** und schließt daher bereits nach § 21 Abs. 1 entstandene Schadensersatzansprüche nicht (rückwirkend) aus.[112] Sie dient allein der **Haftungsbegrenzung** der Prospektverantwortlichen mit Blick auf künftige Erwerbsgeschäfte. Für die Wirksamkeit des Haftungsausschlusses ist nicht erforderlich, dass der Anleger von der Berichtigung positive Kenntnis hat.[113] Die Haftungsbefreiung tritt vielmehr **unmittelbar mit Veröffentlichung** ein. Dies ist auch deshalb gerechtfertigt, weil die Berichtigung, wenn sie, 45

---

105 Siehe auch *Haag*, in: Habersack/Mülbert/Schlitt, Unternehmensfinanzierung am Kapitalmarkt, § 29 Rn. 48.
106 Vgl. nur *Mülbert/Steup*, in: Habersack/Mülbert/Schlitt, Unternehmensfinanzierung am Kapitalmarkt, § 41 Rn. 142; *Wackerbarth*, in: Holzborn, WpPG, §§ 21–23 Rn. 102.
107 So auch *Mülbert/Steup*, in: Habersack/Mülbert/Schlitt, Unternehmensfinanzierung am Kapitalmarkt, § 41 Rn. 142.
108 *Groß*, Kapitalmarktrecht, § 23 WpPG Rn. 9; *Schwark*, in: Schwark/Zimmer, KMRK, §§ 44,45 BörsG Rn. 61; vgl. auch BT-Drucks. 13/8933, S. 54, 81; *Mülbert/Steup*, in: Habersack/Mülbert/Schlitt, Unternehmensfinanzierung am Kapitalmarkt, § 41 Rn. 142.
109 *Groß*, Kapitalmarktrecht, § 23 WpPG Rn. 9.
110 *Kort*, AG 1999, 9, 15; *Sittmann*, NZG 1998, 490, 493; *Schwark*, in: Schwark/Zimmer, KMRK, §§ 44, 45 BörsG Rn. 60; *Groß*, Kapitalmarktrecht, § 23 WpPG Rn. 9; *Habersack*, in: Habersack/Mülbert/Schlitt, Hdb. der Kapitalmarktinformation, § 29 Rn. 50.
111 Begr. RegE 3. FMFG, BT-Drucks. 13/8933, S. 54, 81; *Assmann*, in: Assmann/Schütze, Hdb. des Kapitalanlagerechts, § 6 Rn. 221; *Groß*, Kapitalmarktrecht, § 23 WpPG Rn. 9; *Hopt*, FS Drobnig, S. 525, 531; *Wackerbarth*, in: Holzborn, WpPG, §§ 21–23 Rn. 102; a.A. *Ellenberger*, Prospekthaftung, S. 70; *Schwark*, in: Schwark/Zimmer, KMRK, §§ 44, 45 BörsG Rn. 60; *Hamann*, in: Schäfer/Hamann, Kapitalmarktgesetze, §§ 44, 45 BörsG Rn. 271.
112 Begr. RegE 3. FMFG, BT-Drucks. 13/8933, S. 80; *Groß*, Kapitalmarktrecht, § 23 WpPG Rn. 10; *Habersack*, in: Habersack/Mülbert/Schlitt, Hdb. der Kapitalmarktinformation, § 29 Rn. 51; *Mülbert/Steup*, in: Habersack/Mülbert/Schlitt, Unternehmensfinanzierung am Kapitalmarkt, § 41 Rn. 140; *Assmann*, in: Assmann/Schütze, Hdb. des Kapitalanlagerechts, § 5 Rn. 135.

§ 23 Haftungsausschluss

was regelmäßig der Fall sein wird, von wirtschaftlicher Bedeutung ist, eine Marktreaktion in Form einer Preisanpassung auslösen sollte, die denjenigen, der nach diesem Zeitpunkt erwirbt, so stellt, als ob der Prospekt von vornherein nicht fehlerhaft gewesen wäre.[114] Auch dies spricht dafür, dass die Berichtigung nicht explizit als solche kenntlich gemacht werden muss.

46 Ist die Berichtigung ihrerseits **fehlerhaft**, so löst dies keine gesonderten (Prospekthaftungs-)Ansprüche aus.[115] Haftungsgrundlage ist stets der – aufgrund der fehlerhaften Berichtigung dann (immer noch) fehlerhafte – Prospekt in seiner berichtigten Form.[116]

5. Zusammenfassung, Abs. 2 Nr. 5

47 Eine **Haftung** nach den §§ 21, 22 ist schließlich nach § 23 Abs. 2 Nr. 5 grundsätzlich dann **ausgeschlossen**, wenn sich die Fehlerhaftigkeit und damit der Haftungsgrund **ausschließlich** aufgrund von Angaben in der **Zusammenfassung** oder einer Übersetzung ergibt. Grund hierfür ist, dass mit einer Zusammenfassung gerade bezweckt wird, dem interessierten Anleger einen Überblick zu verschaffen, in dem bereits aufgrund der Anforderungen an die maximale Länge der Prospektzusammenfassung auf bestimmte Informationen verzichtet wird. Jede Zusammenfassung ist für sich allein betrachtet stets unvollständig und damit unrichtig, da sie gerade nicht den Gesamteindruck des Prospekts abbilden oder ersetzen kann.[117] Die Bestimmung wurde zuletzt durch das Gesetz zur Umsetzung der Richtlinie 2010/73/EU und zur Änderung des Börsengesetzes[118] um einen zweiten Halbsatz ergänzt, der dem mit der Richtlinie 2010/73/EU neu eingeführten Konzept der Schlüsselinformationen Rechnung trägt.

48 Eine Haftung für die Zusammenfassung kommt allerdings dann in Betracht, wenn diese in Zusammenschau mit den anderen Teilen des Prospekts irreführend, unrichtig oder widersprüchlich ist oder aber **nicht alle** gemäß § 5 Abs. 2 Satz 1 in Verbindung mit § 5 Abs. 2a erforderlichen **Schlüsselinformationen enthält** (s. § 5 Rn. 50 f.), die erforderlich sind, um einem verständigen Anleger bei der Anlageentscheidung behilflich zu sein. Eine solche Fehlerhaftigkeit wäre beispielsweise dann zu bejahen, wenn die Zusammenfassung Angaben enthält, die von wesentlichen Angaben des übrigen Prospekts abweichen.[119]

---

113 *Wackerbarth*, in: Holzborn, WpPG, §§ 21–23 Rn. 101; *Mülbert/Steup*, in: Habersack/Mülbert/Schlitt, Unternehmensfinanzierung am Kapitalmarkt, § 41 Rn. 140.
114 Begr. RegE 3. FMFG, BT-Drucks. 13/8933, S. 54, 81.
115 **A. A.** *Schwark*, in: Schwark/Zimmer, KMRK, §§ 44, 45 BörsG Rn. 60.
116 *Groß*, Kapitalmarktrecht, § 23 WpPG Rn. 9; *Stephan*, AG 2002, 3, 12; *Hamann*, in: Schäfer/Hamann, Kapitalmarktgesetze, §§ 44, 45 BörsG Rn. 274; *Wackerbarth*, in: Holzborn, §§ 21–23 WpPG Rn. 102; *Mülbert/Steup*, in: Habersack/Mülbert/Schlitt, Unternehmensfinanzierung am Kapitalmarkt, § 41 Rn. 143.
117 *Groß*, Kapitalmarktrecht, § 23 WpPG Rn. 11; *Wackerbarth*, in: Holzborn, WpPG, §§ 21–23 Rn. 103; *Hamann*, in: Schäfer/Hamann, Kapitalmarktgesetze, §§ 44, 45 BörsG Rn. 280c.
118 BGBl. I 2012, S. 1375.
119 *Assmann*, in: Assmann/Schütze, Hdb. des Kapitalanlagerechts, § 5 Rn. 150; *Hamann*, in: Schäfer/Hamann, Kapitalmarktgesetze, §§ 44, 45 BörsG Rn. 280c; *Groß*, Kapitalmarktrecht, § 23 WpPG Rn. 11; *Wackerbarth*, in: Holzborn, WpPG, §§ 21–23 Rn. 103a.

IV. Beweislast

Nach der oben dargestellten Konzeption trägt die **Beweislast für fehlendes Verschulden** nach § 23 Abs. 1 derjenige, der als Adressat der Prospekthaftung in Anspruch genommen wird („[...] kann nicht in Anspruch genommen werden, wer nachweist, dass [...]"). Diese Beweislastumkehr hat beispielsweise zur Folge, dass die **Haftungsadressaten** die Grundlagen für die im Prospekt gemachten Angaben, den Umfang der eigenen Nachforschungen und die Übernahme der Angaben Dritter dokumentieren und gegebenenfalls erläutern müssen, um sich entlasten zu können.[120] Auch die Darlegungs- und Beweislast für das Vorliegen eines Haftungsausschlusses nach § 23 Abs. 2 trägt der Adressat der Prospekthaftung.[121]

49

---

120 *Schwark*, in: Schwark/Zimmer, KMRK, §§ 44, 45 BörsG Rn. 242.
121 *Habersack*, in: Habersack/Mülbert/Schlitt, Hdb. der Kapitalmarktinformation, § 29 Rn. 48.

§ 24 Haftung bei fehlendem Prospekt

(1) ¹Ist ein Prospekt entgegen § 3 Absatz 1 Satz 1 nicht veröffentlicht worden, kann der Erwerber von Wertpapieren von dem Emittenten und dem Anbieter als Gesamtschuldnern die Übernahme der Wertpapiere gegen Erstattung des Erwerbspreises, soweit dieser den ersten Erwerbspreis nicht überschreitet, und der mit dem Erwerb verbundenen üblichen Kosten verlangen, sofern das Erwerbsgeschäft vor Veröffentlichung eines Prospekts und innerhalb von sechs Monaten nach dem ersten öffentlichen Angebot im Inland abgeschlossen wurde. ²Auf den Erwerb von Wertpapieren desselben Emittenten, die von den in Satz 1 genannten Wertpapieren nicht nach Ausstattungsmerkmalen oder in sonstiger Weise unterschieden werden können, ist Satz 1 entsprechend anzuwenden.

(2) ¹Ist der Erwerber nicht mehr Inhaber der Wertpapiere, so kann er die Zahlung des Unterschiedsbetrags zwischen dem Erwerbspreis und dem Veräußerungspreis der Wertpapiere sowie der mit dem Erwerb und der Veräußerung verbundenen üblichen Kosten verlangen. ²Absatz 1 Satz 1 gilt entsprechend.

(3) Werden Wertpapiere eines Emittenten mit Sitz im Ausland auch im Ausland öffentlich angeboten, besteht ein Anspruch nach Absatz 1 oder Absatz 2 nur, sofern die Wertpapiere auf Grund eines im Inland abgeschlossenen Geschäfts oder einer ganz oder teilweise im Inland erbrachten Wertpapierdienstleistung erworben wurden.

(4) Der Anspruch nach den Absätzen 1 bis 3 besteht nicht, sofern der Erwerber die Pflicht, einen Prospekt zu veröffentlichen, beim Erwerb kannte.

Übersicht

	Rn.		Rn.
I. Normentwicklung und dogmatische Einordnung	1	4. Weitere Anspruchsvoraussetzungen	16
		5. Haftungsadressaten	17
II. Anspruchsvoraussetzungen	6	6. Haftungsbeschränkungen	18
1. Anwendungsbereich	6	III. Rechtsfolge und Verjährung	19
2. Kausalität	12	1. Anspruchsinhalt	19
3. Verschulden	14	2. Verjährung	20

I. Normentwicklung und dogmatische Einordnung

1 § 24 ordnet eine **Haftung für fehlende Prospekte** an. Im Hinblick auf Prospekte, die keine Börsenzulassungsprospekte sind (vgl. § 22 Rn. 1), entspricht die Regelung im Wesentlichen § 13a VerkProspG a. F.

2 Erstmals hat der Gesetzgeber die eigenständige Haftung bei fehlendem Prospekt durch das Anlegerschutzverbesserungsgesetz (AnSVG)[1] zum 1.7.2005 in das damalige VerkProspG aufgenommen. Bis zu diesem Zeitpunkt konnte das Fehlen eines Prospekts zwar aufsichts-

---

[1] Gesetz zur Verbesserung des Anlegerschutzes (Anlegerschutzverbesserungsgesetz – AnSVG) vom 28.10.2004, BGBl. I 2004, S. 2630.

I. Normentwicklung und dogmatische Einordnung § 24

rechtliche und ordnungswidrigkeitsrechtliche Folgen nach sich ziehen, ein Schadensersatzanspruch der Anleger aufgrund dieses Umstands war aber kaum zu begründen und durchzusetzen.[2] Der Gesetzgeber wollte diesen Missstand beseitigen.[3]

Die **dogmatische Einordnung** der Bestimmung ist umstritten. In der Literatur wird die Ansicht vertreten, dass § 24 als privatrechtliche Sanktion eines Verfahrensverstoßes zu verstehen sei, wenn entgegen § 3 Abs. 1 kein Prospekt veröffentlicht wurde.[4] Haftungsgrund ist nach dieser Ansicht der **Verfahrensverstoß** selbst, d. h. die prospektfreie Unterbreitung eines öffentlichen Angebots. Das Informationsdefizit, welches durch die unterlassene Veröffentlichung entsteht, ist dann unerheblich.[5] In der Konsequenz fordert diese Ansicht auch keine haftungsbegründende Kausalität zwischen dem fehlenden Prospekt und der Anlageentscheidung.[6]

3

Überzeugender ist jedoch eine Einordnung von § 24 als **Unterfall der Vertrauenshaftung**.[7] Sollte lediglich der Verfahrensverstoß sanktioniert werden, wäre die Rechtsfolge unangemessen, denn das Billigungsverfahren wird nicht im Interesse des Anlegers, sondern im öffentlichen Interesse durchgeführt. Zudem leuchtet nicht ein, weshalb der Anleger die Wertpapiere zurückgeben können soll, wenn Emittent und Anbieter öffentlich-rechtliche Pflichten nicht erfüllen. Weiterhin erschiene in diesem Fall auch die Ausnahme in § 24 Abs. 4 systemwidrig, die eine Haftung ausschließt, wenn der Anleger von dem Mangel wusste, also kein Vertrauen in das ordnungsgemäße Verfahren hatte.[8] Schwerpunkt der Haftung bildet also das Anbieten der Wertpapiere und das damit einhergehende Vertrauen der Anleger, nicht hingegen das Unterlassen einer Prospektveröffentlichung.[9]

4

Eine Haftung nach § 24 berührt die **Wirksamkeit des Kaufvertrags** nicht.[10] Insbesondere ist das Erwerbsgeschäft nicht nach § 134 BGB wegen eines Gesetzesverstoßes unwirksam und nach bereicherungsrechtlichen Grundsätzen rückabzuwickeln. Dadurch wird es dem Anleger ermöglicht, trotz Pflichtverletzung des Prospektpflichtigen an dem Geschäft fest-

5

---

2 Vgl. auch Begr. RegE AnSVG, BT-Drucks. 15/3174, S. 44; siehe auch *Fleischer*, BKR 2004, 339, 345; diesbezüglich auf den grauen Kapitalmarkt hinweisend etwa *Groß*, Kapitalmarktrecht, § 24 WpPG Rn. 2.
3 Hierzu ausführlich *Assmann*, in: Assmann/Schlitt/von Kopp-Colomb, WpPG/VerkProspG, § 13a VerkProspG Rn. 2. Zur unterschiedlichen Sichtweise betreffend den Haftungsgrund für fehlende Prospekte, *Klöhn*, DB 2012, 1854, 1854 ff.
4 So *Rosa*, Prospektpflicht und Prospekthaftung für geschlossene Fonds, 2009, S. 178; *Klöhn*, DB 2012, 1854, 1855.
5 Eingehend dazu *Klöhn*, DB 2012, 1854, 1855 ff.; *Klöhn*, FS Hoffmann-Becking, 2013, S. 679, 691 f.; zustimmend *Nobbe*, WM 2013, 193, 193 f.; *Bongertz*, BB 2012, 470, 474; *Denninger*, Grenzüberschreitende Prospekthaftung und Internationales Privatrecht, S. 78; *Wackerbarth*, in: Holzborn, WpPG, § 24 Rn. 4.
6 *Fleischer*, BKR 2004, 339, 346 f.; *Benecke*, BB 2006, 2597, 2599; *Denninger*, Grenzüberschreitende Prospekthaftung und Internationales Privatrecht, S. 78; *Klöhn*, DB 2012, 1854, 1855.
7 Wie hier *Mülbert/Steup*, in: Habersack/Mülbert/Schlitt, Unternehmensfinanzierung am Kapitalmarkt, § 41 Rn. 58; *Wackerbarth*, in: Holzborn, WpPG, § 24 Rn. 2.
8 *Wackerbarth*, in: Holzborn, WpPG, § 24 Rn. 2.
9 So aber *Rosa*, Prospektpflichten und Prospekthaftung für geschlossene Fonds, 2009, S. 180; *Bongertz*, BB 2012, 470, 474; zutreffend **dagegen** *Wackerbarth*, in: Holzborn, WpPG, § 24 Rn. 2 f.; *Denninger*, Grenzüberschreitende Prospekthaftung und Internationales Privatrecht, S. 78.
10 Unstr. *Pankoke*, in: Just/Voß/Ritz/Zeising, WpPG, § 13a VerkProspG Rn. 2; *Heidelbach*, in: Schwark/Zimmer, KMRK, § 3 WpPG Rn. 35, *von Kopp-Colomb/Gajdos*, in: Assmann/Schlitt/von Kopp-Colomb, WpPG/VerkProspG, § 3 WpPG Rn. 11.

§ 24 Haftung bei fehlendem Prospekt

zuhalten. Eine *ex lege* angeordnete Unwirksamkeit des Kaufvertrags könnte für die Anleger durchaus von Nachteil sein, etwa wenn die erworbenen Anteile mittlerweile in ihrem Wert gestiegen sind. Es bleibt somit der **Entscheidung des Anlegers** überlassen, ob er von der von § 24 eingeräumten Rückabwicklungsmöglichkeit Gebrauch macht oder nicht.

II. Anspruchsvoraussetzungen

1. Anwendungsbereich

6 Eine Haftung nach § 24 Abs. 1 Satz 1 setzt voraus, dass trotz Bestehens einer Prospektpflicht nach § 3 Abs. 1 Satz 1 ein **Prospekt** vor Beginn des öffentlichen Angebots **nicht veröffentlicht** wurde. Dies ist nicht nur dann der Fall, wenn die Erstellung des Prospekts ganz unterblieben ist, sondern auch dann, wenn ein Prospekt zwar erstellt und gebilligt, aber nicht veröffentlicht wurde.[11] Gleiches gilt bei der Veröffentlichung eines nicht gebilligten oder eines gebilligten, aber nicht mehr gültigen Angebotsprospekts (vgl. § 9 Rn. 23),[12] unabhängig davon, ob dieser hätte gebilligt werden können, weil er die gesetzlichen Voraussetzungen erfüllt.[13] Zu weitgehend erscheint es allerdings, die Anwendbarkeit von § 24 in Fällen zu verneinen, in denen ein **Dokument** vorliegt, das inhaltlich einem Prospekt entspricht, aber **nicht von der BaFin gebilligt** wurde.[14]

7 Soweit § 24 nur eine Haftung des Anbieters und Emittenten kennt, jedoch keine § 21 Abs. 1 vergleichbare Haftung sonstiger Verantwortlicher, kann auf eine Haftung nach den Grundsätzen der allgemeinen bürgerlich-rechtlichen Prospekthaftung zurückgegriffen werden (s. dazu § 25 Rn. 8 f.).[15]

8 Dagegen löst eine lediglich fehlerhafte Veröffentlichung eines gebilligten Prospekts keine Haftung nach § 24 aus. Dies ergibt sich bereits aus den vorstehenden Ausführungen, insbesondere als logische Konsequenz der Qualifikation als Vertrauenshaftung.[16] Ebenfalls nicht nach § 24 haftet, wer ein fehlerhaftes, prospektersetzendes Dokument nach § 4 Abs. 1 Nr. 2 bis 5 veröffentlicht (s. auch § 21 Rn. 9).

---

11 *Assmann*, in: Assmann/Schütze, Hdb. des Kapitalanlagerechts, § 5 Rn. 125.
12 OLG München, 2.11.2011 – 20 U 2289/11, ohne nähere Begründung in der Sache; dazu auch *Klöhn*, DB 2012, 1854, 1854, und *Bongertz*, BB 2012, 470, 470. Ferner *Barta*, NZG 2005, 305, 308; *Pankoke*, in: Just/Voß/Ritz/Zeising, WpPG, § 13a VerkProspG Rn. 6 f.; *Bongertz*, BB 2012, 470, 473.
13 *Barta*, NZG 2005, 305, 308; *Heidelbach*, in: Schwark/Zimmer, KMRK, § 13 VerkProspG Rn. 9; *Pankoke*, in: Just/Voß/Ritz/Zeising, WpPG, § 13a VerkProspG Rn. 6; *Klöhn*, DB 2012, 1854, 1858; **a. A.** *Fleischer*, WM 2004, 1897, 1902 f.; *Mülbert/Steup*, in: Habersack/Mülbert/Schlitt, Unternehmensfinanzierung am Kapitalmarkt, § 41 Rn. 58; *Panetta/Zessel*, NJOZ 2010, 418, 419 f.
14 So aber *Mülbert/Steup*, in: Habersack/Mülbert/Schlitt, Unternehmensfinanzierung am Kapitalmarkt, § 41 Rn. 58.
15 *Mülbert/Steup*, in: Habersack/Mülbert/Schlitt, Unternehmensfinanzierung am Kapitalmarkt, § 41 Rn. 58.
16 Dazu auch *Assmann*, in: Assmann/Schlitt/von Kopp-Colomb, WpPG/VerkProspG, § 13a VerkProspG Rn. 5; im Grundsatz ebenso, aber mit dem Vorbehalt der Haftung für einen fehlenden Prospekt, wenn der Veröffentlichungsfehler so schwer wiege wie die vollständig unterbliebene Veröffentlichung *Klöhn*, DB 2012, 1854, 1858 f.; *Mülbert/Steup*, in: Habersack/Mülbert/Schlitt, Unternehmensfinanzierung am Kapitalmarkt, § 41 Rn. 46.

Nicht Gegenstand einer Haftung nach § 24 sind entgegen § 16 Abs. 1 **unterlassene Nachträge** zum Prospekt. Ein Nachtrag ist gem. § 16 Abs. 1 nur dann erforderlich, wenn nach der Billigung des Prospekts wichtige neue Umstände auftreten oder eine wesentliche Unrichtigkeit in Bezug auf die im Prospekt enthaltenen Angaben festgestellt werden. In einem solchen Falle stehen den Anlegern aber wegen der aus dem Unterlassen des Nachtrags resultierenden Unrichtigkeit oder Unvollständigkeit des Prospekts **Ansprüche aus den §§ 21, 22** zu. Diese gehen dem Anspruch gem. § 24 vor.[17]

Eine Regelung für das **Fehlen eines „Börsenzulassungsprospekts"** fehlt zu Recht mangels praktischer Anwendungsfälle. Sollen Wertpapiere zum Handel an einer inländischen Börse zugelassen werden, setzt dies nach § 32 Abs. 3 Nr. 2 BörsG zwingend einen gebilligten Prospekt voraus, andernfalls wird die Zulassung versagt. Eine **Zulassung** zum Handel an der Börse ohne eine vorherige Veröffentlichung eines Prospekts ist daher grundsätzlich **nicht denkbar**, zumal der Börse im Rahmen des Zulassungsverfahrens eine Kopie des gebilligten Prospekts zuzuleiten ist. Der Anwendungsbereich des § 24 bleibt damit auf solche Prospekte beschränkt, die keine Börsenzulassungsprospekte sind.[18]

Wie allerdings damit umgegangen werden muss, wenn die Geschäftsführung der Börse im Rahmen des Zulassungsverfahrens **irrig** einen tatsächlich **nicht gegebenen Befreiungstatbestand** annimmt, ist unklar.[19] Eine Anwendung von § 24 in diesem Fall scheint vor dem Hintergrund des Wortlauts der Vorschrift sowie der zitierten Regierungsbegründung zum Gesetz zur Novellierung des Finanzanlagevermittler- und Vermögensanlagerechts nicht angemessen. Soweit die Zulassung auf der Grundlage eines prospektbefreienden Dokuments erfolgt, ist eine Haftung nach § 21 Abs. 4 zu prüfen. Sofern in den Fällen des § 4 Abs. 2 Nr. 1, 2 und 7 die Wertpapiere ohne Veröffentlichung eines Prospekts zugelassen wurden, ist eine Prospekthaftung nach § 24 abzulehnen. Ein Fehler der Börse kann keine Prospekthaftung der Beteiligten für einen fehlenden Prospekt auslösen.[20]

2. Kausalität

§ 24 setzt nach zutreffender Ansicht eine **Kausalbeziehung** zwischen der Pflichtverletzung und der Anlageentscheidung voraus.[21] Unmittelbar aus dem Wortlaut ergibt sich dies zwar nicht. Für die Annahme eines Kausalitätserfordernisses spricht jedoch insbesondere, dass dem Haftungsadressaten nach § 24 Abs. 4 der haftungsausschließende Nachweis of-

---

17 *Assmann*, in: Assmann/Schütze, Hdb. des Kapitalanlagerechts, § 5 Rn. 213.
18 Begr. RegE des Gesetzes zur Novellierung des Finanzanlagevermittler- und Vermögensanlagerechts, BT-Drucks. 17/6051, S. 46; *Assmann*, in: Assmann/Schütze, Hdb. des Kapitalanlagerechts, § 5 Rn. 211; abweichend *Leuering*, NJW 2012, 1905, 1907.
19 Vgl. *Groß*, Kapitalmarktrecht, § 24 WpPG Rn. 1; *Leuering*, NJW 2012, 1905, 1907.
20 *Groß*, Kapitalmarktrecht, § 24 WpPG Rn. 1.
21 *Mülbert/Steup*, in: Habersack/Mülbert/Schlitt, Unternehmensfinanzierung am Kapitalmarkt, § 41 Rn. 100; *Habersack*, in: Habersack/Mülbert/Schlitt, Hdb. der Kapitalmarktinformation, § 29 Rn. 66; *Assmann*, in: Assmann/Schütze, Hdb. des Kapitalanlagerechts, § 5 Rn. 223; *Assmann*, in: Assmann/Schlitt/ von Kopp-Colomb, WpPG/VerkProspG, § 13a VerkProspG Rn. 19; *Schäfer*, ZGR 2006, 40, 52; *Singhof*, in: MünchKomm-HGB, Bd. 6, Emissionsgeschäft Rn. 288; *Groß*, Kapitalmarktrecht, § 24 WpPG Rn. 4a; **a. A.** OLG München, 2.11.2011 – 20 U 2289/11, zitiert nach juris, Rn. 34; *Fleischer*, WM 2004, 1897, 1902; *Bohlken/Lange*, DB 2005, 1259, 1262; *Benecke*, BB 2006, 2597, 2600; *Pankoke*, in: Just/Voß/Ritz/Zeising, WpPG, § 13a VerkProspG Rn. 10; *Fleischer*, BKR 2004, 339, 346; *Wackerbarth*, in: Holzborn, WpPG, § 24 Rn. 7.

§ 24   Haftung bei fehlendem Prospekt

fensteht, der Anleger habe die Anlageentscheidung in Kenntnis der Pflicht zur Veröffentlichung eines Prospekts getätigt. Bei der Vorschrift handelt es sich damit um einen Fall des Nachweises mangelnder Kausalität der Pflichtverletzung.[22] Rechtspraktisch gibt es keinen Bedarf, dem Anleger unter Berufung auf eine Pflichtverletzung, die seine Anlageentscheidung nicht beeinflusst hat, die Möglichkeit einzuräumen, sich von seiner Anlage wieder zu trennen.[23]

13   Die Pflichtverletzung ist für die Anlageentscheidung dann kausal, wenn der Anleger das entsprechende Wertpapier bei Veröffentlichung eines Prospekts nicht erworben hätte. Konsequenterweise ist jedoch eine **Beweislastumkehr** entsprechend § 23 Abs. 2 Nr. 1 zu Gunsten des Anlegers anzunehmen.[24] Eine Haftung des Prospektverantwortlichen scheidet demnach – wenn ein Haftungsausschluss nach § 24 Abs. 4 nicht in Betracht kommt – aus, wenn ihm der Nachweis gelingt, dass der Anleger das Wertpapier auch bei ordnungsgemäßer Prospektveröffentlichung erworben hätte.

3. Verschulden

14   § 24 Abs. 1 Satz 1 enthält, anders als § 23 Abs. 1, kein ausdrückliches Verschuldenserfordernis. Für eine verschuldensunabhängige Haftung könnte sprechen, dass die im Referentenentwurf zum Anlegerschutzverbesserungsgesetz[25] noch ausdrücklich vorgesehene Haftungseinschränkung im weiteren Gesetzgebungsverfahren verworfen wurde. Ferner wird angeführt, dass ein Verschuldenserfordernis weder mit der Gesetzgebungsgeschichte[26] und der systematischen Stellung der Norm – hinter § 23 Abs. 1 – vereinbar sei, noch zum Haftungsgrund der Vertrauenshaftung passe.[27]

15   Trotz dieser beachtenswerten Erwägungen ist im Ergebnis ein Verschuldenserfordernis anzunehmen.[28] In den Gesetzesmaterialien findet sich kein Hinweis auf die geplante Schaf-

---

22   So auch *Mülbert/Steup*, in: Habersack/Mülbert/Schlitt, Unternehmensfinanzierung am Kapitalmarkt, § 41 Rn. 100.
23   *Mülbert/Steup*, in: Habersack/Mülbert/Schlitt, Unternehmensfinanzierung am Kapitalmarkt, § 41 Rn. 100; *Assmann*, in: Assmann/Schütze, Hdb. des Kapitalanlagerechts, § 5 Rn. 223; *Schäfer*, ZGR 2006, 40, 52; **a.A.** *Wackerbarth*, in: Holzborn, WpPG, § 24 Rn. 7 der darauf hinweist, dass der Gesetzgeber die Kausalität ganz bewusst ungeregelt gelassen habe.
24   *Assmann*, in: Assmann/Schlitt/von Kopp-Colomb, WpPG/VerkProspG, § 13a VerkProspG Rn. 19 m.w.N.
25   Abgedruckt in ZBB 2004, 168, 194.
26   Das noch im ersten Referentenentwurf zu § 13a VerkProspG a. F. enthaltene Verschuldenserfordernis wurde später gestrichen, vgl. *Benecke*, BB 2006, 2597, 2600; *Fleischer*, BKR 2004, 339, 346.
27   *Wackerbarth*, in: Holzborn, WpPG, § 24 Rn. 10.
28   *Singhof*, in: MünchKomm-HGB, Bd. 6, Emissionsgeschäft, Rn. 288; *Bohlken/Lange*, DB 2005, 1259, 1261; *Spindler*, NJW 2004, 3449, 3455; *Mülbert/Steup*, in: Habersack/Mülbert/Schlitt, Unternehmensfinanzierung am Kapitalmarkt, § 41 Rn. 119; *Assmann*, in: Assmann/Schütze, Hdb. des Kapitalanlagerechts, § 5 Rn. 225. *Ekkenga/Maas*, Wertpapieremission, Rn. 437; *Schäfer*, ZGR 2006, 40, 51; *Göthel*, in: Kölner Kommentar KapMuG, § 13a VerkProspG Rn. 11; **a.A.** OLG München, 2.11.2011 – 20 U 2289/11, lehnt ein Verschuldenserfordernis – ohne weitere Diskussion – ab; *Fleischer*, BKR 2004, 339, 346; *Groß*, Kapitalmarktrecht, § 24 WpPG Rn. 4; *Benecke*, BB 2006, 2597, 2600; *Bongertz*, BB 2012, 470, 475; *Wackerbarth*, in: Holzborn, WpPG, §§ 21–23 Rn. 88; *Pankoke*, in: Just/Voß/Ritz/Zeising, WpPG, § 13a VerkProspG Rn. 11; *Habersack*, in: Habersack/Mülbert/Schlitt, Hdb. der Kapitalmarktinformation, § 29 Rn. 66; *Panetta/Zessel*, NJOZ 2010, 418, 419.

fung einer verschuldensunabhängigen Haftung.[29] Die andernfalls eintretende Haftungsverschärfung gegenüber der Haftung bei der Erstellung eines fehlerhaften Prospekts wäre systemwidrig und eine entsprechende Absicht des Gesetzgebers ist nicht erkennbar.[30] Ordnet man die Haftung aus § 24 als deliktische Haftung ein (zum Streitstand s. Vor §§ 21 ff. Rn. 1),[31] zeigt sich, dass eine verschuldensunabhängige Haftung schwer mit dem Zurechnungsprinzip der Gefährdungshaftung zu vereinbaren wäre. Die Gefährdungshaftung knüpft daran an, dass jemand eine Gefahrenquelle zum eigenen Vorteil unterhält und beherrscht. Ein fehlender Prospekt (bzw. ohne Veröffentlichung eines Prospekts in Umlauf gebrachte Wertpapiere) sind mit einer derartigen Gefahrenquelle nach zutreffender Ansicht nicht vergleichbar.[32] Nichts anderes gilt bei der – hier vertretenen – Einordnung als Vertrauenshaftung (siehe vor § 21, Rn. 1). Ein **Gleichlauf der Haftungsvoraussetzungen** bei fehlendem und fehlerhaftem Prospekt erübrigt auch die in Einzelfällen durchaus schwierige Grenzziehung zwischen fehlendem und fehlerhaftem Prospekt.[33] Hinzu kommt, dass mit die Entscheidung über das Bestehen einer Prospektpflicht mit Unsicherheiten verbunden sein kann und die BaFin insoweit keine (verbindlichen) Unbedenklichkeitsbescheinigungen erteilt.[34]

4. Weitere Anspruchsvoraussetzungen

Die weiteren Voraussetzungen des Haftungsanspruchs aus § 24 sind denen des § 21 nachgebildet. Das **Erwerbsgeschäft** muss ohne Veröffentlichung eines Prospektes und **innerhalb von sechs Monaten** nach dem ersten öffentlichen Angebot im Inland abgeschlossen worden sein. Ebenso wie § 24 Abs. 2 ist auch Abs. 3 in Bezug auf Emittenten mit Sitz im Ausland der entsprechenden Regelung des § 21 nachgebildet.

16

5. Haftungsadressaten

Haftungsadressaten des § 24 sind nach dem Wortlaut der Norm nur der **Emittent** und der **Anbieter**. Als **Anbieter** gilt dabei grundsätzlich derjenige, der gegenüber den Anlegern auftritt und die Verantwortung für das Angebot übernimmt.[35] Der Emittent haftet aber nur

17

---

29 Vgl. Begr. RegE eines Gesetzes zur Verbesserung des Anlegerschutzes, BT-Drucks. 15/3174, S. 44; *Heidelbach*, in: Schwark/Zimmer, KMRK, § 13a VerkProspG Rn. 9; *Fleischer*, BKR 2004, 339, 346.
30 *Bohlken/Lange*, DB 2005, 1259, 1261; *Klöhn*, DB 2012, 1854, 1856; *Schäfer*, ZGR 2006, 40, 52; *Assmann*, in: Assmann/Schlitt/von Kopp-Colomb, WpPG/VerkProspG, § 13a VerkProspG Rn. 22.
31 So, etwa *Assmann*, in: Assmann/Schütze, Hdb. des Kapitalanlagerechts, § 5 Rn. 227; *Bongertz*, BB 2012, 470, 474; *Hopt*, WM 2013, 101, 104. Nach **a.A.** handelt es sich um einen Fall der kraft Gesetzes eintretenden Vertrauenshaftung, so *Ellenberger*, Prospekthaftung, S. 9; *Schwark*, in: Schwark/Zimmer, KMRK, §§ 44, 45 BörsG Rn. 7; *Hamann*, in: Schäfer/Hamann, Kapitalmarktgesetze, §§ 44, 45 BörsG Rn. 36.
32 *Assmann*, in: Assmann/Schütze, Hdb. des Kapitalanlagerechts, § 5 Rn. 227; *Assmann*, in: Assmann/Schütze/von Kopp-Colomb, WpPG/VerkProspG, § 13a VerkProspG Rn. 22; *Bongertz*, BB 2012, 470, 474.
33 Vgl. dazu *Fleischer*, BKR 2004, 339, 347.
34 Vgl. *Groß*, Kapitalmarktrecht § 25 Rn. 4.
35 Dazu *Bohlken/Lange*, DB 2005, 1259, 1261; ausführlich auch *Wackerbarth*, in: Holzborn, WpPG, § 24 Rn. 9; demnach wohl zu weitgehend OLG München, Urt. v. 2.11.2011 – 20 U 2289/11, EWiR 2012, 711, 711 m. Anm. *Voß*; dazu auch *Rusch*, GWR 2011, 574, 574.

§ 24 Haftung bei fehlendem Prospekt

dann als Gesamtschuldner, wenn er ebenfalls als Anbieter auftritt.[36] Entgegen des missverständlichen Wortlauts haftet der Emittent also nicht, wenn ein Dritter allein, beispielsweise im Rahmen einer Zweitplatzierung, Wertpapiere öffentlich anbietet und den Emittenten damit keine Prospektpflicht trifft. Sonst käme die Bestimmung einer nicht zu rechtfertigenden Gefährdungshaftung des Emittenten gleich.[37] Dies ergibt sich bereits aus der Gesetzesbegründung zur (soweit inhaltsgleichen) Vorgängervorschrift des § 13a VerkProspG a. F.[38]

6. Haftungsbeschränkungen

18 § 13a Abs. 6 VerkProspG a.F. bestimmte noch einen Ausschluss von Haftungsbeschränkungen. § 24 hat dies nicht übernommen. Eine entsprechende Regelung enthält nun § 25 (vgl. § 25 Rn. 1 f.).

III. Rechtsfolge und Verjährung

1. Anspruchsinhalt

19 Wurde schuldhaft ein öffentliches Angebot ohne Veröffentlichung eines Prospekts durchgeführt, kann der Erwerber der Wertpapiere von Emittent (im Rahmen der oben unter 5 dargestellten teleologischen Haftungsreduktion) und Anbieter gesamtschuldnerisch die **Übernahme** der **Wertpapiere gegen Erstattung** des **Erwerbspreises**, soweit dieser den ersten Erwerbspreis nicht überschreitet, und der mit dem Erwerb verbundenen üblichen Kosten verlangen. Ist der Erwerber nicht mehr Inhaber der Wertpapiere, so kann er gem. § 24 Abs. 2 die Zahlung des Unterschiedsbetrags zwischen dem Erwerbspreis und dem Veräußerungspreis der Wertpapiere sowie der mit dem Erwerb und der Veräußerung verbundenen üblichen Kosten verlangen.

2. Verjährung

20 Auch im Rahmen des § 24 hat der Gesetzgeber die Sonderverjährungsvorschrift des § 13a Abs. 5 VerkProspG nicht übernommen. Es gelten somit die **allgemeinen Verjährungsvorschriften** des Bürgerlichen Gesetzbuchs (vgl. näher § 21 Rn. 124 f.).[39] Dabei ist die Kenntnis der anspruchsbegründenden Umstände ausreichend und keine rechtlich zutreffende Beurteilung des Vorgangs erforderlich.[40]

---

36 *Mülbert/Steup*, in: Habersack/Mülbert/Schlitt, Unternehmensfinanzierung am Kapitalmarkt, § 41 Rn. 78.
37 *Singhof*, in: MünchKomm-HGB, Bd. 6, Emissionsgeschäft, Rn. 288; *Wackerbarth*, in: Holzborn, WpPG, § 24 Rn. 9; *Mülbert/Steup*, in: Habersack/Mülbert/Schlitt, Unternehmensfinanzierung am Kapitalmarkt, § 41 Rn. 78.
38 Vgl. Begr. RegE AnSVG, BT-Drucks. 15/3174, S. 44: „Durch die Einführung des § 13a wird eine entsprechende Haftungsnorm geschaffen, wenn ein Wertpapier-Verkaufsprospekt oder ein Verkaufsprospekt für die Anlageformen des § 8f pflichtwidrig nicht erstellt wurde."
39 So zur Nicht-Übernahme des § 46 BörsG a. F. die Begr. RegE des Gesetzes zur Novellierung der Finanzanlagenvermittler- und Vermögensanlagenrechts, BT-Drucks. 17/6051, S. 30, S. 46.
40 *Leuering*, NJW 2012, 1905, 1908; *Ellenberger*, in: Palandt, BGB, § 199 Rn. 27; *Wackerbarth*, in: Holzborn, WpPG, § 24 Rn. 12.

§ 25 Unwirksame Haftungsbeschränkung; sonstige Ansprüche

(1) Eine Vereinbarung, durch die Ansprüche nach §§ 21, 23 oder 24 im Voraus ermäßigt oder erlassen werden, ist unwirksam.

(2) Weitergehende Ansprüche, die nach den Vorschriften des bürgerlichen Rechts auf Grund von Verträgen oder unerlaubten Handlungen erhoben werden können, bleiben unberührt.

Übersicht

	Rn.		Rn.
I. Unwirksamkeit von Haftungsbeschränkungen, § 25 Abs. 1	1	b) Haftungsadressaten	17
		c) Verschulden	18
II. Konkurrenzen, § 25 Abs. 2	5	3. Rechtsfolge und Verjährung	19
III. Bürgerlich-rechtliche Prospekthaftung im engeren Sinne	8	IV. Bürgerlich-rechtliche Prospekthaftung im weiteren Sinne	21
1. Prospektbegriff	9	1. Haftungsvoraussetzungen	22
a) Produktinformationen	10	2. Keine Haftung *sui generis* bei Erwerb von Wertpapieren auf dem Sekundärmarkt	23
b) Sonstige Veröffentlichungen	12		
c) Freiverkehrseinbeziehung	13		
d) Privatplatzierung	14	3. Rechtsfolge und Verjährung	24
2. Weitere Anspruchsvoraussetzungen	15	V. Gerichtliche Zuständigkeit	25
a) Prospektmangel	16		

I. Unwirksamkeit von Haftungsbeschränkungen, § 25 Abs. 1

§ 25 Abs. 1 regelt, dass eine Vereinbarung, durch die Ansprüche nach §§ 21, 23 oder 24 im Voraus ermäßigt oder erlassen werden, unwirksam ist. Die Bestimmung ist nahezu wortgleich mit der bis zur Änderung durch das Dritte Finanzmarktförderungsgesetz geltenden Fassung des § 47 BörsG a. F. (sowie § 13a Abs. 6 VerkProspG a. F.). Sie stellt klar, dass die **Prospekthaftung nach §§ 21 ff. zwingendes Recht** darstellt. 1

Umstritten ist, welchen Zeitpunkt die Formulierung „**im Voraus**" meint. In Betracht kommt zum einen der Zeitpunkt des Entstehens des Anspruchs,[1] zum anderen der Zeitpunkt der Kenntniserlangung des Anlegers vom Bestehen des Anspruchs.[2] Die Vertreter der ersten Auffassung verweisen zumeist auf den vorgeblich eindeutigen gesetzgeberischen Willen.[3] So heißt es in der Begründung des Regierungsentwurfs zum Dritten Finanz- 2

---

[1] So *Groß*, Kapitalmarktrecht, § 25 WpPG Rn. 2; *Schwark*, in: Schwark/Zimmer, KMRK, § 47 BörsG Rn. 1.

[2] *Hamann*, in: Schäfer/Hamann, Kapitalmarktgesetze, § 47 BörsG Rn. 2; *Assmann*, in: Assmann/Schlitt/von Kopp-Colomb, WpPG/VerkProspG, § 13 VerkProspG Rn. 116; *Assmann*, in: Assmann/Schütze, Hdb. des Kapitalanlagerechts, § 5 Rn. 198.

[3] *Pankoke*, in: Just/Voß/Ritz/Zeising, WpPG, § 47 BörsG Rn. 1; *Schwark*, in: Schwark/Zimmer, KMRK, § 47 BörsG Rn. 1.

§ 25   Unwirksame Haftungsbeschränkung; sonstige Ansprüche

marktförderungsgesetz:[4] „Ist der Anspruch entstanden, können die Beteiligten […] über diesen beliebig […] verfügen."[5] Damit bringt der Gesetzgeber jedoch nur zum Ausdruck, was ohnehin auf der Hand liegt.[6] Ein Rückschluss darauf, ob es für eine wirksame vertragliche Haftungsbeschränkung allein auf das objektive Merkmal des Zeitpunkts der Entstehung des Anspruchs ankommen soll, lässt sich daraus nicht ziehen.[7] Für eine **Berücksichtigung der Kenntnisnahme** spricht, dass der Anleger vor Kenntnis des Prospektmangels keine bewusste Entscheidung über die Ermäßigung oder den Erlass von Ansprüchen aus der Prospekthaftung nach dem WpPG treffen kann.[8] Das ist jedoch für eine Disposition über den Anspruchsinhalt unerlässlich. Dem Erfordernis der Kenntnis und grundsätzlichen Dispositionsfähigkeit ist freilich Genüge getan, wenn der Anleger die Möglichkeit zur Kenntnisnahme von der Fehlerhaftigkeit des Prospektes hatte. Dies entspricht allgemeinen zivilrechtlichen Grundsätzen. Eine Möglichkeit zur Kenntnisnahme kann etwa aufgrund der Veröffentlichung einer entsprechenden Pressemeldung entstehen.[9] Diese Kenntnisfiktion folgt aus der Wertung aus § 122 Abs. 2 BGB, wonach die positive Kenntnis der fahrlässigen Nichtkenntnis (Kennen Müssen) gleichzustellen ist.[10]

3   Nach diesem Zeitpunkt steht § 25 Abs. 1 einer Vereinbarung nicht entgegen, durch die der Anspruchsinhaber den (entstandenen) Prospekthaftungsanspruch, etwa durch Vereinbarung eines **Vergleichs**, beschränkt oder ganz auf den Anspruch ganz verzichtet.[11]

4   Keinen Verstoß gegen § 25 Abs. 1 WpPG stellt es dar, wenn der Emittent eine **Vermögensschaden-Haftpflichtversicherung** für Wertpapieremissionen abschließt, die bei Prospekthaftungsfällen den entstehenden Schaden ausgleicht. Diese Versicherung wird meist zusätzlich zu einer in der Regel bestehenden D&O-Versicherung abgeschlossen und begünstigt nicht nur die Organe des Emittenten, sondern auch den Emittenten selbst, die Konsortialbanken sofern diese den Emittenten aufgrund einer vereinbarten Freistellung in Anspruch nehmen, sowie unter Umständen auch die verkaufenden Aktionäre. Die Versicherung greift, wenn der Emittent oder andere versicherte Personen aufgrund eines (behaupteten) Fehlers im Prospekt oder in bestimmten anderen Dokumenten (z. B. Roadshow Präsentation) bzw. aufgrund von sonstigen Aussagen in Zusammenhang mit der Emission in Anspruch genommen werden.

---

4   Gesetz zur weiteren Fortentwicklung des Finanzplatzes Deutschland v. 24.3.1998, BGBl. I, S. 529.
5   Begr. RegE 3. FMFG, BT-Drucks. 13/8933, S. 81.
6   *Assmann*, in: Assmann/Schlitt/von Kopp-Colomb, WpPG/VerkProspG, § 13 VerkProspG Rn. 116.
7   *Assmann*, in: Assmann/Schlitt/von Kopp-Colomb, WpPG/VerkProspG, § 13 VerkProspG Rn. 116; *Wackerbarth*, in: Holzborn, WpPG, § 25 Rn. 1.
8   *Wackerbarth*, in: Holzborn, WpPG, § 25 Rn. 1.
9   Noch zu § 47 BörsG *Assmann*, in: Assmann/Schlitt/von Kopp-Colomb, WpPG/VerkProspG, § 13 VerkProspG Rn. 116; enger *Hamann*, in: Schäfer/Hamann, Kapitalmarktgesetze, § 47 BörsG Rn. 2, wonach die Kenntnis dann anzunehmen sei, wenn der Ersatzberechtigte davon ausgeht, dass er den Prospekthaftungsanspruch mit Erfolgsaussichten, wenn auch nicht risikolos, einklagen könne.
10 So auch *Assmann*, in: Assmann/Schlitt/von Kopp-Colomb, WpPG/VerkProspG, § 13 VerkProspG Rn. 116.
11 *Groß*, Kapitalmarktrecht, § 25 WpPG Rn. 2; *Wackerbarth*, in: Holzborn, WpPG, § 25 Rn. 1; *Stephan*, AG 2002, 3, 7.

II. Konkurrenzen, § 25 Abs. 2

Nach § 25 Abs. 2 bleiben **weitergehende Ansprüche**, die nach den Vorschriften des bürgerlichen Rechts aufgrund von Verträgen oder unerlaubten Handlungen erhoben werden können, von der wertpapierprospektrechtlichen Prospekthaftung „**unberührt**". § 25 Abs. 2 schließt seinem Wortlaut nach also weder vertragliche, noch quasi-vertragliche Ansprüche, etwa aus *culpa in contrahendo* oder Ansprüche aus sonstigen schuldrechtlichen Sonderverbindungen, aus.

Mit der Gesetzesbegründung des Dritten Finanzmarktförderungsgesetzes und der herrschenden Meinung in der juristischen Literatur ist insoweit zunächst davon auszugehen, dass **sämtliche** in § 25 Abs. 2 **nicht genannten Ansprüche** im sachlichen Anwendungsbereich der §§ 21 ff. im Umkehrschluss durch die wertpapierprospektrechtlichen Prospekthaftungsansprüche verdrängt werden.[12] Bei einem Gleichlauf der bürgerlich-rechtlichen und der wertpapierprospektrechtlichen Ansprüche,[13] würden die bewussten gesetzgeberischen Beschränkungen des Verschuldensmaßstabs und des Adressatenkreises entwertet.[14] **Ausgeschlossen** ist damit eine parallele Anwendung **insbesondere der bürgerlich-rechtlichen Prospekthaftung** im engeren Sinne.[15] Die wertpapierprospektrechtliche Prospekthaftung der §§ 21 ff. stellt mithin eine abschließende Sonderregelung für alle unmittelbar an den Prospekt anknüpfende Ansprüche dar. Dieses Konkurrenzverhältnis erstreckt sich auf den gesamten Anwendungsbereich der wertpapierprospektgesetzlichen Prospekthaftung (vgl. § 21 Rn. 2), also auf fehlerhafte oder fehlende Börsenzulassungs- oder Verkaufsprospekte (einschließlich „freiwilliger" Prospekte nach § 1 Abs. 3) sowie auch auf die Veröffentlichung nicht gebilligter oder die Verwendung nicht mehr gültiger Prospekte.[16]

Schließlich können auch Ansprüche aus **unerlaubter Handlung** neben die Ansprüche aufgrund eines fehlerhaften oder fehlenden Prospekts nach dem WpPG treten. Anders als bei § 47 Abs. 2 BörsG a. F., sind die konkurrierenden Ansprüche nicht auf Ansprüche aus vor-

---

12 Begr. RegE 3. FMFG, BT-Drucks. 13/8933, S. 81 zu §§ 45 ff. BörsG; BGH, 21.2.2013 – III ZR 139/12, WM 2013, 689, 690 Rn. 14; für die Literatur statt aller: *Groß*, Kapitalmarktrecht, § 25 WpPG, Rn. 3; *Assmann*, in: Assmann/Schlitt/von Kopp-Colomb, WpPG/VerkProspG, § 13 VerkProspG, Rn. 120; *Mülbert/Steup*, in: Habersack/Mülbert/Schlitt, Unternehmensfinanzierung am Kapitalmarkt, § 41 Rn. 151.
13 So etwa *Emmerich*, in: MünchKomm-BGB, § 311 Rn. 187; *Grundmann*, in: Schimansky/Bunte/Lwowski, Bankrechts-Handbuch, § 112 Rn. 55.
14 OLG Frankfurt, 17.12.1996 – 5 U 178/95, zitiert nach juris, Rn. 35; *Janert/Schuster*, BB 2005, 987, 991. Für das Verhältnis zum Börsenrecht stellt schon die Regierungsbegründung zum 3. Finanzmarktförderungsgesetz diese Exklusivität klar, vgl. BT-Drucks. 13/8933, S. 81.
15 Bei der allgemeinen bürgerlich-rechtlichen Prospekthaftung im engeren Sinne handelt es sich um eine „typisierte" Vertrauenshaftung. Daneben tritt die allgemeine bürgerlich-rechtliche Prospekthaftung im weiteren Sinne und die rein deliktsrechtliche Prospekthaftung, vgl. ausführlich *Assmann*, in: Assmann/Schütze, Hdb. des Kapitalanlagerechts, § 5 Rn. 23; *Janert/Schuster*, BB 2005, 987, 991; *Denninger*, Grenzüberschreitende Prospekthaftung und Internationales Privatrecht, S. 86 ff.; Begr. RegE 3. FMFG, BT-Drucks. 13/8933, S. 81; *Schwark*, in: Schwark/Zimmer, KMRK, §§ 44, 45 BörsG Rn. 79; *Hauptmann*, in: Vortmann, Prospekthaftung und Anlageberatung, § 3 Rn. 136; *Mülbert/Steup*, in: Habersack/Mülbert/Schlitt, Unternehmensfinanzierung am Kapitalmarkt, § 41 Rn. 151; OLG Frankfurt, 14.2.2003 – 5 W 34/02, NZG 2003, 329, 331; *Klöhn*, WM 2013, 97, 106; *Nobbe*, WM 2013, 193, 201 f. m. w. N. in Fn. 121.
16 *Mülbert/Steup*, in: Habersack/Mülbert/Schlitt, Unternehmensfinanzierung am Kapitalmarkt, § 41 Rn. 151; *Groß*, Kapitalmarktrecht, § 25 Rn. 3a.

sätzlich oder grob fahrlässig begangenen unerlaubten Handlungen beschränkt. Jedoch spielen deliktische Ansprüche nach wie vor nur eine untergeordnete Rolle, weil deren strengere Haftungsvoraussetzungen nur selten erfüllt sind.[17] In Betracht kommen daher insbesondere Ansprüche aus § 823 Abs. 2 BGB i.V.m. einem Schutzgesetz.[18] Mögliche Schutzgesetze sind die §§ 263, 264a StGB (Betrug, Kapitalanlagebetrug), § 400 Abs. 1 Nr. 1 AktG oder § 82 Abs. 2 GmbHG,[19] nicht dagegen die §§ 21 ff. selbst.[20] Zudem wurden Ansprüche gem. § 826 BGB von der Rechtsprechung unter strengen Voraussetzungen bereits vereinzelt angenommen.[21] Die Ansprüche aus unerlaubter Handlung können sowohl an einen Prospekt i.S.d. WpPG als auch an andere Veröffentlichungen im Zusammenhang mit der Wertpapieremission anknüpfen.

III. Bürgerlich-rechtliche Prospekthaftung im engeren Sinne

8   Wie dargelegt (Rn. 6), sind Ansprüche aus der im Wege richterlicher Rechtsfortbildung entwickelten bürgerlich-rechtlichen Prospekthaftung im engeren Sinne im sachlichen Anwendungsbereich der wertpapierprospektgesetzlichen Prospekthaftungstatbestände ausgeschlossen.[22] Aufgrund der nunmehr für Anlageprodukte mittlerweile geregelten gesetzlichen Prospektpflichten und deren Absicherung durch das Haftungsregime der §§ 21 ff. sowie § 306 KAGB und §§ 20 ff. VermAnlG ist der **Anwendungsbereich** der bürgerlich-rechtlichen Prospekthaftung im engeren Sinne darüber hinaus **stark begrenzt**. Die bürgerlich-rechtliche Prospekthaftung im engeren Sinne kann daher nur bei solchen Veröffentlichungen zum Tragen kommen, die keine Prospekte im Sinne der sachnäheren Regelungen des WpPG sind. In Betracht kommen dafür grundsätzlich etwa Zeichnungsaufforderungen, Bezugs- oder Verkaufsangebote, Research-Reports oder Jahresabschlüsse,[23] sofern diese Publikationen im Einzelfall als Prospekt im Sinne der bürgerlich-rechtlichen Prospekthaftung zu qualifizieren sind.

---

17 *Leuering*, NJW 2012, 1905, 1906; *Grundmann*, in: Schimansky/Bunte/Lwowski, Bankrecht-Handbuch, § 112 Rn. 46.
18 *Groß*, Kapitalmarktrecht, § 25 WpPG Rn. 9; *Leuering*, NJW 2012, 1905, 1906; *Schwark*, in: Schwark/Zimmer, KMRK, §§ 44, 45 BörsG Rn. 80.
19 *Sprau*, in: Palandt, BGB, § 823 Rn. 62 f.
20 *Wackerbarth*, in: Holzborn, WpPG, § 25 Rn. 4; noch zu §§ 44, 45 BörsG a.F.: *Kort*, AG 1999, 9, 18; *Groß*, Kapitalmarktrecht, § 25 WpPG Rn. 3; *Habersack*, in: Habersack/Mülbert/Schlitt, Hdb. der Kapitalmarktinformation, § 29 Rn. 58; noch zu §§ 13 ff. VerkProspG: *Pankoke*, in: Just/Voß/Ritz/Zeising, WpPG, § 47 BörsG Rn. 11; *Assmann*, in: Assmann/Schlitt/von Kopp-Colomb, WpPG/VerkProspG, § 13 VerkProspG Rn. 119.
21 Jeweils bezüglich fehlerhafter Ad-hoc-Mitteilungen: BGH, 9.5.2005 – II ZR 287/02, BB 2005, 1644, 1645; OLG München, 20.4.2005 – 7 U 5303/04, WM 2005, 1269, 1269; OLG Frankfurt, 17.3.2005 – 1 U 149/04, NZG 2005, 516, 516; dazu auch *Groß*, Kapitalmarktrecht, § 25 WpPG Rn. 9; *Möllers*, BB 2005, 1637, 1637; *Wackerbarth*, in: Holzborn, WpPG, § 25 Rn. 4 m.w.N.
22 OLG Frankfurt, 6.7.2004 – 5 U 122/03, Rn. 88 zitiert nach juris, WM 2004, 1831.
23 *Groß*, Kapitalmarktrecht, § 25 WpPG Rn. 4 mit weiteren Beispielen.

III. Bürgerlich-rechtliche Prospekthaftung im engeren Sinne § 25

1. Prospektbegriff

Entscheidende Bedeutung hat für den Anwendungsbereich der bürgerlich-rechtlichen 9
Prospekthaftung die Definition des Prospekts.[24] Sie sollte jedenfalls **kein Auffangtatbestand für jedwede Erklärungen** im Zusammenhang mit Kapitalmarktinformationen sein. Insbesondere bei prospektpflichtigen Kapitalmaßnahmen hat der Prospekt nach dem WpPG das zentrale (einzige) Haftungsdokument zu sein. Andererseits darf kein „rechtlicher Freiraum" für anderweitige fehlerhafte Veröffentlichungen entstehen.[25] Von der Rechtsprechung der Zivilgerichte wird der Prospekt in diesem Sinne als Grundlage der Anlageentscheidung verstanden, die dem Anleger ein zutreffendes Bild von der Anlage selbst gibt und über alle potenziell entscheidungserheblichen Umstände sachlich richtig und vollständig unterrichtet.[26] Dabei kann unter dem Gesichtspunkt der Einheitlichkeit der Rechtsordnung der **Prospektbegriff des § 264a StGB** heranzuziehen sein.[27] Ausweislich der Regierungsbegründung zum Zweiten Gesetz zur Bekämpfung der Wirtschaftskriminalität handelt es sich bei einem Prospekt im Sinne der Norm um „jedes Schriftstück [...], das für die Beurteilung der Anlage erhebliche Angaben enthält, oder den Eindruck eines solchen Inhaltes erwecken soll und das zugleich Grundlage für eine solche Entscheidung sein soll".[28]

a) Produktinformationen

Eine Einordnung als Prospekt hat der BGH für die „Produktinformation" vorgenommen.[29] 10
Eine 80-seitige „Produktinformation" erläuterte den Konzern, die handelnden Personen und die angebotenen Produkte, enthielt aber keine rechtstechnischen, steuerlichen und finanzmathematischen Details.[30] An der Qualifizierung als Prospekt vermag nach Ansicht des BGH auch der abschließende Hinweis in der „Produktinformation", es handele sich bei dieser nicht um einen Emissionsprospekt, nichts zu ändern. Eine entsprechende Einordnung als Prospekt im bürgerlich-rechtlichen Sinne dürfte danach insbesondere dann in Betracht kommen, wenn das Informationsdokument eine solche **Angabendichte** enthält, dass der Anleger auf ein Lesen des eigentlichen Emissionsprospekts verzichten könnte.[31]

Entgegen der Auffassung des BGH sind ausdrückliche **Haftungseinschränkungen** bzw. 11
der Hinweis an hervorgehobener Stelle, dass das Dokument nicht den Anspruch erhebt, die

---

24 Ausführlich dazu *Groß*, Kapitalmarktrecht, § 25 WpPG Rn. 5 m. w. N.
25 *Groß*, Kapitalmarktrecht, § 25 WpPG Rn. 5.
26 BGH, 19.7.2004 – II ZR 218/03, VersR 2004, 1279, 1280; BGH, 19.7.2004 – II ZR 402/02, zitiert nach juris, Rn. 9–15; BGH, 19.7.2004 – II ZR 218/03, WM 2004, 1721, 1722; BGH, 17.11.2011 – III ZR 103/10, WM 2012, 19, 21; die Entscheidung des BGH vom 12.5.2005 – 5 StR 283/04, ZIP 2005, 1066, 1067 zu § 264a StGB, wonach Prospektangaben ihrer Funktion nach nicht auf Vollständigkeit angelegt sein können, steht dazu nicht im Widerspruch. Hierbei geht es nur um die Abgrenzung zu nicht anlageerheblichen Informationen.
27 *Groß*, Kapitalmarktrecht, § 25 WpPG Rn. 5.
28 BT-Drucks. 10/318, S. 23; *Groß*, WM 2002, 477, 479; BGH, 17.11.2011 – III ZR 103/10, WM 2012, 19, 21, Rn. 21; siehe auch *Siol*, in: Schimansky/Bunte/Lwowski, Bankrechts-Handbuch, § 45 Rn. 49; *Mülbert/Steup* in: Habersack/Mülbert/Schlitt, Unternehmensfinanzierung am Kapitalmarkt, § 41 Rn. 157.
29 BGH, 17.11.2011 – III ZR 103/10, WM 2012, 19, 21.
30 Vgl. BGH, 17.11.2011 – III ZR 103/10, WM 2012, 19, 21.
31 *Klöhn*, WM 2012, 97, 103; ablehnend dagegen *Stumpf*, BB 2012, 214, 214 f.

§ 25 Unwirksame Haftungsbeschränkung; sonstige Ansprüche

wertbildenden Faktoren umfassend darzustellen, nicht grundsätzlich als unbeachtlich anzusehen.[32] Dies gilt insbesondere, wenn auf einen Prospekt verwiesen wird.

b) Sonstige Veröffentlichungen

12 Ad-hoc-Mitteilungen i. S. v. § 15 WpHG,[33] schriftliche Werbemaßnahmen (z. Bsp. Flyer oder Plakate),[34] mündliche Werbung in Film oder Rundfunk,[35] Verkaufsangebote, „Zeichnungsaufforderungen" sowie Bezugsangebote gem. § 186 Abs. 2 AktG mit den nach § 186 Abs. 5 Satz 2 AktG erforderlichen Angaben,[36] genügen diesem umfassenden Informationsanspruch erkennbar nicht und können daher auch **nicht Grundlage** der bürgerlich-rechtlichen **Prospekthaftung** sein.[37] Nichts anderes kann für Jahresabschlüsse, Quartals- oder Halbjahresfinanzberichte sowie sonstige Veröffentlichungen nach dem WpHG gelten. Entgegen einer verbreiteten Auffassung erfüllen sie nicht die Anforderungen, die an einen Prospekt zu stellen sind, sondern wurden aufgrund gesetzlicher Verpflichtungen und für andere als Angebotszwecke erstellt.[38]

c) Freiverkehrseinbeziehung

13 Kaum noch Relevanz dürfte die bürgerlich-rechtliche Prospekthaftung im engeren Sinne bei der Einbeziehung von Wertpapieren in den Freiverkehr haben. Hierbei ist zunächst zu unterscheiden, ob die Einbeziehung aufgrund eines Exposés oder eines (beispielsweise im Falle einer Einbeziehung in den Entry Standard der Frankfurter Wertpapierbörse verpflichtend zu erstellenden) Prospekts[39] erfolgt. Geht die Einbeziehung in den Freiverkehr

---

32 Siehe *Groß*, Kapitalmarktrecht, § 25 WpPG Rn. 7, der den BGH insoweit nicht als a. A. sieht, weil die Produktinformationen nicht isoliert als Prospekt angesehen wurden, sondern nur zusammen mit dem Emissionsprospekt.
33 So ausdrücklich BGH, 19.7.2004 – II ZR 402/02, zitiert nach juris, Rn. 9–15; *Assmann*, in: Assmann/Schlitt, Hdb. des Kapitalanlagerechts, § 5 Rn. 37; *Groß*, WM 2002, 477, 479 f.; *Mülbert/ Steup*, WM 2005, 1633, 1649; *Schwark*, in: Schwark/Zimmer, KMRK, §§ 44, 45 BörsG Rn. 17; **a. A.** *Braun/Rotter*, BKR 2003, 918, 919 f. für den Fall, dass sich eine Ad-hoc-Mitteilung nicht auf die Mitteilung von Einzelfällen beschränkt; es gelten die Sondervorschriften der §§ 37b und 37c WpHG.
34 BGH, 17.11.2011 – III ZR 103/10, WM 2012, 19, 21 f.; *Mülbert/ Steup*, in: Habersack/Mülbert/ Schlitt, Unternehmensfinanzierung am Kapitalmarkt, § 41 Rn. 164; mit einer Übersicht zu den einzelnen Werbemitteln *Groß*, Kapitalmarktrecht, § 25 WpPG Rn. 5.
35 BGH, 17.11.2011 – III ZR 103/10, WM 2012, 19, 21 f.; hierunter dürfte aber auch die Fixierung in computerisierte Daten fallen, *Eyles*, in: Vortmann, Prospekthaftung und Anlageberatung, § 2 Rn. 59; *Klöhn*, WM 2012, 97, 103.
36 BGH, WM 1982, 867 f.; *Groß*, Kapitalmarktrecht, § 25 WpPG Rn. 5; *Mülbert/ Steup*, in: Habersack/Mülbert/Schlitt, Unternehmensfinanzierung am Kapitalmarkt, § 41 Rn. 163; *Schwark*, in: Schwark/Zimmer, KMRK, §§ 44, 45 BörsG Rn. 17; *Hamann*, in: Hamann/Schäfer, Kapitalmarktgesetze, §§ 44, 45 BörsG Rn. 48 f.
37 Vgl. BGH, 19.7.2004 – II ZR 218/03, WM 2004, 1721, 1722.
38 Wie hier *Groß*, Kapitalmarktrecht, § 25 Rn. 6; **a. A.** etwa *Kumpan*, in: Baumbach/Hopt, HGB, § 25 WpPG Rn. 4; *Hamann*, in: Schäfer/Hamann, Kapitalmarktgesetze, §§ 44, 45 BörsG Rn. 50.
39 An der Frankfurter Wertpapierbörse ist eine Einbeziehung von Wertpapieren in das Entry Standard Segment des Freiverkehrs nur bei Durchführung eines öffentlichen Angebots und Vorlage eines gebilligten und veröffentlichten Prospekts möglich (vgl. § 17 Abs. 1 (a) Allgemeine Geschäftsbedingungen der Deutsche Börse AG für den Freiverkehr an der Frankfurter Wertpapierbörse). Lediglich eine Einbeziehung von Wertpapieren, die bereits an einem anderen in- oder ausländischen

III. Bürgerlich-rechtliche Prospekthaftung im engeren Sinne   § 25

mit zusätzlichen Werbemaßnahmen einer und liegt ein öffentliches Angebot i. S. d. § 2 Nr. 4 vor, muss gem. § 3 Abs. 1 ein Prospekt erstellt werden. Wird die Einbeziehung hingegen ohne öffentliches Angebot i. S. d. § 2 Nr. 4 vorgenommen und wird hierfür aufgrund der anwendbaren Freiverkehrsrichtlinien lediglich ein **Exposé** erstellt, das der Börse vorgelegt wird, stellt dies als reines Börseninternum keinen Prospekt im Sinne des WpPG dar und unterliegt auch nicht der bürgerlich-rechtlichen Prospekthaftung.[40] Sofern ein Exposé (ausnahmsweise) Dritten zur Verfügung gestellt wird, kann dies ebenfalls als zusätzliche Werbemaßnahme und damit ein öffentliches Angebot zu werten sein, mit der Folge, dass sich die Haftung nach §§ 22, 24 WpPG richtet. Unter Umständen kommt eine Haftung nach den Grundsätzen der bürgerlich-rechtlichen Prospekthaftung in Betracht, wenn ein Exposé an Dritte übermittelt wird, dies aber noch kein öffentliches Angebot darstellt, sofern das Exposé als Prospekt im Sinne der bürgerlich-rechtlichen Prospekthaftung qualifiziert werden kann (siehe oben Ziffer 9).

d) Privatplatzierung

Im Bemühen um eine erhöhte Transaktionssicherheit bei der Durchführung eines Börsengangs verkaufen Emittent und Konsortialbanken unter Umständen vor Durchführung eines Angebots Wertpapiere im Wege einer Privatplatzierung (sog. **Vorabplatzierung**). Wenn die angesprochenen Anleger ihre verbindliche Investitionsentscheidung bereits vor Prospektbilligung treffen, können sie sich, anders als die Investoren bei üblichen *Cornerstone*-Vereinbarungen (siehe bereits § 21 Rn. 33), nicht auf den gebilligten Prospekt berufen. Legen Emittent und Emissionsbanken diesen Anlegern im Rahmen der Vorabplatzierung einen Entwurf des (zu billigenden) Prospekts vor, haften sie für dieses Dokument nicht aus wertpapierprospektgesetzlicher Prospekthaftung, sondern nach allgemeinen zivilrechtlichen Haftungsgrundsätzen. Insbesondere kommt eine Haftung aus allgemeiner bürgerlich-rechtlicher Prospekthaftung in Betracht, was zu erheblicher Unsicherheit hinsichtlich des anwendbaren Verschuldensmaßstabs und unter Umständen zu einer Haftung bereits für einfache Fahrlässigkeit führen kann (siehe Rn. 17). Dies erscheint jedoch jedenfalls dann nicht sachgerecht, wenn die Vorabplatzierung in engem **zeitlichen und inhaltlichen Zusammenhang mit** einem nachfolgenden **prospektpflichtigen Angebot** erfolgt und der (bereits von der BaFin im Rahmen des Prospektbilligungsverfahrens durchgesehene[41]) Prospektentwurf kurz vor Billigung zur Verfügung gestellt wird. In diesem Fall kann es aus Sicht von Emittent und begleitenden Banken deshalb geboten sein, den anzulegenden Haftungsmaßstab mit den Anlegern, soweit (ggf. im Rahmen der AGB-Kontrolle) zulässig, **vertraglich zu regeln**. In Betracht kommt insbesondere, die Regeln der wertpapierprospektgesetzlichen Prospekthaftung für entsprechend anwendbar zu erklären. Dies trägt dem Umstand Rechnung, dass den Anlegern ein nach den gesetzlichen Vorgaben erstellter (und von der BaFin durchgesehener), wenn auch noch nicht gebilligter, Prospekt vorliegt.

14

---

und von der Deutsche Börse AG anerkannten börsenmäßigen Handelsplatz zugelassen sind, in das sog. Quotation Board des Freiverkehrs, kann noch prospektfrei erfolgen.
40 *Mülbert/Steup*, in: Habersack/Mülbert/Schlitt, Unternehmensfinanzierung am Kapitalmarkt, § 41 Rn. 25.
41 Insofern ist zu beachten, dass die BaFin nur den endgültigen Entwurf billigt.

2. Weitere Anspruchsvoraussetzungen

15 Die bürgerlich-rechtliche Prospekthaftung im engeren Sinne knüpft für die Haftungsbegründung nicht an persönliches, etwa durch Vertragsverhandlungen begründetes Vertrauen, sondern an ein **typisiertes Vertrauen** auf die Richtigkeit des (bürgerlich-rechtlichen) Prospekts an.[42]

a) Prospektmangel

16 Die bürgerlich-rechtliche Prospekthaftung im engeren Sinne setzt die **Unrichtigkeit** oder **Unvollständigkeit** des Prospekts voraus. Der Beurteilungsmaßstab richtet sich dabei (wie auch im Rahmen der spezialgesetzlichen Prospekthaftung) nach dem durchschnittlichen Anleger, soweit sich die Emission an ein breites Anlegerpublikum richtet.[43] Die Beurteilung der Vollständigkeit des Prospekts kann im Einzelfall Schwierigkeiten bereiten, da im Unterschied zur spezialgesetzlichen Haftung kein entsprechender Katalog inhaltlicher Mindestanforderungen (vgl. die Anhänge zur EU-ProspektVO) besteht.[44] Es gilt als allgemeiner Maßstab, dass der Prospekt als allgemeine Grundlage der Anlageentscheidung ein zutreffendes Bild von der Anlage vermitteln und über alle potenziell erheblichen Umstände sachlich richtig und vollständig unterrichten muss.[45]

b) Haftungsadressaten

17 Haftungsadressaten sind nach der Rechtsprechung des BGH die **Herausgeber** von Prospekten, **Gründer**, Initiatoren, Gestalter der emittierenden Gesellschaft, soweit sie das Management bilden oder beherrschen und als sogenannte **Hintermänner** alle Personen, die hinter der Gesellschaft stehen und auf ihr Geschäftsgebaren oder die Gestaltung des konkreten Anlagemodells besonderen Einfluss ausüben und deshalb Mitverantwortung tragen,[46] sowie die die Emission begleitenden **Emissionsbanken**.[47]

c) Verschulden

18 Zur Bestimmung des Verschuldensmaßstabs griff die Rechtsprechung bis zur Einführung der Prospektpflicht und einer daran anknüpfende Haftung auch für nicht in Wertpapiere verbriefte Anlagen (§§ 8f, 13, 13a VerkProspG [a. F.])[48] auf **§ 276 BGB** (einfache Fahrläs-

---

42 BGH, 5.7.1993 – II ZR 194/92, DNotZ 1994, 445, 446.
43 *Assmann*, in: Assmann/Schütze, Hdb. des Kapitalanlagerechts, § 5 Rn. 40, 41; *Mülbert/Steup*, in: Habersack/Mülbert/Schlitt, Unternehmensfinanzierung am Kapitalmarkt, § 41 Rn. 167; *Herresthal*, in: Bankrechtstag 2015, 103, 116.
44 Zu den Einzelheiten *Eyles*, in: Vortmann, Prospekthaftung und Anlageberatung, § 2 Rn. 65 ff.
45 BGH, 18.9.2012 – XI ZR 344/11, NZG 2012, 1262, 1264 m. w. N. („Wohnungsbau Leipzig-West"); dazu *Singhof*, RdA 2013, 76; vgl. zu den Einzelheiten auch *Assmann*, in: Assmann/Schütze, Hdb. des Kapitalanlagerechts, § 5 Rn. 50 ff.
46 BGH, 17.1.2011 – III ZR 103/10, NJW 2012, 758, 759; BGH, 7.12.2009 – II ZR 15/08, NJW 2010, 1077, 1079.
47 Näher hierzu *Mülbert/Steup*, WM 2005, 1633, 1648 f., die jedoch Bedenken gegenüber der Haftungserstreckung auf den Emittenten äußern.
48 *Mülbert/Steup*, WM 2005, 1633, 1650; § 8f VerkProspG a. F. und § 13a VerkProspG a.F wurden m.W.v. 1.7.2005 durch Gesetz v. 28.10.2004, BGBl. I, S. 2630, eingeführt und § 13 VerkProspG a. F. m.W.v. 1.7.2005 durch Gesetz v. 28.10.2004, BGBl. I, S. 2630, geändert.

sigkeit) zurück.⁴⁹ Seitdem erscheint allerdings eine Beschränkung des Verschuldens auf grobe Fahrlässigkeit geboten, da der Gesetzgeber bereits mit dem Anlegerschutzverbesserungsgesetz den Verschuldensmaßstab für die wertpapierprospektrechtliche Haftung auf grobe Fahrlässigkeit begrenzt und so die übrigen spezialgesetzlichen primär- und sekundärmarktbezogenen Haftungsvorschriften harmonisiert hat.⁵⁰ Da die originären Fallgestaltungen der bürgerlich-rechtliche Prospekthaftung im engeren Sinne mit Einführung der wertpapierprospektrechtlichen Prospekthaftungstatbestände nunmehr hauptsächlich dem spezialgesetzlichen Haftungsregime unterfallen, ist zur Wahrung eines einheitlichen Haftungsmaßstabs eine Übertragung der Wertung des § 23 Abs. 1 WpPG auf die verbleibenden Fälle der bürgerlich-rechtliche Prospekthaftung im engeren Sinne geboten.⁵¹ Nur so können **Wertungswidersprüche** zwischen der wertpapierprospektrechtlichen Prospekthaftung und der bürgerlich-rechtlichen Prospekthaftung im engeren Sinne vermieden werden.

3. Rechtsfolge und Verjährung

Als **Rechtsfolge** umfasst die bürgerlich-rechtliche Prospekthaftung im engeren Sinne **Schadensersatz** in Form eines Ersatzes des negativen Interesses. Demnach müssen der angelegte Betrag und alle mit dem Erwerb der Wertpapiere verbundenen Aufwendungen Zug-um-Zug gegen Übertragung der erworbenen Wertpapiere ersetzt werden.⁵² 19

Nach der Rechtsprechung des BGH verjähren Ansprüche aus der bürgerlich-rechtlichen Prospekthaftung im engeren Sinne entsprechend den Verjährungsregeln für die (spezial-)gesetzlichen Prospekthaftungstatbestände.⁵³ Mit Wegfall der dafür bestehenden Sonderverjährungsregeln kann kommen auch insoweit die §§ 195, 199 BGB zum Tragen.⁵⁴ Damit gilt auch der vom BGH intendierte Gleichklang der Verjährungsregeln fort. 20

IV. Bürgerlich-rechtliche Prospekthaftung im weiteren Sinne

Die mittlerweile gefestigte bürgerlich-rechtliche Prospekthaftung im weiteren Sinne ist ein **Unterfall der *culpa in contrahendo*** gem. § 311 Abs. 2 und Abs. 3 BGB,⁵⁵ und Ansprüche hieraus sind insoweit auch nicht von § 25 Abs. 2 WpPG ausgeschlossen. Die Haftung wird teilweise auch als uneigentliche Prospekthaftung bezeichnet.⁵⁶ Sie ist nicht mit dem von 21

---

49 BGH, 14.7.1998 – IX ZR 173/97, DStR 1998, 1523, 1524; siehe auch *Assmann*, in: Assmann/Schütze, Hdb. des Kapitalanlagerechts, § 5 Rn. 96.
50 *Mülbert/Steup*, in: Habersack/Mülbert/Schlitt, Unternehmensfinanzierung am Kapitalmarkt, § 41 Rn. 169; *Herresthal*, in: Bankrechtstag 2015, 103, 122.
51 Siehe schon die Kommentierung zu § 23 Rn. 3 ff.
52 Ausführlich hierzu *Assmann*, in: Assmann/Schütze, Hdb. des Kapitalanlagerecht, § 5 Rn. 99 ff.; *Eyles*, in: Vortmann, Prospekthaftung und Anlageberatung, § 2 Rn. 82 ff.
53 BGH, 18.12.2000 – II ZR 84/99, WM 2001, 464.
54 Ebenso *Leuering/Rubner*, NJW Spezial 2013, 143; *Mülbert/Steup* in: Habersack/Mülbert/Schlitt, Unternehmensfinanzierung am Kapitalmarkt, § 41 Rn. 171.
55 *Horbach*, in: Münchener Handbuch des Gesellschaftsrechts, Bd. 2, § 69 Rn. 7; *Herresthal*, in: Bankrechtstag 2015, 103, 108.
56 *Grüneberg*, in: Palandt, BGB, § 311 Rn. 71.

1. Haftungsvoraussetzungen

22 Die bürgerlich-rechtliche Prospekthaftung im weiteren Sinne setzt voraus, dass der Anleger **persönliches Vertrauen**, zum Beispiel bei Vertragsverhandlungen, in Anspruch genommen hat.[57] Neben dem künftigen Vertragspartner kann nach Ansicht des BGH auch ausnahmsweise der für diesen auftretende Vertreter, Vermittler oder Sachverwalter in Anspruch genommen werden, wenn er in besonderem Maße Vertrauen für sich in Anspruch genommen hat oder wenn er ein mittelbares, eigenes wirtschaftliches Interesse am Abschluss des Geschäfts hat.[58] Anzeichen für ein solches besonderes persönliches Vertrauen soll die **Übernahme** einer, über das normale Verhandlungsvertrauen hinausgehenden, **persönlichen Gewähr für die Seriosität** und ordnungsgemäße Erfüllung des Vertrags sein.[59] Folglich ist der Anknüpfungspunkt der Prospekthaftung im weiteren Sinne nicht die Verantwortlichkeit für einen fehlerhaften Prospekt, sondern die **Verletzung einer selbständigen Aufklärungspflicht** als Vertragspartner oder Sachverwalter aufgrund persönlich in Anspruch genommenen – eben nicht nur typisierten – besonderen Vertrauens, zu deren Erfüllung er sich des [fehlerhaften] Prospekts bedient.[60] Der Anspruchsgegner haftet in diesem Rahmen auch für anderweitig, etwa mündlich, erteilte unrichtige oder unvollständige Informationen über den Emittenten oder die Wertpapiere.[61]

2. Keine Haftung *sui generis* bei Erwerb von Wertpapieren auf dem Sekundärmarkt

23 Das OLG Frankfurt hat in diesem Zusammenhang mit Beschluss vom 22.4.2015[62] klargestellt, dass im Falle einer **Emission von Zertifikaten** zwischen einem Anleger und der wertpapieremittierenden Bank keine quasi-vertraglichen Beziehungen *sui generis* entstehen, wenn der Anleger die Wertpapiere nicht direkt von der Bank, sondern über einen Dritten am Sekundärmarkt erwirbt und der Dritte sich beim Anlagevertrieb eines von der Bank herausgegebenen Wertpapierkonditionenblattes bedient.[63] In diesem Fall könne weder durch die Verwendung des Wertpapierkonditionenblattes noch aufgrund von Gebührenvereinbarungen für den Vertrieb der Wertpapiere zwischen dem Dritten und der Bank ohne

---

57 BGH, 22.3.1982 – II ZR 114/81, BGHZ 83, 222, 227; vgl. BGH, 23.4.2012 – II ZR 211/09, NJW-RR 2012, 937, 938, danach entstehen hinreichende (vor-)vertragliche Beziehungen zwischen dem Anleger und den Gründungsgesellschaftern eines geschlossenen Immobilienfonds, wenn dieser als Treugeber über einen Treuhandkommanditisten dem geschlossenen Immobilienfonds beitritt und den unmittelbaren Kommanditisten im Innenverhältnis gleichgestellt werden soll.
58 St. Rspr. des BGH, 23.4.2012 – II ZR 211/09, NJW-RR 2012, 937, 939 m. w. N.
59 BGH, 23.4.2012 – II ZR 211/09, NJW-RR 2012, 937, 939.
60 BGH, 23.4.2012 – II ZR 211/09, NJW-RR 2012, 937, 939; noch zum alten Recht: BGH, 22.3.1982 – II ZR 114/81, BGHZ 83, 222, 227; KG Berlin, 6.9.2011 – 19 U 68/11, WM 2012, 127 f.
61 BGH, 2.6.2008 – II ZR 210/06, WM 2008, 1545, 1547.
62 OLG Frankfurt, 22.4.2015 – 23 Kap 1/13, WM 2015, 1105, 1105.
63 OLG Frankfurt, 22.4.2015 – 23 Kap 1/13, WM 2015, 1105, 1107; zustimmend *Einsele*, WuB 2015, 435, 437.

Weiteres eine Stellvertretung des Dritten für die Bank konstruiert oder (da es dem Anleger am Kapitalmarkt in der Regel mit Blick auf das Insolvenzrisiko des Vertragspartners nicht gleichgültig ist, mit wem er kontrahiert) von einem Geschäft für den, den es angeht ausgegangen werden.[64] Auch ein Anspruch wegen Verschuldens bei Vertragsschluss gegen die Bank scheide deshalb, **mangels Sonderverbindung** zwischen dem Zweiterwerber und der Bank[65] aus.[66] Der Vertrag zwischen der Bank und den Ersterwerbern der Wertpapiere entfaltet schließlich keine Schutzwirkung zugunsten Dritter, soweit dem zweiterwerbenden Anleger eigene vertragliche Ansprüche, etwa aus einem Anlageberatungsvertrag, zustehen und es schon deswegen an seiner Schutzbedürftigkeit mangelt.[67]

3. Rechtsfolge und Verjährung

Hinsichtlich des Umfangs der Schadensersatzpflicht[68] und der Verjährung gelten die Ausführungen zur bürgerlich-rechtlichen Prospekthaftung im engeren Sinne entsprechend (Rn. 12 f.).

24

V. Gerichtliche Zuständigkeit

Für die bürgerlich-rechtliche Prospekthaftung im engeren und weiteren Sinne ergeben sich grundsätzlich keine Abweichungen bei der Bestimmung der gerichtlichen Zuständigkeit.[69] Die örtliche Zuständigkeit ergibt sich aus § 32b ZPO. Die sachliche Zuständigkeit des Landgerichts folgt aus § 71 Abs. 2 Nr. 3 GVG. Die Zuständigkeit der Kammer für Handelssachen resultiert aus § 95 Abs. 1 Nr. 6 GVG (hinsichtlich weiterer Einzelheiten s. § 21 Rn. 131). Voraussetzung ist jedoch, dass die Schadensersatzansprüche auf eine falsche, irreführende oder unterlassene öffentliche Kapitalmarktinformation,[70] die irgendeine Art von Wertpapier betrifft, gegründet[71] und auch gegen den Emittenten oder den Anbieter der Wertpapiere geltend gemacht werden, vgl. § 32b Abs. 1 letzter Halbs. ZPO.[72] Im Übrigen gelten die allgemeinen Zuständigkeitsregeln der ZPO.

25

---

64 OLG Frankfurt, 22.4.2015 – 23 Kap 1/13, WM 2015, 1105, 1107 f.
65 Zu Recht hier differenzierend: *Einsele*, WuB 2015, 435, 438.
66 OLG Frankfurt, 22.4.2015 – 23 Kap 1/13, WM 2015, 1105, 1109.
67 OLG Frankfurt, 22.4.2015 – 23 Kap 1/13, WM 2015, 1105, 1112.
68 BGH, 31.5.2010 – II ZR 30/09, NJW 2010, 2506, 2508.
69 *Heinrich*, in: Musielak, ZPO, § 32b Rn. 5b m. w. N.
70 BGH, 30.1.2007 – X ARZ 381/06, NJW 2007, 1364, 1365.
71 *Vollkommer*, in: Zöller, ZPO, § 32b Rn. 5.
72 Begr. RegE zur Reform des KapMuG, BT-Drucks. 17/8799, S. 27.

Abschnitt 7
Zuständige Behörde und Verfahren

§ 26 Befugnisse der Bundesanstalt

(1) Ist bei der Bundesanstalt ein Prospekt zur Billigung eingereicht worden, kann sie vom Anbieter oder Zulassungsantragsteller die Aufnahme zusätzlicher Angaben in den Prospekt verlangen, wenn dies zum Schutz des Publikums geboten erscheint.

(2) [1]Die Bundesanstalt kann vom Emittenten, Anbieter oder Zulassungsantragsteller Auskünfte, die Vorlage von Unterlagen und die Überlassung von Kopien verlangen, soweit dies zur Überwachung der Einhaltung der Bestimmungen dieses Gesetzes erforderlich ist. [2]Die Befugnis nach Satz 1 besteht auch gegenüber

1. einem mit dem Emittenten, dem Anbieter oder Zulassungsantragsteller verbundenen Unternehmen,
2. demjenigen, bei dem Tatsachen die Annahme rechtfertigen, dass er Anbieter im Sinne dieses Gesetzes ist.

[3]Im Falle des Satzes 2 Nr. 2 dürfen Auskünfte, die Vorlage von Unterlagen und die Überlassung von Kopien nur insoweit verlangt werden, als sie für die Prüfung, ob es sich um einen Anbieter im Sinne dieses Gesetzes handelt, erforderlich sind.

(2a) [1]Kommt ein Emittent, Anbieter oder Zulassungsantragsteller einem sofort vollziehbaren Verlangen nach Absatz 2 innerhalb angemessener Frist unberechtigt nicht oder trotz erneuter Aufforderung innerhalb angemessener Frist unberechtigt nicht oder nur unvollständig nach, kann die Bundesanstalt diesen Umstand auf ihrer Internetseite öffentlich bekannt machen, wenn Anhaltspunkte dafür vorliegen, dass entgegen § 3 dieses Gesetzes kein Prospekt veröffentlicht wurde oder entgegen § 13 dieses Gesetzes ein Prospekt veröffentlicht wird oder der Prospekt oder das Registrierungsformular nicht mehr nach § 9 dieses Gesetzes gültig ist. [2]In dem Auskunfts- und Vorlegungsersuchen nach Absatz 2 ist auf die Befugnis nach Satz 1 hinzuweisen. [3]Die Bekanntmachung darf nur diejenigen personenbezogenen Daten enthalten, die zur Identifizierung des Anbieters oder Emittenten erforderlich sind. [4]Bei nicht bestandskräftigen Maßnahmen ist folgender Hinweis hinzuzufügen: „Diese Maßnahme ist noch nicht bestandskräftig." [5]Wurde gegen die Maßnahme ein Rechtsmittel eingelegt, sind der Stand und der Ausgang des Rechtsmittelverfahrens bekannt zu machen. [6]Die Bekanntmachung ist spätestens nach fünf Jahren zu löschen.

(2b) [1]Die Bundesanstalt sieht von einer Bekanntmachung nach Absatz 2a ab, wenn die Bekanntmachung die Finanzmärkte der Bundesrepublik Deutschland oder eines oder mehrerer Staaten des Europäischen Wirtschaftsraums erheblich gefährden würde. [2]Die Bundesanstalt kann von einer Bekanntmachung außerdem absehen, wenn eine Bekanntmachung nachteilige Auswirkungen auf die Durchführung strafrechtlicher, ordnungswidrigkeitenrechtlicher oder disziplinarischer Ermittlungen haben kann.

(3) Die Bundesanstalt kann von den Abschlussprüfern und Mitgliedern von Aufsichts- oder Geschäftsführungsorganen des Emittenten, des Anbieters oder Zulassungsantragstellers sowie von den mit der Platzierung des öffentlichen Angebots oder der Zulassung zum Handel beauftragten Instituten im Sinne des § 1 Abs. 1b des Kreditwesengesetzes oder einem nach § 53 Abs. 1 Satz 1 oder § 53b Abs. 1 Satz 1 des Kreditwesengesetzes tätigen Unternehmen Auskünfte, die Vorlage von Unterlagen und die Überlassung von Kopien verlangen, soweit dies zur Überwachung der Einhaltung der Bestimmungen dieses Gesetzes erforderlich ist.

(4) [1]Die Bundesanstalt hat ein öffentliches Angebot zu untersagen, wenn entgegen § 3 kein Prospekt veröffentlicht wurde, entgegen § 13 ein Prospekt veröffentlicht wird, der Prospekt oder das Registrierungsformular nicht mehr nach § 9 gültig ist, die Billigung des Prospekts nicht durch eine Bescheinigung im Sinne des § 18 Abs. 1 nachgewiesen worden ist oder der Prospekt nicht der Sprachenregelung des § 19 genügt. [2]Hat die Bundesanstalt Anhaltspunkte dafür, dass gegen eine oder mehrere der in Satz 1 genannten Bestimmungen verstoßen wurde, kann sie jeweils anordnen, dass ein öffentliches Angebot für höchstens zehn Tage auszusetzen ist. [3]Die nach Satz 2 gesetzte Frist beginnt mit der Bekanntgabe der Entscheidung.

(5) Die Bundesanstalt kann der Geschäftsführung der Börse und der Zulassungsstelle Daten einschließlich personenbezogener Daten übermitteln, wenn Tatsachen den Verdacht begründen, dass gegen Bestimmungen dieses Gesetzes verstoßen worden ist und die Daten zur Erfüllung der in der Zuständigkeit der Geschäftsführung der Börse oder der Zulassungsstelle liegenden Aufgaben erforderlich sind.

(6) [1]Der zur Erteilung einer Auskunft Verpflichtete kann die Auskunft auf solche Fragen verweigern, deren Beantwortung ihn selbst oder einen der in § 383 Abs. 1 Nr. 1 bis 3 der Zivilprozessordnung bezeichneten Angehörigen der Gefahr strafgerichtlicher Verfolgung oder eines Verfahrens nach dem Gesetz über Ordnungswidrigkeiten aussetzen würde. [2]Der Verpflichtete ist über sein Recht zur Verweigerung der Auskunft zu belehren.

(7) Die Bundesanstalt darf personenbezogene Daten nur zur Erfüllung ihrer aufsichtlichen Aufgaben und für Zwecke der Zusammenarbeit nach Maßgabe des § 28 verwenden.

(8) [1]Werden der Bundesanstalt bei einem Prospekt, auf Grund dessen Wertpapiere zum Handel an einem organisierten Markt zugelassen werden sollen, Umstände bekannt gegeben, auf Grund derer begründete Anhaltspunkte für die wesentliche inhaltliche Unrichtigkeit oder wesentliche inhaltliche Unvollständigkeit des Prospekts bestehen, die zu einer Übervorteilung des Publikums führen, stehen ihr die Befugnisse des Absatzes 2 zu. [2]Die Bundesanstalt kann in den Fällen des Satzes 1 vom Anbieter verlangen, das öffentliche Angebot bis zur Klärung des Sachverhalts auszusetzen. [3]Steht die inhaltliche Unrichtigkeit oder inhaltliche Unvollständigkeit des Prospekts fest, kann die Bundesanstalt die Billigung widerrufen und das öffentliche Angebot untersagen. [4]Die Bundesanstalt kann nach Satz 1 erhobene Daten sowie Entscheidungen nach den Sätzen 2 und 3 der Geschäftsführung der Börse und inländischen sowie ausländischen Zulassungsstellen übermitteln, soweit diese Informationen zur Erfüllung deren Aufgaben erforderlich sind.

§ 26 Befugnisse der Bundesanstalt

Übersicht

	Rn.		Rn.
I. Überblick	1	a) Verstoß im Sinne des § 26 Abs. 4 Satz 1 WpPG	42
II. Die Aufnahme zusätzlicher Angaben nach Abs. 1	6	b) Gegenstand und Adressat der Untersagung	43
1. Verhältnis zu anderen Vorschriften	7	c) Untersagungsverfügung	44
2. Schutz des Publikums	10	3. Aussetzung eines öffentlichen Angebots	46
a) Allgemeines	10	a) Anhaltspunkte für einen Verstoß im Sinn des § 26 Abs. 4 Satz 1 WpPG	48
b) Prüfungsmaßstab § 13 Abs. 1 WpPG	11	b) Gegenstand und Adressat der Aussetzung	49
3. Prospekt zur Billigung eingereicht	14	c) Befristung der Aussetzung	50
4. Aufnahme zusätzlicher Angaben	16	d) Aussetzungsverfügung	52
5. Adressaten	18	**VI. Datenübermittlung nach Abs. 5**	53
III. Informationsmöglichkeiten nach Abs. 2 und 3	20	1. Zweck der Regelung	55
1. Auskunfts-, Vorlage- und Überlassungspflicht nach Abs. 2	20	2. Voraussetzung der Datenübermittlung	56
a) Adressaten	21	a) Für die Arbeit der Geschäftsführung der Börse erforderlich	56
b) Überwachung der Einhaltung der Bestimmungen dieses Gesetzes	23	b) Bestimmungen dieses Gesetzes	58
c) Umfang der Auskunftspflicht	26	c) Verdacht	59
d) Vorlage von Unterlagen und die Überlassung von Kopien	27	3. Datenübermittlung	60
e) Form des Auskunfts-, Vorlage- und Überlassungsverlangens	28	**VII. Personenbezogene Daten nach Abs. 7**	61
2. Erweiterung der Auskunfts-, Vorlage- und Überlassungspflicht nach Abs. 3	29	**VIII. Maßnahmen nach Abs. 8**	62
a) Allgemeines	30	1. Allgemeines	63
b) Abschlussprüfer als Adressat	31	2. Allgemeine Voraussetzungen	67
c) Überwachung der Einhaltung der Bestimmungen dieses Gesetzes	33	a) Börsenzulassungsprospekt	68
3. Auskunftsverweigerungsrecht nach Abs. 6	34	b) Umstände bekannt gegeben	70
IV. Bekanntmachung nach Abs. 2a und 2b	37a	c) Wesentliche inhaltliche Unrichtigkeit oder Unvollständigkeit	71
V. Untersagung und Aussetzung eines öffentlichen Angebots nach Abs. 4	38	d) Übervorteilung des Publikums	73
1. Zweck der Norm	39	3. Einzelne Maßnahmen	76
2. Untersagung eines öffentlichen Angebots	41	a) Informationsverlangen nach Satz 1	77
		b) Aussetzung nach Satz 2	78
		c) Untersagung oder Widerruf der Billigung nach Satz 3	79
		d) Unterrichtung der Geschäftsführung der Börse	80

I. Überblick

1 § 26 WpPG setzt Art. 21 Prospektrichtlinie um, soweit es dafür besonderer Bestimmungen im WpPG bedurfte.[1,2] Hintergrund war die damalige Aufgabenverteilung zwischen den

---

1 Die Kommentierung gibt ausschließlich die persönliche Meinung der Autorin wieder. Dies gilt für sämtliche Ausführungen der Autorin in diesem Kommentar.
2 Begründung zu § 21 WpPG, BT-Drucks. 15/4999, S. 38 f.

Geschäftsstellen der Börsen und der **Bundesanstalt**.[3] In der Literatur wird daher die Frage aufgeworfen, ob diese Umsetzung mit der Prospektrichtlinie vereinbar sei, da Art. 21 Abs. 1 eine zentral zuständige Behörde fordere.[4] Art. 21 Abs. 1 Prospektrichtlinie verlangt jedoch nur eine zentral zuständige Behörde für die in der Prospektrichtlinie festgelegten Pflichten.[5] Die zentral zuständige Behörde dient dabei insbesondere der Vereinfachung des Verfahrens im Rahmen des europäischen Passes für Prospekte. Dies ergibt sich aus dem letzten Unterabsatz von Art. 21 Abs. 1 Prospektrichtlinie. Es soll den Behörden anderer EWR-Staaten nicht zugemutet werden, in Bezug auf grenzüberschreitende Prospekte mit verschiedenen nationalen Behörden zusammenzuarbeiten. Für die Zusammenarbeit mit den anderen Behörden der EWR-Staaten nach der Prospektrichtlinie ist nach dem WpPG ausschließlich die Bundesanstalt zuständig (§ 28 WpPG). Daher ist zweifelhaft, ob das Erfordernis einer zentralen Behörde nach Art. 21 Abs. 1 Prospektrichtlinie auch für die Befugnisse des Art. 21 Abs. 3 Buchstaben g und h Prospektrichtlinie (Aussetzung oder Einstellung der Notierung) Anwendung findet.[6] Zudem stärkte der Gesetzgeber zwischenzeitlich die aufsichtsrechtlichen Befugnisse der Bundesanstalt durch Ergänzungen und Änderungen im WpHG (§ 4 Abs. 2 sowie Abs. 4 WpHG und §§ 30a ff. WpHG).[7] Nach § 4 Abs. 2 Satz 2 WpHG kann die Bundesanstalt beispielsweise den Handel mit Finanzinstrumenten aussetzen. Insoweit dürfte im Hinblick auf eine ordnungsgemäße Umsetzung Argumentationsspielraum bestehen.

Einen Überblick über die verschiedenen Befugnisse, die die EWR-Mitgliedstaaten ihren zuständigen Behörden in Umsetzung des Art. 21 Prospektrichtlinie eingeräumt haben, gibt zudem CESR in seinem „Report on CESR members' powers under the Prospectus Directive and its implementing measures" von Juni 2007.[8]

Das WpPG enthält mit Ausnahme einiger weniger Normen kaum besondere Vorschriften zum Verwaltungsverfahren, so dass neben dem WpPG auch weitere Regelungen des nationalen Verwaltungsrechts wie z.B. das FinDAG, das VwVfG[9] und das VwVG ergänzend Anwendung finden können. Dies betrifft insbesondere Bereiche, in denen die Prospektrichtlinie und die diese ergänzende EU-ProspektVO keine abschließende Regelung zum Verwaltungsverfahren getroffen haben.

Die Befugnisse des § 26 WpPG sind auf das deutsche Hoheitsgebiet beschränkt[10] und die Bundesanstalt nimmt sie nur im öffentlichen Interesse wahr (§ 4 Abs. 4 FinDAG). Dies gilt

---

3 Begründung zu § 21 WpPG, BT-Drucks. 15/4999, S. 39.
4 *Groß*, Kapitalmarktrecht, § 26 WpPG Rn. 2.
5 Darüber hinaus war die Bestimmung Art. 21 Abs. 1 Prospektrichtlinie in Deutschland nach Art. 30 Abs. 3 Prospektrichtlinie auch erst bis zum 31.12.2008 umzusetzen.
6 Dies wird von den o. g. Stimmen in der Literatur jedoch ohne Diskussion unterstellt. Aufgrund der Möglichkeit zur Datenübermittlung gemäß § 21 Abs. 5 WpPG ist zudem gewährleistet, dass die Bundesanstalt anlässlich der Prospektprüfung gewonnene Erkenntnisse (einschließlich personenbezogener Daten) an die Geschäftsführung der Börse weiterleiten kann. Diese entscheidet dann über die Aussetzung oder Einstellung der Notierung (Begründung zu § 21 WpPG, Regierungsentwurf des WpPG, BT-Drucks. 15/4999, S. 39).
7 *von Kopp-Colomb*, in: Assmann/Schlitt/von Kopp-Colomb, WpPG/VerkProspG, § 21 WpPG Rn. 1
8 CESR's report on CESR members' powers under the Prospectus Directive and its implementing measures June 2007, S. 56 ff. Rn. 288–325.
9 *Gebhardt*, in: Schäfer/Hamann, Kapitalmarktgesetzte, Stand: November 2009, § 13 WpPG Rn. 9.
10 Begründung zu § 21 WpPG, BT-Drucks. 15/4999, S. 38.

§ 26 Befugnisse der Bundesanstalt

insbesondere auch für alle Befugnisse nach § 26 WpPG.[11] Die Befugnisse der Bundesanstalt haben daher gegenüber einzelnen Anlegern und Investoren keinen drittschützenden Charakter.[12]

5   Die Absätze 5 und 8 von § 26 WpPG wurden während des Gesetzgebungsverfahrens aufgrund der Beschlussempfehlung des Finanzausschusses geändert.[13] So stellt § 26 Abs. 5 WpPG in der endgültigen Fassung auf die Geschäftsstellen der Börsen ab und die Befugnisse des Abs. 8 wurden auf **Börsenzulassungsprospekte** beschränkt.[14]

5a In den letzten Jahren wurde die Vorschrift u. a. durch das Gesetz zur Novellierung des Finanzanlagenvermittler- und Vermögensanlagenrechts mit einer anderen Paragraphennummer versehen. Aus dem alten § 21 WpPG wurde daher der § 26 WpPG und in dessen Absatz 7 wurde die Angabe „§ 23" durch die Angabe „§ 28" ersetzt.[15] Inhaltliche Änderungen der Vorschrift waren mit dieser Änderung nicht verbunden. Auch das Gesetz zur Umsetzung der Richtlinie 2010/73/EU und zur Änderung des Börsengesetzes änderte § 26 WpPG nicht.[16] Erst durch das Kleinanlegerschutzgesetz wurden 2015 die Absätze 2a und 2b neu eingefügt.[17] Diese Absätze weiten die die Befugnisse der Bundesanstalt aus.[18]

5b Ende 2015 schlug die Europäische Kommission zudem vor, die 2003 verabschiedete und in 2010 überarbeitete Prospektrichtlinie durch eine Prospektverordnung zu ersetzen und die darin enthaltenen Vorschriften zu überarbeiten. Diese neue Verordnung wäre direkt anwendbar und bedürfte grundsätzlich keiner Umsetzung ins nationale Recht. Zuständigkeiten und Befugnisse von ESMA und den national zuständigen Behörden regelt der Entwurf im Kapitel VII. Dieser Vorschlag der Europäischen Kommission ist Teil des Aktionsplans der Europäischen Kommission für den Aufbau einer Kapitalmarktunion.[19] Vergleiche hierzu auch Vor §§ 1 ff. Rn. 11 ff.

II. Die Aufnahme zusätzlicher Angaben nach Abs. 1

6   Nach § 26 Abs. 1 WpPG kann die Bundesanstalt vom Anbieter oder Zulassungsantragsteller die **Aufnahme zusätzlicher Angaben** in den Prospekt verlangen, wenn dies zum Schutz des Publikums geboten erscheint und bei ihr ein Prospekt zur Billigung eingereicht worden ist.

---

11 Begründung zu § 21 WpPG, BT-Drucks. 15/4999, S. 38; *Eckner*, in: Holzborn, WpPG, § 26 Rn. 2.
12 Ähnlich *Groß*, Kapitalmarktrecht, § 13 Rn. 16; *Gebhardt*, in: Schäfer/Hamann, Kapitalmarktgesetze, § 13 WpPG Rn. 22; *von Kopp-Colomb*, in: Assmann/Schlitt/von Kopp-Colomb, WpPG/VerkProspG, § 21 WpPG Rn. 2.
13 *Linke*, in: Schäfer/Hamann, Kapitalmarktgesetze, § 21 WpPG Rn. 1.
14 Beschlussempfehlung und Bericht des Finanzausschusses, BT-Drucks. 15/5373, S. 25, 26 und 50.
15 BGBl I 2011, S. 2481 ff., S. 2499.
16 BGBl. I 2012, S. 1375 ff.
17 BGBl. I 2015, S. 1114 ff, S. 1126.
18 Vgl. Rn. 37a ff.
19 Vgl. Pressemitteilung der Europäischen Kommission vom 30.11.2015, IP/15/6196, und *Schnorbus*, vor §§ 1 ff. Rn. 11 ff.

1. Verhältnis zu anderen Vorschriften

Das **Änderungsverlangen** ist grundsätzlich im Zusammenhang mit den Regelungen der Art. 3, 4a und Art. 23 EU-ProspektVO zu lesen[20] sowie von dem Hinweis nach § 13 Abs. 3 Satz 2 WpPG zu unterscheiden. Die Regelungen Art. 3, 4a und 23 EU-ProspektVO begrenzen die Möglichkeiten der Bundesanstalt, zusätzliche Informationen nach § 26 Abs. 1 WpPG zu verlangen,[21] während nach § 13 Abs. 3 Satz 2 WpPG der Anbieter oder Zulassungsantragsteller zu unterrichten ist, wenn die Bundesanstalt Anhaltspunkte hat, dass ein Prospekt unvollständig ist oder ergänzender Informationen bedarf.

Häufig dürfte die Bundesanstalt von einem Änderungsverlangen nach § 26 Abs. 1 WpPG erst Gebrauch machen, wenn eine **Unterrichtung** nach § 13 Abs. 3 Satz 2 WpPG erfolgt ist.[22] Denn im Billigungsverfahren versendet die Bundesanstalt normalerweise zunächst ein sog. Anhörungsschreiben.[23] Zweck dieser Unterrichtung ist, dem Anbieter oder Zulassungsantragsteller die Möglichkeit zu geben, den Prospekt zu ergänzen, so dass dieser billigungsfähig wird.[24] Zugleich erhält der Antragsteller häufig aber auch die Möglichkeit, sich zu den für die Entscheidung erheblichen Tatsachen zu äußern.[25] Da viele Antragsteller bereits aufgrund dieser Anhörungsschreiben den Prospektentwurf ändern, kommt es bei diesen Verfahren nicht zu einer formellen Ausübung des Änderungsverlangens nach § 26 Abs. 1 WpPG.[26]

In der Literatur wird daher zum Teil vertreten, dass die Vorschrift keinen Anwendungsbereich habe.[27] Doch die Befugnis gibt der Bundesanstalt die Möglichkeit, außerhalb einer Anhörung[28] formell eine Abänderung des zur Billigung vorgelegten Prospektentwurfes zu verlangen (ggf. verbunden mit einer entsprechenden Frist). Dies könnte in Einzelfällen zweckmäßig sein. Beispielsweise um die Auffassung der Bundesanstalt zum Inhalt eines

---

20 Europäische Kommission, Summary Record, 3rd Informal Meeting on Prospectus Transposition – 26 January 2005, S. 11; Begründung zu § 21 WpPG, BT-Drucks. 15/4999, S. 38.
21 Europäische Kommission, Summary Record, 3rd Informal Meeting on Prospectus Transposition – 26 January 2005, S. 11; Begründung zu § 21 WpPG, BT-Drucks. 15/4999, S. 38; ähnlich auch *von Kopp-Colomb*, in: Assmann/Schlitt/von Kopp-Colomb, WpPG/VerkProspG, § 21 WpPG Rn. 5.
22 Ähnlich *Eckner*, in: Holzborn, WpPG, § 26 Rn. 8.
23 Vgl. hierzu *Berrar*, § 13 Rn. 42; *Ritz/Voß*, in: Just/Voß/Ritz/Zeising, WpPG, § 13 Rn. 31; Hinweise der BaFin zum Billigungsverfahren auf ihrer Webseite (Stand: 3.3.2016).
24 BaFin, Fragen und Antworten zum Auslaufen des Daueremittentenprivilegs, Fragen zum Verfahren, S. 6 f.; *Gebhardt*, in: Schäfer/Hamann, Kapitalmarktgesetze, § 13 WpPG Rn. 25.
25 Es ist streitig, ob vor der Ablehnung von begünstigenden Verwaltungsakten, ein Pflicht zur Anhörung nach § 28 VwVfG besteht (Vgl. dazu u. a. *Ritz/Voß*, in: Just/Voß/Ritz/Zeising, WpPG, § 13 Rn. 31, und *Kopp/Ramsauer*, VwVfG, § 28 Rn. 26 ff.).
26 Ähnlich *Ritz/Voß*, in: Just/Voß/Ritz/Zeising, WpPG, § 21 Rn. 4 ff., und *von Kopp-Colomb*, in: Assmann/Schlitt/von Kopp-Colomb, WpPG/VerkProspG, § 21 WpPG Rn. 5, die der Befugnis nach § 26 Abs. 1 WpPG im Wesentlichen keinen eigenen Anwendungsbereich zugestehen.
27 *Ritz/Voß*, in: Just/Voß/Ritz/Zeising, WpPG, § 21 Rn. 4 ff.; *von Kopp-Colomb*, in: Assmann/Schlitt/von Kopp-Colomb, WpPG/VerkProspG, § 21 WpPG Rn. 5; *Eckner*, in: Holzborn, WpPG, § 26 Rn. 8.
28 Die Aufforderung, den Prospektentwurf zu verändern, ist einem Anhörungsschreiben zwar immanent (siehe Rn. 8), doch ob dies zugleich ein formelles Änderungsverlangen im Sinne von § 26 Abs. 1 WpPG darstellt, erscheint zweifelhaft und dürfte im Wesentlichen von der Formulierung und Aufmachung des sog. Anhörungsschreibens abhängen.

Prospektentwurfs gegenüber einem unkooperativen Antragsteller zu verdeutlichen, wenn dieser ein eingeleitetes Billigungsverfahren nicht weiter betreibt.

2. Schutz des Publikums

a) Allgemeines

10 Das Änderungsverlangen setzt zudem voraus, dass die Aufnahme zusätzlicher Angaben in den Prospekt zum **Schutz des Publikums** geboten erscheint.[29] Wann dies der Fall ist, bestimmt sich anhand von § 7 WpPG in Verbindung mit der EU-ProspektVO sowie des Maßstabes nach § 13 Abs. 1 WpPG.[30] Die Aufnahme zusätzlicher Angaben zum Schutz des Publikums erscheint daher geboten, wenn der Prospekt ansonsten nicht billigungsfähig wäre.[31] § 13 Abs. 1 Satz 2 WpPG fordert dafür, dass Prospekte vollständig, einschließlich ihrer Verständlichkeit und Kohärenz, sein müssen.[32] Dieser Maßstab für die Billigungsentscheidung wird europaeinheitlich durch Art. 2 Abs. 1 Buchstabe q Prospektrichtlinie vorgegeben.[33]

b) Prüfungsmaßstab § 13 Abs. 1 WpPG

11 In der Literatur wird die Prüfung nach der Prospektrichtlinie teilweise als eingeschränkte materielle Prüfung interpretiert.[34] Deren Anforderungen sollten gegenüber der formellen Vollständigkeitskontrolle gemäß dem alten § 8a VerkProspG erheblich und gegenüber dem **Prüfungsmaßstab** des Börsengesetzes wohl noch leicht gesteigert sein.[35] Die Prüfung auf Kohärenz impliziere eine materielle Prüfungskompetenz.[36] Andere Ansichten befürworteten bereits zu § 8a VerkProspG a. F. unter Berufung auf den Anlegerschutz einen über eine formelle Vollständigkeitskontrolle hinausgehenden Prüfungsmaßstab.[37]

12 Die Regierungsbegründung zu § 13 Abs. 1 WpPG erläutert bezüglich des Maßstabes der Prüfung, dass im Rahmen der Billigung nur geprüft wird, ob die Angaben des Prospekts konsistent sind, mithin der Prospekt keine inneren Widersprüche enthält.[38] Im Weiteren stellt die Begründung klar, dass eine Prüfung der Bonität des Emittenten und der inhaltlichen Richtigkeit des Prospekts durch die Bundesanstalt nicht erfolgt.[39]

---

29 *Röhrborn*, in: Heidel, Aktienrecht und Kapitalmarktrecht, § 26 WpPG Rn. 2.
30 Begründung zu § 21 Abs. 1 WpPG, BT-Drucks. 15/4999, S. 38; *Groß*, Kapitalmarktrecht, § 26 WpPG Rn. 4; *Linke*, in: Schäfer/Hamann, Kapitalmarktgesetze, § 21 WpPG Rn. 3.
31 *Röhrborn*, in: Heidel, Aktienrecht und Kapitalmarktrecht, § 26 WpPG Rn. 3.
32 *Eckner*, in: Holzborn, WpPG, § 26 Rn. 8.
33 *Grosjean*, in: Heidel, Aktienrecht und Kapitalmarktrecht, § 13 WpPG Rn. 4; *Groß*, Kapitalmarktrecht, § 13 WpPG Rn. 8; *Berrar*, § 13 Rn. 10.
34 *Crüwell*, AG 2003, 251; *Kunold/Schlitt*, BB 2004, 509; *Weber*, NZG 2004, 365; *Schanz*, Börseneinführung, S. 500; *Preuße*, in: Holzborn, WpPG, § 13 Rn. 22 und *Berrar*, Kommentierung zu § 13 Rn. 12 f.
35 *Crüwell*, AG 2003, 243, 250 f.; *Kunold/Schlitt*, BB 2004, 501, 509.
36 *Schanz*, Börseneinführung, S. 500; *Gebhardt*, in: Schäfer/Hamann, Kapitalmarktgesetze, § 13 WpPG Rn. 20.
37 Dies war streitig: dafür u. a. *Heidelbach*, in: Schwark, KMRK, § 8a VerkProspG Rn. 3 und 4; dagegen u. a. *Lenz*, in: Assmann/Lenz/Ritz, VerkProspG, § 8a Rn. 5 bis 10.
38 Begründung zu § 13 WpPG Abs. 1, BT-Drucks. 15/4999, S. 34.
39 Begründung zu § 13 WpPG Abs. 1, BT-Drucks. 15/4999, S. 34.

II. Die Aufnahme zusätzlicher Angaben nach Abs. 1 § 26

Damit hat sich der Gesetzgeber klar gegen eine (eingeschränkte) materielle Prospektprüfung ausgesprochen. Der **Prüfungsmaßstab** nach § 13 Abs. 1 WpPG beinhaltet daher eine Vollständigkeitsprüfung des Prospekts.[40] Kohärenz und Verständlichkeit eines Prospektes sind Teil dieser Vollständigkeitsprüfung, wie sich aus dem Wortlaut des § 13 Abs. 1 Satz 2 WpPG („nach Abschluss einer Vollständigkeitsprüfung einschließlich einer Prüfung der Kohärenz und Verständlichkeit") ergibt. Eine Prüfung der **inhaltlichen Richtigkeit** des Prospekts durch die Bundesanstalt findet nicht statt.[41]

13

3. Prospekt zur Billigung eingereicht

Die Befugnis nach § 26 Abs. 1 WpPG besteht nur während des **Billigungsverfahren**s.[42] Nach der Billigung eines Prospektes steht der Behörde diese Befugnis nicht mehr zu. Diese zeitliche Begrenzung stellt den Aufgabenbereich der Bundesanstalt klar[43] und grenzt die Verantwortlichkeiten ab. Dadurch wird die Rechtssicherheit für alle Beteiligten gefördert. Die Bundesanstalt prüft Prospekte ausschließlich im Billigungsverfahren. Ein solches Verfahren wird nur auf Antrag eingeleitet. Die Verantwortung für die Richtigkeit des Prospekts

14

---

40 So im Ergebnis auch *Grosjean*, in: Heidel, Aktienrecht und Kapitalmarktrecht, § 13 WpPG Rn. 5; *Groß*, Kapitalmarktrecht, § 13 Rn. 8; *Eckner*, in: Holzborn, WpPG, § 26 Rn. 8; *Röhrborn*, in: Heidel, Aktienrecht und Kapitalmarktrecht, § 26 WpPG Rn. 2; *Ritz/Voß*, in: Just/Voß/Ritz/Zeising, WpPG, § 13 Rn. 40 und *von Kopp-Colomb*, in: Assmann/Schlitt/von Kopp-Colomb, WpPG/VerkProspG, §13 WpPG Rn. 9 ff. und § 21 WpPG Rn. 5.; a. A. *Preuße*, in: Holzborn, WpPG, § 13 Rn. 22 unter Verweis auf § 26 Abs. 8 WpPG; *Berrar*, Kommentierung zu § 13 Rn. 12 f. und *Gebhardt*, in: Schäfer/Hamann, Kapitalmarktgesetze, § 13 WpPG Rn. 20 u. a. unter Verweis auf die Befugnisse nach § 26 WpPG, § 26 Abs. 8 WpPG und den Amtsermittlungsgrundsatz oder das allgemeine Verwaltungsrecht. Die für eine materielle Prospektprüfung plädierenden Auffassungen beachten nicht den in der Gesetzesbegründung eindeutig zum Ausdruck gebrachten Willen des Gesetzgebers nebst Wortlaut des § 13 Abs. 1 Satz 2. Insbesondere Argumentationen, die unter Verweis auf § 26 Abs. 8 WpPG für Abgleich des Prospekts mit Informationen außerhalb des Prospektes plädieren, beachten nicht, dass es sich bei Abs. 8 um eine Ausnahmevorschrift handelt, bei der – im Gegensatz zur normalerweise stattfindenden Prüfung – gerade eine inhaltliche Prüfung erfolgen soll. Auch geht die Argumentation, dass die Informationsrechte der Bundesanstalt für eine materielle Prüfung sprechen, ins Leere. Denn diese Rechte sind insbesondere auch zur Klärung von Zweifelsfragen im Hinblick auf die Vollständigkeit eines Prospektes notwendig. Zudem spricht auch der Amtsermittlungsgrundsatz nach § 24 VwVfG nicht gegen eine formelle Prüfung. Das VwVfG findet im Rahmen des Billigungsverfahrens nur Anwendung, wenn das WpPG keine spezielleren Regelungen enthält. Der Prüfungsmaßstab für die Billigung von Prospekten wird jedoch abschließend durch das WpPG geregelt, so dass in Bezug auf diesen für eine Anwendung des VwVfG kein Raum bleibt. Die Wechselwirkung zwischen §§ 5 und 7 WpPG sowie die Grenzen (Art. 3, 4a und Art. 23 EU-ProspektV), die das europäische Recht der Bundesanstalt für ihre Prüfung setzt, verdeutlichen dies. Die Meinungen, die sich für eine regelmäßige materielle Prüfung aussprechen, scheinen die Verantwortlichkeit für den Prospekt neben dem Ersteller und seinen Beratern auch auf die Bundesanstalt erstrecken zu wollen; dies entspricht jedoch nicht der Intention des WpPG, die in seiner Begründung an vielen Stellen zum Ausdruck kommt.
41 BaFin, Fragen und Antworten zum Auslaufen des Daueremittentenprivilegs, Fragen zum Verfahren, S. 6; ähnlich *Ritz/Voß*, in: Just/Voß/Ritz/Zeising, WpPG, § 13 Rn. 35 ff. und *von Kopp-Colomb*, in: Assmann/Schlitt/von Kopp-Colomb, WpPG/VerkProspG, § 21 WpPG Rn. 5.
42 Begründung zu § 21 WpPG Abs. 1, BT-Drucks. 15/4999, S. 38; *Ritz/Voß*, in: Just/Voß/Ritz/Zeising, WpPG, § 21 Rn. 3.
43 *Eckner*, in: Holzborn, WpPG, § 26 Rn. 9.

§ 26 Befugnisse der Bundesanstalt

verbleibt bei den Prospektverantwortlichen.[44] Diese entscheiden, ob ggf. eine Änderung eines Prospekts im Rahmen des § 16 WpPG erforderlich ist. Die inhaltliche Richtigkeit von Prospekten wird gegebenenfalls im Rahmen von zivilrechtlichen Haftungsansprüchen zwischen Anlegern und Prospektverantwortlichen geklärt.

15 Der Begriff „**Prospekt**" in § 26 Abs. 1 WpPG umfasst auch einen ggf. später zur Billigung eingereichten Nachtrag nach § 16 WpPG oder separat eingereichte Dokumente wie Registrierungsformulare bzw. Wertpapierbeschreibungen (§ 12 Abs. 1 WpPG). Diese Dokumente bilden Teile eines Prospektes. Die zeitliche Begrenzung auf das Billigungsverfahren gilt für diese Dokumente entsprechend.[45]

4. Aufnahme zusätzlicher Angaben

16 Die Befugnis der Bundesanstalt, vom Anbieter oder Zulassungsantragsteller die **Aufnahme zusätzlicher Angaben** in den Prospekt zu verlangen, ist ein Verwaltungsakt im Sinne von § 35 VwVfG.[46] Er regelt den für eine Billigung erforderlichen Prospektinhalt. § 26 Abs. 1 WpPG räumt der Bundesanstalt ein Ermessen ein,[47] das entsprechend den Vorgaben des § 40 VwVfG auszuüben ist.[48] Zudem umfasst sie nicht nur die Aufnahme von zusätzlichen Angaben, d. h. die Forderung, mehr oder neue Angaben aufzunehmen. Sie ist vielmehr auch als **Abänderungsverlangen** zu verstehen. Es können somit neben Ergänzungen, Klarstellungen oder Erläuterungen grundsätzlich auch andere Angaben verlangt werden.[49] Insbesondere bei einem Verlangen, das auf andere Angaben abzielt, ist jedoch der Beurteilungsspielraum der Prospektverantwortlichen nach § 5 Abs. 1 WpPG und der Prüfungsmaßstab nach § 13 Abs. 1 WpPG zu beachten. Denn die Befugnis nach § 26 Abs. 1 WpPG lässt die allein den Prospektverantwortlichen zukommende Verantwortung für den Inhalt und die Aufmachung des Prospekts unberührt.[50] Ziel des Prospektbilligungsverfahrens ist die Schaffung von Transparenz, um eine informierte Anlageentscheidung zu ermöglichen[51] und nicht die Vorwegnahme einer Anlageentscheidung.

17 Nach § 5 Abs. 1 WpPG kann es beispielsweise aufgrund von besonderen Umständen einzelner Emittenten geboten sein, weitere zusätzliche Informationen als die nach der EU-ProspektVO geforderten Angaben aufzunehmen. Diese Verpflichtung besteht neben der Pflicht, die nach der EU-ProspektVO erforderlichen Angaben in den Prospekt aufzunehmen.[52] Diese Pflicht trifft jedoch die Prospektverantwortlichen, da Art. 3 EU-ProspektVO

---

44 Begründung zu § 21 WpPG Abs. 1, Regierungsentwurf des WpPG, BT-Drucks. 15/4999, S. 38.
45 Ebenso *Eckner*, in: Holzborn, WpPG, § 26 Rn. 9.
46 *von Kopp-Colomb*, in: Assmann/Schlitt/von Kopp-Colomb, WpPG/VerkProspG, § 21 WpPG Rn. 7 und 45.
47 *Eckner*, in: Holzborn, WpPG, § 26 Rn. 12f.
48 *Ritz/Voß*, in: Just/Voß/Ritz/Zeising, WpPG, § 21 Rn. 8.
49 *Eckner*, in: Holzborn, WpPG, § 26 Rn. 8; ähnlich *Ritz/Voß*, in: Just/Voß/Ritz/Zeising, WpPG, § 21 Rn. 7.
50 Begründung zu § 21 WpPG Abs. 1, Regierungsentwurf des WpPG, BT-Drucks. 15/4999, S. 38; *Ritz/Voß*, in: Just/Voß/Ritz/Zeising, WpPG, § 21 Rn. 3.
51 Ähnlich das Beispiel von *Ritz/Voß*, in: Just/Voß/Ritz/Zeising, WpPG, § 21 Rn. 7.
52 *Straßner*, in: Heidel, Aktienrecht und Kapitalmarktrecht, § 5 WpPG Rn. 12; *Meyer*, Kommentierung zu § 7 Rn. 8.

es den zuständigen Behörden regelmäßig nicht gestattet, weitergehende Angaben als die Mindestangaben der EU-ProspektVO zu fordern.[53]

5. Adressaten

Die Befugnis nach § 26 Abs. 1 WpPG besteht gegenüber dem **Anbieter** (§ 2 Nr. 10 WpPG)[54] oder dem **Zulassungsantragsteller** (§ 2 Nr. 11 WpPG).[55] Dies ist auch sachgerecht, da diese Personen zur Erstellung eines Prospektes verpflichtet sind (§ 3 Abs. 1 und 3 WpPG).[56] Der Emittent ist häufig mit einer dieser Personen identisch.[57] So ist beispielsweise gemäß § 32 Abs. 2 BörsG regelmäßig die Zulassung vom Emittenten der Wertpapiere zusammen mit einem Kreditinstitut, Finanzdienstleistungsinstitut oder einem nach § 53 Abs. 1 Satz 1 oder § 53b Abs. 1 Satz 1 des Kreditwesengesetzes tätigen Unternehmen zu beantragen.[58]

In der Literatur wird vertreten, dass die Vorschrift des § 26 Abs. 1 WpPG hinter der Regelung des Art. 21 Abs. 3 Buchstabe a Prospektrichtlinie zurückbleibe.[59] Die Regelung in Art. 21 Abs. 3 Buchstabe a Prospektrichtlinie, nach der auch vom Emittenten verlangt werden kann, zusätzliche Angaben in den Prospekt aufzunehmen, läuft ins Leere, wenn der Emittent weder Zulassungsantragsteller noch Anbieter ist. Denn nur Anbieter oder Zulassungsantragsteller sind verpflichtet, einen Prospekt zu erstellen. Die Prospektrichtlinie knüpft die Pflicht zur Erstellung eines Prospektes an das öffentliche Angebot von Wertpapieren und die Zulassung von Wertpapieren zum Handel an einem geregelten Markt (Art. 3 Abs. 1 und 3). Daher können auch nur Zulassungsantragsteller und Anbieter einen Prospekt ändern.

III. Informationsmöglichkeiten nach Abs. 2 und 3

1. Auskunfts-, Vorlage- und Überlassungspflicht nach Abs. 2

Nach § 26 Abs. 2 WpPG kann die Bundesanstalt **Auskünfte**, die **Vorlage** von **Unterlagen** und die **Überlassung** von **Kopien** verlangen, soweit dies zur Überwachung der Einhaltung

---

53 Im Ergebnis ebenso die Auffassung der Europäischen Kommission, in: CESR's advice to the European Commission on a possible amendment to Regulation (EC) 809/2004 regarding the historical financial information which must be included in a prospectus, S. 6, Rn. 21; *Straßner*, in: Heidel, Aktienrecht und Kapitalmarktrecht, § 5 WpPG Rn. 11 ff.
54 Der Anbieter ist nach § 2 Nr. 10 WpPG die Person oder Gesellschaft, die Wertpapiere öffentlich anbietet.
55 Zulassungsantragsteller sind nach § 2 Nr. 11 WpPG die Personen, die die Zulassung zum Handel an einem organisierten Markt beantragen.
56 A. A. *Ritz/Voß*, in: Just/Voß/Ritz/Zeising, WpPG, § 21 Rn. 2; die Befugnis nach § 26 Abs. 1 WpPG ist unabhängig davon, ob ein Bevollmächtigter das Billigungsverfahren für die Prospektverpflichteten betreibt oder ob ein Emittent das Billigungsverfahren und die Prospekterstellung für die Anbieter übernimmt.
57 Ebenso *Berrar*, Kommentierung zu § 13 Rn. 17.
58 Nach § 32 Abs. 2 Satz 3 BörsG kann nur ein Emittent, der ein Institut oder Unternehmen im Sinne des Satzes 1 ist und die Voraussetzungen des Satzes 2 erfüllt, den Antrag allein stellen.
59 *Eckner*, in: Holzborn, WpPG, § 26 Rn. 14f.

§ 26   Befugnisse der Bundesanstalt

der Bestimmungen dieses Gesetzes erforderlich ist. Durch die Regelung wird Art. 21 Abs. 3 Buchstabe b Prospektrichtlinie umgesetzt.[60] Die Befugnis ist der Regelung des alten § 8c Abs. 1 und 2 VerkProspG vergleichbar[61] und erforderlich, um Sachverhalte effektiv aufzuklären.[62] Die Befugnis enthält im Gegensatz zu § 26 Abs. 1 WpPG keine zeitliche Beschränkung und ist daher nicht auf das Billigungsverfahren beschränkt.[63] Die Vorschrift räumt der Behörde ein Ermessen bei der Beurteilung der Erforderlichkeit des Verlangens[64] sowie zur Frage, an wen das Auskunftsersuchen vorrangig zu richten ist,[65] ein.

a) Adressaten

21 Adressaten eines Auskunfts-, Vorlage- und Überlassungsverlangens können nach § 26 Abs. 2 Satz 1 WpPG zunächst **Emittenten** (§ 2 Nr. 9 WpPG),[66] **Anbieter** (§ 2 Nr. 10 WpPG)[67] oder **Zulassungsantragsteller** (§ 2 Nr. 11 WpPG)[68] sein. § 26 Abs. 2 Satz 2 WpPG dehnt den Adressatenkreis im Weiteren auf mit dem Emittenten, dem Anbieter oder Zulassungsantragsteller verbundene Unternehmen (Nr. 1) und denjenigen, bei dem Tatsachen die Annahme rechtfertigen, dass er Anbieter im Sinne dieses Gesetzes ist (Nr. 2), aus.[69]

22 Der Begriff des **verbundenen Unternehmens** entspricht dabei dem § 15 Aktiengesetz.[70] Derjenige, bei dem Tatsachen die Annahme rechtfertigen, dass er Anbieter ist, wird häufig auch als **Scheinanbieter**[71] oder Anscheinsanbieter bezeichnet. Anbieter ist nach § 2 Nr. 10 WpPG die Person oder Gesellschaft, die Wertpapiere öffentlich anbietet, wobei der Begriff des öffentlichen Angebots in § 2 Nr. 4 WpPG definiert ist.

b) Überwachung der Einhaltung der Bestimmungen dieses Gesetzes

23 Von den Befugnissen des § 26 Abs. 2 WpPG darf nur Gebrauch gemacht werden, soweit dies zur Überwachung der Einhaltung der **Bestimmungen dieses Gesetzes** erforderlich ist. Dies bedeutet, dass sich die beabsichtigte **Sachverhaltsermittlung** grundsätzlich auf die Einhaltung einer Vorschrift des WpPG (ggf. auch in Verbindung mit der EU-ProspektVO) beziehen muss. Dabei ist der Prüfungsmaßstab der Bundesanstalt im Prospektbilligungs-

---

60 Begründung zu § 21 WpPG Abs. 2, Regierungsentwurf des WpPG, BT-Drucks. 15/4999, S. 38.
61 Begründung zu § 21 WpPG Abs. 2, Regierungsentwurf des WpPG, BT-Drucks. 15/4999, S. 38.
62 *Röhrborn*, in: Heidel, Aktienrecht und Kapitalmarktrecht, § 26 WpPG Rn. 4; *Lenz*, in: Assmann/Lenz/Ritz, VerkProspG, § 8c Rn. 2.
63 *Eckner*, in: Holzborn, WpPG, § 26 Rn. 18.
64 *Lenz*, in: Assmann/Lenz/Ritz, VerkProspG, § 8c Rn. 5; *Linke*, in: Schäfer/Hamann, Kapitalmarktgesetze, § 21 WpPG Rn. 7.
65 *Eckner*, in: Holzborn, WpPG, § 26 Rn. 27.
66 Der Begriff des Emittenten ist in § 2 Nr. 9 WpPG als die Person oder Gesellschaft, die Wertpapiere begibt oder zu begeben beabsichtigt, definiert.
67 Der Anbieter ist nach § 2 Nr. 10 WpPG die Person oder Gesellschaft, die Wertpapiere öffentlich anbietet.
68 Der Zulassungsantragsteller wird in § 2 Nr. 11 WpPG als die Personen, die die Zulassung zum Handel an einem organisierten Markt beantragt, bestimmt.
69 *Eckner*, in: Holzborn, WpPG, § 26 Rn. 23.
70 Begründung zu § 21 WpPG Abs. 2, Regierungsentwurf des WpPG, BT-Drucks. 15/4999, S. 38; *Ritz/Voß*, in: Just/Voß/Ritz/Zeising, WpPG, § 21 Rn. 17.
71 *Heidelbach*, in: Schwark, KMRK, § 21 WpPG Rn. 25.

III. Informationsmöglichkeiten nach Abs. 2 und 3   § 26

verfahren zu beachten. Denn es ist normalerweise nicht Aufgabe der Bundesanstalt, die inhaltliche Richtigkeit eines Prospektes zu prüfen.[72] § 26 Abs. 2 Satz 3 WpPG schränkt diese Befugnis im Hinblick auf denjenigen, bei dem Tatsachen die Annahme rechtfertigen, dass er Anbieter im Sinne dieses Gesetzes ist (§ 26 Abs. 2 Satz 2 Nr. 2 WpPG), ein. Danach dürfen vom Scheinanbieter nur Auskünfte, die Vorlage von Unterlagen oder die Überlassung von Kopien verlangt werden, die für die Prüfung der Anbietereigenschaft erforderlich sind.[73]

Zum alten § 8c Abs. 2 VerkProspG war streitig, ob ein „**Scheinanbieter**" die Tatsachen, die die Annahme rechtfertigen, dass er Anbieter ist, selbst gesetzt haben musste oder nicht.[74] Die Befugnis des § 26 Abs. 2 Satz 2 Nr. 2 WpPG dient der effektiven umfassenden Sachverhaltsaufklärung. Müsste der Scheinanbieter diesen Anschein selbst angestoßen haben, könnte eine effektive Sachverhaltsaufklärung und damit letztendlich die Durchsetzung der Prospektpflicht für öffentliche Angebote gefährdet sein. Daher ist unerheblich, wer das Vorliegen der Tatsachen zu vertreten hat.[75] Aus diesem Grund hat der Scheinanbieter einem Verlangen nach Abs. 2 auch zu entsprechen, wenn sich durch die Auskunft herausstellt, dass er kein Anbieter im Sinne des WpPG ist.[76]   24

Die Anforderungen an die Erfüllung des Tatbestandes Scheinanbieter nach § 26 Abs. 2 Satz 2 Nr. 2 WpPG sind dabei nicht höher als für die Voraussetzungen, unter denen Daten nach § 26 Abs. 5 WpPG übermittelt werden dürfen.[77] Nach § 26 Abs. 2 Satz 2 Nr. 2 WpPG müssen die Tatsachen, die die Annahme rechtfertigen, dass der Scheinanbieter Anbieter im Sinne des WpPG ist, während in Abs. 5 die Tatsachen einen Verdacht begründen müssen. Tatsachen, die eine Annahme rechtfertigen, begründen regelmäßig auch einen Verdacht und umgekehrt.   25

c) Umfang der Auskunftspflicht

Die Auskunftspflicht erfasst unter dem Vorbehalt des Satz 3 alle Informationen, die zur Überwachung der Einhaltung der Bestimmungen des WpPG erforderlich sind. Der Sachverhalt kann daher grundsätzlich umfassend ermittelt werden.[78] Da die Befugnis der Sachverhaltsermittlung dient, beziehen sich Auskunftsverlangen zudem regelmäßig nur auf Tatsachen, d.h. alle gegenwärtigen oder vergangenen Verhältnisse. Subjektive Einschätzungen oder Rechtsfragen sind nicht erfasst.[79] Die Tatsachen und Sachverhalte müssen zudem   26

---

72 *von Kopp-Colomb*, in: Assmann/Schlitt/von Kopp-Colomb, WpPG/VerkProspG, § 21 WpPG Rn. 13.
73 *Ritz/Voß*, in: Just/Voß/Ritz/Zeising, WpPG, § 21 Rn. 19.
74 Dagegen: *Heidelbach*, in: Schwark, KMRK, § 8c VerkProspG Rn. 3; dafür: *Lenz*, in: Assmann/Lenz/Ritz, VerkProspG, § 8c Rn. 4.
75 Im Ergebnis ebenso *Heidelbach*, in: Schwark/Zimmer, KMRK, § 21 WpPG Rn. 25; *Eckner*, in: Holzborn, WpPG, § 26 Rn. 27.
76 *Eckner*, in: Holzborn, WpPG, § 26 Rn. 25.
77 A. A. *Höninger*, in: Holzborn, WpPG, 1. Aufl., § 21 WpPG Rn. 10.
78 *Heidelbach*, in: Schwark/Zimmer, KMRK, § 21 WpPG Rn. 21; *Eckner*, in: Holzborn, WpPG, § 26 Rn. 19.
79 *Röhrborn*, in: Heidel, Aktienrecht und Kapitalmarktrecht, § 26 WpPG Rn. 5; *Linke*, in: Schäfer/Hamann, Kapitalmarktgesetze, § 21 WpPG Rn. 7; *Lenz*, in: Assmann/Lenz/Ritz, VerkProspG, § 8c Rn. 5; a. A. m. w. N. *Eckner*, in: Holzborn, WpPG, § 26 Rn. 20.

§ 26 Befugnisse der Bundesanstalt

im Bereich des Auskunftsverpflichteten liegen,[80] d.h. er muss von diesen Kenntnis haben und ist seinerseits nicht verpflichtet, Auskünfte bei Dritten einzuholen.[81] Das Auskunftsverlangen kann auf **schriftliche, elektronische und mündliche Auskünfte** gerichtet sein.[82]

d) Vorlage von Unterlagen und die Überlassung von Kopien

27 Im Hinblick auf die Vorlage von Unterlagen sowie die Überlassung von Kopien gelten mit Ausnahme des Auskunftsverweigerungsrechts nach § 26 Abs. 6 WpPG[83] entsprechende Vorgaben wie für Auskunftsersuchen.[84] Diese Befugnis bezieht sich sowohl auf **schriftliche Dokumente** (u. a. Verträge und Korrespondenz) als auch auf **elektronisch gespeicherte Unterlagen** und deren Datenträger wie CD, Speicherkarten, USB-Sticks und ähnliche Speichermedien.[85] Anderenfalls bestünde die Gefahr, dass Sachverhalte nicht effektiv ermittelt werden könnten. Aufgrund dieser umfassenden Erweiterung der Auskunftspflicht kann auch von einer Informationspflicht des § 26 Abs. 2 WpPG gesprochen werden.[86]

e) Form des Auskunfts-, Vorlage- und Überlassungsverlangens

28 Eine Behörde kann im Verwaltungsverfahren Auskünfte jeder Art einholen (§ 26 Abs. 1 Satz 2 Nr. 1 VwVfG). Dafür bestehen keine besonderen Formvorschriften.[87] Eine Pflicht zur Auskunftserteilung besteht jedoch nur, sofern eine spezialgesetzliche Anordnung besteht.[88] Eine solche Anordnung stellt § 26 Abs. 2 WpPG dar.[89] Ein formelles Auskunfts-, Vorlage- und Überlassungsverlangen nach § 26 Abs. 2 WpPG ist daher ein Verwaltungsakt im Sinne von § 35 VwVfG.[90] Er hat die Rechtsgrundlage, Gegenstand und Zweck des Ersuchens zu beinhalten.[91] Zudem ist nach § 26 Abs. 6 Satz 2 WpPG im Rahmen dieses förmlichen Auskunftsersuchens auf das Auskunftsverweigerungsrecht nach § 26 Abs. 6 WpPG hinzuweisen.[92] Dieser Hinweis wurde durch den durch das Kleinanlegerschutzgesetz neu eingefügten § 26 Abs. 2a Satz 3 um einen weiteren Hinweis ergänzt. So ist ferner aufzunehmen, dass die Bundesanstalt auf ihrer Internetseite öffentlich bekannt machen kann, wenn ein Emittent, Anbieter oder Zulassungsantragsteller einem sofort vollziehbaren In-

---

80 *Röhrborn*, in: Heidel, Aktienrecht und Kapitalmarktrecht, § 26 WpPG Rn. 5.
81 *Lenz*, in: Assmann/Lenz/Ritz, VerkProspG, § 8c Rn. 2; *Eckner*, in: Holzborn, WpPG, § 26 Rn. 21; *Röhrborn*, in: Heidel, Aktienrecht und Kapitalmarktrecht, § 26 WpPG Rn. 5.
82 *Eckner*, in: Holzborn, WpPG, § 26 Rn. 22.
83 Vgl. unten Rn. 37.
84 *Röhrborn*, in: Heidel, Aktienrecht und Kapitalmarktrecht, § 26 WpPG Rn. 8.
85 *Röhrborn*, in: Heidel, Aktienrecht und Kapitalmarktrecht, § 26 WpPG Rn. 6; *Linke*, in: Schäfer/Hamann, Kapitalmarktgesetze, § 21 WpPG Rn. 8; *Lenz*, in: Assmann/Lenz/Ritz, VerkProspG, § 8c Rn. 6.
86 So *Eckner*, in: Holzborn, WpPG, § 26 Rn. 19 ff.
87 *Röhrborn*, in: Heidel, Aktienrecht und Kapitalmarktrecht, § 26 WpPG Rn. 8; *Kopp/Ramsauer*, VwVfG, § 26 Rn. 16.
88 *Kopp/Ramsauer*, VwVfG, § 26 Rn. 18.
89 Ähnlich *Lenz*, in: Assmann/Lenz/Ritz, VerkProspG, § 8c Rn. 2 Fn. 3.
90 *Heidelbach*, in: Schwark/Zimmer, KMRK, § 21 WpPG Rn. 31; *Eckner*, in: Holzborn, WpPG, § 26 Rn. 28.
91 *Linke*, in: Schäfer/Hamann, Kapitalmarktgesetze, § 21 WpPG Rn. 9.
92 *Linke*, in: Schäfer/Hamann, Kapitalmarktgesetze, § 21 WpPG Rn. 9; *Eckner*, in: Holzborn, WpPG, § 26 Rn. 28.

formationsverlangen innerhalb angemessener Frist unberechtigt nicht oder trotz erneuter Aufforderung innerhalb angemessener Frist unberechtigt nicht oder nur unvollständig nachkommt. Der Verwaltungsakt kann zudem ggf. mittels Verwaltungszwangs durchgesetzt werden (§ 6 VwVG).[93]

2. Erweiterung der Auskunfts-, Vorlage- und Überlassungspflicht nach Abs. 3

§ 26 Abs. 3 WpPG erstreckt die Möglichkeit eines Auskunfts-, Vorlage- und Überlassungsverlangens auch auf verschiedene weitere Personen. Zu diesen Personen zählen der **Abschlussprüfer** und die Mitglieder von Aufsichts- oder **Geschäftsführungsorgan**en des **Emittenten**, des **Anbieter**s oder **Zulassungsantragsteller**s sowie die mit der Platzierung des öffentlichen Angebots oder der Zulassung zum Handel beauftragten Institute im Sinne des § 1 Abs. 1b des Kreditwesengesetzes oder die nach § 53 Abs. 1 Satz 1 oder § 53b Abs. 1 Satz 1 des Kreditwesengesetzes tätigen Unternehmen.[94]

29

a) Allgemeines

Die Vorschrift setzt Art. 26 Abs. 3 Buchstabe c Prospektrichtlinie um[95] und dient ebenso wie § 26 Abs. 2 WpPG der effektiven Sachverhaltsermittlung. Die vorstehenden Erläuterungen zum Auskunfts-, Vorlage- und Überlassungsverlangens nach § 26 Abs. 2 WpPG gelten entsprechend.

30

b) Abschlussprüfer als Adressat

Ein Informationsverlangen nach § 26 Abs. 3 WpPG gegenüber dem **Abschlussprüfer** geltend zu machen, kann sinnvoll sein, wenn dieser zur Vollständigkeit des Prospektes im Hinblick auf die Finanzinformation einen Beitrag leisten kann. Vor diesem Hintergrund erfasst § 26 Abs. 3 WpPG nicht nur den gegenwärtigen Abschlussprüfer, sondern auch etwaige Vorgänger.

31

Gegenüber einem auf § 26 Abs. 3 WpPG gestützten formellen Informationsverlangen kann sich der **Abschlussprüfer** zudem nicht auf seine Verschwiegenheitspflicht nach § 323 Abs. 1 HGB oder § 57b Abs. 1 WPO berufen. § 26 Abs. 3 WpPG stellt eine speziellere Norm dar, die seine Verschwiegenheitspflicht insoweit aufhebt. Dies ist auch hinnehmbar, da die Bundesanstalt und ihre Mitarbeiter nach § 27 WpPG ebenfalls zur Verschwiegenheit verpflichtet sind. Im Übrigen bleibt die Verschwiegenheitspflicht unberührt.[96]

32

---

93 Vgl. zur Durchsetzbarkeit von Verwaltungsakten auch die Erläuterungen zu § 26 WpPG. Danach haben Rechtsmittel gegen die förmliche Anordnung von Auskunfts-, Vorlage- und Überlassungspflicht keine aufschiebende Wirkung (*Linke*, in: Schäfer/Hamann, Kapitalmarktgesetze, § 21 WpPG Rn. 9; *Eckner*, in: Holzborn, WpPG, § 26 Rn. 29).
94 *Linke*, in: Schäfer/Hamann, Kapitalmarktgesetze, § 21 WpPG Rn. 6.
95 Begründung zu § 21 WpPG Abs. 3, Regierungsentwurf des WpPG, BT-Drucks. 15/4999, S. 38.
96 Europäische Kommission, Summary Record, 3rd Informal Meeting on Prospectus Transposition – 26 January 2005, S. 11; *Eckner*, in: Holzborn, WpPG, § 26 Rn. 27.

c) Überwachung der Einhaltung der Bestimmungen dieses Gesetzes

33 Die Regierungsbegründung weist – im Gegensatz zu § 26 Abs. 2 WpPG – ausdrücklich auf den für die Billigung geltenden Prüfungsmaßstab als eine Grenze der Befugnis hin.[97] Daher könnte argumentiert werden, dass § 26 Abs. 3 WpPG primär auf Auskünfte, die Vorlage von Unterlagen oder die Überlassung von Kopien gerichtet ist, die im Hinblick auf die Beurteilung der Bundesanstalt, ob Prospekte vollständig sind, erforderlich sind. Eine solche Auslegung würde den Anwendungsbereich von § 26 Abs. 3 WpPG gegenüber § 26 Abs. 2 WpPG deutlich einschränken und stünde im Widerspruch zu dem Wortlaut, wonach die Befugnis besteht, soweit diese zur Überwachung der Einhaltung der Bestimmungen des WpPG erforderlich ist. Sie ist daher abzulehnen. Vielmehr weist die Regierungsbegründung auf die Grenzen der Prüfung durch die Bundesanstalt hin. Die Begründung stellt klar, dass die **Sachverhaltsermittlung** nach § 26 Abs. 3 WpPG – ebenso wie die nach § 26 Abs. 2 WpPG – nicht der inhaltlichen Prüfung eines Prospektes dienen darf.[98]

3. Auskunftsverweigerungsrecht nach Abs. 6

34 § 26 Abs. 6 Satz 1 WpPG gestattet dem zur Erteilung einer Auskunft Verpflichteten die Auskunft auf solche Fragen zu verweigern, deren Beantwortung ihn selbst oder einen der in § 383 Abs. 1 Nr. 1 bis 3 der Zivilprozessordnung bezeichneten Angehörigen der Gefahr strafgerichtlicher Verfolgung oder eines Verfahrens nach dem Gesetz über Ordnungswidrigkeiten aussetzen würde. Die Regelung ist § 8c Abs. 3 VerkProspG a. F. nachgebildet[99] und entspricht dem rechtsstaatlichen Gedanken, dass es unzumutbar ist, sich selbst oder nahe Angehörige einer Straftat oder einer Ordnungswidrigkeit zu bezichtigen.[100]

35 Möchte ein Verpflichteter die Auskunft verweigern, muss er sich auf sein Verweigerungsrecht ausdrücklich berufen und kann nicht bloß schweigen. Werden zudem mehrere Auskünfte begehrt, bezieht sich das Auskunftsverweigerungsrecht nur auf Auskünfte, bei denen die Gefahr einer späteren Verfolgung als Straftat oder einer Ordnungswidrigkeit besteht. Andere Auskünfte sind zu erteilen.[101]

36 Nach § 26 Abs. 6 Satz 2 WpPG ist der Verpflichtete über sein Recht zur Verweigerung der Auskunft zu belehren. Wird dies versäumt, können die erteilten Auskünfte nicht in einem späteren Bußgeldverfahren verwendet werden.[102]

37 Das **Auskunftsverweigerungsrecht** besteht seinem Wortlaut nach nur gegenüber einem Auskunftsverlangen und gilt daher nicht für die Vorlage von Unterlagen oder die Überlassung von Kopien.[103]

---

97 Begründung zu § 21 WpPG Abs. 3, BT-Drucks. 15/4999, S. 38.
98 Im Ergebnis ebenso *Linke*, in: Schäfer/Hamann, Kapitalmarktgesetze, § 21 WpPG Rn. 6; *Ritz/Voß*, in: Just/Voß/Ritz/Zeising, WpPG, § 21 Rn. 23.
99 Begründung zu § 21 WpPG Abs. 6, Regierungsentwurf des WpPG, BT-Drucks. 15/4999, S. 38.
100 *Groß*, Kapitalmarktrecht, § 26 WpPG Rn. 9; *Eckner*, in: Holzborn, WpPG, § 26 Rn. 59; *Linke*, in: Schäfer/Hamann, Kapitalmarktgesetze, § 21 WpPG Rn. 18; *Lenz*, in: Assmann/Lenz/Ritz, VerkProspG, § 8c Rn. 16.
101 *Ritz/Voß*, in: Just/Voß/Ritz/Zeising, WpPG, § 21 Rn. 44.
102 *Ritz/Voß*, in: Just/Voß/Ritz/Zeising, WpPG, § 21 Rn. 45.
103 Streitig: Befürwortend u. a. *Linke*, in: Schäfer/Hamann, Kapitalmarktgesetze, § 21 WpPG Rn. 18; *Lenz*, in: Assmann/Lenz/Ritz, VerkProspG, § 8c Rn. 17; *Röhrborn*, in: Heidel, Aktien-

IV. Bekanntmachungen nach Abs. 2a und 2b

Der durch das Kleinanlegerschutzgesetz neu eingefügte Abs. 2a gibt der Bundesanstalt unter näher bestimmten Bedingungen die Befugnis, eine Bekanntmachung in Bezug auf ein öffentliches Angebot von Wertpapieren zu veröffentlichen.[104] Dabei müssen die Voraussetzungen von Abs. 2a kumulativ vorliegen.[105] Die Regelung dient der Konkretisierung von Art. 21 Abs. 3 Satz 1 der Prospektrichtlinie.[106] Sie dient dem Schutz der Anleger, wenn eine Aufklärung des infrage stehenden Sachverhaltes mit den zur Verfügung stehenden Mitteln des WpPG nicht möglich ist.[107]

37a

Voraussetzung dafür ist zunächst, dass ein **Emittenten** (§ 2 Nr. 9 WpPG),[108] **Anbieter** (§ 2 Nr. 10 WpPG)[109] oder **Zulassungsantragsteller** (§ 2 Nr. 11 WpPG)[110] einem sofort vollziehbaren Verlangen nach Abs. 2 innerhalb angemessener Frist unberechtigt nicht oder trotz erneuter Aufforderung innerhalb angemessener Frist unberechtigt nicht oder nur unvollständig nachkommt. Zum Begriff „sofort vollziehbar" vergleiche die Kommentierung bei § 31 WpPG.

37b

Die **Angemessenheit der Frist** obliegt der Einschätzung der Bundesanstalt und richtet sich nach den Umständen des Einzelfalls. Zur Beurteilung der Angemessenheit ist insbesondere der Eilbedürftigkeit der Sachverhaltsaufklärung Rechnung zu tragen. Befindet sich der Sitz des nach Abs. 2 Verpflichteten im Ausland, so sind außerdem längere Postlaufzeiten sowie die Dauer eines erforderlichen Amtshilfeersuchens zu berücksichtigen.[111]

37c

Von einer unzureichenden Reaktion im Sinne des Begriffs „**unberechtigt**" seitens der angesprochenen Marktteilnehmer ist auszugehen, sofern diese die von der Bundesanstalt aufgeworfenen Fragen nicht oder unvollständig beantworten und die Marktteilnehmer eine Aufklärung des Sachverhaltes auf diese Weise verzögern oder gänzlich verhindern. Eine Reaktion ist jedoch dann nicht unberechtigt, wenn der nach Abs. 2 Verpflichtete nach § 26 WpPG Abs. 6 zur Verweigerung der Auskunft berechtigt ist.[112]

37d

---

recht und Kapitalmarktrecht, § 26 WpPG Rn. 18; *von Kopp-Colomb*, in: Assmann/Schlitt/von Kopp-Colomb, WpPG/VerkProspG, § 21 WpPG Rn. 33; ablehnend: *Heidelbach*, in: Schwark/Zimmer, KMRK, § 21 WpPG Rn. 33, und *Ritz/Voß*, in: Just/Voß/Ritz/Zeising, WpPG, § 21 Rn. 46 f.; lediglich beschreibend *Eckner*, in: Holzborn, WpPG, § 26 Rn. 62.

104 *Groß*, Kapitalmarktrecht, § 26 WpPG Rn. 5.
105 Begründung zu § 26 WpPG, Regierungsentwurf des Kleinanlegerschutzgesetzes, BT-Drucks. 18/3994, S. 56.
106 Begründung zu § 26 WpPG, Regierungsentwurf des Kleinanlegerschutzgesetzes, BT-Drucks. 18/3994, S. 56.
107 Begründung zu § 26 WpPG, Regierungsentwurf des Kleinanlegerschutzgesetzes, BT-Drucks. 18/3994, S. 56.
108 Der Begriff des Emittenten ist in § 2 Nr. 9 WpPG als eine Person oder Gesellschaft, die Wertpapiere begibt oder zu begeben beabsichtigt, definiert.
109 Der Anbieter ist nach § 2 Nr. 10 WpPG eine Person oder Gesellschaft, die Wertpapiere öffentlich anbietet.
110 Der Zulassungsantragsteller wird in § 2 Nr. 11 WpPG als eine Person, die die Zulassung zum Handel an einem organisierten Markt beantragt, bestimmt.
111 Begründung zu § 26 WpPG, Regierungsentwurf des Kleinanlegerschutzgesetzes, BT-Drucks. 18/3994, S. 56.
112 Begründung zu § 26 WpPG, Regierungsentwurf des Kleinanlegerschutzgesetzes, BT-Drucks. 18/3994, S. 56.

§ 26   Befugnisse der Bundesanstalt

37e Weiterhin ist Voraussetzung, dass **Anhaltspunkte** dafür vorliegen, dass entgegen § 3 dieses Gesetzes kein Prospekt veröffentlicht wurde oder entgegen § 13 dieses Gesetzes ein Prospekt veröffentlicht wird oder der Prospekt oder das Registrierungsformular nicht mehr nach § 9 dieses Gesetzes gültig ist. Zum Begriff „Anhaltspunkte" vergleiche die Kommentierung zu § 26 Abs. 4 Satz 1 und 2 WpPG (u. a. Rn 48). Es ist jedoch zu beachten ist, dass es für die Befugnis in § 26 Abs. 2a Satz 1 – anders als bei der Aussetzungsbefugnis nach § 26 Abs. 4 Satz 2 WpPG – nicht ausreicht, wenn die Billigung des Prospekts nicht durch eine Bescheinigung im Sinne des § 18 Abs. 1 nachgewiesen worden ist oder der Prospekt nicht der Sprachenregelung des § 19 genügt.

37f Bereits aus dem Wortlaut von § 26 Abs. 2a Satz 1 WpPG ergibt sich, dass die Bundesanstalt bei der Entscheidung, ob sie von der Bekanntmachung Gebrauch macht, ein Ermessen hat. Bei dieser Entscheidung hat sie die schützenswerten Interessen des Emittenten und des Anbieters – sofern verschieden vom Emittenten – sowie das öffentliche Interesse an der Einhaltung der Ge- und Verbote des Wertpapierprospektgesetzes zu berücksichtigen.[113]

37g Ergänzend dazu begrenzt § 26 Abs. 2b WpPG die Veröffentlichungsmöglichkeit der Bundesanstalt nach § 26 Abs. 2a. Denn die Bundesanstalt sieht von einer Bekanntmachung nach Abs. 2a ab, wenn die Bekanntmachung die Finanzmärkte der Bundesrepublik Deutschland oder eines oder mehrerer Staaten des Europäischen Wirtschaftsraums erheblich gefährden würde. Die Bundesanstalt kann von einer Bekanntmachung außerdem absehen, wenn eine Bekanntmachung nachteilige Auswirkungen auf die Durchführung strafrechtlicher, ordnungswidrigkeitenrechtlicher oder disziplinarischer Ermittlungen haben kann.

37h Die Bekanntmachung nach Abs. 2a darf nur diejenigen personenbezogenen Daten enthalten, die zur Identifizierung des Anbieters oder Emittenten erforderlich sind. Insoweit wird die Nutzungsberechtigung der Bundesanstalt für personenbezogene Daten nach § 26 Abs. 7 WpPG teilweise eingeschränkt und begrenzt. Bei nicht bestandskräftigen Maßnahmen ist zudem der folgende Hinweis hinzuzufügen: „Diese Maßnahme ist noch nicht bestandskräftig." Wurde gegen die Maßnahme ein Rechtsmittel eingelegt, sind der Stand und der Ausgang des Rechtsmittelverfahrens bekannt zu machen. Die Bekanntmachung selbst ist spätestens nach fünf Jahren zu löschen.

V. Untersagung und Aussetzung eines öffentlichen Angebots nach Abs. 4

38 § 26 Abs. 4 WpPG gibt der Bundesanstalt zwei voneinander zu unterscheidende Befugnisse.[114] Satz 1 beinhaltet die Befugnis zur **Untersagung** eines **öffentlichen Angebotes** und beruht auf Art. 21 Abs. 3 Buchstabe f Prospektrichtlinie. Satz 2 enthält eine Befugnis zur zeitlich befristeten **Aussetzung** eines **öffentlichen Angebots**, durch die Art. 21 Abs. 3 Buchstabe d Prospektrichtlinie umgesetzt wird.[115] Davon zu unterscheiden ist die Ablehnung der Billigung eines Prospekts. Letztere beendet das vom Antragsteller eingeleitete

---

113 Begründung zu § 26 WpPG, Regierungsentwurf des Kleinanlegerschutzgesetzes, BT-Drucks. 18/3994, S. 56.
114 *Eckner*, in: Holzborn, WpPG, § 26 Rn. 40.
115 Begründung zu § 21 WpPG Abs. 5, BT-Drucks. 15/4999, S. 38.

V. Untersagung und Aussetzung eines öffentlichen Angebots nach Abs. 4 § 26

Billigungsverfahren mit einem negativen Bescheid. Ein öffentliches Angebot lag während dieses Verfahrens normalerweise nicht vor. Im Gegensatz dazu ist das Vorliegen eines öffentlichen Angebots Voraussetzung für dessen Untersagung bzw. dessen Aussetzung.[116]

1. Zweck der Norm

Die Befugnisse (Untersagung und befristete Aussetzung) dienen der Durchsetzung der Prospektpflicht bei **öffentlichen Angeboten** von Wertpapieren.[117] Investoren sollen ihre Anlageentscheidung normalerweise aufgrund eines Prospektes treffen können.[118] Ein prospektfreies Angebot ist beispielsweise möglich, wenn einer der Befreiungstatbestände nach § 3 Abs. 2 WpPG eingreift. In diesem Fall liegt kein Verstoß gegen die Pflicht zur Veröffentlichung eines Prospektes nach § 3 Abs. 1 Satz 1 WpPG vor. 39

Eine entsprechende Befugnis zur Durchsetzung der Prospektpflicht bei **Börsenzulassungen von Wertpapieren** ist nicht notwendig. Die Geschäftsführungen der Börsen prüfen im Rahmen des Zulassungsverfahrens nach § 32 Abs. 3 Nr. 2 BörsG, ob ein Prospekt veröffentlicht werden musste. Sie setzen die Prospektpflicht für die Börsenzulassung von Wertpapieren durch. 40

2. Untersagung eines öffentlichen Angebots

Die Bundesanstalt hat gemäß § 26 Abs. 4 Satz 1 WpPG ein öffentliches Angebot zu untersagen, wenn entgegen § 3 WpPG kein Prospekt veröffentlicht wurde,[119] entgegen § 13 WpPG ein Prospekt veröffentlicht wird,[120] der Prospekt oder das Registrierungsformular nicht mehr nach § 9 WpPG gültig ist,[121] die Billigung des Prospekts nicht notifiziert wurde[122] oder der Prospekt nicht der Sprachenregelung des § 19 WpPG genügt.[123] 41

a) Verstoß im Sinne des § 26 Abs. 4 Satz 1 WpPG

Voraussetzung für eine Untersagung ist, dass ein **Verstoß** gegen eine der vorstehenden Regelungen des § 26 Abs. 4 Satz 1 WpPG festgestellt wird.[124] Dies ergibt sich aus dem Vergleich von § 26 Abs. 4 Satz 1 mit Satz 2. § 26 Abs. 4 Satz 2 fordert im Gegensatz zu Satz 1 nur das Vorliegen von Anhaltspunkten.[125] Zudem muss der Verstoß andauern, d. h. auch im Zeitpunkt des Erlasses der Untersagungsverfügung noch vorliegen. Anderenfalls wäre der Eingriff nicht zu rechtfertigen. 42

---

116 *Linke*, in: Schäfer/Hamann, Kapitalmarktgesetze, § 21 WpPG Rn. 10.
117 Ähnlich *Groß*, Kapitalmarktrecht, § 26 WpPG Rn. 7.
118 *Groß*, Kapitalmarktrecht, § 26 WpPG Rn. 7.
119 Zur Prospektpflicht bei öffentlichen Angeboten vgl. die Erläuterungen zu § 3 von *Schnorbus*.
120 Entscheidend ist hierbei, ob der Prospekt gebilligt wurde und ob es einer solchen Billigung auch bedurft hätte und nicht, ob der Prospekt veröffentlicht wurde (*von Kopp-Colomb*, in: Assmann/Schlitt/von Kopp-Colomb, WpPG/VerkProspG, § 21 WpPG Rn. 22).
121 Zur Gültigkeit des Prospektes oder Registrierungsformulars vgl. die Erläuterungen zu § 9 von *Singhof*.
122 Zur Notifizierung von Prospekten siehe die Erläuterungen zu § 18 von *Wolf*.
123 Zur Sprachenregelung siehe die Erläuterungen zu § 19 von *Wolf*.
124 *Eckner*, in: Holzborn, WpPG, § 26 Rn. 44f.
125 *Ritz/Voß*, in: Just/Voß/Ritz/Zeising, WpPG, § 21 Rn. 28.

b) Gegenstand und Adressat der Untersagung

43 Wie aus dem Wortlaut der Vorschrift deutlich wird, ist **Gegenstand** der Untersagung zunächst das öffentliche Angebot von Wertpapieren und normalerweise nicht der Prospekt. Die Untersagung ist an den Anbieter nach § 2 Nr. 10 WpPG zu richten.[126]

c) Untersagungsverfügung

44 Es handelt sich bei der **Untersagung** eines **öffentlichen Angebotes**, wie aus dem Wortlaut der Vorschrift deutlich wird, um eine gebundene Entscheidung.[127] Bei dieser Entscheidung steht der Bundesanstalt kein Ermessen zu.[128] In der Literatur wird unter Hinweis auf den Verhältnismäßigkeitsgrundsatz vertreten, dass in seltenen Einzelfällen ein öffentliches Angebot bis zur Beendigung eines Verstoßes (z.B. während der Billigung eines Nachtrags) ausgesetzt werden könnte.[129] Ob dies zulässig ist, dürfte angesichts des eindeutigen Wortlautes fraglich sein. Auch ist nicht erkennbar, warum die Praxis eine solche Auslegung benötigt. Da der Anbieter in dem genannten Beispielsfall bereits bemüht ist, den Verstoß zu beseitigen, dürfte er wohl auch freiwillig (d. h. ohne behördliche Anordnung) das Angebot aussetzen. Zudem knüpft das WpPG an eine Untersagung nur die Verpflichtung, das öffentliche Angebot zu beenden. Es enthält keine Vorschrift, wonach aufgrund einer Untersagung neue öffentliche Angebote für einen bestimmten Zeitraum untersagt wären.

45 Die Untersagungs**verfügung** ist ein Verwaltungsakt nach § 35 VwVfG. Sie kann mittels **Verwaltungszwangs** durchgesetzt werden.[130]

3. Aussetzung eines öffentlichen Angebots

46 Hat die Bundesanstalt hingegen nur **Anhaltspunkte** dafür, dass ein Verstoß im Sinne des § 26 Abs. 4 Satz 1 WpPG vorliegen könnte, kann sie gemäß § 26 Abs. 4 Satz 2 WpPG anordnen, dass ein öffentliches Angebot für höchstens zehn Tage auszusetzen ist. Ziel der Aussetzungsanordnung ist, während der befristeten Aussetzung zu prüfen, ob ein Verstoß tatsächlich vorliegt.

47 Die Befugnis zur Untersagung eines öffentlichen Angebotes ist normalerweise ein intensiverer Eingriff im Vergleich zur zeitlich befristeten Aussetzung.[131] Einer Untersagung kann eine **befristete** Aussetzung vorangehen. Dies ist jedoch nicht zwingend. Bei einem solchen zweistufigen Verfahren erlässt die Bundesanstalt zunächst eine befristete Ausset-

---

126 M.w.N. *Eckner*, in: Holzborn, WpPG, § 26 Rn. 42.
127 *Röhrborn*, in: Heidel, Aktienrecht und Kapitalmarktrecht, § 26 WpPG Rn. 10.
128 *Eckner*, in: Holzborn, WpPG, § 26 Rn. 44.
129 *Linke*, in: Schäfer/Hamann, Kapitalmarktgesetze, § 21 WpPG Rn. 12; *von Kopp-Colomb*, in: Assmann/Schlitt/von Kopp-Colomb, WpPG/VerkProspG, § 21 WpPG Rn. 23.
130 Zur Durchsetzbarkeit von Verwaltungsakten nach § 26 WpPG vergleiche die Erläuterungen zu § 31 WpPG.
131 Wurde ein Verstoß (noch) nicht festgestellt und bestehen daher nur Anhaltspunkte für einen Verstoß, ist eine befristete Aussetzung des öffentlichen Angebots regelmäßig ein milderes Mittel. Insoweit läuft der zweite Teil der Befugnis von Art. 21 Abs. 3 Buchstabe f Prospektrichtlinie im Vergleich mit der sich überschneidenden Befugnis nach Art. 21 Abs. 3 Buchstabe d Prospektrichtlinie ins Leere.

V. Untersagung und Aussetzung eines öffentlichen Angebots nach Abs. 4 § 26

zungsverfügung. Während dieser Zeit prüft sie, ob ein Verstoß, der eine endgültige Untersagung rechtfertigt, festgestellt werden kann.[132]

a) Anhaltspunkte für einen Verstoß im Sinne des § 26 Abs. 4 Satz 1 WpPG

Anhaltspunkte liegen vor, wenn ein begründeter Verdacht für einen Verstoß im Sinne des § 26 Abs. 4 Satz 1 WpPG gegeben ist. Eine bloß abstrakte Gefahr ist nicht ausreichend.[133] Vielmehr muss sich der Verdacht aufgrund von Tatsachen konkretisiert haben. D.h. es müssen Tatsachen vorhanden sein, die die Möglichkeit nicht fern liegen lassen, dass ein Verstoß vorliegt.[134] Dies kann beispielsweise durch Werbung im Internet oder Beschwerden von Anlegern geschehen sein. Die **befristete** Aussetzung hat das Ziel, den Sachverhalt ermitteln zu können.[135]

48

b) Gegenstand und Adressat der Aussetzung

Der Gegenstand der Aussetzung entspricht dem **Gegenstand** der Untersagung. Anders als die Untersagung kann sich die Aussetzung des öffentlichen Angebots neben dem **Anbieter** (§ 2 Nr. 10 WpPG) auch gegen den **Scheinanbieter** richten, da ein Verstoß (noch) nicht festgestellt werden muss.[136]

49

c) Befristung der Aussetzung

Eine Aussetzung darf nur für höchstens zehn Tage[137] angeordnet werden. Die **Frist** von zehn Tagen hat der Gesetzgeber kurz bemessen. Es erscheint fraglich, ob das Ziel (Ermittlung, ob ein Verstoß im Sinne des § 26 Abs. 4 Satz 1 WpPG vorliegt) immer erreicht werden kann.[138] Eine Lösungsmöglichkeit könnte sein, die wiederholte **befristete** Aussetzung zuzulassen. Gegen eine solche Möglichkeit könnte mit dem Wortlaut des § 26 Abs. 4 Satz 2 WpPG und der entsprechenden europarechtlichen Vorgabe argumentiert werden, die von einer Höchstfrist sprechen. Dafür kann hingegen angeführt werden, dass die Zulässigkeit wiederholter Aussetzungen die Mitwirkung des Anbieters oder Scheinanbieters an der Aufklärung fördern könnte. Auch dürfte der Transparenz auf dem Kapitalmarkt kaum gedient sein, wenn es aufgrund von Aufklärungsschwierigkeiten zu öffentlichen Angeboten kommt, bei denen möglicherweise Verstöße gegen bestimmte Vorschriften des WpPG vorliegen.

50

Die Frist beginnt mit der Bekanntgabe der Entscheidung (§ 26 Abs. 4 Satz 3 WpPG). Dabei richtet sich die Bekanntgabe nach § 41 VwVfG.[139]

51

---

132 *Eckner*, in: Holzborn, WpPG, § 26 Rn. 42.
133 *Heidelbach*, in: Schwark, KMRK, § 8b VerkProspG Rn. 4.
134 *Ritz/Voß*, in: Just/Voß/Ritz/Zeising, WpPG, § 21 Rn. 34.
135 *Linke*, in: Schäfer/Hamann, Kapitalmarktgesetze, § 21 WpPG Rn. 13.
136 M.w.N. *Eckner*, in: Holzborn, WpPG, § 26 Rn. 49.
137 Zum Begriff des Tages siehe *Ritz/Voß*, in: Just/Voß/Ritz/Zeising, WpPG, § 21 Rn. 35.
138 *Eckner*, in: Holzborn, WpPG, § 26 Rn. 41.
139 *Ritz/Voß*, in: Just/Voß/Ritz/Zeising, WpPG, § 21 Rn. 36; *Eckner*, in: Holzborn, WpPG, § 26 Rn. 50.

d) Aussetzungsverfügung

52 Bei der Ausübung der Befugnis des § 26 Abs. 4 Satz 2 WpPG handelt es sich anders als nach Satz 1 um eine Ermessensentscheidung der Bundesanstalt. Sie dient dazu, dass bereits beim Vorliegen von Anhaltspunkten ein **öffentliches Angebot** befristet ausgesetzt werden kann.[140] Sie ist gleichfalls ein Verwaltungsakt nach § 35 VwVfG, der mittels **Verwaltungszwanges** durchgesetzt werden kann.[141] Die Aussetzungsverfügung kann auch dann rechtmäßig sein, wenn sich nachträglich herausstellt, dass kein Verstoß im Sinne des § 26 Abs. 4 Satz 1 WpPG vorliegt. Das öffentliche Interesse an der Klärung überwiegt in diesem Fall gegenüber dem Interesse des Anbieters an dem öffentlichen Angebot.

VI. Datenübermittlung nach Abs. 5

53 Nach § 26 Abs. 5 WpPG kann die Bundesanstalt der Geschäftsführung der Börse und der Zulassungsstelle Daten (einschließlich **personenbezogener Daten**) übermitteln, wenn Tatsachen den Verdacht begründen, dass gegen Bestimmungen dieses Gesetzes verstoßen worden ist. Zudem müssen die übermittelten Daten zur Erfüllung der in der Zuständigkeit der **Geschäftsführung der Börse** oder der **Zulassungsstelle** liegenden Aufgaben erforderlich sein.

54 Das Finanzmarktrichtlinie-Umsetzungsgesetz[142] führte zu einer Neufassung des Börsengesetzes, die die Regelungen über die Börse und ihre Organe änderte. In diesem Rahmen wurde auch die Zuständigkeit für die Zulassungsentscheidung von der Zulassungsstelle auf die **Geschäftsführung der Börse** verlagert (§ 32 BörsG). Die Datenübermittlung an die Zulassungsstellen hat seitdem keine praktische Bedeutung mehr.[143]

1. Zweck der Regelung

55 Die Vorschrift stellt klar, dass die Bundesanstalt der Geschäftsführung der Börse Daten übermitteln darf.[144] Sie ist eine spezielle Regelung im Sinne von § 1 Abs. 3 BDSG.[145] Die Datenübermittlung ist u. a. erforderlich, um eine effektive Zusammenarbeit der für das Zulassungs- und Billigungsverfahren zuständigen Behörden zu gewährleisten. Anleger sollen durch das föderale System und die verschiedenen Zuständigkeiten nicht benachteiligt werden. Die Datenübermittlung soll gewährleisten, dass die Geschäftsführungen der Börse die bei Billigungs- und Notifizierungsverfahren gewonnenen Informationen auch für ihre Zu-

---

140 Begründung zu § 21 WpPG Abs. 4, BT-Drucks. 15/4999, S. 38.
141 Zur Durchsetzbarkeit von Verwaltungsakten nach § 26 WpPG vergleiche die Erläuterungen zu § 31 WpPG.
142 BGBl. I 2007, S. 1330 ff.
143 *Groß*, Kapitalmarktrecht, § 32 BörsG Rn. 4a und § 26 WpPG Rn. 8; *Ritz/Voß*, in: Just/Voß/Ritz/Zeising, WpPG, § 21 Rn. 37.
144 Begründung zu § 21 WpPG Abs. 5, Regierungsentwurf des WpPG, BT-Drucks. 15/4999, S. 38.
145 *Ritz/Voß*, in: Just/Voß/Ritz/Zeising, WpPG, § 21 Rn. 41; *von Kopp-Colomb*, in: Assmann/Schlitt/von Kopp-Colomb, WpPG/VerkProspG, § 21 WpPG Rn. 30.

ständigkeiten nutzen können.¹⁴⁶ Dadurch soll trotz der Aufgabenteilung ein effizientes Zulassungsverfahren ermöglicht werden.

2. Voraussetzung der Datenübermittlung

a) Für die Arbeit der Geschäftsführung der Börse erforderlich

Um eine effektive Zusammenarbeit zu gewährleisten, ist eine zeitnahe Datenübermittlung erforderlich. Daher bleibt jede Behörde für die Überwachung der in ihren Zuständigkeitsbereich fallenden Vorschriften zuständig.¹⁴⁷ Anderenfalls würde in die vom Gesetzgeber gewollte Trennung der Zuständigkeiten zwischen Bundesanstalt und Geschäftsführung der Börse eingegriffen. 56

Die Bundesanstalt prüft aufgrund der getrennten Zuständigkeiten grundsätzlich nur, ob die Daten zur Erfüllung der in der Zuständigkeit der Geschäftsführung der Börse liegenden Aufgaben nützlich sein könnten. Eine Überprüfung durch die Bundesanstalt, ob aufgrund der übermittelten Daten tatsächlich ein Tätigwerden der Geschäftsführung der Börse geboten sein könnte, ist nicht erforderlich. Es obliegt den Geschäftsführungen der Börsen zu überprüfen, ob aufgrund der übermittelten Daten Maßnahmen einzuleiten sind. Die Anforderungen an die Schwelle des „erforderlich sein" sind daher eher gering. Es können jedoch keine Daten übermittelt werden, die den Aufgabenbereich der Geschäftsführungen der Börsen oder der Zulassungsstelle nicht berühren.¹⁴⁸ 57

b) Bestimmungen dieses Gesetzes

Die Passage „**Bestimmungen dieses Gesetzes**" ist vor dem Hintergrund des europäischen Passes für Prospekte und ihrem vorstehenden Zweck der Regelung weit auszulegen. Daher sind Bestimmungen dieses Gesetzes nicht nur Bestimmungen des WpPG, sondern auch Bestimmungen anderer Staaten, die zur Umsetzung der Prospektrichtlinie erlassen wurden.¹⁴⁹ Ziel der Prospektrichtlinie ist es u. a., eine zuständige Behörde und damit einen Ansprechpartner im grenzüberschreitenden Bereich zu schaffen (Art. 21 Abs. 1 Prospektrichtlinie). Diesem Grundkonzept der Prospektrichtlinie widerspräche es, wenn eine zuständige ausländische Behörde sich direkt an die Geschäftsführungen der Börsen wenden müsste und nicht die Bundesanstalt entsprechende Daten übermitteln könnte. 58

c) Verdacht

Ferner müssen die Tatsachen nur einen **Verdacht** begründen, dass gegen das WpPG oder Bestimmungen anderer Staaten, die zur Umsetzung der Prospektrichtlinie erlassen wurden, verstoßen wurde. Aufgrund des Zwecks der Vorschrift ist es nicht erforderlich, dass ein Verstoß festgestellt oder so gut wie sicher sein muss. Es reicht vielmehr aus, dass ein Ver- 59

---

146 *Groß*, Kapitalmarktrecht, § 26 WpPG Rn. 8.
147 *Eckner*, in: Holzborn, WpPG, § 26 Rn. 53.
148 *Eckner*, in: Holzborn, WpPG, § 26 Rn. 56; ähnlich *von Kopp-Colomb*, in: Assmann/Schlitt/von Kopp-Colomb, WpPG/VerkProspG, § 21 WpPG Rn. 31.
149 Vgl. Erläuterungen zu § 28 Rn. 10.

stoß im Bereich des Möglichen liegt.[150] Der Verdacht muss sich lediglich durch Tatsachen konkretisiert haben. D.h. sie müssen Anhaltspunkte für einen Verstoß liefern.[151]

3. Datenübermittlung

60 § 26 Abs. 5 WpPG räumt der Bundesanstalt zudem ein Ermessen bezüglich der **Datenübermittlung** ein.[152] D.h. sie entscheidet im Rahmen der Ausübung des Ermessens, in welchen Fällen sie welche Daten übermittelt. Für die Ermessensausübung ergeben sich keine Besonderheiten und es gelten die allgemeinen Grundsätze. Die Daten können mündlich, elektronisch oder auch schriftlich an die Geschäftsführungen der Börsen übermittelt werden. Dabei bleibt die Datenübermittlung zulässig, wenn sich später herausstellen sollte, dass kein Verstoß gegen das WpPG bzw. die Prospektrichtlinie vorlag oder die Geschäftsführungen der Börsen die Daten nicht benötigten.[153]

VII. Personenbezogene Daten nach Abs. 7

61 § 26 Abs. 7 WpPG regelt die Verwendung von **personenbezogenen Daten**. Die Vorschrift entspricht § 4 Abs. 10 WpHG.[154] Sie ist Erlaubnisnorm im Sinne des § 4 Abs. 1 BDSG.[155] Persönliche Daten sind in § 3 BDSG definiert und demnach Einzelangaben über persönliche oder sachliche Verhältnisse einer bestimmten oder bestimmbaren natürlichen Person.[156] Die Bundesanstalt darf diese Daten zur Erfüllung ihrer aufsichtsrechtlichen Aufgaben und für Zwecke der internationalen Zusammenarbeit **speichern, verarbeiten, verändern, nutzen und weitergeben**.[157] Eine Beschränkung der Nutzung der Daten für nur bestimmte aufsichtsrechtliche Aufgaben besteht nicht.[158] Die personenbezogenen Daten sollen nicht mehr gespeichert werden, wenn sie zur Erfüllung aufsichtsrechtlicher Aufgaben und für Zwecke der internationalen Zusammenarbeit nicht mehr benötigt werden; dies folgt aus dem Umkehrschluss.[159]

VIII. Maßnahmen nach Abs. 8

62 Werden der Bundesanstalt bei einem Prospekt, auf dessen Grundlage Wertpapiere zum Handel an einem organisierten Markt zugelassen werden sollen, **Umstände bekannt gegeben**, aufgrund derer begründete Anhaltspunkte für die wesentliche inhaltliche Unrichtig-

---

150 Ähnlich *Eckner*, in: Holzborn, WpPG, § 26 Rn. 54.
151 *Ritz/Voß*, in: Just/Voß/Ritz/Zeising, WpPG, § 21 Rn. 39.
152 Ähnlich *Eckner*, in: Holzborn, WpPG, § 26 Rn. 54.
153 *Eckner*, in: Holzborn, WpPG, § 26 Rn. 55.
154 Begründung zu § 21 WpPG Abs. 7, Regierungsentwurf des WpPG, BT-Drucks. 15/4999, S. 39.
155 *Röhrborn*, in: Heidel, Aktienrecht und Kapitalmarktrecht, § 26 WpPG Rn. 15.
156 *Eckner,* in: Holzborn, WpPG, § 26 Rn. 63.
157 *Röhrborn*, in: Heidel, Aktienrecht und Kapitalmarktrecht, § 26 WpPG Rn. 15.
158 A. A. *Röhrborn,* in: Heidel, Aktienrecht und Kapitalmarktrecht, § 26 WpPG Rn. 15.
159 *Röhrborn*, in: Heidel, Aktienrecht und Kapitalmarktrecht, § 26 WpPG Rn. 15; *Eckner*, in: Holzborn, WpPG, § 26 Rn. 64.

keit oder wesentliche inhaltliche **Unvollständigkeit** des Prospekts bestehen, die zu einer Übervorteilung des Publikums führen, stehen ihr nach § 26 Abs. 8 verschiedene Maßnahmen zu.

1. Allgemeines

Die Vorschrift geht auf die Streichung des § 30 Abs. 3 Nr. 3 BörsG a. F. zurück und soll Doppelprüfungen vermeiden.[160] Nach § 30 Abs. 3 Nr. 3 BörsG a. F. konnte eine Zulassung von Wertpapieren zum Handel nur erfolgen, wenn der Zulassungsstelle keine Umstände bekannt waren, die entweder zu einer **Übervorteilung des Publikums** oder einer Schädigung erheblicher allgemeiner Interessen geführt hätten.[161]

63

Die Vorschrift geht über die von Art. 21 Abs. 3 und 4 Prospektrichtlinie geforderten Mindestbefugnisse hinaus und überrascht im System des WpPG.[162] Sie erlaubt der Bundesanstalt in besonders gelagerten Ausnahmefällen ausnahmsweise eine inhaltliche Prüfung von einzelnen Angaben im Prospekt.[163] Sie nimmt dabei diese Befugnis ausschließlich im öffentlichen Interesse wahr.[164]

64

In der Literatur wird unter Berufung auf die Entstehungsgeschichte der Vorschrift, auf das durch die Billigung erlangte Vertrauen und die Systematik des WpPG teilweise vertreten, dass die Vorschrift keinen Anwendungsbereich haben sollte und es sich bei der Befugnis zum **Widerruf der Billigung** nach § 26 Abs. 8 Satz 3 WpPG um ein Redaktionsversehen handeln könnte.[165]

65

Dem ist entgegenzuhalten, dass die Bundesanstalt entsprechend dem Willen des Gesetzgebers[166] als milderes Mittel zu § 26 Abs. 8 Satz 3 WpPG ggf. auch eine Billigung des Prospektes ablehnen können sollte.[167] § 30 Abs. 3 Nr. 3 BörsG a. F. bezog sich auf die Zulassung; diese konnte zeitlich getrennt von der Billigung des Prospekts oder mit dieser gemeinsam erfolgen.[168] Auch dürfte es mit dem Zweck der Vorschrift nicht vereinbar sein, wenn die Bundesanstalt erst einen Prospekt billigt, um im Anschluss daran die Billigung zu widerrufen.[169] Zudem sind die in Art. 21 Abs. 3 und 4 Prospektrichtlinie geforderten Befugnisse nur Mindestbefugnisse, so dass der Gesetzgeber darüber hinausgehen konnte. Die Norm hat gleichwohl sehr hohe Eingriffsvoraussetzungen. In der Verwaltungspraxis der Zulassungsstelle war aufgrund der Vorgängervorschrift § 30 Abs. 3 Nr. 3 BörsG a. F. keine

66

---

160 Begründung zu § 21 WpPG, Beschlussempfehlung und Bericht des Finanzausschusses, BT-Drucks. 15/5373, S. 50.
161 *Linke*, in: Schäfer/Hamann, Kapitalmarktgesetze, § 21 WpPG Rn. 19.
162 *Linke*, in: Schäfer/Hamann, Kapitalmarktgesetze, § 21 WpPG Rn. 19.
163 So im Ergebnis wohl auch die Begründung zu § 21 WpPG Abs. 8, BT-Drucks. 15/4999, S. 39.
164 Begründung zu § 21 WpPG Abs. 8, BT-Drucks. 15/4999, S. 39.
165 *Röhrborn*, in: Heidel, Aktienrecht und Kapitalmarktrecht, § 26 WpPG Rn. 19ff.
166 Vgl. zu diesem Begründung zu § 21 WpPG, Beschlussempfehlung und Bericht des Finanzausschusses, BT-Drucks. 15/5373, S. 50.
167 A. A. wohl u. a. *Linke*, in: Schäfer/Hamann, Kapitalmarktgesetze, § 21 WpPG Rn. 22.
168 *Gebhardt*, in: Schäfer/Hamann, Kapitalmarktgesetze, § 30 BörsG Rn. 84.
169 Ebenfalls auf diese Problematik hinweisend *Ritz/Voß*, in: Just/Voß/Ritz/Zeising, WpPG, § 21 Rn. 50.

Zulassung wegen drohender Publikumsübervorteilung versagt worden.[170] Daher ist zweifelhaft, ob die Befugnisse nach § 26 Abs. 8 WpPG zum Schutz des Kapitalmarktes tatsächlich erforderlich sind, oder nicht entfallen könnten.

2. Allgemeine Voraussetzungen

67 Für alle Maßnahmen nach § 26 Abs. 8 WpPG müssen zunächst kumulativ die allgemeinen Voraussetzungen des Satzes 1 vorliegen. Dies folgt aus der Systematik der Norm. Je nach Maßnahme können noch weitere Anforderungen hinzutreten. Diese ergeben sich gegebenenfalls aus den nachfolgenden Sätzen.

a) Börsenzulassungsprospekt

68 Die Maßnahmen nach § 26 Abs. 8 WpPG setzen zunächst voraus, dass ein Prospekt, aufgrund dessen Wertpapiere zum Handel an einem organisierten Markt zugelassen werden sollen, der BaFin vorliegt. D.h. die Vorschrift ist zum einem auf **Börsenzulassungsprospekte** nach § 3 Abs. 3 WpPG beschränkt.[171] Zum andern bestehen ihre Befugnisse nur zwischen dem Zeitpunkt der Einleitung eines Prospektbilligungsverfahrens und der Zulassung der Wertpapiere zum Handel.[172]

69 Ferner gilt die Regelung nicht für Prospekte, für die die Bundesanstalt nicht die zuständige Behörde beziehungsweise Deutschland nicht der Herkunftsstaat im Sinn des WpPG ist. Diese Begrenzung erklärt sich aus der Entstehungsgeschichte der Norm und der territorialen Begrenzung des WpPG.

b) Umstände bekannt gegeben

70 Zudem müssen der Bundesanstalt **Umstände bekannt gegeben** worden sein; d.h. die Umstände müssen von außen durch einen **Dritten** der Behörde bewusst zur Kenntnis gegeben werden.[173] Umstände sind Tatsachen beziehungsweise detaillierte Behauptungen von Tatsachen. Nicht unter diese Voraussetzung fallen daher beispielsweise Presseberichte, allgemeine an verschiedene Adressaten gerichtete Mitteilungen (z.B. Spam-Mails) oder unkonkrete pauschale Behauptungen.

c) Wesentliche inhaltliche Unrichtigkeit oder Unvollständigkeit

71 Ferner müssen aufgrund der bekannt gegebenen Umstände begründete Anhaltspunkte für die wesentliche inhaltliche **Unrichtigkeit** oder wesentliche inhaltliche **Unvollständigkeit** des Prospekts bestehen. Die Vorschrift fordert – im Gegensatz zu § 26 Abs. 4 Satz 2 WpPG – das Vorliegen von begründeten Anhaltspunkten. Dies spricht für einen höheren Grad der Konkretisierung, die die Anhaltspunkte für eine Unrichtigkeit oder Unvollständigkeit des Prospektes liefern müssen. Daher könnte es sachgerecht sein, anonyme Hinweise nicht

---

170 *Gebhardt*, in: Schäfer/Hamann, Kapitalmarktgesetze, § 30 BörsG Rn. 74.
171 *Ritz/Voß*, in: Just/Voß/Ritz/Zeising, WpPG, § 21 Rn. 50 und 52.
172 *Eckner*, in: Holzborn, WpPG, § 26 Rn. 66; hinsichtlich des Endzeitpunktes ebenso *Ritz/Voß*, in: Just/Voß/Ritz/Zeising, WpPG, § 21 Rn. 50 und 52, wobei diese die Befugnis jedoch später beginnen lassen.
173 *Linke*, in: Schäfer/Hamann, Kapitalmarktgesetze, § 21 WpPG Rn. 22.

VIII. Maßnahmen nach Abs. 8 **§ 26**

ausreichen zu lassen.[174] Die wesentliche inhaltliche Unrichtigkeit oder wesentliche inhaltliche Unvollständigkeit muss sich auf die Darstellung im Prospekt selbst beziehen.[175] Zweck des Prospektes ist die Herstellung von Transparenz und nicht die Anlageentscheidung für einen Anleger zu treffen. Die **Unvollständigkeit** des Prospekts beurteilt sich nach § 7 WpPG i. V. m. der EU-ProspektVO. Die inhaltliche **Unrichtigkeit** richtet sich danach, ob die Darstellung im Prospekt zutreffend ist. Bestehen beispielsweise unterschiedliche Auffassungen über das Bestehen eines Anspruches oder Rechtes, ist der Prospekt nicht unrichtig oder unvollständig, wenn diese unterschiedlichen Auffassungen und deren mögliche Folgen für den Emittenten im Prospekt offengelegt werden. Darauf, ob der Anspruch oder das Recht tatsächlich besteht, kommt es in diesem Fall nicht an.

Für die Frage der Wesentlichkeit ist ausschlaggebend, ob die inhaltliche Unrichtig- oder Unvollständigkeit für die Anlageentscheidung wesentlich ist. Hierbei ist auf den durchschnittlichen und verständigen Anleger abzustellen.[176] **72**

d) Übervorteilung des Publikums

Bereits § 30 Abs. 3 Nr. 3 BörsG a. F. enthielt den unbestimmten Begriff der **Übervorteilung des Publikums**. Die Vorschrift wurde teilweise unterschiedlich ausgelegt und es konnte keine allgemeingültige Interpretation entwickelt werden.[177] **73**

Nach einer Auffassung soll von einer Übervorteilung des Publikums immer dann ausgegangen werden können, wenn Umstände die Rentabilität des Emittenten für die Zukunft unwahrscheinlich erscheinen lassen[178] oder ein signifikanter Börsenpreisabfall zu befürchten ist.[179] Andere Auffassungen hingegen nehmen unter Berufung auf zivil- und strafrechtliche Vorbilder eine Übervorteilung des Publikums an, wenn zwischen der objektiven oder der im Prospekt umschriebenen Renditeerwartung und dem Wertverlustrisiko des Wertpapiers ein Missverhältnis besteht und das Publikum im Prospekt nicht oder nicht vollständig oder unrichtig aufgeklärt wird.[180] Nach der letzteren Auffassung ist eine Übervorteilung regelmäßig ausgeschlossen, wenn im Prospekt auf entsprechende Risiken ausreichend hingewiesen wurde.[181] Die zweite Auffassung hat den Vorteil, dass sie auf die Darstellung eines Sachverhalts im Prospekt abstellt und insoweit den im § 5 Abs. 1 WpPG niedergelegten Zweck des Prospekts als Informationsdokument für die Anlageentscheidung Rechnung trägt. Sie ist daher zu bevorzugen.[182] **74**

Unabhängig davon, welche Interpretation des Begriffs der Übervorteilung des Publikums man bevorzugt, zeigen die verschiedenen Interpretationsmöglichkeiten eines jedoch deutlich: Die Voraussetzung „Übervorteilung des Publikums" verlangt von der Bundesanstalt **75**

---

174 *von Kopp-Colomb*, in: Assmann/Schlitt/von Kopp-Colomb, WpPG/VerkProspG, § 21 WpPG Rn. 39.
175 *Groß*, Kapitalmarktrecht, § 26 WpPG Rn. 11.
176 *Eckner*, in: Holzborn, WpPG, § 26 Rn. 69.
177 *Gebhardt*, in: Schäfer/Hamann, Kapitalmarktgesetze, § 30 BörsG Rn. 72.
178 *Heidelbach*, in: Schwark, KMRK, § 30 BörsG Rn. 21.
179 *Heidelbach*, in: Schwark, KMRK, § 30 BörsG Rn. 21; *Groß*, Kapitalmarktrecht, § 26 WpPG Rn. 11.
180 *Gebhardt*, in: Schäfer/Hamann, Kapitalmarktgesetze, § 30 BörsG Rn. 73.
181 *Gebhardt*, in: Schäfer/Hamann, Kapitalmarktgesetze, § 30 BörsG Rn. 73.
182 Ähnlich *von Kopp-Colomb*, in: Assmann/Schlitt/von Kopp-Colomb, WpPG/VerkProspG, § 21 WpPG Rn. 40.

aufgrund ihrer besonderen Kenntnis eine eigenverantwortliche und wertende Beurteilung der Umstände. Der Begriff der Übervorteilung des Publikums eröffnet daher der Bundesanstalt ausnahmsweise einen eigenständigen **Beurteilungsspielraum**.[183] Dies hat zur Folge, dass die Entscheidung der Bundesanstalt nur eingeschränkt überprüfbar ist.

3. Einzelne Maßnahmen

76 Die verschiedenen Befugnisse des § 26 Abs. 8 WpPG stehen der Bundesanstalt nebeneinander zu und sind insbesondere nicht an eine zeitliche Abfolge gebunden.

a) Informationsverlangen nach Satz 1

77 Liegen die allgemeinen Voraussetzungen des Satzes 1 vor, sieht § 26 Abs. 8 Satz 1 WpPG zunächst als Regelfall vor, dass der Bundesanstalt die **Informationsbefugnisse** nach § 26 Abs. 2 WpPG zustehen. Die zu § 26 Abs. 2 gemachten Ausführungen gelten auch im Rahmen des Abs. 8 Satz 1 grundsätzlich entsprechend.[184] Eine Ausnahme stellt jedoch die Erweiterung des Adressatenkreises nach § 26 Abs. 3 WpPG dar. Es fehlt an einem Verweis auf diese Norm. Im Gegensatz dazu wird jedoch § 26 Abs. 6 WpPG auch ohne ausdrücklichen Verweis entsprechend anwendbar sein. Das Auskunftsverweigerungsrecht ist Ausdruck der Unzumutbarkeit der Selbstanzeige.

b) Aussetzung nach Satz 2

78 Liegen die allgemeinen Voraussetzungen des Satzes 1 vor, kann die Bundesanstalt vom Anbieter verlangen, das öffentliche Angebot bis zur Klärung des Sachverhalts auszusetzen. Die zu § 26 Abs. 4 Satz 2 WpPG gemachten Erläuterungen gelten entsprechend, wobei jedoch der Wortlaut des § 26 Abs. 8 Satz 2 WpPG keine zeitliche Befristung vorsieht. Die Höchstfrist von 10 Tagen nach § 26 Abs. 4 Satz 2 WpPG gilt nicht.[185]

c) Untersagung oder Widerruf der Billigung nach Satz 3

79 Steht zusätzlich zu den anderen allgemeinen Voraussetzungen des § 26 Abs. 8 Satz 1 WpPG auch die inhaltliche Unrichtigkeit oder inhaltliche Unvollständigkeit des Prospekts fest, kann die Bundesanstalt nach § 26 Abs. 8 Satz 3 WpPG die Billigung des Prospekts widerrufen und das öffentliche Angebot untersagen.[186] Bei der **Untersagungsbefugnis** nach § 26 Abs. 8 Satz 3 WpPG handelt es sich im Gegensatz zu der Untersagungsbefugnis nach § 26 Abs. 4 Satz 1 WpPG nicht um eine gebundene Entscheidung, vielmehr stellt die Norm die Ausübung der Untersagungsbefugnis ebenso wie den **Widerruf der Billigung** in das Ermessen der Bundesanstalt. Im Übrigen gelten jedoch die Ausführungen zu § 26 Abs. 4 Satz 1 WpPG entsprechend. Für einen Widerruf ist zudem Voraussetzung, dass ein gebilligter Prospekt vorliegt. Die Billigung ist ein begünstigender Verwaltungsakt,[187] der

---

183 So im Ergebnis zum § 30 Abs. 3 Nr. 3 BörsG a. F. auch *Gebhardt*, in: Schäfer/Hamann, Kapitalmarktgesetze, § 30 BörsG Rn. 71.
184 *Eckner*, in: Holzborn, WpPG, § 26 Rn. 72.
185 *Eckner*, in: Holzborn, WpPG, § 26 Rn. 73.
186 *Eckner*, in: Holzborn, WpPG, § 26 Rn. 74.
187 Vgl. hierzu *Berrar*, Kommentierung zu § 13 Rn. 8.

aufgrund des eingeschränkten Prüfungsmaßstabes (§ 13 Abs. 1 Satz 2 WpPG) normalerweise rechtmäßig gewesen sein dürfte.[188] Bezüglich eines Widerrufs der Billigung ist grundsätzlich § 49 VwVfG anwendbar. Dabei ist jedoch zu beachten, dass ein Vertrauensschutz des Antragstellers regelmäßig nicht besteht. Er hätte die Unrichtigkeit des Prospekts kennen müssen.[189] Auch steht dem Antragsteller kein Entschädigungsanspruch nach § 49 Abs. 6 VwVfG zu.[190] Als milderes Mittel zum Widerruf der Billigung sollte die Bundesanstalt ggf. auch eine Billigung eines Börsenzulassungsprospekts verweigern können (siehe Rn. 66), wenn ihr bereits vor oder während des Billigungsverfahrens Umstände bekannt gegeben werden, die inhaltliche Unrichtigkeit oder Unvollständigkeit des Prospektentwurfs feststeht und der Antragsteller nicht bereit ist, den Prospektentwurf zu ändern.

d) Unterrichtung der Geschäftsführung der Börse

Schließlich gestattet § 26 Abs. 8 Satz 4 WpPG der Bundesanstalt, die nach Satz 1 erhobenen Daten sowie Entscheidungen nach den Sätzen 2 und 3 der **Geschäftsführung der Börse** und inländischen sowie ausländischen Zulassungsstellen zu übermitteln, soweit diese Informationen zur Erfüllung ihrer Aufgaben erforderlich sind. Die Erläuterungen zu § 26 Abs. 5 WpPG gelten entsprechend.

80

---

188 *von Kopp-Colomb*, in: Assmann/Schlitt/von Kopp-Colomb, WpPG/VerkProspG, § 21 WpPG Rn. 42.
189 *Linke*, in: Schäfer/Hamann, Kapitalmarktgesetze, § 26 WpPG Rn. 23; a. A. *Röhrborn*, in: Heidel, Aktienrecht und Kapitalmarktrecht, § 26 WpPG Rn. 24.
190 *Linke*, in: Schäfer/Hamann, Kapitalmarktgesetze, § 21 WpPG Rn. 23; *von Kopp-Colomb*, in: Assmann/Schlitt/von Kopp-Colomb, WpPG/VerkProspG, § 21 WpPG Rn. 42.

§ 27 Verschwiegenheitspflicht

(1) ¹Die bei der Bundesanstalt Beschäftigten und die nach § 4 Abs. 3 des Finanzdienstleistungsaufsichtsgesetzes beauftragten Personen dürfen die ihnen bei ihrer Tätigkeit bekannt gewordenen Tatsachen, deren Geheimhaltung im Interesse eines nach diesem Gesetz Verpflichteten oder eines Dritten liegt, insbesondere Geschäfts- und Betriebsgeheimnisse sowie personenbezogene Daten, nicht unbefugt offenbaren oder verwerten, auch wenn sie nicht mehr im Dienst sind oder ihre Tätigkeit beendet ist. ²Dies gilt auch für andere Personen, die durch dienstliche Berichterstattung Kenntnis von den in Satz 1 bezeichneten Tatsachen erhalten. ³Ein unbefugtes Offenbaren oder Verwerten im Sinne des Satzes 1 liegt insbesondere nicht vor, wenn Tatsachen weitergegeben werden an

1. Strafverfolgungsbehörden oder für Straf- und Bußgeldsachen zuständige Gerichte,

2. kraft Gesetzes oder im öffentlichen Auftrag mit der Überwachung von Börsen oder anderen Märkten, an denen Finanzinstrumente gehandelt werden, des Handels mit Finanzinstrumenten oder Devisen, von Kreditinstituten, Finanzdienstleistungsinstituten, Investmentgesellschaften, Finanzunternehmen oder Versicherungsunternehmen betraute Stellen sowie von diesen beauftragte Personen,

3. die Europäische Wertpapier- und Marktaufsichtsbehörde, die Europäische Aufsichtsbehörde für das Versicherungswesen und die betriebliche Altersversorgung, die Europäische Bankenaufsichtsbehörde, den Gemeinsamen Ausschuss der Europäischen Finanzaufsichtsbehörden, den Europäischen Ausschuss für Systemrisiken oder die Europäische Kommission,

soweit diese Stellen die Informationen zur Erfüllung ihrer Aufgaben benötigen. ⁴Für die bei den in Satz 3 Nummer 1 und 2 genannten Stellen beschäftigten Personen sowie von diesen Stellen beauftragten Personen gilt die Verschwiegenheitspflicht nach Satz 1 entsprechend. ⁵Befindet sich eine in Satz 3 Nummer 1 oder 2 genannte Stelle in einem anderen Staat, so dürfen die Tatsachen nur weitergegeben werden, wenn diese Stelle und die von ihr beauftragten Personen einer dem Satz 1 entsprechenden Verschwiegenheitspflicht unterliegen.

(2) ¹Die §§ 93, 97 und 105 Abs. 1, § 111 Abs. 5 in Verbindung mit § 105 Abs. 1 sowie § 116 Abs. 1 der Abgabenordnung gelten für die in Abs. 1 Satz 1 und 2 bezeichneten Personen nur, soweit die Finanzbehörden die Kenntnisse für die Durchführung eines Verfahrens wegen einer Steuerstraftat sowie eines damit zusammenhängenden Besteuerungsverfahrens benötigen. ²Die in Satz 1 genannten Vorschriften sind jedoch nicht anzuwenden, soweit Tatsachen betroffen sind,

1. die den in Absatz 1 Satz 1 oder Satz 2 bezeichneten Personen durch eine Stelle eines anderen Staates im Sinne von Absatz 1 Satz 3 Nummer 2 oder durch von dieser Stelle beauftragte Personen mitgeteilt worden sind oder

2. von denen bei der Bundesanstalt beschäftigte Personen dadurch Kenntnis erlangen, dass sie an der Aufsicht über direkt von der Europäischen Zentralbank beaufsichtigte Institute mitwirken, insbesondere in gemeinsamen Aufsichtsteams nach Artikel 2 Nummer 6 der Verordnung (EU) Nr. 468/2014 der Europäischen Zentralbank

vom 16. April 2014 zur Einrichtung eines Rahmenwerks für die Zusammenarbeit zwischen der Europäischen Zentralbank und den nationalen zuständigen Behörden und den nationalen benannten Behörden innerhalb des einheitlichen Aufsichtsmechanismus (SSM-Rahmenverordnung) (EZB/2014/17) (ABl. L 141 vom 14.5.2014, S. 1), und die nach den Regeln der Europäischen Zentralbank geheim sind.

Übersicht

	Rn.		Rn.
I. Überblick	1	1. Dienstliche Kenntniserlangung von Tatsachen	14
1. Regelungsinhalt	1	a) Tatsachen	14
2. Änderungen der Vorschrift	5	b) Dienstliche Kenntniserlangung	16
II. Adressaten	9	2. Geheimhaltungsinteresse	17
1. Verpflichtete nach § 27 Abs. 1 Satz 1 WpPG	9	3. Unbefugtes Offenbaren oder Verwerten	19
2. Verpflichtete aufgrund dienstlicher Berichterstattung	10	a) Offenbaren oder Verwerten	20
3. Verpflichtete nach § 27 Abs. 1 Satz 4 WpPG	11	b) Unbefugt	22
4. Zeitliche Fortgeltung	12	IV. Auskünfte gegenüber Finanzbehörden nach Abs. 2	27
III. Umfang der Verschwiegenheitspflicht nach Abs. 1	13		

I. Überblick

1. Regelungsinhalt

§ 27 WpPG setzt Art. 22 Abs. 1 Prospektrichtlinie um.[1] Die Norm regelt eine **Verschwiegenheitspflicht** im Sinne eines Offenbarungs- und Verwertungsverbotes. Sie ist eine Spezialvorschrift zu § 30 VwVfG.[2] Zweck der Regelung ist das Vertrauen in die Aufsicht und eine Kooperationsbereitschaft mit dieser zu fördern.[3] Für eine effektive Wertpapieraufsicht ist der Zugang zu Informationen erforderlich, an denen ein Geheimhaltungsinteresse besteht.[4] So kann die Bundesanstalt beispielsweise bei der Prospektprüfung sowie bei der Auswertung von Auskunfts- und Vorlageersuchen Kenntnis von Geschäftsgeheimnissen, Strategien und personenbezogenen Daten erlangen.[5]

1

Entsprechende Vorschriften zur **Verschwiegenheit** finden sich in vielen die Finanzdienstleistungsaufsicht betreffenden Gesetzen. Beispiele dafür sind § 8 WpHG und § 9 WpÜG. Diese Normen haben einen vergleichbaren Aufbau, wobei sich jedoch ihr Detailgrad unterscheiden kann.[6]

2

---

1 Die Kommentierung gibt ausschließlich die persönliche Meinung der Autorin wieder. Dies gilt für sämtliche Ausführungen der Autorin in diesem Kommentar.
2 *von Kopp-Colomb*, in: Assmann/Schlitt/von Kopp-Colomb, WpPG/VerkProspG, § 22 WpPG Rn. 3.
3 *Höninger/Eckner*, in: Holzborn, WpPG, § 27 Rn. 2.
4 *Möllers/Wenninger*, in: Hirte/Möllers, Kölner Kommentar zum WpHG, § 8 Rn. 6.
5 *Linke*, in: Schäfer/Hamann, Kapitalmarktgesetze, § 22 WpPG Rn. 1; *von Kopp-Colomb*, in: Assmann/Schlitt/von Kopp-Colomb, WpPG/VerkProspG, § 22 WpPG Rn. 2.
6 Ähnlich *Höninger/Eckner*, in: Holzborn, WpPG, § 27 Rn. 1.

§ 27   Verschwiegenheitspflicht

3   § 27 WpPG ist bei allen Anfragen wie beispielsweise Nachfragen zum Eingang von Bescheinigungen über die Notifizierung eines Prospektes, **Akteneinsichtsgesuchen** (u. a. § 29 VwVfG)[7] und im Bereich des **Informationsfreiheitsgesetzes** zu berücksichtigen.[8] Anderenfalls wäre nicht sichergestellt, dass Informationen mit **Geheimhaltungsinteresse** nur zum Zwecke der Aufsicht verwendet werden.

4   Wird die Verschwiegenheitspflicht nach § 22 WpPG verletzt, könnten in Abhängigkeit von der konkreten Verletzung grundsätzlich zivil-, straf- und arbeits- bzw. disziplinarrechtliche **Konsequenzen** in Betracht kommen.[9]

2. Änderungen der Vorschrift

5   Ein Großteil der europäischen Zusammenarbeit erfolgte bis zum Beginn der Finanzmarktkrise 2008 über die Mitarbeit der europäischen Wertpapieraufsichtsbehörden bei CESR. Als Folge der Krise beschloss die Europäische Kommission, die europäischen Finanzaufsichtssysteme zu stärken und legte im Herbst 2009 zu diesem Zweck verschiedene Legislativvorschläge vor. Diese Vorschläge sahen u. a. die Schaffung eines Europäischen Finanzaufsichtssystems mit verschiedenen neuen Finanzaufsichtsbehörden vor. Die entsprechenden Verordnungen traten Mitte Dezember 2010 in Kraft. Sie sahen die Errichtung der neuen europäischen Behörden zum 1. Januar 2011 vor. Zu den neu zu errichtenden Behörden gehörte auch die **Europäische Wertpapier- und Börsenaufsichtsbehörde** (ESMA), die die bisherigen Aufgaben von CESR übernahm.[10] Darüber hinaus erhielt ESMA aber auch zusätzliche Aufgaben, wie beispielsweise zu einer einheitlichen Anwendung des europäischen Rechts beizutragen.[11]

6   Damit das neue Europäische Finanzaufsichtssystem funktioniert, wurden zudem die bestehenden Finanzdienstleistungsrichtlinien, wie z. B. die Prospektrichtlinie geändert.[12] Die entsprechende Richtlinie 2010/78/EU trat Anfang Januar 2011 in Kraft.[13] Die Änderungen

---

7   Zu den verschiedenen Möglichkeiten Akteneinsicht zu nehmen, siehe *von Kopp-Colomb*, in: Assmann/Schlitt/von Kopp-Colomb, WpPG/VerkProspG, § 22 WpPG Rn. 31 ff.

8   *Ritz*, in: Just/Voß/Ritz/Zeising, WpPG, § 22 Rn. 17 ff., und *von Kopp-Colomb*, in: Assmann/Schlitt/von Kopp-Colomb, WpPG/VerkProspG, § 22 WpPG Rn. 36 ff.; *Höninger/ Eckner*, in: Holzborn, WpPG, § 27 Rn. 16 ff.

9   Vgl. hierzu ausführlicher *Ritz*, in: Just/Voß/Ritz/Zeising, WpPG, § 22 Rn. 49 ff.; *Möllers/Wenninger*, in: Hirte/Möllers, Kölner Kommentar zum WpPG, § 8 Rn. 87 ff.; *Höninger/ Eckner*, in: Holzborn, WpPG, § 27 Rn. 22 ff.

10 Art. 8 Abs. 1 Buchst. l) der Verordnung (EU) Nr. 1095/2010 des Europäischen Parlaments und des Rates vom 24. November 2010 zur Errichtung einer Europäischen Aufsichtsbehörde (Europäische Wertpapier- und Börsenaufsichtsbehörde).

11 Art. 8 Abs. 1 Buchst. b) der Verordnung (EU) Nr. 1095/2010 des Europäischen Parlaments und des Rates vom 24. November 2010 zur Errichtung einer Europäischen Wertpapier- und Börsenaufsichtsbehörde.

12 Richtlinie 2010/78/EU des Europäischen Parlaments und des Rates vom 24. November 2010 zur Änderung der Richtlinien 1998/26/EG, 2002/87/EG, 2003/6/EG, 2003/41/EG, 2003/71/EG, 2004/39/EG, 2004/109/EG, 2005/60/EG, 2006/48/EG, 2006/49/EG und 2009/65/EG im Hinblick auf die Befugnisse der Europäischen Bankaufsichtsbehörde, der Europäischen Aufsichtsbehörde für das Versicherungswesen und die betriebliche Altersversorgung und der Europäischen Wertpapieraufsichtsbehörde.

13 Art. 14 Richtlinie 2010/78/EU des Europäischen Parlaments und des Rates vom 24. November 2010 zur Änderung der Richtlinien 1998/26/EG, 2002/87/EG, 2003/6/EG, 2003/41/EG, 2003/71/

betreffen u. a. die Festlegung von Bereichen, in denen ESMA technische Standards vorschlagen kann und allgemeine Änderungen, wie beispielsweise den Informationsaustausch mit ESMA.

Durch die Richtlinie 2010/78/EU wurde Art. 22 Abs. 3 Prospektrichtlinie neu gefasst.[14] Dieser neu gefasste Absatz regelt, dass die Verschwiegenheitspflicht die zuständigen nationalen Behörden nicht daran hindert, vertrauliche Informationen auszutauschen oder vertrauliche Informationen an **ESMA** oder den Europäischen Ausschuss für Systemrisiken weiterzuleiten. Diese Richtlinie setzte Deutschland mit dem Gesetz zur Umsetzung der Richtlinie 2010/78/EU vom 24. November 2010 im Hinblick auf die Errichtung des Europäischen Finanzaufsichtssystems um. Dabei wurde in § 22 Abs. 1 Satz 3 WpPG a. F. die Nr. 3 eingefügt sowie Abs. 1 Sätze 4 und 5 neu gefasst.[15]

7

Danach wurde § 22 WpPG a. F. zudem durch das Gesetz zur Novellierung des Finanzanlagenvermittler- und Vermögensanlagenrechts mit einer anderen Paragraphennummer versehen. Aus dem alten § 22 WpPG wurde der neue § 27 WpPG.[16] Inhaltliche Änderungen der Vorschrift waren damit nicht verbunden. Auch das Gesetz zur Umsetzung der Richtlinie 2010/73/EU und zur Änderung des Börsengesetzes änderte § 27 WpPG nicht.[17] Erst durch das Gesetz zur Anpassung des nationalen Bankenabwicklungsrechts an den Einheitlichen Abwicklungsmechanismus und die europäischen Vorgaben zur Bankenabgabe (Abwicklungsmechanismusgesetz – AbwMechG) vom 2.11.2015[18] wurden die Auskünfte an Finanzbehörden neu geregelt.

8

II. Adressaten

1. Verpflichtete nach § 27 Abs. 1 Satz 1 WpPG

Die Verschwiegenheitspflicht gilt zunächst für die **Bundesanstalt** selbst, da diese durch Personen handelt.[19] Weiterhin werden die bei der Bundesanstalt **Beschäftigte**n erfasst.

9

EG, 2004/39/EG, 2004/109/EG, 2005/60/EG, 2006/48/EG, 2006/49/EG und 2009/65/EG im Hinblick auf die Befugnisse der Europäischen Aufsichtsbehörde (Europäische Bankaufsichtsbehörde), der Europäischen Aufsichtsbehörde (Europäische Aufsichtsbehörde für das Versicherungswesen und die betriebliche Altersversorgung) und der Europäischen Aufsichtsbehörde (Europäische Wertpapier- und Börsenaufsichtsbehörde).

14 Art. 5 Richtlinie 2010/78/EU des Europäischen Parlaments und des Rates vom 24. November 2010 zur Änderung der Richtlinien 1998/26/EG, 2002/87/EG, 2003/6/EG, 2003/41/EG, 2003/71/EG, 2004/39/EG, 2004/109/EG, 2005/60/EG, 2006/48/EG, 2006/49/EG und 2009/65/EG im Hinblick auf die Befugnisse der Europäischen Aufsichtsbehörde (Europäische Bankaufsichtsbehörde), der Europäischen Aufsichtsbehörde (Europäische Aufsichtsbehörde für das Versicherungswesen und die betriebliche Altersversorgung) und der Europäischen Aufsichtsbehörde (Europäische Wertpapier- und Börsenaufsichtsbehörde).

15 BGBl. I, S. 2427 ff., S. 2433 f.; *Höninger/Eckner*, in: Holzborn, WpPG, § 27 Rn. 1; *Groß*, Kapitalmarktrecht, § 27.

16 BGBl. I 2011, S. 2481 ff., S. 2499.

17 BGBl. I 2012, S. 1375 ff.

18 BGBl. I 2015, S. 2184 ff., S. 1885.

19 *Möllers/Wenninger*, in: Hirte/Möllers, Kölner Kommentar zum WpPG, § 8 Rn. 12; *Höninger/Eckner*, in: Holzborn, WpPG, § 27, Rn 3.

§ 27 Verschwiegenheitspflicht

Dies gilt unabhängig von deren Beschäftigungsstatus (Beamter, Angestellter, Arbeiter, Praktikant und Referendar)[20] oder den Umständen der Beschäftigung (beispielsweise Kerntätigkeit, Abordnung oder Dienstreise).[21] Zudem erfasst § 27 Abs. 1 Satz 1 WpPG auch von der Bundesanstalt nach § 4 Abs. 3 des FinDAG **beauftragte Personen**.[22] Dies sind Dritte, derer sich die Bundesanstalt bei der Erfüllung der ihr zugewiesenen Aufgaben bedient. Gleiches gilt für die Mitglieder des Verwaltungsrates der Bundesanstalt (§ 11 FinDAG).[23]

2. Verpflichtete aufgrund dienstlicher Berichterstattung

10 Darüber hinaus werden Personen, die durch **dienstliche Berichterstattung** Kenntnis von Informationen erhalten haben (§ 27 Abs. 1 Satz 2 WpPG), in den Kreis der Verpflichteten einbezogen. Zu diesen Personen gehören beispielsweise das der Bundesanstalt übergeordnete Bundesministerium der Finanzen oder andere Ressorts sowie deren Beschäftigte.[24] Weiterhin zählen hierzu Personen, die anlässlich der dienstlichen Berichterstattung Kenntnis von den durch § 27 WpPG erfassten Tatsachen erhalten wie beispielsweise Boten.[25]

3. Verpflichtete nach § 27 Abs. 1 Satz 4 WpPG

11 § 27 Abs. 1 Satz 4 WpPG erstreckt die Verschwiegenheitspflicht ferner auf Personen, an die geschützte Informationen weitergegeben wurden.[26] Dazu können im nationalen Bereich insbesondere **Beschäftigte** von **Strafverfolgungsbehörden**, für Straf- und Bußgeldsachen zuständige Gerichte und **Börsen** zählen.[27] Die durch das Gesetz zur Umsetzung der Richtlinie 2010/78/EU erfolgte Neufassung stellt dabei für die bei den in Satz 3 Nr. 3 genannten EU-Behörden beschäftigten Personen klar, dass für diese nicht die im nationalen Recht geregelte Verschwiegenheitspflicht des § 27 WpPG gilt. Für diese Personen gilt vielmehr die in Art. 339 des Vertrages über die Arbeitsweise der Europäischen Union, in Art. 8 der Verordnung (EU) Nr. 1092/ 2010 bzw. in den Art. 70 der Verordnungen (EU) Nr. 1093/ 2010, 1094/2010 und 1095/2010 geregelte Verschwiegenheitspflicht.[28]

---

20 *Höninger/Eckner*, in: Holzborn, WpPG, § 27 Rn. 4, § 8 Rn. 5; *Möllers/Wenninger*, in: Hirte/Möllers, Kölner Kommentar zum WpPG, § 8 Rn. 15.
21 *Höninger/Eckner*, in: Holzborn, WpPG, § 27 Rn. 4; *Ritz*, in: Just/Voß/Ritz/Zeising, Just/Voß/Ritz/Zeising, WpPG, § 22 Rn. 6.
22 *Linke*, in: Schäfer/Hamann, Kapitalmarktgesetze, § 22 WpPG Rn. 2; *Höninger/Eckner*, in: Holzborn, WpPG, § 27, Rn 3.
23 *von Kopp-Colomb*, in: Assmann/Schlitt/von Kopp-Colomb, WpPG/VerkProspG, § 22 WpPG Rn. 7.
24 *Linke*, in: Schäfer/Hamann, Kapitalmarktgesetze, § 22 WpPG Rn. 2; *Ritz*, in: Just/Voß/Ritz/Zeising, WpPG, § 22 Rn. 7; *Möllers/Wenninger*, in: Hirte/Möllers, Kölner Kommentar zum WpPG, § 8 Rn. 13; *Höninger/Eckner*, in: Holzborn, WpPG, § 27, Rn. 4.
25 *Höninger/Eckner*, in: Holzborn, WpPG, § 27 Rn. 4.
26 *Linke*, in: Schäfer/Hamann, Kapitalmarktgesetze, § 22 WpPG Rn. 2; *Höninger/Eckner*, in: Holzborn, WpPG, § 27 Rn. 4.
27 *von Kopp-Colomb*, in: Assmann/Schlitt/von Kopp-Colomb, WpPG/VerkProspG, § 22 WpPG Rn. 9; *Höninger/Eckner*, in: Holzborn, WpPG, § 27 Rn. 4.
28 Reg.-Begründung zu § 22 Abs. 1 Satz 4 WpPG, BT-Drucks. 17/6255, S. 31; *Höninger/Eckner*, in: Holzborn, WpPG, § 27 Rn. 12.

4. Zeitliche Fortgeltung

Die **Verschwiegenheitspflicht gilt** auch **fort**, wenn das Dienstverhältnis oder die Tätigkeit eines Beschäftigten beendet wird (z. B. durch einen Wechsel des Arbeitgebers bzw. Dienstherren oder Ruhestand).[29] Dies gilt für alle Adressaten der Verschwiegenheitspflicht. Lediglich der Wegfall des **Geheimhaltungsinteresses** beendet die Verpflichtung zur Verschwiegenheit.[30]

12

III. Umfang der Verschwiegenheitspflicht nach Abs. 1

Die Verschwiegenheitspflicht schützt grundsätzlich alle **Tatsachen**, deren Geheimhaltung im Interesse eines nach dem WpPG Verpflichteten oder eines Dritten liegen und die den Adressaten bei ihrer Tätigkeit bekannt gewordenen sind.[31]

13

1. Dienstliche Kenntniserlangung von Tatsachen

a) Tatsachen

Tatsachen sind alle gegenwärtigen oder vergangenen Sachverhalte, Begebenheiten, Verhältnisse, Zustände und Geschehnisse[32] einschließlich innerer Sachverhalte wie Motive und Absichten.[33] Zu diesen zählen insbesondere auch **Geschäfts- und Betriebsgeheimnisse** und **personenbezogene Daten**.[34] Geschäfts- und Betriebsgeheimnisse sind Tatsachen, die im Zusammenhang mit einem Gewerbebetrieb stehen, nur einem begrenzten Personenkreis bekannt sind und an deren Geheimhaltung der Unternehmer ein schutzwürdiges Interesse hat.[35] Personenbezogene Daten sind in § 3 BDSG definiert und demnach Einzelangaben über persönliche oder sachliche Verhältnisse einer bestimmten oder bestimmbaren natürlichen Person.[36]

14

Zudem kann sich der Tatsachenbegriff auch auf einige Werturteile erstrecken.[37] Voraussetzung ist, dass diese **Werturteile** auf einem Tatsachenkern beruhen, d. h. mit der Wertung müssen zugleich zu schützende **Tatsachen offenbart** werden.[38] Darüber hinaus sind subjektive Einschätzungen, Rechtsfragen und Meinungsäußerungen nicht erfasst.[39] Verletzungen der Vorschrift können zu strafrechtlichen Konsequenzen führen. Daher sind für die In-

15

---

29 *Ritz*, in: Just/Voß/Ritz/Zeising, WpPG, § 22 Rn. 7; *Höninger/Eckner*, in: Holzborn, WpPG, § 27 Rn. 4.
30 *Möllers/Wenninger*, in: Hirte/Möllers, Kölner Kommentar zum WpPG, § 8 Rn. 14.
31 *Höninger/Eckner*, in: Holzborn, WpPG, § 27 Rn. 5.
32 *Möllers/Wenninger*, in: Hirte/Möllers, Kölner Kommentar zum WpPG, § 8 Rn. 17.
33 *Linke*, in: Schäfer/Hamann, Kapitalmarktgesetze, § 22 WpPG Rn. 3.
34 *Höninger/Eckner*, in: Holzborn, WpPG, § 27 Rn. 5.
35 *Linke*, Schäfer/Hamann, Kapitalmarktgesetze, § 22 WpPG Rn. 3.
36 *von Kopp-Colomb*, in: Assmann/Schlitt/von Kopp-Colomb, WpPG/VerkProspG, § 22 WpPG Rn. 15; *Linke*, Schäfer/Hamann, Kapitalmarktgesetze, § 22 WpPG Rn. 3.
37 *Möllers/Wenninger*, in: Hirte/Möllers, Kölner Kommentar zum WpPG, § 8 Rn. 17 ff.
38 *von Kopp-Colomb*, in: Assmann/Schlitt/von Kopp-Colomb, WpPG/VerkProspG, § 22 WpPG Rn. 11; *Höninger/Eckner*, in: Holzborn, WpPG, § 27 Rn. 5.
39 Kritisch hierzu *Ritz*, in: Just/Voß/Ritz/Zeising, WpPG, § 22 Rn. 9, *von Kopp-Colomb*, in: Assmann/Schlitt/von Kopp-Colomb, WpPG/VerkProspG, § 22 WpPG Rn. 11, und *Höninger/Eckner*,

terpretation dieser Norm die gleichen Grenzen wie bei strafrechtlichen Normen zu beachten. Eine weite Auslegung der Verschwiegenheitspflicht über den Wortlaut der Norm hinaus kommt daher nicht in Betracht.[40]

b) Dienstliche Kenntniserlangung

16 Ferner müssen die Tatsachen den zur Verschwiegenheit verpflichteten Personen bei ihrer Tätigkeit bekannt geworden sein. Von einer solchen dienstlichen **Kenntniserlangung** ist neben den mit einem Vorgang befassten Mitarbeitern auch bei der informellen Weitergabe oder dem zufälligen in Berührung kommen mit Akten oder E-Mails auszugehen.[41] Dabei ist grundsätzlich unerheblich, ob die Weitergabe außerhalb oder innerhalb eines Dienstgebäudes erfolgt.[42] Nicht erfasst sind Tatsachen, von denen außerhalb des Dienstverhältnisses, z. B. im privaten Bereich, Kenntnis erlangt wird.[43]

2. Geheimhaltungsinteresse

17 Weiterhin muss die Geheimhaltung der dienstlich erlangten Tatsachen im Interesse eines **nach dem WpPG Verpflichteten** oder eines Dritten liegen. Nach dem WpPG Verpflichtete sind Personen, für die das WpPG Pflichten enthält. Zu diesen Personen gehören beispielsweise Emittenten, Anbieter und Zulassungsantragsteller.[44]

18 Ob ein **Geheimhaltungsinteresse** vorliegt, ist aufgrund einer Abwägung aller Umstände unter Berücksichtigung der Verkehrsanschauung zu bestimmen. Es ist regelmäßig gegeben, wenn die Weitergabe von Tatsachen an Außenstehende unter Berücksichtigung der Verkehrsanschauung und aus der Sicht eines objektiven Dritten nicht ohne Zustimmung des Betroffenen erfolgen darf.[45] Daher ist für bereits öffentlich zugängliche Tatsachen (u. a. Pressemitteilungen, Unternehmensregistereintragungen, Geschäftsberichte etc.) kein Geheimhaltungsinteresse gegeben.[46] Ein Geheimhaltungsinteresse besteht zudem nicht für im

---

in: Holzborn, WpPG, § 27 Rn. 5 unter Verweis auf den Wortlaut der Richtlinie, der von „unter das Berufsgeheimnis fallenden Informationen" spricht.
40 *Möllers/Wenninger*, in: Hirte/Möllers, Kölner Kommentar zum WpPG, § 8 Rn. 19.
41 *Möllers/Wenninger*, in: Hirte/Möllers, Kölner Kommentar zum WpPG, § 8 Rn. 20.
42 *von Kopp-Colomb*, in: Assmann/Schlitt/von Kopp-Colomb, WpPG/VerkProspG, § 22 WpPG Rn. 12; *Höninger/Eckner*, in: Holzborn, WpPG, § 27 Rn. 16; *Möllers/Wenninger*, in: Hirte/Möllers, Kölner Kommentar zum WpPG, § 8 Rn. 20.
43 *Höninger/Eckner*, in: Holzborn, WpPG, § 27 Rn. 6; *Möllers/Wenninger*, in: Hirte/Möllers, Kölner Kommentar zum WpPG, § 8 Rn. 20; für eine tendenziell weite Interpretation hingegen *Ritz*, in: Just/Voß/Ritz/Zeising, WpPG, § 22 Rn. 10; bei dem dort genannten Beispiel drängt sich die Frage auf, ob dies tatsächlich den „privaten" Bereich betrifft und nicht eher einen Fall einer dienstlichen Kenntniserlangung beschreibt.
44 *Höninger/Eckner*, in: Holzborn, WpPG, *§ 27 Rn. 7*.
45 *Höninger/Eckner*, in: Holzborn, WpPG, § 27 Rn. 7; *Ritz*, in: Just/Voß/Ritz/Zeising, WpPG, § 22 Rn. 12 f.; ähnlich auch *Möllers/Wenninger*, in: Hirte/Möllers, Kölner Kommentar zum WpPG, § 8 Rn. 23 ff., der auf ein objektives Schutzbedürfnis und Geheimhaltungswillen abstellt.
46 *Linke*, in: Schäfer/Hamann, Kapitalmarktgesetze, § 22 WpPG Rn. 4; a. A. *Höninger/Eckner*, in: Holzborn, WpPG, § 27 Rn. 3, der nicht nur auf die Veröffentlichung abstellt, sondern auch auf das Einverständnis des Betroffenen zur Veröffentlichung. Dies ist jedoch unpraktikabel. Die zur Verschwiegenheit Verpflichteten können regelmäßig nicht überprüfen, ob z. B. alle veröffentlichten Tatsachen auch mit dem Einverständnis des Betroffenen veröffentlicht wurden. Daher besteht an

Prospekt enthaltene Informationen (zumindest nach dessen erstmaliger Veröffentlichung). Gleiches gilt, wenn das Verwerten oder Offenbaren von Tatsachen mit Zustimmung des Geschützten geschieht bzw. auf dessen Initiative zurückgeht.

3. Unbefugtes Offenbaren oder Verwerten

Die durch § 27 Abs. 1 WpPG geschützten Tatsachen dürfen nicht **unbefugt offenbart** oder **verwertet** werden. 19

a) Offenbaren oder Verwerten

Offenbaren ist jede Form der Weitergabe oder Mitteilung der geschützten Tatsachen an Dritte, gleich auf welche Art und Weise diese erfolgt. Tatsachen können daher mündlich, schriftlich, elektronisch (u. a. per E-Mail), gespeichert auf Datenträgern oder durch Einsichtnahme offenbart werden.[47] 20

Verwerten ist die bewusste Nutzung der Tatsachen zum eigenen oder fremden Vorteil.[48] Nicht zwingend erforderlich ist dabei, dass die Tatsachen gleichzeitig auch offenbart werden. Voraussetzung ist jedoch eine Nutzung der geschützten Tatsachen selbst. Daher ist ein Verwerten nicht gegeben, wenn die Tatsachen in hinreichender anonymisierter Form ausgewertet oder genutzt werden.[49] 21

b) Unbefugt

§ 27 Abs. 1 WpPG verbietet nicht jedes Offenbaren und Verwerten, sondern nur das **unbefugte** Offenbaren und Verwerten. Dies ist nicht gegeben, wenn Tatsachen behördenintern weitergegeben werden und für aufsichtliche Zwecke genutzt werden.[50] 22

Ein **unbefugtes** Offenbaren und Verwerten liegt ferner nicht vor, wenn das Offenbaren oder Verwerten aufgrund einer gesetzlichen Grundlage oder eines anderen Rechtfertigungsgrundes erfolgt. Eine solche gesetzliche Grundlage enthält beispielsweise § 27 Abs. 1 Satz 3 WpPG; der jedoch nicht abschließend ist.[51] Dies ergibt sich bereits aus dem Wortlaut des Satz 3. Zu den gesetzlichen Grundlagen, die zu einem Offenbaren oder Verwerten von Tatsachen berechtigen, können insbesondere auch Vorschriften außerhalb des WpPG gehören wie die Landespressegesetze.[52] 23

öffentlich zugänglichen Tatsachen grundsätzlich kein Geheimhaltungsinteresse. Etwas anderes gilt nur in Einzelfällen, wenn z. B. eine „amtliche Bestätigung" eines Gerüchtes als neue Tatsache gewertet werden müsste (vgl. Rn. 15).

47 *Linke*, in: Schäfer/Hamann, Kapitalmarktgesetze, § 22 WpPG Rn 5; *Höninger/Eckner*, in: Holzborn, WpPG, § 27 Rn. 9.
48 *Linke*, in: Schäfer/Hamann, Kapitalmarktgesetze, § 22 WpPG Rn. 5; *von Kopp-Colomb*, in: Assmann/Schlitt/von Kopp-Colomb, WpPG/VerkProspG, § 22 WpPG Rn. 18; *Höninger/Eckner*, in: Holzborn, WpPG, § 27 Rn. 9.
49 *von Kopp-Colomb*, in: Assmann/Schlitt/von Kopp-Colomb, WpPG/VerkProspG, § 22 WpPG Rn. 18; *Höninger/Eckner*, in: Holzborn, WpPG, § 27 Rn. 6.
50 *Möllers/Wenninger*, in: Hirte/Möllers, Kölner Kommentar zum WpPG, § 8 Rn. 29.
51 *Höninger/Eckner*, in: Holzborn, WpPG, § 27 Rn. 10.
52 *Höninger/Eckner*, in: Holzborn, WpPG, § 27 Rn. 14; mit weiteren Beispielen *von Kopp-Colomb*, in: Assmann/Schlitt/von Kopp-Colomb, WpPG/VerkProspG, § 22 WpPG Rn. 25 ff.

§ 27 Verschwiegenheitspflicht

24 Nach § 27 Abs. 1 Satz 3 WpPG liegt ein **unbefugtes** Offenbaren oder Verwerten insbesondere dann nicht vor, wenn Tatsachen an **Strafverfolgungsbehörden** oder für Straf- und Bußgeldsachen zuständige Gerichte weitergegeben werden, soweit diese Stellen die Informationen zur Erfüllung ihrer Aufgaben benötigen (Nr. 1). Gleiches gilt für die Weitergabe an kraft Gesetzes oder im öffentlichen Auftrag mit der Überwachung von Börsen oder anderen Märkten, an denen Finanzinstrumente gehandelt werden, des Handels mit Finanzinstrumenten oder Devisen, von Kreditinstituten, Finanzdienstleistungsinstituten, Investmentgesellschaften, Finanzunternehmen oder Versicherungsunternehmen betraute Stellen sowie von diesen beauftragte Personen (Nr. 2).

24a Ergänzend dazu stellt Nr. 3 klar, dass auch die Weitergabe von Tatsachen an ESMA, die Europäische Aufsichtsbehörde für das Versicherungswesen und die betriebliche Altersversorgung, die Europäische Bankenaufsichtsbehörde, den Gemeinsamen Ausschuss der Europäischen Aufsichtsbehörden, den Europäischen Ausschuss für Systemrisiken oder die Europäische Kommission zulässig ist, soweit auch diese Stellen die Information zur Erfüllung ihrer Aufgaben benötigen.[53] Die Vorschrift setzt dabei Art. 5 Nr. 11 (b) der Richtlinie 2010/78/EU um.[54]

25 Im Hinblick auf die Frage, wann diese Stellen die Informationen zur Erfüllung ihrer Aufgaben benötigen, muss die Bundesanstalt lediglich prüfen, ob die Tatsachen zur Erfüllung der Aufgaben der anderen Stelle nützlich sein könnten. Eine Überprüfung, ob aufgrund der offenbarten oder verwerteten Tatsachen tatsächlich ein Tätigwerden der anderen Stelle geboten sein könnte, ist nicht erforderlich. Es obliegt der anderen Stelle zu überprüfen, wie sie die Tatsachen nutzt und ob Maßnahmen einzuleiten sind.[55]

26 § 27 Abs. 1 Satz 5 WpPG sieht schließlich vor, dass an eine Stelle eines anderen Staates die Tatsachen nur weitergegeben werden dürfen, wenn diese Stelle und die von ihr beauftragten Personen einer dem Satz 1 entsprechenden Verschwiegenheitspflicht unterliegen. Dies ist bei der Weitergabe an deutsche Behörden unproblematisch. Für diese Behörden gilt die Verschwiegenheitspflicht wegen § 27 Abs. 1 Satz 4 WpPG unmittelbar.[56] Bei der Weitergabe von Tatsachen an eine andere **EWR-Aufsichtsbehörde** im Rahmen der **Zusammenarbeit** nach der Prospektrichtlinie kann ebenfalls vom Vorliegen einer Verschwiegenheitspflicht ausgegangen werden, da als Regelfall anzunehmen ist, dass die Prospektrichtlinie umgesetzt wurde.[57] Art. 22 Abs. 1 Prospektrichtlinie gilt für alle Aufsichtsbehörden von Mitgliedstaaten des EWR.[58] Die durch das Gesetz zur Umsetzung der Richtlinie 20010/78/EU erfolgte Neufassung des Satz 5 stellt ergänzend dazu klar, dass es bei der Informationsweitergabe an die in Satz 3 Nr. 3 genannten EU-Behörden keiner Gleichwertig-

---

[53] *Höninger/Eckner*, in: Holzborn, WpPG, § 27 Rn. 10.
[54] Reg.-Begründung zu § 22 Abs. 1 Satz 3 Nr. 3 WpPG, BT-Drucks. 17/6255, S. 3.
[55] *Höninger/Eckner*, in: Holzborn, WpPG, § 26 Rn. 11.
[56] *Linke*, in: Schäfer/Hamann, Kapitalmarktgesetze, § 22 WpPG Rn. 6.
[57] *Linke*, in: Schäfer/Hamann, Kapitalmarktgesetze, § 22 WpPG Rn. 6; *Ritz*, in: Just/Voß/Ritz/Zeising, WpPG, § 22 Rn. 16; *Höninger/Eckner*, in: Holzborn, WpPG, § 27 Rn. 13, problematischer kann dies jedoch bei ausländischen Strafverfolgungsbehörden sein, da Art. 22 Abs. 1 Prospektrichtlinie für diese nicht gilt (*von Kopp-Colomb*, in: Assmann/Schlitt/von Kopp-Colomb, WpPG/VerkProspG, § 22 WpPG Rn. 23).
[58] Vgl. hierzu auch CESR`s report on CESR members` powers under the Prospectus Directive and its implementing measures June 2007 (Ref.: CESR/07-383), S. 18 Rn. 104 und S. 62 Rn. 326.

keitsprüfung der Verschwiegenheitspflicht bedarf.[59] Denn für diese Behörden gilt die Verpflichtung nach § 27 Abs. 1 Satz 5 nicht.

IV. Auskünfte gegenüber Finanzbehörden nach Abs. 2

Früher enthielt § 27 Abs. 2 WpPG ein besonderes Verwertungsverbot gegenüber **Finanzbehörden** für im Rahmen der Aufsichtstätigkeit erlangte Tatsachen, Kenntnisse und Unterlagen. Hintergrund war, dass die Bundesanstalt zur Erfüllung ihrer Aufgaben auf die Kooperation der am Prospektverfahren Beteiligten angewiesen ist und das öffentliche Interesse an einer gleichmäßigen Besteuerung dahinter zurücktreten sollte.[60] Eine Weitergabe von Tatsachen an Finanzbehörden war daher regelmäßig nur in sehr eingeschränktem Umfang möglich.[61]

27

Durch das Abwicklungsmechanismusgesetz vom 2.11.2015[62] wurde diese Praxis geändert. Mit der Änderung werden die in der Abgabenordnung (AO) enthaltenen Auskunfts-, Vorlage-, Amtshilfe- und Anzeigepflichten gegenüber Steuerbehörden auf die BaFin so erweitert, dass diese für sämtliche Steuerstrafverfahren gelten. Im Ergebnis wird die BaFin danach grundsätzlich ebenso behandelt wie andere Behörden auch, welche nach der Abgabenordnung Anhaltspunkte für Steuerstraftaten melden müssen.[63] Im Bereich des WpPG dürfte diese Änderung jedoch kaum Auswirkungen auf die Verwaltungspraxis haben.

28

---

59 Reg.-Begründung zu § 22 Abs. 1 Satz 5 WpPG, BT-Drucks. 17/6255, S. 31; *Höninger/Eckner*, in: Holzborn, WpPG, § 27 Rn. 12.
60 *Linke*, in: Schäfer/Hamann, Kapitalmarktgesetze, § 22 WpPG Rn. 7; *Höninger/Eckner*, in: Holzborn, WpPG, § 27 Rn. 20.
61 Vgl. hierzu u. a. *Ritz*, in: Just/Voß/Ritz/Zeising, WpPG, § 22 Rn. 28 ff.
62 BGBl. I 2015, S. 2184ff., S. 1885.
63 Reg.-Begründung zu § 9 Abs. 5 KWG i.V.m. der Reg.-Begründung zu § 27 Abs. 2 WpPG, BT-Drucks. 18/5009, S. 71 und 89.

§ 28 Zusammenarbeit mit zuständigen Stellen in anderen Staaten des Europäischen Wirtschaftsraums

(1) ¹Der Bundesanstalt obliegt die Zusammenarbeit mit den für die Überwachung öffentlicher Angebote oder die Zulassung von Wertpapieren an einem organisierten Markt zuständigen Stellen der Europäischen Union und der anderen Staaten des Europäischen Wirtschaftsraums. ²Die Bundesanstalt kann im Rahmen ihrer Zusammenarbeit zum Zweck der Überwachung der Einhaltung der Bestimmungen dieses Gesetzes und entsprechender Bestimmungen der in Satz 1 genannten Staaten von allen ihr nach dem Gesetz zustehenden Befugnissen Gebrauch machen, soweit dies geeignet und erforderlich ist, einem Ersuchen der in Satz 1 genannten Stellen nachzukommen.

(2) ¹Auf Ersuchen der in Absatz 1 Satz 1 genannten zuständigen Stellen kann die Bundesanstalt Untersuchungen durchführen und Informationen übermitteln, soweit dies für die Überwachung von organisierten Märkten sowie von Emittenten, Anbietern oder Zulassungsantragstellern oder deren Abschlussprüfern oder Geschäftsführungs- und Aufsichtsorganen nach den Vorschriften dieses Gesetzes und entsprechenden Vorschriften der in Absatz 1 genannten Staaten oder damit zusammenhängender Verwaltungs- oder Gerichtsverfahren erforderlich ist. ²Bei der Übermittlung von Informationen hat die Bundesanstalt den Empfänger darauf hinzuweisen, dass er unbeschadet seiner Verpflichtungen im Rahmen von Strafverfahren die übermittelten Informationen einschließlich personenbezogener Daten nur zur Erfüllung von Überwachungsaufgaben nach Satz 1 und für damit zusammenhängende Verwaltungs- und Gerichtsverfahren verwenden darf.

(3) Die Bundesanstalt kann eine Untersuchung oder die Übermittlung von Informationen verweigern, wenn

1. hierdurch die Souveränität, die Sicherheit oder die öffentliche Ordnung der Bundesrepublik Deutschland beeinträchtigt werden könnte,

2. auf Grund desselben Sachverhalts gegen die betreffenden Personen bereits ein gerichtliches Verfahren eingeleitet worden oder eine unanfechtbare Entscheidung ergangen ist oder

3. die Untersuchung oder die Übermittlung von Informationen nach dem deutschen Recht nicht zulässig ist.

(4) ¹Die Bundesanstalt kann die in Absatz 1 Satz 1 genannten zuständigen Stellen um die Durchführung von Untersuchungen und die Übermittlung von Informationen ersuchen, die für die Erfüllung ihrer Aufgaben nach den Vorschriften dieses Gesetzes erforderlich sind, insbesondere wenn für einen Emittenten mehrere Behörden des Herkunftsstaates zuständig sind, oder wenn die Aussetzung oder Untersagung des Handels bestimmter Wertpapiere verlangt wird, die in mehreren Staaten des Europäischen Wirtschaftsraums gehandelt werden. ²Werden der Bundesanstalt von einer Stelle eines anderen Staates des Europäischen Wirtschaftsraums Informationen mitgeteilt, so darf sie diese unbeschadet ihrer Verpflichtungen in strafrechtlichen Angelegenheiten, die Verstöße gegen Vorschriften dieses Gesetzes zum Gegenstand haben, nur zur Erfüllung von Überwachungsaufgaben nach Absatz 2 Satz 1

und für damit zusammenhängende Verwaltungs- und Gerichtsverfahren offenbaren oder verwerten. ³Eine anderweitige Verwendung der Informationen ist nur mit Zustimmung der übermittelnden Stelle zulässig. ⁴Die Bundesanstalt kann die Europäische Wertpapier- und Marktaufsichtsbehörde nach Maßgabe des Artikels 19 der Verordnung (EU) Nr. 1095/2010 des Europäischen Parlaments und des Rates vom 24. November 2010 zur Errichtung einer Europäischen Aufsichtsbehörde (Europäische Wertpapier- und Marktaufsichtsbehörde), zur Änderung des Beschlusses Nr. 716/2009/EG und zur Aufhebung des Beschlusses 2009/77/EG der Kommission (ABl. L 331 vom 15.12.2010, S. 84) um Hilfe ersuchen, wenn ein Ersuchen nach Satz 1 zurückgewiesen worden ist oder innerhalb einer angemessenen Frist zu keiner Reaktion geführt hat.

(5) Die Vorschriften des Wertpapierhandelsgesetzes über die Zusammenarbeit mit den entsprechenden zuständigen Stellen anderer Staaten sowie die Regelungen über die internationale Rechtshilfe in Strafsachen bleiben unberührt.

Übersicht

	Rn.		Rn.
I. Überblick	1	a) Untersuchungen	17
1. Regelungsinhalt	1	b) Übermittlung von Informationen	18
2. Institutionalisierte Zusammenarbeit im EWR	5	c) Weigerungsmöglichkeit nach § 28 Abs. 3	21
3. Änderungen der Vorschrift	9	d) An die Bundesanstalt übermittelte Informationen	24
II. Ersuchen einer zuständigen Stelle eines anderen Staates des EWR	10	**III. Ersuchen der Bundesanstalt**	25
1. Befugnisse der Bundesanstalt	10	**IV. Andere Regelungen**	28
2. Untersuchungen und Informationsübermittlung nach § 28 Abs. 2	15		

I. Überblick

1. Regelungsinhalt

§ 28 WpPG regelt die **Zusammenarbeit** der Bundesanstalt mit den Wertpapieraufsichtsbehörden der anderen Staaten des Europäischen Wirtschaftsraums.¹ Sie ist für das Funktionieren des europäischen Passes für Prospekte erforderlich.² Die Norm dient der Arbeitsteilung zwischen den europäischen Behörden und beachtet staatliche Souveränitätsrechte. Sie geht hierbei davon aus, dass die jeweils ansässige **Heimatlandaufsichtsbehörde** bei grenzüberschreitenden Tätigkeiten über eine größere Marktnähe und Kenntnisse des nationalen Rechts verfügt. Die Vorschrift setzt Art. 22 Abs. 2 der Prospektrichtlinie um.³   1

Abs. 1 Satz 1 des § 28 WpPG regelt zunächst die Grundlagen der Zusammenarbeit und Abs. 1 Satz 2 stellt dann klar, dass die Bundesanstalt dabei von allen **Befugnissen nach**   2

---

1 Die Kommentierung gibt ausschließlich die persönliche Meinung der Autorin wieder. Dies gilt für sämtliche Ausführungen der Autorin in diesem Kommentar.
2 Erwägungsgrund 39 Prospektrichtlinie.
3 Begründung zu § 23 WpPG, Regierungsentwurf des WpPG, BT-Drucks. 15/4999, S. 39.

§ 28   Zusammenarbeit mit zuständigen Stellen

dem WpPG Gebrauch machen kann. Die nachfolgenden Absätze ergänzen diesen Absatz.[4] Abs. 2 betrifft Anfragen der zuständigen Stelle eines anderen Staates an die Bundesanstalt, während Abs. 3 Gründe enthält, aufgrund derer eine Informationsübermittlung durch die Bundesanstalt verweigert werden kann. Abs. 4 enthält Vorgaben für Anfragen der Bundesanstalt an eine andere Stelle und für der Bundesanstalt **übermittelte Informationen**. Abs. 5 regelt schließlich das Verhältnis zu anderen Vorschriften, die ebenfalls eine Zusammenarbeit mit andern Behörden zum Gegenstand haben.

3   Vorgaben für die Zusammenarbeit mit Aufsichtsbehörden außerhalb des EWR werden von § 28 WpPG nicht gemacht. Eine Regelung hierzu enthält § 7 Abs. 7 WpHG.[5] In der Praxis erfolgt sie auch im Rahmen der Mitarbeit der BaFin bei der International Organization of Securities Commissions (IOSCO).[6]

4   Zudem regelt die Vorschrift nicht die Zusammenarbeit zur Sicherstellung von **einheitlichen Wettbewerbsbedingungen** zwischen den verschiedenen Handelsplätzen. Dies obliegt den Börsenaufsichtsbehörden, die nach § 9 BörsG auf die Einhaltung der Vorschriften des Gesetzes gegen Wettbewerbsbeschränkungen hinwirken (wobei die Zuständigkeit der Kartellbehörden unberührt bleibt).[7]

2. Institutionalisierte Zusammenarbeit im EWR

5   Ein Großteil der europäischen **Zusammenarbeit** erfolgte bis Ende Dezember 2010 über die Mitarbeit der europäischen Wertpapieraufsichtsbehörden bei **CESR**.[8] In dessen Gremien einigten sich die europäischen Aufsichtsbehörden beispielsweise auf gemeinsame Auslegungen für die in Prospekte aufzunehmenden Angaben und veröffentlichten diese Dokumente auf der Webseite von CESR. Beispiele für solche gemeinsamen Auslegungen sind CESR's recommendations for the consistent implementation of the European Commission's Regulation on Prospectuses no 809/2004 oder CESR's Frequently asked questions regarding Prospectuses.[9]

6   Als Folge der Finanzkrise 2008 beschloss die Europäische Kommission, die europäischen Finanzaufsichtssysteme zu stärken und legte zu diesem Zweck im Herbst 2009 verschiedene Legislativvorschläge vor. Die entsprechenden Verordnungen traten Mitte Dezember 2010 in Kraft und sahen die Errichtung neuer europäischer Aufsichtsbehörden zum 1. Januar 2011 vor. Zu diesen Behörden gehörte auch die **Europäische Wertpapier- und Börsenaufsichtsbehörde** (ESMA), die die bisherigen Aufgaben von CESR übernahm.[10] Da-

---

4   Ähnlich *Ritz/Voß*, in: Just/Voß/Ritz/Zeising, WpPG, § 23 Rn. 10.
5   *von Kopp-Colomb*, in: Assmann/Schlitt/von Kopp-Colomb, WpPG/VerkProspG, § 23 WpPG Rn. 23.
6   *Ritz/Voß*, in: Just/Voß/Ritz/Zeising, WpPG, § 23 Rn. 4; *von Kopp-Colomb*, in: Assmann/Schlitt/von Kopp-Colomb, WpPG/VerkProspG, § 23 WpPG Rn. 22; *Höninger/Eckner*, in: Holzborn, WpPG, § 28 Rn. 11 ff.
7   Begründung zu § 23 WpPG, BT-Drucks. 15/4999, S. 39.
8   *Ritz/Voß*, in: Just/Voß/Ritz/Zeising, WpPG, § 23 Rn. 8.
9   *Höninger/Eckner*, in: Holzborn, WpPG, § 28 Rn. 10;
10 Art. 8 Abs. 1 Buchst. l) der Verordnung (EU) Nr. 1095/2010 des Europäischen Parlaments und des Rates vom 24. November 2010 zu Errichtung einer Europäischen Aufsichtsbehörde (Europäische Wertpapier- und Börsenaufsichtsbehörde); vgl. dazu auch *Höninger/Eckner*, in: Holzborn, WpPG, § 28 Rn. 6 ff.

I. Überblick § 28

rüber hinaus hat ESMA aber auch zusätzliche Aufgaben erhalten. So trägt sie u. a. zu einer einheitlichen Anwendung des europäischen Rechts bei. Zu diesem Zweck hat sie beispielsweise folgende Befugnisse: Entwürfe für technische Regulierungs- und Durchführungsstandards entwickeln (Art. 10 und 15 der Verordnung (EU) Nr. 1095/2010);[11] Leitlinien und Empfehlungen veröffentlichen (Art. 16 der Verordnung (EU) Nr. 1095/2010);[12] bei einigen Verstößen gegen europäisches Recht den national zuständigen Behörden Maßnahmen zur Einhaltung des Unionsrechts empfehlen (Art. 17 Abs. 3 der Verordnung (EU) Nr. 1095/2010);[13] sofern dadurch nicht in die haushaltspolitische Zuständigkeit der Mitgliedstaaten eingegriffen wird (Art. 38 der Verordnung (EU) Nr. 1095/2010), an die national zuständigen Behörden gerichtete Einzelfallentscheidungen erlassen (Art. 18 Abs. 3 und Art. 19 Abs. 3 der Verordnung (EU) Nr. 1095/2010)[14] und in einigen Fällen, die unmittelbar anwendbares Unionsrecht betreffen, an die Finanzmarktteilnehmer gerichtete Einzelfallentscheidungen erlassen (Art. 17 Abs. 6, Art. 18 Abs. 4 und Art. 19 Abs. 4 der Verordnung (EU) Nr. 1095/2010).[15] Zudem kann ESMA „peer-reviews" der nationalen Aufsichtsbehörden organisieren.[16]

Damit das Europäische Finanzaufsichtssystem funktioniert, wurden zudem die bestehenden Finanzdienstleistungsrichtlinien wie die Prospektrichtlinie geändert.[17] Die entsprechende Richtlinie 2010/78/EU trat Anfang Januar 2011 in Kraft.[18] Die Änderungen betrafen u. a. die Festlegung von Bereichen, in denen die **ESMA** technische Standards vorschla-

7

---

11 Art. 8 Abs. 2 Buchst. a) und b) der Verordnung (EU) Nr. 1095/2010 des Europäischen Parlaments und des Rates vom 24. November 2010 zu Errichtung einer Europäischen Wertpapier- und Börsenaufsichtsbehörde.
12 Art. 8 Abs. 2 Buchst. c) der Verordnung (EU) Nr. 1095/2010 des Europäischen Parlaments und des Rates vom 24. November 2010 zu Errichtung einer Europäischen Wertpapier- und Börsenaufsichtsbehörde.
13 Art. 8 Abs. 2 Buchst. d) der Verordnung (EU) Nr. 1095/2010 des Europäischen Parlaments und des Rates vom 24. November 2010 zu Errichtung einer Europäischen Wertpapier- und Börsenaufsichtsbehörde.
14 Art. 8 Abs. 2 Buchst. e) der Verordnung (EU) Nr. 1095/2010 des Europäischen Parlaments und des Rates vom 24. November 2010 zu Errichtung einer Europäischen Wertpapier- und Börsenaufsichtsbehörde.
15 Art. 8 Abs. 2 Buchst. f) der Verordnung (EU) Nr. 1095/2010 des Europäischen Parlaments und des Rates vom 24. November 2010 zu Errichtung einer Europäischen Wertpapier- und Börsenaufsichtsbehörde.
16 Art. 30 der Verordnung (EU) Nr. 1095/2010 des Europäischen Parlaments und des Rates vom 24. November 2010 zu Errichtung einer Europäischen Wertpapier- und Börsenaufsichtsbehörde.
17 Richtlinie 2010/78/EU des Europäischen Parlaments und des Rates vom 24. November 2010 zur Änderung der Richtlinien 1998/26/EG, 2002/87/EG, 2003/6/EG, 2003/41/EG, 2003/71/EG, 2004/39/EG, 2004/109/EG, 2005/60/EG, 2006/48/EG, 2006/49/EG und 2009/65/EG im Hinblick auf die Befugnisse der Europäischen Bankaufsichtsbehörde, der Europäischen Aufsichtsbehörde für das Versicherungswesen und die betriebliche Altersversorgung und der Europäischen Wertpapieraufsichtsbehörde.
18 Art. 14 Richtlinie 2010/78/EU des Europäischen Parlaments und des Rates vom 24. November 2010 zur Änderung der Richtlinien 1998/26/EG, 2002/87/EG, 2003/6/EG, 2003/41/EG, 2003/71/EG, 2004/39/EG, 2004/109/EG, 2005/60/EG, 2006/48/EG, 2006/49/EG und 2009/65/EG im Hinblick auf die Befugnisse der Europäischen Aufsichtsbehörde (Europäische Bankaufsichtsbehörde), der Europäischen Aufsichtsbehörde (Europäische Aufsichtsbehörde für das Versicherungswesen und die betriebliche Altersversorgung) und der Europäischen Aufsichtsbehörde (Europäische Wertpapier- und Börsenaufsichtsbehörde).

§ 28   Zusammenarbeit mit zuständigen Stellen

gen kann und allgemeine Änderungen, wie beispielsweise den Informationsaustausch mit ESMA.

8   Die Richtlinie fügte in Art. 22 Prospektrichtlinie zwei neue Unterabsätze ein.[19] Ein Absatz regelt, dass die zuständigen nationalen Behörden ESMA Fälle zur Kenntnis bringen können, in denen ein Ersuchen um Zusammenarbeit, insbesondere um Informationsaustausch, zurückgewiesen wurde oder innerhalb einer angemessenen Frist zu keiner Reaktion geführt hat. Unbeschadet des Art. 258 AEUV kann ESMA in diesen Fällen im Rahmen der ihr gemäß Art. 19 der Verordnung zur Errichtung der ESMA übertragenen Befugnisse tätig werden.[20] Zudem sieht Art. 22 Prospektrichtlinie Abs. 4 vor, dass ESMA Entwürfe für technische Regulierungsstandards ausarbeiten kann, um die nach Art. 22 Abs. 2 Prospektrichtlinie (Zusammenarbeit der nationalen europäischen Aufsichtsbehörden) erforderlichen Informationen zu präzisieren. Die Kommission wird dabei ermächtigt, diese Entwürfe für technische Regulierungsstandards nach den Art. 10 bis 14 der Verordnung zur Errichtung der ESMA zu erlassen. ESMA kann Entwürfe für technische Durchführungsstandards ausarbeiten, um Standardformulare, Mustertexte und Verfahren für die Zusammenarbeit und den Informationsaustausch zwischen den zuständigen Behörden festzulegen. Die Kommission wird auch hier ermächtigt, diese Entwürfe für technische Durchführungsstandards nach Art. 15 der Verordnung zur Errichtung der ESMA zu erlassen.[21]

3. Änderungen der Vorschrift

9   Die Richtlinie 2010/78/EU wurde in Deutschland durch das Gesetz zur Umsetzung der Richtlinie 2010/78/EU vom 24. November 2010 im Hinblick auf die Errichtung des Europäischen Finanzaufsichtssystems umgesetzt. Dabei wurde § 23 Abs. 1 Satz 1 WpPG a. F. ergänzt und an Abs. 4 der Norm ein neuer Satz angefügt.[22] Danach wurde die § 23 WpPG a. F. zudem durch das Gesetz zur Novellierung des Finanzanlagenvermittler- und Vermögensanlagenrechts mit einer anderen Paragraphennummer versehen. Aus dem alten § 23 WpPG wurde daher der § 28 WpPG.[23] Inhaltliche Änderungen der Vorschrift waren mit dieser Änderung nicht verbunden. Auch das Gesetz zur Umsetzung der Richtlinie 2010/73/EU und zur Änderung des Börsengesetzes änderte § 28 WpPG nicht.[24]

II. Ersuchen einer zuständigen Stelle eines anderen Staates des EWR

1. Befugnisse der Bundesanstalt

10   § 28 Abs. 1 Satz 1 weist der Bundesanstalt die Aufgabe zu, mit anderen Wertpapieraufsichtsbehörden innerhalb der EU und des EWR bei der Überwachung von öffentlichen An-

---

19 Art. 5 Ziff. 11 Buchst. a) und c) der Richtlinie 2010/78/EU.
20 Art. 5 Ziff. 11 Buchst. a) der Richtlinie 2010/78/EU.
21 Art. 5 Ziff. 11 Buchst. c) der Richtlinie 2010/78/EU.
22 BGBl. I, S. 2427ff, S. 2433 f.
23 BGBl. I 2011, S. 2481 ff., S. 2499.
24 BGBl. I 2012, S. 1375 ff.

II. Ersuchen einer zuständigen Stelle eines anderen Staates des EWR § 28

geboten oder der Zulassung von Wertpapieren an einem organisierten Markt zusammenzuarbeiten. Die durch das Gesetz zur Umsetzung der Richtlinie 2010/78/EU eingefügte Ergänzung des Abs. 1 S. 1 setzt Art. 5 Nr. 10 (a), 1. Unterabs. der Richtlinie 2010/78/EU um. Durch die ergänzende Aufnahme von zuständigen Stellen der Europäischen Union wird sichergestellt, dass sich die Zusammenarbeit unter anderem auch auf die ESMA erstreckt.[25] § 28 Abs. 1 Satz 2 stellt klar, dass die Bundesanstalt dabei von allen ihr nach dem WpPG bestehenden Befugnissen Gebrauch machen kann, soweit dies geeignet und erforderlich ist, einem Ersuchen einer zuständigen EWR-Stelle nachzukommen.[26] § 28 Abs. 1 Satz 2 dehnt den Anwendungsbereich der **Befugnisse** der Bundesanstalt **nach dem WpPG** (wie beispielsweise § 26 Abs. 2 WpPG) auf die Zusammenarbeit mit den Wertpapieraufsichtsbehörden der anderen EWR-Staaten aus. Dabei müssen grundsätzlich neben den Voraussetzungen der speziellen Befugnisnorm auch die Voraussetzungen des § 28 Abs. 1 Satz 2 vorliegen. Sofern die spezielle Befugnisnorm dabei eine „Einhaltung der Bestimmungen dieses Gesetzes" fordert, ermöglicht § 28 Abs. 1 Satz 2, dass diese Passage auch als „Einhaltung der entsprechenden Bestimmungen der EWR-Staaten" gelesen werden kann.[27] Sollen die gewonnen Erkenntnisse und Informationen in der Folge an eine ausländische Behörde übermittelt werden, müssen zudem die Voraussetzungen des Abs. 2 vorliegen. Dieser hat jedoch im Wesentlichen gleiche Voraussetzungen.

An das **Ersuchen einer zuständigen EWR-Behörde** werden keine besonderen Formanforderungen gestellt.[28] Es kann daher mündlich, elektronisch oder schriftlich an die Bundesanstalt gerichtet werden. **11**

Die Bundesanstalt muss nur überprüfen, ob ihr Tätigwerden zur Erfüllung der Aufgaben der anderen Stelle nützlich sein könnte. Davon ist in der Regel auszugehen, wenn ein auf die Prospektrichtlinie gestütztes Ersuchen einer anderen nationalen Aufsichtsbehörde aus dem EWR vorliegt. Andernfalls wäre eine effektive Kooperation der Aufsichtsbehörden in Europa gefährdet. Nicht tätig werden darf die Bundesanstalt allerdings, wenn dies offensichtlich nicht in den Aufgabenbereich der anderen Stelle fällt oder sie zumindest erhebliche Zweifel hat, dass die ausländische Behörde die Mitwirkung der Bundesanstalt für ihre Überwachungsaufgabe benötigt.[29] **12**

Die Anforderungen „geeignet und erforderlich" machen zudem deutlich, dass die von der Bundesanstalt gewählte Befugnis (z.B. ein Auskunftsersuchen) verhältnismäßig sein muss.[30] Für die Ausübung des der Bundesanstalt zustehenden Ermessens ergeben sich dadurch keine Besonderheiten, sie hat dies entsprechend den Vorgaben des § 40 VwVfG auszuüben.[31] **13**

---

25 Reg.-Begründung zu § 23 Abs. 1 Satz 1 WpPG, BT-Drucks. 17/6255, S. 31.
26 *Höninger/Eckner*, in: Holzborn, WpPG, § 28 Rn. 14; *Ritz/Voß*, in: Just/Voß/Ritz/Zeising, WpPG, § 23 Rn. 10.
27 Ähnlich *von Kopp-Colomb*, in: Assmann/Schlitt/von Kopp-Colomb, WpPG/VerkProspG, § 23 WpPG Rn. 8; *Höninger/Eckner*, in: Holzborn, WpPG, § 28 Rn. 15.
28 *von Kopp-Colomb*, in: Assmann/Schlitt/von Kopp-Colomb, WpPG/VerkProspG, § 23 WpPG Rn. 10.
29 Ähnlich *Ritz/Voß*, in: Just/Voß/Ritz/Zeising, WpPG, § 23 Rn. 14; *von Kopp-Colomb*, in: Assmann/Schlitt/von Kopp-Colomb, WpPG/VerkProspG, § 23 WpPG Rn. 10; *Höninger/Eckner*, in: Holzborn, WpPG, § 28 Rn. 19.
30 *Linke*, in: Schäfer/Hamann, Kapitalmarktgesetze, § 23 WpPG Rn 2.
31 *Höninger/Eckner*, in: Holzborn, WpPG, § 28 Rn. 16.

§ 28   Zusammenarbeit mit zuständigen Stellen

14   Die Nutzung der Befugnisse nach dem WpPG bleibt zulässig, wenn sich später herausstellen sollte, dass die Informationen nicht von der anderen Stelle benötigt wurden. Dies könnte beispielsweise der Fall sein, wenn die andere Stelle auf andere Weise Kenntnis von den Tatsachen erlangt hatte oder ein Verdacht später verworfen wurde.[32]

2. Untersuchungen und Informationsübermittlung nach § 28 Abs. 2

15   Nach § 28 Abs. 2 Satz 1 kann die Bundesanstalt **auf Ersuchen der** in § 28 Abs. 1 Satz 1 genannten **zuständigen Stellen Untersuchungen** durchführen und diesen Stellen **Informationen übermitteln**. Voraussetzung ist, dass dies für die Überwachung von organisierten Märkten sowie von Emittenten, Anbietern oder Zulassungsantragstellern oder deren Abschlussprüfern oder Geschäftsführungs- und Aufsichtsorganen nach den Vorschriften, die zur Umsetzung der Prospektrichtlinie erlassen wurden oder damit zusammenhängender Verwaltungs- oder Gerichtsverfahren erforderlich ist.

16   Zur Frage der Erforderlichkeit und den Anforderungen an ein Ersuchen gelten die vorstehenden Ausführungen zu § 28 Abs. 1 Satz 2 entsprechend.[33] Im Hinblick darauf, ob und wie dem Ersuchen der anderen Stelle entsprochen wird, hat die Bundesanstalt ein Ermessen. Für die Ausübung des der Bundesanstalt zustehenden Ermessens ergeben sich keine Besonderheiten, sie hat dieses entsprechend den Vorgaben des § 40 VwVfG auszuüben. D. h. die Bundesanstalt hat ihr Ermessen entsprechend dem Zweck der Ermächtigung auszuüben und die gesetzlichen Grenzen des Ermessens (insbesondere den Verhältnismäßigkeitsgrundsatz) einzuhalten. Zweck der Ermächtigung ist dabei die in § 28 Abs. 2 Satz 1 genannte Überwachungsaufgabe.[34]

a) Untersuchungen

17   Bei **Untersuchungen** auf der Grundlage von § 28 Abs. 2 Satz 1 können sich Überschneidungen mit der Befugnis nach § 28 Abs. 1 Satz 2 ergeben. Dies ist beispielsweise der Fall, wenn die Bundesanstalt gegenüber Dritten tätig wird, weil sie auf Ersuchen einer ausländischen Stelle Auskünfte vom Anbieter oder Emittenten eines Wertpapiers einholt. Diese Überschneidung ist unproblematisch, da die Vorschriften im Wesentlichen gleiche Anforderungen haben. Einen eigenständigen Anwendungsbereich hat die Vorschrift allerdings dann, wenn die Bundesanstalt nicht mit der Ausübung hoheitlicher Befugnisse nach außen tritt.[35] Dies ist beispielsweise der Fall, wenn sie vorhandene oder öffentlich zugängliche Informationen auswertet.

b) Übermittlung von Informationen

18   Häufig wird die Zusammenarbeit die **Übermittlung von Informationen** zum Gegenstand haben. Dies geschieht, wenn Untersuchungen der Bundesanstalt zu Erkenntnissen führen,

---

32 *Höninger/Eckner*, in: Holzborn, WpPG, § 28 Rn. 17.
33 Zur Erforderlichkeit siehe Rn. 12 ff.; zum Ersuchen siehe Rn. 11.
34 *Ritz/Voß*, in: Just/Voß/Ritz/Zeising, WpPG, § 23 Rn. 15.
35 Ähnlich *von Kopp-Colomb*, in: Assmann/Schlitt/von Kopp-Colomb, WpPG/VerkProspG, § 23 WpPG Rn. 11 f.; a. A. *Ritz/Voß*, in: Just/Voß/Ritz/Zeising, WpPG, § 23 Rn. 11; wobei diese jedoch nicht erläutern, wieso die Bundesanstalt im Rahmen der Zusammenarbeit nicht für die ausländischen Behörden öffentlich zugängliche Informationen auswerten können soll.

die an eine andere EU- oder EWR-Behörde weitergegeben werden. In diesem Fall ist das Offenbaren von Tatsachen nach § 27 WpPG erlaubt.[36] Dabei hat die Bundesanstalt nach § 28 Abs. 2 Satz 2 den Empfänger der Information darauf hinzuweisen, dass er – unbeschadet seiner Verpflichtungen im Rahmen von Strafverfahren – die übermittelten Informationen (einschließlich personenbezogener Daten) nur zur Erfüllung von Überwachungsaufgaben nach § 28 Abs. 2 Satz 1 und für damit zusammenhängende Verwaltungs- und Gerichtsverfahren verwenden darf.[37]

Der Hinweis nach § 28 Abs. 2 Satz 2 dient der vertraulichen Behandlung der übermittelten Informationen und soll verhindern, dass diese unkontrolliert weiterverwendet werden. Hat eine im Ausland zuständige Stelle weiterreichende Aufgaben, führt der Hinweis auf die Zweckbindung dazu, dass die Informationen nur für die Überwachung von organisierten Märkten sowie von Emittenten, Anbietern, Zulassungsantragstellern, deren Abschlussprüfern oder Geschäftsführungs- und Aufsichtsorganen genutzt werden können.[38] Die Zweckbindung schließt jedoch nicht gänzlich aus, dass der Empfänger die von der Bundesanstalt erhaltenen Informationen an Strafverfolgungsbehörden und Gerichte weitergibt. Voraussetzung ist aber normalerweise, dass die Überwachung von öffentlichen Angeboten oder der Zulassung von Wertpapieren an einem organisierten Markt im nationalen Recht des Empfängers auch strafrechtliche Sanktionen vorsieht.[39]

19

Die CESR-Mitglieder hatten ihren Informationsaustausch in einem Multilateral Memorandum of Understanding (CESR MMoU) on the Exchange of Information and Surveillance of Securities Activities und den entsprechenden Anhängen konkretisiert.[40] Dieses galt zunächst auch nach der Arbeitsaufnahme von ESMA fort.[41] Dieses alte CESR MMoU aus dem Jahre 1999 ersetzten ESMA und die nationalen Wertpapieraufsichtsbehörden des EWR im Mai 2014 durch ein neues überarbeitetes Multilateral Memorandum of Understanding on Cooperation Arrangements and Exchange of Information.[42]

20

c) Weigerungsmöglichkeit nach § 28 Abs. 3

Die Bundesanstalt kann eine Untersuchung oder die Übermittlung von Informationen **verweigern**, wenn hierdurch die Souveränität, die Sicherheit oder die öffentliche Ordnung der Bundesrepublik Deutschland beeinträchtigt werden könnte (Nr. 1), aufgrund desselben Sachverhalts gegen die betreffenden Personen bereits ein gerichtliches Verfahren eingeleitet worden oder eine unanfechtbare Entscheidung ergangen ist (Nr. 2) oder die Untersuchung oder die Übermittlung von Informationen nach dem deutschen Recht nicht zulässig ist (Nr. 3).[43]

21

---

36 *Höninger/Eckner*, in: Holzborn, WpPG, § 28 Rn. 21.
37 *Höninger/Eckner*, in: Holzborn, WpPG, § 28 Rn. 22.
38 *Ritz/Voß*, in: Just/Voß/Ritz/Zeising, WpPG, § 23 Rn. 16.
39 *von Kopp-Colomb*, in: Assmann/Schlitt/von Kopp-Colomb, WpPG/VerkProspG, § 23 WpPG Rn. 14; *Höninger/Eckner*, in: Holzborn, WpPG, § 28 Rn. 22.
40 *Ritz/Voß*, in: Just/Voß/Ritz/Zeising, WpPG, § 23 Rn. 17; *von Kopp-Colomb*, in: Assmann/Schlitt/von Kopp-Colomb, WpPG/VerkProspG, § 23 WpPG Rn. 15.
41 *Höninger/Eckner*, in: Holzborn, WpPG, § 28 Rn. 23.
42 ESMA-Ref. ESMA/2014/608
43 *Höninger/Eckner*, in: Holzborn, WpPG, § 28 Rn. 24.

§ 28   Zusammenarbeit mit zuständigen Stellen

22   In § 27 Abs. 1 Satz 5 WpPG ist beispielsweise vorgesehen, dass an eine Stelle eines anderen Staates Tatsachen nur weitergegeben werden dürfen, wenn diese Stelle und die von ihr beauftragten Personen einer § 27 Abs. 1 Satz 1 WpPG entsprechenden Verschwiegenheitspflicht unterliegen. Sollte dies nicht der Fall sein, könnte nach § 28 Abs. 3 Nr. 3 die Übermittlung von Tatsachen verweigert werden.[44] Bei der Weitergabe von Tatsachen an eine andere EWR-Aufsichtsbehörde im Rahmen der Zusammenarbeit nach der Prospektrichtlinie kann jedoch vom Vorliegen einer Verschwiegenheitspflicht ausgegangen werden. Art. 22 Abs. 1 Prospektrichtlinie gilt für alle Aufsichtsbehörden von Mitgliedstaaten des EWR.[45]

23   Die **Weigerungsmöglichkeit** nach § 28 Abs. 3 betrifft ausschließlich Untersuchungen und Informationsübermittlungen nach § 28 Abs. 2 und nicht die Ausübung von Befugnissen nach § 28 Abs. 1 Satz 2.[46] Hintergrund ist, dass es bei § 28 Abs. 1 Satz 2 um die Ausübung der Bundesanstalt ohnehin zustehender Befugnisse geht, während es bei § 28 Abs. 2 um die Zusammenarbeit mit anderen Behörden des EWR bei konkreten Einzelfällen geht.

d) An die Bundesanstalt übermittelte Informationen

24   Die Bundesanstalt darf mit einem Ersuchen von einer anderen Stelle **übermittelte Informationen** grundsätzlich nur zur Erfüllung von Überwachungsaufgaben nach § 28 Abs. 2 Satz 1 und für damit zusammenhängende Verwaltungs- und Gerichtsverfahren offenbaren oder verwerten (§ 28 Abs. 4 Satz 2). Sollen diese Informationen auch anderweitig genutzt werden, hat die Bundesanstalt zuvor nach § 28 Abs. 4 Satz 3 die Zustimmung der übermittelnden Stelle einzuholen.[47] Dies gilt unbeschadet von Pflichten der Bundesanstalt in strafrechtlichen Angelegenheiten, die Verstöße gegen Vorschriften des WpPG zum Gegenstand haben.

III. Ersuchen der Bundesanstalt

25   Die **Bundesanstalt** kann auch ihrerseits gemäß § 28 Abs. 4 Satz 1 Aufsichtsbehörden in anderen EWR-Staaten um die Durchführung von Untersuchungen und die Übermittlung von Informationen ersuchen, die für die Erfüllung ihrer Aufgaben nach dem WpPG erforderlich sind.[48] Dies gilt insbesondere dann, wenn „für einen Emittenten mehrere Behörden des Herkunftsstaates" zuständig sind oder wenn die Aussetzung oder Untersagung des Handels bestimmter Wertpapiere verlangt wird, die in mehreren Staaten des Europäischen Wirtschaftsraums gehandelt werden.[49] Der Teil des Satzes, wonach „für einen Emittenten mehrere Behörden des Herkunftsstaates" zuständig sein müssen, ist unglücklich formu-

---

44 *von Kopp-Colomb*, in: Assmann/Schlitt/von Kopp-Colomb, WpPG/VerkProspG, § 23 WpPG Rn. 16.
45 CESR's report on CESR members' powers under the Prospectus Directive and its implementing measures, June 2007 (Ref.: CESR/07-383), S. 18 Rn. 104 und S. 62 Rn. 326.
46 *Linke*, in: Schäfer/Hamann, Kapitalmarktgesetzte, § 23 WpPG Rn 2; *Höninger/Eckner*, in: Holzborn, WpPG, § 28 Rn. 26.
47 *Linke*, in: Schäfer/Hamann, Kapitalmarktgesetzte, § 23 WpPG Rn 3.
48 *Linke*, in: Schäfer/Hamann, Kapitalmarktgesetzte, § 23 WpPG Rn 3; *Höninger/Eckner*, in: Holzborn, WpPG, § 28 Rn. 30.
49 *von Kopp-Colomb*, in: Assmann/Schlitt/von Kopp-Colomb, WpPG/VerkProspG, § 23 WpPG Rn. 19.

liert. Er meint den Fall, dass ein Emittent mehrere Herkunftsstaaten hat. Dies ergibt sich aus dem Wortlaut und der Systematik der Prospektrichtlinie.[50]

Um ein **Ersuchen** geltend zu machen, ist es ausreichend, wenn Anhaltspunkte für einen Verstoß gegen Vorschriften des WpPG vorliegen. Daher kann die Bundesanstalt andere Aufsichtsbehörden bitten, Sachverhalte zu ermitteln oder aufzuklären. Der Bundesanstalt steht hierbei ein Ermessen zu. 26

Von einer anderen Behörde des EWR **übermittelte Informationen** darf die Bundesanstalt – wegen § 28 Abs. 4 Satz 2 – nur zu den in § 28 Abs. 2 Satz 1 genannten **Überwachungszwecken** offenbaren oder verwerten. Anderenfalls benötigt sie die Zustimmung der anderen Behörde.[51] 27

Die Regelung § 28 Abs. 4 Satz 4 setzt Art. 5 Nr. 11 (a) der Richtlinie 2010/78/EU um, mit dem Art. 22 Abs. 2, 3. Unterabs. der Richtlinie 2003/71/EG eingefügt wurde. Die Bundesanstalt erhält dadurch die Möglichkeit, ESMA nach Maßgabe des Art. 19 der Verordnung (EU) Nr. 1095/2010 um Hilfe zu bitten. Voraussetzung ist, dass zuständige Stellen anderer Staaten das Ersuchen der BaFin zuvor zurückweisen oder nicht innerhalb einer angemessenen Frist reagiert haben.[52] 27a

IV. Andere Regelungen

§ 28 Abs. 5 sieht vor, dass die **Vorschriften des WpHG** über die Zusammenarbeit mit den entsprechenden zuständigen Stellen anderer Staaten sowie Regelungen über die **internationale Rechtshilfe** in Strafsachen unberührt bleiben.[53] Die vorstehenden Gesetze enthalten speziellere Regelungen. Dies ist insbesondere für die im WpHG geregelte Zusammenarbeit mit Behörden von Staaten außerhalb des EWR (§ 7 Abs. 7 WpHG)[54] und bei den im WpHG geregelten Zulassungsfolgepflichten der Fall. Regelungen über die internationale Rechtshilfe in Strafsachen können bei Ordnungswidrigkeiten nach § 35 WpPG in Betracht kommen, da das Gesetz über die internationale Rechtshilfe in Strafsachen Ordnungswidrigkeiten unter dort näher bestimmten Voraussetzungen gleichstellen kann.[55] 28

---

50 *Ritz/Voß*, in: Just/Voß/Ritz/Zeising, WpPG, § 23 Rn. 17; *von Kopp-Colomb*, in: Assmann/Schlitt/von Kopp-Colomb, WpPG/VerkProspG, § 23 WpPG Rn. 19; *Höninger/Eckner*, in: Holzborn, WpPG, § 28 Rn. 31.
51 *Linke*, in: Schäfer/Hamann, Kapitalmarktgesetzte, § 23 WpPG Rn 3; *Höninger/Eckner*, in: Holzborn, WpPG, § 28 Rn. 33.
52 Reg.-Begründung zu § 23 Abs. 1 Satz 1 WpPG, BT-Drucks. 17/6255, S. 31; vgl. dazu *Höninger/Eckner*, in: Holzborn, WpPG, § 28 Rn. 34 ff.
53 *Linke*, in: Schäfer/Hamann, Kapitalmarktgesetzte, § 23 WpPG Rn 1; *Höninger/Eckner*, in: Holzborn, WpPG, § 28 Rn. 40 f.
54 *Ritz/Voß*, in: Just/Voß/Ritz/Zeising, WpPG, § 23 Rn. 25; *Höninger/Eckner*, in: Holzborn, WpPG, § 28 Rn. 40.
55 *Bosse/Katko*, in: Heidel, Aktienrecht und Kapitalmarktrecht, § 28 WpPG Rn. 7; *von Kopp-Colomb*, in: Assmann/Schlitt/von Kopp-Colomb, WpPG/VerkProspG, § 23 WpPG Rn. 25 f.; *Höninger/Eckner*, in: Holzborn, WpPG, § 28 Rn. 42.

§ 28a Zusammenarbeit mit der Europäischen Wertpapier- und Marktaufsichtsbehörde

Die Bundesanstalt stellt der Europäischen Wertpapier- und Marktaufsichtsbehörde gemäß Artikel 35 der Verordnung (EU) Nr. 1095/2010 auf Verlangen unverzüglich alle für die Erfüllung ihrer Aufgaben erforderlichen Informationen zur Verfügung.

Übersicht

	Rn.		Rn.
I. Überblick	1	3. Unverzügliches zur Verfügung stellen	11
1. Regelungsinhalt	1	4. Art und Weise der Informationsübermittlung	14
2. Institutionalisierte Zusammenarbeit mit ESMA	3	III. Möglichkeiten von ESMA bei verspäteter oder unterlassener Weitergabe	16
II. Weitergabe von Informationen an ESMA	5		
1. Verlangen von ESMA	6		
2. Informationen, die für die Erfüllung der Aufgaben von ESMA erforderlich sind	7		

I. Überblick

1. Regelungsinhalt

1 § 28a WpPG regelt, dass die Bundesanstalt der Europäischen Wertpapier- und Marktaufsichtsbehörde (ESMA) die für die Erfüllung der Aufgaben von ESMA erforderlichen Informationen zur Verfügung stellt.[1] Die Vorschrift wurde durch das Gesetz zur Umsetzung der Richtlinie 2010/78/EU vom 24. November 2010 im Hinblick auf die Errichtung des Europäischen Finanzaufsichtssystems eingefügt[2] und setzt Art. 5 Nr. 10 (a), 2. Unterabs. der Richtlinie 2010/78/EU um, mit dem Art. 21 Abs. 1b in die Prospektrichtlinie eingefügt wurde.[3] Die Norm wurde zudem durch das Gesetz zur Novellierung des Finanzanlagenvermittler- und Vermögensanlagenrechts mit einer anderen Paragraphennummer versehen. Aus dem alten § 23a WpPG wurde daher der § 28a WpPG. Inhaltliche Änderungen der Vorschrift waren mit dieser Änderung nicht verbunden.[4]

2 § 28a WpPG ergänzt die Regelungen des § 28 WpPG. Bereits nach § 28 Abs. 2 WpPG kann die BaFin auf Ersuchen von ESMA Untersuchungen durchführen und Informationen übermitteln, soweit dies u.a. für die Überwachung von organisierten Märkten sowie von Emittenten, Anbietern oder Zulassungsantragstellern nach den Vorschriften des WpPG

---

[1] Die Kommentierung gibt ausschließlich die persönliche Meinung der Autorin wieder. Dies gilt für sämtliche Ausführungen der Autorin in diesem Kommentar.
[2] BGBl. I, S. 2427 ff., S. 2433 f.
[3] Begründung zu § 23a WpPG, BT-Drucks. 17/6255, S. 31; *Eckner*, in: Holzborn, WpPG, § 28a Rn. 5.
[4] BGBl. I 2011, S. 2481 ff., S. 2499; *Eckner*, in: Holzborn, WpPG, § 28a Rn. 5.

und entsprechenden Vorschriften anderer EWR Staaten erforderlich ist. § 28a WpPG geht jedoch über diese Möglichkeit hinaus, da ESMA nach Art. 35 der Verordnung (EU) Nr. 1095/2010 auch Informationen verlangen kann, die nicht zur Überwachung der Vorgaben der Prospektrichtline erforderlich sind. Zu solchen Informationen können beispielsweise statistische Angaben oder Informationen zur Aufsichtspraxis gehören.

2. Institutionalisierte Zusammenarbeit mit ESMA

Ein Großteil der europäischen **Zusammenarbeit** erfolgte bis Ende Dezember 2010 über die Mitarbeit der europäischen Wertpapieraufsichtsbehörden bei **CESR**.[5] In dessen Gremien einigten sich die europäischen Aufsichtsbehörden beispielsweise auf gemeinsame Auslegungen für die in Prospekte aufzunehmenden Angaben und veröffentlichten diese Dokumente auf der Webseite von CESR. Beispiele für solche gemeinsamen Auslegungen sind CESR's recommendations for the consistent implementation of the European Commission's Regulation on Prospectuses no 809/2004 oder die Frequently Asked Questions regarding Prospectuses.[6]

Als Folge der Finanzkrise 2008 beschloss die Europäische Kommission, die europäischen Finanzaufsichtssysteme zu stärken und legte zu diesem Zweck im Herbst 2009 verschiedene Legislativvorschläge vor. Die entsprechenden Verordnungen traten Mitte Dezember 2010 in Kraft und sahen die Errichtung neuer europäischer Aufsichtsbehörden zum 1.1.2011 vor. Zu diesen Behörden gehörte auch ESMA, die Anfang 2011 die bisherigen Aufgaben von CESR übernahm.[7] Darüber hinaus hat ESMA aber auch zusätzliche Aufgaben erhalten. So trägt sie u. a. zu einer einheitlichen Anwendung des europäischen Rechts bei. Zu diesem Zweck hat sie beispielsweise folgende Befugnisse: Entwürfe für technische Regulierungs- und Durchführungsstandards entwickeln (Art. 10 und 15 der Verordnung (EU) Nr. 1095/2010);[8] Leitlinien und Empfehlungen veröffentlichen (Art. 16 der Verordnung (EU) Nr. 1095/2010);[9] bei einigen Verstößen gegen europäisches Recht den national zuständigen Behörden Maßnahmen zur Einhaltung des Unionsrechts empfehlen (Art. 17 Abs. 3 der Verordnung (EU) Nr. 1095/2010);[10] sofern dadurch nicht in die haushaltspolitische Zuständigkeit der Mitgliedstaaten eingegriffen wird (Art. 38 der Verordnung (EU) Nr. 1095/2010), an die national zuständigen Behörden gerichtete Einzelfallentscheidungen

---

5 *Ritz/Voß*, in: Just/Voß/Ritz/Zeising, WpPG, § 23 Rn. 8.
6 *Höninger/Eckner*, in: Holzborn, WpPG, § 28 Rn. 10.
7 Art. 8 Abs. 1 Buchst. l) der Verordnung (EU) Nr. 1095/2010 des Europäischen Parlaments und des Rates vom 24. November 2010 zu Errichtung einer Europäischen Aufsichtsbehörde (Europäische Wertpapier- und Börsenaufsichtsbehörde); vgl. dazu auch *Höninger/Eckner*, in: Holzborn, WpPG, § 28 Rn. 6 ff.
8 Art. 8 Abs. 2 Buchst. a) und b) der Verordnung (EU) Nr. 1095/2010 des Europäischen Parlaments und des Rates vom 24. November 2010 zu Errichtung einer Europäischen Wertpapier- und Börsenaufsichtsbehörde.
9 Art. 8 Abs. 2 Buchst. c) der Verordnung (EU) Nr. 1095/2010 des Europäischen Parlaments und des Rates vom 24. November 2010 zu Errichtung einer Europäischen Wertpapier- und Börsenaufsichtsbehörde.
10 Art. 8 Abs. 2 Buchst. d) der Verordnung (EU) Nr. 1095/2010 des Europäischen Parlaments und des Rates vom 24. November 2010 zu Errichtung einer Europäischen Wertpapier- und Börsenaufsichtsbehörde.

§ 28a Zusammenarbeit mit der Europäischen Wertpapier- und Marktaufsichtsbehörde

erlassen (Art. 18 Abs. 3 und Art. 19 Abs. 3 der Verordnung (EU) Nr. 1095/2010)[11] und in einigen Fällen, die unmittelbar anwendbares Unionsrecht betreffen, an die Finanzmarktteilnehmer gerichtete Einzelfallentscheidungen erlassen (Art. 17 Abs. 6, Art. 18 Abs. 4 und Art. 19 Abs. 4 der Verordnung (EU) Nr. 1095/2010).[12] Zudem kann ESMA „peer-reviews" der nationalen Aufsichtsbehörden organisieren.[13]

II. Weitergabe von Informationen an ESMA

5   Voraussetzungen dafür, dass die Bundesanstalt nach § 28a WpPG ESMA Informationen zur Verfügung stellen muss, ist, dass erstens ein Verlangen von ESMA vorliegt, dass zweitens die Informationen zur Erfüllung der Aufgaben von ESMA erforderlich sind und dass drittens die Bundesanstalt rechtmäßigen Zugang zu den einschlägigen Informationen haben muss. Letzteres bedeutet, dass die Bundesanstalt keine Informationen weitergeben muss, die in den Aufgabenbereich einer anderen deutschen Behörde oder Institution fallen und der BaFin nicht vorliegen.

1. Verlangen von ESMA

6   An das **Verlangen von ESMA** werden ebenso wie an das Ersuchen einer zuständigen EWR-Behörde nach § 28 Abs. 1 WpPG keine besonderen Formanforderungen gestellt.[14] Es kann daher mündlich, elektronisch oder schriftlich an die Bundesanstalt gerichtet werden.

2. Informationen, die für die Erfüllung der Aufgaben von ESMA erforderlich sind

7   Nach § 28a WpPG müssen die von ESMA angeforderten Informationen zur Erfüllung der Aufgaben von ESMA erforderlich sein. Dies sind grundsätzlich alle Informationen, die ESMA zur Wahrnehmung der ihr durch die Verordnung (EU) Nr. 1095/2010 übertragenen Aufgaben benötigt (Art. 35 Abs. 1 Verordnung EU/1095/2010). Diese Aufgaben von ESMA finden sich in Art. 8 und 9 der Verordnung (EU) Nr. 1095/2010 und betreffen die Aufgaben von ESMA als Wertpapier- und Marktaufsichtsbehörde sowie Aufgaben im Bereich des Verbraucherschutzes.[15] Der Aufgabenbegriff in § 28a WpPG ist daher weiter als die Überwachungsaufgabe im Sinne des § 28 Abs. 1 und 2 WpPG.

---

11 Art. 8 Abs. 2 Buchst. e) der Verordnung (EU) Nr. 1095/2010 des Europäischen Parlaments und des Rates vom 24. November 2010 zu Errichtung einer Europäischen Wertpapier- und Börsenaufsichtsbehörde.
12 Art. 8 Abs. 2 Buchst. f) der Verordnung (EU) Nr. 1095/2010 des Europäischen Parlaments und des Rates vom 24. November 2010 zu Errichtung einer Europäischen Wertpapier- und Börsenaufsichtsbehörde.
13 Art. 30 der Verordnung (EU) Nr. 1095/2010 des Europäischen Parlaments und des Rates vom 24. November 2010 zu Errichtung einer Europäischen Wertpapier- und Börsenaufsichtsbehörde.
14 *von Kopp-Colomb*, in: Assmann/Schlitt/von Kopp-Colomb, WpPG/VerkProspG, § 23 WpPG Rn. 10.
15 *Eckner*, in: Holzborn, WpPG, § 28a Rn. 11 ff.

Nach Art. 35 Abs. 1 Verordnung EU/1095/2010 setzt „Erforderlichkeit" im Sinne des § 28a WpPG voraus, dass die angeforderten Informationen nicht in einschlägigen bestehenden Statistiken vorliegen, die vom Europäischen Statistischen System und vom Europäischen System der Zentralbanken erstellt und verbreitet werden (Art. 35 Abs. 4 Verordnung EU/1095/2010).[16]

Für eine rechtmäßige Weitergabe der Information muss die Bundesanstalt nur überprüfen, ob die Informationsweitergabe zur Erfüllung der Aufgaben von ESMA nützlich sein könnte. Davon ist in der Regel auszugehen, wenn ein auf die Prospektrichtlinie gestütztes Ersuchen von ESMA vorliegt. Andernfalls wäre eine effektive Kooperation der Aufsichtsbehörden in Europa gefährdet. Nicht tätig werden darf die Bundesanstalt allerdings, wenn die benötigte Information offensichtlich nicht in den Aufgabenbereich von ESMA fällt oder sie zumindest erhebliche Zweifel hat, dass ESMA die Information für ihre Aufgaben benötigt.

Eine Weitergabe von Informationen nach § 28a WpPG bleibt zulässig, wenn sich später herausstellen sollte, dass die Informationen nicht von ESMA benötigt wurden. Dies könnte beispielsweise der Fall sein, wenn ESMA auf andere Weise Kenntnis von den angeforderten Tatsachen erlangt oder ein Verdacht, der ein Tätigwerden von ESMA erforderte, später verworfen wurde.

3. Unverzügliches zur Verfügung stellen

Liegen die Voraussetzungen des § 28a WpPG vor, muss die Bundesanstalt der ESMA die erforderlichen Informationen zur Verfügung stellen und zwar unverzüglich. Ein Ermessen hinsichtlich einer Weitergabe von Informationen steht der BaFin dabei nicht zu.

Unverzüglich bedeutet ohne schuldhaftes Zögern.[17] In der Regierungsbegründung findet sich nichts, dass gegen die Anwendbarkeit der entsprechenden Legaldefinition aus § 121 BGB spricht.[18] Ein schuldhaftes Zögern der BaFin in diesem Sinne läge beispielsweise vor, wenn eine Anfrage der ESMA aufgrund von Krankheit oder Urlaub eines Bearbeiters der BaFin liegen bliebe. Die BaFin handelt aber immer noch unverzüglich, wenn sie die Voraussetzungen für die Weitergabe der Informationen prüft und ggf. dafür erforderliche Zustimmungen einholt.[19]

Anders als die §§ 28 und 29 WpPG sieht § 28a WpPG nicht vor, dass sich die BaFin auf die in § 28 Abs. 3 WpPG genannten Weigerungsmöglichkeiten berufen kann. Grund hierfür ist Art. 35 der Verordnung EU/1095/2010, der die Sammlung von Informationen durch ESMA regelt und entsprechende Weigerungsmöglichkeiten nicht vorsieht.

4. Art und Weise der Informationsübermittlung

Die **Übermittlung von Informationen** nach § 28a WpPG ist ein Fall, in dem das Offenbaren von Tatsachen nach § 27 WpPG erlaubt ist.[20] Jedoch darf ESMA dabei weitergegebene

---

16 Ähnlich *Eckner*, in: Holzborn, WpPG, § 28a Rn. 18.
17 *Eckner*, in: Holzborn, WpPG, § 28a Rn. 19.
18 Begründung zu § 23a WpPG, BT-Drucks. 17/6255, S. 31.
19 Ähnlich *Eckner*, in: Holzborn, WpPG, § 28a Rn. 19.
20 *Höninger/Eckner*, in: Holzborn, WpPG, § 28 Rn. 21.

§ 28a Zusammenarbeit mit der Europäischen Wertpapier- und Marktaufsichtsbehörde

vertrauliche Informationen nur für die Wahrnehmung der ihr durch diese Verordnung übertragenen Aufgaben verwenden (Art. 35 Abs. 7 der Verordnung EU/1095/2010). Nach Art. 35 Abs. 7 der Verordnung EU/1095/2010 hat die Bundesanstalt ESMA als Empfänger dieser Informationen zwar nicht ausdrücklich auf diese Verpflichtung hinzuweisen, doch ein entsprechender Hinweis dürfte in Praxis auch ohne ausdrückliche Anordnung zu empfehlen seien. Der Hinweis nach Art. 35 Abs. 7 der Verordnung EU/1095/2010 dient der vertraulichen Behandlung der übermittelten Informationen und soll verhindern, dass diese unkontrolliert weiterverwendet werden.

15 Die CESR-Mitglieder hatten ihren Informationsaustausch in einem Multilateral Memorandum of Understanding (CESR MMoU) on the Exchange of Information and Surveillance of Securities Activities und den entsprechenden Anhängen konkretisiert.[21] Dieses galt zunächst auch nach der Arbeitsaufnahme von ESMA fort.[22] Dieses alte CESR MMoU aus dem Jahre 1999 ersetzten ESMA und die nationalen Wertpapieraufsichtsbehörden des EWR im Mai 2014 durch ein neues überarbeitetes Multilateral Memorandum of Understanding on Cooperation Arrangements and Exchange of Information (MMoU).[23] Dieses neue MMoU stellt in Art. 2 klar, dass Art. 35 der Verordnung EU/1095/2010 den Regelungen des neuen MMoU vorgeht und regelt eine eingeschränkte Teilnahme von ESMA an dem MMoU.

III. Möglichkeiten von ESMA bei verspäteter oder unterlassener Weitergabe

16 Stellt die Bundesanstalt die angeforderten Informationen nicht oder nicht rechtzeitig zur Verfügung, stehen ESMA die Rechte aus Art. 35 Abs. 5 und 6 der Verordnung EU/1095/2010 zu. Dabei kann ESMA nach Art. 35 Abs. 5 der Verordnung EU/1095/2010 ein gebührend gerechtfertigtes und mit Gründen versehenes Ersuchen um Informationen an andere deutsche Aufsichtsbehörden, an das Bundesministerium der Finanzen, an die Bundesbank oder an das Statistische Bundesamt richten.[24]

17 Nach Art. 35 Abs. 6 der Verordnung EU/1095/2010 kann ESMA ferner ein gebührend gerechtfertigtes und mit Gründen versehenes Ersuchen direkt an die betreffenden Finanzmarktteilnehmer richten. In dem mit Gründen versehenen Ersuchen muss ESMA erläutern, weshalb die Informationen über die einzelnen Finanzmarktteilnehmer notwendig sind. Zudem ist die BaFin verpflichtet, ESMA auf Verlangen bei der Einholung der Informationen zu unterstützen.[25]

18 Kontaktiert ESMA Finanzmarktteilnehmer oder andere deutsche Behörden direkt, muss ESMA die BaFin darüber informieren.[26]

---

21 *Ritz/Voß*, in: Just/Voß/Ritz/Zeising, WpPG, § 23 Rn. 17; *von Kopp-Colomb*, in: Assmann/Schlitt/von Kopp-Colomb, WpPG/VerkProspG, § 23 WpPG Rn. 15.
22 *Höninger/Eckner*, in: Holzborn, WpPG, § 28 WpPG Rn. 23.
23 ESMA-Ref. ESMA/2014/608.
24 *Eckner*, in: Holzborn, WpPG, § 28a WpPG Rn. 20.
25 *Eckner*, in: Holzborn, WpPG, § 28a WpPG Rn. 21.
26 *Eckner*, in: Holzborn, WpPG, § 28a WpPG Rn. 22.

§ 29 Vorsichtsmaßnahmen

(1) ¹Verstößt der Emittent, ein mit der Platzierung des öffentlichen Angebots beauftragtes Institut im Sinne des § 1 Abs. 1b des Kreditwesengesetzes oder ein mit der Platzierung beauftragtes nach § 53 Abs. 1 Satz 1, § 53b Abs. 1 oder 7 des Kreditwesengesetzes tätiges Unternehmen gegen § 3 Abs. 1 oder 4, die §§ 7, 9, 14 bis 16, 18 oder 19 oder gegen Zulassungsfolgepflichten, übermittelt die Bundesanstalt diese Informationen der zuständigen Behörde des Herkunftsstaates und der Europäischen Wertpapier- und Marktaufsichtsbehörde. ²§ 28 Abs. 3 bis 5 findet entsprechende Anwendung.

(2) ¹Verstößt der Emittent, ein mit der Platzierung des öffentlichen Angebots beauftragtes Institut im Sinne des § 1 Abs. 1b des Kreditwesengesetzes oder ein mit der Platzierung beauftragtes nach § 53 Abs. 1 Satz 1 oder § 53b Abs. 1 Satz 1 des Kreditwesengesetzes tätiges Unternehmen trotz der von der zuständigen Behörde des Herkunftsstaates ergriffenen Maßnahmen oder weil Maßnahmen der Behörde des Herkunftsstaates unzweckmäßig sind, gegen die einschlägigen Rechts- oder Verwaltungsbestimmungen, so kann die Bundesanstalt nach vorheriger Unterrichtung der zuständigen Behörde des Herkunftsstaates und der Europäischen Wertpapier- und Marktaufsichtsbehörde alle für den Schutz des Publikums erforderlichen Maßnahmen ergreifen. ²Die Europäische Kommission und die Europäischen Wertpapier- und Marktaufsichtsbehörde sind zum frühestmöglichen Zeitpunkt über derartige Maßnahmen zu unterrichten.

Übersicht

	Rn.		Rn.
I. Überblick	1	b) § 28 Abs. 4 WpPG	16
1. Regelungsinhalt	1	c) § 28 Abs. 5 WpPG	17
2. Änderungen der Vorschrift	3	III. Ergreifen von Maßnahmen durch die Bundesanstalt	18
II. Informationsübermittlung an die zuständige Behörde des Herkunftsstaates und ESMA	7	1. Voraussetzungen für Maßnahmen nach § 29 Abs. 2	18
1. Verstoß im Sinne des § 29 Abs. 1 WpPG	10	a) Einschlägige Rechts- oder Verwaltungsbestimmungen	19
2. Anwendbarkeit § 28 Abs. 3 bis 5 WpPG	13	b) Maßnahmen der Behörde des Herkunftsstaates	20
a) § 28 Abs. 3 WpPG	14	2. Maßnahmen nach Abs. 2	21

I. Überblick

1. Regelungsinhalt

§ 29 WpPG dient der Umsetzung von Art. 23 Prospektrichtlinie und ist Ausdruck des mit dem europäischen Pass für Prospekte verbundenen Herkunftslandprinzips.¹ Die Norm re-   **1**

---

[1] Die Kommentierung gibt ausschließlich die persönliche Meinung der Autorin wieder. Dies gilt für sämtliche Ausführungen der Autorin in diesem Kommentar.

§ 29 Vorsichtsmaßnahmen

gelt ebenso wie Art. 17 Abs. 1 Satz 2 und Abs. 2 Prospektrichtlinie behördliche Zuständigkeiten innerhalb des EWR. Die Vorschrift stellt klar, dass die **Behörde des Aufnahmestaates** bei Verstößen gegen Regelung der Prospektrichtlinie nur sehr begrenzt tätig werden darf (§ 29 Abs. 2 WpPG). Zudem ist eine vorherige Unterrichtung der zuständigen **Behörde des Herkunftsstaates** erforderlich, bevor Maßnahmen von der Aufnahmestaatsbehörde ergriffen werden können. In erster Linie ist die Wertpapieraufsichtsbehörde des Herkunftsstaates zuständig (§ 29 Abs. 1 WpPG).

2 Die vorstehende Verteilung der Zuständigkeiten betrifft nur die **Zusammenarbeit** der europäischen Wertpapieraufsichtsbehörden nach der Prospektrichtlinie. Dabei haben diese die nationalen Umsetzungen von Art. 23 der Prospektrichtlinie zu beachten.[2] Ziele der Prospektrichtlinie sind die Förderung des Anlegerschutzes und der Markteffizienz.[3] Daher sollten die zur Umsetzung von Art. 23 Prospektrichtlinie erlassenen nationalen Vorschriften so ausgelegt werden, dass diese Ziele nicht gefährdet werden.

2. Änderungen der Vorschrift

3 Ein Großteil der europäischen Zusammenarbeit erfolgte bis Ende 2010 über die Mitarbeit der europäischen Wertpapieraufsichtsbehörden bei CESR. Als Folge der Finanzkrise 2008 beschloss die Europäische Kommission, die europäischen Finanzaufsichtssysteme zu stärken und legte zu diesem Zweck im Herbst 2009 verschiedene Legislativvorschläge vor. Die entsprechenden Verordnungen traten Mitte Dezember 2010 in Kraft. Sie sahen die Errichtung neuer europäischer Aufsichtsbehörden zum 1. Januar 2011 vor. Zu den neu zu errichtenden Behörden gehört auch die **Europäische Wertpapier- und Börsenaufsichtsbehörde** (ESMA), die die bisherigen Aufgaben von CESR übernahm.[4] Darüber hinaus hat ESMA aber auch zusätzliche Aufgaben erhalten, wie beispielsweise zu einer einheitlichen Anwendung des europäischen Rechts beizutragen.[5]

4 Damit das neue Europäische Finanzaufsichtssystem funktioniert, wurden zudem die bestehenden Finanzdienstleistungsrichtlinien wie die Prospektrichtlinie geändert.[6] Die entspre-

---

2 ESMA-Frequently Asked Questions – Prospectuses (25th Updated Version – July 2016), Frage 35.
3 Erwägungsgrund 10 Prospektrichtlinie.
4 Art. 8 Abs. 1 Buchst. l) der Verordnung (EU) Nr. 1095/2010 des Europäischen Parlaments und des Rates vom 24. November 2010 zur Errichtung einer Europäischen Aufsichtsbehörde (Europäische Wertpapier- und Börsenaufsichtsbehörde); Erwägungsgrund 67 der Verordnung (EU) Nr. 1095/2010 des Europäischen Parlaments und des Rates vom 24. November 2010 zur Errichtung einer Europäischen Wertpapieraufsichtsbehörde.
5 Art. 8 Abs. 1 Buchst. b) der Verordnung (EU) Nr. 1095/2010 des Europäischen Parlaments und des Rates vom 24. November 2010 zur Errichtung einer Europäischen Wertpapier- und Börsenaufsichtsbehörde.
6 Richtlinie 2010/78/EU des Europäischen Parlaments und des Rates vom 24. November 2010 zur Änderung der Richtlinien 1998/26/EG, 2002/87/EG, 2003/6/EG, 2003/41/EG, 2003/71/EG, 2004/39/EG, 2004/109/EG, 2005/60/EG, 2006/48/EG, 2006/49/EG und 2009/65/EG im Hinblick auf die Befugnisse der Europäischen Bankaufsichtsbehörde, der Europäischen Aufsichtsbehörde für das Versicherungswesen und die betriebliche Altersversorgung und der Europäischen Wertpapieraufsichtsbehörde.

chende Richtlinie 2010/78/EU trat Anfang Januar 2011 in Kraft.[7] Die Änderungen betreffen u. a. die Festlegung von Bereichen, in denen die ESMA technische Standards vorschlagen kann und allgemeine Änderungen, wie beispielsweise den Informationsaustausch mit der ESMA. Die Richtlinie fasste ferner Art. 23 der Prospektrichtlinie neu und integriert die **ESMA** in das bisherige System.[8]

Die Richtlinie 2010/78/EU wurde in Deutschland durch das Gesetz zur Umsetzung der Richtlinie 2010/78/EU vom 24. November 2010 im Hinblick auf die Errichtung des Europäischen Finanzaufsichtssystems umgesetzt. Dabei wurde zunächst in Abs. 1 S. 1 der Norm aus „die Bundesanstalt *kann übermitteln*" ein „die Bundesanstalt *übermittelt*". Zudem wurde ESMA in die Regelung des § 29 Abs. 1 Satz mit einbezogen. Die Änderungen in Absatz 2 beziehen ebenfalls ESMA in dessen Regelungsinhalte mit ein.[9]

Danach wurde die Vorschrift zudem durch das Gesetz zur Novellierung des Finanzanlagenvermittler- und Vermögensanlagenrechts mit einer anderen Paragraphennummer versehen und Verweise wurden auf ebenfalls neu nummerierte Vorschriften angepasst. Aus dem alten § 24 WpPG wurde daher der § 29 WpPG.[10] Inhaltliche Änderungen der Vorschrift waren mit dieser Änderung nicht verbunden. Das Gesetz zur Umsetzung der Richtlinie 2010/73/EU und zur Änderung des Börsengesetzes führte in § 29 WpPG lediglich zu notwendigen Folgeänderungen, die aber den wesentlichen Regelungsinhalt der Vorschrift nicht änderten.[11]

II. Informationsübermittlung an die zuständige Behörde des Herkunftsstaates und ESMA

§ 29 Abs. 1 WpPG sieht eine Informationsübermittlung für den Fall vor, dass Emittenten bzw. die in der Vorschrift näher definierten Institute oder Unternehmen gegen bestimmte **Vorschriften des WpPG** oder **Zulassungsfolgepflichten verstoßen** und der Herkunftsstaat des Emittenten ein anderer EWR-Staat ist. § 29 WpPG ist eine Regelung, aufgrund derer Tatsachen im Sinne der §§ 27 und 26 Abs. 7 WpPG offenbart werden dürfen.

Die Norm in ihrer neuen Fassung[12] stellt dabei das „ob" der Übermittlung nach Abs. 1 nicht mehr in das Ermessen der Bundesanstalt. Vielmehr hat die BaFin nunmehr die Pflicht zur Übermittlung, sofern gesicherte Erkenntnisse über Verstöße vorliegen.[13] Hintergrund

---

7 Art. 14 Richtlinie 2010/78/EU des Europäischen Parlaments und des Rates vom 24. November 2010 zur Änderung der Richtlinien 1998/26/EG, 2002/87/EG, 2003/6/EG, 2003/41/EG, 2003/71/EG, 2004/39/EG, 2004/109/EG, 2005/60/EG, 2006/48/EG, 2006/49/EG und 2009/65/EG im Hinblick auf die Befugnisse der Europäischen Aufsichtsbehörde (Europäische Bankaufsichtsbehörde), der Europäischen Aufsichtsbehörde (Europäische Aufsichtsbehörde für das Versicherungswesen und die betriebliche Altersversorgung) und der Europäischen Aufsichtsbehörde (Europäische Wertpapier- und Börsenaufsichtsbehörde).
8 Art. 5 Ziff. 12 der Richtlinie 2010/78/EU.
9 BGBl. I, S. 2427 ff., S 2433 f.; *Eckner*, in: Holzborn, WpPG, § 29 Rn. 4.
10 BGBl. I 2011, S. 2481 ff., S. 2499.
11 BGBl. I 2012, S. 1375 ff.; Begründung zu § 29 WpPG, BT-Drucks. 17/8684, S. 20.
12 Zur alten Regelung vgl. u. a. Begründung zu § 24 Abs. 1 WpPG, BT-Drucks. 15/4999, S. 39.
13 *Eckner*, in: Holzborn, WpPG, § 29 Rn. 13.

§ 29   Vorsichtsmaßnahmen

ist Art. 23 Prospektrichtlinie. Danach hat die Bundesanstalt einen Verstoß der zuständigen Behörde des Herkunftsstaates mitzuteilen.[14]

9   Institute im Sinne des § 29 Abs. 1 Satz 1 sind mit der Platzierung von Wertpapieren beauftragte Kredit- oder Finanzdienstleistungsinstitute (§ 1 Abs. 1b KWG), während Unternehmen im Sinne des § 29 Abs. 1 Satz 1 mit der Platzierung von Wertpapieren beauftragte inländische Zweigstellen eines ausländischen Unternehmens (§ 53 Abs. 1 Satz 1 KWG) oder Zweigniederlassungen eines Unternehmens mit Sitz in einem anderen EWR-Staat (§ 53b Abs. 1 und 7 KWG) sind.[15]

1. Verstoß im Sinne des § 29 Abs. 1 WpPG

10   Der Wortlaut des § 29 Abs. 1 Satz 1 WpPG könnte dahingehend verstanden werden, dass das Vorhandensein eines Verstoßes für die Informationsübermittlung notwendig ist.[16] Die Regierungsbegründung stellt hingegen klar, dass eine Übermittlung von Informationen bereits beim Vorhandensein von **Anhaltspunkten** für einen Verstoß möglich ist.[17] Dies ist vor dem Hintergrund der Ziele der Prospektrichtlinie, Anlegerschutz und Markteffizienz zu fördern,[18] sinnvoll. Die Regierungsbegründung erläutert zudem, dass § 28 Abs. 4 und 5 WpPG insbesondere Bedeutung hinsichtlich der Vorsichtsmaßnahmen bei Anhaltspunkten für einen Verstoß haben.[19] Ferner erklärt § 29 Abs. 1 Satz 2 WpPG § 28 Abs. 3 WpPG für entsprechend anwendbar.

11   Dies bedeutet, dass bei einer reinen auf § 29 Abs. 1 Satz 1 WpPG gestützten Übermittlung grundsätzlich ein Verstoß vorliegen muss, wobei eine Übermittlung in den Fällen des § 28 Abs. 3 WpPG unterbleiben kann. Liegen hingegen lediglich Anhaltspunkte für einen Verstoß vor und kann dieser noch nicht festgestellt werden, sind zunächst Vorsichtsmaßnahmen zur Sachverhaltsaufklärung einzuleiten. Eine Übermittlung kann in diesen Fällen nach § 29 Abs. 1 Satz 2 WpPG in Verbindung mit § 28 Abs. 4 WpPG erfolgen.[20] Auch hier kann eine Übermittlung in den Fällen des § 28 Abs. 3 WpPG unterbleiben.

12   Der **Verstoß** bzw. die Anhaltspunkte für Verstöße müssen im Hinblick auf **bestimmte Regelungen des WpPG** bestehen. Dies sind § 3 Abs. 1 oder 4 WpPG sowie die §§ 7, 9, 14 bis 16, 18 oder 19 WpPG. Demgegenüber sind Verstöße bzw. Anhaltspunkte für Verstöße gegen **Zulassungsfolgepflichten** grundsätzlich nicht auf bestimmte Pflichten beschränkt.[21] Für die im WpHG geregelten Zulassungsfolgepflichten ist jedoch § 28 Abs. 5 WpPG zu beachten (§ 29 Abs. 1 Satz 2 WpPG).

---

14   *Linke*, in: Schäfer/Hamann, Kapitalmarktgesetze, § 24 WpPG Rn. 2; *Bosse/Katko*, in: Heidel, Aktienrecht und Kapitalmarktrecht, § 29 WpPG Rn. 2; *Eckner*, in: Holzborn, WpPG, § 29 Rn. 4.
15   *Ritz/Voß*, in: Just/Voß/Ritz/Zeising, WpPG, § 24 Rn. 5.
16   So wohl *Eckner*, in: Holzborn, WpPG, § 29 Rn. 5.
17   A. A. *Eckner*, in: Holzborn, WpPG, § 29 Rn. 11.
18   Erwägungsgrund 10 Prospektrichtlinie.
19   Begründung zu § 24 Abs. 1 WpPG, BT-Drucks. 15/4999, S. 39.
20   Ähnlich *Ritz/Voß*, in: Just/Voß/Ritz/Zeising, WpPG, § 24 Rn. 9; a. A. wohl *von Kopp-Colomb*, in: Assmann/Schlitt/von Kopp-Colomb, WpPG/VerkProspG, § 24 WpPG Rn. 6.
21   A. A. *Eckner*, in: Holzborn, WpPG, § 29 Rn. 10.

2. Anwendbarkeit § 28 Abs. 3 bis 5 WpPG

Nach § 29 Abs. 1 Satz 2 WpPG finden § 28 Abs. 3 bis 5 WpPG bei einer Informationsübermittlung entsprechende Anwendung. Die Bezugnahme auf § 28 Abs. 4 WpPG hat insbesondere beim Vorliegen von **Anhaltspunkten** für einen Verstoß Bedeutung. Der Verweis auf § 28 Abs. 3 und Abs. 5 WpPG stellt demgegenüber klar, dass in einigen Fällen eine Übermittlung von Informationen nach dem WpPG zu unterbleiben hat bzw. unterbleiben kann oder andere Vorschriften zu beachten sind.

a) § 28 Abs. 3 WpPG

Gemäß § 28 Abs. 3 WpPG kann die Bundesanstalt eine Übermittlung von Informationen verweigern, wenn hierdurch die Souveränität, die Sicherheit oder die öffentliche Ordnung der Bundesrepublik Deutschland beeinträchtigt werden könnte (Nr. 1), aufgrund desselben Sachverhalts gegen die betreffenden Personen bereits ein gerichtliches Verfahren eingeleitet worden oder eine unanfechtbare Entscheidung ergangen ist (Nr. 2) oder die Untersuchung oder die Übermittlung von Informationen nach dem deutschen Recht nicht zulässig ist (Nr. 3).

In § 27 Abs. 1 Satz 5 WpPG ist beispielsweise vorgesehen, dass an eine Stelle eines anderen Staates Tatsachen nur weitergegeben werden dürfen, wenn diese Stelle und die von ihr beauftragten Personen einer § 27 Abs. 1 Satz 1 WpPG entsprechenden Verschwiegenheitspflicht unterliegen. Sollte dies nicht der Fall sein, könnte nach § 28 Abs. 3 Nr. 3 WpPG die Übermittlung von Tatsachen verweigert werden. Bei der Weitergabe von Tatsachen an eine andere EWR-Aufsichtsbehörde im Rahmen der Zusammenarbeit nach der Prospektrichtlinie kann jedoch vom Vorliegen einer Verschwiegenheitspflicht ausgegangen werden. Art. 22 Abs. 1 Prospektrichtlinie gilt für alle Aufsichtsbehörden von Mitgliedstaaten des EWR.[22]

b) § 28 Abs. 4 WpPG

In Ausnahmefällen kann es – wegen des Zusammenspiels von § 29 Abs. 1 und 2 WpPG – geboten sein, eine Übermittlung von Informationen an eine andere Behörde gemäß § 29 Abs. 1 WpPG mit einem Ersuchen an diese Behörde nach § 28 Abs. 4 Satz 1 zu verbinden. Dabei ist Ziel des Ersuchens die Feststellung eines Verstoßes, während es Ziel der Bezugnahme auf § 29 Abs. 1 WpPG ist, im Anschluss zeitnah Maßnahmen nach § 29 Abs. 2 WpPG prüfen zu können. Denkbar ist dies in besonders gelagerten Fällen, wenn beispielsweise ein Handeln einer anderen Behörde nicht zu erwarten ist. In diesen Fällen können Vorsichtsmaßnahmen bei **Anhaltspunkten** für einen Verstoß auf § 29 Abs. 1 WpPG gestützt werden. Anderenfalls könnten mangels Beachtung von § 29 Abs. 1 WpPG keine zeitnahen Maßnahmen nach § 29 Abs. 2 WpPG erlassen werden. Dies wäre jedoch mit den Zielen der Prospektrichtlinie, Anlegerschutz und Markteffizienz zu fördern, nicht vereinbar. Insbesondere bei unberechtigten öffentlichen Angeboten könnte aus Gründen des Anlegerschutzes ein schnelles Einschreiten der Bundesanstalt geboten sein.

---

[22] CESR's report on CESR members' powers under the Prospectus Directive and its implementing measures, June 2007 (Ref.: CESR/07-383), S. 18 Rn. 104 und S. 62 Rn. 326.

§ 29   Vorsichtsmaßnahmen

c) § 28 Abs. 5 WpPG

17   Der Verweis auf § 28 Abs. 5 WpPG stellt klar, dass, soweit in einem anderen Gesetz eine abschließende Regelung getroffen ist, eine Zusammenarbeit nur nach den Vorschriften jenes Gesetzes, nicht jedoch nach der Vorschrift des § 29 Abs. 1 WpPG in Betracht kommt. Dies ist insbesondere bei im WpHG geregelten Geboten und Verboten der Fall[23] und betrifft die dort geregelten **Zulassungsfolgepflichten**.[24] Die Zusammenarbeit der Wertpapieraufsichtsbehörden richtet sich in diesen Fällen nach den Vorschriften des WpHG. Daher dürfte die Regelung § 29 Abs. 1 WpPG für Zulassungsfolgepflichten einen sehr geringen Anwendungsbereich haben.

III. Ergreifen von Maßnahmen durch die Bundesanstalt

1. Voraussetzungen für Maßnahmen nach § 29 Abs. 2

18   § 29 Abs. 2 WpPG regelt die Voraussetzungen, unter denen die **Bundesanstalt Maßnahmen** ergreifen kann, **wenn Herkunftsstaat des Emittenten ein anderer EWR-Staat ist**. Dies setzt voraus, dass trotz der von der zuständigen Behörde des Herkunftsstaates ergriffenen Maßnahmen oder weil **Maßnahmen der Behörde des Herkunftsstaates unzweckmäßig** sind, gegen die einschlägigen Rechts- oder Verwaltungsbestimmungen verstoßen wird.

a) Einschlägige Rechts- oder Verwaltungsbestimmungen

19   Wegen des Zusammenspiels von § 29 Abs. 1 und 2 WpPG sind einschlägige Rechts- oder Verwaltungsbestimmungen die in § 29 Abs. 1 Satz 1 WpPG genannten Bestimmungen. Das heißt, es kommen im Wesentlichen Verstöße gegen § 3 Abs. 1 oder 4 WpPG sowie gegen die §§ 7, 9, 14 bis 16, 18 oder 19 WpPG in Betracht.[25]

b) Maßnahmen der Behörde des Herkunftsstaates

20   Ferner muss der Verstoß im Sinne des § 29 Abs. 1 WpPG noch bestehen, und zwar trotz der von der zuständigen Behörde des Herkunftsstaates ergriffenen Maßnahmen oder weil **Maßnahmen der Behörde des Herkunftsstaates** unzweckmäßig sind. Dabei sind Maßnahmen der Behörde des Herkunftsstaats insbesondere dann **unzweckmäßig**, wenn diese Maßnahmen außerhalb des Hoheitsgebiets des Herkunftsstaats getroffen oder durchgesetzt werden müssen, beispielsweise bei einem öffentlichen Angebot von Wertpapieren ohne gebilligten Prospekt außerhalb des Herkunftsstaats.[26]

---

23   Begründung zu § 24 Abs. 2 WpPG, BT-Drucks. 15/4999, S. 39.
24   Ähnlich *Linke*, in: Schäfer/Hamann, Kapitalmarktgesetze, § 24 WpPG Rn. 3.
25   *Eckner*, in: Holzborn, WpPG, § 29 Rn. 15.
26   Begründung zu § 24 Abs. 2 WpPG, BT-Drucks. 15/4999, S. 39; *Eckner*, in: Holzborn, WpPG, § 29 Rn. 17.

2. Maßnahmen nach Abs. 2

Liegen die oben genannten Voraussetzungen vor, kann die Bundesanstalt gemäß § 29 Abs. 2 Satz 1 WpPG nach vorheriger **Unterrichtung** der zuständigen Behörde des Herkunftsstaates und der ESMA alle erforderlichen Maßnahmen ergreifen. Dabei ist dies für den Schutz des Publikums geboten, wenn ein Verstoß gegen die in § 29 Abs. 1 Satz 1 WpPG genannten Vorschriften vorliegen.

Die Einschränkung nach vorheriger Unterrichtung der zuständigen Behörde des Herkunftsstaates und der ESMA in § 29 Abs. 2 Satz 1 ist Ausdruck des Zusammenspiels von § 29 Abs. 1 mit Abs. 2. Gemeint ist dabei die **Unterrichtung** nach § 29 Abs. 1 Satz 1 WpPG.

Nach § 29 Abs. 2 Satz 2 WpPG sind zudem ESMA und die **Europäische Kommission** zum frühestmöglichen Zeitpunkt über die ergriffenen Maßnahmen zu **unterrichten** (§ 29 Abs. 2 WpPG).[27] Diese Regelung soll die Beachtung des Herkunftslandprinzips durch die Behörde des Aufnahmestaates sicherstellen.

Der Begriff Maßnahmen in § 29 Abs. 2 WpPG meint die der Bundesanstalt aufgrund anderer Normen des WpPG (z. B. § 26 WpPG) zustehenden Befugnisse.[28] Viele dieser Befugnisse werden **Verwaltungsakte** im Sinne von § 35 VwVfG zum Gegenstand haben, die gegenüber ihrem Adressaten bekannt zu geben sind, um wirksam zu werden (§§ 41, 43 VwVfG). Von § 34 WpPG wird die Bundesanstalt dabei vermutlich nicht immer Gebrauch machen können. Folge ist dann, dass sich die Bekanntmachung bei Personen oder Gesellschaften mit Sitz im Ausland nach § 15 VwVfG richten wird.[29]

---

27 Vgl. dazu auch *Eckner*, in: Holzborn, WpPG, § 29 Rn. 21 f.
28 *von Kopp-Colomb*, in: Assmann/Schlitt/von Kopp-Colomb, WpPG/VerkProspG, § 24 WpPG Rn. 8.
29 Ähnlich *Ritz/Voß*, in: Just/Voß/Ritz/Zeising, WpPG, § 24 Rn. 13; enger *Eckner*, in: Holzborn, WpPG, § 29 Rn. 18.

§ 30 Bekanntmachung von Maßnahmen

Die Bundesanstalt kann unanfechtbare Maßnahmen, die sie wegen Verstößen gegen Verbote oder Gebote dieses Gesetzes getroffen hat, auf ihrer Internetseite öffentlich bekannt machen, soweit dies zur Beseitigung oder Verhinderung von Missständen geboten ist, es sei denn, diese Veröffentlichung würde die Finanzmärkte erheblich gefährden oder zu einem unverhältnismäßigen Schaden bei den Beteiligten führen.

Übersicht

	Rn.		Rn.
I. Überblick und Regelungsinhalt	1	2. Beseitigung eines Missstands	7
II. Bekanntmachung von Maßnahmen	5	3. Bekanntmachung	10
1. Unanfechtbare Maßnahme wegen eines Verstoßes gegen das WpPG	5	a) Ermessensausübung	11
		b) Veröffentlichung	14

I. Überblick und Regelungsinhalt

1 § 30 WpPG dient der Umsetzung von Art. 25 Abs. 2 Prospektrichtlinie und ist § 40b WpHG nachgebildet.[1] Er regelt ebenso wie § 40b Satz 1 WpHG die Möglichkeit, **unanfechtbare Maßnahmen** bekannt zu machen, denen Verstöße gegen das jeweilige Gesetz zugrunde liegen. Die Vorschrift wurde durch das Gesetz zur Novellierung des Finanzanlagenvermittler- und Vermögensanlagenrechts mit einer anderen Paragraphennummer versehen. Aus dem alten § 25 WpPG wurde daher der § 30 WpPG. Inhaltliche Änderungen der Vorschrift waren mit dieser Änderung nicht verbunden.[2]

2 § 30 WpPG schafft Transparenz im Hinblick auf nicht duldbare Verhaltensweisen und soll dadurch die Marktteilnehmer von ihnen abhalten.[3] Die Norm wirkt daher generalpräventiv.[4] Dahinter steht der Gedanke, dass Marktteilnehmer durch die Androhung von Reputationsverlusten diszipliniert werden[5] und so Anleger geschützt werden.[6]

3 § 30 WpPG erlaubt der Bundesanstalt zu diesem Zweck **unanfechtbare Maßnahmen**, die sie wegen **Verstößen gegen** Verbote oder Gebote des **WpPG** getroffen hat, auf ihrer Internetseite öffentlich bekannt zu machen. Die Norm ist eine Regelung, aufgrund derer Tatsachen im Sinne der §§ 27 und 26 Abs. 7 WpPG offenbart werden dürfen.[7] Sie stellt eine Ausnahme zur Verschwiegenheitspflicht dar.[8]

---

[1] Die Kommentierung gibt ausschließlich die persönliche Meinung der Autorin wieder. Dies gilt für sämtliche Ausführungen der Autorin in diesem Kommentar. Begründung zu § 25, BT-Drucks. 15/4999, S. 39.
[2] BGBl. I 2011, S. 2481 ff., S. 2499.
[3] *Altenhain*, in: Hirte/Möllers, Kölner Kommentar zum WpHG, § 40b Rn. 1.
[4] *Eckner*, in: Holzborn, WpPG, § 30 Rn. 2.
[5] *Bachmann/Prüfer*, ZRP 2005, 109 ff., 113.
[6] *Ritz/Voß*, in: Just/Voß/Ritz/Zeising, WpPG, § 25 Rn. 2.
[7] *Altenhain*, in: Hirte/Möllers, Kölner Kommentar zum WpHG, § 40b Rn. 2; *Eckner*, in: Holzborn, WpPG, § 30 Rn. 1.
[8] *Linke*, in: Schäfer/Hamann, Kapitalmarktgesetze, § 25 WpPG Rn 1.

Die Vorschrift kann nicht mit „shame sanctions" oder Prangerstrafen verglichen werden,[9] **4**
da sie keinen strafrechtlichen Charakter hat.[10] Bereits aus der systematischen Stellung im
Abschnitt „Zuständige Behörde und Verfahren" ergibt sich, dass § 30 WpPG eine verwaltungsrechtliche Maßnahme ist. Die Regelung ist in ihrer Anwendung nicht auf Ordnungswidrigkeiten nach § 35 WpPG beschränkt, sondern betrifft alle Verbote sowie Gebote des
WpPG. Sie wählt mit dem Begriff „Maßnahmen" eine Terminologie, die dem Verwaltungshandeln zuzuordnen ist. Zudem lassen sich weder aus der Regierungsbegründung noch der
Vorschrift selbst Anhaltspunkte entnehmen, dass der Betroffene schuldhaft oder fahrlässig
gehandelt haben müsste.[11]

II. Bekanntmachung von Maßnahmen

1. Unanfechtbare Maßnahme wegen eines Verstoßes gegen das WpPG

Voraussetzung für eine Bekanntmachung ist zunächst, dass eine unanfechtbare Maßnahme **5**
der Bundesanstalt wegen eines **Verstoßes gegen** Verbote oder Gebote des **WpPG** vorliegt.
Die Vorschrift enthält im Grundsatz keine Beschränkungen auf bestimmte Normen, sodass
grundsätzlich alle aufsichtsrechtlichen Maßnahmen des WpPG (einschließlich Bußgeldbescheide[12]) erfasst werden. Diese müssen jedoch von der Bundesanstalt erlassen werden.[13]
Entscheidungen anderer Behörden oder Gerichte erfüllen diese Anforderung nicht.[14] Einige Anordnungen der Bundesanstalt haben zudem eher vorläufigen Charakter, wie beispielsweise die Aussetzung eines öffentlichen Angebots (§ 26 Abs. 4 Satz 2 WpPG)[15] oder
Vorlage- und Auskunftsersuchen.[16] Diese Anordnungen dürften für eine Bekanntmachung
nach § 30 WpPG regelmäßig nicht in Frage kommen.

Die **Maßnahmen** müssen ferner **unanfechtbar**, d.h. formell bestandskräftig, sein. Dies ist **6**
der Fall, wenn keine ordentlichen Rechtsbehelfe mehr gegeben sind,[17] weil beispielsweise
Rechtsbehelfe nicht fristgerecht eingelegt oder rechtskräftig abgewiesen wurden.[18] Die Bestandskraft einer Maßnahme ist nicht gleichbedeutend mit deren sofortiger Vollziehbarkeit
nach § 31 WpPG und von Letzterer zu unterscheiden.[19]

---

9 *Ritz/Voß*, in: Just/Voß/Ritz/Zeising, WpPG, § 25 Rn. 2.
10 Ähnlich auch *von Kopp-Colomb*, in: Assmann/Schlitt/von Kopp-Colomb, WpPG/VerkProspG,
 § 25 WpPG Rn. 2, unter Verweis auf die Intention des deutschen Gesetzgebers; a.A. *Bachmann/
 Prüfer*, ZRP 2005, 109, 113, da diese von der Einbindung des § 40b WpHG in das Ordnungswidrigkeitsverfahren sprechen; ebenfalls a.A. *Eckner*, in: Holzborn, WpPG, § 30 Rn. 2.
11 *Altenhain*, in: Hirte/Möllers, Kölner Kommentar zum WpHG, § 40b Rn. 8 ff.
12 Vgl. dazu ausführlich *Ritz/Voß*, in: Just/Voß/Ritz/Zeising, WpPG, § 25 Rn. 5 bis 7.
13 *Altenhain*, in: Hirte/Möllers, Kölner Kommentar zum WpHG, § 40b Rn. 11.
14 *Altenhain*, in: Hirte/Möllers, Kölner Kommentar zum WpHG, § 40b Rn. 11.
15 *Linke*, in: Schäfer/Hamann, Kapitalmarktgesetze, § 25 WpPG Rn. 2; a.A. *Ritz/Voß*, in: Just/Voß/
 Ritz/Zeising, WpPG, § 25 Rn. 4.
16 *Ritz/Voß*, in: Just/Voß/Ritz/Zeising, WpPG, § 25 Rn. 4.
17 *Kopp/Ramsauer*, VwVfG, § 43 Rn. 29.
18 *Linke*, in: Schäfer/Hamann, Kapitalmarktgesetze, § 25 WpPG Rn. 2; *Altenhain*, in: Hirte/Möllers,
 Kölner Kommentar zum WpHG, § 40b Rn. 11.
19 *Linke*, in: Schäfer/Hamann, Kapitalmarktgesetze, § 25 WpPG Rn. 2. Zur sofortigen Vollziehbarkeit einer Maßnahme vergleiche die Erläuterungen zu § 31 WpPG.

2. Beseitigung eines Missstands

7 § 30 WpPG gestattet die Bekanntmachung der Maßnahme nur zur Beseitigung oder Verhinderung von Missständen. § 40b Abs. 1 Satz 1 WpHG nimmt auf § 4 Abs. 1 Satz 2 WpHG Bezug und **Missstand** wird daher in der Literatur zum WpHG unter Verweis auf diese Vorschrift interpretiert.[20] Dieses Verständnis ist nicht auf § 30 WpPG übertragbar.[21] Die Aufsichtsziele des WpPG und des WpHG sind nicht deckungsgleich. Das WpPG erfasst beispielsweise alle öffentlichen Angebote von Wertpapieren, unabhängig davon, ob die Wertpapiere während des Angebots oder später auf einem Markt gehandelt werden können.

8 **Missstand** im Sinne des § 30 WpPG ist daher ein Verhalten, das mit den Aufsichtszielen des WpPG bzw. Regelungen (WpPG und damit im Zusammenhang stehende Normen wie die EU-Prospektverordnung), die diese ausfüllen, nicht in Einklang steht.[22] Zu den Aufsichtszielen des WpPG gehören neben der Förderung des Anlegerschutzes und der Markteffizienz[23] insbesondere auch die Ziele die für eine Anlageentscheidung notwendigen Informationen zur Verfügung zu stellen[24] und die ordnungsgemäße Durchführung von öffentlichen Angeboten (§ 15 WpPG) sicherzustellen.[25]

9 Der Missstand muss nicht eingetreten sein, da eine Bekanntmachung auch zu dessen **Verhinderung** möglich ist. Ausreichend ist es, wenn der Eintritt eines Missstandes bevorsteht.[26] Nicht genügen dürfte hingegen ein bloßer Verdacht, dass ein Missstand eintreten könnte.[27]

3. Bekanntmachung

10 Die Norm räumt der Bundesanstalt ein **Ermessen** ein, „ob" sie die Maßnahmen bekannt macht.[28] Dabei hat die Bundesanstalt die allgemeinen Grundsätze zur Ermessensausübung zu beachten[29] und muss insbesondere auch die Interessen der verschiedenen Akteure wie Anleger, Marktteilnehmer und Adressat der Maßnahmen gegeneinander abwägen.[30] Die **Bekanntmachung** der Maßnahme hat daher zu unterbleiben, wenn ihre Veröffentlichung

---

20 M.w.N. *Altenhain*, in: Hirte/Möllers, Kölner Kommentar zum WpHG, § 40b Rn. 12.
21 A. A. *Ritz/Voß*, in: Just/Voß/Ritz/Zeising, WpPG, § 25 Rn. 11.
22 *Eckner*, in: Holzborn, WpPG, § 30 Rn. 4; von *Kopp-Colomb*, in: Assmann/Schlitt/von Kopp-Colomb, WpPG/VerkProspG, § 25 WpPG Rn. 6; ähnlich auch *Altenhain*, in: Hirte/Möllers, Kölner Kommentar zum WpHG, § 40b Rn. 12.
23 Erwägungsgrund 10 Prospektrichtlinie.
24 § 5 Abs. 1 WpPG.
25 Ähnlich *Ritz/Voß*, in: Just/Voß/Ritz/Zeising, WpPG, § 25 Rn. 11.
26 *Eckner*, in: Holzborn, WpPG, § 30 Rn. 4.
27 *Eckner*, in: Holzborn, WpPG, § 30 Rn. 4; ähnlich auch *Altenhain*, in: Hirte/Möllers, Kölner Kommentar zum WpHG, § 40b Rn. 12.
28 *Altenhain*, in: Hirte/Möllers, Kölner Kommentar zum WpHG, § 40b Rn. 16; *Eckner*, in: Holzborn, WpPG, § 30 Rn. 7.
29 *Ritz/Voß*, in: Just/Voß/Ritz/Zeising, WpPG, § 25 Rn. 9.
30 Ähnlich *Linke*, in: Schäfer/Hamann, Kapitalmarktgesetze, § 25 WpPG Rn. 3; *Ritz/Voß*, in: Just/Voß/Ritz/Zeising, WpPG, § 25 Rn. 12.

die Finanzmärkte erheblich gefährden oder zu einem unverhältnismäßigen Schaden bei den Beteiligten führen würde.[31]

a) Ermessensausübung

Die Bekanntmachung muss zur **Beseitigung** oder Verhinderung von Missständen geboten sein. D. h. die Veröffentlichung der Maßnahme muss geeignet, notwendig und angemessen sein, den Missstand zu verhindern oder zu unterbinden.[32] Sie ist geeignet, wenn Marktteilnehmer dadurch von Verstößen gegen das WpPG, die dessen Aufsichtszielen widersprechen, abgehalten werden.[33] Durch den mit der Bekanntmachung einhergehenden Reputationsverlust und die damit verbundene Abschreckung dürfte dies regelmäßig der Fall sein.[34]

11

Die Veröffentlichung ist ferner notwendig, wenn keine anderen geeigneten Mittel zur Verfügung stehen, die den Betroffenen weniger belasten. Dies ist zumindest der Fall, wenn einzelne aufsichtsrechtliche Maßnahmen nicht oder nicht alleine zum gewünschten Ziel führen.[35] Dies kann beispielsweise der Fall sein, wenn trotz aufsichtsrechtlicher Maßnahmen das untersagte Geschäftsverhalten weiter im Markt zu beobachten ist oder Anleger über die Untersagung eines öffentlichen Angebots informiert werden sollen.[36] Daher dürften Bekanntmachungen, die nur den Zweck haben, einen einzelnen Adressaten einer aufsichtsrechtlichen Maßnahme bloßzustellen, nicht zulässig sein.[37] Ein entsprechender Nebeneffekt ist jedoch der Veröffentlichung nach § 30 WpPG immanent.

12

Schließlich ist die Bekanntmachung angemessen, wenn sie nicht außer Verhältnis zum angestrebten Erfolg steht. Die Bundesanstalt nimmt deshalb eine Güterabwägung vor.[38] In diese ist u. a. der durch den Missstand drohende Schaden und das Grundrecht natürlicher Personen auf informelle Selbstbestimmung einzubeziehen.[39] Eine Bekanntmachung ist zudem nicht geboten und hat zu unterbleiben, wenn die Veröffentlichung die Finanzmärkte erheblich gefährden oder zu einem unverhältnismäßigen Schaden bei den Beteiligten füh-

13

---

31 *Ritz/Voß*, in: Just/Voß/Ritz/Zeising, WpPG, § 25 Rn. 15.
32 In diese Voraussetzungen ähnliche Anforderungen, wie sie in den Polizeigesetzen zur Gefahrenabwehr enthalten sind, hineinzuinterpretieren (*Altenhain*, in: Hirte/Möllers, Kölner Kommentar zum WpHG, § 40b Rn. 10), ist zu weitgehend. Weder die Begründung zum WpPG noch die Prospektrichtlinie geben Anhaltspunkte für eine solche Auslegung. Zudem dehnt diese Auslegung den Wortlaut der Vorschrift übermäßig. Schließlich ist sie auch zum Schutz der Betroffen nicht erforderlich, da ohnehin nur Veröffentlichungen, die zur Beseitigung oder Verhinderung von Missständen geboten sind, erfolgen dürfen.
33 *von Kopp-Colomb*, in: Assmann/Schlitt/von Kopp-Colomb, WpPG/VerkProspG, § 25 WpPG Rn. 7.
34 *Altenhain*, in: Hirte/Möllers, Kölner Kommentar zum WpHG, § 40b Rn. 13.
35 Ähnlich auch *Altenhain*, in: Hirte/Möllers, Kölner Kommentar zum WpHG, § 40b Rn. 14.
36 Ähnlich *von Kopp-Colomb*, in: Assmann/Schlitt/von Kopp-Colomb, WpPG/VerkProspG, § 25 WpPG Rn. 7.
37 *Eckner*, in: Holzborn, WpPG, § 30 Rn. 7; ähnlich *von Kopp-Colomb*, in: Assmann/Schlitt/von Kopp-Colomb, WpPG/VerkProspG, § 25 WpPG Rn. 7.
38 *Altenhain*, in: Hirte/Möllers, Kölner Kommentar zum WpHG, § 40b Rn. 15; *Eckner*, in: Holzborn, WpPG, § 30 Rn. 8.
39 Begründung zu § 40b WpHG, Regierungsentwurf des AnSVG, BT-Drucks. 15/3174, S. 41; *von Kopp-Colomb*, in: Assmann/Schlitt/von Kopp-Colomb, WpPG/VerkProspG, § 25 WpPG Rn. 8.

§ 30   Bekanntmachung von Maßnahmen

ren würde.[40] Die Finanzmärkte werden erheblich gefährdet, wenn negative Konsequenzen auch bei unbeteiligten Finanzmarktteilnehmern mit erheblichen Auswirkungen zu erwarten sind (z. B. durch Panikreaktionen).[41] Eine Veröffentlichung wäre in diesem Fall nicht angemessen.

b) Veröffentlichung

14   Die Bekanntmachung der unanfechtbaren Maßnahme erfolgt regelmäßig durch eine **Veröffentlichung** auf der Internetseite der Bundesanstalt. Sie kann aber auch mit der Hilfe eines Links zu einer anderen Internet-Adresse geschehen, unter welcher etwa ein Gericht seine Entscheidung veröffentlicht hat.[42] Dies ist denkbar, wenn das Gericht dabei rechtskräftig über eine Maßnahme der BaFin nach dem WpPG entschieden hat.[43]

15   § 30 WpPG lässt offen, in welchem Umfang die Bundesanstalt ihre Maßnahme veröffentlichen kann. Aufgrund des Zwecks der Vorschrift dürfen neben der Maßnahme auch die dieser zugrunde liegenden Fakten bekannt gemacht werden.[44] D. h. die Bundesanstalt kann in Abhängigkeit vom angestrebten Zweck ihren gesamten Verwaltungsakt oder nur dessen Tenor veröffentlichen.[45] Ob dabei der Adressat einer Maßnahme genannt werden darf, beurteilt die Bundesanstalt im Rahmen der Angemessenheit der Veröffentlichung. Eine Anonymisierung der Entscheidung ist dabei nicht zwingend. Zudem würde dies dem Zweck der Vorschrift widersprechen.[46]

16   Die Veröffentlichung der Maßnahme ist normalerweise kein Verwaltungsakt im Sinne von § 35 VwVfG, sondern ein Fall des schlichten Verwaltungshandelns. Der Veröffentlichung fehlt es an einem eigenständigen Regelungsinhalt, denn die für den Betroffenen verbindliche Festlegung von Rechten und Pflichten trifft bereits die Maßnahme selbst (z. B. Untersagung eines öffentlichen Angebots). Insoweit kann gegen eine Veröffentlichung auch nicht mittels Widerspruch und Anfechtungsklage vorgegangen werden.[47]

---

40 *Ritz/Voß*, in: Just/Voß/Ritz/Zeising, WpPG, § 25 Rn. 15; mit Beispielen *Eckner*, in: Holzborn, WpPG, § 30 Rn. 9.
41 *von Kopp-Colomb*, in: Assmann/Schlitt/von Kopp-Colomb, WpPG/VerkProspG, § 25 WpPG Rn. 8.
42 Begründung zu § 40b WpHG, Regierungsentwurf des AnSVG, BT-Drucks. 15/3174, S. 41; *Ritz/Voß*, in: Just/Voß/Ritz/Zeising, WpPG, § 25 Rn. 6.
43 *Altenhain*, in: Hirte/Möllers, Kölner Kommentar zum WpHG, § 40b Rn. 16; strenger wohl *Eckner*, in: Holzborn, WpPG, § 30 Rn. 11.
44 Ähnlich *Eckner*, in: Holzborn, WpPG, § 30 WpPG Rn.13.
45 *Linke*, in: Schäfer/Hamann, Kapitalmarktgesetze, § 25 WpPG Rn. 4.
46 *Linke*, in: Schäfer/Hamann, Kapitalmarktgesetze, § 25 WpPG Rn. 4; *Eckner*, in: Holzborn, WpPG, § 30 Rn. 13.
47 *von Kopp-Colomb*, in: Assmann/Schlitt/von Kopp-Colomb, WpPG/VerkProspG, § 25 WpPG Rn. 10; *Ritz/Voß*, in: Just/Voß/Ritz/Zeising, WpPG, § 25 Rn. 17; a. A. *Eckner*, in: Holzborn, WpPG, § 30 Rn. 15; *Altenhain*, in: Hirte/Möllers, Kölner Kommentar zum WpHG, § 40b Rn. 17.

§ 31 Sofortige Vollziehung

Keine aufschiebende Wirkung haben

1. Widerspruch und Anfechtungsklage gegen Maßnahmen nach § 15 Abs. 6 und § 26 sowie
2. Widerspruch und Anfechtungsklage gegen die Androhung oder Festsetzung von Zwangsmitteln.

Übersicht

	Rn.		Rn.
I. Überblick und Regelungsinhalt	1	1. § 31 Nr. 1	6
II. Sofortige Vollziehung	4	2. § 31 Nr. 2	9

I. Überblick und Regelungsinhalt

Um die mit dem WpPG verfolgten Aufsichtsziele zu erreichen, muss die Bundesanstalt ihre Entscheidungen gegebenenfalls auch zwangsweise durchsetzen können.[1] Dies geschieht mit der Hilfe des Verwaltungszwangs. Dabei kann eine Behörde bestimmte **Verwaltungsakte**[2] mit den **Zwangsmitteln**[3] nach § 9 VwVG durchsetzen.[4] Dies gilt auch für Verfügungen der Bundesanstalt, die nach Maßgabe des WpPG erlassen werden. Die entsprechende Anordnung in § 17 Satz 1 FinDAG wirkt daher nur deklaratorisch.[5] Die Sätze 2 bis 4 des § 17 FinDAG enthalten hingegen spezielle Vorgaben, die denen des VwVG vorgehen.[6]

1

Nach § 17 Satz 2 FinDAG kann die Bundesanstalt **Zwangsmittel** für jeden Fall der Nichtbefolgung androhen. Sie kann ferner – abweichend von § 17 VwVG – Zwangsmittel gegen juristische Personen des öffentlichen Rechts anwenden (§ 17 Satz 3 FinDAG). Zudem beträgt die Höhe des Zwangsgelds – abweichend von § 11 Abs. 3 VwVG – bis zu 250.000 Euro (§ 17 Satz 4 FinDAG). Hintergrund für die letztere Regelung ist u. a., dass der von § 11 Abs. 3 VwVG vorgegebene Rahmen (bis zu 25.000 Euro) im Vergleich mit den bei der Veräußerung von Wertpapieren verbundenen Erlösen und möglichen Schäden von Anlegern gering ist.[7]

2

---

1 Die Kommentierung gibt ausschließlich die persönliche Meinung der Autorin wieder. Dies gilt für sämtliche Ausführungen der Autorin in diesem Kommentar.
2 Dies sind grundsätzlich Verwaltungsakte, die auf die Herausgabe einer Sache oder auf die Vornahme einer Handlung oder auf Duldung oder Unterlassung gerichtet sind (§§ 6 und 7 VwVG).
3 Als Zwangsmittel sind dabei die Ersatzvornahme (§ 10 VwVG), das Zwangsgeld (§ 11 VwVG) und der unmittelbare Zwang (§ 12 VwVG) vorgesehen.
4 Voraussetzung ist dabei, dass der Verwaltungsakt vollziehbar ist, kein Vollzugshindernis vorliegt und nicht ausnahmsweise § 6 Abs. 2 VwVfG eingreift.
5 *Ritz/Voß*, in: Just/Voß/Ritz/Zeising, WpPG, § 26 Rn. 5. Verfügungen im Sinne des § 17 Satz 1 FinDAG sind Verwaltungsakte nach § 35 VwVfG (*Ritz/Voß*, a. a. O., § 26 Rn. 5).
6 *Ritz/Voß*, in: Just/Voß/Ritz/Zeising, WpPG, § 26 Rn. 6.
7 *Lenz*, in: Assmann/Lenz/Ritz, VerkProspG, § 8c Rn. 21.

§ 31   Sofortige Vollziehung

3 Ebenso wie § 17 FinDAG enthält auch § 31 WpPG eine spezielle Regelung zum VwVG. Er ordnet die **sofortige Vollziehung** einiger Maßnahmen an. Dabei wurde seine Nr. 1 der Reglung in § 8d VerkProspG a. F. nachgebildet, während Nr. 2 dem Satz 3 des § 46 WpÜG entspricht.[8]

3a Die Vorschrift wurde durch das Gesetz zur Novellierung des Finanzanlagenvermittler- und Vermögensanlagenrechts mit einer anderen Paragraphennummer versehen und die Verweise wurden an ebenfalls neu nummerierte Vorschriften angepasst. Aus dem alten § 26 WpPG wurde daher der § 31 WpPG. Inhaltliche Änderungen der Vorschrift waren mit dieser Änderung nicht verbunden.[9]

II. Sofortige Vollziehung

4 Nach § 31 WpPG haben **Widerspruch** und **Anfechtungsklage** gegen Maßnahmen nach § 15 Abs. 6 und § 26 WpPG (Nr. 1) sowie **Widerspruch** und **Anfechtungsklage** gegen die **Androhung** oder **Festsetzung** von **Zwangsmitteln** (Nr. 2) keine aufschiebende Wirkung. Bei den übrigen Maßnahmen des WpPG bleibt es bei der aufschiebenden Wirkung von Rechtsmitteln.[10] Die Norm ist eine gesetzliche Anordnung im Sinne des § 80 Abs. 2 Nr. 3 VwGO.[11]

5 Die **sofortige Vollziehung** der Verwaltungsakte endet, wenn die Bundesanstalt die entsprechenden Verwaltungsakte zurücknimmt, die Vollziehung aussetzt, ein Gericht nach § 80 Abs. 5 VwGO die **aufschiebende Wirkung** anordnet oder die entsprechenden Veraltungsakte aufhebt.[12]

1. § 31 Nr. 1

6 Die Maßnahmen nach § 15 Abs. 6 und § 26 WpPG können auf dem Verwaltungsrechtsweg überprüft werden. Für dabei eingelegte Widersprüche und Anfechtungsklagen würde sich ohne die Regelung des § 31 Nr. 1 WpPG nach § 80 Abs. 1 Satz 1 VwGO eine aufschiebende Wirkung ergeben. Der Sofortvollzug bei diesen Maßnahmen des WpPG ist jedoch notwendig, da anderenfalls eine zeitnahe Vollziehung von Entscheidungen der Bundesanstalt nicht sichergestellt wäre.[13] Sie ist daher zum Schutz von Anlegern geboten.[14] Anderenfalls könnte die Bundesanstalt auf die Geltendmachung von Ordnungswidrigkeiten beschränkt sein.[15]

---

8 Begründung zu § 26 WpPG, Regierungsentwurf des WpPG, BT-Drucks. 15/4999, S. 40.
9 BGBl. I 2011, S. 2481 ff., S. 2499.
10 Die Ausführungen zu Nachträgen gemäß § 16 in der Begründung zu § 26 WpPG (BT-Drucks. 15/4999, S. 40) sollten so gelesen werden, dass die in der Norm genannten Befugnisse auch (z. B. ein Auskunftsverlangen) in Bezug auf einen Nachtrag ausgeübt werden können.
11 *Linke*, in: Schäfer/Hamann, Kapitalmarktgesetze, WpPG, § 26 Rn. 2; *Ritz/Voß*, in: Just/Voß/Ritz/Zeising, WpPG, § 26 Rn. 1.
12 *Linke*, in: Schäfer/Hamann, Kapitalmarktgesetze, WpPG § 26 Rn. 2; *von Kopp-Colomb*, in: Assmann/Schlitt/von Kopp-Colomb, WpPG/VerkProspG, § 26 WpPG Rn. 7 f.
13 Begründung zu § 26 WpPG, BT-Drucks. 15/4999, S. 40.
14 *Ritz/Voß*, in: Just/Voß/Ritz/Zeising, WpPG, § 26 Rn. 1.
15 *Groß*, Kapitalmarktrecht, § 31.

Die Regelung bezieht sich auf alle Verwaltungsakte nach § 15 Abs. 6 und § 26 WpPG. Dazu gehören Untersagung und Aussetzung von Werbung für öffentliche Angebote bzw. Zulassungen von Wertpapieren zum Handel (§ 15 Abs. 6 WpPG), Informationsverlangen (§ 26 Abs. 2 und 3 WpPG), Untersagungs- und Aussetzungsverfügungen für öffentliche Angebote (§ 26 Abs. 4) sowie einige Maßnahmen nach § 26 Abs. 8 WpPG.[16]

7

Diese Verwaltungsakte können sofort mit Verwaltungszwang durchgesetzt werden. Gäbe es die Anordnung des § 31 Nr. 1 WpPG nicht, wäre dafür normalerweise deren Bestandskraft erforderlich (§ 6 Abs. 1 VwVG).

8

2. § 31 Nr. 2

Die **Zwangsmittel**, mit denen der Verwaltungszwang ausgeübt wird, müssen angedroht (§ 13 VwVG) und festgesetzt (§ 14 VwVG) werden. Dies erfolgt regelmäßig gemeinsam mit dem Ausgangsverwaltungsakt. Eine schnelle Durchsetzung der Entscheidungen der Bundesanstalt ist dabei nur möglich, wenn auch **Rechtsmittel** gegen die Androhung und die Festsetzung von Zwangsmitteln keine aufschiebende Wirkung haben. Dies regelt § 31 Nr. 2 WpPG mit der Folge, dass Widerspruch und Anfechtungsklage gegen diese Entscheidungen ebenfalls keine aufschiebende Wirkung haben.[17]

9

Anders als § 31 Nr. 1 WpPG ist § 31 Nr. 2 WpPG nicht auf die **Anordnung** oder die **Festsetzung** von Zwangsmitteln für bestimmte Maßnahmen nach dem WpPG beschränkt. Die Regelung gilt daher (zumindest theoretisch) für alle Zwangsmittel, die zur Durchsetzung von Verwaltungsakten auf Grundlage des WpPG angedroht bzw. festgesetzt werden.

10

---

16 *Eckner*, in: Holzborn, WpPG, § 31 Rn. 3; *Ritz/Voß*, in: Just/Voß/Ritz/Zeising, WpPG, § 26 Rn. 3; ein Abänderungsverlangen nach § 26 Abs. 1 WpPG ist zwar auch ein Verwaltungsakt, aber die Bundesanstalt dürfte dieses normalerweise nicht mit Zwangsmitteln durchsetzen, sondern wird stattdessen die Billigung des betroffenen Prospektentwurfs ablehnen.
17 Begründung zu § 26 WpPG, BT-Drucks. 15/4999, S. 40; *Eckner*, in: Holzborn, WpPG, § 30 Rn. 4.

Abschnitt 8
Sonstige Vorschriften

§ 32 Auskunftspflicht von Wertpapierdienstleistungsunternehmen

Vorbehaltlich der schriftlichen Einwilligung des jeweiligen Kunden haben Wertpapierdienstleistungsunternehmen im Sinne des § 2 Absatz 4 des Wertpapierhandelsgesetzes Emittenten oder Anbietern auf Anfrage unverzüglich ihre Einstufung dieses Kunden nach § 31a des Wertpapierhandelsgesetzes mitzuteilen.

Übersicht

	Rn.		Rn.
I. Überblick und Regelungsinhalt	1	b) Einstufung eines Kunden nach § 31a WpHG	11
II. Auskunftspflicht von Wertpapierdienstleistungsunternehmen	9	c) Schriftliche Einwilligung des jeweiligen Kunden	13
1. Voraussetzungen	9	2. Auskunft	14
a) Anfrage eines Emittenten oder Anbieters	9	a) Adressaten	14
		b) Unverzügliche Mitteilung	15

I. Überblick und Regelungsinhalt

1 Art. 2 Abs. 3 Prospektrichtlinie verlangte ursprünglich, dass jede zuständige Behörde „Mechanismen" zur Verfügung stellen muss, damit sich natürliche Personen sowie kleine und mittlere Unternehmen als **qualifizierte Anleger** eintragen können.[1] Diese Vorschrift wurde dabei von Art. 2 Abs. 1 Buchst. e) Unterpunkte iv) und v) Prospektrichtlinie ergänzt. Danach könnten sich **natürliche Personen** sowie **kleine und mittlere Unternehmen** unter bestimmten Voraussetzungen als qualifizierte Anleger anerkennen lassen. Der alte § 27 WpPG setzte diese europäischen Vorgaben um. Die Bundesanstalt führte auf Grundlage der alten Norm ein Register für qualifizierte Anleger.[2] Sie handelt dabei ausschließlich im öffentlichen Interesse.[3]

2 In einer Konsultation zur Prospektrichtlinie Anfang 2009[4] regte CESR an, das Register für qualifizierte Anleger zu evaluieren und zu prüfen, ob ein Bedürfnis für das Register be-

---

[1] Die Kommentierung gibt ausschließlich die persönliche Meinung der Autorin wieder. Dies gilt für sämtliche Ausführungen der Autorin in diesem Kommentar.
[2] *Linke*, in: Schäfer/Hamann, Kapitalmarktgesetze, § 27 WpPG, Rn. 2; *Ritz/Voß*, in: Just/Voß/Ritz/Zeising, WpPG, § 27 Rn. 7; *Assmann*, in: Assmann/Schlitt/von Kopp-Colomb, WpPG/VerkProspG, § 27 WpPG Rn. 7.
[3] Begründung zu § 27 WpPG, Regierungsentwurf des WpPG, BT-Drucks. 15/4999, S. 40.
[4] Europäische Kommission, Konsultation anlässlich der Überprüfung der Prospektrichtlinie vom 9.1.2009.

I. Überblick und Regelungsinhalt § 32

stehe.[5] Die Europäische Kommission griff diese Empfehlung zunächst auf[6] und sprach sich in ihrer Folgenabschätzung für eine Beibehaltung des Registers aus.[7] Sie könne nicht ausschließen, dass das Register in einigen Mitgliedstaaten eine wichtige Rolle spiele. Zudem seien die statistischen Daten oft nicht repräsentativ und Emittenten sollte die Möglichkeit erhalten bleiben, Privatplatzierungen selbst durchzuführen. Ferner sorge das Register auch für Transparenz. In Deutschland waren nach Angaben der Europäischen Kommission 204 qualifizierte Anleger in das Register eingetragen.[8]

Im Laufe der Verhandlungen zur Änderung der Prospektrichtlinie auf Ratsebene einigten sich die Mitgliedstaaten darauf, das System des Registers für qualifizierte Anleger nicht aufrechtzuerhalten.[9] Daher sieht die Änderungsrichtlinie zur Prospektrichtlinie vor, dass Art. 2 Abs. 3[10] sowie Art. 2 Abs. 1 Buchst. e) Unterpunkte iv) und v)[11] der Prospektrichtlinie entfallen. Diese Entscheidung erscheint angesichts der bisherigen geringen Bedeutung des Registers[12] zweckmäßig.

3

Durch diese Änderung der Prospektrichtlinie wurde das bisher in der Vorschrift geregelte Register obsolet. Das Gesetz zur Umsetzung der Richtlinie 2010/73/EU und zur Änderung des Börsengesetzes fügte daher nun anstelle des Registers die in § 32 WpPG enthaltene Auskunftspflicht ein.[13]

4

Die Norm in ihrer neuen Fassung setzt dabei die in Art. 1 Nr. 2 Buchst. a) Ziffer i der Änderungsrichtlinie enthaltene Neufassung von Art. 2 Abs. 1 Buchst. e) der Prospektrichtlinie um. Diese Änderung soll den Gleichlauf zwischen dem Begriff des „qualifizierten Anlegers" im Wertpapierprospektgesetz und dem Begriff des „professionellen Kunden"

5

---

5 CESR's comments on the European Commission's background and consultation document on the review of Directive 2003/71/EC, 24th March 2009, CESR/ 09-240, S. 2.
6 Europäische Kommission, Vorschlag vom 23.9.2009 für eine Richtlinie des Europäischen Parlamentes und des Rates zur Änderung der Richtlinien 2003/71/EG und 2004/109/EG.
7 Europäische Kommission, Folgenabschätzung vom 23.9.2009 zum Vorschlag für eine Richtlinie des Europäischen Parlamentes und des Rates zur Änderung der Richtlinien 2003/71/EG und 2004/109/EG, S. 27 und 28.
8 Europäische Kommission, Folgenabschätzung vom 23.9.2009 zum Vorschlag für eine Richtlinie des Europäischen Parlamentes und des Rates zur Änderung der Richtlinien 2003/71/EG und 2004/109/EG, S. 65.
9 Erwägungsgrund 6 des Kompromissvorschlags der Ratspräsidentschaft vom 11.12.2009 zum Entwurf einer Richtlinie des Europäischen Parlamentes und des Rates zur Änderung der Richtlinien 2003/71/EG und 2004/109/EG.
10 Erwägungsgrund 7 und Art. 1 Ziffer 2 b) der Richtlinie 2010/73/EU des Europäischen Parlamentes und des Rates vom 24.11.2010 zur Änderung der Richtlinien 2003/71/EG und 2004/109/EG.
11 Erwägungsgrund 7 und Art. 1 Ziffer 2 a) i) der Richtlinie 2010/73/EU des Europäischen Parlamentes und des Rates vom 24.11.2010 zur Änderung der Richtlinien 2003/71/EG und 2004/109/EG.
12 Europäische Kommission, Folgenabschätzung vom 23.9.2009 zum Vorschlag für eine Richtlinie des Europäischen Parlamentes und des Rates zur Änderung der Richtlinien 2003/71/EG und 2004/109/EG, S. 65.
13 Begründung zu § 32, Regierungsbegründung zum Gesetz zur Umsetzung der Richtlinie 2010/73/EU und zur Änderung des Börsengesetzes, BT-Drucks. 17/8684, S. 20; *Leuering*, in: Holzborn, WpPG, § 32 Rn. 3.

§ 32   Auskunftspflicht von Wertpapierdienstleistungsunternehmen

nach dem Wertpapierhandelsgesetz herstellen und so für Emittenten und Anbieter zu einer Entlastung führen.[14]

6   Die Regelung übernimmt Aufgaben, die früher dem Register für qualifizierte Anleger zugedacht waren. Hintergrund ist, dass nach § 3 Abs. 2 Nr. 1 die Verpflichtung zur Veröffentlichung eines Prospekts nicht für ein Angebot von Wertpapieren gilt, das sich ausschließlich an qualifizierte Anleger richtet. Der Begriff des „qualifizierten Anlegers" ist dabei in § 2 Nr. 6 WpPG geregelt.[15] In Deutschland gelten Kunden und Unternehmen als qualifizierte Anleger, die vorbehaltlich einer Einstufung als Privatkunde professionelle Kunden oder geeignete Gegenparteien im Sinne des § 31a Abs. 2 oder 4 des WpHG sind, oder die gemäß § 31a Abs. 5 Satz 1 oder Abs. 7 des WpHG auf Antrag als solche eingestuft worden sind oder gemäß § 31a Abs. 6 Satz 5 des WpHG weiterhin als professionelle Kunden behandelt werden.

7   Für Emittenten und Anbieter kann es sich daher theoretisch gegebenenfalls empfehlen, vor einer Privatplatzierung nach § 3 Abs. 2 Nr. 1 WpPG aus Gründen der Rechtssicherheit zu verifizieren, ob die Adressaten eines Angebots an qualifizierte Anleger auch tatsächlich qualifizierte Anleger im Sinne des WpPG sind. Zwingend ist ein solches Vorgehen jedoch nicht. Für eine Befreiung von der Prospektpflicht nach § 3 Abs. 2 Satz 1 Nr. 1 WpPG kommt es nur auf die Eigenschaft als „qualifizierter Anleger" an. Gleichgültig ist, ob der Emittent oder Anbieter von dieser Eigenschaft Kenntnis hat oder nicht. Dies ergibt sich aus dem Wortlaut des § 2 Nr. 6 WpPG.

8   Anders als bei den anderen Regelungen dieses Abschnittes ist die BaFin in einen Vorgang nach § 32 WpPG im Normalfall nicht involviert, da sich die Auskunftspflicht des § 32 WpPG an Wertpapierdienstleistungsunternehmen reichtet und vom Emittenten oder Anbieter gelten gemacht wird. Der Vorgang spielt sich daher im Regelfall nur zwischen Markteilnehmern ohne Mitwirkung der BaFin ab. Die Stellung der Norm in diesem Abschnitt des WpPG erklärt sich aus der zuvor dargestellten Entstehungsgeschichte der Norm.

II. Auskunftspflicht von Wertpapierdienstleistungsunternehmen

1. Voraussetzungen

a) Anfrage eines Emittenten oder Anbieters

9   Voraussetzungen dafür, dass Wertpapierdienstleistungsunternehmen im Sinne von § 2 Abs. 4 WpHG nach § 32 WpPG Auskunft geben müssen, ist zunächst, dass ein Emittent oder Anbieter zur Einstufung von Kunden nach § 31a WpHG anfragt. Der Begriff des Emittenten ist in § 2 Nr. 9 WpPG als die Person oder Gesellschaft definiert, die Wertpapie-

---

14   Begründung zu § 32, Regierungsbegründung zum Gesetz zur Umsetzung der Richtlinie 2010/73/EU und zur Änderung des Börsengesetzes, BT-Drucks. 17/8684, S. 20 f.; *Leuering*, in: Holzborn, WpPG, § 32 Rn. 3.
15   *Leuering*, in: Holzborn, WpPG, § 32 Rn. 2.

re begibt oder zu begeben beabsichtigt. Der Anbieter ist nach § 2 Nr. 10 WpG die Person oder Gesellschaft, die Wertpapiere öffentlich anbietet.[16]

Anders als früher das Register für qualifizierte Anleger, dass von Anbietern, die nicht zugleich Emittenten der angebotenen Wertpapiere waren, nicht eingesehen werden konnte,[17] kann die Auskunftspflicht nun auch vom Anbieter von Wertpapieren gelten gemacht werden.[18] An die Anfrage eines Emittenten oder Anbieters werden keine besonderen Formanforderungen gestellt. Sie kann daher mündlich, elektronisch oder schriftlich an das Wertpapierdienstleistungsunternehmen im Sinne von § 2 Abs. 4 WpHG gerichtet werden.

b) Einstufung eines Kunden nach § 31a WpHG

Die Anfrage des Emittenten oder Anbieters muss sich auf die Einstufung als Kunde nach § 31a WpHG beziehen. Andere Anfragen beispielsweise zur Bilanzsumme oder Umsatzerlösen des Kunden braucht das betroffene Wertpapierdienstleistungsunternehmen nach § 32 WpPG nicht zu beantworten.

Aufgrund des Wortlauts der Vorschrift („dieses Kunden") spricht zudem einiges dafür, dass sich der Kunde in der Anfrage des Emittenten oder Anbieters identifizierbar sein muss. Danach wären unspezifische Anfragen zur Nennung aller, als professionelle Kunden eingestufter Kunden wohl nicht von § 32 WpPG gedeckt. Zumindest solange, wie sich aus der schriftlichen Einwilligung des jeweiligen Kunden nichts anderes ergibt.

c) Schriftliche Einwilligung des jeweiligen Kunden

Mit Blick auf die geltenden datenschutzrechtlichen Bestimmungen und das Bankgeheimnis ist zudem Voraussetzung für die Weitergabe der Kundendaten eine generelle oder einzelfallbezogene schriftliche Einwilligung des betroffenen Kunden.[19] Das angefragte Wertpapierdienstleistungsunternehmen im Sinne von § 2 Abs. 4 WpHG hat diese Voraussetzung zu prüfen und das Ergebnis seiner Prüfung entsprechend zu dokumentieren. Wie sich bereits aus dem Wortlaut der Vorschrift ergibt, bedarf die Einwilligung des Kunden regelmäßig der Schriftform im Sinne von § 126 BGB.[20]

2. Auskunft

a) Adressaten

Adressaten der Auskunftspflicht nach § 32 WpPG sind Wertpapierdienstleistungsunternehmen nach § 2 Abs. 4 WpHG. Dies sind Kreditinstitute, Finanzdienstleistungsinstitute und nach § 53 Abs. 1 Satz 1 des Kreditwesengesetzes tätige Unternehmen, die Wertpapier-

---

16 *Leuering*, in: Holzborn, WpPG, § 32 Rn. 3 und 4.
17 Vgl. Vorauflage zu § 27 Rn. 26; so ebenfalls *Linke*, in: Schäfer/Hamann, Kapitalmarktgesetze, § 27 WpPG Rn. 7; a. A. *Assmann*, in: Assmann/Schlitt/von Kopp-Colomb, WpPG/VerkProspG, § 27 WpPG Rn. 24, der entgegen des eindeutigen Wortlauts der Vorschrift eine Erstreckung des Einsichtsrechts auf Anbieter fordern.
18 Ähnlich *Groß*, Kapitalmarktrecht, § 32.
19 Begründung zu § 32, Regierungsbegründung zum Gesetz zur Umsetzung der Richtlinie 2010/73/EU und zur Änderung des Börsengesetzes, BT-Drucks. 17/8684, S. 21.
20 Ähnlich *Leuering*, in: Holzborn, WpPG, § 32 WpPG Rn. 5.

§ 32   Auskunftspflicht von Wertpapierdienstleistungsunternehmen

dienstleistungen allein oder zusammen mit Wertpapiernebendienstleistungen gewerbsmäßig oder in einem Umfang erbringen, der einen in kaufmännischer Weise eingerichteten Geschäftsbetrieb erfordert.

b) Unverzügliche Mitteilung

15 Liegen die Voraussetzungen des § 32 WpPG vor, haben die betroffenen Wertpapierdienstleistungsunternehmen die Einstufung eines Kunden dem Emittenten oder Anbieter unverzüglich zu übermitteln. Die Regelung keine sieht besonderen Formanforderungen vor. Das Wertpapierdienstleistungsunternehmen kann die Einstufung des Kunden somit grundsätzlich mündlich, elektronisch oder schriftlich übermitteln.

16 Unverzüglich bedeutet ohne schuldhaftes Zögern. In der Regierungsbegründung findet sich nichts, dass gegen die Anwendbarkeit der entsprechenden Legaldefinition aus § 121 BGB spricht. Ein schuldhaftes Zögern im Sinne der Norm läge beispielsweise vor, wenn eine Anfrage aufgrund von Krankheit oder Urlaub eines Bearbeiters beim betroffenen Wertpapierdienstleistungsunternehmen liegen bliebe. Das betroffene Wertpapierdienstleistungsunternehmen handelt aber immer noch unverzüglich, wenn es die Voraussetzungen für die Weitergabe der Information prüft und ggf. dafür erforderliche Zustimmungen einholt.

§ 33 Gebühren und Auslagen

(1) Für individuell zurechenbare öffentliche Leistungen nach diesem Gesetz, nach den auf diesem Gesetz beruhenden Rechtsvorschriften und nach Rechtsakten der Europäischen Union kann die Bundesanstalt Gebühren und Auslagen erheben.

(2) ¹Das Bundesministerium der Finanzen wird ermächtigt, durch Rechtsverordnung, die nicht der Zustimmung des Bundesrates bedarf, die gebührenpflichtigen Tatbestände und die Gebühren nach festen Sätzen oder als Rahmengebühren näher zu bestimmen. ²Die Gebührensätze und die Rahmengebühren sind so zu bemessen, dass zwischen der den Verwaltungsaufwand berücksichtigenden Höhe und der Bedeutung, dem wirtschaftlichen Wert oder dem sonstigen Nutzen der individuell zurechenbaren öffentlichen Leistung ein angemessenes Verhältnis besteht. ³Das Bundesministerium der Finanzen kann die Ermächtigung durch Rechtsverordnung auf die Bundesanstalt für Finanzdienstleistungsaufsicht übertragen.

Übersicht

	Rn.		Rn.
I. Überblick	1	2. Gebühren	7
II. Wertpapierprospektgebührenverordnung	2	a) Gebührenverzeichnis	7
		b) Keine erhöhte Gebühr	8
1. Allgemeines	2	c) Entstehung der Gebührenschuld	11
a) Individuell zurechenbare öffentliche Leistungen	2	d) Gebührenbescheid	13
b) Auslagen	4	3. Gebührenerhebung in besonderen Fällen	14
c) Auskünfte	5	a) Verfahren ohne Gebühr	15
d) BGebG	6	b) Verfahren mit Gebühr	16

I. Überblick

Die Bundesanstalt finanziert die ihr durch das WpPG entstehenden Kosten durch Gebühren.[1] Grundlage dafür ist derzeit noch § 33 WpPG und die ihn ergänzende Wertpapierprospektgebührenverordnung (WpPGebV).[2] Letztere regelt dabei die einzelnen gebührenpflichtigen Tatbestände. Die Vorschrift ist eine besondere Gebührenregelung im Sinne des § 14 Abs. 1 FinDAG.[3] Nach § 33 Abs. 2 Satz 2 WpPG müssen die Gebühren so bemessen sein, dass zwischen der den Verwaltungsaufwand berücksichtigenden Höhe und der Bedeutung, dem wirtschaftlichen Wert oder dem sonstigen Nutzen der individuell zurechenbaren öffentlichen Leistung ein angemessenes Verhältnis besteht. Die Regelung orientiert

1

---

1 Die Kommentierung gibt ausschließlich die persönliche Meinung der Autorin wieder. Dies gilt für sämtliche Ausführungen der Autorin in diesem Kommentar.
2 Rechtsgrundlage für die WpPGebV ist § 33 Abs. 2 Satz 1 WpPG. Die Befugnis zum Erlass dieser Rechtsverordnung übertrug das Bundesministerium der Finanzen gemäß § 33 Abs. 2 Satz 3 WpPG in Verbindung mit § 1 Nr. 7 BAFinBefugV auf die Bundesanstalt. Die Bundesanstalt machte von der Ermächtigung Gebrauch und erließ die WpPGebV.
3 *Ritz/Voß*, in: Just/Voß/Ritz/Zeising, WpPG, § 28 Rn. 3; *Assmann*, in: Assmann/Schlitt/von Kopp-Colomb, WpPG/VerkProspG, § 28 WpPG Rn. 2.

§ 33   Gebühren und Auslagen

sich an dem sog. Äquivalenzprinzip.[4] Das Äquivalenzprinzip beinhaltet, dass ein angemessenes Verhältnis zwischen der Gebühr und dem Wert der besonderen Leistung für den Empfänger bestehen muss. Zweck der einzelnen Gebühren ist daher nicht allein die Kostendeckung.[5] Mit der ersten Verordnung zur Änderung der Wertpapierprospektverordnung vom 6.12.2010 änderte die Bundesanstalt die WpPGebV. Die Änderungsverordnung trat am 1.1.2011 in Kraft. Dabei passte die Bundesanstalt neben einzelnen Vorschriften der WpPGebV u. a. auch die Höhe einiger Gebühren an (z. B. bei der Billigung oder Notifizierung eines Prospektes). Zudem strich sie einen Tatbestand im Gebührenverzeichnis (Ziffer 3 der Anlage zu § 2 Abs. 1 a. F. WpPGebV).

1a Die Gebührenregelung des WpPG war ursprünglich in § 28 WpPG enthalten. § 28 WpPG wurde durch das Gesetz zur Novellierung des Finanzanlagenvermittler- und Vermögensanlagenrechts mit der neuen Paragraphennummer versehen.[6] Aus dem alten § 28 WpPG wurde daher der § 33 WpPG.[7] Zudem regelte der Bund u. a. mit dem Gesetz zur Strukturreform des Gebührenrechts des Bundes[8] und dem Gesetz zur Aktualisierung der Strukturreform des Gebührenrechts des Bundes[9] sein Gebührenrecht neu. Dabei wurde in § 33 WpPG und § 1 Satz 1 WpPGebV der Begriff „**Amtshandlung**" durch den Begriff „**individuell zurechenbare öffentliche Leistung**" ersetzt.[10] Ferner wurde der Verweis in § 1 Satz 1 WpPGebV auf das Verwaltungskostengesetz durch einen Verweis auf das Bundesgebührengesetz ersetzt.[11] Darüber hinaus wurden auch § 2 WpPGebV und § 3 Abs. 2 Satz 1 und Satz 2 WpPGebV neu gefasst.[12]

1b Schließlich werden § 33 WpPG und die WpPGebV mit Wirkung zum 1.10.2021 aufgehoben.[13] Hintergrund ist, dass an die Stelle der gebührenrechtlichen Einzelgesetze und -verordnungen künftig grundsätzlich einheitlich strukturierte Gebührenverordnungen der Ressorts treten sollen.[14] Dies bedeutet, dass künftig die fachbezogenen Gebührentatbestände des Bundesfinanzministeriums grundsätzlich in Besonderen Gebührenverordnungen nach § 22 Abs. 4 BGebG gebündelt werden sollen.[15] Des Weiteren sollen allgemeine fachüber-

---

4 Das Gesetz zur Strukturreform des Gebührenrechts des Bundes führte als tragender Grundsatz der Gebührenbemessung durch § 9 Abs. 1 BGebG das Kostendeckungsprinzip ein. Nach § 9 Abs. 2 BGebG ist jedoch auch eine kostenüberdeckende Gebühr weiterhin zulässig, wenn die individuell zurechenbare öffentliche Leistung einen wirtschaftlichen Wert oder wirtschaftlichen Nutzen hat, dieser in Geld berechenbar ist und dessen Berücksichtigung durch Besondere Gebührenverordnung nach § 22 Abs. 4 BGebG gesondert angeordnet wird; *Leuering*, in: Holzborn, WpPG, § 33 Rn. 1.
5 Hessischer VGH, Urt. v. 16.6.2010, WM 2010, 1996.
6 *Leuering*, in: Holzborn, WpPG, § 33 Rn. 1.
7 BGBl. I 2011, S. 2481 ff., S. 2499.
8 BGBl. I 2013, S. 3154 ff.
9 Der entsprechende Gesetzentwurf (siehe BT-Drucks. 18/8431, BT-Drucks. 18/7988 und BR-Drucks. 258/16) wurde vom Bundestag am 12.5.2016 angenommen und der Bundesrat hat mit Beschluss vom 17.6.2016 darauf verzichtet, einen Vermittlungsausschuss einzuberufen (BR-Drucks. 258/16 B). Daher ist zeitnah mit einer Veröffentlichung des Gesetzes zur Aktualisierung der Strukturreform des Gebührenrechts des Bundes im BGBl. und dem Inkrafttreten der entsprechenden Regelungen zu rechnen.
10 BGBl. I 2013, S. 3154 ff., S. 3174; *Leuering*, in: Holzborn, WpPG, § 33 Rn. 1.
11 BGBl. I 2013, S. 3154 ff., S. 3174; *Leuering*, in: Holzborn, WpPG, § 33 Rn. 1.
12 BGBl. I 2013, S. 3154 ff., S. 3174; *Leuering*, in: Holzborn, WpPG, § 33 Rn. 1.
13 BR-Drucks. 258/16, S. 11 und 22.
14 BT-Drucks. 17/10422, S. 114.
15 BT-Drucks. 17/10422, S. 114.

greifende Regelungen oder Regelungen, die für alle Bundesministerien gelten, zur Entlastung der Besonderen Gebührenverordnungen in einer Allgemeinen Gebührenverordnung vor die Klammer gezogen werden (§ 22 Abs. 3 BGebG). Durch diese Neustrukturierung soll eine einfachere und bessere Normenpflege ermöglicht und der Zugang zu den Gebührenvorschriften erleichtert werden.[16]

II. Wertpapierprospektgebührenverordnung

1. Allgemeines

a) Individuell zurechenbare öffentliche Leistungen

Gebühren erhebt die Bundesanstalt für **individuell zurechenbare öffentliche Leistungen** (§ 1 WpPGebV).[17] Der Begriff ist in § 3 Abs. 1 und 2 BGebG näher bestimmt[18] und umfasst u. a. Handlungen, mit denen die Bundesanstalt hoheitliche Befugnisse ausübt (§ 3 Abs. 1 Nr. 1 BGebG), wie beispielsweise durch begünstigende und belastende Verwaltungsakte. Zudem umfasst der Begriff „**individuell zurechenbare öffentliche Leistung**" auch Überwachungsmaßnahmen, Prüfungen und Untersuchungen (§ 3 Abs. 1 Nr. 3 BGebG) sowie sonstige Leistungen, die im Rahmen einer öffentlich-rechtlichen Verwaltungstätigkeit erbracht werden (§ 3 Abs. 1 Nr. 4 BGebG). Nach § 3 Abs. 1 kann dabei eine Gebührenpflicht nur begründet werden, wenn die Maßnahmen Außenwirkung haben.[19] Dies kann beispielsweise dann bejaht werden, wenn der Zweck einer Überwachungsmaßnahme, Prüfung oder Untersuchung darin besteht, dass behördliche Maßnahmen erlassen werden können. Überwachungsmaßnahmen, Prüfungen oder sonstige Untersuchungen haben dagegen keine Außenwirkung, wenn sie ausschließlich zum Zweck der allgemeinen Informationsgewinnung, statistischen Zwecken oder zur Erfüllung eigener behördlicher Berichtspflichten erfolgen.[20]

Die einzelnen Tatbestände, die eine Gebührenpflicht begründen, sind in einem der WpPGebV beigefügten **Gebührenverzeichnis** aufgelistet (Anlage zu § 2 WpPGebV).

b) Auslagen

Obwohl es § 33 Abs. 1 WpPG der Bundesanstalt gestatten würde, erhebt sie **Auslagen** nicht gesondert (§ 1 Satz 1 letzter Halbs. WpPGebV). Hintergrund ist, dass die üblicherweise entstehenden Auslagen durch die Gebührensätze mit abgedeckt sind.[21] Der Begriff der Auslagen bestimmt sich mangels eigener Definition im WpPG nach § 3 Abs. 5 BGebG. Danach sind Auslagen nicht von der Gebühr umfasste Kosten, die die Behörde für individuell zurechenbare öffentliche Leistungen im Einzelfall nach § 12 Abs. 1 oder 2 BGebG erhebt.

---

16 BT-Drucks. 17/10422, S. 114.
17 *Leuering*, in: Holzborn, WpPG, § 33 Rn. 2.
18 *Leuering*, in: Holzborn, WpPG, § 33 Rn. 2.
19 Ähnlich *Leuering*, in: Holzborn, WpPG, § 33 Rn. 2.
20 BT-Drucks. 17/10422, S. 94.
21 *Ritz/Voß*, in: Just/Voß/Ritz/Zeising, WpPG, § 28 Rn. 6; ähnlich *Leuering*, in: Holzborn, WpPG, § 33 Rn. 3.

c) Auskünfte

5 Sofern die Bundesanstalt **Auskünfte** erteilt, sind diese ebenfalls gebührenfrei. Die WpPGebV sieht keinen entsprechenden Tatbestand vor. Dies entspricht der in § 7 Nr. 1 BGebG enthaltenen Regelung. Danach sind für mündliche und einfache schriftliche Auskünfte keine Gebühren vorzusehen.

d) BGebG

6 Neben der WpPGebV ist auch das **BGebG** zu beachten. Es ist anzuwenden, wenn nicht bereits das WpPG oder die WpPGebV Vorgaben enthalten (§ 1 Satz 2 WpPGebV). Das BGebG regelt dabei beispielsweise Fragen der Fälligkeit der Gebührenschuld (§ 14 BGebG) sowie deren Festsetzungs- und Zahlungsverjährung (§§ 13 und 18 BGebG).

2. Gebühren

a) Gebührenverzeichnis

7 Nach § 2 WpPGebV bestimmen sich die gebührenpflichtigen individuell zurechenbaren öffentlichen Leistungen und die Gebührensätze nach dem der WpPGebV anliegenden **Gebührenverzeichnis**. Das Verzeichnis enthält feste Gebührensätze, die sich an der der Bundesanstalt mit dem WpPG zugewiesenen Aufgaben orientieren.[22] Obwohl Gebühren mit festen Sätzen keine Möglichkeit eröffnen, die Gebührenhöhe dem wirtschaftlichen Wert oder dem Nutzen der Amtshandlung für den Einzelnen anzupassen, verstoßen sie nicht gegen das in § 33 Abs. 2 Satz 2 WpPG normierte Äquivalenzprinzip.[23] Letzteres fordert vom Verordnungsgeber nicht – anstelle der im Gebührenverzeichnis ausgewiesenen festen Gebührensätze – Rahmengebühren vorzusehen. Die gesetzliche Regelung in § 33 Abs. 2 Satz 1 WpPG lässt vielmehr dem Verordnungsgeber ausdrücklich die Wahl, die gebührenpflichtigen Tatbestände und damit die Gebühren entweder nach festen Sätzen oder als Rahmengebühr zu bemessen.[24] Die Bundesanstalt ermittelt die Gebühren in ihrer Verwaltungspraxis **emissionsbezogen** und nicht dokumentbezogen.[25] So beträgt die Gebühr für die Hinterlegung der endgültigen Bedingungen des Angebots beispielsweise 1,55 Euro (Ziffer 1 des Gebührenverzeichnisses), wobei die Gebühr für jede Wertpapierkennnummer erneut anfällt.[26] Auch wird ein Einzeldokument, das sich auf mehrere Wertpapiere bezieht, gebührenrechtlich wie mehre Einzelprospekte behandelt. Dies hat zur Folge, dass die Gebühr dabei für die Anzahl der im Dokument enthaltenen Wertpapieremissionen erhoben wird.[27]

---

22 *Ritz/Voß*, in: Just/Voß/Ritz/Zeising, WpPG, § 28 Rn. 6 f.
23 Vgl. hierzu auch Rn. 1.
24 Hessischer VGH, Urt. v. 16.6.2010, WM 2010, 1996.
25 *Ritz/Voß*, in: Just/Voß/Ritz/Zeising, WpPG, § 28 Rn. 5; Hessischer VGH, Urt. v. 16.6.2010, WM 2010, 1996; *Leuering*, in: Holzborn, WpPG, § 33 Rn. 2.
26 *Linke*, in: Schäfer/Hamann, Kapitalmarktgesetze, § 28 WpPG Rn. 3.
27 *Ritz/Voß*, in: Just/Voß/Ritz/Zeising, WpPG, § 28 Rn. 5; Hessischer VGH, Urt. v. 16.6.2010, WM 2010, 1996; *Leuering*, in: Holzborn, WpPG, § 33 Rn. 2.

b) Keine erhöhte Gebühr

Grundsätzlich steht der Bundesanstalt bei der Gebührenerhebung kein Ermessen zu, wenn die Voraussetzungen der WpPGebV erfüllt sind; in diesem Fall muss die BaFin die Gebühr erheben.[28] Eine Möglichkeit, die Gebühren z. B. bei einem hohen Verwaltungsaufwand zu erhöhen, besteht ebenfalls nicht.

Lediglich bis Ende Dezember 2010 konnte die Bundesanstalt die Gebühr nach § 2 Abs. 2 WpPGebV in der bis dahin geltenden Fassung bis auf das Doppelte erhöhen, wenn eine gebührenpflichtige Handlung einen **außergewöhnlich hohen Verwaltungsaufwand** erforderte. Die Erhöhung bis auf das Doppelte bezog sich dabei auf die nach dem Gebührenverzeichnis ermittelte Gebühr. Ein **außergewöhnlich hoher Verwaltungsaufwand** lag unter anderem vor, wenn die erste Version des Prospektentwurfes besonders viele Mängel enthielt. Gleiches galt, wenn ungewöhnlich viele oder ein sehr umfangreiches Anhörungsschreiben erstellt wurden oder der Prospekt selbst besonders umfangreich war.[29] Ähnlich durfte es zu werten sein, wenn im Laufe eines Verfahrens besonders viele Prospektversionen eingereicht wurden, neben den von der Bundesanstalt angemahnten Veränderungen ungewöhnlich viele, zusätzliche Änderungen bzw. Ergänzungen des Prospektes erfolgten oder dem Prospekt sehr umfangreiche, komplexe Sachverhalte zugrunde lagen.[30]

Bei der Entscheidung über die **Höhe** der Gebühr hatte die Bundesanstalt nach dem bis Ende Dezember 2010 geltenden Wortlaut von § 2 Abs. 2 WpPGebV vor allem den tatsächlichen Verwaltungsaufwand zu berücksichtigen.

c) Entstehung der Gebührenschuld

Die Gebührenschuld entsteht nach § 4 Abs. 1 BGebG mit der Beendigung der individuell zurechenbaren öffentlichen Leistung.[31] Bedarf diese Leistung einer Zustellung, Eröffnung oder sonstigen Bekanntgabe, so gilt dies als deren Beendigung. Diese Regelung im BGebG ersetzt § 11 VwKostG, wonach die Gebührenpflicht grundsätzlich mit dem Eingang des Antrags begann, der das Verwaltungsverfahren einleitete, das mit der gebührenpflichtigen Handlung abschließen sollte.

Nach § 4 Abs. 2 Nr. 1 BGebG entsteht die Gebührenschuld ferner mit der Zurücknahme oder der sonstigen Erledigung, wenn ein Antrag oder ein Widerspruch zurückgenommen wird oder sich auf sonstige Weise erledigt. Zum anderen entsteht die Gebührenschuld im Zeitpunkt des für die Erbringung der Leistung festgesetzten Termins oder des Abbruchs der Leistung, wenn eine individuell zurechenbare öffentliche Leistung aus Gründen, die der Betroffene zu vertreten hat, nicht zum festgesetzten Termin erbracht werden kann oder abgebrochen werden muss (§ 4 Abs. 2 Nr. 2 BGebG).

d) Gebührenbescheid

Die Gebühren setzt die Bundesanstalt von Amts wegen schriftlich oder elektronisch durch **Bescheid** fest (§ 13 Abs. 1 Satz 1 BGebG).[32] Dies soll zusammen mit der Sachentschei-

---

28 *Leuering*, in: Holzborn, WpPG, § 33 Rn. 4.
29 *Linke*, in: Schäfer/Hamann, Kapitalmarktgesetze, § 28 WpPG Rn. 4.
30 Ähnlich *Ritz/Voß*, in: Just/Voß/Ritz/Zeising, WpPG, § 28 Rn. 8.
31 *Leuering*, in: Holzborn, WpPG, § 33 Rn. 2.
32 *Leuering*, in: Holzborn, WpPG, § 33 Rn. 10.

dung erfolgen (§ 13 Abs. 1 Satz 2 BGebG), kann aber auch separat geschehen.[33] Gebührenschuldner bzw. Adressat des Gebürenbescheides ist dabei derjenige, dem die öffentliche Leistung individuell zurechenbar ist (§ 6 Abs. 1 Nr. 1 BGebG); d.h.in der Regel der Antragsteller. Gibt es mehrere Gebührenschuldner, so haften diese als Gesamtschuldner (§ 6 Abs. 2 BGebG).[34] Die Gebührenentscheidung ist ein Verwaltungsakt, der eigenständig angefochten werden kann.[35]

3. Gebührenerhebung in besonderen Fällen

14 Die Bundesanstalt ist nach § 73 Abs. 1 Nr. 2 VwGO selbst **Widerspruchsbehörde**. Die Gebühren für dies Verfahren regelt § 3 Abs. 2 WpPGebV.

a) Verfahren ohne Gebühr

15 Für erfolgreiche Widersprüche fallen mangels gesetzlicher Anordnung keine Gebühren an.[36] Das Gleiche gilt, wenn der **Widerspruch** nur deshalb keinen Erfolg hat, weil die Verletzung einer Verfahrens- oder Formvorschrift nach § 45 VwVfG unbeachtlich ist (§ 3 Abs. 2 Satz 1 WpPGebV). Ferner ist keine Gebühr zu erheben, wenn ein Widerspruch nach Beginn seiner sachlichen Bearbeitung jedoch vor deren Beendigung zurückgenommen wird (§ 3 Abs. 2 Satz 4 WpPGebV). Schließlich sind Verfahren zur Entscheidung über einen Widerspruch, der sich ausschließlich gegen die festgesetzte Widerspruchsgebühr richtet, gebührenfrei (§ 3 Abs. 2 Satz 5 WpPGebV).

b) Verfahren mit Gebühr

16 Für die vollständige oder teilweise Zurückweisung eines **Widerspruchs** wird eine Gebühr bis zur **Höhe** von 50% der für die angefochtene Verwaltungsakt festgesetzten Gebühr erhoben (§ 3 Abs. 2 Satz 1 WpPGebV). War für den angefochtenen Verwaltungsakt eine Gebühr nicht vorgesehen oder wurde eine Gebühr nicht erhoben, wird eine Gebühr bis zu 1500 Euro erhoben (§ 3 Abs. 2 Satz 2 WpPGebV). Bei einem erfolglosen Widerspruch, der sich nur gegen eine Gebührenentscheidung richtet, beträgt die Gebühr bis zu 10% des streitigen Betrages (§ 3 Abs. 2 Satz 3 WpPGebV).

17 Bei allen in den Sätzen 1 bis 3 des § 3 Abs. 2 WpPG genannten Gebühren handelt es sich um reduzierte Gebühren; für diese gilt die Mindestgebühr von 50 Euro nach § 3 Abs. 2 Satz 6 WpPGebV. Bei dem Hinweis in § 3 Abs. 2 Satz 3 WpPGebV, wonach Abs. 3 unberührt bleibt, dürfte es sich um ein redaktionelles Versehen handeln. Der Verordnungsgeber hat offenbar vergessen, bei der Änderung der WpPGebV diesen Hinweis anzupassen. Die Mindestgebühr ist seit dem 1.1.2011 in § 3 Abs. 2 Satz 6 WpPGebV geregelt und nicht mehr in § 3 Abs. 3 WpPGebV. Bei der Entscheidung über die Höhe der festzusetzenden Gebühr hat die Bundesanstalt die allgemeinen Grundsätze zur Ermessensausübung zu beachten.

---

33 *Leuering*, in: Holzborn, WpPG, § 33 Rn. 10.
34 Ähnlich *Leuering*, in: Holzborn, WpPG, § 33 Rn. 9.
35 *Leuering*, in: Holzborn, WpPG, § 33 Rn. 14.
36 *Linke*, in: Schäfer/Hamann, Kapitalmarktgesetze, § 28 WpPG Rn. 7.

§ 34 Benennungspflicht

¹Ist für einen Emittenten mit Sitz im Ausland gemäß § 2 Nr. 13 Buchstabe b oder c die Bundesanstalt zuständig, so hat er im Inland einen Bevollmächtigten zu benennen. ²§ 15 Satz 2 und 3 des Verwaltungsverfahrensgesetzes gilt entsprechend.

Übersicht

	Rn.		Rn.
I. Regelungsinhalt	1	1. Benennungspflicht	6
II. Tatbestand	2	a) Mitteilung an die Bundesanstalt	6
1. Emittent mit Sitz im Ausland	2	b) Bevollmächtigung	9
2. Herkunftsstaat	5	2. Unterlassene Benennung eines Bevollmächtigten	12
III. Rechtsfolgen	6		

I. Regelungsinhalt

§ 34 WpPG beabsichtigt, eine zeitnahe Kommunikation der Bundesanstalt mit ausländischen Emittenten zu gewährleisten.[1] Er verpflichtet diese Emittenten daher, einen im Inland ansässigen Bevollmächtigten zu benennen.[2] Das Billigungsverfahren und weitere aufsichtsrechtliche Befugnisse der Bundesanstalt sollen nicht durch eine Zustellung von Verwaltungsakten im Ausland erschwert werden. Die Norm vereinfacht und beschleunigt die Verfahren mit ausländischen Emittenten.[3]

1

Die Vorschrift wurde durch das Gesetz zur Novellierung des Finanzanlagenvermittler- und Vermögensanlagenrechts mit einer anderen Paragraphennummer versehen. Aus dem alten § 29 WpPG wurde daher der § 34 WpPG. Inhaltliche Änderungen der Vorschrift waren mit dieser Änderung nicht verbunden.[4]

1a

II. Tatbestand

1. Emittent mit Sitz im Ausland

§ 34 Satz 1 WpPG setzt zunächst voraus, dass ein Emittent seinen Sitz im Ausland hat. Den Begriff des Emittenten definiert dabei § 2 Nr. 9 WpPG. Er ist danach die Person oder Gesellschaft, die die Wertpapiere begibt oder zu begeben beabsichtigt. Ob ein **Emittent** seinen **Sitz im Ausland** hat, bestimmt sich hingegen nach allgemeinen Regeln. Daher kann sein Sitz normalerweise aus seiner Satzung, seinem Gesellschaftsvertrag oder dem Errich-

2

---

1 Die Kommentierung gibt ausschließlich die persönliche Meinung der Autorin wieder. Dies gilt für sämtliche Ausführungen der Autorin in diesem Kommentar.
2 Begründung zu § 29 WpPG, Regierungsentwurf des WpPG, BT-Drucks. 15/4999, S. 40.
3 *Leuering*, in: Holzborn, WpPG, § 34 Rn. 1; *Ritz/Voß*, in: Just/Voß/Ritz/Zeising, WpPG, § 29 Rn. 4.
4 BGBl. I 2011, S. 2481 ff., S. 2499; *Leuering*, in: Holzborn, WpPG, § 34 Rn. 2.

§ 34 Benennungspflicht

tungsakt ermittelt werden. Ist dies nicht der Fall, kann hilfsweise auf den Ort abgestellt werden, an dem der Mittelpunkt seiner Geschäftstätigkeit liegt bzw. seine Geschäfte geführt werden.[5]

3 Für **Anbieter**[6] oder **Zulassungsantragsteller**,[7] die nicht zugleich **Emittenten** der Wertpapiere sind und ihren Sitz im Ausland haben, gilt die Vorschrift nicht.[8] Dies ergibt sich aus ihrem Wortlaut. Danach hat er, d.h. der Emittent, den Bevollmächtigten zu benennen. Die Norm nennt den Anbieter und Zulassungsantragsteller im ersten Halbsatz – im Gegensatz zum Emittenten – nicht. § 34 WpPG kann zu den allgemeinen Vorschriften des Verwaltungsverfahrens nur die speziellere Norm sein, soweit dies von ihrem Wortlaut gedeckt ist.[9]

4 **Anbieter** oder **Zulassungsantragsteller** sind regelmäßig Verfahrensbeteiligte eines Billigungsverfahrens (§ 13 VwVfG). Die Bundesanstalt kann von ihnen daher bereits nach § 15 Satz 1 VwVfG die Benennung eines Empfangsbevollmächtigten verlangen, wenn sie keinen Sitz im Inland haben. Diese Vorschrift verpflichtet die Bundesanstalt jedoch, eine Frist zur Benennung des Bevollmächtigten zu setzen. Dies kann zu unerwünschten Verzögerungen führen, währenddessen beispielsweise ein zu untersagendes öffentliches Angebot weiterläuft. Daher sollte der Gesetzgeber prüfen, ob die Benennungspflicht nicht auch auf Anbieter und Zulassungsantragsteller mit Sitz im Ausland ausgedehnt werden könnte. Auch empfiehlt es sich für ausländische Anbieter oder Zulassungsantragsteller, freiwillig einen im Inland ansässigen Bevollmächtigten zu benennen, um bei der Bundesanstalt eingeleitete Billigungsverfahren zu beschleunigen und zu vereinfachen.

2. Herkunftsstaat

5 Die Bundesanstalt muss zudem für den **Emittenten mit Sitz im Ausland** gemäß § 2 Nr. 13 Buchstabe b oder c WpPG zuständig sein. Mit anderen Worten, Deutschland muss Herkunftsstaat für diese Emittenten sein.[10] Dabei ist grundsätzlich unerheblich, ob die Wahl von Deutschland als Herkunftsstaat durch Emittenten, Anbieter oder Zulassungsantragsteller erfolgte.

---

5 *Leuering*, in: Holzborn, WpPG, § 34 Rn. 4; *Ritz/Voß*, in: Just/Voß/Ritz/Zeising, WpPG, § 29 Rn. 5.
6 Der Anbieter ist nach § 2 Nr. 10 WpPG die Person oder Gesellschaft, die Wertpapiere öffentlich anbietet.
7 Zulassungsantragsteller sind nach § 2 Nr. 11 WpPG die Personen, die die Zulassung zum Handel an einem organisierten Markt beantragen.
8 A. A. *Leuering*, in: Holzborn, WpPG, § 34 Rn. 2 und 5; *Ritz/Voß*, in: Just/Voß/Ritz/Zeising, WpPG, § 29 Rn. 5; *Linke*, in: Schäfer/Hamann, Kapitalmarktgesetze, § 29 WpPG Rn. 1. Eine entsprechende Anwendung der Norm ist mangels Regelungslücke nicht möglich. § 15 Abs. 1 Satz 1 VwVfG enthält eine Regelung für den Fall, dass Verfahrensbeteiligte keinen Sitz im Inland haben und Anbieter sowie Zulassungsantragsteller sind in der Regel Verfahrensbeteiligte des Billigungsverfahrens.
9 A. A. *Leuering*, in: Holzborn, WpPG, § 34 Rn. 2 und 5.
10 Ebenso *Leuering*, in: Holzborn, WpPG, § 34 Rn. 6.

III. Rechtsfolgen

1. Benennungspflicht

a) Mitteilung an die Bundesanstalt

Liegen die Voraussetzungen des § 34 Satz 1 WpPG vor, hat der Emittent mit Sitz im Ausland gegenüber der Bundesanstalt einen im Inland ansässigen **Bevollmächtigten** zu benennen.[11] Dabei gilt die Verpflichtung nach § 34 Satz 1 WpPG unabhängig davon, ob der Emittent selbst Beteiligter des Billigungsverfahrens ist[12] oder ob Anbieter bzw. Zulassungsantragsteller das Verfahren betreiben. Anderenfalls wäre nicht gewährleistet, dass die Bundesanstalt zeitnah von ihren Befugnissen nach § 26 Abs. 2 WpPG Gebrauch machen kann. Für ein zügiges Verfahren kann es unter Umständen essenziell sein, zeitnah Auskünfte vom Emittenten einzuholen.

Ausnahmen sind lediglich vereinzelt denkbar, wenn ein Angebot einem Emittenten nicht zurechenbar ist und der Emittenten das Verfahren weder veranlasst hat noch an diesem mitwirkt. Dies könnte beispielsweise der Fall sein, wenn Wertpapiere ausschließlich vom Inhaber öffentlich angeboten werden, ohne dass der ausländische Emittent daran beteiligt ist und er auch wirtschaftlich nicht von dem Angebot profitiert. In solchen seltenen Fällen erscheint es nicht sachgerecht, die Vorschrift auch auf den unbeteiligten Emittenten anzuwenden.

Die **Benennungspflicht** beginnt mit der Einleitung eines Verfahrens bei der Bundesanstalt und der Wahl von Deutschland als Herkunftsstaat.[13] Hintergrund ist, das mit der Vorschrift verbundene Ziel, das Verfahren in allen Phasen zu beschleunigen.

b) Bevollmächtigung

Neben der **Pflicht** die Bundesanstalt über den Bevollmächtigten zu informieren, beinhaltet § 34 Satz 1 WpPG für den Emittenten zugleich die Pflicht, den Benannten auch zu **bevollmächtigen**.[14] Dabei dürfte die Vollmacht spätestens mit der **Benennung** des Bevollmächtigten gegenüber der Bundesanstalt erteilt werden. Dies kann aber auch zeitlich früher erfolgen.[15]

§ 14 VwVfG enthält Grundregeln für gewählte Vertreter im Verwaltungsverfahren.[16] Die Norm kann grundsätzlich entsprechend angewendet werden,[17] da § 34 WpPG keine Regeln für die Vollmacht bzw. deren Erteilung enthält. Dies hat zur Folge, dass der Benannte den

---

11 *Leuering*, in: Holzborn, WpPG, § 34 Rn. 7.
12 A. A. *Leuering*, in: Holzborn, WpPG, § 34 Rn. 5, der einseitig auf die Zustellungsmöglichkeit für die Billigung abstellt. Diese Auffassung geht jedoch nicht darauf ein, dass die Norm ausweislich der Gesetzesbegründung auch eine Überwachung anderer sich aus WpPG ergebender Pflichten ermöglichen möchte.
13 Ähnlich *Leuering*, in: Holzborn, WpPG, § 34 Rn. 12.
14 *Leuering*, in: Holzborn, WpPG, § 34 Rn. 8.
15 *Leuering*, in: Holzborn, WpPG, § 34 Rn. 11.
16 *Bonk/Schmitz*, in: Stelkens/Bonk/Sachs, VwVfG, § 14 Rn. 3; *Kopp/Ramsauer*, VwVfG, § 14 Rn. 1 ff.
17 *Kopp/Ramsauer*, VwVfG, § 14 Rn. 6.

§ 34 Benennungspflicht

Emittenten grundsätzlich **umfassend vertreten** kann (§ 14 Abs. 1 Satz 2 VwVfG).[18] Etwas anderes gilt nur, soweit die Vollmacht und die Benennung den vorstehenden Grundsatz einschränken. Unzulässig ist es jedoch, die passive Vertretung des Emittenten gegenüber der Bundesanstalt auszuschließen. Anderenfalls würde die Pflicht nach § 34 WpPG ins Leere laufen und ihr Ziel, die Beschleunigung des Verfahrens, nicht erreichen. Aus der Anwendung von § 14 Abs. 3 Satz 1 VwVfG ergibt sich zudem, dass sich die Behörde regelmäßig auch an den Bevollmächtigten wenden soll.

11 Der Bevollmächtigte muss zudem seinen **Sitz im Inland** haben. Von einem Sitz im Inland ist auszugehen, wenn die Person zumindest eine zustellungsfähige Adresse im Inland hat[19] und tatsächlich Zustellungen für den Emittenten entgegennehmen kann. Bloße Deckadressen oder Postämter für postlagernde Sendungen sind nicht ausreichend.[20]

2. Unterlassene Benennung eines Bevollmächtigten

12 § 34 Satz 2 WpPG gibt der Bundesanstalt die Möglichkeit, Bescheide nach § 15 Satz 2 und 3 VwVfG zuzustellen, sofern ein Emittent seine Benennungspflicht nach Satz 1 nicht erfüllt. **Unterlässt** es ein Emittent einen Bevollmächtigten zu benennen, gilt ein an ihn gerichtetes Schriftstück am siebenten Tage nach der Aufgabe zur Post als zugegangen. Bei einem elektronisch übermittelten Dokument ist es bereits am dritten Tage nach der Absendung zugegangen. Diese Vermutungen gelten jedoch nicht, wenn feststeht, dass das Dokument den Empfänger nicht oder zu einem späteren Zeitpunkt erreicht hat.[21]

13 Die in § 15 Satz 2 VwVfG geregelten Fiktionen sind angesichts der kurzen Fristen des WpPG für die Bundesanstalt nicht praktikabel.[22] Sie stellen keine Alternative zur Benennung eines Bevollmächtigten nach § 34 Satz 1 WpPG dar. Der Zweck von § 34 Satz 1 WpPG ist mit den Fristen § 15 Satz 2 VwVfG nicht zu erreichen.

---

18 Ebenso jetzt *Leuering*, in: Holzborn, WpPG, § 34 Rn. 9. Häufig liegt jedoch ein Verwaltungsverfahren im Sinne von § 9 VwVfG vor, wenn die Bundesanstalt nach dem WpPG tätig wird. Dies hat zur Folge, dass das VwVfG anwendbar ist, sofern nicht das WpPG etwas Abweichendes bestimmt. Zudem spricht der Wortlaut der § 34 WpPG von einem Bevollmächtigten und nicht wie beispielsweise § 15 Satz 1 VwVfG von einem Empfangsbevollmächtigten.
19 *Ritz/Voß*, in: Just/Voß/Ritz/Zeising, WpPG, § 29 Rn. 8; ähnlich *Leuering*, in: Holzborn, WpPG, § 34 Rn. 9.
20 *Kopp/Ramsauer*, VwVfG, § 15 Rn. 6.
21 *Leuering*, in: Holzborn, WpPG, § 34 Rn. 14 f.; *Ritz/Voß*, in: Just/Voß/Ritz/Zeising, WpPG, § 29 Rn. 9.
22 *Linke*, in: Schäfer/Hamann, Kapitalmarktgesetze, § 29 WpPG Rn. 2.

§ 35 Bußgeldvorschriften

(1) Ordnungswidrig handelt, wer vorsätzlich oder leichtfertig
1. entgegen § 3 Abs. 1 Satz 1 ein Wertpapier anbietet,
2. entgegen § 8 Abs. 1 Satz 6 oder 7 den Emissionspreis oder das Emissionsvolumen nicht, nicht richtig, nicht in der vorgeschriebenen Weise oder nicht rechtzeitig veröffentlicht,
3. entgegen § 8 Abs. 1 Satz 9 den Emissionspreis oder das Emissionsvolumen nicht oder nicht rechtzeitig hinterlegt,
4. (weggefallen)
5. entgegen § 13 Abs. 1 Satz 1 einen Prospekt veröffentlicht,
6. entgegen § 14 Abs. 1 Satz 1, auch in Verbindung mit Satz 2, einen Prospekt nicht, nicht richtig, nicht vollständig, nicht in der vorgeschriebenen Weise oder nicht rechtzeitig veröffentlicht,
7. entgegen § 14 Abs. 3 Satz 1 eine Mitteilung nicht, nicht richtig, nicht vollständig, nicht in der vorgeschriebenen Weise oder nicht rechtzeitig macht,
8. entgegen § 14 Abs. 5 eine Papierversion des Prospekts nicht zur Verfügung stellt oder
9. entgegen § 16 Abs. 1 Satz 5 einen Nachtrag nicht, nicht richtig, nicht vollständig, nicht in der vorgeschriebenen Weise oder nicht rechtzeitig veröffentlicht.

(2) Ordnungswidrig handelt, wer vorsätzlich oder fahrlässig einer vollziehbaren Anordnung nach
1. § 15 Abs. 6 Satz 1 oder 2 oder § 26 Abs. 2 Satz 1 oder
2. § 26 Abs. 4 Satz 1 oder 2

zuwiderhandelt.

(3) Die Ordnungswidrigkeit kann in den Fällen des Absatzes 1 Nrn. 1 und 5 und des Absatzes 2 Nr. 2 mit einer Geldbuße bis zu fünfhunderttausend Euro, in den Fällen des Absatzes 1 Nr. 6 mit einer Geldbuße bis zu einhunderttausend Euro und in den übrigen Fällen mit einer Geldbuße bis zu fünfzigtausend Euro geahndet werden.

(4) Verwaltungsbehörde im Sinne des § 36 Abs. 1 Nr. 1 des Gesetzes über Ordnungswidrigkeiten ist die Bundesanstalt.

Übersicht

	Rn.		Rn.
I. Überblick	1	a) Öffentliches Angebot von Wertpapieren ohne Prospekt, § 35 Abs. 1 Nr. 1	14
1. Normhintergrund	1		
2. Geschützte Rechtsgüter	6		
3. Fehlende Umsetzung von Art. 25 Abs. 2 ProspektRL	7	b) Verstoß gegen die Pflicht zur Veröffentlichung von Emissionspreis und -volumen, § 35 Abs. 1 Nr. 2	19
4. Kategorisierung der Ordnungswidrigkeiten	8		
5. Weitere Gliederung	12	aa) Gänzliche Unterlassung der Veröffentlichung	21
II. Regelungsgehalt	13		
1. Verstöße nach § 35 Abs. 1	13	bb) Unrichtige Veröffentlichung	22

§ 35 Bußgeldvorschriften

cc) Veröffentlichung in nicht vorgeschriebener Weise 23
dd) Nicht rechtzeitige Veröffentlichung 24
c) Verstoß gegen die Pflicht der Hinterlegung von Emissionspreis und/oder -volumen, § 35 Abs. 1 Nr. 3 26
d) Verstoß gegen Pflichten bezüglich des jährlichen Dokumentes, § 35 Abs. 1 Nr. 4 29
e) Prospektveröffentlichung ohne Billigung, § 35 Abs. 1 Nr. 5 37
   aa) Veröffentlichung eines Prospekts 38
   bb) Ohne Vorliegen der Billigung der BaFin 39
   cc) Konkurrenzen 43
f) Verstoß gegen die Prospektveröffentlichungspflicht, § 35 Abs. 1 Nr. 6 44
   aa) Gänzliche Unterlassung der bzw. nicht rechtzeitige Veröffentlichung 46
   bb) Nicht vollständige Veröffentlichung/Veröffentlichung in nicht vorgeschriebener Weise 47
   cc) Unrichtige Veröffentlichung . 48
g) Verstoß gegen die Mitteilungspflicht zur Prospektveröffentlichung, § 35 Abs. 1 Nr. 7 52
h) Unterlassung der Überlassung einer Papierversion des Prospekts, § 35 Abs. 1 Nr. 8 54
i) Verstoß gegen die Nachtragsveröffentlichungspflicht, § 35 Abs. 1 Nr. 9 57
2. Verstöße nach § 35 Abs. 2 59
3. Bußgeldrahmen nach § 35 Abs. 3 .. 62
4. Zuständige Verwaltungsbehörde nach § 35 Abs. 4 66
III. **Allgemeines zum Recht der Ordnungswidrigkeiten und Verfahren** .. 67
1. Bußgeldfreie Bagatellverstöße und Opportunitätsprinzip 68
2. Verfahren 70
3. Verantwortlichkeit und Zurechnung 72
   a) Täterschaft und Teilnahme 72
   b) Handeln für einen anderen und Verantwortlichkeit juristischer Personen 74
   c) Pflichtendelegation und fortbestehende Pflichten 76
      aa) Pflichtendelegation 76
      bb) Inhaberverantwortlichkeit... 77
4. Irrtum....................... 79
   a) Tatbestandsirrtum 80
   b) Verbotsirrtum 81
5. Bußgeldhöhe und Verfall 82
   a) Höhe der Geldbuße 82
   b) Verfall 85
6. Sonstige besonders relevante Regeln 86
   a) Keine Ahndung des Versuchs ... 86
   b) Keine Rückwirkung oder rückwirkende Bußgeldverschärfung . 87
   c) Verjährung................. 88

I. Überblick

1. Normhintergrund

1 § 35, der weitgehend § 30 a. F. als Vorgängernorm entspricht, setzt Art. 25 Abs. 1 ProspektRL um. Dieser verlangt von den Mitgliedstaaten angemessene Verwaltungsmaßnahmen zur Sanktionierung für die Missachtung der jeweils zur Umsetzung der ProspektRL ergangenen innerstaatlichen Vorschriften – und zwar unbeschadet etwaiger strafrechtlicher und zivilrechtlicher Vorschriften. Nach Art. 25 Abs. 1 Satz 2 ProspektRL haben die Mitgliedstaaten dabei sicherzustellen, dass diese Maßnahmen wirksam, verhältnismäßig und abschreckend sind. Damit ist den Mitgliedstaaten in Anbetracht der komplexen Materie und der rechtsstaatlichen Anforderungen unter mehreren Gesichtspunkten eine anspruchsvolle Aufgabe gesetzt: Erstens ist das gemeinschaftsrechtliche Wertpapierprospektrecht

I. Überblick § 35

eine immer noch neue Rechtsmaterie und auch deswegen – trotz oder auch wegen der umfangreichen Vorbereitungsarbeiten – bereits auf der gemeinschaftsrechtlichen Ebene gewissen Unklarheiten ausgesetzt. Zweitens birgt die Umsetzung dieser gemeinschaftsrechtlichen Vorgaben durch den nationalen Gesetzgeber auf der Ebene des nationalen Rechts weitere Unschärfen. Drittens ist auch das Kapitalmarktrecht (als Oberbegriff des Prospektrechts) insgesamt in Deutschland weiterhin eine relativ neue Rechtsmaterie.[1] Dabei ist viertens immer im Blick zu behalten, dass das Ordnungswidrigkeitenrecht in Deutschland verfassungsrechtlich besonderen Bindungen unterliegt,[2] so dass strenge Anforderungen an die Klarheit der Ahndungsvoraussetzungen bestehen.

Dies mag zur Wahl des vermeintlich „sichersten Weges",[3] damit aber auch zu einer gewissen Bescheidenheit bei der Umsetzung des Art. 25 Abs. 1 ProspektRL geführt haben: So hat sich der deutsche Gesetzgeber weitestgehend auf möglichst bekanntem Gebiet bewegt. Obwohl darauf aufmerksam gemacht wurde, dass die Liste der in § 35 enthaltenen Tatbestände weitaus kürzer ist, als ursprünglich von dem Fachreferat WA 35 der BaFin vorgeschlagen,[4] bedroht die Vorschrift immer noch eine Vielzahl von Verstößen gegen Veröffentlichungs- und Hinterlegungspflichten mit Geldbuße.[5] Die Tatbestände orientieren sich weitgehend an den bislang schon in § 17 Verkaufsprospektgesetz sowie § 71 Abs. 1 Börsenzulassungs-Verordnung enthaltenen Bestimmungen.[6] Dabei sanktioniert § 35 Abs. 1 Verstöße gegen gesetzliche Verpflichtungen, während Abs. 2 die Nichtbefolgung vollziehbarer Anordnungen der BaFin ahndet. Auch der in Absatz 3 vorgesehene Bußgeldrahmen entspricht demjenigen des § 17 Abs. 3 Verkaufsprospektgesetz. Schließlich entspricht auch die **Zuständigkeit** nach Absatz 4 derjenigen des § 17 Abs. 4 Verkaufsprospektgesetz: zuständige Behörde ist die **BaFin**.

Indem § 35 dabei allzu sehr an die Vorläuferbestimmung aus dem Verkaufsprospektgesetz anknüpft, ist die Vorschrift nicht in allen Punkten gelungen. So erscheint einerseits das Netz der bußgeldbewährten Tatbestände sehr engmaschig und teilweise lediglich formell fundiert; andererseits ist die Differenzierung im Bußgeldrahmen in Abs. 3 nicht immer in Einklang zu bringen mit dem materiellen Unrechtsgehalt des jeweiligen Verstoßes. Vor allem aber führen das Wiederaufgreifen der bereits im Verkaufsprospektgesetz nicht immer klare Abgrenzungen zulassenden Tatbestandsmerkmale „nicht", „nicht richtig", „nicht vollständig", „nicht in der vorgeschriebenen Weise" und „nicht rechtzeitig" und die Vielzahl der Tatbestände dazu, dass sich selbst dem mit der Materie vertrauten Juristen erhebliche Zweifelsfragen stellen (dazu unten II., passim).

Der Regelungszweck von § 35 erschließt sich zunächst anhand der Regierungsbegründung zur älteren, parallelen Vorschrift des VerkProspG aus dem Jahre 1990:[7] *„Es handelt sich bei den Zuwiderhandlungen um Taten, die unabhängig vom materiellen Unrecht begangen*

---

1 Dazu *Schlitt*, in: Grunewald/Schlitt, Einführung in das Kapitalmarktrecht, § 1 I 2. und 3.
2 Vgl. dazu *Gürtler*, in: Göhler, OWiG, § 3 Rn. 1 ff.
3 Um sich nicht dem Vorwurf eines Verstoßes gegen die gemeinschaftsrechtlichen Vorgaben durch Zurückbleiben hinter dem Schutzniveau bereits bestehender nationaler Vorschriften auszusetzen.
4 *Voß*, in: Just/Voß/Ritz/Zeising, WpPG, § 30 Rn. 44.
5 *Pelz*, in: Holzborn, WpPG, § 35 Rn. 1, spricht davon, dass nahezu alle Verstöße gegen Veröffentlichungs- und Hinterlegungspflichten mit Geldbuße bedroht sind.
6 Siehe, auch zum Folgenden, Regierungsbegründung zu § 30 (als Vorgängerregelung zu § 35), BR-Drucks. 85/05, S. 87.
7 Vom 1.2.1990, BT-Drucks. 11/6340, S. 14.

§ 35 Bußgeldvorschriften

werden können, das in der Verwendung unrichtiger oder unvollständiger Verkaufsprospekte liegt. Es wird daher eine auf formale Kriterien abgestellte Ahndungsmöglichkeit geschaffen, die im Vorfeld strafbaren Verhaltens[8] *besteht. Wenn und soweit gegen Strafvorschriften anderer Gesetze verstoßen wird, bleiben diese Vorschriften unberührt. Bei der Veröffentlichung eines unrichtigen oder unvollständigen Verkaufsprospekts kommt insbesondere eine Ahndung nach § 264a StGB in Betracht."*

5 Im Jahre 2002 wurde die Vorschrift des § 17 VerkProspG zu Ordnungswidrigkeiten im Rahmen des 4. FMFG um weitere Tatbestände ergänzt. Die Regierungsbegründung sagte dazu:[9] *„Die Ergänzung der Ordnungswidrigkeitstatbestände erfolgt zunächst aus systematischen Gründen. Die Nichteinhaltung der aufgezählten Normen ist ähnlich schwerwiegend für den Anlegerschutz wie die bereits in § 17 VerkProspG erfassten Tatbestände, sodass eine Erfassung als Ordnungswidrigkeit erfolgt."*

2. Geschützte Rechtsgüter

6 Ein Teil der Tatbestände soll die Kontrollbefugnisse der BaFin sichern (etwa § 35 Abs. 1 Nrn. 3, 7 und Abs. 2 Nr. 1 Fall 3), während ein anderer Teil primär auf die Verbesserung der Transparenz, der Integrität und des Anlegerschutzes zielt (etwa § 35 Abs. 1 Nrn. 1, 2, 5, 6 und Abs. 2 Nr. 2) und dadurch den Finanzplatz Deutschland im internationalen Wettbewerb stärken soll.[10] Ziel der Regeln sind dabei einerseits der individuelle Anlegerschutz,[11] nach überwiegender Ansicht aber andererseits vor allem die Funktionsfähigkeit des Kapitalmarkts, hinter welche die Individualinteressen zurücktreten sollen.[12] Entscheidend ist dabei aus Sicht des Anlegers die Frage, ob die in § 35 genannten Tatbestände **Schutznormen im Sinne von § 823 Abs. 2 BGB** (mit der Folge der Möglichkeit individueller deliktischer Ansprüche) sind. Hierbei ist zwischen den einzelnen Tatbeständen zu differenzieren: einige sind **individualschützend**, andere sind es nicht. Dafür, § 35 grundsätzlich als individualschützende Norm anzusehen, spricht vor allem der Anlegerschutz als eines von zwei Hauptzielen des gemeinschaftsrechtlichen Wertpapierprospektrechts.[13]

3. Fehlende Umsetzung von Art. 25 Abs. 2 ProspektRL

7 Der deutsche Gesetzgeber hat bisher keine Umsetzung des Art. 25 Abs. 2 ProspektRL im WpPG vorgenommen. Hierzu findet sich auch nichts in der – extrem knappen – Regierungsbegründung zu § 35. Nach Art. 25 Abs. 2 ProspektRL haben die Mitgliedstaaten in Ergänzung zu den in Art. 25 Abs. 1 ProspektRL genannten Maßnahmen und Sanktionen

---

8 Hervorhebung des Verfassers.
9 Vom 18.1.2002, BT-Drucks. 14/8017, S. 110 f.
10 Vgl. *Assmann*, in: Assmann/Schlitt/von Kopp-Colomb, WpPG/VerkProspG, § 30 WpPG Rn. 4.
11 Dafür, dass der Anlegerschutz im Vordergrund der Bußgeldvorschriften steht, im Zusammenhang mit dem VerkaufsprospektG, insbesondere *Lenz*, in: Assmann/Lenz/Ritz, VerkProspG, § 17 Rn. 3.
12 *Bruchwitz*, in: Arndt/Voß, VerkProspG, § 17 Rn. 11 m. w. N.
13 Siehe dazu etwa die Nennung des Anlegerschutzes in den Erwägungsgründen 10, 16, 20 und 21 ProspektRL; unklar, aber im Ergebnis wohl eher skeptisch *Voß*, in: Just/Voß/Ritz/Zeising, WpPG, § 30 Rn. 4, der meint, die Individualinteressen würden lediglich als „Reflex" geschützt und träten hinter das übergeordnete staatliche Interesse an der Existenz hochwertiger Prospekte zurück; ablehnend *Assmann*, in: Assmann/Schlitt/von Kopp-Colomb, WpPG/VerkProspG, § 30 WpPG Rn. 4 („kein Schutzgesetzcharakter im Sinne des § 823 Abs. 2 BGB").

vorzusehen, dass die zuständige Behörde alle verhängten Maßnahmen und Sanktionen öffentlich bekannt machen kann, sofern dies die Stabilität der Finanzmärkte nicht gefährdet oder den Beteiligten keinen unverhältnismäßigen Schaden zufügt. Daraus darf man schließen, dass die fehlende Möglichkeit der öffentlichen Bekanntmachung zumindest einen gewissen Begründungsaufwand erfordert. Eine Begründung für das fehlende gesetzgeberische Tätigwerden ist indessen nicht bekannt. In der Sache mag man anführen, dass diese Form der öffentlichen Bekanntmachung (sog. „Naming and Shaming") dem deutschen Verwaltungsrecht bisher fremd ist. Falls man das „Naming and Shaming" als Sanktionsinstrument befürwortet, mag man sich zudem gravierendere Fälle aus anderen Rechtsbereichen vorstellen, in denen die Sanktion eher passen mag.

4. Kategorisierung der Ordnungswidrigkeiten

Die einzelnen Tatbestände des § 35 Abs. 1 und Abs. 2 verweisen jeweils auf andere Normen des WpPG, deren Voraussetzungen für die Tatbestandsverwirklichung ebenfalls zu prüfen sind, d. h. es sind so genannte Blanketttatbestände: erst aus der Zusammenschau mit den jeweils genannten, anderweitig im WpPG normierten Verhaltenspflichten ergibt sich der Gehalt der jeweiligen Sanktionsnorm. 8

Dabei handelt es sich zumeist um **echte Unterlassungsordnungswidrigkeiten** in Form **abstrakter Gefährdungsdelikte**, welche keinen konkreten Schaden eines Anlegers erfordern (siehe oben zur gewollten Vorverlagerung der Sanktion). Hierunter fallen § 35 Abs. 1 Nrn. 1–3 und 6–9, bei denen bereits die mit der Begehung verbundene abstrakte Gefahr bußgeldbewehrt ist. 9

Unterschieden werden kann auch nach dem **Schweregrad des Unrechts auf der Handlungsebene**: Während § 35 Abs. 1 Vorsatz oder Leichtfertigkeit erfordert, reicht für eine Verletzung von § 35 Abs. 2 Vorsatz oder (schlichte) Fahrlässigkeit. 10

Schließlich sieht § 35 Abs. 3 unterschiedlich schwere **Rechtsfolgen** für verschiedene Tatbestände vor, so dass eine Differenzierung nach der Schwere des Pflichtverstoßes erfolgt. 11

5. Weitere Gliederung

Im Anschluss an eine Kommentierung der Tatbestände und Rechtsfolgen des § 35 (sogleich II.) ist auf einige allgemeine Bestimmungen des Rechts der Ordnungswidrigkeiten einzugehen (unten III.), ohne deren Einbeziehung das Verständnis des § 35 unvollständig bliebe. Denn nach § 2 OWiG sind auf Ordnungswidrigkeiten die **allgemeinen Normen des OWiG** anwendbar. 12

II. Regelungsgehalt

1. Verstöße nach § 35 Abs. 1

§ 35 Abs. 1 bedroht vorsätzliche oder leichtfertige Verstöße gegen die im Folgenden einzeln aufgelisteten gesetzlichen Pflichten als Ordnungswidrigkeiten mit Geldbuße. **Vorsatz** bedeutet Wissen (kognitives Element) und Wollen (voluntatives Element) der Tatbestands- 13

§ 35 Bußgeldvorschriften

verwirklichung; dabei reicht bedingter Vorsatz aus, d. h. der Täter nimmt auf der voluntativen Seite den Eintritt des tatbestandlichen Erfolgs zumindest billigend in Kauf.[14] Für das „billigende Inkaufnehmen" reicht es dabei aus, dass der Täter den Eintritt des tatbestandlichen Erfolges für möglich hält und sich damit abfindet.[15] **Leichtfertigkeit** ist eine **gesteigerte Form der Fahrlässigkeit**. Während es für fahrlässiges Verhalten ausreicht, dass der Täter ihn betreffende Sorgfaltspflichten verletzt, obwohl er die Tatbestandsverwirklichung nach seinen subjektiven Kenntnissen und Fähigkeiten vorhersehen und vermeiden konnte,[16] erfordert Leichtfertigkeit, dass der Täter darüber hinaus dasjenige unbeachtet lässt, was jedem anderen an seiner Stelle hätte einleuchten müssen[17] und er in grober Achtlosigkeit nicht erkennt, dass er den Tatbestand verwirklicht oder wenn er sich rücksichtslos über die klar erkannte Möglichkeit der Tatbestandsverwirklichung hinwegsetzt. Leichtfertigkeit kommt auch dann in Betracht, wenn der Täter eine besonders ernst zu nehmende Pflicht verletzt.[18] Allein die Erkenntnis der Möglichkeit einer Tatbestandsverwirklichung genügt indessen noch nicht zur Annahme von Leichtfertigkeit, solange der Täter darauf vertraute, der Tatbestand werde nicht verwirklicht.[19]

a) Öffentliches Angebot von Wertpapieren ohne Prospekt, § 35 Abs. 1 Nr. 1

14 Die gegenüber der Vorgängernorm in § 30 Abs. 1 Nr. 1 a. F. lediglich sprachlich neu gefasste Vorschrift sanktioniert öffentliche Angebote von Wertpapieren entgegen § 3 Abs. 1 Satz 1. Nach § 3 Abs. 1 Satz 1 ist für im Inland öffentlich angebotene Wertpapiere ein Prospekt zu veröffentlichen. Der Begriff des öffentlichen Angebotes ist dabei in § 2 Nr. 4 legaldefiniert. Anbieter im Sinne des § 2 Nr. 10 ist derjenige, der den Anlegern nach außen erkennbar für das öffentliche Angebot verantwortlich ist oder die öffentliche Platzierung der Wertpapiere veranlasst, letztlich derjenige, der das Angebot zum Abschluss eines Kaufvertrages abgibt oder (bei einer *invitatio ad offerendum*) ein derartiges Angebot entgegennimmt.[20] Das können der Emittent oder die Emission begleitende Dritte, regelmäßig Finanzdienstleister, sein. Erfolgt der Vertrieb durch eine Vertriebsorganisation oder ein Netz von angestellten oder freien Vermittlern, gilt als Anbieter derjenige, der die Verantwortung für die Vertriebsaktivitäten inne hat, was sich etwa anhand von Vereinbarungen mit dem Emittenten, Aufträgen an Untervertriebe oder Provisionsvereinbarungen mit Vermittlern ergibt.[21]

15 Entscheidend für den Verstoß nach § 35 Abs. 1 Nr. 1 ist, dass einer Prospektpflicht nach dem WpPG unterliegende Wertpapiere zu einem Zeitpunkt **öffentlich angeboten** werden, zu dem noch kein von der BaFin gebilligter Prospekt (nach den Vorschriften des WpPG) veröffentlicht war. Für Letzteres muss es also entweder an einem gebilligten Wertpapierprospekt überhaupt fehlen oder an seiner Veröffentlichung. Erfasst sind damit folgende Grundfälle:

---

14 Vgl. *Groß*, Kapitalmarktrecht, § 35 WpPG; *Pelz*, in: Holzborn, WpPG, § 35 Rn. 30.
15 Vgl. *König*, in: Göhler, OWiG, § 10 Rn. 5 m. w. N.; *Fischer*, StGB, § 15 Rn. 5b m. w. N.
16 Ausführlich *Fischer*, StGB, § 15 Rn. 14, 17.
17 Ständige Rechtsprechung, siehe etwa BGH v. 9.11.1984 – 2 StR 257/84, BGHSt 33, 66, 67, m. w. N.; vgl. auch *Pelz*, in: Holzborn, WpPG, § 35 Rn. 32; *Groß*, Kapitalmarktrecht, § 35 WpPG.
18 *Becker*, in: Habersack/Mülbert/Schlitt, Kapitalmarktinformation, § 26 Rn. 25 mit Fn. 57.
19 BGH v. 23.2.1994 – 3 StR 572/93, StV 1994, 480.
20 Einzelheiten oben bei der Kommentierung zu § 2; vgl. auch *Pelz*, in: Holzborn, WpPG, § 35 Rn. 2.
21 Regierungsbegründung zum WpPG, BR-Drucks. 85/05, S. 62.

- Zum Zeitpunkt des öffentlichen Angebots wurde noch überhaupt kein Wertpapierprospekt bei der BaFin zur Billigung eingereicht.
- Es wurde zwar ein Entwurf eines Wertpapierprospekts zur Billigung eingereicht, diese Billigung hat indessen noch nicht stattgefunden (oder der Billigungsantrag wurde zwischenzeitlich zurück genommen), während gleichwohl ein öffentliches Angebot, etwa auf der Grundlage des Entwurfes des Prospekts erfolgt.[22]
- Zwar wurde ein Prospekt gebilligt, aber noch nicht veröffentlicht; gleichwohl beginnt das öffentliche Angebot.

Fraglich ist, ob auch der Fall erfasst ist, dass zwar eine Veröffentlichung des gebilligten Prospekts erfolgt ist, diese indessen nicht im Einklang mit § 14 Abs. 1 Satz 1 und Abs. 2 steht, d. h. es lediglich an einer ordnungsgemäßen Veröffentlichung fehlt. Indessen dürfte insofern § 35 Abs. 1 Nr. 6 *lex specialis* sein, welche die Anwendung von Abs. 1 Nr. 1 ausschließt,[23] zumal der Bußgeldrahmen nach § 35 Abs. 3 für Verstöße nach Abs. 1 Nr. 1 höher ist.

Nicht erfasst sind auch Fälle, in denen ein öffentliches Angebot auf der Grundlage eines gebilligten und ordnungsgemäß veröffentlichten Prospekts erfolgt, der aber inhaltlich fehlerhaft oder unvollständig ist;[24] diese Fälle werden allein durch die zivilrechtliche Prospekthaftung und ggf. durch § 264a StGB sanktioniert. Insofern kommt auch kein Verstoß gegen § 35 Abs. 1 Nr. 6 in Betracht.[25]

Durch das Merkmal „im Inland anbietet" erfolgt eine Abgrenzung zu Fällen, in denen nach §§ 17 Abs. 1, 18 Abs. 1 im EWR-Ausland aufgrund eines von der BaFin gebilligten Prospekts ein Angebot erfolgt. Dagegen erfasst § 35 Abs. 1 Nr. 1 grundsätzlich auch Fälle nach § 17 Abs. 3, bei denen ein **anderer EWR-Staat Herkunftsstaat** ist und ein öffentliches Angebot in Deutschland erfolgt; auch bei von einer anderen Herkunftsstaatsbehörde gebilligten Prospekten handelt es sich nämlich aufgrund von § 17 Abs. 3 um einen Prospekt nach dem WpPG.

b) Verstoß gegen die Pflicht zur Veröffentlichung von Emissionspreis und -volumen, § 35 Abs. 1 Nr. 2

Für den Fall, dass der Ausgabepreis der Wertpapiere und die Gesamtzahl der öffentlich angebotenen Wertpapiere (Emissionsvolumen) im Prospekt nicht genannt werden, sind nach § 8 Abs. 1 Satz 1 im Prospekt Kriterien oder Bedingungen zur Ermittlung dieser Werte anzugeben. Eine solche Konstellation kann sich verschiedentlich ergeben, für Dividendenwerte etwa bei Kapitalerhöhungen mit Bezugsrecht, bei denen der Ausgabepreis der neuen Aktien und/oder deren genaue Anzahl erst während der Bezugsfrist festgelegt wird, oder bei Börsengängen unter Verwendung eines sog. „**decoupled bookbuilding**".[26] Im Weiteren

---

22 Vgl. *Voß*, in: Just/Voß/Ritz/Zeising, WpPG, § 35 Rn. 47.
23 So im Ergebnis auch *Voß*, in: Just/Voß/Ritz/Zeising, WpPG, § 30 Rn. 48, und *Pelz*, in: Holzborn, WpPG, § 35 Rn. 3.
24 *Pelz*, in: Holzborn, WpPG, § 35 Rn. 3; *Voß*, in: Just/Voß/Ritz/Zeising, WpPG, § 30 Rn. 49 und *Assmann*, in: Assmann/Schlitt/von Kopp-Colomb, WpPG/VerkProspG, § 30 WpPG Rn. 26.
25 So auch *Voß*, in: Just/Voß/Ritz/Zeising, WpPG, § 30 Rn. 49.
26 Gemeint ist damit eine mehrstufige Struktur, bei der anfangs keine Preisspanne und u. U. auch keine genaue Anzahl der auszugebenden Aktien genannt wird. Einzelheiten etwa bei *Ries*, in: Grunewald/Schlitt, Einführung in das Kapitalmarktrecht, § 2 III. 3. b).

§ 35 Bußgeldvorschriften

hat dann nach § 8 Abs. 1 Satz 6 der Anbieter oder Zulassungsantragsteller den endgültigen Emissionspreis und das endgültige Emissionsvolumen **unverzüglich**, d. h. ohne schuldhaftes Zögern (§ 121 BGB) nach deren Festlegung in einer nach § 14 Abs. 2 zulässigen Art und Weise zu veröffentlichen. Ergänzend bestimmt § 8 Abs. 1 Satz 7, dass die Veröffentlichung spätestens einen Werktag vor der Einführung der Wertpapiere zu erfolgen hat, wenn kein öffentliches Angebot erfolgt.

20 Dabei sanktioniert § 35 Abs. 1 Nr. 2 die gänzliche Unterlassung dieser Veröffentlichung (aa)), die nicht richtige (bb)), die nicht in der vorgeschriebenen Weise erfolgende (cc)) sowie die nicht rechtzeitige (dd)) Veröffentlichung. Mögliche Täter sind allein der Anbieter und der Zulassungsantragsteller als nach § 8 Abs. 1 Satz 6 Verpflichtete.

aa) Gänzliche Unterlassung der Veröffentlichung

21 Sie liegt dann vor, wenn eine der beiden erforderlichen Angaben entgegen den Bestimmungen des § 8 Abs. 1 Satz 6 und 7 überhaupt nicht veröffentlicht wird (sog. echtes (Dauer-) Unterlassungsdelikt).[27]

bb) Unrichtige Veröffentlichung

22 Nicht richtig ist die Veröffentlichung, wenn eine inhaltlich unzutreffende, mithin unwahre Publikation von Emissionspreis und/oder -volumen erfolgt.[28]

cc) Veröffentlichung in nicht vorgeschriebener Weise

23 Die Art und Weise der Veröffentlichung wird in § 14 Abs. 2 normiert, d. h. der Anbieter bzw. der Zulassungsantragsteller hat die Wahl zwischen den dort genannten neun Veröffentlichungsmodalitäten.[29] Soweit eine Veröffentlichung erfolgt, dürfte diese nur in besonderen Ausnahmefällen nicht vorschriftsmäßig sein, etwa wenn sie lediglich in einer Wirtschafts- oder Tageszeitung vorgenommen wird, welche den Anforderungen an weite Verbreitung im Sinne von § 14 Abs. 2 Nr. 1 nicht genügt.

dd) Nicht rechtzeitige Veröffentlichung

24 Die nach § 14 Abs. 2 zulässigen Formen der Veröffentlichung sind unterschiedlich zeitaufwändig, so dass unverzügliches Handeln sich unterschiedlich auswirkt. Für den Regelfall der Veröffentlichung auf der Internetseite des Emittenten nach § 14 Abs. 2 Nr. 3 a) dürfte Unverzüglichkeit unter normalen Umständen eine tagggleiche Veröffentlichung im Anschluss an die Festlegung erfordern. Sofern kein öffentliches Angebot erfolgt, reicht die Veröffentlichung nach § 8 Abs. 1 Satz 7 spätestens einen Werktag vor Einführung der Wertpapiere.[30] Bei der nicht rechtzeitigen Veröffentlichung dürfte es sich um den Hauptanwendungsfall der Nr. 2 handeln.

---

27 Vgl. *Voß*, in: Just/Voß/Ritz/Zeising, WpPG, § 30 Rn. 53; *Pelz*, in: Holzborn, WpPG, § 35 Rn. 6.
28 So auch *Voß*, in: Just/Voß/Ritz/Zeising, WpPG, § 30 Rn. 54, und *Pelz*, in: Holzborn, WpPG, § 35 Rn. 6, im Anschluss an *Vogel*, in: Assmann/Schneider, WpHG, § 39 Rn. 12; a. A. wohl *Assmann*, in: Assmann/Schlitt/von Kopp-Colomb, WpPG/VerkProspG, § 30 WpPG Rn. 27.
29 *Voß*, in: Just/Voß/Ritz/Zeising, WpPG, § 30 Rn. 55, und *Pelz*, in: Holzborn, WpPG, § 35 Rn. 8.
30 Werden Nichtdividendenwerte ohne öffentliches Angebot eingeführt, die während einer längeren Dauer und zu veränderlichen Preisen ausgegeben werden, reicht nach § 8 Abs. 1 Satz 8 sogar eine

Nicht erfasst von § 35 Abs. 1 Nr. 2 ist die verfrühte Veröffentlichung. Hinsichtlich des 25
Merkmals „nicht rechtzeitig" ergibt sich das bereits aus dem Wortlaut, unter den sich „vorzeitig" nicht fassen lässt. Aber auch das Merkmal „nicht in der vorgeschriebenen Weise" dürfte, wie oben unter cc) ausgeführt, allein den Modus der Veröffentlichung, aber nicht deren Zeitpunkt betreffen.[31] Diese Ansicht wird letztlich auch durch § 35 Abs. 1 Nr. 5 bestätigt, der (allein) die vorzeitige Veröffentlichung eines Prospekts sanktioniert und insofern *lex specialis* ist.

c) Verstoß gegen die Pflicht der Hinterlegung von Emissionspreis und/oder -volumen, § 35 Abs. 1 Nr. 3

Im unmittelbaren Zusammenhang mit dem vorgenannten Verstoß steht der durch § 35 26
Abs. 1 Nr. 3 sanktionierte Verstoß gegen die sich aus § 8 Abs. 1 Satz 9 ergebende Pflicht zur Hinterlegung des Emissionspreises oder des Emissionsvolumens. Auch hier sind Normadressaten allein die in § 8 Abs. 1 Satz 9 in Verbindung mit Satz 6 Genannten, d. h. der Anbieter oder Zulassungsantragsteller. Mit „Hinterlegung" gemeint ist eine Mitteilung der fehlenden Angabe(n) an die BaFin.[32]

Dabei bedroht § 35 Abs. 1 Nr. 3 die gänzliche Unterlassung der Hinterlegung der Angabe 27
des Emissionspreises und/oder des Emissionsvolumens sowie die nicht rechtzeitige Hinterlegung. Nicht erfasst sind dagegen Übermittlungsfehler, die zu einer fehlerhaften Hinterlegung führen.[33]

Nicht rechtzeitig ist die Mitteilung an die BaFin, wenn sie nicht, wie von § 8 Abs. 1 Nr. 9 28
verlangt, am Tag der Veröffentlichung erfolgt. Soweit der Betroffene sich mehrerer Mittel der Veröffentlichung bedient, ist der Tag der frühesten Veröffentlichung maßgeblich; dies ergibt sich aus dem Sinn der Regelung, nämlich der BaFin kurzfristig Gewissheit über die gemachten Angaben und eine Möglichkeit zur Nachprüfung zu geben. Ausreichend ist eine Übermittlung bis 24.00 Uhr. Dabei besteht eine freie Wahl der Form der Übermittlung.[34] In Betracht kommen insofern in der Praxis vor allem Fax und E-Mail.

d) Verstoß gegen Pflichten bezüglich des jährlichen Dokumentes, § 35 Abs. 1 Nr. 4

Das früher in § 10 Abs. 1 Satz 1 a. F. genannte „jährliche Dokument" ist weggefallen. Hintergrund ist, dass nach Inkrafttreten der Transparenz-Richtlinie und deren Umsetzung in nationales Recht ein entsprechendes Informationsbedürfnis nicht mehr besteht.[35] 29

---

nachträgliche Veröffentlichung aus. Da § 8 Abs. 1 Satz 8 in § 30 Abs. 1 Nr. 2 gar nicht genannt wird, handelt es sich dabei ohnehin um einen nicht ahndbaren Bereich.
31 Anscheinend a. A. – aber ohne weitere Begründung – zum Paralleltatbestand des § 17 Abs. 1 Nr. 5 VerkProspG, *Bruchwitz*, in: Arndt/Voß, VerkProspG, § 17 Rn. 72.
32 Siehe hierzu den englischen Wortlaut der ProspektRL in Art. 8 Nr. 1 am Ende „shall be filed with the competent authority", der bereits in der deutschen Fassung der ProspektRL mit „bei der zuständigen Behörde hinterlegt" nicht glücklich übersetzt wurde.
33 *Heidelbach*, in: Schwark/Zimmer, KMRK, § 30 WpPG Rn. 10.
34 So zu allen genannten Punkten im Ergebnis auch *Voß*, in: Just/Voß/Ritz/Zeising, WpPG, § 30 Rn. 59; *Pelz*, in: Holzborn, WpPG, § 35 Rn. 11 und *Assmann*, in: Assmann/Schlitt/von Kopp-Colomb, WpPG/VerkProspG, § 30 WpPG Rn. 28.
35 *Lawall/Maier*, DB 2012, 2503 (2506)

§ 35   Bußgeldvorschriften

30–36 [leer]

e) Prospektveröffentlichung ohne Billigung, § 35 Abs. 1 Nr. 5

37 Nach § 13 Abs. 1 Satz 1 darf ein Wertpapierprospekt vor seiner Billigung nicht veröffentlicht werden. Auch bei Ablauf der in § 13 Abs. 2 vorgesehenen Prüfungsfrist greift keine Billigungsfiktion ein. § 35 Abs. 1 Nr. 5 ahndet damit die **Veröffentlichung eines Prospekts** ohne Vorliegen der Billigung der BaFin. Aus Sicht des Gesetzgebers soll die Bestimmung verhindern, dass den Anlegern ungeprüfte Prospekte zur Verfügung gestellt werden.[36] Normadressat ist jedermann, nicht nur der Anbieter oder Zulassungsantragsteller.

aa) Veröffentlichung eines Prospekts

38 Man könnte daran denken, vor dem Hintergrund des Bestimmtheitsgrundsatzes von „Veröffentlichung" nur dann zu sprechen, wenn eine der in § 14 Abs. 2 vorgesehenen Formen der Veröffentlichung gewählt wird. Allerdings beschränkt sich bereits der Wortlaut des § 35 Abs. 1 Nr. 5, auch unter Einbeziehung des § 13 Abs. 1 Satz 1, nicht auf die in § 14 Abs. 2 vorgesehenen Modalitäten.[37] Auch systematisch ist es zwar naheliegend, für Veröffentlichungsgebote (an anderer Stelle des Gesetzes) konkrete Anforderungen an die Art und Weise der Veröffentlichung vorzusehen; dem entspricht aber nicht zwangsläufig, sich bei **Veröffentlichungsverboten** auf dieselben Modalitäten zu beschränken. Vielmehr entspricht es der allgemeinen Lebenserfahrung und Sinn und Zweck der Norm, dann von einer einschlägigen unstatthaften „Veröffentlichung" zu sprechen, wenn der Inhalt des Prospekts von unbestimmt vielen, nicht durch besondere persönliche Merkmale als Gruppe abgrenzbaren Personen, also von einem unbegrenzten Personenkreis, wahrgenommen werden kann. Denn dann besteht die Gefahr, dass diese Personen den ungeprüften Prospekt wahrnehmen und auf dessen Grundlage disponieren, nämlich etwa auch bei Veröffentlichung auf einer nicht in § 14 Abs. 2 Nr. 3 genannten Internetseite oder in einem Printmedium, das nicht im Sinne von § 14 Abs. 2 Nr. 1 weit verbreitet ist. Damit werden auch die Anforderungen an die Normunterworfenen (des Veröffentlichungsverbotes) nicht zu weit gespannt.[38] Mangels „Veröffentlichung" nicht tatbestandsmäßig ist dagegen die vorherige Verteilung eines entsprechend gekennzeichneten sog. „final drafts" an ausgesuchte Investoren im Rahmen einer Vorwegplatzierung oder der Werbung um sog. „backstop commitments", d.h. feste Zeichnungszusagen zu einem bestimmten Mindestpreis, als zulässige Verhaltensweise, soweit dies *lege artis* geschieht. Dazu gehört insbesondere die Verwendung von Vertraulichkeitsverpflichtungen, nach denen die angesprochenen Investoren den „final draft" nicht an Dritte weitergeben dürfen.

---

36 So schon *Lenz*, in: Assmann/Ritz/Lenz, VerkProspG, § 17 Rn. 30 (Vorauflage); ebenso nunmehr *Assmann*, in: Assmann/Schlitt/von Kopp-Colomb, WpPG/VerkProspG, § 17 VerkProspG Rn. 17 und § 30 WpPG Rn. 32.
37 Anders als zahlreiche andere Vorschriften des WpPG, etwa § 8 Abs. 1 Satz 6 und § 10 Abs. 1 Satz 2.
38 So auch *Voß*, in: Just/Voß/Ritz/Zeising, WpPG, § 30 Rn. 73; *Pelz*, in: Holzborn, WpPG, § 35 Rn. 13 und *Assmann*, in: Assmann/Schlitt/von Kopp-Colomb, WpPG/VerkProspG, § 30 WpPG Rn. 33.

bb) Ohne Vorliegen der Billigung der BaFin

Nach § 13 Abs. 1 Satz 1 darf ein Prospekt **vor seiner Billigung** durch die BaFin nicht veröffentlicht werden. 39

Damit liegt zunächst jedenfalls dann ein Verstoß vor, wenn eine vorzeitige Veröffentlichung des Prospekts erfolgt, etwa nach Einreichung des Prospekts zur Billigung, aber vor der tatsächlichen Billigung der BaFin, und zwar unabhängig von der Billigungsfähigkeit. 40

Nach dem Wortlaut und im Wege des Erst-Recht-Schlusses liegt aber auch dann ein Verstoß vor, wenn überhaupt keine Billigung der BaFin für den veröffentlichten Prospekt vorliegt, etwa weil gar kein Antrag auf Billigung gestellt wurde. 41

Fraglich ist, ob auch der Fall erfasst wird, dass zwar eine Billigung vorliegt, allerdings eine inhaltlich von der gebilligten abweichende Version des Prospekts veröffentlicht wird.[39] Behält man dabei gleichzeitig den Tatbestand der „nicht richtigen Veröffentlichung" des gebilligten Prospekts nach § 35 Abs. 1 Nr. 6[40] und die im Ordnungswidrigkeitenrecht gebotene enge Auslegung im Blick, so werden Abgrenzungsprobleme offenbar. Letztlich dürfte zu unterscheiden sein: 42

– Nur soweit eine von der gebilligten Fassung **offensichtlich erheblich abweichende Version** des Prospekts veröffentlicht wird, unterfällt dies Nr. 5. Denn dann ändert der Umstand der Billigung des (anderen) Prospekts nichts daran, dass ein Prospekt veröffentlicht wird, für den es im Grunde überhaupt keine Billigung gibt.

– Soweit dagegen eine von der gebilligten Version nicht offensichtlich erheblich abweichende Version des Prospekts veröffentlicht wird, dürfte § 35 Abs. 1 Nr. 6 abschließende **lex specialis** sein, neben der für die Anwendung von Nr. 5 kein Raum ist.[41] Dabei ist jeweils primär auf materielle Änderungen abzustellen.

– Schließlich könnte sich die Situation ergeben, dass der Anbieter oder Zulassungsantragsteller nach Billigung **unwesentliche, unterhalb der Nachtragspflicht liegende Korrekturen** im Prospekt vornimmt. Dann stellt sich zunächst die Frage der Tatbestandsmäßigkeit. Dabei ist im Schrifttum inzwischen h. M., dass jedenfalls bloße Änderungen des Layout unbedenklich sind.[42] Es muss aber auch möglich sein, unterhalb der Nachtragspflicht liegende Schreibfehler oder kleinere inhaltliche Unrichtigkeiten (etwa eine offensichtlich unrichtig addierte Zahl im Finanzteil) zu korrigieren, welche zuvor alle Beteiligten übersehen hatten. Insofern ist der Ansicht zuzustimmen, dass „keine zu ho-

---

39 Dezidiert dafür *Voß*, in: Just/Voß/Ritz/Zeising, WpPG, § 30 Rn. 71; im Ergebnis ebenso *Assmann*, in: Assmann/Schlitt/von Kopp-Colomb, WpPG/VerkProspG, § 30 WpPG Rn. 32.
40 Einzelheiten sogleich bei Rn. 46 ff.
41 So nunmehr auch *Pelz*, in: Holzborn, WpPG, § 35 Rn. 14 und 18. A. A. *Voß*, in: Just/Voß/Ritz/Zeising, WpPG, § 30 Rn. 71, der auch in diesem Falle § 30 Abs. 1 Nr. 5 für einschlägig hält. *Voß* ist dann weiter (Rn. 76) der Meinung, dass es für den Tatbestand der „nicht richtigen Veröffentlichung" in Nr. 6 keinen Anwendungsbereich gibt und verweist als Argument u. a. auf den höheren Strafrahmen für Verstöße gegen Nr. 5; gerade im Recht der Ordnungswidrigkeiten kann indessen der für angemessen gehaltene Strafrahmen nicht zur Begründung der Tatbestandsmäßigkeit angeführt werden.
42 *Voß*, in: Just/Voß/Ritz/Zeising, WpPG, § 30 Rn. 72, und (zur parallelen Vorschrift im Verkaufsprospektrecht) *Bruchwitz*, in: Arndt/Voß, VerkProspG, § 17 Rn. 61; a. A. *Assmann*, in: Assmann/Schlitt/von Kopp-Colomb, WpPG/VerkProspG, § 30 WpPG Rn. 4; anders als noch in der Vorauflage *Lenz*, in: Assmann/Ritz/Lenz, VerkProspG, § 17 Rn. 34.

§ 35   Bußgeldvorschriften

hen Anforderungen" gestellt werden dürfen.[43, 44] Danach sind solche kleineren Korrekturen bereits nicht tatbestandsmäßig, so dass weder ein Verstoß nach Nr. 5 noch nach Nr. 6 vorliegt.

cc) Konkurrenzen

43 Abgesehen von der Sonderfrage der Abgrenzung zu Nr. 6 (dazu vorstehende Rn. 42 oben und Rn. 46 unten), stellt sich auf den ersten Blick die Frage nach dem Verhältnis zu Nr. 1. Tatsächlich aber sind die Tathandlungen in Nr. 1 (unstatthaftes öffentliches Anbieten) und in Nr. 5 (unstatthafte Prospektveröffentlichung) unterschiedlich und regeln unterschiedliche Sachverhalte mit jeweils eigenem Unrechtsgehalt, so dass beide Tatbestände nebeneinanderstehen und bei Vorliegen beider zwar Tateinheit[45] vorliegen kann, aber keine Gesetzeskonkurrenz eingreift. Zudem wurde zwischenzeitlich durch die Änderung von § 35 Abs. 3 der Gleichlauf der Sanktion hergestellt, so dass die Frage auch praktische Bedeutung verloren hat.

f) Verstoß gegen die Prospektveröffentlichungspflicht, § 35 Abs. 1 Nr. 6

44 Nach § 14 Abs. 1 Satz 1 hat der Anbieter oder Zulassungsantragsteller u. a. den gebilligten Prospekt unverzüglich zu veröffentlichen. Dies muss spätestens einen Werktag vor Beginn des öffentlichen Angebots bzw., bei Einführung in den Handel an einem organisierten Markt ohne öffentliches Angebot, einen Werktag vor Einführung der Wertpapiere geschehen. Werktage sind Montag bis Samstag mit Ausnahme öffentlicher Feiertage, für die Fristberechnung gilt § 187 Abs. 2 BGB.[46]

45 Verstöße gegen die vorgenannte Pflicht zur Veröffentlichung des gebilligten Prospekts (nicht aber gegen die in § 14 Abs. 1 Satz 1 ebenfalls vorgesehene Pflicht zur Hinterlegung) sanktioniert § 35 Abs. 1 Nr. 6, und zwar bei unterlassener, nicht rechtzeitiger, nicht vollständiger, nicht in der vorgeschriebenen Weise erfolgender oder nicht richtiger Veröffentlichung.

aa) Gänzliche Unterlassung der bzw. nicht rechtzeitige Veröffentlichung

46 **Nicht** veröffentlicht wurde der Prospekt, wenn eine Veröffentlichung trotz Billigung gänzlich unterbleibt, d.h. unterlassen wird. Hierbei handelt es sich zwar wohl nach Vorstellung des Normgebers um den Grundfall. Indessen sind die folgenden Tatbestände von erheblicher Bedeutung, so dass man insbesondere nicht pauschal zur Abgrenzung zwischen Nr. 6 und Nr. 5 bei Nr. 6 von „Billigung ohne Veröffentlichung" und bei Nr. 5 von „Veröffentlichung ohne Billigung"[47] sprechen kann. **Nicht rechtzeitig** erfolgt die Veröffentlichung, wenn sie nicht unverzüglich ist. Dies ist dann der Fall, wenn zu viel Zeit vergeht zwischen Billigung und Veröffentlichung. Dabei dürfte, sofern der Zeitpunkt der Billigung nicht im

---

43 Zum VerkProspG *Lenz*, in: Assmann/Lenz/Ritz, VerkProspG, § 17 Rn. 34; a. A. *Voß*, in: Just/Voß/Ritz/Zeising, WpPG, § 30 Rn. 71 f., und *Bruchwitz*, in: Arndt/Voß, VerkProspG, § 17 Rn. 61.
44 Siehe auch allgemein zur Frage der Behandlung von bagatellhaften Verstößen unten Rn. 68 ff.
45 Ebenso *Assmann*, in: Assmann/Schlitt/von Kopp-Colomb, WpPG/VerkProspG, § 30 WpPG Rn. 34.
46 *Pelz*, in: Holzborn, WpPG, § 35 Rn. 16.
47 So *Voß*, in: Just/Voß/Ritz/Zeising, WpPG, § 30 Rn. 91.

II. Regelungsgehalt § 35

Einzelnen mit der BaFin abgestimmt ist, bei Billigung der BaFin nach 19.00 Uhr eine Veröffentlichung zumindest am nächsten Tag in der Regel noch unverzüglich sein; Einzelheiten hängen von der vorgesehenen Veröffentlichungsmodalität ab, so dass etwa eine Veröffentlichung nach § 14 Abs. 2 Nr. 1 in einer ausreichend verbreiteten Zeitung auch noch am übernächsten Werktag unverzüglich sein müsste. Hiervon zu trennen ist der Fall, dass die Veröffentlichung zwar unverzüglich, aber nicht rechtzeitig vor Beginn des Angebotes erfolgt; diese Fallkonstellation unterfällt nicht § 35 Abs. 1 Nr. 6, sondern ggf. Nr. 1.

bb) Nicht vollständige Veröffentlichung/Veröffentlichung in nicht vorgeschriebener Weise

Nicht vollständig ist die Veröffentlichung, wenn sie zumindest einen Teil des von der BaFin gebilligten Prospekts nicht enthält. Bei einem dreiteiligen Prospekt kommt etwa das Weglassen eines oder mehrerer Teile in Betracht, bei einem einteiligen Prospekt das Fehlen mindestens einer Textpassage. Wegen fehlender Anknüpfung an § 14 Abs. 1 Satz 1 dürfte es dagegen nicht tatbestandsmäßig sein, wenn ein nach Deutschland notifizierter Prospekt in englischer Sprache zwar als solcher vollständig, aber ohne die nach § 19 Abs. 4 Satz 2 WpPG erforderliche deutsche Übersetzung der Zusammenfassung veröffentlicht wird, so dass insofern eine Ahndungslücke besteht. **Nicht in der vorgeschriebenen Weise** erfolgt die Veröffentlichung, wenn der Anbieter oder Zulassungsantragsteller eine andere Art und Weise der Veröffentlichung wählt als die in § 14 Abs. 2 vorgesehenen. 47

cc) Unrichtige Veröffentlichung

Am schwierigsten zu bestimmen ist der Tatbestand der **nicht richtigen Veröffentlichung**. Es stellt sich die Frage nach der Einordnung als formeller oder materieller Verstoß, auch in Abgrenzung zu Nr. 5. 48

Zunächst hilft es, dass der Tatbestand neben dem Merkmal „nicht in der vorgeschriebenen Weise" steht, so dass er etwas anderes meinen muss. Vom Wortlaut her hätte man ansonsten durchaus an eine unstatthafte Form der Veröffentlichung selbst denken können. 49

Im Wertpapierhandelsrecht, etwa in § 39 Abs. 2 Nr. 5 WpHG, meint das „nicht richtige Veröffentlichen" eine inhaltliche Unrichtigkeit der veröffentlichten Information.[48] Auch in der alten Nr. 4 zu § 30 Abs. 1 a. F. (zwischenzeitlich aufgehoben) wurde das jährliche Dokument teilweise dann als „nicht richtig" bereitgestellt angesehen, wenn die genannten Informationen inhaltlich nicht zutreffen.[49] Indessen ist – anders als bei Ad-hoc-Mitteilungen im Wertpapierhandelsrecht und bei der früher erforderlichen Veröffentlichung des jährlichen Dokuments nach dem WpPG – der Veröffentlichung eines Wertpapierprospekts das Billigungsverfahren durch die BaFin vorgeschaltet. In diesem Billigungsverfahren ist der Prüfungsmaßstab aber allein Vollständigkeit, Kohärenz und Verständlichkeit, § 13 Abs. 1. Zur Prüfung der inhaltlichen Richtigkeit des Wertpapierprospekts ist die BaFin weder aufgerufen noch in der Lage.[50] Wenn es aber schon im Verfahren der Prüfung des Wertpapierprospekts nicht um die inhaltliche Richtigkeit geht, kann es erst recht nicht in einem nach- 50

---

48 *Vogel*, in: Assmann/Schneider, WpHG, § 39 Rn. 12.
49 Dazu die Darstellung in der Vorauflage Rn. 33.
50 Dies würde die Anforderungen erheblich überspannen und müsste überdies, im Falle der inhaltlichen Unrichtigkeit, die Frage der Haftung der BaFin nach sich ziehen. Ergänzend sei darauf hingewiesen, dass auch die an der Erstellung des Wertpapierprospekts mitwirkenden Rechtsanwälte in

§ 35 Bußgeldvorschriften

gelagerten Bußgeldverfahren um diese inhaltliche Richtigkeit gehen.[51] Diese Auslegung wird auch durch den Wortlaut gestützt, bei dem sich die Worte „nicht richtig" stärker auf die Veröffentlichung beziehen, als auf den Prospekt selbst. Inhaltliche Mängel des Prospekts werden im Bereich des Strafrechts ggf. durch § 264a StGB und § 400 Abs. 1 Nr. 1 AktG[52] und zivilrechtlich ggf. durch Prospekthaftungsansprüche erfasst.

51 Damit bleibt als Auslegungsmöglichkeit für eine nicht richtige Veröffentlichung lediglich eine Abweichung gegenüber dem von der BaFin gebilligten Prospekt.[53] Allerdings dürfte dabei zu differenzieren sein:

- Soweit nämlich eine von der gebilligten Prospektversion **offensichtlich erheblich abweichende Version** veröffentlicht wird, dürfte der Umstand der Billigung eines (anderen) Prospekts irrelevant sein. Denn dann wird im Grunde ein Prospekt ohne Billigung veröffentlicht, § 35 Abs. 1 Nr. 5.[54]
- Soweit dagegen eine von der gebilligten Version nicht offensichtlich erheblich abweichende Version des Prospekts veröffentlicht wird, kommt Nr. 6 in Form der **nicht richtigen** Veröffentlichung zur Anwendung. In der Praxis in Betracht kommt etwa die Veröffentlichung der vorletzten bei der BaFin eingereichten Prospektversion ohne Einarbeitung der letzten Kommentare.
- Zudem gibt es einen sanktionsfreien Raum bei Korrekturen von unterhalb der Nachtragspflicht liegenden Schreibfehlern oder kleineren inhaltlichen Unrichtigkeiten. Solche Korrekturen kann der Verpflichtete also ohne Gefahr eines Bußgeldes vornehmen.

g) Verstoß gegen die Mitteilungspflicht zur Prospektveröffentlichung, § 35 Abs. 1 Nr. 7

52 Nach § 14 Abs. 3 hat der Anbieter oder Zulassungsantragsteller – die damit allein als Täter in Betracht kommen – der BaFin **Datum und Ort** der Veröffentlichung des Prospekts unverzüglich **schriftlich** mitzuteilen. § 35 Abs. 1 Nr. 7 ahndet folgende Verstöße gegen diese Bestimmung als Ordnungswidrigkeit: die gänzlich unterlassene Mitteilung über die Veröffentlichung (Mitteilung **nicht** gemacht) sowie die nicht richtige, nicht vollständige, nicht in der vorgeschriebenen Weise stattfindende oder nicht rechtzeitige Mitteilung. **Nicht richtig** ist die Mitteilung, wenn sie sachlich falsch ist, wenn also z. B. Datum oder Ort unrichtig angegeben sind; dagegen dürfte eine Mitteilung, der tatsächlich gar keine Veröffentlichung voranging, nicht tatbestandsmäßig sein, da nach Sinn und Zweck der Norm hier kein Schutzbedürfnis besteht,[55] zumal der Verstoß gegen die Veröffentlichungspflicht, der dann ja zwingend vorliegt, gravierender sein dürfte und die falsche Mitteilung an die BaFin, die erschwerend hinzukommt, bei der Bemessung der Sanktion mitberücksichtigt werden könnte. **Nicht vollständig** ist die Mitteilung, bei der relevante Angaben fehlen, etwa Datum und Ort der Veröffentlichung oder der Name des Emittenten. **Nicht in der vor-**

---

ihren **Disclosure Opinions** darauf hinweisen, dass sie keine Gewähr für die inhaltliche Richtigkeit des Prospekts übernehmen können.
51 Überzeugend *Voß*, in: Just/Voß/Ritz/Zeising, WpPG, § 30 Rn. 76 und *Assmann*, in: Assmann/Schlitt/von Kopp-Colomb, WpPG/VerkProspG, § 30 WpPG Rn. 36.
52 So auch *Pelz*, in: Holzborn, WpPG, § 35 Rn. 18 und *Voß*, in: Just/Voß/Ritz/Zeising, WpPG, § 30 Rn. 76.
53 *Pelz*, in: Holzborn, WpPG, § 35 Rn. 18.
54 Dazu und zum Folgenden auch schon oben Rn. 42 zu Nr. 5.
55 A. A. *Voß*, in: Just/Voß/Ritz/Zeising, WpPG, § 30 Rn. 94.

geschriebenen Weise erfolgt die Mitteilung, wenn dies in anderer Form als Schriftform geschieht. Für **Schriftform** erforderlich ist ein unterschriebener Brief (siehe § 125 BGB) oder ein elektronisches Dokument mit qualifizierter elektronischer Signatur (siehe §§ 125 Abs. 3, 126a BGB). Demnach reicht eine Mitteilung per Telefax oder E-Mail nicht aus.[56] **Nicht rechtzeitig** schließlich ist die Mitteilung, die nicht unverzüglich erfolgt. Unverzüglich meint dabei zunächst nach § 121 BGB „ohne schuldhaftes Zögern". Allerdings ist die Unverzüglichkeit im Kapitalmarktrecht tatbestandsbezogen auszulegen,[57] mit anderen Worten kommt es also auf die jeweilige Norm und die tatsächlichen Umstände an. Da sich weiterhin eher wenige Verkehrsteilnehmer der qualifizierten elektronischen Signatur bedienen, ist die Mitteilung per Brief der Normalfall. Dabei dürfte viel dafür sprechen, dass der Brief[58] an die BaFin in der Regel am Tage der Veröffentlichung abzuschicken ist,[59] spätestens aber innerhalb von drei Tagen nach der Veröffentlichung.[60]

Zu Recht wurde darauf hingewiesen, dass § 35 Abs. 1 Nr. 7 rechtspolitisch insofern auf schwachen Füßen steht, als die Ahndungswürdigkeit als Ordnungswidrigkeit (mit einem Bußgeldrahmen bis zu 50.000 Euro) zweifelhaft ist.[61] Denn die Vorschrift dient nicht dem Anlegerschutz, da der von der BaFin gebilligte Prospekt nach § 13 Abs. 4 ohnehin auf der BaFin-Internetseite abrufbar ist. Die Mitteilungspflicht soll allein der BaFin die Überwachung der Einhaltung der Veröffentlichungspflicht erleichtern. Auch unter anderen Gesichtspunkten handelt es sich um einen nicht schwerwiegenden Verstoß.

h) Unterlassung der Überlassung einer Papierversion des Prospekts, § 35 Abs. 1 Nr. 8

Nach § 14 Abs. 5 müssen für den Fall der Veröffentlichung des Prospekts im Internet der Anbieter, der Zulassungsantragsteller oder die die Wertpapiere platzierenden Banken oder Wertpapierdienstleister den Anlegern auf Verlangen eine Papierversion des Prospekts kostenlos zur Verfügung stellen. Dabei bleiben alle Genannten verpflichtet, bis einer der Verpflichteten leistet. Die Papierversion muss der im Internet veröffentlichten entsprechen. Dadurch sollen gleiche Zugangsmöglichkeiten für das Publikum erreicht werden.[62]

Zwar stellt das Gesetz nur darauf ab, dass eine Papierversion **nicht** zur Verfügung gestellt wird, so dass an sich eine verspätete Überlassung nicht in Betracht kommt, zumal eine unverzügliche Überlassung nicht verlangt wird.[63] Allerdings stellt sich die Frage nach der

---

56 Siehe *Pelz*, in: Holzborn, WpPG, § 35 Rn. 20.
57 Grundlegend der Emittentenleitfaden der BaFin, siehe etwa Abschnitt IV.6.3 (http://www.bafin.de/SharedDocs/Downloads/DE/Leitfaden/WA/dl_emittentenleitfaden_2013.pdf?__blob=publicationFile&v=14).
58 Auf den gewissen Widerspruch des Erfordernisses eines Briefes einerseits, andererseits aber möglichst großer Zeitnähe, die im Zeitalter moderner Kommunikation durch Telefax oder E-Mail sicher leichter zu erreichen wäre, sei hingewiesen.
59 *Voß*, in: Just/Voß/Ritz/Zeising, WpPG, § 30 Rn. 95.
60 H.M., siehe etwa *Pelz*, in: Holzborn, WpPG, § 35 Rn. 20, im Anschluss an OLG Frankfurt vom 22.4.2003 – WpÜG-Owi 3/02, NJW 2003, 2111 (zu § 27 Abs. 3 WpÜG).
61 *Pelz*, in: Holzborn, WpPG, § 35 Rn. 21; a. A. *Voß*, in: Just/Voß/Ritz/Zeising, WpPG, § 30 Rn. 96.
62 *Pelz*, in: Holzborn, WpPG, § 35 Rn. 22.
63 Im Gesetzgebungsverfahren wurde das nicht rechtzeitige Zurverfügungstellen nach Intervention des Bundesrats aus dem Tatbestand der Nr. 8 entfernt, dazu *Heidelbach*, in: Schwark/Zimmer, KMRK, § 30 WpPG Rn. 22.

§ 35   Bußgeldvorschriften

praktischen Handhabbarkeit der Norm bei gleichzeitiger ausreichender Rechtssicherheit für die Verpflichteten. Danach dürfte nur dann von einem relevanten Verstoß auszugehen sein, wenn ein Anleger unter ausreichender Fristsetzung die Überlassung verlangt, diese aber (ggf. trotz zwischenzeitlicher Erinnerung) nicht erfolgt.

56   Auch bei § 35 Abs. 1 Nr. 8 ist die Ahndung als Ordnungswidrigkeit (mit einem Bußgeldrahmen bis zu 50.000 Euro) rechtspolitisch fragwürdig. Im Zeitalter weitestgehend zugänglicher moderner Kommunikation über das Internet – zumal der gebilligte Prospekt ja auch nach § 13 Abs. 4 auf der Internetseite der BaFin veröffentlicht wird und damit leicht zu finden ist – und in Deutschland weitestgehendem Zugang zu Druckern scheint die vorgenannte empfindliche Sanktion in einem gewissen Missverhältnis zu dem zeitlichen und finanziellen Mehraufwand für den Anleger durch eigenen Ausdruck zu stehen.

i) Verstoß gegen die Nachtragsveröffentlichungspflicht, § 35 Abs. 1 Nr. 9

57   § 16 Abs. 1 Satz 5 statuiert eine Pflicht des Anbieters oder Zulassungsantragstellers, einen gebilligten **Nachtrag** unverzüglich in derselben Art und Weise wie den ursprünglichen Prospekt zu **veröffentlichen**. § 35 Abs. 1 Nr. 9 knüpft an einen Verstoß gegen diese Bestimmung an, und zwar durch eine unterlassene Veröffentlichung („nicht … veröffentlicht"), eine nicht richtige, nicht vollständige, nicht in der vorgeschriebenen Weise erfolgende oder nicht rechtzeitige Veröffentlichung. Die Vorschrift entspricht somit derjenigen des § 35 Abs. 1 Nr. 6 (Pflicht zur Veröffentlichung nach Billigung), betrifft aber eben den Nachtrag. Insofern kann hinsichtlich der einzelnen Verstöße auf die obigen Ausführungen zu Nr. 6 verwiesen werden.

58   Wie die Überschrift zu i) bereits sagt, ist lediglich ein Verstoß gegen die „Nachtragsveröffentlichungspflicht", **nicht** dagegen ein **Verstoß gegen die Nachtragspflicht** (§ 16 Abs. 1 Sätze 1 und 2) bußgeldbewehrt.[64] Dies bedeutet, dass der vorwiegend formelle[65] Verstoß gegen die Pflicht zur Veröffentlichung eines gebilligten Nachtrags ordnungswidrigkeitsrechtlich sanktioniert wird, nicht dagegen der mindestens genauso schwerwiegende, materielle Verstoß gegen die Pflicht zur Erstellung eines Nachtrags. An dieser Stelle mag man argumentieren, dass man sich hier in dem für die BaFin kaum fassbaren Bereich der inhaltlichen Richtigkeit des Prospekts bewegt, die ja nach § 13 Abs. 1 auch nicht Aufgabe der BaFin ist. In diese Logik ordnet sich ein, dass § 35 auch sonst inhaltliche Unrichtigkeiten des Prospekts in der Regel nicht ahndet.[66] Andererseits sieht § 26 Abs. 8 durchaus den Fall vor, dass der BaFin begründete Anhaltspunkte für die wesentliche inhaltliche Unrichtigkeit oder wesentliche Unvollständigkeit (gemeint ist: nachträglich) bekannt werden, und knüpft hieran weitgehende Handlungsbefugnisse der BaFin. Vor diesem Hintergrund sollte der Gesetzgeber prüfen, ob hieraus ein Wertungswiderspruch entstanden ist und ggf. die damit verbundene **Sanktionslücke** bei nächster Gelegenheit beseitigen.[67]

---

[64] Zustimmend *Pelz*, in: Holzborn, WpPG, § 35 Rn. 24.
[65] Vorwiegend formell vor allem deshalb, weil nach § 13 Abs. 4 der gebilligte Nachtrag (ebenso wie der ursprüngliche Prospekt) auf der Internetseite der BaFin veröffentlicht wird, so dass ihn die Anleger leicht wahrnehmen können.
[66] Dazu schon oben die Kommentierung zu Nrn. 2, 4 und 6, insbesondere Rn. 50.
[67] Dezidiert dafür *Voß*, in: Just/Voß/Ritz/Zeisig, WpPG, § 30 Rn. 101.

2. Verstöße nach § 35 Abs. 2

Anders als nach Abs. 1 reicht für einen bußgeldbewehrten Verstoß gegen § 35 Abs. 2 jede Form der **Fahrlässigkeit**[68] aus. Hintergrund dessen ist, dass es hier um die Nichtbefolgung vollziehbarer Anordnungen der BaFin geht, d.h. dem jeweiligen Täter das von ihm erwartete Verhalten klar vor Augen stehen sollte, zumal die erforderliche Rechtsbehelfsbelehrung auf die fehlende aufschiebende Wirkung eines Widerspruchs und einer Anfechtungsklage hinweisen sollte. Es handelt sich um sog. **verwaltungsakzessorische Tatbestände**, da eine Tatbestandsverwirklichung eine vollziehbare Anordnung der BaFin voraussetzt. Die **sofortige Vollziehbarkeit** der hier relevanten Anordnungen der BaFin nach §§ 15 Abs. 6 und 26, d.h. die fehlende aufschiebende Wirkung von Widerspruch und Anfechtungsklage, ergibt sich aus § 31. Will der Betroffene gegen die sofortige Vollziehbarkeit vorgehen, muss er dies durch Antrag an die BaFin nach § 80 Abs. 4 Satz 1 VwGO oder im Wege des vorläufigen verwaltungsgerichtlichen Rechtsschutzes nach § 80 Abs. 5 Satz 1 Fall 1 VwGO (Anordnung der aufschiebenden Wirkung durch das Gericht) machen. Ansonsten endet die Vollziehbarkeit natürlich auch mit Erfolg einer Anfechtungsklage im Hauptsacheverfahren. Der Verstoß gegen eine nicht (mehr) vollziehbare Anordnung ist nicht nach § 35 Abs. 2 ahndbar.

Bei den relevanten vollziehbaren Anordnungen handelt es sich im Einzelnen um folgende:
– Anordnungen zu unzulässiger Werbung (§ 35 Abs. 2 Nr. 1 Alt.1 i.V.m. § 15 Abs. 6),
– Anordnungen zu Auskunfts- und Vorlagepflichten (§ 35 Abs. 2 Nr. 1 Alt. 2 i.V.m. § 26 Abs. 2 Satz 1) und
– Untersagungen oder Aussetzungen eines öffentlichen Angebotes (§ 35 Abs. 2 Nr. 2 i.V.m. § 26 Abs. 4 Satz 1 oder 2).

Fraglich ist, ob auch die Missachtung einer **rechtswidrigen, vollziehbaren Anordnung** bußgeldbewehrt ist. Eindeutig ist dies für den Fall einer **nichtigen Anordnung** nach § 43 VwVfG: diese ist unbeachtlich und ein Verstoß gegen sie kann folglich auch nicht bußgeldbewehrt sein. Umstritten ist dies dagegen für einfach **rechtswidrige Anordnungen**. Teilweise wurde hierzu vertreten, dass die spätere Aufhebung eines rechtswidrigen Verwaltungsaktes nichts an der sofortigen Vollziehbarkeit ändere, so dass es auch bei der Sanktionierung bleibe.[69] Die Gegenmeinung argumentiert demgegenüber, dass in diesen Fällen ein außergesetzlicher Strafaufhebungsgrund eingreife, da es mit dem Rechtsstaatsprinzip unvereinbar sei, die Nichtbefolgung einer rechtswidrigen Verfügung zu sanktionieren.[70] Mit Blick auf Art. 103 Abs. 2 GG hat das BVerfG hierzu entschieden, dass der Gesetzgeber dies klar erkennen lassen muss, wenn auch der Verstoß gegen eine rechtswidrige Anordnung bußgeldrechtlich sanktioniert werden soll.[71] Im konkreten Fall geben die Gesetzesmaterialien hierauf keine Antwort. Dementsprechend dürfte das Argument durchgreifen, dass zwar ein Bedürfnis bestehen mag, Anordnungen der BaFin ohne zeitraubende Prüfung auf ihre Rechtmäßigkeit durchzusetzen, im Zweifelsfall aber bei nicht rechtmäßigen An-

---

68 Dazu oben bei Rn. 13.
69 BGH v. 23.7.1969 – 4 StR 371/68, BGHSt 23, 86, 94; OLG Köln v. 13.2.1990 – 2 Ws 648/89, wistra 1991, 74.
70 OLG Frankfurt v. 21.8.1987 – 1 Ss488/86, GA 1987, 549; *Cramer/Heine*, in: Schönke/Schröder, StGB, Vorb. §§ 324ff. Rn. 22.
71 BVerfG v. 1.12.1992 – 1 BvR 88/91, NJW 1993, 581, und BVerfG v. 7.3.1995 – 1 BvR 1564/92, NJW 1995, 3110, 3111.

§ 35 Bußgeldvorschriften

ordnungen kein Bedürfnis zur Verhängung eines Bußgeldes besteht.[72] Folglich ist die Missachtung einer rechtswidrigen Anordnung nicht bußgeldbewehrt. Jedenfalls sollte in diesen Fällen eine Einstellung aus Opportunitätsgründen nach § 47 Abs. 1 Satz 2 OWiG erfolgen.[73]

3. Bußgeldrahmen nach § 35 Abs. 3

62 § 35 Abs. 3 legt drei unterschiedliche Bußgeldrahmen fest, und zwar:
– von bis zu 500.000 Euro für Verstöße nach Abs. 1 Nr. 1 (öffentliches Angebot ohne Prospekt), Nr. 5 (Veröffentlichung eines Prospekts ohne Billigung) und Abs. 2 Nr. 2 (fehlende Befolgung einer vollziehbaren Anordnung zur Untersagung oder Aussetzung eines öffentlichen Angebots),
– von bis zu 100.000 Euro für Verstöße nach Abs. 1 Nr. 6 (Verstoß gegen die Prospektveröffentlichungspflicht) und
– von bis zu 50.000 Euro für alle übrigen Verstöße.

63 Dieser aus § 17 Abs. 3 VerkProspG übernommene Strafrahmen wurde schon für das VerkProspG, im Vergleich etwa zu demjenigen des § 39 Abs. 4 WpHG von bis zu 1.000.000 Euro, etwa für leichtfertige, aber ansonsten geringfügige Verstöße gegen die Ad-hoc-Mitteilungspflicht, als zu gering kritisiert.[74] In der Tat erscheint der Unrechtsgehalt, mindestens auf der Ebene des Erfolgsunrechts, etwa bei einem großvolumigen, unerlaubten öffentlichen Angebot von Wertpapieren regelmäßig höher als bei einer verspäteten Ad-hoc-Mitteilung.[75] Auch fällt auf, dass die ansonsten nach dem WpPG vorgesehenen Bußgeldrahmen von lediglich bis zu 100.000 Euro bzw. lediglich bis zu 50.000 Euro erheblich hinter den gerade im WpHG vorgesehenen Bußgeldrahmen zurückbleiben. Hier ist die BaFin als für die Anwendung des Ordungswidrigkeitenrechts sowohl nach WpPG als auch nach WpHG zuständige Behörde aufgerufen, Augenmaß walten zu lassen, um Wertungswidersprüche zu vermeiden. Darüber hinaus sollte aber auch der Gesetzgeber eine Überarbeitung der verschiedenen Bußgeldrahmen prüfen.

64 Letzteres gilt umso mehr, als auch WpPG-immanent nicht alle Differenzierungen im Strafrahmen überzeugen. Allerdings sind die in der Vorauflage an dieser Stelle kritisierten wichtigsten Wertungswidersprüche durch die Aufnahme von § 35 Abs. 1 Nr. 1 in den Strafrahmen von § 35 Abs. 3 erster Fall beseitigt worden.

65 Letztlich dürften sich die vorhandenen Wertungswidersprüche nur dann einigermaßen überzeugend auflösen lassen, wenn man für bagatellhafte Unrichtigkeiten, Unvollständigkeiten, Formfehler und Verspätungen einen nicht bußgeldbewehrten Bereich annehmen will.[76]

---

72 *Pelz*, in: Holzborn, WpPG, § 35 Rn. 25 und *Assmann*, in: Assmann/Schlitt/von Kopp-Colomb, WpPG/VerkProspG, § 30 WpPG Rn. 48.
73 *Pelz*, in: Holzborn, WpPG, § 35 Rn. 25, im Anschluss an *Vogel*, in: Assmann/Schneider, WpHG, § 39 Rn. 42.
74 *Bruchwitz*, in: Arndt/Voß, VerkProspG, § 17 Rn. 91.
75 *Voß*, in: Just/Voß/Ritz/Zeising, WpPG, § 30 Rn. 106.
76 Dazu ausführlich unten bei Rn. 68 f.

4. Zuständige Verwaltungsbehörde nach § 35 Abs. 4

Sachlich zuständige Behörde für die Verfolgung und Ahndung von Ordnungswidrigkeiten nach § 35 Abs. 1 und 2 ist die **BaFin**, § 35 Abs. 4. Nach dem internen Geschäftsverteilungsplan ist das Referat WA 13 für die Verfolgung von Ordnungswidrigkeiten zuständig. Die örtliche Zuständigkeit der BaFin ergibt sich aus §§ 5 und 7 OWiG. Danach kommt es darauf an, ob der Täter an einem Ort im räumlichen Geltungsbereich des OWiG tätig geworden ist oder im Falle des Unterlassens hätte tätig werden müssen oder wo der zum Tatbestand gehörende Erfolg eingetreten ist bzw. der Tatbestand verwirklicht worden ist oder nach der Vorstellung des Täters hätte eintreten bzw. verwirklicht werden sollen, sog. **Territorialitätsprinzip**. Im Ergebnis können deshalb auch **Ausländer** oder **Gesellschaften mit Sitz im Ausland** Täter einer Ordnungswidrigkeit nach § 35 sein.[77]

III. Allgemeines zum Recht der Ordnungswidrigkeiten und Verfahren

§ 2 OWiG bestimmt, dass das Gesetz über Ordnungswidrigkeiten u. a. auf Ordnungswidrigkeiten nach Bundesrecht wie im vorliegenden Fall Anwendung findet. Dies ist deswegen von Bedeutung, weil das OWiG zahlreiche Bestimmungen enthält, welche, sozusagen als „Allgemeiner Teil", relevante Einzelheiten regeln. Während an dieser Stelle keine erschöpfende Kommentierung des OWiG geleistet werden kann oder soll, ist doch auf einige besonders relevante Punkte hinzuweisen, nämlich auf Bagatellverstöße und Opportunitätsprinzip (1.), das Verfahren (2.), Verantwortlichkeit und Zurechnung (3.), Irrtum (4.), Bußgeldhöhe und verbundene Maßnahmen (5.) sowie einige sonstige besonders relevante Regeln (6.).

1. Bußgeldfreie Bagatellverstöße und Opportunitätsprinzip

Nicht ausdrücklich im OWiG geregelt, aber trotzdem von erheblicher praktischer Relevanz ist zunächst die Frage der Behandlung von Bagatellverstößen, d. h. unerheblichen Unrichtigkeiten, Unvollständigkeiten, Formfehlern und Verspätungen. Umstritten ist, ob es für solche Bagatellverstöße einen nicht bußgeldbewehrten Bereich gibt. Dafür wird angeführt, dass mit Blick auf die nicht unerhebliche Bußgelddrohung solche Bagatellverstöße bereits nicht tatbestandsmäßig sind oder jedenfalls der BaFin Anlass geben, ihr Verfolgungsermessen im Sinne der Nichtverfolgung auszuüben.[78] Gemeint ist mit dem ersten Argument eine teleologische Reduktion. Die Gegenauffassung hält diesen Ansatz, insbesondere den Hinweis auf den hohen Bußgeldrahmen, weder für dogmatisch korrekt noch für rechtspolitisch zielführend. Deswegen soll der Umstand des Vorliegens eines Bagatellverstoßes erst auf der Ebene der Bußgeldzumessung berücksichtigt werden.[79]

---

77 Vgl. *Assmann*, in: Assmann/Schlitt/von Kopp-Colomb, WpPG/VekProspG, § 30 WpPG Rn. 10.
78 So *Vogel*, in: Assmann/Schneider, WpHG, § 39 Rn. 12.
79 Dezidiert *Voß*, in: Just/Voß/Ritz/Zeising, WpPG, § 30 Rn. 102; zum VerkProspG auch schon *Bruchwitz*, in: Arndt/Voß, VerkProspG, § 17 Rn. 78; zuletzt wohl ebenso *Assmann*, in: Assmann/Schlitt/von Kopp-Colomb, WpPG/VerkProspG, § 30 WpPG Rn. 48 a. E.

§ 35 Bußgeldvorschriften

69 Obwohl es schwerfällt, hier abstrakt eine für alle Einzelfälle angemessene Position zu beziehen, dürften im Ergebnis die besseren Argumente für die erstgenannte Auffassung eines grundsätzlich eröffneten bußgeldfreien Bagatellbereiches sprechen. Diese Argumente sind:

- die allgemein im Recht der Ordnungswidrigkeiten verfassungsrechtlich gebotene enge Auslegung und überhaupt die verfassungsrechtliche Überwölbung gerade dieses Rechtsbereichs,
- der Umstand, dass bei einzelnen Tatbeständen des § 35 Abs. 1 lediglich auf formale Verstöße abgestellt wird, ohne dass hierdurch erkennbar erhebliche schützenswerte Interessen betroffen sind und schließlich
- das im Ordnungswidrigkeitenrecht geltende **Opportunitätsprinzip** nach § 47 Abs. 1 OWiG, demzufolge die Verfolgung und Einstellung von Ordnungswidrigkeiten im pflichtgemäßen Ermessen der BaFin als zuständiger Verfolgungsbehörde liegt. Im Gegensatz zu dem im Strafrecht für die Staatsanwaltschaft geltenden **Legalitätsprinzip** ist die BaFin danach gerade nicht gezwungen, bei dem Verdacht einer Ordnungswidrigkeit Ermittlungen aufzunehmen und ggf. eine Sanktion zu verhängen. Gerade Bagatellverstöße eignen sich aber offenbar für die Ausübung des Ermessens im Sinne einer Nichtverfolgung oder Einstellung.

2. Verfahren

70 Nach § 35 Abs. 1 OWiG ist die BaFin zuständig für die **Verfolgung**, d. h. die selbstständige und eigenverantwortliche Ermittlung sowie die Mitwirkung an einem etwaigen Gerichtsverfahren. Das Verfahren richtet sich dabei nach den §§ 46 ff. OWiG, nach denen sinngemäß die strafrechtlichen Verfahrensvorschriften, insbesondere der StPO, gelten, soweit nicht das OWiG etwas anderes bestimmt. Entschließt sich die BaFin zur Eröffnung eines Vorverfahrens, stehen ihr eine Reihe von Befugnissen zu. Unter anderem kann sie Zeugen und Sachverständige laden und vernehmen oder die Polizei um Ermittlungsmaßnahmen (§ 53 OWiG) bitten.

71 Weiter erstreckt sich die Zuständigkeit der BaFin nach § 35 Abs. 2 OWiG auch auf die **Ahndung** bzw. die **Einstellung** des Verfahrens. Eine Ahndung erfolgt durch Erlass eines Bußgeldbescheides nach §§ 65 f. OWiG, eine Einstellung nach § 47 Abs. 1 Satz 2 OWiG. Im Falle des **Einspruchs** (§ 67 OWiG) gegen den Bußgeldbescheid der BaFin übersendet diese die Akten an die Staatsanwaltschaft, wenn sie den Bußgeldbescheid aufrechterhält, § 69 Abs. 3 OWiG. Wenn die **Staatsanwaltschaft** das Verfahren nicht einstellt, beginnt durch Vorlage der Akten beim Amtsgericht das **gerichtliche Verfahren**, §§ 61 ff. und 67 ff. OWiG.

3. Verantwortlichkeit und Zurechnung

a) Täterschaft und Teilnahme

72 Abweichend vom Strafrecht, das zwischen Täterschaft und Teilnahme (Anstiftung und Beihilfe) differenziert, gilt im Ordnungswidrigkeitenrecht nach § 14 Abs. 1 Satz 1 OWiG der **Einheitstäterbegriff**. Danach wird nicht zwischen Täterschaft und Teilnahme unter-

III. Allgemeines zum Recht der Ordnungswidrigkeiten und Verfahren § 35

schieden.[80] Da es aber keine fahrlässige Beteiligung gibt, erfordert die Beteiligung vorsätzliches Mitwirken am vorsätzlichen Handeln oder Unterlassen eines anderen.[81] Weiter muss das jeweilige Verhalten für die Verwirklichung des Bußgeldtatbestandes ursächlich oder zumindest förderlich gewesen sein, d. h. die Tatbestandsverwirklichung muss erleichtert, intensiviert oder abgesichert worden sein.[82]

Nach § 14 Abs. 1 Satz 2 OWiG gilt dies auch dann, wenn **besondere persönliche Merkmale**, d. h. persönliche Eigenschaften, Verhältnisse oder Umstände nach § 9 Abs. 1 OWiG, welche die Möglichkeit der Ahndung begründen, nur bei einem Beteiligten vorliegen. Mit anderen Worten findet eine Überwälzung solcher persönlicher Merkmale[83] statt. Derartige besondere persönliche Merkmale sind bei § 35 die Eigenschaft als Anbieter, Zulassungsantragsteller, Emittent oder Adressat einer Anordnung der BaFin.[84] Obwohl nach § 35 teilweise nur einzelne der vorgenannten Personen verpflichtet sind, können damit – bei einem vorsätzlichen Mitwirken am pflicht- und rechtswidrigen Handeln oder Unterlassen einer solchen Person – auch Dritte, etwa an einer Emission mitwirkende **Berater**, wie z. B. Wirtschaftsprüfer oder Rechtsanwälte, sanktioniert werden.[85] Allerdings dürfte bei der Erteilung von Rechtsrat regelmäßig nicht von einem (auch nur bedingt) vorsätzlichen Verhalten auszugehen sein.[86]

73

b) Handeln für einen anderen und Verantwortlichkeit juristischer Personen

Zentral für Verantwortlichkeit und Zurechnung im Ordnungswidrigkeitenrecht sind die §§ 9 und 30 OWiG. § 9 OWiG regelt die **Organ- und Vertreterhaftung** und bestimmt, dass es bei einer gesetzlichen oder rechtsgeschäftlichen Vertretung, insbesondere für juristische Personen und rechtsfähige Personengesellschaften, auf besondere persönliche Merkmale (etwa die Eigenschaft als Anbieter, Emittent, Zulassungsantragsteller oder Adressat einer Anordnung der BaFin) nicht nur des Handelnden, sondern auch des Vertretenen ankommt. Die Norm stellt sicher, dass das Auseinanderfallen von Verpflichtetem und Handelndem nicht zu Ahndungslücken führt. § 30 Abs. 1 OWiG ergänzt, sozusagen als andere Seite der Medaille, die **Sanktionsmöglichkeit direkt gegen** den Vertretenen, insbesondere **die juristische Person und rechtsfähige Personengesellschaft**, wenn Pflichten der letztgenannten Person verletzt oder diese Person bereichert worden ist oder werden sollte. Damit sichert die Bestimmung die Gleichbehandlung von Einzelunternehmern, die naturgemäß selbst handeln, und Unternehmen, die in Form einer juristischen Person organisiert sind: bei beiden muss es für die Beurteilung der Schwere der Ordnungswidrigkeit und die daran zu knüpfende Sanktion letztlich auf das Unternehmen ankommen. Ordnungswidrig-

74

---

80 Vgl. *Rönnau*, in: Haarmann/Schüppen, Frankfurter Kommentar zum WpÜG, vor § 60 Rn. 109 m. w. N.
81 BGH v. 6.4.1983 – 2 StR 546/82, NJW 1983, 2272.
82 *Rengier*, in: Karlsruher Kommentar zum OWiG, § 14 Rn. 22 f.
83 *Assmann*, in: Assmann/Schlitt/von Kopp-Colomb, WpPG/VerkProspG, § 35 WpPG Rn. 18.
84 *Pelz*, in: Holzborn, WpPG, § 35 Rn. 36.
85 *Voß*, in: Just/Voß/Ritz/Zeising, WpPG, § 30 Rn. 30; *Rönnau*, in: Haarmann/Schüppen, Frankfurter Kommentar zum WpÜG, vor § 60 Rn. 113.
86 *Pelz*, in: Holzborn, WpPG, § 35 Rn. 36, im Anschluss an *Häcker*, in: Müller-Guggenberger/Bieneck, Hdb. des Wirtschaftsstrafrechts, § 95 Rn. 12.

keitenrechtlich erfasst sind damit in diesen Fällen sowohl der Vertreter als auch der Vertretene.[87]

75 Die BaFin geht in der Praxis bei Verstößen regelmäßig zunächst auf die **juristische Person** zu. Dagegen ahndet sie natürliche Personen nur, wenn der konkrete Einzelfall dies nahelegt; in Betracht kommt dies etwa bei besonders schweren persönlichen Verfehlungen der handelnden Person oder dann, wenn die betroffene juristische Person insolvent ist, so dass deren Ahndung nicht zielführend wäre.[88]

c) Pflichtendelegation und fortbestehende Pflichten

aa) Pflichtendelegation

76 § 9 OWiG steht einer Pflichtendelegation nicht entgegen, sondern verweist vielmehr in Abs. 1 und Abs. 2 auf die Möglichkeit der **vertikalen Delegation** an bestimmte vertretungsberechtigte Organe oder Vertreter. Darüber hinaus besteht natürlich auch die Möglichkeit der **horizontalen Delegation**, etwa durch Aufgabenteilung innerhalb eines Kollegialorgans, z.B. des Vorstands einer Aktiengesellschaft. Infolge der Delegation trifft die Pflicht (auch) zum ordnungswidrigkeitenrechtlich relevanten Verhalten – im hier interessierenden Fall nach § 35 Abs. 1, Abs. 2 – und damit die dementsprechende Verantwortlichkeit primär den Beauftragten bzw. Sachwalter. Andererseits kann sich der Delegierende, etwa der Betriebsinhaber oder der Vorstand, nicht allein durch die Delegation vollständig der Verantwortung entziehen. Vielmehr besteht dessen Pflicht weiter, und zwar einerseits bereits in der Pflicht zur angemessenen und sorgfältigen Auswahl des Beauftragten, andererseits in Form von Organisations- und Kontrollpflichten.[89] Durch Beachtung dieser Pflichten sollten betriebsbezogene Ordnungswidrigkeiten im Idealfall von vorneherein ausgeschlossen sein.[90] Allerdings wird es immer auf eine **Einzelfallbetrachtung**[91] ankommen: sicher hilft es einerseits, und kann teilweise unabdingbar sein, geeignete formale Vorkehrungen zu treffen, wie etwa die Erstellung von entsprechenden Organisationsleitfäden und internen Richtlinien (insbesondere eines so genannten „Code of Conduct") sowie die Beschäftigung einer Revisionsabteilung und in größeren Unternehmen von Compliance-Beauftragten;[92] mindestens genauso wichtig sind andererseits auch materielle Vorkehrungen, wie etwa eine dementsprechende Unternehmenskultur, die durch Transparenz, Offenheit und Ehrlichkeit geprägt ist. Dabei müssen aber die Aufsichtsmaßnahmen **erforderlich** und **zumutbar** sein, d.h. die Anforderungen dürfen nicht überspannt werden,[93] gerade im

---

[87] *Assmann*, in: Assmann/Schlitt/von Kopp-Colomb, WpPG/VerkProspG, § 30 WpPG Rn. 18.
[88] *Voß*, in: Just/Voß/Ritz/Zeising, WpPG, § 30 Rn. 33.
[89] *Pelz*, in: Holzborn, WpPG, § 35 Rn. 38.
[90] *Becker*, in: Habersack/Mülbert/Schlitt, Kapitalmarktinformation, § 26 Rn. 17.
[91] Vgl. *Gürtler*, in: Göhler, OWiG, § 130 Rn. 10 m.w.N., und *Becker*, in: Habersack/Mülbert/Schlitt, Kapitalmarktinformation, § 26 Rn. 19.
[92] Vgl. für Wertpapierdienstleistungsunternehmen auch die Organisationspflichten nach § 33 WpHG, dazu *Meyer/Paetzel*, in: Hirte/Möllers, Kölner Kommentar zum WpHG, § 33 Rn. 47 ff.
[93] *Gürtler*, in: Göhler, OWiG, § 130 Rn. 12 m.w.N. insbesondere auch aus der Rechtsprechung; siehe auch dort in Rn. 15 den Hinweis, dass die Anforderungen nicht so streng sein dürfen, dass das bestehende Recht zur Delegation praktisch ausgeschaltet ist.

III. Allgemeines zum Recht der Ordnungswidrigkeiten und Verfahren   § 35

hier relevanten Ordnungswidrigkeitenrecht:[94] Fehler kommen in den besten Organisationen vor, das Ordnungswidrigkeitenrecht sollte immer nur als **ultima ratio** eingreifen.

bb) Inhaberverantwortlichkeit

In diesem Zusammenhang ist auch § 130 OWiG zu sehen, der als eigenständige Ordnungswidrigkeit ein Sonderdelikt, die so genannte **Inhaberverantwortlichkeit**, normiert. Danach kann der Inhaber eines Betriebes oder Unternehmens bei vorsätzlicher oder (schlicht) **fahrlässiger** Unterlassung von Aufsichtsmaßnahmen mit einem dem Rahmen des § 35 entsprechenden Bußgeld sanktioniert werden, wenn eine Ordnungswidrigkeit begangen wird, die durch gehörige Aufsicht verhindert oder wesentlich erschwert worden wäre. Damit hat sich der Gesetzgeber für die sog. **Risikoerhöhungslehre** entschieden, d.h. es reicht aus, dass die Aufsichtspflichtverletzung zu einer wesentlichen Gefahrenerhöhung hinsichtlich der begangenen Zuwiderhandlung geführt hat bzw. der Unternehmer keine ausreichenden Anstrengungen zur Risikoverringerung unternommen hat.[95] Dies bedeutet aber auch, dass der Aufsichtspflichtige für **Exzesstaten**, also bei Fehlverhalten, das unabhängig von den getroffenen Vorkehrungen geschehen ist, nicht verantwortlich ist. Dabei ist die Zuwiderhandlung gegen Pflichten, die den Inhaber treffen und deren Verletzung mit Strafe oder Geldbuße bedroht ist, eine objektive Ahndungsbedingung, d.h. auf die Verletzung selbst brauchen sich Vorsatz bzw. Fahrlässigkeit des Täters nicht zu erstrecken.[96] Die verletzte Pflicht muss betriebsbezogen sein, wobei es sich bei den in § 35 Abs. 1 und Abs. 2 vorgesehenen Pflichten ausnahmslos um betriebsbezogene handelt, nämlich solche, die mit der unternehmerischen Tätigkeit in Zusammenhang stehen.[97] Im Einzelnen beinhalten die in § 130 OWiG aufgestellten Pflichten

77

– die sorgfältige Auswahl der zuständigen Mitarbeiter,
– deren Organisation einschließlich fortlaufender Unterrichtung über die Einhaltung der gesetzlichen Vorschriften im Rahmen der betrieblichen Abläufe und
– deren Kontrolle einschließlich der Überwachung von Aufsichtspersonen.

Allerdings kann die Norm als **Auffangtatbestand** nur dann herangezogen werden, wenn der Betriebsinhaber weder Täter noch Beteiligter eines nach § 35 Abs. 1 oder Abs. 2 relevanten Verhaltens ist.[98] Deswegen und wegen der regelmäßig parallelen Wertung des relevanten Pflichtenkreises zum vorstehenden Absatz aa) dürfte für die Anwendung des § 130 OWiG im hier untersuchten Bereich lediglich bei **einfach fahrlässiger**[99] Unterlassung von Aufsichtsmaßnahmen im Rahmen des § 35 Abs. 1 (der ja für direkte Verstöße ein **leichtfertiges Verhalten** verlangt) Raum sein. Dabei gilt es dann umso mehr, wie oben ausgeführt, die Anforderungen nicht zu überspannen. Zu erwähnen ist noch, dass Aufsichtspflichtverletzungen nach § 130 OWiG betriebsbezogen im Sinne von § 30 OWiG sind und

78

---

94 Sehr weit gehend insofern *Pelz*, in: Holzborn, WpPG, § 35 Rn. 39, der (im Rahmen des § 130 OWiG) u.a. „nicht anlassbezogen stichprobenartige Überprüfungen der Geschäftsabläufe in einer solchen Dichte" verlangt, „dass diese von den mit der Aufgabenerfüllung beauftragten Personen als Kontrolle wahrgenommen werden und geeignet sind, etwaige Verstöße aufzudecken".
95 *Gürtler*, in: Göhler, OWiG, § 130 Rn. 21.
96 *Gürtler*, in: Göhler, OWiG, § 130 Rn. 17 ff.
97 *Pelz*, in: Holzborn, WpPG, § 35 Rn. 39.
98 *Voß*, in: Just/Voß/Ritz/Zeising, WpPG, § 30 Rn. 34 m.w.N.
99 Auf die Ausweitung des bußgeldbewehrten Bereichs insofern weist etwa *Gürtler*, in: Göhler, OWiG, § 130 Rn. 27, hin.

damit den Durchgriff auf das Unternehmen ermöglichen. Außerdem sind auch Betriebsleiter und speziell aufsichtspflichtige Personen nach § 9 Abs. 2 Satz 1 Nr. 1 und 2 OWiG Normadressaten nach § 130 OWiG, so dass jeweils eine Zurechnung möglich ist.[100]

4. Irrtum

79 § 11 OWiG unterscheidet, ebenso wie im Strafrecht, zwischen dem Vorsatz ausschließenden **Tatbestandsirrtum** (§ 11 Abs. 1) und dem nur bei Unvermeidbarkeit relevanten **Verbotsirrtum** (§ 11 Abs. 2).

a) Tatbestandsirrtum

80 Soweit es sich bei den Tatbeständen des § 35 um Blanketttatbestände handelt, wird der genaue Inhalt des jeweiligen Tatbestands erst durch die Ausfüllungsnorm ersichtlich, also die in den einzelnen Nummern von § 35 Abs. 1 jeweils genannte andere Vorschrift. Diese Ausfüllungsvorschriften gehören damit zum jeweiligen gesetzlichen Tatbestand.[101] Irrt sich der Täter über das Vorliegen tatsächlicher Umstände, liegt ein Tatbestandsirrtum vor. Dann kommt keine Ahndung wegen eines vorsätzlichen Deliktes in Betracht, sondern lediglich eine Ahndung wegen fahrlässigen Verhaltens. Ein Tatbestandsirrtum liegt etwa dann vor, wenn der Betroffene von der Existenz einer Anordnung keine Kenntnis besitzt oder irrig davon ausgeht, eine solche Anordnung sei nicht vollziehbar.[102] Gerade die Vollziehbarkeit sollte indessen bei ordnungsgemäßer Belehrung in der Verfügung eigentlich klar sein, so dass ein diesbezüglicher Irrtum ausscheiden würde; umgekehrt dürfte bei fehlender oder falscher Belehrung ein solcher Irrtum regelmäßig in Betracht kommen und dann auch Zweifel an einem fahrlässigen Verhalten des Betroffenen wecken.

b) Verbotsirrtum

81 Ein Verbotsirrtum liegt vor, wenn dem Täter die Einsicht fehlt, etwas Unerlaubtes zu tun. Allerdings sind die Anforderungen an die Vermeidbarkeit eines Verbotsirrtums hoch: nur wenn der Täter bei Anwendung der nach der Sachlage objektiv zu fordernden und nach seinen persönlichen Verhältnissen möglichen Sorgfalt das Unerlaubte seines Verhaltens nicht erkennen konnte, ist der Irrtum unvermeidbar; insbesondere müssen sich Rechtsunkundige an Auskunftspersonen wenden.[103] Die damit bestehende Prüfungspflicht und **Erkundigungsobliegenheit** ist umso strenger, je mehr der relevante Bußgeldtatbestand mit beruflichen oder gewerblichen Tätigkeiten, wie hier im Rahmen des § 35, in Verbindung steht.[104] Dabei darf sich ein Bürger, auch ein Unternehmer, auf die Auskunft einer nicht

---

100 *Gürtler*, in: Göhler, OWiG, § 130 Rn. 3 und 7 ff.
101 *Pelz*, in: Holzborn, WpPG, § 35 Rn. 33, und *Rönnau*, in: Haarmann/Schüppen, Frankfurter Kommentar zum WpÜG, vor § 60 Rn. 85; etwas unklar, i. E. aber wohl a. A. *Voß*, in: Just/Voß/Ritz/Zeising, WpPG, § 30 Rn. 22 m. w. N.
102 Beispiele nach *Pelz*, in: Holzborn, WpPG, § 35 Rn. 33, im Anschluss an *Rengier*, in: Karlsruher Kommentar zum OWiG, § 11 Rn. 14 und 18.
103 Ständige Rechtsprechung, siehe etwa BGH v. 23.12.1952 – 2 StR 612/52, BGHSt 4, 1, 5, und BGH v. 24.3.1953 – 5 StR 225/53, BGHSt 4, 347, 352.
104 *Rengier*, in: Karlsruher Kommentar zum OWiG, § 11 Rn. 65 f.; *Bohnert*, OWiG, § 11 Rn. 32 ff.

erkennbar völlig unzuständigen Behörde[105] oder auf diejenige der eigenen Rechtsabteilung oder eines extern beauftragten Rechtsanwalts, zumindest soweit ein Auftrag zur umfassenden Prüfung erteilt war und nicht erkennbar Eigeninteressen im Spiel sind oder anderweitig Umstände vorliegen, die zum Zweifel Anlass geben,[106] grundsätzlich verlassen. Dies kommt insbesondere in Betracht, wenn er sich gemäß Verlautbarungen der BaFin oder von ESMA (früher: CESR) verhalten hat.[107]

5. Bußgeldhöhe und Verfall

a) Höhe der Geldbuße

§ 17 OWiG legt in Abs. 1 die **Mindesthöhe** der Geldbuße auf **fünf Euro** fest. Nach § 17 Abs. 2 OWiG **kann fahrlässiges Handeln nur mit der Hälfte des angedrohten Höchstmaßes** der Geldbuße geahndet werden, soweit das Gesetz Vorsatz und Fahrlässigkeit sanktioniert, ohne im Höchstmaß zu unterscheiden; danach reduzieren sich bei § 35 Abs. 1 und Abs. 2 die bei fahrlässigem bzw. leichtfertigem[108] Verhalten zur Verfügung stehenden Strafrahmen des § 35 Abs. 3 auf die Hälfte. § 17 Abs. 3 OWiG bestimmt als Grundlagen der Bußgeldzumessung: **82**

– die Bedeutung der Ordnungswidrigkeit,
– der den Täter treffende Vorwurf und
– die wirtschaftlichen Verhältnisse des Täters; diese wirtschaftlichen Verhältnisse sind für juristische Personen und rechtsfähige Personengesellschaften mit § 30 OWiG (insbesondere Abs. 3) zusammen zu lesen; danach kommt es für die wirtschaftlichen Verhältnisse und den aus der Tat gezogenen wirtschaftlichen Vorteil für die Gesellschaft an (dazu auch oben Rn. 74 f.).

§ 17 Abs. 4 OWiG schließlich bestimmt, dass die Geldbuße den aus der Ordnungswidrigkeit gezogenen wirtschaftlichen Vorteil des Täters übersteigen soll, sog. **Gewinnabschöpfung**. § 17 Abs. 4 Satz 2 OWiG sieht hierzu sogar vor, dass das **gesetzliche Höchstmaß überschritten** werden darf, falls es zur Gewinnabschöpfung nicht ausreicht. Dies basiert auf der Überlegung, dass sich ordnungswidriges Verhalten für den Täter nicht lohnen soll.[109] Maßgeblich ist dabei das **Nettoprinzip**, d.h. zu berücksichtigen sind die Aufwendungen, welche der Täter zur Gewinnerzielung gemacht hat, und Gewinnminderungen nach der Tat, etwa Schadensersatzleistungen des Täters an geschädigte Anleger.[110] Allerdings sind die meisten Tatbestände des § 35 Abs. 1 als Verstöße gegen Veröffentlichungs-, Hinterlegungs- und Mitteilungspflichten so ausgestaltet, dass es kaum denkbar ist, dass der Täter durch einen Verstoß einen entsprechenden Vorteil erlangt. **83**

In der Literatur wurde mit Blick auf die Funktionsfähigkeit des Kapitalmarkts, der durch unerlaubte öffentliche Angebote in seinem Kernbereich verletzt sei, und unter generalpräventiven Aspekten Kritik an der zurückhaltenden Handhabung der Gewinnabschöpfung **84**

---

105 BGH v. 2.2.2000 – 1 StR 597/99, NStZ 2000, 364.
106 *Pelz*, in: Holzborn, WpPG, § 35 Rn. 35, im Anschluss an *Rengier*, in: Karlsruher Kommentar zum OWiG, § 11 Rn. 76 ff., und *Gürtler*, in: Göhler, OWiG, § 11 Rn. 26b m.w.N.
107 *Heidelbach*, in: Schwark/Zimmer, KMRK, § 30 WpPG Rn. 5.
108 Vgl. *Assmann*, in: Assmann/Schlitt/von Kopp-Colomb, WpPG/VerkProspG, § 30 WpPG Rn. 55.
109 Ausführlich *Mitsch*, in: Karlsruher Kommentar zum OWiG, § 17 Rn. 117 ff.
110 *Gürtler*, in: Göhler, OWiG, § 17 Rn. 39 ff.

durch die BaFin geäußert, und zwar sowohl im Bereich des Verkaufsprospektgesetzes[111] als auch des WpPG.[112] Dem ist zuzugeben, dass der Gesichtspunkt, dass sich ordnungswidriges Verhalten nicht lohnen soll, ein zentraler Aspekt des OWiG ist und die genannten Argumente schwer wiegen. Andererseits dürfte die Praxis der BaFin von der Erwägung getrieben sein, dass insbesondere in einem verhältnismäßig neuen (WpPG) und verhältnismäßig komplexen Rechtsgebiet[113] die bußgeldrechtliche Sanktionierung behutsam und mit Fingerspitzengefühl zu entwickeln ist.

b) Verfall

85 § 29a OWiG regelt den Verfall. Danach kann die BaFin für den Fall,

- dass ein Bußgeldverfahren nicht eingeleitet oder eingestellt wird und
- eine Geldbuße nicht festgesetzt wird, der Täter aber für eine mit Geldbuße bedrohte Handlung oder aus ihr etwas erlangt hat,

den Verfall eines **Geldbetrages** bis zu der Höhe anordnen, die dem Wert des Erlangten entspricht. Das Gleiche gilt, wenn ein Dritter etwas aus einer solchen Handlung erlangt hat gegenüber dem Dritten. Dabei ist eine unmittelbare Kausalbeziehung zwischen der Tat und dem erlangten Vorteil erforderlich.

6. Sonstige besonders relevante Regeln

a) Keine Ahndung des Versuchs

86 Nach § 13 Abs. 2 OWiG kann der Versuch nur geahndet werden, wenn dies ausdrücklich bestimmt ist. Mangels einer solchen Bestimmung in § 35 bleibt der Versuch im hier interessierenden Bereich folglich ohne Rechtsfolgen.

b) Keine Rückwirkung oder rückwirkende Bußgeldverschärfung

87 Nach § 4 Abs. 1 OWiG gilt der Grundsatz der Tatzeitahndung, d. h. die nachträgliche Begründung oder Verschärfung der Sanktionierung ist ausgeschlossen. Nach § 4 Abs. 3 OWiG gilt sogar, dass bei zwischenzeitlicher Änderung des geltenden Gesetzes das mildeste Gesetz anzuwenden ist. Im Wertpapierprospektrecht werden diese Normen erst dann zur Anwendung gelangen, wenn künftig Änderungen der Tatbestandsmerkmale oder der an die Tatbestandserfüllung geknüpften Sanktionen erfolgen.[114]

c) Verjährung

88 Nach § 31 Abs. 2 Nr. 1 OWiG tritt in den hier relevanten Fällen des § 35 – mit einem Bußgeldrahmen von mehr als 15.000 Euro – **(Verfolgungs-)Verjährung** der Ordnungswidrigkeiten nach **drei Jahren** ein. Verjährungsbeginn ist dabei nach § 31 Abs. 3 OWiG mit Beendigung der Tathandlung bzw. eines ggf. später eingetretenen Erfolgs. Für die Unterlassungsdelikte nach § 35 ist letztlich maßgeblich, wann erstmalig die Möglichkeit zur buß-

---

111 *Bruchwitz*, in: Arndt/Voß, VerkProspG, § 17 Rn. 44.
112 *Voß*, in: Just/Voß/Ritz/Zeising, WpPG, § 30 Rn. 42.
113 Dazu oben Rn. 1 ff.
114 *Voß*, in: Just/Voß/Ritz/Zeising, WpPG, § 30 Rn. 10.

III. Allgemeines zum Recht der Ordnungswidrigkeiten und Verfahren § 35

geldrechtlichen Ahndung bestanden hätte. Mit anderen Worten kommt es darauf an, wann der Täter die relevante Norm des § 35 Abs. 1 so verletzt hat, dass Tatvollendung eingetreten ist, etwa bei nicht erfolgender oder (regelmäßig früherer) nicht rechtzeitiger Veröffentlichung oder Hinterlegung.[115] **Vollstreckungsverjährung**, d. h. die fehlende Vollstreckbarkeit einer rechtskräftig festgesetzten Geldbuße, tritt nach **fünf Jahren** ein, § 34 OWiG.

---

115 Dagegen kommt es hier – anders als im Strafrecht bei unechten Unterlassungsdelikten, insbesondere Dauerdelikten wie etwa der Vorenthaltung von Beiträgen zur Sozialversicherung, dazu etwa *Stree/Sternberg-Lieben*, in: Schönke-Schröder, StGB, § 78a Rn. 6, und BGH v. 27.9.1991 – 2StR 315/91, wistra 1992, 23 – nicht darauf an, ob die Pflicht zum Handeln entfällt. A. A. *Voß*, in: Just/Voß/Ritz/Zeising, WpPG, § 30 Rn. 43.

§ 36 Übergangsbestimmungen

(1) ¹Drittstaatemittenten, deren Wertpapiere bereits zum Handel an einem organisierten Markt zugelassen sind, können die Bundesanstalt als für sie zuständige Behörde im Sinne des § 2 Nr. 13 Buchstabe c wählen und haben dies der Bundesanstalt bis zum 31. Dezember 2005 mitzuteilen. ²Für Drittstaatemittenten, die bereits vor Inkrafttreten dieses Gesetzes im Inland Wertpapiere öffentlich angeboten oder für Wertpapiere einen Antrag auf Zulassung zum Handel an einem im Inland gelegenen organisierten Markt gestellt haben, ist die Bundesrepublik Deutschland Herkunftsstaat, vorausgesetzt es handelt sich um

a) das erste öffentliche Angebot von Wertpapieren in einem Staat des Europäischen Wirtschaftsraums nach dem 31. Dezember 2003 oder
b) den ersten Antrag auf Zulassung von Wertpapieren zum Handel an einem im Europäischen Wirtschaftsraum gelegenen organisierten Markt nach dem 31. Dezember 2003.

(1a) ¹Für öffentliche Angebote, für die endgültige Bedingungen bereits vor dem 10. Juli 2015 bei der Bundesanstalt hinterlegt wurden, ist § 9 Absatz 2 dieses Gesetzes in seiner bis dahin geltenden Fassung weiter anzuwenden. ²Werden für Wertpapiere innerhalb eines Zeitraums von drei Monaten ab dem 10. Juli 2015 bei der Bundesanstalt endgültige Bedingungen hinterlegt, die sich auf Basisprospekte beziehen, welche vor dem 10. Juli 2015 gebilligt wurden, dürfen diese Wertpapiere noch sechs Monate ab Hinterlegung der endgültigen Bedingungen auf der Grundlage des Basisprospekts öffentlich angeboten werden, sofern sich nicht aus § 9 Absatz 2 eine längere Gültigkeit ergibt.

(2) Wertpapiere, die bereits vor dem 1. Juli 2012 auf Grundlage eines von der Bundesanstalt vor diesem Datum gebilligten Basisprospekts und bei ihr dazu hinterlegter endgültiger Bedingungen in Anwendung des § 9 Absatz 5 in der bis zum 30. Juni 2012 geltenden Fassung öffentlich angeboten wurden, dürfen noch bis einschließlich 31. Dezember 2013 weiter öffentlich angeboten werden.

(3) Das jährliche Dokument nach § 10 dieses Gesetzes in der bis zum 30. Juni 2012 geltenden Fassung ist letztmalig für den Zeitraum des vor dem 1. Juli 2012 zu veröffentlichenden Jahresabschlusses zu erstellen, dem Publikum zur Verfügung zu stellen, und bei der Bundesanstalt zu hinterlegen.

Übersicht

	Rn.		Rn.
I. Grundlagen	1	3. Hinsichtlich der Billigung bereits begonnener Angebote (Abs. 2)	8
II. Geltung der Übergangsregelungen	4	4. Bezüglich der Erstellung des jährlichen Dokuments (Abs. 3)	10
1. Bezüglich der Bestimmung des Herkunftsstaats von Drittstaatemittenten (Abs. 1)	5	III. Bestimmung des Herkunftsstaats von Drittstaatemittenten (Abs. 1)	11
2. Übergangsregelung wegen der Streichung von § 9 Abs. 2 Satz 2 a. F. (Abs. 1a)	7	IV. Übergangsregelung wegen der Streichung von § 9 Abs. 2 Satz 2 a. F. (Abs. 1a)	14

| V. Billigung bereits begonnener Angebote (Abs. 2) .... 15 | VI. Erstellung des jährlichen Dokuments (Abs. 3) .... 18 |

I. Grundlagen

§ 36 beinhaltet vier Übergangsbestimmungen: 1

- **Abs. 1** ergänzt die Vorschriften des § 20 (**Drittstaatemittenten**) und die dazugehörige Definition des Begriffs Herkunftsstaat in § 2 Nr. 13.
- **Abs. 1a** bezieht sich auf öffentliche Angebote, die auf Grundlage von Basisprospekten und hinterlegten endgültigen Bedingungen vor dem Stichtag, 10.7.2015 (Satz 1), bzw. innerhalb von drei Monaten nach dem Stichtag hinterlegten endgültigen Bedingungen erfolgen, wenn der Basisprospekt vor dem Stichtag gebilligt worden ist (Satz 2).
- **Abs. 2** bezieht sich auf **öffentliche Angebote** die auf Grundlage von Basisprospekten und hinterlegten endgültigen Bedingungen erfolgen. Diese Angebote müssen vor dem 1.7.2012 begonnen haben.
- **Abs. 3**. präzisiert, für welchen Zeitraum ein **jährliches Dokument** gemäß dem (aufgehobenen) § 10 zu erstellen ist.[1]

Die Regelung des Abs. 1 setzt Art. 30 Abs. 1 der Prospektrichtlinie in deutsches Recht um. Die Regelungen der Abs. 2 und 3 wurden durch das Gesetz zur Umsetzung der Richtlinie 2010/73/EU und zur Änderung des Börsengesetzes eingefügt. 2

Die Übergangsregelung des Abs. 1a war wegen der Streichung des § 9 Abs. 2 Satz 2 a. F. durch das Kleinanlegerschutzgesetz[2] und der damit einhergehenden Änderung für Basisprospekte erforderlich.[3] 3

II. Geltung der Übergangsregelungen

Die **Übergangsvorschriften des Abs. 1, Abs. 2 und Abs. 3 sind abgelaufen**. Ihnen kommt heute nur noch dann Bedeutung zu, falls in der Vergangenheit liegende Sachverhalte geklärt werden müssen. 4

1. Bezüglich der Bestimmung des Herkunftsstaats von Drittstaatemittenten (Abs. 1)

Das WpPG ist am 1.7.2005 in Kraft getreten.[4] Da die Wahlfrist des **Abs. 1 Satz 1** am 31.12.2005 abgelaufen ist, kam die Vorschrift nur in den sechs Monaten vom 1.7.2005 bis zum 31.12.2005 zur Anwendung. 5

---

1 *Müller*, WpPG, § 36 Rn. 3.
2 BGBl. I 2015, 1114, 1125 f.; *Groß*, Kapitalmarktrecht, 6. Aufl. 2016, § 36 WpPG.
3 *Groß*, Kapitalmarktrecht, 6. Aufl. 2016, § 9 WpPG Rn. 3.
4 Dass §§ 4 Abs. 3, 20 Abs. 3, 27 Abs. 5 und 28 Abs. 2 schon am 28.6.2005 Gesetzeskraft erlangten, ist hier nicht weiter relevant.

§ 36   Übergangsbestimmungen

6   Ähnliches gilt für die Festlegung des Herkunftsstaats in **Abs. 1 Satz 2**. Von ihr betroffen sind nur Wertpapiere, die zwischen dem 31.12.2003 und dem 1.7.2005 öffentlich angeboten oder zur Zulassung angemeldet wurden.

2. Übergangsregelung wegen der Streichung von § 9 Abs. 2 Satz 2 a. F. (Abs. 1a)

7   Die Übergangsregelung des § 36 Abs. 1a findet auf öffentliche Angebote aufgrund eines Basisprospekts und vor dem 10.7.2015 hinterlegten endgültigen Bedingungen (Satz 1) bzw. innerhalb von drei Monaten nach dem 10.7.2015 hinterlegten endgültigen Bedingungen (Satz 2) Anwendung, die spätestens am 9.7.2016 enden.

3. Hinsichtlich der Billigung bereits begonnener Angebote (Abs. 2)

8   Die Regelung in **Abs. 2** betrifft öffentliche Angebote, die bereits vor dem 1.7.2012 begonnen wurden. Diese dürfen bis einschließlich 31.12.2013 fortgeführt werden.

9   Maßgeblich ist insofern der Zeitpunkt der **Antragsstellung auf Billigung**. Anträge, die vor dem 1.7.2012 gestellt wurden und deren Billigungsverfahren am 1.7.2012 noch andauerte, wurden nach alter Rechtslage behandelt.[5]

4. Bezüglich der Erstellung des jährlichen Dokuments (Abs. 3)

10   Die Regelung des Abs. 3 betrifft die letztmalige Erstellung des jährlichen Dokuments nach § 10 in der bis zum 30.6.2012 geltenden Fassung. Maßgeblicher Zeitraum ist der des Jahresabschlusses, der für den Zeitraum vor dem 1.7.2012 zu veröffentlichen war.

III. Bestimmung des Herkunftsstaats von Drittstaatemittenten (Abs. 1)

11   Als Drittstaaten gelten gem. § 20 Abs. 1 alle Staaten, die nicht dem Europäischen Wirtschaftsraum angehören.[6] Den Emittenten aus diesen Staaten wird für Zwecke des WpPG ein Herkunftsstaat innerhalb des Europäischen Wirtschaftsraumes zugewiesen. Dabei müssen sich die **Drittstaatemittenten** gem. § 2 Nr. 13 Buchst. c) entscheiden, ob dies entweder der Staat sein soll, in dem das erste öffentliche Angebot unterbreitet wird, oder der Staat, in dem die Zulassung der Wertpapiere zum ersten Mal beantragt wird.[7] Sofern diese Wahl nicht vom Emittenten, sondern vom Anbieter oder Zulassungsantragsteller vorgenommen wurde, kann diese im Nachhinein noch revidiert werden.

---

5   BT-Drs. 17/8684, S. 21.
6   Der Europäische Wirtschaftsraum umfasst neben den EU-Mitgliedstaaten noch Island, Liechtenstein und Norwegen. Im Einzelnen ist zu beachten, dass etwa die Färöer, die Kanalinseln oder die Insel Man als Drittstaaten anzusehen sein dürften, vgl. Art. 355 Abs. 5 AEUV (Konsolidierte Fassung des Vertrags über die Arbeitsweise der Europäischen Union, ABl. C 83/47 vom 30.3.2010).
7   § 2 Nr. 13 Buchst. b) läuft für einen Emittenten ohne Sitz im Europäischen Wirtschaftsraum auf die gleiche Wahl hinaus.

Abs. 1 Satz 1 sieht vor, dass Emittenten aus Drittstaaten, deren Wertpapiere bereits zum Handel zugelassen waren, sechs Monate nach Inkrafttreten des WpPG (d. h. vom 1.7.2005 bis zum 31.12.2005) Deutschland als ihr Herkunftsland wählen konnten. Konkret bedeutete dies, dass die BaFin in diesem Falle direkt für die Drittstaatemittenten zuständig gewesen wäre. 12

Abs. 1 Satz 2 betrifft die Übergangsphase zwischen Inkrafttreten der Prospektrichtlinie[8] (31.12.2003) und Inkrafttreten des WpPG (1.7.2005). Für öffentliche Angebote (Abs. 1 Satz 2 Buchst. a) oder Anträge auf Zulassung von Wertpapieren (Abs. 1 Satz 2 Buchst. b), die in diesem Zeitraum zum ersten Mal im Europäischen Wirtschaftsraum erfolgten, galt Deutschland zwingend als Herkunftsland. Damit war wiederum die Zuständigkeit der BaFin begründet. 13

IV. Übergangsregelung wegen der Streichung von § 9 Abs. 2 Satz 2 a. F. (Abs. 1a)

Im Falle von Angebotsprogrammen sind nach § 9 Abs. 1 Satz 1 Basisprospekte nach ihrer Billigung zwölf Monate gültig. Wenn während dieses Gültigkeitszeitraums eines Basisprospekts endgültige Bedingungen für ein Angebot hinterlegt wurden, verlängerte sich nach § 9 Abs. 2 Satz 2 a. F. der Gültigkeitszeitraum des Basisprospekts für dieses öffentliche Angebot bis zu dessen Ablauf, höchstens jedoch um weitere zwölf Monate ab Hinterlegung der endgültigen Bestimmungen bei der Bundesanstalt. § 36 Abs. 1a Satz 1 gewährt Rechtssicherheit für öffentliche Angebote, die aufgrund eines vor dem Inkrafttreten des Kleinanlegerschutzgesetzes (10.7.2015) gebilligten Basisprospekts und hinterlegten endgültigen Bedingungen erfolgt sind. § 36 Abs. 1a Satz 2 soll den Marktteilnehmern ausreichend Zeit gewähren, neue Basisprospekte zur Billigung vorzubereiten, um die durch die Streichung des § 9 Abs. 2 Satz 2 a. F. verkürzte Verwendbarkeit von gültigen Basisprospekten auszugleichen.[9] Die Übergangsregelung lässt § 9 Abs. 2 Satz 1 unberührt, d. h. zum Zeitpunkt der Hinterlegung endgültiger Bedingungen muss der Basisprospekt noch nach § 9 Abs. 2 Satz 1 gültig sein.[10] 14

V. Billigung bereits begonnener Angebote (Abs. 2)

Die Vorschrift des Abs. 2 dient der Rechtssicherheit. Es soll klargestellt werden, für welche Prospekte welche Rechtslage gilt. Dies betraf vor allem Prospekte, die sich zum Zeitpunkt des Inkrafttretens des Gesetzes im Billigungsverfahren bei der Bundesanstalt befanden.[11] 15

---

8 Richtlinie 2003/71/EG des Europäischen Parlaments und des Rates vom 4.11.2003 betreffend den Prospekt, der beim öffentlichen Angebot von Wertpapieren oder bei deren Zulassung zum Handel zu veröffentlichen ist, und zur Änderung der Richtlinie 2001/34/EG, ABl. L 345/64 vom 31.12.2003.
9 BT-Drucks. 18/4708, 68; *Groß*, Kapitalmarktrecht, § 36 WpPG.
10 BT-Drucks. 18/4708, 68; *Groß*, Kapitalmarktrecht, § 36 WpPG.
11 BT-Drs. 17/8684, S. 21.

§ 36   Übergangsbestimmungen

16   Die öffentlichen Angebote, die vor dem 1.7.2012 begonnen wurden und auf Grundlage eines Basisprospektes und hinterlegter endgültiger Bedingungen erfolgten, konnten bis zum 31.12.2013 fortgeführt werden. Die Beschränkungen des § 9 Abs. 2 Satz 2 greifen insoweit nicht.[12] Bis zum Abschluss dieser Angebote besteht die Nachtragspflicht im Hinblick auf die zugrunde liegenden Basisprospekte.

17   Anträge, die vor dem 1.7.2012 gestellt wurden, deren Billigungsverfahren an diesem Datum indes noch andauerte, wurden ausschließlich nach alter Rechtslage behandelt. Gleichzeitig stellt das Gesetz klar, dass sich alle aus einer Billigung folgenden in diesem Gesetz verankerten Pflichten ausschließlich nach der neuen Rechtslage richten, unabhängig davon, zu welchem Zeitpunkt und nach welcher Rechtslage die Billigung erfolgt ist. Gleiches gilt für das Widerrufsrecht des Anlegers.[13]

VI. Erstellung des jährlichen Dokuments (Abs. 3)

18   § 10 wurde durch das Gesetz zur Umsetzung der Richtlinie 2010/73/EU und zur Änderung des Börsengesetzes aufgehoben. Dieser regelte die Verpflichtung des Emittenten, dem Publikum jährlich ein Dokument mit näher bezeichneten Informationen zur Verfügung zu stellen.

19   Die Regelung des Abs. 3 dient insoweit der Rechtssicherheit. Es wird klargestellt, für welchen Zeitraum diesen Pflichten letztmalig nachgekommen werden muss.[14]

---

12 *Müller*, WpPG, § 36 Rn. 2.
13 BT-Drs. 17/8684, S. 21.
14 BT-Drs. 17/8684, S. 21.

§ 37 Übergangsbestimmungen zur Aufhebung des Verkaufsprospektgesetzes

¹Für Ansprüche wegen fehlerhafter Prospekte, die nicht Grundlage für die Zulassung von Wertpapieren zum Handel an einer inländischen Börse sind und die vor dem 1. Juni 2012 im Inland veröffentlicht worden sind, sind das Verkaufsprospektgesetz und die §§ 44 bis 47 des Börsengesetzes jeweils in der bis zum 31. Mai 2012 geltenden Fassung weiterhin anzuwenden. ²Wurden Prospekte entgegen § 3 Absatz 1 Satz 1 nicht veröffentlicht, ist für daraus resultierende Ansprüche, die bis zum Ablauf des 31. Mai 2012 entstanden sind, das Verkaufsprospektgesetz in der bis zum 31. Mai 2012 geltenden Fassung weiterhin anzuwenden.

Übersicht

	Rn.		Rn.
I. Grundlagen	1	IV. Übergangsvorschriften in anderen Gesetzen	4
II. Haftung für fehlerhafte Prospekte	2		
III. Haftung für fehlende Prospekte	3		

I. Grundlagen

§ 37 enthält zwei Übergangsregelungen für Haftungsansprüche: 1

– **Satz 1** regelt die Prospekthaftungsansprüche wegen **fehlerhafter Prospekte**, die nicht Grundlage für die Zulassung von Wertpapieren zum Handel an einer inländischen Börse sind.
– **Satz 2** regelt die Haftungsansprüche wegen **fehlenden Prospekts.**

II. Haftung für fehlerhafte Prospekte

Die Regelung des **Satzes 1** bezieht sich auf die Haftung wegen eines fehlerhaften Prospekts. Diese umfasst nur Prospekte, die nicht Grundlage für die Zulassung von Wertpapieren zum Handel an einer inländischen Börse sind. Der entscheidende Zeitpunkt ist dabei die Veröffentlichung des Prospekts. Erfolgte diese vor dem 1.6.2012, kommt der § 13 VerkProspG a. F. (in der Fassung vor der Änderung durch das Gesetz zur Novellierung des Finanzanlagenvermittler– und Vermögensanlagenrechts) zur Anwendung und dadurch die §§ 44 bis 47 BörsenG a. F.[1] Liegt der Zeitpunkt der Veröffentlichung nach dem 1.6.2012, gilt § 22. Dies umfasst auch die nach diesen Vorschriften geltenden Verjährungsfristen. 2

---

1 BT-Drs. 17/6051, S. 47; *Groß*, Kapitalmarktrecht, § 37 WpPG.

III. Haftung für fehlende Prospekte

3   Die Regelung des Satzes 2 betrifft die Haftungsansprüche bei Fehlen eines Prospekts. Bei dieser Norm wird auf den Entstehungszeitpunkt des Anspruchs abgestellt.² Ist der Anspruch vor dem 1.6.2012 entstanden, kommt § 13a VerkProspG a. F. zur Anwendung. Für Ansprüche, die nach dem 1.6.2012 entstanden sind, gilt der § 24.³

IV. Übergangsvorschriften in anderen Gesetzen

4   Für Prospekte, die Grundlage für die Zulassung von Wertpapieren zum Handel an einer inländischen Börse sind, enthält der § 52 Abs. 8 BörsG n. F. eine dem Satz 1 entsprechende Übergangsregelung.⁴ Diese Prospekte müssen vor dem 1.6.2012 im Inland veröffentlicht worden sein.

---

2 BT-Drs. 17/6051, S. 47.
3 Die Regierungsbegründung zum Entwurf des Gesetzes zur Novellierung des Finanzanlagenvermittler- und Vermögensanlagenrechts (BT-Drs. 17/6051, S. 47) verweist an dieser Stelle auf § 22. Dabei dürfte es sich um ein Versehen handeln.
4 *Groß*, Kapitalmarktrecht, § 37 WpPG.

Teil 2: Kommentar zur Prospekt-Verordnung (EG) Nr. 809/2004

Kapitel I
Gegenstand und Begriffsbestimmungen

Artikel 1
Gegenstand

In dieser Verordnung ist Folgendes festgeschrieben:

1. die Aufmachung des Prospekts, auf die in Artikel 5 der Richtlinie 2003/71/EG Bezug genommen wird;
2. die in einen Prospekt gemäß Artikel 7 der Richtlinie 2003/71/EG aufzunehmenden Mindestangaben;
3. [aufgehoben]
4. die Modalitäten, gemäß deren Angaben in Form eines Verweises im Sinne von Artikel 11 der Richtlinie 2003/71/EG in einen Prospekt aufgenommen werden können.

Übersicht

	Rn.		Rn.
I. Einführung	1	IV. Angaben und Aufnahme von Angaben in Form eines Verweises (Kapitel IV – Art. 28)	17
II. Mindestangaben, die in einen Prospekt aufzunehmen sind (Kapitel II – Art. 3–24)	7	V. Veröffentlichungsart von Prospekten, Verbreitung von Werbung (Kapitel V – Delegierte Verordnung (EU) 2016/301 der Kommission vom 30.11.2015)	18
III. Aufmachung des Prospekts, des Basisprospekts und ihrer Nachträge (Kapitel III – Art. 25, 26)	13		

I. Einführung

Gegenstand der seit ihrem Inkrafttreten im Juli 2005 mehrfach geänderten Prospektverordnung[1] sind nach Art. 1 der Prospektverordnung die folgenden Regelungsgegenstände: 1

---

[1] Vgl. die folgenden Verordnungen: Verordnung (EG) Nr. 1787/2006 der Kommission vom 4. Dezember 2006; Verordnung (EG) Nr. 211/2007 der Kommission vom 27. Februar 2007; Verordnung (EG) Nr. 1289/2008 der Kommission vom 12. Dezember 2008; Delegierte Verordnung (EU) Nr. 311/2012 der Kommission vom 21. Dezember 2011; Delegierte Verordnung (EU) Nr. 486/2012 der Kommission vom 30. März 2012; Delegierte Verordnung (EU) Nr. 862/2012 der Kommission

Artikel 1   Gegenstand

- die **Aufmachung des Prospekts**, auf die in Art. 5 der Prospektrichtlinie Bezug genommen wird (Art. 1 Nr. 1, Kapitel III (Art. 25, 26) Prospektverordnung, siehe dazu unten Rn. 13 ff.);
- die in einen Prospekt gemäß Art. 7 der Prospektrichtlinie aufzunehmenden **Mindestangaben** (Art. 1 Nr. 2, Kapitel II (Art. 3–24) Prospektverordnung, siehe dazu unten Rn. 7 ff.); und
- die Modalitäten, gemäß denen Angaben in Form eines **Verweises** im Sinne von Art. 11 der Prospektrichtlinie in einen Prospekt aufgenommen werden können (Art. I Nr. 4, Kapitel IV (Art. 28) Prospektverordnung, siehe dazu unten Rn. 17 ff.).

2   Die ursprünglich in Kapitel V (Art. 29–34) Prospektverordnung enthaltenen Regelungen zur **Veröffentlichung von Prospekten und zur Verbreitung von Werbung** sind durch die Delegierte Verordnung (EU) 2016/301 der Kommission vom 30.11.2015, die am 24.3.2016 in Kraft getreten ist, aufgehoben und durch neue Regelungen ersetzt worden.[2] Siehe dazu unten Rn. 18 ff.

3   Die Prospektverordnung soll die **Grundsatz-Regelungen** der Prospektrichtlinie entsprechend ergänzen.[3] Sie legt im Einzelnen fest, welche Informationen bei bestimmten Arten von Wertpapieren bzw. bestimmten Emittenten in einem Wertpapierprospekt (mindestens) enthalten sein müssen, damit der Wertpapierprospekt die Anforderungen von Art. 5 der Prospektrichtlinie erfüllt (also sämtliche Angaben enthält, die erforderlich sind, dass die Anleger sich ein fundiertes Bild über den Emittenten und die Wertpapiere machen können).[4] Die Vorschriften der Prospektverordnung sind nach Art. 288 Unterabs. 2 AEUV **unmittelbar geltendes Recht**. Der Verweis in § 7 WpPG auf die Vorschriften der Prospektverordnung hat daher rein deklaratorischen Charakter und keinen eigenständigen Regelungsgehalt (vgl. Art. 36 Satz 3 Prospektverordnung).[5]

4   Im Gegensatz zur Ausgangsfassung der Prospektverordnung nicht mehr in der aktuellen Prospektverordnung geregelt ist das **jährliche Dokument** gemäß Art. 10 der Ausgangsfassung der Prospektrichtlinie bzw. Art. 27 der Ausgangsfassung der Prospektverordnung. Die Vorschriften über das jährliche Dokument wurden in der Änderungsrichtlinie ersatzlos gestrichen.[6] In Art. 1 der Prospektverordnung nicht erwähnt ist das durch die Delegierte Verordnung (EU) Nr. 486/2012 der Kommission vom 30.3.2012 **neu eingeführte Kapitel 3A** (Art. 26a–26c bezüglich neuer inhaltlicher Erleichterungen für Wertpapierprospekte für Bezugsrechtsemissionen und Emissionen von kleineren und mittleren Unternehmen (KMU) und Unternehmen mit geringer Marktkapitalisierung (Small Caps)). Dieses Kapi-

---

vom 4. Juni 2012; Delegierte Verordnung (EU) Nr. 759/2013 der Kommission vom 30. April 2013; Delegierte Verordnung (EU) 2015/1604 der Kommission vom 12. Juni 2015; Delegierte Verordnung (EU) 2016/301 der Kommission vom 30. November 2015.

2   Vgl. ABl. EU 2016 Nr. L 58, S. 13 ff.

3   Vgl. die Formulierung in Erwägungsgrund 1 der Prospektverordnung: „Diese Grundsätze bedürfen der *Ergänzung*, soweit …".

4   Vgl. Erwägungsgrund 1 der Verordnung (EG) Nr. 211/2007. Zur Wirkungsweise der inhaltlichen Anforderungen der Prospektverordnung insgesamt vgl. *Meyer*, § 7 WpPG Rn. 5 ff.

5   Vgl. *Meyer*, § 7 WpPG Rn. 4; *Holzborn*, in: Holzborn, WpPG, § 7 Rn. 1; *Just*, in: Just/Voß/Ritz/Zeising, WpPG, § 7 Rn. 5; *Schlitt/Schäfer*, in: Assmann/Schlitt/von Kopp-Colomb, WpPG/VerkProspG, § 7 WpPG Rn. 1.

6   Zu dieser und den weiteren durch die Änderungsrichtlinie 2010/73/EU eingeführten Änderungen der Prospektrichtlinie vgl. z. B. *Elsen/Jäger*, BKR 2010, 97 ff.; *dies.*, BKR 2008, 459 ff.; *Heun*, die bank 2010, 22 ff.; *Maerker/Biedermann*, RdF 2011, 90 ff.; *Voß*, ZBB 2010, 194 ff.

tel lässt sich systematisch am ehesten Kapitel II der Prospektverordnung zuordnen, welches die in einen Prospekt aufzunehmenden Mindestangaben regelt (vgl. auch den durch die Delegierte Verordnung (EU) Nr. 486/2012 der Kommission vom 30.3.2012 neu eingeführten Art. 21 Abs. 3 Prospektverordnung).[7]

Im **Bereich der Basisprospekte** hat es durch die Reform des Prospektrechts zum 1.7.2012 weitreichende Neuerungen gegeben. Eine wesentliche Änderung ist unter anderem die Einführung einer A-, B- und C-Kategorisierung der verschiedenen Angaben in Basisprospekten (siehe dazu die Definition in Art. 2a Prospektverordnung und die Kategorisierung in Anhang XX Prospektverordnung). Hierdurch wird festgelegt, welche Angaben im Basisprospekt in der Wertpapierbeschreibung und in den endgültigen Bedingungen jeweils zulässig bzw. verpflichtend sind. Außerdem werden Form und Inhalt der endgültigen Bedingungen nun verbindlich festgelegt. Die endgültigen Bedingungen müssen seit dem 1.7.2012 eine dem Anhang XXII Prospektverordnung entsprechende, emissionsbezogene Zusammenfassung enthalten. Eine weitere Neuerung ist die Zulässigkeit eines dreiteiligen Basisprospekts.[8]

Damit die Prospektverordnung europaweit **möglichst einheitlich ausgelegt wird**, hat die ESMA eine Arbeitsgruppe eingerichtet, die gemeinsame Standpunkte erarbeitet und veröffentlicht. Die Ratschläge und Empfehlungen dieser Arbeitsgruppe sind für die nationalen Aufsichtsbehörden rechtlich nicht bindend, werden in der Praxis jedoch regelmäßig befolgt.[9] Die in der Praxis wichtigsten Dokumente der ESMA sind dabei das regelmäßig aktualisierte Q&A-Dokument[10] sowie die ESMA Recommendations.[11]

II. Mindestangaben, die in einen Prospekt aufzunehmen sind (Kapitel II – Art. 3–24)

Das WpPG stellt nur grundsätzliche Anforderungen an den Prospekt. So muss der Prospekt etwa nach § 5 Abs. 1 WpPG leicht analysierbar und in verständlicher Form abgefasst sein. Konkrete Prospektinhalte sind im WpPG hingegen nicht geregelt. § 7 WpPG verweist diesbezüglich auf die Prospektverordnung. In Kapitel II der Prospektverordnung sind dann im Einzelnen die Mindestangaben geregelt, die in einen Wertpapierprospekt aufzunehmen

---

7 Zu den neuen Anforderungen der Art. 26a–26c vgl. z. B. *Lawall/Maier*, DB 2012, 2443, 2444 f.
8 Vgl. zum geänderten Basisprospektregime zum Beispiel die Fragen und Antworten der BaFin, abrufbar unter http://www.bafin.de/DE/Aufsicht/Prospekte/Wertpapiere/Basisprospektregime/basis prospektregime_node.html (Abruf vom 15.4.2015); *Heidelbach/Preuße*, BKR 2012, 397 ff.
9 Vgl. die Dokumentensammlung auf der Website der ESMA, abrufbar unter https://www.esma.europa.eu/databases-library/esma-library?f%5B0%5D=im_esma_sections%3A359&f%5B1%5D=im_esma_sections%3A12 (Abruf vom 28.12.2015).
10 ESMA-Questions and Answers – Prospectuses (23rd updated version – December 2015), abrufbar unter https://www.esma.europa.eu/databases-library/esma-library?f%5B0%5D=im_esma_sections%3A359&f%5B1%5D=im_esma_sections%3A12 (Abruf vom 15.4.2016).
11 ESMA Update of the CESR recommendations, The consistent implementation of Commission Regulation (EC) No 809/2004 implementing the Prospectus Directive, Fassung vom 20.3.2013, abrufbar unter https://www.esma.europa.eu/databases-library/esma-library?f%5B0%5D=im_esma_sections%3A359&f%5B1%5D=im_esma_sections%3A12 (Abruf vom 15.4.2016).

Artikel 1 Gegenstand

sind.¹² Zum Verhältnis der beiden Regelwerke zueinander lässt sich demnach sagen, dass sich in der Prospektverordnung insbesondere detaillierte Angaben zum erforderlichen Inhalt von Prospekten finden, während im WpPG vorrangig die Pflicht zum Erstellen eines (verständlichen) Prospekts sowie das Verfahren der Prospekterstellung und -billigung geregelt ist.¹³

8 **Art. 3** ist dabei als **Generalnorm** vor die Klammer gezogen. Danach stellt sich die allgemeine Regelungssystematik der Prospektverordnung nach dem „Baukastenprinzip" wie folgt dar: Je nach Art der jeweiligen Wertpapiere und nach Art des Emittenten müssen für die Erstellung eines Wertpapierprospekts die in der Prospektverordnung geregelten **Schemata und Module**¹⁴ oder eine Kombination derselben¹⁵ verwendet werden (Art. 3 Unterabs. 1) Prospektverordnung). Diesbezüglich verweisen die jeweiligen Artikel der Prospektverordnung auf die Anhänge I bis XVIII. Mit Ausnahme der in Art. 4a Prospektverordnung geregelten Fälle (komplexe finanztechnische Vorgeschichte des Emittenten oder bedeutende finanzielle Verbindlichkeiten) können die nationalen Regulierungsbehörden im Zusammenhang mit der Billigung eines Wertpapierprospekts dabei nur diejenigen **Informationsbestandteile** zur Aufnahme in einen Wertpapierprospekt verlangen, die auch in dem jeweils anwendbaren Anhang der Prospektverordnung abschließend aufgeführt sind (vgl. Art. 3 Unterabs. 2 Satz 2 Prospektverordnung). Um dem Gebot der materiellen Vollständigkeit des Wertpapierprospekts aus Art. 5 der Prospektrichtlinie gerecht zu werden, können die Regulierungsbehörden aber im Hinblick auf einzelne Informationsbestandteile die **Aufnahme weiterführender Angaben** in den Prospekt verlangen (vgl. Art. 3 Unterabs. 3 Prospektverordnung).¹⁶ Auf der anderen Seite kann auf die Aufnahme einzelner Informationsbestandteile in einen Wertpapierprospekt dann verzichtet werden, wenn im Einzelfall der jeweilige Informationsbestandteil auf das jeweilige Wertpapier nicht anwendbar ist (vgl. Erwägungsgrund 24 zur Prospektverordnung).

9 Aufgrund des gewählten Regelungskonzepts mit Schemata und Modulen (sog. *building block approach*) sind bei der Prospekterstellung immer mindestens zwei Anhänge zu beachten: ein **Registrierungsformular**, in dem der jeweilige Emittent beschrieben wird, und eine **Wertpapierbeschreibung**, in der die jeweiligen Wertpapiere zu beschreiben sind.¹⁷ Eine Ausnahme von diesem Grundsatz besteht nur im Hinblick auf Zertifikate, die Wertpapiere vertreten, bei denen sämtliche erforderliche Angaben in Anhang X bzw. Anhang XXVIII zusammengefasst sind.¹⁸ Bei der Verwendung der Anhänge kann es im Wertpapierprospekt zu inhaltlichen Überschneidungen kommen,¹⁹ was in der Praxis aber nicht dazu führt, dass die jeweiligen Informationen doppelt oder an verschiedenen Stellen in den Wertpapierprospekt aufgenommen werden.

---

12 Zur systematischen Verknüpfung der inhaltlichen Mindestangaben der Prospektverordnung, Art. 5 der Prospektrichtlinie und zur Systematik der Mindestangaben insgesamt vgl. *Meyer*, § 7 WpPG Rn. 8.
13 Vgl. dazu auch die Informationen der BaFin zur Prospekterstellung und zum Prospektbilligungsverfahren, abrufbar unter http://www.bafin.de/DE/Aufsicht/Prospekte/Wertpapiere/ErstellungBilligung/erstellung_billigung_node.html#doc2696554bodyText1 (Abruf vom 15.4.2016).
14 Zu den einzelnen Begrifflichkeiten vgl. unten bei der Kommentierung zu Art. 2.
15 Zur Kombination einzelner Module siehe näher Art. 21 und Anhang XVIII.
16 Vgl. dazu im Einzelnen, *Meyer*, Art. 3 Rn. 6 ff.
17 *Fingerhut/Voß*, in: Just/Voß/Ritz/Zeising, WpPG, EU-ProspektVO, Vor Anhang I Rn. 6
18 Vgl. dazu *Michels/Zech*, AG 2011, R10–R11.
19 So insbesondere bei den Risikofaktoren und der Verantwortlichkeitserklärung.

II. Mindestangaben, die in einen Prospekt aufzunehmen sind **Artikel 1**

Nimmt man anhand der Art. 4–20 eine Zuordnung der einzelnen Artikel, Schemata und **10** Module zu der Art der Wertpapiere vor, ergibt sich folgendes Bild:

Art des Wertpapiers	Artikel oder sonstige relevanten Vorschriften	Schema	Modul	Sondervorschriften für bestimmte Emittenten[20]
Aktien	Art. 4 (Registrierungsformular)	Anhang I	n/a	Art. 23 Abs. 1 Satz 1, Art. XIX, ESMA Recommendations[21]
	Art. 5; Erwägungsgrund 9 (Pro Forma Finanzinformationen)	Anhang I, Ziffer 20.2	Anhang II	n/a
	Art. 6 (Wertpapierbeschreibung)	Anhang III	n/a	n/a
Schuldtitel und derivative Wertpapiere mit einer Stückelung von weniger als EUR 100.000	Art. 7 (Registrierungsformular)	Anhang IV	n/a	Art. 14, Anhang XI[22], Art. 23 Abs. 1 Satz 1, Art. XIX, ESMA Recommendations[23]
	Art. 8 (Wertpapierbeschreibung), Art. 17 (Zusatzmodul für Aktien als Basiswerte)	Anhang V	Anhang XIV[24]	n/a
	Art. 9 (Garantien)	n/a	Anhang VI	n/a

---

20 Nicht berücksichtigt sind hier die in der Praxis weniger relevanten Fälle der Ausgabe von Wertpapieren durch Organismen für gemeinsame Anlagen des geschlossenen Typs (Art. 18 und Anhang XV), Staaten sowie regionalen und lokalen Gebietskörperschaften (Art. 19 und Anhang XVI) sowie internationale öffentliche Organisationen und Emittenten, deren Garantiegeber ein OECD-Mitgliedsstaat ist (Art. 20 und Anhang XVII).
21 Für Immobiliengesellschaften, Bergbaugesellschaften, Investmentgesellschaften, in der wissenschaftlichen Forschung tätige Gesellschaften, seit weniger als drei Jahren bestehende Gesellschaften (Start-Ups) und Schifffahrtsgesellschaften. Die in Anhang XIX genannten besonderen Kategorien von Emittenten sollen nach den ESMA Recommendations bei Aktienemissionen immer den in den ESMA Recommendations Rn. 128 ff. weiteren Anforderungen im Hinblick auf den Inhalt des Wertpapierprospekts unterliegen. Vgl. im Einzelnen zu diesen sog. „Specialist Issuers" *Schnorbus*, WM 2009, 249 ff.
22 Banken.
23 Für Immobiliengesellschaften, Bergbaugesellschaften und Schifffahrtsgesellschaften. Die ESMA Recommendations sind bezüglich der geänderten Mindeststückelung bezüglich Immobiliengesellschaften und Schifffahrtsgesellschaften noch nicht angepasst worden und sprechen derzeit weiterhin von einer Mindeststückelung von weniger als EUR 50.000. Aufgrund der Änderung der Mindeststückelung in der Prospektverordnung von EUR 50.000 auf EUR 100.000 durch die Delegierte Verordnung (EU) Nr. 486/2012 der Kommission vom 30. März 2012 ist allerdings davon auszugehen, dass die besonderen Anforderungen für Immobiliengesellschaften und Schifffahrtsgesellschaften in Zukunft nur für Schuldtitel mit einer Mindeststückelung von weniger als EUR 100.000 Anwendung finden sollen.
24 Gilt für Schuldtitel, die Aktien als Basiswert haben.

Artikel 1 Gegenstand

Art des Wertpapiers	Artikel oder sonstige relevanten Vorschriften	Schema	Modul	Sondervorschriften für bestimmte Emittenten[20]
Durch Vermögenswerte unterlegte Wertpapiere („asset backed securities")	Art. 10 (Registrierungsformular)	Anhang VII	n/a	Art. 14, Anhang XI
	Art. 11 (Wertpapierbeschreibung)	n/a	Anhang VIII	
Schuldtitel und derivative Wertpapiere mit einer Mindeststückelung von EUR 100.000	Art. 12 (Registrierungsformular), Art. 15 (Wertpapierbeschreibung für derivative Wertpapiere), Art. 16 (Wertpapierbeschreibung für Schuldtitel)	Anhang IX, Anhang XII, Anhang XIII	Anhang XIV[25]	Art. 14, Anhang XI
Zertifikate, die Wertpapiere vertreten („depository receipts")	Art. 13 (Beschreibung des Emittenten der zugrunde liegenden Wertpapiere, des Emittenten der Zertifikate, der zugrunde liegenden Wertpapiere und die Zertifikate/Hinterlegungsscheine	Anhang X	n/a	n/a[26]

11 Zusätzlich zu diesem grundsätzlichen Schema regeln
  – Art. 20a und Anhang XXX die Darstellung der **Zustimmung nach § 3 Abs. 3 WpPG** für die weitere Verwendung des Prospekts (insbesondere relevant im Zusammenhang mit der sog. Retailkaskade);
  – Art. 21 die **Kombinationsmöglichkeit** der Schemata und der Module, einschließlich insbesondere der Möglichkeit, bei Bezugsrechtsemissionen, der Emission von Wertpapieren durch kleine und mittlere Unternehmen mit geringer Marktkapitalisierung und der dauernden und wiederholten Begebung von Nichtdividendenwerten durch Kreditinstitute bestimmte „**verhältnismäßige Schemata**" anstelle der ansonsten einschlägigen Schemata zu verwenden;

---

25 Gilt für Schuldtitel, die Aktien als Basiswert haben.
26 Bei einer wörtlichen Auslegung von Art. 14 müssten auch bei der Emission von Zertifikaten, die Wertpapiere vertreten, durch Banken immer auch Art. 14 zu beachten sein, unabhängig von der Natur der zugrunde liegenden Wertpapiere, da die Zertifikate in Art. 4 nicht genannt sind. Dies kann aber wohl dann nicht gelten, wenn es sich bei den zugrunde liegenden Wertpapiere um Aktien handelt (was den Regelfall darstellen dürfte; vgl. auch *Wagner*, in: Holzborn, WpPG, Art. 14 EU-ProspV Rn. 4, der „aktienähnliche" Wertpapiere vom Anwendungsbereich von Art. 14 nicht erfasst sieht).

III. Aufmachung des Prospekts, des Basisprospekts und ihrer Nachträge **Artikel 1**

- Art. 22 die besonderen inhaltlichen Anforderungen an **Basisprospekte**;
- Art. 23 mögliche **Anpassungen an die Mindestangaben** in Prospekten und Basisprospekten, sowie
- Art. 24 den Inhalt der in Prospekte und Basisprospekte aufzunehmenden **Zusammenfassung** (Anhang XXII).

Nach Art. 21 Abs. 2 der Prospektverordnung besteht ein Wahlrecht, ein Registrierungsformular nach einem umfangreicheren und strengeren Schema zu erstellen, als nach der Prospektverordnung erforderlich wäre. Aus Art. 21 Abs. 2 Nr. 1 bis 3 ergibt sich dabei ein Stufenverhältnis, nach dem das Schema für das Registrierungsformular für Aktien die strengsten Anforderungen stellt, gefolgt von dem Registrierungsformular für Schuldtitel und derivative Wertpapiere mit einer Stückelung von weniger als EUR 100.000 und dem Registrierungsformular für Schuldtitel und derivative Wertpapiere mit einer Stückelung von EUR 100.000 und mehr. In der Praxis hat dieses Wahlrecht wohl vor allem für Basisprospekte Bedeutung, auf deren Basis Schuldtitel mit einer Stückelung von weniger als EUR 100.000 und von EUR 100.000 oder mehr begeben werden.[27]

III. Aufmachung des Prospekts, des Basisprospekts und ihrer Nachträge (Kapitel III – Art. 25, 26)

In Art. 25 werden die **Aufmachung des Prospekts**, insbesondere die Erstellung als „einziges Dokument" (Art. 25 Abs. 1)[28] oder in mehreren Dokumenten, unterteilt in Inhaltsverzeichnis, Zusammenfassung, Risikofaktoren und sonstige Angaben (vgl. Art. 25 Abs. 2), die Reihenfolge der in den Prospekt aufzunehmenden Informationsbestandteile und Querverweisliste (Art. 25 Abs. 3 und Abs. 4)[29] sowie der Nachtrag zu einer Zusammenfassung (Art. 25 Abs. 5) geregelt.

Dabei ist es nicht notwendig, die in den Schemata vorgesehene Reihenfolge an Pflichtangaben einzuhalten (Art. 25 Abs. 4). In Deutschland macht die BaFin allerdings von der in Art. 25 Abs. 4 eingeräumten Befugnis Gebrauch, die den Emittenten dazu verpflichtet der BaFin eine **Querverweisliste** vorzulegen, in der aufgeführt ist, auf welcher Seite des Prospekts die von den Schemata verlangten Angaben dargestellt werden. Ist eine von den Schemata vorgesehene Angabe in Bezug auf einen Emittenten oder eine Transaktion nicht einschlägig, so muss dies in der Querverweisliste explizit vermerkt werden.[30] Entspricht ein Prospekt nicht den formalen Gliederungsvorgaben der Prospektverordnung, führt dies aber allein nicht dazu, dass der Prospekt unrichtig oder unvollständig im Sinne der Prospekthaftungsvorschriften der §§ 21 f. WpPG wird, solange alle erforderlichen Prospektangaben enthalten sind und der Wertpapierprospekt dadurch nicht unverständlich wird.[31]

---

27 *Seitz/Maier*, in: Assmann/Schlitt/von Kopp-Colomb, WpPG/VerkProspG, EU-ProspektVO, Anhang IV Rn. 8.
28 Die Darstellung als einziges Dokument ist in der Praxis jedenfalls bei Aktienprospekten und Prospekten für Unternehmensanleihen die Regel.
29 In der Praxis häufiger auch als Überkreuzcheckliste bezeichnet.
30 *Apfelbacher/Metzner*, BKR 2006, 81, 85.
31 *Assmann*, in: Assmann/Schlitt/von Kopp-Colomb, WpPG/VerkProspG, § 13 VerkProspG Rn. 42; *Groß*, Kapitalmarktrecht, § 21 WpPG Rn. 67; *Mülbert/Steup*, in: Habersack/Mülbert/Schlitt, Un-

Artikel 1 Gegenstand

15 Art. 26 hat als Regelungsgegenstand die **Aufmachung des Basisprospekts**, insbesondere den Aufbau des Basisprospekts (Art. 26 Abs. 1), die Reihenfolge der in den Basisprospekt aufzunehmenden Informationsbestandteile und Querverweisliste (Art. 26 Abs. 2 und Abs. 3), die spätere Erstellung eines Basisprospekts unter Verwendung eines zuvor erstellten Registrierungsformulars (Art. 26 Abs. 4), den Gegenstand und Inhalt der endgültigen Bedingungen (Art. 26 Abs. 5 und Abs. 5a), die Darstellung der Zusammenfassung in Fällen, in denen sich der Basisprospekt auf verschiedene Wertpapiere bezieht (Art. 26 Abs. 6), die Erstellung eines Nachtrags zu einem Basisprospekt (Art. 26 Abs. 7) sowie die Zusammenfassung von zwei oder mehreren Basisprospekten in einem Dokument (Art. 26 Abs. 8) zum Gegenstand.

16 Aufgrund der durch die Änderungsrichtlinie vorgenommenen Änderung von Art. 5 Abs. 3 der Prospektrichtlinie hat der deutsche Gesetzgeber durch das am 1. Juli 2012 in Kraft getretene Umsetzungsgesetz[32] das bisher in § 12 Abs. 1 Satz 6 WpPG a. F. enthaltene **Verbot eines dreiteiligen Basisprospekts** aufgehoben, so dass in Deutschland nun auch dreiteilige Basisprospekte möglich sind.[33] Dabei wird das Registrierungsformular neben der Wertpapierbeschreibung und der Zusammenfassung selbst Bestandteil des Prospekts, vgl. § 12 Abs. 1 Sätze 1–5 WpPG.[34] Trotz alledem kann das Registrierungsformular aber auch wie bisher lediglich in Form eines Verweises in den Prospekt einbezogen werden.[35] Im Text von Art. 26 der Prospektverordnung hat dies allerdings keinen Niederschlag gefunden, da in der Prospektrichtlinie auch vor Inkrafttreten der Änderungsrichtlinie 2010/73/EG kein ausdrückliches Verbot eines dreiteiligen Basisprospekts enthalten war.[36]

IV. Angaben und Aufnahme von Angaben in Form eines Verweises (Kapitel IV – Art. 28)

17 Art. 28 enthält eine Aufzählung derjenigen Dokumente, die per Verweis in einen Wertpapierprospekt einbezogen werden können. Allerdings ist die Regelung des Artikels 28 nicht abschließend; vielmehr ist daneben die Vorschrift des § 11 WpPG zu beachten. Danach ist eine Einbeziehung von Dokumenten in einen Wertpapierprospekt nur dann möglich, wenn das Dokument von der Bundesanstalt für Finanzdienstleistungsaufsicht gebilligt oder bei ihr hinterlegt wurde oder dessen Veröffentlichung oder Zurverfügungstellung der Bundesanstalt nach bestimmten Vorschriften des WpHG mitgeteilt worden ist. Dies führt dazu, dass die Vorschrift des Art. 28 Prospektverordnung mit Ausnahme der in § 11 WpPG genannten Dokumente (insbesondere Wertpapierprospekte, Ad-hoc und Stimmrechtsmittei-

---

ternehmensfinanzierung am Kapitalmarkt, § 33 Rn. 37 a. E.; *Pankoke*, in: Just/Voß/Ritz/Zeising, WpPG, §§ 44 BörsG, 13 VerkProspG Rn. 51.
32 Gesetz zur Umsetzung der Richtlinie 2010/73/EU und zur Änderung des Börsengesetzes vom 26.6.2012, BGBl. I 2012, S. 1375.
33 Vgl. auch *Heidelbach/Preuße*, BKR 2012, 397, 399.
34 http://www.bafin.de/SharedDocs/Veroeffentlichungen/DE/Fachartikel/2012/fa_bj_2012_07_wertpapierprospekte.html (Abruf vom 15.4.2016).
35 http://www.bafin.de/SharedDocs/Veroeffentlichungen/DE/Fachartikel/2012/fa_bj_2012_07_wertpapierprospekte.html (Abruf vom 15.4.2016).
36 *Groß*, Kapitalmarktrecht, § 12 WpPG Rn. 2; *Heidelbach/Preuße*, BKR 2012, 397, 399; *Heidelbach* in: Schwark/Zimmer, KMRK, § 12 WpPG Rn. 3.

lungen und Finanzinformationen) **weitgehend keine Anwendung** findet.[37] Vor dem Hintergrund der zum Teil sehr umfangreichen Wertpapierprospekte und der weitgehenden Verfügbarkeit verschiedenster Dokumente über das Internet ist diese restriktive Auslegung der Verweismöglichkeit in § 11 WpPG kritisch zu sehen.

V. Veröffentlichungsart von Prospekten, Verbreitung von Werbung (Kapitel V – Delegierte Verordnung (EU) 2016/301 der Kommission vom 30.11.2015)

Artikel 6
Veröffentlichung des Prospekts in elektronischer Form

(1) Bei einer Veröffentlichung in elektronischer Form gemäß Artikel 14 Absatz 2 Buchstaben c, d oder e der Richtlinie 2003/71/EG erfüllt der Prospekt, unabhängig davon, ob er aus einem oder mehreren Dokumenten besteht, folgende Anforderungen:

a) Er ist bei Aufrufen der Website ohne Weiteres zugänglich.

b) Er ist in einem durchsuchbaren, elektronischen Format gehalten, das nicht abgeändert werden kann.

c) Er enthält keine Hyperlinks außer zu den elektronischen Adressen, über die die mittels Verweis aufgenommenen Informationen abrufbar sind.

d) Er kann heruntergeladen und ausgedruckt werden.

(2) Wird ein Prospekt, der mittels Verweis aufgenommene Informationen enthält, in elektronischer Form veröffentlicht, so enthält er Hyperlinks zu allen Dokumenten, in denen die mittels Verweis aufgenommenen Informationen enthalten sind, bzw. zu allen Webseiten, auf denen das betreffende Dokument veröffentlicht wird.

(3) Wird ein Prospekt für das öffentliche Angebot von Wertpapieren auf der Website des Emittenten oder der Finanzintermediäre bzw. der geregelten Märkte zur Verfügung gestellt, so ergreifen diese Maßnahmen, um zu vermeiden, dass damit Gebietsansässige in Mitgliedstaaten oder Drittländern angesprochen werden, in denen die Wertpapiere nicht dem Publikum angeboten werden, beispielsweise durch Aufnahme einer Erklärung, aus der hervorgeht, an wen sich das Angebot richtet.

(4) Der Zugang zu einem in elektronischer Form veröffentlichten Prospekt wird nicht von Folgendem abhängig gemacht:

a) Abschluss eines Registrierungsverfahrens;

b) Zustimmung zu einer Haftungsbegrenzungsklausel;

c) Entrichtung einer Gebühr.

---

37 *von Ilberg*, in: Assmann/Schlitt/von Kopp-Colomb, WpPG/VerkProspG, § 11 WpPG Rn. 15.

Artikel 1   Gegenstand

Artikel 7
Veröffentlichung der endgültigen Konditionen

Die endgültigen Konditionen eines Basisprospekts müssen nicht auf demselben Wege veröffentlicht werden wie der Basisprospekt, solange die Veröffentlichung auf einem der in Artikel 14 der Richtlinie 2003/71/EG genannten Wege erfolgt.

Artikel 8
Veröffentlichung in Zeitungen

(1) Artikel 14 Absatz 2 Buchstabe a der Richtlinie 2003/71/EG gilt als erfüllt, wenn ein Prospekt in einer landesweit oder überregional erscheinenden allgemeinen Zeitung oder Finanzzeitung veröffentlicht wird.

(2) Gelangt die zuständige Behörde zu der Auffassung, dass die für die Veröffentlichung gewählte Zeitung die in Absatz 1 genannten Anforderungen nicht erfüllt, so bestimmt sie eine Zeitung, deren Auflage für diesen Zweck angemessen erscheint, wobei sie insbesondere die geografische Fläche, die Bevölkerungszahl und die Lesegewohnheiten der einzelnen Mitgliedstaaten berücksichtigt.

Artikel 9
Veröffentlichung der Mitteilung

(1) Macht ein Mitgliedstaat von der in Artikel 14 Absatz 3 der Richtlinie 2003/71/EG genannten Möglichkeit Gebrauch, die Veröffentlichung einer Mitteilung zu verlangen, aus der hervorgeht, wie der Prospekt dem Publikum zur Verfügung gestellt worden ist und wo er erhältlich ist, so wird diese Mitteilung in einer Zeitung veröffentlicht, die die Anforderungen für die Veröffentlichung von Prospekten gemäß Artikel 8 dieser Verordnung erfüllt.

Bezieht sich die Mitteilung auf einen Prospekt, der nur für die Zwecke der Zulassung von Wertpapieren zum Handel auf einem geregelten Markt veröffentlicht wurde, auf dem bereits Wertpapiere derselben Kategorie zugelassen sind, so kann sie alternativ dazu auch im Amtsblatt des betreffenden geregelten Markts veröffentlicht werden, und zwar unabhängig davon, ob dieses in Papierform oder in elektronischer Form erscheint.

(2) Die Mitteilung wird spätestens an dem Arbeitstag veröffentlicht, der auf den Tag der Veröffentlichung des Prospekts gemäß Artikel 14 Absatz 1 der Richtlinie 2003/71/EG folgt.

(3) Die Mitteilung enthält Folgendes:

a) Identifikation des Emittenten;

b) Art, Kategorie und Betrag der Wertpapiere, die angeboten werden sollen und/oder deren Zulassung zum Handel beantragt wird, sofern zum Zeitpunkt der Veröffentlichung der Mitteilung bekannt;

c) beabsichtigter Zeitplan für das Angebot/die Zulassung zum Handel;

d) eine Erklärung, dass ein Prospekt veröffentlicht wurde und wo er erhältlich ist;

e) Adressen, unter denen eine Papierfassung für das Publikum erhältlich ist und Zeitraum der Erhältlichkeit;

f) Datum der Mitteilung.

V. Exkurs: Veröffentlichungsart von Prospekten, Verbreitung von Werbung **Artikel 1**

Artikel 10
Liste der gebilligten Prospekte

In der gemäß Artikel 14 Absatz 4 der Richtlinie 2003/71/EG auf der Website der zuständigen Behörde veröffentlichten Liste der gebilligten Prospekte wird angegeben, wie die Prospekte veröffentlicht wurden und wo sie erhältlich sind.

Artikel 11
Verbreitung von Werbung

(1) Wurde in Bezug auf ein öffentliches Angebot von Wertpapieren oder deren Zulassung zum Handel an einem geregelten Markt Werbung verbreitet und wird in der Folge ein Nachtrag zum Prospekt veröffentlicht, da ein wichtiger neuer Umstand oder eine wesentliche Unrichtigkeit oder Ungenauigkeit in Bezug auf die im Prospekt enthaltenen Angaben aufgetreten ist oder festgestellt wurde, so wird eine geänderte Werbung verbreitet, falls die zuvor verbreitete Werbung durch den wichtigen neuen Umstand oder die wesentliche Unrichtigkeit oder Ungenauigkeit in Bezug auf die im Prospekt enthaltenen Angaben inhaltlich unrichtig oder irreführend wird.

(2) Eine geänderte Werbung enthält einen Verweis auf die vorhergehende Werbung unter Hinweis darauf, dass die vorhergehende Werbung geändert wurde, weil sie unrichtige oder irreführende Angaben enthielt, und unter Angabe der Unterschiede zwischen den beiden Werbeversionen.

(3) Die geänderte Werbung wird unverzüglich nach Veröffentlichung des Nachtrags verbreitet. Mit Ausnahme mündlich verbreiteter Werbung wird eine geänderte Werbung mindestens auf demselben Wege verbreitet wie die ursprüngliche Werbung.

Die Pflicht zur Änderung einer Werbung gilt nur bis zum endgültigen Schluss des öffentlichen Angebots bzw. bis zur Eröffnung des Handels an einem geregelten Markt, je nachdem, welches Ereignis später eintritt.

(4) Ist nach der Richtlinie 2003/71/EG kein Prospekt erforderlich, enthält jede Werbung einen entsprechenden Warnhinweis, es sei denn, der Emittent, der Anbieter oder die die Zulassung zum Handel an einem geregelten Markt beantragende Person entscheidet sich dafür, einen der Richtlinie 2003/71/EG, der Verordnung (EG) Nr. 809/2004 und dieser Verordnung entsprechenden Prospekt zu veröffentlichen.

Artikel 12
Übereinstimmung im Sinne des Artikels 15 Absatz 4 der Richtlinie 2003/71/EG

Mündlich oder schriftlich zu Werbe- und sonstigen Zwecken verbreitete Informationen über das öffentliche Angebot oder die Zulassung zum Handel an einem geregelten Markt dürfen nicht

a) im Widerspruch zu den im Prospekt enthaltenen Angaben stehen;

b) auf Informationen verweisen, die im Widerspruch zu den im Prospekt enthaltenen Angaben stehen;

c) ein in wesentlicher Hinsicht unausgewogenes Bild der im Prospekt enthaltenen Angaben vermitteln, beispielsweise indem negative Aspekte verschwiegen oder weniger hervorgehoben werden als die positiven Aspekte;

Artikel 1 Gegenstand

d) alternative Messgrößen für die Emittentenleistung enthalten, es sei denn, diese sind auch im Prospekt enthalten.

Für die Zwecke der Buchstaben a bis d umfassen die im Prospekt enthaltenen Angaben die in einem bereits veröffentlichten Prospekt enthaltenen Angaben oder, falls der Prospekt später veröffentlicht wird, die in den Prospekt aufzunehmenden Angaben.

Für die Zwecke des Buchstabens d umfassen alternative Leistungsmessgrößen finanzielle Messgrößen für die historische und künftige finanzielle Leistungsfähigkeit, Finanzlage oder Cashflows, die nicht den im geltenden Rechnungslegungsrahmen definierten finanziellen Messgrößen entsprechen.

18   Die ursprünglich in Kapitel V (Art. 29–34) Prospektverordnung enthaltenen Regelungen zur **Veröffentlichung von Prospekten und zur Verbreitung von Werbung** sind durch die Delegierte Verordnung (EU) 2016/301 der Kommission vom 30.11.2015, die am 24.3.2016 in Kraft getreten ist, aufgehoben und durch deren Regelungen ersetzt worden.[38]

19   Während die eigentlichen Vorgaben zur Veröffentlichung von Wertpapierprospekten sich schon aus Art. 14 der Prospektrichtlinie (und § 14 WpPG) ergeben, konkretisiert Art. 6 der Verordnung 2016/301 die **Veröffentlichung des Prospekts in elektronischer Form** und enthält insbesondere Vorschriften zur Zugänglichkeit, Format und Druckbarkeit des Dokuments (Abs. 1), Hyperlinks (Abs. 2) sowie zu sog. Disclaimern/Filtern, die verhindern sollen, dass Gebietsfremde, an die sich das Angebot von Wertpapieren und damit der Wertpapierprospekt nicht richtet, durch den Wertpapierprospekt angesprochen werden (Abs. 3). Diese Maßnahmen dienen in der Regel insbesondere dazu, die Vereinbarkeit der elektronischen Veröffentlichung des Wertpapierprospekts mit den Vorschriften des US-Kapitalmarktrechts herzustellen. Schließlich bestimmt Abs. 4 von Art. 6 der Verordnung 2016/301, dass der Zugang zu einem in elektronischer Form veröffentlichten Prospekt nicht vom Abschluss eines Registrierungsverfahrens, der Zustimmung zu einer Haftungsbegrenzungsklausel oder der Entrichtung einer Gebühr abhängig gemacht werden darf.

20   Art. 7 der Verordnung 2016/301 enthält eine **Klarstellung hinsichtlich der Veröffentlichung** von endgültigen Konditionen.

21   Art. 8 der Verordnung 2016/301 enthält Bestimmungen über die **Veröffentlichung des Prospekts in einer Zeitung**; eine Veröffentlichungsform, die in Deutschland aufgrund des regelmäßigen Umfangs der Wertpapierprospekte irrelevant ist.[39]

22   Art. 9 der Verordnung 2016/301 regelt daneben die (fakultative) Veröffentlichung einer Mitteilung bezüglich der Veröffentlichung des Prospekts. Auch diese Vorschrift ist für Deutschland irrelevant, da der deutsche Gesetzgeber durch das am 25. Dezember 2008 in Kraft getretene Jahressteuergesetz 2009[40] die ursprünglich in § 14 Abs. 3 Satz 2 WpPG vorgesehene **Hinweisbekanntmachung** ersatzlos gestrichen hat.

23   Art. 10 der Verordnung 2016/301 bezieht sich auf die **Liste der gebilligten Prospekte**, die bei der BaFin vorzuhalten ist.

---

38   Vgl. ABl. EU 2016 Nr. L 58, S. 13 ff.
39   *Kunold*, in: Assmann/Schlitt/von Kopp-Colomb, WpPG/VerkProspG, § 14 WpPG Rn. 16.
40   Art. 36 des Jahressteuergesetzes 2009, BGBl. I 2008, S. 2794; vgl. dazu auch *Jäger/Maas*, BB 2009, 852 ff.

V. Exkurs: Veröffentlichungsart von Prospekten, Verbreitung von Werbung

Art. 11 der Verordnung 2016/301 enthält eine beispielhafte Aufzählung der Medien, über die **Werbung** (näher zu Werbung, siehe Art. 15 der Prospektrichtlinie und § 15 WpPG) für ein Angebot von Wertpapieren verbreitet werden kann, sowie Vorschriften zu den erforderlichen Hinweisen in der Werbung bei einem Angebot von Wertpapieren ohne Veröffentlichung eines Wertpapierprospekts.

24

Art. 12 der Verordnung 2016/301 enthält schließlich Bestimmungen hinsichtlich **von mündlich oder schriftlich zu Werbezwecken verbreiteten Informationen**.

25

Artikel 2
Begriffsbestimmungen

Im Sinne dieser Verordnung und ergänzend zur Richtlinie 2003/71/EG gelten folgende Begriffsbestimmungen:

1. „Schema" bezeichnet eine Liste von Mindestangaben, die auf die spezifische Natur der unterschiedlichen Arten von Emittenten und/oder die verschiedenen betreffenden Wertpapiere abgestimmt sind;
2. „Modul" bezeichnet eine Liste zusätzlicher Angaben, die nicht in den Schemata enthalten sind und einem oder mehreren dieser Schemata anzufügen sind, je nachdem, um welches Instrument und/oder um welche Transaktion es sich handelt, für die ein Prospekt oder ein Basisprospekt erstellt wurde;
3. „Risikofaktoren" bezeichnet eine Liste von Risiken, die für die jeweilige Situation des Emittenten und/oder der Wertpapiere spezifisch und für die Anlageentscheidungen wesentlich sind;
4. „Zweckgesellschaft" bezeichnet einen Emittenten, dessen Tätigkeit und Zweck in erster Linie in der Emission von Wertpapieren besteht;
5. „Durch Vermögenswerte unterlegte Wertpapiere" („Asset backed securities/ABS") bezeichnet Wertpapiere, die:
    a) einen Anspruch auf Vermögenswerte darstellen, einschließlich der Rechte, mit denen eine Bedienung der Wertpapiere, der Eingang oder die Pünktlichkeit des Eingangs zahlbarer Beträge von Seiten der Inhaber der Vermögenswerte sichergestellt werden soll, wenn es um die in diesem Rahmen zahlbaren Beträge geht;
    b) durch Vermögenswerte unterlegt sind und deren Bedingungen vorsehen, dass Zahlungen erfolgen, die sich auf Zahlungen oder angemessene Zahlungsprognosen beziehen, die unter Bezugnahme auf bestimmte oder bestimmbare Vermögenswerte berechnet werden;
6. „Dachorganismus für gemeinsame Anlagen"/(„Umbrella collective investment undertaking") bezeichnet einen Organismus für gemeinsame Anlagen, dessen Vermögen in Anteilen eines oder mehrerer Organismen für gemeinsame Anlagen angelegt ist und der sich aus unterschiedlichen Wertpapierkategorien oder Wertpapieren unterschiedlicher Bezeichnung zusammensetzt;
7. „Organismus für gemeinsame Anlagen in Immobilien"/(„Property collective investment undertaking") bezeichnet einen Organismus für gemeinsame Anlagen, dessen Anlageziel die Beteiligung am langfristigen Halten von Immobilien ist;
8. „Öffentliche internationale Einrichtung" bezeichnet eine durch einen internationalen Vertrag zwischen souveränen Staaten gegründete juristische Person öffentlicher Natur, zu deren Mitgliedern ein oder mehrere Mitgliedstaaten zählen;
9. „Werbung" bezeichnet Bekanntmachungen, die:
    a) sich auf ein bestimmtes öffentliches Angebot von Wertpapieren oder deren Zulassung zum Handel auf einem geregelten Markt beziehen;
    b) darauf abzielen, die mögliche Zeichnung oder den möglichen Erwerb von Wertpapieren besonders zu fördern;

Begriffsbestimmungen **Artikel 2**

10. „Gewinnprognose" bezeichnet einen Text, in dem ausdrücklich oder implizit eine Zahl oder eine Mindest- bzw. Höchstzahl für die wahrscheinliche Höhe der Gewinne oder Verluste im laufenden Geschäftsjahr und/oder in den folgenden Geschäftsjahren genannt wird, oder der Daten enthält, aufgrund deren die Berechnung einer solchen Zahl für künftige Gewinne oder Verluste möglich ist, selbst wenn keine bestimmte Zahl genannt wird und das Wort „Gewinn" nicht erscheint;
11. „Gewinnschätzung" bezeichnet eine Gewinnprognose für ein abgelaufenes Geschäftsjahr, für das die Ergebnisse noch nicht veröffentlicht wurden;
12. „Vorgeschriebene Informationen" bezeichnet alle Angaben, die der Emittent oder jede Person, die ohne dessen Einwilligung die Zulassung von Wertpapieren zum Handel auf einem geregelten Markt beantragt hat, nach der Richtlinie 2001/34/EG oder nach Artikel 6 der Richtlinie 2003/6/EG offen legen muss;
13. „Bezugsrechtsemission" ist jede Emission satzungsmäßiger Bezugsrechte, in deren Rahmen neue Anteile gezeichnet werden können und die sich nur an bestehende Anteilseigner richtet. Eine Bezugsrechtsemission schließt auch eine Emission ein, bei der solche satzungsmäßigen Bezugsrechte außer Kraft gesetzt und durch ein Instrument oder eine Bestimmung ersetzt sind, das/die den bestehenden Anteilseignern nahezu identische Rechte verleiht, wenn diese Rechte folgende Bedingungen erfüllen:
    a) die Anteilseigner erhalten die Rechte kostenlos;
    b) die Anteilseigner sind berechtigt, neue Anteile im Verhältnis zu ihrer bestehenden Beteiligung oder bei anderen Wertpapieren, die zur Teilnahme an der Anteilsemission berechtigen, im Verhältnis zu ihren Rechten auf die zugrunde liegenden Anteile zu zeichnen;
    c) die Zeichnungsrechte sind handelbar und übertragbar oder – falls dies nicht der Fall ist – die aus den Rechten hervorgehenden Anteile werden bei Ablauf der Angebotsfrist zugunsten jener Anteilseigner verkauft, die diese Rechte nicht in Anspruch genommen haben;
    d) der Emittent kann in Bezug auf die unter Buchstabe b genannten Rechte Höchstgrenzen, Einschränkungen oder Ausschlüsse vorsehen und für den Umgang mit nicht ausgegebenen Anteilen, Bruchteilsrechten sowie Anforderungen, die in einem anderen Land oder Gebiet gesetzlich oder durch eine Regulierungsbehörde festgelegt wurden, Regelungen treffen, die er für angemessen hält;
    e) die Mindestfrist, innerhalb deren Anteile gezeichnet werden können, ist mit der Frist für die Ausübung der in Artikel 29 Absatz 3 der Richtlinie 77/91/EWG des Rates geregelten satzungsmäßigen Bezugsrechte identisch;
    f) die Rechte verfallen nach Ablauf der Ausübungsfrist.

Artikel 2 Begriffsbestimmungen

Übersicht

	Rn.		Rn.
I. Gegenstand	1	7. Dachorganismus für gemeinsame Anlagen in Immobilien (Nr. 7)	9
II. Einzelne Definitionen	2	8. Öffentliche internationale Einrichtung (Nr. 8)	10
1. Schema (Nr. 1)	2	9. Werbung (Nr. 9)	11
2. Modul (Nr. 2)	3	10. Gewinnprognose (Nr. 10)	13
3. Risikofaktoren (Nr. 3)	4	11. Gewinnschätzung (Nr. 11)	17
4. Zweckgesellschaft (Nr. 4)	6	12. Vorgeschriebene Informationen (Nr. 12)	18
5. Durch Vermögenswerte unterlegte Wertpapiere/ABS (Nr. 5)	7	13. Bezugsrechteemissionen (Nr. 13)	19
6. Dachorganismus für gemeinsame Anlagen (Nr. 6)	8		

I. Gegenstand

1 Ähnlich wie Art. 2 der Prospektrichtlinie enthält Art. 2 der Prospektverordnung Legaldefinitionen der wesentlichen in der Prospektverordnung verwendeten Begriffe, die den anderen Bestimmungen vorangestellt sind. Art. 2 der Prospektverordnung ist entsprechend ergänzend zu den Regelungen und Begriffsbestimmungen der Prospektrichtlinie zu lesen.[1]

II. Einzelne Definitionen

1. Schema (Nr. 1)

2 Unter **Schema** versteht Art. 2 Nr. 1 der Prospektverordnung eine Liste von Mindestangaben für Wertpapierprospekte, die je nach Art des Wertpapiers und nach Art des Emittenten Anwendung finden. Welches der in den Anhängen zur Prospektverordnung befindlichen Schemata anzuwenden ist, ergibt sich aus den Art. 4 bis 26c der Prospektverordnung. Für einen Überblick über die verschiedenen Schemata vgl. Rn. 10 zu Art. 1.

2. Modul (Nr. 2)

3 Ein **Modul** nach Art. 2 Nr. 2 der Prospektverordnung bezeichnet demgegenüber eine Liste zusätzlicher Angaben, die nicht in einem Schema enthalten sind und einem oder mehreren Schemata anzufügen sind, je nachdem, um welches Instrument oder um welche Transaktion es sich handelt, für die ein Prospekt oder ein Basisprospekt erstellt wird. Prospekte oder Basisprospekte werden dabei aus einer Kombination der jeweils anwendbaren Schemata und Module erstellt (vgl. Art. 3 Unterabs. 1 sowie Art. 21 Prospektverordnung zu der Kombinationsmöglichkeit von Schemata und Modulen). Vgl. für eine Übersicht der je nach Art der Wertpapiere und Emittenten anwendbaren Schemata und Module unter Rn. 10 zu Art. 1.

---

1 Vgl. den Wortlaut des einleitenden Absatzes von Art. 2 Prospektverordnung.

3. Risikofaktoren (Nr. 3)

Als Risikofaktoren definiert Art. 2 Nr. 3 der Prospektverordnung eine Liste von Risiken, die für die jeweilige Situation des Emittenten und/oder der Wertpapiere spezifisch und für die Anlageentscheidungen wesentlich sind. Risikofaktoren sind nach Art. 25 Abs. 1 Nr. 3, Art. 25 Abs. 2 bzw. Art. 26 Abs. 1 Nr. 3 Prospektverordnung ein **zwingender Bestandteil** von Prospekten und Basisprospekten. Trotz der in Art. 23 Abs. 4 Prospektverordnung enthaltenen Regelung, die unter bestimmten Voraussetzungen erlaubt, generell in den Schemata oder Modulen geforderte Informationsbestandteile nicht in den Wertpapierprospekt mit aufzunehmen, ist eine Aufnahme von Risikofaktoren in den Wertpapierprospekt immer zwingend.[2]

4

Die jeweils anwendbaren Anhänge enthalten darüber hinaus weitere inhaltliche Vorgaben hinsichtlich der Ausgestaltung der Risikofaktoren (vgl. z.B. Anhang I Nr. 4 und Anhang III Nr. 2 für Aktienprospekte). Allerdings ist die konkrete Ausgestaltung der Risikofaktoren weniger von diesen formalen Vorgaben als von dem in Art. 5 der Prospektrichtlinie festgelegen **Gebot der Vollständigkeit und Richtigkeit** sowie dem Schutz des Emittenten (und ggf. der Emissionsbanken) gegenüber einer möglichen Prospekthaftung geprägt.[3] Für die wertpapierbezogenen Risikofaktoren hat sich in der Praxis zudem je nach Art des Wertpapiers ein gewisser Katalog von verschiedenen Risikofaktoren herausgebildet, an dem sich Emittenten und Emissionsbanken bei der Erstellung von Prospekten und Basisprospekten regelmäßig orientieren.

5

4. Zweckgesellschaft (Nr. 4)

Art. 2 Nr. 4 Prospektverordnung definiert eine Zweckgesellschaft als einen Emittenten, dessen Tätigkeit und Zweck in erster Linie in der Emission von Wertpapieren besteht („*special purpose vehicle*"). **Erwägungsgrund 17** bestimmt darüber hinaus, dass, wenn eine Zweckgesellschaft Schuldtitel und derivative Wertpapiere emittiert, die von einer Bank garantiert sind, nicht das Schema für das Registrierungsformular für Banken verwendet werden sollte. Bedeutung erlangt die Definition für Zweckgesellschaften insbesondere bei der Emission von durch Vermögenswerte unterlegten Wertpapieren („*asset backed securities*").[4] Dementsprechend verlangt Anhang VII Nr. 4.1 Prospektverordnung bei ABS-Emissionen eine Erklärung im Prospekt, ob der Emittent als eine Zweckgesellschaft oder als Unternehmen für den Zweck der Emission von ABS gegründet wurde.[5]

6

---

2 *Heidelbach/Doleczik*, in: Schwark/Zimmer, KMRK, § 7 WpPG Rn. 16; Frage Nr. 11 des ESMA Q&A, Stand Dezember 2015; abrufbar unter https://www.esma.europa.eu/regulation/corporate-disclosure/prospectus (Abruf vom 15.4.2016).
3 Vgl. zum Aufbau und Inhalt von Risikofaktoren z.B. *Schlitt/Wilczek*, in: Habersack/Mülbert/Schlitt, Handbuch der Kapitalmarktinformation, § 5 Rn. 53; *Meyer*, in: Habersack/Mülbert/Schlitt, Unternehmensfinanzierung am Kapitalmarkt, § 36 Rn. 53.
4 *Bierwirth*, in: Assmann/Schlitt/von Kopp-Colomb, WpPG/VerkProspG, EU-ProspektVO Vor Anhang VII, VIII Rn. 10.
5 Vgl. auch *Foelsch*, in: Holzborn, WpPG, Art. 2 EU-ProspV Rn. 4.

Artikel 2 Begriffsbestimmungen

5. Durch Vermögenswerte unterlegte Wertpapiere/ABS (Nr. 5)

7   Art. 2 Nr. 5 der Prospektverordnung bezeichnet durch Vermögenswerte unterlegte Wertpapiere als Wertpapiere, die entweder[6] (a) einen Anspruch auf Vermögenswerte darstellen, einschließlich der Rechte, mit denen eine Bedienung der Wertpapiere, der Eingang oder die Pünktlichkeit des Eingangs zahlbarer Beträge von Seiten der Inhaber der Vermögenswerte sichergestellt werden soll, wenn es um die in diesem Rahmen zahlbaren Beträge geht, oder (b) durch Vermögenswerte unterlegt sind und deren Bedingungen vorsehen, dass Zahlungen erfolgen, die sich auf Zahlungen oder angemessene Zahlungsprognosen beziehen, die unter Bezugnahme auf bestimmte oder bestimmbare Vermögenswerte berechnet werden. Die sprachliche Fassung von Art. 2 Nr. 5 Prospektverordnung wird als verunglückt angesehen.[7] Mit Art. 2 Nr. 5 (a) Prospektverordnung sollen insbesondere **True-Sale-Verbriefungstransaktionen** erfasst werden, während durch Art. 3 Nr. 5 (b) Prospektverordnung **synthetische Verbriefungstransaktionen** abgedeckt werden sollen.[8] Nicht abschließend geklärt ist, inwieweit auch sog. „Credit Linked Notes" Asset Back Securities im Sinne von Art. 2 Nr. 5 der Prospektverordnung sind.[9]

6. Dachorganismus für gemeinsame Anlagen (Nr. 6)

8   Art. 2 Nr. 6 Prospektverordnung bezeichnet einen Dachorganismus für gemeinsame Anlagen als einen Organismus für gemeinsame Anlagen, dessen Vermögen in Anteilen eines oder mehrerer Organismen für gemeinsame Anlagen angelegt ist und der sich aus unterschiedlichen Wertpapierkategorien oder Wertpapieren unterschiedlicher Bezeichnung zusammensetzt. Relevant wird diese Definition nur in **Ziffer 7.1 von Anhang XV** Prospektverordnung (Mindestangaben für das Registrierungsformular für geschlossene Fonds) und **Punkt B 43 in Anhang XXII** Prospektverordnung (Zusammenfassung) bezüglich der Darstellung der wechselseitigen Haftung, die zwischen verschiedenen Teilfonds oder Anlagen in andere Organismen für gemeinsame Anlagen auftreten kann, sowie der Maßnahmen, die zur Begrenzung einer solchen Haftung ergriffen werden.

7. Dachorganismus für gemeinsame Anlagen in Immobilien (Nr. 7)

9   Als einen Dachorganismus für gemeinsame Anlagen in Immobilien bezeichnet Art. 2 Nr. 7 Prospektverordnung einen Organismus für gemeinsame Anlagen, dessen Anlageziel die Beteiligung am langfristigen Halten von Immobilien ist. Ähnlich wie der in Art. 2 Nr. 6 Prospektverordnung definierte Begriff des Dachorganismus für gemeinsame Anlagen erlangt der Begriff Dachorganismus für gemeinsame Anlagen in Immobilien nicht an verschiedenen Stellen in der Prospektverordnung Bedeutung, sondern lediglich in **Ziffer 2.7**

---

[6] Die beiden Alternativen von Art. 2 Nr. 5 sind alternativ und nicht kumulativ zu lesen, vgl. *Foelsch*, in: Holzborn, WpPG, Art. 2 EU-ProspV Rn. 5.
[7] *Foelsch*, in: Holzborn, WpPG, Art. 2 EU-ProspV Rn. 5; *Bierwirth*, in: Assmann/Schlitt/von Kopp-Colomb, WpPG/VerkProspG, EU-ProspektVO Vor Anhang VII, VIII Rn. 10.
[8] *Foelsch*, in: Holzborn, WpPG, Art. 2 EU-ProspV Rn. 5; *Bierwirth*, in: Assmann/Schlitt/von Kopp-Colomb, WpPG/VerkProspG, EU-ProspektVO Vor Anhang VII, VIII Rn. 12 f.
[9] Vgl. dazu eingehend *Bierwirth*, in: Assmann/Schlitt/von Kopp-Colomb, WpPG/VerkProspG, EU-ProspektVO Vor Anhang VII, VIII Rn. 14, und *Foelsch*, in: Holzborn, WpPG, Art. 2 EU-ProspV Rn. 5.

von **Anhang XV Prospektverordnung** Relevanz. Diese Ziffer bestimmt, dass ein Prospekt für geschlossene Fonds, die (auch) in Immobilien investieren, bestimmte zusätzliche Angaben (der Prozentsatz des Portfolios der in Immobilien investiert wird; eine Beschreibung der Immobilie und etwaiger bedeutender Kosten, die mit dem Erwerb und dem Halten einer solchen Immobilie einhergehen sowie ein Bewertungsgutachten) enthalten muss.

8. Öffentliche internationale Einrichtung (Nr. 8)

Eine öffentliche internationale Einrichtung bezeichnet nach Art. 2 Nr. 8 Prospektverordnung eine durch einen internationalen Vertrag zwischen souveränen Staaten gegründete juristische Person öffentlicher Natur, zu deren Mitgliedern ein oder mehrere Mitgliedstaaten zählen. Diese Bestimmung hat sehr geringe Relevanz (falls überhaupt), da nach **Art. 1 Abs. 2 b) Prospektrichtlinie** die Bestimmungen der Prospektrichtlinie grundsätzlich auf die Emissionen von Wertpapieren durch eine solche öffentliche internationale Einrichtung keine Anwendung finden. Entscheidet sich die entsprechende öffentliche internationale Einrichtung, freiwillig auf Basis der Vorschriften der Prospektrichtlinie bzw. der Prospektverordnung dennoch einen Wertpapierprospekt zu erstellen,[10] so kämen in diesem Fall die Vorschriften von Anhang XVII Prospektverordnung zur Anwendung. Weiter fällt auf, dass hier die deutsche Übersetzung des Begriffs „*public international body*" uneinheitlich erfolgt ist, da in der Prospektverordnung sonst immer von öffentlichen internationalen „Organisationen" und nicht von „Einrichtungen" gesprochen wird.

9. Werbung (Nr. 9)

Werbung bezeichnet nach Art. 2 Nr. 9 Prospektverordnung Bekanntmachungen, die (a) sich auf ein bestimmtes öffentliches Angebot von Wertpapieren oder deren Zulassung zum Handel auf einem geregelten Markt beziehen, oder (b) darauf abzielen, die mögliche Zeichnung oder den möglichen Erwerb von Wertpapieren besonders zu fördern. Der geforderte Bezug zu den fraglichen Wertpapieren ist gegeben, wenn aus der Bekanntmachung erkennbar wird, um welches Wertpapier es sich handelt. Dies ist vor allem der Fall, wenn die Bekanntmachung auf ISIN oder WKN hinweist, oder wenn die Bekanntmachung sonstige Wertpapiermerkmale enthält, die eine Identifizierung des Wertpapiers ermöglichen.[11]

Der inzwischen durch die Delegierte Verordnung 2016/301 aufgehobene **Art. 34 Unterabs. 1 Prospektverordnung** enthielt eine beispielhafte Aufzählung von Medien, über die Werbung im Sinne der Prospektverordnung verbreitet werden kann. Daraus wurde erkennbar, dass der Prospektverordnung ein sehr weites Verständnis des Begriffs „Werbung" zugrunde liegt. Daran dürfte sich seit dem Inkrafttreten der Verordnung 2016/301 nichts geändert haben, obwohl diese Verordnung keine entsprechende beispielhafte Aufzählung von Medien mehr enthält. Allerdings wird der Werbungsbegriff dadurch eingeschränkt, dass die Bekanntmachung darauf abzielen muss, den Erwerb oder die Zeichnung der Wertpapiere zu fördern.[12] Hinsichtlich der Zulässigkeit von Werbung und bestimmten Voraussetzungen für Werbung in Zusammenhang mit dem öffentlichen Angebot von Wertpapie-

---

10 Was in der Praxis wohl nur äußerst selten oder gar nicht vorkommen dürfte, vgl. *Foelsch*, in: Holzborn, WpPG, Art. 2 EU-ProspV Rn. 8.
11 *Heidelbach*, in: Schwark/Zimmer, KMRK, § 15 WpPG Rn. 8.
12 Vgl. Art. 2 Nr. 9 b) Prospektverordnung.

Artikel 2 Begriffsbestimmungen

ren sind aber vor allem die Bestimmungen von Art. 15 der Prospektrichtlinie bzw. § 15 WpPG relevant.[13]

10. Gewinnprognose (Nr. 10)

13 Art. 2 Nr. 10 Prospektverordnung definiert **Gewinnprognosen** als einen Text, in dem ausdrücklich oder implizit eine Zahl oder eine Mindest- bzw. Höchstzahl für die wahrscheinliche Höhe der Gewinne oder Verluste im laufenden Geschäftsjahr und/oder in den folgenden Geschäftsjahren genannt wird, oder der Daten enthält, aufgrund deren die Berechnung einer solchen Zahl für künftige Gewinne oder Verluste möglich ist, selbst wenn keine bestimmte Zahl genannt wird und das Wort „Gewinn" nicht erscheint. Eine Gewinnprognose bezieht sich entweder auf den erwarteten Gewinn des laufenden oder künftiger Geschäftsjahre. **Gewinnschätzungen** (siehe dazu gleich unter Rn. 17) beziehen sich hingegen auf den erwarteten Gewinn eines bereits abgelaufenen Geschäftsjahres.

14 Weitere Vorschriften zu **Gewinnprognosen** und **Gewinnschätzungen** enthalten Ziffer 13 von Anhang I Prospektverordnung (Registrierungsformular für Aktienprospekte), Ziffer 9 von Anhang IV Prospektverordnung (Registrierungsformular für Schuldtitel und derivative Wertpapiere mit einer Stückelung von weniger als EUR 100.000), Ziffer 8 von Anhang IX Prospektverordnung (Registrierungsformular für Schuldtitel und derivative Wertpapiere mit einer Stückelung von mindestens EUR 100.000), Ziffer 13 von Anhang X Prospektverordnung (Schema für Mindestangaben für Zertifikate, die Aktien vertreten) sowie Ziffer 8 von Anhang XI Prospektverordnung (Mindestangaben für das Registrierungsformular für Banken).

15 Von besonderer Bedeutung in der Praxis ist die Aufnahme von Gewinnprognosen in einen Wertpapierprospekt regelmäßig nur bei **Aktienemissionen bzw. -zulassungen**. Dies beruht vor allem auf der Tatsache, dass die ESMA Recommendations[14] in Ziffer 44 davon ausgehen, dass eine Vermutung dahingehend besteht, dass eine vor Veröffentlichung des Prospekts veröffentlichte Prognose eine wesentliche Information darstellt, die nach dem Maßstab von Art. 5 der Prospektrichtlinie zwingend in den Prospekt für Aktienemissionen aufzunehmen ist. Bei Nichtdividendenwerten soll eine derartige Vermutung hingegen nicht bestehen.[15] Dies bedeutet in der Praxis für Emittenten von Aktien, dass sie bereits im Vorfeld von geplanten Kapitalmarkttransaktionen auf die Formulierung der entsprechenden Trendaussagen in ihren Veröffentlichungen achten sollten, um eine eventuelle Pflicht[16] zur Aufnahme der entsprechenden Prognose in den Prospekt möglichst zu vermeiden.[17] Wird

---

13 Vgl. dazu im Einzelnen *Berrar*, § 15 WpPG, insbesondere Rn. 8 ff.
14 Stand vom 20.3.2013, abrufbar unter https://www.esma.europa.eu/regulation/corporate-disclosure/prospectus (Abruf vom 25.7.2016).
15 ESMA Recommendations, Ziffer 44.
16 Obwohl die ESMA Recommendations nach außen nicht den zwingenden Charakter unmittelbar geltenden Rechts haben, folgt die deutsche Aufsichtsbehörde BaFin den ESMA Recommendations in der Praxis häufig; vgl. zur Rechtsnatur der ESMA Recommendations und ihrer Rechtswirkung im Außenverhältnis auch *Hupka*, WM 2011, 1351, 1354; *Walla*, BKR 2012, 2012, 265, 267, und im Zusammenhang mit Prognosen eingehend *Meyer*, ProspektVO Anhang I Rn. 13 ff., sowie *Schlitt/Wilczek*, in: Habersack/Mülbert/Schlitt, Handbuch der Kapitalmarktinformation, § 5 Rn. 89 ff.
17 Zur Problematik von Prognoseaussagen in Wertpapierprospekten allgemein vgl. *Seibt/Huizinga*, CFL 2010, 289 ff.; *Rieckhoff*, BKR 2011, 221 ff.; aus betriebswirtschaftlicher Sicht *Baetge/Hippel/*

eine Gewinnprognose in einen Wertpapierprospekt aufgenommen, hat dies insbesondere zur Folge, dass die Gewinnprognose durch einen unabhängigen Abschlussprüfer bestätigt und eine entsprechende Bescheinigung in den Prospekt aufgenommen werden muss.[18]

Zu beachten ist weiter, dass Gewinnprognosen und **Trendinformationen** (vgl. Anhang I, Ziffer 12; Anhang IV, Ziffer 8 Prospektverordnung) sich in der Praxis oft nur marginal unterscheiden. Hauptunterschied ist, dass die Gewinnprognose nicht nur generische Aussagen zu den Zukunftsaussichten des Emittenten macht, sondern aufgrund der zur Verfügung gestellten Informationen die Ermittlung der künftigen Gewinne bzw. Verluste des Emittenten ermöglicht.[19]

16

11. Gewinnschätzung (Nr. 11)

Eine **Gewinnschätzung** wird von Art. 2 Nr. 11 Prospektverordnung als eine Gewinnprognose für ein abgelaufenes Geschäftsjahr, für das die Ergebnisse noch nicht veröffentlicht worden sind, bezeichnet. Gewinnschätzungen sollten durch die in den späteren Abschlüssen veröffentlichten Daten bestätigt werden.[20]

17

12. Vorgeschriebene Informationen (Nr. 12)

Vorgeschriebene Informationen bezeichnen nach Art. 2 Nr. 12 Prospektverordnung alle Angaben, die der Emittent oder jede Person, die ohne dessen Einwilligung die Zulassung von Wertpapieren zum Handel auf einem geregelten Markt beantragt hat, nach der Richtlinie 2001/34/EG oder nach Art. 6 der Richtlinie 2003/6/EG offenlegen muss. Bei diesen Angaben handelt es sich um die Ad-hoc-Mitteilungen bzw. die sog. Director's Dealings-Mitteilungen,[21] deren Veröffentlichungspflicht seit dem 3. Juli 2016 aus Art. 17 bzw. Art. 19 der Marktmissbrauchsverordnung[22] und nicht mehr aus § 15 bzw. § 15a WpHG folgt. Art. 28 Abs. 1 Nr. 6 Prospektverordnung sowie § 11 Abs. 1 Satz 1 Nr. 2 WpPG bestimmen, dass diese vorgeschriebenen Informationen per Verweis in einen Prospekt oder Basisprospekt aufgenommen werden können. Die Begrifflichkeit ist insofern unglücklich, als die „vorgeschriebenen Informationen" eben nicht zwingend in den Wertpapierprospekt aufzunehmen sind.

18

Sommerhoff, DB 2011, 365 ff.; vgl. auch das Urteil des OLG Frankfurt zur fehlenden Prognoseberichterstattung im Konzernabschluss, NZG 2013, 63 ff., und *Merkner/Schmidt-Versteyl*, NZG 2010, 175 ff.

18 Vgl. für Aktienemissionen Anhang I Ziffer 13.2 der Prospektverordnung. Für ein Beispiel aus der Praxis vgl. zum Beispiel der Wertpapierprospekt der RHÖN-KLINIKUM Aktiengesellschaft vom 20.4.2009.
19 Vgl. auch Rn. 49 der ESMA Recommendations.
20 Vgl. dazu Rn. 39 der ESMA Recommendations.
21 *Foelsch*, in: Holzborn, WpPG, Art. 2 EU-ProspV Rn. 11.
22 Verordnung (EU) Nr. 596/2014 des Europäischen Parlaments und des Rates vom 16. April 2014 über Marktmissbrauch (Marktmissbrauchsverordnung) und zur Aufhebung der Richtlinie 2003/6/EG des Europäischen Parlaments und des Rates und der Richtlinien 2003/124/EG, 2003/125/EG und 2004/72/EG der Kommission.

Artikel 2 Begriffsbestimmungen

13. Bezugsrechteemissionen (Nr. 13)

19 Die Definition von **Bezugsrechtsemissionen** ist durch die delegierte Verordnung (EU) 486/2012 vom 30. März 2012 im Zusammenhang mit der Einführung eines **verhältnismäßigen Schemas für Bezugsrechtsemissionen** in Art. 26a neu in die Prospektverordnung eingefügt worden.[23] Nach Art. 2 Nr. 13 Prospektverordnung sind Bezugsrechtsemissionen Emissionen satzungsmäßiger Bezugsrechte, in deren Rahmen neue Anteile gezeichnet werden können und die sich nur an bestehende Anteilseigner richten. Bezugsrechtsemissionen sind auch Emissionen, bei denen solche satzungsmäßigen Bezugsrechte außer Kraft gesetzt und durch ein Instrument oder eine Bestimmung ersetzt sind, das/die den bestehenden Anteilseignern nahezu identische Rechte verleiht, wenn diese Rechte bestimmte Bedingungen erfüllen.[24] Die deutsche Fassung der Prospektverordnung spricht zwar nur von „satzungsmäßigen" Bezugsrechten; die Vorschrift umfasst aber auch Bezugsrechtsemissionen auf Basis des gesetzlichen Bezugsrechts aus § 186 Abs. 1 Satz 1 AktG.[25] Mit der Einführung des verhältnismäßigen Schemas für Bezugsrechtsemissionen ist jetzt abweichend von der früheren Rechtslage in Deutschland klar, dass Bezugsrechtsemissionen prinzipiell ein prospektpflichtiges öffentliches Angebot von Wertpapieren darstellen.[26]

---

23 Vgl. zum Begriff der Bezugsrechtsemission auch näher *Berrar*, Art. 26a Rn. 13 ff.
24 Für deutsche Gesellschaften sind diese Regelungen nicht relevant.
25 *Foelsch*, in: Holzborn, WpPG, Art. 2 EU-ProspV Rn. 14.
26 Vgl. dazu näher *Berrar/Wiegel*, CFL 2012, 97 ff.; *Oltmanns/Zöllter-Petzoldt*, NZG 2013, 489 ff.

Artikel 2a
Angabekategorien im Basisprospekt und in den endgültigen Bedingungen

(1) Die in Anhang XX aufgeführten Kategorien bestimmen den Flexibilitätsgrad, mit dem Angaben im Basisprospekt oder in den endgültigen Bedingungen enthalten sein dürfen. Die Kategorien sind wie folgt definiert:

a) „Kategorie A" bezeichnet die einschlägigen Angaben, die im Basisprospekt enthalten sein müssen. Diese Angaben dürfen nicht ausgelassen und zu einem späteren Zeitpunkt in die endgültigen Bedingungen eingefügt werden.

b) „Kategorie B" bedeutet, dass der Basisprospekt alle grundsätzlichen Punkte der verlangten Informationen enthalten muss und nur die Einzelheiten, die bei Billigung des Basisprospekts noch nicht bekannt sind, ausgelassen und zu einem späteren Zeitpunkt in die endgültigen Bedingungen eingefügt werden können.

c) „Kategorie C" bedeutet, dass der Basisprospekt für Angaben, die bei Billigung des Basisprospekts nicht bekannt waren, eine Auslassung enthalten darf, die zu einem späteren Zeitpunkt ergänzt wird. Die Angaben werden in die endgültigen Bedingungen aufgenommen.

(2) Sind die Voraussetzungen des Artikels 16 Absatz 1 der Richtlinie 2003/71/EG erfüllt, muss ein Nachtrag erfolgen.

Sind diese Voraussetzungen nicht erfüllt, geben der Emittent, der Anbieter oder die die Zulassung zum Handel an einem geregelten Markt beantragende Person die Änderung in einer Mitteilung bekannt.

Übersicht

	Rn.		Rn.
I. Regelungsgegenstand des Art. 2a	1	1. Kategorie A	6
II. Flexibilitätsgrad für Angaben in endgültigen Bedingungen	2	2. Kategorie B	8
		3. Kategorie C	11
III. Definitionen der Kategorien A, B und C	5	IV. Nachträgliche Änderungen, Art. 2a Abs. 2	15

I. Regelungsgegenstand des Art. 2a

Art. 2a beschränkt den Umfang, in dem Pflichtangaben im Basisprospekt offengelassen werden dürfen, um sie erst im Wege der endgültigen Bedingungen zu ergänzen. Die Vorschrift wurde 2012 durch die EU-Verordnung 486/2012[1] im Rahmen der Revision der EU- 1

---

[1] Delegierte Verordnung (EU) Nr. 486/2012 der Kommission vom 30. März 2012 zur Änderung der Verordnung (EG) Nr. 809/2004 in Bezug auf Aufmachung und Inhalt des Prospekts, des Basisprospekts, der Zusammenfassung und der endgültigen Bedingungen und in Bezug auf die Angabepflichten.

Artikel 2a Angabekategorien im Basisprospekt

Prospektrichtlinie[2] neu in die EU-Prospektverordnung aufgenommen und setzt die lange bestehende Forderung der Aufsichtsbehörden nach einer konkreteren und weitergehenden Begrenzung des Inhalts der endgültigen Bedingungen um. Zugleich führt Art. 2a Anhang XX[3] ein.

II. Flexibilitätsgrad für Angaben in endgültigen Bedingungen

2   Generell geht es dem Verordnungsgeber darum, zu vermeiden, dass die endgültigen Bedingungen Angaben enthalten, die aus Sicht der Aufsichtsbehörden der Billigung unterliegen sollten.[4] Die Neuregelung ist als Reaktion des Verordnungsgebers auf in der vorherigen Praxis festzustellende weit ausgreifende endgültige Bedingungen insbesondere von Bankemittenten zu verstehen.[5] Anders als Satz 1 formuliert, geht es nicht darum, was im Basisprospekt enthalten sein *darf* – im Basisprospekt dürfen alle Pflichtangaben enthalten sein –, sondern darum, was im Basisprospekt enthalten sein *muss*. Während es dem grundsätzlichen Konzept des Basisprospekts aus § 6 Abs. 1 WpPG entspricht, dass bestimmte Angaben im Basisprospekt ausgelassen werden und der Ergänzung durch die endgültigen Bedingungen vorbehalten bleiben dürfen, gab es auch schon vor der Einfügung von Art. 2a EU-Prospektverordnung Vorgaben, welche Angaben für die endgültigen Bedingungen infrage kommen.

3   So bestimmte Art. 22 Abs. 4 a. F. EU-Prospektverordnung, dass endgültige Bedingungen nur Angaben aus den Anhängen für Wertpapierbeschreibungen enthalten dürfen. Art. 22 Abs. 2 erlaubte auch schon bisher, dass im Basisprospekt Informationsbestandteile ausgelassen werden dürfen, die zum Zeitpunkt der Billigung nicht bekannt sind und erst zum Zeitpunkt der jeweiligen Emission bestimmt werden können, was die Ergänzung dieser Informationsbestandteile in den endgültigen Bedingungen impliziert.[6] Weitere Beschränkungen ergaben sich aus Veröffentlichungen der zuständigen Behörden und deren Billigungspraxis.

4   Nun regelt **Art. 2a Abs. 1 Satz 1** die Abgrenzung zwischen Basisprospekt und endgültigen Bedingungen unter Verweis auf Anhang XX,[7] in dem jede in der Wertpapierbeschreibung nach Maßgabe des jeweils anwendbaren Anhangs zur EU-Prospektverordung aufzunehmende Angabe einer der Kategorien des Art. 2a Abs. 1 Satz 2 zugewiesen wird. Indem die definierten Kategorien unterschiedlich flexible Regelungen vorsehen, wird durch die Zuordnung der Kategorien der **Flexibilitätsgrad** bestimmt, mit dem Angaben in die endgültigen Bedingungen verschoben werden dürfen. Herausgekommen ist so eine Regelung, die die Flexibilität für die Emittenten erheblich **einschränkt**.[8]

---

2   S. z. B. Erwägungsgrund 4 der EU-Verordnung 486/2012.
3   S. die dortige Kommentierung.
4   S. Erwägungsgrund 5 der EU-Verordnung 486/2012.
5   *von Kopp-Colomb/Seitz*, WM 2012, 1220, 1222, mit dem Verweis auf das Ziel einer Erhöhung der Kontrolldichte.
6   S. auch die dortige Kommentierung.
7   S. die dortige Kommentierung.
8   *Glismann*, in: Holzborn, WpPG, Art. 2a EU-ProspV Rn. 1; *Röhrborn*, in: Heidel, Aktienrecht und Kapitalmarktrecht, § 6 WpPG Rn. 10; *Heidelbach/Preuße*, BKR 2012, 397, 398; zur Entwicklung dorthin vgl. *Bauer*, CFL 2012, 91, 92.

III. Definitionen der Kategorien A, B und C

An die Stelle der bisherigen abstrakten Zweiteilung zwischen Basisprospekt und endgültigen Bedingungen tritt mit Art. 2a eine **gestufte Regelung**, die für jede Mindestangabe der Wertpapierbeschreibung eine konkrete Vorgabe macht. Der Verordnungsgeber hat dabei erkannt, dass bei typisierender Betrachtung nicht jede Angabe gleich billigungsrelevant ist und sich für drei Stufen entschieden, die Kategorien genannt werden.[9] Die drei Kategorien sind wie im Folgenden beschrieben definiert.

1. Kategorie A

Angaben, die in Kategorie A fallen, müssen nach Art. 2a Abs. 1 Satz 1 Buchst. a) stets **vollständig** im Basisprospekt enthalten sein. Eine auch nur teilweise Verlagerung in die endgültigen Bedingungen ist nicht zulässig.

Diese Kategorie ist damit die unflexibelste. Das Konzept des Basisprospekts wird in diesem Umfang ganz ausgeschaltet. Auf die Frage, ob die Informationen zum Zeitpunkt der Billigung überhaupt vorliegen, kommt es nicht an. Soweit nicht § 8 WpPG eingreift, müssen Angaben der Kategorie A, die erst nach Billigung vorliegen oder sich nach Billigung ändern, im Wege des Nachtrags nach § 16 WpPG in den Basisprospekt aufgenommen werden.

2. Kategorie B

Angaben, denen Kategorie B zugeordnet ist, müssen nach Art. 2a Abs. 1 Satz 1 Buchst. b) in allen **grundsätzlichen Punkten** im Basisprospekt enthalten sein. Nur Einzelheiten, die bei der Billigung des Basisprospekts noch nicht bekannt sind, dürfen in die endgültigen Bedingungen verlagert werden.

Die Definition von Kategorie B stellt damit grundsätzliche Punkte und unbekannte Einzelheiten gegenüber, was nicht zu einer passgenauen Abgrenzung führt. Es sind durchaus Punkte vorstellbar, die nicht grundsätzlicher Natur sind, also nicht in den Basisprospekt müssen, aber bei Billigung bekannt sind und daher nicht in die endgültigen Bedingungen aufgenommen werden dürfen. Im Ergebnis sind in Kategorie B also alle grundsätzlichen Informationen und alle bei Billigung bekannten Informationen in den Basisprospekt aufzunehmen.

Nach Auffassung der ESMA[10] kommen nur folgende Angaben als relevante Einzelheiten, die bei der Billigung des Basisprospekts noch nicht bekannt sind in Betracht: Beträge, Währungen, Datumsangaben, Zeiträume, Prozentsätze, Referenzsätze, Bildschirmseiten, Namen und Ortsangaben. Diese Einschränkung diene der Rechtssicherheit und der Harmonisierung der endgültigen Bedingungen. ESMA stellt zugleich klar, dass in den endgültigen Bedingungen die Angabe der relevanten Einzelheiten nicht zwingend auf die Lückenfüllung mit Verweis auf die betreffenden grundsätzlichen Punkte beschränkt ist, sondern dass, in Erweiterung von Art. 22 Abs. 4, auch die Möglichkeit besteht, dazu diese grund-

---

9 Anders als die Überschrift des Art. 2a möglicherweise nahelegt, befinden sich nicht Angabekategorien im Basisprospekt, sondern Angaben, die in Kategorien fallen.
10 ESMA-Questions and Answers – Prospectuses (25th Updated Version – July 2016), Antwort zu Frage 78.

Artikel 2a Angabekategorien im Basisprospekt

sätzlichen Punkte zu replizieren und zusammen mit den eingefüllten relevanten Angaben wiederzugeben. Dies ist im Interesse der Verständlichkeit der endgültigen Bedingungen zu begrüßen.

3. Kategorie C

11 Angaben, denen Kategorie C zugewiesen ist, müssen nach Art. 2a Abs. 1 Satz 1 Buchst. c) **gar nicht** im Basisprospekt enthalten sein, sofern sie bei Billigung des Basisprospekts nicht bekannt sind. Die Angaben werden dann komplett in die endgültigen Bedingungen verlagert.

12 Kategorie C ist damit aber keineswegs ein Freibrief, eine Angabe im Basisprospekt auszulassen. Vielmehr muss hinzukommen, dass die Angabe erst nach der Billigung bekannt wird. Das sind im Wesentlichen Angaben, die nicht für alle geplanten Emissionen von vorneherein feststehen, sondern sich je nach den Umständen der jeweiligen Emission verändern. Wie bei Kategorie B gilt daher, dass alle bei Billigung bekannten Informationen in den Basisprospekt aufgenommen werden müssen, was damit umgekehrt zu einer allgemeinen Voraussetzung für das Nachreichen von Informationen in endgültigen Bedingungen wird. Die verbleibende Erleichterung von Kategorie C gegenüber Kategorie B ist, dass auch bei Billigung unbekannte grundsätzliche Punkte in die endgültigen Bedingungen verlagert werden dürfen.

13 Darüber hinaus ist zu beachten, dass Art. 2a Abs. 1 Satz 1 Buchst. c) nicht davon spricht, eine Angabe einfach wegzulassen, sondern davon, dass für diese Angabe eine **Auslassung** vorgesehen werden darf. Jede Angabe aus Kategorie C muss im Basisprospekt angelegt sein, wenn auch nur in Form einer bemerkbaren Lücke. Gewissermaßen muss die Lücke gebilligt werden. In der Regel handelt es sich um Verweise auf die spätere Angabe in den endgültigen Bedingungen oder um Platzhalter im Text der Anleihebedingungen. Komplett neue Ergänzungen in den endgültigen Bedingungen sind damit nicht zulässig, was ein wichtiges Steuerungsmittel aus Sicht der Aufsichtsbehörden ist.

14 Da alle Mindestangaben für die Wertpapierbeschreibung nach den einschlägigen Anhängen der EU-Prospektverordnung in eine der drei Kategorien fallen, ist Kategorie C zugleich eine Mindestanforderung. Damit stellt Art. 2a insgesamt eine deutliche Einschränkung im Vergleich zur Situation vor Geltung der EU-Verordnung 486/2012 dar.

IV. Nachträgliche Änderungen, Art. 2a Abs. 2

15 Art. 2a Abs. 2 handelt von den zulässigen Wegen, mit Veränderungen von Prospektangaben umzugehen. Die Regelung wirkt etwas aus dem Zusammenhang gerissen und lässt sich nur im Kontext mit der Aufteilung der Angaben zwischen Basisprospekt und endgültigen Bedingungen in Absatz 1 verstehen.

16 **Satz 1** ist eine Selbstverständlichkeit:[11] Bei Vorliegen der Voraussetzungen von Art. 16 Abs. 1 der EU-Prospektrichtlinie (bzw. § 16 WpPG) wird dessen Rechtsfolge ausgelöst

---

11 Bei *von Kopp-Colomb/Seitz*, WM 2012, 1220, 1224, freundlicher als Wiederholung gekennzeichnet.

IV. Nachträgliche Änderungen, Art. 2a Abs. 2   **Artikel 2a**

und ein **Nachtrag** ist zu erstellen. Einen gewissen Sinn ergibt die Vorschrift nur, wenn sie als nachdrückliche Bestätigung gelesen wird, wie eine Änderung nicht vollzogen werden darf, nämlich durch Ergänzung der neuen oder Korrektur der alten Informationen in den endgültigen Bedingungen, obwohl nach Art. 16 Abs. 1 der EU-Prospektrichtlinie (bzw. § 16 WpPG) ein Nachtrag erforderlich ist.

Liegen die Voraussetzungen für einen Nachtrag nicht vor, so soll die Information nach **Satz 2** in einer **Mitteilung** bekannt gegeben werden. Für diese Möglichkeit bedürfte es keiner Regelung, da dies den Beteiligten ohnehin offen steht. Vielmehr geht es auch hier wieder um die endgültigen Bedingungen: Die Änderung[12] darf auch dann nicht in sie aufgenommen werden, wenn die Voraussetzungen für einen Nachtrag nicht vorliegen. Wie eine solche Mitteilung zu erfolgen hätte, wird nicht näher bestimmt, ist aber auch nicht sehr praxisrelevant. Ohne dass eine rechtliche Verpflichtung hierzu bestünde, käme für eine solche Mitteilung in Betracht, sie wie den Prospekt zu veröffentlichen, also insbesondere durch Einstellung im Internet (naheliegenderweise auf der Seite, auf der auch der Prospekt veröffentlicht wurde).

17

---

12 Satz 2 spricht von „die" Änderung, ohne dass diese näher eingeführt wurde.

Kapitel II
Mindestangaben

Artikel 3
In einen Prospekt aufzunehmende Mindestangaben

¹Ein Prospekt wird erstellt, indem eines oder eine Kombination der in dieser Verordnung niedergelegten Schemata und Module verwendet wird.

²Ein Prospekt enthält die in den Anhängen I bis XVII und in den Anhängen XX bis XXX genannten Informationsbestandteile abhängig von der Art des jeweiligen Emittenten und der Art der jeweiligen Wertpapiere. ³Vorbehaltlich des Artikels 4a Absatz 1 verlangen die zuständigen Behörden für den Prospekt nur die in den Anhängen I bis XVII oder den Anhängen XX bis XXX genannten Informationsbestandteile.

⁴Um die Einhaltung der in Artikel 5 Absatz 1 der Richtlinie 2003/71/EG genannten Verpflichtung zu gewährleisten, kann die zuständige Behörde des Herkunftsmitgliedstaats bei der Billigung eines Prospekts gemäß Artikel 13 der genannten Richtlinie bei jedem Informationsbestandteil im Einzelfall verlangen, dass die von dem Emittenten, dem Anbieter oder der die Zulassung zum Handel an einem geregelten Markt beantragenden Person gemachten Angaben ergänzt werden.

⁵Ist der Emittent, der Anbieter oder die die Zulassung zum Handel an einem geregelten Markt beantragende Person gemäß Artikel 5 Absatz 2 der Richtlinie 2003/71/EG verpflichtet, eine Zusammenfassung in einen Prospekt aufzunehmen, so kann die zuständige Behörde des Herkunftsmitgliedstaats bei der Billigung des Prospekts gemäß Artikel 13 der genannten Richtlinie im Einzelfall verlangen, dass bestimmte im Prospekt gemachte Angaben in die Zusammenfassung aufgenommen werden.

Übersicht

	Rn.		Rn.
I. Bedeutung und Regelungsgegenstand	1	III. Ergänzung der Mindestangaben	6
II. Systematik der Anhänge zur Prospektverordnung	2	IV. Zusammenfassung	8

I. Bedeutung und Regelungsgegenstand

1 Art. 3 erläutert die **Systematik der Anhänge** zur EU-Prospektverordnung. Er ergänzt damit § 7 WpPG bzw. Art. 7 der EU-Prospektrichtlinie, aufgrund dessen die Kommission die EU-Prospektverordnung erlassen hat, um detaillierte Vorgaben für die formale und inhaltliche Ausgestaltung des Prospekts und der in ihm enthaltenen Informationen zu machen.

II. Systematik der Anhänge zur Prospektverordnung

Den Obersatz der Regelung bildet Art. 3 Abs. 1. Danach wird ein Prospekt erstellt, indem eines oder eine Kombination der in den Anhängen zur EU-Prospektverordnung enthaltenen Schemata und Module „verwendet" wird. Konkret bedeutet dies im Lichte des § 7 WpPG, dass ein Prospekt zunächst als systematische Zusammenstellung der in den relevanten Anhängen der EU-Prospektverordnung enthaltenen **Mindestangaben** zu verstehen ist. Als **Schema** bezeichnet Art. 2 Nr. 1 der EU-Prospektverordnung eine Liste von Mindestangaben für die betreffende Art von Emittent und/oder Wertpapieren. Die **Module** enthalten demgegenüber nach Art. 2 Nr. 2 der EU-Prospektverordnung zusätzliche Angaben, die in Sonderfällen ergänzend zu den Mindestangaben nach den einschlägigen Schemata in den Prospekt aufgenommen werden müssen (dazu im Einzelnen § 7 Rn. 15 ff.).

Bei den in den Anhängen enthaltenen Informationsbestandteilen nach § 7 WpPG bzw. Art. 7 EU-Prospektrichtlinie handelt es sich um „Mindest"angaben. Schon diese Wortwahl impliziert, dass es sich damit eigentlich nicht um eine abschließende Aufzählung handelt dürfte. Daher scheint Art. 3 Abs. 2 Satz 2, wonach die Billigungsbehörden – vorbehaltlich des Art. 4a Abs. 1 – nur die in den Anhängen I bis XVII oder den Anhängen XX bis XXX genannten Informationsbestandteile verlangen dürfen, dazu in Widerspruch zu stehen. Dies gilt umso mehr als § 5 Abs. 1 WpPG bzw. Art. 5 Abs. 1 der EU-Prospektrichtlinie verlangen, dass der Prospekt richtig und vollständig ist, d. h. konkret sämtliche Angaben enthalten muss, die notwendig sind, um dem Anleger ein zutreffendes Urteil über den Emittenten und die angebotenen bzw. zuzulassenden Wertpapiere zu ermöglichen (dazu § 5 Rn. 9).

Eingeschränkt wird dieses scheinbar widersprüchliche Regelungskonzept jedoch bereits in Art. 3 in mehrfacher Hinsicht. So sieht Abs. 3 vor, dass die Billigungsbehörde zur Einhaltung des vorstehend beschriebenen Grundsatzes der Prospektvollständigkeit nach § 5 Abs. 1 WpPG bzw. Art. 5 Abs. 1 der EU-Prospektrichtlinie bei jedem Informationsbestandteil im Einzelfall verlangen kann, dass die in dem vorgelegten Prospektentwurf gemachten Angaben ergänzt werden (dazu Rn. 6).

Eine weitere Einschränkung erfährt der nach Abs. 2 Satz 2 vermeintlich abschließende Charakter der Schemata und Module der Anhänge der EU-Prospektverordnung durch den nachträglich eingefügten Vorbehalt im Hinblick auf Art. 4a Abs. 1. Mit der Einfügung des Art. 4a trug die Kommission nämlich dem Umstand Rechnung, dass bei Emittenten, die eine sog. komplexe finanztechnische Vorgeschichte aufwiesen oder eine noch nicht erfüllte bedeutende finanzielle Verpflichtung (insbesondere mit Blick auf einen Unternehmenskauf) eingegangen waren, die in der EU-Prospektverordnung vorgesehenen Anforderungen an die aufzunehmenden Finanzinformationen nicht ausreichten, um die Einhaltung der allgemeinen Anforderungen des § 5 Abs. 1 WpPG bzw. Art. 5 Abs. 1 der EU-Prospektrichtlinie an die Richtigkeit und Vollständigkeit der Prospektdarstellung (dazu § 5 Rn. 9) zu gewährleisten. Angesichts von Abs. 2 Satz 2 erschien fraglich, ob die Billigungsbehörden die Billigung des Prospekts von der Aufnahme der hierfür erforderlichen zusätzlichen Finanzinformationen abhängig machen konnten. Dazu wurden die Billigungsbehörden jedoch durch den im Jahr 2007 ergänzend eingefügten Art. 4a ermächtigt. Danach können sie die Billigung davon abhängig machen, dass ergänzend Pro forma-Finanzinformationen (auch über die Fälle des Anhangs I Ziff. 20.2 hinaus) oder Finanzinformationen anderer

Artikel 3 In einen Prospekt aufzunehmende Mindestangaben

Gesellschaften als dem Emittenten aufgenommen werden, ohne die sich der Anleger sonst kein fundiertes Urteil über den Emittenten bilden könnte (dazu Art. 4a Rn. 1 ff.).

III. Ergänzung der Mindestangaben

6   Nach Abs. 3 kann die Billigungsbehörde im Einzelfall verlangen, dass jeder einzelne nach den einschlägigen Anhängen der EU-Prospektverordnung vorgesehene Informationsbestandteil ergänzt wird, wenn dies zur Einhaltung der allgemeinen Anforderungen an Richtigkeit und Vollständigkeit des Prospekts nach Art. 5 Abs. 1 der EU-Prospektrichtlinie bzw. § 5 Abs. 1 WpPG erforderlich ist. Nach dem Wortlaut des Abs. 3 scheint ein solches Verlangen von ergänzenden Angaben jedoch auf den Gegenstand der einzelnen Informationsbestandteile der einschlägigen Anhänge der EU-Prospektverordnung beschränkt zu sein. Dies würde bedeuten, dass die Billigungsbehörde die Aufnahme von für die Anlageentscheidung wesentlichen Umständen, die nicht von dem relevanten Katalog der Mindestangaben der EU-Prospektverordnung erfasst werden, nicht verlangen könnte.

7   Dieser Konflikt lässt sich freilich bereits unter Heranziehung der Normenhierarchie auflösen. Die EU-Prospektverordnung konkretisiert als Durchführungsmaßnahme die Anforderungen der übergeordneten EU-Prospektrichtlinie, die die bei der Erstellung eines Prospekts zu beachtenden Grundsätze festlegt (Erwägungsgrund 1 EU-Prospektverordnung). Dabei dürfen nach Erwägungsgrund 40 und Art. 24 Abs. 2 der EU-Prospektrichtlinie die wesentlichen Bestandteile dieser Richtlinie nicht verändert werden; die darin festgeschriebenen Grundsätze sind einzuhalten. Mit Blick auf den grundlegenden Charakter des Grundsatzes der Richtigkeit und Vollständigkeit des Prospekts nach Art. 5 Abs. 1 der EU-Prospektrichtlinie ist diesem der Vorrang gegenüber den scheinbar restriktiven Durchführungsregelungen in Art. 3 Abs. 2 Satz 2 und Abs. 3 einzuräumen. Eine Billigungsbehörde kann also die Billigung von der Aufnahme weiterer Informationen abhängig machen, die sie für notwendig erachtet, um dem Anleger ein zutreffendes Urteil i. S. v. § 5 Abs. 1 WpPG bzw. Art. 5 Abs. 1 der EU-Prospektrichtlinie zu ermöglichen und zwar ohne Rücksicht darauf, ob es sich bei der geforderten Angabe um eine Ergänzung einer der in den Anhängen zur EU-Prospektverordnung vorgesehenen Mindestangaben handelt oder nicht (dazu § 5 Rn. 1 ff.; § 7 Rn. 10 ff.).

IV. Zusammenfassung

8   Sofern (was regelmäßig der Fall ist) der Prospekt eine Zusammenfassung enthalten muss, ermächtigt Abs. 4 die Billigungsbehörde, die Aufnahme bestimmter Angaben aus dem Hauptteil des Prospekts (bzw. dem Registrierungsformular oder der Wertpapierbeschreibung) in die Zusammenfassung zu verlangen. Abs. 4 wurde im Zuge der Reform des Prospektrechts im Jahre 2012 nachträglich durch die Delegierte Verordnung 486/2012[1] in die

---

[1] Delegierte Verordnung (EU) Nr. 486/2012 der Kommission vom 30.3.2012 zur Änderung der Verordnung (EG) Nr. 809/2004 in Bezug auf Aufmachung und Inhalt des Prospekts, des Basisprospekts, der Zusammenfassung und der endgültigen Bedingungen und in Bezug auf die Angabepflichten, ABL. EU Nr. L 150 v. 9.6.2012, S. 1.

EU-Prospektverordnung eingefügt. Diese Ermächtigung ist im Lichte der Vorgaben des Art. 5 Abs. 2 der EU-Prospektrichtlinie (bzw. § 5 Abs. 2–2b WpPG) auszulegen, auf den Erwägungsgrund 8 der Delegierten Verordnung 486/2012 ausdrücklich Bezug nimmt.

Nach § 5 Abs. 2 WpPG muss die Prospektzusammenfassung die **Schlüsselinformationen** nach dessen Abs. 2a enthalten. Die Schlüsselinformationen umfassen eine kurze Beschreibung der Risiken und wesentlichen Merkmale des Emittenten (sowie ggf. des Garantiegebers) und der Wertpapiere, die allgemeinen Bedingungen des Angebots, Einzelheiten der Börsenzulassung und die Gründe für das Angebot sowie die Verwendung der Erlöse. Ferner sind die in § 5 Abs. 2b WpPG aufgeführten Warnhinweise aufzunehmen. Weitere Einzelheiten in Bezug auf das **Format** und die **Inhalte** der Zusammenfassung sind in **Art. 24** sowie in **Anhang XXII** konkretisiert. Auf die Kommentierungen zu § 5 WpPG (dort Rn. 50 ff.) sowie Art. 24 und Anhang XXII wird verwiesen.

Angesichts der detaillierten formalen Vorgaben in Art. 24 sowie in Anhang XXII ist Abs. 4 als inhaltliche Ergänzung bzw. Klarstellung der Befugnisse der Billigungsbehörde zu verstehen. Aus der Bestimmung lässt sich ableiten, dass auch bei Einhaltung der formalen Anforderungen noch die Aufnahme weiterer Angaben in die Zusammenfassung verlangt werden kann, sofern die Billigungsbehörde diese zur Einhaltung der Vorgaben aus § 5 Abs. 2–2b WpPG für erforderlich hält. Dies dürfte insbesondere in Bezug auf die Darstellung der Risiken relevant werden können. Hinzuweisen ist aber insoweit auch darauf, dass sich die Anforderungen, die die Billigungsbehörde an die Zusammenfassung stellen kann, im Rahmen des Charakters der Zusammenfassung als bloße Einleitung des Prospekts bewegen müssen. Denn die Zusammenfassung soll nicht den Anspruch erheben, für sich genommen ausreichende Grundlage für eine informierte Anlageentscheidung zu sein. Vielmehr soll sie den Anlegern lediglich einen ersten vorläufigen Überblick darüber verschaffen, ob sie eine Investition in die betreffenden Wertpapieren grundsätzlich in Erwägung ziehen und ihr daher weiter nachgehen sollten. Das zeigt auch § 5 Abs. 2b Nr. 2 WpPG, wonach der Anleger in der Zusammenfassung aufgefordert werden muss, vor seiner Anlageentscheidung den gesamten Prospekt zu prüfen (dazu § 5 Rn. 50 ff.).

Artikel 4
Schema für das Registrierungsformular für Aktien

(1) Die Angaben für das Aktienregistrierungsformular werden gemäß dem in Anhang I festgelegten Schema zusammengestellt.

(2) Das in Absatz 1 genannte Schema gilt für:
1. Aktien und andere übertragbare, Aktien gleichzustellende Wertpapiere;
2. andere Wertpapiere, die die folgenden Bedingungen erfüllen:
   a) sie können nach dem Ermessen des Emittenten oder des Anlegers oder aufgrund der bei der Emission festgelegten Bedingungen in Aktien oder andere übertragbare, Aktien gleichzustellende Wertpapiere umgewandelt oder umgetauscht werden, oder sie ermöglichen auf andere Art und Weise den Erwerb/Bezug von Aktien oder anderen übertragbaren, Aktien gleichzustellenden Wertpapieren,
   und
   b) diese Aktien oder anderen übertragbaren, Aktien gleichzustellenden Wertpapiere werden zu diesem oder einem künftigen Zeitpunkt vom Emittenten des Wertpapiers emittiert und nehmen zum Zeitpunkt der Billigung des die Wertpapiere betreffenden Prospekts noch nicht am Handel auf einem geregelten oder einem vergleichbaren Markt außerhalb der Gemeinschaft teil und die zu Grunde liegende Aktie oder anderen übertragbaren, Aktien gleichzustellende Wertpapiere können stückemäßig geliefert werden.

1 Art. 4 trägt die Überschrift „Schema für das Registrierungsformular für Aktien" und verweist in Abs. 1 auf Anhang I, der die in das Registrierungsformular aufzunehmenden Mindestangaben vorgibt. Gemäß Art. 21 Abs. 2 ProspektVO handelt es sich bei dem Registrierungsformular für Aktien gemäß Anhang I um das umfassendste und strengste Schema für ein Registrierungsformular und es darf stets auch für die Emission von Wertpapieren verwendet werden, für die ein weniger umfassendes und strenges Registrierungsformular vorgesehen ist.[1]

2 Anders als die Überschrift vermuten lässt, erstreckt sich der Anwendungsbereich des Art. 4 jedoch nicht lediglich auf Aktien. Vielmehr finden gemäß Art. 4 Abs. 2 die in Anhang I enthaltenen Mindestangaben auch Anwendung auf andere übertragbare Wertpapiere, die Aktien gleichzustellen sind, sowie auf Wertpapiere, die die in Art. 4 Abs. 2 Nr. 2 genannten Bedingungen erfüllen.

3 Gemäß dem siebten Erwägungsgrund der Prospektverordnung umfasst der Anwendungsbereich von Anhang I nicht nur Aktien und übertragbare, Aktien gleichzustellende Wertpapiere, sondern auch andere Wertpapiere, die durch Umwandlung oder Tausch Zugang zum Kapital des Emittenten verschaffen. Allerdings ist in letztgenanntem Fall dieses Schema nicht anzuwenden, wenn die zu Grunde liegenden Aktien, die zu verschaffen sind („underlying shares"), schon vor Emission der wandel- bzw. umtauschbaren Wertpapiere emittiert wurden. Demgegenüber sollte das Schema verwendet werden, wenn die zugrunde lie-

---
1 *Alfes/Wieneke*, in: Holzborn, WpPG, EU-ProspektVO, Mindestangaben Anhang I Rn. 1; *Fingerhut/Voß*, in: Just/Voß/Ritz/Zeising, WpPG, EU-ProspektVO, Anhang I Rn. 2.

Schema für das Registrierungsformular für Aktien **Artikel 4**

genden Aktien, die zu verschaffen sind, zwar schon emittiert, aber noch nicht zum Handel auf einem geregelten Markt zugelassen sind.

Art. 4 Abs. 2 Nr. 1 erfasst somit zunächst Aktien (Inhaber-, Namens-, Stamm- und Vorzugsaktien sowie Aktien und aktienähnliche Anteilsscheine ausländischer Gesellschaften, soweit sie fungibel sind).[2] Zertifikate, die Aktien vertreten (Depositary Receipts), fallen – obwohl sie die zugrunde liegenden Aktien verbriefen – nicht in den Anwendungsbereich von Anhang I; für sie gilt Anhang X.

Darüber hinausgehend erfasst Art. 4 Abs. 2 Nr. 2 Wandelschuldverschreibungen oder Optionsanleihen gemäß § 221 AktG, die in Aktien des Emittenten gewandelt werden können. Auch Wandelschuldverschreibungen, die von einer Finanzierungstochter emittiert und in Aktien der Muttergesellschaft gewandelt werden können, fallen unter Art. 4 Abs. 2 Nr. 2.[3] Typischerweise sind Wandelschuldverschreibungen mit einem bedingten Kapital unterlegt, so dass auch die Anwendbarkeitsvoraussetzung erfüllt ist, die verlangt, dass die zugrunde liegenden Aktien noch nicht emittiert sind. Auch die häufig anzutreffende Klausel in Wandelschuldverschreibungen, die es dem Emittenten theoretisch ermöglicht, bei Ausübung des Wandlungsrechts durch einen Gläubiger ggf. anstelle von neuen Aktien aus bedingtem Kapital eigene Aktien zu liefern, sollte an dieser Einordnung nichts ändern (anders wäre dies allenfalls dann zu beurteilen, wenn die Bedingungen der Wandelschuldverschreibung ausdrücklich vorsehen, dass sich das Wandlungsrecht nur auf bereits existierende und zum Handel zugelassene Aktien bezieht).

In den Anwendungsbereich von Art. 4 Abs. 2 Nr. 2 fallen u. E. (sofern sie über ein bedingtes Kapital bedient werden sollen) grundsätzlich auch Pflichtwandelanleihen, da sie *„aufgrund der bei der Emission festgelegten Bedingungen in Aktien umgewandelt werden"* können. Nach einer in der Literatur vertretenen Meinung sollen Pflichtwandelanleihen, die in einer von vornherein festgelegten Anzahl von Aktien zurückgezahlt werden, ohne dass es darauf ankommt, ob der Wert der Aktien zum Zeitpunkt der Lieferung dem Nennbetrag der Wandelanleihe entspricht und ohne dass eine etwaige Differenz zum Nennbetrag durch Zahlung ausgeglichen wird, nicht unter Art. 4 Abs. 2 Nr. 2 fallen, sondern je nach Stückelung unter Anhang IV oder Anhang IX.[4] Diese Ansicht scheint fraglich, da eine so ausgestaltete Pflichtwandelanleihe letztendlich einer direkten Anlage in Aktien noch näher kommt als beispielsweise eine Wandelschuldverschreibung.

Nicht erfasst von Art. 4 Abs. 2 Nr. 2 werden dagegen Umtauschanleihen, da sie sich auf bereits ausgegebene Aktien (eines anderen Emittenten) beziehen.[5] Dies gilt auch dann, wenn sich die Umtauschanleihe auf ausgegebene Aktien einer zur Gruppe des Emittenten gehörenden Gesellschaft bezieht. Auch sog. Covered Warrants oder Reverse Convertibles werden nicht erfasst. Covered Warrants sind Schuldverschreibungen, die häufig von Ban-

---

2 *Fingerhut/Voß* in: Just/Voß/Ritz/Zeising, WpPG, EU-ProspektVO, Anhang I Rn. 8.
3 Die Anwendbarkeit des Anhang I auf indirekt begebene Anleihen kann aus Art. 17 Abs. 2 i.V.m. Abs. 1 Satz 2 ProspektVO abgeleitet werden, vgl. *Fingerhut/Voß* in: Just/Voß/Ritz/Zeising, WpPG, EU-ProspektVO, Anhang I Rn. 10; *Alfes/Wieneke*, in: Holzborn, WpPG, EU-ProspektVO, Mindestangaben Anhang I Rn. 1; *Schlitt/Schäfer*, in: Assmann/Schlitt/von Kopp-Colomb, WpPG/VerkProspG, EU-ProspektVO, Anhang I Rn. 1, anders noch *Schlitt/Schäfer*, AG 2005, 498, 505.
4 *Schlitt/Schäfer*, in: Assmann/Schlitt/von Kopp-Colomb, WpPG/VerkProspG, EU-ProspektVO, Anhang I Rn. 1; *Alfes/Wieneke*, in: Holzborn, WpPG, EU-ProspektVO, Mindestangaben Anhang I Rn. 1; *Fingerhut/Voß* in: Just/Voß/Ritz/Zeising, WpPG, EU-ProspektVO, Anhang I Rn. 11.
5 *Fingerhut/Voß* in: Just/Voß/Ritz/Zeising, WpPG, EU-ProspektVO, Anhang I Rn. 13.

Artikel 4 Schema für das Registrierungsformular für Aktien

ken oder anderen Finanzmarktteilnehmern ausgegeben werden und die das Recht auf den physischen Bezug von Aktien verbriefen. Die emittierende Bank hat sich diese Aktien, die bereits ausgegeben und zum Handel zugelassen sind, beschafft oder beschafft sie sich im Falle der Geltendmachung des Lieferungsanspruchs. Auch sonstige derivative Instrumente, die als Basiswert auf bereits gehandelte Aktien bezogen sind, fallen nicht in den Anwendungsbereich von Art. 4 Abs. 2 Nr. 2.[6] Soweit der Anwendungsbereich von Art. 4 nicht eröffnet ist, liegt je nach Stückelung und Art des Emittenten nahe, dass die Instrumente unter Anhang IV, Anhang IX oder (sofern eine Bank die Instrumente emittiert) Anhang XI fallen.

---

6 Siehe hierzu auch die Kommentierung zu Anhang XVIII, der eine Liste verschiedener Arten von Wertpapieren enthält und diese den jeweils anzuwendenden Schemata zuordnet.

Artikel 4a
Schema für Aktienregistrierungsformulare bei komplexer finanztechnischer Vorgeschichte oder bedeutenden finanziellen Verpflichtungen

(1) ¹Hat der Emittent eines unter Artikel 4 Absatz 2 fallenden Wertpapiers eine komplexe finanztechnische Vorgeschichte oder ist er bedeutende finanzielle Verpflichtungen eingegangen, so dass bestimmte Teile der Finanzinformationen einer anderen Gesellschaft als dem Emittenten in das Registrierungsformular aufgenommen werden müssen, um die in Artikel 5 Absatz 1 der Richtlinie 2003/71/EG festgelegte Pflicht zu erfüllen, werden diese Teile für Finanzinformationen des Emittenten erachtet. ²Die zuständige Behörde des Herkunftsmitgliedstaats verlangt von dem Emittenten, dem Anbieter oder der die Zulassung zum Handel an einem geregelten Markt beantragenden Person in einem solchen Fall, diese Informationsbestandteile in das Registrierungsformular aufzunehmen.

³Diese Bestandteile der Finanzinformationen können gemäß Anhang II erstellte Pro-forma-Informationen umfassen. ⁴Ist der Emittent bedeutende finanzielle Verpflichtungen eingegangen, werden die Auswirkungen der Transaktion, zu der der Emittent sich verpflichtet hat, in diesen Pro-forma-Informationen antizipiert und ist der Begriff ‚die Transaktion' in Anhang II entsprechend auszulegen.

(2) ¹Die zuständige Behörde stützt jedes Ersuchen gemäß Absatz 1 Unterabsatz 1 auf die die unter Punkt 20.1 des Anhangs I, Punkt 15.1 des Anhangs XXIII, Punkt 20.1 des Anhangs XXV, Punkt 11.1 des Anhangs XXVII und Punkt 20.1 des Anhangs XXVIII in Bezug auf den Inhalt der Finanzinformationen und die anwendbaren Rechnungslegungs- und Prüfungsgrundsätze festgelegt sind, wobei Änderungen zulässig sind, wenn sie durch einen der folgenden Faktoren gerechtfertigt sind:

a) Wesensart der Wertpapiere,
b) Art und Umfang der bereits im Prospekt enthaltenen Informationen sowie das Vorhandensein von Finanzinformationen einer anderen Gesellschaft als dem Emittenten, die unverändert in den Prospekt übernommen werden könnten;
c) die Umstände des Einzelfalls, einschließlich der wirtschaftlichen Substanz der Transaktionen, mit denen der Emittent sein Unternehmen oder einen Teil desselben erworben oder veräußert hat, sowie der speziellen Art des Unternehmens;
d) die Fähigkeit des Emittenten, sich unter zumutbarem Aufwand Finanzinformationen über eine andere Gesellschaft zu beschaffen.

²Kann die in Artikel 5 Absatz 1 der Richtlinie 2003/71/EG festgelegte Pflicht im Einzelfall auf verschiedenen Wegen erfüllt werden, so ist der kostengünstigsten oder der mit dem geringsten Aufwand verbundenen Variante der Vorzug zu geben.

(3) ¹Von Nummer 1 unberührt bleibt die durch nationale Rechtsvorschriften gegebenenfalls festgelegte Verantwortung anderer Personen für die im Prospekt enthaltenen Informationen, wozu auch die in Artikel 6 Absatz 1 der Richtlinie 2003/71/EG genannten Personen zählen. ²Diese Personen sind vor allem dafür verantwortlich,

Artikel 4a Schema für Aktienregistrierungsformulare

dass sämtliche von der zuständigen Behörde gemäß Nummer 1 geforderten Informationen in das Registrierungsformular aufgenommen werden.

(4) Für die Zwecke der Nummer 1 wird ein Emittent als Emittent mit komplexer finanztechnischer Vorgeschichte behandelt, wenn alle der nachfolgend genannten Bedingungen zutreffen:

a) Die historischen Finanzinformationen, die er gemäß Punkt 20.1 des Anhangs I, Punkt 15.1 des Anhangs XXIII, Punkt 20.1 des Anhangs XXV, Punkt 11.1 des Anhangs XXVII und Punkt 20.1 des Anhangs XXVIII vorzulegen hat, geben die Lage seines gesamten Unternehmens zum Zeitpunkt der Prospekterstellung nicht genau wieder;
b) diese Ungenauigkeit beeinträchtigt die Fähigkeit des Anlegers, sich ein fundiertes Urteil im Sinne von Artikel 5 Absatz 1 der Richtlinie 2003/71/EG zu bilden; und
c) Informationen über seine operative Geschäftstätigkeit, die ein Anleger für die Bildung eines solchen Urteils benötigt, sind Gegenstand von Finanzinformationen über ein anderes Unternehmen.

(5) ¹Für die Zwecke der Nummer 1 werden als Emittenten, die bedeutende finanzielle Verpflichtungen eingegangen sind, Gesellschaften behandelt, die eine verbindliche Vereinbarung über eine Transaktion eingegangen sind, die nach ihrem Abschluss voraussichtlich eine bedeutende Bruttoveränderung bewirkt. ²Selbst wenn der Abschluss der Transaktion in einer solchen Vereinbarung an Bedingungen, einschließlich der Zustimmung durch die Regulierungsbehörde, geknüpft wird, ist die Vereinbarung in diesem Zusammenhang als bindend zu betrachten, sofern diese Bedingungen mit hinreichender Wahrscheinlichkeit eintreten werden. ³Eine Vereinbarung wird insbesondere dann als verbindlich betrachtet, wenn sie den Abschluss der Transaktion vom Ergebnis des Angebots der Wertpapiere, die Gegenstand des Prospekts sind, abhängig macht, oder wenn bei einer geplanten Übernahme das Angebot der Wertpapiere, die Gegenstand des Prospekts sind, der Finanzierung dieser Übernahme dienen soll.

(6) Für die Zwecke des Absatzes 5 dieses Artikels und des Punkts 20.2 des Anhangs I, des Punkts 15.2 des Anhangs XXIII und des Punkts 20.2 des Anhangs XXV liegt eine bedeutende Bruttoveränderung vor, wenn sich die Situation des Emittenten gemessen an einem oder mehreren Größenindikatoren seiner Geschäftstätigkeit um mehr als 25% verändert.

Übersicht

	Rn.
I. Bedeutung und Regelungsgegenstand des Art. 4a	1
1. Bedeutung und systematische Stellung	1
a) Regelungslücke der ursprünglichen EU-Prospektverordnung	1
b) Verhältnis zu Anhang I	4
2. Regelungsgegenstand Ziff. 20.2	5
a) Komplexe finanztechnische Vorgeschichte (Abs. 4)	6
b) Bedeutende finanzielle Verpflichtungen (Abs. 5)	7
c) Bedeutende Brutto-Veränderung (Abs. 6)	10
II. Rechtsfolgen des Art. 4a	11

1. Aufnahme von Finanzinformationen einer anderen Gesellschaft. 11
2. Aufnahme von Pro-forma-Finanzinformationen. 13
3. Verpflichtung der Prospektverantwortlichen 14
4. Ermessen der Billigungsbehörde. . . 16
   a) Orientierung an Vorgaben für historische Finanzinformationen. 17
   b) Pro-forma-Finanzinformationen . 18
   c) Änderungen im Einzelfall. 19
      aa) Kriterien. 20
      bb) Ermessensmaßstab (Art. 4a Abs. 2 Unterabs. 2 lit. a)) . . . 25
   d) Anwendungsfragen 26
      aa) Prüfung im Einzelfall 26
      bb) Sog. kombinierte Finanzinformationen. 27

I. Bedeutung und Regelungsgegenstand

1. Bedeutung und systematische Stellung

a) Regelungslücke der ursprünglichen EU-Prospektverordnung

Schon kurz nach der Umsetzung der EU-Prospektrichtlinie in deutsches Recht erwiesen sich die **Vorgaben der EU-Prospektverordnung** für die in den Prospekt aufzunehmenden Finanzinformationen als **unzureichend**, wenn sich die Unternehmensstruktur des Emittenten kurz vor Prospektveröffentlichung verändert hatte oder auch eine solche Veränderung in naher Zukunft zu erwarten war. Viele Fälle ließen sich nicht ohne Weiteres unmittelbar unter die Voraussetzungen der EU-Prospektverordnung für die Aufnahme von Pro-forma-Finanzinformationen subsumieren, da noch keine bedeutende Brutto-Veränderung eingetreten, sondern deren künftiger Eintritt „nur" wahrscheinlich war. In anderen Fällen lag zwar unstreitig eine bedeutende Bruttoveränderung vor; jedoch erschien fraglich, ob die Darstellung der Vermögens-, Finanz- und Ertragslage auch unter Einbeziehung von Pro-forma-Finanzinformationen ausreiche, um ein „zutreffendes Urteil" über den Emittenten im Sinne des § 5 Abs. 1 WpPG zu ermöglichen. Wurde beispielsweise ein bestehender Geschäftsbetrieb in eine neu gegründete Holdinggesellschaft eingebracht, die dann Wertpapiere öffentlich anbot und deren Zulassung zum Börsenhandel beantragte, konnte mit historischen und Pro-forma-Finanzinformationen des Emittenten mitunter nur ein relativ kurzer Zeitraum (maximal das letzte Geschäftsjahr des Emittenten) abgedeckt werden, obwohl das in den Emittenten eingebrachte operative Geschäft bereits drei Jahre oder länger betrieben wurde und insoweit auch historische Finanzinformationen vorlagen, freilich solche eines nicht mit dem Emittenten identischen Rechtsträgers. Denn unter Emittent im Sinne der EU-Prospektverordnung ist diejenige Rechtspersönlichkeit zu verstehen, die die angebotenen oder zuzulassenden Wertpapiere ausgegeben hat (**rechtlicher Emittentenbegriff**).[1]

1

In Deutschland behalf sich die **Praxis** damit, weitere, nach der EU-Prospektverordnung nicht verlangte Finanzinformationen in den Prospekt aufzunehmen. So enthielt beispielsweise bei der Kapitalerhöhung der Fresenius AG im November 2005 der Prospekt Pro-forma-Finanzinformationen, die die Auswirkungen des vor Prospektveröffentlichung vereinbarten Erwerbs der Helios Kliniken GmbH darstellten, obwohl dieser zum Zeitpunkt der Prospektveröffentlichung noch nicht vollzogen worden war (mithin also wegen dieser Transaktion noch keine bedeutende Brutto-Veränderung im Sinne der von Ziff. 20.2. des

2

---

1 *Fingerhut/Voß*, in: Just/Voß/Ritz/Zeising, WpPG, EU-ProspektVO Anhang I Rn. 305.

Artikel 4a Schema für Aktienregistrierungsformulare

Anhangs I der EU-Prospektverordnung eingetreten sein konnte) und der Vollzug noch von der kartellrechtlichen Freigabe abhing.[2] Im Fall des Börsengangs der Praktiker Bau- und Heimwerkermärkte Holding AG im November 2005 war der Emittent erst wenige Wochen vor Prospektveröffentlichung gegründet worden, wies also außer seiner Gründungsbilanz keine historischen Finanzinformationen auf. In den Emittenten war der Geschäftsbereich Praktiker der Metro AG eingebracht worden, der im Wesentlichen aus der Praktiker Bau- und Heimwerkermärkte AG bestand, die neben einigen Zu- und Abgängen von Tochtergesellschaften aus dem Metro-Konzern noch um einige bis dahin in der Metro AG befindliche Stabsfunktionen ergänzt wurde. Pro-forma-Finanzinformationen hätten wegen der erst kurze Zeit zurückliegenden Gründung des Emittenten nur für dessen laufendes Geschäftsjahr erstellt werden können und wären daher für das von dem Prospekt nach § 5 Abs. 1 WpPG zu ermöglichende „zutreffende Urteil über die Vermögenswerte und Verbindlichkeiten, die Finanzlage" des Emittenten unzureichend gewesen. Dieses Dilemma wurde dadurch gelöst, dass zum einen die vorliegenden historischen Finanzinformationen der operativen Tochtergesellschaft Praktiker Bau- und Heimwerkermärkte AG für die letzten drei Jahre in den Prospekt aufgenommen wurden, die während dieses Zeitraums große Teile des zum Konzern des Emittenten gehörenden operativen Geschäfts betrieben hatte. Zum anderen konnte der Geschäftsbereich Praktiker der Metro AG (also das Geschäft der operativen Tochtergesellschaft des Emittenten und die diesem zugeordneten Stabsfunktionen der Konzernmutter) in sog. **kombinierten Finanzinformationen** (*combined financial statements*, dazu siehe Rn. 28) für drei Jahre dargestellt werden. Denn dieser war zwar auf unterschiedliche rechtliche Einheiten verteilt, stand aber während des gesamten Berichtszeitraumes unter einheitlicher Leitung (*control*).[3]

3 Diese **pragmatischen Lösungen** führten zwar zu Ergebnissen, die gemessen an den Vorgaben des § 5 Abs. 1 WpPG und auch aus vermarktungstechnischen Gesichtspunkten zufriedenstellen konnten. Jedoch war dies nur auf **freiwilliger Basis** möglich. Es erschien fraglich, ob die BaFin die Billigung des Prospektes von der Aufnahme solcher zusätzlicher Finanzinformationen hätte abhängig machen können, obwohl diese in der EU-Prospektverordnung nicht vorgesehen waren. Denn nach der ursprünglichen Fassung des Art. 3 Abs. 2 Satz 3 EU-Prospektverordnung durften Billigungsbehörden nur die Aufnahme solcher Informationsbestandteile verlangen, die in den Anhängen I bis XVII der EU-Prospektverordnung genannt sind. Auf Empfehlung von CESR erließ deshalb die EU-Kommission im Jahr 2007 die die EU-Prospektverordnung ergänzende Verordnung 211/2007, durch die Art. 4a eingeführt wurde. Dadurch wird sichergestellt, dass Art. 5 Abs. 1 der EU-Prospektrichtlinie auch in den Fällen seine volle Wirkung entfalten kann, in denen die Finanzlage des Emittenten so eng mit der anderer Gesellschaften verbunden ist, dass ohne Finanzinformationen dieser anderen Gesellschaften keine uneingeschränkte Erfüllung der Vorgaben dieser Bestimmung gewährleistet wäre. Danach sind in den Prospekt sämtliche Informatio-

---

2 Prospekt der Fresenius Aktiengesellschaft vom 15.11.2005, S. 85 sowie F-247 ff.
3 Siehe zu den Einzelheiten den Prospekt der Praktiker Bau- und Heimwerkermärkte Holding AG vom 4.11.2005, insbesondere die Erläuterungen im Gruppenanhang der IFRS-Combined Financial Statements zum 31.12.2004 von Praktiker („Geschäftsbereich Praktiker der METRO AG") auf S. F-31 f.

nen aufzunehmen, die der Anleger benötigt, um sich ein fundiertes Urteil über die Finanzlage und die Zukunftsaussichten des Emittenten zu bilden.[4]

b) Verhältnis zu Anhang I Ziff. 20.2

Art. 4a ändert nichts an dem Erfordernis zur Aufnahme von **Pro-forma-Finanzinformationen** nach den Anhängen I und II der EU-Prospektverordnung. Die Regelung ist nach Erwägungsgrund 10 der Verordnung 211/2007 und dem Wortlaut des Art. 4a der EU-Prospektverordnung ausdrücklich auf den Fall beschränkt, dass die nach den **Vorgaben der Anhänge I und II** der EU-Prospektverordnung aufzunehmenden historischen Finanzinformationen des Emittenten und etwaige hinzutretende Pro-forma-Finanzinformationen (bzw. sonstigen Finanzinformationen, die auf einer Rechnungslegung bei Fusionen basieren) **nicht ausreichen**, um dem Anleger ein fundiertes Urteil über die Vermögenswerte und Verbindlichkeiten, die Finanzlage, die Gewinne und Verluste, die Zukunftsaussichten des Emittenten und jedes Garantiegebers sowie über die mit diesen Wertpapieren verbundenen Rechte gemäß Art. 5 Abs. 1 der EU-Prospektrichtlinie zu bilden.

2. Regelungsgegenstand

Art. 4a gibt den Billigungsbehörden die Möglichkeit, in Fällen der **komplexen finanztechnischen Vorgeschichte** oder einer von dem Emittenten eingegangenen **bedeutenden finanziellen Verpflichtung** über den Katalog der Mindestangaben der Anhänge der EU-Prospektverordnung hinaus **weitere Informationen** zu verlangen, wenn dies erforderlich ist, damit der Prospekt den allgemeinen Grundsätzen nach Art. 5 Abs. 1 der EU-Prospektrichtlinie (~ § 5 Abs. 1 WpPG) genügt. Dabei ist der Anwendungsbereich auf **Registrierungsformulare** (bzw. einteilige Prospekte) **für Aktien** beschränkt, wie sich aus Erwägungsgrund 11 der Verordnung 211/2007 sowie aus der Überschrift des Art. 4a der EU-Prospektverordnung ergibt.[5]

a) Komplexe finanztechnische Vorgeschichte (Abs. 4)

Der Begriff der **komplexen finanztechnischen Vorgeschichte** (*complex financial history*) ist in Art. 4a Abs. 4 der EU-Prospektverordnung definiert. Der Verordnungsgeber hat sich dabei für eine recht abstrakte Umschreibung entschieden, die insbesondere keine quantitativen Kriterien enthält. In Erwägungsgrund 9 der Verordnung 211/2007 wird dies damit begründet, dass eine umfassende Aufstellung aller Fälle einer komplexen finanztechnischen Vorgeschichte des Emittenten nicht möglich sei. Neue, innovative Transaktionsformen könnten sonst aus einer solchen Aufstellung herausfallen, obwohl allein die Darstellung durch die nach Anhang I verlangten Finanzinformationen nach dem Maßstab des Art. 5 Abs. 1 der EU-Prospektrichtlinie unzureichend erscheint. Daher wurde die Definition der

---

4 Verordnung (EG) Nr. 211/2007 der Kommission vom 27. Februar 2007 zur Änderung der Verordnung (EG) Nr. 809/2004 zur Umsetzung der Richtlinie 2003/71/EG des Europäischen Parlaments und des Rates in Bezug auf die Finanzinformationen, die bei Emittenten mit komplexer finanztechnischer Vorgeschichte oder bedeutenden finanziellen Verpflichtungen im Prospekt enthalten sein müssen, ABl. EU Nr. L 61 vom 28.2.2007, S. 24, Erwägungsgründe 2–4.
5 *Pföhler/Erchinger/Doleczik/Küster/Feldmüller*, WPg 2014, 475, 481 zur (freiwilligen) Anwendung von Finanzinformationen im Sinne von Art. 4a bei Anleiheemissonen.

Artikel 4a Schema für Aktienregistrierungsformulare

Umstände, unter denen die finanztechnische Vorgeschichte des Emittenten als komplex zu betrachten ist, weit gefasst. Eine komplexe finanztechnische Vorgeschichte liegt daher vor, wenn die folgenden **Voraussetzungen kumulativ vorliegen**:

aa) Die historischen Finanzinformationen, die er gemäß Punkt 20.1 des Anhangs I, Punkt 15.1 des Anhangs XXIII, Punkt 20.1 des Anhangs XXV, Punkt 11.1 des Anhangs XXVII und Punkt 20.1 des Anhangs XXVIII vorzulegen hat, geben die Lage seines gesamten Unternehmens zum Zeitpunkt der Prospekterstellung nicht genau wieder (Art. 4a Abs. 4 lit. a) EU-Prospektverordnung).

Die erste Voraussetzung für das Vorliegen einer komplexen finanztechnischen Vorgeschichte wurde im Rahmen der Reform des Prospektrechts 2012 durch die Delegierte Verordnung 486/2012 umformuliert.[6] Dadurch wurden die Anforderungen freilich nicht klarer. Hieß es zuvor *„Die operative Geschäftstätigkeit des Emittenten ist zum Datum des Prospekts nicht vollständig in den historischen Finanzinformationen gemäß Ziff. 20.1 Anh. I ProspV abgebildet"* wird stattdessen nunmehr auf die „Lage seines gesamten Unternehmens zum Zeitpunkt der Prospekterstellung" abgestellt. Nach wie vor kommt es aber hier nicht auf die Geschäftslage, sondern auf den Umfang der Geschäftstätigkeit des Emittenten an. Das zeigen nicht nur die ansonsten unverändert gebliebenen weiteren Anforderungen, sondern auch der Wortlaut der englischen Sprachfassung, die Gegenstand der vorangehenden Konsultationen war. Dort wird nämlich auf „its entire business undertaking" abgestellt, also auf den gesamten Geschäftsbetrieb des Emittenten, nicht aber auf die Geschäftslage. Somit sind hier weiterhin Fälle gemeint, in denen die historischen Finanzinformationen des Emittenten[7] nicht die gesamte gegenwärtige Geschäftstätigkeit abdecken, da ein Teil davon in der Vergangenheit von Unternehmen betrieben wurde, die während der von den historischen Finanzinformationen abzubildenden Perioden nicht zum Konzern des Emittenten gehörten. Erwägungsgrund 5 der Verordnung 211/2007 nennt hierzu folgende Beispiele:[8]

(1) Der Emittent hat einen bedeutenden Erwerb getätigt, der noch nicht in seinem Abschluss ausgewiesen ist.
(2) Bei dem Emittenten handelt es sich um eine neu gegründete Holdinggesellschaft.
(3) Der Emittent setzt sich aus Gesellschaften zusammen, die zwar gemeinsamen Kontrolle unterstanden oder sich in gemeinsamem Besitz befunden haben, aber juristisch gesehen nie eine Gruppe waren.
(4) Der Emittent wurde im Rahmen einer Aufspaltung eines Unternehmens als eigenständige juristische Person gegründet (Entsprechendes gilt in Fällen der Abspaltung oder Ausgliederung).

In Fall (1) fragt sich indes, worin sich diese Konstellation von dem Fall einer bedeutenden Bruttoveränderung infolge einer Unternehmenstransaktion unterscheidet, die nach Ziff. 20.2 der EU-Prospektverordnung (grds.) durch Pro-forma-Finanzinformationen

---

6 Delegierte Verordnung (EU) Nr. 486/2012 der Kommission vom 30.3.2012 zur Änderung der Verordnung (EG) Nr. 809/2004 in Bezug auf Aufmachung und Inhalt des Prospekts, des Basisprospekts, der Zusammenfassung und der endgültigen Bedingungen und in Bezug auf die Angabepflichten, ABl. EU Nr. 150 v. 9.6.2012, S. 1.
7 Insoweit wird nun auch auf die entsprechenden Ziffern der sog. Verhältnismäßigen Schemata der EU-Prospektverordnung verwiesen.
8 Ähnlich die Beispiele bei *Böttcher*, BaFin-Workshop 2009, Präsentation „Complex Financial History in der Fallpraxis" vom 9.11.2009, S. 10.

I. Bedeutung und Regelungsgegenstand **Artikel 4a**

abzubilden ist. Hier dürfte sich jedenfalls auf der ersten Prüfungsstufe der Anwendungsbereich von Art. 4a und Ziff. 20.2 des Anhangs I überschneiden. Die zusätzlichen Anforderungen des Art. 4a der EU-Prospektverordnung kommen jedoch nur bei Vorliegen von dessen weiteren Voraussetzungen (hier (bb) und cc)) zur Anwendung. Die Besonderheit der „komplexen finanztechnischen Vorgeschichte" dürfte weiterhin darin liegen, dass anders als nach der rein quantitativen Betrachtung bei Anwendung des Kriteriums der bedeutenden Bruttoveränderung das Kriterium der komplexen finanztechnischen Vorgeschichte auf die „operative Geschäftstätigkeit" abstellt, mithin also die Natur des von dem Emittenten betriebenen Geschäfts und darauf, ob diese in seinen historischen Finanzinformationen ausreichend abgebildet wird. Besonders augenfällig wird dies bei kurz vor Durchführung eines öffentlichen Angebotes und der (erstmaligen) Zulassung ihrer Wertpapiere neu gegründeten Holdinggesellschaften, in die ein in anderen Gesellschaften betriebenes Geschäft eingebracht wird. Die historischen Finanzinformationen einer solchen Gesellschaft bestehen häufig nur aus deren Gründungsbilanz und sind dementsprechend inhaltsleer, während von den früheren Unternehmensträgern mitunter eine mehrjährige Finanzhistorie vorhanden ist. Als Beispiel kann die kurz vor dem Börsengang gegründete Praktiker Bau- und Heimwerkermärkte Holding AG gelten (dazu s. o. Rn. 2).

bb) Die sich aus vorstehend „aa" ergebende **Ungenauigkeit beeinträchtigt** die Fähigkeit des Anlegers, sich ein **fundiertes Urteil** über den Emittenten i. S. v. Art. 5 Abs. 1 der EU-Prospektrichtlinie (~ § 5 Abs. 1 WpPG) zu bilden (Art. 4a Abs. 4 lit. b) EU-Prospektverordnung).

Diese Voraussetzung engt den Anwendungsbereich der komplexen finanztechnischen Vorgeschichte auf die Fälle ein, in denen der Umfang des nicht in den historischen Finanzinformationen abgebildeten Teils so wesentlich ist, dass dies wesentliche Auswirkungen auf das nach Art. 5 Abs. 1 der EU-Prospektrichtlinie vom Anleger zu bildende fundierte (Gesamt-)Urteil des Anlegers über die Vermögens-, Finanz- und Ertragslage sowie die Zukunftsaussichten des Emittenten zur Folge hat. Kriterien sind hierbei insbesondere:

– Haben sich **wesentliche Veränderungen im Konsolidierungskreis** des Emittenten ergeben?
– Bildet die Gewinn- und Verlustrechnung des Emittenten das **aktuelle operative Geschäft** des Emittenten für einen **angemessenen Zeitraum** ab?[9]

Keine wesentliche Beeinträchtigung dürfte in folgenden Konstellationen gegeben sein:
(1) Die Veränderung des operativen Geschäfts des Emittenten im Vergleich zu dem von den historischen Finanzinformationen abgebildeten Geschäftsbetrieb ist so unbedeutend, dass sie durch eine rein beschreibende Darstellung in dem Prospekt ohne die Aufnahme zusätzlicher Finanzinformationen ausreichend dargestellt werden kann. Dies wird insbesondere solche Situationen betreffen, in denen die quantitativen Auswirkungen der Veränderung des Geschäftsbetriebes unterhalb der 25%-Schwelle liegen, bei deren Überschreiten nach Art. 4a Abs. 6 EU-Prospektverordnung eine bedeutende Brutto-Veränderung vorliegt.

---

9 *Arnold/Lehmann*, 4. Workshop der BaFin „Praxiserfahrungen mit dem Wertpapierprospektgesetz (WpPG)", Präsentation „‚Complex Financial History' und weitere Neuerungen bei den Finanzinformationen" vom 4.9.2007, S. 12.

Artikel 4a Schema für Aktienregistrierungsformulare

(2) Die Veränderung des operativen Geschäfts des Emittenten ist zwar wesentlich, deren Darstellung in weiteren in den Prospekt aufgenommenen Finanzinformationen erscheint aber ausreichend (insbesondere in Bezug auf die Darstellung der Ertragsentwicklung in der Gewinn- und Verlustrechnung, siehe Anhang II Rn. 11 f.).

Diese Einschränkung ergibt sich aus Erwägungsgrund 10 der Verordnung 211/2007. Danach sollen in den Fällen keine zusätzlichen Finanzinformationen vorgeschrieben werden, in denen die im Prospekt bereits enthaltenen Finanzinformationen für den Anleger ausreichen, um sich ein fundiertes Urteil i. S. v. Abs. 5 Abs. 1 der EU-Prospektrichtlinie zu bilden.

cc) Die zur Bildung eines fundierten Urteils über den Emittenten i. S. v. Art. 5 Abs. 1 der EU-Prospektrichtlinie (~ § 5 Abs. 1 WpPG) benötigten Informationen sind **Gegenstand von Finanzinformationen einer anderen Gesellschaft** (Art. 4a Abs. 4 lit. c) EU-Prospektverordnung).

Die zum vollständigen Bild des operativen Geschäfts des Emittenten fehlenden Informationen finden sich bei dem Erwerb eines bestehenden Geschäftsbetriebes regelmäßig in Finanzinformationen einer anderen Gesellschaft, insbesondere des bisherigen Unternehmensträgers.

b) Bedeutende finanzielle Verpflichtungen (Abs. 5)

7 Art. 4a der EU-Prospektverordnung betrifft weiterhin den Fall, dass der Emittent **bedeutende finanzielle Verpflichtungen** eingegangen ist. Diese liegen nach Art. 4a Abs. 5 Unterabs. 1 EU-Prospektverordnung vor, wenn der Emittent eine verbindliche Vereinbarung über eine Transaktion eingegangen ist, die nach ihrem Abschluss voraussichtlich eine bedeutende Bruttoveränderung bewirkt. In der Vergangenheit war dieser Fall häufig unter Anwendung eines weiten Begriffs der „Transaktion" unter Ziff. 20.2 des Anhangs I subsumiert worden mit der Folge, dass grds. Pro-forma-Finanzinformationen zu erstellen waren.[10] Unter einer **verbindlichen Vereinbarung** ist eine schuldrechtlich bindende Verpflichtung zur Durchführung der Transaktion zu verstehen. Eine bloße Vorvereinbarung wie ein „Letter of Intent", „Memorandum of Understanding" oder sog. „Heads of Agreement" dürften dagegen grds. nicht ausreichen. Denn bei Abschluss solcher Vereinbarungen sind typischerweise zwischen den Parteien noch nicht alle Regelungen getroffen, von denen deren Bindungswillen abhängt.[11] Eine Verpflichtung zum Abschluss des Hauptvertra-

---

10 ESMA-Questions and Answers – Prospectuses (25th Updated Version – July 2016), Frage 50 unter Aa) zum Begriff „Transaction"; ähnlich die BaFin, vgl. BaFin-Workshop „100 Tage WpPG" am 3.11.2005, Präsentation „Entwicklung der Verwaltungspraxis zu Finanzinformationen im Prospekt nach WpPG", S. 11, für den Fall, dass die Transaktion mit hinreichender Sicherheit erfolgen wird.

11 Insoweit auf die Umstände des Einzelfalls abstellend *Kunold*, in: Assmann/Schlitt/von Kopp-Colomb, WpPG/VerkProspG, EU-ProspektVO Anhang I Rn. 267; dagegen schon bei Abschluss eines Letter of Intent grds. eine bedeutende finanzielle Verpflichtung bejahend *Schlitt/Schäfer*, AG 2008, 525, 531 (dort Fn. 71).

ges und zur Durchführung der Transaktion statuiert eine Vorfeldvereinbarung wie ein Letter of Intent typischerweise gerade nicht.[12]

Dagegen ist es nach Art. 4a Abs. 5 Unterabs. 2 EU-Prospektverordnung unschädlich, wenn der „Abschluss"[13] der Transaktion in einer solchen Vereinbarung an **Bedingungen** geknüpft ist, sofern diese Bedingungen mit hinreichender Wahrscheinlichkeit eintreten werden. Als Beispiel wird hierzu die noch fehlende Zustimmung einer Aufsichtsbehörde[14] genannt. Der klassische Anwendungsfall hierfür ist die noch fehlende Freigabe der Kartellbehörden § 40 GWB bzw. der EG-Fusionskontrollverordnung (FKVO).[15] Entsprechendes dürfte gelten, wenn in Fällen der Anzeigepflicht mit nachfolgender Möglichkeit der Untersagung des Erwerbs binnen einer bestimmten Frist der Vollzug der Transaktion unter die aufschiebende Bedingung des untersagungsfreien Fristablaufs oder der Erteilung einer Unbedenklichkeitsbescheinigung durch die jeweilige Behörde gestellt wird.[16] **8**

Zudem sieht Art. 4a Abs. 5 Unterabs. 3 EU-Prospektverordnung eine Vereinbarung als verbindlich an, wenn sie den Abschluss der Transaktion vom **Ergebnis des Angebots** der Wertpapiere, die Gegenstand des Prospekts sind, abhängig macht oder wenn bei einer **geplanten Übernahme** das Angebot der Wertpapiere, die Gegenstand des Prospekts sind, der Finanzierung dieser Übernahme dienen soll. Folglich sollte es für das Vorliegen einer „bedeutenden finanziellen Verpflichtung" im Hinblick auf ein geplantes Übernahmeangebot nach WpÜG ausreichen, wenn die Entscheidung zur Abgabe eines Angebotes nach § 10 Abs. 1 WpÜG veröffentlicht wurde. **9**

c) Bedeutende Brutto-Veränderung (Abs. 6)

Art. 4a Abs. 6 der EU-Prospektverordnung stellt ferner den sowohl zur Bestimmung einer bedeutenden finanziellen Verpflichtungen nach Art. 4a Abs. 5 EU-Prospektverordnung als auch für die Prüfung der Pflicht zur Aufnahme von Pro-forma-Finanzinformationen nach Ziff. 20.2 des Anhangs I der EU-Prospektverordnung maßgeblichen Begriff der **bedeutenden Bruttoveränderung** klar. Dabei handelt es sich – wie schon zuvor nach Erwägungsgrund 9 der EU-Prospektverordnung und den diesbezüglichen Empfehlungen des CESR – um eine **mehr als 25 %ige Veränderung** der Situation eines Emittenten, und zwar gemessen im Verhältnis zu einem oder mehreren Größenindikatoren für seine Geschäftstätigkeit. Bei dieser Gelegenheit hat die Kommission die ungenaue Übersetzung des englischen Be- **10**

---

12 *Seibt*, in: Seibt, Beck'sches Formularbuch Mergers & Acquisitions, Abschnitt B.VII, Tz. 1, 2; *Geyrhalter/Zirngibl/Strehle*, DStR 2006, 1559 f.
13 Gemeint dürfte sein der „Vollzug" der Transaktion, wie ein Vergleich mit der englischen Sprachfassung der Verordnung 211/2007 zeigt, die hier den Begriff „Completion" verwendet.
14 Der Text der deutschen Sprachfassung ist insoweit zu eng, als er von der Zustimmung „der Regulierungsbehörde" spricht. Die englische Sprachfassung ist hier richtigerweise weiter gefasst; dort ist von „a regulatory authority" die Rede.
15 Verordnung (EG) Nr. 139/2004 des Rates vom 20.1.2004 über die Kontrolle von Unternehmenszusammenschlüssen („EG-Fusionskontrollverordnung"), ABl. EU Nr. L 24 v. 29.1.2004, S. 1; dazu das Beispiel bei *Seibt*, in: Seibt, Beck'sches Formularbuch Mergers & Acquisitions, Abschnitt C.II.1, dort § 6.2.2 und Tz. 58 ff.
16 Zu denken ist beispielsweise an die Anzeigepflicht nach § 2c KWG bei dem beabsichtigten Erwerb einer bedeutenden Beteiligungen an einem Kreditinstitut, die Anzeigepflichten nach §§ 52 und 53 AWV oder entsprechende Anzeige- und Genehmigungspflichten nach ausländischem Recht, wie nach dem U.S.-amerikanischen Hart-Scott-Rodino Antitrust Improvement Act von 1976 zur Fusionskontrolle in den USA.

Artikel 4a Schema für Aktienregistrierungsformulare

griffs „*variation*" mit „Schwankung" (statt wie jetzt mit „Veränderung") behoben; Erwägungsgrund 9 der deutschen Sprachversion blieb freilich unverändert. Auf die diesbezüglichen Ausführungen in der Kommentierung zu Anhang I Ziff. 20.2 wird verwiesen (dort Rn. 6 f.).

II. Rechtsfolgen des Art. 4a

1. Aufnahme von Finanzinformationen einer anderen Gesellschaft

11 In Fällen der komplexen finanztechnischen Vorgeschichte oder bedeutender finanzieller Verpflichtungen kann die Billigungsbehörde von dem Emittenten verlangen, *auch* **Finanzinformationen einer anderen Gesellschaft** ganz oder teilweise in den Prospekt aufzunehmen. Das bedeutet: Die eigenen historische Finanzinformationen des Emittenten sind immer aufzunehmen. Das ergibt sich aus den allgemeinen Regeln, die von Art. 4a unberührt bleiben (insbesondere Ziff. 20.1 des Anhangs I). Art. 4a betrifft den Fall, dass diese eigenen Finanzinformationen des Emittenten nicht ausreichen, damit der Prospekt die Anforderungen des Art. 5 Abs. 1 der EU-Prospektrichtlinie erfüllt (Art. 4a Abs. 1 Unterabs. 1 Satz 1).[17]

12 Diese Regelung knüpft an den Tatbestandsvoraussetzungen einer **komplexen finanztechnischen Vorgeschichte** nach Art. 4a Abs. 4 an, die u. a. vorliegt, wenn die für die Bildung des fundierten Urteils nach Art. 5 Abs. 1 der EU-Prospektrichtlinie benötigten Informationen über die operative Geschäftstätigkeit des Emittenten Gegenstand von Finanzinformationen eines anderes Unternehmen sind (s. o. Rn. 6). Sie gilt aber auch für **bedeutende finanzielle Verpflichtungen**. Die in diesen Fällen für eine vollständige Darstellung des Emittenten (insbesondere seiner Zukunftsaussichten nach Vollzug der insoweit vereinbarten Transaktion) erforderlichen zusätzlichen Informationen sind regelmäßig in Finanzinformationen eines erworbenen Unternehmens oder des Veräußerers zu finden. Jene Teile der Finanzinformationen einer anderen Gesellschaft gelten dann als Finanzinformationen des Emittenten. Damit werden die Billigungsbehörden in die Lage versetzt, über den „Standardkatalog" der Ziff. 20 des Anhangs I der EU-Prospektverordnung die Aufnahme solcher Finanzinformationen zu verlangen. Die apodiktische Formulierung des Art. 4a Abs. 1 Unterabs. 1 Satz 1 („*Die zuständige Behörde [...] verlangt von dem Emittenten [...], diese Informationsbestandteile aufzunehmen*") deutet dabei eine gebundene Entscheidung an und führt insofern in die Irre. Denn aus Art. 4a Abs. 1 Unterabs. 2 sowie aus dessen Abs. 2 (dazu Rn. 16 ff.) ergibt sich, dass die Billigungsbehörde vielmehr insoweit Ermessen hat, das nach den dort aufgeführten Kriterien auszuüben ist.[18]

2. Aufnahme von Pro-forma-Finanzinformationen

13 Nach Art. 4a Abs. 1 Unterabs. 2 Satz 1 können die nach Unterabs. 1 aufzunehmenden Bestandteile (der Finanzinformationen einer anderen Gesellschaft) auch gemäß Anhang II

---

17 *Böttcher*, BaFin-Workshop 2009, Präsentation „Complex Financial History in der Fallpraxis" vom 9.11.2009, S. 11.
18 In diesem Sinne auch *Fingerhut/Voß*, in: Just/Voß/Ritz/Zeising, WpPG/VerkProspG, EU-ProspektVO Anhang I Rn. 307.

der EU-Prospektverordnung erstellte **Pro-forma-Finanzinformationen** umfassen. Ist der Emittent bedeutende finanzielle Verpflichtungen eingegangen, können gem. Art. 4a Abs. 1 Unterabs. 2 Satz 1 die Auswirkungen der Transaktion, zu der sich der Emittent verpflichtet hat, in Pro-forma-Informationen vorweggenommen werden. Der Begriff ‚Transaktion' in Anhang II soll dann entsprechend ausgelegt werden. Dies belegt, dass nach Auffassung des Verordnungsgebers **Transaktionen**, deren **Vollzug erst in Zukunft** zu erwarten ist, nicht von vorneherein vom Begriff der Transaktion nach Anhang I Ziff. 20.2 und nach Anhang II (der zu dessen Konkretisierung dient) erfasst werden (siehe dazu die Kommentierung zu Anhang I, Ziff. 20.2 Rn. 12).

3. Verpflichtung der Prospektverantwortlichen

Art. 4a Abs. 3 der EU-Prospektverordnung stellt klar, dass von dessen Abs. 1 die nach nationalem Recht festgelegte **Verantwortung** für die im Prospekt enthaltenen Informationen **unberührt** bleibt. Diese Personen seien „vor allem" dafür verantwortlich, dass sämtliche von der zuständigen Behörde gemäß Abs. 1 geforderten Informationen in das Registrierungsformular aufgenommen werden. Die Bestimmung scheint eine Selbstverständlichkeit zu regeln, denn die (rudimentären) Regelungen über die Prospektverantwortung in Art. 6 der EU-Prospektrichtline werden durch die Verordnung 211/2007 nicht geändert. Die Betonung des Umstandes, dass in Bezug auf die Informationen anderer Gesellschaften die Verantwortung dieser Personen „vor allem" in der Aufnahme jener (zusätzlicher) Informationen nach Art. 4a Abs. 1 liegt, deutet jedoch auf zweierlei hin. Zum einen enthebt die Ermessenausübung der Billigungsbehörde die für den Prospekt verantwortlichen Personen nicht von ihrer **eigenen Verantwortung**, dafür zu sorgen, dass der Prospekt die Anforderungen nach Art. 5 Abs. 1 der EU-Prospektrichtlinie erfüllt, also insbesondere im Hinblick auf die für ein fundiertes Urteil der Anleger erforderlichen Informationen vollständig ist.[19] Damit ist klargestellt, dass die Prospektverantwortlichen eine **eigenständige Prüfung** anzustellen haben, ob Finanzinformationen einer anderen Gesellschaft als dem Emittenten oder Pro-forma-Finanzinformationen aufzunehmen sind, und zwar unabhängig davon, ob die zuständige Billigungsbehörde dies unter Verweis auf Art. 4a Abs. 1 der EU-Prospektverordnung verlangt.

14

Zum anderen deutet dies darauf hin, dass die Prospektverantwortlichen nur eingeschränkt für den Inhalt dieser Informationen in Anspruch genommen werden können. Bei der Anwendung des deutschen Prospekthaftungsrechts wird man im Wege einer gemeinschaftsrechtskonformen Auslegung wohl folgende Konsequenz ziehen können.[20] Im Allgemeinen

15

---

19 Background Note on the Draft Commission Regulation amending Commission Regulation (EC) No. 809/2004 implementing Directive 2003/71/EC ('the prospectus directive') as regards supplementary financial information in prospectuses where the issuer has a complex financial history, S. 11 f.
20 Zur richtlinienkonformen Rechtsfortbildung *Schnorbus*, AcP 201 (2001), 860, der insbesondere darauf verweist (S. 880), dass der nationale Gesetzgeber auch durch Verweis auf eine Richtlinie einen Präzisierungsauftrag im Sinne der Gemeinschaftsnorm zum Ausdruck bringen kann. Dies mag auch im Wege der teleologischen Reduktion geschehen sein (S. 894). Für die in § 7 WpPG in Bezug genommene EU-Prospektverordnung dürfte nichts anderes gelten; der Verweis kann – auch angesichts deren unmittelbarer Geltung in den Mitgliedstaaten (dazu die Kommentierung zu § 7 Rn. 4) als ausdrückliche Bestätigung der Aufnahme der Regelungen der EU-Prospektverordnung in den Willen des nationalen Gesetzgebers verstanden werden.

Artikel 4a Schema für Aktienregistrierungsformulare

wird bezweifelt, dass dem Emittenten selbst ein Entlastungsbeweis nach § 23 Abs. 1 WpPG möglich ist, er also beweisen kann, dass er einen Prospektfehler nicht kannte und seine Unkenntnis nicht auf grober Fahrlässigkeit beruhte.[21] Bei der Aufnahme von Finanzinformationen einer anderen Gesellschaft wird man dagegen auf den Einzelfall abzustellen haben, insbesondere darauf, inwieweit der Emittent die Möglichkeit hatte, die Richtigkeit jener Informationen zu prüfen oder zumindest zu plausibilisieren und inwieweit er dadurch Erkenntnisse gewann oder hätte gewinnen können, dass diese Informationen fehlerhaft sind.

4. Ermessen der Billigungsbehörde

16 Art. 4a Abs. 2 der EU-Prospektverordnung stellt klar, dass der Billigungsbehörde bei einem Verlangen nach Aufnahme weiterer Finanzinformationen nach Art. 4a Abs. 1 **Ermessen** zukommt und zwar bei der Auswahl der Informationen, durch die das nach Art. 4a Abs. 1 festgestellte Informationsdefizit beseitigt werden kann.[22]

a) Orientierung an Vorgaben für historische Finanzinformationen

17 Ausgangspunkt der Ermessensausübung sind dabei nach Art. 4a Abs. 2 Unterabs. 1 die Anforderungen, die unter Ziff. 20.1 des Anhangs I und den entsprechenden Bestimmungen der in Abs. 2 Unterabs. 1 genannten sog. verhältnismäßigen Schemata der EU-Prospektverordnung in Bezug auf den Inhalt der aufzunehmenden historischen Finanzinformationen und die anwendbaren Rechnungslegungs- und Prüfungsgrundsätze festgelegt sind. Danach werden **geprüfte Finanzinformationen für die letzten drei Geschäftsjahre** (bzw. für den in dem betreffenden verhältnismäßigen Schema genannten kürzeren Zeitraum) der jeweiligen anderen Gesellschaft erwartet, die grds. nach den in der Europäischen Union anerkannten IFRS erstellt sind. Falls keine Wertpapiere der andere Gesellschaft an einem regulierten Markt in der Europäischen Union zugelassen sind,[23] können diese auch nach nationalen Rechnungslegungsgrundsätzen erstellt sein, wobei sie die nach den IFRS vorgesehenen Abschlussbestandteile enthalten müssen (vgl. dazu die Kommentierung zu Ziff. 20.1 des Anhangs I). Die Vorgaben für historische Finanzinformationen sind dabei als Maximalstandard zu verstehen.[24] Erwägungsgrund 11 Satz 2 der Verordnung 211/2007 stellt klar, dass eine zuständige Behörde keine Anforderungen vorschreiben sollte, die über

---

21 *Groß*, Kapitalmarktrecht, 6. Aufl. 2016, § 12 WpPG Rn. 77.
22 *Meyer*, in: Habersack/Mülbert/Schlitt, Unternehmensfinanzierung, § 36 Rn. 42 ff.; *Böttcher*, BaFin-Workshop 2009, Präsentation „Complex Financial History in der Fallpraxis" vom 9.11.2009, S. 13; in diesem Sinne auch *Fingerhut/Voß*, in: Just/Voß/Ritz/Zeising, WpPG/VerkProspG, EU-ProspektVO Anhang I Rn. 307; *Kunold*, in: Assmann/Schlitt/von Kopp-Colomb, WpPG/VerkProspG, EU-ProspektVO Anhang I Rn. 270.
23 Nach Art. 4 der Verordnung (EG) Nr. 1606/2002 des Europäischen Parlaments und des Rates vom 19. Juli 2002 betreffend die Anwendung internationaler Rechnungslegungsstandards (sog. IAS-Verordnung), ABl. EG Nr. L 243 vom 11.9.2002, S. 1, müssen Gesellschaften, deren Wertpapiere in einem EU-Mitgliedstaat zum Handel in einem geregelten Markt zugelassen sind, ihre Konzernabschlüsse nach den in der EU anerkannten IFRS erstellen.
24 Ebenso *Fingerhut/Voß*, in: Just/Voß/Ritz/Zeising, WpPG/VerkProspG, EU-ProspektVO Anhang I Rn. 307; dagegen soll nach Auffassung von *d'Arcy*, in: Holzborn, WpPG, Anh. II EU-ProspV Rn. 7, die Billigungsbehörde auch über die Anforderungen des Anhangs I Ziff. 20.1. hinausgehen können.

die in Ziff. 20.1 des Anhangs I der EU-Prospektverordnung in Anhang I genannten hinausgehen. Umgekehrt sollen jedoch in Abhängigkeit von den Umständen des Einzelfalls Anpassungen an jene Anforderungen (sprich Erleichterungen) möglich sein, vgl. Erwägungsgrund 11 Satz 3 der Verordnung 211/2007.

b) Pro-forma-Finanzinformationen

Von dem unter vorstehend „a)" geschilderten Grundprinzip kann jedoch insbesondere abgewichen werden, wenn die Auswirkungen der komplexen finanztechnischen Vorgeschichte oder der bedeutenden finanziellen Verpflichtungen des Emittenten (im Hinblick auf eine künftige Transaktion) durch **Pro-forma-Finanzinformationen** dargestellt werden können. Dies ergibt sich auch aus Erwägungsgrund 10 der Verordnung 211/2007. Danach sollten keine zusätzlichen Finanzinformationen in den Fällen vorgeschrieben werden, wenn etwaige Pro-forma-Informationen für den Anleger ausreichen, um sich ein fundiertes Urteil zu bilden. Im Fall der komplexen finanztechnischen Vorgeschichte dürfte dies bereits dazu führen, dass diese nach der Definition des Art. 4 Abs. 4 der EU-Prospektverordnung schon tatbestandlich nicht vorliegt, wenn aufgrund der in den Prospekt aufgenommene Pro-forma-Finanzinformationen keine „Ungenauigkeit" mehr vorliegt, die die Fähigkeit des Anlegers, sich ein fundiertes Urteil über den Emittenten zu bilden, beeinträchtigt (s. o. Rn. 6). So geht auch die BaFin unter Verweis auf Erwägungsgrund 10 der Verordnung 211/2007 davon aus, dass **„prinzipiell" keine zusätzlichen Finanzinformationen** erforderlich sind, wenn die Auswirkungen der komplexen finanztechnischen Vorgeschichte oder der bedeutenden finanziellen Verpflichtungen durch im Prospekt enthaltene Pro-forma-Finanzinformationen dargestellt sind.[25]

18

c) Änderungen im Einzelfall

Die Billigungsbehörden sind zudem gehalten, ihre Anforderungen in Bezug auf weitere beizubringende Finanzinformationen an den Charakteristika des Einzelfalls auszurichten, wobei Art. 4a Abs. 2 der EU-Prospektverordnung hierbei konkrete Kriterien vorgibt.

19

aa) Kriterien

aaa) Wesensart der Wertpapiere (Art. 4a Abs. 2 Unterabs. 1 lit. a))

Das Kriterium der Wesensart der Wertpapiere nach lit. a) erscheint inhaltsleer, beziehen sich die zusätzlichen Anforderungen des Art. 4a der EU-Prospektrichtlinie doch nur auf Aktien, also Wertpapiere, die untereinander in ihrer Wesensart grundsätzlich gleich sind.

20

bbb) Vorhandensein weiterer Finanzinformationen (Art. 4a Abs. 2 Unterabs. 1 lit. b))

Die Faktoren in lit b) sind in zwei Kategorien zu unterteilen. Das Unterkriterium der **Art und Umfang der bereits im Prospekt enthaltenen Informationen** greift Gesichtspunkte

21

---

25 *Arnold/Lehmann*, 4. Workshop der BaFin „Praxiserfahrungen mit dem Wertpapierprospektgesetz (WpPG)", Präsentation „'Complex Financial History' und weitere Neuerungen bei den Finanzinformationen" vom 4.9.2007, S. 11; *Kunold*, in: Assmann/Schlitt/von Kopp-Colomb, WpPG/VerkProspG, EU-ProspektVO Anhang I Rn. 271; *Pföhler/Erchinger/Doleczik/Küster/Feldmüller*, WPg 2014, 475, 479.

Artikel 4a Schema für Aktienregistrierungsformulare

auf, die bereits auf der Tatbestandsebene, d. h. bei Prüfung der Voraussetzungen bei Art. 4a Abs. 1 Unterabs. 1 geprüft werden müssen. Denn dieser greift nur ein, wenn „... *bestimmte Teile der Finanzinformationen einer anderen Gesellschaft als dem Emittenten in das Registrierungsformular aufgenommen werden müssen, um die in Artikel 5 Absatz 1 der Richtlinie 2003/71/EG festgelegte Pflicht zu erfüllen*". Mit anderen Worten: Wenn die bereits im Prospekt enthaltenen Informationen nach Art und Umfang ausreichend zur Einhaltung der Anforderungen des Art. 5 Abs. 1 der EU-Prospektrichtlinie sind, ist Art. 4a Abs. 1 der EU-Prospektrichtlinie schon tatbestandlich nicht einschlägig. Die Aufnahme zusätzlicher Finanzinformationen ist dann auch nicht erforderlich.

22 Größere Bedeutung hat das Kriterium des **Vorhandenseins von Finanzinformationen einer anderen Gesellschaft** als dem Emittenten, die unverändert in den Prospekt übernommen werden könnten. Sind geeignete Finanzinformationen vorhanden, die den Anforderungen der EU-Prospektverordnung im Hinblick auf Mindestbestandteile und die angewandten Rechnungslegungs- und Prüfungsstandards entsprechen, kann die Billigungsbehörde grds. deren Aufnahme verlangen (sofern keine anderen Gesichtspunkte dagegen sprechen). Bedürfen die Finanzinformationen Anpassungen oder Ergänzungen, kann die Anfertigung dieser Anpassungen oder Ergänzungen nicht verlangt werden. Dies wäre beispielsweise der Fall bei nach den für historische Finanzinformationen des Emittenten nach Ziff. 20.1 (bzw. den entsprechenden Bestimmungen der verhältnismäßigen Schemata) vorgesehenen Bestandteilen, die fehlen, weil sie nach nationalen Rechnungslegungsgrundsätzen nicht erforderlich sind, etwa die nach HGB nicht vorgesehenen Bestandteile Eigenkapitalveränderungsrechnung und Kapitalflussrechnung.[26]

ccc) Umstände des Einzelfalls (Art. 4a Abs. 2 Unterabs. 1 lit. c))

23 Bei ihrer Ermessensentscheidung über die im Hinblick auf die komplexe finanztechnische Vorgeschichte oder die bedeutenden finanziellen Verpflichtungen des Emittenten in den Prospekt aufzunehmenden Finanzinformationen hat die Billigungsbehörde die Umstände des Einzelfalls zu berücksichtigen. Dazu gehören die **wirtschaftliche Substanz der Transaktionen**, mit denen der Emittent sein Unternehmen oder einen Teil desselben erworben oder veräußert hat, sowie die **spezielle Art des Unternehmens**, das Gegenstand der Transaktion ist. Maßgeblich ist insoweit, welche Informationen erforderlich sind, um im Einzelfall eine nach dem Maßstab des Art. 5 der EU-Prospektrichtlinie ausreichende Grundlage für eine fundierte Anlageentscheidung zu bilden.

ddd) Aufwand für den Emittenten (Art. 4a Abs. 2 Unterabs. 1 lit. d))

24 Zudem hat die Billigungsbehörde die Fähigkeit des Emittenten zu berücksichtigen, sich unter zumutbarem **Aufwand** Finanzinformationen über die andere Gesellschaft zu beschaffen. Dies kann insbesondere, wie Erwägungsgrund 13 Satz 2 der Verordnung 211/2007 klarstellt, im Zusammenhang mit einer feindlichen Übernahme von Bedeutung sein (siehe dazu auch die Kommentierung zu Ziff. 20.2 des Anhangs I der EU-Prospektverord-

---

26 Eigenkapitalveränderungsrechnung und Kapitalflussrechnung sind keine Pflichtbestandteile für einen Einzelabschluss nach HGB, vgl. § 264 Abs. 1 Satz 1 HGB außer für kapitalmarktorientierte Kapitalgesellschaften, die nicht konzernabschlusspflichtig sind, vgl. § 264 Abs. 1 Satz 2 HGB.

nung Rn. 18).[27] Genauso könnte es unverhältnismäßig sein, Finanzinformationen zu verlangen, die zum Zeitpunkt der Prospekterstellung noch nicht vorliegen, oder die Prüfung oder Neuerstellung zusätzlicher Finanzinformationen zu verlangen, wenn der damit erzielbare Nutzen die mit der Prüfung oder Erstellung verbunden Kosten übersteigt (vgl. Erwägungsgrund 13 Satz 2 der Verordnung 211/2007).

bb) Ermessensmaßstab (Art. 4a Abs. 2 Unterabs. 2 lit. a))

Die in Art. 4a Abs. 2 Unterabs. 1 lit. a) bis d) konkretisierten, für die Ermessensausübung der Billigungsbehörde maßgeblichen Gesichtspunkte werden in Art. 4a Abs. 2 Unterabs. 2 durch einen ausdrücklichen Hinweis auf den (nach allgemeinem Verwaltungsrecht ohnehin geltenden) Grundsatz der Erforderlichkeit und Verhältnismäßigkeit ergänzt.[28] Dabei wird auf eine möglichst **geringe Belastung** des Emittenten abgestellt. Genauer: Kann die Einhaltung der inhaltlichen Vorgaben des Art. 5 Abs. 1 der EU-Prospektrichtlinie (~ Darstellung sämtlicher für die Anlageentscheidung erforderlichen Informationen) im Einzelfall auf verschiedenen Wegen erfüllt werden, so ist der kostengünstigsten bzw. der mit dem geringsten Aufwand verbundenen Variante der Vorzug zu geben. Freilich dürfte es für einen Verzicht auf die Erstellung von Pro-forma-Finanzinformationen nicht ausreichen, darauf zu verweisen, dass deren Erstellung einen zeitlichen und finanziellen Mehraufwand erfordert verglichen mit der bloßen Aufnahme der existierenden historischen Finanzinformationen eines erworbenen Unternehmens, wenn ansonsten der Erstellung der Pro-forma-Finanzinformationen keine wesentlichen Hindernisse (etwa der mangelnde Zugang zum Rechnungswesen der erworbenen Gesellschaft) entgegenstehen.

d) Anwendungsfragen

aa) Prüfung im Einzelfall

Die Ergänzung des Katalogs der Mindestanforderungen des Anhangs I durch die eher allgemeinen Grundsätze des Art. 4a im Verordnungstext selbst (und nicht etwa in Anhang I selbst oder in einem ergänzenden Modul) sowie die vielfältigen Querverweise der Neuregelungen auf die Anforderungen an Finanzinformationen in Ziff. 20.1 und 20.2 des Anhangs I werfen die Frage auf, wie mit diesen untereinander verschränkten Vorgaben in der Prüfung eines konkreten Einzelfalles umzugehen ist. Es dürfte sich folgende **Reihenfolge der Prüfung** empfehlen:

1. Liegt ein Fall der komplexen finanztechnischen Vorgeschichte oder einer bedeutenden finanziellen Verpflichtungen i. S. v. Art. 4a vor?
2. Wenn ja: Welche Finanzinformationen sind nach Anhang I der EU-Prospektverordnung in den Prospekt aufzunehmen, insbesondere historische Finanzinformationen nach Ziff. 20.1 Anhang I (bzw. den entsprechenden Regelungen eines einschlägigen verhältnismäßigen Schemas), Zwischenfinanzinformationen nach Ziff. 20.6 Anhang I oder Pro-forma-Finanzinformationen nach Ziff. 20.2 Anhang I?

---

27 Zur Problematik vgl. beispielsweise *Hüffer/Koch*, AktG, § 93 Rn. 32; *Arnold*, in: Marsch-Barner/Schäfer, Handbuch börsennotierte AG, § 22 Rn. 26; *Drinkuth*, in: Marsch-Barner/Schäfer, Handbuch börsennotierte AG, § 60 Rn. 171; *Wiesner*, in: Hoffmann-Becking, Münchener Handbuch des Gesellschaftsrechts, § 25 Rn. 48.
28 *Kopp/Ramsauer*, VwVfG, § 40 Rn. 48 ff.; *Sachs*, in: Stelkens/Bonk/Sachs, VwVfG, § 40 Rn. 83.

Artikel 4a Schema für Aktienregistrierungsformulare

3. Reichen diese Informationen als Grundlage einer fundierten Anlageentscheidung aus, d. h. enthalten sie alle wesentlichen Informationen über Vermögenswerte und Verbindlichkeiten, die Finanzlage, die Gewinne und Verluste, die Zukunftsaussichten des Emittenten und zwar unter Berücksichtigung der komplexen finanztechnischen Vorgeschichte und/oder der vom Emittenten eingegangenen bedeutenden Verpflichtungen?
4. Wenn nein: Welche weiteren Informationen stehen zur Verfügung oder können erstellt werden, um die Anforderungen nach Art. 5 Abs. 1 EU-Prospektrichtlinie zu erfüllen, die den Vorgaben der Ziff. 20.1 des Anhangs I möglichst nahe kommen: bestehende historische Finanzinformationen anderer Gesellschaften, Pro-forma-Finanzinformationen, andere Finanzinformationen, z. B. sog. erläuternde Finanzinformationen (dazu ProspektVO Anhang I Ziff. 20.2 Rn. 18) sog. kombinierte Finanzinformationen (dazu ProspektVO Anhang I Ziff. 20.2 Rn. 28)?
5. Ergibt die Prüfung nach Ziff. 4 mehrere geeignete Alternativen: Welche ist diejenige, die den Emittenten im Hinblick auf Kosten und Aufwand am wenigsten belastet?

bb) Sog. kombinierte Finanzinformationen

27 Die möglichen Fallgestaltungen einer komplexen finanztechnischen Vorgeschichte sind vielfältig, so dass eine umfassende Darstellung aller denkbarer Einzelfälle nicht möglich erscheint.[29] Freilich verdient eine Konstellation besondere Erwähnung, die gerade in der IPO-Praxis immer wieder auftaucht. Es handelt sich um die Situation, dass sich die operative Geschäftstätigkeit des Emittenten aus Aktivitäten zusammensetzt, die zwar in der Vergangenheit einer **gemeinsamen Kontrolle** unterstanden, nicht jedoch eine abgeschlossene gesellschaftsrechtliche Einheit bildeten. Dies ist geradezu der klassische Fall der Abtrennung eines Geschäftsbereiches eines Konzerns im Rahmen eines Börsengangs. Wirtschaftlicher Hintergrund ist regelmäßig eine Neufokussierung des Kerngeschäfts des bisherigen Mutterkonzerns. In dessen Rahmen werden Randaktivitäten, die bislang teils von der Konzernmutter selbst, teils durch dem Geschäftsbereich zugeordnete Tochtergesellschaften betrieben wurden und damit innerhalb des Konzerns bereits eine wirtschaftliche Einheit bildeten (möglicherweise sogar in der historischen Segmentberichterstattung), zu einer neuen rechtlichen Einheit unter einer (u. U. völlig neu gegründeten) Spitzengesellschaft umstrukturiert. Wurde das vom Emittenten zum Zeitpunkt der Prospektveröffentlichung betriebene Unternehmen während des nach Ziff. 20.1 Anhang I EU-Prospektverordnung in historischen Finanzinformationen dazustellenden Drei-Jahres-Zeitraumes also zwar durch andere, nicht von dem Emittenten beherrschten Gesellschaften betrieben, standen diese aber während dieses Zeitraumes unter derselben **Beherrschung** (*control*),[30] ergeben sich Darstellungsmöglichkeiten, die für das Urteil des Anlegers über den Emittenten zum Zeitpunkt des Angebots nützlicher erscheinen als die in Anhängen I und II sowie in Art. 4a der EU-Prospektverordnung vorgesehenen. Denn der Zeitraum, der von Pro-forma-Finanzinformationen nach Anhang II der EU-Prospektverordnung abgebildet werden kann, darf maximal bis zum Beginn des letzten abgeschlossenen Geschäftsjahres des Emittenten in die Vergangenheit zurückreichen.

---

29 Vgl. auch Erwägungsgrund 6 der Verordnung 211/2007.
30 Zum Begriff der Beherrschung nach IAS 27.4 und deren Bedeutung für die Bestimmung des Konsolidierungskreises *Nonnenmacher*, in: Marsch-Barner/Schäfer, Handbuch börsennotierte AG, 3. Aufl. 2014, § 56 Rn. 55 f.

II. Rechtsfolgen des Art. 4a **Artikel 4a**

Wurde die aktuelle operative Geschäftstätigkeit des Emittenten in rechtlichen Einheiten **28** betrieben, die unter einer einheitlichen Leitung standen und daher demselben **Konsolidierungskreis** angehörten, entfallen die sonst bei der nachträglichen konsolidierten Darstellung von bisher konzernfremden Aktivitäten erforderlichen Anpassungen an die Rechnungslegungsgrundsätze und -strategien (wie z. B. Ausübung von Bilanzierungswahlrechten) des Emittenten, wie sie bei der Erstellung von Pro-forma-Finanzinformationen unter Verwendung von Abschlüssen bisher konzernfremder Einheiten der Fall wären. Im Rahmen der Konzernberichterstattung der früheren Konzernmutter mussten nämlich die nun unter der Leitung des Emittenten verbundenen Einheiten schon bisher nach einheitlichen Methoden Rechnung legen.[31] In diesem Fall kann eine historische Darstellung der nun dem Emittenten zugeordneten Geschäftsaktivitäten in Form von sog. **kombinierten Finanzinformationen** (*combined financial statements*) erfolgen.[32] Solche kombinierte Finanzinformationen können sowohl bisher rechtliche selbständige Unternehmen eines Konzerns zusammenfassen als auch rechtlich unselbständige Einheiten aus demselben Konsolidierungskreis (z. B. Sparten oder Zweigniederlassungen) einschließen.[33] Für kombinierte Finanzinformationen gibt es weder im HGB noch im europäischen Rechtsraum ausdrückliche Regelungen;[34] in der Literatur werden sie bisweilen auch als **Gruppenabschlüsse** bezeichnet.[35] Für kombinierte Finanzinformationen, die eine Teilmenge des in einen historischen Konzernabschluss einbezogenen Konsolidierungskreises abbilden, aber keine Zusammenfassung mehrerer solcher Teilmengen darstellen, wird auch der Begriff **Carve-Out-Abschluss** verwendet.[36]

In jüngerer Zeit wird erwogen, unter Verweis auf entsprechende Konzepte der US-amerika- **28a** nischen und britischen Rechnungslegungspraxis, inwieweit dieselben Überlegungen auch gelten können, wenn die betreffenden Geschäftseinheiten zwar nicht unter derselben Beherrschung betrieben wurden, aber unter gemeinsamer Führung standen (*common management*). Um einen kombinierten Abschluss aufstellen zu können, müssten dann aber noch weitere Umstände hinzukommen wie etwa gemeinsame Interessen auf der Ebene der Anteilseigner, Führung als ökonomische Einheit in der Vergangenheit oder Personalunion im Management der betreffenden Einheiten.[37] In der Emissionspraxis erscheint dies bislang aber ungebräuchlich. Aus praktischen Erwägungen, etwa mit Blick auf den Aufwand bei der Erstellung und die Möglichkeit eine sog. *true and fair view* Bescheinigung zu erhalten (dazu sogleich Rn. 29), dürfte auch in dieser Fallgruppe maßgeblich sein, ob die betreffen-

---

31 Das ergibt sich aus IAS 27.26; dazu *Nonnenmacher*, in: Marsch-Barner/Schäfer, Handbuch börsennotierte AG, § 56 Rn. 61 ff.
32 *Förschle/Almeling*, in: Budde/Förschle/Winkeljohann, Sonderbilanzen, Kapitel F Rn. 2, 10.
33 Dazu instruktiv – auch in Abgrenzung zu Konzernabschlüssen einerseits und Pro-forma-Abschlüssen andererseits: *Schindler/Böttcher/Roß*, WPg 2001, 22, 24 f.; *Heiden*, Pro-forma-Berichterstattung, 2006, Tz. 4.4.2.4 (S. 211 ff.); *Förschle/Almeling*, in: Budde/Förschle/Winkeljohann, Sonderbilanzen, Kapitel F Rn. 8; *Erchinger/Doleczik/Küster/Schmitz/Renner*, WPg 2015, 224, 232; weiter nach unterschiedlichen Fallgruppen systematisierend *Pföhler/Erchinger/Doleczik/Küster/Feldmüller*, WPg 2014, 475, 477.
34 Zum Regelungsverzicht des IFRS 3 in Bezug auf Transaktionen unter gemeinsamer Kontrolle *Lüdenbach/Hoffmann/Freiberg*, IFRS-Kommentar, § 31 Rn. 191.
35 *Förschle/Almeling*, in: Budde/Förschle/Winkeljohann, Sonderbilanzen, Kapitel F Rn. 2, 10.
36 *Förschle/Almeling*, in: Budde/Förschle/Winkeljohann, Sonderbilanzen, Kapitel F Rn. 7; in der Begrifflichkeit leicht abweichend *Pföhler/Erchinger/Doleczik/Küster/Feldmüller*, WPg 2014, 475, 477.
37 *Erchinger/Doleczik/Küster/Schmitz/Renner*, WPg 2015, 224, 234.

Artikel 4a Schema für Aktienregistrierungsformulare

den Einheiten in den darzustellenden Berichtszeiträumen nach einheitlichen Methoden Rechnung gelegt haben, so dass sich der Anpassungsaufwand und die sich daraus ergebenden Unsicherheiten in Grenzen halten. Dies dürfte sich auch aus den Anforderungen ergeben, an die die BaFin jedenfalls bisher die Aufnahme von kombinierten Finanzinformationen geknüpft hat (dazu Rn. 30).

29 Ziel kombinierter Finanzinformationen ist es, ein den tatsächlichen Verhältnissen entsprechendes Bild der Vermögens-, Finanz- und Ertragslage der von ihnen dargestellten „Gruppe" zu vermitteln. Dies ergibt sich zwar nicht unmittelbar aus den IFRS (die, wie gesagt, für Gruppenabschlüsse keine ausdrücklichen Regelungen vorsehen), wird jedoch aus einer entsprechenden Anwendung der Regelungen über den Konzernabschluss (namentlich IAS 27) hergeleitet.[38] Sie können in der Regel einer **Abschlussprüfung** unterzogen werden, da sie bis auf die zeitlich vorgezogene Zusammenfassung der erfassten wirtschaftlichen Einheiten zu einem vor ihrer tatsächlichen Zusammenführung liegenden Zeitpunkt kaum oder keine fiktiven Elemente enthalten und insbesondere keine methodischen Anpassungen erforderlich machen, wie sie für Pro-forma-Finanzinformationen typisch wären (siehe die Kommentierung zu Anhang II der EU-Prospektverordnung).[39] Sofern die Prüfung zu keinen Einwendungen führt, kann der Prüfer auf dieser Grundlage auch bescheinigen, dass diese kombinierten Finanzinformationen ein den tatsächlichen Verhältnissen entsprechendes Bild (*true and fair view*) der Vermögens-, Finanz- und Ertragslage der dargestellten wirtschaftlichen Einheit vermitteln.[40] Kann eine solche Bescheinigung in den Prospekt aufgenommen werden, wendet die BaFin auf kombinierte Finanzinformationen nicht die zeitlichen Beschränkungen für Pro-forma-Finanzinformationen an; vielmehr kann in diesem Fall eine Darstellung über den in Ziff. 20.1. des Anhangs I der EU-Prospektverordnung vorgesehenen Zeitraum der letzten drei Geschäftsjahre erfolgen.[41]

30 Nach Auffassung der BaFin umfassen kombinierte Finanzinformationen regelmäßig
- mehrere Gesellschaften und/oder Geschäftsfelder, die in der Vergangenheit demselben Konsolidierungskreis angehörten,
- mehrere (typischerweise drei) Geschäftsjahre,
- die alle ausdrücklich von der Bescheinigung des Wirtschaftsprüfers als geprüft erfasst werden.[42]

---

38 *Förschle/Almeling*, in: Budde/Förschle/Winkeljohann, Sonderbilanzen, Kapitel F Rn. 29 ff.
39 *Schindler/Böttcher/Roß*, WPg 2001, 22, 25; *d'Arcy*, in: Holzborn, WpPG, Anh. II EU-ProspV Rn. 11.
40 So schon der – zwischenzeitlich aufgehobene – IDW Prüfungshinweis: Bestätigungsvermerke und Bescheinigungen zu Konzernabschlüssen bei Börsengängen an den Neuen Markt (IDW PH 9.400.4 vom 28.9.2000, abgedruckt in WPg 2000, 1073, Tz. 19 ff.; aus dem jüngeren Schrifttum *Förschle/Almeling*, in: Budde/Förschle/Winkeljohann, Sonderbilanzen, Kapitel F Rn. 109; *Meyer*, in: Habersack/Mülbert/Schlitt, Unternehmensfinanzierung, § 36 Rn. 46; *Schlitt/Wilczek*, in: Habersack/Mülbert/Schlitt, Kapitalmarktinformation, § 5 Rn. 73.
41 Dazu *Meyer*, Accounting 2/2006, 11, 13, anhand des Beispiels des Börsengangs der Praktiker Bau- und Heimwerkermärkte Holding AG; *Böttcher*, BaFin-Workshop 2009, Präsentation „Complex Financial History in der Fallpraxis" vom 9.11.2009, S. 13; *Meyer*, in: Habersack/Mülbert/Schlitt, Unternehmensfinanzierung, § 36 Rn. 46; *Schlitt/Wilczek*, in: Habersack/Mülbert/Schlitt, Kapitalmarktinformation, § 5 Rn. 73.
42 *Böttcher*, BaFin-Workshop 2009, Präsentation „Complex Financial History in der Fallpraxis" vom 9.11.2009, S. 14.

II. Rechtsfolgen des Art. 4a **Artikel 4a**

Zu letzterem Punkt ist anzumerken, dass im Rahmen einer Abschlussprüfung die nach den einschlägigen Rechnungslegungsgrundsätzen in einen Abschluss aufzunehmenden **Vorjahreszahlen** Bestandteil eines zu prüfenden Jahresabschlusses werden und damit auch Gegenstand der betreffenden Abschlussprüfung sind.[43] Sind Vorjahreszahlen zutreffend ausgewiesen und erläutert worden, ist weder im Bestätigungsvermerk noch im Prüfungsurteil darauf hinzuweisen, da diese vom Umfang der Abschlussprüfung erfasst sind. Dementsprechend bezieht sich die Aussage eines uneingeschränkten Bestätigungsvermerks bzw. des darin enthaltenen Prüfungsurteils, dass die Prüfung zu keinen Einwendungen geführt hat, auch auf die Angabe zu den Vorjahreszahlen, ohne dass diese ausdrücklich genannt werden müssen. Gleiches gilt auch bei einer freiwilligen Angabe von Vorjahreszahlen (wie z. B. eines weiteren Vergleichsjahres).[44] Ist ein konsolidierter Abschluss nicht nach den gesetzlichen Bestimmungen erstellt worden (wie im Fall des sog. kombinierten Abschlusses in Bezug auf die Bestimmungen über die Konsolidierung – deren Voraussetzungen bei kombinierten Abschlüssen typischerweise fingiert werden), wurde er aber nach den Grundsätzen der Abschlussprüfung geprüft, kommt anstelle eines Bestätigungsvermerkes nur die Erteilung einer Bescheinigung in Betracht, in der die angewandten Rechnungslegungsgrundsätze anzusprechen sind.[45] Ansonsten gelten die Grundsätze für Bescheinigungen und Bestätigungsvermerke entsprechend.[46] Es kommt im Einzelfall also auf die konkrete Formulierung der Bescheinigung an, die mit der BaFin im Vorfeld abgestimmt werden sollte.

31

Nach Auffassung der BaFin ist die Aufnahme solcher kombinierter Finanzinformationen aus Gründen der Übersichtlichkeit und Verständlichkeit u. U. der Aufnahme einer Vielzahl von historischen Abschlüssen der nunmehr in den Emittenten integrierten Teileinheiten vorzuziehen.[47] Anwendungsfälle für kombinierte Finanzinformationen sind insbesondere die Abspaltung, Aufspaltung[48] oder Ausgliederung[49] mit nachfolgender Börsenzulassung der Aktien des übernehmenden Rechtsträgers sowie die Umstrukturierung von Konzernaktivitäten, die in eine bestehende oder neue Konzernobergesellschaft eingebracht werden und bei der die Aktien dieser neuen Obergesellschaft eines Teilkonzerns nachfolgend öffentlich angeboten oder zum Börsenhandel zugelassen werden.[50]

32

---

43 IDW Prüfungsstandard: Prüfung von Vergleichsangaben über Vorjahre (IDW PS 318), Tz. 7 f.
44 IDW Prüfungsstandard: Prüfung von Vergleichsangaben über Vorjahre (IDW PS 318), Tz. 18; IDW Prüfungsstandard: Grundzüge für die ordnungsgemäße Erteilung von Bestätigungsvermerken bei Abschlussprüfungen (IDW PS 400), Tz. 42–46.
45 *Grewe*, in: WP-Handbuch 2006, Bd. I, Abschnitt Q Rn. 1185.
46 *Grewe*, in: WP-Handbuch 2006, Bd. I, Abschnitt Q Rn. 1184.
47 *Böttcher*, BaFin-Workshop 2009, Präsentation „Complex Financial History in der Fallpraxis" vom 9.11.2009, S. 13.
48 Beispiel: Abspaltung der LANXESS Aktiengesellschaft von der Bayer AG, dazu *Heiden*, Pro-forma-Berichterstattung, 2006, Tz. 4.4.2.4 (S. 215).
49 Beispiel: Ausgliederung des Geschäftsbereichs Halbleitertechnologien der Siemens AG auf die Infineon Technologies AG, deren Aktien im März 2000 nach erfolgter Ausgliederung öffentlich angeboten und zum Börsenhandel zugelassen wurden, dazu *Schindler/Böttcher/Roß*, WPg 2001, 22, 24 f.; *Heiden*, Pro-forma-Berichterstattung, 2006, Tz. 4.4.2.4 (S. 216).
50 Beispiel: Börsengang der Praktiker Bau- und Heimwerkermärkte Holding AG im Jahre 2005, einer neu gegründeten Holding-Gesellschaft, in die Metro AG die Anteile an ihrer Tochtergesellschaft Praktiker Bau- und Heimwerkermärkte AG (mit den meisten ihrer Tochtergesellschaften) sowie einige ihrer eigenen Geschäftsaktivitäten eingebracht hatte, die ihrem Geschäftsbereich „Praktiker" zugeordnet waren.

Artikel 5
Modul für Pro forma-Finanzinformationen

¹Die Pro forma-Finanzinformationen werden gemäß dem in Anhang II festgelegten Modul zusammengestellt.

²Den Pro forma-Finanzinformationen sollte ein erläuternder einleitender Absatz vorangehen, aus dem klar hervorgeht, weshalb diese Informationen in den Prospekt aufgenommen worden sind.

1 Art. 5 Abs. 1 beschränkt sich im Wesentlichen auf einen Hinweis darauf, dass **Pro forma-Finanzinformationen** nach den Vorgaben des **Anhangs II** zu erstellen sind. Auf die diesbezügliche Kommentierung wird verwiesen. In gewisser Weise stellt Art. 5 eine Duplizierung der Regelung in Anhang I Ziff. 20.2 dar, deren Absatz 3 fast wortgleich ist. Anhang I Ziff. 20.2 regelt in seinen Absätzen 1 und 2 zudem die Voraussetzungen, unter denen Pro forma-Finanzinformationen grds. aufgenommen werden müssen, nämlich im Fall einer sog. **bedeutenden Bruttoveränderung**. Dieser Begriff ist wiederum in Art. 4a Abs. 6 definiert. Danach liegt eine bedeutende Bruttoveränderung vor, wenn sich die Situation des Emittenten gemessen an einem oder mehreren Größenindikatoren seiner Geschäftstätigkeit um mehr als 25% verändert. Typische Größenindikatoren sind nach den ESMA-Empfehlungen die Bilanzsumme (*total assets*), Umsatzerlöse (*revenue*) und das Jahresergebnis (*profit or loss*),[1] ohne dass diese Aufzählung abschließend wäre (dazu Art. 4a Rn. 10, Anhang I Ziff. 20.2 Rn. 6 ff.).

2 Abs. 2 ergänzt die Vorgaben des Anhangs II für die Darstellung von Pro forma-Finanzinformationen um das Erfordernis eines **einleitenden Absatzes**. Dieser soll erläutern, weshalb Pro forma-Finanzinformationen in den Prospekt aufgenommen wurden. Dies kann in erster Linie eine Beschreibung der bedeutenden Brutto-Veränderung sein, die in den Pro forma-Finanzinformationen abgebildet wurde. Ein weiterer Grund für die Aufnahme von Pro forma-Finanzinformationen mag in einer **komplexen finanztechnischen Vorgeschichte** des Emittenten i. S. v. Art. 4a Abs. 4 (siehe Art. 4a Rn. 6) oder in einer **bedeutenden finanziellen Verpflichtung** liegen, die der Emittent eingegangen ist (siehe Art. 4a Rn. 7). Hat der Emittent Pro forma-Finanzinformationen **freiwillig** aufgenommen, ist der Grund dafür ebenfalls darzustellen. Die Zulässigkeit der freiwilligen Aufnahme von Pro forma-Finanzinformationen hat ESMA ausdrücklich bestätigt. Auch für diese gilt nach Abs. 1, dass sie gemäß den Vorgaben des Anhangs II zu erstellen sind.[2]

---

1 ESMA update of the CESR recommendations „The consistent implementation of Commission Regulation (EC) No 809/2004 implementing the Prospectus Directive" vom 23.3.2011, ESMA/2011/81, Rn. 92.

2 ESMA-Questions and Answers – Prospectuses (25th Updated Version – July 2016), Antwort auf Frage 54.

Artikel 6
Schema für die Wertpapierbeschreibung für Aktien

(1) Die Angaben für die Wertpapierbeschreibung für Aktien werden gemäß dem in Anhang III festgelegten Schema zusammengestellt.

(2) Das Schema gilt für Aktien und andere übertragbare, Aktien gleichzustellende Wertpapiere.

(3) Berechtigen Aktien mit Optionsscheinen zum Erwerb von Aktien des Emittenten und sind diese Aktien nicht zum Handel an einem geregelten Markt zugelassen, so werden außer den unter Punkt 4.2.2 genannten Angaben auch die im Schema des Anhangs XII verlangten Angaben vorgelegt.

Übersicht

	Rn.		Rn.
I. Regelungsgegenstand	1	2. Gleichzustellende Wertpapiere	3
II. Erfasste Wertpapiere	2	3. Schuldtitel	4
1. Aktien	2		

I. Regelungsgegenstand

Art. 6 Abs. 1 EU-ProspektVO legt fest, dass die Angaben für die Wertpapierbeschreibung für Aktien gemäß dem in Anhang III festgelegten Schema zusammengestellt werden müssen. Das Schema gilt für Aktien und andere übertragbare, Aktien gleichzustellende Wertpapiere (Art. 6 Abs. 2 EU-ProspVO) sowie für wandelbare und umtauschbare Schuldtitel (Art. 6 Abs. 3 EU-ProspVO). 1

II. Erfasste Wertpapiere

1. Aktien

Erwägungsgrund 10 EU-ProspektVO führt aus, dass das Schema für die Wertpapierbeschreibung Aktien auf **jede Aktienkategorie**[1] anwendbar sein soll, da Angaben gefordert werden, die die mit den Wertpapieren einhergehenden Rechte und das Verfahren für die Ausübung dieser Rechte betreffen. 2

2. Gleichzustellende Wertpapiere

Aktien gleichzustellende Wertpapiere sind neben **ausländischen Wertpapieren**, die wie Aktien ausgestaltet sind, **Wandelschuldverschreibungen auf eigene Aktien** und **Genuss-** 3

---

[1] Zum Begriff der „Aktienkategorie" und den unterschiedlichen Gattungen siehe die Kommentierung zu Anhang III Ziff. 4.

Artikel 6 Schema für die Wertpapierbeschreibung für Aktien

scheine, die nicht schuldverschreibungsähnlich ausgestaltet sind. Aktienvertretende Zertifikate (so genannte *depository receipts*) fallen hingegen nicht unter Anhang III, sondern unter Anhang X EU-ProspVO. Ob entsprechende Wertpapiere aktien- oder schuldverschreibungsähnlich ausgestaltet sind, ist anhand einer Würdigung der Ausgestaltung im Einzelfall zu entscheiden. Kriterien können dabei die Art der Erfolgsbeteiligung, die Rückzahlungsmodalitäten, die Dauer der Kapitalüberlassung sowie der Rang im Insolvenzfall sein.[2]

3. Schuldtitel

4 Art. 6 Abs. 3 EU-ProspektVO wurde durch die Delegierte Verordnung (EU) Nr. 795/13 angefügt. Für **Aktien mit Optionsscheinen**, die zum Erwerb von nicht zum Handel an einem geregelten Markt zugelassenen Aktien des Emittenten berechtigen, findet, mit Ausnahme der Angaben nach Anhang XII Ziff. 4.2.2 EU-ProspVO, ebenfalls das Schema für die Wertpapierbeschreibung für derivative Wertpapiere (Anhang XII der EU-ProspVO) Anwendung. Der Verordnungsgeber begründet dies damit, dass in diesen Fällen Informationen über den Emittenten der (zu beziehenden) Aktien für Anleger nicht ohne Weiteres erhältlich sind. Aus diesem Grund sollte das Schema für die Aktienregistrierung auch für die zugrunde liegenden Aktien gelten und in die Kombinationen (der Schemata und Module) für die Erstellung des Prospekts (siehe Anhang XVIII EU-ProspVO) aufgenommen werden.[3] Der Anwendungsbereich dieser Vorschrift ist beschränkt, da die zu beziehenden Aktien in der Regel börsennotiert sein dürften.

---

2 Vgl. *Rauch*, in: Holzborn, WpPG, EU-ProspVO Art. 6 Rn. 3 f.
3 Vgl. Erwägungsgrund 4 Delegierte Verordnung (EU) Nr. 759/13.

Artikel 7
Schema für das Registrierungsformular für Schuldtitel und derivative Wertpapiere mit einer Stückelung von weniger als 100 000 EUR

Bei nicht unter Artikel 4 fallenden Wertpapieren mit einer Stückelung von weniger als 100 000 EUR oder bei nennwertlosen Wertpapieren, die bei der Emission nur für weniger als 100 000 EUR pro Stück erworben werden können, werden die Angaben für das Registrierungsformular für Schuldtitel und derivative Wertpapiere gemäß dem in Anhang IV festgelegten Schema zusammengestellt.

In den Anwendungsbereich von Art. 7 der Prospektverordnung fallen **Emissionen für Schuldtitel und derivative Wertpapiere** mit einer Stückelung von weniger als EUR 100.000 bzw. für Wertpapiere ohne Nennwert, wenn die Wertpapiere bei der Emission für nur weniger als EUR 100.000 pro Stück erworben werden können. Im Rahmen der Änderungsrichtlinie und der daraus folgenden Novellierung der Prospektverordnung durch die Delegierte Verordnung (EU) Nr. 486/2012 der Kommission vom 30. März 2012 ist der entsprechende Schwellenwert von EUR 50.000 auf EUR 100.000 erhöht worden.[1] Hinsichtlich der Regelungstechnik fällt auf, dass Art. 7 der Prospektverordnung die unter die Vorschrift fallenden Wertpapiere nicht positiv definiert, sondern im Wege einer Negativdefinition, indem die Vorschrift alle in Art. 4 Prospektverordnung genannten Wertpapiere (Aktien und Aktien gleichzustellende Wertpapiere) ausdrücklich vom Anwendungsbereich ausschließt. Daher kann nur im Umkehrschluss auf den Anwendungsbereich der Vorschrift geschlossen werden, welcher, wie bereits erwähnt, im Wesentlichen Schuldtitel im Sinne des Art. 8 Abs. 1 Prospektverordnung und derivative Wertpapiere nach Art. 15 Abs. 2 Prospektverordnung umfasst.[2]

1

Die **Abgrenzung** zu den in **Art. 4 Prospektverordnung** genannten Wertpapieren, für deren Registrierungsformular Anhang I einschlägig ist, kann insbesondere bei **Genussscheinen** schwierig sein, da diese häufig sowohl eigen- als auch fremdkapitalähnlichen Charakter aufweisen.[3] Sehen die Genussscheine einen festen Rückzahlungsbetrag (z.B. den Nominalbetrag) vor, sind sie schuldverschreibungsähnlich strukturiert; das Registrierungsformular ist daher in diesen Fällen nach Anhang IV Prospektverordnung zu erstellen.[4] Sehen die Genussscheine hingegen lediglich Zahlungen für den Fall vor, dass der Emittent Gewinne erwirtschaftet, ohne einen verpflichtenden Rückzahlungsbetrag vorzusehen, ist davon auszugehen, dass Anhang I Prospektverordnung für die Erstellung des Registrierungsformulars zur Anwendung kommt. Aufgrund der fehlenden gesetzlichen Definition für

2

---

[1] Vgl. Art. 1 Nr. 6 der Delegierten Verordnung (EU) Nr. 486/2012 der Kommission vom 30. März 2012.
[2] *Seitz/Maier*, in: Assmann/Schlitt/von Kopp-Colomb, WpPG/VerkProspG, EU-ProspektVO, Anhang IV Rn. 1.
[3] *Seitz/Maier*, in: Assmann/Schlitt/von Kopp-Colomb, WpPG/VerkProspG, EU-ProspektVO, Anhang V Rn. 6f.; *Zeising*, in: Just/Voß/Ritz/Zeising, WpPG, EU-ProspektVO Anhang V Rn. 5.
[4] *Seitz/Maier*, in: Assmann/Schlitt/von Kopp-Colomb, WpPG/VerkProspG, EU-ProspektVO Anhang V Rn. 7.

Artikel 7   Schema für das Registrierungsformular für Schuldtitel

Genussscheine und der daraus resultierenden großen Gestaltungsspielräume der beteiligten Parteien[5] ist die Einordnung von Genussscheinen aber immer anhand der konkreten Ausgestaltung der Emissionsbedingungen zu entscheiden.[6]

3   Durch die **Beschränkung des Anwendungsbereichs auf das Registrierungsformular für Emissionen mit einer Stückelung von weniger als EUR 100.000** unterscheidet sich Artikel 7 (und dem entsprechenden Anhang IV Prospektverordnung) von Art. 12 (und dem entsprechenden Anhang IX Prospektverordnung), welche ebenfalls das Registrierungsformular für Schuldtitel und derivative Wertpapiere behandeln, jedoch nur solche mit einer Stückelung von mehr als EUR 100.000. Das Registrierungsformular nach Art. 12 und Anhang IX enthält weniger strenge Vorgaben als das Registrierungsformular nach Art. 7 und Anhang IV, da der Gesetzgeber davon ausgeht, dass bei einer Stückelung von weniger als EUR 100.000 auch Privatanleger angesprochen werden (können), die in der Regel ein größeres Informationsbedürfnis haben als professionelle Investoren.[7]

4   Zu beachten ist auch, dass Art. 14 und Anhang XI Prospektverordnung für Registrierungsformulare von Banken in Bezug auf Schuldtitel, derivative Wertpapiere und sonstige nicht unter Art. 4 fallende Wertpapiere den Vorschriften der Art. 7, Anhang IV Prospektverordnung vorgehen. Die geringeren inhaltlichen Anforderungen an das Registrierungsformular für Banken beruhen darauf, dass Banken einer staatlichen Kontrolle und damit aus diesen Gründen bereits besonderen Anforderungen an die Eigenkapitalausstattung und das Risiko- und Liquiditätsmanagement unterliegen.[8]

5   Für die einzelnen inhaltlichen Anforderungen von Anhang IV wird auf die dortige Kommentierung verwiesen.

---

5 *Habersack* in: MünchKomm-AktG, § 221 Rn. 64.
6 Für einen Überblick über die verschiedenen Typen von Genussrechten vgl. z.B. *Habersack*, in: MünchKomm-AktG, § 221 Rn. 75 ff.
7 Vgl. Erwägungsgrund 14 der Prospektverordnung, der allerdings (fälschlicherweise) noch von einem Schwellenwert von EUR 50.000 ausgeht; *Glismann*, in: Holzborn, WpPG, Anhang IV EU-ProspV Rn. 1; *Seitz/Maier*, in: Assmann/Schlitt/von Kopp-Colomb, WpPG/VerkProspG, EU-ProspektVO Anhang IV Rn. 6.
8 *Seitz/Maier*, in: Assmann/Schlitt/von Kopp-Colomb, WpPG/VerkProspG, EU-ProspektVO, Anhang IV Rn. 4.

Artikel 8
Schema für die Wertpapierbeschreibung für Schuldtitel mit einer Stückelung von weniger als 100 000 EUR

(1) Bei der Wertpapierbeschreibung für Schuldtitel mit einer Stückelung von weniger als 100 000 EUR werden die Angaben gemäß dem in Anhang V festgelegten Schema zusammengestellt.

(2) Das Schema gilt für Schuldtitel, bei denen der Emittent aufgrund der Emissionsbedingungen verpflichtet ist, dem Anleger 100 % des Nominalwertes zu zahlen, wobei zusätzlich noch eine Zinszahlung erfolgen kann.

(3) Sind Schuldtitel in bereits zum Handel an einem geregelten Markt zugelassene Aktien wandel- oder umtauschbar, so werden auch die unter Punkt 4.2.2 des Schemas in Anhang XII verlangten Angaben vorgelegt.

(4) Sind Schuldtitel in Aktien wandel- oder umtauschbar, die zu diesem oder einem künftigen Zeitpunkt vom Schuldtitelemittenten oder von einem Unternehmen derselben Gruppe emittiert werden, und sind diese zugrunde liegenden Aktien nicht schon zum Handel an einem geregelten Markt zugelassen, so werden auch zum Emittenten der zugrunde liegenden Aktien die unter den Punkten 3.1 und 3.2 des Schemas in Anhang III oder gegebenenfalls des verhältnismäßigen Schemas in Anhang XXIV aufgeführten Angaben vorgelegt.

(5) Berechtigen Schuldtitel mit Optionsscheinen zum Erwerb von Aktien des Emittenten und sind diese Aktien nicht zum Handel an einem geregelten Markt zugelassen, so werden außer den unter Punkt 4.2.2 genannten Angaben auch die im Schema des Anhangs XII verlangten Angaben vorgelegt.

Art. 8 Abs. 1 stellt fest, dass die Wertpapierbeschreibung für **Schuldtitel mit einer Stückelung von weniger als EUR 100.000** nach dem Schema in Anhang V der Prospektverordnung zu erstellen ist. Wie bereits bei der Kommentierung von Anhang IV ausgeführt, definiert die Prospektverordnung den Begriff „Schuldtitel" nicht positiv, sondern lediglich negativ. Schuldtitel sind demnach alle Wertpapiere, die zum einen nicht in Art. 4 Prospektverordnung genannt sind (Aktien und diesen gleichzustellenden Wertpapiere), zum anderen keine derivativen Wertpapiere darstellen, für die Art. 15 Abs. 1 EU-Prospektverordnung in Verbindung mit Anhang XII eine gesonderte Regelung für die Wertpapierbeschreibung enthalten.[1] Die Abgrenzung zu den in Art. 4 Prospektverordnung genannten Wertpapieren wird insbesondere bei Genussscheinen relevant.[2]

Art. 8 Abs. 2 eröffnet den Anwendungsbereich von Anhang V allerdings nur für Schuldtitel, bei denen der Emittent – zusätzlich zu etwaigen Zinszahlungen – jedenfalls verpflichtet ist, dem Anleger den Nominalwert vollständig (zurück)zuzahlen. Erfasst sind damit vor al-

---
[1] Vgl. *Wolf/Wink*, Art. 7 Rn. 1.
[2] Vgl. dazu im Einzelnen *Wolf/Wink*, Art. 7 Rn. 2.

Artikel 8   Schema für die Wertpapierbeschreibung für Schuldtitel

lem kapitalgarantierte Schuldverschreibungen nach §§ 793 ff. BGB.[3] Sehen die Emissionsbedingungen zum Beispiel die Möglichkeit vor, dass der **Rückzahlungsbetrag nicht zwingend 100 %** beträgt, etwa im Falle eines Sonderkündigungsrechts, so kommt nicht Anhang V, sondern Anhang XII der Prospektverordnung für den Inhalt der Wertpapierbeschreibung zur Anwendung.[4]

3   Liegen die Voraussetzungen von Art. 8 Abs. 2 Prospektverordnung nicht vor, findet für die Wertpapierbeschreibung Anhang XII Anwendung, der gemäß **Art. 15 Abs. 2 Satz 1 Prospektverordnung** als Auffangtatbestand dient. Dies ist entsprechend dem unter Rn. 2 ausgeführten insbesondere für Schuldtitel relevant, bei denen der Rückzahlungsbetrag nicht zwingend 100 % beträgt. Liegt der Rückzahlungsbetrag der Schuldtitel ggf. bei über 100% des Nominalbetrags, wie dies z. B. bei Change of Control-Klauseln oder bei der vorzeitigen Rückzahlung von Schuldverschreibungen vorgesehen wird, verbleibt es bei der Anwendung von Anhang V für die Wertpapierbeschreibung.[5]

4   Die Anwendung von Anhang V auf die Wertpapierbeschreibung für Emissionen mit einer Stückelung von weniger als EUR 100.000 unterscheidet Art. 8 und Anhang V der Prospektverordnung von **Art. 16 und Anhang XIII der Prospektverordnung**, welche ebenfalls die Wertpapierbeschreibung für Schuldtitel behandeln, jedoch nur solche mit einer Stückelung von mehr als EUR 100.000. Die Wertpapierbeschreibung nach Art. 16 und Anhang XIII enthält weniger strenge Vorgaben als die Wertpapierbeschreibung nach Art. 8 und Anhang V, da der Gesetzgeber davon ausgeht, dass bei einer Stückelung von weniger als EUR 100.000 auch Privatanleger angesprochen werden, die in der Regel ein größeres Informationsbedürfnis haben als professionelle Investoren.[6]

5   **Art. 8 Abs. 3–5 der Prospektverordnung**, die mit der Delegierten Verordnung (EU) Nr. 759/2013 der Kommission vom 30. April 2013 eingefügt wurden, betrifft die Wertpapierbeschreibung für **in Aktien wandelbare oder umtauschbare Schuldtitel**. Diese Hinzufügung ergänzt die in Art. 4 der Prospektverordnung enthaltene Regelung zum Registrierungsformular, nach der Anhang I nicht nur für Aktien (oder Aktien gleichzustellenden Wertpapieren) gilt, sondern auch für Wertpapiere, die über Umwandlung oder Umtausch Zugang zum Kapital des Emittenten verschaffen, wenn die zugrundeliegenden Aktien nicht schon zum Handel an einem geregelten Markt zugelassen sind.[7]

6   Nach **Art. 8 Abs. 3** müssen bei Schuldtiteln, die in **bereits zum Handel an einem geregelten Markt zugelassene Aktien** wandel- oder umtauschbar sind, auch die unter Punkt 4.2.2 des Schemas in Anhang XII verlangten Angaben vorgelegt werden. Dies dient der Klarstellung, dass es in diesen Fällen ausreicht, eine Erklärung zur Art des Basiswerts mit in den

---

3   *Seitz/Maier*, in: Assmann/Schlitt/von Kopp-Colomb, WpPG/VerkProspG, EU-ProspektVO Anhang V Rn. 2; *Zeising*, in: Just/Voß/Ritz/Zeising, WpPG, EU-ProspektVO Anhang V Rn. 1.
4   *Seitz/Maier*, in: Assmann/Schlitt/von Kopp-Colomb, WpPG/VerkProspG, EU-ProspektVO Anhang V Rn. 8; *Zeising*, in: Just/Voß/Ritz/Zeising, WpPG, EU-ProspektVO Anhang V Rn. 5.
5   *Seitz/Maier*, in: Assmann/Schlitt/von Kopp-Colomb, WpPG/VerkProspG, EU-ProspektVO Anhang V Rn. 4.
6   Vgl. dazu *Wolf/Wink*, Art. 7 Rn. 3.
7   Vgl. Erwägungsgrund 2 der Delegierten Verordnung (EU) Nr. 759/2013 der Kommission vom 30. April 2013.

Wertpapierprospekt mit aufzunehmen, da in dieser Konstellation Aktionäre und Anleger im Allgemeinen bereits über Informationen zu den zugrundeliegenden Aktien verfügen.[8]

Bei Schuldtiteln, die in Aktien wandel- oder umtauschbar sind, die zu diesem oder einem künftigen Zeitpunkt vom Schuldtitelemittenten oder von einem Unternehmen derselben Gruppe emittiert werden, **aber nicht schon zum Handel an einem geregelten Markt zugelassen sind**, müssen zum Emittenten der zugrunde liegenden Aktien die unter den Punkten 3.1 und 3.2 des Schemas in Anhang III (Erklärung zum Geschäftskapital und Übersicht zu Kapitalbildung und Verschuldung) oder gegebenenfalls des verhältnismäßigen Schemas in Anhang XXIV aufgeführten Angaben vorgelegt werden, **Art. 8 Abs. 4 Prospektverordnung**. Dadurch soll erreicht werden, dass den Anlegern in der Wertpapierbeschreibung die gleichen Angaben zur Fähigkeit des Emittenten der zugrundeliegenden Aktien zur Unternehmensfortführung sowie zu seiner Verschuldung im Verhältnis zur Kapitalbildung geliefert werden wie bei einer unmittelbaren Investition in die Aktien.[9]

Art. 8 Abs. 5 bestimmt schließlich, dass bei Schuldtitel mit Optionsscheinen, die zum Erwerb von Aktien des Emittenten berechtigen, die nicht zum Handel an einem geregelten Markt zugelassen sind, außer den unter Punkt 4.2.2 genannten Angaben auch die sonstigen im Schema des Anhangs XII verlangten Angaben vorgelegt werden. Art. 8 Abs. 5 soll diejenigen Fallkonstellationen erfassen, in denen die zugrundeliegenden Aktien nicht vom Emittenten des Schuldtitels, sondern von einem Dritten emittiert werden (sog. Umtauschanleihen); insofern ist die Formulierung „Aktien des Emittenten" missverständlich. Da eine Beschreibung dieser Aktien aufgrund der fehlenden Börsenzulassung für die Anleger nicht, oder nicht ohne weiteres erhältlich ist, soll eine Beschreibung dieser Aktien anhand der in Anhang XII enthaltenen Vorgaben in den Wertpapierprospekt aufgenommen werden.[10]

Für die einzelnen inhaltlichen Anforderungen von Anhang V wird auf die dortige Kommentierung verwiesen.

---

8 Vgl. Erwägungsgrund 5 der Delegierten Verordnung (EU) Nr. 759/2013 der Kommission vom 30. April 2013.
9 Vgl. Erwägungsgrund 6 der Delegierten Verordnung (EU) Nr. 759/2013 der Kommission vom 30. April 2013.
10 Vgl. Erwägungsgrund 7 der Delegierten Verordnung (EU) Nr. 759/2013 der Kommission vom 30. April 2013.

Artikel 9
Modul für Garantien

¹Bei Garantien werden die Angaben gemäß dem in Anhang VI festgelegten Modul zusammengestellt.

²Anhang VI Punkt 3 wird nicht angewendet, wenn ein Mitgliedstaat als Garantiegeber auftritt.

1   Bei Anhang VI Prospektverordnung handelt es sich um ein Modul im Sinne des Art. 2 Nr. 2 ProspektVO,[1] eine Liste zusätzlicher Angaben, die nicht in einem Schema enthalten sind und einem oder mehreren Schemata anzufügen sind, je nachdem, um welches Instrument oder um welche Transaktion es sich handelt, für die ein Prospekt oder ein Basisprospekt erstellt wird. Prospekte oder Basisprospekte werden dabei aus einer Kombination der jeweils anwendbaren Schemata und Module erstellt (vgl. Art. 3 Unterabs. 1 sowie Art. 21 Prospektverordnung zu der Kombinationsmöglichkeit von Schemata und Modulen).

2   Die von Art. 9, Anhang VI Prospektverordnung geforderten Angaben sind vor allem für Prospekte von Schuldtiteln und derivativen Wertpapieren[2] relevant, die von Dritten mit Garantien ausgestattet sind.[3] Der Begriff der Schuldtitel umfasst dabei auch Wandelanleihen.[4] Dies ist allerdings nicht abschließend; Erwägungsgrund 12 Prospektverordnung bringt vielmehr zum Ausdruck, dass Art. 9 und Anhang VI Prospektverordnung auch auf andere Wertpapiere, die von Dritten garantiert werden, Anwendung finden.[5] Zu beachten ist, dass auch im Rahmen der Verwendung von Kombinationsmöglichkeiten gemäß Art. 21 Abs. 1 Prospektverordnung i.V.m. Anhang XVIII Prospektverordnung der Anwendungsbereich des Anhang VI Prospektverordnung eröffnet sein kann.[6]

3   Durch die delegierte Verordnung (EU) Nr. 486/2012 vom 30.3.2012 zur Änderung der Prospektverordnung wurde in Art. 9 Prospektverordnung ein zweiter Absatz eingefügt, wonach Anhang VI Ziff. 3 nicht angewendet wird, wenn ein Mitgliedstaat als Garantiegeber auftritt. Dieser Regelung kommt in der Praxis allerdings nur geringe Bedeutung zu. Nach § 1 Abs. 2 Nr. 2 WpPG, der Art. 2 Abs. 2 lit. d Prospektrichtlinie umsetzt, besteht für den Fall, dass ein Staat des Europäischen Wirtschaftsraumes Garantiegeber ist, bereits keine Prospektpflicht. Art. 9 Abs. 2 Prospektverordnung greift nur, wenn ausnahmsweise freiwillig ein Prospekt erstellt wird (§ 1 Abs. 3 WpPG), um etwa von der Möglichkeit des „passporting" Gebrauch zu machen.[7] Je nach nationaler Umsetzung der europäischen Vorgabe besteht in anderen Mitgliedstaaten allerdings unter Umständen eine Prospektpflicht.

---

1   Zur Unterscheidung zwischen Modulen und Schemata vgl. *Wolf/Wink*, Art. 2 Rn. 2 und 3.
2   Zum Begriff Schuldtitel und derivative Wertpapiere vgl. *Wolf/Wink*, Art. 7 Rn. 1 f.
3   *Schlitt/Schäfer*, in: Assmann/Schlitt/von Kopp-Colomb, WpPG, EU-Prospekt VO Anhang VI Rn. 1.
4   *Schlitt/Schäfer*, in: Assmann/Schlitt/von Kopp-Colomb, WpPG, EU-Prospekt VO Anhang VI Rn. 4.
5   *Schlitt/Schäfer*, in: Assmann/Schlitt/von Kopp-Colomb, WpPG, EU-Prospekt VO Anhang VI Rn. 2.
6   *Schlitt/Schäfer*, in: Assmann/Schlitt/von Kopp-Colomb, WpPG, EU-Prospekt VO Anhang VI Rn. 1.
7   Zum Erfordernis der Einhaltung aller Vorgaben des Anhang VI ProspVO und zur Möglichkeit des passportings: ESMA-Questions and Answers – Prospectuses (25th Updated Version – July 2016), Ziffer 70.

Modul für Garantien **Artikel 9**

Insoweit wären alle Vorgaben des Anhang VI Prospektverordnung einzuhalten,[8] sodass auch in diesen Fällen der Anwendungsbereich von Art. 9 Abs. 2 Prospektverordnung eröffnet ist.

Für die einzelnen inhaltlichen Anforderungen von Anhang VI wird auf die dortige Kommentierung verwiesen. 4

---

8 ESMA-Questions and Answers – Prospectuses (25th Updated Version – July 2016), Ziffer 70; *Schlitt/Schäfer*, in: Assmann/Schlitt/von Kopp-Colomb, WpPG, EU-ProspektVO Anhang VI Rn. 2.

Artikel 10
Schema für das Registrierungsformular für durch Vermögenswerte unterlegte Wertpapiere („Asset backed securities"/ABS)

Die Angaben für das Registrierungsformular für durch Vermögenswerte unterlegte Wertpapiere werden gemäß dem in Anhang VII festgelegten Schema zusammengestellt.

(ohne Kommentierung)

Artikel 11
Modul für durch Vermögenswerte unterlegte Wertpapiere („Asset backed securities"/ABS)

Für das zusätzliche Modul zur Wertpapierbeschreibung für ABS werden die Angaben gemäß dem in Anhang VIII festgelegten Modul zusammengestellt.

(ohne Kommentierung)

Artikel 12
Schema für das Registrierungsformular für Schuldtitel und derivative Wertpapiere mit einer Mindeststückelung von 100 000 Euro

Bei nicht unter Artikel 4 fallenden Wertpapieren mit einer Stückelung von mindestens 100 000 EUR oder bei nennwertlosen Wertpapieren, die bei der Emission nur für mindestens 100 000 EUR pro Stück erworben werden können, werden die Angaben für das Registrierungsformular für Schuldtitel und derivative Wertpapiere gemäß dem in Anhang IX festgelegten Schema zusammengestellt.

Art. 12 Prospektverordnung verweist bei nicht unter Art. 4 fallenden Wertpapieren mit einer Mindeststückelung von EUR 100.000 oder bei nennwertlosen Wertpapieren, die bei der Emission nur für mindestens EUR 100.000 pro Stück erworben werden können, hinsichtlich der Angaben für das Registrierungsformular für Schuldtitel und derivative Wertpapiere auf das in Anhang IX festgelegte Schema. **Mit Ausnahme der erforderlichen Mindeststückelung** von EUR 100.000 ist der Anwendungsbereich **deckungsgleich mit Art. 8 Prospektverordnung**. Art. 12 umfasst daher im Wesentlichen Schuldtitel im Sinne des Art. 8 Abs. 1 Prospektverordnung und derivative Wertpapiere nach Art. 15 Abs. 2 Prospektverordnung.[1] Zur Abgrenzung von unter Art. 4 Prospektverordnung fallenden Wertpapiere vgl. die Kommentierung zu Art. 7 und Anhang IV, Rn. 2. 1

Das Registrierungsformular nach Art. 12 und Anhang IX enthält **weniger strenge Vorgaben als das Registrierungsformular nach Art. 7 und Anhang IV**, da der Gesetzgeber davon ausgeht, dass bei einer Stückelung von weniger als EUR 100.000 auch Privatanleger angesprochen werden, die in der Regel ein größeres Informationsbedürfnis haben als professionelle Investoren.[2] Entsprechend enthält das Registrierungsformular nach Anhang IX z. B. kein Erfordernis zur Aufnahme von ausgewählten Finanzinformationen und von Angaben zu neuen Produkten und Märkten, Investitionen oder Trends.[3] Gemäß **Art. 21 Abs. 2 Prospektverordnung** besteht aber die Möglichkeit, auf freiwilliger Basis zur Erstellung des Registrierungsformulars Anhang IV oder Anhang I anzuwenden; in der Praxis spielt dies regelmäßig aber keine Rolle. 2

Die **Bedeutung** von Anhang IX für die Emissionspraxis ist **eher begrenzt**. Dies liegt zum einen daran, dass nach § 3 Abs. 2 Satz 1 Nr. 4 WpPG für ein öffentliches Angebot von Wertpapieren mit einer Mindeststückelung von EUR 100.000 kein Wertpapierprospekt erforderlich ist, ein solcher also nur dann erforderlich wird, wenn die Wertpapiere zum Handel an einem regulierten Markt zugelassen werden sollen. Zum anderen besteht mit An- 3

---

[1] *Seitz/Maier*, in: Assmann/Schlitt/von Kopp-Colomb, WpPG/VerkProspG, EU-ProspektVO Anhang IX Rn. 1.
[2] Vgl. Erwägungsgrund 14 der Prospektverordnung, der allerdings (fälschlicherweise) noch von dem alten Schwellenwert von EUR 50.000 ausgeht; *Glismann*, in: Holzborn, WpPG, Anhang IV EU-ProspV Rn. 1; *Seitz/Maier*, in: Assmann/Schlitt/von Kopp-Colomb, WpPG/VerkProspG, EU-ProspektVO Anhang IV Rn. 6.
[3] *Seitz/Maier*, in: Assmann/Schlitt/von Kopp-Colomb, WpPG/VerkProspG, EU-ProspektVO Anhang IX Rn. 2.

Artikel 12 Schema für die Wertpapierbeschreibung für Schuldtitel

hang XI der Prospektverordnung für Banken ein anderer Anhang, der bereits deutlichere Erleichterungen gegenüber Anhang IV enthält.[4]

4 Für die einzelnen inhaltlichen Anforderungen von Anhang IX wird auf die dortige Kommentierung verwiesen.

---

[4] *Seitz/Maier*, in: Assmann/Schlitt/von Kopp-Colomb, WpPG/VerkProspG, EU-ProspektVO Anhang IX Rn. 5.

Artikel 13
Schema für Zertifikate, die Wertpapiere vertreten („depositary receipts")

Bei Zertifikaten, die Aktien vertreten, werden die Angaben gemäß dem in Anhang X festgelegten Schema zusammengestellt.

Die Überschrift zu Art. 13 in der deutschen Sprachfassung der Prospektverordnung lautet „Schema für Zertifikate, die Wertpapiere vertreten („depositary receipts")". Die Formulierung der Überschrift legt insofern zunächst nahe, Depositary Receipts als wertpapiervertretende Zertifikate zu verstehen und zur Konkretisierung des Begriffs „Wertpapier" auf die Begriffsbestimmung in Art. 2 Abs. 1 lit a) ProspektRL zu rekurrieren. Der eigentliche Text des Art. 13 erfasst indes nur Zertifikate, die Aktien vertreten und ist somit deutlich enger gefasst als der Wertpapierbegriff der Prospektrichtlinie. Dass von Art. 13 nur Aktien und nicht sämtliche Wertpapiere im Sinne der Begriffsbestimmung der Prospektrichtlinie erfasst werden sollen, ergibt sich einerseits aus Anhang X, der ausschließlich Mindestangaben für Zertifikate, die Aktien vertreten, formuliert. Andererseits legt etwa die englische Sprachfassung der Prospektverordnung nahe, dass die Überschrift zu Art. 13 in der deutschen Sprachfassung zu weit gefasst wurde.[1] Mit Depositary Receipts werden in der Prospektverordnung mithin lediglich aktienvertretende Zertifikate bezeichnet. Anhang X erfasst dabei nur Depositary Receipt Strukturen. Nicht erfasst werden sog. Aktienzertifikate oder Discount Zertifikate, da diese lediglich in ihren Bedingungen auf die Aktien bzw. die Entwicklung des Börsenkurses dieser Bezug nehmen, sie aber die in Bezug genommenen Aktien nicht über eine treuhänderische Depositary Struktur verbriefen.[2]   1

Anhang X gibt die Mindestangaben für Prospekte vor, die ein öffentliches Angebot bzw. die Börsenzulassung (an einem regulierten Markt) von Zertifikaten, die Aktien vertreten, zum Gegenstand haben. Es wird auf die dortige Kommentierung verwiesen.   2

Gemäß Art. 5 Abs. 3 ProspektRL kann ein Prospekt grundsätzlich entweder als ein Einzeldokument oder in mehreren Einzeldokumenten, bestehend aus einer Zusammenfassung, einem Registrierungsformular und einer Wertpapierbeschreibung, erstellt werden. Ob ein mehrteiliger Prospekt auch für Depositary Receipts vorgesehen ist, ergibt sich nur mittelbar aus der Prospektverordnung. Anders als etwa bei Aktien und bestimmten Schuldtiteln unterscheidet die Prospektverordnung nämlich nicht zwischen einem Registrierungsformular und einer Wertpapierbeschreibung für Depositary Receipts und enthält in Anhang XVIII auch keine Kombinationsmöglichkeiten. Vielmehr ist mit Anhang X ein einheitliches Schema für die Prospekterstellung vorgesehen, welches nicht zwischen einem Registrierungsformular und einer Wertpapierbeschreibung differenziert. Lediglich Anhang XXII enthält vorgeschriebene Angaben für die Zusammenfassung eines Prospekts für Depositary Receipts. Dessen ungeachtet sieht Erwägungsgrund 15 der Prospektverordnung für den Fall einer dreiteiligen Prospekterstellung bei Depositary Receipts ausdrücklich vor, dass das Registrierungsformular nur Angaben zur Verwahrstelle enthalten soll. Diese For-   3

---

[1] Die Überschrift zu Art. 13 in der englischen Sprachfassung lautet „Depositary receipts schedule".
[2] Vgl. nachfolgend Anhang X Rn. 6 f.

mulierung in Erwägungsgrund 15 liefe leer, wäre ein dreiteiliger Prospekt bei Depositary Receipts konzeptionell nicht vorgesehen.

4 Erwägungsgrund 15 stellt zudem heraus, dass hinsichtlich der Zertifikate, die Wertpapiere vertreten (auch hier müsste es richtigerweise lauten, „die Aktien vertreten", vgl. auch die englische Sprachfassung), der Emittent der zugrundeliegenden Aktien und nicht der Emittent der Zertifikate im Mittelpunkt stehen sollte.

Artikel 14
Schema für das Registrierungsformular für Banken

(1) Beim Registrierungsformular für Banken in Bezug auf Schuldtitel, derivative Wertpapiere und sonstige nicht unter Artikel 4 fallende Wertpapiere werden die Angaben gemäß dem in Anhang XI festgelegten Schema zusammengestellt.

(2) [1]Das in Absatz 1 genannte Schema gilt für Kreditinstitute im Sinne von Artikel 1 Absatz 1 Buchstabe a der Richtlinie 2000/12/EG sowie für Kreditinstitute aus Drittstaaten, die nicht unter diese Definition fallen, jedoch ihren eingetragenen Sitz in einem Staat haben, der Mitglied der OECD ist.

[2]Diese Institute können alternativ auch die Schemata für das Registrierungsformular verwenden, die in Artikel 7 und 12 vorgesehen sind.

(ohne Kommentierung)

Artikel 15
Schema für die Wertpapierbeschreibung für derivative Wertpapiere

(1) Bei der Wertpapierbeschreibung für derivative Wertpapiere werden die Angaben gemäß dem in Anhang XII festgelegten Schema zusammengestellt.

(2) ¹Mit Ausnahme der in Artikel 6 Absatz 3, Artikel 8 Absätze 3 und 5 und Artikel 16 Absätze 3 und 5 genannten Fälle gilt das Schema für Wertpapiere, auf die die in den Artikeln 6, 8 und 16 genannten anderen Schemata für Wertpapierbeschreibungen keine Anwendung finden. ²Das Schema gilt für bestimmte Wertpapiere, bei denen die Zahlungs- und/oder Lieferverpflichtungen an einen Basiswert gekoppelt sind.

Übersicht

	Rn.		Rn.
I. Einführung	1	**IV. Vorrang von Art. 6**	46
1. Hintergrund	1	1. Abgrenzung zu Aktien	47
2. Begriff des Derivats	11	2. Abgrenzung zu den Aktien gleichzustellenden Schuldverschreibungsprodukten	49
3. Begriff des Basiswerts	18		
4. Wertpapiermäßige Verbriefung	19		
5. Grundgedanke und wesentlicher Regelungsgehalt von Art. 15	24	3. Abweichende Regelung durch Art. 6 Abs. 3	50
II. Ursprünglicher Wortlaut und durch die Neufassung aufgeworfene Probleme	26	**V. Die durch die Delegierte Verordnung (EU) Nr. 759/ 2013 vom 30.4.2013 eingeführten Sonderregeln in Bezug auf die Einordnung von Wertpapieren in Bezug auf Aktien**	51
1. Absatz 1	26	1. Wandel- und Umtauschanleihen	52
2. Der ursprüngliche zweite Absatz	27	2. Wandel bzw. Umtauschanleihen in Bezug auf Aktien, die zum Handel an einem geregelten Markt zugelassen sind	54
3. Neufassung aufgrund der Delegierten Verordnung (EU) Nr. 759/2013	28		
4. Vorbehalt in Bezug auf die Art. 6 Abs. 3, Art. 8 Abs. 3 und 5 und Art. 16 Abs. 3 und 5	30	3. Wandel bzw. Umtauschanleihen in Bezug auf Aktien, die nicht zum Handel an einem geregelten Markt zugelassen sind	55
5. Nebeneinander von zwei Bestimmungen zum Anwendungsbereich	31	4. Schuldtitel mit Optionsscheinen	58
III. Vorrang von Art. 8 und 16	33	5. Aktien mit Optionsscheinen	59
1. Schuldtitel, bei denen nur die Verzinsung von einem Basiswert abhängig ist	34	6. Andere derivative Wertpapiere, die zur Zeichnung oder zum Erwerb von nicht zum Handel an einem geregelten Markt zugelassenen Aktien berechtigen	60
2. Instrumente, bei denen es unter besonderen Umständen zu einer Rückzahlung von weniger als 100% des Nominalbetrags kommen kann	36		
3. Nachrang der verbrieften Verbindlichkeit	44	7. Umfassende Kategorie weiterer derivativer Wertpapiere nach Anhang XVIII Teil 1 Nr. 15	61
4. Abweichende Regelung durch Art. 8 Abs. 3 und 5 und Art. 16 Abs. 3 und 5	45		

Artikel 15 Schema für die Wertpapierbeschreibung für derivative Wertpapiere

I. Einführung

1. Hintergrund

1 Art. 15 trägt der Tatsache Rechnung, dass sich neben den Aktien und Schuldtiteln eine weitere, sehr variantenreiche Kategorie von Wertpapieren entwickelt hat, die in Art. 15 mit dem Begriff des „**derivativen Wertpapiers**" umschrieben wird. Die Besonderheit dieser Art von Wertpapieren besteht darin, dass sie weder Mitgliedschaftsrechte noch einen Anspruch auf einen feststehenden Geldbetrag verbriefen, sondern einen Anspruch auf eine Leistung, die von einem dem Wertpapier zugrundeliegenden sog. Basiswert abhängig ist. Das Wertpapier ist von diesem Basiswert abgeleitet und wird daher als derivativ oder Derivat bezeichnet.

2 Ebenso wie das Wertpapierrecht ist auch das Prospektrecht und sind speziell die inhaltlichen Anforderungen an Prospekte in erster Linie mit Blick auf Aktien und in zweiter Linie Schuldtitel entwickelt worden. Bei beiden kommt es hauptsächlich auf den Emittenten an. Die Anlageentscheidung ist (von den allgemeinen Marktbedingungen abgesehen) in erster Linie von den Geschäftsaussichten des Emittenten und den Erwartungen im Hinblick auf seine künftige Zahlungsfähigkeit bzw. ggf. die des Garanten abhängig. Diese Aspekte sind auch für die (insbesondere in Form einer Verzinsung) erwartete Rendite ausschlaggebend.

3 Auch § 5 WpPG, der die allgemeine Grundregel zu den inhaltlichen Anforderungen an den Prospekt enthält, erklärt (ebenso wie die ihm zugrundeliegende Bestimmung des Art. 5 Abs. 1 der EU-Prospektrichtlinie) in erster Linie den Emittenten und in zweiter Linie die Wertpapiere für maßgeblich und bezieht sich bei der Umschreibung der verlangten Informationen auf die Vermögenswerte und Verbindlichkeiten, die Finanzlage, die Gewinne und Verlust sowie die Zukunftsaussichten des Emittenten und jedes Garantiegebers einerseits sowie die mit den Wertpapieren verbundenen Rechte andererseits. Es handelt sich dabei ersichtlich um eine Umschreibung der für den Erwerber von Aktien bzw. Schuldtiteln erforderlichen Informationen. Dass es im Zusammenhang mit bestimmten anderen Wertpapieren entscheidend auf einen spezifischen Umstand außerhalb des Emittenten und außerhalb der Wertpapiere ankommen kann (und dass es sich dabei sogar um ein anderes Wertpapier bzw. ein anderes Unternehmen als den Emittenten handeln kann), kommt in § 5 WpPG nicht zum Ausdruck. Zwar lassen sich die auf einen solchen Basiswert bezogenen Informationen in einem weiteren Sinne der Beschreibung der Wertpapiere zurechnen, was in Art. 15 und Anhang XII auch geschieht.[1] Es bliebe aber allein aufgrund der Generalklausel des § 5 WpPG zumindest offen, ob eine Erläuterung ausreicht, dass die Rechte des Wertpapierinhabers von einem Basiswert abhängen oder ob darüber hinaus Informationen zu diesem Basiswert zur Verfügung gestellt werde müssen und in welchem Maße dies zu geschehen hat.

4 Umso wichtiger sind Art. 15 und der von ihm für maßgeblich erklärte Anhang XII, der für die prospektmäßige Darstellung derivativer Wertpapiere insbesondere eine Beschreibung

---

[1] Es wäre stattdessen möglich gewesen, neben den Informationen in Bezug auf den Emittenten und den Informationen in Bezug auf die Wertpapiere eine dritte Kategorie von auf Basiswerte bezogene Informationen anzuerkennen. Das hätte insbesondere in den Fällen eingeleuchtet, bei denen in Gestalt des Basiswerts ein weiteres Wertpapier und dessen Emittent zu beschreiben gewesen wäre. Der europäische Gesetzgeber hat sich hierfür aber nicht entschieden.

I. Einführung Artikel 15

des Basiswerts und der Art der Verknüpfung mit dem Basiswert verlangt. Art. 15 ordnet in Verbindung mit Anhang XII etwas an, das zweifellos unter dem Gesichtspunkt des von der Prospektrichtlinie bezweckten Anlegerschutzes[2] geboten erscheint, das sich aber nicht bereits ohne weiteres aus der Generalklausel des § 5 Abs. 1 WpPG bzw. der zugrundeliegenden Bestimmung des Art. 5 Abs. 1 der EU-Prospektrichtlinie ergibt.

Auch kommt der Begriff des derivativen Wertpapiers in der EU-Prospektrichtlinie nicht vor. Es wird lediglich an verschiedenen Stellen der EU-Prospektrichtlinie (insbesondere in Erwägungsgrund 12) betont, dass die „breitgefasste Definition der Wertpapiere in dieser Richtlinie" auch „Optionsscheine und Covered Warrants sowie Zertifikate erfasst", und es wird (ebenfalls in Erwägungsgrund 12) betont, dass „einige der in der Richtlinie definierten Wertpapiere" den Inhaber „zum Erwerb von übertragbaren Wertpapieren oder zum Empfang eines Barbetrags" berechtigen, wobei dieser Barausgleich „durch Bezugnahme auf andere Instrumente, namentlich übertragbare Wertpapiere, Währungen, Zinssätze oder Renditen, Rohstoffe oder andere Indizes oder Messzahlen festgesetzt wird".[3]

5

Im Rahmen der EU-ProspektVO wird der Begriff des derivativen Wertpapiers und das hierfür vorgesehene besondere Schema für die Wertpapierbeschreibung in **Erwägungsgrund 18** eingeführt. Das Schema für derivative Wertpapiere soll nach Erwägungsgrund 18 für Wertpapiere Anwendung finden, die nicht von anderen Schemata und Modulen abgedeckt sind.[4] Der Anwendungsbereich dieses Schemas werde durch den Verweis auf die beiden anderen gattungsmäßigen Kategorien der Aktien und der Schuldtitel bestimmt.

6

Der dritte Satz von Erwägungsgrund 18 enthält die etwas ungewöhnliche Bestimmung, die Emittenten sollten bei der Erläuterung des Einflusses des Basisinstruments auf den Wert der Anlage „auf freiwilliger Basis" auf **zweckmäßige Beispiele** zurückgreifen können. Hiermit soll offenbar nicht lediglich eine unverbindliche Anregung gegeben und ein Ratschlag erteilt werden. Es soll offenbar auch zum Ausdruck gebracht werden, dass aussagekräftige Beispiele für die Verknüpfung von Wertpapier und Basiswert ggf. ausreichen können, zumal wenn die finanzmathematisch anspruchsvolle Verknüpfung nur unter größeren Schwierigkeiten (anders als durch mathematische Formeln) abstrakt und verständlich in Worte fassen lässt.[5] Da Satz 3 zunächst gerade nicht von Beispielen, sondern „einer klaren und umfassenden Erläuterung" spricht, führt die Verknüpfung mit dem letzten Halbsatz zu einem logischen Widerspruch. Satz 3 von Erwägungsgrund 18 sollte deswegen trotz der inhaltlichen Verengung durch den auf das Beispiel bezogenen letzten Halbsatz allgemein

7

---

2 Vgl. insbesondere Erwägungsgründe 16 und 18 der EU-Prospektrichtlinie.
3 Erwägungsgrund 12 der EU-Prospektrichtlinie enthält zuletzt die Bestimmung, dass Aktienzertifikate sowie Optionsanleihen, z. B. Wertpapiere, die nach Wahl des Anlegers umgewandelt werden können, im Sinne der Richtlinie als Nichtdividendenwerte gelten.
4 In einem CESR Konsultationspapier von September 2003 (abrufbar unter https://www.esma.euro pa.eu/sites/default/files/library/2015/11/87.pdf) heißt es unter Rn. 35, CESR habe den Anhang für derivative Wertpapierbeschreibungen zwar mit Blick auf die typischen derivativen Wertpapiere entwickelt. Der Derivateanhang eigne sich aber am besten als eine „everything else box" für alle nicht unter den Aktienanhang bzw. die Schuldtitelanhänge oder ein anderes spezifisches Offenlegungs-Regime fallende Wertpapiere, weil seine Anforderungen besonders generisch („in the most high level way") formuliert seien. Insbesondere erlaube die in Nr. 4.1.7 verlangte Beschreibung der sich aus dem Wertpapier ergebenden Rechte und deren Begrenzung auch die Erfassung von bisher noch nicht bekannten Wertpapieren, die aber in Zukunft entwickelt werden könnten.
5 Dem entspricht auch der letzte Satz des Erwägungsgrunds 18, wonach einige komplexe derivative Wertpapiere am besten anhand von Beispielen erläutert werden können.

Artikel 15 Schema für die Wertpapierbeschreibung für derivative Wertpapiere

in dem Sinne verstanden werden, dass es bei derivativen Wertpapieren maßgeblich darauf ankommt, den Anlegern mittels einer klaren und umfassenden Erläuterung zu einem Verständnis der Verknüpfung von Wertpapier und Basiswert zu verhelfen, was aber in geeigneten Fällen insbesondere auch durch konkrete Beispiele geschehen kann.

8   Es ist **rechtspolitisch** richtig, für die derivativen Wertpapiere ein separates Schema vorzusehen. Die Verknüpfung mit dem Basiswert stellt nämlich bei diesen Wertpapieren nicht nur ein einzelnes Ausstattungsmerkmal dar. Sie tritt bei wirtschaftlicher Betrachtungsweise regelmäßig in den Vordergrund. Anlagen in derivative Wertpapiere werden wirtschaftlich meist als Anlagen im zugrundeliegenden Basiswert angesehen. Es wird abhängig vom Basiswert von einer Anlage in Aktien, Rohstoffen, Kreditrisiken etc. gesprochen. Wirtschaftlich wird die Anlage in einem derivativen Wertpapier also verkürzt gesagt als Anlage im Basiswert aufgefasst. Die Zwischenschaltung eines Emittenten und eines von diesem begebenen Wertpapier gilt als Teil der technischen Ausgestaltung der Anlage.

9   Die **Marktwahrnehmung** geht darin sogar teilweise zu weit. Das mit den derivativen Wertpapieren (wie mit den Schuldtiteln) verbundene Ausfallrisiko des Emittenten wird nicht selten eher vernachlässigt. Hintergrund für diese Sicht ist die Tatsache, dass derivative Wertpapiere in der Regel von Großbanken mit ausgezeichneter Bonität begeben werden. Ein ähnliches Risikoprofil wird dann geschaffen, wenn der Emittent eine Zweckgesellschaft ist, aber eine Großbank eine Garantie gibt oder das durch eine Zweckgesellschaft begebene Wertpapier durch ein Sicherungsrecht an einer Forderung gegen eine Großbank besichert ist. Das Ausfallrisiko des Emittenten, Garanten oder des Schuldners der zur Deckung dienenden Forderung wird gedanklich meist beiseite gelassen, und der Anleger interessiert sich in erster Linie für den Basiswert und die Art und Weise wie das derivative Wertpapier nach der Art der Verknüpfung mit dem Basiswert auf Schwankungen des Werts des Basiswerts reagiert.

10 Die Anlage in derivativen Wertpapieren ähnelt in der Marktwahrnehmung und funktionell teilweise anderen **mittelbaren Anlagen** (insbesondere denen durch Fonds, aber auch Anlagen über gesellschaftsrechtliche Beteiligungen oder Treuhänder). Die Besonderheit gegenüber anderen mittelbaren Anlagen besteht aber darin, dass der Emittent seine Mittlerfunktion in der Weise wahrnimmt, dass er lediglich eine vom Basiswert abhängige Leistung (je nach Ausgestaltung auch die Lieferung des Basiswerts selbst) verspricht, sich aber jedenfalls üblicherweise nicht verpflichtet, ein Deckungs- oder Ausführungsgeschäft zu tätigen. Typischerweise schließt der Emittent ein **Absicherungsgeschäft (Hedginggeschäft)**. Er tut dies jedoch im eigenen Interesse, weil er in aller Regel nicht die Gegenposition des Anlegers übernehmen will und wirtschaftlich lediglich als Mittler agiert.

2. Begriff des Derivats

11 Art. 15 gibt regelmäßig Anlass zu Erörterungen des Derivatebegriffs,[6] und es ist betont worden, dass es schwierig sei, einen allgemeingültigen Derivatebegriff zu finden. Das ist

---

6 *Zeising*, in: Just/Voß/Ritz/Zeising, WpPG, Anhang XII Rn. 2; *Seitz/Maier*, in: Assmann/Schlitt/von Kopp-Colomb, WpPG/VerkProspG, ProspektVO, Anhang XII Rn. 4 (Die Auslegung des Begriffs Derivat im Rahmen des WpPG und des KWG sei nur eingeschränkt als Interpretationshilfe für den Begriff des derivativen Wertpapiers im Sinne des Art. 15 geeignet. Der Begriff des derivativen Wertpapiers sei weit auszulegen, ebenda Rn. 5); *Neuberger/Schneider*, in: Holzborn, WpPG, An-

richtig, ist aber für Art. 15 kein Problem. Art. 15 verweist weder auf einen anderswo gesetzlich definierten Begriff des Derivats noch auf ein sonstiges allgemeines Verständnis dieses Begriffs. Der Begriff des derivativen Wertpapiers erfasst vielmehr gerade auch Instrumente, die im üblichen Sprachgebrauch nicht als Derivate bezeichnet würden. Hierzu gehören insbesondere die Schuldverschreibungsprodukte, die sich von einer Direktanlage im zugrundeliegenden Basiswert hauptsächlich durch die Zwischenschaltung eines Emittenten und der von diesem begebenen Schuldverschreibung unterscheiden, die das Risikoprofil des Basiswerts aber „eins zu eins", d. h. ohne Hebel oder andere Veränderung, abbilden. Anders als bei Optionen, Futures, Forwards, Swaps usw. handelt es sich nicht um Derivate „auf" die betreffenden Basiswerte, sondern wirtschaftlich eher um durch den Emittenten als Intermediär vermittelte synthetische (oder mittelbare) Anlagen, wobei der Emittent typischerweise (direkt oder mittelbar) ein Deckungs- bzw. Absicherungsgeschäft abschließt, auch wenn er sich hierzu regelmäßig nicht verpflichtet. Wirtschaftlich ähneln solche Geschäfte einem Kommissionsgeschäft mit der Besonderheit, dass es dem Kommissionär freisteht, ob er das Ausführungsgeschäft tatsächlich abschließt und bei dem vereinbart wird, dass über ein hypothetisches Ausführungsgeschäft abgerechnet wird.

Durch eine entsprechende Modifikation der Verknüpfung mit dem Basiswert (insbesondere durch einen hierbei eingeführten Hebel) kann das derivative Wertpapier auch eine derivative Komponente im üblichen Sinne des Begriffs des Derivats erhalten. Die Zahlungs- bzw. Lieferpflicht des Emittenten kann auch so ausgestaltet werden, dass das verbriefte Rechte eine durch Barausgleich oder (seltener) Lieferung zu erfüllende Option darstellt. Diese besondere Gestaltung (im Gegensatz zur einfachen linearen Verknüpfung mit dem Basiswert) ist aber keine begriffliche Voraussetzung des derivativen Wertpapiers, und die Zwischenschaltung des Emittenten kann andere Gründen als die Erzeugung eines Derivats im klassischen Sinne haben. Es kann z. B. so sein, dass die Direktanlage unpraktisch ist (so die Anlage unmittelbar in Rohstoffen oder die Anlage eines vergleichsweise geringfügige Betrags in einem Aktienkorb, der einen anerkannten Index nachbildet). Anlagen in derivative Wertpapiere erfüllen nicht selten eine ähnliche Funktion wie Fondsanlagen und werden auch teils als mögliche Alternative zu Fondsanlagen wahrgenommen, wobei es nicht selten als nachgeordnete Frage der technischen Ausgestaltung angesehen wird, dass die Anlage über eine Schuldverschreibung im Gegensatz zur Beteiligung an einem Fondsvermögen erfolgt.

12

Der Begriff des derivativen Wertpapiers ist nicht nur nicht vollständig deckungsgleich[7] mit dem Begriff des Derivats im Sinne des § 2 Abs. 2 WpHG bzw. 1 Abs. 11 Satz 4 KWG. Es handelt sich um einen grundlegend anderen Begriff. Es gibt derivative Wertpapiere, die das wertpapiermäßig verbriefte Gegenstück zu den in § 2 Abs. 2 WpHG bzw. 1 Abs. 11 Satz 4 KWG genannten Derivaten darstellen. Das gilt z. B. für Optionsscheine. Es gibt aber auch zahlreiche derivative Wertpapiere, bei denen die Verknüpfung mit dem Basiswert so einfach ist, dass das Geschäft im Wesentlichen auf die Zwischenschaltung eines Emittenten als Intermediär hinausläuft oder das Anlage- und Risikoprofil des Basiswerts anderweitig als durch ein Derivat modifiziert wird (z. B. durch einen teilweisen Kapitalschutz).

13

---

hang XII Rn. 9, meinen demgegenüber, es sei nicht davon auszugehen, dass der europäische Normgeber im Bereich kapitalmarktrechtlicher Sachverhalte dem Bankenaufsichtsrecht ein vollkommen anderes Verständnis des Begriffs „Derivat" zugrunde legen wollte als dem Wertpapierprospektrecht.

7 So *Zeising*, in: Just/Voß/Ritz/Zeising, WpPG, Anhang XII Rn. 2.

Artikel 15 Schema für die Wertpapierbeschreibung für derivative Wertpapiere

14 Ebenfalls unerheblich ist, ob die derivativen Wertpapiergeschäfte Termingeschäfte darstellen. Der BGH hat den Begriff des Termingeschäfts im Hinblick auf § 53 Abs. 1 BörsG dahingehend definiert, dass es sich um standardisierte Verträge handele, die von beiden Seiten erst zu einem späteren Zeitpunkt, dem Ende der Laufzeit, zu erfüllen seien und einen Bezug zu einem Terminmarkt haben.[8] Die besondere Gefährlichkeit dieser Geschäfte, vor der nicht börsentermingeschäftsfähige Anleger durch § 53 ff. BörsG a. F. geschützt werden sollten, bestehe darin, dass sie – anders als Kassageschäfte, bei denen der Anleger sofort Barvermögen oder einen Kreditbetrag einsetzen müsse – durch den hinausgeschobenen Erfüllungszeitpunkt zur Spekulation auf eine günstige, aber ungewisse Entwicklung des Marktpreises in der Zukunft verleiten, die die Auflösung des Terminengagements ohne Einsatz eigenen Vermögens und ohne Aufnahme eines förmlichen Kredits durch ein gewinnbringendes Glattstellungsgeschäft ermöglichen solle. Typischerweise seien mit Börsentermingeschäften die Risiken der Hebelwirkung und des Totalverlustes des angelegten Kapitals sowie die Gefahr, planwidrig zusätzliche Mittel einsetzen zu müssen, verbunden.

15 Zweifellos stellen Optionsscheine, die zu den klassischen derivativen Wertpapieren gehören, Termingeschäfte in diesem Sinne dar. Für die ebenso unzweifelhaft zu den derivativen Wertpapieren zählenden (nicht gehebelten) Indexzertifikate gilt dies aber gerade nicht.[9] Sie stellen Kassageschäfte dar. Derivate sind sie nur in dem Sinne, dass die Anlage nicht unmittelbar in dem Basiswert, sondern in einem anderen hierauf bezogenen Instrument und damit unter Zwischenschaltung des Emittenten als eines Mittlers erfolgt. Das Wertpapier verbrieft also nur insofern eine derivative Anlage wie z. B. auch die Anlage in einem Aktienfonds als derivative Anlage in Aktien bezeichnet werden könnte. Der Begriff „derivativ" ist in diesem Fall gleichbedeutend mit „synthetisch" oder „mittelbar".

16 Eine Risikosteigerung resultiert, wenn – wie üblicherweise – keine besondere Absicherung erfolgt, aus dem zusätzlich übernommenen Ausfallrisiko des Emittenten. Das ist aber nicht das Risiko, vor dem § 53 Abs. 1 BörsG a. F. schützen wollte. Es ist das Risiko der Dazwischenschaltung eines Mittlers, vor dem beispielsweise die §§ 18 ff. DepotG schützen wollen, wenn sie den Kommissionär dazu verpflichten, das für Rechnung des Kunden erworbene Wertpapier alsbald auf den Kunden zu übertragen.

17 Art. 15 dient also nicht etwa einem ins Prospektrecht transponierten Schutz vor Termingeschäften. Der Art. 15 und Anhang XII zugrundeliegende Grundgedanke ist wesentlich einfacher: Bestehen die mit einem Wertpapier verbundenen Rechte weder in den für die Aktienanlage typischen mitgliedschaftlichen Rechten noch in einem Anspruch auf Zahlung eines festen Geldbetrags, sondern ist die Rückzahlung bzw. sonstige Leistung von einem Basiswert oder überhaupt einem zukünftigen ungewissen Ereignis abhängig, bedarf der Anleger im Hinblick hierauf besonderer Informationen. Es ist dieses zusätzliche Informationsbedürfnis und nicht die besondere Gefährlichkeit der derivativen Wertpapiere, die ein besonderes Schema für die Wertpapierbeschreibung erforderlich macht.

3. Begriff des Basiswerts

18 Trotz seiner zentralen Bedeutung unterliegt der Begriff des Basiswerts keinerlei inhaltlichen Beschränkung. Er ist denkbar weit, was insbesondere die englische Fassung von

---

8 Urt. v. 13.7.2004 – XI ZR 178/03, NJW 2004, 2967.
9 BGH, Urt. v. 13.7.2004 – XI ZR 178/03, NJW 2004, 2967.

Art. 15 von vornherein deutlich gemacht hat. „Underlying" sagt nicht mehr als das „Zugrundeliegende". Die deutsche Fassung nahm demgegenüber ursprünglich auf „Wertpapier/Aktie" Bezug, was ein sehr viel engeres Verständnis nahelegte. Schon die ursprüngliche deutsche Fassung wurde aber trotz dieses Wortlauts in einem weiten Sinne verstanden.[10] Durch die Delegierte Verordnung (EU) Nr. 759/2013 vom 30.4.2013 wurde der deutsche Wortlaut dieser Auslegung angepasst und die Worte „Wertpapier/Aktie" durch das Wort „Basiswert" ersetzt. Dieser Begriff ist in einem weiten rein funktionellen Sinne zu verstehen. Es muss sich bei der Bezugsgröße insbesondere nicht um ein Wertpapier oder überhaupt etwas handeln, das für sich genommen einen Vermögenswert darstellt und Gegenstand einer direkten Anlage sein könnte. Es kann sich auch um eine andere variable Messgröße (wie insbesondere Indices) oder künftige ungewisse Ereignisse handeln. Es handelt sich lediglich um das Gegenstück der Anforderung in Art. 8 und Art. 16, dass der Emittent aufgrund der Emissionsbedingungen verpflichtet ist, 100 % des Nominalwertes zu zahlen.

4. Wertpapiermäßige Verbriefung

Anders als Art. 6 sowie Art. 8 und Art. 16 bezieht sich Art. 15 nicht im Kern und in der Hauptsache auf ein bestimmtes Wertpapier im wertpapierrechtlichen, d. h. nicht prospektrechtlichen, Sinne. Art. 6 bezieht sich zumindest in der Hauptsache auf Aktien und lediglich zusätzlich auch auf andere zumindest wirtschaftlich aktienähnliche Papiere. Art. 8 und Art. 16 beziehen sich zumindest in der Hauptsache auf Schuldverschreibungen und ähnliche Wertpapiere nach fremdem Recht, auch wenn bestimmte Schuldverschreibungen aufgrund ihrer eigenkapitalähnliche Ausgestaltung unter Art. 6 Abs. 2 fallen. Ein derivatives Wertpapier gibt es demgegenüber als **wertpapierrechtlichen Typus** weder in Deutschland noch soweit ersichtlich in anderen Rechtsordnungen. Das derivative Wertpapier ist ein sehr viel modernere Erscheinung als die Aktie oder die Schuldverschreibung und macht sich die bei Schuldverschreibungen und vergleichbaren ausländischen Instrumenten gegebene Gestaltungsfreiheit im Rahmen der Bedingungen dieser Papiere zunutze. Da grundsätzlich jede Art von Verpflichtung in einer Schuldverschreibung verbrieft werden kann, ist es auch möglich, darin eine Verpflichtung vorzusehen, die von einem Basiswert abhängig ist. Prospektrechtlich sind auch derivative Wertpapiere auf der Basis von Aktien möglich. Aktienrechtlich ist die Schaffung derartiger Papiere aber zumindest in Deutschland schwierig und auch in anderen Rechtsordnungen selten. 19

Zur Gestaltungsfreiheit im Rahmen der Bedingungen der Schuldverschreibungen gehört auch die Möglichkeit, das auf die Bedingungen anwendbare Recht zu wählen, wodurch nach dem Kollisionsrecht der meisten Rechtsordnungen zugleich das Wertpapierstatut bestimmt wird. Dies ist in aller Regel auch die Rechtsordnung, die die möglichen Wertpapiertypen vorgibt, unter denen der Emittent einen auswählen muss. 20

Deutschem Recht unterliegenden derivative Wertpapiere sind durchweg Inhaberschuldverschreibungen (§ 793 BGB). Auch derivative Schuldscheine und Namensschuldverschreibungen sind möglich, stellen jedoch keine Wertpapiere im Sinne von § 2 Nr. 1 WpPG (bzw. Art. 2 Abs. 1 lit. a) ProspektRL dar. 21

---

10 *Zeising*, in: Just/Voß/Ritz/Zeising, WpPG, Anhang XII Rn. 2; *Seitz/Maier*, in: Assmann/Schlitt/von Kopp-Colomb, WpPG/VerkProspG, Anhang XII Rn. 85 und Rn. 126.

Artikel 15 Schema für die Wertpapierbeschreibung für derivative Wertpapiere

22 Weil derivative Wertpapiere aber kraft einer entsprechenden Rechtswahl fremdem Recht unterliegen können und einem Wertpapiertypus nach fremdem Recht entsprechen können, kommen nicht lediglich Inhaberpapiere, sondern auch andere fremdem Recht unterliegende Papiere in Betracht, und zwar insbesondere solche, bei denen der Berechtigte aus einem Register ersichtlich ist (*registered notes*).[11]

23 Die sog. OTC-Derivate sind ebenso wie die an Terminbörsen gehandelten Derivate und damit die große Mehrheit aller Derivate in keiner Weise wertpapiermäßig verbrieft. Es handelt sich jeweils um aufgrund von Rahmenvereinbarungen getroffene vertragliche Rechtsgeschäfte. Für diese Derivate spielen Art. 15 und Anhang XII daher keine Rolle. Von den Terminbörsen sind freilich die spezialisierten Börsen bzw. Börsensegmente zu unterscheiden, an denen wertpapiermäßig verbriefte Derivate gehandelt werden. Die an diesen Börsen bzw. Börsensegmenten gehandelten Papiere stellen in der Regel derivative Wertpapiere im Sinne von Art. 15 dar.

5. Grundgedanke und wesentlicher Regelungsgehalt von Art. 15

24 Art. 15 und Anhang XII beruhen nach alledem auf dem einfachen Grundgedanken, dass Wertpapiere, bei denen die Leistungspflichten des Emittenten nicht von vornherein feststehen, sondern von einem Basiswert abhängen, Informationen im Hinblick auf den Basiswert und die Art der Verknüpfung mit dem Basiswert erfordern. Hierin erschöpft sich im Wesentlichen auch der Regelungsgehalt von Art. 15 und Anhang XII.

25 Die Schwierigkeiten im Zusammenhang mit Art. 15 hängen ganz überwiegend mit der umständlichen Regelungstechnik der Prospektverordnung und dem insbesondere aufgrund der Änderung durch die Delegierte Verordnung (EU) Nr. 759/2013 eher missglückten Wortlaut von Art. 15 zusammen. Sie ändern aber nichts an dem oben umschriebenen Art. 15 zugrundeliegenden vergleichsweise einfachen und einleuchtenden Grundgedanken, der auch für die Anwendung leitend sein sollte.

II. Ursprünglicher Wortlaut und durch die Neufassung aufgeworfene Probleme

1. Absatz 1

26 Die Bedeutung des seit Inkrafttreten der Prospektverordnung unveränderten ersten Absatzes von Art. 15 erschöpft sich in der Einführung des Begriffs des „derivativen Wertpapiers" (als neben Aktien und Schuldtitel tretende weitere Kategorie von Wertpapieren), dem Verweis auf das hierfür in Anhang XII vorgesehene Schema und der Anordnung der Verbindlichkeit des in Anhang XII vorgesehenen Schemas für diese Art von Wertpapieren.

---

11 Voraussetzung ist, dass diese Papiere Wertpapiere im Sinne des § 2 Nr. 1 WpPG darstellen, was bei den sog. *registered securities* regelmäßig der Fall ist. Diese Registerpapiere werden teilweise missverständlich in deutschen Übersetzungen als Namenspapiere bezeichnet. Es sind aber keine Namenspapiere im deutschen Sinne, weil sie nicht auf den Namen des jeweiligen Berechtigten ausgefertigt sind. Sie sind im Gegensatz zu den deutschen Namensschuldverschreibungen in der Regel girosammelverwahrfähig und stellen in der Regel Wertpapiere im Sinne von § 2 Nr. 1 WpPG dar.

2. Der ursprüngliche zweite Absatz

Der ursprüngliche zweite Absatz[12] sah vor, dass für den Anwendungsbereich eindeutig die Negativabgrenzung von den Art. 6, 8 und 16 maßgeblich sein sollte. Art. 15 und damit Anhang XII sollten dann gelten, wenn die Art. 6, 8 bzw. 16 und damit die dort in Bezug genommenen Anhänge III, V bzw. XIII nicht anwendbar sind. Die nachfolgende Umschreibung der derivativen Wertpapiere als Wertpapiere, bei denen die Zahlungs- und/oder Lieferverpflichtung an ein zugrunde liegenden Wertpapier/ Aktie gekoppelt sei, war eindeutig nicht als umfassende Umschreibung des Anwendungsbereichs gedacht („einschließlich").

3. Neufassung auf der Grundlage der Delegierten Verordnung (EU) Nr. 759/2013

Die auf die Delegierte Verordnung (EU) Nr. 759/2013 vom 30.4.2013 zurückgehende und seit dem 28.8.2013 geltende Neufassung des zweiten Absatzes enthält insofern eine Verbesserung als anstelle von „Wertpapier/Aktie" nunmehr auf Basiswert Bezug genommen wird. Es handelt sich dabei um eine bloße Klarstellung, und zwar eine Klarstellung lediglich der deutschen Fassung.[13] Dies zeigt der ursprüngliche und unverändert fortgeltende englische Wortlaut („underlying"). Es wird also durch eine entsprechende Veränderung der deutschen Fassung klargestellt, dass der Basiswert nicht notwendigerweise ein Wertpapier und erst recht nicht notwendigerweise eine Aktie darstellen muss.

Im Übrigen ist die Neufassung von Absatz 2 eher wenig hilfreich.

4. Vorbehalt in Bezug auf die Art. 6 Abs. 3, Art. 8 Abs. 3 und 5 und Art. 16 Abs. 3 und 5

Das gilt zunächst für den überflüssigen, jedenfalls aber sprachlich nicht geglückten Vorbehalt in Bezug die Art. 6 Abs. 3, Art. 8 Abs. 3 und 5 und Art. 16 Abs. 3 und 5, der an den Anfang von Abs. 2 gestellt wurde. Seinem logischen Wortsinn nach könnte dieser Vorbehalt Fälle benennen, in denen Anhang XII gerade nicht gilt. Das gilt auch für die englische Fassung. Die Lektüre der in Bezug genommenen Bestimmungen zeigt aber, dass dort gerade die teilweise[14] ergänzende Anwendbarkeit von Anhang XII neben den Schemata für Aktien und aktienähnliche Wertpapiere[15] bzw. Schuldtitel[16] angeordnet wird. Durch die Erwähnung dieser Vorschriften soll also lediglich zum Ausdruck gebracht werden, dass die darin angeordnete ergänzende teilweise Anwendbarkeit von Anhang XII unberührt bleiben

---

12 „Das Schema gilt für Wertpapiere, die nicht in den Anwendungsbereich der in den Artikeln 6, 8 und 16 genannten anderen Schemata für Wertpapierbeschreibungen fallen, einschließlich solcher Wertpapiere, bei denen die Zahlungs- und/oder Lieferverpflichtungen an ein zugrunde liegendes Wertpapier/Aktie gekoppelt sind."
13 Auch in Bezug auf die frühere Fassung wurde daher zu Recht angenommen, dass der Begriff „Aktie/Wertpapier" allgemein im Sinne von „Basiswert" (underlying) zu verstehen sei. (*Zeising*, in: Just/Voß/Ritz/Zeising, WpPG, Anhang XII Rn. 3).
14 Es wird jeweils die ergänzende Anwendbarkeit speziell von Punkt 4.2.2 des Schemas in Anhang XII angeordnet (so in Art. 8 und Art. 16 Abs. 3) oder von Anhang XII mit Ausnahme von Punkt 4.2.2 (so in Art. 6 Abs. 3, Art. 8 Abs. 5 und 16 Abs. 5).
15 Anhang III.
16 Anhang V bzw. Anhang XIII.

Artikel 15 Schema für die Wertpapierbeschreibung für derivative Wertpapiere

soll und selbstverständlich nicht durch die in Art. 15 enthaltene Negativabgrenzung von den Art. 6, 8 und 16 wieder aufgehoben werden soll. Der Vorbehalt in Bezug auf die Art. 6 Abs. 3, Art. 8 Abs. 3 und 5 und Art. 16 Abs. 3 und 5 ist also so zu lesen als würde er lauten: „Über die in Art. Art. 6 Abs. 3, Art. 8 Abs. 3 und 5 und Art. 16 Abs. 3 und 5 angeordnete ergänzende teilweise Anwendbarkeit hinaus, ….".

5. Nebeneinander von zwei Bestimmungen zum Anwendungsbereich

31 Ein zweites durch die Neufassung aufgeworfenes Problem besteht darin, dass nunmehr in den Sätzen 1 und 2 von Absatz 2 zwei Bestimmungen zum Anwendungsbereich des in Anhang XII enthaltenen Schemas sozusagen gleichberechtigt nebeneinander stehen. Es wird zweimal unter Hinweise auf jeweils unterschiedliche Kriterien gesagt, wann das in Anhang XII enthaltene Schema gilt. Im Rahmen der ursprünglichen Fassung war demgegenüber klar, dass die Negativabgrenzung von den Art. 6, 8 und 16 für die Bestimmung des Anwendungsbereichs maßgeblich sein sollte und die nachfolgende Bezugnahme auf bestimmte Wertpapiere lediglich verdeutlichen sollte, welche Wertpapiere vom Anwendungsbereich insbesondere erfasst werden sollten („einschließlich").

32 Das Nebeneinander zweier Bestimmungen zum Anwendungsbereich zwingt nun zu einer weiten Auslegung der in Absatz 2 Satz 2 enthaltenen Umschreibung der erfassten Wertpapiere in der Weise, dass hiervon alle Wertpapiere erfasst werden, die nicht vom Anwendungsbereich der Art. 6, 8 bzw. 16 erfasst werden. Außerdem müssen die in Absatz 2 Satz 2 umschriebenen Wertpapiere und das in Art. 8 Abs. 2 und Art. 16 Abs. 2 enthaltene Kriterium der Rückzahlbarkeit von 100% des Nominalwerts als die zwei Seiten derselben begrifflichen Abgrenzung aufgefasst werden, d. h. in dem Sinne, dass Schuldtitel mit einer nicht vorhandenen Rückzahlbarkeit des Nominalwerts zwangsläufig die Voraussetzungen von Absatz 2 Satz 2 erfüllen. In terminologischer Hinsicht ergibt sich schließlich aus Absatz 1, dass alle in dieser Weise erfassten Wertpapiere „derivative Wertpapiere" darstellen, so dass die in Absatz 2 Satz 2 enthaltene Umschreibung eine prospektrechtliche Definition dieses Begriffes darstellt. Im Ergebnis bleibt damit die in Erwägungsgrund 18 betonte Funktion von Art. 15 als Auffangvorschrift erhalten.

III. Vorrang von Art. 8 und 16

33 Art. 15 ist (von der in Art. 8 Abs. 3 und 5 und Art. 16 Abs. 3 und 5 vorgesehenen ergänzenden Teilanwendbarkeit abgesehen) nicht anwendbar, soweit der Anwendungsbereich von Art. 8 bzw. Art. 16 eröffnet ist. In diesen Fällen ist stets auch das Vorliegen eines derivativen Wertpapiers im Sinne der in Abs. 2 Satz 2 zu verneinen. Die in Art. 8 Abs. 2 und 16 Abs. 2 vorgesehene Pflicht des Emittenten zur Zahlung von 100% des Nominalwerts und die in Abs. 2 Satz 2 beschriebene Abhängigkeit der geschuldeten Leistung von einem Basiswert müssen (wie oben beschrieben) als die beiden Seiten derselben begrifflichen Abgrenzung betrachtet werden.

III. Vorrang von Art. 8 und 16   **Artikel 15**

1. Schuldtitel, bei denen nur die Verzinsung von einem Basiswert abhängig ist

Schuldtitel, aufgrund derer zwar 100% des Nominalwertes zu zahlen sind, die Verzinsung jedoch von einem Basiswert abhängig ist, fallen unter Art. 8 bzw. 16 und daher nicht unter Art. 15. Das ergibt sich zum einen aus dem Wortlaut von Art. 8 Abs. 2 und Art. 16 Abs. 2 („100% des Nominalwertes zu zahlen, wobei zusätzlich noch eine Zinszahlung erfolgen kann") sowie außerdem aus Ziff. 4.7 von Anhang V und Ziff. 4.8 von Anhang XIII, wo jeweils die Zurverfügungstellung zusätzlicher Informationen für Zinssätze vorgesehen ist, die von einem Basiswert abhängig sind. Der Sache nach läuft diese Bestimmung auf eine speziell auf die basiswertabhängige (bzw. derivative) Verzinsung beschränkte Regelung hinaus, die inhaltlich dem Grundgedanken von Art. 15 und Anhang XII entspricht, dass nämlich, soweit Basiswerte relevant sind, hierzu Informationen zur Verfügung gestellt werden müssen. 34

Bei sehr langfristigen Schuldverschreibungen und einem entsprechenden Zinsniveau kann der Abhängigkeit der Verzinsung von einem Basiswert wirtschaftlich ein erhebliches Gewicht zukommen. Von einem Kapitalschutz im wirtschaftlichen Sinne kann dann kaum noch gesprochen werden. Das war dem Gesetzgeber aber offensichtlich bewusst, wie sich insbesondere aus dem letzten Satz von Ziff. 4.7 von Anhang V ergibt, so dass es auch in diesem Fall bei der Anwendung von Anhang V bzw. Anhang XIII bleiben muss. 35

2. Instrumente, bei denen es unter besonderen Umständen zu einer Rückzahlung von weniger als 100% des Nominalbetrags kommen kann

Zu weitgehend ist die Auffassung, wonach Art. 8 bzw. 16 voraussetzen, dass die Rückzahlung zu zumindest 100% des Nominalwerts *zu jedem Zeitpunkt der Laufzeit* gewährleistet sein muss.[17] Das würde theoretisch ein jederzeitiges, voraussetzungsloses Kündigungsrecht des Anlegers erfordern. 36

Ein solches Recht besteht regelmäßig auch bei einfachen Anleihen nicht. Auch bei ihnen muss der Investor hinnehmen, dass eine vorzeitige Beendigung der Anlage typischerweise nur über den Sekundärmarkt und, wenn es einen solchen nicht gibt, gar nicht möglich ist. Eine Veräußerung am Sekundärmarkt kann mit Einbußen gegenüber dem Nominalbetrag verbunden sein. Das allgemeine Zinsniveau kann inzwischen gestiegen, die Bonität des Emittenten kann gesunken sein oder sonstige Marktfaktoren können zu einem geringeren Sekundärmarktpreis führen. Schuldtitel setzen also kein jederzeitiges Recht oder eine jederzeitige Möglichkeit voraus, den vollen Nominalbetrag zurückzuerhalten. 37

Auch die sog. kapitalgeschützten strukturierten Produkte sehen typischerweise nur ein Recht vor, den vollen Nominalbetrag zum Fälligkeitszeitpunkt und nicht bereits zuvor zurückzuerhalten. Andernfalls müsste der investierte Betrag in voller Höhe für den Kapitalschutz aufgewendet werden. Für Absicherungsgeschäfte des Emittenten im Hinblick auf die basiswertabhängige Verzinsung verblieben keine Mittel. 38

---

17 *Zeising*, in: Just/Voß/ Ritz/ Zeising, WpPG, Anhang XII Rn. 4.

Artikel 15 Schema für die Wertpapierbeschreibung für derivative Wertpapiere

39 Auch bei einseitigen in das Belieben des Anlegers gestellten Rechten auf vorzeitige Kündigung dürfte eine Rückzahlung zu einem geringeren als dem Nominalwert zumindest solange unschädlich sein, wie der Abschlag vom Nominalwert wirtschaftlich einer Vorfälligkeitsentschädigung entspricht. Denn der Anleger wird durch ein solches Recht nicht schlechter gestellt als ohne ein Recht auf vorzeitige Kündigung und die wirtschaftliche Natur der Anlage ändert sich nicht.

40 Anders verhält es sich jedoch, wenn es sich um ein Kündigungsrecht des Emittenten (oder vergleichbaren Mechanismus wie ein Rückkaufsrecht) handelt und der Emittent sich im Ergebnis durch einen geringeren Betrag als den Nominalwert von seiner Leistungspflicht befreien kann, so dass das Wertpapier von vornherein wirtschaftlich mit dem entsprechenden Risiko belastet erscheint und daher als derivatives Wertpapier einzuordnen ist.

41 Insgesamt ist eine wirtschaftliche Betrachtungsweise geboten. Deswegen verbieten sich auch Umgehungsstrategien wie ein lediglich formaler Kapitalschutz durch Festlegung eines Nominalbetrags, der den investierten Betrag weit unterschreitet. Die üblichen Abweichungen zwischen Nominalbetrag und Ausgabebetrag sind dagegen unschädlich, wenn sie die wirtschaftliche Natur der Anlage nicht verändern.

42 Ebenso unschädlich ist das auch mit klassischen Anleihen verbundene Risiko einer Rückzahlung zu einem geringeren Betrag als dem Nominalbetrag, das auf Mechanismen des gemeinsamen Handelns der Gläubiger (z.B. nach dem Schuldverschreibungsgesetz) oder erst recht insolvenzrechtliche und ähnliche Bestimmungen zurückgeht bzw. die speziellen Risiken des „bail-in", die mit von Kreditinstituten begebenen Anleihen verbunden sind.

43 Überhaupt dürfte ein Unterschreiten des Nominalbetrags solange unschädlich sein, wie sich darin lediglich das mit den klassischen Schuldtiteln verbundenen Zinsrisiko bzw. das mit dem Emittenten verbundene Bonitätsrisiko (im Gegensatz zu dem Risiko eines hiervon zu unterscheidenden Basiswerts) verwirklicht.

3. Nachrang der verbrieften Verbindlichkeit

44 Ein in den Bedingungen des Wertpapiers vorgesehener Nachrang des Leistungsversprechens führt zwar zwangsläufig dazu, dass die Rückzahlung zu 100% des Nominalwerts in geringerem Maße gewährleistet ist als dies ohne die Nachrangigkeit der Fall wäre. Dies führt aber, wie sich aus Nr. 4.5 von Anhang V ergibt, nicht, zu einer veränderten Einordnung. Kommen weitere eigenkapitalähnliche Ausstattungsmerkmale hinzu, stellt sich die Frage der Abgrenzung zu Art. 6 (nicht aber zu Art. 15).

4. Abweichende Regelung durch Art. 8 Abs. 3 und 5 und Art. 16 Abs. 3 und 5

45 Durch die Delegierte Verordnung (EU) Nr. 759/2013 vom 30.4.2013 (dort Art. 1) sind in Gestalt von Art. 8 Abs. 3 und 5 und Art. 16 Abs. 3 und 5 Sonderregeln hinsichtlich Aktiengebundener Schuldtitel geschaffen worden. Obwohl bei den genannten Instrumenten nicht 100% des Nominalbetrags geschuldet wird, bleibt es danach bei der grundsätzlichen Anwendbarkeit der Anhänge für Schuldtitel, die aber durch eine teilweise Anwendbarkeit von Anhang XII ergänzt wird.

IV. Vorrang von Art. 6

Derivative Wertpapiere sind in aller Regel Instrumente, die ohne die derivative, d.h. basiswertabhängige, Komponente Schuldtitel wären und die, soweit sie deutschem Recht unterliegen, durch Inhaberschuldverschreibungen (§ 793 BGB) verbrieft sind. Hier liegt daher in der Praxis auch der Schwerpunkt aller mit Art. 15 verbundenen Abgrenzungsfragen. Trotzdem ist auch der im Wortlaut von Art. 15 vorgesehene Vorrang von Art. 6 von Bedeutung, und zwar hauptsächlich im Hinblick auf Schuldverschreibungen oder ähnliche ausländische Instrumente, bei denen eine Einordnung als eigenkapitalähnliches Instrument nach Art. 6 Abs. 2 in Betracht kommt. Bei diesen Instrumenten ist der Vorrang von Art. 6 zu beachten. Anhang XII gilt nur, soweit nicht Art. 6 anwendbar ist. Es darf sich bei den Wertpapieren also nicht um Aktien (Art. 6 Abs. 1) oder andere, übertragbare, Aktien gleichzustellende Wertpapiere (Art. 6 Abs. 2) handeln.

2. Abgrenzung zu Aktien

Die Abgrenzung zu Aktien dürfte im Hinblick auf deutsche Aktien kaum je Fragen aufwerfen. Aktien verbriefen Mitgliedschaftsrechte, d.h. den Inbegriff sämtlicher Rechte und Pflichten, die einem Aktionär auf Grund seiner Beteiligung an der Gesellschaft zustehen.[18] Zwar können einzelne Mitgliedschaftsrechte durch Eintritt bestimmter Ereignisse von der Mitgliedschaft losgelöst werden und zu selbständigen Gläubigerrechten erstarken.[19] Aktien, die einen von einem Basiswert abhängigen Anspruch auf eine Leistung verbriefen (bzw. zumindest ein Mitgliedschaftsrecht, das zu einem solchen Anspruch erstarken kann), sind jedenfalls bei deutschen Aktien nicht gebräuchlich.

Wertpapierrechtlich als Aktien und insbesondere Vorzugsaktien (*preference shares*) begebene derivative Wertpapiere nach ausländischen Recht sind aber durchaus denkbar. Die Verwendung von Aktien kann in diesem Fall steuerliche Gründe haben. Es sollte bei der Abgrenzung zwischen Aktien bzw. aktienähnlichen Wertpapieren im Sinne von Art. 6 und derivativen Wertpapieren im Sinne von Art. 15 in diesem Fall nicht auf die Einordnung nach dem Wertpapierstatut und auch nicht auf die steuerliche Einordnung ankommen. Man wird auch nicht verlangen können, dass das Recht des Anlegers auf eine von einem Basiswert abhängige Leistung notwendigerweise einen Anspruch im Sinne des deutschen Zivilrechts[20] (mit einer korrespondierenden schuldrechtlichen Leistungspflicht des Emittenten) darstellt.[21] Ein verbrieftes Recht auf eine von einem Basiswert abhängige Zahlung oder sonstige Lieferung sollte auch dann genügen, wenn es sich nach dem Wertpapierstatut um ein Mitgliedschaftsrecht handelt. Dies entspricht der Tatsache, dass umgekehrt eine eigenkapitalähnliches Wertpapier auch dann unter Art. 6 fällt, wenn es formal einen schuldrechtlichen Anspruch verbrieft.

---

18 *Heider*, in: MünchKomm-AktG, 4. Aufl. 2016, § 1 Rn. 99.
19 *Heider*, in: MünchKomm-AktG, 4. Aufl. 2016, § 11 Rn. 24.
20 Vgl. die Legaldefinition in § 194 Abs. 1 BGB.
21 Das gilt schon deswegen, weil eine autonome Auslegung geboten ist und die zivilrechtliche Begrifflichkeit in den verschiedenen Mitgliedsstaaten bzw. sonst für das Wertpapierstatut in Betracht kommenden Rechtsordnungen unterschiedlich ist.

Artikel 15 Schema für die Wertpapierbeschreibung für derivative Wertpapiere

2. Abgrenzung zu den Aktien gleichzustellenden Schuldverschreibungsprodukten

49 Deutsche Inhaberschuldverschreibungen oder ausländischem Recht unterliegende ähnliche Instrumente können, wenn sie eigenkapitalähnlich ausgestaltet sind, als nach Art. 6 Abs. 2 Aktien gleichzustellende Wertpapiere Art. 6 unterfallen, so dass im Verhältnis zu Art. 15 der Vorrang von Art. 6 greift. Dies ist bei den klassischen eigenkapitalähnlich ausgestalteten **Genussscheinen** der Fall. Im Hinblick auf die Einordnung nach Art. 6 Abs. 2 sind alle Ausstattungsmerkmale in die Betrachtung einzubeziehen.[22] Entscheidende Bedeutung dürfte aber der Aktien vergleichbaren Verlustbeteiligung zukommen. Instrumente, bei denen jedenfalls 100% des Nominalbetrags zurückzuzahlen ist und lediglich die Verzinsung vom Bilanzgewinn und einer ähnlichen auf den wirtschaftlichen Erfolg des Emittenten bezogenen Messgröße abhängig ist, fallen unter Art. 8 bzw. Art. 16. Der bloße Nachrang der verbrieften Forderung gegen den Emittenten führt ebenfalls noch nicht zu einem Ausschluss der Anwendbarkeit von Art. 8 bzw. Art. 16. Letzteres ergibt sich aus Ziff. 4.5 in Anhang V. Nimmt nur ein Teil des Nominalbetrags am Verlust des Emittenten teil, erscheint die Anwendbarkeit von Art. 6 (anstelle von Art. 15) sinnvoller, auch wenn das Aktien vergleichbare Risiko sich auf einen Teilbetrag des Nominalbetrags beschränkt. Die Anwendung von Art. 15 und damit Anhang XII ist aber dann geboten, wenn der Rückzahlungsbetrag von einem Maßstab abhängig ist, der anders als der Bilanzgewinn oder ähnliche Messgrößen nicht mit dem typischen Risiko des Eigenkapitalinvestors gleichzusetzen ist. **Wandelschuldverschreibungen** und **Umtauschanleihen** sind aufgrund der Delegierten Verordnung (EU) Nr. 759/2013 vom 30.4.2013 nunmehr Gegenstand von Sonderregeln, die unten im Zusammenhang behandelt werden.[23]

3. Abweichende Regelung durch Art. 6 Abs. 3

50 Die durch die Delegierte Verordnung (EU) Nr. 759/2013 vom 30.4.2013 (dort Art. 1) eingefügte Bestimmung des Art. 6 Abs. 3 sieht abweichend von dem grundsätzlichen Vorrang von Art. 6 gegenüber Art. 15 eine teilweise ergänzende Anwendbarkeit von Anhang XII neben Anhang III vor.

V. Die durch die Delegierte Verordnung (EU) Nr. 759/2013 vom 30.4.2013 eingeführten Sonderregeln in Bezug auf die Einordnung von Wertpapieren in Bezug auf Aktien

51 Bisher wurden auf Aktien bezogene Wertpapiere entweder als Aktien gleichzustellende Wertpapiere[24] Art. 6 oder als derivative Schuldtitel Art. 15 zugeordnet. Die gesamte Materie ist durch die Delegierte Verordnung Nr. 759/2013 vom 30.4.2013 neu geregelt worden. Danach ist grundsätzlich die Anwendbarkeit von Art. 6 oder aber Art. 8 bzw. Art. 16 vorgesehen. Den Besonderheiten der auf Aktien bezogenen Instrumente wird durch die er-

---

22 Hierzu gehört, neben der Verlustteilnahme, der Nachrang (insbesondere im Fall der Insolvenz) sowie die Abhängigkeit der Verzinsung vom Bilanzgewinn oder einer vergleichbaren Messgröße.
23 Rn. 51 ff.
24 Art. 6 Abs. 2.

V. Die durch die Delegierte Verordnung (EU) Nr. 759/2013 vom 30.4.2013   **Artikel 15**

gänzende Anwendung weiterer Bestimmungen Rechnung getragen. Die Sonderregeln beschränken sich auf Wertpapiere, die zum Erwerb der Aktien selbst führen können. Durch Barausgleich zu erfüllende Wertpapiere unterfallen durchweg Art. 15.[25]

1. Wandel- und Umtauschanleihen

Bisher wurde angenommen, dass auf eigene Aktien des Emittenten bezogene Wandelschuldverschreibungen (*convertible bonds*) als Aktien gleichzustellende Wertpapiere unter Art. 6 Abs. 2 fallen, so dass Anhang III anwendbar ist.[26] Auf Umtauschanleihen (*exchangeable bonds*) sollte hingegen Art. 15 und damit Anhang XII anwendbar sein.[27] Im Hinblick auf Umtauschanleihen, bei denen nach den Bedingungen sichergestellt ist, dass der Wert der zu liefernden Aktien mindestens dem Nominalwert der Anleihe entspricht, wurde eine Anwendbarkeit der Regeln für Schuldtitel, d. h. Art. 8 bzw. Art. 16 vertreten.[28]

52

Nach der Neuregelung durch die Delegierte Verordnung (EU) Nr. 759/2013 vom 30.4. 2013 unterfallen Wandel- und Umtauschanleihen grundsätzlich dem jeweiligen Schuldtitelregime.[29] Daneben kommen aber ergänzend Teile des Derivateanhangs bzw. des Aktienanhangs bzw. das zusätzliche Modul für zugrundeliegenden Aktien zur Anwendung. Im Einzelnen wird wie folgt differenziert:

53

2. Wandel- bzw. Umtauschanleihen in Bezug auf Aktien, die zum Handel an einem geregelten Markt zugelassen sind

Sind die Aktien zum Handel an einem geregelten Markt zugelassen, kommt es zu einer teilweisen Anwendung des Derivateregimes, nämlich einer solchen, die sich auf dessen Punkt 4.2.2 beschränkt.[30] Die zugrundeliegende Erwägung ist die, dass die Anleger in diesem Fall, nämlich wegen der Zulassung der Aktien zum Handel an einem geregelten Markt, im Allgemeinen bereits über Angaben zu den zugrunde liegenden Aktien verfügen.[31] Unerheblich ist in diesem Fall (Zulassung der Aktien zum Handel an einem geregelten Markt), wer Emittent der Aktien ist, d. h. ob dies der Emittent des wandelbaren Schuldtitels ist oder ein zur selben Gruppe gehöriger Emittent oder ein dritter Emittent.[32]

54

---

25 Anhang XVIII Teil 1 Nr. 15.
26 *Zeising*, in: Just/Voß/Ritz/Zeising, WpPG, Anhang XII Rn. 6; *Seitz/Maier*, in: Assmann/Schlitt/ von Kopp-Colomb, WpPG/VerkProspG, ProspektVO, Anhang XII Rn. 13.
27 *Zeising*, in: Just/Voß/ Ritz/ Zeising, WpPG, Anhang XII Rn. 6; *Seitz/Maier*, in: Assmann/Schlitt/ von Kopp-Colomb, WpPG/VerkProspG, ProspektVO, Anhang XII Rn. 14.
28 *Seitz/Maier*, in: Assmann/Schlitt/von Kopp-Colomb, WpPG/VerkProspG, ProspektVO, Anhang XII Rn. 17.
29 D.h. abhängig von der Mindeststückelung Art. 8 bzw. 16. Die grundsätzliche Anwendbarkeit der jeweils für Schuldtitel vorgesehenen Anhänge (Anhang V bzw. Anhang XIII) bedeutet eine Ausnahme von der in Art. 8 Abs. 2 und Art. 16 Abs. 2 enthaltenen Regel, dass diese Anhänge nur anwendbar sind, wenn dem Anleger 100 % des Nominalwertes zu zahlen ist.
30 Art. 8 Abs. 3 bzw. Art. 16 Abs. 3, vgl. auch Anhang XVIII, Teil 1 Nr. 7.
31 Erwägungsgrund 5 der Delegierten Verordnung (EU) Nr. 759/2013.
32 Vgl. den Wortlaut von Art. 8 Abs. 3 und Art. 16 Abs. 3.

3. Wandel- bzw. Umtauschanleihen in Bezug auf Aktien, die nicht zum Handel an einem geregelten Markt zugelassen sind

55 Sind die zugrundeliegenden Aktien nicht zum Handel an einem geregelten Markt zugelassen, ist Art. 15 und damit Anhang XII nicht ergänzend anwendbar. Im Hinblick auf die stattdessen ergänzend anwendbaren Bestimmungen, wird danach unterschieden, wer Emittent der zugrunde liegenden Aktien ist.

56 Handelt es sich um einen Dritten, d. h. nicht um den Emittenten des umtauschbaren Schuldtitels und auch nicht einen zur selben Gruppe gehörigen Emittenten, findet ergänzend zum jeweiligen Schuldtitelregime das Modul zu den zugrundeliegenden Aktien mit Ausnahme von dessen Punkt 2 Anwendung.[33]

57 Ist der Emittent des wandelbaren Schuldtitels Emittent der zugrundeliegenden Aktien, wird neben dem jeweiligen Schuldtitelregime das zusätzliche Modul für zugrundeliegende Aktien und teilweise, nämlich beschränkt auf Punkt 3.1 und 3.2 der Aktienanhang, angewandt.[34] Dasselbe gilt in dem Fall, dass der Emittent der zugrundeliegenden Aktien zur selben Gruppe gehört wie der Emittent des umtauschbaren Schuldtitel, wobei sich die ergänzenden Angaben nach dem zusätzlichen Modul für zugrundeliegende Aktien und der Punkte 3.1 und 3.2 des Aktienanhangs selbstverständlich auf die Aktien des konzernangehörigen Unternehmens zu beziehen haben.[35]

4. Schuldtitel mit Optionsscheinen

58 Auch in Bezug auf Optionsanleihen wurde bisher vertreten, dass sie Aktien gleichzustellende Wertpapiere nach Art. 6 Abs. 2 darstellen, so dass Anhang III anwendbar ist.[36] Auch insoweit sehen die durch die Delegierte Verordnung (EU) Nr. 759/2013 geschaffenen Regeln nun die grundsätzliche Anwendbarkeit des jeweiligen Schuldtitelregimes vor. Art. 8 Abs. 5 und Art. 16 Abs. 5 regeln den Fall, dass Schuldtitel mit Optionsscheinen zum Erwerb von Aktien des Emittenten berechtigen und diese Aktien nicht zum Handel an einem geregelten Markt zugelassen sind. Sie sehen für diesen Fall vor, dass zusätzlich die Angaben nach Anhang XII mit Ausnahme der Angaben nach Nr. 4.2.2 vorzulegen sind. Darüber hinaus ist das zusätzliche Modul für zugrundeliegende Aktien anwendbar.[37]

5. Aktien mit Optionsscheinen

59 Auch für Aktien mit Optionsscheinen hat die Delegierte Verordnung (EU) Nr. 759/2013 in Gestalt von Art. 6 Abs. 3 eine Sonderregel geschaffen. Danach ist ergänzend zu Anhang III die Anwendung von Anhangs XII mit Ausnahme der unter Punkt 4.2.2 genannten Angaben[38] vorgesehen. Aktien, die Optionsrechte gewähren, sind bei deutschen Aktiengesellschaften nicht gebräuchlich. Ihre Zulässigkeit nach deutschem Aktienrecht wird teils be-

---

33 Anhang XVIII, Teil 1 Nr. 8.
34 Art. 8 Abs. 4, Art. 16 Abs. 4, Anhang XVIII, Teil 1 Nr. 9.
35 Art. 8 Abs. 4, Art. 16 Abs. 4, Anhang XVIII, Teil 1, Nr. 10.
36 *Zeising*, in: Just/Voß/ Ritz/ Zeising, WpPG, Anhang XII Rn. 6.
37 Anhang XVIII, Teil 1 Nr. 12.
38 Im deutschen Wortlaut des Art. 6 Abs. 3 wird dies mit der missverständlichen Formulierung „außer den unter Punkt 4.2.2. genannten Angaben" zum Ausdruck gebracht, die rein sprachlich auch

V. Die durch die Delegierte Verordnung (EU) Nr. 759/2013 vom 30.4.2013   **Artikel 15**

jaht und teils bestritten.[39] Die Anwendbarkeit des Art. 6 Abs. 3 dürfte in erster Linie bei fremdem Recht unterliegenden Aktien in Betracht kommen.

6. Andere derivative Wertpapiere, die zur Zeichnung oder zum Erwerb von nicht zum Handel an einem geregelten Markt zugelassene Aktien berechtigen

In Bezug auf derivative Wertpapiere, die zur Zeichnung oder zum Erwerb von nicht zum Handel an einem geregelten Markt zugelassene Aktien des Emittenten bzw. eines anderen Emittenten derselben Gruppe berechtigen, bestimmen Anhang XVIII Teil 1 Nr. 13 bzw. 14, dass Anhang XII mit Ausnahme von Punkt 4.2.2 und das zusätzliche Modul für Aktien anwendbar sind.

60

7. Umfassende Kategorie weiterer derivativer Wertpapiere nach Anhang XVIII Teil 1 Nr. 15

Anhang XVIII Teil 1 Nr. 5 umschreibt eine umfassende Kategorie weiterer derivativer Wertpapiere, für die die ausschließliche, aber auch vollständigen Anwendbarkeit von Anhang XII vorgesehen ist. Hierzu gehören spezifisch die derivativen Wertpapiere, die zur Zeichnung oder zum Erwerb von solchen Aktien des Emittenten oder der Gruppe berechtigen, die zum Handel an einem geregelten Markt zugelassen sind, aber auch derivative Wertpapiere, die an einen anderen Basiswert angebunden sind und alle Wertpapiere, die zur Barregulierung berechtigen.

61

---

in dem Sinne verstanden werden könnte, dass auch Punkt 4.2.2 Anwendung findet (eindeutig jedoch der englische Wortlaut: „Annex XII except item 4.2.2").

39 Vgl. *Hüffer/ Koch*, AktG, 12. Aufl. 2016, § 221 Rn. 76.

Artikel 16
Schema für die Wertpapierbeschreibung für Schuldtitel mit einer Mindeststückelung von 100 000 EUR

(1) Bei der Wertpapierbeschreibung für Schuldtitel mit einer Mindeststückelung von 100 000 EUR werden die Angaben gemäß dem in Anhang XIII festgelegten Schema zusammengestellt.

(2) Das Schema gilt für Schuldtitel, bei denen der Emittent aufgrund der Emissionsbedingungen verpflichtet ist, dem Anleger 100 % des Nominalwertes zu zahlen, wobei zusätzlich noch eine Zinszahlung erfolgen kann.

(3) Sind Schuldtitel in bereits zum Handel an einem geregelten Markt zugelassene Aktien wandel- oder umtauschbar, so werden auch die unter Punkt 4.2.2 des Schemas in Anhang XII verlangten Angaben vorgelegt.

(4) Sind Schuldtitel in Aktien wandel- oder umtauschbar, die zu diesem oder einem künftigen Zeitpunkt vom Schuldtitelemittenten oder von einem Unternehmen derselben Gruppe emittiert werden, und sind diese zugrunde liegenden Aktien nicht schon zum Handel an einem geregelten Markt zugelassen, so werden auch zum Emittenten der zugrunde liegenden Aktien die unter den Punkten 3.1 und 3.2 des Schemas in Anhang III oder gegebenenfalls des verhältnismäßigen Schemas in Anhang XXIV aufgeführten Angaben vorgelegt.

(5) Berechtigen Schuldtitel mit Optionsscheinen zum Erwerb von Aktien des Emittenten und sind diese Aktien nicht zum Handel an einem geregelten Markt zugelassen, so werden außer den unter Punkt 4.2.2 genannten Angaben auch die im Schema des Anhangs XII verlangten Angaben vorgelegt.

1 Nach Art. 16 Abs. 1 EU-Prospektverordnung richten sich die Mindestangaben bei der Wertpapierbeschreibung für **Schuldtitel mit einer Mindeststückelung von EUR 100.000** nach Anhang XIII EU-Prospektverordnung. Der Anwendungsbereich entspricht grundsätzlich dem des Art. 8, Anhang V EU-Prospektverordnung mit dem Unterschied, dass hier eine Mindeststückelung von EUR 100.000 vorausgesetzt ist. Erforderlich ist auch hier in Abgrenzung zu den derivativen Wertpapieren, dass es sich um Wertpapiere handelt, bei denen 100 % des Nominalwertes (zurück)zuzahlen ist, Art. 16 Abs. 2.[1] Da nach § 3 Abs. 2 Nr. 4 WpPG für das öffentliche Angebot von Wertpapieren mit einer Mindeststückelung von EUR 100.000 keine Pflicht zur Veröffentlichung eines Prospekts besteht, beschränkt sich der **praktische Anwendungsbereich** auf Wertpapiere, die zum Handel an einem organisierten Markt zugelassen werden.[2]

2 Im Gegensatz zu Art. 12 enthält Art. 16 **keine Regelung zu einer Mindesterwerbsgröße von EUR 100.000**. Allerdings muss es aus einer Gesamtschau mit Art. 12 dabei bleiben,

---

[1] *Seitz/Maier*, in: Assmann/Schlitt/von Kopp-Colomb, WpPG/VerkProspG, EU-ProspektVO Anhang XIII Rn. 2.
[2] *Seitz/Maier*, in: Assmann/Schlitt/von Kopp-Colomb, WpPG/VerkProspG, EU-ProspektVO Anhang XIII Rn. 3.

dass Art. 16 und Anhang XIII auch dann Anwendung finden, wenn die Wertpapiere entweder keinen Nennbetrag oder einen Nennbetrag von unter EUR 100.000 haben, aber ein Mindesterwerbsbetrag von EUR 100.000 besteht.[3] Ebenso muss im Rahmen des Art. 16 gelten, dass Anhang XIII nicht auf die Wertpapierbeschreibung für Aktien oder aktienähnliche Wertpapiere anwendbar ist, obwohl er nicht wie Art. 12 die unter Art. 4 der EU-Prospektverordnung fallenden Wertpapiere ausdrücklich aus seinem Anwendungsbereich ausschließt.[4]

Art. 16 Abs. 3 bis 5 sind **inhaltsgleich mit Art. 8 Abs. 3 bis 5** EU-Prospektverordnung; auf die entsprechende Kommentierung kann daher verwiesen werden.[5] 3

Die Wertpapierbeschreibung nach Art. 16 und Anhang XIII enthält **weniger strenge Vorgaben als die Wertpapierbeschreibung nach Art. 8 und Anhang V**, da der Gesetzgeber davon ausgeht, dass bei einer Stückelung von weniger als EUR 100.000 auch Privatanleger angesprochen werden, die in der Regel ein größeres Informationsbedürfnis haben als professionelle Investoren. So müssen zum Beispiel nicht die Gründe für das Angebot offengelegt werden oder Angaben zur Verwendung der Erträge gemacht werden.[6] 4

Für die einzelnen inhaltlichen Anforderungen von Anhang XIII wird auf die dortige Kommentierung verwiesen. 5

---

3 *Seitz/Maier*, in: Assmann/Schlitt/von Kopp-Colomb, WpPG/VerkProspG, EU-ProspektVO Anhang XIII Rn. 4.
4 Vgl. dazu *Wolf/Wink*, Art. 8 Rn. 1; *Seitz/Maier*, in: Assmann/Schlitt/von Kopp-Colomb, WpPG/VerkProspG, EU-ProspektVO Anhang XIII Rn. 6.
5 Vgl. dazu *Wolf/Wink*, Art. 8 Rn. 5 ff.
6 Vgl. *Seitz/Maier*, in: Assmann/Schlitt/von Kopp-Colomb, WpPG/VerkProspG, EU-ProspektVO Anhang XIII Rn. 8, der noch weitere Beispiele aufführt.

Artikel 17
Zusätzliches Modul für die zugrunde liegende Aktie in Form von Dividendenwerten

(1) ¹Die zusätzlichen Angaben zu den zugrunde liegenden Aktien werden gemäß dem in Anhang XIV festgelegten Modul zusammengestellt.
²Ist der Emittent der zugrunde liegenden Aktien ein Unternehmen, das der gleichen Gruppe angehört, so sind darüber hinaus in Bezug auf diesen Emittenten die Angaben beizubringen, die in dem in Artikel 4 genannten Schema vorgesehen sind.

(2) Die in Absatz 1 Unterabsatz 1 genannten zusätzlichen Angaben gelten nur für Wertpapiere, die die folgenden Bedingungen erfüllen:

1. sie können nach dem Ermessen des Emittenten oder des Anlegers oder aufgrund der bei der Emission festgelegten Bedingungen in Aktien oder andere übertragbare, Aktien gleichzustellende Wertpapiere umgewandelt oder umgetauscht werden, oder sie ermöglichen auf andere Art und Weise den Erwerb/Bezug von Aktien oder anderen übertragbaren, Aktien gleichzustellenden Wertpapieren,

und

2. diese Aktien oder anderen übertragbaren, Aktien gleichzustellenden Wertpapiere werden zu diesem oder einem künftigen Zeitpunkt vom Emittenten des Wertpapiers, einem Unternehmen derselben Gruppe oder einem Dritten emittiert und werden zum Zeitpunkt der Billigung des die Wertpapiere betreffenden Prospekts noch nicht an einem geregelten oder einem vergleichbaren Markt außerhalb der Union gehandelt, und die zugrunde liegenden Aktien oder anderen übertragbaren, Aktien gleichzustellenden Wertpapiere können stückemäßig geliefert werden.

Übersicht

	Rn.		Rn.
I. Regelungsgegenstand	1	2. Emittent der Aktien/keine Zulassung zum Handel an einem geregelten Markt (Nr. 2)	3
II. Anwendungsbereich	2		
1. Erfasste Wertpapiere (Nr. 1)	2	3. Unternehmen der gleichen Gruppe	4

I. Regelungsgegenstand

1 Art. 17 EU-ProspektVO legt in Verbindung mit Anhang XIV EU-ProspektVO zusätzliche Angaben in der Wertpapierbeschreibung für bestimmte Wertpapiere, die ein Bezugsrecht auf Aktien vermitteln, fest. In Betracht kommen vor allem **Wandelanleihen, Optionsanleihen** sowie **bestimmte Formen von Optionsscheinen**.[1] Die nach Anhang XIV EU-ProspektVO erforderlichen Angaben sind ergänzend zu einem jeweilig anwendbaren Anhang

---

1 *Preuße*, in: Holzborn, WpPG, Art. 17 EU-ProspVO Rn. 1.

zur EU-ProspektVO aufzunehmen.[2] Abs. 2, der durch die Delegierte Verordnung (EU) Nr. 759/2013 angepasst wurde, konkretisiert den Anwendungsbereich der Vorschrift. Zweck der Regelung ist es, das Informationsbedürfnis der Anleger zu befriedigen, wenn über die zu beziehenden Aktien keine öffentlich verfügbaren Informationen vorhanden sind, da diese nicht zum Handel an einem geregelten Markt zugelassen sind.[3]

II. Anwendungsbereich

1. Erfasste Wertpapiere (Nr. 1)

Das prospektgegenständliche Wertpapier muss nach dem Ermessen des Emittenten oder des Anlegers oder aufgrund der bei der Emission festgelegten Bedingungen in Aktien oder andere übertragbare, Aktien gleichzustellende Wertpapiere umgewandelt oder umgetauscht werden können oder es muss den Erwerb/Bezug von Aktien oder anderen übertragbaren, Aktien gleichzustellenden Wertpapieren auf andere Art und Weise ermöglichen.

2

2. Emittent der Aktien/keine Zulassung zum Handel an einem geregelten Markt (Nr. 2)

Die Aktien oder gleichzustellenden Wertpapiere, die Gegenstand des Wandlungs- bzw. Umtauschrechts sind, werden vom Emittenten des prospektgegenständlichen Wertpapiers, einem Unternehmen derselben Gruppe (siehe hierzu weiter unter 3.) oder einem Dritten[4] emittiert und werden zum Zeitpunkt der Billigung des Prospekts noch **nicht an einem geregelten** oder einem **vergleichbaren Markt** außerhalb der Europäischen Union gehandelt. Weitere Voraussetzung ist, dass die zugrunde liegenden Aktien oder gleichzustellenden, Wertpapiere stückemäßig geliefert werden können.

3

3. Unternehmen der gleichen Gruppe

Werden die Aktien oder gleichzustellenden Wertpapiere von einem der gleichen Gruppe angehörigen Unternehmen emittiert, sind zusätzlich die nach dem **Registrierungsformular für Aktien** erforderlichen Angaben (Art. 4/Anhang I EU-ProspVO)[5] aufzunehmen.

4

---

2 Z.B. Anhang V, XI oder XII der EU-ProspVO.
3 Vgl. Erwägungsgrund 4 Delegierte Verordnung (EU) Nr. 759/2013.
4 Eingefügt durch die Delegierte Verordnung (EU) Nr. 759/13.
5 Vgl. die Kommentierung zu Art. 4 / Anhang I EU-ProspektVO.

Artikel 18
Schema für das Registrierungsformular für Organismen für gemeinsame Anlagen des geschlossenen Typs

(1) Zusätzlich zu den Angaben, die gemäß Anhang I Punkte 1, 2, 3, 4, 5.1, 7, 9.1, 9.2.1, 9.2.3, 10.4, 13, 14, 15, 16, 17.2, 18, 19, 20, 21, 22, 23, 24, 25 vorgeschrieben sind, werden beim Registrierungsformular für Wertpapiere, die von Organismen für gemeinsame Anlagen des geschlossenen Typs ausgegeben werden, die Angaben gemäß dem in Anhang XV festgelegten Schema zusammengestellt.

(2) Das Schema gilt für Organismen für gemeinsame Anlagen des geschlossenen Typs, die im Namen von Anlegern ein Portfolio von Vermögenswerten halten, und:

1. die gemäß dem nationalen Recht des Mitgliedstaats, in dem sie gegründet wurden, als Organismus für gemeinsame Anlagen des geschlossenen Typs anerkannt sind,

    oder

2. die nicht die rechtliche oder die verwaltungsmäßige Kontrolle eines der Emittenten seiner zugrunde liegenden Anlagen übernehmen oder versuchen, dies zu tun. In einem solchen Fall darf eine rechtliche Kontrolle und/oder Beteiligung an den Verwaltungs-, Geschäftsführungs- und Aufsichtsorganen der/des Emittenten der zugrunde liegenden Aktien ergriffen oder eingegangen werden, wenn ein solches Vorgehen für das eigentliche Anlageziel nebensächlich und für den Schutz der Anteilsinhaber erforderlich ist und nur unter Umständen erfolgt, die verhindern, dass der Organismus für gemeinsame Anlagen eine bedeutende Managementkontrolle über die Geschäfte des/der Emittenten der zugrunde liegenden Aktien ausübt.

(ohne Kommentierung)

Artikel 19
Schema für das Registrierungsformular für Mitgliedstaaten, Drittstaaten und ihre regionalen und lokalen Gebietskörperschaften

(1) Beim Registrierungsformular für Wertpapiere, die von Mitgliedstaaten, Drittstaaten und ihren regionalen und lokalen Gebietskörperschaften ausgegeben werden, werden die Angaben gemäß dem in Anhang XVI festgelegten Schema zusammengestellt.

(2) Das Schema gilt für alle Arten von Wertpapieren, die von den Mitgliedstaaten, Drittstaaten und ihren regionalen und lokalen Gebietskörperschaften ausgegeben werden.

Übersicht

	Rn.		Rn.
I. Einführung	1	b) Regionale und lokale Gebietskörperschaften von Drittstaaten	16
II. Anwendungsbereich	3	3. Anwendbarkeit des Art. 19 auf Staatsgarantien	17
1. Mitgliedstaaten	5		
a) Opt-in für Mitgliedstaaten	6	a) Erfassung von direkten Staatsgarantien	18
aa) Praktische Relevanz des Opt-in	7	b) Erweiterung des Anwendungsbereichs auf indirekte Staatsgarantien	21
bb) Erfüllung von Markterwartungen als Argument für die Prospekterstellung	9	c) Anforderungen an den Prospektinhalt	23
cc) Prospektpflicht aufgrund Zulassung zum Handel an einem regulierten Markt	10	III. Arten von Wertpapieren	25
b) Regionale und lokale Gebietskörperschaften von Mitgliedstaaten	11	IV. Verhältnis zu Art. 20 EU-ProspektVO	26
1. Drittstaaten	14		
a) Begriff des Drittstaats	15		

I. Einführung

Art. 19 betrifft einen **Sonderfall der Prospekterstellung** für Emissionen der Mitgliedstaaten, Drittstaaten und ihrer jeweiligen regionalen und lokalen Gebietskörperschaften. Absatz 1 behandelt die Anforderungen an die emittentenbezogenen Angaben, d. h. die Erstellung des Registrierungsformulars; Absatz 2 stellt fest, dass bei solchen Emittenten nicht nach der Art der Wertpapiere differenziert wird, sondern die Vorgaben in Anhang XVI für alle Arten von Wertpapieren dieser Emittenten anwendbar sind. 1

Aus deutscher Sicht ist die Regelung als Nachfolgeregelung des § 42 BörsZulVO anzusehen, der im Zuge des EU-Prospektrichtlinie-Umsetzungsgesetzes vom 22.6.2005[1] weggefallen war. Dort waren im Abschnitt „Prospektinhalt in Sonderfällen" die Anforderungen 2

---

[1] BGBl. I 2005, S. 1716.

Artikel 19 Schema für das Registrierungsformular

an einen Börsenzulassungsprospekt für die amtliche Notierung von Schuldverschreibungen von Staaten, Gebietskörperschaften und zwischenstaatlichen Einrichtungen statuiert. Der konkret geforderte Prospektinhalt für die Emissionen dieser Emittenten[2] hatte wie auch die Anforderungen des Anhang XVI den Anspruch, die Praxis der in der Vergangenheit gebilligten Prospekte zu reflektieren.[3]

II. Anwendungsbereich

3   Die Etablierung eines Schemas für das Registrierungsformular für Emissionen von Wertpapieren von Mitgliedstaaten mag zunächst im Hinblick auf Art. 1 Abs. 2 Buchst. b) Prospektrichtlinie überraschen, nach dem die Prospektrichtlinie nicht auf Nichtdividendenwerte Anwendung findet, die von einem Mitgliedstaat oder einer Gebietskörperschaft eines Mitgliedstaats, von internationalen Organismen öffentlich-rechtlicher Art, denen ein oder mehrere Mitgliedstaat(en) angehört/angehören, von der Europäischen Zentralbank oder von den Zentralbanken der Mitgliedstaaten ausgegeben werden. Bei den einzelnen nationalen Umsetzungen der Richtlinie können sich allerdings Unterschiede ergeben, da die Mitgliedstaaten die vom Anwendungsbereich der Richtlinie ausgenommenen Tatbestände entweder als Ausnahmen zur Prospektpflicht national regeln oder eigenen nationalen Anforderungen unterstellen können (dazu Rn. 7).

4   **Größere praktische Relevanz** erhält die Vorschrift insbesondere in Bezug auf die Drittstaaten und deren Gebietskörperschaften.[4] Die Erstreckung des Anwendungsbereichs auf Mitgliedstaaten ist aber auch im Lichte des Art. 1 Abs. 3 Prospektrichtlinie sinnvoll, nach dem auch die vom Anwendungsbereich der Prospektrichtlinie ausgenommenen Emittenten sich für die Erstellung eines prospektrichtlinienkonformen Prospekts entscheiden können (*Opt-in*, dazu § 1 WpPG Rn. 35 ff.).[5] Entscheidet sich ein Emittent danach für ein *Opt-in*, muss er die Anforderungen der Prospektrichtlinie bzw. der EU-ProspektVO uneingeschränkt befolgen.[6] Unterwirft der Emittent sich ausdrücklich nicht den Anforderungen, entscheidet er sich gleichwohl für die Erstellung eines prospektartigen Informationsdokuments, ist er bei der Gestaltung dieses Dokuments frei.[7]

---

2 Dazu im Einzelnen: *Breuer*, in: Holzborn, WpPG, Anhang XVI EU-ProspektVO Rn. 5.
3 Vgl. CESR, Advice on Level 2 implementing measures for the Prospectus Directive, Ref: CESR/03-399 von Dezember 2003, III.2 Tz. 42 und Annex B; dazu auch Begr. RegE BörsZulVO, BR-Drucks. 72/87, S. 67, 84.
4 CESR, Advice on Level 2 implementing measures for the Prospectus Directive, Ref. CESR/03-399 von Dezember 2003, III.2 Tz. 40; so wohl auch die in Erwägungsgrund Nr. 20 der EU-ProspektVO geäußerte Erwartung; dazu auch *Grana*, WM 2014, 1069, 1072.
5 Dazu CESR, Advice on Level 2 implementing measures for the Prospectus Directive, Ref. CESR/03-399 von Dezember 2003, III.2 Tz. 40 mit Verweis auf Erwägungsgrund 11 der Prospektrichtlinie.
6 European Securities and Markets Authority (ESMA), Questions and Answers – Prospectuses (25th Updated Version – July 2016), Frage 70, S. 57.
7 Diese Dokumente werden als *Information Memorandum* oder *Offering Circular* bezeichnet, vgl. Rn. 8.

1. Mitgliedstaaten

Mitgliedstaaten im Sinne des Art. 19 sind seit 1.7.2013 alle 28 europäischen Staaten, die den EU-Vertrag, zuletzt geändert durch den Vertrag von Lissabon in 2007, unterzeichnet haben und damit Mitglied der Europäischen Union sind.

a) Opt-in für Mitgliedstaaten

Mitgliedstaaten könnten sich in Form eines *Opt-in* nach Art. 1 Abs. 3 Prospektrichtlinie bzw. § 1 Abs. 3 WpPG freiwillig dem Regime der EU-Prospektrichtlinie unterwerfen. Die Hemmschwelle, für die Erstellung und Billigung eines Prospekts nach der Prospektrichtlinie zu optieren, könnte nach Einschätzung der CESR gering sein, da nur ein Prospekt erstellt werden muss, der europaweit gemäß Art. 17, 18 Prospektrichtlinie für ein öffentliches Angebot oder eine Zulassung zum Handel an einem regulierten Markt genutzt werden kann (Europäischer Pass).[8] Ein Emittent könnte auch die Erfüllung gewisser Markterwartungen anstreben, dass für bestimmte Emissionen Prospekte in einer spezifischen Form zur Verfügung gestellt werden und deswegen einen Prospekt nach der Prospektrichtlinie erstellen wollen.

aa) Praktische Relevanz des Opt-in für ein öffentliches Angebot

Die Möglichkeit des *Opt-in* für Mitgliedstaaten ist im Ergebnis zu begrüßen, auch wenn sie nur geringe praktische Relevanz genießt. Die Ausnahmen vom Anwendungsbereich nach Art. 1 Abs. 2 Prospektrichtlinie markieren die Reichweite der Maximalharmonisierung der Richtlinie und resultieren in der Möglichkeit der Mitgliedstaaten, für die genannten Emissionen eigene, möglicherweise über die Prospektrichtlinie hinausgehende, nicht harmonisierte Anforderungen an die Prospektpflicht zu stellen, die dann aber auch nur nationale Geltung besitzen.[9] Daraus können sich also **Unterschiede im Anwendungsbereich der jeweiligen nationalen Umsetzungen der Prospektrichtlinie** ergeben (dazu § 1 WpPG Rn. 3 f.).[10] Ein Emittent, dessen Herkunftsstaat (§ 2 Nr. 13 WpPG) die jeweilige Ausnahme vom Anwendungsbereich umgesetzt hat, könnte in einem anderen Mitgliedstaat, der eine Ausnahme des Art. 1 Abs. 2 Prospektrichtlinie nicht entsprechend national als Ausnahme vorgesehen hat (für diese Konstellation der Aufnahmestaat im Sinne des § 2 Nr. 14 WpPG), ohne die *Opt-in*-Möglichkeit nach Art. 1 Abs. 3 Prospektrichtlinie bzw. § 1 Abs. 3 WpPG seiner Prospektpflicht im Aufnahmestaat nicht nachkommen.[11] In solchen

---

8 CESR, Advice on Level 2 implementing measures for the Prospectus Directive, Ref. CESR/03-399 von Dezember 2003, III.2 Tz. 40; vgl. Begr. RegE EU-Prospektrichtlinie-Umsetzungsgesetz, BT-Drucks. 15/4999, S. 28; zustimmend *Breuer*, in: Holzborn, WpPG, Art. XVI EU-ProspektVO Rn. 3; *Kunold/Schlitt*, BB 2004, 501, 503; *Holzborn/Schwarz-Gondek*, BKR 2003, 927, 929.
9 Begr. RegE EU-Prospektrichtlinie-Umsetzungsgesetz, BT-Drucks. 15/4999, S. 27; dazu *Breuer*, in: Holzborn, WpPG, Anhang XVI EU-ProspektVO Rn. 4; *Kunold/Schlitt*, BB 2004, 501, 503; *Grana*, WM 2014, 1069, 1072; *Crüwell*, AG 2003, 243, 245.
10 Vgl. ESMA-Questions and Answers – Prospectuses (25th Updated Version – July 2016), Frage 70, S. 57. Auch in § 1 Abs. 2 WpPG sind nicht alle Ausnahmen aus Art. 1 Abs. 2 ProspektRL übernommen, z.B. Buchst. g) (nicht-fungible Kapitalanteile in Bezug auf Immobilien) und Buchst. i) („Bostadsobligationer", das schwedische Äquivalent zum Pfandbrief).
11 Dieses Problem könnte durch die Festlegung einer Mindeststückelung von EUR 1.000 nach Art. 2 Abs. 1 Buchst. m) (ii) Prospektrichtlinie zwar relativ leicht vermieden werden; die Konstellation

Artikel 19   Schema für das Registrierungsformular

Konstellationen kann der Emittent in seinem Herkunftsstaat nur über das *Opt-in* einen Prospekt billigen lassen, den er über den Europäischen Pass europaweit nutzen kann.[12]

8   Allerdings schließen, soweit ersichtlich, zumindest die meisten nationalen Umsetzungen der Prospektrichtlinie Emissionen der EU-Mitgliedstaaten vom Anwendungsbereich aus.[13] Die Gefahr für EU-Mitgliedstaaten ein europaweites Angebot von Schuldverschreibungen nur über die Prospekterstellung nach dem *Opt-in* erreichen zu können, ist daher eher überschaubar. In der Praxis ist es jedenfalls bei **EU-Mitgliedstaaten in ihrer Eigenschaft als Emittenten üblich**, das in Art. 1 Abs. 2 Prospektrichtlinie verankerte Privileg zu nutzen und keinen Prospekt nach der Prospektrichtlinie bzw. EU-ProspektVO zu erstellen.[14] Relevant kann dieses Argument allerdings bei den **Gebietskörperschaften der EU-Mitgliedstaaten** werden, die – wie zum Beispiel in Luxemburg – zum Teil nicht vom Anwendungsbereich ausgenommen werden.[15] Unabhängig davon, spricht aber für das *Opt-in*, dass darüber zu Recht für Prospekte eines Mitgliedstaats und solche von Drittstaaten die gleichen Anforderungen an den Prospektinhalt gestellt werden, wenn beide sich im Rahmen der Prospektrichtlinie bewegen.[16]

---

dokumentiert indes die theoretische Relevanz des *Opt-in*, zumal Mitgliedstaaten zum Teil auch Stückelungen unter EUR 1.000 wählen.

12 Dazu *Ritz/Zeising*, in: Just/Voß/Ritz/Zeising, WpPG, § 1 WpPG Rn. 53; *von Kopp-Colomb/Witte*, in: Assmann/Schlitt/von Kopp-Colomb, WpPG/VerkProspG, § 1 WpPG Rn. 68.

13 Siehe zum Beispiel Section 85 Abs. 5 iVm Schedule 11A No. 2 des Financial Services and Markets Act 2000 im Vereinigten Königreich; § 1.1.2.1 Section 1:2 des die Prospektrichtlinie umsetzende Finanzaufsichtsgesetzes (*Wet op het financieel toezicht*) in den Niederlanden; § 8 (1) b) des Umsetzungsgesetzes zur Prospektrichtlinie (*Prospectus (Directive 2003/71/EC) Regulation 2005*) in Irland; Art. 30 Abs. 3 f) des Gesetzes zur Umsetzung der Prospektrichtlinie in Luxemburg vom 3.7.2012 (*Loi relative aux prospectus pour valeures mobilières*); eingeschränkt § 3 Abs. 1 Nr. 1a Kapitalmarktgesetz in Österreich, wonach zwar auch Vertragsstaaten des Abkommens über den Europäischen Wirtschaftsraum (EWR) und deren Gebietskörperschaften nicht in den Anwendungsbereich fallen, dies aber nur dann, wenn auch die Emissionen der Republik Österreich und ihrer Gebietskörperschaften in dem jeweiligen EWR-Mitgliedstaat von der Prospektpflicht befreit sind. Der deutsche Gesetzgeber hat die Ausnahme von der Prospektpflicht in § 1 Abs. 2 Nr. 2 WpPG auf Emittenten aus anderen EWR-Mitgliedstaaten sowie deren Gebietskörperschaften erweitert, und erfasst damit auch die Mitgliedstaaten der Europäischen Freihandelsassoziation (EFTA) Island, Liechtenstein und Norwegen, vgl. Begr. RegE EU-Prospektrichtlinie-Umsetzungsgesetz, BT-Drucks. 15/4999, S. 27 die auf die mit der Prospektrichtlinie abgelösten Vorgängervorschriften in §§ 36, 52 BörsG a. F. (§ 37 BörsG aktuelle Fassung) und § 3 Nr. 1 Buchst. a) und b) VerkProspG a. F. verweist, die bereits eine Befreiung von der Prospektpflicht für bestimmte öffentlich-rechtliche Emittenten vorsahen.

14 So auch die Einschätzung von *Grana*, WM 2014, 1069, 1072; vgl. auch die Nachweise in Fn. 18.

15 Vgl. Art. 30 Abs. 3f) des Gesetzes zur Umsetzung der Prospektrichtlinie in Luxemburg vom 3.7.2012 (*Loi relative aux prospectus pour valeures mobilières*), wonach das Großherzogtum Luxemburg, seine Gebietskörperschaften und die EU-Mitgliedstaaten, nicht aber deren Gebietskörperschaften, von der Pflicht zur Prospekterstellung ausgenommen sind. Vgl. zu den Anforderungen des Luxemburger Umsetzungsgesetzes Anhang XVI EU-ProspektVO Rn. 40 ff.

16 Vgl. CESR, Advice on Level 2 implementing measures for the Prospectus Directive, Ref. CESR/03-399 von Dezember 2003, III.2 Tz. 40; zustimmend *Breuer*, in: Holzborn, WpPG, Art. XVI EU-ProspektVO Rn. 3.

bb) Erfüllung von Markterwartungen als Argument für die Prospekterstellung

Für den Wunsch gewissen Markterwartungen an die Dokumentation nachzukommen, 9
muss ein Mitgliedstaat keinen prospektrichtlinienkonformen Prospekt erstellen. Tatsächlich hat man sich im Zuge der Beratungen zur EU-ProspektVO bei der Etablierung der Anforderungen an den Prospektinhalt in Anhang XVI **an den bereits vorhandenen Prospekten** der relevanten Emittenten orientiert.[17] Eventuell vorhandene Markterwartungen an die Dokumentation können also eigentlich mit Prospekten in der vor Geltung der Prospektrichtlinie verwendeten Form befriedigt werden. Mitgliedstaaten erstellen daher, wenn überhaupt, als **reine Vertriebsmaterialien** Dokumente, die deutlich kürzer und ausdrücklich nicht im Einklang mit den Anforderungen der Prospektrichtlinie stehen (sog. *Information Memorandum*, *Offering Circular* oder *Simplified (Base) Prospectus*).[18] Diese Dokumente enthalten typischerweise durchaus emittentenbezogene Angaben wie Informationen zu den politischen Verhältnissen und internationalen Beziehungen, Schwerpunktindustrien, Arbeitsmarkt, Öffentlicher Haushalt, Handelsbilanz, Finanzsystem, Steuerregelungen sowie eine Beschreibung der Emissionsbedingungen und Aussagen zu Verkaufsbeschränkungen, Besteuerungsregelungen und sonstige allgemeine Bestimmungen (sog. *Boilerplate Language*).[19] Zum Teil enthalten solche *Offering Circulars* aber auch nahezu keine emittentenbezogenen Angaben, sondern beschränken sich neben den auf die Wertpapiere bezogenen Aussagen auf die Darstellung zum Beispiel der Haushaltssituation und der neuesten wirtschaftlichen Entwicklungen.[20]

---

17 CESR, Advice on Level 2 implementing measures for the Prospectus Directive, Ref: CESR/03-399 von Dezember 2003, III.2 Tz. 41–42.
18 Zum Beispiel die jeweiligen Prospekte der folgenden Emittenten: USD 80.000.000.000 *Programme for the Issuance of Debt Instruments* der Republik Italien vom 11.12.2013; unlimitiertes *Global Medium Term Note Programme* der Republik Lettland vom 7.6.2013; EUR 50.000.000.000 *Euro Medium Term Note Programme* der Republik Polen vom 26.2.2014; USD 1.500.000.000 4,125 % Schuldverschreibungen fällig in 2019 und USD 2.000.000.000 5,25 % Schuldverschreibungen fällig in 2024 jeweils von der Republik Slowenien vom 13.2.2014; EUR 9.000.000.000 *Medium Term Note Programme* der Republik Zypern vom 17.6.2011. Die Bundesrepublik Deutschland stellt für ihre Schuldverschreibungen lediglich die Emissionsbedingungen auf der Website der Bundesrepublik Deutschland – Finanzagentur GmbH zur Verfügung, abrufbar unter www.deutsche-finanzagentur.de (Stand 5.1.2016). Soweit ersichtlich wurden in der Vergangenheit nur in Bezug auf US-Dollar-Emissionen jeweils kurze Informations Memoranden erstellt, die aber beide keine emittentenbezogenen Darstellungen enthielten, vgl. Information Memorandum zu den USD 5.000.000.000 3,875 % Schuldverschreibungen fällig in 2010 vom 27.5.2005 und zu den USD 4.000.000.000 1,50 % Schuldverschreibungen fällig in 2012 vom 16.9.2009. Siehe auch die Empfehlung der ESMA-Questions and Answers – Prospectuses (25th Updated Version – July 2016), Frage 49, S. 40, wonach der Terminus „Prospectus" nicht für Dokumente verwendet werden soll, die nicht im Einklang mit der Prospektrichtlinie erstellt worden sind. Der Begriff wird hier gleichwohl der Einfachheit halber auch für diese Dokumente benutzt.
19 Vgl. z.B. Prospekte zu USD 1.500.000.000 4,125 % Schuldverschreibungen fällig in 2019 und USD 2.000.000.000 5,25 % Schuldverschreibungen fällig in 2024 jeweils von der Republik Slowenien vom 13.2.2014; EUR 9.000.000.000 *Medium Term Note Programme* der Republik Zypern vom 17.6.2011.
20 So die Prospekte zu den folgenden Programmen: USD 80.000.000.000 *Programme for the Issuance of Debt Instruments* der Republik Italien vom 11.12.2013; EUR 50.000.000.000 *Euro Medium Term Note Programme* der Republik Polen vom 26.2.2014; unlimitiertes *Global Medium Term Note Programme* der Republik Lettland vom 7.6.2013.

Artikel 19 Schema für das Registrierungsformular

cc) Prospektpflicht aufgrund der angestrebten Zulassung zum Handel an einem regulierten Markt

10 Anleiheemissionen von Mitgliedstaaten sehen in der Regel auch eine Zulassung zum Handel an einer regulierten Börse vor. Zumindest aus deutscher Sicht besteht gemäß § 32 Abs. 3 Nr. 2 BörsG **keine Prospektpflicht für die Börsenzulassung** von Wertpapieren, für die nach §§ 1 Abs. 2, 4 Abs. 2 WpPG kein Prospekt veröffentlicht werden muss. Zudem sind Schuldverschreibungen des Bundes, seiner Sondervermögen und seiner Bundesländer sowie von EU-/EWR-Mitgliedstaaten nach § 37 BörsG kraft Gesetzes an jeder inländischen Börse zum Handel im regulierten Markt zugelassen. Auch die gewünschte Börsenzulassung würde damit keine Pflicht zur Erstellung eines Prospekts nach den Anforderungen der Prospektrichtlinie bzw. EU-ProspektVO begründen.

b) Regionale und lokale Gebietskörperschaften von Mitgliedstaaten

11 Darüber hinaus soll Art. 19 auch regionale und lokale Gebietskörperschaften erfassen. Aus dem Wortlaut von Art. 19 ergibt sich nicht ganz eindeutig, ob nur „regionale und lokale Gebietskörperschaften" von Drittstaaten erfasst werden sollen, oder auch solche der EU-Mitgliedstaaten. Erwägungsgrund 20 zur EU-ProspektVO verweist allerdings in diesem Zusammenhang explizit darauf, dass „EU-Mitgliedstaaten und ihre Gebietskörperschaften" vom Anwendungsbereich der Prospektrichtlinie ausgenommen sind, sich aber für die Erstellung eines Prospekts nach der Prospektrichtlinie entscheiden können und es für Emissionen von „Staaten und ihrer Gebietskörperschaften" besondere Schemata für die Wertpapiere geben sollte. Der Erwägungsgrund 20 differenziert damit nicht zwischen EU-Mitgliedstaaten und Drittstaaten, zumal kein sachlicher Grund dafür ersichtlich ist, dass Gebietskörperschaften von Drittstaaten von Art. 19 privilegiert werden sollten und Gebietskörperschaften von EU-Mitgliedstaaten nicht. Der Terminus „Gebietskörperschaften" erfasst daher auch die von EU-Mitgliedstaaten.

12 Voraussetzung für die **Qualifizierung als Gebietskörperschaft** ist, dass die entsprechende Verwaltungseinheit hinreichende eigenständige Selbstverwaltungsbefugnisse besitzt. Eine solche kommt zum Beispiel dadurch zum Ausdruck, dass die Verwaltungseinheit einen eigenen, gesondert gewählten Verwaltungsaufbau, eigene Steuer-, Gesetzgebungs- und/oder Verordnungskompetenz besitzt. Zu den regionalen und lokalen Gebietskörperschaften gehören daher in Deutschland auf Basis von Art. 28 GG insbesondere die Bundesländer, aber auch die Kreise, Städte und Gemeinden.[21] Fraglich war dies längere Zeit für die Gemeinden.[22] Nach der Verwaltungspraxis der BaFin[23] und zutreffender Ansicht in der Literatur

---

21 *Heidelbach*, in: Schwark/Zimmer, KMRK, § 1 WpPG Rn. 10; vgl. z. B. für Hessen auch Art. 137 Abs. 1 und 2 der hessischen Verfassung zum selbständigen Verwaltungsrecht der Gemeinden und Gemeindeverbände.
22 Zum Ganzen: *Grana*, WM 2014, 1069, 1071.
23 So wurden zum Beispiel die Emissionen der Stadt Mainz EUR 150 Millionen mit variabler Verzinsung fällig 2022 und EUR 125 Millionen mit variabler Verzinsung fällig 2018, drei jeweils als „NRW-Städteanleihe" bezeichnete, in unterschiedlichen Besetzungen auf der Emittentenseite begebene Schuldverschreibungen in den Jahren 2014 und 2015 sowie die EUR 100 Millionen 1,875 % Schuldverschreibungen der Städte Nürnberg und Würzburg fällig 2023 („Frankenanleihe") ohne Prospekt begeben.

fallen aber auch Kommunen unter den Begriff der „Gebietskörperschaft", so dass das WpPG nach § 1 Abs. 2 Nr. 2 WpPG auch auf diese nicht anwendbar ist.[24]

Der Anhang XVI betrifft damit aber nicht territoriale Untergliederungen wie die französischen *Departements*, die britischen *Counties* oder die niederländischen *Waterschappen*, da diese keine hinreichende föderalistische Selbständigkeit im Sinne der oben genannten Kompetenzen besitzen.[25] Sie sind lediglich geographische Untergliederungen zur Verwaltungsvereinfachung der jeweiligen zentralen Regierung. 13

2. Drittstaaten

Art. 19 ist auch für das Registrierungsformular von Wertpapieren anwendbar, die von Drittstaaten oder ihren regionalen oder lokalen Gebietskörperschaften begeben werden. 14

a) Begriff des Drittstaats

Als Drittstaaten gelten alle solche Staaten, die nicht Mitgliedstaaten der EU oder des EWR sind.[26] Der Begriff ist in der Prospektrichtlinie nicht explizit definiert; in Art. 2 Abs. 1 Buchst. m) (iii) Prospektrichtlinie wird der Begriff indes verwendet, wonach Drittstaatemittenten, die nicht unter die dort zuvor genannten Bestimmungen fallen und daher über keinen Sitz in einem EU-Mitgliedstaat verfügen, den Herkunftsmitgliedstaat wählen können. Interessanterweise geht die deutsche Umsetzung in § 2 Nr. 13 WpPG hier weiter und referenziert nicht auf EU-Mitgliedstaaten, sondern EWR-Staaten. Analog verweist auch § 20 Abs. 1 WpPG auf Emittenten, die Prospekte nach für sie anwendbaren Rechtsvorschriften von Staaten erstellen, die nicht Staat des Europäischen Wirtschaftsraums sind, wohingegen die entsprechende Vorgabe in Art. 20 Prospektrichtlinie den Status des Drittstaats offenlässt. Damit würden namentlich Island, Liechtenstein und Norwegen nach dem Wortlaut der Prospektrichtlinie als Drittstaaten gelten, nach der deutschen Umsetzung aber nicht. Richtlinienkonform müsste die deutsche Umsetzung nach dem Wortlaut daher auf „EU-Mitgliedstaat" restriktiv ausgelegt werden. Es ist allerdings davon auszugehen, dass der deutsche Gesetzgeber bei der Umsetzung den EWR-Vertrag berücksichtigt hat, wonach Regelungen wie die Prospektrichtlinie auch schon ohne expliziten Verweis entsprechende Relevanz für die EWR-Staaten haben sollen.[27] EWR-Staaten sind demnach nicht als Drittstaaten zu qualifizieren. In Einzelfällen kann die Qualifizierung als Drittstaat jedoch 15

---

24 *Von Kopp-Colomb/Witte*, in: Assmann/Schlitt/von Kopp-Colomb, WpPG/VerkProspG, § 1 Rn. 31; *Heidelbach*, in: Schwark/Zimmer, KMRK, § 1 WpPG Rn. 10; *Spindler*, in: Holzborn, WpPG, 1. Aufl. 2008, § 1 Rn. 15; *Grana*, WM 2014, 1069, 1071; offen: *Hamann*, in: Schäfer/Hamann, Kapitalmarktgesetze, 2. Aufl. 2008, § 1 WpPG Rn. 13; *R. Müller*, Wertpapierprospektgesetz, 1. Aufl. 2012, § 1 Rn. 4.
25 Vgl. *Breuer*, in: Holzborn, WpPG, Anhang XVI EU-ProspektVO Rn. 5.
26 Statt vieler *Grana*, CFL 2012, 283, 284; vgl. die nicht in der Prospektrichtlinie enthaltene Definition des Europäischen Wirtschaftsraums in § 2 Nr. 15 WpPG, wonach der Begriff „Drittstaat" negativ abgegrenzt werden kann, so *Heidelbach*, in: Schwark/Zimmer, KMRK, § 2 WpPG Rn. 80.
27 Dazu Art. 7, 36 Abs. 2 i.V.m. Anhang IX Ziff. 29b vom 29.4.2004 Agreement on the European Economic Area, ABl. EG vom 3.1.1994 Nr. L106, zuletzt geändert am 29.4.2004, ABl. EG Nr. L 130, S. 11, der Anhang IX findet sich im ABl. EG Nr. L 349 vom 25.11.2004, S. 30.

Artikel 19   Schema für das Registrierungsformular

schwierig sein; unstreitig gelten zum Beispiel assoziierte Gebiete, wie die britischen Kanalinseln oder die niederländischen Antillen als Drittstaaten (§ 2 WpPG Rn. 141).[28]

b) Regionale und lokale Gebietskörperschaften von Drittstaaten

16   Für die Anwendbarkeit des Art. 19 müssen Gebietskörperschaften eines Drittstaats hinreichende Selbstverwaltungsbefugnisse besitzen. Hierbei sind die gleichen Anforderungen zu stellen, wie an die Gebietskörperschaften der EU-Mitgliedstaaten (vgl. Rn. 12 f.).

3. Anwendbarkeit des Art. 19 auf Staatsgarantien

17   Vor dem Hintergrund der Finanzkrise haben zahlreiche EU-Mitgliedstaaten aber auch Staaten außerhalb der EU zur Ankurbelung des Kapitalmarkts direkt oder indirekt Staatsgarantien insbesondere an Kreditinstitute gewährt.

a) Erfassung von direkten Staatsgarantien

18   Fraglich ist daher, ob Art. 19 auch solche Emissionen von Nichtdividendenwerten umfasst, die **von Mitglied- oder Drittstaaten oder ihren Gebietskörperschaften garantiert** worden sind. Der Wortlaut gibt hierfür an sich nur wenig her, da nur von „vom Mitgliedstaat [...] *begeben* worden" die Rede ist. Die „Begebung" einer Schuldverschreibung dürfte eigentlich nicht solche Garantien umfassen.

19   Wird eine Emission von einem EU-Mitgliedstaat garantiert, gelten nach Auffassung der European Securities and Markets Authority (ESMA, Nachfolgorganisation des CESR) allerdings gemäß Art. 19 die Anforderungen des Anhang XVI.[29] Das Gleiche muss auch für Garantien von Drittstaaten gelten. In beiden Konstellationen ergibt sich die Anwendbarkeit des Anhang XVI aus Anhang VI Ziff. 3.[30] Handelt es sich bei dem Garanten um einen OECD-Staat von außerhalb der EU, sind dagegen die Erleichterungen an den Prospektinhalt nach Anhang XVII anwendbar (vgl. Rn. 26 f.).[31] Dafür spricht auch, dass nach Art. 1 Abs. 2 Buchst. d) Prospektrichtlinie (bzw. in der deutschen Umsetzung in § 1 Abs. 2 Nr. 3 WpPG) auch Wertpapiere, die uneingeschränkt und unwiderruflich von einem Mitgliedstaat oder einer Gebietskörperschaft eines Mitgliedstaats garantiert werden, von der Prospektpflicht ausgenommen sind. Für das *Opt-in* im Falle einer Garantie sollten daher die gleichen Anforderungen wie bei einer Direktemission des Mitgliedstaats oder dessen Gebietskörperschaft gelten. Zudem enthält die verwandte Vorschrift in Art. 20 eine Privilegierung für Emittenten von Schuldtiteln, die von einem OECD-Mitgliedstaat garantiert werden. Man wird nicht davon ausgehen können, dass solche garantierten Emissionen beson-

---

28   *von Kopp-Colomb/Knobloch*, in Assmann/Schlitt/von Kopp-Colomb, WpPG/VerkProspG, § 2 WpPG Rn. 86; *Ritz/Zeising*, in: Just/Voß/Ritz/Zeising, WpPG, § 2 Rn. 263 ff.

29   ESMA-Questions and Answers – Prospectuses (25th Updated Version – July 2016), Frage 70, S. 57; CESR, Advice on Level 2 implementing measures for the Prospectus Directive, Ref. CESR/03-399 von Dezember 2003, III.2 Tz. 45; vgl. dazu auch *Heidelbach*, in: Schwark/Zimmer, KMRK, § 1 WpPG Rn. 30.

30   ESMA-Questions and Answers – Prospectuses (25th Updated Version – July 2016), Frage 70, S. 58.

31   So auch *Heidelbach*, in: Schwark/Zimmer, KMRK, § 1 WpPG Rn. 30.

deren Anforderungen an den Prospektinhalt unterliegen, Emissionen mit Garantien durch EU-Mitgliedstaaten indessen nicht.

Beispiele für solche Garantien sind unter anderem die Garantie des Bundes für bestimmte Emissionen der KfW (ehemals Kreditanstalt für Wiederaufbau) nach § 1a KfW-Gesetz, die Haftung u. a. des Landes Nordrhein-Westfalen als Gewährträger für die Verbindlichkeiten der NRW.Bank gemäß § 4 NRW.Bank-Gesetz, des Freistaats Bayern für die Bayerische Landesbodenkreditanstalt nach Art. 22 BayLBG, des Landes Berlin für die Investitionsbank Berlin gemäß § 4 Abs. 2 IBB-Gesetz oder des Landes Hessen für bestimmte Emissionen der Investitionsbank Hessen nach § 5 IBH-Gesetz.[32]

b) Erweiterung des Anwendungsbereichs auf indirekte Staatsgarantien

Zum Teil haben insbesondere im Lichte der letzten Finanzkrise Staaten besondere Institutionen gegründet, über die Garantien oder sonstige finanzielle Unterstützungen für zum Beispiel notleidende Finanzinstitute gegeben wurden. In diesen Konstellationen werden also die **Garantien nicht direkt vom jeweiligen Staat erteilt**. Fraglich ist daher, ob zum Beispiel die Garantien nach § 2 FMStFV des gemäß § 1 FMStFG errichteten **Sonderfonds Finanzmarktstabilisierung** (SoFFin) als Garantien eines Mitgliedstaats im Sinne von Art. 19 zu werten sind. Im Falle des SoFFin ist zwar nicht die Bundesrepublik Deutschland direkt Garantiegeber, sondern der SoFFin. Allerdings haftet der Bund gemäß § 5 FMStFG unmittelbar für die Verbindlichkeiten des SoFFin, so dass bei wirtschaftlicher Betrachtungsweise das Kreditrisiko bei Emissionen des SoFFin dem des Bundes entspricht. Daher gelten nach soweit ersichtlich einhelliger Ansicht die Garantien des SoFFin als Staatsgarantien im Sinne von Art. 1 Abs. 2 Buchst. d) Prospektrichtlinie bzw. § 1 Abs. 2 Nr. 3 WpPG,[33] so dass an sich bei vom SoFFin garantierten Emissionen kein Prospekt erforderlich wäre. Wird doch ein Prospekt erstellt, ist eine Beschreibung des SoFFin nach Anhang VI erforderlich (zum in der Praxis etablierten Muster § 1 WpPG Rn. 9 m. w. N.).

Der Begriff „**Garantie**" ist somit – wie im Rahmen von Art. 20 EU-ProspektVO – nicht eng, sondern **funktional auszulegen**, da es letztlich darum geht, dass reduzierte Anforderungen an einen Prospekt gestellt werden können, wenn hinter einer Emission das Kreditrisiko eines Staats oder eines seiner Gebietskörperschaften mit einer vermuteten hohen Bonität steht (vgl. § 1 WpPG Rn. 12 m. w. N. und Art. 20 EU-ProspektVO Rn. 13 ff.).

c) Anforderungen an den Prospektinhalt

Bei der Erstellung der Garantenbeschreibung konnte es unter der Rechtslage der bis Juli 2012 geltenden Prospektrichtlinie abhängig von der den Prospekt zu billigenden Behörde im Einzelfall zu **praktischen Problemen** kommen.[34] Der Emittent konnte einerseits Schwierigkeiten haben, die entsprechenden Informationen über den garantierenden Mitgliedstaat zu erhalten, andererseits waren bereits umfassende Informationen über Mitgliedstaaten öffentlich verfügbar, so dass die Information des Anlegerpublikums über einen Prospekt nach Einschätzung der CESR auch angesichts der vermeintlich guten Bonität der

---

32 Weitere Beispiele bei *Ritz/Zeising*, in: Just/Voß/Ritz/Zeising, WpPG, § 1 Rn. 22 ff.
33 So auch *Ritz/Zeising*, in: Just/Voß/Ritz/Zeising, WpPG, § 1 Rn. 20; *Heidelbach*, in: Schwark/Zimmer, KMRK, § 1 WpPG Rn. 11.
34 Darauf verweist auch: *Heidelbach*, in: Schwark/Zimmer, KMRK, § 6 WpPG Rn. 16.

Artikel 19 Schema für das Registrierungsformular

Mitgliedstaaten nicht (bzw. nur auf bestimmte administrative Angaben beschränkt) erforderlich erschien.[35] Mit der Einführung des **Art. 8 Abs. 3a Prospektrichtlinie** durch die Änderungsrichtlinie zur Prospektrichtlinie zum 1.7.2012 sind nunmehr keine Angaben zum Garantiegeber zu liefern.[36] Die Finanzkrise allgemein und die einhergehenden Staatskrisen haben indes gezeigt, dass es auch bei Staaten zu Zahlungsschwierigkeiten kommen kann und demnach die Anleger ein Informationsbedürfnis besitzen. Daher mag auch ein Emittent staatlich garantierter Schuldverschreibungen im Einzelfall ungeachtet des Art. 8 Abs. 3a Prospektrichtlinie mit Blick auf die allgemeine Anforderung nach Art. 5 Abs. 1 Prospektrichtlinie an die **Vollständigkeit des Prospektes** gehalten sein, dennoch Angaben über den (staatlichen) Garantiegeber aufzunehmen, wenn diese erforderlich sind, um eine informierte Anlageentscheidung zu ermöglichen (s. dazu § 8 WpPG Rn. 71).

24 Zu beachten ist in den Fällen von Garantien das **EU-Beihilferecht** nach Artt. 107, 108 AEUV, auf das entsprechend im Prospekt hingewiesen werden sollte. Danach sind aus staatlichen Mitteln gewährte Beihilfen, die durch die Begünstigung bestimmter Unternehmen oder Produktionszweige den Wettbewerb verfälschen oder zu verfälschen drohen, mit dem EU-Binnenmarkt grundsätzlich nicht zu vereinbaren. Im Prospekt wäre demnach darzustellen, dass etwaige finanzielle Unterstützungen nach Art. 107 Abs. 2 oder 3 AEUV nicht mit dem Prinzip des EU-Binnenmarkts kollidieren.[37] Die Beihilfeaufsicht erfolgt gemäß Art. 108 AEUV durch die EU-Kommission. In der Dokumentation ist daher auch auf den Stand des Überprüfungsverfahrens und eventuell erteilter Auflagen hinzuweisen.

III. Arten von Wertpapieren

25 Abs. 2 stellt fest, dass im Falle von Emissionen von EU-Mitgliedstaaten, Drittstaaten und ihren regionalen oder lokalen Gebietskörperschaften nicht nach der Art der emittierten Wertpapiere differenziert wird und sich daher die Anforderungen an das Registrierungsformular immer nach Anhang XVI richten. Aufgrund der in der Öffentlichkeit bereits vorhandenen Informationen über den Emittenten und die vermeintlich hohe Bonität des Schuldners erscheint eine Differenzierung nach der Art des Wertpapiers hinsichtlich des Grads

---

35 CESR, Advice on Level 2 implementing measures for the Prospectus Directive, Ref. CESR/03-399 von Dezember 2003, III.2 Tz. 41.

36 Vgl. auch schon zur Rechtslage unter der Prospektrichtlinie bis zum 30.6.2012: ESMA-Questions and Answers – Prospectuses (25th Updated Version – July 2016), Frage 70, S. 58 mit Verweis auf die Möglichkeit der Heimatbehörde auf Angaben nach Art. 8 Prospektrichtlinie zu verzichten oder auf den Wegfall der Notwendigkeit gemäß Art. 23 Abs. 4 EU-ProspektVO, wenn die entsprechende Information im Hinblick auf den Emittenten oder dem angebotenen Wertpapier nicht angemessen erscheint; zustimmend *Heidelbach*, in: Schwark/Zimmer, KMRK, § 8 WpPG Rn. 1. Der deutsche Gesetzgeber hat dies in § 8 Abs. 4 WpPG entsprechend umgesetzt, freilich wie in § 1 Abs. 2 Nr. 2 und 3 WpPG mit der Erweiterung auf EWR-Mitgliedstaaten.

37 Mit dem Binnenmarkt vereinbar sind u. a. Beihilfen sozialer Art an einzelne Verbraucher ohne Diskriminierung oder solche zur Beseitigung von Schäden aufgrund von Naturkatastrophen oder sonstiger außergewöhnlicher Ereignisse. Vereinbar können auch sein Beihilfen zur Förderung der wirtschaftlichen Entwicklung von bestimmten Gebieten oder gewisser Wirtschaftszweige, Förderung wichtiger Vorhaben von gemeinsamen europäischen Interesse oder zur Behebung einer beträchtlichen Störung im Wirtschaftsleben, vgl. *Cremer*, in: Callies/Ruffert, EUV/AEUV, 4. Aufl. 2011, Art. 107 AEUV Rn. 40 ff., 45 ff. m. w. N.

des Informationsbedarfs eines potentiellen Investors nicht erforderlich. Ohnehin begeben diese Emittenten in der Regel lediglich (großvolumige) einfach strukturierte Schuldverschreibungen (*plain vanilla*) und aus der Natur der Sache insbesondere keine Aktien (vgl. Anhang I), aber auch keine *Asset-backed-Securities* (vgl. Anhang VII) o.Ä. Eine Differenzierung wäre daher eher künstlich.

IV. Verhältnis zu Art. 20 EU-ProspektVO

Im Falle einer Garantie durch einen Staat, der Mitglied der EU und der OECD ist, käme grundsätzlich die Anwendbarkeit sowohl von Art. 19 als auch von Art. 20 in Betracht. In den Fällen einer EU-Mitgliedschaft geht jedoch nach Auffassung der ESMA Art. 19 mit Anhang XVI als *lex specialis* vor.[38] Das Gleiche muss auch gelten, wenn ein EWR-Mitgliedstaat die Garantie übernommen hat, da nach dem EWR-Vertrag die Prospektrichtlinie/EU-ProspektVO auch ohne explizite Erwähnung für die EWR-Staaten gilt.[39]

26

Umgekehrt findet Art. 20 (und nicht Art. 19) Anwendung, wenn es sich um eine Emission von (i) internationalen öffentlichen Organisationen, die ein *Opt-in* gemäß Art. 1 Abs. 3 Prospektrichtlinie bzw. § 1 Abs. 3 WpPG gewählt haben, oder (ii) die von einem Staat garantiert werden, der OECD-Mitglied, aber kein EU/EWR-Mitglied ist, handelt.[40]

27

---

38 ESMA-Questions and Answers – Prospectuses (25th Updated Version – July 2016), Frage 70, S. 57.
39 Vgl. Art. 7 und 36 Abs. 2 i.V.m. Anhang IX Ziff. 29b vom 29.4.2004 Agreement on the European Economic Area, ABl. EG Nr. L 106 vom 3.1.1994, zuletzt geändert am 29.4.2004, ABl. EG Nr. L 130, S. 11, der Anhang IX findet sich im ABl. EG Nr. L 349 vom 25.11.2004, S. 30.
40 *Heidelbach*, in: Schwark/Zimmer, KMRK, § 1 WpPG Rn. 30.

Artikel 20
Schema für das Registrierungsformular für internationale öffentliche Organisationen und für Emittenten von Schuldtiteln, deren Garantiegeber ein OECD-Mitgliedstaat ist

(1) Beim Registrierungsformular für Wertpapiere, die von internationalen öffentlichen Organisationen ausgegeben werden, und für Wertpapiere, die kraft nationaler Rechtsvorschriften uneingeschränkt und unwiderruflich durch einen Staat, der Mitglied der OECD ist, garantiert werden, werden die Angaben gemäß dem in Anhang XVII festgelegten Schema zusammengestellt.

(2) Das Schema gilt für:
- alle von internationalen Organisationen ausgegebenen Arten von Wertpapieren;
- Wertpapiere, die kraft nationaler Rechtsvorschriften uneingeschränkt und unwiderruflich durch einen Staat, der Mitglied der OECD ist, garantiert werden.

Übersicht

	Rn.		Rn.
I. Regelungsgegenstand	1	2. Garantie durch OECD-Mitgliedstaat	12
1. Praktische Relevanz des Opt-in	3	a) OECD-Mitgliedstaat	12
2. Erfüllung von Markterwartungen als Argument für die Prospekterstellung	4	b) Anforderungen an die Garantie	13
3. Prospektpflicht aufgrund Zulassung zum Handel an einem regulierten Markt	5	aa) Uneingeschränkt und unwiderruflich	13
4. Verhältnis zu Art. 19 ProspektVO	6	bb) Kraft nationaler Rechtsvorschriften	15
II. Begriffsbestimmungen	7	III. Anwendungsbereich	17
1. Internationale öffentliche Organisationen	7		

I. Regelungsgegenstand

1 Art. 20 verweist auf den anwendbaren Anhang für die Erstellung des Registrierungsformulars für Wertpapiere, die von internationalen öffentlichen Organisationen ausgegeben werden, und für Wertpapiere, die kraft nationaler Vorschriften durch einen OECD-Mitgliedstaat garantiert werden. Für solche Emissionen ergeben sich die Anforderungen aus dem Schema in Anhang XVII. Art. 20 Abs. 2 konstatiert im Wesentlichen noch einmal klarstellend, dass Anhang XVII für alle von den in Absatz 1 genannten Emittenten ausgegebenen Arten von Wertpapieren gilt.

2 Im Hinblick auf die internationalen öffentlichen Organisationen, bei denen ein EU/EWR-Mitgliedstaat beteiligt ist, und Wertpapieren, die von einem EU/EWR-Mitgliedstaat garantiert werden, mag der Anwendungsbereich des Art. 20 *prima facie* unter Berücksichtigung

I. Regelungsgegenstand **Artikel 20**

von Art. 1 Abs. 2 Buchst. b) und d) Prospektrichtlinie ein wenig überraschen. Danach wird die Transparenz und vor allem die Bonität dieser Emittenten so hoch eingeschätzt, dass diese aus dem Anwendungsbereich der Prospektrichtlinie fallen und damit von der Prospektpflicht *per se* befreit werden. **Von Bedeutung ist Art. 20** aber für Emissionen von an sich prospektbefreiten internationalen öffentlichen Organisationen, die sich entschieden haben, freiwillig einen Prospekt zu erstellen (sog. *Opt-in* gemäß Art. 1 Abs. 3 Prospektrichtlinie bzw. § 1 Abs. 3 WpPG), sowie bei Wertpapieren, die von einem OECD-Mitgliedstaat (der nicht zugleich EU/EWR-Mitglied ist) garantiert werden.

1. Praktische Relevanz des Opt-in

Im Hinblick auf Art. 1 Abs. 3 Prospektrichtlinie, nach dem der Emittent bei den dort genannten Emissionen sich auch freiwillig der Prospektrichtlinie unterwerfen kann (*Opt-in*), ist die Regelung dieser Konstellationen sinnvoll. Ein *Opt-in* könnte nach Ansicht von CESR insbesondere dann in Betracht kommen, wenn der Emittent die Vorteile des Europäischen Passes, d. h. die europaweite Verwendung eines Prospekts, in Anspruch nehmen möchte.[1] Die **Möglichkeit des Opt-in ist erforderlich**, da die Mitgliedstaaten bei der Regulierung von nach Art. 1 Abs. 2 Prospektrichtlinie von deren Anwendungsbereich ausgenommenen Emissionen frei waren. Infolgedessen könnte es zu unterschiedlichen Regelungen innerhalb der EU kommen.[2] Daher kann der Emittent durch das *Opt-in* sicherstellen, dass er mit einem Prospekt seiner Prospektpflicht für ein europaweites Angebot gerecht wird (vgl. dazu Art. 19 Rn. 7). Allerdings ist zu konzedieren, dass die Konstellationen der internationalen öffentlichen Organisationen, an denen ein EU/EWR-Mitgliedstaat beteiligt ist, und die von EU/EWR-Mitgliedstaaten garantieren Wertpapiere (zur vorrangigen Anwendbarkeit des Art. 19 für die zuletzt Genannten, Art. 19 Rn. 26), soweit ersichtlich, weitgehend auch in den nationalen Umsetzungen der Prospektrichtlinie in den jeweiligen Mitgliedstaaten vom Anwendungsbereich ausgenommen sind.[3] Diese Emittenten könnten daher ohnehin weitgehend europaweit prospektfrei öffentlich anbieten und nehmen diese Möglichkeit im Zweifel auch in Anspruch. Die Erstreckung des Art. 20 auf die nach Art. 1 Abs. 2 Buchst. b) und d) Prospektrichtlinie ausgenommenen Emissionen ist aber trotzdem vor dem Hintergrund des *Opt-in* sinnvoll, da es sachlich nicht zu rechtfertigen wäre, dass derartige Emittenten (im Vergleich zu den anderen von Art. 20 erfassten Emittenten) strengeren Anforderungen bei der Prospektgestaltung ausgesetzt wären, wenn

3

---

1 Vgl. für öffentlich-rechtliche Emittenten allgemein CESR, Advice on Level 2 implementing measures for the Prospectus Directive, Ref. CESR/03-399 von Dezember 2003, III.2 Tz. 40; zustimmend *Breuer*, in: Holzborn, WpPG, Art. XVI EU-ProspektVO Rn. 3; *Kunold/Schlitt*, BB 2004, 501, 503; *Holzborn/Schwarz-Gondek*, BKR 2003, 927, 929.
2 Vgl. European Securities and Markets Authority (ESMA), Questions and Answers – Prospectuses (25th Updated Version – July 2016), Frage 70, S. 57.
3 Vgl. z. B. Section 85 Abs. 5 i.V.m. Schedule 11A No. 2 des Financial Services and Markets Act 2000 im Vereinigten Königreich; § 1.1.2.1 Section 1:2 des die Prospektrichtlinie umsetzenden Finanzaufsichtsgesetzes (*Wet op het financieel toezicht*) in den Niederlanden; § 8 Abs. 1 b) und d) des Umsetzungsgesetzes zur Prospektrichtlinie (*Prospectus (Directive 2003/71/EC) Regulation 2005*) in Irland. Eingeschränkt § 3 Abs. 1 Nr. 1a und 2 Kapitalmarktgesetz in Österreich. Anders in Luxemburg, wo solche Emissionen unter Teil III des dortigen Umsetzungsgesetzes der Prospektrichtlinie fallen, dazu die Kommentierung bei Anhang XVI EU-ProspektVO Rn. 39. Für Deutschland siehe § 1 Abs. 2 Nr. 2 und 3 WpPG, vgl. Begr. RegE Prospektrichtlinie-Umsetzungsgesetz, BT-Drucks. 15/4999, S. 27.

Artikel 20 Schema für das Registrierungsformular

sie sich für eine Prospekterstellung nach der Prospektrichtlinie bzw. EU-ProspektVO entscheiden sollten.

2. Erfüllung von Markterwartungen als Argument für die Prospekterstellung

4 Ein Emittent könnte gewisse Markterwartungen erfüllen wollen und deswegen einen Prospekt freiwillig nach den Anforderungen der Prospektrichtlinie bzw. der EU-ProspektVO erstellen. Die **Anforderungen an den Prospekt** nach Anhang XVII für Emittenten im Sinne des Art. 20 sind indes den von diesen Emittenten vor Geltung der Prospektrichtlinie erstellten Prospekten nachgebildet. Gewisse Markterwartungen an die Dokumentation ließen sich demnach auch durch Prospekte erfüllen, die nicht im expliziten Einklang mit der EU-ProspektVO stehen (vgl. dazu die Paralleldiskussion bei Art. 19 Rn. 9). In der Regel lässt sich daher konstatieren, dass Emittenten, die aus dem Anwendungsbereich der Prospektpflicht fallen, dieses Privileg auch in Anspruch nehmen. Entscheidet sich ein Emittent dagegen für ein *Opt-in*, gilt der komplette Regelungsbereich der EU-ProspektVO mit allen Verpflichtungen (vgl. § 1 WpPG Rn. 36).[4]

3. Prospektpflicht aufgrund Zulassung zum Handel an einem regulierten Markt

5 Aus deutscher Sicht besteht **gemäß § 32 Abs. 3 Nr. 2 BörsG keine Prospektpflicht** nach der Prospektrichtlinie unter den Anforderungen der EU-ProspektVO für die Börsenzulassung von Wertpapieren an einem regulierten Markt, für die nach §§ 1 Abs. 2, 4 Abs. 2 WpPG kein Prospekt veröffentlicht werden muss. Internationale öffentliche Organisationen oder Wertpapiere, die von einem EU/EWR-Mitgliedstaat garantiert werden, benötigen daher keinen Prospekt für die Zulassung zum regulierten Markt. Eine automatische Zulassung *qua* Gesetz nach § 37 BörsG besteht allerdings für die unter Art. 20 fallenden Emittenten nicht, da dieser lediglich für Schuldverschreibungen des Bundes, seiner Sondervermögen, seiner Bundesländer sowie von EU-/EWR-Mitgliedstaaten zur Anwendung kommt.

4. Verhältnis zu Art. 19 ProspektVO

6 Art. 20 ist als *lex specialis* gegenüber Art. 19 für die Fälle anzusehen, bei denen der Garant ein OECD-Staat und nicht zugleich ein EU/EWR-Mitgliedstaat ist und bei Emissionen von internationalen öffentlichen Organisationen, die einen *Opt-in* gemäß Art. 1 Abs. 3 Prospektrichtlinie bzw. § 1 Abs. 3 WpPG gewählt haben (zum Verhältnis auch Art. 19 Rn. 26 f.).

---

[4] ESMA-Questions and Answers – Prospectuses (25th Updated Version – July 2016), Frage 70, S. 57; zustimmend *Spindler*, in: Holzborn, WpPG, § 1 Rn. 32; *von Kopp-Colomb/Witte*, in: Assmann/Schlitt/von Kopp-Colomb, WpPG, § 1 WpPG Rn. 67, 69; *Groß*, Kapitalmarktrecht, § 2 WpPG Rn. 9; *Ritz/Zeising*, in: Just/Voß/Ritz/Zeising, WpPG, § 1 Rn. 51; a. A. *Heidelbach*, in: Schwark/Zimmer, KMRK, § 1 WpPG Rn. 31.

II. Begriffsbestimmungen

1. Internationale öffentliche Organisationen

Es muss sich zunächst um eine Emission einer internationalen öffentlichen Organisation handeln. Nach Art. 2 Nr. 8 ist eine **„öffentliche internationale Einrichtung"**[5] eine durch einen internationalen Vertrag zwischen souveränen Staaten gegründete juristische Person öffentlicher Natur, zu deren Mitgliedern ein oder mehrere Mitgliedstaaten zählen.[6] Demnach ist die Beteiligung von mindestens einem EU-Mitgliedstaat an der Organisation erforderlich; nach dem EWR-Vertrag gilt die Prospektrichtlinie/EU-ProspektVO indes auch ohne explizite Erwähnung für die EWR-Staaten, so dass auch die Beteiligung eines EWR-Mitgliedstaats genügt.[7] Der deutsche Gesetzgeber hat dies in § 1 Abs. 2 Nr. 2 WpPG im Rahmen der Ausnahmen zur Prospektpflicht entsprechend ausdrücklich umgesetzt.

Die Legaldefinition lässt offen, welche **Beteiligungshöhe der EU/EWR-Mitgliedstaat** erreichen muss. Entscheidend ist aber, dass die internationale öffentliche Organisation einen eigenen, von dem beteiligten EU/EWR-Mitgliedstaat unabhängigen Hoheitsbereich besitzt.[8] Vor dem Hintergrund, dass die Privilegierungen der Vorschrift auf der angenommenen hohen Bonität von EU/EWR-Mitgliedstaaten beruhen, muss die Beteiligung des Mitgliedstaats eine substantielle Höhe erreichen, damit diese Bonität sich auch auf das Kreditrisiko beim Emittenten positiv auswirken kann. Dies offenbart bereits die Schwierigkeit des Abs. 1 1. Alt, der eine Privilegierung allein mit einer bloßen Beteiligung am Emittenten begründet. Eigentlich würde lediglich eine eigene Zahlungsverpflichtung des beteiligten EU/EWR-Mitgliedstaats das Kreditrisiko des Anlegers reduzieren.[9] Eine für Art. 20 relevante Beteiligung liegt daher vor, wenn diese eine Einflussnahme auf die Geschäftsführung ermöglicht und/oder eine Einstandspflicht bzw. zumindest eine Einstandswahrscheinlichkeit durch den Mitgliedstaat besteht; analog §§ 16 ff. AktG sollte eine **Möglichkeit der Einflussnahme** bei einer Mehrheitsbeteiligung von mindestens fünfzig Prozent der

---

5 Es ist im Rahmen einer systematischen Auslegung davon auszugehen, dass Art. 20 mit dem Terminus „internationale öffentliche Organisationen" eigentlich die legaldefinierte „Öffentliche internationale Einrichtung" aus Art. 2 Nr. 8 meinte. Im Übrigen werden auch mit „internationale Organismen öffentlich-rechtlicher Art" i. S. d. Art. 1 Abs. 2 Prospektrichtlinie die gleichen Institutionen adressiert; vgl. als Indiz auch die englischen Fassungen, die jeweils einheitlich von *„Public International Body"* sprechen.
6 Weitergehend noch *Breuer*, in: Holzborn, WpPG, Anhang XVII EU-ProspektVO Rn. 6, die die Beteiligung von „anderen zwischenstaatlichen Einrichtungen, die Völkerrechtssubjekt sind", ohne Beispiele für diese Organisationen zu nennen, genügen lässt.
7 Dazu Art. 7 und 36 Abs. 2 i.V.m. Anhang IX Ziff. 29b vom 29.4.2004 Agreement on the European Economic Area, ABl. EG Nr. L 106 vom 3.1.1994, zuletzt geändert am 29.4.2004, ABl. EG Nr. L 130, S. 11, der Anhang IX findet sich im ABl. EG Nr. L 349 vom 25.11.2004, S. 30.
8 Vgl. *Schmidt-Bleibtreu/Klein*, GG, 10. Aufl. 2004, Art. 24 Rn. 3 ff.
9 CESR ging davon aus, dass unter Art. 20 fallende Emittenten bereits ein hohes Kreditrating mindestens einer der drei großen Ratingagenturen besitzen, die Wertpapiere unwiderruflich und uneingeschränkt von den bei ihnen beteiligten Staaten garantiert werden oder die zulässigen Darlehensverbindlichkeiten des Emittenten an die Beteiligungshöhe des jeweiligen EU/EWR-Mitgliedstaats gekoppelt sind, CESR, Advice on Level 2 implementing measures for the Prospectus Directive, Ref: CESR/03-399 von Dezember 2003, III.2 Tz. 50; siehe auch *Breuer*, in: Holzborn, WpPG, Anhang XVII EU-ProspektVO Rn. 6. Dies hat sich aber nicht vollends auf den Wortlaut des Art. 20 niedergeschlagen.

Artikel 20 Schema für das Registrierungsformular

Stimmrechte vermutet werden können. Inwieweit auch andere Möglichkeiten der Einflussnahme, wie personelle Verflechtungen oder wirtschaftliche Abhängigkeit des Emittenten vom Mitgliedstaat, (kumulativ) auch unterhalb einer Mehrheitsbeteiligung relevant sein könnten,[10] müsste im Einzelfall geprüft werden. Die Anforderungen daran sollten eher hoch sein, da der Wortlaut „Mitglied" in Art. 2 Nr. 8 für die alleinige Maßgeblichkeit der Beteiligungshöhe spricht. Eine nach Art. 20 relevante Beteiligung liegt jedenfalls dann vor, wenn den Mitgliedstaat aufgrund einer faktischen Beherrschung des Emittenten zumindest zum Beispiel eine (wenn auch nur im Innenverhältnis bestehende) Nachteilausgleichspflicht nach § 311 AktG oder analog treffen könnte.

9 **Nicht ausreichend** dürfte nach der Definition in Art. 2 Nr. 8 sein, dass ein Mitgliedstaat eine Minderheitsbeteiligung an der Organisation hält, selbst wenn daneben ausschließlich regionale oder lokale Gebietskörperschaften Anteilseigner sind.[11] Dafür hätten die einzelnen staatlichen Untergliederungen entsprechend des Wortlauts von Art. 19 explizit auch in Art. 20 genannt werden müssen. Auch fallen Organisationen, die ausschließlich Finanzierungsgeschäfte mit einem Mitgliedstaat oder dessen regionalen oder lokalen Gebietskörperschaften vornehmen und direkt oder indirekt von einer staatlichen Garantie profitieren, nicht unter den Begriff der „internationalen öffentlichen Organisation".[12] Auch wenn der Kapitalmarkt die hohe Bonität der Schuldner des Emittenten mit einem entsprechenden guten Rating des Emittenten honorieren könnte,[13] so geht der Wortlaut des Art. 2 Nr. 8 doch von einer direkten staatlichen Beteiligung beim Emittenten selbst aus. Hintergrund der Vorschrift ist schließlich auch, dass die Anforderungen an den Prospektinhalt bei solchen Emittenten aufgrund der Transparenz der bereits vorhandenen Informationen über den jeweiligen EU/EWR-Mitgliedstaaten verringert werden können.[14]

10 Unter den Begriff der internationalen öffentlichen Organisationen fallen im Ergebnis nicht nur Institutionen wie EU, Internationaler Währungsfonds (IWF) oder Bank für Internatio-

---

10 Vgl. dazu allgemein statt vieler: BGHZ 90, 381, 397 = NJW 1984, 1893 (BuM/WestLB); BGHZ 121, 137 = NJW 1993, 2114 (WAZ); OLG Düsseldorf, AG 1994, 36 = ZIP 1993, 1791 (Feldmühle Nobel/Stora); *Bayer*, in: MünchKomm-AktG, 3. Aufl. 2008, § 17 Rn. 29 ff. m. w. N.; *Krieger*, in: Münchener Handbuch des Gesellschaftsrechts, Bd. 4: Aktiengesellschaft, 3. Aufl. 2007, § 68 Rn. 42; *Schall*, in: Spindler/Stilz, Kommentar zum AktG, § 17 Rn. 20 ff.

11 Vgl. zum Beispiel die Nederlandse Waterschapsbank N.V. (NWB), an der das Königreich Niederlande zu 17 % und die sog. *Waterschappen* (besondere regionale Selbstverwaltungszonen in den Niederlanden) zu rund 80 % beteiligt sind, dazu der Prospekt der NWB zum EUR 50.000.000.000 *Debt Issuance Programme* vom 10.5.2012, S. 101, oder eingeschränkt die NRW.Bank, an der die Bundesrepublik Deutschland zwar nicht beteiligt ist, für die jedoch das Land Nordrhein-Westfalen nach § 4 NRW.Bank-Gesetz als Gewährträger haftet (Anstaltslast).

12 Wie z. B. die NRW.Bank, die nach § 3 NRW.Bank-Gesetz einen staatlichen Auftrag besitzt, das Land und die Kommunen bei deren öffentlichen Aufgaben insbesondere durch entsprechende Finanzierungsmaßnahmen zu unterstützen, und die Nederlandse Waterschapsbank N.V. (NWB), die zur Finanzierung des öffentlichen Sektors in den Niederlanden gegründet wurde, dazu der Prospekt zum EUR 50.000.000.000 *Debt Issuance Programme* vom 10.5.2012, S. 101 der NWB. In Betracht kommt im Falle einer Garantie dann nur Art. 20 Abs. 1 2. Alt.

13 Die NRW.Bank verfügt z. B. aufgrund der hohen Bonität ihrer Kunden über AA- bis AAA-Rating bei den jeweiligen Ratingagenturen, vgl. der Prospekt der NRW.Bank zum unlimitierten *Debt Issuance Programme* vom 30.4.2014, S. 123; auch die NWB verfügt selbst über ein „AAA"-Rating, Prospekt zum EUR 50.000.000.000 *Debt Issuance Programme* vom 10.5.2012, S. 105.

14 Vgl. zu diesem Gedanken: CESR, Advice on Level 2 implementing measures for the Prospectus Directive, Ref: CESR/03-399 von Dezember 2003, III.2 Tz. 41.

nalen Zahlungsausgleich (BiZ), sondern auch Europarat, Europäische Gemeinschaft für Kohle und Stahl (EGKS), Euratom und Weltbank.[15] Andere hier zu erwähnende Institutionen sind die KfW,[16] Europäische Investitionsbank (EIB), Europäische Bank für Wiederaufbau und Entwicklung (European Bank for Reconstruction and Development), Afrikanische Entwicklungsbank (African Development Bank), Asiatische Entwicklungsbank (Asian Development Bank), Eurofima, Interamerikanische Entwicklungsbank (Inter-American Development Bank), Internationale Bank für Wiederaufbau und Entwicklung (International Bank for Reconstruction and Development), International Finance Corporation, Nordic Investment Bank[17] oder Institute wie die N.V. Bank Nederlandse Gemeenten.

Es lässt sich allerdings feststellen, dass die meisten genannten Institutionen keine prospektrichtlinienkonforme Prospekte erstellen, sondern von der Ausnahme des Anwendungsbereichs nach Art. 1 Abs. 2 Prospektrichtlinie bzw. § 1 Abs. 2 WpPG Gebrauch machen.[18]

2. Garantie durch OECD-Mitgliedstaat

a) OECD-Mitgliedstaat

Die Vorschrift erfasst Wertpapiere, die von einem Mitgliedstaat der Organisation für wirtschaftliche Zusammenarbeit und Entwicklung (OECD) garantiert werden. Mitglieder der OECD sind derzeit 34 Staaten, die im Wesentlichen über hohe Pro-Kopf-Einkommen verfügen. Hintergrund der Sondervorschriften für diese Emissionen ist die **vermutete hohe Bonität** bzw. das durch diese Garantie begründete geringe Kreditrisiko. OECD-Mitgliedstaaten sind vor allem europäische Staaten sowie zum Beispiel die USA, Kanada, Japan, Australien und Neuseeland.

b) Anforderungen an die Garantie

aa) Uneingeschränkt und unwiderruflich

Die Wertpapiere müssen von einem OECD-Mitgliedstaat uneingeschränkt und unwiderruflich garantiert werden. Im Rahmen der Beratungen zur Prospektrichtlinie bzw. EU-ProspektVO ging man davon aus, dass Privilegierungen bei der Prospekterstellung möglich

---

15 *Heidelbach*, in: Schwark/Zimmer, KMRK, § 1 WpPG Rn. 10.
16 Nach § 1 Abs. 2 Satz 2 KfW-Gesetz ist der Bund mit drei Milliarden Euro und die Länder mit siebenhundertfünfzig Millionen Euro am Grundkapital beteiligt; gemäß § 1a KfW-Gesetz haftet der Bund zudem für alle dort spezifizierten Verbindlichkeiten der KfW.
17 Vgl. die nicht abschließende Auflistung bei CESR, Advice on Level 2 implementing measures for the Prospectus Directive, Ref: CESR/03-399 von Dezember 2003, III.3 Tz. 50 in Fn. 5.
18 Siehe das *Offering Circular* zum unlimitierten und seitdem nicht mehr aktualisierten *Debt Issuance Programme* der EIB vom 22.9.2010, das sich auf die Beschreibungen der zu begebenen Wertpapiere und damit direkt zusammenhängende Informationen beschränkt und keine Emittentenbeschreibung enthält; *Simplified Base Prospectus* zum unlimitierten *KfW Note Programme* vom 18.6.2014, das lediglich die Vorgaben von Kapitel 1 und 2 des Abschnitts III des Luxemburger Gesetzes zur Umsetzung der Prospektrichtlinie (*Loi relative aux prospectus pour valeurs mobilières*) und damit ebenfalls nicht die Anforderungen der ProspektVO erfüllt. Siehe auch das Information Memorandum zum USD 1.000.000.000 *Euro Medium Term Note Programme* der Inter-American Investment Corporation vom 3.5.2013. Nach der Prospektrichtlinie ist z. B. der Prospekt zum EUR 90.000.000.000 *Debt Issuance Programme* der N.V. Bank Nederlandse Gemeenten vom 3.7.2013 erstellt.

Artikel 20   Schema für das Registrierungsformular

sein können, wenn ein OECD-Mitglied das Kreditrisiko der Anleihe durch eine wie auch immer geartete Unterstützung der Emission reduziert. Zum einen war man der Ansicht, dass über OECD-Mitgliedstaaten bereits umfangreiche Informationen ohnehin erhältlich sind, die nicht noch einmal in einem Prospekt dargestellt werden müssen. Zum anderen sollte die hohe Bonität, die OECD-Mitglieder in der Regel aufweisen, ein Informationsbedürfnis beim Anleger schmälern, da eine geringe Ausfallwahrscheinlichkeit besteht. Der Begriff „Garantie" ist daher **nicht eng, sondern funktional auszulegen** (vgl. § 1 WpPG Rn. 10).[19] Zu bedenken ist auch, dass der Begriff „Garantie" keine europaweite Bedeutung hat und mithin in den relevanten Rechtsordnungen unterschiedliche Reichweite haben könnte. Daher kann das Zahlungsversprechen auf vielfältige Weise ausgestaltet sein; so kommen insbesondere Garantie, Bürgschaft (§ 765 BGB unter Ausschluss der Einrede der Vorausklage nach § 771 BGB), Schuldbeitritt (§ 311 Abs. 1 BGB) oder abstraktes Schuldversprechen (§ 780 BGB) in Betracht (dazu § 1 WpPG Rn. 12).[20] Auch die wörtliche Bezeichnung als „Garantie" ist nicht erforderlich.

14   Im Hinblick auf das Tatbestandsmerkmal „unwiderruflich und uneingeschränkt" ist allerdings erforderlich, dass ein **direkter Zahlungsanspruch der Wertpapiergläubiger** gegenüber dem Garanten besteht. In der Praxis werden die Zahlungsversprechen daher in der Regel als Vertrag zugunsten Dritter (§ 328 BGB) ausgestaltet, bei denen eventuelle Einwendungen aus dem Verhältnis des Emittenten mit dem Garanten aufgrund der Uneingeschränktheit der Garantie nicht greifen. Die Garantie darf zudem nicht an bestimmte Bedingungen geknüpft und für den Garanten kündbar sein. Es ist hingegen eine **akzessorische Haftung des Garanten** ausreichend, so dass die Zahlungsverpflichtung nicht abstrakt und unabhängig vom Bestehen der Hauptschuld sein muss (vgl. § 1 WpPG Rn. 11).[21]

bb) Kraft nationaler Rechtsvorschriften

15   Das Zahlungsversprechen muss nach dem Wortlaut des Art. 20 „kraft nationaler Rechtsvorschriften" begründet werden. Obwohl Art. 20 zum Teil auf die Ausnahmen zum Anwendungsbereich nach Art. 1 Abs. 2 Prospektrichtlinie Bezug nimmt, wäre nach dem Wortlaut des Art. 1 Abs. 2 Prospektrichtlinie dagegen keine gesetzlich verankerte Garantie erforderlich.[22] Es erscheint zweifelhaft, ob für die Anwendbarkeit des Art. 20 höhere Voraussetzungen an die Garantie gestellt werden sollten, als im Rahmen des Art. 1 Abs. 2 Prospektrichtlinie. Allerdings wird man konzedieren können, dass, zum Beispiel in den Ländern der westlich geprägten Welt, aufgrund des **Rechtsstaatsprinzips** die Gewährung einer Garantie durch den Staat immer aufgrund einer „nationalen Rechtsvorschrift" erfolgen wird.[23] Faktisch dürften Art. 1 Abs. 2 Prospektrichtlinie und Art. 20 also ohnehin die gleichen Garantien erfassen.

---

19   Siehe auch die weite Legaldefinition in § 1 Abs. 1 Nr. 8 KWG; vgl. *Spindler*, in: Holzborn, WpPG, § 1 Rn. 18; *Ritz/Zeising*, in: Just/Voß/Ritz/Zeising, WpPG, § 1 Rn. 21; in diesem Sinne wohl auch Erwägungsgrund 12 der EU-ProspektVO.
20   *Spindler*, in: Holzborn, WpPG, § 1 Rn. 18; a.A. *von Kopp-Colomb/Witte*, in: Assmann/Schlitt/von Kopp-Colomb, WpPG, § 1 Rn. 36, die den Wortlaut eng auslegen.
21   *Ritz/Zeising*, in: Just/Voß/Ritz/Zeising, WpPG, § 1 Rn. 21; a.A. *Spindler*, in: Holzborn, WpPG, § 1 Rn. 18.
22   Vgl. *Ritz/Zeising*, in: Just/Voß/Ritz/Zeising, WpPG, § 1 Rn. 21.
23   Vgl. § 1a KfW-Gesetz, § 1a Gesetz über die Landwirtschaftliche Rentenbank oder das FMStFG, nach dem Hilfspakete für zum Beispiel Aareal Bank AG, Commerzbank AG und Hypo Real Estate

Bei der **Garantie des Finanzmarktstabilisierungsfonds** (FMS oder auch Sonderfonds Finanzmarktstabilisierung SoFFin) kann es sich unter den oben genannten Voraussetzungen um eine Garantie im Sinne des Art. 20 handeln. Die Haftung des SoFFin resultiert dabei aus § 6 Abs. 1 Satz 1 FMStFG, § 2 FMStFV. Allerdings werden beim SoFFin gemäß § 2 Abs. 2 Satz 2 FMStFV die konkreten Bedingungen der Zahlungsverpflichtung des Fonds im Einzelfall festgelegt, so dass die Erfüllung der Voraussetzungen im Einzelfall geprüft werden muss.

III. Anwendungsbereich

Abs. 2 stellt fest, dass im Falle von Emissionen von internationalen öffentlichen Organismen oder von OECD-Mitgliedstaaten garantierten Schuldtiteln nicht nach der Art der emittierten Wertpapiere differenziert wird und sich daher die Anforderungen an das Registrierungsformular immer nach Anhang XVII richten. Dafür könnte man anführen, dass die Privilegierung bei der Prospekterstellung bei diesen Emissionen allein auf der angenommenen hohen Bonität des Schuldners und den bereits in der Öffentlichkeit hinreichend verfügbaren Informationen über den Emittenten basiert. Dadurch ist der Grad des Informationsbedarfs des potentiellen Investors nicht so sehr vom Risikoprofil des angebotenen Wertpapiers abhängig und eine Differenzierung nach der konkret begebenen Schuldverschreibung nur von sekundärer Bedeutung. Praktisch relevant für diese Emittenten sind aber ohnehin lediglich (großvolumige) einfach strukturierte Nichtdividendenwerte.

Bank AG geschnürt worden waren; zum FMStFG sogleich. Außerhalb Deutschlands z. B. die Garantie des Königreichs Spanien für die Verbindlichkeiten unter dem EUR 100.000.000.000 *Global Medium Term Note Programme* vom 6.11.2012 des Instituto de Crédito Oficial.

Artikel 20a
Zusätzliches Angabemodul für die Zustimmung gemäß Artikel 3 Absatz 2 der Richtlinie 2003/71/EG

(1) Für die Zwecke des Artikel 3 Absatz 2 Unterabsatz 3 der Richtlinie 2003/71/EG enthält der Prospekt folgende Angaben:

a) die zusätzlichen Informationen gemäß Anhang XXX Abschnitte 1 und 2A, wenn ein oder mehrere spezifische Finanzintermediäre die Zustimmung erhalten;

b) die zusätzlichen Informationen gemäß Anhang XXX Abschnitte 1 und 2B, wenn der Emittent oder die für die Erstellung des Prospekts zuständige Person sich dafür entscheiden, allen Finanzintermediären die Zustimmung zu erteilen.

(2) Hält ein Finanzintermediär die im Prospekt veröffentlichten Bedingungen, an die die Zustimmung gebunden ist, nicht ein, ist gemäß Artikel 3 Absatz 2 Unterabsatz 2 der Richtlinie 2003/71/EG ein neuer Prospekt zu erstellen.

Übersicht

	Rn.		Rn.
I. Überblick	1	2. Zustimmung an spezifische Finanzintermediäre	21
II. Hintergrund der Vorschrift	3	3. Zustimmung an alle Finanzintermediäre	27
1. Ausgangspunkt vor der Änderungsrichtlinie 2010/73/EU	3	4. Zeitliche Beschränkung der Zustimmung	30
2. Fragen der Prospektpflicht	7	**IV. Einhaltung der Bedingungen (Abs. 2)**	33
a) Weiterplatzierung über eine Vertriebskaskade (*Retail Cascade*)	8	1. Marktübliche Bedingungen für die Zustimmungserteilung	34
b) Begriff des Finanzintermediärs	10	a) Herkömmliche Schuldverschreibungen	34
c) Prospektpflicht des Emittenten und des Anbieters für Weiterplatzierungen	12	b) Empfehlung des Deutschen Derivate Verbands und der Deutschen Kreditwirtschaft	38
d) Prospekthaftung durch den Emittenten/Prospektveranlasser	16	2. ICMA-Empfehlung von September 2015	40
III. Erteilung einer Zustimmung (Abs. 1)	19	3. Rechtsfolge der Nichteinhaltung von Bedingungen	42
1. Spannungsfeld zwischen Platzierungserfolg und Prospekthaftungs- und Nachtragspflicht	19		

I. Überblick

1 Die Vorschrift konkretisiert die Erteilung der Zustimmung zur Verwendung eines Prospekts gemäß Art. 3 Abs. 2 Unterabs. 3 Prospektrichtlinie[1] durch den Emittenten oder der Person, die für den Prospekt verantwortlich ist. Bei einer Anleiheemission gibt der Emit-

---

[1] In der deutschen Umsetzung in § 3 Abs. 3 WpPG ist richtigerweise von einer Einwilligung i. S. d. § 183 Satz 1 BGB die Rede, vgl. dazu die Kommentierung bei § 3 WpPG Rn. 44.

tent die Schuldverschreibungen in der Regel nicht direkt an den Endinvestor aus, sondern platziert die Anleihe an ein Bankenkonsortium, das die Weiterveräußerung über eine Vertriebskette von mehreren Finanzintermediären bewerkstelligt (**Vertriebskaskade** – *Retail Cascade*, dazu Rn. 3). Würde der Prospektverantwortliche den in dieser Vertriebskette folgenden Finanzintermediären keine Zustimmung zur Prospektverwendung erteilen, müssten diese bei jeder Weiterveräußerung die Prospektpflicht nach Art. 3 Abs. 2 Unterabs. 2 Prospektrichtlinie bzw. § 3 Abs. 2 Satz 2 WpPG prüfen und gegebenenfalls **einen eigenen Prospekt erstellen und billigen lassen**. Absatz 1 verweist auf die in Bezug auf die Zustimmung erforderlichen Angaben, die im Prospekt enthalten sein müssen und sich im Einzelnen aus Anhang XXX ergeben. Art 20a differenziert dabei zwischen einer Zustimmung an spezifische Finanzintermediäre (Buchst. a)) und einer solchen an alle Finanzintermediäre (Buchst. b)). Absatz 2 statuiert, dass ein neuer Prospekt zu erstellen ist, sollte der Finanzintermediär nicht alle im Prospekt enthaltenen Bedingungen einhalten.

Das Erfordernis der Erteilung der Zustimmung zur Verwendung des Prospekts ist mit der Änderungsrichtlinie 2010/73/EU zur Prospektrichtlinie neu eingefügt worden und soll insbesondere ein „**Level playing field**" innerhalb der EU-Mitgliedstaaten ermöglichen. Denn die Frage der Prospektpflicht war von den Mitgliedstaaten auf den einzelnen Stufen der Vertriebskaskade in Nuancen in den jeweiligen lokalen Gesetzen ursprünglich unterschiedlich umgesetzt worden (dazu sogleich). 2

II. Hintergrund der Vorschrift

1. Ausgangspunkt vor der Änderungsrichtlinie 2010/73/EU

Nach deutscher Rechtslage vor den Änderungen gemäß der Änderungsrichtlinie 2010/73/EU zur Prospektrichtlinie war die Weiterveräußerung im Hinblick auf eine Prospektpflicht unproblematisch, da in der deutschen Umsetzung des § 3 Abs. 1 Satz 2 WpPG a. F. statuiert war, dass eine Prospektpflicht nicht gelte, wenn „ein Prospekt nach dem WpPG bereits veröffentlicht worden ist". Danach war für den Weitervertrieb im Wege des öffentlichen Angebots nach Abschluss der ursprünglichen Platzierung an die im Orderbuch des Bankenkonsortiums befindlichen Erwerber (**Primärmarktplatzierung**)[2] keine Veröffentlichung 3

---

[2] Der Begriff „Primärmarkt" ist gesetzlich nicht definiert und wird uneinheitlich verwendet. Darunter wird zumeist die Phase von der Begebung der Anleihe bis zur Veräußerung an die im Orderbuch des Bankenkonsortiums befindlichen Erwerber verstanden, vgl. *Hartwig-Jacob*, Die Vertragsbeziehungen und die Rechte der Anleger bei internationalen Anleiheemissionen, 2001, S. 12; *Seiler/Kniehase*, in: Schimansky/Bunte/Lwowski, KMRK, Vor § 104 Rn. 20 ff.; *Oulds*, in: Kümpel/Wittig, Bank- und Kapitalmarktrecht, Rn. 14.63 ff. Nach anderer Ansicht könnte die Primärmarktphase erst enden, wenn (i) die Anleihe zum Börsenhandel zugelassen ist (so offenbar *Beck*, in: Schwark/Zimmer, Kapitalmarkrechts-Kommentar, § 1 BörsG Rn. 2; *Lehmann*, in: MünchKomm-BGB, Bd. 11, Internationales Finanzmarktrecht, Rn. 37, freilich jeweils ohne Hinweis darauf, wie die Abgrenzung zum Sekundärmarkt erfolgen soll, wenn die Schuldverschreibungen nicht zum Handel zugelassen sind) oder (ii) der Endinvestor die Schuldverschreibung erworben hat, d. h. ein Erwerber, der das Ziel des Investments und nicht eine Weiterveräußerung als Intermediär verfolgt (*Bosch/Groß*, Emissionsgeschäft, 2. Aufl. 2000, Rn. 10/1). Zu Überlegungen den Terminus „Primärmarkt" im Rahmen der Novellierung der EU-ProspektRL zu definieren: Art. 4 Satz 2 Änderungsrichtlinie 2010/73/EU; ESMA response to the European Commission consultation on the review of the Prospectus Directi-

Artikel 20a   Zusätzliches Angabemodul für die Zustimmung

eines weiteren Prospekts erforderlich. Dies hatte gerade für den bei dem Vertrieb von Anleiheemissionen an Privatanleger in Deutschland besondere praktische Relevanz. Insbesondere bei den Mitgliedern der sog. Finanzverbünde (Genossenschaftsbanken sowie Institute des Deutschen Sparkassen- und Giroverbands) werden Schuldverschreibungen häufig zunächst von den jeweiligen Spitzenorganisationen des Verbunds erworben, um sie sodann über die Mitglieder des Verbunds an deren Privatkunden zu vertreiben. Erst diese Kunden erwerben die Anleihe als eigene Geldanlage und beabsichtigen gegebenenfalls, in diesem Wertpapier bis zu dessen Endfälligkeit investiert zu bleiben (sog. **Endinvestor**). Diese Folge von Weiterveräußerungen wird als **Vertriebskette oder Vertriebskaskade** (*Retail Cascade*) bezeichnet. Hintergrund der alten Fassung des § 3 Abs. 1 Satz 2 WpPG war die Annahme, dass nach dem Ende des Angebots die Sekundärmarkttransparenz für hinreichende und aktualisierte Informationen Sorge tragen sollte.[3] Freilich überzeugte diese Überlegung, wenn überhaupt, nur bei einer Zulassung zum Handel an einem regulierten Markt; zudem greifen die *Ad-hoc*-Publizität nach § 15 WpHG und die Nachtragspflicht gemäß § 16 WpPG nicht zwingend parallel ein.[4]

4   Anders als in Deutschland war die Rechtslage aber zum Beispiel im **Vereinigten Königreich**. Die im WpPG enthaltene Regelung fehlte dort, so dass für jede einzelne Vertriebsstufe grundsätzlich ein neuer Prospekt erstellt werden musste. Um eine vollständige Vertriebskette zu ermöglichen und die Erstellung eines neuen Prospekts für die Weiterveräußerung zu vermeiden (vgl. dazu Rn. 12), hätte daher der für die Primärmarktplatzierung verwendete Prospekt bereits alle nach der EU-ProspektVO erforderlichen Angaben enthalten müssen, wie sämtliche in der Vertriebskette involvierten Finanzintermediäre und sonstige Angaben nach Anhang V Ziff. 5 wie Bedingungen und Zeitplan des Angebots, Aufteilung und Zuteilung der Wertpapiere oder auch die jeweiligen Preisfestsetzungen der nachfolgenden Weiterplatzierungen.[5] Selbstredend sind diese Angaben aber in der Regel in Bezug auf die Weiterveräußerungen anfangs noch gar nicht bekannt und sollen demnach durch den jeweiligen Intermediär bekanntgegeben werden können.

5   Bereits im Jahre 2007 hat die **United Kingdom Listing Authority** deshalb in einer Veröffentlichung[6] darauf hingewiesen, dass verschiedene Angaben nach Art. 23 Abs. 4 nicht in den Prospekt aufgenommen werden müssten, wenn dies nicht angemessen erscheine. Dann müsse aber im Prospekt ein Hinweis enthalten sein, dass der Investor überprüfen müsse, ob sein Verkäufer mit dem Emittenten zusammenarbeitet und zur Prospektverwendung befugt

---

ve, Dok. 2015/ESMA/857 v. 13.5.2015, Ziff. 66, S. 15. Im aktuellen Entwurf des EU-Rats zur neuen EU-ProspektVO ist eine Definition indes bisher nicht vorgesehen, vgl. Proposal for a Regulation of the European Parliament and of the Council on the prospectus to be published when securities are offered to the public or admitted to trading, Dok. 2015/0268 (COD) v. 3.6.2016.

3 *Müller*, Kommentar zum WpPG, in: Das Deutsche Bundesrecht (III H 39), Juli 2012, § 3 Rn. 1.
4 Zum Verhältnis von § 15 WpHG und § 16 WpPG: *Oulds*, WM 2011, 1452, 1456 ff. m. w. N.
5 Hierzu *Burn/Wells*, Capital Markets Law Journal 2007, 263, 270; *Schneider/Haag*, Capital Markets Law Journal 2007, 370, 379; *Oulds*, WM 2008, 1573, 1580.
6 United Kingdom Listing Authority („UKLA") in List! Nr. 16 vom Juli 2007, S. 11; zum Ganzen: § 90 Financial Services and Markets Act 2000.

II. Hintergrund der Vorschrift **Artikel 20a**

ist. Sollte dies nicht der Fall sein, sollte der Anleger dann auch keine Ansprüche gegenüber dem Emittenten aus einem fehlerhaften Prospekt geltend machen können.[7]

Die Unterschiede in den nationalen Umsetzungen waren **nicht mit dem Harmonisierungsgedanken der EU** vereinbar. Geeinigt hat man sich daher im Rahmen der Änderungsrichtlinie zur Prospektrichtlinie letztlich auf die im Wesentlichen im Vereinigten Königreich bereits vorher praktizierte Formulierung und hat nun statuiert, dass zur Vermeidung der Prospekterstellung die Zustimmung des Emittenten erforderlich ist. Das WpPG ist dahingehend zum 1. Juli 2012 entsprechend angepasst und der § 3 Abs. 1 Satz 2 WpPG a. F. gestrichen worden (dazu § 3 WpPG Rn. 44). Als positiv hieran ist die Verpflichtung des Emittenten anzusehen, solange öffentliche Angebote der Wertpapiere erfolgen und die Zustimmung der Prospektverwendung fortbesteht, den Prospekt über Nachträge im Sinne des § 16 WpPG aktuell und vollständig halten zu müssen. Dies ist gerechtfertigt, da der Emittent eventuellen Anpassungsbedarf beim Prospekt am besten einzuschätzen vermag (vgl. Rn. 16 ff.).

6

2. Fragen der Prospektpflicht

Nach Art. 3 Abs. 2 Unterabs. 2 Satz 1 Prospektrichtlinie ist grundsätzlich bei jeder Weiterplatzierung der Wertpapiere die Prospektpflicht für das öffentliche Angebot zu prüfen. Auch bei einer Weiterplatzierung ist mithin die **Definition des öffentlichen Angebots** aus Art. 2 Abs. 1 Buchst. d) Prospektrichtlinie bzw. § 2 Nr. 4 WpPG als Maßstab anzusetzen (zum Begriff § 2 WpPG Rn. 29 ff.). Nach Art. 3 Abs. 2 Prospektrichtlinie bzw. § 3 Abs. 3 WpPG ist aber bei einer Weiterplatzierung und jeder endgültigen Platzierung von Wertpapieren durch Finanzintermediäre, kein weiterer Prospekt erforderlich, wenn ein gültiger Prospekt (Art. 9 Prospektrichtlinie bzw. § 9 WpPG) sowie die Zustimmung des Emittenten bzw. Prospektverantwortlichen zur Prospektverwendung vorliegt.

7

a) Weiterplatzierung über eine Vertriebskaskade (Retail Cascade)

In der Praxis erfolgt der Vertrieb weiterhin insbesondere bei Nichtdividendenwerten an nicht-institutionelle Investoren (*Retail*) oft nicht direkt im Rahmen der Primärmarktplatzierung, sondern über die Vertriebskaskade (ausführlich Rn. 3). Die Weiterveräußerungen erfolgen dabei im Regelfall zu unterschiedlichen Konditionen, insbesondere zu unterschiedlichen Verkaufspreisen.[8]

8

Charakteristisch für die Retailkaskade ist auch, dass die Primärmarktplatzierung typischerweise von der Prospektpflicht nach zum Beispiel Art. 3 Abs. 2 Satz 1 Buchst. a) Prospekt-

9

---

[7] UKLA in List! Nr. 16 vom Juli 2007, S. 11. Das Committee of European Securities Regulators („CESR"), in CESR/07-852 (FAQ) vom 20.12.2007, Q&A Nr. 51, S. 31 ff., bestätigte diesen Ansatz; mit der Einfügung der Regelung in der Änderungsrichtlinie 2010/71/EU zur Prospektrichtlinie hat die Nachfolgeorganisation European Securities and Markets Authority (ESMA) die entsprechende Stellungnahme im Juli 2012 aus seinen FAQ entfernt, vgl. ESMA-Questions and Answers, vom 23.7.2012, ESMA/2012/468, Q&A Nr. 56, S. 45 und Erwägung Nr. 11, S. 8.
[8] *Zeising*, in: Just/Voß/Ritz/Zeising, WpPG, § 3 WpPG Rn 71; *Oulds*, WM 2011, 1452, 1454.

Artikel 20a Zusätzliches Angabemodul für die Zustimmung

richtlinie bzw. § 3 Abs. 2 Satz 1 Nr. 1 WpPG ausgenommen ist.[9] Später in der Vertriebskette ist indes zu prüfen, ob ein prospektpflichtiges Angebot besteht.

b) Begriff des Finanzintermediärs

10 Der Prospekt der Primärmarktplatzierung kann über die Zustimmung zur Verwendung des Prospekts nach Art. 3 Abs. 2 Unterabs. 3 Prospektrichtlinie nur dann für die Weiterplatzierung in der Vertriebskette genutzt werden, wenn die Weiterveräußerung durch einen Finanzintermediär erfolgt. Der Begriff des Finanzintermediärs ist allerdings weder in der Prospektrichtlinie noch in der EU-ProspektVO selbst legaldefiniert. Allgemein ist ein Finanzintermediär eine Finanzinstitution, die Kapitalgeber (Investor) und Kapitalsuchende zusammenbringt. Im Wesentlichen lassen sich somit **Kreditinstitute, Finanzdienstleistungsinstitute, Investmentgesellschaften und Venture Capital Fonds** unter den Begriff des „Finanzintermediärs" im Sinne des Art. 20a subsumieren (Finanzintermediäre im engeren Sinne).[10] In der deutschen Umsetzung des Art. 3 Abs. 2 Unterabs. 3 Prospektrichtlinie in § 3 Abs. 3 WpPG wird daher auch auf Institute im Sinne des § 1 Abs. 1b KWG abgestellt, die also Bankgeschäfte nach § 1 Abs. 1 KWG oder Finanzdienstleistungen nach § 1 Abs. 1a KWG erbringen.[11] Über § 53 Abs. 1 Satz 1 KWG fallen hierunter auch Unternehmen mit Sitz im Ausland, die eine Zweigstelle im Inland unterhalten, bzw. über § 53b Abs. 1 Satz 1 und Abs. 7 KWG unter anderem CRR-Kreditinstitute oder Wertpapierhandelsunternehmen mit Sitz in einem EWR-Mitgliedstaat.

11 **Nicht unter den Begriff des Finanzintermediärs** im Sinne des Art. 3 Abs. 2 Unterabs. 3 Prospektrichtlinie fallen dagegen Finanzintermediäre im weiteren Sinne, die insbesondere den Handel zwischen Kapitalgebern und -nehmern ermöglichen oder erleichtern, wie zum Beispiel Kreditinstitute in ihrer Funktion als Zahlstellen, Börsendienste oder Finanzmakler. Denn hierbei handelt es sich lediglich um die technische Abwicklung eines Erwerbsvorgangs.[12]

c) Prospektpflicht des Emittenten und des Anbieters für Weiterplatzierungen

12 Bei jeder Weiterveräußerung würde gemäß Art. 3 Abs. 2 Unterabs. 2 Satz 1 Prospektrichtlinie grundsätzlich ein neuer Prospekt **durch den jeweiligen Weiterveräußerer** erstellt werden müssen, wenn die Verkaufstätigkeit ein öffentliches Angebot darstellen sollte. Dies würde den Vertrieb von Schuldverschreibungen über die Vertriebskaskade nicht nur **erheblich verteuern und aufwändiger machen**. Vielmehr dürfte ein Finanzintermediär, der nicht in unmittelbarem Kontakt zum Emittenten steht, schon faktisch kaum in der Lage sein, einen Prospekt zu erstellen, da ihm die dafür erforderlichen Informationen fehlen. Es ist damit für die Finanzintermediäre von essentieller Bedeutung, dass sie den bereits vorhandenen Prospekt verwenden können.

---

9 Eine Prospektpflicht resultiert jedoch unter Umständen aus der angestrebten Zulassung an einem regulierten Markt.

10 Vgl. *Rudolph*, Unternehmensfinanzierung und Kapitalmarkt, 2006, S. 520 ff.; *Kuthe*, in: Holzborn, WpPG, Art. 20a EU-ProspektVO Rn. 4.

11 Eher kritisch: *Groß*, Kapitalmarktrecht, § 3 WpPG Rn. 10d, der beispielhaft auch den umplatzierungswilligen Großaktionär erfassen wollen würde.

12 Ausführlich dazu: *Kuthe*, in: Holzborn, WpPG, Art. 20a EU-ProspektVO Rn. 4 ff.

II. Hintergrund der Vorschrift **Artikel 20a**

In der Literatur wird teilweise vertreten, dass im Falle einer von vornherein intendierten 13 Weiterplatzierung der Wertpapiere die **Prospektpflicht des Emittenten** aus der **Gesamtschau der Vertriebskette** resultiert, der Emittent demnach als Anbieter auch der Weiterplatzierungen anzusehen ist.[13] Dafür spricht, dass die Vertriebskette zum Platzierungserfolg beiträgt und demnach auch im Interesse des Emittenten liegt. Für eine Gesamtschau hätte auch der Wortlaut der vorherigen Fassung des § 3 Abs. 2 Satz 3 WpPG gesprochen, wonach ein Prospekt bei einer Platzierung insbesondere durch ein Kreditinstitut im Sinne des § 1 Abs. 1b KWG dann zu veröffentlichen war, wenn die „endgültige Platzierung" keine der in § 3 Abs. 2 Satz 1 WpPG genannten Bedingungen erfüllte.

Die gesetzliche Regelung kennt allerdings nur den Begriff des „Angebots" und enthält 14 nicht etwa Kriterien für die Abgrenzung eines Angebots und eines eventuellen Folgeangebots. Daher kann auch kein Grad des Zusammenwirkens zwischen Emittent und Finanzintermediär und aus einer Folge von Weiterveräußerungen ein einheitliches Angebot bestimmt werden, das dem Emittent zugerechnet werden könnte.[14] Schließlich gilt nach der allgemeinen Definition gemäß Art. 2 Abs. 1 Buchst. (i) Prospektrichtlinie (§ 2 Nr. 10 WpPG in der deutschen Umsetzung) als „**Anbieter**" eine Person oder Gesellschaft, die Wertpapiere öffentlich anbietet. Dies muss nicht zwingend der Emittent sein, sondern ist grundsätzlich derjenige, der nach außen erkennbar den Investoren gegenüber als Anbieter auftritt und/oder die Vertriebsorganisation zu verantworten hat.[15] Hat der Emittent die Weiterveräußerung aktiv begünstigt oder befördert, eine sonstige Kontrolle über den Transaktionsablauf ausgeübt[16] oder besteht eine **aktive Zusammenarbeit zwischen dem Emittenten und dem Finanzintermediär** mit dem Ziel der Durchführung eines öffentlichen Angebots, kann das Angebot ihm entsprechend zugerechnet werden.[17] Das ist allerdings nicht mehr möglich, wenn die Weiterveräußerung in keinem Zusammenhang mit der Erstplatzierung steht oder für den Emittenten keine Weiterveräußerungsabsicht erkennbar war.[18] Wenn die Weiterveräußerungen **nicht vom Willen des Emittenten** erfasst werden,[19] können diese ihm folglich auch nicht zugerechnet werden und er scheidet als Anbieter aus. Spiegelbildlich besteht in solchen Fällen auch keine Prospekthaftung gemäß § 24 WpPG;

---

13 *Von Kopp-Colomb/Gajdos*, in: Assmann/Schlitt/von Kopp-Colomb, WpPG/VerkProspG, § 3 WpPG Rn. 39; *Hamann*, in: Schäfer/Hamann, Kapitalmarktgesetze, 2. Aufl. (3. Lfg. 2008), § 3 WpPG Rn. 28; *Heidelbach/Preuße*, BKR 2008, 10; *Schnorbus*, AG 2008, 389, 406.
14 *Müller*, Kommentar zum WpPG, in: Das Deutsche Bundesrecht (III H 39), Juli 2012, § 3 Rn. 10; vgl. auch *Schnorbus*, AG 2008, 389, 405 f.; *Zeising*, in: Just/Voß/Ritz/Zeising, WpPG, § 3 Rn. 71.
15 Dazu Begr RegE Prospektrichtlinie-Umsetzungsgesetz, BT-Drucks. 15/4999, S. 25, 29.
16 Siehe *Schnorbus*, AG 2008, 389, 390; *von Kopp-Colomb/Knobloch*, in: Assmann/Schlitt/von Kopp-Colomb, WpPG/VerkProspG, § 2 WpPG Rn. 72.
17 *Schnorbus*, AG 2008, 389, 406; *Heidelbach/Preuße*, BKR 2008, 10; *Schneider/Haag*, Capital Markets Law Journal 2007, 370, 376; vgl. dazu auch die aufgrund der neuen Regelung in der Änderungsrichtlinie 2010/73/EU zum Juli 2012 gelöschte Frage im Fragenkatalog des CESR, Frequently Asked Questions (Dezember 2007), Nr. 51.
18 *Müller*, Kommentar zum WpPG, in: Das Deutsche Bundesrecht (III H 39), Juli 2012, § 2 Rn. 13; *Groß*, Kapitalmarktrecht, § 2 WpPG Rn. 27; *Bosch*, in: Bosch/Groß, Emissionsgeschäft, 2. Aufl. 2000, Rn. 10/109.
19 Vgl. European Securities Markets Expert Group (ESME), Report on Directive 2003/71/EC of the European Parliament and of the Council on the prospectus to be published when securities are offered to the public or admitted to trading – Report, 5.9.2007, S. 15; zustimmend: *Ritz/Zeising*, in: Just/Voß/Ritz/Zeising, WpPG, § 2 Rn. 201; *Heidelbach*, in: Schwark/Zimmer, KMRK, § 2 Rn. 53; *Schnorbus*, AG 2008, 389, 391.

Artikel 20a   Zusätzliches Angabemodul für die Zustimmung

in der Praxis vereinbaren Emittenten grundsätzlich mit den Ersterwerbern auch so genannte Verkaufsbeschränkungen (*Selling Restrictions*), um dieses Risiko zusätzlich zu reduzieren (vgl. zum Ganzen § 2 WpPG Rn. 112 ff., 122).[20]

15   Selbst wenn aber der Emittent in Bezug auf die Weiterveräußerungen nicht als „Anbieter" anzusehen ist und sein Angebot der Wertpapiere im Rahmen der Primärmarktplatzierung unter eine Ausnahme von der Prospektpflicht nach Art. 3 Abs. 2 Prospektrichtlinie fällt, **sollte der Emittent erwägen**, einen Prospekt selbst zu erstellen und eine Zustimmung zur Prospektverwendung an Finanzintermediäre zu erteilen. Denn die Finanzintermediäre besitzen grundsätzlich keine detaillierten Kenntnisse insbesondere über den Emittenten und können mithin nur schwerlich einen mit der Prospektrichtlinie konformen Prospekt erstellen. Das Volumen des Orderbuchs bei der Primärmarktbegebung wird aber auch von der Weiterveräußerungsmöglichkeit durch die (ersten) Erwerber beeinflusst und dadurch auch die Preisfestsetzung der Schuldverschreibungen tangiert. Damit hat der Emittent ein ureigenes Interesse daran, dass über Finanzintermediäre **eine Vertriebskette zur optimalen Ausplatzierung der Emission** entsteht. Die Entscheidung, einer Verwendung des Prospekts durch Finanzintermediäre zuzustimmen, dürfte umso leichter fallen, wenn der Emittent aufgrund einer angestrebten Zulassung der Schuldverschreibungen zu einem regulierten Markt einen Prospekt ohnehin erstellen muss. Abzuwägen sind letztlich die Vorteile der Erteilung der Zustimmung zur Prospektverwendung an Finanzintermediäre gegenüber dem **Nachteil der längeren Nachtragspflicht** nach § 16 WpPG (dazu Rn. 19 f.).

d) Prospekthaftung durch den Emittenten/Prospektveranlasser

16   Fraglich ist aber bei vorhandenem Prospekt, wie weit die Verantwortung des Emittenten (bzw. Prospektveranlassers) für die Prospektrichtigkeit in der Vertriebskette reicht.[21] Die **European Securities Market Expert Group** (ESME)[22] hatte sich einmal dahingehend geäußert, dass Emittenten weder dazu verpflichtet werden sollten, (i) einen Prospekt zu erstellen, wenn ihr jeweiliges Angebot unter einer der Prospektausnahmen nach Art. 3 Abs. 2 Prospektrichtlinie fällt, noch (ii) einen bestehenden Prospekt über Nachträge im Sinne des Art. 16 Prospektrichtlinie (§ 16 WpPG) aktualisieren zu müssen. Dafür sollte nach Ansicht der ESME sprechen, dass ansonsten die „übliche Prospekthaftung" (ohne freilich auf die Frage einzugehen, welches nationale Prospekthaftungsregime anwendbar sein würde) sowie das Widerrufsrecht nach Art. 16 Prospektrichtlinie entstehen könnten.[23] Gleichwohl ist schwer nachvollziehbar, warum der Emittent bzw. Prospektveranlasser,

---

20 *Grosjean*, in: Heidel, Aktienrecht und Kapitalmarktrecht, 4. Aufl. 2014, § 2 WpPG Rn. 34.
21 Vgl. CESR's Report on the supervisory functioning of the Prospectus Directive and Regulation, Juni 2007, Rn. 98 f., 102; Centre for Strategy and Evaluation Services (CSES), Study on the impact of the Prospectus Regime on EU Financial Markets, Final Report, Juni 2008, S. 62–68.
22 Diese Expertengruppe war von der EU-Kommission im März 2006 eingesetzt worden, um rechtliche und wirtschaftliche Empfehlungen in Bezug auf die Anwendung und Implementierung der auf Wertpapiere bezogenen Richtlinien (z. B. Prospektrichtlinie, Markmissbrauchsrichtlinie oder Transparenzrichtlinie) abzugeben und die EU-Kommission entsprechend zu beraten. Sie bestand aus 20 Mitgliedern – im Wesentlichen Vertreter aus Investmentbanken, Anwaltskanzleien und bedeutenden Emittenten aus der EU. Die Gruppe stellte planmäßig ihre Arbeit zum Dezember 2009 ein.
23 ESME, Report on Directive 2003/71/EC of the European Parliament and of the Council on the prospectus to be published when securities are offered to the public or admitted to trading – Report, 5.9.2007, S. 15.

wenn er sich für ein Zusammenwirken mit Finanzintermediären zur Ermöglichung von Weiterveräußerungen entschieden hat, für den Prospekt, den er selbst aufgrund seines Kenntnisvorsprungs in Bezug auf die dafür erforderlichen Informationen erstellt hat, nicht haftbar gemacht werden sollte.

Hat der Emittent sich mithin für die Erteilung der Zustimmung zur Prospektverwendung zur Ermöglichung der Weiterveräußerung entschieden, so haftet er für die Richtigkeit des Prospekts **nach den allgemeinen Grundsätzen** der jeweilig anwendbaren nationalen **Prospekthaftungsvorschriften**. Nach § 21 Abs. 1 WpPG ist der Emittent daher unter bestimmten Voraussetzungen als Prospektverantwortlicher oder als Person, von dem der Erlass des Prospekts ausgeht, dem Erwerber der Wertpapiere zur Erstattung des Erwerbspreises, inklusive eventueller Transaktionskosten, verpflichtet (dazu § 21 WpPG Rn. 79 ff.). 17

Darüber hinaus trifft den Emittenten als Prospektverantwortlichen auch die **Nachtragspflicht gemäß Art. 16 Prospektrichtlinie** (entsprechend § 16 WpPG); sollten sich also im Prospekt enthaltene Informationen nachträglich als überholt oder unvollständig erweisen, muss der Emittent bis zum Schluss des öffentlichen Angebots den Prospekt durch einen Nachtrag ergänzen (vgl. § 16 WpPG Rn. 74 ff.). 18

III. Erteilung einer Zustimmung (Abs. 1)

1. Spannungsfeld zwischen Platzierungserfolg und Prospekthaftungs- und Nachtragspflicht

Aus Sicht der Platzeure wäre es wünschenswert, die Weiterveräußerung uneingeschränkt und jederzeit verfolgen zu können und demnach auch die Zustimmung zur Prospektverwendung entsprechend zu erhalten. 19

Mit der bestehenden Prospekthaftung und Nachtragspflicht während Finanzintermediäre den Prospekt verwenden können, wird der Emittent indes zur **Haftungsminimierung** die Zustimmung zur Prospektverwendung an bestimmte Voraussetzungen knüpfen. Platzeure, mit denen der Emittent oder Prospektveranlasser offenkundig nicht kooperiert, können demnach nicht den bereits vorhandenen Prospekt verwenden.[24] Folglich wird das (prospektpflichtige) Angebot solcher Finanzintermediäre dem Emittenten auch nicht zugerechnet.[25] Es kommt auch nicht etwa ein Prospektfehler in Betracht, wenn die Darstellung einer nicht vom Emittenten veranlassten Vertriebskette fehlt, da der Prospekt lediglich die in zumutbarer Weise zu ermittelnden Angaben enthalten muss.[26] 20

---

24 *Von Kopp-Colomb/Gajdos*, in: Assmann/Schlitt/von Kopp-Colomb, WpPG/VerkProspG, § 3 WpPG Rn. 39; *Schlitt/Schäfer*, AG 2005, 498, 501.
25 *Grosjean*, in: Heidel, Aktienrecht, § 3 WpPG Rn. 12; *Holzborn/Israel*, in: Holzborn, WpPG, § 3 WpPG Rn. 22; *von Kopp-Colomb/Gajdos*, in: Assmann/Schlitt/von Kopp-Colomb, WpPG/VerkProspG, § 3 WpPG Rn. 40.
26 *Heidelbach/Preuße*, BKR 2008, 10, 11; *Holzborn/Israel*, in: Holzborn, WpPG, § 3 WpPG Rn. 22.

Artikel 20a Zusätzliches Angabemodul für die Zustimmung

2. Zustimmung an spezifische Finanzintermediäre

21 Die Zustimmung zur Prospektverwendung kann auf „spezifische", also bestimmte Finanzintermediäre beschränkt werden. Dabei ist vor allem an die Emissionsbanken zu denken, die vom Emittenten mit der Durchführung der Platzierung beauftragt wurden oder im Falle einer Emission unter einem Emissionsprogramm (*Debt Issuance Programme*) von ihm als sog. Platzeure (*Dealer*) unter dem Programm bestimmt wurden. Oftmals sind aber zum Zeitpunkt der Begebung der Schuldverschreibungen die im Rahmen des Weitervertriebs beteiligten Intermediäre noch nicht abschließend bekannt, so dass durch die Einschränkung der Finanzintermediäre, denen der Emittent die Verwendung des Prospekts gestattet, die **Flexibilität bei der Weiterveräußerung eingeschränkt** ist. Theoretisch könnte diese Einschränkung die Attraktivität der angebotenen Schuldverschreibungen schmälern und negative Auswirkungen auf die Preisfestsetzung der Anleihe haben. Im Zweifel werden die daraus resultierenden Preisnachteile allerdings nur schwer quantifizierbar sein.

22 Vorteil bei dieser Art der Zustimmungserteilung ist allerdings, dass der Emittent genaue **Kenntnis von den Finanzintermediären** hat, die den Prospekt für das Angebot verwenden wollen, bzw. sich diese Informationen mit überschaubarem Aufwand beschaffen kann.

23 Die Regelungen sehen in solchen Fällen analog Ziff. 2A.2 des Anhang XXX zumeist vor, dass die endgültigen Bedingungen im Sinne des Art. 5 Abs. 4 Prospektrichtlinie die **ursprünglich ermächtigten Finanzintermediäre** (*Initial Authorised Offerors*) auflisten und im Falle einer nach Veröffentlichung der endgültigen Bedingungen erfolgten Zustimmung zur Prospektverwendung für bestimmte Finanzintermediäre (Authorised Offerors) diese auf der Website des Emittenten aufgeführt werden.

24 Regelmäßig finden sich in Prospekten Hinweise dahingehend, dass ein Investor möglicherweise **zu anderen Konditionen** von seinem Verkäufer erwirbt als dies im Prospekt dargestellt wird. Emissionspreis, Zuteilungen, Kosten- und Valutierungsregelungen etc. würden sich aus dem gesonderten Rechtsverhältnis zwischen Erwerber und Verkäufer ergeben und es würde im Hinblick auf den Erwerbsvorgang nicht etwa ein Rechtsverhältnis mit dem Emittenten begründet werden.

25 Außerdem sehen die Prospekte die Regelung vor, dass der Investor selbst überprüfen muss, ob es einen **Prospektverantwortlichen** im Sinne des Art. 6 Prospektrichtlinie gibt, d. h. im Zweifel, ob der Intermediär mit Zustimmung des Emittenten handelt und damit der Emittent auch die Prospekthaftung übernimmt.[27]

26 Für den konkreten Inhalt der zusätzlichen Informationen verweist Art. 20a Abs. 1 Nr. 1 auf die Ziff. 1 und Ziff. 2A des Anhangs XXX der EU-ProspektVO (dazu die Kommentierung bei Anhang XXX Rn. 10 f.). Die Praxis hält diese vorhandenen Mindestvorgaben ein, ohne in der Regel darüber hinausgehende Angaben zur Verfügung zu stellen.

3. Zustimmung an alle Finanzintermediäre

27 Weitaus üblicher ist in der Praxis allerdings die Erteilung der Zustimmung an jegliche Finanzintermediäre. Hintergrund hierfür ist, dass hinsichtlich der Auswahl der Erwerber und

---

[27] Vgl. auch UKLA in List! Nr. 16 vom Juli 2007, S. 11; vgl. zur Zulässigkeit solcher Klauseln im Lichte des § 25 Abs. 1 WpPG: § 25 WpPG Rn. 1 ff.

IV. Einhaltung der Bedingungen (Abs. 2) **Artikel 20a**

deren Weiterveräußerungsmöglichkeit nur so **höchstmögliche Flexibilität** herrscht. In Emissionsprogrammen wird die Zustimmung in der Regel allerdings nur für ein bestimmtes (öffentliches) Angebot einer spezifischen Emission erteilt und nicht etwa für alle Emissionen unter dem jeweiligen Emissionsprogramm.

Die Regelungen zur Zustimmungserteilung an alle Finanzintermediäre sehen nach Ziff. 2B des Anhang XXX vor, dass ein Finanzintermediär im Falle einer Prospektverwendung dies vorab auf seiner Website mit dem Hinweis bekannt geben muss, die Voraussetzungen der Zustimmung entsprechend einzuhalten. 28

Die konkret erforderlichen zusätzlichen Informationen für diese Art der Zustimmungserteilung resultieren aus Ziff. 1 und Ziff. 2B des Anhangs XXX der EU-ProspektVO, auf die Art. 20a Abs. 1 Nr. 2 verweist (dazu Anhang XXX Rn. 12). In der Praxis werden in der Regel **lediglich diese Mindeststandards** erfüllt. 29

4. Zeitliche Beschränkung der Zustimmung

Eine Beschränkung der Zustimmung erfolgt in der Regel in zeitlicher Hinsicht. Neben der nach Art. 9 Prospektrichtlinie allgemeinen zeitlichen Beschränkung der Gültigkeit des Prospekts von zwölf Monaten nach Veröffentlichung desselben, kann die Geltung der Zustimmung an die Prospektverwendung durch Finanzintermediäre ebenfalls eingeschränkt werden. 30

Als Indikation für die zeitliche Befristung der Zustimmungserteilung (**Consent Period**) kann die Dauer angesetzt werden, die für die vollständige Durchführung der Platzierung an die Endinvestoren zu erwarten ist. Grundsätzlich geht man davon aus, dass dies bei einer großvolumigen Emission (ab EUR 500 Millionen – *Benchmark*) mit kleiner Stückelung (üblicherweise EUR 1.000 – *Retailbond*) nach ca. sechs Wochen der Fall sein sollte. Für Schuldverschreibungen in sog. Nischenwährungen, wie Norwegische Kronen oder Australische Dollar, wird eine Periode von vier bis sechs Wochen angesetzt; bei Euro-Anleihen mit großer Stückelung (über EUR 100.000 – sog. *Wholesale Bond*) ist diese Periode üblicherweise leicht verkürzt und liegt eher bei zwei bis vier Wochen. 31

Bei der Festlegung der *Consent Period* ist es von wesentlicher Bedeutung, welches Produkt angeboten wird und wie groß das Investoreninteresse ist. Besteht eine große Nachfrage nach der zu emittierenden Emission gehört auch die *Consent Period* zu den Kriterien, bei denen der Emittent zurückhaltend bleiben und die Frist entsprechend kurz ansetzen kann. In guten Märkten und in der Regel nur bei erstklassigen Emittenten wird in der Praxis sodann auch die *Consent Period* teilweise mit der *Offer Period* gleichgesetzt und nur für bis zum Begebungstag (*Issue Date*) oder ähnlich kurz festgelegt. 32

IV. Einhaltung der Bedingungen (Abs. 2)

Die Zustimmung zur Prospektverwendung ist nach Absatz 2 an die Einhaltung der Bedingungen für die Zustimmung gebunden, die im Prospekt niedergelegt sind. Hält der Finanzintermediär diese Bedingungen ein, übernimmt der Emittent explizit die Haftung für die Richtigkeit des Prospekts auch in Bezug auf die erfolgten Weiterveräußerungen. Hat der 33

Artikel 20a   Zusätzliches Angabemodul für die Zustimmung

Finanzintermediär die Bedingungen hingegen nicht eingehalten, trifft diesen die Pflicht, einen neuen Prospekt zu erstellen (vgl. Rn. 42).

1. Marktübliche Bedingungen für die Zustimmungserteilung

a) Herkömmliche Schuldverschreibungen

34   In der Praxis von Schuldverschreibungen mit regelmäßiger Zinszahlung und Rückzahlung des Kapitals (herkömmliche Schuldverschreibungen) finden sich verschiedene Voraussetzungen, die an die Zustimmung geknüpft sind. Grundsätzlich wird im Prospekt der an Art. 3 Abs. 2 Unterabs. 3 Prospektrichtlinie[28] gekoppelte Hinweis aufgenommen, dass die Zustimmung nur erteilt wird, solange ein nach Art. 9 Prospektrichtlinie[29] gültiger Prospekt vorliegt. Darüber hinaus werden gemäß Ziff. 1.4 des Anhang XXX die (EU-Mitglied-) Staaten aufgeführt, in denen der Prospekt für ein öffentliches Angebot verwendet werden kann (*Public Offer Jurisdictions*). Die Liste dieser Länder besteht aus dem Herkunftsstaat, in dem der Prospekt gebilligt worden ist, und den Mitgliedstaaten, in die die Billigung gemäß Art. 17, 18 Prospektrichtlinie[30] notifiziert worden ist (Europäischer Pass). Entsprechend Ziff. 2B.1 des Anhang XXX wird an die Zustimmung auch die Verpflichtung gebunden, dass der jeweilige Finanzintermediär auf seiner Website bekannt gibt, den betreffenden Prospekt zu verwenden und sich dabei an die im Prospekt aufgeführten Verkaufsbeschränkungen (*Selling Restrictions*) und den Bedingungen an die Zustimmungserteilung zu halten.

35   Nach Ziff. 1.6 des Anhang XXX findet sich im Prospekt auch der Hinweis, dass ein Platzeur bzw. ein nachfolgender Finanzintermediär dem Investor die zum Zeitpunkt des Angebots aktuellen **Informationen zu den Wertpapieren** zur Verfügung stellen muss. Dies betrifft zum einen etwaige Nachträge im Sinne des Art. 16 Prospektrichtlinie, die seit der Prospektveröffentlichung publiziert worden sind. Zum anderen aber auch konkrete Preisinformationen wie insbesondere der Platzierungspreis, der entsprechend der Marktentwicklung Schwankungen ausgesetzt und dementsprechend in den einzelnen Stufen der Vertriebskaskade unterschiedlich sein kann.

36   Insgesamt lässt sich damit sagen, dass die Marktteilnehmer zumeist nur die **gesetzlichen Vorgaben erfüllen** und **keine zusätzlichen Bedingungen** statuieren. Zusammen mit der zeitlichen Einschränkung der Zustimmungserteilung werden die zum Teil unterschiedlichen Interessen des Emittenten und der Finanzintermediäre hinreichend in Ausgleich gebracht.

37   Bei **Emissionsprogrammen** (*Debt Issuance Programme*) findet sich zudem der Hinweis, dass die Zustimmung nur für eine ganz konkrete Emission unter dem Programm erteilt worden ist und nicht etwa für alle Ziehungen unter dem Programm. Auch wird im Prospekt bzw. in den endgültigen Bedingungen eine Angebotsfrist (*Offer Period*) festgelegt, in der das Angebot stattfindet. Die Periode für die Zustimmungserteilung (*Consent Period*) entspricht insbesondere bei Emittenten mit guter Bonität oft der Angebotsfrist (vgl. zum Gan-

---

28   Die deutsche Umsetzung befindet sich in § 3 Abs. 3 WpPG.
29   In § 9 WpPG entsprechend umgesetzt, wonach ein Prospekt zwölf Monate nach seiner Veröffentlichung gültig ist.
30   Die deutsche Umsetzung befindet sich in § 20 Abs. 1 WpPG.

zen Rn. 31 f.). Die Bedingungen der Zustimmungserteilung weisen in solchen Fällen dann regelmäßig darauf hin, dass eine Zustimmung nur für eine Veräußerung während dieser *Consent Period* als erteilt gilt.

b) Empfehlung des Deutsche Derivate Verbands und der Deutschen Kreditwirtschaft

Der Deutsche Derivate Verband (DDV) und die Deutsche Kreditwirtschaft (DK) haben einen eigenen Standard für die Emission von zum Beispiel Zertifikaten, Optionsscheinen, Aktien- und Indexanleihen entwickelt und gehen noch etwas weiter als die im Markt üblichen Zustimmungen bei herkömmlichen Schuldverschreibungen. Danach soll es keine Zustimmung an spezifische Finanzintermediäre geben, sondern die Emittenten sollen **an alle Finanzintermediäre** im Sinne des § 3 Abs. 3 WpPG eine Zustimmung zur Prospektverwendung für die Dauer der Gültigkeit des Prospekts erteilen. Die Zustimmung wird dabei typischerweise auf der Website des Emittenten veröffentlicht und in den Basisprospekt aufgenommen. Als **Bedingungen** werden lediglich vorgesehen, dass der jeweilige Finanzintermediär (i) die anwendbaren Verkaufsbeschränkungen einzuhalten und (ii) dem Investor den Prospekt mit den endgültigen Bedingungen sowie sämtlichen bei der Übergabe verfügbaren Nachträge zu übergeben hat. 38

Dementsprechend sind die Emittenten solcher Schuldverschreibungen gehalten, **für die gesamte Dauer des Prospekts die Aktualität und Richtigkeit** zu gewährleisten. Diese sehr großzügige Zustimmung zur Prospektverwendung liegt im Wesentlichen darin begründet, dass Zertifikate und sonstige oben genannte Wertpapiere in der Regel in zahlreichen, meist kleinvolumigen Emissionen unter einem Emissionsprogramm begeben werden und daher der Emittent ohnehin den Prospekt zum Programm permanent aktuell halten muss, um jederzeit emissionsfähig zu sein. 39

2. ICMA-Empfehlung von September 2015

Die International Capital Markets Association (ICMA) hat für Schuldverschreibungen jüngst eine Empfehlung für eine zu verwendende Formulierung der Zustimmungserteilung veröffentlicht.[31] Die ICMA differenziert dabei zwischen der **spezifischen und generellen Zustimmung**; im Falle Ersterer sind keinerlei Bedingungen vorgesehen. Im Falle der **generellen Zustimmung** für die Finanzintermediäre schlägt die ICMA allerdings die **Aufzählung zahlreicher Bedingungen** vor. Danach soll der Finanzintermediär neben der Einhaltung der allgemeinen Verkaufsbeschränkungen und der Einhaltung sonstiger rechtlicher Vorgaben auch bestätigen, dass 40

(i) eventuell erhaltene oder gezahlte Provisionen nach jeweiligem anwendbarem Recht wirksam begründet und dem Investor gegenüber transparent offengelegt worden sind,
(ii) der Finanzintermediär die entsprechend notwendigen aufsichtsrechtlichen Zulassungen und Genehmigungen besitzt,
(iii) der Finanzintermediär insbesondere anwendbare Regelungen zur Bekämpfung von Geldwäsche, Bestechung und Korruption sowie sonstige regulatorische Vorgaben

---

31 ICMA Primary Market Handbook, Appendix A16 – Sub-EUR 100.000 denomination bonds in the EEA and retail cascade legends, S. A16-7 ff.

Artikel 20a Zusätzliches Angabemodul für die Zustimmung

zur Identifizierung und Legitimationsprüfung von Kunden (*Know your customer*) einhält,
(iv) der Finanzintermediär die für die Zwecke von (iii) vom Investor erhaltenen Legitimationsnachweise dem Emittenten oder den ursprünglichen Platzeuren zur Verfügung stellen würde, wenn dies im Rahmen von behördlichen Aufsichts- oder sonstigen Steuer- oder Beschwerdeverfahren erforderlich werden würde,
(v) der Finanzintermediär von potentiellen Anlegern schriftliche Zeichnungsaufträge oder zumindest Aufzeichnungen von allen Investorenanfragen geordnet nach Kundengruppen bereithält,
(vi) der Finanzintermediär über tatsächliche oder vermutete Verstöße gegen diese Bedingungen sofort dem Emittenten und den ursprünglichen Platzeuren Nachricht geben und entsprechende Maßnahmen zur Einhaltung der Vorschriften einleiten wird,
(vii) nicht über den Prospekt hinausgehende Informationen an potentielle Investoren weitergeleitet werden und jegliche Kommunikation zum einen fair, vollständig, nicht missverständlich sowie allgemein rechtskonform ist und zum anderen darin zum Ausdruck gebracht wird, dass diese Informationen nicht vom Emittenten stammen und dieser daher auch keine Haftung für die Richtigkeit übernimmt.

Die ICMA-Empfehlung sieht schließlich auch eine Haftungsfreistellung (*Indemnification*) des Emittenten und der ursprünglichen Platzeure durch den entsprechenden Finanzintermediär für den Fall einer Verletzung dieser Bedingungen vor.

41 Die meisten in der ICMA-Empfehlung vorgesehenen Bedingungen wiederholen die ohnehin bestehenden gesetzlichen Verpflichtungen der Finanzintermediäre.[32] Die ausdrückliche Nennung im Prospekt spiegelt daher primär die anglo-amerikanische Rechtskultur wider, wohingegen aus deutschrechtlicher Sicht eine Auflistung nicht unbedingt erforderlich ist. Daher haben sich die ICMA-Empfehlungen, insbesondere die explizite Haftungsfreistellung, **hierzulande auch noch nicht flächendeckend durchgesetzt**. Angesichts der Europäisierung und insbesondere der Anglisierung des europäischen Kapitalmarkts erscheint es zwar möglich, dass sich die von der ICMA veröffentlichten Empfehlungen auch bei Emissionen von deutschen Emittenten etablieren werden.[33] Andererseits wird eine Mindeststückelung von unter EUR 100.000 (in der Regel EUR 1.000 – sog. Retailstückelung) zum Beispiel im Vereinigten Königreich von den Emittenten nur selten gewählt, weil der dortige Markt noch stärker von institutionellen Investoren geprägt ist, die aufgrund der großen Anlagesummen keine kleinen Mindeststückelungen benötigen. Es ist daher noch nicht absehbar, ob von dort die weitere Entwicklung von neuen Marktstandards hinsichtlich von Retailkaskaden entscheidend geprägt werden wird.

3. Rechtsfolge der Nichteinhaltung von Bedingungen

42 Rechtsfolge eines Verstoßes gegen die Bedingungen ist die **Pflicht zur Erstellung eines neuen Prospekts** nach Art. 3 Abs. 2 Unterabs. 2 Prospektrichtlinie bzw. des jeweils an-

---

32 Vgl. z. B. §§ 31 Abs. 2 und 5, 31d, 33 Abs. 1, 34 WpHG.
33 Bedingungen in der von der ICMA empfohlenen Form finden sich, zum Beispiel, vereinzelt bereits in den Niederlanden, vgl. die Prospekte der N.V. Bank Nederlandse Gemeenten zum EUR 90.000.000.000 *Debt Issuance Programme* vom 3.7.2013, S. 36 ff. und der Nederlandse Financierings-Maatschappij voor Ontwikkelingslanden N.V. (FMO) zum EUR 5.000.000.000 *Debt Issuance Programme* vom 2.6.2014, S. 33 ff.

IV. Einhaltung der Bedingungen (Abs. 2) **Artikel 20a**

wendbaren nationalen Umsetzungsgesetzes. Der Wortlaut der Vorschrift in Art. 20a Abs. 2 ist an dieser Stelle zwar etwas unklar, im Lichte der Pflichtverletzungen durch den Finanzintermediär und dessen mangelnde Kooperation mit dem Emittenten trifft die Pflicht zur Prospekterstellung indes natürlich den Finanzintermediär. Sind die Voraussetzungen für die Zustimmung demnach nicht erfüllt, ist der Finanzintermediär als Anbieter im Sinne des Art. 2 Abs. 1 Buchst. i) Prospektrichtlinie bzw. § 2 Nr. 10 WpPG zu qualifizieren und damit grundsätzlich prospektpflichtig (dazu ausführlich § 2 WpPG Rn. 110 ff.).

Artikel 21
Kombinationsmöglichkeiten der Schemata und Module

(1) ¹Die Verwendung der Kombinationsmöglichkeiten im Sinne der Tabelle in Anhang XVIII ist für die Erstellung von Prospekten verbindlich, die Arten von Wertpapieren betreffen, auf die die Kombinationen im Sinne dieser Tabelle zutreffen. ²Demgegenüber können für Wertpapiere, auf die diese Kombinationsmöglichkeiten nicht zutreffen, weitere Kombinationsmöglichkeiten verwendet werden.

(2) Das umfassendste und strengste Schema für ein Registrierungsformular, d. h. das anspruchsvollste Schema in Bezug auf die Zahl der Informationsbestandteile und den Umfang der in ihnen enthaltenen Angaben darf stets für die Emission von Wertpapieren verwendet werden, für die ein weniger umfassendes und strenges Registrierungsformularschema vorgesehen ist, wobei die nachfolgende Reihenfolge der Schemata gilt:

1. Schema für ein Registrierungsformular für Aktien;
2. Schema für ein Registrierungsformular für Schuldtitel und derivative Wertpapiere mit einer Stückelung von weniger als 100 000 EUR;
3. Schema für ein Registrierungsformular für Schuldtitel und derivative Wertpapiere mit einer Mindeststückelung von 100 000 EUR.

(3) ¹Der Emittent, der Anbieter und die die Zulassung zum Handel an einem geregelten Markt beantragende Person können sich dafür entscheiden, einen Prospekt anstatt nach den Anhängen I, III, IV, IX, X und XI wie in Unterabsatz 2 beschrieben nach den in den Anhängen XXIII bis XXIX dargestellten verhältnismäßigen Schemata zu erstellen, sofern die einschlägigen Bedingungen der Artikel 26a, 26b und 26c erfüllt sind. ²Wenn der Emittent, der Anbieter und die die Zulassung zum Handel an einem geregelten Markt beantragende Person diese Entscheidung trifft:

a) ist der Verweis auf Anhang I in Anhang XVIII als Verweis auf die Anhänge XXIII oder XXV zu verstehen;
b) ist der Verweis auf Anhang III in Anhang XVIII als Verweis auf Anhang XXIV zu verstehen;
c) ist der Verweis auf Anhang IV in Anhang XVIII als Verweis auf Anhang XXVI zu verstehen;
d) ist der Verweis auf Anhang IX in Anhang XVIII als Verweis auf Anhang XXVII zu verstehen;
e) ist der Verweis auf Anhang X in Anhang XVIII als Verweis auf Anhang XXVIII zu verstehen;
f) ist der Verweis auf Anhang XI in Anhang XVIII als Verweis auf Anhang XXIX zu verstehen.

(ohne Kommentierung)

Artikel 22
In einen Basisprospekt aufzunehmende Mindestangaben und seine dazugehörigen endgültigen Bedingungen

(1) ¹Ein Basisprospekt wird erstellt, indem eines oder eine Kombination der in dieser Verordnung niedergelegten Schemata und Module verwendet wird; dabei werden die in Anhang XVIII für die verschiedenen Wertpapierarten vorgesehenen Kombinationsmöglichkeiten zugrunde gelegt.
²Ein Basisprospekt enthält die in den Anhängen I bis XVII, Anhang XX und in den Anhängen XXIII bis XXX genannten Informationsbestandteile. ³Diese richten sich nach der Art des jeweiligen Emittenten und der Art der jeweiligen Wertpapiere. ⁴Die zuständigen Behörden verlangen für den Basisprospekt keine Angaben, die nicht in den Anhängen I bis XVII, Anhang XX oder den Anhängen XXIII bis XXX aufgeführt sind.
⁵Um die Einhaltung der in Artikel 5 Absatz 1 der Richtlinie 2003/71/EG genannten Verpflichtung zu gewährleisten, kann die zuständige Behörde des Herkunftsmitgliedstaats bei der Billigung eines Basisprospekts gemäß Artikel 13 der genannten Richtlinie bei jedem Informationsbestandteil im Einzelfall verlangen, dass die von dem Emittenten, dem Anbieter oder der die Zulassung zum Handel an einem geregelten Markt beantragenden Person gemachten Angaben ergänzt werden.
⁶Ist der Emittent, der Anbieter oder die die Zulassung zum Handel an einem geregelten Markt beantragende Person gemäß Artikel 5 Absatz 2 der Richtlinie 2003/71/EG verpflichtet, eine Zusammenfassung in einen Prospekt aufzunehmen, so kann die zuständige Behörde des Herkunftmitgliedstaats bei der Billigung des Prospekts gemäß Artikel 13 der genannten Richtlinie im Einzelfall verlangen, dass bestimmte im Basisprospekt gemachte Angaben in die Zusammenfassung aufgenommen werden.

(1a) ¹Der Basisprospekt kann für die als Kategorien A, B und C eingestuften Angaben, die nach den in Anhang XX dargestellten Schemata und Modulen für die Wertpapierbeschreibung vorgeschrieben sind, Optionen enthalten. ²In den endgültigen Bedingungen wird festgelegt, welche dieser Optionen für die einzelne Emission gilt, entweder indem auf die betreffenden Rubriken des Basisprospekts verwiesen wird oder indem die betreffenden Angaben wiederholt werden.

(2) Der Emittent, der Anbieter oder die Person, die die Zulassung zum Handel auf einem geregelten Markt beantragt, kann auf die Angabe von Informationsbestandteilen verzichten, die zum Zeitpunkt der Billigung des Basisprospekts nicht bekannt sind und die erst zum Zeitpunkt der jeweiligen Emission bestimmt werden können.

(3) ¹Die Verwendung der Kombinationsmöglichkeiten im Sinne der Tabelle in Anhang XVIII ist für die Erstellung von Basisprospekten verbindlich, die die Arten von Wertpapieren betreffen, auf die die Kombinationen im Sinne dieser Tabelle zutreffen.

Artikel 22 In einen Basisprospekt aufzunehmende Mindestangaben

²Demgegenüber können für Wertpapiere, auf die diese Kombinationsmöglichkeiten nicht zutreffen, weitere Kombinationsmöglichkeiten verwendet werden.

(4) ¹Die endgültigen Bedingungen, die einem Basisprospekt angefügt sind, enthalten ausschließlich Folgendes:

a) im Rahmen der verschiedenen Wertpapierbeschreibungsschemata, nach denen der Basisprospekt erstellt wurde, die als Kategorien „B" und „C" eingestuften, in Anhang XX aufgeführten Informationsbestandteile. Ist ein Informationsbestandteil für einen Prospekt irrelevant, wird hierfür in den endgültigen Bedingungen an der betreffenden Stelle „entfällt" vermerkt;

b) auf freiwilliger Basis etwaige „zusätzliche Angaben" gemäß Anhang XXI;

c) eine Wiederholung der oder einen Verweis auf die bereits im Basisprospekt genannten Optionen, die für die einzelne Emission gelten.

²Durch die endgültigen Bedingungen werden die im Basisprospekt enthaltenen Angaben weder verändert noch ersetzt.

(5) Zusätzlich zu den Angaben, die in den Schemata und Modulen genannt werden, auf die in Artikel 4 bis 20 verwiesen wird, sind folgende Angaben in einen Basisprospekt aufzunehmen:

1. Hinweis auf die Angaben, die in die endgültigen Bedingungen aufzunehmen sind;

1a. eine Rubrik mit einem Modell für das „Formular der endgültigen Bedingungen", das für jede einzelne Emission auszufüllen ist;

2. Art der Veröffentlichung für die endgültigen Bedingungen. Ist der Emittent zum Zeitpunkt der Billigung des Prospekts nicht in der Lage, die Art der Veröffentlichung für die endgültigen Bedingungen zu nennen, so ist ein Hinweis aufzunehmen, wie das Publikum über die Art, die für die Veröffentlichung der endgültigen Bedingungen verwendet werden soll, informiert wird;

3. im Falle der Emission von Nichtdividendenwerten im Sinne von Artikel 5 Absatz 4 Buchstabe a der Richtlinie 2003/71/EG eine allgemeine Beschreibung des Programms.

(6) ¹Lediglich die nachfolgend genannten Wertpapierkategorien können Gegenstand eines Basisprospekts und seiner entsprechenden endgültigen Bedingungen sein, die die Emission von verschiedenen Arten von Wertpapieren abdecken:

1. „Asset backed securities" (ABS);

2. Optionsscheine im Sinne von Artikel 17;

3. Nichtdividendenwerte im Sinne von Artikel 5 Absatz 4 Buchstabe b der Richtlinie 2003/71/EG;

4. alle sonstigen Nichtdividendenwerte, einschließlich Optionsscheine, mit Ausnahme jener, die unter Nummer 2) genannt werden.

²Bei der Erstellung eines Basisprospekts wird der Emittent, der Anbieter oder die Person, die die Zulassung zum Handel auf einem geregelten Markt beantragt, eine klare Trennung zwischen den spezifischen Angaben über die verschiedenen Wertpapiere vornehmen, die in diesen Kategorien enthalten sind.

(7) ¹Tritt ein in Artikel 16 Absatz 1 der Richtlinie 2003/71/EG genannter Fall in dem Zeitraum zwischen dem Zeitpunkt der Billigung des Basisprospekts und dem endgültigen Abschluss des Angebots für eine Wertpapieremission im Rahmen des Basisprospekts bzw. dem Zeitpunkt ein, an dem der Handel mit den Wertpapieren auf einem geregelten Markt beginnt, so hat der Emittent, der Anbieter oder die Person, die die Zulassung zum Handel auf einem geregelten Markt beantragt, einen Nachtrag zum Prospekt vor dem endgültigen Abschluss des Angebots oder der Zulassung dieser Wertpapiere zum Handel zu veröffentlichen.

²Muss der Emittent für Angaben im Basisprospekt, die sich nur auf eine oder mehrere spezifische Emissionen beziehen, einen Nachtrag erstellen, so gilt das Recht der Investoren, ihre Zusagen gemäß Artikel 16 Absatz 2 der Richtlinie 2003/71/EG zurückzuziehen, nur für die betreffenden Emissionen und nicht für andere Emissionen von Wertpapieren im Rahmen des Basisprospekts.

Übersicht

	Rn.		Rn.
I. Regelungsgegenstand des Art. 22	1	VI. Inhalt der endgültigen Bedingungen	17
II. Mindestangaben im Basisprospekt	3	VII. Zusätzliche Pflichtangaben im Basisprospekt	23
III. Optionen im Basisprospekt	9	VIII. Basisprospekte für unterschiedliche Wertpapierkategorien	28
IV. Verzicht auf Angaben im Basisprospekt	14	IX. Nachträge zum Basisprospekt	31
V. Zulässige Kombinationen von Anhängen im Basisprospekt	16		

I. Regelungsgegenstand des Art. 22

Art. 22 regelt in näherer Ausgestaltung des Art. 7 EU-Prospektrichtlinie, welche Angaben in einen Basisprospekt aufzunehmen sind.¹ Dabei orientiert sich die Vorschrift zunächst an Art. 3, der die Inhalte von Prospekten generell beschreibt, ergänzt dann aber zusätzliche Aspekte, die sich speziell auf den Basisprospekt beziehen, wie z. B. den Inhalt von endgültigen Bedingungen. 1

Da sich beim Basisprospekt die Angaben auf den Basisprospekt und seine dazugehörigen endgültigen Bedingungen verteilen und Art. 22 beide Teile behandelt, sollte der Titel von Art. 22 treffender lauten: „In einen Basisprospekt und seine dazugehörigen endgültigen Bedingungen aufzunehmende Mindestangaben". 2

II. Mindestangaben im Basisprospekt

Absatz 1 bestimmt in den Sätzen 1 bis 3, dass ein Basisprospekt unter Verwendung der Schemata und Module aus den Anhängen zur EU-Prospektverordnung erstellt wird. Unter Berücksichtigung der Kombinationsmöglichkeiten aus Anhang XVIII und in Abhängigkeit 3

---
1 Siehe dazu auch Art. 1 Nr. 2.

Artikel 22 In einen Basisprospekt aufzunehmende Mindestangaben

von der Art des Emittenten und der Art der Wertpapiere, enthält ein Basisprospekt die einschlägigen Informationsbestandteile, die sich aus den Anhängen I bis XVII, XX und XXIII bis XXX ergeben.

4 Die zuständige Billigungsbehörde kann keine Angaben verlangen, die nicht nach diesen Anhängen erforderlich sind (Satz 4). Allerdings kann sie für jeden der dort genannten Informationsbestandteile fordern, dass die gemachten Angaben ergänzt werden, soweit dies zur Vollständigkeit des Basisprospekts nach Art. 5 Abs. 1 der EU-Prospektrichtlinie nötig ist (Satz 5). Sofern der Basisprospekt eine Zusammenfassung enthalten muss, kann die zuständige Billigungsbehörde zudem verlangen, dass bestimmte Angaben aus dem Basisprospekt auch in die Zusammenfassung aufgenommen werden (Satz 6).

5 Absatz 1 wiederholt weitestgehend Art. 3.[2] Das wäre von der Systematik her nicht nötig, da Basisprospekte auch Prospekte sind und Art. 3 daher auch für Basisprospekte gilt. Dies zeigt sich nicht zuletzt daran, dass Art. 3 auch auf Anhang XX Bezug nimmt, der nur für Basisprospekte relevant ist. In der Wiederholung ist wohl der Wille des Verordnungsgebers zu erblicken, in Art. 22 nicht nur die für Basisprospekte spezifischen Inhalte zu nennen, sondern alle für einen Basisprospekt relevanten Inhaltsbestimmungen in einer Vorschrift zusammenzuführen. Insofern ist Art. 22 Abs. 1 die speziellere Vorschrift für Basisprospekte, die Art. 3 vorgeht.

6 Zu den wenigen Unterschieden zu Art. 3 zählt der direkte Verweis auf Anhang XVIII für die Zwecke der Kombinationsmöglichkeiten von Schemata und Modulen. Dieser erscheint aber überflüssig, da Absatz 3 die Verbindung zu Anhang XVIII in ausreichender Weise herstellt, was sich auch daran messen lässt, dass Art. 3 für Prospekte allgemein ohne den Verweis auskommt und sich stattdessen auf Art. 21 Abs. 1 verlässt, der wiederum wortgleich mit Absatz 3 ist.

7 Der andere erwähnenswerte Unterschied zu Art. 3 ist, dass Absatz 1 die Anhänge XXI und XXII in der Liste der anwendbaren Anhänge ausgespart. Für Anhang XXI erscheint das sinnvoll, da diese Informationen ausdrücklich für die endgültigen Bedingungen und nicht für den Basisprospekt benötigt werden. Dann sollte dieser Anhang allerdings erst recht bei Art. 3 weggelassen werden. Anhang XXII zu Zusammenfassungen müsste dagegen auch für Basisprospekte einschlägig sein, denn auch dort ist eine Zusammenfassung gegebenenfalls erforderlich. Tatsächlich finden sich dort aber keine neuen Mindestangaben, sondern nur Anweisungen zur komprimierten Darstellung bereits anderweitig existierender Mindestangaben. Auch das gilt eigentlich ebenso für Art. 3.

8 Umgekehrt ist Anhang XX zwar sehr relevant für Basisprospekte; neue Mindestangaben enthält er aber nicht und müsste deshalb hier nicht referenziert werden. Die Erwähnung der Aktienanhänge schließlich, obwohl Basisprospekte nicht für Aktien zugelassen sind, ist nur insofern zu erklären, als nach Art. 21 Abs. 2 jederzeit auch ein umfassenderes, strengeres Schema für die Erstellung eines Prospekts, und damit auch eines Basisprospekts, verwendet werden darf.

---

[2] Siehe daher auch die Kommentierung dort.

III. Optionen im Basisprospekt

Nach **Absatz 1a** kann der Basisprospekt für alle in Anhang XX als Kategorie A, B und C eingestufte Angaben **Optionen** enthalten. Damit ist gemeint, dass im Basisprospekt, anders als in sonstigen Prospekten,[3] alternative Angaben erlaubt sind. Die Auswahl der für eine Emission relevanten Alternative erfolgt dann in den endgültigen Bedingungen entweder durch Verweis auf die betreffende Alternative oder durch vollständige Wiederholung der betreffenden Alternative.

Da alle Angaben in Anhang XX in eine der **Kategorien A, B oder C**[4] fallen und Anhang XX die Angaben aus allen der Wertpapierbeschreibung dienenden Anhängen aufführt, kann man zusammenfassend sagen, dass Optionen im Basisprospekt für alle wertpapierbeschreibenden Angaben zulässig sind. Während für Angaben nach Kategorie C und bestimmte Elemente der Angaben nach Kategorie B ein Platzhalter im Basisprospekt die flexiblere Lösung bleibt, insofern in den endgültigen Bedingungen dann beliebige Inhalte eingefügt werden können, ist die ausdrückliche Nennung der drei Kategorien eine willkommene Klarstellung in Bezug auf Angaben aus Kategorie A und auch in Bezug auf grundsätzliche und bei Billigung bekannte Informationen zu Angaben aus Kategorie B. Denn für Angaben aus diesen beiden Kategorien bedeutet die Zulässigkeit von Variabilität noch zum Zeitpunkt der Emission eine wichtige Lockerung des starren Korsetts von Art. 2a,[5] auch wenn in den endgültigen Bedingungen nur noch zwischen alternativen Angaben gewählt werden kann, die bereits im Basisprospekt enthalten sein müssen.

Diese wichtige Erleichterung,[6] die zeitgleich mit der Verschärfung der Abgrenzung zwischen Basisprospekt und endgültigen Bedingungen in das EU-Prospektrecht eingefügt wurde,[7] folgt der Logik, dass die zuständigen Billigungsbehörden alle wichtigen Informationen im Prospekt prüfen und billigen wollen. Dies wird bei der Verwendung von Optionen dadurch erreicht, dass alle Alternativen vollständig im Basisprospekt enthalten sind. Dann ist es aus Sicht der Billigungsbehörde unproblematisch, wenn die Entscheidung, welche der gebilligten Alternative auf die jeweilige Emission Anwendung findet, erst in den endgültigen Bedingungen getroffen wird.

Die Möglichkeit, die für die jeweilige Emission gewählten Optionen aus dem Basisprospekt in den endgültigen Bedingungen zu wiederholen, erweist sich gerade bei an deutsche Privatanleger gerichteten Emissionsprogrammen als sehr hilfreich. Die Beschränkung der zulässigen Inhalte von endgültigen Bedingungen auf Angaben der Kategorien C und – eingeschränkt – B hat das zuvor übliche Anfügen von konsolidierten Bedingungen zwar beendet.[8] Allerdings besteht nun die Möglichkeit, durch eine entsprechende Gestaltung der Anleihebedingungen, alle für die Einzelemission relevanten Abschnitte der Anleihebedingun-

---

3 Optionen haben allerdings auch nur in Basisprospekten ihren Platz, da die Angaben in anderen Prospekten zum Zeitpunkt der Billigung feststehen, jedenfalls nicht im Rahmen von endgültigen Bedingungen nachgeliefert werden können.
4 S. zu den Kategorien Art. 2a und dessen Kommentierung.
5 Vgl. *Glismann*, in: Holzborn, WpPG, § 6 Rn. 10.
6 Die als speziellere Vorschrift eine Ausnahme zum Wiederholungsverbot des Art. 26 Abs. 5 normiert, vgl. *von Kopp-Colomb/Seitz*, WM 2012, 1220, 1224.
7 Mit EU-Verordnung 486/2012; zum Ablauf der Gesetzgebung vgl. *von Kopp-Colomb/Seitz*, WM 2012, 1220, 1221.
8 Kritisch zu dieser Entwicklung *Glismann*, in: Holzborn, WpPG, § 6 Rn. 19.

Artikel 22 In einen Basisprospekt aufzunehmende Mindestangaben

gen in den endgültigen Bedingungen zu wiederholen und damit den Investoren den kompletten Text der anwendbaren Anleihebedingungen zur Verfügung zu stellen.[9] Diese Ausgestaltung ist für Platzierungen an Investoren in Deutschland von großer Bedeutung, da es gilt, die hier geltenden erhöhten Transparenzerfordernisse aus dem AGB-Recht und dem Schuldverschreibungsgesetz zu erfüllen.[10] Anleihebedingungen, die sich aus nur einem Dokument in abschließendem Fließtext ergeben, werden stets einen Transparenzvorsprung gegenüber Anleihebedingungen haben, die sich aus mehreren zusammenzulesenden Dokumenten ergeben.

13 Mit der Wiedergabe der vollständigen Anleihebedingungen in den endgültigen Bedingungen werden gleichzeitig eine ganze Reihe verschiedener Optionen ausgewählt und in ihnen eingebettete Platzhalter ausgefüllt.[11] Auch ansonsten gleichlautende Abschnitte der Anleihebedingungen werden Teil einer Option, wenn im Basisprospekt ganze Sätze von Anleihebedingungen für verschiedene Produkte, etwa für festverzinsliche und variabel verzinsliche Schuldverschreibungen, einander gegenübergestellt werden. So kommt es zu einer von der BaFin grundsätzlich akzeptierten Ausgestaltung, bei der sich innerhalb von Optionen im Basisprospekt weitere Optionen befinden. Die Alternative zu dieser Struktur, das Nebeneinanderstellen einer großen Anzahl von Sätzen von Anleihebedingungen, ist nicht erstrebenswert, da dadurch der Basisprospekt um ein mehrfaches umfangreicher und damit intransparenter würde, ohne Einfluss auf die Lesbarkeit der resultierenden Anleihebedingungen in den endgültigen Bedingungen. Es bleibt Einschätzung des Prospekterstellers und der zuständigen Billigungsbehörde, wann die Einbettung einer weiteren Option in die vorhandenen Sätze von Anleihebedingungen verständlicher ist und wann das Anlegen eines ganz neuen Satzes von Anleihebedingungen.

VI. Verzicht auf Angaben im Basisprospekt

14 **Absatz 2** erlaubt, dass im Basisprospekt Informationsbestandteile ausgelassen werden, die zum Zeitpunkt der Billigung noch nicht bekannt sind und erst zum Zeitpunkt der jeweiligen Emission bestimmt werden können. Damit geht einher, dass diese Informationsbestandteile in den endgültigen Bedingungen ergänzt werden. Dieser allgemeine Grundsatz wird durch den neu eingefügten Art. 2a ergänzt, der den erforderlichen Inhalt des Basisprospekts und die Informationen konkretisiert, die endgültigen Bedingungen vorbehalten bleiben können.[12]

15 Auch wenn dies in Abs. 2 nicht ausdrücklich geregelt wird, so ist sinnvollerweise davon auszugehen, dass die Vorschrift nur wertpapierbeschreibende Angaben betrifft. Es ist schwer vorstellbar, dass Angaben zum Emittenten erst – und ausgerechnet – zum Zeitpunkt der Emission bekannt werden. Selbst wenn dies der Fall sein sollte, sind die endgültigen

---

9 Zumal mit den endgültigen Bedingungen in einem Dokument, das, trotz gegenteiliger Bestrebungen der Regulatoren, für Investoren oft die erste und beliebteste Informationsquelle über eine neue Emission darstellt; vgl. *Röhrborn*, in: Heidel, Aktienrecht und Kapitalmarktrecht, § 6 WpPG Rn. 10; vgl. aber auch *von Kopp-Colomb/Seitz*, WM 2012, 1220, 1225.
10 *Glismann*, in: Holzborn, WpPG, Art. 2a EU-ProspV Rn. 7; *von Kopp-Colomb/Seitz*, WM 2012, 1220, 1225.
11 Vgl. auch *Heidelbach/Preuße*, BKR 2012, 397, 400.
12 Vgl. *von Kopp-Colomb/Seitz*, WM 2012, 1220, 1222.

Bedingungen kein zulässiges Vehikel mehr, um die Information nachzuliefern. Verändert oder vervollständigt sich eine Angabe zum Emittenten nach der Billigung des Basisprospekts in wesentlicher Weise, kommen die Regeln zum Nachtrag gem. § 16 WpPG zum Tragen.

V. Zulässige Kombinationen von Anhängen im Basisprospekt

Absatz 3 wiederholt den ohnehin auch für Basisprospekte geltenden Art. 21 Abs. 1. Siehe die dortige Kommentierung. 16

VI. Inhalt der endgültigen Bedingungen

Absatz 4 fasst abschließend den **maximal zulässigen Inhalt** von endgültigen Bedingungen zusammen. 17

Die Einleitung von Satz 1 spricht von den endgültigen Bedingungen, die einem Basisprospekt angefügt sind. Zu einem Anfügen kommt es allerdings in aller Regel nicht. Gemeint sind endgültige Bedingungen, die zu einem Basisprospekt gehören und diesen typischerweise aus Anlass einer späteren Emission ergänzen – so auch der Titel von Art. 22. 18

Gemäß Buchstabe **a)** gehören zum zulässigen Inhalt zunächst die **Angaben aus den wertpapierbezogenen Anhängen**, im nach Art. 2a in Verbindung mit Anhang XX zulässigen Umfang.[13] Das schließt die in Anhang XX als Kategorie A gekennzeichneten Angaben aus, da diese vollständig im Basisprospekt enthalten sein müssen. Enthalten sein dürfen dagegen jene Teile von den als **Kategorie B oder C** gekennzeichneten Angaben, die entsprechend der Aufteilung nach Art. 2a für die endgültigen Bedingungen vorgesehen sind. Ist eine Angabe für die betreffende Emission nicht relevant, wird an der entsprechenden Stelle in den endgültigen Bedingungen „**entfällt**" vermerkt.[14] Das bedeutet, dass zwar nicht für alle Angaben aus den Kategorien B oder C Inhalte in die endgültigen Bedingungen aufzunehmen sind, dass aber alle diese Angaben dort als Eintrag auftauchen müssen und sei es nur mit dem Hinweis „entfällt".[15] Buchstabe a) ersetzt die bisherige, knappere Regelung von Art. 22 Abs. 4, nach der die endgültigen Bedingungen nur Angaben aus den wertpapierbezogenen Anhängen enthalten dürfen, weicht aber von diesem Grundsatz nicht ab. 19

Neu ist Buchstabe **b)** wonach die endgültigen Bedingungen desweiteren auf freiwilliger Basis die in **Anhang XXI** aufgezählten **zusätzlichen Angaben** enthalten dürfen.[16] Der ausdrückliche Hinweis auf die Freiwilligkeit ist bedeutsam, da andere Anhänge in der Regel Pflichtangaben beinhalten. Indem Buchstabe b) mit dem Verweis auf Anhang XXI eine abschließende Liste der freiwillig möglichen Angaben festlegt, ist aber zugleich klargestellt, 20

---

13 Siehe auch die dortige Kommentierung.
14 Kritisch zur Verständlichkeit dieser Lösung *von Kopp-Colomb/Seitz*, WM 2012, 1220, 1223f.
15 Zu einer Besonderheit betreffend Kategorie B s. ESMA-Questions and Answers – Prospectuses (25th Updated Version – July 2016), Antwort zu Frage 78.
16 Für Einzelheiten siehe die Kommentierung zu Anhang XXI.

Artikel 22 In einen Basisprospekt aufzunehmende Mindestangaben

dass weitere freiwillige Angaben in den endgültigen Bedingungen, wie sie zuvor zu finden waren, nicht mehr zulässig sind.

21 Buchstabe **c)** schließlich fügt sich mit Absatz 1a Satz 2 zusammen und erlaubt noch einmal, dass im Basisprospekt enthaltene **Optionen** in den endgültigen Bedingungen ausgewählt werden dürfen, indem die betreffende Option darin wiederholt oder auf sie verwiesen wird. Damit trägt auch diese Vorschrift die Möglichkeit, die für die Emission geltenden Anleihebedingungen im Volltext in die endgültigen Bedingungen aufzunehmen und so diese auch wegen der Anforderungen des deutschen AGB-Rechts und des SchVG sinnvolle Praxis fortzusetzen (s. o. Rn. 12).

22 Der **letzte Satz** von Absatz 4 stellt nochmal ausdrücklich klar,[17] dass Angaben des Basisprospekts durch die endgültigen Bedingungen **weder verändert noch ersetzt** werden dürfen. Das rundet das Konzept ab, wonach bestimmte Angaben dem Basisprospekt vorbehalten bleiben, um sicherzustellen, dass sie von der zuständigen Behörde geprüft und gebilligt werden. Sie dürfen deshalb auch nicht nachträglich durch die nur zu hinterlegenden endgültigen Bedingungen modifiziert werden. Dazu bedarf es stattdessen eines – zu billigenden – Nachtrags nach § 16 WpPG. Die endgültigen Bedingungen können und sollen nur auswählen und, soweit nach Art. 2a zulässig, vervollständigen.

VII. Zusätzliche Pflichtangaben im Basisprospekt

23 **Absatz 5** bestimmt **vier zusätzliche, technische Angaben**, die neben den Mindestangaben aus den einschlägigen Anhängen verpflichtend in den Basisprospekt aufzunehmen sind. Diese über Art. 3 hinausgehenden Anforderungen ergeben sich aus der Natur des Basisprospekts als Rahmenprospekt.

24 Erstens ein **Hinweis** auf die Angaben, die in die endgültigen Bedingungen aufzunehmen sind (**Ziffer 1**). Dies wird in der Praxis regelmäßig dadurch erfüllt, dass an allen Stellen, an denen im Basisprospekt eine Information offen gelassen ist, ein Verweis auf die endgültigen Bedingungen eingefügt wird. Es handelt sich also nicht um einen, sondern um viele Hinweise. Bezüglich der Anleihebedingungen kann sich der Hinweis auch einfach aus Platzhaltern ergeben.

25 Zweitens eine **Vorlage für die endgültigen Bedingungen** (**Ziffer 1a**). Diese neue Vorgabe[18] ist keine beschwerliche Auflage, da ein Format der endgültigen Bedingungen schon vorher durchgängig Bestandteil der Dokumentation eines Emissionsprogramms war, üblicherweise des Basisprospekts. Die zwingende Aufnahme in den Basisprospekt bedeutet aber, dass, vor dem Hintergrund der strengen Abgrenzung zwischen Basisprospekt und endgültigen Bedingungen, beim Vervollständigen der endgültigen Bedingungen Abweichungen von der Vorlage kaum mehr zulässig sind. Denn die Vorlage kann als Teil des Basisprospekts nur durch Nachtrag nach § 16 WpPG geändert werden.

26 Drittens die Angabe, auf welche **Weise** die endgültigen Bedingungen **veröffentlicht** werden (**Ziffer 2**). Ist dies zum Zeitpunkt der Billigung des Basisprospekts noch nicht bekannt, so muss zumindest angegeben werden, wie das Publikum über die Weise der Veröffentli-

---

17 So auch *von Kopp-Colomb/Seitz*, WM 2012, 1220, 1223.
18 Eingefügt durch EU-Verordnung 486/2012.

chung informiert werden wird. Es kann dahingestellt bleiben, wie wahrscheinlich oder problematisch die Konstellation ist, dass der Investor zwar den Basisprospekt gefunden hat, aber noch nicht die dazugehörigen endgültigen Bedingungen. Typischerweise erfährt der Investor umgekehrt zuerst von einer bestimmten Anleihe unter einem Emissionsprogramm und betrachtet in diesem Zusammenhang die endgültigen Bedingungen. Von dort gilt es dann, den Investor zum Basisprospekt zu lenken. In der vorliegenden Vorschrift ist das Ziel dagegen, dem Leser des Basisprospekts Zugang zu den endgültigen Bedingungen zu ermöglichen. Die zulässigen Arten der Veröffentlichung der endgültigen Bedingungen ergeben sich aus § 6 Abs. 3 Satz 1 WpPG in Verbindung mit Art. 33.[19]

Schließlich, viertens, eine **allgemeine Beschreibung des Programms (Ziffer 3)**, sofern es sich um die Emission von Nichtdividendenwerten im Sinne von Art. 5 Abs. 4 Buchstabe a der EU-Prospektlinie, beziehungsweise § 6 Abs. 1 Ziffer 1 WpPG, also um die Emission von Wertpapieren im Rahmen eines Angebotsprogramms handelt. Das stellt den Regelfall für Basisprospekte dar. Dies ist eine willkommene Verpflichtung, erlaubt sie doch, eine übliche und hilfreiche Übersicht über die wesentlichen Merkmale des Emissionsprogramms in den Basisprospekt einzufügen. Zu diesen Merkmalen gehören z. B. die beteiligten Emittenten, die an den Emissionen unter dem Programm beteiligten Banken (sog. Dealer) und Zahlstellen, das Programmvolumen, die zulässigen Stückelungen und Laufzeiten der Wertpapiere, die vorgesehenen Wertpapierstrukturen und die zur Verfügung stehenden Börsenzulassungen. 27

VIII. Basisprospekte für unterschiedliche Wertpapierkategorien

Absatz 6 regelt die Situation, dass ein Basisprospekt mit seinen dazugehörigen endgültigen Bedingungen die Emission von **verschiedenen Arten von Wertpapieren** abdeckt. In diesem Fall sind die unterschiedlichen Wertpapierarten in den vier in Satz 1 genannten Kategorien zusammenzufassen und nach Satz 2 im Basisprospekt klar voneinander zu **trennen**.[20] Dies führt in der Praxis der Basisprospekte insbesondere zur Trennung von ungedeckten Anleihen und Pfandbriefen. 28

Die **vier** im Basisprospekt getrennt zu beschreibenden **Kategorien** von Wertpapieren sind: 1. Asset backed securities (ABS), 2. Optionsscheine nach Art. 17,[21] 3. Pfandbriefe und 4. alle sonstigen Nichtdividendenwerte einschließlich anderer Optionsscheine als nach Art. 17. 29

Unbenommen von Art. 22 Abs. 6 bleibt die Möglichkeit, für alle Arten von Wertpapieren, die nach § 6 Abs. 1 WpPG in Basisprospekten erlaubt sind, einen eigenständigen Basisprospekt zu erstellen. Dass Absatz 6 nicht den Katalog der in einem Basisprospekt zulässigen Wertpapieren beschränken will, sondern nur bestimmte Arten von Wertpapieren zusammengruppiert sehen möchte, ergibt sich nicht zuletzt daraus, dass die vierte Kategorie 30

---

19 Für Einzelheiten siehe die dortige Kommentierung.
20 Nicht aber in getrennte Basisprospekte zu verteilen; so auch *Glismann*, in: Holzborn, WpPG, § 6 Rn. 13.
21 Für Einzelheiten siehe die Kommentierung dort.

Artikel 22 In einen Basisprospekt aufzunehmende Mindestangaben

als Auffangtatbestand formuliert ist und alle sonstigen Nichtdividendenwerte erfasst. Insgesamt erscheint die Vorschrift als nicht sonderlich beschwerend, da man auch ohne sie für unterschiedliche Produkte verschiedene Abschnitte im Basisprospekt vorsehen würde, schon um die Verständlichkeit zu gewährleisten.

IX. Nachträge zum Basisprospekt

31 **Absatz 7 ergänzt die generellen Vorgaben** von § 16 WpPG zum Prospektnachtrag für den Basisprospekt. Nach Satz 1 besteht die Verpflichtung zur Veröffentlichung eines Nachtrags nach § 16 WpPG von der Billigung des Basisprospekts bis zum Ende des öffentlichen Angebots im Rahmen der jeweiligen Emission, die den Basisprospekt nutzt (sog. Ziehung), bzw. – wenn später – bis zum Beginn des Handels der Wertpapiere, die unter Verwendung des Basisprospekts im regulierten Markt zugelassen werden. Anders als in § 16 WpPG ist hier aber deutlich bestimmt, dass der Nachtrag vor dem Ablauf dieser Frist zu veröffentlichen ist.[22] Bei nicht vorhersehbaren wichtigen neuen Umständen, die erst kurz vor Ende des öffentlichen Angebots der Ziehung bzw. dem Handelsbeginn der Papiere eintreten, kann dies zu praktischen Schwierigkeiten führen, da die Erstellung, Billigung und Veröffentlichung eines Nachtrags in der Regel zumindest zwei Arbeitstage in Anspruch nimmt. Um die Einhaltung der Vorschrift sicherzustellen, hilft dann nur die Verlängerung der Angebotsfrist bzw. die Verschiebung des Handelsbeginns. Warum es angesichts des ohnehin entstehenden Widerrufsrecht aus § 16 Abs. 3 WpPG noch dieser zeitlich starr begrenzten Pflicht zur Veröffentlichung des Nachtrags bedurfte, bleibt unklar. Positiv gewendet kann man aus der klaren Bestimmung des Ablaufs der Pflicht zur Veröffentlichung des Nachtrags aber ableiten, dass es erst im Rahmen einer Ziehung unter dem Emissionsprogramm zum Nachtrag kommen muss, nicht schon nach dem Eintritt eines Ereignisses i. S. v. § 16 Abs. 1 WpPG während des bis zu einjährigen Zeitraums nach Billigung des Basisprospekts. Dies ergibt sich letztlich auch aus dem Grundsatz des § 9 Abs. 1 WpPG, wonach ein Prospekt nach seiner Billigung zwölf Monate lang für öffentliche Angebote oder Börsenzulassungen gültig ist, sofern er um die nach § 16 erforderlichen Nachträge ergänzt wird. Anders gewendet: solange von einem Prospekt während dieser zwölf Monate kein Gebrauch gemacht wird, muss er nicht nachgetragen werden.

32 Satz 2 bringt eine **Sonderregel zum Widerrufsrecht** in § 16 Abs. 3 WpPG. Werden in einem Basisprospekt durch einen Nachtrag Angaben geändert, die sich nur auf spezifische Emissionen beziehen, so gilt das Widerrufsrecht nur hinsichtlich dieser Emissionen.

---

22 Das WpPG impliziert vielleicht eine möglichst zeitnahe Veröffentlichung und setzt dafür Anreize, ausdrücklich angeordnet wird sie aber nicht. S. dazu aber auch ESMA-Questions and Answers – Prospectuses (25th Updated Version – July 2016), Antwort zu Frage 22. S. auch die Kommentierung zu § 16 WpPG.

Artikel 23
Anpassungen an die Mindestangaben im Prospekt und im Basisprospekt

(1) ¹Unbeschadet des Artikels 3 Unterabsatz 2 und des Artikels 22 Absatz 1 Unterabsatz 2 kann die zuständige Behörde des Herkunftsmitgliedstaats in Fällen, in denen die Tätigkeiten des Emittenten unter eine der in Anhang XIX genannten Kategorien fallen, aufgrund der besonderen Art dieser Tätigkeiten zusätzlich zu den Informationsbestandteilen der in den Artikeln 4 bis 20 genannten Module und Schemata besondere Angaben verlangen, sowie gegebenenfalls eine Bewertung des Vermögens des Emittenten oder einen diesbezüglichen Bericht eines anderen Sachverständigen vorschreiben, um der in Artikel 5 Absatz 1 der Richtlinie 2003/71/EG festgelegten Verpflichtung nachzukommen. ²Die zuständige Behörde setzt die Kommission unverzüglich hiervon in Kenntnis.

³Will ein Mitgliedstaat die Aufnahme einer neuen Kategorie in den Anhang XIX erreichen, so richtet er einen entsprechenden Antrag an die Kommission. ⁴Die Kommission aktualisiert die Liste nach dem in Artikel 24 der Richtlinie 2003/71/EG vorgesehenen Ausschussverfahren.

(2) ¹Ersucht ein Emittent, ein Anbieter oder eine Person, die die Zulassung von Wertpapieren zum Handel auf einem geregelten Markt beantragt hat, abweichend von Artikel 3 bis 22 um die Billigung eines Prospekts oder eines Basisprospekts für ein Wertpapier, das nicht mit den anderen Arten von Wertpapieren identisch, wohl aber mit diesen vergleichbar ist, die in der Kombinationsübersicht von Anhang XVIII genannt werden, so fügt der Emittent, der Anbieter oder die Person, die die Zulassung von Wertpapieren zum Handel auf einem geregelten Markt beantragt hat, die entsprechenden Informationsbestandteile aus dem anderen in Artikel 4 bis 20 vorgesehenen Schema für eine Wertpapierbeschreibung dem gewählten Hauptschema für eine Wertpapierbeschreibung an. ²Dieser Zusatz erfolgt gemäß den Hauptmerkmalen der Wertpapiere, die öffentlich angeboten werden oder zum Handel auf einem geregelten Markt zugelassen werden sollen.

(3) ¹Ersucht ein Emittent, ein Anbieter oder eine Person, die die Zulassung von Wertpapieren zum Handel auf einem geregelten Markt beantragt hat, abweichend von Artikel 3 bis 22 um die Billigung eines Prospekts oder eines Basisprospekts für eine neue Art von Wertpapier, so übermittelt der Emittent, der Anbieter oder die Person, die die Zulassung von Wertpapieren zum Handel auf einem geregelten Markt beantragt hat, den Entwurf des Prospekts oder des Basisprospekts der zuständigen Behörde des Herkunftsmitgliedstaats.

²Die zuständige Behörde befindet dann im Einvernehmen mit dem Emittenten, dem Anbieter oder der Person, die die Zulassung von Wertpapieren zum Handel auf einem geregelten Markt beantragt hat, welche Angaben in den Prospekt bzw. den Basisprospekt aufzunehmen sind, um der Verpflichtung von Artikel 5 Absatz 1 der Richtlinie 2003/71/EG nachzukommen. ³Die zuständige Behörde setzt die Kommission unverzüglich hiervon in Kenntnis.

Artikel 23 Anpassungen an die Mindestangaben im Prospekt

⁴Die in Unterabsatz 1 genannte Abweichung gilt nur im Falle einer neuen Art von Wertpapieren, die sich in ihren Merkmalen völlig von den anderen Arten von Wertpapieren unterscheidet, die in Anhang XVIII genannt werden, sofern die Merkmale dieses neuen Wertpapiers dergestalt sind, dass eine Kombination der verschiedenen Informationsbestandteile der in Artikel 4 bis 20 genannten Schemata und Module nicht angemessen ist.

(4) In den Fällen, in denen in Abweichung von Artikel 3 bis 22 die in den Schemata oder Modulen geforderten Informationsbestandteile gemäß Artikel 4 bis 20 oder gleichwertige Angaben für den Emittenten, den Anbieter oder für die Wertpapiere, für die der Prospekt erstellt wurde, nicht angemessen sind, brauchen diese Angaben nicht aufgenommen zu werden.

Übersicht

	Rn.
I. Einleitung	1
II. ESMA-Empfehlungen zu den Specialist Issuers	6
1. Immobiliengesellschaften	6
a) Definition	7
b) Relevante Kapitalmarkttransaktionen	12
c) Vorgaben für das Bewertungsgutachten	14
d) Allgemeine Geschäftsbedingungen für die Ausreichung des Bewertungsgutachtens	22
e) Verwendungsverbote und -beschränkungen für das Bewertungsgutachten	23
f) Haftungsausschlüsse für das Bewertungsgutachten	24
g) Sonstiges	27
2. Bergbaugesellschaften	28
a) Definition	29
b) Relevante Kapitalmarkttransaktionen	33
c) Verpflichtung zur Offenlegung von spezifischen Informationen	34
d) Vorgaben für den Expertenbericht	37
3. Investmentgesellschaften	42
4. In der wissenschaftlichen Forschung tätige Gesellschaften	45
a) Definition	46
b) Relevante Kapitalmarkttransaktionen	47
c) Verpflichtung zur Offenlegung von spezifischen Informationen	48
5. Start-up-Gesellschaften	50
a) Definition	51
b) Relevante Kapitalmarkttransaktionen	53
c) Verpflichtung zur Offenlegung von spezifischen Informationen	54
d) Special Purpose Acquisition Companies (SPACs)	60
6. Schifffahrtsgesellschaften	63
a) Definition	64
b) Relevante Kapitalmarkttransaktionen	65
c) Verpflichtung zur Offenlegung von spezifischen Informationen	66
d) Bewertungsgutachten	67
7. Andere Emittenten mit besonderen Geschäftsbereichen	69

I. Einleitung

1   Die Prospektverordnung hat einen besonderen Typus von Emittenten, den „Specialist Issuer" eingeführt, der aufgrund seiner besonderen **Art oder Dauer der Geschäftstätigkeit** bestimmten erweiterten Anforderungen bezüglich des Inhalts seines Prospekts unterliegt.[1]

---

1 Siehe dazu auch *Schnorbus*, WM 2009, 249 ff.; *Schlitt/Schäfer*, in: Assmann/Schlitt/von Kopp-Colomb, WpPG/VerkProspG, Anhang XIX EU-ProspektVO Rn. 1 ff.

I. Einleitung **Artikel 23**

Rechtsgrundlage hierfür ist Art. 23 Abs. 1 der Prospektverordnung. Näher ausgestaltet werden die gesetzlichen Vorgaben durch Erwägungsgrund 22 der Prospektverordnung und insbesondere durch Rn. 128 ff. der ESMA-Empfehlungen.

Bei „einigen Kategorien von Emittenten" soll nach **Erwägungsgrund 22** der Prospektverordnung die zuständige Behörde angesichts der besonderen Art ihrer Tätigkeit besondere Informationen verlangen dürfen, die über die in den Schemata und Modulen vorgesehenen Informationsbestandteile hinausgehen. Zu diesem Zweck muss eine Liste erstellt werden, aus der genau hervorgeht, für welchen eingeschränkten Kreis von Emittenten diese besonderen Informationspflichten gelten. Die besonderen Informationspflichten, denen die einzelnen auf dieser Liste genannten Kategorien von Emittenten unterliegen, sollen der Art ihrer jeweiligen Tätigkeit qualitativ und quantitativ angemessen sein. Abschließend wird CESR der Auftrag erteilt, sich um eine „Annäherung dieser Informationsanforderungen in der Gemeinschaft zu bemühen". Diese Aufgabe ist auf die ESMA als Rechtsnachfolgerin der CESR übergegangen.[2]

2

Aufbauend auf dieser Erwägung ermächtigt **Art. 23 Abs. 1** der Prospektverordnung die zuständige Behörde in Fällen, „in denen die Tätigkeiten des Emittenten unter eine der in Anhang XIX genannten Kategorien fallen", zusätzlich zu den Informationsbestandteilen der in den Art. 4 bis 20 genannten Module und Schemata **„besondere Angaben"** sowie gegebenenfalls **„eine Bewertung des Vermögens des Emittenten"** oder **„einen diesbezüglichen Bericht eines anderen Sachverständigen"** zu verlangen.

3

Die Liste im Anhang XIX nennt folgende Kategorien von Emittenten:

4

– **Immobiliengesellschaften** („property companies")
– **Bergbaugesellschaften** („mineral companies")
– **Investmentgesellschaften** („investment companies")
– in der **wissenschaftlichen Forschung tätige Gesellschaften** („scientific research based companies")
– seit weniger als drei Jahren bestehende Gesellschaften (**Start-up-Gesellschaften**)/ („companies with less than 3 years of existence (start-up companies)")
– **Schifffahrtsgesellschaften** („shipping companies")

Basierend auf den Vorgaben der Prospektverordnung enthalten die **ESMA-Empfehlungen** in Rn. 128 ff. umfassende Aussagen zu den Specialist Issuers.[3] Die Empfehlungen dienen als Auslegungshilfe für nationale Zulassungsbehörden sowie Emittenten und Anbieter von Wertpapieren.[4] Zu beachten ist jedoch, dass es sich nicht um einen Rechtsetzungsakt der EU handelt, die nationalen Zulassungsbehörden daher auch nicht an die Empfehlungen gebunden sind,[5] sondern lediglich nach Art. 23 Abs. 1 der Prospektverordnung ermächtigt

5

---

2 So Art. 8 Abs. 1 lit. l) und Art. 76 Abs. 4 der Verordnung (EU) Nr. 1095/2010 des europäischen Parlaments und des Rates vom 24.11.2010.
3 Unter „III. Non financial information – 1. Specialist Issuers", Rn. 128–145.
4 Insgesamt sind verschiedene Begrifflichkeiten in den ESMA-Empfehlungen sprachlich wenig gelungen und teilweise selbst für Muttersprachler nicht verständlich; vgl. bspw. *Höninger/Eckner*, in: Holzborn, WpPG, Art. 23 EU-ProspV Rn. 14.
5 Dies ergibt sich aus dem Wortlaut der Erwägung 22 der Prospektverordnung: Dort wird den nationalen Behörden das Recht zugesprochen, zusätzliche Angaben einzufordern. Der Ausschuss der europäischen Wertpapierregulierungsbehörden „könnte sich" dagegen „um eine Annäherung dieser Informationsanforderungen in der Gemeinschaft bemühen".

Schnorbus

Artikel 23   Anpassungen an die Mindestangaben im Prospekt

werden, solche zusätzlichen Informationen zu fordern.[6] Die Praxis der BaFin orientiert sich jedoch grundsätzlich sehr eng an den ESMA-Empfehlungen, so dass im Ergebnis von einer notwendigen Beachtung der ESMA-Empfehlungen gesprochen werden kann (vgl. Vor §§ 1 WpPG Rn. 3).

II. ESMA-Empfehlungen zu den Specialist Issuers

1. Immobiliengesellschaften

6   Die zentrale zusätzliche Anforderung an Immobiliengesellschaften im Zusammenhang mit der Veröffentlichung eines Prospekts bei Kapitalmarkttransaktionen ist die Aufnahme eines **Bewertungsgutachtens in Bezug auf das Immobilienvermögen**. Die BaFin verfügt dabei mittlerweile über eine umfangreiche Billigungspraxis.[7]

a) Definition

7   Nach den ESMA-Empfehlungen sind unter Immobiliengesellschaften („property companies") solche Emittenten zu verstehen, deren Hauptaktivität im Bereich des (direkten oder indirekten) **Haltens** sowie des **Erwerbs** und der **Entwicklung** von Immobilien als Investition oder zur Vermietung liegt.[8] Dabei sollen sowohl Grundeigentum, im Erbbaurecht gehaltene Immobilien, Mietimmobilien als auch sonstige, diesen Kategorien entsprechende Formen des Immobilienbesitzes unter den Immobilienbegriff fallen.[9] Als Immobilien gelten auch **Kavernen und sonstige unterirdische Hohlräume**.

8   Die BaFin subsumiert unter diese Definition zutreffend solche Immobiliengesellschaften, die Immobilien direkt oder indirekt zum Zwecke der Vermietung oder der Selbstnutzung erschließen und/oder halten, z.B. Wohnungsbaugesellschaften mit eigenem Bestand, Konzerngesellschaften für selbst genutzte Gewerbeimmobilien oder Anlagegesellschaften.[10] Ein Hauptanwendungsfall der Immobiliengesellschaft ist der **Real Estate Investment Trust** („REIT"). Der in dem REIT-Gesetz[11] in den Abschnitten 1 und 2 definierte Gesellschaftstyp stellt geradezu den Prototyp der „Property Company" nach deutschem Recht

---

6   So auch ausdrücklich die ESMA-Empfehlungen, Rn. 9, sowie CESR Prospectus Consultation, Feedback Statement, December 2003, Ref. CESR/03-400 („CESR, Feedback Statement"), Rn. 66.
7   Siehe z.B.: Prospekt der Deutsche Annington Immobilien SE vom 16.6.2015; Prospekt der Deutsche Wohnen AG vom 20.5.2015; Prospekt der TLG Immobilien AG vom 14.10.2014; Prospekt der LEG Immobilien AG vom 18.1.2013; Prospekt der ADLER Real Estate AG vom 24.4.2014.
8   ESMA-Empfehlungen, Rn. 129; *Götze/Hütte*, NZG 2007, 334, 335; *Schnorbus*, WM 2009, 249, 250; *Höninger/Eckner*, in: Holzborn, WpPG, Anhang XIX, EU-ProspV Rn. 11.
9   Insgesamt ist die englische Definition des Begriffs der „Immobiliengesellschaft" sprachlich wenig gelungen und teilweise selbst für Muttersprachler nicht verständlich.
10 BaFin, Der Prospekt für Immobiliengesellschaften/Property Companies: besondere Anforderungen und Entwicklungen, Präsentation vom 4.9.2007, S. 3; *Schlitt/Schäfer*, AG 2008, 525, 535; *Schlitt/Schäfer*, in: Assmann/Schlitt/von Kopp-Colomb, WpPG/VerkProspG, Anhang XIX EU-ProspektVO Rn. 4.
11 Gesetz über deutsche Immobilien-Aktiengesellschaften mit börsennotierten Anteilen vom 28.5.2007, BGBl. I, S. 914.

dar.¹² Der Unternehmensgegenstand der REIT-Aktiengesellschaft ist auf den Erwerb, das Halten, die Verwaltung und die Veräußerung von Immobilien fokussiert.

Keine Immobiliengesellschaften sind dagegen solche Gesellschaften, deren Unternehmensgegenstand nicht auf eine dauerhafte Bewirtschaftung eigener Immobilien gerichtet ist. Das betrifft Gesellschaften, die auf Kauf, Renovierung und Weiterverkauf von Immobilien, reine Projektentwicklung oder Immobilienhandel fokussiert sind.¹³ In diesen Fällen kann durchaus auch eine gewisse **Haltedauer** bestehen, ohne dass sich an dem Nichtvorliegen einer Immobiliengesellschaft etwas ändert. Die BaFin geht dabei von einem **Richtwert von einem Jahr** aus.¹⁴ Das betrifft namentlich Emittenten, die auf die sog. „**Privatisierung**" von Eigentumswohnungen spezialisiert sind, also den Erwerb von Wohnungsportfolios oder Wohnungsgesellschaften mit dem Ziel der anschließenden oder mittelfristigen Veräußerung einzelner Eigentumswohnungen an bisherige Mieter, neue Selbstnutzer und Privatinvestoren.¹⁵ Ebenfalls nicht unter den Begriff der Immobiliengesellschaft fallen **Immobiliendienstleister** und Fonds-Konzeptionäre ohne nennenswerte Immobilienanlagen.¹⁶ 9

Die Behandlung der Immobilien als Vermögenswerte in der **Bilanz** der betreffenden Gesellschaft gibt einen gewissen Anhaltspunkt, und zwar unter dem Aspekt, ob sie als **langfristiges Vermögen** (Anlagevermögen) oder **kurzfristiges Vermögen** (Vorräte, Umlaufvermögen) gebucht werden. Bei der Buchung in das (langfristige) Anlagevermögen spricht vieles für eine Einordnung als Immobiliengesellschaft im Sinne von ESMA, während die Behandlung als Vorräte innerhalb des (kurzfristigen) Umlaufvermögens dagegen spricht. 10

Weitere Voraussetzung ist, dass die betreffende Gesellschaft **überwiegend die Zwecke einer Immobiliengesellschaft** im Sinne der ESMA-Definition verfolgt. Das sollte dann der Fall sein, wenn mindestens die Hälfte der bilanziellen Aktiva Immobilienvermögen darstellt oder das Immobiliengeschäft i. S. d. ESMA-Empfehlungen mindestens 50% zum Gesamtumsatz oder Gewinn beiträgt.¹⁷ Insgesamt können diese Größenangaben aber nur als „Daumenregel" dienen; konkrete Vorgaben durch ESMA oder die BaFin für Immobiliengesellschaften existieren bisher nicht. Im Einzelfall mag es aber auch von Bedeutung sein, dass sich eine Immobiliensparte eines Konzerns im Markt als unabhängige Gesellschaft darstellt. 11

b) Relevante Kapitalmarkttransaktionen

Die ESMA-Empfehlungen gelten für Immobiliengesellschaften, die einen Prospekt für ein öffentliches Angebot oder die Zulassung zum Handel von **Aktien**, **Schuldtiteln** mit einer 12

---

12 BaFin, Der Prospekt für Immobiliengesellschaften/Property Companies: besondere Anforderungen und Entwicklungen, Präsentation vom 4.9.2007, S. 13; *Götze/Hütte*, NZG 2007, 334, 335; *Schnorbus*, WM 2009, 249, 250.
13 BaFin, Der Prospekt für Immobiliengesellschaften/Property Companies: besondere Anforderungen und Entwicklungen, Präsentation vom 4.9.2007, S. 4.
14 BaFin, Der Prospekt für Immobiliengesellschaften/Property Companies: besondere Anforderungen und Entwicklungen, Präsentation vom 4.9.2007, S. 4; *Schlitt/Schäfer*, AG 2008, 525, 535.
15 Vgl. PATRIZIA Immobilien AG, Prospekt vom 17.3.2006 (kein Bewertungsgutachten).
16 Vgl. IC Immobilien Holding AG, Prospekt vom 25.7.2006 (kein Bewertungsgutachten).
17 *Schlitt/Schäfer*, in: Assmann/Schlitt/von Kopp-Colomb, WpPG/VerkProspG, Anhang XIX EU-ProspektVO Rn. 4.

Artikel 23   Anpassungen an die Mindestangaben im Prospekt

Stückelung von weniger als € 50.000, die **durch Immobilien gesichert** sind (einschließlich Wandelanleihen) sowie **Zertifikaten, die Aktien vertreten**, mit einer **Stückelung von weniger als € 50.000** erstellen. Der Schwellenwert trägt dem Umstand Rechnung, dass bei einer Stückelung ab € 50.000 normalerweise nur qualifizierte Anleger Wertpapiere erwerben, die nicht der Information durch ein Bewertungsgutachten bedürfen.[18]

13   Das bedeutet, dass durch Immobiliengesellschaften ausgegebene Anleihen (als Nichtdividendenwerte) sowie Wandelanleihen (als Dividendenwerte) jedenfalls dann nicht dem Erfordernis des Bewertungsgutachtens im Prospekt unterliegen, wenn (i) die **Stückelung jeweils mindestens € 50.000** beträgt und/oder (ii) die jeweilige Anleihe **nicht durch Immobilien gesichert** ist.[19] Gegebenenfalls sind entsprechende Angaben aber nach § 5 Abs. 1 WpPG erforderlich, was im Einzelfall zu prüfen ist.

c) Vorgaben für das Bewertungsgutachten

14   Das Bewertungsgutachten muss nach den ESMA-Empfehlungen[20] und der Praxis der BaFin[21] besondere inhaltliche und verfahrensmäßige Anforderungen erfüllen. Danach muss das Bewertungsgutachten

– von einem unabhängigen Gutachter/Experten erstellt werden;
– das Datum oder die Daten der Inspektion der Grundstücke angeben;
– alle wichtigen Details der wesentlichen Grundstücke enthalten, die für die Bewertung erforderlich sind;
– die Daten der Bewertung der jeweiligen Grundstücke angeben, wobei die Bewertung nicht länger als ein Jahr vor der Veröffentlichung des Prospekts liegen darf, es sei denn, der Emittent gibt eine Versicherung ab, dass seitdem keine wesentlichen Änderungen eingetreten sind;
– eine Zusammenfassung bezüglich Eigentum, Miete, Gesamtwert und weiterer Daten enthalten; und
– sofern eine Abweichung gegenüber der Bewertung im letzten Jahresabschluss vorliegt, eine Begründung dafür enthalten.

---

18   *Höninger/Eckner*, in: Holzborn, WpPG, Art. 23 EU-ProspV Rn. 27.
19   Nach *Wiegel*, Die Prospektrichtlinie und Prospektverordnung, S. 285, soll es dagegen nicht darauf ankommen, ob die Anleihe durch die Immobilien gesichert ist, so dass jede Anleihe mit einer Stückelung von unter € 50.000 den ESMA-Empfehlungen unterliegen würde. Begründung hierfür ist, dass der Emittent für Anleihen letztlich mit allen Aktiva hafte, so dass die Schuldtitel „automatisch durch die Immobilien besichert" wären. Diese Auslegung überzeugt jedoch nicht. Sie widerspricht dem insoweit eindeutigen Wortlaut der ESMA-Empfehlungen und berücksichtigt nicht den Umstand, dass es für die Anleihegläubiger einen substantiellen Unterschied ergibt, ob die Anleihe vorrangig durch die Immobilien als maßgebliches Vermögen des Emittent gesichert ist oder die Anleihegläubiger sich die Insolvenzmasse mit sämtlichen anderen unbesicherten Gläubigern teilen müssen. Im Übrigen ergibt sich aus der Geschichte der ESMA-Empfehlungen, dass in der Diskussionsphase zunächst Bewertungsgutachten für sämtliche Prospekte von Immobiliengesellschaften vorgesehen waren (vgl. CESR-Consultation Paper, Rn. 137 ff.), in Reaktion auf Kritik verschiedener Beteiligter dann der Anwendungsbereich auf bestimmte ausgewählte Wertpapiertransaktionen beschränkt wurde (vgl. CESR-Feedback Statement, Rn. 69).
20   Vgl. ESMA-Empfehlungen, Rn. 130.
21   BaFin, Der Prospekt für Immobiliengesellschaften/Property Companies: besondere Anforderungen und Entwicklungen, Präsentation vom 4.9.2007, S. 10 f.; vgl. auch Österreichische FMA-Rundschreiben, S. 14.

II. ESMA-Empfehlungen zu den Specialist Issuers Artikel 23

Das Gutachten muss von einem **unabhängigen Experten** angefertigt worden sein. Mangels weiterer Vorgaben der Prospektverordnung oder der ESMA-Empfehlungen wird man bei der Frage der Unabhängigkeit auf die einschlägigen berufsrechtlichen Bestimmungen der Immobiliengutachter oder anderenfalls auf die Grundsätze anderer Gutachter, insbesondere der Wirtschaftsprüfer, zurückgreifen müssen.[22] So wird in relevanten Bewertungsgutachten regelmäßig Bezug auf die *Appraisal and Valuation Standards* der *Royal Institution of Chartered Surveyors* („RICS"), das sog. „Red Book", genommen. Dort wird im Abschnitt „Practice Statements" bestimmt, dass Mitglieder, die Wertermittlungen durchführen, **unabhängig, integer und objektiv** handeln müssen. Zudem weisen Immobiliengutachter in der Regel auf die Einhaltung des Verhaltenskodex und der ethischen Standards der *International Valuation Standards* hin. Zur Bestätigung der erforderlichen Unabhängigkeit erklären die Immobiliengutachter zumeist, dass sie in keinem **direkten oder indirekten persönlichen oder geschäftlichen Verhältnis** zu dem gegenständlichen Portfolio oder Unternehmen stehen, das zu einem Interessenskonflikt führen könnte.[23] Daneben wird auch auf die **Unabhängigkeit der Höhe der Vergütung** von dem Inhalt des zusammenfassenden Berichts bzw. der Bewertungsergebnisse, teils durch Nennung einer Maximalvergütung,[24] hingewiesen.[25] **Frühere Tätigkeiten** des Immobiliengutachters für den Emittenten, etwa bei der Fair-Value-Bewertung im Rahmen der regulären Abschlussprüfung, begründen nach allgemeinen Grundsätzen noch **keinen Interessenskonflikt**, der die Unabhängigkeit des Experten für Zwecke der ESMA-Empfehlungen in Frage stellt.

15

Das Gutachten muss **alle relevanten Daten** hinsichtlich bedeutender Immobilien, die für die Bewertung notwendig sind, enthalten. Dazu gehört eine Zusammenfassung, die gesondert die Anzahl der Miet- und Eigentumsgrundstücke sowie die Gesamtwerte aller Miet- und Eigentumsgrundstücke angibt. Bei Objekten mit negativen Werten sind diese gesondert anzugeben und dürfen nicht als Gesamtwert mit den anderen Bewertungen angegeben werden. Sofern Immobilien aufgrund verschiedener Bewertungsgrundlagen bewertet wurden, sind diese gesondert anzugeben. Werden verschiedene Ansätze genutzt, sollten die Objekte in verschiedene Bewertungskategorien eingeteilt werden, damit sie den unterschiedlichen Bewertungsverfahren unterzogen werden können.[26]

16

Die ESMA-Empfehlungen treffen bewusst keine Aussage zu dem **anwendbaren Wertansatz und Bewertungsverfahren**, sondern überlassen die Entscheidung den zuständigen nationalen Wertpapieraufsichtsbehörden.[27] In BaFin-Billigungsverfahren ist es allerdings Praxis, dass die Bewertung nach dem internationalen Rechnungslegungsstandard **IAS 40**

17

---

22 Denkbar ist auch eine zusätzliche Orientierung an den Grundsätzen des § 77 Abs. 2 InvG; vgl. *Götze/Hütte*, NZG 2007, 334, 336; *Schnorbus*, WM 2009, 249, 251.
23 Vgl. z.B. DIC Asset AG, Prospekt vom 24.4.2006, S. G-7; *Höninger/Eckner*, in: Holzborn, WpPG, Art. 23 EU-ProspV Rn. 87.
24 Vgl. z.B. Gagfah S. A., Prospekt vom 6.10.2006, S. 149.
25 Siehe z.B.: Prospekt der Deutsche Annington Immobilien SE vom 16.6.2015, V-10; Prospekt der Deutsche Wohnen AG vom 20.5.2015, V-10 f.; Prospekt der LEG Immobilien AG vom 18.1.2013, V-7; Prospekt der ADLER Real Estate AG vom 24.4.2014, W-21 f.
26 Vgl. Prospekt der Deutsche Annington Immobilien SE vom 16.6.2015, V-49 ff., oder Prospekt der LEG Immobilien AG vom 18.1.2013, V-15 ff. Die Objekte werden grundsätzlich in drei verschiedene Bewertungskategorien eingeteilt, und damit einem unterschiedlichen Bewertungsverfahren unterzogen. So gab es „reine Desktop-Bewertungen", Außenbesichtigungen („drive-by") sowie Innenbesichtigungen.
27 Vgl. CESR-Feedback Statement, Rn. 70.

Artikel 23   Anpassungen an die Mindestangaben im Prospekt

vorgenommen wird, der Ansatz und Bewertung von als Finanzinvestitionen gehaltenen Immobilien regelt, worunter der weitaus größte Teil des Vermögens der Immobiliengesellschaft fallen wird.[28] Entscheidend ist, dass im Rahmen der Prospekterstellung dieselben Bewertungsmaßstäbe angelegt werden, die auch für einen folgenden Konzernabschluss der börsennotierten Aktiengesellschaft zu gelten haben. Insofern ist IAS 40 für die nach IFRS zu erstellenden Konzernabschlüsse der in einem organisierten Markt börsennotierten Immobiliengesellschaft maßgebend.[29]

18 Das Gutachten muss datiert sein, das **Datum der tatsächlichen Begutachtung** der jeweiligen Immobilien enthalten (etwa durch Besichtigung vor Ort oder Prüfung von Unterlagen) sowie den **Stichtag für die Bewertung** aller Immobilien ausweisen. Der Stichtag darf nicht **länger als ein Jahr** vor dem Publikationsdatum des Prospekts zurückliegen; zudem muss der Emittent im Prospekt **bestätigen**, dass keine wesentlichen Änderungen seit dem Stichtag der Bewertung eingetreten sind.[30] Inspektionen durch den Emittenten oder den Wirtschaftsprüfer (etwa im Rahmen der Abschlussprüfung) genügen grundsätzlich nicht.

19 Zulässig ist die Aufnahme von **mehreren verschiedenen Gutachten** im Prospekt (von unterschiedlichen oder demselben Gutachter), die jeweils ein anderes Immobilienportfolio abdecken.[31] Das spielt gerade bei internationalen Portfolios eine wichtige Rolle (Aufteilung nach Länderportfolios). Voraussetzung ist lediglich, dass jedes einzelne Gutachten und jeder einzelne Gutachter die Anforderungen der ESMA-Empfehlungen erfüllt. Zulässig sind auch Gutachten (**Hauptgutachten**), die auf zuvor erstellten Gutachten basieren und sich auf die Prüfung der formalen Einhaltung der ESMA-Empfehlungen sowie der Marktkonformität von Wertansätzen zum Verkehrswert beschränken.[32] Von einer Mitveröffentlichung der einzelnen Gutachten kann abgesehen werden. Für den Gutachter des im Prospekt veröffentlichten Gutachtens ergibt sich hieraus der Vorteil, dass er auf die zuvor erstellten Gutachten verweisen kann.

20 Im Übrigen können im Bewertungsgutachten auch weitere **freiwillige Informationen** enthalten sein, was aber nicht immer zwingend ratsam ist. Umgekehrt muss im Prospekt das Bewertungsgutachten nicht vollständig abgedruckt werden. Es genügt die Veröffentli-

---

28 Vgl. Prospekt der Deutsche Annington Immobilien SE vom 16.6.2015, S.33; Prospekt der Deutsche Wohnen AG vom 20.5.2015, S. 25 und V-9; Prospekt der LEG Immobilien AG vom 18.1.2013, S. 25.

29 Nach IAS 40 sind Immobilien bei Zugang mit den Anschaffungs- oder Herstellungskosten zu bewerten. Hinsichtlich der Folgebewertung gibt IAS 40 den Gesellschaften ein Bewertungswahlrecht zwischen dem Modell des beizulegenden Zeitwerts („Fair-Value-Model") und dem Anschaffungskostenmodell („Cost-Model"), welches einheitlich für alle Immobilien ausgeübt werden muss. Der beizulegende Zeitwert spiegelt den Marktwert der Immobilie am Bilanzstichtag wider, wobei Gewinne und Verluste aufgrund der Änderung des Zeitwerts in der betreffenden Periode erfolgswirksam erfasst werden müssen. Das Anschaffungskostenmodell schreibt den Ansatz gemäß IAS 16, d. h. Anschaffungskosten abzüglich kumulierter Abschreibungen und kumulierter Wertminderungsaufwendungen, vor.

30 *Schlitt/Schäfer*, in: Assmann/Schlitt/von Kopp-Colomb, WpPG/VerkProspG, Anhang XIX EU-ProspektVO Rn. 5.

31 So enthält z.B. der Wertpapierprospekt der TAG Tegernsee Immobilien- und Beteiligungs-Aktiengesellschaft vom 12.5.2006 ebenso wie der Prospekt der Bau-Verein zu Hamburg Aktien-Gesellschaft vom 12.5.2006 jeweils zwei Bewertungsgutachten, die im Aufbau erheblich voneinander abweichen.

32 Vgl. Prospekt der Deutsche Annington Immobilien SE vom 16.6.2015, V-17 f.

chung in **zusammengefasster Form** („condensed report").[33] In Transaktionen von im Immobiliensektor tätigen Gesellschaften wurden dementsprechend seit 2006 in den meisten Prospekten lediglich zusammengefasste Bewertungsgutachten veröffentlicht.[34]

Die Bestellung des Gutachters erfolgt durch **privatrechtlichen Gutachtervertrag**. Generell ist es ratsam, dass der Emittent (und gegebenenfalls die begleitenden Banken) die wesentlichen Einzelheiten des Bewertungsgutachtens vorab mit dem Gutachter vereinbaren (etwa in einem sog. *Engagement Letter* oder *Instruction Letter*). Dazu gehören u. a. folgende Punkte: 21

- Auftraggeber und Adressat des Gutachtens (Emittent und begleitende Banken)
- zu bewertende Immobilien
- Bewertungsverfahren (institutionelle Investoren erwarten, dass hier die Standards der *Royal Institution of Chartered Surveyors* vereinbart werden)
- Bewertungsstichtag, Zeitpunkte der Inspektionen
- Art der Wertermittlung (Innenbesichtigung, „Drive by", Desktop)
- Zweck der Bewertung, Verwendungszweck (Veröffentlichung in einem Prospekt nach Maßgabe der ESMA-Empfehlungen)
- Format des Gutachtens
- Liefertermine (grundsätzlich vor der ersten Einreichung des Prospektentwurfs bei der BaFin)
- Aktualisierung nach Stichtag (Bestätigung der Bewertung gegenüber Emittent und Banken zum Zeitpunkt der Veröffentlichung des Prospekts sowie zum Zeitpunkt der Lieferung der Wertpapiere an Investoren)
- Verweis auf allgemeine Geschäftsbedingungen (insbesondere auf Haftungsbeschränkung, siehe unten Rn. 24 ff.)
- Übersetzung im Fall einer internationalen Platzierung

d) Allgemeine Geschäftsbedingungen für die Ausreichung des Bewertungsgutachtens

Nicht in das Bewertungsgutachten aufgenommen werden dürfen die **Allgemeinen Geschäftsbedingungen** des Gutachters.[35] Dafür spricht auch der Vergleich zum Prüfungsvermerk des Wirtschaftsprüfers, der zwingender Prospektbestandteil[36] ist und ebenfalls nicht durch die Allgemeinen Geschäftsbedingungen des Wirtschaftsprüfers begleitet wird. 22

---

33 ESMA-Empfehlungen, Rn. 128 a. E.
34 Siehe z. B.: Prospekt der Deutsche Annington Immobilien SE vom 16.6.2015; Prospekt der Deutsche Wohnen AG vom 20.5.2015; Prospekt der TLG Immobilien AG vom 14.10.2014; Prospekt der LEG Immobilien AG vom 18.1.2013; Prospekt der ADLER Real Estate AG vom 24.4.2014.
35 BaFin, Der Prospekt für Immobiliengesellschaften/Property Companies: besondere Anforderungen und Entwicklungen, Präsentation vom 4.9.2007, S. 11; *Schlitt/Schäfer*, in: Assmann/Schlitt/von Kopp-Colomb, WpPG/VerkProspG, Anhang XIX EU-ProspektVO Rn. 5.
36 Vgl. Anhang I der Prospektverordnung, Ziffer 20.1.

Artikel 23 Anpassungen an die Mindestangaben im Prospekt

e) Verwendungsverbote und -beschränkungen für das Bewertungsgutachten

23 Weiter darf das Gutachten **keine Verwendungsverbote** enthalten, jedenfalls wenn sie dem Prospektzweck zuwiderlaufen.[37] Damit dürfen entsprechende Verbote insbesondere dann nicht aufgenommen werden, wenn sie dem Anlegerschutz und/oder den Prinzipien der Klarheit und Markteffizienz, die dazu dienen, das Vertrauen in die Wertpapiermärkte zu erhöhen, widersprechen. Unschädlich sind jedoch **legitime Verwendungsbeschränkungen**, etwa der Hinweis, dass der Verwendung des Gutachtens für andere Zwecke als für die Billigung und Veröffentlichung des Prospekts widersprochen wird.[38] Diese Hinweise dürften mit dem von der BaFin aufgestellten Verbot, Allgemeine Geschäftsbedingungen und Verwendungsverbote in den Prospekt aufzunehmen, nicht kollidieren. Solche Klauseln verstoßen nicht gegen das Prinzip des Anlegerschutzes und des Vertrauens in die Wertpapiermärkte, sondern geben nur den vertragsgemäßen Verwendungszweck wieder.

f) Haftungsausschlüsse für das Bewertungsgutachten

24 Wie jeder Gutachter in Kapitalmarkttransaktionen, dessen Arbeitsergebnisse im Prospekt veröffentlicht oder anderweitig darin verwertet werden, versucht auch der Immobiliengutachter seine Haftung zu beschränken. Als Anspruchsteller kommen in erster Linie der **Emittent** (als Auftraggeber des Gutachtens) und die begleitenden **Banken** (als weitere Auftraggeber oder Prospektverantwortliche[39]) in Betracht. Zu erwägen ist je nach Einzelfall auch eine Haftung gegenüber den **Investoren** nach den Grundsätzen der Einbeziehung Dritter in den Schutzbereich des Vertrages zwischen Gutachtern und Emittenten[40] oder als Prospektverantwortlicher nach § 21 Abs. 1 Nr. 1 i.V.m. § 5 Abs. 3 Satz 2 und Abs. 4 Satz 2 WpPG.[41]

25 Soweit es dabei um die Haftungsregelung im Innenverhältnis der Parteien geht, ist dies eine Frage der Verhandlungsautonomie sowie der jeweils verlangten Sorgfaltsmaßstäbe (zur Etablierung einer sog. *Due Diligence Defense*), um eine Prospekthaftung der gesetzlichen Prospektverantwortlichen zu vermeiden. Die entsprechenden Regelungen werden in zivilrechtlichen Vereinbarungen mit dem Gutachter getroffen. Die **Aufnahme einer Haftungsbeschränkung zugunsten des Gutachters in den Prospekt** ist indessen an dem Prospektzweck zu messen. Haftungsausschlüsse dürfen daher dann nicht in den Prospekt aufgenommen werden, wenn sie dem Anlegerschutz und/oder den Prinzipien der Klarheit und Markteffizienz, die dazu dienen, das Vertrauen in die Wertpapiermärkte zu erhöhen,

---

37 BaFin, Der Prospekt für Immobiliengesellschaften/Property Companies: besondere Anforderungen und Entwicklungen, Präsentation vom 4.9.2007, S. 11; *Schlitt/Schäfer*, in: Assmann/Schlitt/von Kopp-Colomb, WpPG/VerkProspG, Anhang XIX EU-ProspektVO Rn. 5.

38 Vgl. z.B. Prospekt der Deutsche Annington Immobilien SE vom 16.6.2015, V-39; Prospekt der Deutsche Wohnen AG vom 20.5.2015, V-8; Prospekt der LEG Immobilien AG vom 18.1.2013, V-5.

39 In diesem Fall geht es um die Vermeidung eines Haftungsregresses der Bank gegen den Gutachter im Falle von fehlerhaften Angaben im Prospekt.

40 Vgl. zur Haftung des Wirtschaftsprüfers für fehlerhafte Prüfungsberichte im Prospekt die – insgesamt zu Recht – restriktive Rechtsprechung des BGH: BGH, DB 2007, 1635; AG 2006, 453.

41 Eine Prospektverantwortung von Experten ist grundsätzlich abzulehnen; allein das Interesse an der Vergütung genügt nicht, um ein für die Prospektverantwortung erforderliches „eigenes geschäftliches Interesse an der Emission" zu begründen; vgl. statt aller *Assmann*, in: Assmann/Schütze, Handbuch des Kapitalmarktrechts, § 5 Rn. 157 f.

widersprechen. Das ist insbesondere der Fall, wenn die Ausführungen zur Haftungsbeschränkung Zweifel an der Richtigkeit und Vollständigkeit des Prospekts hervorrufen können.

Die BaFin akzeptiert in der Praxis allerdings keine Aufnahme von Haftungsausschlüssen in Prospekte.[42] Auch Formulierungen wie „die Eilbedürftigkeit des Auftrages prägte wesentlich die auftragsgemäß und nachfolgend beschriebene Vorgehensweise und Prüfungstiefe",[43] werden von der BaFin nicht mehr akzeptiert, da eine solche Aussage, auch wenn sie nicht unter einer Überschrift „Haftungsausschluss" erfolgt, eine Aussage zur Verhinderung/Einschränkung möglicher Haftung darstellt. Zudem stellt eine solche Qualifikation des Gutachtens die gesamte Bewertung infrage und gibt dem Investor nicht viel mehr als einen Anhaltspunkt für den Wert der Immobilien. Zulässig sind in diesem Zusammenhang aber jedenfalls solche Aussagen, die lediglich den **Umfang der Prüfung** beschreiben und dementsprechend einschränken, sich also auf eine eingeschränkte Prüfung und damit im Ergebnis auf den angewendeten Sorgfaltsmaßstab beziehen. Zulässig sind insofern etwa die Beschreibung der Informationsgrundlage und der angewandten Sorgfalt.[44]

26

g) Sonstiges

Wenn es sich um eine REIT-AG handelt, sind zusätzlich spezifische Risikofaktoren im Prospekt aufzunehmen.[45] Diese sollen darauf hinweisen, dass aufgrund einer Änderung in der Aktionärsstruktur die steuerlichen Vorteile oder gar der REIT-Status entfallen können.[46] Dabei ist auch auf die Finanzierungsrisiken und steuerlichen Risiken einzugehen.[47] Schließlich sind noch die steuerlichen Auswirkungen auf die Geschäftstätigkeit und die Bilanzstrukturvorgaben zu benennen.[48]

27

---

42 Vgl. folgende Prospekte, welche keine Haftungsausschlüsse enthalten: Prospekt der Deutsche Annington Immobilien SE vom 16.6.2015; Prospekt der Deutsche Wohnen AG vom 20.5.2015; Prospekt der LEG Immobilien AG vom 18.1.2013.
43 So noch Prospekt der TAG Tegernsee Immobilien- und Beteiligungs-Aktiengesellschaft vom 12.5.2006, S. W-3; Prospekt der Bau-Verein zu Hamburg Aktien-Gesellschaft vom 12.5.2006, S. W-3. Es handelt sich jeweils um dasselbe Gutachten. Die Bau-Verein zu Hamburg Aktien-Gesellschaft ist Tochtergesellschaft der TAG.
44 Vgl. „Valuation Instructions" und „Sources of Information" in den folgenden Prospekten: Prospekt der Deutsche Annington Immobilien SE vom 16.6.2015, V-7 und V-10; Prospekt der Deutsche Wohnen AG vom 20.5.2015, V-7 und V-10; Prospekt der LEG Immobilien AG vom 18.1.2013, V-5 und V-7. Anders noch zum Ausschluss verdeckter Mängel der Prospekt der Windsor AG vom 26.1.2007, S. 225.
45 *Schlitt/Schäfer*, in: Assmann/Schlitt/von Kopp-Colomb, WpPG/VerkProspG, Anhang XIX EU-ProspektVO Rn. 6.
46 *Schlitt/Schäfer*, in: Assmann/Schlitt/von Kopp-Colomb, WpPG/VerkProspG, Anhang XIX EU-ProspektVO Rn. 6.
47 *Schlitt/Schäfer*, in: Assmann/Schlitt/von Kopp-Colomb, WpPG/VerkProspG, Anhang XIX EU-ProspektVO Rn. 6.
48 *Schlitt/Schäfer*, in: Assmann/Schlitt/von Kopp-Colomb, WpPG/VerkProspG, Anhang XIX EU-ProspektVO Rn. 6.

Artikel 23 Anpassungen an die Mindestangaben im Prospekt

2. Bergbaugesellschaften

28 Die zentrale zusätzliche Anforderung an Bergbaugesellschaften im Zusammenhang mit der Veröffentlichung eines Prospekts bei Kapitalmarkttransaktionen ist die Aufnahme **spezifischer Informationen**. Im März 2013 änderte die ESMA den entsprechenden Abschnitt in den ESMA-Empfehlungen, wobei sie die Definition der Bergbaugesellschaft aktualisierte, um Zementhersteller („cement companies") von den Berichtspflichten dieses Abschnitts explizit auszuschließen und die Publizitätspflichten allein von dem Bezug der Gesellschaft zu Bergbauprojekten abhängig zu machen. Zudem wurden neue Berichtsstandards in den Anhang I der ESMA-Empfehlungen aufgenommen und die Anforderungen an den Expertenbericht überarbeitet.[49]

a) Definition

29 Bergbaugesellschaften („mineral companies")[50] sind nach den ESMA-Empfehlungen[51] Unternehmen mit wesentlichen Bergbauprojekten („material mineral projects").[52]

30 Der Begriff „Bergbauprojekte" umfasst die Exploration, Entwicklung, Planung und Förderung von Mineralien, womit Erze, Steine, Erden, Edelsteine, Kohlenwasserstoffe (wie etwa Rohöl, Naturgas und Ölschiefer) sowie feste Brennstoffe wie etwa Kohle und Torf gemeint sind.[53]

31 Wesentlich ist ein Bergbauprojekt, wenn aus Investorensicht die Bewertung eines Vorkommens bzw. Projektes notwendig ist um ein fundiertes Urteil über die Aussichten des Emittenten treffen zu können.[54] Dabei ist die Wesentlichkeit im Verhältnis der Bergbauprojekte zu dem Emittenten und der mit ihm verbundenen Unternehmen festzustellen.[55]

32 Die ESMA-Empfehlungen sehen eine Bewertung der Bergbauprojekte in den folgenden zwei Situationen als notwendig an: Einerseits wenn das Projekt dazu dient, die Mineralien für ihren Wiederverkaufswert als Rohstoffe zu fördern und Unsicherheit bezüglich der wirtschaftlich förderbaren Rohstoffmengen oder der technischen Umsetzung der Förderung besteht, und andererseits wenn die Mineralien zur Verwendung in der eigenen indus-

---

49 Zu den Gründen siehe Consultation Paper, further amendments to ESMA's Recommendations for the consistent implementation of the Prospectus Regulation regarding mineral companies, 24.9.2012, Ref: ESMA/2012/607 („ESMA Consultation Paper"), erhältlich unter www.esma.europa.eu.
50 Der Begriff der Bergbaugesellschaft – wie er auch in der deutschsprachigen Fassung der EU-ProspektVO verwendet wird – ist gegenüber dem englischsprachigen Begriff „mineral companies" sprachlich zu eng, da von der Regelung etwa auch die Förderung von Öl und Gas erfasst wird, vgl. *Höninger/Eckner*, in: Holzborn, WpPG, Art. 23 EU-ProspV Rn. 14.
51 ESMA-Empfehlungen, Rn. 131.
52 *Höninger/Eckner*, in: Holzborn, WpPG, Art. 23 EU-ProspV Rn. 14, übersetzen den Begriff als „bedeutende mineralische Projekte".
53 Vgl. ESMA-Empfehlungen, Rn. 131 b).
54 Vgl. ESMA-Empfehlungen, Rn. 131 c); Feedback Statement, Consultation Paper on proposed amendments to the ESMA update of the CESR recommendations for the consistent implementation of the Prospectuses Regulation regarding mineral companies, 20.3.2013, Ref: ESMA/2013/318 („ESMA Feedback Statement"), erhältlich unter www.esma.europa.eu, Rn. 19.
55 Vgl. ESMA-Empfehlungen, Rn. 131 c); ESMA Feedback Statement, Rn. 16.

triellen Produktion (also nicht zum Verkauf) gefördert werden und Unsicherheit bezüglich der nötigen Rohstoffmenge oder der technischen Umsetzung der Förderung besteht.

b) Relevante Kapitalmarkttransaktionen

Nach den ESMA-Empfehlungen sollen Prospekte von solchen Bergbaugesellschaften über die bereits bestehenden Offenlegungspflichten hinaus weitere für diese Branche spezifische Informationen enthalten, sofern diese Prospekte für ein öffentliches Angebot oder die Zulassung zum Handel von **Aktien, Schuldtiteln,**[56] **Zertifikaten, die Aktien vertreten, oder Wertpapieren derivativer Art** mit einer **Stückelung von weniger als € 100.000** erstellt werden.[57] 33

c) Verpflichtung zur Offenlegung von spezifischen Informationen

Unabhängig von der Dauer der bisherigen Tätigkeit als Bergbaugesellschaft sollen nach den ESMA-Empfehlungen folgende zusätzliche Informationen[58] mit in den Prospekt aufgenommen werden, wobei alle Inkonsistenzen zu bereits veröffentlichten Informationen zu erklären sind:[59] 34

(a) Detaillierte Angaben über die mineralischen Ressourcen, und soweit erforderlich nach einem oder mehreren Berichtsstandards gem. Anhang I der ESMA-Empfehlungen auch eine getrennte Darstellung der Reserven sowie Explorationsergebnisse;
(b) Erwartete Dauer, in der die Reserven abgebaut werden;
(c) Angaben über die Dauer und die wesentlichen Bestimmungen der Lizenzen oder Konzessionen und die rechtlichen, wirtschaftlichen und ökologischen Bedingungen für ihre Nutzung;
(d) Angaben bezüglich des Fortschritts der gegenwärtigen Arbeiten, inklusive einer Angabe über die Zugänglichkeit der Mineralvorkommen; und
(e) Erläuterung außergewöhnlicher Faktoren, die (a) bis (d) beeinflusst haben.

Falls die in dem Prospekt beschriebene Transaktion dazu führt, dass Pro-forma-Finanzinformationen beigebracht werden müssen,[60] sollte der Emittent die obigen Informationen zusätzlich für die von der wesentlichen Transaktion betroffenen Vermögensgegenstände veröffentlichen und separat von den sonstigen Vermögenswerten darstellen.[61] 35

Ist die Veröffentlichung bestimmter Informationen durch das Wertpapierrecht anderer Staaten verboten, so kann der Emittent auf die Veröffentlichung dieser Information verzichten, vorausgesetzt er identifiziert die ausgelassene Information und benennt die entsprechende gesetzliche bzw. behördliche Vorgabe.[62] 36

---

56 Siehe etwa den Wertpapierprospekt der Deutsche Rohstoff AG vom 7.6.2013.
57 ESMA-Empfehlungen, Rn. 131; ESMA Consultation Paper Rn. 23.
58 ESMA-Empfehlungen, Rn. 132.
59 Die BaFin hat bereits Prospekte von Bergbaugesellschaften nach Maßgabe der aktuellen ESMA-Empfehlungen gebilligt, vgl. Tantalus Rare Earths AG, Prospekt vom 30.3.2015; oder Deutsche Oel & Gas S.A., Prospekt vom 27.11.2014.
60 Siehe dazu Erwägungsgrund Nr. 9 der Verordnung (EG) Nr. 809/2004 der Kommission vom 29.4.2004 bzw. die Kommentierung zu Anhang I Ziffer 20.2 der ProspektVO.
61 ESMA-Empfehlungen, Rn. 132.
62 ESMA-Empfehlungen, Rn. 133 iv).

Artikel 23 Anpassungen an die Mindestangaben im Prospekt

d) Vorgaben für den Expertenbericht

37 Ist der Prospekt für das Angebot oder die Zulassung von Aktien oder Zertifikaten, die Aktien vertreten, mit einer Stückelung von weniger als € 100.000 bestimmt, so sollte er zusätzlich zu den in Rn. 34 erwähnten Informationen einen Expertenbericht („Competent Person's Report") enthalten, da bei diesen Wertpapieren im Gegensatz zu Nichtdividendenwerten ein erhöhtes Informationsinteresse an der Bewertung des Anlagevermögens und der Aussichten des Unternehmens besteht.[63] Dieser Expertenbericht muss die folgenden Voraussetzungen erfüllen:[64]

(a) Er ist von einer Person zu erstellen, die entweder die einschlägigen Kompetenzanforderungen eines der in Anhang I der ESMA-Empfehlungen aufgelisteten Branchenstandards erfüllt oder, falls es keine solche Vorgaben gibt, ein entsprechend qualifiziertes und ordentliches Mitglied des einschlägigen Berufsverbandes ist und wenigstens fünf Jahre relevante Berufserfahrung in der von ihr ausgeübten Tätigkeit sowie im Umgang mit dem von der Bergbaugesellschaft geförderten Mineral (zum Begriff siehe Rn. 30) vorweisen kann. Zudem muss die Person unabhängig von der Gesellschaft, ihren Führungskräften und Gremienmitgliedern, sowie ihren sonstigen Beratern sein; ferner darf sie keine wirtschaftlichen Interessen an dem Emittenten oder den zu bewertenden Vermögenswerten haben und nicht in Abhängigkeit zu der Bewertung der Gesellschaft oder der Zulassung vergütet werden.

(b) Der Bericht darf nicht sechs Monate älter als der Prospekt sein und der Emittent hat zu versichern, dass seit der Erstellung des Berichts keine wesentlichen Veränderungen eingetreten sind, deren Nichterwähnung den Bericht missverständlich werden lässt.

(c) Der Bericht hat Angaben über die mineralischen Ressourcen, und soweit erforderlich nach einem oder mehreren Berichtsstandards gem. Anhang I der ESMA-Empfehlungen auch eine Darstellung der Reserven sowie Explorationsergebnisse zu enthalten.

(d) Zudem hat der Bericht Informationen über die Bergbauprojekte der Gesellschaft zu enthalten. Diese sind für Bergbauprojekte im engeren und sprachlich eigentlichen Sinne nach Anhang II der ESMA-Empfehlungen und für Projekte der Öl- und Gasförderung nach Anhang III der ESMA-Empfehlungen zu erstellen.

38 Die in dem Bericht enthaltenen und die im Prospekt veröffentlichten Informationen dürfen zueinander nicht im Widerspruch stehen.[65]

39 Ein Expertenbericht ist jedoch nicht erforderlich, sofern der Emittent nachweisen kann, dass

(a) die Aktien schon an einem regulierten Markt oder einem entsprechenden Markt eines Drittstaates oder einem entsprechenden multilateralen Handelssystem zugelassen sind, wobei unter einem entsprechenden Markt eines Drittstaates ein solcher, der von der Europäischen Kommission als gleichwertig mit einem geregelten Markt im Sinne der ProspektRL anerkannt wurde, und unter einem entsprechenden multilateralem Han-

---

63 So das ESMA Feedback Statement, Rn. 22 und ESMA Consultation Paper Rn. 23.
64 Vgl. ESMA-Empfehlungen, Rn. 133; aktuelle Beispiele sind der Prospekt der Tantalus Rare Earths AG, Prospekt vom 30.3.2015, W-1 ff., oder der Prospekt der Deutsche Oel & Gas S.A., Prospekt vom 27.11.2014, W-1 ff.
65 ESMA-Empfehlungen, Rn. 133 iii).

delssystem ein solches mit Regeln entsprechend der EU-ProspektVO zu verstehen ist;[66] und

(b) der Emittent seit mindestens drei Jahren jährlich detaillierte Angaben über die mineralischen Ressourcen, und soweit erforderlich nach einem oder mehreren Berichtsstandards gem. Anhang I der ESMA-Empfehlungen auch eine getrennte Darstellung der Reserven sowie Explorationsergebnisse veröffentlicht hat.[67]

Hat der Emittent noch nicht für drei Geschäftsjahre berichtet, so ist das in Rn. 39 (b) aufgeführte Erfordernis dennoch erfüllt, sofern der Emittent seit der Zulassung seiner Aktien zum Handel **40**

(a) an einem regulierten Markt oder einem entsprechenden Markt eines Drittstaates im Sinne von Rn. 39 (a) die dort erforderlichen Angaben für jeden jährlichen Berichtszeitraum erbracht hat; oder

(b) an einem entsprechenden multilateralen Handelssystem im Sinne von Rn. 39 (a) jährlich detaillierte Angaben über die mineralischen Ressourcen gemacht, und soweit erforderlich nach einem oder mehreren Berichtsstandards gem. Anhang I der ESMA-Empfehlungen auch eine getrennte Darstellung der Reserven sowie Explorationsergebnisse erbracht hat und zudem im Zusammenhang mit der Zulassung einen „Competent Person's Report" einer entsprechend qualifizierten, erfahrenen und von ihm unabhängigen Person veröffentlicht hat, welcher die mineralischen Ressourcen und soweit erforderlich die Reserven (separat aufgelistet) und die Explorationsergebnisse enthält.

Ist es dem Emittenten nicht möglich, im Jahresbericht alle Arten von Mineralien bzw. soweit erforderlich die Reserven und Explorationsergebnisse auszuweisen, weil dies durch das Wertpapierrecht anderer Staaten verboten ist, so kann das Erfordernis nach Rn. 39 (b) als erfüllt angesehen werden, sofern die Informationen für die erlaubten Arten erbracht wurden.[68] **41**

3. Investmentgesellschaften

Obwohl in dem Katalog des Anhangs XIX der Prospektverordnung explizit aufgenommen, treffen die ESMA-Empfehlungen keine Aussagen zu den Investmentgesellschaften („investment companies"). Spezifische Empfehlungen waren ursprünglich auch für Investmentgesellschaften vorgesehen, wurden aber nach den Konsultationen aufgrund von Kritik der an den Konsultationen teilnehmenden Institutionen fallen gelassen.[69] Probleme ergaben sich insbesondere aus dem **Fehlen einer tragfähigen Definition**. Nach der Arbeitsdefinition der ESMA handelt es sich bei Investmentgesellschaften um Unternehmen, deren Zweck im vollständigen oder überwiegenden Investieren des Kapitals in Finanzanlagen/Kapitalanlagen („*Investments*") mit dem Ziel der Risikomischung besteht.[70] Die Kritik ging dahin, dass diese Definition keine ausreichende Abgrenzung zu anderen Investment- **42**

---

66 Vgl. ESMA-Empfehlungen, Rn. 131; zur Angleichung der Terminologie durch einen dynamischen Verweis auf die Prospektrichtlinie und -verordnung, vgl. ESMA Feedback Statement, Rn. 24 f.
67 ESMA-Empfehlungen, Rn. 133 ii).
68 ESMA-Empfehlungen, Rn. 133 ii).
69 CESR-Feedback Statement, Rn. 77 f.
70 CESR-Consultation Paper, Rn. 168.

Artikel 23 Anpassungen an die Mindestangaben im Prospekt

Unternehmungen wie z. B. geschlossenen Fonds, Emittenten von forderungsbesicherten Wertpapieren (Asset Backed Securities, „ABS") und Undertakings for Collective Investments in Transferable Securities („UCITS") leiste.

43 Trotz fehlender Empfehlungen haben die nationalen Behörden auf Grundlage des Art. 23 Abs. 1 i. V. m. mit Anhang XIX das Recht, **besondere Informationsanforderungen** an Investmentgesellschaften zu stellen. Dabei erscheint ein Rückgriff auf die oben genannte Definition wegen ihrer genannten Ungenauigkeit als weniger wahrscheinlich. Jedoch könnten die nationalen Zulassungsbehörden, sollten sie besondere Informationen von den Emittenten verlangen, auf die bereits in den Konsultationen veröffentlichten zusätzlichen Informationspflichten zurückgreifen. Dem vorausgehen würde dann die Anwendung einer bis dahin noch nicht europäisch angeglichenen eigenen Subsumtion unter den Begriff der Investmentgesellschaft.

44 Als besondere Informationspflichten waren u. a. vorgesehen:[71]

– Angaben zu der Erfahrung der Vorstände und der Manager im Bereich des Investment-Managements;
– die Namen jeglicher Gesellschaften oder Gruppen (wenn es sich um andere als den Emittenten handelt), welche die Investments managen, zusammen mit der Angabe der Bedingungen und Laufzeiten dieser Beauftragung, der Grundlage für deren Bezahlung und jeglicher Vereinbarung in Bezug auf die Beendigung dieser Beauftragung;
– Relevante Einzelheiten hinsichtlich aller vom Emittenten getätigten Investments (einschließlich Schuldverschreibungen und Derivate), die einen wertmäßigen Anteil von mehr als 5% des gesamten Anlagevermögens („*gross/total assets of the issuer*") betragen;
– bestimmte relevante Angaben zu lokalem Steuerrecht;
– Informationen über die Wertermittlung hinsichtlich dieser Investments;
– eine Beschreibung der Dividendenpolitik des Emittenten, die Einzelheiten hinsichtlich der Politik zur Ausschüttung der aus der Entwicklung der Investments entstehenden Überschüsse;
– eine Beschreibung der verfolgten Investmentpolitik; eine Erklärung, bis zu welchem Ausmaß der Emittent es beabsichtigt, Darlehen aufzunehmen, um die angestrebten Investmentziele zu erreichen; und
– sofern der Emittent beabsichtigt, in andere Investmentgesellschaften zu investieren, welche die gleiche oder eine ähnliche Investmentpolitik verfolgen, sollte der Emittent eine Erläuterung der Risiken hinsichtlich des Wertes der Sicherheiten, die mit diesen Investments verbunden sind, vornehmen. Falls Investments in weniger als 20 Gesellschaften geplant sind, soll dies gesondert erklärt werden.

4. In der wissenschaftlichen Forschung tätige Gesellschaften

45 Die zentrale zusätzliche Anforderung an in der wissenschaftlichen Forschung tätige Gesellschaften im Zusammenhang mit der Veröffentlichung eines Prospekts ist die Aufnahme **spezifischer Informationen**.

---

71 CESR-Consultation Paper, Rn. 170.

II. ESMA-Empfehlungen zu den Specialist Issuers **Artikel 23**

a) Definition

In der wissenschaftlichen Forschung tätige Gesellschaften („scientific research based companies") sind nach der ESMA[72] solche Gesellschaften, die (i) hauptsächlich in der **Laborforschung** und in der **Entwicklung von chemischen oder biologischen Produkten** oder Prozessen (einschließlich Unternehmen in den Bereichen **Pharma**, **Diagnostik** und **Agrarwirtschaft**) tätig sind und (ii) **Start-up-Gesellschaften** darstellen.[73]

46

b) Relevante Kapitalmarkttransaktionen

Die ESMA-Empfehlungen[74] finden **ausschließlich** Anwendung auf Prospekte für **Aktien** und nicht – wie etwa im Fall von Immobiliengesellschaften oder Schifffahrtsgesellschaften – zusätzlich auch auf Prospekte für Anleihen (einschließlich Wandelanleihen).[75] Aufgrund des eindeutigen Wortlauts, der Systematik und der Geschichte der ESMA-Empfehlungen gelten die zusätzlichen Angaben auch nicht für Equity-linked-Produkte und sonstige Anleihen. Gegebenenfalls sind bei Anleihen entsprechende Angaben aber nach § 5 Abs. 1 WpPG erforderlich, was im Einzelfall zu prüfen ist. Entgegen ihrem Wortlaut gelten die ESMA-Empfehlungen jedoch nicht nur für Emittenten bei der Ausgabe von Aktien (also namentlich bei Kapitalerhöhungen), sondern bei **jedem prospektpflichtigen öffentlichen Angebot oder jeder Zulassung von Aktien zum Handel** an einem inländischen organisierten Markt einer in der wissenschaftlichen Forschung tätigen Gesellschaft.[76] Auch eine bloße Umplatzierung durch einen Großaktionär verbunden mit einem öffentlichen Angebot unterliegt somit den Vorgaben der ESMA-Empfehlungen.

47

c) Verpflichtung zur Offenlegung von spezifischen Informationen

In der wissenschaftlichen Forschung tätige Gesellschaften sollen nach den ESMA-Empfehlungen folgende spezifische Informationen im Prospekt veröffentlichen:[77]

48

– Einzelheiten über die Tätigkeiten der laborgestützten Forschung und Entwicklung (soweit für Investoren wesentlich); dies umfasst gewährte Patente sowie den Abschluss von wichtigen Testreihen hinsichtlich der Wirksamkeit der Produkte. Sollten keine relevanten Einzelheiten vorliegen, ist eine „Negativ-Erklärung" abzugeben;[78]

---

72 ESMA-Empfehlungen, Rn. 134.
73 Insgesamt ist auch die englische Definition des Begriffs der „in der wissenschaftlichen Forschung tätige Gesellschaften" sprachlich wenig gelungen und teilweise selbst für Muttersprachler nicht verständlich. Unklar ist insbesondere, ob das Erfordernis, dass die Gesellschaft ein Start-up-Unternehmen sein muss, sich auf alle Tätigkeitsbeschreibungen bezieht oder etwa nur auf Gesellschaften im Bereich Diagnostik oder Agrarwirtschaft. Einen Sinn ergibt aber nur die Auslegung, dass das Merkmal der „startup-company" in jedem relevanten Fall vorliegen muss; vgl. *Schnorbus*, WM 2009, 249, 255; implizit ebenso *Wiegel*, Die Prospektrichtlinie und Prospektverordnung, S. 289.
74 ESMA-Empfehlungen, Rn. 134.
75 CESR-Feedback Statement, Rn. 82.
76 Vgl. CESR-Feedback Statement, Rn. 82.
77 ESMA-Empfehlungen, Rn. 134 (i)–(iv); *Höninger/Eckner*, in: Holzborn, WpPG, Art. 23 EU-ProspV Rn. 32 ff.
78 Soweit angemessen, sollen diese Informationen unter den Gliederungspunkten „Forschung und Entwicklung" oder „Patente und Lizenzen" offengelegt werden; vgl. *Schnorbus*, WM 2009, 249, 256.

Artikel 23   Anpassungen an die Mindestangaben im Prospekt

- Einzelheiten der relevanten gemeinsamen Expertise und der Erfahrung der Schlüsselmitarbeiter im operativen Bereich;[79]
- Informationen über gemeinschaftliche Forschungs- und Entwicklungsvereinbarungen mit Organisationen, die eine hohe Reputation innerhalb der Industrie genießen (soweit für Investoren wesentlich). Bei Fehlen solcher Verträge, eine Erläuterung, inwieweit das Nichtvorhandensein das Renommee oder die Qualität der Forschung beeinflussen kann; sowie
- umfassende Beschreibung jedes Produkts in der Entwicklung, welchem ein wesentlicher Einfluss auf die Zukunftsaussichten des Emittenten zukommen kann.

49 In der wissenschaftlichen Forschung tätige Gesellschaften sollen im Übrigen auch die für Start-up-Gesellschaften erforderlichen Informationen (Rn. 54 ff.) in den Prospekt aufnehmen.[80]

5. Start-up-Gesellschaften

50 Die zentrale zusätzliche Anforderung an Start-up-Gesellschaften im Zusammenhang mit der Veröffentlichung eines Prospekts ist die Aufnahme spezifischer Informationen, insbesondere der Diskussion des Geschäftsplans (Business Plan). Auch nach der Ära des Neuen Marktes spielen Start-up-Gesellschaften am Kapitalmarkt durchaus eine Rolle, wie die Billigungspraxis der BaFin belegt.[81]

a) Definition

51 Start-up-Gesellschaften sind nach der ESMA Gesellschaften, die **weniger als drei Jahre in ihrer Branche tätig** sind.[82] Im Regelfall ist dies eine Gesellschaft, die weniger als drei Jahre existiert.[83] Jedoch kann diese Empfehlung auch auf Emittenten, die bereits länger als drei Jahre als Gesellschaft bestehen, Anwendung finden, wenn die Gesellschaft innerhalb der letzten drei Jahre **ihre Geschäftstätigkeit insgesamt geändert** hat.[84]

52 Gesellschaften, die in der gleichen Branche langjährig tätig sind, werden aber nicht dadurch zum *start-up*, dass sie auf eine neu errichtete Gesellschaft **verschmolzen** werden;

---

79 In einem vorherigen Entwurf der ESMA-Empfehlungen war noch die Offenlegung in Bezug auf einzelne Schlüsselmitarbeiter vorgesehen; aufgrund der Kritik von Marktteilnehmern sieht die finale Fassung nur noch die Darstellung der Expertise und Erfahrung der Gesellschaft als Gesamtheit vor (vgl. CESR-Feedback Statement, Rn. 80).
80 *Schlitt/Schäfer*, in: Assmann/Schlitt/von Kopp-Colomb, WpPG/VerkProspG, Anhang XIX EU-ProspVO Rn. 17; *Höninger/Eckner*, in: Holzborn, WpPG, Art. 23 EU-ProspV Rn. 37.
81 Vgl. Frogster Interactive Pictures AG, Prospekt vom 30.1.2006; Viridax Corporation, Prospekt vom 3.8.2006; Marenave Schiffahrts AG, Prospekt vom 18.9.2006 (siehe hierzu weiter unten, Schifffahrtsgesellschaften); Sportpark AG, Prospekt vom 15.11.2006; HCI Hammonia Shipping AG, Prospekt vom 27.6.2007 (siehe hierzu weiter unten, Schifffahrtsgesellschaften).
82 ESMA-Empfehlungen, Rn. 136.
83 Beispiel: Frogster Interactive Pictures AG, Prospekt vom 30.1.2006.
84 ESMA-Empfehlungen, Rn. 136; vgl. auch CESR-Frequently Asked Questions (12th Updated Version – November 2010), Nr. 68 (Disclosure for Mineral Companies in the CESR Recommendations), S. 48. Beispiel: Viridax Corporation, Prospekt vom 3.8.2006; *Höninger/Eckner*, in: Holzborn, WpPG, Anhang XIX, EU-ProspV Rn. 20.

II. ESMA-Empfehlungen zu den Specialist Issuers **Artikel 23**

entscheidend ist die Dauer der Geschäftstätigkeit in einer vergleichbaren Branche.[85] Gesellschaften, die zu dem Zweck gegründet wurden, als **Holding-Gesellschaft** zu agieren, stellen keine Start-up-Gesellschaften dar.[86] **Zweckgesellschaften** (*SPVs*), wie sie in Art. 2 Nr. 4 der Prospektverordnung definiert sind, stellen keine Start-up-Gesellschaft dar, da sie zum Zwecke der Emission von Wertpapieren gegründet wurden und nicht, um ein Geschäft zu betreiben.[87] Die Einstufung von **REITs** hängt insbesondere davon ab, ob die Einbringung des Immobiliengeschäfts in den Vor-REIT aus einem bereits eigenständigen Teilbetrieb erfolgte oder nicht.[88]

b) Relevante Kapitalmarkttransaktionen

Die ESMA-Empfehlungen für Start-up-Gesellschaften beziehen sich ebenso wie im Fall von in der wissenschaftlichen Forschung tätigen Gesellschaften nur auf Prospekte für **Aktien** und nicht auf Anleihen (einschließlich Wandelanleihen). Das folgt eindeutig aus dem Wortlaut[89] sowie der Geschichte[90] der ESMA-Empfehlungen.[91] Gleichermaßen gelten die ESMA-Empfehlungen nicht nur für Emittenten bei der Ausgabe von Aktien, sondern bei jedem prospektpflichtigen **öffentlichen Angebot** und jeder **Zulassung von Aktien** einer Start-up-Gesellschaft. Vgl. im Einzelnen oben Rn. 47.

53

c) Verpflichtung zur Offenlegung von spezifischen Informationen

Die ESMA-Empfehlungen[92] sehen für Start-up-Gesellschaften als wesentliche zusätzliche Information, die in den Prospekt mit aufzunehmen ist, die **Diskussion des Geschäftsplans und der strategischen Ziele** des Emittenten vor. Dazu gehört die Erörterung der wichtigsten Annahmen für die operative und strategische Planung, insbesondere im Hinblick auf die Entwicklung des zukünftigen Umsatzes sowie die Einführung von neuen Produkten und/oder Dienstleistungen in den nächsten beiden Geschäftsjahren. Erforderlich ist ferner eine Sensitivitätsanalyse für den Geschäftsplan in Hinblick auf Veränderungen der Hauptannahmen.

54

Nach den ESMA-Empfehlungen sind Emittenten nicht verpflichtet, einen **Geschäftsplan mit Zahlen** vorzulegen. Ob die Darstellung des Geschäftsplans ohne konkrete Zahlen zu nennen überhaupt möglich ist und darüber hinaus eine Unternehmensbewertung erlaubt,

55

---

85 *Wiegel*, Die Prospektrichtlinie und Prospektverordnung, S. 289 f.; *Schnorbus*, WM 2009, 249, 256.
86 Vgl. auch CESR-Feedback Statement, Rn. 87; *Höninger/Eckner*, in: Holzborn, WpPG, Anhang XIX, EU-ProspV Rn. 21.
87 ESMA-Empfehlungen, Rn. 136.
88 Vgl. *Schnorbus*, WM 2009, 249, 256; *Götz/Hütte*, NZG 2007, 332, 336. So wurde die Alstria Office AG nicht als Start-up-Gesellschaft eingestuft, obwohl die Emittentin selbst erst seit weniger als einem Jahr rechtlich existierte; vgl. Alstria Office AG, Prospekt vom 20.3.2007.
89 ESMA-Empfehlungen, Rn. 135.
90 CESR-Feedback Statement, Rn. 94.
91 Anders Österreichische FMA-Rundschreiben, S. 15 („*Start-ups haben, unabhängig davon, ob sie einen Dividenden- oder einen Nichtdividendenwert begeben, einen Business Plan in den Prospekt aufzunehmen.*").
92 ESMA-Empfehlungen, Rn. 137 f.; vgl. hierzu auch *Wiegel*, Die Prospektrichtlinie und Prospektverordnung, S. 290; *Schlitt/Singhof/Schäfer*, BKR 2005, 251, 254; *Schnorbus*, WM 2009, 249, 256.

Artikel 23   Anpassungen an die Mindestangaben im Prospekt

ist bezweifelt worden.[93] Aussagekräftigere Beschreibungen, etwa zu den zugrunde liegenden Annahmen oder dem Erreichen der Gewinnzone, sind insofern zwar in der Tat nicht zu erwarten; diese (eingeschränkte) Vorgabe überzeugt gleichwohl, weil sie den zuständigen Wertpapierbehörden und Börsen die notwendige Flexibilität lässt und signifikante Haftungsrisiken vermeidet, die bei der Angabe von in die Zukunft gerichteten Planungszahlen drohen.[94] Die Praxis hat sich auf diese Vorgabe eingestellt.[95] Sofern der Geschäftsplan zukünftige **Gewinnprognosen** enthält, ist ein Bericht eines Wirtschaftsprüfers nach Nr. 13.2 des Anhangs I der Prospektverordnung erforderlich.[96]

56   Im Übrigen soll der Prospekt folgende Informationen enthalten:[97]

– Angaben über den Zeitpunkt der tatsächlichen Aufnahme der Hauptgeschäftstätigkeit, auch wenn der Geschäftsgegenstand sich in den letzten drei Jahren vollständig geändert hat;
– das Ausmaß, in dem die Geschäftstätigkeit des Emittenten auf bestimmte Schlüsselpersonen angewiesen ist (soweit wesentlich);
– gegenwärtige und zukünftig erwartete Wettbewerber im Markt;
– Abhängigkeit von einer begrenzten Anzahl von Kunden und Zulieferern; und
– für den Geschäftsbetrieb erforderliche Vermögensgegenstände, die nicht im Eigentum des Emittenten stehen.

57   Ferner kann ein von einem unabhängigen Gutachter erstelltes **Bewertungsgutachten** über die Dienstleistungen und Produkte des Emittenten mit in den Prospekt aufgenommen werden.[98] Dieses Gutachten ist allerdings nicht zwingend, die Entscheidung über die Beifügung steht im Belieben des Emittenten.[99] Jedenfalls zur Vermeidung einer Prospekthaftung nach § 21 Abs. 1 Nr. 1 i.V.m. § 5 Abs. 3 Satz 2 und Abs. 4 Satz 2 WpPG werden Emittent und begleitende Banken prüfen, ein solches Gutachten in Auftrag zu geben, ohne dass es notwendigerweise im Prospekt veröffentlicht wird.

58   Neben einem Business-Plan ist für Start-up-Gesellschaften, die noch nicht über einen geprüften Abschluss über eine volle Berichtsperiode verfügen, auch die Aufnahme eines **geprüften Zwischenabschlusses** erforderlich.[100] Dieser hat eine Bilanz, eine Gewinn- und Verlustrechnung, eine Eigenkapitalveränderungsrechnung, eine Kapitalflussrechnung sowie erläuternde Anmerkungen zu enthalten.[101]

---

93 Vgl. hierzu auch *Wiegel*, Die Prospektrichtlinie und Prospektverordnung, S. 290; *Schlitt/Schäfer*, AG 2005, 498, 505.
94 Vgl. CESR-Feedback Statement, Rn. 83–85.
95 Vgl. Frogster Interactive Pictures AG, Prospekt vom 30.1.2006, S. 40 ff.; Viridax Corporation, Prospekt vom 3.8.2006, F-46 ff.
96 Vgl. Sportpark AG, Prospekt vom 15.11.2006, S. 76.
97 ESMA-Empfehlungen, Rn. 138; *Höninger/Eckner*, in: Holzborn, WpPG, Art. 23 EU-ProspV Rn. 38 ff.
98 ESMA-Empfehlungen, Rn. 139.
99 Zunächst wurde im Konsultationspapier der CESR (CESR-Consultation Paper, Rn. 189 f.) die Frage eines Expertengutachtens über den Wert der Dienstleistungen und Produkte ausdrücklich zur Diskussion gestellt. Aufgrund der vorgebrachten Einwände wurde nur ein fakultativer Bericht aufgenommen; vgl. CESR-Feedback Statement, Rn. 88–91.
100 *Just*, ZIP 2009, 1698, 1699.
101 Ebenso Österreichische FMA-Rundschreiben, S. 15.

II. ESMA-Empfehlungen zu den Specialist Issuers **Artikel 23**

Im Übrigen kann sich auch bei Start-up-Gesellschaften das Thema von **Pro-forma-Fi-** 59
nanzinformationen stellen, wenn eine bedeutende Brutto-Veränderung der Geschäftstätigkeit des Emittenten im Sinne des Anhangs I (Nr. 20.2.) der Prospektverordnung und der ESMA-Empfehlungen (dort Rn. 87 ff.) vorliegt. Die Aufnahme von Pro-forma-Finanzinformationen hat jedoch dann keine Aussagekraft, wenn für den Emittenten überhaupt keine Finanzinformationen über ein volles abgeschlossenes Geschäftsjahr, sondern nur über ein Rumpfgeschäftsjahr vorliegen und damit der erforderliche Vergleichszeitraum für die Ermittlung der Brutto-Veränderung fehlt.[102] In diesem Fall sind keine Pro-forma-Finanzinformationen aufzunehmen und der entsprechende Hintergrund ist im Prospekt zu erläutern.

d) Special Purpose Acquisition Companies (SPACs)

Klassischer Fall einer Start-up-Gesellschaft sind sog. **Special Purpose Acquisition Com-** 60
panies (SPACs).[103] Dabei handelt es sich um Zweckgesellschaften, die am Kapitalmarkt die Mittel für die spätere Akquisition eines Unternehmens erwerben und somit ihr operatives Geschäft erst nach dem Börsengang aufnehmen.[104]

Eine SPAC führt zur Finanzierung ihres Akquisitionsvorhabens einen Börsengang durch.[105] 61
In Abweichung von dem grundsätzlichen Erfordernis eines dreijährigen Bestehens lässt die Frankfurter Wertpapierbörse Anteile an SPACs unter folgenden Voraussetzungen zum regulierten Markt zu:[106]

– Einzahlung der IPO-Erlöse auf ein verzinsliches Treuhandkonto;
– detaillierte Darstellung eines Verwendungszwecks im Prospekt;
– zeitliche Befristung der SPAC mit Rückzahlungsverpflichtung des Treuhandvermögens im Fall einer Auflösung;
– Entscheidung der Aktionärsversammlung über die Verwendung des Treuhandvermögens für Unternehmensübernahmen mit einem Mehrheitserfordernis von mehr als 50%.

Im Prospekt müssen ferner die zusätzlichen Angaben zu Start-ups enthalten sein,[107] wie 62
u. a. eine geprüfte Zwischenbilanz (näher unter Rn. 58).[108] Ausgenommen ist jedoch die

---

102 Vgl. Frogster Interactive Pictures AG, Prospekt vom 30.1.2006, S. 12 und S. 60: „Die Frogster Interactive Pictures AG hat am 6.4.2005 die Pointsoft Deutschland GmbH übernommen. Die Frogster Interactive Pictures AG verzichtete auf die Angabe von Pro-forma-Finanzinformationen, weil eine bedeutende Brutto-Veränderung der Geschäftstätigkeit der Emittentin im Sinne der EG-Verordnung 809/2004 und der ESMA-Empfehlungen schon deshalb nicht vorliegt, weil kein Vergleichszeitraum besteht, gegenüber dem eine Bruttoveränderung zu ermitteln wäre, da es sich bei der Emittentin um ein ‚Start-up' mit Gründung am 9.11.2004 handelt und somit in 2004 nur ein Rumpfgeschäftsjahr vorliegt."
103 Näher *Just*, ZIP 2009, 1698 ff.; *Schlitt/Schäfer*, in: Assmann/Schlitt/von Kopp-Colomb, WpPG/VerkProspG, Anhang XIX EU-ProspektVO Rn. 19; *Selzner*, ZHR 174 (2010), 318-362.
104 *Schlitt/Schäfer*, in: Assmann/Schlitt/von Kopp-Colomb, WpPG/VerkProspG, Anhang XIX EU-ProspektVO Rn. 19; *Just*, ZIP 2009, 1698, 1698.
105 *Schlitt/Schäfer*, in: Assmann/Schlitt/von Kopp-Colomb, WpPG/VerkProspG, Anhang XIX EU-ProspektVO Rn. 19.
106 Nach *Schlitt/Schäfer*, in: Assmann/Schlitt/von Kopp-Colomb, WpPG/VerkProspG, Anhang XIX EU-ProspektVO Rn. 19.
107 *Schlitt/Schäfer*, in: Assmann/Schlitt/von Kopp-Colomb, WpPG/VerkProspG, Anhang XIX EU-ProspektVO Rn. 19.
108 *Selzner*, ZHR 174 (2010), 318, 329.

Artikel 23 Anpassungen an die Mindestangaben im Prospekt

Angabe zur operativen Historie, da diese aufgrund der Eigenart der SPACs noch nicht vorhanden sein kann. Insofern ist diese im Prospekt verzichtbar.[109]

6. Schifffahrtsgesellschaften

63 Die zentrale zusätzliche Anforderung an Schifffahrtsgesellschaften im Zusammenhang mit der Veröffentlichung eines Prospekts ist die **Aufnahme spezifischer Informationen** sowie eines **Bewertungsgutachtens in Bezug auf die Schiffsflotte**.[110]

a) Definition

64 Schifffahrtsgesellschaften im Sinne der ESMA-Empfehlungen[111] sind Gesellschaften, die die **Seeschifffahrt** mit Fracht- und/oder Personenschiffen betreiben. Dabei können derartige Schiffe im Eigentum der Gesellschaft stehen (*own*), geleast sein (*lease*) oder – z.B. im Rahmen eines Betriebsführungsvertrages – durch diese lediglich aktiv verwaltet werden (*manage*). Die Schifffahrt muss der **Hauptgeschäftsbereich** des Emittenten sein; das ist jedenfalls dann nicht mehr der Fall, wenn das Schifffahrtsgeschäft weniger als 50% der Umsätze und/oder Kosten repräsentiert.[112] Nach dem (insofern) klaren Wortlaut gelten die ESMA-Empfehlungen nur für die Seeschifffahrt, aber **nicht für die Binnenschifffahrt**.[113]

b) Relevante Kapitalmarkttransaktionen

65 Ebenso wie für Immobiliengesellschaften gelten die ESMA-Empfehlungen[114] in Bezug auf Schifffahrtsgesellschaften nur für einen eingeschränkten Kreis von Kapitalmarkttransaktionen, nämlich für ein öffentliches Angebot oder die Zulassung zum Handel von **Aktien**, **Schuldtiteln** mit einer Stückelung von weniger als € 50.000, die durch Schiffe gesichert sind (einschließlich Wandelanleihen), sowie **Zertifikaten, die Aktien vertreten**, mit einer Stückelung von weniger als € 50.000 (siehe weiter dazu die Ausführungen zu den Immobiliengesellschaften (Rn. 12 f.), die hier entsprechend Anwendung finden).[115]

---

109 *Just*, ZIP 2009, 1698, 1699; vgl. auch *Selzner*, ZHR 174 (2010), 318, 330.
110 Vgl. aus der Billigungspraxis der BaFin etwa Marenave Schiffahrts AG, Prospekt vom 18.9.2006; HCI Hammonia Shipping AG, Prospekt vom 22.6.2007, Hapag-Lloyd Aktiengesellschaft, Prospekt vom 14.10.2015 (mit Nachträgen zum Prospekt vom 27.10.2015 und 30.10.2015).
111 ESMA-Empfehlungen, Rn. 141; BaFin, Der Prospekt für Immobiliengesellschaften/Property Companies: besondere Anforderungen und Entwicklungen, Präsentation vom 4.9.2007, S. 20.
112 Vgl. CESR-Feedback Statement, Rn. 96 f. Siehe exemplarisch TUI AG, Wertpapierprospekt vom 31.8.2005, der keine spezifischen Angaben nach den ESMA-Empfehlungen für den Schifffahrtsbereich Hapag-Lloyd enthält.
113 So wohl auch BaFin, Der Prospekt für Immobiliengesellschaften/Property Companies: besondere Anforderungen und Entwicklungen, Präsentation vom 4.9.2007, S. 20.
114 ESMA-Empfehlungen, Rn. 140.
115 CESR-Feedback Statement, Rn. 98; *Schlitt/Schäfer*, in: Assmann/Schlitt/von Kopp-Colomb, WpPG/VerkProspG, Anhang XIX EU-ProspektVO Rn. 22; *Höninger/Eckner*, in: Holzborn, WpPG, Art. 23 EU-ProspV Rn. 43.

c) Verpflichtung zur Offenlegung von spezifischen Informationen

Nach den ESMA-Empfehlungen[116] sollte der Prospekt folgende spezifische Informationen vorsehen:

- *Schiffsmanagementverträge.* Den Namen jeder Gesellschaft oder Gruppe, die die Schiffe managt (sofern nicht identisch mit dem Emittenten), die Bedingungen und Laufzeiten des jeweiligen Vertrages, die Grundlagen für die Vergütung und Vereinbarungen in Bezug auf die Beendigung;
- *Wesentliche Schiffe.* Alle relevanten Informationen hinsichtlich jedes bedeutenden Schiffes, das von dem Emittenten direkt oder indirekt gemanagt oder geleast wird oder in dessen Eigentum steht. Dazu gehören insbesondere Angaben zu dem Modell, dem Ort der Registrierung des Schiffes, dem Eigentümer des Schiffes, der Finanzierung und der Kapazität des Schiffes;[117]
- *Verträge zum Bau von wesentlichen Schiffen.* Sofern der Emittent Verträge zur Herstellung neuer Schiffe oder zur Erneuerung bestehender Schiffe abgeschlossen hat, detaillierte Informationen hinsichtlich jedes bedeutenden Schiffes (dies beinhaltet genaue Angaben hinsichtlich der Kosten und der Finanzierung der Schiffe – Refinanzierung („refund"), Garantien, Verpflichtungsschreiben („letter of commitment"), die Art der Charter („charter type"), Größe, Kapazität und andere relevante Details).

d) Bewertungsgutachten

Neben diesen spezifischen Informationen soll der Emittent eine Zusammenfassung eines Wertgutachtens („condensed valuation report") in den Prospekt aufnehmen.[118] In Betracht kommt dabei die Aufnahme **mehrerer Gutachten** (unterschiedlicher Gutachter oder desselben Gutachters), etwa wenn verschiedene Schiffstypen vorhanden sind (siehe auch zu der gleichen Frage bei Bewertungsgutachten für Immobiliengesellschaften oben Rn. 19).[119] Das Bewertungsgutachten muss durch einen **erfahrenen und unabhängigen Gutachter** erstellt werden und folgende **Angaben** umfassen:[120]

- Zeitpunkte der Inspektionen der Schiffe und von wem die Inspektionen jeweils durchgeführt wurden;

---

[116] ESMA-Empfehlungen, Rn. 142; vgl. auch BaFin, Der Prospekt für Immobiliengesellschaften/Property Companies: besondere Anforderungen und Entwicklungen, Präsentation vom 4.9.2007, S. 21.
[117] Je nach Größe der Schiffsflotte kann eine tabellarische Darstellung mit den relevanten Informationen geboten, aber auch ausreichend sein; vgl. aus der Billigungspraxis der BaFin etwa Hapag-Lloyd Aktiengesellschaft, Prospekt vom 14.10.2015 (mit Nachträgen zum Prospekt vom 27.10.2015 und 30.10.2015), S. 210–212.
[118] ESMA-Empfehlungen, Rn. 143; vgl. auch BaFin, Der Prospekt für Immobiliengesellschaften/Property Companies: besondere Anforderungen und Entwicklungen, Präsentation vom 4.9.2007, S. 21; *Schlitt/Schäfer*, in: Assmann/Schlitt/von Kopp-Colomb, WpPG/VerkProspG, Anhang XIX EU-ProspektVO Rn. 23.
[119] Vgl. HCI-Hammonia Shipping AG, Prospekt vom 22.6.2007, S. 95 ff.
[120] ESMA-Empfehlungen, Rn. 144; vgl. auch BaFin, Der Prospekt für Immobiliengesellschaften/Property Companies: besondere Anforderungen und Entwicklungen, Präsentation vom 4.9.2007, S. 21.

Artikel 23 Anpassungen an die Mindestangaben im Prospekt

- alle relevanten Einzelheiten für die Bewertung (Schätzungsmethode) im Hinblick auf die bedeutenden Schiffe;
- Einzelheiten zu den Schiffen, deren Erwerb durch die Emission finanziert werden soll;
- Datum des Bewertungsgutachtens und Stichtag („effective date") der Bewertung für jedes bedeutende Schiff. Der Stichtag darf nicht **länger als ein Jahr** vor dem Publikationsdatum des Prospekts zurückliegen; zudem muss der Emittent im Prospekt **bestätigen**, dass keine wesentlichen Änderungen seit dem Stichtag der Bewertung eingetreten sind; und
- ggf. eine Erläuterung der Unterschiede zwischen den Zahlen aus dem Wertgutachten und den entsprechenden Zahlen, die in dem letzten vom Emittenten veröffentlichten Jahresabschluss oder konsolidierten Abschluss veröffentlicht wurden.

68 Die ESMA-Empfehlungen treffen bewusst keine Aussage zu dem **anwendbaren Wertansatz und Bewertungsverfahren** für Schifffahrtsgesellschaften, sondern überlassen die Entscheidung den zuständigen nationalen Wertpapieraufsichtsbehörden.[121] Wie bei Immobiliengesellschaften ist im Rahmen der Prospekterstellung daher im Ausgangspunkt die Bewertungsmethodik zu wählen, die auch bei der Erstellung des Konzernabschlusses zur Anwendung kommt. Allerdings existiert für die Schiffsbewertung kein dem bei Immobiliengesellschaften in aller Regel zur Anwendung kommenden IAS 40 vergleichbarer Bewertungsstandard (vgl. Rn. 17).[122]

68a Das Bewertungsgutachten für Schifffahrtsgesellschaften entspricht im Übrigen in weiten Teilen den Anforderungen des Bewertungsgutachtens für **Immobiliengesellschaften**, so dass auf die dortigen Ausführungen zu den weiteren Kriterien des Gutachtens verwiesen wird (vgl. Rn. 14 ff.). Der zusammengefasste Bericht ist nicht erforderlich, wenn die Schifffahrtsgesellschaft nicht beabsichtigt, mit dem Emissionserlös zumindest ein weiteres Schiff zu erwerben und sie die Schiffe seit erstmaliger Aufnahme in die Bilanz nicht einer

---

121 Vgl. CESR-Feedback Statement, Rn. 105 f.
122 Das bedeutet, dass die Schiffe nach dem Anschaffungskostenmodell zu ihren Anschaffungskosten abzüglich plangemäßer Abschreibungen gemäß IAS 16 oder zu einem niedrigeren Zeitwert zu bewerten sind. Die Frage der Abwertung zum niedrigeren beizulegenden Zeitwert orientiert sich an IAS 36, bei dessen Anwendung allerdings die Besonderheiten des Geschäftsmodells des jeweiligen Emittenten zu berücksichtigen sind. So wird bei sog. Linienreedereien ein Impairment-Test nach IAS 36 auf Ebene des einzelnen Schiffs grundsätzlich nicht in Betracht kommen, da die Nutzung der Schiffe auf verschiedenen Routen und die Austauschbarkeit des einzelnen Schiffs eine für die Bewertung von Zahlungsströmen zu den einzelnen Schiffen erforderliche Zuordnung unmöglich macht (davon unberührt bleibt die Berücksichtigung von Besonderheiten, wie z. B. Beschädigungen beim einzelnen Schiff). Vielmehr findet methodisch eine Gesamtbegutachtung des Schiffsportfolios statt, in der die Eignung der Schiffsflotte zur Erreichung der im Geschäftsplan festgelegten Geschäftsziele bewertet wird, nicht aber eine Einzelbewertung und -inspektion einzelner Schiffe, wie sie Randnummer 144b) der ESMA-Empfehlungen zu erwarten scheint. Der so ermittelte Gesamtwert ist anschließend nach einem Scoring-Model auf die einzelnen Schiffe der Flotte herunterzubrechen. Dies hat mittlerweile auch Eingang in die Billigungspraxis der BaFin gefunden (vgl. Hapag-Lloyd Aktiengesellschaft, Prospekt vom 14.10.2015 (mit Nachträgen zum Prospekt vom 27.10.2015 und 30.10.2015), S. V-5 ff.). Eine Einzelbewertung ist indes in aller Regel bei sog. Charterreedereien geboten, deren Geschäftsmodell in der Vermietung von Frachtschiffen an Linienreedereien besteht. Hier kann jedes Schiff für sich genommen als zahlungsmittelgenerierende Einheit betrachtet werden. Eine Aufwertung der Schiffe über die Anschaffungskosten hinaus ist dagegen (anders als nach IAS 40 bei Immobilien) sowohl bei der Gesamtbetrachtung des Schiffsportfolios als auch bei der Einzelbewertung der Schiffe grundsätzlich nicht vorgesehen.

Neubewertung unterzogen hat und darauf ausdrücklich hinweist.[123] Auch im Falle eines sog. **„Blind-Pool"**,[124] d. h. die Schiffsflotte wird durch eingeworbenes Kapital erst aufgebaut, sind spezifische Ausführungen zu den Schiffen sowie die Aufnahme eines Bewertungsgutachtens nicht erforderlich (weil nicht möglich), es sei denn, deren Lieferung ist bereits vertraglich gesichert. In diesem Fall ist jedoch regelmäßig der Tatbestand einer Start-up-Company erfüllt, so dass ein Businessplan erforderlich ist (vgl. Rn. 54 ff.).[125]

7. Andere Emittenten mit besonderen Geschäftsbereichen

Fraglich ist, ob noch **andere Emittenten** mit besonderen Geschäftsbereichen (wie etwa Luftfahrtgesellschaften oder Finanzdienstleistungsunternehmen[126]) als Specialist Issuers zu qualifizieren sind. Die Auflistung in Anhang XIX zur Prospektverordnung ist jedoch abschließend.[127] Möchte ein Mitgliedstaat diese Liste erweitern, bedarf es eines Antrags bei der Kommission, mittels des Komitologieverfahrens weitere Unternehmen in das „Ver-

69

---

123 ESMA-Empfehlungen, Rn. 145. Die Formulierung der ESMA-Empfehlungen ist zwar nicht eindeutig; richtigerweise ist aber von einer „und", nicht von einer „oder"-Verknüpfung der gesamten Voraussetzungen auszugehen. Klarstellung zur Vorauflage, siehe dort Rn. 68.
124 *Schlitt/Schäfer*, in: Assmann/Schlitt/von Kopp-Colomb, WpPG/VerkProspG, Anhang XIX EU-ProspektVO Rn. 24; vgl. etwa Marenave Schiffahrts AG, Prospekt vom 18.9.2006; HCI-Hammonia Shipping AG, Prospekt vom 22.6.2007.
125 BaFin, Der Prospekt für Immobiliengesellschaften/Property Companies: besondere Anforderungen und Entwicklungen, Präsentation vom 4.9.2007, S. 21. Vgl. etwa Marenave Schiffahrts AG, Prospekt vom 18.9.2006, S. 135 ff.: Der Prospekt enthält nach dem Finanzteil noch einen Businessplan („Business-Szenarien"). Hierin aufgeführt sind Annahmen hinsichtlich des Umfangs der zu kaufenden Schiffe (einschließlich des erwarteten Kaufpreises, Charterrate und Kosten für den Schiffsbetrieb), Annahmen zu den allgemeinen Verwaltungskosten, Kosten im Zusammenhang mit der Gründung und der Börseneinführung, Finanzierungsmaßnahmen, Annahmen der Besteuerung und auf diesen Annahmen basierend verschiedene Geschäftsentwicklungsszenarien. Abschließend findet sich eine Bescheinigung einer Wirtschaftsprüfungsgesellschaft hinsichtlich der korrekten Berechnung der konsolidierten Ergebnisberechnungen im Rahmen der drei Szenarien.
126 Das US-amerikanische Kapitalmarktrecht sieht dagegen spezifische Offenlegungspflichten für „bank holding companies" vor, die sinngemäß auf ausländische Banken Anwendung finden. Siehe Industry Guide 3: Statistical Disclosure by Bank Holding Companies („Guide 3"). Diese Vorgaben an den Prospekt spielen auch für deutsche Emittenten eine Rolle, sofern sich das Angebot von Wertpapieren auch auf die USA – üblicherweise im Wege einer Privatplatzierung nach Rule 144A des US Securities Act von 1933 – erstreckt. Zu den spezifischen Informationen nach Guide 3 gehören statistische Daten für die letzten drei Jahre, insbesondere (i) durchschnittliche Bilanzdaten, (ii) durchschnittliche Zinserträge und -aufwendungen, (iii) Änderungen der Zinserträge und -aufwendungen für die letzten zwei Jahre samt Analyse, ob diese durch Änderungen der zugrunde liegenden Bestandsgrößen oder der Zinssätze verursacht wurden, (iv) Aufschlüsselung des Wertpapier-Portfolios nach bestimmten Kategorien sowie für den letzten Bilanzstichtag Fälligkeitsanalyse des Wertpapier-Portfolios und bestimmte Angaben über Portfoliokonzentrationen, (v) Aufschlüsselung des Darlehens-Portfolios nach bestimmten sektoralen und geographischen Kriterien sowie für den letzten Bilanzstichtag Fälligkeitsanalyse des Darlehens-Portfolios und bestimmte Angaben über Portfoliokonzentrationen, (vi) Übersicht über überfällige und Problemdarlehen, (vii) Einzel- und Pauschalwertberichtigungen sowie Abschreibungen auf Darlehen samt Aufschlüsselung nach bestimmten sektoralen und geographischen Kriterien, (viii) Angaben zum Einlagengeschäft, (ix) bestimmte Bilanzkennzahlen sowie (x) Angaben zu kurzfristigen Verbindlichkeiten.
127 *Wiegel*, Die Prospektrichtlinie und Prospektverordnung, S. 285; *Schnorbus*, WM 2009, 249, 259.

Artikel 23 Anpassungen an die Mindestangaben im Prospekt

zeichnis bestimmter Kategorien von Emittenten" aufzunehmen (Art. 23 Abs. 1 UA 2 Prospektverordnung). Derartige Emittenten können jedoch **freiwillig** – oder sind gegebenenfalls sogar nach Maßgabe des § 5 Abs. 1 WpPG verpflichtet – zusätzliche, den Besonderheiten der jeweiligen Geschäftstätigkeit Rechnung tragende Informationen in den Prospekt aufzunehmen. Gleiches gilt für Emittenten, die in der Branche der Specialist Issuers tätig sind, aber aus bestimmten Gründen nicht die Voraussetzungen der ESMA-Empfehlungen erfüllen (etwa Unterschreiten von Schwellenwerten; nicht erfasste Kapitalmarkttransaktionen). Auch in diesem Fall ist die freiwillige Orientierung an den ESMA-Empfehlungen zulässig und gegebenenfalls ratsam.

Artikel 24
Inhalt der Zusammenfassung des Prospekts, des Basisprospekts und der einzelnen Emission

(1) [1]Der genaue Inhalt der in Artikel 5 Absatz 2 der Richtlinie 2003/71/EG genannten Zusammenfassung wird vom Emittenten, vom Anbieter oder von der die Zulassung zum Handel an einem geregelten Markt beantragenden Person gemäß dem vorliegenden Artikel festgelegt.

[2]Die Zusammenfassung enthält die in Anhang XXII aufgeführten zentralen Angaben. [3]Ist ein Informationsbestandteil für einen Prospekt irrelevant, wird hierfür in der Zusammenfassung an der betreffenden Stelle „entfällt" vermerkt. [4]Die Länge der Zusammenfassung trägt der Komplexität des Emittenten und der angebotenen Wertpapiere Rechnung, darf aber nicht mehr als 7% des Prospekts oder nicht mehr als 15 Seiten betragen, je nachdem, was länger ist. [5]Sie enthält keine Querverweise auf andere Teile des Prospekts.

[6]Die in Anhang XXII vorgegebene Reihenfolge der Rubriken und der darin enthaltenen Angaben ist verbindlich. [7]Die Zusammenfassung wird klar verständlich formuliert, wobei die zentralen Angaben auf leicht zugängliche und verständliche Weise präsentiert werden. [8]Ist ein Emittent nicht dazu verpflichtet, gemäß Artikel 5 Absatz 2 der Richtlinie 2003/71/EG eine Zusammenfassung in seinen Prospekt aufzunehmen, fügt aber einen Abschnitt mit einer Übersicht in seinen Prospekt ein, so wird dieser Abschnitt nicht mit der Überschrift „Zusammenfassung" versehen, es sei denn, der Emittent erfüllt alle in diesem Artikel und in Anhang XXII für Zusammenfassungen vorgeschriebenen Angabepflichten.

(2) Die Zusammenfassung des Basisprospekts kann folgende Angaben enthalten:

a) die im Basisprospekt enthaltenen Angaben;

b) Optionen für Angaben, die durch das Schema für die Wertpapierbeschreibung und sein(e) Modul(e) vorgeschrieben sind;

c) freie Stellen für die durch das Schema für die Wertpapierbeschreibung und sein(e) Modul(e) vorgeschriebenen Angaben, die später in den endgültigen Bedingungen ausgefüllt werden.

(3) [1]Die Zusammenfassung der einzelnen Emission enthält die zentralen Angaben der Zusammenfassung des Basisprospekts sowie die relevanten Bestandteile der endgültigen Bedingungen. [2]Die Zusammenfassung der einzelnen Emission enthält Folgendes:

a) die nur für die einzelne Emission relevanten Angaben aus der Zusammenfassung des Basisprospekts;

b) die nur für die einzelne Emission relevanten, im Basisprospekt genannten Optionen, wie sie in den endgültigen Bedingungen festgelegt wurden;

c) die im Basisprospekt ausgelassenen, in den endgültigen Bedingungen genannten relevanten Angaben.

Artikel 24 Inhalt der Zusammenfassung des Prospekts

³Beziehen sich die endgültigen Bedingungen auf verschiedene Wertpapiere, die sich nur in einigen sehr beschränkten Einzelheiten unterscheiden, etwa in Bezug auf den Emissionskurs oder den Fälligkeitstermin, so kann für all diese Wertpapiere eine einzige Zusammenfassung der einzelnen Emission angefügt werden, sofern die Angaben zu den verschiedenen Wertpapieren klar voneinander getrennt sind.

⁴Die Zusammenfassung der einzelnen Emission unterliegt denselben Anforderungen wie die endgültigen Bedingungen und wird diesen beigefügt.

Übersicht

	Rn.		Rn.
I. Regelungsgegenstand und Entstehungsgeschichte	1	III. Die Zusammenfassung des Basisprospekts (Abs. 2)	11
II. Allgemeine Vorgabe für Inhalt, Umfang und Format der Zusammenfassung (Abs. 1)	3	IV. Die Zusammenfassung der einzelnen Emission unter einem Basisprospekt (Abs. 3)	14

I. Regelungsgegenstand und Entstehungsgeschichte

1 Art. 24 in seiner geltenden Fassung stellt die Grundlage für die in Anhang XXII konkretisierten Vorgaben für Inhalt und Format der Zusammenfassung dar. Er wurde im Rahmen der Änderung der EU-Prospektverordnung im Zuge der Reform des Prospektrechts mit Wirkung zum 1. Juli 2012 geändert.[1] Damit geht eine Verdichtung der rechtlichen Vorgaben für die Prospektverfasser einher. Denn Art. 24 in seiner vorherigen Fassung stellte den konkreten Inhalt und das Format der Zusammenfassung grds. in das Ermessen der Prospektverantwortlichen. Nunmehr gelten auch hier nicht nur Mindestangaben; es werden vielmehr – anders als bei den Mindestangaben nach § 7 WpPG – auch bindende Vorgaben hinsichtlich der formalen Darstellung gemacht (dazu Rn. 8).

2 Dadurch soll sichergestellt werden, dass gleichwertige Angaben in der Zusammenfassung stets an der gleichen Stelle stehen. Dies soll die Vergleichbarkeit ähnlicher Produkte erleichtern.[2]

---

1 Delegierte Verordnung (EU) Nr. 486/2012 der Kommission vom 30. März 2012 zur Änderung der Verordnung (EU) Nr. 809/2004 in Bezug auf Aufmachung und Inhalt des Prospekts des Basisprospekts der Zusammenfassung und der endgültigen Bedingungen und in Bezug auf die Angabepflichten, ABl. EU Nr. L 150 vom 9.6.2012, S. 1.
2 Erwägungsgrund Nr. 10 der Delegierten Verordnung (EU) Nr. 486/2012 der Kommission vom 30. März 2012 (s. vorherige Fn.).

II. Allgemeine Vorgabe für Inhalt, Umfang und Format der Zusammenfassung (Abs. 1)

Zu den konkreten Vorgaben für den **Inhalt** und das **Format** der Zusammenfassung verweist Art. 24 Abs. 1 Unterabs. 2 auf die Angaben in **Anhang XXII**. Ist einer dieser Informationsbestandteile, der in dem betreffenden Anhang für die in ein Registrierungsformular oder eine Wertpapierbeschreibung aufzunehmende Mindestinformation genannt ist, bei einem konkreten Prospekt irrelevant, kann er nicht einfach weggelassen werden. Vielmehr muss an der betreffenden Stelle in der Zusammenfassung ausdrücklich der Hinweis „entfällt" vermerkt werden. Dadurch werden im Interesse der Vergleichbarkeit verschiedener Prospekte für verschiedene Produkte Irritationen vermieden. Wird dagegen ein Informationsbestandteil in der betreffenden Tabelle des Anhangs XXII aufgeführt, dieser Informationsbestandteil ist aber generell nur für bestimmte Arten von Prospekten relevant, so ist kein ausdrücklicher Hinweis erforderlich. Dies gilt beispielsweise für die Angabe nach Abschnitt C („Wertpapiere") unter Ziff. C.7 zur Dividendenpolitik. Diese ist nur für Zusammenfassungen zu Aktienprospekten relevant, für die der Katalog von Mindestangaben nach Anhang I maßgeblich ist.[3] Dies ergibt sich im Übrigen auch aus der Angabe der relevanten Anhänge für die Mindestangaben, die sich in den Tabellen der Abschnitte A-E des Anhangs XXII jeweils in der linken Spalte finden.

ESMA hält die Auflistung der Angaben in den Abschnitten A-E des Anhangs XXII auch grds. für abschließend, so dass es eines weiteren Abschnittes „Sonstiges" nicht bedürfe. Sofern bestimmte Informationen in den Abschnitten A-E nicht ausdrücklich angesprochen seien, so können – ausnahmsweise – ergänzende Angaben in einem dieser fünf Abschnitte gemacht werden. ESMA nennt dabei die Berichte, die in den von ESMA übernommenen CESR Recommendations[4] für sog. Specialist Issuers wie Immobilien- oder Bergbaugesellschaften erwartet werden.[5]

Art. 24 Abs. 1 Unterabs. 2 enthält nun auch ausdrückliche Vorgaben für den **Umfang** der Zusammenfassung (zur früheren Rechtslage s. Vorauf. Rn. 53). Diese überschneiden sich mit der allgemeinen Vorgabe des Erwägungsgrunds 21 der Prospektrichtlinie, wonach die Zusammenfassung „in der Regel" einen Umfang von 2.500 Wörtern nicht überschreiten sollte. Dieser Erwägungsgrund wurde im Rahmen der Reform der Prospektrichtlinie nicht ausdrücklich aufgehoben.[6] Jedoch hat der Richtliniengeber diese Vorgabe auch im Rahmen der Reform nicht in den Richtlinientext übernommen, sondern vielmehr in Art. 5 Abs. 5 die Kommission ausdrücklich ermächtigt, das Format der Zusammenfassung durch delegierte Rechtsakte konkreter zu regeln. Nunmehr erlaubt der Verordnungsgeber zwar, der Komplexität des Emittenten und der angebotenen Wertpapiere Rechnung zu tragen. Sie darf aber einen Umfang von 7 % des Prospekts oder 15 Seiten nicht überschreiten, je nachdem, was länger ist. Diese konkretere und auch flexiblere Vorgabe dürfte nunmehr Vorrang

---

3 *Henningsen*, BaFin-Journal 9/12, S. 5, 6.
4 ESMA update of the CESR recommendations on the consistent implementation of Commission Regulation (EC) No 809/2004 implementing the Prospectus Directive, vom 23.3.2011, ref. ESMA/2011/81, im Internet abrufbar unter www.esma.europa.eu/system/files/11_81.pdf., dort Tz. 128 ff.
5 Final report „ESMA's technical advice on possible delegated acts concerning the Prospectus Directive as amended by the Directive 2010/73/EU" vom 4.10.2011, Ref. ESMA/2011/323, Tz. 176.
6 *Fischer-Appelt*, LFMR 2010, 490, 491.

Artikel 24 Inhalt der Zusammenfassung des Prospekts

genießen;[7] dies entspricht auch dem Verständnis von ESMA, die in ihrem final advice, der Grundlage der betreffenden Änderungsverordnung war, die starre Obergrenze von 2.500 Wörtern als überholt („outmoded") bezeichnet.[8] Bei der Berechnung der nunmehr geltenden 7%-Grenze legt die BaFin die Gesamtlänge des Prospektes zugrunde. Dazu gehören insbesondere die historischen Finanzinformationen, durch Verweis einbezogene Dokumente sowie die Zusammenfassung selbst.[9]

6 Zudem darf die Zusammenfassung **keine Querverweise** auf andere Teile des Prospekts enthalten.[10] Dies erscheint jedoch misslich. Denn es würde die Lektüre gerade erleichtern, wenn es möglich wäre, den Leser durch einen entsprechenden Verweis in der Zusammenfassung an die Stelle des Hauptteils zu führen, in der ein Sachverhalt detaillierter dargestellt ist. Dies gilt insbesondere mit Blick auf die zunehmend verbreitete elektronische Prospektveröffentlichung. Durch einen entsprechenden elektronischen Link könnte der Leser einfach zu den Prospektpassagen geführt werden, in denen die ihn interessierenden Einzelheiten geregelt sind.

7 Eine besondere Herausforderung stellen – auch und gerade angesichts der Umfangsbegrenzung – die **Risikofaktoren** dar, die im Volltext des Prospekts meist erheblichen Umfang einnehmen und – gerade aufgrund ihrer Haftungsrelevanz – dies wohl auch müssen. Die Praxis löst dieses Dilemma meist dadurch, dass die Kernaussage eines jeden Risikofaktors als **Überschrift** in einem Satz thesenartig zusammengefasst wird. Diese Überschriften werden sodann als „Angaben zu Risikofaktoren" in die Zusammenfassung aufgenommen. ESMA hatte dies im Rahmen der Konsultation zu den delegierten Rechtsakten zur Prospektrichtlinie-Änderungsrichtlinie zunächst infrage gestellt, die Bedenken jedoch im final advice ausdrücklich fallen gelassen.[11]

8 Die in Anhang XXII vorgegebene **Reihenfolge** der Rubriken und der darin enthaltenen Angaben ist verbindlich. Insoweit sind also die Vorgaben für die Zusammenfassung strenger als es die allgemeinen Regeln für Mindestangaben nach § 7 vorsehen (dazu § 7 Rn. 7). Zudem wird der sich schon aus dem Prinzip der Prospektklarheit ergebende Grundsatz betont, dass die Zusammenfassung **klar verständlich** zu formulieren ist. Insbesondere sind die zentralen Angaben auf leicht zugängliche und verständliche Weise zu präsentieren. Was das konkret bedeutet, ist nicht ganz klar. Offenbar soll mit dem besonderen Postulat der Verständlichkeit Erwägungsgrund 15 der Prospektrichtlinie-Änderungsrichtlinie Rechnung getragen werden. Danach fungiert die Zusammenfassung als zentrale Informationsquelle für Kleinanleger. Daraus dürfte man schließen können, dass gerade bei den Darstellungen in der Zusammenfassung keine besonderen Vorkenntnisse des Lesers unterstellt werden dürfen. Ob dies so weit geht, dass hier die verschärften Anforderungen des BGH

---

7 So auch *Fischer-Appelt*, LFMR 2012, 249, 250.
8 Final report „ESMA's technical advice on possible delegated acts concerning the Prospectus Directive as amended by the Directive 2010/73/EU" vom 4.10.2011, Ref. ESMA/2011/323, Tz. 190.
9 *Henningsen*, BaFin-Journal 9/12, S. 5, 6.
10 Dazu auch Final report „ESMA's technical advice on possible delegated acts concerning the Prospectus Directive as amended by the Directive 2010/73/EU" vom 4.10.2011, Ref. ESMA/2011/323, Tz. 200.
11 Final report „ESMA's technical advice on possible delegated acts concerning the Prospectus Directive as amended by the Directive 2010/73/EU" vom 4.10.2011, Ref. ESMA/2011/323, Tz. 193 ff. sowie Tz. 224.

für Prospekte gelten, die sich ausdrücklich an das börsenunerfahrene Publikum richten,[12] erscheint jedoch fraglich, grenzt doch der BGH den Hauptanwendungsbereich des gesetzlichen Prospektrechts, nämlich Angebote und Börsenzulassungen in den regulierten Kapitalmärkten vom Geltungsbereich dieser verschärften Anforderungen ab. Umgekehrt dürfte es jedoch dem Prospektverfasser helfen, dass mit Blick auf den Zweck der Zusammenfassung als Einführung ohne Anspruch auf Vollständigkeit im Detail die Darstellung auch etwas vereinfacht werden kann.

Anders als zuvor in der Konsultation erwogen, verbietet ESMA nunmehr auch nicht mehr, in der Zusammenfassung Formulierungen aus dem Hauptteil des Prospektes zu verwenden. Vielmehr betont ESMA im final advice nunmehr die Bedeutung der durchgängig konsistenten der Darstellung derselben Sachverhalte im gesamten Prospekt, auch um diesbezügliche Haftung (etwa wegen irreführender Darstellung) zu vermeiden. Allerdings äußert sich ESMA kritisch gegenüber dem exzessiven Kopieren langer Textpassagen.[13] Angesichts der Umfangsbegrenzung für die Zusammenfassung (s. o. Rn. 5) erscheint dies ohnehin als ein eher theoretisches Problem. 9

Sofern ein Emittent keine Zusammenfassung in seinen Prospekt aufnehmen muss, darf er nach Art. 24 Abs. 2 Unterabs. 3, eine Übersichtsdarstellung in seinem Prospekt nicht mit der Überschrift „Zusammenfassung" versehen, es sei denn, diese erfüllt alle in diesem Artikel und in Anhang XXII für Zusammenfassungen vorgeschriebenen Angabepflichten. Mit Blick auf die allgemeingültige Zielsetzung der besseren Vergleichbarkeit der Zusammenfassungen für verschiedene Kapitalmarktprodukte nach Erwägungsgrund Nr. 10 der Delegierten Verordnung (EU) Nr. 486/2012 der Kommission (Fn. 1) ist davon auszugehen, dass sich diese Vorgabe nicht nur auf den Inhalt, sondern auch auf die dort geregelten Formatvorgaben bezieht. Ebenso wird man diesen Grundsatz auf Prospekte anzuwenden haben, die insgesamt freiwillig erstellt werden, also in Fällen, in denen überhaupt keine Pflicht zur Veröffentlichung eines Prospektes nach § 3 WpPG besteht. 10

III. Die Zusammenfassung des Basisprospekts (Abs. 2)

Absatz 2 enthält ergänzende Regelungen für eine Zusammenfassung, die Teil eines Basisprospekts ist.[14] Da jeder Basisprospekt auch Prospekt ist,[15] gelten für die Zusammenfassung im Basisprospekt zunächst auch die Vorschriften von Absatz 1. Darüber hinaus erlaubt Absatz 2 zusätzliche Merkmale für die Zusammenfassung des Basisprospekts, die der besonderen Natur des Basisprospekts Rechnung tragen. 11

Die Besonderheit der Zusammenfassung des Basisprospekts liegt darin, dass sie sowohl Zusammenfassung im und für den Basisprospekt ist, als auch als Vorlage für die Zusammenfassung der einzelnen Emission nach Absatz 3 dient. Dazu kann die Zusammenfassung 12

---

12 BGH, 18.9.2012 – XI ZR 344/11, WM 2012, 2147, 2150 („Wohnungsbau Leipzig I").
13 Final report „ESMA's technical advice on possible delegated acts concerning the Prospectus Directive as amended by the Directive 2010/73/EU" vom 4.10.2011, Ref. ESMA/2011/323, Tz. 197 f. sowie Tz. 225.
14 Für eine weitere Regelung zu Zusammenfassungen bei Basisprospekten s. zudem Art. 26 Abs. 6.
15 Siehe dazu die Kommentierung zu § 6 WpPG Rn. 11.

Artikel 24 Inhalt der Zusammenfassung des Prospekts

des Basisprospekts neben den Angaben aus dem Basisprospekt (Buchstabe a)) auch **Optionen** (Buchstabe b)) und **freie Stellen** (Buchstabe c)) enthalten.

13 Aus der **Doppelfunktion** der Zusammenfassung im Basisprospekt folgte nach der Überarbeitung des Artikels 24 bei verschiedenen Prospekterstellern anfangs die Vorstellung, dass man sinnvollerweise zwei unterschiedliche Zusammenfassungen in den Basisprospekt aufnehmen müsse. Eine Zusammenfassung des betreffenden Emissionsprogramms, die hinsichtlich der Wertpapierbeschreibung allgemein die möglichen Varianten beschreibt. Und eine weitere Zusammenfassung, die – vergleichbar dem in Art. 22 Abs. 5 Ziffer 1a geforderten „Formular der endgültigen Bedingungen" – mithilfe von Optionen und freien Stellen nur als Vorlage für die Zusammenfassung der einzelnen Emission dient. Dem haben sich aber die Billigungsbehörden entgegen gestellt und deutlich gemacht, dass es nur eine Zusammenfassung im Basisprospekt geben darf. So findet sich in aktuellen Basisprospekten eine Zusammenfassung mit Zwitternatur, deren Brauchbarkeit als übersichtliche Zusammenfassung des gesamten Basisprospekts in Frage gestellt werden darf. Die Rolle einer gut lesbaren Übersicht über die Programmeigenschaften im Basisprospekt übernimmt stattdessen üblicherweise der von Art. 22 Abs. 5 Ziffer 3 geforderte Abschnitt „Allgemeine Beschreibung des Programms". Nun dient die Zusammenfassung eigentlich auch nicht als Arbeitserleichterung für die Nutzer des Programms, sondern als Information für den Anleger in eines der unter dem Programm emittierten Wertpapiere. Der Anleger benötigt eine Zusammenfassung, die die konkreten Angaben zu dem ihm angebotenen Wertpapier enthält. Das kann, trotz der Kritik an der Zulässigkeit ihrer Anordnung durch den Verordnungsgeber, nur die Zusammenfassung der einzelnen Emission leisten.[16] Die Zusammenfassung des Basisprospekts wird daneben nicht wirklich gebraucht. Ein mitgebilligtes Formular der Zusammenfassung der einzelnen Emission, etwa als Teil des Formulars der endgültigen Bedingungen, hätte zum Anlegerschutz ausgereicht. Den konsequenten Schritt zur Abschaffung der Zusammenfassung des Basisprospekts hat der Verordnungsgeber dann aber doch nicht gewagt. Das Gesagte bezieht sich auf den wertpapierbeschreibenden Teil der Zusammenfassung; der emittentenbeschreibende Teil ist davon naturgemäß nicht betroffen.

IV. Die Zusammenfassung der einzelnen Emission unter einem Basisprospekt (Abs. 3)

14 **Absatz 3** führt die Zusammenfassung der einzelnen Emission ein, also die auf eine bestimmte Ziehung unter einem Emissionsprogramm konkretisierte Zusammenfassung, die den endgültigen Bedingungen beigefügt wird.

15 Für die Zusammenfassung der einzelnen Emission gibt es keine Verankerung in der EU-Prospektrichtlinie. Sie mag zwar eine sinnvolle Ergänzung zu den endgültigen Bedingungen darstellen, ist aber eine freihändige Erfindung des Verordnungsgebers. Indem sie zusätzlich die Angaben der endgültigen Bedingungen berücksichtigt, ist sie eine **Kombination** aus der **Zusammenfassung des Basisprospekts** und den **endgültigen Bedingun-**

---

16 S. unten Rn. 15.

IV. Die Zusammenfassung der einzelnen Emission unter einem Basisprospekt Artikel 24

gen.[17] Erst die Zusammenfassung der einzelnen Emission kann das bieten, was die Zusammenfassung eines Prospekts, der kein Basisprospekt ist, dem Investor bringt.

Satz 2 konkretisiert in seinen Buchstaben a), b) und c) die **inhaltlichen Anforderungen** an die Zusammenfassung der einzelnen Emission, für die Satz 1 als Inhalt schon allgemein „die zentralen Angaben der Zusammenfassung des Basisprospekts sowie die relevanten Bestandteile der endgültigen Bedingungen" vorgibt. Die in Buchstaben a) bis c) genannten Angaben spiegeln die in Absatz 2 Buchstaben a) bis c) für die Zusammenfassung des Basisprospekts aufgeführten Inhalte wider, nun aber auf die einzelne, konkrete Emission unter dem Emissionsprogramm bezogen. Dies sind zunächst die für die konkrete Ziehung **relevanten Angaben aus der Zusammenfassung des Basisprospekts** (Buchstabe a)). Dort werden alle Wertpapiere beschrieben, die unter dem Emissionsprogramm ausgegeben werden können. In der Zusammenfassung der einzelnen Emission haben dagegen nur die Angaben zur jeweils vorliegenden Emission Platz. Des Weiteren sind dies die in den endgültigen Bedingungen durch Verweis oder Wiederholung ausgewählten, **relevanten Optionen** (Buchstabe b)). Dies betrifft jene Optionen, die es vom Hauptteil des Basisprospekts in die Zusammenfassung des Basisprospekts geschafft haben. Und schließlich die Angaben, für die in der Zusammenfassung des Basisprospekts **freie Stellen** gelassen wurden, die nun mithilfe der endgültigen Bedingungen ausgefüllt werden können (Buchstabe c)). Anders als die Formulierung in Buchstabe c) nahelegen könnte, handelt es sich dabei nicht zwingend um alle Angaben, die im Basisprospekt ausgelassen wurden, also alle Angaben aus den endgültigen Bedingungen, sondern um jene zentralen Angaben, die ihren Weg in die Zusammenfassung des Basisprospekts gefunden haben und dort an platzhaltenden Lücken zu erkennen sind, wie z.B. die Währung oder der Zinssatz der zu begebenden Wertpapiere. Umgekehrt stellt ESMA ausdrücklich klar,[18] dass Absatz 3 abschließend gemeint ist und die Zusammenfassung der einzelnen Emission keine Informationen enthalten darf, die sich nicht auch im Basisprospekt oder den endgültigen Bedingungen finden. Im Ergebnis werden zur Erzeugung des Zusammenfassung der einzelnen Emission aus der Zusammenfassung im Basisprospekt alle nicht einschlägigen Angaben und Optionen herausgestrichen und die offenen Stellen mit Angaben aus den endgültigen Bedingungen gefüllt. In der Praxis hat sich dazu bewährt, die alternativen Angaben in der Zusammenfassung des Basisprospekts schon im Basisprospekt in Klammern zu setzen und mit Nutzungsanweisungen zu versehen. Diese Überlegungen beziehen sich durchgängig nur auf die wertpapierbeschreibenden Angaben, da nur sie in das Wirkungsfeld der endgültigen Bedingungen fallen.

16

Satz 3 betrifft den Fall, dass in endgültigen Bedingungen **mehrere Wertpapiere** gleichzeitig abgedeckt werden. Sofern sich die verschiedenen erfassten Wertpapiere nur in **einigen sehr beschränkten Einzelheiten** unterscheiden, z.B. hinsichtlich Emissionskurs oder Fälligkeitstermin, und die Angaben zu den einzelnen Wertpapieren **klar voneinander getrennt** werden, wird gestattet, nur eine einzige, gemeinsame Zusammenfassung der einzelnen Emission zu erstellen.[19] In der Frage, was unter „einigen sehr beschränkten Einzelhei-

17

---

17 Vgl. dazu auch *von Kopp-Colomb/Seitz*, WM 2012, 1220, 1227.
18 S. ESMA-Questions and Answers – Prospectuses (25th Updated Version – July 2016), Antwort zu Frage 95.
19 Die diesen Namen dann eigentlich nicht mehr verdient, da mehrere getrennte Emissionen abgedeckt werden.

Artikel 24 Inhalt der Zusammenfassung des Prospekts

ten" zu verstehen ist, stellt ESMA fest,[20] dass diese Beschränkung keine feste zahlenmäßige Obergrenze für die Anzahl der Einzelheiten bedeutet, in denen sich die von einer gemeinsamen Zusammenfassung abgedeckten Wertpapiere unterscheiden dürfen. Zudem gibt es keine Einzelheiten, die grundsätzlich als Unterscheidungsmerkmal ausscheiden. ESMA verweist aber zugleich auf die übergeordnete Bedeutung der Zugänglichkeit und Verständlichkeit der Angaben in der Zusammenfassung. Daraus folgt, dass sich derivative Wertpapiere in einer gemeinsamen Zusammenfassung nicht hinsichtlich der Art des Basiswerts, der Risikofaktoren oder der Formel zur Berechnung des Rückzahlungsbetrags unterscheiden dürfen. In Bezug auf das zulässige Format einer gemeinsamen Zusammenfassung gibt ESMA zwei Möglichkeiten vor.[21] Entweder enthält die Zusammenfassung einzelne Tabellen mit den unterschiedlichen Angaben an den jeweiligen Stellen, an denen das Merkmal behandelt wird. Oder alle sich unterscheidenden Einzelheiten werden in einer einzigen Tabelle am Ende der Zusammenfassung zusammengeführt, welche dann aber neben geeigneten Überschriften auch auf die Nummerierung der betreffenden Abschnitte der Zusammenfassung verweisen soll. An den Stellen, an denen die an das Ende verlagerten Angaben regulär auftauchen würden, sind Querverweise auf die Tabelle einzufügen. Vorrangig bleibt aber auch hier die Zugänglichkeit und Verständlichkeit der Angaben. Zudem verweist ESMA darauf, dass auch eine gemeinsame Zusammenfassung der einzelnen Emission der Längenbegrenzung aus Absatz 1 unterliegt.

18 Gemäß **Satz 4** wird die Zusammenfassung der einzelnen Emission an die endgültigen Bedingungen **angefügt** und unterliegt **denselben Anforderungen** wie die endgültigen Bedingungen. Sind aufgrund eines geplanten öffentlichen Angebots in mehreren Mitgliedstaaten verschiedene Sprachfassungen der Zusammenfassung der einzelnen Emission zu erstellen, werden sie in der Praxis alle hintereinander an die endgültigen Bedingungen angehängt. Die Alternative, verschiedene endgültige Bedingungen mit jeweils der passenden Sprachfassung einzusetzen, führt zu Fragen hinsichtlich der maßgeblichen Fassung und bringt vermeidbare operationelle Risiken mit sich, da sichergestellt werden muss, dass in den unterschiedlichen Mitgliedstaaten nur die jeweilige Sprachfassung zum Einsatz kommt. Zu den Anforderungen, die für die endgültigen Bedingungen wie für die Zusammenfassung der einzelnen Emission gelten, gehört vor allem das Abfassen in leicht zu analysierender und verständlicher Form gem. Art. 26 Abs. 5.[22] Dies ergibt sich allerdings auch schon aus den allgemeinen Anforderungen an die Zusammenfassung des Basisprospekts, aus der sich die Zusammenfassung der einzelnen Emission im Wesentlichen ableitet. Für das zentrale Thema der Sprache hätte es des Verweises auf die endgültigen Bedingungen ebenfalls nicht bedurft. Denn bereits die hierfür einschlägige Regelung in Art. 26 Abs. 5a behandelt ausdrücklich sowohl endgültige Bedingungen als auch die Zusammenfassung der einzelnen Emission.[23] Im Übrigen teilt die Zusammenfassung der einzelnen Emission als notwendiger Anhang der endgültigen Bedingungen zwangsläufig deren Schicksal, zum Beispiel hinsichtlich der Veröffentlichung.

---

20 S. ESMA-Questions and Answers – Prospectuses (25th Updated Version – July 2016), Antwort zu Frage 91.
21 S. ESMA-Questions and Answers – Prospectuses (25th Updated Version – July 2016), Antwort zu Frage 91.
22 Siehe die dortige Kommentierung; *Holzborn/Glismann*, in: Holzborn, WpPG, Art. 24 EU-ProspV Rn. 6, mit Verweis auf Tz. 10 in Abschnitt II der FAQ der BaFin vom 31. Mai 2012 zum Basisprospektregime, zuletzt geändert am 4.6.2014.
23 Für Einzelheiten siehe die dortige Kommentierung.

IV. Die Zusammenfassung der einzelnen Emission unter einem Basisprospekt **Artikel 24**

Spezifische Anforderungen an den zulässigen Umfang der Zusammenfassung der einzelnen Emission sieht Art. 24 nicht vor. Die Umfangsbegrenzung in Abs. 1 Unterabs. 2 (dazu Rn. 5) gilt ausdrücklich nur für die Zusammenfassung des Prospekts selbst. Auch die ESMA Q&As schweigen sich insoweit aus. Da aber die Zusammenfassung der einzelnen Emission die Funktion der Prospektzusammenfassung für die Zwecke der konkreten Emission erfüllt, spricht einiges dafür, die Anforderungen an die Prospektzusammenfassung auch insoweit entsprechend anzuwenden.[24] 19

---

24 Ähnlich *von Kopp-Colomb/Seitz*, WM 2012, 1220, 1227 f.

Kapitel III
Aufmachung des Prospekts, des Basisprospekts und ihrer Nachträge

Artikel 25
Aufmachung des Prospekts

(1) Entscheidet sich ein Emittent, ein Anbieter oder eine Person, die die Zulassung zum Handel auf einem geregelten Markt beantragt hat, dazu, im Sinne von Artikel 5 Absatz 3 der Richtlinie 2003/71/EG den Prospekt als ein einziges Dokument zu erstellen, so ist der Prospekt wie folgt aufzubauen:

1. klares und detailliertes Inhaltsverzeichnis;

2. Zusammenfassung im Sinne von Artikel 5 Absatz 2 der Richtlinie 2003/71/EG;

3. Angabe der Risikofaktoren, die mit dem Emittenten und der Art von Wertpapier, die Bestandteil der Emission ist, einhergehen/verbunden sind;

4. Angabe der sonstigen Informationsbestandteile, die Gegenstand der Schemata und Module sind, auf deren Grundlage der Prospekt erstellt wurde.

(2) Entscheidet sich ein Emittent, ein Anbieter oder eine Person, die die Zulassung zum Handel auf einem geregelten Markt beantragt hat, dazu, im Sinne von Artikel 5 Absatz 3 der Richtlinie 2003/71/EG den Prospekt in Form mehrerer Einzeldokumente zu erstellen, so sind die Wertpapierbeschreibung und das Registrierungsformular jeweils wie folgt aufzubauen:

1. klares und detailliertes Inhaltsverzeichnis;

2. je nach Fall Angabe der Risikofaktoren, die mit dem Emittenten bzw. der Art des Wertpapiers, das Bestandteil der Emission ist, verbunden sind;

3. Angabe der sonstigen Informationsbestandteile, die Gegenstand der Schemata und Module sind, auf deren Grundlage der Prospekt erstellt wurde.

(3) In den in Absatz 1 und 2 genannten Fällen steht es dem Emittenten, dem Anbieter oder der Person, die die Zulassung zum Handel auf einem geregelten Markt beantragt hat, frei, die Reihenfolge der Darstellung der erforderlichen Informationsbestandteile festzulegen, die Gegenstand der Schemata und Module sind, auf deren Grundlage der Prospekt erstellt wurde.

(4) ¹Stimmt die Reihenfolge der Informationsbestandteile nicht mit derjenigen überein, die in den Schemata und Modulen genannt wird, auf deren Grundlage der Prospekt erstellt wurde, so kann die zuständige Behörde des Herkunftsmitgliedstaates den Emittenten, den Anbieter oder die Person, die die Zulassung zum Handel auf einem geregelten Markt beantragt hat, bitten, eine Aufstellung der Querverweise für die Prüfung des Prospekts vor seiner Billigung zu erstellen. ²In einer solchen Liste sind die Seiten zu nennen, auf denen die jeweiligen Angaben im Prospekt gefunden werden können.

(5) ¹Ist die Zusammenfassung eines Prospekts im Sinne von Artikel 16 Absatz 1 der Richtlinie 2003/71/EG zu ergänzen, so kann der Emittent, der Anbieter oder die Person, die die Zulassung zum Handel auf einem geregelten Markt beantragt, in Einzelfällen entscheiden, ob die neuen Angaben in die ursprüngliche Zusammenfassung einbezogen werden, indem eine neue Zusammenfassung erstellt wird, oder ob ein Nachtrag zur Zusammenfassung erstellt wird.

²Werden die neuen Angaben in die ursprüngliche Zusammenfassung einbezogen, haben der Emittent, der Anbieter oder die Person, die die Zulassung zum Handel auf einem geregelten Markt beantragt, insbesondere mittels Fußnoten, sicherzustellen, dass die Anleger die Änderungen leicht erkennen können.

³Bei Angeboten, die vor der Erstellung einer neuen Zusammenfassung oder eines Nachtrags zur Zusammenfassung unterbreitet werden, müssen die endgültigen Bedingungen und die diesen beigefügte Zusammenfassung der einzelnen Emission auf keinen Fall erneut eingereicht werden.

Übersicht

	Rn.		Rn.
I. Regelungsgegenstand	1	1. Freie Festlegung der Reihenfolge	11
II. Zwingender Aufbau des einteiligen Prospekts	2	2. Aufstellung der Querverweise für die Prüfung des Prospekts	14
1. Klares und detailliertes Inhaltsverzeichnis	3	**V. Ergänzung der Zusammenfassung**	18
2. Zusammenfassung	4	1. Nachtrag zur Zusammenfassung	19
3. Risikofaktoren	6	2. Einbeziehung der neuen Angaben in die ursprüngliche Zusammenfassung	20
III. Zwingender Aufbau des mehrteiligen Prospekts	10	3. Keine erneute Einreichung	22
IV. Darstellung der erforderlichen Informationsbestandteile	11		

I. Regelungsgegenstand

Die Vorschrift **konkretisiert** Art. 5 ProspektRL bzw. § 5 (vgl. zur Regelungstechnik vor §§ 1 ff. Rn. 3). Sie enthält Vorgaben zum **Aufbau** des ein- oder mehrteiligen Prospekts (Abs. 1 und 2). Diese Gliederung ist verbindlich, was jedenfalls der englischen Fassung zu entnehmen ist („*the following parts in the following order*").[1] Dadurch wird aber lediglich vorgegeben, dass Inhaltsverzeichnis, Zusammenfassung und Risikofaktoren (in dieser Reihenfolge) den übrigen Prospektangaben nach § 7 i.V. m. den Anhängen zur ProspektVO vorangestellt werden müssen. In der Festlegung der Reihenfolge der nach den Anhängen erforderlichen Informationsbestandteile ist der Prospektersteller frei (Abs. 3). Bei Abweichungen von der Reihenfolge innerhalb der Schemata und Module kann die zuständige Behörde aber eine Aufstellung von Querverweisen (sog. **Überkreuz-Checkliste**) für die Prüfung des Prospekts verlangen (Abs. 4). Der Prospektersteller hat im Zusammenhang mit einem notwendigen **Nachtrag zur Zusammenfassung** auch frei zu entscheiden, ob

1

---

1 ESMA-Questions and Answers – Prospectuses (25th Updated Version – July 2016), Nr. 9; s. auch *Holzborn*, in: Holzborn, WpPG, Art. 25 EU-ProspV Rn. 2.

Artikel 25 Aufmachung des Prospekts

die neuen Angaben in die ursprüngliche Zusammenfassung einbezogen werden, indem eine neue Zusammenfassung erstellt wird, oder ob ein Nachtrag zur Zusammenfassung erstellt wird (Abs. 5). Bei Angeboten, die vor der Erstellung einer neuen Zusammenfassung oder eines Nachtrags zur Zusammenfassung unterbreitet werden, müssen die endgültigen Bedingungen und die diesen beigefügte Zusammenfassung der einzelnen Emission auf keinen Fall erneut eingereicht werden (Abs. 5 Unterabs. 2).

II. Zwingender Aufbau des einteiligen Prospekts

2   Art. 25 Abs. 1 ProspektVO enthält die Vorgaben für den Prospekt, der als ein einziges Dokument erstellt wird. Der einteilige Prospekt ist danach **wie folgt aufzubauen**: An erster Stelle muss ein klares und detailliertes Inhaltsverzeichnis stehen. Es wird gefolgt von der Zusammenfassung im Sinne von § 5 Abs. 2 – 2b (Art. 5 ProspektRL) und der Angabe der Risikofaktoren, die mit dem Emittenten und den Wertpapieren, die Bestandteil der Emission sind, einhergehen bzw. verbunden sind. Schließlich folgt die Angabe der sonstigen Informationsbestandteile, die Gegenstand der für den Prospekt einschlägigen Schemata und Module sind. Von dieser **verbindlichen Gliederung** kann nicht abgewichen werden.[2] Sie gilt auch für den Basisprospekt nach § 6. In der Sache vorgegeben wird aber nur, dass Inhaltsverzeichnis, Zusammenfassung und Risikofaktoren den übrigen Prospektangaben nach § 7 i.V. m. den Anhängen zur ProspektVO vorangestellt werden müssen. In der Darstellung des Hauptteils des Prospekts ist der Ersteller daher weitgehend frei (s. Rn. 11 ff.).[3] Als zulässig angesehen wird auch, dass der Prospekt ein **Deckblatt** (Umschlag – *cover note*) hat, das einige Kerninformationen enthält (z. B. Name und Sitz des Emittenten; Anzahl der angebotenen bzw. zuzulassenden Wertpapiere, Wertpapier-Kennnummer; beteiligte Konsortialbanken).[4] Dieses Deckblatt kann selbstverständlich nicht als Ersatz für die Zusammenfassung oder bestimmte Offenlegungspflichten nach der ProspektVO angesehen werden; die ESMA hat auch dies vorsorglich klargestellt.[5]

1. Klares und detailliertes Inhaltsverzeichnis

3   An den Anfang des Prospekts ist ein klares und detailliertes Inhaltsverzeichnis zu stellen. Dadurch soll die Auswertung des Prospekts erleichtert werden. Um die Attribute der Klarheit und Detailliertheit erfüllen zu können, muss das Inhaltverzeichnis eine gewisse Tiefe aufweisen und darf sich nicht in einer bloßen Inhaltsübersicht erschöpfen, aus der nicht ohne Weiteres hervorgeht, in welchem Abschnitt sich die Mindestangaben zu den einschlägigen Anhängen zur ProspektVO befinden.[6] Das Inhaltsverzeichnis muss daher alle Kapi-

---

[2] ESMA-Questions and Answers – Prospectuses (25th Updated Version – July 2016), Nr. 9; s. auch *Schlitt/Schäfer*, in: Assmann/Schlitt/von Kopp-Colomb, WpPG/VerkProspG, § 7 WpPG Rn. 30; *Meyer*, in: Habersack/Mülbert/Schlitt, Unternehmensfinanzierung, § 36 Rn. 21.
[3] *Singhof/Weber*, in: Habersack/Mülbert/Schlitt, Unternehmensfinanzierung, § 4 Rn. 89.
[4] ESMA-Questions and Answers – Prospectuses (25th Updated Version – July 2016), Nr. 9; s. auch *Fingerhut/Voß*, in: Just/Voß/Ritz/Zeising, WpPG, Vor Anhang I Rn. 23 ff.; *Holzborn*, in: Holzborn, WpPG, Art. 25 EU-ProspV Rn. 2.
[5] ESMA-Questions and Answers – Prospectuses (25th Updated Version – July 2016), Nr. 9.
[6] Vgl. *Fingerhut/Voß*, in: Just/Voß/Ritz/Zeising, WpPG, Vor Anhang I Rn. 27.

telüberschriften und die Überschriften der Unterkapitel (erste und zweite Ebene) enthalten und auf der fortlaufenden Nummerierung der Prospektseiten aufbauen (s. das Beispiel für eine Aktienemission unter Rn. 12).[7]

2. Zusammenfassung

Dem Inhaltsverzeichnis folgt grundsätzlich eine Zusammenfassung des Prospekts. Die Zusammenfassung muss nach der grundlegenden Überarbeitung der rechtlichen Grundlagen nach Maßgabe der ÄnderungsRL bestimmte **Schlüsselinformationen** zur Emission in kurzer Form und allgemein verständlicher Sprache (§ 5 Abs. 2a) sowie **Warnhinweise** über den Charakter und eingeschränkten Umfang ihres Inhalts (§ 5 Abs. 2 b) umfassen (§ 5 Abs. 1 Satz 1). Wegen der Einzelheiten zu **Form** und **Inhalt** der Zusammenfassung wird auf § 5 Rn. 50 ff. und Art. 24 ProspektVO Rn. 3 ff. verwiesen. Betrifft der Prospekt die Zulassung von Nichtdividendenwerten mit einer Mindeststückelung von 100.000 Euro an einem organisierten Markt, ist die Zusammenfassung entbehrlich (§ 5 Abs. 2 Satz 5). In diesem Fall gestattet es die ESMA, dass der Emittent bei Bedarf an der Stelle einen Abschnitt „Übersicht" (*overview*) in den Prospekt aufnimmt, an der üblicherweise die Zusammenfassung steht.[8] Dieser darf jedoch nur dann als „Zusammenfassung" bezeichnet werden, wenn er die nach Anhang XXII ProspektVO vorgesehenen Angabepflichten erfüllt.[9]

4

Die Zusammenfassung ist in derselben **Sprache** wie der ursprüngliche Prospekt zu erstellen, § 5 Abs. 1 Satz 3 (vgl. § 5 Rn. 59 f.). Ist der Prospekt nicht in deutscher, sondern nach § 19 Abs. 1 Satz 2, Abs. 3 oder Abs. 4 in englischer Sprache verfasst, kann die nach § 19 Abs. 3 Satz 2 oder Abs. 4 Satz 2 erforderliche **Übersetzung der Zusammenfassung** in die deutsche Sprache unmittelbar der ersten (englischsprachigen) Zusammenfassung folgen (vgl. auch § 5 Rn. 59). Dies gilt jedoch nicht für die Übersetzungen der Zusammenfassung in die Sprache eines Aufnahmemitgliedstaats, die dem Antrag auf Notifizierung nach § 18 Abs. 1 Satz 3 beizufügen ist, sofern diese Sprache nicht zu den von der BaFin anerkannten Prospektsprachen gehört. Dies hat aber weniger mit den Aufbauregeln als mit dem Umstand zu tun, dass der Prospekt nur die von der BaFin gebilligten Teile enthalten darf. Diese Übersetzungen können jedoch nach der Unterschriftsseite als Anhang zum Prospekt mit folgenden Hinweis abgedruckt werden: „*The following translation of the Summary of the Securities Prospectus in the French and Italian languages are not part of the Securities Prospectus and have not been approved by the German Financial Supervisory Authority (Bundesanstalt für Finanzdienstleistungsaufsicht).*" Im Einzelnen kommt es dabei auf die Verwaltungspraxis der zuständigen Behörde im jeweiligen Aufnahmemitgliedstaat an (s. dazu auch § 5 Rn. 59).

5

---

[7] Vgl. *Apfelbacher/Metzner*, BKR 2006, 81, 85. Sofern ein Unterkapitel mehr als zehn Seiten umfasst, halten es *Apfelbacher/Metzner* für ratsam, auch die Überschriften der in diesem Unterkapitel enthaltenen Absätze (dritte Ebene) in das Inhaltsverzeichnis aufzunehmen. Das hat sich nicht durchgesetzt.
[8] ESMA-Questions and Answers – Prospectuses (25th Updated Version – July 2016), Nr. 9; Erwägungsgrund 11 der Ersten Delegierten Verordnung.
[9] Erwägungsgrund 11 der Ersten Delegierten Verordnung; *Lawall/Maier* DB 2012, 2443, 2446 f.

Artikel 25 Aufmachung des Prospekts

3. Risikofaktoren

6 Der Zusammenfassung muss ein separater Abschnitt „Risikofaktoren" folgen. Dieser Abschnitt enthält eine **Liste von Risiken**, die für die jeweilige Situation des Emittenten, seiner Branche und/oder der Wertpapiere (und des mit ihnen verbundenen Marktrisikos) **spezifisch** und **für die Anlageentscheidung wesentlich** sind (vgl. Art. 2 Nr. 3 ProspektVO, für Aktienemissionen Anhang I Ziff. 4 und Anhang III Ziff. 2 ProspektVO). Damit wurde die schon vor Inkrafttreten des WpPG international etablierte Praxis der separaten und konzentrierten Darstellung von Risikofaktoren in Deutschland erstmals verbindlich festgelegt.[10] Auf diesen Abschnitt kann auch nach Maßgabe von Art. 23 Abs. 4 ProspektVO nicht verzichtet werden.[11]

7 Hinsichtlich der aufzuführenden Risiken können sich – abhängig vom zu emittierenden Wertpapier und dessen Kurssensibilität – Unterschiede ergeben (vgl. die unterschiedliche Formulierung in Anhang I Ziff. 4 (Registrierungsformular für Aktien) und Anhang IV Ziff. 4 (Registrierungsformular für Schuldtitel und andere derivative Wertpapiere). Dargestellt werden müssen jeweils **spezifische** Risiken, so dass sich die teilweise zu beobachtenden allgemeinen Hinweise auf z. B. die „Volatilität von Aktien" oder die „möglicherweise unterschiedlichen Rechte von Aktionären einer deutschen AG im Vergleich zu den Rechten von Aktionären einer nach dem Recht eines anderen Staates gegründeten Kapitalgesellschaft" eigentlich verbieten. Sie beeinträchtigen auch die Lesbarkeit des Abschnitts und die Konzentration auf das Wesentliche. Zuzugeben ist aber, dass beispielsweise wegen der nach Anhang III Ziff. 2 ProspektVO (Wertpapierbeschreibung für Aktien) notwendigen **Bewertung des Marktrisikos**, mit dem Aktien behaftet sind, allgemeiner gehaltene Risikohinweise nicht vollkommen zu vermeiden sind.[12]

8 Vorgaben für den **Aufbau des Abschnitts** „Risikofaktoren" enthält die ProspektVO nicht. Möglich und üblich ist es, eine Untergliederung in A. „Risiken im Zusammenhang mit der Geschäftstätigkeit" und in B. „Risiken im Zusammenhang mit dem Angebot, den Aktien und der Aktionärsstruktur" vorzunehmen. Dies entspricht auch der Aufteilung des Abschnitts „Risikofaktoren" beim mehrteiligen Prospekt (Art. 25 Abs. 2 Nr. 2 ProspektVO; s. Rn. 10). Weitergehend sind abhängig vom Risikoprofil des Emittenten auch folgende **Untergliederungen** üblich: A.1. „Marktbezogene Risiken", A.2. „Risiken im Zusammenhang mit der Geschäftstätigkeit", A.3. „Regulatorische, rechtliche und steuerliche Risiken" und A.4. „Risiken im Zusammenhang mit der Kapitalstruktur". Innerhalb dieser sachlichen Zuordnung können die Risiken noch nach der Größe des möglichen Schadens im Falle ihres Eintritts sortiert werden.[13] Für die bessere Lesbarkeit erhält jeder Risikofaktor eine fettgedruckte Überschrift. Hierfür hat sich etabliert, die **Überschrift eines Risikofaktors** satzmäßig auszuformulieren, da dieser Satz dann für die nicht unproblematische Kurzdar-

---

10 *Schlitt/Singhof/Schäfer*, BKR 2005, 251, 252. Vgl. zuvor Ziff. 4.1. der freiwillig zu beachtenden Going-Public-Grundsätze der deutsche Börse AG i. d. F. v. 1.8.2004, dazu *Meyer*, WM 2002, 1864, 1869; *Schlitt/Smith/Werlen*, AG 2002, 478, 482 f.
11 ESMA-Questions and Answers – Prospectuses (25th Updated Version – July 2016), Nr. 11.
12 Vgl. auch *Meyer*, in: Habersack/Mülbert/Schlitt, Unternehmensfinanzierung, § 36 Rn. 53.
13 Das entspricht dem Konzept von Ziff. 4.1.2 Going Public Grundsätze; so auch *Meyer*, in: Habersack/Mülbert/Schlitt, Unternehmensfinanzierung, § 36 Rn. 53; *Schlitt/Wilczek*, in: Habersack/Mülbert/Schlitt, Kapitalmarktinformation, § 5 Rn. 53.

stellung der Risiken in der Zusammenfassung verwendet werden kann (vgl. § 5 Abs. 2 Satz 2).[14]

Einen **Verweis** auf die anderen Abschnitte des Prospekts dürfen die Risikofaktoren ebenso wenig enthalten wie auf andere Dokumente, vielmehr müssen sie aus sich heraus verständlich sein (s. auch § 11 Rn. 22).[15] Anderenfalls könnte der zwingende Aufbau des Prospekts und die vorgesehene konzentrierte Darstellung der Risiken ausgehebelt werden. Dies widerspräche dem Anlegerschutz, der gerade durch eine hervorgehobene, zusammenhängende und konzentrierte Darstellung der Risikofaktoren sichergestellt werden soll. Lediglich bei komplexen Wertpapierstrukturen (Derivate) mag gelegentlich ein Verweis auf die Darstellung in den Bedingungen angezeigt sein, um die Risikofaktoren nicht zu überfrachten.[16] Zulässig ist es auch, den Risikofaktoren folgenden **allgemeinen Hinweis** voranzustellen, der im Wesentlichen darauf hindeutet, dass für eine Anlageentscheidung unter Berücksichtigung aller Risiken der gesamte Prospekt zugrunde gelegt werden sollte. Anzutreffen ist z. B. folgende Formulierung:

9

„Potentielle Anleger sollten vor der Entscheidung über den Kauf von Aktien der Gesellschaft die nachfolgend beschriebenen Risiken und die übrigen in diesem Prospekt enthaltenen Informationen sorgfältig lesen und bei ihrer Anlageentscheidung berücksichtigen. Der Eintritt jedes dieser Risiken kann einzeln oder zusammen mit anderen Umständen die Geschäftstätigkeit der Gesellschaft wesentlich beeinträchtigen und erhebliche nachteilige Auswirkungen auf die Vermögens-, Finanz- und Ertragslage der Gesellschaft haben. Die Reihenfolge, in der die einzelnen Risiken dargestellt sind, enthält weder eine Aussage über deren Eintrittswahrscheinlichkeit noch über die Schwere bzw. Bedeutung der einzelnen Risiken.

Die Risikofaktoren basieren auf Annahmen, die sich als fehlerhaft erweisen könnten. Darüber hinaus gibt es potentiell weitere Risiken und Unsicherheiten, die der Gesellschaft gegenwärtig nicht bekannt sind und die die Geschäftstätigkeit der Gesellschaft ebenfalls wesentlich beeinträchtigen und erhebliche nachteilige Auswirkungen auf die Vermögens-, Finanz- und Ertragslage der Gesellschaft haben könnten. Die Risiken, denen die Geschäftstätigkeit der Gesellschaft unterliegt, können dazu führen, dass Einschätzungen von Risiken oder sonstige zukunftsgerichtete Aussagen unzutreffend werden. Der Börsenkurs der Aktien der Gesellschaft könnte aufgrund des Eintritts jedes einzelnen der nachfolgend beschriebenen Risiken fallen, und Anleger könnten ihr eingesetztes Kapital ganz oder teilweise verlieren. Die genannten Risiken können sich einzeln oder kumulativ oder zusammen mit anderen Umständen verwirklichen."

III. Zwingender Aufbau des mehrteiligen Prospekts

Art. 25 Abs. 2 ProspektVO enthält die Vorgaben für die Einzelbestandteile des Prospekts, der **in Form mehrerer Einzeldokumente** erstellt wird. Dies ist seit dem 1.7.2012 auch für Basisprospekte relevant (vgl. aber § 12 Rn. 7). Die Wertpapierbeschreibung und das Regis-

10

---

14 Zutr. *Meyer*, in: Habersack/Mülbert/Schlitt, Unternehmensfinanzierung, § 36 Rn. 53. Zu Recht krit. zum Erfordernis einer verkürzten Darstellung der Risikofaktoren in der Zusammenfassung *Apfelbacher/Metzner*, BKR 2006, 81, 85.
15 Vgl. *Schlitt/Schäfer*, AG 2008, 525, 534; *Klöckner/Assion*, in: Holzborn, WpPG, § 11 Rn. 22.
16 *Klöckner/Assion*, in: Holzborn, WpPG, § 11 Rn. 22.

Artikel 25 Aufmachung des Prospekts

trierungsformular sind jeweils wie folgt aufzubauen: An erster Stelle steht jeweils ein klares und detailliertes Inhaltsverzeichnis (s. Rn. 3), das von der Angabe der Risikofaktoren gefolgt wird. Dieser Abschnitt enthält entweder die Risikofaktoren, die mit dem Emittenten verbunden sind (**Registrierungsformular**), oder die Risikofaktoren, die mit der Art des Wertpapiers, das Bestandteil der Emission ist, verbunden sind (**Wertpapierbeschreibung**); s. allgemein dazu Rn. 6 ff. sowie Anhang I Ziff. 4 ProspektVO und Anhang III Ziff. 2 ProspektVO. Dies entspricht im Übrigen der vorgesehenen Aufteilung der notwendigen Angaben auf beide Dokumente. Dem schließt sich die Angabe der sonstigen Informationsbestandteile aus den Schemata und Modulen an, auf deren Grundlage das Registrierungsformular bzw. die Wertpapierbeschreibung erstellt wurde. Der wesentliche Unterschied zum zwingenden Aufbau des einteiligen Prospekts besteht danach in der **Aufteilung des Inhaltsverzeichnisses und der Risikofaktoren** auf die Wertpapierbeschreibung und das Registrierungsformular. Registrierungsformular und Wertpapierbeschreibung enthalten keine eigene Zusammenfassung; vielmehr ist zur Vervollständigung des mehrteiligen Prospekts eine separate Zusammenfassung zu erstellen (und zu billigen), die den Gesamtinhalt des Prospekts abdeckt (vgl. § 12 Abs. 1 Satz 2). Wenn sie zu einem (gedruckten) Dokument als Wertpapierprospekt zusammengeführt werden, geschieht dies in der Reihenfolge „Zusammenfassung – Wertpapierbeschreibung – Registrierungsformular".

IV. Darstellung der erforderlichen Informationsbestandteile

1. Freie Festlegung der Reihenfolge

11   Art. 25 Abs. 3 ProspektVO stellt sowohl bei der Erstellung eines einteiligen als auch eines mehrteiligen Prospekts frei, die Reihenfolge der Darstellung der nach den einschlägigen Schemata und Module erforderlichen Informationsbestandteile festzulegen. Diese Freizügigkeit ist einerseits dem Umstand geschuldet, dass sich der Katalog verpflichtend vorgesehener Mindestangaben (§ 7) nach dem **Baukastenprinzip** an den Einzelbestandteilen Registrierungsformular und Wertpapierbeschreibung des mehrteiligen Prospekt orientiert (vgl. Anhänge I und III für Aktienemissionen), die bei Erstellung eines einteiligen Prospekts zusammenzuführen sind. Andererseits ist sie erforderlich, weil die Emission bestimmter Wertpapiere eine **Kombination** von Anhängen mit zum Teil gleich lautenden Offenlegungspflichten verlangt (s. zu den Kombinationsmöglichkeiten Anhang XVIII ProspektVO).[17] Beide Umstände machen es nahezu unmöglich, die Gliederungen der Schemata und Module einzuhalten.[18]

12   In der Praxis hat sich für die Gliederung der Prospekte ein „Marktstandard" herausgebildet, der wesentlich mit der schon vor Inkrafttreten des WpPG etablierten (internationalen) Marktpraxis übereinstimmt.[19] Dies betrifft die Terminologie und die Darstellungsreihenfolge. Aufgrund der üblichen Darstellung der sonstigen Informationsbestandteile, die Gegenstand der Schemata und Module sind, ergibt sich am Beispiel einer Aktienemission regelmäßig folgende **Grobgliederung** (erste Ebene) für das **Inhaltsverzeichnis** eines Prospekts:

---

17 Vgl. *Schlitt/Schäfer*, AG 2005, 498, 503 und dort Fn. 73; *Schlitt/Singhof/Schäfer*, BKR 2005, 251, 252.
18 Ähnlich *Schlitt/Wilczek*, in: Habersack/Mülbert/Schlitt, Kapitalmarktinformation, § 5 Rn. 28; *Meyer*, in: Habersack/Mülbert/Schlitt, Unternehmensfinanzierung, § 36 Rn. 22.
19 Siehe nur die Nachweise bei *Apfelbacher/Metzner*, BKR 2006, 81, 85 (dort Fn. 49).

IV. Darstellung der erforderlichen Informationsbestandteile **Artikel 25**

Inhaltsverzeichnis

Zusammenfassung des Prospekts
A. Risikofaktoren
B. Verantwortliche Personen und allgemeine Informationen
C. Das Angebot
D. Gründe für das Angebot, Verwendung des Emissionserlöses und Kosten des Angebots und der Börsenzulassung
E. Allgemeine Bestimmungen zur Gewinnverwendung und zu Dividendenzahlungen, Dividendenpolitik und anteiliges Ergebnis
F. Kapitalausstattung, Finanzverschuldung und Erklärung zum Geschäftskapital
G. Verwässerung
H. Ausgewählte Konzernfinanzinformationen [Die Akquisition des Geschäftsbereichs [...] der [...]]
[Pro-forma-Finanzangaben]
I. Darstellung und Analyse der Vermögens-, Finanz- und Ertragslage
J. Marktüberblick
K. Geschäftstätigkeit
L. Regulatorisches und rechtliches Umfeld
M. Wesentliche Aktionäre
N. Allgemeine Informationen über die Gesellschaft und die Gruppe
O. Angaben über das Kapital und anwendbare Vorschriften
P. Angaben über die Organe und das obere Management der Gesellschaft
Q. Geschäfte und Rechtsbeziehungen mit nahe stehenden Personen
R. Aktienübernahme
S. Besteuerung in der Bundesrepublik Deutschland
T. Finanzteil
U. Glossar
V. Jüngster Geschäftsgang und Aussichten
Unterschriften

Grundsätzlich sind die Informationsbestandteile so sortiert, dass Wiederholungen beim **dreiteiligen Wertpapierprospekt**, also im Registrierungsformular einerseits und in der Wertpapierbeschreibung andererseits, nicht vorkommen sollten. Gelingt dies nicht, ist ein Verweis zwischen den beiden – auch separat veröffentlichten – Dokumenten zulässig.[20] In der Praxis ergeben sich daraus am Beispiel einer Aktienemission regelmäßig folgende **Inhaltsverzeichnisse** (erste Ebene) für die einzelnen Bestandteile eines dreiteiligen Prospekts: **13**

Inhaltsverzeichnis Zusammenfassung
A. Einleitung und Warnhinweise
B. Emittent
C. Wertpapiere
D. Risiken
E. Angebot
Unterschriften

---

20 ESMA-Questions and Answers – Prospectuses (25th Updated Version – July 2016), Nr. 10.

Artikel 25 Aufmachung des Prospekts

Inhaltsverzeichnis Wertpapierbeschreibung

A. Risikofaktoren
B. Verantwortliche Personen und allgemeine Informationen
C. Das Angebot
D. Gründe für das Angebot, Verwendung des Emissionserlöses und Kosten des Angebots und der Börsenzulassung
E. Verwässerung
F. Kapitalausstattung, Finanzverschuldung und Erklärung zum Geschäftskapital
G. Aktienübernahme
H. Besteuerung in der Bundesrepublik Deutschland
Unterschriften

Inhaltsverzeichnis Registrierungsformular

A. Risikofaktoren
B. Verantwortliche Personen
C. Billigung, Veröffentlichung und Gültigkeit des Registrierungsformulars
D. Allgemeine Angaben
E. Allgemeine Bestimmungen zur Gewinnverwendung und zu Dividendenzahlungen; Dividendenpolitik und anteiliges Ergebnis
F. Ausgewählte Konzernfinanzinformationen
G. Darstellung und Analyse der Vermögens-, Finanz- und Ertragslage
H. Marktüberblick
I. Geschäftstätigkeit
J. Regulatorisches und rechtliches Umfeld
K. Wesentliche Aktionäre
L. Allgemeine Informationen über die Gesellschaft und die Gruppe
M. Angaben über das Kapital und anwendbare Vorschriften
N. Angaben über die Organe und das obere Management der Gesellschaft
O. Geschäfte und Rechtsbeziehungen mit nahe stehenden Personen
P. Finanzteil
Q. Glossar
R. Jüngster Geschäftsgang und Aussichten
Unterschriften

---

2. Aufstellung der Querverweise für die Prüfung des Prospekts

14 Nach Art. 25 Abs. 4 Satz 1 ProspektVO kann die zuständige Behörde des Herkunftsmitgliedstaates den Ersteller des Prospekts bitten, eine Aufstellung der Querverweise für die Prüfung des Prospekts vor seiner Billigung zu erstellen, wenn die **Reihenfolge der Informationsbestandteile** nicht mit derjenigen übereinstimmt, die in den einschlägigen Schemata und Modulen genannt wird.

IV. Darstellung der erforderlichen Informationsbestandteile **Artikel 25**

Eine solche sog. **Überkreuz-Checkliste** oder Querverweisliste soll der Aufsichtsbehörde die Prüfung im Rahmen des Billigungsverfahrens erleichtern.[21] Die Bestimmung sieht die Liste nicht verpflichtend vor, sondern überlässt es der Behörde zu entscheiden, ob sie diese Hilfe in Anspruch nehmen will („*kann*"). Daran hat sich auch durch die im März 2016 in Kraft getretenen TRS nichts geändert („*auf Wunsch der zuständigen Behörde*"). Jedoch gibt Art 2. Abs. 2 TRS verbindlich vor, dass die Querverweisliste in **„durchsuchbarem, elektronischem Format"** zu übermitteln ist. Es hat sich im Übrigen bereits nach Inkrafttreten des WpPG schnell gezeigt, dass die BaFin die Notwendigkeit der Erstellung der Überkreuz-Checkliste nicht im Einzelfall prüft, sondern ihre Vorlage zur Regelpflicht erklärt hat. Das ist ihr im Rahmen ihrer Verwaltungspraxis unbenommen.[22] Angesichts der etablierten Prospektgliederungen (s. Rn. 12 ff.) kommt die Überkreuz-Checkliste daher bei (nahezu) sämtlichen Billigungsverfahren zum Einsatz.

15

In der Überkreuz-Checkliste sind die Seiten zu nennen, auf denen die jeweiligen Angaben im Prospekt gefunden werden können (Art. 25 Abs. 4 Satz 1 ProspektVO). In der Reihenfolge der einschlägigen Schemata und Module sind daher für jede Mindestangabe die **Prospektseiten** aufzuführen, auf denen die diesbezüglichen Informationen zu finden sind. Üblicherweise werden dafür die Seitenzahlen angegeben, wenngleich auch der Verweis auf Abschnittsüberschriften für möglich gehalten wird (vgl. die Nachweise in Art. 26 ProspektVO Rn. 7). Ist eine in den Schemata vorgesehene **Angabe nicht einschlägig**, muss dies in der Überkreuz-Checkliste ausdrücklich vermerkt werden.[23] Schon bislang verlangte die BaFin die Aufnahme eines entsprechenden Negativtestats in den Prospekt. War eine Angabe „aus der Rechtsnatur der Sache heraus und/oder aus tatsächlichen Gründen nicht möglich", erwartete die BaFin die Aufnahme eines Hinweises im Prospekt, warum die Angabe nicht gemacht werden kann.[24] Diese Anforderung ist nun in Art. 2 Abs. 2 lit. a) 1. Unterabs. TRS[25] verbindlich dergestalt umgesetzt worden, dass in die Liste mit Querverweisen auch alle Angaben aus den Anhängen I bis XXX der ProspektVO aufzunehmen sind, „die nicht in den Prospekt aufgenommen wurden, da sie aufgrund der Art des Emittenten, des Anbieters oder der die Zulassung zum Handel an einem geregelten Markt beantragenden Person oder der Art der öffentlich angebotenen oder zum Handel zugelassenen Wertpapiere entfallen".

16

Auswirkungen auf die Überkreuz-Checkliste haben auch die in Art. 26 ProspektVO enthaltenen konkreten Vorgaben, welche Informationen in den Basisprospekt aufgenommen werden müssen und welche Informationen Gegenstand der endgültigen Bedingungen sein dürfen (s. näher Art. 26 ProspektVO Rn. 11 ff.). Soweit die Angaben für die Wertpapierbeschreibung in drei **Kategorien A, B und C** eingeteilt sind (Art. 2a Abs. 1 ProspektVO; s.

16a

---

21 BaFin-Workshop: 100 Tage WpPG, Präsentation „Das Hinterlegungsverfahren" vom 3.11.2005, S. 4.
22 Vgl. BaFin, FAQ vom 26. Oktober 2007 und Muster Billigungsantrag § 13 WpPG (beide Dokumente verfügbar unter www.bafin.de). Entsprechend beginnt auch die Prüfungsfrist des § 13 Abs. 2 WpPG erst mit Einreichung der Überkreuz-Checkliste zu laufen; *Friedl*, in: Just/Voß/Ritz/Zeising, WpPG, § 12 WpPG Rn. 9.
23 *Apfelbacher/Metzner*, BKR 2006, 81, 84.
24 Vgl. Muster der Überkreuz-Checkliste für Vermögensanlagen-Verkaufsprospekte vom 26. März 2012 (zuletzt geändert am 10. Juli 2015), verfügbar unter www.bafin.de.
25 Delegierte Verordnung (EU) 2016/301 vom 30.11.2015 zur Ergänzung der Richtlinie 2003/71/EG des Europäischen Parlaments und des Rates durch technische Regulierungsstandards für die Billigung und Veröffentlichung des Prospekts und die Verbreitung von Werbung und zur Änderung der Verordnung (EG) Nr. 809/2004 der Kommission" (TRS), ABl. L 53 v. 4.3.2016, S. 13.

Singhof

Artikel 25 Aufmachung des Prospekts

dort Rn. 5 ff.), soll die Überkreuz-Checkliste „aus Gründen der Selbstüberprüfung und zur Vereinfachung der Prüfung durch die BaFin" um die Erläuterung ergänzt werden, ob eine Angabe der Kategorie A, B oder C angehört.[26]

16b Alternativ zur Übermittlung einer Querverweisliste eröffnet Art. 2 Abs. 2 lit. a) 2. Unterabs. TRS die Möglichkeit, den zur Billigung einzureichenden Prospektentwurf, der Angaben in einer anderen Reihenfolge als in den Anhängen zur ProspektVO enthält, mit **Randverweisen** zu versehen, aus denen hervorgeht, welche Prospektabschnitte, welchen Angabepflichten entsprechen. Einem solchen, mit Randverweisen versehenen Prospekt ist dann ein Dokument beizufügen, aus dem – ähnlich einer Querverweisliste – ggf. alle Angaben aus den Anhängen I bis XXX der ProspektVO aufgeführt sind, „die nicht in den Prospekt aufgenommen wurden" (vgl. Rn. 16). Ob dies Erleichterungen bringt, darf bezweifelt werden, zumal der endgültige Prospekt nicht mehr mit Randverweisen zu versehen ist (Art. 4 Abs. 1 Satz 2 TRS).

17 Üblicherweise wird in der Überkreuz-Checkliste der Text des jeweiligen Anhangs mit Prospektseiten, auf der die entsprechenden Angaben zu finden sind, wiedergegeben:

Prospekt der [...] AG vom [...]
Überkreuz-Checkliste

ANHANG	ANNEX	Seiten(n)/Page(s)
Anhang I – Mindestangaben für das Registrierungsformular für Aktien (Modul)	*Annex I* – Minimum disclosure requirements for the share registration document (schedule)	
1. VERANTWORTLICHE PERSONEN	1. PERSONS RESPONSIBLE	
1.1. Alle Personen, die für die im Registrierungsformular gemachten Angaben verantwortlich sind bzw. für bestimmte Abschnitte davon. Im letzteren Fall ist eine Angabe dieser Abschnitte vorzunehmen. Im Falle von natürlichen Personen, zu denen auch Mitglieder der Verwaltungs-, Management- und Aufsichtsorgane des Emittenten gehören, sind der Name und die Funktion dieser Person zu nennen. Bei juristischen Personen sind Name und eingetragener Sitz der Gesellschaft anzugeben.	1.1. All persons responsible for the information given in the Registration Document and, as the case may be, for certain parts of it, with, in the latter case, an indication of such parts. In the case of natural persons including members of the issuer's administrative, management or supervisory bodies indicate the name and function of the person; in case of legal persons indicate the name and registered office.	
[...]	[...]	
Anhang III – Mindestangaben für die Wertpapierbeschreibung (Schema)	*Annex III* – Minimum disclosure requirements fort he share securities note (schedule)	
[...]	[...]	

---

26 BaFin – Häufig gestellte Fragen zum neuen Basisprospektregime vom 31.5.2012 (zuletzt geändert am 4.6.2014), I. 1; verfügbar unter www.bafin.de.

V. Ergänzung der Zusammenfassung

Art. 25 Abs. 5 Satz 1 ProspektVO eröffnet dem Prospektersteller **Gestaltungsmöglichkeiten**, wenn die Zusammenfassung eines Prospekts im Sinne von Art. 16 Abs. 1 der Richtlinie 2003/71/EG zu ergänzen ist. Danach kann nämlich der Emittent, der Anbieter oder die Person, die die Zulassung zum Handel auf einem geregelten Markt beantragt, im Einzelfall entscheiden, ob die neuen Angaben in die ursprüngliche Zusammenfassung einbezogen werden, indem eine neue Zusammenfassung erstellt wird, oder ob ein Nachtrag zur Zusammenfassung erstellt wird.

1. Nachtrag zur Zusammenfassung

Eine Nachtragspflicht entsteht, wenn ein wichtiger neuer Umstand oder eine wesentliche Unrichtigkeit in Bezug auf die im Prospekt enthaltenen Angaben, die die Beurteilung der Wertpapiere beeinflussen könnten, auftritt oder festgestellt wird (§ 16; s. dazu § 16 Rn. 15 ff.). Üblicherweise wird sich eine solche Nachtragspflicht in Bezug auf die Zusammenfassung nur ergeben, wenn im Hauptteil des Prospekts eine Änderung im Wege des Nachtrags erforderlich wird und sich dies dann auch auf die Zusammenfassung auswirkt (vgl. auch § 16 Rn. 129). Ihr Inhalt ist gleichsam akzessorisch zum Inhalt des Hauptteils des Prospekts. In der Praxis wird in diesen Fällen **regelmäßig** ein Nachtrag erstellt, der auch den **Nachtrag zur Zusammenfassung** enthält (vgl. § 16 Rn. 129 zur insoweit nicht konstitutiven Bedeutung des § 16 Abs. 2). Ein isolierter Nachtrag zur Zusammenfassung kommt nur dann in Betracht, wenn eine (wesentliche) Unrichtigkeit ausschließlich in der Zusammenfassung enthalten sein sollte. Auch dann wird man einen Nachtrag zur Zusammenfassung vornehmen, weil ein Anspruch aus § 21 WpPG wegen eines unrichtigen Wertpapierprospekts nicht ausgeschlossen ist, wenn die Zusammenfassung irreführend, unrichtig oder widersprüchlich ist, wenn sie zusammen mit den anderen Teilen des Prospekts gelesen wird, oder, wenn sie zusammen mit den anderen Teilen des Prospekts gelesen wird, nicht alle gemäß § 5 Abs. 2 Satz 1 in Verbindung mit Abs. 2a erforderlichen Schlüsselinformationen enthält (vgl. § 23 Abs. 2 Nr. 5 WpPG).

2. Einbeziehung der neuen Angaben in die ursprüngliche Zusammenfassung

Der Inhalt einer Zusammenfassung kann unübersichtlich werden, wenn mehrere Nachträge zum Prospekt zu erstellen sind, die immer auch die Zusammenfassung betreffen. Dies kann ihre Funktion beeinträchtigen, kurz und allgemein verständlich die wesentlichen Merkmale und Risiken aufzuzeigen, die auf jeden Emittenten, Garantiegeber und die Wertpapiere zutreffen. Um die **Einheitlichkeit** und **Übersichtlichkeit** des Abschnitts zu erhalten, ermöglicht Art. 25 Abs. 5 Satz 1 ProspektVO daher auch, die neuen Angaben in die ursprüngliche Zusammenfassung einzubeziehen. Nach § 16 Abs. 1 Satz 3 i. V. m. § 13 muss dann (nochmals) die neu erstellte Zusammenfassung gebilligt werden, wobei sich die Prüfung der BaFin auf die neu eingefügten Informationen beschränkt.

Auch in diesem Fall muss natürlich für den Anleger ohne weiteres erkennbar sein, welche neuen Angaben in der Zusammenfassung enthalten sind. Werden die neuen Angaben in die

Artikel 25 Aufmachung des Prospekts

ursprüngliche Zusammenfassung einbezogen, hat der Prospektersteller nach Art. 25 Abs. 5 Satz 2 ProspektVO sicherzustellen, dass die Anleger die **Änderungen leicht erkennen können**. Dem wird er – wie im Verordnungstext vorgegeben – insbesondere mittels Fußnoten nachkommen.

3. Keine erneute Einreichung

22 Der neue Unterabsatz 3 legt fest, dass die endgültigen Bedingungen und die diesen beigefügte Zusammenfassung der einzelnen Emission auf *keinen* Fall erneut eingereicht werden müssen, falls das Angebot vor der Erstellung einer neuen Zusammenfassung oder eines Nachtrags zur Zusammenfassung unterbreitet wird. Systematisch wäre dies eigentlich in Art. 26 ProspektVO zu regeln gewesen, da diese Bestimmung im Verhältnis zu Art. 25 ProspektVO die spezielleren Vorschriften für Basisprospekte enthält (s. Art. 26 ProspektVO Rn. 22). Die Änderung ist eine Folge der in Art. 24 Abs. 3 ProspektVO statuierten Pflicht, den endgültigen Bedingungen eine gesonderte **transaktionsbezogene Zusammenfassung** für die einzelne Emission beizufügen.[27] Sie sind spätestens am Tag der Veröffentlichung zudem bei der BaFin zu hinterlegen und – im Falle eines grenzüberschreitenden Angebots – der jeweils zuständigen Behörde des Aufnahmestaats zu übermitteln (§ 6 Abs. 3 Satz 2). Dies soll nicht zu wiederholen sein, wenn das Angebot bereits vor der Erstellung einer neuen Zusammenfassung oder eines Nachtrags zur Zusammenfassung unterbreitet wurde. Das ist sinnvoll, weil die neue Zusammenfassung oder der Nachtrag zur Zusammenfassung ohnehin einer Billigungspflicht unterliegen.

---

27 Siehe dazu *Meyer*, in: Habersack/Mülbert/Schlitt, Unternehmensfinanzierung, § 36 Rn. 63 ff.

Artikel 26
Aufmachung des Basisprospekts und seiner entsprechenden endgültigen Bedingungen

(1) Entscheidet sich ein Emittent, ein Anbieter oder eine Person, die die Zulassung zum Handel auf einem geregelten Markt beantragt hat dazu, im Sinne von Artikel 5 Absatz 4 der Richtlinie 2003/71/EG den Prospekt als einen Basisprospekt zu erstellen, so ist der Basisprospekt wie folgt aufzubauen:

1. klares und detailliertes Inhaltsverzeichnis;
2. Zusammenfassung im Sinne von Artikel 5 Absatz 2 der Richtlinie 2003/71/EG;
3. Angabe der Risikofaktoren, die mit dem Emittenten und der Art des Wertpapiers, das Bestandteil der Emission(en) ist, verbunden sind;
4. Angabe der sonstigen Informationsbestandteile, die Gegenstand der Schemata und Module sind, auf deren Grundlage der Prospekt erstellt wurde.

(2) ¹Unbeschadet Absatz 1 steht es dem Emittenten, dem Anbieter oder der Person, die die Zulassung zum Handel auf einem geregelten Markt beantragt, frei, die Reihenfolge der Darstellung der erforderlichen Informationsbestandteile festzulegen, die Gegenstand der Schemata und Module sind, auf deren Grundlage der Prospekt erstellt wurde. ²Die Angaben über die verschiedenen im Basisprospekt enthaltenen Wertpapiere sind klar zu trennen.

(3) ¹Stimmt die Reihenfolge der Informationsbestandteile nicht mit derjenigen überein, die in den Schemata und Modulen genannt wird, auf deren Grundlage der Prospekt erstellt wurde, so kann die zuständige Behörde des Herkunftsmitgliedstaates den Emittenten, den Anbieter oder die Person, die die Zulassung zum Handel auf einem geregelten Markt beantragt hat, bitten, eine Aufstellung von Querverweisen für die Prüfung des Prospekts vor seiner Billigung zu erstellen. ²In einer solchen Liste sind die Seiten zu nennen, auf denen die jeweiligen Angaben im Prospekt gefunden werden können.

(4) Für den Fall, dass der Emittent, der Anbieter oder die Person, die die Zulassung zum Handel auf einem geregelten Markt beantragt hat, zu einem früheren Zeitpunkt bereits ein Registrierungsformular für eine bestimmte Wertpapierart hinterlegt hat, zu einem späteren Zeitpunkt aber beschließt, einen Basisprospekt gemäß den Bedingungen von Artikel 5 Absatz 4 Buchstaben a und b der Richtlinie 2003/71/EG zu erstellen, muss der Basisprospekt Folgendes enthalten:

1. die Angaben, die im zuvor oder gleichzeitig eingereichten und gebilligten Registrierungsformular enthalten sind, sind per Verweis gemäß den Bedingungen in Artikel 28 dieser Verordnung aufzunehmen;
2. die Angaben, die ansonsten in der entsprechenden Wertpapierbeschreibung enthalten wären, sind ohne die endgültigen Bedingungen wieder zu geben, sofern letztere nicht Gegenstand des Basisprospekts sind.

(5) ¹Die endgültigen Bedingungen erhalten die Form eines gesonderten Dokuments oder werden in den Basisprospekt aufgenommen. ²Die endgültigen Bedingungen werden in leicht zu analysierender und verständlicher Form abgefasst.

Artikel 26 Aufmachung des Basisprospekts

³Die im Basisprospekt enthaltenen Informationsbestandteile aus dem betreffenden Schema für die Wertpapierbeschreibung und seinen Modulen werden in den endgültigen Bedingungen nicht wiederholt.

⁴Der Emittent, der Anbieter oder die die Zulassung zum Handel an einem geregelten Markt beantragende Person kann jede der in Anhang XXI genannten zusätzlichen Angaben in die endgültigen Bedingungen aufnehmen.

⁵Die endgültigen Bedingungen müssen eine hervorgehobene, eindeutige Erklärung enthalten, aus der hervorgeht:

a) dass die endgültigen Bedingungen für die Zwecke des Artikels 5 Absatz 4 der Richtlinie 2003/71/EG abgefasst wurden und in Verbindung mit dem Basisprospekt und dem/den dazugehörigen Nachtrag/Nachträgen zu lesen sind;

b) wo der Basisprospekt und dessen Nachtrag/Nachträge gemäß Artikel 14 der Richtlinie 2003/71/EG veröffentlicht werden;

c) dass der Basisprospekt in Zusammenhang mit den endgültigen Bedingungen zu lesen ist, um sämtliche Angaben zu erhalten;

d) dass den endgültigen Bedingungen eine Zusammenfassung für die einzelne Emission angefügt ist.

⁶Die endgültigen Bedingungen können je nach den einschlägigen nationalen Rechtsvorschriften die Unterschrift des Rechtsvertreters des Emittenten oder der für den Prospekt haftenden Person oder die Unterschrift beider tragen.

(5a) ¹Die endgültigen Bedingungen und die Zusammenfassung der einzelnen Emission werden in derselben Sprache abgefasst wie die gebilligte Fassung des Formulars der endgültigen Bedingungen im Basisprospekt bzw. die Zusammenfassung des Basisprospekts.

²Werden die endgültigen Bedingungen gemäß Artikel 5 Absatz 4 der Richtlinie 2003/71/EG der zuständigen Behörde des Aufnahmemitgliedstaats oder den zuständigen Behörden der Aufnahmemitgliedstaaten übermittelt, falls es sich um mehr als einen Aufnahmemitgliedstaat handelt, so gilt für die endgültigen Bedingungen und die angefügte Zusammenfassung folgende Sprachenregelung:

a) muss gemäß Artikel 19 der Richtlinie 2003/71/EG die Zusammenfassung des Basisprospekts übersetzt werden, so gelten für die Zusammenfassung der einzelnen Emission, die den endgültigen Bedingungen angefügt ist, dieselben Übersetzungsanforderungen wie für die Zusammenfassung des Basisprospekts;

b) muss gemäß Artikel 19 der Richtlinie 2003/71/EG der Basisprospekt übersetzt werden, so gelten für die endgültigen Bedingungen und die diesen beigefügte Zusammenfassung der einzelnen Emission dieselben Übersetzungsanforderungen wie für den Basisprospekt.

³Der Emittent übermittelt diese Übersetzungen samt den endgültigen Bedingungen der zuständigen Behörde des Aufnahmemitgliedstaats oder den zuständigen Behörden der Aufnahmemitgliedstaaten, falls es sich um mehr als einen Aufnahmemitgliedstaat handelt.

(6) ¹Bezieht sich ein Basisprospekt auf verschiedene Wertpapiere, so hat der Emittent, der Anbieter oder die Person, die die Zulassung zum Handel auf einem geregel-

ten Markt beantragt hat, eine einzige Zusammenfassung für sämtliche Wertpapiere in den Basisprospekt aufzunehmen. ²Die Angaben zu den verschiedenen Wertpapieren, die in dieser einzigen Zusammenfassung enthalten sind, sind jedoch klar voneinander zu trennen.

(7) ¹Ist die Zusammenfassung eines Basisprospekts im Sinne von Artikel 16 Absatz 1 der Richtlinie 2003/71/EG zu ergänzen, so kann der Emittent, der Anbieter oder die Person, die die Zulassung zum Handel auf einem geregelten Markt beantragt, in Einzelfällen entscheiden, ob die neuen Angaben in die ursprüngliche Zusammenfassung aufgenommen werden, indem eine neue Zusammenfassung erstellt wird, oder ob ein Nachtrag zur Zusammenfassung erstellt wird.

²Werden die neuen Angaben in die ursprüngliche Zusammenfassung des Basisprospekts aufgenommen, indem eine neue Zusammenfassung erstellt wird, haben der Emittent, der Anbieter oder die Person, die die Zulassung zum Handel auf einem geregelten Markt beantragt, insbesondere mittels Fußnoten sicherzustellen, dass die Anleger die Änderungen leicht erkennen können.

(8) Emittenten, Anbieter oder Personen, die die Zulassung zum Handel auf einem geregelten Markt beantragen, können zwei oder mehrere verschiedene Basisprospekte in einem einzigen Dokument zusammenfassen.

Übersicht

	Rn.		Rn.
I. Regelungsgegenstand des Art. 26	1	VI. Zusammenfassung für verschiedene Wertpapiere	21
II. Aufbau des Basisprospekts	4	VII. Ergänzungen zur Zusammenfassung	22
III. Einbeziehung eines Registrierungsformulars	8	VIII. Mehrere Basisprospekte in einem Dokument	23
IV. Format und Inhalt der endgültigen Bedingungen	11		
V. Sprache der endgültigen Bedingungen	18		

I. Regelungsgegenstand des Art. 26

Art. 26 regelt, in näherer Ausgestaltung des Art. 5 EU-Prospektrichtlinie, **Formatfragen zum Basisprospekt**.[1] Dabei orientiert sich die Vorschrift zunächst an Art. 25, der die Aufmachung von Prospekten generell beschreibt, ergänzt dann aber Aspekte, die sich speziell auf den Basisprospekt beziehen, wie z. B. das Format von endgültigen Bedingungen oder die Situation, dass eine Zusammenfassung verschiedene Wertpapiere beschreibt.

Der Titel des Artikels verwendet die Formulierung „... *des Basisprospekts und seiner entsprechenden endgültigen Bedingungen*". Zutreffender wäre „*...und seiner dazugehörigen endgültigen Bedingungen*", wie auch Art. 22 titelt, da die endgültigen Bedingungen mit einem Basisprospekt verbunden sind, ihm aber nicht entsprechen.

1

2

---

1 Siehe dazu auch Art. 1 Nr. 1.

Artikel 26 Aufmachung des Basisprospekts

3   Die Formatanforderungen des Art. 26 stehen den Inhaltsbestimmungen in Art. 22 gegenüber. Diese Abgrenzung ist konzeptionell simpel, in der Realität aber nicht einfach vorzunehmen. Jedenfalls ist sie in der praktischen Umsetzung nicht gelungen und es finden sich in beiden Vorschriften Elemente, die eher in die jeweils andere Kategorie gehören. Eine mögliche Verbesserung wäre die Zusammenlegung der beiden Artikel im Rahmen der nächsten Reform.

II. Aufbau des Basisprospekts

4   Absätze 1 bis 3 beschreiben den Aufbau eines Basisprospekts, insbesondere die Reihenfolge der einzelnen Elemente. Dabei wiederholen sie weitestgehend die Inhalte von Art. 25. Das wäre von der Systematik her nicht notwendig, da Basisprospekte auch Prospekte sind und Art. 25 daher auch für Basisprospekte gilt. In der Wiederholung zeigt sich die Intention des Verordnungsgebers, in Art. 26, vergleichbar zu Art. 22, nicht nur die für Basisprospekte spezifischen Inhalte zu nennen, sondern alle für einen Basisprospekt relevanten Formatbestimmungen in einer Vorschrift zusammenzuführen. Insofern ist Art. 26 die speziellere Vorschrift für Basisprospekte, die Art. 25 vorgeht.

5   **Absatz 1** entspricht Art. 25 Abs. 1 und legt fest, dass auch der Basisprospekt im Aufbau mit den Abschnitten Inhaltsverzeichnis, Zusammenfassung und Risikofaktoren in dieser Reihenfolge zu beginnen hat, bevor die sonstigen Informationsbestandteile zum Emittenten und den Wertpapieren folgen (zu Einzelheiten s. Art. 25 Rn. 2 ff.). In der Praxis gestatten die Billigungsbehörden, dass ein informatives Deckblatt und einige Seiten an wichtigen Hinweisen noch davor gesetzt werden können.

6   **Absatz 2** wiederholt in seinem Satz 1 den Inhalt von Art. 25 Abs. 3, nämlich dass es dem Prospektersteller freisteht, die Reihenfolge der Informationsbestandteile zum Emittenten und den Wertpapieren[2] festzulegen (zu Einzelheiten s. Art. 25 Rn. 11 ff.). Hinzu tritt ein neuer Satz 2, der bestimmt, dass die Angaben über verschiedene im Basisprospekt enthaltene Wertpapiere klar zu trennen sind.[3] Dass ein Prospekt mehrere (Gattungen von) Wertpapiere(n) betrifft, ist spezifisch für Basisprospekte und wird daher in Art. 25 Abs. 3 nicht behandelt.

7   **Absatz 3** ist wortgleich mit Art. 25 Abs. 4.[4] Weicht die Reihenfolge der Informationsbestandteile aufgrund der in Absatz 2 gestatteten Wahlmöglichkeit des Prospekterstellers von derjenigen ab, die in den relevanten Schemata und Modulen vorgesehen ist, so kann die Billigungsbehörde um eine Querverweisliste (sog. Überkreuz-Checkliste, dazu § 5 Rn. 47) mit Seitenangaben bitten. Die Bitte ist als nicht abschlagbare Aufforderung zu verstehen und in der Praxis wird eine solche Querverweisliste für alle Basisprospekte erstellt. Die Seitenangaben müssen nicht zwingend in Form von Seitenzahlen erfolgen, sondern sind auch durch Verweise auf Abschnittsüberschriften denkbar,[5] aber die Angabe von Seitenzahlen ist behördenfreundlicher und üblicher.

---

2   Also die Reihenfolge innerhalb des 4. in Absatz 1 genannten Abschnitts.
3   S. dazu auch Art. 22 Abs. 6 Satz 2, der eine ähnliche Regelung trifft, aber wohl die klare Trennung zwischen den dort behandelten verschiedenen Arten von Wertpapieren fordert.
4   S. die dortige Kommentierung.
5   *Glismann*, in: Holzborn, WpPG, § 6 Rn. 17.

III. Einbeziehung eines Registrierungsformulars

Absatz 4 beschreibt die Einbindung eines Registrierungsformulars in einen Basisprospekt 8
durch Aufnahme in Form eines Verweises. Diese Möglichkeit erhält ihre besondere praktische Bedeutung dadurch, dass ein dreiteiliger Basisprospekt, also ein Basisprospekt, der im Sinne von § 12 WpPG aus mehreren Einzeldokumenten besteht, nach einem Gutachten der ESMA[6] gegenwärtig nicht billigungsfähig ist. Ein Basisprospekt kann daher zurzeit ein bestehendes Registrierungsformular nur im Wege der Einbeziehung durch Verweis nutzen. Dabei ist der Wortlaut nicht so zu verstehen, dass man bei Existenz eines Registrierungsformulars gezwungen wäre, dieses zur Erstellung eines Basisprospekts zu verwenden. Es wäre auch kein Grund ersichtlich, warum dies beim Basisprospekt anders sein sollte, als bei anderen Prospekten. Vielmehr steht es dem Prospektersteller immer offen, die Emittentenbeschreibung vollständig im Prospekt wiederzugeben ohne Bezug auf das Registrierungsformular. Absatz 4 beschreibt also nur, wie vorzugehen ist, falls der Prospektersteller das Registrierungsformular nutzbar machen will.

Der Nachteil der Einbeziehung per Verweis besteht darin, dass der Verweis nur statisch ist[7] 9
und Änderungen am Registrierungsformular erst durch Nachträge zum Basisprospekt nachgezogen werden müssen. Im Gegensatz dazu böte der dreiteilige Basisprospekt eine dynamische Verbindung der Prospektteile, da Änderungen am Registrierungsformular auch auf den Inhalt bereits gebilligter Prospekte, die mit dem Registrierungsformular gebildet wurden, durchschlagen.[8] Zudem ändert der Umstand, dass das durch Verweis einbezogene Registrierungsformular bereits gebilligt ist, nichts daran, dass die den Basisprospekt billigende Behörde (auch) den so einbezogenen Inhalt (nochmals) zu prüfen hat. Dagegen erfolgt bei einem dreiteiligen Prospekt nur noch eine eingeschränkte Prüfung dahingehend, ob der um die neu eingereichte Wertpapierbeschreibung und Zusammenfassung ergänzte Prospekt insgesamt vollständig, kohärent und verständlich ist, d.h. insbesondere, ob keine Widersprüche zwischen dem Registrierungsformular einerseits und den neu eingereichten Bestandteilen Wertpapierbeschreibung und Zusammenfassung bestehen (dazu § 13 Rn. 14). Daher beeinträchtigt die bloße Einbeziehung durch Verweis die Funktion des Registrierungsformulars als Leitdokument. Wird der Emittent infolge der erneuten Prüfung der Inhalte des Registrierungsformulars gezwungen, dieses zu verändern, kann dies zu voneinander abweichenden Inhalten verschiedener Prospekte des Emittenten zu denselben Sachverhalten führen. Damit besteht latent das Risiko, dass sich der Emittent allein deswegen Prospekthaftungsrisiken aussetzt. Allerdings wird die Billigungsbehörde bei der Prüfung berücksichtigen, dass der Inhalt des Registrierungsformulars bereits von ihr oder einer anderen Billigungsbehörde[9] gebilligt wurde, also insbesondere auch für verständlich befunden wurde, und ihr Augenmerk vor allem auf die verständliche Weise der Einbeziehung richten.

---

6 ESMA Opinion vom 17.12.2013, ESMA/2013/1944, Format of the base prospectus and consistent application of Article 26(4) of the Prospectus Regulation.
7 So auch BaFin, FAQ vom 31.5.2012 zum Basisprospektregime, zuletzt geändert am 4.6.2014, Abschnitt III. Nr. 3; a. A. *Glismann*, in: Holzborn, WpPG, § 6 Rn. 18.
8 Zum dreiteiligen Prospekt und seiner Wirkung vgl. *Heidelbach/Preuße*, BKR 2012, 397, 399; *von Kopp-Colomb/Seitz*, WM 2012, 1220, 1226.
9 Absatz 4 schränkt nicht ein, dass das Registrierungsformular im selben Mitgliedstaat gebilligt worden sein muss; für dieses Ergebnis argumentierend *Glismann*, in: Holzborn, WpPG, § 6 Rn. 18.

Artikel 26 Aufmachung des Basisprospekts

10 Inhaltlich bietet die Regelung von Absatz 4 nichts Überraschendes. Will der Prospektersteller ein bestehendes Registrierungsformular für einen neuen Basisprospekt nutzen, muss das Registrierungsformular vor oder mit dem Basisprospekt gebilligt werden. Im Basisprospekt sind dann die Angaben zum Emittenten aus dem Registrierungsformular durch Verweis einzubeziehen und die Angaben zu den Wertpapieren wie üblich direkt in den Prospekt einzufügen. Die Möglichkeit, Informationen aus einem Registrierungsformular in einen neu zu erstellenden Basisprospekt einzubeziehen, hätte sich auch direkt aus § 11 WpPG und Art. 28 ergeben.[10] Art. 28 zählt zwar das Registrierungsformular nicht ausdrücklich mit auf, aber diese Liste ist nicht abschließend[11] und enthält auch so andere, gebilligte Prospekte.

IV. Format und Inhalt der endgültigen Bedingungen

11 **Absatz 5** behandelt – anders als es die auf die auf die „Aufmachung" des Basisprospektes abstellende Überschrift des Art. 26 impliziert, neben Formatfragen auch Aspekte zum Inhalt der endgültigen Bedingungen.[12]

12 **Satz 1** stellt klar, dass die endgültigen Bedingungen die Form eines gesonderten Dokuments erhalten oder in den Basisprospekt direkt aufgenommen werden. Schon die EU-Prospektrichtlinie und in ihrer Umsetzung § 6 Abs. 3 Satz 1 WpPG erwähnen diese beiden Möglichkeiten. In den Basisprospekt aufgenommen werden können die endgültigen Bedingungen entweder direkt bei dessen Erstellung oder später im Wege des Nachtrags nach § 16 WpPG. Die eigentliche Funktionalität eines Basisprospekts erschließt sich allerdings erst, wenn die nachträglich bekannten Emissionsdetails in Form eines gesonderten Dokuments hinterlegt werden, ohne dass es einer Billigung bedürfte. Die praktische Bedeutung der zweiten Variante ist daher beschränkt.[13]

13 Gem. **Satz 2** sind die endgültigen Bedingungen in **leicht zu analysierender** und **verständlicher Form** abzufassen. Für endgültige Bedingungen, die im Basisprospekt enthalten sind, gilt dies schon aufgrund von Art. 5 EU-Prospektrichtlinie und dessen Umsetzung in § 5 Abs. 1 WpPG.[14] Für endgültige Bedingungen in Form eines gesonderten Dokuments war dies aber getrennt zu regeln. Allerdings sind die endgültigen Bedingungen aufgrund ihrer regelmäßig tabellarischen Natur häufig ohnehin nicht im Brennpunkt, wenn es um die Verständlichkeit geht.

14 **Satz 3** untersagt, im Basisprospekt enthaltene Informationsbestandteile in den endgültigen Bedingungen zu **wiederholen**. Dies soll vermutlich dazu dienen, die Verständlichkeit der endgültigen Bedingungen zu erhöhen, indem sie möglichst schlank gehalten werden. Da-

---

10 Und für andere Dokumente, die in einen Basisprospekt per Verweis aufgenommen werden sollen, sind diese Vorschriften auch unmittelbar einschlägig: Absatz 4 trifft nur hinsichtlich der Einbeziehung von Registrierungsformularen eine abschließende Regelung; zur Einbeziehung von Anleihebedingungen aus früheren, nicht mehr gültigen Basisprospekten s. auch ESMA-Questions and Answers – Prospectuses (25th Updated Version – July 2016), Antwort zu Frage 8.
11 Wie sich aus der Formulierung „insbesondere" in Art. 28 Abs. 1 ergibt.
12 S. dazu auch Rn. 3 und zu anderen inhaltlichen Anforderungen Art. 22 Abs. 4.
13 So auch *Glismann*, in: Holzborn, WpPG, § 6 Rn. 19.
14 Wobei § 5 Abs. 1 WpPG in Abweichung von der EU-Prospektrichtlinie von einer Form spricht, die das Verständnis und die Auswertung erleichtert.

IV. Format und Inhalt der endgültigen Bedingungen Artikel 26

bei wäre es der Verständlichkeit mitunter zuträglich, wenn um die Angaben in den endgültigen Bedingungen herum ein wenig mehr Kontext zugelassen wäre. Jedenfalls ist damit die frühere Praxis unmöglich geworden, endgültige Bedingungen in der Form zu erzeugen, dass die in dem gebilligten Basisprospekt noch lückenhaft, d. h. ausfüllungsbedürftig ausgestalteten Passagen (insbesondere die Anleihebedingungen selbst), ergänzt um die mit den endgültigen Bedingungen gelieferten Angaben, als konsolidierter Text veröffentlicht werden.[15] Eine Ausnahme zum Wiederholungsverbot ist in Art. 22 Abs. 1a Satz 2 bzw. Art. 22 Abs. 4 Satz 1 Buchst. c) zu erblicken,[16] wonach im Basisprospekt enthaltene Optionen auch durch Wiederholung in den endgültigen Bedingungen ausgewählt werden dürfen. Auf dieser Basis ist es möglich, Investoren weiterhin den kompletten Text der anwendbaren Anleihebedingungen zur Verfügung zu stellen (zu Einzelheiten s. Art. 22 Rn. 12 f.).

Satz 4, der die Aufnahme der in Anhang XXI genannten zusätzlichen Angaben gestattet, erscheint überflüssig angesichts Art. 22 Abs. 4 Satz 1 Buchst. b), der das gleiche besagt und eigentlich für die Festlegung der Inhalte der endgültigen Bedingungen gedacht ist.[17]   **15**

Satz 5 bestimmt, dass die endgültigen Bedingungen eine hervorgehobene und eindeutige **Erklärung** zu folgenden Punkten enthalten müssen: **16**

– Die endgültigen Bedingungen wurden für die Zwecke von Art. 5 Abs. 4 EU-Prospektrichtlinie abgefasst und sind in Verbindung mit dem Basisprospekt und seinen Nachträgen zu lesen (**Buchst. a)**);

– Wo der zugehörige Basisprospekt und seine Nachträge veröffentlicht werden[18] (**Buchst. b)**);

– Der Basisprospekt ist im Zusammenhang mit den endgültigen Bedingungen zu lesen, um alle (in den Prospekt aufzunehmenden) Angaben zu erhalten (**Buchst. c)**);

– Den endgültigen Bedingungen ist eine Zusammenfassung für die einzelne Emission angefügt (**Buchst. d)**), dazu Art. 24 Rn. 14 ff.).

Auch wenn es keine Schwierigkeiten bereitet, diese Erklärungen in die endgültigen Bedingungen aufzunehmen, ist anzumerken, dass der Hinweis aus Buchst. c) nicht nur die Aussage von Buchst. a) weitgehend dupliziert, sondern auch eher in den Basisprospekt gehört.[19] Denn wer die Erklärung in den endgültigen Bedingungen liest, hält diese ja bereits in der Hand; die Erklärung richtet sich vielmehr eigentlich an den Leser des Basisprospekts.

Gem. **Satz 6** dürfen endgültige Bedingungen auch die **Unterschriften** der Rechtsvertreter des Emittenten und der für den Prospekt haftenden Personen enthalten. Die Regelung verweist dabei auf die einschlägigen nationalen Rechtsvorschriften. Sinnvollerweise sollte sich dieser Hinweis auf die Identität der für den Prospekt haftenden Personen beziehen.[20] Hier räumt Art. 6 Abs. 1 EU-Prospektrichtlinie den Mitgliedstaaten einen weiten Gestaltungsspielraum ein, so dass die Prospekthaftung, einschließlich der für den Prospekt ver-   **17**

---

15 Vgl. *Bauer*, CFL 2012, 91, 92.
16 Vgl. *Glismann*, in: Holzborn, WpPG, § 6 Rn. 19; *von Kopp-Colomb/Seitz*, WM 2012, 1220, 1224.
17 Vgl. *von Kopp-Colomb/Seitz*, WM 2012, 1220, 1224, die ebenso auf die Wiederholung verweisen.
18 Ein Hinweis darauf, dass der Verordnungsgeber selbst den zweiten Fall von Satz 1, die Aufnahme der endgültigen Bedingungen in den Basisprospekt, nicht wirklich für relevant hält.
19 Und dann gut in Art. 22 Abs. 5 aufgehoben wäre.
20 So z. B. deutlicher in der englischen Fassung der EU-Prospektverordnung zu sehen.

Artikel 26   Aufmachung des Basisprospekts

antwortlichen Personen, höchst unterschiedlich geregelt ist.[21] In der Praxis werden endgültige Bedingungen jedenfalls, soweit sie nicht rein elektronisch hinterlegt werden,[22] vom Emittenten unterschrieben. Dadurch werden die endgültigen Bedingungen als ausgefertigt markiert, was z.B. bei der Übernahme nicht-syndizierter Ziehungen unter einem Emissionsprogramm auch vertragliche Auswirkungen haben kann.

V. Sprache der endgültigen Bedingungen

18 **Absatz 5a** beinhaltet die **Sprachenregelung** für die endgültigen Bedingungen und die diesen angehängte Zusammenfassung für die einzelne Emission. Danach folgen die endgültigen Bedingungen dem sprachlichen Schicksal des Basisprospekts und die Zusammenfassung für die einzelne Emission dem zum Teil unterschiedlichen Schicksal der Zusammenfassung des Basisprospekts. Entsprechend regelt **Satz 1** den Grundfall: Die endgültigen Bedingungen sind in derselben Sprache abzufassen wie die gebilligte Fassung des Formulars der endgültigen Bedingungen, die im Basisprospekt enthalten ist. Maßgeblich ist also die Sprache des Basisprospekts. Somit muss die Zusammenfassung für die einzelne Emission in der Sprache der Zusammenfassung des Basisprospekts abgefasst werden.

19 Für die Fälle, in denen es zu einer **Notifizierung** der einzelnen Ziehung in andere Mitgliedstaaten im Rahmen von Art. 5 Abs. 4 der EU-Prospektrichtlinie[23] kommt, knüpft **Satz 2** an die Sprachenregelung des Art. 19 der EU-Prospektrichtlinie an. Ist die Übersetzung (nur) der Zusammenfassung des Basisprospekts zu erstellen, dann genügt nach Satz 2 Buchst. a) die Übersetzung der an die endgültigen Bedingungen angehängten Zusammenfassung für die einzelne Emission. Verlangt dagegen der betreffende Aufnahmemitgliedstaat die Übersetzung des gesamten Basisprospekts, sind nach Satz 2 Buchst. b) sowohl die endgültigen Bedingungen als auch die angehängte Zusammenfassung für die einzelne Emission in die jeweils geforderte Sprache zu übersetzen. Dieser Fall ist aber in der Praxis selten, da Basisprospekte, die notifiziert werden, in der Regel auf Englisch abgefasst sind, so dass die zuständige Behörde eines Aufnahmemitgliedstaates nach Art. 19 Abs. 3 Satz 2 EU-Prospektrichtlinie nur eine Übersetzung der Zusammenfassung verlangen kann. Erfolgt die Notifizierung im ersteren Fall in mehrere Mitgliedstaaten, die zudem unterschiedliche Sprachen fordern, werden die verschiedenen Übersetzungen der Zusammenfassung der einzelnen Emission in der Praxis hintereinander an die endgültigen Bedingungen angehängt.[24]

20 **Satz 3** bestimmt, dass diese Übersetzungen vom Emittenten zusammen mit den endgültigen Bedingungen an die betreffenden Aufnahmemitgliedstaaten zu **übermitteln** sind. Die Verpflichtung zur Übermittlung der endgültigen Bedingungen selbst ergibt sich für von der BaFin gebilligte Basisprospekte schon aus § 6 Abs. 3 WpPG. Die Übersetzungen der Zusammenfassung für die einzelne Emission hängen ohnehin schon an den endgültigen Be-

---

21 S. dazu ESMA Report on Comparison of liability regimes in Member States in relation to the Prospectus Directive vom 30. Mai 2013 (ESMA/2013/619).
22 S. dazu auch § 6 Abs. 3 Satz 3 WpPG und die entsprechende Kommentierung in Rn. 55.
23 Für bei der BaFin gebilligte Basisprospekte s. auch § 6 Abs. 3 WpPG und die zugehörige Kommentierung.
24 S. dazu auch die Kommentierung zu Art. 24 Abs. 3 Satz 4, Rn. 16.

dingungen. Für die seltenen Fälle, in denen auch der Basisprospekt übersetzt werden muss, kommen dann die Übersetzungen der endgültigen Bedingungen hinzu.

VI. Zusammenfassung für verschiedene Wertpapiere

Absatz 6 greift die in Absatz 2 Satz 2 adressierte Situation auf, dass sich der Basisprospekt auf verschiedene Wertpapiere bezieht,[25] und legt fest, dass es für sämtliche Wertpapiere nur **eine einzige Zusammenfassung** im Basisprospekt geben darf. Wie in Absatz 2 für den Hauptteil des Basisprospekts festgelegt, sind gem. Satz 2 auch die Angaben zu den verschiedenen Wertpapieren in dieser einen Zusammenfassung klar voneinander zu trennen. Weitere Regelungen zur Zusammenfassung des Basisprospekts finden sich in Art. 24 Abs. 2.[26] 21

VII. Ergänzungen zur Zusammenfassung

Absatz 7 spiegelt Art. 25 Abs. 5 Satz 1 und 2. Bei Ergänzungen zur Zusammenfassung in Basisprospekten im Rahmen eines Nachtrags nach Art. 16 Abs. 1 EU-Prospektrichtlinie gelten also die gleichen Regeln wie bei anderen Prospekten. Der Prospekterstellter hat die Wahl, ob die neuen Angaben in die ursprüngliche Zusammenfassung aufgenommen werden, indem eine neue Zusammenfassung erstellt wird, oder ob ein Nachtrag zur Zusammenfassung erstellt wird (zu Einzelheiten s. Art. 25 Rn. 18 ff.). Absatz 7 spricht davon, dass neue Angaben „aufgenommen" werden, während Art. 25 den Begriff „einbezogen" verwendet; dies ist wohl nicht auf einen Bedeutungsunterschied zurückzuführen, sondern auf eine inkonsistente Übersetzung. Systematisch kaum nachzuvollziehen ist, dass Art. 25 Abs. 5 Satz 3 eine zusätzliche, eigentlich in Art. 26 zu verortende Regelung in Bezug auf endgültige Bedingungen enthält. Danach müssen bei Angeboten im Rahmen von Basisprospekten die endgültigen Bedingungen und die diesen beigefügte Zusammenfassung der einzelnen Emission nicht erneut eingereicht werden, sofern das Angebot vor der Ergänzung unterbreitet wurde (zu Einzelheiten s. Art. 25 Rn. 22). 22

VIII. Mehrere Basisprospekte in einem Dokument

Absatz 8 gestattet, dass mehrere Basisprospekte in einem Dokument zusammengefasst werden. Das ist z. B. dann praktisch, wenn ein Emittent zugleich Garant ist für seine Finanzierungsgesellschaft und die Basisprospekte beider Gesellschaften in einem Dokument zusammenführen möchte. 23

---

25 Da jeder Basisprospekt naturgemäß für die Emission mehrerer Wertpapiere ausgelegt ist, müssen mit „verschiedenen Wertpapieren" solche mit unterschiedlichen Charakteristiken gemeint sein, etwa festverzinsliche Anleihen und Nullkuponanleihen. Art. 22 Abs. 6 handelt dagegen von verschiedenen Arten von Wertpapieren und deren Gruppierung in vier Kategorien.
26 S. die dortige Kommentierung.

Kapitel IIIa
Verhältnismäßige Angabepflichten

Artikel 26a
Verhältnismäßiges Schema für Bezugsrechtsemissionen

(1) Die verhältnismäßigen Schemata in den Anhängen XXIII und XXIV gelten für Bezugsrechtsemissionen, sofern vom Emittenten begebene Anteile derselben Gattung zuvor schon zum Handel an einem geregelten Markt oder zum Handel über ein multilaterales Handelssystem im Sinne des Artikels 4 Absatz 1 Nummer 15 der Richtlinie 2004/39/EG des Europäischen Parlaments und des Rates zugelassen wurden.

(2) Emittenten, deren zur selben Gattung gehörenden Anteile zuvor schon zum Handel über ein multilaterales Handelssystem zugelassen wurden, können die in den Anhängen XXIII und XXIV dargestellten Schemata nur dann nutzen, wenn die Vorschriften des multilateralen Handelssystems Folgendes enthalten:

a) Bestimmungen, nach denen die Emittenten dazu verpflichtet sind, innerhalb von sechs Monaten nach Ablauf eines jeden Geschäftsjahres Jahresabschlüsse und Bestätigungsvermerke, innerhalb von vier Monaten nach Ablauf der ersten sechs Monate eines jeden Geschäftsjahres Halbjahresabschlüsse sowie Insider-Informationen im Sinne von Artikel 1 Absatz 1 Nummer 1 der Richtlinie 2003/6/EG gemäß Artikel 6 der genannten Richtlinien zu veröffentlichen;
b) Bestimmungen, nach denen die Emittenten dazu verpflichtet sind, die unter Buchstabe a genannten Vermerke und Informationen der Öffentlichkeit zugänglich zu machen, indem sie sie auf ihrer Website veröffentlichen;
c) Bestimmungen zur Verhinderung von Insiderhandel und Marktmanipulation gemäß der Richtlinie 2003/6/EG.

(3) Mit einer Erklärung am Prospektanfang wird unmissverständlich darauf hingewiesen, dass sich die Bezugsrechtsemission an die Anteilseigner des Emittenten richtet und der Umfang der im Prospekt veröffentlichten Angaben im Verhältnis zu dieser Emissionsart bemessen ist.

Übersicht

	Rn.		Rn.
I. Vereinfachtes Prospektregime für Bezugsrechtskapitalerhöhung	1	aa) Behandlung des Prospektregimes in Entwürfen zur Änderungsrichtlinie	7
1. Hintergrund und Regelungsbedürfnis	1	bb) Aussagen zum vereinfachten Prospektregime in der Änderungsrichtlinie	8
2. Einführung des vereinfachten Prospektregimes durch Änderungsrichtlinie 2010/73/EU und Vorschriften der Ersten/Zweiten Delegierten Prospektverordnung 2012	6	b) Weitere Umsetzungsmaßnahmen, insbesondere EU-Verordnung 486/2012 und EU-Verordnung 862/2012	10
a) Änderungsrichtlinie 2010/73/EU vom 24.11.2010	7		

I. Vereinfachtes Prospektregime für Bezugsrechtskapitalerhöhung **Artikel 26a**

II. Inhaltliche Umsetzung des „Proportionate Disclosure Regime" durch die EU-Prospektverordnung 2012 . . 12	**III. Auswirkungen auf Bezugsrechtskapitalerhöhungen seit 1.7.2012**. . . . 33
1. Definition „Bezugsrechtsemission" in Art. 2 Nr. 13 der EU-Prospektverordnung 2012 13	1. Gründe für nur begrenzte Auswirkungen auf Prospekte für Bezugsrechtsemissionen 34
2. Vorgaben für „verhältnismäßige Angabepflichten" in Art. 26a der EU-Prospektverordnung 2012 20	a) Kein veränderter Standard außerhalb der EU bei internationalen Bezugsrechtsemissionen 35
3. Spezielle Annexe XXIII und XXIV für Bezugsrechtsemissionen 26	b) Kein veränderter Haftungsmaßstab innerhalb Deutschlands bzw. der EU bei Bezugsrechtsemissionen. 36
a) Ersatzlose Streichung einzelner Angaben bzw. Reduzierung der Anforderungen bezüglich Annex I nach Annex XXIII. 27	2. Konkrete Bewertung der einzelnen Vorschläge des vereinfachten Prospektregimes. 42
b) Ersatzlose Streichung einzelner Angaben bzw. Reduzierung der Anforderungen bezüglich Annex III nach Annex XXIV . . . 30	3. Auswirkungen auf BaFin-Praxis bei Bezugsrechtskapitalerhöhungen . . . 47
	IV. Gesamtbewertung des vereinfachten Prospektregimes. 48
c) Änderung des Annex XXIII durch EU-Verordnung 862/2012. 32	**V. Ausblick: Neue EU-Prospektverordnung**. 54

I. Vereinfachtes Prospektregime für Bezugsrechtskapitalerhöhung[1]

1. Hintergrund und Regelungsbedürfnis

Bezugsrechtskapitalerhöhungen sind ein zentrales Element für die **Eigenkapitalfinanzierung börsennotierter Unternehmen**.[2] Aktienrechtlich sind die Möglichkeiten zur Durchführung von Kapitalerhöhungen unter Bezugsrechtsausschluss der Aktionäre inhaltlich und volumenmäßig – auch unter Nutzung etwaiger Ermächtigungen seitens der Aktionäre – beschränkt, so dass ab einer gewissen Größenordnung bzw. Transaktionsstruktur die Bezugsrechtskapitalerhöhung das zur Verfügung stehende Instrument zur Kapitalerhöhung wird. Dabei wird es sich im Regelfall[3] um ein **öffentliches Angebot** handeln, für das der Emittent nach § 3 Abs. 1 Satz 1 WpPG einen Wertpapierprospekt veröffentlichen muss.

1

---

[1] Nachfolgende Ausführungen zu Art. 26a EU-Prospektverordnung 2012 setzen auf *Berrar/Wiegel*, Corporate Finance Law 2012, 97 ff., auf, ohne dass dies nachfolgend jeweils ausgewiesen wird, ergänzt insbesondere um Aktualisierungen und seither erschienene Literatur. Vgl. zum geänderten Prospektregime für Bezugsrechtskapitalerhöhungen auch *Brocker/Wohlfarter*, BB 2013, 393 ff.; *Oltmanns/Zöllter-Petzold*, NZG 2013, 489 ff.; *Schulz/Hartig*, WM 2014, 1567 ff.; *Leuering/Stein*, NJW-Spezial 2012, 591 f.; *Lawall/Maier*, DB 2012, 2443 ff. sowie 2503 ff.; *Henningsen*, BaFinJournal 09/2012, 5 ff.

[2] Oder, wie die ESMA formuliert „*Rights issues are a common way for listed issuers to raise capital*", ESMA – Final Report vom 4.10.2011 („ESMA's technical advice on possible delegated acts concerning the Prospectus Directive as amended by Directive 2010/73/EU", ESMA/2011/323), Rn. 292.

[3] Zu der auf Basis des früheren Rechts von der BaFin eingeräumten Möglichkeit, ein Bezugsrechtsangebot an die bestehenden Aktionäre ohne Bezugsrechtshandel mangels öffentlichen Angebots ohne Prospekt durchzuführen, siehe unten Rn. 47.

Artikel 26a Verhältnismäßiges Schema für Bezugsrechtsemissionen

2   Aufgrund der europäischen Prospektrichtlinie[4] (im Folgenden „EU-Prospektrichtlinie"), der sie flankierenden europäischen Prospektverordnung[5] (im Folgenden „EU-Prospektverordnung") und der Umsetzung der EU-Prospektrichtlinie im Wertpapierprospektgesetz, die allesamt wiederum auf Vorarbeiten internationaler und europäischer Gruppen wie IOSCO (*International Organization of Securities Commissions*) und FESCO (*Forum of European Securities Commissions*) zurückgreifen konnten, ist eine **internationale Harmonisierung der Anforderungen an den Inhalt von Prospekten** eingetreten.[6] Der Umfang von Prospekten für solche Bezugsrechtsemissionen deutscher börsennotierter Unternehmen hat in den letzten fünfzehn Jahren erheblich zugenommen,[7] ohne dass ein direkter Zusammenhang mit der zuvor genannten internationalen Harmonisierung zu erkennen wäre.[8]

3   Vor diesem faktischen Hintergrund fand auf europäischer Ebene zwischen 2005 und 2012 eine Bestandsaufnahme statt, inwieweit sich die EU-Prospektrichtlinie und die sie flankierende EU-Prospektverordnung in der Praxis bewährt haben.[9] In diesem Zusammenhang erstellte CESR (*The Committee of European Securities Regulators*, mittlerweile abgelöst durch ESMA, *European Securities and Markets Authority*), in Zusammenarbeit mit Marktteilnehmern eine Analyse über Erfahrungen bei der Anwendung der EU-Prospektrichtlinie in der Praxis.[10] Die ESME (*European Securities Markets Expert Group*) analysierte, inwieweit die durch die EU-Prospektrichtlinie selbst gesteckten Ziele, nämlich die Effizienz des Markts zu stärken sowie die Anleger zu schützen, erreicht wurden, und formulierte in die-

---

4   Richtlinie 2003/71/EG des Europäischen Parlaments und des Rates vom 4. November 2003 betreffend den Prospekt, der beim öffentlichen Angebot von Wertpapieren oder bei deren Zulassung zum Handel zu veröffentlichen ist, und zur Änderung der Richtlinie 2001/34/EG, ABl. EU Nr. L 345 vom 31.12.2003, S. 64.

5   Berichtigung der Verordnung (EG) Nr. 809/2004 der Kommission vom 29. April 2004 zur Umsetzung der Richtlinie 2003/71/EG des Europäischen Parlaments und des Rates betreffend die in Prospekten enthaltenen Angaben sowie die Aufmachung, die Aufnahme von Angaben in Form eines Verweises und die Veröffentlichung solcher Prospekte sowie die Verbreitung von Werbung, ABl. EU Nr. L 186 vom 18.7.2005, S. 3, zuletzt geändert durch Art. 13 der Delegierten Verordnung (EU) 2016/301 der Kommission vom 30.11.2015, ABl. EU Nr. L 58 vom 4.3.2016, S. 13.

6   Vgl. *von Kopp-Colomb* in: Assmann/Schlitt/von Kopp-Colomb, WpPG/VerkProspG, § 23 Rn. 22; *Weber*, NZG 2004, 360, 364.

7   Während z. B. der Prospekt der Jenoptik AG vom 2.10.2003 „nur" 125 Seiten hatte, waren es beim Prospekt der Draegerwerk AG & Co. KGaA vom 16.6.2010 bereits 275 Seiten und beim Prospekt der Deutsche Annington SE vom 15.6.2015 sogar 371 Seiten (ohne Immobilien-Wertgutachten); andere, vielleicht weniger vergleichbare Beispiele: 361 Seiten bei Prospekt der Porsche SE vom 28.3.2011, 439 Seiten bei Prospekt der UBS AG vom 23.5.2008 oder 422 Seiten bei Prospekt der COMMERZBANK AG vom 23.5.2011 (bestehend aus Registrierungsformular, Wertpapierbeschreibung und Zusammenfassung), jeweils ohne die sog. F-Pages mit den Finanzinformationen.

8   Dieser Befund wird auch unterstützt von einer Studie des *Centre for Strategy & Evaluation Services*, der zufolge nur eine Minderheit der Befragten angab, dass die Einführung der EU-Prospektrichtlinie und der EU-Prospektverordnung zu einer signifikanten Erhöhung der Prospekterstellungskosten führte und der erhöhte Umfang – und damit gestiegene Kosten – eher auf eine allgemeine Marktentwicklung zurückzuführen sind. *Centre for Strategy and Evaluation Services*, Study on the Impact of the Prospectus Regime on EU Financial Markets, June 2008, S. 49.

9   Die EU-Prospektrichtlinie war mit der sog. Revisionsklausel (Art. 31) von Anfang an darauf ausgelegt, nach ersten praktischen Erfahrungen überprüft und ggf. angepasst zu werden.

10 CESR's Report on the supervisory functioning of the Prospectus Directive and Regulation, CESR/07-225, June 2007.

sem Zusammenhang Kernpunkte, die nach Ansicht der ESME verbesserungsfähig seien.[11] Als einen solchen Kernpunkt identifizierte ESME die Durchführung von Bezugsrechtsemissionen und regte an, diese gänzlich von der Prospektpflicht auszunehmen.[12] Ferner wurde das *Centre for Strategy & Evaluation Services* beauftragt, die Auswirkungen der EU-Prospektrichtlinie und der EU-Prospektverordnung insbesondere auf die Kosten von Kapitalmaßnahmen quantitativ zu analysieren.[13] Auf Basis dieser Arbeiten und als Teil des Aktionsplans zur Reduzierung der Bürokratiekosten der Unternehmen um 25% bis 2012,[14] veröffentlichte die Kommission ein Konsultationspapier zur Überarbeitung der EU-Prospektrichtlinie[15] und setzte damit das **Verfahren zur Novelle der EU-Prospektrichtlinie** in Gang.

Die Ergebnisse dieser Vorarbeiten flossen letztlich auch im Jahre 2010 in die Änderungen der EU-Prospektrichtlinie[16] mittels der **Änderungsrichtlinie 2010/73/EU vom 24.11.2010** (im Folgenden „Änderungsrichtlinie"[17]) ein, die durch das **Gesetz zur Umsetzung der Änderungsrichtlinie** (im Folgenden „Umsetzungsgesetz 2010")[18] zum 1.7.2012 in deutsches Recht integriert wurden. **4**

In Bezug auf Bezugsrechtsemissionen heißt es in dem durch die Änderungsrichtlinie neu eingefügten Art. 7 Abs. 2 lit. g) der EU-Prospektrichtlinie: **5**

---

11 ESME, Report on Directive 2003/71/EC of the European Parliament and of the Council on the prospectus to be published when securities are offered to the public or admitted to trading – Report, September 5, 2007.
12 Section 3.4 des in Fn. 11 zitierten Berichts.
13 *Centre for Strategy and Evaluation Services*, Study on the Impact of the Prospectus Regime on EU Financial Markets, June 2008.
14 Action Programme for Reducing Administrative Burdens in the European Union, COM(2007) 23 final, January 24, 2007.
15 Consultation on a draft proposal for a Directive of the European Parliament and of the Council amending Directives 2003/71/EC on the prospectus to be published when securities are offered to the public or admitted to trading and 2004/109/EC on the harmonisation of transparency requirements in relation to information about issuers whose securities are admitted to trading on a regulated market, January 2009.
16 Näher zu den Regelungen bezüglich Bezugsrechtsemissionen s. unten Rn. 6 ff. sowie im Überblick oben *Schnorbus*, Vor §§ 1 ff. Rn. 4 ff. m. w. N.; *Elsen/Jäger*, BKR 2010, 97; *dies.*, BKR 2008, 459.
17 Richtlinie 2010/73/EU des europäischen Parlaments und des Rates vom 24. November 2010 zur Änderung der Richtlinie 2003/71/EG betreffend den Prospekt, der beim öffentlichen Angebot von Wertpapieren oder bei deren Zulassung zum Handel zu veröffentlichen ist, und der Richtlinie 2004/109/EG zur Harmonisierung der Transparenzanforderungen in Bezug auf Informationen über Emittenten, deren Wertpapiere zum Handel auf einem geregelten Markt zugelassen sind, ABl. EU Nr. L 327 vom 11.12.2010, S. 1.
18 Gesetz zur Umsetzung der Richtlinie 2010/73/EU und zur Änderung des Börsengesetzes vom 26.6.2012, BGBl. I 2012, S. 1375 ff., beschlossen am 24.5.2012, basierend auf RegE zum Gesetz zur Umsetzung der Richtlinie 2010/73/EU und zur Änderung des Börsengesetzes vom 30.11.2011 (BT-Drucks. 17/8684, bereits mit Stellungnahme des Bundesrats vom 15.2.2012) sowie Beschlussempfehlung und Bericht des Finanzausschusses, BT-Drucks. 17/9645. Das am 1.7.2012 in Kraft getretene deutsche Umsetzungsgesetz beschränkt sich im Wesentlichen darauf, die Änderungen durch die Richtlinie 2010/73/EU eins zu eins in deutsches Recht einzufügen, vgl. *Leuering/Stein*, Der Konzern 2012, 382, 383, und nur „punktuelle Änderungen" hinzuzufügen, *von Kopp-Colomb/Seitz*, WM 2012, 1220, 1221.

Artikel 26a Verhältnismäßiges Schema für Bezugsrechtsemissionen

„*bei Aktienangeboten von Gesellschaften, deren Aktien derselben Gattung zum Handel an einem geregelten Markt oder in einem multilateralen Handelssystem im Sinne von Artikel 4 Absatz 1 Nummer 15 der Richtlinie 2004/39/EG zugelassen sind und die einer angemessenen ständigen Offenlegungspflicht und Marktmissbrauchsvorschriften unterliegen, ist eine angemessene Offenlegungsregelung anzuwenden, sofern der Emittent das satzungsmäßige Bezugsrecht nicht außer Kraft gesetzt hat.*"

Basierend auf diesem Grundsatz wurde in den Jahren 2011 und 2012 auf europäischer Ebene ein **„vereinfachtes Prospektregime" für Bezugsrechtskapitalerhöhungen** entwickelt.

2. Einführung des vereinfachten Prospektregimes durch Änderungsrichtlinie 2010/73/EU und Vorschriften der Ersten/Zweiten Delegierten Prospektverordnung 2012

6   Das seit 2012 geltende vereinfachte Prospektregime basiert zum einen auf der bereits zuvor zitierten Regelung aus der Änderungsrichtlinie (nachfolgend a)) und weiteren Schritten zur Umsetzung (nachfolgend b)), die in seit dem 1.7.2012 direkt im nationalen Recht geltenden Vorschriften zu Prospektanforderungen bei Bezugsrechtskapitalerhöhungen, enthalten in mehreren delegierten EU-Verordnungen,[19] mündeten.

a) Änderungsrichtlinie 2010/73/EU vom 24.11.2010

aa) Behandlung des Prospektregimes in Entwürfen zur Änderungsrichtlinie

7   Anders als dies zum Teil jetzt den Eindruck vermittelt, war es keineswegs von Anfang an ausgemacht, wie weit ein vereinfachtes Prospektregime für Bezugsrechtskapitalerhöhungen gehen würde bzw. umgekehrt, ob es ein solches überhaupt geben soll. Vielmehr zeigt die Genese ein sehr „wechselhaftes" Bild:

- Das ursprüngliche Konsultationspapier der Kommission stellte die Prospektpflicht für Bezugsrechtsemissionen gänzlich in Frage.[20]
- Der auf Basis des Konsultationspapiers und der daraufhin eingegangenen Rückmeldungen der Marktteilnehmer entwickelte Kommissionsentwurf vom 25.9.2009 kommt dem letztlich verabschiedeten Entwurf schon sehr nahe und sieht die Einführung eines „vereinfachten Prospektregimes" für Bezugsrechtsemissionen von an regulierten Märkten zugelassenen Gesellschaften vor; es erfolgt jedoch noch keine Spezifizierung, ob der Begriff „Bezugsrechtsemission" lediglich die Emission von Aktien oder von sämtlichen mit Bezugsrechten ausgegebenen Wertpapieren umfassen soll.[21]

---

19 Zum Rechtskonzept der delegierten Verordnung z.B. *von Kopp-Colomb/Seitz*, WM 2012, 1220, 1221.

20 Background Document, Review of Directive 2003/71/EC on the prospectus to be published when securities are offered to the public or admitted to trading and amending Directive 2001/34/EC (Prospectus Directive), January 2009.

21 Erwägungsgrund 11 sowie Änderungsvorschlag zu Art. 7 Abs. 2 lit. g), European Commission, Proposal for a Directive of the European Parliament and of the Council amending Directives 2003/71/EC on the prospectus to be published when securities are offered to the public or admitted to trading and 2004/109/EC on the harmonisation of transparency requirements in relation to informa-

I. Vereinfachtes Prospektregime für Bezugsrechtskapitalerhöhung **Artikel 26a**

– Im Rahmen der Beratungen des Europäischen Rats erfolgte dann zunächst eine Einschränkung dahingehend, dass nur solche Bezugsrechtsemissionen von dem „vereinfachten Prospektregime" profitieren sollten, die sich (i) nur an bestehende Aktionäre richten und (ii) bei der die Bezugsrechte nicht übertragbar sind. Zudem wurde spezifiziert, dass es sich um Angebote von „equity securities" handeln und auch nur dann eine Privilegierung erfolgen solle, wenn bereits Wertpapiere der gleichen Gattung zum Handel an einem regulierten Markt zugelassen seien.[22] Die unter (ii) genannte Einschränkung hinsichtlich der fehlenden Übertragbarkeit der Bezugsrechte wurde im Laufe der weiteren Beratungen aufgegeben,[23] so dass sowohl der am 11.12.2009 an die Delegationen übermittelte finale Kompromissvorschlag[24] wie auch der am 4.2.2010 an den Ausschuss der Ständigen Vertreter der Mitgliedstaaten übermittelte allgemeine Ansatz (*general approach*)[25] hinsichtlich des „vereinfachten Prospektregimes" lediglich die Begrenzung auf Bezugsrechtsemissionen, die an den bestehenden Aktionärskreis gerichtet sind, enthielt. Die Spezifizierung, dass nur Emissionen von *„equity securities"* der bereits am regulierten Markt zugelassenen Gattung privilegiert sein sollen, wurde ebenfalls beibehalten.

– Im Rahmen der Beratungen im Parlament, und insbesondere im Rahmen des zuständigen Ausschusses für Wirtschaft und Währung, kamen konträre Lösungsansätze zutage; in dem Entwurf eines Berichts über den Kommissionsentwurf des zuständigen Berichterstatters war vorgesehen, Bezugsrechtsemissionen gänzlich von der Prospektpflicht auszunehmen, da nach Ansicht des Berichterstatters die bestehenden Anteilseigner über die maßgeblichen Informationen verfügen und daher keine Notwendigkeit für die

---

tion about issuers whose securities are admitted to trading on a regulated market, dated September 25, 2009, 2009/0132 (COD) (nachfolgend „Kommissionsentwurf").

22 Änderungsvorschlag zu Art. 7 Abs. 2 lit. g), Council of the European Union, Proposal for a Directive of the European Parliament and of the Council amending Directives 2003/71/EC on the prospectus to be published when securities are offered to the public or admitted to trading and 2004/109/EC on the harmonisation of transparency requirements in relation to information about issuers whose securities are admitted to trading on a regulated market – Presidency compromise, dated October 21, 2009, 14640/09.

23 Änderungsvorschlag zu Art. 7 Abs. 2 lit. g) des Kommissionsentwurfs, Council of the European Union, Proposal for a Directive of the European Parliament and of the Council amending Directives 2003/71/EC on the prospectus to be published when securities are offered to the public or admitted to trading and 2004/109/EC on the harmonisation of transparency requirements in relation to information about issuers whose securities are admitted to trading on a regulated market – Presidency compromise, dated November 4, 2009, 15096/09, sowie November 18, 2009, 15911/09.

24 Änderungsvorschlag zu Erwägungsgrund 11 und Art. 7 Abs. 2 lit. g) des Kommissionsentwurfs, Council of the European Union, General Secretariat of the Council, Proposal for a Directive of the European Parliament and of the Council amending Directives 2003/71/EC on the prospectus to be published when securities are offered to the public or admitted to trading and 2004/109/EC on the harmonisation of transparency requirements in relation to information about issuers whose securities are admitted to trading on a regulated market – Presidency compromise, dated December 11, 2009, 17451/09.

25 Änderungsvorschlag zu Erwägungsgrund 11 und Art. 7 Abs. 2 lit. g) des Kommissionsentwurfs, Council of the European Union, General Secretariat of the Council, Proposal for a Directive of the European Parliament and of the Council amending Directives 2003/71/EC on the prospectus to be published when securities are offered to the public or admitted to trading and 2004/109/EC on the harmonisation of transparency requirements in relation to information about issuers whose securities are admitted to trading on a regulated market – General approach, dated February 4, 2010, 17451/1/09.

Artikel 26a Verhältnismäßiges Schema für Bezugsrechtsemissionen

Veröffentlichung eines Prospekts bestehe.[26] Aufgrund verschiedener Änderungsanträge[27] wurde der finale Bericht dahingehend abgeändert, dass nicht nur die Befreiung der Bezugsrechtsemissionen von Prospektpflichten im Allgemeinen wieder zurückgenommen wurde, sondern auch die Privilegierung von Bezugsrechtsemissionen in Bezug auf das „vereinfachte Prospektregime" – unter Hinweis auf die Übertragbarkeit der Bezugsrechte und der damit verbundenen Möglichkeit, dass auch Personen außerhalb des bestehenden Aktionärskreises Aktien im Rahmen des Angebots erwerben können – gestrichen werden sollten.[28]

– Der durch den Ausschuss der Ständigen Vertreter der Mitgliedstaaten zwischen den beteiligten Parteien verhandelte Kompromiss, der dann vom Europäischen Parlament sowie dem Rat angenommen wurde, sah schließlich die nachfolgend unter Rn. 8 f.) beschriebene Regelung vor.[29]

bb) Aussagen zum vereinfachten Prospektregime in der Änderungsrichtlinie

8 In der Änderungsrichtlinie selbst findet sich lediglich[30] der oben bereits auf Deutsch zitierte **„Programmsatz" (Art. 7 Abs. 2 lit. g))**[31] für weitere Umsetzungsmaßnahmen, der in der sprachlich deutlich besseren englischen Fassung wie folgt lautet (Hervorhebungen eingefügt):

„*a* **proportionate disclosure regime** shall apply to **offers of shares** by companies whose **shares of the same class** are admitted to trading on a **regulated market** or a multilateral trading facility as defined in Article 4(1)(15) of Directive 2004/39/EC, which are subject to **appropriate ongoing disclosure requirements** and rules on market abuse, **provided that the issuer has not disapplied the statutory pre-emption rights.**"

9 Wie bei den anderen Vorgaben des Art. 7 Abs. 2 in der Vergangenheit auch, sieht das deutsche Umsetzungsgesetz 2010 keine entsprechende Aussage für das Wertpapierprospektgesetz vor, sondern überlässt dies direkt den weiteren europäischen Umsetzungsmaßnahmen. Aus Art. 7 Abs. cc lassen sich folgende grundlegende Feststellungen ableiten:

---

26 Entwurf eines Berichts über den Kommissionsentwurf, Ausschuss für Wirtschaft und Währung, 11.1.2010, 2009/0132(COD), S. 23, 50.
27 Änderungsanträge 67-172 zum Bericht zum Kommissionsentwurf, Ausschuss für Wirtschaft und Währung, 25.2.2010, 2009/0132(COD), Änderungsanträge 77 und 138.
28 Bericht über den Kommissionsentwurf, Ausschuss für Wirtschaft und Währung, 26.3.2010, A7-0102/2010, S. 12.
29 Erwägungsgrund 11 sowie Änderungsvorschlag zu Art. 7 Abs. 2 lit. g), „I" Item Note, Council of the European Union, May 28, 2010, 10254/10.
30 Ergänzt wird dies durch Erwägungsgrund 18, dessen Inhalt eingeflossen ist in die Definition von „Bezugsrechtsemission" in Art. 2 Nr. 13 der EU-Prospektverordnung 2012 (siehe dazu unten Rn. 13). Zudem ist zu beachten, dass die Vorschriften der Änderungsrichtlinie kein unmittelbar anwendbares Recht darstellen, sondern der Umsetzung bedürfen, so dass Art. 7 Abs. 2 lit. g) der Änderungsrichtlinie eben mehr ein „Programmsatz" denn geltendes Recht ist.
31 Die Änderungsrichtlinie 2010/73/EU änderte neben der Prospektrichtlinie auch die Transparenzrichtlinie. Die Änderungen der Prospektrichtlinie 2003/71/EG erfolgen durch Art. 1 der Richtlinie 2010/73/EU; die folgenden Artikelbezeichnungen beziehen sich der sprachlichen Einfachheit halber auf Artikelnennungen innerhalb des Art. 1 der Änderungsrichtlinie 2010/73/EU und somit auf Änderungen zur Prospektrichtlinie 2003/71/EG. Beispielsweise steht die Nennung von „Art. 7 Abs. 2 lit. g) der Änderungsrichtlinie" für „Art. 7 Abs. 2 lit. g) der EU-Prospektrichtlinie in ihrer durch Art. 1 der Änderungsrichtlinie geänderten Fassung".

I. Vereinfachtes Prospektregime für Bezugsrechtskapitalerhöhung   **Artikel 26a**

– Das vereinfachte Prospektregime soll nur für „*offer of shares*" gelten, also für Bezugsrechtsemissionen auf Aktien, d. h. im Umkehrschluss z. B. gerade nicht für Bezugsrechtsemissionen für Wandelschuldverschreibungen.
– Das vereinfachte Prospektregime soll nur gelten für Bezugsrechtsemissionen auf Aktien von Unternehmen, bei denen Aktien derselben Gattung an einem regulierten Markt zugelassen sind. Das wirft die Frage auf, ob bei Bezugsrechtsemissionen auf Stamm- und Vorzugsaktien, bei denen nur eine Gattung börsenzugelassen ist, das vereinfachte Prospektregime Anwendung finden soll (dazu näher unten Rn. 18).
– Das vereinfachte Prospektregime soll nur Anwendung finden auf Angebote, bei denen der Emittent das gesetzliche Bezugsrecht nicht ausgeschlossen hat. Auch das wirft einige Fragen auf, z. B. wenn man davon ausgeht, dass das Angebot von Stamm- und Vorzugsaktien in einem Bezugsangebot einen gekreuzten Bezugsrechtsausschluss darstellt,[32] oder für Fallgestaltungen, in denen ein Bezugsangebot kombiniert wird mit einer Platzierung unter Bezugsrechtsausschluss nach § 186 Abs. 3 Satz 4 AktG. Siehe dazu näher unten Rn. 19.
– Schließlich ist an Art. 7 Abs. 2 lit. g) interessant, dass das vereinfachte Prospektregime nur eingreifen soll, sofern unabhängig davon bereits „*appropriate ongoing disclosure requirements*" eingreifen. Zwar bezieht sich der Nebensatz wohl vorrangig auf die multilateralen Handelssysteme (so nunmehr auch die Umsetzung in Art. 26a Abs. 2 der EU-Prospektverordnung in ihrer durch die EU-Verordnung 486/2012 geänderten Fassung), während für Aktien, die an einem regulierten Markt gehandelt werden, die Vorschriften der Transparenzrichtlinie als ausreichend angesehen werden. Dennoch ist dies im Rahmen der Auswirkungen des vereinfachten Prospektregimes (siehe unten Rn. 33 ff.) zu berücksichtigen.

b) Weitere Umsetzungsmaßnahmen, insbesondere EU-Verordnung 486/2012 und EU-Verordnung 862/2012

Nach Verabschiedung der Änderungsrichtlinie im November 2010 und deren Veröffentlichung im Amtsblatt der EU im Dezember 2010 erfolgte eine Reihe von Schritten zur weiteren **Umsetzung der Vorgabe zur Einrichtung eines vereinfachten Prospektregimes** auf europäischer Ebene: 10

– Zur Erstellung der nach Art. 7 Abs. 1, Art. 24a Änderungsrichtlinie vorgesehenen delegierten Rechtsakte, also auch zur Ausformulierung der Vorgaben, die im Rahmen von Bezugsrechtsemissionen offenzulegen sind, wurde am 19.1.2011 die ESMA durch die Kommission beauftragt.[33]

---

[32] So die h. M. im deutschen Aktienrecht, die jedoch grds. eine sachliche Rechtfertigung des Bezugsrechtsausschlusses annimmt, vgl. etwa *Hüffer/Koch*, AktG, 12. Aufl. 2016, § 186 Rn. 30; *Rebmann*, in: Heidel, Aktienrecht und Kapitalmarktrecht, § 186 AktG Rn. 49; *Schürnbrand*, in: MünchKomm-AktG, 4. Aufl. 2016, § 186 Rn. 89; *Veil*, in: Schmidt/Lutter, AktG, § 186 Rn. 38; LG Tübingen, NJW-RR 1991, 616, 617; eingehend zur Thematik *Scheifele*, BB 1990, 497, 499.
[33] Formal request to ESMA for technical advice on possible delegated acts concerning the amended Prospectus Directive (2003/71/EC), Ref. Ares(2011)56961, January 19, 2011.

Artikel 26a Verhältnismäßiges Schema für Bezugsrechtsemissionen

- Diese begann am 26.1.2011 die Durchführung eines „*calls for evidence*", in dessen Rahmen die ESMA interessierte Parteien aufrief, bei der Erstellung der Vorschläge zu beachtende Punkte mitzuteilen.[34]
- Unter Beachtung der 36 erhaltenen Rückmeldungen sowie im Austausch mit einer aus 12 Marktteilnehmern bestehenden *Consultative Working Group* erstellte die ESMA ein *Consultation Paper*, welches am 15.6.2011 veröffentlicht und zur Diskussion mit den Marktteilnehmern gestellt wurde.[35]
- Auf Basis des *Consultation Papers* und der daraufhin eingegangenen Rückmeldungen der Marktteilnehmer veröffentlichte ESMA am 4.10.2011 einen *Final Report*, der Vorschläge dazu enthielt, welche Informationen bei Bezugsrechtsemissionen offenzulegen sind,[36] und am 29.2.2012 einen finalen Bericht zu den delegierten Rechtsakten zur Prospektrichtlinie.[37]
- Diese Arbeiten mündeten in die **EU-Verordnung 486/2012** (im Folgenden „Erste Delegierte Prospektverordnung 2012"), die nach deren Art. 3 ebenfalls am 1.7.2012 in Kraft trat und sowohl den hier mir gegenständlichen Art. 26a EU-Prospektverordnung sowie die Annexe XXIII und XXIV enthielt.[38]
- Im Anschluss wurde per ergänzender **EU-Verordnung 862/2012** (im Folgenden „Zweite Delegierte Prospektverordnung 2012" und zusammen mit der Ersten Delegierten Prospektverordnung 2012 die „EU-Prospektverordnung 2012") eine weitere Änderung von Anhang XXIII vorgenommen, die nach deren Art. 3 am Tag ihrer Veröffentlichung, d. h. am 22.9.2012, in Kraft trat.[39]

11 Anders als die Änderungsrichtlinie haben die Vorschriften der EU-Prospektverordnung 2012 in Form der Ersten und Zweiten Delegierten Prospektverordnung 2012 aufgrund ihrer Rechtsnatur als EU-Verordnung nach Art. 288 Abs. 2 AEUV direkte Geltung und Bedeutung im nationalen Recht.

---

34 Call for evidence – Request for technical advice on possible delegated acts concerning the Prospectus Directive (2003/71/EC) as amended by the Directive 2010/73/EU, Ref. 2011/35, January 26, 2011. Vgl. auch *von Kopp-Colomb/Seitz*, WM 2012, 1220, 1221.
35 Consultation paper – ESMA's technical advice on possible delegated acts concerning the Prospectus Directive as amended by the Directive 2010/73/EU, Ref. 2011/141, June 15, 2011.
36 ESMA – Final Report vom 4.10.2011 („ESMA's technical advice on possible delegated acts concerning the Prospectus Directive as amended by Directive 2010/73/EU", ESMA/2011/323).
37 ESMA – Final Report vom 29.2.2012 („ESMA's technical advice on possible delegated acts concerning the Prospectus Directive as amended by Directive 2010/73/EU", ESMA/2012/137).
38 Delegierte Verordnung 486/2012/(EU) der Kommission vom 30.3.2012 zur Änderung der Verordnung (EG) Nr. 809/2004 in Bezug auf Aufmachung und Inhalt des Prospekts, des Basisprospekts, der Zusammenfassung und der endgültigen Bedingungen und in Bezug auf die Angabepflichten, ABl. Nr. L 150 vom 9.6.2012, S. 1 ff.
39 Delegierte Verordnung 862/2012/(EU) der Kommission vom 4.6.2012 zur Änderung der Verordnung (EG) Nr. 809/2004 in Bezug auf die Zustimmung zur Verwendung des Prospekts, die Informationen über Basisindizes und die Anforderungen eines von unabhängigen Buchprüfern oder Abschlussprüfern erstellten Berichts, ABl. Nr. L 256 vom 22.9.2012, S. 4 ff.

II. Inhaltliche Umsetzung des „Proportionate Disclosure Regime" durch die EU-Prospektverordnung 2012

Die **Ausgestaltung** des vereinfachten Prospektregimes für Bezugsrechtsemissionen erfolgt in der EU-Prospektverordnung 2012 **konzeptionell durch eine Trias** aus

– (i) einer Definition des Begriffs „Bezugsrechtsemission" (in einem neuen Art. 2 Nr. 13[40] EU-Prospektverordnung 2012),
– (ii) einem neuen Art. 26a EU-Prospektverordnung 2012, der die Grundlage für die „verhältnismäßigen Angabepflichten" bei Bezugsrechtsemissionen legt, und
– (iii) zwei neuen, speziell für Bezugsrechtsemissionen geltenden Schemata (Annex XXIII und Annex XXIV), die in diesen Fällen Annex I und Annex III ersetzen.

Dabei folgen die Vorschläge in der EU-Prospektverordnung 2012 fast ohne Änderungen dem Final Report der ESMA vom 4.10.2011.

1. Definition „Bezugsrechtsemission" in Art. 2 Nr. 13 der EU-Prospektverordnung 2012

Die Definition des Begriffs „Bezugsrechtsemission" in Art. 2 Nr. 13 der EU-Prospektverordnung 2012 lautet wie folgt:

> „13. „Bezugsrechtsemission" ist jede Emission satzungsmäßiger Bezugsrechte, in deren Rahmen neue Anteile gezeichnet werden können und die sich nur an bestehende Anteilseigner richtet. Eine Bezugsrechtsemission schließt auch eine Emission ein, bei der solche satzungsmäßigen Bezugsrechte außer Kraft gesetzt und durch ein Instrument oder eine Bestimmung ersetzt sind, das/die den bestehenden Anteilseignern nahezu identische Rechte verleiht und diese Rechte folgende Bedingungen erfüllen:
>
> a) die Anteilseigner erhalten die Rechte kostenlos;
>
> b) die Anteilseigner sind berechtigt, neue Anteile im Verhältnis zu ihrer bestehenden Beteiligung oder bei anderen Wertpapieren, die zur Teilnahme an der Anteilsemission berechtigen, im Verhältnis zu ihren Rechten auf die zugrundeliegenden Anteile zu zeichnen;
>
> c) die Zeichnungsrechte sind handelbar und übertragbar oder – falls dies nicht der Fall ist – die aus den Rechten hervorgehenden Anteile werden bei Ablauf der Angebotsfrist zugunsten jener Anteilseigner verkauft, die diese Rechte nicht in Anspruch genommen haben;

---

40 Die EU-Prospektverordnung 2012 änderte die EU-Prospektverordnung. Wie bezüglich der Änderungsrichtlinie (vgl. oben Fn. 31) beziehen sich die folgenden Artikelbezeichnungen der sprachlichen Einfachheit halber auf Artikelnennungen innerhalb des Art. 1 der Ersten Delegierten Prospektverordnung 2012 bzw. innerhalb des Art. 1 der Zweiten Delegierten Prospektverordnung 2012 und somit auf Änderungen zur EU-Prospektverordnung. Beispielsweise steht die Nennung von „Art. 2 Nr. 13 der EU-Prospektverordnung 2012" für „Art. 2 Nr. 13 der EU-Prospektverordnung in ihrer durch Art. 1 Nr. 2 der Ersten Delegierten Prospektverordnung 2012 geänderten Fassung".

Artikel 26a Verhältnismäßiges Schema für Bezugsrechtsemissionen

d) der Emittent kann in Bezug auf die unter Buchstabe b genannten Rechte Höchstgrenzen, Einschränkungen oder Ausschlüsse vorsehen und für den Umgang mit nicht ausgegebenen Anteilen, Bruchteilsrechten sowie Anforderungen, die in einem anderen Land oder Gebiet gesetzlich oder durch eine Regulierungsbehörde festgelegt wurden, Regelungen treffen, die er für angemessen hält;

e) die Mindestfrist, innerhalb derer Anteile gezeichnet werden können, ist mit der Frist für die Ausübung der in Art. 29 Abs. 3 der Richtlinie 77/91/EWG des Rates geregelten satzungsmäßigen Bezugsrechte identisch;

f) die Rechte verfallen nach Ablauf der Ausübungsfrist."

14 Der **Begriff „Anteile" in Satz 1** meint zunächst, wie die englische Fassung („*new shares*") zeigt, „*neue Aktien*", nicht auch andere Wertpapiere (z. B. Wandelschuldverschreibungen oder Wertpapiere, die Aktienemissionen nahekommen, wie z. B. die 2011 von der Commerzbank emittierten „*conditional mandatory exchangeable notes (CoMEN)*"). Ob und inwieweit eine **analoge Anwendung auf andere aktienvertretende oder Aktienemissionen nahekommende Wertpapiere**, bei denen Aktionären ein Erwerbsrecht eingeräumt wird, möglich ist, ist unklar.[41] Einerseits hat ESMA in ihrem Final Report anerkannt, dass es Situationen geben kann, in denen „*near identical rights*" gleich behandelt werden sollen und damit die strengen Anforderungen des Art. 7 Abs. 2 lit. g) Änderungsrichtlinie einer Sinn und Zweck entsprechenden Auslegung zugänglich gemacht werden.[42] Zudem sprach der Auftrag der Europäischen Kommission an ESMA von „*preemptive offers of equity securities*",[43] und „*equity securities*" umfasst nach Art. 2 Nr. 1 (b) der EU-Prospektrichtlinie bzw. dem entsprechenden § 2 Nr. 2 WpPG durchaus mehr als nur „Aktien". Andererseits hat ESMA auch diesbezüglich klargestellt, dass sie Art. 7 Abs. 2 lit. g) so weit wie möglich folgen wollen, um Umgehungen zu vermeiden,[44] was für eine enge Interpretation und eine nur begrenzte Möglichkeit einer analogen Anwendung spricht. Diese enge Interpretation wird auch durch die Genese der Änderungsrichtlinie gestützt. Diese zeigt, dass im Rahmen des Rechtsetzungsprozesses aufgrund der divergierenden Meinungen die Einschränkung der Emissionen, die von dem vereinfachten Prospektregime profitieren können, auf Bezugsrechtsemissionen von Aktien erfolgte und Bestrebungen, die Privilegierung auch auf Bezugsrechtsemissionen von Wandelschuldverschreibungen auszuweiten, keine Mehrheit fanden.[45] In der Praxis wird dies nur in wenigen Sonderfällen relevant werden, die dann konkret mit der BaFin abzustimmen sind.

15 Der **Begriff der „satzungsmäßigen Bezugsrechte" in Art. 2 Nr. 13 EU-Prospektverordnung 2012** umfasst nach richtiger Auffassung der BaFin selbstverständlich auch gesetzliche Bezugsrechte, einschließlich einer Emission über mittelbare Bezugsrechte

---

41 Dagegen *Schulz/Hartig*, WM 2014, 1567, 1569, unter Hinweis darauf, dass es keine planwidrige Regelungslücke gebe, weil eine Ausweitung im europäischen Rechtsetzungsprozess diskutiert, aber verworfen worden sei.
42 ESMA/2011/323, S. 96 f., Rz. 294–296.
43 ESMA/2011/323, S. 96, vor Rz. 292.
44 ESMA/2011/323, S. 97, Rz. 296.
45 Zur Genese s. oben Rn. 6 ff. sowie zu den Bestrebungen, Bezugsrechtsemissionen von Wandelschuldverschreibungen dem vereinfachten Prospektregime zu unterwerfen, Änderungsanträge 67-172 zum Bericht zum Kommissionsentwurf, Ausschuss für Wirtschaft und Währung, 25.2.2010, 2009/0132(COD), Änderungsantrag 141.

II. Inhaltliche Umsetzung des „Proportionate Disclosure Regime"

nach § 186 Abs. 5 AktG, wie sich schon aus der in der englischen Fassung verwendeten Formulierung „*statutory pre-emption rights*" ergibt.[46]

Die über die ESMA Beratungen und ihren Final Report aufgekommene und in Art. 2 Nr. 13 Satz 2 EU-Prospektverordnung 2012 reflektierte Fallgestaltung, bei der aus technischen Gründen ein **Bezugsrechtsausschluss** erfolgt, **ohne dass den Aktionären dadurch ihr eigentliches Bezugsrecht verwehrt wird**, betrifft ganz spezifische Fälle in einzelnen Ländern (insbesondere Großbritannien und – jedenfalls in der Vergangenheit – Frankreich) und hat zudem einen (indirekten) U.S.-rechtlichen Hintergrund.[47] Auch wenn es denkbar wäre, bestimmte Fallgestaltungen, in denen Erwerbsrechte gewährt werden, diesen „nahezu identischen Rechten" in Satz 2 gleichzustellen, scheint der Anwendungsbereich sehr begrenzt, zumal dies nach lit. e) nur eingreift, wenn die identische gesetzliche Bezugsfrist (von zwei Wochen) eingeräumt wird (anders noch ESMA Final Report, Rz. 296, der von „*similar… period*" sprach).[48]

16

Allerdings ist die **Formulierung „die sich nur an bestehende Anteilseigner richtet"** nicht so zu verstehen, dass die Möglichkeit zur Veräußerung der Bezugsrechte die Anwendbarkeit des vereinfachten Prospektregimes ausschließen würde. Das zeigt zum einen die Entstehungsgeschichte der einzelnen Vorschläge bis hin zur endgültigen Fassung der EU-Prospektverordnung 2012[49] sowie die expliziten Aussagen in Erwägungsgrund (12) der EU-Prospektverordnung 2012 („*für Angebote an vorhandene Anteilseigner, die entweder die Anteile zeichnen oder ihr Recht auf Zeichnung der Anteile veräußern können*") und Rz. 292 des Final ESMA Reports. Daher umfasst das vereinfachte Prospektregime auch Fälle, in denen im Rahmen eines Bezugsrechtshandels Nichtaktionäre Bezugsrechte kaufen und anschließend durch Ausübung die neuen Aktien erwerben. Dies sieht auch die BaFin so, soweit ein öffentlicher Bezugsrechtshandel eingerichtet ist.[50]

17

Schließlich wird man Art. 2 Nr. 13 der EU-Prospektverordnung 2012 teleologisch auch so auslegen müssen, dass auch für **Prospekte bei gemischten Bar-/Sachkapitalerhöhun-**

18

---

46 *Henningsen*, BaFinJournal 09/2012, 5, 7; *Lawall/Maier*, DB 2012, 2443, 2444; *Schulz/Hartig*, WM 2014, 1567, 1569.
47 Vgl. ESMA/2011/323, S. 96, Rz. 294. Insbesondere in Großbritannien ist es üblich, das gesetzliche Bezugsrechtssystem abzubedingen und durch einen quasi-identischen Mechanismus zu ersetzen. Dies hat erstens Vorteile im Hinblick auf Veröffentlichungspflichten, und zweitens macht es dies nach englischem Recht leichter, U.S.-Aktionäre vom Recht zur Teilnahme auszuschließen (was wiederum die Abwicklung U.S.-rechtlich erleichtert). D. h. der von ESMA genannte U.S.-rechtliche Hintergrund ergibt sich nur indirekt. In Frankreich wurde ab 2003 (Kapitalerhöhung der France Télécom) zur Vermeidung bestimmter Veröffentlichungspflichten und daraus resultierender Probleme für die Durchführung der Transaktion ebenfalls mithilfe der Abbedingung gesetzlicher Bezugsrechte gearbeitet und stattdessen *warrants* eingeräumt. Aufgrund gesetzlicher Änderungen besteht dafür in Frankreich aber keine Notwendigkeit mehr.
48 Zudem müssen nach Art. 2 Nr. 13 Satz 2 lit. c) EU-Prospektverordnung 2012 nicht ausgeübte Bezugsrechte zugunsten derjenigen Aktionäre veräußert werden, die ihre Rechte nicht ausgeübt haben, was jedenfalls, wenn man dies wörtlich nimmt, nicht der Praxis in Deutschland bei diesen sog. *Rump Placements* entspricht.
49 Eine entsprechende Beschränkung der Anwendung des vereinfachten Prospektregimes auf Bezugsrechtsemissionen, bei denen die Bezugsrechte nicht übertragbar sind, wurde in den Änderungsvorschlägen des Rates zum Kommissionsentwurf diskutiert (siehe oben Rn. 7) und letztlich fallengelassen, woraus zu schließen ist, dass eine derartige Einschränkung gerade nicht durch den europäischen Normgeber gewollt war.
50 *Henningsen*, BaFinJournal 09/2012, 5, 7; *Lawall/Maier*, DB 2012, 2443, 2445.

Artikel 26a Verhältnismäßiges Schema für Bezugsrechtsemissionen

gen[51] **und bei Angeboten von Stamm- und Vorzugsaktien** an die bestehenden Aktionäre unabhängig von der aktienrechtlichen Einordnung dieser Emissionen ein vereinfachtes Prospektregime zur Verfügung steht.

19 Die Anwendung des vereinfachten Prospektregimes wird nicht dadurch ausgeschlossen, dass der Prospekt auch für die **Zulassung der Aktien aus der Bezugsrechtskapitalerhöhung** genutzt wird, d.h. Prospektgegenstand kann neben dem **Angebot** für die Bezugsrechtskapitalerhöhung auch die **Zulassung** dieser Aktien sein.[52] In diesem Zusammenhang ist es weitergehend nicht verständlich, dass es kein vereinfachtes Prospektregime für **reine Zulassungsprospekte** gibt, bei denen es noch viel näher gelegen hätte, die Anforderungen zu reduzieren oder jedenfalls die gleichen Anforderungen zu setzen, wie sie bei Bezugsrechtsemissionen nunmehr gelten. Da dem so ist, stellt sich die Frage, wie mit Prospekten umzugehen ist, bei denen neben den Aktien aus der Bezugsrechtsemission andere Aktien zugelassen werden sollen (z.B. um die Zulassung aller Aktien wieder herzustellen[53] oder die einer parallelen Platzierung von Wandelschuldverschreibungen unterliegenden Aktien aus bedingtem Kapital zuzulassen[54]). Es wäre ein unbefriedigendes Ergebnis, wenn die Zulassung dieser Aktien nicht im Zusammenhang mit dem Prospekt für die Bezugsrechtsemission erlangt werden könnte.[55]

2. Vorgaben für „verhältnismäßige Angabepflichten" in Art. 26a der EU-Prospektverordnung 2012

20 Nach **Art. 26a Abs. 1** der EU-Prospektverordnung 2012 gelten die unten näher analysierten „verhältnismäßigen Schemata" in den Annexen XXIII und XXIV für Bezugsrechtsemissionen, sofern vom Emittenten begebene **Anteile derselben Gattung** zuvor schon zum Handel **an einem geregelten Markt** (d.h. ein regulierter Markt i.S.d. §§ 32 ff. BörsG) oder **zum Handel über ein multilaterales Handelssystem zugelassen** wurden. Aus dem Wortlaut der Art. 26a Abs. 1 und Abs. 2 wie auch aus dem Grundsatz, dass der Emittent

---

51 So auch *Schulz/Hartig*, WM 2014, 1567, 1570.
52 Diese Anwendbarkeit des Art. 26a und damit der Anhänge XXIII / XXIV für die Zulassung der Aktien aus der Bezugsrechtskapitalerhöhung ebenfalls bejahend *Schulz/Hartig*, WM 2014, 1567, 1570.
53 Vgl. z.B. Prospekt der Premiere AG vom 7.9.2007 für ein Bezugsangebot und die Zulassung von Aktien aus einer Sacheinlage.
54 Vgl. z.B. Prospekt der Hypo Real Estate Holding AG vom 10.9.2007 für die Zulassung von Aktien aus einer Sacheinlage und die Zulassung von Aktien aus bedingtem Kapital. Allerdings wird man hier eventuell auf eine Zulassung der Aktien nach § 4 Abs. 2 Nr. 7 WpPG ausweichen können.
55 Auch wenn rechtstechnisch nicht recht ersichtlich ist, wie man das wünschenswerte Ergebnis, dass diese Zulassung auch über den Prospekt für die Bezugsrechtsemission erlangt werden kann, *de lege lata* erreicht. Dass der Emittent dann einen „vollen Prospekt" schreiben muss, um beides abdecken zu können, erscheint unbefriedigend. Übrigens stellt sich das gleiche Problem, wenn (i) parallel zur Bezugsrechtsemission eine Platzierung von neuen Aktien nach § 186 Abs. 3 Satz 4 AktG erfolgt und die Aktien nicht nach § 4 Abs. 2 Nr. 1 WpPG zugelassen werden können oder (ii) im Zusammenhang mit der Bezugsrechtsemission ein Greenshoe eingerichtet wird (was rechtstechnisch durchaus möglich ist, siehe dazu unten Rn. 30 f.). Eine solche weitergehende Nutzung des Prospekts mit vereinfachtem Prospektregime ablehnend *Schulz/Hartig*, WM 2014, 1567, 1570 (für die gleichzeitige Zulassung anderer Aktien aus einer Sachkapitalerhöhung).

freiwillig zusätzliche Angaben im Prospekt machen kann,[56] folgt, dass Emittenten das vereinfachte Prospektregime der Annexe XXIII und XXIV nutzen können, aber nicht müssen. Sie können daher stattdessen auch weiterhin den Annexen I und III komplett folgen.

Art. 26a Abs. 2 der EU-Prospektverordnung 2012 setzt, in Konkretisierung des Art. 7 Abs. 2 lit. g) der Änderungsrichtlinie, mit den Buschstaben a) bis c) Voraussetzungen einer anlegerschützenden Transparenz, denen ein multilaterales Handelssystem genügen muss, damit dem Emittenten, dessen Aktien dort gehandelt werden, die Erleichterungen des vereinfachten Prospektregimes offen stehen (**qualifiziertes multilaterales Handelssystem**). Ohne die Kriterien hier im Detail zu analysieren, ist festzuhalten, dass die BaFin zu dem Schluss gekommen ist,[57] dass der **Freiverkehr** – auch in der Form der höheren Anforderungen des Frankfurter Entry Standard durch die allgemeinen Geschäftsbedingungen (AGB) der Frankfurter Wertpapierbörse (insbesondere der „quasi-Ad-hoc-Pflicht aus § 19 Abs. 1 dieser AGB") – ihrer Ansicht nach nicht den Anforderungen an das qualifizierte multilaterale Handelssystem genügt, obwohl der Entry Standard ohne Zweifel ein multilaterales Handelssystem i.S. von Art. 4 Abs. 1 Nr. 15 der EU-Richtlinie 2004/39/EG (MiFiD) ist (vgl. auch § 2 Abs. 3 Satz 1 Nr. 8 WpHG).[58] Diese Auffassung der BaFin ist zum Teil kritisiert worden,[59] hat zum Teil aber auch Zustimmung gefunden.[60]

21

Es ist unklar, ob die BaFin im Lichte der Verschärfungen der Anforderungen an den Freiverkehr durch die am 3.7.2016 in Kraft getretene **EU-Marktmissbrauchsverordnung,**[61] **durch die insbesondere Ad-hoc- und** *Directors Dealings-*Mitteilungen sowie die Führung von Insiderlisten auch für Unternehmen im Freiverkehr verpflichtend geworden sind, ihre Haltung beibehält oder aufgibt. Vieles spricht dafür, dass nunmehr auch Unternehmen, deren Aktien im Frankfurter Entry Standard gehandelt werden, von dem vereinfachten Prospektregime des Art. 26a der EU-Prospektverordnung 2012 Gebrauch machen können.

22

ESMA hat (zu Recht) festgehalten,[62] dass es wichtig ist, dass Investoren darauf hingewiesen werden, dass ein Prospekt, der dem vereinfachten Prospektregime folgt, nicht alle Informationen enthält, die üblicherweise nach Annex I und Annex III bei einem Angebot von Aktien enthalten wären. Dies setzt **Art. 26a Abs. 3** der EU-Prospektverordnung 2012 so um, dass eine **Erklärung am Prospektanfang** einzufügen ist, die unmissverständlich darauf hinweist, dass „*sich die Bezugsrechtsemission an die Anteilseigner des Emittenten richtet und der Umfang der im Prospekt veröffentlichten Angaben im Verhältnis zu dieser Emissionsart bemessen ist*". ESMA hat dazu folgenden **Vorschlag** für den Wortlaut des Hinweises gemacht:

23

---

56 Statt aller *Henningsen*, BaFinJournal 09/2012, 5, 6.
57 *Henningsen*, BaFinJournal 09/2012, S. 5, 7, mit spezifischem Hinweis darauf, dass die Verpflichtung zu *Directors Dealings-*Meldungen und Insiderverzeichnissen nach Auffassung der BaFin konstitutive Bestandteile von Art. 26a Abs. 2 lit. c) seien.
58 Statt aller *Schulz/Hartig*, WM 2014, 1567, 1569.
59 Siehe detaillierte Analyse bei *Oltmann/Zöllter-Petzold*, NZG 2013, 489, 491 ff. *Schulz*, Börsenzeitung vom 5.10.2013, S. 9, stellt dar, dass die Vorschriften für den Freiverkehr derzeit nicht gelten, hielte aber eine Erstreckung der Regeln auf den Freiverkehr für begrüßenswert.
60 *Schulz/Hartig*, WM 2014, 1567, 1569. Siehe auch *Schlitt*, FAZ vom 4.7.2012, S. 19.
61 Verordnung 596/2014/(EU) des Europäischen Parlaments und des Rates vom 16.4.2014 über Marktmissbrauch (Marktmissbrauchsverordnung) und zur Aufhebung der Richtlinie 2003/6/EG des Europäischen Parlaments und des Rates und der Richtlinien 2003/124/EG, 2003/125/EG und 2004/72/EG der Kommission, ABl. Nr. L 173 vom 12.6.2014, S. 1 ff.
62 ESMA/2011/323, S. 103, Rz. 314.

Artikel 26a Verhältnismäßiges Schema für Bezugsrechtsemissionen

„Investors attention is drawn to the fact that:
– this rights issue is addressed to shareholders of the issuer;
– the level of disclosure of this prospectus is therefore proportionate to this type of issue."

24 Es wäre hilfreich, wenn die BaFin **Abweichungen von diesem Wortlaut** für Zwecke des Hinweises zuließe (der, wie alles in den ESMA Reports, ja keinen bindenden Charakter hat). Denn erstens ist der von ESMA vorgeschlagene Hinweis, dass sich der Prospekt (ausschließlich) an die Aktionäre des Emittenten richtet, aus haftungsrechtlicher Sicht bestenfalls missverständlich, da auch Investoren, die neue Aktien über den Kauf von Bezugsrechten erworben haben, entsprechende Prospekthaftungsansprüche geltend machen können; also ist der Prospekt jedenfalls insoweit nicht nur adressiert an Aktionäre. Zweitens könnte es in der Praxis dazu kommen, wie unten näher zu zeigen sein wird, dass der Emittent von den Möglichkeiten der Ersetzung der Annexe I und III durch die Annexe XXIII und XXIV nur teilweise Gebrauch gemacht hat, worauf der Emittent auch hinweisen wollen wird. Drittens würde es vor dem Regelungshintergrund des vereinfachten Prospektregimes Sinn ergeben, dass der Emittent spezifisch darauf hinweist, dass der Prospekt insbesondere im Zusammenhang mit weiteren vom Emittenten veröffentlichten Informationen, insbesondere aus seiner Regelberichterstattung und über Ad-hoc Mitteilungen etc., zu lesen ist. Ein spezifischer Verweis (*link*) auf die Website des Emittenten sollte aber unterbleiben, da das andernfalls zum einen aus U.S.-rechtlicher Sicht als eine Einbeziehung per Verweis (*incorporation by reference*) aller dort enthaltenen Informationen betrachtet werden könnte und es zum anderen fraglich ist, ob ein solcher Verweis mit dem in § 1 WpPG festgelegten Anwendungsbereich des Wertpapierprospektgesetzes in Einklang zu bringen wäre. Basierend auf diesen Erwägungen könnte ein Hinweis am Anfang des Prospekts[63] wie folgt lauten:[64]

„*Investors' attention is drawn to the fact that, based on Art. 7(2)(g) of Prospectus Directive (2003/71/EC) as amended by Directive 2010/73/EU and as implemented by Commission Delegated Regulation (EU) No 486/2012, a proportionate disclosure regime applies to the offering of shares which is the subject matter of this prospectus and that the issuer has [partially] made use of such proportionate disclosure regime. Especially for this reason, this prospectus should be read together with other publicly available information issued by the issuer, in particular the issuer's annual and quarterly financial information, any ad-hoc releases under the Market Abuse Regulation [and the German Securities Trading Act] as well as any other press releases published by the issuer.*"

---

63 Grundsätzlich ist die Reihenfolge im Aufbau eines Prospekts nach Art. 25 Abs. 1 der EU-Prospektverordnung vorgegeben, und die BaFin hat seit 2005 auch auf die Einhaltung dieser Reihenfolge (mit sehr wenigen Abweichungen) bestanden. Die EU-Prospektverordnung 2012 verlangt nunmehr in Art. 26a Abs. 3 den hier dargestellten unmissverständlichen Hinweis am Prospektanfang. Zwar wird Art. 25 Abs. 1 nicht, wie es vielleicht wünschenswert gewesen wäre, entsprechend geändert, um den Hinweis nach Art. 26a Abs. 3 zu ermöglichen. Dennoch ist davon auszugehen, dass Art. 25 Abs. 1 nunmehr im Lichte von Art. 26a Abs. 3 auszulegen ist und der Hinweis somit vor oder nach dem Inhaltsverzeichnis einzufügen ist.

64 Sofern man bei internationalen Bezugsrechtsangeboten von dem vereinfachten Prospektregime überhaupt Gebrauch machen kann (siehe dazu unten Rn. 35), wird jedenfalls ein darüber hinausgehender erläuternder Hinweis zu Prospektbeginn erforderlich sein, um internationale Investoren auf den Inhalt des Prospekts bzw. die darin gekürzten bzw. nicht enthaltenen Teile aufmerksam zu machen.

II. Inhaltliche Umsetzung des „Proportionate Disclosure Regime"   **Artikel 26a**

Die wenigen **Beispielsfälle** von Emittenten, die bisher im Rahmen von Bezugsrechtskapitalerhöhungen von dem vereinfachten Prospektregime Gebrauch gemacht haben,[65] geben den Warnhinweis dagegen in wörtlicher Form wieder und verstehen auch das Merkmal „am Prospektanfang" streng, so dass der betreffende Hinweis jeweils auf dem Deckblatt (oben oder unten) erfolgt ist.[66] Der neben den oben genannten Kritikpunkten hinsichtlich seines Aussagegehalts nicht besonders verständliche Wortlaut des Hinweises war dann regelmäßig wie folgt:

25

> „Die diesem Prospekt zugrundeliegende Bezugsrechtsemission richtet sich ausschließlich an die Aktionäre der [Name des Emittenten]. Der Umfang der in diesem Prospekt veröffentlichten Angaben ist an dieser Emissionsart bemessen."

3. Spezielle Annexe XXIII und XXIV für Bezugsrechtsemissionen

Für Zwecke des vereinfachten Prospektregimes bei Bezugsrechtsemissionen sieht die EU-Prospektverordnung 2012 entsprechend den Vorschlägen von ESMA zwei neue Schemata XXIII und XXIV vor, die die an sich für Eigenkapitalemissionen geltenden Annex I und Annex III ersetzen.[67] Basierend auf dem Mandat der Europäischen Kommission[68] ist ESMA dazu durch die einzelnen „*Items*" von Annex I und Annex III gegangen und hat zwei Gruppen gebildet:

26

– *Items*, die für Zwecke der Annexe XXIII und XXIV im Vergleich zu Annex I und Annex III **vollständig weggelassen werden können**, und
– *Items*, die – betrachtet man das Ziel des Anlegerschutzes und der umfassenden Information der Anleger – zwar nicht vollständig weggelassen werden können, bei denen aber eine **Reduzierung der Anforderungen** an die Offenlegung möglich ist, wobei man diese Gruppe wiederum grob unterteilen kann in eine **zeitliche Komponente** (Reduzierung der Betrachtungsperiode, z.B. „*since the end of the latest publication of financial information*") und eine **sachliche Komponente** (Reduzierung des Darstellungsumfangs, z.B. „*brief description* ...").

a) Ersatzlose Streichung einzelner Angaben bzw. Reduzierung der Anforderungen bezüglich Annex I nach Annex XXIII

Dem Vorschlag von ESMA folgend, enthält Annex XXIII insbesondere folgende Angaben, die nach Annex I erforderlich wären, nicht mehr (nachfolgend im Wesentlichen geordnet nach den Kapiteln, in denen diese Informationen üblicherweise im Prospekt abgebildet werden):

27

---

65 Vgl. Prospekt der 4SC AG vom 21.9.2012; Prospekt der Analytik Jena AG vom 5.9.2013; Prospekt der Biofrontera AG vom 16.1.2014; Prospekt der DEAG Deutsche Entertainment AG vom 7.5.2014; Prospekt der Borussia Dortmund GmbH & Co. KGaA vom 22.8.2014.
66 *Schulz/Hartig*, WM 2014, 1567, 1570 f., die zudem zu Recht darauf hinweisen, dass der Warnhinweis im weiteren Prospekttext wiederholt werden sollte.
67 Detaillierte Gegenüberstellung der Erleichterungen bei *Schulz/Hartig*, WM 2014, 1567, 1571 f., einschließlich Darstellung redaktioneller Fehler der deutschen Fassung auf S. 1573.
68 In Abschnitt 3.3 des Mandats der Europäischen Kommission heißt es: „... *ESMA is invited to identify items which could possibly be considered redundant ... considering ... a certain amount of information is already available to investors and the financial markets*", vgl. ESMA/2011/323, S. 98, Rz. 300.

Artikel 26a   Verhältnismäßiges Schema für Bezugsrechtsemissionen

- *Bezüglich (zusammenfassende) Finanzinformationen und deren Erläuterungen, insbesondere im Rahmen der Darstellung der Vermögens-, Finanz- und Ertragslage:* Ausgewählte Finanzinformationen (Item 3), Angaben zur Geschäfts- und Finanzlage (Item 9), Eigenkapitalausstattung (Item 10)
- *Bezüglich Geschäftsbeschreibung des Emittenten:* Geschäftsgeschichte und Geschäftsentwicklung des Emittenten (Item 5.1), Sachanlagen (Item 8), Forschung und Entwicklung, Patente und Lizenzen (Item 11), Zahl der Beschäftigten (Item 17.1)
- *Bezüglich der Angaben zu den Organen des Emittenten (sofern deren Aktien an einem regulierten Markt zugelassen sind):* Bezüge und Vergünstigungen (Item 15) und Praktiken der Geschäftsführung (Item 16)
- *Bezüglich der allgemeinen Angaben über den Emittenten und sein Kapital:* Liste der wichtigsten Tochtergesellschaften (Item 7.2), Informationen über Beteiligungen (Item 25), Angabe der Anzahl, des Buch- sowie des Nennwertes der Aktien, die Bestandteil des Eigenkapitals sind und die vom Emittenten selbst oder in seinem Namen oder von Tochtergesellschaften des Emittenten gehalten werden (Item 21.1.3), Vorgeschichte des Eigenkapitals mit besonderer Hervorhebung der Informationen über etwaige Veränderungen, die während des von den historischen Finanzinformationen abgedeckten Zeitraums erfolgt sind (Item 21.1.7), Satzung und Statuten der Gesellschaft (Item 21.2)
- *Bezüglich Geschäfte und Rechtsbeziehungen mit nahe stehenden Personen:* Angaben, die im Abschluss nach IFRS dargelegt sind (Item 19)[69]

28 Des Weiteren sind in folgenden Bereichen Reduzierungen in zeitlicher bzw. sachlicher Hinsicht vorgesehen:

- *Bezüglich Finanzinformationen:* Zeitliche Beschränkung der historischen Finanzinformationen im Prospekt auf das letzte Geschäftsjahr (Item 20.1)
- *Bezüglich Geschäftsbeschreibung des Emittenten (einschließlich Marktumfeld):* Zeitliche Beschränkung der Beschreibung von Investitionen (Item 5.2.1: „*since the end of the latest published audited financial statements*"), sachliche und zeitliche Beschränkung der Geschäftsbeschreibung (bisherige Item 6.1.1 und 6.1.2) auf eine „kurze" Beschreibung insbesondere „bedeutender Änderungen ... seit dem Ende des von dem zuletzt veröffentlichten geprüften Abschluss abgedeckten Zeitraums" (Item 5.1 in Annex XXIII), ebenso sachliche und zeitliche Beschränkung der Beschreibung des Marktumfelds (bisheriges Item 6.2) auf eine „kurze" Beschreibung insbesondere „bedeutender Änderungen ... seit dem Ende des von dem zuletzt veröffentlichten geprüften Abschluss abgedeckten Zeitraums" (Item 5.2 in Annex XXIII)
- *Wesentliche Verträge:* Zeitliche Beschränkung der Pflicht zur Beschreibung wesentlicher Verträge auf ein Jahr vor Billigung (vorher zwei Jahre in Item 22)

29 Zur Bewertung dieser Streichungen bzw. Änderungen in Annex I durch Annex XXIII und Darstellung ihrer Auswirkungen auf die Praxis siehe unten III. ab Rn. 33 im Lichte der generellen Einordnung der Änderungen in Bezug auf internationale Emissionen und den Bezug zum Haftungsmaßstab.

---

69 Hinzu kommt die Streichung des Erfordernisses, bestimmte Information nach Item 24(c) zur Einsicht verfügbar zu halten.

b) Ersatzlose Streichung einzelner Angaben bzw. Reduzierung der Anforderungen bezüglich Annex III nach Annex XXIV

Die Änderungen zu Annex III, die sich für Bezugsrechtsemissionen durch Annex XXIV ergeben sollen, haben weit weniger Auswirkungen für den Inhalt des Prospekts als die Änderungen zu Annex I über Annex XXIII. Zur Streichung bzw. Reduzierung sind vorgesehen: 30

– *Bestimmte, bei Bezugsrechtsangaben nicht (bzw. vermeintlich nicht, siehe unten) einschlägige Angaben:* Aufteilung der Gesamtsumme des Angebots zwischen den „zum Verkauf und den zur Zeichnung angebotenen Wertpapieren" (Item 5.1.2), Plan für die Aufteilung der Wertpapiere (Item 5.2), Angabe der verschiedenen Kategorien der potenziellen Investoren, denen die Wertpapiere angeboten werden (Item 5.2.1), Offenlegung vor der Zuteilung (Item 5.2.3), Mehrzuteilung und Greenshoe (Item 5.2.5), Stabilisierung (Item 6.5), Wertpapierinhaber mit Verkaufsoptionen (Item 7.1 und 7.2)

– *Bestimmte als bereits öffentlich bekannt vorausgesetzte Informationen:* Angaben bezüglich Pflichtangebote und/oder Squeeze-out/Sell-out Vorschriften in Bezug auf diese Wertpapiere (Item 4.9) sowie bezüglich öffentlicher Übernahmeangebote seit Beginn des letzten Geschäftsjahres (Item 4.10), Angabe etwaiger Unterschiede zwischen Bezugspreis und von Organmitgliedern/Management bei Transaktionen im letzten Jahr für Wertpapiere des Emittenten gezahlte Kaufpreise (Item 5.3.4)

Diese Änderungen zum Annex III sind insofern nicht gravierend, als bei Bezugsrechtsemissionen bereits in der Vergangenheit viele dieser Angaben mangels Einschlägigkeit nicht aufgenommen wurden und in der der BaFin nach Art. 25 Abs. 4 EU-Prospektverordnung zu übermittelnden Überkreuzliste einfach mit „N/A" gekennzeichnet wurden. Allerdings sind manche der Streichungen nicht ganz nachzuvollziehen: Dass es bei Bezugsrechtsemissionen keine Stabilisierung geben könne, was vermutlich die Unterstellung war, die zu der Streichung des Item 6.5 geführt hat, ist rechtlich nicht zutreffend, auch wenn erstens Stabilisierung faktisch erst in Betracht kommt, sofern der Aktienkurs unter den Bezugspreis sinkt,[70] und zweitens eine Stabilisierung ohne Greenshoe[71] eine *Long Position* 31

---

[70] Vgl. Art. 10 Abs. 1 der Verordnung (EG) Nr. 2273/2003 der Kommission vom 22. Dezember 2003 zur Durchführung der Richtlinie 2003/6/EG des Europäischen Parlaments und des Rates – Ausnahmeregelungen für Rückkaufprogramme und Kursstabilisierungsmaßnahmen, ABl. EU Nr. L 336 v. 23.12.2003, S. 33 ff. sowie nunmehr – bis zum Erlass von technischen Regulierungsstandards nach Art. 5 Abs. 6 – generisch Art. 5 Abs. 4 lit. c) Marktmissbrauchsverordnung. Laut Erwägungsgrund 76 der Marktmissbrauchsverordnung soll die unter der genannten Verordnung (EG) Nr. 2273/2003 entwickelte Marktpraxis bis auf Weiteres weitergelten. Vgl. im Übrigen zahlreiche Prospekte für Bezugsrechtsemissionen der letzten Jahre, z. B. Prospekt der TeleColumbus AG vom 19.10.2015, S. 100 / 101; Prospekt der Deutsche Annington SE (nunmehr Vonovia SE) vom 16.6.2015, S. 44; Prospekt der Deutsche Wohnen AG vom 20.5.2015, S. 36; Prospekt der IVG Immobilien AG vom 30.11.2011, S. 82 f.

[71] Auch die Streichung der Angaben zum Greenshoe sind nicht zwingend, auch wenn dies in der Praxis nicht vorkommt. Denkbar wäre aber an sich schon, eine Bezugsrechtsemission zu flankieren mit einer von einem Aktionär zur Verfügung gestellten Tranche, die ohne Bezugsrecht zum Bezugspreis als Mehrzuteilung platziert wird und dann als Greenshoe genutzt wird. Dann würde sich die Frage stellen, ob das vereinfachte Prospektregime bei einer derartigen „kombinierten Transaktion" bereits nicht mehr zur Verfügung stünde, da nur „reine" Bezugsrechtsemissionen dafür genutzt werden könnten, vgl. Parallelproblem bei gleichzeitiger Zulassung von weiteren Aktien oben Rn. 19.

Artikel 26a   Verhältnismäßiges Schema für Bezugsrechtsemissionen

schaffen würde, die aufgrund des darin liegenden wirtschaftlichen Risikos zulasten der Konsortialbanken eventuell nicht gewollt ist. Zudem sehen Erwägungsgrund (12) und Art. 5 Abs. 4 b) der Marktmissbrauchsverordnung im Einklang mit der bisherigen Regelung in Art. 9 Abs. 1 der Durchführungsverordnung[72] zur Marktmissbrauchsrichtlinie[73] vor, dass Marktteilnehmer, um in den Genuss der vorgesehenen Freistellung zu kommen (sog. „*safe harbor*"-Regelung), in angemessener Weise die Details zu den geplanten Stabilisierungsmaßnahmen offengelegt haben müssen. Wird ein nach der EU-Prospektverordnung erstellter Prospekt gebilligt und veröffentlicht, galten bisher diese Anforderungen nach Art. 9 Abs. 1 Satz 2 der Durchführungsverordnung zur Marktmissbrauchsrichtlinie als erfüllt; entsprechende Regelungen sind in den nach Art. 5 Abs. 6 noch zu erlassenen technischen Regulierungsstandards zur Marktmissbrauchsverordnung zu erwarten. Diese Ausnahme dürfte nach ihrem Sinn und Zweck sowie aufgrund der zeitlichen Abfolge des Inkrafttretens der Regelungen allerdings nur dann gelten, wenn die Angaben zur Stabilisierung (Item 6.5) auch in dem gebilligten Prospekt enthalten sind. Im Ergebnis scheint es daher ratsam zu sein, entsprechende Angaben in den Prospekt aufzunehmen, wenn Stabilisierungsmaßnahmen nicht per se ausgeschlossen sein sollen.

Des Weiteren erscheint die Streichung des letzten Satzes von Item 5.1.2, wonach die Vereinbarungen und der Zeitpunkt für die Ankündigung des endgültigen Angebotsbetrags zu beschreiben sind, zu weit zu gehen, da dies bei Bezugsrechtsemissionen, bei denen von der Möglichkeit des erst nach Billigung während der Bezugsfrist endgültig festzulegenden Bezugspreises nach § 186 Abs. 2 Satz 2 AktG Gebrauch gemacht werden soll, nach wie vor einschlägig ist. Ähnliches gilt für die Beschreibung von kürzlich erfolgten Erwerbsgeschäften von Organmitgliedern/Management, bei denen der Hinweis, dass es dazu *Directors' Dealings* Meldungen nach § 15a WpHG bzw. nunmehr Art. 19 Marktmissbrauchsverordnung gibt, die durchaus für Investoren hilfreiche mathematische Gegenüberstellung zum Bezugspreis nicht zwingend entbehrlich erscheinen lässt.

c) Änderung des Annex XXIII durch EU-Verordnung 862/2012

32   Die Zweite Delegierte Prospektverordnung 2012 vom 4.6.2012 enthält eine Änderung zu Ziffer 8.2 von Anhang XXIII. Danach gibt es bei Gewinnprognosen und Gewinnschätzungen unter bestimmten Voraussetzungen eine Ausnahme von der Pflicht zur Beifügung einer Bescheinigung des Wirtschaftsprüfers, sofern sich die Finanzinformationen auf das letzte Geschäftsjahr beziehen und ausschließlich nicht irreführende Zahlen enthalten, die im Wesentlichen mit den im nächsten geprüften Jahresabschluss zu veröffentlichenden Zahlen für das letzte Geschäftsjahr konsistent sind, sowie die zu deren Bewertung nötigen erläuternden Informationen. Da diese Änderung in verschiedene Anhänge, einschließlich Anhang I, Ziffer 13.2, aufgenommen wurde, handelt es sich nicht um eine Besonderheit für das spezifische Prospektregime von Bezugsrechtsemissionen.

---

72   Verordnung (EG) Nr. 2273/2003 der Kommission vom 22. Dezember 2003 zur Durchführung der Richtlinie 2003/6/EG des Europäischen Parlaments und des Rates – Ausnahmeregelungen für Rückkaufprogramme und Kursstabilisierungsmaßnahmen, ABl. EU Nr. L 336 v. 23.12.2003, S. 33 ff.

73   Richtlinie 2003/6/EG des Europäischen Parlaments und Rats vom 28. Januar 2003 über Insider-Geschäfte und Marktmanipulation (Marktmissbrauch), ABl. EU Nr. L 96 vom 12.4.2003, S. 16 ff.

III. Auswirkungen auf Bezugsrechtskapitalerhöhungen seit 1.7.2012

Auf Basis der oben dargestellten inhaltlichen Veränderungen, die seit dem 1.7.2012 für Prospekte bei Bezugsrechtsemissionen möglich (!) sind, wird nachfolgend dargestellt, welche Auswirkungen die Veränderungen in der Praxis für den Inhalt von Prospekten und die Durchführung von Bezugsrechtsemissionen insgesamt haben. Das hängt zum einen von der Bewertung der einzelnen Elemente des vereinfachten Prospektregimes ab (siehe dazu unten Rn. 42 ff.), ist aber auch davon beeinflusst, dass es bestimmte Gründe gibt, aufgrund derer die Auswirkungen der Reform auf die Praxis – insbesondere bei größervolumigen Bezugsrechtskapitalerhöhungen – wie erwartet begrenzt sind (siehe Rn. 34 ff.).

33

1. Gründe für nur begrenzte Auswirkungen auf Prospekte für Bezugsrechtsemissionen

Neben der **faktischen Überlegung**, dass Emittenten, die bereits mehrfach vor Juli 2012 einen Prospekt für Aktienemissionen hatten billigen lassen, dazu neigen, dieses Format auch inhaltlich weiter zu benutzen,[74] sind es vor allem **Haftungsgesichtspunkte und allgemeine Prospektanforderungen innerhalb und außerhalb der EU**, die dafür sprechen, dass jedenfalls nicht vollständig von den Möglichkeiten des vereinfachten Prospektregimes Gebrauch gemacht wird.

34

a) Kein veränderter Standard außerhalb der EU bei internationalen Bezugsrechtsemissionen

Zunächst ist festzuhalten, dass sich der Inhalt eines Prospekts für Bezugsrechtsemissionen europäischer Emittenten **bei Anwendung des vereinfachten Prospektregimes** wieder **wegbewegt von der internationalen Harmonisierung**, die oben beschrieben wurde. Zwar gibt es auch bei *SEC registered transactions* in den USA ein umfangreiches Konzept der Einbeziehung von Veröffentlichungen der Regelpublizität per Verweis in den Prospekt (*incorporation by reference*), aber das ändert nichts an dem Befund, dass auch nach dem 1.7.2012 internationale Bezugsrechtsemissionen, insbesondere sofern diese mit einer Privatplatzierung in den USA nach Rule 144A unter dem U.S. Securities Act von 1933 oder, wie bei Bezugsrechtsemissionen oftmals, mit einer Möglichkeit zu sog. *reverse inquiry* einhergehen, keinem geänderten Standard unterliegen. Dies gilt insbesondere auch für den selbstverständlich **unveränderten Haftungsmaßstab nach Rule 10b-5 unter dem U.S. Securities Act von 1933** und die in diesem Zusammenhang bei internationalen Transaktionen von den beteiligten Rechtsanwaltskanzleien gegenüber den Konsortialbanken abzugebenden sog. 10b-5 Letters (*U.S. disclosure letter*). Daraus folgt schlichtweg, dass sich alle beteiligten Parteien erwartungsgemäß schwer tun, signifikante Änderungen durch das vereinfachte Prospektregime, wie z.B. die Reduzierung der historischen Finanzinformationen auf ein Jahr oder die Herausnahme der „*Operating and Financial Review*" und der „*Capital Resources*" nach Item 9 bzw. 10 von Annex I der EU-Prospektverordnung, umzu-

35

---

74 Vgl. z.B. Prospekt der TeleColumbus AG vom 19.10.2015; Prospekt der Deutsche Annington SE (nunmehr Vonovia SE) vom 16.6.2015; Prospekt der Deutsche Wohnen AG vom 20.5.2015; Prospekt der Paion AG vom 18.6.2014; Prospekt der Commerzbank AG vom 14.5.2013.

Artikel 26a Verhältnismäßiges Schema für Bezugsrechtsemissionen

setzen. Ob und inwieweit man sich hier auf die – nicht ausdrücklich einbezogenen – Veröffentlichungen des Emittenten in anderen Dokumenten, wie Geschäftsberichten oder Ad-hoc Mitteilungen, verlassen kann bzw. will, ist eine offene Frage, der man aber durchaus skeptisch gegenüberstehen kann.

b) Kein veränderter Haftungsmaßstab innerhalb Deutschlands bzw. der EU bei Bezugsrechtsemissionen

36 Fast noch wichtiger erscheint aber, dass im Zusammenhang mit dem vereinfachten Prospektregime **keine Änderung der Generalklauseln des Art. 5 Abs. 1 der EU-Prospektrichtlinie und des § 5 Abs. 1 WpPG** erfolgt ist. D. h. es bleibt dabei, dass – um den Maßstab des § 5 Abs. 1 WpPG zu nehmen – *„der Prospekt in leicht analysierbarer und verständlicher Form sämtliche Angaben enthalten muss, die im Hinblick auf den Emittenten und die öffentlich oder zum Handel an einem organisierten Markt zugelassenen Wertpapiere notwendig sind, um dem Publikum ein zutreffendes Urteil über die Vermögenswerte und Verbindlichkeiten, die Finanzlage, die Gewinne und Verluste, die Zukunftsaussichten des Emittenten ... sowie über die mit diesen Wertpapieren verbundenen Rechte zu ermöglichen."* Korrespondierend dazu **bleibt es für Zwecke des Haftungsregimes** dabei, dass nach **§§ 21, 22 WpPG** der Erwerber von Wertpapieren eventuell Haftungsansprüche geltend machen kann, wenn in dem Prospekt *„für die Beurteilung der Wertpapiere wesentliche Angaben unrichtig oder unvollständig sind".*[75] Hier tritt ein „altes Problem" der EU-Prospektrichtlinie hervor, nämlich dass der EU-Normgeber kein paralleles Mandat zur Harmonisierung des Haftungsregimes bekommen hat.[76]

37 Nun könnte man sich auf den Standpunkt stellen, dass die Generalklausel des Art. 5 Abs. 1 EU-Prospektrichtlinie bzw. § 5 Abs. 1 WpPG und auch das Haftungsregime der §§ 21, 22 WpPG im Lichte von Art. 7 Abs. 2 lit. g) der Änderungsrichtlinie bzw. Art. 26a der EU-Prospektverordnung 2012 (bzw. deren Annexen XXIII und XXIV) dahingehend auszulegen sei, dass für einen Investor in einem Prospekt nur noch solche Angaben erforderlich seien, die nach den Annexen XXIII und XXIV notwendig sind, und der Prospekt insofern nicht mehr *„sämtliche Angaben"* enthalten müsse. Auf den ersten Blick scheint der EU-Normgeber diesem Konzept aber nicht zu folgen. Denn er sagt an verschiedenen Stellen, dass es beim Anlegerschutz keine Abstriche geben dürfe und dass das vereinfachte Prospektregime deshalb im Hinblick auf den Anlegerschutz zu rechtfertigen sei, weil der Anleger die weiteren Informationen, die für seine Anlageentscheidung notwendig seien, aus öffentlich verfügbaren Quellen bekommen könne. Der EU-Normgeber sagt aber nicht, dass über die aufgrund des vereinfachten Prospektregimes im Prospekt enthaltenen Angaben hinaus keine weiteren Informationen für den Anleger und seine Investitionsentscheidung relevant seien. Daher besteht gedanklich eine **Bruchstelle zu der Generalklausel**

---

[75] Geltung von § 5 WpPG und §§ 21, 22 WpPG in unveränderter Form unstreitig, vgl. z. B. *Schulz/Hartig*, WM 2014, 1567, 1573.

[76] *Oulds*, WM 2008, 1573; *Kunold/Schlitt*, BB 2004, 501, 511; *Holzborn/Schwarz-Gondek*, BKR 2003, 927, 934; *Wiegel*, Die Prospektrichtlinie und Prospektverordnung, S. 402 ff. Als problematisch wurde von Anfang an insbesondere angesehen, dass Emittenten geneigt sein könnten, in die Jurisdiktion mit den restriktivsten Haftungsbestimmungen auszuweichen (*„race-to-the-bottom-Effekt"*). Im Zusammenhang mit der Überarbeitung der EU-Prospektrichtlinie ist die EU-Kommission beauftragt worden, jedenfalls eine Übersicht über die verschiedenen Haftungsregimes in den einzelnen Mitgliedstaaten zu erstellen, vgl. z. B. Erwägungsgrund 12 der Änderungsrichtlinie.

III. Auswirkungen auf Bezugsrechtskapitalerhöhungen seit 1.7.2012   **Artikel 26a**

und zu den Haftungsvorschriften, die insbesondere daraus resultiert, dass – anders als nach dem U.S.-amerikanischen Konzept – diese weiteren Informationen aus der Regelpublizität und der Ad-hoc Publizität der Transparenzrichtlinie nicht formell in den Prospekt einbezogen werden und damit nicht Bestandteil des Prospekts werden. Wäre das der Fall, wäre die Einheit zwischen Prospektanforderungen mittels vereinfachtem Prospektregime und der Generalklausel des § 5 WpPG bzw. den Haftungsvorschriften hergestellt. Die Bruchstelle hat inzwischen offenbar auch der Normgeber erkannt und im Entwurf zur neuen EU-Prospektverordnung[77] aufgegriffen. Art. 14 Abs. 2 des Entwurfs trifft für das vereinfachte Veröffentlichungsregime explizit eine abweichende Regelung von der Generalklausel (die sich im Entwurf in Art. 6 Abs. 1 findet), vgl. dazu unten Rn. 55. Gerade, dass der Normgeber hier offenbar ein Regelungsbedürfnis erkannt hat, zeigt, dass diese Bruchstelle tatsächlich besteht und de lege lata auch zu Schwierigkeiten führt, die man mit einer Neuregelung zu beseitigen versucht.

Dafür, dass sich Emittenten, Banken und rechtliche Berater trotz dieser Unsicherheit in den Auswirkungen darauf berufen können, dass die entsprechenden Informationen anderweitig verfügbar sind und daher jedenfalls keine Haftungsansprüche geltend gemacht werden können, spricht, dass man sich nach dem **Rechtsgedanken des § 23 Abs. 2 Nr. 3 bzw. Nr. 4 WpPG** darauf berufen kann, dass (i) wegen der öffentlichen Verfügbarkeit der Information der Erwerber die Unvollständigkeit kannte und sie ihm aufgrund des Warnhinweises auf das vereinfachte Prospektregime am Prospektanfang (siehe dazu oben Rn. 23 f.) vor Augen geführt wurde bzw. (ii) vor dem Abschluss des Erwerbsgeschäftes die Information im Rahmen des Jahresabschlusses oder Zwischenberichtes des Emittenten bzw. einer Ad-hoc Mitteilung veröffentlicht wurde. Letzteres sind aber Vorschriften, die korrigierenden Charakter haben, jedoch an der zunächst bestehenden Unvollständigkeit des Prospekts nichts ändern. Helfen könnte zudem die in § 5 WpPG gewählte Formulierung, wonach der Prospekt (Hervorhebung und Klammerzusatz eingefügt) *„sämtliche Angaben enthalten [muss], die [..]* **notwendig** *sind, um dem Publikum ein zutreffendes Urteil über die Vermögenswerte und Verbindlichkeiten, die Finanzlage, die Gewinne und Verluste, die Zukunftsaussichten des Emittenten [..] zu ermöglichen."* Der Verweis auf die Notwendigkeit der Information könnte dahingehend verstanden werden, dass nur die für eine Investitionsentscheidung „erforderlichen" Informationen in den Prospekt aufgenommen werden müssen. Für Emittenten, Banken und rechtliche Berater bleibt aber ein gewisses Risiko, dass ein hinsichtlich eines konkreten Prospekthaftungsfalles urteilendes Gericht dieser Argumentation nicht folgen mag.

38

In dem Zusammenhang ist auch zu berücksichtigen, dass die Rechtsberater – und hier schließt sich der Kreis zu den 10b-5 Letters der U.S.-Rechtsberater –, die die Transaktion begleiten, weiter in der Lage sein müssen, im Rahmen der von ihnen seitens der Konsortialbanken verlangten sog. **Disclosure Letters** zu bestätigen, dass ihnen, vereinfacht formuliert, keine Informationen bekannt sind, aufgrund derer im Prospekt wesentliche Angaben fehlen würden. Auch wenn es vom Einzelfall abhängt, inwieweit bei Erstellung eines Prospekts unter Ausnutzung der reduzierten Anforderungen diese Bestätigung noch vollumfänglich abgegeben werden kann, muss in der Praxis weiter eine Lösung entwickelt wer-

39

---

[77] Vorschlag COM(2015) 583 zur Überarbeitung der Prospektrichtlinie 2003/71/EG vom 30.11.2015. Der Vorschlag kann unter http://ec.europa.eu/finance/securities/prospectus/index_de.htm unter der Rubrik *30.11.2015 – Text des Vorschlags* abgerufen werden (zuletzt abgerufen am 1.6.2016). Vgl. dazu auch unten Rn. 54 f.

Artikel 26a Verhältnismäßiges Schema für Bezugsrechtsemissionen

den, um dieses mögliche **„Ungleichgewicht" zwischen umfassender Bestätigung einerseits und reduzierten Anforderungen an den Inhalt des Prospekts andererseits**, aufzulösen – was bei Emissionen, die unter Ausnutzung der Regulation S unter dem U.S. Securities Act von 1933 lediglich außerhalb der USA angeboten werden, eventuell leichter sein könnte.

40 Das Argument, die oben dargestellte „Lücke" sei „keine Besonderheit von vereinfachten Prospekten", da es immer einer sorgfältigen Due Diligence bedürfe, die diese Lücke schließe,[78] kann nicht überzeugen. Erstens ist es sehr wohl eine Besonderheit, dass **bewusst Pflichtangaben** von Anhang I und Anhang III der EU-Prospektverordnung **nicht** in den Prospekt **aufgenommen** werden, d. h. vorsätzlich an sich verpflichtende Angaben, die eine Konkretisierung des Grundsatzes aus § 5 WpPG darstellen sollten (sonst sollten sie an sich keine Pflichtangaben sein), nicht aufgenommen werden; das gibt es in der sonstigen Prospektpraxis nicht. Insofern ist das Problem hier gerade nicht zu vergleichen mit der in anderen Konstellationen ebenfalls aufkommenden Frage, ob aufgrund von § 5 WpPG weitere Angaben als die Pflichtangaben notwendig sind. Wenn gesagt wird, dass die Lücke durch die **Due Diligence** geschlossen werden könne, indem im konkreten Fall untersucht werde, ob die betreffende Pflichtangabe nicht doch wesentlich ist und daher über Anhang XXIII / Anhang XXIV hinaus aufgenommen werden sollte, ist das zwar eine Lösung des Problems (und auch die einzig richtige). Es darf aber bezweifelt werden, dass dieses Verfahren der Lückenschließung nach Durchführung einer Punkt-für-Punkt-Analyse auf Basis der Due Diligence deutlich effizienter ist als gleich einen Prospekt zu schreiben, der die Vorgaben von Anhang I und Anhang III (statt der Anhänge XXIII und XXIV) erfüllt.[79]

41 Letztlich könnten auch nur **einzelne Elemente der Erleichterungen** durch das vereinfachte Prospektregime in Anspruch genommen werden, bei denen die Emittenten, Banken und Rechtsberater zu dem Schluss kommen, dass diese Informationen für die Investitionsentscheidung des Anlegers nicht zwingend wesentlich sind (siehe auch Rn. 42 ff. bezüglich der Darstellung von Finanzinformationen). Zudem könnte man auf der speziellen Website der Gesellschaft, auf welcher der Prospekt veröffentlicht ist, einen Link zu der betreffenden Regelpublizität, z. B. frühere Geschäftsberichte, die die Darstellung der Vermögens-, Finanz- und Ertragslage früherer Jahre enthalten, anfügen, so dass der Anleger, der sich so den Prospekt verschafft, unmittelbar hier auch zu den sonstigen veröffentlichten Informationen des Emittenten gelangt. Unklar ist weiterhin, ob es in der Praxis zunehmend so sein wird, dass man sich komfortabel damit fühlt, dass die öffentlich verfügbaren Informationen für Zwecke der Generalklausel des § 5 WpPG bzw. die Haftungsnormen als öffentlich bekannt bzw., bei entsprechender Auslegung von § 5 WpPG, als für das Verständnis des Emittenten **„nicht erforderlich"** angesehen werden oder dass die in Annex XXIII und Annex XXIV nicht enthaltenen Angaben insgesamt als „nicht wesentlich" eingestuft werden. Falls dem nicht so wäre, müsste entweder der Normgeber für eine Klarstellung sorgen oder aber die Regelpublizität so ausgebaut werden, dass sie formell zu einem Teil des Prospekts gemacht werden kann und z. B. im Hinblick auf die Darstellung der Vermögens-, Finanz- und Ertragslage die Auslassung der *„Operating and Financial Review"* und der *„Capital Resources"* nach Item 9 bzw. 10 von Annex I der EU-Prospektverordnung rechtfertigt.

---

78 *Schulz/Hartig*, WM 2014, 1567, 1573 f., und *Schulz*, Börsenzeitung vom 5.10.2013, S. 9.
79 Und ob, wie *Schulz*, Börsenzeitung vom 5.10.2013, S. 9, behauptet, die MD&A wirklich auf ein Jahr (plus Zwischenfinanzinformationen des laufenden Jahres) beschränkt werden kann, wird hier – für den Regelfall – nochmals bezweifelt.

2. Konkrete Bewertung der einzelnen Vorschläge des vereinfachten Prospektregimes

Bevor man jedoch aufgrund der vorgenannten **„Beharrungstendenzen"** das geänderte Regime vollständig ablehnt, sollte man sich die einzelnen Vorschläge für Streichungen bzw. Änderungen des Annex I durch Annex III hinsichtlich ihrer Umsetzbarkeit nochmals genauer ansehen:

Angesichts der unter Rn. 34 ff. dargestellten Schwierigkeiten wird man in der Praxis zunächst untersuchen müssen, welche **Informationen**, die vom vereinfachten Prospektregime als entbehrlich angesehen bzw. im Umfang reduziert wurden, eventuell **weniger wichtig** sind bzw. an anderer Stelle auch im Prospekt **bereits abgebildet** sind. Insofern kann man sich z.B. gut vorstellen, dass die Streichung bestimmter Informationen (i) über die Organe des Emittenten, d.h. Bezüge und Vergütungen (Item 15) und Praktiken der Geschäftsführung (Item 16), sowie (ii) über Geschäftsbeziehungen mit nahestehenden Personen (Item 19) tatsächlich nicht näher im Hauptteil des Prospekts beschrieben werden müssten, da entsprechende Angaben auch im in den F-Pages des Prospekts abgedruckten bzw. in den Prospekt einbezogenen (Konzern-)Jahresabschluss enthalten sind. Auch die oben genannten „Angaben über den Emittenten und sein Kapital" (Item 7.2, Item 25 und Teile von Item 21), die nunmehr nicht mehr erforderlich sein sollen, lassen sich letztlich dem Konzernabschluss entnehmen bzw. erscheinen für die Investitionsentscheidung des Anlegers von eher zweitrangiger Bedeutung.[80]

Anderes dagegen, was das vereinfachte Prospektregime pauschal als entbehrlich ansieht, erfordert eine **umfassende Prüfung im jeweiligen Einzelfall**. Die *„Darstellung der Vermögens-, Finanz- und Ertragslage"* (sog. MD&A, vgl. *Operating and Financial Review*, Item 9) ist, insbesondere für internationale Investoren, der wichtigste Teil eines Prospekts überhaupt, weshalb er üblicherweise im Prospekt noch vor der Beschreibung der Geschäftstätigkeit dargestellt wird. Dass dieser Teil entbehrlich sein soll, ist zunächst überraschend, da veröffentlichte Informationen des Emittenten, üblicherweise im Konzern-Jahresabschluss und den Zwischenberichten, selten so umfassend sind, dass alle erforderlichen Informationen enthalten sind, die in einer **MD&A** in einem Prospekt üblicherweise aufgenommen werden. In jedem Fall sollte vor einem Verzicht der Aufnahme dieser Informationen im Einzelfall geprüft werden, wie umfangreich die bereits veröffentlichten Informationen sind und ob diese, was im Rahmen einer umfangreichen sog. *legal and financial due diligence*-Prüfung festzustellen ist, alle für die Investitionsentscheidung wesentlichen Informationen über die Vermögens-, Finanz- und Ertragslage des Emittenten enthalten. Aufbauend auf einer solchen Analyse kann ermittelt werden, welche Informationen womöglich noch nicht öffentlich bekannt sind, und im Anschluss entschieden werden, ob nur diese „fehlenden" Informationen im Prospekt veröffentlicht werden oder ob es ratsam ist, eine vollständige MD&A in den Prospekt aufzunehmen. Abhängig von dem Umfang des Angebots und den notwendigen Vermarktungsaktivitäten ist darüber hinaus im Einzelfall zu entscheiden, ob nicht die MD&A als der, neben der Darstellung der Wettbewerbsstärken und Strategie, im Prospekt vielleicht wichtigste Abschnitt zur **Vermarktung der Aktien**, unter

---

[80] So auch mit einer Reihe von Beispielen *Schulz/Hartig*, WM 2014, 1567, 1574. Allerdings darf man diesbezüglich nicht verkennen, dass dadurch zwar der Umfang des Prospekts sinken mag, aber es handelt sich zumeist um Prospektteile, deren Erstellung auch keinen besonders hohen Zeitaufwand in Anspruch nimmt, d.h. die Effizienzsteigerung ist begrenzt.

Artikel 26a Verhältnismäßiges Schema für Bezugsrechtsemissionen

diesem Gesichtspunkt aufgenommen werden sollte. Existierende Aktionäre mögen zwar öffentlich verfügbare Informationen haben oder an diese gelangen können, aber auch existierende Aktionäre muss man davon überzeugen, durch Ausübung ihrer Bezugsrechte wiederum Kapital in die Gesellschaft zu investieren, und man sollte den Prospekt eben nicht nur als Haftungs-, sondern auch als Vermarktungsdokument sehen. Vor diesem Gesamthintergrund ist es – vor allem bei internationalen Bezugsrechtsemissionen, siehe Rn. 35 oben, sowie bei Emissionen, bei denen der Vermarktungsaspekt besonders bedeutsam ist – nur im Einzelfall[81] wahrscheinlich, dass Prospekte für Bezugsrechtsemissionen ohne MD&A erstellt werden.[82] Ähnliches gilt für die Streichung der Darstellung der Eigenkapitalausstattung (Item 10).

45 In diesem Zusammenhang ist auch die Verengung der in den F-Pages aufzunehmenden **Finanzabschlüsse** auf das letzte abgeschlossene Jahr sowie auf den letzten veröffentlichten Zwischenbericht zu nennen (Item 20). Hier wird auch zu berücksichtigen sein, dass der Emittent und die die Emission begleitenden Banken in ihren **Vermarktungsunterlagen (Roadshow Presentation)** auf die Geschäftsentwicklung des Emittenten in den vergangenen Jahren eingehen wollen würden; sind lediglich die Finanzinformationen für das vergangene Geschäftsjahr im Prospekt enthalten, wird sich vermutlich auch der von den Wirtschaftsprüfern ausgestellte und an die Emissionsbanken adressierte *Comfort Letter* nur auf diesen Zeitraum beziehen. Da die Wirtschaftsprüfer nach derzeitiger Praxis üblicherweise keinen *comfort* auf Zahlen geben, die nicht auch im Prospekt enthalten sind, hätte dies für die Banken zur Folge, dass diese bei Verwendung weiterer Finanzangaben in den Vermarktungsmaterialien womöglich auf den durch den *Comfort Letter* gewährten Schutz verzichten müssten.[83] Zudem wird bei der Aufnahme weiterer, nicht im Prospekt enthaltener, Angaben in die Vermarktungsunterlagen im Einzelfall zu prüfen sein, inwieweit das in **§ 15 Abs. 4 WpPG** aufgestellte **Konsistenzgebot** eingehalten ist. Art. 12 Satz 1 lit. d) der am 24.3.2016 in Kraft getretenen Delegierten Verordnung (EU) 2016/301 vom 30.11.2015 zur Ergänzung der Richtlinie 2003/71/EG des Europäischen Parlaments und des Rates durch technische Regulierungsstandards für die Billigung und Veröffentlichung des Prospekts und die Verbreitung von Werbung und zur Änderung der Verordnung (EG) Nr. 809/2004 der Kommission legt außerdem fest, dass Werbung keine alternativen Leistungsmessgrößen enthalten darf, es sei denn, diese sind auch im Prospekt enthalten. Alternative Leistungsmessgrößen sind nach Art. 12 Satz 3 dieser Verordnung finanzielle Messgrößen für die historische und künftige finanzielle Leistungsfähigkeit, Finanzlage oder Cashflows, die nicht den im geltenden Rechnungslegungsrahmen definierten finanziellen Messgrößen entsprechen. Hintergrund dieser Regelung ist, dass alternative Leistungsmessgrößen Anlageentscheidungen in besonderem Maße beeinflussen können.

46 Schließlich gibt es eine dritte Gruppe von Streichungen bzw. reduzierten Anforderungen über das vereinfachte Prospektregime, bei der es sehr vom **Einzelfall** abhängt, wie die ausreichende bzw. umfassende Prospektdarstellung auszusehen hat, bzw. bei der die Entwicklung der Praxis weiter zu beobachten sein wird. Dies gilt zum einen für die Reduzierung des

---

81 Leichter mag der Verzicht auf die MD&A sicherlich fallen, wenn es sich um kleinere Emissionen oder Emissionen mit einer Aktionärsstruktur, die beispielsweise durch einen sehr hohen Aktienbesitz weniger Großaktionäre charakterisiert ist, handelt oder bei Emissionen mit einer Übernahmegarantie der gesamten Platzierung durch einen Aktionär.
82 Vgl. zur Diskussion bezüglich MD&A auch *Schulz/Hartig*, WM 2014, 1567, 1574.
83 Vgl. hierzu insbesondere *Meyer*, WM 2003, 1745 ff.

III. Auswirkungen auf Bezugsrechtskapitalerhöhungen seit 1.7.2012

Umfangs der **Beschreibung der Geschäftstätigkeit** in sachlicher und zeitlicher Hinsicht (Item 5.2.1, Item 6.1.1. und Item 6.1.2) bzw. der Streichung eines Teils der betreffenden Informationen (Item 5.1, Item 8, Item 11 und Item 17.1) und die entsprechend reduzierten Anforderungen der **Beschreibung des Marktumfeldes** (Item 6.2). Hier ist zunächst festzuhalten, dass die Beschreibung im Gesamtzusammenhang nachvollziehbar und schlüssig sein muss und – aus rechtlichen Gründen und für Zwecke der Vermarktung – die wichtigsten Elemente zu enthalten hat; dennoch könnten die Regelungen des vereinfachten Prospektregimes hier im konkreten Fall zu einer Verkürzung der Beschreibung der Geschäftstätigkeit sowie Beschreibung des Marktumfelds bei Bezugsrechtsemissionen genutzt werden. Zum anderen ließen sich die ausgewählten Finanzinformationen (Item 3) zwar aus rechtlichen Gründen angesichts der Angaben im Abschluss aus einem Prospekt für Bezugsrechtsemissionen streichen, aber die Vergangenheit hat wiederum gezeigt, dass eine derartige zusammenfassende (übersichtliche) Darstellung der wesentlichen Kennzahlen des Emittenten für Investoren eine hohe Bedeutung hat, so dass hier eher weiterhin zu erwarten steht, dass diese Angaben auch zukünftig freiwillig in den Prospekt aufgenommen werden. Offen scheint auch einige Jahre nach Inkrafttreten der Regelungen, ob die Reduzierung der Finanzinformationen auf ein Geschäftsjahr in der Praxis umgesetzt wird.[84]

3. Auswirkungen auf BaFin-Praxis bei Bezugsrechtskapitalerhöhungen

47 Nach der **früheren Praxis der BaFin** (und der österreichischen Finanzmarktaufsicht)[85] stellte ein Bezugsangebot an die bestehenden Aktionäre kein öffentliches Angebot dar, sofern der Emittent keinen Bezugsrechtshandel organisierte[86] (und sich aus einem etwaigen von Dritten organisierten Handel der Bezugsrechte im Freiverkehr einer Börse kein derart reger Handel ergibt, dass dies doch als öffentliches Angebot zu werten wäre).[87] Die Position der BaFin, die sich aus einer schon von der Vorgängerbehörde, Bundesaufsichtsamt für den Wertpapierhandel (BAWe), vertretenen Auffassung zum „begrenzten Personenkreis" ableitete, divergierte von der **Ansicht der anderen europäischen Regulierungsbehörden**. Die BaFin hielt an ihrer Auslegung so lange weiter fest, wie die überarbeitete Än-

---

84 Sofern es nur um die Vermeidung des Abdrucks in den F-Pages ginge, hülfe ebenso eine Einbeziehung per Verweis (*incorporation by reference*). Sofern es auch darum geht, insgesamt nur Finanzinformationen des letzten Geschäftsjahres im Prospekt darzustellen und zu diskutieren, führt dies zurück auf die Frage, ob die sog. MD&A entbehrlich sein kann (dann stellte sich diese Frage bezogen auf den Vergleich des letzten mit dem vorletzten Geschäftsjahr, der wegfiele, wenn man sich auf das letzte Geschäftsjahr des Emittenten beschränkte).
85 Vgl. noch ESMA/2011-85, FAQ regarding Prospectuses: Common positions agreed by ESMA Members, 13th Updated Version, 9.6.2011, S. 53, Question 63; dazu oben *Schnorbus*, § 2 Rn. 72 ff.
86 Ein aktienrechtlicher Anspruch auf einen Bezugsrechtshandel besteht allerdings nicht, vgl. LG Hamburg, AG 1999, 382; **zustimmend** *Vaupel/Reers*, AG 2010, 93, 97; *Hüffer/Koch*, AktG, 12. Aufl. 2016, § 186 Rn. 7; **a.A.** *Servatius*, in: Spindler/Stilz, AktG, § 186 Rn. 17.
87 BaFin-Workshop: 100 Tage WpPG, Rechtsfragen aus der Anwendungspraxis, Präsentation vom 3.11.2005, S. 4; BaFin, Ausgewählte Rechtsfragen der Aufsichtspraxis, Präsentation vom 4.9.2007, S. 5; zustimmend *Schlitt/Schäfer*, in: Assmann/Schlitt/von Kopp-Colomb, WpPG/VerkProspG, § 4 Rn. 51; *Ritz/Zeising*, in: Just/Voß/Zeising, WpPG, § 2 Rn. 103; **a.A.** (*argumentum e contrario* aus Art. 4 Abs. 1 lit. a) der Richtlinie 2003/71/EG) *Wiegel*, Die Prospektrichtlinie und Prospektverordnung, S. 156 f.

Artikel 26a Verhältnismäßiges Schema für Bezugsrechtsemissionen

derungsrichtlinie noch nicht in nationales Recht umgesetzt war. Wie sich aus deren Genese ergibt, geht der europäische Normgeber davon aus, dass auch Bezugsangebote, bei denen keine Übertragbarkeit der Bezugsrechte möglich sein solle, als öffentliches Angebot gelten sollen. Auch die Erste Delegierte Prospektverordnung 2012 geht durch die Formulierung in Erwägungsgrund (12) wie selbstverständlich davon aus, dass die Möglichkeit eines organisierten Handels der Bezugsrechte nicht zwingend gegeben sein muss, um dem vereinfachten Prospektregime zu unterliegen.[88] Daher erkannte die BaFin schon weit vor Inkrafttreten dieser Regelungen, dass **mit Geltung des geänderten Prospektrechts** aufgrund der nunmehr bestehenden spezifischen Regelung von Bezugsrechtsemissionen **kein Raum mehr für** die (von anderen europäischen Behörden abweichende) **Position der BaFin** war. Insofern verfolgte die BaFin ab dem 1.7.2012 zu Recht[89] ihre bisherige Argumentation nicht mehr weiter, so dass daher derartige Bezugsrechtsemissionen ohne Bezugsrechtshandel seitdem auch in Deutschland prospektpflichtig sind.[90]

IV. Gesamtbewertung des vereinfachten Prospektregimes

48 Der Ausgangspunkt, Bezugsrechtsemissionen für Emittenten durch ein vereinfachtes Prospektregime einfacher, kostengünstiger und schneller umsetzbar zu machen, ist begrüßenswert. Betrachtet man allerdings die oben näher dargestellten Auswirkungen, zeigt die Reform, mit der der „Mangel" behoben werden soll, erhebliche Schwächen:

49 Erstens hat sich der europäische Normgeber mit der Schaffung des „vereinfachten Prospektregimes" **ausschließlich** auf den **Inhalt des Prospekts** fokussiert. Damit wird das Ziel der Kostenreduktion und „effizienteren Kapitalbeschaffung" börsennotierter Unternehmen nicht erreicht. Denn lediglich dadurch, dass mit dem vereinfachten Prospektregime bestimmte Teile in einem Prospekt weggelassen werden können, reduzieren sich der **Zeitaufwand** zur Vorbereitung der Transaktion und auch der **Kostenblock** des Emittenten für Banken, Anwälte und Wirtschaftsprüfer nur unwesentlich. Auch der externe Zeitfaktor – d.h. Prüfung des Prospekts durch die BaFin bis zur Billigung sowie die Zeit zur Durchführung bzw. Umsetzung der Transaktion (zweiwöchige Bezugsfrist etc.) – hat sich nicht verändert. Dazu hätte der europäische Normgeber bei Schaffung der neuen Änderungsrichtlinie z.B. auf der Zeitschiene ein beschleunigtes Billigungsverfahren für Bezugsrechtsemissionen vorgeben müssen. Für weitergehende gesellschaftsrechtliche Veränderungen, die das größte Problem des langen Marktrisikos bei Bezugsrechtskapitalerhöhungen adressieren würden, z.B. Reduzierung der zweiwöchigen Bezugsfrist auf fünf Werktage oder die gesetzliche Festlegung, dass der endgültige Bezugspreis nach Festlegung einer Preisspanne auch

---

88 Der Erwägungsgrund spricht von „*subscribe the share or sell the right to subscribe the shares*"; sollte nur der Fall umfasst sein, in dem ein Bezugsrechtshandel erfolgt, müsste zumindest das „*or*" durch ein „*and*" ersetzt sein.

89 So auch *Schulz/Hartig*, WM 2014, 1567, 1568.

90 BaFin „Eckpunkte der Revision der Prospektrichtlinie, Stand 6.6.2012, S. 14, sowie *Henningsen*, BaFinJournal 09/2012, 5, 7. Vgl. auch *Lawall/Maier*, DB 2012, 2443, 2444; kritisch zur daraus entstehenden Situation *Leuering/Stein*, Der Konzern 2012, 383, 387 f.; *Brocker/Wohlfarter*, BB 2013, 393, 393 f. Vgl. auch *Oltmanns/Zöllter-Petzold*, NZG 2013, 489, 489, und detaillierter *Leuering/Stein*, NJW-Spezial 2012, 591 f. Daher ergab sich auch eine Änderung der in Fn. 85 zitierten Antwort zu Frage 63 der FAQ re Prospectuses, vgl. aktuell ESMA-Questions and Answers (25th Updated Version – July 2016), Antwort zu Frage 63.

IV. Gesamtbewertung des vereinfachten Prospektregimes Artikel 26a

erst nach Ende der Bezugsfrist festgelegt werden könnte, bestanden selbstverständlich weder ein europäisches Mandat noch Reformbestrebungen auf nationaler Ebene.

Bewertet man zweitens die inhaltlichen Änderungen, die durch das vereinfachte Prospektregime beim Prospekt eintreten können, ist das **Grundkonzept der Umsetzung** eines solchen veränderten Regimes **über die Schemata/Annexe der EU-Prospektverordnung** aufgrund der bestehenden Struktur der Prospektvorgaben über die Schemata/Annexe **konsequent bzw. nachvollziehbar**; es zeigt aber wiederum die große strukturelle Schwäche dieses Konzepts, nämlich dass die Vorgaben bzw. nunmehr Streichungen von Prospektanforderungen **zu starr** sind und damit Gefahr laufen, entweder nicht viel zu erreichen, oder aber – wie bei der Streichung von Item 9. von Annex I (*Operating and Financial Review*) – nur im Einzelfall und auch nur nach erheblichem *due diligence* Aufwand die beabsichtigte Entlastung beim Prospekterstellungsaufwand bringen. 50

Drittens gibt es erhebliche **Schwierigkeiten**, das vereinfachte Prospektregime **bei internationalen Bezugsrechtsemissionen** aufgrund der außerhalb der EU eben nicht veränderten Prospektanforderungen in der Praxis umzusetzen. Noch wichtiger erscheinen erhebliche Unsicherheiten für Emittenten, Konsortialbanken und Rechtsberater, die dadurch entstehen, dass die Gesamtanforderungen, die an einen Prospekt gestellt werden, und die **Haftungsmaßstäbe** sich **nicht geändert** haben, gleichzeitig aber die öffentlich verfügbaren Informationen, die der Hauptgrund für die Reduzierung der Prospektanforderungen hin zu einem vereinfachten Prospektregime waren, nicht in den Prospekt einbezogen werden oder für Zwecke der Feststellung einer wesentlichen Unvollständigkeit des Prospekts nicht ex lege außer Betracht zu bleiben haben. Damit wird ein für Marktteilnehmer wichtiger Eckpfeiler, Rechtssicherheit in Bezug auf die offen zu legenden Angaben zu schaffen,[91] ein stückweit wieder aufgegeben. Es ist in der Praxis auch mehrere Jahre nach Inkrafttreten der Vorschriften nicht abzusehen, wie dieser Widerspruch aufgelöst werden kann. 51

Aufgrund dieser Schwächen haben **viele Emittenten** in den vergangenen Jahren von dem vereinfachten Prospektregime **nicht Gebrauch gemacht**.[92] Fakt ist, dass das vereinfachte Prospektregime eben gerade nicht zu einem „Mini-Prospekt"[93] führt – weder in der Theorie noch in der Praxis. Im Übrigen ist auch festzuhalten, dass der Ausgangspunkt, dass es bei Bezugsrechtskapitalerhöhungen aufgrund öffentlich verfügbarer Informationen ein geringeres Informationsbedürfnis der Anleger gibt, nicht in jedem Fall richtig ist.[94] Zudem können Emittenten, die häufiger an den Kapitalmarkt treten, eventuell durch die Billigung eines Registrierungsformulars[95] oder die Nutzung der seit 1.7.2012 verbesserten Möglich- 52

---

91 Vgl. *Centre for Strategy and Evaluation Services*, Study on the Impact of the Prospectus Regime on EU Financial Markets, June 2008, S. 49.
92 Vgl. z. B. Prospekt der TeleColumbus AG vom 19.10.2015; Prospekt der Deutsche Annington SE (nunmehr Vonovia SE) vom 16.6.2015; Prospekt der Deutsche Wohnen AG vom 20.5.2015; Prospekt der Paion AG vom 18.6.2014; Prospekt der Commerzbank AG vom 14.5.2013.
93 So der Begriff bei *Leuering/Stein*, Der Konzern 2012, 383, 388.
94 Paradigmatisch dafür sind die zahlreichen Prospekte für Bezugsrechtskapitalerhöhungen von Banken während der Finanzkrise, vgl. z. B. den von der BaFin am 23.5.2008 gebilligten Prospekt der UBS AG.
95 Vgl. z. B. den dreiteiligen Prospekt, den die Deutsche Bank AG für ihre Bezugsrechtskapitalerhöhung 2010 nutzte (Registrierungsformular vom 7.5.2010, Zusammenfassung und Wertpapierbeschreibung jeweils vom 21.9.2010; ebenso bereits Registrierungsformular vom 9.4.2009. Vgl. auch dreiteiligen Prospekt der COMMERZBANK AG vom 6.4.2011, wobei das Registrierungsfor-

Artikel 26a Verhältnismäßiges Schema für Bezugsrechtsemissionen

keit zur Einbeziehung per Verweis (*incorporation by reference*) zeitlich schneller und effizienter an den Kapitalmarkt treten, so dass es hier auch **Alternativen zu dem vereinfachten Prospektregime** gibt. Letztlich wird der „große Wurf" aber erst dann gelingen, wenn der Gesetzgeber bereit ist, eventuell zunächst für bestimmte Emittenten (wie in anderem Zusammenhang bei den „*well-known seasoned issuers*" in den USA), eine regelmäßige Berichterstattung (inklusive voll umfassender MD&A) einzuführen, durch die größtenteils per Verweis fast alle wesentlichen Teile eines Prospekts sofort zur Verfügung stehen. Es ist daher zu begrüßen, dass der Normgeber mit dem Entwurf zur neuen EU-Prospektverordnung[96] in diese Richtung zu tendieren scheint (siehe dazu unten Rn. 55).

53 Andererseits sollte man die Reform und die Einführung des vereinfachten Prospektregimes nicht unterschätzen.[97] Eine **Reihe von insbesondere kleineren Emittenten** hat in den letzten Jahren die **neuen Möglichkeiten genutzt**.[98] Zwar mögen die Veränderungen bei Prospekten aufgrund der genannten Schwierigkeiten nicht fundamental sein. Dennoch können eventuell einige Teile des Prospekts, die nicht mehr erforderlich sind, weggelassen werden, ohne dass man in den Konflikt liefe, dass dem Anleger wesentliche Informationen vorenthalten werden (z. B. bezüglich *Related Party Transactions* oder Management-Vergütung, die jeweils in den historischen Finanzinformationen in den sog. F-Pages des Prospekts enthalten sind). Auch die Reduzierung der Notwendigkeit historischer Finanzinformationen auf ein Geschäftsjahr könnte mittelfristig einen nicht unerheblichen Einfluss auf die Diskussion, was zu den Kernelementen eines Prospekts für eine Bezugsrechtsemission gehört, haben. Für kleinere Emissionen mit Platzierung außerhalb der USA, bei denen der Vermarktungsaspekt nicht im Vordergrund steht, kann auch die Möglichkeit, auf die MD&A zu verzichten, eine bedenkenswerte Erleichterung bei der Prospekterstellung bedeuten.

V. Ausblick: Neue EU-Prospektverordnung

54 Im Rahmen des Aktionsplans zur Schaffung einer Kapitalmarktunion hat die Europäische Kommission am 30.11.2015 den Vorschlag COM(2015) 583 zur Überarbeitung der Prospektrichtlinie 2003/71/EG vorgelegt, der die Rückmeldungen zu einer im Jahr 2015 von der Kommission durchgeführten Konsultation berücksichtigt.[99] Die Kapitalmarktunion soll einen echten Binnenmarkt für Kapital in der EU bewirken und dadurch Finanzmittel für Unternehmen erschließen und mehr Möglichkeiten für Anleger in der EU schaf-

---

mular auch für den zweiten Teil der Kapitalmaßnahme (Billigung der Wertpapierbeschreibung und Zusammenfassung am 23.5.2011) genutzt wurde.

96 Vorschlag COM(2015) 583 zur Überarbeitung der Prospektrichtlinie 2003/71/EG vom 30.11.2015. Der Vorschlag kann unter http://ec.europa.eu/finance/securities/prospectus/index_de.htm unter der Rubrik *30.11.2015 – Text des Vorschlags* abgerufen werden (zuletzt abgerufen am 1.6.2016). Vgl. dazu auch unten Rn. 54 f.

97 Deutlich positivere Gesamtbewertung z. B. bei *Schulz*, Börsenzeitung vom 5.10.2013, S. 9.

98 Vgl. Prospekt der 4SC AG vom 21.9.2012; Prospekt der Analytik Jena AG vom 5.9.2013; Prospekt der Biofrontera AG vom 16.1.2014; Prospekt der DEAG Deutsche Entertainment AG vom 7.5.2014; Prospekt der Borussia Dortmund GmbH & Co. KGaA vom 22.8.2014.

99 Der Vorschlag kann unter http://ec.europa.eu/finance/securities/prospectus/index_de.htm unter der Rubrik *30.11.2015 – Text des Vorschlags* abgerufen werden (zuletzt abgerufen am 1.6.2016).

V. Ausblick: Neue EU-Prospektverordnung Artikel 26a

fen.[100] Dazu sollen alle bisherigen Prospektvorgaben (also die Richtlinie und die damit in Verbindung stehenden Verordnungen, ESMA-Leitlinien und -Empfehlungen) überprüft und gegebenenfalls geändert werden. Die Überarbeitung der Prospektrichtlinie als ein Element des Aktionsplans soll einerseits insbesondere kleinen und mittleren Unternehmen (KMU) erleichtern, Kapital aufzunehmen und *„grenzüberschreitende Investitionen im Binnenmarkt fördern"*, und andererseits *„den Anlegern fundierte Anlageentscheidungen erlauben"*.[101] Zu diesem Zweck zielt der Vorschlag neben der Harmonisierung der Prospektvorschriften der EU vor allem auf eine Reduzierung des Umfangs von Wertpapierprospekten auf ein *„angemessenes Maß"*[102] ab.

Der Vorschlag sieht dafür neben anderen Neuerungen[103] in Art. 14 ein vereinfachtes Veröffentlichungsregime (sog. Mindestoffenlegungsregelung) für Sekundäremissionen vor, also für Unternehmen, die zum Handel in einem regulierten Markt oder einem KMU[104]-Wachstumsmarkt seit mindestens 18 Monaten zugelassen sind. Dieses Veröffentlichungsregime soll die bisherigen angemessenen Offenlegungsregelungen für Bezugsrechtsemissionen ersetzen, da diese ihre Ziele nicht erreicht haben.[105] Der Umfang der jeweiligen Wertpapierprospekte soll insbesondere bezüglich der Informationen reduziert werden, die schon allgemeinen Offenlegungsregelungen (etwa aufgrund der Marktmissbrauchsverordnung und der Transparenzrichtlinie) unterfallen. Interessant ist dabei vor allem, dass Art. 14 Abs. 2 des Vorschlags explizit eine abweichende Regelung von der Generalklausel des Art. 6 Abs. 1 des Vorschlags trifft. Dies könnte den bisherigen Konflikt zwischen dem vereinfachten Veröffentlichungsregime und der (bislang) unveränderten Generalklausel nach Art. 5 Abs. 1 der EU-Prospektverordnung bzw. § 5 Abs. 1 WpPG entschärfen.[106] In Art. 14 Abs. 2 heißt es insbesondere, dass die Informationen *„ausschließlich das letzte Geschäftsjahr betreffen"*. Außerdem soll ausweislich des Wortlauts offenbar die Beschränkung auf Bezugsrechtsemissionen entfallen. Angesichts der dynamischen Entwicklung im bisherigen Gesetzgebungsverfahren auf diesem Gebiet muss hier aber die weitere Entwicklung abgewartet werden. Die nähere Ausgestaltung des vereinfachten Veröffentlichungsregimes, also der notwendige Inhalt des vereinfachten Prospekts, soll ohnehin erst durch die EU-Kommission in delegierten Rechtsakten erfolgen.

55

---

100 Vgl. hierzu den Aktionsplan der EU-Kommission zur Schaffung einer Kapitalmarktunion, abrufbar unter http://ec.europa.eu/finance/capital-markets-union/docs/building-cmu-action-plan_de.pdf (zuletzt abgerufen am 1.6.2016).
101 Pressemitteilung der EU-Kommission zum Überarbeitungsvorschlag, abrufbar unter http://ec.europa.eu/finance/securities/prospectus/index_de.htm unter der Rubrik *30.11.2015 – Pressemitteilung* (zuletzt abgerufen am 1.6.2016).
102 Pressemitteilung der EU-Kommission zum Überarbeitungsvorschlag, abrufbar unter http://ec.europa.eu/finance/securities/prospectus/index_de.htm unter der Rubrik *30.11.2015 – Pressemitteilung* (zuletzt abgerufen am 26.2.2015).
103 Für einen Überblick über die weiteren wichtigsten Änderungen siehe oben *Schnorbus*, Vor §§ 1 ff. Rn. 12. Der Vorschlag enthält daneben z. B. auch ein weitreichenderes vereinfachtes Veröffentlichungsregime für KMU als bisher.
104 Die Abkürzung „KMU" steht für kleine und mittlere Unternehmen.
105 So die Begründung des Entwurfs COM(2015) 583 zur Überarbeitung der Prospektrichtlinie 2003/71/EG, S. 12 und 18.
106 Vgl. zu diesem Konflikt oben Rn. 36 ff.

Artikel 26b
Verhältnismäßige Schemata für kleine und mittlere Unternehmen und Unternehmen mit geringer Marktkapitalisierung

¹Die in den Anhängen XXV bis XXVIII dargestellten verhältnismäßigen Schemata finden Anwendung, wenn von kleinen und mittleren Unternehmen sowie von Unternehmen mit geringer Marktkapitalisierung begebene Wertpapiere dem Publikum angeboten oder zum Handel an einem geregelten Markt mit Sitz oder Tätigkeit in einem Mitgliedstaat zugelassen werden.

²Kleinen und mittleren Unternehmen und Unternehmen mit geringer Marktkapitalisierung steht es jedoch frei, ihre Prospekte stattdessen gemäß den in den Anhängen I bis XVII und XX bis XXIV dargestellten Schemata zu erstellen.

1   Seit **Novellierung der Prospektverordnung durch die Delegierte Verordnung (EU) Nr. 486/2012** der Kommission vom 30. März 2012 im Rahmen der Umsetzung der Änderungsrichtlinie zur Änderung der Verordnung (EG) Nr. 809/2004 gelten auch **für kleine und mittlere Unternehmen („KMUs") und Unternehmen mit geringer Marktkapitalisierung („Small Caps") erleichterte Prospektanforderungen**. So verweist Art. 26b Prospektverordnung für von solchen Emittenten begebenen Wertpapiere auf die in den Anhängen XXV bis XXVIII dargestellten verhältnismäßigen Schemata, lässt aber ausdrücklich auch die Möglichkeit zu, die Wertpapierprospekte stattdessen gemäß den in den Anhängen I bis XVII und XX bis XXIV dargestellten Schemata zu erstellen. Mit der Regelung soll der Größe der Emittenten Rechnung getragen und die Kapitalmarktfinanzierung solcher Unternehmen erleichtert werden.[1]

2   Anhang XXV bestimmt die Mindestangaben für das Aktienregistrierungsformular, Anhang XXVI die Mindestangaben für das Registrierungsformular für Schuldtitel und derivative Wertpapiere mit einem Nennbetrag oder einer Mindesterwerbsgröße von weniger als EUR 100.000, Anhang XXVII die Mindestangaben für das Registrierungsformular für Schuldtitel und derivative Wertpapiere mit einem Nennbetrag oder einer Mindesterwerbsgröße von mindestens EUR 100.000 und Anhang XXVIII die Mindestangaben für das Registrierungsformular für Aktienzertifikate. Im Gegensatz zu den verhältnismäßigen Schemata für Bezugsrechtsemissionen nach Art. 26a sieht Art. 26b **nur ein verhältnismäßiges Schema für das Registrierungsformular** von KMUs und Small Caps, nicht aber auch ein verhältnismäßiges Schema für die Wertpapierbeschreibung vor. Diesbezüglich bleibt es daher bei Anwendbarkeit der Anhänge III, V und XIII.

3   Die **Prospektverordnung selbst enthält keine Definition der „kleinen und mittleren Unternehmen"**. Wegen des Wegfalls von § 2 Nr. 7 WpPG und der darin enthaltenen Legaldefinition muss daher zur Auslegung des Begriffs auf Art. 2 Abs. 1 lit. f) und t) Pros-

---

1 Erwägungsgrund 13 der Änderungsverordnung (EU) Nr. 486/2012 der Kommission vom 30. März 2012.

pektrichtlinie zurückgegriffen werden.² „Kleine und mittlere Unternehmen" liegen danach vor, wenn mindestens zwei der folgenden drei Kriterien gegeben sind, Art. 2 Abs. 1 lit. f) Prospektrichtlinie:

1. Eine durchschnittliche Beschäftigtenzahl im letzten Geschäftsjahr von weniger als 250;
2. Eine Gesamtbilanzsumme von höchstens 43 Mio. EUR;
3. Ein Jahresnettoumsatz von höchstens 50 Mio. EUR.

Die Definition weicht insofern vom Begriff der „mittelgroßen Kapitalgesellschaften" aus § 267 HGB ab.

Zum Nachweis des Vorliegens dieser Voraussetzungen muss der Emittent entweder im **Anschreiben** an die für die Billigung zuständige Behörde oder der **Überkreuzcheckliste** nach Art. 24 Abs. 4 Prospektverordnung entsprechende Angaben machen.³ In jedem Fall ist auf die Seitenzahlen des Jahresabschlusses des Emittenten hinzuweisen, welche die für die o.g. Kriterien maßgeblichen Zahlen ergeben. Falls der Jahresabschluss nicht auf einfache Weise im Internet zu finden ist, muss er mit eingereicht werden.⁴

Ein **Unternehmen mit geringer Marktkapitalisierung** liegt vor, wenn es auf einem regulierten Markt notiert ist und dessen durchschnittliche Marktkapitalisierung auf der Grundlage der Notierungen zum Jahresende für die vorangegangenen drei Kalenderjahre weniger als 100 Mio. EUR betrug, vgl. Art. 2 Abs. 1 lit. t) Prospektrichtlinie. Für die **Berechnung der Marktkapitalisierung** sind laut BaFin jeweils die offiziellen Schlusskurse des letzten Börsenhandelstags maßgeblich. Ist der Wert an mehreren organisierten Märkten notiert, so ist der höchste offizielle Schlusskurs heranzuziehen. Falls nur Schlusskurse für die letzten beiden, oder nur das letzte Jahr vorliegen, sind wenigstens diese Kurse als Berechnungsgrundlage zu verwenden. Auch die Nachweise für die Small Cap-Eigenschaft müssen entweder im Anschreiben oder in der Überkreuzcheckliste angeführt werden.⁵

Bei einem Vergleich des Wortlauts von Anhang I mit Anhang XXV bzw. von Anhang X mit Anhang XXVIII fällt auf, dass es **vielfältige Abweichungen im Wortlaut** bei einzelnen Ziffern der Anhänge gibt (vgl. insbesondere Ziff. 1, 13–18, 21–24). Diese Änderungen sind allerdings inhaltlich ohne Bedeutung und lediglich auf Abweichungen in der jeweiligen deutschen Übersetzung des Verordnungstexts zurückzuführen.

Im **Gegensatz zu Art. 26a Abs. 3 der Prospektverordnung** verlangt Art. 26b der Prospektverordnung nicht, dass am Prospektanfang unmissverständlich darauf hingewiesen wird, dass die im Prospekt veröffentlichten Angaben nicht alle Informationen enthält, die üblicherweise nach Annex I und Annex III bei einem Angebot von Aktien in den Wertpapierprospekt aufzunehmen wären.⁶ Auch ein Hinweis auf die Anwendbarkeit des vereinfachten Prospektregimes nach Art. 26b der Prospektverordnung an anderer Stelle im Pros-

---

2 *Henningsen*, in: BaFin-Journal 12/09, S. 8, abrufbar unter http://www.bafin.de/SharedDocs/Down loads/DE/BaFinJournal/2012/bj_1209.html?nn=2818606 (Abruf vom 15.4.2016); *Lawall/Maier*, DB 2012, 2443, 2445.
3 BaFin-Journal 12/09, S. 8.
4 BaFin-Journal 12/09, S. 8.
5 BaFin-Journal 12/09, S. 8.
6 Vgl. dazu näher *Berrar*, Art. 26a Rn. 23 ff.

Artikel 26b   Verhältnismäßige Schemata für kleine und mittlere Unternehmen

pekt verlangt Art. 26b bzw. Anhang XXV der Prospektverordnung nicht.[7] Dies ist unseres Erachtens im Hinblick auf die Regelung in Art. 26a Abs. 3 der Prospektverordnung nicht interessengerecht, da auch in Fällen von Art. 26b Prospektverordnung Investoren ein Interesse daran haben zu wissen, dass der Wertpapierprospekt dem vereinfachten Prospektregime folgt. Dabei besteht hinsichtlich des Wortlauts des Hinweises keine Verpflichtung, sich an den (verbesserungswürdigen) Vorgaben der ESMA zu Art. 26 Abs. 3 Prospektverordnung zu orientieren.[8]

8   Wie auch bei Art. 26a Prospektverordnung stellt sich im Zusammenhang mit der Verwendung der vereinfachten Schemata in Anhängen XXV bis XXVIII die Frage, wie sich die Verwendung des vereinfachten Prospektregimes mit dem Umstand in Einklang bringen lässt, dass **keine Änderung der Generalklausel des Art. 5 Abs. 1 der Prospektrichtlinie und des § 5 Abs. 1 WpPG** erfolgt ist bzw. das Prospekthaftungsregime der §§ 21, 22 WpPG nicht entsprechend angepasst worden ist.[9] Diesem „Bruch" zwischen dem Offenlegungsregime der Prospektverordnung und dem Prospekthaftungsregime trägt Art. 14 Abs. 2 des Entwurfs der neuen Prospektverordnung Rechnung.[10]

---

7   Vgl. zum Beispiel den Prospekt der 7C Solarparken AG vom 14.8.2015, abrufbar unter http://www.solarparken.com/prospekt2015.php (Abruf vom 1.6.2016), der keinen entsprechenden Warnhinweis enthält.
8   Vgl. dazu näher *Berrar*, Art. 26a Rn. 23 ff.
9   Vgl. dazu eingehend *Berrar*, Art. 26a Rn. 36 ff.
10   Vgl. *Berrar*, Art. 26a Rn. 37 und 54 f.

Artikel 26c
Verhältnismäßige Anforderungen für die in Artikel 1 Absatz 2 Buchstabe j der Richtlinie 2003/71/EG genannten Emissionen von Kreditinstituten

Kreditinstituten, die in Artikel 1 Absatz 2 Buchstabe j der Richtlinie 2003/71/EG genannte Wertpapiere begeben und einen Prospekt gemäß Artikel 1 Absatz 3 der genannten Richtlinie erstellen, steht es frei, in ihren Prospekt gemäß Anhang XXIX der vorliegenden Verordnung historische Finanzinformationen nur für das letzte Geschäftsjahr oder den gegebenenfalls kürzeren Zeitraum der Geschäftstätigkeit des Emittenten aufzunehmen.

(ohne Kommentierung)

Kapitel IV
Angaben und Aufnahme von Angaben in Form eines Verweises

Artikel 27
(aufgehoben)

Artikel 28
Regelungen über die Aufnahme von Angaben in Form eines Verweises

(1) Es können Angaben in Form eines Verweises in einen Prospekt oder einen Basisprospekt aufgenommen werden, wenn sie insbesondere bereits in den nachfolgend genannten Dokumenten enthalten sind:

1. jährlich und unterjährig vorzulegende Finanzinformationen;

2. Dokumente, die im Zuge einer spezifischen Transaktion erstellt werden, wie z.B. einer Fusion oder einer Entflechtung;

3. Bestätigungsvermerke und Jahresabschlüsse;

4. Satzung und Statuten der Gesellschaft;

5. zu einem früheren Zeitpunkt gebilligte und veröffentlichte Prospekte und/oder Basisprospekte;

6. vorgeschriebene Informationen;

7. Rundschreiben an die Wertpapierinhaber.

(2) Die Dokumente, die Angaben enthalten, die in Form eines Verweises in einen Prospekt, einen Basisprospekt oder dessen Bestandteile übernommen werden können, sind gemäß Artikel 19 der Richtlinie 2003/71/EG abzufassen.

(3) Enthält ein Dokument, das in Form eines Verweises aufgenommen werden kann, Angaben, die wesentlich abgeändert wurden, so ist dieser Umstand im Prospekt oder im Basisprospekt klar anzugeben; ferner sind auch die aktualisierten Angaben zur Verfügung zu stellen.

(4) Der Emittent, der Anbieter oder die Person, die die Zulassung zum Handel auf einem geregelten Markt beantragt hat, kann Angaben in einen Prospekt oder einen Basisprospekt aufnehmen, indem er/sie lediglich auf bestimmte Teile eines Dokuments verweist und er/sie erklärt, dass die nicht aufgenommenen Teile entweder für den Anleger nicht relevant sind oder bereits an anderer Stelle im Prospekt enthalten sind.

(5) Bei der Aufnahme von Angaben in Form eines Verweises bemühen sich die Emittenten, die Anbieter oder die Personen, die die Zulassung zum Handel auf einem geregelten Markt beantragt haben, darum, den Anlegerschutz im Hinblick auf Verständlichkeit der Angaben und ihrer Zugänglichkeit nicht zu beeinträchtigen.

Übersicht

	Rn.		Rn.
I. Regelungsgegenstand	1	III. Teilverweis	21
II. Konkretisierung des § 11 WpPG	3	IV. Anlegerschutz	23
1. Geeignete Dokumente	3	1. Verständlichkeit der Angaben	24
2. Aktualität	14	2. Zugänglichkeit der Angaben	27
3. Sprache	17		

I. Regelungsgegenstand

Die Vorschrift **konkretisiert** Art. 11 ProspektRL bzw. § 11 (vgl. zur Regelungstechnik vor §§ 1 ff. Rn. 3). Sie regelt nähere Einzelheiten zu Inhalt und Form der Aufnahme von Angaben in Form eines Verweises. Ihr Inhalt geht zurück auf die Empfehlungen des CESR (heute ESMA).[1] 1

Zunächst wird eine Reihe von **Dokumenten** aufgezählt, die „insbesondere" Angaben enthalten können, die in Form eines Verweises in einen Prospekt oder einen Basisprospekt aufgenommen werden können (Abs. 1). Diese Aufzählung ist (natürlich) nicht abschließend, sondern beispielhaft zu verstehen (vgl. Rn. 12). Bis zur Gesetzesänderung durch das Gesetz zur Umsetzung der Richtlinie 2010/73/EU und zur Änderung des Börsengesetzes[2] war sie nicht kompatibel mit dem Erfordernis einer „gesetzlich angeordneten" Hinterlegung, da die aufgezählten Dokumente ganz überwiegend nicht zwingend hinterlegt werden müssen und damit grundsätzlich nicht „verweistauglich" waren (vgl. Voraufl. § 11 Rn. 15). Dies hat sich durch die Erweiterung der Verweismöglichkeiten in § 11 Abs. 1 Satz 1 Nr. 1–3 nur teilweise erledigt (vgl. § 11 Rn. 4 ff.). Die Anforderungen an die **Sprache** dieser Dokumente wird in Art. 28 ProspektVO durch die Inbezugnahme von Art. 19 ProspektRL aufgegriffen (Abs. 2); außerdem werden die inhaltlichen Anforderungen an die **Aktualität** der Angaben (vgl. § 11 Abs. Satz 2) konkretisiert (Abs. 3). Weitergehend als § 11 stellt die Bestimmung auch klar, dass ein **Teilverweis** möglich ist (Abs. 4). Schließlich weist sie daraufhin, dass die Aufnahme von Angaben durch Verweis mit dem Anlegerschutz vereinbar sein muss (Abs. 5). Daraus leiten sich Einzelpflichten für die **Verständlichkeit** und **Zugänglichkeit** der Angaben ab. 2

---

1 CESR's Advice on Level 2 Implementing Measures (July 2003) Rn. 88 ff., 104 ff.
2 BGBl. 2012, 1375.

Artikel 28 Regelungen über die Aufnahme von Angaben in Form eines Verweises

II. Konkretisierung des § 11 WpPG

1. Geeignete Dokumente

3 Art. 28 Abs. 1 ProspektVO zählt eine Reihe von Dokumenten auf, die *„insbesondere"* Angaben enthalten können, die nach dem Willen des Verordnungsgebers durch Verweis in den Prospekt einbezogen werden können. Nach altem Recht handelte es sich dabei **im Wesentlichen** um **Dokumente, die nicht** aufgrund der in § 11 Abs. 1 a. F. genannten gesetzlichen Bestimmungen **hinterlegt oder gebilligt werden (mussten)**. Dies wurde als Indiz dafür gewertet, dass auch eine „freiwillige" Hinterlegung vom europäischen Richtlinien- und Verordnungsgeber gewollt war (vgl. Vorauf. § 11 Rn. 15). Die Notwendigkeit hierfür ist durch die Erweiterung der Verweismöglichkeiten in § 11 Abs. 1 Satz 1 Nr. 1–3 teilweise entfallen. Jedoch ist auch trotz der hierdurch erweiterten Verweismöglichkeiten noch der Verweis auf manche der nachfolgend erläuterten Dokumente verstellt.[3] Diese Disharmonie zwischen Art. 11 ProspektRL und Art. 28 ProspektVO hat jüngst auch die ESMA hervorgehoben.[4] Zu den Dokumenten ist Folgendes zu bemerken:

4 **Jährlich und unterjährig vorzulegende Finanzinformationen**. In Betracht kommen vorwiegend die nach dem WpHG zwingend zu erstellenden Finanzberichte, also der Jahresfinanzbericht (§ 37v WpHG), der Halbjahresfinanzbericht (§ 37w WpHG) und der Konzernabschluss (§ 37y WpHG). Die gesetzlich nicht mehr zwingend vorgeschriebenen Quartalsfinanzberichte (§ 37w Abs. 2 Nr. 1 und 2, Abs. 3 und Abs. 4 WpHG a. F.) scheinen auf den ersten Blick ebenfalls verweistauglich zu sein, sofern sie von den Emittenten freiwillig erstellt werden.[5] Denn Art. 28 ProspektVO ist nicht zu entnehmen, dass nur Finanzinformationen aufgrund zwingendenden Rechts zu berücksichtigen sind. Gleichwohl ist diese Verweismöglichkeit nach dem engeren Wortlaut des § 11 Abs. 1 Satz 1 Nr. 1 und 3 nicht gegeben.[6] Praktisch wäre sie aber ohnehin nur eingeschränkt bedeutsam (s. näher § 11 Rn. 17). Da für die vorgenannten, nach dem WpHG zwingenden Finanzinformationen im Rahmen ihrer Veröffentlichung der BaFin nach §§ 3c, 23 WpAIV ein Nachweis über Inhalt und Zeitpunkt der Veröffentlichung sowie der genutzten Medien zu übermitteln ist, ist ein Verweis auf sie nicht nur zulässig, wenn sie **zuvor** bereits **Bestandteil eines von der BaFin gebilligten und bei ihr hinterlegten Prospekts** waren (§ 11 Abs. 1 Satz 1 Nr. 1). Vielmehr ist dies auch unabhängig davon aufgrund der erwähnten Mitteilung der öffentlichen Zurverfügungstellung an die BaFin möglich (§ 11 Abs. 1 Nr. 3 WpPG). Insofern ist nicht von Bedeutung, dass die börsenrechtlichen Bestimmungen als gesetzliche Grundlage für das Hinterlegungserfordernis in § 11 Abs. 1 Satz 1 Nr. 1 entfallen sind.

---

3 Diese Inkonsistenzen sind auch der ESMA aufgefallen und haben sie dazu veranlasst, den EU-Verordnungsgeber aufzufordern, diese im Rahmen der Kapitalmarktunion zu beheben; vgl. ESMA Final Report Draft RTS on prospectus related issues under the Omnibus II Directive of 25 June 2015, ESMA/2015/1014, S. 21 Rn. 58.

4 ESMA Final Report Draft RTS on prospectus related issues under the Omnibus II Directive of 25 June 2015, ESMA/2015/1014, S. 21 Rn. 58.

5 Die für die im Teilbereich des regulierten Marktes mit weiteren Zulassungsfolgepflichten an der Frankfurter Wertpapierbörse (*Prime Standard*) notierten Unternehmen nach § 51a BörsO FWB vorgesehenen „Quartalsmitteilungen" stellen nur einen inhaltlichen Mindeststandrad dar, der nicht den Anforderungen des Ziff. 20.6 Anh. I ProspektVO genügen dürfte.

6 Vgl. auch ESMA Consultation Paper „Draft Regulatory Technical Standards on prospectus related issues under the Omnibus II Directive of 25 September 2014, ESMA/2014/1186, S. 23.

II. Konkretisierung des § 11 WpPG   **Artikel 28**

Dokumente, die im Zuge einer spezifischen Transaktion erstellt werden, wie z.B. 5
einer Fusion oder Entflechtung, können nach deutschen Bestimmungen ein Verschmelzungsbericht (§ 8 UmwG), ein Spaltungsbericht (§ 127 UmwG) oder ein Bericht über einen Unternehmensvertrag (§ 293a AktG) sein. In Betracht kommt auch eine Angebotsunterlage nach § 11 WpÜG, die immerhin – wenngleich nicht nach WpPG – der BaFin zu übermitteln ist (§ 14 Abs. 1 Satz 1 WpÜG). Die praktische Bedeutung eines Verweises auf derartige Dokumente dürfte mangels Hinterlegungspflicht bzw. ausdrücklicher Erwähnung in den gesetzlichen Bestimmungen für die „Mitteilung" der Veröffentlichung an die BaFin sehr gering bis nicht vorhanden sein. Hinzu kommt, dass nach der sehr einschränkenden Auffassung der ESMA auch die Bereitstellung solcher Dokumente aufgrund von Art. 4 ProspektRL (§ 4) nicht das Hinterlegungserfordernis erfüllt.[7]

Bestätigungsvermerke und Jahresabschlüsse. Die gesonderte Aufführung der Bestäti- 6
gungsvermerke (§ 322 HGB) und Jahresabschlüsse (§§ 242, 264 HGB) neben den „jährlich vorzulegenden Finanzinformationen" erscheint überflüssig, da nach § 37v Abs. 2 Nr. 1 WpHG der „geprüfte Jahresabschluss" zwingender Bestandteil des Jahresfinanzberichts ist. Das schließt den Bestätigungsvermerk mit ein. Insoweit können **Bestätigungsvermerke und Jahresabschlüsse** unproblematisch immer auch im Wege des Teilverweises nach Art. 28 Abs. 4 ProspektVO (vgl. unten Rn. 21 f.) einbezogen werden.

Satzung und Statuten der Gesellschaft. Der Verweis auf Satzungen und „Statuten" (ins- 7
besondere Geschäftsordnungen) spielt in der Praxis keine Rolle. Aufgrund des Wegfalls der börsenrechtlichen Hinterlegungsbestimmungen ist auch der Verweis auf die Satzung, die nach § 48 Abs. 2 Nr. 2 BörsZulV der Börse vorzulegen ist, nicht (mehr) möglich. Da der Zulassungsantrag üblicherweise nicht vor der Billigung und Veröffentlichung des Prospekts gestellt wird, wäre der Verweis auf die aktuelle Satzung regelmäßig nicht machbar. Abgesehen davon hat es sich auch aus Gründen der Verständlichkeit und leichten Analysierbarkeit der Angaben (vgl. § 5 Abs. 1 Satz 1) gezeigt, dass eine beschreibende Darstellung einem bloßen Verweis auf die Satzung vorzuziehen ist. Sie ist in den Prospektkapiteln „Allgemeine Informationen über die Gesellschaft", „Angaben über das Kapital der Gesellschaft und anwendbare Vorschriften" und „Angaben über die Organe und das obere Management der Gesellschaft" enthalten.

Zu einem früheren Zeitpunkt gebilligte und veröffentlichte Prospekte und/oder Basis- 8
prospekte waren nach alter Rechtslage neben den Finanzinformationen die praktisch relevantesten Dokumente, da überwiegend ein „zwingendes" Hinterlegungserfordernis nach WpPG (oder BörsG) oder einem der entsprechenden Gesetze eines EWR-Staates verlangt wurde (s. Voraufl. § 11 Rn. 15).[8] Unter den Begriff des Prospekts sind aufgrund der durch § 12 eröffneten Gestaltungsmöglichkeiten (Prospekt in mehreren Einzeldokumenten; s. auch § 9 Abs. 4 Satz 2) auch **Registrierungsformulare** und **Wertpapierbeschreibungen** sowie **Nachträge** zu fassen.[9] Dies kommt auch in Art. 28 Abs. 2 ProspektVO zum Aus-

---

7 Vgl. ESMA Consultation Paper „Draft Regulatory Technical Standards on prospectus related issues under the Omnibus II Directive" of 25 September 2014, ESMA/2014/1186, S. 21.
8 Vgl. auch ESMA-Questions and Answers – Prospectuses (25th Updated Version – July 2016), Nr. 34.
9 Vgl. auch ESMA Consultation Paper „Draft Regulatory Technical Standards on prospectus related issues under the Omnibus II Directive" of 25 September 2014, ESMA/2014/1186, S. 25; *Kullmann/Sester*, ZBB 2005, 209, 214 f.; *Heidelbach*, in: Schwark/Zimmer, KMRK, § 11 WpPG Rn. 11; für das Registrierungsformular auch *Friedl*, in: Just/Voß/Ritz/Zeising, WpPG, § 11

Artikel 28 Regelungen über die Aufnahme von Angaben in Form eines Verweises

druck („*oder dessen Bestandteile*"). Außerdem sieht Art. 26 Abs. 4 ProspektVO ausdrücklich die Möglichkeit vor, ein hinterlegtes und gebilligtes (und auch veröffentlichtes) Registrierungsformular durch Verweisung in den Basisprospekt einzubeziehen (vgl. Art. 26 ProspektVO Rn. 8 ff.).[10] Dies sollte auch für die Einbeziehung in einen einteiligen Prospekt gelten, aber praktisch nicht bedeutsam sein.

9 Dadurch besteht bei zeitlich nah beieinander liegenden prospektpflichtigen Emissionen von Wertpapieren unterschiedlicher Gattung, die nicht mit ein und demselben Prospekt durchgeführt werden können, die Möglichkeit, die Informationen des zuerst gebilligten und veröffentlichten Prospekts sehr weitgehend in den zweiten Prospekt einzubeziehen.[11] Möglich ist es in diesem Zusammenhang aber auch, Informationen durch Verweis einzubeziehen, die in einem **nicht mehr gültigen (Basis-)Prospekt** enthalten sind.[12] Praktisch am bedeutsamsten dürfte eine **Aufstockung von Schuldverschreibungen** nach Ablauf der zwölfmonatigen Gültigkeitsfrist des ursprünglichen Basisprospekts (vgl. § 9) sein, die auch die ESMA aufgreift (s. dazu auch § 16 Rn. 39 ff.).[13] Für das öffentliche Angebot oder die Zulassung zu einem organisierten Markt der neuen Schuldverschreibungen aus der Aufstockung ist ein neuer gültiger Basisprospekt erforderlich. In diesen können dann die („alten") Anleihebedingungen des abgelaufenen Basisprospekts per Verweis nach § 11 einbezogen werden.[14] Dadurch wird die technische und rechtliche Identität zwischen aufstockender Emission und Aufstockung sichergestellt.[15]

10 **Vorgeschriebene Information**. Der Begriff der vorgeschriebenen Informationen (*regulated information*) soll im Sinne einer umfassenden Auffangklausel jene Dokumente erfassen, die im Rahmen der Zulassungsfolgepflichten der Emittenten regelmäßig oder anlassbezogen veröffentlicht werden. Insbesondere dürften hierunter (noch aktuelle) Ad-hoc-Mitteilungen nach § 15 WpHG (Art. 17 MAR)[16] und Mitteilungen von Geschäften nach § 15a WpHG (Art. 19 MAR) (*Directors' Dealings*) fallen. Es ist jedoch kaum eine Situation vorstellbar, in der eine solche Einbeziehung einer – regelmäßig knapp zu haltenden – Ad-hoc-Mitteilung einen wesentlichen Vorteil gegenüber der Darstellung der darin enthaltenen Informationen im Prospekt selbst bieten würde. Die Mitteilung der zu veröffentli-

---

Rn. 18, 23. Nach der BegrRegE, BT-Drucks. 15/4999, S. 25, 34, darf eine Zusammenfassung nicht durch Verweis in einen Prospekt aufgenommen werden.

10 Das Registrierungsformular muss bei Einreichung des Basisprospekts noch nicht veröffentlicht sein, sondern kann gleichzeitig mit dem Basisprospekt gebilligt und veröffentlicht werden; vgl. *Holzborn/Schwarz-Gondek*, BKR 2003, 927, 932; *Friedl*, in: Just/Voß/Ritz/Zeising, WpPG, § 11 Rn. 14.

11 ESMA-Questions and Answers – Prospectuses (25th Updated Version – July 2016), Nr. 34.

12 ESMA-Questions and Answers – Prospectuses (25th Updated Version – July 2016), Nr. 8; BaFin, Ausgewählte Rechtsfragen in der Aufsichtspraxis, Präsentation vom 4.9.2007, S. 22; *Friedl*, in: Just/Voß/Ritz/Zeising, WpPG, § 11 WpPG Rn. 26 f.; a. A. *Becker*, in: Heidel, Aktienrecht und Kapitalmarktrecht, § 11 WpPG Rn. 5.

13 ESMA-Questions and Answers – Prospectuses (25th Updated Version – July 2016), Nr. 8.

14 So auch *Heidelbach/Preuße*, BKR 2012, 397, 401. Nicht möglich soll es demgegenüber sein, Anleihebedingungen aus einem nicht mehr gültigen Prospekt im Wege des Nachtrags (§ 16) einzubeziehen, da ansonsten ein neues Produkt oder eine neue Produktvariante in den Prospekt eingeführt würde; BaFin, Ausgewählte Rechtsfragen in der Aufsichtspraxis, Präsentation vom 4.9.2007, S. 22. Dem ist nicht zu folgen; s. im Einzelnen § 16 Rn. 40 ff.

15 *Heidelbach/Preuße*, BKR 2008, 10, 13.

16 *Kunold/Schlitt*, BB 2004, 501, 506; s. auch Erwägungsgrund 30 der ProspektVO.

chenden Information an die BaFin wird in § 11 Abs. 1 Satz 1 Nr. 2 nun ausdrücklich aufgeführt.

Rundschreiben an die Wertpapierinhaber. Auch die praktische Bedeutung der Einziehung von Rundschreiben an die Wertpapierinhaber oder – nach hiesigem Sprachgebrauch – Aktionärsbriefe ist nicht festzustellen und spätestens mit Wegfall der Bezugnahme auf börsenrechtliche Bestimmungen (Richtlinie 2001/34/EG) in Art. 11 ProspektRL nicht mehr gegeben.[17] Überraschend ist das nicht. Zwar sollen diese gesetzlich nicht vorgeschriebenen Mitteilungen einer Aktiengesellschaft an ihre Aktionäre in komprimierter Form über den Geschäftsverlauf Aufschluss geben, jedoch enthalten sie nichts, was nicht auch im Geschäftsbericht enthalten wäre. Häufig sind sie sogar Teil des Geschäftsberichts und dienen als ein- bis zweiseitiges Schreiben des Vorstandsvorsitzenden nur als „Einstieg" in die Lektüre des Hauptdokuments.   11

Aus der gewählten Formulierung („insbesondere") folgt, dass die **Aufzählung nicht abschließend** ist. So käme etwa darüber hinaus als Verweisdokument noch der (beglaubigte) Handelsregisterauszug in Betracht, der nach § 48 Abs. 2 Nr. 1 BörsZulV dem Zulassungsantrag beizufügen ist. Bedeutung hat dies nicht erlangt, weshalb auch der Wegfall der Verknüpfung der Verweismöglichkeit zu Hinterlegungserfordernissen des BörsG in § 11 nicht ins Gewicht fällt (s. auch oben § 11 Rn. 10).   12

Bei den genannten Dokumenten muss es sich nicht zwingend um Dokumente des Emittenten oder Prospekterstellers handeln. Vielmehr kann auch auf **Dokumente Dritter** verwiesen werden. Das ist in den Fällen bedeutsam, in denen der Anbieter vom Emittenten verschieden ist (Sekundärplatzierung), sich das emittierte Wertpapier auf Wertpapiere eines anderen Emittenten bezieht (z. B. Umtauschanleihe) oder im Prospekt Informationen eines weiteren Emittenten enthalten sein müssen (Zielgesellschaft bei einer Übernahme).   13

2. Aktualität

Die Angaben, die durch Verweis in den Prospekt aufgenommen werden, unterliegen dem Aktualitätsgebot nach § 11 Abs. 1 Satz 2 (s. dort Rn. 19). Kann die erforderliche Aktualität nicht mehr durch das einbezogene Dokument sichergestellt werden, weil die darin enthaltenen **Angaben wesentlich abgeändert** wurden, so ist dieser Umstand im Prospekt oder im Basisprospekt (= verweisenden Dokument) **klar anzugeben** (Art. 28 Abs. 3 Halbs. 1 ProspektVO).[18] Es ist darauf hinzuweisen, welche Angaben nicht mehr aktuell sind und an welcher Stelle des Dokuments sie sich befinden. Einer besonderen drucktechnischen Hervorhebung des Hinweises bedarf es anders als etwa im Zusammenhang mit § 355 Abs. 2 BGB nicht.[19]   14

---

17 ESMA Consultation Paper „Draft Regulatory Technical Standards on prospectus related issues under the Omnibus II Directive of 25 September 2014, ESMA/2014/1186, S. 23.
18 Zu eng *Klöckner/Assion*, in: Holzborn, WpPG, Art. 28 ProspektVO Rn. 5, die das anscheinend nur auf durch einen Nachtrag (§ 16) geänderte Dokumente beziehen.
19 In § 355 Abs. 2 BGB wird eine „deutlich gestaltete Belehrung" verlangt, was die Rechtsprechung dahin auslegt, dass die Belehrung sich durch Farbe, größere Buchstaben, Sperrschrift oder Fettdruck nicht zu übersehender Weise aus dem übrigen Text herausheben muss; siehe die Nachweise bei Palandt/*Grüneburg*, BGB, § 355 Rn. 16.

Artikel 28   Regelungen über die Aufnahme von Angaben in Form eines Verweises

15 Neben diesem unmissverständlichen Hinweis sind ferner nach Art. 28 Abs. 3 2. Halbsatz ProspektVO auch „die aktualisierten Angaben zur Verfügung zu stellen". Dabei kommt es auch dann darauf an, welche aktuellen Informationen dem Emittenten zur Verfügung stehen, wenn der Anbieter von ihm verschieden ist (s. bereits § 11 Rn. 19). Die **Aktualisierung** ist **im Prospekt** selbst vorzunehmen, da anderenfalls ein zusätzliches Dokument einbezogen würde, das entweder nicht die Anforderungen an verweistaugliche Dokumente erfüllt oder jedenfalls eine im Grundsatz nicht zulässige Verweiskette darstellt.[20]

16 Nicht erforderlich ist die Einhaltung dieser Vorgaben, wenn in einem einbezogenen Dokument zwar „veraltete Angaben" enthalten sind, diese aber selbst nicht zum Bestandteil des Prospekts geworden sind, weil nur andere, noch aktuelle Informationen im Wege des Teilverweises (s. unten Rn. 21 f.) einbezogen wurden.[21] Außerdem bedarf es keines Hinweises und keiner Aktualisierung, wenn es sich zweifelsfrei um **„historische" Angaben** für einen bestimmten Stichtag handelt, wie etwa bei einem Jahresabschluss für ein früheres Geschäftsjahr.[22] Etwas anderes gilt, wenn beispielsweise der Lagebericht für das vergangene Geschäftsjahr als Verweisdokument Grundlage für eine aktualisierte OFA sein soll.

3. Sprache

17 Aufgrund der Bezugnahme auf Art. 19 ProspektRL in Art. 28 Abs. 2 ProspektVO unterliegen auch die Verweisdokumente dem **für Prospekte geltenden Sprachregime** (vgl. ausf. § 19). Da Art. 19 ProspektRL kein unmittelbar geltendes Recht ist, kommt es dabei auf die Bestimmungen an, die zu seiner Umsetzung ins jeweilige nationale Recht eingefügt worden sind.[23]

18 Noch nicht geklärt ist damit, ob die Sprache des Verweisdokuments der für den Prospekt gewählten Sprache entsprechen muss, d. h. nur auf solche Dokumente verwiesen werden kann, die in derselben Sprache verfasst sind wie der eigentliche Prospekt.[24] Dadurch würde der Anwendungsbereich der Verweismöglichkeit ungebührlich verengt; insbesondere wäre die Einbeziehung von **anderssprachigen Dokumenten** erschwert. Dies kann Dokumente betreffen, die von ausländischen Behörden gebilligt wurden oder die bei ihnen hinterlegt sind. Aber auch bei einer Erstellung eines Prospekts in englischer Sprache für eine Emission im Ausland könnte nicht auf Dokumente verwiesen werden, die im Rahmen der Regelpublizität in deutscher Sprache verfasst wurden. Die Abhängigkeit von der Prospektsprache lässt sich unmittelbar aus dem Verweis nicht ableiten, da er nur isoliert das Verweisdokument regelt („*Die Dokumente, ..., sind gemäß Artikel 19 ... abzufassen.*").[25] Überzeugender ist daher die Ansicht, die die Einbeziehung eines anderssprachigen Dokuments

---

20 Unklar *Hamann*, in: Schäfer/Hamann, Kapitalmarktgesetze, § 11 WpPG Rn. 9 („an ihrer Stelle oder ergänzend im Prospekt aktuelle Angaben").
21 So wohl auch *Hamann*, in: Schäfer/Hamann, Kapitalmarktgesetze, § 11 WpPG Rn. 9.
22 *Hamann*, in: Schäfer/Hamann, Kapitalmarktgesetze, § 11 WpPG Rn. 9; s. auch CESR's Advice on Level 2 Implementing Measures (July 2003) Rn. 96.
23 Zutr. *Klöckner/Assion*, in: Holzborn, WpPG, Art. 28 ProspektVO Rn. 2.
24 So etwa *Becker*, in: Heidel, Aktienrecht und Kapitalmarktrecht, § 11 WpPG Rn. 7; *Kunold/Schlitt*, BB 2004, 501, 506; *Weber*, NZG 2004, 360, 363; *Holzborn/Schwarz-Gondeck*, BKR 2003, 927, 932 in Anlehnung an CESR's Advice on Level 2 Implementing Measures (July 2003), Rn. 98; i. E., aber Ausnahmen zulassend *Friedl*, in: Just/Voß/Ritz/Zeising, WpPG, § 11 WpPG Rn. 34.
25 Wie hier *Mattil/Möslein*, WM 2007, 819, 821.

zulässt, solange dessen Sprache mit den Sprachregelungen des Art. 19 ProspektRL übereinstimmt. Dies entspricht dem Konzept des „**gebrochenen Sprachregimes**" (vgl. § 19 Rn. 23) und auch der Auffassung der ESMA.[26] Bei der Sprache des einbezogenen Dokuments muss es sich dann aber um eine Sprache handeln, in der auch der Prospekt nach § 19 hätte abgefasst werden können.[27] Muss ein deutscher Emittent den Prospekt in Deutsch verfassen (vgl. § 19 Abs. 1 Satz 1), ist auch nur ein Verweis auf deutschsprachige Dokumente zulässig. Ist dagegen der Prospekt zulässigerweise in Englisch verfasst, kann der deutsche Emittent auch auf in Deutsch verfasste Dokumente verweisen.

Sofern der Emittent diesen Prospekt allerdings grenzüberschreitend verwenden will (**Notifizierung** nach § 18), ist ein Verweis auf das anderssprachige Dokument nur möglich, wenn die Sprache, in der es verfasst ist, von der zuständigen Behörde des Aufnahmestaats anerkannt wird oder die Sprache in den internationalen Finanzkreisen gebräuchlich ist (vgl. § 19 Abs. 2 Satz 1).[28] Ist dies nicht der Fall, kann nach Auffassung der ESMA aber auch die Einbeziehung einer **Übersetzung** eines gebilligten oder hinterlegten Dokuments möglich sein, sofern die Übersetzung mit Artt. 11 und 19 ProspektRL übereinstimmt.[29] Die Übersetzung wird dann regelmäßig in eine in den internationalen Finanzkreisen gebräuchliche Sprache, also Englisch, erfolgen. Der Hinweis auf Art. 11 ProspektRL dürfte auch so zu verstehen sein, dass die Übersetzung bei der zuständigen Behörde zu hinterlegen ist. Eine schriftliche Bestätigung der Korrektheit der Übersetzung ist nach Auffassung der ESMA auch dann nicht erforderlich, wenn es sich um die Übersetzung geprüfter Finanzberichte oder von Bestätigungsvermerken handelt. Soweit nationales Recht nicht entgegensteht, soll es für die Einbeziehung dieser Übersetzung auch nicht des Einverständnisses des Abschlussprüfers bedürfen.[30] Allerdings dürfte dies schon deshalb nicht relevant werden, weil die Emissionsbanken auf der Abgabe eines *Comfort Letters* des Abschlussprüfers hinsichtlich der Finanzangaben im Prospekt bestehen.[31]

19

Aufgrund dieser Vorgaben sind grundsätzlich auch eine Verringerung der Verständlichkeit aufgrund fremdsprachiger Teile und eine erschwerte **Kohärenzprüfung** durch die Aufsichtsbehörde nicht zu besorgen.[32] Das gilt jedenfalls dann, wenn die einbezogenen Angaben einen „in sich geschlossenen Prospektteil" darstellen.[33]

20

---

26 ESMA-Questions and Answers – Prospectuses (25th Updated Version – July 2016), Nr. 7; *Heidelbach*, in: Schwark/Zimmer, KMRK, § 11 WpPG Rn. 6; so wohl auch *von Ilberg*, in: Assmann/Schlitt/von Kopp-Colomb, WpPG/VerkProspG, § 11 WpPG Rn. 30 f.; enger noch CESR's Advice on Level 2 Implementing Measures (July 2003) Rn. 98, 104.
27 *Hamann*, in: Schäfer/Hamann, Kapitalmarktgesetze, § 11 WpPG Rn. 11.
28 ESMA-Questions and Answers – Prospectuses (25th Updated Version – July 2016), Nr. 7. Bei einbezogenen Dokumenten in englischer Sprache sollte dies unproblematisch sein, da sie in internationalen Finanzkreisen gebräuchlich ist; jetzt auch *Klöckner/Assion*, in: Holzborn, WpPG, Art. 28 ProspektVO Rn. 3.
29 ESMA-Questions and Answers – Prospectuses (25th Updated Version – July 2016), Nr. 7.
30 Zu Vorstehendem vgl. ESMA-Questions and Answers – Prospectuses (25th Updated Version – July 2016), Nr. 7.
31 Zum Comfort Letter statt anderer *Singhof*, in: MünchKomm-HGB, Emissionsgeschäft, Rn. 212 ff.
32 Siehe aber *Mattil/Möslein*, WM 2007, 819, 821.
33 *Klöckner/Assion*, in: Holzborn, WpPG, Art. 28 ProspektVO Rn. 3.

Artikel 28 Regelungen über die Aufnahme von Angaben in Form eines Verweises

III. Teilverweis

21 Nach Art. 28 Abs. 4 ProspektVO können auch Angaben in einen Prospekt oder einen Basisprospekt aufgenommen werden, indem lediglich auf **bestimmte Teile eines Dokuments** verwiesen und erklärt wird, dass die nicht aufgenommenen Teile entweder für den Anleger nicht relevant sind oder bereits an anderer Stelle im Prospekt enthalten sind. Durch diesen Teilverweis können folglich aus einem Dokument nur die für den Prospekt relevanten Informationen herausgegriffen und zum Bestandteil des Prospekts gemacht werden. Zu denken ist etwa an einzelne Teile von Geschäftsberichten. Dies dient der Verständlichkeit des Prospekts und entspricht dem Gebot, dass nur die für die Bewertung eines Wertpapiers *wesentlichen* Informationen in den Prospekt aufzunehmen sind.[34] Eine Irreführung durch den Teilverweis wird im Übrigen dadurch ausgeschlossen, dass ausdrücklich erklärt werden muss, dass die nicht aufgenommenen Teile entweder nicht relevant oder bereits an anderer Stelle im Prospekt enthalten sind.[35]

22 Da auf das jeweilige Dokument im Verweis „Bezug zu nehmen" ist,[36] wird durch den erforderlichen **Hinweis** hinsichtlich der nicht **aufgenommenen Teile** auch sichergestellt, dass diese nicht Gegenstand der Prospekthaftung werden. Es genügt, wenn dieser Hinweis am Ende der Verweisliste steht; eine Wiederholung bei den Verweisen ist nicht erforderlich. Inhaltlich empfiehlt sich für den Hinweis eine Orientierung an dem in der ProspktVO vorgegebenen Text (vgl. § 11 Rn. 24). Der in der Praxis teilweise zu beobachtende weitergehende Hinweis, dass die nicht aufgenommenen Informationen „nur zu Informationszwecken" dienen, erscheint wenig hilfreich, da doch gerade der gesamte Prospekt einem kapitalmarktrechtlich vorgegebenen Informationszweck dient.

IV. Anlegerschutz

23 Die Einbeziehung von Informationen durch Verweis muss immer mit dem übergreifenden Anliegen des Anlegerschutzes vereinbar sein. Die vorsichtige Formulierung in Abs. 5 („*bemühen sich darum*") ist nicht wörtlich dahin zu verstehen, dass **§ 5 Abs. 1** insoweit keine **volle Geltung** entfaltet. Die darin aufgeführten Eckpunkte gelten vielmehr uneingeschränkt (vgl. § 11 Rn. 20). Natürlich ist aber die **Hinzuziehung** eines weiteren Dokuments bereits ein **gewisses Erschwernis** sowohl hinsichtlich der Verständlichkeit des Prospekttexts als auch der Zugänglichkeit der Information. Das wird aber grundsätzlich akzeptiert. In diesem Sinne ist nur eine darüber hinausgehende Beeinträchtigung zu vermeiden.

---

34 Siehe schon CESR's Advice on Level 2 Implementing Measures (July 2003), Rn. 100 („Overburdening investors with a large quantity of information may hamper the comprehension of the prospectus.")
35 Vgl. CESR's Advice on Level 2 Implementing Measures (July 2003), Rn. 100; *von Ilberg*, in: Assmann/Schlitt/von Kopp-Colomb, WpPG/VerkProspG, § 11 WpPG Rn. 24.
36 *Friedl*, in: Just/Voß/Ritz/Zeising, WpPG, § 11 Rn. 28.

IV. Anlegerschutz **Artikel 28**

1. Verständlichkeit der Angaben

Eine unzulässige Beeinträchtigung der Verständlichkeit kann nach dem oben Gesagten nicht allein wegen der Verwendung der **Verweistechnik** angenommen werden.[37] Ihre Zulässigkeit impliziert, dass ein gewisser Verlust an Verständlichkeit im Vergleich zu einem zusammenhängenden Text hingenommen wird. Gleiches gilt für ein „gebrochenes Sprachenregime" aufgrund der Einbeziehung anderssprachiger Dokumente nach den oben beschriebenen Grundsätzen.[38]   24

Jedoch darf von der Verweistechnik innerhalb der einzelnen Prospektkapitel nur ausgewogen Gebrauch gemacht werden.[39] Aus Gründen der Übersichtlichkeit kann es sich empfehlen, von der Möglichkeit der Aktualisierung einbezogener „veralteter" Informationen Abstand zu nehmen (vgl. oben Rn. 15) und stattdessen gleich die aktuelle Situation insgesamt im Prospekt zu beschreiben.[40] Die Verweistechnik sollte auch nicht so umfassend eingesetzt werden, dass eine Vielzahl von Verweisdokumenten zu einer „**Zersplitterung**" des Prospektkapitels oder -abschnitts führt, die dessen Lesbarkeit und Verständlichkeit wesentlich beeinträchtigt.[41] Wann diese Grenze erreicht ist, hängt vom Einzelfall ab. Von der Empfehlung einer spezifischen (zahlenmäßigen) Begrenzung hat daher auch das CESR abgesehen.[42] Unproblematisch ist der Verweis *„en bloc"* auf Dokumente, die zusammenhängend einen Prospekt(unter)abschnitt vollständig abdecken. Kritischer zu sehen ist es, wenn innerhalb eines Abschnitts wegen zahlreicher Detailinformationen immer wieder ein Wechsel zwischen Beschreibung und Verweis vorgenommen würde und der eigentliche Prospekttext damit nur zu einem inhaltsleeren Verbindungstext zwischen den Verweisen würde.[43] Mit dem Gebot, den Prospekt in leicht analysierbarer und verständlicher Form abzufassen (§ 5 Abs. 1), wäre dies kaum zu vereinbaren. Eine solche Gestaltung ist aber auch fernliegend und in der Praxis nicht zu beobachten. Ungleich größer wäre das Risiko einer „Zersplitterung" gewesen, wenn ein Registrierungsformularsystem mit der Pflicht zur jährlichen Aktualisierung bestünde.   25

Kritisch zu würdigen ist immer auch die **Eignung des einbezogenen Dokuments** selbst, da es in der Regel für andere als den gesetzlichen Anforderungen des Kapitalmarkts genügende Zwecke erstellt wurde. Dies betrifft über den Inhalt des Dokuments hinaus (s. dazu § 11 Rn. 18) die Art der Darstellung.   26

---

37 *Heidelbach/Preuße*, BKR 2008, 10, 12.
38 Enger *Mattil/Möslein*, WM 2007, 817, 821 („nur in begründeten Ausnahmefällen").
39 Vgl. CESR's Advice on Level 2 Implementing Measures (July 2003), Rn. 91 f. („...*natural location of the information required is the prospectus...*").
40 *Klöckner/Assion*, in: Holzborn, WpPG, Art. 28 ProspektVO Rn. 5.
41 Ähnlich auch *von Ilberg*, in: Assmann/Schlitt/von Kopp-Colomb, WpPG/VerkProspG, § 11 WpPG Rn. 15, 17 ff. („Ausuferung der Verweismöglichkeit").
42 CESR's Advice on Level 2 Implementing Measures (July 2003), Rn. 99 („*CESR does not consider appropriate to indicate a specific limit to the number of references allowed in a prospectus.*").
43 Vgl. auch CESR's Advice on Level 2 Implementing Measures (July 2003), Rn. 99 („*...the prospectus should not end up being a one page document containing a list of references to a multitude of publicly available documents.*") sowie *Friedl*, in: Just/Voß/Ritz/Zeising, WpPG, § 11 WpPG Rn. 11 (Prospekt muss das „zentrale Informationsmedium" für den Anleger bleiben); *v. Ilberg*, in: Assmann/Schlitt/von Kopp-Colomb, WpPG/VerkProspG, § 11 WpPG Rn. 19 f.

Artikel 28 Regelungen über die Aufnahme von Angaben in Form eines Verweises

2. Zugänglichkeit der Angaben

27 Die Einbeziehung von Informationen in den Prospekt setzt voraus, dass der interessierte Anleger die Informationen anderenorts erhalten kann. Ansonsten könnte man nicht davon ausgehen, dass alle Mindestangaben (§ 7) enthalten sind. Daher müssen die Informationen **ohne weiteres (kostenfrei)** zugänglich sein.[44] Analog Ziff. 25 Anh. I ProspektVO sollte dies dann der Fall sein, wenn das einbezogene Dokument während der Gültigkeitsdauer des Prospekts **elektronisch (auf der Website der Emittentin bzw. durch Hyperlinks in dem elektronisch veröffentlichten Prospekt)** oder in Papierform (am Sitz der Emittentin) einsehbar ist (vgl. § 11 Rn. 7). Die Verpflichtung bei einem elektronisch veröffentlichten Prospekt Hyperlinks zu allen Dokumenten einzurichten, in denen die mittels Verweis aufgenommenen Informationen enthalten sind, bzw. zu allen Webseiten, auf denen das betreffende Dokument veröffentlicht wird, ist erst durch Art. 6 Abs. 2 TRS eingeführt worden.[45] Ungeachtet des Wortlauts des Verordnungstexts, sollte es nicht erforderlich sein, Hyperlinks zu *allen* Webseiten herzustellen, solange feststeht, dass die Information auf der verlinkten Webseite während der Veröffentlichungsdauer des Prospekts verfügbar bleibt.[46] Da der Prospekt in der Regel immer auch elektronisch veröffentlicht wird, sollten die Hyperlinks eigentlich genügen, um die „Zugänglichkeit" der Verweisdokumente sicherzustellen. Solange dies nicht klargestellt wird, sollten aber bei zusätzlicher Verteilung des Prospekts in Papierform vorsorglich beide Alternativen angeboten werden. Beschränkt sich der Emittent auf die Veröffentlichung des Prospekts in Papierform, ist ratsam, dass er neben der Einsichtnahme am Sitz des Emittenten auch die kostenlose Zusendung der Verweisdokumente anbietet. So oder so muss die Verfügbarkeit für die gleiche **Zeitdauer** gewährleistet sein, in der der (papierhafte) Prospekt verfügbar ist.[47] Über die Hyperlinks ist dies beim elektronischen Prospekt jetzt ohne Weiteres sichergestellt.

28 Zugemutet wird den Anlegern jedoch nur die Einsichtnahme eines weiteren Dokuments neben dem Prospekt, um die notwendigen Informationen zu erhalten. **Nicht möglich** ist daher der Verweis auf den Verweis (**Kettenverweis**) (vgl. § 11 Rn. 20a).

---

[44] Vgl. auch ESMA Consultation Paper „Draft Regulatory Technical Standards on prospectus related issues under the Omnibus II Directive" of 25 September 2014, ESMA/2014/1186, S. 25.

[45] Bereits CESR's Advice on Level 2 Implementing Measures (July 2003) enthielt die Empfehlung, bei ausschließlich elektronischer Veröffentlichung des Prospekts eine elektronische Verknüpfung mit den Verweisdokumenten, z. B. durch Hyperlinks, vorzunehmen. Jedoch wurde dies nicht übernommen.

[46] Zu entsprechenden Risiken vgl. *DAI*, When setting standards for the approval and publication of prospectuses, their advertisement and the incorporation by reference, ESMA has to stay within its mandate, S. 14 (verfügbar unter www.dai.de).

[47] CESR's Advice on Level 2 Implementing Measures (July 2003), Rn. 103; **a. A.** *Heidelbach*, in: Schwark/Zimmer, KMRK, § 11 WpPG Rn. 7.

Kapitel V
Veröffentlichung von Prospekten und Verbreitung von Werbung

Art. 29 ff. EU-ProspektVO a. F.

Infolge der Änderung von Art. 14 Abs. 8 und Art. 15 Abs. 7 der Prospektrichtlinie durch Art. 1 Abs. 4 und 5 der Richtlinie 2014/51/EU (sog. Omnibus-II-Richtlinie) hat die ESMA einen Entwurf technischer Regulierungsstandards ausgearbeitet, der am 30.11.2015 von der EU-Kommission angenommen wurde.[1] Die endgültige Fassung der Delegierten Verordnung (EU) 2016/301 vom 30.11.2015 zur Ergänzung der Richtlinie 2003/71/EG des Europäischen Parlaments und des Rates durch technische Regulierungsstandards für die Billigung und Veröffentlichung des Prospekts und die Verbreitung von Werbung und zur Änderung der Verordnung (EG) Nr. 809/2004 der Kommission (**TRS**)[2] ist am 24.3.2016 in Kraft getreten und wird so lange gelten, bis die neue EU-ProspektVO[3] und ihre Durchführungsbestimmungen angewandt werden müssen.[4] Aufgrund ihrer Ausgestaltung als delegierte Verordnung im Sinne von Art. 290 AEUV entfalten die TRS unmittelbare Geltung und bedürfen keiner Umsetzung in deutsches Recht.[5] Art. 6 ff. TRS ähneln in weiten Teilen dem, was bislang in Art. 29 ff. a. F. der (derzeit geltenden[6]) EU-ProspektVO geregelt war.[7] Nach Art. 13 TRS wurden daher Art. 29 bis 34 der derzeitigen EU-ProspektVO aufgehoben. **Art. 6 ff. TRS sind im Anschluss an Art. 36 EU-ProspektVO kommentiert.** 1

---

[1] Der Entwurf C(2015) 8379 kann unter http://ec.europa.eu/finance/securities/prospectus/index_de.htm unter der Rubrik *30.11.2015 – Text der delegierte Verordnungen* [sic] abgerufen werden (Stand: 21.1.2016).

[2] Siehe dazu auch oben *Schnorbus*, vor §§ 1 ff. Rn. 10.

[3] Siehe dazu oben *Schnorbus*, vor §§ 1 ff. Rn. 11 ff.

[4] Vgl. Abschnitt „*1. Kontext des delegierten Rechtsakts*" der Begründung des Entwurfs C(2015) 8379, abrufbar unter http://ec.europa.eu/finance/securities/prospectus/index_de.htm unter der Rubrik *30.11.2015 – Text der delegierte Verordnungen* [sic] (Stand: 22.2.2016).

[5] Siehe dazu oben *Berrar*, § 13 Rn. 5 m. w. N.

[6] Neben der bisherigen EU-Prospektrichtlinie soll auch die derzeitige EU-ProspektVO im Rahmen der Schaffung der neuen EU-ProspektVO aufgehoben werden, nachdem ein neues Regime bezüglich des Mindestinhalts von Prospekten geschaffen wurde, vgl. Frage 19 des Fact Sheet „*Revamping the prospectus, the gateway to European capital markets*" zum Entwurf der neuen EU-ProspektVO, abrufbar unter http://ec.europa.eu/finance/securities/prospectus/index_de.htm unter der Rubrik *30.11.2015 – Häufig gestellte Fragen* (nur englisch) (Stand: 16.2.2016).

[7] Neben der kompletten Überarbeitung der Regelungen zur Werbung (s. unten Art. 11 und 12 TRS) betrifft die wesentlichste Änderung die Einarbeitung der aus der *Timmel*-Entscheidung (EuGH, 15.5.2014 – C-359/12) folgenden Grundsätze zu Disclaimern, siehe dazu unten Art. 6 TRS Rn. 4.

Kapitel VI
Übergangs- und Schlussbestimmungen

Artikel 35
Historische Finanzinformationen

(1) Die Verpflichtung für Emittenten aus der Gemeinschaft, in einem Prospekt die historischen Finanzinformationen im Sinne der Verordnung (EG) Nr. 1606/2002 anzupassen, so wie sie in Anhang I Punkt 20.1, Anhang IV Punkt 13.1, Anhang VII Punkt 8.2, Anhang X Punkt 20.1 und Anhang XI Punkt 11.1 dargelegt sind, gilt erst ab dem 1. Januar 2004 bzw. für den Fall, dass Wertpapiere eines Emittenten am 1. Juli 2005 zum Handel auf einem geregelten Markt zugelassen sind, erst wenn der Emittent seinen ersten konsolidierten Abschluss nach der Verordnung (EG) Nr. 1606 veröffentlicht hat.

(2) Unterliegt ein Emittent aus der Gemeinschaft nationalen Übergangsbestimmungen, die nach Artikel 9 der Verordnung (EG) Nr. 1606/2002 angenommen wurden, so gilt die Verpflichtung zur Anpassung der historischen Finanzinformationen im Prospekt erst ab dem 1. Januar 2006 bzw. für den Fall, dass Wertpapiere eines Emittenten am 1. Juli 2005 zum Handel auf einem geregelten Markt zugelassen sind, erst wenn der Emittent seinen ersten konsolidierten Abschluss nach der Verordnung (EG) Nr. 1606 veröffentlicht hat.

(3) ¹Bis zum 1. Januar 2007 gilt die Verpflichtung zur Neuformulierung der historischen Finanzinformationen im Prospekt gemäß der Verordnung (EG) Nr. 1606/2002, so wie sie in Anhang I Punkt 20.1, Anhang IV Punkt 13.1, Anhang VII Punkt 8.2, Anhang X Punkt 20.1 und Anhang XI Punkt 11.1 dargelegt sind, nicht für Emittenten aus Drittstaaten,

1. deren Wertpapiere am 1. Januar 2007 zum Handel auf einem geregelten Markt zugelassen sind;
2. die ihre historischen Finanzinformationen gemäß den nationalen Rechnungslegungsgrundsätzen erstellt und vorbereitet haben.

²In diesem Fall sind die historischen Finanzinformationen durch weitere detaillierte und/oder zusätzliche Angaben zu ergänzen, wenn die in den Prospekt aufgenommenen Abschlüsse nicht ein den tatsächlichen Verhältnissen entsprechendes Bild von der Vermögens-, Finanz- und Ertragslage des Emittenten vermitteln.

(4) Drittstaatemittenten, die ihre historischen Finanzinformationen gemäß international akzeptierten Standards im Sinne von Artikel 9 der Verordnung (EG) Nr. 1606/2002 erstellt haben, können diese Informationen in jedem Prospekt verwenden, der vor dem 1. Januar 2007 vorgelegt wird, ohne der Verpflichtung zur Neuformulierung genügen zu müssen.

(5) ¹Ab dem 1. Januar 2009 können Drittstaatemittenten für die Erstellung ihrer historischen Finanzinformationen eine der folgenden Möglichkeiten wählen:

a) die gemäß der Verordnung (EG) Nr. 1606/2002 übernommenen International Financial Reporting Standards;
b) die International Financial Reporting Standards, sofern der Anhang zum geprüften Abschluss, der Teil der historischen Finanzinformationen ist, eine ausdrückliche und uneingeschränkte Erklärung enthält, wonach dieser Abschluss gemäß IAS 1 „Darstellung des Abschlusses" den International Financial Reporting Standards entspricht;
c) die Generally Accepted Accounting Principles Japans;
d) die Generally Accepted Accounting Principles der Vereinigten Staaten von Amerika.

²Ab dem 1. Januar 2012 können Drittlandemittenten für die Darstellung ihrer historischen Finanzinformationen neben den in Unterabsatz 1 genannten Standards die folgenden Standards verwenden:

a) die Generally Accepted Accounting Principles der Volksrepublik China,
b) die Generally Accepted Accounting Principles Kanadas,
c) die Generally Accepted Accounting Principles der Republik Korea.

(5a) Drittstaatemittenten unterliegen für den Fall, dass sie ihre historischen Finanzinformationen nach den Generally Accepted Accounting Principles der Republik Indien aufstellen, weder der Bestimmung in Anhang I Punkt 20.1, Anhang IV Punkt 13.1, Anhang VII Punkt 8.2, Anhang X Punkt 20.1 oder Anhang XI Punkt 11.1, Anhang XXIII Punkt 15.1, Anhang XXVI Punkt 13.1, Anhang XXVIII Punkt 20.1 oder Anhang XXIX Punkt 11, wonach die in einem Prospekt enthaltenen historischen Finanzinformationen über vor dem 1. April 2016 beginnende Geschäftsjahren in Form eines neu zu erstellenden Abschlusses vorgelegt werden müssen, noch der Bestimmung in Anhang VII Punkt 8.2a, Anhang IX Punkt 11.1, Anhang X Punkt 20.1a, Anhang XXVII Punkt 11.1 oder Anhang XXVIII Punkt 20.1, wonach die Unterschiede zwischen den im Rahmen der Verordnung (EG) Nr. 1606/2002 übernommenen International Financial Reporting Standards und den Rechnungslegungsgrundsätzen, nach denen diese Informationen für vor dem 1. April 2016 beginnende Geschäftsjahre erstellt wurden, dargelegt werden müssen.

(6) Die Bestimmungen dieses Artikels gelten auch für Anhang VI Punkt 3.

Übersicht

	Rn.		Rn.
I. Überblick	1	2. Gleichwertigkeit vom Rechnungslegungsstandards eines Drittstaates und Regelungen nach Art. 35 Abs. 5 und 5a	11
II. Übergangsregelungen nach Art. 35 Abs. 1 oder 2 für EWR-Emittenten	4		
III. Emittenten aus Drittstaaten	9		
1. Übergangsregelungen nach Art. 35 Abs. 3 und 4	10		

Artikel 35 Historische Finanzinformationen

I. Überblick

1 Art. 35 EU-ProspektVO gliedert sich in seiner jetzigen Fassung in sieben Absätze, die sich mit den zulässigen Rechnungslegungsstandards für die historischen Finanzinformationen des Emittenten im Prospekt befassen.[1] Dabei enthalten Art. 35 Abs. 1 und 2 EU-ProspektVO **Übergangsregelungen** für die Rechnungslegungsstandards der historischen Finanzinformationen von Emittenten, die ihren Sitz im EWR (**EWR-Emittenten**) haben. Art. 35 Abs. 3 bis 5a EU-ProspektVO befassen sich hingegen mit den **zulässigen Rechnungslegungsstandards** für historische Finanzinformationen von sogenannten **Drittstaatenemittenten**, d.h. mit Emittenten, die ihren Sitz außerhalb des EWR haben.

2 Hintergrund ist, dass die entsprechenden Anhangangaben zu den historischen Finanzinformationen – wie beispielsweise Anhang I Ziffer 20.1. – europaeinheitlich vorgeben, nach welchen Rechnungslegungsstandards die historischen Finanzinformation für Wertpapierprospekte zu erstellen sind.

3 Art. 35 Abs. 6 EU-ProspektVO regelt ergänzend dazu, dass auch Garantiegeber bei den in einen Prospekt aufzunehmenden Mindestangaben für Garantien von den gleichen Übergangsregelungen profitieren können wie Emittenten. Denn ein Garantiegeber muss Informationen über sich selbst offenlegen, so als wäre er der Emittent desselben Wertpapiertyps, der Gegenstand der Garantie ist.

II. Übergangsregelungen nach Art. 35 Abs. 1 oder 2 für EWR-Emittenten

4 EWR-Emittenten müssen nach den jeweiligen Anhangangaben ihre historischen Finanzinformationen grundsätzlich nach den Vorgaben der Verordnung (EG) Nr. 1606/2002 (IAS-Verordnung) aufstellen. Mithin sind als Rechnungslegungsstandard für historische Finanzinformationen vorrangig zunächst nur die IFRS zulässig, die nach der IAS-Verordnung ins europäische Recht übernommen wurden. Nationale Rechnungslegungsstandards eines EU-Mitgliedstaates sind für die historischen Finanzinformationen nur zulässig, soweit die IAS-Verordnung nicht anwendbar ist (vgl. hierzu beispielsweise Ziffer 20.1 Abs. 1 Satz 3). Art. 4 der IAS-Verordnung sieht dabei vor, dass zumindest Gesellschaften, die am jeweiligen Bilanzstichtag ihre Wertpapiere in einem EU-Mitgliedstaat zum Handel an einem organisierten Markt gemäß § 2 Abs. 5 WpHG zugelassen haben, konsolidierte Abschlüsse nach den in der EU anwendbaren IFRS aufzustellen haben.

5 Darüber hinaus gibt Art. 5 IAS-Verordnung den Mitgliedstaaten Wahlrechte in Bezug auf Jahresabschlüsse und Konzernabschlüsse anderer Gesellschaften. Die EU-Mitgliedstaaten haben diese Wahlrechte unterschiedlich ausgeübt. Daher kann sich der Anwendungsbereich der nationalen Rechnungslegungsgrundsätze von Mitgliedstaat zu Mitgliedstaat unterscheiden. Für deutsche Emittenten sind nationale Rechnungslegungsstandards die handelsrechtlichen Rechnungslegungsgrundsätze.

---

[1] Die Kommentierung gibt ausschließlich die persönliche Meinung der Autorin wieder. Dies gilt für sämtliche Ausführungen der Autorin in diesem Kommentar.

Art. 35 Abs. 1 und 2 EU-ProspektVO enthalten **Übergangsregelungen** für diese Grundsätze und überlagern die Verpflichtung, historische Finanzinformationen für Wertpapierprospekte ggf. anzupassen. Sie gelten für die Angaben zu den historische Finanzinformationen von EWR-Emittenten nach Anhang I Punkt 20.1, Anhang IV Punkt 13.1, Anhang VII Punkt 8.2, Anhang X Punkt 20.1 und Anhang XI Punkt 11.

6

Die ersten beiden Absätze von Art. 35 gliedern sich dabei in zwei Alternativen. Die erste Alternative fand auf alle Emittenten Anwendung, während die zweite Alternative nur für Emittenten galt, die bereits am 1.7.2005 Wertpapiere an einem organisierten Markt zugelassen hatten.

7

Die Regelungen haben inzwischen wegen des Zeitablaufes für neue Prospekte seit einiger Zeit keinen Anwendungsbereich mehr.[2]

8

III. Emittenten aus Drittstaaten

Die zulässigen Rechnungslegungsstandards für Emittenten aus Drittstaaten regeln ebenfalls die entsprechenden Anhangangaben zu den historischen Finanzinformationen (vgl. beispielsweise Anhang I Ziffer 20.1 Abs. 1 Sätze 4 und 5). Danach sind die historischen Finanzinformationen von Drittstaatenemittenten nach den in der EU anzuwendenden IFRS oder einem gleichwertigen nationalen Rechnungslegungsstandard eines Drittstaats aufzustellen. Ist dies nicht der Fall, sind nach den in der EU anzuwendenden IFRS erstellte Abschlüsse in den Prospekt aufzunehmen.

9

1. Übergangsregelungen nach Art. 35 Abs. 3 und 4

Die Regelungen von Art. 35. Abs. 3 und 4 EU-ProspektVO enthielten Übergangsregelungen für diese Grundsätze, die inzwischen keinen Anwendungsbereich mehr haben.[3]

10

2. Gleichwertigkeit vom Rechnungslegungsstandards eines Drittstaates und Regelungen nach Art. 35 Abs. 5 und 5a

Die Frage, wann allgemein anerkannte Rechnungslegungsgrundsätze (**GAAP**) **eines Drittstaates** und die ins EU-Recht übernommenen IFRS gleichwertig sind, beantwortet die Verordnung (EG) Nr. 1569/2007.[4] Nach Art. 2 dieser Verordnung kommt es entscheidend darauf an, ob Anleger in die Lage versetzen werden, eine vergleichbare Bewertung der Ver-

11

---

2 *Fingerhut/Voß*, in: Just/Voß/Ritz/Zeising, WpPG, Anhang I EU-ProspektVO Rn. 327; *Kunold*, in: Assmann/Schlitt/von Kopp-Colomb, WpPG/VerkProspG, EU-ProspektVO Anhang I Rn. 195; *d'Arcy/Kahler*, in: Holzborn, WpPG, EU-ProspV Art. 35.
3 *d'Arcy/Kahler*, in: Holzborn, WpPG, EU-ProspV Art. 35.
4 Neben dem Mechanismus zur Festlegung der Gleichwertigkeit von Rechnungslegungsstandards regelt die Verordnung (EG) Nr. 1569/2007 auch ein Verfahren, mit dem die Gleichwertigkeit der GAAP eines Drittlands festgestellt werden kann. Art. 3 sieht vor, dass über die Festlegung der Gleichwertigkeit der GAAP eines Drittstaats auf Initiative der Kommission, auf Antrag der zuständigen Behörde eines Mitgliedstaats oder auf Antrag einer für die Rechnungslegungsgrundsätze zuständigen Behörde eines Drittstaats entschieden wird.

Artikel 35 Historische Finanzinformationen

mögens-, Finanz- und Ertragslage sowie der Aussichten eines Emittenten vorzunehmen. Dabei sind die nach dem GAAP des Drittstaats aufgestellten Abschlüsse mit Abschlüssen, die nach den **in der EU anzuwendenden IFRS** aufgestellt wurden, zu vergleichen.[5] Fällt dieser Vergleich positiv aus, wird unterstellt, dass Anleger wahrscheinlich die gleichen Entscheidungen zum Erwerb, Halten oder Veräußern von Wertpapieren treffen würden. Dies gilt unabhängig davon, ob die vorliegenden Abschlüsse nach den GAAP des Drittstaats oder nach den in der EU anwendbaren IFRS aufgestellt wurden.

12 Vor diesem Hintergrund entschied die Europäische Kommission im Dezember 2008, dass ab dem 1.1.2009 für die Erstellung historischer Finanzinformationen drei Rechnungslegungsstandards als gleichwertig anzusehen sind.[6] Zu diesen zählen:

– Die **vom IASB erlassenen IFRS**, sofern der Anhang zum geprüften Abschluss eine ausdrückliche und uneingeschränkte Erklärung enthält, wonach dieser Abschluss gemäß IAS 1 (Darstellung des Abschlusses) den IFRS entspricht,
– **US GAAP** und
– **Japanische GAAP**.[7]

Diese Entscheidung der Kommission ist in Art. 35 Abs. 5 Unterabsatz 1 EU-ProspektVO umgesetzt worden.

13 Zur Begründung ihrer Entscheidung zur Gleichwertigkeit der vom **IASB** erlassenen IFRS erläuterte die Europäische Kommission, dass Abschlüsse, die nach den vom IASB herausgegebenen IFRS erstellt werden, ihren Adressaten ausreichende Informationen für eine fundierte Bewertung der Vermögens-, Finanz- und Ertragslage und der Aussichten eines Emittenten liefern.[8]

14 Hintergrund für die Entscheidung zu **US GAAP** war, dass im Jahr 2006 das US-amerikanische FASB und das IASB eine Absichtserklärung abgaben. In dieser Erklärung erläuterten sie ihr Ziel, die Annäherung zwischen den US GAAP und den IFRS voranzutreiben. Infolge des zu diesem Zweck dargelegten Arbeitsprogramms verringerten sich die Unterschiede zwischen US GAAP und IFRS. Zudem befreite die US-Wertpapieraufsichtsbehörde SEC Emittenten aus der EU, die ihre Abschlüsse nach den vom IASB herausgegebenen IFRS erstellen, von der Erstellung einer Überleitungsrechnung.[9]

15 **Japanische GAAP** betrachtet die Europäische Kommission als gleichwertig, da im August 2007 das Accounting Standards Board Japans und das IASB eine Vereinbarung bekannt gaben. Nach dieser Vereinbarung planten die beiden Standardsetter die Annäherung zwischen den japanischen GAAP und den IFRS. Sie beabsichtigten zu diesem Zweck bis 2008

---

5 Zum neuesten Stand zur Konvergenz zwischen den IFRS und den GAAP von Drittländern siehe auch den Bericht der Europäischen Kommission an den Europäischen Wertpapierausschuss und das Europäische Parlament zur Konvergenz zwischen den IFRS und den GAAP von Drittländern vom 4.6.2010 (Ref.: KOM(2010) 292 endgültig).
6 Europäische Kommission, Entscheidung vom 12.12.2008, ABl. EU L 340 vom 19.12.2008, S. 112 ff., Art. 1.
7 *Kunold*, in: Assmann/Schlitt/von Kopp-Colomb, WpPG/VerkProspG, EU-ProspektVO Anhang I Rn. 183.
8 Europäische Kommission, Entscheidung vom 12.12.2008, ABl. EU L 340 vom 19.12.2008, S. 112 ff., Erwägungsgrund 4.
9 Europäische Kommission, Entscheidung vom 12.12.2008, ABl. EU L 340 vom 19.12.2008, S. 112 ff., Erwägungsgrund 8.

III. Emittenten aus Drittstaaten **Artikel 35**

die größten Unterschiede zu beseitigen und die verbleibenden Unterschiede bis Ende 2011 aus dem Weg zu räumen. Zudem schreiben die japanischen Behörden für Emittenten aus der EU, die ihre Abschlüsse nach IFRS erstellen, keine Überleitungsrechnung vor.[10]

Nach Art. 4 der Verordnung (EG) Nr. 1569/2007 konnte Emittenten aus Drittländern zunächst übergangsweise gestattet werden, die GAAP eines Drittstaates bis zum 31.12.2011 zu verwenden. Vorrausetzung war, dass die GAAP eines Drittlands mit den IFRS konvergieren oder das betreffende Drittland sich zur Übernahme der IFRS verpflichtet bzw. mit der EU bis zum 31.12.2008 eine Vereinbarung über die gegenseitige Anerkennung geschlossen hatte, die eine Übergangsfrist bis maximal 31.12.2011 vorsah. Auf diese Regelung gestützt entschied sich die Europäische Kommission im Dezember 2008 zunächst für eine Übergangsregelung, die für vor dem 1.1.2012 beginnende Geschäftsjahre galt. Danach konnten Emittenten aus Drittstaaten ihre historischen Finanzinformationen nach den GAAP der Volksrepublik China, Kanadas, der Republik Korea oder der Republik Indien erstellen. Diese Entscheidungen der Kommission waren in Art. 35 Abs. 5a EU-ProspektVO umgesetzt worden. 16

Mit der delegierten Verordnung der EU-Kommission Nr. 310/2012 vom 21. Dezember 2011 zur Änderung der Verordnung (EG) Nr. 1569/2007[11] ist Art. 4 der Verordnung (EG) Nr. 1569/2007 neu gefasst worden und die EU-Kommission entschied sich für eine verlängerte befristete Anerkennung der Rechnungslegungsstandards von Drittländern. Danach konnte es Drittstaatemittenten nunmehr gestattet werden, die GAAP eines Drittstaates bis zum 31. Dezember 2014 zu verwenden. 17

Mit der delegierten Verordnung der EU-Kommission Nr. 311/2012 ebenfalls vom 21. Dezember 2011 entschied die Kommission zudem, dass ab dem 1.1.2012 für die Erstellung historischer Finanzinformationen drei weitere Rechnungslegungsstandards als gleichwertig anzusehen sind.[12] Dies sind 18

– die **GAAP der Volksrepublik China**,
– die **GAAP Kanadas** und
– die **GAAP der Republik Korea**.

Diese Entscheidung der Kommission ist in Art. 35 Abs. 5 Unterabsatz 2 EU-ProspektVO umgesetzt worden.

Zur Begründung ihrer Entscheidung zur Gleichwertigkeit der Generally Accepted Accounting Principles der Volksrepublik China erläuterte die Europäische Kommission, dass das chinesische Finanzministerium im April 2010 einen Fahrplan für die weitere Annäherung der Rechnungslegungsstandards für gewerbliche Unternehmen an die IFRS („Roadmap for Continuing Convergence of the Accounting Standards for Business Enterprises (ASBE) with IFRS") vorlegte, in dem China die Fortsetzung des Konvergenzprozesses zusagte. Seit Oktober 2010 seinen alle vom International Accounting Standards Board ausgegebenen Standards und Interpretationen in den ASBE umgesetzt. Der Konvergenzstand sei von 19

---

10 Europäische Kommission, Entscheidung vom 12.12.2008, ABl. EU L 340 vom 19.12.2008, S. 112 ff., Erwägungsgrund 9.
11 Art. 1 der delegierten Verordnung der EU-Kommission Nr. 310/2012 vom 21.12.2011, ABl. EU L 103 vom 13.4.2012, S. 12 f.
12 Art. 1 Ziffer 1 der delegierten Verordnung der EU-Kommission Nr. 311/2012 vom 21.12.2011, ABl. EU L 103 vom 13.0.2012, S. 13 ff.

Artikel 35   Historische Finanzinformationen

ESMA als zufrieden stellend bezeichnet worden und die Unterschiede seien nicht so groß, dass sie als Verstoß gegen die IFRS angesehen werden könnten.[13]

20 Hintergrund für die Entscheidung zu den Generally Accepted Accounting Principles Kanadas war, dass das Accounting Standards Board of Canada sich im Januar 2006 öffentlich dazu verpflichtet hatte, die IFRS bis zum 31. Dezember 2011 zu übernehmen. Es hat der Aufnahme der IFRS in das Handbuch des Canadian Institute of Chartered Accountants zugestimmt, womit die IFRS ab 2011 für alle öffentlich rechenschaftspflichtigen gewinnorientierten Unternehmen als kanadisches GAAP zu betrachten sind.[14]

21 Die **GAAP Südkoreas** betrachtet die Europäische Kommission als gleichwertig, da die Korean Financial Supervisory Commission und das Korean Accounting Institute sich im März 2007 öffentlich dazu verpflichtet haben, die IFRS bis zum 31. Dezember 2011 zu übernehmen. Das Korean Accounting Standards Board hat die IFRS als koreanische IFRS (K-IFRS) übernommen. K-IFRS sind mit den IFRS identisch und seit 2011 für alle börsennotierten Gesellschaften in Südkorea verbindlich vorgeschrieben. Auch nicht börsennotierte Finanzinstitute und staatseigene Unternehmen müssen die K-IFRS anwenden.[15]

22 Auch die indische Regierung und das Indian Institute of Charatered Accountants hatten sich im Juli 2007 öffentlich dazu verpflichtet, die IFRS bis zum 31. Dezember 2011 zu übernehmen, um bis zum Ende des Programms vollständige Konvergenz der indischen GAAP mit den IFRS zu erreichen. Doch bei einer Vor-Ort-Untersuchung im Januar 2011 stellte ESMA fest, dass zwischen den **indischen GAAP** und den IFRS offenbar eine Reihe von Unterschieden bestehen, die sich in der Praxis als signifikant erweisen könnten. Auch der Zeitplan für die Erreichung eines mit den IFRS in Einklang stehenden Berichtswesens sei ungewiss. Da kein indischer Emittent von der Möglichkeit einer freiwilligen frühzeitigen Anwendung der IFRS Gebrauch gemacht hatte, lagen auch hinsichtlich der Durchsetzung der IFRS keine Erfahrungswerte vor.[16] Die Europäische Kommission entschied daher im Dezember 2011, für indisches GAAP nur eine verlängerte befristete Anerkennung bis Ende 2014 zu gewähren.[17] Diese Entscheidung der Kommission war in Art. 35 Abs. 5a EU-ProspektVO umgesetzt worden.[18]

23 In der Folgezeit hatte sich der Konvergenzprozess zwischen indischem GAAP und IFRS weiter verzögert. Folge war, dass die in Art. 35 Abs. 5a EU-ProspektVO vorgesehene befristete Anerkennung durch die delegierten Verordnung der EU-Kommission Nr. 2015/1604 vom 12.6.2015 bis Ende März 2016 verlängert wurde. Dies Entscheidung ist in der derzeitigen Fassung von Art. 35 Abs. 5a EU-ProspektVO umgesetzt. Durch die Delegierten Verordnung der EU-Kommission Nr. 2015/1605 ebenfalls vom 12.6.2015 wurde zudem auch Art. 4 der der Verordnung (EG) Nr. 1569/2007 entsprechend angepasst.

---

13 Erwägungsgrund 3 der delegierten Verordnung der EU-Kommission Nr. 311/2012 vom 21.12.2011, ABl. EU L 103 vom 13.4.2012, S. 13.
14 Erwägungsgrund 4 der delegierten Verordnung der EU-Kommission Nr. 311/2012 vom 21.12.2011, ABl. EU L 103 vom 13.4.2012, S. 13.
15 Erwägungsgrund 5 der delegierten Verordnung der EU-Kommission Nr. 311/2012 vom 21.12.2011, ABl. EU L 103 vom 13.4.2012, S. 13.
16 Erwägungsgrund 6 der delegierten Verordnung der EU-Kommission Nr. 311/2012 vom 21.12.2011, ABl. EU L 103 vom 13.4.2012, S. 13.
17 Art. 1 Ziffer 2 der delegierten Verordnung der EU-Kommission Nr. 311/2012 vom 21.12.2011, ABl. EU L 103 vom 13.4.2012, S. 13 ff.
18 Delegierte Verordnung der EU-Kommission Nr. 486/2012 vom 30.3.2012.

Hintergrund war, dass im März 2014 das Indian Institute of Chartered Accountants einen neuen Fahrplan zur Erreichung von Konvergenz zwischen den indischen GAAP und den IFRS veröffentlicht hatte. Im Januar 2015 gab zudem das indische Ministerium für Unternehmensangelegenheiten (Ministry of Corporate Affairs of India) einen geänderten Fahrplan für die Einführung IFRS-konvergenter indischer GAAP bekannt. Diesem Fahrplan zufolge sollen die mit den IFRS konvergenten indischen GAAP beginnend mit Berichtsperioden, die am oder nach dem 1. April 2016 beginnen, für alle börsennotierten Gesellschaften verbindlich sein.[19]

---

19 Erwägungsgrund 4 der delegierten Verordnung der EU-Kommission Nr. 2015/1604 vom 12.6. 2015, ABl. EU L 249 vom 25.9.2015, S. 2.

Artikel 36
Inkrafttreten

¹Diese Verordnung tritt in den Mitgliedstaaten am zwanzigsten Tag nach ihrer Veröffentlichung im Amtsblatt der Europäischen Union in Kraft.

²Sie gilt ab dem 1. Juli 2005.

³**Diese Verordnung ist in allen ihren Teilen verbindlich und gilt unmittelbar in jedem Mitgliedstaat.**

1. Die Verordnung wurde am 30.4.2004 im Amtsblatt der Europäischen Union veröffentlicht und trat somit am 20.5.2004 in Kraft.
2. Die Verordnung gilt ab dem 1.7.2005 unmittelbar in jedem Mitgliedsstaat. Sie ist in all ihren Teilen verbindlich.

Exkurs: Art. 6 ff.
Technische Regulierungsstandards (TRS)

Artikel 6 TRS
Veröffentlichung des Prospekts in elektronischer Form

(1) Bei einer Veröffentlichung in elektronischer Form gemäß Artikel 14 Absatz 2 Buchstaben c, d oder e der Richtlinie 2003/71/EG erfüllt der Prospekt, unabhängig davon, ob er aus einem oder mehreren Dokumenten besteht, folgende Anforderungen:

a) Er ist bei Aufrufen der Website ohne weiteres zugänglich.

b) Er ist in einem durchsuchbaren, elektronischen Format gehalten, das nicht abgeändert werden kann.

c) Er enthält keine Hyperlinks außer zu den elektronischen Adressen, über die die mittels Verweis aufgenommenen Informationen abrufbar sind.

d) Er kann heruntergeladen und ausgedruckt werden.

(2) Wird ein Prospekt, der mittels Verweis aufgenommene Informationen enthält, in elektronischer Form veröffentlicht, so enthält er Hyperlinks zu allen Dokumenten, in denen die mittels Verweis aufgenommenen Informationen enthalten sind, bzw. zu allen Webseiten, auf denen das betreffende Dokument veröffentlicht wird.

(3) Wird ein Prospekt für das öffentliche Angebot von Wertpapieren auf der Website des Emittenten oder der Finanzintermediäre bzw. der geregelten Märkte zur Verfügung gestellt, so ergreifen diese Maßnahmen, um zu vermeiden, dass damit Gebietsansässige in Mitgliedstaaten oder Drittländern angesprochen werden, in denen die Wertpapiere nicht dem Publikum angeboten werden, beispielsweise durch Aufnahme einer Erklärung, aus der hervorgeht, an wen sich das Angebot richtet.

(4) Der Zugang zu einem in elektronischer Form veröffentlichten Prospekt wird nicht von Folgendem abhängig gemacht:

a) Abschluss eines Registrierungsverfahrens;

b) Zustimmung zu einer Haftungsbegrenzungsklausel;

c) Entrichtung einer Gebühr.

Übersicht

	Rn.		Rn.
I. Bedingungen der Veröffentlichung in elektronischer Form (Art. 6 Abs. 1 TRS/Art. 29 Abs. 1 EU-ProspektVO a. F.)	2	3. Verbot von Hyperlinks	7
1. Leichte Zugänglichkeit des Prospekts	4	4. Möglichkeit zum Herunterladen und Ausdrucken des Prospekts	10
2. Keine Modifizierbarkeit des Prospekts	5	II. Vorkehrungen gegen Zugriff durch nicht angesprochene Anleger (Art. 6 Abs. 3 TRS/Art. 29 Abs. 2 EU-ProspektVO a. F.)	13

Artikel 6 TRS Veröffentlichung des Prospekts in elektronischer Form

1   Art. 6 TRS (Art. 29 EU-ProspektVO a. F.) ergänzt bzw. konkretisiert die Verpflichtungen des Anbieters bzw. Zulassungsantragstellers, falls dieser sich zu einer Veröffentlichung des Prospekts per Internetpublizität nach § 14 Abs. 2 Satz 1 Nr. 3 bzw. Nr. 4 entschließt oder, bei Wahl der Zeitungs- oder Schalterpublizität, für die inzwischen nach § 14 Abs. 2 Satz 2 verpflichtende zusätzliche Internetpublizität. Laut Erwägungsgrund 31 der EU-ProspektVO sind **bei elektronischer Veröffentlichung** eines Prospekts im Vergleich zu den traditionellen Maßnahmen der Veröffentlichung unter Verwendung der gängigen Praktiken („*best practices*") **zusätzliche Sicherheitsmaßnahmen erforderlich**, um

- die Vollständigkeit der Angaben zu wahren,
- Manipulationen oder Änderungen vonseiten nicht befugter Personen zu vermeiden,
- eine Veränderung seiner Verständlichkeit zu verhindern und
- den möglichen negativen Konsequenzen unterschiedlicher Ansätze beim öffentlichen Angebot von Wertpapieren an das Publikum in Drittstaaten zu entgehen.

I. Bedingungen der Veröffentlichung in elektronischer Form (Art. 6 Abs. 1 TRS/Art. 29 Abs. 1 EU-ProspektVO a. F.)

2   Art. 6 Abs. 1 TRS (Art. 29 Abs. 1 EU-ProspektVO a. F.) bestimmt, dass die Veröffentlichung des Prospekts in elektronischer Form nach Art. 14 Abs. 2 lit. c), d) und e) der EU-Prospektrichtlinie (bzw. umgesetzt in deutsches Recht nach § 14 Abs. 2 Satz 1 Nr. 3 bzw. Nr. 4) an **verschiedene technische Voraussetzungen** geknüpft ist.

3   Fraglich ist, **welche Rechtsfolgen an die Nichteinhaltung** einzelner in Art. 6 vorgeschriebener Voraussetzungen der Internetpublizität **geknüpft** werden. Denkbar wäre zum einen, dass dies an einer wirksamen Veröffentlichung im Sinne von § 14 Abs. 2 nichts ändert, aber eine Ordnungswidrigkeit nach § 35 Abs. 1 Nr. 6 darstellen könnte („*nicht in der vorgeschriebenen Weise... veröffentlicht*"). Denkbar wäre andererseits, dass schon überhaupt keine wirksame Veröffentlichung im Sinne von § 14 Abs. 2 vorliegt. Für Letzteres spricht der Wortlaut des Art. 6 Abs. 1, der von „Anforderungen" (Art. 29 Abs. 1 EU-ProspektVO a. F.: „Voraussetzungen") für eine (wirksame) Veröffentlichung per Internetpublizität spricht. Andererseits sollten bei unwesentlichen technischen Umsetzungsfehlern oder divergierenden Ansichten, ob der Prospekt nun tatsächlich leicht oder nicht leicht auf der Internetseite des Emittenten zugänglich war, derart drakonische und eventuell auch mit zivilrechtlichen Haftungsfolgen versehene Rechtsfolgen wie eine insgesamt fehlende Veröffentlichung nicht eingreifen. Alles andere wäre mit dem Verhältnismäßigkeitsgrundsatz nicht zu vereinbaren. Insofern wird jedenfalls bei der Auslegung der Tatbestandsmerkmale des Art. 6 Abs. 1 (Art. 29 Abs. 1 EU-ProspektVO a. F.) bzw. der Interpretation der Rechtsfolgen zu berücksichtigen sein, wie schwerwiegend der Verstoß gegen Art. 6 der TRS (Art. 29 EU-ProspektVO a. F.) im Einzelfall war.

1. Leichte Zugänglichkeit des Prospekts

4   Nach Art. 6 Abs. 1 lit. a) TRS (Art. 29 Abs. 1 Unterabs. 1 Nr. 1 EU-ProspektVO a. F.) muss der Prospekt bei Aufrufen der Website leicht zugänglich sein. Damit soll dem Anleger das Auffinden des Prospekts auf der betreffenden Website erleichtert werden.[1] Daraus lässt sich eine Reihe von Feststellungen ableiten:

---

[1] *Kunold*, in: Assmann/Schlitt/von Kopp-Colomb, WpPG/VerkProspG, § 14 WpPG Rn. 26 m. w. N.

I. Bedingungen der Veröffentlichung in elektronischer Form **Artikel 6 TRS**

– Unmittelbar auf der Eingangs-Internetseite des Emittenten, der begleitenden Konsortialbanken, der Zahlstellen oder des organisierten Marktes, über die die Veröffentlichung nach § 14 Abs. 2 erfolgen soll, muss ein **Hinweis auf die Verfügbarkeit des Prospekts** enthalten sein. Alternativ, soweit es um die Website des Emittenten geht, muss wenigstens bei Aufrufen der Startseite unter „Investor Relations" unmittelbar ein Hinweis auf den Prospekt erscheinen. Gerade weil es keine Hinweisbekanntmachung mehr gibt, kann vom Anleger nicht verlangt werden, sich erst mit dem Aufbau der Website des Emittenten vertraut machen zu müssen, um dann mühsam auf einer Unterebene der Website zum Prospekt zu gelangen.
– Eine etwa erforderliche **Navigation durch die Website bis zum Prospekt** muss selbsterklärend und unkompliziert sein, damit das Auffinden des Prospekts für den durchschnittlichen Anleger ohne großen Zeitaufwand möglich ist.[2]
– Dagegen ist nicht erforderlich, dass der Prospekt unmittelbar auf der vorgenannten Eingangsseite eingestellt wird.[3]
– Die **Einrichtung von sog. Filtern** ist zulässig bzw. wegen Art. 6 Abs. 3 (Art. 29 Abs. 2 EU-ProspektVO a. F.) sogar in der Praxis wohl notwendig. Die dabei zu durchlaufenden Schritte und abzugebenden Informationen müssen sich aber im Rahmen des Üblichen halten (d. h. z. B. Angabe von Wohnort, Postleitzahl, Land, verbunden mit der Anerkennung bestimmter Hinweise), sie dürfen also den Zugang nicht unnötig oder gar absichtlich erschweren. Mit den genauen Anforderungen an sog. Filter hat sich der EuGH im Rahmen der sogenannten *Timmel*-Entscheidung[4] beschäftigt und dabei bekräftigt, dass *„das Erfordernis der leichten Zugänglichkeit eines Prospekts bei Aufrufen der Webseite, auf der er veröffentlicht wird, nicht erfüllt ist, wenn auf der Website eine mit einer Haftungsausschlussklausel und der Pflicht zur Bekanntgabe einer E-Mail-Adresse verbundene Registrierungspflicht besteht, wenn dieser elektronische Zugang kostenpflichtig ist oder wenn die kostenlose Abrufbarkeit von Prospektteilen auf zwei Dokumente pro Monat begrenzt ist"*.[5] Auch durch die Begründung des EuGH wird klar, dass nach dem Urteil eine Unvereinbarkeit mit Art. 6 Abs. 1 lit. a) (das Urteil ist allerdings auf Basis des Art. 29 Abs. 1 Unterabs. 1 Nr. 1 der EU-ProspektVO a. F. ergangen) schon für Fälle vorliegt, in denen eine Verbindung von Haftungsausschlussklausel und Registrierungspflicht vorliegt.[6] Die Vorgaben der *Timmel*-Entscheidung wurden zwischenzeitlich zusätzlich in **Art. 6 Abs. 4 TRS** umgesetzt, dabei aber noch verschärft. Demnach darf der Zugang zu einem in elektronischer Form veröffentlichten Prospekt nicht vom Abschluss eines Registrierungsverfahrens **oder** der Zustimmung zu einer Haftungsbegrenzungsklausel **oder** der Entrichtung einer Gebühr abhängig gemacht werden. Die Zulässigkeit üblicher Filter mit bloßer Angabe des Wohnorts und Bestätigung, dass die im Text des

---

2 *Heidelbach*, in: Schwark/Zimmer, KMRK, § 14 WpPG Rn. 37, nennt das treffend „*Verlinkungslogik*".
3 *Preuße*, in: Holzborn, WpPG, Art. 29 EU-ProspV Rn. 2. Nach *Ritz/Voß*, in: Just/Voß/Ritz/Zeising, WpPG, § 14 Rn. 43, soll aber bereits mehr als ein weiterführender Link schädlich sein; dagegen zu Recht *Kunold*, in: Assmann/Schlitt/von Kopp-Colomb, WpPG/VerkProspG, § 14 WpPG Rn. 26, und *Heidelbach*, in: Schwark/Zimmer, KMRK, § 14 WpPG Rn. 37.
4 EuGH, 15.5.2014 – C-359/12, insb. Rn. 50 ff. Vgl. zu weiteren Implikationen dieses Urteils oben *Berrar*, § 14 Rn. 36a.
5 EuGH, 15.5.2014 – C-359/12, Rn. 59.
6 EuGH, 15.5.2014 – C-359/12, Rn. 51.

Artikel 6 TRS Veröffentlichung des Prospekts in elektronischer Form

Filters enthaltenen Hinweise gelesen wurden,[7] dürfte dadurch nicht berührt sein,[8] wobei die extensive Auslegung der „freien Zugänglichkeit" des EuGH-Urteils durchaus Rechtsunsicherheiten für die Praxis schaffen könnte, da die Verbindung mit anderen Maßnahmen dazu führen kann, dass ein Prospekt im Ergebnis als nicht frei verfügbar eingestuft wird, womit möglicherweise keine hinreichende Veröffentlichung vorläge (vgl. oben Rn. 3); insofern wäre eine Klarstellung im Rahmen des Gesetzgebungsverfahrens zur neuen EU-ProspektVO[9] hilfreich.

2. Keine Modifizierbarkeit des Prospekts

5   Art. 6 Abs. 1 lit. b) TRS (Art. 29 Abs. 1 Unterabs. 1 Nr. 2 EU-ProspektVO a. F.) verlangt, dass das Format der Datei so ausgestaltet ist, dass sich der Prospekt nicht modifizieren lässt. Technisch bedeutet das in der Praxis, dass regelmäßig ein **PDF-Format** verwendet wird, **das gegen Änderungen geschützt ist**.[10] Ferner hat der Betreiber der Website sicherzustellen, dass die Datei nicht mit geringem technischen Aufwand entfernt und durch eine andere Datei ersetzt werden kann. Insgesamt müssen die Vorkehrungen so ausgestaltet sein, dass Manipulationen möglichst ausgeschlossen werden können und die Vollständigkeit der Informationen gewahrt bleibt. Gleichzeitig muss das PDF-Dokument gemäß den neuen Vorgaben in Art. 6 Abs. 1 lit. b) TRS durchsuchbar sein.

6   Dass eine Website und damit auch der auf einer Website verfügbare Prospekt aber eventuell durch technisch versierte Computerfachleute verändert bzw. beeinträchtigt werden kann, kann niemals ausgeschlossen werden und kann nicht dazu führen, dass dies – soweit die üblichen Maßnahmen (vgl. Stichwort „gängige Praktiken" bzw. „*best practices*" aus Erwägungsgrund 31 der EU-Prospektverordnung) ergriffen wurden – einen Verstoß gegen Art. 6 TRS (Art. 29 EU-ProspektVO a. F.) darstellt.

3. Verbot von Hyperlinks

7   Gemäß Art. 6 Abs. 1 lit. c) TRS (Art. 29 Abs. 1 Unterabs. 1 Nr. 3 EU-ProspektVO a. F.) darf der Prospekt keine Hyperlinks enthalten, d. h. Verweise auf andere Websites, mit Hilfe derer durch einfaches Anklicken auf den Verweis im Regelfall eine direkte Verbindung zu einer anderen Website bzw. einem anderen Dokument hergestellt werden kann.

8   Art. 6 Abs. 1 lit. c) TRS (Art. 29 Abs. 1 Unterabs. 1 Nr. 3 EU-ProspektVO a. F.) hat insoweit eine Sonderstellung, als es die **einzige Voraussetzung** ist, **die den Inhalt des Prospekts betrifft** und damit für elektronisch veröffentlichte Prospekte eine zusätzliche inhaltliche Anforderung zu gelten scheint. Der Hintergrund für die spezifische Regelung liegt

---

7 Vgl. unten Rn. 16.
8 Vgl. Erwägungsgrund 7 der TRS, nach dem Warnfilter, die darauf hinweisen, an welche Rechtsräume sich ein Angebot richtet, und von den Anlegern die Angabe ihres Sitzlandes oder eine Erklärung verlangen, dass sie in einem bestimmten Staat oder Rechtsraum nicht ansässig sind, nicht als Haftungsbegrenzungsklausel angesehen werden sollen.
9 Siehe dazu oben *Schnorbus*, vor §§ 1 ff. Rn. 11 ff.
10 *Ritz/Voß*, in: Just/Voß/Ritz/Zeising, WpPG, § 14 Rn. 44; *Heidelbach*, in: Schwark/Zimmer, KMRK, § 14 WpPG Rn. 37; wohl zweifelnd, ob PDF als veränderungssicheres Dokument ausreichend ist *Kunold*, in: Assmann/Schlitt/von Kopp-Colomb, WpPG/VerkProspG, § 14 WpPG Rn. 27.

I. Bedingungen der Veröffentlichung in elektronischer Form **Artikel 6 TRS**

vermutlich darin, dass bei elektronisch veröffentlichten Prospekten der Verweis auf eine andere Website leichter genutzt werden kann und damit die Quasi-Einbeziehung nicht von der BaFin geprüfter und gebilligter Informationen eher droht. Weil die BaFin die Kontrolle über die (direkt oder indirekt) in den Prospekt integrierten Informationen behalten will, gilt das Verbot von Hyperlinks im Prospekt aber auch unabhängig von der Veröffentlichungsform, die der Anbieter/Zulassungsantragsteller wählt. Die BaFin verlangt hier in der Praxis bei der Prospektprüfung regelmäßig die Streichung derartiger Links im Prospekt, selbst wenn die Informationen, auf die verwiesen wird, bereits im Prospekt vollständig enthalten sind.[11] Im Übrigen haben auch die anderen Parteien, die Prospektverantwortung tragen, zur Vermeidung zusätzlicher Haftungsrisiken ein Interesse daran, dass keine externen, nicht vollständig kontrollierten Informationen per Hyperlink zum Gegenstand/Inhalt des Prospekts werden. Da nach § 14 Abs. 2 Satz 2 die Internetpublizität inzwischen stets (zumindest zusätzlich) verpflichtend ist und die veröffentlichten Versionen selbstverständlich identisch sein müssen, betrifft das Verbot von Hyperlinks mittlerweile schon deshalb auch die anderen Veröffentlichungsformen.

Eine Ausnahme gilt nach Art. 6 Abs. 1 lit. c) (Art. 29 Abs. 1 Unterabs. 1 Nr. 3 EU-ProspektVO a. F.) für Verbindungen zu elektronischen Adressen, über die die **mittels Verweis gemäß § 11 aufgenommenen Informationen** (*incorporation by reference*) abrufbar sind. In Art. 29 Abs. 1 Unterabs. 2 Satz 1 EU-ProspektVO a. F. hieß es daher klarstellend, dass diese Ausnahme eben auch nur für Dokumente gilt, die in Form eines Verweises aufgenommen wurden. Im neu gefassten Art. 6 Abs. 1 lit. c), Abs. 2 TRS wurde allerdings auf eine entsprechende Klarstellung verzichtet. In Art. 29 Abs. 1 Unterabs. 2 Satz 2 EU-ProspektVO a. F. hieß es weiterhin, dass diese Dokumente im Rahmen einfacher und unmittelbar anwendbarer technischer Maßnahmen verfügbar sein müssen. Ausreichend dürfte es insoweit sein, die Dokumente auf derselben Internetseite zur Verfügung zu stellen, die den Prospekt enthält.[12] In Art. 6 Abs. 1 lit. c), Abs. 2 TRS findet sich allerdings auch diese Anforderung so nicht mehr. 9

Durch Art. 6 Abs. 2 TRS wird aus der **bisherigen Option** sogar eine **Verpflichtung**, auf mittels Verweis aufgenommene Informationen per Hyperlink zu verweisen. Diese Verpflichtung betrifft nach Art. 6 Abs. 2 TRS nur Prospekte, die in elektronischer Form veröffentlicht werden. Aufgrund der nach § 14 Abs. 2 Satz 2 inzwischen verpflichtenden Internetpublizität (und der zwingenden Übereinstimmung der Fassungen desselben Prospekts für die verschiedenen Veröffentlichungsformen) schlägt sich dies aber auch auf die anderen Publizitätsformen nieder. Art. 6 TRS konkretisiert die Verlinkungspflicht weiter dahingehend, dass Hyperlinks zu **allen Dokumenten**, in denen die mittels Verweis aufgenommenen Informationen enthalten sind, bzw. zu **allen Webseiten**, auf denen das betreffende Dokument veröffentlicht wird, enthalten sein müssen. Nach den TRS gilt daher zusammenfassend: **Mittels Verweis aufgenommene Informationen müssen stets umfassend verlinkt werden, im Übrigen sind Hyperlinks nicht zulässig.** 9a

4. Möglichkeit zum Herunterladen und Ausdrucken des Prospekts

Schließlich verlangt Art. 6 Abs. 1 lit. d) TRS (Art. 29 Abs. 1 Unterabs. 1 Nr. 4 EU-ProspektVO a. F.), dass es dem Anleger möglich sein muss, den Prospekt herunterzuladen und 10

---

11 *Preuße*, in: Holzborn, WpPG, Art. 29 EU-ProspV Rn. 4, hält dies dagegen für zulässig.
12 *Preuße*, in: Holzborn, WpPG, Art. 29 EU-ProspV Rn. 6.

Artikel 6 TRS Veröffentlichung des Prospekts in elektronischer Form

ihn auszudrucken. Die eingestellte Prospektversion muss dies also technisch ermöglichen. Die PDF-Datei darf also **nicht mit Kopierschutz versehen** oder als **„non-printable"-Version** ausgestaltet sein.

11 Mit dieser Vorschrift soll dem Anleger die Möglichkeit gegeben werden, nicht auf eine rein elektronische Fassung des Prospekts angewiesen zu sein. Art. 6 Abs. 1 lit. d) (Art. 29 Abs. 1 Unterabs. 1 Nr. 4 EU-ProspektVO a. F.) hat insofern auch **Komplementärfunktion zu § 14 Abs. 5**: Der Anleger hat also zwei Möglichkeiten, an eine Papierfassung zu kommen bei elektronisch veröffentlichten Prospekten – entweder indem er sich gemäß § 14 Abs. 5 an den Anbieter, Zulassungsantragsteller oder die begleitenden Konsortialbanken wendet und eine Papierversion verlangt oder indem er sich den elektronisch veröffentlichten Prospekt selbst ausdruckt.

12 Auch hier gilt, dass **kurzfristige technische Schwierigkeiten**, aufgrund derer vorübergehend ein Prospekt nicht ausgedruckt werden kann, nicht nachträglich die wirksame Veröffentlichung entfallen lassen und natürlich auch keine Ordnungswidrigkeit nach § 35 Abs. 1 Nr. 6 auslösen.

II. Vorkehrungen gegen Zugriff durch nicht angesprochene Anleger (Art. 6 Abs. 3 TRS/Art. 29 Abs. 2 EU-ProspektVO a. F.)

13 Art. 6 Abs. 3 TRS (Art. 29 Abs. 2 EU-Prospektverordnung a. F.) betrifft **Zugangsbeschränkungen für den elektronisch veröffentlichten Prospekt**, um die ungewollte Ansprache von Investoren zu vermeiden. Nach Art. 6 Abs. 3 (Art. 29 Abs. 2 Satz 1 EU-ProspektVO a. F.) muss derjenige, auf dessen Website der Prospekt veröffentlicht wird (d. h. nach § 14 Abs. 2 Satz 1 Nr. 3 bzw. Nr. 4 Emittent, begleitende Banken, Zahlstelle oder organisierter Markt), Maßnahmen ergreifen, mit denen vermieden wird, Anleger in Mitgliedstaaten oder in Drittländern außerhalb des Europäischen Wirtschaftsraums anzusprechen, in denen die Wertpapiere dem Publikum nicht (jedenfalls nicht im Wege eines öffentlichen Angebots) angeboten werden.

14 Üblicherweise werden derartige Vorkehrungen gegen den Zugriff von Anlegern, an die das Angebot nicht gerichtet sein soll, zum einen durch **vorgeschaltete Hinweise (sog. Disclaimer)** und zum anderen durch die technisch zwingende, vorgeschaltete Verpflichtung zur Angabe bestimmter Informationen, bevor Zugriff gewährt wird (sog. **Filter**), umgesetzt.[13] Art. 6 Abs. 3 (letzter Halbsatz) nennt als eine (ausreichende) Möglichkeit für derartige Schutzmaßnahmen insbesondere einen *Disclaimer* in Form einer „*Erklärung, aus der hervorgeht, an wen sich das Angebot richtet*" (Art. 29 Abs. 2 Satz 2 EU-ProspektVO a. F.: „*deutliche[n] Erklärung, [...] wer die Adressaten des Angebots sind*").[14] Damit die leichte Zugänglichkeit zum Prospekt, die nach Art. 6 Abs. 1 lit. a) TRS (Art. 29 Abs. 1 Unterabs. 1 Nr. 1 EU-ProspektVO a. F.) erforderlich ist, nicht eingeschränkt wird, dürfen aber

---

[13] Siehe oben *Schnorbus*, § 2 Rn. 38 m. w. N., sowie *Schlitt/Singhof/Schäfer*, BKR 2005, 251, 258 m. w. N. in Fn. 131 (zur Rechtslage in den USA) und Fn. 132.

[14] Zutreffend weist *Ding*, in: Heidel, Aktienrecht und Kapitalmarktrecht, § 14 WpPG Rn. 10, darauf hin, dass daher weitere technische Vorkehrungen nicht zwingend erforderlich (wenngleich natürlich sinnvoll) seien. Ebenso *König*, ZEuS 2004, 251, 283; *Ritz/Voß*, in: Just/Voß/Ritz/Zeising, WpPG, § 14 Rn. 47, und *Kunold*, in: Assmann/Schlitt/von Kopp-Colomb, WpPG/VerkProspG, § 14 WpPg Rn. 28 mit Fn. 5 dazu.

II. Vorkehrungen gegen Zugriff durch nicht angesprochene Anleger **Artikel 6 TRS**

die Anforderungen an sog. Filter nicht überspannt werden, vgl. dazu oben Rn. 4, auch im Hinblick auf die sog. *Timmel*-Entscheidung.[15]

Diese Vorgaben aus Art. 6 TRS (Art. 29 EU-ProspektVO a. F.) decken sich weitgehend mit den bisher in Deutschland bei Kapitalmarkttransaktionen üblichen Vorkehrungen. Nach einer **Bekanntmachung des Bundesaufsichtsamtes für den Wertpapierhandel zum Verkaufsprospektgesetz von 1999** kann ein Angebot an deutsche Anleger ausgeschlossen werden, wenn aus einem an hervorgehobener Stelle (z. B. Seitenbeginn) stehenden und in deutscher Sprache verfassten Hinweis unmissverständlich hervorgeht, dass eine Zeichnung für Anleger in Deutschland nicht möglich sei („*Disclaimer*"). Daneben seien angemessene Vorkehrungen zu treffen, dass Anleger von Deutschland aus die Wertpapiere nicht erwerben können.[16] 15

Die **Filter** werden **in der Praxis** vorwiegend so aufgesetzt, dass nur die Eingabe eines Wohnorts (mit Postleitzahl) in einem Land, in dem das Angebot als öffentliches Angebot durchgeführt wird, und die Anerkennung bestimmter Hinweise zum Angebot es erlauben, Zugriff auf den Prospekt zu erhalten. Diese Art von Filter dürfte auch im Lichte der *Timmel*-Entscheidung in der Regel noch unter dem Aspekt der leichten Zugänglichkeit zulässig sein (vgl. im Einzelnen oben Rn. 4). Hinter dem Filter besteht auch (selbstverständlich) nur Zugang zu der gebilligten Prospektfassung, d. h. zum Beispiel nicht etwa auch zu einer englischsprachigen Fassung des Prospekts, wenn der Prospekt auf Deutsch gebilligt wurde. (Privat-)Anleger aus anderen Ländern können – sofern sie nicht wissentlich Falschangaben machen – wegen dieser Filter keinen Zugang zum Prospekt erlangen. Die Privatplatzierung in den Ländern, in denen kein öffentliches Angebot durchgeführt wird, geschieht regelmäßig auf Basis separat erstellter englischsprachiger sog. *Offering Circulars*, die von den beteiligten Konsortialbanken an Investoren geschickt werden, von denen die Konsortialbanken wissen, dass es sich um institutionelle Anleger handelt, deren Ansprache in dem betreffenden Land kein öffentliches Angebot auslöst (z. B. sog. *Qualified Institutional Buyers* nach Rule 144A unter dem amerikanischen *Securities Act* von 1933). 16

Die Verpflichtungen nach Art. 6 Abs. 3 TRS (Art. 29 Abs. 2 EU-ProspektVO a. F.) betreffen ausschließlich die **Website, über die die Veröffentlichung erfolgt**. Dass die BaFin nach § 13 Abs. 4 den gleichen Prospekt ohne etwaige Hinweise oder Zugangsbeschränkungen auf ihrer Website zugänglich macht, wird durch Art. 6 Abs. 3 (Art. 29 Abs. 2 EU-ProspektVO a. F.) weder beeinträchtigt noch hat diese ungeschützte Zugriffsmöglichkeit eine Rückwirkung auf die Verpflichtungen des Emittenten, der begleitenden Konsortialbanken, der Zahlstelle oder des organisierten Marktes, auf deren Website der Prospekt veröffentlicht wird, nach Art. 6 Abs. 3 (Art. 29 Abs. 2 EU-ProspektVO a. F.). 17

---

[15] Neben der dort genannten Beispiele wäre es wohl auch unzulässig, vom Anleger technisch zwingend vor der Zugriffsmöglichkeit auf den Prospekt eine persönliche Haftungserklärung gegenüber Anbieter/Zulassungsantragsteller oder Konsortialbanken zu verlangen, dass der Anleger nicht unter Verstoß gegen gesetzliche Bestimmungen den Prospekt an Dritte (z. B. außerhalb der Länder, in denen ein öffentliches Angebot durchgeführt wird) übermittelt.

[16] Unter I. 2 b) a. E. der Bekanntmachung des BAWe zum Wertpapier-Verkaufsprospektgesetz vom 6.9.1999, Bundesanzeiger Nr. 177 vom 21.9.1999, S. 16180. Näher *von Kopp-Colomb/Lenz*, BKR 2002, 5, 6; *Lenz/Ritz*, WM 2000, 904, 905 f.

Artikel 7 TRS
Veröffentlichung der endgültigen Konditionen

Die endgültigen Konditionen eines Basisprospekts müssen nicht auf demselben Wege veröffentlicht werden wie der Basisprospekt, solange die Veröffentlichung auf einem der in Artikel 14 der Richtlinie 2003/71/EG genannten Wege erfolgt.

1 Insbesondere bei bestimmten Nichtdividendenwerten ist es nach § 6, der auf Art. 5 Abs. 4 der EU-Prospektrichtlinie beruht, zulässig, einen Basisprospekt zu erstellen, der noch nicht die endgültigen Bedingungen enthält, die vielmehr zu einem späteren Zeitpunkt separat veröffentlicht werden.[1] Art. 7 TRS (Art. 33 EU-ProspektVO a. F.) stellt in diesem Zusammenhang klar, dass die **Veröffentlichungsmethode für die endgültigen Konditionen zum Basisprospekt** nicht mit der für den Basisprospekt verwendeten identisch sein muss, sofern es sich bei der erstgenannten Methode um eine der in Art. 14 der EU-Prospektrichtlinie genannten Methoden für die Veröffentlichung handelt. Soweit also beide Veröffentlichungen für sich genommen § 14 Abs. 2 genügen, kann die Veröffentlichungsart divergieren.

2 Dass **getrennte Veröffentlichungsmethoden** verwendet werden dürfen, gilt aber nicht nur in diesem in Art. 7 TRS (Art. 33 EU-ProspektVO a. F.) explizit geregelten Fall von Basisprospekt/endgültigen Konditionen, sondern auch soweit ein Prospekt nach § 14 Abs. 4 in mehreren Einzeldokumenten getrennt veröffentlicht wird.[2] Aus Art. 7 TRS (Art. 33 EU-ProspektVO a. F.) ist für diesen Fall von mehreren Einzeldokumenten also kein *argumentum e contrario* zu entnehmen.

3 Art. 7 TRS (Art. 33 der EU-ProspektVO a. F.) ist trotz der generischen Referenz auf Art. 14 der EU-Prospektrichtlinie **nur als ein Verweis auf § 14 Abs. 2** zu verstehen. Dies wird durch die Formulierung *„auf demselben* **Wege** veröffentlicht" in Art. 7 TRS (bzw. für Art. 33 der EU-ProspektVO a. F. durch den mehrmaligen Hinweis auf die „**Art** der Veröffentlichung") deutlich.[3]

---

[1] Vgl. näher dazu oben *Bauer*, § 6 Rn. 2–4 mit anschließender Detailkommentierung.
[2] Dies ergibt sich aus der Regierungsbegründung zu § 14 Abs. 4, vgl. oben *Berrar*, § 14 Rn. 55.
[3] So auch schon European Commission-Internal Market and Services Directorate-General (Markt/G3/WG D(2005), 4th Informal Meeting on Prospectus Transposition – 8 March 2005 – Summary record, S. 5), erhältlich unter: http://ec.europa.eu/internal_market/securities/docs/prospectus/summary-note-050308_en.pdf (Stand: 23.2.2016).

Artikel 8 TRS
Veröffentlichung in Zeitungen

(1) Artikel 14 Absatz 2 Buchstabe a der Richtlinie 2003/71/EG gilt als erfüllt, wenn ein Prospekt in einer landesweit oder überregional erscheinenden allgemeinen Zeitung oder Finanzzeitung veröffentlicht wird.

(2) Gelangt die zuständige Behörde zu der Auffassung, dass die für die Veröffentlichung gewählte Zeitung die in Absatz 1 genannten Anforderungen nicht erfüllt, so bestimmt sie eine Zeitung, deren Auflage für diesen Zweck angemessen erscheint, wobei sie insbesondere die geografische Fläche, die Bevölkerungszahl und die Lesegewohnheiten der einzelnen Mitgliedstaaten berücksichtigt.

Art. 8 TRS (Art. 30 EU-ProspektVO a. F.) **konkretisiert** § 14 Abs. 2 Satz 1 Nr. 1 bei Veröffentlichungen des Prospekts im Wege der sog. **Zeitungspublizität**. Erwägungsgrund 32 der EU-ProspektVO enthält diesbezüglich bereits den Hinweis, dass für die Veröffentlichung eines Prospekts mittels Zeitungspublizität eine Zeitung mit weiter geographischer Verbreitung und hoher Auflage gewählt werden sollte. **1**

Nach **Art. 8 Abs. 1** (Art. 30 Abs. 1 EU-ProspektVO a. F.) hat die Veröffentlichung des Prospekts in einer „*landesweit oder überregional erscheinenden allgemeinen Zeitung oder Finanzzeitung*"[1] zu erfolgen, um den Anforderungen von Art. 14 Abs. 2 lit. a) der EU-Prospektrichtlinie bzw. § 14 Abs. 2 Satz 1 Nr. 1 zu genügen. Letztlich ergeben sich daraus aber **keine weitergehenden Anforderungen als** aus dem Erfordernis der „*Wirtschafts- oder Tageszeitungen, die [...] weit verbreitet sind*" **gemäß § 14 Abs. 2 Satz 1 Nr. 1 selbst**.[2] Wie dazu bereits dargelegt,[3] erscheint es für deutsche Marktteilnehmer – soweit eine Zeitungspublizität überhaupt jemals in Betracht kommen sollte – am einfachsten, sich an den sog. Börsenpflichtblättern zu orientieren, die spezifisch nach diesen Kriterien ausgewählt worden und in diesem Zusammenhang allgemein anerkannt sind. **2**

Falls die zuständige Behörde der Auffassung ist, dass eine für die Veröffentlichung gewählte Zeitung nicht den vorgenannten Anforderungen entspricht, kann sie nach **Art. 8 Abs. 2** (Art. 30 Abs. 2 EU-ProspektVO a. F.) eine Zeitung bestimmen, deren Verbreitung sie für diesen Zweck für angemessen hält, wobei insbesondere dem geographischen Raum, der Zahl der Einwohner und den Lesegewohnheiten in jedem Mitgliedstaat Rechnung zu tragen ist. Offen lässt Art. 8 Abs. 2 (Art. 30 Abs. 2 EU-ProspektVO a. F.), ob die Behörde dann zur **Ersatzvornahme** berechtigt ist, also die Veröffentlichung in diesem von ihr als angemessen betrachteten Medium (auf Kosten des Anbieters/Zulassungsantragstellers) **3**

---

1 Es ist zu begrüßen, dass Art. 8 Abs. 1 TRS klarstellt, dass der Zusatz „*landesweit oder überregional*" für beide Zeitungsalternativen gewollt ist. Das wurde aus dem Wortlaut von Art. 30 Abs. 1 EU-ProspektVO a. F. nicht ganz deutlich, wie aber auch hierzu schon CESR Prospectus Consultation, Feedback Statement, CESR 03-209, Juli 2003, Rn. 410 a. E., siehe auch *Wiegel*, Die Prospektrichtlinie und Prospektverordnung, S. 343 (Fn. 1713).

2 Vgl. *Kunold*, in: Assmann/Schlitt/von Kopp-Colomb, WpPG/VerkProspG, § 14 WpPG Rn. 14 und dort Fn. 2; *Heidelbach*, in: Schwark/Zimmer, KMRK, § 14 WpPG Rn. 18. Siehe zudem *Wiegel*, Die Prospektrichtlinie und Prospektverordnung, S. 344, der zutreffend darauf hinweist, dass auch kein Unterschied zwischen „landesweit" und „supraregional" besteht.

3 Vgl. oben *Berrar*, § 14 Rn. 33.

Artikel 8 TRS   Veröffentlichung in Zeitungen

selbst in die Wege leiten kann, **oder** ob sie den **Anbieter/Zulassungsantragsteller** lediglich **verpflichtet**, die entsprechende Veröffentlichung vorzunehmen.[4]

4   Dabei ist nach richtiger Auffassung von ESMA (ESMA-Questions and Answers Prospectuses – „ESMA-Q&A") die Kompetenz zur Prüfung ausschließlich der **zuständigen Behörde des Herkunftsmitgliedstaates** zugewiesen, d. h. die Behörde des Aufnahmestaates, in den ein Prospekt eventuell notifiziert wird, hat keine Eingriffsbefugnisse. Dies gilt auch und insbesondere für das in Art. 8 Abs. 2 (Art. 30 Abs. 2 EU-ProspektVO a. F.) genannte Bestimmungsrecht.[5]

---

4 *Wiegel*, Die Prospektrichtlinie und Prospektverordnung, S. 344 vertritt, dass der Wortlaut zwar nahe legt, dass die Behörde die Veröffentlichung vornehmen werde, dass aber dazu eine Kompetenznorm fehle.
5 ESMA-Questions and Answers – Prospectuses (25th Updated Version – July 2016), Frage 3; *Heidelbach*, in: Schwark/Zimmer, KMRK, § 14 WpPG Rn. 20.

Artikel 9 TRS
Veröffentlichung der Mitteilung

(1) Macht ein Mitgliedstaat von der in Artikel 14 Absatz 3 der Richtlinie 2003/71/EG genannten Möglichkeit Gebrauch, die Veröffentlichung einer Mitteilung zu verlangen, aus der hervorgeht, wie der Prospekt dem Publikum zur Verfügung gestellt worden ist und wo er erhältlich ist, so wird diese Mitteilung in einer Zeitung veröffentlicht, die die Anforderungen für die Veröffentlichung von Prospekten gemäß Artikel 8 dieser Verordnung erfüllt. Bezieht sich die Mitteilung auf einen Prospekt, der nur für die Zwecke der Zulassung von Wertpapieren zum Handel auf einem geregelten Markt veröffentlicht wurde, auf dem bereits Wertpapiere derselben Kategorie zugelassen sind, so kann sie alternativ dazu auch im Amtsblatt des betreffenden geregelten Markts veröffentlicht werden, und zwar unabhängig davon, ob dieses in Papierform oder in elektronischer Form erscheint.

(2) Die Mitteilung wird spätestens an dem Arbeitstag veröffentlicht, der auf den Tag der Veröffentlichung des Prospekts gemäß Artikel 14 Absatz 1 der Richtlinie 2003/71/EG folgt.

(3) Die Mitteilung enthält Folgendes:

a) Identifikation des Emittenten;

b) Art, Kategorie und Betrag der Wertpapiere, die angeboten werden sollen und/oder deren Zulassung zum Handel beantragt wird, sofern zum Zeitpunkt der Veröffentlichung der Mitteilung bekannt;

c) beabsichtigter Zeitplan für das Angebot/die Zulassung zum Handel;

d) eine Erklärung, dass ein Prospekt veröffentlicht wurde und wo er erhältlich ist;

e) Adressen, unter denen eine Papierfassung für das Publikum erhältlich ist und Zeitraum der Erhältlichkeit;

f) Datum der Mitteilung.

Art. 9 TRS (Art. 31 EU-ProspektVO a. F.) bezieht sich auf die in Art. 14 Abs. 3 der EU-Prospektrichtlinie den Mitgliedstaaten eingeräumte Möglichkeit, die Veröffentlichung einer Mitteilung zu verlangen, aus der hervorgeht, wie der Prospekt dem Publikum zur Verfügung gestellt worden ist und wo er erhältlich ist. Zu § 14 wurde oben näher ausgeführt, dass der deutsche Gesetzgeber von dieser Möglichkeit ab Inkrafttreten des Wertpapierprospektgesetzes am 1.7.2005 in **§ 14 Abs. 3 Satz 2 a. F.** Gebrauch gemacht hatte, dass diese **Vorschrift** aber mittels des Jahressteuergesetzes 2009 **nunmehr aufgehoben** wurde.[1] Daher hat Art. 9 TRS (Art. 31 EU-ProspektVO a. F.) (derzeit) für die Praxis der BaFin keine Bedeutung mehr. 1

---

1 Siehe ausführlich *Berrar*, § 14 Rn. 2 sowie Rn. 52 f.

Artikel 9 TRS   Veröffentlichung der Mitteilung

2 In anderen EU-Mitgliedstaaten werden teilweise unter Bezugnahme auf eine bestehende Marktpraxis – entgegen den klaren Vorgaben der EU-ProspektVO – zusätzliche Anforderungen gestellt.[2]

3 Die Mitteilung/Hinweisbekanntmachung hatte nach Art. 9 TRS (bzw. dem damals noch geltenden Art. 31 Abs. 1 EU-ProspektVO a. F.) in einer der in Art. 8 (Art. 30 EU-ProspektVO a. F.) näher bestimmten Zeitungen zu erfolgen. Durch die Streichung von § 14 Abs. 3 Satz 2 a. F. hat daher auch **die praktische Bedeutung von Art. 8 TRS (Art. 30 EU-ProspektVO a. F.) im deutschen Markt signifikant abgenommen**.

4 Die **Mitteilung** stellte bzw. stellt **keine Veröffentlichungsform oder Teil der Veröffentlichung des Prospekts** dar (anders als nach früherem deutschen Recht vor Inkrafttreten des Wertpapierprospektgesetzes), sondern ausschließlich eine „*Veröffentlichung über die Veröffentlichung*"[3] und hätte daher besser mit einem anderen Begriff als dem aus dem früheren Recht belegten Terminus „Hinweisbekanntmachung" bezeichnet werden sollen.

5 Die inhaltlichen Anforderungen des Art. 9 Abs. 3 TRS (Art. 31 Abs. 3[4] EU-ProspektVO a. F.) hatten in der Praxis dazu geführt, dass die Hinweisbekanntmachung recht umfangreich wurde. Dass die Mitteilung **nach Art. 9 Abs. 2** (Art. 31 Abs. 2 EU-ProspektVO a. F.) **spätestens am nächsten Arbeitstag nach Veröffentlichung des Prospekts** zu erfolgen hatte, löste in der Praxis zum Teil auf der Zeitschiene beim Ablauf der Transaktion Schwierigkeiten aus. Denn soweit geplant war, das öffentliche Angebot unmittelbar am Werktag nach der Billigung zu beginnen, musste die Veröffentlichung des Prospekts noch am Tage der Billigung durchgeführt werden, um § 14 Abs. 1 Satz 1 einzuhalten. Art. 9 Abs. 2 TRS (Art. 31 Abs. 2 EU-ProspektVO a. F.) löste an die Veröffentlichung des Prospekts anknüpfend daher die Verpflichtung aus, am nächsten Arbeitstag auch die Mitteilung über die Veröffentlichung in der entsprechenden Zeitung zu veröffentlichen. In den Fällen aber, in denen die Billigungsentscheidung der BaFin erst am Abend erteilt wurde, war der Annahmeschluss der Tageszeitungen für die Zeitung des Folgetages (ca. 15-16 Uhr spätestens) eventuell bereits abgelaufen, so dass den Anforderungen des Art. 9 TRS (Art. 31 EU-ProspektVO a. F.) schlicht nicht Genüge geleistet werden konnte. Dies ließ sich nur mit Hilfe einer Auslegung dahingehend korrigieren, dass Art. 9 Abs. 2 (Art. 31 Abs. 2 EU-ProspektVO a. F.) so zu interpretieren sei, dass die Mitteilung am nächstmöglichen Arbeitstag zu veröffentlichen ist.[5] Die BaFin verlangte in ihrer Praxis jedenfalls keine Verschiebung des Beginns des öffentlichen Angebots um einen Tag, um Art. 9 Abs. 2 TRS (Art. 31 Abs. 2 EU-ProspektVO a. F.) im wörtlichen Sinne umsetzen zu können.

---

2 Vgl. *European Securities Markets Expert Group (ESME)*, Report on Directive 2003/71/EC of the European Parliament and the Council on the prospectus to be published when securities are offered to the public or admitted to trading, abrufbar unter http://ec.europa.eu/internal_market/securities/docs/esme/05092007_report_en.pdf, S. 25 (Stand: 19.2.2016).
3 So sehr plastisch und treffend *Ding*, in: Heidel, Aktienrecht und Kapitalmarktrecht, § 14 WpPG Rn. 12.
4 Vgl. dazu noch näher *Heidelbach*, in: Schwark/Zimmer, KMRK, § 14 WpPG Rn. 55.
5 Vgl. auch die vorsichtige Formulierung bei *Schlitt/Ponick*, in: Habersack/Mülbert/Schlitt, Handbuch der Kapitalmarktinformation, 1. Aufl. 2008, § 7 Rn. 23 Fn. 37.

Artikel 10 TRS
Liste der gebilligten Prospekte

In der gemäß Artikel 14 Absatz 4 der Richtlinie 2003/71/EG auf der Website der zuständigen Behörde veröffentlichten Liste der gebilligten Prospekte wird angegeben, wie die Prospekte veröffentlicht wurden und wo sie erhältlich sind.

Nach **Art. 14 Abs. 4 der EU-Prospektrichtlinie** hat die zuständige Behörde des Herkunftsmitgliedstaates auf ihrer Website **während eines Zeitraums von zwölf Monaten** wahlweise entweder alle gebilligten Prospekte oder mindestens die Liste der Prospekte, die gemäß Art. 13 (bzw. der nationalen Vorschrift, die Art. 13 umsetzt) gebilligt wurden, ggf. einschließlich einer elektronischen Verknüpfung (Hyperlink) zu dem auf der Website des Emittenten oder des geregelten Marktes veröffentlichten Prospekt zu veröffentlichen. Der deutsche Gesetzgeber hat diese Richtlinienbestimmung in § 13 Abs. 4 dahingehend konkretisiert, dass die BaFin die gebilligten Prospekte auf ihrer Internetseite für jeweils zwölf Monate zugänglich macht. Nichtsdestotrotz behält die zweite Alternative aus Art. 14 Abs. 4 der EU-Prospektrichtlinie, nämlich die Verfügbarkeit einer Liste aller gebilligten Prospekte anstelle des unmittelbaren Einstellens der Prospekte auf der Website der BaFin, jedenfalls übergangsweise, auch in Deutschland noch Bedeutung.[1]   1

Art. 10 TRS (Art. 32 EU-ProspektVO a. F.) verlangt von der BaFin, dass in der vorgenannten Liste auf der Website der BaFin darzulegen ist, wie die Prospekte veröffentlicht wurden und wo sie erhältlich sind.[2] Damit soll laut Erwägungsgrund 34 zur EU-ProspektVO die **Zentralisierung der für die Anleger nützlichen Angaben** erleichtert werden.   2

---

1 Siehe näher *Berrar*, § 13 Rn. 54 zur Erläuterung; etwas anders *von Kopp-Colomb*, in: Assmann/Schlitt/von Kopp-Colomb, WpPG/VerkProspG, § 13 WpPG Rn. 33, wonach der deutsche Gesetzgeber sich nicht für die zweite Möglichkeit einer „reinen Liste" entschieden habe; noch weitergehend *Preuße*, in: Holzborn, WpPG, Art. 32 EU-ProspV, der daraus folgert, dass für Art. 32 EU-ProspektVO nach dem WpPG kein Anwendungsbereich verbleibe. Ähnlich wie hier *Heidelbach*, in: Schwark/Zimmer, KMRK, § 13 WpPG Rn. 31 („*Soweit die BaFin allerdings ihre gesetzliche Pflicht aus § 13 Abs. 4 zur Volltextveröffentlichung nicht erfüllt, hat sie zumindest die gem. Art. 32 EU-ProspV unmittelbar geltenden europäischen Mindestanforderungen hinsichtlich der Listenveröffentlichung zu beachten.*").
2 Vgl. auch ESMA-Questions and Answers – Prospectuses (25th Updated Version – July 2016), Antwort zu Frage 3.

Artikel 11 TRS
Verbreitung von Werbung

(1) Wurde in Bezug auf ein öffentliches Angebot von Wertpapieren oder deren Zulassung zum Handel an einem geregelten Markt Werbung verbreitet und wird in der Folge ein Nachtrag zum Prospekt veröffentlicht, da ein wichtiger neuer Umstand oder eine wesentliche Unrichtigkeit oder Ungenauigkeit in Bezug auf die im Prospekt enthaltenen Angaben aufgetreten ist oder festgestellt wurde, so wird eine geänderte Werbung verbreitet, falls die zuvor verbreitete Werbung durch den wichtigen neuen Umstand oder die wesentliche Unrichtigkeit oder Ungenauigkeit in Bezug auf die im Prospekt enthaltenen Angaben inhaltlich unrichtig oder irreführend wird.

(2) Eine geänderte Werbung enthält einen Verweis auf die vorhergehende Werbung unter Hinweis darauf, dass die vorhergehende Werbung geändert wurde, weil sie unrichtige oder irreführende Angaben enthielt, und unter Angabe der Unterschiede zwischen den beiden Werbeversionen.

(3) Die geänderte Werbung wird unverzüglich nach Veröffentlichung des Nachtrags verbreitet. Mit Ausnahme mündlich verbreiteter Werbung wird eine geänderte Werbung mindestens auf demselben Wege verbreitet wie die ursprüngliche Werbung. Die Pflicht zur Änderung einer Werbung gilt nur bis zum endgültigen Schluss des öffentlichen Angebots bzw. bis zur Eröffnung des Handels an einem geregelten Markt, je nachdem, welches Ereignis später eintritt.

(4) Ist nach der Richtlinie 2003/71/EG kein Prospekt erforderlich, enthält jede Werbung einen entsprechenden Warnhinweis, es sei denn, der Emittent, der Anbieter oder die die Zulassung zum Handel an einem geregelten Markt beantragende Person entscheidet sich dafür, einen der Richtlinie 2003/71/EG, der Verordnung (EG) Nr. 809/2004 und dieser Verordnung entsprechenden Prospekt zu veröffentlichen.

1 In Art. 11 und 12 TRS werden die Anforderungen an die Verbreitung von Werbung in Bezug auf öffentliche Angebote von Wertpapieren oder deren Zulassung zum Handel konkretisiert. Sie ersetzen Art. 34 der EU-ProspektVO a. F. Dessen Streichung durch Art. 13 TRS war gemäß Erwägungsgrund 10 der TRS nötig, um zu verhindern, dass Anforderungen doppelt festgelegt werden.

2 Art. 34 Satz 1 der EU-ProspektVO a. F. ist allerdings ohne Entsprechung entfallen. Er ergänzte bisher Art. 15 der EU-Prospektrichtlinie (umgesetzt in § 15). Der Regelungsgehalt bestand auf der einen Seite in einer Klarstellung, dass Werbung auf einer Vielzahl von Wegen verbreitet werden kann, und in einer Aufzählung von insgesamt 18 möglichen Wegen, die aber keine abschließende Regelung darstellten, sodass die Auswirkungen der Streichung auf die Auslegung von Art. 15 der EU-Prospektrichtlinie bzw. auf § 15 in der Praxis unerheblich sein dürften.

Dies gilt umso mehr, da nicht jede Verbreitung einer Kommunikation über ein solches, in Art. 34 Satz 1 EU-ProspektVO a. F. genanntes Medium eine Werbung/Werbeanzeige darstelle. Dies ist vielmehr anhand der Definition in Art. 2 Nr. 9 EU-ProspektVO im Einzelfall inhaltlich zu bestimmen.[1]

Auf der anderen Seite adressierte Art. 34 Satz 1 EU-ProspektVO a. F., dass Art. 15 der EU-Prospektrichtlinie bzw. § 15 (mit Ausnahme der Gleichbehandlungspflicht für den Anbieter nach dem jeweiligen Abs. 5 der Vorschrift) nicht explizit nennt, wer der Adressat der Vorschrift ist, d. h. wer Werbung für ein Angebot bzw. eine Zulassung machen kann bzw. darf. Art. 34 Satz 1 der EU-ProspektVO a. F. ergänzte hier, dass auch insoweit keine abschließende Gruppe aufgezählt werden kann, sondern bezeichnete „**interessierte Parteien** (wie z. B. den Emittenten, den Anbieter oder die Person, die die Zulassung zum Handel beantragt, Finanzintermediäre, die an der Platzierung und/oder Emission von Wertpapieren teilhaben)" **als potenzielle Urheber von Werbung** im Sinne von Art. 15 der EU-Prospektrichtlinie/§ 15. Auch Art. 15 der EU-Prospektrichtlinie und § 15 lassen aber eine hinreichende Bestimmung des Adressatenkreises zu.[2] Dafür, dass mit der Streichung der nicht abschließenden Aufzählung des Kreises der interessierten Parteien eine Einschränkung des Adressatenkreises gewollt gewesen wäre, sind keine Anhaltspunkte ersichtlich.

3

Die erst durch die Delegierte Verordnung (EU) Nr. 486/2012 der Kommission vom 30.3.2012 angefügte, in Art. 34 Satz 2 EU-ProspektVO a. F. enthaltene Regelung blieb inhaltlich in Form des Art. 11 Abs. 4 TRS erhalten. Die Regelung gewährleistet in dem Falle, dass kein Prospekt erstellt und veröffentlicht werden muss, dass die Anleger über diesen Umstand informiert werden.

4

Die komplett neuen Regelungen der Art. 11 Abs. 1–3 TRS stellen sicher, dass auch Werbung geändert wird, wenn ein nachtragspflichtiger Umstand eintritt. Sie konkretisieren Art. 15 der EU-Prospektrichtlinie dahingehend, dass bei Veröffentlichung eines Nachtrags zum Prospekt eine gemäß Art. 11 Abs. 1 TRS geänderte Werbung verbreitet werden muss, falls die zuvor verbreitete Werbung durch den wichtigen neuen Umstand oder die wesentliche Unrichtigkeit oder Ungenauigkeit in Bezug auf die im Prospekt enthaltenen Angaben inhaltlich unrichtig oder irreführend geworden ist. Gemäß Art. 11 Abs. 2 TRS muss eine geänderte Werbung einen Verweis auf die vorhergehende Werbung enthalten, unter Hinweis darauf, dass die vorhergehende Werbung geändert wurde, weil sie unrichtige oder irreführende Angaben enthielt, und unter Angabe der Unterschiede zwischen den beiden Werbeversionen. Die geänderte Werbung ist nach Art. 11. Abs. 3 Unterabs. 1 TRS unverzüglich nach Veröffentlichung des Nachtrags zu verbreiten. Mit Ausnahme mündlich verbreiteter Werbung ist eine geänderte Werbung mindestens auf demselben Wege zu verbreiten wie die ursprüngliche Werbung. Die Ausnahme für mündlich verbreitete Werbung umfasst dabei insbesondere sogenannte *Roadshows*, auch wenn dabei Begleitmaterialien wie Handouts oder Präsentationen verwendet werden, es muss also keine gänzlich neue Roadshow organisiert werden.[3] Allerdings bezieht sich die Ausnahme nur auf die Art der Verbreitung und entbindet nicht von der generellen Pflicht, eine geänderte Werbung zu verbreiten. Hierbei sollte diejenige Veröffentlichungsmethode ausgewählt werden, die die bestmögliche Erreichbarkeit der Teilnehmer der Roadshow gewährleistet. Je nach Art der

5

---

1 So auch *Heidelbach*, in: Schwark/Zimmer, KMRK, § 15 WpPG Rn. 8.
2 Vgl. oben *Berrar*, § 15 Rn. 14.
3 ESMA-Questions and Answers – Prospectuses (25th Updated Version – July 2016), Frage 99.

Artikel 11 TRS Verbreitung von Werbung

Roadshow und der Teilnehmer kommt zum Beispiel eine Pressemitteilung, eine Veröffentlichung im Internet oder eine direkte Ansprache der Teilnehmer in Betracht.[4]

6 Nach Art. 11 Abs. 3 Unterabs. 2 gilt die Pflicht zur Änderung der Werbung aber nur bis zum endgültigen Schluss des öffentlichen Angebots bzw. bis zur Eröffnung des Handels an einem geregelten Markt, je nachdem, welches Ereignis später eintritt. Die Frist knüpft dabei an diejenige in Art. 16 Abs. 1 der EU-Prospektrichtlinie (umgesetzt in § 16 Abs. 1) an, sodass mit dem Ende der Nachtragspflicht auch die Verpflichtung zur Veröffentlichung einer geänderten Werbung endet.

---

4 ESMA-Questions and Answers – Prospectuses (25th Updated Version – July 2016), Frage 99.

Artikel 12 TRS
Übereinstimmung im Sinne des Artikels 15 Absatz 4 der Richtlinie 2003/71/EG

Mündlich oder schriftlich zu Werbe- und sonstigen Zwecken verbreitete Informationen über das öffentliche Angebot oder die Zulassung zum Handel an einem geregelten Markt dürfen nicht

a) im Widerspruch zu den im Prospekt enthaltenen Angaben stehen;

b) auf Informationen verweisen, die im Widerspruch zu den im Prospekt enthaltenen Angaben stehen;

c) ein in wesentlicher Hinsicht unausgewogenes Bild der im Prospekt enthaltenen Angaben vermitteln, beispielsweise indem negative Aspekte verschwiegen oder weniger hervorgehoben werden als die positiven Aspekte;

d) alternative Messgrößen für die Emittentenleistung enthalten, es sei denn, diese sind auch im Prospekt enthalten.

Für die Zwecke der Buchstaben a bis d umfassen die im Prospekt enthaltenen Angaben die in einem bereits veröffentlichten Prospekt enthaltenen Angaben oder, falls der Prospekt später veröffentlicht wird, die in den Prospekt aufzunehmenden Angaben.

Für die Zwecke des Buchstabens d umfassen alternative Leistungsmessgrößen finanzielle Messgrößen für die historische und künftige finanzielle Leistungsfähigkeit, Finanzlage oder Cashflows, die nicht den im geltenden Rechnungslegungsrahmen definierten finanziellen Messgrößen entsprechen.

In Art. 11 und 12 TRS werden die Anforderungen an die Verbreitung von Werbung in Bezug auf öffentliche Angebote von Wertpapieren oder deren Zulassung zum Handel konkretisiert. Sie ersetzen Art. 34 der EU-ProspektVO a. F. Art. 12 TRS konkretisiert die in Art. 15 Abs. 4 EU-Prospektrichtlinie enthaltene **Kongruenzverpflichtung** (umgesetzt in § 15 Abs. 4).[1] Alle über das öffentliche Angebot oder die Zulassung zum Handel an einem geregelten Markt **verbreiteten Informationen** müssen, wenn sie **Werbe- oder auch sonstigen Zwecken** dienen, mit den im Prospekt enthaltenen Angaben **übereinstimmen**, und zwar unabhängig davon, ob sie in **mündlicher oder schriftlicher** Form verbreitet werden. Wie in § 15 Abs. 4 sind hier ebenfalls nur die konkret über das Angebot bzw. die Zulassung verbreiteten Informationen erfasst, d. h. insbesondere nicht Informationen, die das Geschäft des Emittenten betreffen, oder dessen Finanzangaben.[2]

Art. 12 Satz 1 lit. a) TRS statuiert, dass verbreitete Informationen nicht im Widerspruch zu den im Prospekt enthaltenen Angaben stehen dürfen und geht damit letztlich nicht über die Feststellungen von Art. 15 Abs. 3 und 4 der EU-Prospektrichtlinie hinaus.

---

1 Siehe oben *Berrar*, § 15 Rn. 40.
2 Siehe dazu oben *Berrar*, § 15 Rn. 40.

Artikel 12 TRS   Übereinstimmung i.S.d. Art. 15 Abs. 4 RL 2003/71/EG

3   In Art. 12 Satz 1 lit. b) TRS wird zusätzlich klargestellt, dass die Informationen auch nicht auf andere Informationen verweisen dürfen, die im Widerspruch zu den im Prospekt enthaltenen Angaben stehen.

4   Art. 12 Satz 1 lit. c) TRS bestimmt weiterhin, dass Werbung nicht ein in wesentlicher Hinsicht unausgewogenes Bild der im Prospekt enthaltenen Angaben vermitteln darf, beispielsweise indem negative Aspekte verschwiegen oder weniger hervorgehoben werden als die positiven Aspekte. Inwieweit ein solch gefordertes möglichst ausgewogenes Bild mit der Natur der Werbung, bestimmte Tatsachen vordergründig und stärker zu betonen, um einen gewünschten Entschluss des Publikums zu bestärken, vereinbar ist, bleibt offen. Vor allem muss geklärt werden, wann tatsächlich ein wesentlich unausgewogenes Bild vorliegt. Problematisch erscheint hier vor allem, dass die Unterscheidung zwischen Werbung und Prospekt (mit der Folge der Prospekthaftung) weiter erschwert wird.[3] Denn Voraussetzung für die Einstufung als „Werbung" ist, dass diese nicht einmal den Anschein erwecken darf, alle relevanten Informationen zu enthalten.[4] Eine Werbeaussage muss also stets einen vorselektierten Informationsgehalt haben. Faktische Beschränkungen hinsichtlich des Umfangs der Werbung (z. B. Textlänge, Dauer eines Beitrags) verschärfen diesen Effekt noch. Dass diese Selektion zu Gunsten des Verwenders stattfindet, lässt zwangsläufig eine gewisse „Unausgewogenheit" entstehen. Wollte man Werbung streng „ausgewogen" gestalten, nähme man ihr letztlich den werbenden Charakter. Auch die TRS unterscheiden aber ausweislich des Wortlauts des Art. 12 Satz 1 und Erwägungsgrund 9 zwischen Werbeinformationen und sonstigen Informationen. Unter diesen Gesichtspunkten dürfte wenigstens der Begriff der „Wesentlichkeit" weit zu verstehen sein.

5   Art. 12 Satz 1 lit. d) TRS legt außerdem fest, dass Werbung keine alternativen Leistungsmessgrößen enthalten darf, es sei denn, diese sind auch im Prospekt enthalten. Alternative Leistungsmessgrößen sind nach Art. 12 Satz 3 finanzielle Messgrößen für die historische und künftige finanzielle Leistungsfähigkeit, Finanzlage oder Cashflows, die nicht den im geltenden Rechnungslegungsrahmen definierten finanziellen Messgrößen entsprechen. Hintergrund dieser Regelung ist, dass alternative Leistungsmessgrößen Anlageentscheidungen in besonderem Maße beeinflussen können.[5]

---

3   Zu dieser Abgrenzung siehe grundlegend oben *Berrar*, § 15 Rn. 19 ff.
4   Vgl. hierzu oben *Berrar*, § 15 Rn. 20, 23.
5   Vgl. Erwägungsgrund 9 der TRS.

Anhänge

Anhang I
Mindestangaben für das Registrierungsformular für Aktien (Modul)

1. VERANTWORTLICHE PERSONEN

1.1. Alle Personen, die für die im Registrierungsformular gemachten Angaben bzw. für bestimmte Abschnitte des Registrierungsformulars verantwortlich sind. Im letzteren Fall sind die entsprechenden Abschnitte aufzunehmen. Im Falle von natürlichen Personen, zu denen auch Mitglieder der Verwaltungs-, Geschäftsführungs- und Aufsichtsorgane des Emittenten gehören, sind der Name und die Funktion dieser Person zu nennen. Bei juristischen Personen sind Name und eingetragener Sitz der Gesellschaft anzugeben.

1.2. Erklärung der für das Registrierungsformular verantwortlichen Personen, dass sie die erforderliche Sorgfalt haben walten lassen, um sicherzustellen, dass die im Registrierungsformular genannten Angaben ihres Wissens nach richtig sind und keine Tatsachen ausgelassen worden sind, die die Aussage des Registrierungsformulars wahrscheinlich verändern können. Ggf. Erklärung der für bestimmte Abschnitte des Registrierungsformulars verantwortlichen Personen, dass sie die erforderliche Sorgfalt haben walten lassen, um sicherzustellen, dass die in dem Teil des Registrierungsformulars genannten Angaben, für den sie verantwortlich sind, ihres Wissens nach richtig sind und keine Tatsachen ausgelassen worden sind, die die Aussage des Registrierungsformulars wahrscheinlich verändern können.

Übersicht

	Rn.		Rn.
I. Regelungsgegenstand und -zweck	1	b) Natürliche und juristische Personen	7
1. Regelungsgegenstand	1	2. Teilverantwortung	8
2. Regelungszweck	2	**III. Erklärung zur sorgfältigen Prospekterstellung**	9
II. Angaben zu verantwortlichen Personen	3		
1. Adressatenkreis	3		
a) Begriff der verantwortlichen Person	3		

I. Regelungsgegenstand und -zweck

1. Regelungsgegenstand

Ziff. 1 konkretisiert die Erfüllung der allgemeinen Anforderungen des § 5 Abs. 4 WpPG. Absatz 1.1 entspricht im Wesentlichen § 5 Abs. 1 Halbs. 1. WpPG (siehe § 5 Rn. 72 ff.); **1**

Anhang I Ziffer 1

Absatz 1.2 ist das Äquivalent von § 5 Abs. 1 Halbs. 2. WpPG (dazu § 5 Rn. 83 f.). Auf die Kommentierung zu § 5 wird verwiesen.

2. Regelungszweck

2   Zweck der Mindestangabe nach Ziff. 1 ist – wie schon bei § 5 Abs. 4 WpPG – die Information über die persönlichen Angaben zu den Personen, die für den Inhalt des Prospekts die Verantwortung übernehmen. Dies wird mit deren Erklärung verbunden, dass der Prospekt nach ihrem Wissen richtig und vollständig ist. Diese Angaben dienen zugleich der Identifikation der Personen, die nach § 21 Abs. 1 Satz 1 Nr. 1 WpPG als Prospektverantwortliche der Haftung für die Richtigkeit und Vollständigkeit des Prospektes in Bezug auf die für die Beurteilung der Wertpapiere wesentlichen Angaben unterliegen.[1] Eine materielle Haftungsregelung stellt Ziff. 1 selbst indes nicht dar.[2]

II. Angaben zu verantwortlichen Personen

1. Adressatenkreis

a) Begriff der verantwortlichen Person

3   Nach Ziff. 1 sind die für den Prospekt verantwortlichen Personen vollständig anzugeben („alle").[3] Welche Personen dies im Einzelnen sind, hängt von der Art des Prospekts ab.

4   Die für den Prospekt bzw. das Registrierungsformular verantwortlichen Personen hängen von dessen Verwendungszweck ab. Für Prospekte, die zur Durchführung eines im Hinblick auf ein **öffentliches Angebot** von Wertpapieren erstellt werden, hat deren **Anbieter** die Verantwortung zu übernehmen. Das ergibt sich aus der Pflicht zur Unterzeichnung des Prospekts nach § 5 Abs. 3 Satz 1 WpPG (siehe dazu § 5 Rn. 74 f.).

5   Soll mithilfe des Prospekts die **Zulassung** von Wertpapieren zu einem organisierten Markt (§ 2 Nr. 16 WpPG, z. B. dem regulierten Markt an einer deutschen Wertpapierbörse) zugelassen werden, muss er nach § 5 Abs. 3 Satz 2 WpPG vom **Zulassungsantragsteller** unterzeichnet werden. Das sind nach § 2 Nr. 11 WpPG die Personen, die die Zulassung zum Handel an einem organisierten Markt beantragen. § 32 Abs. 2 BörsG verlangt, dass die Zulassung zum Handel von Wertpapieren im regulierten Markt vom **Emittenten** der Wertpapiere zusammen mit einem **Kreditinstitut**, Finanzdienstleistungsinstitut oder einem nach § 53 Abs. 1 Satz 1 oder § 53b Abs. 1 Satz 1 KWG tätigen Unternehmen beantragt wird. Die Zulassungsantragsteller haben also den Prospekt zu unterzeichnen und somit die Verantwortung für dessen Inhalt zu übernehmen.

6   Soweit bisweilen differenziert wird zwischen den Personen, die die Verantwortung für den Prospekt übernommen haben, und jenen, die ihn unterzeichnen, so erscheint dies geküns-

---

[1] Ähnlich *Alfes/Wienecke*, in: Holzborn, WpPG, Anh. I ProspV Rn.3 mit dem Hinweis auf die neben den Prospektverantwortlichen i. S. v. § 21 Abs. 1 Satz 1 Nr. 1 WpPG der gesetzlichen Prospekthaftung nach dem WpPG unterliegenden Prospektveranlasser i. S. v. § 21 Abs. 1 Satz 1 Nr. 2 WpPG.
[2] *Fingerhut/Voß*, in: Just/Voß/Ritz/Zeising, WpPG, EU-ProspektVO Rn. 15.
[3] *Fingerhut/Voß*, in: Just/Voß/Ritz/Zeising, WpPG, EU-ProspektVO Rn. 20.

telt und nicht sehr praxisrelevant. Denn sowohl die in der Verantwortungserklärung genannten Personen als auch die Unterzeichner des Prospekts haften nach § 21 WpPG für dessen Richtigkeit und Vollständigkeit. Denn mit der Unterzeichnung des Prospekts wird auch konkludent für diesen die Verantwortung übernommen; die Verantwortungserklärung nach Ziff. 1 dient lediglich der Hervorhebung (s. § 5 Rn 73).[4] Das Erfordernis der Unterzeichnung selbst ergibt sich indes nicht aus der EU-ProspektVO, sondern lediglich aus § 5 Abs. 3 WpPG.[5]

b) Natürliche und juristische Personen

Aus dem Vorgenannten ergibt sich, dass die verantwortlichen Personen in erster Linie juristische Personen sind. Für diese sind deren Name (handelsrechtlich „Firma", § 17 HGB) und der eingetragene Sitz der Gesellschaft anzugeben. Bei natürlichen Personen sind deren Name und ihre Funktion zu nennen. Diese Angaben sind bei juristischen Personen auch in Bezug auf die Mitglieder der Verwaltungs-, Geschäftsführungs- und Aufsichtsorgane des Emittenten zu machen.[6] Damit werden sie aber nicht selbst zu verantwortlichen Personen.[7] Siehe zu den weiteren Einzelheiten auch § 5 Rn. 80 ff.

7

2. Teilverantwortung

Die Verantwortung für bestimmte Teilabschnitte des Registrierungsformulars hat im deutschen Recht nach den vorstehenden Ausführungen zur (Gesamt-)Verantwortung für den Prospekt keine eigenständige Bedeutung. Werden im Prospekt fachliche Erklärungen von Experten abgedruckt, etwa des Abschlussprüfers des Emittenten nach Anhang I Ziff. 13.2 oder Ziff. 20.2, so ist dieser nur für diese Erklärung selbst verantwortlich, nicht aber für den betreffenden Prospektabschnitt, so dass es sich auch hierbei nicht um einen Fall der Teilverantwortung handelt.[8]

8

III. Erklärung zur sorgfältigen Prospekterstellung

Nach Ziff. 1.2 müssen die für den Prospekt (bzw. das Registrierungsformular) verantwortlichen Personen erklären, dass sie die erforderliche Sorgfalt haben walten lassen, um sicherzustellen, dass die darin enthaltenen Angaben ihres Wissens nach richtig und in Bezug auf wesentliche Umstände (vgl. § 5 Abs. 4 WpPG) vollständig sind. Zu den Einzelheiten wird auf die Kommentierung zu § 5 Rn. 83 ff. verwiesen.

9

---

4 I.E. ähnlich *Fingerhut/Voß*, in: Just/Voß/Ritz/Zeising, WpPG, EU-ProspektVO Rn. 17.
5 *Fingerhut/Voß*, in: Just/Voß/Ritz/Zeising, WpPG, EU-ProspektVO Rn. 17.
6 Ebenso *Fingerhut/Voß*, in: Just/Voß/Ritz/Zeising, WpPG, EU-ProspektVO Rn. 24
7 *Schlitt/Schäfer*, in: Assmann/Schlitt/von Kopp-Colomb, WpPG/VerkProspG, Anh. I ProspV Rn. 7; *Alfes/Wienecke*, in: Holzborn, WpPG, Anh. I ProspV Rn. 5.
8 A. A. *Fingerhut/Voß*, in: Just/Voß/Ritz/Zeising, WpPG, EU-ProspektVO Rn. 22; die aber a. a. O. nur die theoretische Möglichkeit der Teilverantwortung abstrakt erörtern. In der Praxis ist dies – wohl auch mit Blick auf das der Haftungsnorm des § 21 Abs. 1 WpPG zugrunde liegende Konzept der Gesamtverantwortung und mangels einer Pflicht für Mitwirkende, neben den nach dem Gesetz Gesamtverantwortlichen noch für Prospektteile ausdrücklich die Verantwortung zu übernehmen, ungebräuchlich.

Anhang I Ziffer 2

2. ABSCHLUSSPRÜFER

2.1. Namen und Anschrift der Abschlussprüfer des Emittenten, die für den von den historischen Finanzinformationen abgedeckten Zeitraum zuständig waren (einschließlich der Angabe ihrer Mitgliedschaft in einer Berufsvereinigung).

2.2. Wurden Abschlussprüfer während des von den historischen Finanzinformationen abgedeckten Zeitraums abberufen, nicht wiederbestellt oder haben sie ihr Mandat niedergelegt, so sind entsprechende Einzelheiten zu veröffentlichen.

Übersicht

	Rn.		Rn.
I. Überblick und Regelungsgegenstand	1	III. Angaben zum Wechsel des Abschlussprüfers	6
II. Angaben zum Abschlussprüfer	3		

I. Überblick und Regelungsgegenstand

1 Nach Ziffer 2 hat der Prospekt eine Erklärung des Emittenten zu seinem **Abschlussprüfer**, verschiedene Informationen über diesen und ggf. über dessen Wechsel zu enthalten.[1] Diese Erklärung zum Abschlussprüfer unterscheidet sich von der nach Ziffer 20.4 abzugebenden Erklärung des Emittenten über die Prüfung der historischen Finanzinformationen. Letztere betrifft die Prüfung der tatsächlich in den Prospekt aufgenommenen historischen Finanzinformationen, während sich die Angaben nach Ziffer 2 auf den gesetzlichen Abschlussprüfer beziehen.[2] Diese beiden Erklärungen sind nur teilweise deckungsgleich. So sind die Angaben zur **Mitgliedschaft** in einer **Berufsvereinigung** nur nach Ziffer 2 nicht jedoch nach Ziffer 20.4 gefordert. Die Angaben der Ziffer 2 dienen daher neben der Mitteilung der Informationen auch der Transparenz, wenn andere historische Finanzinformationen als die zur Erfüllung der handelsrechtlichen Berichtspflichten aufgestellten Abschlüsse in den Prospekt aufgenommen werden.

2 In der Praxis werden die Erklärungen nach Ziffer 20.4 und Ziffer 2 häufig zusammengefasst und an einer Stelle im Prospekt abgegeben. Dies ist aufgrund der inhaltlichen Nähe der Informationen auch zu empfehlen. Ein solches Vorgehen ist jedoch wegen Art. 25 Abs. 1 und 4 EU-ProspektVO nicht zwingend. Werden zudem andere historische Finanzinformationen als die zur Erfüllung der handelsrechtlichen Berichtspflichten aufgestellten Abschlüsse in den Prospekt aufgenommen, fehlen die zusätzlichen in Ziffer 2 enthaltenen Informationen für den **Prüfer der historischen Finanzinformationen**. In diesen Fällen empfiehlt es sich, die Angaben nach Ziffer 2 sowohl für den gesetzlichen Abschlussprüfer als auch für den Prüfer der in den Prospekt aufgenommenen historischen Finanzinformationen anzugeben.

---

[1] Die Kommentierung gibt ausschließlich die persönliche Meinung der Autorin wieder. Dies gilt für sämtliche Ausführungen der Autorin in diesem Kommentar.
[2] A. A. wohl *Schlitt/Schäfer*, in: Assmann/Schlitt/von Kopp-Colomb, WpPG/VerkProspG, EU-ProspektVO Anhang I Rn. 17 und 22 f.

II. Angaben zum Abschlussprüfer

Ziffer 2.1 verlangt Angaben zum **Abschlussprüfer** des Emittenten für den von den historischen Finanzinformationen abgedeckten Zeitraum. Diese Angaben müssen den Namen und die Anschrift des Abschlussprüfers sowie Angaben zur Mitgliedschaft in einer Berufsvereinigung umfassen.[3] Hatte der Emittent in diesem Zeitraum **mehrere Abschlussprüfer**, so sind alle Abschlussprüfer zu nennen.[4] Zudem kann es sich empfehlen, diese Angaben auch für den **Prüfer** der in den Prospekt aufgenommenen **historischen Finanzinformationen** zu machen.

3

Abschlussprüfer können gemäß § 319 Abs. 1 Satz 1 HGB sowohl **Wirtschaftsprüfer** als auch **Wirtschaftprüfungsgesellschaften** sein.[5] Daher ist die Angabe zur Wirtschaftsprüfungsgesellschaft ausreichend, wenn diese nach § 318 Abs. 1 HGB als Abschlussprüfer gewählt wurde.[6] Ansonsten ist der Name des gewählten Abschlussprüfers zu nennen.[7] Für die Angabe zur Anschrift ist die Nennung **Geschäftsanschrift** ausreichend.[8] In Einzelfällen können zudem nach § 319 Abs. 1 Satz 2 HGB **vereidigte Buchprüfer** und **Buchprüfungsgesellschaften** Abschlussprüfer sein.[9] Ist dies der Fall, sind für diese die Angaben nach Ziffer 2 aufzunehmen.

4

Bezüglich des Begriffs „Berufsvereinigung" ist fraglich, ob dieser sich auf eine **freiwillige** oder die **gesetzliche Mitgliedschaft** in einer Berufsvereinigung bezieht. Die Nennung der Mitgliedschaft in der Wirtschaftsprüferkammer und damit die gesetzliche Mitgliedschaft[10] in einer Berufsvereinigung ist ausreichend.[11] Die **Wirtschaftsprüferkammer** ist gemeinsam mit der Abschlussprüferaufsichtsstelle für die Berufsaufsicht und somit Einhaltung der beruflichen Pflichten von Abschlussprüfern zuständig.[12] Nach § 66a WPO ist die Abschlussprüferaufsichtsstelle dabei zum einen für eine öffentliche fachbezogene Aufsicht über die Wirtschaftsprüferkammer zuständig, wenn diese Aufgaben gegenüber Berufsangehörigen und Gesellschaften wahrnimmt, die zur Durchführung gesetzlich vorgeschriebener Abschlussprüfungen befugt sind oder solche ohne diese Befugnis tatsächlich durchführen. Zum anderen ermittelt die Abschlussprüferaufsichtsstelle auch selbst bei Berufsangehörigen und Wirtschaftsprüfungsgesellschaften, die gesetzlich vorgeschriebene Abschlussprüfungen bei Unternehmen von öffentlichem Interesse nach § 319a Absatz 1

5

---

3 *Schanz*, Börseneinführung Recht und Praxis des Börsengangs, München, S. 483.
4 Ähnlich *Alfes/Wieneke*, in: Holzborn, WpPG, EU-ProspV Anhang I Rn. 7.
5 *Schmidt/Nagel*, in: Beck'scher Bilanz-Kommentar, § 319 Rn. 8.
6 Ähnlich *Alfes/Wieneke*, in: Holzborn, WpPG, EU-ProspV Anhang I Rn. 8.
7 *Fingerhut/Voß*, in: Just/Voß/Ritz/Zeising, WpPG, Anhang I EU-ProspektVO Rn. 40.
8 *Fingerhut/Voß*, in: Just/Voß/Ritz/Zeising, WpPG, Anhang I EU-ProspektVO Rn. 39 f.; *Alfes/Wieneke*, in: Holzborn, WpPG, EU-ProspV Anhang I Rn. 8.
9 *Schmidt/Nagel*, in: Beck'scher Bilanz-Kommentar, § 319 Rn. 8.
10 Mitglieder in der Wirtschaftsprüferkammer sind nach §§ 58 Abs. 1, 128 Abs. 3 WPO u. a. alle Wirtschaftsprüfer und Wirtschaftsprüfungsgesellschaften; vgl. *Naumann*, in: WP Handbuch 2012, S. 236 f., Abschnitt B Rn. 52.
11 Im Ergebnis ebenso *Fingerhut/Voß*, in: Just/Voß/Ritz/Zeising, WpPG, Anhang I EU-ProspektVO Rn. 41; *Schlitt/Schäfer*, in: Assmann/Schlitt/von Kopp-Colomb, WpPG/VerkProspG, EU-ProspektVO Anhang I Rn. 18.
12 *Naumann*, in: WP Handbuch 2012, S. 233, Abschnitt B Rn. 38.

Anhang I Ziffer 2

Satz 1 HGB durchgeführt haben.[13] Die **Berufsaufsicht** der Wirtschaftsprüferkammer und der Abschlussprüferaufsichtsstelle dient u. a. dem vorbeugenden Schutz der Öffentlichkeit für den Fall, dass bestimmte, gesetzlich definierte Rahmenbedingungen der Berufsausübung nicht eingehalten werden.[14] Daher ist die gesetzlich vorgeschriebene Mitgliedschaft in der Wirtschaftsprüferkammer für den Anleger von Interesse. Sie sichert einen entsprechenden Standard in der Berufsausübung des Abschlussprüfers. Freiwillige Mitgliedschaften in privaten Berufsvereinigungen können demgegenüber verschiedene Interessen[15] verfolgen. Sie dürften daher für eine Anlageentscheidung i. d. R. weniger von Bedeutung sein. Darüber hinaus können Prospektersteller jedoch, zusätzliche Angaben über freiwillige Mitgliedschaften in **privaten Berufsvereinigungen** wie beispielsweise dem **IDW** in den Prospekt aufnehmen.[16]

5a Hat der Wirtschaftsprüfer des Emittenten seinen Sitz im Ausland (beispielsweise weil der Emittent seinen Sitz im Ausland hat) gelten die vorstehenden Erwägungen entsprechend und es ist die gesetzliche Mitgliedschaft in der Berufsvereinigung des jeweiligen Landes anzugeben.[17]

III. Angaben zum Wechsel des Abschlussprüfers

6 In Ergänzung zu Ziffer 2.1 verlangt Ziffer 2.2 eine Angabe zum **Wechsel** des Abschlussprüfers während des von den historischen Finanzinformationen abgedeckten Zeitraums. Dieser wechselte, falls ein Abschlussprüfer abberufen wurde, nicht wiederbestellt wurde oder sein Mandat niedergelegt hat. In diesen Fällen sind entsprechende Einzelheiten aufzunehmen, sofern sie von wesentlicher Bedeutung sind.

7 **Einzelheiten** sind beispielsweise **von wesentlicher Bedeutung**, wenn es unterschiedliche Meinungen über die Testierfähigkeit eines Abschlusses gab[18], eine Aufsichtsbehörde den Wechsel des Abschlussprüfers forderte oder der Abschlussprüfer wegen Befangenheit ausgetauscht wurde[19].

---

13 Zur Neuregelung Abschlussprüferaufsicht durch das Abschlussprüferaufsichtsreformgesetz und die Verordnung (EU) Nr. 537/2014 vgl. u. a. *Lenz*, DB 2016, 875 ff., und *Schmidt/Nagel*, in: Beck'scher Bilanz-Kommentar, Vor § 316 Rn. 3.
14 *Naumann*, in: WP Handbuch 2012, S. 164, Abschnitt A Rn. 558; im Rahmen der Berufsaufsicht ist zusätzlich zur Wirtschaftsprüferkammer auch die Abschlussprüferaufsichtsstelle eingebunden, der in einigen Bereichen u. a. ein Letztentscheidungsrecht zusteht.
15 Das IDW beispielsweise tritt u. a. für Interessen des Berufstandes und seiner Mitglieder ein und erhebt den Anspruch eine Qualitätsgemeinschaft zu sein, *Naumann*, in: WP Handbuch 2012, S. 227, Abschnitt B Rn. 9 und 11.
16 Ebenso *Fingerhut/Voß*, in: Just/Voß/Ritz/Zeising, WpPG, Anhang I EU-ProspektVO Rn. 42; *Schlitt/Schäfer*, in: Assmann/Schlitt/von Kopp-Colomb, WpPG/VerkProspG, EU-ProspektVO Anhang I Rn. 18.
17 *Alfes/Wieneke*, in: Holzborn, WpPG, EU-ProspV Anhang I Rn. 9.
18 *Fingerhut/Voß*, in: Just/Voß/Ritz/Zeising, WpPG, Anhang I EU-ProspektVO Rn. 48; *Schlitt/Schäfer*, in: Assmann/Schlitt/von Kopp-Colomb, WpPG/VerkProspG, EU-ProspektVO Anhang I Rn. 19.
19 *Alfes/Wieneke*, in: Holzborn, WpPG, EU-ProspV Anhang I Rn. 10.

Ziffer 2   **Anhang I**

Nicht von wesentlicher Bedeutung ist es z. B., wenn der Abschlussprüfer aufgrund gesetz- **8**
licher Vorgaben wechselte.[20] Diese Fälle dürften in der Praxis künftig häufiger werden, da
Art. 17 EU-Verordnung Nr. 537/2014 nun neben der internen Rotation auch eine **externe
Rotation** von Wirtschaftsprüfungsgesellschaften vorsieht.[21]

---

20 *Fingerhut/Voß*, in: Just/Voß/Ritz/Zeising, WpPG, Anhang I EU-ProspektVO Rn. 47; *Schlitt/Schäfer*, in: Assmann/Schlitt/von Kopp-Colomb, WpPG/VerkProspG, EU-ProspektVO Anhang I Rn. 21.
21 Bereits in ihrem Grünbuch vom Oktober 2010 erläutert die Europäische Kommission, dass sie plane, die Unabhängigkeit von Abschlussprüfern zu verbessern. Sie stellt daher u. a. einen obligatorischen Wechsel von Prüfungsgesellschaften zur Diskussion (Europäische Kommission, Grünbuch „Weiteres Vorgehen im Bereich der Abschlussprüfung: Lehren aus der Krise" vom 13.10.2010 (Ref.: KOM(2010) 561 endgültig), S. 12 ff.); siehe zur externen und internen Rotation *Schmidt/Nagel*, in: Beck'scher Bilanz-Kommentar, § 319a Rn. 61 ff.

Anhang I Ziffer 3

3. AUSGEWÄHLTE FINANZINFORMATIONEN

3.1. Ausgewählte historische Finanzinformationen über den Emittenten sind für jedes Geschäftsjahr für den Zeitraum vorzulegen, der von den historischen Finanzinformationen abgedeckt wird, und für jeden nachfolgenden Zwischenberichtszeitraum und zwar in der selben Währung wie die Finanzinformationen.

Die ausgewählten historischen Finanzinformationen müssen die Schlüsselzahlen enthalten, die einen Überblick über die Finanzlage des Emittenten geben.

3.2. Werden ausgewählte Finanzinformationen für Zwischenzeiträume vorgelegt, so sind auch Vergleichsdaten für den gleichen Zeitraum des vorhergehenden Geschäftsjahres vorzulegen, es sei denn, die Anforderung der Beibringung vergleichbarer Bilanzinformationen wird durch die Vorlage der Bilanzdaten zum Jahresende erfüllt.

Übersicht

	Rn.		Rn.
I. Überblick und Regelungsgegenstand	1	3. Begriff nachfolgender Zwischenzeitraum	7
II. Einzelheiten	3	4. Zusätzliche Schlüsselfinanzinformationen	8
1. Beurteilungsspielraum des Emittenten	3	5. Vergleichsdaten	9
2. Aufzunehmende Informationen	5		

I. Überblick und Regelungsgegenstand

1 Der Sinn und Zweck der **ausgewählten Finanzinformationen** ist, den Anlegern einen Überblick über die im Prospekt enthaltenen **historischen Finanzinformationen** und **Zwischenfinanzinformationen** zu geben.[1] Sie beinhalten daher Schlüsselinformationen zur Finanz-, Vermögens- und Ertragslage des Emittenten.

2 Die ausgewählten Finanzinformationen sind für jedes Geschäftsjahr für den **Zeitraum**, der von den historischen Finanzinformationen abgedeckt wird, und für jeden nachfolgenden Zwischenzeitraum in den Prospekt aufzunehmen.[2] Die Angaben müssen in derselben Währung wie die historischen Finanzinformationen gemacht werden. In der Praxis finden sich ausgewählte Finanzinformationen häufig vor den Angaben zur Geschäfts- und Finanzlage (Anhang I Ziffer 9 EU-ProspektVO).[3] Zwingend ist dieses Vorgehen wegen Art. 25 Abs. 1 und 4 EU-ProspektVO nicht.

---

[1] Die Kommentierung gibt ausschließlich die persönliche Meinung der Autorin wieder. Dies gilt für sämtliche Ausführungen der Autorin in diesem Kommentar.
[2] ESMA update of the CESR recommendations for the consistent implementation of the European Commission's Regulation on Prospectuses no 809/2004, March 2013, Ref. ESMA 2013/319 (ESMA-Empfehlungen), Rn. 20.
[3] *Alfes/Wieneke*, in: Holzborn, WpPG, EU-ProspV Anhang I Rn. 12.

II. Einzelheiten

1. Beurteilungsspielraum des Emittenten

Die Frage, welche **ausgewählten Finanzinformationen** des Emittenten in den Prospekt aufzunehmen sind, richtet sich nach § 5 Abs. 1 WpPG. Das heißt, die ausgewählten Finanzinformationen müssen im Hinblick auf die Anlageentscheidung wesentlich sein. Diese Entscheidung kann nur im Einzelfall unter Beachtung der konkreten Situation des jeweiligen Emittenten getroffen werden.[4] Dem Emittenten steht daher ein **Beurteilungsspielraum** zu.[5] Der Emittent kennt sein Unternehmen und sein Geschäft besser als externe Dritte und verfügt über einen Wissensvorsprung. Erwägungen, die der Emittent bei seiner Auswahl beachten sollte, sind u. a. das wirtschaftliche Umfeld des Emittenten, seine Branche, die angebotenen Wertpapiere sowie die Hauptgliederungspunkte der Bilanz-, Gewinn- und Verlustrechnung, Kapitalflussrechnung und ggf. der Eigenkapitalveränderungsrechnung.[6]

Der **Beurteilungsspielraum** des Emittenten muss ausgewogen ausgeübt werden. Daher ist die gesamte Finanz-, Vermögens- und Ertragslage des Emittenten erfasst.[7] Eine einseitige Darstellung nur positiver oder negativer Informationen ist mit dem Zweck der Ziffer 3 nicht vereinbar. Eine einseitige Berichterstattung würde keinen Überblick geben.

2. Aufzunehmende Informationen

Die ausgewählten Informationen werden regelmäßig aus den im Finanzteil enthaltenen historischen Abschlüssen und Zwischeninformationen übernommen.[8] Das heißt, wenn ein Emittent entsprechend Ziffer 20.1 Abs. 2 Anhang I EU-ProspektVO neu formulierte Finanzangaben in den Prospekt aufgenommen hat, so müssen die ausgewählten Finanzinformationen auch diesem Abschluss entnommen werden.[9] ESMA nennt als Beispiele für ausgewählte Finanzinformationen u. a. Umsatzerlöse, Bilanzsumme, Dividende pro Aktie etc.[10] Zudem empfiehlt ESMA für die **Präsentation** der ausgewählten Finanzinformationen, die Vorgaben zur Präsentation der historischen Finanzinformationen zu beachten.[11]

Zu den nach Ziffer 3 zwingend aufzunehmenden Angaben zählen nicht im Prospekt ggf. auch enthaltende **Pro-forma-Finanzangaben**.[12] Hintergrund ist, dass die Ziffer 3 nur auf die historischen Finanzinformationen und Zwischeninformationen nach Ziffer 20.6 Bezug nimmt, während Pro-forma-Finanzangaben nach Ziffer 20.2 nicht erwähnt sind.

---

4 ESMA-Empfehlungen, Rn. 21.
5 ESMA-Empfehlungen, Rn. 21.
6 ESMA-Empfehlungen, Rn. 21.
7 *Alfes/Wieneke*, in: Holzborn, WpPG, EU-ProspV Anhang I Rn. 11.
8 ESMA-Empfehlungen, Rn. 22.
9 ESMA-Empfehlungen, Rn. 22.
10 ESMA-Empfehlungen, Rn. 25.
11 ESMA-Empfehlungen, Rn. 26.
12 A. A. *Fingerhut/Voß*, in: Just/Voß/Ritz/Zeising, WpPG, Anhang I EU-ProspektVO Rn. 62; *Schlitt/Schäfer*, in: Assmann/Schlitt/von Kopp-Colomb, WpPG/VerkProspG, EU-ProspektVO Anhang I Rn. 26 und *Alfes/Wieneke*, in: Holzborn, WpPG, EU-ProspV Anhang I Rn. 14.

Anhang I Ziffer 3

3. Begriff nachfolgender Zwischenzeitraum

7 Der Wortlaut der Ziffer 3.1 Anhang I EU-ProspektVO verlangt unter anderem die Aufnahme von ausgewählten Finanzinformationen für jeden **nachfolgenden Zwischenzeitraum** in den Prospekt. Dies bedeutet jedoch nicht, dass ausgewählte Finanzinformationen für einen neuen Berichtszeitraum aufgenommen werden müssen. Der Begriff nachfolgender Zwischenzeitraum bezieht sich nur auf bereits im Prospekt – z. B. auf Grund der Vorgaben nach Ziffer 20.6 Anhang I EU-ProspektVO – enthaltene Zwischeninformationen.

4. Zusätzliche Schlüsselfinanzinformationen

8 Neben den zwingend in den Prospekt aufzunehmenden ausgewählten Finanzinformationen bleibt es dem Prospekterseller unbenommen, ergänzend **zusätzliche Schlüsselfinanzinformationen** anzugeben. Diese sollten aus den historischen Finanzinformationen bzw. Zwischeninformationen abgeleitet oder basierend auf diesen verfeinert sein.[13] Zudem empfiehlt ESMA, dass die abgeleiteten oder verfeinerten Angaben verständlich,[14] relevant[15] und nachvollziehbar[16] sein sollten.[17] Diese Empfehlung konkretisiert die allgemeine Vorgabe des § 5 Abs. 1 WpPG und erleichtert den Investoren die Auswertung zusätzlich aufgenommer Informationen. ESMA empfiehlt ferner, den historischen Finanzinformationen und Zwischenfinanzinformationen eine prominentere Stellung einzuräumen als den zusätzlichen Finanzinformationen.[18]

5. Vergleichsdaten

9 Nach Ziffer 3.2 sind – mit Ausnahme der Zwischenbilanz – **Vergleichsdaten** für den gleichen Zeitraum des vorangegangen Geschäftsjahres aufzunehmen. Für die Zwischenbilanz reicht die Bilanz des letzten Geschäftsjahres aus, um eine Vergleichbarkeit der Angabe zu gewährleisten. Die Anforderung korrespondiert mit entsprechenden Vorgaben in Anhang I Ziffer 20.6.2 EU-ProspektVO.

---

[13] ESMA-Empfehlungen, Rn. 23; *Alfes/Wieneke*, in: Holzborn, WpPG, EU-ProspV Anhang I Rn. 12.

[14] ESMA definiert Verständlichkeit wie folgt: „… *they should contain clear descriptions and, where needed, definitions about the sources of the data and method of calculation in order not to be too complex for investors to understand*", CESR-Empfehlungen, Rn. 24.

[15] ESMA definiert Relevanz wie folgt: „… *they should be supported by a thorough analysis of the specific issuer's business environment and should fairly highlight the key issuer's financial aspects about the financial condition (and performance)*", CESR-Empfehlungen, Rn. 24.

[16] ESMA definiert Nachvollziehbarkeit wie folgt: „… *they should be capable of justification by being reconciled with the historical and interim financial information data included in the prospectus, where the basis of these figures are expected to be taken out from*", CESR-Empfehlungen, Rn. 24.

[17] ESMA-Empfehlungen, Rn. 24.

[18] ESMA-Empfehlungen, Rn. 23; *Schlitt/Schäfer*, in: Assmann/Schlitt/von Kopp-Colomb, WpPG/VerkProspG, EU-ProspektVO Anhang I Rn. 28.

4. RISIKOFAKTOREN

Klare Offenlegung von Risikofaktoren, die für den Emittenten oder seine Branche spezifisch sind (unter der Rubrik „Risikofaktoren").

Übersicht

	Rn.		Rn.
I. Historische Entwicklung	1	3. Wesentlichkeit	14
II. Formale Anforderungen	6	4. Inhaltliche Darstellung	16
III. Inhaltliche Anforderungen	11	5. Kategorisierung und Beispiele	21
1. Sinn und Zweck der Risikofaktoren	11	6. Praktische Hinweise	28
2. Prognostische Natur	13		

I. Historische Entwicklung

Bis zum Inkrafttreten der ProspektVO am 1.7.2005 gab es in Deutschland keine (öffentlich-rechtliche) Pflicht zur Darstellung der mit dem Emittenten (bzw. seiner Branche) und den Wertpapieren verbundenen Risiken im Prospekt (oder gar in einem eigenen Prospektabschnitt unter der Überschrift „Risikofaktoren").[1] Aus haftungsrechtlichen Gründen, und – vor allem bei internationalen Aktienplatzierungen unter Beteiligung global agierender Investmentbanken – beeinflusst durch die Praxis und rechtlichen Vorgaben im U.S.-amerikanischen Rechtskreis, entwickelte sich jedoch die deutsche Rechtspraxis in etwa zu Beginn der 90er-Jahre des zwanzigsten Jahrhunderts stetig und zunehmend hin zu den international üblichen Standards.[2] Der Prospekt der Deutsche Telekom AG für ihren Börsengang im Jahre 1996 dürfte in dieser Entwicklung einen wesentlichen Meilenstein gesetzt haben.[3]

1

Im September 1998 veröffentlichte die International Organization of Securities Commissioners (IOSCO) die International Disclosure Standards for Cross-Border Offerings and Listings by Foreign Issuers, um einerseits die Konvergenz der Prospektanforderungen im internationalen Kontext zu fördern und andererseits ein hohes Niveau des Anlegerschutzes zu gewährleisten. Hiernach waren im Prospekt unter anderem Risikofaktoren offenzulegen, die für den Emittenten oder dessen Branche spezifisch sind und eine Investition in die angebotenen Wertpapiere spekulativ oder mit einem hohen Risiko behaftet erscheinen lassen. Emittenten wurde empfohlen, die Risikofaktoren entsprechend ihrer Bedeutung zu ordnen. Als Beispiele möglicher Risikofaktoren wurden genannt: Risiken, die aus der jeweiligen Geschäftstätigkeit oder deren geografischen Schwerpunkts resultieren; negative Jahresergebnisse in jüngster Zeit; die finanzielle Ausstattung des Emittenten; geringe Li-

2

---

1 *Fingerhut/Voß*, in: Just/Voß/Ritz/Zeising, WpPG, EU-ProspektVO, Anhang I Rn. 68; vgl. oben *Singhof*, Art. 25 Rn. 6 ff.; vgl. zur Situation vor Inkrafttreten der ProspektVO *Assmann*, in: Assmann/Schütze, Handbuch des Kapitalanlagerechts, § 5 Rn. 57.

2 *Schlitt/Wilczek*, in: Habersack/Mülbert/Schlitt, Handbuch der Kapitalmarktinformation, § 5 Rn. 53; *Schlitt/Schäfer*, in: Assmann/Schlitt/von Kopp-Colomb, WpPG/VerkProspG, EU-ProspektVO, Anhang I Rn. 32; *Schlitt/Singhof/Schäfer*, BKR 2005, 251, 252.

3 Prospekt der Deutschen Telekom AG vom 15.11.1996.

Anhang I Ziffer 4

quidität der Wertpapiere; Abhängigkeit von Organmitgliedern; mögliche Verwässerung bei Aktienemissionen; ungewöhnliches Wettbewerbsumfeld; auslaufender Schutz wesentlicher gewerblicher Schutzrechte oder Beendigung wesentlicher Verträge; und Abhängigkeit von einer geringen Anzahl von Kunden oder Lieferanten.[4] Die Anforderungen der IOSCO Standards orientierten sich dabei in wesentlichem Umfang an den U.S.-rechtlichen Prospektanforderungen für ausländische Emittenten aus dem privatrechtlichen Sektor.

3 Am 1.9.2002 veröffentlichte die Deutsche Börse AG als Trägerin der Frankfurter Wertpapierbörse die sog. Going-Public-Grundsätze,[5] die mit Wirkung zum 1.8.2004 überarbeitet wurden. Ziel der Going-Public-Grundsätze war die Erhöhung der Transparenz der für die Anlageentscheidung relevanten Informationen sowie die Schaffung eines einheitlichen Informationsniveaus für alle Anleger. Dabei stand erneut die Konvergenz nationaler und internationaler Standards im Vordergrund. Die Going-Public-Grundsätze galten bis zu ihrer Aufhebung zum 1.7.2005 (dem Inkrafttreten des WpPG und der ProspektVO) auf Basis einer freiwilligen Selbstverpflichtung der Marktteilnehmer.[6] Die Anforderungen der Going-Public-Grundsätze an die Darstellung der Risikofaktoren[7] spiegelten im Wesentlichen die IOSCO Standards wider.[8] Seit dem Inkrafttreten des WpPG und der ProspektVO am 1.7.2005 besteht in Deutschland erstmals die öffentlich-rechtliche Pflicht, Risikofaktoren, die für den Emittenten oder seine Branche spezifisch sind, klar offenzulegen.[9]

4 Der Umfang des Abschnitts Risikofaktoren im Prospekt hat in den vergangenen Jahren tendenziell zugenommen, in einzelnen Fällen auf Kosten der Verständlichkeit und Prägnanz. Vereinzelte Zitierungen von Ausschnitten aus Risikofaktoren in veröffentlichten Prospekten in der Presse indizieren, dass auch die Aufmerksamkeit, welche die Presse, Investoren und andere Marktteilnehmer den Risikofaktoren widmen, zugenommen hat. Außerdem hat sich im Hinblick auf formale Anforderungen und bestimmte Grundsätze der Darstellung der Risikofaktoren eine Verwaltungspraxis der BaFin herausgebildet, die in den nachfolgenden Ausführungen reflektiert ist.

5 Am 30.11.2015 veröffentlichte die Europäische Kommission einen Entwurf für eine „neue" Prospektverordnung, die die Prospektrichtlinie sowie die bisherige ProspektVO (einschließlich der Anhänge, welche die Mindestangaben aufführen) ersetzen soll.[10] Zwi-

---

4 IOSCO, International Disclosure Standards for Cross-Border Offerings and Initial Listings of Foreign Issuers, September 1998, Abschnitt III. D., http://www.iosco.org/library/pubdocs/pdf/IOSCOPD81.pdf.
5 Dazu *Meyer*, WM 2002, 1864, 1869; *Schlitt/Smith/Werlen*, AG 2002, 478.
6 *Schlitt/Wilczek*, in: Habersack/Mülbert/Schlitt, Handbuch der Kapitalmarktinformation, § 5 Rn. 53; *Schlitt/Schäfer*, in: Assmann/Schlitt/von Kopp-Colomb, WpPG/VerkProspG, EU-ProspektVO, Anhang I Rn. 32.
7 Ziffer 4.1. Going-Public-Grundsätze, dazu *Meyer*, WM 2002, 1864, 1869 f.; *Schlitt/Smith/Werlen*, AG 2002, 478, 482.
8 Vgl. zu den Einflüssen der IOSCO Standards auf den Inhalt von Prospekten auch *Fingerhut/Voß*, in: Just/Voß/Ritz/Zeising, WpPG, EU-ProspektVO, Vor Anhang I Rn. 2, Anhang I Rn. 3.
9 Zur Evolution der Prospektrichtlinie siehe *Maloney*, EU Securities and Financial Markets Regulation, Third Edition, p. 71 (II.4.).
10 Europäische Kommission, Vorschlag für eine Verordnung des europäischen Parlaments und des Rates über den Prospekt, der beim öffentlichen Angebot von Wertpapieren oder bei deren Zulassung zum Handel zu veröffentlichen ist, COM(2015) 583 final, 2015/0268 (COD), 30.11.2015.

schenzeitlich liegt der dritte Kompromissvorschlag der Ratspräsidentschaft vor.[11] Der Entwurf (in der Fassung des Kompromissvorschlags vom 3.6.2016) enthält verschiedene Vorschläge für eine Anpassung des geltenden Prospektrechts, darunter auch Vorschläge in Bezug auf die inhaltlichen Anforderungen an die Risikofaktoren. So formuliert Art. 16 (Risikofaktoren) des Vorschlags: „Auf Risikofaktoren wird in einem Prospekt nur insoweit eingegangen, als es sich um Risiken handelt, die für den Emittenten und/oder die Wertpapiere ... spezifisch und im Hinblick auf eine fundierte Anlageentscheidung von wesentlicher Bedeutung sind, wie auch durch den Inhalt des Registrierungsformulars bestätigt wird."[12] Art. 16 formuliert weiter: „Der Emittent kann seine Beurteilung der Wahrscheinlichkeit, dass ein Risiko eintritt, und des Umfangs der negativen Auswirkungen eines solchen Risikos offenlegen und hierzu eine Maßskala mit der Unterteilung „gering", „durchschnittlich" oder „hoch" verwenden. Der Entwurf sieht vor, dass ESMA Leitlinien für die Bewertung der Spezifizität und Wesentlichkeit der Risikofaktoren zur Prüfung der Wahrscheinlichkeit des Eintretens und des Umfangs der Risikofaktoren sowie für die Einstufung der Risikofaktoren in Risikokategorien ausarbeitet. Der Entwurf sieht zudem vor, dass in die Risikodarstellung in der Zusammenfassung nicht mehr als zehn Risikofaktoren aufgenommen werden sollen (vgl. Art. 9a des Kompromissvorschlags). Auch wenn das Anliegen, einer ausufernden Risikodarstellung entgegenzuwirken, nachvollziehbar ist, sind diese Vorschläge, die gegenüber dem ursprünglichen Vorschlag der Europäischen Kommission schon entschärft wurden, nach wie vor, kritisch zu sehen, da sie die Haftungsrisiken für Emittenten verschärfen dürften. Zu berücksichtigen ist auch, dass Emittenten bislang im Rahmen internationaler Angebote üblicherweise einen einheitlichen Prospekt für den EU-Raum sowie andere internationale Wertpapiermärkte verwenden. Sollten Emittenten in Zukunft tatsächlich den im Vorschlag enthaltenen oder ähnlichen Einschränkungen in Bezug auf die Risikodarstellung unterliegen, könnten sie sich veranlasst sehen, einen Prospekt für den EU-Raum (mit „eingeschränkten" Risikofaktoren) und einen separaten Prospekt für die anderen Märkte (mit herkömmlichen, robusten Risikofaktoren) zu verwenden, was der Investorengleichbehandlung abträglich wäre. Es bleibt abzuwarten, wie sich der Vorschlag während des weiteren Gesetzgebungsverfahrens entwickeln wird.

II. Formale Anforderungen

Risikofaktoren sind zwingender Bestandteil eines jeden Prospekts; auf sie kann auch nicht gemäß Art. 23 Abs. 4 ProspektVO verzichtet werden.[13] Gemäß Artikel 25 Abs. 1 Ziffer 3 und Art. 26 Abs. 1 Ziffer 3 ProspektVO sind die Risikofaktoren unmittelbar nach der Zusammenfassung darzustellen, was ihre Bedeutung für die Anlageentscheidung verdeutlicht. Die Prospektgliederung ist insoweit zwingend.[14] Gemäß Art. 2 Abs. 3 ProspektVO

6

---

11 Kompromissvorschlag vom 3.6.2016: Vorschlag für eine Verordnung des europäischen Parlaments und des Rates über den Prospekt, der beim öffentlichen Angebot von Wertpapieren oder bei deren Zulassung zum Handel zu veröffentlichen ist, Interinstitutionelles Dossier: 2015/0268 (COD).
12 Art. 16(1) des Kompromissvorschlags.
13 ESMA-Questions and Answers – Prospectuses (25th Updated Version – July 2016), ESMA/2016/1133, Frage 11; vgl. oben *Singhof*, Art. 25 ProspektVO Rn. 6.
14 *Schlitt/Schäfer*, in: Assmann/Schlitt/von Kopp-Colomb, WpPG/VerkProspG, EU-ProspektVO, Anhang I Rn. 33; *Fingerhut/Voß*, in: Just/Voß/Ritz/Zeising, WpPG, EU-ProspektVO, Anhang I Rn. 76.

Anhang I Ziffer 4

bezeichnet „Risikofaktoren" eine Liste von Risiken, die für die jeweilige Situation des Emittenten und/oder der Wertpapiere spezifisch und für die Anlageentscheidung wesentlich sind. Damit ist keine einfache stichpunktartige Auflistung aller relevanten Risiken gemeint, sondern eine in sich geschlossene, prägnante Darstellung, die Investoren die mit einer Anlageentscheidung verbundenen Risiken deutlich vor Augen führt.[15]

7   Wie Ziffer 4 selbst klarstellt, sind die Risikofaktoren in einem separaten Abschnitt unter entsprechender Überschrift darzustellen. Damit ist freilich nicht gesagt, dass die den Risiken zugrunde liegenden Sachverhalte an anderer Stelle im Prospekt – wie insbesondere in den Abschnitten zur Darstellung und Analyse der Vermögens-, Finanz- und Ertragslage oder der Geschäftstätigkeit – nicht erwähnt oder erläutert werden dürften (und auch sollten). Sie müssen sich nur auch im Abschnitt „Risikofaktoren" wiederfinden und dort in sich geschlossen und in allen wesentlichen Aspekten dargestellt sein.[16]

8   Meist steht den Risikofaktoren ein allgemeiner Warnhinweis voran, um den Anlegern zu verdeutlichen, dass der Erwerb der gegenständlichen Wertpapiere mit erheblichen Risiken behaftet ist, der Anleger erhebliche Verluste (bis hin zum Totalverlust) erleiden kann, die Reihenfolge der Risikofaktoren nicht als Indikation der Eintrittswahrscheinlichkeit oder Erheblichkeit der Risiken gewertet werden sollte, und auch weitere Risiken bestehen und sich realisieren können, die dem Emittenten derzeit unbekannt sind oder von ihm nicht erwartet werden. Unter haftungsrechtlichen Gesichtspunkten ist ein solcher Warnhinweis sinnvoll, wenn auch nicht zwingend.[17]

9   Verweise von den Risikofaktoren auf andere Prospektabschnitte sind nicht zulässig, Verweise innerhalb des Abschnitts Risikofaktoren sind hingegen zulässig und im Einzelfall auch angezeigt, insbesondere um Zusammenhänge zwischen bestimmten Risiken zu verdeutlichen oder schlicht um Wiederholungen zu vermeiden. Verweise von anderen Prospektabschnitten auf die Risikofaktoren sind freilich ohne Weiteres zulässig und im Einzelfall auch geboten.[18]

10 Die Risikofaktoren sind gemäß § 5 Abs. 2 Satz 1 i.V.m. Abs. 2a Ziffer 1 und 2 WpPG (in Umsetzung des Artikels 5 Abs. 2 ProspektRL) und § 5 Abs. 2 Satz 4 WpPG i.V.m. Art. 24 ProspektVO im Zusammenhang mit Anhang XXII (Abschnitt D) zwingend in die Zusam-

---

15 *Fingerhut/Voß*, in: Just/Voß/Ritz/Zeising, WpPG, EU-ProspektVO, Anhang I Rn. 72, 89.

16 Missverständlich insoweit *Fingerhut/Voß*, in: Just/Voß/Ritz/Zeising, WpPG, EU-ProspektVO, Anhang I Rn. 72, 74, wonach die Nennung oder Darstellung eines Risikos außerhalb des gesonderten Abschnitts dazu führe, dass die Angabe nach Anhang I Ziffer 4 nicht erfüllt sei und die BaFin die Billigung des Prospekts zu versagen habe. Allerdings kann es sein, dass die Verwendung des Begriffs „Risiko" oder „Risikofaktor" außerhalb des Kapitels Risikofaktoren von der BaFin im Rahmen ihrer Prospektprüfung aufgegriffen wird und zu Rückfragen führt; die BaFin legt darauf Wert, dass die Risikofaktoren innerhalb des Kapitals Risikofaktoren umfassend dargestellt werden, und dass jedenfalls keine Risiken an anderer Stelle im Prospekt ausgeführt werden, die nicht auch im Kapitel Risikofaktoren dargestellt sind.

17 Vgl. oben *Singhof*, Art. 25 ProspektVO Rn. 9 (einschließlich Wiedergabe eines typischen einleitenden Warnhinweises); *Schlitt/Schäfer*, in: Assmann/Schlitt/von Kopp-Colomb, WpPG/VerkProspG, EU-ProspektVO, Anhang I Rn. 36; *Fingerhut/Voß*, in: Just/Voß/Ritz/Zeising, WpPG, EU-ProspektVO, Anhang I Rn. 79.

18 *Fingerhut/Voß*, in: Just/Voß/Ritz/Zeising, WpPG, EU-ProspektVO, Anhang I Rn. 75; *Schlitt/Schäfer*, in: Assmann/Schlitt/von Kopp-Colomb, WpPG/VerkProspG, EU-ProspektVO, Anhang I Rn. 40.

menfassung aufzunehmen.[19] Im Lichte des Verständlichkeitsgebots (§ 5 Abs. 1 WpPG) sind die einzelnen Risikofaktoren im Abschnitt Risikofaktoren im Regelfall durch prägnante, die Essenz des Risikos verdeutlichende Überschriften in Form eines oder mehrerer vollständiger Sätze einzuleiten.[20] Es bietet sich an, diese Überschriften in der Zusammenfassung zu übernehmen.[21] Die Praxis verfährt entsprechend.[22]

III. Inhaltliche Anforderungen

1. Sinn und Zweck der Risikofaktoren

Die ProspektVO selbst enthält wenig Vorgaben an den materiellen Inhalt der Risikofaktoren. Sie spricht lediglich von „klarer Offenlegung" und fordert Risikofaktoren, die für den Emittenten oder seine Branche spezifisch und für die Anlageentscheidung wesentlich sind.[23] Auch in der Rechtsprechung finden sich nur vereinzelte fallspezifische Hinweise, welchen materiellen Anforderungen die Darstellung der Risikofaktoren genügen muss.[24] Die materiellen inhaltlichen Anforderungen sind vielmehr aus dem Sinn und Zweck der Risikofaktoren und den allgemeinen Prospektanforderungen abzuleiten. Sie dienen – als Kehrseite der Aufklärung der Anleger – letztlich zur Vermeidung von Prospekthaftungsansprüchen.[25] Die an die Risikofaktoren zu stellenden materiellen Anforderungen ergeben sich sonach mittelbar aus §§ 21, 22 WpPG sowie dem Verständlichkeitsgebot des § 5 Abs. 1 WpPG. Werden dem potenziellen Anleger die mit dem Emittenten oder seiner Branche verbundenen Risiken, die für seine Anlageentscheidung wesentlich sind, in leicht analysierbarer und verständlicher Form deutlich vor Augen geführt, so ist bei Realisierung

11

---

19 Dazu *Groß*, Kapitalmarktrecht, § 5 WpPG Rn. 6 ff.
20 Vgl. oben *Singhof*, Art. 25 ProspektVO Rn. 8 m.w.N.; *Schlitt/Wilczek*, in: Habersack/Mülbert/Schlitt, Handbuch der Kapitalmarktinformation, § 5 Rn. 53.
21 *Schlitt/Wilczek*, in: Habersack/Mülbert/Schlitt, Handbuch der Kapitalmarktinformation, § 5 Rn. 53; *Schlitt/Schäfer*, in: Assmann/Schlitt/von Kopp-Colomb, WpPG/VerkProspG, EU-ProspektVO, Anhang I Rn. 50; *Alfes/Wieneke*, in: Holzborn, WpPG, EU-ProspektVO, Mindestangaben Anhang I Rn. 19.
22 Zu dem Vorschlag der Europäischen Kommission im Hinblick auf die Beschränkung der Risikodarstellung in der Zusammenfassung siehe vorstehend Rn. 5.
23 Zwar kann dem Wortlaut von Ziffer 4.1 das einschränkende Merkmal der Wesentlichkeit – anders als in Ziffer 2 des Anhangs III ProspektVO – nicht explizit entnommen werden. Dennoch folgt dieses Erfordernis aus Art. 2 Ziffer 3 ProspektVO sowie für den deutschen Rechtskreis zusätzlich aus den §§ 21, 22 WpPG und dem Verständlichkeitsgebot des § 5 Abs. 1 WpPG; vgl. dazu *Schlitt/Schäfer*, in: Assmann/Schlitt/von Kopp-Colomb, WpPG/VerkProspG, EU-ProspektVO, Anhang I Rn. 45; *Fingerhut/Voß*, in: Just/Voß/Ritz/Zeising, WpPG, EU-ProspektVO, Anhang I Rn. 84, 86 (§ 44 Abs. 1 BörsG a.F.).
24 Vgl. OLG Frankfurt, ZIP 2012, 1236, sowie OLG Frankfurt, ZIP 2013, 1521 (Telekom-Musterentscheide); OLG Nürnberg, Urt. v. 20.11.2013 – 6 U 644/13; LG Nürnberg-Fürth, Urt. v. 19.12.2013 – 6 O 4055/13 (Fortführung Urt. v. 28.2.2013 – 6 O 3556/12 und Urt. v. 25.7.2013 – 6 O 6321/12), zitiert nach juris.
25 *Fingerhut/Voß*, in: Just/Voß/Ritz/Zeising, WpPG, EU-ProspektVO, Anhang I Rn. 69; *Schlitt/Schäfer*, in: Assmann/Schlitt/von Kopp-Colomb, WpPG/VerkProspG, EU-ProspektVO, Anhang I Rn. 34; *Alfes/Wieneke*, in: Holzborn, WpPG, EU-ProspektVO, Mindestangaben Anhang I Rn. 16.

Anhang I Ziffer 4

eines oder mehrerer dieser Risiken und dadurch ausgelösten Kursverlusten für Prospekthaftungsansprüche grundsätzlich kein Raum.[26]

12 Der Vorschlag für eine „neue" Prospektverordnung vom 30.11.2015 (zuletzt in der Fassung des Kompromissvorschlags der Ratspräsidentschaft vom 3.6.2016) sieht genauere Vorgaben an die Risikofaktoren vor. Siehe dazu vorstehend Rn. 5.

2. Prognostische Natur

13 Risikofaktoren sind in aller Regel prognostischer, zukunftsgerichteter Natur, da sie über das Risiko (also die Wahrscheinlichkeit) des Eintritts oder Nichteintritts bestimmter in der Zukunft liegender Ereignisse und deren Auswirkungen auf den Emittenten aufklären. Dem liegt stets eine Einschätzung zugrunde, und zwar sowohl hinsichtlich der Eintrittswahrscheinlichkeit relevanter zukünftiger Ereignisse als auch deren voraussichtlichen Auswirkungen auf den Emittenten. Zukunftsgerichtete Aussagen im Prospekt müssen auf ausreichende Tatsachen gestützt und kaufmännisch vertretbar sein.[27] Für Risikofaktoren bedeutet dies: Es sind all jene Risiken darzustellen, die – unter Berücksichtigung aller relevanten Tatsachen – aus kaufmännisch vertretbarer Sicht im Hinblick auf deren Eintrittswahrscheinlichkeit und deren Auswirkungen auf den Emittenten für die Anlageentscheidung wesentlich sind. Es ist sonach nicht Aufgabe des Prospekts, den Anleger auf sämtliche theoretisch möglichen Risiken aufmerksam zu machen. Ebenso wenig sollten standardisierte Textbausteine (sog. „boilerplate") in Risikofaktoren verwendet werden.

3. Wesentlichkeit

14 Welche Risiken wesentlich, und welche unwesentlich sind, lässt sich angesichts der Vielfältigkeit des Wirtschaftslebens kaum abstrakt-generell beantworten. Es kommt stets auf die Besonderheiten des Einzelfalls an. Ausgehend vom Haftungsmaßstab der §§ 21, 22 WpPG sind Angaben über Risiken wesentlich, wenn sie ein durchschnittlicher, verständiger Anleger bei seiner Anlageentscheidung „eher als nicht" berücksichtigen würde.[28] Entscheidend ist, ob sich im konkreten Fall bei einer ordnungsgemäßen Angabe des Risikos die für die Beurteilung des Emittenten bzw. der von ihm angebotenen Wertpapiere relevanten maßgeblichen tatsächlichen oder rechtlichen Verhältnisse verändern würden.[29] Die We-

---

26 Für das U.S.-Recht ergibt sich dies aus der sog. „Bespeaks Caution" Doktrin, nach der zukunftsbezogene Aussagen oder Prognosen (die sich im Nachhinein als unrichtig erweisen) keine Haftungsansprüche auslösen, wenn auf die damit im Zusammenhang stehenden Risiken ausreichend spezifisch hingewiesen wurde; dazu *Fleischer*, AG 2006, 2, 10 m. w. N. Für das deutsche Prospekthaftungsrecht folgt dies aus dem Umstand, dass der Prospekt im Falle der Realisierung eines offengelegten Risikos diesbezüglich keine Unrichtigkeit enthält, wenn auf dieses Risiko ausreichend spezifisch hingewiesen wurde. Freilich führt nicht jeder Eintritt eines kaum vorhersehbaren (im Prospekt nicht dargestellten) Risikos automatisch zu einer Unrichtigkeit des Prospekts; aber jedenfalls naheliegende, vorhersehbare, wesentliche Risiken sind zwingend darzustellen.
27 BGH, NJW 1982, 2823 (Beton- und Monierbau), dazu *Wagner*, NZG 2010, 857.
28 BGH, NZG 2015, 20, 28 (Telekom-Musterentscheid); BGH, WM 2012, 2147 (Wohnungsbau Leipzig-West), wobei neben Einzeltatsachen auch auf das dem Anleger von den Verhältnissen des Unternehmens vermittelte Gesamtbild abzustellen sei; *Fingerhut/Voß*, in: Just/Voß/Ritz/Zeising, WpPG, EU-ProspektVO, Anhang I Rn. 86.
29 Regierungsbegründung zum 3. Finanzmarktförderungsgesetz, BT-Drucks. 13/8933, S. 76.

sentlichkeit ist dabei aus der Sicht des Adressaten zu beurteilen, an den sich der Prospekt wendet. Das ist grundsätzlich ein verständiger, durchschnittlicher Anleger, der nicht unbedingt mit der in den beteiligten Wirtschaftskreisen gebräuchlichen Schlüsselsprache vertraut zu sein braucht, der aber eine Bilanz zu lesen versteht.[30] Wendet sich ein Emittent ausdrücklich auch an das unkundige und börsenunerfahrene Publikum, so bestimmt sich der Empfängerhorizont – der insoweit neuen und modifizierten Rechtsprechung des Bundesgerichtshofs zufolge zumindest bei Wertpapierprospekten für Wertpapiere, die nicht an der Börse gehandelt werden sollen (reine Verkaufsprospekte) – hingegen nach den Fähigkeiten und Erkenntnismöglichkeiten eines durchschnittlichen Kleinanlegers, der sich allein anhand der Prospektangaben über die Kapitalanlage informiert und über keine Spezialkenntnisse (wie z. B. das Lesen einer Bilanz)[31] verfügt.[32] Juristisches und wirtschaftswissenschaftliches Fachwissen darf jedenfalls nicht vorausgesetzt werden. Allerdings darf selbst vom unkundigen und unerfahrenen Prospektadressaten verlangt werden, dass er den Prospekt aufmerksam und sorgfältig liest.[33] Eine Beschränkung auf die eingehende Lektüre lediglich der Zusammenfassung wird dabei als nicht sachgerecht angesehen.[34]

Ist der Adressatenhorizont (wenn auch mit erheblicher Unschärfe) bestimmt, gilt es, die wesentlichen von den unwesentlichen Risiken zu unterscheiden. Risiken zeichnen sich naturgemäß dadurch aus, dass sowohl der Eintritt der das Risiko begründenden Umstände als auch deren negative Auswirkungen auf den Emittenten grundsätzlich mit Unsicherheiten behaftet sind. Freilich mag es auch Situationen geben, in denen der Eintritt eines zukünftigen Ereignisses gewiss (beispielsweise das Inkrafttreten eines Gesetzes), und lediglich dessen Auswirkungen auf den Emittenten ungewiss ist. Umgekehrt kann der Eintritt eines zukünftigen Ereignisses ungewiss, dessen Auswirkungen auf den Emittenten (den Eintritt des zukünftigen Ereignisses unterstellt) jedoch ohne Weiteres mit hinreichender Sicherheit bestimmbar sein. Dies zeigt zugleich, dass die Wesentlichkeit von Risiken stets eine Funktion aus Eintrittswahrscheinlichkeit und Schadensauswirkung ist (sog. „Probability-Magnitude" Test, in Anlehnung an U.S.-amerikanische Gerichtsentscheidungen zur Fehlerhaf-

15

---

30 BGH, WM 1982, 862; OLG Frankfurt a. M., WM 2004, 1831, 1835 (Inanspruchnahme sachkundiger Hilfe).
31 LG Nürnberg-Fürth, Urt. v. 19.12.2013 – 6 O 4055/13, zitiert nach juris.
32 BGH, WM 2012, 2147, 2150 (Wohnungsbau Leipzig-West); LG Nürnberg-Fürth, Urt. v. 19.12.2013 – 6 O 4055/13, zitiert nach juris; offenlassend BGH, NZG 2015, 20, 33 (Telekom-Musterentscheid); kritisch hingegen *Mülbert/Steup*, in: Habersack/Mülbert/Schlitt, Unternehmensfinanzierung am Kapitalmarkt, § 41 Rn. 34 f. (zudem sei bei Fehlen einer prospektförmigen Einschränkung des angesprochenen Anlegerkreises stets auf den Kleinanleger abzustellen); *Zech/Hanowski*, NJW 2013, 510, 511 f.; zumindest für die Beschreibung von Risikofaktoren in der Zusammenfassung jedoch bereits befürwortend *Wienecke*, NZG 2005, 109, 111; ablehnend hingegen wohl OLG Frankfurt, ZIP 2013, 1521 (Telekom-Musterentscheid), zitiert nach juris.
33 BGH, WM 2008, 725; BGH, WM 2012, 2147; BGH, WM 2013, 734; BGH, Beschl. v. 21.10.2014 – XI ZB 12/12 Rn. 118 (Telekom-Musterentscheid), zitiert nach juris; *Mülbert/Steup*, in: Habersack/Mülbert/Schlitt, Unternehmensfinanzierung am Kapitalmarkt, § 41 Rn. 35 m. w. N.
34 OLG Nürnberg, Urt. v. 20.11.2013 – 6 U 644/13; LG Nürnberg-Fürth, Urt. v. 25.7.2013 – 6 O 6321/12 und Urt. v. 19.12.2013 – 6 O 4055/13, zitiert nach juris. Bemerkenswert erscheint insoweit, dass der ESME-Bericht zur ProspektRL vom 5.9.2007 davon ausgeht, dass die Mehrzahl der Privatanleger ihre Anlageentscheidung nicht einmal auf den Prospekt selbst, sondern ausschließlich auf das im Zusammenhang mit dem öffentlichen Angebot publizierte Werbematerial der Emittenten stützen (S. 10); dazu *Kullmann/Metzner*, WM 2008, 1292.

Anhang I Ziffer 4

tigkeit von Prospekten).[35] Je höher die mögliche Schadensauswirkung ist, desto geringer sind die Anforderungen an die Eintrittswahrscheinlichkeit. Risiken, die sich ggf. erst in ferner Zukunft materialisieren könnten, sind im Regelfall für die Anlageentscheidung unwesentlich. Risiken mit geringer Schadensauswirkung sind ebenfalls grundsätzlich weniger relevant, selbst wenn die Eintrittswahrscheinlichkeit hoch ist. Für den verständigen Anleger ändert sich in solch einem Fall nichts an dem für seine Anlageentscheidung relevanten „Informations-Mix". Bestehen zwischen einzelnen Risiken Interdependenzen oder die Gefahr der Kumulierung, ist dies bei der Ermittlung der Wesentlichkeit und der Darstellung der Risikofaktoren angemessen zu berücksichtigen.[36]

4. Inhaltliche Darstellung

16 In dem jeweiligen Risikofaktor ist das potenzielle Risiko, entsprechend dem Gebot des § 5 Abs. 1 WpPG, verständlich und möglichst präzise, jedoch gleichwohl prägnant zu beschreiben. Dabei muss deutlich werden, wie und in welcher Weise sich das identifizierte Risiko auf den Emittenten in seiner konkreten Situation auswirken kann.[37] Auch die Darstellung von Branchen- oder Marktrisiken sollte auf ihren spezifischen Bezug zum Emittenten fokussieren und deren konkrete Relevanz aufzeigen. Zu nennen sind dabei auch solche Risiken, die zwar nicht ausschließlich für den prospektierenden Emittenten respektive seine Branche spezifisch sind, gleichwohl aber (auch) für diesen Emittenten als wesentlich einzustufen sind.[38] Fachtermini oder technische Einzelheiten sollten ausgespart werden. Die Formulierungen sollten sachlich, nüchtern und objektiv gewählt werden.[39] Kurze, nach Möglichkeit im Aktiv verfasste Sätze, empfehlen sich für die Darstellung der Risikofaktoren ebenso wie in den anderen Prospektabschnitten. In einem Risikofaktor sollte nach Möglichkeit immer nur ein spezifisches Risiko dargestellt und nicht mit anderen Risiken vermischt werden. Logisch zusammengehörige Risikofaktoren sollten freilich zusammen gruppiert werden. Dabei ist für jedes Risiko zu analysieren, wie es sich – sollte es sich materialisieren – auf den Emittenten bzw. seine Vermögens-, Finanz- und Ertragslage auswirken kann. Sofern möglich, sollten Risiken quantifiziert, ggf. auch mit Beispielen illustriert werden. Der Risikofaktor sollte schnell „auf den Punkt" kommen und langwierige Einleitungen oder Hintergrundinformationen vermeiden. Dennoch muss die Darstellung den Kontext und Wirkungszusammenhang, in dem der Risikofaktor steht, für den Leser verständlich machen. Die Fragen „Woraus ergibt sich das Risiko? Welche Faktoren sind dafür

---

35 *Fingerhut/Voß*, in: Just/Voß/Ritz/Zeising, WpPG, EU-ProspektVO, Anhang I Rn. 87; *Schlitt/Schäfer*, in: Assmann/Schlitt/von Kopp-Colomb, WpPG/VerkProspG, EU-ProspektVO, Anhang I Rn. 47; *Alfes/Wieneke*, in: Holzborn, WpPG, EU-ProspektVO, Mindestangaben Anhang I Rn. 21; BGH, WM 2012, 2147; LG Nürnberg-Fürth, Urt. v. 19.12.2013 – 6 O 4055/13, zitiert nach juris.

36 *Fingerhut/Voß*, in: Just/Voß/Ritz/Zeising, WpPG, EU-ProspektVO, Anhang I Rn. 87; OLG Nürnberg, Urt. v. 20.11.2013 – 6 U 644/13; unter besonderer Berücksichtigung des Adressatenhorizonts LG Nürnberg-Fürth, Urt. v. 19.12.2013 – 6 O 4055/13, Rn. 32 f., 66 ff., 130 ff., zitiert nach juris.

37 Vgl. LG Nürnberg-Fürth, Urt. v. 28.2.2013 – 6 O 3556/12, zitiert nach juris; *Alfes/Wieneke*, in: Holzborn, WpPG, EU-ProspektVO, Mindestangaben Anhang I Rn. 18.

38 *Schlitt/Schäfer*, in: Assmann/Schlitt/von Kopp-Colomb, WpPG/VerkProspG, EU-ProspektVO, Anhang I Rn. 46; *Fingerhut/Voß*, in: Just/Voß/Ritz/Zeising, WpPG, EU-ProspektVO, Anhang I Rn. 88.

39 *Schlitt/Schäfer*, in: Assmann/Schlitt/von Kopp-Colomb, WpPG/VerkProspG, EU-ProspektVO, Anhang I Rn. 37; *Fingerhut/Voß*, in: Just/Voß/Ritz/Zeising, WpPG, EU-ProspektVO, Anhang I Rn. 79.

relevant, ob das Risiko eintritt oder nicht? Welche Konsequenzen ergeben sich für den Emittenten bei Realisierung des Risikos und warum?" sind in der gebotenen Kürze zu adressieren. Besondere Situationen können es erforderlich machen, die Gesamt-Risikosituation vergleichsweise umfassend darzustellen, so dass dem Leser auch besondere, übergeordnete Zusammenhänge erläutert werden. Beispiel für eine solche Sondersituation sind Emissionen von Finanzinstituten während der Finanzmarktkrise. Hier war es erforderlich bzw. sinnvoll, den Kontext der Finanzmarktkrise ausführlicher darzustellen, um einerseits die Grundlage für das Verständnis daraus resultierender Emittenten-spezifischer Risiken zu legen, und andererseits die komplexen Wirkungszusammenhänge zwischen den mit der Finanzmarktkrise verbundenen Risiken und der Situation des jeweiligen Emittenten ausreichend klar darzustellen.[40]

Die Reihenfolge der Risikofaktoren ist grundsätzlich kein Indiz hinsichtlich der relativen Bedeutung der Risiken. Darauf wird, wie oben erwähnt, zu Beginn des Abschnitts „Risikofaktoren" deutlich hingewiesen. In der Praxis wird man dennoch im Regelfall versuchen, den Risiken (jedenfalls innerhalb der verschiedenen Risikokategorien, siehe hierzu nachstehend 5.) eine Rangfolge entsprechend ihrer Bedeutung zuzuordnen.[41] Bestehen existenzgefährdende Risiken (wie dies beispielsweise bei „Rettungskapitalerhöhungen" oder Umschuldungen der Fall sein kann), wird man diese an die erste Rangstelle setzen. Bei Bestehen existenzgefährdender Risiken sollten diese auch explizit als solche gekennzeichnet werden (z. B. durch die Formulierung: *„Der Eintritt dieses Risikos könnte erheblichen negativen Einfluss auf die Geschäftstätigkeit und die Vermögens-, Finanz- und Ertragslage Formulierung des Emittenten haben und ggf. auch den Fortbestand des Emittenten gefährden"*).[42, 43]

17

Die Darstellung der Risikofaktoren muss konsistent mit den restlichen Angaben im Prospekt sein. Dies wird von der BaFin im Rahmen der Kohärenzprüfung gemäß § 13 Abs. 1 WpPG überprüft.[44] Gerade bei existenzgefährdenden Risiken ist darauf zu achten, dass Konsistenz mit dem „Working Capital Statement" (Erklärung zum Geschäftskapital gemäß Ziffer 3.1 von Anhang III) besteht bzw., sofern erforderlich, durch entsprechende Qualifizierungen des Working Capital Statements hergestellt und eine nach Umfang und Intensität angemessene Due Diligence Prüfung diesbezüglich durchgeführt wird.[45]

18

---

40 Kapitalerhöhungsprospekt der Postbank AG vom 11.11.2008, S. 21 ff.
41 *Schlitt/Wilczek*, in: Habersack/Mülbert/Schlitt, Handbuch der Kapitalmarktinformation, § 5 Rn. 53; *Meyer*, in: Habersack/Mülbert/Schlitt, Unternehmensfinanzierung am Kapitalmarkt, § 36 Rn. 53; *Schlitt/Schäfer*, in: Assmann/Schlitt/von Kopp-Colomb, WpPG/VerkProspG, EU-ProspektVO, Anhang I Rn. 39; *Alfes/Wieneke*, in: Holzborn, WpPG, EU-ProspektVO, Mindestangaben Anhang I Rn. 21.
42 Kapitalerhöhungsprospekt der Q-Cells SE vom 27.9.2010, S. 28 ff.; i.E. auch *Schlitt/Schäfer*, in: Assmann/Schlitt/von Kopp-Colomb, WpPG/VerkProspG, EU-ProspektVO, Anhang I Rn. 38. Insoweit wohl anderer Ansicht *Fingerhut/Voß*, in: Just/Voß/Ritz/Zeising, WpPG, EU-ProspektVO, Anhang I Rn. 79, die ausführen, dass eine Gewichtung der einzelnen Risiken unzulässig ist, da einer solchen Darstellung zugleich eine unstatthafte Relativierung einzelner Risikofaktoren innwohnen würde.
43 Zum Vorschlag der Europäischen Kommission für eine „neue" Prospektverordnung vom 30.11.2015 siehe vorstehend Rn. 5.
44 *Fingerhut/Voß*, in: Just/Voß/Ritz/Zeising, WpPG, EU-ProspektVO, Anhang I Rn. 85.
45 ESMA, Update of the CESR recommendations, the consistent implementation of Commission Regulation (EC) No. 809/2004 implementing the Prospectus Directive, 20 March 2013, ESMA/2013/319, Tz. 107 ff.

Anhang I Ziffer 4

19 Auch wenn die ProspektVO die Aufnahme des Lageberichts in den Prospekt grundsätzlich nicht zwingend verlangt,[46] ist ebenso auf die Konsistenz der Darstellung der Risikofaktoren und dem Lagebericht (bzw., sofern die Veröffentlichung eines Lageberichts bevorsteht, mit dem noch zu veröffentlichenden Lagebericht) zu achten. Sofern sich die Risikosituation seit der Veröffentlichung des Lageberichts (bzw. des Prospekts) verändert hat, ist dies freilich im Prospekt (bzw. im Lagebericht, sofern dieser im zeitlichen Zusammenhang mit dem Prospekt erstellt wird) zu berücksichtigen. Existenzgefährdende Risiken können unter Umständen auch Implikationen für den Lagebericht haben. Ist nämlich der Fortbestand der Gesellschaft gefährdet oder nicht mehr gesichert, ist im Lagebericht darauf deutlich und unter Nennung der Gründe und der tatsächlichen oder rechtlichen Gegebenheiten hinzuweisen.[47] Dabei ist allerdings zu berücksichtigen, dass für die Risikodarstellung in Prospekt und Lagebericht unterschiedliche Rechtsvorschriften relevant sind und zum Teil unterschiedliche Anforderungen gelten.[48]

20 Die Risikofaktoren dürfen sich grundsätzlich nicht selbst relativieren, also mögliche Gegenmaßnahmen beschreiben, mit denen der Emittent dem jeweiligen Risiko begegnen kann. Dies wird bisweilen als sog. Brutto-Darstellung bezeichnet.[49] Auch die BaFin beanstandet verharmlosende oder relativierende Formulierungen in der Risikodarstellung als prinzipiell unzulässige „mitigating language".[50] Richtig ist daran, dass die Darstellung eines Risikos nicht gleichzeitig durch den Hinweis auf eine kompensierende Chance relativiert werden darf.[51] Ist ein Risiko jedoch bereits tatsächlich durch Gegenmaßnahmen abgesichert, wird man dies bei der Frage der Wesentlichkeit des (etwaig verbleibenden Risikos) berücksichtigen können und müssen.[52] Ist ein Risiko vollständig bilanziell verarbeitet, also vollumfänglich rückstellungsgedeckt, so zeigt die Realisierung des Risikos möglicherweise weder in der Gewinn- und Verlustrechnung noch im Eigenkapital eine Wirkung,

---

46 Siehe hierzu nachstehend *Müller*, ProspektVO, Anhang I Ziffer 20.1 Rn. 50 f.
47 *Grottel*, in: Beck'scher Bilanz-Kommentar § 315 Rn. 149.
48 Im Lagebericht ist gem. § 289 Abs. 1 Satz 4 HGB „die voraussichtliche Entwicklung mit ihren wesentlichen Chancen und Risiken zu beurteilen und zu erläutern; zugrunde liegende Annahmen sind anzugeben." Grundidee des Lageberichts ist die Darstellung einer Zusammenschau der voraussichtlichen Geschäftsentwicklung aus Sicht des Managements unter Erläuterung der damit verbundenen wesentlichen Risiken und Chancen, während der Abschnitt Risikofaktoren in einem Prospekt ausschließlich die Emittenten-spezifischen Risiken darstellen soll und darf. Im Lagebericht besteht wahrscheinlich zudem ein größerer Spielraum dafür, kompensierende Risikobewältigungsmaßnahmen bereits bei der Risikodarstellung zu berücksichtigen. So ist gem. DRS 5 (Risikoberichterstattung), Rn. 21, 22, grundsätzlich über Risiken nach Berücksichtigung der Risikobewältigungsmaßnahmen zu berichten. Während in der Vergangenheit die Risikoberichterstattung in Lageberichten deutlich kürzer und weniger tiefgehend als die Risikodarstellung in Prospekten war, ist in den letzten Jahren (insbesondere seit der Finanzmarktkrise) zu beobachten, dass die Risikoberichterstattung in den Lageberichten tendenziell umfassender wird.
49 *Fingerhut/Voß*, in: Just/Voß/Ritz/Zeising, WpPG, EU-ProspektVO, Anhang I Rn. 90.
50 Vgl. etwa die BaFin-Broschüre „Der Wertpapierprospekt – Türöffner zum deutschen und europäischen Kapitalmarkt" vom 23.11.2011, S. 11.
51 *Fingerhut/Voß*, in: Just/Voß/Ritz/Zeising, WpPG, EU-ProspektVO, Anhang I Rn. 91 vertreten insoweit ein „strenges Trennungsgebot", demzufolge Chancen im Risikokapitel nicht genannt werden dürfen.
52 *Schlitt/Schäfer*, in: Assmann/Schlitt/von Kopp-Colomb, WpPG/VerkProspG, EU-ProspektVO, Anhang I Rn. 37; *Fingerhut/Voß*, in: Just/Voß/Ritz/Zeising, WpPG, EU-ProspektVO, Anhang I Rn. 90 (einschließlich Formulierungsbeispiel); restriktiver hingegen *Alfes/Wieneke*, in: Holzborn, WpPG, EU-ProspektVO, Mindestangaben Anhang I Rn. 18 („zwar – aber").

da der Aufwand gegen den Verbrauch der Rückstellung gebucht wird. In diesem Fall können sich für den Emittenten dennoch Liquiditätsrisiken ergeben, oder es besteht die Gefahr, dass die Höhe der Rückstellung nicht ausreichend ist. Oftmals wird sich trotz vorhandener Rückstellungen ein Risikohinweis empfehlen.

5. Kategorisierung und Beispiele

Im Lichte des Verständlichkeitsgebots des § 5 Abs. 1 WpPG erscheint es grundsätzlich angezeigt, die einzelnen Risikofaktoren thematisch (unter separaten Überschriften) bestimmten Sachbereichen zuzuordnen. In der Praxis hat sich eine Einteilung nach markt- und geschäftsbezogenen Risiken, regulatorischen Risiken, finanziellen Risiken, rechtlichen und steuerlichen Risiken und Risiken im Zusammenhang mit dem Angebot und der Aktionärsstruktur als sinnvoll erwiesen.[53] Abhängig vom jeweiligen Einzelfall kann sich eine weitere Untergliederung allerdings durchaus empfehlen. 21

Die für eine Anlageentscheidung wesentlichen Risiken sind so vielfältig wie das Wirtschaftsleben und die am Markt auftretenden Unternehmen. Aus diesem Grund können nachfolgend lediglich beispielhaft einige Risiken skizziert werden.[54] 22

Markt- und geschäftsbezogene Risiken: Risiken aus einer besonderen Abhängigkeit von weltwirtschaftlichen Entwicklungen, einer besonderen Zyklizität des Geschäfts oder einer besonderen Wettbewerbsintensität (z. B. auch Wettbewerb verschiedener Technologien); Risiken aus einer Abhängigkeit von (relativ knappen) Rohstoffen, Lieferanten oder Kunden; Risiken aus der Abhängigkeit des Unternehmens von staatlicher Förderung; Risiken aus der Volatilität der Finanz- und Rohstoffmärkte; Investitionsrisiken; Produkthaftungsrisiken; Abhängigkeit von qualifizierten Führungskräften; Risiken im Zusammenhang mit internationalen Aktivitäten; Risiken aus der Konzentration von Produktionsstandorten; erhebliche Garantie- und Gewährleistungsrisiken aus den Produkten oder Dienstleistungen des Unternehmens; IT-Risiken; Risiken im Zusammenhang mit wesentlichen Akquisitionen oder Desinvestitionen etc. Enthält der Prospekt Prognosen (insbesondere Gewinnprognosen), sollte in den Risikofaktoren auf die mit den Prognosen verbundenen Unsicherheiten hingewiesen werden, und die den Prognosen zugrunde liegenden Annahmen kritisch gewürdigt werden. 23

Regulatorische Risiken: Änderungen des regulatorischen Umfelds, wie beispielsweise im Bereich der erneuerbaren Energien (Abhängigkeit von der Förderung durch das EEG), oder jüngst verstärkt, in der Finanzindustrie;[55] umweltrechtliche Haftungsrisiken, Risiken aus der Energiewende (z. B. Atomausstieg) etc. 24

---

53 *Schlitt/Wilczek*, in: Habersack/Mülbert/Schlitt, Handbuch der Kapitalmarktinformation, § 5 Rn. 53; *Schlitt/Schäfer*, in: Assmann/Schlitt/von Kopp-Colomb, WpPG/VerkProspG, EU-ProspektVO, Anhang I Rn. 43.
54 CESR hat von ihrem ursprünglichen Vorhaben der Erstellung einer Beispielsliste abgesehen, um der Gefahr zu begegnen, dass eine derartige Liste als abschließend betrachtet wird und sich die Prospektverantwortlichen zu stark an dieser Liste orientieren, vgl. CESR's Advice on possible Level 2 Implementing Measures for the Proposed Prospectus Directive, October 2002, CESR/02-185 b, Tz. 45 f.
55 Vgl. etwa den Prospekt der ABN AMRO GROUP N.V. vom 10.11.2015, der auf den S. 96 – 119, somit über 14 Seiten, regulatorische Risiken behandelt. Vgl. z. B. auch ESMA-Questions and Answers – Prospectuses (25th Updated Version – July 2016), ESMA/2016/1133, Frage 96 zur Offenle-

25 *Finanzielle Risiken*: Risiken aus einer hohen Verschuldungsquote; Restriktionen aufgrund von Financial Covenants; negative Jahresergebnisse in jüngerer Vergangenheit; Liquiditätsrisiken; Refinanzierungsrisiken; Risiken der Abschreibung hoher immaterieller Vermögenswerte (Goodwill); hohe ungedeckte Pensionsverbindlichkeiten etc.[56]

26 *Rechtliche und steuerliche Risiken*: Risiken aus Rechtsstreitigkeiten; Wegfall von Verlustvorträgen; Risiken aus noch nicht abgeschlossenen Betriebsprüfungen; Risiken aus Compliance-Verstößen (Kartellabsprachen; Bestechung etc.); Risiken aus der Verletzung gewerblicher Schutzrechte Dritter etc.[57]

27 *Risiken im Zusammenhang mit dem Angebot und der Aktionärsstruktur*: Beherrschender Einfluss von Großaktionären; Risiken bei Bestehen eines Beherrschungsvertrags; Risiko bei Abverkauf der Aktien durch einen Großaktionär; Risiko der Verwässerung bei künftigen Kapitalmaßnahmen; geringe Liquidität der angebotenen Wertpapiere etc.[58]

6. Praktische Hinweise

28 Die Erstellung des Prospektabschnitts Risikofaktoren stellt an die Prospektverantwortlichen (und den in der Praxis mit der Prospekterstellung meist beauftragten Rechtsberater des Emittenten) vor nicht unerhebliche Herausforderungen. „Gute" Risikofaktoren, also solche, die ihrem Zweck der Vermeidung von Prospekthaftungsansprüchen gerecht werden, setzen ein tiefgreifendes Verständnis des Emittenten und seiner geschäftlichen Aktivitäten sowie der daraus resultierenden Risiken, seien sie wirtschaftlicher, finanzieller oder rechtlicher Art, voraus. Insoweit besteht eine zwingende Verbindung mit der Due Diligence.[59]

29 In der Praxis erweisen sich (neben intensiven Diskussionen mit der Geschäftsführung des Emittenten) eine Reihe unternehmensinterner Unterlagen regelmäßig als hilfreiche Quellen, um wesentliche Risiken zu identifizieren. Neben den Vorstands- und Aufsichtsratsprotokollen, deren Durchsicht im Rahmen einer Due Diligence unerlässlich ist, sollten insbe-

---

gung in Bezug auf Wertpapiere, die „bail-in" Risiken unter dem BRRD Regime (Bank Recovery and Resolution Directive) ausgesetzt sind.

56 Vgl. ferner zu den mit der im Wege der Sacheinlage erfolgenden Übertragung eines Aktienpakets auf eine 100%-ige Konzerntochter (sog. „Umhängung") verbundenen (bilanzrechtlichen) Risiken sowie ihren Auswirkungen auf den Einzelabschluss des Emittenten als Bemessungsgrundlage der Dividendenausschüttung BGH, NZG 2015, 32 ff. (Telekom-Musterentscheid); darüber hinaus stellt der BGH klar, dass im Hinblick auf die Anlageentscheidung auch das Immobilienvermögen eines Emittenten (Kreditwürdigkeit, Krisenanfälligkeit) sowie angewandte Bewertungsansätze und -verfahren, soweit ihre Kenntnis etwa aufgrund des erhöhten Risikos einer Überbewertung für die sachgerechte Einschätzung der (Grundstücks-)Werte erforderlich ist, insbesondere dann von wesentlicher Bedeutung seien, wenn das Immobilienvermögen einen beträchtlichen Teil des Eigenkapitals des Emittenten ausmacht.

57 Weitere Risiken folgen etwa für die Rechtsform der REIT-AG aus der nach § 11 Abs. 1 REITG erforderlichen Mindeststreubesitzquote, deren längerfristige Unterschreitung nach § 18 Abs. 3 REITG den Verlust des REIT-Status und somit einschneidende Veränderungen für die Anleger, wie etwa dem Ende der Steuerbefreiung, zur Folge haben kann, vgl. ausführlich zu Wertpapierprospekten für die REIT-AG BaFinJournal 09/2007, S. 7 ff.

58 Zum Sonderfall der Finanzierung eines Rückkaufangebots von Schuldverschreibungen kombiniert mit einer prospektpflichtigen Kapitalaufnahme, vgl. *Kopp/Metzner*, AG 2012, 856, 865.

59 *Alfes/Wieneke*, in: Holzborn, WpPG, EU-ProspektVO, Mindestangaben Anhang I Rn. 18.

sondere die Risikoberichte sowie die Prüfungsberichte der Abschlussprüfer ausgewertet werden. Selbstverständlich gibt der Geschäftsbericht (Risikobericht) in der externen Berichterstattung des Unternehmens ebenfalls Hinweise auf wesentliche Risiken, im Regelfall allerdings nicht in dem Detailgrad, wie er in einem Wertpapierprospekt gefordert ist. Ist der Emittent bereits börsennotiert, so sollten auch etwaige Analystenberichte nicht unberücksichtigt bleiben. Ferner sollten die Prospektverantwortlichen die als wesentlich identifizierten Risiken einem „Benchmarking" mit Wettbewerbern oder anderen in der Branche des Emittenten tätigen Unternehmen unterziehen, durch Vergleich mit Prospekten oder der Regelberichterstattung dieser Unternehmen.

Anhang I Ziffer 5

5. ANGABEN ÜBER DEN EMITTENTEN

5.1. Geschäftsgeschichte und Geschäftsentwicklung des Emittenten

5.1.1. Juristischer und kommerzieller Name;

5.1.2. Ort der Registrierung des Emittenten und seine Registrierungsnummer;

5.1.3. Datum der Gründung und Existenzdauer des Emittenten, soweit diese nicht unbefristet ist;

5.1.4. Die Rechtsform und der Sitz des Emittenten; Rechtsordnung, in der er tätig ist; Land der Gründung der Gesellschaft; Geschäftsanschrift und Telefonnummer seines eingetragenen Sitzes (oder Hauptort der Geschäftstätigkeit, falls nicht mit dem eingetragenen Sitz identisch);

5.1.5. Wichtige Ereignisse in der Entwicklung der Geschäftstätigkeit des Emittenten.

5.2. Investitionen

5.2.1. Beschreibung (einschließlich des Betrages) der wichtigsten Investitionen des Emittenten für jedes Geschäftsjahr, und zwar für den Zeitraum, der von den historischen Finanzinformationen abgedeckt wird bis zum Datum des Registrierungsformulars.

5.2.2. Beschreibung der wichtigsten laufenden Investitionen des Emittenten, einschließlich der geografischen Verteilung dieser Investitionen (im Inland und im Ausland) und der Finanzierungsmethode (Eigen- oder Fremdfinanzierung).

5.2.3. Angaben über die wichtigsten künftigen Investitionen des Emittenten, die von seinen Verwaltungsorganen bereits verbindlich beschlossen sind.

Übersicht

	Rn.		Rn.
I. Geschäftsgeschichte und Geschäftsentwicklung des Emittenten	1	5. Wichtige Ereignisse in der Entwicklung der Geschäftstätigkeit	6
1. Juristischer und kommerzieller Name	2	II. Investitionen	8
2. Registrierung	3	1. Definition	9
3. Gründung und Existenzdauer	4	2. Auswahlkriterien	12
4. Rechtsform; Rechtsordnung; Kontaktdaten	5	3. Getätigte, laufende und künftige Investitionen	14

I. Geschäftsgeschichte und Geschäftsentwicklung des Emittenten

1 Die Ziffern 5.1.1 bis 5.1.4 erfordern zunächst die Angabe einer Reihe von (insbesondere gesellschaftsrechtlichen) Formalien, die dem Anleger vorwiegend dazu dienen, den Emittenten eindeutig zu identifizieren. Diese Angaben finden sich in der Praxis meist in dem Abschnitt „Allgemeine Informationen über die Gesellschaft".

Ziffer 5 **Anhang I**

1. Juristischer und kommerzieller Name

Zu diesen Formalien gehört gemäß Ziffer 5.1.1 zunächst der juristische Name des Emittenten, also seine Firma (§ 17 HGB, § 4 AktG). Tritt der Emittent am Markt mit einem (im Regelfall aus seiner Firma abgeleiteten) kommerziellen Namen auf, ist auch dieser anzugeben.

2. Registrierung

Der Ort der Registrierung des Emittenten und seine Registrierungsnummer gemäß Ziffer 5.1.2 betrifft die Handelsregisternummer unter Angabe des örtlich zuständigen Handelsregistergerichts bzw., bei ausländischen Emittenten, vergleichbare Angaben.[1]

3. Gründung und Existenzdauer

Das Datum der Gründung des Emittenten bezieht sich auf das Datum, zu dem der Emittent als juristische Person (nur solche kommen für Zwecke des Anhangs I in Betracht) entstanden ist. Für die Aktiengesellschaft ist damit der Zeitpunkt der Eintragung im Handelsregister gemeint,[2] und nicht das Datum der notariellen Beurkundung der Satzung[3] oder der Übernahme der Aktien durch die Gründer (also das Datum der Errichtung). Der Meinungsstreit dahingehend hat freilich kaum praktische Bedeutung, wenn man (sachgerechter Weise) sowohl das Beurkundungsdatum als auch das Datum der Eintragung im Handelsregister angibt. Ist der Emittent durch einen umwandlungsrechtlichen Vorgang, wie Verschmelzung durch Neugründung oder Spaltung zur Neugründung, entstanden, so ist insoweit ebenfalls auf das Datum der Wirksamkeit des umwandlungsrechtlichen Vorgangs abzustellen, mithin auf das Datum der Eintragung im Handelsregister des übernehmenden Rechtsträgers;[4] zudem empfiehlt es sich in diesen Fällen, die dem umwandlungsrechtlichen Vorgang vorangegangenen Entwicklungen kurz zu skizzieren.[5] Eine etwaige Nachgründung (§ 52 AktG) wäre thematisch ebenfalls in diesem Abschnitt zu verorten (auch wenn deren Angabe von Ziffer 5.1.3 formaliter nicht zwingend erscheint). Die Existenzdauer börsenfähiger Gesellschaftsformen ist regelmäßig unbegrenzt. Die BaFin wünscht insoweit eine ausdrückliche Angabe.

---

1 *Alfes/Wieneke*, in: Holzborn, WpPG, EU-ProspektVO, Mindestangaben Anhang I Rn. 23. Nicht gemeint ist hingegen die durch europäisches Sekundärrecht für Kapitalgesellschaften vorgesehene europaweit einheitliche Handelsregisternummer („Kennung"). Entsprechende Kennungen sind auch in Zukunft nicht zum Gebrauch im Rechtsverkehr vorgesehen (vgl. Erwägungsgrund 14 der RL 2012/17/EU, ABl. L 156/1 vom 16.6.2012), zumal Prospekte in Ermangelung der Adressierung an einen bestimmten Empfänger bereits ohnehin nicht das Tatbestandsmerkmal „Geschäftsbrief" erfüllen dürften.
2 *Fingerhut/Voß*, in: Just/Voß/Ritz/Zeising, WpPG, EU-ProspektVO, Anhang I Rn. 96; i.E. wohl auch *Alfes/Wieneke*, in: Holzborn, WpPG, EU-ProspektVO, Mindestangaben Anhang I Rn. 24.
3 So aber *Schlitt/Schäfer*, in: Assmann/Schlitt/von Kopp-Colomb, WpPG/VerkProspG, EU-ProspektVO, Anhang I Rn. 54.
4 *Fingerhut/Voß*, in: Just/Voß/Ritz/Zeising, WpPG, EU-ProspektVO, Anhang I Rn. 97.
5 *Fingerhut/Voß*, in: Just/Voß/Ritz/Zeising, WpPG, EU-ProspektVO, Anhang I Rn. 97; *Schlitt/Schäfer*, in: Assmann/Schlitt/von Kopp-Colomb, WpPG/VerkProspG, EU-ProspektVO, Anhang I Rn. 54; vgl. etwa den Prospekt der OSRAM Licht AG vom 21.6.2013 sowie den Prospekt der HAMBORNER REIT AG vom 29.6.2012.

Anhang I Ziffer 5

4. Rechtsform; Rechtsordnung; Kontaktdaten

5   Gemäß Ziffer 5.1.4 ist die Rechtsform des Emittenten anzugeben. Im Rahmen des Anhangs I kommen insoweit alle Gesellschaftsformen in Betracht, deren Anteile börsenfähig sind, also die Rechtsformen der Aktiengesellschaft (AG) einschließlich der Sonderform der Immobilien-Aktiengesellschaft (REIT-AG),[6] Kommanditgesellschaft auf Aktien (KGaA), Societas Europaea (SE) sowie alle vergleichbaren ausländischen Rechtsformen. Die Rechtsform ist in ausgeschriebener Schreibweise anzugeben.[7] Ferner ist der satzungsmäßige Sitz des Emittenten anzugeben (der auch im Handelsregister vermerkt ist). Bei einem etwaigen Doppelsitz sind entsprechend beide Orte anzugeben. Die Angabe der „Rechtsordnung, in der der Emittent tätig ist" betrifft die nach dem Gesellschaftsstatut anwendbaren Regelungen. Dies wird u. a. aus der englischen Fassung der ProspektVO deutlich, die insoweit die Angabe der „legislation under which the issuer operates" fordert. Im Regelfall ergibt sich diese Angabe bereits aus der Rechtsform.[8] Gemeint ist also die gesellschaftsrechtliche Rechtsordnung, nicht aber (bei deutschen Gesellschaften) die Gesamtheit der deutschen Rechtsordnung.[9] Ist eine Gesellschaft international aktiv (sei es grenzüberschreitend, über Niederlassungen oder Tochtergesellschaften), müssen diese Rechtsordnungen keine Erwähnung finden.[10] Sonderfragen können sich bei einer Sitzverlegung in das Ausland ergeben. Zu nennen ist darüber hinaus das Land der Gründung. Die ebenfalls nach Ziffer 5.1.4 anzugebenden Kontaktdaten des Emittenten umfassen die (ladungsfähige) Geschäftsanschrift und Telefonnummer des eingetragenen Sitzes bzw. der Hauptverwaltung, nicht hingegen seiner den Prospekt unterzeichnenden Vertreter.[11]

---

6 Nach Ansicht der BaFin ist darüber hinaus auch ein ggf. bestehender Vor-REIT-Status sowie der (voraussichtliche) Zeitpunkt der Erlangung des REIT-Status anzugeben, vgl. BaFinJournal 09/2007, S. 9.

7 *Fingerhut/Voß*, in: Just/Voß/Ritz/Zeising, WpPG, EU-ProspektVO, Anhang I Rn. 99; *Schlitt/Schäfer*, in: Assmann/Schlitt/von Kopp-Colomb, WpPG/VerkProspG, EU-ProspektVO, Anhang I Rn. 55.

8 Nach Ansicht der BaFin soll dem Erfordernis auch durch die Bezeichnung des Emittenten etwa als „deutsche Aktiengesellschaft" genügt werden können, vgl. (krit.) dazu *Fingerhut/Voß*, in: Just/Voß/Ritz/Zeising, WpPG, EU-ProspektVO, Anhang I Rn. 101; bejahend auch *Schlitt/Schäfer*, in: Assmann/Schlitt/von Kopp-Colomb, WpPG/VerkProspG, EU-ProspektVO, Anhang I Rn. 55; vgl. ergänzend etwa den Prospekt der OSRAM Licht AG vom 21.6.2013 („Aktiengesellschaft nach deutschem Recht").

9 *Alfes/Wieneke*, in: Holzborn, WpPG, EU-ProspektVO, Mindestangaben Anhang I Rn. 25; i.d.S. etwa der Prospekt der Gigaset AG vom 27.9.2013, weitergehender der Prospekt Lotto24 AG vom 10.9.2013 („Als deutsche Aktiengesellschaft unterliegt ... der Rechtsordnung der Bundesrepublik Deutschland und insbesondere dem Deutschen Aktienrecht") sowie der Prospekt der HAMBORNER REIT AG vom 29.6.2012 („... unterliegt neben weiteren deutschen Rechtsvorschriften den Regelungen des deutschen Aktienrechts ..."); a. A. offenbar *Fingerhut/Voß*, in: Just/Voß/Ritz/Zeising, WpPG, EU-ProspektVO, Anhang I Rn. 101; i.d.S. etwa auch der Prospekt der Prime Office AG vom 20.1.2014 („... unterliegt deutschem Recht ...").

10 *Alfes/Wieneke*, in: Holzborn, WpPG, EU-ProspektVO, Mindestangaben Anhang I Rn. 25; a. A. offenbar *Schlitt/Schäfer*, in: Assmann/Schlitt/von Kopp-Colomb, WpPG/VerkProspG, EU-ProspektVO, Anhang I Rn. 55; Fingerhut/Voß, in: Just/Voß/Ritz/Zeising, WpPG, EU-ProspektVO, Anhang I Rn. 101, widersprüchlich insoweit jedoch in Zusammenhang mit Rn. 102, wo es zum Land der Gründung heißt „...Land der Rechtsordnung, welcher der Emittent aktuell unterliegt...".

11 *Fingerhut/Voß*, in: Just/Voß/Ritz/Zeising, WpPG, EU-ProspektVO, Anhang I Rn. 103; *Schlitt/Schäfer*, in: Assmann/Schlitt/von Kopp-Colomb, WpPG/VerkProspG, EU-ProspektVO, Anhang I Rn. 55.

5. Wichtige Ereignisse in der Entwicklung der Geschäftstätigkeit

Bei Ziffer 5.1.5 handelt es sich nicht, wie manche meinen, um das „umfassendste Angabeerfordernis",[12] das üblicher Weise im Abschnitt „Geschäftstätigkeit" abzuhandeln sei. Vielmehr geht es insoweit um „Meilensteine" in der historischen Entwicklung der Gesellschaft.[13] Während gemäß Ziffer 6 (Geschäftsüberblick) die Entwicklung der Geschäftstätigkeit innerhalb des Zeitraums, der von den historischen (in den Prospekt aufzunehmenden) Finanzinformationen abgedeckt ist, darzustellen ist, findet sich in Ziffer 5.1.5 keine derartige zeitliche Beschränkung. Aus diesem systematischen Zusammenhang lässt sich ersehen, dass es in Ziffer 5.1.5 insbesondere um solche Entwicklungen geht, die weiter zurückliegen, gleichwohl aber aus Anlegersicht von Interesse sind. Bei den Börsengängen der Deutsche Telekom AG, der Deutsche Post AG und der Deutsche Postbank AG waren dies beispielsweise die Entwicklungsstufen von einem unselbständigen Teil der Deutschen Bundespost (als Sondervermögen des Bundes) hin zu einer privatrechtlichen Organisationsform und die damit zusammenhängenden wesentlichen Strukturveränderungen. Ferner können Änderungen in der strategischen Ausrichtung des Unternehmens, gesellschaftsrechtliche Umstrukturierungsmaßnahmen,[14] wesentliche Änderungen im Aktionärskreis oder Akquisitionen zu den wesentlichen Entwicklungsstufen eines Unternehmens gehören. Zu nennen sind sowohl positive als auch negative Entwicklungen.[15]

In der Praxis werden die von Ziffer 5.1.5 geforderten „Meilensteine" in der historischen Entwicklung des Emittenten meist – wie die sonstigen Formalien der Ziffer 5.1 – im Abschnitt „Allgemeine Angaben über die Gesellschaft" dargestellt.[16] Freilich spricht auch nichts dagegen, die historische Entwicklung im Abschnitt „Geschäftstätigkeit" zu skizzieren.

II. Investitionen

Ziffer 5.2 fordert Angaben über Investitionen des Emittenten,[17] und zwar über (i) Investitionen, die während des Zeitraums getätigt worden sind, der von den historischen Finanzinformationen abgedeckt wird bis zum Datum des Prospekts, (ii) laufende Investitionen, mithin solche, die begonnen, aber noch nicht abgeschlossen worden sind, und (iii) künftige

---

12 So beispielsweise *Fingerhut/Voß*, in: Just/Voß/Ritz/Zeising, WpPG, EU-ProspektVO, Anhang I Rn. 104.
13 Dies zeigt ein Vergleich mit den IOSCO Standards. Die Angaben über wichtige Ereignisse in der Entwicklung der Gesellschaft findet sich dort in Abschnitt IV.A. (Information on the Company; History and Development of the Company).
14 Hierunter fallen bei einer Immobilien-Aktiengesellschaft (REIT-AG) nach Ansicht der BaFin etwa auch der Zeitpunkt der Erlangung des Vor-REIT-Status oder des REIT-Status, vgl. BaFinJournal 09/2007, S. 7, 9.
15 *Fingerhut/Voß*, in: Just/Voß/Ritz/Zeising, WpPG, EU-ProspektVO, Anhang I Rn. 105; *Schlitt/Schäfer*, in: Assmann/Schlitt/von Kopp-Colomb, WpPG/VerkProspG, EU-ProspektVO, Anhang I Rn. 56.
16 Vgl. für eine tabellarische Übersicht exemplarisch den Prospekt der HAMBORNER REIT AG vom 29.6.2012 sowie den Prospekt der ADLER Real Estate Aktiengesellschaft vom 6.12.2013.
17 Ist der Emittent Muttergesellschaft eines Konzerns, sind die Angaben auf Konzernebene zu machen und dürfen nicht auf solche des Emittenten beschränkt bleiben.

Anhang I Ziffer 5

Investitionen, die von den Verwaltungsorganen des Emittenten bereits verbindlich beschlossen worden sind. Ziffer 5.2 entspricht im Wesentlichen den Anforderungen, die § 20 Abs. 1 Ziffer 7 BörsZulV bis zum Inkrafttreten der ProspektVO stellte.[18]

1. Definition

9   Die ProspektVO enthält keine Definition des Begriffs „Investitionen". Aus Ziffer 5.2.1 wird jedoch deutlich, dass die Angaben über (getätigte) Investitionen in ihrem Bezug zu den historischen Finanzinformationen zu sehen sind.[19] Die Angaben dienen sonach deren Erläuterung, so dass auch deren Begriffsverständnis zugrunde zu legen ist. Die Angaben über Investitionen haben ihren Aufsatzpunkt in der Kapitalflussrechnung (Mittelfluss aus Investitionstätigkeit).

10 Zu den Investitionen zählen (entsprechend IAS 7.6 und 7.16) sämtliche Auszahlungen für Vermögenswerte, die dazu bestimmt sind, dem Geschäftsbetrieb längerfristig sowohl zur Erhaltung und Erweiterung gegenwärtiger als auch zum Aufbau oder Erwerb neuer Aktivitäten zu dienen. Zu den Investitionen gehören grundsätzlich auch Finanzinvestitionen (ausgenommen Zahlungsmitteläquivalente). Beispielhaft seien hier genannt die Beschaffung von Sachanlagen, immateriellen und sonstigen langfristigen Vermögenswerten, Auszahlungen für aktivierte Entwicklungskosten und selbsterstellte Sachanlagen, Erwerb von Unternehmen oder Unternehmensbeteiligungen sowie die Kreditvergabe (sofern es sich bei dem Emittenten nicht um ein Finanzinstitut handelt).

11 Ziffer 5.2 differenziert bei den Informationsanforderungen hinsichtlich getätigter, laufender und künftiger Investitionen nicht zwischen Investitionen in Sachanlagen und Beteiligungen einerseits und Finanzanlagen andererseits, sondern verwendet einheitlich den Begriff „Investitionen". Nach § 20 Abs. 1 BörsZulV hingegen waren Finanzinvestitionen bei den Angaben über laufende und künftige Investitionen explizit ausgenommen.

2. Auswahlkriterien

12 Ziffer 5.2 fordert nur Angaben über „die wichtigsten" Investitionen. Welche Investitionen zu „den wichtigsten" eines Emittenten gehören, lässt die ProspektVO offen. Im englischen Text der ProspektVO ist von „principal investments" die Rede. Auch dies gibt wenig Aufschluss. Klar ist allein, dass Angaben über solche Investitionen gefordert sind, die für den Emittenten von einigem Gewicht sind, und daher auch aus Anlegersicht Bedeutung erlangen. Als gesichert dürfte gelten, dass die vereinzelt vorgeschlagene 10% Grenze auf den Umsatz bezogen,[20] kein geeigneter Maßstab ist.[21] Festen numerischen Größen oder Verhältniszahlen ist in jedem Fall mit gewisser Skepsis zu begegnen; geboten ist stets eine Einzelfallbetrachtung unter Berücksichtigung des Zwecks der Ziffer 5.2 In dem CESR-Kon-

---

18 § 20 Abs. 1 Nr. 7 BörsZulV beruhte auf Kapitel 4 in Schemata A und B der Börsenzulassungsprospekt-Richtlinie (RL 2001/34/EG, ABl. L 184/1 vom 28.5.2001).
19 Ähnlich *Fingerhut/Voß*, in: Just/Voß/Ritz/Zeising, WpPG, EU-ProspektVO, Anhang I Rn. 107.
20 *Heidelbach*, in: Schwark, KMRK, 3. Aufl. 2004, § 20 BörsZulV Rn. 1.
21 *Fingerhut/Voß*, in: Just/Voß/Ritz/Zeising, WpPG, EU-ProspektVO, Anhang I Rn. 108; *Schlitt/Schäfer*, in: Assmann/Schlitt/von Kopp-Colomb, WpPG/VerkProspG, EU-ProspektVO, Anhang I Rn. 59.

sultationspapier vom Juni 2004[22] sind Hinweise enthalten, wie die wichtigsten Investitionen identifiziert werden können. Relevante Kriterien können danach sein: (i) die Investitionssumme im Vergleich zur Bilanz; (ii) die erwarteten Erträge aus der Investition im Vergleich zu den Gesamterträgen; und (iii) die Bedeutung der Investition im Business Plan.

Richtigerweise wird man als Bezugspunkt das Gesamtinvestitionsvolumen des betreffenden Geschäftsjahres zugrunde legen.[23] Die Größenordnung einer Investition ist sicher ein wesentliches Kriterium, um sie den „wichtigsten" Investitionen zuzuordnen. Beträgt der Anteil der einzelnen Investition mehr als 10% des Gesamtinvestitionsvolumens, wird man in der Praxis im Regelfall dazu tendieren, die Investition zu den wichtigsten zu rechnen. In der Einzelfallbetrachtung sind dann etwaige besondere mit der Investition verbundene Risiken (oder Chancen) zu berücksichtigen.[24] Investitionen in ein neues oder junges Geschäftsfeld werden tendenziell eher zu den wichtigsten Investitionen zählen als Investitionen zur Instandhaltung langjähriger Betriebsstandorte. Werden Investitionen strategisch als „Wachstumstreiber" präsentiert, gehören sie grundsätzlich zu den wichtigsten. 13

3. Getätigte, laufende und künftige Investitionen

Aufgrund des Zusammenhangs mit der Kapitalflussrechnung finden sich die Angaben zu Investitionen in der Praxis meist im Abschnitt „Darstellung und Analyse der Vermögens-, Finanz- und Ertragslage des Emittenten", der die Angaben zur Geschäfts- und Finanzlage (operating and financial review) entsprechend Ziffer 9 adressiert. Empfehlenswert erscheint es, der Beschreibung eine Tabelle voranzustellen, welche den Gesamtbetrag der Investitionen in den jeweiligen Geschäftsjahren bzw. Zwischenperioden beziffert.[25] Eine Aufteilung nach Segmenten (sofern relevant) erhöht die Transparenz, ist aber formaliter nicht zwingend geboten. 14

Bezüglich der wichtigsten Investitionen, die innerhalb des von den historischen Finanzinformationen abgedeckten Zeitraums bis zum Datum (der Unterzeichnung)[26] des Prospekts getätigt wurden, ist gemäß Ziffer 5.2.1 eine Beschreibung erforderlich, einschließlich der Angabe des Betrags der jeweiligen Investition. Die Beschreibung umfasst dabei im Regelfall Art, Höhe, Fristigkeit und Zielsetzung der Investition. Im Unterschied zu Ziffer 5.2.2 (laufende Investitionen) ist eine Angabe hinsichtlich der geografischen Verteilung und der 15

---

22 CESR's consultation for the consistent implementation of the European Commission's Regulation on Prospectuses n° 809/2004, February 2005, CESR/04-225b, Tz. 218. Die von der CESR zu diesem Bereich ursprünglich gemachten Vorschläge wurden von den Konsultationsteilnehmern jedoch als nicht erforderlich erachtet, und haben letztendlich keinen Niederschlag gefunden (vgl. CESR's consultation for the consistent implementation of the European Commission's Regulation on Prospectuses n° 809/2004, February 2005, CESR/05-055b, Tz. 114).
23 *Fingerhut/Voß*, in: Just/Voß/Ritz/Zeising, WpPG, EU-ProspektVO, Anhang I Rn.108; *Schlitt/Schäfer*, in: Assmann/Schlitt/von Kopp-Colomb, WpPG/VerkProspG, EU-ProspektVO, Anhang I Rn. 59.
24 *Fingerhut/Voß*, in: Just/Voß/Ritz/Zeising, WpPG, EU-ProspektVO, Anhang I Rn. 108; *Schlitt/Schäfer*, in: Assmann/Schlitt/von Kopp-Colomb, WpPG/VerkProspG, EU-ProspektVO, Anhang I Rn. 59.
25 *Fingerhut/Voß*, in: Just/Voß/Ritz/Zeising, WpPG, EU-ProspektVO, Anhang I Rn. 109; *Schlitt/Schäfer*, in: Assmann/Schlitt/von Kopp-Colomb, WpPG/VerkProspG, EU-ProspektVO, Anhang I Rn. 59.
26 *Alfes/Wieneke*, in: Holzborn, WpPG, EU-ProspektVO, Mindestangaben Anhang I Rn. 28.

Anhang I Ziffer 5

Finanzierungsart nicht explizit gefordert. Ein Grund für diese unterschiedliche Berichtstiefe ist nicht ersichtlich. Im Zweifel wird sich der geografische Schwerpunkt der Investitionen allerdings ohnehin aus der Beschreibung ergeben. Die Finanzierungsart lässt sich grundsätzlich aus der Kapitalflussrechnung ableiten.

16 Bei den laufenden Investitionen handelt es sich um Investitionsprojekte, die vom Emittenten bereits begonnen, aber noch nicht abgeschlossen wurden, und daher weiteren zukünftigen Kapitalbedarf auslösen werden. Gemäß Ziffer 5.2.2 muss deren Beschreibung auch Angaben über die geografische Verteilung (Angabe der einzelnen Länder)[27] und die Art der Finanzierung enthalten, mithin ob eine eigen- oder fremdfinanzierte Investition vorliegt.[28] Die Angabe des Betrags der wichtigsten laufenden Investitionen ist (im Unterschied zu Ziffer 5.2.1) vom Wortlaut der Ziffer 5.2.2 nicht explizit gefordert.[29] Ggf. bietet es sich gleichwohl an, das prognostizierte Gesamtvolumen der wichtigsten laufenden Investitionen bzw. des noch ausstehenden Kapitalbedarfs anzugeben.

17 Gemäß Ziffer 5.2.3 sind Angaben (keine Beschreibung)[30] über die wichtigsten künftigen Investitionen des Emittenten gefordert, sofern sie von den Verwaltungsorganen (bei der AG: Vorstand und Aufsichtsrat) bereits verbindlich beschlossen worden sind. Es reicht insoweit aus, das Investitionsvorhaben kurz zu skizzieren.[31] Die Angabe der budgetierten Investitionssumme der einzelnen Projekte ist nicht zwingend gefordert,[32] zumal derartige zukunftsgerichtete Angaben naturgemäß mit einigen Unsicherheiten behaftet wären. Ggf. mag es im Einzelfall sinnvoll erscheinen, das Gesamt-Investitionsbudget zu beziffern, so dass die Größenordnung des künftigen Kapitalbedarfs deutlich wird. Gemäß Ziffer 10.5 ist ferner anzugeben, aus welchen Quellen die wichtigsten künftigen Investitionen finanziert werden sollen.

18 Im Rahmen der Angaben zu wichtigen Investitionen, die der Emittent mit Hilfe der aus dem Emissionserlös zufließenden Mittel finanzieren will, ist darüber hinaus auf einen Gleichklang mit der Darstellung der Verwendung des Emissionserlöses nach Anhang III Ziffer 3.4 [33] und der Strategie des Emittenten zu achten.[34]

---

27 *Alfes/Wieneke*, in: Holzborn, WpPG, EU-ProspektVO, Mindestangaben Anhang I Rn. 31; *Fingerhut/Voß*, in: Just/Voß/Ritz/Zeising, WpPG, EU-ProspektVO, Anhang I Rn. 110.

28 *Fingerhut/Voß*, in: Just/Voß/Ritz/Zeising, WpPG, EU-ProspektVO, Anhang I Rn. 110; *Alfes/Wieneke*, in: Holzborn, WpPG, EU-ProspektVO, Mindestangaben Anhang I Rn. 31; i.E. wohl auch *Schlitt/Schäfer*, in: Assmann/Schlitt/von Kopp-Colomb, WpPG/VerkProspG, EU-ProspektVO, Anhang I Rn. 60.

29 *Fingerhut/Voß*, in: Just/Voß/Ritz/Zeising, WpPG, EU-ProspektVO, Anhang I Rn. 110, jedoch unter Hinweis auf eine gegenläufige Praxis; a.A. offenbar *Schlitt/Schäfer*, in: Assmann/Schlitt/von Kopp-Colomb, WpPG/VerkProspG, EU-ProspektVO, Anhang I Rn. 60 unter Bezugnahme auf § 20 Abs. 1 Nr. 7 BörsZulV.

30 A.A. offenbar *Schlitt/Schäfer*, in: Assmann/Schlitt/von Kopp-Colomb, WpPG/VerkProspG, EU-ProspektVO, Anhang I Rn. 61; *Fingerhut/Voß*, in: Just/Voß/Ritz/Zeising, WpPG, EU-ProspektVO, Anhang I Rn. 111.

31 Zum Geheimhaltungsbedürfnis des Emittenten, siehe *Alfes/Wieneke*, in: Holzborn, WpPG, EU-ProspektVO, Mindestangaben Anhang I Rn. 32.

32 A.A. offenbar *Schlitt/Schäfer*, in: Assmann/Schlitt/von Kopp-Colomb, WpPG/VerkProspG, EU-ProspektVO, Anhang I Rn. 61.

33 *Alfes/Wieneke*, in: Holzborn, WpPG, EU-ProspektVO, Mindestangaben Anhang I Rn. 32.

34 *Fingerhut/Voß*, in: Just/Voß/Ritz/Zeising, WpPG, EU-ProspektVO, Anhang I Rn. 110; *Schlitt/Schäfer*, in: Assmann/Schlitt/von Kopp-Colomb, WpPG/VerkProspG, EU-ProspektVO, Anhang I Rn. 60, die den Gleichklang mit den nach Anhang III Ziffer 3.4. ProspektVO zu machenden Angaben bei den wichtigsten laufenden Investitionen verortet sehen wollen.

6. GESCHÄFTSÜBERBLICK

6.1. Haupttätigkeitsbereiche

6.1.1. Beschreibung der Wesensart der Geschäfte des Emittenten und seiner Haupttätigkeiten (sowie der damit im Zusammenhang stehenden Schlüsselfaktoren) unter Angabe der wichtigsten Arten der vertriebenen Produkte und/oder Dienstleistungen, und zwar für jedes Geschäftsjahr innerhalb des Zeitraums, der von den historischen Finanzinformationen abgedeckt wird; und

6.1.2. Angabe etwaiger wichtiger neuer Produkte und/oder Dienstleistungen, die eingeführt werden, und – in dem Maße, wie die Entwicklung neuer Produkte oder Dienstleistungen offengelegt wurde – Angabe des Stands der Entwicklung.

6.2. Wichtigste Märkte

Beschreibung der wichtigsten Märkte, auf denen der Emittent tätig ist, einschließlich einer Aufschlüsselung der Gesamtumsätze nach Art der Tätigkeit und geografischem Markt für jedes Geschäftsjahr innerhalb des Zeitraums, der von den historischen Finanzinformationen abgedeckt wird.

6.3. Falls die unter den Punkten 6.1. und 6.2. genannten Angaben durch außergewöhnliche Faktoren beeinflusst wurden, so sollte dies angegeben werden.

6.4. Kurze Angaben über die etwaige Abhängigkeit des Emittenten in Bezug auf Patente und Lizenzen, Industrie-, Handels- oder Finanzierungsverträge oder neue Herstellungsverfahren, wenn diese Faktoren von wesentlicher Bedeutung für die Geschäftstätigkeit oder die Rentabilität des Emittenten sind.

6.5. Grundlage für etwaige Angaben des Emittenten zu seiner Wettbewerbssituation.

Übersicht

	Rn.		Rn.
I. Überblick	1	4. Abhängigkeiten	8
II. Relevante Angaben	2	5. Grundlage für Angaben zur Wettbewerbsposition	10
1. Haupttätigkeitsbereiche	2	6. Rechtliche Rahmenbedingungen	11
2. Wichtigste Märkte	6	**III. Informationsbasis**	12
3. Beeinflussung durch außergewöhnliche Faktoren	7		

I. Überblick

Die nach Ziffer 6 geforderten Angaben zum „Geschäftsüberblick" werden in der Praxis in dem Prospektabschnitt „Geschäftstätigkeit" abgehandelt. Dieser Prospektabschnitt enthält neben den Angaben nach Ziffer 6 regelmäßig auch weitere (freiwillige) Angaben zu Strategie, Wettbewerbsstärken und Versicherungsschutz des Emittenten sowie von der ProspektVO an anderen Stellen geforderte Pflichtangaben zu Forschung und Entwicklung (Ziffer 11), wesentlichen Verträgen (Ziffer 22), oder Gerichts- und Schiedsverfahren (Ziffer 20.8)[1] Biswei- 1

---

[1] *Schlitt/Schäfer*, in: Assmann/Schlitt/von Kopp-Colomb, WpPG/VerkProspG, EU-ProspektVO, Anhang I Rn. 62; *Fingerhut/Voß*, in: Just/Voß/Ritz/Zeising, WpPG, EU-ProspektVO, Anhang I Rn. 114.

Anhang I Ziffer 6

len werden im Prospektabschnitt „Geschäftstätigkeit" auch die Angaben zu den Beschäftigten (Ziffer 17.1 und 17.3) sowie die nach Ziffer 8 geforderten Angaben zu Sachanlagen und Umweltfragen[2] enthalten sein. Dieser Prospektabschnitt bildet, zusammen mit den Risikofaktoren und den Angaben zur Geschäfts- und Finanzlage, das „Herzstück" des Prospekts.[3] Die Darstellung der Geschäftstätigkeit ist, im Lichte des § 5 Abs. 1 WpPG, bisweilen kein einfaches Unterfangen, da dem Prospektadressaten in klar strukturierter, auch für Laien verständlichen Weise die oftmals komplexen wirtschaftlichen Aktivitäten des Emittenten (bzw. des Konzerns) und seiner Stellung im Wettbewerb nahe zu bringen sind.[4]

II. Relevante Angaben

1. Haupttätigkeitsbereiche

2 Ziffer 6.1.1 fordert zunächst eine Beschreibung der Wesensart der Geschäfte des Emittenten. Damit sind die wesentlichen Charakteristika des Geschäftsmodells[5] des Emittenten gemeint. Dies richtet den Blick darauf, welchen Nutzen und Wert das Unternehmen für seine Kunden generiert, auf welcher Stufe der Wertschöpfung das Unternehmen steht und wie das Unternehmen in seiner spezifischen Marktstellung Gewinne erwirtschaftet (oder erwirtschaften will). Damit eng verbunden sind die wesentlichen Aspekte der Unternehmensstrategie und der Schlüsselfaktoren,[6] welche die unternehmerischen Aktivitäten prägen. Zur Beschreibung der Wesensart der Geschäfte des Emittenten gehört auch eine Beschreibung der Produktion, der Beschaffung, der wesentlichen Kundenbeziehungen bzw. der Kundenstruktur und des Vertriebs.[7]

3 Ziffer 6.1.1 fordert ferner eine Beschreibung der Haupttätigkeiten des Emittenten, was freilich mit der Beschreibung des Geschäftsmodells untrennbar verbunden ist. Welche geschäftlichen Aktivitäten zu den „Haupttätigkeiten" („principal activities") gehören, lässt sich der ProspektVO unmittelbar nicht entnehmen. Letztlich geht es darum, das Wesentliche vom Unwesentlichen zu trennen, und den Prospektadressaten nicht mit Informationen zu überfrachten. Im Regelfall umfassen die unternehmerischen Aktivitäten mehrere Hauptaktivitäten, so dass es zunächst darum geht, die Haupttätigkeiten zu definieren und voneinander abzugrenzen. Im Rahmen der Finanzberichterstattung liegen der Bestimmung

---

[2] *Schlitt/Schäfer*, in: Assmann/Schlitt/von Kopp-Colomb, WpPG/VerkProspG, EU-ProspektVO, Anhang I Rn. 62.

[3] *Schlitt/Schäfer*, in: Assmann/Schlitt/von Kopp-Colomb, WpPG/VerkProspG, EU-ProspektVO, Anhang I Rn. 62; *Fingerhut/Voß*, in: Just/Voß/Ritz/Zeising, WpPG, EU-ProspektVO, Anhang I Rn. 113.

[4] *Alfes/Wieneke*, in: Holzborn, WpPG, EU-ProspektVO, Mindestangaben Anhang I Rn. 33.

[5] *Schlitt/Schäfer*, in: Assmann/Schlitt/von Kopp-Colomb, WpPG/VerkProspG, EU-ProspektVO, Anhang I Rn. 63.

[6] Vgl. hierzu *Fingerhut/Voß*, in: Just/Voß/Ritz/Zeising, WpPG, EU-ProspektVO, Anhang I Rn. 118 („…besondere Verlustrisiken oder…besonderes Zukunfts- und Entwicklungspotential…"); *Schlitt/Schäfer*, in: Assmann/Schlitt/von Kopp-Colomb, WpPG/VerkProspG, EU-ProspektVO, Anhang I Rn. 66 („key drivers" sowie Wettbewerbsstärken); *Alfes/Wieneke*, in: Holzborn, WpPG, EU-ProspektVO, Mindestangaben Anhang I Rn. 37.

[7] *Schlitt/Schäfer*, in: Assmann/Schlitt/von Kopp-Colomb, WpPG/VerkProspG, EU-ProspektVO, Anhang I Rn. 63 m. w. N.

der berichtspflichtigen Segmente ähnliche Erwägungen zugrunde. So weisen berichtspflichtige Segmente vergleichbare wirtschaftliche Merkmale und einen gewissen Mindestumfang auf.[8] Insoweit spricht viel dafür, die Haupttätigkeiten des Emittenten entsprechend der Segmentberichterstattung zu definieren, zumal auch die nach Ziffer 6.2 geforderten Umsatzangaben hierauf Bezug nehmen.[9]

Sind sonach die Hauptaktivitäten identifiziert, ist die notwendige „Tiefe" der Beschreibung der jeweiligen Haupttätigkeit zu bestimmen, also der Detailgrad der Beschreibung. Dies wiederum hängt, im Lichte des § 5 Abs. 1 WpPG, von einer Vielzahl von Faktoren ab, die im jeweiligen Einzelfall angemessen zu berücksichtigen sind, wie relativer Umsatz und Ertrag, Wachstumsperspektiven, Risiken, strategische Bedeutung und Komplexität der Aktivitäten. Sämtliche relevanten Tätigkeitsbereiche sind dabei konkret und möglichst präzise, jedoch gleichwohl verständlich und prägnant darzustellen.[10] Im Rahmen der Beschreibung der Haupttätigkeiten sind auch die wichtigsten Arten der vertriebenen Produkte und Dienstleistungen anzugeben, einschließlich (gemäß Ziffer 6.1.2) wichtiger neuer Produkte und/oder Dienstleistungen unter Angabe des Stands der Entwicklung, sofern dieser bereits offengelegt wurde.[11]

Die Beschreibung der Haupttätigkeitsbereiche muss die Geschäftsjahre umfassen, die von den historischen Finanzinformationen abgedeckt sind, mithin also die letzten drei abgeschlossenen Geschäftsjahre (sowie der aktuellen Zwischenperiode). Selbstverständlich erfolgt die Darstellung nicht getrennt für jedes Geschäftsjahr. Gefordert (und ausreichend) ist, über wesentlichen Veränderungen während der letzten drei Geschäftsjahre zu berichten.

2. Wichtigste Märkte

Gemäß Ziffer 6.2 sind die wichtigsten Märkte zu beschreiben, auf denen der Emittent tätig ist. Neben den Marktanteilen des Emittenten und der Angabe wesentlicher Wettbewerber sollten auch relevante Marktentwicklungen, wie etwa Nachfrageüberhang / Überkapazitäten, Marktstruktur und Wachstumsaussichten beschrieben werden. Auch regulatorische Entwicklungen können von Relevanz sein.[12] Bisweilen wird dieser Darstellung in der Praxis ein separater Prospektabschnitt, meist unter der Überschrift „Markt und Wettbewerb", gewidmet. Die Marktabgrenzung erfolgt dabei nicht zwingend nach kartellrechtlichen Erwägungen und kann sich demgemäß auch an einer industrieüblichen Sichtweise orientie-

---

8 Vgl. dazu die quantitativen Schwellenwerte nach IFRS 8.13, die jedoch lediglich einen ersten Richtwert vermitteln; ähnlich für die Bemessungsgrenze nach § 20 Abs. 1 Nr. 3 BörsZulV a. F.; *Alfes/Wieneke*, in: Holzborn, WpPG, EU-ProspektVO, Mindestangaben Anhang I Rn. 36; a. A. *Fingerhut/Voß*, in: Just/Voß/Ritz/Zeising, WpPG, EU-ProspektVO, Anhang I Rn. 118, die bereits anfänglich auf einen einzelfallbezogenen Gesamteindruck abstellen wollen.
9 *Schlitt/Schäfer*, in: Assmann/Schlitt/von Kopp-Colomb, WpPG/VerkProspG, EU-ProspektVO, Anhang I Rn. 64.
10 *Fingerhut/Voß*, in: Just/Voß/Ritz/Zeising, WpPG, EU-ProspektVO, Anhang I Rn. 117.
11 *Schlitt/Schäfer*, in: Assmann/Schlitt/von Kopp-Colomb, WpPG/VerkProspG, EU-ProspektVO, Anhang I Rn. 64; zum Geheimhaltungsbedürfnis des Emittenten, siehe *Alfes/Wieneke*, in: Holzborn, WpPG, EU-ProspektVO, Mindestangaben Anhang I Rn. 38.
12 Vgl. hierzu *Schlitt/Schäfer*, in: Assmann/Schlitt/von Kopp-Colomb, WpPG/VerkProspG, EU-ProspektVO, Anhang I Rn. 72.

Anhang I Ziffer 6

ren.[13] Die Kriterien der Marktabgrenzung sollten freilich dargestellt und erläutert werden. Neben den Produktmärkten sind auch die wesentlichen geografischen Märkte zu beschreiben. Auch insoweit bietet die Segmentberichterstattung den richtigen Ansatzpunkt zu deren Identifizierung.[14] Die deskriptive Darstellung ist durch Angabe der Segmentumsätze zu ergänzen (meist in Form einer Tabelle). Weitere durch CESR[15] auf Stufe 3 des Lamfalussy-Verfahrens angekündigte Klarstellungen, insbesondere zum Detailgrad der Offenlegung, sind bisher nicht erfolgt.

3. Beeinflussung durch außergewöhnliche Faktoren

7   Wurden die Geschäftstätigkeit oder die wichtigsten Märkte, auf denen der Emittent tätig ist, von außergewöhnlichen Faktoren beeinflusst, sind diese gemäß Ziffer 6.3 anzugeben. Damit sind all jene Faktoren gemeint, welche die Stetigkeit der Ertragskraft des Unternehmens in Frage stellen, und daher für eine Einschätzung der Zukunftsaussichten des Emittenten und ihrer daraus resultierenden Bewertungsrelevanz von wesentlicher Bedeutung sind. Anders gewendet handelt es sich hierbei um Sachverhalte tatsächlicher oder rechtlicher Natur, die für den Emittenten nicht vorhersehbar waren und mit deren Eintritt er im Rahmen des normalen Geschäftsverlaufs nicht zu rechnen brauchte.[16] In der Praxis werden derartige außergewöhnliche Faktoren meist im Rahmen der Darstellung der Vermögens-, Finanz- und Ertragslage diskutiert. Typische Beispiele hierfür sind wesentliche Einflüsse aufgrund von Akquisitionen oder Desinvestitionen, die Bildung oder Auflösung wesentlicher Rückstellungen (insbesondere im Zusammenhang mit Restrukturierungen), ungewöhnliche Marktverwerfungen oder vorübergehende staatliche Absatzförderungsmaßnahmen (wie z. B. die „Abwrackprämie" bzw. „Umweltprämie"),[17] Betriebsstilllegungen und sonstige (auch positive) Ereignisse, die sich als „Einmaleffekte" charakterisieren lassen.

4. Abhängigkeiten

8   Ziffer 6.4 erfordert Angaben über etwaige bestehende Abhängigkeiten des Emittenten in Bezug auf Patente und Lizenzen, Industrie-, Handels- oder Finanzierungsverträge oder neue Herstellungsverfahren, sofern und soweit diese Faktoren für die Geschäftstätigkeit oder die Rentabilität des Emittenten von wesentlicher Bedeutung sind. Die Norm entspricht damit weitgehend den Regelungen in § 20 Abs. 1 Nr. 5 BörsZulVO a. F. und § 7 Abs. 1 Nr. 2 VerkProspVO a. F.[18] Wann diese Faktoren für den Emittenten „wesentliche Bedeutung" erlangen, lässt die ProspektVO offen. Wesentlich sind im Hinblick auf Ziffer 6.1

---

13 *Fingerhut/Voß*, in: Just/Voß/Ritz/Zeising, WpPG, EU-ProspektVO, Anhang I Rn. 124, 125; *Alfes/Wieneke*, in: Holzborn, WpPG, EU-ProspektVO, Mindestangaben Anhang I Rn. 39.
14 Die durch IFRS 8.13 lit. (a) und § 20 Abs. 1 Nr. 3 BörsZulV a. F. festgelegten Bezugsgrößen von 10 % der Umsätze vermitteln insoweit auch bei der Bestimmung wichtiger Märkte zumindest eine – einzelfallbezogen zu modifizierende – erste Orientierungshilfe, ebenso *Schlitt/Schäfer*, in: Assmann/Schlitt/von Kopp-Colomb, WpPG/VerkProspG, EU-ProspektVO, Anhang I Rn. 65; *Alfes/Wieneke*, in: Holzborn, WpPG, EU-ProspektVO, Mindestangaben Anhang I Rn. 40.
15 CESR Prospectus Consultation Feedback Statement, September 2003, CESR/03-301, Tz. 43.
16 *Fingerhut/Voß*, in: Just/Voß/Ritz/Zeising, WpPG, EU-ProspektVO, Anhang I Rn. 126.
17 Vgl. z. B. den Wertpapierprospekt der Volkswagen Aktiengesellschaft vom 23.3.2010, S. 80, 124.
18 Vgl. ergänzend dazu *Fingerhut/Voß*, in: Just/Voß/Ritz/Zeising, WpPG, EU-ProspektVO, Anhang I Rn. 127.

zunächst diejenigen Faktoren, welche den Kern der wirtschaftlichen Aktivitäten des Emittenten in einer Weise betreffen, dass der Emittent seine Geschäftstätigkeit bei ihrem Wegfall gar nicht, nur in eingeschränkter Form oder nicht mit dem gleichen wirtschaftlichen Erfolg ausüben kann.[19]

Bestehen keine Abhängigkeiten des Emittenten von den genannten Faktoren, sollte zumindest vorsorglich eine entsprechende Negativaussage in den Prospekt aufgenommen werden.[20] Dies ergibt sich aus der insoweit deutlicheren englischsprachigen Fassung der ProspektVO, die eine Aussage auch dahingehend zu verlangen scheint, in welchem Maß Abhängigkeiten des Emittenten bestehen. Die Praxis verfährt entsprechend.[21]

5. Grundlage für Angaben zur Wettbewerbsposition

Gemäß Ziffer 6.5 muss der Prospekt die Grundlagen für etwaige Angaben des Emittenten zu seiner Wettbewerbsposition enthalten. Die ProspektVO schreibt sonach nicht vor, dass der Emittent im Prospekt Angaben zu seiner Wettbewerbsposition macht. Nur für den Fall, dass derartige Angaben enthalten sind, ist auch deren Grundlage anzugeben.[22] Eine Angabe zur Wettbewerbsposition ist eine Angabe, die einen Vergleich mit anderen Wettbewerbern zieht oder impliziert. Beispiele hierfür sind Angaben, das Unternehmen sei „führend" oder gehöre zu „den führenden Anbietern" seiner Branche. Bei derartigen Angaben schwingt oft in gewissem Maße ein werbender Aspekt mit.[23] Dem wird durch Ziffer 6.5 insoweit eine Schranke auferlegt, als auch die Grundlage derartiger Aussagen anzugeben ist. Damit sind primär objektive Grundlagen gemeint, also ein objektiver Referenzmaßstab, der die getroffene Aussage zur Wettbewerbsposition hinreichend stützt. Sind derartige objektive Grundlagen nicht vorhanden, ist im Einklang mit der BaFin-Praxis darauf hinzuweisen, dass die Aussage auf einer Einschätzung des Emittenten beruht.[24] Diese muss freilich vertretbar sein, will man hieraus resultierende Haftungsrisiken vermeiden.

---

19 Ähnlich *Schlitt/Schäfer*, in: Assmann/Schlitt/von Kopp-Colomb, WpPG/VerkProspG, EU-ProspektVO, Anhang I Rn. 68, die insoweit darauf abstellen wollen, ob der Wegfall eines gewerblichen Schutzrechts oder eines Vertrages als Risiko in den Abschnitt „Risikofaktoren" aufzunehmen wäre.
20 Für dieses Erfordernis *Schlitt/Schäfer*, in: Assmann/Schlitt/von Kopp-Colomb, WpPG/VerkProspG, EU-ProspektVO, Anhang I Rn. 68; offenlassend *Alfes/Wieneke*, in: Holzborn, WpPG, EU-ProspektVO, Mindestangaben Anhang I Rn. 42; unklar insoweit, jedoch möglicherweise a. A. *Fingerhut/Voß*, in: Just/Voß/Ritz/Zeising, WpPG, EU-ProspektVO, Anhang I Rn. 128, die das Erfordernis einer bestehenden Abhängigkeit besonders hervorzuheben scheinen.
21 Vgl. etwa den Prospekt der Prime Office AG vom 20.1.2014 oder den Prospekt OSRAM Licht AG vom 21.6.2013; vgl. zur entsprechenden Praxis in der Vergangenheit *Alfes/Wieneke*, in: Holzborn, WpPG, EU-ProspektVO, Mindestangaben Anhang I Rn. 42.
22 *Fingerhut/Voß*, in: Just/Voß/Ritz/Zeising, WpPG, EU-ProspektVO, Anhang I Rn. 134 (Konditionalmindestangabe).
23 Vgl. zu diesem Aspekt *Fingerhut/Voß*, in: Just/Voß/Ritz/Zeising, WpPG, EU-ProspektVO, Anhang I Rn. 136.
24 *Schlitt/Schäfer*, in: Assmann/Schlitt/von Kopp-Colomb, WpPG/VerkProspG, EU-ProspektVO, Anhang I Rn. 70; *Fingerhut/Voß*, in: Just/Voß/Ritz/Zeising, WpPG, EU-ProspektVO, Anhang I Rn. 136; *Alfes/Wieneke*, in: Holzborn, WpPG, EU-ProspektVO, Mindestangaben Anhang I Rn. 39.

Anhang I Ziffer 6

6. Rechtliche Rahmenbedingungen

11 Die Beschreibung der Geschäftstätigkeit des Emittenten nach Ziffer 6 sieht eine Darstellung des sie umgebenden regulatorischen Umfeldes nicht ausdrücklich vor. Gleichwohl sollten entsprechende Angaben dann aufgenommen werden, wenn diese zum Verständnis der Geschäftstätigkeit des Emittenten bzw. ihrer Grenzen erforderlich sind.[25] In Betracht kommen etwa Emittenten stark regulierter Branchen (wie z. B. der Finanz-, Chemie- oder Pharmabranche)[26] oder mit starkem Bezug zum Ausland.[27] Die Darstellung erfolgt in der Praxis regelmäßig in einem separaten Prospektkapitel unter der Überschrift „Rechtliche Rahmenbedingungen" oder „Regulatorisches Umfeld".

III. Informationsbasis

12 Soweit möglich, sollen die Angaben zu den Märkten und zur Wettbewerbsposition auf unabhängigen Quellen beruhen oder durch diese belegt werden. Der Emittent muss sicherstellen, dass er berechtigt ist, die von ihm im Prospekt verwendeten Quellen im Prospekt anzugeben bzw. zu zitieren. Es empfiehlt sich bereits in einem frühen Stadium diejenigen nach Möglichkeit unabhängigen Studien und Research-Berichte auszuwählen, die als Grundlage bzw. Referenz für Marktangaben im Prospekt dienen sollen. Bei der Auswahl sollte darauf geachtet werden, dass sich die Marktsicht und -einschätzung des Managements des Emittenten mit der Marktsicht und -einschätzung der ausgewählten Studien annähernd deckt bzw. „kompatibel" ist. Da Markt- und Nachfrageeinschätzungen in der Regel auch in den bewertungsrelevanten Business Plan einfließen, muss auch Konsistenz zwischen den diesbezüglich im Business Plan zugrunde gelegten Daten und den der Managementsicht entsprechenden Prospektdaten bestehen. Unter Umständen kann es ebenfalls ratsam sein, Marktangaben mehrerer Studien in den Prospekt aufzunehmen, um transparent zu machen, dass voneinander abweichende Markteinschätzungen existieren. Zu denken ist insbesondere an Fälle, in denen vorhandene Studien erheblich voneinander abweichen oder die relevanten Märkte jung oder besonders dynamisch sind. In diesem Fall sollte jedoch auch die fundierte Markteinschätzung des Managements deutlich gemacht werden. Werden Marktangaben auf Basis einer Marktstudie im Prospekt aufgenommen, so ist darauf zu achten, dass die (in der Regel verkürzte und nur auszugsweise) Wiedergabe im Prospekt repräsentativ für die Gesamtaussage der Marktstudie ist und diese nicht verfälscht (z. B. durch Auslassung von Angaben in der Studie, die eine negativere Markteinschätzung nahelegen).[28]

13 Liegen keine unabhängigen, aussagekräftigen Studien oder Research-Berichte über die relevante Markt- und Wettbewerbssituation vor, beauftragen Emittenten bisweilen eine Unternehmensberatung oder ein sonstiges Research-Institut mit der Erstellung einer entspre-

---

25 *Schlitt/Schäfer*, in: Assmann/Schlitt/von Kopp-Colomb, WpPG/VerkProspG, EU-ProspektVO, Anhang I Rn. 72.
26 Vgl. etwa den Prospekt der COMMERZBANK AG vom 14.5.2013.
27 *Schlitt/Schäfer*, in: Assmann/Schlitt/von Kopp-Colomb, WpPG/VerkProspG, EU-ProspektVO, Anhang I Rn. 72; vgl. diesbezüglich etwa den Prospekt der OSRAM Licht AG vom 21.6.2013 sowie den Prospekt der Evonik Industries AG vom 22.4.2013.
28 LG Hamburg, Urt. v. 17.11.2015 – 328 O 12/14, BeckRS 2015, 20429 ff.

chenden Studie. Diese Studie bildet dann die Grundlage für die Aussagen zu Markt und Wettbewerb.[29] Im Prospekt ist darauf hinzuweisen, dass die Studie im Auftrag des Emittenten erstellt wurde. Hat der Emittent im Zusammenhang mit der Erstellung der Studie Daten zur Verfügung gestellt oder einen sonstigen Beitrag zur Erstellung der Studie geleistet, sollte ggf. auch auf diesen Umstand hingewiesen werden. Zudem kann es ratsam sein, mit dem Verfasser der Studie zu vereinbaren, dass der Emittent berechtigt ist, diese im Prospekt zu zitieren.

---

29 Vgl. z. B. den Prospekt der Evonik Industries AG vom 22.4.2013, S. 36 (die im Prospekt angegebenen Marktinformationen basierten u. a. auf einer Studie, die Evonik in Auftrag gegeben hatte).

Anhang I Ziffer 7

7. ORGANISATIONSSTRUKTUR

7.1. Ist der Emittent Teil einer Gruppe, kurze Beschreibung der Gruppe und der Stellung des Emittenten innerhalb dieser Gruppe.

7.2. Liste der wichtigsten Tochtergesellschaften des Emittenten, einschließlich Name, Land der Gründung oder des Sitzes, Anteil an Beteiligungsrechten und – falls nicht identisch – Anteil der gehaltenen Stimmrechte.

Übersicht

	Rn.		Rn.
I. Darstellung der Gruppe des Emittenten	1	II. Tochtergesellschaften	4

I. Darstellung der Gruppe des Emittenten

1 Die Darstellung der Organisationsstruktur des Emittenten erfordert nach Ziffer 7.1 Angaben für den Fall, dass der Emittent Teil einer Gruppe ist. Der Begriff der „Gruppe" wird durch die ProspektVO selbst nicht definiert. Aus Sicht der deutschen Rechtsordnung ist eine Gruppe i. S. d. ProspektVO jedoch gleichbedeutend mit dem in § 18 AktG legaldefinierten Begriff des Konzerns.[1] Die Qualifikation des Emittenten als Konzernunternehmen bestimmt sich nach allgemeiner Meinung folglich nach den §§ 15 bis 19 AktG.[2] Denkbar wäre es, stattdessen auf den Gruppenbegriff der IRS-Konzernrechnungslegung abzustellen; dies könnte deshalb sinnvoll sein, weil damit eine europaweit einheitliche Definition verwendet würde, die zudem mit dem Gruppenbegriff korreliert, der den im Prospekt aufzunehmenden Konzernabschlüssen zugrunde liegt.

2 Ziffer 7.1 enthält mit der Beschreibung der Konzernstruktur einerseits und der Stellung des Emittenten innerhalb des Konzerns andererseits ein doppeltes Angabeerfordernis.[3] Die Darstellung der Konzernstrukturen sollte insbesondere bei komplexen Struktursachverhalten aus Gründen der Verständlichkeit mittels eines Schaubildes in den Prospekt aufgenommen bzw. entsprechend ergänzt werden.[4] Die Angaben über die Stellung des Emittenten innerhalb des Konzerns dienen darüber hinaus der Information potenzieller Anleger im Hinblick auf die den Emittenten betreffenden Beherrschungsstrukturen.[5] Die Beschrei-

---

[1] *Schlitt/Schäfer*, in: Assmann/Schlitt/von Kopp-Colomb, WpPG/VerkProspG, EU-ProspektVO, Anhang I Rn. 74; *Fingerhut/Voß*, in: Just/Voß/Ritz/Zeising, WpPG, EU-ProspektVO, Anhang I Rn. 138; *Alfes/Wieneke*, in: Holzborn, WpPG, EU-ProspektVO, Mindestangaben Anhang I Rn. 44 (§ 290 HGB a. F.).

[2] *Fingerhut/Voß*, in: Just/Voß/Ritz/Zeising, WpPG, Anhang I Rn. 138; vgl. zum Unternehmensbegriff statt vieler *Hüffer*, AktG, § 15 Rn. 10.

[3] Ebenso *Fingerhut/Voß*, in: Just/Voß/Ritz/Zeising, WpPG, EU-ProspektVO, Anhang I Rn. 138.

[4] *Schlitt/Schäfer*, in: Assmann/Schlitt/von Kopp-Colomb, WpPG/VerkProspG, EU-ProspektVO, Anhang I Rn. 74; *Fingerhut/Voß*, in: Just/Voß/Ritz/Zeising, WpPG, EU-ProspektVO, Anhang I Rn. 138 unter Hinweis auf entsprechende Anregungen der BaFin; *Alfes/Wieneke*, in: Holzborn, WpPG, EU-ProspektVO, Mindestangaben Anhang I Rn. 44; vgl. bereits die Empfehlung zur entsprechenden Regelung der BörsZulVO bei *Heidelbach*, in: Schwark, KMRK, 3. Aufl. 2004, § 18 BörsZulVO Rn. 1.

[5] *Alfes/Wieneke*, in: Holzborn, WpPG, EU-ProspektVO, Mindestangaben Anhang I Rn. 44.

bung der Stellung des Emittenten kann es mithin auch erfordern, eventuelle Abhängigkeiten zu anderen Unternehmen der Gruppe darzustellen, so dass dieses Erfordernis auch in Zusammenhang mit der Angabe nach Ziffer 18.3 zu sehen ist.[6] Die Darstellung im Prospekt sollte daher auch eine Darstellung bestehender Beherrschungs- und/oder Gewinnabführungsverträge umfassen.[7] Ist der Emittent selbst abhängiges Unternehmen innerhalb eines Konzerns sind die Beherrschungsverhältnisse detailliert darzustellen; dies umfasst ggf. auch die Darstellung von personellen Verflechtungen und damit verbundenen Interessenkonflikten. In diesem Zusammenhang sind auch die allgemeinen rechtlichen Rahmenbedingungen für Vertrags- bzw. faktische Konzerne darzustellen. In einem solchen Fall wird in der Regel auch der Offenlegung nach Ziffer 18 (Hauptaktionäre) und Ziffer 19 (Geschäfte mit verbundenen Parteien) eine besondere Bedeutung zukommen.[8] Ändert sich die Stellung des Emittenten infolge des Angebots, ist dieser Umstand ebenfalls darzustellen.[9] Handelt es sich bei dem Emittenten um eine reine Holding,[10] kann es neben dem Hinweis auf das Vorliegen einer Holdingstruktur ebenfalls erforderlich sein, eine entsprechende Beschreibung der Stellung des Emittenten aufzunehmen.[11] Zudem soll nach Ansicht der BaFin klargestellt werden, ob der Emittent ausschließlich Holdingfunktionen ausübt oder darüber hinausgehend auch operativ tätig ist.

3 Ziel der Darstellung muss, ggf. im Zusammenhang mit anderen Prospektabschnitten, sein, die Beherrschungsverhältnisse in der Gruppe und das Zusammenspiel bzw. die Funktionen der einzelnen Gruppengesellschaften in der Gruppe transparent zu machen.

II. Tochtergesellschaften

4 Nach Ziffer 7.2 ist zu den Angaben über die Organisationsstruktur eine Liste der wichtigsten Tochtergesellschaften des Emittenten in den Prospekt aufzunehmen, die Name, das Land der Gründung oder des Sitzes sowie den Anteil an Beteiligungsrechten und ggf. abweichender Stimmrechte enthalten muss. Diese Angaben werden in der Regel durch die nach Ziffer 25 (Angaben über Beteiligungen) zusätzlich geforderten Angaben weiter ergänzt. Regelmäßig wird im Abschnitt „Allgemeine Informationen über den Emittenten"

---

6 *Schlitt/Schäfer*, in: Assmann/Schlitt/von Kopp-Colomb, WpPG/VerkProspG, EU-ProspektVO, Anhang I Rn. 76; *Alfes/Wieneke*, in: Holzborn, WpPG, EU-ProspektVO, Mindestangaben Anhang I Rn. 44.
7 Vgl. dazu etwa den Prospekt der Prime Office AG vom 20.1.2014. Siehe auch BGH, WM 2012, 2147, 2150 (Wohnungsbau Leipzig-West); *Alfes/Wieneke*, in: Holzborn, WpPG, EU-ProspektVO, Mindestangaben Anhang I Rn. 44.
8 Vgl. zu den mit der im Wege einer Sacheinlage erfolgenden Übertragung eines Aktienpakets auf eine Tochtergesellschaft erforderlichen Offenlegungen, BGH, NZG 2015, 32 ff. (Telekom-Musterentscheid).
9 *Fingerhut/Voß*, in: Just/Voß/Ritz/Zeising, WpPG, EU-ProspektVO, Anhang I Rn. 76; vgl. etwa den Prospekt der OSRAM Licht AG vom 21.6.2013 (Entstehung einer Holdingstruktur als Folge einer Abspaltung).
10 Vgl. zur Unternehmensqualität einer Holding *Emmerich/Habersack*, Konzernrecht, S. 32, § 2 Rn. 15.
11 *Schlitt/Schäfer*, in: Assmann/Schlitt/von Kopp-Colomb, WpPG/VerkProspG, EU-ProspektVO, Anhang I Rn. 75; *Fingerhut/Voß*, in: Just/Voß/Ritz/Zeising, WpPG, EU-ProspektVO, Anhang I Rn. 140.

Anhang I Ziffer 7

eine tabellarische Übersicht der „wichtigsten Tochtergesellschaften" im Sinne von Ziffer 7.2 bzw. der „Beteiligungen" im Sinne von Ziffer 25 aufgenommen. Im Regelfall werden weitergehende Beschreibungen der Tätigkeiten und Beiträge der „wichtigsten Tochtergesellschaften" an anderen Stellen im Prospekt enthalten sein, etwa – in Bezug auf operativ tätige Gesellschaften oder strategische Beteiligungen – in dem Kapitel „Geschäftstätigkeit", oder – etwa in Bezug auf Finanzbeteiligungen – in dem Kapitel „Angaben zur Geschäfts- und Finanzlage".

5 Der Begriff der „wichtigsten Tochtergesellschaften" wird von der ProspektVO selbst nicht definiert. Teilweise wird die Ansicht vertreten, den Begriff in Anlehnung Ziffer 7.1 orientiert sich an § 290 HGB,[12] wonach im Ergebnis nur abhängige Unternehmen erfasst wären.[13] Letztendlich geht es im Rahmen von Ziffer 7.2 jedoch um eine Bewertung des Emittenten dahingehend, welche seiner Tochtergesellschaften und anderen mit ihm verbundenen Beteiligungen für die Gruppe besonders wichtig sind. Daher dürften neben denjenigen (Konzern-)Tochtergesellschaften, zu denen nach Ziffer 25 (Beteiligungen) zusätzliche Angaben zu machen sind,[14] etwa auch strategisch wichtige Gesellschaften erfasst werden, die nicht die Kriterien von § 290 HGB erfüllen[15] (also ggf. auch nicht konsolidierte Minderheitsbeteiligungen). Insoweit obliegt die Bestimmung der wichtigsten Tochtergesellschaften im Einzelfall primär der Einschätzung des Emittenten.[16]

6 Mit dem Namen ist auch in Ziffer 7.2 die Firma anzugeben.[17] In Bezug auf die alternative Nennung des Landes der Gründung oder des (satzungsmäßigen) Sitzes scheint ein Wahlrecht[18] des Emittenten zu bestehen, dass jedoch durch das Angabeerfordernis nach Ziffer 25 dahingehend eingeschränkt wird, dass die diesbezüglichen CESR-Empfehlungen die Angabe des Sitzes der Beteiligungsgesellschaft vorsehen.[19] Es empfiehlt sich insoweit stets den Sitz in den Prospekt aufzunehmen; die Praxis verfährt überwiegend entspre-

---

12 *Alfes/Wieneke*, in: Holzborn, WpPG, EU-ProspektVO, Mindestangaben Anhang I Rn. 45; *Wiegel*, Die Prospektrichtlinie und Prospektverordnung: Eine dogmatische, ökonomische und rechtsvergleichende Analyse, Berlin, 2008, S. 245, der potenzielle Angabeerfordernisse bei fehlendem beherrschendem Einfluss in Anhang I Ziffer 25 ProspektVO verortet sehen will; i.E. wohl auch *Fingerhut/Voß*, in: Just/Voß/Ritz/Zeising, WpPG, EU-ProspektVO, Anhang I Rn. 142; a.A. offenbar *Schlitt/Schäfer*, in: Assmann/Schlitt/von Kopp-Colomb, WpPG/VerkProspG, EU-ProspektVO, Anhang I Rn. 78.
13 Vgl. dazu etwa *Busse von Colbe*, in: MünchKomm-HGB, § 290 Rn. 9.
14 Ziffer 25 verlangt Angaben zu Unternehmen, an denen der Emittent einen Teil des Eigenkapitals hält, soweit diesem bei der Bewertung der Vermögens-, Finanz- und Ertragslage des Emittenten eine erhebliche Bedeutung zukommt. Nach den diesbezüglichen CESR-Empfehlungen sind Angaben jedenfalls für solche Unternehmen erforderlich, an denen der Emittent eine direkte oder indirekte Beteiligung hält, deren Buchwert mindestens 10% des Eigenkapitals oder des Gewinns/Verlusts des Konzerns des Emittenten ausmacht, aber auch für solche Bedingungen, die diese Kriterien nicht erfüllen, aber von besonderer strategischer Bedeutung sind.
15 *Schlitt/Schäfer*, in: Assmann/Schlitt/von Kopp-Colomb, WpPG/VerkProspG, EU-ProspektVO, Anhang I Rn.78.
16 So auch *Fingerhut/Voß*, in: Just/Voß/Ritz/Zeising, WpPG, EU-ProspektVO, Anhang I Rn.141
17 *Fingerhut/Voß*, in: Just/Voß/Ritz/Zeising, WpPG, EU-ProspektVO, Anhang I Rn. 141; *Alfes/Wieneke*, in: Holzborn, WpPG, EU-ProspektVO, Mindestangaben Anhang I Rn. 45.
18 *Fingerhut/Voß*, in: Just/Voß/Ritz/Zeising, WpPG, EU-ProspektVO, Anhang I Rn. 141.
19 CESR's recommendations for the consistent implementation of the European Commission's Regulation on Prospectuses n° 809/2004, January 2005, CESR/05-054b, Tz. 160.

chend.[20] Der Anteil an Beteiligungsrechten wird in der Regel dem Anteil am gezeichneten Kapital entsprechen.[21] In der Praxis finden sich zudem weitere über Ziffer 7.2 hinausgehende Angaben,[22] die überwiegend auf die CESR-Empfehlungen zu Ziffer 25[23] zurückzuführen sein dürften.[24] Sinnvoll wird es in der Regel sein, den Unternehmensgegenstand und die Funktion bzw. Bedeutung der Tochtergesellschaft innerhalb der Gruppe darzustellen, aber, gemäß Ziffer 25 und der genannten CESR-Empfehlungen auch Angaben zu Grundkapital, Rückstellungen, Gewinn/Verlust, Buchwert, ausstehende Einzahlungen, Dividendenzahlungen sowie bestehenden Kreditverhältnissen zwischen Emittent und der jeweiligen Gesellschaft.[25]

Die Angaben nach Ziffer 7.2 sind grundsätzlich zum Prospektdatum aufzunehmen. Sofern sich allerdings seit einem zeitlich davorliegenden maßgeblichen Stichtag keine wesentlichen Änderungen ergeben haben, kann nach Auffassung der BaFin alternativ eine entsprechende Erklärung aufgenommen werden.[26]

---

20 Vgl. etwa den Prospekt der Evonik Industries AG vom 22.4.2013 oder den Prospekt der OSRAM Licht AG vom 21.6.2013.
21 *Alfes/Wieneke*, in: Holzborn, WpPG, EU-ProspektVO, Mindestangaben Anhang I Rn. 45.
22 Ebenso *Alfes/Wieneke*, in: Holzborn, WpPG, EU-ProspektVO, Mindestangaben Anhang I Rn. 45.
23 CESR's recommendations for the consistent implementation of the European Commission's Regulation on Prospectuses n° 809/2004, January 2005, CESR/05-054b, Tz. 160.
24 Vgl. etwa den Prospekt der Bastei Lübbe AG vom 13.9.2013, der für die Tochtergesellschaften der Emittentin neben dem Sitz u. a. den Unternehmensgegenstand, das Grundkapital sowie den Buchwert nennt.
25 Siehe hierzu nachstehend ProspektVO, Anhang I Ziffer 25.
26 Ebenso *Fingerhut/Voß*, in: Just/Voß/Ritz/Zeising, WpPG, EU-ProspektVO, Anhang I Rn. 143.

Anhang I Ziffer 8

8. SACHANLAGEN

8.1. Angaben über bestehende oder geplante wesentliche Sachanlagen, einschließlich geleaster Vermögensgegenstände, und etwaiger größerer dinglicher Belastungen.

8.2. Skizzierung etwaiger Umweltfragen, die die Verwendung der Sachanlagen von Seiten des Emittenten u. U. beeinflussen können.

Übersicht

	Rn.		Rn.
I. Sachanlagen	1	II. Umweltfragen	7

I. Sachanlagen

1 Nach Ziffer 8.1 sind in den Prospekt Angaben über bestehende oder geplante Sachanlagen aufzunehmen. Der Begriff der „Sachanlage" wird von der ProspektVO selbst nicht definiert, geht jedoch wesentlich über § 20 Abs. 1 Nr. 3 BörsZulVO a. F. hinaus, der lediglich Angaben zu bebautem und unbebautem Grundbesitz vorsah. Sachanlagen im Sinne der Ziffer 8.1 sind alle materiellen Vermögensgegenstände des Emittenten, die als solche in den historischen Finanzinformationen bilanziert sind.[1] Für den deutschen Rechtskreis bieten insoweit § 266 Abs. 2 HGB[2] wie auch IAS 16.37[3] entsprechende Anhaltspunkte. Generell sollen materielle Vermögensgegenstände erfasst werden, die im Eigentum des Emittenten sind (oder an denen er bestimmte, längerfristig angelegte Nutzungsrechte hat), die bestimmt sind auf Dauer im Unternehmen zu verbleiben und die nötig sind, um den Betrieb als solchen und insbesondere die Produktion aufrechtzuerhalten.[4] Bei den Sachanlagen handelt es sich somit hauptsächlich um Grundstücke, grundstücksgleiche Rechte und Bauten bzw. Gebäude (Grundbesitz und Betriebsstätten), technische Anlagen und Maschinen, Betriebs- und Geschäfts- bzw. Büroausstattung sowie auf Sachanlagen geleistete Anzahlungen und im Bau befindliche Anlagen.[5]

2 Die Angaben über bestehende oder geplante Sachanlagen sind vom Emittenten jedoch nur insoweit zu machen, als diese wesentlich sind. Als Anhaltspunkte für die Wesentlichkeit einer Sachanlage kommen insbesondere ihr Wert im Verhältnis zum Gesamtwert der Sachanlagen, mit ihr verbundene Risiken (z. B. Umweltrisiken) oder eine hervorgehobene strategische Bedeutung für die Geschäftstätigkeit oder Strategie des Emittenten in Betracht.[6]

---

1 *Schlitt/Schäfer*, in: Assmann/Schlitt/von Kopp-Colomb, WpPG/VerkProspG, EU-ProspektVO, Anhang I Rn. 80; *Fingerhut/Voß*, in: Just/Voß/Ritz/Zeising, WpPG, EU-ProspektVO, Anhang I Rn. 144.

2 So auch *Fingerhut/Voß*, in: Just/Voß/Ritz/Zeising, WpPG, EU-ProspektVO, Anhang I Rn. 144.

3 Siehe dazu (sowie zu den Unterschieden bei Rechnungslegung nach HGB und IFRS) etwa den Prospekt der Lotto24 AG vom 6.6.2012.

4 *Fingerhut/Voß*, in: Just/Voß/Ritz/Zeising, WpPG, EU-ProspektVO, Anhang I Rn. 144.

5 *Fingerhut/Voß*, in: Just/Voß/Ritz/Zeising, WpPG, EU-ProspektVO, Anhang I Rn. 144; vgl. zur regelmäßigen Erfassung von Anlagen im Bau oder Anzahlungen für Sachanlagen auch durch IAS 16 *Scharfenberg*, in: Bohl/Riese/Schlüter, Beck'sches IFRS-Handbuch, § 5 Rn. 3.

6 *Schlitt/Schäfer*, in: Assmann/Schlitt/von Kopp-Colomb, WpPG/VerkProspG, EU-ProspektVO, Anhang I Rn. 81; *Alfes/Wieneke*, in: Holzborn, WpPG, EU-ProspektVO, Mindestangaben Anhang I Rn. 46; in diese Richtung auch BGH, NZG 2015, 20 (Telekom-Musterentscheid), wonach das Immobilienvermögen mit seinen Bewertungsansätzen und -verfahren auch im Hinblick auf die Anlageentscheidung insbesondere dann von wesentlicher Bedeutung ist, wenn es einen beträchtli-

Nach dem ausdrücklichen Wortlaut von Ziffer 8.1 sind auch Angaben zu geleasten Vermögensgegenständen zu machen, bei denen dem Emittent das Recht auf Nutzung entgeltlich für einen vertraglich vereinbarten Zeitraum übertragen worden ist.

Die nach Ziffer 8.1 in Bezug auf Sachanlagen zu machenden Angaben umfassen nach den CESR-Empfehlungen[7] insbesondere Größe, Belegenheit und Nutzung bzw. Verwendung der Sachanlagen, die Produktionskapazität, das Maß der Auslastung sowie die hergestellten Produkte.[8] Die Angaben zur Produktionskapazität, Produktionsauslastung und den hergestellten Produkten werden oft in das Kapitel „Geschäftsüberblick" integriert. Des Weiteren sind die Eigentumsverhältnisse an den Sachanlagen darzulegen, mithin ob diese im Eigentum des Emittenten stehen, gemietet, gepachtet oder geleast wurden.[9] Schließlich verlangt Ziffer 8.1 Angaben zu größeren dinglichen Belastungen durch Nutzungs- oder Verwertungsrechte, wie beispielsweise Hypothek, Grund- und Rentenschuld, Erbbaurecht, Dienstbarkeit, Reallast oder Pfandrecht. Der Verwaltungspraxis der BaFin zufolge sollten die Angaben auch eine betragsmäßige Bezifferung der dinglichen Belastung beinhalten. Hinsichtlich der Beurteilung des Umfangs und der damit verbundenen Wesentlichkeit der dinglichen Belastung seiner Sachanlagen für Zwecke der Prospektoffenlegung, steht dem Emittenten in Ermangelung konkretisierender Anhaltspunkte ein gewisser Ermessensspielraum zu.[10]

Handelt es sich bei dem Emittenten um eine Immobiliengesellschaft im Sinne von Anhang XIX ProspektVO,[11] sind nach Ziffer 8.1 in Bezug auf die Sachanlagen zusätzliche detaillierte Angaben, etwa zu Belegenheit, Größe, Nutzungsart, Vermietungssituation, erzieltem Mietzins etc. in den Prospekt aufzunehmen. Ferner sieht die Verwaltungspraxis der BaFin in diesem Fall in Anwendung von Art. 23 Abs. 1 ProspektVO die Aufnahme eines Wertgutachtens über das Vermögen des Emittenten vor.[12]

In Bezug auf die künftig geplanten wesentlichen Sachanlagen des Emittenten, die sich mithin noch nicht bilanziell ausgewirkt haben,[13] ist zudem auf einen Gleichklang mit den Angaben über die Investitionen des Emittenten nach Ziffer 5.2 ProspektVO zu achten. Ent-

---

chen Teil des Eigenkapitals des Emittenten ausmacht, wobei sich die Offenlegungspflicht in diesem Fall auch auf den gewählten Bewertungsansatz und das angewendete Bewertungsverfahren bezieht, sofern deren Kenntnis für die sachgerechte Einschätzung des Grundstückwerts erforderlich ist.

7 CESR's recommendations for the consistent implementation of the European Commission's Regulation on Prospectuses n° 809/2004, January 2005, CESR/05-054b, Tz. 146.
8 CESR's recommendations for the consistent implementation of the European Commission's Regulation on Prospectuses n° 809/2004, January 2005, CESR/05-054b, Tz. 146.
9 CESR's recommendations for the consistent implementation of the European Commission's Regulation on Prospectuses n° 809/2004, January 2005, CESR/05-054b, Tz. 146; vgl. dazu *Alfes/Wieneke*, in: Holzborn, WpPG, EU-ProspektVO, Mindestangaben Anhang I Rn. 47; *Fingerhut/Voß*, in: Just/Voß/Ritz/Zeising, WpPG, EU-ProspektVO, Anhang I Rn. 149.
10 Vgl. dazu *Fingerhut/Voß*, in: Just/Voß/Ritz/Zeising, WpPG, EU-ProspektVO, Anhang I Rn. 151.
11 Vgl. dazu etwa ESMA, Update of the CESR recommendations, the consistent implementation of Commission Regulation (EC) No. 809/2004 implementing the Prospectus Directive, 20 March 2013, ESMA/2013/319, Tz. 129 sowie BaFinJournal 09/2007, S. 10 (REIT-AG).
12 *Fingerhut/Voß*, in: Just/Voß/Ritz/Zeising, WpPG, EU-ProspektVO, Anhang I Rn. 150; *Alfes/Wieneke*, in: Holzborn, WpPG, EU-ProspektVO, Mindestangaben Anhang I Rn. 48; *Schultz/Harrer*, in: Müller/Rödder, Beck'sches Handbuch der AG, § 29 Rn. 56.
13 Vgl. zum genuin prospektrechtlichen Terminus der geplanten Sachanlage *Fingerhut/Voß*, in: Just/Voß/Ritz/Zeising, WpPG, EU-ProspektVO, Anhang I Rn. 146.

Anhang I Ziffer 8

sprechendes gilt für die nach Ziffer 10.5 darzustellenden Finanzierungsquellen für künftige Sachanlagen sowie die Darstellung der Verwendung des Emissionserlöses nach Anhang III Ziffer 3.4, wenn die Finanzierung mit Hilfe der dem Emittenten aus dem Emissionserlös zufließenden Mittel erfolgen soll.[14]

II. Umweltfragen

7 Nach Ziffer 8.2 sind im Rahmen der Darstellung der Sachanlagen im Prospekt auch etwaige Umweltfragen zu skizzieren, die die Verwendung der Sachanlagen durch den Emittenten beeinflussen können. Gemeint sind letztendlich solche umweltbezogenen Faktoren, die mit der Geschäftstätigkeit des Emittenten in Zusammenhang stehen. Hierunter können etwa die Emission von Schadstoffen im Rahmen der Produktion oder anderweitigen Verwendung von Sachanlagen im laufenden Geschäftsbetrieb,[15] die Möglichkeit der Verunreinigung von Böden oder der sonstigen Hervorrufung von Umweltschädigungen und hiergegen getroffene Maßnahmen oder in den als Sachanlagen aufzuführenden Grundstücken vorhandene Altlasten[16] verstanden werden.[17] Darüber hinaus kann auch dem für die Verwendung der Sachanlagen jeweils einschlägigen regulatorischen Umfeld die Qualität eines umweltbezogenen Faktors beizumessen sein.[18] In der Praxis werden daher im Rahmen der Angaben nach Ziffer 8.2 regelmäßig entsprechende Hinweise aufgenommen.

8 Abhängig von Art und Umfang der Geschäftstätigkeit des Emittenten mag die Grenze der nach Ziffer 8.2 darzustellenden Umweltfragen zu der nach Ziffer 4 erforderlichen Offenlegung von Risikofaktoren zuweilen fließend sein. Entsprechendes gilt, wenn die Geschäftstätigkeit des Emittenten selbst Umweltrisiken (Hochwasser, Erdbeben) ausgesetzt ist.[19] Soweit aus den nach Ziffer 8.2 darzustellenden Umweltfragen wesentliche Risiken herrühren, sind diese in dem Kapitel „Risikofaktoren" darzustellen.[20]

---

14 *Schlitt/Schäfer*, in: Assmann/Schlitt/von Kopp-Colomb, WpPG/VerkProspG, EU-ProspektVO, Anhang I Rn. 83; *Fingerhut/Voß*, in: Just/Voß/Ritz/Zeising, WpPG, EU-ProspektVO, Anhang I Rn. 147; *Alfes/Wieneke*, in: Holzborn, WpPG, EU-ProspektVO, Mindestangaben Anhang I, Rn. 46.
15 Vgl. etwa den Prospekt der Deutsche Lufthansa AG vom 1.6.2004 (Schall- und Schadstoffemissionen der betriebenen Flugzeuge).
16 Zu mangelnden Angaben in einem Fondsprospekt in Bezug auf Altlasten eines Grundstücks des Immobilienfonds, siehe KG Berlin, Urt. v. 27.8.2015, ZIP 2016, 626.
17 Ähnlich *Schlitt/Schäfer*, in: Assmann/Schlitt/von Kopp-Colomb, WpPG/VerkProspG, EU-ProspektVO, Anhang I Rn. 86.
18 *Alfes/Wieneke*, in: Holzborn, WpPG, EU-ProspektVO, Mindestangaben Anhang I Rn. 49.
19 Für eine Darstellung im Rahmen von Anhang I Ziffer 8.2. Prospekt etwa *Alfes/Wieneke*, in: Holzborn, WpPG, EU-ProspektVO, Mindestangaben Anhang I Rn. 49 sowie *Schlitt/Schäfer*, in: Assmann/Schlitt/von Kopp-Colomb, WpPG/VerkProspG, EU-ProspektVO, Anhang I Rn. 86; a.A. *Fingerhut/Voß*, in: Just/Voß/Ritz/Zeising, WpPG, EU-ProspektVO, Anhang I Rn. 152, die Umweltrisiken ausschließlich der Darstellung nach Anhang I Ziffer 4. ProspektVO vorbehalten wollen.
20 *Schlitt/Schäfer*, in: Assmann/Schlitt/von Kopp-Colomb, WpPG/VerkProspG, EU-ProspektVO, Anhang I Rn. 86; *Fingerhut/Voß*, in: Just/Voß/Ritz/Zeising, WpPG, EU-ProspektVO, Anhang I Rn. 152.

9. ANGABEN ZUR GESCHÄFTS- UND FINANZLAGE

9.1. Finanzlage

Soweit nicht an anderer Stelle im Registrierungsformular vermerkt, Beschreibung der Finanzlage des Emittenten, Veränderungen in der Finanzlage und Geschäftsergebnisse für jedes Jahr und jeden Zwischenzeitraum, für den historische Finanzinformationen verlangt werden, einschließlich der Ursachen wesentlicher Veränderungen, die von einem Jahr zum anderen in den Finanzinformationen auftreten, sofern dies für das Verständnis der Geschäftstätigkeit des Emittenten insgesamt erforderlich ist.

9.2. Betriebsergebnisse

9.2.1. Angaben über wichtige Faktoren, einschließlich ungewöhnlicher oder seltener Vorfälle oder neuer Entwicklungen, die die Geschäftserträge des Emittenten erheblich beeinträchtigen, und über das Ausmaß, in dem die Erträge derart geschmälert wurden.

9.2.2. Falls der Jahresabschluss wesentliche Veränderungen bei den Nettoumsätzen oder den Nettoerträgen ausweist, sind die Gründe für derlei Veränderungen in einer ausführlichen Erläuterung darzulegen.

9.2.3. Angaben über staatliche, wirtschaftliche, steuerliche, monetäre oder politische Strategien oder Faktoren, die die Geschäfte des Emittenten direkt oder indirekt wesentlich beeinträchtigt haben oder u. U. können.

Übersicht

	Rn.		Rn.
I. Regelungsgegenstand und -zweck	1	2. Zeitraum	5
1. Regelungsgegenstand	1	3. Ausgewogenheit	6
2. Regelungszweck	2	4. Vergleichbarkeit	7
II. Allgemeine Anforderungen	3	III. Inhalt	8
1. Adressatenkreis	4		

I. Regelungsgegenstand und -zweck

1. Regelungsgegenstand

Ergänzend zur Aufnahme rein zahlenmäßiger Finanzangaben im sog. Finanzteil des Prospektes hat der Textteil eine beschreibende Darstellung und Erläuterung der Finanzinformationen zu enthalten, die sog. Angaben zur Geschäfts- und Finanzlage oder auch nach dem Begriff der englischen Sprachversion (*operating and financial review*) kurz „OFR" genannt. Der Abschnitt OFR ist der aus der US-amerikanischen Prospektpraxis bekannten **MD&A** (*Management's Discussion and Analysis*) nachempfunden, die über das Vordringen der von US-Standards geprägten internationalen Prospektpraxis schon vor Umsetzung der Prospektrichtlinie zunehmend die Ausgestaltung von Prospekten deutscher Emittenten beeinflusst hat.[1]

---

[1] Vgl. den Überblick bei *Meyer*, in: Habersack/Mülbert/Schlitt, Unternehmensfinanzierung, § 36 Rn. 47 ff.; zur Entstehungsgeschichte *Kopp*, RIW 2002, 661.

Anhang I Ziffer 9

2. Regelungszweck

2 Zweck des OFR ist es, den Anlegern die **Beurteilung der wirtschaftlichen Entwicklung** des Emittenten während der von den historischen Finanzinformationen dargestellten Zeiträume zu erleichtern (also grds. der letzten drei Geschäftsjahre und etwaiger Zwischenberichtsperioden des laufenden Geschäftsjahres). Dazu ist eine Analyse des Geschäftsverlaufs und der Finanzlage vorzunehmen. Zudem sollen die wesentlichen Risiken und Unsicherheiten für die weitere wirtschaftliche Entwicklung des Emittenten und deren (mögliche) Ursachen erläutert werden. Dabei wird eine Darstellung aus der **Perspektive der Unternehmensleitung** erwartet. Der Schwerpunkt der Darstellung sollte auf den Umständen liegen, die aus der Sicht des Emittenten für das Unternehmen als Ganzes wesentlich sind.[2]

II. Allgemeine Anforderungen

3 In ihren Empfehlungen legt ESMA die folgenden Grundprinzipien für die Ausgestaltung des Prospektabschnitts OFR fest.[3]

1. Adressatenkreis

4 Bei der Erstellung des OFR soll das Hauptaugenmerk auf die Erläuterung jener Umstände gelegt werden, die für **Anleger** von Bedeutung sind. Dabei dürfen **keine besonderen Vorkenntnisse** über das Geschäft des Emittenten oder gar dessen wirtschaftliches Umfeld vorausgesetzt werden. In diesem Zusammenhang hebt ESMA besonders hervor, dass nicht unterstellt werden darf, dass der Adressatenkreis nur aus „qualifizierten Investoren" besteht.[4] Das bedeutet jedoch nicht, dass die zu erläuternden Abschlussposten aus den historischen Finanzangaben des Emittenten in ihrer allgemeinen Bedeutung und Systematik lehrbuchartig zu erläutern wären. Hier erweist sich die Anfang der 80er Jahre durch den BGH entwickelte Formel des „durchschnittlichen Anlegers, der zwar eine Bilanz zu lesen versteht, aber nicht unbedingt mit der in eingeweihten Kreisen gebräuchlichen Schlüsselsprache vertraut zu sein braucht"[5] als wegweisend und kann auch in Bezug auf den Abschnitt OFR als Maßstab herangezogen werden.[6]

---

2 ESMA's update of the CESR recommendations – The consistent implementation of Commission Regulation No 809/2004 implementing the Prospectus Directive, Ref: ESMA/2011/81 vom 23.3.2011 (ESMA-Empfehlungen), Rn. 27.
3 ESMA-Empfehlungen, Rn. 32.
4 A. A. *Alfes/Wienecke*, in: Holzborn, WpPG, EU-ProspV Anhang I Rn. 50.
5 BGH, 12.7.1982 – II ZR 175/81, WM 1982, 862, 863 („Beton- und Monierbau").
6 Auf diesen Zusammenhang weisen auch *Fingerhut/Voß*, in: Just/Voß/Ritz/Zeising, WpPG, EU-ProspektVO Anhang I Rn. 154, hin; weitergehend *Alfes/Wienecke*, in: Holzborn, WpPG, EU-ProspV Anhang I Rn. 50, die in erster Linie professionelle oder institutionelle Anleger als Adressaten sehen.

2. Zeitraum

Im Abschnitt OFR ist die wirtschaftliche Entwicklung des Emittenten während der Perioden zu beschreiben, für die **historische Finanzinformationen** in den Prospekt aufgenommen werden müssen. Dabei sollten die Trends und Faktoren herausgearbeitet werden, die für eine Einschätzung der Geschäftsentwicklung des Emittenten und die Erreichung seiner langfristigen Ziele von Bedeutung sind.[7]

3. Ausgewogenheit

Die Darstellung sollte **ausgewogen und umfassend** sein sowie der Größe und Komplexität des Unternehmens des Emittenten angemessen.[8] Positive und negative Entwicklungen sollen unvoreingenommen dargestellt werden.[9] Das bedeutet: Insbesondere ist eine anpreisende oder euphorische Heraushebung positiver Entwicklungen und Geschäftschancen zu vermeiden. Werden wesentliche Umstände an anderer Stelle im Prospekt dargestellt, dann ist darauf zu achten, dass Investoren nicht durch die Auslassung der betreffenden Darstellung im Abschnitt OFR in die Irre geführt werden. Ein ausdrücklicher Verweis auf die betreffende andere Prospektpassage soll hierfür jedoch regelmäßig ausreichen.[10]

4. Vergleichbarkeit

Die in Bezug auf die Vergleichbarkeit von ESMA empfohlenen Vorgaben sind etwas widersprüchlich. Zunächst erkennt ESMA an, dass sich die Darstellung der Geschäftsentwicklung durch den Emittenten im Abschnitt OFR von der Berichterstattung von Vergleichsunternehmen durchaus unterscheiden kann. Es soll daher ausreichen, wenn die Vergleichbarkeit mit ähnlichen Informationen über den Emittenten für die betreffende Periode ermöglicht wird. Dieser reine Emittentenbezug wird sodann aber wieder eingeschränkt. Die ESMA-Empfehlungen führen nämlich weiter aus, dass die Vergleichbarkeit verbessert werde, wenn die beschriebenen Parameter allgemein oder jedenfalls in der betreffenden Branche üblich und anerkannt seien.[11] Zusammenfassen lässt sich dies wohl wie folgt: Der Emittent muss seine Finanzberichterstattung und deren Darstellung im OFR grds. nicht an die Art der Offenlegung durch Wettbewerber anpassen. Freilich sollte sich die Darstellung im Rahmen der aufgrund der darzustellenden Abschlüsse ohnehin bestehenden Vorgaben auf **übliche Kennzahlen** konzentrieren. Dies folgt ohnehin auch aus vermarktungstechnischen Gründen: Je mehr ein Emittent eine eigene, im Markt unübliche Methodik verwendet, umso schwerer wird es ihm fallen, Investoren von der Verlässlichkeit und Aussagekraft seiner Finanzangaben zu überzeugen. Ist es aufgrund der Besonderheiten des Emittenten und seines Geschäftsbetriebes unausweichlich, eher ungewöhnliche Kennzahlen darzustellen, so folgt daraus ein erhöhter Erläuterungsbedarf im Abschnitt OFR.

Für die Verwendung sog. Alternativer Leistungskennzahlen (**Alternative Performance Measures, APM**) hat ESMA im Oktober 2015 Leitlinien herausgegeben, die für Emitten-

---

7 ESMA-Empfehlungen, Rn. 32 (Abs. 2).
8 ESMA-Empfehlungen, Rn. 27.
9 ESMA-Empfehlungen, Rn. 32 (Abs. 3).
10 ESMA-Empfehlungen, Rn. 32 (Abs. 3).
11 ESMA-Empfehlungen, Rn. 32 (Abs. 4).

Anhang I Ziffer 9

ten, Prospektverantwortliche und die für die Billigung von Prospekten zuständigen Behörden der Mitgliedstaaten gelten.[12] Sie betreffen die Darstellung von Finanzkennzahlen außerhalb der eigentlichen Jahres-, Konzern- und Zwischenabschlüsse in Prospekten, Lageberichten oder Ad-hoc-Mitteilungen nach § 15 WpHG bzw. Art. 17 Marktmissbrauchsverordnung.[13] Konkret verstehen die Leitlinien unter APM Finanzkennzahlen der vergangenen oder zukünftigen finanziellen Leistung, Finanzlage oder Kapitalflüsse mit Ausnahme von solchen Finanzkennzahlen, die bereits in den einschlägigen Rechnungslegungsstandards für Jahres-, Konzern- und Zwischenabschlüsse definiert oder konkretisiert sind.[14] Man bezeichnet daher solche Kennzahlen auch als **Non-GAAP Financial Measures**. In Prospekte aufgenommene Kennzahlen, für die das Prospektrecht (insbesondere die EU-Prospektverordnung) bereits konkrete Anforderungen vorsieht, wie etwa für Proforma-Finanzinformationen, Geschäfte mit verbundenen Parteien, Gewinnprognosen, Gewinnschätzungen, Erklärungen zum Geschäftskapital sowie Kapitalbildung und Verschuldung, werden von den Leitlinien ebenfalls nicht erfasst. Ebenso wenig gelten diese für aufsichtlich vorgegebene Kennzahlen einschließlich solcher nach der Kapitaladäquanzverordnung und -Richtlinie (sog. CRR[15] bzw. CRD IV[16]).[17] Schließlich finden die Leitlinien keine Anwendung auf nicht finanzielle Kennzahlen wie etwa die Anzahl von Mitarbeitern oder Zeichnern, der Umsatz pro Quadratmeter oder soziale und umweltbezogene Kennzahlen wie Treibhausgasemissionen, Aufschlüsselung der Belegschaft nach Vertragsart oder geografischer Lage, Angaben zu bedeutenden Beteiligungen, zu Erwerb oder Veräußerung eigener Anteile oder der Gesamtzahl der Stimmrechte. Gleiches gilt für Informationen über die Einhaltung von vertraglichen Bedingungen oder gesetzlichen Anforderungen wie etwa Verpflichtungen aus Kreditverträgen (*financial covenants*) oder die Grundlage für die Berechnung der Vergütung von Vorstand und Führungskräften.[18]

7b APM müssen nach den ESMA-Leitlinien definiert, mit aussagekräftigen Kennzeichnungen ausgestattet und aus den Abschlüssen des Emittenten abgeleitet werden. Zumeist werden dabei bestimmten Abschlussposten Beträge abgezogen oder hinzugerechnet; die Überleitung ist unter Angabe der wesentlichen Überleitungsposten darzustellen und zu erläutern.[19] Sofern APM aus (noch) nicht veröffentlichten Abschlüssen abgeleitet werden, muss

---

12 ESMA, Leitlinien Alternative Leistungskennzahlen (APM) vom 5.10.2015, ref. ESMA//2015/1415de.
13 ESMA, Leitlinien Alternative Leistungskennzahlen (APM) vom 5.10.2015, ref. ESMA//2015/1415de, Tz. 3.
14 ESMA, Leitlinien Alternative Leistungskennzahlen (APM) vom 5.10.2015, ref. ESMA//2015/1415de, Tz. 17.
15 Verordnung (EU) Nr. 575/2013 des Europäischen Parlaments und des Rates vom 26.6.2013 über Aufsichtsanforderungen an Kreditinstitute und Wertpapierfirmen und zur Änderung der Verordnung (EU) Nr. 646/2012, ABl. EU Nr. L 176 vom 27.6.2013, S. 1 (CRR).
16 Richtlinie 2013/36/EU des Europäischen Parlaments und des Rates vom 26.6.2013 über den Zugang zur Tätigkeit von Kreditinstituten und die Beaufsichtigung von Kreditinstituten und Wertpapierfirmen, zur Änderung der Richtlinie 2002/87/EG und zur Aufhebung der Richtlinien 2006/48/EG und 2006/49/EG, ABl. EU Nr. L 176 vom 27.6.2013, S. 338 (CRD IV).
17 ESMA, Leitlinien Alternative Leistungskennzahlen (APM) vom 5.10.2015, ref. ESMA//2015/1415de,Tz. 4.
18 ESMA, Leitlinien Alternative Leistungskennzahlen (APM) vom 5.10.2015, ref. ESMA//2015/1415de,Tz. 19.
19 ESMA, Leitlinien Alternative Leistungskennzahlen (APM) vom 5.10.2015, ref. ESMA//2015/1415de,Tz. 18, 26 ff.

die Überleitungsrechnung von solchen Posten ausgehen, die in Abschlüssen des Emittenten enthalten wären, würden diese veröffentlicht werden. Das heißt: Die unmittelbar übergeleiteten Posten, auf denen ein APM basiert, müssen unter Beachtung des Grundsatzes der Methodenstetigkeit zu dem letzten Jahres- bzw. Konzernabschluss des Emittenten ermittelt worden sein.[20] Wie bei Jahres-, Konzern- und Zwischenabschlüssen nach anerkannten Rechnungslegungsstandards sollten APM zusammen mit Vergleichsangaben zu entsprechenden vorangegangenen Zeiträumen dargestellt werden, typischerweise dem vorangegangenen Geschäftsjahr oder der korrespondierenden (Zwischen-)Berichtsperiode innerhalb des Vorjahres.[21] Über die Darstellungsperioden hinweg ist auch bei der Ermittlung der APM die Methodenstetigkeit zu wahren; Abweichungen sind zu erläutern.[22]

Als **Beispiele für APM** nennen die Leitlinien: operatives Ergebnis, Bareinnahmen, Ergebnis vor Einmalaufwendungen, Ergebnis vor Zinsen, Steuern, Abschreibung und Amortisation (EBITDA), Nettoverschuldung oder eigenständiges Wachstum.[23] Verwendete APM müssen in für den Anleger verständlicher Form definiert werden. Dabei sind die Grundlage ihrer Berechnung sowie die ihnen zugrunde liegenden wesentlichen Annahmen zu benennen. Ferner ist anzugeben, ob sie sich auf das (erwartete) Ergebnis des vergangenen oder zukünftigen Berichtszeitraums beziehen.[24] APM sind zudem mit aussagekräftigen Bezeichnungen zu versehen, aus denen sich ihr Inhalt und die Grundlage für ihre Berechnung erkennen lassen.[25] Zu optimistische oder positive Kennzeichnungen wie „Gewinngarantie" oder „zugesicherte Erträge" haben dabei ebenso zu unterbleiben wie bereits in den einschlägigen Rechnungslegungsstandards (anderweitig) definierte Bezeichnungen oder auch solche, die diesen verwirrend ähnlich sind.[26] Positionen, die sich auf vergangene Zeiträume ausgewirkt haben und auch Auswirkungen auf zukünftige Zeiträume haben können, dürfen nicht als einmalig, selten oder außerordentlich bezeichnet werden (im Gegensatz zu Umstrukturierungskosten oder Abschreibungen).[27]

7c

Bei der **Darstellung** von APM ist deren Verwendung, ihre Relevanz für den Emittenten sowie ihre Verlässlichkeit so zu erläutern, dass Anleger diese nachvollziehen können.[28]

7d

---

20 ESMA, Leitlinien Alternative Leistungskennzahlen (APM) vom 5.10.2015, ref. ESMA//2015/1415de,Tz. 31.
21 ESMA, Leitlinien Alternative Leistungskennzahlen (APM) vom 5.10.2015, ref. ESMA//2015/1415de,Tz. 37 ff.
22 ESMA, Leitlinien Alternative Leistungskennzahlen (APM) vom 5.10.2015, ref. ESMA//2015/1415de,Tz. 41 ff.
23 ESMA, Leitlinien Alternative Leistungskennzahlen (APM) vom 5.10.2015, ref. ESMA//2015/1415de,Tz. 18.
24 ESMA, Leitlinien Alternative Leistungskennzahlen (APM) vom 5.10.2015, ref. ESMA//2015/1415de,Tz. 20 f.
25 ESMA, Leitlinien Alternative Leistungskennzahlen (APM) vom 5.10.2015, ref. ESMA//2015/1415de,Tz. 22.
26 ESMA, Leitlinien Alternative Leistungskennzahlen (APM) vom 5.10.2015, ref. ESMA//2015/1415de,Tz. 23 f.
27 ESMA, Leitlinien Alternative Leistungskennzahlen (APM) vom 5.10.2015, ref. ESMA//2015/1415de,Tz. 25.
28 ESMA, Leitlinien Alternative Leistungskennzahlen (APM) vom 5.10.2015, ref. ESMA//2015/1415de,Tz. 9, 33 f.

Anhang I Ziffer 9

APM dürfen nicht gegenüber unmittelbar aus den Abschlüssen des Emittenten stammenden Kennzahlen vorrangig verwendet werden und von letzteren nicht ablenken.[29]

III. Inhalt

8 Gegenstand der Darstellung im Abschnitt OFR sind die im Finanzteil des Prospektes enthaltenen **historischen Finanzangaben**. Dabei sollen diejenigen Entwicklungen und Faktoren herausgearbeitet werden, die für eine **Beurteilung des Geschäftsverlaufs** des Emittenten während der im Finanzteil dargestellten Berichtsperioden maßgeblich sind.[30] Im Grundsatz geht die BaFin davon aus, dass auf sämtliche Abschlüsse einzugehen ist, die im Finanzteil des Prospektes abgedruckt sind. Die Differenzierung der inhaltlichen Anforderungen in Ziff. 9.1 und 9.2 ist – nicht zuletzt auch wegen der unpräzisen und lückenhaften Terminologie – vordergründig unklar. Ziff. 9.1 verlangt eine Beschreibung der Entwicklung der Finanzlage und der Geschäftsergebnisse, also strenggenommen der Passivseite der Bilanz sowie der durch die Gewinn- und Verlustrechnung reflektierten Ertragslage (dazu die Kommentierung zu § 5 Rn. 21 ff.). Ziff. 9.2 stellt sodann auf die Betriebsergebnisse (*operating results*) ab, also einen Teilausschnitt der Gewinn- und Verlustrechnung, nämlich das Ergebnis aus dem ordentlichen Geschäftsbetrieb. Dazu müssten dann beispielsweise außerplanmäßige Abschreibungen, Erträge aus der Veräußerung von Finanzanlagen oder Umstrukturierungsaufwand ausgeblendet werden. Letztlich wird man aber Ziff. 9.1 und Ziff. 9.2 nicht isoliert nebeneinander betrachten dürfen, sondern vielmehr Ziff. 9.2 als Präzisierung von Ziff. 9.1 dergestalt zu verstehen haben, dass bei der Beschreibung der Ertragslage zwischen Aufwendungen und Erträgen aus dem operativen Geschäft und sonstigen Aufwendungen und Erträgen zu unterscheiden ist.[31]

9 Letztlich ist auf die wesentlichen Inhalte der im Finanzteil abgedruckten **Abschlüsse in ihrer Gesamtheit** (also einschließlich der in Ziff. 9.1 und 9.2 nicht genannten Vermögenslage, d.h. der Aktivseite der Bilanz) und deren Entwicklung während der abgebildeten Zeiträume einzugehen.[32] Wie sich bereits aus der besonderen Hervorhebung der **Ertragslage** durch Ziff. 9.2 des Anhang I ergibt, liegt dabei ein gewisser Schwerpunkt auf der Darstellung der Ertragsentwicklung, mithin der Erläuterung der Gewinn- und Verlustrechnung.[33] Dies zeigen auch die ESMA-Empfehlungen, die vorwiegend die Darstellung der Ertragslage erläutern.

---

29 ESMA, Leitlinien Alternative Leistungskennzahlen (APM) vom 5.10.2015, ref. ESMA//2015/1415de, Tz. 35 f.
30 ESMA-Empfehlungen, Rn. 32 (Abs. 2).
31 Ebenso *Fingerhut/Voß*, in: Just/Voß/Ritz/Zeising, WpPG, EU-ProspektVO Anhang I Rn. 160; *Alfes/Wienecke*, in: Holzborn, WpPG, EU-ProspV Anhang I Rn. 50.
32 *Fingerhut/Voß*, in: Just/Voß/Ritz/Zeising, WpPG, EU-ProspektVO Anhang I Rn. 157 f.
33 Zur Veranschaulichung: Im Wertpapierprospekt der Deutsche Bank Aktiengesellschaft vom 5.6.2014 nehmen von den 57 Seiten des Abschnittes OFR (dort „Management's Discussion and Analysis" genannt) die Ausführungen zur Ertragslage ca. 45 Seiten ein; im Prospekt der Covestro AG vom 18.9.2015 entfallen von insgesamt 54 Seiten auf allgemeine Ausführungen ca. 3 Seiten, auf die Ertragslage ca. 18 Seiten, auf wesentliche Einflussfaktoren 9 Seiten, auf die Segmentberichterstattung 12 Seiten und auf die Vermögens-, Finanz- und Liquiditätslage zusammen ca. 9 Seiten.

Insbesondere ist auf die **wesentlichen Faktoren** einzugehen, die die **Ertragsentwicklung** 10
des Emittenten maßgeblich beeinflussen (vgl. Ziff. 9.2.1 des Anhangs I). Soweit es für das
bessere Verständnis der Entwicklung der Gesellschaft erforderlich erscheint, können dazu
sowohl Finanzangaben als auch nicht unmittelbar aus der Finanzberichterstattung stammende Indikatoren verwendet werden (*nonfinancial key performance indicators* oder *key value drivers*), wenn diese besondere Aussagekraft für die Beurteilung des von dem betreffenden Emittenten betriebenen Geschäfts haben. Dazu können neben Angaben zum Geschäftsumfeld auch solche zu Umweltschutzanforderungen oder den Mitarbeitern des Emittenten gehören.[34] Andere Beispiele sind Auftragsvolumen oder Absatzzahlen, ggf. nach Geschäftssegmenten oder Vertriebsregionen untergliedert. Bei der Darstellung der Ertragsentwicklung werden zudem häufig die in der Unternehmenskommunikation gebräuchlichen Ertragskennzahlen wie EBIT oder EBITDA verwendet, die den Investoren eine Vergleichbarkeit mit Wettbewerbern ermöglichen, wiewohl diese in den Rechnungslegungsstandards nicht definiert sind (zu den von ESMA entwickelten Leitlinien für die Verwendung solcher **Alternative Performance Measures (APM)** oder auch **Non-GAAP Financial Measures** siehe Rn. 7a ff.).[35]

Des Weiteren sind die wesentlichen **Ertrags- und Liquiditätsquellen** darzustellen. In die- 11
sem Zusammenhang ist darauf einzugehen, inwieweit diese wiederkehrend bzw. dauerhaft sind. Dadurch sollen Investoren in die Lage versetzt werden, die Nachhaltigkeit der Erträge und Zahlungsströme mit Blick auf die zu erwartende künftige Entwicklung besser beurteilen zu können.[36] Daher hat sich die Darstellung an der langfristigen Zielsetzung des Unternehmens auszurichten.[37]

Wesentliche Veränderungen bei der Umsatz- und Ertragsentwicklung sind zu beschreiben 12
und deren Gründe zu erörtern (Ziff. 9.2.2 des Anhangs I). Insbesondere ist zu erläutern, inwieweit **außerordentliche Erträge und Aufwendungen** sowie sonstige Sonder- und Einmaleffekte Auswirkungen auf die Ertragsentwicklung hatten. Dies gilt auch dann, wenn diese nicht quantifiziert werden können.[38] Das bedeutet, dass kurzfristige Schwankungen, insbesondere aufgrund einzelner Aufträge oder erkennbar vorübergehender Marktentwicklungen (z. B. sonderkonjunkturelle Einflüsse wie der Nachfrageschub in der Automobilindustrie aufgrund der sog. Abwrackprämie im Jahr 2009) nicht überbetont werden dürfen. Anders gewendet: Der nur vorübergehende Einfluss solcher Ereignisse auf die Geschäftsentwicklung darf nicht unerwähnt bleiben. Zudem ist auch auf Ausschüttungen an Gesellschafter und Aktienrückkäufe einzugehen.[39] Ferner sind die für die Geschäftsentwicklung des Emittenten bedeutsamen **Rahmenbedingungen**, insbesondere in politischer, wirtschaftlicher oder steuerlicher Hinsicht, zu erörtern (Ziff. 9.2.3 Anhang I).

Im Hinblick darauf, dass die historischen Finanzinformationen nach Ziff. 20.1 des An- 13
hangs I grds. nach den IFRS und primär auf konsolidierter Basis zu erstellen sind, bilden die aufgenommenen **IFRS-Konzernabschlüsse** den Schwerpunkt der Darstellung im Abschnitt OFR. Anhand dieser Abschlüsse ist die Entwicklung der Gesellschaft über den Dar-

---

34 ESMA-Empfehlungen, Rn. 28.
35 *Schlitt/Schäfer*, in: Assmann/Schlitt/von Kopp-Colomb, WpPG/VerkProspG, EU-ProspektVO Anhang I Rn. 96.
36 ESMA-Empfehlungen, Rn. 31.
37 ESMA-Empfehlungen, Rn. 29.
38 ESMA-Empfehlungen, Rn. 30.
39 ESMA-Empfehlungen, Rn. 29, 32 (Abs. 2).

Anhang I Ziffer 9

stellungszeitraum hinweg (also i.d.R. drei Geschäftsjahre) zu erläutern. Nach der Verwaltungspraxis der BaFin ist zudem der nach HGB erstellte Einzelabschluss für das letzte Geschäftsjahr in den Prospekt aufzunehmen.[40] Grund dafür ist die Bedeutung des **HGB-Einzelabschlusses** als Grundlage für die Bemessung der Gewinnausschüttung und die steuerliche Gewinnermittlung. Die Ausführungen zum HGB-Einzelabschluss, die meist den Abschnitt OFR abschließen, beschränken sich daher in der Regel auf die Beschreibung der dafür maßgeblichen Abschlussposten, also Jahresüberschuss bzw. -fehlbetrag sowie den daraus abgeleiteten Bilanzgewinn bzw. -verlust, ferner die darauf basierenden Dividendenausschüttungen bzw. den Gewinnverwendungsvorschlag von Vorstand und Aufsichtsrat, jeweils im Vergleich zum Vorjahr auf der Grundlage der im Jahresabschluss enthaltenen Vergleichsangaben für das Vorjahr nach § 265 Abs. 2 HGB.[41]

14 Neben der Erörterung der Finanzinformationen selbst war früher eine Darstellung der Unterschiede in der Rechnungslegung nach HGB, IFRS und US-GAAP üblich. Hiervon ist die Praxis auch bei Emissionen in die USA abgekommen.[42] Seit die SEC bei ausländischen Emittenten (grds.) Finanzinformationen nach IFRS akzeptiert,[43] wird allgemein unterstellt, dass auch US-Investoren mit der IFRS-Bilanzierung ausreichend vertraut sind, so dass es einer Erläuterung der Unterschiede nicht mehr bedarf. Das gilt erst recht im Fall von Angeboten, die sich in den USA nur an qualifizierte institutionelle Investoren (*qualified institutional buyers* oder auch *QIBs*) richten. Der in der Vergangenheit bisweilen aufgenommene ausdrückliche Hinweis im Prospekt, dass auf eine Überleitungsrechnung der IFRS-Abschlüsse auf US-GAAP und eine Beschreibung der Unterschiede verzichtet wurde, ist mittlerweile eher unüblich.

---

40 Dazu *Schlitt/Schäfer*, AG 2005, 498, 503; *Apfelbacher/Metzner*, BKR 2006, 81, 88; *Meyer*, in: Habersack/Mülbert/Schlitt, Unternehmensfinanzierung, § 36 Rn. 30; *Schlitt/Schäfer*, in: Assmann/Schlitt/von Kopp-Colomb, WpPG/VerkProspG, EU-ProspektVO Anhang I Rn. 98.
41 Vgl. die Ausführungen im Wertpapierprospekt der Deutsche Bank Aktiengesellschaft vom 5.6.2014, S. 203 f.
42 So aber noch *Schlitt/Schäfer*, in: Assmann/Schlitt/von Kopp-Colomb, WpPG/VerkProspG, EU-ProspektVO Anhang I Rn. 99 ff.; wie hier *Alfes/Wienecke*, in: Holzborn, WpPG, EU-ProspV Anhang I Rn. 51.
43 Dazu *Strauch*, in: Marsch-Barner/Schäfer, Handbuch börsennotierte AG, 3. Aufl. 2014, § 11 Rn. 30 f.; *Greene/Rosen/Silverman/Braverman/Sperber*, U.S. Regulation of the International Securities and Derivatives Markets, § 3.04 [1].

10. EIGENKAPITALAUSSTATTUNG

10.1. Angaben über die Eigenkapitalausstattung des Emittenten (sowohl kurz- als auch langfristig);

10.2. Erläuterung der Quellen und der Beträge des Kapitalflusses des Emittenten und eine ausführliche Darstellung dieser Posten;

10.3. Angaben über den Fremdfinanzierungsbedarf und die Finanzierungsstruktur des Emittenten; Angaben über jegliche Beschränkungen des Rückgriffs auf die Eigenkapitalausstattung, die die Geschäfte des Emittenten direkt oder indirekt wesentlich beeinträchtigt haben oder u. U. können;

10.4. Angaben über erwartete Finanzierungsquellen, die zur Erfüllung der Verpflichtungen der Punkte 5.2.3 und 8.1 benötigt werden.

10.5. Angaben über erwartete Finanzierungsquellen, die zur Erfüllung der Verpflichtungen der Punkte 5.2.3. und 8.1. benötigt werden.

Übersicht

	Rn.		Rn.
I. Überblick	1	4. Beschränkung des Rückgriffs auf die Eigenkapitalausstattung	14
II. Relevante Angaben	3	5. Finanzierungsquellen künftiger Investitionen und wesentlicher Sachanlagen	15
1. Kurz- und langfristige Eigenkapitalausstattung des Emittenten	3		
2. Cashflow	4	III. Informationsbasis und Prospektdarstellung	16
3. Fremdfinanzierungsbedarf und Finanzierungsstruktur des Emittenten	8		

I. Überblick

Ziffer 10 ergänzt die Angaben zu Anhang I Ziffer 9 ProspektVO (Angaben zur Geschäfts- und Finanzlage)[1] und verlangt Offenlegungen zur Eigen- und Fremdkapitalausstattung des Emittenten, zu den Kapitalflüssen (Cashflows), dem erwartetem Fremdfinanzierungsbedarf und den Finanzierungsquellen für Investitionsvorhaben (einschließlich geplanter Sachanlagen). Somit richtet sich die Betrachtung anders als bei den Angaben zur Geschäfts- und Finanzlage nach Anhang I Ziffer 9 ProspektVO nicht nur auf bereits abgelaufene Zeiträume, sondern auch auf die Zukunft.[2] Ziel der Darstellung muss es sein, dem Investor – aus der Sicht des Managements – ein Bild von der Finanzierungsstruktur des Emittenten zu vermitteln, insbesondere von dem Verhältnis von Eigenkapital zu Fremdkapital, den wesentlichen vertraglichen Bedingungen des bestehenden Fremdkapitals, der Historie der Cashflows (insbesondere der inneren Finanzierungskraft des Unternehmens aus der Erzielung von Cashflows aus dem operativen Geschäft) und dem erwarteten zukünftigen Fremdfinanzierungsbedarf.

1

---

[1] *Schlitt/Schäfer*, in: Assmann/Schlitt/von Kopp-Colomb, WpPG/VerkProspG, EU-ProspektVO, Anhang I Rn. 102; *Fingerhut/Voß*, in: Just/Voß/Ritz/Zeising, WpPG, EU-ProspektVO, Anhang I Rn. 163.

[2] *Fingerhut/Voß*, in: Just/Voß/Ritz/Zeising, WpPG, EU-ProspektVO, Anhang I Rn. 163.

Anhang I Ziffer 10

2   Ziffer 10 geht auf Punkt V.B. („Operating and Financial Review and Prospectus – Liquidity and Capital Resources") der IOSCO Disclosure Standards von 1998 zurück.[3]

II. Relevante Angaben

1. Kurz- und langfristige Eigenkapitalausstattung des Emittenten

3   Ziffer 10.1 verlangt Angaben sowohl über die kurz- als auch die langfristige Eigenkapitalausstattung des Emittenten. Bei deutschen Emittenten kommt die Differenzierung zwischen kurz- und langfristigem Eigenkapital nicht zum Tragen, da gesellschaftsrechtlich sämtliches echtes Eigenkapital (gezeichnetes Kapital) dauerhafter Natur ist.[4] Eine Beschreibung der Aktien des Emittenten, und der mit einer Aktie verbundenen Rechte, sowie eine Beschreibung der Entwicklung der Aktienanzahl erfolgt zumeist nicht an dieser Stelle, sondern in einem eigenen, eher rechtstechnischen Unterabschnitt „Angaben über das Kapital der Gesellschaft", während die Offenlegung nach Ziffer 10.1 primär eine bilanzielle und wirtschaftliche Betrachtungsweise zugrunde legt. Dargestellt wird in der Regel die Entwicklung aller in der Bilanz ausgewiesenen Bestandteile des Eigenkapitals (insbesondere gezeichnetes Kapital, Kapitalrücklagen, Gewinnrücklagen, sonstige Rücklagen).[5] Die Darstellung erfolgt dabei (zumeist tabellarisch) für den von den im Prospekt enthaltenen Finanzinformationen abgedeckten Zeitraum, begleitet von einer Beschreibung der einzelnen Positionen und ihrer Veränderung im Periodenvergleich. Dabei werden die wesentlichen Ereignisse und Entwicklungen dargestellt, die den Veränderungen zugrunde liegen. Um dem Investor das Verhältnis von Eigenkapital zu Fremdkapital zu verdeutlichen, empfiehlt sich die Angabe des Verhältnisses von Fremd- zu Eigenkapital (Debt/Equity Ratio) sowie dessen Entwicklung; möglicherweise bietet sich die Angabe weiterer Kennzahlen an, die die Finanzierungsstruktur des Emittenten transparent machen (z.B. Verhältnis zwischen Gewinn und Zinsaufwand, Verhältnis zwischen Eigenkapital und langfristigen Vermögenswerten).[6] Die Angabe solcher Kennzahlen wird auch von den ESMA-Recommendations empfohlen.[7] Welche Kennzahlen sinnvoll und aussagekräftig sind, wird von der

---

[3] Vgl. CESR Proposals for the Core Equity Registration Building Block based on IOSCO international disclosure standards and European directive 2001/34/EC, 1 October 2002, CESR/02-185b Annex A, Abschnitt IV.B (Liquidity and Capital Resources); *Fingerhut/Voß*, in: Just/Voß/Ritz/Zeising, WpPG, EU-ProspektVO, Anhang I Rn. 163.

[4] *Fingerhut/Voß*, in: Just/Voß/Ritz/Zeising, WpPG, EU-ProspektVO, Anhang I Rn. 164.

[5] Siehe auch § 266 Abs. 3 A. HGB.

[6] *Alfes/Wieneke*, in: Holzborn, WpPG, EU-ProspektVO, Mindestangaben Anhang I Rn. 60; ESMA, Update of the CESR recommendations, the consistent implementation of Commission Regulation (EC) No. 809/2004 implementing the Prospectus Directive, 20 March 2013, ESMA/2013/319, Tz. 33.

[7] ESMA, Update of the CESR recommendations, the consistent implementation of Commission Regulation (EC) No. 809/2004 implementing the Prospectus Directive, 20 March 2013, ESMA/2013/319, Tz. 33. In diesem Zusammenhang ist auch zu beachten, dass die Verwendung Alternativer Leistungskennzahlen außerhalb des Prospekts, selbst im Rahmen rein mündlicher Investorenkommunikation, dazu führen kann, dass diese im Prospekt aufzunehmen sind. Vgl. ESMA-Questions and Answers – Prospectuses (25th Updated Version – July 2016), ESMA 2016/1133, Frage 100.

konkreten Finanzierungssituation des Emittenten abhängen. Grundlage für die Darstellung sind die Angaben in der Konzernbilanz des Emittenten.[8]

2. Cashflow

Gemäß Ziffer 10.2 sind die Quellen und die Beträge des Kapitalflusses (Cashflow) des Emittenten zu erläutern und diese Posten ausführlich darzustellen. Dadurch soll dem Anleger eine Beurteilung der „finanziellen Gesundheit" des Emittenten ermöglicht und Aufschluss darüber gegeben werden, inwieweit der Emittent die zur Substanzerhaltung des bilanzierten Vermögens sowie für ggf. beabsichtigte Erweiterungsinvestitionen erforderlichen Mittel selbst erwirtschaften kann.[9] Aufzuzeigen ist nach den ESMA-Recommendations die Entwicklung des Cashflows für den Zeitraum des vergangenen Geschäftsjahres und für den Zeitraum, für den Zwischenfinanzinformationen in den Prospekt aufgenommen werden. Außerdem sind auch wesentliche Änderungen seit dem Stichtag der letzten Zwischenfinanzinformationen darzustellen.[10] Es wird sich in der Regel jedoch empfehlen, den gesamten Zeitraum der im Prospekt in Bezug genommenen historischen Finanzinformationen abzudecken.[11]

4

Ausgangspunkt der Darstellung ist in der Regel die Kapitalflussrechnung, die Teil des Konzernabschlusses ist.[12] Hierbei wird die Mittelherkunft aus den verschiedenen Tätigkeiten des Unternehmens (laufende Geschäftstätigkeit, Investitions- und Finanzierungstätigkeit) und die Mittelverwendung in diesen Bereichen dargestellt.[13] Die ESMA-Recommendations weisen darauf hin, dass in der Darstellung die Quellen und die Beträge des Cashflows analysiert werden sollen, was sowohl Zuflüsse als auch Abflüsse umfasst.[14] In der Praxis wird üblicherweise die Kapitalflussrechnung in diesem Abschnitt wiedergegeben und dann, unterteilt nach Cashflow aus betrieblicher Tätigkeit, Cashflow aus Investitionstätigkeit und Cashflow aus Finanzierungstätigkeit, der Cashflow für jede Periode durch Angabe der relevanten Beträge sowie der zugrundeliegenden Ereignisse oder Entwicklungen, die Grundlage für die maßgeblichen Mittelzuflüsse bzw. Mittelabflüsse sowie deren Entwicklung waren, erläutert. Hierbei sollte besonderes Augenmerk auf die Darstellung darüber gelegt werden, worauf Mittelzuflüsse bzw. Mittelabflüsse aus der laufenden Geschäftstätigkeit zurückzuführen sind, und inwieweit die Mittelzuflüsse aus der laufenden Geschäftstätigkeit den Betriebskapitalbedarf des Emittenten abdecken bzw. nicht abdecken. Denn

5

---

8 Vorsicht ist bei der Verwendung sog. Alternativer Leistungskennzahlen geboten. Solche müssen den Anforderungen der ESMA, Leitlinien Alternative Leistungskennzahlen (APM) vom 5.10.2015 entsprechen. Siehe dazu nachstehend *Meyer*, ProspektVO, Anhang I Rn. 7 ff.
9 *Fingerhut/Voß*, in: Just/Voß/Ritz/Zeising, WpPG, EU-ProspektVO, Anhang I Rn. 166.
10 ESMA, Update of the CESR recommendations, the consistent implementation of Commission Regulation (EC) No. 809/2004 implementing the Prospectus Directive, 20 March 2013, ESMA/2013/319, Tz. 34; *Fingerhut/Voß*, in: Just/Voß/Ritz/Zeising, WpPG, EU-ProspektVO, Anhang I Rn. 167.
11 *Schlitt/Schäfer*, in: Assmann/Schlitt/von Kopp-Colomb, WpPG/VerkProspG, EU-ProspektVO, Anhang I Rn. 103.
12 *Fingerhut/Voß*, in: Just/Voß/Ritz/Zeising, WpPG, EU-ProspektVO, Anhang I Rn. 166.
13 *Winkeljohann/Rimmelspacher*, in: Beck'scher Bilanz-Kommentar, § 297 Rn. 52.
14 ESMA, Update of the CESR recommendations, the consistent implementation of Commission Regulation (EC) No. 809/2004 implementing the Prospectus Directive, 20 March 2013, ESMA/2013/319, Tz. 34.

Anhang I Ziffer 10

diese Angaben sind für die Einschätzung der operativen Ertragskraft des Emittenten von Bedeutung.

6   In der Darstellung ist ferner darauf einzugehen, ob und in welchem Umfang wesentliche rechtliche oder wirtschaftliche Beschränkungen mit Blick darauf bestehen, ob Tochterunternehmen Finanzmittel (etwa in Form von Bardividenden, Darlehen oder Vorauszahlungen) an den Emittenten abführen können.[15] Beschränkungen können sich etwa aus steuerlichen Gründen oder Devisenkontrollen ergeben.[16] Sofern wesentliche Beschränkungen bestehen, ist ferner aufzuzeigen, welche Auswirkungen diese Beschränkungen auf die Fähigkeit des Emittenten, seinen Zahlungsverpflichtungen nachzukommen, in der Vergangenheit hatten oder nach Erwartung des Emittenten in der Zukunft haben könnten.

7   Die Darstellung soll darüber hinaus auch auf die internen Leitlinien des Emittenten eingehen, in denen die „funding and treasury policies" festgelegt werden.[17] Hierbei sind beispielsweise das Liquiditätsmanagement des Emittenten und interne Kontrollmechanismen zur Überwachung des Liquiditätsmanagements darzustellen. Des Weiteren ist aufzuzeigen, in welcher Währung freie Finanzmittel gehalten werden, in welchem Umfang Finanzverbindlichkeiten zu festen Zinssätzen bestehen und in welchem Maße Finanzinstrumente zur Reduzierung von Risiken (hedging) eingesetzt werden.

3. Fremdfinanzierungsbedarf und Finanzierungsstruktur des Emittenten

8   Nach Ziffer 10.3 sind Angaben über den Fremdfinanzierungsbedarf und die Finanzierungsstruktur des Emittenten zu machen.

9   Zumeist werden im Prospekt die Bestandteile des in der Bilanz ausgewiesenen Fremdkapitals für den von den im Prospekt enthaltenen Finanzinformationen abgedeckten Zeitraum aufgenommen. Daran schließt sich in der Regel eine Beschreibung der den wichtigsten Fremdverbindlichkeiten zugrunde liegenden Vertragsverhältnissen und deren Konditionen an. Hierbei ist neben den Nominalbeträgen, der Verzinsung, wichtigen Kündigungsregelungen, Sicherheiten, Rückzahlungsmodalitäten und sonstigen wesentlichen Bedingungen insbesondere auch auf das Fälligkeitsprofil einzugehen. Der Investor soll ein Bild davon bekommen, welche bereits jetzt bekannten Zins- und Rückzahlungspflichten in Zukunft auf den Emittenten zukommen, so dass er das Refinanzierungsrisiko einschätzen kann. Auch bestehende, nicht ausgeschöpfte Kreditlinien sind darzustellen.[18]

10 Sofern der Emittent restriktiven Abreden oder Bedingungen (covenants) aus einem Kreditvertrag unterliegt, die die Nutzung der Kreditmittel erheblich beschränken, sind diese in

---

15 ESMA, Update of the CESR recommendations, the consistent implementation of Commission Regulation (EC) No. 809/2004 implementing the Prospectus Directive, 20 March 2013, ESMA/2013/319, Tz. 34; *Fingerhut/Voß*, in: Just/Voß/Ritz/Zeising, WpPG, EU-ProspektVO, Anhang I Rn. 167.
16 *Fingerhut/Voß*, in: Just/Voß/Ritz/Zeising, WpPG, EU-ProspektVO, Anhang I Rn. 167.
17 ESMA, Update of the CESR recommendations, the consistent implementation of Commission Regulation (EC) No. 809/2004 implementing the Prospectus Directive, 20 March 2013, ESMA/2013/319, Tz. 34.
18 ESMA, Update of the CESR recommendations, the consistent implementation of Commission Regulation (EC) No. 809/2004 implementing the Prospectus Directive, 20 March 2013, ESMA/2013/319, Tz. 36.

der Regel offenzulegen. Laufen Verhandlungen mit den Kreditgebern über Ausnahmen von covenants, ist dieser Umstand im Prospekt darzulegen. Sollte eine Verletzung der Kreditbedingungen (covenant breach) bereits eingetreten oder absehbar sein, sind in den Prospekt Informationen darüber aufzunehmen, wie der Emittent Abhilfe zu schaffen gedenkt.[19]

Üblicherweise wird auch auf sonstige außerbilanziell bestehende finanzielle Verpflichtungen (z. B. Abnahmepflichten aus Lieferverträgen oder Garantieverhältnisse) eingegangen.

11

Gemäß Ziffer 10.3 sind auch Angaben über den Fremdfinanzierungsbedarf zu machen. Hierbei ist auf den Zusammenhang mit Anhang III Ziffer 3.1 ProspektVO (Erklärung zum Geschäftskapital) zu achten. Soweit ein akuter, bislang ungedeckter Fremdfinanzierungsbedarf bestehen sollte, wird es in der Regel nicht möglich sein, eine uneingeschränkte Erklärung zum Geschäftskapital abzugeben. Dabei sind die erwarteten Emissionserlöse grundsätzlich nicht zu berücksichtigen.[20]

12

Soweit der Emittent einen Fremdfinanzierungsbedarf antizipiert und dieser z. B. durch eine bestehende Kreditlinie abgedeckt ist, ist der erwartete Fremdfinanzierungsbedarf gemeinsam mit der für die Abdeckung dieses Bedarfs vorgesehene Finanzierungsquelle anzugeben (siehe Ziffer 10.5).

13

4. Beschränkung des Rückgriffs auf die Eigenkapitalausstattung

Ziffer 10.4 verlangt Angaben über jegliche Beschränkungen des Rückgriffs auf die Eigenkapitalausstattung, die die Geschäfte des Emittenten direkt oder indirekt wesentlich beeinträchtigt haben oder unter Umständen beeinträchtigen können. Derartige Beschränkungen können sich insbesondere aus covenants in Kreditverträgen ergeben, aber auch aus regulatorischen Gesichtspunkten wie einer zu geringen Eigenmittel- bzw. Kernkapitalquote eines Kredit- oder Finanzdienstleistungsinstituts nach den anwendbaren bankrechtlichen Bestimmungen.[21] Zeitlich ist sowohl auf in der Vergangenheit liegende wesentliche Beeinträchtigungen der Geschäfte des Emittenten durch solche Beschränkungen einzugehen, als auch auf in der Zukunft möglicherweise erfolgende Beeinträchtigungen.[22]

14

5. Finanzierungsquellen künftiger Investitionen und wesentlicher Sachanlagen

Ziffer 10.5 erfordert Angaben über erwartete Finanzierungsquellen, die zur Finanzierung geplanter Investitionen (Anhang I Ziffer 5.2.3) und geplanter Sachanlagen (Anhang I Ziffer 8.1) benötigt werden. Finanzierungsquellen können beispielsweise Kreditlinien, Darlehen, Subventionen oder Anleihen sein, aber auch vorhandene Liquidität oder zukünftig erwar-

15

---

19 ESMA, Update of the CESR recommendations, the consistent implementation of Commission Regulation (EC) No. 809/2004 implementing the Prospectus Directive, 20 March 2013, ESMA/2013/319, Tz. 37.
20 Siehe nachstehend Anhang III ProspektVO Ziffer 3.1.
21 *Fingerhut/Voß*, in: Just/Voß/Ritz/Zeising, WpPG, EU-ProspektVO, Anhang I Rn. 172; *Schlitt/Schäfer*, in: Assmann/Schlitt/von Kopp-Colomb, WpPG/VerkProspG, EU-ProspektVO, Anhang I Rn. 105.
22 *Fingerhut/Voß*, in: Just/Voß/Ritz/Zeising, WpPG, EU-ProspektVO, Anhang I Rn. 171.

tete Mittelzuflüsse beispielsweise aus operativer Tätigkeit.[23] Transparent werden sollte in jeden Fall, ob bzw. in welcher Höhe freie Liquidität vorhanden ist; ebenso die Entwicklung des Liquiditätsbestandes während des Geschäftsjahres. Sofern sich aus der Historie oder der Art der Geschäftstätigkeit bestimmte typische Muster (z. B. Saisonalitäten) im Hinblick auf die unterjährige Entwicklung der Liquidität ergeben, sollten diese hier transparent gemacht werden.

III. Informationsbasis und Prospektdarstellung

16 Die Angaben nach Ziffer 10 werden meist in das Kapitel „Angaben zur Geschäfts- und Finanzlage" eingebettet und dort in einem Unterabschnitt „Liquidität und Kapitalausstattung" zusammengefasst.[24] Die in Prospekten häufig verwendete Zwischenüberschrift „Liquidität und Kapitalaustattung" ist ebenfalls den IOSCO Disclosure Standards von 1998 entlehnt (siehe dort Punkt V.B., „Liquidity and Capital Resources"). Üblicherweise folgt die Darstellung dem Aufbau: Diskussion Cashflow und Liquidität, Investitionen/Sachanlagen und diesbezüglicher Finanzierungsbedarf sowie Finanzierungsquellen, Eigenkapital, Fremdkapital, Sonstige finanzielle Verpflichtungen.

17 Ziffer 10 überschneidet sich teilweise mit Ziffer 9 (Angaben zur Geschäfts- und Finanzlage), Anhang III Ziffer 3.1 (Erklärung zum Geschäftskapital) und Ziffer 3.2 (Kapitalbildung und Verschuldung) sowie mit den in den Prospekt aufgenommenen Finanzinformationen.[25] Die ESMA hat in ihren Empfehlungen klargestellt, dass zur Vermeidung von Wiederholungen Verweise möglich sind.[26]

---

23 *Fingerhut/Voß*, in: Just/Voß/Ritz/Zeising, WpPG, EU-ProspektVO, Anhang I Rn. 173.
24 *Schlitt/Schäfer*, in: Assmann/Schlitt/von Kopp-Colomb, WpPG/VerkProspG, EU-ProspektVO, Anhang I Rn. 103; *Alfes/Wieneke*, in: Holzborn, WpPG, EU-ProspektVO, Mindestangaben Anhang I Rn. 59.
25 *Schlitt/Schäfer*, in: Assmann/Schlitt/von Kopp-Colomb, WpPG/VerkProspG, EU-ProspektVO, Anhang I Rn. 102.
26 ESMA, Update of the CESR recommendations, the consistent implementation of Commission Regulation (EC) No. 809/2004 implementing the Prospectus Directive, 20 March 2013, ESMA/2013/319, Tz. 35 und 37.

11. FORSCHUNG UND ENTWICKLUNG, PATENTE UND LIZENZEN

Falls wesentlich, Beschreibung der Forschungs- und Entwicklungsstrategien des Emittenten für jedes Geschäftsjahr innerhalb des Zeitraums, der von den historischen Finanzinformationen abgedeckt wird, einschließlich Angabe des Betrags für vom Emittenten gesponserte Forschungs- und Entwicklungstätigkeiten.

Nach Ziffer 11 ist eine Beschreibung der Forschungs- und Entwicklungsstrategien des Emittenten aufzunehmen. Der Regelungsgehalt überschneidet sich teilweise mit § 20 Abs. 3 Satz 2 Nr. 2 BörsZulVO a. F., geht jedoch durch das Erfordernis der Bezifferung der in Forschung und Entwicklung investierten Beträge darüber hinaus.[1] Das Angabeerfordernis umfasst primär die Strategien des Emittenten zur Entwicklung neuer oder die Verbesserung bereits bestehender Produkte und Dienstleistungen während des durch die historischen Finanzinformationen abgedeckten Zeitraums; dabei sollte der Begriff „Forschung und Entwicklung" tendenziell weit verstanden werden. Entsprechendes gilt trotz des insoweit missglückten Wortlauts der Vorschrift auch für die mit der Forschung und Entwicklung des Emittenten zusammenhängenden gewerblichen Schutzrechte.[2] Die Darstellung der Strategie des Emittenten ist indes nicht nur zukunftsorientiert zu verstehen, sondern kann es im Hinblick auf das Informationsbedürfnis künftiger Investoren mitunter auch erforderlich erscheinen lassen, neben den Zielen des Emittenten Angaben dazu in den Prospekt aufzunehmen, inwieweit Planungen und Vorhaben im Forschungs- und Entwicklungsbereich bereits umgesetzt worden sind.[3]

1

Die Angaben zu den Forschungs- und Entwicklungsstrategien, Patenten und Lizenzen sind nur erforderlich, sofern sie für die wirtschaftliche Tätigkeit des Emittenten wesentlich sind.[4] Entscheidend ist daher stets eine vom Emittenten vorzunehmende Einzelfallbewertung, wobei insbesondere der Einfluss des jeweiligen Faktors auf die Geschäftstätigkeit des Emittenten als wesentliches Kriterium in Betracht kommen dürfte.[5] Ziffer 11 steht daher in inhaltlichem Zusammenhang mit der Angabe des Emittenten zu wesentlichen Abhängigkeiten in Bezug auf Patente und Lizenzen nach Ziffer 6.4 Ist die Forschungs- und Entwicklungsstrategie für den Emittenten wesentlich, ist daher regelmäßig das Bestehen von Abhängigkeiten im Sinne von Ziffer 6.4. zu prüfen und ggf. darzustellen.[6]

2

Ferner sind die für Forschungs- und Entwicklungstätigkeiten verwendeten Investitionsbeträge des Emittenten anzugeben. Sind in diesem Bereich künftig Ausgaben vorgesehen, die

3

---

1 *Alfes/Wieneke*, in: Holzborn, WpPG, EU-ProspektVO, Mindestangaben Anhang I Rn. 61.
2 Allg. M., vgl. dazu ausführlich *Schlitt/Schäfer*, in: Assmann/Schlitt/von Kopp-Colomb, WpPG/VerkProspG, EU-ProspektVO, Anhang I Rn. 112.
3 *Alfes/Wieneke*, in: Holzborn, WpPG, EU-ProspektVO, Mindestangaben Anhang I Rn. 61; ähnlich *Fingerhut/Voß*, in: Just/Voß/Ritz/Zeising, WpPG, EU-ProspektVO, Anhang I Rn. 174, die darauf hinweisen, dass nach Ziffer 11 auch Tätigkeiten des Emittenten darzustellen sind.
4 *Fingerhut/Voß*, in: Just/Voß/Ritz/Zeising, WpPG, Anhang I Rn. 174; *Alfes/Wieneke*, in: Holzborn, WpPG, EU-ProspektVO, Mindestangaben Anhang I Rn. 62.
5 *Fingerhut/Voß*, in: Just/Voß/Ritz/Zeising, WpPG, EU-ProspektVO, Anhang I Rn. 175; *Schlitt/Schäfer*, in: Assmann/Schlitt/von Kopp-Colomb, WpPG/VerkProspG, EU-ProspektVO, Anhang I Rn. 112.
6 *Fingerhut/Voß*, in: Just/Voß/Ritz/Zeising, WpPG, EU-ProspektVO, Anhang I Rn. 176; *Schlitt/Schäfer*, in: Assmann/Schlitt/von Kopp-Colomb, WpPG/VerkProspG, EU-ProspektVO, Anhang I Rn. 112.

Anhang I Ziffer 11

der Emittent mit Hilfe der aus dem Emissionserlös zufließenden Mittel finanzieren will, ist auf einen Gleichklang mit der Darstellung der Verwendung des Emissionserlöses nach Anhang III Ziffer 3.4[7] und den Investitionen des Emittenten nach Ziffer 5.2 ProspektVO zu achten.

4 Die nach Ziffer 11 erforderliche Darstellung der für den Emittenten wesentlichen Forschungs- und Entwicklungsstrategien, Patente und Lizenzen ist in Form einer möglichst ausführlichen[8] Beschreibung in den Prospekt aufzunehmen.[9]

---

7 *Schlitt/Schäfer*, in: Assmann/Schlitt/von Kopp-Colomb, WpPG/VerkProspG, EU-ProspektVO, Anhang I Rn. 110.
8 Siehe dazu etwa den Prospekt der OSRAM Licht AG vom 21.6.2013.
9 *Fingerhut/Voß*, in: Just/Voß/Ritz/Zeising, WpPG, EU-ProspektVO, Anhang I Rn. 174 unter Bezugnahme auf eine entsprechende Auffassung der BaFin; vgl. zum Geheimhaltungsinteresse des Emittenten *Alfes/Wieneke*, in: Holzborn, WpPG, EU-ProspektVO, Mindestangaben Anhang I Rn. 63.

12. TRENDINFORMATIONEN

12.1. Angabe der wichtigsten Trends in jüngster Zeit in Bezug auf Produktion, Umsatz und Vorräte sowie Kosten und Ausgabepreise seit dem Ende des letzten Geschäftsjahres bis zum Datum des Registrierungsformulars.

12.2. Angaben über bekannte Trends, Unsicherheiten, Nachfrage, Verpflichtungen oder Vorfälle, die voraussichtlich die Aussichten des Emittenten zumindest im laufenden Geschäftsjahr wesentlich beeinflussen dürften.

Übersicht

	Rn.		Rn.
I. Regelungsgegenstand	1	III. Exogene Trends mit Auswirkungen auf das laufende Geschäftsjahr (Ziff. 12.2)	6
II. Endogene Trends bis zum Prospektdatum (Ziff. 12.1)	4		

I. Regelungsgegenstand

Unter Trendinformationen sind gemeinhin Informationen über die aktuelle Geschäftsentwicklung und die Rahmenbedingungen des Emittenten zu verstehen. In den aufsichtlichen Verlautbarungen wird auf den Begriff der **Trendinformationen** nur wenig eingegangen. Bedeutung hat er hierbei vor allem in Abgrenzung zu Gewinnprognosen und -schätzungen erlangt. So bestätigt ESMA, dass eine allgemeine Diskussion der Zukunft oder der Geschäftserwartungen des Emittenten im Kapitel „Trendinformationen" normalerweise keine Gewinnprognose oder -schätzung darstellt und verweist auf die Definition letzterer Begriffe in Art. 2 Ziff. 10 und 11 der EU-Prospektverordnung.[1] Eine Definition des Begriffs „Trendinformation" bleibt auch ESMA schuldig.

Anhand der Beschreibung in Ziff. 12 des Anhangs I wird man Trendinformationen als Angaben über **operative Kennzahlen** des Emittenten aus der jüngsten Vergangenheit sowie über aktuelle Umstände verstehen können, von denen erwartet wird, dass sie einen erheblichen Einfluss auf die Entwicklung des Emittenten im **laufenden Geschäftsjahr** haben werden, ferner ggf. Ausführungen zu diesen Auswirkungen (§ 5 Rn. 28).[2] Letztlich schreibt die EU-Prospektverordnung damit das Erfordernis von Angaben über den jüngsten Geschäftsgang und die Geschäftsaussichten des Emittenten nach § 11 VerkProspV a. F. bzw. § 29 BörsZulV a. F. fort. Mitunter wird der entsprechende Prospektabschnitt auch heute noch so überschrieben.[3]

Anders als bei Gewinnprognosen und -schätzungen, deren Aufnahme in den Prospekt grds. freiwillig erfolgt, besteht für den Prospektersteller (also vor allem den Emittenten) die

---

[1] ESMA update of the CESR recommendations „The consistent implementation of Commission Regulation (EC) No 809/2004 implementing the Prospectus Directive" vom 23.3.2011, ESMA/2011/81, Rn. 49.
[2] Ähnlich *Schlitt/Schäfer*, in: Assmann/Schlitt/von Kopp-Colomb, WpPG/VerkProspG, EU-ProspektVO Anhang I Rn. 113.
[3] *Alfes/Wienecke*, in: Holzborn, WpPG, Anh. I EU-ProspV Rn. 64; *Schlitt/Schäfer*, in: Assmann/Schlitt/von Kopp-Colomb, WpPG/VerkProspG, EU-ProspektVO Anhang I Rn. 115.

Anhang I Ziffer 12

Pflicht zur Aufnahme von Angaben zu aktuellen Trends nach Maßgabe der Ziff. 12.[4] Dies kann freilich nur verlangt werden, soweit sie dem Ersteller bekannt sind.[5] Die Berücksichtigung öffentlich bekannter Branchen- und Marktentwicklungen wird man indes verlangen können.[6] Dagegen besteht keine Pflicht der Unternehmensleitung des Emittenten, sich zu den erwarteten Auswirkungen dieser Trends auf das Unternehmen zu äußern.[7]

II. Endogene Trends bis zum Prospektdatum (Ziff. 12.1)

4 Die geforderten Trendinformationen trennt die EU-Prospektverordnung in zwei Kategorien. In Ziff. 12.1 des Anhangs I werden **unternehmensinterne Entwicklungen** des Emittenten seit dem Ende des letzten Geschäftsjahres bis zum Datum des Prospekts aufgeführt. Wie sich aus der Angabe dieses Zeitraums ergibt, sollen diese Informationen die aus den historischen Finanzinformationen abzulesende Geschäftsentwicklung und deren Erläuterung im Abschnitt „Angaben zur Geschäfts- und Finanzlage" (Anhang I Ziff. 9) anhand der für die Geschäftsleitung des Emittenten erkennbaren Entwicklung fortschreiben. Damit sollen Anleger in die Lage versetzt werden, zumindest Anhaltspunkte für die mögliche Entwicklung des Emittenten im laufenden Geschäftsjahr zu erkennen. Hier ergibt sich auch eine Parallele zur Lageberichterstattung nach §§ 289, 315 HGB, insbesondere zur sog. Prognoseberichterstattung nach § 289 Abs. 1 Satz 4 und § 315 Abs. 1 Satz 5 HGB, wonach im (Konzern-)Lagebericht die voraussichtliche Entwicklung mit ihren wesentlichen Chancen und Risiken zu beurteilen und zu erläutern ist. Wiewohl der (Konzern-)Lagebericht nicht in den Prospekt aufgenommen werden muss,[8] kann dieser zum einen als (ggf. aktualisierungsbedürftige) Grundlage für die Darstellung der Trendinformationen herangezogen werden. Zum anderen ist darauf zu achten, das Inkonsistenzen zur Darstellung im (Konzern-)Lagebericht vermieden und dort getroffene, mittlerweile überholte Aussagen aktualisiert bzw. korrigiert werden.[9]

5 Im Einzelnen nennt Ziff. 12.1 in Bezug auf die Geschäftsentwicklung des Emittenten die Kategorien **Produktion**, **Umsatz** und **Vorräte** sowie **Kosten** und **Ausgabepreise**, auf deren Entwicklung seit dem Ende des letzten Geschäftsjahres bis zum Datum des Prospekts einzugehen ist. Diese Aufzählung von betriebswirtschaftlichen Parametern ist beispielhaft zu verstehen, da sie je nach Branche des Emittenten mehr oder weniger bedeutsam sind.[10] Jedoch sind nur die wichtigsten Trends zu beschreiben, d.h. wesentliche Entwicklungen, die dazu führen oder führen können, dass sich das aus den anderen Teilen des Prospekts, insbesondere den historischen Finanzinformationen, sonst ergebende Gesamtbild des

---

4 *Fingerhut/Voß*, in: Just/Voß/Ritz/Zeising, WpPG, EU-ProspektVO Anhang I Rn. 179.
5 *Rieckhoff*, BKR 2011, 221, 223.
6 So in den USA U.S. Securities and Exchange Commission, Commission Guidance Regarding Management's Discussion and Analysis of Financial Condition and Results of Operations, Release No's. 33-8350; 34-48960; FR-72; 17 CFR Parts 211, 231 and 241 vom 29.12.2003; dazu auch *Rieckhoff*, BKR 2011, 221, 223.
7 *Rieckhoff*, BKR 2011, 221, 224.
8 *Heidelbach/Doleczik*, in: Schwark/Zimmer, KMRK, § 7 Rn. 20; *Meyer*, in: Habersack/Mülbert/Schlitt, Unternehmensfinanzierung, § 36 Rn. 61.
9 So schon *Groß*, Kapitalmarktrecht, §§ 13-32 BörsZulV a. F. Rn. 20.
10 *Alfes/Wienecke*, in: Holzborn, WpPG, Anh. I EU-ProspV Rn. 64.

Emittenten anders darstellt. Leitbild zur Auslegung des Begriffs der „Wesentlichkeit" ist auch hier die informierte Anlageentscheidung i. S. v. § 5 WpPG, d. h. der Prospekt muss ein „zutreffendes Urteil" über den Emittenten und die Wertpapiere ermöglichen. Über aktuelle Trends ist daher jedenfalls dann zu berichten, wenn sie notwendig sind, um eine Anlageentscheidung zu treffen (dazu § 5 WpPG Rn. 9 ff.).

III. Exogene Trends mit Auswirkungen auf das laufende Geschäftsjahr (Ziff. 12.2)

Ziff. 12.2 ergänzt die aufzunehmenden Trendinformationen um **unternehmensexterne Umstände**, soweit sie dem Emittenten bekannt sind. Dazu gehören insbesondere marktbezogene Faktoren wie die **Nachfrage** (nach den Produkten des Emittenten) und **Unsicherheiten in Bezug auf die Märkte**, in denen er tätig ist. Dieser Begriff ist weit auszulegen und kann sowohl die Verhältnisse auf den Rohstoff- und Absatzmärkten, aber auch das allgemeine wirtschaftliche und politische Umfeld betreffen, soweit ein konkreter Emittentenbezug besteht. Allgemeine Aussagen über die Weltwirtschaft oder -politik dürften dagegen nicht erforderlich sein. Des Weiteren nennt Ziff. 12.2 „Verpflichtungen oder Vorfälle". **Verpflichtungen** betrifft vor allem seit dem Ende des letzten Geschäftsjahres getätigte Geschäftsabschlüsse, aber auch sonstige Verbindlichkeiten, etwa vom Emittenten zu erfüllende oder gegen ihn geltend gemachte Gewährleistungs- oder Schadensersatzansprüche. Unter **Vorfälle** lassen sich Ereignisse subsumieren, die unmittelbar oder mittelbar Auswirkungen auf den Emittenten haben können, ohne dass sie schon in konkreten Verbindlichkeiten (oder auch Geschäftschancen) resultieren. Sämtlichen vorgenannten Umständen muss gemein sein, dass sie (aus der Sicht der Prospektverantwortlichen, vor allem des Emittenten) voraussichtlich die (Geschäfts-)Aussichten des Emittenten zumindest im laufenden Geschäftsjahr wesentlich beeinflussen dürften. Das Verständnis, es müssten hier zumindest qualitative Aussagen zu den erwarteten Umsätzen und Erträgen oder zu einer erwarteten insgesamt eher positiven oder negativen Geschäftsentwicklung getroffen werden,[11] lässt sich so dem Wortlaut nicht entnehmen und wäre insbesondere hinsichtlich des letzten Gesichtspunktes inhaltlich wohl eher der Ziff. 13 des Anhangs I zuzuordnen, die jedoch grds. gerade keine zwingenden Aussagen verlangt, sondern fakultativ konzipiert ist (dazu Anh. I Ziff.13 Rn. 13).

6

---

11 *Alfes/Wienecke*, in: Holzborn, WpPG, Anh. I EU-ProspV Rn. 64.

Anhang I Ziffer 13

13. GEWINNPROGNOSEN ODER -SCHÄTZUNGEN

Entscheidet sich ein Emittent dazu, eine Gewinnprognose oder eine Gewinnschätzung aufzunehmen, dann hat das Registrierungsformular die unter den Punkten 13.1. und 13.2. genannten Angaben zu enthalten.

13.1. Eine Erklärung, die die wichtigsten Annahmen erläutert, auf die der Emittent seine Prognose oder Schätzung gestützt hat.

Bei den Annahmen muss klar zwischen jenen unterschieden werden, die Faktoren betreffen, die die Mitglieder der Verwaltungs-, Geschäftsführungs- und Aufsichtsorgane beeinflussen können, und Annahmen in Bezug auf Faktoren, die klar außerhalb des Einflussbereiches der Mitglieder der Verwaltungs-, Geschäftsführungs- und Aufsichtsorgane liegen. Diese Annahmen müssen für die Anleger leicht verständlich und spezifisch sowie präzise sein und dürfen nicht der üblichen Exaktheit der Schätzungen entsprechen, die der Prognose zu Grunde liegen.

13.2. Einen Bericht, der von unabhängigen Buchprüfern oder Abschlussprüfern erstellt wurde und in dem festgestellt wird, dass die Prognose oder die Schätzung nach Meinung der unabhängigen Buchprüfer oder Abschlussprüfer auf der angegebenen Grundlage ordnungsgemäß erstellt wurde und dass die Rechnungslegungsgrundlage, die für die Gewinnprognose oder -schätzung verwendet wurde, mit den Rechnungslegungsstrategien des Emittenten konsistent ist.

Beziehen sich die Finanzinformationen auf das letzte Geschäftsjahr und enthalten ausschließlich nicht irreführende Zahlen, die im Wesentlichen mit den im nächsten geprüften Jahresabschluss zu veröffentlichenden Zahlen für das letzte Geschäftsjahr konsistent sind, sowie die zu deren Bewertung nötigen erläuternden Informationen, ist kein Bericht erforderlich, sofern der Prospekt alle folgenden Erklärungen enthält:

a) die für diese Finanzinformationen verantwortliche Person, sofern sie nicht mit derjenigen identisch ist, die für den Prospekt insgesamt verantwortlich ist, genehmigt diese Informationen;

b) unabhängige Buchprüfer oder Abschlussprüfer haben bestätigt, dass diese Informationen im Wesentlichen mit den im nächsten geprüften Jahresabschluss zu veröffentlichenden Zahlen konsistent sind;

c) diese Finanzinformationen wurden nicht geprüft.

13.3. Die Gewinnprognose oder -schätzung muss auf einer Grundlage erstellt werden, die mit den historischen Finanzinformationen vergleichbar ist.

13.4. Wurde in einem Prospekt, der noch aussteht, eine Gewinnprognose veröffentlicht, dann sollte eine Erklärung abgeben werden, in der erläutert wird, ob diese Prognose noch so zutrifft wie zur Zeit der Erstellung des Registrierungsformulars, oder eine Erläuterung zu dem Umstand vorgelegt werden, warum diese Prognose ggf. nicht mehr zutrifft.

Ziffer 13 **Anhang I**

Übersicht

	Rn.		Rn.
I. Regelungsgegenstand	1	1. Allgemeine Anforderungen an die Darstellung	23
1. Bedeutung	1	2. Vergleichbarkeit mit historischen Finanzinformationen	26
2. Begriffe	4		
a) Gewinnprognose	4	3. Reichweite	30
b) Gewinnschätzung	8	**III. Ermittlung der Gewinnprognose**	31
3. Freiwilligkeit oder Aufnahmepflicht	13	1. Erfassung von Geschäftsvorfällen im Prognosezeitraum	32
a) Allgemeine Regelung	13		
b) Ausstehende Gewinnprognose	14	2. Identifikation ergebnisrelevanter Faktoren	33
aa) In einem früheren Prospekt	14	3. Treffen von Annahmen	36
bb) In einem Registrierungsformular als Teil eines dreiteiligen Prospektes	16	4. Ableitung der Gewinnprognose	41
		IV. Bericht eines Wirtschaftsprüfers	42
cc) Außerhalb eines Prospektes	19	1. Grundfall: Bericht über die Erstellung der Prognose	42
dd) Gewinnprognose eines erworbenen Unternehmens	21		
II. Anforderungen an Gewinnprognosen	22	2. Sonderfall: Kein Bericht bei sog. Vorläufigen Jahreszahlen	46

I. Regelungsgegenstand

1. Bedeutung

Die Erwartungen in Bezug auf den **künftigen Gewinn** eines Emittenten sind bei Aktienemissionen ebenso bedeutsam wie sensibel. Die Aussicht auf Teilhabe an den künftigen Gewinnen des Emittenten – sei es in Form ausgeschütteter Dividenden, sei es in Form von Kursgewinnen aufgrund der im Markt aufgrund der Gewinnerwartungen entstehenden Nachfrage nach den Aktien des Emittenten – ist von **zentraler Bedeutung** für die Vermarktung öffentlich angebotener Aktien. Daher besteht ein erhebliches Interesse der Anleger an Aussagen zu künftigen Gewinnerwartungen.[1] Da alle Werbeaussagen in Bezug auf ein öffentliches Angebot von Wertpapieren nach § 15 Abs. 3 und 4 mit den Aussagen des Prospektes konsistent sein müssen, sind etwaige bei der Vermarktung verwendete Aussagen über die Gewinnaussichten des Emittenten grds. in den Prospekt aufzunehmen. Zugleich unterliegen zukunftsgerichtete Aussagen in Bezug auf erwartete Gewinne naturgemäß Prognoserisiken, so dass stets die Möglichkeit besteht, dass sich die Prognose im Nachhinein als unrichtig herausstellt.[2] Dessen ungeachtet unterliegen Prognosen wie alle anderen Prospektaussagen der Prospekthaftung nach §§ 21 ff. WpPG.[3] Zwar erkennt die Rechtsprechung an, dass für Prognosen keine Richtigkeitsgewähr übernommen werden kann. Jedoch müssen sie ausreichend durch Tatsachen gestützt und kaufmännisch vertret-

1

---

1 *Schanz*, Börseneinführung, § 7 Rn. 5 ff.; *Schlitt/Schäfer*, in: Assmann/Schlitt/von Kopp-Colomb, WpPG/VerkProspG, EU-ProspektVO Anhang I Rn. 118.
2 *Fleischer*, AG 2006, 2; *Seibt/Huizinga*, CFL 2010, 289, 290.
3 Grundlegend BGH, 12.7.1982 – II ZR 175/81, WM 1982, 862, 865 („Beton- und Monierbau"); *Groß*, Kapitalmarktrecht, § 21 WpPG Rn. 40.

Anhang I Ziffer 13

bar sein.[4] Zudem sind sie nach den bei der Prospekterstellung gegebenen Verhältnissen und unter Berücksichtigung der sich abzeichnenden Risiken zu erstellen. Dabei muss für eine Prognose, die mit erheblichen Risiken verbunden ist (etwa weil sie sich auf einen langen Zeitraum bezieht – im vom BGH in der Entscheidung vom 12.7.1982[5] zu entscheidenden Fall 25 Jahre), aus den Erfahrungen in der Vergangenheit vorsichtig kalkulierend auf die Zukunft geschlossen werden (dazu § 5 WpPG Rn. 34).[6] Daher ist die Prospektpraxis bei zukunftsgerichteten Aussagen in Prospekten eher zurückhaltend.[7]

2 Die **EU-Prospektverordnung** regelt **Vorgaben für die Aufnahme von Gewinnprognosen**. Dabei stellt Erwägungsgrund 8 der EU-Prospektverordnung klar, dass die Aufnahme von Gewinnprognosen (jedenfalls im Grundsatz) **freiwillig** erfolgt (zu den Einzelheiten siehe Rn. 13 ff.). Die weiteren von Erwägungsgrund 8 dargestellten allgemeinen Vorgaben werden in Ziff. 13 des Anhangs I konkretisiert.

3 Das Institut der Wirtschaftsprüfer in Deutschland (**IDW**) hat zur Erstellung von Gewinnprognosen und -schätzungen jeweils einen **Rechnungslegungs-**[8] und einen **Prüfungshinweis**[9] veröffentlicht und im Hinblick auf die Änderungen im Rahmen der Reform von Prospektrichtlinie und -verordnung ergänzt. Als private berufsständische Organisation kann das IDW zwar keine rechtliche Legitimation zur verbindlichen Auslegung des Wertpapieraufsichtsrechts in Anspruch nehmen. Seine Standards prägen jedoch die berufsständischen Sorgfaltsanforderungen an die Tätigkeit von Wirtschaftsprüfern in Deutschland. Diese orientieren sich bei der Erteilung eines „Berichts" bzw. einer „Bestätigung" nach Ziff. 13.2 der EU-Prospektverordnung an diesen berufsständischen Vorgaben.[10] In der Billigungspraxis der BaFin werden Gewinnprognosen und diesbezügliche Bescheinigungen, die den Vorgaben der diesbezüglichen Rechnungslegungs- und Prüfungshinweise des IDW entsprechen, akzeptiert.

---

4 BGH, 12.7.1982 – II ZR 175/81, WM 1982, 862, 865 („Beton- und Monierbau"); dazu *Groß*, Kapitalmarktrecht, § 21 WpPG Rn. 44; *Fleischer*, AG 2006, 2, 7; *Veil*, AG 2006, 690, 696; *Seibt/Huizinga*, CFL 2010, 289, 298.
5 BGH, 12.7.1982 – II ZR 175/81, WM 1982, 862, 865 („Beton- und Monierbau").
6 BGH, 23.4.2012 – II ZR 75-10, NZG 2012, 789, 790.
7 *Schlitt/Wilczek*, in: Habersack/Mülbert/Schlitt, Kapitalmarktinformation, § 5 Rn. 85; *Meyer*, in: Habersack/Mülbert/Schlitt, Unternehmensfinanzierung, § 36 Rn. 57; *Fingerhut/Voß*, in: Just/Voß/Ritz/Zeising, WpPG, EU-ProspektVO Anhang I Rn. 189; *Schlitt/Schäfer*, in: Assmann/Schlitt/von Kopp-Colomb, WpPG/VerkProspG, EU-ProspektVO Anhang I Rn. 117.
8 IDW Rechnungslegungshinweis: Erstellung von Gewinnprognosen und -schätzungen nach den besonderen Anforderungen der Prospektverordnung (IDW RH HFA 2.003), veröffentlicht in WPg Supplement 1/2008, S. 41; Aktualisierung vom 14.2.2014 veröffentlicht in WPg Supplement 1/2014, S. 160.
9 IDW Prüfungshinweis: Prüfung von Gewinnprognosen und -schätzungen i. S. v. IDW RH HFA 2.003 sowie Gewinnschätzungen auf Basis vorläufiger Zahlen (IDW PH 9.960.3), veröffentlicht in WPg Supplement 1/2008, S. 12; Aktualisierung vom 14.2.2014 veröffentlicht in WPg Supplement 1/2014, S. 75.
10 In diesem Sinne mit Verweis auf den Charakter der Standards und Hinweise des IDW als haftungsrelevante Verkehrs- und Berufspflicht *Naumann*, in: WP-Handbuch 2006, 13. Aufl. 2006, Abschnitt A Rn. 366.

2. Begriffe

a) Gewinnprognose

In Art. 2 Ziff. 10 der EU-Prospektverordnung wird **Gewinnprognose** definiert als ein Text, in dem eine Zahl oder ein Mindest- bzw. Höchstbetrag für die **wahrscheinliche Höhe der Gewinne oder Verluste** im laufenden Geschäftsjahr und/oder in den folgenden Geschäftsjahren genannt wird. Unter Gewinn ist dabei nach Auffassung des IDW das durch ein Unternehmen erwirtschaftete und nach anerkannten Rechnungslegungsgrundsätzen ermittelte Periodenergebnis zu verstehen.[11]

Die Angabe kann **ausdrücklich oder auch implizit** erfolgen. Dabei reicht es nach der Definition in Art. 2 Ziff. 10 der EU-Prospektverordnung aus, wenn der betreffende Text Daten enthält, auf deren Grundlage der künftige Gewinn oder Verlust zahlenmäßig berechnet werden kann, selbst wenn keine bestimmte Zahl genannt wird und das Wort „Gewinn" keine Erwähnung findet. Die Auffassung des IDW, dass sich eine Gewinnprognose daher auch auf einen sonstigen Posten der Gewinn- und Verlustrechnung des Emittenten oder eine sonstige Kennzahl beziehen könne, sofern dieser „indikativ" für das Periodenergebnis sei,[12] erscheint insoweit missverständlich. Der Begriff der Indikation ist durch das in der Legaldefinition vorgegebene Kriterium der zahlenmäßigen Berechenbarkeit des Periodenergebnisses auf der Grundlage der betreffenden Ergebnisgröße einzuschränken. Zu Recht ist das IDW dagegen zurückhaltend bei Ergebniskennzahlen, die in den anwendbaren Rechnungslegungsgrundsätzen nicht vorgesehen sind, aber für Analysezwecke erstellt werden (sog. *Non-GAAP Measures* oder auch *Alternative Performance Measures, APM*, dazu siehe auch die Kommentierung zu Anhang I Ziff. 9 Rn. 7a ff.). Diese sollen nur dann unter den Begriff „Gewinn" subsumiert werden können, wenn sie sich auf in der Gewinn- und Verlustrechnung des Emittenten aufgeführte Abschlussposten zurückführen lassen.[13] Auch hier geht die Begriffsbestimmung des IDW freilich über den Wortlaut der Verordnung hinaus. Es ist insoweit zu ergänzen, dass solche Ergebniskennzahlen nur dann unter den Gewinnbegriff der EU-Prospektverordnung fallen, wenn das künftige Periodenergebnis daraus zahlenmäßig ermittelt werden kann.[14] Unter **Gewinnprognose** versteht das IDW sodann – insoweit wieder konsistent mit der Legaldefinition – eine (schriftliche) Darstellung, in der eine Zahl oder auch eine Bandbreite für die wahrscheinliche Höhe des Periodenergebnisses genannt wird oder Angaben enthält, aufgrund derer eine solche Zahl oder Bandbreite „eindeutig" berechnet werden kann.[15]

Aufgrund der weiten Definition der EU-Prospektverordnung stellt sich die Frage, wie eine (freiwillige) Gewinnprognose von den nach Ziff. 12 des Anhangs I der EU-Prospektverordnung zwingend in Prospekte bzw. Registrierungsformulare für Aktien aufzunehmenden **Trendinformationen** abzugrenzen ist. Jene Trendinformationen werden nach Ziff. 12 des Anhangs I näher bestimmt als Angaben über

---

11 IDW RH HFA 2.003, Tz. 2.
12 IDW RH HFA 2.003, Tz. 2.
13 IDW RH HFA 2.003, Tz. 2.
14 So auch an anderer Stelle im IDW Rechnungslegungshinweis IDW RH HFA 2.003 (Tz. 15), der bei den Anforderungen an die Darstellung einer Gewinnprognose eine eindeutige Berechenbarkeit des prognostizierten Gewinns bzw. der Gewinnbandbreite verlangt.
15 IDW RH HFA 2.003, Tz. 3.

Anhang I Ziffer 13

- die wichtigsten Trends in jüngster Zeit in Bezug auf Produktion, Umsatz und Vorräte sowie Kosten und Ausgabepreise („endogene Trends", Ziff. 12.1 des Anhangs I) seit dem Ende des letzten Geschäftsjahres bis zum Datum des Registrierungsformulars sowie
- bekannte Trends, Unsicherheiten, Nachfrage, Verpflichtungen oder Vorfälle, die voraussichtlich die Aussichten des Emittenten zumindest im laufenden Geschäftsjahr wesentlich beeinflussen dürften („exogene Trends", Ziff. 12.2 des Anhangs I).

7 Bereits in Erwägungsgrund 8 der EU-Prospektverordnung wird die Problematik dieser Abgrenzung erkannt. Danach sollten Gewinnprognosen nicht mit der Veröffentlichung bekannter Trends oder sonstiger tatsächlicher Angaben verwechselt werden, auch wenn diese wesentliche Auswirkungen auf die Geschäftsaussichten des Emittenten haben können. Kriterien für diese Abgrenzung nennt die EU-Prospektverordnung freilich nicht. Hilfestellung bei der Abgrenzung enthalten indes die **ESMA-Empfehlungen**. Danach stellt eine allgemeine (verbale) Diskussion von Trends und der davon abgeleiteten Zukunftsaussichten des Emittenten typischerweise noch keine Gewinnprognose dar, jedenfalls solange sie keine Zahlenangaben über die wahrscheinliche Höhe des noch nicht veröffentlichten Jahresergebnisses enthalten oder Daten angegeben werden, anhand derer das Jahresergebnis berechnet werden kann.[16]

b) Gewinnschätzung

8 Der Begriff der Gewinnschätzung bezeichnet einen Unterfall der Gewinnprognose. Nach Art. 2 Ziff. 11 der EU-Prospektverordnung ist darunter eine **Gewinnprognose für ein abgelaufenes Geschäftsjahr** zu verstehen, für das die Ergebnisse noch nicht veröffentlicht wurden. Dies schließt auch den Fall sog. vorläufiger Jahreszahlen („*headline figures*") ein, wie nunmehr der zweite Unterabsatz der Ziff. 13.2 klarstellt.

9 Diese stellen noch kein veröffentlichtes Periodenergebnis dar. Denn ihnen liegt noch kein bereits verbindlich aufgestellter oder gar festgestellter Jahresabschluss zugrunde, sondern nur Überblickszahlen aus dem Rechnungswesen, die im Rahmen der Fertigstellung (und Prüfung) des Abschlusses noch zu verifizieren und zu konkretisieren sind.[17] Erst mit der **Aufstellung** findet die Führung der Handelsbücher ihren periodischen Abschluss, indem sich die bilanzpolitischen Überlegungen des Vorstands zu entscheidungsreifen Vorlagen konkretisieren.[18] Durch die sich daran anschließende **Feststellung** des Abschlusses durch den Aufsichtsrat nach § 172 Satz 1 AktG wird der Abschluss für die Gesellschaftsorgane und die Aktionäre der Gesellschaft verbindlich; dann ist eine verbindliche Aussage über die Vermögens-, Finanz- und Ertragslage, mithin auch über das Periodenergebnis getroffen.[19] Bei zuvor veröffentlichten *headline figures* wird deshalb auch deutlich gemacht, dass diese im Hinblick auf die noch ausstehende Fertigstellung und Feststellung des zu-

---

16 ESMA update of the CESR recommendations vom 23.3.2011, ref. ESMA/2011/81 („ESMA-Empfehlungen"), Rn. 49; ähnlich *Fingerhut/Voß*, in: Just/Voß/Ritz/Zeising, WpPG, EU-ProspektVO Anhang I Rn. 192.
17 Ähnlich *Heidelbach/Doleczik*, in: Schwark/Zimmer, Kapitalmarktrechts-Kommentar, § 7 WpPG, Rn. 36.
18 *Hüffer/Koch*, AktG, § 172 Rn. 2; *Drygala*, in: Schmidt/Lutter, AktG, § 172 Rn. 4.
19 *Drygala*, in: Schmidt/Lutter, AktG, § 172 Rn. 7.

grunde liegenden Abschlusses nur vorläufig und ungeprüft sind.[20] Dies gilt insbesondere auch im Hinblick darauf, dass selbst ein fehlerfrei erstellter Abschluss bis zum Zeitpunkt der Aufstellung (§ 252 Abs. 1 Nr. 4 HGB) bzw. Vorlage an den Aufsichtsrat nach IAS 10.6 ff. dem Wertaufhellungsprinzip unterliegt und damit Gegenstand von daraus folgenden Änderungen sein kann.[21] Da der Abschluss bis zur Feststellung durch den Aufsichtsrat noch verändert werden kann, kann auch ein aufgestellter, aber noch nicht festgestellter Abschlussentwurf der Wertaufhellung unterliegen; die Wertaufhellungsperiode endet letztlich erst mit dem der Feststellung unmittelbar vorangehenden Beginn der Beschlussfassung des Aufsichtsrates.[22]

Vorläufige ungeprüfte vor Feststellung des zugrundeliegenden Abschlusses veröffentlichte sog. *headline figures* sind deshalb vielmehr geradezu das **Paradebeispiel der Gewinnschätzung**. Sie geben aufgrund der bereits tatsächlich verbuchten Geschäftsvorfälle der abgeschlossenen Periode einen im Vergleich zur Prognose für die noch laufende Periode konkreteren Ausblick auf das endgültige Ergebnis. 10

Dieses Verständnis ist auch konsistent mit den Empfehlungen von ESMA zur Abgrenzung von Gewinnschätzungen von „normalen" Gewinnprognosen. Danach sei bei Gewinnschätzungen grds. davon auszugehen, dass diese durch die späteren Abschlusszahlen bestätigt werden. Sie könnten mit **größerer Sicherheit** getroffen werden, da sie sich auf eine bereits abgeschlossene Berichtsperiode bezögen Dagegen seien sonstige Prognosen naturgemäß mit (größeren) Unsicherheiten behaftet.[23] 11–12

3. Freiwilligkeit oder Aufnahmepflicht

a) Allgemeine Regelung

Wie bereits in Erwägungsgrund 8 der EU-Prospektverordnung klargestellt (s. o. Rn. 2) ist die Aufnahme von Gewinnprognosen freiwillig. Dies ergibt sich auch aus den Gesetzesmaterialien. So hatte **CESR** in seinem „Advice on Level 2 Implementing Measures for the Prospectus Directive" im Jahr 2003 klargestellt, dass die Gewinnprognosen zwar für die Investoren nützlich sein können, zugleich aber auch die Gefahr der Irreführung mit sich bringen können. Daher soll ihre Aufnahme zwar in gewissem Umfang und unter bestimm- 13

---

20 Beispiel: Investor Relations Release der Daimler AG vom 5.2.2015. Darin wurden vorläufige Finanzinformationen für den Konzern der Daimler AG und seine Geschäftsfelder für das Jahr 2014 veröffentlicht, darunter ein erwartetes Konzernergebnis von 7,3 Mrd. Euro. Die Veröffentlichung enthielt den Hinweis: „Die Ergebnisse in diesem Dokument sind vorläufig und wurden weder durch den Aufsichtsrat bereits genehmigt noch von dem externen Wirtschaftsprüfer geprüft." Der als Teil des Geschäftsberichts veröffentlichte Konzernabschluss samt sog. Bilanzeid nach § 37v Abs. 2 Nr. 3 WpHG i. V. m. §§ 264 Abs. 2 Satz 3 HGB und 289 Abs. 1 Satz 5 HGB sowie der Bestätigungsvermerk des Abschlussprüfers trugen dagegen das Datum 13.2.2015, ebenso der Konzernabschluss.
21 Für die HGB-Bilanzierung *Merkt*, in: Hopt/Merkt, Bilanzrecht, § 252 Rn. 8; für die Bilanzierung nach IFRS *Lüdenbach/Hoffmann/Freiberg*, IFRS-Kommentar, § 4 Rn. 1 ff., insbes. Rn. 9.
22 *Hennrichs/Pöschke*, in: MünchKomm-AktG, § 172 Rn. 21; *Drygala*, in: Schmidt/Lutter, AktG, § 172 Rn. 4; *Pöschke*, in: Staub, Großkommentar zum HGB, § 242 Rn. 18; für die Bilanzierung nach IFRS *Wawrzinek*, in: Bohl/Riese/Schlüter, Beck'sches IFRS-Handbuch, 4. Aufl. 2013, § 2 Rn. 106; *Lüdenbach/Hoffmann/Freiberg*, IFRS-Kommentar, § 4 Rn. 9.
23 ESMA-Empfehlungen, Rn. 39.

Anhang I Ziffer 13

ten Voraussetzungen erlaubt werden. Anders als bei der Offenlegung bekannter Trendinformationen, also Erkenntnisse über Umstände, die die Geschäftsentwicklung beeinflussen können (dazu die Kommentierung zu § 5 Rn. 28) und die in Form beschreibender qualitativer Aussagen erfolgen kann, hatte CESR empfohlen, (quantitative) Gewinnprognosen (grundsätzlich) nicht zu Pflichtangaben zu machen.[24] Dies hat sich – abgesehen vom angesprochenen Erwägungsgrund 8 – auch insoweit im **Wortlaut** der Ziff. 13 des Anhangs I der EU-Prospektverordnung niedergeschlagen, als dieser nur Vorgaben für den Fall regelt, dass ein Emittent sich für die Aufnahme einer Gewinnprognose entscheidet. In dieser Entscheidung aber ist er (zusammen mit den anderen für den Prospekt verantwortlichen Personen) grds. frei.

b) Ausstehende Gewinnprognose

aa) In einem früheren Prospekt

14 Eine Ausnahme zur vorstehenden Grundregel sieht freilich Ziff. 13.4 der EU-Prospektverordnung vor. Hatte nämlich der Emittent in der **Vergangenheit** bereits einen Prospekt veröffentlicht, der eine Gewinnprognose enthält, und ist dieser Prospekt noch gültig, so muss er sich in dem neuen Prospekt dazu äußern. Die **Gültigkeit eines veröffentlichten Prospektes** richtet sich nach § 9 WpPG. Dort ist – differenzierend nach verschiedenen Erscheinungsformen eines Prospektes – vorgesehen, dass ein Prospekt nach seiner Veröffentlichung grds. zwölf Monate gültig ist. Dies setzt freilich nach § 9 Abs. 1 voraus, dass er jeweils um die nach § 16 WpPG erforderlichen Nachträge ergänzt und somit aktuell gehalten wird. Strenggenommen würde dies bedeuten, dass gerade in dem Fall, dass eine in dem früher veröffentlichten Prospekt enthaltene Gewinnprognose nicht mehr aufrecht erhalten werden kann (und dieser möglicherweise schon deshalb einer Aktualisierung durch einen Nachtrag bedürfte), in dem neuen Prospekt keine Aussage nach Ziff. 13.4 der EU-Prospektverordnung zu treffen wäre. Denn es mag sein, dass der frühere Prospekt auch innerhalb der zwölf Monate nach seiner Veröffentlichung bzw. Billigung deswegen nicht mehr gültig ist, weil er nicht durch einen Nachtrag aktualisiert wurde, obwohl dessen Tatbestandsvoraussetzungen nach § 16 WpPG vorlagen. So besteht auch bei Vorliegen der Nachtragsvoraussetzungen kein Grund zur Nachtragsveröffentlichung, wenn das Angebot oder die Börsenzulassung, zu deren Zweck der erstellt worden war, mittlerweile abgeschlossen ist und damit rechtlich keine Nachtragspflicht nach § 16 Abs. 1 WpPG mehr besteht. Dem Sinn und Zweck der Regelung in Ziff. 13.4 der EU-Prospektverordnung liefe dies indes zuwider. Denn nach Erwägungsgrund 8 der EU-Prospektverordnung liegt dieser Bestimmung die Erwägung zugrunde, dass in dem Prospekt alle etwaigen Veränderungen in der Offenlegungspolitik betreffend die Gewinnprognosen erläutert werden, wenn ein Prospekt ergänzt oder ein neuer Prospekt erstellt wird. Daraus dürfte man folgern können, dass der Verweis auf die Gültigkeit des früheren Prospektes sich auf die § 9 Abs. 1 WpPG aufgeführte Periode von zwölf Monaten nach seiner Veröffentlichung bezieht, nicht aber von dessen laufender Aktualisierung durch Nachträge abhängig ist.[25]

---

[24] CESR's Advice on Level 2 Implementing Measures for the Prospectus Directive, July 2003, Ref: CESR/03-208, Tz. 45 ff.

[25] So offenbar auch *Fingerhut/Voß*, in: Just/Voß/Ritz/Zeising, WpPG, EU-ProspektVO Anhang I Rn. 212.

Die in dem neuen Prospekt in Bezug auf die historische Gewinnprognose abzugebende Erklärung muss eine **Erläuterung zu deren Aktualität** enthalten. Dabei sieht Ziff. 13.4 des Anhangs I der EU-Prospektverordnung zwei Alternativen vor: 15

– es wird bestätigt, dass die Prognose noch so zutrifft wie zur Zeit der Erstellung des historischen Prospekts oder
– es wird erläutert, warum diese Prognose nicht mehr zutrifft.

bb) In einem Registrierungsformular als Teil eines dreiteiligen Prospektes

Die ESMA-Empfehlungen präzisieren den vorstehend beschriebenen Grundsatz der Aktualisierung von Prognosen in früheren Prospekten für den Sonderfall eines **dreiteiligen Prospektes** nach § 12 Abs. 1 Satz 2 WpPG. Zunächst einmal gelten für eine in das Registrierungsformular aufgenommene Gewinnschätzung die allgemeinen Regeln nach Ziff. 13 des Anhangs I; insbesondere ist eine Bescheinigung eines Wirtschaftsprüfers nach Ziff. 13.2 erforderlich. Dies ist nicht überraschend, gehen doch die Schemata der Anhänge zur EU-Prospektverordnung ohnehin von der Dreiteiligkeit eines Prospektes aus; das isolierte Registrierungsformular ist mithin der gesetzliche Regelfall, für den Anhang I in erster Linie vorgesehen ist, also auch dessen Ziff. 13. Wird das Registrierungsformular durch Veröffentlichung einer Wertpapierbeschreibung und einer Zusammenfassung später zu einem vollständigen (dreiteiligen) Prospekt,[26] so erwartet ESMA von dem Emittenten, dass er in der Wertpapierbeschreibung entweder [27] 16

– die im Registrierungsformular enthaltene Gewinnprognose bestätigt oder
– ausdrücklich erklärt, dass die Gewinnprognose nicht mehr aufrechterhalten wird bzw. nicht mehr zutrifft oder
– die ursprüngliche Gewinnprognose in angemessener Weise anpasst.

In letzterem Fall soll auch eine neue **Bescheinigung eines Wirtschaftsprüfers** nach Ziff. 13.2 des Anhangs I der EU-Prospektverordnung aufgenommen werden. 17

Letztlich handelt es sich bei diesen Anforderungen um eine Konkretisierung der besonderen **Aktualisierungsregelung für dreiteilige Prospekte** in § 12 Abs. 3 Satz 1 WpPG. Enthält die Wertpapierbeschreibung die Angaben, um die das bereits zuvor gebilligte Registrierungsformular wegen seit seiner Billigung eingetretener erheblicher Veränderungen oder neuer Entwicklungen aktualisiert werden muss, dann gelten dafür die Anforderungen des Anhang I. 18

cc) Außerhalb eines Prospektes

Über den Wortlaut der Ziff. 13 hinaus erörtert ESMA in seinen Empfehlungen weiterhin die Frage, ob eine vom Emittenten **außerhalb eines Prospektes** getätigte Aussage, die bei Aufnahme in einen Prospekt als Gewinnprognose anzusehen wäre und noch nicht überholt 19

---

26 Dies ist in der deutschen Praxis bisher eher die Ausnahme, wird aber vereinzelt doch angewandt. So hat beispielsweise die Deutsche Bank AG im Jahre 2010 zunächst einmal ein Registrierungsformular für Aktien erstellt und am 7.5.2010 isoliert billigen lassen. Im Rahmen der Durchführung der Kapitalerhöhung im Herbst wurden sodann eine Wertpapierbeschreibung und eine Zusammenfassung erstellt und am 21.9.2010 gebilligt. Diese bildeten zusammen mit dem durch Verweis einbezogenen Registrierungsformular einen dreiteiligen Prospekt.
27 ESMA-Empfehlungen, Rn. 42.

Anhang I Ziffer 13

ist, in den Prospekt aufzunehmen sei. Dies kann etwa bei Prognosen relevant werden, die im (Konzern-)Lagebericht getroffen wurden (dazu, insbesondere im Hinblick auf die Anforderungen des neuen Deutschen Rechnungslegungsstandards DRS 20, siehe § 5 WpPG Rn. 31a f.). ESMA führt insoweit zunächst aus, der Emittent habe zu erwägen, ob die Prognose als wesentlich anzusehen sei und ob sie noch gilt. Es stünde dann grds. in seinem Ermessen, ob er sie in den Prospekt aufnimmt.[28] Indes sei diese **Wesentlichkeit** zumindest bei Prospekten für **Aktienemissionen**, insbesondere bei Börsengängen, zu vermuten.[29] Diese Aussage lässt sich angesichts des klaren Wortlauts der Ziff. 13.4 der EU-Prospektverordnung wohl so verstehen, dass ESMA in diesem Fall eine **Pflicht zur Äußerung zu außerhalb des Prospektes getroffenen Gewinnprognosen** im Hinblick auf den Grundsatz der Prospektvollständigkeit nach Art. 5 Abs. 1 der EU-Prospektrichtlinie (~ § 5 Abs. 1 WpPG) für erforderlich hält.[30] Eine solche Einschätzung in einer Empfehlung auf Stufe 3 des Lamfalussy-Verfahrens zu treffen, die klar der normativen Wertung der einschlägigen Bestimmung auf der übergeordneten Stufe 2 widerspricht, erscheint jedoch fragwürdig (dazu siehe die Kommentierung zu § 5 Rn. 29).[31] ESMA hat sich dieses Themas in seinen regelmäßig veröffentlichten Antworten auf „Questions and Answers" nochmals angenommen. ESMA hält danach zwar grundsätzlich an seiner Auffassung fest, deutet aber Flexibilität der Aufsichtsbehörden im Einzelfall an.[32] Die BaFin verlangt im Hinblick auf den klaren Wortlaut der im Rang den ESMA-Empfehlungen vorgehenden EU-Prospektverordnung (in Ziff. 13) nicht, eine Gewinnprognose in den Prospekt aufzunehmen, die außerhalb eines Prospektes abgegeben wurde.[33]

20 Geht man von der vorstehend beschriebenen Auffassung von ESMA aus, stellt sich die Frage, welche Prospektrelevanz die üblichen im Rahmen der Kapitalmarktkommunikation von Emittenten getroffenen zukunftsgerichteten Aussagen in Bezug auf die erwartete Ertragsentwicklung erhalten können. Dabei ginge es freilich zu weit, jede Aussage zu künftigen Ertragskennzahlen gleich als Gewinnschätzung oder -prognose anzusehen. Hat ein Unternehmen zum Beispiel **Planzahlen**, **Gewinnziele** oder **Projektionen** veröffentlicht, kann nicht automatisch unterstellt werden, dass damit bereits eine Aussage verbunden wäre, dass diese mit der nach Art. 2 Ziff. 10 der EU-Prospektverordnung für eine Gewinnschätzung erforderlichen Wahrscheinlichkeit erreicht würden. Denn selbst gesteckte Ziele sind regelmäßig in erster Linie interner und externer Leistungsanreiz, erheben aber nicht notwendigerweise den Anspruch, in einer Weise auf Tatsachen gestützt zu sein wie es im Hinblick auf die Haftungswirkung in einer Prospektdarstellung der Fall wäre. Das wäre auch nicht sachgerecht – aus dem Setzen (auch ehrgeiziger) Ziele kann nicht ohne Weiteres geschlossen werden, dass deren Erreichung aufgrund konkreter Tatsachen als wahrschein-

---

28 ESMA-Empfehlungen, Rn. 43.
29 ESMA-Empfehlungen, Rn. 44.
30 So offenbar auch *Alfes/Wienecke*, in: Holzborn, WpPG, EU-ProspV Anhang I Rn. 65.
31 Wie hier *Fingerhut/Voß*, in: Just/Voß/Ritz/Zeising, WpPG, EU-ProspektVO Anhang I Rn. 188; *Schlitt/Schäfer*, in: Assmann/Schlitt/von Kopp-Colomb, WpPG/VerkProspG, EU-ProspektVO Anhang I Rn. 118; *Seibt/Huizinga*, CFL 2010, 289, 301.
32 ESMA-Questions and Answers – Prospectuses (25th Updated Version – July 2016), Antwort A1 vom Dezember 2012 auf Frage 25: „*ESMA considers that they will be open to discuss the interpretation of paragraphs 43 and 44 of ESMA's Recommendations on a case by case basis.*"
33 *Fingerhut/Voß*, in: Just/Voß/Ritz/Zeising, WpPG, EU-ProspektVO Anhang I Rn. 188; *Schlitt/Schäfer*, in: Assmann/Schlitt/von Kopp-Colomb, WpPG/VerkProspG, EU-ProspektVO Anhang I Rn. 118.

lich erwartet wird. Vielmehr dienen Planung und Zielsetzung regelmäßig dazu, die Mitarbeiter des Unternehmens zu motivieren, für den Eintritt dieser konkreten Tatsachen zu sorgen. Auch **Ertragskennzahlen**, diesbezügliche **Vorhersagen** wie sie im Rahmen von Bilanzpressekonferenzen, Investorentreffen oder Analystenkonferenzen auch unterjährig bekannt gegeben werden, sind jedenfalls dann keine Gewinnprognosen, wenn sich daraus der Gewinn nicht mathematisch ermitteln lässt. Werden also Roherträge des Unternehmens oder einzelner Geschäftsbereiche veröffentlicht, so liegt damit noch keine Gewinnprognose für das Gesamtunternehmen vor, da der Gewinn selbst nicht allein aus diesen Zahlen rechnerisch abgeleitet werden kann, sei es dass die Ergebnisse anderer Geschäftsbereiche zu einem völlig anderen Gesamtbild führen können, sei es, dass nicht operative Ergebnisfaktoren, wie z. B. Abschreibung auf Beteiligungen, das operative Ergebnis signifikant verändern. Entsprechend sind sog. **Projektionen** zu behandeln, also zukunftsgerichtete, ggf. sogar langfristige Aussagen des Managements, denen die auf Hypothesen beruhen, deren Eintritt nicht als überwiegend wahrscheinlich angesehen werden kann (siehe auch die Kommentierung zu § 5 Rn. 30 f.).[34]

Besondere Bedeutung gewinnt die Frage nach einer etwaigen Pflicht zur Äußerung zu außerhalb des Prospektes getroffenen Gewinnprognosen in Anbetracht der geänderten Anforderungen an die Prognoseberichterstattung im Lagebericht bzw. Konzernlagebericht nach DRS 20. Abhängig von der durch den Vorstand gewählten Form der Prognoseberichterstattung kann diese nach Auffassung der ESMA eine außerhalb des Prospektes getätigte Prognose darstellen, die in einen Prospekt jedenfalls für eine Aktienemission aufgenommen werden müsste (dazu die Kommentierung zu § 5 Rn. 31 f.). 20a

dd) Gewinnprognose eines erworbenen Unternehmens

Die ESMA-Empfehlungen enthalten ferner Vorgaben für die Behandlung von Gewinnprognosen eines wesentlichen Unternehmens, das vom Emittenten erworben wurde. Hat ein solches erworbenes Unternehmen also Gewinnprognosen abgegeben, die noch nicht überholt sind („outstanding"), soll der Emittent zunächst einmal prüfen, ob es angebracht ist, im Prospekt eine Aussage zu treffen, ob die Gewinnprognose des erworbenen Unternehmens noch zutrifft oder nicht.[35] Der Emittent soll ferner die Folgen des Erwerbs und der Gewinnprognose des anderen Unternehmens auf seine eigene Finanzlage untersuchen. Auf dieser Grundlage soll der Emittent sodann in dem Prospekt in derselben Weise berichten als ob er selbst eine Gewinnprognose getroffen hätte.[36] Legt man die vorstehend beschriebene Auffassung von ESMA zugrunde (s. Rn. 16 ff.), wäre der Emittent somit verpflichtet, sich im Prospekt zu einer Gewinnprognose zu äußern, die er gar nicht selbst getroffen hat. Hier erscheint erst recht **fraglich**, ob sich eine solche Pflicht zur Aussage zu Gewinnprognosen in einem Prospekt noch auf die **gesetzlichen Anforderungen** aus dem WpPG 21

---

34 So hätte beispielsweise die Deutsche Bank AG im dritten Quartal 2010 aus ihrem operativen Geschäft einen Gewinn vor Steuern von 1,3 Mrd. Euro erzielt. Die Absicht, die Deutsche Postbank AG zu konsolidieren, führte jedoch aufgrund der Neubewertung der bisherigen Beteiligung an der Deutsche Postbank AG und einer zugehörigen Pflichtumtauschanleihe zu einer Belastung von 2,3 Mrd. Euro, die im Ergebnis einen Quartalsverlust vor Steuern von 1,0 Mrd. Euro. zur Folge hatte, vgl. Zwischenbericht der Deutsche Bank AG zum 30.9.2010, S. 6, im Internet verfügbar unter www.deutsche-bank.de.
35 ESMA-Empfehlungen, Rn. 45.
36 ESMA-Empfehlungen, Rn. 46.

Anhang I   Ziffer 13

und der EU-Prospektverordnung stützen lassen. Indes dürfte der Anwendungsbereich dieser Empfehlungen voraussichtlich eher gering sein. Zudem legen die **typischen Umstände einer Unternehmensakquisition** nahe, dass die Aussage zur historischen Gewinnprognose des erworbenen Unternehmens regelmäßig nur lauten kann, dass diese nicht mehr aufrechterhalten wird. Denn zum einen dürfte der im Rahmen der einem Erwerb meist vorgeschalteten Due Diligence-Untersuchung erlangte Zugang zum Rechnungswesen und zur Unternehmensplanung der Zielgesellschaft den Emittenten nicht in die Lage versetzen, sich die Prognose des bisherigen Managements zu eigen zu machen. Zum anderen wird der Erwerb regelmäßig dazu führen, dass die von dem Zielunternehmen angewandten Rechnungslegungsgrundsätze sowie Ausweis- und Bewertungsmethoden an jene des Emittenten anzupassen sind, zu dessen Konsolidierungskreis das Zielunternehmen künftig gehört. Dies kann wesentliche Veränderungen auch bei der Ermittlung von Ertragskennzahlen zur Folge haben. Ferner dürften historische Gewinnprognosen auf der Unternehmensplanung und -strategie des bisherigen Managements beruhen. Diese Vorgaben dürften sich regelmäßig infolge des Erwerbs verändern, insbesondere wenn das Zielunternehmen in den Konzern des Emittenten integriert und ggf. strategisch neu ausgerichtet und/oder umstrukturiert wird. Damit werden die historischen Gewinnprognosen eines Zielunternehmens in aller Regel schon aufgrund dieser übergeordneten Gesichtspunkte hinfällig sein. Eine diesbezügliche Prospektdarstellung wird sich in aller Regel auf die Darstellung dieser Zusammenhänge beschränken (dürfen).

II. Anforderungen an Gewinnprognosen

22   In Ziff. 13.1–13.3 des Anhangs I werden konkrete Anforderungen an die in einen Prospekt aufgenommenen Gewinnprognosen festgelegt. Dabei wird in Ziff. 13.1 besonderes Augenmerk auf die Darstellung der einer Gewinnprognose zugrunde liegenden Annahmen gelegt. Die Bescheinigung eines Wirtschaftsprüfers kommt nach Ziff. 13.2 hinzu. Ziff. 13.3 schließlich enthält allgemeine Vorgaben zur Grundlage der Gewinnprognose.

1. Allgemeine Anforderungen an die Darstellung

23   Nach Ziff. 13.3 des Anhangs I muss eine Gewinnprognose auf einer Grundlage erstellt werden, die mit den historischen Finanzinformationen vergleichbar ist. In den **ESMA-Empfehlungen** finden sich darüber hinaus detaillierte Hinweise an die Billigungsbehörden zur Ausgestaltung von Gewinnprognosen. Dabei wird zunächst betont, dass die Emittenten und sonstigen Prospektverantwortlichen sicherzustellen haben, dass die Gewinnprognosen für die Anleger nicht irreführend sind[37] – das ist letztlich nur ein Hinweis auf die ohnehin geltenden allgemeinen Prospektgrundsätze (siehe dazu die Kommentierung zu § 5 Rn. 6 ff.). Darüber hinaus werden die folgenden **Grundprinzipien** für die Erstellung von Gewinnprognosen festgelegt:[38]

– **Verständlichkeit**: Gewinnprognosen dürfen keine Ausführungen enthalten, die wegen ihrer Komplexität oder ihres Umfanges aus Anlegersicht nicht mehr verständlich sind

---

37 ESMA-Empfehlungen, Rn. 40.
38 ESMA-Empfehlungen, Rn. 41.

(zu dem bei der Prospekterstellung zugrunde zu legenden Empfängerhorizont siehe die Kommentierung zu § 5 Rn. 38).
- **Verlässlichkeit**: Eine Gewinnprognose muss auf einer gründlichen Analyse des von dem Emittenten betriebenen Geschäfts basieren. Diese ist auf Tatsachen und nicht auf Hypothesen betreffend die Strategie, Planung und Risikoanalyse zu stützen.
- **Vergleichbarkeit**: Gewinnprognosen müssen sich an den tatsächlichen Ergebnissen des Emittenten messen lassen können, d. h. mit dessen historischen Finanzinformationen vergleichbar sein. Insoweit greift ESMA das in Ziff. 13.3 des Anhangs I in Bezug auf die Grundlage der Gewinnprognose festgelegte Prinzip der Vergleichbarkeit auf und erstreckt dieses auf die Prognose selbst.
- **Relevanz**: Gewinnprognosen müssen als Grundlage für eine Anlageentscheidung geeignet sein, d. h. Anleger insbesondere dabei unterstützen, frühere Bewertungen oder Einschätzungen zu bestätigen oder zu korrigieren.

Neben diesen allgemeinen Vorgaben sehen die ESMA-Empfehlungen weiterhin vor, dass sich eine Gewinnprognose normalerweise auf den **Gewinn (oder Verlust) vor Steuern** beziehen soll. Dabei sind in die Gewinnermittlung einbezogene nicht wiederkehrende Posten (*non-recurrent items*), also typischerweise aus nicht operativen Aktivitäten entstehende Ergebnisbeiträge, gesondert auszuweisen. Gleiches gilt für ungewöhnlich hohe oder niedrige Steuerbelastungen. Sollte sich eine Gewinnprognose nicht auf das Ergebnis vor Steuern beziehen, müssen die Gründe dafür, dass eine andere Ergebnisgröße ausgewiesen wird, im Prospekt offengelegt und erklärt werden.[39] Zudem sind die steuerlichen Effekte verständlich zu machen. Ziel dieser Vorgaben ist, dass die Ergebnisgröße, auf die sich die Gewinnprognose bezieht, in dem später veröffentlichten Abschluss ausgewiesen wird, so dass die Prognose und die im späteren Abschluss enthaltene Ist-Zahl unmittelbar miteinander verglichen werden können.[40]

Die Gewinnprognose muss entweder den **prognostizierten Gewinn** oder zumindest eine durch **Mindest- und Höchstzahl** konkretisierte Bandbreite angeben. Ausnahmsweise kann eine verbale Darstellung in Betracht kommen, wenn diese die **Berechnung** des prognostizierten Gewinns bzw. der Gewinnbandbreite ermöglicht.[41]

2. Vergleichbarkeit mit historischen Finanzinformationen

Nach Ziff. 13.3 muss die Gewinnprognose auf einer Grundlage erstellt werden, die mit den historischen Finanzinformationen vergleichbar ist. Daraus wird man folgern können, dass das Datenmaterial, auf dem die Gewinnprognose basiert, nach denselben **Rechnungslegungsgrundsätzen und -methoden** erstellt worden sein muss, wie sie auch den historischen Finanzinformationen, also der Regelberichterstattung des Emittenten zugrunde liegen.[42] Stammen diese Informationen aus dem Rechnungswesen des Emittenten, wird man grundsätzlich hiervon ausgehen können.

Das Postulat der **Vergleichbarkeit** beschränkt sich nach dem IDW-Rechnungslegungshinweis nicht auf die bei der Erstellung angewandten Methoden, sondern erstreckt sich auch

---

39 ESMA-Empfehlungen, Rn. 47.
40 ESMA-Empfehlungen, Rn. 48.
41 IDW RH HFA 2.003, Tz. 15.
42 IDW RH HFA 2.003, Tz. 12

Anhang I Ziffer 13

auf die **ausgewiesenen Positionen** selbst. Wenn nämlich anstelle des Periodenergebnisses ein anderer Posten der Gewinn- und Verlustrechnung oder eine sonstige Kennzahl dargestellt werden soll, so ist anzugeben, dass diese nach Auffassung des Emittenten Indizwirkung für das Periodenergebnis hat. Sofern es sich dabei um Kennzahlen handelt, die in den anwendbaren Rechnungslegungsgrundsätzen nicht vorgesehen sind, aber für Analysezwecke erstellt werden (sog. *Non-GAAP Measures*, zu diesen auch *Alternative Performance Measures* genannten Kennzahlen siehe auch die Kommentierung zu Anhang I Ziff. 9 Rn. 7a ff.),[43] so sind diese nach dem IDW-Rechnungslegungshinweis auf die in der Gewinn- und Verlustrechnung ausgewiesenen Abschlussposten überzuleiten.[44]

28 In den **Erläuterungen** zur Gewinnprognose sind die angewandten Rechnungslegungsgrundsätze und -methoden darzustellen. Soweit gemäß Ziff. 13.3 der EU-Prospektverordnung Methodenstetigkeit mit den im Prospekt aufgenommenen historischen Finanzinformationen besteht, kann auf deren Anhangangaben verwiesen werden.[45] In den Erläuterungen ist dann vor allem auf etwaige Abweichungen einzugehen. Dabei sind die größtmöglichen Auswirkungen der methodischen Abweichungen aufzuführen, auch anhand quantitativer Angaben.[46] Ferner sind außergewöhnliche Ergebnisse, Ergebnisse aus nicht wiederkehrenden Aktivitäten sowie außergewöhnliche Steueraufwendungen in den Erläuterungen gesondert darzustellen,[47] da diese die Vergleichbarkeit mit den historischen Finanzinformationen beeinträchtigen.

29 Zudem empfiehlt das IDW, in die Erläuterungen zur Gewinnschätzung einen allgemeinen **Warnhinweis** aufzunehmen, dass Gewinnprognosen ihrem Wesen nach unsicher sind und dass deshalb das tatsächliche Ergebnis von der Prognose abweichen kann.[48] Das IDW empfiehlt daher folgende Formulierung:

„Da sich die Gewinnprognose auf einen noch nicht abgeschlossenen Zeitraum bezieht und auf der Grundlage von Annahmen über künftige ungewisse Ereignisse und Handlungen erstellt wird, ist sie naturgemäß mit erheblichen Unsicherheiten behaftet. Aufgrund dieser Unsicherheiten ist es möglich, dass der tatsächliche Gewinn der Gesellschaft wesentlich vom prognostizierten Gewinn abweicht."

3. Reichweite

30 Im Hinblick auf die mit der Länge des Prognosezeitraums zunehmende Prognoseunsicherheit empfiehlt das IDW, dass eine Gewinnprognose **höchstens das laufende sowie das folgende Geschäftsjahr** umfassen soll. Ein längerer Prognosezeitraum soll allenfalls dann in Betracht kommen, wenn im Einzelfall hinreichend verlässliche Annahmen für einen längeren Zeitraum getroffen werden können.[49]

---

43 Beispiele hierfür sind die in der Kapitalmarktpraxis häufig verwendeten Positionen EBIT (*Earnings Before Income and Tax*) oder EBITDA (*Earnings Before Income Tax Depreciation and Amortisation*), die in den Rechnungslegungsgrundsätzen nicht definiert sind und daher nicht einheitlich berechnet werden, dazu etwa *Schanz*, Börseneinführung, § 7 Rn. 6 ff.
44 IDW RH HFA 2.003, Tz. 20.
45 IDW RH HFA 2.003, Tz. 19.
46 IDW RH HFA 2.003, Tz. 19; IDW PH 9.960.3, Tz. 10.
47 IDW RH HFA 2.003, Tz. 21.
48 IDW RH HFA 2.003, Tz. 22.
49 IDW RH HFA 2.003, Tz. 14.

III. Ermittlung der Gewinnprognose

Der IDW-Rechnungslegungshinweis beschreibt auch das methodische Vorgehen bei der Ermittlung einer Gewinnprognose. Dabei sind vier Schritte vorgesehen.

1. Erfassung von Geschäftsvorfällen im Prognosezeitraum

Die während des Zeitraums, auf den sich die Prognose bezieht (Prognosezeitraum) bis zum Zeitpunkt der Erstellung der Gewinnprognose eingetretenen und im Rechnungswesen des Emittenten abgebildeten Geschäftsvorfälle sind vom Emittenten zu erfassen.

2. Identifikation ergebnisrelevanter Faktoren

Für den Teil des Prognosezeitraums, für den keine erfassten Geschäftsvorfälle vorliegen, muss der Emittent sodann die Faktoren bestimmen, die das während dieses Zeitraums erwirtschaftete Ergebnis beeinflussen können. Nach den ESMA-Empfehlungen sind dabei insbesondere die folgenden Gesichtspunkte zu berücksichtigen:[50]

– Ergebnisse vergangener Perioden, beobachtete Marktentwicklungen, Marktanteil und Wettbewerbsposition des Emittenten,
– Finanzlage des Emittenten und deren mögliche Veränderungen,
– Veränderungen der Unternehmensstrategie,
– Auswirkungen eines Unternehmenserwerbs oder einer -veräußerung, von Veränderungen der Unternehmensstrategie sowie wesentliche Veränderungen des technologischen Umfelds und von Umweltschutzanforderungen,
– Änderungen der rechtlichen und steuerlichen Rahmenbedingungen,
– Verpflichtungen gegenüber Dritten.

Das IDW ergänzt bzw. konkretisiert in seinem Rechnungslegungshinweis die folgenden Aspekte:[51]

– Vermögens-, Finanz- und Ertragslage des Unternehmens in der Vergangenheit,
– Fremdwährungs- und Zinsentwicklung,
– mengen- und preismäßige Entwicklung der Absatz- und Beschaffungsmärkte,
– Investitions- und Finanzierungsmaßnahmen, einschließlich Erwerb oder Veräußerung von Beteiligungen und/oder Unternehmensteilen,
– Marktanalysen und -studien Dritter.

Zusammenfassen lassen sich diese Vorgaben dahingehend, dass Gewinnprognosen zwar durchaus auf Erfahrungswerte aus vergangenen Perioden gestützt werden können, dass dabei aber Veränderungen des wirtschaftlichen Umfeldes und der dieses beeinflussenden Faktoren einbezogen werden müssen. Dabei sind alle Erkenntnisse zu berücksichtigen, die zum Zeitpunkt der Erstellung der Gewinnprognose für die Unternehmensleitung des Emittenten verfügbar sind.[52] Nach dem IDW-Rechnungslegungshinweis sind diese Grundlagen

---

50 ESMA-Empfehlungen, Rn. 50.
51 IDW RH HFA 2.003, Tz. 10.
52 IDW RH HFA 2.003, Tz. 11.

Anhang I Ziffer 13

der Erstellung in **Erläuterungen** anzugeben, die der eigentlichen Gewinnprognose beizufügen sind.[53]

3. Treffen von Annahmen

36 Zu den im vorangehend beschriebenen Schritt identifizierten gewinnbeeinflussenden Faktoren sind sodann **Annahmen** zu treffen. Die wichtigsten Annahmen, auf die der Emittent seine Prognose oder Schätzung gestützt hat, müssen nach Ziff. 13.1 des Anhangs I EU-Prospektverordnung in den **Erläuterungen** zur Prognose dargestellt werden.

37 Dabei ist zu klar zu trennen zwischen Annahmen[54]
- in Bezug auf die Faktoren, die die Mitglieder der Verwaltungs-, Geschäftsführungs- und Aufsichtsorgane[55] des Emittenten beeinflussen können („endogene Faktoren", im IDW Rechnungslegungshinweis **„Handlungen"** genannt[56]), und
- in Bezug auf Faktoren, die klar außerhalb des Einflussbereiches der vorgenannten Organmitglieder des Emittenten liegen („exogene Faktoren", im IDW Rechnungslegungshinweis als **„Ereignisse"** bezeichnet[57]).

38 Diese Annahmen müssen **sachgerecht** sein und dürfen **untereinander nicht im Widerspruch** stehen. Dabei kann auf Erfahrungswerte zurückgegriffen werden, sofern jedenfalls die Geschäftsleitung des Emittenten den üblichen Geschehensablauf erwartet. Umgekehrt können Entwicklungen, deren Eintritt zwar möglich ist, von der Geschäftsleitung aber gerade nicht erwartet wird (hypothetische Annahmen), der Gewinnprognose nicht zugrunde gelegt werden.[58] Das gilt insbesondere bei (externen) Ereignissen.[59] Zudem sind beim Treffen der Annahmen sämtliche Erkenntnisse zu berücksichtigen, die der Geschäftsleitung des Emittenten zum Zeitpunkt der Erstellung der Prognose zur Verfügung stehen.[60] Dabei hat die Geschäftsleitung des Emittenten als bestmögliche Annahme entweder den Erwartungswert der mit ihrer Eintrittswahrscheinlichkeit gewichteten Alternativen zu wählen oder die von ihm als am wahrscheinlichsten angesehene Alternative zugrunde zu legen.[61]

39 Die Erläuterung der Annahmen muss nach Ziff. 13.1 Satz 3 des Anhangs I EU-Prospektverordnung für den Anleger **leicht verständlich, spezifisch und präzise** sein. Nach dem Wortlaut der deutschen Sprachfassung „dürfen sie zudem nicht der üblichen Exaktheit der Schätzungen entsprechen, die der Prognose zu Grunde liegen". Die Aussage ist so nicht verständlich. Einmal mehr hilft der Vergleich mit der englischen Sprachfassung, die der deutschen Übersetzung zugrunde lag. Dort heißt es an dieser Stelle *"the assumptions must be readily understandable by investors, be specific and precise and not relate to the general*

---

53 IDW RH HFA 2.003, Tz. 3.
54 Dies betonend auch der BaFin-Workshop am 28.5.2008, Präsentation „Die Darstellung historischer Finanzinformationen im Wertpapierprospekt" (*Jäger*), S. 14; ebenso *Pföhler/Riese*, WPg 2014, 1184, 1192.
55 Mithin also Mitglieder des Vorstands oder Aufsichtsrats einer AG oder dualistischen SE sowie des Verwaltungsrates einer monistischen SE.
56 So die Terminologie in IDW RH HFA 2.003, Tz. 5, 25.
57 So die Terminologie in IDW RH HFA 2.003, Tz. 5, 25.
58 IDW RH HFA 2.003, Tz. 8.
59 *Pföhler/Riese*, WPg 2014, 1184, 1191.
60 IDW RH HFA 2.003, Tz. 11.
61 *Pföhler/Riese*, WPg 2014, 1184, 1191.

accuracy of the estimates underlying the forecast." Die Vorgabe lautet also, dass die Annahmen sich auf konkrete Faktoren beziehen müssen und dass deshalb keine allgemeinen Annahmen in Bezug auf die der Prognose zugrunde liegenden Daten zulässig sind.[62] Werden außer dem Jahresergebnis auch Prognosen in Bezug auf weitere Posten der Gewinn- und Verlustrechnung angegeben, so sind diese in den der Gewinnprognose beizufügenden **Erläuterungen** darzustellen. Dabei sind die für die jeweilige Angabe zugrunde gelegten Annahmen deutlich voneinander abzugrenzen.[63]

In Bezug auf **Gewinnschätzungen** führt ESMA aus, dass diese in geringerem Umfang von Annahmen abhängen. Denn sie beziehen sich auf das voraussichtliche Ergebnis einer bereits abgeschlossenen Periode. Auch wenn der auf diese Periode bezogene Abschluss noch nicht erstellt wurde (sonst bedürfte es ja auch keiner Schätzung des Periodenergebnisses) geht ESMA davon aus, dass eine Gewinnschätzung weniger auf Annahmen über den Geschäftsverlauf als größtenteils auf Schätzungen der Auswirkungen der Geschäftsvorfälle der abgeschlossenen Periode beruht.[64] Dementsprechend nimmt auch das IDW an, dass Gewinnschätzungen i.d.R. auf den im Rechnungswesen bereits erfassten Geschäftsvorfällen basieren und nur in geringem Umfang (wenn überhaupt) auf Annahmen zu stützen sind.[65] Diese haben sich dann konsequenterweise auf die noch nicht erfolgte buchhalterische Verarbeitung bereits getätigter Handlungen und eingetretener Ereignisse zu beziehen.[66]

4. Ableitung der Gewinnprognose

Schließlich ist die Gewinnprognose aus den erfassten Geschäftsvorfällen und den in Bezug auf die zuvor identifizierten ergebnisrelevanten Faktoren getroffenen Annahmen abzuleiten. Dabei ist neben der sachlichen und rechnerischen Richtigkeit auch auf die stetige Anwendung der Rechnungslegungsgrundsätze und -methoden des Emittenten zu achten (s.o. Rn. 26f.).

IV. Bericht eines Wirtschaftsprüfers

1. Grundfall: Bericht über die Erstellung der Prognose

Werden Gewinnprognosen in einen Prospekt aufgenommen, so ist nach Ziff. 13.2 des Anhangs I ein **Bericht eines „unabhängigen Buchprüfers oder Abschlussprüfers"** (gemeint offensichtlich Wirtschaftsprüfer)[67] beizufügen. In aller Regel wird dies – schon auf-

---

62 Erläuternd dazu *Pföhler/Riese*, WPg 2014, 1184, 1192f.
63 IDW RH HFA 2.003, Tz. 16.
64 ESMA-Empfehlungen, Rn. 38.
65 IDW RH HFA 2.003, Tz. 5.
66 IDW RH HFA 2.003, Tz. 25.
67 In der englischen Sprachfassung der EU-Prospektverordnung heißt es hier „independent accountant or auditor". In der Richtlinie 2006/43/EG des Europäischen Parlaments und des Rates vom 17.5.2006 über Abschlussprüfungen von Jahresabschlüssen und konsolidierten Abschlüssen (...), ABl. EU Nr. L 157 vom 9.6.2006, S. 87, wird der Begriff des „statutory auditor" übersetzt mit „Abschlussprüfer" und in deren Art. 2 Ziff. 2 definiert als „eine natürliche Person, die von den zuständigen Stellen eines Mitgliedstaates nach dieser Richtlinie für die Durchführung von Ab-

Anhang I Ziffer 13

grund der Vertrautheit mit dem Zahlenwerk und den Systemen des Rechnungswesens des Emittenten – dessen Abschlussprüfer sein. Denn nach dem IDW-Prüfungshinweis muss der Wirtschaftsprüfer in ausreichendem Umfang mit der Geschäftätigkeit sowie den Rechnungslegungsgrundsätzen und -methoden des Emittenten vertraut sein. Üblicherweise, so der IDW-Prüfungshinweis, werden diese Kenntnisse durch die Prüfung oder zumindest prüferische Durchsicht des letzten (Zwischen-)Abschlusses des Emittenten gewonnen.[68] In seinem „Bericht" hat der Prüfer nach Ziff. 13.2 des Anhangs I zu bestätigen, dass die Prognose nach seiner Auffassung auf der angegebenen Grundlage **ordnungsgemäß erstellt** wurde und dass die Grundlagen der Gewinnprognose, mit den Rechnungslegungsstrategien des Emittenten **konsistent** sind.

43 Nach dem IDW-Prüfungshinweis ist Voraussetzung der Erteilung einer Bescheinigung, die den Vorgaben von Ziff. 13.2 des Anhangs I genügt, die Prüfung der Gewinnprognose unter folgenden, an die beiden Bestandteile der Bescheinigung nach Ziff. 13.2 des Annex I angelehnten Gesichtspunkten:

– *Erstellung der Gewinnprognose.* Die Prüfung, ob die Gewinnprognose in Übereinstimmung mit den in den Erläuterungen zur Gewinnprognose dargestellten Grundlagen erfolgte, betrifft zunächst deren **sachlich und rechnerisch richtige Ermittlung** auf der Grundlage der von der Unternehmensleitung des Emittenten identifizierten Faktoren und getroffenen Annahmen sowie den in den Erläuterungen dargestellten Rechnungslegungsmethoden.[69] Dabei sind die von der Unternehmensleitung getroffenen Annahmen (s. o. Rn. 36) nicht Gegenstand der Prüfung.[70] Die im Schrifttum vertretene Auffassung, dass Wirtschaftsprüfer die Annahmen ausnahmsweise dennoch prüfen, wenn sie offensichtlich falsch sind,[71] findet keine Stütze im IDW-Prüfungshinweis. Jedoch wird ein Prüfer von ihm ohne spezifisch darauf gerichtete Prüfung festgestellte Fehler in den der Gewinnprognose zugrunde liegenden Annahmen nicht übergehen, sondern vielmehr auf Korrektur des Fehlers bestehen, ohne dass er hierfür freilich eine Rechtspflicht übernimmt. Was der Prüfer jedoch untersucht, sind die **organisatorischen Maßnahmen**, die der Emittent zur Ermittlung der den Gewinn beeinflussenden Faktoren sowie der Annahmen über diese Faktoren getroffen hat.[72]

– *Grundlagen der Gewinnprognose.* Weiterer Gegenstand der Prüfung sind die Grundlagen der Gewinnprognose. Diese werden anhand der Erläuterungen zur Gewinnschätzung mit den bei der Erstellung des letzten veröffentlichten Abschlusses angewandten Rechnungslegungsgrundsätzen und -methoden verglichen. Sofern sich Abweichungen

---

schlussprüfungen zugelassen wurde". Mithin dürfte sich der Begriff „auditor" in Ziff. 13.2 des Anhangs I der EU-Prospektverordnung nicht auf den konkreten Abschlussprüfer des konkreten Emittenten beschränken. Der Begriff des „unabhängigen Buchprüfers" geht auf den Terminus „independent accountant" in der englischen Sprachfassung zurück und wird sonst im europäischen Recht nicht verwendet. Er entstammt offensichtlich aus der US-amerikanischen Terminologie (vgl. nur Sec. 11(a) (4) des U.S. Securities Act von 1933) und dürfte als Synonym zum Wirtschaftsprüfer bzw. auditor zu verstehen sein.

68 Vgl. IDW PH 9.960.3, Rn. 4.
69 Vgl. IDW PH 9.960.3, Rn. 8.
70 Vgl. IDW PH 9.960.3, Rn. 7.
71 *Fingerhut/Voß*, in: Just/Voß/Ritz/Zeising, WpPG, EU-ProspektVO Anhang I Rn. 203; *Schlitt/Schäfer*, in: Assmann/Schlitt/von Kopp-Colomb, WpPG/VerkProspG, EU-ProspektVO Anhang I Rn. 119.
72 Vgl. IDW PH 9.960.3, Rn. 9.

ergeben, wird ferner geprüft, ob sie ausreichend in den Erläuterungen zur Gewinnprognose dargestellt sind (dazu Rn. 26 ff.).

Der IDW-Prüfungshinweis enthält **Mustertexte für Bescheinigungen** zu Gewinnprognosen und -schätzungen, die auch eine Erläuterung des in dem Prüfungshinweis beschriebenen Umfangs der Prüfung enthalten. Sofern die Darstellung des Prüfungsergebnisses – wie im IDW-Prüfungshinweis auch vorgesehen – eine uneingeschränkte Aussage zu den in Ziff. 13.2 des Anhangs I angesprochenen Gesichtspunkten enthält,[73] wird diese ungeachtet der in der EU-Prospektverordnung nicht vorgesehenen Erläuterung des Prüfungsumfangs in der Praxis als ausreichend anerkannt.[74] 44

In der Literatur wird die Auffassung vertreten, einer Bescheinigung nach Ziff. 13.2 des Anhangs I der EU-Prospektverordnung bedürfe es nicht, wenn die Gewinnprognose **Teil des Lageberichts** sei und dieser in den Prospekt aufgenommen werde.[75] Indes ist zu beachten, dass die Prüfung des Lageberichtes anderen Vorgaben folgt als jene einer Gewinnprognose. Gleiches gilt für die Aussage zum Lagebericht in einem Bestätigungsvermerk, die in Anlehnung an § 322 Abs. 6 HGB zu bestätigen hat, dass der (Konzern-)Lagebericht mit dem (Konzern- bzw.) Jahresabschluss in Einklang steht und insgesamt ein zutreffendes Bild von der Lage des (Konzerns bzw.) Unternehmens vermittelt sowie die Chancen und Risiken der zukünftigen Entwicklung zutreffend dargestellt sind. Man mag daraus folgern, dass die nach Ziff. 13.2 des Anhangs I der EU-Prospektverordnung in der Bescheinigung des Wirtschaftsprüfers zu treffende Aussage im Wortlaut des Bestätigungsvermerks enthalten ist; eindeutig ist dies aber nicht. Indes erscheint es ratsam, dennoch eine Bescheinigung nach den Vorgaben der Ziff. 13.2 einzuholen und in den Prospekt aufzunehmen, um dem Anschein der Unvollständigkeit des Prospektes zu vermeiden. 45

2. Sonderfall: Kein Bericht bei sog. Vorläufigen Jahreszahlen

Eine Besonderheit regelt der im Zuge der Reform im Jahre 2012 eingefügte zweite Unterabsatz von Ziff. 13.2. Danach kann bei einer **Gewinnschätzung** unter bestimmten Voraussetzungen vom Erfordernis eines Berichts eines Wirtschaftsprüfers abgesehen werden. Hintergrund ist die weit verbreitete Praxis der Emittenten, bereits vor Feststellung des Jahres- bzw. Konzernabschlusses vorläufige sog. *headline figures* zu veröffentlichen. Diese basieren auf den ungeprüften im Rechnungswesen erstellten Abschlusszahlen und können sich im Rahmen der Feststellung und der Erteilung des Bestätigungsvermerks noch ändern, wiewohl sie in aller Regel – vorbehaltlich des Eintritts wertaufhellender Ereignisse – bereits recht stabil sind, so dass sie typischerweise einen realistischen Ausblick auf das Jahresergebnis ermöglichen. Durch die Neuregelung soll es den Emittenten erleichtert werden, diese Angaben in den Prospekt aufzunehmen, ohne parallel zur laufenden Abschluss- 46

---

73 Die Aussage zum Prüfungsergebnis lautet nach IDW PH 9.960.3, Rn. 13: *„Nach unserer Beurteilung aufgrund der bei der Prüfung gewonnenen Erkenntnisse ist die Gewinnprognose auf den in den Erläuterungen zur Gewinnprognose dargestellten Grundlagen ordnungsgemäß erstellt. Diese Grundlagen stehen im Einklang mit den Rechnungslegungsgrundsätzen sowie den Ausweis-, Bilanzierungs- und Bewertungsmethoden der Gesellschaft."*
74 Siehe beispielsweise die Bescheinigung im Prospekt der Bilfinger Berger AG vom 6.10.2009, S. 86.
75 *Schlitt/Schäfer*, in: Assmann/Schlitt/von Kopp-Colomb, WpPG/VerkProspG, EU-ProspektVO Anhang I Rn. 119.

Anhang I Ziffer 13

prüfung das gesonderte Prüfungsverfahren zur Erteilung eines Berichts nach Ziff. 13.2 durchlaufen zu müssen.[76] Das IDW spricht in seinem Rechnungslegungshinweis insoweit von einer **Gewinnschätzung auf Basis vorläufiger Zahlen**.[77]

47 Im Einzelnen gelten für diese Ausnahme vom Erfordernis des Wirtschaftsprüferberichts die folgenden Voraussetzungen

– Die Finanzinformationen müssen sich auf das letzte Geschäftsjahr beziehen, also eine **Gewinnschätzung** darstellen.
– Sie enthalten ausschließlich nicht irreführende Zahlen, die im Wesentlichen mit den im nächsten geprüften Jahresabschluss (bzw. Konzernabschluss) zu veröffentlichenden Zahlen für das letzte Geschäftsjahr konsistent sind, sowie die zu deren Bewertung nötigen erläuternden Informationen.
– Der Prospekt enthält die folgenden Erklärungen:

   a) die für diese Finanzinformationen verantwortliche Person, sofern sie nicht ohnehin für den Prospekt insgesamt verantwortlich ist, hat die betreffenden Finanzinformationen genehmigt;
   b) ein Wirtschaftsprüfer (regelmäßig der Abschlussprüfer des Emittenten) hat bestätigt, dass diese Informationen im Wesentlichen mit den im nächsten geprüften Jahresabschluss (bzw. Konzernabschluss) zu veröffentlichenden Zahlen konsistent sind;
   c) diese Finanzinformationen wurden nicht geprüft (denn sonst würden für sie die Anforderungen nach Ziff. 20.1 gelten).

48 Das IDW weist in seinem Rechnungslegungshinweis in diesem Zusammenhang darauf hin, dass Gewinnschätzungen auf Basis vorläufiger Zahlen ihrer Natur nach unsicher seien, und empfiehlt daher den folgenden Risikohinweis:[78]

> „Da weder die Erstellung des Jahres- bzw. Konzernabschlusses und des dazugehörigen Lageberichts der Gesellschaft für das Geschäftsjahr 20xx noch deren Prüfung abgeschlossen sind, können sich nach dem Datum des Prospekts/Nachtrags zum Prospekt noch neue nicht vorhergesehene Erkenntnisse ergeben, die wesentliche Auswirkungen auf den Jahres- bzw. Konzernabschluss haben können und nicht in der Gewinnschätzung auf Basis vorläufiger Zahlen berücksichtigt sind."

49 Zudem sieht der IDW-Prüfungshinweis vor, dass die Angaben in der Gewinnschätzung auf Basis vorläufiger Zahlen im Prospekt ausdrücklich als „ungeprüft" gekennzeichnet werden.

50 Der IDW-Prüfungshinweis regelt in einem gesonderten Abschnitt Hinweise zur Abgabe der nach dem zweiten Unterabsatz von Ziff. 13.2 geforderten Bestätigung durch den Wirtschaftsprüfer, dass die in der Gewinnschätzung auf Basis vorläufiger Zahlen enthaltenen Abschlussposten im Wesentlichen mit den im geprüften Jahres- bzw. Konzernabschluss der Gesellschaft für das betreffende Geschäftsjahr zu veröffentlichenden Zahlen konsistent

---

76 Erwägungsgrund der Delegierten Verordnung (EU) Nr. 862/2012 der Kommission vom 4.6.2012 zur Änderung der Verordnung (EG) Nr. 809/2004 in Bezug auf die Zustimmung zur Verwendung des Prospekts, die Informationen über Basisindizes und die Anforderungen eines von unabhängigen Buchprüfern oder Abschlussprüfern erstellten Berichts, ABl. EU Nr. L 256 v. 22.9.2012, S. 4.
77 IDW RH HFA 2.003, Tz. 29 ff.
78 IDW RH HFA 2.003, Tz. 31.

sind. Dabei hebt das IDW richtigerweise hervor, dass die Bestätigung des Wirtschaftsprüfers ausschließlich gegenüber dem Emittenten abzugeben ist und nicht in den Prospekt aufgenommen wird.[79] Denn Ziff. 13.2 fordert insoweit nur, über die Existenz einer solchen Bestätigung zu berichten, nicht jedoch diese abzudrucken. Mit Blick auf die erforderlichen besonderen Kenntnisse und Erfahrungen sowie die nötige Vertrautheit mit den Verhältnissen des Emittenten sowie die enge Verknüpfung der Bestätigung mit der Prüfung des nächsten geprüften Jahres- bzw. Konzernabschluss des Emittenten kommt für die Abgabe der Bestätigung regelmäßig nur dessen Abschlussprüfer in Betracht.[80] Denn naheliegenderweise kann sich nur dieser mit vertretbarem Aufwand zur Konsistenz der Gewinnprognose mit dem noch nicht veröffentlichten geprüften Jahresabschluss (bzw. Konzernabschluss) äußern, da zur fraglichen Zeit diese Prüfung typischerweise noch andauert und außer ggf. den Mitarbeitern oder Organen des Emittenten grds. nur ihm der Stand der Prüfung und ggf. sich daraus ergebende Erkenntnisse bekannt sind, die u. U. Auswirkungen auf den betreffenden Abschluss haben.

Nach dem IDW-Prüfungshinweis können nur Angaben in der Gewinnschätzung auf Basis vorläufiger Zahlen in der Bestätigung des Wirtschaftsprüfers berücksichtigt werden, die Bestandteil des nächsten geprüften Abschlusses sind bzw. werden.[81] 51

Die Bestätigung durch den Wirtschaftsprüfer setzt zudem voraus, dass die Erstellung des Jahres- bzw. Konzernabschlusses der Gesellschaft für das betreffende abgelaufene Geschäftsjahr sowie die Abschlussprüfung zumindest im Hinblick auf der Gewinnschätzung auf Basis vorläufiger Zahlen aufgenommenen Abschlussposten und die dazugehörigen Anhangangaben materiell abgeschlossen sind.[82] 52

---

79 IDW PH 9.960.3, Tz. 17.
80 IDW PH 9.960.3, Rn. 18.
81 IDW PH 9.960.3, Rn. 21.
82 IDW PH 9.960.3, Rn. 24, 25.

Anhang I Ziffer 14

14. VERWALTUNGS-, GESCHÄFTSFÜHRUNGS- UND AUFSICHTSORGANE SOWIE OBERES MANAGEMENT

14.1. Namen und Geschäftsanschriften nachstehender Personen sowie ihre Stellung bei dem Emittenten unter Angabe der wichtigsten Tätigkeiten, die sie außerhalb des Emittenten ausüben, sofern diese für den Emittenten von Bedeutung sind:

a) Mitglieder der Verwaltungs-, Geschäfts- und Aufsichtsorgane;
b) persönlich haftende Gesellschafter bei Kommanditgesellschaften auf Aktien;
c) Gründer, wenn es sich um eine Gesellschaft handelt, die seit weniger als fünf Jahren besteht;

und

d) Mitglieder des oberen Managements, die geeignet sind um festzustellen, dass der Emittent über die angemessene Sachkenntnis und über die geeigneten Erfahrungen in Bezug auf die Führung der Geschäfte des Emittenten verfügt.

Art einer etwaigen verwandtschaftlichen Beziehung zwischen diesen Personen.

Für jedes Mitglied der Verwaltungs-, Geschäfts- und Aufsichtsorgane des Emittenten und für jede der in Unterabsatz b und d genannten Personen detaillierte Angabe der entsprechenden Geschäftsführungskompetenz und -erfahrung sowie die folgenden Angaben:

a) Namen sämtlicher Unternehmen und Gesellschaften, bei denen die besagte Person während der letzten fünf Jahre Mitglied der Verwaltungs-, Geschäftsführungs- oder Aufsichtsorgane bzw. Partner war, unter Angabe der Tatsache, ob die Mitgliedschaft in diesen Organen oder als Partner fortbesteht. Es ist nicht erforderlich, sämtliche Tochtergesellschaften des Emittenten aufzulisten, bei denen die besagte Person ebenfalls Mitglied des Verwaltungs-, Geschäftsführungs- oder Aufsichtsorgane ist;
b) etwaige Schuldsprüche in Bezug auf betrügerische Straftaten während zumindest der letzten fünf Jahre;
c) detaillierte Angaben über etwaige Insolvenzen, Insolvenzverwaltungen oder Liquidationen während zumindest der letzten fünf Jahre, die eine in (a) und (d) des ersten Unterabsatzes genannten Positionen handelte

und

d) detaillierte Angaben zu etwaigen öffentlichen Anschuldigungen und/oder Sanktionen in Bezug auf die genannten Person von Seiten der gesetzlichen Behörden oder der Regulierungsbehörden (einschließlich bestimmter Berufsverbände) und eventuell Angabe des Umstands, ob diese Person jemals von einem Gericht für die Mitgliedschaft in einem Verwaltungs-, Geschäftsführungs- oder Aufsichtsorgan eines Emittenten oder für die Tätigkeit im Management oder die Führung der Geschäfte des Emittenten während zumindest der letzten fünf Jahre als untauglich angesehen wurde.

Falls keinerlei entsprechende Informationen offen gelegt werden, ist eine entsprechende Erklärung abzugeben.

14.2. Interessenkonflikte zwischen den Verwaltungs-, Geschäftsführungs- und Aufsichtsorganen sowie dem oberen Management

Ziffer 14 **Anhang I**

Potenzielle Interessenkonflikte der in Punkt 14.1 genannten Personen zwischen ihren Verpflichtungen gegenüber dem Emittenten sowie ihren privaten Interessen oder sonstigen Verpflichtungen müssen klar festgehalten werden. Falls keine derartigen Konflikt bestehen, ist eine dementsprechende Erklärung abzugeben.

Ferner ist jegliche Vereinbarung oder Abmachung mit den Hauptaktionären, Kunden oder sonstigen Personen zu nennen, aufgrund derer eine in Punkt 14.1 genannte Person zum Mitglied eines Verwaltungs-, Geschäftsführungs- oder Aufsichtsorgans bzw. zum Mitglied des oberen Managements bestellt wurde.

Zudem sind die Einzelheiten jeglicher Veräußerungsbeschränkungen anzugeben, die von den in Punkt 14.1 genannten Personen für die von ihnen gehaltenen Wertpapiere des Emittenten vereinbart wurden und für sie während einer bestimmten Zeitspanne gelten.

Übersicht

	Rn.		Rn.
I. Überblick	1	c) Interessenkonflikte	18
II. Anforderungen	6	d) Grundlagen der Bestellung	22
1. Relevante Organe / Personen	6	e) Veräußerungsbeschränkungen. . .	23
2. Relevante Angaben	12	III. Informationsbasis und Prospekt-	
a) Angaben zur Person	12	darstellung	24
b) Angaben zur Geschäftsführungs-			
kompetenz und -erfahrung	14		

I. Überblick

Die Mindestanforderungen an die Offenlegung im Prospekt in Bezug auf Verwaltungs-, Geschäftsführungs- und Aufsichtsorgane sowie das obere Management zielen darauf ab, Informationen zur Verfügung zu stellen, die es den Investoren ermöglichen, sich ein Bild von der Expertise und den Qualifikationen der für die Führung des Emittenten verantwortlichen Personen, ihrer Vergütung sowie ihrer Beziehungen zu dem Emittenten und zu anderen Unternehmen zu machen. Die Angaben nach Ziffer 14 sind in Zusammenhang mit den sie ergänzenden Angaben nach Ziffer 15 (Bezüge und Vergünstigungen) und Ziffer 16 (Praktiken der Geschäftsführung) zu sehen. 1

Gefordert wird außerdem die Offenlegung von betrügerischen Straftaten, öffentlichen Anschuldigungen oder verhängten Sanktionen sowie die Beteiligung an Insolvenzen. Erstgenanntes kann die Integrität einer Führungsperson in Frage stellen; ob letztgenanntes Indiz für fehlende Qualifikation ist, wird von den Umständen des Insolvenzfalles abhängen. Ein Schwerpunkt der Offenlegung zielt darauf ab, andere Organstellungen oder Beziehungen der betreffenden Personen transparent zu machen, die die zeitliche Verfügbarkeit der Person für die Führungsaufgaben beim Emittenten einschränken oder potenzielle Interessenkonflikte der Person, also die Gefahr, dass er die Interessen anderer Unternehmen oder Personen über die Interessen des Emittenten stellen könnte, begründen. 2

Anhang I Ziffer 14

3   Bereits der IOSCO Standard enthielt Anforderungen an die Offenlegung von Informationen in Bezug auf „directors, senior management and employees".[1] Die Anforderungen der ProspektVO gehen jedoch über die Anforderungen des IOSCO Standards hinaus.[2] Zum einen zählt die ProspektVO auch die Mitglieder des oberen Managements zu den Personen, in Bezug auf die die relevanten Informationen offenzulegen sind. Zum anderen enthält sie auch strengere Offenlegungsanforderungen in Bezug auf Vergütung, begangene Straftaten, öffentliche Anschuldigungen oder Sanktionen, die Beteiligung an Insolvenzen und Interessenkonflikte.

4   Darüber hinaus können sich auch mittelbar Offenlegungspflichten des Emittenten in Bezug auf seine Organe im Prospekt ergeben. So sieht Ziffer 16.4 vor, dass der Emittent (auch ein Börsenneuling) eine Erklärung dahingehend abgeben muss, ob bzw. inwieweit er den in seinem Land geltenden Corporate Governance Regelungen genügen wird. Für deutsche Emittenten resultiert daraus die Verpflichtung, im Prospekt eine Entsprechenserklärung zum Deutschen Corporate Governance Kodex abzugeben und bei Nichteinhaltung einer Bestimmung des Kodex zu erklären, warum der Emittent diese Bestimmung nicht einhält. Auf diese Weise können sich aus dem Corporate Governance Kodex mittelbar Offenlegungspflichten (insbesondere auch zur Organvergütung) ergeben, die im Rahmen der Prospekterstellung zu berücksichtigen sind.

5   Offenlegungspflichten in Bezug auf die Organmitglieder können sich außerdem aus anderen Ziffern des Anhangs I der Prospektverordnung ergeben. Hier sei insbesondere Ziffer 19 (Geschäfte mit verbundenen Parteien) genannt. Organmitglieder gehören zu den mit dem Emittenten verbundenen Parteien im Sinne der Ziffer 19 der ProspektVO. Daher sind Geschäfte, die zwischen Emittent und Vorstandsmitgliedern oder Aufsichtsratsmitgliedern bestehen (z. B. Kredite, Beratungsverträge mit Aufsichtsratsmitgliedern), im Prospekt offenzulegen.

II. Anforderungen

1. Relevante Organe / Personen

6   Ziffer 14.1 zählt zunächst diejenigen Personen auf, für die Angaben zu machen sind. Hierzu gehören die Mitglieder des Aufsichtsrats und des Vorstands, Mitglieder des oberen Ma-

---

[1] IOSCO, International Disclosure Standard For Cross-Border Offerings and Initial Listings by Foreigen Issuers, September 1998, Abschnitt VI. (Directors, Senior Management and Employees); vgl. zum Einfluss des IOSCO Standards sowie der Vorgängernormen des § 10 VerkProspVO a. F. und § 28 Abs. 1 BörsZulV a. F. auf die Angaben nach der ProspektVO *Fingerhut/Voß*, in: Just/Voß/Ritz/Zeising, WpPG, EU-ProspektVO, Anhang I Rn. 214. Darüber hinaus enthielten auch Ziffer 4.3 und Ziffer 4.5 der Going-Public-Grundsätze von 2002 Vorgaben für die Offenlegung in Bezug auf die Organe des Emittenten.

[2] Ebenso für die Vorgängernormen § 10 VerkProspVO a. F. und § 28 Abs. 1 BörsZulV a. F.; *Fingerhut/Voß*, in: Just/Voß/Ritz/Zeising, WpPG, EU-ProspektVO, Anhang I Rn. 214.

nagements, bei einer KGaA die persönlich haftenden Gesellschafter und, wenn der Emittent seit weniger als fünf Jahren besteht, die Gründer[3] des Emittenten.[4]

Allerdings sind nicht zu allen genannten Personengruppen sämtliche Angaben nach den Ziffern 14, 15 und 16 zu machen. So sind etwa die Angaben zur Vergütung gemäß Ziffer 15 grundsätzlich überhaupt nicht, die Angaben nach Ziffer 14.1 hingegen nur eingeschränkt auf persönlich haftende Gesellschafter einer KGaA bzw. die Gründer anwendbar, während sie vollumfänglich für Organmitglieder und das obere Management Anwendung finden. Auch Ziffer 16 (Praktiken der Geschäftsführung) ist nur auf Organmitglieder anwendbar. Demgegenüber sind die Angaben nach Ziffer 14.2 (Interessenkonflikte) für alle Personen zu machen, die zu den in Ziffer 14.1 Abs. 1 lit. a) bis d) aufgezählten Personengruppen gehören.

7

In Bezug auf die Organmitglieder sind die Angaben grundsätzlich nur für die aktuell als Organmitglieder bestellten Personen zu machen.[5] Dies gilt entsprechend für Personen, die zum oberen Management gehören. Auch in Bezug auf beurlaubte oder freigestellte Personen, deren organschaftliche Bestellung bzw. deren Anstellungsverhältnis noch besteht, sind die Angaben, unter Offenlegung der Beurlaubung oder Freistellung sowie der Gründe dafür, im Prospekt vorzusehen. Besteht hinreichende Klarheit, dass ein Organmitglied zu einem festgelegten Zeitpunkt aus seiner Funktion ausscheiden wird, so ist auch dieser Umstand offenzulegen. Ist eine Person als zukünftiges Organmitglied bereits vorgesehen, sind die Angaben vorsorglich auch in Bezug auf diese Person aufzunehmen.[6] Dies kann beispielsweise der Fall sein, wenn ein Generalbevollmächtigter eines Kreditinstituts zur Bestellung als Vorstand vorgesehen ist, aber die Zulassung als Geschäftsleiter durch die Bundesanstalt für Finanzdienstleistungsaufsicht noch nicht vorliegt.

8

Der Wortlaut der Ziffer 14.1 erfasst demgegenüber nicht Mitglieder eines Beirats. Vorsorglich sollten – auch unter Haftungsgesichtspunkten – grundsätzlich die Angaben, die für Mitglieder des Aufsichtsrats zu machen sind, auch für Mitglieder des Beirats im Prospekt aufgenommen werden, jedenfalls dann, wenn davon auszugehen ist, dass der Beirat Einfluss auf den Emittenten und die Organe des Emittenten (etwa in Form einer besonderen fachlichen Expertise)[7] nehmen kann.[8]

9

---

3 Ziffer 14 ff. ProspektVO setzen voraus, dass es sich bei den Gründern um natürliche Personen handelt. Bei einer Gründung durch juristische Personen sind entsprechend deren Name, Sitz und Unternehmensgegenstand anzugeben, vgl. *Schlitt/Schäfer*, in: Assmann/Schlitt/von Kopp-Colomb, WpPG/VerkProspG, EU-ProspektVO, Anhang I Rn. 128.
4 Zum relevanten Gründungsdatum einer Gesellschaft siehe vorstehend zu Ziffer 5.1.3 Rn. 4; dazu *Fingerhut/Voß*, in: Just/Voß/Ritz/Zeising, WpPG, EU-ProspektVO, Anhang I Rn. 96.
5 Ebenso *Fingerhut/Voß*, in: Just/Voß/Ritz/Zeising, WpPG, EU-ProspektVO, Anhang I Rn. 216.
6 Vgl. zu den Angaben betreffend zukünftige, ausscheidende sowie bereits ausgeschiedene Organmitglieder beispielsweise den Prospekt der OSRAM Licht AG vom 21.6.2013 (insbesondere Wechsel mehrerer Aufsichtsratsmitglieder bedingt durch das Wirksamwerden der Abspaltung von der Siemens AG), abrufbar unter: http://www.osram-licht.ag/de/aktieninformation/aktie/boersenprospekt/. Die BaFin hat jedoch in der Vergangenheit vereinzelt betont, dass sämtliche Aussagen hinsichtlich noch nicht bestellter Organmitglieder sowie der gemäß Anhang I Ziffer 14 ProspektVO darzustellenden Informationen bis zur Wirksamkeit der Bestellung unter Vorbehalt anzugeben sind.
7 Vgl. beispielsweise den Prospekt der WILEX AG vom 6.8.2012 (medizinischer Beirat, dessen Expertise u. a. bei der Festlegung künftiger Entwicklungsstrategien von Arzneimitteln besondere Relevanz besitzt, deren Erforschung, Herstellung, Zulassung und Vertrieb die Geschäftstätigkeit des Emittenten ausmachen).

Anhang I Ziffer 14

10 Die in Ziffer 14.1 Abs. 1 lit. d) enthaltene Definition für den Begriff „Mitglieder des oberen Managements" ist sprachlich misslungen und beruht teilweise auf einer unzutreffenden Übersetzung. Darunter fallen sollen Mitglieder des oberen Managements, deren Erfahrungen und Kenntnisse für die Leitung des Unternehmens relevant sind.[9] Ob es solche Personen im Unternehmen des Emittenten gibt, ist in erster Linie vom Emittenten einzuschätzen.[10] Grundsätzlich fallen hierunter nur solche Mitglieder des oberen Managements, die für das Unternehmen eine vergleichbare Bedeutung haben wie Vorstandsmitglieder.[11] Hierunter werden in der Regel nicht sämtliche Mitglieder der zweiten Managementebene fallen, sondern, wenn überhaupt, allenfalls einige wenige Manager. Zu denken ist etwa an die Geschäftsführer wesentlicher Tochterunternehmen[12] oder sonstige schwer ersetzbare Know-how Träger, die für die Führung des Unternehmens zentral sind.

11 Aufgrund der Einschätzungsprärogative des Emittenten enthalten Prospekte vielfach keine Angaben zu Mitgliedern des oberen Managements oder beschränken sich auf den Hinweis, dass der Emittent aufgrund seiner Organisationsstruktur nicht über ein oberes Management (im Sinne der ProspektVO) verfüge.[13] Gleichwohl finden sich insbesondere in der jüngeren Praxis durchaus Angaben zu den Mitgliedern des oberen Managements, z.B. Angaben zu Generalbevollmächtigten des Emittenten[14] oder Personen, denen die eigenverantwortliche Leitung wesentlicher Segmente oder Geschäftsbereiche des Emittenten obliegt.[15]

---

8 *Fingerhut/Voß*, in: Just/Voß/Ritz/Zeising, WpPG, EU-ProspektVO, Anhang I Rn. 217, a.A. *Schlitt/Schäfer*, in: Assmann/Schlitt/von Kopp-Colomb, WpPG/VerkProspG, EU-ProspektVO, Anhang I Rn. 127. Eine zwingende Aufnahme der Angaben auch zu Beiratsmitgliedern sollte u.E. – abhängig von den Umständen des Einzelfalls – wahrscheinlich eher die Ausnahme sein.

9 *Fingerhut/Voß*, in: Just/Voß/Ritz/Zeising, WpPG, EU-ProspektVO, Anhang I Rn. 219; *Wiegel*, Die Prospektrichtlinie und Prospektverordnung: Eine dogmatische, ökonomische und rechtsvergleichende Analyse, Berlin, 2008, S. 249. Hinweise zur Interpretation des Begriffs enthalten weder die ProspektVO noch die Materialien von ESMA (ESMA-Questions and Answers – Prospectuses (25th Updated Version – July 2016), ESMA/2016/1133 oder ESMA, Update of the CESR recommendations, the consistent implementation of Commission Regulation (EC) No. 809/2004 implementing the Prospectus Directive, 20 March 2013, ESMA/2013/319).

10 *Schlitt/Schäfer*, in: Assmann/Schlitt/von Kopp-Colomb, WpPG/VerkProspG, EU-ProspektVO, Anhang I Rn. 126.

11 Ebenso *Alfes/Wieneke*, in: Holzborn, WpPG, EU-ProspektVO, Mindestangaben Anhang I Rn. 69; ähnlich auch *Fingerhut/Voß*, in: Just/Voß/Ritz/Zeising, WpPG, EU-ProspektVO, Anhang I Rn. 219, die insoweit auf den Begriff des „leitenden Angestellten" im Sinne von § 14 Abs. 2 Satz 1 KSchG abstellen wollen.

12 *Schlitt/Schäfer*, in: Assmann/Schlitt/von Kopp-Colomb, WpPG/VerkProspG, EU-ProspektVO, Anhang I Rn. 126; vgl. insoweit etwa den Prospekt der Deutsche Wohnen AG vom 27.11.2013 (Geschäftsführer einer direkten Tochtergesellschaft, die sämtliche Wohnimmobilien im Portfolio des Emittenten bewirtschaftet), den Prospekt der CANCOM SE vom 15.11.2013 (Geschäftsführer einer zur Evaluierung und Erschließung des amerikanischen Marktes gegründeten Tochtergesellschaft) oder den Prospekt der BAUER AG vom 16.6.2006 („Geschäftsführer der großen Konzerngesellschaften").

13 Vgl. beispielsweise den Prospekt der Gigaset AG vom 27.9.2013 sowie den Prospekt der Praktiker AG vom 29.11.2012.

14 Prospekt der Deutsche Wohnen AG vom 27.11.2013; Prospekt der Bastei Lübbe AG vom 13.9.2013 (im Rahmen eines Beratervertrages).

15 Vgl. etwa den Prospekt der Sky Deutschland AG vom 21.1.2013.

2. Relevante Angaben

a) Angaben zur Person

Für alle Personen, die zu den in Ziffer 14.1 Abs. 1 lit. a) bis d) aufgeführten Personengruppen gehören, sind folgende Angaben zu machen: 12

Zu nennen sind der vollständige Name und die (ladungsfähige) Geschäftsanschrift. Die Adresse des Emittenten reicht hierfür aus; die Angabe der Privatadresse ist nicht erforderlich.[16] Anzugeben sind weiterhin die Positionen, die die betreffende Person beim Emittenten innehat. Außerdem sind die wichtigsten Tätigkeiten anzugeben, die die betreffende Person außerhalb des Emittenten ausübt, sofern diese Tätigkeiten für den Emittenten von Bedeutung sind. Eingrenzungen nur auf entgeltliche Tätigkeiten, auf Tätigkeiten in Organen von Unternehmen oder sonstige Eingrenzungen sind vom Wortlaut nicht vorgesehen.[17] Ob eine Tätigkeit für den Emittenten von Bedeutung ist, ist in erster Linie vom Emittenten zu beurteilen. Maßgeblich dürfte hierbei sein, ob sich aus der Tätigkeit wesentliche zeitliche Konflikte oder Interessenkonflikte ergeben können.[18] Offenzulegen sind außerdem etwaige verwandtschaftliche Beziehungen zwischen Personen, die zu den in Ziffer 14.1 a) bis d) aufgeführten Personengruppen gehören. Ob verwandtschaftliche Beziehungen bestehen, ist nach den maßgeblichen Vorschriften des BGB (§§ 1297 ff. BGB) zu beurteilen.[19] 13

b) Angaben zur Geschäftsführungskompetenz und -erfahrung

Für alle Personen, die zu den in Ziffer 14.1 Abs. 1 lit. a), b) und d) aufgeführten Personengruppen gehören (d. h. lediglich mit Ausnahme der Gründer) sind außerdem folgende Angaben zu machen: 14

Zunächst sind für die betreffenden Personen detaillierte Angaben der entsprechenden Geschäftsführungskompetenz und -erfahrung zu machen. Dies geschieht in der Praxis regelmäßig durch eine deskriptive Darstellung des Lebenslaufs (zumeist mit Geburtsdatum, Studium, beruflicher Laufbahn seit Berufsbeginn unter Nennung der Unternehmen, bei denen die betreffende Person tätig war, der Positionen und der wesentlichen Aufgaben, die die betreffende Person dort ausübte, sowie der jeweils relevanten Zeiträume). 15

---

16 *Fingerhut/Voß*, in: Just/Voß/Ritz/Zeising, WpPG, EU-ProspektVO, Anhang I Rn. 220. In der Praxis findet sich daher vielfach die Formulierung: „Die Mitglieder des [...] sind über die Geschäftsadresse der Gesellschaft erreichbar."

17 Der Begriff ist daher nicht deckungsgleich mit § 285 Nr. 10 HGB (Angabe von Mitgliedschaften in Aufsichtsräten und anderen Kontrollgremien im Sinne des § 125 Abs. 1 Satz 5 AktG); ebenso *Fingerhut/Voß*, in: Just/Voß/Ritz/Zeising, WpPG, EU-ProspektVO, Anhang I Rn. 221; *Schlitt/Schäfer*, in: Assmann/Schlitt/von Kopp-Colomb, WpPG/VerkProspG, EU-ProspektVO, Anhang I Rn. 121.

18 *Fingerhut/Voß*, in: Just/Voß/Ritz/Zeising, WpPG, EU-ProspektVO, Anhang I Rn. 221; vgl. beispielsweise den Prospekt der OSRAM Licht AG vom 21.6.2013 (ein zukünftiges Mitglied des Aufsichtsrats ist gleichzeitig Mitglied des Aufsichtsrats einer Tochtergesellschaft sowie Mitglied des Vorstands der Siemens AG als künftiger Minderheitsgesellschafterin, oder ist auch Mitglied des Aufsichtsrats bei einem Kundenunternehmen und zugleich potenziellem Wettbewerber des Emittenten).

19 *Fingerhut/Voß*, in: Just/Voß/Ritz/Zeising, WpPG, EU-ProspektVO, Anhang I Rn. 222; *Schlitt/Schäfer*, in: Assmann/Schlitt/von Kopp-Colomb, WpPG/VerkProspG, EU-ProspektVO, Anhang I Rn. 122.

Anhang I Ziffer 14

16 Anzugeben sind für den Zeitraum der letzten fünf Jahre (ab dem Datum des Prospekts)[20] ferner folgende Informationen:

- Ziffer 14.1 Abs. 3 lit. a): Die Namen sämtlicher Unternehmen und Gesellschaften, bei denen die betreffende Person innerhalb der letzten fünf Jahre als Mitglied eines Verwaltungs-, Geschäftsführungs- oder Aufsichtsorgans bzw. Partner war. Offenzulegen ist auch, ob diese Ämter fortbestehen oder wann sie geendet haben. Nicht erforderlich ist es, sämtliche Tochtergesellschaften des Emittenten aufzulisten, bei denen die betreffende Person ebenfalls Mitglied des Verwaltungs-, Geschäftsführungs- oder Aufsichtsorgans ist. Allerdings kann es im Einzelfall ratsam sein, besonders wichtige konzerninterne Positionen offenzulegen, insbesondere dann, wenn sich daraus Interessenkonflikte ergeben können. In Fällen, in denen eine Person innerhalb einer konzernfremden Gruppe in einer Vielzahl von Gesellschaften (z. B. Objekt- oder Projektgesellschaften) Organstellungen innehat oder innehatte, ist es ggf. möglich, nur die wesentlichen Konzerngesellschaften zu nennen und auf weitere Organmitgliedschaften in weiteren, untergeordneten Gruppengesellschaften hinzuweisen.[21]
- Ziffer 14.1 Abs. 3 lit. b): Schuldsprüche in Bezug auf betrügerische Straftaten. Darunter fallen z. B. Verurteilungen wegen Betrugs, Untreue, Steuerhinterziehung, Marktmanipulation, Insiderhandel, Bilanzfälschung, Urkundenfälschung, Falschangabe-Delikte, Insolvenzdelikte.[22] Dabei ist es nicht erforderlich, dass das Urteil rechtskräftig geworden ist; vielmehr sind auch erstinstanzliche Urteile anzugeben. Ein rechtskräftiger Strafbefehl in Bezug auf eine betrügerische Straftat ist ebenfalls offenzulegen (vgl. § 410 Abs. 3 StPO). Der Erlass eines Strafbefehls, gegen den vollumfänglich Einspruch erhoben wurde, qualifiziert nicht als Schuldspruch, steht aber einer Eröffnung des Hauptverfahrens gleich (§ 407 Abs. 1 Satz 4 StPO) und ist deshalb ggf. als „öffentliche Anschuldigung" im Sinne von Ziffer 14.1 Abs. 3 lit. d) offenzulegen.
- Ziffer 14.1 Abs. 3 lit.c): Detaillierte Angaben zu Insolvenzen, Insolvenzverwaltungen oder Liquidationen, an denen Mitglieder des Aufsichtsrats, des Vorstands oder des oberen Managements des Emittenten beteiligt waren (das Offenlegungserfordernis gilt somit nicht für Gründer und persönlich haftende Gesellschafter einer KGaA), allerdings nur dann, wenn sie auch Mitglied des Aufsichtsrats, des Vorstands oder des oberen Managements der insolventen oder liquidierten Gesellschaft waren.[23] Unter die offenzulegenden Insolvenzverfahren fallen nicht nur abgeschlossene Insolvenzverfahren, son-

---

20 *Fingerhut/Voß*, in: Just/Voß/Ritz/Zeising, WpPG, EU-ProspektVO, Anhang I Rn. 223.
21 Vgl. dazu *Fingerhut/Voß*, in: Just/Voß/Ritz/Zeising, WpPG, EU-ProspektVO, Anhang I Rn. 224 sowie beispielsweise den Prospekt der OSRAM Licht AG vom 21.6.2013 (ein Mitglied des Aufsichtsrats bekleidet zugleich „weitere Geschäftsführungs- bzw. Aufsichtsratsmandate bei Siemens-Konzerngesellschaften") oder den Prospekt der TAG Immobilien AG vom 22.11.2012 (ein Mitglied des Vorstands bekleidet(e) zugleich Organstellungen in diversen Tochtergesellschaften – „various fully consolidated subsidiaries").
22 Eine erste, wenn auch nicht abschließende Orientierungshilfe gibt § 6 Abs. 2 Satz 2 Nr. 3 GmbHG, der Personen, die bestimmte Straftaten begangen haben, für die Dauer von fünf Jahren (ab Rechtskraft des Urteils) davon ausschließt, als Geschäftsführer einer GmbH tätig zu sein; entsprechendes gilt gemäß § 76 Abs. 3 Satz 1 Nr. 3 AktG für den Vorstand einer AG.
23 Vgl. darüber hinausgehend jedoch die Nennung eines Mitglieds des Aufsichtsrats als Mitglied des – vom Wortlaut der Ziffer 14.1 nicht erfassten – Beirats einer insolventen Gesellschaft im Prospekt der Prime Office AG vom 20.1.2014.

dern auch laufende oder bevorstehende Verfahren.[24] Auch eingeleitete Insolvenzverfahren, die später aufgehoben werden, z. B. infolge der Bestätigung eines Insolvenzplans (vgl. §§ 258, 254 InsO), sollten offengelegt werden. In der Regel wird es sinnvoll und möglicherweise auch erforderlich sein, Angaben zu den Gründen für die Eröffnung des Insolvenzverfahrens zu machen. Abhängig von den Umständen mag es auch angezeigt sein, zu der Art der Verantwortung und Involvierung der betreffenden Person in Bezug auf die Insolvenz Stellung zu nehmen.[25]

– Ziffer 14.1 Abs. 3 lit. d): Detaillierte Angaben zu öffentlichen Anschuldigungen oder Sanktionen durch staatliche Institutionen oder einen Berufsverband innerhalb der letzten fünf Jahre.[26] Gemäß der BaFin-Praxis stellt erst die Erhebung der öffentlichen Klage eine öffentliche Anschuldigung dar, nicht aber bereits Ermittlungen der Staatsanwaltschaft im Rahmen eines Ermittlungsverfahrens aufgrund eines Anfangsverdachts (§ 152 Abs. 2 StPO).[27] Erst mit Erhebung der öffentlichen Klage geht die Staatsanwaltschaft von einem hinreichenden Tatverdacht und somit von einer überwiegenden Wahrscheinlichkeit für eine Verurteilung aus (vgl. § 170 Abs. 1 StPO). Vorsorglich sollte eine Anklageerhebung auch dann im Prospekt dargestellt werden, wenn es später zu einer Verfahrenseinstellung gekommen ist.[28] Lehnt jedoch das Gericht die Eröffnung des Hauptverfahrens ab (vgl. § 204 Abs. 1 StPO), spricht viel dafür, dass auch die vom Gericht abgelehnte öffentliche Klage der Staatsanwaltschaft nicht mehr als prospektrelevant zu qualifizieren sein sollte. Nicht ausgeschlossen ist es allerdings, dass sich aus den konkreten Umstände ergibt, dass auch eine staatsanwaltschaftliche Ermittlung eine für Investoren wesentliche und damit offenlegungspflichtige Information ist.[29] Sofern ein Gericht eine Person als untauglich befunden hat, ein Unternehmen zu führen oder zu beaufsichtigen, ist auch dies offenzulegen.[30] Hierunter können beispielsweise die Verhängung eines Berufsverbots gemäß § 70 StGB oder das Verbot gemäß § 6 Abs. 2 Satz 2 Nr. 3 GmbHG bzw. § 76 Abs. 3 Satz 1 Nr. 3 AktG, infolge der Begehung von Insolvenzstraftaten oder anderen dort aufgezählten Straftaten als Geschäftsführer einer GmbH bzw. als Vorstand einer AG tätig zu sein. Unbeschadet ihrer Qualifikation als „Behörde" sollte vorsorglich auch die Beurteilung der BaFin in Bezug auf eine Person, als Geschäftsleiter eines Kreditinstituts, Finanzdienstleistungsinstituts oder einer Versi-

---

24 ESMA-Questions and Answers – Prospectuses (25th Updated Version – July 2016), ESMA/2016/1133, Frage 69.
25 Vgl. etwa den Prospekt der KION GROUP AG vom 14.6.2013 (ein Mitglied des Vorstands war im Zeitpunkt der Insolvenzanmeldung Chief Financial Officer der Karstadt Warenhaus GmbH).
26 Die durch die ProspektVO implementierte Fünf-Jahresgrenze gilt trotz ihres teilweise missverständlichen Wortlauts nach vorzugswürdiger Ansicht nicht nur für die Anschuldigungen durch staatliche Institutionen und Berufsverbände, sondern darüber hinaus auch für eine Untauglichkeitserklärung durch ein Gericht, ebenso *Fingerhut/Voß*, in: Just/Voß/Ritz/Zeising, WpPG, EU-ProspektVO, Anhang I Rn. 228.
27 Vgl. *Fingerhut/Voß*, in: Just/Voß/Ritz/Zeising, WpPG, EU-ProspektVO, Anhang I Rn. 226; *Schlitt/Schäfer*, in: Assmann/Schlitt/von Kopp-Colomb, WpPG/VerkProspG, EU-ProspektVO, Anhang I Rn. 125. Siehe auch BGH, Urt. v. 16.6.2015 – VI ZR 104/14.
28 Ebenso *Schlitt/Schäfer*, in: Assmann/Schlitt/von Kopp-Colomb, WpPG/VerkProspG, EU-ProspektVO, Anhang I Rn. 125; i.E. scheinbar auch *Fingerhut/Voß*, in: Just/Voß/Ritz/Zeising, WpPG, EU-ProspektVO, Anhang I Rn. 226.
29 Offenlassend: BGH, Beschl. v. 21.10.2014 – XI ZB 12/12 Rn. 115 (Telekom-Musterentscheid), zitiert nach juris.
30 *Fingerhut/Voß*, in: Just/Voß/Ritz/Zeising, WpPG, EU-ProspektVO, Anhang I Rn. 228.

Anhang I Ziffer 14

cherungsgesellschaft wegen fehlender Zuverlässigkeit nicht geeignet zu sein, offengelegt werden.

17 Sofern für eine Person keine oder einzelne der vorstehenden Informationsanforderungen nicht zutreffen (z. B. weil in den letzten fünf Jahren kein Schuldspruch oder keine Beteiligung an einer Insolvenz vorliegt), ist eine explizite Negativerklärung im Prospekt aufzunehmen. Nach teilweise vertretener Ansicht soll unter Hinweis auf den Wortlaut von Ziffer 1.2 auch insoweit die Aufnahme eines einschränkenden Zusatzes „nach Kenntnis" statthaft sein.[31] Demgegenüber weisen andere darauf hin, dass die Einschränkung der Aussagen nach Ziffer 14 auf das „beste Wissen" des Emittenten nach Auffassung der BaFin als unzulässige Einschränkung einer Pflichtangabe beanstandet wurde.[32]

c) Interessenkonflikte

18 Gemäß Ziffer 14.2 sind potenzielle Interessenkonflikte[33] der in Ziffer 14.1 genannten Personen zwischen ihren Verpflichtungen gegenüber dem Emittenten sowie ihren privaten Interessen oder sonstigen Verpflichtungen klar festzuhalten. Zunächst ist vorsorglich davon auszugehen, dass Angaben zu Interessenkonflikten tatsächlich für alle Personen, die zu den in Ziffer 14.1 Abs. 1 lit. a) bis d) genannten Personengruppen gehören, zu machen sind.[34] Angesichts der Zwischenüberschrift, die sich nur auf „Interessenkonflikte zwischen den Verwaltungs-, Geschäftsführungs- und Aufsichtsorganen sowie dem oberen Management" bezieht, erscheint dies nicht eindeutig, zumal die Offenlegung bezüglich Interessenkonflikten für Investoren in erster Linie im Hinblick auf diejenigen Personen von Interesse ist, die maßgeblichen Einfluss auf die Unternehmensführung haben, also in erster Linie die Mitglieder des Aufsichtsrats,[35] des Vorstands und des oberen Managements. Gleichwohl bezieht sich die Norm ihrem Wortlaut nach auf die „in Punkt 14.1 genannten Personen", ohne eine weitere Eingrenzung vorzunehmen.

19 Gute Unternehmensführung beinhaltet geeignete Maßnahmen seitens des Emittenten, um bestehende Interessenkonflikte zu identifizieren und geeignete Regelungen für den Umgang mit ihnen zu schaffen. Insofern ist der Emittent gefragt, die erforderlichen Informationen, die ihn in die Lage versetzen zu beurteilen, ob und in welchem Umfang potenzielle

---

31 *Fingerhut/Voß*, in: Just/Voß/Ritz/Zeising, WpPG, EU-ProspektVO, Anhang I Rn. 229 („... dass die ... genannten Angaben ihres Wissens nach richtig sind ...").
32 *Schlitt/Schäfer*, in: Assmann/Schlitt/von Kopp-Colomb, WpPG/VerkProspG, EU-ProspektVO, Anhang I Rn. 129; *dies.*, AG 2008, 525 (534). Stützt man sich konsequent auf den Standpunkt von CESR, wonach es eine allgemeine Regel sei, dass dem Emittenten unbekannte Tatsachen nicht in den Prospekt aufzunehmen sind, wäre der einschränkende Zusatz „nach bestem Wissen" ohnehin nicht erforderlich; vgl. CESR Prospectus Consultation Feedback Statement, September 2003, CESR/03-301, Tz. 124 (wobei sich diese Aussage auf die Offenlegung von Interessenkonflikten nach Ziffer 14.2 bezog).
33 Für die Auslegung des Begriffs des Interessenkonfliktes verweisen *Alfes/Wieneke*, in: Holzborn, WpPG, EU-ProspektVO, Mindestangaben Anhang I Rn. 71 auf die Empfehlung der EU-Kommission vom 15.2.2005 zu den Aufgaben von nicht geschäftsführenden Direktoren/Aufsichtsratsmitgliedern börsennotierter Gesellschaften sowie zu den Ausschüssen des Verwaltungs-/Aufsichtsrats (2005/162/EG, ABl. L 52 vom 25.2.2005).
34 A. A. wohl *Fingerhut/Voß*, in: Just/Voß/Ritz/Zeising, WpPG, EU-ProspektVO, Anhang I Rn. 230 („Führungs- und Kontrollpersonal"); unklar insoweit *Alfes/Wieneke*, in: Holzborn, WpPG, EU-ProspektVO, Mindestangaben Anhang I Rn. 71, die lediglich von Organmitgliedern sprechen.
35 Vgl. dazu etwa *Heidelbach/Doleczik*, in: Schwark/Zimmer, KMRK, § 7 WpPG Rn. 33.

Ziffer 14   **Anhang I**

Interessenkonflikte bestehen, von den betreffenden Personen zu beschaffen.[36] Es gehört auch zu den gesellschaftsrechtlichen Pflichten der Organmitglieder und des oberen Managements, bestehende Interessenkonflikte gegenüber den Organen des Emittenten offenzulegen. Die gesellschaftsrechtlichen Offenlegungspflichten der Organmitglieder gegenüber dem Emittenten beziehen sich grundsätzlich auf bestehende Interessenkonflikte, nicht aber auf potenzielle Interessenkonflikte.[37] Insofern geht die prospektrechtliche Offenlegungspflicht nach Ziffer 14.2 weiter, als dort auch potenzielle Interessenkonflikte offenzulegen sind, wobei es ohnehin keine klaren Grenzen zwischen bestehenden und potenziellen Interessenkonflikten zu geben scheint.[38]

(Potenzielle) Interessenkonflikte können insbesondere dann vorliegen, wenn Organe Doppelmandate ausüben, zum Beispiel als Vorstandsmitglied beim Emittenten und als Vorstandsmitglied des Hauptaktionärs des Emittenten,[39] oder Beteiligungen am Emittenten oder einem Tochter- oder Mutterunternehmen des Emittenten oder entsprechende Aktienoptionen halten.[40] In einem solchen Fall bedarf es der Offenlegung zu den möglichen Interessenkonflikten und zu den geltenden Regeln für deren Behandlung und den Pflichten des Doppelmandatsträgers gegenüber dem Emittenten einerseits und gegenüber dem Hauptaktionär andererseits. Ähnliche Transparenzanforderungen werden bestehen, wenn ein Organmitglied des Emittenten von einem Beratungsunternehmen entsendet ist (z. B. als Chief Restructuring Officer in einer Restrukturierungssituation), an dem die betreffende Person weiterhin beispielsweise als Partner beteiligt ist.[41] Interessenkonflikte können sich unter Umständen auch aus konzerninternen Verpflichtungen ergeben, beispielsweise dann, wenn ein Vorstandsmitglied des Emittenten auch Geschäftsführer einer wesentlichen Tochtergesellschaft ist oder in einem Unternehmen mit mehreren Marken eine Marke leitet. Auch aus Verträgen (z. B. Beraterverträge von Organmitgliedern – etwa Aufsichtsräten – oder

20

---

36 Ähnlich bereits CESR Prospectus Consultation Feedback Statement, Juli 2003, CESR/03-209, Tz. 50, vgl. jedoch auch das CESR Prospectus Consultation Feedback Statement, September 2003, CESR/03-301, Tz. 124, demzufolge dem Emittenten unbekannte Tatsachen gerade nicht in den Prospekt aufzunehmen seien, da es sich hierbei um eine allgemeine Regel handele; siehe dazu *Fingerhut/Voß*, in: Just/Voß/Ritz/Zeising, WpPG, EU-ProspektVO, Anhang I Rn. 231.
37 Vgl. dazu etwa *Kremer*, in: Kremer u.a., Deutscher Corporate Governance Kodex, Ziffer 5.5.2 Rn. 1465.
38 CESR war ursprünglich davon ausgegangen, dass nach Ziffer 14.2 lediglich wesentliche (potenzielle) Interessenkonflikte offenlegungspflichtig seien, vgl. CESR Prospectus Consultation Feedback Statement, Juli 2003, CESR/03-209, Tz. 50; die Grenze erscheint jedoch auch insoweit fließend zu sein. In Ermangelung praktikabler Abgrenzungsmaßstäbe im Wortlaut der Empfehlung ähnlich bereits für Ziffer 5.5.2 DCGK *Wilsing*, Deutscher Corporate Governance Kodex, Ziffer 5.5.2 Rn. 2 f.
39 Vgl. ergänzend beispielsweise den Prospekt der Praktiker AG vom 29.11.2012 (der Vorsitzende des Aufsichtsrats des Emittenten ist zugleich der Vorsitzende Aufsichtsrats eines indirekten Hauptaktionärs), den Prospekt der DIC Asset AG vom 13.11.2013 (personelle Verflechtungen mehrerer Organmitglieder) oder den Prospekt der KION GROUP AG vom 14.6.2013 (der Vorstandsvorsitzende des Emittenten wird Non-Executive Director eines künftigen Hauptaktionärs).
40 Ebenso *Heidelbach/Doleczik*, in: Schwark/Zimmer, KMRK, § 7 WpPG Rn. 33; vgl. hierzu beispielsweise den Prospekt der Evonik Industries AG vom 22.4.2013, den Prospekt der LED Immobilien AG vom 18.1.2013, den Prospekt der Praktiker AG vom 29.11.2012 sowie den Prospekt der TAG Immobilien AG vom 22.11.2012.
41 Vgl. beispielsweise den Prospekt der (ehemaligen) Q-Cells SE vom 28.9.2010 (Tätigkeit eines Vorstandsmitglieds im Rahmen eines Beratungsvertrages, das zugleich Geschäftsführer des für den Emittenten tätigen Beratungsunternehmens ist).

Anhang I Ziffer 14

diesen nahestehenden Personen) mit dem Emittenten oder Tochtergesellschaften des Emittenten oder aus Mandaten oder Rechtsbeziehungen zu Kunden oder Lieferanten des Emittenten können sich offenlegungspflichtige Interessenkonflikte ergeben;[42] solche Verträge sind ohnehin auch gemäß Ziffer 16.2 offenzulegen.[43]

21 Der Umfang der Offenlegung ist individuell zu bestimmen und wird sich grundsätzlich nach dem Gefahrenpotenzial des Interessenkonflikts und seiner Relevanz für den Emittenten richten.[44] Regelmäßig genügt jedoch ein abstrakt gehaltener Hinweis, aus dem der Kern des Konflikts erkennbar wird;[45] die Darlegung von Einzelheiten dürfte lediglich bei schwerwiegenden Interessenkonflikten in Betracht kommen. Es ist jedoch darauf zu achten, dass (potenzielle) Interessenkonflikte expressis verbis auch als solche bezeichnet werden.[46] Sofern für eine Person keine potenziellen Interessenkonflikte bestehen, ist dieser Umstand ebenfalls durch eine entsprechende Negativerklärung in den Prospekt aufzunehmen. Nach Ansicht der BaFin ist eine Beschränkung dieser Angabe auf die Kenntnis des Emittenten unstatthaft.

d) Grundlagen der Bestellung

22 Zu nennen sind nach Ziffer 14.2 auch Vereinbarungen oder Abmachungen (z.B. in Form von Absichtserklärungen) mit Hauptaktionären, Kunden, Lieferanten oder sonstigen Personen, aufgrund deren eine Person zum Mitglied des Vorstands, des Aufsichtsrats oder des oberen Managements bestellt wurde. Hier kommen insbesondere Gesellschaftervereinbarungen in Betracht, die Entsendungsrechte oder anderweitige schuldrechtliche Rechte zur Bestimmung von Organmitgliedern beinhalten.

---

42 Vgl. ergänzend den Prospekt der Bastei Lübbe AG vom 13.9.2013 (Beratervertrag des früheren Vorsitzenden der Geschäftsführung des Emittenten).

43 Siehe zu den diesbezüglichen Offenlegungspflichten in einem Fondsprospekt, BGH, Beschluss vom 24.2.2015, Az: II ZR 104/13. Dort urteilt der BGH, dass der Prospekt fehlerhaft war, „weil er keine ausreichende Aufklärung über die Verflechtung des Gründungskommanditisten mit den Unternehmen gibt, die am Erwerb der Fondsimmobilien beteiligt waren." Der BGH führt aus: „Der Prospekt muss die wesentlichen kapitalmäßigen personellen Verflechtungen zwischen einerseits der Fondsgesellschaft, ihren Geschäftsführern und beherrschenden Gesellschaftern und andererseits den Unternehmen sowie deren Geschäftsführern und beherrschenden Gesellschaftern, in deren Hand die Beteiligungsgesellschaft die nach dem Prospekt durchzuführenden Vorhaben ganz oder wesentlich gelegt hat, und der diesem Personenkreis gewährten Sonderzuwendungen oder Sondervorteile darstellen."

44 Vor dem Hintergrund, dass der Prospekt in der Regel einer breiten Öffentlichkeit zugänglich gemacht werden wird, kann in diesem Zusammenhang zudem ein gewisses Spannungsverhältnis in Bezug auf die den Organen gegenüber dem Emittenten obliegenden Offenlegungspflichten (vgl. etwa Ziffer 4.3.4 sowie Ziffer 5.5.2 DCGK) einerseits und etwaigen gegenläufigen Verschwiegenheitsverpflichtungen (z.B. nach § 116 i.V.m. § 93 Abs. 1 Satz 3 AktG) andererseits bestehen.

45 Ähnlich *Fingerhut/Voß*, in: Just/Voß/Ritz/Zeising, WpPG, EU-ProspektVO, Anhang I Rn. 232; *Alfes/Wieneke*, in: Holzborn, WpPG, EU-ProspektVO, Mindestangaben Anhang I Rn. 71, denen zufolge der „Grund" für einen möglichen Interessenkonflikt anzugeben ist.

46 Vgl. Ziffer 14.2 („klar festgehalten"); ebenso *Fingerhut/Voß*, in: Just/Voß/Ritz/Zeising, WpPG, EU-ProspektVO, Anhang I Rn. 232; *Alfes/Wieneke*, in: Holzborn, WpPG, EU-ProspektVO, Mindestangaben Anhang I Rn. 71; *Heidelbach/Doleczik*, in: Schwark/Zimmer, KMRK, § 7 WpPG Rn. 33.

e) Veräußerungsbeschränkungen

Schließlich hat der Emittent nach Ziffer 14.2 detaillierte Angaben („Einzelheiten") in Bezug auf jegliche Veräußerungsbeschränkungen zu machen, die mit den in Ziffer 14.1 genannten Personen für die von ihnen gehaltenen Wertpapiere (mithin Aktien, Optionen etc.)[47] des Emittenten vereinbart wurden und für sie während einer bestimmten Zeitspanne gelten. Umfasst werden insbesondere die nach Anhang III Ziffer 7.3 ProspektVO offenzulegenden sog. Lock-up Vereinbarungen.[48]

III. Informationsbasis und Prospektdarstellung

Im Prospekt werden die Angaben zu den Organen, ihrer Vergütung, ihren anderen Ämtern, zu potenziellen Interessenkonflikten und zur Corporate Governance in der Regel in einem eigenen Kapitel („Angaben zu den Organen des Emittenten") zusammengefasst. Vorangestellt finden sich regelmäßig ein Überblick über die Organe des Emittenten sowie Ausführungen zur Unternehmensverfassung; dabei greift die Praxis weitgehend auf standardisierte Formulierungen zurück.[49]

Einige der von Ziffer 14 geforderten Informationen sind dem Emittenten möglicherweise noch nicht bekannt. Insofern ist es erforderlich, dass der Emittent diese Informationen im Rahmen der Prospekterstellung von den betroffenen Personen einholt. Dies geschieht in der Praxis durch Verwendung sogenannter Director and Officer Questionnaires (D&Q Questionnaires).[50] Dabei handelt es sich um schriftliche Fragebögen, in denen die relevanten Informationsanforderungen der Ziffer 14 in Form möglichst leicht verständlicher Fragen von den betreffenden Personen abgefragt werden. Empfehlenswert ist es, dass der Fragebogen darauf hinweist, dass die Angaben sorgfältig zu machen sind, da sie für den Prospekt vorgesehen sind und sich bei unrichtigen oder unvollständigen Angaben Haftungsrisiken für den Emittenten ergeben. In der Regel werden auch Informationen, die im Rahmen der Ziffern 15, 16, 17 und 19 relevant sind, abgefragt (z.B. Angaben zu Besitz von Aktien bzw. Aktienoptionen, Angaben zu der betreffenden Person nahestehenden Personen). Denkbar ist darüber hinaus, weitere, Due Diligence bezogene Fragen aufzunehmen, z.B. in Bezug auf Kenntnisse der betreffenden Person zu Bestechungsvorgängen, Spenden, schwarzen Konten oder Geldwäsche.

Wann die D&O Questionnaires sinnvoller Weise einzuholen sind, wird von den Umständen, insbesondere der Anzahl der zu befragenden Personen, abhängen. Die Prospektanga-

---

47 Vgl. Anhang I Ziffer 17.2; *Fingerhut/Voß*, in: Just/Voß/Ritz/Zeising, WpPG, EU-ProspektVO, Anhang I Rn. 234.
48 Vgl. ausführlich *Alfes/Wieneke*, in: Holzborn, WpPG, EU-ProspektVO, Mindestangaben Anhang I Rn. 72; Grüger, BKR 2008, 101 102 f. (insbesondere zur Bedeutung für potenzielle Investoren); wie hier *Fingerhut/Voß*, in: Just/Voß/Ritz/Zeising, WpPG, EU-ProspektVO, Anhang I Rn. 234; *Heidelbach/Doleczik*, in: Schwark/Zimmer, KMRK, § 7 WpPG Rn. 33.
49 So auch *Schlitt/Schäfer*, in: Assmann/Schlitt/von Kopp-Colomb, WpPG/VerkProspG, EU-ProspektVO, Anhang I Rn. 121.
50 Vgl. dazu sowie zum Ursprung der D&Q Questionärs *Schlitt/Schäfer*, in: Assmann/Schlitt/von Kopp-Colomb, WpPG/VerkProspG, EU-ProspektVO, Anhang I Rn. 129; *dies.*, AG 2008, 525 (534).

Anhang I Ziffer 14

ben sind grundsätzlich zum Datum des Prospekts zu machen. In der Praxis nimmt die Einholung der Questionnaires jedoch in der Regel einen etwas längeren Zeitraum in Anspruch, da sich oft auch nach Eingang der Questionnaires noch Nachfragen ergeben. Sinnvoll scheint im Normalfall, die Questionnaires vor der ersten Einreichung des Prospekts bei der BaFin einzuholen, dann jedoch relativ kurz vor der Prospektveröffentlichung eine weitere schriftliche Bestätigung der betreffenden Personen einzuholen, dass sich keine Änderungen gegenüber dem ersten Questionnaire ergeben haben. Verbunden damit könnte der Emittent den betreffenden Personen die für diese relevanten Prospektpassagen übermitteln, um ihnen eine nochmalige Überprüfung zu ermöglichen. In jedem Fall sollte das D&O Questionnaire darauf hinweisen, dass der Ausfüllende Änderungen, die sich nach Versendung des Questionnaires an den Emittenten ergeben, dem Emittenten mitzuteilen hat.

27   In der aktuellen Prospektpraxis ist es nicht mehr üblich, darauf hinzuweisen, dass die im Prospekt angegebenen Informationen, die der Emittent im Wege der D&O Questionnaires eingeholt hat, auf Basis schriftlicher Auskünfte der betroffenen Personen erfolgen.[51] Der Emittent sollte sicherstellen, dass alle Questionnaires von den Ausfüllenden persönlich unterzeichnet wurden, vollständig ausgefüllt sind und keine erkennbaren Widersprüche aufweisen. Darüber hinaus sollten die ausgefüllten Questionnaires vom Emittenten aufbewahrt werden.

---

51 *Schlitt/Schäfer*, in: Assmann/Schlitt/von Kopp-Colomb, WpPG/VerkProspG, EU-ProspektVO, Anhang I Rn. 129 unter Bezugnahme auf eine entsprechende Änderung in der Verwaltungspraxis der BaFin.

15. BEZÜGE UND VERGÜNSTIGUNGEN

Für das letzte abgeschlossene Geschäftsjahr sind für die in Unterabsatz 1 von Punkt 14.1 unter den Buchstaben a und d genannten Personen folgende Angaben zu machen:

15.1. Betrag der gezahlten Vergütung (einschließlich etwaiger erfolgsgebundener oder nachträglicher Vergütungen) und Sachleistungen, die diesen Personen von dem Emittenten und seinen Tochtergesellschaften für Dienstleistungen jeglicher Art gezahlt oder gewährt werden, die dem Emittenten oder seinen Tochtergesellschaften von einer jeglichen Person erbracht wurden.

Diese Angaben sind auf Einzelfallbasis beizubringen, es sei denn, eine individuelle Offenlegung ist im Herkunftsland des Emittenten nicht erforderlich und wird vom Emittenten nicht auf eine andere Art und Weise öffentlich vorgenommen.

15.2. Angabe der Gesamtbeträge, die vom Emittenten oder seinen Tochtergesellschaften als Reserve für Rückstellungen gebildet werden, um Pensions- und Rentenzahlungen vornehmen oder ähnliche Vergünstigungen auszahlen zu können.

Übersicht

	Rn.		Rn.
I. Überblick	1	3. Relevanter Zeitraum	6
II. Anforderungen	2	III. Informationsbasis und Prospekt-	
1. Relevante Personen	2	darstellung	7
2. Relevante Angaben	3		

I. Überblick

Die intensive Diskussion der Vorstands- und Managementvergütung in den Jahren seit der Finanzmarktkrise hat dazu geführt, dass der diesbezüglichen Offenlegung in den Finanzabschlüssen und Prospekten börsennotierter Gesellschaften besondere Aufmerksamkeit gewidmet wird. So sehen §§ 285 Nr. 9, 314 Abs. 1 Nr. 6 HGB für deutsche Gesellschaften in Bezug auf die Vergütung der Organmitglieder umfassende Offenlegungspflichten im Zusammenhang mit der Erstellung des Anhangs vor. Für börsennotierte Gesellschaften sind gemäß §§ 285 Nr. 9 lit. a) bzw. 314 Abs. 1 Nr. 6 lit. a) HGB auch für jedes Vorstandsmitglied individualisierte Angaben zur Vergütung zu stellen, sofern die Hauptversammlung der Gesellschaft nicht beschlossen hat, dass diese individualisierte Offenlegung unterbleiben kann (§§ 286 Abs. 5 Satz 1 bzw. 314 Abs. 2 Satz 2 HGB). Auch der Deutsche Corporate Governance Kodex sieht in Ziffer 4.2 DCGK umfassende Regelungen zur Vorstandsvergütung und ihrer Offenlegung in den Finanzabschlüssen vor, darunter insbesondere auch eine individualisierte Offenlegung der Vergütung der einzelnen Mitglieder des Vorstands (Ziffer 4.2.4 DCGK). Sofern von den Regelungen des Deutschen Corporate Governance Kodex abgewichen wird, ist dies gemäß Anhang I Ziffer 16.4 ProspektVO im Prospekt offenzulegen. Dennoch sind die Anforderungen nach Ziffer 15 an die Offenlegung bezüglich der Vergütung eigenständig und nicht in jeglicher Hinsicht deckungsgleich mit den

1

Anhang I Ziffer 15

handelsrechtlichen Anforderungen[1] bzw. den Anforderungen des Deutschen Corporate Governance Kodex. Für Kredit- und Finanzdienstleistungsinstitute gelten besondere Anforderungen, die sich aus bankaufsichtsrechtlichen Vorschriften ergeben.[2]

II. Anforderungen

1. Relevante Personen

2 Die Angaben nach Ziffer 15 sind nicht nur für Organmitglieder, sondern für alle in Ziffer 14.1 Abs. 1 lit. a) und d) genannten Personengruppen in den Prospekt aufzunehmen, so dass ggf. auch die Mitglieder des oberen Managements erfasst werden.[3] Vorsorglich sollten die Angaben auch für Mitglieder der in Ziffer 14.1 Abs. 1 lit. a) und d) genannten Personengruppen gemacht werden, die während des letzten Geschäftsjahrs als Organmitglieder bzw. Mitglieder des oberen Managements ausgeschieden sind. Dem Wortlaut nach nicht erforderlich ist dagegen in der Regel die Aufnahme von Angaben von Organmitgliedern bzw. Mitgliedern des oberen Managements, die ihre Tätigkeit erst nach dem letzten abgeschlossenen Geschäftsjahr aufgenommen haben sowie von Beiratsmitgliedern.[4]

2. Relevante Angaben

3 Es sind sämtliche Vergütungen offenzulegen, die vom Emittenten selbst oder von Tochtergesellschaften des Emittenten gewährt wurden. Die Angaben sind grundsätzlich für jede Person, die zu einer der in Ziffer 14.1 Abs. 1 lit. a) und d) genannten Personengruppen gehört, individualisiert vorzunehmen, es sei denn, dass eine individuelle Offenlegung im Herkunftsstaat des Emittenten nicht erforderlich ist und der Emittent diese Angaben auch nicht auf eine andere Art und Weise veröffentlicht.[5] Für Emittenten, deren Herkunftsstaat Deutschland ist, bedeutet dies, dass die Angaben grundsätzlich auf individualisierter Basis vorzunehmen sind, es sei denn, die Hauptversammlung des Emittenten hat nach § 286 Abs. 5 Satz 1 HGB beschlossen, dass die Offenlegung unterbleiben kann. In diesem Fall sollte eine Offenlegung für jede Personengruppe (Gesamtvergütung aller Aufsichtsratsmitglieder, Gesamtvergütung aller Vorstandsmitglieder, Gesamtvergütung aller Mitglieder

---

1 Dies gilt beispielsweise für die lediglich nach § 285 Nr. 9 HGB bestehenden Offenlegungspflichten für die Mitglieder eines Beirats, die nach dem Wortlaut von Anhang I Ziffer 14.1 ProspektVO gerade nicht erfasst werden.
2 Vgl. Art. 450 der Verordnung über Aufsichtsanforderungen an Kreditinstitute und Wertpapierfirmen (CRR) (Verordnung (EU) Nr. 575/2013, ABl. Nr. L 176 vom 27.6.2013, ber. L 321 vom 30.11.2013); § 16 InstitutsVergV (Institutsvergütungsverordnung, BGBl. I vom 19.12.2013, S. 4270).
3 Vgl. dazu vorstehend zu Ziffer 14.1 Rn. 6 ff.
4 *Alfes/Wieneke*, in: Holzborn, WpPG, EU-ProspektVO, Mindestangaben Anhang I Rn. 73 a. E., *Fingerhut/Voß*, in: Just/Voß/Ritz/Zeising, WpPG, EU-ProspektVO, Anhang I Rn. 235.
5 So auch *Fingerhut/Voß*, in: Just/Voß/Ritz/Zeising, WpPG, EU-ProspektVO, Anhang I Rn. 237; so i. E. auch *Schlitt/Schäfer*, in: Assmann/Schlitt/von Kopp-Colomb, WpPG/VerkProspG, EU-ProspektVO, Anhang I Rn. 130, die jedoch grundsätzlich von einer sich erst über § 285 Nr. 9 lit. a) HGB hin zur Angabe der Einzelvergütung konkretisierenden „Gesamtvergütung der Organe" ausgehen wollen.

des oberen Managements etc.) erfolgen. Nach Ansicht der BaFin hat eine Offenlegung der Vergütung für den Alleinvorstand eines Emittenten im Prospekt zu erfolgen, sofern die individualisierte Vorstandsvergütung bereits im Anhang zum Konzern- oder Einzelabschluss offen gelegt worden ist.[6] Eine Stellungnahme zu der zugrunde liegenden Frage, ob im Abschluss nach Opt-out-Beschluss beim Alleinvorstand auch auf die Angaben zur Gesamtvergütung verzichtet werden kann, ist durch die BaFin auf Ebene des Billigungsverfahrens, soweit bekannt, nicht beantwortet worden und hat durch Beschluss des OLG Frankfurt a. M. vom 31.5.2012 wieder an Aktualität gewonnen. Danach ist die Nichtaufnahme der Gesamtbezüge durch die DPR e. V. und die BaFin als Rechnungslegungsfehler eingestuft und durch die BaFin eine Fehlerbekanntmachungsanordnung ausgesprochen worden. Vor diesem Hintergrund bleibt abzuwarten, ob die bisherige Praxis der BaFin bei der Prospektprüfung fortgeführt wird.[7] Bei einer gruppenbezogenen Angabe der Vergütung ohne individualisierte Offenlegung ist im Rahmen der nach Ziffer 16.4 erforderlichen Erklärung auf die Nichteinhaltung von Ziffer 4.2.4 DCGK hinzuweisen.

Nach Ziffer 15.1 sind detaillierte Angaben zu den einzelnen Vergütungsbestandteilen zu machen, die sich zunächst in Festvergütung, variable Vergütung und nachvertragliche Vergütungen (z. B. Karenzentschädigungen bei nachvertraglichen Wettbewerbsverboten) unterteilen lassen.[8] Ferner sind auch Angaben zu gewährten Sachleistungen zu machen, die z. B. Krankenversicherungsleistungen, Dienstwagen, Handybenutzung sowie andere geldwerte Vorteile umfassen. Der Wert der Sachleistungen ist zu ermitteln und als Geldbetrag anzugeben.[9] Darüber hinaus sind nach den Empfehlungen von ESMA weitere Angaben erforderlich. Sind Vergütungen auf der Grundlage eines Bonus- oder Gewinnbeteiligungsprogramms ausbezahlt worden, sollten auch das entsprechende Vergütungssystem sowie die wesentlichen Bedingungen des Programms näher im Prospekt erläutert werden.[10] Sofern Vergütungen in Form von Aktienoptionen gewährt wurden, sind Angaben zu der Anzahl der Aktien, zu deren Bezug die Optionen berechtigen, dem Ausübungspreis, ggf. dem Erwerbspreis für die Optionen, dem Ausübungszeitraum und den Verfallbedingungen für die Optionen in den Prospekt aufzunehmen.[11] In diesem Zusammenhang kommt es zu Überschneidungen mit den nach Ziffer 17.2 zu Aktienbesitz und Aktienoptionen zu machenden Angaben.

4

---

6 Vgl. dazu *Schlitt/Schäfer*, in: Assmann/Schlitt/von Kopp-Colomb, WpPG/VerkProspG, EU-ProspektVO, Anhang I Rn. 131; ausführlich *Fingerhut/Voß*, in: Just/Voß/Ritz/Zeising, WpPG, EU-ProspektVO, Anhang I Rn. 241.
7 *Alfes/Wieneke*, in: Holzborn, WpPG, EU-ProspektVO, Mindestangaben Anhang I Rn. 73.
8 *Schlitt/Schäfer*, in: Assmann/Schlitt/von Kopp-Colomb, WpPG/VerkProspG, EU-ProspektVO, Anhang I Rn. 132.
9 Siehe ESMA, Update of the CESR recommendations, the consistent implementation of Commission Regulation (EC) No. 809/2004 implementing the Prospectus Directive, 20 March 2013, ESMA/2013/319, Tz. 147, 148; *Fingerhut/Voß*, in: Just/Voß/Ritz/Zeising, WpPG, EU-ProspektVO, Anhang I Rn. 244.
10 ESMA, Update of the CESR recommendations, the consistent implementation of Commission Regulation (EC) No. 809/2004 implementing the Prospectus Directive, 20 March 2013, ESMA/2013/319, Tz. 148; *Alfes/Wieneke*, in: Holzborn, WpPG, EU-ProspektVO, Mindestangaben Anhang I Rn. 73.
11 Siehe ESMA, Update of the CESR recommendations, the consistent implementation of Commission Regulation (EC) No. 809/2004 implementing the Prospectus Directive, 20 March 2013, ESMA/2013/319, Tz. 147, 148.

Anhang I Ziffer 15

5   Schließlich sind nach Ziffer 15.2 Pensionsrückstellungen anzugeben. Der Wortlaut der Vorschrift enthält keine Einschränkung dahingehend, dass nur die Rückstellungen für die Organmitglieder oder die in Ziffer 14.1 Abs. 1 lit. a) und d) genannten Personengruppen zu machen sind.[12] Daher sollten die Pensionsrückstellungen des Emittenten bzw. der Gruppe des Emittenten insgesamt angegeben werden, d. h. auch für Mitarbeiter, die nicht zu den in Ziffer 14.1 Abs. 1 lit. a) und d) genannten Personengruppen gehören. Die Angaben sollten mit den diesbezüglichen Angaben in den Finanzabschlüssen des Emittenten konsistent sein. Etwaige Risiken im Zusammenhang mit Pensionsrückstellungen sind ggf. im Kapitel Risikofaktoren darzustellen.[13]

3. Relevanter Zeitraum

6   Die Angaben sind für das letzte abgeschlossene Geschäftsjahr des Emittenten zu machen.

III. Informationsbasis und Prospektdarstellung

7   Die Informationen sollten dem Emittenten aus dessen Rechnungslegung vorliegen. Auf Konsistenz der Angaben im Prospekt mit den in den Finanzabschlüssen enthaltenen Angaben ist zu achten.

---

12 *Schlitt/Schäfer*, in: Assmann/Schlitt/von Kopp-Colomb, WpPG/VerkProspG, EU-ProspektVO, Anhang I Rn. 133.
13 *Fingerhut/Voß*, in: Just/Voß/Ritz/Zeising, WpPG, EU-ProspektVO, Anhang I Rn. 246.

16. PRAKTIKEN DER GESCHÄFTSFÜHRUNG

Für das letzte abgeschlossene Geschäftsjahr des Emittenten sind – soweit nicht anderweitig spezifiziert – für die im ersten Unterabsatz von Punkt 14.1. unter Buchstabe (a) genannten Personen folgende Angaben zu machen:

16.1. Ende der laufenden Mandatsperiode und ggf. Angabe des Zeitraums, während dessen die jeweilige Person ihre Aufgabe ausgeübt hat.

16.2. Angaben über die Dienstleistungsverträge, die zwischen den Mitgliedern der Verwaltungs-, Geschäftsführungs- oder Aufsichtsorgane und dem Emittenten bzw. seinen Tochtergesellschaften geschlossen wurden und die bei Beendigung des Dienstleistungsverhältnisses Vergünstigungen vorsehen. Ansonsten ist eine negative Erklärung abzugeben.

16.3. Angaben über den Auditausschuss und den Vergütungsausschuss, einschließlich der Namen der Ausschussmitglieder und einer Zusammenfassung des Aufgabenbereichs des Ausschusses.

16.4. Erklärung, ob der Emittent der/den Corporate-Governance-Regelung/en im Land der Gründung der Gesellschaft genügt. Sollte der Emittent einer solchen Regelung nicht folgen, ist eine dementsprechende Erklärung zusammen mit einer Erläuterung aufzunehmen, aus der hervorgeht, warum der Emittent dieser Regelung nicht Folge leistet.

Übersicht

	Rn.		Rn.
I. Relevante Personen und relevanter Zeitraum	1	2. Dienstleistungsverträge	3
		3. Ausschüsse	7
II. Relevante Angaben	2	4. Corporate Governance	8
1. Mandatsperiode	2		

I. Relevante Personen und relevanter Zeitraum

Die Angaben gemäß Ziffer 16.1 und 16.2 sind nur in Bezug auf die Mitglieder der Verwaltungs-, Geschäftsführungs- oder Aufsichtsorgane des Emittenten zu machen.[1] In zeitlicher Hinsicht ist das letzte abgeschlossene Geschäftsjahr des Emittenten maßgeblich. 1

II. Relevante Angaben

1. Mandatsperiode

Gemäß Ziffer 16.1 ist zunächst anzugeben, seit wann das Mandat des jeweiligen Organmitglieds besteht und wann es endet (sog. Mandatsperiode). Diesbezüglich kommt es auf die organschaftliche Bestellung des Organmitglieds durch gesellschaftsrechtlichen Akt des bestellenden Gremiums an. In der Regel wird diese zeitlich parallel zu Abschluss und Lauf- 2

---

[1] *Fingerhut/Voß*, in: Just/Voß/Ritz/Zeising, WpPG, EU-ProspektVO, Anhang I Rn. 248.

Anhang I Ziffer 16

zeit des Anstellungsvertrags des betreffenden Organmitglieds sein, zwingend ist dies aber nicht.

2. Dienstleitungsverträge

3   Gemäß Ziffer 16.2 ist offenzulegen, ob Dienstleistungsverträge der Organmitglieder mit dem Emittenten selbst oder seinen Tochtergesellschaften bestehen, die bei Beendigung des Dienstleistungsverhältnisses Vergünstigungen vorsehen; in diesem Fall sind auch die wesentlichen Eckpunkte der bestehenden Dienstleistungsverträge offenzulegen. Zunächst fallen hierunter die Anstellungsverträge mit den Organmitgliedern. Hierbei werden in der Regel allerdings keine umfangreichen Details offengelegt. Ausreichend erscheint im Regelfall die Offenlegung der Laufzeit, der Vergütung und (wie in Ziffer 16.2 explizit verlangt) der vereinbarten Vergünstigungen für den Fall der Beendigung des Anstellungsvertrags (sog. „golden handshakes").[2] Über den Wortlaut hinaus sollten auch solche Vergünstigungen angegeben werden, die (unabhängig vom Fortbestand des Anstellungsvertrags) im Falle einer Übernahme oder einem anderweitigen Kontrollwechsel in Bezug auf den Emittenten zu gewähren sind. Die Anforderungen des § 315 Abs. 4 Nr. 8 und 9 HGB an die Offenlegung im Lagebericht von börsennotierten Unternehmen orientieren sich auch an dem Eintritt eines Kontrollwechsels; sie gehen insoweit über die Anforderungen nach Ziffer 16.2 hinaus, als dass die in den Lagebericht aufzunehmenden Angaben nicht auf Organmitglieder beschränkt sind.

4   Das Angabeerfordernis nach Ziffer 16.2 erfasst auch weitere Dienstleistungsverträge zwischen dem Emittenten bzw. seinen Tochtergesellschaften und Organmitgliedern, wie beispielsweise Beratungsverträge mit einzelnen Mitgliedern des Aufsichtsrats.

5   Es besteht eine Überschneidung mit den nach Ziffer 15.1 über Vergütungen und Sachleistungen in den Prospekt aufzunehmenden Angaben. Zudem können die nach Ziffer 16.2 zu machenden Angaben Anhaltspunkte für mögliche Interessenkonflikte enthalten, so dass entsprechende Angaben nach Ziffer 14.2 erforderlich werden.[3] Schließlich können sich zudem Offenlegungspflichten in Verbindung mit Ziffer 19 auch daraus ergeben, dass Beratungsverträge mit Unternehmen oder Personen bestehen, die den Organmitgliedern des Emittenten im Sinne von Ziffer 19 nahestehen. Im Rahmen der Prospekterstellung ist daher besonders auf die Kohärenz der Angaben nach den Ziffern 16.2, 15.1, 14.2 sowie 19 zu achten.

6   Bestehen keine Dienstleistungs- bzw. Beratungsverträge in Bezug auf ein Organmitglied, ist dies in Form eines ausdrücklichen Negativtestats im Prospekt anzugeben.

3. Ausschüsse

7   Gemäß Ziffer 16.3 sind in Bezug auf den Prüfungsausschuss und den Vergütungsausschuss die Namen der Ausschussmitglieder sowie eine Beschreibung der Zuständigkeit und der

---

[2] Ähnlich *Schlitt/Schäfer*, in: Assmann/Schlitt/von Kopp-Colomb, WpPG/VerkProspG, EU-ProspektVO, Anhang I Rn. 135.

[3] *Schlitt/Schäfer*, in: Assmann/Schlitt/von Kopp-Colomb, WpPG/VerkProspG, EU-ProspektVO, Anhang I Rn. 135; *Fingerhut/Voß*, in: Just/Voß/Ritz/Zeising, WpPG, EU-ProspektVO, Anhang I Rn. 251.

Aufgaben des jeweiligen Ausschusses aufzunehmen. Empfehlenswert ist es auch hier, ggf. Angaben zu der Dauer des Ausschussmandats der betreffenden Organmitglieder, zur Rollenverteilung der Mitglieder (Vorsitzender, stellvertretender Vorsitzender) der Ausschussmitglieder und zur Häufigkeit der Sitzungen des Ausschusses zu machen. Bestehen weitere Ausschüsse, wird es in der Regel sinnvoll sein, eine ähnliche Beschreibung auch für die anderen Ausschüsse aufzunehmen. Eine nähere Beschreibung der Aufgaben liegt dann nahe, wenn der Ausschuss nicht lediglich beratende und empfehlende, sondern beschließende Funktion hat. Bestehen keine Ausschüsse, sind die Angaben nach Ziffer 16.3 entbehrlich.[4] Im Zusammenhang mit Ziffer 16.4 ist jedoch darauf hinzuweisen, dass insoweit von den Regelungen des Deutschen Corporate Governance Kodex abgewichen würde, da Ziffer 5.3 DCGK die Bildung von Ausschüssen durch den Aufsichtsrat vorsieht, zu denen insbesondere ein Prüfungsausschuss und ein Nominierungsausschuss zu zählen sind.[5] Bei Kredit- und Finanzdienstleistungsinstituten ist auf die zusätzlichen bankaufsichtsrechtlichen Anforderungen an Aufsichtsratsausschüssen gemäß den Regelungen des KWG zu achten (vgl. z. B. § 25d Abs. 7 bis 12 KWG).

4. Corporate Governance

Ziffer 16.4 verlangt eine eigenständige Erklärung darüber, ob der Emittent den Corporate-Governance-Regelungen im Land seiner Gründung entspricht. Sofern dies nicht der Fall ist, ist offenzulegen, von welchen Regelungen abgewichen wird und aus welchen Gründen.

Für deutsche börsennotierte Emittenten (bzw. deutsche Emittenten, deren Aktien zwar nicht an einem organisierten Markt zugelassen sind, die aber andere Wertpapiere emittiert haben, die an einem organisierten Markt notieren und deren Aktien auf eigene Veranlassung über ein multilaterales Handelssystem gehandelt werden) gilt der Deutsche Corporate Governance Kodex, wobei der Emittent nicht verpflichtet ist, den Vorgaben des Deutschen Corporate Governance Kodex zu entsprechen; vielmehr ist ein Emittent gemäß § 161 AktG nur verpflichtet, jährlich zu erklären, ob den Empfehlungen des Deutschen Corporate Governance Kodex entsprochen wurde und wird oder welche Empfehlungen nicht angewandt wurden oder werden und warum nicht (sog. Entsprechenserklärung). Die Erklärung ist auf der Internetseite der Gesellschaft dauerhaft öffentlich zugänglich zu machen. Gemäß § 285 Satz 1 Nr. 16 HGB ist außerdem im Anhang zum Einzelabschluss anzugeben, dass die nach § 161 AktG vorgeschriebene Erklärung abgegeben wurde und wo sie öffentlich gemacht wurde (zum Konzernabschluss siehe § 314 Abs. 1 Nr. 8 HGB).

Ziffer 16.4 wird von der BaFin dahingehend ausgelegt, dass die nach Ziffer 16.4 abzugebende Erklärung eine eigenständige Erklärung des Emittenten ist. Eine bloße Bezugnahme auf eine vom Emittenten bereits gemäß § 161 AktG veröffentlichte Entsprechenserklärung ist demnach nicht ausreichend.[6] Im Prospekt sind bei Abweichungen von den Empfehlun-

---

4 *Fingerhut/Voß*, in: Just/Voß/Ritz/Zeising, WpPG, EU-ProspektVO, Anhang I Rn. 252; *Alfes/Wieneke*, in: Holzborn, WpPG, EU-ProspektVO, Mindestangaben Anhang I Rn. 75.
5 *Alfes/Wieneke*, in: Holzborn, WpPG, EU-ProspektVO, Mindestangaben Anhang I Rn. 75.
6 *Fingerhut/Voß*, in: Just/Voß/Ritz/Zeising, WpPG, EU-ProspektVO, Anhang I Rn. 253.

Anhang I Ziffer 16

gen des Deutschen Corporate Governance Kodex zudem auch die Gründe für die Abweichung offenzulegen.[7]

11 Ferner ist es nach Ansicht der BaFin unbeachtlich, ob der Emittent dem Anwendungsbereich des § 161 AktG unterfällt, da der Wortlaut von Ziffer 16.4 nicht zwischen börsennotierten und nicht börsennotierten Emittenten unterscheidet.[8] Auch Emittenten, die im Rahmen eines IPO (*initial public offering* – Börsengang) erstmals eine Börsennotierung ihrer Wertpapiere an einem organisierten Markt anstreben, haben nach Ziffer 16.4 eine Entsprechenserklärung abzugeben und zu erklären, ob sie die Empfehlungen des Deutschen Corporate Governance Kodex in Zukunft einhalten werden.[9] Soweit dies künftig nicht vorgesehen ist oder bereits vorzeitig feststeht, dass bestimmte Vorgaben nach der Börsennotierung nicht eingehalten werden bzw. eingehalten werden können, ist dieser Umstand bereits im Prospekt selbst mit einer entsprechenden Begründungen offenzulegen.[10]

12 Zu nennen sind etwa das Unterbleiben der Vereinbarung eines Selbstbehalts im Rahmen von durch den Emittenten abgeschlossenen D&O Versicherungen insbesondere in Bezug auf die Mitglieder des Aufsichtsrats (Ziffer 3.8 DCGK),[11] Abweichungen bei der Besetzung der Mitglieder des Aufsichtsrats (Ziffer 5.4.1 DCGK)[12] sowie der Festlegung und Ausweisung ihrer Vergütung (Ziffer 5.4.6 DCGK).[13] Angesichts der zum Teil anspruchsvollen Anforderungen des Deutschen Corporate Governance Kodex, etwa in Bezug auf die im Kodex geforderten Angaben zur Vergütung und Ausgestaltung der Vergütungssysteme,[14] Compliance sowie Diversity bei Besetzung der Organe[15] ist es naheliegend, dass insbesondere Börsenneulinge einige der Empfehlungen möglicherweise nicht einhalten werden. Im Rahmen der Vorbereitung auf einen Börsengang sollte deshalb frühzeitig geprüft werden, inwieweit mit Abweichungen von den Empfehlungen des Deutschen Corporate Governance Kodex zu rechnen ist.

---

7 Insoweit geht das Angabeerfordernis nach Anhang I Ziffer 16.4. ProspektVO nicht mehr über die Anforderungen des § 161 Abs. 1 Satz 1 AktG i.d.F. durch Art. 5 Nr. 9 BilMoG vom 25.5.2009 (BGBl I S. 1102) hinaus; so noch *Schlitt/Schäfer*, in: Assmann/Schlitt/von Kopp-Colomb, WpPG/VerkProspG, EU-ProspektVO, Anhang I Rn. 137; *Fingerhut/Voß*, in: Just/Voß/Ritz/Zeising, WpPG, EU-ProspektVO, Anhang I Rn. 253.
8 *Fingerhut/Voß*, in: Just/Voß/Ritz/Zeising, WpPG, EU-ProspektVO, Anhang I Rn. 254.
9 *Schlitt/Schäfer*, in: Assmann/Schlitt/von Kopp-Colomb, WpPG/VerkProspG, EU-ProspektVO, Anhang I Rn. 138; *Alfes/Wieneke*, in: Holzborn, WpPG, EU-ProspektVO, Mindestangaben Anhang I Rn. 76.
10 *Alfes/Wieneke*, in: Holzborn, WpPG, EU-ProspektVO, Mindestangaben Anhang I Rn. 76.
11 Vgl. etwa den Prospekt der SLM Solutions Group AG vom 25.4.2014, den Prospekt der Prime Office AG vom 20.1.2014, den Prospekt der KION Group AG vom 14.6.2013 sowie Prospekt der ADLER Real Estate AG vom 6.12.2013.
12 Vgl. etwa den Prospekt der SLM Solutions Group AG vom 25.4.2014, den Prospekt der Prime Office AG vom 20.1.2014 sowie den Prospekt der ADLER Real Estate AG vom 6.12.2013 (1-Personen-Vorstand).
13 Vgl. dazu beispielsweise den Prospekt der SLM Solutions Group AG vom 25.4.2014, den Prospekt der Prime Office AG vom 20.1.2014 sowie den Prospekt der ADLER Real Estate AG vom 6.12.2013 m.z.w. Beispielen.
14 Siehe etwa für die Mitglieder des Vorstands Ziffer 4.2 DCGK bzw. für die Mitglieder des Aufsichtsrats Ziffer 5.4 DCGK.
15 Vgl. zum Terminus „Diversity" (Ziffern 4.1.5, 5.1.2 sowie 5.4.1 DCGK) etwa *Goslar*, in: Wilsing, DCGK, Ziffer 4.1.5 Rn. 6ff.

17. BESCHÄFTIGTE

17.1. Entweder Angabe der Zahl der Beschäftigten zum Ende des Berichtszeitraums oder Angabe des Durchschnitts für jedes Geschäftsjahr innerhalb des Zeitraums, der von den historischen Finanzinformationen abgedeckt wird bis zum Datum der Erstellung des Registrierungsformulars (unter Angabe der Veränderungen bei diesen Zahlen, sofern diese von wesentlicher Bedeutung sind). Wenn es möglich und wesentlich ist, Aufschlüsselung der beschäftigten Personen nach Haupttätigkeitskategorie und geografischer Belegenheit. Beschäftigt der Emittent eine große Zahl von Zeitarbeitskräften, ist die durchschnittliche Zahl dieser Zeitarbeitskräfte während des letzten Geschäftsjahrs anzugeben.

17.2. Aktienbesitz und Aktienoptionen

In Bezug auf die in Punkt 14.1. Unterabsatz 1 unter Buchstaben a und d genannten Personen sind so aktuelle Angaben wie möglich über ihren Aktienbesitz und etwaige Optionen auf Aktien des Emittenten beizubringen.

17.3. Beschreibung etwaiger Vereinbarungen, mittels deren Beschäftigte am Kapital des Emittenten beteiligt werden können.

Übersicht

	Rn.		Rn.
I. Beschäftigte	1	III. Mitarbeiterbeteiligungen	7
II. Aktienbesitz und Aktienoptionen	5		

I. Beschäftigte

Ziffer 17.1 verlangt Angaben zu den Beschäftigten des Emittenten. Der Begriff des Beschäftigten im Sinne der Prospektverordnung ist nicht eindeutig. Nach einer Auffassung umfasst der Begriff neben Arbeitnehmern im sozialversicherungsrechtlichen Sinne auch freie Mitarbeiter, Zeitarbeitskräfte und Auszubildende.[1] Eine andere Auffassung will für die Zwecke des Prospektrechts hingegen sämtliche arbeitsrechtlich relevanten Arbeitnehmergruppen, mithin auch sämtliche arbeitnehmerähnliche Personen einschließlich der in Heimarbeit Beschäftigten und ihnen Gleichgestellte, nicht jedoch Bewerber(-innen) sowie ausgeschiedene Personen miteinbeziehen.[2] Bei der Angabe im Prospekt sollte jedenfalls durch entsprechende Fußnoten oder Erläuterungen klargestellt werden, welche Personengruppen bei der Berechnung berücksichtigt wurden.[3] Genau angegeben werden sollte auch, ob es sich um Kopfzahlen per Stichtag, um Durchschnittszahlen oder um auf volle Stellen hochgerechnete Zahlen (Full Time Equivalents) handelt.[4] Die BaFin verlangt aktuelle Angaben,[5] die grundsätzlich zum Aufstellungsdatum des Prospekts (bzw. einem

---

1 *Alfes/Wieneke*, in: Holzborn, WpPG, EU-ProspektVO, Mindestangaben Anhang I Rn. 77.
2 *Fingerhut/Voß*, in: Just/Voß/Ritz/Zeising, WpPG, EU-ProspektVO, Anhang I Rn. 259.
3 *Schlitt/Schäfer*, in: Assmann/Schlitt/von Kopp-Colomb, WpPG/VerkProspG, EU-ProspektVO, Anhang I Rn. 140.
4 Vgl. zu den beiden Angabealternativen auch *Fingerhut/Voß*, in: Just/Voß/Ritz/Zeising, WpPG, EU-ProspektVO, Anhang I Rn. 258.
5 Ebenso *Schlitt/Schäfer*, in: Assmann/Schlitt/von Kopp-Colomb, WpPG/VerkProspG, EU-ProspektVO, Anhang I Rn. 140.

Anhang I Ziffer 17

kurz davor liegenden Datum) zu machen sind. Soweit es dem Emittenten nicht möglich ist, zum Aufstellungsdatum des Prospekts genaue oder aktuelle Angaben zu machen, gestattet die BaFin auf einen früheren Zeitpunkt abzustellen, sofern der Emittent im Prospekt in Übereinstimmung mit Ziffer 17.1 bestätigt, dass seit dem früheren Datum keine Veränderungen von wesentlicher Bedeutung eingetreten sind.[6] Sofern eine Unterteilung nach Haupttätigkeitskategorien oder geografischer Belegenheit möglich und wesentlich ist, sind entsprechende zusätzliche Angaben aufzunehmen.[7] Entsprechend weitergehende Angaben kommen insbesondere für international tätige Unternehmen oder Unternehmen mit verschiedenen Geschäftssegmenten in Betracht.

2 Soweit Inkonsistenzen zu den Angaben zu Arbeitnehmern im Anhang bzw. im Jahresabschluss auftreten, sollten die Abweichungen erklärend erläutert werden. Trotz des unklaren Wortlauts empfiehlt es sich, Angaben zu den Zeiträumen zu machen, die von den historischen Finanzinformationen abgedeckt sind. Ist der Emittent Mutterunternehmen, empfiehlt es sich zudem, die Angaben sowohl auf Einzelbasis als auch auf Konzernbasis zu machen.

3 Emittenten, die eine große Anzahl von Zeitarbeitskräften beschäftigen, müssen ihre durchschnittliche Zahl für den Zeitraum des letzten Geschäftsjahres angeben.[8] Jedenfalls immer dann, wenn der Einsatz von Zeitarbeitskräften ein nicht unwesentlicher Teil des Geschäftsmodells bzw. der Kostenstruktur des Emittenten oder eines seiner Geschäftsbereiche ist, empfehlen sich entsprechende zusätzliche Angaben.

4 Bestehen Tarifverträge, werden deren wesentliche Inhalte in der Regel dargestellt. Gleiches gilt für die Angabe, ob der Emittent dem Mitbestimmungsrecht unterliegt.[9] Dies gilt insbesondere in Fällen, in denen sich aus entsprechenden tarifvertraglichen Regelungen Einschränkungen beispielsweise in Bezug auf die Möglichkeit von Stellenabbau bzw. Umstrukturierungen ergeben (z. B. Standortgarantien); ebenso kann es abhängig von den Umständen des Einzelfalls geboten sein, Angaben zu Lohnverhandlungen, Streiks oder anderen Arbeitskampfmaßnahmen aufzunehmen.

II. Aktienbesitz und Aktienoptionen

5 Da sich die in Ziffer 17.2 getroffene Regelung auf Angaben zum Aktienbesitz und zu Aktienoptionen von Personen im Sinne der Ziffer 14.1 Abs. 1 lit. a) bis d) und somit in erster Linie auf die Organmitglieder und die Mitglieder des oberen Managements bezieht,[10] während sich die anderen nach Ziffer 17 erforderlichen Angaben auf die Beschäftigen des

---

6 *Fingerhut/Voß*, in: Just/Voß/Ritz/Zeising, WpPG, EU-ProspektVO, Anhang I Rn. 260; *Alfes/Wieneke*, in: Holzborn, WpPG, EU-ProspektVO, Mindestangaben Anhang I Rn. 77, die für die Frage der Wesentlichkeit auf einen Richtwert von 10 % abstellen wollen.
7 *Fingerhut/Voß*, in: Just/Voß/Ritz/Zeising, WpPG, EU-ProspektVO, Anhang I Rn. 262.
8 *Fingerhut/Voß*, in: Just/Voß/Ritz/Zeising, WpPG, EU-ProspektVO, Anhang I Rn. 263 nennen insoweit eine erste Orientierungsgröße in Höhe von 50 % der Beschäftigten des Emittenten; *Alfes/Wieneke*, in: Holzborn, WpPG, EU-ProspektVO, Mindestangaben Anhang I Rn. 77 wollen hingegen auf § 267 Abs. 5 HGB abstellen.
9 *Alfes/Wieneke*, in: Holzborn, WpPG, EU-ProspektVO, Mindestangaben Anhang I Rn. 78.
10 Nach *Alfes/Wieneke*, in: Holzborn, WpPG, EU-ProspektVO, Mindestangaben Anhang I Rn. 79 und *Fingerhut/Voß*, in: Just/Voß/Ritz/Zeising, WpPG, EU-ProspektVO, Anhang I Rn. 264 ist die Vor-

Emittenten beziehen, erscheint Ziffer 17.2 innerhalb des durch Ziffer 17 erfassten Regelungskomplexes als Fremdkörper. Daher empfiehlt es sich, die Angaben nach Ziffer 17.2 mit denjenigen nach Ziffer 15 zu verbinden.[11] Die Angaben zu Aktien und Aktienoptionen sind nicht zuletzt im Hinblick auf das durch Ziffer 17.2 statuierte Aktualitätserfordernis regelmäßig auch Bestandteil der D&O Questionnaires, da der Emittent insbesondere im Hinblick auf den Aktienbestand der Organmitglieder und des oberen Managements allenfalls eingeschränkt Einblick hat.[12]

Hinsichtlich gehaltener Aktienoptionen sind in der Regel insbesondere Angaben über den Ausübungszeitpunkt und die jeweiligen Voraussetzungen der Optionsausübung in den Prospekt aufzunehmen.[13] Kommt es im Zuge des Angebots zu einer Abgabe von Aktien, sind die Angaben nach der Verwaltungspraxis der BaFin zudem um die Anzahl der nach dem Angebot (voraussichtlich) noch gehaltenen Aktien zu ergänzen.[14]

III. Mitarbeiterbeteiligungen

Nach Ziffer 17.3 ist schließlich eine Beschreibung von Vereinbarungen in den Prospekt aufzunehmen, mittels derer Beschäftigte am Kapital des Emittenten beteiligt werden können. Erfasst werden sowohl Vereinbarungen über von dem Angebot unabhängige Beteiligungsprogramme (z. B. Aktienoptionsprogramme) als auch das bevorzugte Angebot von Aktien, die selbst Gegenstand des Prospekts sind.[15] In zuletzt genannten Konstellationen bestehen regelmäßig Überschneidungen mit den Angaben nach Anhang III Ziffer 5.2.3 ProspektVO.[16]

Der Wortlaut der Propsektverordnung sieht eine Beschreibung vor, so dass detaillierte Angaben in den Prospekt aufzunehmen sind, die die wesentlichen Eckpunkte der Programme (Adressatenkreis, Voraussetzungen und Bedingungen der Kapitalbeteiligung, wie etwa

---

schrift weit auszulegen, so dass ferner auch mittelbare Beteiligungen, etwa über Gesellschaften, anzugeben sind.
11 Ähnlich *Fingerhut/Voß*, in: Just/Voß/Ritz/Zeising, WpPG, EU-ProspektVO, Anhang I Rn. 265; Ähnlich auch *Schlitt/Schäfer*, in: Assmann/Schlitt/von Kopp-Colomb, WpPG/VerkProspG, EU-ProspektVO, Anhang I Rn. 143 sowie *Alfes/Wieneke*, in: Holzborn, WpPG, EU-ProspektVO, Mindestangaben Anhang I Rn. 79.
12 *Schlitt/Schäfer*, in: Assmann/Schlitt/von Kopp-Colomb, WpPG/VerkProspG, EU-ProspektVO, Anhang I Rn. 145.
13 *Schlitt/Schäfer*, in: Assmann/Schlitt/von Kopp-Colomb, WpPG/VerkProspG, EU-ProspektVO, Anhang I Rn. 144; *Fingerhut/Voß*, in: Just/Voß/Ritz/Zeising, WpPG, EU-ProspektVO, Anhang I Rn. 267.
14 *Schlitt/Schäfer*, in: Assmann/Schlitt/von Kopp-Colomb, WpPG/VerkProspG, EU-ProspektVO, Anhang I Rn. 143; *Fingerhut/Voß*, in: Just/Voß/Ritz/Zeising, WpPG, EU-ProspektVO, Anhang I Rn. 266.
15 *Schlitt/Schäfer*, in: Assmann/Schlitt/von Kopp-Colomb, WpPG/VerkProspG, EU-ProspektVO, Anhang I Rn. 146; *Fingerhut/Voß*, in: Just/Voß/Ritz/Zeising, WpPG, EU-ProspektVO, Anhang I Rn. 269.
16 *Alfes/Wieneke*, in: Holzborn, WpPG, EU-ProspektVO, Mindestangaben Anhang I Rn. 79; hingegen für eine Überscheidung mit Anhang III Ziffern 5.2.1. und 5.2.2. ProspektVO *Schlitt/Schäfer*, in: Assmann/Schlitt/von Kopp-Colomb, WpPG/VerkProspG, EU-ProspektVO, Anhang I Rn. 146.

Anhang I   Ziffer 17

Haltefristen sowie den Umfang bereits erfolgter Beteiligungen) darstellen.[17] In der Prospektpraxis werden neben den Aktienoptionsprogrammen regelmäßig auch die sonstigen Bonus- oder Beteiligungsprogramme selbst für den Fall dargestellt, dass sie keine Kapitalbeteiligung vorsehen (wie beispielsweise sog. Phantom Stocks).

---

17 *Schlitt/Schäfer*, in: Assmann/Schlitt/von Kopp-Colomb, WpPG/VerkProspG, EU-ProspektVO, Anhang I Rn. 146; *Fingerhut/Voß*, in: Just/Voß/Ritz/Zeising, WpPG, EU-ProspektVO, Anhang I Rn. 270.

18. HAUPTAKTIONÄRE

18.1. Soweit dem Emittenten bekannt, Angabe des Namens jeglicher Person, die nicht Mitglied der Verwaltungs-, Geschäftsführungs- oder Aufsichtsorgane ist und die direkt oder indirekt eine Beteiligung am Kapital des Emittenten oder den entsprechenden Stimmrechten hält, die gemäß den nationalen Bestimmungen zu melden ist, zusammen mit der Angabe des Betrags der Beteiligung dieser Person. Ansonsten ist eine negative Erklärung abzugeben.

18.2. Informationen über den Umstand, ob die Hauptaktionäre des Emittenten unterschiedliche Stimmrechte haben. Ansonsten ist eine negative Erklärung abzugeben.

18.3. Sofern dem Emittenten bekannt, Angabe, ob an dem Emittenten unmittelbare oder mittelbare Beteiligungen oder Beherrschungsverhältnisse bestehen, und wer diese Beteiligungen hält bzw. diese Beherrschungsverhältnisse ausübt. Beschreibung der Art und Weise einer derartigen Kontrolle und der vorhandenen Maßnahmen zur Verhinderung des Missbrauchs einer derartigen Kontrolle.

18.4. Beschreibung etwaiger dem Emittenten bekannten Vereinbarungen, deren Ausübung zu einem späteren Zeitpunkt zu einer Veränderung der Kontrolle des Emittenten führen könnte.

Übersicht

	Rn.		Rn.
I. Angaben zu Hauptaktionären	1	III. Beherrschungsverhältnisse	7
II. Angaben zu unterschiedlichen Stimmrechten	6	IV. Vereinbarungen, die zu Veränderungen der Kontrolle führen können	10

I. Angaben zu Hauptaktionären

Die Offenlegungspflicht nach Ziffer 18.1 knüpft an Beteiligungen am Kapital des Emittenten oder den Stimmrechten an. Nach dem Wortlaut von Ziffer 18.1 sind solche Beteiligungen offenzulegen, die gemäß den nationalen Bestimmungen zu melden sind. 1

Maßgeblich sind §§ 21, 22 WpHG, die allerdings nur anwendbar sind, sofern der Emittent bereits an einem organisierten Markt notiert (und die Bundesrepublik Deutschland sein Herkunftsstaat im Sinne dieser Vorschriften) ist. Ist dies der Fall, kann der Emittent seine Offenlegung im Prospekt auf die ihm vorliegenden und veröffentlichten Meldungen gemäß §§ 21, 22 WpHG stützen. §§ 21, 22 WpHG verlangen eine Offenlegung ab einer Stimmrechtsbeteiligung von 3%.[1] Aufgrund der Zurechnungsvorschriften des § 22 WpHG sind in den Fällen, in denen eine Zurechnung der Stimmrechte an einen Dritten stattfindet, der selbst die Aktien nicht unmittelbar hält, auch mittelbare Beteiligungen gemäß §§ 21, 22 2

---

[1] Schlitt/Schäfer, in: Assmann/Schlitt/von Kopp-Colomb, WpPG/VerkProspG, EU-ProspektVO, Anhang I Rn. 147; *Fingerhut/Voß*, in: Just/Voß/Ritz/Zeising, WpHG, EU-ProspektVO, Anhang I Rn. 274; *Alfes/Wieneke*, in: Holzborn, WpPG, EU-ProspektVO, Mindestangaben Anhang I Rn. 80.

Anhang I Ziffer 18

WpHG offenzulegen. Auf Grundlage solcher Meldungen sind daher auch die mittelbar Beteiligten im Prospekt offen zu legen, und zwar grundsätzlich bis zum letzten Meldepflichtigen in der Kette. Es empfiehlt sich, im Prospekt klarzustellen, dass die Angaben auf den veröffentlichten Stimmrechtsmitteilungen beruhen, auf die der Emittent letztendlich angewiesen ist;[2] ggf. sollte für jede Angabe auch das Datum der relevanten Stimmrechtsmitteilung angegeben werden. Auch ein Hinweis darauf, dass die Meldepflichten nach §§ 21, 22 WpHG abhängig von den in § 21 WpHG vorgesehenen Schwellen (3%, 5%, 10%, 15%, 20%, 25%, 30%, 50%, 75% der Stimmrechte) sind, und dass Veränderungen der Stimmrechtsbeteiligung der Meldepflichtigen seit den letzten Meldungen, die keine Schwellenberührung auslösen, nicht meldepflichtig sind, wird häufig aufgenommen. Eine eigenständige Pflicht des Emittenten zur Nachforschung oder Überprüfung hinsichtlich der gehaltenen Beteiligungen kann der Prospektverordnung nämlich nicht entnommen werden.[3] Fraglich ist, was in dem Fall zu tun ist, dass der Emittent davon Kenntnis hat, dass die tatsächlichen Beteiligungsverhältnisse von der Meldelage erheblich abweichen. In der Regel dürfte es sich in dieser Situation empfehlen, zunächst auf eine Klärung mit dem betroffenen Aktionär oder Meldepflichtigen hinzuwirken. Führt dies nicht zum Erfolg, kann es angezeigt sein, mit der BaFin Rücksprache zu halten. Der Wortlaut von Ziffer 18.1 bezieht sich ausschließlich auf Beteiligungen am Kapital des Emittenten, nicht auf sonstige Finanz-Instrumente im Sinne von § 25 und § 25a WpHG, die den Inhaber berechtigen oder ihm ermöglichen, stimmberechtigte Aktien des Emittenten zu erwerben. Allerdings ist es möglich, dass die Offenlegung solcher Positionen gemäß Ziffer 18.4 oder aus allgemeinen Wesentlichkeitserwägungen geboten ist.

3   Notieren die Aktien des Emittenten dagegen (bislang) nicht bereits an einem organisierten Markt,[4] sind §§ 21, 22 WpHG (bis zur Börsennotierung) nicht auf Beteiligungen am Emittenten anwendbar; eine entsprechende Meldehistorie, auf die der Emittent die Angaben nach Ziffer 18.1 stützen könnte, liegt daher nicht vor. Dennoch wird der Emittent in den meisten Fällen Kenntnis von seinen Aktionären haben, und zwar regelmäßig auch über die Informationen hinaus, die er auf Basies der aktienrechtlichen Meldepflichten der Aktionäre (nach § 20 AktG bei 25% und 50% der Aktien) erlangt hat.[5] Auch hier gilt grundsätzlich, dass direkte und indirekte Beteiligungsstrukturen sichtbar zu machen sind, soweit sie

---

2 *Alfes/Wieneke*, in: Holzborn, WpPG, EU-ProspektVO, Mindestangaben Anhang I Rn. 81; insbesondere unter haftungsrechtlichen Gesichtspunkten ebenso *Fingerhut/Voß*, in: Just/Voß/Ritz/Zeising, WpPG, EU-ProspektVO, Anhang I Rn. 277 sowie bereits für § 19 Abs. 2 Ziffer 5. lit. a) BörsZulV a. F. *Heidelbach*, in: Schwark, KMRK, 3. Aufl. 2004, § 19 BörsZulV a. F. Rn. 2.
3 *Fingerhut/Voß*, in: Just/Voß/Ritz/Zeising, WpPG, EU-ProspektVO, Anhang I Rn. 277; *Schlitt/Schäfer*, in: Assmann/Schlitt/von Kopp-Colomb, WpPG/VerkProspG, EU-ProspektVO, Anhang I Rn. 148; ähnlich *Alfes/Wieneke*, in: Holzborn, WpPG, EU-ProspektVO, Mindestangaben Anhang I Rn. 81; für § 19 Abs. 2 Ziffer 5. lit. a) BörsZulV a. F. unter dem Gesichtspunkt der Vermeidung von Haftungsrisiken *Heidelbach*, in: Schwark, KMRK, 3. Aufl. 2004, § 19 BörsZulV a. F. Rn. 2.
4 Zu denken ist auch an eine Notierung an einem nicht organisierten Markt, wie z. B. dem Entry Standard der Frankfurter Wertpapierbörse.
5 *Schlitt/Schäfer*, in: Assmann/Schlitt/von Kopp-Colomb, WpPG/VerkProspG, EU-ProspektVO, Anhang I Rn. 148; *Alfes/Wieneke*, in: Holzborn, WpPG, EU-ProspektVO, Mindestangaben Anhang I Rn. 81, die etwa auf die Kenntnis des Emittenten für den Fall der Ausgabe von Namensaktien oder der Umwandlung des Emittenten in eine AG, KGaA oder SE zum Zwecke eines Börsengangs hinweisen.

dem Emittenten bekannt sind.⁶ Ein Hinweis im Prospekt darauf, dass die Angaben nach Kenntnis des Emittenten gemacht werden, ist üblich. Fraglich ist, ab welchen Beteiligungsquoten in diesem Fall Angaben zu machen sind. Obwohl §§ 21, 22 WpHG nicht anwendbar sind, erscheint es sinnvoll – eine entsprechende Kenntnis des Emittenten vorausgesetzt – sich an den dort enthaltenen Schwellen zu orientieren. Dies gilt jedenfalls dann, wenn der Emittent eine Notierung an einem organisierten Markt anstrebt, da jeder, dem (ggf. unter Anwendung der Zurechnungsvorschriften des § 22 WpHG im Zeitpunkt der erstmaligen Zulassung der Aktien des Emittenten zum Handel an einem organisierten Markt 3 % oder mehr der Stimmrechte des Emittenten zustehen, diesen Umstand gemäß § 21 Abs. 1a WpHG zu melden hat. Daher bietet es sich in einem solchen Fall an, die unmittelbar nach Börsenzulassung zu erwartende Meldesituation (soweit möglich) bereits im Prospekt widerzuspiegeln. Für die Offenlegung von indirekten Beteiligungen können die Zurechnungsnormen des § 22 WpHG als Orientierungshilfe dienen.

Bei Kapitalerhöhungen oder Umplatzierungen von Aktien verändern sich die Beteiligungsverhältnisse infolge der Transaktion in der Regel; dies gilt auch für Bezugsangebote, da nicht notwendigerweise alle Aktionäre (selbst) von ihren Bezugsrechten Gebrauch machen. Üblicherweise werden daher der Tabelle, in der die Beteiligungsverhältnisse (Ist-Stand) dargestellt werden, ein oder zwei Spalten hinzugefügt, die die voraussichtlichen Beteiligungsverhältnisse nach der Transaktion enthalten. Die diesen zusätzlichen Spalten zugrunde liegenden Annahmen werden in Fußnoten erläutert (z.B. in der Annahme, dass sämtliche angebotenen Aktien platziert werden).

Soweit keine wesentlichen Aktionäre an dem Emittenten beteiligt sind, ist ein ausdrückliches Negativtestat in den Prospekt aufzunehmen.⁷ Gleiches gilt auch in Fällen, in denen dem Emittenten keine Kenntnisse über seine Aktionärsstruktur vorliegen; die Erklärung kann sich dabei aufgrund des klaren Wortlauts in Ziffer 17.1 auf sein Wissen beschränken.⁸

II. Angaben zu unterschiedlichen Stimmrechten

Angaben nach Ziffer 18.2 sind in erster Linie dann zu machen, wenn der Emittent Stammaktien und stimmrechtslose Vorzugsaktien (§ 12 Abs. 1 Satz 2 AktG) ausgegeben hat.⁹ Auch wenn satzungsmäßige Entsendungsrechte in Bezug auf Aufsichtsratsmitglieder bestehen, sollten diese angegeben werden.

---

6 A.A. offenbar *Fingerhut/Voß*, in: Just/Voß/Ritz/Zeising, WpPG, EU-ProspektVO, Anhang I Rn. 274, jedoch unter Hinweis auf eine gegenläufige, sich an § 21 WpHG orientierende Verwaltungspraxis der BaFin.
7 *Fingerhut/Voß*, in: Just/Voß/Ritz/Zeising, WpPG, EU-ProspektVO, Anhang I Rn. 276.
8 *Schlitt/Schäfer*, in: Assmann/Schlitt/von Kopp-Colomb, WpPG/VerkProspG, EU-ProspektVO, Anhang I Rn. 149.
9 *Schlitt/Schäfer*, in: Assmann/Schlitt/von Kopp-Colomb, WpPG/VerkProspG, EU-ProspektVO, Anhang I Rn. 151; *Fingerhut/Voß*, in: Just/Voß/Ritz/Zeising, WpPG, EU-ProspektVO, Anhang I Rn. 279.

Anhang I Ziffer 18

III. Beherrschungsverhältnisse

7 Ziffer 18.3 verlangt die Offenlegung von Beherrschungsverhältnissen, ohne diesen Begriff näher zu definieren. Der Zweck des Angabeerfordernisses besteht darin, potenziellen Anlegern auch im Hinblick auf spätere Gewinnausschüttungen ein vollständiges Bild über die Kapitalstruktur und die Verflechtung des Emittenten zu vermitteln.[10] Auf jeden Fall fallen darunter alle Beherrschungsverhältnisse im Sinne des Konzernrechts (vgl. §§ 308ff. AktG für den Vertragskonzern und §§ 311 ff. AktG für den faktischen Konzern), so dass Ziffer 18.3 die Anforderungen der Darstellung nach Ziffer 7.1 ergänzt bzw. erweitert.[11] Der Begriff sollte u. E. aber im Sinne des Wesentlichkeitsprinzips ausgelegt werden und kann deshalb auch andere Verhältnisse erfassen, die einen wesentlichen Einfluss auf die Unternehmensführung ermöglichen.[12] Soweit §§ 21, 22 WpHG (oder die darin enthaltenen Maßstäbe) der Offenlegung nach Ziffer 18.1 zugrunde gelegt wurden, sind die Gesellschaften und Personen mit ihren jeweiligen Beteiligungen, die über einen wesentlichen Stimmrechtseinfluss in Bezug auf den Emittenten verfügen, bereits offengelegt.[13]

8 Ziffer 18.3 verlangt insbesondere bei mittelbaren Beherrschungsverhältnissen eine weitergehende Beschreibung der tatsächlichen oder rechtlichen Grundlage des Beherrschungsverhältnisses und der Art und Weise der durch das Beherrschungsverhältnis vermittelten Kontrolle. Zu beachten ist insoweit auch die noch zu § 13 VerkProspG, § 44 BörsG ergangene Wohnungsbau Leipzig-West-Entscheidung des BGH.[14] Der dieser Entscheidung zugrunde liegende Sachverhalt betraf den eher ungewöhnlichen Fall, dass der Emittent als abhängiges Unternehmen Teil eines Vertragskonzerns war. Der Emittent hatte mit der Konzernmuttergesellschaft einen Gewinnabführungs- und Beherrschungsvertrag geschlossen. Das Gericht erachtete die ohne weitergehende Erläuterungen erfolgte Angabe der Höhe der von der Konzernmuttergesellschaft am Emittenten gehaltenen Beteiligung sowie den Hinweis auf einen mit der Konzernmuttergesellschaft abgeschlossenen Gewinnabführungs- und Beherrschungsvertrags für sich genommen als nicht ausreichend. Erforderlich sei vielmehr eine konkrete Darstellung der bestehenden Einflussnahmemöglichkeiten der

---

10 *Schlitt/Schäfer*, in: Assmann/Schlitt/von Kopp-Colomb, WpPG/VerkProspG, EU-ProspektVO, Anhang I Rn. 153; *Fingerhut/Voß*, in: Just/Voß/Ritz/Zeising, WpPG, EU-ProspektVO, Anhang I Rn. 282.
11 *Alfes/Wieneke*, in: Holzborn, WpPG, EU-ProspektVO, Mindestangaben Anhang I Rn. 82.
12 Ähnlich *Schlitt/Schäfer*, in: Assmann/Schlitt/von Kopp-Colomb, WpPG/VerkProspG, EU-ProspektVO, Anhang I Rn. 152, denen zufolge auch solche Beteiligungsverhältnisse anzugeben sind, die einen über die eigene Beteiligung hinausgehenden Einfluss vermitteln. Zu Angaben bei Unternehmen, die im Familienbesitz stehen, siehe *Fingerhut/Voß*, in: Just/Voß/Ritz/Zeising, WpPG, EU-ProspektVO, Anhang I Rn. 283.
13 *Alfes/Wieneke*, in: Holzborn, WpPG, EU-ProspektVO, Mindestangaben Anhang I Rn. 82 wollen eine wesentliche Bedeutung von Ziffer 18.3 jedoch auch gerade darin sehen, bestehende Beherrschungsverhältnisse explizit als solche zu deklarieren und über die Beteiligung hinausgehende mögliche Beherrschungsvereinbarungen in Beherrschungsverträgen oder Satzungsregelungen offenzulegen; *Fingerhut/Voß*, in: Just/Voß/Ritz/Zeising, WpPG, EU-ProspektVO, Anhang I Rn. 281 betonen hingegen einen eigenen Regelungshalt der Vorschrift, der mangels Anwendbarkeit von § 21 WpHG gerade in der Sicherstellung der Offenlegung von Beteiligungs- und Beherrschungsverhältnissen auch für (bislang) nicht an einem organisierten Markt notierte Emittenten liege.
14 BGH, Urteil v. 18.9.2012, Az.: XI ZR 344/11 = NZG 2012, 1262 (Wohnungsbau Leipzig-West); vgl. dazu *Alfes/Wieneke*, in: Holzborn, WpPG, EU-ProspektVO, Mindestangaben Anhang I Rn. 44 sowie *Wieneke*, NZG 2012, 1420.

insoweit beherrschenden Muttergesellschaft. Insbesondere bedurfte es nach Ansicht des BGH eines Hinweises auf § 308 Abs. 1 Satz 2 AktG, wonach dem Emittenten als beherrschter Gesellschaft auch für diesen nachteilige Weisungen erteilt werden können, soweit sie den Belangen des herrschenden Unternehmens oder anderen Konzerngesellschaften dienen.[15]

Neben der Beschreibung von Beherrschungs- bzw. Gewinnabführungsverträgen kommen insbesondere Poolverträge, Stimmbindungsverträge, Bevollmächtigungen zur Stimmrechtsausübung und Acting in Concert in Betracht.[16] Im Rahmen von Börsengängen werden vorhandene Gesellschaftervereinbarungen und darin enthaltene Stimmbindungsverträge im Zeitpunkt des Börsengangs häufig aufgehoben oder abgeändert. Jedenfalls die bestehen bleibenden Regelungen solcher Vereinbarungen sind gemäß Ziffer 18.3 offenzulegen.[17] Unter „Maßnahmen zur Verhinderung des Missbrauchs einer derartigen Kontrolle" fallen insbesondere die Mechanismen des Aktienrechts zum Schutz der abhängigen Gesellschaft im faktischen Konzern (z. B. Abhängigkeitsbericht gemäß § 312 AktG).[18]

IV. Vereinbarungen, die zu Veränderungen der Kontrolle führen können

Gemäß Ziffer 18.4 sind Vereinbarungen zu beschreiben, deren Ausübung zu einem späteren Zeitpunkt zu einer Veränderung der Kontrolle des Emittenten führen könnte. Der Begriff Kontrolle wird in der Prospektverordnung nicht definiert. Sicherlich sollten solche Vereinbarungen beschrieben werden, deren Ausübung dazu führen kann, dass eine Person Kontrolle im Sinne des § 29 Abs. 2 WpÜG (30% Stimmrechtsbeteiligung) über den Emittenten gewinnt oder verliert.[19] Der Wesentlichkeitsgrundsatz kann u. U. gebieten, darüber hinaus auch solche Vereinbarungen zu beschreiben, die – obwohl sie nicht zu einem Kontrollwechsel im Sinne des Übernahmerechts führen – zu wesentlichen Veränderungen in der Beteiligungsstruktur führen können.[20] Unter Ziffer 18.4 fallen insbesondere Optionsrechte (Call-Rechte oder Put-Rechte), die auf den physischen Erwerb von stimmberechtigten Aktien gerichtet sind.[21] Mit dem Wortlaut von Ziffer 18.4 nur schwerlich vereinbar

---

15 Kritisch hierzu etwa *Wieneke*, NZG 2012, 1420 (1422).
16 *Schlitt/Schäfer*, in: Assmann/Schlitt/von Kopp-Colomb, WpPG/VerkProspG, EU-ProspektVO, Anhang I Rn. 153; *Fingerhut/Voß*, in: Just/Voß/Ritz/Zeising, WpPG, EU-ProspektVO, Anhang I Rn. 282.
17 Vgl. etwa den Prospekt der SLM Solutions Group AG vom 25.4.2014.
18 *Schlitt/Schäfer*, in: Assmann/Schlitt/von Kopp-Colomb, WpPG/VerkProspG, EU-ProspektVO, Anhang I Rn. 154; *Alfes/Wieneke*, in: Holzborn, WpPG, EU-ProspektVO, Mindestangaben Anhang I Rn. 82 nennen darüber hinaus entsprechende Regelungen in der Satzung des Emittenten oder in einem Unternehmensvertrag.
19 Ebenso *Schlitt/Schäfer*, in: Assmann/Schlitt/von Kopp-Colomb, WpPG/VerkProspG, EU-ProspektVO, Anhang I Rn. 156, die zumindest in Fällen einer (geplanten) Zulassung der Aktien des Emittenten an einem organisierten Markt entsprechend verfahren wollen.
20 Ebenso *Schlitt/Schäfer*, in: Assmann/Schlitt/von Kopp-Colomb, WpPG/VerkProspG, EU-ProspektVO, Anhang I Rn. 156.
21 *Fingerhut/Voß*, in: Just/Voß/Ritz/Zeising, WpPG, EU-ProspektVO, Anhang I Rn. 286; *Schlitt/Schäfer*, in: Assmann/Schlitt/von Kopp-Colomb, WpPG/VerkProspG, EU-ProspektVO, Anhang I Rn. 156; *Alfes/Wieneke*, in: Holzborn, WpPG, EU-ProspektVO, Mindestangaben Anhang I Rn. 83.

Anhang I Ziffer 18

wäre es, auf der Basis von Ziffer 18.4 auch Angaben zu Instrumenten mit reinem Barausgleich (*cash settlement*) zu verlangen. Die Erforderlichkeit von Angaben zu entsprechenden Instrumenten ließe sich, soweit der Emittent Kenntnis[22] von ihnen hat, abhängig von den konkreten Gegebenheiten allenfalls aus dem Wesentlichkeitsprinzip ableiten. Auch Vorkaufsrechte und Andienungsrechte, die beispielsweise in Gesellschafterverträgen vereinbart sind, können unter Ziffer 18.4 fallen.[23] Werden der Ziffer 18.4 unterfallende Vereinbarungen im Hinblick auf die mit einer Kontrollerlangung nach Zulassung der Aktien an einem organisierten Markt andernfalls letztendlich einhergehenden Verpflichtung zur Abgabe eines Angebots an alle Aktionäre gemäß § 30 WpÜG vor einem Börsengang aufgehoben, kann eine detaillierte Beschreibung regelmäßig unterbleiben, sofern die Vereinbarungen weder fortgelten noch anderweitig wiederaufleben, nachdem bereits Aktien durch Außenstehende erworben worden sind.[24]

---

22 Kenntnis liegt vor, sofern es sich um mitteilungspflichtige Finanzinstrumente handelt, die den Mitteilungspflichten des WpHG unterliegen, und in Bezug auf die vom Mitteilungspflichtigen auch tatsächlich entsprechende Mitteilungen gemacht wurden.
23 *Schlitt/Schäfer*, in: Assmann/Schlitt/von Kopp-Colomb, WpPG/VerkProspG, EU-ProspektVO, Anhang I Rn. 156.
24 *Schlitt/Schäfer*, in: Assmann/Schlitt/von Kopp-Colomb, WpPG/VerkProspG, EU-ProspektVO, Anhang I Rn. 157.

19. GESCHÄFTE MIT VERBUNDENEN PARTEIEN

Anzugeben sind Einzelheiten zu Geschäften mit verbundenen Parteien (die in diesem Sinne diejenigen sind, die in den Standards dargelegt werden, die infolge der Verordnung (EG) Nr. 1606/2002 angenommen wurden), die der Emittent während des Zeitraums abgeschlossen hat, der von den historischen Finanzinformationen abgedeckt wird bis zum Datum der Erstellung des Registrierungsformulars. Dies hat in Übereinstimmung mit dem jeweiligen Standard zu erfolgen, der infolge der Verordnung (EG) Nr. 1606/2002 angenommen wurde (falls anwendbar).

Finden diese Standards auf den Emittenten keine Anwendung, müssen die folgenden Angaben offen gelegt werden:

a) Art und Umfang der Geschäfte, die als einzelnes Geschäft oder insgesamt für den Emittenten von wesentlicher Bedeutung sind. Erfolgt der Abschluss derartiger Geschäfte mit verbundenen Parteien nicht auf marktkonforme Weise, ist zu erläutern, weshalb. Im Falle ausstehender Darlehen einschließlich Garantien jeglicher Art ist der ausstehende Betrag anzugeben.

b) Betrag oder Prozentsatz, zu dem die Geschäfte mit verbundenen Parteien Bestandteil des Umsatzes des Unternehmens sind.

Übersicht

	Rn.		Rn.
I. Überblick	1	IV. Relevante Angaben	8
II. Anwendungsbereich	2	V. Informationsbasis und Prospektdarstellung	11
III. Nahestehende Unternehmen und Personen im Sinne von IAS 24	5		

I. Überblick

Geschäfte mit verbundenen Personen tragen das besondere Risiko in sich, dass sie zu Konditionen abgeschlossen werden, die unter fremden Dritten nicht realisiert worden wären und somit die Vermögens-, Finanz- und Ertragslage des Emittenten beeinflussen können. Außerdem können die Beziehungen und Geschäfte mit verbundenen Personen auf das Geschäftsgebaren sowie auf das strategische Handeln des Emittenten Auswirkungen haben und von Relevanz für das Verständnis der Geschäftstätigkeit des Emittenten sein.[1] Daher sind diese Geschäfte und Beziehungen im Prospekt gemäß Ziffer 19 der Prospektverordnung transparent zu machen.

1

---

1 *Fink/Zeyer*, in: Baetge/Wollmert/Kirsch/Oser/Bischof, Rechnungslegung nach IFRS, 2. Aufl., Stand: Mai 2014, IAS 24 Rn. 2.

Anhang I Ziffer 19

II. Anwendungsbereich

2 Ziffer 19 verweist für Emittenten, auf die die IAS-Verordnung (VO (EG) Nr. 1606/2002)[2] anwendbar ist, auf IAS 24 (Angaben über Beziehungen zu nahe stehenden Unternehmen und Personen; Related Party Disclosure).[3] In den Anwendungsbereich fallen Emittenten, die einen Konzernabschluss aufstellen und deren Wertpapiere an einem organisierten Markt zugelassen sind bzw. die einen entsprechenden Zulassungsantrag gestellt haben.[4] Der Verweis auf IAS 24 bezieht sich in diesem Fall sowohl auf die Definition von nahestehenden Personen und Unternehmen als auch auf den Umfang und Inhalt der Offenlegung. Wesentlicher Beweggrund für den Verweis war es, zwei voneinander abweichende Offenlegungsstandards im Prospektrecht einerseits und in den Rechnungslegungsvorschriften andererseits zu vermeiden. Interessant ist, dass IAS 24 anders als Ziffer 19 nicht nur die Beschreibung von Geschäften mit nahestehenden Unternehmen und Personen verlangt, sondern auch die Beschreibung sonstiger bestehender Beziehungen mit nahestehenden Unternehmen und Personen. Trotzdem sollte der Umfang der Offenlegung im Prospekt gegenüber der Offenlegung im Konzernanhang nach IAS 24 nicht nur auf Geschäfte eingegrenzt werden, sondern auch sonstige Beziehungen umfassen.

3 Für Emittenten, auf die die IAS-Verordnung nicht anwendbar ist (dies werden in der Regel Emittenten sein, deren Aktien an einem Markt notieren, der kein organisierter Markt ist (Freiverkehr, Open Market),[5] legt Ziffer 19 in Abs. 2 lit. a) und b) den Umfang der Offenlegung fest. Aber auch in diesem Fall bestimmt sich der Kreis derjenigen, die als verbundene Parteien im Sinne von Ziffer 19 anzusehen sind, gemäß der in IAS 24 enthaltenen Definition von nahestehende Unternehmen und Personen.[6] Gemäß Ziffer 19 Abs. 2 lit. a) sind für Geschäfte, die nicht zu marktgerechten Bedingungen (*at arms lengths*) abgeschlossen werden, die Gründe dafür anzugeben, sofern diese Geschäfte für den Emittenten einzeln oder in ihrer Gesamtheit von wesentlicher Bedeutung sind.[7] Die Marktkonformität eines Geschäfts richtet sich danach, ob es mit demselben Inhalt auch mit einem außenstehenden Dritten geschlossen worden wäre.[8] Demgegenüber sieht IAS 24 keine Pflicht zur Offenlegung darüber vor, ob bzw. welche Geschäfte nicht *at arms lengths* ausgestaltet sind.

---

2 VO (EG) Nr. 1606/2002 vom 19.7.2002, ABl. L 243 S. 1 vom 11.9.2002.
3 *Schlitt/Schäfer*, in: Assmann/Schlitt/von Kopp-Colomb, WpPG/VerkProspG, EU-ProspektVO, Anhang I Rn. 159; *Fingerhut/Voß*, in: Just/Voß/Ritz/Zeising, WpPG, EU-ProspektVO, Anhang I Rn. 289.
4 *Fingerhut/Voß*, in: Just/Voß/Ritz/Zeising, WpPG, EU-ProspektVO, Anhang I Rn. 290.
5 *Schlitt/Schäfer*, in: Assmann/Schlitt/von Kopp-Colomb, WpPG/VerkProspG, EU-ProspektVO, Anhang I Rn. 163.
6 Vgl. auch die von CESR (CESR's recommendations for the consistent implementation of the European Commission's Regulation on Prospectuses n° 809/2004, January 2005, CESR/05-054b, Tz. 149) übernommene diesbezügliche Empfehlung von ESMA, ESMA, Update of the CESR recommendations, the consistent implementation of Commission Regulation (EC) No. 809/2004 implementing the Prospectus Directive, 20 March 2013, ESMA/2013/319, Tz. 149; *Schlitt/Schäfer*, in: Assmann/Schlitt/von Kopp-Colomb, WpPG/VerkProspG, EU-ProspektVO, Anhang I Rn. 159; *Fingerhut/Voß*, in: Just/Voß/Ritz/Zeising, WpPG, EU-ProspektVO, Anhang I Rn. 289.
7 *Fingerhut/Voß*, in: Just/Voß/Ritz/Zeising, WpPG, EU-ProspektVO, Anhang I Rn. 291; *Schlitt/Schäfer*, in: Assmann/Schlitt/von Kopp-Colomb, WpPG/VerkProspG, EU-ProspektVO, Anhang I Rn. 162.
8 *Fingerhut/Voß*, in: Just/Voß/Ritz/Zeising, WpPG, EU-ProspektVO, Anhang I Rn. 291; *Schlitt/Schäfer*, in: Assmann/Schlitt/von Kopp-Colomb, WpPG/VerkProspG, EU-ProspektVO, Anhang I Rn. 164.

Aus Prospektsicht dürfte es grundsätzlich wünschenswert sein, wenn der Emittent explizit bestätigt, dass die Geschäfte bzw. Beziehungen mit nahestehenden Unternehmen und Personen zu *arms lengths* Konditionen ausgestaltet sind bzw. soweit dies nicht der Fall ist, offenlegt, welche Geschäfte bzw. Beziehungen einem Drittvergleich nicht standhalten. Jedenfalls bei wesentlichen Geschäften sollten daher auch Emittenten, die der IAS-Verordnung unterfallen, entsprechende Erklärungen im Prospekt aufnehmen. Ziffer 19 Abs. 2 lit. b) verlangt außerdem, dass der Betrag oder der Prozentsatz, zu dem die Geschäfte mit verbundenen Parteien Bestandteil des Umsatzes des Emittenten sind, offengelegt werden.[9] IAS 24 sieht eine solche Offenlegung zumindest nicht explizit vor. Trotzdem empfiehlt es sich bei Umsatzgeschäften mit nahestehenden Unternehmen oder Personen deren prozentualen Anteil am Umsatz des Emittenten offenzulegen, zumindest wenn dieser einen nicht unerheblichen Umfang einnimmt oder in den vergangenen Jahren eingenommen hat.[10]

III. Nahestehende Unternehmen und Personen im Sinne von IAS 24

Dem Emittenten nahestehende Unternehmen und Personen sind nach den in IAS 24 enthaltenen Definitionen insbesondere:

- Mitglieder des Vorstands und des Aufsichtsrates des Emittenten sowie deren nahe Familienangehörige (z. B. Ehepartner, Lebenspartner, eigene Kinder, Kinder des Lebenspartners sowie sonstige eigene Angehörige und Angehörige des Lebenspartners);
- Unternehmen, die von Mitgliedern des Vorstands oder des Aufsichtsrats des Emittenten oder deren nahen Familienangehörigen unmittelbar oder mittelbar beherrscht werden, oder auf die diese einen maßgeblichen Einfluss ausüben können (z. B. durch Vertrag oder Absprachen);
- Unternehmen und natürliche Personen, die
  - direkt oder indirekt durch eine oder mehrere Zwischenstufen den Emittenten beherrschen oder mit diesem unter gemeinsamer Kontrolle einer anderen Gesellschaft stehen (dies schließt Holdinggesellschaften und Schwestergesellschaften ein);
  - durch ihren Anteilsbesitz direkt oder indirekt einen maßgeblichen Einfluss auf den Emittenten ausüben können; oder
  - an der gemeinsamen Führung des Emittenten beteiligt sind;

  sowie jeweils nahe Familienangehörige dieser Personen.
  - Assoziierte Unternehmen, also Unternehmen, bei denen ein Stimmrechtsanteil zwischen 20% und 50% besteht; sowie
  - Joint Ventures, an denen der Emittent beteiligt ist.

---

9 Diese Offenlegungspflicht geht auf die Vorgaben der IOSCO International Disclosure Standard For Cross-Border Offerings and Initial Listings by Foreign Issuers, September 1998, Abschnitt VII. B. (Related Party Transactions) zurück, vgl. *Schlitt/Schäfer*, in: Assmann/Schlitt/von Kopp-Colomb, WpPG/VerkProspG, EU-ProspektVO, Anhang I Rn. 163.

10 *Schlitt/Schäfer*, in: Assmann/Schlitt/von Kopp-Colomb, WpPG/VerkProspG, EU-ProspektVO, Anhang I Rn. 166 unter Bezugnahme auf § 11 Abs. 2 TranspRLDV; im Übrigen soll eine Aussage zu den Beträgen der Geschäfte grundsätzlich nach Kategorien zusammengefasst erfolgen.

Anhang I Ziffer 19

6 Die das erforderliche Näheverhältnis begründenden Umstände beruhen überwiegend auf den Konzepten Beherrschung (*control*), maßgeblicher Einfluss (*significant influence*) und gemeinschaftliche Führung (*joint control*). Diese Konzepte sind wiederrum im Rahmen von IAS bzw. IFRS definiert und gehen in ihrer Zusammenschau über das im deutschen Aktienrecht bekannte Konzept der verbundenen Unternehmen (§ 15 AktG) hinaus.

7 Ist der Emittent Mutterunternehmen eines Konzerns, besteht nach IAS 24 (und somit auch nach Anhang I Ziffer 19 ProspektVO) grundsätzlich keine Pflicht, Geschäfte und Beziehungen zu Tochtergesellschaften, die in der Konzernbilanz im Wege der Konsolidierung eliminiert werden, im Anhang des Konzernabschlusses darzustellen. Abhängig von den konkreten Umständen mag es von Fall zu Fall aber sinnvoll und empfehlenswert sein, bestimmte konzerninterne Beziehungen an dieser oder anderer Stelle im Prospekt offenzulegen, beispielsweise um die Geschäftstätigkeit der Gesellschaft und die Verortung der verschiedenen Funktionen im Konzern darzustellen oder um konzerninterne Geschäfte, die Risiken für die Vermögens-, Finanz- und Ertragslage des Emittenten aufweisen, tranparant zu machen.[11] Geschäfte und Beziehungen mit Beteiligungsunternehmen, die nicht in den Konsolidierungskreis des Emittenten fallen, unterfallen dagegen den Offenlegungspflichten gemäß IAS 24 und Anhang I Ziffer 19 ProspektVO.[12]

IV. Relevante Angaben

8 Zu den nach IAS 24 offen zu legenden Geschäften und Rechtsbeziehungen zählen z. B.:

– Verkauf oder Kauf von Waren, Grundeigentum oder anderen Vermögensgegenständen;
– Erbringung oder Inanspruchnahme von Dienstleistungen;
– Leasingverhältnisse;
– Transfer von Dienstleistungen im Bereich Forschung und Entwicklung oder aufgrund von Lizenzvereinbarungen, Kooperationsvereinbarungen;
– Finanzierungsverträge (Darlehen, Kapitaleinlagen in Form von Bar- und Sacheinlagen);
– Gewährung von Bürgschaften und Sicherheiten;
– Begleichung von Verbindlichkeiten.

9 Gemäß IAS 24 sind zu den relevanten Geschäftsvorfällen mit nahestehenden Personen folgende Angaben zu machen:

– Art der Beziehung zu den jeweiligen nahe stehenden Personen;

---

11 Vgl. hierzu BGH, NZG 2015, 32 ff. (Telekom-Musterentscheid). Hier befand der BGH, dass die Übertragung eines erheblichen Aktienpakets vom Emittenten auf eine Konzerntochter im Wege einer Sacheinlage (sogenannte Umhängung) im Prospekt exakt zu beschreiben ist und nicht als Verkauf innerhalb des Konzern deklariert werden darf. Ferner, so der BGH, sei im Prospekt zu erläutern, dass der im Jahr der Umhängung durch die Aufdeckung stiller Reserven erzielte Buchgewinn bei einer später erforderlich werdenden Sonderabschreibung des Beteiligungsbuchwerts an der Konzerntochter zu einem entsprechenden Verlust des Emittenten in künftigen Geschäftsjahren führen kann, der die Dividendenerwartungen der neu geworbenen Aktionäre beeinträchtigt.
12 *Schlitt/Schäfer*, in: Assmann/Schlitt/von Kopp-Colomb, WpPG/VerkProspG, EU-ProspektVO, Anhang I Rn. 161.

- Informationen über die Geschäftsvorfälle und die Forderungen und Verbindlichkeiten zwischen den nahe stehenden Unternehmen und Personen und dem Emittenten;
- Mindestangaben zum Verständnis der Auswirkungen der Beziehungen auf den Abschluss. Hierzu gehören:
- Betrag / Höhe der Geschäftsvorfälle (prozentuale oder deskriptive Angaben genügen nicht);
- die Höhe der ausstehenden Salden, einschließlich Verpflichtungen und ihre Bedingungen und Konditionen, u. a., ob eine Besicherung besteht, sowie die Art der Leistungserfüllung und Einzelheiten über gewährte oder erhaltene Garantien;
- Wertberichtigungen auf ausstehende Salden; und
- Aufwand aus Abwertung uneinbringlicher oder zweifelhafter Forderungen gegenüber nahestehenden Unternehmen und Personen.

Ziffer 19 legt fest, dass die Angaben im Prospekt für den gesamten Zeitraum zu machen sind, der von den im Prospekt enthaltenen historischen Finanzinformationen abgedeckt wird; demnach sind grundsätzlich auch bereits erfüllte und nicht mehr bestehende Geschäfte oder mittlerweile aufgelöste Beziehungen darzustellen, sofern sie in früheren, aber noch von den historischen Finanzinformationen abgedeckten Zeiträumen bestanden.

V. Informationsbasis und Praxisdarstellung

In der Prospektpraxis wird die Offenlegung gemäß Ziffer 19 in einem eigenständigen Kapitel „Geschäfte und Rechtsbeziehungen zu nahestehenden Personen" zusammengefasst. Vorstands- und Aufsichtsratsvergütung sowie Kredit- oder sonstige Verträge mit Mitgliedern des Vorstands oder des Aufsichtsrats werden in der Regel bereits in dem Kapitel „Angaben zu den Organen des Emittenten" getätigt, auf die verwiesen werden kann. Als Ausgangspunkt für die Erstellung des Kapitels „Geschäfte und Rechtsbeziehungen zu nahestehenden Personen" wird in der Regel die diesbezügliche Offenlegung in den Anhängen zu den historischen Finanzabschlüssen sein. Soweit der Emittent eine abhängige Aktiengesellschaft im Sinne von § 311 ff. AktG ist, kann außerdem auf den Abhängigkeitsbericht gemäß § 312 AktG zurückgegriffen werden. In einem ersten Schritt identifiziert man sämtliche nahestehenden Unternehmen und Personen; dabei legt man grundsätzlich die Ergebnisse der Wirtschaftsprüfer zugrunde, überprüft aber anhand der Due Diligence, ob es Hinweise auf weitere relevante Geschäfte bzw. Beziehungen gibt. In den D&O Questionnaires werden regelmäßig auch die Beziehungen zu nahestehenden Personen von den Mitgliedern des Aufsichtsrats und des Vorstands abgefragt. In einem zweiten Schritt wird man die relevanten Geschäfte und Beziehungen beschreiben. Dabei ist auf inhaltliche Konsistenz der Prospektoffenlegung mit der Darstellung in den Anhängen und ggf. dem Abhängigkeitsbericht (der der Öffentlichkeit jedoch, anders als die Anhänge, nicht zugänglich ist) zu achten. Dennoch wird man in der Regel nicht lediglich die Angaben in den Anhängen zu den Finanzabschlüssen kopieren, sondern die Beschreibung mit Erkenntnissen über die Verträge aus der Due Diligence anreichern. Ziel muss es dabei sein, dem Prospektleser die bestehenden Verträge und Beziehungen zu erklären und ihr jeweiliges Volumen sowie ihre Bedeutung für die Geschäftstätigkeit und die Vermögens-, Finanz- und Ertragslage des Emittenten unter Einhaltung der Vorgaben von IAS 24 transparent zu machen.

Anhang I Ziffer 20.1

20. FINANZINFORMATIONEN ÜBER DIE VERMÖGENS-, FINANZ- UND ERTRAGSLAGE DES EMITTENTEN

20.1. Historische Finanzinformationen

Beizubringen sind geprüfte historische Finanzinformationen, die die letzten drei Geschäftsjahre abdecken (bzw. einen entsprechenden kürzeren Zeitraum, während dessen der Emittent tätig war), sowie der Bestätigungsvermerk des Abschlussprüfers für jedes Geschäftsjahr. Hat der Emittent in der Zeit, für die historische Finanzinformationen beizubringen sind, seinen Bilanzstichtag geändert, so decken die geprüften historischen Finanzinformationen mindestens 36 Monate oder – sollte der Emittent seiner Geschäftstätigkeit noch keine 36 Monate nachgegangen sein – den gesamten Zeitraum seiner Geschäftstätigkeit ab. Derartige Finanzinformationen sind nach der Verordnung (EG) Nr. 1606/2002 bzw. für den Fall, dass diese Verordnung nicht anwendbar ist, nach den nationalen Rechnungslegungsgrundsätzen des betreffenden Mitgliedstaats zu erstellen. Bei Emittenten aus Drittstaaten sind diese Finanzinformationen nach den im Verfahren des Artikels 3 der Verordnung (EG) Nr. 1606/2002 übernommenen internationalen Rechnungslegungsstandards oder nach diesen Standards gleichwertigen nationalen Rechnungslegungsgrundsätzen eines Drittstaates zu erstellen. Ist keine Äquivalenz zu den Standards gegeben, so sind die Finanzinformationen in Form eines neu zu erstellenden Jahresabschlusses vorzulegen.

Die geprüften historischen Finanzinformationen müssen für die letzten zwei Jahre in einer Form dargestellt und erstellt werden, die mit der konsistent ist, die im folgenden Jahresabschluss des Emittenten zur Anwendung gelangen wird, wobei Rechnungslegungsgrundsätze- und -strategien sowie die Rechtsvorschriften zu berücksichtigen sind, die auf derlei Jahresabschlüsse Anwendung finden.

Ist der Emittent in seiner aktuellen Wirtschaftsbranche weniger als ein Jahr tätig, so sind die geprüften historischen Finanzinformationen für diesen Zeitraum gemäß den Standards zu erstellen, die auf Jahresabschlüsse im Sinne der Verordnung (EG) Nr. 1606/2002 anwendbar sind bzw. für den Fall, dass diese Verordnung nicht anwendbar ist, gemäß den nationalen Rechnungslegungsgrundsätzen eines Mitgliedstaats, wenn der Emittent aus der Gemeinschaft stammt. Bei Emittenten aus Drittstaaten sind diese historischen Finanzinformationen nach den im Verfahren des Artikels 3 der Verordnung (EG) Nr. 1606/2002 übernommenen internationalen Rechnungslegungsstandards oder nach diesen Standards gleichwertigen nationalen Rechnungslegungsgrundsätzen eines Drittstaates zu erstellen. Diese historischen Finanzinformationen müssen geprüft worden sein.

Wurden die geprüften Finanzinformationen gemäß nationaler Rechnungslegungsgrundsätze erstellt, dann müssen die unter dieser Rubrik geforderten Finanzinformationen zumindest Folgendes enthalten:

a) die Bilanz;
b) die Gewinn- und Verlustrechnung;
c) eine Übersicht, aus der entweder alle Veränderungen im Eigenkapital hervorgehen oder Veränderungen im Eigenkapital mit Ausnahme der Kapitaltransaktionen mit Eigentümern oder Ausschüttungen an diese zu entnehmen sind;
d) eine Kapitalflussrechnung;
e) Bilanzierungs- und Bewertungsmethoden und erläuternde Anmerkungen.

Ziffer 20.1 **Anhang I**

Die historischen jährlichen Finanzinformationen müssen unabhängig und in Übereinstimmung mit den in dem jeweiligen Mitgliedstaat anwendbaren Prüfungsstandards oder einem äquivalenten Standard geprüft worden sein, oder es muss für das Registrierungsformular vermerkt werden, ob sie in Übereinstimmung mit dem in dem jeweiligen Mitgliedstaat anwendbaren Prüfungsstandard oder einem äquivalenten Standard ein den tatsächlichen Verhältnissen entsprechendes Bild vermitteln.

Übersicht

	Rn.
I. Überblick	1
II. Historische Finanzinformationen	2
1. Überblick	2
a) Begriff „historische Finanzinformation"	3
b) Angaben des rechtlichen Emittenten	7
c) Abzudeckender Zeitraum	9
aa) Letzten drei Geschäftsjahre	9
bb) 36 Monate	10
d) Aufnahme zusätzlicher historischer Finanzinformationen	13
e) Präsentation der historischen Finanzinformationen	16
2. Zulässige Rechnungslegungsstandards	20
a) Emittenten, die ihren Sitz im EWR haben	21
aa) Vorrang der IAS-Verordnung	21
bb) Freiwillige Anwendung der vom IASB erlassenen IFRS	24
cc) Nationale Rechnungslegungsstandards	26
b) Drittstaatenemittenten	29
c) Konsistenzerfordernis der Ziffer 20.1 Abs. 2	36
aa) Entstehungsgeschichte	37
bb) Wechsel des Rechnungslegungsstandards im nächsten Abschluss	38
cc) Begriff „derlei Jahresabschlüsse"	39
dd) Geänderte Standards oder Bilanzierungs- und Bewertungsmethoden	41
ee) Folgen des Konsistenzerfordernisses	44
ff) Übergangsvorschriften	45
3. Mindestinformationen für historische Finanzinformationen nach nationalen Rechnungslegungsvorschriften	46
a) Ergänzung des jeweiligen Abschlusses	48
b) Zulässiger Rechnungslegungsstandard für nachträglich erstellte Elemente	49
c) Lagebericht	50
4. Emittenten, die in ihrer aktuellen Wirtschaftsbranche weniger als ein Jahr tätig sind	52
a) Begriff „aktuelle Wirtschaftsbranche"	53
b) Abzudeckender Zeitraum	54
c) Verhältnis zu „start up companies"	60
III. Prüfung der historischen Finanzinformationen	61
1. Überblick	61
2. Erfordernis einer Prüfung	62
a) Prüfung	62
b) Vermerk, ob die Abschlüsse für Zwecke des Prospekts ein den tatsächlichen Verhältnissen entsprechendes Bild vermitteln	63
3. Zulässige Prüfungsstandards	66
a) Prüfungsstandards des jeweiligen Mitgliedstaats	67
b) Begriff „äquivalenter Prüfungsstandard"	70
4. Unabhängige Prüfung	72
5. Begriff „Bestätigungsvermerk"	77
6. Prüfung nachträglich erstellter Abschlusselemente	79

Anhang I Ziffer 20.1

I. Überblick

1 Die Ziffer 20.1 gliedert sich in fünf Absätze, die sich mit den historischen Finanzinformationen des Emittenten im Prospekt und deren Prüfung befassen.[1] Die Grundanforderung ist dabei in Ziffer 20.1 Abs. 1 Satz 1 enthalten. Danach sind geprüfte historische Finanzinformationen des Emittenten für die letzten drei Geschäftsjahre und entsprechende Bestätigungsvermerke in den Prospekt aufzunehmen.[2] Die dieser Grundregel folgenden Sätze und Absätze erläutern diese Anforderungen weiter.

II. Historische Finanzinformationen

1. Überblick

2 Die historischen Finanzinformationen stellen normalerweise einen umfangreichen und inhaltlich wichtigen Teil des Prospekts dar.[3] Sie sollen den Anlegern eine Beurteilung der Finanz-, Vermögens- und Ertragslage des Emittenten ermöglichen[4] und eine Hilfestellung für die Entscheidung geben, ob in ein Unternehmen zum angebotenen Preis investiert werden sollte.[5]

a) Begriff „historische Finanzinformation"

3 Die Ziffer 20.1 definiert den **Begriff „historische Finanzinformation"** nicht, obwohl Anhang I der EU-ProspektVO auf den Begriff an verschiedenen Stellen Bezug nimmt. Ziffer 20.1 beschreibt die **Anforderungen** an die historischen Finanzinformationen.[6]

4 Die aufgrund von **handelsrechtlichen Berichtspflichten** des Emittenten aufgestellten Jahres- und Konzernabschlüsse können zur Erfüllung dieser Anforderungen in den Prospekt aufgenommen werden. Zwingend ist deren Aufnahme wegen der Konzeption von Ziffer 20.1 jedoch nicht. Ziffer 20.1 fordert nur die Aufnahme von historischen Finanzinformationen. Sie macht keine Vorgaben zum Zeitpunkt oder Grund ihrer Erstellung. Der Verordnungsgeber gestattet daher den Emittenten nur für Prospektzwecke Abschlüsse zu erstellen und diese als historische Finanzinformationen in einen Prospekt aufzunehmen.

---

1 Die Kommentierung gibt ausschließlich die persönliche Meinung der Autorin wieder. Dies gilt für sämtliche Ausführungen der Autorin in diesem Kommentar.
2 CESR's advice to the European Commission on a possible amendment to Regulation (EC) 809/2004 regarding the historical financial information which must be included in a prospectus, October 2005, Rn. 14; *Meyer*, Accounting 2/2006, S. 11.
3 *Meyer*, Accounting 2/2006, 11; *Kunold*, in: Assmann/Schlitt/von Kopp-Colomb, WpPG/VerkProspG, EU-ProspektVO Anhang I Rn. 167.
4 CESR's advice to the European Commission on a possible amendment to Regulation (EC) 809/2004 regarding the historical financial information which must be included in a prospectus, October 2005, S. 5 Rn. 15.
5 *Mock*, Finanzverfassung der Kapitalgesellschaften und internationale Rechnungslegung, Köln, 2008, S. 16.
6 A. A. wohl *d'Arcy/Kahler*, in: Holzborn, WpPG, EU-ProspV Anhang I Rn. 89.

Die handelsrechtlichen Jahres- und Konzernabschlüsse eines Emittenten sind als histori- 5
sche Finanzinformation gemäß Ziffer 20.1 einzustufen, wenn der gesellschaftsrechtliche
Vorgang ihrer **Feststellung** abgeschlossen ist.[7] Ein **Abschluss** ist mit seiner Feststellung
verbindlich und wirksam.[8] Anleger können ab diesem Zeitpunkt auf die im Abschluss enthaltenen Informationen vertrauen. Gegen den früher liegenden Zeitpunkt der **Aufstellung**
eines Abschlusses sprechen im Wesentlichen zwei Aspekte. Zum einen ist der Abschluss
zu diesem Zeitpunkt noch nicht geprüft. Zu anderen können nach der Aufstellung noch
Veränderungen (zum Beispiel auf Verlangen des Abschlussprüfers oder Aufsichtsrats) vorgenommen werden.[9] Auch erscheint es nicht sachgerecht, auf den Zeitpunkt der **Offenlegung** eines Abschlusses (§ 325 HGB) abzustellen. Offenlegung und erstmalige Veröffentlichung der Informationen können auseinander fallen. Die Offenlegung gemäß § 325 HGB
betrifft nur die gesetzliche Pflichtpublizität,[10] während unter dem Begriff Veröffentlichung
die Bekanntgabe des Abschlusses an die Öffentlichkeit verstanden wird.[11]

Der Wortlaut von Ziffer 20.1 differenziert nicht zwischen **Einzel- und Konzernabschlüs-** 6
sen, so dass die dort enthaltenen Vorgaben grundsätzlich bei Einzel- und Konzernabschlüsse anwendbar sein könnten. Erstellt ein Emittent jedoch Konzern- und Einzelabschlüsse
werden die Vorgaben der Ziffer 20.1 durch seine Konzernabschlüsse erfüllt. Dies folgt aus
Anhang I Ziffer 20.3 EU-ProspektVO. Nach dieser Ziffer sind zumindest die konsolidierten Abschlüsse in das Registrierungsformular aufzunehmen.[12] Stellt ein Emittent hingegen
keine Konzernabschlüsse auf und liegen für diesen Emittenten nur Einzelabschlüsse vor,
sind die Vorgaben der Ziffer 20.1 durch die Einzelabschlüsse des Emittenten zu erfüllen.

b) Angaben des rechtlichen Emittenten

Die Konzernabschlüsse eines Emittenten sind in der Regel nur bedingt aussagekräftig, 7
wenn es vor der Prospekterstellung zu Umstrukturierungen und Akquisitionen beim Emittenten kam (**Emittenten mit komplexer Finanzgeschichte**).[13] In diesem Fall lassen sich
Rückschlüsse aus der Vergangenheit für die zukünftige Entwicklung nur bedingt ableiten.
Die Abschlüsse des Emittenten bilden die Finanz-, Vermögens- und Ertragslage des Kon-

---

7 Das Abstellen auf diesen Zeitpunkt benachteiligt Anleger nicht. Der Prospekt muss aufgrund der
  Verpflichtungen nach Anhang I Ziffer 20.9 EU-ProspektVO und § 5 Abs. 1 Satz 1 WpPG alle wesentlichen Veränderungen der Finanzlage des Emittenten seit dem letzten Abschluss offenlegen.
  Dies können Erkenntnisse sein, die sich aus der Aufstellung eines neuen Abschlusses ergeben. Zudem müssen keine vorläufigen Abschlüsse im Prospekt veröffentlicht werden. Emittenten, die dies
  planen, haben die Möglichkeit, zusätzlich zu den historischen Finanzinformationen vorläufige Abschlüsse im Prospekt zu veröffentlichen. Sie sollten jedoch auf die (noch) fehlende Feststellung
  des Abschlusses deutlich hinweisen, damit bei Anlegern kein falscher Eindruck entsteht und die
  mangelnde Verbindlichkeit des Abschlusses offengelegt wird.
8 *Winnefeld*, Bilanz-Handbuch, Kapitel H Rn. 110.
9 *Winnefeld*, Bilanz-Handbuch, Kapitel H Rn 8.
10 *Grottel*, in: Beck'scher Bilanz-Kommentar, § 325 Rn. 1 und § 328 Rn. 2.
11 *Grottel*, in: Beck'scher Bilanz-Kommentar, § 328 Rn. 2.
12 Zur Frage, ob auch die Einzelabschlüsse des Emittenten in den Prospekt aufzunehmen sind, wenn
   dieser Konzern- und Einzelabschlüsse erstellt sowie welche Anforderungen in diesen Fall für die
   Einzelabschlüsse gelten, siehe Erläuterungen zu Anhang I Ziffer 20.3 EU-ProspektVO.
13 *Meyer*, Accounting 2/2006, 11; *d'Arcy/Kahler*, in: Holzborn, WpPG, EU-ProspV Anhang I
   Rn. 88; *Kunold*, in: Assmann/Schlitt/von Kopp-Colomb, WpPG/VerkProspG, EU-ProspektVO
   Anhang I Rn. 168.

Anhang I Ziffer 20.1

zerns in der Vergangenheit und damit die wirtschaftliche Sicht auf den Emittenten und seinen Konzern nur unvollständig oder gar nicht ab.[14]

8 Eine Lösungsmöglichkeit könnte sein, die historischen Finanzinformationen des Emittenten durch Finanzinformationen zu ersetzen, die einer wirtschaftlichen Betrachtung des Emittenten näher kommen.[15] Dagegen spricht jedoch, dass die EU-ProspektVO als Durchführungsmaßnahme zu Art. 7 Prospektrichtlinie an die Vorgaben der Prospektrichtlinie gebunden ist. Die Prospektrichtlinie geht von einem **rechtlichen Emittentenbegriff** aus. Art. 2 Abs. (1) Buchstabe h) Prospektrichtlinie definiert den Emittenten als Rechtspersönlichkeit, die die Wertpapiere begibt oder zu begeben beabsichtigt.[16] Daher sind von Ziffer 20.1 grundsätzlich nur historische Finanzinformation des rechtlichen Emittenten erfasst.[17] Aus Anlegersicht ist es bei Emittenten mit komplexer Finanzgeschichte wünschenswert, ein vollständiges Bild unter Berücksichtigung der aktuellen Entwicklungen zu erhalten. Aus diesem Grund enthält Art. 4a EU-ProspektVO[18] eine Sonderregelung zur Ergänzung der historischen Finanzinformationen.[19] Nach dieser Regelung können gegebenenfalls auch historische Finanzangaben für andere Gesellschaften als den Emittenten in den Prospekt aufzunehmen sein.[20]

c) Abzudeckender Zeitraum

aa) Letzten drei Geschäftsjahre

9 Die historischen Finanzinformationen sind nach Ziffer 20.1 Abs. 1 Satz 1 für die letzten drei **Geschäftsjahr** des Emittenten in den Prospekt aufzunehmen.[21] Da ein Geschäftsjahr normalerweise zwölf Monate dauert, umfasst dieser **Zeitraum** regelmäßig 36 Monate. Bei Emittenten mit **Rumpfgeschäftsjahren** bedeutet die Regelung allerdings, dass sich der

---

14 CESR's advice to the European Commission on a possible amendment to Regulation (EC) 809/2004 regarding the historical financial information which must be included in a prospectus, October 2005, Rn. 3 und S. 5 Rn. 16.
15 Auffassung einiger CESR-Mitglieder, in: CESR's advice to the European Commission on a possible amendment to Regulation (EC) 809/2004 regarding the historical financial information which must be included in a prospectus, October 2005, Rn. 19.
16 Art. 2 Abs. (1) Buchstabe h) Prospektrichtlinie wurde in § 2 Nr. 9 WpPG umgesetzt. Letzterer definiert Emittent als die Person oder Gesellschaft, die die Wertpapiere begibt oder zu begeben beabsichtigt. Auch das WpPG geht somit von einem rechtlichen Emittentenbegriff aus.
17 Ähnlich *d'Arcy/Kahler*, in: Holzborn, WpPG, EU-ProspV Anhang I Rn. 94; *Fingerhut/Voß*, in: Just/Voß/Ritz/Zeising, WpPG, Anhang I EU-ProspektVO Rn. 305.
18 Kommissionsverordnung (EG) Nr. 211/2007 (ABl. EU L 61 vom 28.2.2007, S. 24 ff.).
19 CESR's advice to the European Commission on a possible amendment to Regulation (EC) 809/2004 regarding the historical financial information which must be included in a prospectus, October 2005, Rn. 21 und 22; Kommissionsverordnung (EG) Nr. 211/2007, Erwägungsgrund 2 und 3.
20 *Fingerhut/Voß*, in: Just/Voß/Ritz/Zeising, WpPG, Anhang I EU-ProspektVO Rn. 306; ähnlich *d'Arcy/Kahler*, in: Holzborn, WpPG, EU-ProspV Anhang I Rn. 94; *Kunold*, in: Assmann/Schlitt/von Kopp-Colomb, WpPG/VerkProspG, EU-ProspektVO Anhang I Rn. 170; zu Emittenten mit komplexer Finanzgeschichte vgl. auch die Erläuterungen von *Meyer* zu Art. 4a EU-ProspektVO.
21 CESR's advice to the European Commission on a possible amendment to Regulation (EC) 809/2004 regarding the historical financial information which must be included in a prospectus, October 2005, Rn. 14; *d'Arcy/Kahler*, in: Holzborn, WpPG, EU-ProspV Anhang I Rn. 92.

Zeitraum auf weniger als 36 Monate verkürzt.²² Dies führt zu einer Ungleichbehandlung von Emittenten mit normalen Geschäftsjahren und Emittenten mit Rumpfgeschäftsjahren. Zudem würde zumindest theoretisch die Möglichkeit eröffnet, durch Rumpfgeschäftsjahre den abzudeckenden Zeitraum abzukürzen.

bb) 36 Monate

Anhang I Ziffer 20.1 Abs. 1 Satz 2 EU-ProspVO beabsichtigt, die oben genannte Umgehungsmöglichkeit zu schließen. Zugleich will er eine Ungleichbehandlung von Emittenten mit normalen Geschäftsjahren und Emittenten mit Rumpfgeschäftsjahren verhindern. Daher müssen einige Emittenten geprüfte historische Finanzinformationen für mindestens 36 Monate in den Prospekt aufnehmen.²³ Voraussetzung ist, dass der Emittent in dem Zeitraum, für den historische Finanzinformationen in den Prospekt aufgenommen werden müssen, seinen Bilanzstichtag geändert hat.²⁴

10

Es bleibt jedoch offen, ob die Entscheidung zur Änderung des Bilanzstichtages selbst innerhalb der letzten drei Geschäftsjahre getroffen werden muss (z.B. Beschluss der Hauptversammlung) oder ob die Entscheidung lediglich innerhalb der letzten drei Geschäftsjahre Wirkung entfalten muss. Um dem Sinn und Zweck von Ziffer 20.1 Abs. 1 Satz 2 zu entsprechen, sollte die Entscheidung innerhalb der letzten drei Geschäftsjahre Wirkung entfalten.

11

Liegen die Voraussetzungen der Ziffer 20.1 Abs. 1 Satz 2 vor, hat dies normalerweise zur Folge, dass der Emittenten einen Abschluss für ein weiters Geschäftjahr in den Prospekt aufnehmen muss. Entscheidend ist, dass die aufgenommenen historischen Finanzinformationen insgesamt einen **Zeitraum** von mindestens 36 Monaten abdecken.²⁵ Sie können aber auch über diesen Mindestzeitraum hinausgehen.

12

d) Aufnahme zusätzlicher historischer Finanzinformationen

Die Ziffer 20.1 ist – trotz ihres hohen Detaillierungsgrades – eine allgemeine Regelung. Daher kann es vereinzelt geboten oder empfehlenswert sein, **zusätzliche historische Finanzinformationen** in den Prospekt aufzunehmen. Wann dies der Fall ist, richtet sich nach § 5 Abs. 1 WpPG. Danach muss der Prospekt sämtliche Angaben enthalten, die im Hinblick auf eine Beurteilung des Emittenten und der öffentlich angebotenen oder zum Handel an einem organisierten Markt zugelassenen Wertpapiere notwendig sind.²⁶ Das Publikum soll sich dadurch unter anderem ein zutreffendes Urteil über die Vermögenswerte und Verbindlichkeiten, die Finanzlage, die Gewinne und Verluste des Emittenten bilden können.

13

---

22 *Fingerhut/Voß*, in: Just/Voß/Ritz/Zeising, WpPG, Anhang I EU-ProspektVO Rn. 309; *Kunold*, in: Assmann/Schlitt/von Kopp-Colomb, WpPG/VerkProspG, EU-ProspektVO Anhang I Rn. 175.
23 *d'Arcy/Kahler*, in: Holzborn, WpPG, EU-ProspV Anhang I Rn. 95; *Fingerhut/Voß*, in: Just/Voß/Ritz/Zeising, WpPG, Anhang I EU-ProspektVO Rn. 309.
24 Sollte der Emittent seiner Geschäftstätigkeit noch keine 36 Monate nachgegangen sein, müssen die geprüften historischen Finanzinformationen den gesamten Zeitraum seiner Geschäftstätigkeit abdecken.
25 Ähnlich *Kunold*, in: Assmann/Schlitt/von Kopp-Colomb, WpPG/VerkProspG, EU-ProspektVO Anhang I Rn. 175.
26 *Schanz*, Börseneinführung Recht und Praxis des Börsengangs, S. 485.

Anhang I Ziffer 20.1

Vor Änderung der EU-ProspektVO durch die Kommissionsverordnung (EG) Nr. 211/2007 war dies für Emittenten mit komplexer Finanzgeschichte regelmäßig geboten.[27]

14 Die Verpflichtung nach § 5 Abs. 1 WpPG besteht neben der Verpflichtung des Emittenten, die nach der EU-ProspektVO erforderlichen Mindestangaben aufzunehmen.[28] Die EU-ProspektVO konkretisiert zwar als Durchführungsmaßnahme die allgemeine Vorgabe des § 5 Abs. 1 WpPG.[29] Doch stellt insbesondere der Wortlaut von § 7 WpPG klar, dass es sich bei den Anforderungen der EU-ProspektVO um **Mindestangaben** handelt.[30] Die Verpflichtung gemäß § 5 Abs. 1 WpPG trifft ausschließlich den Emittenten. Hintergrund ist neben der Verantwortlichkeit für den Inhalt des Prospekts (§ 5 Abs. 3 WpPG) auch Art. 3 EU-ProspektVO. Letzter gestattet der Bundesanstalt normalerweise nicht, weitergehende Angaben als die Mindestangaben der EU-ProspektVO im Prospekt zu fordern.[31] Ziffer 20.1 beschreibt daher nicht abschließend die in einen Wertpapierprospekt aufzunehmenden historischen Finanzinformationen.

15 Einer **zusätzlichen** freiwilligen Aufnahme von **historischen Finanzinformationen** werden durch § 5 Abs. 1 WpPG[32] und die EU-ProspektVO auch Grenzen gesetzt. So fordert § 5 Abs. 1 Satz 1 WpPG, dass die Angaben im Prospekt in leicht analysierbarer und **verständlicher** Form enthalten sein müssen. Zu viele Informationen können Anleger überfordern und den Blick für das Wesentliche verschleiern.[33] Zudem beschränkt § 5 Abs. 1 Satz 1 WpPG den Prospektinhalt auf die notwendigen Angaben zur Beurteilung der angebotenen Wertpapiere. Nicht wesentliche historischen Finanzinformationen gehören daher nicht in den Prospekt. Dies fördert zugleich die Verständlichkeit des Prospekts.[34] Schließlich dürfen durch eine Aufnahme von zusätzlichen Finanzinformationen nicht die Anforderungen der EU-ProspektVO an historische Finanzinformationen umgangen werden.

e) Präsentation der historischen Finanzinformationen

16 Nach § 5 Abs. 1 Satz 3 WpPG muss der Prospekt in einer Form abgefasst sein, die sein Verständnis und seine Auswertung erleichtert. Dies gilt auch für die historischen Finanzinformationen. Weitere Vorgaben zur **Präsentation** der historischen Finanzinformationen macht das WpPG nicht. Den Emittenten steht daher in der Regel ein weiter Gestaltungsspielraum zu. Sie können das Format zur Präsentation ihrer historischen Finanzinformatio-

---

27 Kommissionsverordnung (EG) Nr. 211/2007, Erwägungsgründe 2 und 3.
28 *Straßer*, in: Heidel, Aktienrecht und Kapitalmarktrecht, § 5 WpPG Rn. 12.
29 *Straßer*, in: Heidel, Aktienrecht und Kapitalmarktrecht, § 5 WpPG Rn. 13; *Just*, in: Just/Voß/Ritz/Zeising, WpPG, § 7 Rn. 11 ff.
30 *Schanz*, Börseneinführung Recht und Praxis des Börsengangs, S. 486; *Straßer*, in: Heidel, Aktienrecht und Kapitalmarktrecht, § 5 WpPG Rn. 13.
31 Im Ergebnis ebenso die Auffassung der Europäischen Kommission, in: CESR's advice to the European Commission on a possible amendment to Regulation (EC) 809/2004 regarding the historical financial information which must be included in a prospectus, October 2005, S. 6 Rn. 21; *Straßer*, in: Heidel, Aktienrecht und Kapitalmarktrecht, § 5 WpPG Rn. 11 und 13.
32 *Straßer*, in: Heidel, Aktienrecht und Kapitalmarktrecht, § 5 WpPG Rn. 2.
33 *Schanz*, Börseneinführung Recht und Praxis des Börsengangs, S. 485 Fn. 50; *Just*, in: Just/Voß/Ritz/Zeising, WpPG, § 5 Rn. 17.
34 *Straßer*, in: Heidel, Aktienrecht und Kapitalmarktrecht, § 5 WpPG Rn. 2; *Just*, in: Just/Voß/Ritz/Zeising, WpPG, § 5 Rn. 19 ff.

nen grundsätzlich frei wählen. Dies gilt, solange das gewählte Format neben den Anforderungen von § 5 Abs. 1 WpPG auch die Vorgaben der Ziffer 20.1 einhält.[35]

In der Praxis ist es üblich, den Prospekt in einen beschreibenden Teil und einen Finanzteil zu gliedern. Der **Finanzteil** enthält regelmäßig neben den Abschlüssen des Emittenten, die zu Erfüllung der Anforderungen nach Ziffer 20.1 aufgenommen werden, weitere wesentliche Finanzangaben wie beispielsweise Zwischenberichte. 17

Die von ESMA veröffentlichten Empfehlungen[36] können als Hilfestellung für verständliche Präsentationsformate dienen. Werden beispielsweise Abschlüsse, die nach verschiedenen Rechnungslegungsstandards erstellt wurden, in den Prospekt aufgenommen, empfiehlt ESMA einen Brückenansatz („**bridge approach**"), bei dem die mittlere Periode als Brücke zwischen dem neuesten **Geschäftsjahr** und dem ältesten Geschäftsjahr dient. Das mittlere Jahr wird dabei nach dem neuen und alten Rechnungslegungsstandard dargestellt und Umstellungseffekte werden erkennbar. Bei diesem Ansatz ist jedoch zu beachten, dass aus Verständlichkeitsgründen Finanzzahlen, die nach verschiedenen Rechnungslegungsstandards erstellt wurden, getrennt dargestellt werden sollten. Zugleich muss erkennbar sein nach welchem Rechnungslegungsstandard die einzelnen Zahlenangaben erstellt wurden.[37] Anderenfalls könnten Anleger verwirrt werden. Zahlen, die nach verschiedenen Rechnungslegungsstandards erstellt wurden, sind nur bedingt miteinander vergleichbar. Diesen liegen häufig verschiedene Prämissen und Wertungskonzepte zu Grunde, die teilweise zu erheblichen Ausweisdifferenzen führen können. 18

Die **Verständlichkeit** der historischen Finanzinformationen wird zudem gefördert, wenn die Vergleichbarkeit der Darstellung gewährleistet ist. Aus diesem Grund sind wesentliche Umstellungseffekte von einem Rechnungslegungsstandard zu einem anderen Rechnungslegungsstandard zu erläutern.[38] Dies kann beispielsweise bei den Angaben zur Geschäfts- und Ertragslage (Ziffer 9 Anhang I EU-ProspektVO) geschehen. 19

2. Zulässige Rechnungslegungsstandards

Die Ziffer 20.1 gibt europaeinheitlich vor, nach welchen Rechnungslegungsstandards die historische Finanzinformation für Wertpapierprospekte zu erstellen sind. Ziffer 20.1 Abs. 1 unterscheidet dabei zwischen zwei Arten von Emittenten. Dies sind Emittenten, die ihren Sitz im EWR haben (Ziffer 20.1. Abs. 1 Satz 3), und Drittstaatenemittenten, d.h. Emittenten, die ihren Sitz außerhalb des EWR haben (Ziffer 20.1. Abs. 1 Satz 4 und 5). 20

---

35 ESMA-Questions and Answers – Prospectuses (25th Updated Version – July 2016), Frage 14 Antwort zu Q1.
36 ESMA update of CESR's recommendations for the consistent implementation of the European Commission's Regulation on Prospectuses no 809/2004, March 2013, Ref. ESMA/2013/319 (ESMA-Empfehlungen), Rn. 51 ff.
37 Ähnlich auch *d'Arcy/Kahler*, in: Holzborn, WpPG, EU-ProspV Anhang I Rn. 116; *Kunold*, in: Assmann/Schlitt/von Kopp-Colomb, WpPG/VerkProspG, EU-ProspektVO Anhang I Rn. 192.
38 So auch vor Inkrafttreten des WpPG die Auffassung der FWB, die bei *Schlitt/Singhof/Schäfer*, BKR 2005, 254, dargestellt wird.

Anhang I Ziffer 20.1

a) Emittenten, die ihren Sitz im EWR haben

aa) Vorrang der IAS-Verordnung

21 **Emittenten mit Sitz im EWR** (EWR-Emittenten), müssen ihre historischen Finanzinformationen grundsätzlich nach den Vorgaben der Verordnung (EG) Nr. 1606/2002 (IAS-Verordnung) aufstellen. Mithin sind als **Rechnungslegungsstandard** für historische Finanzinformationen vorrangig zunächst nur die **IFRS zulässig**, die nach der **IAS-Verordnung** ins europäische Recht übernommen wurden. Dieser Anwendungsvorrang für die ins europäische Recht übernommenen IFRS ergibt sich aus dem Wortlaut von Ziffer 20.1 Abs. 1 Satz 3. Danach sind nationale Rechnungslegungsgrundsätze nur zulässig, soweit die IAS-Verordnung nicht anwendbar ist.[39] Vor dem Hintergrund des europäischen Passes für Prospekte ist ein Vorrang für einen internationalen Rechnungslegungsstandard wie die IFRS sinnvoll. Grenzüberschreitende Prospekte sind dadurch besser vergleichbar.[40] **Nationale Rechnungslegungsstandards** allein können den hohen Grad an Transparenz und Vergleichbarkeit, der für einen europäisch integrierten Kapitalmarkt benötigt wird, nicht leisten.[41]

22 Die **IFRS**, die nach der **IAS-Verordnung** ins europäische Recht übernommen wurden, können sich von den durch den IASB verabschiedeten IFRS unterscheiden. Die in der EU anwendbaren IFRS müssen zusätzlich zur Verabschiedung durch den **IASB** noch ein **europäisches Übernahmeverfahren** durchlaufen.[42] Daher können sich Unterschiede beispielsweise aufgrund des zeitlichen Umfangs des europäischen Übernahmeverfahrens ergeben oder weil auf europäischer Ebene beschlossen wird, einzelne Standards oder Auslegungen nicht zu übernehmen.[43] Der zusätzliche Zeitbedarf durch das europäische Übernahmeverfahren für die IFRS beträgt in der Regel mehrere Monate.[44]

23 Ziffer 20.1 Abs. 1 Satz 3 äußert sich nicht, zu welchem Zeitpunkt die von der Europäischen Kommmission übernommen **IFRS in der EU anwendbar** sein müssen. In Betracht kommen insbesondere der Bilanzstichtag des jeweiligen Abschlusses,[45] der **Zeitpunkt** der Aufstellung des jeweiligen Abschlusses[46] oder der Zeitpunkt der Prospekterstellung. Der Bilanzstichtag selbst ist unpraktikabel, da dieser Zeitpunkt die Abweichungen zwischen den vom **IASB** verabschiedeten IFRS und den in der EU anwendbaren IFRS vergrößern kann. Dies gilt insbesondere, wenn das IASB gegen Ende des Jahres einen Standard verabschiedet. Durch ein Abstellen auf den Zeitpunkt der Aufstellung des Abschlusses werden demgegenüber in der Regel einige Wochen gewonnen und mögliche Abweichungen miniert. Für den Zeitpunkt der Aufstellung des Abschlusses spricht zudem, dass ein Gleichlauf mit

---

39 *d'Arcy/Kahler*, in: Holzborn, WpPG, EU-ProspV Anhang I Rn. 97.
40 *Driesch*, in: Driesch/Riese/Schlüter/Senger, Beck'sches IFRS-Handbuch, § 1 Rn. 1.
41 IAS-Verordnung, Erwägungsgrund 3.
42 *d'Arcy/Kahler*, in: Holzborn, WpPG, EU-ProspV Anhang I Rn. 98. Die Übernahme erfolgt mittels des Ausschussverfahrens nach Art. 6 Abs. 2 IAS-Verordnung (Komitologieverfahren). Zum Komitologieverfahren bezüglich der IFRS vgl. u. a. *Oversberg*, DB 2007, 1597 ff.; *Inwinkel*, WPg 2007, 289 ff.; *Driesch*, in: Driesch/Riese/Schlüter/Senger, Beck'sches IFRS-Handbuch, § 1 Rn. 71 ff.
43 *d'Arcy/Kahler*, in: Holzborn, WpPG, EU-ProspV Anhang I Rn. 98.
44 *Pellens/D. Jödicke/R. Jödicke*, BB 2007, 2503.
45 So tendenziell Art. 4 der IAS-Verordnung, der in seinem Wortlaut auf den Bilanzstichtag Bezug nimmt. Dieser Bezug ist zumindest für die Verpflichtung zur Aufstellung von konsolidierten Abschlüssen nach EU IFRS maßgeblich.
46 So implizit *Pellens/D. Jödicke/R. Jödicke*, BB 2007, 2506.

Ziffer 20.1 **Anhang I**

der fortlaufenden Berichterstattung des Emittenten erreicht werden kann.[47] Dies war durch die Regelungen der EU-ProspektVO zum zulässigen Rechnungslegungsstandard für historische Finanzinformationen auch beabsichtigt.[48] Gegen den Zeitpunkt der Prospekterstellung spricht, dass dieser von der Abschlussaufstellung sehr weit entfernt liegen kann. Die im Zeitpunkt der Prospekterstellung in der EU anwendbaren IFRS können bei der Aufstellung eines Abschlusses teilweise noch nicht bekannt sein.

bb) Freiwillige Anwendung der vom IASB erlassenen IFRS

Aus Emittentensicht kann es wünschenswert sein, auch europäischen Anlegern historische Finanzinformationen nach den vom ISAB verabschiedeten IFRS zur Verfügung zustellen.[49] Fraglich ist, ob Emittenten den Anforderungen von Ziffer 20.1 Abs. 1 Satz 3 genügen, wenn sie **freiwillig die vom IASB verabschiedeten IFRS** für die historischen Finanzinformationen **anwenden**. Zur Beantwortung dieser Frage kommt es entscheidet darauf an, aus welchen Gründen die in der EU anwendbaren IFRS von den vom ISAB verabschiedeten IFRS abweichen. Entscheidend ist, ob eine Anwendung des entsprechenden Standards oder der Interpretation mit den Vorgaben von IAS 8.10 bis IAS 8.12 vereinbar ist. Die Regelungen IAS 8.10 ff. sind Teil der in der EU anwendbaren IFRS.[50] Ihre Anwendung kommt zusammenfassend im Wesentlichen zu folgenden Ergebnissen:

24

– Eine freiwillige Anwendung der vom ISAB erlassenen IFRS ist zumindest möglich, wenn noch nicht übernommene Standards bzw. Interpretationen den in der EU anwendbaren IFRS nicht widersprechen, deren Anwendung eine Lücke schließt und eine Übernahme des Standards oder der Interpretation nicht im europäischen Übernahmeverfahren abgelehnt wurde. In diesem Fall können die noch nicht übernommen Standards und Interpretationen gemäß den Vorgaben der IAS 8.10–8.12 zur Lückenfüllung angewendet werden.[51]
– Die Europäische Kommission spricht sich darüber hinaus für eine freiwillige Anwendbarkeit im europäischen Übernahmeverfahren abgelehnter Standards oder Interpretation gemäß den Vorgaben der IAS 8.10–8.12 aus.[52] Voraussetzung ist dabei, dass eine Anwendung dieser Standards und Interpretationen nicht zu Widersprüchen mit in der EU anwendbaren IFRS führt.[53]

---

47 Zu dem Fall, dass die Übernahme eines Standards nach dem Bilanzstichtag und vor der Aufstellung des Abschlusses liegt, siehe auch *d'Arcy/Kahler,* in: Holzborn, WpPG, EU-ProspV Anhang I Rn. 98.
48 CESR's Advice on Level 2 Implementing Measures for the Prospectus Directive July 2003, Ref. CESR/03-208, Rn. 33.
49 Vgl. zu dieser Problematik auch die Erklärung des IOSCO Technical Committee vom 6.2.2008: „Statement on providing investors with appropriate and complete information on accounting frameworks used to prepare financial statements".
50 Vgl. Verordnung (EG) 2238/2004 und Verordnung (EG) 70/2009.
51 Europäische Kommission, Kommentare zu bestimmten Artikeln der IAS-Verordnung, S. 4; *Pellens/D. Jödicke/R. Jödicke,* BB 2007, 2506; *Mock,* Finanzverfassung der Kapitalgesellschaften und internationale Rechnungslegung, S. 82; *Buchheim/Gröner/Kühne,* BB 2004, 1783, 1785 f.
52 Europäische Kommission, Kommentare zu bestimmten Artikeln der IAS-Verordnung, S. 5.
53 So im Ergebnis auch *Pellens/D. Jödicke/R. Jödicke,* BB 2007, 2507; *Mock,* Finanzverfassung der Kapitalgesellschaften und internationale Rechnungslegung, S. 83; *Buchheim/Gröner/Kühne,* BB 2004, 1787. Diese Interpretation führt für Emittenten zu erheblichen Rechtsunsicherheiten. Denn sie kann zu einer „Quasi-Duldung" der Anwendung von abgelehnten Standards und Interpretatio-

Anhang I Ziffer 20.1

– Nicht möglich ist die Anwendung jedoch, wenn noch nicht übernommene Standards bzw. Interpretationen den in der EU anwendbaren IFRS widersprechen. Dies gilt unabhängig davon, ob eine ablehnende Entscheidung im europäischen Übernahmeverfahren getroffen wurde. In diesem Fall liegt keine Regelungslücke im Sinne des IAS 8.10 vor.[54]

25 Dies Ergebnis ist für Emittenten mit Sitz in der EU, die Kapitalmärkte außerhalb des EWR in Anspruch nehmen, unbefriedigend. Es bleiben entweder Unsicherheiten[55] oder es wird zumindest zeitweise ein europäischer Sonderweg eingeführt.[56] Zudem haben Emittenten aus Drittstaaten die Möglichkeit, ihre historischen Finanzinformationen nach den vom IASB erlassenen IFRS aufzustellen, sofern der Anhang zum geprüften Abschluss eine ausdrückliche und uneingeschränkte Erklärung enthält, wonach dieser Abschluss gemäß IAS 1 (Darstellung des Abschlusses) den IFRS entspricht.[57] Das unbefriedigende Ergebnis kann jedoch durch eine zusätzliche Offenlegung, die beispielsweise den vom IASB verabschiedeten IFRS genügen würde, abgemildert werden. Sie ist aber mangels Rechtsgrundlage nicht zwingend. ESMA beispielsweise empfiehlt eine zusätzliche Offenlegung, wenn neue Standards und Interpretationen eine wesentliche Bedeutung für die Finanz-, Vermögens- und Ertragslage des Emittenten entwickeln und entsprechende Informationen nicht bereits im Abschluss des Emittenten enthalten sind.[58]

cc) Nationale Rechnungslegungsstandards

26 **Nationale Rechnungslegungsstandards** eines EU-Mitgliedsstaates sind für die historischen Finanzinformationen nur zulässig, soweit die **IAS-Verordnung** nicht anwendbar ist (Ziffer 20.1 Abs. 1 Satz 3). Art. 4 der IAS-Verordnung sieht vor, dass zumindest Gesellschaften, die am jeweiligen Bilanzstichtag ihre Wertpapiere in einem EU-Mitgliedstaat zum Handel an einem organisierten Markt gemäß § 2 Abs. 5 WpHG[59] zugelassen haben, konsolidierte Abschlüsse nach den in der EU anwendbaren IFRS aufzustellen haben.[60] Darüber hinaus gibt Art. 5 IAS-Verordnung den Mitgliedstaaten Wahlrechte in Bezug auf Jah-

---

nen im Rahmen von Regelungslücken führen. Es stellt sich die Frage, ob diese Konsequenz mit der Zielsetzung des europäischen Übernahmeverfahrens vereinbar ist und wie das Verhältnis zu dem im Rahmen des europäischen Übernahmeverfahrens übernommenen IAS ist (vgl. hierzu u. a. *Buchheim/Gröner/Kühne*, BB 2004, 1783, 1786 f.).

54 *Pellens/D. Jödicke/R. Jödicke*, BB 2007, 2507; Europäische Kommission, Kommentare zu bestimmten Artikeln der IAS-Verordnung, S. 5; *Buchheim/Gröner/Kühne*, BB 2004, 1785 f.
55 *Buchheim/Gröner/Kühne*, BB 2004, 1787.
56 Dies gilt beispielsweise für Foreign private Issuers, die ihre Abschlüsse nicht nach den vom ISAB erlassenen IFRS aufstellen, sondern die in der EU anzuwendenen IFRS anwenden. Für diese bleibt das Erfordernis einer Überleitungsrechnung zu US GAAP grundsätzlich erhalten. Eine zweijährige Übergangszeit ist nur für solche Emittenten vorgesehen, die den sog. „carve out" nach IAS 39 anwenden. (vgl. dazu auch *Erchinger/Melcher*, Neuregelung der SEC zu IFRS-Abschlüssen von Foreign Private Issuers, DB 2007, 2635 f.).
57 Europäische Kommission, Entscheidung vom 12.12.2008 über die Verwendung der nationalen Rechnungslegungsgrundsätze bestimmter Drittländer und der International Financial Reporting Standards durch Wertpapieremittenten aus Drittländern bei der Erstellung ihrer konsolidierten Abschlüsse (ABl. EU L 340 vom 19.12.2008, S. 112 ff.).
58 ESMA-Empfehlungen, Rn. 73.
59 D.h. einem geregelten Markt im Sinne des Art. 4 Absatz 1 Ziffer 14 Richtlinie 2004/39/EG; zu den organisierten bzw. geregelten Märkten in Deutschland gehört z. B. der regulierte Markt der Frankfurter Wertpapierbörse.
60 *Schruff*, in: WP Handbuch 2012, S. 1645, Abschnitt N Rn. 1 ff.

resabschlüsse und Konzernabschlüsse anderer Gesellschaften.[61] Die EU-Mitgliedstaaten haben diese Wahlrechte unterschiedlich ausgeübt.[62] Daher kann sich der Anwendungsbereich der nationalen Rechnungslegungsgrundsätze von Mitgliedstaat zu Mitgliedstaat unterscheiden.[63] Für deutsche Emittenten sind nationale Rechnungslegungsstandards die **handelsrechtlichen Rechnungslegungsgrundsätze**.

Die Verpflichtung zur Aufstellung eines **Konzernabschlusses** wird von der IAS-Verordnung nicht geregelt. Sie bestimmt sich für deutsche Mutterunternehmen nach den §§ 290 ff. HGB.[64] Deutschland hat Art. 4 der IAS-Verordnung in § 315a Abs. 1 HGB umgesetzt und von den Wahlrechten nach Art. 5 IAS-Verordnung teilweise Gebrauch gemacht. Nach § 315a Abs. 2 HGB sind neben bereits am organisierten Markt notierten Mutterunternehmen auch Mutterunternehmen, die zum Bilanzstichtag die Zulassung ihrer Wertpapiere zu einem organisierten Markt beantragt haben, verpflichtet, ihre Konzernabschlüsse nach den in der EU anwendbaren IFRS aufzustellen.[65] Zudem können nach § 315a Abs. 3 HGB andere Mutterunternehmen freiwillig ihre **Konzernabschlüsse** nach den in der EU anwendbaren IFRS aufstellen.[66] **Einzelabschlüsse** nach den in der EU anwendbaren IFRS können deutsche Emittenten bisher nur zusätzlich zu den handelsrechtlichen Jahresabschlüssen erstellen.[67]

27

Für Emittenten mit Sitz in Deutschland folgt aus der deutschen Nutzung der Wahlrechte der **IAS-Verordnung** Folgendes: Unternehmen, deren Wertpapiere lediglich in den Freiverkehr einbezogen wurden, können nach Ziffer 20.1 grundsätzlich historische Finanzinformationen nach **Handelsrecht** vorlegen.[68] Gleiches gilt für Unternehmen, die nicht verpflichtet sind, Konzernabschlüsse aufzustellen.[69] Unternehmen, die hingegen eine Zulassung ihrer Wertpapieren an einem organisierten Markt planen, ist zu empfehlen, frühzeitig zu prüfen, ob sie nicht vor Beantragung der Zulassung ihrer Wertpapiere zum Handel an einem organisierten Markt freiwillig ihre Konzernabschlüsse nach den in der EU anwendbaren IFRS aufstellen sollten (§ 315a Abs. 3 HGB).[70]

28

---

61 *Driesch*, in: Driesch/Riese/Schlüter/Senger, Beck'sches IFRS-Handbuch, § 1 Rn. 70.
62 *Driesch*, in: Driesch/Riese/Schlüter/Senger, Beck'sches IFRS-Handbuch, § 1 Rn. 77; die Generaldirektion Binnenmarkt veröffentlichte eine Tabelle (Stand: Dezember 2013) mit Informationen über die Entscheidungen der Mitgliedstaaten und assoziierten Länder betreffend des Gebrauchs der in der IAS-Verordnung eingeräumten Wahlrechte auf ihrer Website.
63 *Fingerhut/Voß*, in: Just/Voß/Ritz/Zeising, WpPG, Anhang I EU-ProspektVO Rn. 316; *d'Arcy/Kahler*, in: Holzborn, WpPG, EU-ProspV Anhang I Rn. 99 ff.
64 *Grottel/Kehrer*, in: Beck'scher Bilanz-Kommentar, § 315a Rn. 5; *d'Arcy/Kahler*, in: Holzborn, WpPG, EU-ProspV Anhang I Rn. 103.
65 *Schruff*, in: WP Handbuch 2012, S. 1645, Abschnitt N Rn. 2; *Grottel/Kehrer*, in: Beck'scher Bilanz-Kommentar, § 315a Rn. 13.
66 *Grottel/Kehrer*, in: Beck'scher Bilanz-Kommentar, § 315a Rn. 14; *d'Arcy/Kahler*, in: Holzborn, WpPG, EU-ProspV Anhang I Rn. 100.
67 *d'Arcy/Kahler*, in: Holzborn, WpPG, EU-ProspV Anhang I Rn. 102.
68 *d'Arcy/Kahler*, in: Holzborn, WpPG, EU-ProspV Anhang I Rn. 101.
69 *d'Arcy/Kahler*, in: Holzborn, WpPG, EU-ProspV Anhang I Rn. 102; *Kunold*, in: Assmann/Schlitt/von Kopp-Colomb, WpPG/VerkProspG, EU-ProspektVO Anhang I Rn. 180.
70 Ähnlich *d'Arcy/Kahler*, in: Holzborn, WpPG, EU-ProspV Anhang I Rn. 100.

Anhang I Ziffer 20.1

b) Drittstaatenemittenten

29 Die **zulässigen Rechnungslegungsstandards** für Emittenten aus Drittstaaten regeln Ziffer 20.1 Abs. 1 Sätze 4 und 5. Danach sind die historischen Finanzinformationen von **Drittstaatenemittenten** nach den in der EU anzuwendenden **IFRS** oder einem gleichwertigen nationalen Rechnungslegungsstandard eines Drittstaats aufzustellen (Satz 4).[71] Ist dies nicht der Fall, sind nach den in der EU anzuwendenden IFRS erstellte Abschlüsse in den Prospekt aufzunehmen (Satz 5).[72] Dabei ist Maßstab für die Gleichwertigkeit eines Rechnungslegungsstandards nach Satz 4 die in der EU anwendbaren IFRS und nicht die vom IASB erlassenen IFRS.

30 Zur Frage, wann allgemein anerkannte Rechnungslegungsgrundsätze (**GAAP**) **eines Drittstaates** und die ins EU-Recht übernommenen IFRS gleichwertig sind, siehe Kommentierung bei Art. 35 EU- ProspektVO.

31–35 *derzeit frei*

c) Konsistenzerfordernis der Ziffer 20.1 Abs. 2

36 Ergänzt werden die Regeln zu den **zulässigen Rechnungslegungsstandards** durch Ziffer 20.1 Abs. 2. Er regelt, dass Emittenten ihre geprüften historischen Finanzinformationen für die letzten zwei Jahre in einer Form präsentieren und erstellen müssen, die mit der konsistent ist, die im folgenden Jahresabschluss des Emittenten erscheint. Die Norm kann zur **Folge** haben, dass ein Emittent für Prospektzwecke einen weiteren Abschluss aufstellen muss.

aa) Entstehungsgeschichte

37 Ziffer 20.1 Abs. 2 wurde eingeführt, um die besondere Lage von einigen neuen Emittenten zu berücksichtigen. Dies sind Emittenten, die erstmals ihre Wertpapiere zum Handel an einem organisierten Markt zulassen und zuvor ihre Abschlüsse nach nationalen Rechnungslegungsstandards aufgestellt haben.[73] Es sollten somit insbesondere IPOs erfasst werden. Einige dieser Emittenten müssen aufgrund der **IAS-Verordnung** nach der Zulassung ihrer Wertpapiere zum Handel an einem organisierten Markt ihre konsolidierten Abschlüsse nach den **in der EU anzuwendenden IFRS** aufstellen.[74] Das Konsistenzerfordernis (Ziffer 20.1 Abs. 2) soll bei diesen neuen Emittenten eine Vergleichbarkeit der historischen Finanzinformationen in zwei Richtungen sicherstellen.[75] Die historischen Finanzinformationen im Prospekt sollen sowohl untereinander als auch mit der künftigen jährlichen und unterjährigen Berichterstattung des Emittenten vergleichbar sein.[76]

---

71 *d'Arcy/Kahler*, in: Holzborn, WpPG, EU-ProspV Anhang I Rn. 104.
72 *d'Arcy/Kahler*, in: Holzborn, WpPG, EU-ProspV Anhang I Rn. 105.
73 CESR's Advice on Level 2 Implementing Measures for the Prospectus Directive July 2003, Ref. CESR/03-208, Rn. 28–32; ähnlich *Meyer*, Accounting 2/2006, 11.
74 ESMA-Empfehlungen, Rn. 52; CESR's Advice on Level 2 Implementing Measures for the Prospectus Directive July 2003, Ref. CESR/03-208, Rn. 28–32.
75 ESMA-Empfehlungen, Rn. 53; CESR's Advice on Level 2 Implementing Measures for the Prospectus Directive December 2003, Rn. 22.
76 ESMA-Empfehlungen, Rn. 53; CESR's Advice on Level 2 Implementing Measures for the Prospectus Directive December 2003, Rn. 22; *d'Arcy/Kahler*, in: Holzborn, WpPG, EU-ProspV Anhang I Rn. 113 f.

Ziffer 20.1 **Anhang I**

bb) Wechsel des Rechnungslegungsstandards im nächsten Abschluss

Für die Anwendung des Konsistenzerfordernisses ist entscheidend, dass der nächste Abschluss des Emittenten nach einem anderen Rechnungslegungsstandard aufgestellt werden muss als seine vorangegangen Abschlüsse.[77] Dies ist der Fall, wenn ein Emittent wegen § 315a Abs. 1 oder 2 HGB seinen nächsten Konzernabschluss nach den in der EU anwendbaren IFRS aufstellen wird. Der nächste Konzernabschluss ist dabei der Konzernschluss, der nach der Billigung des Prospektes veröffentlicht wird bzw. zu veröffentlichen ist.[78] Da die Vorschrift auf den **Wechsel des Rechnungslegungsstandards** abstellt, ist ihr Anwendungsbereich weiter als nur für IPOs. Sie gilt auch für Emittenten, die freiwillig den Rechnungslegungsstandard wechseln und beispielsweise beabsichtigen, künftig von § 315a Abs. 3 HGB Gebrauch zu machen.[79] Das Informationsbedürfnis der Anleger ist im Fall eines freiwilligen Wechsel des Rechnungslegungsstandards dem Fall eines erzwungen gesetzlichen Wechsels vergleichbar. Die Regelung kann daher neben Börsenzulassungsprospekten auch Prospekte für öffentliche Angebote betreffen.

38

cc) Begriff „derlei Jahresabschlüsse"

Den Begriff **„derlei Jahresabschlüsse"** definiert Ziffer 20.1 Abs. 2 nicht. Daher könnte vertreten werden, dass sich dieser Begriff auf den handelsrechtlichen Einzelabschluss eines Emittenten bezieht. Dieser wird vom HGB als Jahresabschluss bezeichnet. Diese Auffassung hätte zur Folge, dass das **Konsistenzerfordernis** nicht greifen würde. Auch nach einer Zulassung von Wertpapieren zum Handel an einem organisierten Markt sind deutsche Emittenten derzeit verpflichtet, Jahresabschlüsse nach handelsrechtlichen Rechnungslegungsgrundsätzen aufzustellen und zu veröffentlichen.

39

Aufgrund der **Entstehungsgeschichte** des Konsistenzerfordernisses ist der Begriff „derlei Jahresabschlüsse" dahingehend zu interpretieren, dass er sich auf die künftigen Konzernabschlüsse eines Emittenten bezieht. Wie bereits aus Ziffer 20.3 Anhang I EU-ProspektVO deutlich wird, sind zur Information des Marktes regelmäßig die Konzernabschlüsse wichti-

40

---

77 Die Wirkung der Vorschrift wird von ESMA mit dem nachfolgenden Beispielen erläutert und kommt dadurch zum gleichen Ergebnis: Lässt ein Emittent erstmalig Aktien an einem organisierten Markt zu und hat er seine konsolidierten Abschlüsse in den letzten Jahren (Geschäftsjahre 1, 2 und 3) nach nationalen Regeln aufgestellt, kann sich für diesen Emittenten durch die Zulassung der Wertpapiere der Rechnungslegungsstandard, den er für seinen nächsten veröffentlichten konsolidierten Abschluss anzuwenden hat, ändern. Dies ist der Fall, wenn der Börsengang nach Offenlegung oder Veröffentlichung der handelsrechtlichen Abschlüsse für das Geschäftsjahr 3 stattfindet, dann ist der konsolidierte Abschluss des Geschäftsjahres 4, der in der Regel Anfang des Geschäftsjahres 5 veröffentlicht wird, der nächste veröffentlichte Abschluss im Sinne des Abs. 2 Ziffer 20.1. Anhang I (ESMA-Empfehlungen, Rn. 55). Dieser müsste dann gemäß Art. 4 IAS-Verordnung nach den ins EU-Recht übernommen IFRS aufgestellt werden. In diesem Fall ist der Emittent Ziffer 20.1 Abs. 2 grundsätzlich verpflichtet, die Finanzinformationen, die die letzten zwei Geschäftsjahre (2 und 3) abdecken neu zu formulieren (ESMA-Empfehlungen, Rn. 56). Dies gilt nicht für das erste Geschäftsjahr 1, dessen Darstellung in dem Prospekt aber zwingend bleibt (ESMA-Empfehlungen, Rn. 57).
78 Vgl. hierzu auch *Kunold*, in: Assmann/Schlitt/von Kopp-Colomb, WpPG/VerkProspG, EU-ProspektVO Anhang I Rn. 194; *d'Arcy/Kahler*, in: Holzborn, WpPG, EU-ProspV Anhang I Rn. 113.
79 CESR's Advice on Level 2 Implementing Measures for the Prospectus Directive December 2003, Rn. 22; deutschen Emittenten wird beispielsweise durch § 315a Abs. 3 HGB teilweise ein entsprechendes Wahlrecht eingeräumt.

Anhang I Ziffer 20.1

ger als die Einzelabschlüsse. Daher kommt es für die Beurteilung, ob ein Wechsel des Rechnungslegungsstandards erfolgen wird, auf die Konzernabschlüsse deutscher Emittenten an.

dd) Geänderte Standards oder Bilanzierungs- und Bewertungsmethoden

41 Der Wortlaut von Ziffer 20.1 Abs. 2 sieht vor, dass die geprüften historischen Finanzinformationen für die letzten zwei Jahre in einer Form präsentiert und erstellt werden müssen, die mit der Form konsistent ist, die im folgenden Jahresabschluss des Emittenten erscheint. Daher könnte argumentiert werden, dass die Vorschrift weit auszulegen ist und auch die Fälle erfasst, in denen zwar nicht die angewandten Rechnungslegungsstandards insgesamt gewechselt werden, aber sich einzelne Standards ändern oder **Bilanzierungs- und Bewertungsmethoden** verändert werden.[80]

42 **Das Konsistenzerfordernis** nach Abs. 2 findet jedoch auf einzelne geänderte Standards oder veränderte Bilanzierungs- und Bewertungsmethoden keine Anwendung.[81] Eine weite Auslegung der Vorschrift widerspricht der Entstehungsgeschichte der Regelung (siehe Rn. 37). Zudem ist sie nach Sinn und Zweck der Vorschrift nicht erforderlich. Die von Emittenten angewandten Rechnungslegungsgrundsätze stellen normalerweise sicher, dass die Anleger über geänderte Bilanzierungs- und Bewertungsmethoden informiert werden.[82] Sie sehen Lösungen vor, die auf die Gewährleistung der historischen Vergleichbarkeit zwischen sämtlichen präsentierten Perioden abzielen.[83]

43 Zusätzlich empfiehlt ESMA weitergehende Angaben im Prospekt, wenn neue oder geänderte Standards und Interpretationen wesentliche Bedeutung für die Finanz-, Vermögens- und Ertragslage des Emittenten entwickeln und entsprechende Informationen nicht bereits im Abschluss des Emittenten enthalten sind.[84]

ee) Folgen des Konsistenzerfordernisses

44 Sind die Voraussetzungen der Ziffer 20.1 Abs. 2 erfüllt, muss zumindest der neueste Konzernabschluss des Emittenten nach den in der EU anzuwendenden IFRS aufgestellt worden sein.[85] Ein nach den in der EU anzuwendenden IFRS aufgestellter Abschluss enthält Vorjahresvergleichsinformationen zum Ende des vorangegangenen Geschäftsjahres. Diese Vorjahresvergleichsinformationen sind Bestandteil des Abschlusses. Sie ermöglichen dem Anleger einen Vergleich über ein weiteres **Geschäftsjahr**. Dieser Abschluss beinhaltet da-

---

80 Dahingehend könnten insbesondere die Ausführungen von CESR's Advice on Level 2 Implementing Measures for the Prospectus Directive December 2003, Rn. 22, verstanden werden, die jedoch durch die späteren Ausführungen von ESMA-Empfehlungen, Rn. 68–72, überholt sind.
81 ESMA-Empfehlungen, Rn. 72; ähnlich *d'Arcy/Kahler*, in: Holzborn, WpPG, EU-ProspV Anhang I Rn. 120; *Kunold*, in: Assmann/Schlitt/von Kopp-Colomb, WpPG/VerkProspG, EU-ProspektVO Anhang I Rn. 193.
82 ESMA-Empfehlungen, Rn. 68; ESMA-Questions and Answers – Prospectuses (25th Updated Version – July 2016), Frage 15.
83 ESMA-Empfehlungen, Rn. 68.
84 ESMA-Empfehlungen, Rn. 73; ähnlich *d'Arcy/Kahler*, in: Holzborn, WpPG, EU-ProspV Anhang I Rn. 121.
85 So im Ergebnis auch *Schanz*, Börseneinführung Recht und Praxis des Börsengangs, S. 496 (dort Fn. 98).

her bereits Angaben zu zwei Geschäftsjahren. Gegen diese Auslegung kann nicht eingewandt werden, dass der Bestätigungsvermerk nicht auf die Vergleichszahlen Bezug nimmt.[86] Die Vorjahresvergleichsinformationen sind für den Anleger auch ohne einen solchen Bezug ausreichend verlässlich. Der Abschlussprüfer nimmt bezüglich der Vergleichsinformationen als Bestandteil des zu prüfenden Abschlusses Prüfungshandlungen vor.[87] Stellt er dabei Einwendungen fest, würde er entsprechend berichten.[88] Die Anforderung der Ziffer 20.1 Abs. 1 Satz 1 „Bestätigungsvermerke für die letzten 3 Geschäftsjahre" wird in diesem Fall dadurch erfüllt, dass der nach IFRS aufgestellte Abschluss mit einem Bestätigungsvermerk versehen ist und die beiden älteren Abschlüsse nach nationalen Rechnungslegungsstandards ebenfalls.

ff) Übergangsvorschriften

Art. 35 Abs. 1 und 2 EU-ProspektVO enthielten **Übergangsregelungen**, die die Verpflichtung nach Ziffer 20.1 Abs. 2 überlagerten. Beide Absätze gliederten sich grundsätzlich in zwei Alternativen. Die erste Alternative fand auf alle Emittenten Anwendung, während die zweite Alternative nur für Emittenten galt, die bereits am 1.7.2005 Wertpapiere an einem organisierten Markt zugelassen hatten. Diese Regelungen haben inzwischen wegen des Zeitablaufes für neue Prospekte keinen Anwendungsbereich mehr.[89] 45

3. Mindestinformationen für historische Finanzinformationen nach nationalen Rechnungslegungsvorschriften

Für historische Finanzinformationen, die nach nationalen Rechnungslegungsvorschriften aufgestellt wurden, schreibt Ziffer 20.1 Abs. 4 **Mindestbestandteile** vor. Demnach sind mindestens eine Bilanz, eine Gewinn- und Verlustrechnung, eine Übersicht zu Veränderungen im Eigenkapital,[90] eine Kapitalflussrechnung und ein Anhang gefordert. Dadurch soll ein mögliches Informationsgefälle zwischen IFRS und **nationalen Rechnungslegungsstandards** abgemildert werden.[91] Die Regelung gilt daher für alle drei Geschäftsjahre[92] mit der Folge, dass ggf. fehlende Bestandteile nach Abs. 4 nachträglich aufzustellen sind. 46

Nach **handelsrechtlichen Rechnungslegungsgrundsätzen** aufgestellte Abschlüsse deutscher Emittenten können sich in ihren Bestandteilen unterscheiden. Dies hängt in der Regel von dem betroffenen Geschäftsjahr, der Frage, ob Einzel- oder Konzernabschlüsse vorhanden sind und von der geplanten bzw. vorhandenen Notierung an einem organisierten Markt 47

---

86 Dahingehend könnten die Ausführungen in ESMA-Empfehlungen, Rn. 78, verstanden werden.
87 IDW Prüfungsstandard: Prüfung von Vergleichsangaben über Vorjahre vom 24.11.2010, WPg 2001, S. 909 ff., FN-IDW 8/2001, S. 351 ff., FN-IDW 2/2011, S. 113 f., WPg 2011, Supplement 1/2011, S. 1.
88 IDW PS 318, WPg 2001, S. 909 ff., FN-IDW 8/2001, S. 351 ff., FN-IDW 2/2011, S. 113 f., WPg 2011, Supplement 1/2011, S. 1.
89 *Fingerhut/Voß*, in: Just/Voß/Ritz/Zeising, WpPG, Anhang I EU-ProspektVO Rn. 327; *Kunold*, in: Assmann/Schlitt/von Kopp-Colomb, WpPG/VerkProspG, EU-ProspektVO Anhang I Rn. 195.
90 Aus diesen müssen entweder alle Veränderungen im Eigenkapital hervorgehen oder Veränderungen im Eigenkapital mit Ausnahme der Kapitaltransaktionen mit Eigentümern oder Ausschüttungen an diese zu entnehmen seien.
91 So implizit auch ESMA-Empfehlungen, Rn. 83 und 85.
92 *Meyer*, Accounting 2/2006, 12.

Anhang I   Ziffer 20.1

ab. Dabei enthalten die Konzernabschlüsse deutscher Emittenten gemäß § 297 HGB die geforderten Bestandteile.[93] Darüber hinaus haben kapitalmarktorientierte Kapitalgesellschaften, die nicht zur Aufstellung eines Konzernabschlusses verpflichtet sind, nach § 264 Abs. 1 Satz 2 HGB ihren Jahresabschluss um eine Kapitalflussrechnung und einen Eigenkapitalspiegel zu erweitern.[94] Diese durch das Bilanzrechtsmodernisierungsgesetz eingeführte Ergänzung dient dem Ziel der Gleichstellung aller kapitalmarktorientierten Unternehmen im Hinblick auf ihre handelsrechtlichen Berichterstattungspflichten.[95]

a) Ergänzung des jeweiligen Abschlusses

48   Emittenten, deren aufgestellte Abschlüsse nicht alle geforderten Bestandteile enthalten, müssen ihre Abschlüsse nicht neu aufstellen.[96] Die betroffen Abschlüsse sind nur um die **fehlenden Bestandteile nachträglich zu ergänzen**.[97] Bereits der den zusätzlichen Abschlusselementen zugrunde liegende Jahresabschluss[98] hat ein den tatsächlichen Verhältnissen entsprechendes Bild der Vermögens-, Finanz- und Ertragslage zu vermitteln (§ 264 Abs. 2 HGB). Durch die zusätzlichen Abschlusselemente wird diese Aussage nicht verändert.[99]

b) Zulässiger Rechnungslegungsstandard für nachträglich erstellte Elemente

49   Nachträglich erstellte Elemente sind in Übereinstimmung mit den anwendbaren **nationalen Rechnungslegungsstandards** zu erstellen.[100] Zweck des Abs. 4 ist, die zusätzlichen Abschlussbestandteile der nach nationalen Rechnungslegungsstandards erstellten Abschlüsse nur in ihren Bestandteilen an die Bestandteile eines IFRS-Abschlusses anzugleichen.[101] Die nach handelsrechtlichen Grundsätzen zusätzlich zu erstellenden Abschlusselemente werden dabei durch Ableitung aus den jeweiligen Abschlüssen sowie der zugrunde liegenden Buchführung und in Übereinstimmung mit den angewandten Rechnungslegungsgrundsätzen aufgestellt.[102]

---

93   *d'Arcy/Kahler*, in: Holzborn, WpPG, EU-ProspV Anhang I Rn. 134.
94   *Winkeljohann/Schellhorn*, in: Beck'scher Bilanz-Kommentar, § 264 Rn. 5.
95   Regierungsentwurf eines Bilanzrechtsmodernisierungsgesetzes, BT-Drucks. 16/10067, S. 62 f.
96   *d'Arcy/Kahler*, in: Holzborn, WpPG, EU-ProspV Anhang I Rn. 136.
97   IDW PH 9.960.2, WPg 2006, S. 333 f., Rn. 3; *Fingerhut/Voß*, in: Just/Voß/Ritz/Zeising, WpPG, Anhang I EU-ProspektVO Rn. 336.
98   Der Konzernabschluss hat nach § 297 Abs. 2 HGB ein den tatsächlichen Verhältnissen entsprechendes Bild der Vermögens-, Finanz- und Ertragslage zu vermitteln.
99   IDW PH 9.960.2, WPg 2006, 333, Rn. 3.
100 ESMA-Empfehlungen, Rn. 86; *Fingerhut/Voß*, in: Just/Voß/Ritz/Zeising, WpPG, Anhang I EU-ProspektVO Rn. 336.
101 ESMA-Empfehlungen, Rn. 85; *d'Arcy/Kahler*, in: Holzborn, WpPG, EU-ProspV Anhang I Rn. 136.
102 IDW PH 9.960.2, WPg 2006, 333, Rn. 4; *Fingerhut/Voß*, in: Just/Voß/Ritz/Zeising, WpPG, Anhang I EU-ProspektVO Rn. 336.

c) Lagebericht

Nach § 264 HGB müssen einige Kapitalgesellschaften zusätzlich zum Jahresabschluss einen **Lagebericht** aufstellen.[103] Er ist nicht Bestandteil des Jahresabschlusses[104] und enthält u. a. zusätzliche Informationen zum Geschäftsverlauf, zur Lage der Kapitalgesellschaft und zu den Risiken sowie Chancen der voraussichtlichen Entwicklung.

50

Der **Lagebericht** gehört nicht zu den in Ziffer 20.1 Abs. 4 genannten **Mindestbestandteilen**.[105] Er ist daher nicht zwingend in den Prospekt aufzunehmen.[106] Im Einzelfall kann sich jedoch aus § 5 Abs. 1 WpPG eine Verpflichtung ergeben, den Lagebericht bzw. in diesem enthaltene Informationen in den Prospekt aufzunehmen. Voraussetzung ist, dass die zusätzlichen Inforationen des Lageberichtes nicht an anderer Stelle im Prospekt enthalten sind.[107] Teile der im Lagebericht enthaltenen Informationen könnten beispielsweise bei den Angaben zur Geschäfts und Ertragslage (Ziffer 9 Anhang I EU-ProspektVO) und der Trendinformation (Ziffer 12 Anhang I EU-ProspektVO) aufgenommen worden sein.[108]

51

4. Emittenten, die in ihrer aktuellen Wirtschaftsbranche weniger als ein Jahr tätig sind

Ziffer 20.1 Abs. 3 befasst sich mit **Emittenten, die weniger als ein Jahr existent sind**. Demnach hat ein Emittent, der in seiner aktuellen Wirtschaftsbranche weniger als ein Jahr tätig ist, geprüfte historische Finanzinformationen für diesen Zeitraum in den Prospekt aufzunehmen. Hintergrund ist, dass junge Gesellschaften noch keine Abschlüsse aufgestellt und veröffentlicht haben. Im Hinblick auf die zulässigen Rechnungslegungsstandards ergeben sich keine Besonderheiten.[109] Die vorstehenden Ausführungen gelten entsprechend (siehe Rn. 20 bis 30).

52

a) Begriff „aktuelle Wirtschaftsbranche"

Das Merkmal der Tätigkeit in der **aktuellen Wirtschaftsbranche** ist vor dem Hintergrund des § 5 Abs. 1 WpPG weit zu verstehen. Daher fallen unter diesen Absatz vor allem Emit-

53

---

103 Entsprechende Erwägungen gelten auch für nach den §§ 37v Abs. 2 Nr. 2, 37y WpHG oder § 315 HGB aufzustellende Konzernlage-/Lageberichte (*Kunold*, in: Assmann/Schlitt/von Kopp-Colomb, WpPG/VerkProspG, EU-ProspektVO Anhang I Rn. 211).
104 *Winkeljohann/Schellhorn*, in: Beck'scher Bilanz-Kommentar, § 264 Rn. 10.
105 *Meyer*, Accounting 2/2006, 12; *Apfelbacher/Metzner*, BKR 2006, 88; *Schanz*, Börseneinführung Recht und Praxis des Börsengangs, S. 496 f. (dort Fn. 101); *d'Arcy/Kahler*, in: Holzborn, WpPG, EU-ProspV Anhang I Rn. 89.
106 *d'Arcy/Kahler*, in: Holzborn, WpPG, EU-ProspV Anhang I Rn. 89; *Kunold*, in: Assmann/Schlitt/von Kopp-Colomb, WpPG/VerkProspG, EU-ProspektVO Anhang I Rn. 211.
107 Im Ergebnis ähnlich *Meyer*, Accounting 2/2006, 12; *Apfelbacher/Metzner*, BKR 2006, 88; a. A. *Kunold*, in: Assmann/Schlitt/von Kopp-Colomb, WpPG/VerkProspG, EU-ProspektVO Anhang I Rn. 211.
108 Ähnlich *d'Arcy/Kahler*, in: Holzborn, WpPG, EU-ProspV Anhang I Rn. 89.
109 *Kunold*, in: Assmann/Schlitt/von Kopp-Colomb, WpPG/VerkProspG, EU-ProspektVO Anhang I Rn. 201.

Anhang I Ziffer 20.1

tenten, die nicht wirtschaftlich bzw. operativ tätig waren.[110] Des Weiteren bezieht sich der Begriff „aktuelle Wirtschaftsbranche" auf den gesamten Konzern des Emittenten.[111] Dies folgt aus dem hinter Ziffer 20.3 Anhang I EU-ProspektVO stehenden Gedanken. Danach interessieren sich Anleger besonders für die Entwicklung des Konzerns des Emittenten. Daher ist z.B. die Neuaufnahme eines Geschäftsbereiches nicht ausreichend, um in den Anwendungsbereich von Ziffer 20.1 Abs. 3 zu kommen. Geben die historischen Finanzinformationen des Emittenten selbst die wirtschaftliche Tätigkeit des Konzerns bzw. der Gruppe nur unvollständig wieder, könnten diese ggf. aufgrund der Sonderregelung für Emittenten mit komplexer Finanzgeschichte (Art. 4a EU-ProspektVO) oder durch pro-forma-Finanzinformationen zu ergänzen sein.[112]

b) Abzudeckender Zeitraum

54 Greift die sich aus Ziffer 20.1 Abs. 3 ergebene Verpflichtung ein, sind geprüfte historische Finanzinformationen für einen kürzeren Zeitraum als die letzten drei Geschäftsjahre in den Prospekt aufzunehmen. Der Wortlaut von Abs. 3 erlaubt es dabei grundsätzlich, geprüfte historische Finanzinformationen für den gesamten **Zeitraum** zu fordern, in dem der Emittent tätig ist. Hierbei ist jedoch zu beachten, dass es praktisch nicht möglich ist, geprüfte historische Finanzinformationen zum Datum des Prospektes zu erstellen. Die Erstellung und Prüfung von Finanzinformationen ist in der Regel zeitaufwendig und bedarf daher eines gewissen Vorlaufs. Besteht der Emittent seit einiger Zeit, sind geprüfte historische Finanzinformationen für den längstmöglichen und praktikablen Zeitraum seit Bestehen des Emittenten in den Prospekt aufzunehmen („from the date of incorporation to the most recent practicable date before publication of the prospectus").[113] Fraglich ist, ob dies auch dann gilt, wenn der Emittent bereits einen geprüften Abschluss aufgrund der laufenden Berichterstattung – beispielsweise für ein Rumpfgeschäftsjahr von zwei Monaten – aufgestellt und veröffentlicht hat. Zur Beantwortung dieser Frage sind grundsätzlich die folgenden drei Alternativen denkbar.

55 Erstens, die Verpflichtung nach Ziffer 20.1 Abs. 3 gilt unabhängig von der laufenden gesetzlichen Berichterstattung.[114] Konsequenz wäre, dass nur für Prospektzwecke neue historische Finanzinformationen für die Periode nach Ziffer 20.1 Abs. 3 zu erstellen sind.[115] Zur Begründung könnte angeführt werden, dass es dem Interesse der Anleger entspräche, geprüfte historische Finanzinformationen für den längstmöglichen und praktikablen Zeitraum seit Bestehen des Emittenten zu erhalten.

---

110 Tendenziell weiter *Fingerhut/Voß*, in: Just/Voß/Ritz/Zeising, WpPG, Anhang I EU-ProspektVO Rn. 329; *Kunold*, in: Assmann/Schlitt/von Kopp-Colomb, WpPG/VerkProspG, EU-ProspektVO Anhang I Rn. 198.
111 ESMA-Questions and Answers – Prospectuses (25th Updated Version – July 2016), Frage 16: Antwort zu Qc).
112 ESMA-Questions and Answers – Prospectuses (25th Updated Version – July 2016), Frage 16: Antwort zu Qc).
113 ESMA-Questions and Answers – Prospectuses (25th Updated Version – July 2016), Frage 16: Antwort zu Qb).
114 So die 2. Alternative bei ESMA-Questions and Answers – Prospectuses (25th Updated Version – July 2016), Frage 16: Antwort zu Qa).
115 Ähnlich *Fingerhut/Voß*, in: Just/Voß/Ritz/Zeising, WpPG, Anhang I EU-ProspektVO Rn. 332.

Zweitens, die Verpflichtung nach Ziffer 20.1 Abs. 3 findet nur solange Anwendung, bis der **56** Emittent seinen ersten geprüften Abschluss aufgrund der laufenden Berichterstattung – z. B. für ein **Rumpfgeschäftsjahr** – erstellt und veröffentlicht hat.[116] Als Argument könnte angeführt werden, dass Ziffer 20.1 grundsätzlich auf Geschäftsjahre abstellt. Durch diese Auffassung kann ferner ein Gleichlauf zwischen der laufenden Berichterstattung des Emittenten und der Berichterstattung im Prospekt hergestellt werden.[117]

Die dritte Variante verbindet die beiden vorstehenden Auffassungen miteinander und wird **57** von ESMA[118] befürwortet. Danach findet grundsätzlich die zweite Alternative Anwendung. Ist jedoch ein wesentlicher Zeitraum („significant amount of months") seit dem Berichtszeitraum des Rumpfgeschäftsjahres vergangen und nimmt der Emittent keine Zwischeninformationen ins Prospekt auf, soll die erste Auffassung anwendbar sein.[119]

Die dritte Variante hat auf den ersten Blick den Charme einer vermittelnden Position, die **58** nach dem Informationsbedürfnis der Anleger zu differenzieren scheint. Sie stellt jedoch – im Gegensatz zur zweiten Alternative – keinen Gleichlauf zwischen der laufenden Berichterstattung des Emittenten und der Berichterstattung im Prospekt her. Dies war im Hinblick auf die historischen Finanzinformationen jedoch beabsichtigt.[120] Die dritte Variante kann vielmehr zur Erstellung von zusätzlichen Finanzinformationen führen, die sich weder auf ein Geschäftsjahr noch auf eine Zwischenberichtsperiode beziehen. Es widerspricht ferner dem System des Anhangs I EU-ProspektVO, die Aufnahme von geprüften historischen Finanzinformationen von der Aufnahme ggf. ungeprüfter Zwischeninformationen abhängig zu machen.[121] Zweck der Verpflichtung nach Ziffer 20.1. Abs. 3 ist, dass potenzielle Anleger von Emittenten, für die noch keine geprüften Abschlüsse vorliegen, zumindest ein Mindestmaß an historischen Finanzinformationen erhalten. Zu diesem Zweck ist das Aufstellen von zusätzlichen Finanzinformationen außerhalb von Geschäftsjahren und Zwischenperioden nicht erforderlich. Emittenten müssen bereits auf Grund der Verpflichtungen nach Ziffer 20.9 Anhang I EU-ProspektVO und § 5 Abs. 1 WpPG alle wesentlichen Veränderungen in der Finanzlage des Emittenten seit dem Ende der Berichtsperiode offen legen. Schließlich führt die dritte Variante nicht zu mehr Rechtssicherheit für zuständige Behören und Emittenten, da offen bleibt wie viele Monate für einen wesentlichen Zeitraum („significant amount of months") vergangen sein müssen. Daher sprechen gute Gründe dafür Abs. 3 entsprechend der zweiten Alternative auszulegen.[122]

---

116 So die 1. Alternative bei ESMA-Questions and Answers – Prospectuses (25th Updated Version – July 2016), Frage 16: Antwort zu Qa).
117 ESMA-Questions and Answers – Prospectuses (25th Updated Version – July 2016), Frage 16: Antwort zu Qa).
118 ESMA-Questions and Answers – Prospectuses (25th Updated Version – July 2016), Frage 16: Antwort zu Qa).
119 ESMA-Questions and Answers – Prospectuses (25th Updated Version – July 2016), Frage 16: Antwort zu Qa).
120 CESR's Advice on Level 2 Implementing Measures for the Prospectus Directive July 2003, Rn. 33.
121 Vielmehr macht die Ziffer 20 Anhang I EU-ProspektVO grundsätzlich die Aufnahme von Zwischeninformationen bzw. deren Prüfung vom Alter der historischen Finanzinformationen abhängig (vgl. Ziffer 20.5 und 20.6).
122 Andere Auffassung ESMA-Questions and Answers – Prospectuses (25th Updated Version – July 2016), Frage 16: Antwort zu Qa); Verwaltungspraxis der BaFin dargestellt bei *Fingerhut/Voß*, in: Just/Voß/Ritz/Zeising, WpPG, Anhang I EU-ProspektVO Rn. 333; *Kunold*, in: Assmann/Schlitt/

Anhang I Ziffer 20.1

59 Vergleichbare Erwägungen sollten zudem für den Fall gelten, dass ein Emittent im ersten Jahr seiner wirtschaftlichen Tätigkeit zwei Prospekte erstellt. Damit ist es ausreichend, wenn der Emittent für den ersten Prospekt einen Abschluss für den längstmöglichen und praktikablen Zeitraum seit Bestehen des Emittenten erstellt. Es ist nicht erkennbar, warum für aufgrund von Abs. 3 erstellte Abschlüsse etwas anderes als für **Rumpfgeschäftsjahre** gelten sollte.[123]

c) Verhältnis zu „start up companies"

60 Einige Emittenten, die unter Abs. 3 Ziffer 20.1. Anhang I EU-ProspektVO fallen, dürften zugleich als „**start up company**" im Sinne von Art. 23 EU-ProspektVO zu qualifizieren seien. Diese Emittenten haben dann grundsätzlich beide Anforderungen nebeneinander zu erfüllen.[124] Die Anforderungen nach Art. 23 EU-ProspektVO sind zusätzlich zu den Informationsbestandteilen der Anhänge in den Prospekt aufzunehmen.

III. Prüfung der historischen Finanzinformationen

1. Überblick

61 Regelungen zur Prüfung von historischen Finanzinformationen finden sich an verschiedenen Stellen innerhalb von Anhang I EU-ProspektVO. Hierbei sind Vorgaben zur Prüfung und Angaben über die Prüfung zu unterscheiden. Nach Ziffer 20.1 Abs. 1 sind geprüfte historische Finanzinformationen für die letzten drei Geschäftsjahre sowie entsprechende Bestätigungsvermerke in den Prospekt aufzunehmen.[125] Ziffer 20.1 Abs. 5 konkretisiert diese Anforderung mit verschieden Vorgaben zur Prüfung weiter. Darüber hinaus verlangen die Ziffern 2 und 20. 4 Anhang I EU-ProspektVO **Angaben zum Abschlussprüfer** und Angaben zur **Prüfung der historischen Finanzinformationen**.

2. Erfordernis einer Prüfung

a) Prüfung

62 In Wertpapierprospekte werden häufig Abschlüsse des Emittenten aufgenommen, für die bereits eine gesetzliche **Abschlussprüfung** vorgenommen wurde. Solche Abschlüsse erfüllen regelmäßig die Vorgaben der Ziffer 20.1 zur Prüfung. Doch ist dies aufgrund der Konzeption der EU-ProspektVO nicht zwingend. Es können auch Abschlüsse eines Emittenten nur für Zwecke des Prospekts aufgestellt werden. Unter Verweis auf Ziffer 20.4.3

---

von Kopp-Colomb, WpPG/VerkProspG, EU-ProspektVO Anhang I Rn. 205; kritisch dazu und ähnlich im Ergebnis auch *d'Arcy/Kahler*, in: Holzborn, WpPG, EU-ProspV Anhang I Rn. 132.

123 Ähnlich auch ESMA-Questions and Answers – Prospectuses (25th Updated Version – July 2016), Frage 16: Antwort zu Qb).

124 ESMA-Questions and Answers – Prospectuses (25th Updated Version – July 2016), Frage 16: Antwort zu Qa); *Fingerhut/Voß*, in: Just/Voß/Ritz/Zeising, WpPG, Anhang I EU-ProspektVO Rn. 331; *Kunold*, in: Assmann/Schlitt/von Kopp-Colomb, WpPG/VerkProspG, EU-ProspektVO Anhang I Rn. 196.

125 ESMA-Empfehlungen, Rn. 75.

Anhang I EU-ProspektVO könnte daher argumentiert werden, dass es zulässig sei, ungeprüfte Abschlüsse als historische Finanzinformationen nach Ziffer 20.1. in einen Wertpapierprospekt aufzunehmen. Diese Auslegung ist jedoch abzulehnen, da Ziffer 20.1 Abs. 1 der allgemeine Grundsatz zu entnehmen ist, dass die historischen Finanzinformationen des Emittenten geprüft sein müssen.[126] Der Grundsatz ergibt sich aus Ziffer 20.1 Abs. 1 Satz 1 und wurde vom Verordnungsgeber vor die Klammer gezogen. Ziffer 20.1 Abs. 1 Satz 1 verlangt **geprüfte historische Finanzinformationen** für die letzten drei Geschäftsjahre. Zweck der Regelung ist, die Verlässlichkeit der historischen Finanzinformationen sicherzustellen. Investoren sollen auf diese Vertrauen können.

b) Vermerk, ob die Abschlüsse für Zwecke des Prospekts ein den tatsächlichen Verhältnissen entsprechendes Bild vermitteln

Das Prüfungserfordernis von Ziffer 20.1 Abs. 1 wird von Abs. 5 durch zwei Varianten konkretisiert. Zum einen durch die Prüfung, zum anderen durch einen **Vermerk**, ob die Abschlüsse für Zwecke des Prospekts ein den tatsächlichen Verhältnissen entsprechendes Bild vermitteln. Die Variante der Prüfung meint einer **Abschlussprüfung** unterzogene Abschlüsse. Für diese Abschlüsse wurde bei der Prüfung festgestellt, ob sie ein den tatsächlichen Verhältnissen entsprechendes Bild der Finanz-, Vermögens- und Ertragslage des Emittenten bzw. für dessen Konzern vermitteln.[127] Die Variante des Vermerks, findet in diesem Fall keine Anwendung.

63

Die Variante des Vermerks wirft die Frage auf, ob auch andere Leistungen des Prüfers wie eine **prüferische Durchsicht** (review) oder festgelegte Untersuchungshandlungen (**agreed upon procedures**) denkbar sind. Vor dem Hintergrund des Investorenschutzes ist für die historischen Finanzinformationen jedoch eine gesetzliche Abschlussprüfung bzw. eine Prüfung, die eine mit der Abschlussprüfung vergleichbare Zielsetzung hat, zu fordern. Anderenfalls könnte eine gleichlaufende Qualität zwischen „freiwilligen" und gesetzlichen Abschlüssen im Prospekt nicht sichergestellt werden. Ziel der gesetzlichen Abschlussprüfung ist u. a. die Verlässlichkeit der im Abschluss und Lagebericht enthaltenen Informationen zu erhöhen.[128] Denn der Wirtschaftsprüfer richtet im Rahmen einer gesetzlichen Abschlussprüfung seine Prüfungshandlungen so aus, dass wesentliche Unrichtigkeiten und Verstöße mit hinreichender Sicherheit erkannt werden.[129]

64

Ein zwischen Wirtschaftsprüfer und dem Emittenten abgestimmtes Prüfungsverfahren (**agreed upon proceedures**) hingegen bietet dem Anleger keine Aussage, ob die vereinbarten Prüfungshandlungen im Einzelfall ausreichend oder angemessen sind.[130] Anleger können daher beim abgestimmten Prüfungsverfahren sehr unterschiedliche Aussagen erhalten. Auch die **prüferische Durchsicht** (review) führt bei einer kritischen Würdigung nur zu einer gewissen Sicherheit, da Nachweise insbesondere durch Befragungen und analytische

65

---

126 Ähnlich *Meyer*, Accounting 2/2006, S. 12; *Fingerhut/Voß*, in: Just/Voß/Ritz/Zeising, WpPG, Anhang I EU-ProspektVO Rn. 304.
127 Vgl. §§ 317 Abs. 1 und Abs. 3 Satz 1, 322 Abs. 3 HGB.
128 *Schindler*, in: WP Handbuch 2012, S. 2399, Abschnitt R Rn. 1.
129 *Schmidt/Almeling*, in: Beck'scher Bilanz-Kommentar, § 317 Rn. 10; vgl. zu den Anforderungen an die Prüfung auch die Erläuterungen zum Begriff „Bestätigungsvermerk".
130 IDW Prüfungsstandard: Grundsätze für die Erteilung eines Comfort Letter (IDW PS 910), WPg 2004, 342 ff. Rn. 89.

Anhang I   Ziffer 20.1

Prüfungshandlungen erlangt werden.[131] Die beiden letztgenannten Kategorien können im Vergleich mit geprüften Informationen zu einer geringeren Verlässlichkeit der überprüften Informationen führen und sind daher nicht zulässig.[132] Zudem würde ein anderes Ergebnis dem im ersten Satz von Abs. 1 Ziffer 20.1 enthaltenen Grundsatz, dass die historischen Finanzinformationen von Emittenten geprüft sein müssen, widersprechen.

3. Zulässige Prüfungsstandards

66   Für die Prüfung können verschiedene **Prüfungsstandards zulässig** sein. Ziffer 20.1 Abs. 5 schreibt zu diesen Zweck vor, dass die historischen jährlichen Finanzinformationen in Übereinstimmung mit den im jeweiligen Mitgliedstaat anwendbaren Prüfungsstandards oder einem äquivalenten Standard geprüft worden sein müssen. Dabei wird anders als bei Rechnungslegungsstandards nicht zwischen Emittenten aus dem EWR und aus Drittstaaten unterschieden, so dass für beide Arten von Emittenten die gleichen Regelungen gelten.

a) Prüfungsstandards des jeweiligen Mitgliedstaats

67   In Deutschland wird der Rahmen für gesetzliche **Abschlussprüfungen** im HGB (§§ 316 ff. HGB) vorgegeben. Dieser Rahmen wird durch die **berufsständischen Prüfungsstandards des IDW**, die zwar keinen Gesetzesrang haben,[133] aber eine mittelbare und daher faktische Bindungswirkung entfalten,[134] ausgefüllt.[135] Wie bereits zuvor erläutert, ist hierbei vor dem Hintergrund des Investorenschutzes eine gesetzliche Abschlussprüfung bzw. eine Prüfung, die eine mit der Abschlussprüfung vergleichbare Zielsetzung hat, zu fordern. Daher sind grundsätzlich Regelungen und Prüfungsstandards, die die ordnungsgemäße Durchführung von Abschlussprüfungen betreffen, die in Deutschland anwendbaren Prüfungsstandards im Sinn der Ziffer 20.1 Abs. 5.[136]

68   Die Abschlussprüferrichtlinie (Richtlinie 2006/43/EG zuletzt geändert durch die Richtlinie 2014/56/EU) eröffnet zudem für die Europäische Kommission die Möglichkeit die International Standards on Auditing (ISAs) für Abschlussprüfungen in das EU-Recht zu übernehmen. Die Richtlinie sieht in Artikel 26 Abs. 1 vor, dass Mitgliedstaaten die Abschlussprüfer und Prüfungsgesellschaften verpflichten können, Abschlussprüfungen unter Beachtung der von der EU-Kommission nach Art. 26 Absatz 3 angenommenen internationalen Prüfungsstandards durchzuführen. Die „internationalen Prüfungsstandards" werden dabei definiert als die International Standards on Auditing (ISA), der International Standard on Quality Control 1 (ISQC 1) und andere damit zusammenhängende Standards, die vom Internationalen Wirtschaftsprüferverband (IFAC) über das International Auditing and Assurance Standards Board (IAASB) herausgegeben wurden, soweit sie für die Abschlussprüfung relevant sind (Artikel 26 Abs. 2). Zudem erhält die EU-Kommission die Befugnis,

---

131 *Schmidt/Küster*, in: Beck'scher Bilanz-Kommentar, § 322 Rn. 112.
132 Ähnlich *Kunold*, in: Assmann/Schlitt/von Kopp-Colomb, WpPG/VerkProspG, EU-ProspektVO Anhang I Rn. 172.
133 Begründung zu § 317 Abs. 5, BT-Drucks. 16/10067, S. 87; *Naumann*, in: WP Handbuch 2012, S. 94 f., Abschnitt A Rn. 385.
134 Vgl. m. w. N. *Naumann*, in: WP Handbuch 2012, S. 94 f., Abschnitt A Rn. 385.
135 *Schmidt/Almeling*, in: Beck'scher Bilanz-Kommentar, § 317 Rn. 23.
136 Im Ergebnis ähnlich *d'Arcy/Kahler*, in: Holzborn, WpPG, EU-ProspV Anhang I Rn. 137 und 144.

mittels delegierter Rechtsakte die internationalen Prüfungsstandards in den Bereichen Prüfungsverfahren, Unabhängigkeit und interne Qualitätssicherung zur Anwendung innerhalb der Union anzunehmen.[137]

Ergänzend dazu sieht auch die Abschlussprüferverordnung (Verordnung (EU) Nr. 537/2014), die nur für Abschlussprüfungen bei Unternehmen von öffentlichem Interesse (Public Interest Entities – PIE) gilt, keine direkte Verpflichtung für PIE-Prüfer zur Durchführung von Abschlussprüfungen unter Beachtung internationaler Prüfungsstandards vor. Artikel 9 dieser Verordnung überträgt jedoch der EU-Kommission die Befugnis, die internationalen Prüfungsstandards zur Anwendung innerhalb der Union anzunehmen.[138] 68a

Um einer möglichen Übernahme der ISAs ins europäische Recht Rechnung zu tragen, ergänzte bereits das BilMoG § 317 HGB um die Absätze 5 und 6.[139] Nach Abs. 5 wären Abschlussprüfer verpflichtet, bei der Durchführung von gesetzlich vorgeschriebenen Abschlussprüfungen, die von der europäischen Kommission übernommenen ISAs anzuwenden.[140] Zusätzlich erlaubt Abs. 6 in der Fassung des Abschlussprüfungsreformgesetzes[141] dem Bundesministerium der Justiz im Einvernehmen mit dem Bundesministerium für Wirtschaft und Technologie, weitere Anforderungen vorzuschreiben, wenn dies durch den Umfang der Abschlussprüfung bedingt ist; die Nichtanwendung von Teilen der internationalen Prüfungsstandards auf nationaler Ebene ist danach nicht länger möglich, wenn die ISAs übernommen werden sollten.[142] Solange von diesen Regelungen kein Gebrauch gemacht wird, bleibt es grundsätzlich bei der Anwendung derjenigen berufsständischen Prüfungsstandards, die die Abschlussprüfung betreffen.[143] Sollten jedoch zukünftig die ISAs ins europäische Recht übernommen werden und überscheidet sich deren Anwendungsbereich mit denen der berufsständischen Prüfungsstandards, führt die Bindungswirkung von § 317 Abs. 5 HGB dazu, dass die ISAs den berufsständischen Prüfungsstandards des IDW vorgehen.[144] 69

b) Begriff „äquivalenter Prüfungsstandard"

Der Begriff des **äquivalenten Standards** wird in der EU-ProspektVO nicht näher definiert. Vor dem Hintergrund des Investorenschutzes sollten nur solche Prüfungsstandards, die eine den deutschen bzw. europäischen Standards entsprechende Verlässlichkeit der im 70

---

137 Hinweise der WPK zum Zeitpunkt der verpflichtenden Anwendung der ISA in Deutschland, abrufbar unter http://www.wpk.de/neu-auf-wpkde/alle/2014/sv/zeitpunkt-der-verpflichtenden-anwendung-der-isa-in-deutschland.
138 Hinweise der WPK zum Zeitpunkt der verpflichtenden Anwendung der ISA in Deutschland, abrufbar unter http://www.wpk.de/neu-auf-wpkde/alle/2014/sv/zeitpunkt-der-verpflichtenden-anwendung-der-isa-in-deutschland.
139 *Förschle/Almeling*, in: Beck'scher Bilanz-Kommentar, § 317 Rn. 90 ff.
140 Begründung zu § 317 Abs. 5, Regierungsentwurf BilMoG, BT-Drucks. 16/10067, S. 87.
141 BGBl. 2016 Teil I Nr. 23 vom 17. Mai 2016.
142 Regierungsentwurf Abschlussprüfungsreformgesetz, BT-Drucks. 18/7219, S. 39; *Schmidt/Almeling*, in: Beck'scher Bilanz-Kommentar, § 317 Rn. 94.
143 Europäische Kommission in Ziffer VII der Q&A – Implementation of the New Statutory Audit Framework vom 3. September 2014.
144 *Schmidt/Almeling*, in: Beck'scher Bilanz-Kommentar, § 317 Rn. 92.

Anhang I Ziffer 20.1

Abschluss enthaltenen Informationen sicherstellen, als gleichwertig gelten.[145] Daher können zumindest bis zu einer Entscheidung über die Übernahme der ISAs ins europäische Recht die ISAs als den deutschen Prüfungsstandards äquivalente Prüfungsstandards akzeptiert werden.[146] In der Regel ergeben sich – abgesehen von besonderen Regelungserfordernissen aufgrund gesetzlich zwingender Vorschriften für die Abschlussprüfung – nur wenige Unterschiede zwischen den Anforderungen der IDW-Prüfungsstandards und den ISAs. Zudem werden die ISAs national durch die IDW-Prüfungsstandards umgesetzt.[147]

71 Im Hinblick auf andere Emittenten aus dem EWR sollten zudem aus Gleichbehandlungsgründen auch die **in anderen Mitgliedstaaten gültigen Prüfungsstandard**s als **äquivalent** akzeptiert werden. Nach diesen Standards geprüfte Abschlüsse gelangen über den europäischen Pass für Prospekte ohnehin nach Deutschland.[148]

4. Unabhängige Prüfung

72 Neben den zulässigen Prüfungsstandards regelt Abs. 5 Ziffer 20.1. weiterhin, dass eine **unabhängige** Prüfung der historischen Finanzinformationen erforderlich ist. Diese ist notwendig, da regelmäßig nur die Prüfung durch einen vom geprüften Unternehmen unabhängigen Dritten sicherstellt, dass die Verlässlichkeit der Information erhöht wird.

73 Der Begriff der Unabhängigkeit wird in der EU-ProspektVO nicht definiert. Auf nationaler Ebene regeln die §§ 319 ff. HGB **Ausschlussgründe** für Abschlussprüfer, während auf europäischer Ebene die Abschlussprüferrichtlinie[149] (Artikel 22 ff.) und die Abschlussprüferverordnung[150] sowie die Empfehlung der Europäischen Kommission zur Unabhängigkeit des Abschlussprüfers[151] Vorgaben enthalten. Bei Ziffer 20.1 Abs. 5 handelt es sich um eine europäische Regelung, die grundsätzlich nicht einseitig durch nationale Vorgaben des HGB interpretiert werden sollte. Doch die §§ 319 ff. HGB setzten diese europäischen Unabhängigkeitsanforderungen an Abschlussprüfer für deutsche Emittenten um.[152] Zudem entspricht ein Abstellen auf die **Ausschlussgründe** des HGB bei deutschen Emittenten systematisch den Vorgaben der Ziffer 20.1 für zulässige Prüfungsstandards, die auf die im jeweiligen Mitgliedstaat zulässigen Standards – mithin nationale Standards – abstellen. Daher gelten die Ausschlussgründe der §§ 319 ff. HGB sowie die diese Regelungen ergänzenden und direkt anwendbaren Vorgaben der Abschlussprüferverordnung für deutsche Emittenten entsprechend und zwar unabhängig davon, ob es sich um einen freiwilligen oder ge-

---

145 Vgl. zur Rolle von Prüfungsstandards bei cross-border offerings and listings auch das „IOSCO Statement on International Auditing Standards" vom 11.6.2009.
146 *Kunold*, in: Assmann/Schlitt/von Kopp-Colomb, WpPG/VerkProspG, EU-ProspektVO Anhang I Rn. 212.
147 *Schindler*, in: WP Handbuch 2012, S. 2403, Abschnitt R Rn. 20; ähnlich *d'Arcy/Kahler*, in: Holzborn, WpPG, EU-ProspV Anhang I Rn. 144.
148 Laut *Kunold*, in: Assmann/Schlitt/von Kopp-Colomb, WpPG/VerkProspG, EU-ProspektVO Anhang I Rn. 212, erkenne die Bundesanstalt in ihrer Verwaltungspraxis auch japanische, kanadische und US-amerikanische Prüfungsstandards an.
149 Richtlinie 2006/43/EG zuletzt geändert durch die Richtlinie 2014/56/EU.
150 Verordnung (EU) Nr. 537/2014.
151 Empfehlungen der Europäischen Kommission 2002/590/EG vom 16.5.2002 zur Unabhängigkeit des Abschlussprüfers in der EU – Grundprinzipien (ABl. EG L 191 vom 19.7.2002, S. 22 ff.).
152 *Schmidt/Nagel*, in: Beck'scher Bilanz-Kommentar, Vor § 319 Rn. 2.

setzlichen Abschluss handelt. Für alle übrigen Emittenten sollten direkt die europäischen Regelungen herangezogen werden werden.[153]

Ausschlussgründe für Abschlussprüfer aller deutschen Unternehmen sind in § 319 Abs. 2 und 3 HGB enthalten. Darüber hinaus vermutete § 319a HGB[154] für Unternehmen von besonderem öffentlichen Interesse ergänzende Ausschlussgründe.[155] Bereits das Bilanzrechtsmodernisierungsgesetz führte § 319b HGB ein. Dieser rechnet einem Abschlussprüfer bestimmte Ausschlussgründe zu, die von Mitgliedern eines Netzwerkes erfüllt werden.[156] Ergänzend dazu sind auch die Vorgaben der Abschlussprüferverordnung zu beachten, soweit sie erhöhte Unabhängigkeitsanforderenen beinhalten. So sieht die Abschlussprüferverordnung beispielsweise vor, dass bei Unternehmen von öffentlichem Interesse die Abschlussprüfer regelmäßig wechseln müssen (interne und externe Rotation) und nicht länger befugt sind, bestimmte prüfungsfremde Leistungen für ihre Mandanten zu erbringen.[157] 74

Der Begriff „**unabhängige Prüfung**" könnte weit interpretiert werden, wenn beispielsweise die besonderen Ausschlussgründe des § 319a HGB für alle Emittenten angewendet würden. Gegen eine weite Auslegung des Begriffs spricht jedoch, dass bei einer solchen Interpretation die Aufnahme der gesetzlichen Abschlüsse in den Prospekt scheitern könnte. National bewusst gewählte Differenzierungen im Rahmen der Umsetzung von europäischen Vorgaben würden so umgangen. Dies erscheint nicht sachgerecht, wenn man bedenkt, dass bereits § 319 Abs. 2 HGB den zentralen Unabhängigkeitsgrundsatz enthält.[158] Nach § 319 Abs. 2 HGB ist ein Prüfer von der Prüfung ausgeschlossen, wenn Gründe, insbesondere Beziehungen geschäftlicher, finanzieller oder persönlicher Art, vorliegen, nach denen die Besorgnis der Befangenheit besteht. 75

[derzeit frei] 76

5. Begriff „Bestätigungsvermerk"

Ziffer 20.1 Abs. 1 sieht vor, dass zusätzlich zu den geprüften Finanzinformationen auch der **Bestätigungsvermerk** für jedes Jahr der drei Geschäftsjahre in den Prospekt aufzunehmen ist.[159] Ein Bestätigungsvermerk wird in der Regel für das Ergebnis der gesetzlich vorgeschriebenen Abschlussprüfung erteilt.[160] Er kann aber auch für freiwillige Abschlussprüfungen erteilt werden, die gesetzlichen Abschlussprüfungen nach Art und Umfang entsprechen.[161] Der Bestätigungsvermerk unterrichtet über das Ergebnis der Abschlussprüfung 77

---

153 Ähnlich *d'Arcy/Kahler*, in: Holzborn, WpPG, EU-ProspV Anhang I Rn. 137 ff.
154 § 319a HGB gilt nur für Abschlussprüfungen von Unternehmen, die einen organisierten Markt im Sinne von § 2 Abs. 5 WpHG in Anspruch nehmen oder eine Zulassung ihrer Wertpapiere zu einem solchen Markt beantragt haben.
155 *Schmidt/Nagel*, in: Beck'scher Bilanz-Kommentar, Vor § 319 Rn. 3.
156 *Schmidt/Nagel*, in: Beck'scher Bilanz-Kommentar, Vor § 319 Rn. 2.
157 Siehe zu den durch die Abschlussprüferverordnung eingeführten Neuerungen *Schmidt/Almeling*, in: Beck'scher Bilanz-Kommentar, § 319a Rn. 50 ff.
158 *Schmidt/Nagel*, in: Beck'scher Bilanz-Kommentar, § 319 Rn. 20.
159 *Meyer*, Accounting 2/2006, 12.
160 *Plendl*, in: WP Handbuch 2012, S. 2083, Abschnitt Q Rn. 330.
161 IDW Prüfungsstandard: Grundsätze für die ordnungsgemäße Erteilung von Bestätigungsvermerken bei Abschlussprüfungen (IDW PS 400), Stand 28.11.2014, FN-IDW 1/2015, S. 31; *Plendl*, in: WP Handbuch 2012, S. 2093, Abschnitt Q Rn. 369; *Schmidt/Küster*, in: Beck'scher Bilanz-Kommentar, § 322 Rn. 90 ff.

Anhang I Ziffer 20.1

nach außen, d.h. beispielsweise Aktionäre, potenzielle Investoren und andere Marktteilnehmer.[162] Bei neu formulierten historischen Finanzinformationen und freiwilligen Abschlüssen werden manchmal **Bescheinigungen** bzw. **„Berichte" über die Prüfungen** in den Prospekt aufgenommen. Bei solchen Bescheinigungen kann es jedoch sein, dass Gegenstand und Umfang nicht denen einer gesetzlichen Abschlussprüfung entsprechen.[163] Fraglich ist daher, ob diese Bescheinigungen oder „Berichte" über die Prüfung den Anforderungen genügen.[164] Ziffer 20.1 Abs. 1 fordert grundsätzlich die Aufnahme von Bestätigungsvermerken.[165]

78 Eine Aufnahme von **Bescheinigungen** bzw. **„Berichten" über die Prüfung** sollte möglich sein, wenn Investoren dadurch nicht benachteiligt werden. Dies ist der Fall, wenn ein **Bestätigungsvermerk** nur aus folgenden Gründen nicht erteilt werden kann: Die durchgeführte Prüfung weicht nur im Hinblick auf einen Gegenstand bzw. den Umfang von der gesetzlichen Abschlussprüfung ab, der nach den Vorgaben der Ziffer 20.1 nicht erforderlich ist. Denkbar sind beispielsweise Abweichungen im Hinblick auf den **Lagebericht**, der nicht Teil der Mindestinformationen nach Ziffer 20.1 Abs. 4 ist. Abweichungen dürfen insbesondere nicht dazu führen, dass die Verlässlichkeit der geprüften Information im Vergleich zur gesetzlichen Abschlussprüfung geringer wird. Die Adressaten des Prospektes würden ansonsten schlechter gestellt. Daher sind vergleichbare Anforderungen an die Unabhängigkeit des Prüfers zu beachten. Zudem muss der Prüfer eine Beurteilung abgeben, ob der geprüfte Abschluss des Emittenten ein den tatsächlichen Verhältnissen entsprechendes Bild von der Vermögens-, Finanz- und Ertragslage des Emittenten vermittelt.[166] Ferner sollten die Bescheinigungen bzw. „Berichte" über die Prüfung die Öffentlichkeit vergleichbar über das Ergebnis der Prüfung unterrichten.[167] Sie sollen daher einen § 322 HGB entsprechenden Inhalt haben.

6. Prüfung nachträglich erstellter Abschlusselemente

79 Werden **zusätzliche Abschlusselemente** nach Ziffer 20.1 Abs. 4 zur Ergänzung eines Jahres- bzw. Konzernabschlusses erstellt, ist fraglich, ob diese geprüft sein müssen. Der Wort-

---

162 *Plendl*, in: WP Handbuch 2012, S. 2083, Abschnitt Q Rn. 331; *Schmidt/Küster*, in: Beck'scher Bilanz-Kommentar, § 322 Rn. 6.
163 *Plendl*, in: WP Handbuch 2012, S. 2195, Abschnitt Q Rn. 839; *Schmidt/Küster*, in: Beck'scher Bilanz-Kommentar, § 322 Rn. 110.
164 Dagegen *d'Arcy/Kahler*, in: Holzborn, WpPG, EU-ProspV Anhang I Rn. 158, die einen Bestätigungsvermerk verlangen.
165 Die erste deutsche Fassung der EU-ProspektVO (ABl. EU L 149 v. 30.4.2004, S. 37) sah vor, dass nach Ziffer 20.1. Prüfungsberichte beizubringen sind. Eine Übersetzung des englischen Begriffs „audit report" mit dem Begriff „Prüfungsbericht" ist abzulehnen. Der Prüfungsbericht dient vielmehr als Informationsmedium für die Leitungs- und Kontrollorgane einer Gesellschaft und besitzt daher regelmäßig vertraulichen Charakter, während hingegen der Bestätigungsvermerk die Öffentlichkeit über das Ergebnis der Prüfung informiert. Eine Offenlegung der Prüfungsberichte ist ferner nur in besonderen Fällen vorgesehen (§ 321a HGB). Dementsprechend wurde bei der Korrektur der deutschen Sprachfassung der EU-ProspektVO (ABl. EU L 189 v. 18.7.2005, S. 25) auch der Wortlaut der Ziffer 20.1 korrigiert.
166 Im Ergebnis Ebenso *Meyer*, Accounting 2/2006, 12; ähnlich *Fingerhut/Voß*, in: Just/Voß/Ritz/Zeising, WpPG, Anhang I EU-ProspektVO Rn. 302.
167 Im Ergebnis ähnlich *Kunold*, in: Assmann/Schlitt/von Kopp-Colomb, WpPG/VerkProspG, EU-ProspektVO Anhang I Rn. 174.

laut von Abs. 4 der Vorschrift fordert dies nicht ausdrücklich. Doch Ziffer 20.1 Abs. 1 enthält den vor die Klammer gezogenen Grundsatz, dass die historischen Finanzinformationen geprüft sein müssen. Abs. 4 konkretisiert nur einen Teilaspekt von Abs. 1, die Mindestbestandteile der nach nationalen Rechnungslegungsstandards aufgestellten historischen Finanzinformationen. Ein anderes Ergebnis wäre aus Gründen des Investorenschutzes nicht vertretbar.

Bei deutschen Emittenten kann der den nachträglich erstellten Abschlusselementen zugrunde liegende Jahresabschluss[168] ein den tatsächlichen Verhältnissen entsprechendes Bild der Vermögens-, Finanz- und Ertragslage vermitteln (§ 264 Abs. 2 HGB).[169] Er erfüllt daher die entsprechende Vorgabe von Ziffer 20.1 Abs. 5. Eine erneute Prüfung eines bereits geprüften Jahres- oder Konzernabschlusses ist daher nicht erforderlich.[170] Es genügt, wenn bei nachträglich erstellten Elementen eine separate **Prüfungsbescheinigung** neben den **Bestätigungsvermerken** in den Prospekt aufgenommen wird.[171] Die Prüfungsbescheinigung dokumentiert das Ergebnis der Prüfung nach außen. Die Vorgaben zur Unabhängigkeit des Prüfers gelten für diese Prüfungsbescheinigung entsprechend.

80

---

168 Der Konzernabschluss hat nach § 297 Abs. 2 ein den tatsächlichen Verhältnissen entsprechendes Bild der Vermögens-, Finanz- und Ertragslage zu vermitteln.
169 IDW PH 9.960.2, WPg 2006, 333 (Rn. 3).
170 IDW PH 9.960.2, WPg 2006, 333 (Rn. 9).
171 *Fingerhut/Voß*, in: Just/Voß/Ritz/Zeising, WpPG, Anhang I EU-ProspektVO Rn. 337.

Anhang I Ziffer 20.2

20.2. Pro forma-Finanzinformationen

Im Falle einer bedeutenden Bruttoveränderung ist eine Beschreibung der Art und Weise, wie die Transaktion ggf. die Aktiva und Passiva sowie die Erträge des Emittenten beeinflusst hat, aufzunehmen, sofern diese Transaktion zu Beginn des Berichtszeitraums oder zum Berichtszeitpunkt durchgeführt wurde.

Dieser Anforderung wird normalerweise durch die Aufnahme von Pro forma-Finanzinformationen Genüge getan.

Diese Pro forma-Finanzinformationen sind gemäß Anhang II zu erstellen und müssen die darin geforderten Angaben enthalten.

Pro forma-Finanzinformationen ist ein Bericht beizufügen, der von unabhängigen Buchsachverständigen oder Abschlussprüfern erstellt wurde.

Übersicht

	Rn.		Rn.
I. Regelungsgegenstand	1	III. Pro forma-Finanzinformationen	16
II. Pflicht zur Aufnahme von Pro forma-Finanzinformationen	5	1. Pflicht zur Aufnahme	16
1. Bedeutende Bruttoveränderung	5	a) Regelfall	16
a) Strukturverändernde Transaktion	6	b) Ausnahmen	17
b) 25%-Veränderung	7	2. Berichtszeitraum	19
c) Größenindikatoren	8	3. Bestandteile von Pro forma-Finanzinformationen	20
d) Alternativkriterien?	11	4. Bescheinigung eines Wirtschaftsprüfers	21
e) Noch nicht vollzogene Transaktion	12	5. Mehrere Unternehmenstransaktionen	22
f) Mehrere Unternehmenstransaktionen	14	6. Freiwillige Aufnahme von Pro forma-Finanzinformationen	23
2. Ausnahme für Rechnungslegung bei Fusionen?	15		

I. Regelungsgegenstand

1 Die bloße Darstellung historischer Finanzinformationen (wie sie nach Ziff. 20.1 des Anhangs I gefordert ist) reicht bisweilen nicht aus, um dem Publikum ein zutreffendes Urteil über die Vermögens-, Finanz- und Ertragslage sowie die Zukunftsaussichten des Emittenten zu ermöglichen, wie dies § 5 Abs. 1 WpPG verlangt. So ist im Falle eines Börsengangs die Unternehmensstruktur eines Emittenten, dessen Aktien künftig an der Börse notiert werden sollen, oft Ergebnis erheblicher **Umstrukturierungen**. Denn häufig dient das mit einem Börsengang einhergehende öffentliche Angebot von Wertpapieren den bisherigen Aktionären zum Ausstieg aus ihrer Beteiligung.[1] Dies gilt insbesondere im Fall von Private Equity Investoren; bei deren Beteiligungen ist die Konzernstruktur vor dem Ausstieg vor allem von Anforderungen der steueroptimierten Akquisitionsfinanzierung getrieben.[2] Zu-

---

[1] Zur Motivation für Aktienplatzierungen aus Aktionärssicht vgl. *Meyer*, in: Marsch-Barner/Schäfer, Handbuch börsennotierte AG, § 7 Rn. 8.
[2] Zur Problematik einer steueroptimierten Akquisitionsfinanzierung im Hinblick auf den späteren Ausstieg vgl. *Hasselbach/Rödding*, in: Eilers/Rödding/Schmalenbach, Unternehmensfinanzierung, Kapitel I. Rn. 55 f.

dem entspricht die Haltedauer von Private Equity Investoren häufig nicht dem Drei-Jahres-Zeitraum der Ziff. 20.1 des Anhangs I.[3] Das hat zur Konsequenz, dass die gesellschaftsrechtliche Struktur des Emittenten während des grundsätzlich im Prospekt darzustellenden Drei-Jahres-Zeitraums oft erheblichen Veränderungen unterworfen ist.

Die eingangs geschilderte Problematik ist aber nicht nur auf der Emission vorangehende Umstrukturierungen oder gar auf Börsengänge beschränkt. So dient bei bereits börsennotierten Unternehmen eine Emission neuer Aktien häufig zur Finanzierung oder Refinanzierung eines Unternehmenskaufs. Dieser kann so bedeutend sein, dass er zu einer **nachhaltigen Veränderung von Charakter und Struktur** des bisherigen Unternehmens führt. 2

Den vorgenannten Konstellationen gemeinsam ist der Umstand, dass das Unternehmen des Emittenten (so wie es zum Zeitpunkt des auf einen Prospekt gestützten Angebots besteht) in den historischen Finanzinformationen des Emittenten möglicherweise nicht zutreffend abgebildet ist. Steht die Durchführung einer geplanten Unternehmenstransaktion zum Zeitpunkt der Prospekterstellung noch aus, so besteht zumindest die Gefahr, dass durch die Darstellung des bisherigen Unternehmens des Emittenten dessen Zukunftsaussichten nicht verlässlich abgeleitet werden können. 3

Im Rahmen der EU-Prospektverordnung hat die Europäische Kommission versucht, diesem Umstand dadurch Rechnung zu tragen, dass durch die Aufnahme von Pro forma-Finanzinformationen dargestellt werden soll, wie sich eine bedeutende Unternehmenstransaktion auf die wirtschaftlichen Verhältnisse des Emittenten auswirkt. 4

II. Pflicht zur Aufnahme von Pro forma-Finanzinformationen

1. Bedeutende Bruttoveränderung

Pro forma-Finanzinformationen sind nach Ziff. 20.2 des Anhangs I in den Prospekt aufzunehmen, wenn eine **bedeutende Bruttoveränderung** erfolgt ist. Diese muss während des laufenden oder des letzten abgeschlossenen Geschäftsjahres eingetreten sein. Diese zeitliche Begrenzung ist zwar in der EU-Prospektverordnung nicht ausdrücklich erwähnt, ergibt sich aber mittelbar aus den Zeiträumen, die nach Anhang II Ziff. 5 der EU-Prospektverordnung durch Pro forma-Finanzinformationen dargestellt werden dürfen (dazu siehe die Kommentierung zu Anhang II Rn. 32 ff.).[4] Ferner können Pro forma-Finanzinformationen auch bei einer erwarteten bedeutenden Bruttoveränderung aufgrund einer noch bevorstehenden Transaktion in den Prospekt aufgenommen werden (dazu s. u. Rn. 12). 5

a) Strukturverändernde Transaktion

Der Begriff der bedeutenden Bruttoveränderung war ursprünglich im Haupttext der EU-Prospektverordnung nicht definiert; eine Definition fand sich jedoch in Erwägungs- 6

---

3 So lag beispielsweise zwischen dem Einstieg der US-Beteiligungsgesellschaft Lindsay, Goldberg & Bessemer (LGB) bei dem deutschen Stahlhandelsunternehmen Klöckner & Co. im Jahre 2005 und der Teilveräußerung ihrer Beteiligung im Rahmen des Börsengangs der Klöckner & Co. AG (heute: Klöckner & Co. SE) im Juni 2006 nur ca. ein Jahr, währenddessen das Unternehmen grundlegend umstrukturiert wurde.
4 *Kunold*, in: Assmann/Schlitt/von Kopp-Colomb, WpPG/VerkProspG, EU-ProspektVO Anhang I Rn. 215.

Anhang I Ziffer 20.2

grund 9.[5] Dort ist in der deutschen Sprachfassung zwar von einer „bedeutenden Gesamtveränderung" der Situation des Emittenten die Rede. Ein Vergleich mit der englischen Sprachfassung, die hier wie auch in Ziff. 20.2 des Anhangs I den Begriff des *significant gross change* verwendet, zeigt, dass hier wie dort dasselbe gemeint ist. Danach soll eine bedeutende Bruttoveränderung vorliegen, wenn als Folge einer **speziellen Transaktion** eine mehr als 25%ige Schwankung (zutreffender wohl: Veränderung, vgl. die Kommentierung zu Art. 4a ProspektVO Rn. 1) in Bezug auf einen oder mehrere Indikatoren, die den Umfang der Geschäftstätigkeit des Emittenten bestimmen, erfolgt. Für den Begriff der „**Transaktion**" findet sich weder in der EU-Prospektverordnung noch in den Verlautbarungen von ESMA zur EU-Prospektverordnung eine Definition. Aus der Verwendung des Begriffs kann aber geschlossen werden, dass es sich dabei um eine „Unternehmenstransaktion" handeln muss, d. h. eine Transaktion, die zu einer **Änderung der Unternehmensstruktur** führt, wie z. B. dem Erwerb oder der Veräußerung von Geschäftsanteilen einer anderen Gesellschaft (*share deal*) oder der zu einem Geschäftsbetrieb gehörenden Vermögensgegenstände (*asset deal*).[6] Dagegen soll der Erwerb weiterer Anteile einer bereits zuvor voll konsolidierten Tochtergesellschaft oder der bloße Formwechsel des Emittenten keine „Transaktion" darstellen, die Pro forma-Finanzinformationen erforderlich macht. Denn dadurch verändert sich die Unternehmensstruktur in der Regel nicht wesentlich.[7] Anderes mag gelten, wenn der Hinzuerwerb von Anteilen eines Unternehmens, an dem der Emittent bereits beteiligt ist, erstmals zu dessen Vollkonsolidierung führt.[8] Dies kann auch der Fall sein, wenn die Beteiligung des Emittenten in der Vergangenheit zwar unterhalb der die Konsolidierung auslösenden Kontrollschwelle lag, er aber aufgrund seines daher vermuteten maßgeblichen Einflusses auf das „assoziierte" Unternehmen die Beteiligung an diesem in der Vergangenheit nach der Equity-Methode zu bewerten hatte.[9] Denn Vermögenswerte, Eigenkapital, Schulden, Aufwendungen oder Erträge eines „at equity" zu bewertenden assoziierten Unternehmens sind in den Konzernabschluss des Großaktionärs nicht einzubeziehen. Die Aufstockung der Beteiligung über die 50%-Schwelle, die

---

5 Vgl. ESMA update of the CESR recommendations vom 23.3.2011, ref. ESMA/2011/81 („ESMA-Empfehlungen"), Rn. 90.
6 *Fingerhut/Voß*, in: Just/Voß/Ritz/Zeising, WpPG, EU-ProspektVO Anhang I Rn. 351; für den Formwechsel ebenso IDW RH HFA 1.004, Tz. 4.
7 Davon geht beispielsweise der IDW Rechnungslegungshinweis: Erstellung von Pro-forma-Finanzinformationen (IDW RH HFA 1.004), veröffentlicht in WPg 2006, 141, aus, siehe dort Tz. 3; ebenso *Fingerhut/Voß*, in: Just/Voß/Ritz/Zeising, WpPG, EU-ProspektVO Anhang I Rn. 351; *Kunold*, in: Assmann/Schlitt/von Kopp-Colomb, WpPG/VerkProspG, EU-ProspektVO Anhang I Rn. 220.
8 Bei dem für die Prospektdarstellung grundsätzlich maßgeblichen IFRS-Konzernabschluss kommt es für die Konsolidierung im Konzernabschluss des Mutterunternehmens nach IAS 27.4 auf die Beherrschung (*control*) des Tochterunternehmens durch das Mutterunternehmen an. Diese wird widerlegbar vermutet, wenn die Mutter (mittelbar oder unmittelbar) über mehr als die Hälfte der Stimmrechte an der Tochter verfügt, siehe dazu *Nonnenmacher*, in: Marsch-Barner/Schäfer, Handbuch börsennotierte AG, § 56 Rn. 53 ff.; danach hat sich auch nach der Neuregelung des Beherrschungsbegriffs für die Zwecke der IFRS-Rechnungslegung in IFRS 10 nichts Grundlegendes geändert, vgl. *Brune*, in: Bohl/Riese/Schlüter, Beck'sches IFRS-Handbuch, 4. Aufl. 2013, § 30 Rn. 34.
9 Assoziierte Unternehmen des Emittenten sind nach IAS 28.2 solche, auf die der Emittent maßgeblichen Einfluss ausüben kann, ohne sie beherrschen zu können. Dies wird widerleglich vermutet, wenn der Emittent 20% oder mehr der Stimmrechte hält, IAS 28.6. Im Konzernabschluss des Emittenten sind Anteile an assoziierten Unternehmen nach IAS 28.13 grds. nach der Equity-Methode zu bewerten, dazu auch *Nonnenmacher*, in: Marsch-Barner/Schäfer, Handbuch börsennotierte AG, § 56 Rn. 68 ff.

zur Folge hat, dass das Beteiligungsunternehmen nunmehr im Konzernabschluss des Emittenten konsolidiert werden muss, kann daher zu einer „bedeutenden Bruttoveränderung" im Konzernabschluss des Emittenten führen und damit die Pflicht zur Erstellung von Pro forma-Finanzinformationen auslösen.

b) 25%-Veränderung

Seit der Ergänzung der EU-Prospektverordnung durch die Verordnung 211/2007[10] definiert Art. 4a der EU-Prospektverordnung in seinem Abs. 6 den Begriff der **bedeutenden Bruttoveränderung** als eine **mehr als 25 %ige Veränderung** der Situation eines Emittenten, und zwar gemessen im Verhältnis zu einem oder mehreren Größenindikatoren für seine Geschäftstätigkeit. Diese Definition ist seither maßgebend; sie dürfte indes zwar präziser formuliert sein, aber keine inhaltliche Änderung gegenüber der Begriffsbestimmung aus Erwägungsgrund 9 bedeuten, der unverändert gelassen wurde.

c) Größenindikatoren

In den ESMA-Empfehlungen wird die Anwendung der 25%-Veränderungsregel konkretisiert. Danach soll die Größe der Transaktion (*size of the transaction*) ins Verhältnis gesetzt werden zur Größe des Emittenten (*size of the issuer*) vor der Transaktion und zwar anhand angemessener **Größenindikatoren**. Im Falle eines Unternehmenskaufs dürfte dabei mit „Größe der Transaktion" die Größe des Erwerbsobjekts gemeint sein. Eine Transaktion führt dabei zu einer bedeutenden Bruttoveränderung, wenn die Veränderung bei zumindest einem der Größenindikatoren größer als 25 % ist. Das bedeutet: Infolge der Transaktion verändert sich der betreffende Indikator im Vergleich zur Situation vor der Transaktionen in mindestens dieser Größenordnung.[11] Die ESMA-Empfehlungen führen ferner beispielhaft die folgenden Abschlussposten als grds. geeignete Indikatoren auf:[12]

– Bilanzsumme (*total assets*)
– Umsatzerlöse (*revenue*)
– Jahresergebnis (*profit or loss*).

Andere Kennzahlen können insbesondere dann herangezogen werden, wenn die vorgenannten Kriterien zu einem unpassenden Ergebnis führen oder den Besonderheiten der jeweiligen Branche des Emittenten nicht ausreichend Rechnung tragen. Der Emittent wird in diesem Fall die Unangemessenheit mit der für die Billigung zuständigen Behörde zu besprechen haben und sollte sinnvollerweise aus seiner Sicht angemessenere Kategorien für die Beurteilung der Größenordnung der infolge einer Transaktion eingetretenen Verände-

---

10 Verordnung (EG) Nr. 211/2007 der Kommission vom 27. Februar 2007 zur Änderung der Verordnung (EG) Nr. 809/2004 zur Umsetzung der Richtlinie 2003/71/EG des Europäischen Parlaments und des Rates in Bezug auf die Finanzinformationen, die bei Emittenten mit komplexer finanztechnischer Vorgeschichte oder bedeutenden finanziellen Verpflichtungen im Prospekt enthalten sein müssen, ABl. EU Nr. L 61 vom 28.2.2007, S. 24.
11 ESMA update of the CESR recommendations „The consistent implementation of Commission Regulation (EC) No 809/2004 implementing the Prospectus Directive" vom 23.3.2011, ESMA/2011/81, Rn. 91.
12 ESMA update of the CESR recommendations „The consistent implementation of Commission Regulation (EC) No 809/2004 implementing the Prospectus Directive" vom 23.3.2011, ESMA/2011/81, Rn. 92.

Anhang I Ziffer 20.2

rung benennen.[13] Während beispielsweise Industrieunternehmen nach allgemeinen Regeln (§ 275 Abs. 2 Nr. 1 HGB, IAS 1.82(a)) ihre Umsatzerlöse für die Berichtsperiode in einer Position ausweisen, sehen die speziellen Rechnungslegungsvorschriften für Kreditinstitute eine Gliederung nach einzelnen Ergebniskomponenten vor (vgl. § 340a Abs. 2 Satz 2 HGB i.V.m. § 2 Abs. 1 RechKredV i.V.m. Formblatt 2).[14] Denkbar ist daher, bei einem Kreditinstitut anstelle der von ESMA aufgeführten Umsatzerlöse die Summe der dergestalt aufgegliederten Ergebniskomponenten (mitunter freiwillig als sog. „Gesamterträge" außerhalb des eigentlichen Abschlusses ausgewiesen)[15] als Kriterium für die Anwendung der 25%-Regel heranzuziehen.

10   Nach Auffassung von ESMA sollen die für den 25%-Test heranzuziehenden Größenindikatoren den jeweils **letzten veröffentlichen** oder – soweit verfügbar – nächsten zu veröffentlichenden **Jahresabschlüssen des Emittenten** (und ggf. des Zielunternehmens) entnommen werden.[16] Sofern diese durch außergewöhnliche Entwicklungen verzerrt sein sollten, ist dies gegenüber der Billigungsbehörde darzulegen. Gegebenenfalls kann eine alternative Vergleichsbetrachtung über einen längeren Zeitraum (z.B. die letzten drei Geschäftsjahre) und/oder die letzte Zwischenberichtsperiode vorgenommen werden.

d) Alternativkriterien?

11   Bisweilen wird sogar vorgeschlagen, sich im Einzelfall gänzlich von dem 25%-Kriterium zu lösen und statt dessen beispielsweise auf die Relation zwischen Anschaffungskosten und Bilanzsumme des Emittenten abzustellen, wie sie nach **Regulation S-X** Rule 11-01(b)(1) i.V.m. Rule 1-02(w)(1) zum U.S. Securities Act von 1933 für die Pflicht zur Aufnahme von Pro forma-Finanzinformationen in ein Registration Statement nach dem

---

13   ESMA update of the CESR recommendations „The consistent implementation of Commission Regulation (EC) No 809/2004 implementing the Prospectus Directive" vom 23.3.2011, ESMA/2011/81, Rn. 93; enger *d'Arcy/Kahler*, in: Holzborn, WpPG, Anh. I EU-ProspVO Rn. 149 („die von ESMA geforderte Flexibilität [wird] nicht explizit nachvollzogen") mit Verweis auf IDW RH HFA 1.004 Tz. 5. Der IDW-Prüfungshinweis dürfte jedoch schon nach seinem Wortlaut („*Pro-forma-Finanzinformationen sind nur bei relevanten Unternehmenstransaktionen erforderlich. Hiervon ist auszugehen, wenn mindestens eines der nachfolgenden Kriterien erfüllt ist*") nicht abschließend gemeint sein.

14   Dazu *Krumnow/Sprißler/Bellavite-Hövermann/Kemmer/Alves/Brütting/Lauinger/Löw/Naumann/Paul/Pfitzer/Scharpf*, Rechnungslegung der Kreditinstitute, 2. Aufl. 2004, § 2 RechKredV Rn. 15; *Flintrop*, in: Bohl/Riese/Schlüter, Beck'sches IFRS-Handbuch, § 39 Rn. 51 f., *Löw*, Rechnungslegung für Banken nach IFRS, Tz. 3.2.1.; *Lüdenbach/Hoffmann/Freiberg*, IFRS-Kommentar, § 38 Rn. 14, die darauf hinweisen, dass sich die Gliederung der Gewinn- und Verlustrechnung im Banken-Konzernabschluss nach IFRS in der Praxis regelmäßig an die Gliederung nach der RechKredV anlehnt.

15   Beispiele: die im Konzernabschluss der Deutsche Bank Aktiengesellschaft für 2009 in der Übersicht („Der Konzern im Überblick") sowie in Lagebericht und Anhang ausgewiesenen „Erträge insgesamt" oder die in der Übersicht „Der Postbank Konzern in Zahlen" sowie in der Segmentberichterstattung im Rahmen des Konzernabschlusses 2009 der Deutsche Postbank AG ausgewiesenen „Gesamterträge".

16   ESMA update of the CESR recommendations „The consistent implementation of Commission Regulation (EC) No 809/2004 implementing the Prospectus Directive" vom 23.3.2011, ESMA/2011/81, Rn. 94.

U.S. Securities Act von 1933 für ein öffentliches Angebot in den USA maßgeblich wären.[17] Ein solches Verlangen könnte eine Billigungsbehörde jedoch weder auf Ziff. 20.2 des Anhangs I noch auf Art. 4a der EU-Prospektverordnung stützen, sondern allenfalls auf Art. 5 Abs. 1 der EU-Prospektrichtlinie bzw. § 5 Abs. 1 WpPG. Es erscheint aber fraglich, ob die Aufnahme von Informationsbestandteilen, die ausdrücklich in den Bestimmungen der EU-Prospektverordnung über Mindestangaben geregelt ist, auch verlangt werden kann, wenn die tatbestandlichen Voraussetzungen der EU-Prospektverordnung für deren Aufnahme nicht vorliegen. Es dürfte sich in diesem Fall wohl eher um eine freiwillige Aufnahme von Pro forma-Finanzinformationen handeln.

e) Noch nicht vollzogene Transaktion

Unklarheit bestand in der Vergangenheit darüber, ob Pro forma-Finanzinformationen nur erforderlich werden, wenn eine bedeutende Bruttoveränderung bereits eingetreten ist oder schon, wenn mit ihrem Eintreten aufgrund des Fortschritts einer **noch nicht vollzogenen Transaktion** gerechnet werden muss. Die Verordnung 211/2007 geht auf diesen Fall ein. Sie ergänzte die EU-Prospektverordnung um einen neuen Art. 4a, wonach zusätzliche Informationsbestandteile, insbesondere Finanzinformationen u. a. dann in einen Prospekt aufgenommen werden müssen, wenn der Emittent eine verbindliche Vereinbarung über eine Transaktion eingegangen ist, die nach ihrer Durchführung voraussichtlich eine bedeutende Bruttoveränderung bewirken wird (Art. 4a Abs. 5). ESMA ist daher offenbar der Auffassung, dass seit der Ergänzung der EU-Prospektrichtlinie durch Einfügung des Art. 4a sowohl eine bereits vollzogene Transaktion als auch eine nur schuldrechtlich vereinbarte, aber eben noch nicht vollzogene Transaktion die Aufnahme von Pro forma-Finanzinformationen erforderlich macht.[18] Betrachtet man aber den in letzterem Falle zunächst einschlägigen Art. 4a Abs. 1, so zeigt sich, dass hier stärker zu differenzieren ist. Denn nach Art. 4a Abs. 1 der EU-Prospektverordnung kann zunächst die Aufnahme von Finanzinformationen einer anderen Gesellschaft als dem Emittenten (etwa der Zielgesellschaft einer Akquisition) verlangt werden, es können jedoch auch Pro forma-Finanzinformationen abgedruckt werden. Dabei hat die Behörde aber ein Ermessen, das im Einzelfall unter Berücksichtigung der in Art. 4a Abs. 2 der EU-Prospektverordnung genannten Kriterien auszuüben ist (siehe dazu die Kommentierung zu Art. 4a). Mit anderen Worten: Je nach Realisierungsgrad einer zu einer bedeutenden Bruttoveränderung führenden Transaktion ist wie folgt zu unterscheiden:

12

---

17 So wohl *Kunold*, in: Assmann/Schlitt/von Kopp-Colomb, WpPG/VerkProspG, EU-ProspektVO Anhang I Rn. 224.
18 ESMA-Questions and Answers – Prospectuses (25th Updated Version – July 2016), Frage 50 unter Qa) zum Begriff „Transaction"; ähnlich vor Erlass der Verordnung 211/2007 die BaFin, vgl. BaFin-Workshop „100 Tage WpPG" am 3.11.2005, Präsentation „Entwicklung der Verwaltungspraxis zu Finanzinformationen im Prospekt nach WpPG", S. 11, für den Fall, dass die Transaktion mit hinreichender Sicherheit erfolgen wird.

Anhang I Ziffer 20.2

Transaktion, deren Vollzug zum Eintritt einer bedeutenden Bruttoveränderung führt		
Stadium des Vollzugs der Transaktion		**Abbildung in den Finanzinformationen**
Vollzogene Transaktion	→	*obligatorische* Aufnahme von Pro forma-Finanzinformationen nach Ziff. 20.2 des Anhangs I
Schuldrechtlich bindend vereinbarte, aber noch nicht vollzogene Transaktion	→	*fakultative* Aufnahme von Pro forma-Finanzinformationen nach Maßgabe von Art. 4a Abs. 1 und 2 der EU-Prospektverordnung

13 In letzterem Fall erfasst der Begriff „Transaktion" in Ziff. 20.2 des Anhangs I auch die noch nicht vollzogene Transaktion, wenn die Billigungsbehörde unter Berücksichtigung der Kriterien des Art. 4a Abs. 2 der EU-Prospektverordnung die Aufnahme von Pro forma-Finanzinformationen verlangt.

f) Mehrere Unternehmenstransaktionen

14 Hat der Emittent **mehrere Unternehmenstransaktionen** durchgeführt, ist zur Beurteilung des Überschreitens der Pro forma-Schwelle jeweils von den zuletzt erstellten historischen Finanzinformationen auszugehen. Etwaige zwischenzeitlich bereits erstellte Pro forma-Finanzinformationen, die eine der Unternehmenstransaktionen reflektieren, bleiben für die Ermittlung der Schwellenwerte bei der Prüfung des Vorliegens einer bedeutenden Bruttoveränderung außer Betracht.[19] Ergibt sich, dass zwar keine der Unternehmenstransaktionen für sich betrachtet zu einer bedeutenden Bruttoveränderung geführt hat, aber die Addition der Auswirkungen sämtlicher Transaktionen eine bedeutende Bruttoveränderung ergibt, so ist es dennoch grds. nicht erforderlich, Pro forma-Finanzinformationen aufzunehmen (zu Fällen, in denen nur einzelne von mehreren Transaktionen zu einer bedeutenden Bruttoveränderungen geführt haben, siehe unten Rn. 22). Das gilt jedoch nicht, wenn zwar formal mehrere Transaktionen vorliegen, sich diese jedoch wirtschaftlich als verschiedene Phasen einer zusammenhängenden Transaktion erweisen. In diesem Fall sind auch die Auswirkungen des Inbegriffs der verschiedenen Phasen zu untersuchen und zu prüfen, ob die Transaktion in ihrer Gesamtheit zu einer bedeutenden Bruttoveränderung geführt hat.[20] Liegen mehrere voneinander unabhängige Transaktionen vor, die zusammengenommen, nicht jedoch einzeln zu einer bedeutenden Bruttoveränderung führen, hat die Billigungsbehörde im Einzelfall zu untersuchen, ob die Prospektdarstellung wegen einer unzureichenden Darstellung der Auswirkungen der Transaktionen irreführend ist.[21] So wird man die Folgen der Transaktionen in ihrer Gesamtheit zumindest verbal darzustellen haben. Dies kann beispielsweise im Zusammenhang mit den aufzunehmenden Trendinformationen nach

---

19 ESMA-Questions and Answers Prospectuses (25th Updated Version – July 2016), Frage 53.
20 *Fingerhut/Voß*, in: Just/Voß/Ritz/Zeising, WpPG, EU-ProspektVO Anhang I Rn. 358 f.; *Kunold*, in: Assmann/Schlitt/von Kopp-Colomb, WpPG/VerkProspG, EU-ProspektVO Anhang I Rn. 226.
21 ESMA-Questions and Answers – Prospectuses (25th Updated Version – July 2016), Frage 52 unter Ab); ebenso *Fingerhut/Voß*, in: Just/Voß/Ritz/Zeising, WpPG, EU-ProspektVO Anhang I Rn. 358 f.

Ziff. 12.2 des Anhangs I (z. B. unter dem Gesichtspunkt „Vorfälle, die voraussichtlich die Aussichten des Emittenten zumindest im laufenden Geschäftsjahr wesentlich beeinflussen dürften") oder im Rahmen der Beschreibung der wesentlichen Veränderungen in der Finanzlage oder der „Handelsposition" des Emittenten nach Ziff. 20.9 des Anhangs I erfolgen.

2. Ausnahme für Rechnungslegung bei Fusionen?

Nach Erwägungsgrund 9 der EU-Prospektverordnung soll eine Ausnahme von der Pflicht zur Aufnahme von Pro forma-Finanzinformationen in den Fällen gelten, in denen eine entsprechende **„Rechnungslegung bei Fusionen"** (*merger accounting*) erforderlich ist. Diese Ausnahme hat indes keinen Niederschlag im Wortlaut der Verordnung und ihrer Anhänge gefunden. Eine spezielle Rechnungslegungsvorschrift für Verschmelzungen sieht das deutsche Recht in § 24 UmwG vor. Danach kann die Jahresbilanz des übernehmenden Rechtsträgers einer Verschmelzung als Anschaffungskosten i. S. v. § 253 Abs. 1 HGB auch die in der Schlussbilanz des übertragenden Rechtsträgers angesetzten Werte ausweisen. Damit ist freilich – anders als vor dem UmwG 1995[22] – keineswegs eine zwingend anzuwendende Sonderregelung geschaffen, sondern „nur" ein Wahlrecht des übernehmenden Rechtsträgers, die Buchwerte aus der Schlussbilanz des übertragenden Rechtsträgers als Anschaffungskosten in die eigene Bilanz zu übernehmen (sog. **Buchwertfortführung**). Abgesehen davon gelten jedoch für den übernehmenden Rechtsträger die allgemeinen Regeln; die Verschmelzung ist dabei als Erwerbsvorgang anzusehen.[23] Mit anderen Worten: Zwingend anzuwendende spezifische Sonderregelungen für Verschmelzungen sieht das deutsche Umwandlungsrecht nicht vor. Zudem ist zu berücksichtigen, dass für die Finanzinformationen in Wertpapierprospekten primär die (Konzern-)Rechnungslegung nach IFRS maßgeblich ist, vgl. Ziff. 20.1 Anhang I der EU-Prospektverordnung. Die Sonderbestimmung des § 24 UmwG bezieht sich freilich ausschließlich auf die Rechnungslegung nach HGB und findet somit im Rahmen der IFRS-Bilanzierung keine Anwendung.[24] Nach IFRS gelten für die Verschmelzung die allgemeinen Regelungen für Unternehmenszusammenschlüsse, wonach jeder Unternehmenszusammenschluss als Erwerb anzusehen ist, unabhängig von der rechtlichen Form der Transaktion.[25] Insbesondere ist hier für eine Buchwertfortführung nach § 24 UmwG kein Raum.[26] Für die Pflicht zur Aufnahme von Pro forma-Finanzinformationen bedeutet dies, dass die in Erwägungsgrund 9 angeführte Ausnahme in der Praxis keine Relevanz hat (zur Frage, ob die ergänzenden Anhangangaben zu den Auswirkungen eines Zusammenschlusses nach IFRS 3.70 einen Verzicht auf Pro forma-Finanzinformationen begründen können, siehe die Kommentierung zu Anhang II ProspektVO Rn. 38).

---

22 Dazu *Müller*, in: Kallmeyer, UmwG, § 24 Rn. 1.
23 *Müller*, in: Kallmeyer, UmwG, § 24 Rn. 7; *Simon*, in: Kölner Kommentar zum UmwG, § 24 Rn. 12.
24 *Müller*, in: Kallmeyer, UmwG, § 24 Rn. 61; *Simon*, in: Kölner Kommentar zum UmwG, § 24 Rn. 94; *Priester*, in: Lutter/Winter, UmwG, § 24 Rn. 93 f.
25 *Küting/Weber*, Der Konzernabschluss, 11. Aufl. 2008, Kapitel 8 Tz. 1.3 (S. 231); *Kohl*, CFL 2010, 209, 212; *Lüdenbach/Hoffmann/Freiberg*, IFRS-Kommentar, § 31 Rn. 26.
26 *Müller*, in: Kallmeyer, UmwG, § 24 Rn. 61; *Simon*, in: Kölner Kommentar zum UmwG, § 24 Rn. 95; *Priester*, in: Lutter/Winter, UmwG, § 24 Rn. 94.

Anhang I Ziffer 20.2

III. Pro forma-Finanzinformationen

1. Pflicht zur Aufnahme

a) Regelfall

16 Wurde eine bedeutende Bruttoveränderung nach den vorstehenden Kriterien festgestellt, so ist nach Ziff. 20.2 Abs. 1 des Anhangs I die Art und Weise zu beschreiben, wie die Transaktion ggf. die **Aktiva und Passiva** sowie die **Erträge des Emittenten** beeinflusst hätte, wenn das Unternehmen des Emittenten in der durch die Transaktion geschaffenen Struktur bereits während des gesamten Berichtszeitraumes bestanden hätte.[27] Nach Ziff. 20.2 Abs. 2 des Anhangs I hat dies **„normalerweise" durch Pro forma-Finanzinformationen** zu erfolgen.

b) Ausnahmen

17 Mit dem Zusatz „**normalerweise**" in Ziff. 20.2 Abs. 2 des Anhangs I signalisiert der Verordnungsgeber freilich, dass er zwar grundsätzlich davon ausgeht, dass in diesen Fällen Pro forma-Finanzinformationen nach Maßgabe der Anforderungen des Anhangs II aufzunehmen sind. Jedoch wird zugleich anerkannt, dass unter bestimmten Umständen eine Aufnahme von Pro forma-Finanzinformationen nicht möglich ist.[28] In diesen Fällen soll der Emittent jedenfalls nach Auffassung von ESMA den Erfordernissen der Ziff. 20.2 beispielsweise auch durch eine **beschreibende verbale Darstellung** nachkommen können, die nicht den Anforderungen des Anhangs II entsprechen müsse.[29] Als möglichen Anwendungsfall nennt ESMA den mangelnden Zugang zu den erforderlichen Finanzinformationen der Zielgesellschaft einer Akquisition, z.B. im Fall eines feindlichen Übernahmeangebotes und verweist insoweit auf Erwägungsgrund 13 der Verordnung 211/2007. Diese hat freilich – wie ausgeführt – Ziff. 20.2 des Anhangs I und deren Kernanwendungsbereich (vollzogene Transaktionen) unberührt gelassen und lediglich für noch nicht vollzogene Transaktionen klargestellt, dass zwar zusätzliche Angaben zu den Auswirkungen der Transaktion vorzunehmen sind, die Anforderungen aber von den Billigungsbehörden flexibler gehandhabt werden können. Indes kann man dem Wort „normalerweise" in Ziff. 20.2 Abs. 2 entnehmen, dass auch bei vollzogenen Transaktionen die Billigungsbehörden in begründeten Einzelfällen von der Aufnahme von Pro forma-Finanzinformationen absehen können, wenn den allgemeinen Anforderungen an die Richtigkeit und Vollständigkeit eines Prospektes nach § 5 Abs. 1 WpPG auf andere Weise entsprochen wird.[30] Da es sich damit bei den Pro forma-Finanzinformationen nicht um nach der EU-Prospektverordnung zwingend in den Prospekt aufzunehmende Angaben handelt, kann die Billigungsbehörde auf deren Aufnahme verzichten, ohne dass die strengen Anforderungen des § 8 Abs. 2 oder Abs. 3 WpPG vorliegen (s. dazu die Kommentierung zu § 8 Rn. 58 ff.,

---

[27] IDW Rechnungslegungshinweis: Erstellung von Pro-forma-Finanzinformationen (IDW RH HFA 1.004), Tz. 2, veröffentlicht in WPg 2006, 141.
[28] *Kunold*, in: Assmann/Schlitt/von Kopp-Colomb, WpPG/VerkProspG, EU-ProspektVO Anhang I Rn. 229.
[29] ESMA-Questions and Answers – Prospectuses (25th Updated Version – July 2016), Frage 50 unter Aa) zur Auslegung des Begriffs „Normally".
[30] Ähnlich *Fingerhut/Voß*, in: Just/Voß/Ritz/Zeising, WpPG, EU-ProspektVO Anhang I Rn. 366.

66 ff.). Jedoch ist dies auf Ausnahmefälle zu beschränken. Jedenfalls in den Fällen, in denen bei vollzogenen Transaktionen grds. Pro forma-Finanzinformationen aufzunehmen sind, wird man vom Emittenten verlangen können, dass er sich mit zumutbarem Aufwand um die Erstellung von Pro forma-Finanzinformationen und den Zugang der dazu erforderlichen Informationen bemüht.[31] Wird anstelle von Pro forma-Finanzinformationen eine beschreibende Darstellung aufgenommen, ist für den Leser deutlich wahrnehmbar klarzustellen, dass es sich dabei gerade nicht um Pro forma-Finanzinformationen handelt.[32]

Einen weiteren Sonderfall der Abweichung vom Grundsatz der Aufnahme von Pro forma-Finanzinformationen bei Vorliegen einer bedeutenden Bruttoveränderung stellen sog. „**erläuternde Finanzinformationen**" dar, wie sie in **Angebotsunterlagen nach dem WpÜG** zu finden sind. Sie haben ihre Grundlage in § 11 Abs. 2 Satz 3 Nr. 1 WpÜG. Danach muss die Angebotsunterlage Angaben zu den erwarteten Auswirkungen eines erfolgreichen Angebots auf die Vermögens-, Finanz- und Ertragslage des Bieters enthalten. Hier verlangt die BaFin eine detaillierte Darstellung der Vermögens-, Finanz- und Ertragslage des Bieters nach einem (unterstellten) erfolgreichen Angebot anhand betriebswirtschaftlicher Kennzahlen und auf der Grundlage des zuletzt vom Bieter veröffentlichen Geschäfts- oder Zwischenberichts.[33] Die Praxis nimmt insoweit typischerweise eine – mitunter auch als „Pro forma" bezeichnete – hypothetische Darstellung wesentlicher Positionen von Bilanz sowie Gewinn- und Verlustrechnung sowie ggf. eine hypothetische Kapitalflussrechnung in die Angebotsunterlage auf, die eine vollständige Annahme des Angebots fingiert.[34] Bei der Erstellung dieser Angaben ist der Bieter jedoch grds. auf die von der Zielgesellschaft veröffentlichten Jahres- und Zwischenabschlüsse angewiesen. Der Vorstand der Zielgesellschaft wird dem Bieter regelmäßig den Zugang zu den Unterlagen des Rechnungswesens der Zielgesellschaft unter Verweis auf seine Verschwiegenheitspflicht nach § 93 Abs. 1 Satz 3 AktG verwehren, insbesondere bei einem feindlichen Übernahmeangebot.[35] Angebotsunterlagen enthalten daher häufig darauf hinweisende Vorbehalte.[36] Mithin können die

18

---

31 *Kunold*, in: Assmann/Schlitt/von Kopp-Colomb, WpPG/VerkProspG, EU-ProspektVO Anhang I Rn. 230.
32 *Fingerhut*, in: Just/Voß/Ritz/Zeising, WpPG, EU-ProspektVO Anhang II Rn. 7.
33 *Lenz/Linke*, AG 2002, 361, 363; *Lenz/Behnke*, BKR 2003, 43, 46; kritisch dazu *Meyer*, in: Assmann/Pötzsch/U. H. Schneider, WpÜG, § 11 Rn. 105, *Seydel*, in: Kölner Kommentar zum WpÜG, § 11 Rn. 63, jeweils m.w.N.
34 Vgl. nur Angebotsunterlage für das Übernahmeangebot der Robert Bosch GmbH an die Aktionäre der aleo solar Aktiengesellschaft vom 27.8.2009, S. 34 ff.; Angebotsunterlage für das Übernahmeangebot der OEP Technologie B.V. an die Aktionäre der SMARTRAC N.V. vom 8.10.2010, S. 30 ff.; zu dieser Thematik *Wackerbarth*, in: MünchKomm-AktG, § 11 WpÜG Rn. 41; *Geibel/Süßmann*, in: Geibel/Süßmann, WpÜG, § 11 Rn. 22; *Seydel*, in: Kölner Kommentar zum WpÜG, § 11 Rn. 63 f.
35 Zur Problematik vgl. beispielsweise *Hüffer/Koch*, AktG, § 93 Rn. 32; *Arnold*, in: Marsch-Barner/Schäfer, Handbuch börsennotierte AG, § 22 Rn. 25 ff.; *Drinkuth*, ebenda, § 60 Rn. 171; *Wiesner*, in: Hoffmann-Becking, Münchener Handbuch des Gesellschaftsrechts, § 19 Rn. 25 f.
36 Angebotsunterlage für das Übernahmeangebot der Robert Bosch GmbH an die Aktionäre der aleo solar Aktiengesellschaft vom 27.8.2009, S. 33: *„Auch wenn beide Unternehmen nach IFRS bilanzieren, liegen den Abschlüssen unterschiedliche Bilanzierungs- und Bewertungsmethoden sowie Bilanzierungsrichtlinien zugrunde. Die Quantifizierung der Auswirkungen dieser Unterschiede ist dem Bieter nicht möglich. Diese Auswirkungen sind dementsprechend nicht berücksichtigt."*; ein entsprechender Hinweis findet sich auch in der Angebotsunterlage für das Übernahmeangebot der Deutsche Bank Aktiengesellschaft an die Aktionäre der Deutsche Postbank AG vom 6. Oktober 2010, S. 53.

Anhang I Ziffer 20.2

zur Erstellung von Pro forma-Finanzinformationen nach den Vorgaben der EU-Prospektverordnung erforderlichen Anpassungen an die „Rechnungslegungsstrategien" (d. h. Ausweis-, Bilanzierungs- und Bewertungsmethoden) des Emittenten (vgl. Ziff. 4 des Anhangs II, dazu Kommentierung zu Anhang II ProspektVO Rn. 28 ff.) nicht vorgenommen werden. Denn dazu ist der Zugang zum Rechnungswesen der Zielgesellschaft erforderlich, der nicht durch diesbezügliche Annahmen ersetzt werden kann.[37] Bei mangelndem Zugang zur Zielgesellschaft ist ein Wirtschaftsprüfer regelmäßig auch an der Erteilung der nach Ziff. 7 des Anhangs II der EU-Prospektverordnung in Bezug auf Pro forma-Finanzinformationen in den Prospekt aufzunehmenden Bescheinigung gehindert.[38] Es handelt sich bei den in eine Angebotsunterlage nach dem WpÜG aufzunehmenden „erläuternden Finanzinformationen" damit in aller Regel nicht um Pro forma-Finanzinformationen im Sinne der EU-Prospektverordnung. Erfolgt die Veröffentlichung eines Prospektes jedoch im Zusammenhang mit einem Übernahmeangebot durch den Emittenten, so ist dieser regelmäßig schon aus Gründen der Prospektvollständigkeit nach § 5 WpPG gehalten, die für die Erwerber der auf der Grundlage des Prospektes angebotenen Wertpapiere wesentlichen Inhalte der Angebotsunterlage in den Prospekt aufzunehmen. Hat das Übernahmeangebot (jedenfalls im Falle seiner vollständigen Annahme) eine bedeutende Bruttoveränderung zur Folge, so dass grds. Pro forma-Finanzinformationen in den Prospekt aufzunehmen wären, können erläuternde Finanzinformationen, die für die Zwecke der Angebotsunterlage erstellt wurden, in den Prospekt anstelle von Pro forma-Finanzinformationen aufgenommen werden, sofern die Erstellung letzterer nicht möglich ist (beispielsweise mangels Zugang zum Rechnungswesen der Zielgesellschaft). Dabei ist darauf zu achten, dass diese erläuternden Finanzinformationen im Prospekt keinesfalls als Pro forma-Finanzinformationen bezeichnet werden dürfen. Denn die dafür geltenden Anforderungen erfüllen die „erläuternden Finanzangaben" gerade nicht. Darauf ist im Prospekt deutlich hinzuweisen, um eine diesbezügliche Irreführung der Anleger zu verhindern.[39]

2. Berichtszeitraum

19 Der **Berichtszeitraum**, für den grds. Pro forma-Finanzinformationen zu erstellen sind, wird in Ziff. 20.2 nicht näher bestimmt. Dieser ergibt sich aber aus Anhang II, der die An-

---

[37] IDW Rechnungslegungshinweis: Erstellung von Pro-forma-Finanzinformationen IDW RH HFA 1.004, Tz. 16.
[38] Dazu IDW Prüfungshinweis: Prüfung von Pro-forma-Finanzinformationen IDW PH HFA 9.960.1, Tz. 4, 11, 12 und 15.
[39] Ebenso *Schlitt/Wilczek*, in: Habersack/Mülbert/Schlitt, Kapitalmarktinformation, § 5 Rn. 78 f. So heißt es in der im Rahmen der Kapitalerhöhung 2010 der Deutsche Bank Aktiengesellschaft am 21.9.2010 veröffentlichten Wertpapierbeschreibung (die Teil eines dreiteiligen Wertpapierprospektes ist) in Bezug auf erläuternde Finanzinformationen, die im Hinblick auf das angekündigte Übernahmeangebot an die Aktionäre der Deutsche Postbank AG aufgenommen wurden: „*Die Erläuternden Finanzinformationen . . . stellen weder Pro-forma-Finanzinformationen im Sinne der Verordnung (EG) Nr. 809/2004 der Europäischen Kommission vom 29. April 2004 („EU-Prospektverordnung") noch gemäß der U.S.-amerikanischen Regulation S-X, Rule 11-02 dar und wurden nicht entsprechend dem IDW Rechnungslegungshinweis zur Erstellung von Pro-forma-Finanzinformationen (IDW RH HFA 1.004) erstellt. Die in dieser Wertpapierbeschreibung enthaltenen Erläuternden Finanzinformationen weichen wesentlich von Pro-forma-Finanzinformationen im Sinne der EU-Prospektverordnung und dem IDW Rechnungslegungshinweis zur Erstellung von Pro-forma-Finanzinformationen ab.*"

forderungen an Pro forma-Finanzinformationen konkretisiert. Denn nach Ziff. 20.2 Abs. 2, 3 erfolgt die geforderte Beschreibung der Auswirkungen der Transaktion normalerweise durch die Aufnahme von Pro forma-Finanzinformationen, die gemäß Anhang II zu erstellen sind. Daraus ergibt sich dann auch insbesondere, dass Pro forma-Finanzinformationen keinen weiter in der Vergangenheit liegenden Zeitraum abdecken dürfen als das letzte abgeschlossene Geschäftsjahr des Emittenten (vgl. Ziff. 5 des Anhangs II).

3. Bestandteile von Pro forma-Finanzinformationen

Die Auswirkungen der Transaktion auf die Aktiva und Passiva sind grds. durch eine **Pro forma-Bilanz** abzubilden (vgl. Ziff. 2 des Anhangs II). Dabei ist zu unterstellen, dass die Transaktion zum Bilanzstichtag jener Bilanz bereits vollzogen wurde. Einflüsse auf die Erträge des Emittenten sind grds. in einer **Pro forma-Gewinn- und Verlustrechnung** darzustellen, die fingiert, dass der Vollzug der abzubildenden Transaktion bereits zu Beginn der Berichtsperiode erfolgt wäre.[40]

20

4. Bescheinigung eines Wirtschaftsprüfers

Den Pro forma-Finanzinformationen muss nach Ziff. 20.2 Abs. 4 des Anhangs I ein **Bericht eines unabhängigen Buchsachverständigen oder Abschlussprüfers** beigefügt werden. Dieser wird ebenfalls in Anhang II (dort Ziff. 7) konkretisiert.

21

5. Mehrere Unternehmenstransaktionen

Sind **mehrere Unternehmenstransaktionen** erfolgt, von denen jedoch nur **eine zu einer bedeutenden Bruttoveränderung geführt** hat, ist es grds. nicht erforderlich, die Auswirkungen sämtlicher Transaktionen in Form von Pro forma-Finanzinformationen darzustellen. Vielmehr soll es grds. genügen, in den Pro forma-Finanzinformationen nur die Auswirkungen der Transaktion zu reflektieren, die wegen der Überschreitung der 25%-Schwelle bei den maßgeblichen Kennzahlen deren Erstellung erforderlich gemacht hat.[41] Freilich gilt auch hier, dass das vom Prospekt gezeigte Gesamtbild des Emittenten dadurch, dass auf die Abbildung der „kleineren" Transaktionen in den Pro forma-Finanzinformationen verzichtet wird, nicht irreführend werden darf.[42] Hier gilt das vorstehend unter Rn. 14 zu Unternehmenstransaktionen unterhalb der Pro forma-Schwelle Gesagte: Gegebenenfalls müssen in diesem Fall die Auswirkungen jener Transaktionen zumindest verbal beschrieben werden.

22

---

[40] ESMA-Questions and Answers – Prospectuses (25th Updated Version – July 2016), Frage 50 unter Aa) zur Auslegung der Worte „At the commencement of the period being reported on or at the date reported".

[41] ESMA-Questions and Answers – Prospectuses (25th Updated Version – July 2016), Frage 52 unter Aa).

[42] ESMA-Questions and Answers – Prospectuses (25th Updated Version – July 2016), Frage 52 unter Aa).

Anhang I Ziffer 20.2

6. Freiwillige Aufnahme von Pro forma-Finanzinformationen

23 Hat ein Emittent eine oder mehrere Unternehmenstransaktionen durchgeführt, die aufgrund ihres Umfangs die Aufnahme von Pro forma-Finanzinformationen nicht erforderlich machen, kann er mitunter dennoch daran interessiert sein, Pro forma-Finanzinformationen zu erstellen und in den Prospekt aufzunehmen, die die Auswirkungen dieser Transaktionen veranschaulichen. Dies gilt insbesondere in den Fällen, in denen eine Kapitalerhöhung für die (Re-)Finanzierung einer oder mehrerer Akquisitionen erfolgt. Die Platzierungschancen für die neuen Aktien hängen maßgeblich von der Equity Story des Emittenten ab, die in diesem Fall stark von den getätigten Zukäufen und den sich daraus ergebenden Entwicklungsperspektiven geprägt wird. Zu deren Beurteilung erwarten Investoren regelmäßig eine Darstellung der Auswirkungen der Akquisitionen in der Gestalt von Pro forma-Finanzinformationen. Werden also Pro forma-Finanzinformationen **freiwillig** in den Prospekt aufgenommen, gelten für diese dieselben Anforderungen als ob sie zwingend aufzunehmen wären, insbesondere also jene des Anhangs II der EU-Prospektverordnung.

20.3. Jahresabschluss

Erstellt der Emittent sowohl einen Jahresabschluss als auch einen konsolidierten Abschluss, so ist zumindest der konsolidierte Abschluss in das Registrierungsformular aufzunehmen.

Übersicht

	Rn.		Rn.
I. Überblick und Regelungsgehalt	1	III. Vorgaben der Ziffer 20.1	6
II. Aufnahme des Jahresabschlusses	2	1. Mindestinhalt nach Ziffer 20.1 Abs. 4	6
1. Zusätzlicher Informationsgehalt eines Jahresabschlusses	2	2. Prüfung der Einzelabschlüsse	9
2. Aufnahme des letzten Einzelabschlusses	4		

I. Überblick und Regelungsgehalt

Erstellt der Emittent sowohl einen **Jahresabschluss** als auch einen Konzernabschluss, so ist gemäß Anhang I Ziffer 20.3 EU-ProspektVO zumindest der konsolidierte Abschluss in das Registrierungsformular aufzunehmen.[1] Daher sind immer die Konzernabschlüsse des Emittenten in den Prospekt aufzunehmen. Offen bleibt nach dem Wortlaut von Ziffer 20.3 jedoch, ob und wenn ja, in welchen Fällen auch die Jahresabschlüsse des Emittenten in den Prospekt aufzunehmen sind. Die Formulierung „zumindest" eröffnet dabei grundsätzlich die Möglichkeit, zusätzlich zu den Konzernabschlüssen Einzelabschlüsse des Emittenten im Prospekt zu verlangen.[2] Stellt ein Emittent hingegen keine Konzernabschlüsse auf und liegen für diesen Emittenten nur Einzelabschlüsse vor, sind die Vorgaben von Anhang I Ziffer 20.1 EU-ProspektVO durch die Einzelabschlüsse zu erfüllen. Anhang I Ziffer 20.3 EU-ProspektVO findet keine Anwendung auf Emittenten, die keine Konzernabschlüsse aufstellen.

1

II. Aufnahme des Jahresabschlusses

1. Zusätzlicher Informationsgehalt eines Jahresabschlusses

Die Frage, ob die Jahresabschlüsse des Emittenten **nach Ziffer 20.3** in den Prospekt **aufzunehmen** sind, ist unter Beachtung des Grundsatzes des § 5 Abs. 1 WpPG zu beantwor-

2

---

[1] Die Kommentierung gibt ausschließlich die persönliche Meinung der Autorin wieder. Dies gilt für sämtliche Ausführungen der Autorin in diesem Kommentar.

[2] Andere Auffassung *Schlitt/Singhof/Schäfer*, Aktuelle Rechtsfragen und neue Entwicklungen im Zusammenhang mit Börsengängen, BKR 2005, 253; wobei jedoch der Wortlaut der Ziffer 20.3 Anhang I VO 809/2004 nicht weiter diskutiert wird. Zur Entstehungsgeschichte vgl. *Fingerhut/Voß*, in: Just/Voß/Ritz/Zeising, WpPG, Anhang I EU-ProspektVO Rn. 368 ff., und *Kunold*, in: Assmann/Schlitt/von Kopp-Colomb, WpPG/VerkProspG und VerkProspG, EU-ProspektVO Anhang I Rn. 234.

Anhang I Ziffer 20.3

ten. Ein Emittent ist daher verpflichtet, Einzelabschlüsse in den Wertpapierprospekt aufzunehmen, wenn diese wesentliche zusätzliche Informationen im Vergleich zum Konzernabschluss enthalten.[3]

3 Im Allgemeinen enthalten die handelsrechtlichen Einzelabschlüsse von Kapitalgesellschaften im Vergleich zu Konzernabschlüssen wesentliche zusätzliche Informationen, die für Investoren von Interesse sind.[4] Ein handelsrechtlicher Einzelabschluss einer Kapitalgesellschaft dient neben der Information u. a. auch der gesellschaftsrechtlichen Kapitalerhaltung und der Ermittlung des ausschüttungsfähigen Gewinns.[5] Demgegenüber besitzen Konzernabschlüsse im Wesentlichen nur eine Informationsfunktion[6] und dienen nicht der Zahlungsbemessung. Letztere erfolgt auf Ebene der Einzelgesellschaft.

2. Aufnahme des letzten Einzelabschlusses

4 Aufgrund des wesentlichen zusätzlichen Informationsgehalts sollten deutsche Emittenten grundsätzlich auch ihre Jahresabschlüsse in einen Wertpapierprospekt aufnehmen, wenn der Emittent sowohl einen Konzern- als auch einen Einzelabschluss erstellt.[7] Hierbei ist jedoch zu beachten, dass die Anleger nicht durch zu viele Informationen überfordert werden. Daher erscheint es zweckmäßig, diese Aufnahme auf den **handelsrechtlichen Einzelabschlusses für das letzte Geschäftsjahr** zu beschränken.[8] Im Hinblick auf die zusätzlichen Funktionen des Einzelabschlusses dürfte die Aktualität von besonderem Interesse für die Anleger sein. Gleichzeitig wird der Prospekt nicht mit Informationen überfrachtet.

5 Für **ausländische Emittenten** gelten die vorstehenden Erwägungen entsprechend. Auch diese Emittenten sollten den letzten Einzelabschluss in den Wertpapierprospekt aufnehmen, wenn dieser zusätzliche Informationen im Vergleich zu den ohnehin aufzunehmenden Konzernabschlüssen enthält.[9]

---

3 Ähnlich *d'Arcy/Kahler*, in: Holzborn, WpPG, EU-ProspV Anhang I Rn. 152; *Kunold*, in: Assmann/Schlitt/von Kopp-Colomb, WpPG/VerkProspG, EU-ProspektVO Anhang I Rn. 235.
4 Ähnlich *d'Arcy/Kahler*, in: Holzborn, WpPG, EU-ProspV Anhang I Rn. 153; *Fingerhut/Voß*, in: Just/Voß/Ritz/Zeising,WpPG, Anhang I EU-ProspektVO Rn. 370.
5 *Winkeljohann/Schellhorn*, in: Beck'scher Bilanz-Kommentar, § 264 Rn. 35; *d'Arcy/Kahler*, in: Holzborn, WpPG, EU-ProspV Anhang I Rn. 153; *Fingerhut/Voß*, in: Just/Voß/Ritz/Zeising, WpPG, Anhang I EU-ProspektVO Rn. 370; *Kunold*, in: Assmann/Schlitt/von Kopp-Colomb, WpPG/VerkProspG, EU-ProspektVO Anhang I Rn. 235.
6 *Grottel/Kreher*, in: Beck'scher Bilanz-Kommentar, § 290 Rn. 1.
7 Zu nach IFRS aufgestellten Einzelabschlüssen vgl. *d'Arcy/Kahler*, in: Holzborn, WpPG EU-ProspV Anhang I Rn. 154.
8 Im Ergebnis ebenso *Meyer*, Anforderungen an Finanzinformationen in Wertpapierprospekten, Accounting 2/2006, 12; *Apfelbacher/Metzner*, Das Wertpapierprospektgesetz in der Praxis – eine erste Bestandsaufnahme, BKR 2006, 88; *d'Arcy/Kahler*, in: Holzborn, WpPG, EU-ProspV Anhang I Rn. 153; *Fingerhut/Voß*, in: Just/Voß/Ritz/Zeising, WpPG, Anhang I EU-ProspektVO Rn. 370; *Kunold*, in: Assmann/Schlitt/von Kopp-Colomb, WpPG/VerkProspG, EU-ProspektVO Anhang I Rn. 238; a. A. in der Tendenz *Schlitt/Singhof/Schäfer*, BKR 2005, 253; wonach in der Regel die Konzernschlüsse des Emittenten ausreichen und nur ausnahmsweise die Aufnahme des letzten Einzelabschlusses gem. § 5 Abs. 1 WpPG erforderlich ist.
9 Ähnlich *d'Arcy/Kahler*, in: Holzborn, WpPG, EU-ProspV Anhang I Rn. 155; *Fingerhut/Voß*, in: Just/Voß/Ritz/Zeising, WpPG, Anhang I EU-ProspektVO Rn. 370; *Kunold*, in: Assmann/Schlitt/von Kopp-Colomb, WpPG/VerkProspG, EU-ProspektVO Anhang I Rn. 236.

III. Vorgaben der Ziffer 20.1

1. Mindestinhalt nach Ziffer 20.1 Abs. 4

Ein Jahresabschluss, der zusätzlich zu einem Konzernabschluss in den Wertpapierprospekt aufzunehmen ist, enthält bei Kapitalgesellschaften in der Regel die Bestandteile nach §§ 242 und 264 Abs. 1 Satz 1 HGB. Dies sind eine Bilanz, eine Gewinn- und Verlustrechnung und ein Anhang.[10] Daher erfüllen diese handelsrechtlichen Einzelabschüsse nicht die Vorgaben an die **Mindestbestandteile** nach Anhang I Ziffer 20.1 und es stellt sich die Frage, in welchem Verhältnis Ziffer 20.1 und Ziffer 20.3 zueinander stehen. 6

Wie bereits oben erläutert, ergibt sich aufgrund der Formulierung von Ziffer 20.3 die Möglichkeit, zusätzlich zu den Konzernabschlüssen Einzelabschlüsse des Emittenten in den Prospekt aufzunehmen. Die Verpflichtung zur Aufnahme des Einzelabschlusses folgt aus Ziffer 20.3. Dies hat zur Folge, dass Ziffer 20.1 Anhang I EU-ProspektVO auf diese Abschlüsse nicht direkt anwendbar ist.[11] 7

Eine Ausdehnung der Mindestinformationen nach Ziffer 20.1 Abs. 4 Anhang I EU-ProspektVO auf Einzelabschlüsse, die nach Ziffer 20.3 Anhang I EU-ProspektVO in den Prospekt aufgenommen werden, ist nicht erforderlich.[12] Denn handelsrechtliche Einzelabschlüsse enthalten ihre wesentlichen zusätzlichen Informationen gegenüber einem Konzernabschluss bereits, wenn sie nach den Regeln des HGB aufgestellt wurden.[13] 8

2. Prüfung der Einzelabschlüsse

Für die **Prüfung** eines Einzelabschlusses, der nach Ziffer 20.3 zusätzlich zu einem Konzernabschluss in den Wertpapierprospekt aufzunehmen ist, gelten vergleichbare Erwägungen wie für die Mindestbestandteile.[14] Handelsrechtliche Einzelabschlüsse enthalten ihre zusätzlichen Informationen gegenüber einem Konzernabschluss, wenn sie nach den Regeln des HGB aufgestellt und ggf. geprüft[15] wurden. Erfolgte daher nach den Vorgaben des HGB eine Abschlussprüfung, sollte ergänzend zum letzten Einzelabschluss auch der entsprechende Bestätigungsvermerk in den Prospekt aufgenommen werden. 9

---

10 Nach § 264 Abs. 1 Satz 2 HGB sind eine Kapitalflussrechnung und ein Eigenkapitalspiegel nur erforderlich, wenn kein Konzernabschluss aufgestellt wird. Eine Kapitalflussrechnung und ein Eigenkapitalspiegel fordert § 297 HGB in diesen Fällen für den Konzernabschluss.

11 Stellt ein Emittent hingegen keine Konzernabschlüsse auf und liegen für diesen Emittenten nur Einzelabschlüsse vor, sind die Vorgaben von Anhang I Ziffer 20.1 EU-ProspektVO durch die Einzelabschlüsse zu erfüllen. Anhang I Ziffer 20.3 EU-ProspektVO findet auf diese Emittenten keine Anwendung.

12 Etwas anderes gilt jedoch für Einzelabschlüsse, die nach Ziffer 20.1 Anhang I EU-ProspektVO aufgenommen werden; vgl. hierzu Anhang I Ziffer 20.1 Rn. 46 ff.

13 Im Ergebnis ebenso *d'Arcy/Kahler*, in: Holzborn, WpPG, EU-ProspV Anhang I Rn. 156; *Kunold*, in: Assmann/Schlitt/von Kopp-Colomb, WpPG/VerkProspG, EU-ProspektVO Anhang I Rn. 238.

14 Etwas anderes gilt für Einzelabschlüsse, die nach Ziffer 20.1 Anhang I EU-ProspektVO aufgenommen werden; vgl. hierzu Anhang I Ziffer 20.1 Rn. 64 ff.

15 A. A. *d'Arcy/Kahler*, in: Holzborn, WpPG, EU-ProspV Anhang I Rn. 156; *Fingerhut/Voß*, in: Just/Voß/Ritz/Zeising, WpPG, Anhang I EU-ProspektVO Rn. 373 und *Kunold*, in: Assmann/Schlitt/von Kopp-Colomb, WpPG/VerkProspG, EU-ProspektVO Anhang I Rn. 239, die unabhängig von den Vorgaben des HGB einen geprüften Abschluss für nach Anhang I Ziffer 20.3 aufzunehmende Abschlüsse fordern.

Anhang 1 Ziffer 20.4

20.4. Prüfung der historischen jährlichen Finanzinformationen

20.4.1. Es ist eine Erklärung dahingehend abzugeben, dass die historischen Finanzinformationen geprüft wurden. Sofern ein Bestätigungsvermerk über die historischen Finanzinformationen von den Abschlussprüfern nicht erteilt wurde bzw. sofern er Vorbehalte oder Verzichtserklärungen enthält, ist diese Nichterteilung bzw. sind diese Vorbehalte oder Verzichtserklärungen in vollem Umfang wiederzugeben und die Gründe dafür anzugeben.

20.4.2. Angabe sonstiger Informationen im Registrierungsformular, das von den Abschlussprüfern geprüft wurde.

20.4.3. Wurden die Finanzdaten im Registrierungsformular nicht dem geprüften Jahresabschluss des Emittenten entnommen, so ist die Quelle dieser Daten und die Tatsache anzugeben, dass die Daten ungeprüft sind.

Übersicht

	Rn.		Rn.
I. Überblick	1	IV. Angaben zu sonstigen Finanzinformationen nach Ziffer 20.4.3	5
II. Erklärung nach Ziffer 20.4.1	2		
III. Erklärung nach Ziffer 20.4.2	4		

I. Überblick

1 Die Erklärung über die **Prüfung der historischen Finanzinformationen** nach Ziffer 20.4 unterscheidet sich von den nach Ziffer 20.1 aufzunehmenden Bestätigungsvermerken oder Bescheinigungen über die Prüfung.[1] Die Ziffer 20.4 fordert eine **Erklärung des Emittenten** über die Prüfung der historischen Finanzinformationen.[2] Die **Bestätigungsvermerke** oder **Bescheinigung**en über die Prüfung enthalten demgegenüber eine Aussage des Prüfers (als vom Emittenten unabhängigen Dritten) über das Ergebnis der Prüfung.[3] Die Angabe ist eine andere Information, die die historischen Finanzinformationen nach Anhang I Ziffer 20.1 EU-ProspektVO ergänzt.[4]

---

[1] Die Kommentierung gibt ausschließlich die persönliche Meinung der Autorin wieder. Dies gilt für sämtliche Ausführungen der Autorin in diesem Kommentar.
[2] ESMA-Questions and Answers – Prospectuses (25th Updated Version – July 2016), Frage 14: Antwort zu Q3).
[3] *Schmidt/Küster*, in: Beck'scher Bilanz-Kommentar, § 322 Rn. 6 ff.
[4] ESMA-Questions and Answers – Prospectuses (25th Updated Version – July 2016), Frage 14: Antwort zu Q3); kritisch zu Mehrwert dieser Information für den Anleger *Fingerhut/Voß*, in: Just/Voß/Ritz/Zeising, WpPG, Anhang I EU-ProspektVO Rn. 376.

II. Erklärung nach Ziffer 20.4.1

Die Erklärung nach Ziffer 20.4.1 fordert grundsätzlich die Angabe, dass die historischen Finanzinformationen geprüft wurden. Wurde ein Bestätigungsvermerk oder eine Bescheinigung über die Prüfung der historischen Finanzinformationen von den beauftragten Wirtschaftsprüfern[5] **nicht erteilt** bzw. wurde, diese(r) erteilt, aber die Erteilung **eingeschränkt**, sind die Gründe für die Nichterteilung bzw. die eingeschränkte Erteilung sowie die Einschränkung selbst im Prospekt anzugeben.[6] Aus der Ziffer 20.4.1 sowie aus Ziffer 20.1 Abs. 5 Anhang I EU-ProspektVO wird zudem deutlich, dass ein **uneingeschränkter** Bestätigungsvermerk nicht Voraussetzung für die Billigung eines Wertpapierprospektes ist. Gleichwohl dürfte ein eingeschränkter Bestätigungsvermerk das Finden eines Emissionsbegleiters und die Platzierung der Wertpapiere deutlich erschweren.[7]

Diese Erklärung erstreckt sich auf alle historischen Finanzinformationen nach Ziffer 20.1 Anhang I EU-ProspektVO, d.h. auch nachträglich erstellte Elemente.[8] Dafür spricht der Wortlaut von Ziffer 20.4.1, der auf die historischen Finanzinformationen Bezug nimmt. Deren Umfang wird im Wesentlichen durch Ziffer 20.1 Anhang I EU-ProspektVO festgelegt.

III. Erklärung nach Ziffer 20.4.2

Sollten neben den historischen Finanzinformationen **weitere Angaben** im Prospekt – wie beispielsweise „**Businesspläne**" – geprüft worden sein, so ist dies im Prospekt anzugeben.[9] Es ist zu empfehlen, entsprechende **Prüfungsbescheinigungen** aus Transparenzgründen und wegen § 5 Abs. 1 WpPG in den Prospekt aufzunehmen. Ob eine solche Aufnahme einer entsprechenden Prüfungsbescheinigung von der zuständigen Behörde erzwungen werden kann, ist eine Frage des Einzelfalls. Die Beurteilung des Einzelfalls richtet sich entweder nach Art. 3 Abs. 3 EU-ProspektVO oder ggf. nach eingreifenden speziellen Regelungen (beispielsweise Art. 23 EU-ProspektVO).

IV. Angaben zu sonstigen Finanzinformationen nach Ziffer 20.4.3

Enthält der Prospekt **Finanzdaten, die nicht dem geprüften Jahresabschluss des Emittenten entnommen wurden**, so sieht die Ziffer 20.4.3 vor, dass der Emittent die Quelle

---

5 Die Verordnung verwendet in Anhang I Ziffer 20.4 das Wort „Abschlussprüfer", wobei jedoch der Prüfer der historischen Finanzinformationen bzw. der Prüfer anderer im Prospekt enthaltenen Finanzinformationen gemeint ist. Dieser wird häufig mit dem aufgrund der gesetzlicher Vorgaben bestellten Abschlussprüfer identisch sein, zwingend ist dies jedoch nicht.
6 Zu den verschiedenen Ergebnissen der Prüfung bzw. den Formen des Bestätigungsvermerks oder Bescheinigungen vgl. *d'Arcy/Kahler*, in: Holzborn, WpPG, EU-ProspV Anhang I Rn. 163 ff.
7 Ähnlich *d'Arcy/Kahler*, in: Holzborn, WpPG, EU-ProspV Anhang I Rn. 164.
8 *Kunold*, in: Assmann/Schlitt/von Kopp-Colomb, WpPG/VerkProspG, EU-ProspektVO Anhang I Rn. 240.
9 *d'Arcy/Kahler*, in: Holzborn, WpPG, EU-ProspV Anhang I Rn. 169.

Anhang 1 Ziffer 20.4

dieser Daten und die Tatsache, dass die Daten **ungeprüft** sind, anzugeben hat.[10] In Fällen, in denen die Finanzdaten in einem Prospekt nicht den geprüften Abschlüssen des Emittenten entnommen wurden, sollten diese Daten daher im Prospekt eindeutig als solche ausgewiesen werden und erläutert werden, woher die Daten stammen.[11] ESMA empfiehlt zudem, den tatsächlichen geprüften historischen Finanzinformationen nach Anhang I Ziffer 20.1 EU-ProspektVO mehr Präsenz einzuräumen als den Finanzdaten nach Ziffer 20.4.3.[12]

6 Finanzdaten nach Ziffer 20.4.3, die nicht den geprüften Abschlüssen des Emittenten entnommen wurden, umfassen in der Regel Informationen, Statistiken, Kennzahlen oder sonstige Daten, welche die Leistung oder Performance des Emittenten beschreiben.[13] Sie ergänzen die in den Abschlüssen des Emittenten enthaltenen Angaben und dienen häufig Analysezwecken. Die Finanzdaten finden sich beispielsweise in den Angaben zur Geschäfts- und Ertragslage (Ziffer 9 Anhang I EU-ProspektVO) oder in den ausgewählten Finanzinformationen (Ziffer 3 Anhang I EU-ProspektVO).

---

10 *d'Arcy/Kahler*, in: Holzborn, WpPG, EU-ProspV Anhang I Rn. 169.
11 ESMA update of CESR's recommendations for the consistent implementation of the European Commission's Regulation on Prospectuses no 809/2004, March 2013, Ref. ESMA/2013/319 (ESMA-Empfehlungen), Rn. 96.
12 ESMA-Empfehlungen, Rn. 97.
13 ESMA-Empfehlungen, Rn. 95.

Ziffer 20.5 und 20.6 **Anhang I**

20.5. Alter der jüngsten Finanzinformationen

20.5.1. Die geprüften Finanzinformationen dürfen nicht älter sein als:

a) **18 Monate ab dem Datum des Registrierungsformulars, sofern der Emittent geprüfte Zwischenabschlüsse in sein Registrierungsformular aufnimmt**,

oder

b) **15 Monate ab dem Datum des Registrierungsformulars, sofern der Emittent ungeprüfte Zwischenabschlüsse in sein Registrierungsformular aufnimmt.**

20.6. Zwischenfinanzinformationen und sonstige Finanzinformationen

20.6.1. Hat der Emittent seit dem Datum des letzten geprüften Jahresabschlusses vierteljährliche oder halbjährliche Finanzinformationen veröffentlicht, so sind diese in das Registrierungsformular aufzunehmen. Wurden diese vierteljährlichen oder halbjährlichen Finanzinformationen einer Prüfung oder prüferischen Durchsicht unterzogen, so sind die entsprechenden Berichte ebenfalls aufzunehmen. Wurden die vierteljährlichen oder halbjährlichen Finanzinformationen keiner Prüfung oder prüferischen Durchsicht unterzogen, so ist diese Tatsache anzugeben.

20.6.2. Wurde das Registrierungsformular mehr als neun Monate nach Ablauf des letzten geprüften Finanzjahrs erstellt, muss es Zwischenfinanzinformationen enthalten, die u. U. keiner Prüfung unterzogen wurden (auf diesen Fall muss eindeutig verwiesen werden) und die sich zumindest auf die ersten sechs Monate des Geschäftsjahres beziehen sollten.

Diese Zwischenfinanzinformationen müssen einen vergleichenden Überblick über denselben Zeitraum wie im letzten Geschäftsjahr enthalten. Der Anforderung vergleichbarer Bilanzinformationen kann jedoch auch ausnahmsweise durch die Vorlage der Jahresendbilanz nachgekommen werden.

Übersicht

	Rn.		Rn.
I. Regelungsgegenstand der Ziff. 20.5 und 20.6	1	III. Aufnahme von Zwischenfinanzinformationen (Ziff. 20.6)	7
II. Maximales Alter der jüngsten geprüften Finanzinformationen (Ziff. 20.5)	3	1. Aufnahme wegen vorheriger Veröffentlichung (Ziff. 20.6.1)	7
1. Prospekte ohne geprüfte Zwischenfinanzinformationen	3	2. Aufnahme wegen Fristablauf (Ziff. 20.6.2)	13
2. Prospekte mit geprüften Zwischenfinanzinformationen	6	3. Inhaltliche Anforderungen	19

I. Regelungsgegenstand der Ziff. 20.5 und 20.6

Die Ziff. 20.5 und 20.6 des Anhangs I stellen die **Aktualität** der in den Prospekt aufgenommenen historischen Finanzinformationen sicher. Zwar gilt generell, dass der Prospekt zu seinem Datum richtig und vollständig sein muss (s. o. § 5 Rn. 8). Jedoch ist auch nach den

1

Anhang I Ziffer 20.5 und 20.6

strengsten Publizitätsvorschriften die Erstellung eines vollständigen Jahresabschlusses und dessen Prüfung nur zum Ende des Geschäftsjahres vorgesehen. Zudem ist es schon faktisch nicht möglich, stichtagsgenau auf den Zeitpunkt der Prospektveröffentlichung einen vollständigen Abschluss bereitzustellen, erfordert doch dessen Erstellung erheblichen Zeitaufwand. Ist aber seit dem Stichtag des letzten in den Prospekt aufgenommenen vollständigen Jahresabschlusses erhebliche Zeit vergangen, so muss eine Aktualisierung der Finanzangaben durch die Aufnahme eines aktuellen Jahresabschlusses oder eines (verkürzten) Zwischenabschlusses erfolgen, ebenso wie dies im Rahmen der Regelberichterstattung börsennotierter Emittenten nach der EU-Transparenzrichtlinie vorgesehen ist. Dabei wird für die Erstellung (sowie im Falle des Jahresabschlusses Abschlussprüfung durch einen Wirtschaftsprüfer) des Abschlusses – wie auch nach den einschlägigen Bestimmungen zur Regelpublizität nach der EU-Transparenzrichtlinie – eine angemessene Karenzzeit eingeräumt (dazu Rn. 4).

2   Die auf dieser Grundlage naturgemäß bestehende Aktualitätslücke wird durch Ziff. 20.9 des Anhangs I geschlossen. Danach ist jede wesentliche Veränderung in der Finanzlage oder der „Handelsposition" der Gruppe, die seit dem Ende des letzten Geschäftsjahres eingetreten ist, für das entweder geprüfte Finanzinformationen oder Zwischenfinanzinformationen veröffentlicht wurden, zu beschreiben. Haben sich keine wesentlichen Veränderungen ergeben, ist eine ausdrückliche Negativerklärung aufzunehmen. Freilich ist der genaue Umfang dieser Erklärung fraglich. Der Begriff der **Finanzlage** bezeichnet die Herkunft des Unternehmenskapitals, aber auch dessen Verwendung und die Liquidität des Unternehmens, kann mithin also als Inbegriff der Bestandsgrößen der Bilanz verstanden werden (s. o. § 5 Rn. 23). Unklar bleibt indes, was mit „**Handelsposition**" gemeint ist. Der Begriff taucht sonst weder in den Anforderungen an Abschlüsse in den IAS (IAS 1, IAS 34) noch in den Bestimmungen des HGB zu Abschlüssen auf. Auch in den von ESMA aktualisierten, ursprünglich von CESR herausgegebenen Empfehlungen zur konsistenten Anwendung des Prospektrechts („ESMA-Empfehlungen")[1] und in den regelmäßig von der ESMA herausgegebenen Antworten zu in der Praxis der Billigungsbehörden aufgekommenen Anwendungsfragen (sog. „Questions and Answers")[2] wird er nicht näher spezifiziert. Betrachtet man aber beispielsweise die übergreifende Beschreibung des Wesenskerns der Finanzangaben in Ziff. 9 des Anhangs I sowie die elementaren Anforderungen an einen Abschluss beispielsweise nach § 264 Abs. 1 HGB, so dürfte wohl gemeint sein, dass neben einer allgemeinen Aussage über die wesentlichen Veränderungen von Bestandsgrößen der Bilanz eine Aussage über wesentliche Veränderungen in der jüngsten Geschäftsentwicklung bzw. der in der Gesamtergebnisrechnung (bzw. Gewinn- und Verlustrechnung) abzubildenden Ertragslage gemeint sein muss. So wurde der Begriff der „Handelsposition" in der Praxis gemeinhin auch verstanden.[3]

---

1 ESMA, Update of the CESR recommendation vom 23.3.2011, ref. ESMA/2011/81.
2 ESMA-Questions and Answers – Prospectuses (25th Updated Version – July 2016).
3 Vgl. das Registrierungsformular der Deutsche Bank AG vom 7.5.2010, S. 39 „*Die Deutsche Bank ist profitabel in das Geschäftsjahr 2010 gestartet. Zum Datum dieses Registrierungsformulars hat sich die Finanz- und Liquiditätslage der Deutschen Bank im Vergleich zum 31. März 2010 nicht wesentlich geändert*".

II. Maximales Alter der jüngsten geprüften Finanzinformationen (Ziff. 20.5)

1. Prospekte ohne geprüfte Zwischenfinanzinformationen

Nach Ziff. 20.5.1 lit. b) des Anhangs I dürfen zum Datum des Prospektes[4] der **Bilanzstichtag** des letzten durch geprüfte Finanzinformationen dargestellten Geschäftsjahres maximal 15 Monate verstrichen sein. Dies gilt grds. unabhängig davon, dass in diesem Fall nach Ziff. 20.6.2 des Anhangs I aktuellere Zwischenfinanzinformationen in den Prospekt aufgenommen werden müssen, denn in Prospekte aufgenommene Zwischenfinanzinformationen werden in aller Regel keiner Abschlussprüfung unterzogen. Daher wird hier zunächst von dieser Konstellation als Grundfall ausgegangen, bevor auf den anderenfalls (nämlich bei ausnahmsweise geprüften Zwischenfinanzinformationen) geltenden lit. a) eingegangen wird (dazu s. u. Rn. 6). Soll also ein Prospekt nach Ablauf des ersten Quartals des laufenden Geschäftsjahres veröffentlicht werden, muss der Jahresabschluss des vorangegangenen Geschäftsjahres in geprüfter Form in den Prospekt aufgenommen werden. Soll der Prospekt bereits zu Beginn des zweiten Quartals zur Verfügung stehen, so muss daher der Jahresabschluss nicht nur binnen drei Monaten aufgestellt und geprüft sein; vielmehr muss er eigentlich bereits bei Einreichung des Prospektes zur Prüfung durch die Billigungsbehörde nach § 13 WpPG vorliegen, es sei denn diese lässt zu, den aktuellen Jahresabschluss nachzureichen, ohne dass damit die Billigungsfrist nach § 13 Abs. 3 Satz 1 erneut zu laufen beginnt.

3

Dies ist insofern bemerkenswert, als die Frist, innerhalb derer somit ein neuer geprüfter Abschluss für ein gerade abgelaufenes Geschäftsjahr zu veröffentlichen ist, damit kürzer ist als im Rahmen der **Regelpublizität** kapitalmarktorientierter Unternehmen. Denn nach Art. 4 Abs. 1 der EU-Transparenzrichtlinie[5] müssen Emittenten, deren Wertpapiere an einem geregelten Markt i. S. v. Art. 4 der MiFiD[6] zugelassen sind, ihren Jahresfinanzbericht (der im Wesentlichen aus dem geprüften Jahresabschluss und dem Lagebericht besteht, vgl. Art. 4 Abs. 2 der EU-Transparenzrichtlinie) „erst" vier Monate nach dem Ende des Geschäftsjahres veröffentlichen. Entsprechendes sehen im deutschen Recht § 325 Abs. 1 Satz 1, 4 HGB und § 37v Abs. 1 Satz 1 WpHG für kapitalmarktorientierte Kapitalgesellschaften (§ 264d HGB) bzw. sonstige Inlandsemittenten (§ 2 Abs. 7 WpHG) vor.

4

---

4 Damit ist das auf dem Prospekt angegebene Datum seiner Erstellung gemeint, *Fingerhut/Voß*, in: Just/Voß/Ritz/Zeising, WpPG, EU-ProspektVO Anhang I Rn. 390; dagegen stellt *Kunold*, in: Assmann/Schlitt/von Kopp-Colomb, WpPG/VerkProspG, EU-ProspektVO Anhang I Rn. 244, auf das Billigungsdatum ab. Zur Thematik siehe auch die Kommentierung zu § 5 Rn. 8.
5 Richtlinie 2004/109/EG des Europäischen Parlaments und des Rates vom 15. Dezember 2004 zur Harmonisierung der Transparenzanforderungen in Bezug auf Informationen über Emittenten, deren Wertpapiere zum Handel auf einem geregelten Markt zugelassen sind, und zur Änderung der Richtlinie 2001/34/EG (ABl. EU Nr. L 390 v. 31.12.2004, S. 38), geändert durch Richtlinie 2013/50/EU des Europäischen Parlaments und des Rates vom 22.10.2013 (…), ABl. EU Nr. L 294/13 vom 6.11.2013 S. 13.
6 Richtlinie 2004/39/EG des Europäischen Parlaments und des Rates vom 21.4.2004 über Märkte für Finanzinstrumente, zur Änderung der Richtlinien 85/611/EWG und 93/6/EWG des Rates und der Richtlinie 2000/12/EG des Europäischen Parlaments und des Rates und zur Aufhebung der Richtlinie 93/22/EWG des Rates, ABl. EU Nr. L 145 v. 30.4.2004, S. 1.

Anhang I Ziffer 20.5 und 20.6

5   Im Falle öffentlicher Angebote mag dies jedoch faktisch zu verschmerzen sein, da ein aktueller Jahresabschluss ohnehin die Vermarktungschancen für die angebotenen Wertpapiere steigert und das Haftungsrisiko für die Prospektverantwortlichen (insbesondere im Hinblick auf ihre nach Ziff. 20.9 des Anhangs I zu treffende Aussage) verringert.

2. Prospekte mit geprüften Zwischenfinanzinformationen

6   Sind nach Ziff. 20.6.2 in den Prospekt aufzunehmende Zwischenfinanzinformationen[7] jedoch (ausnahmsweise) geprüft, so dürfen nach Ziff. 20.5.1 lit a) die jüngsten im Prospekt offengelegten geprüften Finanzinformationen lediglich nicht älter sein als 18 Monate bezogen auf das Prospektdatum. Die o. g. Verkürzung des Publizitätszyklus für kapitalmarktorientierte Unternehmen erledigt sich damit, sofern der – nach Ziff. 20.6.2 ohnehin aufzunehmende – Zwischenabschluss einer Prüfung unterzogen wurde. Mit den (jüngsten) „geprüften Finanzinformationen" sind dabei die historischen Finanzinformationen nach Ziff. 20.1 des Anhangs I gemeint, also Finanzinformationen, die sich auf ein **gesamtes Geschäftsjahr** beziehen, und nicht der in diesem Fall ebenfalls geprüfte und aktuellere Zwischenanschluss. Denn für diesen gilt mit Ziff. 20.6 eine Spezialregelung mit kürzeren Fristen.

III. Aufnahme von Zwischenfinanzinformationen (Ziff. 20.6)

1. Aufnahme wegen vorheriger Veröffentlichung (Ziff. 20.6.1)

7   Wurden seit dem Stichtag des letzten in den Prospekt aufgenommenen geprüften Jahresabschlusses durch den Emittenten **Quartals- oder Halbjahres-Finanzinformationen** veröffentlicht, sind diese nach Ziff. 20.6.1 Satz 1 des Anhangs I in den Prospekt aufzunehmen.

8   Falls diese Zwischenfinanzinformationen einer **Abschlussprüfung** oder **prüferischen Durchsicht** unterzogen wurden, so muss der entsprechende „Bericht" abgedruckt werden. Nach Sinn und Zweck der Regelung ist mit der Praxis davon auszugehen, dass aber nicht der ganze, typischerweise viele Seiten umfassende „Bericht" des Prüfers über die Prüfung oder prüferische Durchsicht aufzunehmen ist, sondern nur eine insoweit erteilte Bescheinigung.[8] Wurden die Zwischenfinanzinformationen weder geprüft noch prüferisch durchgesehen, müssen sie nach Ziff. 20.6.1 Satz 2, 3 des Anhangs I ausdrücklich als „ungeprüft" gekennzeichnet werden.

9   Der Begriff der **prüferischen Durchsicht** und die an sie zu stellenden Anforderungen sind – anders als im Fall der Abschlussprüfung (siehe Ziff. 20.1 Abs. 5 Satz 1 des Anhangs I) – in der EU-Prospektverordnung nicht näher geregelt. Auch ESMA hat insoweit keine Konkretisierungen vorgenommen. Im Rahmen der europäischen Vorgaben für die Regelpubli-

---

7 Die Begriffe der Zwischenfinanzinformationen nach Ziff. 20.5 und 20.6.2 sind identisch, vgl. ESMA update of the CESR Recommendations, re. ESMA/2001/81, Rn. 100.
8 Zur parallelen Fragestellung im Hinblick auf den Prüfungsbericht bzw. Bestätigungsvermerk bei historischen Finanzinformationen klarstellend BaFin, Workshop: 100 Tage WpPG, Präsentation „Entwicklung der Verwaltungspraxis zu Finanzinformationen im Prospekt nach WpPG" vom 3.11.2005, S. 14; zur Unterscheidung zwischen Bescheinigung und Bericht bei der prüferischen Durchsicht WP-Handbuch 2014, Band II, Kap. J Rn. 62 ff. (Bescheinigung) und 92 ff. (Bericht).

zität beschränkt sich Art. 5 Abs. 5 der EU-Transparenzrichtlinie[9] insoweit darauf, dass im Falle einer prüferischen Durchsicht eines Halbjahresfinanzberichtes, die Bescheinigung des Prüfers bei Veröffentlichung des Halbjahresfinanzberichts wiederzugeben ist. Von der in Art. 5 Abs. 6 Unterabs. 2 lit. b) der EU-Transparenzrichtlinie enthaltenen Ermächtigung, die Art der prüferischen Durchsicht zu präzisieren, hat die Kommission bislang keinen Gebrauch gemacht. Eine rudimentäre Regelung zur prüferischen Durchsicht findet sich im deutschen Recht immerhin in der Regelung zum Halbjahresfinanzbericht in § 37w Abs. 5 Satz 3 WpHG. Der Abschlussprüfer soll danach aufgrund der prüferischen Durchsicht ausschließen können, dass der im Halbjahresbericht enthaltene verkürzte Abschluss und der Zwischenlagebericht in wesentlichen Belangen den anzuwendenden Rechnungslegungsgrundsätzen widersprechen. Das Ergebnis der prüferischen Durchsicht hat er in einer Bescheinigung zusammenzufassen, die mit dem Halbjahresfinanzbericht zu veröffentlichen ist. Diese Beschreibung findet sich auch in dem einschlägigen Prüfungsstandard des IDW, der für die Durchführung einer prüferischen Durchsicht durch einen deutschen Wirtschaftsprüfer maßgeblich ist.[10] Dieses Verständnis einer prüferischen Durchsicht ist auch außerhalb Deutschlands üblich, wie sich beispielsweise aus den einschlägigen Standards der International Federation of Accountants (IFAC) ergibt.[11] Der deutsche Prüfungsstandard für die prüferische Durchsicht von Abschlüssen IDW PS 900 entspricht dabei dem Standard der IFAC für eine prüferische Durchsicht, ISRE 2400, vormals ISA 910.[12] Die IFAC hat zudem den allgemeinen Standard für eine prüferische Durchsicht ISRE 2400 ergänzt durch einen Standard ISRE 2410, der bei einer prüferischen Durchsicht durch den Abschlussprüfer der Gesellschaft jene Besonderheiten berücksichtigt, die sich aus dessen Vorbefassung mit dem Rechnungswesen der Gesellschaft im Rahmen der Abschlussprüfung ergeben.[13] Für die Zwecke der Anwendung der Ziff. 20.6 dürfte sich damit ergeben, dass eine prüferische Durchsicht nach jedem der Standards IDW PS 910, ISRE 2400 oder ISRE 2410 als prüferische Durchsicht im Sinne der EU-Prospektverordnung gelten kann.[14] Diesen Standards gemeinsam ist das Verständnis, dass es sich bei der prüferischen Durchsicht nicht etwa um eine in ihrem Umfang reduzierte Abschlussprüfung handelt, sondern

---

9 Richtlinie 2004/109/EG v. 15.12.2004, ABl. EU Nr. L 390 v. 31.12.2004, S. 38 (EU-TransparenzRL), jüngst geändert durch Richtlinie 2013/50/EU v. 22.10.2013, ABl. EU Nr. L 294 v. 6.11.2013 S. 13 (EU-TransparenzRL-Änderungs-RL).
10 IDW Prüfungsstandard: Grundsätze für die prüferische Durchsicht von Abschlüssen (IDW PS 900), Tz. 6.
11 International Federation of Accountants, Handbook of International Quality Control, Auditing, Review, Other Assurance, and related services, Pronouncements Part II – International Standard on Review Engagements 2400 (previously ISA 910): Engagement to review financial statements (ISRE 2400), Tz. 3, im Internet abrufbar unter www.ifac.org.
12 IDW Prüfungsstandard: Grundsätze für die prüferische Durchsicht von Abschlüssen (IDW PS 900), Tz. 4; klarstellend in Bezug auf den neu bezeichneten Standard ISRE 2400: WP-Handbuch 2014, Kap. J Rn. 2.
13 International Federation of Accountants, Handbook of International Quality Control, Auditing, Review, Other Assurance, and related services, Pronouncements Part II – International Standard on Review Engagements 2410: Review of interim financial information performed by the independent auditor of the entity (ISRE 2410), Tz. 3 f., im Internet abrufbar unter www.ifac.org.
14 Ebenso im Zusammenhang mit der prüferischen Durchsicht von Halbjahresfinanzberichten nach § 37w Abs. 5 WpHG *Mock*, in: Kölner Kommentar zum WpHG, § 37w Rn. 124; *Hönsch*, in: Assmann/Uwe H. Schneider, WpHG, § 37w Rn. 44.

Anhang I Ziffer 20.5 und 20.6

vielmehr lediglich um eine kritische Würdigung eines Abschlusses im Wege einer Plausibilitätsbeurteilung.[15]

10 Emittenten von Aktien oder Schuldtiteln, die zum Handel an einem organisierten Markt (wie z.B. dem regulierten Markt einer deutschen Wertpapierbörse) zugelassen sind, müssen nach § 37w Abs. 1 Satz 1 WpHG acht Monate nach dem Ende des letzten Geschäftsjahres einen Zwischenbericht über die ersten sechs Monate des laufenden Geschäftsjahres veröffentlichen (sog. **Halbjahresfinanzbericht**). Dabei muss im Falle einer prüferischen Durchsicht des Halbjahresfinanzbericht eine insoweit erstellte **Bescheinigung** gem. § 37w Abs. 5 Satz 4 WpHG zusammen mit dem Halbjahresfinanzbericht veröffentlicht werden. Mitunter werden aber auch Wirtschaftsprüfer beauftragt, Quartals- oder Halbjahresberichte den **Untersuchungshandlungen** einer prüferischen Durchsicht **zu rein internen Zwecken** des Emittenten zu unterziehen, ohne eine Bescheinigung zu erteilen (z.B. für die Erstellung des Comfort Letters). Solche Zwischenfinanzinformationen sind weiterhin als „ungeprüft" zu behandeln; der Prospekt muss dann auch keine Bescheinigung enthalten.[16]

11 Mit der Umsetzung der **TransparenzRL-ÄnderungsRL** zum 26.11.2015[17] ist die frühere Pflicht für Emittenten, deren Aktien zum Börsenhandel in einem regulierten Markt zugelassen sind, während eines Geschäftshalbjahres eine **Zwischenmitteilung der Geschäftsführung** nach § 37x Abs. 1, 2 WpHG a.F. zu veröffentlichen, entfallen. Zugleich wurde auch die frühere gesetzliche Regelung zu Quartalsfinanzberichten (§ 37x Abs. 3 WpHG a.F.), die eine solche Zwischenmitteilung ersetzen konnten, gestrichen. In diesem Zusammenhang hat auch die Frankfurter Wertpapierbörse ihre Anforderungen an die Finanzberichterstattung für Emittenten, deren Aktien zur Börsennotierung im Teilbereich des regulierten Marktes mit weiteren Zulassungsfolgepflichten (Prime Standard) an der Frankfurter Wertpapierbörse (FWB) zugelassen sind, geändert.[18] Diese sind nun nicht mehr verpflichtet, einen Quartalsfinanzbericht nach den Vorgaben für einen Halbjahresfinanzbericht zu erstellen. Vielmehr genügt nach § 51a BörsO FWB die Veröffentlichung einer sog. Quartalsmitteilung zum Stichtag des ersten und des dritten Quartals eines jeden Geschäftsjahres. Darin sind nach § 51a Abs. 2 BörsO FWB die wesentlichen Ereignisse und Geschäfte des Mitteilungszeitraums im Unternehmen des Emittenten und ihre Auswirkungen auf dessen Finanzlage zu erläutern sowie die Finanzlage und das Geschäftsergebnis des Emittenten im Mitteilungszeitraum zu beschreiben. Damit verwendet die BörsO FWB die Formulierung des § 37x Abs. 2 WpHG a.F. für die frühere Zwischenmitteilung der Geschäftsführung. Daher wird davon ausgegangen, dass die für diese entwickelten inhaltlichen Anfor-

---

[15] IDW Prüfungsstandard: Grundsätze für die prüferische Durchsicht von Abschlüssen (IDW PS 900), Tz. 2, 6; WP-Handbuch 2014, Kap. J Rn. 6; International Federation of Accountants, Handbook of International Quality Control, Auditing, Review, Other Assurance, and related services, Pronouncements Part II – International Standard on Review Engagements 2410: Review of interim financial information performed by the independent auditor of the entity (ISRE 2410), Tz. 8 f., im Internet abrufbar unter www.ifac.org.

[16] *Schlitt/Singhof/Schäfer*, BKR 2005, 251, 252 f.; *Kunold*, in: Assmann/Schlitt/von Kopp-Colomb, WpPG/VerkProspG, EU-ProspektVO Anhang I Rn. 255.

[17] Richtlinie 2013/50/EU v. 22.10.2013, ABl. EU Nr. L 294 v. 6.11.2013 S. 13 (EU-TransparenzRL-Änderungs-RL), in deutsches Recht umgesetzt durch Gesetz zur Umsetzung der Transparenzrichtlinie-Änderungsrichtlinie vom 20.11.2015, BGBl. I, S. 2029.

[18] Bekanntmachung der Geschäftsführung der Frankfurter Wertpapierbörse vom 25.11.2015; Xetra-Rundschreiben 124/15 der Frankfurter Wertpapierbörse vom 18.11.2015.

derungen für die Quartalsmitteilung nach der BörsO FWB herangezogen werden können.[19] Diese bleibt somit hinter den Vorgaben für einen Halbjahresfinanzbericht zurück; insbesondere reicht eine rein beschreibende Darstellung ohne zusätzliches Zahlenwerk oder gar eine Bilanz- oder Gewinn- und Verlustrechnung aus.[20] Solche Quartalsmitteilungen genügen auch nicht den Anforderungen von ESMA an Zwischenfinanzinformationen im Sinne von Anhang I Ziff. 20.5, 20.6.2, die sich im Wesentlichen an den Anforderungen an Zwischenfinanzberichte nach der EU-Transparenzrichtlinie orientieren und daher grds. den Vorgaben von IAS 34 für Zwischenabschlüsse genügen müssen (dazu Rn. 19 ff.).[21] Dies gilt auch insoweit, als für reine Angebotsprospekte ohne angestrebte Zulassung an einem regulierten Markt Erleichterungen gelten, denn auch dort werden mindestens eine Bilanz, Gewinn- und Verlustrechnung sowie (diesbezügliche) Anhangangaben verlangt.[22]

Eine seit der Veröffentlichung des letzten Jahres- oder Zwischenabschlusses veröffentlichte Quartalsmitteilung stellt daher keine „vierteljährliche Finanzinformation" i. S. v. Ziff. 20.6.1 dar und muss daher auch nicht als solche in den Prospekt aufgenommen werden.[23] Freilich sind die darin enthaltenen Informationen bei der Prospekterstellung gleichwohl zu berücksichtigen, etwa bei der Erstellung der Trendinformationen nach Ziff. 12 oder den wesentlichen Veränderungen in der Finanzlage oder der „Handelsposition" nach Ziff. 20.9 des Anhangs I.[24] **11a**

Veröffentlicht ein Emittent dennoch **Quartalsfinanzberichte**, die den Vorgaben des WpHG für Halbjahresfinanzberichte entsprechen, ersetzen diese gemäß § 51a Abs. 6 BörsO FWB die Quartalsmitteilung, wenn sie nach den für Halbjahresfinanzberichte geltenden Vorgaben des § 37w Abs. 2 Nr. 1 und 2 sowie Abs. 3 und 4 WpHG erstellt und veröffentlicht wurden. Die Pflicht zur Veröffentlichung einer Bescheinigung aufgrund prüferischer Durchsicht gilt insoweit aber nicht, da § 51a Abs. 6 BörsO FWB auf die Regelungen zu prüferischen Durchsicht und zur Veröffentlichung einer auf deren Grundlage erteilten Bescheinigung nach § 37w Abs. 5 WpHG gerade nicht verweist. **12**

2. Aufnahme wegen Fristablauf (Ziff. 20.6.2)

Wurde der Prospekt mehr als **neun Monate nach Ablauf des letzten Geschäftsjahres** erstellt (für das nach Ziff. 20.1. Anhang I geprüfte Finanzangaben beizubringen sind), ist **13**

---

19 Erläuterungen der Deutsche Börse AG zu Folgepflichten regulierter Markt / Being Public Prime Standard; Abschnitt 3, im Internet abrufbar unter www.deutsche-boerse-cash-market.com; Empfehlung der Kirchhoff Consult AG und der Deutschen Schutzvereinigung für Wertpapierbesitz zum Mindestumfang einer Quartalsmitteilung gemäß der neuen Börsenordnung der Frankfurter Wertpapierbörse vom Dezember 2015, S. 5, im Internet verfügbar auf der Internetseite des deutschen Investor Relations Verband (DIRK) www.dirk.org.
20 Dazu *Meyer*, in: Marsch-Barner/Schäfer, Handbuch börsennotierte AG, § 7 Rn. 52 sowie in der Vorauflage zu diesem Werk, Kommentierung zu Anh. I Ziff. 20.5 und 20.6 Rn. 11.
21 ESMA update of the CESR recommendations vom 23.3.2011, ref. ESMA/2011/81, Tz. 101.
22 ESMA update of the CESR recommendations vom 23.3.2011, ref. ESMA/2011/81, Tz. 104.
23 Ebenso für die parallel gelagerte Behandlung der früheren Zwischenmitteilung der Geschäftsführung *Heidelbach/Doleczik*, in: Schwark/Zimmer, KMRK, § 7 WpPG Rn. 23.
24 Für die frühere Zwischenmitteilung der Geschäftsführung angedeutet in: BaFin, Präsentation „'Complex Financial History' und weitere Neuerungen bei den Finanzinformationen" vom 4.9.2007 (*Arnold/Lehmann*), S. 25 („wegen fehlender Quantifizierung nicht gem. Anh. I Ziff. 20.6 VO im Finanzteil").

Anhang I Ziffer 20.5 und 20.6

nach Ziff. 20.6.2 Anhang I auf jeden Fall die Aufnahme von Zwischenfinanzinformationen erforderlich, die zumindest die ersten sechs Monate des (laufenden) Geschäftsjahres darstellen. Damit trägt die EU-Prospektverordnung dem Gebot der Prospektaktualität als Ausprägung der allgemeinen Prospektvorgaben nach § 5 WpPG Rechnung (s. o. § 5 Rn. 8).

14 Diese müssen nicht geprüft sein, sind dann aber ausdrücklich als **„ungeprüft"** zu bezeichnen. Anders als bei Ziff. 20.6.1 muss bei der Aufnahme von Zwischenfinanzinformationen nach dem Wortlaut der Ziff. 20.6.2 des Anhang I auf deren prüferische Durchsicht nicht hingewiesen werden; erst recht ist die Aufnahme einer etwa erteilten Bescheinigung nicht vorgesehen.

15 Die Einhaltung der Pflicht zur Aufnahme von Zwischenfinanzinformationen nach Ziff. 20.6.2 des Anhang I bereitet Emittenten, deren Wertpapiere bereits am regulierten Markt notiert sind, keine Schwierigkeiten. Denn nach § 37w Abs. 1 WpHG müssen sie (grds.) bereits acht Monate nach Beginn des Geschäftsjahres einen Halbjahresfinanzbericht veröffentlichen. Daher ist für sie typischerweise ausschließlich Ziff. 20.6.1 einschlägig; mit dessen Einhaltung sind dann im Geltungsbereich der Ziff. 20.6.2 deren Anforderungen stets erfüllt.[25]

16 Zudem führen Regelungen aus **Berufsstandards der Wirtschaftsprüfer** dazu, dass in der Emissionspraxis faktisch kürzere Fristen zu berücksichtigen sind. So erwarten Emissionsbanken üblicherweise, dass der Abschlussprüfer des Emittenten in Bezug auf die im Prospekt enthaltenen Finanzinformationen einen sog. **Comfort Letter** abgibt.[26] Dieser gibt den Banken neben ihrer eigenen Qualitätskontrolle zusätzliche Gewähr über die Richtigkeit der Prospektdarstellung von Finanzinformationen. Er dient ferner der Dokumentation der sorgfältigen Emissionsvorbereitung in einem etwaigen Prospekthaftungsprozess und kann zur Führung des Entlastungsbeweises nach § 23 Abs. 1 WpPG oder der sog. Due Diligence Defense nach Section 11(b)(3)(A) des U.S. Securities Act von 1933 bzw. daraus abgeleiteter Einwendungen gegen Prospekthaftungsansprüche nach Rule 10b-5 zum U.S. Securities Exchange Act herangezogen werden.[27]

17 Wesentlicher Bestandteil des Comfort Letters ist die sog. **negative assurance**, eine negativ formulierte Aussage über Veränderungen seit dem Stichtag des letzten in den Prospekt aufgenommenen geprüften oder prüferisch durchgesehenen Abschlusses. Darin bestätigt der Prüfer, dass ihm aufgrund der von ihm durchgeführten Untersuchungshandlungen (regelmäßiges Lesen von Vorstands- und Aufsichtsratsprotokollen und ggf. Monatsberichten sowie Befragung von für das Rechnungswesen zuständigen Mitarbeitern der Gesellschaft) nichts zur Kenntnis gekommen ist, was für ihn Anlass zur Annahme wäre, dass sich bestimmte Abschlussposten gegenüber dem letzten Abschluss zum Negativen verändert haben.[28] Nach den für die Abgabe von Comfort Letters maßgeblichen Standards des US-amerikanischen Berufsstandes (sog. *Statement of Auditing Standards* (SAS) 72 des *American Institute of Certified Public Accountants*, kurz *AICPA*) sowie des Instituts der Wirtschaftsprüfer in Deutschland (IDW PS 910) darf ein Wirtschaftsprüfer eine Aussage in Form einer

---

[25] BaFin, Präsentation „'Complex Financial History' und weitere Neuerungen bei den Finanzinformationen" vom 4.9.2007 (*Arnold/Lehmann*), S. 24.
[26] *Krämer*, in: Marsch-Barner/Schäfer, Handbuch börsennotierte AG, § 10 Rn. 209 ff.; *Kunold*, in: Habersack/Mülbert/Schlitt, Unternehmensfinanzierung, § 34 Rn. 1 m. w. N.
[27] *Meyer*, WM 2003, 1745, 1753.
[28] *Krämer*, in: Marsch-Barner/Schäfer, Handbuch börsennotierte AG, § 10 Rn. 259 ff.; *Kunold*, in: Habersack/Mülbert/Schlitt, Unternehmensfinanzierung, § 28 Rn. 34.

negative assurance nicht mehr treffen, wenn seit dem Stichtag des letzten geprüften oder prüferisch durchgesehenen Abschlusses 135 oder mehr Tage verstrichen sind (sog. **135-Tage-Regel**).[29] Daher werden in Prospekte in aller Regel so aktuelle Zwischenabschlüsse aufgenommen und diese einer prüferischen Durchsicht unterzogen, dass der von der *negative assurance* abzudeckende Zeitraum kürzer als 135 Tage ist, unabhängig davon, ob nach Ziff. 20.6.1 oder Ziff. 20.6.2 eine Pflicht zur Aufnahme von Zwischenfinanzinformationen besteht. Daneben gebietet auch das Interesse der Investoren an möglichst aktuellen Finanzangaben die Aufnahme möglichst aktueller Zwischenfinanzinformationen schon im Hinblick auf die Vermarktbarkeit einer Emission.[30]

Hat der Emittent im Falle der Veröffentlichung eines Prospektes in seinem vierten Geschäftsquartal bereits einen Zwischenbericht zum dritten Quartal veröffentlicht (sog. Neunmonatszahlen), soll nach der Auffassung der ESMA die Aufnahme von Zwischenfinanzinformationen sowohl für das erste Halbjahr des laufenden Geschäftsjahres als für das dritte Quartal erforderlich sein. Dies gilt jedoch nur soweit, als dadurch keine Duplizierung der Information erfolgt.[31] Da aber ein Zwischenbericht zum Ende des dritten Quartals des laufenden Geschäftsjahrs nach den hierfür maßgeblichen IAS 34 (dort Ziff. 20) stets auch eine Darstellung der Entwicklung seit dem Beginn des Geschäftsjahres enthält, dürfte die zusätzliche Aufnahme von Finanzangaben zum Ende des ersten Geschäftshalbjahres regelmäßig keinen zusätzlichen Erkenntnisgewinn bringen.[32] Deshalb wird darauf in der Praxis normalerweise verzichtet.[33]

3. Inhaltliche Anforderungen

Hinsichtlich der inhaltlichen Anforderungen an die in einen Prospekt aufzunehmende Zwischenfinanzinformationen beschränkt sich die EU-Prospektverordnung in Ziff. 20.6.2 Unterabs. 2 des Annex I darauf, dass diese einen **Überblick über Vergleichszeitraum** des letzten Geschäftsjahres enthalten müssen, es in Bezug auf die Bilanz jedoch „ausnahmsweise" ausreicht, die Jahresendbilanz (des abgelaufenen Geschäftsjahres) aufzunehmen. Diese ist nach IAS 34 ohnehin Teil eines nach diesem Standard erstellten Zwischenberichts (s. u. Rn. 21) – insoweit stellen die Anforderungen der EU-Prospektverordnung also keine Besonderheit oder gar Erleichterung dar.[34]

---

29 IDW Prüfungsstandard: Grundsätze für die Erteilung eines Comfort Letter (IDW PS 910) vom 4.3.2004, WPg 2004, 342, 351 (Tz. 73); AICPA Professional Standards, 2003, Section AU §§ 634.45 ff. für Comfort Letters nach US-amerikanischem Standard SAS 72; dazu *Meyer*, WM 2003, 1745, 1753.
30 Ebenso *d'Arcy/Kahler*, in: Holzborn, WpPG, EU-ProspektVO Anh. I Rn. 175.
31 ESMA-Questions and Answers – Prospectuses (25th Updated Version – July 2016), Frage 24 zur Aufnahme von Zwischenfinanzinformationen.
32 *Fingerhut/Voß*, in: Just/Voß/Ritz/Zeising, WpPG, EU-ProspektVO Anhang I Rn. 390 „jedenfalls bei solchen Quartalsberichten, die den Anforderungen von Art. 5 TransparenzRL bzw. § 37w WpHG insgesamt genügen"; ebenso *d'Arcy/Kahler*, in: Holzborn, WpPG, EU-ProspektVO Anh. I Rn. 172.
33 In diesem Sinne auch *Kunold*, in: Assmann/Schlitt/von Kopp-Colomb, WpPG/VerkProspG, EU-ProspektVO Anhang I Rn. 250.
34 Darauf weisen auch hin *d'Arcy/Kahler*, in: Holzborn, WpPG, EU-ProspektVO Anh. I Rn. 177, *Kunold*, in: Assmann/Schlitt/von Kopp-Colomb, WpPG/VerkProspG, EU-ProspektVO Anhang I Rn. 258.

Anhang I   Ziffer 20.5 und 20.6

20   Emittenten, deren Wertpapiere bereits an einem regulierten Markt zugelassen sind und damit ohnehin verpflichtet sind, einen Halbjahresfinanzbericht nach Art. 5 der EU-Transparenzrichtlinie (bzw. § 37w WpHG) zu veröffentlichen („**kapitalmarktorientierte Emittenten**"), müssen den im Halbjahresfinanzbericht enthaltenen verkürzten Abschluss nach Art. 5 Abs. 2 lit a) der EU-Transparenzrichtlinie (bzw. § 37w Abs. 2 Nr. 1WpHG) in den Prospekt aufnehmen. Dieser ist gem. § 37w Abs. 3 Satz 1, 2 WpHG nach denselben Rechnungslegungsgrundsätzen zu erstellen wie der letzte Jahresabschluss und muss mindestens aus einer verkürzten Bilanz, verkürzten Gewinn- und Verlustrechnung und einem Anhang bestehen. Bei konzernabschlusspflichtigen Emittenten (und das dürfte die weit überwiegende Mehrzahl sein) ist der verkürzte Abschluss gem. Art. 5 Abs. 3 der EU-Transparenzrichtlinie (bzw. § 37y Nr. 2 WpHG) als Konzernzwischenabschluss nach den Vorgaben der IFRS zu erstellen, d.h. insbesondere nach deren Bestimmungen für Zwischenabschlüsse nach **IAS 34**.[35] Daher muss er zusätzlich eine (verkürzte) Kapitalflussrechnung und eine Eigenkapitalveränderungsrechnung aufweisen.[36]

21   Ein Zwischenabschluss nach IAS 34 weist folglich alle Bestandteile eines konsolidierten Jahresabschlusses nach IFRS auf. Jedoch stellt IAS 34 Ziff. 6 klar, dass der Zwischenabschluss lediglich eine **Aktualisierung des letzten Jahresabschlusses** darstellt und sich deshalb auf neue Tätigkeiten, Ereignisse und Umstände konzentrieren kann. Bereits berichtete Informationen müssen nicht wiederholt werden. Im Einzelnen muss ein solcher Zwischenabschluss nach IAS 34 Ziff. 20 die vorgenannten Mindestbestandteile für die folgenden Perioden enthalten:

– **Bilanz:** zum Ende der aktuellen Zwischenberichtsperiode und eine vergleichende Bilanz zum Ende des unmittelbar vorangegangenen Geschäftsjahres, die dem entsprechenden Jahresabschluss entnommen werden kann;
– **Gesamtergebnisrechnung:** für die aktuelle Zwischenberichtsperiode sowie vom Beginn des Geschäftsjahres bis zum Zwischenberichtstermin, mit vergleichenden Gesamtergebnisrechnungen für die jeweils vergleichbaren Zwischenberichtsperioden des Vorjahres;
– **Eigenkapitalveränderungsrechnung:** für die Periode vom Beginn des aktuellen Geschäftsjahres bis zum Zwischenberichtstermin mit einer vergleichenden Aufstellung für die vergleichbare Berichtsperiode des Vorjahres und
– **Kapitalflussrechnung:** für den Zeitraum vom Beginn des aktuellen Geschäftsjahres bis zum Zwischenberichtstermin, mit einer vergleichenden Aufstellung für die entsprechende Berichtsperiode des Vorjahres.

22   Hinzu kommen, wie ausgeführt, **ausgewählte erläuternde Anhangangaben**, die eine zusammenfassende Darstellung der wesentlichen Rechnungslegungsmethoden und sonstige Erläuterungen enthalten. Dabei geht es im Wesentlichen um eine Ergänzung bzw. Aktualisierung der Anhangangaben aus dem letzten Jahres- bzw. Konzernabschluss, nicht um eine Wiederholung derselben. Die Mindestanforderungen an einen solchen verkürzten Anhang sind in IAS 34 Ziff. 15 ff. erläutert.

---

[35] *Hutter/Kaulamo*, NJW 2007, 550, 551.
[36] IAS 34.5, die gem. Verordnung (EG) Nr. 1725/2003 der Kommission vom 29.9.2003 betreffend die Übernahme bestimmter internationaler Rechnungslegungsstandards in Übereinstimmung mit der Verordnung (EG) Nr. 1606/2002 des Europäischen Parlaments und des Rates, ABl. EG Nr. L 261 vom 13.10.2003, S. 1, Anwendung finden.

Einen **Zwischenlagebericht** sieht IAS 34 nicht vor. Dieser ist vielmehr ein spezifisches Erfordernis der EU-Transparenzrichtlinie, die den Zwischenlagebericht in Art. 5 Abs. 2 lit. b) auch gesondert aufführt (ebenso § 37w Abs. 2 Nr. 2 WpHG). Vereinzelt wird gefordert, dass kapitalmarktorientierte Emittenten den gesamten Halbjahresfinanzbericht in den Prospekt aufnehmen müssten, also neben dem verkürzten Abschluss auch den Zwischenlagebericht nach § 37w Abs. 2 Nr. 1, Abs. 4 WpHG und den sog. Bilanzeid nach § 37 Abs. 2 Nr. 3 WpHG.[37] Dieses Erfordernis lässt sich aber weder der EU-Prospektverordnung noch den ESMA-Empfehlungen entnehmen. Im Gegenteil: Diese stellen sogar ausdrücklich darauf ab, dass der in den Halbjahresfinanzbericht aufgenommene verkürzte Abschluss, nicht aber der ganze Halbjahresfinanzbericht aufzunehmen sei.[38] Es wäre auch nicht nachzuvollziehen, weshalb im Fall der historischen Finanzinformationen der Lagebericht nicht aufzunehmen ist (und das ergibt sich eindeutig aus Ziff. 20.1)[39] im Fall der Zwischenfinanzinformationen aber doch.[40] Demzufolge begnügt sich die Praxis seit Umsetzung der EU-Prospektrichtlinie mit der bloßen Aufnahme des verkürzten Abschlusses ohne Zwischenlagebericht und ohne Bilanzeid.[41]

23

Für bisher **nicht kapitalmarktorientierte Emittenten** sehen die ESMA-Empfehlungen in Ziff. 103 ff. vereinfachte Regelungen vor. Deren Zwischenfinanzinformationen müssen zwar nach denselben Rechnungslegungsgrundsätzen aufgestellt werden, die auch für die (letzten) in den Prospekt nach Ziff. 20.1 aufgenommen historischen Finanzinformationen gelten, d. h. grds. nach IFRS (s. die Kommentierung zu Ziff. 20.1). Jedoch sollen sich Zwischenfinanzinformationen solcher Emittenten auf die Bestandteile Bilanz, Gewinn- und Verlustrechnung und Anhang beschränken können. Dies gilt aber nur für reine **Angebotsprospekte**, so Beispielsweise im Fall eines öffentlichen Angebots von Wertpapieren, die im Freiverkehr einschließlich des an der Frankfurter Wertpapierbörse eingerichteten besonderen Marktsegmentes Entry Standard gehandelt werden sollen.[42]

24

Streben Emittenten jedoch mit dem Prospekt die **Zulassung** zum Handel an einem organisierten Markt wie dem regulierten Markt einer deutschen Wertpapierbörse an, finden diese Erleichterungen keine Anwendung; der Verweis auf Übergangsbestimmungen in Art. 30 der EU-Transparenzrichtlinie, der sich auf Geschäftsjahre, die am oder nach dem 1. Januar 2006 begannen, hat sich durch Zeitablauf erledigt. Folglich gilt auch hier das für kapitalmarktorientierte Emittenten unter Rn. 19 ff. Gesagte; insbesondere müssen daher Zwischenberichte den Anforderungen von IAS 34 entsprechen.[43]

25

Ist der Emittent freilich **nicht konzernabschlusspflichtig**, gilt Art. 4 VO 1606/2002, der die Geltung der IFRS auf die Konzernrechnungslegung kapitalmarktorientierter Unternehmen anordnet, nicht. Nach § 37 Abs. 3 Satz 1 WpHG muss dann der verkürzte Abschluss

26

---

37 *Fingerhut/Voß*, in: Just/Voß/Ritz/Zeising, WpPG, EU-ProspektVO Anhang I Rn. 398.
38 ESMA update of the CESR recommendations, re. ESMA/2001/81, Rn. 99.
39 *Meyer*, Accounting 2/2006, 10, 12; *Kunold*, in: Assmann/Schlitt/von Kopp-Colomb, WpPG/VerkProspG, EU-ProspektVO Anhang I Rn. 211.
40 Wie hier ablehnend *d'Arcy/Kahler*, in: Holzborn, WpPG, EU-ProspektVO Anh. I Rn. 172, 180.
41 *Kunold*, in: Assmann/Schlitt/von Kopp-Colomb, WpPG/VerkProspG, EU-ProspektVO Anhang I Rn. 252.
42 Dazu *Meyer*, in: Marsch-Barner/Schäfer, Handbuch börsennotierte AG, § 7 Rn. 57.
43 ESMA update of the CESR recommendations, re. ESMA/2001/81, Rn. 105.

Anhang I Ziffer 20.5 und 20.6

des Halbjahresfinanzberichts auch nur aus Bilanz, Gewinn- und Verlustrechnung sowie einem Anhang bestehen. Dementsprechend können solche Emittenten in Zwischenfinanzinformationen, die sie in ihren Wertpapierprospekt aufnehmen, auf eine Eigenkapitalveränderungsrechnung und eine Kapitalflussrechnung verzichten.[44]

---

[44] ESMA update of the CESR recommendations, re. ESMA/2001/81, Rn. 105; *d'Arcy/Kahler*, in: Holzborn, WpPG, EU-ProspektVO Anh. I Rn. 188.

Ziffer 20.7–20.9 **Anhang 1**

20.7. Dividendenpolitik

Aufnahme einer Beschreibung der Politik des Emittenten auf dem Gebiet der Dividendenausschüttungen und etwaiger diesbezüglicher Beschränkungen.

20.7.1. Angabe des Betrags der Dividende pro Aktie für jedes Geschäftsjahr innerhalb des Zeitraums, der von den historischen Finanzinformationen abgedeckt wird. Wurde die Zahl der Aktien des Emittenten geändert, ist eine Anpassung zu Vergleichszwecken vorzunehmen.

(ohne Kommentierung)

20.8. Gerichts- und Schiedsgerichtsverfahren

Angaben über etwaige staatliche Interventionen, Gerichts- oder Schiedsgerichtsverfahren (einschließlich derjenigen Verfahren, die nach Kenntnis des Emittenten noch anhängig sind oder eingeleitet werden könnten), die im Zeitraum der mindestens 12 letzten Monate bestanden/abgeschlossen wurden, oder die sich erheblich auf die Finanzlage oder die Rentabilität des Emittenten und/oder der Gruppe auswirken bzw. in jüngster Zeit ausgewirkt haben. Ansonsten ist eine negative Erklärung abzugeben.

(ohne Kommentierung)

20.9. Wesentliche Veränderungen in der Finanzlage oder der Handelsposition des Emittenten

Beschreibung jeder wesentlichen Veränderung in der Finanzlage oder der Handelsposition der Gruppe, die seit dem Ende des letzten Geschäftsjahres eingetreten ist, für das entweder geprüfte Finanzinformationen oder Zwischenfinanzinformationen veröffentlicht wurden. Ansonsten ist eine negative Erklärung abzugeben.

(ohne Kommentierung)

Anhang I Ziffer 21

21. ZUSÄTZLICHE ANGABEN

21.1. Aktienkapital

Aufzunehmen sind die folgenden Angaben zum Stichtag der jüngsten Bilanz, die Bestandteil der historischen Finanzinformationen sind:

21.1.1. Betrag des ausgegebenen Kapitals und für jede Kategorie des Aktienkapitals:

a) Zahl der zugelassenen Aktien;
b) Zahl der ausgegebenen und voll eingezahlten Aktien sowie der ausgegebenen, aber noch nicht voll eingezahlten Aktien;
c) Nennwert
   pro Aktie bzw. Meldung, dass die Aktien keinen Nennwert haben;

und

d) Abstimmung der Zahl der Aktien, die zu Beginn und zu Ende des Geschäftsjahrs noch ausstehen. Wurde mehr als 10 % des Kapitals während des Zeitraums, der von den historischen Finanzinformationen abgedeckt wird, mit anderen Aktiva als Barmittel finanziert, so ist dieser Umstand anzugeben.

21.1.2. Sollten Aktien vorhanden sein, die nicht Bestandteil des Eigenkapitals sind, so sind die Anzahl und die wesentlichen Merkmale dieser Aktien anzugeben.

21.1.3. Angabe der Anzahl, des Buchwertes sowie des Nennwertes der Aktien, die Bestandteil des Eigenkapitals des Emittenten sind und die vom Emittenten selbst oder in seinem Namen oder von Tochtergesellschaften des Emittenten gehalten werden.

21.1.4. Angabe etwaiger wandelbarer Wertpapiere, umtauschbarer Wertpapiere oder Wertpapiere mit Optionsscheinen, wobei die geltenden Bedingungen und Verfahren für die Wandlung, den Umtausch oder die Zeichnung darzulegen sind.

21.1.5. Angaben über etwaige Akquisitionsrechte und deren Bedingungen und/oder über Verpflichtungen in Bezug auf genehmigtes, aber noch nicht geschaffenes Kapital oder in Bezug auf eine Kapitalerhöhung.

21.1.6. Angaben über das Kapital eines jeden Mitglieds der Gruppe, worauf ein Optionsrecht besteht oder bei dem man sich bedingt oder bedingungslos darauf geeinigt hat, dieses Kapital an ein Optionsrecht zu knüpfen, sowie Einzelheiten über derlei Optionen, die auch jene Personen betreffen, die diese Optionsrechte erhalten haben.

21.1.7. Die Entwicklung des Aktienkapitals mit besonderer Hervorhebung der Angaben über etwaige Veränderungen, die während des von den historischen Finanzinformationen abgedeckten Zeitraums erfolgt sind.

21.2. Satzung und Statuten der Gesellschaft

21.2.1. Beschreibung der Zielsetzungen des Emittenten und an welcher Stelle sie in der Satzung und den Statuten der Gesellschaft verankert sind.

21.2.2. Zusammenfassung etwaiger Bestimmungen der Satzung und der Statuten des Emittenten sowie der Gründungsurkunde oder sonstiger Satzungen, die die Mitglieder der Verwaltungs-, Geschäftsführungs- und Aufsichtsorgane betreffen.

21.2.3. Beschreibung der Rechte, Vorrechte und Beschränkungen, die an jede Kategorie der vorhandenen Aktien gebunden sind.

21.2.4. Erläuterung, welche Maßnahmen erforderlich sind, um die Rechte der Inhaber von Aktien zu ändern, wobei die Fälle anzugeben sind, in denen die Bedingungen strenger ausfallen als die gesetzlichen Vorschriften.

21.2.5. Beschreibung der Art und Weise, wie die Jahreshauptversammlungen und die außerordentlichen Hauptversammlungen der Aktionäre einberufen werden, einschließlich der Teilnahmebedingungen.

21.2.6. Kurze Beschreibung etwaiger Bestimmungen der Satzung und der Statuten des Emittenten sowie der Gründungsurkunde oder sonstiger Satzungen, die u. U. eine Verzögerung, einen Aufschub oder sogar die Verhinderung eines Wechsels in der Kontrolle des Emittenten bewirken.

21.2.7. Angabe (falls vorhanden) etwaiger Bestimmungen der Satzung und der Statuten des Emittenten sowie der Gründungsurkunde oder sonstiger Satzungen, die für den Schwellenwert gelten, ab dem der Aktienbesitz offen gelegt werden muss.

21.2.8. Darlegung der Bedingungen, die von der Satzung und den Statuten des Emittenten sowie der Gründungsurkunde oder sonstigen Satzungen vorgeschrieben werden und die die Veränderungen im Eigenkapital betreffen, sofern diese Bedingungen strenger sind als die gesetzlichen Voraussetzungen.

Übersicht

	Rn.		Rn.
I. Überblick	1	5. Angaben zu Akquisitionsrechte und genehmigtem/bedingtem Kapital (Ziffer 21.1.5)	13
II. Angaben zum Aktienkapital (Ziffer 21.1)	2	6. Optionsrechte auf Aktien des Emittenten bzw. das Kapital anderer Gruppenmitglieder (Ziffer 21.1.6)	14
1. Angaben zum Grundkapital des Emittenten (Ziffer 21.1.1)	3	7. Angaben zur Entwicklung des Aktienkapitals (Ziffer 21.1.7)	15
2. Angaben zu nicht im Eigenkapital des Emittenten stehender Aktien (Ziffer 21.1.2)	10	**III. Angaben zur Satzung und den Statuten der Gesellschaft (Ziffer 21.2)**	16
3. Angaben zu den im Eigenkapital des Emittenten stehenden Aktien (Ziffer 21.1.3)	11		
4. Angaben zu Wandel- und Optionsanleihen (Ziffer 21.1.4)	12		

I. Überblick

Nach Ziffer 21 sind in den Prospekt „zusätzliche Angaben" zum Aktienkapital sowie der Satzung und Statuten des Emittenten aufzunehmen. Insbesondere im Zusammenhang mit dem Aktienkapital des Emittenten wird die Vorschrift zuweilen als eine Art „Sammelbecken von Angabeerfordernissen" verstanden.[1] Die Norm entspricht inhaltlich zumindest

---

[1] *Fingerhut/Voß*, in: Just/Voß/Ritz/Zeising, WpPG, EU-ProspektVO, Anhang I Rn. 415 unter Hinweis auf die IOSCO International Disclosure Standards for Cross-Border Offerings and Initial Listings of Foreign Issuers, September 1998, Anhang X (Additional Information).

Anhang I Ziffer 21

teilweise den Regelungen in §§ 16, 19 BörsZulVO a. F., ist jedoch als europäische Regelung nicht auf die Begrifflichkeiten und Feinheiten des deutschen Aktienrechts abgestimmt und bringt daher einen gewissen Auslegungsbedarf mit sich.[2] Die Angaben nach Ziffer 21.1 erfolgen regelmäßig in einem eigenen Abschnitt unter der Überschrift „Angaben über das Kapital der Gesellschaft".

II. Angaben zum Aktienkapital (Ziffer 21.1)

2   Die nach Ziffer 21.1 aufzunehmenden zusätzlichen Angaben im Zusammenhang mit dem Aktienkapital des Emittenten sind zum Stichtag der jüngsten Bilanz, die Bestandteil der historischen Finanzinformationen ist, zu machen. Damit stellt die Prospektverordnung auf das letzte zu dem für die aufzunehmenden historischen Finanzinformationen relevante Geschäftsjahrs bzw. einen ggf. existierenden Zwischenberichtszeitraum ab.[3] Gleichwohl ist es empfehlenswert und nach derzeitiger Praxis üblich, im Prospekt aktuellere Angaben zum Zeitpunkt seiner Billigung durch die BaFin zu machen.[4]

1. Angaben zum Grundkapital des Emittenten (Ziffer 21.1.1)

3   Nach Ziffer 21.1.1 ist mit dem Betrag des ausgegebenen Kapitals zunächst der Betrag des Grundkapitals des Emittenten im Sinne von §§ 1 Abs. 2, 6 AktG anzugeben.[5] Darüber hinaus sind für jede Kategorie des Aktienkapitals weitere Angaben erforderlich.

4   Nach Ziffer 21.1.1 lit. a) ist die Zahl der „zugelassenen Aktien" in den Prospekt aufzunehmen. Hierbei dürfte es sich allerdings nicht um die Angabe der zum Handel an einem organisierten Markt zugelassenen Aktien, sondern vielmehr um das genehmigte Kapital im Sinne der §§ 202 ff. AktG handeln.[6] Dies ergibt sich aus der englischen Sprachfassung der ProspektVO, die insoweit „*the number of shares authorized*" als Gegenstand der Prospektierung ausweist. Dem Angabeerfordernis kann, wie in der Prospektpraxis üblich, durch wörtliche Aufnahme der einschlägigen Satzungsbestimmung genügt werden.[7]

---

2   *Fingerhut/Voß*, in: Just/Voß/Ritz/Zeising, WpPG, EU-ProspektVO, Anhang I Rn. 415; *Alfes/Wieneke*, in: Holzborn, WpPG, EU-ProspektVO, Mindestangaben Anhang I Rn. 193.
3   *Fingerhut/Voß*, in: Just/Voß/Ritz/Zeising, WpPG, EU-ProspektVO, Anhang I Rn. 417; *Alfes/Wieneke*, in: Holzborn, WpPG, EU-ProspektVO, Mindestangaben Anhang I Rn. 193; *Schlitt/Schäfer*, in: Assmann/Schlitt/von Kopp-Colomb, WpPG/VerkProspG, EU-ProspektVO, Anhang I Rn. 283.
4   So auch *Fingerhut/Voß*, in: Just/Voß/Ritz/Zeising, WpPG, EU-ProspektVO, Anhang I Rn. 417; *Alfes/Wieneke*, in: Holzborn, WpPG, EU-ProspektVO, Mindestangaben Anhang I Rn. 193; *Schlitt/Schäfer*, in: Assmann/Schlitt/von Kopp-Colomb, WpPG/VerkProspG, EU-ProspektVO, Anhang I Rn. 283, gehen aufgrund des Prinzips der Vollständigkeit und Richtigkeit von einer entsprechenden Pflicht zur Angabe wesentlicher Änderungen bis zum Zeitpunkt der Prospektbilligung aus.
5   *Schlitt/Schäfer*, in: Assmann/Schlitt/von Kopp-Colomb, WpPG/VerkProspG, EU-ProspektVO, Anhang I Rn. 284; *Fingerhut/Voß*, in: Just/Voß/Ritz/Zeising, WpPG, EU-ProspektVO, Anhang I Rn. 418; *Alfes/Wieneke*, in: Holzborn, WpPG, EU-ProspektVO, Mindestangaben Anhang I Rn. 193.
6   *Fingerhut/Voß*, in: Just/Voß/Ritz/Zeising, WpPG, EU-ProspektVO, Anhang I Rn. 419; *Alfes/Wieneke*, in: Holzborn, WpPG, EU-ProspektVO, Mindestangaben Anhang I Rn. 193; *Schlitt/Schäfer*, in: Assmann/Schlitt/von Kopp-Colomb, WpPG/VerkProspG, EU-ProspektVO, Anhang I Rn. 284.
7   *Fingerhut/Voß*, in: Just/Voß/Ritz/Zeising, WpPG, EU-ProspektVO, Anhang I Rn. 419; *Alfes/Wieneke*, in: Holzborn, WpPG, EU-ProspektVO, Mindestangaben Anhang I Rn. 193.

Des Weiteren ist nach Ziffer 21.1.1 lit. b) die Zahl der ausgegebenen Aktien anzugeben, wobei zwischen voll eingezahlten und nicht voll eingezahlten Aktien zu unterscheiden ist. Letzteres ist jedoch bei deutschen Aktiengesellschaften gemäß § 10 Abs. 2 AktG nur für den in der Praxis seltenen Fall der Ausgabe von Namensaktien denkbar.[8]

Ziffer 21.1.1 lit. c) erfordert für Nennbetragsaktien im Sinne von § 8 Abs. 1 Alt. 1 AktG die Angabe des Nennwerts je Aktie. Handelt es sich hingegen um Stückaktien (§ 8 Abs. 1 Alt. 2 AktG), die gemäß § 8 Abs. 3 Satz 1 AktG auf keinen Nennbetrag lauten, ist ein entsprechender Hinweis in den Prospekt aufzunehmen, der üblicherweise um den auf die einzelne Stückaktie entfallenden Betrag des Grundkapitals nach § 9 Abs. 1 AktG (geringster Ausgabebetrag) ergänzt wird.[9]

Nach Ziffer 21.1.1 lit. d) Satz 1 sind Angaben zur Abstimmung der Zahl derjenigen Aktien zu machen, die zu Beginn und zu Ende des Geschäftsjahres noch ausstehen. Der im deutschen Recht nicht bekannte Terminus bzw. das zugrunde liegende Konzept der „ausstehenden Aktien" („outstanding shares")[10] wird unterschiedlich beurteilt. Teilweise wird die Ansicht vertreten, mit den noch ausstehenden Aktien seien diejenigen Aktien gemeint, auf die noch Einlagen ausstehen.[11] Die Gegenauffassung[12] nimmt hingegen eine Abgrenzung anhand der englischen Bedeutung des Terminus „outstanding shares" als Gegenbegriff zu den eigenen Aktien des Emittenten („treasury shares") vor, so dass es sich bei den ausstehenden Aktien um die im Umlauf befindlichen Aktien handele. Festgehalten werden kann jedoch, dass dem Angabeerfordernis nach Ziffer 21.1.1 lit. d) Satz 1 jedenfalls in Anbetracht der Überschneidungen mit den nach Ziffer 21.1.1 lit. b) bzw. Ziffer 21.1.3 zu machenden Angaben für den deutschen Rechtskreis keine gesonderte Bedeutung beigemessen werden kann.[13]

Schließlich sind für den Fall, dass mehr als 10 % des Aktienkapitals während des von den historischen Finanzinformationen abgedeckten Zeitraums mit anderen Aktiva als Barmitteln finanziert wurden, nach Ziffer 21.1.1 Satz 2 entsprechende Angaben in den Prospekt aufzunehmen. Zu nennen sind insbesondere die Ausgabe von Aktien im Rahmen von Kapitalerhöhungen aus Gesellschaftsmitteln bzw. einer Kapitalerhöhung gegen Sacheinlage.[14] Insoweit kann sich eine gewisse Überschneidung mit den nach Ziffer 21.1.7 erforderlichen Angaben ergeben.

---

8 *Schlitt/Schäfer*, in: Assmann/Schlitt/von Kopp-Colomb, WpPG/VerkProspG, EU-ProspektVO, Anhang I Rn. 284.
9 *Fingerhut/Voß*, in: Just/Voß/Ritz/Zeising, WpPG, EU-ProspektVO, Anhang I Rn. 421; *Alfes/Wieneke*, in: Holzborn, WpPG, EU-ProspektVO, Mindestangaben Anhang I Rn. 193; *Schlitt/Schäfer*, in: Assmann/Schlitt/von Kopp-Colomb, WpPG/VerkProspG, EU-ProspektVO, Anhang I Rn. 284.
10 *Schlitt/Schäfer*, in: Assmann/Schlitt/von Kopp-Colomb, WpPG/VerkProspG, EU-ProspektVO, Anhang I Rn. 284; *Alfes/Wieneke*, in: Holzborn, WpPG, EU-ProspektVO, Mindestangaben Anhang I Rn. 193.
11 *Fingerhut/Voß*, in: Just/Voß/Ritz/Zeising, WpPG, EU-ProspektVO, Anhang I Rn. 422.
12 *Alfes/Wieneke*, in: Holzborn, WpPG, EU-ProspektVO, Mindestangaben Anhang I Rn. 193.
13 Vgl. dazu *Schlitt/Schäfer*, in: Assmann/Schlitt/von Kopp-Colomb, WpPG/VerkProspG, EU-ProspektVO, Anhang I Rn. 284 („in Deutschland keinen Anwendungsfall"); i.E. wohl auch *Alfes/Wieneke*, in: Holzborn, WpPG, EU-ProspektVO, Mindestangaben Anhang I Rn. 193.
14 *Schlitt/Schäfer*, in: Assmann/Schlitt/von Kopp-Colomb, WpPG/VerkProspG, EU-ProspektVO, Anhang I Rn. 284 („in Deutschland keinen Anwendungsfall"); *Alfes/Wieneke*, in: Holzborn, WpPG, EU-ProspektVO, Mindestangaben Anhang I Rn. 193, die zudem auch Verschmelzungen im Sinne von § 69 Abs. 1 UmwG erfasst sehen wollen.

Anhang I Ziffer 21

9   In der Prospektpraxis ist es zudem üblich, in den Abschnitt zum Grundkapital des Emittenten weitere freiwillige Angaben zu den (in der Satzung festgelegten) Modalitäten der Verbriefung der Aktien aufzunehmen, die regelmäßig in Form von Globalurkunden erfolgt. In diesem Fall wird ebenfalls angegeben, bei welcher Wertpapiersammelbank die Globalurkunden hinterlegt wurden.[15]

2. Angaben zu nicht im Eigenkapital des Emittenten stehender Aktien (Ziffer 21.1.2)

10 Weiter sind nach Ziffer 21.1.2 die Anzahl und die wesentlichen Merkmale von Aktien anzugeben, die nicht Bestandteil des Eigenkapitals des Emittenten sind. Gemäß § 1 Abs. 2 AktG stellen Aktien jedoch einen Bruchteil des Grundkapitals des Emittenten und damit nach deutschem Bilanzrecht als Teil des gezeichneten Kapitals im Sinne von § 266 Abs. 3 lit. a) HGB[16] letztendlich Eigenkapital des Emittenten dar.[17] Der Vorschrift kann daher im deutschen Rechtskreis grundsätzlich kein eigenständiger Anwendungsbereich beigemessen werden.[18] Ausnahmen kommen lediglich für die vom Emittenten zur Einziehung erworbenen Aktien, deren Nennbetrag gemäß § 272 Abs. 1a HGB vom gezeichneten Kapital abzusetzen ist, sowie für solche Aktien in Betracht, die nach den gemäß der IAS-Verordnung (Verordnung (EG) Nr. 1606/2002, ABl. Nr. L 243 vom 11.9.2002) übernommenen Rechnungslegungsstandards vom Grundkapital ausgenommen sind.[19]

3. Angaben zu den im Eigenkapital des Emittenten stehenden Aktien (Ziffer 21.1.3)

11 Ziffer 21.1.3 erfordert die Angabe der Anzahl, des Buchwerts sowie des Nennwerts solcher Aktien, die Bestandteil des Eigenkapitals des Emittenten sind, soweit sie vom Emittenten selbst bzw. (treuhänderisch) von Dritten im Namen des Emittenten oder von Tochtergesellschaften des Emittenten gehalten werden. Dadurch soll potenziellen Anlegern neben der Bereitstellung von Informationen zur Kapitalerhaltung auch vermittelt werden, inwieweit der Emittent in der Lage ist, Aktien zum Zwecke von Akquisitionen oder anderweitigen Transaktionen zu nutzen.[20] In der Praxis findet sich üblicherweise auch ein Hinweis auf durch die Hauptversammlung des Emittenten erteilte Ermächtigungen zum Erwerb (§ 71 Abs. 1 Nr. 8 AktG) bzw. zur Veräußerung eigener Aktien. Unbeachtlich für das Angabeer-

---

15 *Fingerhut/Voß*, in: Just/Voß/Ritz/Zeising, WpPG, EU-ProspektVO, Anhang I Rn. 423; *Alfes/Wieneke*, in: Holzborn, WpPG, EU-ProspektVO, Mindestangaben Anhang I Rn. 193.
16 *Schubert/Waubke*, in: Beck'scher Bilanz-Kommentar, § 266 Rn. 170.
17 *Fingerhut/Voß*, in: Just/Voß/Ritz/Zeising, WpPG, EU-ProspektVO, Anhang I Rn. 424; *Alfes/Wieneke*, in: Holzborn, WpPG, EU-ProspektVO, Mindestangaben Anhang I Rn. 193.
18 *Schlitt/Schäfer*, in: Assmann/Schlitt/von Kopp-Colomb, WpPG/VerkProspG, EU-ProspektVO, Anhang I Rn. 285.
19 *Fingerhut/Voß*, in: Just/Voß/Ritz/Zeising, WpPG, EU-ProspektVO, Anhang I Rn. 424; *Alfes/Wieneke*, in: Holzborn, WpPG, EU-ProspektVO, Mindestangaben Anhang I Rn. 193.
20 *Fingerhut/Voß*, in: Just/Voß/Ritz/Zeising, WpPG, EU-ProspektVO, Anhang I Rn. 425; *Alfes/Wieneke*, in: Holzborn, WpPG, EU-ProspektVO, Mindestangaben Anhang I Rn. 195.

fordernis nach Ziffer 21.1.3 ist jedoch, ob der Erwerb der Aktien nach § 71 AktG zulässig war.[21]

4. Angaben zu Wandel- und Optionsanleihen (Ziffer 21.1.4)

Nach dem Wortlaut von Ziffer 21.1.4 sind grundsätzlich Angaben über Wertpapiere zu machen, die zu einer Wandlung bzw. einem Umtausch in Aktien des Emittenten bzw. zum Bezug solcher Aktien berechtigen. Anzugeben sind sowohl bereits ausgegebene Wandel- und Optionsanleihen als auch solche, die erst aufgrund einer bestehenden Ermächtigung der Hauptversammlung unter den Voraussetzungen des § 221 Abs. 2 AktG noch ausgegeben werden können. Darzustellen sind ferner die geltenden Bedingungen und Modalitäten für den Bezug von Aktien. Nach der herrschenden Meinung kann jedoch auf entsprechende Angaben zu Umtauschanleihen verzichtet werden, die im Gegensatz zu Wandelanleihen gerade nicht zum Tausch in Aktien der ausgebenden Gesellschaft, sondern lediglich im Bestand des Emittenten befindlicher Aktien einer anderen Gesellschaft berechtigen.[22] Maßgebliches Ziel des Angabeerfordernisses nach Ziffer 21.1.4 ist es, potenziellen Investoren die Einschätzung einer aufgrund der Ausgabe neuer Aktien möglichen künftigen Verwässerung zu ermöglichen. Daraus folgt des Weiteren, dass es auf eine Verbriefung der Wandel- und Optionsrechte nicht ankommt, so dass insbesondere auch unverbriefte Optionen, etwa im Rahmen der Gewährung sogenannter „Stock Options" im Sinne von § 192 Abs. 2 Nr. 3 AktG, darzustellen sind.[23]

12

5. Angaben zu Akquisitionsrechten und genehmigtem/bedingtem Kapital (Ziffer 21.1.5)

Nach Ziffer 21.1.5 sind Angaben über die bestehenden und zum Erwerb von Aktien berechtigenden Akquisitionsrechte einschließlich ihrer Bedingungen sowie zum genehmigten (§ 202 AktG) und bedingten Kapital (§ 192 Abs. 1 AktG) des Emittenten in den Prospekt aufzunehmen. Für einen dem deutschen Aktienrecht unterfallenden Emittenten haben die nach Ziffer 21.1.5 erforderlichen Angaben jedoch vor dem Hintergrund des § 187 Abs. 1 AktG, wonach Rechte auf den Bezug neuer Aktien stets unter dem Vorbehalt des Bezugsrechts der (existierenden) Aktionäre stehen, regelmäßig keine Bedeutung.[24] In systematischer Hinsicht steht das Angabeerfordernis nach Ziffer 21.1.5 jedoch in einem engen Zusammenhang mit den bereits nach Ziffer 21.1.4 zu machenden Angaben. Insbesondere

13

---

21 *Fingerhut/Voß*, in: Just/Voß/Ritz/Zeising, WpPG, EU-ProspektVO, Anhang I Rn. 426; *Alfes/Wieneke*, in: Holzborn, WpPG, EU-ProspektVO, Mindestangaben Anhang I Rn. 195.

22 *Schlitt/Schäfer*, in: Assmann/Schlitt/von Kopp-Colomb, WpPG/VerkProspG, EU-ProspektVO, Anhang I Rn. 287; *Fingerhut/Voß*, in: Just/Voß/Ritz/Zeising, WpPG, EU-ProspektVO, Anhang I Rn. 427; *Alfes/Wieneke*, in: Holzborn, WpPG, EU-ProspektVO, Mindestangaben Anhang I Rn. 196, die jedoch darauf hinweisen, dass eine entsprechende Darstellung solcher Instrumente regelmäßig im Rahmen der nach Anhang I Ziffer 22 ProspektVO zu machenden Angaben erforderlich sein wird.

23 *Fingerhut/Voß*, in: Just/Voß/Ritz/Zeising, WpPG, EU-ProspektVO, Anhang I Rn. 427; *Alfes/Wieneke*, in: Holzborn, WpPG, EU-ProspektVO, Mindestangaben Anhang I Rn. 196.

24 *Fingerhut/Voß*, in: Just/Voß/Ritz/Zeising, WpPG, EU-ProspektVO, Anhang I Rn. 428; *Alfes/Wieneke*, in: Holzborn, WpPG, EU-ProspektVO, Mindestangaben Anhang I Rn. 197.

Anhang I Ziffer 21

die von CESR[25] als Akquisitionsrechte im Sinne von Ziffer 21.1.5 benannten Wandel- und Optionsanleihen vermitteln letztendlich einen zu einer Kapitalerhöhung beim Emittenten führenden schuldrechtlichen Anspruch zum Erwerb entsprechender Mitgliedschaftsrechte.[26] Nach den Empfehlungen von CESR sind insbesondere der Betrag sämtlicher ausgegebener Wertpapiere, die einen Anspruch auf den Erwerb entsprechender Mitgliedschaftsrechte gewähren, die Höhe des genehmigten oder bedingten Kapitals, die zeitliche Befristung hinsichtlich des genehmigten Kapitals (§ 202 AktG), Angaben zu den bevorzugt bezugsberechtigten Personen sowie die näheren Bedingungen und das Verfahren zur Zuteilung der Aktien in den Prospekt aufzunehmen.[27] Dabei sind die Voraussetzungen, an die die Schaffung neuer Aktien geknüpft ist, in Übereinstimmung mit dem Inhalt des entsprechenden Hauptversammlungsbeschlusses im Prospekt wiederzugeben.[28] Abhängig davon, ob Wandlungs- oder Bezugsrechte durch bedingtes oder genehmigtes Kapital gesichert werden, sind weitere Ausführungen zu den jeweiligen Satzungsbestimmungen über die Beschreibung des Kapitals aufzunehmen.[29]

6. Optionsrechte auf Aktien des Emittenten bzw. das Kapital anderer Gruppenmitglieder (Ziffer 21.1.6)

14   Ziffer 21.1.6 erfordert Angaben über bestehende Optionsrechte auf Aktien des Emittenten oder das Kapital eines anderen Mitglieds seiner „Gruppe".[30] Neben dem Umfang der Optionsrechte sind auch Angaben über den Ausübungspreis und Ausübungszeitraum bzw. die dementsprechende Frist zur Ausübung aufzunehmen, wobei hierfür die Angabe einer Spanne ausreichend ist.[31] Ferner sind auch Angaben zu den Optionsrechtsinhabern aufzunehmen, wobei insoweit eine anonymisierte Zusammenfassung nach Kategorien (z. B. Vorstandsmitglieder, Mitarbeiter, Dritte etc.) genügt.[32]

7. Angaben zur Entwicklung des Aktienkapitals (Ziffer 21.1.7)

15   Schließlich sind gemäß Ziffer 21.1.7 neben den Angaben zum gegenwärtigen Stand des Aktienkapitals auch solche zu seiner Entwicklung unter besonderer Hervorhebung der Angaben über etwaige Veränderungen, die während des von den historischen Finanzinformationen abgedeckten Zeitraums erfolgt sind, in den Prospekt aufzunehmen. Dabei sind die

---

25 CESR's recommendations for the consistent implementation of the European Commission's Regulation on Prospectuses n° 809/2004, January 2005, CESR/05-054b, Tz. 150.
26 *Alfes/Wieneke*, in: Holzborn, WpPG, EU-ProspektVO, Mindestangaben Anhang I Rn. 197.
27 CESR's recommendations for the consistent implementation of the European Commission's Regulation on Prospectuses n° 809/2004, January 2005, CESR/05-054b, Tz. 150.
28 *Schlitt/Schäfer*, in: Assmann/Schlitt/von Kopp-Colomb, WpPG/VerkProspG, EU-ProspektVO, Anhang I Rn. 288
29 *Alfes/Wieneke*, in: Holzborn, WpPG, EU-ProspektVO, Mindestangaben Anhang I Rn. 197.
30 Vgl. zum Begriff der „Gruppe" vorstehend zu Ziffer 7 Rn. 1, *Schlitt/Schäfer*, in: Assmann/Schlitt/von Kopp-Colomb, WpPG/VerkProspG, EU-ProspektVO, Anhang I Rn. 289.
31 CESR's recommendations for the consistent implementation of the European Commission's Regulation on Prospectuses n° 809/2004, January 2005, CESR/05-054b, Tz. 151.
32 CESR's recommendations for the consistent implementation of the European Commission's Regulation on Prospectuses n° 809/2004, January 2005, CESR/05-054b, Tz. 152; *Schlitt/Schäfer*, in: Assmann/Schlitt/von Kopp-Colomb, WpPG/VerkProspG, EU-ProspektVO, Anhang I Rn. 289.

jeweiligen Ereignisse im Rahmen ihrer Hervorhebung gesondert voneinander unter Angabe der Höhe der Veränderung des Grundkapitals einschließlich der Anzahl und Kategorie bzw. Gattung der Aktien darzustellen.[33] Des Weiteren sind nach CESR[34] die wesentlichen Details („material details"), wie etwa bei Kapitalerhöhungen der Ausgabepreis, das jeweilige Datum des Beschlusses der Hauptversammlung des Emittenten und, soweit möglich, das Datum der (voraussichtlichen)[35] Eintragung der Durchführung im Handelsregister gemäß § 188 AktG, aufzunehmen.[36] Erfolgte eine Kapitalerhöhung gegen Sacheinlage, so ist auch dieser Umstand unter Angabe der jeweiligen Bewertungsmaßstäbe anzugeben.[37] Schließlich werden von CESR auch Angaben zu etwaigen Kapitalherabsetzungen in Form der dafür ausschlaggebenden Gründe und dem Umfang (*ratio*) erwartet.[38]

III. Angaben zur Satzung und den Statuten der Gesellschaft (Ziffer 21.2)

Nach Ziffer 21.1 sind in den Prospekt zusätzliche Angaben zur Satzung und den Statuten, etwa den Geschäftsordnungen von Vorstand und Aufsichtsrat, des Emittenten aufzunehmen. Infolge der hohen Regelungsdichte im deutschen Aktienrecht enthalten die Satzungen deutscher Aktiengesellschaften zu einigen der nach Ziffer 21.2 zu machenden Angaben häufig keine oder nur spärliche Regelungen, so dass die reine Bezugnahme auf die Satzung des Emittenten Teile des Angabeerfordernisses leerlaufen lassen würde. Es entspricht daher der ständigen Praxis, Angaben zu den in den Unterziffern enthaltenen Themen nicht nur insoweit aufzunehmen, als sich hierzu auch Regelungen in der Satzung der Emittenten und ihren Statuten finden, sondern darüber hinaus jedenfalls auch die entsprechenden grundlegenden gesetzlichen Bestimmungen in komprimierter Form darzustellen. Da es sich dabei um allgemeinverbindliche und vom jeweiligen Emittenten unabhängige Regelungen handelt, erfolgt diese Darstellung weitestgehend standardisiert.[39] Die nach Ziffer

16

---

33 *Fingerhut/Voß*, in: Just/Voß/Ritz/Zeising, WpPG, EU-ProspektVO, Anhang I Rn. 430; *Alfes/Wieneke*, in: Holzborn, WpPG, EU-ProspektVO, Mindestangaben Anhang I Rn. 200.
34 CESR's recommendations for the consistent implementation of the European Commission's Regulation on Prospectuses n° 809/2004, January 2005, CESR/05-054b, Tz. 153.
35 Vgl. etwa den Prospekt der Prime Office AG vom 7.6.2011.
36 *Fingerhut/Voß*, in: Just/Voß/Ritz/Zeising, WpPG, EU-ProspektVO, Anhang I Rn. 430; *Alfes/Wieneke*, in: Holzborn, WpPG, EU-ProspektVO, Mindestangaben Anhang I Rn. 200.
37 CESR's recommendations for the consistent implementation of the European Commission's Regulation on Prospectuses n° 809/2004, January 2005, CESR/05-054b, Tz. 153; *Fingerhut/Voß*, in: Just/Voß/Ritz/Zeising, WpPG, EU-ProspektVO, Anhang I Rn. 430; *Schlitt/Schäfer*, in: Assmann/Schlitt/von Kopp-Colomb, WpPG/VerkProspG, EU-ProspektVO, Anhang I Rn. 290; *Alfes/Wieneke*, in: Holzborn, WpPG, EU-ProspektVO, Mindestangaben Anhang I Rn. 200, die zudem auch nähere Angaben für den Fall der Heilung erfolgter zunächst unwirksamer verdeckter Sacheinlagen für erforderlich halten.
38 CESR's recommendations for the consistent implementation of the European Commission's Regulation on Prospectuses n° 809/2004, January 2005, CESR/05-054b, Tz. 154; *Alfes/Wieneke*, in: Holzborn, WpPG, EU-ProspektVO, Mindestangaben Anhang I Rn. 200; *Fingerhut/Voß*, in: Just/Voß/Ritz/Zeising, WpPG, EU-ProspektVO, Anhang I Rn. 430.
39 *Schlitt/Schäfer*, in: Assmann/Schlitt/von Kopp-Colomb, WpPG/VerkProspG, EU-ProspektVO, Anhang I Rn. 291; *Alfes/Wieneke*, in: Holzborn, WpPG, EU-ProspektVO, Mindestangaben Anhang I Rn. 201.

Anhang I Ziffer 21

21.2 erforderlichen Angaben werden zumeist im jeweiligen Sachzusammenhang aufgenommen.[40]

17 Bei der nach Ziffer 21.2.1 erforderlichen Beschreibung der Zielsetzungen des Emittenten handelt es sich nach deutschem Recht um die Wiedergabe des Gesellschaftszwecks bzw. Unternehmensgegenstands im Sinne von Art. 23 Abs. 3 Nr. 2 AktG, die regelmäßig im Rahmen der nach Anhang I Ziffer 6 ProspektVO zum Geschäftsüberblick zu machenden Angaben erfolgt. Diesem Erfordernis kann durch die wörtliche Aufnahme der entsprechenden Satzungsbestimmung genügt werden.[41]

18 Die von Ziffer 21.2.2 geforderte Zusammenfassung etwaiger Bestimmungen der Satzung und der Statuten des Emittenten sowie der Gründungsurkunde oder sonstiger Satzungen, die die Mitglieder der Verwaltungs-, Geschäftsführungs- und Aufsichtsorgane betreffen, erfolgt regelmäßig im Kapitel „Angaben zu den Organen des Emittenten". Üblicherweise handelt es sich hierbei um Angaben zur Größe von Vorstand und Aufsichtsrat sowie den entsprechenden Modalitäten ihrer Besetzung.[42] Ebenfalls werden die Aufgaben sowie die Rechte und Pflichten der Vorstands- und Aufsichtsratsmitglieder dargestellt. Da Letztere regelmäßig nicht abschließend in der Satzung und den jeweiligen Geschäftsordnungen geregelt sind, wird die Darstellung insoweit üblicherweise um eine Schilderung der allgemeinen gesetzlichen Vorgaben ergänzt.[43] Ebenfalls hinzu treten die Angaben nach Ziffer 14, 15 und 16. Auch die nach Ziffer 21.2.5 zur Hauptversammlung zu machenden Angaben finden sich üblicherweise im Abschnitt über die „Angaben zu den Organen des Emittenten".

19 Nach Ziffer 21.2.3 ist für jede Kategorie bzw. Aktiengattung im Sinne von § 11 AktG der vorhandenen Aktien eine Beschreibung der damit verbundenen Rechte, Vorrechte und Beschränkungen in den Prospekt aufzunehmen, die üblicherweise zusammen mit den nach Ziffer 21.1.1 erforderlichen weiteren Angaben zum Grundkapital des Emittenten erfolgt.[44] Regelmäßig wird es sich hierbei um die Darstellung der Unterschiede zwischen Stamm- und Vorzugsaktien handeln, sofern der Emittent entsprechende Aktiengattungen ausgegeben hat.[45] CESR empfahl insoweit insbesondere die Aufnahme von Angaben zu Dividenden- und Stimmrechten, vor allem bei stimmrechtslosen Vorzugsaktien gemäß § 139

---

40 *Fingerhut/Voß*, in: Just/Voß/Ritz/Zeising, WpPG, EU-ProspektVO, Anhang I Rn. 430; *Alfes/Wieneke*, in: Holzborn, WpPG, EU-ProspektVO, Mindestangaben Anhang I Rn. 201.
41 *Schlitt/Schäfer*, in: Assmann/Schlitt/von Kopp-Colomb, WpPG/VerkProspG, EU-ProspektVO, Anhang I Rn. 292; *Alfes/Wieneke*, in: Holzborn, WpPG, EU-ProspektVO, Mindestangaben Anhang I Rn. 201.
42 Vgl. auch zu künftigen Satzungsbestimmungen etwa den Prospekt der Prime Office AG vom 20.1.2014.
43 *Schlitt/Schäfer*, in: Assmann/Schlitt/von Kopp-Colomb, WpPG/VerkProspG, EU-ProspektVO, Anhang I Rn. 293; *Alfes/Wieneke*, in: Holzborn, WpPG, EU-ProspektVO, Mindestangaben Anhang I Rn. 201 betonen hingegen, dass eine Darstellung der Regelungen der Geschäftsordnungen von Vorstand und Aufsichtsrat regelmäßig nicht erforderlich sei.
44 *Schlitt/Schäfer*, in: Assmann/Schlitt/von Kopp-Colomb, WpPG/VerkProspG, EU-ProspektVO, Anhang I Rn. 294; *Fingerhut/Voß*, in: Just/Voß/Ritz/Zeising, WpPG, EU-ProspektVO, Anhang I Rn. 432; *Alfes/Wieneke*, in: Holzborn, WpPG, EU-ProspektVO, Mindestangaben Anhang I Rn. 201.
45 Vgl. darüber hinaus zu sogenannten „Tracking Stocks" *Schlitt/Schäfer*, in: Assmann/Schlitt/von Kopp-Colomb, WpPG/VerkProspG, EU-ProspektVO, Anhang I Rn. 294.

Abs. 1 AktG, sowie Gewinnanteilsberechtigungen.[46] In der Praxis finden sich dabei weitgehend standardisierte Prospektabschnitte, in denen zudem Angaben über die allgemeinen Bestimmungen für den Fall einer Liquidation des Emittenten, in Bezug auf Übernahmeangebote sowie den Ausschluss von Minderheitsaktionären enthalten sind.[47]

Gemäß Ziffer 21.2.4 sind die zur Änderung der Rechte der Inhaber von Aktien erforderlichen Maßnahmen zu erläutern, wobei die Fälle anzugeben sind, in denen die Bedingungen strenger ausfallen als die gesetzlichen Vorschriften. Genannt werden sollten hier etwa die gemäß § 179 Abs. 3 AktG für eine Änderung des bisherigen Verhältnisses mehrerer Aktiengattungen im Wege der Satzungsänderung geltenden Besonderheiten sowie die für den Fall der Ausgabe von Vorzugsaktien gemäß § 141 AktG bestehende Möglichkeit zur Aufhebung oder Beschränkung des Vorzugs.[48] Sind vom Emittenten vinkulierte Namensaktien ausgegeben worden, deren Übertragung aufgrund einer entsprechenden Satzungsregelung gemäß § 68 Abs. 2 AktG an die Zustimmung des Vorstands gebunden ist, hat der Emittent im Prospekt auf die entsprechende Beschränkung ihrer Veräußerbarkeit hinzuweisen sowie anzugeben, wie die freie Handelbarkeit der vinkulierten Namensaktien gewährleistet wird.[49] Insoweit mag die Grenze zu den nach Ziffer 21.2.6 erforderlichen Angaben zuweilen fließend sein.

20

Die nach Ziffer 21.2.5 aufzunehmende Beschreibung der Art und Weise der Einberufung der Hauptversammlung und der außerordentlichen Hauptversammlungen der Aktionäre einschließlich ihrer Teilnahmebedingungen ist regelmäßig ebenfalls im Kapitel über die „Angaben zu den Organen des Emittenten" enthalten. Im Rahmen der Teilnahmebedingungen sind neben einer Zusammenfassung der gesetzlichen und in der Satzung des Emittenten enthaltenen Anmelde- und Nachweiserfordernissen (§ 123 Abs. 2 und 3 AktG) auch Angaben zu den wesentlichen Rechten der Aktionäre in Bezug auf die Hauptversammlung und den erforderlichen Mehrheitsverhältnissen zu machen.[50] Diese Angaben werden zudem um eine Zusammenfassung der Aufgaben und Befugnisse der Hauptversammlung ergänzt.[51]

21

Nach Ziffer 21.2.6 ist eine kurze Beschreibung von etwaig in der Satzung und den Statuten des Emittenten sowie der Gründungsurkunde oder sonstigen Satzungen enthaltenen Bestimmungen, die unter Umständen eine Verzögerung, einen Aufschub oder sogar die Verhinderung eines Wechsels in der Kontrolle des Emittenten bewirken können, aufzunehmen. Erläuterungsbedürftig sind daher etwa Satzungsbestimmungen im Sinne von §§ 33a ff. WpÜG (die in der Praxis freilich kaum Bedeutung haben), die Ausnahmeregelungen unter anderem von der für den Vorstand des von einem Übernahmeangebot betroffenen Emitten-

22

---

46 CESR's recommendations for the consistent implementation of the European Commission's Regulation on Prospectuses n° 809/2004, January 2005, CESR/05-054b, Tz. 155.
47 *Schlitt/Schäfer*, in: Assmann/Schlitt/von Kopp-Colomb, WpPG/VerkProspG, EU-ProspektVO, Anhang I Rn. 295; vgl. insoweit etwa auch den Prospekt der SLM Solutions Group AG vom 25.4.2014 sowie den Prospekt der Prime Office AG vom 20.1.2014.
48 *Alfes/Wieneke*, in: Holzborn, WpPG, EU-ProspektVO, Mindestangaben Anhang I Rn. 201.
49 *Schlitt/Schäfer*, in: Assmann/Schlitt/von Kopp-Colomb, WpPG/VerkProspG, EU-ProspektVO, Anhang I Rn. 295.
50 *Alfes/Wieneke*, in: Holzborn, WpPG, EU-ProspektVO, Mindestangaben Anhang I Rn. 201.
51 *Schlitt/Schäfer*, in: Assmann/Schlitt/von Kopp-Colomb, WpPG/VerkProspG, EU-ProspektVO, Anhang I Rn. 296; vgl. dazu etwa den Prospekt der SLM Solutions Group AG vom 25.4.2014.

Anhang I Ziffer 21

ten grundsätzlich gemäß § 33 WpÜG bestehenden Neutralitätspflicht enthalten.[52] Entsprechendes gilt in teilweiser Überschneidung mit den nach Anhang I Ziffer 21.2.4 für vinkulierte Namensaktien bzw. für den Fall gemäß § 101 Abs. 2 AktG bestehender Entsenderechte in den Aufsichtsrat mit den nach Anhang I Ziffer 21.2.3 zu machenden Angaben. Nicht von Ziffer 21.2.6 erfasst werden hingegen auf die Erschwerung eines Kontrollwechsels abzielenden schuldrechtlichen Vereinbarungen (sogenannte „poison pills"), deren Erläuterung jedoch im Rahmen der nach Ziffer 22 zu den wesentlichen Verträgen zu machenden Angaben geboten sein kann.[53]

23 Ferner sind nach Ziffer 21.2.7 Angaben zu etwaig in der Satzung und den Statuten des Emittenten, der Gründungsurkunde oder in sonstigen Satzungen enthaltenen Bestimmungen zu machen, die erst ab einem Schwellenwert Geltung erlangen, ab dem der Aktienbesitz offen gelegt werden muss. Entsprechende Regelungen dürften in Deutschland selten sein, so dass die Vorschrift nur über einen begrenzten praktischen Anwendungsbereich verfügt und entsprechende Angaben regelmäßig entbehrlich sind.[54]

24 Schließlich erfordert Ziffer 21.2.8 eine Darlegung der in der Satzung und den Statuten des Emittenten, der Gründungsurkunde oder sonstigen Satzungen enthaltenen und an eine Veränderung des Eigenkapitals anknüpfenden Bedingungen, soweit sie über die gesetzlichen Vorschriften hinausgehen. In Betracht kommt etwa eine Verschärfung des Mehrheitserfordernisses gemäß §§ 182 Abs. 1 Satz 2, 193 Abs. 1 Satz 2, 222 Abs. 1 Satz 2 AktG.[55]

25 In der Praxis finden sich darüber hinaus üblicherweise allgemeine Ausführungen zur deutschen Corporate Governance oder dem WpHG und WpÜG.[56]

---

52 *Alfes/Wieneke*, in: Holzborn, WpPG, EU-ProspektVO, Mindestangaben Anhang I Rn. 201.
53 Dazu *Alfes/Wieneke*, in: Holzborn, WpPG, EU-ProspektVO, Mindestangaben Anhang I Rn. 201.
54 *Schlitt/Schäfer*, in: Assmann/Schlitt/von Kopp-Colomb, WpPG/VerkProspG, EU-ProspektVO, Anhang I Rn. 298; *Alfes/Wieneke*, in: Holzborn, WpPG, EU-ProspektVO, Mindestangaben Anhang I Rn. 202; *Fingerhut/Voß*, in: Just/Voß/Ritz/Zeising, WpPG, EU-ProspektVO, Anhang I Rn. 432.
55 *Fingerhut/Voß*, in: Just/Voß/Ritz/Zeising, WpPG, EU-ProspektVO, Anhang I Rn. 432; *Alfes/Wieneke*, in: Holzborn, WpPG, EU-ProspektVO, Mindestangaben Anhang I Rn. 202.
56 *Alfes/Wieneke*, in: Holzborn, WpPG, EU-ProspektVO, Mindestangaben Anhang I Rn. 202.

22. WESENTLICHE VERTRÄGE

Zusammenfassung jedes in den letzten beiden Jahren vor der Veröffentlichung des Registrierungsformulars abgeschlossenen wesentlichen Vertrages (bei denen es sich nicht um jene handelt, die im Rahmen der normalen Geschäftstätigkeit abgeschlossen wurden), bei dem der Emittent oder ein sonstiges Mitglied der Gruppe eine Vertragspartei ist.

Zusammenfassung aller sonstigen zum Datum des Registrierungsformulars bestehenden Verträge (bei denen es sich nicht um jene handelt, die im Rahmen der normalen Geschäftstätigkeit abgeschlossen wurden), die von jedem Mitglied der Gruppe abgeschlossen wurden und eine Bestimmung enthalten, der zufolge ein Mitglied der Gruppe eine Verpflichtung oder ein Recht erlangt, die bzw. das für die Gruppe von wesentlicher Bedeutung ist.

Übersicht

	Rn.		Rn.
I. Überblick	1	2. Sonstige bestehende Verträge von wesentlicher Bedeutung	9
II. Relevante Angaben	6	III. Informationsbasis und Prospektdarstellung	10
1. Wesentliche Verträge der beiden letzten Geschäftsjahre	6		

I. Überblick

Ziffer 22 erfordert die Aufnahme von Angaben in den Prospekt über wesentliche Verträge (Abs. 1) und sonstige bestehende Verträge von wesentlicher Bedeutung (Abs. 2). Die Frage, unter welchen Voraussetzungen ein Vertrag als wesentlich im Sinne der Ziffer 22 gilt, ergibt sich weder aus Anhang I, noch aus der Prospektverordnung selbst. Auch ESMA hat nicht konkretisiert, welche Anforderungen Ziffer 22 an die Wesentlichkeit im Einzelnen stellt. 1

Die Wesentlichkeit eines Vertrags lässt sich jedenfalls nicht allein anhand von quantitativen Schwellenwerten bestimmen. Vielmehr sind eine ganze Reihe von Kriterien zu berücksichtigen, die Einfluss auf die Wesentlichkeit haben können und möglicherweise auch erst bei einer Gesamtbetrachtung zu einer Wesentlichkeit führen. Als zu eng wird es angesehen, nur Verträge von ganz herausragender Bedeutung für den Emittenten als wesentlich zu qualifizieren.[1] Wann ein Vertrag eines Mitglieds der Gruppe von wesentlicher Bedeutung für den Emittenten ist, obliegt zunächst dessen eigener Beurteilung und wird insbesondere davon abhängen, welche Bedeutung der Vertrag für die Geschäftstätigkeit und die Finanzlage des Emittenten bzw. der Gruppe hat.[2] 2

---

[1] *Fingerhut/Voß*, in: Just/Voß/Ritz/Zeising, WpPG, EU-ProspektVO, Anhang I Rn. 434.
[2] *Fingerhut/Voß*, in: Just/Voß/Ritz/Zeising, WpPG, EU-ProspektVO, Anhang I Rn. 434; *Schlitt/Schäfer*, in: Assmann/Schlitt/von Kopp-Colomb, WpPG/VerkProspG, EU-ProspektVO, Anhang I Rn. 300.

Anhang I Ziffer 22

3 Kriterien, die zur Bestimmung der Wesentlichkeit herangezogen werden können, umfassen etwa die Bedeutung der bezogenen oder abgesetzten Ware oder Dienstleistung für den Emittenten, die Stellung des Vertragspartners (insbesondere, wenn Waren oder Dienstleistungen nur von einer begrenzten Zahl von Marktteilnehmern bezogen oder nur von wenigen Marktteilnehmern abgenommen werden können), Exklusivitätsklauseln, Kündigungsregelungen (insbes. Change-of-Control Bestimmungen), das Vertragsvolumen, die Vertragsdauer und -laufzeit, die kurzfristige Ersetzbarkeit des Vertrags bei Wegfall des Vertragspartners und mit dem Vertrag verbundene Risiken und die Bedeutung des Vertrags für die Finanzlage des Emittenten.[3]

4 Inhaltlich differenziert Ziffer 22 nicht nach dem Vertragsgegenstand, so dass grundsätzlich sämtliche Verträge des Emittenten oder eines Konzernunternehmens, unabhängig vom jeweiligen Vertragsgenstand, erfasst werden können. Abhängig von der Geschäftstätigkeit des Emittenten und der jeweiligen Bedeutung des Vertrags für diese und die Finanzlage des Emittenten ist insbesondere bei wichtigen Bezugs-, Liefer-,[4] Kredit-, Finanzierungs-, strategischen Kooperations-, Investitions-, Marketing-, Vertriebs-, Akquisitions-, Veräußerungs- und ggf. auch bei Miet-, Leasing- oder Dienstverträgen zu prüfen, ob diese unter Ziffer 22 fallen.

5 Sollten keine Verträge im Sinne der Ziffer 22 vorliegen, ist die Aufnahme eines Negativattests in den Prospekt entbehrlich.[5]

II. Relevante Angaben

1. Wesentliche Verträge der beiden letzten Geschäftsjahre

6 Zeitlich werden von Ziffer 22.1 nur solche wesentlichen Verträge erfasst, die in den letzten beiden Jahren vor der Prospektveröffentlichung abgeschlossen wurden. Abzustellen ist ausschließlich auf den Zeitpunkt des Vertragsschlusses. Nicht maßgeblich ist, ob der Vertrag zum Zeitpunkt der Prospektveröffentlichung bereits vollständig durchgeführt wurde oder wegen erfolgter Vertragsbeendigung oder aus anderen Gründen bei Prospektveröffentlichung keine Rechtsfolgen mehr aufweist.[6]

7 Sachlich werden sämtliche wesentlichen Verträge erfasst, bei denen der Emittent oder ein sonstiges Mitglied der Gruppe (gemeint sind Unternehmen des Konzerns)[7] Vertragspartei ist. Mit Blick auf einen Vertrag, der von einem Konzernunternehmen des Emittenten abgeschlossen wurde, muss dieser von besonderer Bedeutung für die Geschäftstätigkeit des

---

3 *Fingerhut/Voß*, in: Just/Voß/Ritz/Zeising, WpPG, EU-ProspektVO, Anhang I Rn. 434; *Schlitt/Schäfer*, in: Assmann/Schlitt/von Kopp-Colomb, WpPG/VerkProspG, EU-ProspektVO, Anhang I Rn. 301; *Alfes/Wieneke*, in: Holzborn, WpPG, EU-ProspektVO, Mindestangaben Anhang I Rn. 203.
4 Nach *Schlitt/Schäfer*, in: Assmann/Schlitt/von Kopp-Colomb, WpPG/VerkProspG, EU-ProspektVO, Anhang I Rn. 300 werden etwa Lieferverträge für unabdingbar zur Produktion erforderliche Güter erfasst, sofern der Vertragspartner ein (Quasi-)Monopol beansprucht.
5 *Fingerhut/Voß*, in: Just/Voß/Ritz/Zeising, WpPG, EU-ProspektVO, Anhang I Rn. 439.
6 *Fingerhut/Voß*, in: Just/Voß/Ritz/Zeising, WpPG, EU-ProspektVO, Anhang I Rn. 436.
7 *Schlitt/Schäfer*, in: Assmann/Schlitt/von Kopp-Colomb, WpPG/VerkProspG, EU-ProspektVO, Anhang I Rn. 300; *Fingerhut/Voß*, in: Just/Voß/Ritz/Zeising, WpPG, EU-ProspektVO, Anhang I Rn. 438 (für Ziffer 22.2).

Emittenten sein, nicht lediglich für die Geschäftstätigkeit des Konzernunternehmens.[8] Besondere Bedeutung entfalten Verträge von Konzernunternehmen für den Emittenten jedenfalls dann, wenn der Emittent von deren Bestand und Erfüllung abhängig ist[9] oder wenn sie anderweitig für die Geschäftstätigkeit oder die Finanzlage des Emittenten von signifikanter Bedeutung sind.

Nicht frei von Zweifeln ist der Bedeutungsgehalt des einschränkenden Klammerzusatz (sowohl in Ziffer 22.1 als auch in Ziffer 22.2), wonach nur solche wesentlichen Verträge zusammenzufassen sind, bei denen es sich nicht um jene handelt, die im Rahmen der normalen Geschäftstätigkeit abgeschlossen wurden.[10] Verstünde man den Begriff „normale Geschäftstätigkeit" als den in der Satzung angegebenen Geschäftszweck,[11] käme man zu dem Ergebnis, dass sämtliche Verträge, die im Rahmen der normalen Geschäftstätigkeit abgeschlossen wurden, nicht gemäß Ziffer 22 zusammenzufassen wären, selbst wenn sie von außerordentlicher Bedeutung für den Emittenten wären. Es wäre jedoch unsachgemäß, und auch mit Blick auf § 5 Abs. 1 WpPG nicht angemessen, eine Pflicht zur Offenlegung sämtlicher im Rahmen der normalen Geschäftstätigkeit eingegangenen wesentlichen Verträge grundsätzlich entfallen zu lassen.[12] „Normale Geschäftstätigkeit" ist deshalb dahingehend auszulegen, dass damit routinemäßiges, allgemeines Tagesgeschäft gemeint ist. Entscheidend ist letztendlich, ob einem Vertrag in einer Gesamtschau eine besondere Bedeutung zukommt,[13] die ihn als wesentlich qualifiziert, unabhängig davon, ob es sich um ein Geschäft im Rahmen der normalen Geschäftstätigkeit handelt oder nicht.

8

2. Sonstige bestehende Verträge von wesentlicher Bedeutung

Was der Unterschied zwischen „*wesentlichen Verträgen*" im Sinne von Ziffer 22.1 und „*Verträgen, die eine Bestimmung enthalten, der zufolge ein Mitglied der Gruppe eine Verpflichtung oder ein Recht erlangt, die bzw. das für die Gruppe von wesentlicher Bedeutung ist*" im Sinne von Ziffer 22.2 sein soll, ist unklar. In der Praxis wird daher auch nicht zwischen Verträgen nach Ziffer 22.1 und Verträgen nach Ziffer 22.2 unterschieden; das Wesentlichkeitserfordernis und die Interpretation dieses Erfordernisses wird einheitlich auf alle Vertragsverhältnisse angewendet. Anders als Ziffer 22.1 enthält Ziffer 22.2 aber keine zeitliche Beschränkung mit Blick auf das Abschlussdatum des Vertrags. Ziffer 22.2 stellt zeitlich vielmehr auf die zum Zeitpunkt der Prospektveröffentlichung bestehenden sonstigen Verträge von wesentlicher Bedeutung ab, unabhängig vom Datum des Vertragsabschlusses. Insofern erweitert 22.2 den Kreis der offenzulegenden wesentlichen Verträge dahingehend, dass wesentliche Verträge, die zum Datum der Prospektveröffentlichung bestehen, die aber vor mehr als zwei Jahren vor Prospektveröffentlichung abgeschlossen wur-

9

---

8 *Fingerhut/Voß*, in: Just/Voß/Ritz/Zeising, WpPG, EU-ProspektVO, Anhang I Rn. 434; *Alfes/Wieneke*, in: Holzborn, WpPG, EU-ProspektVO, Mindestangaben Anhang I Rn. 204.
9 *Fingerhut/Voß*, in: Just/Voß/Ritz/Zeising, WpPG, EU-ProspektVO, Anhang I Rn. 434.
10 *Alfes/Wieneke*, in: Holzborn, WpPG, EU-ProspektVO, Mindestangaben Anhang I Rn. 203.
11 *Fingerhut/Voß*, in: Just/Voß/Ritz/Zeising, WpPG, EU-ProspektVO, Anhang I Rn. 435.
12 *Schlitt/Schäfer*, in: Assmann/Schlitt/von Kopp-Colomb, WpPG/VerkProspG, EU-ProspektVO, Anhang I Rn. 300; i. E. wohl auch *Fingerhut/Voß*, in: Just/Voß/Ritz/Zeising, WpPG, EU-ProspektVO, Anhang I Rn. 435, der jedoch darauf hinweist, dass eine entsprechende Offenlegung zumindest von der BaFin im Rahmen der Vollständigkeitsprüfung nach § 13 WpPG nicht gefordert werden könne.
13 *Alfes/Wieneke*, in: Holzborn, WpPG, EU-ProspektVO, Mindestangaben Anhang I Rn. 203.

Anhang I Ziffer 22

den, auch offenzulegen sind, was vor dem Hintergrund des allgemeinen prospektrechtlichen Wesentlichkeitsprinzips ohnehin geboten erscheint. Von Ziffer 22.1 nicht erfasste Verträge, die zum Datum der Prospektveröffentlichung nicht mehr bestehen, werden allerdings auch nicht von Ziffer 22.2 erfasst und müssen deshalb nicht gemäß Ziffer 22 offengelegt werden.

III. Informationsbasis und Prospektdarstellung

10 Die Identifizierung derjenigen Verträge, die als wesentlich einzustufen sind, ist Teil der Due Diligence. Möglicherweise einigt man sich im Rahmen der angeforderten Dokumente zumindest in Bezug auf bestimmte Vertragstypen (z. B. Liefer- oder Vertriebsverträge) auf quantitative Schwellen, ab deren Erreichung Verträge erst einzustellen sind. Diese Schwellenwerte sind aber in der Regel lediglich ein erstes Indiz für eine gewisse Substanz der Verträge; zumeist werden nicht alle Verträge, die diese Schwellenwerte erreichen, wesentliche Verträge im Sinne von Ziffer 22 sein. Häufig lassen sich viele Vertragsverhältnisse bereits in dieser Phase ausscheiden, wenn es offensichtlich an einer ausreichenden Bedeutung der Vertragsverhältnisse fehlt. Manche Verträge, wie etwa große Akquisitionen oder Veräußerungen oder wichtige Finanzierungsverträge werden sich auch ohne weitere Diskussion als wesentliche Verträge einordnen lassen. In manchen Fällen wird sich die Wesentlichkeit allerdings nicht alleine aus dem Vertragsdokument ergeben. In Bezug auf solche Verträge ist ggf. durch Rückfragen oder Diskussion herauszufinden, welche kommerzielle, finanzielle und strategische Bedeutung dem jeweiligen Vertragsverhältnis zukommt.

11 Die Angaben nach Ziffer 22 finden sich im Prospekt meist in einem eigenen Prospektabschnitt mit dem Titel „Wesentliche Verträge" oder in einem Unterabschnitt des Abschnitts „Geschäftstätigkeit". Ziel der Darstellung muss es insbesondere sein, die Bedeutung der jeweiligen Verträge für die Geschäftstätigkeit und die Finanzlage des Emittenten aufzuzeigen.

12 Aus Ziffer 22 folgt keine Verpflichtung, wesentliche Verträge zu veröffentlichen oder Investoren in anderer Form zur Einsicht zugänglich zu machen.[14] Die Prospektverordnung verlangt ausdrücklich nur die Aufnahme einer Zusammenfassung dieser Verträge in den Prospekt. Wie detailliert die Zusammenfassung zu sein hat, ergibt sich aus Ziffer 22 nicht. Allerdings kann aus der Formulierung in anderen Anhängen der Prospektverordnung (etwa Anhang IV Ziffer 15 ProspektVO), die auf eine „kurze Zusammenfassung" wesentlicher Verträge verweisen, geschlossen werden, dass die von Ziffer 22 geforderte Zusammenfassung einen höheren Detaillierungsgrad erfordert, da in Ziffer 22 das Adjektiv „kurz" nicht aufgenommen wurde. Bei der Zusammenfassung wesentlicher Verträge müssen sich Emittenten daher an den in § 5 Abs. 1 WpPG enthaltenen allgemeinen Grundsätzen für die Prospekterstellung orientieren.[15]

13 Der Detaillierungsgrad und Inhalt der zusammenfassenden Darstellung muss geeignet sein, dem Investor ein zutreffendes Bild zu ermöglichen, das bei der Prüfung der Frage, ob

---

14 ESMA-Questions and Answers – Prospectuses (25th Updated Version – July 2016), ESMA/2016/1133, Frage 73.
15 ESMA-Questions and Answers – Prospectuses (25th Updated Version – July 2016), ESMA/2016/1133, Frage 73.

in die Wertpapiere investiert werden sollte, behilflich ist. Die zusammenfassende Darstellung sollte dabei alle maßgeblichen Informationen enthalten, die ein Investor vernünftigerweise erwarten darf, um sich ein zutreffendes Urteil von der wirtschaftlichen Bedeutung des Vertrags, den Vertragsrisiken und den wesentlichen Konditionen des Vertrags bilden zu können.[16] Abhängig von Vertragstyp und -inhalt mag es sich anbieten, zu den Leistungspflichten, der Preisgestaltung, dem Vertrags- bzw. Liefervolumen, Liefer- bzw. Abnahmeverpflichtungen, den Gewährleistungs- und Haftungsregelungen, der Laufzeit, den Kündigungsregelungen, eventuellen Vertragsstrafen, Wettbewerbsbeschränkungen, Exklusivitätsregelungen oder einer Sicherheitenbestellung Beschreibungen aufzunehmen; hierbei werden in der Regel abstrakte Beschreibungen ausreichen, die dem Leser eine ausreichende Vorstellung von den zugrunde liegenden Vertragsmechanismen und Prinzipien (beispielsweise im Hinblick auf die Preisgestaltung oder Kündigungsmöglichkeiten) vermitteln, ohne die genaue Vertragsvergütung bzw. Preisgestaltung offen zu legen.[17] Es kann sich auch anbieten, bestimmte Vertragstypen mit vergleichbaren Bestimmungen in nur einer gemeinsamen, abstrahierenden Darstellung zusammenzufassen.[18] Sofern die konkrete Beschreibung etwa von Preisgestaltungsklauseln, Liefer- und Abnahmeverpflichtungen oder Exklusivitätsvereinbarungen mit berechtigten Geheimhaltungsinteressen des Emittenten kollidieren, ist an § 8 Abs. 2 WpPG zu denken, der die BaFin zur Gestattung einer Nichtaufnahme von Angaben unter den dort genannten Voraussetzungen ermächtigt.[19] In der Praxis lassen sich jedoch zumeist abstrahierende Beschreibungen finden, die eine angemessene Balance zwischen Informationsinteresse des Investors und Geheimhaltungsinteresse des Emittenten und seiner Geschäftspartner herstellen. Sofern in Bezug auf die Verträge Geheimhaltungspflichten bestehen, ist eine vorherige Abstimmung mit dem Vertragspartner erforderlich;[20] eine Befreiung von der Pflicht zur Darstellung erfolgt nicht alleine aufgrund des Bestehens einer Geheimhaltungsvereinbarung.

---

16 ESMA-Questions and Answers – Prospectuses (25th Updated Version – July 2016), ESMA/2016/1133, Frage 73.
17 *Schlitt/Schäfer*, in: Assmann/Schlitt/von Kopp-Colomb, WpPG/VerkProspG, EU-ProspektVO, Anhang I Rn. 302 (Fn. 2); *Fingerhut/Voß*, in: Just/Voß/Ritz/Zeising, WpPG, EU-ProspektVO, Anhang I Rn. 437 („allgemeine Beschreibung").
18 *Schlitt/Schäfer*, in: Assmann/Schlitt/von Kopp-Colomb, WpPG/VerkProspG, EU-ProspektVO, Anhang I Rn. 303.
19 *Fingerhut/Voß*, in: Just/Voß/Ritz/Zeising, WpPG, EU-ProspektVO, Anhang I Rn. 437; *Alfes/Wieneke*, in: Holzborn, WpPG, EU-ProspektVO, Mindestangaben Anhang I Rn. 205.
20 *Schlitt/Schäfer*, in: Assmann/Schlitt/von Kopp-Colomb, WpPG/VerkProspG, EU-ProspektVO, Anhang I Rn. 302.

Anhang I Ziffer 23

23. ANGABEN VON SEITEN DRITTER, ERKLÄRUNGEN VON SEITEN SACHVERSTÄNDIGER UND INTERESSENERKLÄRUNGEN

23.1. Wird in das Registrierungsformular eine Erklärung oder ein Bericht einer Person aufgenommen, die als Sachverständiger handelt, so sind der Name, die Geschäftsadresse, die Qualifikationen und – falls vorhanden – das wesentliche Interesse am Emittenten anzugeben. Wurde der Bericht auf Ersuchen des Emittenten erstellt, so ist eine diesbezügliche Erklärung dahingehend abzugeben, dass die aufgenommene Erklärung oder der aufgenommene Bericht in der Form und in dem Zusammenhang, in dem sie bzw. er aufgenommen wurde, die Zustimmung von Seiten der Person erhalten hat, die den Inhalt dieses Teils des Registrierungsformulars gebilligt hat.

23.2. Sofern Angaben von Seiten Dritter übernommen wurden, ist zu bestätigen, dass diese Angaben korrekt wiedergegeben wurden und dass – soweit es dem Emittenten bekannt ist und er aus den von diesem Dritten veröffentlichten Informationen ableiten konnte – keine Tatsachen unterschlagen wurden, die die wiedergegebenen Informationen unkorrekt oder irreführend gestalten würden. Darüber hinaus ist/sind die Quelle(n) der Informationen anzugeben.

Übersicht

	Rn.		Rn.
I. Übernommene Erklärungen oder Berichte eines Sachverständigen (Ziffer 23.1)	1	II. Von Dritten in den Prospekt übernommene Angaben (Ziffer 23.2)	3

I. Übernommene Erklärungen oder Berichte eines Sachverständigen (Ziffer 23.1)

1 Nach Ziffer 23.1 sind für den Fall, dass Erklärungen oder Berichte eines Sachverständigen in den Prospekt aufgenommen werden, Angaben zur Person des Sachverständigen zu machen. Grundsätzlich besteht für den Emittenten keine Verpflichtung, ihn betreffende Erklärungen oder Sachverständigengutachten in den Prospekt aufzunehmen. Entscheidet sich der Emittent jedoch für ihre Aufnahme, gilt Entsprechendes auch für die von Ziffer 23.1 geforderten Angaben.[1] Dem Anwendungsbereich von Ziffer 23.1 unterfallen jedoch nur Erklärungen bzw. Gutachten von Personen, die diese gerade in ihrer Eigenschaft als Sachverständiger abgegeben haben. Auch darf es sich nicht um Erklärungen und Berichte handeln, deren Erstellung aufgrund einer gesetzlichen Verpflichtung erfolgt ist, so dass insbesondere die Wiedergabe von Bestätigungsvermerken der Abschlussprüfer im Prospekt

---

[1] *Schlitt/Schäfer*, in: Assmann/Schlitt/von Kopp-Colomb, WpPG/VerkProspG, EU-ProspektVO, Anhang I Rn. 305, Anhang III Rn. 86; *Fingerhut/Voß*, in: Just/Voß/Ritz/Zeising, WpPG, EU-ProspektVO, Anhang I Rn. 442.

kein Angabeerfordernis nach Ziffer 23.1 auslöst[2] (unabhängig davon sind die Bestätigungsvermerke für die historischen Finanzberichte gemäß Ziffer 20 im Prospekt aufzunehmen). In der Praxis werden regelmäßig keine der Ziffer 23.1 unterfallenden Erklärungen und Berichte in den Prospekt aufgenommen.[3] Die Aufnahme eines Sachverständigengutachtens kann jedoch in Ausnahmefällen aufgrund der besonderen Natur des Emittenten erforderlich werden. Handelt es sich bei dem Emittenten etwa um eine Immobiliengesellschaft im Sinne von Anhang XIX ProspektVO, sieht die Verwaltungspraxis der BaFin in Anwendung von Art. 23 Abs. 1 ProspektVO die Aufnahme eines Wertgutachtens über die Renditeliegenschaften des Emittenten vor.[4] In solchen Fällen einer ausnahmsweisen Verpflichtung zur Aufnahme eines Sachverständigengutachtens sind auch die Angaben nach Ziffer 23.1 in den Prospekt aufzunehmen.[5]

Aufzunehmen sind der Name, die Geschäftsadresse und die Qualifikationen des Sachverständigen. Wurde der Bericht des Sachverständigen auf Ersuchen des Emittenten erstellt, ist im Hinblick auf mögliche Interessenkonflikte bei der Erstellung eine entsprechende Erklärung aufzunehmen. Darüber hinaus ist der Sachverständige über die Aufnahme seiner Erklärung bzw. seines Berichts in den Prospekt sowie ihren Umfang zu unterrichten und auf seine diesbezügliche Zustimmung explizit hinzuweisen.[6] Schließlich sind für den Fall seines Bestehens Angaben über ein etwaig vorhandenes wesentliches Interesse des Sachverständigen am Emittenten zu machen. Als Indikatoren für das Vorliegen eines wesentlichen Interesses kommen nach den Empfehlungen von ESMA etwa der Besitz von Aktien des Emittenten selbst oder einer zur selben Gruppe im Sinne von Ziffer 7.1 gehörenden Gesellschaft, das Halten entsprechender Erwerbs- oder Bezugsrechte für solche Aktien, das frühere Bestehen eines Anstellungsverhältnisses beim oder der Erhalt irgendeiner Vergütung vom Emittenten, die Mitgliedschaft in Verwaltungs-, Geschäftsführungs- oder Aufsichtsorganen des Emittenten im Sinne von Ziffer 14 sowie eine bestehende Verbindung zu den Emissionsbanken oder anderen in das Angebot oder das Zulassungsverfahren eingebundenen Finanzintermediären in Betracht.[7] Gelangt der Emittent zu der Überzeugung, dass ein wesentliches Interesse des Sachverständigen vorliegt – ggf. kann insoweit beim

---

2 *Schlitt/Schäfer*, in: Assmann/Schlitt/von Kopp-Colomb, WpPG/VerkProspG, EU-ProspektVO, Anhang I Rn. 305, Anhang III Rn. 86; *Fingerhut/Voß*, in: Just/Voß/Ritz/Zeising, WpPG, EU-ProspektVO, Anhang I Rn. 441.
3 *Alfes/Wieneke*, in: Holzborn, WpPG, EU-ProspektVO, Mindestangaben Anhang I Rn. 206.
4 Siehe vorstehend zu Ziffer 8.1 Rn. 5.
5 *Schlitt/Schäfer*, in: Assmann/Schlitt/von Kopp-Colomb, WpPG/VerkProspG, EU-ProspektVO, Anhang I Rn. 305, Anhang III, Rn. 87; *Alfes/Wieneke*, in: Holzborn, WpPG, EU-ProspektVO, Mindestangaben Anhang I Rn. 206; *Fingerhut/Voß*, in: Just/Voß/Ritz/Zeising, WpPG, EU-ProspektVO, Anhang I Rn. 442, die zudem die Aufnahme von Gutachten über die immaterialgüterrechtliche Schutzfähigkeit von Gütern bei Kapitalmaßnahmen von Healthcare- und Biotec-Unternehmen als weiteren möglichen Anwendungsbereich nennen.
6 *Schlitt/Schäfer*, in: Assmann/Schlitt/von Kopp-Colomb, WpPG/VerkProspG, EU-ProspektVO, Anhang I Rn. 305, Anhang III Rn. 88; *Fingerhut/Voß*, in: Just/Voß/Ritz/Zeising, WpPG, EU-ProspektVO, Anhang I Rn. 443.
7 Siehe ESMA, Update of the CESR recommendations, the consistent implementation of Commission Regulation (EC) No. 809/2004 implementing the Prospectus Directive, 20 March 2013, ESMA/2013/319, Tz. 157.

Anhang I Ziffer 23

Sachverständigen nachgefragt werden[8] – ist im Hinblick auf das Vorliegen potenzieller Interessenkonflikte das Bestehen und die Art des Interesses entsprechend darzustellen.[9] Einer Offenlegung von Details, etwa der Anzahl der vom Sachverständigen gehaltenen Aktien, bedarf es dabei nur insoweit, als diese wesentlich für die Anlageentscheidung potenzieller Investoren ist.[10]

II. Von Dritten in den Prospekt übernommene Angaben (Ziffer 23.2)

3   Ziffer 23.2 Satz 1 betrifft hingegen die von Dritten übernommenen Angaben, wie etwa allgemein zugängliche Informationen, soweit sie in die Prospektdarstellung eingeflossen sind. Diesbezüglich verlangt Ziffer 23.1 die Aufnahme einer Bestätigung, wonach diese Angaben korrekt wiedergegeben und – soweit dem Emittenten bekannt und er aus den verwendeten veröffentlichten Informationen des Dritten ableiten konnte – keine Tatsachen unterschlagen wurden, die die wiedergegebenen Informationen unkorrekt oder irreführend gestalten würden. Inhaltlich geht es allein um die Gewährleistung der korrekten Wiedergabe der Angaben, nicht jedoch ihrer materiellen Richtigkeit.[11]

4   Darüber hinaus wird diese Angabe üblicherweise mit einer Warnung der Anleger verbunden, wonach die von Dritten übernommenen Angaben ungeachtet der Erklärung gemäß Ziffer 23.1 Satz 1 kritisch zu betrachten sind. Häufig findet sich auch ein Hinweis, wonach insbesondere Marktstudien auf Informationen und Annahmen beruhen können, die weder präzise noch sachgerecht, regelmäßig aber zukunftsgerichtet und spekulativ sind. Schließlich findet sich zudem der weitere Hinweis, dass der Emittent und die Emissionsbanken die Zahlenangaben, Marktdaten und sonstigen Informationen Dritter nicht überprüft haben und daher keine Verantwortung oder Garantie für die Richtigkeit der im Prospekt enthaltenen Angaben aus Studien Dritter übernehmen.[12]

---

8   *Schlitt/Schäfer*, in: Assmann/Schlitt/von Kopp-Colomb, WpPG/VerkProspG, EU-ProspektVO, Anhang I Rn. 305, Anhang III Rn. 89 wollen dabei von einer entsprechenden Verpflichtung des Emittenten ausgehen; auch ESMA scheint lediglich auf die Kenntnis des Emittenten abzustellen, vgl. ESMA, Update of the CESR recommendations, the consistent implementation of Commission Regulation (EC) No. 809/2004 implementing the Prospectus Directive, 20 March 2013, ESMA/2013/319, Tz. 159 („to the best of the issuer's knowledge").

9   Siehe ESMA, Update of the CESR recommendations, the consistent implementation of Commission Regulation (EC) No. 809/2004 implementing the Prospectus Directive, 20 March 2013, ESMA/2013/319, Tz. 158, 159.

10 *Schlitt/Schäfer*, in: Assmann/Schlitt/von Kopp-Colomb, WpPG/VerkProspG, EU-ProspektVO, Anhang I Rn. 305, Anhang III Rn. 89; *Fingerhut/Voß*, in: Just/Voß/Ritz/Zeising, WpPG, EU-ProspektVO, Anhang I Rn. 445.

11 *Fingerhut/Voß*, in: Just/Voß/Ritz/Zeising, WpPG, EU-ProspektVO, Anhang I Rn. 450; weitergehend wohl *Schlitt/Schäfer*, in: Assmann/Schlitt/von Kopp-Colomb, WpPG/VerkProspG, EU-ProspektVO, Anhang I Rn. 305, Anhang III, Rn. 90, die von einer Aufforderung des Emittenten zur kritischen Prüfung der übernommenen Informationen vor ihrer Aufnahme in den Prospekt ausgehen wollen.

12 *Schlitt/Schäfer*, in: Assmann/Schlitt/von Kopp-Colomb, WpPG/VerkProspG, EU-ProspektVO, Anhang I Rn. 305, Anhang III, Rn. 91; *Fingerhut/Voß*, in: Just/Voß/Ritz/Zeising, WpPG, EU-ProspektVO, Anhang I Rn. 447; *Alfes/Wieneke*, in: Holzborn, WpPG, EU-ProspektVO, Mindestangaben Anhang I Rn. 207.

Ziffer 23 **Anhang I**

Die nach Ziffer 23.1 Satz 1 zu machenden Angaben sind gemäß Satz 2 um die Nennung 5
der entsprechenden Quellen zu ergänzen. Dabei empfiehlt es sich aus Gründen der Übersichtlichkeit und Verständlichkeit, die Angaben Dritter im Prospekt an der Stelle ihrer jeweiligen Nennung unmittelbar kenntlich zu machen und mit einer, zumeist in Klammern gesetzten, Quellenangabe zu versehen.[13] Aufzunehmen sind die Nennung des die Information erstellenden Dritten (z. B. Marktforschungsinstitut) und der Name der Studie sowie ihr Erscheinungsjahr, nicht jedoch die Nennung von Seitenzahlen einer Studie.[14]

---

13 *Schlitt/Schäfer*, in: Assmann/Schlitt/von Kopp-Colomb, WpPG/VerkProspG, EU-ProspektVO, Anhang I Rn. 305, Anhang III, Rn. 92; *Fingerhut/Voß*, in: Just/Voß/Ritz/Zeising, WpPG, EU-ProspektVO, Anhang I Rn. 448.
14 *Schlitt/Schäfer*, in: Assmann/Schlitt/von Kopp-Colomb, WpPG/VerkProspG, EU-ProspektVO, Anhang I Rn. 305, Anhang III, Rn. 93; *Alfes/Wieneke*, in: Holzborn, WpPG, EU-ProspektVO, Mindestangaben Anhang I Rn. 207; *Fingerhut/Voß*, in: Just/Voß/Ritz/Zeising, WpPG, EU-ProspektVO, Anhang I Rn. 449.

Anhang I Ziffer 24

24. EINSEHBARE DOKUMENTE

Abzugeben ist eine Erklärung dahingehend, dass während der Gültigkeitsdauer des Registrierungsformulars ggf. die folgenden Dokumente oder deren Kopien eingesehen werden können:

a) die Satzung und die Statuten des Emittenten;

b) sämtliche Berichte, Schreiben und sonstige Dokumente, historischen Finanzinformationen, Bewertungen und Erklärungen, die von einem Sachverständigen auf Ersuchen des Emittenten abgegeben wurden, sofern Teile davon in das Registrierungsformular eingeflossen sind oder in ihm darauf verwiesen wird;

c) die historischen Finanzinformationen des Emittenten oder im Falle eine Gruppe die historischen Finanzinformationen für den Emittenten und seine Tochtergesellschaften für jedes der Veröffentlichung des Registrierungsformulars vorausgegangenen beiden letzten Geschäftsjahre.

Anzugeben ist auch, wo in diese Dokumente entweder in Papierform oder auf elektronischem Wege Einsicht genommen werden kann.

Übersicht

	Rn.		Rn.
I. Inhalt der Erklärung	2	II. Dokumente	5

1 Nach Ziffer 24 ist eine Erklärung über die einsehbaren Dokumente sowie über den Ort und die Form der möglichen Einsichtnahme in den Prospekt aufzunehmen, die üblicherweise im Abschnitt „Allgemeine Informationen" unter einer eigenen Zwischenüberschrift erfolgt.

I. Inhalt der Erklärung

2 Die Vorgaben nach Ziffer 24 statuieren indes keine eigenständige Offenlegungspflicht, sondern knüpfen vielmehr an die „ggf." in den einzelnen Mitgliedstaaten bestehenden gesellschaftsrechtlichen Publizitätspflichten an.[1] Existieren derartige Dokumente bzw. Pflichten nicht, greift auch das entsprechende Angabeerfordernis nach Ziffer 24 nicht ein. Besteht hingegen eine Pflicht zur Offenlegung (etwa nach § 325 Abs. 1 HGB für die Jahresabschlüsse von Kapitalgesellschaften), ist nach dem Wortlaut grundsätzlich eine die genannten Dokumente beinhaltende Erklärung aufzunehmen.[2] In der Praxis hat sich die Auflistung der konkret für die Einsichtnahme zur Verfügung stehenden Dokumente etabliert.

---

[1] *Fingerhut/Voß*, in: Just/Voß/Ritz/Zeising, WpPG, EU-ProspektVO, Anhang I Rn. 451; *Alfes/Wieneke*, in: Holzborn, WpPG, EU-ProspektVO, Mindestangaben Anhang I Rn. 208; *Schlitt/Schäfer*, in: Assmann/Schlitt/von Kopp-Colomb, WpPG/VerkProspG, EU-ProspektVO, Anhang I Rn. 310.

[2] So auch *Schlitt/Schäfer*, in: Assmann/Schlitt/von Kopp-Colomb, WpPG/VerkProspG, EU-ProspektVO, Anhang I Rn. 307; weitergehend *Fingerhut/Voß*, in: Just/Voß/Ritz/Zeising, WpPG, EU-ProspektVO, Anhang I Rn. 451; *Alfes/Wieneke*, in: Holzborn, WpPG, EU-ProspektVO, Mindestangaben Anhang I Rn. 208, die eine detaillierte Auflistung für erforderlich halten.

Der Emittent hat nach Ziffer 24 auch anzugeben, an welchem Ort die Einsichtnahme erfolgen kann und ob die Dokumente für diese Zwecke in Papierform oder in elektronischer Form bereitgehaltenen werden. Als Ort wird üblicherweise der Sitz des Emittenten gewählt, an dem die Dokumente zumeist in Papierform bereitgehalten werden. Regelmäßig werden die Dokumente darüber hinaus auch gleichzeitig unter dem Internetauftritt des Emittenten zur Verfügung gestellt.

Üblicherweise wird die Erklärung nach Ziffer 24 um einen freiwilligen Hinweis auf die Erhältlichkeit künftiger Geschäfts- und Zwischenberichte des Emittenten[3] sowie um einen zusätzlichen freiwilligen Hinweis auf die am Ort der möglichen Einsichtnahme geltenden „üblichen Geschäftszeiten" ergänzt.

II. Dokumente

Ist der Emittent eine deutsche Aktiengesellschaft, muss die Erklärung im Regelfall zunächst die Satzung und die im Prospekt abgedruckten Konzern- und Einzelabschlüsse enthalten.[4] Für die in Ziffer 24 unter Abs. 1 lit. b) aufgeführten Dokumente hat CESR[5] klargestellt, dass der Zusatz für Dokumente, die „von einem Sachverständigen auf Ersuchen des Emittenten abgegeben wurden", in alleinigem Bezug zu den genannten Bewertungen und Erklärungen steht, so dass die Erklärung auch etwaige Sachverständigengutachten (beispielsweise das Wertgutachten, wenn es sich bei dem Emittenten um eine Immobiliengesellschaft im Sinne von Anhang XIX PropsketVO handelt) vorbehaltlich ihrer Aufnahme in den Prospekt beinhalten muss.[6] Da gemäß Ziffer 20.1 im Prospekt grundsätzlich die Abschlüsse der letzten drei Jahre wiedergegeben werden müssen, kommt den unter Ziffer 24 Abs. 1 lit. c) genannten historischen Finanzinformationen der beiden letzten Geschäftsjahre in der Regel kein eigener Anwendungsbereich neben den bereits durch Ziffer 24 Abs. 1 lit. b) erfassten Abschlüssen zu.[7]

---

3 *Schlitt/Schäfer*, in: Assmann/Schlitt/von Kopp-Colomb, WpPG/VerkProspG, EU-ProspektVO, Anhang I Rn. 311.
4 *Schlitt/Schäfer*, in: Assmann/Schlitt/von Kopp-Colomb, WpPG/VerkProspG, EU-ProspektVO, Anhang I Rn. 309.
5 CESR, Frequently asked questions regarding Prospectuses: Common positions agreed by CESR Members, 10th updated version, December 2009, CESR/09-1148, Tz. 72; ESMA-Questions and Answers – Prospectuses (25th Updated Version – July 2016), ESMA/2016/1133, Frage 72.
6 *Schlitt/Schäfer*, in: Assmann/Schlitt/von Kopp-Colomb, WpPG/VerkProspG, EU-ProspektVO, Anhang I Rn. 309.
7 *Schlitt/Schäfer*, in: Assmann/Schlitt/von Kopp-Colomb, WpPG/VerkProspG, EU-ProspektVO, Anhang I Rn. 309.

Anhang I Ziffer 25

25. ANGABEN ÜBER BETEILIGUNGEN

Beizubringen sind Angaben über Unternehmen, an denen der Emittent einen Teil des Eigenkapitals hält, dem bei der Bewertung seiner eigenen Vermögens-, Finanz- und Ertragslage voraussichtlich eine erhebliche Bedeutung zukommt.

1 Nach Ziffer 25 sind in den Prospekt Angaben über Unternehmen aufzunehmen, an denen der Emittent einen Teil des Eigenkapitals hält, soweit diesem bei der Bewertung seiner eigenen Vermögens-, Finanz- und Ertragslage voraussichtlich eine erhebliche Bedeutung zukommt. Die Angaben nach Ziffer 25 ergänzen die nach 7.2 (wichtigste Tochtergesellschaften) erforderliche Darstellung der wichtigsten Tochtergesellschaften und sind in der Regel im Abschnitt „Allgemeine Angaben über den Emittenten" in Form einer einheitlichen tabellarischen Übersicht enthalten.[1] Während es im Rahmen der Darstellung nach Ziffer 7.2 primär um eine Einschätzung des Emittenten hinsichtlich der Bedeutung seiner Tochtergesellschaften und anderen mit ihm verbundenen Beteiligungen für die Gruppe des Emittenten geht, steht im Rahmen von Ziffer 25 die (voraussichtliche) Relevanz für die Bewertung der Vermögens-, Finanz- und Ertragslage des Emittenten im Vordergrund. Letztendlich werden Ziffer 7.2 und Ziffer 25 in der Praxis aber „zusammen gelesen" und ihre Anforderungen in einer einheitlichen Tabelle erfüllt.[2]

2 Unter welchen Umständen einer Beteiligung eine offenlegungspflichtige (voraussichtlich) erhebliche Bedeutung beizumessen ist, wird von der Prospektverordnung nicht definiert. Nach den diesbezüglichen CESR-Empfehlungen[3] sind Angaben jedenfalls für solche Unternehmen erforderlich, an denen der Emittent eine direkte oder indirekte Beteiligung hält, deren Buchwert mindestens 10 % des Eigenkapitals des Emittenten (unter Einschluss der Rücklagen) oder mindestens 10 % des Gewinns oder Verlustes des Emittenten ausmacht. Bei Vorliegen eines Konzerns sind hingegen die Schwellenwerte von mindestens 10 % des konsolidierten Konzernnettovermögens oder 10 % des Konzernreingewinns/-verlusts maßgeblich. Darüber hinaus kann sich auch für weitere Beteiligungen eine gesonderte erhebliche Bedeutung ergeben, etwa im Fall ihrer besonderen strategischen Bedeutung.[4]

3 Der Umfang der nach Ziffer 25 zu machenden Angaben umfasst nach CESR[5] den Namen und Sitz der Beteiligungsgesellschaft, den Unternehmensgegenstand, den vom Emittenten gehaltenen Anteil am Kapital und – falls nicht identisch – der gehaltenen Stimmrechte, das

---

[1] *Alfes/Wieneke*, in: Holzborn, WpPG, EU-ProspektVO, Mindestangaben Anhang I Rn. 209 und *Fingerhut/Voß*, in: Just/Voß/Ritz/Zeising, WpPG, EU-ProspektVO, Anhang I Rn. 457 weisen darauf hin, dass Finanzbeteiligungen (unter Aufnahme eines entsprechenden Hinweises) im Abschnitt über die Vermögens-, Finanz- und Ertragslage des Emittenten nach Anhang I Ziffer 9 ProspektVO dargestellt werden sollten.
[2] Siehe vorstehend zu Ziffer 7.2. Rn. 4.
[3] CESR's recommendations for the consistent implementation of the European Commission's Regulation on Prospectuses n° 809/2004, January 2005, CESR/05-054b, Tz. 161.
[4] *Schlitt/Schäfer*, in: Assmann/Schlitt/von Kopp-Colomb, WpPG/VerkProspG, EU-ProspektVO, Anhang I Rn. 312. Vgl. ferner zu den mit der im Wege der Sacheinlage erfolgenden Übertragung eines Aktienpakets auf eine 100 %-ige Konzerntochter (sogenannte „Umhängung") verbundenen (bilanzrechtlichen) Risiken und ihren Auswirkungen auf den Einzelabschluss des Emittenten als Bemessungsgrundlage der Dividendenausschüttung BGH, NZG 2015, 20 (Telekom-Musterentscheid).
[5] CESR's recommendations for the consistent implementation of the European Commission's Regulation on Prospectuses n° 809/2004, January 2005, CESR/05-054b, Tz. 160, 162.

Grundkapital, Rückstellungen, den Gewinn bzw. Verlust aus gewöhnlicher Geschäftstätigkeit nach Steuern für das letzte abgeschlossene Geschäftsjahr, den vom Emittenten für die gehaltene Beteiligung veranschlagten Buchwert, auf die Beteiligung ggf. ausstehende Einzahlungen, den Betrag der im letzten Geschäftsjahr erhaltenen Dividendenzahlungen sowie die Bezifferung der jeweils gegenseitigen Verschuldung im Verhältnis des Emittenten zu der Beteiligungsgesellschaft. CESR stellte jedoch klar, dass es sich bei diesem Katalog keinesfalls um statische Vorgaben handele, sondern vielmehr unter bestimmten Umständen (etwa bei Beteiligungen lediglich vorübergehender Natur, keiner Veröffentlichung eines Jahresabschlusses durch die Beteiligungsgesellschaft oder für den Fall der Veröffentlichung eines Konzernabschlusses durch den Emittenten) von der Aufnahme einzelner Angabeerfordernisse abgesehen werden könne.[6]

Zusätzlich zu den Angaben über wesentliche Beteiligungen verlangte CESR[7] über den Wortlaut von Ziffer 25 hinaus ebenfalls die Offenlegung des Namens, des Sitzes und des vom Emittenten gehaltenen Kapitalanteils für Beteiligungsgesellschaften, an denen der Emittent mindestens 10 % des Kapitals hält.

---

[6] CESR's recommendations for the consistent implementation of the European Commission's Regulation on Prospectuses n° 809/2004, January 2005, CESR/05-054b, Tz. 162 ff.; vgl. dazu ausführlich *Schlitt/Schäfer*, in: Assmann/Schlitt/von Kopp-Colomb, WpPG/VerkProspG, EU-ProspektVO, Anhang I Rn. 314.

[7] CESR's recommendations for the consistent implementation of the European Commission's Regulation on Prospectuses n° 809/2004, January 2005, CESR/05-054b, Tz. 165.

Anhang II
Modul für Pro forma-Finanzinformationen

1. Die Pro forma-Informationen müssen eine Beschreibung der jeweiligen Transaktion, der dabei beteiligten Unternehmen oder Einheiten sowie des Zeitraums, über den sich die Transaktion erstreckt, umfassen und eindeutig folgende Angaben enthalten:
   a) Zweck ihrer Erstellung;
   b) Tatsache, dass die Erstellung lediglich zu illustrativen Zwecken erfolgt;
   c) Erläuterung, dass die Pro forma-Finanzinformationen auf Grund ihrer Wesensart lediglich eine hypothetische Situation beschreiben und folglich nicht die aktuelle Finanzlage des Unternehmens oder seine aktuellen Ergebnisse widerspiegeln.
2. Zur Darstellung der Pro forma-Finanzinformationen kann die Bilanz sowie die Gewinn- und Verlustrechnung eingefügt werden, denen ggf. erläuternde Anmerkungen beizufügen sind.
3. Pro forma-Finanzinformationen sind in der Regel in Spaltenform zu präsentieren und sollten Folgendes enthalten:
   a) die historischen unberichtigten Informationen;
   b) die Pro forma-Bereinigungen
      und
   c) die resultierenden Pro forma-Finanzinformationen in der letzten Spalte.

   Anzugeben sind die Quellen der Pro forma-Finanzinformationen. Ggf. sind auch die Jahresabschlüsse der erworbenen Unternehmen oder Einheiten dem Prospekt beizufügen.
4. Die Pro forma-Informationen sind auf eine Art und Weise zu erstellen, die mit den vom Emittenten in den letzten Jahresabschlüssen zu Grunde gelegten Rechnungslegungsstrategien konsistent sind, und müssen Folgendes umfassen:
   a) die Grundlage, auf der sie erstellt wurden;
   b) die Quelle jeder Information und Bereinigung.
5. Pro forma-Informationen dürfen lediglich in folgendem Zusammenhang veröffentlicht werden:
   a) den derzeitigen Berichtszeitraum;
   b) den letzten abgeschlossenen Berichtszeitraum
      und/oder
   c) den letzten Zwischenberichtszeitraum, für den einschlägige unberichtete Informationen veröffentlicht wurden oder noch werden bzw. im gleichen Dokument publiziert werden.
6. Pro forma-Berichtigungen in Bezug auf Pro forma-Finanzinformationen müssen:
   a) klar ausgewiesen und erläutert werden;
   b) direkt der jeweiligen Transaktion zugeordnet werden;
   c) mit Tatsachen unterlegt werden.

   In Bezug auf eine Pro forma-Gewinn- und Verlustrechnung bzw. Pro forma-Kapitalflussrechnung müssen sie klar in Berichtigungen unterteilt werden, die für den

Emittenten einen bleibenden Einfluss zeitigen, und jene, bei denen dies nicht der Fall ist.

7. In dem von unabhängigen Buchprüfern oder Abschlussprüfern erstellten Bericht ist anzugeben, dass ihrer Auffassung nach:
   a) die Pro forma-Finanzinformationen ordnungsgemäß auf der angegebenen Basis erstellt wurden,
   und
   b) dass diese Grundlage mit den Rechnungslegungsstrategien des Emittenten konsistent ist.

Übersicht

Rn.

I. Allgemeine Anforderungen 2
1. Beschreibung des Gegenstandes 3
2. Zweck ihrer Erstellung (Ziff. 1 lit. a)) 5
3. Erstellung zu illustrativen Zwecken (Ziff. 1 lit. b)). 6
4. Erläuterung des hypothetischen Charakters (Ziff. 1 lit. c)). 7

II. Bestandteile von Pro forma-Finanzinformationen (Ziff. 2). 9
1. Pro forma-Bilanz 10
2. Pro forma-Gewinn- und Verlustrechnung 11
3. Pro forma-Kapitalflussrechnung . . . 13
4. Pro forma-Ergebnis pro Aktie 14
5. Pro forma-Erläuterungen 15
   a) Einleitender Abschnitt 16
   b) Grundlagen der Erstellung 19
   c) Erläuterung der Pro forma-Anpassungen 20

III. Darstellung von Pro forma-Finanzinformationen (Ziff. 3). 21

Rn.

1. Zugrunde liegende historische Finanzinformationen bzw. Ausgangszahlen 24
2. Pro forma-Anpassungen 25
3. Pro forma-Finanzinformationen . . . 26

IV. Art der Erstellung von Pro forma-Finanzinformationen (Ziff. 4) 28
1. Bilanzkontinuität und Methodenstetigkeit. 28
2. Angaben zu den Grundlagen 31

V. Von Pro forma-Finanzinformationen darzustellende Zeiträume (Ziff. 5) . . 32
1. Derzeitiger Berichtszeitraum. 33
2. Letzter abgeschlossener Berichtszeitraum 35
3. Letzter Zwischenberichtszeitraum. . 36

VI. Pro forma-Anpassungen (Ziff. 6) . . . 39

VII. Bescheinigung (Ziff. 7) 44
1. Inhalt der Bescheinigung 44
2. Erforderliche Prüfungshandlungen . 46

Anhang II der EU-Prospektverordnung konkretisiert die Anforderungen der EU-Prospektverordnung an Pro forma-Finanzinformationen in zweifacher Hinsicht. Zum einen werden Mindestanforderungen an Art und Umfang der Darstellung festgelegt. Zum anderen wird aber auch die Reichweite von Pro forma-Finanzinformationen begrenzt und zwar in Bezug auf die Bestandteile von Pro forma-Finanzinformationen sowie auf die zeitliche Reichweite einer Pro forma-Betrachtung. In Deutschland sind bei der Auslegung dieser Anforderungen ferner die hierzu vom Institut der Wirtschaftsprüfer in Deutschland erlassenen Berufsstandards zur Erstellung[1] und zur Prüfung[2] von Pro forma-Finanzinformationen zu berücksichtigen. Dem IDW kommt als privater berufsständischer Organisation der Wirtschaftsprüfer zwar keine unmittelbare rechtliche Legitimation zur Ausgestaltung des Wertpapier-

1

---

[1] IDW Rechnungslegungshinweis: Erstellung von Pro forma-Finanzinformationen (IDW RH HFA 1.004), veröffentlicht in WPg 2006, 141.
[2] IDW Prüfungshinweis: Prüfung von Pro forma-Finanzinformationen (IDW PH 9.960.1), veröffentlicht in WPg 2006, 133 ff.

Anhang II Modul für Pro forma-Finanzinformationen

aufsichtsrechts zu. Faktisch strahlen seine Standards jedoch durch die berufsständischen Sorgfaltsanforderungen dennoch auf die Auslegung der EU-Prospektverordnung jedenfalls in Deutschland aus, da Wirtschaftsprüfer die nach Anhang II Ziff. 7 der EU-Prospektverordnung erforderliche Bescheinigung nur bei Einhaltung ihrer berufsständischen Vorgaben erteilen.[3] Die BaFin akzeptiert jedenfalls Pro forma-Finanzinformationen, die nach dem diesbezüglichen IDW-Rechungslegungshinweis erstellt wurden sowie Bescheinigungen, die auf der Grundlage des dafür erlassenen IDW-Prüfungshinweises erteilt worden sind.[4]

I. Allgemeine Anforderungen

2   Pro forma-Finanzinformationen dürfen sich nicht nur auf die reine Darstellung von Finanzangaben beschränken. Vielmehr sind sie zu ihrem besseren Verständnis und zur Vermeidung von Missverständnissen über ihren Aussagegehalt in den Kontext des von ihnen dargestellten fiktiven Sachverhalts zu setzen und mit diesbezüglichen Warnhinweisen zu versehen. Im Einzelnen sind dazu nach Ziff. 1 des Anhangs II die folgenden Angaben zu machen.

1. Beschreibung des Gegenstandes

3   Die Pro forma-Finanzinformationen müssen zunächst die **Transaktion** beschreiben, deren Folgen sie fiktiv auf den jeweiligen Berichtszeitraum projizieren. Dazu gehört insbesondere eine Bezeichnung der beteiligten Unternehmen oder Geschäftseinheiten. Ferner sind zum besseren Verständnis auch die Struktur der Transaktion, insbesondere der konkrete **Erwerbsgegenstand** und der **Erwerbsvorgang** (z.B. Übertragung von Geschäftsanteilen aller oder einzelner Vermögensgegenstände eines bestimmten Geschäftsbetriebs etc.) zu beschreiben.

4   Ferner soll der **Zeitraum**, über den sich die Transaktion erstreckt, beschrieben werden. Diese Formulierung der deutschen Sprachfassung der Ziff. 1 des Anhangs II ist missverständlich. Ein Vergleich mit der englischsprachigen Version[5] ergibt, dass vermutlich stattdessen der Zeitraum gemeint ist, auf den sich die Pro forma-Finanzinformationen beziehen, also der Berichtszeitraum, auf dessen Beginn der Vollzug der Transaktion fingiert wird.

2. Zweck ihrer Erstellung (Ziff. 1 lit. a))

5   In Pro forma-Finanzinformationen ist weiterhin darzustellen, warum sie neben den historischen Finanzinformationen in den Prospekt aufgenommen werden (so auch schon Art. 5

---

3 Darauf weist zu Recht auch *Fingerhut*, in: Just/Voß/Ritz/Zeising, WpPG, EU-ProspektVO Anhang II Rn. 6, hin; zur Entstehungsgeschichte von IDW-Rechnungslegungshinweis und Prüfungshinweis sowie deren Bedeutung im Berufsrecht der Wirtschaftsprüfer *Kunold*, in: Assmann/Schlitt/von Kopp-Colomb, WpPG/VerkProspG, EU-ProspektVO Anhang II Rn. 2.

4 *Fingerhut*, in: Just/Voß/Ritz/Zeising, WpPG, EU-ProspektVO Anhang II Rn. 6, 55; *Kunold*, in: Assmann/Schlitt/von Kopp-Colomb, WpPG/VerkProspG, EU-ProspektVO Anhang II Rn. 2.

5 „*The pro forma information must include a description of the transaction, the businesses or entities involved and the period to which it refers, and must clearly state the following*".

Abs. 2 EU-Prospektverordnung). Hierbei ist zunächst darauf einzugehen, dass die Folgen der darin abgebildeten Transaktion so wesentlich sind, dass die Verhältnisse des Emittenten nach vollzogener Transaktion in dessen historischen Finanzinformationen nicht mehr zutreffend dargestellt werden, sodass sich aus diesen auch nur noch eingeschränkt Schlussfolgerungen für die Zukunftsaussichten des Emittenten ableiten lassen.

3. Erstellung zu illustrativen Zwecken (Ziff. 1 lit. b))

Zudem hat in Abgrenzung zu den historischen Finanzinformationen ein Hinweis darauf zu erfolgen, dass die Pro forma-Finanzinformationen lediglich zu illustrativen Zwecken erstellt werden. Das bedeutet, die möglichen Folgen der Transaktion werden veranschaulicht, können aber nicht mit demselben Grad an Sicherheit beschrieben werden wie in historischen Finanzinformationen. Mit hinreichender Gewissheit lassen sich diese erst anhand der tatsächlichen Informationen des Rechnungswesens nach erfolgtem Vollzug und frühestens in der ersten Berichtsperiode, die vollständig nach dem tatsächlichen Vollzugstermin liegt, ermitteln. Hinzu kommt, dass erst nach Vollzug der Transaktion eine vollständige Anpassung der Systeme des Rechnungswesens einer Zielgesellschaft an jene des Emittenten erfolgen kann. Auch lässt sich erst dann eine konsistente Anwendung der Rechnungslegungsgrundsätze des Emittenten sicherstellen, insbesondere im Hinblick auf in den einschlägigen Rechnungslegungsstandards eingeräumte Wahlrechte.

6

4. Erläuterung des hypothetischen Charakters (Ziff. 1 lit. c))

Eng mit dem Vorstehenden verbunden ist die Erläuterung des hypothetischen Charakters von Pro forma-Finanzinformationen. Klarzustellen ist insoweit, dass diese notwendigerweise eine hypothetische Situation beschreiben. Denn der darin dargestellte Lebenssachverhalt hat so nie stattgefunden. Sie bilden damit zwangsläufig nur eine von vielen theoretisch möglichen Fallgestaltungen ab, da die abgebildete konsolidierte Einheit tatsächlich so in dem fraglichen Zeitraum nicht bestanden hat und damit fiktive Geschäftsvorfälle unterstellt werden müssen, die sich so nie ereignet haben.[6] Folglich ist klarzustellen, dass Pro forma-Finanzinformationen gerade nicht die aktuelle tatsächliche Finanz- oder Ertragslage des Unternehmens des Emittenten ausweisen.

7

Diese allgemeinen Hinweise zu Gegenstand, Zweck und Natur der Pro forma-Finanzinformationen nach Ziff. 1 a – c des Anhangs II sind nach dem IDW-Prüfungshinweis in den einleitenden Abschnitt der Pro forma-Erläuterungen aufzunehmen (siehe dazu Rn. 16).[7]

8

II. Bestandteile von Pro forma-Finanzinformationen (Ziff. 2)

Nach Ziff. 20.2 des Anhangs I sind in den Pro forma-Finanzinformationen die Auswirkungen der abzubildenden Transaktion auf Aktiva und Passiva sowie die Erträge des Emittenten darzustellen. Daraus ergibt sich naheliegender Weise, dass Pro forma-Finanzinforma-

9

---

6 IDW RH HFA 1.004, Tz. 34; dazu auch *Kunold*, in: Assmann/Schlitt/von Kopp-Colomb, WpPG/VerkProspG, EU-ProspektVO Anhang I Rn. 215.
7 Dazu auch IDW RH HFA 1.004, Tz. 2.

Anhang II Modul für Pro forma-Finanzinformationen

tionen eine **Bilanz** sowie eine **Gewinn- und Verlustrechnung** enthalten können, wie Ziff. 2 des Anhangs II ausdrücklich erwähnt. Aus der Formulierung „kann unter Umständen" ist dabei zu entnehmen, dass nicht zwingend beide Bestandteile zu erstellen sind. Welche Bestandteile im Einzelnen erforderlich sind, hängt von den Umständen des Einzelfalles, insbesondere dem Zeitpunkt des Vollzugs der abzubildenden Unternehmenstransaktion ab. Beispiele für die je nach Zeitpunkt der Transaktion und der Prospektveröffentlichung erforderlichen Bestandteile von Pro forma-Finanzinformationen finden sich in den Ausführungen von ESMA in ihren „Questions and Answers Prospectuses"[8] sowie im IDW-Rechnungslegungshinweis.[9] Keinesfalls ist es also nach der EU-Prospektverordnung erforderlich, dass Pro forma-Finanzinformationen sämtliche für einen vollständigen Abschluss nach den IFRS vorgesehenen Bestandteile enthalten.[10] Daher handelt es sich in der Praxis bei Pro forma-Finanzinformationen auch in aller Regel nicht um vollständige Abschlüsse.[11]

1. Pro forma-Bilanz

10 Die **Pro forma-Bilanz** veranschaulicht die Auswirkungen der Transaktion auf die Bilanz des Emittenten, also auf seine **Aktiva und Passiva**. In der Pro forma-Bilanz wird unterstellt, dass die Transaktion zum Bilanzstichtag bereits vollzogen wurde. Daraus ergibt sich, dass auf eine Pro forma-Bilanz verzichtet werden kann, wenn der Vollzug der betreffenden Transaktion bereits vor dem Stichtag des letzten (Zwischen-)Abschlusses des Emittenten erfolgte. In diesen Fällen sind nämlich die bilanziellen Auswirkungen bereits in der Bilanz jenes Abschlusses abgebildet.[12] Denn die Bilanz stellt als **zeitpunktbezogene Darstellung** Aktiva und Passiva (also von Bestandsgrößen) zum jeweiligen Bilanzstichtag gegenüber.[13] Die auf einen Stichtag nach Vollzug einer Transaktion aufgestellte Bilanz bildet also die Auswirkungen jener Transaktion auf die Bilanzpositionen bereits vollumfänglich ab. Der hypothetischen Betrachtung einer Pro forma-Bilanz bedarf es daher nicht.

2. Pro forma-Gewinn- und Verlustrechnung

11 Eine **Pro forma-Gewinn- und Verlustrechnung** soll darstellen, wie sich die **Aufwendungen und Erträge** des Emittenten im jeweiligen Berichtszeitraum (wohl) entwickelt hätten, wenn die Unternehmenstransaktion bereits zu Beginn jenes Berichtszeitraumes vollzogen gewesen wäre.[14] Während – wie ausgeführt – bisweilen auf eine Pro forma-Bilanz verzich-

---

8 ESMA-Questions and Answers – Prospectuses (25th Updated Version – July 2016), Antworten zu Fragen 50 und 51.
9 IDW RH HFA 1.004, Tz. 11.
10 IAS 1.10 sieht die folgenden Bestandteile vor: Bilanz, Gesamtergebnisrechnung, Eigenkapitalveränderungsrechnung, Kapitalflussrechnung sowie Anhang (Notes), ferner bei retrospektiv angewandten Bilanzierungsmethoden eine Eröffnungsbilanz der frühesten Vergleichsperiode, vgl. *Nonnenmacher*, in: Marsch-Barner/Schäfer, Handbuch börsennotierte AG, § 56 Rn. 8 f..
11 *d'Arcy*, in: Holzborn, WpPG, Anh. II EU-ProspV Rn. 14; *Kunold*, in: Assmann/Schlitt/von Kopp-Colomb, WpPG/VerkProspG, EU-ProspektVO Anhang II Rn. 6.
12 ESMA-Questions and Answers – Prospectuses (25th Updated Version – July 2016), Frage 50 unter A, Case 1; IDW RH HFA 1.004, Tz. 9.
13 Zum Zeitpunkt- und Bestandsbezug der Bilanz vgl. *Böcking/Gros*, in: Wiedmann/Böcking/Gros, Bilanzrecht, § 242 Rn. 12; *Baetge/Kirsch/Thiele*, Bilanzen, 2. Aufl. 2012, S. 2.

tet werden kann, hat die Pro forma-Gewinn- und Verlustrechnung einen weiteren Anwendungsbereich. Denn anders als die auf den Stichtag am Ende eines Berichtszeitraumes bezogene Bilanz ist die Gewinn-und Verlustrechnung **periodenbezogen**, das heißt stellt die Entwicklung der Ertragslage des Emittenten über den gesamten Berichtszeitraum dar und berichtet nicht nur statisch über die (Vermögens-)Lage an dessen Ende.[15]

Wurde also eine zu einer bedeutenden Bruttoveränderung führende Transaktion vor dem Stichtag des letzten (Zwischen-)Abschlusses des Emittenten vollzogen, sodass die auf jenen Stichtag aufgestellte Bilanz bereits die Auswirkungen der Transaktion berücksichtigt und auf eine Pro forma-Bilanz verzichtet werden kann (s. o. Rn. 10), gilt dies nicht für die Pro forma-Gewinn- und Verlustrechnung. Denn die Gewinn- und Verlustrechnung jenes Abschlusses bildet die Ergebnisse eines während des Berichtszeitraumes erworbenen Unternehmens nur zeitanteilig ab dem Zeitpunkt des Vollzuges des Erwerbs ab.[16] Deshalb wird zur Darstellung der Auswirkungen der Transaktion auf die Erträge des Emittenten ggf. die Erstellung einer **Pro forma-Gewinn- und Verlustrechnung** erforderlich. Darin wird dann unterstellt, dass die Transaktion zu Beginn des Berichtszeitraumes stattgefunden hat, d. h. es werden sämtliche Erträge eines hinzuerworbenen Unternehmens in der Periode berücksichtigt (also auch solche, die vor dem Vollzug des in die Periode fallenden Erwerbs erzielt wurden).

12

3. Pro forma-Kapitalflussrechnung

Zusätzlich kann auch eine **Pro forma-Kapitalflussrechnung** erstellt werden. Sie wird freilich in Anhang II Ziff. 6 Abs. 2 nur beiläufig erwähnt, bei den Bestandteilen von Pro forma-Finanzinformationen nach Ziff. 2 des Anhangs II jedoch nicht aufgeführt. Daraus ist zu schließen, dass sie jedenfalls keinen Pflichtbestandteil von Pro forma-Finanzinformationen darstellt.[17]

13

4. Pro forma-Ergebnis pro Aktie

Über die Vorgaben des Anhangs II hinaus empfiehlt das IDW ferner, auch das **Pro forma-Ergebnis pro Aktie** aufzunehmen, wenn dies nach Rechnungslegungsstandards erforderlich ist, nach denen die den Pro forma-Finanzangaben zugrunde liegenden Ausgangszahlen erstellt wurden.[18] Nach Ziff. 20.1 Abs. 1 des Anhangs I sind die in den Prospekt aufzunehmenden historischen Finanzinformationen grds. nach den in der Europäischen Union geltenden IFRS zu erstellen. Diese sehen in IAS 33 Ziff. 2(b)(i), Ziff. 9 für die Konzernab-

14

---

14 IDW Rechnungslegungshinweis: Erstellung von Pro forma-Finanzinformationen (IDW RH HFA 1.004), Tz. 8, veröffentlicht in WPg 2006, 141.
15 Zur Natur der Gewinn- und Verlustrechnung als zeitraumbezogenes Informationsinstrument vgl. *Böcking/Gros*, in: Wiedmann/Böcking/Gros, Bilanzrecht, § 242 Rn. 13; *Baetge/Kirsch/Thiele*, Bilanzen, 2. Aufl. 2012, S. 3.
16 IDW Rechnungslegungshinweis: Erstellung von Pro forma-Finanzinformationen (IDW RH HFA 1.004), Tz. 4, 8, veröffentlicht in WPg 2006, 141; zur Abgrenzung der Erträge erworbener Unternehmen vgl. auch *Lüdenbach/Hoffmann/Freiberg*, IFRS-Kommentar, 13. Aufl. 2015, § 31 Rn. 28.
17 Ebenso wohl IDW RH HFA 1.004, Tz. 7 („kann zusätzlich erstellt werden").
18 IDW Rechnungslegungshinweis: Erstellung von Pro forma-Finanzinformationen (IDW RH HFA 1.004), Tz. 7.

Anhang II Modul für Pro forma-Finanzinformationen

schlüsse von Unternehmen, deren Stammaktien öffentlich gehandelt werden oder die die Börsennotierung ihrer Stammaktien in die Wege geleitet haben, vor, das Ergebnis pro Aktie nach näherer Maßgabe dieses Standards auszuweisen.[19] Wird ein Pro forma-Ergebnis pro Aktie aufgenommen, ist dies unter der Pro forma-Gewinn- und Verlustrechnung anzugeben.[20]

5. Pro forma-Erläuterungen

15 Nach Ziff. 2 des Anhangs II sind den Pro forma-Finanzinformationen „ggf. **erläuternde Anmerkungen**" beizufügen. In der englischen Sprachfassung heißt es dazu, dass solche erläuternde Anmerkungen (*accompanying examplatory notes*) abhängig von den Umständen des Enzelfalles (*depending on the circumstances*) aufgenommen werden können. ESMA ist dagegen der Auffassung, dass erläuternde Anmerkungen in allen Fällen von Pro forma-Finanzinformationen in den Prospekt aufzunehmen sind, damit die Anleger die aufgenommenen Pro forma-Finanzinformationen nachvollziehen können.[21] Dementsprechend sieht auch der IDW-Rechnungslegungshinweis Pro forma-Erläuterungen als Pflichtbestandteil vor.[22] Der IDW-Rechnungslegungshinweis macht dabei detaillierte Vorgaben für die Gliederung von Pro forma-Erläuterungen, die wie folgt aufgebaut werden sollen. Im Einzelnen sollen sie aus drei Abschnitten bestehen:

a) Einleitender Abschnitt

16 Im einleitenden Abschnitt soll der **Grund** für die Erstellung der Pro forma-Finanzinformationen dargestellt werden. Ferner ist darauf hinzuweisen, dass sie nur zu **illustrativen Zwecken** erstellt wurden und sie notwendigerweise nur eine **hypothetische Situation** beschreiben und folglich nicht die tatsächliche Vermögens-, Finanz- und Ertragslage des Emittenten widerspiegeln.[23] Nach dem IDW-Rechnungslegungshinweis sind also die Pro forma-Erläuterungen einzuleiten mit den Angaben nach Ziff. 1 des Anhangs II (dazu s. o. Rn. 2 ff.).

17 Des Weiteren soll der einleitende Abschnitt die **historischen Finanzinformationen** erläutern, die in den Ausgangszahlen (zum Begriff und zur Abgrenzung zu den historischen Finanzinformationen sogleich in diesem Absatz) enthalten sind, die den Pro forma-Finanzinformationen zugrundeliegen. Dabei kann ggf. in Bezug auf die den Ausgangszahlen zugrunde liegenden Rechnungslegungsgrundsätze sowie die Ausweis-, Bilanzierungs- und Bewertungsmethoden auf den Anhang des letzten Jahres- bzw. Konzernabschlusses des Emittenten verwiesen werden. In Bezug auf die Ausgangszahlen des erworbenen Unternehmens ist ferner zu erläutern, wie die **Anpassung** von dessen historischen Zahlen an die Methoden des Emittenten erfolgte. Wegen dieser Anpassungen wird im IDW-Rechnungslegungshinweis der Begriff „**Ausgangszahlen**" verwendet, weil es sich in Bezug auf das

---

19 Dazu *Lüdenbach/Hofmann/Freiberg*, IFRS-Kommentar, § 35; *Wiechmann/Scharfenberg*, in: Driesch/Riese/Schlüter/Senger, Beck'sches IFRS-Handbuch, § 16.
20 IDW RH HFA 1.004, Tz. 7.
21 ESMA-Questions and Answers – Prospectuses (25th Updated Version – July 2016), Frage 51 unter A; ebenso *Fingerhut*, in: Just/Voß/Ritz/Zeising, WpPG, EU-ProspektVO Anhang II Rn. 13; *Kunold*, in: Assmann/Schlitt/von Kopp-Colomb, WpPG/VerkProspG, EU-ProspektVO Anhang II Rn. 8.
22 Dazu auch IDW RH HFA 1.004, Tz. 7.
23 IDW RH HFA 1.004, Tz. 34.

einzubeziehende Unternehmen (anders als im Hinblick auf den Emittenten) insoweit nicht exakt um die Zahlen aus dem ursprünglich von der jeweiligen Gesellschaft originär erstellten Abschluss handelt. Ferner ist anzugeben, ob die Ausgangszahlen bzw. historischen Finanzinformationen **geprüft oder ungeprüft** sind und ob diese zusammen mit den Pro forma-Finanzinformationen oder zuvor **veröffentlicht** wurden oder werden. Dabei ist freilich darauf hinzuweisen, dass die Bescheinigung eines Wirtschaftsprüfers nach Anhang II Ziff. 7 regelmäßig nur erteilt werden dürfte, wenn die Ausgangszahlen geprüft oder prüferisch durchgesehen wurden. Dies ergibt sich mittelbar aus dem vom IDW herausgegebenen Prüfungshinweis, der die für deutsche Wirtschaftsprüfer maßgeblichen berufsrechtlichen Vorgaben für die Erteilung einer solchen Bescheinigung regelt. Danach muss sich der Wirtschaftsprüfer vor Annahme des Auftrages zur Prüfung von Pro forma-Finanzinformationen (jedenfalls aber vor Erteilung einer diesbezüglichen Bescheinigung) in ausreichendem Maße mit der Geschäftstätigkeit der Unternehmen, deren Abschlüsse Grundlage der Pro forma-Finanzinformationen sind, sowie deren Rechnungslegungsgrundsätzen und -methoden vertraut machen.[24] Diese Kenntnisse gewinnt der Prüfer regelmäßig im Rahmen einer Prüfung oder prüferischen Durchsicht. Hat er diese nicht selbst durchgeführt, muss er eigenverantwortlich entscheiden, wie er die notwendigen Kenntnisse erlangen kann. Dafür wird der Prüfer zumindest den im Rahmen einer Prüfung erstellten Prüfungsbericht (§ 321 HGB) bzw. einen erstellten Bericht über eine prüferische Durchsicht zu lesen haben. Da eine Pflicht zur Erstellung eines Berichts über eine prüferische Durchsicht jedoch nicht besteht,[25] wird der Prüfer ggf. Auskünfte von den gesetzlichen Vertretern des betreffenden Unternehmens oder dessen Abschlussprüfer zu erfragen haben. Die BaFin versteht diese Vorgaben offenbar dahingehend, dass Ausgangsbasis für Pro forma-Finanzinformationen grds. geprüfte oder prüferisch durchgesehene Finanzinformationen sein sollte.[26]

Im einleitenden Abschnitt der Pro forma-Erläuterungen soll schließlich soll darauf hingewiesen werden, dass die Pro forma-Finanzinformationen nur zusammen mit den jeweiligen Jahres-, Konzern- bzw. Zwischenabschlüssen des Emittenten aussagekräftig sind.[27]

b) Grundlagen der Erstellung

In einem Abschnitt „Grundlagen der Erstellung" soll die **Herleitung** der Pro forma-Finanzinformationen aus den Ausgangszahlen beschrieben werden. Dabei ist zunächst die in den Pro forma-Finanzinformationen abgebildete **Unternehmenstransaktion** darzustellen. Sodann ist auf deren **Auswirkungen** auf die Unternehmensstruktur des Emittenten einzugehen. Schließlich sind die **Pro forma-Annahmen** zu beschreiben, auf deren Grundlage die Pro forma-Anpassungen vorgenommen wurden.[28]

---

24 In diesem Sinne auch *Winkeljohann/Almeling*, in: Winkeljohann/Förschle/Deubert, Sonderbilanzen, Kapitel F Rn. 77.
25 *Klein*, in: WP-Handbuch 2014, Kapitel J Rn. 92.
26 *Arnold/Lehmann*, 4. Workshop der BaFin „Praxiserfahrungen mit dem Wertpapierprospektgesetz (WpPG)", Präsentation „'Complex Financial History' und weitere Neuerungen bei den Finanzinformationen" vom 4.9.2007, S. 13.
27 IDW RH HFA 1.004, Tz. 34.
28 IDW RH HFA 1.004, Tz. 35.

Anhang II Modul für Pro forma-Finanzinformationen

c) **Erläuterung der Pro forma-Anpassungen**

20 Der nun folgende Abschnitt soll sodann im Detail die einzelnen Pro forma-Anpassungen darstellen und zwar so umfassend, dass diese nachvollzogen werden können. Der IDW-Rechnungslegungshinweis enthält weitere detaillierte Gliederungsvorgaben, auf die an dieser Stelle verwiesen wird.[29] Die tabellarisch dargestellten Pro forma-Finanzinformationen (dazu s. u. Rn. 27) selbst sollen mittels Fußnoten, die auf den betreffenden Erläuterungsabschnitt verweisen, mit den Pro forma-Erläuterungen verknüpft werden.[30]

III. Darstellung von Pro forma-Finanzinformationen (Ziff. 3)

21 Pro forma-Finanzinformationen sind nach Ziff. 3 des Anhangs II in der Regel in Spaltenform darzustellen. Dabei sollten die einzelnen Spalten Folgendes enthalten:
– die zugrunde liegenden historischen Finanzinformationen;
– die Pro forma-Anpassungen und
– die sich daraus ergebenden Pro forma-Finanzinformationen.

22 Die Quellen der Pro forma-Finanzinformationen (gemeint offenbar: der diesen zugrunde liegenden historischen Finanzinformationen) sind anzugeben; ggf. sind auch die Jahresabschlüsse des erworbenen Unternehmens oder Geschäftsbetriebs dem Prospekt beizufügen.

23 Hinsichtlich der Einzelheiten der Spaltendarstellung ist der Emittent grds. frei. Es bietet sich jedoch an, dem IDW-Rechnungslegungshinweis folgend die Darstellung wie nachstehend erläutert aufzugliedern.

1. Zugrunde liegende historische Finanzinformationen bzw. Ausgangszahlen

24 Zunächst sind die Ausgangszahlen aufzuführen, die den Pro forma-Finanzinformationen zugrunde liegen und Grundlage der Pro forma-Anpassungen sind. Da diese notwendigerweise aus verschiedenen Quellen stammen, sieht der IDW-Rechnungslegungshinweis auch insoweit eine Darstellung in Spaltenform vor. Im Einzelnen sind dabei zunächst die historischen Finanzinformationen des Emittenten aufzuführen, so wie sie nach Ziff. 20.1 sowie ggf. 20.6 des Anhangs I der EU-Prospektverordnung in den Prospekt aufgenommen werden (Spalte 1).[31] Hinzu kommen die an die Rechnungslegungsgrundsätze sowie Ausweis-, Bilanzierungs- und Bewertungsmethoden des Emittenten angepassten historischen Finanzinformationen des infolge der Transaktion einzubeziehenden Unternehmens (bzw. -teils) (Spalte 2). Die in Spalte 1 und Spalte 2 aufgeführten Ausgangszahlen werden sodann in einer Summen- bzw. Differenzspalte zusammengefasst (Spalte 3). Wird aus Übersichtlichkeitsgründen nur die Summenspalte (hier: Spalte 3) gezeigt, so sind die Quellen und die Methode der Ermittlung der Werte in der Summenspalte in den Pro forma-Erläuterungen darzustellen.[32]

---

29 IDW RH HFA 1.004, Tz. 18.
30 IDW RH HFA 1.004, Tz. 36.
31 ESMA-Questions and Answers – Prospectuses (25th Updated Version – July 2016), Frage 50 unter Ab) zur Auslegung des Begriffs „historical unadjusted information".

2. Pro forma-Anpassungen

In einer weiteren Spalte (Spalte 4) werden dann die erforderlichen Anpassungsbuchungen gezeigt. Der IDW-Rechnungslegungshinweis schlägt dabei vor, in einer zusätzlichen Spalte einen Verweis auf den die betreffenden Anpassungen beschreibenden Absatz der Pro forma-Erläuterungen vorzunehmen. Zwingend ist das jedoch nicht; stattdessen können die Anpassungsbuchungen in Spalte 4 mit Fußnoten versehen werden, die auf die diesbezüglichen Ausführungen in den Pro forma-Erläuterungen verweisen.

3. Pro forma-Finanzinformationen

In der abschließenden Spalte (Spalte 5) werden sodann die eigentlichen Pro forma-Zahlen wiedergegeben, die sich aufgrund der Anwendung der Pro forma-Anpassungen auf die in Spalte 3 aufgeführten zusammengefassten historischen Finanzinformationen ergeben.

Beispiel für die Spaltendarstellung von Pro forma-Finanzinformationen: (als darzustellende Transaktion wird dabei vom Erwerb eines Zielunternehmens bzw. dem Zugang von dessen Geschäftsbetrieb ausgegangen)

Spalte 1	Spalte 2	Spalte 3	Spalte 4	Spalte 5
Ausgangszahlen			Pro forma-Anpassungen	Pro forma-Angaben
Emittent (E) (Historische Finanzinformationen)	Zielunternehmen (ZU) (historische Finanzinformationen, angepasst an Methoden des Emittenten)	Summe (E+ZU)		
TEUR	TEUR	TEUR	TEUR	TEUR
10.000	5.000	15.000	–2.000	13.000

IV. Art der Erstellung von Pro forma-Finanzinformationen (Ziff. 4)

1. Bilanzkontinuität und Methodenstetigkeit

Die EU-Prospektverordnung enthält auch (zumindest rudimentäre) Vorgaben für die bei der Erstellung der Pro forma-Finanzinformationen zu beachtenden Rechnungslegungsgrundsätze und deren konkrete Anwendung. So müssen die Pro forma-Finanzinformationen nach Anhang II Ziff. 4 (deutsche Sprachfassung) in einer Weise erstellt werden, die mit den vom Emittenten in den letzten Jahresabschlüssen zugrunde gelegten Rechnungslegungsstrategien „konsistent" ist. Das bedeutet, dass der für die Regelberichterstattung geltende **Grundsatz der Bilanzkontinuität und Methodenstetigkeit** auf die Erstellung von

---

32 IDW RH HFA 1.004, Tz. 12 f.

Anhang II Modul für Pro forma-Finanzinformationen

Pro forma-Finanzinformationen erstreckt wird. Daher müssen sämtliche der Pro forma-Betrachtung zugrunde liegenden Ausgangszahlen nach den gleichen Rechnungslegungsgrundsätzen erstellt sein. Folglich sind **Ausweis-, Bilanzierungs- und Bewertungsgrundsätze** einheitlich anzuwenden, **Wahlrechte** (z.B. bei der Bewertung und Abschreibung von Vermögensgegenständen) einheitlich auszuüben. Hintergrund hierfür ist, dass die Pro forma-Finanzinformationen mit den historischen Finanzinformationen des Emittenten vergleichbar sein sollen, damit die Auswirkungen der abgebildeten Transaktion möglichst realistisch dargestellt werden.

29 Ausgangspunkt sind dabei gem. Ziff. 4 des Anhangs II die bei der Erstellung der **historischen Finanzinformationen des Emittenten** angewandten Grundsätzen und Methoden. Dass die englische Sprachfassung davon abweichend wahlweise auch Konsistenz mit dem nächsten Abschluss des Emittenten[33] erlaubt, ist in der Sache nur scheinbar ein Widerspruch. Denn nach Ziff. 20.1 Abs. 2 des Anhangs I der EU-Prospektverordnung sind die in den Prospekt aufzunehmenden geprüften historischen Finanzinformationen für die letzten zwei Jahre konsistent mit den im folgenden Jahresabschluss angewandten Rechnungslegungsgrundsätzen und -strategien zu erstellen.

30 Bei der **Anpassung der historischen Angaben eines erworbenen Zielunternehmens** darf dabei nicht einfach im Wege der Annahme Methodenkonsistenz unterstellt werden. Vielmehr müssen die historischen Finanzinformationen des Zielunternehmens auf die Ausweis-, Bilanzierungs- und Bewertungsmethoden des Emittenten angepasst werden. Die konkret vorgenommenen Anpassungen können entweder in einer Überleitungsrechnung, die als gesonderte Spalte der Pro forma-Darstellung angefügt wird, ausgewiesen oder zumindest in den Pro forma-Erläuterungen verbal beschrieben werden. In jedem Fall sind diese Anpassungen an die vom Emittenten angewandten Methoden klar von den eigentlichen Pro forma-Anpassungen zu trennen.[34] Über die Anpassung an die Methoden des Emittenten hinaus sind jedoch keine weiteren nachträglichen Korrekturen der an die Methoden des Emittenten angepassten Ausgangszahlen vorzunehmen. Insbesondere bedarf es keiner Aktualisierung. Auch findet keine Verlängerung der Wertaufhellungsperiode bis zum Datum der Erstellung der Pro forma-Finanzinformationen statt.[35] Dies wäre schon wegen des Zeitaufwandes für die Durchführung der Pro forma-Anpassungen und die Erstellung der Pro forma-Erläuterungen, denen ja abgeschlossene Ausgangszahlen zugrunde liegen müssen, nicht realistisch.

---

[33] Dort lautet Ziff. 4 des Anhangs II der EU-Prospektverordnung: „*The pro forma information must be prepared in a manner consistent with the accounting policies adopted by the issuer in its last or next financial statements*".

[34] IDW RH HFA 1.004, Tz. 16.

[35] Dies ergibt sich auch aus IDW RH HFA 1.004, Tz. 14 „*Für das die Pro forma-Finanzinformationen erstellende Unternehmen sind die historischen Finanzinformationen identisch mit den historischen Zahlen des letzten Abschlusses.*"; ebenso *Winkeljohann/Almeling*, in: Winkeljohann/Förschle/Deubert, Sonderbilanzen, Kapitel F Rn. 95; *Fingerhut*, in: Just/Voß/Ritz/Zeising, WpPG, EU-ProspektVO Anhang II Rn. 31; a. A. *Kunold*, in: Assmann/Schlitt/von Kopp-Colomb, WpPG/VerkProspG, EU-ProspektVO Anhang II Rn. 21 mit Verweis auf das ältere Schrifttum zu Pro forma-Abschlüssen vor Inkrafttreten der EU-Prospektverordnung.

Modul für Pro forma-Finanzinformationen **Anhang II**

2. Angaben zu den Grundlagen

In den Pro forma-Finanzinformationen sind nach Ziff. 4 des Anhangs II die Grundlagen, auf denen die Pro forma-Finanzinformationen erstellt wurden, sowie die Quelle jeder berücksichtigten Information und Anpassung anzugeben. Dieses Erfordernis dürfte bei der Ausgestaltung der Pro forma-Erläuterungen nach Maßgabe des IDW-Prüfungshinweises (s. o. Rn. 15 ff.) erfüllt sein.

V. Von Pro forma-Finanzinformationen darzustellende Zeiträume (Ziff. 5)

Pro forma-Finanzinformationen dürfen nur bestimmte Perioden abbilden. Dies liegt in dem Umstand begründet, dass Pro forma-Finanzinformationen die Folgen einer gegenwärtig oder gar erst künftig vollzogenen Transaktion auf vergangene Zeiträume projizieren und damit zwangsläufig eine Fiktion darstellen (s. o.). Je weiter diese **fiktive Betrachtungsweise** in die Vergangenheit reicht, umso unsicherer und spekulativer werden zwangsläufig die Angaben. Die Erfahrungen mit Pro forma-Finanzinformationen im Rahmen von Börsengängen zu Zeiten des New Economy Booms um die Jahrtausendwende haben zu der Erkenntnis geführt, dass die Aussagekraft und insbesondere die Verlässlichkeit von Pro forma-Finanzinformationen nicht überschätzt werden sollte. Aus dem Erfordernis einer vergleichenden Darstellung der Bilanzen sowie Gewinn- und Verlustrechnungen des Emittenten für die letzten drei Geschäftsjahre nach Ziff. 4.1.8 Abs. 1 Nr. 1 des Regelwerks Neuer Markt[36] war im Fall von erheblichen strukturellen Änderungen des Emittenten während des Vergleichszeitraums gefolgert worden, man müsse die aktuelle Struktur des Emittenten in Pro forma-Abschlüssen für die letzten drei Geschäftsjahre fiktiv darstellen.[37] Dies führte zur fragwürdigen Ergebnissen, sodass auch die Deutsche Börse in ihren Going-Public-Grundsätzen (dort Tz. 4.4 unter Nr. 2) empfahl, in Anlehnung an US-amerikanische Vorgaben[38] den Berichtszeitraum von Pro forma-Finanzinformationen auf das letzte Geschäftsjahr und die aktuellen Zwischenberichtsperiode zu beschränken.[39] Auch die EU-Prospektverordnung beschränkt die Reichweite der in Pro forma-Finanzinformationen darzustellenden Berichtszeiträume auf maximal das letzte abgeschlossene Geschäftsjahr. Im Einzelnen dürfen die folgenden Perioden dargestellt werden:

---

36 Das Regelwerk Neuer Markt schrieb in Ziff. 4.1.8 Abs. 3 Satz 2 Pro forma-Darstellungen sogar ausdrücklich vor, sofern der Emittent nicht bereits drei Jahre als Aktiengesellschaft bestanden hat. Einen Überblick zum Neuen Markt gibt *Meyer*, in: Marsch-Barner/Schäfer, Handbuch börsennotierte AG, 2005, § 6 Rn. 54; ausführlich dazu *Potthoff/Stuhlfauth*, WM-Sonderbeilage Nr. 3/1997.
37 Dazu *d'Arcy/Leuz*, DB 2000, 385, 386; *von Keitz/Grote*, KoR 2001, 25; *Schindler/Böttcher/Roß*, WPg 2001, 22 f.
38 Regulation S-X under the U.S. Securities Act of 1933, § 210.11-02 (c); dazu *Schindler/Böttcher/Roß*, WPg 2001, 22, 31 f.; *Schindler/Böttcher/Roß*, WPg 2001, 477, 488 jeweils m. w. N.; zur Abgrenzung der Pro forma-Abschlüsse nach Maßgabe des Regelwerkes Neuer Markt und den Pro forma-Finanzinformationen heutiger Prägung auch *Heiden*, Pro forma-Berichterstattung, Tz. 4.4.3.1 (S. 261).
39 Die mit Umsetzung der EU-Prospektrichtlinie außer Kraft getretenen Going-Public-Grundsätze der Deutsche Börse AG sind abgedruckt in NZG 2002, 767; dazu *Meyer*, WM 2002, 1864, 1870 f.; *Schlitt/Smith/Werlen*, AG 2002, 478, 485 f.

Anhang II Modul für Pro forma-Finanzinformationen

1. Derzeitiger Berichtszeitraum

33 Verglichen mit den Perioden des letzten Berichts- und Zwischenberichtszeitraumes (nachstehend „2." und „3.") ist die Nennung des „derzeitigen" Berichtszeitraumes in Ziff. 5 lit. a) des Anhangs II nicht auf Anhieb verständlich, können doch Finanzangaben für eine noch laufende Periode kaum gemacht werden. Denn ihre Erstellung setzt denklogisch den Abschluss der Periode als Voraussetzung für deren Abgrenzung voraus.

34 ESMA erläutert diese Kategorie folglich auch dergestalt, dass damit eine **Periode im laufenden Geschäftsjahr** gemeint ist, für die von den laufenden (gesetzlich vorgegebenen) Berichtszyklen des Emittenten abweichend Zwischenfinanzinformationen erstellt werden. Mit anderen Worten: Während einer noch laufenden Zwischenberichtsperiode wird ein Zwischenbericht für eine erste (schon abgeschlossene) Teilperiode erstellt, z.B. ein sonst nur halbjährlich Zwischenabschlüsse erstellender Emittent fertigt ausnahmsweise einen Quartalsabschluss an.[40]

2. Letzter abgeschlossener Berichtszeitraum

35 Der sodann in Ziff. 5 lit. b) angesprochene „letzte abgeschlossene Berichtszeitraum" ist etwas unpräzise bezeichnet, wird doch nicht auf Anhieb klar, ob es sich dabei um das **letzte abgeschlossene Geschäftsjahr** oder eine Zwischenberichtsperiode handeln soll. Letzteres kann aber in systematischer Auslegung aus einem Vergleich mit dem nachfolgenden lit. c) ausgeschlossen werden, da dort der letzte Zwischenberichtszeitraum gesondert aufgeführt wird. Dieses Verständnis hat auch die ESMA in ihren sog. „Questions and Answers Prospectuses" bestätigt.[41] Mit dem „letzten abgeschlossenen Berichtszeitraum" ist also das letzte abgelaufene Geschäftsjahr des Emittenten gemeint.

3. Letzter Zwischenberichtszeitraum

36 Mit dem letzten Zwischenberichtszeitraum wird wiederum zunächst die letzte Periode bezeichnet, für die der Emittent Zwischenfinanzinformationen in den Prospekt aufnimmt. ESMA erläutert dies dahingehend, dass dies zunächst einmal der letzte Sechsmonatszeitraum sein kann, in Bezug auf den der Emittent entweder aufgrund einer bereits bestehenden Zwischenberichtspflicht aufgrund Art. 5 der EU-Transparenzrichtlinie[42] (bzw. § 37w WpHG) einen sog. Halbjahresfinanzbericht veröffentlichen muss oder – sofern er der Transparenzrichtlinie noch nicht unterliegt – nach Ziff. 20.6.2 des Anhangs I zur EU-Prospektrichtlinie Zwischenfinanzinformationen über die ersten sechs Monate des (laufenden) Geschäftsjahres in den Prospekt aufnehmen muss. Daneben kann als „letzter Zwischenberichtszeitraum" aber auch ein Quartal des laufenden Geschäftsjahres gelten, sofern die in-

---

40 ESMA-Questions and Answers – Prospectuses (25th Updated Version – July 2016), Frage 50 unter Ac) (a) zur Auslegung des Begriffs „The current financial period".
41 ESMA-Questions and Answers – Prospectuses (25th Updated Version – July 2016), Frage 50 unter Ac) (b) zur Auslegung des Begriffs „The most recently completed financial period".
42 Richtlinie 2004/109/EG des Europäischen Parlaments und des Rates vom 15. Dezember 2004 zur Harmonisierung der Transparenzanforderungen in Bezug auf Informationen über Emittenten, deren Wertpapiere zum Handel auf einem geregelten Markt zugelassen sind, und zur Änderung der Richtlinie 2001/34/EG, ABl. EU Nr. L 390 v. 31.12.2004, S. 38.

soweit erstellten Zwischenfinanzinformationen den für gesetzlich (wohl: nach der Transparenzrichtlinie) vorgeschriebene Zwischenberichte geltenden Anforderungen genügen und in den betreffenden Prospekt aufgenommen werden.[43]

Weder im Text der EU-Prospektverordnung selbst noch bei CESR ausdrücklich angesprochen wird die Frage, ob ggf. sämtliche in Ziff. 5a) bis c) genannten Berichtszeiträume nicht nur von Pro forma-Finanzinformationen abgedeckt werden „dürfen", sondern auch „müssen". Die Verknüpfung **und/oder** im Wortlaut der Ziff. 5 lässt beide Interpretationen zu. ESMA ist hier offenbar indifferent und beschränkt sich auf die Wiedergabe der mehrdeutigen „und/oder" Verknüpfung.[44] Die BaFin scheint grds. der Auffassung zuzuneigen, dass im Rahmen des von Ziff. 5 des Anhangs II Zulässigen alle Zeiträume durch Pro forma-Finanzinformationen zu erfassen sind, für die historische Finanzinformationen des Emittenten in den Prospekt aufgenommen werden.[45] Indes wird man im Einzelfall auf die Aufnahme von Pro forma-Finanzinformationen für ein abgeschlossenes Geschäftsjahr verzichten können, wenn der Prospekt Pro forma-Finanzinformationen für einen jüngeren Zwischenberichtszeitraum enthält und aus den Pro forma-Finanzinformationen für das abgelaufene Geschäftsjahr kein wesentlicher zusätzlicher Erkenntnisgewinn zu erwarten ist. Dies gilt beispielsweise für eine auf das Ende des letzten Geschäftsjahres aufgestellte Pro forma-Bilanz, wenn der darin abgebildete Erwerb in einer auf den späteren Stichtag aufgestellten Pro forma-Bilanz abgebildet ist. Die Beurteilung ist hier vergleichbar mit dem Fall einer zum Stichtag des letzten abgedruckten historischen Abschlusses bereits vollzogenen Transaktion (dazu s.o. Rn. 10).[46]

37

Für die Frage, welche Bestandteile Pro forma-Finanzinformationen für welche Perioden im Einzelfall zu enthalten haben, finden sich ausführliche Beispiele in den von der ESMA regelmäßig aktualisierten „Questions and Answers Prospectuses"[47] sowie im IDW-Rechnungslegungshinweis für die Erstellung von Pro forma-Finanzinformationen.[48] Daraus ergibt sich aber, dass insbesondere Uneinigkeit unter den Aufsichtsbehörden besteht, ob im Falle einer während eines abgeschlossenen Berichtszeitraumes durchgeführten Transaktion eine Pro forma-Gewinn- und Verlustrechnung für diese Periode erforderlich ist oder ob die **nach den IFRS erforderliche Darstellung** der Auswirkungen der Transaktion ausreicht. Nach IFRS sind zwar grundsätzlich Gewinne und Verluste eines erworbenen Unternehmens erst ab Erwerbszeitpunkt in der Gewinn- und Verlustrechnung des Erwerbers zu berücksichtigen (s. o. Rn. 12). Jedoch sind nach IFRS 3.B64(q) – sofern praktisch durchführbar – zur Darstellung der Art und der finanziellen Auswirkungen eines Unternehmenszusammenschlusses, der während der Berichtsperiode erfolgte, auch Angaben dazu zu ma-

38

---

43 ESMA-Questions and Answers – Prospectuses (25th Updated Version – July 2016), Frage 50 unter Ac) (c) zur Auslegung des Begriffs „*The most recent interim period for which relevant unadjusted information has been or will be published or is being published in the same document*".
44 ESMA-Questions and Answers – Prospectuses (25th Updated Version – July 2016), Frage 51 unter Case 4.
45 In diesem Sinne auch IDW RH HFA 1.004, Tz. 11.
46 Dies war der Fall bei den im Prospekt der Fresenius Aktiengesellschaft vom 15.11.2005 abgedruckten Pro forma-Finanzinformationen des Fresenius-Konzerns inklusive Renal Care Group, Inc. und der HELIOS Kliniken GmbH, dort S. F-247 ff.; im Ergebnis ebenso *Kunold*, in: Assmann/Schlitt/von Kopp-Colomb, WpPG/VerkProspG, EU-ProspektVO Anhang II Rn. 17.
47 ESMA-Questions and Answers – Prospectuses (25th Updated Version – July 2016), Antworten zu Frage 51.
48 IDW RH HFA 1.004, Tz. 11.

Anhang II Modul für Pro forma-Finanzinformationen

chen, welche Umsatzerlöse und welches Ergebnis sich ergeben hätten, wenn sämtliche Unternehmenszusammenschlüsse der Berichtsperiode bereits zu Beginn dieser Periode erfolgt wären.[49] Allerdings lässt sich bereits daran zweifeln, ob die bloße Angabe einzelner hypothetischer Abschlussposten eine vollständige Pro forma-Gewinn- und Verlustrechnung ersetzen kann. Zudem fehlt es den Angaben nach IFRS 3.B64(q) an den zusätzlichen Informationen in den Pro forma-Erläuterungen, in denen die einzelnen Pro forma-Anpassungen beschrieben sind (s. o. Rn. 15 ff.).[50] Dementsprechend wird in der deutschen Praxis auf eine Pro forma-Gewinn- und Verlustrechnung grds. nicht wegen der ergänzenden Ausführungen im IFRS-Konzernabschluss nach IFRS 3.B64(q) verzichtet.[51] Anderes mag im Einzelfall gelten, wenn der Zeitraum zwischen Beginn der Berichtsperiode und Erwerbszeitpunkt so kurz ist, dass die Gewinn- und Verlustrechnung des Emittenten das Periodenergebnis des erworbenen Unternehmens so weitgehend abbildet, dass dessen nur anteilige Berücksichtigung nicht wesentlich erscheint, insbesondere unter Berücksichtigung der ergänzenden Angaben nach IFRS 3.B64(q).[52]

VI. Pro forma-Anpassungen (Ziff. 6)

39 Pro forma-Anpassungen sind **klar als solche auszuweisen und zu erläutern** (Ziff. 6 Satz 1 lit. a) des Anhangs II).

40 Sie müssen insbesondere nach Ziff. 6 Satz 1 lit. b) des Anhangs II der betreffenden Transaktion **unmittelbar zugeordnet** werden können. Das bedeutet, wie ESMA erläutert, dass nur solche Umstände berücksichtigt werden dürfen, die einen integralen Bestandteil der in Pro forma-Finanzinformationen darzustellenden Transaktionen bilden. So kann zwar die Erstkonsolidierung eines erworbenen Unternehmensteils fiktiv auf den Beginn der Berichtsperiode vorverlegt werden. Jedoch müssen tatsächliche Maßnahmen, die erst nach Vollzug der Unternehmenstransaktion geplant sind, wie z. B. Umstrukturierungen des er-

---

49 Dazu auch *Senger/Brune*, in: Driesch/Riese/Schlüter/Senger, Beck'sches IFRS-Handbuch, § 34 Rn. 269.
50 ESMA-Questions and Answers – Prospectuses (25th Updated Version – July 2016), Antworten zu Frage 51, Fall 1.
51 Siehe z. B. (basierend auf der Vorgängerregelung IFRS 3.70) den Prospekt zum Börsengang der Versatel AG vom 11.4.2007. In dem darin enthaltenen Konzernabschluss der Versatel Holding GmbH (spätere Versatel AG) für das am 31.12.2006 endende Geschäftsjahr finden sich auf S. F-14 die Angaben nach IFRS 3.70 im Hinblick auf den im laufenden Geschäftsjahr durchgeführten Erwerb der TROPOLYS Beteiligungs GmbH. Auf S. F-131 ff. sind sodann Pro forma-Konzerninformationen der Versatel Holding GmbH zum 31.12.2006 abgedruckt, einschließlich einer Pro forma-Gewinn- und Verlustrechnung für das zu diesem Stichtag endende Geschäftsjahr, deren Informationen weit über die Angaben nach IFRS 3.70 hinausgehen; zur Thematik auch *Kunold*, in: Assmann/Schlitt/von Kopp-Colomb, WpPG/VerkProspG, EU-ProspektVO Anhang II Rn. 10; *Heidelbach/Doleczik*, in: Schwark/Zimmer, KMRK, § 7 WpPG Rn. 28.
52 Wertpapierprospekt der COMMERZBANK AG vom 17.6.2009. Darin werden die Auswirkungen des am 12.1.2009 vollzogenen Erwerbs der Dresdner Bank AG in Pro forma-Finanzinformationen für das Geschäftsjahr 2008, nicht aber solchen für das erste Quartal 2009 abgebildet. Die Gewinn- und Verlustrechnung des in den Prospekt aufgenommenen Konzern-Zwischenabschlusses der COMMERZBANK AG zum 31.3.2009 enthält das Ergebnis der Dresdner Bank AG erst ab dem 13.1.2009 (dazu S. F-19, F-21 des Prospekts), jedoch wird das hypothetische Konzernergebnis für die Periode bei voller Konsolidierung der Dresdner Bank AG ebenfalls ausgewiesen (S. F-6).

worbenen Unternehmens und dessen Integration in den Geschäftsbetrieb des Emittenten, unberücksichtigt bleiben.[53] Dies gilt auch, wenn diese Maßnahmen für den Emittenten und seine Motivation, die Unternehmenstransaktion abzuschließen, von zentraler Bedeutung sind bzw. waren.[54]

Pro forma-Anpassungen müssen gemäß Ziff. 6 Satz 1 lit. c) des Anhangs II **auf Tatsachen gestützt** sein. Diese Tatsachen mögen sich zwar nach den Umständen des Einzelfalles unterscheiden. Sie müssen aber objektiv bestimmt werden können, d.h. inhaltlich ausreichend nachvollziehbar und begründbar sein.[55] Zu ihrer Ermittlung können beispielsweise herangezogen werden: veröffentlichte Finanzinformationen, Unterlagen des internen Rechnungswesens oder von Risikomanagementsystemen sowie sonstige im Prospekt enthaltene Finanzangaben oder Bewertungen, ferner die im Zusammenhang mit der Transaktion abgeschlossenen Verträge, insbesondere ein Unternehmenskaufvertrag.[56] Keinesfalls dürfen sich Pro forma-Anpassungen auf zukünftige Ereignisse beziehen, etwa erwartete Ersparnisse oder für die Zukunft erwartete Synergieeffekte.[57] 41

In einer Pro forma-Gewinn- und Verlustrechnung und einer etwaigen Pro forma-Kapitalflussrechnung müssen Pro forma-Anpassungen nach Ziff. 6 Satz 2 des Anhangs II zudem klar unterteilt werden in solche Anpassungen, die für den Emittenten einen **dauerhaften Einfluss** haben werden, und jene, bei denen dies nicht der Fall ist, es sich also um Einmaleffekte handelt. 42

ESMA ergänzt ferner, dass erst künftig fällige oder aufschiebend bedingte Kaufpreiszahlungen nicht berücksichtigt werden sollen, wenn sie nicht unmittelbar aus der abzubildenden Transaktion resultieren, sondern von künftigen Entwicklungen abhängen (z.B. eine von künftigen Gewinnen abhängige Kaufpreisanpassung) und zu einer verfälschenden Darstellung der Vermögenslage des Emittenten führen können.[58] 43

VII. Bescheinigung (Ziff. 7)

1. Inhalt der Bescheinigung

In der nach Ziff. 20.2 Abs. 4 des Anhangs I beizubringenden Bescheinigung muss gem. Ziff. 7 des Anhangs II ein Wirtschaftsprüfer bestätigen, dass die Pro forma-Finanzinformationen **ordnungsgemäß auf der angegebenen Basis erstellt** wurden (lit. a) und dass diese Grundlage **mit den Rechnungslegungsstrategien des Emittenten konsistent** ist (lit. b). 44

Nach Auffassung von ESMA muss die Bescheinigung dabei exakt der **Formulierung der Ziff. 7 des Anhangs II** entsprechen.[59] Eine eingeschränkte Bescheinigung ist dabei nicht 45

---

53 IDW RH HFA 1.004, Tz. 21 ff. mit weiteren Einzelheiten.
54 ESMA update of the CESR recommendations vom 23.3.2011, ref. ESMA/2011/81, Rn. 88.
55 IDW RH HFA 1.004, Tz. 19.
56 ESMA update of the CESR recommendations vom 23.3.2011, ref. ESMA/2011/81, Rn. 87.
57 IDW RH HFA 1.004, Tz. 19, 30; *Fingerhut*, in: Just/Voß/Ritz/Zeising, WpPG, EU-ProspektVO Anhang II Rn. 39.
58 ESMA update of the CESR recommendations vom 23.3.2011, ref. ESMA/2011/81, Rn. 89.
59 ESMA-Questions and Answers – Prospectuses (25th Updated Version – July 2016), Frage 55 unter A1).

Anhang II   Modul für Pro forma-Finanzinformationen

ausreichend. Ferner empfiehlt ESMA den Billigungsbehörden, auch Hinweise auf bei der Prüfung festgestellte Besonderheiten nicht zu gestatten, selbst wenn diese – wie bei Bestätigungsvermerken im Rahmen einer Abschlussprüfung zulässig[60] – keine Einschränkung des Prüfungsurteils bedeuten. Ein solcher Hinweis würde die Klarheit der Aussage der Bescheinigung beeinträchtigen, da aus Sicht der Investoren dadurch Unsicherheit über das Ergebnis der Prüfung entstünde.[61] Sollten Erläuterungen in Bezug auf die Grundlage der Pro forma-Finanzinformationen oder die Anpassung an die Rechnungslegungsmethoden des Emittenten erforderlich sein, sind diese als erläuternde Anmerkungen in die Pro forma-Finanzinformationen selbst aufzunehmen.

2. Erforderliche Prüfungshandlungen

46   Damit ein Wirtschaftsprüfer die nach Ziff. 20.2 Abs. 4 des Anhangs I, Ziff. 7 des Anhangs II der EU-Prospektverordnung erforderliche Bestätigung abgeben kann, muss dieser bestimmte Prüfungshandlungen durchführen. Für den deutschen Wirtschaftsprüferberufsstand sind diese vom **Institut der Wirtschaftsprüfer** (IDW) in einem **Prüfungshinweis** konkretisiert worden.[62] Ziel der vom IDW als „Prüfung" bezeichneten Untersuchungshandlungen ist die Feststellung, ob die Pro forma-Finanzinformationen ordnungsgemäß auf den in den Pro forma-Erläuterungen dargestellten Grundlagen erstellt worden sind. Den Schwerpunkt der Prüfung bilden die Pro forma-Anpassungen sowie die rechnerische Richtigkeit der Zusammenfassung der Ausgangszahlen mit den Pro forma-Anpassungen zu Pro forma-Finanzinformationen.[63] Die Prüfung setzt nicht zwingend voraus, dass bei der Erstellung der Pro forma-Finanzinformationen der IDW-Rechnungslegungshinweis IDW RH HFA 1.004 befolgt wurde. Zwar wird deutschen Wirtschaftsprüfern empfohlen, einen Auftrag zur Prüfung von Pro forma-Finanzinformationen grds. nur in diesem Fall anzunehmen; wurden sonstige Standards befolgt, hat der Prüfer im Einzelfall zu entscheiden, ob er nach dem IDW-Prüfungshinweis IDW PH 9.960.1 prüft.[64] Die Befolgung anderer Standards ist also kein Prüfungshindernis. Dies mag eine Rolle spielen, wenn bei einer Wertpapieremission Pro forma-Finanzinformationen (auch) nach den Vorgaben der Regulation S-X zum U.S. Securities Act von 1933 für die Zwecke eines Angebots in den USA erstellt und aus Gründen der Konsistenz auch in den (deutschen bzw. europäischen) Wertpapierprospekt aufgenommen werden.[65]

47   Nicht Gegenstand der Prüfung sind dagegen die **zugrundegelegten historischen Finanzinformationen** sowie die Anpassung historischer Zahlen eines erworbenen Unternehmens

---

60   IDW Prüfungsstandard: Grundsätze für die ordnungsmäßige Erteilung von Bestätigungsvermerken bei Abschlussprüfungen IDW PS 400, Rn. 75; *Nonnenmacher*, in: Marsch-Barner/Schäfer, Handbuch börsennotierte AG, § 58 Rn. 100.
61   ESMA-Questions and Answers – Prospectuses (25th Updated Version – July 2016), Frage 55 unter A2).
62   IDW Prüfungshinweis: Prüfung von Pro forma-Finanzinformationen (IDW PH 960.1), abgedruckt in WPg 2006, 133.
63   IDW PH 960.1, Tz. 9.
64   IDW PH 960.1, Tz. 5, erster Unterabsatz.
65   Dazu siehe *Greene/Beller/Rosen/Silverman/Braverman/Sperber*, U.S. Regulation of the International Securities and Derivatives Markets, 11th edition 2015, § 3.04[10] S. 3-25; Regulation S-X under the U.S. Securities Act of 1933, § 210.11-01 ff.; *Heiden*, Pro forma-Berichterstattung, Tz. 4.4.3.3.8 (S. 300).

Modul für Pro forma-Finanzinformationen **Anhang II**

oder -teils an die Rechnungslegungsgrundsätze sowie Methoden des Emittenten. Ebenso wenig wird die Angemessenheit der den Pro forma-Anpassungen zugrunde gelegten Pro forma-Annahmen geprüft.[66] Allerdings setzt der Prüfungshinweis des IDW voraus, dass der Wirtschaftsprüfer alle oder die wesentlichen historischen Abschlüsse, die in die Pro forma-Finanzinformationen Eingang gefunden haben, geprüft oder prüferisch durchgesehen hat. Ist dies nicht der Fall, muss er sich eigenverantwortlich die notwendigen Kenntnisse über die Geschäftstätigkeit sowie über die angewandten Rechnungslegungsgrundsätze und die Ausweis-, Bilanzierungs- und Bewertungsmethoden verschaffen.[67]

48 Im Rahmen der Prüfung beurteilt der Wirtschaftsprüfer vor allem die durch die Pro forma-Anpassungen vorgenommene **Konsolidierung** eines hinzuerworbenen Unternehmens, insbesondere in Bezug auf die Kaufpreisaufteilung und die Finanzierung. Die Prüfung basiert auf dem **kritischen Lesen** der Pro forma-Finanzinformationen und deren Erläuterungen sowie von Verträgen und anderen Unterlagen über die Unternehmenstransaktion(en). Ferner stützt der Prüfer seine Beurteilung auf die **Befragung** der Unternehmensleitung des Emittenten und ggf. weiterer Personen zu den Transaktion(en), den Geschäftsbeziehungen zwischen dem Emittenten und dem zugehenden/abgehenden Unternehmen oder Unternehmensteil und zu den getroffenen Pro forma-Annahmen.[68]

---

66 IDW PH 960.1, Tz. 7 f.
67 IDW PH 960.1, Tz. 4.
68 IDW PH 960.1, Tz. 10 ff.

Anhang III
Mindestangaben für die Wertpapierbeschreibung für Aktien (Schema)

Anwendungsbereich*

Zum Anwendungsbereich von Anhang III siehe die Kommentierung zu Art. 6 EU-Prospektverordnung.

1. VERANTWORTLICHE PERSONEN

1.1. Alle Personen, die für die im Prospekt gemachten Angaben bzw. für bestimmte Abschnitte des Prospekts verantwortlich sind. Im letzteren Fall sind die entsprechenden Abschnitte aufzunehmen. Im Falle von natürlichen Personen, zu denen auch Mitglieder der Verwaltungs-, Geschäftsführungs- und Aufsichtsorgane des Emittenten gehören, sind der Name und die Funktion dieser Person zu nennen. Bei juristischen Personen sind Name und eingetragener Sitz der Gesellschaft anzugeben.

1.2. Erklärung der für den Prospekt verantwortlichen Personen, dass sie die erforderliche Sorgfalt haben walten lassen, um sicherzustellen, dass die im Prospekt genannten Angaben ihres Wissens nach richtig sind und keine Tatsachen ausgelassen worden sind, die die Aussage des Prospekts wahrscheinlich verändern können. Ggf. Erklärung der für bestimmte Abschnitte des Prospekts verantwortlichen Personen, dass sie die erforderliche Sorgfalt haben walten lassen, um sicherzustellen, dass die in dem Teil des Prospekts genannten Angaben, für den sie verantwortlich sind, ihres Wissens nach richtig sind und keine Tatsachen ausgelassen worden sind, die die Aussage des Prospekts wahrscheinlich verändern können.

1   Die in Anhang III Ziffer 1 EU-ProspektVO geforderten Angaben stimmen weitgehend mit den Vorgaben von Anhang I Ziffer 1 EU-ProspektVO überein. Eigenständige Bedeutung erlangen die Regelungen im Fall eines dreiteiligen Prospekts, der beim Angebot oder der Zulassung von Aktien aber die Ausnahme ist.[1] In der Regel werden Prospekte bei Aktienemissionen als einteiliger Prospekt gestaltet. In diesem Fall ist eine Wiederholung der Verantwortlichkeitserklärung in der Beschreibung des Angebotsteils nicht erforderlich.[2]

2   Zu den Einzelheiten siehe die Kommentierung zu Anhang I EU-ProspektVO Rn. 1 ff.

---

* Der Verfasser dankt Frau Rechtsanwältin *Dr. Camilla Kehler-Weiß* für die tatkräftige Unterstützung.
1 Vgl. aber beispielsweise den dreiteiligen Prospekt der Commerzbank Aktiengesellschaft vom 14.5.2013 sowie den dreiteiligen Prospekt der Deutsche Bank Aktiengesellschaft vom 3.6.2014.
2 *Schlitt/Schäfer*, in: Assmann/Schlitt/von Kopp-Colomb, WpPG/VerkProspG, Anhang III EU-ProspektVO Rn. 2; *Fingerhut/Voß*, in: Just/Voß/Ritz/Zeising, WpPG, EU-ProspVO Anhang III Rn. 2; *Rauch*, in: Holzborn, WpPG, EU-ProspVO Anhang III Rn. 2.

Ziffer 2 **Anhang III**

2. RISIKOFAKTOREN

Klare Offenlegung der Risikofaktoren, die für die anzubietenden und/oder zum Handel zuzulassenden Wertpapiere von wesentlicher Bedeutung sind, wenn es darum geht, das Marktrisiko zu bewerten, mit dem diese Wertpapiere behaftet sind. Diese Offenlegung muss unter der Rubrik „Risikofaktoren" erfolgen.

I. Überblick und Regelungsgegenstand

Zusätzlich zu den nach Anhang I Ziffer 4 EU-ProspektVO offenzulegenden Risiken in Bezug auf den Emittenten selbst oder die Branche, in der er tätig ist (siehe die Kommentierung zu Anhang I Ziffer 4 EU-ProspektVO Rn. 1), verlangt Anhang III Ziffer 2 EU-ProspVO, dass im gleichen Abschnitt Risikofaktoren dargestellt werden, die für die anzubietenden und/oder zum Handel an einem geregelten Markt zuzulassenden Wertpapiere von Bedeutung sind, wenn es darum geht, das mit diesen Wertpapieren verbundene Marktrisiko zu bewerten. Für die Darstellung dieser wertpapierbezogenen Risikofaktoren gelten im Übrigen die gleichen Grundsätze wie für die unternehmens- und branchenbezogenen Risikofaktoren: erlaubt sind weder Verweise auf andere Teile des Prospekts (vgl. Art. 24 Abs. 1 EU-ProspektVO) noch, nach der Praxis der BaFin, die Beschreibung von Chancen, die die Risiken mindern (sogenannte *mitigating language*).[3] Die aktien- und angebots-/zulassungsbezogenen Risikofaktoren finden sich in der Regel am Ende des Abschnitts „Risikofaktoren" und sind durch eine Zwischenüberschrift von den übrigen Risikofaktoren abgesetzt. Häufig werden hier auch Risiken im Hinblick auf die Aktionärsstruktur nach Abschluss des prospektgegenständlichen Angebots bzw. der Börsenzulassung dargestellt (beispielsweise in Bezug auf die beherrschende Stellung oder, gemessen an der üblichen Hauptversammlungspräsenz, faktische Stimmenmehrheit einzelner Gesellschafter auf künftigen Hauptversammlung des Emittenten).

3

II. Typische Risikofaktoren

Die angebots- und aktienbezogenen Risikofaktoren sind weitgehend standardisiert und abhängig vom Transaktionstyp.[4]

4

So enthalten Wertpapierprospekte für **Börsengänge** regelmäßig Hinweise auf das Risiko, dass (i) bestimmte Großaktionäre auch weiterhin einen wesentlichen Teil der Aktien halten und Einfluss ausüben können und sich ihre Interessen nicht notwendigerweise mit denen der Minderheitsaktionäre decken, (ii) künftige Aktienverkäufe von bestehenden Aktionären negative Auswirkungen auf den Aktienkurs des Emittenten haben können, (iii) die Aktien bislang noch an keiner Börse gehandelt wurden und nicht sichergestellt ist, dass ein liquider Handel stattfinden wird, (iv) der Aktienkurs volatil sein kann und Aktionäre möglicherweise einen großen Teil ihres oder ihr gesamtes Investment verlieren können, (v)

5

---

[3] *Schlitt/Schäfer*, in: Assmann/Schlitt/von Kopp-Colomb, WpPG/VerkProspG, EU-ProspektVO Anhang III Rn. 5; *Fingerhut/Voß*, in: Just/Voß/Ritz/Zeising, WpPG, EU-ProspVO Anhang III Rn. 7.

[4] *Schlitt/Schäfer*, in: Assmann/Schlitt/von Kopp-Colomb, WpPG/VerkProspG, Anhang III Rn. 8; *Rauch*, in: Holzborn, WpPG, EU-ProspVO Anhang III Rn. 2.

Anhang III   Ziffer 2

möglicherweise keine weiteren Aktien von bestehenden Aktionären verkauft werden und der Streubesitz deshalb beschränkt bleiben kann, (vi) das Angebot unter bestimmten Umständen nicht durchgeführt wird und dass Anlegern, die bereits Aktien gezeichnet haben, gezahlte Kommissionen oder Gebühren nicht erstattet werden, (vi) künftige Aktienemissionen des Emittenten den von einem Anleger erworbenen Anteil verwässern können sowie (vii) der Emittent aufgrund der Börsennotierung weitergehenden Veröffentlichungs- und Organisationspflichten ausgesetzt ist als bisher und diese unter Umständen nicht erfüllen kann.

6   Neben den oben genannten Risiken (iv) und (vi) enthalten Wertpapierprospekte für **Bezugsrechtsemissionen** häufig Risikofaktoren in Bezug auf (i) die Entwicklung eines liquiden Bezugsrechtshandels, (ii) den Hinweis, dass die Konsortialbanken vom Übernahmevertrag zurücktreten können und Bezugsrechte dann verfallen sowie (iii) dass der Preis für die Ausübung der Bezugsrechte möglicherweise höher ist als der Börsenkurs nach Abschluss des Bezugsangebots.

7   Ergänzend werden bei speziellen Transaktionstypen weitere Risikofaktoren aufgenommen, beispielsweise Hinweise auf die Möglichkeit vermehrter Abverkäufe im Fall eines **Börsengangs im Wege der Abspaltung**, bei dem den Aktionären der abspaltenden Gesellschaft die neuen Aktien der abgespaltenen Gesellschaft ohne deren Zutun automatisch zugebucht werden (sogenanntes „Flow-Back"-Risiko).[5]

---

[5] Siehe z. B. die Wertpapierprospekte der Osram Licht AG aus dem Juni 2013 sowie der Uniper SE aus dem September 2016.

3. GRUNDLEGENDE ANGABEN

3.1. Erklärung zum Geschäftskapital

Erklärung des Emittenten, dass das Geschäftskapital seiner Auffassung nach für seine derzeitigen Bedürfnisse ausreicht. Ansonsten ist darzulegen, wie das zusätzlich erforderliche Geschäftskapital beschafft werden soll.

3.2. Kapitalbildung und Verschuldung

Aufzunehmen ist eine Übersicht über Kapitalbildung und Verschuldung (wobei zwischen garantierten und nicht garantierten, besicherten und unbesicherten Verbindlichkeiten zu unterscheiden ist). Diese Übersicht darf nicht älter sein als 90 Tage vor dem Datum des Dokuments. Zur Verschuldung zählen auch indirekte Verbindlichkeiten und Eventualverbindlichkeiten.

3.3. Interessen von Seiten natürlicher und juristischer Person, die an der Emission/dem Angebot beteiligt sind

Beschreibung jeglicher Interessen – einschließlich möglicher Interessenskonflikte –, die für die Emission/das Angebot von wesentlicher Bedeutung sind, wobei die beteiligten Personen zu spezifizieren und die Art der Interessen darzulegen ist.

3.4. Gründe für das Angebot und Verwendung der Erträge

Angabe der Gründe für das Angebot und ggf. des geschätzten Nettobetrages der Erträge, aufgegliedert nach den wichtigsten Verwendungszwecken und dargestellt nach Priorität dieser Verwendungszwecke. Sofern der Emittent weiß, dass die antizipierten Erträge nicht ausreichend sein werden, um alle vorgeschlagenen Verwendungszwecke zu finanzieren, sind der Betrag und die Quellen anderer Mittel anzugeben. Die Verwendung der Erträge muss im Detail dargelegt werden, insbesondere wenn sie außerhalb der normalen Geschäftsvorfälle zum Erwerb von Aktiva verwendet, zur Finanzierung des angekündigten Erwerbs anderer Unternehmen oder zur Begleichung, Reduzierung oder vollständigen Tilgung der Schulden eingesetzt werden.

Übersicht

	Rn.
I. Überblick und Regelungsgegenstand	8
II. Ziffer 3.1 – Erklärung zum Geschäftskapital	9
1. Inhalt der Erklärung	10
2. Unqualifizierte / qualifizierte Erklärung	13
3. Prüfungsschritte	16
4. Standort im Prospekt	18
III. Ziffer 3.2 – Kapitalbildung und Verschuldung	19
1. Inhalt	19
2. Darstellungsweise	24
3. Aktualität der Angaben	25
4. Aufnahme ergänzender Informationen	30
IV. Ziffer 3.3 – Interessen von Seiten natürlicher und juristischer Person, die an der Emission/dem Angebot beteiligt sind	35
V. Ziffer 3.4 – Gründe für das Angebot und Verwendung der Erträge	46
1. Gründe für das Angebot	48
2. Geplante Verwendung	49

Anhang III Ziffer 3

I. Überblick und Regelungsgegenstand

8 Anhangs III Ziffer 3 EU-ProspektVO verlangt die Aufnahme einer Reihe für Prospektzwecke grundlegender Angaben. Streng genommen handelt es sich um einen Systembruch,[6] da es sich jedenfalls bei Ziffer 3.1 und Ziffer 3.2 um Informationen über den Emittenten und nicht um Angaben zu den Aktien handelt, die Gegenstand des Angebots beziehungsweise der Zulassung sind.

II. Ziffer 3.1 – Erklärung zum Geschäftskapital

9 Anhang III Ziffer 3.1 EU-ProspektVO verlangt vom Emittenten eine Erklärung darüber, dass das Geschäftskapital bzw. Nettoumlaufvermögen (*Working Capital*) für seine derzeitigen Bedürfnisse ausreicht. Kann dies nicht bestätigt werden, ist anzugeben, wie das zusätzlich erforderliche Geschäftskapital beschafft werden soll.

1. Inhalt der Erklärung

10 ESMA konkretisiert den Inhalt der abzugebenden Erklärung in ihrer Aktualisierung der CESR Empfehlungen[7] weiter. Dabei definiert ESMA zunächst das *Geschäftskapital* als „die Fähigkeit des Emittenten, auf Bar- und andere liquide Mittel zuzugreifen, um seine Verbindlichkeiten zu bedienen, wenn sie fällig werden".

11 Mit Blick auf die zwölfmonatige Gültigkeit eines Prospekts (vgl. § 9 Abs. 1 WpPG), sollen *die derzeitigen Bedürfnisse* des Emittenten mindestens die folgenden zwölf Monate nach Prospektbilligung umfassen.[8] Dies deckt sich auch mit dem Zeitraum, den Geschäftsleiter nach nationalen und internationalen Rechnungslegungsstandards bei der Erstellung des Jahresabschlusses im Hinblick auf die Fortführungsprognose (*going concern*) anwenden müssen.[9] Sofern ein Emittent bereits Kenntnis davon hat, dass nach Ablauf von zwölf Monaten nach Prospektbilligung Schwierigkeiten bei der Aufbringung ausreichenden Geschäftskapitals auftreten können, soll die Aufnahme weiterer Informationen in den Wertpapierprospekt erwogen werden.[10]

12 Sofern der Emittent Teil einer Gruppe ist und der Wertpapierprospekt konsolidierte Finanzinformationen der Gruppe enthält, was regelmäßig der Fall sein wird, muss sich die Erklärung zum Geschäftskapital entsprechend auf den Kapitalbedarf der gesamten Gruppe

---

6 *Fingerhut/Voß*, in: Just/Voß/Ritz/Zeising, WpPG, EU-ProspVO Anhang III Rn. 16.
7 ESMA update of the CESR recommendations vom 20.3.2013, ref. ESMA/2013/319 („ESMA-Empfehlungen"), Rn. 107.
8 ESMA-Empfehlungen, Rn. 108; *Rauch*, in: Holzborn, WpPG, EU-ProspVO Anhang III Rn. 6.
9 IAS 1, Rn. 26; ESMA-Empfehlungen, Rn. 108.
10 ESMA-Empfehlungen, Rn. 110; vgl. ebenfalls *Schlitt/Schäfer*, in: Assmann/Schlitt/von Kopp-Colomb, WpPG/VerkProspG, EU-ProspektVO Anhang III Rn. 12; sich in jedem Fall für eine Offenlegung aussprechend: *Fingerhut/Voß*, in: Just/Voß/Ritz/Zeising, WpPG, EU-ProspVO Anhang III Rn. 24; *Meyer*, in: Habersack/Mülbert/Schlitt, Unternehmensfinanzierung am Kapitalmarkt, § 30 Rn. 44.

Ziffer 3   **Anhang III**

beziehen.[11] Bei der Erstellung der Erklärung zum Geschäftskapital soll der Emittent dabei die Ausgestaltung von Konzernfinanzierungen und Beschränkungen des Kapitalflusses innerhalb der Gruppe in seine Erwägungen einbeziehen.[12] Es bleibt aber auch in diesem (Regel-)Fall des Konzernbezugs eine Erklärung des Emittenten, nicht eine Erklärung der (nicht-rechtsfähigen) Gruppe.

2. Unqualifizierte/qualifizierte Erklärung

Bei der Formulierung der Erklärung ist zwischen einer unqualifizierten (*clean working capital statement*) und einer qualifizierten Aussage (*qualified working capital statement*) zu unterscheiden.[13]   13

Eine unqualifizierte Aussage steht nicht unter Annahmen, Bedingungen oder Vorbehalten und nennt keine weiteren Voraussetzungen oder Risiken.[14] Eine typische Formulierung für eine unqualifizierte Erklärung zum Geschäftskapital kann lauten: „Nach Einschätzung der Gesellschaft wird die Gruppe aus heutiger Sicht in der Lage sein, allen Zahlungsverpflichtungen im geplanten Geschäftsbetrieb nachzukommen, die mindestens in den nächsten zwölf Monaten ab dem Datum dieses Prospekts fällig werden."[15]   14

Sofern ein Emittent nicht in der Lage ist, eine unqualifizierte Erklärung zum Geschäftskapital abzugeben, muss die Erklärung dahingehend abgeändert werden, dass das Geschäftskapital nicht genügt, um den fälligen Zahlungsverpflichtungen in den kommenden zwölf Monaten nachzukommen. Ein Verzicht auf die Erklärung ist (auch in einem solchen Fall) nicht möglich.[16] Weiterhin soll der Emittent offenlegen, ab welchem Zeitpunkt das Geschäftskapital nicht mehr ausreicht, in welchem Umfang erforderliche Mittel voraussichtlich fehlen werden und auf welche Weise diese Mittel aufgebracht werden sollen, damit ausreichendes Geschäftskapital zur Verfügung steht.[17] Hier kann beispielsweise auf eine geplante Refinanzierung, die Neuverhandlung bestehender oder neuer Darlehensfinanzierungen, eine Verringerung geplanter Investitionen, eine angepasste Akquisitionsstrategie oder den Verkauf von Vermögenswerten hingewiesen werden.[18] Weiterhin soll der Emittent eine Einschätzung abgeben, für wie wahrscheinlich er die Aufbringung der weiteren Mittel hält.[19] Sofern   15

---

11 ESMA-Empfehlungen, Rn. 112; *Schlitt/Schäfer*, in: Assmann/Schlitt/von Kopp-Colomb, WpPG/VerkProspG, EU-ProspektVO Anhang III Rn. 11; *Fingerhut/Voß*, in: Just/Voß/Ritz/Zeising, WpPG, EU-ProspVO Anhang III Rn. 22; *Rauch*, in: Holzborn, WpPG, EU-ProspVO Anhang III Rn. 4.
12 ESMA-Empfehlungen, Rn. 112.
13 ESMA-Empfehlungen, Rn. 113–115.
14 ESMA-Empfehlungen, Rn. 115; *Schlitt/Schäfer*, in: Assmann/Schlitt/von Kopp-Colomb, WpPG/VerkProspG, EU-ProspVO Anhang III Rn. 13; *Fingerhut/Voß*, in: Just/Voß/Ritz/Zeising, WpPG, EU-ProspVO Anhang III Rn. 23; *Rauch*, in: Holzborn, WpPG, EU-ProspVO Anhang III Rn. 6.
15 *Schlitt/Schäfer*, in: Assmann/Schlitt/von Kopp-Colomb, WpPG/VerkProspG, EU-ProspektVO Anhang III Rn. 13.
16 ESMA-Empfehlungen, Rn. 116.
17 *Rauch*, in: Holzborn, WpPG, EU-ProspVO Anhang III Rn. 6.
18 ESMA-Empfehlungen, Rn. 121.
19 ESMA-Empfehlungen, Rn. 123; *Schlitt/Schäfer*, in: Assmann/Schlitt/von Kopp-Colomb, WpPG/VerkProspG, EU-ProspektVO Anhang III Rn. 14.

Seiler

Anhang III Ziffer 3

aus Sicht des Emittenten ein Insolvenzrisiko besteht,[20] muss dieses ebenfalls deutlich offengelegt und in der Regel zusätzlich ein entsprechender Risikofaktor aufgenommen werden.[21]

3. Prüfungsschritte

16 Bevor ein Emittent die Erklärung zum Geschäftskapital abgeben kann, sollen nach den Vorstellungen der ESMA bestimmte Prüfungsschritte durchlaufen werden, ähnlich wie für Zwecke einer *„going concern-Prognose"* im Rahmen der Erstellung des Jahresabschlusses.[22] So sollen (nicht zu veröffentlichende) prospektive Finanzinformationen erstellt werden, die die bisherigen Kapitalflüsse, die Gewinn- und Verlustrechnung sowie die Bilanz fortschreiben. Die Kapitalflüsse aus dem operativen Geschäft sowie die Bedingungen und zugrundeliegenden geschäftlichen Erwägungen bestehender Bank- und anderer Finanzierungen sind zu analysieren. Weiterhin sollen ESMA zufolge im Wege einer Sensitivitätsanalyse die Geschäftsplanung und Strategie einer kritischen Prüfung, insbesondere im Hinblick auf Risiken bei ihrer Umsetzung unterzogen werden.[23] Es besteht jedoch keine Verpflichtung zur Dokumentation dieser Prüfungsschritte oder gar zur Aufnahme einer Bescheinigung eines Wirtschaftsprüfers in den Prospekt. Im Falle eines börsenreifen Neuemittenten bzw. einer bereits börsennotierten Gesellschaft sollte die entsprechende Prüfung – sofern sie überhaupt gesondert erforderlich ist – mit Blick auf die bereits für Abschlusszwecke bestehenden (laufenden) Prüfungs- und Analyseverfahren auf Gesellschaftsseite keinen wesentlichen Mehraufwand bedeuten.

17 In anderen Mitgliedstaaten der Europäischen Union ist eine Prüfung durch einen externen (Wirtschafts-)Prüfer hingegen üblich. So sehen etwa die Regeln der britischen FCA für eine Zulassung von Aktien zur „Official list" an der Londoner Börse vor, dass vom Emissionsbegleiter der zuständigen Behörde gegenüber erklärt werden muss, dass ein ausreichendes Geschäftskapital besteht.[24] Zur Absicherung dieser Bestätigung wird vom Abschlussprüfer ein sogenannter *„working capital report"* bzw. *„working capital comfort letter"* erstellt. Der Wirtschaftsprüfer bestätigt hierin, dass die Erklärung nach seiner Einschätzung nach Durchführung ordnungsgemäßer Untersuchungen abgegeben und die Vorhersagen im Hinblick auf das Geschäftskapital ordnungsgemäß auf Basis der von den Leitungsorganen der Gesellschaft getroffenen Annahmen erstellt wurden. Der Bericht wird nicht in den Prospekt aufgenommen und auch nicht anderweitig veröffentlicht, ist aber Teil der in Großbritannien üblichen Due Diligence der beteiligten Konsortialbanken.

---

20 Vgl. aber beispielsweise den Wertpapierprospekt der Steilmann SE vom 12.10.2015, der eine unqualifizierte Erklärung zum Geschäftskapital enthielt, während die Gesellschaft am 23.3.2016 Insolvenzantrag stellte.
21 ESMA-Empfehlungen, Rn. 123; *Schlitt/Schäfer*, in: Assmann/Schlitt/von Kopp-Colomb, WpPG/VerkProspG, EU-ProspektVO Anhang III Rn. 14; *Rauch*, in: Holzborn, WpPG, EU-ProspVO Anhang III Rn. 6.
22 ESMA-Empfehlungen, Rn. 124; *Schlitt/Schäfer*, in: Assmann/Schlitt/von Kopp-Colomb, WpPG/VerkProspG, EU-ProspektVO Anhang III Rn. 15.
23 ESMA-Empfehlungen, Rn. 125.
24 Listing Rules, FCA Handbook, Ziffer 6.1.16R/6.1.17G.

4. Standort im Prospekt

In der Regel findet sich die Erklärung zum Geschäftskapital im gleichen Abschnitt wie die Angaben zu Kapitalbildung und Verschuldung unterhalb der entsprechenden Tabellen.

18

III. Ziffer 3.2 – Kapitalbildung und Verschuldung

1. Inhalt

Anhang III Ziffer 3.2 EU-ProspektVO sieht vor, dass eine Übersicht zu Kapitalbildung und Verschuldung des Emittenten und dessen Kapitalausstattung in den Prospekt aufgenommen werden muss. Die EU-ProspektVO legt dabei fest, dass zwischen garantierten und nicht garantierten, besicherten und unbesicherten Verbindlichkeiten zu unterscheiden ist.

19

Der Begriff Verschuldung umfasst auch indirekte Verbindlichkeiten und Eventualverbindlichkeiten zählen. Diese Begriffe definiert ESMA wie folgt:[25]

20

Indirekte Verbindlichkeiten: Alle Verpflichtungen, die der Emittent (auf konsolidierter Basis) nicht direkt eingegangen ist, die ihn aber unter bestimmten Umständen treffen können, so zum Beispiel ein Garantieversprechen für ein Darlehen einer dritten Partei, die nicht Teil der Gruppe des Emittenten ist, für den Fall, dass der Darlehensnehmer das Darlehen nicht zurückzahlt.

21

Eventualverbindlichkeiten: Der maximale Gesamtbetrag, den der Emittent in Bezug auf Verpflichtungen leisten müsste, die er zwar eingegangen ist, deren finaler Betrag jedoch derzeit noch nicht mit Sicherheit feststeht, unabhängig vom wahrscheinlichen finalen Betrag, so beispielsweise eine Mehrwertsteuerverpflichtung für Waren in einem Warenlager, wenn der an die Finanzbehörden zu zahlende Betrag für eine bestimmte Periode nicht nur von den vom Emittenten tatsächlich angeschafften und gelagerten Waren, sondern vom Umfang des tatsächlichen Weiterverkaufs an die Kunden abhängt.

22

Diese Definitionen entsprechen nicht der Definition nach deutschen und internationalen Rechnungslegungsvorschriften. Die Darstellung ist insoweit abgestimmt auf den jeweiligen Emittenten anzupassen.

23

2. Darstellungsweise

Die Übersicht zur Kapitalbildung und Verschuldung erfolgt in Tabellenform in einem eigenen Prospektabschnitt („Kapitalisierung und Verschuldung"), wobei die ESMA-Empfehlungen weitergehende Hinweise zu Aufbau und Inhalt der Tabellen enthalten.[26] Zwar sind die Hinweise der ESMA für Emittenten rechtlich nicht bindend, gleichwohl jedoch verlangt die BaFin in ihrer Verwaltungspraxis eine genaue Umsetzung der entsprechenden Vorgaben. Ergänzt werden die Angaben durch eine Tabelle zur Liquidität (*net indebted-*

24

---

25 ESMA-Questions and Answers – Prospectuses (25th Updated Version – July 2016, ESMA/2016/1133), Frage 61.
26 Vgl. ESMA-Empfehlungen, Rn. 127 f.

Anhang III Ziffer 3

ness).[27] Sofern der Emittent Teil einer Gruppe ist, müssen sich die Angaben auf die gesamte Gruppe beziehen.[28]

3. Aktualität der Angaben

25 Die Übersicht zur Kapitalbildung und Verschuldung dürfen nicht älter als 90 Tage vor dem Datum des Prospekts sein. ESMA rechnet diese Frist ab dem Datum der Prospektbilligung.[29] Teilweise wird vertreten, dass dieses Verständnis nicht mit der EU-ProspektVO vereinbar sei und auf das Datum der Prospekterstellung abgestellt werden müsse, da der Emittent auf den Billigungszeitpunkt keinen Einfluss habe.[30] In der Praxis hat diese Frage wenig Bedeutung haben, da Prospekte von der BaFin in der Regel nach entsprechender Abstimmung untertägig gebilligt werden und somit Erstellungs- und Billigungsdatum übereinstimmen.

26 ESMA zufolge dürfen Emittenten auch ältere, dem Jahresabschluss entstammende Angaben aufnehmen, solange diese von der Erklärung begleitet werden,[31] dass bis zum Datum des Prospekts keine wesentliche Änderungen eingetreten sind. Andernfalls sollen die entsprechenden wesentlichen Änderungen dargestellt werden.[32] Die BaFin verfährt demgegenüber restriktiver und fordert, dass die Angaben tatsächlich nicht älter als 90 Tage sind.

27 Sofern die Angaben nicht einem geprüften oder prüferisch durchgesehenen Jahres- oder Zwischenabschluss, sondern beispielsweise der Monatsberichterstattung eines Emittenten entstammen, kann eine Bestätigung der Richtigkeit der Angaben durch einen Wirtschaftsprüfer im *Comfort Letter* Schwierigkeiten bereiten.[33]

28 Aus dem Umstand, dass nur ESMA Empfehlung 127 Nr. 1 nur mit Blick auf die Angaben zur Kapitalisierung und Verschuldung auf die 90 Tage-Grenze verweist, während Empfehlung 127 Nr. 2 bezüglich der Angaben zur Liquidität (*net indebtedness*) keinen entsprechenden Hinweis enthält, könnte der Schluss gezogen werden, dass lediglich die Angaben zur Kapitalisierung und Verschuldung nicht älter als 90 Tage sein dürfen, das Erfordernis hingegen für die Angaben zur Liquidität nicht gilt. Gegen eine solch enge Auslegung der ESMA-Empfehlungen spricht indes neben dem Wortlaut von Anhang III Ziffer 3.2 EU-ProspektVO vor allem auch der systematische Zusammenhang der in ESMA Empfehlung 127 Nr. 1 und Nr. 2 in Bezug genommenen Angaben. So wäre es für den Anleger irreführend, würden die in direktem Zusammenhang stehenden (und sich teils inhaltlich überschneidenden) Tabellenangaben unterschiedlich datieren. Die einheitliche Anwendung der 90 Tage-Regel auf die Angaben zur Kapitalisierung und Verschuldung sowie auf die Angaben zur Liquidität entspricht auch der Verwaltungspraxis der BaFin.

---

27 *Rauch*, in: Holzborn, WpPG, EU-ProspVO Anhang III, Rn.14; *Schlitt/Schäfer*, in: Assmann/Schlitt/von Kopp-Colomb, WpPG/VerkProspG, EU-ProspektVO Anhang III Rn. 17; *Fingerhut/Voß*, in: Just/Voß/Ritz/Zeising, WpPG, EU-ProspVO Anhang III Rn. 33.
28 ESMA-Empfehlungen, Rn. 127.
29 ESMA-Empfehlungen, Rn. 127.
30 *Rauch*, in: Holzborn, WpPG, EU-ProspVO Anhang III Rn. 15; *Fingerhut/Voß*, in: Just/Voß/Ritz/Zeising, WpPG, EU-ProspVO Anhang III Rn. 36.
31 ESMA-Empfehlungen, Rn. 127.
32 ESMA-Empfehlungen, Rn. 127.
33 *Schlitt/Schäfer*, in: Assmann/Schlitt/von Kopp-Colomb, WpPG/VerkProspG, EU-ProspektVO Anhang III Rn. 19.

Ziffer 3 **Anhang III**

Sind zwischen dem Datum der Übersicht zur Kapitalbildung und Verschuldung und dem Billigungsdatum wesentliche Veränderungen eingetreten, so ist dies ebenfalls klarzustellen und zu erläutern, da die Übersicht ansonsten irreführend sein könnte.[34]

29

4. Aufnahme ergänzender Informationen

Regelmäßig enthalten Prospekte mehrere vergleichende Spalten, die beispielsweise die Angaben aus dem letzten Jahresabschluss, die entsprechenden Zahlen aus dem letzten (nicht mehr als 90 Tage zurückliegenden) Zwischenabschluss sowie eine prospektive Darstellung unter Berücksichtigung der geplanten Verwendung des Emissionserlöses zeigen. Darüber hinaus werden häufig weitere Spalten in die Tabelle zur Kapitalisierung und Verschuldung aufgenommen, um beispielsweise kurz vor Veröffentlichung des Prospekts durchgeführte Kapitalmaßnahmen oder sonstige Umstrukturierungen sowie bestimmte künftige Ereignisse darzustellen.

30

ESMA hat sich im April 2016[35] zur Zulässigkeit solcher zusätzlicher Spalten geäußert: Danach soll es, sofern der Prospekt aufgrund einer vergangenen oder künftigen bedeutenden Brutto-Veränderung Pro forma-Finanzinformationen enthält, zulässig sein, eine Spalte mit der Pro forma-Kapitalisierung und Verschuldung aufzunehmen, vorausgesetzt die Darstellung ist konsistent mit der Darstellung der Pro forma-Finanzinformationen an anderer Stelle im Prospekt. Erfolgte Anpassungen können durch einen Verweis auf die Pro forma-Finanzinformationen erläutert werden. Sofern eine jüngst erfolgte komplexe Veränderung die Aufnahme von Pro forma-Finanzinformationen in den Prospekt nicht erfordert, bleibt es dem Prospektersteller überlassen, freiwillige (vollständige) Pro forma-Finanzinformationen und eine entsprechende zusätzliche Spalte aufzunehmen.

31

Grundsätzlich soll nach ESMA besonderes Augenmerk auf die Konsistenz und Verständlichkeit zusätzlicher Angaben in der Tabelle zur Kapitalisierung und Verschuldung gelegt und, sofern die Informationen nicht einfach nachvollziehbar und analysierbar sind, auf eine Darstellung verzichtet werden. Unproblematisch ist nach ESMA hingegen die Aufnahme einer zusätzlichen Spalte zur Illustration einfach zu erläuternder Veränderungen, sofern die entsprechenden Anpassungen verständlich sind.

32

ESMA fordert Zurückhaltung, wenn (ohne die Aufnahme von Pro forma-Finanzinformationen) künftige Veränderungen wie beispielsweise der Ausgang des prospektgegenständlichen Angebots in einer zusätzlichen Spalte reflektiert werden sollen. Der Prospektersteller muss in diesem Fall ausreichend verdeutlichen, dass das gezeigte künftige Ergebnis nicht notwendigerweise so eintreten muss. Die Aufnahme zusätzlicher Spalten in Bezug auf kürzlich erfolgte oder künftige (nicht pro forma-pflichtige) Veränderungen löst nach ESMA für sich genommen selbstverständlich auch keine Pro forma-Pflicht im Sinne von Anhang II EU-ProspektVO aus.[36]

33

---

34 ESMA-Questions and Answers – Prospectuses (25th Updated Version – July 2016, ESMA/2016/1133), Frage 62.
35 Vgl. ESMA-Questions and Answers – Prospectuses (25th Updated Version – July 2016, ESMA/2016/1133), Frage 97.
36 Vgl. ESMA-Questions and Answers – Prospectuses (25th Updated Version – July 2016, ESMA/2016/1133), Frage 97.

Seiler

Anhang III   Ziffer 3

34 Sofern im Prospekt eine Preisspanne angegeben wird, soll zur Berechnung der Emissionserlöse der mittlere Wert der Preisspanne angenommen. Transaktionskosten sollen auf dieser Grundlage ebenfalls berücksichtigt werden. Andere künftige Ereignisse sollen nur in Ausnahmefällen in einer zusätzlichen Spalte reflektiert werden, wenn dies sachlich erforderlich ist. Eine entsprechende Darstellung birgt nach ESMA eine erhöhte Gefahr für die Verständlichkeit und Konsistenz des Prospekts, etwa wenn der Emittent seine künftige Fremdkapitalstruktur darstellen möchte, die entsprechenden Verhandlungen mit einem oder mehreren Kreditinstituten aber noch nicht abgeschlossen sind.[37]

IV. Ziffer 3.3 – Interessen von Seiten natürlicher und juristischer Person, die an der Emission/dem Angebot beteiligt sind

35 Anhang III Ziffer 3.3 EU-ProspektVO verlangt die Beschreibung jeglicher Interessen die für die Emission/das Angebot von wesentlicher Bedeutung sind. Dabei sind die beteiligten Personen zu spezifizieren und die Art der Interessen darzulegen.

36 Nach ESMA sind von dieser Regelung Personen bzw. Parteien erfasst, die ein wesentliches Interesse am Emittenten oder dem Angebot haben, einschließlich Beratern, Finanzintermediären und Experten.[38] Das jeweilige Interesse ist ebenso darzulegen wie mögliche Interessenkonflikte. Beispiele für am Angebot beteiligte Personen sind:

37 – die das Angebot bzw. die Zulassung begleitenden Konsortialbanken, deren Vergütung regelmäßig vom Emissionserlös abhängt;

38 – IPO-Berater, deren Vergütung vom Emissionserlös abhängig ist;

39 – unter Umständen die Parteien weiterer vertraglicher Vereinbarungen wie bestehender Bankfinanzierungen oder auch Designated Sponsor-Vereinbarungen;

40 – unter Umständen am Emittenten oder einer seiner Tochtergesellschaften beteiligte Organmitglieder des Emittenten;

41 – veräußernde Aktionäre, sofern diese eine nennenswerte Beteiligung am Emittenten oder seinen Tochtergesellschaften halten;

42 – Aktionäre, die Partei einer so genannten *Backstop*-Vereinbarung sind, in der sie sich verpflichten bzw. ihnen das Recht eingeräumt wird, nicht platzierte Aktien zu beziehen und die dafür unter Umständen eine Vergütung aus dem Emissionserlös erhalten;

43 – Personen, die eine bevorrechtigte Zuteilung von Aktien erhalten.

44 Nicht unter die Vorschrift fallen Vereinbarungen mit begleitenden Anwälten, die eine so genannte *Performance Fee* enthalten, da diese regelmäßig nicht an den Emissionserlös sondern an die Qualität der erbrachten Leistung anknüpft.[39]

---

[37] Vgl. ESMA-Questions and Answers – Prospectuses (25th Updated Version – July 2016, ESMA/2016/1133), Frage 97.
[38] ESMA-Empfehlungen, Rn. 166.
[39] *Schlitt/Schäfer*, in: Assmann/Schlitt/von Kopp-Colomb, WpPG/VerkProspG, EU-ProspektVO Anhang III Rn. 21.

Die Angaben zu Interessen Dritten sind in der Regel Bestandteil des Abschnitts „Das Angebot". 45

V. Ziffer 3.4 – Gründe für das Angebot und Verwendung der Erträge

Die Gründe für das Angebot und die Verwendung der Emissionserlöse sind nur bei Durchführung eines öffentlichen Angebots aufzunehmen, da nur in diesem Fall überhaupt Erträge anfallen. Bei einem reinen Börsenzulassungsprospekt ist Ziffer 3.4 mithin nicht anwendbar.[40] 46

Die entsprechenden Angaben sollen den Anleger darüber in Kenntnis setzen, für welche Zwecke das von ihm eingebrachte Kapital verwendet werden soll und müssen deshalb ausreichend konkret sein. 47

1. Gründe für das Angebot

Nach dem Wortlaut von Anhang III Ziffer 3.4 EU-ProspektVO sind zunächst die Gründe für das Angebot zu nennen. In der Praxis beschränkt sich der entsprechende Abschnitt regelmäßig auf die Darstellung der geplanten Verwendung der durch das Angebot erzielten Emissionserlöse. Bei Prospekten, die im Zusammenhang mit dem erstmaligen Angebot von Aktien im Rahmen des Börsengangs eines Emittenten erstellt werden, findet sich teils zusätzlich eine kurze Beschreibung der Gründe für den Börsengang (z.B. Zugang zu den Kapitalmärkten etc.) 48

2. Geplante Verwendung

Aufgrund der bezweckten Aufklärung von Investoren über die Verwendung der eingeworbenen Mittel sind sehr vage Formulierungen im Hinblick auf die geplante Erlösverwendung wie „zur Stärkung des Geschäftskapitals", „für den Ausbau der Geschäftstätigkeit", „aus Gewinnerzielungsabsicht" oder „zur Absicherung von Risiken" in aller Regel nicht ausreichend[41] und müssen um konkretere Vorhaben ergänzt werden. In der Regel stehen die Angaben zur Erlösverwendung im Zusammenhang mit den Angaben zur Strategie des Emittenten und den geplanten Investitionen (vgl. Anhang I Ziffer 5.2 EU-ProspVO). Dies kann selbstverständlich nur dann gelten, wenn tatsächlich solche Verwendungsvorhaben bestehen. Eine zu detaillierte Aufstellung kann im Übrigen im Widerspruch zum Interesse des Emittenten stehen, sich eine gewisse Flexibilität bei der Verwendung der Erlöse zu be- 49

---

40 *Rauch*, in: Holzborn, WpPG, EU-ProspVO Anhang III, Rn.28; *Schlitt/Schäfer*, in: Assmann/Schlitt/von Kopp-Colomb, WpPG/VerkProspG, EU-ProspektVO Anhang III Rn. 22; a.A. und für eine Angabe der Gründe für die Börsenzulassung: *Fingerhut/Voß*, in: Just/Voß/Ritz/Zeising, WpPG, EU-ProspVO Anhang III Rn. 49.
41 Vgl. jeweils mit weiteren Beispielen: *Rauch*, in: Holzborn, WpPG, EU-ProspVO Anhang III Rn. 20a; *Schlitt/Schäfer*, in: Assmann/Schlitt/von Kopp-Colomb, WpPG/VerkProspG, EU-ProspektVO Anhang III Rn. 23; *Fingerhut/Voß*, in: Just/Voß/Ritz/Zeising, WpPG, EU-ProspVO Anhang III Rn. 50.

Anhang III Ziffer 3

wahren.[42] Beispiele für entsprechende Konkretisierungen sind die Rückführung einer bestimmten Finanzierung oder die Durchführung einer Unternehmensakquisition.

50 Nach der Verwaltungspraxis der BaFin ist bei der Angabe mehrerer Verwendungszwecke zwischen diesen eine Gewichtung vorzunehmen. Dies sollte allerdings nicht zu einer genauen Bezifferung bzw. einer prozentualen Aufteilung des Emissionserlöses auf einzelne Verwendungszwecke führen, da dies den Emittenten in zu hohem Maße bindet.[43] In diese Richtung geht allerdings die Verwaltungspraxis der BaFin, die häufig eine prozentuale Aufteilung des Emissionserlöses verlangt, sofern mehrere konkrete Verwendungszwecke angegeben werden.

51 Eine Pflicht zur Quantifizierung kann sich im Übrigen ergeben, wenn der Prospekt nach Anhang I Ziffer 5.2 EU-ProspektVO Angaben zu geplanten Investitionen enthält. Sollen diese Investitionen aus dem Emissionserlös finanziert werden, ist an beiden Stellen des Prospekts ein entsprechender Hinweis aufzunehmen.

52 Reicht der Emissionserlös zur Finanzierung des angegebenen Verwendungszwecks nicht aus, ist darzustellen, wie der fehlende Betrag finanziert werden soll. Dies kann beispielsweise bedeuten, dass eine Fremdfinanzierungszusage angegeben werden muss, um den geplanten Verwendungszweck zu plausibilisieren, ohne dass hier allzu detaillierte Angaben zu verlangen sind.[44]

53 Üblicherweise erfolgt die Darstellung der Verwendung des Emissionserlöses in einem eigenen Abschnitt des Prospekts, der auf die Beschreibung des Angebots folgt.

---

42 *Rauch*, in: Holzborn, WpPG, EU-ProspVO Anhang III Rn. 20a; *Schlitt/Schäfer*, in: Assmann/Schlitt/von Kopp-Colomb, WpPG/VerkProspG, Anhang III, IV, Rn. 23; *Fingerhut/Voß*, in: Just/Voß/Ritz/Zeising, WpPG, EU-ProspVO Anhang III Rn. 50.
43 *Schlitt/Schäfer*, in: Assmann/Schlitt/von Kopp-Colomb, WpPG/VerkProspG, EU-ProspektVO Anhang III Rn. 24.
44 *Rauch*, in: Holzborn, WpPG, EU-ProspVO Anhang III Rn. 20a; *Fingerhut/Voß*, in: Just/Voß/Ritz/Zeising, WpPG, EU-ProspVO Anhang III Rn. 54.

4. ANGABEN ÜBER DIE ANZUBIETENDEN BZW. ZUM HANDEL ZUZULASSENDEN WERTPAPIERE

4.1. Beschreibung des Typs und der Kategorie der anzubietenden und/oder zum Handel zuzulassenden Wertpapiere einschließlich der ISIN (International Security Identification Number) oder eines anderen Sicherheitscodes.

4.2. Rechtsvorschriften, auf deren Grundlage die Wertpapiere geschaffen wurden.

4.3. Angabe, ob es sich bei den Wertpapieren um Namenspapiere oder um Inhaberpapiere handelt und ob die Wertpapiere verbrieft oder stückelos sind. In letzterem Fall sind der Name und die Anschrift des die Buchungsunterlagen führenden Instituts zu nennen.

4.4. Währung der Wertpapieremission.

4.5. Beschreibung der Rechte die an die Wertpapiere gebunden sind – einschließlich ihrer etwaigen Beschränkungen –, und des Verfahrens zur Ausübung dieser Rechte:

– Dividendenrechte:

– Fester/e Termin/e, an dem/denen die Dividendenberechtigung beginnt;

– Verjährungsfrist für den Verfall der Dividendenberechtigung und Angabe des entsprechenden Begünstigten;

– Dividendenbeschränkungen und Verfahren für gebietsfremde Wertpapierinhaber;

– Dividendensatz oder Methode zu seiner Berechnung, Angabe der Frequenz und der kumulativen oder nichtkumulativen Wesensart der Zahlungen.

– Stimmrechte;

– Vorzugsrechte bei Angeboten zur Zeichnung von Wertpapieren derselben Kategorie;

– Recht auf Beteiligung am Gewinn des Emittenten;

– Recht auf Beteiligung am Saldo im Falle einer Liquidation;

– Tilgungsklauseln;

– Wandelbedingungen.

4.6. Im Falle von Neuemissionen Angabe der Beschlüsse, Ermächtigungen und Genehmigungen, die die Grundlage für die erfolgte bzw. noch zu erfolgende Schaffung der Wertpapiere und/oder deren Emission bilden.

4.7. Im Falle von Neuemissionen Angabe des erwarteten Emissionstermins der Wertpapiere.

4.8. Darstellung etwaiger Beschränkungen für die freie Übertragbarkeit der Wertpapiere.

4.9. Angabe etwaig bestehender obligatorischer Übernahmeangebote und/oder Ausschluss- und Andienungsregeln in Bezug auf die Wertpapiere.

4.10. Angabe öffentlicher Übernahmeangebote von Seiten Dritter in Bezug auf das Eigenkapital des Emittenten, die während des letzten oder im Verlauf des derzeiti-

Anhang III Ziffer 4

gen Geschäftsjahres erfolgten. Zu nennen sind dabei der Kurs oder die Umtauschbedingungen für derlei Angebote sowie das Resultat.

4.11. Hinsichtlich des Lands des eingetragenen Sitzes des Emittenten und des Landes bzw. der Länder, in dem bzw. denen das Angebot unterbreitet oder die Zulassung zum Handel beantragt wird, sind folgende Angaben zu machen:

– Angaben über die an der Quelle einbehaltene Einkommensteuer auf die Wertpapiere;

– Angabe der Tatsache, ob der Emittent die Verantwortung für die Einbehaltung der Steuern an der Quelle übernimmt.

Übersicht

	Rn.		Rn.
I. Überblick und Regelungsgegenstand	54	VIII. Ziffer 4.7 – Angabe des erwarteten Emissionstermins der Wertpapiere	74
II. Ziffer 4.1 – Beschreibung des Typs und der Kategorie der Wertpapiere	55	IX. Ziffer 4.8 – Darstellung etwaiger Beschränkungen für die freie Übertragbarkeit der Wertpapiere	75
III. Ziffer 4.2 – Rechtsvorschriften, auf deren Grundlage die Wertpapiere geschaffen wurden	57	X. Ziffer 4.9 – Angabe etwaig bestehender obligatorischer Übernahmeangebote und/oder Ausschluss- und Andienungsregeln in Bezug auf die Wertpapiere	78
IV. Ziffer 4.3 – Angaben zur Verbriefung	58	1. Obligatorische Übernahmeangebote	78
V. Ziffer 4.4 – Währung der Wertpapieremission	60	2. Ausschluss- und Andienungsregeln	79
VI. Ziffer 4.5 – Beschreibung der Rechte, die an die Wertpapiere gebunden sind	61	XI. Ziffer 4.10 – Angabe öffentlicher Übernahmeangebote von Seiten Dritter in Bezug auf das Eigenkapital des Emittenten	81
1. Dividenden	62	XII. Ziffer 4.11 – Angaben zur Besteuerung	82
2. Stimmrechte	68		
3. Vorzugsrechte	69		
4. Recht auf Beteiligung am Gewinn und Liquidationserlösen	70		
5. Tilgungsklauseln und Wandelbedingungen	72		
VII. Ziffer 4.6 – Angabe zu Beschlüssen, Ermächtigungen und Genehmigungen für die Schaffung der Wertpapiere und/oder deren Emission	73		

I. Überblick und Regelungsgegenstand

54 Anhang III Ziffer 4 EU-ProspektVO fordert Angaben über die anzubietenden bzw. zum Handel zuzulassenden Wertpapiere.

II. Ziffer 4.1. – Beschreibung des Typs und der Kategorie der Wertpapiere

Zunächst sind der Typ und die Kategorie der anzubietenden oder zum Handel zuzulassenden Wertpapiere anzugeben. Bei Aktien gehört hierzu deren Art (Stückaktien oder Nennbetragsaktien, vgl. § 8 AktG) und Gattung[45] (Stammaktien oder Vorzugsaktien, vgl. §§ 11, 12 AktG).[46] Neben der reinen Bezeichnung von Art bzw. Gattung ist eine kurze Erläuterung aufzunehmen, um dem Anleger ein hinreichendes Verständnis des betreffenden Wertpapiers zu verschaffen.[47]

Ferner müssen die ISIN (International Security Identification Number) sowie gegebenenfalls weitere Kennnummern – in Deutschland die zusätzlich zur ISIN vergebene WKN (Wertpapierkennnummer) sowie üblicherweise der Common Code und das Börsenkürzel – angegeben werden.[48]

III. Ziffer 4.2 – Rechtsvorschriften, auf deren Grundlage die Wertpapiere geschaffen wurden

Nach Anhang III Ziffer 4.2 EU-ProspektVO sind zudem Angaben zu den Rechtsvorschriften, auf deren Grundlage die Wertpapiere geschaffen wurden, zu machen.[49] Eine nähere Beschreibung einzelner Vorschriften oder Gesetze ist entgegen dem missverständlichen Wortlaut der deutschen Sprachfassung der EU-ProspektVO jedoch nicht gefordert, was insbesondere ein Vergleich mit der englischen Sprachfassung (*„legislation under which the securities have been created"*) zeigt.[50] Es genügt also die Angabe, dass die Aktien oder andere unter Anhang III EU-ProspektVO fallende Wertpapiere nach deutschem Recht geschaffen wurden.

IV. Ziffer 4.3 – Angaben zur Verbriefung

Anhang III Ziffer 4.3 Anhang III EU-ProspektVO ergänzt die nach Ziffer 4.1 erforderlichen Informationen um die Angabe, ob es sich um Namens- oder Inhaberpapiere (vgl. § 10

---

45 Der Begriff der „Kategorie" ist dem deutschen Aktienrecht fremd. In der englischen Fassung der Richtlinie heißt es *„class of securities"*, so dass hiermit die Gattung gemeint sein dürfte (*Rauch*, in: Holzborn, WpPG, EU-ProspVO Anhang III Rn. 24).
46 *Schlitt/Schäfer*, in: Assmann/Schlitt/von Kopp-Colomb, WpPG/VerkProspG, EU-ProspektVO Anhang III Rn. 28; *Fingerhut/Voß*, in: Just/Voß/Ritz/Zeising, WpPG, EU-ProspVO Anhang III Rn. 59; *Rauch*, in: Holzborn, WpPG, EU-ProspVO Anhang III Rn. 23.
47 *Fingerhut/Voß*, in: Just/Voß/Ritz/Zeising, WpPG, EU-ProspVO Anhang III Rn. 59.
48 *Rauch*, in: Holzborn, WpPG, EU-ProspVO Anhang III Rn. 23; *Schlitt/Schäfer*, in: Assmann/Schlitt/von Kopp-Colomb, WpPG/VerkProspG, EU-ProspektVO Anhang III Rn. 28.
49 *Schlitt/Schäfer*, in: Assmann/Schlitt/von Kopp-Colomb, WpPG/VerkProspG, EU-ProspektVO Anhang III Rn. 29.
50 Siehe auch *Rauch*, in: Holzborn, WpPG, EU-ProspVO Anhang III Rn. 26; *Fingerhut/Voß*, in: Just/Voß/Ritz/Zeising, WpPG, EU-ProspVO Anhang III Rn. 60; *Schlitt/Schäfer*, in: Assmann/Schlitt/von Kopp-Colomb, WpPG/VerkProspG, EU-ProspektVO Anhang III Rn. 29.

Abs. 1 AktG) handelt. Ferner muss die Verbriefung beschrieben werden. Dabei ist sowohl die derzeitige Form der Verbriefung anzugeben, als auch die Tatsache, ob ein Anspruch auf Einzelverbriefung besteht oder dieser ausgeschlossen ist (vgl. § 10 Abs. 5 AktG).[51]

59 Sofern die Wertpapiere stückelos sind, ist der Name und die Adresse[52] des Instituts zu nennen, das die Buchungsunterlagen führt. In Deutschland sind Wertpapiere, die zum Handel an einer deutschen Börse zugelassen werden sollen, in der Regel durch Globalurkunden verbrieft bei der Clearstream Banking AG (der einzigen deutschen Clearing und Settlement Stelle) in Girosammelverwahrung zu geben. (Ebenfalls darstellungspflichtige) Ausnahmen können für Wertpapiere ausländischer Emittenten bestehen, etwa für die 2013 eingeführten sogenannten dematerialisierten Wertpapiere (*titres dématérialisés*) nach Luxemburger Recht. Diese Aktienart wird nicht mehr durch Globalurkunden verbrieft, sondern einem von der Luxemburger Verwahrstelle (*organisme de liquidation*), beispielsweise LuxCSD, gehaltenen Emissionskonto (*compte d'émission*) gutgeschrieben und über die speziell eingerichtete Verbindung (CSD-Link) zwischen LuxCSD und Clearstream Banking AG an deutschen Börsen handelbar gemacht. Die Übertragung der Wertpapiere erfolgt durch Umbuchung auf ein anderes Wertpapierkonto (*virement de compte à compte*).

V. Ziffer 4.4 – Währung der Wertpapieremission

60 Die Währung der Wertpapieremission ist üblicherweise bereits Bestandteil des Deckblatts des Prospekts, auf dem das Emissionsvolumen in Euro (oder einer anderen Währung) angegeben wird.[53]

VI. Ziffer 4.5 – Beschreibung der Rechte, die an die Wertpapiere gebunden sind

61 Anhang III Ziffer 4.5 EU-ProspektVO verlangt die Darstellung der Rechte, die an die Wertpapiere gebunden sind. Dabei ist zu beachten, dass die geforderten Angaben sich teilweise an anderen Rechtsordnungen, die weitere Gestaltungsmöglichkeiten vorsehen, orientieren und im deutschen Aktienrecht keine Entsprechung haben.[54]

---

51 *Schlitt/Schäfer*, in: Assmann/Schlitt/von Kopp-Colomb, WpPG/VerkProspG, EU-ProspektVO Anhang III Rn. 30; *Fingerhut/Voß*, in: Just/Voß/Ritz/Zeising, WpPG, EU-ProspVO Anhang III Rn. 63; *Rauch*, in: Holzborn, WpPG, EU-ProspVO Anhang III Rn. 29.
52 Nach der Verwaltungspraxis der BaFin bedarf es einer Angabe der Haus- und nicht lediglich der Postanschrift.
53 *Schlitt/Schäfer*, in: Assmann/Schlitt/von Kopp-Colomb, WpPG/VerkProspG, EU-ProspektVO Anhang III Rn. 31; *Fingerhut/Voß*, in: Just/Voß/Ritz/Zeising, WpPG, EU-ProspVO Anhang III Rn. 62; *Rauch*, in: Holzborn, WpPG, EU-ProspVO Anhang III Rn. 29.
54 *Fingerhut/Voß*, in: Just/Voß/Ritz/Zeising, WpPG, EU-ProspVO Anhang III Rn. 67.

1. Dividenden

So fordert Ziffer 4.5 zunächst in Ergänzung von Anhang I Ziffer 20.7 EU-ProspVO[55] die Aufnahme von Angaben zu **festen Terminen für den Beginn der Dividendenberechtigung**. Nach deutschem Aktienrecht bestehen indes keine festen Termine für den Beginn der Dividendenberechtigung.[56] Vielmehr entsteht die Dividendenberechtigung mit einem wirksamen Beschluss der Hauptversammlung über die Gewinnverwendung (§ 58 Abs. 3 i.V.m. § 174 AktG). Da die Hauptversammlung nicht jährlich zu einem festen Termin stattfindet, sondern lediglich innerhalb der ersten acht Monate des Geschäftsjahrs abgehalten werden muss (vgl. § 175 Abs. 1 Satz 2 AktG), ist die Angabe eines bestimmten Termins für den Beginn der Dividendenberechtigung nicht möglich.

In den Prospekt aufzunehmen ist jedoch der Zeitpunkt, zu dem die Dividendenzahlung fällig wird. Mangels ausdrücklicher Regelung im Aktiengesetz wurde die Zahlung der Dividende durch die Gesellschaft bislang nach allgemeinen zivilrechtlichen Grundsätzen sofort fällig (§ 271 BGB). Infolge der Änderung von § 58 Abs. 4 AktG durch die Aktienrechtsnovelle wird die Fälligkeit ab 1.1.2017 auf den dritten auf den Hauptversammlungsbeschluss folgenden Geschäftstag verlegt.[57] Weiterhin kann die Hauptversammlung beschließen, keine Dividende auszuschütten, sondern den Gewinn in die Gewinnrücklagen der Gesellschaft einzustellen (§ 174 Abs. 2 Nr. 3 AktG) oder vorzutragen (§ 174 Nr. 4 AktG). Auch dieser Umstand ist im Prospekt zu beschreiben. Ferner ist die **Verjährungsfrist für den Verfall der Dividendenberechtigung** darzustellen. Nach deutschem Recht verjährt der Dividendenanspruch im Regelfall nach Ablauf der dreijährigen Regelverjährungsfrist (§ 195 BGB).[58]

Die nach Ziffer 4.5 darzulegenden **Dividendenbeschränkungen** umfassen sowohl mögliche aktien- bzw. handelsrechtliche Ausschüttungssperren als auch Beschränkungen aufgrund von Vereinbarungen mit Dritten, beispielsweise in Krediten (*Covenants*), nach denen eine Dividendenzahlung nur bei Erreichen bestimmter Kennzahlen zulässig ist.[59] Ferner fordert Ziffer 4.5, dass das **Verfahren für gebietsfremde Wertpapierinhaber** beschrieben wird. Gemeint ist, wie Aktionäre mit Wohnsitz außerhalb Deutschlands ihre Dividendenrechte geltend machen können. Zwar hängt das entsprechende Verlangen bzw. dessen Form grundsätzlich nicht vom Wohnsitz des Aktionärs ab.[60] Üblicherweise enthält der Prospekt aber einen speziellen Hinweis für Aktionäre, die ihre Aktien über eine nichtdeutsche Depotbank halten, dass das Verfahren zur Gutschrift der Dividende mit der betreffenden Depotbank abgestimmt werden sollte (während im Falle deutscher Depotbanken die von der Sammelverwahrstelle (Clearstream) weitergeleiteten Dividenden automatisch gutgeschrieben werden).

---

55 Siehe Kommentierung zu Anhang I.
56 *Fingerhut/Voß*, in: Just/Voß/Ritz/Zeising, WpPG, EU-ProspVO Anhang III Rn. 68.
57 Vgl. § 58 Abs. 4 Satz 2, 3 AktG n. F. (eingefügt durch das „Gesetz zur Änderung des Aktiengesetzes (Aktienrechtsnovelle 2016)", BGBl. I 2015, S. 2565), siehe *Ihrig/Wandt*, BB 2016, 6, 14.
58 *Bayer*, in: MünchKomm-AktG, § 58 Rn. 111; *Fingerhut/Voß*, in: Just/Voß/Ritz/Zeising, WpPG, EU-ProspVO Anhang III Rn. 68; *Schlitt/Schäfer*, in: Assmann/Schlitt/von Kopp-Colomb, WpPG/VerkProspG, EU-ProspektVO Anhang III Rn. 31; *Rauch*, in: Holzborn, WpPG, EU-ProspVO Anhang III Rn. 26.
59 *Schlitt/Schäfer*, in: Assmann/Schlitt/von Kopp-Colomb, WpPG/VerkProspG, Anhang I Rn. 273.
60 *Fingerhut/Voß*, in: Just/Voß/Ritz/Zeising, WpPG, EU-ProspVO Anhang III Rn. 73.

Anhang III Ziffer 4

65 Weiterhin ist der **Dividendensatz oder die Methode zu seiner Berechnung** anzugeben. Zum Zeitpunkt der Prospekterstellung kann der (künftige) Dividendensatz regelmäßig nicht angegeben werden, da noch kein Gewinnverwendungsbeschluss der Hauptversammlung (siehe oben) vorliegt.[61] Häufig wird allerdings eine Aussage über die Absicht der Gesellschaft, gegebenenfalls Dividenden auszuschütten, sowie, falls einschlägig, über die vergangene Ausschüttungspraxis bzw. Dividendenpolitik aufgenommen. In speziellen Fällen findet sich auch eine konkrete Aussage zur Höhe des geplanten Dividendenbetrags etwa für das laufende Geschäftsjahr. In diesen Fällen ist darauf zu achten, dass die Überleitung einer an dem Konzernergebnis oder bekannten Kerngrößen orientierten Dividendenpolitik auf den nach deutschem AktG und HGB maßgeblichen Bilanzgewinn des Einzelabschlusses des Emittenten hinreichend deutlich wird.

66 Die EU-ProspektVO fordert ferner die Angabe der **Frequenz** und der **kumulativen oder nichtkumulativen Wesensart der Zahlungen**. Anders als in anderen Rechtsordnungen (wie z.B. den USA, Großbritannien und Japan), in denen auch die quartalsweise Zahlung von Dividenden üblich ist,[62] erfolgt die Dividendenzahlung bei deutschen Aktiengesellschaften praktisch ausschließlich jährlich. Die Möglichkeit zur Zahlung von Zwischendividenden in Form eines Abschlags auf die Dividende ist sehr restriktiv geregelt und hat in der Praxis keine Bedeutung (vgl. § 59 AktG).[63]

67 Die Angaben zu Dividenden finden sich (gemeinsam mit den von Anhang I Ziffer 20.7 EU-ProspektVO geforderten Informationen) in einem eigenen Prospektabschnitt („Dividendenpolitik").

2. Stimmrechte

68 Nach Anhang III Ziffer 4.5 EU-ProspektVO sind weiterhin die mit den Aktien verbundenen **Stimmrechte** und das Verfahren ihrer Ausübung sowie etwaige Beschränkungen zu beschreiben. Dabei ist gegebenenfalls auf unterschiedliche Stimmrechte der Aktionäre einzugehen,[64] also beispielsweise auszuführen, ob stimmrechtslose Vorzugsaktien ausgegeben wurden oder gesetzliche Stimmverbote bestehen.[65] Zum Verfahren der Stimmrechtsausübung wird in der Regel lediglich festgestellt, dass die Aktionäre ihre Stimmrechte in der Hauptversammlung ausüben. Regelmäßig finden sich die entsprechenden Angaben in einem Unterabschnitt „Allgemeine und Besondere Angaben über die Aktien" im Rahmen des Prospektabschnitts zur Beschreibung des Angebots.

3. Vorzugsrechte

69 Die geforderte Beschreibung von **Vorzugsrechten bei Angeboten zur Zeichnung von Wertpapieren derselben Kategorie** erschöpft sich im Falle deutscher Emittenten in einer generischen Darstellung des aktienrechtlichen Bezugsrechts bestehender Aktionäre (§ 186 Abs. 1 AktG). Diese ist auch nicht lediglich in Prospekte für Zwecke einer Bezugsrechts-

---

61 Insoweit sind nach Ziffer 20.7, Anhang I ProspektVO Angaben zur Dividendenpolitik zu machen.
62 *Siebel/Gebauer*, AG 1999, 385, 391 ff.
63 *Cahn*, in: Spindler/Stilz, AktG, § 59 Rn. 19.
64 *Fingerhut/Voß*, in: Just/Voß/Ritz/Zeising, WpPG, EU-ProspVO Anhang III Rn. 73, *Rauch*, in: Holzborn, WpPG, EU-ProspVO Anhang III Rn. 35.
65 *Rauch*, in: Holzborn, WpPG, EU-ProspVO Anhang III Rn. 35.

emission, sondern in sämtliche Prospekte aufzunehmen, die eine Zulassung und/oder ein öffentliches Angebot von Aktien deutscher Emittenten zum Gegenstand haben. Die entsprechenden Informationen finden sich in der Regel in einem entsprechenden Unterabschnitt des Kapitels zum Kapital der Gesellschaft.

4. Recht auf Beteiligung am Gewinn und Liquidationserlösen

Im Gegensatz zur Beschreibung der Dividendenberechtigung im Sinne eines konkreten Zahlungsanspruchs geht es bei der Darstellung des **Rechts auf Beteiligung am Gewinn des Emittenten** um den allgemeinen mitgliedschaftlichen Gewinnanspruch des Aktionärs gegen die Gesellschaft (vgl. § 58 Abs. 4 AktG).[66] Dieser wird (sehr knapp) ebenfalls im Kapitel zur Dividendenpolitik erläutert. 70

Die Beschreibung des **Rechts auf Beteiligung am Saldo im Fall einer Liquidation** der Gesellschaft (vgl. § 271 Abs. 1 AktG) findet sich regelmäßig in dem das Angebot beschreibenden Abschnitt sowie (ausführlicher) in dem Prospektabschnitt zum Kapital der Gesellschaft. 71

5. Tilgungsklauseln und Wandelbedingungen

Zu **Tilgungsklauseln** (*redemption provisions*) und **Wandelbedingungen** (*reversion provisions*) in Bezug auf Aktien sind im Falle deutscher Emittenten keine Angaben erforderlich, da diese Instrumente dem deutschen Aktienrecht fremd sind.[67] 72

VII. Ziffer 4.6 – Angabe zu Beschlüssen, Ermächtigungen und Genehmigungen für die Schaffung der Wertpapiere und/oder deren Emission

Im Fall von Neuemissionen (also nicht bei der Zulassung oder dem Angebot bereits bestehender Wertpapiere) sind die zugrunde liegenden Beschlüsse der Hauptversammlung bzw. des Vorstands und Aufsichtsrats darzustellen. Sofern die entsprechenden Beschlüsse, etwa bei Ausnutzung eines genehmigten Kapitals, im Zeitpunkt der Prospektbilligung noch nicht gefasst wurden, ist hierauf unter Nennung des voraussichtlichen Beschlussdatums hinzuweisen.[68] Verläuft die spätere Beschlussfassung dann innerhalb dieses Rahmens und weichen weder Beschlussinhalt noch Zeitpunkt wesentlich von den Angaben im Prospekt ab, ist ein Prospektnachtrag im Sinne von § 16 WpPG für diese nicht erforderlich.[69] Beste- 73

---

66 *Fingerhut/Voß*, in: Just/Voß/Ritz/Zeising, WpPG, EU-ProspVO Anhang III Rn. 82.
67 *Schlitt/Schäfer*, in: Assmann/Schlitt/von Kopp-Colomb, WpPG/VerkProspG, EU-ProspektVO Anhang III Rn. 30; *Fingerhut/Voß*, in: Just/Voß/Ritz/Zeising, WpPG, EU-ProspVO Anhang III Rn. 85.
68 *Schlitt/Schäfer*, in: Assmann/Schlitt/von Kopp-Colomb, WpPG/VerkProspG, EU-ProspektVO Anhang III Rn. 33, *Fingerhut/Voß*, in: Just/Voß/Ritz/Zeising, WpPG, EU-ProspVO Anhang III Rn. 82.
69 *Schlitt/Schäfer*, in: Assmann/Schlitt/von Kopp-Colomb, WpPG/VerkProspG, EU-ProspektVO Anhang III Rn. 33.

Anhang III Ziffer 4

hen weitere Zustimmungserfordernisse, Vorbehalte oder Bedingungen, beispielsweise Beschlüsse weiterer Gremien wie Beiräte oder einer Behörde, so ist hierauf ebenfalls hinzuweisen.[70]

VIII. Ziffer 4.7 – Angabe des erwarteten Emissionstermins der Wertpapiere

74   Ferner ist bei Neuemissionen der erwartete Emissionstermin anzugeben. Nach der Verwaltungspraxis der BaFin handelt es sich dabei um das Datum der Ausgabe der neuen Aktien. Da in Deutschland (anders als zum Teil in anderen Rechtsordnungen) die Emission üblicherweise indirekt erfolgt, die Aktien also nicht von den Anlegern selbst, sondern von einer oder mehreren Emissionsbanken mit der Verpflichtung gezeichnet werden, die entsprechenden Aktien den Anlegern zum Erwerb bzw. Bezug anzubieten, sollte richtigerweise auf den Termin abgestellt werden, an dem die Aktien schließlich beim jeweiligen Anleger eingebucht werden.[71] In der Regel finden sich sowohl das Datum der voraussichtlichen Eintragung der Kapitalerhöhung im Handelsregister als auch das der Einbuchung der Aktien in die Depots der Anleger in einem überblicksartigen Zeitplan im Prospektabschnitt „Das Angebot".

IX. Ziffer 4.8 – Darstellung etwaiger Beschränkungen für die freie Übertragbarkeit der Wertpapiere

75   Die Darstellung etwaiger Beschränkungen der freien Übertragbarkeit der Wertpapiere erfordert zunächst die Beschreibung etwaiger Vinkulierungen. Die Ausgabe vinkulierter Namensaktien i. S. v. § 68 Abs. 2 AktG ist bei börsennotierten Aktiengesellschaften (mit Ausnahme bestimmter Industrien aufgrund gesetzlicher Vorgaben zum Aktionärskreis[72]) selten. Die Ausgabe vinkulierter Inhaberaktien ist in Deutschland nicht möglich.[73]

76   Unabhängig von einer möglichen Vinkulierung sind im Fall von Namensaktien auch Angaben zum Erwerb dieser Aktien und der Eintragung in das Aktionärsregister zu machen.

77   Neben diesen gesetzlichen bzw. satzungsmäßigen Beschränkungen sind auch vertragliche Vereinbarungen darzustellen und Angaben zu sogenannten Marktschutz- bzw. Lock-Up-

---

70   ESMA-Questions and Answers – Prospectuses (25th Updated Version – July 2016, ESMA/2016/1133), Frage 66.
71   *Schlitt/Schäfer*, in: Assmann/Schlitt/von Kopp-Colomb, WpPG/VerkProspG, EU-ProspektVO Anhang III Rn. 34; *Rauch*, in: Holzborn, WpPG, EU-ProspVO Anhang III Rn. 42; andere Ansicht: *Fingerhut/Voß*, in: Just/Voß/Ritz/Zeising, WpPG, EU-ProspVO Anhang III Rn. 85, die auf das Datum der Entstehung der Aktien gem. § 212 AktG, das heißt der Eintragung der Kapitalerhöhung ins Handelsregister, abstellen.
72   Vinkulierungen sind z. B. gesetzlich vorgeschrieben bei börsennotierten Luftverkehrsgesellschaften (§ 2 Abs. 1 LuftNaSiG) und privaten Rundfunkveranstaltern (§§ 21 Abs. 2 Ziffer 1, Abs. 6 und 7, 29 des Rundfunkstaatsvertrags v. 31.8.1991, i. d. F. v. 1.1.2001), siehe *Cahn*, in: Spindler/Stilz, AktG, § 68 Rn. 29–30).
73   *Cahn*, in: Spinder/Stiltz, AktG, § 68 Rn. 28.

Vereinbarungen[74] mit bestehenden bzw. abgebenden Aktionären aufzunehmen.[75] Verkaufsbeschränkungen im Hinblick auf die prospektgegenständlichen Wertpapiere (sogenannte *Selling Restrictions*), die die Übertragbarkeit in bestimmten Rechtsordnungen beschränken, fallen demgegenüber richtigerweise nicht unter Ziffer 4.8.[76] Bei diesen handelt es sich vielmehr um einen Teil der Vereinbarung zwischen Emittent und Emissionsbegleiter(n) zum Vertrieb der Wertpapiere, dessen Darstellung unter Anhang III Ziffer 5.4.3 EU-ProspektVO – siehe auch Rn. 119 ff. fällt.[77]

X. Ziffer 4.9 – Angabe etwaig bestehender obligatorischer Übernahmeangebote und/oder Ausschluss- und Andienungsregeln in Bezug auf die Wertpapiere

1. Obligatorische Übernahmeangebote

Anhang III Ziffer 4.9 EU-ProspektVO verpflichtet den Prospektersteller, Angaben zu einem etwaigen laufenden „obligatorischen Übernahmeangebot" sowie zu Ausschluss- und Andienungsregeln in Bezug auf die prospektgegenständlichen Wertpapiere zu machen. Nach dem Wertpapiererwerbs- und Übernahmegesetz ist ein „obligatorisches Übernahmeangebot" (Pflichtangebot im Sinne von § 35 WpÜG) abzugeben, wenn in Bezug auf bereits börsennotierte Aktien die Grenze von 30 % der gesamten Stimmrechte in Bezug auf den betreffenden Emittenten erreicht bzw. überschritten wird.[78] Sofern ein Aktionär zum Zeitpunkt der Zulassung der Aktien bereits über 30 % der Stimmrechte hält, ist dies für Zwecke von Ziffer 4.9 unbeachtlich.[79] Bereits die Pflicht zur Abgabe eines Pflichtangebots, also der Umstand der Kontrollerlangung selbst, der gem. § 35 Abs. 1 Satz 1 WpÜG innerhalb von sieben Werktagen zu veröffentlichen ist, stellt aber für sich genommen eine wesentliche Angabe dar, die in den Prospekt aufgenommen werden muss.[80] Auch wenn ein Übernahmeangebot nicht in diesem Sinne „besteht", enthält der Prospekt in aller Regel eine überblicksartige Zusammenfassung der insoweit bestehenden rechtlichen Situation.

78

2. Ausschluss- und Andienungsregeln

Angaben zu Ausschluss- oder Andienungsregeln umfassen die Darstellung der Möglichkeiten, Aktionäre (auch) gegen ihren Willen aus der Gesellschaft auszuschließen (sogenannter „Squeeze Out" bzw. „Sell out"). Neben der Darstellung des übernahmerechtlichen

79

---

74 Zu Begriff und Inhalt siehe *Singhof/Weber*, in: Habersack/Mülbert/Schlitt, Unternehmensfinanzierung am Kapitalmarkt, § 4 Rn. 36, siehe auch die Kommentierung zu Anhang III, Ziff. 7.3.
75 Zur Funktionsweise von Lock-up Vereinbarungen, siehe *Gröger*, WM 2010, 247, 247 f.
76 So *Rauch*, in: Holzborn, WpPG, EU-ProspVO Anhang III Rn. 43; *Fingerhut/Voß*, in: Just/Voß/Ritz/Zeising, WpPG, EU-ProspVO Anhang III Rn. 97.
77 So auch *Schlitt/Schäfer*, in: Assmann/Schlitt/von Kopp-Colomb, WpPG/VerkProspG, EU-ProspektVO Anhang III Rn. 35.
78 Vgl. *Krause/Pötzsch*, in: Assmann/Pötzsch/Schneider, WpÜG, § 35 Rn. 64.
79 *Schlitt/Schäfer*, in: Assmann/Schlitt/von Kopp-Colomb, WpPG/VerkProspG, EU-ProspektVO Anhang III Rn. 36.
80 Siehe auch *Fingerhut/Voß*, in: Just/Voß/Ritz/Zeising, WpPG, EU-ProspVO Anhang III Rn. 100 f.

Anhang III Ziffer 4

Squeeze Out i. S. d. §§ 39, 39a WpÜG[81] fallen hierunter die Darstellung des aktienrechtlichen (§ 327a AktG)[82] und des umwandlungsrechtlichen (§ 62 Abs. 5 UmwG) Squeeze Out.[83] Ferner ist im Zusammenhang mit dem übernahmerechtlichen Squeeze Out die Möglichkeit der Andienung von Aktien (§ 39c WpÜG[84]) darzustellen. Allgemeine Ausführungen zu diesen Rechtsinstituten finden sich in der Regel in dem Prospektabschnitt, der das Kapital der Gesellschaft und anwendbare Vorschriften beschreibt.

80 Sofern im Einzelfall Aktionärsvereinbarungen bestehen, die Ausschluss- oder Andienungsrechte enthalten, sind diese als wesentliche Informationen ebenfalls in den Prospekt aufzunehmen. Soweit entsprechende Vereinbarungen (wie bei Börsengängen üblich) spätestens mit der Notierungsaufnahme beendet werden, aber zum Zeitpunkt der Billigung des Prospekts noch bestehen, ist auf diesen Umstand hinzuweisen. Eine detaillierte Beschreibung der Vereinbarung ist dann jedoch entbehrlich.[85]

XI. Ziffer 4.10 – Angabe öffentlicher Übernahmeangebote von Seiten Dritter in Bezug auf das Eigenkapital des Emittenten

81 Aufzunehmen sind nach Anhang III Ziffer 4.10 EU-ProspektVO Angaben zu abgeschlossenen Übernahmeangeboten, die Dritte während des letzten oder im laufenden Geschäftsjahr in Bezug auf die Aktien des Prospekterstellers abgegeben haben. Darzustellen sind insbesondere die Bedingungen für das Übernahmeangebot sowie das Ergebnis des betreffenden Angebots. Die entsprechenden Angaben sind im Prospekt selbst zu machen.[86] Eine Aufnahme der Informationen durch Verweis auf die Angebotsunterlage gem. § 11 WpPG ist nicht möglich.[87]

XII. Ziffer 4.11 – Angaben zur Besteuerung

82 Anhang III Ziffer 4.11 EU-ProspektVO verlangt die Aufnahme bestimmter Angaben in Bezug auf die steuerliche Behandlung der Wertpapiere. Diese Angaben sind lediglich für den Sitzstaat des Emittenten sowie die Länder erforderlich, in denen die Wertpapiere zum Handel zugelassen werden oder in denen ein öffentliches Angebot erfolgt. ESMA hat klargestellt, dass es sich hierbei um die Länder handeln soll, in denen der Prospekt gebilligt bzw. in die der Prospekt notifiziert wird.[88]

---

81 *Seiler* in: Assmann/Pötzsch/Schneider, WpÜG, § 39a Rn. 1 f.
82 *Singhof*, in: Spindler/Stiltz, AktG, § 327a Rn. 1 f.
83 *Diekmann*, in: Semler/Stengel, UmwG, § 62 Rn. 1 f.
84 *Seiler*, in: Assmann/Pötzsch/Schneider, WpÜG, § 39c Rn. 1 f.
85 *Fingerhut/Voß*, in: Just/Voß/Ritz/Zeising, WpPG, EU-ProspVO Anhang III Rn. 100 f.; *Schlitt/Schäfer*, in: Assmann/Schlitt/von Kopp-Colomb, WpPG/VerkProspG, EU-ProspektVO Anhang III Rn. 36; *Fingerhut/Voß*, in: Just/Voß/Ritz/Zeising, WpPG, EU-ProspVO Anhang III Rn. 82.
86 *Schlitt/Schäfer*, in: Assmann/Schlitt/von Kopp-Colomb, WpPG/VerkProspG, EU-ProspektVO Anhang III Rn. 36.
87 Vgl. Kommentierung zu § 11 Rn. 5.
88 ESMA-Questions and Answers – Prospectuses (25th Updated Version – July 2016, ESMA/2016/1133), Frage 45.

Ziffer 4 **Anhang III**

Inhaltlich hat ESMA verdeutlicht, dass eine umfassende Darstellung des Steuersystems in den entsprechenden Ländern weder erforderlich noch erwünscht ist, jedoch ein Hinweis an die Anleger aufgenommen werden sollte, sich im Hinblick auf die steuerlichen Auswirkungen der Anlage angemessen beraten zu lassen.[89] 83

Erforderlich sind nach Ziffer 4.11 zunächst Angaben über die an der Quelle einbehaltenen Steuern auf die prospektgegenständlichen Wertpapiere. Dies gilt unabhängig davon, ob die betreffende Steuer vom Emittenten selbst oder von einem Dritten einbehalten wird. Zu beschreiben ist jede Besteuerung von Einnahmen, also mit Blick auf das deutsche Steuersystem die Abführung von Kapitalertragssteuer, Solidaritätszuschlag, Körperschafts- und Gewerbesteuer, Erbschafts- und Schenkungssteuer, sofern diese jeweils eine Quellensteuer im engeren Sinne darstellen.[90] Gegenständliche Einnahmen sind neben der Dividende auch Sonderausschüttungen oder Liquidationserlöse. Nicht zwingend erfasst erscheint die Darstellung der Besteuerung von Veräußerungserlösen bei einer Übertragung von Aktien. Dennoch wird eine solche in der Regel ebenfalls in den Prospekt aufgenommen[91] wie auch eine Darstellung der Besteuerung des Emittenten. Ferner muss angegeben werden, ob der Emittent bzw. wer sonst die Verantwortung für die Einbehaltung und Abführung der Steuer trägt. Der Prospektabschnitt „Besteuerung" unterscheidet aufgrund der unterschiedlichen Besteuerung in der Darstellung regelmäßig zwischen im In- und Ausland ansässigen Aktionären und verschiedenen Aktionärsgruppen (Privatanleger, Kapitalgesellschaften, Einzelunternehmer, Finanzdienstleistungsinstitute usw.).[92] Bei Bezugsrechtsemissionen sind zusätzlich Angaben zu den steuerlichen Folgen der Einräumung und Ausübung von Bezugsrechten erforderlich. 84

---

89 ESMA-Questions and Answers – Prospectuses (25th Updated Version – July 2016, ESMA/2016/1133), Frage 45.
90 *Schlitt/Schäfer*, in: Assmann/Schlitt/von Kopp-Colomb, WpPG/VerkProspG, EU-ProspektVO Anhang III Rn. 38.
91 *Schlitt/Schäfer*, in: Assmann/Schlitt/von Kopp-Colomb, WpPG/VerkProspG, EU-ProspektVO Anhang III Rn. 38.
92 *Schlitt/Schäfer*, in: Assmann/Schlitt/von Kopp-Colomb, WpPG/VerkProspG, EU-ProspektVO Anhang III Rn. 38; *Fingerhut/Voß*, in: Just/Voß/Ritz/Zeising, WpPG, EU-ProspVO Anhang III Rn. 109.

Anhang III Ziffer 5

5. BEDINGUNGEN UND VORAUSSETZUNGEN FÜR DAS ANGEBOT

5.1. Bedingungen, Angebotsstatistiken, erwarteter Zeitplan und erforderliche Maßnahmen für die Antragstellung

5.1.1. Bedingungen, denen das Angebot unterliegt.

5.1.2. Gesamtsumme der Emission/des Angebots, wobei zwischen den zum Verkauf und den zur Zeichnung angebotenen Wertpapieren zu unterscheiden ist. Ist der Betrag nicht festgelegt, Beschreibung der Vereinbarungen und des Zeitpunkts für die Ankündigung des endgültigen Angebotsbetrags an das Publikum.

5.1.3. Frist – einschließlich etwaiger Änderungen –, während deren das Angebot gilt und Beschreibung des Antragsverfahrens.

5.1.4. Angabe des Zeitpunkts und der Umstände, ab dem bzw. unter denen das Angebot widerrufen oder ausgesetzt werden kann, und der Tatsache, ob der Widerruf nach Beginn des Handels erfolgen kann.

5.1.5. Beschreibung der Möglichkeit zur Reduzierung der Zeichnungen und der Art und Weise der Erstattung des zu viel gezahlten Betrags an die Zeichner.

5.1.6. Einzelheiten zum Mindest- und/oder Höchstbetrag der Zeichnung (entweder in Form der Anzahl der Wertpapiere oder des aggregierten zu investierenden Betrags).

5.1.7. Angabe des Zeitraums, während dessen ein Antrag zurückgezogen werden kann, sofern dies den Anlegern überhaupt gestattet ist.

5.1.8. Methode und Fristen für die Bedienung der Wertpapiere und ihre Lieferung.

5.1.9. Vollständige Beschreibung der Art und Weise und des Termins, auf die bzw. an dem die Ergebnisse des Angebots offen zu legen sind.

5.1.10. Verfahren für die Ausübung eines etwaigen Vorzugsrechts, die Übertragbarkeit der Zeichnungsrechte und die Behandlung der nicht ausgeübten Zeichnungsrechte.

5.2. Plan für die Aufteilung der Wertpapiere und deren Zuteilung

5.2.1. Angabe der verschiedenen Kategorien der potenziellen Investoren, denen die Wertpapiere angeboten werden. Erfolgt das Angebot gleichzeitig auf den Märkten in zwei oder mehreren Ländern und wurde/wird eine bestimmte Tranche einigen dieser Märkte vorbehalten, Angabe dieser Tranche.

5.2.2. Soweit dem Emittenten bekannt, Angabe, ob Hauptaktionäre oder Mitglieder der Geschäftsführungs-, Aufsichts- oder Verwaltungsorgane des Emittenten an der Zeichnung teilnehmen wollen oder ob Personen mehr als 5 % des Angebots zeichnen wollen.

5.2.3. Offenlegung vor der Zuteilung:

a) Aufteilung des Angebots in Tranchen, einschließlich der institutionellen Tranche, der Privatkundentranche und der Tranche für die Beschäftigten des Emittenten und sonstige Tranchen;

b) Bedingungen, zu denen eine Rückforderung verlangt werden kann, Höchstgrenze einer solchen Rückforderung und alle eventuell anwendbaren Mindestprozentsätze für einzelne Tranchen;

c) Zu verwendende Zuteilungsmethode oder -methoden für die Privatkundentranche und die Tranche für die Beschäftigten des Emittenten im Falle der Mehrzuteilung dieser Tranchen;

d) Beschreibung einer etwaigen vorher festgelegten Vorzugsbehandlung, die bestimmten Kategorien von Anlegern oder bestimmten Gruppen Nahestehender (einschließlich friends and family-Programme) bei der Zuteilung vorbehalten wird, des Prozentsatzes des für die Vorzugsbehandlung vorgesehenen Angebots und der Kriterien für die Aufnahme in derlei Kategorien oder Gruppen;

e) Angabe des Umstands, ob die Behandlung der Zeichnungen oder der bei der Zuteilung zu zeichnenden Angebote eventuell von der Gesellschaft abhängig gemacht werden kann, durch die oder mittels deren sie vorgenommen werden;

f) Angestrebte Mindesteinzelzuteilung, falls vorhanden, innerhalb der Privatkundentranche;

g) Bedingungen für das Schließen des Angebots sowie der Termin, zu dem das Angebot frühestens geschlossen werden darf;

h) Angabe der Tatsache, ob Mehrfachzeichnungen zulässig sind und wenn nicht, wie trotzdem auftauchende Mehrfachzeichnungen behandelt werden.

5.2.4. Verfahren zur Meldung gegenüber den Zeichnern über den zugeteilten Betrag und Angabe, ob eine Aufnahme des Handels vor der Meldung möglich ist.

5.2.5. Mehrzuteilung und Greenshoe-Option:

a) Existenz und Umfang einer etwaigen Mehrzuteilungsmöglichkeit und/ oder Greenshoe-Option;

b) Dauer einer etwaigen Mehrzuteilungsmöglichkeit und/oder Greenshoe- Option;

c) Etwaige Bedingungen für die Inanspruchnahme einer etwaigen Mehrzuteilungsmöglichkeit oder Ausübung der Greenshoe-Option.

5.3. Preisfestsetzung

5.3.1. Angabe des Preises, zu dem die Wertpapiere angeboten werden. Ist der Preis nicht bekannt oder besteht kein etablierter und/oder liquider Markt für die Wertpapiere, ist die Methode anzugeben, mittels deren der Angebotspreis festgelegt wird, einschließlich Angabe der Person, die die Kriterien festgelegt hat oder offiziell für deren Festlegung verantwortlich ist. Angabe der Kosten und Steuern, die speziell dem Zeichner oder Käufer in Rechnung gestellt werden.

5.3.2. Verfahren für die Offenlegung des Angebotspreises.

5.3.3. Besitzen die Anteilseigner des Emittenten Vorkaufsrechte und werden diese Rechte eingeschränkt oder zurückgezogen, ist die Basis des Emissionspreises anzugeben, wenn die Emission in bar erfolgt, zusammen mit den Gründen und den Begünstigten einer solchen Beschränkung oder eines solchen Rückzugs.

Anhang III Ziffer 5

5.3.4. Besteht tatsächlich oder potenziell ein wesentlicher Unterschied zwischen dem öffentlichen Angebotspreis und den effektiven Barkosten der von Mitgliedern der Verwaltungs-, Geschäftsführungs- oder Aufsichtsorgane oder des oberen Managements oder nahestehenden Personen bei Transaktionen im letzten Jahr erworbenen Wertpapiere oder deren Recht zum Erwerb ist ein Vergleich des öffentlichen Beitrags zum vorgeschlagenen öffentlichen Angebot und der effektiven Bar-Beiträge dieser Personen einzufügen.

5.4. Platzierung und Übernahme (Underwriting)

5.4.1. Name und Anschrift des Koordinators bzw. der Koordinatoren des gesamten Angebots oder einzelner Teile des Angebots und – sofern dem Emittenten oder dem Bieter bekannt – Angaben zu den Platzierern in den einzelnen Ländern des Angebots.

5.4.2. Name und Anschrift der Zahlstellen und der Verwahrstellen in jedem Land.

5.4.3. Name und Anschrift der Institute, die bereit sind, eine Emission auf Grund einer bindenden Zusage zu übernehmen, und Name und Anschrift der Institute, die bereit sind, eine Emission ohne bindende Zusage oder gemäß Vereinbarungen „zu den bestmöglichen Bedingungen" zu platzieren. Angabe der Hauptmerkmale der Vereinbarungen, einschließlich der Quoten. Wird die Emission nicht zur Gänze übernommen, ist eine Erklärung zum nicht abgedeckten Teil einzufügen. Angabe des Gesamtbetrages der Übernahmeprovision und der Platzierungsprovision.

5.4.4. Angabe des Zeitpunkts, zu dem der Emissionsübernahmevertrag abgeschlossen wurde oder wird.

Übersicht

	Rn.		Rn.
I. Überblick und Regelungsgegenstand	85	8. Bedienung der Wertpapiere und Lieferung	96
II. Ziffer 5.1 – Bedingungen, Angebotsstatistiken, erwarteter Zeitplan und erforderliche Maßnahmen für die Antragstellung	86	9. Offenlegung des Angebotsergebnisses	97
1. Bedingungen des Angebots	86	10. Bezugsrechte	98
2. Gesamtsumme der Emission einschließlich deren Festlegung	87	III. Ziffer 5.2 – Plan für die Aufteilung der Wertpapiere und deren Zuteilung	99
3. Angebotsfrist	91	1. Investorenkategorien	100
4. Möglicher Widerruf des Angebots	92	2. Teilnahme bestimmter Personen	101
5. Nachträgliche Reduzierung der Zeichnungen	93	3. Angebotstranchen und Zuteilung	102
6. Mindest- und/oder Höchstbetrag der Zeichnung	94	4. Vorzugsbehandlung einzelner Gruppen	107
7. Rücknahme des Zuteilungsantrags durch den Anleger	95	IV. Ziffer 5.3 – Preisfestsetzung	113
		V. Ziffer 5.4 – Übernahme der Aktien	119

Ziffer 5   **Anhang III**

I. Überblick und Regelungsgegenstand

Anhang III Ziffer 5 EU-ProspektVO fordert eine detaillierte Beschreibung der Ausgestaltung des Angebots im Prospekt. Handelt es sich um einen reinen Zulassungsprospekt i. S.d. § 32 Abs. 3 Nr. 2 BörsG ist lediglich Ziffer 5.4.2 (Angaben zu Zahl- und Verwahrstellen) zu beachten. 85

II. Ziffer 5.1 – Bedingungen, Angebotsstatistiken, erwarteter Zeitplan und erforderliche Maßnahmen für die Antragstellung

1. Bedingungen des Angebots

Zunächst sind die **Bedingungen, denen das Angebot unterliegt**, darzustellen. Hierunter fallen beispielsweise ein Mindestemissionsvolumen, Mindestordergrößen, Orderlimits, die Preisspanne, innerhalb derer Erwerbsangebote abgegeben werden können und, sofern dieser bereits feststeht, der Emissionspreis.[93] 86

2. Gesamtsumme der Emission einschließlich deren Festlegung

Ferner ist die **Gesamtsumme der Emission/des Angebots** anzugeben, wobei zwischen bereits existierenden, von den bestehenden Aktionären zum Verkauf angebotenen, und jungen, noch zu schaffenden Wertpapieren zu unterscheiden ist. Gesamtsumme meint dabei die Anzahl der angebotenen Aktien und nicht die Anzahl multipliziert mit deren Nennwert.[94] Während bei Bezugsrechtsemissionen, sofern keine „bis zu"-Kapitalerhöhung erfolgt, die Gesamtsumme der Emission im Grundsatz bereits zu Beginn des Angebots feststeht, ist dies bei nachfrageabhängigen Börsengängen oder Sekundärplatzierungen im Zeitpunkt der Prospektbilligung in der Regel nicht der Fall. 87

Kann der **Gesamtemissionsbetrag nicht im vorhinein festgelegt werden**, so muss eine **Beschreibung der diesbezüglichen Vereinbarungen und des Zeitpunkts für die Ankündigung des endgültigen Angebotsbetrags an das Publikum** in den Prospekt aufgenommen werden. Eine rein abstrakte Umschreibung des erst in der Zukunft zu bestimmenden Angebotsvolumens genügt nach der Verwaltungspraxis der BaFin nicht. Vielmehr sind zahlenmäßige Angaben im Sinne eines „bis zu"-Betrags des maximalen Angebotsvolumens erforderlich.[95] Begründet wird die Aufforderung zur Aufnahme einer Maximalzahl von Aktien insbesondere damit, dass der Prospekt andernfalls inhaltlich in die Nähe eines 88

---

93 Vgl. *Schlitt/Schäfer*, in: Assmann/Schlitt/von Kopp-Colomb, WpPG/VerkProspG, EU-ProspektVO Anhang III Rn. 43; *Fingerhut/Voß*, in: Just/Voß/Ritz/Zeising, WpPG, EU-ProspVO Anhang III Rn. 114; *Rauch*, in: Holzborn, WpPG, EU-ProspVO Anhang III Rn. 53.
94 *Fingerhut/Voß*, in: Just/Voß/Ritz/Zeising, WpPG, EU-ProspVO Anhang III Rn. 117.
95 *Singhof/Weber*, in: Habersack/Mülbert/Schlitt, Unternehmensfinanzierung am Kapitalmarkt, § 4 Rn. 76; *Schlitt/Schäfer*, in: Assmann/Schlitt/von Kopp-Colomb, WpPG/VerkProspG, EU-ProspektVO Anhang III Rn. 44; kritisch zu dieser Praxis: *Fingerhut/Voß*, in: Just/Voß/Ritz/Zeising, WpPG, EU-ProspVO Anhang III Rn. 117.

Anhang III Ziffer 5

für Aktienemissionen nicht vorgesehenen Basisprospekts gerate. Mit Blick auf den Zeitpunkt der Ankündigung des endgültigen Angebotsbetrags ist die Nennung einer Zeitspanne ausreichend, innerhalb derer dann die entsprechende Veröffentlichung erfolgen wird.[96]

89 Nicht zulässig ist die Nennung eines „bis zu"-Betrags nach der Verwaltungspraxis der BaFin jedoch bei der Nennung des Angebotsvolumens auf dem Deckblatt des Prospekts. Nach Auffassung der BaFin erfolgt das Angebot, selbst wenn die endgültige Zahl der letztlich auszugebenden Aktien von der Annahmequote abhängt und daher im Zeitpunkt der Prospektbilligung noch nicht feststeht, stets in vollem Umfang. Der Umstand, dass diese Gesamtzahl der angebotenen Aktien gegebenenfalls nicht voll ausgeschöpft wird, ist sodann im Prospekt näher zu beschreiben.

90 Nach der jüngst weiterentwickelten Verwaltungspraxis der BaFin[97] kann die Anzahl der angebotenen oder zuzulassenden neuen und/oder bestehenden Aktien im Übrigen durch Nachtrag (§16 WpPG) verringert oder auch erhöht werden, ohne dass diese Änderung der Angebotsbedingungen – wie bislang – zwingend mit der Rücknahme des alten und Abgabe eines neuen (erneut prospektpflichtigen) Angebots einhergehen muss.[98] Wird daneben, was insbesondere in Zeiten volatiler Kapitalmärkte erforderlich sein kann, auch der Zeitraum des prospektgegenständlichen Angebots verlängert, so erfordert dies gegebenenfalls einen weiteren Prospektnachtrag. Eine Erhöhung der Anzahl der angebotenen oder zuzulassenden neuen und/oder bestehenden Aktien ist nach Auffassung der BaFin jedoch nur zulässig, wenn es sich innerhalb desselben Angebots oder derselben Zulassung um Aktien mit identischer Ausstattung handelt. Entsprechend unzulässig ist beispielsweise die nachträgliche Erweiterung des prospektgegenständlichen Angebots um ein neues Angebot oder neue Zulassung von Aktien des Emittenten mit abweichender Dividendenberechtigung. Verändert ein Nachtrag die Anzahl der Angebotsaktien, sind insbesondere auch die Angaben, die in Abhängigkeit von der Anzahl der angebotenen Aktien stehen, zu aktualisieren (z. B. Angaben zur Verwässerung, Angaben zu den Brutto- und Nettoerlösen und zur Erlösverwendung, mögliche Angaben zur künftigen Kapitalisierung und Verschuldung sowie zur künftigen Aktionärsstruktur).

3. Angebotsfrist

91 Weiterhin ist die **Frist, einschließlich etwaiger Änderungen, während der das Angebot gilt und eine Beschreibung des Antragsverfahrens in den Prospekt** aufzunehmen. Darzustellen sind der Angebotszeitraum sowie die Stellen, bei denen Angebote zum Erwerb von Aktien abgegeben werden können (**Zeichnungs- bzw. Bezugsstellen**). Diese Zeichnungs- bzw. Bezugsstellen, die nicht mit der Zahlstelle nach Anhang III Ziffer 5.4.6 EU-ProspektVO identisch sind, müssen mit ihrer Firma und Adresse angegeben werden. Nach der Verwaltungspraxis der BaFin hat der Angebotszeitraum spätestens 2 Monate nach dem

---

96 Gem. § 8 Abs. 1 Satz 6 WpPG im Wege der Volumenbekanntmachung; ein Nachtrag ist nicht erforderlich. Siehe die Kommentierung zu § 8 WpPG.
97 Vgl. Nachtrag Nr. 2 vom 30.10.2015 zum gebilligten Prospekt vom 14.10.2015 der Hapag-Lloyd AG.
98 http://www.bafin.de/DE/Aufsicht/Prospekte/ProspekteWertpapiere/ErstellungBilligung/erstellung_billigung_node.html (abgerufen am 17.3.2016).

Zeitpunkt der Prospektbilligung zu beginnen.[99] Verzögert sich der Angebotsbeginn, ist der gebilligte Prospekt laufend auf eventuell notwendige Nachträge zu überprüfen.[100] Bei Börsengängen, das heißt beim erstmaligen öffentlichen Angebot bislang nicht zugelassener Aktien, darf das öffentliche Angebot zudem gem. § 14 Abs. 1 Satz 4 WpPG frühestens sechs Tage nach Billigung des Prospekts enden, was aber – entgegen der Regierungsbegründung zum Prospektrichtlinie-Umsetzungsgesetz[101] – keine Mindestangebotsdauer begründet.[102] In der Regel werden für Beginn und Ende der Zeichnungsfrist konkrete Daten angegeben; sofern sich diese nach Billigung ändern, werden die Daten im Wege eines Nachtrags korrigiert.[103]

4. Möglicher Widerruf des Angebots

Nach Ziffer 5.1.4 sind ferner **der Zeitpunkt und die Umstände, ab dem bzw. unter denen das Angebot widerrufen oder ausgesetzt werden kann, und die Tatsache, ob der Widerruf nach Beginn des Handels erfolgen kann**, zu beschreiben. Gemeint sind die Bedingungen, denen die Durchführung des Angebots nach den Vereinbarungen zwischen Emittent und Emissionsbegleiter im Übernahmevertrag unterliegt.[104] Hierunter fallen beispielsweise das Ausbleiben einer Verschlechterung der Vermögens-, Finanz- und Ertragslage des Emittenten oder einer sonstigen wesentlichen nachteiligen Änderung der Verhältnisse, die den Erfolg des Angebots in Frage stellen.[105] Sofern der Widerruf nach Handelsbeginn möglich ist, muss dies gesondert dargestellt werden. 92

5. Nachträgliche Reduzierung der Zeichnungen

Nach Ziffer 5.1.5 muss zudem die Möglichkeit von Anlegern beschrieben werden, bereits platzierte Orders (**Zeichnungen**) **nachträglich zu reduzieren**. In diesem Zusammenhang ist auch zu erläutern, auf welchem Weg in diesem Fall bereits gezahlte **Zeichnungsgebühren erstattet** werden. Die Möglichkeit, Zeichnungsangebote nachträglich zu reduzieren, ist in der Regel nicht vorgesehen. Allerdings besteht bis zum Ende der Zeichnungsfrist für Anleger faktisch die Möglichkeit, ihre Order zurückzunehmen (s. u.), so dass ein Anleger durch Rücknahme der bestehenden und Platzierung einer neuen (reduzierten) Order im Ergebnis seine Order reduzieren kann. 93

---

99 *Schlitt/Schäfer*, in: Assmann/Schlitt/von Kopp-Colomb, WpPG/VerkProspG, EU-ProspektVO Anhang III Rn. 45.
100 *Schlitt/Schäfer*, in: Assmann/Schlitt/von Kopp-Colomb, WpPG/VerkProspG, EU-ProspektVO Anhang III Rn. 45.
101 Begr. RegE, BT-Drucks. 85/05, S. 76.
102 Siehe die Kommentierung zu § 14 Rn. 28f; *Singhof/Weber*, in: Habersack/Mülbert/Schlitt, Unternehmensfinanzierung am Kapitalmarkt, § 4 Rn. 76.
103 Die Ansicht von *Fingerhut/Voß*, in: Just/Voß/Ritz/Zeising, WpPG, EU-ProspVO Anhang III Rn. 131, es sei praktisch nicht möglich, konkrete Daten anzugeben, da der Emittent nicht wissen könne, wann der Prospekt gebilligt würde, scheint vor dem Hintergrund des tatsächlichen Ablaufs eines Billigungsverfahrens praxisfremd.
104 *Schlitt/Schäfer*, in: Assmann/Schlitt/von Kopp-Colomb, WpPG/VerkProspG, EU-ProspektVO Anhang III Rn. 45; *Fingerhut/Voß*, in: Just/Voß/Ritz/Zeising, WpPG, EU-ProspVO Anhang III Rn. 136.
105 Vgl. *Haag*, in: Habersack/Mülbert/Schlitt, Unternehmensfinanzierung am Kapitalmarkt, § 29 Rn. 74.

Anhang III Ziffer 5

6. Mindest- und/oder Höchstbetrag der Zeichnung

94 Ziffer 5.1.6 fordert die Angabe von Einzelheiten zum **Mindest- und/oder Höchstbetrag der Zeichnung** (entweder in Form der Anzahl der Wertpapiere oder des aggregierten zu investierenden Betrags). Auch diese Beschränkung besteht jedoch regelmäßig nicht und ist dann auch nicht zu erwähnen.

7. Rücknahme des Zuteilungsantrags durch den Anleger

95 Nach Ziffer 5.1.7 ist der **Zeitraum** anzugeben, während dessen der **Anleger seinen Antrag** (auf Zuteilung von Wertpapieren) **zurückziehen** kann, sofern dies gestattet ist. Nach herrschender Meinung stellt die Aufforderung zur Zeichnung durch Emittenten und Konsortialbanken bei bezugsrechtsfreien Emissionen (also insbesondere bei Börsengängen) eine *invitatio ad offerendum* im Sinne des Zivilrechts dar.[106] Während der Zeichnungsfrist bis zur endgültigen Zuteilung ist der Anleger nicht an sein Angebot gebunden und kann dieses jederzeit zurückziehen.[107] Eine gesetzliche Widerrufsmöglichkeit des Anlegers besteht unter Umständen auch noch nach Vertragsschluss, wenn vor Ende des öffentlichen Angebots bzw., wenn dies später erfolgt, vor Einführung der Wertpapiere in den Handel, ein Nachtrag veröffentlicht wird und dem Anleger deshalb gemäß § 16 Abs. 3 Satz 1 WpPG ein zweitägiges Widerrufsrecht zusteht.[108]

8. Bedienung der Wertpapiere und Lieferung

96 Nach Ziffer 5.1.8 sind weiterhin Angaben zu der **Methode** und den **Fristen** für die **Bedienung der Wertpapiere und ihre Lieferung** zu machen. Die *Bedienung der Wertpapiere* meint die Zahlungsmodalitäten zur Entrichtung des Erwerbspreises.[109] Anzugeben ist also, auf welche Weise und zu welchem Zeitpunkt der Anleger den Erwerbspreis zu zahlen hat. In der Regel enthalten Prospekte hier lediglich die Angabe, dass die Lieferung der Aktien gegen Zahlung des Angebotspreises erfolgt und die Aktien den Aktionären im Wege eines Bucheintrags als Miteigentumsanteil an der Globalurkunde zur Verfügung gestellt werden.[110] Die Lieferung erfolgt dann durch Einbuchung des entsprechenden Miteigentumsanteils auf dem Konto der Depotbank des jeweiligen Anlegers bei der die Globalurkunde verwahrenden Wertpapiersammelbank, also in der Regel der Clearstream Banking AG, Frank-

---

106 Vgl. die Kommentierung zu § 2 WpPG Rn. 44; *Singhof/Weber*, in: Habersack/Mülbert/Schlitt, Unternehmensfinanzierung am Kapitalmarkt, § 4 Rn. 76; *Singhof*, in: MünchKomm-HGB, Emissionsgeschäft, Rn. 75; *Schlitt/Schäfer*, in: Assmann/Schlitt/von Kopp-Colomb, WpPG/VerkProspG, EU-ProspektVO Anhang III Rn. 46; *Fingerhut/Voß*, in: Just/Voß/Ritz/Zeising, WpPG, EU-ProspVO, Anhang III Rn. 139.

107 *Singhof/Weber*, in: Habersack/Mülbert/Schlitt, Unternehmensfinanzierung am Kapitalmarkt, § 4 Rn. 82 m. w. N.; *Schlitt/Schäfer*, in: Assmann/Schlitt/von Kopp-Colomb, WpPG/VerkProspG, EU-ProspektVO Anhang III Rn. 46; *Fingerhut/Voß*, in: Just/Voß/Ritz/Zeising, WpPG, EU-ProspVO Anhang III Rn. 139.

108 *Singhof/Weber*, in: Habersack/Mülbert/Schlitt, Unternehmensfinanzierung am Kapitalmarkt, § 4 Rn. 82.

109 Vgl. den englischen Wortlaut von Ziffer 5.1.8 Anhang III der EU-ProspVO: „Method and time limits for paying up the securities and for delivery of the securities".

110 *Fingerhut/Voß*, in: Just/Voß/Ritz/Zeising, WpPG, EU-ProspVO, Anhang III Rn. 141 hält die Angabe einer „Kontonummer" für erforderlich.

furt am Main. Die Depotbank wiederum schreibt den entsprechenden Anteil dem bei ihr geführten Depot des Anlegers gut.

9. Offenlegung des Angebotsergebnisses

Sofern der Prospekt nicht bereits alle Angaben zum Billigungszeitpunkt enthält, ist nach Ziffer 5.1.9 eine **vollständige Beschreibung der Art und Weise und des Termins, auf die bzw. an dem die Ergebnisse des Angebots offenzulegen sind**, aufzunehmen. Relevant wird dies, wenn der Angebotspreis bzw. das endgültige Volumen zum Billigungszeitpunkt noch nicht feststehen, also vor allem bei Börsengängen und Bezugsrechtsemissionen mit nachfolgender Volumen- oder Preisfestsetzung.[111] Dabei ist im Prospekt auf die nach § 8 Abs. 1 Satz 6 WpPG zu machende Bekanntmachung hinzuweisen und sowohl die Art der Veröffentlichung als auch der voraussichtliche Zeitpunkt anzugeben. Da zu dem geplanten Veröffentlichungszeitpunkt in der Regel bereits der Antrag auf Zulassung der prospektgegenständlichen Wertpapiere zum Börsenhandel gestellt wurde[112] oder bei einer Zweitplatzierung oder Bezugsrechtsemission bestehende Wertpapiere des Emittenten bereits zum Börsenhandel zugelassen sind, sind der endgültige Emissionspreis und das Emissionsvolumen regelmäßig im Wege der Ad-hoc-Mitteilung nach § 15 WpHG zu veröffentlichen.

97

10. Bezugsrechte

Ziffer 5.1.10 fordert die Darstellung des **Verfahrens für die Ausübung eines etwaigen Vorzugsrechts,**[113] **die Übertragbarkeit der Zeichnungsrechte und die Behandlung der nicht ausgeübten Zeichnungsrechte** und ist dementsprechend im Zusammenhang mit Bezugsrechtsemissionen relevant. Die aufzunehmenden Angaben finden sich sämtlich im Bezugsangebot gem. § 186 Abs. 5 Satz 2 AktG, das in der Regel vollumfänglich im Prospekt abgedruckt wird. Anzugeben ist insbesondere, wie die Aktionäre ihr Bezugsrecht ausüben können, ob ein Bezugsrechtshandel stattfindet und was mit nicht ausgeübten Bezugsrechten geschieht.

98

---

111 *Schlitt/Schäfer*, in: Assmann/Schlitt/von Kopp-Colomb, WpPG/VerkProspG, EU-ProspektVO Anhang III Rn. 49.
112 Vgl. § 15 Abs. 1 Satz 2 WpPG zum Beginn der Ad-hoc-Pflicht. Nach Inkrafttreten der Marktmissbrauchsverordnung (Verordnung (EU) Nr. 596/2014 des Europäischen Parlaments und des Rates vom 16. April 2014 über Marktmissbrauch (Marktmissbrauchsverordnung) und zur Aufhebung der Richtlinie 2003/6/EG des Europäischen Parlaments und des Rates und der Richtlinien 2003/124/EG, 2003/125/EG und 2004/72/EG der Kommission) am 3.7.2016 ändert sich dieser Zeitpunkt nicht (vgl. Art. 17 Abs. 1 Satz 4 Marktmissbrauchsverordnung).
113 Die englische Fassung der EU-ProspektVO spricht von „pre-emption" oder „subscription" rights, so dass davon ausgegangen werden kann, dass Vorzugs- hier „Bezugsrechte" meinen.

Anhang III Ziffer 5

III. Ziffer 5.2 – Plan für die Aufteilung der Wertpapiere und deren Zuteilung

99 Anhang III Ziffer 5.2 EU-ProspektVO fordert Angaben zur Aufteilung der Wertpapiere und deren Zuteilung.

1. Investorenkategorien

100 Zunächst sind nach Ziffer 5.2.1 die **verschiedenen Kategorien der potenziellen Investoren, denen die Wertpapiere angeboten werden**, zu nennen. Insbesondere ist hier auf ein etwaiges Angebot an institutionelle Investoren, Privatanleger und/oder Mitarbeiter einzugehen. Sofern das **Angebot gleichzeitig auf Märkten in zwei oder mehreren Ländern** erfolgt und eine **bestimmte Angebotstranche bestimmten Märkten** vorbehalten ist, muss dies angegeben werden. Entsprechende Informationen zur geografischen Verteilung sind in der Praxis selten anzutreffen, da sich die Beteiligten in der Regel weitestmögliche Flexibilität bei der Platzierung erhalten möchten.[114]

2. Teilnahme bestimmter Personen

101 Nach Ziffer 5.2.2 ist, soweit dem Emittenten bekannt, anzugeben, ob **Hauptaktionäre oder Mitglieder der Geschäftsführungs-, Aufsichts- oder Verwaltungsorgane des Emittenten** an der Zeichnung teilnehmen wollen oder ob einzelne **Personen mehr als 5 % des Angebots** zeichnen wollen. Dies kann beispielsweise bei Bezugsrechtsemissionen der Fall sein, wenn ein (Groß-)Aktionär sich im Vorfeld durch ein sogenanntes *irrevocable commitment* verpflichtet, seine Bezugsrechte auszuüben, und so sein Vertrauen in den Emittenten dokumentiert.[115]

3. Angebotstranchen und Zuteilung

102 Nach Ziffer 5.2.3 lit. (a) bis (h) müssen Angaben zur beabsichtigten Durchführung der Zuteilung gemacht werden. In Ergänzung der von Ziffer 5.2.1 geforderten Angaben ist etwa mitzuteilen, ob das Angebot verschiedene **Tranchen** (beispielsweise eine **institutionelle Tranche**, eine **Privatkundentranche** oder eine **Tranche für die Beschäftigten** des Emittenten) umfasst. Unterschiedliche, prozentual bezifferte Tranchen sind in der Praxis allerdings selten anzutreffen.

103 Ferner sind die Bedingungen anzugeben, zu denen eine **Rückforderung** (*Claw Back*) verlangt werden kann. Auch ist die **Höchstgrenze** einer solchen Rückforderung und alle eventuell anwendbaren **Mindestprozentsätze** für einzelne Tranchen aufzuführen.

---

[114] *Schlitt/Schäfer*, in: Assmann/Schlitt/von Kopp-Colomb, WpPG/VerkProspG, EU-ProspektVO Anhang III Rn. 51.

[115] *Schlitt/Schäfer*, in: Assmann/Schlitt/von Kopp-Colomb, WpPG/VerkProspG, EU-ProspektVO Anhang III Rn. 51; siehe beispielsweise den Prospekt der Telefónica Deutschland Holding AG sowie das zugehörige Bezugsangebot aus dem September 2014.

Sogenannte Claw Back-Strukturen haben in den letzten Jahren vor allem bei Bezugsrechts- **104** emissionen mit Vorabplatzierung an Bedeutung gewonnen.[116] Um mit Blick auf die mindestens zweiwöchige Bezugsfrist das Platzierungsrisiko aufgrund unsicherer Nachfrage und volatiler Märkte zu senken, werden dabei ein Teil oder sogar alle Aktien vor Beginn der Bezugsfrist im Rahmen einer Privatplatzierung vorab (bei institutionellen Investoren) platziert.[117] Der Platzierungspreis wird im Rahmen eines Bookbuilding-Verfahrens ermittelt und in der Folge als Bezugspreis dem öffentlichen Angebot zugrunde gelegt. Mit Blick auf das gesetzliche Bezugsrecht der Aktionäre können die neuen Aktien den Investoren in der Vorabplatzierung aber noch nicht abschließend, sondern nur vorbehaltlich der Ausübung des Bezugsrechts der Aktionäre („*subject to claw back*") zugeteilt werden. Üben Aktionäre während der anschließenden Bezugsfrist ihr Bezugsrecht aus, erfolgt in entsprechendem Umfang eine Zuteilung an diese Aktionäre und die Zuteilung an die Vorabplatzierungsinvestoren ist hinfällig. Die mit der bedingten Zuteilung verbundenen Unsicherheiten werden die Vorabplatzierungsinvestoren häufig nur akzeptieren, wenn zumindest ein Teil der neu zu schaffenden Aktien bereits ohne Vorbehalt zuteilbar ist.[118] Um eine solche sogenannte bezugsrechtsfreie Tranche zu schaffen, verzichten in diesen Fällen einer oder mehrere Großaktionäre des Emittenten auf die Ausübung (eines Teils) ihrer Bezugsrechte.[119] Die Vorabplatzierung selbst ist regelmäßig nicht Gegenstand des Prospekts, da sie nach § 3 Abs. 2 Nr. 1 WpPG prospektfrei erfolgen kann. Dennoch sind die Eckdaten der Privatplatzierung, einschließlich des Claw Back, jedenfalls im Rahmen des abgedruckten Bezugsangebots gemäß Ziffer 5.2.3 zu beschreiben.

Nach Ziffer 5.2.3(c) ist bzw. sind ferner die **angewendete/n Zuteilungsmethode oder -me-** **105** **thoden für die Privatkundentranche** und die **Tranche für die Beschäftigten des Emittenten** im Falle der **Mehrzuteilung** dieser Tranchen anzugeben. Bei der Zuteilung von Aktien werden von den Konsortialbanken in Deutschland weiterhin die „Grundsätze für die Zuteilung von Aktienemissionen an Privatanleger", die am 7.6.2000 von der Börsensachverständigenkommission beim Bundesministerium der Finanzen herausgegeben wurden, beachtet. Sie haben zwar keinen normativen Charakter, ihre Einhaltung entspricht aber der Marktpraxis.[120] Ziel dieser Zuteilungsgrundsätze ist es, Transparenz über das Zuteilungsverfahren herzustellen.[121] Es soll jedoch nicht in das Ermessen des Emittenten über die Zuteilung eingegriffen werden. Der Begriff „Mehrzuteilung" in der deutschen Sprachfassung der EU-ProspektVO ist insofern irreführend, da hiermit, wie ein Vergleich mit der engli-

---

116 Vgl. etwa die Bezugsrechtsemissionen mit Vorabplatzierung der HeidelbergCement AG im September 2009, der Continental AG im Januar 2010, der Volkswagen Aktiengesellschaft im März/April 2010 und der TAG Immobilien AG im Dezember 2012.
117 *Hahne/Seiler/Rath*, CFL 2013, 171, 171; *Herfs*, in: Habersack/Mülbert/Schlitt Unternehmensfinanzierung am Kapitalmarkt, § 6 Rn. 14; *Singhof*, FS Uwe H. Schneider, 2011, S. 1261, 1266 f., 1283 ff.; *Schlitt/Schäfer*, CFL 2011, 410, 413 ff.
118 Vgl. etwa die Bezugsrechtsemissionen der Continental AG im Januar 2010 und der Volkswagen Aktiengesellschaft im März/April 2010.
119 Eine Ausnahme hiervon stellt beispielsweise die Bezugsrechtsemission der TAG Immobilien AG im Dezember 2012 dar, bei der keine bezugsrechtsfreie Tranche vorlag, also die gesamte Vorabplatzierung „*subject to claw back*" erfolgte; vgl. im Übrigen zur Ausgestaltung des Verzichts auf das Bezugsrecht und den steuerlichen Konsequenzen *Hahne/Seiler/Rath*, CFL 2013, 171.
120 *Fingerhut/Voß*, in: Just/Voß/Ritz/Zeising, WpPG, EU-ProspVO, Anhang III Rn. 163.
121 *Singhof/Weber*, in: Habersack/Mülbert/Schlitt, Unternehmensfinanzierung am Kapitalmarkt, § 4 Rn. 83.

Anhang III Ziffer 5

schen Sprachfassung der Verordnung zeigt, die Überzeichnung („*over subscription*") und nicht etwa eine Mehrzuteilung für Stabilisierungszwecke („*over allotment*") gemeint ist.[122]

106 Sofern zum Zeitpunkt der Prospektbilligung noch keine konkrete Zuteilungsmethode bestimmt wurde, ist dies im Prospekt offenzulegen und anzugeben, dass das Zuteilungsverfahren im Einklang mit den oben genannten „Grundsätzen für die Zuteilung von Aktienemissionen an Privatanleger" (etwa durch Losverfahren, nach Ordergrößen, anhand einer bestimmter Quote, nach dem Zeitpunkt des Eingangs des Kaufangebots oder nach anderen sachgerechten Kriterien[123]) erfolgt.

4. Vorzugsbehandlung einzelner Gruppen

107 Weiterhin ist eine etwaige vorher festgelegte **Vorzugsbehandlung** die bestimmten Kategorien von Anlegern oder bestimmten Gruppen nahestehender Personen (einschließlich **Friends and Family-Programmen**[124]) bei der Zuteilung vorbehalten ist, zu beschreiben. Zu nennen sind dabei insbesondere der **Prozentsatz** des für die Vorzugsbehandlung vorgesehenen Angebotsteils und die **Kriterien für die Einteilung** in die entsprechenden Kategorien oder Gruppen. Zusätzlich ist anzugeben, wie im Fall der Überzeichnung vorgegangen wird.

108 Offenzulegen ist auch, ob die **Behandlung der Zeichnungen** oder der bei **Zuteilung zu zeichnenden Angebote vom Emittenten abhängig** gemacht werden kann sowie die eventuell **angestrebte Mindesteinzelzuteilung** innerhalb der Privatkundentranche.

109 Ferner sind die Bedingungen für das **Schließen des Angebots** sowie der **Termin, zu dem das Angebot frühestens geschlossen** werden darf, anzugeben. Gemeint ist nicht die Nennung des planmäßigen Angebotsendes, sondern eine mögliche vorzeitige Beendigung des Angebots. Prospekte bei Börsengängen enthalten häufig den Vorbehalt, dass der Emittent bzw. verkaufende Aktionär und die begleitenden Banken sich das Recht vorbehalten, die Zeichnungsfrist zu verkürzen und das Angebot vorzeitig zu beenden.

110 Weiterhin muss angegeben werden, ob **Mehrfachzeichnungen** zulässig sind und, wenn nicht, wie dennoch auftauchende Mehrfachzeichnungen behandelt werden.

111 Nach Ziffer 5.2.4 ist zu erläutern, wie **Zeichner über den zugeteilten Betrag informiert** werden. Diesbezüglich enthalten Prospekte in der Regel die Angabe, dass sich Anleger zu einem bestimmten Zeitpunkt bei den Konsortialbanken über die ihnen zugeteilte Anzahl an Wertpapieren informieren können. Ziffer 4 der Zuteilungsgrundsätze der Börsensachverständigenkommission beschreibt das entsprechende Verfahren. Ferner ist anzugeben, ob eine **Aufnahme des Handels vor der Mitteilung über den zugeteilten Betrag** möglich ist.

---

122 *Fingerhut/Voß*, in: Just/Voß/Ritz/Zeising, WpPG, EU-ProspVO, Anhang III Rn. 162; *Meyer*, in: Habersack/Mülbert/Schlitt, Unternehmensfinanzierung am Kapitalmarkt, § 30 Rn. 98.
123 Vgl. Art. 12 der Grundsätze für die Zuteilung von Aktienemissionen an Privatanleger.
124 *Friends and Family*-Programme waren vor allem zu Zeiten des Neuen Markts populär, vgl. *Schlitt/Schäfer*, in: Assmann/Schlitt/von Kopp-Colomb, WpPG/VerkProspG, EU-ProspektVO Anhang III Rn. 53.

Ziffer 5.2.5 verlangt schließlich Angaben zu **Mehrzuteilungsmöglichkeiten** und einer **Greenshoe-Option**.[125] Aufzunehmen sind danach die Existenz und der Umfang sowie die Dauer einer etwaigen Mehrzuteilungsmöglichkeit und/oder Greenshoe-Option einschließlich der Bedingungen für ihre Inanspruchnahme. Zusammen mit den von Anhang III Ziffer 6.5 EU-ProspektVO geforderten Angaben ergänzt diese Darstellung im Prospekt die allgemeinen Transparenzanforderungen an eine Stabilisierung nach Art. 5 der Verordnung (EU) Nr. 596/2014 (**Marktmissbrauchsverordnung**) in Verbindung mit Art. 6 der Delegierten Verordnung 2016/1052 vom 8.3.2016. 112

IV. Ziffer 5.3 – Preisfestsetzung

Anhang III Ziff. 5.3 EU-ProspektVO verlangt verschiedene Angaben zur Preisfestsetzung auf, die einen wesentlichen Teil der Angebotsbeschreibung ausmachen. 113

Ist der **Angebotspreis** (bei Durchführung eines Festpreisverfahrens) zum Billigungszeitpunkt bereits **bekannt**, ist dieser nach Anhang III Ziffer 5.3.1 EU-ProspektVO zu nennen. Der Fall einer **späteren Festlegung des Emissionspreises** (im Falle der Durchführung eines Bookbuilding-Verfahrens) wird von Ziffer 5.3.1 Satz 2 erfasst, der insoweit § 8 WpPG bzw. Art. 8 EU-Prospektrichtlinie ergänzt.[126] Dabei ist die Methode anzugeben, mittels derer der Angebotspreis festgelegt wird,[127] einschließlich der Person, die die Kriterien festgelegt hat oder für deren Festlegung verantwortlich ist. 114

Ferner sind **Kosten und Steuern** anzugeben, die dem Zeichner oder Käufer in Rechnung gestellt werden (können). Erfasst werden insbesondere sogenannte Stempelsteuern (*stamp duties*) oder vom Emittenten erhobene Kosten, so dass die Regelung im Hinblick auf deutsche Emittenten regelmäßig keine Anwendung findet.[128] Häufig wird stattdessen jedoch ein (freiwilliger) Hinweis auf Zeichnungsgebühren, die Anlegern von den Banken in Rechnung gestellt werden, aufgenommen. 115

Nach Ziffer 5.3.2 darzustellen ist das Verfahren für die **Offenlegung des Angebotspreises**, das wie oben dargestellt von dem gewählten Verfahren zur Preisermittlung (Festpreisverfahren oder Bookbuilding) abhängt.[129] 116

Bei Kapitalerhöhungen sind gem. Ziffer 5.3.3 Angaben zu machen, wenn die **Vorkaufs-(gemeint sind Bezugs-)Rechte beschränkt oder zurückgezogen** werden. Es sind also die Gründe für einen etwaigen Bezugsrechtsausschluss (etwa in Bezug auf Aktienspitzen aufgrund des Bezugsverhältnisses) bzw. für die Verwertung nicht ausgeübter Bezugsrechte 117

---

125 Siehe *Feuring/Berrar*, in: Habersack/Mülbert/Schlitt, Unternehmensfinanzierung am Kapitalmarkt, § 39 Rn. 51; *Singhof*, in: Habersack/Mülbert/Schlitt, Kapitalmarktinformation, § 22 Rn. 19.
126 Zu den verschiedenen Preisfestsetzungsverfahren vgl. die Kommentierung zu § 8 Rn. 51.
127 Vgl. zu den verschiedenen Verfahren der Preisermittlung die Kommentierung zu § 8 Rn. 8 f.
128 *Schlitt/Schäfer*, in: Assmann/Schlitt/von Kopp-Colomb, WpPG/VerkProspG, EU-ProspektVO Anhang III Rn. 56.
129 Siehe die Kommentierung zu § 8 Rn. 51.

Anhang III Ziffer 5

(Verfall oder bestmöglicher Verkauf an Dritte) darzustellen.[130] In diesem Fall ist auch anzugeben, auf welcher Grundlage der Emissionspreis ermittelt wird.

118 Sofern **Vorstands- oder Aufsichtsratsmitglieder oder Mitglieder des oberen Managements**[131] oder andere dem Emittenten **nahestehende Personen**, z. B. Großaktionäre, im Jahr vor der Prospektbilligung **Wertpapiere** oder Rechte zum Erwerb von Wertpapieren zu einem **Preis erworben haben**, der **tatsächlich oder potenziell wesentlich vom Angebotspreis abweicht**, ist dies nach Ziffer 5.3.4 offenzulegen, wobei dann sowohl das Volumen als auch die tatsächlichen Barkosten dieser Käufe anzugeben sind.[132] Eine wesentliche Abweichung vom Angebotspreis im Sinne der Vorschrift soll vorliegen, wenn der in dem jeweiligen Vorerwerb gezahlte Preis mehr als 5 % unter- oder oberhalb des Angebotspreises bzw. außerhalb der im Prospekt genannten Preisspanne lag.[133]

V. Ziffer 5.4 – Übernahme der Aktien

119 Nach Anhang III Ziffer 5.4 EU-ProspektVO sind Angaben zur Übernahme der Aktien zu machen, die sich in der Regel in einem eigenen Prospektabschnitt finden. Hier sind zunächst der **Name und die Anschrift der Koordinatoren** des Angebots (gemeint sind die Konsortialbanken einschließlich des Konsortialführers[134]) sowie, sofern dem Emittenten oder Anbieter bekannt, die Verkaufsstellen (*Selling Agents*[135]) in den einzelnen Ländern, in denen das Angebot stattfindet, zu nennen.

120 Obgleich inhaltlich keine Frage der Aktienübernahme, fordert Ziffer 5.4.2 die Aufnahme von Angaben zu **Zahl- und Verwahrstellen**. Dabei müssen Name und Anschrift der **Zahlstelle** i. S. d. § 54 Abs. 2 AktG aufgenommen werden, wobei sich die entsprechenden Angaben regelmäßig in einem Abschnitt „Allgemeine Informationen über die Gesellschaft und die Gruppe" finden. Seit die Pflicht, Aktien gem. § 123 AktG im Vorfeld von Hauptversammlungen zu hinterlegen, durch das UMAG[136] abgeschafft wurde, haben deutsche Aktiengesellschaften keine Verwahrstelle mehr, die angegeben werden müsste. Ebenfalls unter den Begriff der Verwahrstelle kann aber auch die Wertpapiersammelbank bei der die Aktien (girosammel-)verwahrt werden, fallen,[137] die auch bereits nach Anhang III Ziffer 4.3 EU-ProspektVO zu nennen ist.

---

130 *Fingerhut/Voß*, in: Just/Voß/Ritz/Zeising, WpPG, EU-ProspVO, Anhang III Rn.196; *Schlitt/Schäfer*, in: Assmann/Schlitt/von Kopp-Colomb, WpPG/VerkProspG, EU-ProspektVO Anhang III Rn. 57.
131 Vgl. die Kommentierung zu Anhang I Ziffer 14 Rn. 1 f.
132 *Schlitt/Schäfer*, in: Assmann/Schlitt/von Kopp-Colomb, WpPG/VerkProspG, EU-ProspektVO Anhang III Rn. 58.
133 *Schlitt/Schäfer*, in: Assmann/Schlitt/von Kopp-Colomb, WpPG/VerkProspG, EU-ProspektVO Anhang III Rn. 58; *Fingerhut/Voß*, in: Just/Voß/Ritz/Zeising, WpPG, EU-ProspVO, Anhang III Rn.196.
134 *Fingerhut/Voß*, in: Just/Voß/Ritz/Zeising, WpPG, EU-ProspVO Anhang III Rn. 201.
135 *Fingerhut/Voß*, in: Just/Voß/Ritz/Zeising, WpPG, EU-ProspVO Anhang III Rn. 201.
136 Gesetz zu Unternehmensintegrität und Modernisierung des Anfechtungsrechts, BGBl. 2005 I, S. 2802 f.
137 *Schäfer*, in: Assmann/Schlitt/von Kopp-Colomb, WpPG/VerkProspG, EU-ProspektVO Anhang III Rn. 61.

Nach Ziffer 5.4.3 sind zudem Name und Anschrift sämtlicher Institute zu nennen, die bereit sind, die gesamte oder einen Teil der Emission auf Grund einer bindenden Zusage (sogenanntes *firm* oder *hard underwriting*) zu übernehmen oder die Wertpapiere ohne eine solche bindende Zusage bestmöglich (sogenanntes *best efforts underwriting*) zu platzieren.[138] Sofern mehrere Institute an der Platzierung beteiligt sind, müssen die jeweiligen Übernahmequoten angegeben werden. Ferner sind der Zeitpunkt des Abschlusses des Übernahmevertrags, die Höhe der mit den Emissionsbanken vereinbarten Provisionen und sonstige wesentliche Inhalte des Übernahmevertrags zu beschreiben. In der Regel wird insoweit überblicksartig auf bestimmte Kündigungsrechte der Konsortialbanken etwa bei höherer Gewalt (*Force Majeure Event*) sowie vereinbarte Haftungsfreistellungen zugunsten der Konsortialbanken hingewiesen.[139] Zusätzlich werden regelmäßig die Veräußerungsbeschränkungen (*Selling Restrictions*), denen sich die Konsortialbanken bei der Vermarktung der prospektgegenständlichen Wertpapiere unterwerfen, aufgenommen.

---

138 Vgl. zu den unterschiedlichen Platzierungsformen: *Singhof*, in: MünchKomm-HGB, Bd. 6, Emissionsgeschäft, Rn. 9 f.
139 *Schlitt/Schäfer*, in: Assmann/Schlitt/von Kopp-Colomb, WpPG/VerkProspG, EU-ProspektVO Anhang III Rn. 60.

Anhang III   Ziffer 6

6. ZULASSUNG ZUM HANDEL UND HANDELSREGELN

6.1. Angabe, ob die angebotenen Wertpapiere Gegenstand eines Antrags auf Zulassung zum Handel sind oder sein werden und auf einem geregelten Markt oder sonstigen gleichwertigen Märkten vertrieben werden sollen, wobei die jeweiligen Märkte zu nennen sind. Dieser Umstand ist anzugeben, ohne jedoch den Eindruck zu erwecken, dass die Zulassung zum Handel auch tatsächlich erfolgen wird. Wenn bekannt, sollte eine Angabe der frühestmöglichen Termine der Zulassung der Wertpapiere zum Handel erfolgen.

6.2. Angabe sämtlicher geregelten oder gleichwertigen Märkte, auf denen nach Kenntnis des Emittenten Wertpapiere der gleichen Wertpapierkategorie, die zum Handel angeboten oder zugelassen werden sollen, bereits zum Handel zugelassen sind.

6.3. Falls gleichzeitig oder fast gleichzeitig zur Schaffung von Wertpapieren, für die eine Zulassung zum Handel auf einem geregelten Markt beantragt werden soll, Wertpapiere der gleichen Kategorie privat gezeichnet oder platziert werden, oder falls Wertpapiere anderer Kategorien für eine öffentliche oder private Platzierung geschaffen werden, sind Einzelheiten zur Natur dieser Geschäfte sowie zur Zahl und den Merkmalen der Wertpapiere anzugeben, auf die sie sich beziehen.

6.4. Detaillierte Angaben zu den Instituten, die aufgrund einer bindenden Zusage als Intermediäre im Sekundärhandel tätig sind und Liquidität mittels Geld- und Briefkursen zur Verfügung stellen, und Beschreibung der Hauptbedingungen der Zusagevereinbarung.

6.5. Stabilisierung: Hat ein Emittent oder ein Aktionär mit einer Verkaufsposition eine Mehrzuteilungsoption erteilt, oder wird ansonsten vorgeschlagen, dass Kursstabilisierungsmaßnahmen im Zusammenhang mit einem Angebot zu ergreifen sind, so ist Folgendes anzugeben

6.5.1. Die Tatsache, dass die Stabilisierung eingeleitet werden kann, dass es keine Gewissheit dafür gibt, dass sie eingeleitet wird und jederzeit gestoppt werden kann;

6.5.2. Beginn und Ende des Zeitraums, während dessen die Stabilisierung erfolgen kann;

6.5.3. Die Identität der für die Stabilisierungsmaßnahmen in jeder Rechtsordnung verantwortlichen Person, es sei denn, sie ist zum Zeitpunkt der Veröffentlichung nicht bekannt;

6.5.4. Die Tatsache, dass die Stabilisierungstransaktionen zu einem Marktpreis führen können, der über dem liegt, der sich sonst ergäbe.

Übersicht

	Rn.		Rn.
I. Überblick und Regelungsgegenstand	122	Handel auf einem geregelten oder gleichwertigen Markt zugelassen sind	125
II. Ziffer 6.1 – Zulassung der Wertpapiere zum Handel auf einem geregelten oder gleichwertigen Markt	123	IV. Ziffer 6.3 – Privatplatzierungen	126
		V. Ziffer 6.4 – Angaben zu Finanzintermediären	130
III. Ziffer 6.2 – Wertpapiere der gleichen Kategorie, die bereits zum		VI. Ziffer 6.5 – Stabilisierung	131

Ziffer 6 **Anhang III**

I. Überblick und Regelungsgegenstand

Anhang III Ziffer 6 EU-ProspektVO verlangt eine detaillierte Darstellung der Handelszulassung und der Handelsregeln für die prospektgegenständlichen Wertpapiere. Während einzelne Angaben (z.B. nach Anhang III Ziffer 6.2 EU-ProspVO) auch für einen reinen Angebotsprospekt relevant sind, geht es Ziffer 6 im Kern um Prospekte, die jedenfalls auch der Zulassung von Wertpapieren zum Handel an einem geregelten Markt dienen.[140]   122

II. Ziffer 6.1 – Zulassung der Wertpapiere zum Handel auf einem geregelten oder gleichwertigen Markt

Nach Anhang III Ziffer 6.1 EU-ProspVO, muss der Prospekt Angaben zur beabsichtigten Zulassung der Wertpapiere zum Handel auf einem geregelten oder sonstigen gleichwertigen Markt enthalten. Es muss dementsprechend offengelegt werden, ob bereits ein Zulassungsantrag gestellt wurde oder ob die Absicht besteht, einen solchen Antrag zu stellen. Der jeweilige geregelte[141] bzw. die sonstigen gleichwertigen[142] Märkte sind mit Namen und Sitz zu benennen. Darüber hinaus sollte auch das konkrete Marktsegment (z.B.: *Prime Standard* oder *General Standard* des regulierten Markts der Frankfurter Wertpapierbörse), in dem die Wertpapiere notiert werden sollen, in den Prospekt aufgenommen werden.[143]   123

Anzugeben ist zusätzlich der frühestmögliche Termin der Zulassung, soweit dieser zum Zeitpunkt der Prospekterstellung bereits bekannt ist. Wie Anhang III Ziffer 6.1 Satz 2 EU-ProspektVO ausdrücklich klarstellt, darf durch den Prospekt nicht der Eindruck vermittelt werden, „dass die Zulassung zum Handel auch tatsächlich erfolgen wird". Dem kann durch die Verwendung des Wortes „voraussichtlich" entsprochen werden.[144]   124

III. Ziffer 6.2 – Wertpapiere der gleichen Kategorie, die bereits zum Handel auf einem geregelten oder gleichwertigen Markt zugelassen sind

Nach Anhang III Ziffer 6.2 EU-ProspektVO müssen der geregelte Markt oder die sonstigen gleichwertigen Märkte benannt werden, an denen bereits Wertpapiere der gleichen Kategorie wie die Wertpapiere, die aufgrund des zu erstellenden Prospekts angeboten oder zum   125

---

140 *Fingerhut/Voß*, in: Just/Voß/Ritz/Zeising, WpPG, EU-ProspVO Anhang III Rn. 214.
141 Die geregelten Märkte im Anwendungsbereich der EU-Prospektrichtlinie werden jährlich im Amtsblatt der Europäischen Union veröffentlicht; vgl. im Übrigen zur Definition des „geregelten" bzw. „organisierten" Marktes auch die Kommentierung zu § 2 Rn. 139 f.
142 Ein Markt ist dann mit einem geregelten Markt gleichwertig, wenn er sich außerhalb der Europäischen Union und des EWR befindet und den Anforderungen an einen geregelten Markt innerhalb der EU im Wesentlichen entspricht, vgl. auch *Pfeiffer/Buchinger*, NZG 2006, 449, 450.
143 Siehe hierzu *Schlitt/Schäfer*, in: Assmann/Schlitt/von Kopp-Colomb, WpPG/VerkProspG, EU-ProspektVO Anhang III Rn. 63.
144 *Fingerhut/Voß*, in: Just/Voß/Ritz/Zeising, WpPG, EU-ProspVO Anhang III Rn. 217; *Schlitt/Schäfer*, in: Assmann/Schlitt/von Kopp-Colomb, WpPG/VerkProspG, EU-ProspektVO Anhang III Rn. 63.

Anhang III Ziffer 6

Handel zugelassen werden sollen, zum Handel zugelassen sind. Die Regelung ist insbesondere im Zusammenhang mit Kapitalmaßnahmen bereits börsennotierter Aktiengesellschaften relevant.[145] Zum Begriff der Wertpapierkategorie siehe bereits die Kommentierung zu Anhang III Ziffer 4.1 der EU-ProspektVO oben unter Rn. 55.

IV. Ziffer 6.3 – Privatplatzierungen

126 Soweit Wertpapiere der gleichen Kategorie wie die prospektgegenständlichen Wertpapiere **gleichzeitig oder fast gleichzeitig im Wege einer Privatplatzierung** angeboten werden, sind Einzelheiten zu diesen Geschäften sowie zur Zahl und den Merkmalen der jeweiligen Wertpapiere anzugeben. Entsprechendes gilt für den Fall, dass Wertpapiere anderer Kategorien (des gleichen Emittenten) für eine öffentliche oder private Platzierung geschaffen werden.

127 Der Anwendungsbereich von Anhang III Ziffer 6.3 EU-ProspektVO umfasst insbesondere Privatplatzierungen, die gem. § 3 Abs. 2 Nr. 1 und Nr. 2 WpPG von der Prospektpflicht ausgenommen sind, weil sie sich ausschließlich an qualifizierte Anleger oder an weniger als 150 nicht qualifizierte Anleger je Mitgliedstaat des Europäischen Wirtschaftsraums richten.[146]

128 Die Darstellung der Einzelheiten der jeweiligen Privatplatzierung wird regelmäßig hinter der sonstigen Informationsdichte der darzustellenden Angaben bei der Prospekterstellung für beispielsweise ein öffentliches Angebot nach Anhang III der EU-ProspektVO zurückbleiben.[147] Dem Informationsbedürfnis des Anlegers ist Genüge getan, wenn die nach Anhang III Ziffer 6.3 der EU-ProspektVO erforderlichen Angaben aufgenommen werden, d.h. die Anzahl der Aktien, ihr Anteil am Grundkapital des Emittenten und ihre Kategorie sowie eine Darstellung der Anzahl der Investoren, die im Rahmen der Privatplatzierung Aktien übernehmen werden oder übernommen haben. Weitere Angaben im Hinblick auf diese Platzierungen sind für den Anleger, der die Wertpapiere im Rahmen eines gleichzeitig oder annähernd gleichzeitig stattfindenden öffentlichen Angebots oder im Sekundärmarkt erwirbt, nicht entscheidungserheblich.

129 Zum Begriff der Wertpapierkategorie siehe bereits die Kommentierung zu Anhang III Ziffer 4.1 EU-ProspektVO oben unter Rn. 55.

V. Ziffer 6.4 – Angaben zu Finanzintermediären

130 Anhang III Ziffer 6.4 EU-ProspektVO verlangt die Offenlegung der wesentlichen Bedingungen sogenannter **Designated Sponsor-Verträge**. Die Bestellung eines Designated

---

145 *Schlitt/Schäfer*, in: Assmann/Schlitt/von Kopp-Colomb, WpPG/VerkProspG, EU-ProspektVO Anhang III Rn. 64.
146 Noch zur alten Rechtslage siehe *Fingerhut/Voß*, in: Just/Voß/Ritz/Zeising, WpPG, EU-ProspVO Anhang III Rn. 222.
147 *Schlitt/Schäfer* in: Assmann/Schlitt/von Kopp-Colomb, WpPG/VerkProspG, EU-ProspektVO Anhang III Rn. 65; a. A.: *Fingerhut/Voß*, in: Just/Voß/Ritz/Zeising, WpPG, EU-ProspVO Anhang III Rn. 223, der die Aufnahme der Angaben nach Anhang III Ziffer 5 EU-ProspVO für erforderlich hält.

Sponsor ist zwar keine Zulassungsvoraussetzung im engeren Sinne. Jedoch ist ausreichende Liquidität in der Aktie beispielsweise Voraussetzung für eine Teilnahme am fortlaufenden XETRA-Handel, die wiederrum Bedingung für die Aufnahme in einen der Auswahlindizes der Frankfurter Wertpapierbörse ist. Aus diesen Gründen werden in der Regel ein oder mehrere Designated Sponsors bestellt, die für entsprechende Handelsliquidität sorgen. Der Designated Sponsor verpflichtet sich insbesondere gegenüber dem Emittenten, mehrmals börsentäglich verbindliche Kauf- oder Verkaufsangebote (in Gestalt von Brief- und Geldkursen[148]) für die Wertpapiere zu stellen und so einen liquiden Handel in den Wertpapieren sicherzustellen.[149] Ziffer 6.4 verlangt „detaillierte" Angaben zu dem Institut bzw. den Instituten, die die Funktion als Designated Sponsor einnehmen.[150] Die Anforderungen der BaFin an den Umfang der Darstellung der wesentlichen Bedingungen des Designated Sponsor Agreements und der Person des Designated Sponsor sind in der Verwaltungspraxis gleichwohl angemessen moderat geblieben.[151] In der Regel wird lediglich angegeben, welche Kreditinstitute (einschließlich deren Adresse) als Designated Sponsor verpflichtet wurden, und eine generische Beschreibung der Tätigkeit aufgenommen.

VI. Ziffer 6.5 – Stabilisierung

Anhang III Ziffer 6.5 EU-ProspektVO verlangt die Aufnahme verschiedener Informationen in den Prospekt, die inhaltlich den vor Beginn eines öffentlichen Angebots zu veröffentlichenden Angaben nach Art. 5 der Marktmissbrauchsverordnung in Verbindung mit Art. 6 der Delegierten Verordnung 2016/1052 vom 8.3.2016 entsprechen und die Angaben nach Anhang III Ziffer 5.2.5 EU-ProspektVO (siehe hierzu die Kommentierung zu Ziffer 5.2.5 oben unter Rn. 112) ergänzen. Gem. Anhang III Ziffer 6.5 EU-ProspektVO sind, wie bereits nach Anhang III Ziffer 5.2.5 EU-ProspektVO Angaben dazu zu machen, ob der Emittent oder ein abgebender Aktionär eine **Mehrzuteilungsoption** (*over allotment option*) erteilt hat oder ansonsten **Kursstabilisierungsmaßnahmen** vorgeschlagen wurden. Dabei soll insbesondere darauf hingewiesen werden, dass keine Gewissheit darüber besteht, ob entsprechende Maßnahmen tatsächlich eingeleitet werden und dass diese jederzeit beendet werden können. Zusätzlich müssen Beginn und Ende des Zeitraums, in dem die Stabilisierung stattfinden kann, genannt werden. Im Rahmen eines Börsengangs wird dementsprechend in der Regel darauf hingewiesen, dass Stabilisierungsmaßnahmen durch die beteiligten Konsortialbanken bzw. den aus dem Kreis der Konsortialbanken ausgewählten Stabilisierungsmanager ergriffen werden können. Außerdem bedarf es der Klarstellung, dass etwaige Stabilisierungstransaktionen (ihrem Zweck entsprechend) zu einem Marktpreis der Wertpapiere führen können, der über dem Preis liegt, der sich ohne Durchführung einer Stabilisierungstransaktion ergäbe.

131

---

148 *Fingerhut/Voß*, in: Just/Voß/Ritz/Zeising, WpPG, EU-ProspVO Anhang III Rn. 224.
149 *Meyer*, in: Marsch-Barner/Schäfer, Handbuch börsennotierte AG, § 8 Rn. 11; *Seiffert* in: Kümpel/Wittig, Bank- und Kapitalmarktrecht, Rn. 4.291.
150 *Fingerhut/Voß*, in: Just/Voß/Ritz/Zeising, WpPG, EU-ProspVO Anhang III Rn. 226; siehe zum nicht synonym gebrauchten Begriff des Market Makers § 23 Abs. 4 WpHG.
151 *Schlitt/Schäfer*, in: Assmann/Schlitt/von Kopp-Colomb, WpPG/VerkProspG, EU-ProspektVO Anhang III Rn. 66; vgl. für ein solches Darstellungsbeispiel *Fingerhut/Voß*, in: Just/Voß/Ritz/Zeising, WpPG, EU-ProspVO Anhang III Rn. 226.

Anhang III Ziffer 7

7. WERTPAPIERINHABER MIT VERKAUFSPOSITION

7.1. Name und Anschrift der Person oder des Instituts, die/das Wertpapiere zum Verkauf anbietet; Wesensart etwaiger Positionen oder sonstiger wesentlicher Verbindungen, die die Personen mit Verkaufspositionen in den letzten drei Jahren bei dem Emittenten oder etwaigen Vorgängern oder verbundenen Unternehmen innehatte oder mit diesen unterhielt.

7.2. Zahl und Kategorie der von jedem Wertpapierinhaber mit Verkaufsposition angebotenen Wertpapiere.

7.3. Lock-up-Vereinbarungen:
– Anzugeben sind die beteiligten Parteien;
– Inhalt und Ausnahmen der Vereinbarung;
– Der Zeitraum des „lock up".

Übersicht

	Rn.		Rn.
I. Überblick und Regelungsgegenstand	132	III. Ziffer 7.2 – Zahl und Kategorie der Wertpapiere	136
II. Ziffer 7.1 – Anbieter und Wertpapierinhaber mit Verkaufspositionen	133	IV. Ziffer 7.3 – Lock-up-Vereinbarungen	138

I. Überblick und Regelungsgegenstand

132 Anhang III Ziffer 7 EU-ProspektVO fordert verschiedene Angaben zu den Anbietern der Wertpapiere sowie, sofern einschlägig, zu Wertpapierinhabern mit Verkaufspositionen und etwaigen vertraglichen Veräußerungsbeschränkungen (sogenannte Lock-up-Vereinbarungen).

II. Ziffer 7.1 – Anbieter und Wertpapierinhaber mit Verkaufspositionen

133 Anhang III Ziffer 7.1 Halbsatz 1 EU-ProspektVO verlangt zunächst die Angabe von Name und Anschrift der „Anbieter" der prospektgegenständlichen Wertpapiere. Ob es sich hierbei tatsächlich um den Emittenten und die Emissionsbanken handelt,[152] erscheint mit Blick auf Anhang III Ziffer 5.4 EU-ProspektVO, der *„detaillierte Angaben zum Koordinator bzw. den Koordinatoren des globalen Angebots"* fordert, zweifelhaft. Wie sich aus dem Titel von Ziffer 7 sowie einer Gesamtschau der Ziffern 7.1, 7.2 und 7.3 ergibt, geht es vielmehr um Angaben zu den Wertpapierinhabern mit Verkaufspositionen, also in der Praxis etwaigen veräußernden Aktionären. Dies verdeutlicht auch die englische Sprachfassung der

---

[152] So *Schlitt/Schäfer*, in: Assmann/Schlitt/von Kopp-Colomb, WpPG/VerkProspG, EU-ProspektVO Anhang III Rn. 69.

EU-ProspektVO, die insoweit von „*name and business address of the person or entity offering to sell the securities*" spricht.[153]

In Bezug auf diese Wertpapierinhaber mit Verkaufspositionen sind etwaige Positionen oder sonstige wesentliche Verbindungen offenzulegen, die diese Personen in den letzten drei Jahren bei dem Emittenten oder etwaigen Vorgängern oder verbundenen Unternehmen innehatten oder mit diesen unterhielten. In Betracht kommen beispielsweise für den Emittenten wesentliche Gesellschafterdarlehen, die aufgrund ihrer Darlehenssumme in den Prospekt aufzunehmen sind, oder Vorstands- bzw. Aufsichtsratsmandate. **134**

Als Wertpapierinhaber mit Verkaufspositionen kommen dabei nicht nur Aktionäre in Betracht, die im Rahmen einer sogenannten Sekundärtranche (einen Teil ihrer) Aktien verkaufen. Bei Börsengängen stellen bestehende Aktionäre darüber hinaus häufig den Konsortialbanken Wertpapiere im Wege der Wertpapierleihe zur Verfügung, die die Konsortialbanken zur Bedienung der Mehrzuteilungsoption verwenden.[154] In diesem Fall müssen sich die Angaben auch auf diese Aktien beziehen. Räumt der verleihende Aktionär den Konsortialbanken zusätzlich eine Greenshoe Option ein, die es den Banken ermöglicht, von dem betreffenden Aktionär Aktien im Umfang der Mehrzuteilung zu erwerben, so wird – wenn Stabilisierungsmaßnahmen unterbleiben und demnach zwecks Rückführung der Aktienleihe die Greenshoe Option ausgeübt wird – im Ergebnis der Platzierungserlös aus der Mehrzuteilung an den betreffenden Aktionär ausgekehrt. **135**

III. Ziffer 7.2 – Zahl und Kategorie der Wertpapiere

Anhang III Ziffer 7.2 EU-ProspektVO verlangt die Zahl und Kategorie der von jedem Wertpapierinhaber mit Verkaufspositionen angebotenen Wertpapiere. Diese Angaben finden sich wird üblicherweise in Form einer Tabelle, die die Aktionärsstruktur vor und nach Durchführung der Kapitalmarkttransaktion dargestellt, in einem eigenen Abschnitt „Aktionärsstruktur".[155] Sofern Angebotspreis bzw. -volumen zum Billigungszeitpunkt noch nicht endgültig feststehen, empfiehlt es sich, die künftige Aktionärsstruktur unter Zugrundelegung verschiedener Annahmen anzugeben. So hängt die Verteilung der Aktien zum Beispiel davon ab, inwieweit die Mehrzuteilungs- bzw. die Greenshoe-Option ausgeübt werden, ob die Platzierung der Aktien vollständig gelingt und zu welchem Kurs die betreffenden Aktien von den Investoren übernommen werden. **136**

Zum Begriff der Wertpapierkategorie siehe bereits die Kommentierung zu Anhang III Ziffer 4.1 EU-ProspektVO oben unter Rn. 55. **137**

IV. Ziffer 7.3 – Lock-up-Vereinbarungen

Wertpapierinhaber mit Verkaufsposition unterwerfen sich regelmäßig gegenüber den Konsortialbanken vertraglichen Veräußerungsbeschränkungen (sogenannte Marktschutz- oder **138**

---

153 So wohl auch *Fingerhut/Voß*, in: Just/Voß/Ritz/Zeising, WpPG, EU-ProspVO Anhang III Rn. 233 f.
154 *Rauch*, in: Holzborn, WpPG, EU-ProspVO Anhang III Rn. 110.
155 *Fingerhut/Voß*, in: Just/Voß/Ritz/Zeising, WpPG, EU-ProspVO Anhang III Rn. 236.

Anhang III Ziffer 7

Lock-up-Vereinbarungen).[156] Darin verpflichten sie sich, bestimmte Transaktionen, die die zu begebenden Wertpapiere betreffen, während eines bestimmten Zeitraums, z.B. innerhalb von sechs Monaten nach Abschluss eines öffentlichen Angebots, zu unterlassen oder nur unter bestimmten Voraussetzungen durchzuführen. So kann die Veräußerung von Wertpapieren während dieses Zeitraums von der Zustimmung der Emissionsbanken oder davon abhängig gemacht werden, dass sich der Erwerber der Wertpapiere entsprechenden Beschränkungen unterwirft (sogenannter *travelling lock-up*). Im Prospekt offenzulegen sind insbesondere die Identität der Parteien, eine Beschreibung der unter dem Lock-up geltenden Beschränkungen, Ausnahmen von diesen Beschränkungen sowie die Dauer der Haltefrist.

139 Die Vereinbarung vertraglicher Veräußerungsbeschränkungen kann unter anderem Auswirkungen darauf haben, ob die Aktien, die Gegenstand der Vereinbarung sind, dem nach § 9 BörsZulV erforderlichen **Streubesitz** (*free float*) zuzurechnen sind. Die Frankfurter Wertpapierbörse legt den Begriff des Streubesitzes entsprechend den Vorgaben des „Leitfadens zu den Aktienindizes der Deutsche Börse AG" aus, nach denen Aktien nicht dem Streubesitz zuzurechnen sind, die einer vertraglichen Sperrfrist von *mindestens sechs Monaten* unterliegen.[157] Aus diesem Grund kann es geboten sein, eine Veräußerungsbeschränkung lediglich für einen Zeitraum von *180 Tagen* und nicht für sechs Monate zu vereinbaren, damit die Aktien zum Zeitpunkt der Zulassungsentscheidung nicht dem Streubesitz entzogen sind.

140 Neben Lock-up Vereinbarungen werden auch wirtschaftlich gleichwertige Vereinbarungen, wie etwa Optionsgeschäfte oder Marktschutzvereinbarungen von der Offenlegungspflicht erfasst.[158] Unter Marktschutzvereinbarungen werden allgemein solche Vereinbarungen verstanden, in denen sich Aktionäre unabhängig von einer etwaigen Verkaufsposition in der prospektgegenständlichen Transaktion verpflichten, es zu unterlassen, bestimmte Kapitalmarkttransaktionen (beispielsweise Kapitalerhöhungen oder größere Abverkäufe) zu initiieren, durchzuführen oder auf sonstige Weise zu unterstützen.[159] Entsprechende Informationen sind für den Kapitalmarkt von wesentlicher Bedeutung, um das Risiko künftiger Kursschwankungen (durch größere Abverkäufe) oder Verwässerung (durch Eigenkapitalmaßnahmen) einschätzen zu können.

---

156 Zu den Einzelheiten siehe *Singhof/Weber*, in: Habersack/Mülbert/Schlitt, Unternehmensfinanzierung am Kapitalmarkt, § 4 Rn. 36 f.
157 Vgl. Ziffer 2.3 des Leitfadens zu den Aktienindizes der Deutsche Börse AG.
158 *Fingerhut/Voß*, in: Just/Voß/Ritz/Zeising, WpPG, EU-ProspVO Anhang III Rn. 238.
159 *Schlitt/Schäfer*, in: Assmann/Schlitt/von Kopp-Colomb, WpPG/VerkProspG, EU-ProspektVO Anhang III Rn. 72.

8. KOSTEN DER EMISSION/DES ANGEBOTS

8.1. Angabe der Gesamtnettoerträge und Schätzung der Gesamtkosten der Emission/des Angebots.

Übersicht

	Rn.		Rn.
I. Überblick und Regelungsgegenstand	141	1. Erforderliche Angaben	142
		2. Verteilung des Emissionserlöses	147
II. Emissionserlös	142	III. Gesamtkosten der Emission	148

I. Überblick und Regelungsgegenstand

Anhang III Ziffer 8.1 EU-ProspektVO fordert die Angabe der Gesamtnettoerträge und eine Schätzung der Gesamtkosten der Emission bzw. des Angebots. Die Darstellung im Prospekt erfolgt in der Regel im Abschnitt „Gründe für das Angebot" unter den Ausführungen zur „Verwendung der Erträge".[160] Bei einem reinen Zulassungsprospekt[161] ist (trotz des lediglich auf ein Angebot bezogenen Wortlauts der Vorschrift) eine Angabe der Kosten der Zulassung erforderlich; im Übrigen ist die Vorschrift nicht anwendbar, da kein Emissionserlös entsteht. Die Gesamtnettoerträge berechnen sich aus dem erwarteten Bruttoemissionserlös abzüglich der erwarteten Emissionskosten.

141

II. Emissionserlös

1. Erforderliche Angaben

Der (Brutto-)Emissionserlös berechnet sich aus dem Angebotspreis und der Anzahl zu platzierender Aktien. Die erforderlichen Angaben zum Emissionserlös richten sich nach dem jeweiligen Preisfestsetzungsverfahren.

142

Liegt dem Angebot ein **Festpreis** zugrunde und steht die zu platzierende Anzahl von Aktien zum Billigungszeitpunkt ebenfalls bereits fest (siehe hierzu die Kommentierung zu Anhang III Ziffer 5.1), kann der (Brutto-)Emissionserlös zum Billigungszeitpunkt bereits berechnet und im Prospekt angegeben werden, was häufig bei großvolumigen Bezugsrechtsemissionen der Fall ist.

143

Stehen der Angebotspreis oder die Anzahl der zu platzierenden Aktien zum Zeitpunkt der Prospektbilligung noch nicht endgültig fest, ist eine Schätzung des erwarteten Emissionserlöses anzugeben.[162]

144

---

160 *Schlitt/Schäfer*, in: Assmann/Schlitt/von Kopp-Colomb, WpPG/VerkProspG, EU-ProspektVO Anhang III Rn. 73.
161 *Fingerhut/Voß*, in: Just/Voß/Ritz/Zeising, WpPG, EU-ProspVO Anhang III Rn. 244; *Rauch*, in: Holzborn, WpPG, EU-ProspVO Anhang III Rn. 114.
162 *Schlitt/Schäfer*, in: Assmann/Schlitt/von Kopp-Colomb, WpPG/VerkProspG, EU-ProspektVO Anhang III Rn. 74; *Fingerhut/Voß*, in: Just/Voß/Ritz/Zeising, WpPG, EU-ProspVO Anhang III Rn. 247; im Ergebnis auch *Rauch*, in: Holzborn, WpPG, EU-ProspVO Anhang III Rn. 116.

Anhang III Ziffer 8

145 Bei Durchführung eines **Bookbuilding-Verfahrens** wird im Prospekt lediglich eine Preisspanne angegeben, innerhalb derer der endgültige Angebotspreis bestimmt wird. Die Schätzung des Emissionserlöses kann dann auf Basis des Mittelwerts dieser Preisspanne, der mit der Maximalzahl der angebotenen Aktien multipliziert wird, erfolgen.[163] In diesem Fall ist es ferner möglich und üblich, einen Mindest- und Maximalemissionserlös anzugeben, indem die Maximalzahl der angebotenen Aktien mit dem jeweils untersten und höchsten Wert der Preispanne multipliziert wird.[164]

146 Etwas anderes gilt beim sog. **entkoppelten Bookbuilding-Verfahren** (*decoupled bookbuilding*),[165] bei dem auf die Angabe einer Preisspanne sowie einer Maximalzahl angebotener Aktien im Prospekt aufgrund von Bewertungsunsicherheiten, z.B. bei einem volatilen Marktumfeld, gänzlich verzichtet wird.[166] Die Preisspanne sowie die Maximalzahl der angebotenen Aktien werden vielmehr auf Grundlage von Gesprächen mit ausgewählten Anlegern, die den veröffentlichten Prospekt bereits auswerten konnten, festgelegt und in einem Nachtrag nach § 16 WpPG vor Beginn des eigentlichen Angebots veröffentlicht.[167] Dieser Nachtrag enthält dann ebenfalls eine konkretisierte Schätzung des Emissionserlöses sowie der Kosten. Jedoch ist nach der Verwaltungspraxis der BaFin auch in diesen Fällen bereits eine Schätzung des erwarteten Emissionserlöses in den Prospekt aufzunehmen. Dabei soll der untere Wert der Spanne nicht mehr als 50% des oberen Wertes der Spanne betragen.[168] Erforderlich ist ferner die Angabe einer maximalen Gesamtzahl der angebotenen Wertpapiere (vgl. Anhang III Ziffer 5.1.2 EU-ProspVO).[169]

2. Verteilung des Emissionserlöses

147 Des Weiteren ist im Prospekt darzulegen, wie der Emissionserlös unter den Personen, die Wertpapiere im Rahmen des Angebots veräußern, verteilt wird. Insbesondere bei gemischten Primär- und Sekundärplatzierungen, bei denen neben neuen Aktien aus einer Kapitalerhöhung des Emittenten auch bestehende Aktien einzelner Aktionäre angeboten werden, ist klarzustellen, dass der Erlös aus dem Verkauf bestehender Aktien nicht dem Emittenten, sondern den verkaufenden Aktionären zufließt.[170]

---

163 *Schlitt/Schäfer*, in: Assmann/Schlitt/von Kopp-Colomb, WpPG/VerkProspG, EU-ProspektVO Anhang III Rn. 74; *Rauch*, in: Holzborn, WpPG, EU-ProspVO Anhang III Rn. 116.
164 *Fingerhut/Voß*, in: Just/Voß/Ritz/Zeising, WpPG, EU-ProspVO Anhang III Rn. 247.
165 Zu den Einzelheiten siehe Kommentierung zu § 8 Rn. 8 f.; *Schlitt/Schäfer*, in: Assmann/Schlitt/von Kopp-Colomb, WpPG/VerkProspG, § 8 Rn. 21.
166 Vgl. *Fingerhut/Voß*, in: Just/Voß/Ritz/Zeising, WpPG, EU-ProspVO Anhang III Rn. 248.
167 *Schlitt/Schäfer*, in: Assmann/Schlitt/von Kopp-Colomb, WpPG/VerkProspG, EU-ProspektVO Anhang III Rn. 75.
168 *Schlitt/Schäfer*, in: Assmann/Schlitt/von Kopp-Colomb, WpPG/VerkProspG, EU-ProspektVO Anhang III Rn. 75.
169 *Fingerhut/Voß*, in: Just/Voß/Ritz/Zeising, WpPG, EU-ProspVO Anhang III Rn. 249; *Rauch*, in: Holzborn, WpPG, EU-ProspVO Anhang III Rn. 116.
170 *Schlitt/Schäfer*, in: Assmann/Schlitt/von Kopp-Colomb, WpPG/VerkProspG, EU-ProspektVO Anhang III Rn. 76; *Fingerhut/Voß*, in: Just/Voß/Ritz/Zeising, WpPG, EU-ProspVO Anhang III Rn. 250.

III. Gesamtkosten der Emission

Es muss eine Schätzung der Gesamtkosten der Emission aufgenommen werden, die zur Berechnung des Netto-Emissionserlöses vom Bruttoerlös abgezogen werden. Die Gesamtkosten der Emission umfassen die Kosten für die Börsenzulassung und -einführung, die Erstellung, Billigung, Veröffentlichung und Verbreitung des Prospekts einschließlich des Drucks, Kosten der Handelsregistereintragung, Vermarktungskosten, einschließlich der Kosten, die im Zusammenhang mit Investorengesprächen und Roadshows anfallen, sowie Provisionen der Emissionsbanken und Vergütungen für Rechtsanwälte, Wirtschaftsprüfer und sonstige Berater (z. B. IPO-Berater, IR-Berater).[171] Teils können diese Kosten zum Zeitpunkt der Billigung nur geschätzt werden, etwa wenn – was regelmäßig bei den Bankenprovisionen der Fall sein wird – einzelne Vergütungsbestandteile erfolgsabhängig ausgestaltet sind und damit vom endgültigen Emissionsvolumen und -preis abhängen. **148**

Im Prospekt ist ferner die Verteilung der Kostentragung zwischen den an der Emission Beteiligten anzugeben. **149**

Bei (reinen) Zulassungsprospekten wird die Angabe der Zulassungskosten als ausreichend erachtet.[172] **150**

---

171 *Schlitt/Schäfer*, in: Assmann/Schlitt/von Kopp-Colomb, WpPG/VerkProspG, EU-ProspektVO Anhang III Rn. 78; *Fingerhut/Voß*, in: Just/Voß/Ritz/Zeising, WpPG, EU-ProspVO Anhang III Rn. 252; *Rauch*, in: Holzborn, WpPG, EU-ProspVO Anhang III Rn. 115.
172 *Schlitt/Schäfer*, in: Assmann/Schlitt/von Kopp-Colomb, WpPG/VerkProspG, EU-ProspektVO Anhang III Rn. 78; *Fingerhut/Voß*, in: Just/Voß/Ritz/Zeising, WpPG, EU-ProspVO Anhang III Rn. 253.

Anhang III Ziffer 9

9. VERWÄSSERUNG

9.1. Betrag und Prozentsatz der unmittelbaren Verwässerung, die sich aus dem Angebot ergibt.

9.2. Im Falle eines Zeichnungsangebots an die existierenden Aktionäre Betrag und Prozentsatz der unmittelbaren Verwässerung, wenn sie das neue Angebot nicht zeichnen.

Übersicht

	Rn.		Rn.
I. Überblick und Regelungsgegenstand	151	III. Ziffer 9.2 – Verwässerung bestehender Aktionäre bei Nichtzeichnung des Angebots	156
II. Ziffer 9.1 – Betrag und Prozentsatz der unmittelbaren Verwässerung, die sich aus dem Angebot ergibt	152		

I. Überblick und Regelungsgegenstand

151 Anhang III Ziffer 9 EU-ProspektVO fordert die Aufnahme von Angaben zur Verwässerung, d. h. zu der durch die Ausgabe neuer Aktien bedingten Verringerung des Werts der Aktien eines Anlegers. Obwohl der Wortlaut der Regelung sich lediglich auf Angebote bezieht, sind Angaben zur Verwässerung auch in reine Zulassungsprospekte aufzunehmen, wenn im Zusammenhang mit der Zulassung (prospektfrei) neue Aktien (z. B. im Wege einer Privatplatzierung) ausgegeben werden und dadurch eine Verwässerung eintritt.[173]

II. Ziffer 9.1 – Betrag und Prozentsatz der unmittelbaren Verwässerung, die sich aus dem Angebot ergibt

152 Nach Anhang III Ziffer 9.1 der EU-ProspektVO sind Betrag und Prozentsatz der aus dem Angebot resultierenden unmittelbaren Verwässerung anzugeben. Gemeint ist die *wirtschaftliche* und nicht die *mitgliedschaftliche* Verwässerung der Anleger, die im Zuge des Angebots neue Aktien zeichnen. Inwieweit durch die Ausgabe neuer Aktien eine Verwässerung des Anlegers eintritt, beurteilt sich folglich danach, in welchem Umfang sich sein Anteil am „Gesamtwert" des Emittenten, nicht jedoch sein Stimmrechtsanteil, verändert.[174] Dennoch wird, insbesondere bei Bezugsrechtsemissionen, regelmäßig zusätzlich ein erläuternder Satz zur Verwässerung des Stimmrechts und der mitgliedschaftlichen Vermögensrechte, insbesondere des Dividendenrechts, in den Prospekt aufgenommen.

153 Zur Bestimmung der Verwässerung wird der vom Anleger für die Aktie gezahlte Angebotspreis mit dem rechnerischen Anteil einer Aktie am Gesamtwert des Emittenten (unter

---

[173] *Rauch*, in: Holzborn, WpPG, EU-ProspVO Anhang III Rn. 117; *Schlitt/Schäfer*, in: Assmann/Schlitt/von Kopp-Colomb, WpPG/VerkProspG, EU-ProspektVO Anhang III Rn. 80.

[174] *Schlitt/Schäfer*, in: Assmann/Schlitt/von Kopp-Colomb, WpPG/VerkProspG, EU-ProspektVO Anhang III Rn. 81; *Fingerhut/Voß*, in: Just/Voß/Ritz/Zeising, WpPG, EU-ProspVO Anhang III Rn. 259.

Berücksichtigung des dem Emittenten zufließenden Teil des (Netto-)Emissionserlöses) verglichen. In der Praxis wird der Gesamtwert eines Emittenten dabei üblicherweise im Wege einer bilanziellen Betrachtung ermittelt. Zugrunde gelegt wird der Nettobuchwert zum letzten Abschlussstichtag (Quartalsende), d.h. die Gesamtaktiva abzüglich des Firmenwerts und anderer immaterieller Anlagenwerte sowie Verbindlichkeiten, Rückstellungen und abgegrenzter Erträge.[175] Alternative – wenn auch weniger gebräuchliche – Bewertungsmethoden sind das Ertragswertverfahren oder die Discounted-Cash-Flow-Methode.[176]

Der auf diese Weise ermittelte Nettobuchwert wird dann um den dem Emittenten zufließenden Teil des (Netto-)Emissionserlöses angepasst, d.h. es ist darzustellen, um welchen Betrag sich der Nettobuchwert zum letzten Abschlussstichtag erhöht hätte, wenn der Emissionserlös aus dem Angebot dem Emittenten bereits zu diesem Stichtag zugeflossen wäre.[177] **154**

Die unmittelbare Verwässerung der Anleger, die neue Aktien im Zuge des Angebotes erwerben, besteht in der Differenz zwischen dem gezahlten Angebotspreis und dem um den Emissionserlös angepassten Nettobuchwert je Aktie (bezogen auf die erhöhte Anzahl von Aktien nach Durchführung des Angebots). Je nach Wert des Emittenten und Höhe des Angebotspreises kann sich dies für den Anleger als Verwässerung oder unmittelbarer Wertzuwachs darstellen. Erfolgt im Prospekt die Angabe einer Preisspanne, wird diese Differenz häufig für verschiedene Punkte der Preisspanne (z.B. für das untere Ende, die Mitte und das obere Ende der Preisspanne) angegeben. Im Prospekt ist die unmittelbare Verwässerung sowohl betragsmäßig als auch prozentual anzugeben.[178] **155**

III. Ziffer 9.2 – Verwässerung bestehender Aktionäre bei Nichtzeichnung des Angebots

Ferner ist anzugeben, wie sich der Anteil eines bestehenden Aktionärs am Gesamtwert des Emittenten verändert, wenn im Zuge eines Angebots neue Aktien begeben werden und der betreffende Aktionäre keine dieser Aktien zeichnet. Um die unmittelbare (wirtschaftliche) Verwässerung in Bezug auf die Altaktionäre darzulegen, ist wiederum anzugeben, wie hoch der Nettobuchwert je Aktie zum letzten Abschlussstichtag war (bezogen auf die Anzahl von Aktien vor Durchführung des Angebots) und wie hoch dieser gewesen wäre, wenn der Emissionserlös aus dem Angebot dem Emittenten bereits zu diesem Stichtag zugeflossen wäre (bezogen auf die erhöhte Anzahl von Aktien nach Durchführung des Ange- **156**

---

175 *Schlitt/Schäfer*, in: Assmann/Schlitt/von Kopp-Colomb, WpPG/VerkProspG, EU-ProspektVO Anhang III Rn. 81; *Fingerhut/Voß*, in: Just/Voß/Ritz/Zeising, WpPG, EU-ProspVO Anhang III Rn. 259; *Rauch*, in: Holzborn, WpPG, EU-ProspVO Anhang III Rn. 119.
176 *Fingerhut/Voß*, in: Just/Voß/Ritz/Zeising, WpPG, EU-ProspVO Anhang III Rn. 259; *Schlitt/Schäfer*, in: Assmann/Schlitt/von Kopp-Colomb, WpPG/VerkProspG, EU-ProspektVO Anhang III Rn. 81; *Rauch*, in: Holzborn, WpPG, EU-ProspVO Anhang III Rn. 119.
177 *Schlitt/Schäfer*, in: Assmann/Schlitt/von Kopp-Colomb, WpPG/VerkProspG, EU-ProspektVO Anhang III Rn. 81.
178 *Fingerhut/Voß*, in: Just/Voß/Ritz/Zeising, WpPG, EU-ProspVO Anhang III Rn. 260.

Anhang III Ziffer 9

bots).[179] Die Differenz der beiden Werte zeigt die unmittelbare Verwässerung der Beteiligung der Altaktionäre pro Aktie.[180] Abhängig vom Wert des Emittenten und dem dem Emittenten zufließenden (Netto-)Emissionserlös kann sich dies für den bestehenden Aktionär (unabhängig davon, ob er neue Aktien zeichnet oder nicht) ebenfalls als Wertzuwachs oder Verwässerung darstellen. Auch diese Angabe ist sowohl als absoluter Betrag als auch als auch als Prozentsatz im Prospekt aufzunehmen.[181] Wie oben dargestellt, wird bei Angeboten, die sich auch an Altaktionäre richten (wie beispielsweise Bezugsrechtsemissionen) teils auch die „mitgliedschaftliche" Verwässerung angegeben, wenn der Aktionär seine Bezugsrechte nicht, oder nicht vollständig, ausübt.

---

179 *Fingerhut/Voß*, in: Just/Voß/Ritz/Zeising, WpPG, EU-ProspVO Anhang III Rn. 261; *Rauch*, in: Holzborn, WpPG, EU-ProspVO Anhang III Rn. 120.
180 *Schlitt/Schäfer*, in: Assmann/Schlitt/von Kopp-Colomb, WpPG/VerkProspG, EU-ProspektVO Anhang III Rn. 82.
181 *Schlitt/Schäfer*, in: Assmann/Schlitt/von Kopp-Colomb, WpPG/VerkProspG, EU-ProspektVO Anhang III Rn. 82.

10. ZUSÄTZLICHE ANGABEN

10.1. Werden an einer Emission beteiligte Berater in der Wertpapierbeschreibung genannt, ist eine Erklärung zu der Funktion abzugeben, in der sie gehandelt haben.

10.2. Hinweis auf weitere Angaben in der Wertpapierbeschreibung, die von gesetzlichen Abschlussprüfern geprüft oder einer prüferischen Durchsicht unterzogen wurden und über die die Abschlussprüfer einen Bestätigungsvermerk erstellt haben. Reproduktion des Berichts oder mit Erlaubnis der zuständigen Behörden Zusammenfassung des Berichts.

10.3. Wird in die Wertpapierbeschreibung eine Erklärung oder ein Bericht einer Person aufgenommen, die als Sachverständiger handelt, so sind der Name, die Geschäftsadresse, die Qualifikationen und – falls vorhanden – das wesentliche Interesse am Emittenten anzugeben. Wurde der Bericht auf Ersuchen des Emittenten erstellt, so ist eine diesbezügliche Erklärung dahingehend abzugeben, dass die aufgenommene Erklärung oder der aufgenommene Bericht in der Form und in dem Zusammenhang, in dem sie bzw. er aufgenommen wurde, die Zustimmung von Seiten dieser Person erhalten hat, die den Inhalt dieses Teils der Wertpapierbeschreibung gebilligt hat.

10.4. Sofern Angaben von Seiten Dritter übernommen wurden, ist zu bestätigen, dass diese Information korrekt wiedergegeben wurde und dass – soweit es dem Emittenten bekannt ist und er aus den von dieser dritten Partei veröffentlichten Angaben ableiten konnte – keine Fakten unterschlagen wurden, die die reproduzierten Angaben unkorrekt oder irreführend gestalten würden. Darüber hinaus hat der Emittent die Quelle(n) der Angaben anzugeben.

I. Überblick und Regelungsgegenstand

Anhang III Ziffer 10 EU-ProspektVO zählt zusätzliche Angaben auf, die vor allem die an einer Emission beteiligten Berater und andere Dritte betreffen. **157**

II. Ziffer 10.1 – Berater

So ist nach Ziffer 10.1 die Funktion von Beratern zu erläutern, wenn diese ausdrücklich im Prospekt genannt werden. In Betracht kommen hier beispielsweise Rechtsanwälte, M&A- oder IPO-Berater sowie Steuerberater. Deren Nennung im Prospekt ist im deutschen Eigenkapitalmarkt jedoch unüblich. Für eine *Nennung* im Sinne von Ziffer 10.1 genügt es nicht, wenn die betreffenden Personen im Zusammenhang mit anderen Pflichtangaben, beispielsweise bei der Darstellung der Interessen Dritter an der Emission nach Ziffer 3.3, aufgeführt werden.[182] In anderen (auch europäischen) Rechtsordnungen hingegen ist die **158**

---

[182] *Schlitt/Schäfer*, in: Assmann/Schlitt/von Kopp-Colomb, WpPG/VerkProspG, EU-ProspektVO Anhang III Rn. 84; *Fingerhut/Voß*, in: Just/Voß/Ritz/Zeising, WpPG, EU-ProspVO Anhang III Rn. 264.

Anhang III Ziffer 10

Aufnahme der Namen und Adressen sowie der Rolle der Rechtsberater von Banken und Emittenten auf der letzten Seite des Prospekts üblich.

III. Ziffer 10.2 – Geprüfte Angaben

159 Sofern ein Prospekt neben den nach Anhang I EU-ProspektVO aufzunehmenden Finanzinformationen weitere Angaben enthält, die vom Abschlussprüfer geprüft oder prüferisch durchgesehen wurden, ist dies anzugeben. Voraussetzung ist, dass der Abschlussprüfer – etwa bei Aufnahme zusätzlicher Abschlüsse in den Prospekt – einen Bestätigungsvermerk bzw. eine Bescheinigung über die prüferische Durchsicht erstellt hat.[183] Der jeweilige Bestätigungsvermerk/beziehungsweise die Bescheinigung über die prüferische Durchsicht sind dann im Prospekt abzudrucken.

IV. Ziffer 10.3 – Sachverständige und Ziffer 10.4 – Angaben Dritter

160 Siehe die Kommentierung zu Anhang I Ziffer 23.1 EU-ProspVO.

---

183 *Fingerhut/Voß*, in: Just/Voß/Ritz/Zeising, WpPG, EU-ProspVO Anhang III Rn. 265.

Anhang IV
Mindestangaben für das Registrierungsformular für Schuldtitel und derivative Wertpapiere (Schema)

(Schuldtitel und derivative Wertpapiere mit einer Stückelung von weniger als EUR 100000)

Übersicht

	Rn.
I. Abgrenzung zu anderen Anhängen der Prospektverordnung	1
II. Einzelne Anforderungen von Anhang IV	2
1. Verantwortliche Personen (Ziff. 1)	2
2. Abschlussprüfer (Ziff. 2)	4
3. Ausgewählte Finanzinformationen (Ziff. 3)	7
4. Risikofaktoren (Ziff. 4)	8
5. Angaben ber den Emittenten (Ziff. 5)	13
6. Geschäftsüberblick (Ziff. 6)	17
7. Organisationsstruktur (Ziff. 7)	21
8. Trendinformationen (Ziff. 8)	22
9. Gewinnprognosen oder -schätzungen (Ziff. 9)	28
10. Verwaltungs-, Geschäftsführungs- und Aufsichtsorgane (Ziff. 10)	30
11. Praktiken der Geschäftsführung (Ziff. 11)	32
12. Hauptaktionäre (Ziff. 12)	34
13. Finanzinformationen ber die Vermögens-, Finanz- und Erfolgslage (Ziff. 13)	35
14. Zusätzliche Angaben (Ziff. 14)	42
15. Wesentliche Verträge (Ziff. 15)	45
16. Angaben von Seiten Dritter, Erklärungen von Seiten Sachverständiger und Interessenerklärungen (Ziff. 16)	48
17. Einsehbare Dokumente (Ziff. 17)	49

I. Abgrenzung zu anderen Anhängen der Prospektverordnung

Zur Abgrenzung des Anwendungsbereichs von Anhang IV zu anderen Anhängen der Prospektverordnung wird auf die Kommentierung zu Art. 7 Prospektverordnung verwiesen. 1

II. Einzelne Anforderungen von Anhang IV

1. Verantwortliche Personen (Ziff. 1)

1.1 Alle Personen, die für die im Registrierungsformular gemachten Angaben bzw. für bestimmte Abschnitte des Registrierungsformulars verantwortlich sind. Im letzteren Fall sind die entsprechenden Abschnitte aufzunehmen. Im Falle von natürlichen Personen, zu denen auch Mitglieder der Verwaltungs-, Geschäftsführungs- und Aufsichtsorgane des Emittenten gehören, sind der Name und die Funktion dieser Person zu nennen. Bei juristischen Personen sind Name und eingetragener Sitz der Gesellschaft anzugeben.

Anhang IV Mindestangaben für das Registrierungsformular

1.2 Erklärung der für das Registrierungsformular verantwortlichen Personen, dass sie die erforderliche Sorgfalt haben walten lassen, um sicherzustellen, dass die im Registrierungsformular genannten Angaben ihres Wissens nach richtig sind und keine Tatsachen weggelassen werden, die die Aussage des Registrierungsformulars wahrscheinlich verändern können. Ggf. Erklärung der für bestimmte Abschnitte des Registrierungsformulars verantwortlichen Personen, dass sie die erforderliche Sorgfalt haben walten lassen, um sicherzustellen, dass die in dem Teil des Registrierungsformulars genannten Angaben, für die sie verantwortlich sind, ihres Wissens nach richtig sind und keine Tatsachen weggelassen werden, die die Aussage des Registrierungsformulars wahrscheinlich verändern können.

2 Der **Wortlaut** der Ziff. 1.1. und 1.2 von Anhang IV Prospektverordnung ist **identisch** mit dem Wortlaut von Ziff. 1.1 und 1.2 von Anhang I Prospektverordnung; auf die Kommentierung von Ziff. 1.1 und 1.2 von Anhang I Prospektverordnung wird daher verwiesen.[1]

3 Eine **Besonderheit gegenüber Aktienemissionen** kann sich bei Schuldtiteln und derivativen Wertpapieren insbesondere aus dem Umstand ergeben, dass bestimmte Personen nur für bestimmte Abschnitte des Registrierungsformulars die Verantwortung übernehmen; der Wortlaut von Ziff. 1.1 von Anhang IV lässt dies ausdrücklich zu. Von Bedeutung kann dies insbesondere bei Basisprospekten sein, bei denen mehrere Emittenten in den Basisprospekt aufgenommen werden bzw. in denen ein Garant in das Registrierungsformular aufgenommen wird.[2] In diesen Fällen muss zutreffend nicht eine Person die Verantwortung für den Gesamtprospekt übernehmen, soweit für sämtliche Abschnitte des Prospekts Personen die Verantwortung für den Inhalt übernommen haben.[3] Bei Aktienemissionen stellt sich diese Frage hingegen regelmäßig nicht; dort übernehmen sowohl die Emittentin als auch die die Transaktion begleitenden Emissionsbanken regelmäßig die Verantwortung für den gesamten Wertpapierprospekt.

2. Abschlussprüfer (Ziff. 2)

2.1. Namen und Anschrift der Abschlussprüfer des Emittenten, die für den von den historischen Finanzinformationen abgedeckten Zeitraum zuständig waren (einschließlich der Angabe ihrer Mitgliedschaft in einer Berufsvereinigung).

2.2. Wurden Abschlussprüfer während des von den historischen Finanzinformationen abgedeckten Zeitraums abberufen, nicht wieder bestellt oder haben sie ihr Mandat niedergelegt, so sind entsprechende Einzelheiten offenzulegen, wenn sie von wesentlicher Bedeutung sind.

4 Der **Wortlaut** der Ziff. 2.1. und 2.2 von Anhang IV Prospektverordnung ist **identisch** mit dem Wortlaut von Ziff. 2.1 und 2.2 von Anhang I Prospektverordnung; auf die Kommentierung von Ziff. 2.1 und 2.2 von Anhang I Prospektverordnung wird daher verwiesen.[4]

---

[1] Vgl. *Meyer*, Anhang I Ziffer 1 Rn. 1 ff.
[2] *Seitz/Maier*, in: Assmann/Schlitt/von Kopp-Colomb, WpPG/VerkProspG, EU-ProspektVO Anhang IV Rn. 10.
[3] *Glismann*, in: Holzborn, WpPG, Anhang IV EU-ProspV Rn. 4; *Seitz/Maier*, in: Assmann/Schlitt/von Kopp-Colomb, WpPG/VerkProspG, EU-ProspektVO Anhang IV Rn. 10.
[4] Vgl. *Müller*, Anhang I Ziffer 2 Rn. 1 ff.

II. Einzelne Anforderungen von Anhang IV **Anhang IV**

Da nach Ziff. 13 Anhang IV auch die historischen Finanzinformationen des Emittenten für 5
die letzten zwei Geschäftsjahre mit in den Prospekt aufzunehmen sind, sieht Ziff. 2.1 vor,
dass **der zuständige Abschlussprüfer mit Namen und Anschrift im Prospekt genannt**
werden muss. Dieser kann eine juristische oder natürliche Person sein;[5] in der Praxis wird
es sich allerdings regelmäßig um eine Wirtschaftsprüfungsgesellschaft handeln. Schließlich ist auch die **Mitgliedschaft des Abschlussprüfers in einer Berufsvereinigung** anzugeben. Bei Wirtschaftsprüfern bzw. Wirtschaftsprüfungsgesellschaften mit Sitz in
Deutschland handelt es sich hierbei regelmäßig um die Pflichtmitgliedschaft in der Wirtschaftsprüferkammer.[6]

Ziff. 2.2. Anhang IV schreibt daneben vor, dass „entsprechende Einzelheiten" zu veröf- 6
fentlichen sind, sofern ein Abschlussprüfer während des Berichtszeitraums **abberufen,
nicht wieder bestellt oder das Mandat niedergelegt wurde**, soweit diese von wesentlicher Bedeutung sind. Dies dürfte jedenfalls dann nicht der Fall sein, wenn der Wechsel des
Wirtschaftsprüfers turnusmäßig erfolgt ist.[7]

3. Ausgewählte Finanzinformationen (Ziff. 3)

**3.1. Ausgewählte historische Finanzinformationen über den Emittenten sind für je-
des Geschäftsjahr für den Zeitraum vorzulegen, der von den historischen Finanzinformationen abgedeckt wird und für jeden späteren Zwischenberichtszeitraum, und
zwar in derselben Währung wie die Finanzinformationen.**

**Die ausgewählten historischen Finanzinformationen müssen die Schlüsselzahlen ent-
halten, die einen Überblick über die Finanzlage des Emittenten geben.**

**3.2. Werden ausgewählte Finanzinformationen für Zwischenberichtszeiträume vor-
gelegt, so sind auch Vergleichsdaten für den gleichen Zeitraum des vorhergehenden
Geschäftsjahres vorzulegen, es sei denn, die Anforderung der Beibringung vergleichbarer Bilanzinformationen wird durch die Vorlage der Bilanzdaten zum Jahresende erfüllt.**

Der **Wortlaut** der Ziff. 3.1. und 3.2 von Anhang IV Prospektverordnung ist **identisch** mit 7
dem Wortlaut von Ziff. 3.1 und 3.2 von Anhang I Prospektverordnung; auf die Kommentierung von Ziff. 3.1 und 3.2 von Anhang I Prospektverordnung wird daher verwiesen.[8] Bei
der Auswahl der für die Investoren wesentlichen „Schlüsselzahlen" sind nach den ESMA-
Recommendations mehrere Kriterien zu beachten, insbesondere die Industrie, in der der
Emittent tätig ist; die wesentlichen Positionen der historischen Finanzinformationen sowie
die Art der Wertpapiere, die Gegenstand des Wertpapierprospekts sind.[9]

---

5 *Glismann*, in: Holzborn, WpPG, Anhang IV EU-ProspV Rn. 5.
6 Vgl. §§ 4, 58 WPO.
7 *Glismann*, in: Holzborn, WpPG, Anhang IV EU-ProspV Rn. 5.
8 Vgl. *Müller*, Anhang I Ziff. 3 Rn. 1 ff.
9 Vgl. Rn. 21 der ESMA Recommendations, Stand 20.3.2013, abrufbar unter https://www.esma.euro
pa.eu/regulation/corporate-disclosure/prospectus (Abruf vom 15.4.2016).

Anhang IV Mindestangaben für das Registrierungsformular

4. Risikofaktoren (Ziff. 4)

Hervorgehobene Offenlegung von Risikofaktoren, die die Fähigkeit des Emittenten beeinträchtigen können, seinen Verpflichtungen im Rahmen der Wertpapiere gegenüber den Anlegern nachzukommen (unter der Rubrik „Risikofaktoren").

8   Der Begriff der Risikofaktoren wird in Art. 2 Ziff. 3 Prospektverordnung legaldefiniert. Risikofaktoren sind danach eine Liste von Risiken, die für die jeweilige Situation des Emittenten und/oder der Wertpapiere spezifisch und für die Anlageentscheidungen **wesentlich** sind. Für die in Anhang IV beschriebenen Wertpapiere, also Schuldtitel und derivative Wertpapiere mit einer Stückelung von weniger als 100.000 EUR wird dies von Ziffer 4 dahingehend **konkretisiert**, dass solche Risikofaktoren offenzulegen sind, die die Fähigkeit des Emittenten beeinträchtigen können, seinen Verpflichtungen gegenüber den Anlegern nachzukommen, also insbesondere die Fähigkeit des Emittenten beeinträchtigen können, bei Fälligkeit entsprechende Zinszahlungen bzw. die Rückzahlung des Nennbetrags an die Anleger zu leisten bzw. bestimmte derivative Elemente der Wertpapiere zu erfüllen. Diese Fähigkeit kann insbesondere dann beeinträchtigt werden, wenn sich die **Bonität des Emittenten** verschlechtert.[10]

9   Dieser **Maßstab für die inhaltliche Darstellung der Risikofaktoren** ist insbesondere von dem Maßstab zu unterscheiden, der für die Beschreibung von Risikofaktoren für Aktien und aktienähnliche Wertpapiere anzulegen ist. Bei Aktieninvestoren ist für die Anlageentscheidung regelmäßig primär das zukünftige Wachstum der Gesellschaft sowie eine entsprechend positive Wertentwicklung der Aktie entscheidend, wohingegen ein Investor in Schuldtitel insbesondere an der Fähigkeit des Emittenten interessiert ist, seinen Zahlungsverpflichtungen nachzukommen.[11] Dies kommt auch in der Formulierung von Ziffer 4 von Anhang IV im Vergleich zu der Formulierung der entsprechenden Ziffer 4 in Anhang I zum Ausdruck, welcher eine „Klare Offenlegung von Risikofaktoren, die für den Emittenten oder seine Branche spezifisch sind" verlangt. Daraus folgt (und dem entspricht auch die Praxis), dass in Wertpapierprospekten für Schuldtitel und derivative Wertpapiere nach Anhang IV Risiken in der Regel weniger umfangreich zu beschreiben sind als in einem Registrierungsformular für Aktien oder aktienähnliche Wertpapiere.[12] Gleichwohl ist auch bei Schuldtiteln und derivativen Wertpapieren die Darstellung der Risikofaktoren **ein wesentlicher Bestandteil des Registrierungsformulars** und nimmt in der Praxis entsprechend viel Raum ein.

10 Der **Aufbau und die Präsentation der Risikofaktoren** im Einzelfall hängen dabei von der Art und der Natur des Geschäfts des jeweiligen Emittenten sowie der Natur der zu emittierenden Wertpapiere ab. Bei der Emission von Schuldverschreibungen von Emittenten, die gleichzeitig auch Aktienemittent sind, orientiert sich die Beschreibung und der Aufbau der Risikofaktoren häufig an der Beschreibung der Risikofaktoren für die entsprechende Aktie, wobei häufig zunächst eine Darstellung der makroökonomischen Risiken (z. B.

---

[10] *Glismann*, in: Holzborn, WpPG, Anhang IV EU-ProspV Rn. 8.
[11] CESR's Advice on Level 2 Implementing Measures for the Prospectus Directive, Juli 2003, Rn. 56, abrufbar unter https://www.esma.europa.eu/databases-library/esma-library/CESR%252 F03-208 (Abruf vom 15.4.2016); *Seitz/Maier*, in: Assmann/Schlitt/von Kopp-Colomb, WpPG/ VerkProspG, EU-ProspektVO Anhang IV Rn. 18.
[12] *Seitz/Maier*, in: Assmann/Schlitt/von Kopp-Colomb, WpPG/VerkProspG, EU-ProspektVO Anhang IV Rn. 18.

Marktumfeld, Wettbewerbssituation, konjunkturelle Risiken) erfolgt, bevor auf die spezifischen operativen Risiken (einschließlich der Risiken im Zusammenhang mit Rechtsstreitigkeiten und dem regulatorischen Umfeld) des jeweiligen Emittenten eingegangen wird. Daneben sind in der Regel spezifische Kreditrisiken (also Ausfallrisiken) für Forderungen des Emittenten, finanzielle Marktrisiken (z. B. Zinsschwankungen) und Refinanzierungsrisiken des Emittenten darzustellen.[13]

Die Darstellung der Risikofaktoren soll in **„leicht zu analysierender und verständlicher Form"** erfolgen.[14] Der Abschnitt „Risikofaktoren" muss daher aus sich selbst heraus verständlich sein.[15] Dies führt häufig zu einem gewissen Zielkonflikt, da dies zum einen verlangt, dass in den Risikofaktoren selbst die faktischen Grundlagen des jeweiligen Risikos (z. B. Art der Geschäftstätigkeit des Emittenten) zumindest kurz beschrieben werden; zum anderen die Risikofaktoren aus Gründen der Verständlichkeit aber nicht zu ausführlich abgefasst sein sollten. Dies wird zusätzlich dadurch erschwert, dass ein **Verweis von den Risiken auf andere Teile des Prospekts** unzulässig sein soll.[16] Es ist jedenfalls aber nicht geboten, alle nur denkbaren Risiken in den Wertpapierprospekt aufzunehmen, da dies mit dem Gebot der Einfachheit und Verständlichkeit nicht zu vereinbaren wäre. Es sind vielmehr nur diejenigen tatsächlichen und potenziellen Risiken darzustellen, die aus Sicht des Emittenten für die Investoren bei ihrer Anlageentscheidung wesentlich sind und von denen der Emittent im Zeitpunkt der Veröffentlichung des Wertpapierprospekts auch Kenntnis hat.[17] Auf diesen Umstand wird in Wertpapierprospekten zulässigerweise im Abschnitt „Risikofaktoren" einleitend hingewiesen. Nicht gestattet ist es, im Abschnitt Risikofaktoren auch auf Geschäftschancen einzugehen, die die dargestellten Risiken mindern (sog. „mitigating factors").[18]

Formal ist zu beachten, dass die Risikofaktoren zwingend nach dem Inhaltsverzeichnis sowie der Zusammenfassung, aber vor allen anderen Informationsbestandteilen im Wertpapierprospekt darzustellen sind.[19] Daneben verlangt Ziffer 4 von Anhang IV eine **„hervorgehobene" Darstellung** der Risikofaktoren. Daraus folgt, dass der Abschnitt Risikofaktoren im Wertpapierprospekt graphisch eindeutig erkenntlich gemacht wird; Schriftgröße und Druckbild dürfen nicht suggerieren, dass es sich um einen unwichtigen Prospektteil handelt.[20]

---

13 Vgl. auch *Glismann*, in: Holzborn, WpPG, Anhang IV EU-ProspV Rn. 8; *Seitz/Maier*, in: Assmann/Schlitt/von Kopp-Colomb, WpPG/VerkProspG, EU-ProspektVO Anhang IV Rn. 19.
14 Erwägungsgrund 20 der EU-Prospektrichtlinie; *Glismann*, in: Holzborn, WpPG, Anhang IV EU-ProspV Rn. 8; *Seitz/Maier*, in: Assmann/Schlitt/von Kopp-Colomb, WpPG/VerkProspG, EU-ProspektVO Anhang IV Rn. 19 ff.
15 *Seitz/Maier*, in: Assmann/Schlitt/von Kopp-Colomb, WpPG/VerkProspG, EU-ProspektVO Anhang XII Rn. 28; *Zeising*, in Just/Voß/Ritz/Zeising, WpPG, EU-ProspektVO Anhang XII Rn. 14.
16 *Seitz/Maier*, in: Assmann/Schlitt/von Kopp-Colomb, WpPG/VerkProspG, EU-ProspektVO Anhang XII Rn. 28; *Zeising*, in Just/Voß/Ritz/Zeising, WpPG, EU-ProspektVO Anhang XII Rn. 14.
17 *Glismann*, in: Holzborn, WpPG, Anhang IV EU-ProspV Rn. 9.
18 *Glismann*, in: Holzborn, WpPG, Anhang IV EU-ProspV Rn. 10; *Seitz/Maier*, in: Assmann/Schlitt/von Kopp-Colomb, WpPG/VerkProspG, EU-ProspektVO Anhang IV Rn. 17.
19 Art. 25 Abs. 1 Nr. 3 Prospektverordnung.
20 *Glismann*, in: Holzborn, WpPG, Anhang IV EU-ProspV Rn. 11; *Seitz/Maier*, in: Assmann/Schlitt/von Kopp-Colomb, WpPG/VerkProspG, EU-ProspektVO Anhang IV Rn. 16.

Anhang IV Mindestangaben für das Registrierungsformular

5. Angaben über den Emittenten (Ziff. 5)

5. Angaben über den Emittenten

5.1. Geschäftsgeschichte und Geschäftsentwicklung des Emittenten

5.1.1. Juristischer und kommerzieller Name des Emittenten;

5.1.2. Ort der Registrierung des Emittenten und seine Registrierungsnummer;

5.1.3. Datum der Gründung und Existenzdauer des Emittenten, soweit diese nicht unbefristet ist;

5.1.4. Sitz und Rechtsform des Emittenten; Rechtsordnung, in der er tätig ist; Land der Gründung der Gesellschaft; Anschrift und Telefonnummer seines eingetragenen Sitzes (oder Hauptort der Geschäftstätigkeit, falls nicht mit dem eingetragenen Sitz identisch);

5.1.5. Ereignisse aus jüngster Zeit in der Geschäftstätigkeit des Emittenten, die in erheblichem Maße für die Bewertung der Solvenz des Emittenten relevant sind.

5.2. Investitionen

5.2.1. Beschreibung der wichtigsten Investitionen seit dem Datum der Veröffentlichung des letzten Jahresabschlusses.

5.2.2. Angaben über die wichtigsten künftigen Investitionen des Emittenten, die von seinen Verwaltungsorganen bereits fest beschlossen sind.

5.2.3. Angaben über voraussichtliche Quellen für Finanzierungsmittel, die zur Erfüllung der in 5.2.2 genannten Verpflichtungen erforderlich sind.

13 Ziff. 5.1.1 bis Ziffern 5.1.4 sind **identisch mit Ziff. 5.1.1 bis 5.1.4 von Anhang I der Prospektverordnung**; auf die Kommentierung von Ziff. 5.1.1 bis 5.1.4 von Anhang I der Prospektverordnung wird daher verwiesen.[21]

14 Ziff. 5.1.5 von Anhang IV ist gegenüber Ziff. 5.1.5 von Anhang I der Prospektverordnung enger gefasst und umfasst nur solche **Ereignisse aus jüngster Zeit, die in erheblichem Maß für die Solvenz des Emittenten relevant** sind. Ob dies der Fall ist, hängt stark vom Einzelfall und von der Einschätzung des Emittenten ab.[22] Umfasst sind sowohl negative als auch positive Ereignisse.[23] Entscheidend für die Bestimmung der Wesentlichkeit ist, ob das Ereignis potenziell geeignet ist, die Fähigkeit des Emittenten, seinen Verpflichtungen unter den Wertpapieren nachzukommen, zu beeinträchtigen.[24] Ob das Ereignis „satzungsmäßige Relevanz" hat,[25] dürfte in aller Regel hingegen unbeachtlich sein, weil das deutsche Gesellschaftsrecht in den meisten Fällen von wesentlichen Ereignissen für die Solvenz des Emittenten keine Verpflichtung des jeweiligen Emittenten vorsieht, seine Satzung oder Gesellschaftsvertrag zu ändern. Mögliche Beispiele für Ereignisse, die in erheblichem Maß für

---

21 Vgl. *Kopp/Metzner*, Anhang I Ziff. 5 Rn. 1 ff.
22 *Seitz/Maier*, in: Assmann/Schlitt/von Kopp-Colomb, WpPG/VerkProspG, EU-ProspektVO Anhang IV Rn. 32.
23 *Fingerhut/Voß*, in: Just/Voß/Ritz/Zeising, WpPG, EU-ProspektVO Anhang XI Rn. 19.
24 *Seitz/Maier*, in: Assmann/Schlitt/von Kopp-Colomb, WpPG/VerkProspG, EU-ProspektVO Anhang IV Rn. 33.
25 So *Fingerhut/Voß*, in: Just/Voß/Ritz/Zeising, WpPG, EU-ProspektVO Anhang XI Rn. 19.

die Solvenz des Emittenten relevant sind, sind **drohende Kreditausfälle** oder **die Zahlungsunfähigkeit eines wesentlichen Kunden**.

Hinsichtlich der zeitlichen Komponente enthält Ziffer 5.1.5 Prospektverordnung keine weiteren Vorgaben außer der Vorgabe „in jüngster Zeit". Es ist fraglich, ob dieser **zusätzlichen zeitlichen Komponente** neben der Wesentlichkeit eine eigenständige Bedeutung zukommt. Denn liegt das Ereignis schon länger zurück, hat es aber noch in erheblichem Maß Bedeutung für die Solvenz des Emittenten, liegt es nahe, zumindest eine kurze Beschreibung in den Wertpapierprospekt aufzunehmen. Umgekehrt dürften kurz zurückliegende Ereignisse, die ihre Bedeutung für die Solvenz des Emittenten verloren haben, in der Regel nicht in den Wertpapierprospekt aufzunehmen sein.[26] Ist ein Ereignis in den im Wertpapierprospekt enthaltenen Finanzinformationen bereits hinreichend abgebildet, kann dies ein Indiz sein, es im Hauptteil des Wertpapierprospekts nicht noch einmal gesondert darzustellen.[27] Es ist zudem zu beachten, dass Anhang IV im Gegensatz zu Anhang I Ziffer 9 der Prospektverordnung **keine gesonderte Darstellung der Finanz- und Ertragslage des Emittenten** für den von den historischen Finanzinformationen abgedeckten Zeitraum verlangt, so dass es ratsam erscheint, auch vor dem letzten Bilanzstichtag eingetretene Ereignisse im Wertpapierprospekt zumindest kurz darzustellen, solange sie weiterhin in erheblichem Maß für die Solvenz des Emittenten relevant sind.

15

Ziff. 5.2. schreibt in den Ziff. 5.2.1. bis 5.2.3. die Mindestangaben in Bezug auf **Investitionen** des Emittenten vor. So sollen die wesentlichen Investitionen seit der Veröffentlichung des letzten Jahresabschlusses (Ziff. 5.2.1.) sowie die bereits beschlossenen, wichtigsten künftigen Investitionen (Ziff. 5.2.2.) und sämtliche voraussichtlichen Quellen der hierfür notwendigen Finanzierungsmittel (Ziff. 5.2.3) genannt werden. Auch hier obliegt es dem Emittenten, die Auswahl der „wichtigen" Investitionen vorzunehmen. Insoweit eröffnet Ziff. 5.2. dem Emittenten einen Beurteilungsspielraum, den dieser aus betriebswirtschaftlicher Sicht zu beurteilen hat und der letztlich aus juristischer Sicht nur eingeschränkt zu überprüfen ist. Daher erübrigen sich für die Praxis auch etwaige starre und damit unflexible **Schwellen**, wie sie im Schrifttum mitunter diskutiert werden.[28]

16

6. Geschäftsüberblick (Ziff. 6)

6.1. Haupttätigkeitsbereiche

6.1.1. Beschreibung der Haupttätigkeiten des Emittenten unter Angabe der wichtigsten Arten der vertriebenen Produkte und/oder erbrachten Dienstleistungen; und

6.1.2. Angabe etwaiger wichtiger neuer Produkte und/oder Dienstleistungen.

6.2. Wichtigste Märkte

Kurze Beschreibung der wichtigsten Märkte, auf denen der Emittent tätig ist.

6.3. Grundlage für etwaige Angaben des Emittenten zu seiner Wettbewerbsposition.

---

26 Ähnlich *Glismann*, in: Holzborn, WpPG, Anhang IV EU-ProspV Rn. 13, die von „aktuellen Ereignissen" spricht.

27 Weitergehend *Fingerhut/Voß*, in: Just/Voß/Ritz/Zeising, WpPG, EU-ProspektVO Anhang XI Rn. 20, und *Glismann*, in: Holzborn, WpPG, Anhang IV EU-ProspV Rn. 13, nach denen nur solche Ereignisse als relevant eingeschätzt werden, die nach dem Stichtag der letzten Abschlüsse eingetreten sind.

28 *Alfes/Wieneke*, in: Holzborn, WpPG, Anhang I EU-ProspV Rn. 30.

Anhang IV   Mindestangaben für das Registrierungsformular

17 Gemäß Ziff. 6 hat der Emittent Angaben hinsichtlich seiner **Haupttätigkeiten** unter Angabe der wichtigsten Arten der vertriebenen Produkte und/oder erbrachten Dienstleistungen sowie etwaiger wichtiger neuer Produkte und/oder Dienstleistungen zu machen (Ziff. 6.1). Weiter hat nach Ziff. 6.2 eine kurze Beschreibung der **wichtigsten Märkte**, auf denen der Emittent tätig ist, zu erfolgen. Schließlich ist nach Ziff. 6.3 die Grundlage für etwaige **Angaben des Emittenten zu seiner Wettbewerbsposition** darzustellen. Die Beschreibung der Geschäftstätigkeit soll dazu dienen, den Investor in die Lage zu versetzen, sich ein Bild über die Geschäftstätigkeit und das Marktumfeld zu machen. Obwohl der Umfang der Geschäftsbeschreibung nach Ziffer 6 von Anhang IV weniger umfangreich ist als in Ziffer 6 von Anhang I der Prospektverordnung, kann auf die Kommentierung dazu verwiesen werden.[29]

18 Die Beschreibung der Geschäftstätigkeit ist nach Ziffer 6 in die Beschreibung der Haupttätigkeitsbereiche, die wichtigsten Märkte, sowie die Grundlage für etwaige Aussagen zur Wettbewerbsposition des Emittenten untergliedert. In der Praxis wird diese **Reihenfolge** in Wertpapierprospekten zumeist nicht eingehalten. Oft werden die Beschreibung des Marktumfeldes und der Wettbewerbsposition des Emittenten zusammengefasst und der eigentlichen Geschäftsbeschreibung vorangestellt, oder in einem eigenen Abschnitt in die Geschäftsbeschreibung integriert. Werden im Prospekt **Angaben zur Wettbewerbsposition** gemacht (was nach dem Wortlaut der Prospektverordnung fakultativ ist), sind die entsprechenden Quellen für die Wettbewerbsposition anzugeben, wobei die Quellen idealerweise von einem neutralen Dritten stammen.[30]

19 Unter dem Begriff der Haupttätigkeitsbereiche (Ziff. 6.1.1.) muss eine Beschreibung der Haupttätigkeiten des Emittenten unter Angabe der wichtigsten Arten der vertriebenen Produkte und/oder erbrachten Dienstleistungen und der Angabe etwaiger wichtiger neuer Produkte und/oder Dienstleistungen erfolgen. Dabei fällt im Vergleich zu Ziffer 6.1.1 von Anhang I neben dem geringeren Umfang auf, dass Anhang IV nicht vorschreibt, dass die Beschreibung der Geschäftstätigkeit **zeitlich jedenfalls den Zeitraum abdecken muss**, der auch von den im Wertpapierprospekt enthaltenen historischen Finanzinformationen abgedeckt ist.[31] Ob daraus folgt, dass für die Beschreibung der Geschäftstätigkeit allein auf das Datum des Registrierungsformulars abzustellen ist,[32] erscheint aus Kohärenzgesichtspunkten zumindest zweifelhaft, da der Prospekt auch Finanzinformationen der letzten beiden Geschäftsjahre enthalten muss. Jedenfalls sollte eine Beschreibung der Geschäftstätigkeit für die Zeiträume vor dem Datum des Registrierungsformulars erfolgen, die für ein Verständnis der gegenwärtigen Geschäftstätigkeit des Emittenten erforderlich ist.

20 Weiter hat eine kurze **Beschreibung der wichtigsten Märkte** zu erfolgen, auf denen der Emittent tätig ist, Ziff. 6.2. An die Darstellung nach Ziff. 6.2 Anhang IV werden zwar geringere Anforderungen als nach Ziff. 6.2. Anhang I gestellt, eine kurze Einteilung nach Tätigkeitsbereichen und nach geographischen bzw. produktspezifischen Märkten kann sich gegebenenfalls aber auch hier empfehlen.

---

29 Vgl. *Kopp/Metzner*, Anhang I Ziff. 6 Rn. 1 ff.
30 Vgl. *Schlitt/Schäfer* in: Assmann/Schlitt/von Kopp-Colomb, WpPG/VerkProspG, EU-ProspektVO, Anhang I Rn. 70.
31 *Seitz/Maier*, in: Assmann/Schlitt/von Kopp-Colomb, WpPG/VerkProspG, EU-ProspektVO Anhang IV Rn. 36.
32 So *Seitz/Maier*, in: Assmann/Schlitt/von Kopp-Colomb, WpPG/VerkProspG, EU-ProspektVO Anhang IV Rn. 36.

7. Organisationsstruktur (Ziff. 7)

7.1. Ist der Emittent Teil einer Gruppe, kurze Beschreibung des Konzerns und der Stellung des Emittenten innerhalb der Gruppe.

7.2. Ist der Emittent von anderen Einheiten innerhalb der Gruppe abhängig, ist dies klar anzugeben und eine Erläuterung zu seiner Abhängigkeit abzugeben.

Ist der Emittent Teil einer Gruppe, hat nach Ziff. 7 eine kurze Beschreibung des Konzerns und der Stellung des Emittenten innerhalb der Gruppe zu erfolgen. Ist der Emittent von anderen Einheiten innerhalb der Gruppe abhängig, hat eine **klare Angabe und Erläuterung** seiner Abhängigkeit zu erfolgen. Der Anleger soll durch diese Beschreibung erkennen können, in welchem Machtgefüge der Emittent sich bewegt und wie ab- bzw. unabhängig er seine Entscheidungen treffen kann. Dabei ist Ziff. 7. vom Wortlaut her weit gefasst. Es sind nicht nur diejenigen Strukturen offenzulegen, die nach geltendem Recht wie dem Aktiengesetz etc. ohnehin offengelegt werden müssen; vielmehr sind auch vertragliche Beziehungen darzustellen, aus denen die Abhängigkeit folgt.[33] Eine **Liste der wichtigsten Tochtergesellschaften** des Emittenten (vgl. Ziff. 7.2 Anhang I Prospektverordnung) muss allerdings nicht beigefügt werden.

21

8. Trendinformationen (Ziff. 8)

8.1. Einzufügen ist eine Erklärung, der zufolge es keine wesentlichen nachteiligen Veränderungen in den Aussichten des Emittenten seit dem Datum der Veröffentlichung der letzten geprüften Jahresabschlüsse gegeben hat.

Kann der Emittent keine derartige Erklärung abgeben, dann sind Einzelheiten über diese wesentlichen nachteiligen Änderungen beizubringen.

8.2. Informationen über bekannte Trends, Unsicherheiten, Nachfrage, Verpflichtungen oder Vorfälle, die voraussichtlich die Aussichten des Emittenten zumindest im laufenden Geschäftsjahr wesentlich beeinflussen dürften.

Nach Ziff. 8 von Anhang IV Prospektverordnung sind sogenannte „Trendinformationen" im Wertpapierprospekt darzustellen. In der Praxis finden sich die entsprechenden Ausführungen häufig am Ende des Wertpapierprospekts unter der Überschrift „**Geschäftsgang und Aussichten**" (auf Englisch typischerweise unter der Überschrift „*Recent Developments and Outlook*"). Dort werden die wesentlichen Entwicklungen und Veränderungen bezüglich der Geschäftstätigkeit im laufenden Geschäftsjahr des Emittenten dargestellt; zeitlich umfasst die Beschreibung die Zeit nach dem Stichtag des letzten geprüften Abschlusses bis zum Ende des laufenden Geschäftsjahres.

22

Hinsichtlich der aufzunehmenden „Trendinformationen" ist zwischen mehreren Informationen zu unterscheiden. Ziffer 8.1 von Anhang IV verlangt zunächst die Aufnahme einer Negativerklärung für den Fall, dass es in den „**Aussichten**"[34] des Emittenten seit dem Ende des letzten Geschäftsjahres keine wesentlichen negativen Veränderungen gegeben

23

---

33 *Glismann*, in: Holzborn, WpPG, Anhang IV EU-ProspV Rn. 16; *Seitz/Maier*, in: Assmann/Schlitt/von Kopp-Colomb, WpPG/VerkProspG, EU-ProspektV, Anhang IV Rn. 42.
34 Zur Abgrenzung von der von Ziffer 13.7 von Anhang IV geforderten Negativerklärung siehe unten unter Rn. 28.

Anhang IV   Mindestangaben für das Registrierungsformular

hat. Die **deutsche Fassung der Prospektverordnung** ist dabei im Vergleich zur englischen Fassung in doppelter Hinsicht ungenau: zum einen spricht die deutsche Fassung der Prospektverordnung davon, dass es bei Ziffer 8.1 auf den Zeitraum nach der Veröffentlichung des letzten geprüften Jahresabschlusses ankommt; richtigerweise ist aber nicht auf den Zeitpunkt der Veröffentlichung an, sondern auf den Zeitpunkt des Stichtags des letzten geprüften Abschlusses abzustellen. Daneben spricht die deutsche Fassung in Ziffer 8.1. der Prospektverordnung unrichtigerweise auch von „Jahresabschluss"; zutreffenderweise ist aber auf die letzten geprüften Finanzinformationen abzustellen, bei denen es sich auch um einen geprüften Zwischenabschluss handeln kann; dies muss nicht der Jahres- oder Konzernabschluss sein.[35]

24   Bei der **Formulierung der Negativerklärung** ist darauf zu achten, dass die Negativerklärung sich eng an dem Wortlaut der EU-Verordnung orientiert. Die Bundesanstalt für Finanzdienstleistungsaufsicht akzeptiert im Rahmen ihrer Prospektbilligungspraxis keine wesentlichen Abweichungen in der Formulierung der Negativerklärung vom Wortlaut der Prospektverordnung.[36] Sollte es tatsächlich eine negative Änderung in den Aussichten gegeben haben, sollten die entsprechenden Umstände möglichst entweder im gleichen Abschnitt oder an möglichst genau bezeichneter anderer Stelle im Wertpapierprospekt beschrieben werden, damit der Investor sich möglichst umfassend und konkret über die Abweichungen informieren kann.[37]

25   In der Praxis wird in dem oben erwähnten Abschnitt „Geschäftsgang und Aussichten" von Wertpapierprospekten neben den Angaben nach Ziffer 8.1 von Anhang IV häufig auch die von **Ziffer 13.7 von Anhang IV** geforderte Negativbeschreibung oder Angaben hinsichtlich der tatsächlichen Veränderungen in der Finanzlage oder Handelspositionen des Emittenten seit dem Ende des letzten Geschäftsjahres, für das entweder geprüfte Finanzinformationen oder Zwischenfinanzinformationen veröffentlicht wurden, dargestellt. Im Gegensatz zu Ziffer 13.7 von Anhang IV verlangt Ziffer 8.1 aber nur eine Beschreibung (bzw. Negativerklärung) bezüglich der Aussichten des Emittenten, nicht bezüglich der tatsächlichen Veränderungen in der Finanzlage oder der Handelsposition der Gruppe. Die von Ziffer 8.1 und 13.7 von Anhang IV verlangten Negativerklärungen dürfen aber richtigerweise in einer **einheitlichen Negativerklärung** zusammengefasst werden.

26   Neben den nach Ziffer 8.1 von Anhang IV erforderlichen Angaben sind nach **Ziffer 8.2** Informationen über bekannte Trends, Unsicherheiten, Nachfrage, Verpflichtungen oder Vorfälle, die voraussichtlich die Aussichten des Emittenten zumindest im laufenden Geschäftsjahr wesentlich beeinflussen dürften, in den Prospekt aufzunehmen. Im Gegensatz zu den Angaben nach Ziffer 8.1 sind hier auch **positive Trends** zu nennen, die einen wesentlichen Einfluss auf die Aussichten des Emittenten haben dürften.[38] Im Gegensatz zu Ziffer 8.1 verlangt Ziffer 8.2. aber keine Negativerklärung, wenn es aus Sicht des Emitten-

---

35   Vgl. dazu insgesamt *Seitz/Maier*, in: Assmann/Schlitt/von Kopp-Colomb, WpPG/VerkProspG, EU-ProspektVO Anhang IV Rn. 44 und 46, sowie die englische Fassung der EU-Prospektverordnung.
36   *Seitz/Maier*, in: Assmann/Schlitt/von Kopp-Colomb, WpPG/VerkProspG, EU-ProspektVO Anhang IV Rn. 47.
37   *Glismann*, in: Holzborn, WpPG, Anhang IV EU-ProspV Rn. 17; *Seitz/Maier*, in: Assmann/Schlitt/von Kopp-Colomb, WpPG/VerkProspG, EU-ProspektVO Anhang IV Rn. 47.
38   *Glismann*, in: Holzborn, WpPG, Anhang IV EU-ProspV Rn. 17; *Seitz/Maier*, in: Assmann/Schlitt/von Kopp-Colomb, WpPG/VerkProspG, EU-ProspektVO Anhang IV Rn. 51.

ten keine entsprechenden Trends oder Umstände gibt; liegen solche wesentlichen Umstände vor, sind sie aber unter dem Gesichtspunkt der vollständigen Information der Anleger (vgl. § 5 Abs. 1 Satz 1 WpPG) in den Wertpapierprospekt aufzunehmen.[39]

Zu beachten ist weiter, dass **Gewinnprognosen und Trendinformationen** (vgl. Anhang I Ziffer 12; Anhang IV, Ziffer 8 der Prospektverordnung) sich in der Praxis oft **nur marginal** unterscheiden. Hauptunterschied ist, dass die Gewinnprognose nicht nur generische Aussagen zu den Zukunftsaussichten des Emittenten macht, sondern aufgrund der zur Verfügung gestellten Informationen die Ermittlung der künftigen Gewinne bzw. Verluste des Emittenten ermöglicht.[40]

27

9. Gewinnprognosen oder -schätzungen (Ziff. 9)

Entscheidet sich ein Emittent dazu, eine Gewinnprognose oder eine Gewinnschätzung aufzunehmen, dann hat das Registrierungsformular die nachfolgend genannten Angaben der Punkte 9.1. und 9.2. zu enthalten:

9.1. Eine Erklärung, die die wichtigsten Annahmen erläutert, auf die der Emittent seine Prognose oder Schätzung gestützt hat.

Bei den Annahmen sollte klar zwischen jenen unterschieden werden, die Faktoren betreffen, die die Mitglieder der Verwaltungs-, Geschäftsführungs- und Aufsichtsorgane beeinflussen können, und Annahmen in Bezug auf Faktoren, die ausschließlich außerhalb des Einflussbereiches der Mitglieder der Verwaltungs-, Geschäftsführungs- und Aufsichtsorgane liegen. Die Annahmen müssen für die Anleger leicht verständlich und spezifisch sowie präzise sein und dürfen nicht der üblichen Exaktheit der Schätzungen entsprechen, die der Prognose zu Grunde liegen.

9.2. Einen Bericht, der von unabhängigen Buchprüfern oder Abschlussprüfern erstellt wurde und in dem festgestellt wird, dass die Prognose oder die Schätzung nach Meinung der unabhängigen Buchprüfer oder Abschlussprüfer auf der angegebenen Grundlage ordnungsgemäß erstellt wurde und dass die Rechnungslegungsgrundlage, die für die Gewinnprognose oder -schätzung verwendet wurde, mit den Rechnungslegungsstrategien des Emittenten konsistent ist.

Beziehen sich die Finanzinformationen auf das letzte Geschäftsjahr und enthalten ausschließlich nicht irreführende Zahlen, die im Wesentlichen mit den im nächsten geprüften Jahresabschluss zu veröffentlichenden Zahlen für das letzte Geschäftsjahr konsistent sind, sowie die zu deren Bewertung nötigen erläuternden Informationen, ist kein Bericht erforderlich, sofern der Prospekt alle folgenden Erklärungen enthält:

a) die für diese Finanzinformationen verantwortliche Person, sofern sie nicht mit derjenigen identisch ist, die für den Prospekt insgesamt verantwortlich ist, genehmigt diese Informationen;

---

39 Insoweit missverständlich *Seitz/Maier*, in: Assmann/Schlitt/von Kopp-Colomb, WpPG/VerkProspG, EU-ProspektVO Anhang IV Rn. 52, die ausführen, die Aufnahme von Angaben nach Ziffer 8.2. sei „*nicht zwingend*".
40 Vgl. dazu Rn. 49 der ESMA Recommendations, Stand 20.3.2013, abrufbar unter https://www.esma.europa.eu/regulation/corporate-disclosure/prospectus (Abruf vom 15.4.2016).

Anhang IV Mindestangaben für das Registrierungsformular

b) unabhängige Buchprüfer oder Abschlussprüfer haben bestätigt, dass diese Informationen im Wesentlichen mit den im nächsten geprüften Jahresabschluss zu veröffentlichenden Zahlen konsistent sind;

c) diese Finanzinformationen wurden nicht geprüft.

9.3. Die Gewinnprognose oder -schätzung muss auf einer Grundlage erstellt werden, die mit den historischen Finanzinformationen vergleichbar ist.

28 Ziff. 9 von Anhang IV gibt Emittenten die Möglichkeit, Gewinnprognosen oder -schätzungen in den Wertpapierprospekt aufzunehmen. Ziff. 9 nimmt mit der darin enthaltenen **Wahlmöglichkeit** für den Emittenten eine Sonderstellung in dem durch Zwang geprägten Regime der Mindestangaben ein. Wegen der hohen Anforderungen und des damit verbundenen Aufwands (insbesondere wegen des von einem unabhängigen Wirtschaftsprüfer zu erstellenden Berichts) ist die Aufnahmen von Gewinnprognosen oder -schätzungen bei Emissionen von Schuldtiteln oder derivativen Wertpapieren nach Anhang IV in der Praxis die absolute Ausnahme.

29 Auch wenn der Emittent **in einer anderen Veröffentlichung** eine entsprechende Gewinnprognose oder -schätzung abgegeben hat, führt dies in aller Regel nicht dazu, dass daraus eine entsprechende Verpflichtung zur Aufnahme der Gewinnprognose oder -schätzung in den Wertpapierprospekt folgt.[41] Etwas anderes kann dann gelten, wenn in den Vermarktungsmaterialien für die konkrete Emission die Gewinnprognose bzw. -schätzung aufgenommen bzw. als eine für die Anleger wesentliche Information dargestellt wird. Die Verpflichtung zur Aufnahme der Gewinnprognose bzw. -schätzung folgt in diesen Fällen aus § 15 Absatz 5 Satz 2 WpPG und der darin enthaltenen Erwägung, dass sämtliche wesentliche Informationen, die bestimmten Anlegergruppen zur Verfügung gestellt werden, auch zwingend in den Wertpapierprospekt aufzunehmen sind.[42] Um dieser schwierigen Abwägung zu entgehen, ist es in der Regel ratsam, eine bestehende Gewinnprognose bzw. -schätzung auch nicht in andere Vermarktungsmaterialien (z. B. die **Roadshowpräsentation**) aufzunehmen, wenn eine Aufnahme in den Wertpapierprospekt vermieden werden soll.

10. Verwaltungs-, Geschäftsführungs- und Aufsichtsorgane (Ziff. 10)

10.1. Namen und Geschäftsadressen nachstehender Personen sowie ihre Stellung bei dem Emittenten unter Angabe der wichtigsten Tätigkeiten, die sie außerhalb des Emittenten ausüben, sofern diese für den Emittenten von Bedeutung sind:

a) Mitglieder der Verwaltungs-, Geschäftsführungs- und Aufsichtsorgane;

b) persönlich haftende Gesellschafter bei einer Kommanditgesellschaft auf Aktien.

10.2. Verwaltungs-, Geschäftsführungs- und Aufsichtsorgane sowie oberes Management/Interessenkonflikte

Potenzielle Interessenkonflikte zwischen den Verpflichtungen gegenüber dem Emittenten von Seiten der in Punkt 10.1 genannten Personen sowie ihren privaten Interessen oder sonstigen Verpflichtungen müssen klar festgehalten werden. Falls keine derartigen Konflikte bestehen, ist eine dementsprechende Erklärung abzugeben.

---

41 Siehe dazu näher *Wolf/Wink*, Art. 2 Rn. 13 ff.
42 Vgl. dazu näher bei der Kommentierung zu § 15 WpPG Rn. 42 ff.

Ziff. 10 verlangt, dass die **Namen und Geschäftsadressen** von Mitgliedern der Verwaltungs-, Geschäftsführungs- und Aufsichtsorgane, bei einer Kommanditgesellschaft auf Aktien des persönlich haftenden Gesellschafters sowie ihre **Stellung beim Emittenten unter Angabe der wichtigsten Tätigkeiten**, die sie außerhalb des Emittenten ausüben, sofern diese für den Emittenten von Bedeutung sind, dargestellt werden.

Weiter müssen gemäß Ziff. 10.2 – so wie auch in Ziff. 14. Anhang I Prospektverordnung[43] – in Bezug auf den in Ziff. 10.1 genannten Personenkreis **potenzielle Interessenkonflikte** zwischen den Verpflichtungen gegenüber dem Emittenten sowie ihren privaten Interessen oder sonstigen Verpflichtungen klar festgehalten werden. Falls keine derartigen Konflikte bestehen, ist eine entsprechende **Negativerklärung** abzugeben. Zu beachten ist, dass Ziff. 10.2 nur von potenziellen Interessenskonflikten spricht, daher muss sich die Negativerklärung auch nur auf diese beziehen. Bestehen allerdings zum Zeitpunkt der Prospektveröffentlichung **tatsächliche Interessenskonflikte**, müssen diese auch in den Prospekt aufgenommen werden, ggf. mit einem Hinweis darauf, wie der Emittent mit diesen Interessenskonflikten umgeht bzw. diese adressiert.[44]

11. Praktiken der Geschäftsführung (Ziff. 11)

11.1. Detaillierte Angaben zum Audit-Ausschuss des Emittenten, einschließlich der Namen der Ausschussmitglieder und einer Zusammenfassung des Aufgabenbereichs für die Arbeit des Ausschusses.

11.2. Erklärung, ob der Emittent der Corporate-Governance-Regelung (falls vorhanden) im Land der Gründung der Gesellschaft genügt. Sollte der Emittent einer solchen Regelung nicht folgen, ist eine dementsprechende Erklärung zusammen mit einer Erläuterung aufzunehmen, aus der hervorgeht, warum der Emittent dieser Regelung nicht Folge leistet.

Ziff. 11.1 und 11.2 sind **mit Ziff. 16.3 und 16.4 von Anhang I weitgehend inhaltsgleich** (wichtigste Ausnahme ist, dass Ziff. 16.3 von Anhang I im Gegensatz zu Ziff. 11.1 von Anhang IV auch Angaben zum Vergütungsausschuss des Emittenten fordert). Insofern kann auf die Kommentierung zu Ziff. 16.3 und 16.4 von Anhang I verwiesen werden.[45]

Ziff. 11.2 betrifft bei deutschen börsennotierten Aktiengesellschaften[46] bzw. bei Gesellschaften, die ausschließlich andere Wertpapiere als Aktien zum Handel an einem organisierten Markt im Sinn des § 2 Abs. 5 des Wertpapierhandelsgesetzes ausgegeben haben und deren ausgegebene Aktien auf eigene Veranlassung über ein multilaterales Handelssystem im Sinn des § 2 Abs. 3 Satz 1 Nr. 8 des Wertpapierhandelsgesetzes gehandelt werden,[47] die Pflicht nach § 161 Abs. 1 Satz 1 AktG, eine **Entsprechenserklärung zum deutschen Corporate Governance Kodex** abzugeben. Für die in den Prospekt aufzunehmende Erklärung reicht kein Verweis auf die in der Vergangenheit (meistens im Zusammenhang mit der Veröffentlichung des Jahres- bzw. Konzernabschlusses) abgegebene Entsprechenserklärung; vielmehr muss sich die Erklärung auf den **Status zum Zeitpunkt der Veröf-**

---

43 Gleichwohl ist bei Ziff. 10 Annex IV EU-ProspektVO der Adressatenkreis kleiner.
44 *Glismann*, in: Holzborn, WpPG, Anhang IV EU-ProspV Rn. 19.
45 Vgl. *Kopp/Metzner*, Anhang I Ziff. 16 Rn. 7 ff.
46 Vgl. § 3 Abs. 2 AktG.
47 Vgl. § 161 Abs. 1 Satz 2 AktG.

Anhang IV Mindestangaben für das Registrierungsformular

fentlichung des Prospekts** beziehen. Besteht für den Emittenten keine solche Verpflichtung (in Deutschland z. B. aufgrund fehlender Börsennotierung), sollte eine Erklärung aufgenommen werden, dass der Emittent den entsprechenden Regelungen nicht unterfällt.[48]

12. Hauptaktionäre (Ziff. 12)

12.1. Sofern dem Emittenten bekannt, Angabe, ob an dem Emittenten unmittelbare oder mittelbare Beteiligungen oder Beherrschungsverhältnisse bestehen, und wer diese Beteiligungen hält bzw. diese Beherrschung ausübt. Beschreibung der Art und Weise einer derartigen Kontrolle und der vorhandenen Maßnahmen zur Verhinderung des Missbrauchs einer derartigen Kontrolle.

12.2. Sofern dem Emittenten bekannt, Beschreibung etwaiger Vereinbarungen, deren Ausübung zu einem späteren Zeitpunkt zu einer Veränderung bei der Kontrolle des Emittenten führen könnte.

34   Ziff. 12.1 und Ziff. 12.2 sind **mit Ziff. 18.3 und 18.4 von Anhang I inhaltsgleich**, daher kann auf die Kommentierung zu diesen Ziffern verwiesen werden.[49]

13. Finanzinformationen über die Vermögens-, Finanz- und Erfolgslage (Ziff. 13)

13.1. Historische Finanzinformationen

Beizubringen sind geprüfte historische Finanzinformationen, die die letzten zwei Geschäftsjahre abdecken (bzw. einen entsprechenden kürzeren Zeitraum, während dessen der Emittent tätig war), sowie ein Bestätigungsvermerk für jedes Geschäftsjahr. Hat der Emittent in der Zeit, für die historische Finanzinformationen beizubringen sind, seinen Bilanzstichtag geändert, so decken die geprüften historischen Finanzinformationen mindestens 24 Monate oder – sollte der Emittent seiner Geschäftstätigkeit noch keine 24 Monate nachgegangen sein – den gesamten Zeitraum seiner Geschäftstätigkeit ab. Derartige Finanzinformationen sind gemäß der Verordnung (EG) Nr. 1606/2002 zu erstellen bzw. für den Fall, dass diese Verordnung nicht anwendbar ist, gemäß den nationalen Rechnungslegungsgrundsätzen eines Mitgliedstaats, wenn der Emittent aus der Gemeinschaft stammt. Bei Emittenten aus Drittstaaten sind diese Finanzinformationen nach den im Verfahren des Artikels 3 der Verordnung (EG) Nr. 1606/2002 übernommenen internationalen Rechnungslegungsstandards oder nach diesen Standards gleichwertigen nationalen Rechnungslegungsgrundsätzen eines Drittstaates zu erstellen. Ist keine Äquivalenz zu den Standards gegeben, so sind die Finanzinformationen in Form eines neu zu erstellenden Jahresabschlusses vorzulegen.

Die historischen Finanzinformationen müssen für das jüngste Geschäftsjahr in einer Form dargestellt und erstellt werden, die mit der konsistent ist, die im folgenden

---

48 *Seitz/Maier*, in: Assmann/Schlitt/von Kopp-Colomb, WpPG/VerkProspG, EU-ProspektVO Anhang IV Rn. 59.
49 Vgl. *Kopp/Metzner*, Anhang I Ziff. 18 Rn. 7 ff.

II. Einzelne Anforderungen von Anhang IV   Anhang IV

Jahresabschluss des Emittenten zur Anwendung gelangen wird, wobei die Rechnungslegungsstandards und -strategien sowie die Rechtsvorschriften zu berücksichtigen sind, die auf derlei Jahresabschlüsse Anwendung finden.

Ist der Emittent in seiner aktuellen Wirtschaftsbranche weniger als ein Jahr tätig, so sind die geprüften historischen Finanzinformationen für diesen Zeitraum gemäß den Standards zu erstellen, die auf Jahresabschlüsse im Sinne der Verordnung (EG) Nr. 1606/2002 anwendbar sind bzw. für den Fall, dass diese Verordnung nicht anwendbar ist, gemäß den nationalen Rechnungslegungsgrundsätzen eines Mitgliedstaats, wenn der Emittent aus der Gemeinschaft stammt. Bei Emittenten aus Drittstaaten sind diese historischen Finanzinformationen nach den im Verfahren des Artikels 3 der Verordnung (EG) Nr. 1606/2002 übernommenen internationalen Rechnungslegungsstandards oder nach diesen Standards gleichwertigen nationalen Rechnungslegungsgrundsätzen eines Drittstaates zu erstellen. Diese historischen Finanzinformationen müssen geprüft worden sein.

Wurden die geprüften Finanzinformationen gemäß nationaler Rechnungslegungsgrundsätze erstellt, dann müssen die unter dieser Rubrik geforderten Finanzinformationen zumindest Folgendes enthalten:

a) die Bilanz;

b) die Gewinn- und Verlustrechnung;

c) eine Kapitalflussrechnung;

und

d) Rechnungslegungsstrategien und erläuternde Anmerkungen.

Die historischen jährlichen Finanzinformationen müssen unabhängig und in Übereinstimmung mit den in dem jeweiligen Mitgliedstaat anwendbaren Prüfungsstandards oder einem äquivalenten Standard geprüft worden sein oder es muss für das Registrierungsformular vermerkt werden, ob sie in Übereinstimmung mit den in dem jeweiligen Mitgliedstaat anwendbaren Prüfungsstandards oder einem äquivalenten Standard ein den tatsächlichen Verhältnissen entsprechendes Bild vermitteln.

13.2. Jahresabschluss

Erstellt der Emittent sowohl einen Jahresabschluss als auch einen konsolidierten Abschluss, so ist zumindest der konsolidierte Abschluss in das Registrierungsformular aufzunehmen.

13.3. Prüfung der historischen jährlichen Finanzinformationen

13.3.1. Es ist eine Erklärung dahingehend abzugeben, dass die historischen Finanzinformationen geprüft wurden. Sofern Bestätigungsvermerke über die historischen Finanzinformationen von den Abschlussprüfern abgelehnt wurden bzw. sofern sie Vorbehalte enthalten oder eingeschränkt erteilt wurden, sind diese Ablehnung bzw. diese Vorbehalte oder eingeschränkte Erteilung in vollem Umfang wiederzugeben und die Gründe dafür anzugeben.

13.3.2. Angabe sonstiger Informationen im Registrierungsformular, das von den Abschlussprüfern geprüft wurde.

Anhang IV   Mindestangaben für das Registrierungsformular

13.3.3. Wurden die Finanzdaten im Registrierungsformular nicht dem geprüften Jahresabschluss des Emittenten entnommen, so sind die Quelle dieser Daten und die Tatsache anzugeben, dass die Daten ungeprüft sind.

13.4. „Alter" der jüngsten Finanzinformationen

13.4.1. Die geprüften Finanzinformationen dürfen nicht älter sein als 18 Monate ab dem Datum des Registrierungsformulars.

13.5. Zwischenfinanzinformationen und sonstige Finanzinformationen

13.5.1. Hat der Emittent seit dem Datum des letzten geprüften Jahresabschlusses vierteljährliche oder halbjährliche Finanzinformationen veröffentlicht, so sind diese in das Registrierungsformular aufzunehmen. Wurden diese vierteljährlichen oder halbjährlichen Finanzinformationen einer prüferischen Durchsicht oder Prüfung unterzogen, so sind die entsprechenden Berichte ebenfalls aufzunehmen. Wurden die vierteljährlichen oder halbjährlichen Finanzinformationen keiner prüferischen Durchsicht oder Prüfung unterzogen, so ist diese Tatsache anzugeben.

13.5.2. Wurde das Registrierungsformular mehr als neun Monate nach Ablauf des letzten geprüften Finanzjahres erstellt, muss es Zwischenfinanzinformationen enthalten, die sich zumindest auf die ersten sechs Monate des Geschäftsjahres beziehen sollten. Wurden die Zwischenfinanzinformationen keiner Prüfung unterzogen, ist auf diesen Fall eindeutig zu verweisen.

Diese Zwischenfinanzinformationen müssen einen vergleichenden Überblick über denselben Zeitraum wie im letzten Geschäftsjahr enthalten. Der Anforderung vergleichbarer Bilanzinformationen kann jedoch auch durch die Vorlage der Jahresendbilanz nachgekommen werden.

13.6. Gerichts- und Schiedsgerichtverfahren

Angaben über etwaige staatliche Interventionen, Gerichts- oder Schiedsgerichtsverfahren (einschließlich derjenigen Verfahren, die nach Kenntnis des Emittenten noch anhängig sind oder eingeleitet werden könnten), die im Zeitraum der mindestens 12 letzten Monate bestanden/abgeschlossen wurden, und die sich erheblich auf die Finanzlage oder die Rentabilität des Emittenten und/oder der Gruppe auswirken bzw. in jüngster Zeit ausgewirkt haben. Ansonsten ist eine negative Erklärung abzugeben.

13.7. Wesentliche Veränderungen in der Finanzlage oder der Handelsposition des Emittenten

Beschreibung jeder wesentlichen Veränderung in der Finanzlage oder der Handelsposition der Gruppe, die seit dem Ende des letzten Geschäftsjahres eingetreten ist, für das entweder geprüfte Finanzinformationen oder Zwischenfinanzinformationen veröffentlicht wurden. Ansonsten ist eine negative Erklärung abzugeben.

35   Ziff. 13 von Anhang IV enthält **weitgehend gleiche Anforderungen wie Ziff. 20 von Anhang I** für die in Wertpapierprospekte aufzunehmenden Finanzinformationen, insofern kann auf die Kommentierung zu Ziff. 20 von Anhang I verwiesen werden.[50] Im Vergleich zu Ziff. 20 Anhang I Prospektverordnung ist auf die folgenden Unterschiede hinzuweisen:

---

50 Vgl. *Meyer*, Anhang I Ziff. 20.1 Rn. 1 ff.

II. Einzelne Anforderungen von Anhang IV **Anhang IV**

Historische Finanzinformationen sind nur **für die letzten zwei Geschäftsjahre** (anstatt wie in Anhang I für die letzten drei Jahre) beizubringen. Grund hierfür ist der unterschiedliche Anlagehorizont von Aktieninvestoren und Anlegern in Schuldtitel und derivative Wertpapiere.[51] 36

Die historischen Finanzinformationen müssen nicht zwingend eine **Eigenkapitalveränderungsrechnung** enthalten (vgl. Ziff. 20.1 Unterabs. 4 lit. c) Anhang I Prospektverordnung). Ob dies in der Praxis Bedeutung erlangt, ist allerdings fraglich, da auch die nach Anhang IV in den Prospekt aufzunehmenden Finanzinformationen nach IAS/IFRS zu erstellen sind und IAS 1 die Eigenkapitalveränderungsrechnung zwingend als Bestandteil eines Abschlusses vorsieht.[52] 37

Die **Aufnahme von Pro Forma-Finanzinformationen** ist im Gegensatz zu Ziffer 20.2 von Anhang I nicht erforderlich. Auch Art. 4a für Emittenten mit komplexer finanztechnischer Vorgeschichte oder bedeutenden finanziellen Verpflichtungen gilt nur für Registrierungsformulare von Aktienemittenten. In Einzelfällen kann es aber aufgrund des Erfordernisses einer ausreichenden Information von Anlegern erforderlich sein, bestimmte Sonderformen von Finanzinformationen (z. B. „Combined Financials") in den Prospekt aufzunehmen.[53] 38

Die Aufnahme der Beschreibung der **Dividendenpolitik** des Emittenten ist bei Schuldtiteln und derivativen Wertpapieren nach Anhang IV nicht erforderlich (siehe Ziff. 20.7 von Anhang I). 39

Ziff. 13.4.1 von Anhang IV enthält keine wie in Ziff. 20.5 von Anhang I enthaltene **Differenzierung** für das Alter der in den Prospekt aufzunehmenden Finanzinformationen. 40

Ähnlich wie bei Aktienemissionen verlangt auch Ziff. 13.2 von Anhang IV nicht ausdrücklich, dass der Emittent neben Konzernabschlüssen auch den **Jahresabschluss** in den Prospekt mit aufnimmt. Allerdings verlangt die Bundesanstalt für Finanzdienstleistungsaufsicht ungeachtet dieses Wortlauts wie bei Aktienemissionen die Aufnahme des Jahresabschlusses für das letzte volle Geschäftsjahr.[54] Aufgrund der Bedeutung des Jahresabschlusses für die Ausschüttungsbemessung, die steuerliche Gewinnermittlung, die Ermittlung des haftungsrelevanten Kapitals sowie bestimmte aufsichtsrechtliche Zwecke[55] ist diese Praxis nachvollziehbar. 41

14. Zusätzliche Angaben (Ziff. 14)

14.1. Aktienkapital

14.1.1. Anzugeben sind der Betrag des ausgegebenen Kapitals, die Zahl und Kategorien der Aktien, aus denen es sich zusammensetzt, einschließlich deren Hauptmerk-

---

51 *Seitz/Maier*, in: Assmann/Schlitt/von Kopp-Colomb, WpPG/VerkProspG, EU-ProspektVO Anhang IV Rn. 63.
52 Siehe Ziffer 106 und 107 von IAS 1.
53 *Seitz/Maier*, in: Assmann/Schlitt/von Kopp-Colomb, WpPG/VerkProspG, EU-ProspektVO Anhang IV Rn. 67.
54 *Seitz/Maier*, in: Assmann/Schlitt/von Kopp-Colomb, WpPG/VerkProspG, EU-ProspektVO Anhang IV Rn. 64.
55 *d'Arcy/Kahler*, in: Holzborn, WpPG, Anhang IV EU-ProspV Rn. 50.

Anhang IV   Mindestangaben für das Registrierungsformular

male; der Teil des ausgegebenen, aber noch nicht eingezahlten Kapitals mit Angabe der Zahl oder des Gesamtnennwerts und der Art der noch nicht voll eingezahlten Aktien, eventuell aufgegliedert nach der Höhe, bis zu der sie bereits eingezahlt wurden.

14.2. Satzung und Statuten der Gesellschaft

14.2.1. Anzugeben sind das Register und ggf. die Nummer, unter der die Gesellschaft in das Register eingetragen ist, sowie eine Beschreibung der Zielsetzungen des Emittenten und an welcher Stelle sie in der Satzung und den Statuten der Gesellschaft verankert sind.

42 Die meisten der nach Ziff. 14.1 und 14.2 Anhang IV erforderlichen Angaben finden sich auch in **Ziff. 21.1 und 21.2 von Anhang I**; insofern kann auf die Kommentierung von Ziff. 21.1 und 21.2 von Anhang I verwiesen werden.[56]

43 Die von Ziff. 14.1 geforderten Angaben beziehen sich auf den Betrag des Grund- oder Stammkapitals des Emittenten sowie die Zahl und Art der Aktien,[57] aus denen sich das Grundkapital zusammensetzt, sowie deren „Hauptmerkmale". Unter letzterem sind die **wesentlichen Rechte**, die sich aus den Aktien ergeben, zu verstehen (also insbesondere die Ausgestaltung des Stimmrechts, der Dividendenrechte sowie des Rechts zur Beteiligung am Liquidationserlös). Daneben ist darauf hinzuweisen, wenn bereits ausgegebene Aktien nicht voll eingezahlt sind, was in der Praxis aber kaum vorkommt und bei Aktiengesellschaften nur bei Namensaktien gem. § 10 Abs. 2 AktG möglich ist.[58]

44 Weiter verlangt Ziff. 14.2, dass das **Register und ggf. die Nummer**, unter der die Gesellschaft in das Register eingetragen ist, angegeben wird. Diese Angaben werden auch von Ziff. 5.1.2 von Anhang IV verlangt; insofern hat Ziff. 14.2 keine eigenständige Bedeutung.[59] Darüber hinaus verlangt Ziff. 14.2, dass „eine Beschreibung der Zielsetzungen des Emittenten" sowie die Stelle, an denen diese Zielsetzung in der Satzung oder im Gesellschaftsvertrag des Emittenten, in den der Prospekt aufgenommen wird. Damit gemeint ist die Aufnahme einer **Beschreibung des satzungsmäßigen Gesellschaftsgegenstands** des Emittenten in den Prospekt.

15. Wesentliche Verträge (Ziff. 15)

Kurze Zusammenfassung aller abgeschlossenen wesentlichen Verträge, die nicht im Rahmen der normalen Geschäftstätigkeit abgeschlossen wurden und die dazu führen könnten, dass jedwedes Mitglied der Gruppe eine Verpflichtung oder ein Recht erlangt, die bzw. das für die Fähigkeit des Emittenten, seinen Verpflichtungen gegenüber den Wertpapierinhabern in Bezug auf die ausgegebenen Wertpapiere nachzukommen, von wesentlicher Bedeutung ist.

---

56 Vgl. *Kopp/Metzner*, Anhang I Ziff. 21 Rn. 1 ff.
57 Bei Emittenten mit einer anderen Rechtsform sind die entsprechenden Gesellschaftsanteile (z. B. GmbH-Geschäftsanteile oder Kommanditanteile) ebenfalls zu beschreiben.
58 *Schlitt/Schäfer*, in: Assmann/Schlitt/von Kopp-Colomb, WpPG/VerkProspG, EU-ProspektVO, Anhang I Rn. 284.
59 *Seitz/Maier*, in: Assmann/Schlitt/von Kopp-Colomb, WpPG/VerkProspG, EU-ProspektVO Anhang IV Rn. 70.

II. Einzelne Anforderungen von Anhang IV   **Anhang IV**

Nach Ziff. 15 muss eine **kurze Zusammenfassung aller abgeschlossenen wesentlichen** 45
Verträge, die nicht im Rahmen der normalen Geschäftstätigkeit abgeschlossen wurden und die dazu führen könnten, dass ein Mitglied der Gruppe eine Verpflichtung oder ein Recht erlangt, die bzw. das für die Fähigkeit des Emittenten, seinen Verpflichtungen gegenüber den Wertpapierinhabern in Bezug auf die ausgegebenen Wertpapiere nachzukommen, von wesentlicher Bedeutung ist, enthalten sein.

Ziff. 15 von Anhang IV ist ähnlich wie **Ziff. 22 von Anhang I** formuliert; es kann daher 46 grundsätzlich auf die Kommentierung von Ziff. 22 von Anhang I verwiesen werden.[60] Allerdings unterscheidet sich der Wortlaut von Ziff. 15 von Anhang IV in einigen Details von Ziff. 22 von Anhang I. So verlangt Ziff. 15 lediglich eine „kurze" Zusammenfassung und verzichtet auch – anders als Ziff. 22 – auf eine Differenzierung zwischen wesentlichen Verträgen, die in den letzten zwei Jahren vor Veröffentlichung des Registrierungsformulars abgeschlossen wurden, und sonstigen wesentlichen Verträgen, die bei Veröffentlichung des Registrierungsformulars bestehen. **Entscheidend** für die Aufnahme in den Wertpapierprospekt soll sein, ob der Vertrag eine Verpflichtung oder ein Recht begründet, „die bzw. das für die Fähigkeit des Emittenten, seinen Verpflichtungen gegenüber den Wertpapierinhabern in Bezug auf die ausgegebenen Wertpapiere nachzukommen, von wesentlicher Bedeutung ist". Darunter können grundsätzlich auch Verträge fallen, die vor einem längeren Zeitraum als zwei Jahren vor Veröffentlichung des Registrierungsformulars abgeschlossen worden sind.[61]

Der **inhaltliche Umfang** der Zusammenfassung des Vertrags richtet sich nach dem Maß- 47 stab von § 5 Abs. 1 Satz 1 WpPG/Art. 5 Abs. 1 der Prospektrichtlinie, d.h. es sind (nur) diejenigen Informationen bezüglich des jeweiligen Vertrags in den Wertpapierprospekt aufzunehmen, die für die Investoren für ihre Anlageentscheidung von Bedeutung ist.[62]

16. Angaben von Seiten Dritter, Erklärungen von Seiten Sachverständiger und Interessenerklärungen (Ziff. 16)

16.1. Wird in das Registrierungsformular eine Erklärung oder ein Bericht einer Person aufgenommen, die als Sachverständiger handelt, so sind der Name, die Geschäftsadresse, die Qualifikationen und – falls vorhanden – das wesentliche Interesse am Emittenten anzugeben. Wurde der Bericht auf Ersuchen des Emittenten erstellt, so ist eine diesbezügliche Erklärung dahingehend abzugeben, dass die aufgenommene Erklärung oder der aufgenommene Bericht in der Form und in dem Zusammenhang, in dem sie bzw. er aufgenommen wurde, die Zustimmung von Seiten dieser Person erhalten hat, die den Inhalt dieses Teils des Registrierungsformulars gebilligt hat.

---

60 Vgl. *Kopp/Metzner*, Anhang I Ziff. 22 Rn. 1 ff.
61 Anders wohl *Seitz/Maier*, in: Assmann/Schlitt/von Kopp-Colomb, WpPG/VerkProspG, EU-ProspektVO Anhang IV Rn. 72.
62 Vgl. CESR, Frequently asked questions regarding Prospectuses, 23rd Updated Version Ref. CESR/09~1148, Question No. 73, abrufbar unter https://www.esma.europa.eu/sites/default/files/library/esma-2015-1874_23rd_version_qa_document_prospectus_related_issues_0.pdf (Abruf vom 15.4.2016).

Anhang IV   Mindestangaben für das Registrierungsformular

16.2. Sofern Angaben von Seiten Dritter übernommen wurden, ist zu bestätigen, dass diese Angaben korrekt wiedergegeben wurden und dass – soweit es dem Emittenten bekannt ist und er aus den von dieser dritten Partei veröffentlichten Informationen ableiten konnte – keine Tatsachen unterschlagen wurden, die die wiedergegebenen Informationen unkorrekt oder irreführend gestalten würden. Darüber hinaus hat der Emittent die Quelle(n) der Informationen anzugeben.

48   Ziff. 16 von Anhang IV ist **nahezu wortgleich mit Ziff. 23 von Anhang I**; auf die Kommentierung zu Ziff. 23 von Anhang I kann daher verwiesen werden.[63]

17. Einsehbare Dokumente (Ziff. 17)

Abzugeben ist eine Erklärung dahingehend, dass während der Gültigkeitsdauer des Registrierungsformulars ggf. die folgenden Dokumente (oder deren Kopien) eingesehen werden können:

a) die Satzung und die Statuten des Emittenten;

b) sämtliche Berichte, Schreiben und sonstigen Dokumente, historischen Finanzinformationen, Bewertungen und Erklärungen, die von einem Sachverständigen auf Ersuchen des Emittenten abgegeben wurden, sofern Teile davon in das Registrierungsformular eingeflossen sind oder in ihm darauf verwiesen wird;

c) die historischen Finanzinformationen des Emittenten oder im Falle einer Gruppe die historischen Finanzinformationen für den Emittenten und seine Tochtergesellschaften für jedes der Veröffentlichung des Registrierungsformulars vorausgegangenen beiden letzten Geschäftsjahre.

Anzugeben ist auch, wo in diese Dokumente entweder in Papierform oder auf elektronischem Wege Einsicht genommen werden kann.

49   Ziff. 17 von Anhang IV ist **nahezu wortgleich mit Ziff. 24 von Anhang I**; auf die entsprechende Kommentierung kann daher verwiesen werden.[64]

---

63   Vgl. *Kopp/Metzner*, Anhang I Ziff. 23 Rn. 1 ff.
64   Vgl. *Kopp/Metzner*, Anhang I Ziff. 24 Rn. 1 ff.

Anhang V
Mindestangaben für die Wertpapierbeschreibung für Schuldtitel (Schema)
(Schuldtitel mit einer Stückelung von weniger als EUR 100 000)

Übersicht

	Rn.		Rn.
I. Abgrenzung zu anderen Anhängen der EU-Prospektverordnung	1	4. Angaben über die anzubietenden bzw. zum Handel zuzulassenden Wertpapiere (Ziff. 4)	14
II. Einzelne Anforderungen von Anhang V	2	5. Bedingungen und Voraussetzungen für das Angebot (Ziff. 5)	32
1. Verantwortliche Personen (Ziff. 1)	2	6. Zulassung zum Handel und Handelsregeln (Ziff. 6)	34
2. Risikofaktoren (Ziff. 2)	3	7. Zusätzliche Angaben (Ziff. 7)	35
3. Grundlegende Angaben (Ziff. 3)	11		

I. Abgrenzung zu anderen Anhängen der EU-Prospektverordnung

Zur Abgrenzung des Anwendungsbereichs von Anhang V zu anderen Anhängen der Prospektverordnung wird auf die Kommentierung zu Art. 8 Prospektverordnung verwiesen.   1

II. Einzelne Anforderungen von Anhang V

1. Verantwortliche Personen (Ziff. 1)

1.1. Alle Personen, die für die im Prospekt gemachten Angaben bzw. für bestimmte Abschnitte des Prospekts verantwortlich sind. Im letzteren Fall sind die entsprechenden Abschnitte aufzunehmen. Im Falle von natürlichen Personen, zu denen auch Mitglieder der Verwaltungs-, Geschäftsführungs- und Aufsichtsorgane des Emittenten gehören, sind der Name und die Funktion dieser Person zu nennen. Bei juristischen Personen sind Name und eingetragener Sitz der Gesellschaft anzugeben.

1.2. Erklärung der für den Prospekt verantwortlichen Personen, dass sie die erforderliche Sorgfalt haben walten lassen, um sicherzustellen, dass die im Prospekt genannten Angaben ihres Wissens nach richtig sind und keine Tatsachen weggelassen werden, die die Aussage des Prospekts wahrscheinlich verändern können. Ggf. Erklärung der für bestimmte Abschnitte des Prospekts verantwortlichen Personen,

Anhang V Mindestangaben für die Wertpapierbeschreibung für Schuldtitel

dass sie die erforderliche Sorgfalt haben walten lassen, um sicherzustellen, dass in dem Teil des Prospekts genannten Angaben, für die sie verantwortlich sind, ihres Wissens nach richtig sind und keine Tatsachen weggelassen werden, die die Aussage des Prospekts wahrscheinlich verändern können.

2 Ziff. 1 von Anhang V ist weitgehend **inhaltsgleich mit Ziff. 1 von Anhang I**, so dass auf die Kommentierung zu Ziff. 1 von Anhang I verwiesen werden kann.[1] Zur insbesondere bei Basisprospekten bedeutsamen Übernahme der Verantwortung (nur) für bestimmte Abschnitte der Wertpapierbeschreibung vgl. Rn. 2 zu Ziff. 1 von Anhang IV.

2. Risikofaktoren (Ziff. 2)

2.1. Klare Offenlegung der Risikofaktoren, die für die anzubietenden und/oder zum Handel zuzulassenden Wertpapiere von wesentlicher Bedeutung sind, wenn es darum geht, das Marktrisiko zu bewerten, mit dem diese Wertpapiere behaftet sind. Diese Offenlegung muss unter der Rubrik „Risikofaktoren" erfolgen.

3 Ziff. 2 verlangt unter der Rubrik „Risikofaktoren" eine **klare Offenlegung der Risikofaktoren**, die bei der Bewertung des Marktrisikos für die anzubietenden und/ oder zum Handel zuzulassenden Wertpapiere von wesentlicher Bedeutung sind. **Die Wortlaute von Ziff. 2 Anhang V, Ziff. 2 von Anhang III und Ziff. 2 von Anhang XII sind ähnlich**, daher kann auf die Kommentierung zu diesen Ziffern von Anhang III verwiesen werden.[2] Im Gegensatz zu Ziff. 2 von Anhang XII muss bei Ziff. 2 von Anhang V allerdings nicht darauf verwiesen werden, dass der Anleger ggf. den Wert seiner Anlage ganz- oder teilweise verlieren könnte, weil in Anhang V wegen Art. 8 Abs. 2 der Prospektverordnung nur solche Schuldtitel vom Anwendungsbereich umfasst sind, bei denen stets eine vollständige Rückzahlung des Nominalbetrags erfolgen soll. Auf das grundsätzlich bestehende Emittentenausfallrisiko ist im Rahmen der Risikofaktoren aber dennoch hinzuweisen.

4 Anders als Ziff. 2 von Anhang III enthält Ziff. 2 von Anhang V keine ausdrückliche Einschränkung auf **wesentliche Risiken**. Dennoch gilt auch hier der Grundsatz, dass nur Risiken zu nennen sind, die von wesentlicher Bedeutung sind. Die Aufnahme aller erdenkbaren und unbedeutenden Risiken würde dem Leser des Prospekts erschweren, die für ihn wichtigen Risiken zu erfassen. Dies liefe jedoch dem Zweck des § 5 Abs. 1 Satz 1 WpPG zuwider, wonach der Prospekt leicht „analysierbar und in verständlicher Form" abgefasst sein muss.[3]

5 Für den **grundsätzlichen Aufbau und die Präsentation der Risikofaktoren**, den Maßstab für die inhaltliche Darstellung und weitere formale Fragen kann auf Rn. 8 ff. zu Ziff. 4 von Anhang IV verwiesen werden. In der Praxis werden aus Übersichtlichkeitsgründen die emittentenbezogenen Risikofaktoren und die wertpapierbezogenen Risikofaktoren in der Regel getrennt voneinander dargestellt, auch wenn es zwischen beiden Abschnitten häufig Überschneidungen gibt, die möglichst genau voneinander abgegrenzt werden sollten.[4]

---

1 Vgl. *Meyer*, Anhang I Ziff. 1 Rn. 3 ff.
2 Vgl. *Seiler*, Anhang III Ziff. 2 Rn. 3 ff.
3 *Seitz/Maier*, in: Assmann/Schlitt/von Kopp-Colomb, WpPG/VerkProspG, EU-ProspektVO Anhang XII Rn. 31.
4 *Seitz/Maier*, in: Assmann/Schlitt/von Kopp-Colomb, WpPG/VerkProspG, EU-ProspektVO Anhang XII Rn. 29.

II. Einzelne Anforderungen von Anhang V **Anhang V**

In der Praxis haben sich **typische Risikofaktoren** herausgebildet, die im Fall von Ziff. 2 von Anhang V in der Regel in den Wertpapierprospekt aufzunehmen sind. Dazu gehören insbesondere **Verlust- und Ausfallrisiken, Rendite bzw. Zinsrisiken, Währungsrisiken und Wiederanlagerisiken**. Daneben sind je nach Struktur des betreffenden Wertpapiers ggf. weitere Risikofaktoren in den Prospekt aufzunehmen.   6

Unter dem **Verlust- bzw. Ausfallrisiko** ist das Risiko zu verstehen, dass der Emittenten seinen Zahlungsverpflichtungen unter den Wertpapieren nicht Folge leisten kann bzw. dass der Anleger einen Teil seiner Anlage in die Wertpapiere verliert, z. B. bei einem Verkauf der Wertpapiere am Markt oder durch das Entstehen von zusätzlichen Transaktionskosten.[5] Bei unbesicherten Wertpapieren wird häufig zusätzlich ein Hinweis dahingehend aufgenommen, dass das Wertpapier entsprechend gegenüber besicherten Finanzierungen des Emittenten strukturell nachrangig ist, weil die besicherten Gläubiger vorrangig Zugriff auf bestimmte Vermögenswerte des Emittenten haben. Daneben wird – soweit zutreffend – häufig darauf hingewiesen, dass das Wertpapier den Emittenten nicht davon abhält, weiteres Fremdkapital aufzunehmen, was wiederum das Verlust- bzw. Ausfallrisiko unter dem betreffenden Wertpapier erhöhen kann.   7

Weiter ist in den Risikofaktoren auf das **Renditerisiko** hinzuweisen. Bei einem variablen Zinssatz hängt dieser von einem Basiswert ab (z. B. EURIBOR), d. h. es ist möglich, dass der Zinssatz bei negativer Entwicklung des Basiswerts geringer ausfällt als erwartet, oder die Verzinsung sogar ganz entfällt. Auch bei festverzinslichen Wertpapieren ist nach herrschender Meinung in der Regel darauf hinzuweisen, dass die Rendite unter dem betreffenden Wertpapier ggf. geringer ausfällt als der Betrag, den der Anleger durch die Investition in ein anderes Wertpapier hätte erzielen können.[6] Unseres Erachtens ist dieser letzte Punkt zumindest zweifelhaft.   8

Unter dem **Währungsrisiko** versteht man das Risiko, dass wenn die Wertpapiere z. B. in Euro denominiert sind, der Anleger aber seine Investitionen in einer anderen Währung als Euro tätigt, er einem Wechselkursrisiko ausgesetzt ist. Dasselbe gilt, wenn der Zinssatz von einem Basiswert abhängt, der nicht in Euro, sondern in einer anderen Währung gehandelt wird. Das **Wiederanlagerisiko** bezeichnet hingegen das Risiko, dass der Anleger z. B. bei einer vorzeitigen Rückzahlung nicht davon ausgehen kann, die erhaltenen Mittel wieder zu denselben Konditionen anlegen zu können.[7]   9

Weitere Risiken, die in der Praxis häufiger anzutreffen sind, sind Risiken im Zusammenhang mit der Anwendbarkeit des Gesetzes über Schuldverschreibungen aus Gesamtemissionen, Liquiditätsrisiken (also das Risiko, dass für die Wertpapiere kein liquider Markt entsteht) sowie Risiken, die sich aus einer potenziellen Änderung der steuerlichen Behandlung der Wertpapiere ergeben können.   10

---

5 *Seitz/Maier*, in: Assmann/Schlitt/von Kopp-Colomb, WpPG/VerkProspG, EU-ProspektVO Anhang V Rn. 21 und 23.
6 *Seitz/Maier*, in: Assmann/Schlitt/von Kopp-Colomb, WpPG/VerkProspG, EU-ProspektVO Anhang V Rn. 22; *Zeising*, in: Just/Voß/Ritz/Zeising, WpPG, EU-ProspektVO Anhang V Rn. 7.
7 *Seitz/Maier*, in: Assmann/Schlitt/von Kopp-Colomb, WpPG/VerkProspG, EU-ProspektVO Anhang XII Rn. 59.

Anhang V Mindestangaben für die Wertpapierbeschreibung für Schuldtitel

3. Grundlegende Angaben (Ziff. 3)

3.1. Interessen von Seiten natürlicher und juristischer Personen, die an der Emission/dem Angebot beteiligt sind

Beschreibung jeglicher Interessen – einschließlich Interessenskonflikte –, die für die Emission/das Angebot von wesentlicher Bedeutung sind, wobei die betroffenen Personen zu spezifizieren und die Art der Interessen darzulegen ist.

3.2. Gründe für das Angebot und Verwendung der Erträge

Gründe für das Angebot, wenn nicht die Ziele Gewinnerzielung und/oder Absicherung bestimmter Risiken verfolgt werden. Ggf. Offenlegung der geschätzten Gesamtkosten für die Emission/das Angebot und des geschätzten Nettobetrages der Erträge, aufgeschlüsselt nach den wichtigsten Verwendungszwecken und dargestellt nach Priorität dieser Verwendungszwecke. Sofern der Emittent weiß, dass die antizipierten Erträge nicht ausreichend sein werden, um alle vorgeschlagenen Verwendungszwecke zu finanzieren, sind der Betrag und die Quellen anderer Mittel anzugeben.

11 Die Anforderungen von Ziff. 3 Anhang V stimmen im Hinblick auf die **Offenlegung von Interessen und die Verwendung des Emissionserlöses** im Wesentlichen mit den inhaltlichen Anforderungen von Ziff. 3 von Anhang III überein, daher kann auf die Kommentierung zu dieser Ziffer verwiesen werden.[8]

12 Nach Ziff. 3.1 sind jegliche **Interessen** – einschließlich Interessenskonflikte –, die für die Emission/das Angebot von wesentlicher Bedeutung sind, zu beschreiben, wobei die betroffenen Personen zu spezifizieren und die Art der Interessen darzulegen ist. Das wohl am häufigsten anzutreffende Interesse am Verkauf der Wertpapiere – über das Interesse des Emittenten hinaus – ist das Provisionsinteresse der Emissionsbanken, die für die Platzierung der Wertpapiere am Markt vom Emittenten eine entsprechende Platzierungsprovision erhalten. Diese Angaben sind bereits nach **Ziffer 5.4.3 von Anhang V** in den Prospekt aufzunehmen. Mögliche andere – wesentliche – Interessen können erfolgsbasierte Vergütungen von Beratern, Finanzintermediären oder Sachverständigen sein[9] oder bei strukturierten Verzinsungen z. B. Verwaltungs- oder ähnliche Gebühren im Hinblick auf den zugrundeliegenden Basiswert.[10]

13 Nach Ziff. 3.2 sind die **Gründe für das Angebot** darzulegen, wenn nicht (ausschließlich) die Ziele Gewinnerzielung und/oder Absicherung bestimmter Risiken verfolgt werden. Durch die Angabe von Gründen für die Emission des Wertpapiers und über die Verwendung der Erträge soll für den Anleger transparent gemacht werden, was mit seinem investierten Geld geschieht. Falls die Emission lediglich der Gewinnerzielung oder der Absicherung bestimmter Risiken dient, ist die Angabe von darüber hinaus gehenden Gründen nicht erforderlich. Darüber hinaus müssen[11] die **geschätzten Gesamtkosten** für die Emission/

---

8 Vgl. *Seiler*, Anhang III Ziff. 3 Rn. 8 ff.
9 *Zeising*, in: Just/Voß/Ritz/Zeising, WpPG, EU-ProspektVO Anhang XII Rn. 28.
10 *Seitz/Maier*, in: Assmann/Schlitt/von Kopp-Colomb, WpPG/VerkProspG, EU-ProspektVO Anhang V Rn. 28.
11 Der Einschub „Ggf." in Ziffer 3.2 von Anhang V in der deutschen Fassung der EU-Prospektverordnung setzt das in der englischen Fassung verwendete „*Where applicable*" um; sind Kosten für das Angebot angefallen (was in der Praxis in aller Regel der Fall sein wird), so sind diese zwingend im Wertpapierprospekt darzustellen.

das Angebot und der **geschätzte Nettobetrag** der Erträge, aufgeschlüsselt nach den wichtigsten Verwendungszwecken und dargestellt nach Priorität dieser Verwendungszwecke offengelegt werden. Eine stichpunktartige Aufzählung ist insoweit ausreichend, da Ziff. 3.2 von Anhang V im Gegensatz zu Ziff. 3.4 von Anhang III keine detaillierte Beschreibung der Verwendung der Erträge verlangt.[12] Sofern der Emittent weiß, dass die antizipierten Erträge nicht ausreichend sein werden, um alle vorgeschlagenen Verwendungszwecke (etwa Projektfinanzierung) zu finanzieren, sind der Betrag und die Quellen anderer Mittel anzugeben, welche für die Finanzierung aller vorgeschlagenen Verwendungszwecke nötig sind.

4. Angaben über die anzubietenden bzw. zum Handel zuzulassenden Wertpapiere (Ziff. 4)

4.1. Beschreibung des Typs und der Kategorie der anzubietenden und/oder zum Handel zuzulassenden Wertpapiere einschließlich der ISIN (International Security Identification Number) oder eines anderen Sicherheitscodes.

4.2. Rechtsvorschriften, auf deren Grundlage die Wertpapiere geschaffen wurden.

4.3. Angabe, ob es sich bei den Wertpapieren um Namenspapiere oder um Inhaberpapiere handelt und ob die Wertpapiere verbrieft oder stückelos sind. In letzterem Fall sind der Name und die Anschrift des die Buchungsunterlagen führenden Instituts zu nennen.

4.4. Währung der Wertpapieremission.

4.5. Rang der Wertpapiere, die angeboten und/oder zum Handel zugelassen werden sollen, einschließlich der Zusammenfassung etwaiger Klauseln, die den Rang beeinflussen können oder das Wertpapier derzeitigen oder künftigen Verbindlichkeiten des Emittenten nachordnen können.

4.6. Beschreibung der Rechte die an die Wertpapiere gebunden sind – einschließlich ihrer etwaigen Beschränkungen –, und des Verfahrens zur Ausübung dieser Rechte.

4.7. Angabe des nominalen Zinssatzes und Bestimmungen zur Zinsschuld:

– Datum, ab dem die Zinsen zahlbar werden, und Zinsfälligkeitstermine;
– Gültigkeitsdauer der Ansprüche auf Zins- und Kapitalrückzahlungen.

Ist der Zinssatz nicht festgelegt, eine Erklärung zur Art des Basiswerts und eine Beschreibung des Basiswerts, auf den er sich stützt, und der bei der Verbindung von Basiswert und Zinssatz angewandten Methode und Angabe, wo Informationen über die vergangene und künftige Wertentwicklung des Basiswertes und seine Volatilität eingeholt werden können.

– Beschreibung etwaiger Ereignisse, die eine Störung des Markts oder der Abrechnung bewirken und den Basiswert beeinflussen,
– Anpassungsregeln in Bezug auf Ereignisse, die den Basiswert betreffen,
– Name der Berechnungsstelle.

---

12 *Seitz/Maier*, in: Assmann/Schlitt/von Kopp-Colomb, WpPG/VerkProspG, EU-ProspektVO Anhang V Rn. 29; *Zeising*, in: Just/Voß/Ritz/Zeising, WpPG, EU-ProspektVO Anhang V Rn. 9.

Anhang V Mindestangaben für die Wertpapierbeschreibung für Schuldtitel

Wenn das Wertpapier bei der Zinszahlung eine derivative Komponente aufweist, ist den Anlegern klar und umfassend zu erläutern, wie der Wert ihrer Anlage durch den Wert des Basisinstruments/der Basisinstrumente beeinflusst wird, insbesondere in Fällen, in denen die Risiken am offensichtlichsten sind.

4.8. Fälligkeitstermin und Vereinbarungen für die Darlehenstilgung, einschließlich der Rückzahlungsverfahren. Wird auf Initiative des Emittenten oder des Wertpapierinhabers eine vorzeitige Tilgung ins Auge gefasst, so ist sie unter Angabe der Tilgungsbedingungen und -voraussetzungen zu beschreiben.

4.9. Angabe der Rendite. Dabei ist die Methode zur Berechnung der Rendite in Kurzform darzulegen.

4.10. Vertretung von Schuldtitelinhabern unter Angabe der die Anleger vertretenden Organisation und der auf die Vertretung anwendbaren Bestimmungen. Angabe des Ortes, an dem die Öffentlichkeit die Verträge einsehen kann, die diese Vertretung regeln.

4.11. Im Falle von Neuemissionen Angabe der Beschlüsse, Ermächtigungen und Billigungen, die die Grundlage für die erfolgte bzw. noch zu erfolgende Schaffung der Wertpapiere und/oder deren Emission bilden.

4.12. Im Falle von Neuemissionen Angabe des erwarteten Emissionstermins der Wertpapiere.

4.13. Darstellung etwaiger Beschränkungen für die freie Übertragbarkeit der Wertpapiere.

4.14. Hinsichtlich des Herkunftslands des Emittenten und des Landes bzw. der Länder, in dem bzw. denen das Angebot unterbreitet oder die Zulassung zum Handel beantragt wird, sind folgende Angaben zu machen:

– Angaben über die an der Quelle einbehaltene Einkommensteuer auf die Wertpapiere;

– Angabe der Tatsache, ob der Emittent die Verantwortung für die Einbehaltung der Steuern an der Quelle übernimmt.

14 Nach Ziff. 4 von Anhang V muss die Wertpapierbeschreibung **Angaben über die anzubietenden bzw. zum Handel zuzulassenden Wertpapiere** enthalten. Viele Angaben nach Ziff. 4 von Anhang V sind mit den von Ziff. 4 Anhang XII geforderten Angaben inhaltsgleich, so dass insoweit auf die Kommentierung von Anhang XII verwiesen werden kann.[13]

15 Nach Ziff. 4.1 hat eine **Beschreibung des Typs und der Kategorie** der anzubietenden und/oder zum Handel zuzulassenden Wertpapiere einschließlich der ISIN (International Security Identification Number) oder eines anderen Sicherheitscodes in der Wertpapierbeschreibung zu erfolgen. Dabei sind jedenfalls die Angaben aufzunehmen, die erforderlich

---

[13] Vgl. *Behrends*, Anhang XII Ziff. 4 Rn. 15 ff.; siehe auch *Glismann*, in: Holzborn, WpPG, Anhang V EU-ProspV Rn. 9; *Seitz/Maier*, in: Assmann/Schlitt/von Kopp-Colomb, WpPG/VerkProspG, EU-ProspektVO Anhang V Rn. 32; *Zeising*, in: Just/Voß/Ritz/Zeising, WpPG, EU-ProspektVO Anhang V Rn. 10.

sind, um die Art des Wertpapiers zu identifizieren, also in der Regel eine Kurzbeschreibung der jeweiligen Wertpapiere.[14]

Nach Ziff. 4.2 sind die **Rechtsvorschriften** anzugeben, auf deren Grundlage die Wertpapiere geschaffen wurden. Damit ist in aller Regel die Rechtsordnung gemeint, welche für die Anleihebedingungen der Wertpapiere wesentlich ist.[15] In den meisten Fällen wird es sich dabei um deutsches Recht handeln; dies ist aber nicht zwingend.[16]

16

Nach Ziff. 4.3 ist anzugeben, ob es sich bei den Wertpapieren um **Namenspapiere oder um Inhaberpapiere** handelt und ob die Wertpapiere **verbrieft oder stückelos** sind. In letzterem Fall sind der Name und die Anschrift des die Buchungsunterlagen führenden Instituts zu nennen. Namenspapiere sind im Zusammenhang mit der Wertpapierbeschreibung nicht von Bedeutung, weil sie nach dem deutschen Wertpapierbegriff (mit Ausnahme der Namensaktie) keine Wertpapiereigenschaft aufweisen und daher Vermögensanlagen darstellen, deren Prospektregime sich nicht nach dem Wertpapierprospektgesetz, sondern nach dem Vermögensanlagengesetz richtet,[17] vgl. § 1 Abs. 2 Nr. 6 Vermögensanlagengesetz. Daneben verlangt Ziff. 4.3 die Angabe, ob die Schuldtitel verbrieft oder stückelos sind. Bei Schuldverschreibungen, die unter deutschem Recht nach § 793 BGB begeben werden, ist eine Verbriefung grundsätzlich erforderlich.[18] Diese erfolgt in der Praxis regelmäßig über die Verbriefung in einer Globalurkunde (im Gegensatz zur Einzelverbriefung).[19] Schließlich ist für den Fall der Verbriefung der **Name und die Anschrift des die Buchungsunterlagen führenden Instituts** zu nennen; damit ist im Fall der Verbriefung in einer Globalurkunde die Adresse der jeweiligen Wertpapiersammelbank (in Deutschland der Clearstream Banking AG) anzugeben.[20]

17

Nach Ziff. 4.4 ist die **Währung** der Wertpapieremission anzugeben; nach Ziff. 4.5 der **Rang der Wertpapiere**, die angeboten und/oder zum Handel zugelassen werden sollen, einschließlich der Zusammenfassung etwaiger Klauseln, die den Rang beeinflussen können oder das Wertpapier derzeitigen oder künftigen Verbindlichkeiten des Emittenten nachordnen können. Diese Information soll die Anleger darüber informieren, in welchem Rang die Inhaber der Wertpapiere gegenüber anderen Gläubigern des Emittenten für den Fall der Insolvenz oder der Liquidation des Emittenten stehen.[21]

18

Nach Ziff. 4.6 sind die **Rechte, die an die Wertpapiere gebunden** sind – einschließlich ihrer etwaigen Beschränkungen –, und des Verfahrens zur Ausübung dieser Rechte zu beschreiben. Der Beschreibung der Rechte und ihrer Beschränkungen kommt man im Regelfall dadurch nach, dass die Emissionsbedingungen (*Terms and Conditions*) in den Wertpa-

19

---

14 *Glismann*, in: Holzborn, WpPG, Anhang V EU-ProspV Rn. 10.
15 *Seitz/Maier*, in: Assmann/Schlitt/von Kopp-Colomb, WpPG/VerkProspG, EU-ProspektVO Anhang XII Rn. 92.
16 *Zeising*, in: Just/Voß/Ritz/Zeising, WpPG, EU-ProspektVO Anhang V Rn. 11.
17 *Seitz/Maier*, in: Assmann/Schlitt/von Kopp-Colomb, WpPG/VerkProspG, EU-ProspektVO Anhang XII Rn. 95; *Glismann*, in: Just/Voß/Ritz/Zeising, WpPG, EU-ProspektVO Anhang V Rn. 15.
18 *Glismann*, in: Holzborn, WpPG, Anhang V EU-ProspV Rn. 12.
19 *Seitz/Maier*, in: Assmann/Schlitt/von Kopp-Colomb, WpPG/VerkProspG, EU-ProspektVO Anhang XII Rn. 96.
20 *Seitz/Maier*, in: Assmann/Schlitt/von Kopp-Colomb, WpPG/VerkProspG, EU-ProspektVO Anhang XII Rn. 97.
21 *Seitz/Maier*, in: Assmann/Schlitt/von Kopp-Colomb, WpPG/VerkProspG, EU-ProspektVO Anhang XII Rn. 102.

Anhang V Mindestangaben für die Wertpapierbeschreibung für Schuldtitel

pierprospekt mit aufgenommen werden. In diesem Zusammenhang ist auch zu beachten, dass bei der Ausformulierung der Emissionsbedingungen die Transparenzanforderungen der §§ 3 Schuldverschreibungsgesetz, 305c Abs. 1 BGB zu beachten sind.[22]

20 Ziff. 4.7 enthält eine nähere Beschreibung der Angaben, die hinsichtlich des Zinssatzes und der Bestimmung zur Zinsschuld in der Wertpapierbeschreibung zu machen sind. Jedenfalls anzugeben sind in der Wertpapierbeschreibung hinsichtlich des Zinssatzes die **allgemeinen Parameter der Verzinsung**, also der nominale Zinssatz, das Datum, ab dem die Zinsen zahlbar werden, Zinsfälligkeitstermine, sowie die „Gültigkeitsdauer" der Ansprüche auf Zins- und Kapitalrückzahlungen, also Angaben zur Verjährungsfrist von Zinsforderungen (vgl. § 801 BGB)[23] und der Forderung zur Rückzahlung des Kapitalbetrags.[24] Bei der Verzinsung ist der Emittent **in seiner Gestaltung frei**, dementsprechend viele Gestaltungsmöglichkeiten stehen dem Emittenten zur Struktur der Verzinsung offen.

21 Die in der Praxis am häufigsten anzutreffenden Konstellationen sind die **klassischen festverzinslichen Anleihen** („straight bonds"), die eine über die Laufzeit verteilte feste Verzinsung aufweisen, die in bestimmten Abständen (viertel-, halb- oder jährlich) an die Anleger ausgezahlt werden. Möglich ist aber auch eine Thesaurierung der Zinsen über die Laufzeit.[25] Daneben ist auch eine **variable Verzinsung** anzutreffen, deren Höhe von der Entwicklung eines Basiszinssatzes oder eines anderen Basiswerts abhängig ist; häufig werden dafür gängige Referenzzinssätze wie der EURIBOR oder der LIBOR verwendet.[26] Möglich ist aber auch eine andere, **derivative Ausgestaltung** des Zinssatzes, also z.B. eine Abhängigkeit von Rohstoffen, anderen Wertpapieren oder Indizes. Zur Abgrenzung der Anwendbarkeit zwischen Anhang V und Anhang XII spielt eine mögliche derivative Ausgestaltung des Zinssatzes allerdings keine Rolle; alleine entscheidend ist nach Art. 8 Abs. 2 der EU-Prospektverordnung, ob der Emittent aufgrund der Emissionsbedingungen verpflichtet ist, dem Anleger 100% des Nominalwertes zu zahlen oder nicht.

22 Bei der Verwendung eines **Basiswerts** zur Ermittlung der Zinszahlungen verlangt Ziff. 4.7 die **Aufnahme weiterer Informationen** in die Wertpapierbeschreibung. So muss eine Erklärung zur Art des Basiswerts und eine Beschreibung des Basiswerts, auf den er sich stützt, und der bei der Verbindung von Basiswert und Zinssatz angewandten Methode aufgenommen werden, sowie eine Angabe, wo Informationen über die vergangene und künftige Wertentwicklung des Basiswertes und seine Volatilität eingeholt werden können. Des Weiteren sind eine Beschreibung etwaiger Ereignisse, die eine Störung des Markts oder der Abrechnung bewirken und den Basiswert beeinflussen, Anpassungsregeln in Bezug auf Ereignisse, die den Basiswert betreffen sowie der Name der Berechnungsstelle aufzunehmen, die für die Berechnung des Zinssatzes auf Grundlage des Basiswerts zuständig ist.

---

22 *Seitz/Maier*, in: Assmann/Schlitt/von Kopp-Colomb, WpPG/VerkProspG, EU-ProspektVO Anhang XII Rn. 106; BGH, WM 2009, 1500, 1502.
23 *Glismann*, in: Holzborn, WpPG, Anhang V EU-ProspV Rn. 16.
24 *Seitz/Maier*, in: Assmann/Schlitt/von Kopp-Colomb, WpPG/VerkProspG, EU-ProspektVO Anhang V Rn. 37.
25 *Zeising*, in: Just/Voß/Ritz/Zeising, WpPG, EU-ProspektVO Anhang V Rn. 20.
26 *Seitz/Maier*, in: Assmann/Schlitt/von Kopp-Colomb, WpPG/VerkProspG, EU-ProspektVO Anhang V Rn. 36; *Zeising*, in: Just/Voß/Ritz/Zeising, WpPG, EU-ProspektVO Anhang V Rn. 21.

II. Einzelne Anforderungen von Anhang V **Anhang V**

Wenn das Wertpapier bei der Zinszahlung eine **derivative Komponente** aufweist, ist nach Ziff. 4.7 den Anlegern klar und umfassend zu erläutern, wie der Wert ihrer Anlage durch den Wert des Basisinstruments/der Basisinstrumente beeinflusst wird, insbesondere in Fällen, in denen die Risiken am offensichtlichsten sind. Dieses Erfordernis findet sich auch in Ziff. 4.1.2 von Anhang XII, insofern kann auf die entsprechende Kommentierung verwiesen werden.[27]   23

Ebenfalls anzutreffen sind **Nullkuponanleihen**, die keine laufende Verzinsung aufweisen, sondern deren Zinssatz sich aus der Differenz des Ausgabebetrags und des Rückzahlungsbetrags ergibt.[28] Eine andere bisweilen anzutreffende Gestaltung sind sog. **Stufenzins-Anleihen**, bei denen der Zinssatz beim Eintreten bestimmter Ereignisse nach oben (Step-Up) oder nach unten (Step-Down) verändert wird.[29] Anknüpfungspunkte für einen solchen Step-Up oder Step-Down können z. B. Änderungen im Rating des Emittenten oder die Veränderung bestimmter Verschuldungskennzahlen des Emittenten sein, um das dadurch geänderte Risikoprofil für den Anleger im Zinssatz entsprechend abzubilden.   24

Nach Ziff. 4.8 sind der **Fälligkeitstermin** und Vereinbarungen für die „Darlehenstilgung", einschließlich der Rückzahlungsverfahren zu nennen. Entgegen dem missverständlichen Wortlaut geht es hier nicht um eine Darlehenstilgung, sondern um die Tilgung der Wertpapiere.[30] Wird auf Initiative des Emittenten oder des Wertpapierinhabers eine vorzeitige Tilgung ins Auge gefasst, so ist diese unter Angabe der Tilgungsbedingungen und -voraussetzungen zu beschreiben. Die Angaben nach Ziff. 4.8 können ebenso wie die Beschreibung der mit den Wertpapieren verbundenen Rechte in der Regel durch die Aufnahme der Emissionsbedingungen in den Wertpapierprospekt erfüllt werden.   25

Nach Ziff. 4.9 muss die **Rendite des Wertpapiers** zusammen mir der Methode zur Berechnung der Rendite in Kurzform angegeben und dargelegt werden. Wenn der Zinssatz zum Zeitpunkt der Anlage nicht bestimmbar ist, etwa im Falle einer derivativen Komponente im Zinssatz, ist eine Renditeberechnung nicht möglich. In diesem Fall ist es zulässig, keine Angaben zur Renditeberechnung zu machen, siehe auch Erwägungsgrund 24 der EU-Prospektverordnung.[31] Weiter gibt die Prospektverordnung nicht vor, nach welcher Methode die Renditeberechnung zu erfolgen hat (z. B. einfache Rendite, Rendite zur Endfälligkeit, Vorsteuerrendite, Rendite nach Steuern),[32] so dass die Wertpapierbeschreibung klar machen sollte, welche Renditeberechnung herangezogen wurde.   26

Nach Ziff. 4.10 ist eine etwaige **Vertretung von Schuldtitelinhabern** unter Angabe der die Anleger vertretenden Organisation und der auf die Vertretung anwendbaren Bestimmungen in die Wertpapierbeschreibung mit aufzunehmen sowie die Angabe des Ortes, an   27

---

27 Vgl. *Behrends*, Anhang XII Ziff. 4 Rn. 15 ff.
28 *Seitz/Maier*, in: Assmann/Schlitt/von Kopp-Colomb, WpPG/VerkProspG, EU-ProspektVO Anhang V Rn. 36; *Zeising*, in: Just/Voß/Ritz/Zeising, WpPG, EU-ProspektVO Anhang V Rn. 22.
29 *Seitz/Maier*, in: Assmann/Schlitt/von Kopp-Colomb, WpPG/VerkProspG, EU-ProspektVO Anhang V Rn. 36; *Zeising*, in: Just/Voß/Ritz/Zeising, WpPG, EU-ProspektVO Anhang V Rn. 23.
30 *Glismann*, in: Holzborn, WpPG, Anhang V EU-ProspV Rn. 17; *Seitz/Maier*, in: Assmann/Schlitt/von Kopp-Colomb, WpPG/VerkProspG, EU-ProspektVO Anhang V Rn. 40; *Zeising*, in: Just/Voß/Ritz/Zeising, WpPG, EU-ProspektVO Anhang V Rn. 25.
31 *Glismann*, in: Holzborn, WpPG, Anhang V EU-ProspV Rn. 18; *Seitz/Maier*, in: Assmann/Schlitt/von Kopp-Colomb, WpPG/VerkProspG, EU-ProspektVO Anhang V Rn. 43.
32 Vgl. im Einzelnen dazu *Zeising*, in: Just/Voß/Ritz/Zeising, WpPG, EU-ProspektVO Anhang V Rn. 26.

Anhang V Mindestangaben für die Wertpapierbeschreibung für Schuldtitel

dem die Verträge eingesehen werden können, die diese Vertretung regeln. Damit ist vor allem eine Vertretung der Anleihegläubiger nach § 5 SchVG gemeint, die immer dann möglich ist, wenn die Emissionsbedingungen deutschem Recht unterstehen und die Anleihebedingungen ausdrücklich vorsehen, dass die Anleihegläubiger zur Wahrnehmung ihrer Rechte einen gemeinsamen Vertreter für alle Gläubiger bestellen können.[33]

28 Nach Ziff. 4.11 sind im Falle von Neuemissionen zusätzlich zu den nach Ziff. 4.2 anzugebenden Rechtsgrundlagen für die Schaffung der Wertpapiere die **Beschlüsse, Ermächtigungen und Billigungen**, die die Grundlage für die erfolgte bzw. noch zu erfolgende Schaffung der Wertpapiere und/oder deren Emission bilden, anzugeben. Zu denken ist an Vorstands-, Aufsichtsrats-, oder Gesellschafterbeschlüsse bzw. sonstige nach der Satzung des Emittenten vorgeschriebene Gremienbeschlüsse oder -entscheidungen.[34]

29 Nach Ziff. 4.12 ist im Falle von Neuemissionen der **erwartete Emissionstermin** der Wertpapiere anzugeben. Dies ergibt sich daraus, dass der tatsächliche Emissionstermin zum Zeitpunkt des öffentlichen Angebots noch nicht feststeht. Anzugeben ist bei globalverbrieften Wertpapieren grundsätzlich der Tag, an dem die Wertpapiere bei der oder den Wertpapiersammelbank(en) erstmals in das System eingebucht werden,[35] da erst mit Einbuchung in das System die Rechte am Wertpapiersammelbestand entstehen mit der Folge, dass die Miteigentumsanteile an der Globalurkunde gem. § 929 S. 1 BGB sachenrechtlich übertragen werden können und damit eine Lieferung der Wertpapiere an die Anleger möglich ist.[36] Da bei Veröffentlichung des Wertpapierprospekts häufig noch nicht genau feststeht, wann es tatsächlich zur Einlieferung der Globalurkunde bei der Wertpapiersammelbank kommen wird, kann ein voraussichtlicher Emissionstermin in die Wertpapierbeschreibung eingefügt werden.[37]

30 Nach Ziff. 4.13 sind etwaige **Beschränkungen für die freie Übertragbarkeit** der Wertpapiere anzugeben. Angegeben werden sollte hierbei zunächst, dass die Wertpapiere nur nach den geltenden rechtlichen Vorschriften übertragen werden können. Außerdem können faktische Hindernisse bestehen, die eine Veräußerung der Wertpapiere verhindern, wie z. B. Verkaufsbeschränkungen in bestimmten Jurisdiktionen wie z. B. den USA.[38]

31 Nach Ziff. 4.14 sind hinsichtlich des Herkunftslands des Emittenten und des Landes bzw. der Länder, in dem bzw. denen das Angebot unterbreitet oder die Zulassung zum Handel beantragt wird, Angaben zum einen über **die an der Quelle einbehaltene Einkommensteuer** auf die Wertpapiere und zum anderen über die Tatsache, ob der Emittent die Verantwortung für die Einbehaltung der Steuern an der Quelle übernimmt, zu machen. In der Praxis wird dementsprechend für jedes Land, in das eine Notifizierung des Wertpapierprospekts erfolgt, ein entsprechender Abschnitt zum jeweils geltenden Steuerrecht in den Wertpapierprospekt aufgenommen.[39]

---

33 Sog. „Ermächtigungslösung", vgl. *Veranneman*, in: Veranneman, SchVG, § 5 Rn. 4.
34 *Glismann*, in: Holzborn, WpPG, Anhang V EU-ProspV Rn. 20.
35 *Glismann*, in: Holzborn, WpPG, Anhang V EU-ProspV Rn. 21; *Seitz/Maier*, in: Assmann/Schlitt/von Kopp-Colomb, WpPG/VerkProspG, EU-ProspektVO Anhang V Rn. 45.
36 *Zeising*, in: Just/Voß/Ritz/Zeising, WpPG, EU-ProspektVO Anhang V Rn. 55.
37 *Zeising*, in: Just/Voß/Ritz/Zeising, WpPG, EU-ProspektVO Anhang V Rn. 55.
38 *Glismann*, in: Holzborn, WpPG, Anhang V EU-ProspV Rn. 22.
39 Vgl. *Glismann*, in: Holzborn, WpPG, Anhang V EU-ProspV Rn. 23, die dies nur für den Sitzstaat des Emittenten für erforderlich erachtet.

5. Bedingungen und Voraussetzungen für das Angebot (Ziff. 5)

5.1. Bedingungen, Angebotsstatistiken, erwarteter Zeitplan und erforderliche Maßnahmen für die Antragstellung

5.1.1. Bedingungen, denen das Angebot unterliegt.

5.1.2. Gesamtsumme der Emission/des Angebots. Ist der Betrag nicht festgelegt, Beschreibung der Vereinbarungen und des Zeitpunkts für die Ankündigung des endgültigen Angebotbetrags an das Publikum.

5.1.3. Frist – einschließlich etwaiger Änderungen – während deren das Angebot gilt und Beschreibung des Antragsverfahrens.

5.1.4. Beschreibung der Möglichkeit zur Reduzierung der Zeichnungen und der Art und Weise der Erstattung des zu viel gezahlten Betrags an die Zeichner.

5.1.5. Einzelheiten zum Mindest- und/oder Höchstbetrag der Zeichnung (entweder in Form der Anzahl der Wertpapiere oder des aggregierten zu investierenden Betrags).

5.1.6. Methode und Fristen für die Bedienung der Wertpapiere und ihre Lieferung.

5.1.7. Vollständige Beschreibung der Art und Weise und des Termins, auf die bzw. an dem die Ergebnisse des Angebots offen zu legen sind.

5.1.8. Verfahren für die Ausübung eines etwaigen Vorzugsrechts, die Übertragbarkeit der Zeichnungsrechte und die Behandlung von nicht ausgeübten Zeichnungsrechten.

5.2. Plan für die Aufteilung der Wertpapiere und deren Zuteilung

5.2.1. Angabe der verschiedenen Kategorien der potenziellen Investoren, denen die Wertpapiere angeboten werden. Erfolgt das Angebot gleichzeitig auf den Märkten in zwei oder mehreren Ländern und wurde/wird eine bestimmte Tranche einigen dieser Märkte vorbehalten, Angabe dieser Tranche.

5.2.2. Verfahren zur Meldung des den Zeichnern zugeteilten Betrags und Angabe, ob eine Aufnahme des Handels vor dem Meldeverfahren möglich ist.

5.3. Preisfestsetzung

5.3.1. Angabe des Preises, zu dem die Wertpapiere angeboten werden, oder der Methode, mittels deren der Angebotspreis festgelegt wird, und des Verfahrens für die Offenlegung. Angabe der Kosten und Steuern, die speziell dem Zeichner oder Käufer in Rechnung gestellt werden.

5.4. Platzierung und Übernahme (Underwriting)

5.4.1. Name und Anschrift des Koordinators/der Koordinatoren des gesamten Angebots oder einzelner Teile des Angebots und – sofern dem Emittenten oder dem Bieter bekannt – Angaben zu den Platzierern in den einzelnen Ländern des Angebots.

5.4.2. Namen und Geschäftsanschriften der Zahlstellen und der Depotstellen in jedem Land.

5.4.3. Name und Anschrift der Institute, die bereit sind, eine Emission auf Grund einer bindenden Zusage zu übernehmen, und Name und Anschrift der Institute, die bereit sind, eine Emission ohne bindende Zusage oder gemäß Vereinbarungen „zu

Anhang V Mindestangaben für die Wertpapierbeschreibung für Schuldtitel

den bestmöglichen Bedingungen" zu platzieren. Angabe der Hauptmerkmale der Vereinbarungen, einschließlich der Quoten. Wird die Emission nicht zur Gänze übernommen, ist eine Erklärung zum nicht abgedeckten Teil einzufügen. Angabe des Gesamtbetrages der Übernahmeprovision und der Platzierungsprovision.

5.4.4. Angabe des Zeitpunkts, zu dem der Emissionsübernahmevertrag abgeschlossen wurde oder wird.

32 Im Gegensatz zu den Angaben nach Ziff. 4 von Anhang V, die sich auf die Beschreibung der mit den Wertpapieren verbundenen Rechten beziehen, behandelt Ziff. 5 die **Angebotsbedingungen** des eigentlichen (öffentlichen) Angebots der Wertpapiere und die sich damit auf den konkreten Erwerb der Wertpapiere, Platzierung, Zuteilung, Lieferung etc. beziehenden Angebotsbedingungen.[40]

33 Die nach Ziff. 5 aufzunehmenden Angaben sind in weiten Teilen **inhaltsgleich mit den Angaben in Ziff. 5. von Anhang III**, weshalb weitestgehend wie folgt auf die Kommentierung zu Ziff. 5 von Anhang III verwiesen werden kann:

– Ziff. 5.1.1 Anhang V: vgl. Ziff. 5.1.1 Anhang III;[41]
– Ziff. 5.1.2 Anhang V: vgl. Ziff. 5.1.2 Anhang III;[42]
– Ziff. 5.1.3 Anhang V: vgl. Ziff. 5.1.3 Anhang III;[43]
– Ziff. 5.1.4 Anhang V: vgl. Ziff. 5.1.5 Anhang III;[44]
– Ziff. 5.1.5 Anhang V: vgl. Ziff. 5.1.6 Anhang III;[45]
– Ziff. 5.1.6 Anhang V: vgl. Ziff. 5.1.8 Anhang III;[46]
– Ziff. 5.1.7 Anhang V: vgl. Ziff. 5.1.9 Anhang III;[47]
– Ziff. 5.1.8 Anhang V: vgl. Ziff. 5.1.10 Anhang III;[48]
– Ziff. 5.2.1 Anhang V: vgl. Ziff. 5.2.1 Anhang III;[49]
– Ziff. 5.2.2 Anhang V: vgl. Ziff. 5.2.4 Anhang III;[50]
– Ziff. 5.3.1 Anhang V: vgl. Ziff. 5.3.1 und 5.3.2 (letzteres hinsichtlich des Verfahrens zur Offenlegung des Angebotspreises) Anhang III;[51]
– Ziff. 5.4.1 Anhang V: vgl. Ziff. 5.4.1. Anhang III;[52]
– Ziff. 5.4.2 Anhang V: vgl. Ziff. 5.4.2 Anhang III;[53]
– Ziff. 5.4.3 Anhang V: vgl. Ziff. 5.4.3 Anhang III.[54]

---

[40] *Zeising*, in: Just/Voß/Ritz/Zeising, WpPG, EU-ProspektVO Anhang V Rn. 70.
[41] Vgl. *Seiler*, Anhang III Ziff. 5 Rn. 86.
[42] Vgl. *Seiler*, Anhang III Ziff. 5 Rn. 87 ff.
[43] Vgl. *Seiler*, Anhang III Ziff. 5 Rn. 91.
[44] Vgl. *Seiler*, Anhang III Ziff. 5 Rn. 93.
[45] Vgl. *Seiler*, Anhang III Ziff. 5 Rn. 94.
[46] Vgl. *Seiler*, Anhang III Ziff. 5 Rn. 96.
[47] Vgl. *Seiler*, Anhang III Ziff. 5 Rn. 97.
[48] Vgl. *Seiler*, Anhang III Ziff. 5 Rn. 98.
[49] Vgl. *Seiler*, Anhang III Ziff. 5 Rn. 100.
[50] Vgl. *Seiler*, Anhang III Ziff. 5 Rn. 111.
[51] Vgl. *Seiler*, Anhang III Ziff. 5 Rn. 114 ff.
[52] Vgl. *Seiler*, Anhang III Ziff. 5 Rn. 119.
[53] Vgl. *Seiler*, Anhang III Ziff. 5 Rn. 120.
[54] Vgl. *Seiler*, Anhang III Ziff. 5 Rn. 120.

6. Zulassung zum Handel und Handelsregeln (Ziff. 6)

6.1. Angabe, ob die angebotenen Wertpapiere Gegenstand eines Antrags auf Zulassung zum Handel auf einem geregelten Markt oder sonstigen gleichwertigen Märkten sind oder sein werden, wobei die jeweiligen Märkte zu nennen sind. Dieser Umstand ist anzugeben, ohne jedoch den Eindruck zu erwecken, dass die Zulassung zum Handel notwendigerweise erfolgen wird. Wenn bekannt, sollte eine Angabe der frühestmöglichen Termine der Zulassung der Wertpapiere zum Handel erfolgen.

6.2. Angabe sämtlicher geregelten oder gleichwertigen Märkte, auf denen nach Kenntnis des Emittenten Wertpapiere der gleichen Wertpapierkategorie, die zum Handel angeboten oder zugelassen werden sollen, bereits zum Handel zugelassen sind.

6.3. Name und Anschrift der Institute, die aufgrund einer bindenden Zusage als Intermediäre im Sekundärhandel tätig sind, um Liquidität mittels Geld- und Briefkursen zur Verfügung zu stellen, und Beschreibung der Hauptbedingungen der Zusage.

Die Angaben in Ziffer 6 von Anhang V **sind inhaltsgleich mit den Mindestangaben in Ziff. 6.1, 6.2 und 6.4 von Anhang III**, so dass auf die entsprechende Kommentierung verwiesen werden kann.[55]

34

7. Zusätzliche Angaben (Ziff. 7)

7.1. Werden an einer Emission beteiligte Berater in der Wertpapierbeschreibung genannt, ist eine Erklärung zu der Funktion abzugeben, in der sie gehandelt haben.

7.2. Angabe weiterer Informationen in der Wertpapierbeschreibung, die von gesetzlichen Abschlussprüfern geprüft oder einer prüferischen Durchsicht unterzogen wurden und über die die Abschlussprüfer einen Prüfungsbericht erstellt haben. Reproduktion des Berichts oder mit Erlaubnis der zuständigen Behörden Zusammenfassung des Berichts.

7.3. Wird in die Wertpapierbeschreibung eine Erklärung oder ein Bericht einer Person aufgenommen, die als Sachverständiger handelt, so sind der Name, die Geschäftsadresse, die Qualifikationen und – falls vorhanden – das wesentliche Interesse am Emittenten anzugeben. Wurde der Bericht auf Ersuchen des Emittenten erstellt, so ist eine diesbezügliche Erklärung dahingehend abzugeben, dass die aufgenommene Erklärung oder der aufgenommene Bericht in der Form und in dem Zusammenhang, in dem sie bzw. er aufgenommen wurde, die Zustimmung von Seiten dieser Person erhalten hat, die den Inhalt dieses Teils der Wertpapierbeschreibung gebilligt hat.

7.4. Sofern Angaben von Seiten Dritter übernommen wurden, ist zu bestätigen, dass diese Information korrekt wiedergegeben wurde und dass – soweit es dem Emittenten bekannt ist und er aus den von dieser dritten Partei veröffentlichten Informationen ableiten konnte – keine Tatsachen unterschlagen wurden, die die wiedergege-

---

[55] Vgl. *Seiler*, Anhang III Ziff. 5 Rn. 123 ff.

Anhang V Mindestangaben für die Wertpapierbeschreibung für Schuldtitel

nen Informationen unkorrekt oder irreführend gestalten würden. Darüber hinaus hat der Emittent die Quelle(n) der Informationen anzugeben.

7.5. Angabe der Ratings, die einem Emittenten oder seinen Schuldtiteln auf Anfrage des Emittenten oder in Zusammenarbeit mit dem Emittenten beim Ratingverfahren zugewiesen wurden. Kurze Erläuterung der Bedeutung der Ratings, wenn sie erst unlängst von der Ratingagentur erstellt wurden.

35 Ziff. 7.1 bis 7.4 sind **inhaltsgleich mit den Mindestangaben in Ziff. 10.1 bis 10.4 von Anhang III**; auf die Kommentierung zu Ziff. 10.1 bis 10.4 von Anhang III kann daher verwiesen werden.[56]

36 Nach Ziff. 7.5 müssen die **Ratings**, die einem Emittenten oder seinen Schuldtiteln auf Anfrage des Emittenten oder in Zusammenarbeit mit dem Emittenten beim Ratingverfahren zugewiesen wurden, angegeben werden. Weiter hat eine kurze Erläuterung der Bedeutung der Ratings zu erfolgen, wenn sie erst unlängst von der Ratingagentur erstellt wurden. Nach **Ziff. 7.4** ist zudem zu bestätigen, dass das Ratingergebnis korrekt wiedergegeben wurde, da das Ratingergebnis in aller Regel eine „Angabe Dritter" darstellt.[57] Hinzuweisen ist auf Art. 4 Abs. 1 Unterabs. 2 der Verordnung (EG) Nr. 1060/2009, wonach der Prospekt auch die Angabe enthalten muss, ob die jeweilige Ratingagentur ihren Sitz in der Gemeinschaft hat und nach der Verordnung (EG) Nr. 1060/2009 ordnungsgemäß registriert wurde.[58]

---

[56] Vgl. *Seiler*, Anhang III Ziff. 7 Rn. 133 ff.
[57] *Seitz/Maier*, in: Assmann/Schlitt/von Kopp-Colomb, WpPG/VerkProspG, EU-ProspektVO Anhang V Rn. 55.
[58] *Seitz/Maier*, in: Assmann/Schlitt/von Kopp-Colomb, WpPG/VerkProspG, EU-ProspektVO Anhang V Rn. 56.

Anhang VI
Mindestangaben für Garantien
(Zusätzliches Modul)

Übersicht

	Rn.		Rn.
I. Einleitung	1	3. Offenzulegende Angaben über den Garantiegeber (Ziff. 3)	8
II. Einzelne Anforderungen von Anhang VI	2	4. Einsehbare Dokumente (Ziff. 4)	9
1. Art der Garantie (Ziff. 1)	2		
2. Anwendungsbereich der Garantie (Ziff. 2)	7		

I. Einleitung

Zum Anwendungsbereich von Anhang VI wird auf die Kommentierung zu Art. 9 Prospektverordnung (dort Rn. 2) verwiesen. 1

II. Einzelne Anforderungen von Anhang VI

1. Art der Garantie (Ziff. 1)

Beschreibung jeder Vereinbarung, mit der sichergestellt werden soll, dass jeder Verpflichtung, die für die Emission von wesentlicher Bedeutung ist, angemessen nachgekommen wird, und zwar in Form einer Garantie, Sicherheit, „Keep well"-Übereinkunft, „Mono-line"-Versicherungspolice oder einer gleichwertigen Verpflichtung (nachfolgend unter dem Oberbegriff „Garantien" zusammengefasst, wobei ihr Steller diesbezüglich als „Garantiegeber" bezeichnet wird).

Unbeschadet der vorangehenden allgemeinen Bemerkungen umfassen derartige Vereinbarungen auch Verpflichtungen zur Gewährleistung der Rückzahlung von Schuldtiteln und/oder der Zahlung von Zinsen. In der Beschreibung sollte auch dargelegt werden, wie mit der Vereinbarung sichergestellt werden soll, dass die garantierten Zahlungen ordnungsgemäß bedient werden.

In Anhang VI Ziff. 1 Prospektverordnung wird der Begriff der „Garantie" definiert. Direkt bezieht sich die Definition von „Garantie" nur auf die Garantievereinbarungen, die im Prospekt inhaltlich beschrieben werden müssen. Indirekt wird dadurch aber auch der **Anwendungsbereich** aller Vorgaben des Anhang VI Prospektverordnung näher umschrieben.[1] 2

---

[1] *Schlitt/Schäfer*, in: Assmann/Schlitt/von Kopp-Colomb, WpPG, EU-Prospekt VO Anhang VI Rn. 5.

3   Der **Begriff der Garantie** ist entsprechend der Formulierung von Anhang VI Ziff. 1 Prospektverordnung **grundsätzlich weit** zu verstehen und umfasst jede Vereinbarung, mit der sichergestellt werden soll, dass jeder Verpflichtung, die für die Emission von wesentlicher Bedeutung ist, angemessen nachgekommen wird. In der Praxis relevant sind insbesondere Kapital- und Zinsgarantien.[2] Der eigentlichen Definition folgt eine Aufzählung verschiedener Vertragsformen (Sicherheit, „Keep well"-Übereinkunft, „Mono-line"-Versicherungspolice), welche die aufgestellten Voraussetzungen grundsätzlich erfüllen.

4   Diese Aufzählung ist allerdings **nicht abschließend**, wie durch die **Auffangklausel** „gleichwertige Verpflichtung" klar zum Ausdruck kommt.[3] Das Merkmal „gleichwertig" ist dabei so zu interpretieren, dass eine wesentliche Bedeutung der Verpflichtung für die Emission erforderlich ist.[4] Die Wesentlichkeit bestimmt sich rein nach objektiven Kriterien, auf subjektive Vorstellungen kommt es nicht an.[5] Strukturell greift die Auffangklausel in all jenen Fällen, in denen durch ein weiteres Rechtsverhältnis verbindlich eine Verpflichtung abgesichert wird, und das nicht einem der davor genannten spezifischen Begriffe unterfällt.[6] Hierunter fallen insbesondere die **Bürgschaft**[7] **und die Schuldübernahme** bzw. der **Schuldbeitritt**.[8] Aufgrund des weiten Anwendungsbereichs ist der in Anhang VI Ziff. 1 verwendete Begriff der „Garantie" nicht sonderlich treffend, da eine Garantie im deutschen Recht weitaus enger zu verstehen ist.[9] „Sicherheit" wäre daher die passendere Bezeichnung.[10]

5   Eine **„Keep well"-Übereinkunft** entspricht der Patronatserklärung im deutschen Recht: Eine Konzerngesellschaft des Emittenten verpflichtet sich als Garantiegeber dazu, den Emittenten finanziell mit den nötigen Mitteln auszustatten, damit dieser jederzeit die Ansprüche des Gläubigers befriedigen kann.[11] Bei der **„Mono-line"-Versicherung** gibt der Versicherer als Garantiegeber eine Ausfallgarantie für den Emittenten ab, wobei es sich allerdings nicht um eine allgemeine Absicherung handelt, sondern lediglich eine bestimmte Risikoart abgesichert wird.[12]

6   Das in der Praxis am häufigsten verwendete Sicherungsmittel ist die **Garantie im engeren Sinne** für **Finanztochtergesellschaften** oder **Holdings** von Konzerngesellschaften, deren Wertpapiere ohne eine solche Garantie der Konzernmutter bzw. der operativen Tochter quasi nicht marktfähig wären.[13] In einer solchen Konstellation entsteht für die Gläubiger

---

2   *Holzborn*, in: Holzborn, WpPG, Anhang VI EU-ProspV Rn. 2.
3   *Schlitt/Schäfer*, in: Assmann/Schlitt/von Kopp-Colomb, WpPG, EU-Prospekt VO Anhang VI Rn. 5.
4   *Holzborn*, in: Holzborn, WpPG, Anhang VI EU-ProspV Rn. 9; *Schlitt/Schäfer*, in: Assmann/Schlitt/von Kopp-Colomb, WpPG, EU-Prospekt VO Anhang VI Rn. 6.
5   *Holzborn*, in: Holzborn, WpPG, Anhang VI EU-ProspV Rn. 9.
6   *Holzborn*, in: Holzborn, WpPG, Anhang VI EU-ProspV Rn. 2.
7   *Holzborn*, in: Holzborn, WpPG, Anhang VI EU-ProspV Rn. 5.
8   *Holzborn*, in: Holzborn, WpPG, Anhang VI EU-ProspV Rn. 6.
9   Näher dazu: *Holzborn*, in: Holzborn, WpPG, Anhang VI EU-ProspV Rn. 3 f.
10 *Holzborn*, in: Holzborn, WpPG, Anhang VI EU-ProspV Rn. 3.
11 *Holzborn*, in: Holzborn, WpPG, Anhang VI EU-ProspV Rn. 2; *Schlitt/Schäfer*, in: Assmann/Schlitt/von Kopp-Colomb, WpPG, EU-Prospekt VO Anhang VI Rn. 5.
12 *Holzborn*, in: Holzborn, WpPG, Anhang VI EU-ProspV Rn. 2; *Jobst*, Verbriefung und ihre Auswirkung auf die Finanzmarktstabilität, S.13, Fn. 9.
13 *Holzborn*, in: Holzborn, WpPG, Anhang VI EU-ProspV Rn. 4; *Hutter*, in: Habersack/Mülbert/Schlitt, UntFinanzKM, §14 Rn. 31.

das Problem der „Strukturellen Nachrangigkeit" (*structural subordination*): Da der Emittent über keinen eigenen Cash-flow verfügt, ist er zur Bedienung seiner Anleihen auf Ausschüttungen oder Zahlungen der (Mutter-)Gesellschaft aus deren operativen Geschäft angewiesen. Für die Anleihegläubiger ist ein Rückgriff auf dieses Vermögen der operativ tätigen Gesellschaft nur nachrangig gegenüber originär eigenen Gläubigern dieser Gesellschaft möglich.[14] Durch von der operativen Gesellschaft gegebene Garantien wird diese strukturelle Nachrangigkeit überwunden.[15]

2. Anwendungsbereich der Garantie (Ziff. 2)

Es sind Einzelheiten über die Bedingungen und den Anwendungsbereich der Garantie offen zu legen. Unbeschadet der vorangehenden allgemeinen Bemerkungen müssen diese detaillierten Angaben jede Besonderheit bei der Anwendung der Garantie im Falle eines Ausfalls im Sinne der Sicherheit und der wesentlichen Bedingungen einer „Mono-line"-Versicherung oder einer „Keep well"-Übereinkunft zwischen dem Emittenten und dem Garantiegeber umfassen. Auch müssen detaillierte Angaben zu einem eventuellen Vetorecht des Garantiegebers in Bezug auf Veränderungen bei den Rechten eines Wertpapierinhabers gemacht werden, so wie dies bei einer „Mono-line"-Versicherung oftmals der Fall ist.

Bei der Darstellung von Einzelheiten zu den **Bedingungen** und dem **Anwendungsbereich** der Garantie im Prospekt gilt die allgemeine Vorgabe des § 5 WpPG, die eine leicht analysierbare und verständliche Beschreibung der Bestimmungen der Garantie fordert. In der Praxis wird in der Regel der gesamte oder der wesentliche Teil des Wortlauts der bindenden Version des Garantievertrages wiedergegeben.[16] Zu beachten ist, dass bei deutschsprachigen Prospekten grundsätzliche allein die deutsche Version des Garantietextes maßgeblicher Prospektinhalt ist. Allerdings hat die BaFin es in bestimmten Einzelfällen zugelassen (darunter bei der Darstellung der Garantiebedingungen), einzelne Prospektbestandteile in einer anderen Sprache als den Restprospekt (z. B. Englisch) im Prospekt abzudrucken (**sog. gebrochenes Sprachenregime**).[17] Eine unverbindliche Übersetzung der Garantiebedingungen (z. B. in Deutsch) könnte dann aber lediglich als Anhang hinter dem eigentlichen Prospekt beigefügt werden, ohne dadurch formeller Prospektinhalt zu werden.[18]

7

3. Offenzulegende Angaben über den Garantiegeber (Ziff. 3)

Der Garantiegeber muss Angaben über sich selbst offen legen, so als wäre er der Emittent derselben Art des Wertpapiers, die Gegenstand der Garantie ist.

---

14 *Holzborn*, in: Holzborn, WpPG, Anhang VI EU-ProspV Rn. 4; näher dazu: *Schlitt/Merkmat/Kasten*, AG 2011, 429, 437; *Kusserow/Dittrich*, WM 2000, 745 ff.
15 *Holzborn*, in: Holzborn, WpPG, Anhang VI EU-ProspV Rn. 4; *Schlitt/Merkmat/Kasten*, AG 2011, 429, 437.
16 *Schlitt/Schäfer*, in: Assmann/Schlitt/von Kopp-Colomb, WpPG, EU-Prospekt VO Anhang VI Rn. 7.
17 Vgl. dazu näher die Kommentierung zu § 19 Rn. 24 f.
18 *Schlitt/Schäfer*, AG 2008, 525, 529; *Schlitt/Schäfer*, in: Assmann/Schlitt/von Kopp-Colomb, WpPG, EU-Prospekt VO Anhang VI Rn. 7.

Anhang VI Mindestangaben für Garantien (Zusätzliches Modul)

8   Die von Anhang VI Ziff. 3 ProspektVO geforderten Angaben sind Bestandteil des Registrierformulars.[19] Der Verweis bezieht sich nicht nur auf die „Informationen über den Emittenten", sondern auf die kompletten **Anhänge I bis XVII ProspektVO**.[20] In welchem Umfang die **Beschreibung des Garantiegebers** zu erfolgen hat, richtet sich also nach dem von der Garantie erfassten und emittierten Wertpapier.[21] In aller Regel kann auf die Wertpapierbeschreibung verzichtet werden, da der Ausschluss der Doppelangabe gilt und eine entsprechende Beschreibung bereits durch den Emittenten selbst erfolgt.[22]

4. Einsehbare Dokumente (Ziff. 4)

Angabe des Ortes, an dem das Publikum die wesentlichen Verträge und sonstige Dokumente in Bezug auf die Garantie einsehen kann.

9   Im Prospekt muss ein Ort angegeben werden, an dem die wesentlichen Verträge und sonstigen Dokumente im Bezug auf die Garantie einsehbar sind. Dazu wird regelmäßig auf die **Zahlstelle** oder den **Garantiegeber** verwiesen.[23] Im Unterschied zu entsprechenden Vorgaben in den anderen Anhängen (vgl. z.B. Ziff. 24 Anhang I) fehlt hier eine ausdrückliche Regelung, die es ins Ermessen des Emittenten stellt, ob die Dokumente in Papierform oder auf elektronischem Wege bereitzustellen sind; vielmehr wird nur auf „den Ort" verwiesen, an dem die Dokumente eingesehen werden können.[24] Grund dafür ist wohl eine Anlehnung an Art. 13 Abs. 4 der Börsenzulassungsprospektrichtlinie 80/390/EG, die keine solche Unterscheidung kennt.[25] Aus Anlegerschutzgesichtspunkten spricht aber nichts dagegen, die Dokumente nur in elektronischer Form bereitzustellen.[26]

---

19 *Schlitt/Schäfer*, in: Assmann/Schlitt/von Kopp-Colomb, WpPG, EU-Prospekt VO Anhang VI Rn. 8.
20 *Holzborn*, in: Holzborn, WpPG, Anhang VI EU-ProspV Rn. 13.
21 *Schlitt/Schäfer*, in: Assmann/Schlitt/von Kopp-Colomb, WpPG, EU-Prospekt VO Anhang VI Rn. 8.
22 *Holzborn*, in: Holzborn, WpPG, Anhang VI EU-ProspV Rn. 13.
23 Vgl. dazu näher die Kommentierung zu § 19 Rn. 24; *Holzborn*, in: Holzborn, WpPG, Anhang VI EU-ProspV Rn. 14; *Schlitt/Schäfer*, in: Assmann/Schlitt/von Kopp-Colomb, WpPG, EU-Prospekt VO Anhang VI Rn. 10.
24 *Holzborn*, in: Holzborn, WpPG, Anhang VI EU-ProspV Rn. 14.
25 *Holzborn*, in: Holzborn, WpPG, Anhang VI EU-ProspV Rn. 14.
26 *Schlitt/Schäfer*, in: Assmann/Schlitt/von Kopp-Colomb, WpPG, EU-Prospekt VO Anhang I Rn. 308.

Anhang VII
Mindestangaben für das Registrierungsformular für durch Vermögenswerte unterlegte Wertpapiere („asset backed securities"/ABS) (Schema)

1. VERANTWORTLICHE PERSONEN

1.1. Alle Personen, die für die im Registrierungsformular gemachten Angaben bzw. für bestimmte Abschnitte des Registrierungsformulars verantwortlich sind. Im letzteren Fall sind die entsprechenden Abschnitte aufzunehmen. Im Falle von natürlichen Personen, zu denen auch Mitglieder der Verwaltungs-, Geschäftsführungs- und Aufsichtsorgane des Emittenten gehören, sind der Name und die Funktion dieser Person zu nennen. Bei juristischen Personen sind Name und eingetragener Sitz der Gesellschaft anzugeben.

1.2. Erklärung der für das Registrierungsformular verantwortlichen Personen, dass sie die erforderliche Sorgfalt haben walten lassen, um sicherzustellen, dass die im Registrierungsformular genannten Angaben ihres Wissens nach richtig sind und keine Tatsachen ausgelassen worden sind, die die Aussage des Registrierungsformulars wahrscheinlich verändern. Ggf. Erklärung der für bestimmte Abschnitte des Registrierungsformulars verantwortlichen Personen, dass sie die erforderliche Sorgfalt haben walten lassen, um sicherzustellen, dass die in dem Teil des Registrierungsformulars genannten Angaben, für den sie verantwortlich sind, ihres Wissens nach richtig sind und keine Tatsachen ausgelassen worden sind, die die Aussage des Registrierungsformulars wahrscheinlich verändern.

2. ABSCHLUSSPRÜFER

2.1. Namen und Anschrift der Abschlussprüfer des Emittenten, die für den von den historischen Finanzinformationen abgedeckten Zeitraum zuständig waren (einschließlich der Angabe ihrer Mitgliedschaft in einer Berufsvereinigung).

3. RISIKOFAKTOREN

3.1. Vorrangige Offenlegung von Risikofaktoren, die für den Emittenten oder seine Branche spezifisch sind, und zwar unter der Rubrik „Risikofaktoren".

4. ANGABEN ÜBER DEN EMITTENTEN

4.1. Erklärung, ob der Emittent als eine Zweckgesellschaft gegründet wurde oder als Unternehmen für den Zweck der Emission von ABS;

4.2. Juristischer und kommerzieller Name des Emittenten;

4.3. Ort der Registrierung des Emittenten und seine Registrierungsnummer;

4.4. Datum der Gründung und Existenzdauer des Emittenten, soweit diese nicht unbefristet ist;

4.5. Sitz und Rechtsform des Emittenten; Rechtsordnung, in der er tätig ist; Land der Gründung der Gesellschaft; Anschrift und Telefonnummer seines eingetragenen

Anhang VII Mindestangaben für das Registrierungsformular

Sitzes (oder Hauptort der Geschäftstätigkeit, falls nicht mit dem eingetragenen Sitz identisch);

4.6. Angabe des Betrags des genehmigten und ausgegebenen Kapitals sowie des Kapitals, dessen Ausgabe bereits genehmigt ist, sowie Zahl und Kategorie der Wertpapiere, aus denen es sich zusammensetzt.

5. GESCHÄFTSÜBERBLICK

5.1. Kurze Beschreibung der Haupttätigkeitsbereiche des Emittenten.

5.2. Gesamtüberblick über die Teilnehmer des Verbriefungsprogramms, einschließlich Angaben über direkte oder indirekte Besitz- oder Kontrollverhältnisse zwischen diesen Teilnehmern.

6. VERWALTUNGS-, GESCHÄFTSFÜHRUNGS- UND AUFSICHTSORGANE

6.1. Name und Geschäftsanschrift nachstehender Personen sowie ihre Stellung beim Emittenten unter Angabe der wichtigsten Tätigkeiten, die sie außerhalb des Emittenten ausüben, sofern diese für den Emittenten von Bedeutung sind:

a) Mitglieder der Verwaltungs-, Geschäftsführungs- oder Aufsichtsorgane;
b) persönlich haftende Gesellschafter bei einer Kommanditgesellschaft auf Aktien.

7. HAUPTAKTIONÄRE

7.1. Sofern dem Emittenten bekannt, Angabe, ob an dem Emittenten unmittelbare oder mittelbare Beteiligungen oder Beherrschungsverhältnisse bestehen, und wer diese Beteiligungen hält bzw. diese Beherrschung ausübt. Beschreibung der Art und Weise einer derartigen Kontrolle und der vorhandenen Maßnahmen zur Verhinderung des Missbrauchs einer derartigen Kontrolle.

8. FINANZINFORMATIONEN ÜBER VERMÖGENS-, FINANZ- UND ERTRAGSLAGE DES EMITTENTEN

8.1. Hat ein Emittent seit seiner Gründung oder Niederlassung noch nicht mit der Geschäftstätigkeit begonnen und wurde zum Termin der Abfassung des Registrierungsformulars noch kein Jahresabschluss erstellt, so ist in dem Registrierungsformular ein entsprechender Vermerk aufzunehmen.

8.2. Historische Finanzinformationen

Hat ein Emittent seit seiner Gründung oder Niederlassung bereits mit der Geschäftstätigkeit begonnen und wurde ein Jahresabschluss erstellt, so sind in dem Registrierungsformular geprüfte historische Finanzinformationen aufzunehmen, die die letzten zwei Geschäftsjahre abdecken (bzw. einen entsprechenden kürzeren Zeitraum, während dessen der Emittent tätig war), sowie ein Bestätigungsvermerk für jedes Geschäftsjahr. Hat der Emittent in der Zeit, für die historische Finanzinformationen beizubringen sind, seinen Bilanzstichtag geändert, so decken die geprüften historischen Finanzinformationen mindestens 24 Monate oder – sollte der Emittent seiner Geschäftstätigkeit noch keine 24 Monate nachgegangen sein – den gesamten Zeitraum seiner Geschäftstätigkeit ab. Derartige Finanzinformationen sind gemäß der Verordnung (EG) Nr. 1606/2002 zu erstellen bzw. für den Fall, dass diese Ver-

Mindestangaben für das Registrierungsformular **Anhang VII**

ordnung nicht anwendbar ist, gemäß den nationalen Rechnungslegungsgrundsätzen eines Mitgliedstaats, wenn der Emittent aus der Gemeinschaft stammt. Bei Emittenten aus Drittstaaten sind diese Finanzinformationen nach den im Verfahren des Artikels 3 der Verordnung (EG) Nr. 1606/2002 übernommenen internationalen Rechnungslegungsstandards oder nach diesen Standards gleichwertigen nationalen Rechnungslegungsgrundsätzen eines Drittstaates zu erstellen. Ist keine Äquivalenz zu den Standards gegeben, so sind die Finanzinformationen in Form eines neu zu erstellenden Jahresabschlusses vorzulegen.

Die historischen Finanzinformationen müssen für das jüngste Geschäftsjahr in einer Form dargestellt und erstellt werden, die mit der konsistent ist, die im folgenden veröffentlichten Jahresabschluss des Emittenten zur Anwendung gelangen wird, wobei Rechnungslegungsstandards und -strategien sowie die Rechtsvorschriften zu berücksichtigen sind, die auf derlei Jahresabschlüsse Anwendung finden.

Ist der Emittent in seiner aktuellen Wirtschaftsbranche weniger als ein Jahr tätig, so sind die geprüften historischen Finanzinformationen für diesen Zeitraum gemäß den Standards zu erstellen, die auf Jahresabschlüsse im Sinne der Verordnung (EG) Nr. 1606/2002 anwendbar sind bzw. für den Fall, dass diese Verordnung nicht anwendbar ist, gemäß den nationalen Rechnungslegungsgrundsätzen eines Mitgliedstaats, wenn der Emittent aus der Gemeinschaft stammt. Bei Emittenten aus Drittstaaten sind diese historischen Finanzinformationen nach den im Verfahren des Artikels 3 der Verordnung (EG) Nr. 1606/2002 übernommenen internationalen Rechnungslegungsstandards oder nach diesen Standards gleichwertigen nationalen Rechnungslegungsgrundsätzen eines Drittstaates zu erstellen. Diese historischen Finanzinformationen müssen geprüft worden sein.

Wurden die geprüften Finanzinformationen gemäß nationaler Rechnungslegungsgrundsätze erstellt, dann müssen die unter dieser Rubrik geforderten Finanzinformationen zumindest Folgendes enthalten:

a) die Bilanz;
b) die Gewinn- und Verlustrechnung;
c) die Rechnungslegungsstrategien und erläuternde Anmerkungen.

Die historischen jährlichen Finanzinformationen müssen unabhängig und in Übereinstimmung mit den in dem jeweiligen Mitgliedstaat anwendbaren Prüfungsstandards oder einem äquivalenten Standard geprüft worden sein oder es muss für das Registrierungsformular vermerkt werden, ob sie in Übereinstimmung mit dem in dem jeweiligen Mitgliedstaat anwendbaren Prüfungsstandard oder einem äquivalenten Standard ein den tatsächlichen Verhältnissen entsprechendes Bild vermitteln.

8.2a Dieser Absatz darf lediglich auf Emissionen von ABS mit einer Mindeststückelung von 100 000 EUR angewandt werden

Hat ein Emittent seit seiner Gründung oder Niederlassung bereits mit der Geschäftstätigkeit begonnen und wurde ein Jahresabschluss erstellt, so sind in dem Registrierungsformular geprüfte historische Finanzinformationen aufzunehmen, die die letzten zwei Geschäftsjahre abdecken (bzw. einen entsprechenden kürzeren Zeitraum, während dessen der Emittent tätig war), sowie ein Bestätigungsvermerk für jedes Geschäftsjahr. Hat der Emittent in der Zeit, für die historische Finanzinfor-

Anhang VII Mindestangaben für das Registrierungsformular

mationen beizubringen sind, seinen Bilanzstichtag geändert, so decken die geprüften historischen Finanzinformationen mindestens 24 Monate oder – sollte der Emittent seiner Geschäftstätigkeit noch keine 24 Monate nachgegangen sein – den gesamten Zeitraum seiner Geschäftstätigkeit ab. Derartige Finanzinformationen sind gemäß der Verordnung (EG) Nr. 1606/2002 zu erstellen bzw. für den Fall, dass diese Verordnung nicht anwendbar ist, gemäß den nationalen Rechnungslegungsgrundsätzen eines Mitgliedstaats, wenn der Emittent aus der Gemeinschaft stammt. Bei Emittenten aus Drittstaaten sind diese Finanzinformationen nach den im Verfahren des Artikels 3 der Verordnung (EG) Nr. 1606/2002 übernommenen internationalen Rechnungslegungsstandards oder nach diesen Standards gleichwertigen nationalen Rechnungslegungsgrundsätzen eines Drittstaates zu erstellen. Ansonsten müssen folgende Angaben in das Registrierungsformular aufgenommen werden:

a) Eine eindeutige Erklärung dahingehend, dass die in das Registrierungsformular aufgenommenen Finanzinformationen nicht nach den im Verfahren des Artikels 3 der Verordnung (EG) Nr. 1606/2002 übernommenen internationalen Rechnungslegungsstandards erstellt wurden und dass die Finanzinformationen erhebliche Unterschiede aufweisen könnten, wenn die Verordnung (EG) Nr. 1606/2002 doch auf die historischen Finanzinformationen angewandt worden wäre;

b) Unmittelbar nach den historischen Finanzinformationen sind die Unterschiede zwischen den im Verfahren des Artikels 3 der Verordnung (EG) Nr. 1606/2002 übernommenen internationalen Rechnungslegungsstandards und den Rechnungslegungsgrundsätzen in einer Beschreibung darzulegen, die der Emittent bei der Erstellung seines Jahresabschlusses zugrunde gelegt hat.

Die historischen Finanzinformationen müssen für das letzte Jahr in einer Form dargestellt und erstellt werden, die mit der konsistent ist, die im folgenden Jahresabschluss des Emittenten zur Anwendung gelangen wird, wobei die Rechnungslegungsgrundsätze und -strategien sowie die Rechtsvorschriften zu berücksichtigen sind, die auf derlei Jahresabschlüsse Anwendung finden.

Wurden die geprüften Finanzinformationen gemäß nationaler Rechnungslegungsgrundsätze erstellt, dann müssen die unter dieser Rubrik geforderten Finanzinformationen zumindest Folgendes enthalten:

a) die Bilanz;
b) die Gewinn- und Verlustrechnung; und
c) die Rechnungslegungsstrategien und erläuternde Anmerkungen.

Die historischen jährlichen Finanzinformationen müssen unabhängig und in Übereinstimmung mit den in dem jeweiligen Mitgliedstaat anwendbaren Prüfungsstandards oder einem äquivalenten Standard geprüft worden sein oder es muss für das Registrierungsformular vermerkt werden, ob sie in Übereinstimmung mit dem in dem jeweiligen Mitgliedstaat anwendbaren Prüfungsstandard oder einem äquivalenten Standard ein den tatsächlichen Verhältnissen entsprechendes Bild vermitteln. Ansonsten müssen folgende Angaben in das Registrierungsformular aufgenommen werden:

a) eine eindeutige Erklärung dahingehend, welche Prüfungsstandards zugrunde gelegt wurden;

b) eine Erläuterung für die Fälle, in denen von den Internationalen Prüfungsstandards in erheblichem Maße abgewichen wurde.

8.3. Gerichts- und Schiedsgerichtsverfahren

Angaben über etwaige staatliche Interventionen, Gerichts- oder Schiedsgerichtsverfahren (einschließlich derjenigen Verfahren, die nach Kenntnis des Unternehmens noch anhängig sind oder eingeleitet werden könnten), die im Zeitraum der mindestens letzten 12 Monate bestanden/abgeschlossen wurden, und die sich erheblich auf die Finanzlage oder die Rentabilität des Emittenten und/oder der Gruppe auswirken bzw. in jüngster Zeit ausgewirkt haben. Ansonsten ist eine negative Erklärung abzugeben.

8.4. Bedeutende negative Veränderungen in der Finanzlage des Emittenten

Hat ein Emittent einen Jahresabschluss erstellt, so ist darin eine Erklärung aufnehmen, der zufolge sich seine Finanzlage oder seine Aussichten seit dem Datum des letzten veröffentlichten und geprüften Jahresabschlusses nicht negativ verändert hat bzw. haben. Ist eine bedeutende negative Veränderung eingetreten, so ist sie im Registrierungsformular zu erläutern.

9. ANGABEN VON SEITEN DRITTER, ERKLÄRUNGEN VON SEITEN SACHVERSTÄNDIGER UND INTERESSENERKLÄRUNGEN

9.1. Wird in das Registrierungsformular eine Erklärung oder ein Bericht einer Person aufgenommen, die als Sachverständiger handelt, so sind der Name, die Geschäftsadresse, die Qualifikationen und – falls vorhanden – das wesentliche Interesse am Emittenten anzugeben. Wurde der Bericht auf Ersuchen des Emittenten erstellt, so ist eine diesbezügliche Erklärung dahingehend abzugeben, dass die aufgenommene Erklärung oder der aufgenommene Bericht in der Form und in dem Zusammenhang, in dem sie bzw. er aufgenommen wurde, die Zustimmung von Seiten dieser Person erhalten hat, die den Inhalt dieses Teils des Registrierungsformulars gebilligt hat.

9.2. Sofern Angaben von Seiten Dritter übernommen wurden, ist zu bestätigen, dass diese Angaben korrekt wiedergegeben wurden und dass – soweit es dem Emittenten bekannt ist und er aus den von dieser dritten Partei veröffentlichten Informationen ableiten konnte – keine Tatsachen unterschlagen wurden, die die wiedergegebenen Informationen unkorrekt oder irreführend gestalten würden. Darüber hinaus hat der Emittent die Quelle(n) der Informationen anzugeben.

10. EINSEHBARE DOKUMENTE

10.1. Abzugeben ist eine Erklärung dahingehend, dass während der Gültigkeitsdauer des Registrierungsformulars ggf. die folgenden Dokumente oder deren Kopien eingesehen werden können:

a) die Satzung und die Statuten des Emittenten;
b) sämtliche Berichte, Schreiben und sonstigen Dokumente, historischen Finanzinformationen, Bewertungen und Erklärungen, die von einem Sachverständigen auf Ersuchen des Emittenten abgegeben wurden, sofern Teile davon in das Registrierungsformular eingefügt worden sind oder in ihm darauf verwiesen wird;

Anhang VII Mindestangaben für das Registrierungsformular

c) die historischen Finanzinformationen des Emittenten oder im Falle einer Gruppe die historischen Finanzinformationen für den Emittenten und seine Tochtergesellschaften für jedes der Veröffentlichung des Registrierungsformulars vorausgegangenen beiden letzten Geschäftsjahre.

Anzugeben ist auch, wo in diese Dokumente in Papierform oder auf elektronischem Wege Einsicht genommen werden kann.

(ohne Kommentierung)

Anhang VIII
Mindestangaben für durch Vermögenswerte unterlegte Wertpapiere („asset backed securities"/ABS) (Zusätzliches Modul)

1. WERTPAPIERE

1.1. Mindeststückelung einer Emission.

1.2. Werden Angaben über ein Unternehmen/einen Schuldner veröffentlicht, das bzw. der in die Emission nicht involviert ist, ist zu bestätigen, dass die das Unternehmen oder den Schuldner betreffenden Angaben korrekt den Informationen entnommen wurden, die vom Unternehmen oder vom Schuldner selbst publiziert wurden, und dass – soweit es dem Emittenten bekannt ist und er aus den von dem Unternehmen bzw. dem Schuldner übermittelten Informationen ableiten konnte – keine Tatsachen unterschlagen wurden, die die wiedergegebenen Informationen irreführend gestalten würden.

Darüber hinaus ist die Quelle(n) der Informationen in der Wertpapierbeschreibung zu ermitteln, die den Informationen entnommen wurden, die das Unternehmen oder der Schuldner selbst publiziert haben.

2. BASISVERMÖGENSWERTE

2.1. Es ist zu bestätigen, dass die verbrieften Aktiva, die die Emission unterlegen, Merkmale aufweisen, denen zufolge sie in der Lage sind, Mittel zu erwirtschaften, die der Bedienung der fälligen Zahlungen für die Wertpapiere zugute kommen.

2.2. In Bezug auf einen Pool von Aktiva, über die eine Dispositionsbefugnis besteht, sind die folgenden Angaben beizubringen

2.2.1. Die Rechtsordnung, unter die dieser Aktiva-Pool fällt.

2.2.2.

a) Im Falle einer kleineren Zahl von leicht identifizierbaren Schuldnern ist eine allgemeine Beschreibung jedes Schuldners beizubringen.

b) In allen anderen Fällen ist eine Beschreibung folgender Aspekte beizubringen: die allgemeinen Merkmale der Schuldner; und das wirtschaftliche Umfeld sowie die globalen statistischen Daten in Bezug auf die verbrieften Aktiva.

2.2.3. Die Rechtsnatur der Aktiva;

2.2.4. Der Fälligkeitstermin bzw. die Fälligkeitstermine der Aktiva;

2.2.5. Der Betrag der Aktiva;

2.2.6. Die Beleihungsquote oder den Grad der Besicherung;

2.2.7. Die Methode der Entstehung oder der Schaffung der Aktiva sowie bei Darlehen oder Kreditverträgen die Hauptdarlehenskriterien und einen Hinweis auf et-

Anhang VIII Mindestangaben für durch Vermögenswerte unterlegte Wertpapiere

waige Darlehen, die diesen Kriterien nicht genügen, sowie etwaige Rechte oder Verpflichtungen im Hinblick auf die Zahlung weiterer Vorschüsse;

2.2.8. Hinweis auf wichtige Zusicherungen und Sicherheiten, die dem Emittenten in Bezug auf die Aktiva gemacht oder gestellt wurden;

2.2.9. Etwaige Substitutionsrechte für die Aktiva und eine Beschreibung der Art und Weise, wie die Aktiva so ersetzt werden können und der Kategorie der Aktiva, die ersetzt werden können. Sollte die Möglichkeit bestehen, Aktiva durch Aktiva einer anderen Kategorie oder Qualität zu ersetzen, so ist eine diesbezügliche Erklärung samt einer Beschreibung der Auswirkungen einer solchen Substitution aufzunehmen;

2.2.10. Beschreibung sämtlicher relevanten Versicherungspolicen, die für die Aktiva abgeschlossen wurden. Eine Konzentration bei ein und derselben Versicherungsgesellschaft sollte gemeldet werden, wenn sie für die Transaktion von wesentlicher Bedeutung ist;

2.2.11. Setzen sich die Aktiva aus Verpflichtungen von fünf oder weniger Schuldnern zusammen, bei denen es sich um juristische Personen handelt, oder sind mehr als 20% der Aktiva einem einzigen Schuldner zuzurechnen bzw. hält ein einziger Schuldner einen wesentlichen Teil der Aktiva – sofern dies dem Emittenten bekannt ist und/oder er in der Lage ist, dies aus den veröffentlichten Informationen des/der Schuldners/Schuldner abzuleiten – so ist eine der beiden folgenden Angaben beizubringen:

a) Angaben über jeden Schuldner, so als träte er an die Stelle eines Emittenten, der ein Registrierungsformular für Schuldtitel und derivative Wertpapiere mit einer Mindeststückelung von EUR 100 000 zu erstellen hat;
b) Name, Anschrift, Land der Gründung, Art der Geschäftstätigkeit und Bezeichnung des Marktes, auf dem die Wertpapiere zugelassen sind, wenn es sich um einen Schuldner oder Garantiegeber handelt, dessen Wertpapiere bereits zum Handel auf einem geregelten oder vergleichbaren Markt zugelassen wurden, oder wenn die Verpflichtungen von einem Unternehmen garantiert werden, das ebenfalls bereits zum Handel auf einem geregelten oder vergleichbaren Markt zugelassen wurde.

2.2.12. Besteht zwischen dem Emittenten, dem Garantiegeber und dem Schuldner eine Beziehung, die für die Emission von wesentlicher Bedeutung ist, sind die wichtigsten Aspekte dieser Beziehung im Detail zu erläutern.

2.2.13. Umfassen die Aktiva Verpflichtungen in Bezug auf Wertpapiere, die nicht auf einem geregelten oder vergleichbaren Markt gehandelt werden, so ist eine Beschreibung der wichtigsten Bedingungen dieser Verpflichtungen beizubringen.

2.2.14. Umfassen die Aktiva Dividendenwerte, die zum Handel auf einem geregelten oder vergleichbaren Markt zugelassen sind, so sind folgende Angaben beizubringen:

a) eine Beschreibung der Wertpapiere;
b) eine Beschreibung des Marktes, auf dem sie gehandelt werden, einschließlich Angabe des Gründungsdatums dieses Marktes, der Art und Weise der Veröffentlichung der Kursinformationen, der täglichen Handelsvolumina, der Bedeutung

des Marktes in seinem Land und der für den Markt zuständigen Regulierungsbehörde;
c) Häufigkeit der Veröffentlichung der Kurse für die einschlägigen Wertpapiere.

2.2.15. Umfassen mehr als zehn (10) Prozent der Aktiva Dividendenwerte, die nicht auf einem geregelten oder vergleichbaren Markt gehandelt werden, sind eine Beschreibung dieser Dividendenwerte sowie Angaben für jeden Emittenten dieser Wertpapiere beizubringen, die den Angaben vergleichbar sind, die in dem Schema für das Registrierungsformular für Aktien gefordert werden.

2.2.16. Wird ein bedeutender Teil der Aktiva durch Immobilien besichert oder unterlegt, ist ein Schätzgutachten für diese Immobilie beizubringen, in dem sowohl die Schätzung der Immobilie als auch die Kapitalfluss– und Einkommensströme erläutert werden.

Dieser Offenlegung muss nicht nachgekommen werden, wenn es sich um eine Emission von Wertpapieren handelt, die durch Hypothekendarlehen unterlegt sind, wobei die Immobilien als Sicherheiten dienen, sofern diese Immobilien im Hinblick auf die Emission nicht neu geschätzt wurden und klar ist, dass es sich bei den besagten Schätzungen um diejenigen handelt, die zum Zeitpunkt des ursprünglichen Hypothekendarlehens vorgenommen wurden.

2.3. In Bezug auf einen aktiv gemanagten Pool von Aktiva, die die Emission unterlegen, sind folgende Angaben beizubringen

2.3.1. Gleichwertige Angaben wie in 2.1 und 2.2, um eine Bewertung des Typs, der Qualität, der Hinlänglichkeit und der Liquidität der im Portfolio gehaltenen Aktiva vornehmen zu können, die der Besicherung der Emission dienen.

2.3.2. Die Parameter, innerhalb deren die Anlagen getätigt werden können; Name und Beschreibung des Unternehmens, das für ein derartiges Management zuständig ist, einschließlich einer Beschreibung des in diesem Unternehmen vorhandenen Sachverstands bzw. der bestehenden Erfahrungen; Zusammenfassung der Bestimmungen, die die Beendigung des Vertragsverhältnisses mit dem entsprechenden Unternehmen und die Bestellung eines anderen Managementunternehmens festlegen und Beschreibung des Verhältnisses dieses Unternehmens zu anderen an der Emission beteiligten Parteien.

2.4. Schlägt ein Emittent vor, weitere Wertpapiere zu emittieren, die von denselben Aktiva unterlegt werden, ist eine entsprechende eindeutige Erklärung abzugeben und – sofern nicht diese neuen Wertpapiere mit den Kategorien der bestehenden Schuldtitel fungibel oder diesen nachgeordnet sind – eine Beschreibung der Art und Weise, wie die Inhaber der bestehenden Schuldtitel unterrichtet werden sollen.

3. STRUKTUR UND KAPITALFLUSS

3.1. Beschreibung der Struktur der Transaktion, einschließlich ggf. eines Strukturdiagramms.

3.2. Beschreibung der an der Emission beteiligten Unternehmen und der von ihnen auszuführenden Aufgaben.

Anhang VIII Mindestangaben für durch Vermögenswerte unterlegte Wertpapiere

3.3. Beschreibung der Methode und des Datums des Verkaufs, der Übertragung, der Novation oder der Zession der Aktiva bzw. etwaiger sich aus den Aktiva ergebenden Rechte und/oder Pflichten gegenüber dem Emittenten, oder ggf. der Art und Weise und der Frist, auf die bzw. innerhalb deren der Emittent die Erträge der Emission vollständig investiert haben wird.

3.4. Erläuterung des Mittelflusses, einschließlich

3.4.1. der Art und Weise, wie der sich aus den Aktiva ergebende Kapitalfluss den Emittenten in die Lage versetzen soll, seinen Verpflichtungen gegenüber den Wertpapierinhabern nachzukommen. Erforderlichenfalls ist eine Tabelle mit der Bedienung der finanziellen Verpflichtungen aufzunehmen sowie eine Beschreibung der Annahmen, die der Erstellung dieser Tabelle zugrunde liegen;

3.4.2. Angaben über die Verbesserung der Kreditwürdigkeit der Anleiheemission; Angabe, wo bedeutende potenzielle Liquiditätsdefizite auftreten könnten und Verfügbarkeit etwaiger Liquiditätshilfen; Angabe der Bestimmungen, die die Zinsrisiken bzw. Hauptausfallrisiken auffangen sollen;

3.4.3. unbeschadet des in 3.4.2 Gesagten, Einzelheiten zu etwaigen Finanzierungen von nachgeordneten Verbindlichkeiten;

3.4.4. Angabe von Anlageparametern für die Anlage von zeitweiligen Liquiditätsüberschüssen und Beschreibung der für eine solche Anlage zuständigen Parteien;

3.4.5. Beschreibung der Art und Weise, wie Zahlungen in Bezug auf die Aktiva zusammengefasst werden;

3.4.6. Rangordnung der Zahlungen, die vom Emittenten an die Inhaber der entsprechenden Wertpapierkategorien geleistet werden, und

3.4.7. detaillierte Angaben zu Vereinbarungen, die den Zins- und Kapitalzahlungen an die Anleger zugrunde liegen;

3.5. Name, Anschrift und wesentliche Geschäftstätigkeiten der ursprünglichen Besitzer der verbrieften Aktiva.

3.6. ist die Rendite und/oder Rückzahlung des Wertpapiers an die Leistung oder Kreditwürdigkeit anderer Aktiva geknüpft, die keine Aktiva des Emittenten sind, gilt das unter 2.2 und 2.3 Gesagte.

3.7. Name, Anschrift und wesentliche Geschäftstätigkeiten des Verwalters, der Berechnungsstelle oder einer gleichwertigen Person, zusammen mit einer Zusammenfassung der Zuständigkeiten des Verwalters bzw. der Berechnungsstelle; ihr Verhältnis zum ursprünglichen Besitzer oder „Schaffer" der Aktiva und eine Zusammenfassung der Bestimmungen, die das Ende der Bestellung des Verwalters/der Berechnungsstelle und die Bestellung eines anderen Verwalters/Berechnungsstelle regeln.

3.8. Namen und Anschriften sowie kurze Beschreibung:

a) etwaiger Swap-Vertragsparteien und Beschaffer anderer wesentlicher Formen von Bonitäts- oder Liquiditätsverbesserungen;

b) der Banken, bei denen die Hauptkonten in Bezug auf die Transaktion geführt werden.

Mindestangaben für durch Vermögenswerte unterlegte Wertpapiere **Anhang VIII**

4. „EX POST"- INFORMATIONEN

4.1. Angabe im Prospekt, ob beabsichtigt ist, „ex post"-Transaktionsinformationen nach Abschluss der Emission in Bezug auf Wertpapiere zu veröffentlichen, die zum Handel zugelassen werden sollen, sowie in Bezug auf die Leistungskraft der Basissicherheit. Hat der Emittent eine derartige Absicht bekundet, ist im Prospekt zu spezifizieren, welche Informationen veröffentlicht werden, wo sie erhalten werden können und wie häufig sie publiziert werden.

(ohne Kommentierung)

Anhang IX
Mindestangaben für das Registrierungsformular für Schuldtitel und derivative Wertpapiere (Schema)
(Schuldtitel und derivative Wertpapiere mit einer Mindeststückelung von EUR 100 000)

Übersicht

	Rn.		Rn.
I. Einleitung	1	9. Verwaltungs-, Geschäftsführungs- und Aufsichtsorgane (Ziff. 9)	11
II. Einzelne Mindestangaben	2	10. Hauptaktionäre (Ziff. 10)	12
1. Verantwortliche Personen (Ziff. 1)	2	11. Finanzinformationen über die Vermögens-, Finanz- und Ertragslage des Emittenten (Ziff. 11)	13
2. Abschlussprüfer (Ziff. 2)	3	12. Wesentliche Verträge (Ziff. 12)	18
3. Risikofaktoren (Ziff. 3)	4	13. Angaben von Seiten Dritter, Erklärungen von Seiten Sachverständiger und Interessenerklärungen (Ziff. 13)	19
4. Angaben über den Emittenten (Ziff. 4)	5		
5. Geschäftsüberblick (Ziff. 5)	7		
6. Organisationsstruktur (Ziff. 6)	8		
7. Trendinformationen (Ziff. 7)	9		
8. Gewinnprognosen oder -schätzungen (Ziff. 8)	10	14. Einsehbare Dokumente (Ziff. 14)	20

I. Einleitung

1   Zur Abgrenzung des Anwendungsbereichs von Anhang V zu anderen Anhängen der Prospektverordnung wird auf die Kommentierung zu Art. 8 Prospektverordnung verwiesen.

II. Einzelne Mindestangaben von Anhang IX

1. Verantwortliche Personen (Ziff. 1)

1.1. Alle Personen, die für die im Registrierungsformular gemachten Angaben bzw. für bestimmte Abschnitte des Registrierungsformulars verantwortlich sind. Im letzteren Fall sind die entsprechenden Abschnitte aufzunehmen. Im Falle von natürlichen Personen, zu denen auch Mitglieder der Verwaltungs-, Geschäftsführungs- oder Aufsichtsorgane des Emittenten gehören, sind der Name und die Funktion dieser Person zu nennen. Bei juristischen Personen sind Name und eingetragener Sitz der Gesellschaft anzugeben.

1.2. Erklärung der für das Registrierungsformular verantwortlichen Personen, dass sie die erforderliche Sorgfalt haben walten lassen, um sicherzustellen, dass die im Registrierungsformular genannten Angaben ihres Wissens nach richtig sind und keine Tatsachen ausgelassen worden sind, die die Aussage des Registrierungsformulars wahrscheinlich verändern. Ggf. Erklärung der für bestimmte Abschnitte des

Registrierungsformulars verantwortlichen Personen, dass sie die erforderliche Sorgfalt haben walten lassen, um sicherzustellen, dass die in dem Teil des Registrierungsformulars genannten Angaben, für die sie verantwortlich sind, ihres Wissens nach richtig sind und keine Tatsachen ausgelassen worden sind, die die Aussage des Registrierungsformulars wahrscheinlich verändern.

Der **Wortlaut** der Ziff. 1.1. und 1.2 von Anhang IX der Prospektverordnung ist **identisch mit dem Wortlaut von Ziff. 1.1 und 1.2 von Anhang I der Prospektverordnung**; auf die entsprechende Kommentierung wird daher verwiesen.[1] Zu **Besonderheiten gegenüber Aktienemissionen** vgl. Rn. 6 zu Art. 7, Anhang IV Prospektverordnung.

2. Abschlussprüfer (Ziff. 2)

2.1. Namen und Anschrift der Abschlussprüfer des Emittenten, die für den von den historischen Finanzinformationen abgedeckten Zeitraum zuständig waren (einschließlich der Angabe ihrer Mitgliedschaft in einer Berufsvereinigung).

2.2. Wurden Abschlussprüfer während des von den historischen Finanzinformationen abgedeckten Zeitraums abberufen, nicht wieder bestellt oder haben sie ihr Mandat niedergelegt so sind entsprechende Einzelheiten offen zu legen, wenn sie von wesentlicher Bedeutung sind.

Der Wortlaut der Ziff. 2.1. und 2.2 von Anhang IX der Prospektverordnung ist **identisch mit dem Wortlaut von Ziff. 2.1 und 2.2 von Anhang I der Prospektverordnung**; auf die entsprechende Kommentierung wird daher verwiesen.[2]

3. Risikofaktoren (Ziff. 3)

3.1. Klare Offenlegung von Risikofaktoren, die die Fähigkeit des Emittenten beeinflussen können, seinen aus dem Wertpapier resultierenden Verpflichtungen gegenüber den Anlegern nachzukommen (unter der Rubrik „Risikofaktoren").

Der Wortlaut von Ziff. 3.1 ist **im Wesentlichen identisch mit dem Wortlaut von Ziff. 4 Anhang IV**; auf die Kommentierung von Ziff. 4 Anhang IV wird daher verwiesen.[3]

4. Angaben über den Emittenten (Ziff. 4)

4.1. Geschäftsgeschichte und Geschäftsentwicklung des Emittenten

4.1.1. Juristischer und kommerzieller Name des Emittenten;

4.1.2. Ort der Registrierung des Emittenten und seine Registrierungsnummer;

4.1.3. Datum der Gründung und Existenzdauer des Emittenten, soweit diese nicht unbefristet ist;

4.1.4. Sitz und Rechtsform des Emittenten; Rechtsordnung, unter der er tätig ist; Land der Gründung der Gesellschaft; Anschrift und Telefonnummer seines einge-

---
[1] Vgl. *Meyer*, Anhang I Ziff. 1 Rn. 1 ff.
[2] Vgl. *Müller*, Anhang I Ziff. 2 Rn. 1 ff.
[3] Vgl. *Wolf/Wink*, Anhang IV Ziff. 4 Rn. 7.

Anhang IX   Mindestangaben für das Registrierungsformular

tragenen Sitzes (oder Hauptort der Geschäftstätigkeit, falls nicht mit dem eingetragenen Sitz identisch);

4.1.5. Jüngste Ereignisse, die für den Emittenten eine besondere Bedeutung haben und die in hohem Maße für die Bewertung der Solvenz des Emittenten relevant sind.

5   Der Wortlaut von Ziff. 4.1.1 bis 4.1.5 ist **identisch mit dem Wortlaut von Ziff. 5.1.1. bis 5.1.5 von Anhang I** der Prospektverordnung; auf die entsprechende Kommentierung wird daher verwiesen.[4]

6   Bedingt durch das geringere Informationsbedürfnis der Anleger sind **Angaben zu Investitionen** – anders als bei Ziff. 5.2 Anhang IV Prospektverordnung zu Schuldtiteln mit einer Stückelung von weniger als EUR 100.000 – **grundsätzlich nicht erforderlich**. Falls bestimmte Investitionen allerdings von derartiger Bedeutung sind, dass sich nur mit ihnen ein vollständiges Bild, insbesondere über die Solvenz des Emittenten ergeben würde, muss eine Beschreibung dieser Investitionen in das Registrierungsformular aufgenommen werden.[5]

5. Geschäftsüberblick (Ziff. 5)

5.1. Haupttätigkeitsbereiche

5.1.1. Kurze Beschreibung der Haupttätigkeiten des Emittenten unter Angabe der wichtigsten Kategorien der vertriebenen Produkte und/oder erbrachten Dienstleistungen;

5.1.2. Kurze Erläuterung der Grundlage für etwaige Erklärungen des Emittenten im Registrierungsformular hinsichtlich seiner Wettbewerbsposition.

7   Der Wortlaut von Ziff. 5.1.1 und 5.1.2 von Anhang IX **ist im Wesentlichen inhaltsgleich mit dem Wortlaut von Ziff. 6.1.1 und 6.1.4 von Anhang IV**; auf die Kommentierung hierzu kann daher verwiesen werden.[6] Im Gegensatz zu den Mindestangaben nach Anhang IV **nicht erforderlich** sind an dieser Stelle Angaben zu neuen Produkten bzw. Dienstleistungen und zu den für den Emittenten wichtigsten Märkten.

6. Organisationsstruktur (Ziff. 6)

6.1. Ist der Emittent Teil einer Gruppe, kurze Beschreibung der Gruppe und der Stellung des Emittenten innerhalb dieser Gruppe.

6.2. Ist der Emittent von anderen Instituten innerhalb der Gruppe abhängig, ist dies klar anzugeben und eine Erklärung zu seiner Abhängigkeit abzugeben.

8   Ziff. 6 von Anhang IX ist **inhaltsgleich mit Ziff. 7 von Anhang IV**; auf die entsprechende Kommentierung kann daher verwiesen werden.[7]

---

4 Vgl. *Kopp/Metzner*, Anhang I Ziff. 5 Rn. 1 ff.
5 *Seitz/Maier*, in: Assmann/Schlitt/von Kopp-Colomb, WpPG/VerkProspG, EU-ProspektVO Anhang IX Rn. 10.
6 Vgl. *Wolf/Wink*, Anhang IV Ziff. 6 Rn. 17 ff.
7 Vgl. *Wolf/Wink*, Anhang IV Ziff. 7 Rn. 21.

7. Trendinformationen (Ziff. 7)

7.1. Einzufügen ist eine Erklärung, der zufolge es keine wesentlichen negativen Veränderungen in den Aussichten des Emittenten seit dem Datum der Veröffentlichung der letzten geprüften Jahresabschlüsse gegeben hat.

Kann der Emittent keine derartige Erklärung abgeben, dann sind Einzelheiten über diese wesentliche negative Änderung beizubringen.

Ziff. 7.1. von Anhang IV ist **inhaltsgleich mit Ziff. 8.1 von Anhang IV**; auf die entsprechende Kommentierung kann daher verwiesen werden.[8] Im Gegensatz zu Anhang IV sind **keine Angaben zu Informationen über bekannte Trends**, Unsicherheiten, Nachfrage, Verpflichtungen oder Vorfälle, die voraussichtlich die Aussichten des Emittenten zumindest im laufenden Geschäftsjahr wesentlich beeinflussen dürften, in das Registrierungsformular aufzunehmen.

9

8. Gewinnprognosen oder -schätzungen (Ziff. 8)

Entscheidet sich ein Emittent dazu, eine Gewinnprognose oder eine Gewinnschätzung aufzunehmen, dann hat das Registrierungsformular unter den Punkten 8.1. und 8.2. Folgendes zu enthalten:

8.1. Eine Erklärung, die die wichtigsten Annahmen erläutert, auf die der Emittent seine Prognose oder Schätzung gestützt hat.

Bei den Annahmen sollte klar zwischen jenen unterschieden werden, die Faktoren betreffen, die die Mitglieder der Verwaltungs-, Geschäftsführungs- oder Aufsichtsorgane beeinflussen können, und Annahmen in Bezug auf Faktoren, die klar außerhalb des Einflussbereiches der Mitglieder der Verwaltungs-, Geschäftsführungs- und Aufsichtsorgane liegen. Diese Annahmen müssen für die Anleger leicht verständlich, spezifisch sowie präzise sein und dürfen nicht der üblichen Exaktheit der Schätzungen entsprechen, die der Prognose zu Grunde liegen.

8.2. Jeder Gewinnprognose im Registrierungsformular ist eine Erklärung beizufügen, in der bestätigt wird, dass die besagte Prognose auf der angegebenen Grundlage ordnungsgemäß erstellt wurde und dass die Rechnungslegungsgrundlage mit den Rechnungslegungsstrategien des Emittenten konsistent ist.

8.3. Die Gewinnprognose oder -schätzung ist auf einer Grundlage zu erstellen, die mit den historischen Finanzinformationen vergleichbar ist.

Ziff. 8.1 und 8.3 von Anhang IX Prospektverordnung sind **im Wesentlichen inhaltsgleich mit Ziff. 9.1. und 9.3 von Anhang IV**, insofern kann auf die entsprechende Kommentierung zu Ziff. 9.1 und 9.3 von Anhang IV verwiesen werden.[9] Im Gegensatz zu Ziff. 9.2. Anhang IV Prospektverordnung **wird aber nicht verlangt**, dass unabhängige Buchprüfer oder Abschlussprüfer eine Erklärung über die ordnungsgemäße Erstellung der Gewinnprognose oder -schätzung abgeben und bestätigen, dass die Rechnungsgrundlagen, die für die Gewinnprognose oder -schätzung verwendet wurde, mit den Rechnungslegungsstrategien des Emittenten konsistent ist. Ausreichend nach Ziff. 8.2 von Anhang IX ist,

10

---

[8] Vgl. *Wolf/Wink*, Anhang IV Ziff. 8 Rn. 22 ff.
[9] Vgl. *Wolf/Wink*, Anhang IV Ziff. 9 Rn. 28 f.

Anhang IX Mindestangaben für das Registrierungsformular

dass der Emittent selbst diese Erklärungen abgibt. Entgegen dem Wortlaut von Ziff. 8.2 gilt dies im Übrigen nicht nur bei der Aufnahme einer Gewinnprognose, sondern auch bei der Aufnahme einer Gewinnschätzung.[10]

9. Verwaltungs-, Geschäftsführungs- und Aufsichtsorgane (Ziff. 9)

9.1. Name und Geschäftsanschrift nachstehender Personen sowie ihre Stellung beim Emittenten unter Angabe der wichtigsten Tätigkeiten, die sie neben der Tätigkeit für den Emittenten ausüben, sofern diese für den Emittenten von Bedeutung sind:

a) Mitglieder der Verwaltungs-, Geschäftsführungs- und Aufsichtsorgane;

b) persönlich haftende Gesellschafter bei einer Kommanditgesellschaft auf Aktien.

9.2. Verwaltungs-, Geschäftsführungs- und Aufsichtsorgane – Interessenkonflikte

Potenzielle Interessenkonflikte zwischen den Verpflichtungen gegenüber dem Emittenten seitens der in Punkt 9.1 genannten Personen und ihren privaten Interessen oder sonstigen Verpflichtungen müssen klar festgehalten werden. Falls keine derartigen Konflikte bestehen, ist eine dementsprechende Erklärung abzugeben.

11 Ziff. 9 von Anhang IX ist **inhaltsgleich mit Ziff. 10 von Anhang IV**, auf die entsprechende Kommentierung kann daher verwiesen werden.[11]

10. Hauptaktionäre (Ziff. 10)

10.1. Sofern dem Emittenten bekannt, Angabe, ob an dem Emittenten unmittelbare oder mittelbare Beteiligungen oder Beherrschungsverhältnisse bestehen, und wer diese Beteiligungen hält bzw. diese Beherrschung ausübt. Beschreibung der Art und Weise einer derartigen Kontrolle und der vorhandenen Maßnahmen zur Verhinderung des Missbrauchs einer derartigen Kontrolle.

10.2. Sofern dem Emittenten bekannt, Beschreibung etwaiger Vereinbarungen, deren Ausübung zu einem späteren Zeitpunkt zu einer Veränderung bei der Kontrolle des Emittenten führen könnte.

12 Ziff. 10.1 und 10.2 von Anhang IX sind **inhaltsgleich mit Ziff. 18.3 und 18.4 von Anhang I**; auf die entsprechende Kommentierung kann daher verwiesen werden.[12]

11. Finanzinformationen über die Vermögens-, Finanz- und Ertragslage des Emittenten (Ziff. 11)

11.1. Historische Finanzinformationen

Beizubringen sind geprüfte historische Finanzinformationen, die die letzten zwei Geschäftsjahre abdecken (bzw. einen entsprechenden kürzeren Zeitraum, während

---

10 CESR, Frequently asked questions regarding Prospectuses, 23rd Version Ref. CESR/09~1148, Question No 25-2; abrufbar unter https://www.esma.europa.eu/sites/default/files/library/esma-2015-1874_23rd_version_qa_document_prospectus_related_issues_0.pdf (Abruf vom 13.4.2016).
11 Vgl. *Wolf/Wink*, Anhang IV Ziff. 10 Rn. 30 f.
12 Vgl. *Kopp/Metzner*, Anhang I Ziff. 18 Rn. 7 ff.

II. Einzelne Mindestangaben von Anhang IX **Anhang IX**

dessen der Emittent tätig war), sowie ein Bestätigungsvermerk für jedes Geschäftsjahr. Hat der Emittent in der Zeit, für die historische Finanzinformationen beizubringen sind, seinen Bilanzstichtag geändert, so decken die geprüften historischen Finanzinformationen mindestens 24 Monate oder – sollte der Emittent seiner Geschäftstätigkeit noch keine 24 Monate nachgegangen sein – den gesamten Zeitraum seiner Geschäftstätigkeit ab. Derartige Finanzinformationen sind gemäß der Verordnung (EG) Nr. 1606/2002 bzw. für den Fall, dass diese Verordnung nicht anwendbar ist, gemäß den nationalen Rechnungslegungsgrundsätzen eines Mitgliedstaats zu erstellen, wenn der Emittent aus der Gemeinschaft stammt. Bei Emittenten aus Drittstaaten sind diese Finanzinformationen nach den im Verfahren des Artikels 3 der Verordnung (EG) Nr. 1606/2002 übernommenen internationalen Rechnungslegungsstandards oder nach diesen Standards gleichwertigen nationalen Rechnungslegungsgrundsätzen eines Drittstaates zu erstellen. Ansonsten müssen folgende Angaben in das Registrierungsformular aufgenommen werden:

a) Eine eindeutige Erklärung dahingehend, dass die in das Registrierungsformular aufgenommenen Finanzinformationen nicht nach den im Verfahren des Artikels 3 der Verordnung (EG) Nr. 1606/2002 übernommenen internationalen Rechnungslegungsstandards erstellt wurden und dass die Finanzinformationen erhebliche Unterschiede für den Fall aufweisen, dass die Verordnung (EG) Nr. 1606/2002 doch auf die historischen Finanzinformationen angewandt worden wäre;

b) Unmittelbar nach den historischen Finanzinformationen sind die Unterschiede zwischen den im Verfahren des Artikels 3 der Verordnung (EG) Nr. 1606/2002 übernommenen internationalen Rechnungslegungsstandards und den Rechnungslegungsgrundsätzen in einer Beschreibung darzulegen, die der Emittent bei der Erstellung seines Jahresabschlusses zugrunde gelegt hat.

Die geprüften historischen Finanzinformationen müssen für das letzte zurückliegende Jahr in einer Form dargestellt und erstellt werden, die mit der konsistent ist, die im folgenden Jahresabschluss des Emittenten zur Anwendung gelangen wird, wobei die Rechnungslegungsgrundsätze und -strategien sowie die Rechtsvorschriften zu berücksichtigen sind, die auf derlei Jahresabschlüsse Anwendung finden.

Wurden die geprüften Finanzinformationen gemäß nationaler Rechnungslegungsgrundsätze erstellt, dann müssen die unter dieser Rubrik geforderten Finanzinformationen zumindest Folgendes enthalten:

a) die Bilanz;

b) die Gewinn- und Verlustrechnung;

c) die Rechnungslegungsstrategien und erläuternde Anmerkungen.

Die historischen jährlichen Finanzinformationen müssen unabhängig und in Übereinstimmung mit den in dem jeweiligen Mitgliedstaat anwendbaren Prüfungsstandards oder einem äquivalenten Standard geprüft worden sein oder es muss für das Registrierungsformular vermerkt werden, ob sie in Übereinstimmung mit dem in dem jeweiligen Mitgliedstaat anwendbaren Prüfungsstandard oder einem äquivalenten Standard ein den tatsächlichen Verhältnissen entsprechendes Bild vermitteln. Ansonsten müssen folgende Informationen in das Registrierungsformular aufgenommen werden:

Anhang IX Mindestangaben für das Registrierungsformular

a) Eine eindeutige Erklärung dahingehend, welche Prüfungsstandards zugrunde gelegt wurden;

b) eine Erläuterung für die Fälle, in denen von den Internationalen Prüfungsgrundsätzen in erheblichem Maße abgewichen wurde.

11.2. Jahresabschluss

Erstellt der Emittent sowohl einen Jahresabschluss als auch einen konsolidierten Abschluss, so ist zumindest der konsolidierte Abschluss in das Registrierungsformular aufzunehmen.

11.3. Prüfung der historischen jährlichen Finanzinformationen

11.3.1. Es ist eine Erklärung dahingehend abzugeben, dass die historischen Finanzinformationen geprüft wurden. Sofern vom Abschlussprüfer kein oder nur ein eingeschränkter Bestätigungsvermerk für die historischen Finanzinformationen erteilt wurde, sind diese Ablehnung oder eingeschränkte Erteilung in vollem Umfang wiederzugeben und die Gründe dafür anzugeben.

11.3.2. Angabe sonstiger Informationen im Registrierungsformular, das von den Abschlussprüfern geprüft wurde.

11.3.3. Wurden die Finanzdaten im Registrierungsformular nicht dem geprüften Jahresabschluss des Emittenten entnommen, so sind die Quelle dieser Daten und die Tatsache anzugeben, dass die Daten ungeprüft sind.

11.4. „Alter" der jüngsten Finanzinformationen

11.4.1. Die geprüften Finanzinformationen dürfen nicht älter sein als 18 Monate ab dem Datum des Registrierungsformulars.

11.5. Gerichts- und Schiedsgerichtsverfahren

Angaben über etwaige staatliche Interventionen, Gerichts- oder Schiedsgerichtsverfahren (einschließlich derjenigen Verfahren, die nach Kenntnis des Emittenten noch anhängig sind oder eingeleitet werden könnten), die im Zeitraum der mindestens letzten 12 Monate bestanden/abgeschlossen wurden, und die sich erheblich auf die Finanzlage oder die Rentabilität des Emittenten und/oder der Gruppe auswirken bzw. in jüngster Zeit ausgewirkt haben. Ansonsten ist eine negative Erklärung abzugeben.

11.6. Wesentliche Veränderungen in der Finanzlage oder der Handelsposition des Emittenten

Beschreibung jeder wesentlichen Veränderung in der Finanzlage oder der Handelsposition der Gruppe, die seit dem Ende des letzten Geschäftsjahres eingetreten ist, für das entweder geprüfte Finanzinformationen oder Zwischenfinanzinformationen veröffentlicht wurden. Ansonsten ist eine negative Erklärung abzugeben.

13 Ziff. 11 von Anhang IX ist **in weiten Teilen inhaltsgleich mit Ziff. 20 von Anhang I bzw. Ziff. 13 von Anhang IV**; auf die entsprechenden Kommentierungen wird verwiesen.[13] Auf die folgenden Unterschiede zu Ziff. 13 von Anhang IV ist aber hinzuweisen:

---

13 Vgl. *Meyer*, Anhang I Ziff. 20.1 Rn. 1 ff., und *Wolf/Wink*, Anhang IV Ziff. 13 Rn. 34 ff.

Die in den Wertpapierprospekt aufzunehmenden historischen Finanzinformationen **müssen nicht zwingend nach den IFRS/IAS** bzw. anderen anwendbaren und äquivalenten internationalen Rechnungslegungsstandards erstellt worden sein. Ist dies in der Tat nicht der Fall, ist eine **eindeutige Erklärung** dahingehend in den Wertpapierprospekt aufzunehmen, dass die in das Registrierungsformular aufgenommenen Finanzinformationen nicht nach den internationalen Rechnungslegungsstandards erstellt sind und die Finanzinformationen erhebliche Unterschiede gegenüber dem Fall aufweisen, dass die internationalen Rechnungslegungsstandards angewendet worden wären. Darüber hinaus müssen unmittelbar nach den historischen Finanzinformationen die **Unterschiede zwischen den angewandten Rechnungslegungsgrundsätzen** und den internationalen Rechnungslegungsstandards in Form einer Beschreibung dargelegt werden (vgl. Ziff. 11.1). 14

Im Gegensatz zu den Anhängen I, IV und XI der Prospektverordnung enthält Anhang IX **keine Regelung** für den Fall, dass der **Emittent in seiner Wirtschaftsbranche für weniger als ein Jahr tätig ist**; dementsprechend sind für Rumpfgeschäftsjahre keine historischen Finanzinformationen in den Wertpapierprospekt aufzunehmen.[14] 15

Im Gegensatz zu den Anhängen I, IV und XI der Prospektverordnung ist die Aufnahme einer **Kapitalflussrechnung** in den Prospekt **nicht erforderlich**. 16

Abweichend von den Anhängen I, IV und XI der Prospektverordnung besteht bei Anhang IX keine Verpflichtung, **Zwischeninformationen** in den Wertpapierprospekt aufzunehmen. 17

12. Wesentliche Verträge (Ziff. 12)

Kurze Zusammenfassung aller abgeschlossenen wesentlichen Verträge, die nicht im Rahmen der normalen Geschäftstätigkeit abgeschlossen wurden und die dazu führen könnten, dass jedwedes Mitglied der Gruppe eine Verpflichtung oder ein Recht erlangt, die bzw. das für die Fähigkeit des Emittenten, seinen Verpflichtungen gegenüber den Wertpapierinhabern in Bezug auf die ausgegebenen Wertpapiere nachzukommen, von wesentlicher Bedeutung ist.

Ziff. 12 von Anhang IX ist **inhaltsgleich mit Ziff. 15 von Anhang IV**; auf die Kommentierung zu Ziff. 15 von Anhang IV kann daher verwiesen werden.[15] 18

13. Angaben von Seiten Dritter, Erklärungen von Seiten Sachverständiger und Interessenerklärungen (Ziff. 13)

13.1. Wird in das Registrierungsformular eine Erklärung oder ein Bericht einer Person aufgenommen, die als Sachverständiger handelt, so sind der Name, die Geschäftsadresse, die Qualifikationen und – falls vorhanden – das wesentliche Interesse am Emittenten anzugeben. Wurde der Bericht auf Ersuchen des Emittenten erstellt, so ist eine diesbezügliche Erklärung dahingehend abzugeben, dass die aufgenommene Erklärung oder der aufgenommene Bericht in der Form und in dem

---

14 *Seitz/Maier*, in: Assmann/Schlitt/von Kopp-Colomb, WpPG/VerkProspG, EU-ProspektVO Anhang XIII Rn. 25.
15 Vgl. *Wolf/Wink*, Anhang IV Ziff. 15 Rn. 44 ff.

Anhang IX   Mindestangaben für das Registrierungsformular

Zusammenhang, in dem sie bzw. er aufgenommen wurde, die Zustimmung von Seiten dieser Person erhalten hat, die den Inhalt dieses Teils des Registrierungsformulars gebilligt hat.

13.2. Angaben von Seiten Dritter

Sofern Angaben von Seiten Dritter übernommen wurden, ist zu bestätigen, dass diese Angaben korrekt wiedergegeben wurden und dass – soweit es dem Emittenten bekannt ist und er aus den von dieser dritten Partei veröffentlichten Informationen ableiten konnte – keine Tatsachen unterschlagen wurden, die die wiedergegebene Informationen unkorrekt oder irreführend gestalten würden. Darüber hinaus ist/sind die Quelle(n) der Informationen anzugeben.

19   Ziff. 13 von Anhang IX ist **inhaltsgleich mit Ziff. 23 von Anhang I;** auf die Kommentierung zu Ziff. 23 von Anhang I kann daher verwiesen werden.[16]

14. Einsehbare Dokumente (Ziff. 14)

Abzugeben ist eine Erklärung dahingehend, dass während der Gültigkeitsdauer des Registrierungsformulars ggf. die folgenden Dokumente oder deren Kopien eingesehen werden können:

a) die Satzung und die Statuten des Emittenten;

b) sämtliche Berichte, Schreiben und sonstigen Dokumente, historischen Finanzinformationen, Bewertungen und Erklärungen, die von einem Sachverständigen auf Ersuchen des Emittenten abgegeben wurden, sofern Teile davon in das Registrierungsformular eingeflossen sind oder in ihm darauf verwiesen wird;

c) die historischen Finanzinformationen des Emittenten oder im Falle einer Gruppe die historischen Finanzinformationen für den Emittenten und seine Tochtergesellschaften für jedes der Veröffentlichung des Registrierungsformulars vorausgegangenen beiden letzten Geschäftsjahre.

Anzugeben ist auch, wo in diese Dokumente entweder in Papierform oder auf elektronischem Wege Einsicht genommen werden kann.

20   Ziff. 14 von Anhang IX ist **inhaltsgleich mit Ziff. 24 von Anhang I;** auf die entsprechende Kommentierung kann daher verwiesen werden.[17]

---

16   Vgl. *Kopp/Metzner*, Anhang I Ziff. 23 Rn. 1 ff.
17   Vgl. *Kopp/Metzner*, Anhang I Ziff. 24 Rn. 1 ff.

Anhang X
Mindestangaben für Zertifikate, die Aktien vertreten (Schema)
Angaben über den Emittenten der zugrunde liegenden Aktien

Übersicht

	Rn.		Rn.
I. Einführung und Überblick	1	2. Grundstruktur eines Depositary Receipt Programms	11
1. Anwendungsbereich von Anhang X	1	3. Besondere Offenlegungsanforderungen in Anhang X (Vergleich mit Anhang I und Anhang III)	13
a) Überblick	1		
b) Grundstruktur und Vorteile	4		
c) Abgrenzung gegenüber sog. Aktien- und Discountzertifikaten	6	**II. Kommentierung von Anhang X**	16
d) Zulassungsfolgepflichten	8		

I. Einführung und Überblick

1. Anwendungsbereich von Anhang X

a) Überblick

Anhang X statuiert die Mindestangaben für Prospekte, die ein öffentliches Angebot bzw. die Börsenzulassung (an einem regulierten Markt) von Zertifikaten zum Gegenstand haben, die Aktien vertreten. Die Aktien, die den Zertifikaten im Anwendungsbereich des Anhangs X zugrunde liegen, werden von einer Depotbank (*Depositary*) im Regelfall treuhänderisch für die Inhaber der Zertifikate gehalten; die Aktien werden sozusagen „zweitverbrieft".[1] Zumeist verwahrt eine Hinterlegungsstelle (*Custodian Bank*) die Aktien für den Depositary. Der Depositary emittiert die Zertifikate, in denen er sich – vereinfacht beschrieben – gegenüber den Investoren schuldrechtlich verpflichtet, die wirtschaftliche Position aus den Aktien an den Zertifikatsinhaber zu vermitteln und die Rechte aus den Aktien grundsätzlich nach Weisung und für Rechnung des Zertifikatsinhabers auszuüben. Bei den Zertifikaten selbst handelt es sich nach deutschem Rechtsverständnis um Schuldverschreibungen.[2] Üblicherweise werden solche Zertifikate (Hinterlegungsscheine) als Depositary Receipts (DR) bezeichnet. Bei Emissionen in den Vereinigten Staaten von Amerika

1

---

[1] *Rahlf*, in: Holzborn, WpPG, EU-Prospekt-VO, Mindestangaben Anhang X Rn. 1.
[2] *Trapp*, in: Habersack/Mülbert/Schlitt (Hrsg.), Unternehmensfinanzierung am Kapitalmarkt, § 37 Rn. 26; *Zeising*, in: Just/Voß/Ritz/Zeising, WpPG, EU-ProspektVO, § 2 Rn. 52; *Schneider*, in: Assmann/Schneider, WpHG, § 21 Rn. 98.

Anhang X   Mindestangaben für Zertifikate

lautet die übliche Bezeichnung American Depositary Receipts (ADR),[3] bei Emissionen außerhalb der Vereinigten Staaten von Amerika wird von Global Depositary Receipts (GDR) gesprochen.[4]

2   Vor allem in den 90er Jahren verschafften sich (auch deutsche) Unternehmen über ADRs Zugang zum amerikanischen Kapitalmarkt. In den letzten Jahren nutzen Emittenten, oft solche aus Emerging Markets (z. B. Russland und Indien) zunehmend GDR, um sich Zugang zu europäischen Kapitalmärkten zu verschaffen. Häufig besteht bereits eine Notierung der zugrunde liegenden Aktien an einer Börse im Heimatmarkt des Unternehmens; zwingende Voraussetzung ist dies aber nicht. Wichtige Börsenplätze für GDR-Emissionen und Börsenzulassungen in Europa sind vor allem London und Luxemburg.[5]

3   Auch an deutschen Börsen, vor allem an der Frankfurter Wertpapierbörse, werden zahlreiche Depositary Receipts gehandelt.[6] Allerdings handelt es sich bei nahezu allen dieser Depositary Receipts um solche, die lediglich zum Handel im Freiverkehr (Open Market/Quotation Board) einbezogen (und somit nicht an einem regulierten Markt zugelassen) und die in Deutschland nicht öffentlich angeboten worden sind. Für die bloße Einbeziehung von Wertpapieren (wie beispielsweise der Depositary Receipts) zum Handel im Freiverkehr (Open Market/Quotation Board) besteht regelmäßig keine Prospektpflicht.[7] Demgegenüber ist ein Prospekt erforderlich, wenn die Depositary Receipts in einem Mitgliedsstaat des EWR öffentlich angeboten werden oder zum Handel an einem regulierten Markt zugelassen werden sollen. Prospektpflichtige Depositary Receipts Transaktionen kamen in Deutschland bislang nur vereinzelt vor,[8] wohingegen prospektpflichtige Depositary Receipts Emissionen bzw. Listings in London und Luxemburg deutlich häufiger anzutreffen sind.

---

3   ADR-Emissionen können „unsponsored" oder „sponsored" sein. „Unsponsored" sind sie dann, wenn die ADRs von dem Depositary in Bezug auf bereits ausgegebene und üblicherweise bereits an einer anderen Börse notierte Aktien ausgegeben werden, ohne dass zwischen dem Depositary und dem Emittenten der zugrunde liegenden Aktien eine Vereinbarung besteht. „Sponsored" sind ADRs dann, wenn es eine Vereinbarung (Deposit Agreement) zwischen dem Emittenten und dem Depositary gibt. In der Regel initiiert der Emittent das ADR-Programm. Bei den „sponsored" ADR-Programmen unterscheidet man zwischen drei „levels": Level 1 Programme haben die Einbeziehung der ADRs in den OTC Handel (Freiverkehr) in den USA zum Gegenstand, die Registrierungsanforderungen sind weniger streng als bei Level 2 und Level 3; es wird lediglich das Deposit Agreement zur Registrierung vorgelegt. Level 2 Programme haben eine Börsennotierung der ADRs (ohne Möglichkeit der Kapitalaufnahme) zum Gegenstand. Level 3 Programme haben das öffentliche Angebot von ADRs zum Gegenstand, denen Aktien aus einer Neuemission des Emittenten zugrunde liegen, und somit der Kapitalaufnahme durch den Emittenten dienen. Für Level 3 Programme gelten die strengsten Registrierungsanforderungen. Umfassend zu ADR-Programmen: U.S. Regulations of the International Securities and Derivatives Markets, 11th Edition, § 2.02; Cleary Gottlieb, Guide to Public ADR Offerings in the United States, October 1, 2012; *Wieneke*, AG 2001, 504 ff.
4   *Rahlf*, in: Holzborn, WpPG, EU-Prospekt-VO, Mindestangaben Anhang X Rn. 1.
5   Vgl. auch *Rahlf*, in: Holzborn, WpPG, EU-Prospekt-VO, Mindestangaben Anhang X Rn. 1.
6   European Securities Law, Second Edition 2013, 14.37.
7   *Schnorbus*, § 2 Rn. 67; *Ritz/Zeising*, in: Just/Voß/Ritz/Zeising, WpPG, EU-ProspektVO, § 2 Rn. 98, § 3 Rn. 75. Eine Prospektpflicht besteht allerdings für ein Listing im Entry Standard. Vgl. European Securities Law, Second Edition 2013, 14.20.
8   Eine Internetrecherche ergab, dass im regulierten Markt der Frankfurter Wertpapierbörse bislang nur Global Depositary Receipts der IBS Group Holding Limited (Prospekt vom 5. November 2010) gelistet sind.

b) Grundstruktur und Vorteile

Grundidee eines Depositary Receipts Programms ist es, einem ausländischen Emittenten Zugang zu einem europäischen (oder dem US-amerikanischen) Kapitalmarkt und den dort agierenden Investoren zu verschaffen. So kann beispielsweise die Marktliquidität an der Zielbörse, an der die Depositary Receipts gelistet werden, höher sein als die Liquidität der Aktien des Emittenten an seiner Heimatbörse. Weitere Vorteile eines Depositary Receipts Programms für den Emittenten können eine Verbreiterung und Diversifikation seiner Investorenbasis sowie eine höhere Visibilität bei Investoren und Kunden sein. Zusätzliche Vorteile für Investoren können sich aus den in Europa (und in den USA) etablierten Clearing-Systemen ergeben. Möglicherweise unterliegen Investoren auch internen Beschränkungen hinsichtlich der Währung der Instrumente, in die sie investieren dürfen. Depositary Receipts können in der Währung des Zielmarktes begeben werden (z. B. US-Dollar oder Euro), während die zugrunde liegenden Aktien auf die Währung des Heimatmarktes des Emittenten lauten (z. B. russische Rubel oder indische Rupien); der Depositary nimmt den notwendigen Umtausch der ausländischen Währung in die Währung der Depositary Receipts vor (z. B. beim Erhalt von Dividendenzahlungen des Emittenten).[9]

Als Alternative zu einem Depositary Receipts Programm kommt grundsätzlich auch ein direktes Listing der Aktien des ausländischen Emittenten an der europäischen Zielbörse in Betracht. Regulatorische Vorgaben im Heimatmarkt des ausländischen Emittenten können ein direktes Listing an einer europäischen Zielbörse jedoch beschränken oder erschweren, etwa durch gesetzliche Vorgaben des Heimatmarktes dahingehend, dass es nicht oder nur mit behördlicher Genehmigung gestattet ist, die Aktien an einer Börse außerhalb des Heimatmarkts zum Handel zuzulassen, oder dass nur ein bestimmter Prozentsatz des Grundkapitals des Emittenten an einer Börse außerhalb des Heimatmarktes zugelassen werden darf. Möglicherweise ergeben sich mittelbare volumenmäßige Beschränkungen für ein Depositary Receipts Programm auch dann, wenn das Übernahmerecht des Heimatmarktes des Emittenten den Depositary als Kontrollinhaber über die den Zertifikaten zugrunde liegenden Aktien behandelt.[10] In diesem Fall müsste das Volumen des Depositary Receipts Programms unterhalb der Schwelle zu einem Kontrollerwerb verbleiben. Häufig bestehen auch Hindernisse im Hinblick auf die Einbeziehung der Aktien des ausländischen Emittenten in die Clearing-Systeme im Zielmarkt.

c) Abgrenzung gegenüber sog. Aktien- und Discountzertifikaten

Der Anwendungsbereich von Anhang X setzt voraus, dass es sich um „Aktien vertretende Zertifikate" handelt. Dieser Wortlaut stellt klar, dass Anhang X grundsätzlich nur Depositary Receipt Strukturen erfassen soll. Schuldverschreibungen, deren Bedingungen zwar auf Aktien Bezug nehmen und deren Verzinsung bzw. Rückzahlung (z. B. Höhe der Verzinsung, Höhe des Rückzahlungsbetrags, Rückzahlung in Aktien anstelle von Geld) von der Entwicklung der in Bezug genommenen Aktie abhängt (z. B. sog. Aktienzertifikate

---

9 Zu den Vorteilen eines ADR-Programms siehe *Greene/Beller*, U.S. Regulation of the International Securities and Derivatives Markets, 11th edn 2015, § 2.02[1]; Cleary Gottlieb, Guide to Public ADR Offerings in the United States, October 1, 2012, S. 3 f.
10 *Rahlf*, in: Holzborn, WpPG, EU-Prospekt-VO, Mindestangaben Anhang X Rn. 1.

Anhang X Mindestangaben für Zertifikate

oder Discount Zertifikate), die aber nicht über eine treuhänderische Depositary Struktur die zugrunde liegenden Aktien als solche verbriefen, fallen nicht unter Anhang X.[11]

7 Derselbe Wortlaut („Zertifikate, die Aktien vertreten") findet sich auch in § 12 BörsZulV. Diese Norm enthält eine Sonderregelung für die Zulassung von aktienvertretenden Zertifikaten zum regulierten Markt in Deutschland.[12] § 12 Abs. 1 BörsZulV verlangt, dass der Emittent der vertretenen Aktien den Zulassungsantrag mitunterzeichnet, die Voraussetzungen nach §§ 1 bis 3 BörsZulV erfüllt und sich verpflichtet, die in den §§ 40 und 41 BörsG genannten Pflichten zu erfüllen. Zudem müssen die Zertifikate die in den §§ 4 bis 10 BörsZulV genannten Voraussetzungen erfüllen und der Emittent der Zertifikate muss die Gewähr für die Erfüllung seiner Pflichten gegenüber den Zertifikateinhabern übernehmen. Soweit der Emittent seinen Sitz außerhalb des EWR hat und die Aktien weder in dem Sitzstaat des Emittenten noch in dem Staat ihrer hauptsächlichen Verbreitung an einem regulierten Markt zugelassen sind, muss außerdem glaubhaft gemacht werden, dass die Zulassung nicht aus Gründen des Schutzes des Publikums unterblieben ist.

d) Zulassungsfolgepflichten

8 Es stellt sich die grundsätzliche Frage, ob der Depositary als „Emittent" im Sinne der im WpHG vorgesehenen Zulassungsfolgepflichten anzusehen ist (was zur Folge hätte, dass die Zulassungsfolgepflichten vom Depositary zu erfüllen wären), oder ob nicht vielmehr der Emittent der zugrundeliegenden Aktien auch als Emittent für Zwecke der Zulassungsfolgepflichten des WpHG zu betrachten ist.

9 Die BaFin hat sich bislang hierzu, jedenfalls nicht offiziell, geäußert, Literatur hierzu ist äußerst spärlich. Es ist unseres Erachtens jedoch grundsätzlich davon auszugehen, dass entsprechend Art. 2 Abs. 1 lit. d) der Transparenzrichtlinie[13] für Zwecke der Zulassungsfolgepflichten der Emittent der zugrunde liegenden Aktien als Emittent im Sinne der relevanten Vorschriften des WpHG gilt, und daher ihn die anwendbaren Zulassungsfolgepflichten treffen. So hat bei einem Depositary Receipt Programm, welches im regulierten Markt einer deutschen Börse zum Handel zugelassen ist, der Emittent der zugrunde liegenden Aktien beispielsweise gemäß § 37v WpHG Jahresfinanzberichte zu veröffentlichen.[14] Ebenso ist naheliegend, dass der Emittent der Ad-hoc Publizität gemäß Art. 17 Marktmissbrauchsverordnung, der Pflicht, ein Insiderverzeichnis zu führen (Art. 18 Marktmissbrauchsverordnung) sowie den Regeln in Bezug auf Eigengeschäfte von Führungskräften (Art. 19 Marktmissbrauchsverordnung) unterliegt. Dagegen ist § 37w WpHG betreffend

---

11 *Trapp*: in Habersack/Mülbert/Schlitt (Hrsg.), Unternehmensfinanzierung am Kapitalmarkt, § 37 Rn. 26.
12 *Rahlf*, in: Holzborn, WpPG, EU-Prospekt-VO, Mindestangaben Anhang X Rn. 1; *Groß*, in: Ebenroth/Boujong/Joost/Strohn, HGB, 2. Aufl. 2009, § 12 BörsZulV Rn. IX 535.
13 Artikel 2 Abs. 1 lit d) der Transparenzrichtlinie (RL 2004/109/EG, ABl. Nr. L 390 vom 31.12.2004 i.d.F nach RL 2013/50/EU, ABl. Nr. L 294 vom 6.11.2013) lautet: „Im Falle von Zertifikaten, die zum Handel an einem geregelten Markt zugelassen sind, gilt als Emittent der Emittent der vertretenen Wertpapiere, wobei es unerheblich ist, ob diese Wertpapiere zum Handel an einem geregelten Markt zugelassen sind oder nicht."
14 Jedenfalls dann, wenn der Emittent als Inlandsemittent qualifiziert, wobei auch Drittstaatenemittenten als Inlandsemittent qualifizieren können (es sei denn, sie haben wirksam einen anderen Herkunftsstaat gewählt). Möglicherweise kommen Ausnahmen bzw. Erleichterungen nach der Vorschrift des § 37z Abs. 4 WpHG in Betracht.

die Veröffentlichung von Halbjahresfinanzberichten nicht einschlägig; diese Vorschrift gilt nicht für Instrumente, die unter § 2 Abs. 1 Nr. 2 WpHG fallen, wozu auch Depositary Receipts gehören, selbst wenn diese von einem Inlandsemittenten begeben werden. Der Emittent der zugrunde liegenden (nicht zum Handel zugelassenen) Aktien scheint somit für Zwecke der Zulassungsfolgepflichten so behandelt zu werden, als wäre er Emittent der (zum Handel zugelassenen) Depositary Receipts. Anwendbar sind demnach auch die Informationspflichten gemäß § 30a Abs. 1 Nr. 1 bis Nr. 5 WpHG, wobei für diese Bestimmungen die Inhaber der Depositary Receipts den Inhabern der vertretenen Aktien gleichzustellen sind (vgl. § 30a Abs. 3 WpHG), was bedeutet, dass die Informationen vom Emittenten der zugrunde liegenden Aktien den Inhabern der Depositary Receipts zur Verfügung zu stellen sind. Nach den vorstehend dargestellten Grundsätzen müssten dann auch die Informationspflichten gemäß § 30e WpHG Anwendung finden. Außer Frage steht, dass zum Handel am regulierten Markt zugelassene Depositary Receipts Insiderpapiere sind und somit dem Insiderrecht (Art. 14, 8, 10 Marktmissbrauchsverordnung) unterfallen (was im Übrigen auch für im Freiverkehr gehandelte Depositary Receipts gilt); hierbei wird es für die Frage, ob eine Insiderinformation vorliegt, allein auf Entwicklungen bei dem Emittenten der zugrunde liegenden Aktien ankommen. In Bezug auf die Stimmrechtsmitteilungspflichten gemäß § 21 ff.WpHG gilt gemäß § 21 Abs. 1 Satz 2 WpHG der Inhaber der Depositary Receipts als Inhaber der Stimmrechte aus den zugrunde liegenden Aktien, nur diesen treffen die Mitteilungspflichten aus §§ 21 ff.WpHG, nicht den Depositary.[15] Unseres Erachtens trifft den Inhaber der Depositary Receipts eine Stimmrechtsmitteilungspflicht aber nicht, wenn (was regelmäßig der Fall sein dürfte) die zugrunde liegenden Aktien nur an einem Markt in einem Drittstaat zugelassen sind.[16] Zu beachten ist, dass sich neben den Zulassungsfolgepflichten aus dem WpHG aus ggf. anwendbaren Börsenregularien weitere Zulassungsfolgepflichten ergeben können, so z.B. bei einer Zulassung zum Prime Standard, einem Marktsegment mit weiteren Zulassungsfolgepflichten. Zu beachten ist außerdem, dass mit Einführung der Marktmissbrauchsverordnung das darin enthaltene Regime u.a. auch auf Wertpapiere (und deren Emittenten) anzuwenden ist, die lediglich im Freiverkehr gelistet sind. Allerdings setzt die Anwendbarkeit der Regeln zur Ad-hoc-Publizität, zu Insiderlisten und Eigengeschäften von Führungskräften voraus, dass die Einbeziehung zum Handel im Freiverkehr vom Emittenten beantragt oder genehmigt wurde.

Ist Gegenstand des Prospekts (auch) die Börsenzulassung der Depositary Receipts, ist es vor dem dargestellten Hintergrund sinnvoll, einen Abschnitt in den Prospekt aufzunehmen, der die Zulassungsfolgepflichten, die sich aus der Zulassung der Depositary Receipts zum Börsenhandel aus Gesetz oder Börsenregularien ergeben, und ggf. sonstige Veröffentlichungspflichten des Emittenten der zugrunde liegenden Aktien, beschreibt. Hierbei können ggf. bestehende Abweichungen von den Transparenzpflichten, die für Aktienemittenten gelten, dargestellt werden. Thematisch ließe sich ein solcher Abschnitt beispielsweise bei den Angaben zum Börsenhandel (Anhang X Ziffer 30 ProspektVO) verorten.

2. Grundstruktur eines Depositary Receipt Programms

Die Prospektanforderungen für Depositary Receipts leiten sich aus der Grundstruktur eines Depositary Receipts Programms ab, die nachstehend kurz skizziert wird.

---

15 BaFin, Emittentenleitfaden, Stand: 22. Juli 2013, S. 109 (VIII.2.3.8.).
16 *Schneider*, in: Assmann/Schneider, WpHG, § 21 Rn. 29 ff.

Anhang X Mindestangaben für Zertifikate

- Aktien eines Emittenten werden bei dem Depositary bzw. bei einer im Heimatmarkt des Emittenten ansässigen Bank, die die Aktien als Hinterlegungsstelle für den Depositary verwahrt (*Custodian Bank*), hinterlegt. Die Aktien können neu emittierte Aktien oder bereits existierende Aktien sein. Die Aktien können bereits an einer anderen Börse notieren, müssen es aber nicht. Depositary Receipts können sich dabei auf eine einzelne Aktie, eine Mehrzahl von Aktien der gleichen Gattung oder auf einen Bruchteil einer Aktie beziehen.[17]
- Der Depositary erlangt das rechtliche Eigentum an den Aktien.[18]
- Der Depositary emittiert Depositary Receipts, welche die Aktien vertreten. Im Regelfall hält der Depositary die zugrunde liegenden Aktien treuhänderisch für die Inhaber der Depositary Receipts; im Rahmen eines schuldrechtlichen Vertragsverhältnisses zwischen Depositary und dem Inhaber der Depositary Receipts verpflichtet sich der Depositary die Rechtsstellung aus den zugrunde liegenden Aktien weitestgehend dem Inhaber der Depositary Receipts zu vermitteln. Der Inhaber der Depositary Receipts hat daher im Regelfall wirtschaftliches Eigentum an den zugrunde liegenden Aktien.[19]
- In einem Deposit Agreement werden üblicherweise geregelt: das Rechtsverhältnis zwischen dem Emittenten der zugrunde liegenden Aktien und dem Depositary; die Rechte und Pflichten des Depositary gegenüber dem Emittenten; die Bedingungen der Depositary Receipts, aus denen sich die Rechte der Inhaber der Depositary Receipts ergeben; die von den Inhabern der Depositary Receipts zu zahlende Vergütung an den Depositary. Wichtige Regelungskomplexe sind dabei u. a.: die Hinterlegung der Aktien; die Emission und Lieferung der Depositary Receipts; die Ausgabe zusätzlicher Aktien durch den Emittenten und die Einlieferung zusätzlicher Aktien zur Verwahrung an den Depositary; die Übertragung und Rückgabe von Depositary Receipts im Umtausch gegen die zugrunde liegenden Aktien; die Ausübung der Stimmrechte der Aktien durch den Depositary; diesbezügliche Weisungsrechte der Inhaber der Depositary Receipts; Regelungen zur Teilnahme und Stimmrechtsausübung in der Hauptversammlung; Stimmrechtsmitteilungspflichten; Weiterleitung von Dividenden, Sachdividenden und anderen Ausschüttungen durch den Depositary an die Inhaber der Depositary Receipts; Ausübung von Bezugsrechten durch den Depositary bzw. deren Verwertung zugunsten der Inhaber des Depositary Receipts; Informationspflichten des Depositary; die Einhaltung der regulatorischen Vorgaben durch den Emittenten; Haftungsbeschränkungen zugunsten des Depositary.[20]

12 Das Deposit Agreement ist Kernstück eines Depositary Receipts Programms und Grundlage für die Verbriefung der zugrunde liegenden Aktien in den Depositary Receipts. Obwohl Teile des Deposit Agreements standardisiert sind, gibt es verschiedene Gestaltungsvarianten, die oft auch abhängig von rechtlichen Vorgaben im Heimatmarkt des Emittenten der zugrunde liegenden Aktien sind.

---

17 Vgl. *Harrer*, in: Müller/Rödder, Beck'sches Handbuch der AG, § 22 Rn. 75; *Wieneke*, AG 2001, 504, 505.
18 Ganz h. M., vgl. *Harrer*, in: Müller/Rödder, Beck'sches Handbuch. der AG, § 22 Rn. 80 m. w. N.
19 Ebenso *Harrer*, in: Müller/Rödder, Beck'sches Handbuch der AG, § 22 Rn. 80; *Wieneke*, AG 2001, 504, 508 („wirtschaftlicher Inhaber").
20 *Greene/Beller*, U.S. Regulation of the International Securities and Derivatives Markets, 11th edn 2015, § 2.02[1]; Cleary Gottlieb, Guide to Public ADR Offerings in the United States, October 1, 2012.

I. Einführung und Überblick **Anhang X**

3. Besondere Offenlegungsanforderungen in Anhang X (Vergleich mit Anhang I und Anhang III)

Einleitend ist anzumerken, dass Anhang X (Mindestangaben für Zertifikate, die Aktien vertreten) – anders als Anhang I (Mindestangaben für das *Registrierungsformular* für Aktien) und Anhang III (Mindestangaben für die *Wertpapierbeschreibung* für Aktien) – einen einheitlichen Prospekt (und nicht einen dreiteiligen Prospekt mit den Einzeldokumenten Registrierungsformular, Wertpapierbeschreibung und Zusammenfassung) zugrunde legt. Deshalb fasst Anhang X sämtliche Offenlegungsanforderungen zusammen, weshalb Anhang III keine Anwendung neben Anhang X findet.[21] In Ziffer 27 (Angaben über die zugrunde liegenden Aktien), Ziffer 28 (Angaben über die Hinterlegungsscheine), Ziffer 29 (Angaben über die Bedingungen und Voraussetzungen des Angebots von Hinterlegungsscheinen) und Ziffer 30 (Zulassung zum Handel und Handelsregeln bei Zertifikaten, die Aktien vertreten) von Anhang X finden sich allerdings die Anforderungen von Anhang III, bezogen auf die Depositary Receipts und die zugrunde liegenden Aktien, nahezu inhaltsgleich wieder (mit einigen wenigen Abweichungen).

13

Vor dem Hintergrund der Struktur eines Depositary Receipts Programms lassen sich für die Prospektanforderungen folgende Grundsätze ableiten. Der Umstand, dass die Depositary Receipts die zugrunde liegenden Aktien vertreten, bedingt, dass sich die Anforderungen an die Offenlegung in erster Linie auf den Emittenten der zugrunde liegenden Aktien und die zugrunde liegenden Aktien selbst beziehen. Daher orientiert sich Anhang X auch an dem Inhalt von Anhang I und Anhang III und ist (abgesehen von sprachlichen Inkonsistenzen, die wohl auf Übersetzungsfehlern beruhen) mit Anhang I und Anhang III in weiten Teilen identisch. Nur vereinzelt gibt es innerhalb dieses „deckungsgleichen Bereichs" erwähnenswerte Abweichungen gegenüber Anhang I und Anhang III.

14

Zu diesen Abweichungen und Depositary Receipts-spezifischen Offenlegungsanforderungen gehören insbesondere:

15

- **Verantwortlichkeitserklärung**: Da es zwei „Emittenten" gibt, den Emittenten der zugrunde liegenden Aktien und den Emittenten der Depositary Receipts, sind Besonderheiten in Bezug auf die Verantwortlichkeitserklärung zu beachten. Siehe hierzu die Kommentierung zu Anhang X Ziffer 1 ProspektVO.
- **Besonderheiten bei Finanzangaben**: Anhang X unterscheidet sich im Hinblick auf die erforderlichen historischen Finanzangaben von Anhang I u. a. dadurch, dass Anhang X eine zusätzliche Ziffer 20.1a enthält, die sich in Anhang I nicht wiederfindet. Anhang X Ziffer 20.1a ProspektVO sieht in bestimmten Konstellationen für Drittstaatenemittenten (der zugrunde liegenden Aktien) gewisse Erleichterungen im Hinblick auf die in den Prospekt aufzunehmenden historischen Finanzangaben vor. Anders als Anhang I hat Anhang X außerdem keine Ziffer zu Pro forma-Finanzangaben, die Anhang I Ziffer 20.2 ProspektVO (Pro forma-Finanzangaben) entspricht. Siehe hierzu die Kommentierung zu Anhang X Ziffer 20.1a ProspektVO.
- **Working Capital Statement und Kapitalisierungs- und Verschuldungstabelle**: Die Mindestanforderungen gemäß Anhang X enthalten – abweichend von den Mindestan-

---

21 U. E. ergibt sich daraus jedoch nicht, dass es grundsätzlich unzulässig wäre, den Depositary Receipt Prospekt als dreiteiligen Prospekt mit den Einzeldokumenten Registrierungsformular, Wertpapierbeschreibung und Zusammenfassung zu erstellen.

Anhang X   Mindestangaben für Zertifikate

forderungen des Anhangs III – nicht das Erfordernis, eine Erklärung zum Geschäftskapital (*working capital statement*) (Anhang III Ziffer 3.1 ProspektVO) abzugeben bzw. eine Kapitalisierungs- und Verschuldungstabelle (Anhang III Ziffer 3.2 ProspektVO) aufzunehmen. Ähnlich wie bei der fehlenden Ziffer zu Pro forma-Finanzangaben ist nicht ersichtlich, warum diese für Aktienemissionen geltenden Mindestanforderungen in Anhang X nicht enthalten sind. Denn es entspricht gerade dem Prinzip von Anhang X, maßgeblich auf den Emittenten der zugrunde liegenden Aktien abzustellen und die Anlageentscheidung der Investoren als Anlageentscheidung in Bezug auf die zugrunde liegenden Aktien zu behandeln. Letztendlich werden die Verantwortlichen für den Prospekt zu entscheiden haben, ob es sich bei dem *working capital statement* und der Kapitalisierungs- und Verschuldungstabelle in der konkreten Situation des Emittenten der zugrunde liegenden Aktien nach dem Wesentlichkeitsprinzip um für die Anlageentscheidung des Investors wesentliche Informationen, und damit (trotz fehlender Auflistung als Mindestanforderung in Anhang X) prospektpflichtige Angaben, handelt.[22]

– **Depositary Receipts-spezifische Offenlegungsanforderungen**: Darüber hinaus ergeben sich aufgrund der doppelstöckigen Struktur (zugrunde liegenden Aktien und Emittent der Aktien einerseits, Depositary Receipts und Emittent der Depositary Receipts andererseits) zusätzliche Depositary Receipts-spezifische Offenlegungsanforderungen. Diese umfassen insbesondere die „Angaben über den Emittenten der Zertifikate, die die Aktien vertreten" gemäß Anhang X Ziffer 26 ProspektVO und die „Angaben über die Hinterlegungsscheine" gemäß Anhang X Ziffer 28 ProspektVO. Im Rahmen der zuletzt genannten Anforderungen sind das Deposit Agreement und die Bedingungen der Depositary Receipts darzustellen, so dass den Investoren die rechtlichen Verhältnisse zwischen den Beteiligten und die Rechte, die ein Inhaber eines Depositary Receipts hat, transparent dargestellt werden.

II. Kommentierung von Anhang X

16   Im Folgenden ist der Wortlaut von Anhang X wiedergegeben. Soweit die jeweilige Ziffer von Anhang X erwähnenswerte Unterschiede zu den Anforderungen von Anhang I oder Anhang III bzw. zusätzliche Depositary Receipts-spezifische Anforderungen enthält, geht die nachstehende Kommentierung hierauf ein. Soweit die Anforderungen der jeweiligen Ziffer von Anhang X dagegen (weitgehend) deckungsgleich mit den Anforderungen der entsprechenden Ziffern von Anhang I oder Anhang III sind, wird auf die Kommentierung der jeweils entsprechenden Ziffern in Anhang I bzw. Anhang III verwiesen. In der Terminologie von Anhang X bezieht sich der Begriff „Emittent" auf den Emittenten der zugrunde liegenden Aktien und der Begriff „Emittent der Zertifikate, die Aktien vertreten" auf den Depositary.

---

22   Entsprechend wohl auch die Praxis im Vereinigten Königreich, vgl. *Panasar/Glasper*, Preparing to list depositary receipts, in: A guide to listing on the London Stock Exchange, 2010, S. 93 ff., abrufbar unter: http://www.londonstockexchange.com/home/guide-to-listing.pdf.

Ziffer 1 **Anhang X**

1. VERANTWORTLICHE PERSONEN

1.1 Alle Personen, die für die im Prospekt gemachten Angaben bzw. für bestimmte Abschnitte des Prospekts verantwortlich sind. Im letzteren Fall sind die entsprechenden Abschnitte aufzunehmen. Im Falle von natürlichen Personen, zu denen auch Mitglieder der Verwaltungs-, Geschäftsführungs- oder Aufsichtsorgane des Emittenten gehören, sind der Name und die Funktion dieser Person zu nennen. Bei juristischen Personen sind Name und eingetragener Sitz der Gesellschaft anzugeben.

1.2 Erklärung der für den Prospekt verantwortlichen Personen, dass sie die erforderliche Sorgfalt haben walten lassen, um sicherzustellen, dass die im Prospekt genannten Angaben ihres Wissens nach richtig sind und keine Tatsachen ausgelassen worden sind, die die Aussage des Prospekts wahrscheinlich verändern. Ggf. Erklärung der für bestimmte Abschnitte des Prospekts verantwortlichen Personen, dass sie die erforderliche Sorgfalt haben walten lassen, um sicherzustellen, dass die in dem Teil des Prospekts genannten Angaben, für die sie verantwortlich sind, ihres Wissens nach richtig sind und keine Tatsachen ausgelassen werden, die die Aussage des Prospekts wahrscheinlich verändern.

Aufgrund der doppelstöckigen Struktur von Depositary Receipts stellt sich die Frage, ob (und ggf. in welchem Umfang) neben dem Emittenten der zugrunde liegenden Aktien (und den begleitenden Konsortialbanken bzw. dem die Börsenzulassung begleitenden Kreditinstitut) auch der Depositary als Emittent der Depositary Receipts eine verantwortliche Person im Sinne der Ziffer 1.1 ist und eine Erklärung gemäß Ziffer 1.2 abgeben muss. Die Praxis der BaFin geht dahin, dass der Emittent der zugrundeliegenden Aktien eine uneingeschränkte Verantwortlichkeitserklärung in Bezug auf den gesamten Prospekt abzugeben hat, während der Depositary eine Verantwortlichkeitserklärung nur in Bezug auf diejenigen Prospektabschnitte abgeben muss, die unmittelbar den Depositary betreffen. Dies sind jene Prospektabschnitte, in denen die Depositary Receipts und der Depositary beschrieben werden, mithin diejenigen Abschnitte, die mit Anhang X Ziffer 26 ProspektVO (Angaben über den Emittenten der Zertifikate, die die Aktien vertreten) und Anhang X Ziffer 28 ProspektVO (Angaben über die Hinterlegungsscheine) korrespondieren.[23] Diese Praxis entspricht dem Wortlaut von Ziffer 1.1 bzw. Ziffer 1.2, der explizit die Übernahme der Prospektverantwortung für „bestimmte Abschnitte des Prospekts" zulässt. Für den Depositary wäre es

17

---

[23] So enthält beispielsweise der Prospekt der IBS Group Holding Limited folgende Verantwortlichkeitserklärung des Depositary: „The [Depositary], ..., as depositary, assumes responsibility for the content of the sections: Terms and Conditions of the Global Depositary Receipts, Summary of the Provisions relating to the GDRs while in Master Form, Additional Information regarding the GDRs and Information relating to the Depositary, pursuant to Section 5 para. 4 German Securities Prospectus Act ... and declares that the information contained in these sections is, to its knowledge, in accordance with the facts and contains no material omission with respect to the information to be included in the Prospectus pursuant to Annex 10 items 26 and 28 of the European Commission Regulation (EC) 809/2004 ... , and that it has taken all reasonable care to ensure that the information contained in these sections is, to the best of its knowledge, in accordance with the facts and contains no omission with respect to the information to be included in the Prospectus pursuant to Annex 10 items 26 and 28 of the Regulation 809/2004 likely to affect its import." Vgl. Prospekt der IBS Group Holding Limited vom 5. November 2010, S. 69, abrufbar unter: www.ibsgr.com/investor-relations/listing-prospectus/ibs-group-prospectus.pdf.

Anhang X Ziffer 1

unangemessen, ihm die Verantwortung für den gesamten Prospekt aufzuerlegen. Durch den unmissverständlichen Hinweis in der Verantwortlichkeitserklärung, dass der Depositary nur in Bezug auf bestimmte Prospektabschnitte die Verantwortung übernimmt, wird der Anleger entsprechend aufgeklärt. Dem Anleger stehen außerdem die anderen Prospektverantwortlichen (Emittent der zugrunde liegenden Aktien sowie die begleitenden Konsortialbanken bzw. der listing agent) als potenzielle Anspruchsgegner einer etwaigen Prospekthaftung zur Verfügung, und zwar für den Prospekt in vollem Umfang. Zu der Verantwortlichkeitserklärung im Übrigen, siehe die Kommentierung zu Anhang I Ziffer 1 ProspektVO.

2. ABSCHLUSSPRÜFER

2.1 Namen und Anschrift der Abschlussprüfer des Emittenten, die für den von den historischen Finanzinformationen abgedeckten Zeitraum zuständig waren (einschließlich der Angabe ihrer Mitgliedschaft in einer Berufsvereinigung).

2.2 Wurden Abschlussprüfer während des von den historischen Finanzinformationen abgedeckten Zeitraums abberufen, nicht wieder bestellt oder haben sie ihr Mandat niedergelegt so sind entsprechende Einzelheiten offen zu legen, wenn sie von wesentlicher Bedeutung sind.

Die gemäß Anhang X Ziffer 2 ProspektVO zu machenden Angaben entsprechen denjenigen nach Anhang I Ziffer 2 ProspektVO. Siehe hierzu die Kommentierung zu Anhang I Ziffer 2 ProspektVO. Erforderlich sind nur die Angaben über den Abschlussprüfer des Emittenten der zugrunde liegenden Aktien; Angaben über den Abschlussprüfer des Depositary sind dagegen ebenso wenig angezeigt wie die Aufnahme von Finanzberichten des Depositary. 18

3. AUSGEWÄHLTE FINANZINFORMATIONEN

3.1 Ausgewählte historische Finanzinformationen über den Emittenten sind für jedes Geschäftsjahr für den Zeitraum vorzulegen, der von den historischen Finanzinformationen abgedeckt wird, und in der Folge für jeden Zwischenfinanzzeitraum, und zwar in derselben Währung wie die Finanzinformationen. Die ausgewählten historischen Finanzinformationen müssen die Schlüsselzahlen enthalten, die einen Überblick über die Finanzlage des Emittenten geben.

3.2 Werden ausgewählte Finanzinformationen für Zwischenzeiträume vorgelegt, so sind auch Vergleichsdaten für den gleichen Zeitraum des vorhergehenden Geschäftsjahres vorzulegen, es sei denn, die Anforderung der Beibringung vergleichbarer Bilanzinformationen wird durch die Vorlage der Bilanzdaten zum Jahresende erfüllt.

Die gemäß Anhang X Ziffer 3 zu machenden Angaben entsprechen denjenigen nach Anhang I Ziffer 3 ProspektVO. Siehe hierzu die Kommentierung zu Anhang I Ziffer 3 ProspektVO. Erforderlich sind nur Angaben zu ausgewählten Finanzinformationen in Bezug auf den Emittenten der zugrunde liegenden Aktien. 19

Zu den Besonderheiten in Bezug auf *working capital statement*, Kapitalisierungs- und Verschuldungstabelle und Pro forma-Finanzangaben siehe vorstehend Einführung und Überblick, Rn. 13 ff. 20

Anhang X Ziffer 4

4. RISIKOFAKTOREN

Klare Offenlegung von Risikofaktoren, die für den Emittenten oder seine Branche spezifisch sind, und zwar unter der Rubrik „Risikofaktoren".

21 Die gemäß Anhang X Ziffer 4 ProspektVO zu machenden Angaben entsprechen denjenigen nach Anhang I Ziffer 4 ProspektVO. Siehe hierzu die Kommentierung zu Anhang I Ziffer 4 ProspektVO. Neben den Risiken in Bezug auf den Emittenten sind allerdings auch Risiken in Bezug auf die Depositary Receipts (insbesondere auch Risiken, die sich aus der Depositary Receipts Struktur ergeben können) sowie Risiken im Zusammenhang mit einem etwaigen Angebot der Depositary Receipts aufzunehmen. Zu diesen Risiken können u. a.[24] gehören:

- die Inhaber von Depositary Receipts haben kein Eigentum an den zugrunde liegenden Aktien, kein direktes Stimmrecht und kein direktes Bezugsrecht; aus der indirekten Struktur ergibt sich im Vergleich zu einem Direktinvestment in die zugrunde liegenden Aktien insgesamt eine schwächere Rechtsposition;
- sich ggf. aus dem Deposit Agreement ergebende Einschränkungen der Rechtsposition der Inhaber der Depositary Receipts;
- die ggf. bestehende Möglichkeit zur Abänderung des Deposit Agreements ohne Zustimmung der Investoren;
- mögliche regulatorische Risiken im Heimatmarkt des Emittenten der zugrunde liegenden Aktien, die auch die Stellung bzw. die Rechte der Inhaber der Depositary Receipts beeinträchtigen können;
- bestehende Wechselkursrisiken, wenn die Währung der Depositary Receipts von der Währung der zugrunde liegenden Aktien abweicht;
- die ggf. überwiegende Belegenheit von Vermögenswerten des Emittenten der zugrunde liegenden Aktien im Ausland; Klagen können möglicherweise nicht oder nur eingeschränkt außerhalb des Heimatstaats des Emittenten anhängig gemacht werden, Urteile von Gerichten in Jurisdiktionen, die außerhalb des Heimatstaates des Emittenten ansässig sind, werden möglicherweise im Heimatsstaat des Emittenten nicht anerkannt oder sind dort nicht vollstreckbar.

---

24 Siehe hierzu m.w.N auch *Rahlf*, in: Holzborn, WpPG, EU-Prospekt-VO, Mindestangaben Anhang X Rn. 5.

Ziffer 5   **Anhang X**

5. ANGABEN ÜBER DEN EMITTENTEN

5.1 Geschäftsgeschichte und Geschäftsentwicklung des Emittenten

5.1.1 Juristischer und kommerzieller Name des Emittenten;

5.1.2 Ort der Registrierung des Emittenten und seine Registrierungsnummer;

5.1.3 Datum der Gründung und Existenzdauer des Emittenten, soweit diese nicht unbefristet ist;

5.1.4 Sitz und Rechtsform des Emittenten; Rechtsordnung, unter der er tätig ist; Land der Gründung der Gesellschaft; Anschrift und Telefonnummer seines eingetragenen Sitzes (oder Hauptort der Geschäftstätigkeit, falls nicht mit dem eingetragenen Sitz identisch);

5.1.5 Wichtige Ereignisse in der Entwicklung der Geschäftstätigkeit des Emittenten.

5.2 Investitionen

5.2.1 Beschreibung (einschließlich des Betrages) der wichtigsten Investitionen des Emittenten für jedes Geschäftsjahr, und zwar für den Zeitraum, der von den historischen Finanzinformationen abgedeckt wird bis zum Datum des Prospekts;

5.2.2 Beschreibung der wichtigsten laufenden Investitionen des Emittenten, einschließlich der geografischen Verteilung dieser Investitionen (im Inland und im Ausland) und der Finanzierungsmethode (Eigen- oder Fremdfinanzierung);

5.2.3 Angaben über die wichtigsten künftigen Investitionen des Emittenten, die von seinen Verwaltungsorganen bereits fest beschlossen sind.

Die gemäß Anhang X Ziffer 5 ProspektVO zu machenden Angaben entsprechen denjenigen nach Anhang I Ziffer 5 ProspektVO. Siehe hierzu die Kommentierung zu Anhang I Ziffer 5 ProspektVO. Erforderlich sind nur Angaben in Bezug auf den Emittenten der zugrunde liegenden Aktien.[25]   **22**

---

25 *Rahlf*, in: Holzborn, WpPG, EU-Prospekt-VO, Mindestangaben Anhang X Rn. 6.

Anhang X Ziffer 6

6. GESCHÄFTSÜBERBLICK

6.1 Haupttätigkeitsbereiche

6.1.1 Beschreibung der Wesensart der Geschäfte des Emittenten und seiner Haupttätigkeiten (sowie der damit im Zusammenhang stehenden Schlüsselfaktoren) unter Angabe der wichtigsten Arten der vertriebenen Produkte und/oder erbrachten Dienstleistungen, und zwar für jedes Geschäftsjahr innerhalb des Zeitraums, der von den historischen Finanzinformationen abgedeckt wird;

6.1.2 Angabe etwaiger wichtiger neuer Produkte und/oder Dienstleistungen, die eingeführt wurden, und – in dem Maße, wie die Entwicklung neuer Produkte oder Dienstleistungen offen gelegt wurde – Angabe des Stands der Entwicklung.

6.2 Wichtigste Märkte

Beschreibung der wichtigsten Märkte, auf denen der Emittent tätig ist, einschließlich einer Aufschlüsselung der Gesamtumsatzerträge nach Art der Tätigkeit und geografischem Markt für jedes Geschäftsjahr innerhalb des Zeitraums, der von den historischen Finanzinformationen abgedeckt wird.

6.3 Falls die unter den Punkten 6.1. und 6.2. genannten Angaben durch außergewöhnliche Faktoren beeinflusst wurden, so ist dies anzugeben.

6.4 Kurze Angaben über die etwaige Abhängigkeit des Emittenten in Bezug auf Patente oder Lizenzen, Industrie-, Handels- oder Finanzierungsverträge oder neue Herstellungsverfahren, wenn diese Faktoren von wesentlicher Bedeutung für die Geschäftstätigkeit oder die Rentabilität des Emittenten sind.

6.5 Grundlage für etwaige Angaben des Emittenten zu seiner Wettbewerbsposition.

23 Die gemäß Anhang X Ziffer 6 ProspektVO zu machenden Angaben entsprechen denjenigen nach Anhang I Ziffer 6 ProspektVO. Siehe hierzu die Kommentierung zu Anhang I Ziffer 6 ProspektVO. Erforderlich sind nur Angaben in Bezug auf den Emittenten der zugrunde liegenden Aktien.

7. ORGANISATIONSSTRUKTUR

7.1 Ist der Emittent Teil einer Gruppe, kurze Beschreibung der Gruppe und der Stellung des Emittenten innerhalb dieser Gruppe.

7.2 Auflistung der wichtigsten Tochtergesellschaften des Emittenten, einschließlich Name, Land der Gründung oder des Sitzes, Anteil an Beteiligungsrechten und – falls nicht identisch – Anteil der gehaltenen Stimmrechte.

Die gemäß Anhang X Ziffer 7 ProspektVO zu machenden Angaben entsprechen denjenigen nach Anhang I Ziffer 7 ProspektVO. Siehe hierzu die Kommentierung zu Anhang I Ziffer 7 ProspektVO. Erforderlich sind nur Angaben in Bezug auf den Emittenten der zugrunde liegenden Aktien. 24

8. SACHANLAGEN

8.1 Angaben über bestehende oder geplante wesentliche Sachanlagen, einschließlich geleaster Vermögensgegenstände, und etwaiger größerer dinglicher Belastungen der Sachanlagen.

8.2 Skizzierung etwaiger Umweltfragen, die die Verwendung der Sachanlagen von Seiten des Emittenten u. U. beeinflussen können.

Die gemäß Anhang X Ziffer 8 ProspektVO zu machenden Angaben entsprechen denjenigen nach Anhang I Ziffer 8 ProspektVO. Siehe hierzu die Kommentierung zu Anhang I Ziffer 8 ProspektVO. Erforderlich sind nur Angaben in Bezug auf den Emittenten der zugrunde liegenden Aktien. 25

Anhang X Ziffer 9 und Ziffer 10

9. ANGABEN ZUR GESCHÄFTS- UND FINANZLAGE

9.1 Finanzlage

Sofern nicht an anderer Stelle im Prospekt vermerkt, Beschreibung der Finanzlage des Emittenten, Veränderungen in der Finanzlage und Geschäftsergebnisse für jedes Jahr und jeden Zwischenzeitraum, für den historische Finanzinformationen verlangt werden, einschließlich der Ursachen wesentlicher Veränderungen, die von einem Jahr zum anderen in den Finanzinformationen auftreten, sofern dies für das Verständnis der Geschäftstätigkeit des Emittenten insgesamt erforderlich ist.

9.2 Betriebsergebnisse

9.2.1 Angaben über wichtige Faktoren, einschließlich ungewöhnlicher oder seltener Vorfälle oder neuer Entwicklungen, die die Geschäftserträge des Emittenten erheblich beeinträchtigen, und über das Ausmaß, zu dem dies die Erträge beeinträchtigt hat.

9.2.2 Falls der Jahresabschluss wesentliche Veränderungen bei den Nettoumsätzen oder den Nettoerträgen ausweist, sind die Gründe für derlei Veränderungen in einer ausführlichen Erläuterung darzulegen.

9.2.3 Angaben über staatliche, wirtschaftliche, steuerliche, monetäre oder politische Strategien oder Faktoren, die die Geschäfte des Emittenten direkt oder indirekt wesentlich beeinträchtigt haben oder u. U. können.

26 Die gemäß Anhang X Ziffer 9 ProspektVO zu machenden Angaben entsprechen denjenigen nach Anhang I Ziffer 9 ProspektVO. Siehe hierzu die Kommentierung zu Anhang I Ziffer 9 ProspektVO. Erforderlich sind nur Angaben in Bezug auf den Emittenten der zugrunde liegenden Aktien.

10. EIGENKAPITALAUSSTATTUNG

10.1 Angaben über die Eigenkapitalausstattung des Emittenten (sowohl kurz- als auch langfristig);

10.2 Erläuterung der Quellen und der Beträge des Kapitalflusses des Emittenten und eine ausführliche Darstellung dieser Posten;

10.3 Angaben über den Fremdfinanzierungsbedarf und die Finanzierungsstruktur des Emittenten; und

10.4 Angaben über jegliche Beschränkungen des Rückgriffs auf die Eigenkapitalausstattung, die die Geschäfte des Emittenten direkt oder indirekt wesentlich beeinträchtigt haben oder u. U. können;

10.5 Angaben über erwartete Finanzierungsquellen, die zur Erfüllung der Verpflichtungen der Punkte 5.2.3. und 8.1. benötigt werden.

27 Die gemäß Anhang X Ziffer 10 ProspektVO zu machenden Angaben entsprechen denjenigen nach Anhang I Ziffer 10 ProspektVO. Siehe hierzu die Kommentierung zu Anhang I Ziffer 10 ProspektVO. Erforderlich sind nur Angaben in Bezug auf den Emittenten der zugrunde liegenden Aktien.

Ziffer 11 und Ziffer 12   **Anhang X**

11. FORSCHUNG UND ENTWICKLUNG, PATENTE UND LIZENZEN

Falls wichtig, Beschreibung der Forschungs- und Entwicklungsstrategien des Emittenten für jedes Geschäftsjahr innerhalb des Zeitraums, der von den historischen Finanzinformationen abgedeckt wird, einschließlich Angabe des Betrags für vom Emittenten gesponserte Forschungs- und Entwicklungstätigkeiten.

Die gemäß Anhang X Ziffer 11 ProspektVO zu machenden Angaben entsprechen denjenigen nach Anhang I Ziffer 11 ProspektVO. Siehe hierzu die Kommentierung zu Anhang I Ziffer 11 ProspektVO. Erforderlich sind nur Angaben in Bezug auf den Emittenten der zugrunde liegenden Aktien. 28

12. TRENDINFORMATIONEN

12.1 Angabe der wichtigsten Trends in jüngster Zeit in Bezug auf Produktion, Umsatz und Vorräte sowie Kosten und Ausgabepreise seit dem Ende des letzten Geschäftsjahres bis zum Datum des Prospekts.

12.2 Informationen über bekannte Trends, Unsicherheiten, Nachfrage, Verpflichtungen oder Vorfälle, die voraussichtlich die Aussichten des Emittenten zumindest im laufenden Geschäftsjahr wesentlich beeinflussen dürften.

Die gemäß Anhang X Ziffer 12 ProspektVO zu machenden Angaben entsprechen denjenigen nach Anhang I Ziffer 12 ProspektVO. Siehe hierzu die Kommentierung zu Anhang I Ziffer 12 ProspektVO. Erforderlich sind nur Angaben in Bezug auf den Emittenten der zugrunde liegenden Aktien. 29

Anhang X Ziffer 13

13. GEWINNPROGNOSEN ODER -SCHÄTZUNGEN

Entscheidet sich ein Emittent dazu, eine Gewinnprognose oder Gewinnschätzung aufzunehmen, dann hat der Prospekt unter den Punkten 13.1. und 13.2. Folgendes zu enthalten:

13.1 Eine Erklärung, die die wichtigsten Annahmen erläutert, auf die der Emittent seine Prognose oder Schätzung gestützt hat. Bei den Annahmen sollte klar zwischen jenen unterschieden werden, die Faktoren betreffen, die die Mitglieder der Verwaltungs-, Geschäftsführungs- oder Aufsichtsorgane beeinflussen können, und Annahmen in Bezug auf Faktoren, die klar außerhalb des Einflussbereiches der Mitglieder der Verwaltungs-, Geschäftsführungs- oder Aufsichtsorgane liegen. Die Annahmen müssen für die Anleger leicht verständlich, spezifisch sowie präzise sein. und dürfen nicht der üblichen Exaktheit der Schätzungen entsprechen, die der Prognose zu Grunde liegen.

13.2 Einen Bericht, der von unabhängigen Buchprüfern oder Abschlussprüfern erstellt wurde und in dem festgestellt wird, dass die Prognose oder die Schätzung nach Meinung der unabhängigen Buchprüfer oder Abschlussprüfer auf der angegebenen Grundlage ordnungsgemäß erstellt wurde und dass die Rechnungslegungsgrundlage, die für die Gewinnprognose oder -schätzung verwendet wurde, mit den Rechnungslegungsstrategien des Emittenten konsistent ist.

Beziehen sich die Finanzinformationen auf das letzte Geschäftsjahr und enthalten ausschließlich nicht irreführende Zahlen, die im Wesentlichen mit den im nächsten geprüften Jahresabschluss zu veröffentlichenden Zahlen für das letzte Geschäftsjahr konsistent sind, sowie die zu deren Bewertung nötigen erläuternden Informationen, ist kein Bericht erforderlich, sofern der Prospekt alle folgenden Erklärungen enthält:

a) die für diese Finanzinformationen verantwortliche Person, sofern sie nicht mit derjenigen identisch ist, die für den Prospekt insgesamt verantwortlich ist, genehmigt diese Informationen;

b) unabhängige Buchprüfer oder Abschlussprüfer haben bestätigt, dass diese Informationen im Wesentlichen mit den im nächsten geprüften Jahresabschluss zu veröffentlichenden Zahlen konsistent sind;

c) diese Finanzinformationen wurden nicht geprüft.

13.3 Die Gewinnprognose oder -schätzung sollte auf einer Grundlage erstellt werden, die mit den historischen Finanzinformationen vergleichbar ist.

13.4 Hat der Emittent in einem Prospekt, der noch aussteht, eine Gewinnprognose veröffentlicht, dann sollte er eine Erklärung abgeben, in der er erläutert, ob diese Prognose noch so zutrifft wie zur Zeit der Erstellung des Prospekts, oder eine Erläuterung zu dem Umstand vorlegen, warum diese Prognose ggf. nicht mehr zutrifft.

30 Die gemäß Anhang X Ziffer 13 ProspektVO zu machenden Angaben entsprechen denjenigen nach Anhang I Ziffer 13 ProspektVO. Siehe hierzu die Kommentierung zu Anhang I Ziffer 13 ProspektVO. Erforderlich sind nur Angaben in Bezug auf den Emittenten der zugrunde liegenden Aktien.

14. VERWALTUNGS-, GESCHÄFTSFÜHRUNGS- UND AUFSICHTSORGANE SOWIE OBERES MANAGEMENT

14.1 Name und Geschäftsanschrift nachstehender Personen sowie ihre Stellung beim Emittenten unter Angabe der wichtigsten Tätigkeiten, die sie neben der Tätigkeit für den Emittenten ausüben, sofern diese für den Emittenten von Bedeutung sind:

a) Mitglieder der Verwaltungs-, Geschäftsführungs- oder Aufsichtsorgane;

b) persönlich haftende Gesellschafter bei einer Kommanditgesellschaft auf Aktien;

c) Gründer, wenn es sich um eine Gesellschaft handelt, die seit weniger als fünf Jahren besteht;

d) sämtliche Mitglieder des oberen Managements, die geeignet sind um festzustellen, dass der Emittent über die angemessene Sachkenntnis und über die geeigneten Erfahrungen in Bezug auf die Führung der Geschäfte des Emittenten verfügt.

Art einer etwaigen verwandtschaftlichen Beziehung zwischen diesen Personen.

Für jedes Mitglied der Verwaltungs-, Geschäftsführungs- oder Aufsichtsorgane des Emittenten und der unter Unterabsatz 1 Buchstaben b und d des ersten Unterabsatzes beschriebenen Personen detaillierte Angabe der entsprechenden Managementkompetenz und -erfahrung sowie die folgenden Angaben:

a) Namen sämtlicher Unternehmen und Gesellschaften, bei denen die besagte Person während der letzten fünf Jahre Mitglied der Verwaltungs-, Geschäftsführungs- oder Aufsichtsorgane bzw. Partner war, unter Angabe der Tatsache, ob die Mitgliedschaft in diesen Organen oder als Partner weiter fortbesteht. Es ist nicht erforderlich, sämtliche Tochtergesellschaften des Emittenten aufzulisten, bei denen die besagte Person ebenfalls Mitglied der Verwaltungs-, Geschäftsführungs- oder Aufsichtsorgane ist;

b) etwaige Schuldsprüche in Bezug auf betrügerische Straftaten während zumindest der letzten fünf Jahre;

c) detaillierte Angaben über etwaige Insolvenzen, Insolvenzverwaltungen oder Liquidationen während zumindest der letzten fünf Jahre, die eine in Buchstabe (a) und (d) des ersten Unterabsatzes beschriebene Person betreffen, die im Rahmen einer der in Buchstabe (a) und (d) des ersten Unterabsatzes genannten Positionen handelte; und

d) detaillierte Angaben zu etwaigen öffentlichen Anschuldigungen und/oder Sanktionen in Bezug auf die genannte Person von Seiten der gesetzlichen Behörden oder der Regulierungsbehörden (einschließlich bestimmter Berufsverbände) und eventuell Angabe des Umstands, ob diese Person jemals von einem Gericht für die Mitgliedschaft in einem Verwaltungs-, Geschäftsführungs- oder Aufsichtsorgan eines Emittenten oder für die Tätigkeit im Management oder die Führung der Geschäfte eines Emittenten während zumindest der letzten fünf Jahre als untauglich angesehen wurde.

Falls keinerlei entsprechende Angaben offen gelegt werden, ist eine entsprechende Erklärung abzugeben.

14.2 Verwaltungs-, Geschäftsführungs- und Aufsichtsorgane sowie oberes Management – Interessenkonflikte

Anhang X   Ziffer 14 und Ziffer 15

Potenzielle Interessenkonflikte zwischen den Verpflichtungen gegenüber dem Emittenten von Seiten der in 14.1. genannten Personen und ihren privaten Interessen oder sonstigen Verpflichtungen müssen klar festgehalten werden. Falls keine derartigen Konflikte bestehen, ist eine dementsprechende Erklärung abzugeben.

Ferner ist jegliche Vereinbarung oder Abmachung mit den Hauptaktionären, Kunden, Lieferern oder sonstigen Personen zu nennen, aufgrund deren eine in Punkt 14.1. Unterabsatz 1 genannte Person zum Mitglied eines Verwaltungs-, Geschäftsführungs- oder Aufsichtsorgans bzw. zum Mitglied des oberen Managements bestellt wurde.

31   Die gemäß Anhang X Ziffer 14 ProspektVO zu machenden Angaben entsprechen denjenigen nach Anhang I Ziffer 14 ProspektVO. Siehe hierzu die Kommentierung zu Anhang I Ziffer 14 ProspektVO. Erforderlich sind nur Angaben in Bezug auf den Emittenten der zugrunde liegenden Aktien.

15. BEZÜGE UND VERGÜNSTIGUNGEN

Für das letzte abgeschlossene Geschäftsjahr sind für die in Punkt 14.1. Unterabsatz 1 unter Buchstaben a und d genannten Personen folgende Angaben zu machen:

15.1 Betrag der gezahlten Vergütung (einschließlich etwaiger erfolgsgebundener oder Pensionszusagen nachträglicher Vergütungen) und Sachleistungen, die diesen Personen von dem Emittenten und seinen Tochterunternehmen für Dienstleistungen jeglicher Art gezahlt oder gewährt werden, die dem Emittenten oder seinen Tochtergesellschaften von einer jeglichen Person erbracht wurden. Diese Angaben müssen individuell dargestellt werden, es sei denn, eine individuelle Offenlegung ist im Herkunftsland des Emittenten nicht erforderlich und wird vom Emittenten nicht auf eine andere Art und Weise öffentlich vorgenommen.

15.2 Angabe der Gesamtbeträge, die vom Emittenten oder seinen Tochtergesellschaften als Reserve oder Rückstellungen gebildet werden, um Pensions- und Rentenzahlungen vornehmen oder ähnliche Vergünstigungen auszahlen zu können.

32   Die gemäß Anhang X Ziffer 15 ProspektVO zu machenden Angaben entsprechen denjenigen nach Anhang I Ziffer 15 ProspektVO. Siehe hierzu die Kommentierung zu Anhang I Ziffer 15 ProspektVO. Erforderlich sind nur Angaben in Bezug auf den Emittenten der zugrunde liegenden Aktien.

Ziffer 16 und Ziffer 17   **Anhang X**

16. PRAKTIKEN DER GESCHÄFTSFÜHRUNG

Für das letzte abgeschlossene Geschäftsjahr des Emittenten sind – soweit nicht anderweitig spezifiziert – für die in Punkt 14.1. Unterabsatz 1 unter Buchstabe a genannten Personen folgende Angaben zu machen:

16.1 Ende der laufenden Mandatsperiode und ggf. Angabe des Zeitraums, während dessen die jeweilige Person ihre Aufgabe ausgeübt hat.

16.2 Angaben über die Dienstleistungsverträge, die zwischen den Mitgliedern der Verwaltungs-, Geschäftsführungs- oder Aufsichtsorgane und dem Emittenten bzw. seinen Tochtergesellschaften geschlossen wurden und die bei Beendigung des Dienstleistungsverhältnisses Vergünstigungen vorsehen. Ansonsten ist eine negative Erklärung abzugeben.

16.3 Angaben über den Auditausschuss und den Vergütungsausschuss, einschließlich der Namen der Ausschussmitglieder und einer Zusammenfassung des Aufgabenbereichs des Ausschusses.

16.4 Erklärung, ob der Emittent der Corporate Governance-Regelung im Land der Gründung der Gesellschaft genügt. Sollte der Emittent einer solchen Regelung nicht folgen, ist eine dementsprechende Erklärung zusammen mit einer Erläuterung aufzunehmen, aus der hervorgeht, warum der Emittent dieser Regelung nicht Folge leistet.

Die gemäß Anhang X Ziffer 16 ProspektVO zu machenden Angaben entsprechen denjenigen nach Anhang I Ziffer 16 ProspektVO. Siehe hierzu die Kommentierung zu Anhang I Ziffer 16 ProspektVO. Erforderlich sind nur Angaben in Bezug auf den Emittenten der zugrunde liegenden Aktien. 33

17. BESCHÄFTIGTE

17.1 Entweder Angabe der Zahl der Beschäftigten zum Ende des Berichtzeitraums oder Angabe des Durchschnitts für jedes Geschäftsjahr innerhalb des Zeitraums, der von den historischen Finanzinformationen abgedeckt wird bis zum Datum der Erstellung des Prospekts (und Angabe der Veränderungen bei diesen Zahlen, sofern diese von wesentlicher Bedeutung sind). Wenn es möglich und wesentlich ist, Aufschlüsselung der beschäftigten Personen nach Haupttätigkeitskategorie und geografischer Belegenheit. Beschäftigt der Emittent eine große Zahl von Zeitarbeitskräften, ist die durchschnittliche Zahl dieser Zeitarbeitskräfte während des letzten Geschäftsjahrs anzugeben.

17.2 Aktienbesitz und Aktienoptionen

In Bezug auf die unter Punkt 14.1. Unterabsatz 1 unter Buchstaben a und d genannten Personen sind so aktuelle Angaben wie möglich über ihren Aktienbesitz und etwaige Optionen auf Aktien des Emittenten beizubringen.

17.3 Beschreibung etwaiger Vereinbarungen, mittels deren Beschäftigte am Kapital des Emittenten beteiligt werden können.

Die gemäß Anhang X Ziffer 17 ProspektVO zu machenden Angaben entsprechen denjenigen nach Anhang I Ziffer 17 ProspektVO. Siehe hierzu die Kommentierung zu Anhang I Ziffer 17 ProspektVO. Erforderlich sind nur Angaben in Bezug auf den Emittenten der zugrunde liegenden Aktien. 34

Anhang X Ziffer 18 und Ziffer 19

18. HAUPTAKTIONÄRE

18.1 Soweit dem Emittenten bekannt ist, Angabe des Namens jeglicher Person, die nicht Mitglied der Verwaltungs-, Geschäftsführungs- oder Aufsichtsorgane ist und die direkt oder indirekt eine Beteiligung am Kapital des Emittenten oder den entsprechenden Stimmrechten hält, die gemäß den nationalen Bestimmungen zu melden ist, zusammen mit der Angabe des Betrags der Beteiligung dieser Person. Ansonsten ist eine negative Erklärung abzugeben.

18.2 Information über den Umstand, ob die Hauptaktionäre des Emittenten unterschiedliche Stimmrechte haben. Ansonsten ist eine negative Erklärung abzugeben.

18.3 Sofern dem Emittenten bekannt, Angabe, ob an dem Emittenten unmittelbare oder mittelbare Beteiligungen oder Beherrschungsverhältnisse bestehen, und wer diese Beteiligungen hält bzw. diese Beherrschung ausübt. Beschreibung der Art und Weise einer derartigen Kontrolle und der vorhandenen Maßnahmen zur Verhinderung des Missbrauchs einer derartigen Kontrolle.

18.4 Sofern dem Emittenten bekannt, Beschreibung etwaiger Vereinbarungen, deren Ausübung zu einem späteren Zeitpunkt zu einer Veränderung bei der Kontrolle des Emittenten führen könnte.

35   Die gemäß Anhang X Ziffer 18 ProspektVO zu machenden Angaben entsprechen denjenigen nach Anhang I Ziffer 18 ProspektVO. Siehe hierzu die Kommentierung zu Anhang I Ziffer 18 ProspektVO. Erforderlich sind nur Angaben in Bezug auf den Emittenten der zugrunde liegenden Aktien.

19. GESCHÄFTE MIT VERBUNDENEN PARTEIEN

Anzugeben sind Einzelheiten über Geschäfte mit verbundenen Parteien (die in diesem Sinne diejenigen sind, die in den Standards dargelegt werden, die gemäß der Verordnung (EG) Nr. 1606/2002 angenommen wurden), die der Emittent während des Zeitraums abgeschlossen hat, der von den historischen Finanzinformationen abgedeckt wird bis zum Datum der Erstellung des Prospekts. Diese Einzelheiten sind gemäß dem entsprechenden Standard darzulegen, der infolge der Verordnung (EG) Nr. 1606/2002 angenommen wurde (falls anwendbar).

Finden diese Standards auf den Emittenten keine Anwendung, sollten die folgenden Angaben offen gelegt werden:

a) Art und Umfang der Geschäfte, die als einzelnes Geschäft oder insgesamt für den Emittenten von wesentlicher Bedeutung sind. Erfolgt der Abschluss derartiger Geschäfte mit verbundenen Parteien nicht auf marktkonforme Weise, ist zu erläutern, weshalb. Im Falle ausstehender Darlehen einschließlich Garantien jeglicher Art ist der ausstehende Betrag anzugeben;

b) Betrag oder Prozentsatz, zu dem die Geschäfte mit verbundenen Parteien Bestandteil des Umsatzes des Unternehmens sind.

36   Die gemäß Anhang X Ziffer 19 ProspektVO zu machenden Angaben entsprechen denjenigen nach Anhang I Ziffer 19 ProspektVO. Siehe hierzu die Kommentierung zu Anhang I

Ziffer 19 ProspektVO. Erforderlich sind nur Angaben in Bezug auf den Emittenten der zugrunde liegenden Aktien. Werden die Finanzberichte des Emittenten der zugrunde liegenden Aktien nach ausländischen Rechnungslegungsgrundsätzen erstellt, stellt sich die Frage, ob sich der Emittent der zugrunde liegenden Aktien zur Erfassung des Kreises der nahestehenden Unternehmen und Personen auf die Definition des ausländischen Rechnungslegungsstandards stützen darf. Die ESMA-Recommendations[26] enthalten diesbezüglich die Empfehlung, dass zur Erfassung der nahestehenden Unternehmen und Personen gleichwohl auf die IAS Definition abzustellen ist, während sich der Umfang der Offenlegung in Bezug auf Geschäfte mit nahestehenden Personen in diesem Fall aus Ziffer 19 Abs. 2 lit. a) und b) ergibt. Praktikabler erscheint es allerdings, dem Emittenten der zugrunde liegenden Aktien in einer solchen Situation zu erlauben, auf die Definition gemäß dem von ihm angewendeten Rechnungslegungsstandard abzustellen, zumindest wenn es sich bei diesem um einen als gleichwertig anerkannten Rechnungslegungsstandard im Sinne der Prospektverordnung handelt.[27]

---

[26] ESMA, Update of the CESR recommendations, the consistent implementation of Commission Regulation (EC) No. 809/2004 implementing the Prospectus Directive, 20 March 2013, ESMA/2013/319, Tz. 149.

[27] Jedenfalls wenn die Voraussetzungen von Anhang X Ziffer 20.1a ProspektVO vorliegen, sollte das Abstellen auf den (gleichwertigen) nationalen Rechnungslegungsstandards zur Bestimmung des Kreises der nahestehenden Personen Anwendung finden. Die Gleichwertigkeit eines Rechnungslegungsstandards richtet sich nach der Verordnung (EG) Nr. 1569/2007 vom 21.12.2007, ABl. Nr. L 340 vom 22.12.2007. Derzeit gelten gemäß der Entscheidung der Kommission 2008/961/EG vom 12.12.2008, ABl. Nr. L 340 vom 19.12.2008, geändert durch den Durchführungsbeschluss der Kommission 2012/194/EU vom 11.4.2012, ABl. Nr. L 103 vom 13.4.2012 folgende Rechnungslegungsstandards als gleichwertig: (i) die International Financial Reporting Standards (IFRS), sofern der Anhang zum geprüften Abschluss eine ausdrückliche und uneingeschränkte Erklärung enthält, wonach dieser Abschluss gemäß IAS 1 *Darstellung des Abschlusses* den International Financial Reporting Standards entspricht, (ii) die Generally Accepted Accounting Principles (GAAP) Japans, (iii) der Vereinigten Staaten von Amerika, (iv) der Volksrepublik China, (v) Kanadas, und (vi) der Republik Korea. Außerdem können Drittstaatenemittenten ihre Abschlüsse bis für vor dem 1. Januar 2015 beginnende Geschäftsjahre nach den Generally Accepted Accounting Principles (GAAP) der Republik Indien erstellen. Siehe hierzu die Kommentierung zu Anhang I Ziffer 20 ProspektVO.

Anhang X Ziffer 20

20. FINANZINFORMATIONEN ÜBER DIE VERMÖGENS-, FINANZ- UND ERTRAGSLAGE DES EMITTENTEN

20.1 Historische Finanzinformationen

Beizubringen sind geprüfte historische Finanzinformationen, die die letzten drei Geschäftsjahre abdecken (bzw. einen entsprechenden kürzeren Zeitraum, während dessen der Emittent tätig war), sowie ein Bestätigungsvermerk für jedes Geschäftsjahr. Hat der Emittent in der Zeit, für die historische Finanzinformationen beizubringen sind, seinen Bilanzstichtag geändert, so decken die geprüften historischen Finanzinformationen mindestens 36 Monate oder – sollte der Emittent seiner Geschäftstätigkeit noch keine 36 Monate nachgegangen sein – den gesamten Zeitraum seiner Geschäftstätigkeit ab. Derartige Finanzinformationen sind gemäß der Verordnung (EG) Nr. 1606/2002 bzw. für den Fall, dass diese Verordnung nicht anwendbar ist, gemäß den nationalen Rechnungslegungsgrundsätzen eines Mitgliedstaats zu erstellen, wenn der Emittent aus der Gemeinschaft stammt. Bei Emittenten aus Drittstaaten sind diese Finanzinformationen nach den im Verfahren des Artikels 3 der Verordnung (EG) Nr. 1606/2002 übernommenen internationalen Rechnungslegungsstandards oder nach diesen Standards gleichwertigen nationalen Rechnungslegungsgrundsätzen zu erstellen. Ist keine Äquivalenz zu den Standards gegeben, so sind die Finanzinformationen in Form eines neu zu erstellenden Jahresabschlusses vorzulegen.

Die geprüften historischen Finanzinformationen müssen für die letzten zwei Jahre in einer Form dargestellt und erstellt werden, die mit der konsistent ist, die im folgenden Jahresabschluss des Emittenten zur Anwendung gelangen wird, wobei die Rechnungslegungsgrundsätze und -strategien sowie die Rechtsvorschriften zu berücksichtigen sind, die auf derlei Jahresabschlüsse Anwendung finden.

Ist der Emittent in seiner aktuellen Wirtschaftsbranche weniger als ein Jahr tätig, so sind die geprüften historischen Finanzinformationen für diesen Zeitraum gemäß den Standards zu erstellen, die auf Jahresabschlüsse im Sinne der Verordnung (EG) Nr. 1606/2002 anwendbar sind bzw. für den Fall, dass diese Verordnung nicht anwendbar ist, gemäß den nationalen Rechnungslegungsgrundsätzen eines Mitgliedstaats, wenn der Emittent aus der Gemeinschaft stammt. Bei Emittenten aus Drittstaaten sind diese historischen Finanzinformationen nach den im Verfahren des Artikels 3 der Verordnung (EG) Nr. 1606/2002 übernommenen internationalen Rechnungslegungsstandards oder nach diesen Standards gleichwertigen nationalen Rechnungslegungsgrundsätzen von Drittstaaten zu erstellen. Diese historischen Finanzinformationen müssen geprüft worden sein.

Wurden die geprüften Finanzinformationen gemäß nationaler Rechnungslegungsgrundsätze erstellt, dann müssen die unter dieser Rubrik geforderten Finanzinformationen zumindest Folgendes enthalten:

a) die Bilanz;

b) die Gewinn- und Verlustrechnung;

c) eine Übersicht, aus der entweder alle Veränderungen im Eigenkapital oder Veränderungen im Eigenkapital hervorgehen, bei denen es sich nicht um jene handelt, die sich aus Eigenkapitaltransaktionen mit Eigenkapitalgebern oder Ausschüttungen an diese ergeben;

d) die Kapitalflussrechnung;

e) die Rechnungslegungsstrategien und erläuternde Anmerkungen. Die historischen jährlichen Finanzinformationen müssen unabhängig und in Übereinstimmung mit den in dem jeweiligen Mitgliedstaat anwendbaren Prüfungsstandards oder einem äquivalenten Standard geprüft worden sein oder es muss für den Prospekt vermerkt werden, ob sie in Übereinstimmung mit dem in dem jeweiligen Mitgliedstaat anwendbaren Prüfungsstandard oder einem äquivalenten Standard ein den tatsächlichen Verhältnissen entsprechendes Bild vermitteln.

20.1a Dieser Absatz darf lediglich auf Emissionen von Zertifikaten, die Aktien vertreten, mit einer Mindeststückelung von 100.000 EUR angewandt werden

Aufzunehmen sind hier die geprüften historischen Finanzinformationen, die die letzten drei Geschäftsjahre abdecken (bzw. einen entsprechenden kürzeren Zeitraum, während dessen der Emittent tätig war), sowie ein Bestätigungsvermerk für jedes Geschäftsjahr. Hat der Emittent in der Zeit, für die historische Finanzinformationen beizubringen sind, seinen Bilanzstichtag geändert, so decken die geprüften historischen Finanzinformationen mindestens 24 Monate oder – sollte der Emittent seiner Geschäftstätigkeit noch keine 24 Monate nachgegangen sein – den gesamten Zeitraum seiner Geschäftstätigkeit ab. Derartige Finanzinformationen sind gemäß der Verordnung (EG) Nr. 1606/2002 bzw. für den Fall, dass diese Verordnung nicht anwendbar ist, gemäß den nationalen Rechnungslegungsgrundsätzen eines Mitgliedstaats zu erstellen, wenn der Emittent aus der Gemeinschaft stammt. Bei Emittenten aus Drittstaaten sind diese Finanzinformationen nach den im Verfahren des Artikels 3 der Verordnung (EG) Nr. 1606/2002 übernommenen internationalen Rechnungslegungsstandards oder nach diesen Standards gleichwertigen nationalen Rechnungslegungsgrundsätzen von Drittstaaten zu erstellen. Ansonsten müssen folgende Angaben in den Prospekt aufgenommen werden:

a) Eine hervorgehobene Erklärung dahingehend, dass die in das Registrierungsformular aufgenommenen Finanzinformationen nicht nach den im Verfahren des Artikels 3 der Verordnung (EG) Nr. 1606/2002 übernommenen internationalen Rechnungslegungsstandards erstellt wurden und dass die Finanzinformationen erhebliche Unterschiede aufweisen könnten, wenn die Verordnung (EG) Nr. 1606/2002 doch auf die historischen Finanzinformationen angewandt worden wäre;

b) Unmittelbar nach den historischen Finanzinformationen sind die Unterschiede zwischen den im Verfahren des Artikels 3 der Verordnung (EG) Nr. 1606/2002 übernommenen internationalen Rechnungslegungsstandards und den Rechnungslegungsgrundsätzen in einer Beschreibung darzulegen, die der Emittent bei der Erstellung seines Jahresabschlusses zugrunde gelegt hat.

Die geprüften historischen Finanzinformationen müssen für die letzten zwei Jahre in einer Form dargestellt und erstellt werden, die mit der konsistent ist, in der der folgende Jahresabschluss des Emittenten erscheint, wobei die Rechnungslegungsgrundsätze und -strategien sowie die Rechtsvorschriften zu berücksichtigen sind, die auf derlei Jahresabschlüsse Anwendung finden.

Anhang X Ziffer 20

Wurden die geprüften Finanzinformationen gemäß nationaler Rechnungslegungsgrundsätze erstellt, dann müssen die unter dieser Rubrik geforderten Finanzinformationen zumindest Folgendes enthalten:

a) Bilanz;

b) die Gewinn- und Verlustrechnung;

c) eine Übersicht, aus der entweder alle Veränderungen im Eigenkapital oder Veränderungen im Eigenkapital hervorgehen, bei denen es sich nicht um jene handelt, die sich aus Eigenkapitaltransaktionen mit Eigenkapitalgebern oder Ausschüttungen an diese ergeben;

d) die Kapitalflussrechnung;

e) die Rechnungslegungsstrategien und erläuternde Anmerkungen. Die historischen jährlichen Finanzinformationen müssen unabhängig und in Übereinstimmung mit den in dem jeweiligen Mitgliedstaat anwendbaren Prüfungsstandards oder einem äquivalenten Standard geprüft worden sein oder es muss für den Prospekt vermerkt werden, ob sie in Übereinstimmung mit dem in dem jeweiligen Mitgliedstaat anwendbaren Prüfungsstandard oder einem äquivalenten Standard ein den tatsächlichen Verhältnissen entsprechendes Bild vermitteln. Ansonsten müssen folgende Informationen in den Prospekt aufgenommen werden:

f) eine eindeutige Erklärung dahingehend, welche Prüfungsstandards zugrunde gelegt wurden;

g) eine Erläuterung für die Fälle, in denen von den Internationalen Prüfungsgrundsätzen in erheblichem Maße abgewichen wurde.

20.2 Jahresabschluss

Erstellt der Emittent sowohl einen Jahresabschluss als auch einen konsolidierten Abschluss, so ist zumindest der konsolidierte Abschluss in den Prospekt aufzunehmen.

20.3 Prüfung der historischen jährlichen Finanzinformationen

20.3.1 Es ist eine Erklärung dahingehend abzugeben, dass die historischen Finanzinformationen geprüft wurden. Sofern vom Abschlussprüfer kein oder nur ein eingeschränkter Bestätigungsvermerk für die historischen Finanzinformationen erteilt wurde, sind diese Ablehnung oder eingeschränkte Erteilung in vollem Umfang wiederzugeben und die Gründe dafür anzugeben.

20.3.2 Angabe sonstiger Informationen im Prospekt, der von den Prüfern geprüft wurde.

20.3.3 Wurden die Finanzdaten im Prospekt nicht dem geprüften Jahresabschluss des Emittenten entnommen, so sind die Quelle dieser Daten und die Tatsache anzugeben, dass die Daten ungeprüft sind.

20.4 „Alter" der jüngsten Finanzinformationen

20.4.1 Das letzte Jahr der geprüften Finanzinformationen darf nicht älter sein als:

a) 18 Monate ab dem Datum des Prospekts, sofern der Emittent geprüfte Zwischenabschlüsse in seinen Prospekt aufnimmt;

b) 15 Monate ab dem Datum des Prospekts, sofern der Emittent ungeprüfte Zwischenabschlüsse in seinen Prospekt aufnimmt.

20.5 Interims- und sonstige Finanzinformationen

20.5.1 Hat der Emittent seit dem Datum des letzten geprüften Jahresabschlusses vierteljährliche oder halbjährliche Finanzinformationen veröffentlicht, so sind diese in den Prospekt aufzunehmen. Wurden diese vierteljährlichen oder halbjährlichen Finanzinformationen einer Prüfung oder prüferischen Durchsicht unterworfen, so sind die entsprechenden Berichte ebenfalls aufzunehmen. Wurden die vierteljährlichen oder halbjährlichen Finanzinformationen keiner Prüfung oder prüferischen Durchsicht unterzogen, so ist diese Tatsache anzugeben.

20.5.2 Wurde der Prospekt mehr als neun Monate nach Ablauf des letzten geprüften Finanzjahres erstellt, muss er Zwischenfinanzinformationen enthalten, die u. U. keiner Prüfung unterzogen wurden (auf diese Tatsache sollte eindeutig hingewiesen werden) und die sich zumindest auf die ersten sechs Monate des Geschäftsjahres beziehen sollten.

Diese Zwischenfinanzinformationen sollten einen vergleichenden Überblick über denselben Zeitraum wie im letzten Geschäftsjahr enthalten. Der Anforderung vergleichbarer Bilanzinformationen kann jedoch auch ausnahmsweise durch die Vorlage der Jahresendbilanz nachgekommen werden.

20.6 Dividendenpolitik

Aufnahme einer Beschreibung der Politik des Emittenten auf dem Gebiet der Dividendenausschüttungen und etwaiger diesbezüglicher Beschränkungen.

20.6.1 Angabe des Betrags der Dividende pro Aktie für jedes Geschäftsjahr innerhalb des Zeitraums, der von den historischen Finanzinformationen abgedeckt wird. Wurde die Zahl der Aktien des Emittenten geändert, ist eine Anpassung zu Vergleichszwecken vorzunehmen.

20.7 Gerichtsverfahren und Schiedsgerichtsverfahren

Angaben über etwaige staatliche Interventionen, Gerichts- oder Schiedsgerichtsverfahren (einschließlich derjenigen Verfahren, die nach Kenntnis des Emittenten noch anhängig sind oder eingeleitet werden könnten), die im Zeitraum der mindestens letzten 12 Monate bestanden/abgeschlossen wurden, und die sich erheblich auf die Finanzlage oder die Rentabilität des Emittenten und/oder der Gruppe auswirken bzw. in jüngster Zeit ausgewirkt haben. Ansonsten ist eine negative Erklärung abzugeben.

20.8 Wesentliche Veränderungen in der Finanzlage oder der Handelsposition des Emittenten

Beschreibung jeder wesentlichen Veränderung in der Finanzlage oder der Handelsposition der Gruppe, die seit dem Ende des letzten Geschäftsjahres eingetreten ist, für das entweder geprüfte Finanzinformationen oder Zwischenfinanzinformationen veröffentlicht wurden. Ansonsten ist eine negative Erklärung abzugeben.

Anhang X Ziffer 20

Übersicht

	Rn.		Rn.
I. Einführung	37	III. Pro forma-Finanzinformationen: Keine explizite Mindestanforderung in Anhang X Ziffer 20 ProspektVO	43
II. Erleichterungen für Drittstaatenemittenten im Hinblick auf die historischen Finanzinformationen	39	IV. Aufnahme des letzten Einzelabschlusses bei Drittstaatenemittenten?	45

I. Einführung

37 Die Angaben nach Anhang X Ziffer 20 ProspektVO entsprechen in weiten Teilen denen des Anhang I Ziffer 20 ProspektVO. Grundsätzlich sind die Anforderungen an die historischen Finanzinformationen, die in den Prospekt aufzunehmen sind, daher identisch mit jenen, die im Rahmen eines Prospekts für das Angebot oder die Börsenzulassung von Aktien gelten. Siehe hierzu die Kommentierung zu Anhang I Ziffer 20 ProspektVO. Erforderlich sind hier nur Angaben in Bezug auf den Emittenten der zugrunde liegenden Aktien.

38 Der Regelungsgehalt von Ziffer 20 enthält jedoch gegenüber Anhang I Ziffer 20 ProspektVO zwei interessante Abweichungen. Zum einen enthält Ziffer 20.1a gegenüber Anhang I Ziffer 20.1 ProspektVO für Drittstaatenemittenten eine Erleichterung in Bezug auf die Rechnungslegungsstandards, nach denen die im Prospekt aufzunehmenden Finanzberichte aufzustellen sind. Zum anderen enthält Ziffer 20, anders als Anhang I Ziffer 20 ProspektVO, kein dahingehendes Erfordernis, im Falle einer bedeutenden Brutto-Veränderung Pro forma-Finanzinformationen (vgl. Anhang I Ziffer 20.2 ProspektVO) in den Prospekt aufzunehmen. Schließlich stellt sich auch in Bezug auf Drittstaatenemittenten die Frage, ob der Einzelabschluss des Drittstaatenemittenten in den Prospekt aufzunehmen ist (vgl. Anhang X Ziffer 20.2 ProspektVO).

II. Erleichterungen für Drittstaatenemittenten im Hinblick auf die historischen Finanzinformationen

39 Ziffer 20.1a sieht im Vergleich zu Anhang I Ziffer 20.1 ProspektVO in bestimmten Fällen eine Erleichterung für Drittstaatenemittenten vor, die ihre Finanzinformationen weder nach IFRS noch nach gleichwertigen nationalen Rechnungslegungsvorschriften erstellen.[28] Während Anhang I Ziffer 20.1 ProspektVO verlangt, dass die Finanzberichte des Emittenten entweder nach IFRS oder nach von der Kommission als gleichwertig befundenen Rechnungslegungsstandards erstellt werden, lässt Ziffer 20.1a in Bezug auf Prospekte für Depositary Receipts auch Finanzberichte zu, die auf Basis solcher nationalen Rechnungslegungsstandards aufgestellt werden, die nicht als gleichwertig anerkannt sind.[29] Dies betrifft derzeit die nationalen Rechnungslegungsstandards aller Staaten, mit Ausnahme von Japan,

---

[28] Siehe hierzu die Kommentierung zu Anhang I Ziffer 20 ProspektVO sowie vorstehende Kommentierung zu Anhang X Ziffer 19 ProspektVO. Als gleichwertige Rechnungslegungsstandards anerkannt sind die Generally Accepted Accounting Principles (GAAP) Japans, der Vereinigten Staaten von Amerika, der Volksrepublik China, Kanadas, und der Republik Korea. Außerdem können Drittstaatenemittenten ihre Abschlüsse bis für vor dem 1. Januar 2015 beginnende Geschäftsjahre nach den Generally Accepted Accounting Principles (GAAP) der Republik Indien erstellen.

[29] *Rahlf*, in: Holzborn, WpPG, EU-Prospekt-VO, Mindestangaben Anhang X Rn. 22.

der Vereinigten Staaten von Amerika, der Volksrepublik China, Kanadas, der Republik Korea sowie (für vor dem 1. Januar 2015 beginnende Geschäftsjahre) der Republik Indien.

40 Diese Erleichterung findet allerdings nur dann Anwendung, wenn die Depositary Receipts eine Mindeststückelung von EUR 100.000 aufweisen; ansonsten bleibt es bei dem in Anhang I Ziffer 20.1 ProspektVO verankerten Grundsatz, dass der Emittent zwingend Finanzberichte erstellen und in den Prospekt aufnehmen muss, die entweder nach IFRS oder nach als gleichwertig anerkannten Rechnungslegungsstandards erstellt wurden. Die Erleichterung ist insofern interessant, als für ein öffentliches Angebot von Wertpapieren mit einer Mindeststückelung von EUR 100.000 ohnehin kein Prospekt erforderlich ist (vgl. § 3 Abs. 2 Satz 1 lit. d) WpPG). Für die Börsenzulassung solcher Wertpapiere an einem regulierten Markt gibt es eine solche Ausnahme vom Prospekterfordernis jedoch nicht, was erklärt, warum Ziffer 20.1a überhaupt einen Anwendungsbereich hat, nämlich den Fall eines Börsenzulassungsprospekts für Depositary Receipts mit einer Mindeststückelung von EUR 100.000 und einem Drittstaatenemittenten der zugrunde liegenden Aktien, dessen Finanzberichte weder nach IFRS noch nach einem als gleichwertig anerkannten Rechnungslegungsstandard erstellt werden.

41 Für einen solchen Fall sieht Ziffer 20.1a vor, dass die nach den nationalen Rechnungslegungsstandards erstellten Finanzberichte in den Prospekt aufgenommen werden dürfen.[30] Allerdings ist im Prospekt eine hervorgehobene Erklärung dahingehend aufzunehmen, dass die Finanzinformationen nicht nach den im Verfahren des Artikels 3 der Verordnung (EG) Nr. 1606/2002[31] übernommenen internationalen Rechnungslegungsstandards erstellt wurden und dass die Finanzinformationen erhebliche Unterschiede aufweisen könnten, wenn die Verordnung (EG) Nr. 1606/2002 auf die historischen Finanzinformationen angewandt worden wäre; zudem sind die bestehenden Unterschiede zwischen den übernommenen internationalen Rechnungslegungsstandards und den angewandten Rechnungslegungsgrundsätzen in einer Beschreibung darzulegen.[32]

42 Der Mindestumfang der Angaben umfasst Bilanz, Gewinn- und Verlustrechnung, Eigenkapitalveränderungsrechnung, Kapitalflussrechnung und Anhang (bzw. erläuternde Anmerkungen). Der aus Anhang I Ziffer 20.1 ProspektVO bekannte Konsistenzgrundsatz gilt auch hier. Ebenso ist es erforderlich, dass die Finanzinformationen durch unabhängige Wirtschaftsprüfer geprüft und testiert sein müssen. Die Formulierung im letzten Satz von Ziffer 20.1a („Ansonsten müssen folgende Informationen in den Prospekt aufgenommen werden: ...") ist sprachlich misslungen. Ein Abgleich mit der Formulierung des letzten Satzes von Anhang I Ziffer 20.1 ProspektVO bzw. Anhang X Ziffer 20.1 ProspektVO und der entsprechenden englischen Fassung stellt klar, dass das Erfordernis einer unabhängigen Prüfung der Finanzberichte nicht verzichtbar ist. Auch dann, wenn einem Drittstaatenemittent nach Ziffer 20.1a die Aufnahme von Finanzberichten, die nach einem nicht gleichwertigen Rechnungslegungsstandard erstellt wurden, gestattet ist, sind die Finanzberichte durch unabhängige Wirtschaftsprüfer zu prüfen und zu testieren. Der angewendete Prüfungsstandard ist in diesem Fall im Prospekt offenzulegen; außerdem ist anzugeben, inwiefern der angewendete Prüfungsstandard von den internationalen Prüfungsgrundsätzen erheblich abweicht.

---

30 *Rahlf*, in: Holzborn, WpPG, EU-Prospekt-VO, Mindestangaben Anhang X Rn. 22.
31 VO (EG) Nr. 1606/2002 vom 19.7.2002, ABl. Nr. L 243 vom 11.9.2002.
32 *Rahlf*, in: Holzborn, WpPG, EU-Prospekt-VO, Mindestangaben Anhang X Rn. 22.

III. Pro forma-Finanzinformationen: Keine explizite Mindestanforderung in Anhang X Ziffer 20 ProspektVO

43 Im Katalog nach Ziffer 20 fehlt eine dem Anhang I Ziffer 20.2 ProspektVO entsprechende Anforderung, „im Falle einer bedeutenden Brutto-Veränderung Pro forma-Finanzinformationen in den Prospekt aufzunehmen". Warum dieses Erfordernis im Rahmen von Depositary Receipts nicht besteht, ist nicht eindeutig nachvollziehbar.

44 Art. 4a ProspektVO sieht zwar ausdrücklich vor, dass die zuständige Behörde im Falle einer komplexen finanztechnischen Vorgeschichte des Emittenten die Aufnahme von Pro forma-Angaben oder anderen zusätzlichen Finanzangaben im Prospekt verlangen kann. Dem Wortlaut nach gilt diese Regelung allerdings nur im Anwendungsbereich von Art. 4 ProspektVO (Aktienemissionen gemäß Anhang I), und eben nicht im Bereich von Depositary Receipts (Anhang X). Hat der Emittent der zugrunde liegenden Aktien jedoch eine komplexe finanztechnische Vorgeschichte, sollte unter Berücksichtigung des allgemeinen Wesentlichkeitsprinzips zumindest erwogen und mit der für die Prospektbilligung zuständigen Behörde im Vorfeld abgestimmt werden, ob Pro forma-Finanzangaben in den Prospekt aufzunehmen sind (oder aufgenommen werden können).[33]

IV. Aufnahme des letzten Einzelabschlusses bei Drittstaatenemittenten?

45 Das Angabeerfordernis gemäß Anhang X Ziffer 20.2 ProspektVO entspricht demjenigen nach Anhang I Ziffer 20.3 ProspektVO. Diesbezüglich stellt sich die Frage, ob der Einzelabschluss eines ausländischen Emittenten der zugrunde liegenden Aktien in den Prospekt für die Depositary Receipts aufzunehmen ist. Diese Frage ist nach denselben Grundsätzen zu beantworten, die im Hinblick auf deutsche Emittenten gelten. Nach diesen Grundsätzen, die auch der ständigen BaFin-Praxis entsprechen, ist der letzte Einzelabschluss aufzunehmen, wenn dieser wesentliche zusätzliche Informationen im Vergleich zum Konzernabschluss enthält (wovon für deutsche Emittenten grundsätzlich auszugehen ist).[34] Sind die Prospektverantwortlichen der Ansicht, dass dies in Bezug auf den ausländischen Emittenten nicht der Fall ist, wird der BaFin regelmäßig eine entsprechende Bestätigung des Emittenten bzw. des Wirtschaftsprüfers des Emittenten vorzulegen sein.

---

33 Entsprechend wohl auch die Praxis im Vereinigten Königreich, vgl. *Panasar/Glasper*, Preparing to list depositary receipts, in: A guide to listing on the London Stock Exchange, 2010, S. 93 ff., abrufbar unter: http://www.londonstockexchange.com/home/guide-to-listing.pdf.

34 Zur Entwicklung *Schlitt/Schäfer*, AG 2008, 525, 530; *dies.*, AG 2005, 498, 503; *Apfelbacher/Metzner*, BKR 2006, 81, 88.

21. ZUSÄTZLICHE ANGABEN

21.1 Aktienkapital

Aufzunehmen sind die folgenden Angaben zum Stichtag der jüngsten Bilanz, die Bestandteil der historischen Finanzinformationen sind:

21.1.1 Betrag des ausgegebenen Kapitals und für jede Kategorie des Aktienkapitals:

a) Zahl der genehmigten Aktien;

b) Zahl der ausgegebenen und voll eingezahlten Aktien sowie der ausgegebenen, aber nicht voll eingezahlten Aktien;

c) Nennwert pro Aktie bzw. Meldung, dass die Aktien keinen Nennwert haben;

d) Abstimmung der Zahl der Aktien, die zu Beginn und zu Ende des Geschäftsjahres noch ausstehen. Wurde mehr als 10 % des Kapitals während des Zeitraums, der von den historischen Finanzinformationen abgedeckt wird, mit anderen Aktiva als Barmitteln eingezahlt, so ist dieser Umstand anzugeben.

21.1.2 Sollten Aktien vorhanden sein, die nicht Bestandteil des Eigenkapitals sind, so sind die Anzahl und die wesentlichen Merkmale dieser Aktien anzugeben.

21.1.3 Angabe der Anzahl, des Buchwertes sowie des Nennbetrages der Aktien, die Bestandteil des Eigenkapitals des Emittenten sind und die vom Emittenten selbst oder in seinem Namen oder von Tochtergesellschaften des Emittenten gehalten werden.

21.1.4 Angabe etwaiger wandelbarer Wertpapiere, umtauschbarer Wertpapiere oder Wertpapiere mit Optionsscheinen, wobei die geltenden Bedingungen und Verfahren für die Wandlung, den Umtausch oder die Zeichnung darzulegen sind.

21.1.5 Angaben über eventuelle Akquisitionsrechte und deren Bedingungen und/oder über Verpflichtungen in Bezug auf genehmigtes, aber noch nicht ausgegebenes Kapital oder in Bezug auf eine Kapitalerhöhung.

21.1.6 Angaben über den Anteil eines Mitglieds der Gruppe, worauf ein Optionsrecht besteht oder bei dem man sich bedingt oder bedingungslos darauf geeinigt hat, diesen Anteil an ein Optionsrecht zu knüpfen, sowie Einzelheiten über derlei Optionen, die auch jene Personen betreffen, die diese Optionsrechte erhalten haben.

21.1.7 Die Entwicklung des Eigenkapitals mit besonderer Hervorhebung der Angaben über etwaige Veränderungen, die während des von den historischen Finanzinformationen abgedeckten Zeitraums erfolgt sind.

21.2 Satzung und Statuten der Gesellschaft

21.2.1 Beschreibung der Zielsetzungen des Emittenten und an welcher Stelle sie in der Satzung und den Statuten der Gesellschaft verankert sind.

21.2.2 Zusammenfassung etwaiger Bestimmungen der Satzung und der Statuten des Emittenten sowie der Gründungsurkunde oder sonstiger Satzungen, die die Mitglieder der Verwaltungs-, Geschäftsführungs- und Aufsichtsorgane betreffen.

21.2.3 Beschreibung der Rechte, Vorrechte und Beschränkungen, die an jede Kategorie der vorhandenen Aktien gebunden sind.

21.2.4 Erläuterung, welche Maßnahmen erforderlich sind, um die Rechte der Inhaber von Aktien zu ändern, wobei die Fälle anzugeben sind, in denen die Bedingungen strenger ausfallen als die gesetzlichen Vorschriften.

21.2.5 Beschreibung der Art und Weise, wie die Jahreshauptversammlungen und die außerordentlichen Hauptversammlungen der Aktionäre einberufen werden, einschließlich der Aufnahmebedingungen.

21.2.6 Kurze Beschreibung etwaiger Bestimmungen der Satzung und der Statuten des Emittenten sowie der Gründungsurkunde oder sonstiger Satzungen, die u. U. eine Verzögerung, einen Aufschub oder sogar die Verhinderung eines Wechsels in der Kontrolle des Emittenten bewirken.

21.2.7 Angabe (falls vorhanden) etwaiger Bestimmungen der Satzung und der Statuten des Emittenten sowie der Gründungsurkunde oder sonstiger Satzungen, die für den Schwellenwert gelten, ab dem der Aktienbesitz offen gelegt werden muss.

21.2.8 Darlegung der Bedingungen, die von der Satzung und den Statuten des Emittenten sowie der Gründungsurkunde oder sonstigen Satzungen vorgeschrieben werden und die die Veränderungen im Eigenkapital betreffen, sofern diese Bedingungen strenger sind als die gesetzlichen Vorschriften.

46 Die gemäß Anhang X Ziffer 21 ProspektVO zu machenden Angaben entsprechen denjenigen nach Anhang I Ziffer 21 ProspektVO. Siehe hierzu die Kommentierung zu Anhang I Ziffer 21 ProspektVO. Erforderlich sind nur Angaben in Bezug auf den Emittenten der zugrunde liegenden Aktien.

47 Ist der Emittent der zugrunde liegenden Aktien eine Gesellschaft, die (regelmäßig) einer ausländischen Rechtsordnung unterliegt, ist die Offenlegung nach Ziffer 21 tendenziell umfassend und detailliert zu gestalten, so dass Besonderheiten der ausländischen Rechtsordnung gegenüber den üblichen deutschen oder europäischen Rechtsstrukturen und -prinzipien möglichst anschaulich zu beschreiben sind.

22. WESENTLICHE VERTRÄGE

Zusammenfassung jedes in den letzten beiden Jahren vor der Veröffentlichung des Prospekts abgeschlossenen wesentlichen Vertrages (bei denen es sich nicht um jene handelt, die im Rahmen der normalen Geschäftstätigkeit abgeschlossen wurden), bei dem der Emittent oder ein sonstiges Mitglied der Gruppe eine Vertragspartei ist.

Zusammenfassung aller sonstigen zum Datum des Prospekts bestehenden Verträge (bei denen es sich nicht um jene handelt, die im Rahmen der normalen Geschäftstätigkeit abgeschlossen wurden), die von jedwedem Mitglied der Gruppe abgeschlossen wurden und eine Bestimmung enthalten, der zufolge ein Mitglied der Gruppe eine Verpflichtung oder ein Recht erlangt, die bzw. das für die Gruppe von wesentlicher Bedeutung ist.

Die gemäß Anhang X Ziffer 22 ProspektVO zu machenden Angaben entsprechen denjenigen nach Anhang I Ziffer 22 ProspektVO. Siehe hierzu die Kommentierung zu Anhang I Ziffer 22 ProspektVO. Erforderlich sind nur Angaben in Bezug auf den Emittenten der zugrunde liegenden Aktien. **48**

23. ANGABEN VON SEITEN DRITTER, ERKLÄRUNGEN VON SEITEN SACHVERSTÄNDIGER UND INTERESSENERKLÄRUNGEN

23.1 Wird in den Prospekt eine Erklärung oder ein Bericht einer Person aufgenommen, die als Sachverständiger handelt, so sind der Name, die Geschäftsadresse, die Qualifikationen und – falls vorhanden – das wesentliche Interesse am Emittenten anzugeben. Wurde der Bericht auf Ersuchen des Emittenten erstellt, so ist eine diesbezügliche Erklärung dahingehend abzugeben, dass die aufgenommene Erklärung oder der aufgenommene Bericht in der Form und in dem Zusammenhang, in dem sie bzw. er aufgenommen wurde, die Zustimmung von Seiten dieser Person erhalten hat, die den Inhalt dieses Teils des Prospekts gebilligt hat.

23.2 Sofern Angaben von Seiten Dritter übernommen wurden, ist zu bestätigen, dass diese Angaben korrekt wiedergegeben wurden und dass – soweit es dem Emittenten bekannt ist und er aus den von diesem Dritten veröffentlichten Informationen ableiten konnte – keine Tatsachen unterschlagen wurden, die die wiedergegebenen Informationen unkorrekt oder irreführend gestalten würden. Darüber hinaus hat der Emittent die Quelle(n) der Informationen anzugeben.

Die gemäß Anhang X Ziffer 23 ProspektVO zu machenden Angaben entsprechen denjenigen nach Anhang I Ziffer 23 ProspektVO. Siehe hierzu die Kommentierung zu Anhang I Ziffer 23 ProspektVO. **49**

Anhang X Ziffer 24 und Ziffer 25

24. EINSEHBARE DOKUMENTE

Abzugeben ist eine Erklärung dahingehend, dass während der Gültigkeitsdauer des Prospekts ggf. die folgenden Dokumente oder deren Kopien eingesehen werden können:

a) die Satzung und die Statuten des Emittenten;

b) sämtliche Berichte, Schreiben und sonstigen Dokumente, historischen Finanzinformationen, Bewertungen und Erklärungen, die von einem Sachverständigen auf Ersuchen des Emittenten abgegeben wurden, sofern Teile davon in den Prospekt eingeflossen sind oder in ihm darauf verwiesen wird;

c) die historischen Finanzinformationen des Emittenten oder im Falle einer Gruppe die historischen Finanzinformationen für den Emittenten und seine Tochtergesellschaften für jedes der Veröffentlichung des Prospekts vorausgegangenen beiden letzten Geschäftsjahre.

Anzugeben ist auch, wo in diese Dokumente entweder in Papierform oder auf elektronischem Wege Einsicht genommen werden kann.

50 Die gemäß Anhang X Ziffer 24 ProspektVO zu machenden Angaben entsprechen denjenigen nach Anhang I Ziffer 24 ProspektVO. Siehe hierzu die Kommentierung zu Anhang I Ziffer 24 ProspektVO. Erforderlich sind nur Angaben in Bezug auf den Emittenten der zugrunde liegenden Aktien.

25. ANGABEN ÜBER BETEILIGUNGEN

25.1 Beizubringen sind Angaben über Unternehmen, an denen der Emittent einen Teil des Eigenkapitals hält, dem bei der Bewertung ihrer eigenen Vermögens-, Finanz- und Ertragslage voraussichtlich eine erhebliche Bedeutung zukommt.

51 Die gemäß Anhang X Ziffer 25 ProspektVO zu machenden Angaben entsprechen denjenigen nach Anhang I Ziffer 25 ProspektVO. Siehe hierzu die Kommentierung zu Anhang I Ziffer 25 ProspektVO. Erforderlich sind nur Angaben in Bezug auf den Emittenten der zugrunde liegenden Aktien.

26. ANGABEN ÜBER DEN EMITTENTEN DER ZERTIFIKATE, DIE AKTIEN VERTRETEN

26.1 Name, eingetragener Sitz und Hauptverwaltung, falls nicht mit dem eingetragenen Sitz identisch.

26.2 Datum der Gründung und Existenzdauer des Emittenten, soweit diese nicht unbefristet ist.

26.3 Rechtsordnung, unter der der Emittent tätig ist, und Rechtsform, die er unter dieser Rechtsordnung angenommen hat.

Ziffer 26 erfordert die Aufnahme von Prospektangaben über den Emittenten der aktienvertretenden Zertifikate. Emittent der Zertifikate ist der Depositary. Die von Ziffer 26 geforderten Angaben sind überschaubar.[35] Ausreichend ist eine kurze Beschreibung, in der Name, Sitz, Hauptverwaltung, Gründungsdatum, Rechtsform und die Rechtsordnung des Depositary angegeben werden. Empfehlenswert ist außerdem, kurz die rechtliche Stellung des Depositary als Kredit- oder Finanzdienstleistungsinstitut sowie das für den Depositary aufsichtsrechtlich relevante Regime zu bezeichnen. Weitere Angaben zum Depositary werden nicht verlangt, insbesondere sind keine Finanzangaben zum Depositary im Prospekt aufzunehmen. Anhang X liegt das Prinzip zugrunde, dass die Anlageentscheidung des Investors sich auf die zugrunde liegenden Aktien bezieht; daher blickt Anhang X grundsätzlich durch den Depositary hindurch auf den Emittenten der zugrunde liegenden Aktien.

52

---

35 *Rahlf*, in: Holzborn, WpPG, EU-Prospekt-VO, Mindestangaben Anhang X Rn. 30.

Anhang X Ziffer 27

27. ANGABEN ÜBER DIE ZU GRUNDE LIEGENDEN AKTIEN

27.1 Beschreibung des Typs und der Kategorie der anzubietenden und/oder zum Handel zuzulassenden zu Grunde liegenden Aktien einschließlich der ISIN (International Security Identification Number) oder eines ähnlichen anderen Sicherheitscodes.

27.2 Rechtsvorschriften, auf deren Grundlage die zu Grunde liegenden Aktien geschaffen wurden.

27.3 Angabe, ob es sich bei den zu Grunde liegenden Aktien um Namenspapiere oder um Inhaberpapiere handelt und ob die zu Grunde liegenden Aktien verbrieft oder stückelos sind. In letzterem Fall sind der Name und die Anschrift des die Buchungsunterlagen führenden Instituts zu nennen.

27.4 Währung der zu Grunde liegenden Aktien.

27.5 Beschreibung der Rechte – einschließlich ihrer etwaigen Beschränkungen –, die an die zu Grunde liegenden Aktien gebunden sind, und des Verfahrens zur Ausübung dieser Rechte.

27.6 Dividendenrechte:

a) fester/e Termin/e, zu dem/denen die Dividendenberechtigung entsteht;

b) Verjährungsfrist für den Verfall der Dividendenberechtigung und Angabe des entsprechenden Begünstigten;

c) Dividendenbeschränkungen und Verfahren für gebietsfremde Wertpapierinhaber;

d) Dividendensatz bzw. Methode zu seiner Berechnung, Angabe der Frequenz und der kumulativen bzw. nichtkumulativen Wesensart der Zahlungen.

27.7 Stimmrechte;

Bezugsrechte bei Angeboten zur Zeichnung von Wertpapieren derselben Kategorie;

Recht auf Beteiligung am Gewinn des Emittenten;

Recht auf Beteiligung am Saldo im Falle einer Liquidation;

Tilgungsklauseln;

Wandelbedingungen.

27.8 Emissionstermin für die zu Grunde liegenden Aktien, wenn für die Emission der Zertifikate neue zu Grunde liegenden Aktien zu schaffen sind und sie zum Zeitpunkt der Emission der Zertifikate nicht existierten.

27.9 Sind für die Emission der Zertifikate neue zu Grunde liegende Aktien zu schaffen, so sind die Beschlüsse, Bevollmächtigungen und Billigungen anzugeben, auf deren Grundlage die neuen zu Grunde liegenden Aktien geschaffen wurden oder noch werden und/oder ausgegeben wurden oder noch werden.

27.10 Darstellung etwaiger Beschränkungen für die freie Übertragbarkeit der Wertpapiere.

27.11 Hinsichtlich des Landes, in dem der Emittent seinen eingetragenen Sitz hat, und des Landes bzw. der Länder, in dem bzw. denen das Angebot unterbreitet oder die Zulassung zum Handel beantragt wird, sind folgende Angaben zu machen:

a) Angaben über die an der Quelle einbehaltene Einkommensteuer auf die zu Grunde liegenden Aktien;

b) Angabe der Tatsache, ob der Emittent die Verantwortung für die Einbehaltung der Steuern an der Quelle übernimmt.

27.12 Angabe etwaig bestehender obligatorischer Übernahmeangebote und/oder Ausschluss- und Andienungsregeln in Bezug auf die zu Grunde liegenden Aktien.

27.13 Angabe öffentlicher Übernahmeangebote von Seiten Dritter in Bezug auf das Eigenkapital des Emittenten, die während des letzten oder im Verlauf des derzeitigen Geschäftsjahres erfolgten. Zu nennen sind dabei der Kurs oder die Wandelbedingungen für derlei Angebote sowie das Resultat.

27.14 Lock-up-Vereinbarungen:
– Anzugeben sind die beteiligten Parteien;
– Inhalt und Ausnahmen der Vereinbarung;
– der Zeitraum des „lock up".

27.15 Ggf. Angaben über Aktionäre, die ihre Aktien eventuell veräußern

27.15.1 Name und Geschäftsanschrift der Person oder des Instituts, die/das zu Grunde liegende Aktien zum Verkauf anbietet; Wesensart etwaiger Positionen oder sonstiger wesentlicher Verbindungen, die die Personen mit Verkaufspositionen in den letzten drei Jahren bei dem Emittenten der zu Grunde liegenden Aktien oder etwaigen Vorgängern oder verbundenen Personen innehatte oder mit diesen unterhielt.

27.16 Verwässerung

27.16.1 Betrag und Prozentsatz der unmittelbaren Verwässerung, die sich aus dem Angebot der Zertifikate ergibt.

27.16.2 Im Falle eines Zeichnungsangebots für die Zertifikate an die existierenden Aktionäre Angabe von Betrag und Prozentsatz der unmittelbaren Verwässerung, wenn sie das neue Angebot für die Zertifikate nicht zeichnen.

27.17 Zusätzliche Angaben, wenn die gleiche Kategorie der zu Grunde liegenden Aktien wie die zu Grunde liegenden Aktien, für die die Zertifikate ausgestellt wurden, gleichzeitig oder fast gleichzeitig angeboten oder zum Handel zugelassen werden

27.17.1 Falls gleichzeitig oder fast gleichzeitig zur Schaffung von Zertifikaten, für die eine Zulassung zum Handel auf einem geregelten Markt beantragt werden soll, zu Grunde liegende Aktien der gleichen Kategorie wie diejenigen, für die die Zertifikate ausgestellt wurden, privat gezeichnet oder platziert werden, sind Einzelheiten zur Natur dieser Geschäfte sowie zur Zahl und den Merkmalen der zu Grunde liegenden Aktien anzugeben, auf die sie sich beziehen.

27.17.2 Angabe sämtlicher geregelten oder gleichwertigen Märkte, auf denen nach Kenntnis des Emittenten der Zertifikate zu Grunde liegende Aktien der gleichen

Anhang X Ziffer 27

Kategorie wie diejenigen, für die die Zertifikate ausgestellt wurden, angeboten oder zum Handel zugelassen werden.

27.17.3 Soweit dem Emittenten der Zertifikate bekannt, Angabe, ob Hauptaktionäre oder Mitglieder der Geschäftsführungs-, Aufsichts- oder Verwaltungsorgane des Emittenten an der Zeichnung teilnehmen wollen oder ob Personen mehr als 5% des Angebots zeichnen wollen.

Übersicht

	Rn.		Rn.
I. Einführung	53	II. Korrespondierende Ziffern in Anhang III ProspektVO	58

I. Einführung

53 Ziffer 27 verlangt detaillierte Prospektangaben zu den Aktien, die den Depositary Receipts zugrunde liegen. Die Ziffern 27.1 bis 27.17 korrespondieren weitgehend mit verschiedenen (zum Teil verstreuten) Ziffern des Anhangs III, der für Aktienemissionen gilt. Anhang III verlangt für Aktienemissionen detaillierte Angaben über das Grundkapital des Emittenten und die Aktien, die Gegenstand des Angebots bzw. der Börsenzulassung sind.[36] Insofern sind die Offenlegungsanforderungen in Bezug auf die den Depositary Receipts zugrunde liegenden Aktien weitgehend deckungsgleich mit den Offenlegungsanforderungen in Anhang III.

54 U.a. sind daher Angaben zu Aktiengattung, den mit der Aktie verbundenen Rechten, den Rechtsgrundlagen der Aktienbegebung, der Wertpapierkennnummer, der Währung des Nominalbetrags der Aktien, den Dividendenrechten, den Stimmrechten, den Rechten bei Liquidation, Übertragungsbeschränkungen, steuerlichen Aspekten, den auf den Emittenten und den Erwerb der Aktien anwendbaren Übernahmeregelungen, den Lock-up-Vereinbarungen und der Verwässerung infolge des Angebots der Depositary Receipts in den Prospekt aufzunehmen.

55 In der Regel empfiehlt sich eine Beschreibung der gesellschaftsrechtlichen Rahmenbedingungen des Emittenten, die einen Bezug zum Grundkapital des Emittenten aufweisen. Dabei sollten insbesondere die folgenden Fragen adressiert werden: Wie werden Kapitalerhöhungsbeschlüsse und andere wichtige Maßnahmen des Emittenten nach dem anwendbaren gesellschaftsrechtlichen Regime beschlossen und was sind diesbezügliche Mehrheits- und Registereintragungserfordernisse? Bestehen gesetzliche Bezugsrechte? Können diese aus-

---

[36] Wie bereits einleitend ausgeführt, legt Anhang X – anders als Anhang I und Anhang III – einen einheitlichen Prospekt (und nicht einen dreiteiligen Prospekt mit den Einzeldokumenten Registrierungsformular, Wertpapierbeschreibung und Zusammenfassung) zugrunde. Die Offenlegungsanforderungen werden somit in Anhang X zusammengefasst, weshalb Anhang III für Prospekte für Depositary Receipts keine Anwendung neben Anhang X findet. In Ziffer 27 (Angaben über die zugrunde liegenden Aktien), Ziffer 28 (Angaben über die Hinterlegungsscheine), Ziffer 29 (Angaben über die Bedingungen und Voraussetzungen des Angebots von Hinterlegungsscheinen) und Ziffer 30 (Zulassung zum Handel und Handelsregeln bei Zertifikaten, die Aktien vertreten) von Anhang X finden sich allerdings die Anforderungen von Anhang III, bezogen auf die Depositary Receipts und die zugrunde liegenden Aktien, nahezu inhaltsgleich wieder (mit einigen wenigen Abweichungen).

geschlossen werden? Falls ja, unter welchen Bedingungen? Welche Rechte werden durch die Aktien verbrieft? Sind es Inhaber- oder Namensaktien? Bestehen Stimmrechte? Wie werden sie ausgeübt? Besteht eine rechtliche Grundlage für die Begebung von Wandelschuldverschreibungen oder bestehen sonstige rechtliche Grundlagen, die zu einer Verwässerung bestehender Aktionäre bzw. Depositary Receipt Inhaber führen könnten? Hat der Emittent ein genehmigtes oder ein bedingtes Kapital? Sind die Aktien dividendenberechtigt? Dividendenhistorie und Dividendenpolitik? Wie werden Aktien übertragen? Gibt es dafür Zustimmungsvorbehalte oder Registrierungserfordernisse? Wie hat sich das Kapital des Emittenten in den letzten drei Jahren entwickelt? Diese detaillierte Beschreibung dient insbesondere auch als Grundlage für die Beschreibung, wie der Inhaber der Depositary Receipts Einfluss auf die Ausübung dieser Rechte aus den zugrunde liegenden Aktien nehmen kann (vgl. Anhang X Ziffer 28.8 ProspektVO).

In einem Prospekt für Depositary Receipts bietet es sich an, einen Abschnitt „Angaben zu den zugrunde liegenden Aktien" aufzunehmen, und dort die von Ziffer 27 geforderten Angaben zu bündeln. **56**

Da der Emittent der zugrunde liegenden Aktien und die zugrunde liegenden Aktien typischerweise einer ausländischen Rechtsordnung unterliegen, empfiehlt sich in der Regel eine tendenziell umfassende und detaillierte Darstellung, so dass Besonderheiten der ausländischen Rechtsordnung gegenüber den üblichen deutschen oder europäischen Rechtsstrukturen und -prinzipien transparent werden.[37] **57**

II. Korrespondierende Ziffern in Anhang III ProspektVO

Die folgende Tabelle zeigt die Ziffern in Anhang III ProspektVO, die mit den einzelnen Unterziffern von Anhang X Ziffer 27 ProspektVO korrespondieren. **58**

Anhang X	Anhang III	Anmerkungen
27.1	4.1	Siehe die Kommentierung zu Anhang III Ziffer 4.1.
27.2	4.2	Siehe die Kommentierung zu Anhang III Ziffer 4.2.
27.3	4.3	Siehe die Kommentierung zu Anhang III Ziffer 4.3.
27.4	4.4	Siehe die Kommentierung zu Anhang III Ziffer 4.4.
27.5	4.5	Siehe die Kommentierung zu Anhang III Ziffer 4.5.
27.6	4.5	Siehe die Kommentierung zu Anhang III Ziffer 4.5.
27.7	4.5	Siehe die Kommentierung zu Anhang III Ziffer 4.
27.8	4.7	Werden die zugrunde liegenden Aktien erst nach dem Emissionstermin der Depositary Receipts begeben, ist im Prospekt offenzulegen, wann die zugrunde liegenden Aktien begeben werden sollen. Siehe die Kommentierung zu Anhang III Ziffer 4.7.

---

[37] *Rahlf*, in: Holzborn, WpPG, EU-Prospekt-VO, Mindestangaben Anhang X Rn. 30a.

Anhang X Ziffer 27

Anhang X	Anhang III	Anmerkungen
27.9	4.6	Werden für die den Depositary Receipts zugrunde liegenden Aktien neu begeben, sind die gesellschaftsrechtlichen Grundlagen (z. B. relevante Satzungsgrundlagen, Organbeschlüsse, Registereintragungen etc.) der neuen Aktien anzugeben. Siehe die Kommentierung zu Anhang III Ziffer 4.6.
27.10	4.8	Siehe die Kommentierung zu Anhang III Ziffer 4.8.
27.11	4.11	Siehe die Kommentierung zu Anhang III Ziffer 4.11.
27.12	4.9	Siehe die Kommentierung zu Anhang III Ziffer 4.9.
27.13	4.10	Siehe die Kommentierung zu Anhang III Ziffer 4.10.
27.14	7.3	Siehe die Kommentierung zu Anhang III Ziffer 7.3.
27.15.1	7.1	Siehe die Kommentierung zu Anhang III Ziffer 7.1.
27.16	9	Die Angaben zur Verwässerung beziehen sich auf die zugrunde liegenden Aktien und die Aktionäre des Emittenten der zugrunde liegenden Aktien. Sind Depositary Receipts bereits ausgegeben und werden weitere Depositary Receipts ausgegeben, sollten die Angaben auch die Verwässerung der bereits existierenden Inhaber von Depositary Receipts umfassen. Siehe die Kommentierung zu Anhang III Ziffer 9.
27.17.1	6.3	Finden in engem zeitlichen Zusammenhang mit der Begebung der Depositary Receipts Privatplatzierungen von Aktien statt, die der Gattung der den Depositary Receipts zugrunde liegenden Aktien entsprechen, sind Angaben zu solchen „Parallelplatzierungen" im Prospekt aufzunehmen. Es erscheint empfehlenswert, Angaben auch dann aufzunehmen, wenn der Emittent der zugrunde liegenden Aktien in engem zeitlichen Zusammenhang Wertpapiere ausgibt, die nicht der Gattung der zugrunde liegenden Aktien entsprechen. Siehe die Kommentierung zu Anhang III Ziffer 6.3.
27.17.2	6.2	Sämtliche Märkte, auf denen die zugrunde liegenden Aktien gehandelt werden, sind im Prospekt anzugeben. Siehe die Kommentierung zu Anhang III Ziffer 6.2.
27.17.3	5.2.2	Die Anforderung nach Ziffer 27.17.3 bezieht sich primär auf das Angebot der Depositary Receipts. Soweit Hauptaktionäre oder Organmitglieder des Emittenten der zugrunde liegenden Aktien an dem Angebot der Zertifikate mit mehr als 5% des Angebots teilnehmen wollen, ist dies im Prospekt offenzulegen. Findet in unmittelbarem zeitlichen Zusammenhang ein Angebot von zugrunde liegenden Aktien statt, scheint es sinnvoll, dieses Offenlegungserfordernis entsprechend für das Angebot der zugrunde liegenden Aktien anzuwenden. Siehe die Kommentierung zu Anhang III Ziffer 5.2.2.

28. ANGABEN ÜBER DIE HINTERLEGUNGSSCHEINE

28.1 Beschreibung des Typs und der Kategorie der anzubietenden und/oder zum Handel zuzulassenden Zertifikate.

28.2 Rechtsvorschriften, auf deren Grundlage die Zertifikate geschaffen wurden.

28.3 Angabe, ob es sich bei den Zertifikaten um Namenspapiere oder um Inhaberpapiere handelt und ob sie verbrieft oder stückelos sind. In letzterem Fall sind der Name und die Anschrift des die Buchungsunterlagen führenden Instituts zu nennen.

28.4 Währung der Zertifikate.

28.5 Beschreibung der Rechte – einschließlich ihrer etwaigen Beschränkungen –, die an die Zertifikate gebunden sind, und des Verfahrens zur Ausübung dieser Rechte.

28.6 Wenn sich die Dividendenrechte, die an die Zertifikate gebunden sind, von jenen unterscheiden, die im Zusammenhang mit den Basistiteln bekannt gegeben werden, sind folgende Angaben zu den Dividendenrechten zu machen:

a) fester/e Termin/e, zu dem/denen die Dividendenberechtigung entsteht;

b) Verjährungsfrist für den Verfall der Dividendenberechtigung und Angabe des entsprechenden Begünstigten;

c) Dividendenbeschränkungen und Verfahren für gebietsfremde Wertpapierinhaber;

d) Dividendensatz bzw. Methode zu seiner Berechnung, Angabe der Frequenz und der kumulativen bzw. nichtkumulativen Wesensart der Zahlungen.

28.7 Wenn sich die Stimmrechte, die an die Zertifikate gebunden sind, von jenen unterscheiden, die im Zusammenhang mit den zu Grunde liegenden Aktien bekannt gegeben werden, sind folgende Angaben zu diesen Rechten zu machen:

a) Stimmrechte;

b) Bezugsrechte bei Angeboten zur Zeichnung von Wertpapieren derselben Kategorie;

c) Recht auf Beteiligung am Gewinn des Emittenten;

d) Recht auf Beteiligung am Liquidationserlös;

e) Tilgungsklauseln;

f) Wandelbedingungen.

28.8 Beschreibung der Ausübung und Nutzung der Rechte, die an die zu Grunde liegenden Aktien gebunden sind – und insbesondere der Stimmrechte –, der Bedingungen, zu denen der Emittent von Zertifikaten derlei Rechte ausüben kann und der geplanten Maßnahmen, mit denen die Anweisungen von Seiten der Inhaber der Zertifikate eingeholt werden. Ebenfalls Beschreibung des Rechts auf Beteiligung am Gewinn und am Liquidationserlös, d.h. eines Rechts, das nicht auf den Inhaber der Zertifikate übertragen wird.

28.9 Erwarteter Emissionstermin für die Zertifikate.

Anhang X Ziffer 28

28.10 Darstellung etwaiger Beschränkungen für die freie Übertragbarkeit der Wertpapiere.

28.11 Hinsichtlich des Lands des eingetragenen Sitzes des Emittenten und des Landes bzw. der Länder, in dem bzw. denen das Angebot unterbreitet oder die Zulassung zum Handel beantragt wird, sind folgende Angaben zu machen:

a) Angaben über die an der Quelle einbehaltene Einkommensteuer auf die zu Grunde liegenden Aktien;

b) Angabe der Tatsache, ob der Emittent die Verantwortung für die Einbehaltung der Steuern an der Quelle übernimmt.

28.12 Bankgarantien oder sonstige Garantien, die für die Zertifikate gestellt werden und die Verpflichtungen des Emittenten unterlegen sollen.

28.13 Möglichkeit des Umtausches der Zertifikate in ursprüngliche Aktien und Verfahren für einen solchen Umtausch.

I. Einführung

59 Ziffer 28 verlangt detaillierte Angaben zu den Depositary Receipts und orientiert sich dabei inhaltlich und auch formal an den Offenlegungserfordernissen, die Ziffer 27 für die zugrunde liegenden Aktien statuiert. So korrespondiert etwa Ziffer 28.1 mit Ziffer 27.1, Ziffer 28.2 mit Ziffer 27.2, Ziffer 28.3 mit Ziffer 27.3 usw., selbstverständlich mit dem Unterschied, dass Ziffer 28 die relevanten Angaben in Bezug auf die Depositary Receipts fordert. Einzige „Ausreißer" in dieser Systematik sind:

- Ziffer 28.8: Gefordert wird eine Beschreibung der Rechte, die dem Depositary gegenüber dem Emittenten in Bezug auf die zugrunde liegenden Aktien aus dem Deposit Agreement zustehen sowie der korrespondierenden Weisungs- und sonstigen Rechte des Inhabers der Depositary Receipts gegenüber dem Depositary aus dem Depositary Receipts. Dieses Offenlegungserfordernis bildet ein Kernstück der Prospektangaben in Bezug auf die Depositary Receipts (siehe dazu nachstehend).
- Ziffer 28.12 und 28.13: Diese Ziffern verlangen Angaben zu Garantien, die ggf. für die Depositary Receipts abgegeben werden, sowie zu den Rechten von Inhabern von Depositary Receipts, diese gegen die ihnen zugrunde liegenden Aktien umzutauschen. Diese Ziffern finden naturgemäß keine Entsprechung in Ziffer 27, da diese Umtauschrechte ausschließlich den Depositary Receipts anhängen, nicht aber den zugrunde liegenden Aktien.

60 Da Ziffer 27 sich an Teilen von Anhang III orientiert (siehe hierzu die Kommentierung zu Anhang X Ziffer 27 ProspektVO), können die Prospektverantwortlichen bei Erstellung der Prospektabschnitte bezüglich der Depositary Receipts sich an den Ausführungen zu Anhang X Ziffer 27 ProspektVO bzw. zu den korrespondierenden Ziffern in Anhang III orientieren. Auf einige ausgewählte Schwerpunkte der diesbezüglichen Offenlegung wird im Folgenden eingegangen. Es bietet sich an, die von Ziffer 28 in Bezug auf die Depositary Receipts geforderten Angaben im Prospekt in einem Abschnitt zusammenzufassen.

II. Schwerpunkte der Prospektoffenlegung bezüglich der Depositary Receipts gemäß Anhang X Ziffer 28 ProspektVO

Mittelpunkt der Prospektangaben bezüglich der Depositary Receipts ist die Beschreibung der Regelungen des Deposit Agreements, aus dem sich auch die Bedingungen der Depositary Receipts ergeben. Das Deposit Agreement ist die rechtliche Grundlage für die Grundstruktur eines Depositary Receipt Programms (siehe hierzu I.2. der Kommentierung von Anhang X). 61

Besonderer Fokus liegt dabei auf der Beschreibung der Regelungen und Mechanismen, welche das Deposit Agreement bzw. die Bedingungen der Depositary Receipts dahingehend vorsehen, dass die wirtschaftliche Position aus den zugrunde liegenden Aktien möglichst weitgehend an die Inhaber der Depositary Receipts vermittelt wird. Deposit Agreement und Depositary Receipts unterliegen in der Regel ausländischem Recht. 62

Selbstverständlich sind zu allen Unterziffern der Ziffer 28 Angaben zu machen. Schwerpunkte der Prospektdarstellung werden dabei in der Praxis insbesondere in folgenden Themenbereichen liegen: 63

- Beschreibung der beteiligten Parteien (Depositary, Emittent, Custodian – der die zugrunde liegenden Aktien für den Depositary verwahrt) und des anwendbaren Rechts (Deposit Agreement, Depositary Receipts).[38] Der vollständige Abdruck des Deposit Agreements oder der Terms and Conditions der Depositary Receipts im Prospekt ist nicht erforderlich;
- Beschreibung der Verbriefung der Depositary Receipts;
- Beschreibung des Rechts der Inhaber der Depositary Receipts, Herausgabe der zugrunde liegenden Aktien gegen Eintausch der Depositary Receipts zu verlangen und des diesbezüglichen Verfahrens[39] sowie der Regelungen zur Ausgabe weiterer Depositary Receipts gegen Einlieferung zusätzlicher Aktien beim Depositary (bzw. beim Custodian);
- Beschreibung der Regelungen bezüglich der Übertragung von Depositary Receipts;
- Beschreibung der Regelungen bezüglich der Weiterleitung von Dividenden und sonstigen Ausschüttungen auf die zugrunde liegenden Aktien durch den Depositary an die Inhaber der Depositary Receipts;
- Beschreibung des Verfahrens bei Bezugsrechtsangeboten des Emittenten der zugrunde liegenden Aktien (hier gilt üblicherweise als Grundsatz, dass die Inhaber der Depositary Receipts den Depositary dahingehend anweisen können, die Bezugsrechte für Rechnung der Inhaber auszuüben und an die Inhaber entsprechende neue Depositary Receipts für die bezogenen Aktien zu begeben) sowie der korrespondierenden Informationspflichten des Depositary gegenüber den Inhabern der Depositary Receipts;
- Beschreibung der Regelungen zum Umtausch von Geldern durch den Depositary in andere Währungen (Beispiel: Dividende erfolgt in U.S. Dollar; weiterzuleitende Beträge an Inhaber der Depositary Receipts erfolgen in Euro) sowie Beschreibung der Regelungen zu Auszahlungen durch den Depositary an die Inhaber von Depositary Receipts;
- Beschreibung der Regelungen für den Fall, dass sonstige Kapitalmaßnahmen oder eine Reorganisation des Emittenten stattfinden;

---

38 *Rahlf*, in: Holzborn, WpPG, EU-Prospekt-VO, Mindestangaben Anhang X Rn. 34.
39 *Rahlf*, in: Holzborn, WpPG, EU-Prospekt-VO, Mindestangaben Anhang X Rn. 40.

Anhang X Ziffer 28

– Beschreibung steuerrechtlicher Aspekte der Depositary Receipts (z. B. Besteuerung der vom Depositary durchgereichten Dividenden auf die zugrunde liegenden Aktien etc.);
– Beschreibung der Regelungen zur Ausübung der Stimmrechte aus den zugrunde liegenden Aktien[40] (hier gilt üblicherweise der Grundsatz, dass die Inhaber der Depositary Receipts das Recht haben, dem Depositary Anweisungen in Bezug auf die Ausübung der Stimmrechte zu geben) sowie Beschreibung der korrespondierenden Informationspflichten des Depositary gegenüber den Inhabern der Depositary Receipts;
– Beschreibung der Haftungsregelungen für den Depositary – üblich sind weitreichende Haftungsbeschränkungen des Depositary;
– Beschreibung der Gebühren und Kostenersatzansprüche des Depositary;
– Beschreibung der Kündigungs- und Nachfolgeregelungen;
– Beschreibung der Regelungen, die für Änderungen des Deposit Agreements gelten;
– Beschreibung der Verfahrensregeln, die für Mitteilungen (insbesondere zur Erfüllung der Informationspflichten des Depositary) unter dem Deposit Agreement gelten;
– Beschreibung etwaiger Beschränkungen für die freie Übertragbarkeit der Wertpapiere (insbesondere: Angabe von Verkaufsbeschränkungen (*selling restrictions*)).

---

40 *Rahlf*, in: Holzborn, WpPG, EU-Prospekt-VO, Mindestangaben Anhang X Rn. 37.

29. ANGABEN ÜBER DIE BEDINGUNGEN UND VORAUSSETZUNGEN DES ANGEBOTS VON HINTERLEGUNGSSCHEINEN

29.1 Bedingungen, Angebotsstatistiken, erwarteter Zeitplan und erforderliche Maßnahmen für die Antragstellung

29.1.1 Gesamtsumme der Emission/des Angebots, wobei zwischen den zum Verkauf und den zur Zeichnung angebotenen Wertpapieren zu unterscheiden ist. Ist der Betrag nicht festgelegt, Beschreibung der Vereinbarungen und des Zeitpunkts für die Ankündigung des endgültigen Angebotbetrags an das Publikum.

29.1.2 Frist – einschließlich etwaiger Änderungen – während deren das Angebot gilt und Beschreibung des Antragverfahrens.

29.1.3 Angabe des Zeitpunkts und der Umstände, ab dem bzw. unter denen das Angebot widerrufen oder ausgesetzt werden kann, und der Tatsache, ob der Widerruf nach Beginn des Handels erfolgen kann.

29.1.4 Beschreibung der Möglichkeit zur Reduzierung der Zeichnungen und der Art und Weise der Erstattung des zu viel gezahlten Betrags an die Zeichner.

29.1.5 Einzelheiten zum Mindest- und/oder Höchstbetrag der Zeichnung (entweder in Form der Anzahl der Wertpapiere oder des aggregierten zu investierenden Betrags).

29.1.6 Angabe des Zeitraums, während dessen ein Antrag zurückgezogen werden kann, sofern dies den Anlegern überhaupt gestattet ist.

29.1.7 Methode und Fristen für die Bedienung der Wertpapiere und ihre Lieferung.

29.1.8 Vollständige Beschreibung der Art und Weise und des Termins, auf die bzw. an dem die Ergebnisse des Angebots offen zu legen sind.

29.1.9 Verfahren für die Ausübung eines etwaigen Vorzugsrechts, die Übertragbarkeit der Zeichnungsrechte und die Behandlung der nicht ausgeübten Zeichnungsrechte.

29.2 Plan für die Verteilung der Wertpapiere und deren Zuteilung

29.2.1 Angabe der verschiedenen Kategorien der potenziellen Investoren, denen die Wertpapiere angeboten werden. Erfolgt das Angebot gleichzeitig auf den Märkten in zwei oder mehreren Ländern und wurde/wird eine bestimmte Tranche einigen dieser Märkte vorbehalten, Angabe dieser Tranche.

29.2.2 Soweit dem Emittenten bekannt, Angabe, ob Hauptaktionäre oder Mitglieder der Geschäftsführungs-, Aufsichts- oder Verwaltungsorgane des Emittenten an der Zeichnung teilnehmen wollen oder ob Personen mehr als 5 % des Angebots zeichnen wollen.

29.2.3 Offenlegung vor der Zuteilung

29.2.3.1 Aufteilung des Angebots in Tranchen, einschließlich der Tranche für die institutionellen Kunden, der Privatkundentranche und der Tranche für die Beschäftigten des Emittenten und sonstige Tranchen;

Anhang X Ziffer 29

29.2.3.2 Bedingungen, zu denen eine Rückforderung eingesetzt werden kann, Höchstgrenze einer solchen Rückforderung und alle eventuell anwendbaren Mindestprozentsätze für einzelne Tranchen;

29.2.3.3 Zu verwendende Zuteilungsmethode oder -methoden für die Privatkundentranche und die Tranche für die Beschäftigten des Emittenten im Falle der Mehrzuteilung dieser Tranchen;

29.2.3.4 Beschreibung einer etwaigen vorher festgelegten Vorzugsbehandlung, die bestimmten Kategorien von Anlegern oder bestimmten gruppenspezifischen Kategorien (einschließlich Friends and family-Programme) bei der Zuteilung vorbehalten wird, Prozentsatz des für die Vorzugsbehandlung vorgesehenen Angebots und Kriterien für die Aufnahme in derlei Kategorien oder Gruppen;

29.2.3.5 Angabe des Umstands, ob die Behandlung der Zeichnungen oder bei der Zuteilung zu zeichnenden Angebote eventuell von der Gesellschaft abhängig ist, durch die oder mittels deren sie vorgenommen werden;

29.2.3.6 Angestrebte Mindesteinzelzuteilung, falls vorhanden, innerhalb der Privatkundentranche;

29.2.3.7 Bedingungen für das Schließen des Angebots sowie Termin, zu dem das Angebot frühestens geschlossen werden darf;

29.2.3.8 Angabe der Tatsache, ob Mehrfachzeichnungen zulässig sind und wenn nicht, wie trotzdem auftauchende Mehrfachzeichnungen behandelt werden;

29.2.3.9 Verfahren zur Meldung des den Zeichnern zugeteilten Betrags und Angabe, ob eine Aufnahme des Handels vor dem Meldeverfahren möglich ist.

29.2.4 Mehrzuteilung und Greenshoe-Option

29.2.4.1 Existenz und Umfang einer etwaigen Mehrzuteilungsmöglichkeit und/oder Greenshoe-Option;

29.2.4.2 Dauer einer etwaigen Mehrzuteilungsmöglichkeit und/oder Greenshoe-Option;

29.2.4.3 Etwaige Bedingungen für die Inanspruchnahme einer etwaigen Mehrzuteilungsmöglichkeit oder Ausübung der Greenshoe-Option.

29.3 Preisfestsetzung

29.3.1 Angabe des Preises, zu dem die Wertpapiere angeboten werden. Ist der Preis nicht bekannt oder besteht kein etablierter und/oder liquider Markt für die Wertpapiere, ist die Methode anzugeben, mittels deren der Angebotspreis festgelegt wird, einschließlich der Person, die die Kriterien festgelegt hat oder offiziell für deren Festlegung verantwortlich ist. Angabe der Kosten und Steuern, die speziell dem Zeichner oder Käufer in Rechnung gestellt werden.

29.3.2 Verfahren für die Offenlegung des Angebotspreises.

29.3.3 Besteht tatsächlich oder potenziell ein wesentlicher Unterschied zwischen dem öffentlichen Angebotspreis und den effektiven Barkosten der von Mitgliedern der Verwaltungs-, Geschäftsführungs- oder Aufsichtsorgane oder des oberen Managements sowie von nahe stehenden Personen bei Transaktionen im letzten Jahr erworbenen Wertpapiere oder deren Recht darauf, ist ein Vergleich des öffentlichen Beitrags zum vorgeschlagenen öffentlichen Angebot und der effektiven Bar-Beiträge dieser Personen einzufügen.

29.4 Platzierung und Übernahme (Underwriting)

29.4.1 Name und Anschrift des Koordinators/der Koordinatoren des gesamten Angebots oder einzelner Teile des Angebots und – sofern dem Emittenten bekannt – Angaben zu den Platzierern in den einzelnen Ländern des Angebots.

29.4.2 Name und Anschrift der Zahlstellen und der Verwahrstellen in jedem Land.

29.4.3 Name und Anschrift der Institute, die bereit sind, eine Emission auf Grund einer bindenden Zusage zu zeichnen, und Name und Anschrift der Institute, die bereit sind, eine Emission ohne bindende Zusage oder gemäß Vereinbarungen „zu den bestmöglichen Bedingungen" zu platzieren. Angabe der Hauptmerkmale der Vereinbarungen, einschließlich der Quoten. Wird die Emission nicht zur Gänze übernommen, ist eine Erklärung zum verbleibenden Teil einzufügen. Angabe des Gesamtbetrages der Übernahmeprovision und der Platzierungsprovision.

29.4.4 Angabe des Zeitpunkts, zu dem der Emissionsübernahmevertrag abgeschlossen wurde oder wird.

Ziffer 29 adressiert die Prospektoffenlegung in Bezug auf die Bedingungen des Angebots der Depositary Receipts. Die Anforderungen entsprechen den Anforderungen, die Anhang III Ziffer 5 ProspektVO für Aktienemissionen in Bezug auf die Bedingungen des Angebots vorsieht.[41] Insofern wird auf die Kommentierung zu Anhang III Ziffer 5 ProspektVO verwiesen. U.a. sind insbesondere detaillierte Angaben zu Clearing und Settlement der Depositary Receipts aufzunehmen. 64

---

41 *Rahlf*, in: Holzborn, WpPG, EU-Prospekt-VO, Mindestangaben Anhang X Rn. 41.

Anhang X Ziffer 30

30. ZULASSUNG ZUM HANDEL UND HANDELSREGELN BEI ZERTIFIKATEN, DIE AKTIEN VERTRETEN

30.1 Angabe, ob die angebotenen Wertpapiere Gegenstand eines Antrags auf Zulassung zum Handel sind oder sein werden und auf einem geregelten Markt oder sonstigen gleichwertigen Märkten vertrieben werden sollen, wobei die jeweiligen Märkte zu nennen sind. Dieser Umstand ist anzugeben, ohne jedoch den Eindruck zu erwecken, dass die Zulassung zum Handel auch tatsächlich erfolgen wird. Wenn bekannt, sollte eine Angabe der frühestmöglichen Termine der Zulassung der Wertpapiere zum Handel erfolgen.

30.2 Angabe sämtlicher geregelten oder gleichwertigen Märkte, auf denen nach Kenntnis des Emittenten Wertpapiere der gleichen Wertpapiergattung, die zum Handel angeboten oder zugelassen werden sollen, bereits zum Handel zugelassen sind.

30.3 Falls gleichzeitig oder fast gleichzeitig zur Schaffung von Wertpapieren, für die eine Zulassung zum Handel auf einem geregelten Markt beantragt werden soll, Wertpapiere der gleichen Gattung privat gezeichnet oder platziert werden, oder falls Wertpapiere anderer Gattungen für eine öffentliche oder private Platzierung geschaffen werden, sind Einzelheiten zur Natur dieser Geschäfte sowie zur Zahl und den Merkmalen der Wertpapiere anzugeben, auf die sie sich beziehen.

30.4 Name und Anschrift der Institute, die aufgrund einer bindenden Zusage als Intermediäre im Sekundärhandel tätig sind und Liquidität mittels Geld- und Briefkursen zu Verfügung stellen, und Beschreibung der Hauptbedingungen der Zusagevereinbarung.

30.5 Stabilisierung: Hat ein Emittent oder ein Aktionär mit einer Verkaufsposition eine Mehrzuteilungsoption erteilt, oder wird ansonsten vorgeschlagen, dass Kursstabilisierungsmaßnahmen im Zusammenhang mit einem Angebot zu ergreifen sind, so ist Folgendes anzugeben.

30.6 die Tatsache, dass die Stabilisierung eingeleitet werden kann, dass es keine Gewissheit dafür gibt, dass sie eingeleitet wird und jederzeit gestoppt werden kann.

30.7 Beginn und Ende des Zeitraums, während dessen die Stabilisierung erfolgen kann.

30.8 die Identität der für die Stabilisierungsmaßnahmen nach jeder Rechtsordnung verantwortlichen Person, es sei denn, sie ist zum Zeitpunkt der Veröffentlichung nicht bekannt.

30.9 die Tatsache, dass die Stabilisierungstransaktionen zu einem Marktpreis führen können, der über dem liegt, der sich sonst ergäbe.

65 Ziffer 30 betrifft die Prospektoffenlegung in Bezug auf die Börsenzulassung und den Börsenhandel der Depositary Receipts. Die Anforderungen entsprechen denjenigen, die Anhang III Ziffer 6 ProspektVO für Aktienemissionen in Bezug auf die Börsenzulassung und den Börsenhandel der Aktien vorsieht. Insofern wird auf die Kommentierung zu Anhang III Ziffer 6 ProspektVO verwiesen. Obwohl von Ziffer 30 nicht explizit als Mindestanforderung vorgesehen, kann es empfehlenswert sein, auch Angaben zu den Zulassungsfolgepflichten zu machen, die sich aus der Zulassung der Depositary Receipts zum Börsenhandel aus Gesetz oder Börsenregularien ergeben. Hierbei können ggf. bestehende Abweichungen von den Transparenzpflichten, die für Aktienemittenten gelten, dargestellt werden.

31. GRUNDLEGENDE ANGABEN ÜBER DIE EMISSION VON HINTERLEGUNGSSCHEINEN

31.1 Gründe für das Angebot und Verwendung der Erlöse

31.1.1 Angabe der Gründe für das Angebot und ggf. des geschätzten Nettobetrages der Erlöse, aufgegliedert nach den wichtigsten Verwendungszwecken und dargestellt nach Priorität dieser Verwendungszwecke. Sofern der Emittent weiß, dass die voraussichtlichen Erträge nicht ausreichend sein werden, um alle vorgeschlagenen Verwendungszwecke zu finanzieren, sind der Betrag und die Quellen anderer Mittel anzugeben. Die Verwendung der Erlöse sollte im Detail dargelegt werden, insbesondere wenn sie außerhalb der normalen Geschäftsvorfälle zum Erwerb von Aktiva verwendet werden, die zur Finanzierung des angekündigten Erwerbs anderer Unternehmen oder zur Begleichung, Reduzierung oder vollständigen Tilgung der Schulden eingesetzt werden.

31.2 Interessen von Seiten natürlicher und juristischer Personen, die an der Emission/dem Angebot beteiligt sind

31.2.1 Beschreibung jeglicher Interessen – einschließlich Interessenskonflikten –, die für die Emission/das Angebot von wesentlicher Bedeutung sind, wobei die involvierten Personen zu spezifizieren und die Art der Interessen darzulegen ist.

31.3 Risikofaktoren

31.3.1 Klare Offenlegung der Risikofaktoren, die für die anzubietenden und/oder zum Handel zuzulassenden Wertpapiere von wesentlicher Bedeutung sind, wenn es darum geht, das Marktrisiko zu bewerten, mit dem diese Wertpapiere behaftet sind. Diese Offenlegung muss unter der Rubrik „Risikofaktoren" erfolgen.

Ziffer 31 verlangt die Aufnahme von Angaben zu den Gründen für das Angebot, die Verwendung der Erlöse, den Interessen von an der Emission beteiligten Personen sowie den Risikofaktoren. Die Anforderungen entsprechen den Anforderungen, die in Anhang III für Aktienemissionen enthalten sind (Anhang X Ziffer 31.1.1 ProspektVO entspricht Anhang III Ziffer 3.4 ProspektVO, Anhang X Ziffer 31.2.1 ProspektVO entspricht Anhang III Ziffer 3.3 ProspektVO, Anhang X Ziffer 31.3.1 ProspektVO entspricht Anhang III Ziffer 2 ProspektVO). Insofern wird auf die Kommentierung zu den entsprechenden Ziffern des Anhangs III verwiesen. **66**

32. KOSTEN DER EMISSION/DES ANGEBOTS VON ZERTIFIKATEN, DIE AKTIEN VERTRETEN

32.1 Angabe des Gesamtnettoertrages und Schätzung der Gesamtkosten der Emission/des Angebots.

Ziffer 32 verlangt Angaben zu den Kosten der Emission. Diese Anforderung entspricht derjenigen, die Anhang III Ziffer 8 ProspektVO für Aktienemissionen vorsieht. Insofern wird auf die Kommentierung zu Anhang III Ziffer 8 ProspektVO verwiesen. **67**

Anhang XI
Mindestangaben für das Registrierungsformular für Banken (Schema)

1. VERANTWORTLICHE PERSONEN

1.1. Alle Personen, die für die im Registrierungsformular gemachten Angaben bzw. für bestimmte Abschnitte des Registrierungsformulars verantwortlich sind. Im letzteren Fall sind die entsprechenden Abschnitte aufzunehmen. Im Falle von natürlichen Personen, zu denen auch Mitglieder der Verwaltungs-, Geschäftsführungs- und Aufsichtsorgane des Emittenten gehören, sind der Name und die Funktion dieser Person zu nennen. Bei juristischen Personen sind Name und eingetragener Sitz der Gesellschaft anzugeben.

1.2. Erklärung der für das Registrierungsformular verantwortlichen Personen, dass sie die erforderliche Sorgfalt haben walten lassen, um sicherzustellen, dass die im Registrierungsformular genannten Angaben ihres Wissens nach richtig sind und keine Tatsachen ausgelassen werden, die die Aussage des Registrierungsformulars wahrscheinlich verändern. Ggf. Erklärung der für bestimmte Abschnitte des Registrierungsformulars verantwortlichen Personen, dass sie die erforderliche Sorgfalt haben walten lassen, um sicherzustellen, dass die in dem Teil des Registrierungsformulars genannten Angaben, für die sie verantwortlich sind, ihres Wissens nach richtig sind und keine Tatsachen ausgelassen werden, die die Aussage des Registrierungsformulars wahrscheinlich verändern.

2. ABSCHLUSSPRÜFER

2.1. Namen und Anschrift der Abschlussprüfer des Emittenten, die für den von den historischen Finanzinformationen abgedeckten Zeitraum zuständig waren (einschließlich der Angabe ihrer Mitgliedschaft in einer Berufsvereinigung).

2.2. Wurden Abschlussprüfer während des von den historischen Finanzinformationen abgedeckten Zeitraums abberufen, wurden sie nicht wieder bestellt oder haben sie ihr Mandat niedergelegt, so sind entsprechende Einzelheiten offen zu legen, wenn sie von wesentlicher Bedeutung sind.

3. RISIKOFAKTOREN

3.1. Vorrangige Offenlegung von Risikofaktoren, die die Fähigkeit des Emittenten beeinträchtigen können, seinen Verpflichtungen im Rahmen der Wertpapiere gegenüber den Anlegern nachzukommen (unter der Rubrik „Risikofaktoren").

4. ANGABEN ÜBER DEN EMITTENTEN

4.1. Geschäftsgeschichte und Geschäftsentwicklung des Emittenten

4.1.1. Juristischer und kommerzieller Name des Emittenten;

4.1.2. Ort der Registrierung des Emittenten und seine Registrierungsnummer;

Mindestangaben für das Registrierungsformular für Banken **Anhang XI**

4.1.3. Datum der Gründung und Existenzdauer des Emittenten, soweit diese nicht unbefristet ist;

4.1.4. Sitz und Rechtsform des Emittenten; Rechtsordnung, in der er tätig ist; Land der Gründung der Gesellschaft; Anschrift und Telefonnummer seines eingetragenen Sitzes (oder Hauptort der Geschäftstätigkeit, falls nicht mit dem eingetragenen Sitz identisch);

4.1.5. Wichtige Ereignisse aus jüngster Zeit in der Geschäftstätigkeit des Emittenten, die in hohem Maße für die Bewertung der Solvenz des Emittenten relevant sind.

5. GESCHÄFTSÜBERBLICK

5.1. Haupttätigkeitsbereiche

5.1.1. Beschreibung der Haupttätigkeiten des Emittenten unter Angabe der wichtigsten Arten der vertriebenen Produkte und/oder erbrachten Dienstleistungen;

5.1.2. Angabe etwaiger wichtiger neuer Produkte und/oder Dienstleistungen;

5.1.3. Wichtigste Märkte

Kurze Beschreibung der wichtigsten Märkte, auf denen der Emittent tätig ist;

5.1.4. Grundlage für etwaige Angaben des Emittenten im Registrierungsformular zu seiner Wettbewerbsposition.

6. ORGANISATIONSSTRUKTUR

6.1. Ist der Emittent Teil einer Gruppe, kurze Beschreibung der Gruppe und der Stellung des Emittenten innerhalb dieser Gruppe.

6.2. Ist der Emittent von anderen Einheiten innerhalb der Gruppe abhängig, ist dies klar anzugeben und eine Erklärung zu seiner Abhängigkeit abzugeben.

7. TREND INFORMATIONEN

7.1. Einzufügen ist eine Erklärung, der zufolge es keine wesentlichen negativen Veränderungen in den Aussichten des Emittenten seit dem Datum der Veröffentlichung der letzten geprüften Jahresabschlüsse gegeben hat.

Kann der Emittent keine derartige Erklärung abgeben, dann sind Einzelheiten über diese wesentliche negative Änderung beizubringen.

7.2. Informationen über bekannte Trends, Unsicherheiten, Nachfragen, Verpflichtungen oder Vorfälle, die voraussichtlich die Aussichten des Emittenten zumindest im laufenden Geschäftsjahr wesentlich beeinflussen dürften.

8. GEWINNPROGNOSEN ODER -SCHÄTZUNGEN

Entscheidet sich ein Emittent dazu, eine Gewinnprognose oder eine Gewinnschätzung aufzunehmen, dann hat das Registrierungsformular die Angaben unter den Punkten 8.1. und 8.2. zu enthalten:

8.1. Eine Erklärung, die die wichtigsten Annahmen erläutert, auf die der Emittent seine Prognose oder Schätzung gestützt hat.

Anhang XI Mindestangaben für das Registrierungsformular für Banken

Bei den Annahmen sollte klar zwischen jenen unterschieden werden, die Faktoren betreffen, die die Mitglieder der Verwaltungs-, Geschäftsführungs- und Aufsichtsorgane beeinflussen können, und Annahmen in Bezug auf Faktoren, die klar außerhalb des Einflussbereiches der Mitglieder der Verwaltungs-, Geschäftsführungs- und Aufsichtsorgane liegen. Die Annahmen müssen für die Anleger leicht verständlich und spezifisch sowie präzise sein und dürfen nicht der üblichen Exaktheit der Schätzungen entsprechen, die der Prognose zu Grunde liegen.

8.2. Einen Bericht, der von unabhängigen Buchprüfern oder Abschlussprüfern erstellt wurde und in dem festgestellt wird, dass die Prognose oder die Schätzung nach Meinung der unabhängigen Buchprüfer oder Abschlussprüfer auf der angegebenen Grundlage ordnungsgemäß erstellt wurde und dass die Rechnungslegungsgrundlage, die für die Gewinnprognose oder -schätzung verwendet wurde, mit den Rechnungslegungsstrategien des Emittenten konsistent ist.

Beziehen sich die Finanzinformationen auf das letzte Geschäftsjahr und enthalten ausschließlich nicht irreführende Zahlen, die im Wesentlichen mit den im nächsten geprüften Jahresabschluss zu veröffentlichenden Zahlen konsistent sind, sowie die zu deren Bewertung nötigen erläuternden Informationen, ist kein Bericht erforderlich, sofern der Prospekt alle folgenden Erklärungen enthält:

a) die für diese Finanzinformationen verantwortliche Person, sofern sie nicht mit derjenigen identisch ist, die für den Prospekt insgesamt verantwortlich ist, genehmigt diese Informationen;

b) unabhängige Buchprüfer oder Abschlussprüfer haben bestätigt, dass diese Informationen im Wesentlichen mit den im nächsten geprüften Jahresabschluss zu veröffentlichenden Zahlen konsistent sind;

c) diese Finanzinformationen wurden nicht geprüft.

8.3. Die Gewinnprognose oder -schätzung sollte auf einer Grundlage erstellt werden, die mit den historischen Finanzinformationen vergleichbar ist.

9. VERWALTUNGS-, GESCHÄFTSFÜHRUNGS- UND AUFSICHTSORGANE

9.1. Name und Geschäftsanschrift nachstehender Personen sowie ihre Stellung bei dem Emittenten unter Angabe der wichtigsten Tätigkeiten, die sie außerhalb des Emittenten ausüben, sofern diese für den Emittenten von Bedeutung sind:

a) Mitglieder der Verwaltungs-, Geschäftsführungs- und Aufsichtsorgane;
b) persönlich haftende Gesellschafter bei einer Kommanditgesellschaft auf Aktien.

9.2. Interessenkonflikte von Verwaltungs-, Geschäftsführungs- und Aufsichtsorganen sowie vom oberen Management

Potenzielle Interessenkonflikte zwischen den Verpflichtungen der unter Punkt 9.1 genannten Personen gegenüber dem Emittenten und ihren privaten Interessen oder sonstigen Verpflichtungen müssen klar festgehalten werden. Falls keine derartigen Konflikte bestehen, ist eine negative Erklärung abzugeben.

10. HAUPTAKTIONÄRE

10.1. Sofern dem Emittenten bekannt, Angabe, ob an dem Emittenten unmittelbare oder mittelbare Beteiligungen oder Beherrschungsverhältnisse bestehen, und wer diese Beteiligungen hält bzw. diese Beherrschung ausübt. Beschreibung der Art und Weise einer derartigen Kontrolle und der vorhandenen Maßnahmen zur Verhinderung des Missbrauchs einer derartigen Kontrolle.

10.2. Sofern dem Emittenten bekannt, Beschreibung etwaiger Vereinbarungen, deren Ausübung zu einem späteren Zeitpunkt zu einer Veränderung bei der Kontrolle des Emittenten führen könnte.

11. FINANZINFORMATIONEN ÜBER DIE VERMÖGENS-, FINANZ- UND ERTRAGSLAGE DES EMITTENTEN

11.1. Historische Finanzinformationen

Beizubringen sind geprüfte historische Finanzinformationen, die die letzten zwei Geschäftsjahre abdecken (bzw. einen entsprechenden kürzeren Zeitraum, während dessen der Emittent tätig war), sowie ein Bestätigungsvermerk für jedes Geschäftsjahr. Hat der Emittent in der Zeit, für die historische Finanzinformationen beizubringen sind, seinen Bilanzstichtag geändert, so decken die geprüften historischen Finanzinformationen mindestens 24 Monate oder – sollte der Emittent seiner Geschäftstätigkeit noch keine 24 Monate nachgegangen sein – den gesamten Zeitraum seiner Geschäftstätigkeit ab. Derartige Finanzinformationen sind gemäß der Verordnung (EG) Nr. 1606/2002 zu erstellen bzw. für den Fall, dass diese Verordnung nicht anwendbar ist, gemäß den nationalen Rechnungslegungsgrundsätzen eines Mitgliedstaats, wenn der Emittent aus der Gemeinschaft stammt. Bei Emittenten aus Drittstaaten sind diese Finanzinformationen nach den im Verfahren des Artikels 3 der Verordnung (EG) Nr. 1606/2002 übernommenen internationalen Rechnungslegungsstandards oder nach diesen Standards gleichwertigen nationalen Rechnungslegungsstandards eines Drittstaates zu erstellen. Ist keine Äquivalenz zu den Standards gegeben, so sind die Finanzinformationen in Form eines neu zu erstellenden Jahresabschlusses vorzulegen.

Die geprüften historischen Finanzinformationen des letzten Jahres müssen in einer Form dargestellt und erstellt werden, die mit der konsistent ist, die im folgenden Jahresabschluss des Emittenten zur Anwendung gelangen wird, wobei die Rechnungslegungsstandards und -strategien sowie die Rechtsvorschriften zu berücksichtigen sind, die auf derlei Jahresabschlüsse Anwendung finden.

Ist der Emittent in seiner aktuellen Wirtschaftsbranche weniger als ein Jahr tätig, so sind die geprüften historischen Finanzinformationen für diesen Zeitraum gemäß den Standards zu erstellen, die auf Jahresabschlüsse im Sinne der Verordnung (EG) Nr. 1606/2002 anwendbar sind bzw. für den Fall, dass diese Verordnung nicht anwendbar ist, gemäß den nationalen Rechnungslegungsgrundsätzen eines Mitgliedstaats, wenn der Emittent aus der Gemeinschaft stammt. Bei Emittenten aus Drittstaaten sind diese historischen Finanzinformationen nach den im Verfahren des Artikels 3 der Verordnung (EG) Nr. 1606/2002 übernommenen internationalen Rechnungslegungsstandards oder nach diesen Standards gleichwertigen nationalen Rechnungslegungsstandards eines Drittstaates zu erstellen. Diese historischen Finanzinformationen müssen geprüft worden sein.

Anhang XI Mindestangaben für das Registrierungsformular für Banken

Wurden die geprüften Finanzinformationen gemäß nationaler Rechnungslegungsgrundsätze erstellt, dann müssen die unter dieser Rubrik geforderten Finanzinformationen zumindest Folgendes enthalten:

a) die Bilanz;
b) die Gewinn- und Verlustrechnung;
c) nur im Falle der Zulassung der Wertpapiere zum Handel auf einem geregelten Markt eine Kapitalflussrechnung;
d) die Rechnungslegungsstrategien und erläuternde Anmerkungen.

Die historischen jährlichen Finanzinformationen müssen unabhängig und in Übereinstimmung mit den in dem jeweiligen Mitgliedstaat anwendbaren Prüfungsstandards oder einem äquivalenten Standard geprüft worden sein oder es muss für das Registrierungsformular vermerkt werden, ob sie in Übereinstimmung mit dem in dem jeweiligen Mitgliedstaat anwendbaren Prüfungsstandard oder einem äquivalenten Standard ein den tatsächlichen Verhältnissen entsprechendes Bild vermitteln.

11.2. Jahresabschluss

Erstellt der Emittent sowohl einen Jahresabschluss als auch einen konsolidierten Abschluss, so ist zumindest der konsolidierte Abschluss in das Registrierungsformular aufzunehmen.

11.3. Prüfung der historischen jährlichen Finanzinformationen

11.3.1. Es ist eine Erklärung dahingehend abzugeben, dass die historischen Finanzinformationen geprüft wurden. Sofern die Bestätigungsvermerke über die historischen Finanzinformationen von den Abschlussprüfern abgelehnt wurden bzw. sofern sie Vorbehalte oder Einschränkungen enthalten, sind diese Ablehnung bzw. diese Vorbehalte oder Einschränkungen in vollem Umfang wiederzugeben und die Gründe dafür anzugeben.

11.3.2. Angabe sonstiger Informationen im Registrierungsformular, das von den Abschlussprüfern geprüft wurde.

11.3.3. Wurden die Finanzdaten im Registrierungsformular nicht dem geprüften Jahresabschluss des Emittenten entnommen, so sind die Quelle dieser Daten und die Tatsache anzugeben, dass die Daten ungeprüft sind.

11.4. „Alter" der jüngsten Finanzinformationen

11.4.1. Das letzte Jahr der geprüften Finanzinformationen darf nicht älter sein als 18 Monate ab dem Datum des Registrierungsformulars.

11.5. Zwischenfinanzinformationen- und sonstige Finanzinformationen

11.5.1. Hat der Emittent seit dem Datum des letzten geprüften Jahresabschlusses vierteljährliche oder halbjährliche Finanzinformationen veröffentlicht, so sind diese in das Registrierungsformular aufzunehmen. Wurden diese vierteljährlichen oder halbjährlichen Finanzinformationen einer teilweisen oder vollständigen Prüfung unterworfen, so sind die entsprechenden Berichte ebenfalls aufzunehmen. Wurden die vierteljährlichen oder halbjährlichen Finanzinformationen keiner teilweisen oder vollständigen Prüfung unterzogen, so ist diese Tatsache anzugeben.

11.5.2. Wurde das Registrierungsformular mehr als neun Monate nach Ablauf des letzten geprüften Finanzjahres erstellt, muss es Zwischenfinanzinformationen enthalten, die sich zumindest auf die ersten sechs Monate des Geschäftsjahres beziehen sollten. Wurden die Zwischenfinanzinformationen keiner Prüfung unterzogen, ist auf diesen Fall eindeutig zu verweisen.

Diese Zwischenfinanzinformationen müssen einen vergleichenden Überblick über denselben Zeitraum wie im letzten Geschäftsjahr enthalten. Der Anforderung vergleichbarer Bilanzinformationen kann jedoch auch ausnahmsweise durch die Vorlage der Jahresendbilanz nachgekommen werden.

11.6. Gerichts- und Schiedsgerichtsverfahren

Angaben über etwaige staatliche Interventionen, Gerichts- oder Schiedsgerichtsverfahren (einschließlich derjenigen Verfahren, die nach Kenntnis des Emittenten noch anhängig sind oder eingeleitet werden könnten), die im Zeitraum der mindestens letzten 12 Monate bestanden/abgeschlossen wurden, und die sich erheblich auf die Finanzlage oder die Rentabilität des Emittenten und/oder der Gruppe auswirken bzw. in jüngster Zeit ausgewirkt haben. Ansonsten ist eine negative Erklärung abzugeben.

11.7. Wesentliche Veränderungen in der Finanzlage des Emittenten

Beschreibung jeder wesentlichen Veränderung in der Finanzlage der Gruppe, die seit dem Ende des Stichtags eingetreten ist, für den entweder geprüfte Finanzinformationen oder Zwischenfinanzinformationen veröffentlicht wurden. Ansonsten ist eine negative Erklärung abzugeben.

12. WESENTLICHE VERTRÄGE

Kurze Zusammenfassung aller abgeschlossenen wesentlichen Verträge, die nicht im Rahmen der normalen Geschäftstätigkeit abgeschlossen wurden und die dazu führen könnten, dass jedwedes Mitglied der Gruppe eine Verpflichtung oder ein Recht erlangt, die bzw. das für die Fähigkeit des Emittenten, seinen Verpflichtungen gegenüber den Wertpapierinhabern in Bezug auf die ausgegebenen Wertpapiere nachzukommen, von wesentlicher Bedeutung ist.

13. ANGABEN VON SEITEN DRITTER, ERKLÄRUNGEN VON SEITEN SACHVERSTÄNDIGER UND INTERESSENERKLÄRUNGEN

13.1. Wird in das Registrierungsformular eine Erklärung oder ein Bericht einer Person aufgenommen, die als Sachverständiger handelt, so sind der Name, die Geschäftsadresse, die Qualifikationen und – falls vorhanden – das wesentliche Interesse am Emittenten anzugeben. Wurde der Bericht auf Ersuchen des Emittenten erstellt, so ist eine diesbezügliche Erklärung dahingehend abzugeben, dass die aufgenommene Erklärung oder der aufgenommene Bericht in der Form und in dem Zusammenhang, in dem sie bzw. er aufgenommen wurde, die Zustimmung von Seiten dieser Person erhalten hat, die den Inhalt dieses Teils des Registrierungsformulars gebilligt hat.

13.2. Sofern Angaben von Seiten Dritter übernommen wurden, ist zu bestätigen, dass diese Angaben korrekt wiedergegeben wurden und dass – soweit es dem Emit-

Anhang XI Mindestangaben für das Registrierungsformular für Banken

tenten bekannt ist und er aus den von dieser dritten Partei veröffentlichten Informationen ableiten konnte – keine Tatsachen fehlen, die die wiedergegebenen Informationen unkorrekt oder irreführend gestalten würden. Darüber hinaus hat der Emittent die Quelle(n) der Informationen anzugeben.

14. EINSEHBARE DOKUMENTE

Abzugeben ist eine Erklärung dahingehend, dass während der Gültigkeitsdauer des Registrierungsformulars ggf. die folgenden Dokumente oder deren Kopien eingesehen werden können:

a) die Satzung und die Statuten des Emittenten;
b) sämtliche Berichte, Schreiben und sonstige Dokumente, historischen Finanzinformationen, Bewertungen und Erklärungen, die von einem Sachverständigen auf Ersuchen des Emittenten abgegeben wurden, sofern Teile davon in das Registrierungsformular eingeflossen/einbezogen sind oder in ihm darauf verwiesen wird;
c) die historischen Finanzinformationen des Emittenten oder im Falle einer Gruppe die historischen Finanzinformationen für den Emittenten und seine Tochtergesellschaften für jedes der Veröffentlichung des Registrierungsformulars vorausgegangenen beiden letzten Geschäftsjahre.

Anzugeben ist auch, wo in diese Dokumente entweder in Papierform oder auf elektronischem Wege Einsicht genommen werden kann.

(ohne Kommentierung)

Anhang XII
Mindestangaben für die Wertpapierbeschreibung für derivative Wertpapiere (Schema)

1. VERANTWORTLICHE PERSONEN

1.1. Alle Personen, die für die im Prospekt gemachten Angaben bzw. für bestimmte Abschnitte des Prospekts verantwortlich sind. Im letzteren Fall sind die entsprechenden Abschnitte aufzunehmen. Im Falle von natürlichen Personen, zu denen auch Mitglieder der Verwaltungs-, Geschäftsführungs- oder Aufsichtsorgane des Emittenten gehören, sind der Name und die Funktion dieser Person zu nennen. Bei juristischen Personen sind Name und eingetragener Sitz der Gesellschaft anzugeben.

1.2. Erklärung der für den Prospekt verantwortlichen Personen, dass sie die erforderliche Sorgfalt haben walten lassen, um sicherzustellen, dass die im Prospekt genannten Angaben ihres Wissens nach richtig sind und keine Tatsachen ausgelassen worden sind, die die Aussage des Prospekts wahrscheinlich verändern. Ggf. Erklärung der für bestimmte Abschnitte des Prospekts verantwortlichen Personen, dass sie die erforderliche Sorgfalt haben walten lassen, um sicherzustellen, dass die in dem Teil des Prospekts genannten Angaben, für die sie verantwortlich sind, ihres Wissens nach richtig sind und keine Tatsachen ausgelassen worden sind, die die Aussage des Prospekts wahrscheinlich verändern.

2. RISIKOFAKTOREN

Klare Offenlegung der Risikofaktoren, die für die Beurteilung der mit den Wertpapieren, die angeboten und/oder zum Handel zugelassen werden sollen, verbundenen Marktrisiken wesentlich sind (im Abschnitt „Risikofaktoren"). Es ist ein Risikohinweis für den Fall aufzunehmen, dass der Anleger den Wert seiner Anlage insgesamt oder teilweise verlieren könnte und/oder ein entsprechender Hinweis, wenn die Haftung des Anlegers nicht an den Wert der Anlage gebunden ist, in der die Umstände beschrieben werden, in denen es zu einer zusätzlichen Haftung kommen kann und welche voraussichtlichen finanziellen Folgen eintreten können.

3. GRUNDLEGENDE ANGABEN

3.1. Interessen von Seiten natürlicher und juristischer Personen, die an der Emission/dem Angebot beteiligt sind

Beschreibung jeglicher Interessen – einschließlich Interessenskonflikte –, die für die Emission/das Angebot von wesentlicher Bedeutung sind, wobei die betreffenden Personen zu nennen sind und die Art der Interessen darzulegen ist.

3.2. Gründe für das Angebot und die Verwendung der Erlöse (sofern diese nicht in der Gewinnerzielung und/oder Absicherung bestimmter Risiken liegen)

Wenn die Gründe für das Angebot und die Verwendung der Erlöse angegeben werden, Angabe des Nettobetrages der Erlöse und der geschätzten Gesamtkosten für die Emission/das Angebot.

Anhang XII Mindestangaben für die Wertpapierbeschreibung

4. ANGABEN ÜBER DIE ANZUBIETENDEN BZW. ZUM HANDEL ZUZULASSENDEN WERTPAPIERE

4.1. Angaben über die Wertpapiere

4.1.1. Beschreibung des Typs und der Kategorie der anzubietenden und/oder zum Handel zuzulassenden Wertpapiere einschließlich der ISIN (International Security Identification Number) oder einers ähnlichen Sicherheitsidentifikationscodes.

4.1.2. Klare und umfassende Erläuterung, die den Anlegern verständlich macht, wie der Wert ihrer Anlage durch den Wert des Basisinstruments/der Basisinstrumente beeinflusst wird, insbesondere in Fällen, in denen die Risiken am offensichtlichsten sind, es sei denn, die Wertpapiere haben eine Mindeststückelung von 100 000 EUR oder können lediglich für mindestens 100 000 EUR pro Wertpapier erworben werden.

4.1.3. Rechtsvorschriften, auf deren Grundlage die Wertpapiere geschaffen wurden.

4.1.4. Angabe, ob es sich bei den Wertpapieren um Namenspapiere oder um Inhaberpapiere handelt und ob die Wertpapiere verbrieft oder stückelos sind. In letzterem Fall sind der Name und die Anschrift des die Buchungsunterlagen führenden Instituts zu nennen.

4.1.5. Währung der Wertpapieremission.

4.1.6. Einstufung der Wertpapiere, die angeboten und/oder zum Handel zugelassen werden sollen, einschließlich der Zusammenfassung etwaiger Klauseln, die die Rangfolge beeinflussen können oder das Wertpapier derzeitigen oder künftigen Verbindlichkeiten des Emittenten nachordnen können.

4.1.7. Beschreibung der Rechte – einschließlich ihrer etwaigen Beschränkungen –, die an die Wertpapiere gebunden sind, und des Verfahrens zur Ausübung dieser Rechte.

4.1.8. Im Falle von Neuemissionen Angabe der Beschlüsse, Ermächtigungen und Billigungen, die die Grundlage für die erfolgte bzw. noch zu erfolgende Schaffung der Wertpapiere und/oder deren Emission bilden.

4.1.9. Angabe des erwarteten Emissionstermins der Wertpapiere.

4.1.10. Darstellung etwaiger Beschränkungen für die freie Übertragbarkeit der Wertpapiere.

4.1.11.

– Verfalltag oder Fälligkeitstermin der derivativen Wertpapiere;

– Ausübungstermin oder endgültiger Referenztermin.

4.1.12. Beschreibung des Abrechnungsverfahrens für die derivativen Wertpapiere.

4.1.13. Beschreibung, wie die Rückgabe der derivativen Wertpapiere erfolgt und Angabe des Zahlungs- oder Liefertermins und der Art und Weise der Berechnung.

4.1.14. Hinsichtlich des Lands des eingetragenen Sitzes des Emittenten und des Landes bzw. der Länder, in dem bzw. denen das Angebot unterbreitet oder die Zulassung zum Handel beantragt wird, sind folgende Angaben zu machen:

Mindestangaben für die Wertpapierbeschreibung **Anhang XII**

a) Angaben über die an der Quelle einbehaltene Einkommensteuer auf die Wertpapiere;

b) Angabe der Tatsache, ob der Emittent die Verantwortung für die Einbehaltung der Steuern an der Quelle übernimmt.

4.2. Angaben über die zugrunde liegenden Aktien

4.2.1. Ausübungspreis oder endgültiger Referenzpreis des Basiswerts.

4.2.2. Erklärung mit Erläuterungen zum Typ des Basiswertes und Einzelheiten darüber, wo Angaben über den Basiswert eingeholt werden können:

– Angaben darüber, wo Angaben über die vergangene und künftige Wertentwicklung des Basiswertes und seine Volatilität eingeholt werden können;

– handelt es sich bei dem Basiswert um ein Wertpapier, Angabe:

 – des Namens des Wertpapieremittenten;

 – der ISIN („International Security Identification Number") oder eines ähnlichen Sicherheitsidentifikationscodes;

– handelt es sich bei dem Basiswert um einen Index, Angabe

 – der Bezeichnung des Indexes.

 – Beschreibung des Indexes, wenn er vom Emittenten oder einer derselben Gruppe angehörenden juristischen Person zusammengestellt wird.

 – Beschreibung des Indexes, der durch eine juristische oder natürliche Person zur Verfügung gestellt wird, die in Verbindung mit dem Emittenten oder in dessen Namen handelt, es sei denn, der Prospekt enthält die folgenden Erklärungen:

 – sämtliche Regeln des Indexes und Informationen zu seiner Wertentwicklung sind kostenlos auf der Website des Emittenten oder des Indexanbieters abrufbar;

und

 – die Regelungen des Indexes (einschließlich Indexmethode für die Auswahl und die Neuabwägung der Indexbestandteile, Beschreibung von Marktstörungen und Anpassungsregeln) basieren auf vorher festgelegten und objektiven Kriterien.

Wird der Index nicht vom Emittenten zusammengestellt, den Ort, wo Informationen zu diesem Index erhältlich sind.

– Handelt es sich bei dem Basiswert um einen Zinssatz:

 – Beschreibung des Zinssatzes;

– Sonstige:

 – Fällt der Basiswert nicht unter eine der oben genannten Kategorien, muss die Wertpapierbeschreibung gleichwertige Angaben enthalten;

– Handelt es sich bei dem Basiswert um einen Korb von Basiswerten:

 – Angabe der entsprechenden Gewichtungen jedes einzelnen Basiswertes im Korb.

Anhang XII Mindestangaben für die Wertpapierbeschreibung

4.2.3. Beschreibung etwaiger Störungen des Marktes oder bei der Abrechnung, die den Basiswert beeinflussen.

4.2.4. Anpassungsregelungen in Bezug auf Ereignisse, die den Basiswert betreffen.

5. BEDINGUNGEN UND VORAUSSETZUNGEN FÜR DAS ANGEBOT

5.1. Bedingungen, Angebotsstatistiken, erwarteter Zeitplan und erforderliche Maßnahmen für die Antragstellung

5.1.1. Bedingungen, denen das Angebot unterliegt.

5.1.2. Gesamtsumme der Emission/des Angebots; Ist die Gesamtsumme nicht festgelegt, Beschreibung der Vereinbarungen und des Zeitpunkts für die öffentliche Bekanntmachung des Angebotbetrags.

5.1.3. Frist – einschließlich etwaiger Ergänzungen/Änderungen – während deren das Angebot gilt und Beschreibung des Antragverfahrens.

5.1.4. Einzelheiten zum Mindest- und/oder Höchstbetrag der Zeichnung (entweder in Form der Anzahl der Wertpapiere oder der aggregierten zu investierenden Summe).

5.1.5. Methode und Fristen für die Bedienung der Wertpapiere und ihre Lieferung.

5.1.6. Vollständige Beschreibung der Art und Weise und des Termins, auf die bzw. an dem die Ergebnisse des Angebots bekanntzumachen sind.

5.2. Plan für die Verbreitung der Wertpapiere und deren Zuteilung

5.2.1. Angabe der verschiedenen Kategorien der potenziellen Investoren, denen die Wertpapiere angeboten werden. Erfolgt das Angebot gleichzeitig auf den Märkten in zwei oder mehreren Ländern und wurde/wird eine bestimmte Tranche einigen dieser Märkte vorbehalten, Angabe dieser Tranche.

5.2.2. Verfahren zur Meldung des den Zeichnern zugeteilten Betrags und Angabe, ob eine Aufnahme des Handels vor dem Meldeverfahren möglich ist.

5.3. Preisfestsetzung

Angabe des erwarteten Preises, zu dem die Wertpapiere angeboten werden, oder der Methode zur Preisfestsetzung und des Verfahrens für seine Veröffentlichung. Angabe des Betrags etwaiger Kosten und Steuern, die dem Zeichner oder Käufer speziell in Rechnung gestellt werden.

5.4. Platzierung und Übernahme (Underwriting)

5.4.1. Name und Anschrift des Koordinators/der Koordinatoren des gesamten Angebots oder einzelner Teile des Angebots und – sofern dem Emittenten oder dem Bieter bekannt – Angaben zu den Platzierern in den einzelnen Ländern des Angebots.

5.4.2. Name und Anschrift der Zahlstellen und der Verwahrstellen in jedem Land.

5.4.3. Einzelheiten über die Institute, die bereit sind, eine Emission auf Grund einer bindenden Zusage zu übernehmen, und Einzelheiten über die Institute, die bereit sind, eine Emission ohne bindende Zusage oder gemäß Vereinbarungen „zu den bestmöglichen Bedingungen" zu platzieren. Wird die Emission nicht zur Gänze übernommen, ist eine Erklärung zum nicht abgedeckten Teil einzufügen.

5.4.4. Angabe des Zeitpunkts, zu dem der Emissionsübernahmevertrag abgeschlossen wurde oder wird.

5.4.5. Name und Anschrift einer Berechnungsstelle.

6. ZULASSUNG ZUM HANDEL UND HANDELSREGELN

6.1. Angabe, ob die angebotenen Wertpapiere Gegenstand eines Antrags auf Zulassung zum Handel sind oder sein werden und auf einem geregelten Markt oder sonstigen gleichwertigen Märkten vertrieben werden sollen, wobei die jeweiligen Märkte zu nennen sind. Dieser Umstand ist anzugeben, ohne jedoch den Eindruck zu erwecken, dass die Zulassung zum Handel auch tatsächlich erfolgen wird. Wenn bekannt, sollte eine Angabe der frühestmöglichen Termine der Zulassung der Wertpapiere zum Handel erfolgen.

6.2. Angabe sämtlicher geregelten oder gleichwertigen Märkte, auf denen nach Kenntnis des Emittenten Wertpapiere der gleichen Wertpapierkategorie, die zum Handel angeboten oder zugelassen werden sollen, bereits zum Handel zugelassen sind.

6.3. Name und Anschrift der Institute, die aufgrund einer bindenden Zusage als Intermediäre im Sekundärhandel tätig sind und Liquidität mittels Geld- und Briefkursen zur Verfügung stellen, und Beschreibung der Hauptbedingungen der Zusagevereinbarung.

7. ZUSÄTZLICHE ANGABEN

7.1. Werden an einer Emission beteiligte Berater in der Wertpapierbeschreibung genannt, ist eine Erklärung zu der Funktion abzugeben, in der sie gehandelt haben.

7.2. Angabe weiterer Informationen in der Wertpapierbeschreibung, die von gesetzlichen Abschlussprüfern teilweise oder vollständig geprüft wurden und über die die Abschlussprüfer einen Bericht erstellt haben. Reproduktion des Berichts oder mit Erlaubnis der zuständigen Behörden Zusammenfassung des Berichts.

7.3. Wird in die Wertpapierbeschreibung eine Erklärung oder ein Bericht einer Person aufgenommen, die als Sachverständiger handelt, so sind der Name, die Geschäftsadresse, die Qualifikationen und – falls vorhanden – das wesentliche Interesse am Emittenten anzugeben. Wurde der Bericht auf Ersuchen des Emittenten erstellt, so ist eine diesbezügliche Erklärung dahingehend abzugeben, dass die aufgenommene Erklärung oder der aufgenommene Bericht in der Form und in dem Zusammenhang, in dem sie bzw. er aufgenommen wurde, die Zustimmung von Seiten dieser Person erhalten hat, die den Inhalt dieses Teils der Wertpapierbeschreibung gebilligt hat.

7.4. Sofern Angaben von Seiten Dritter übernommen wurden, ist zu bestätigen, dass diese Information korrekt wiedergegeben wurde und dass – soweit es dem Emittenten bekannt ist und er aus den von dieser dritten Partei veröffentlichten Informationen ableiten konnte – keine Tatsachen unterschlagen wurden, die die reproduzierten

Anhang XII Mindestangaben für die Wertpapierbeschreibung

Informationen unkorrekt oder irreführend gestalten würden. Darüber hinaus hat der Emittent die Quelle(n) der Informationen zu anzugeben.

7.5. Im Prospekt ist anzugeben, ob der Emittent die Veröffentlichung von Informationen nach erfolgter Emission beabsichtigt. Hat der Emittent die Veröffentlichung derartiger Informationen angekündigt, hat er im Prospekt zu spezifizieren, welche Informationen veröffentlicht werden und wo man sie erhalten kann.

Übersicht

	Rn.		Rn.
I. Einführung	1	5. Bedingungen und Voraussetzungen für das Angebot	47
II. Inhaltliche Anforderungen an die Wertpapierbeschreibung	8	6. Zulassung zum Handel und Handelsregeln	48
1. Verantwortliche Personen	8	7. Zusätzliche Angaben	49
2. Risikofaktoren	10		
3. Grundlegende Angaben	13		
4. Angaben über die anzubietenden bzw. zum Handel zuzulassenden Wertpapiere	15		

I. Einführung

1   Anhang XII enthält das Schema zur Erstellung der Wertpapierbeschreibung für derivative Wertpapiere. Die Verbindlichkeit des Schemas für derivative Wertpapiere ergibt sich aus Art. 15. Im Hinblick auf den Anwendungsbereich des Schemas und den Begriff des derivativen Wertpapiers wird auf die Kommentierung von Art. 15 verwiesen.

2   Dass es sich bei den in Anhang XII aufgezählten Anforderungen um Mindestangaben handelt, ergibt sich aus der Überschrift des Anhangs („Mindestangaben für die Wertpapierbeschreibung für derivative Wertpapiere"), aus der Überschrift von Art. 3 und dem Art. 7 ProspektRL umsetzenden § 7 WpPG. Die Wertpapierbeschreibung darf also über die hier geforderten Angaben hinausgehen.[1]

3   In Art. 3 Abs. 2 Satz 2 ProspkVO heißt es aber darüber hinaus, dass die zuständige Behörde „nur" die in den Anhängen genannten Informationsbestandteile verlangt. Es wird dort lediglich ein Vorbehalt im Hinblick auf Art. 4a ProspektVO gemacht. Die in Art. 3 Abs. 3 normierte Befugnis der Behörde, „bei jedem Informationsbestandteil im Einzelfall" ergänzende Angaben zu verlangen, um die Einhaltung der allgemeinen Anforderungen nach Art. 5 Abs. 1 der ProspektRL (§ 5 Abs. 1 WpPG) zu gewährleisten, könnte ihrem Wortlaut nach so verstanden werden, dass es sich stets nur um ergänzende Angaben zu den bereits im Schema aufgelisteten Punkten handeln darf und diese ergänzenden Angaben auch nur im Einzelfall verlangt werden dürfen. Nach richtiger Ansicht muss es der Behörde jedoch möglich sein, hierüber hinauszugehen und z.B. im Hinblick auf neue derivative Wertpapiere generell (und nicht nur im Einzelfall) zusätzliche Angaben zu verlangen und auch solche, die nicht bereits dem Grunde nach im Schema aufgelistet sind. Allerdings müssen die ergänzenden Angaben zur Einhaltung der allgemeinen Anforderungen des § 5 WpPG unabdingbar sein, was stets einer besonderen Rechtfertigung bedarf, und es muss vermieden

---

1 *Just*, in: Just/Voß/ Ritz/Zeising, WpPG, § 7 Rn. 11.

werden, dass sich die Verwaltungspraxis in unterschiedlichen Mitgliedstaaten dauerhaft auseinanderentwickelt.²

Derivative Wertpapiere sind nahezu ausnahmslos Wertpapiere, die ohne das derivative Element Schuldtitel wären und in den Anwendungsbereich der Art. 8 bzw. 16 und damit der Anhänge V bzw. XIII fallen würden. Die inhaltlichen Anforderungen von Anhang XII sind in erster Linie vor dem Hintergrund dieser Bestimmungen zu sehen. Sie enthalten über diese Anhänge hinausgehende Anforderungen, die der derivativen Komponente der Wertpapiere Rechnung tragen. Diese weitergehenden Anforderungen betreffen hauptsächlich den Basiswert und die Art der Verknüpfung des Wertpapiers mit dem Basiswert (Ziff. 4.2 und Ziff. 4.2.1). Auch die Risikofaktoren müssen insbesondere der derivativen Komponente Rechnung tragen. 4

In Bezug auf einzelne Aspekte bleiben die Anforderungen des Anhang XII aber auch hinter denen des Anhangs V zurück. Dies gilt für die Angaben zur Verwendung der Erlöse Ziff. 3.2. 5

Eine Reihe weiterer Bestimmungen von Anhang XII weichen sprachlich geringfügig von den entsprechenden Bestimmungen in anderen Anhängen ab, ohne dass hiermit ein Unterschied in der inhaltlichen Regelung bezweckt würde. Zum Teil beschränken sich diese Unterschiede auch auf die deutsche Fassung und beruhen auf unterschiedlichen (zum Teil unrichtigen) deutschen Übersetzungen desselben englischen Terminus in unterschiedlichen Bestimmungen. Die schlechte Qualität der deutschen Übersetzung ist bedauerlich. Bezeichnend ist, dass selbst ein für das Prospektrecht so zentraler Begriff wie „security" (= Wertpapier) teils fälschlich mit Sicherheit übersetzt wird. 6

Anders als bei den Schuldtiteln gibt es für derivative Wertpapiere keine unterschiedlichen Schemata für Papiere mit einer hohen Stückelung. Allerdings werden derivative Wertpapiere mit einer Mindeststückelung von Euro 100.000 von dem Erfordernis nach Ziff. 4.1.2 ausgenommen, dass die Basiswertabhängigkeit näher zu erläutern ist. 7

II. Inhaltliche Anforderungen an die Wertpapierbeschreibung

1. Verantwortliche Personen

Der Wortlaut der Ziffern 1.1 und 1.2 weist keinerlei Abweichung gegenüber dem der entsprechenden Ziffern in Anhang III (und auch Anhang V und XIII) auf. Es kann also auf die dortigen Kommentierungen verwiesen werden. 8

Erwähnenswert ist lediglich, dass die prospektrechtliche Verantwortlichkeit des Emittenten bei derivativen Wertpapieren eine im Hinblick auf die zivilrechtliche Haftung noch größere praktische Bedeutung hat als bei den Schuldtiteln. Zumindest das Risiko eines Totalverlusts droht bei Schuldtiteln nur bei Zahlungsunfähigkeit des Emittenten. Dann aber hat die Haftung des Emittenten, die lediglich einen unbesicherten schuldrechtlichen Anspruch gegen den Emittenten darstellt, wirtschaftlich nur eine geringe Bedeutung. Bei den 9

---

2 Lässt sich zeigen, dass die Praxis in anderen Mitgliedstaaten liberaler ist, d.h. dieselben Anforderungen nicht stellt, wird man bereits anzweifeln müssen, dass derartige zusätzliche Anforderungen tatsächlich unabdingbar sind.

Anhang XII   Mindestangaben für die Wertpapierbeschreibung

derivativen Wertpapieren kann es hingegen wegen der Verknüpfung mit dem Basiswert auch bei fortbestehender Zahlungsunfähigkeit des Emittenten zu einem Totalverlust bzw. erheblichen Verlusten kommen, so dass einer Haftung des Emittenten erhebliche wirtschaftliche Bedeutung zukommt.

2. Risikofaktoren

10   Wie bei Aktien und Schuldtiteln sind auch bei derivativen Wertpapieren die Risikofaktoren in einem besonderen Abschnitt darzustellen. Das erste Wort von Ziff. 2 ist eine Fehlübersetzung des englischen Terminus „prominent", der nicht „klar", sondern „hervorgehoben" bedeutet, was selbstverständlich nichts daran ändert, dass die Risikofaktoren außerdem auch klar und verständlich sein müssen. Zur Hervorhebung genügt es, dass die Risikofaktoren in einem besonderen Abschnitt unter dieser Überschrift beschrieben werden, dass die Darstellung durch Teilüberschriften klar gegliedert wird und dass die Darstellung nur die Risiken hervorhebt und diese nicht zusammen mit anderen (insbesondere auch positiven Aspekten) erörtert und so in einen relativierenden Zusammenhang stellt. Diese Maßgabe hat rechtspolitisch Vorteile. Sie zwingt den Prospektersteller, sich an einer Stelle vollständig und in konzentrierter Form über alle wesentlichen Gefahren Rechenschaft abzulegen, die mit dem derivativen Wertpapier aus Sicht des Anlegers verbunden sind. Die einseitige Aneinanderreihung von Negativszenarien kann aber bei der Lektüre auch zu einer Abstumpfung führen. Außerdem wird der Anleger mit der Hauptaufgabe, nämlich dem Problem der Gewichtung der Risiken gerade allein gelassen.

11   Der erste Satz von Ziff. 2 unterscheidet sich trotz geringer sprachlicher Abweichungen nicht von den entsprechenden Bestimmungen für die Wertpapierbeschreibungen von Aktien oder Schuldtiteln. Der zweite Satz geht demgegenüber über die Anforderungen bei Schuldtiteln und Aktien hinaus. Verlangt wird zunächst ein Risikohinweis für den Fall, dass der Anleger den Wert seiner Anlage insgesamt oder teilweise verlieren kann. Gemeint ist damit nicht das auch mit Schuldtiteln verbundene Risiko, dass die Anlage wegen eines Ausfalls des Emittenten verloren wird oder sich aufgrund einer Bonitätsverschlechterung des Emittenten in ihrem Wert vermindert. Die Vorschrift bezieht sich auf das gerade für derivative Wertpapiere charakteristische Risiko der Basiswertabhängigkeit des Wertpapiers, d. h. das Risiko bzw. die Risiken, die mit der nach Ziff. 4.1.2 zu beschreibenden Verknüpfung des Wertpapiers mit dem Basiswert bzw. dem nach Ziff. 4.2 zu beschreibenden Basiswert selbst zusammenhängen. Hier wird in aller Regel auch der Schwerpunkt der Risikofaktoren bei derivativen Wertpapieren liegen.

12   Satz 2 geht auch in einem weiteren Punkt über die entsprechenden Anforderungen bei Schuldtiteln hinaus, auch wenn dieser Punkt praktisch eine bei weitem geringere Bedeutung hat. Verlangt wird ein Risikohinweis, wenn die Haftung des Anlegers nicht „an den Wert der Anlage gebunden" ist (was offenbar so viel heißen soll wie nicht auf die Anlage selbst beschränkt). In diesem Fall sind die Umstände zu beschreiben, unter denen es zu einer zusätzlichen Haftung kommen kann, und es ist zu erläutern, welche voraussichtlichen finanziellen Folgen eintreten können. Praktische Bedeutung hat diese Bestimmung nicht, weil derivative Wertpapiere mit Nachschusspflicht und überhaupt einer über den angelegten Betrag hinausgehenden Haftung der Anleger unüblich sind. Während OTC-Derivate, weil sie vertragliche Vereinbarungen darstellen, durchaus mit (unter Umständen sogar nach oben unbegrenzten) potenziellen Zahlungspflichten verbunden sein können, verbrie-

fen die in Deutschland die Praxis allein beherrschenden Inhaberschuldverschreibungen einseitige Forderungen und entsprechende Verbindlichkeiten des Emittenten (nie jedoch Verbindlichkeiten des Inhabers des Wertpapiers). Dasselbe gilt auch für die üblicherweise genutzten Wertpapiertypen nach ausländischem Recht. Wertpapiermäßig verbriefte Anlagen mit Nachschusspflicht scheitern also bereits an den wertpapierrechtlichen Gegebenheiten.

3. Grundlegende Angaben

Ziff. 3 befasst sich mit den hinter der Emission bzw. dem Angebot stehenden Interessen und dem aus Sicht des Emittenten damit verfolgten Zweck. Ziff. 3.1 verlangt die Beschreibung jeglicher Interessen, die für die Emission bzw. das Angebot von wesentlicher Bedeutung sind. Wie aus der Überschrift ersichtlich muss es sich um Interessen natürlicher oder juristischer Personen handeln, die an der Emission bzw. dem Angebot beteiligt sind. Das Erfordernis der wesentlichen Bedeutung dieser Interessen für die Emission bzw. das Angebot bedeutet, dass es sich um Interessen von einigem Gewicht handeln muss. Relevant sollten nur die Interessen von Personen sein, die im Hinblick auf das „ob" der Emission bzw. des Angebots bzw. dessen inhaltliche Ausgestaltung Einfluss ausüben. Andere Personen, deren Interessen berührt werden, sind entweder bereits nicht an der Emission bzw. dem Angebot „beteiligt" oder ihr Interesse ist für die Emission bzw. das Angebot nicht wesentlich. Insbesondere Interessenkonflikte sind zu beschreiben. Mit diesem Begriff werden gewöhnlich Situationen beschrieben, in denen jemand im Interesse eines anderen zu handeln hat, zugleich aber auch anderweitige eigene Interessen hat bzw. durch anderweitige fremde Interessen motiviert werden könnte. Eine solche Situation ist z. B. gegeben, wenn ein Kreditinstitut den Anleger berät zugleich aber auch ein eigenes Interesse an der Anlageentscheidung hat. Derartige Institute können zugleich an der Emission bzw. dem Angebot beteiligt sein. Dies muss jedoch nicht der Fall sein. Es kann letztlich dahinstehen, ob der Begriff des Interessenkonflikts in diesem engen Sinne zu verstehen ist oder ob es, wofür einiges spricht, im vorliegenden Kontext ausreicht, dass ein an der Emission bzw. dem Angebot Beteiligter überhaupt Interessen verfolgt, die mit denen des Anlegers nicht übereinstimmen, auch wenn er mangels einer Pflicht, die Interessen des Anlegers wahrzunehmen, in keinen echten Interessenkonflikt geraten kann. Denn die Vorschrift soll ihrem klaren Wortlaut nach den Anleger über alle hinter der Emission und dem Angebot stehenden und hierfür wesentlichen Interessen unterrichten, wobei Informationen über den eigenen Interessen des Anlegers zuwiderlaufende fremde Interessen naturgemäß von besonderer Bedeutung für die Anlageentscheidung sind. Als Beispiele von an der Emission bzw. dem Angebot Beteiligten nennen die Empfehlungen des CESR[3] Berater, Finanzintermediäre und Experten und betonen, dass es nicht darauf ankommt, ob Aussagen dieser Personen in den Prospekt aufgenommen wurden. Im Zusammenhang speziell mit derivativen Wertpapieren kommen auch Personen in Betracht, die aufgrund ihrer Beziehung zum Basiswert oder ihrer Funktion im Hinblick auf den Basiswert ein erhebliches Interesse an der Emission bzw. dem Angebot haben. Es wird aber zu verlangen sein, dass sie neben ihrer Rolle im Zusammenhang mit dem Basiswert auch an der Emission bzw. dem Angebot beteiligt sind.

13

---

3 CESR's recommendation for the consistent implementation of the European Commission's Regulation on Prospectuses No 809/ 2003, Rn. 166

Anhang XII   Mindestangaben für die Wertpapierbeschreibung

14   Im Hinblick auf die nach Ziff. 3.2 vorgesehenen Angaben zu den Gründen für das Angebot und die Verwendung der Erlöse zeigt schon der im Vergleich zu den Anhängen für Aktien und Schuldtitel knappere Wortlaut, dass die Anforderungen bei derivativen Wertpapieren hinter denen bei Aktien oder Schuldtiteln zurückbleiben. Da derivative Wertpapiere aufgrund der Basiswertabhängigkeit im Vergleich zu Schuldtiteln mit zusätzlichen Risiken behaftet sind, lassen sich diese geringeren Anforderungen nicht durch Eigenschaften von derivativen Wertpapieren im Vergleich zu Schuldtiteln rechtfertigen. Maßgebend war offenbar der rein tatsächliche Befund, dass derivative Wertpapiere in aller Regel von Großbanken oder zumindest durch Zweckgesellschaften unter einer Garantie von Großbanken begeben werden. Der Klammerzusatz in der Überschrift zeigt, von welcher Erwartung der Gesetzgeber ausgeht. Er erwartet offenbar, dass die Emission in der Regel der Gewinnerzielung und/oder der Absicherung bestimmter Risiken dient. In diesem Fall kann offenbar auf eine Angabe der Gründe für das Angebot und wohl auch der Verwendung der Erlöse ganz verzichtet werden. Nur wenn die Gründe für das Angebot und die Verwendung der Erlöse angegeben werden, bedarf es auch der Angabe des Nettobetrags der Erlöse und der geschätzten Gesamtkosten für die Emission bzw. das Angebot. Auch im Hinblick auf den Nettobetrag der Erlöse muss eine Schätzung ausreichen, und zwar schon deswegen weil der Nettobetrag u. a. den Abzug der geschätzten Kosten voraussetzt.

4. Angaben über die Anzubietenden bzw. zum Handel zuzulassenden Wertpapiere

15   Ziff. 4 befasst sich mit der Wertpapierbeschreibung im engeren Sinne, weil die hier aufgelisteten Angaben **die Wertpapiere selbst betreffen** (insbesondere im Unterschied zu deren in Ziff. 5 behandelten Angebot bzw. deren in Ziff. 6 behandelten Zulassung zum Handel. Aufgrund der Besonderheiten gerade derivativer Wertpapiere geht Ziff. 4 aber auch über die Wertpapiere selbst hinaus, weil nach Ziff. 4.2 Angaben über den zugrundeliegenden **Basiswert** verlangt werden. Darin liegt das Herzstück der speziellen Anforderungen von Anhang XII und der Hauptpunkt, in dem sich Anhang XII insbesondere von Anhang V unterscheidet.

16   Im Hinblick auf das Erfordernis nach **Ziff. 4.1.1**, dass der **Typ und die Kategorie** der anzubietenden und/ oder zum Handel zuzulassenden Wertpapiere anzugeben ist, wird vertreten, dass mit Typ eine allgemeinere Einteilung und mit Kategorie eine weiter aufgliedernde Differenzierung gemeint sei,[4] und es werden als Beispiele für die Typeneinordnung die Begriffe „Schuldverschreibung, Zertifikat, Optionsschein" und als Beispiel für die Kategorie die Begriffe „Put-Optionsschein/ Bonus-Zertifikat" genannt.[5] Ob mit Typ und Kategorie („type and class") etwas unterschiedliches gemeint ist oder ob es sich nur um eine der im Englischen üblichen unnötigen Dopplungen handelt, die dann ins Deutsche übertragen wurde, kann für praktische Zwecke dahinstehen bleiben. Jedenfalls gibt es im Bereich der derivativen Wertpapiere keine feststehende oder gar eindeutige Begrifflichkeit mit einer Einteilung in Typen und einer weiter differenzierenden Einteilung nach Kategorien. Auch die als Beispiele für Typen genannten Begriffe Schuldverschreibung sowie Zertifikat und Optionsschein gehören auf unterschiedliche Ebenen. Denn zumindest nach deutschem

---

4 *Zeising*, in: Just/Voß/Ritz/Zeising, WpPG, Anhang XII EU-ProspektVO Rn. 34.
5 *Zeising*, in: Just/Voß/Ritz/Zeising, WpPG, Anhang XII EU-ProspektVO Rn. 34.

II. Inhaltliche Anforderungen an die Wertpapierbeschreibung Anhang XII

Recht begebene Zertifikate und Optionsscheine sind ausnahmslos Schuldverschreibungen, nämlich Inhaberschuldverschreibungen im Sinne von § 793 BGB. Der Begriff der Schuldverschreibung bezieht sich auf die wertpapiermäßige Verbriefung, während Begriffe wie Optionsschein und Zertifikat Wortschöpfungen der Praxis sind, mit denen bestimmte Schuldverschreibungen im Hinblick auf deren inhaltliche Ausgestaltung und wirtschaftlichen Sinn umschrieben werden.

Weil die Rechtsgrundlagen und die Art der wertpapiermäßigen Verbriefung in Ziff. 4.1.3 und Ziff. 4.1.4 behandelt werden (z. B. Inhaberschuldverschreibung nach deutschem Recht oder registered bond nach englischem Recht), geht es beim Typ und der Kategorie des Wertpapiers offenbar nicht um den Wertpapiertypus im wertpapierrechtlichen Sinne. Gemeint ist ganz offenbar eine Einordnung im wirtschaftlichen Sinne, so dass Begriffe wie Optionsschein oder Zertifikat in der Tat angemessen sind bzw. auch Begriffe, die bereits auf den Basiswert verweisen (wie z. B. Rohstoff-Zertifikate). Der Deutsche Derivate Verband bemüht sich um eine Produktklassifizierung der derivativen Wertpapiere, die zwischen Anlageprodukten mit und ohne Kapitalschutz[6] sowie Hebelprodukten mit und ohne Knock-Out unterscheidet und im Einzelnen die Begriffe strukturierte Anleihe, Kapitalschutz-Zertifikat, Aktienanleihe, Bonitätsanleihe, Express-Zertifikat, Discount-Zertifikat, Bonus-Zertifikat, Index-/Partizipations-Zertifikat, Outperformance-/Sprint-Zertifikate, Optionsschein, Faktor-Zertifikat und Knock-Out Produkt verwendet. **17**

Soweit Ziff. 4.1.1 von einem „Sicherheitsidentifikationscode" spricht, ist dies eine Fehlübersetzung aus dem Englischen. „Security" bedeutet im vorliegenden Zusammenhang nicht Sicherheit, sondern Wertpapier. In Deutschland sind die sogen. Wertpapierkennnummern (WKN) üblich. Die **WKN** werden in Deutschland von der Herausgebergemeinschaft Wertpapiermitteilungen, Keppler, Lehmann GmbH & Co KG, d. h. einem privaten Dienstleister, vergeben. Praktisch sind WKN bzw. ISIN nicht nur im Hinblick auf Börsennotierungen, sondern auch deswegen unabdingbar, weil die IT-Systeme diese Ziffern verwenden. Rechtlich vorgeschrieben sind sie hingegen nicht und auch Ziff. 4.1.1. schafft kein solches Erfordernis. Ziff. 4.1.1 ist also in der Weise zu lesen, dass eine ISIN, WKN bzw. eine andere zur Identifizierung des Wertpapiers verwendete Nummer bzw. Bezeichnung anzugeben ist, wenn (was in der Praxis nahezu ausnahmslos der Fall ist) eine solche Nummer bzw. andere Bezeichnung vorhanden ist. Die ISIN bzw. WKN bezieht sich dabei – anders als teilweise von den Zivilgerichten irrtümlich angenommen – nicht auf das einzelne vom Anleger gehaltene Wertpapier, sondern die Gesamtemission, zu der es gehört und der im Giroeffektenverkehr eine beim Zentralverwahrer (Sammelverwahrbank) gehaltene Globalurkunde bzw. ein Sammelbestand von fungiblen Einzelstücken entspricht. **18**

Ziff. 4.1.2 verlangt eine klare und umfassende Erläuterung, wie der Wert der Anlage durch den Wert des Basisinstruments bzw. der Basisinstrumente beeinflusst wird. Dieses Erfordernis betrifft den Kern des prospektrechtlichen Derivatebegriffs, nämlich die **Basiswertabhängigkeit** des derivativen Wertpapiers. Der Wortlaut der Bestimmung ist dabei zu eng. Denn der Basiswert (das dem Wertpapier zugrunde liegende „Underlying") ist nicht notwendigerweise etwas, das man als Instrument und daher Basisinstrument bezeichnen kann. Es ist insbesondere nicht notwendigerweise ein Wertpapier, was insbesondere Ziff. 4.2.2 zweiter Spiegelstrich bestätigt. Es muss sich auch nicht notwendigerweise um eine andere **19**

---

[6] Ein Kapitalschutz kann freilich dazu führen, dass anstelle von Anhang XII einer der beiden Anhänge für Schuldtitel anwendbar ist.

Anhang XII Mindestangaben für die Wertpapierbeschreibung

Bezugsgröße handeln, der sich – wie etwa bei Rohstoffen – ein Wert zuordnen lässt. Basiswerte können jegliche Messgrößen (wie z. B. Wetterdaten) bzw. auch zukünftige ungewisse Ereignisse (selbst der Ausgang eines Sportwettkampfs) sein. Derartige Basiswerte haben selbst keinen geldmäßigen Wert und müssen auch nicht zwingend in Zahlen ausgedrückt werden, wenn sie z. B. im Eintritt oder Nichteintritt eines Ereignisses bestehen.

20 Während **Ziff. 4.2** Angaben über den Basiswert selbst verlangt, bezieht sich Ziff. 4.1.2 auf die Verknüpfung des Basiswerts mit dem Wertpapier und der daraus resultierenden Abhängigkeit des Werts des Wertpapiers vom Basiswert. Diese Abhängigkeit wird sich typischerweise aus den Bedingungen des Wertpapiers und der Art und Weise ergeben, wie diese Bedingungen auf den Basiswert Bezug nehmen. Die Bedingungen können z. B. vorsehen, dass sich jede Veränderung des Basiswerts in einer entsprechenden Veränderung des dem Anleger geschuldeten Auszahlungsbetrags niederschlägt, d.h. eine lineare Abhängigkeit des Wertpapiers vom Basiswert. Die Verknüpfung kann aber auch so sein, dass eine Wertsteigerung bzw. ein Wertverlust des Basiswerts den Auszahlungsbetrag überproportional ansteigen oder sinken lässt (was zu einer Hebelung der Anlage führt) bzw. dass das Erreichen oder Unterschreiten bestimmter Schwellenwerte besondere Auswirkungen hat. Man wird Ziff. 4.2 in dem Sinne verstehen müssen, dass es ausreicht, wenn die Auswirkungen von Schwankungen des Basiswerts auf den aufgrund des Wertpapiers geschuldeten Betrag dargestellt werden, so dass mit dem Wert der Anlage der geschuldete Betrag gemeint ist, während der Wert der Anlage stets auch von anderen Faktoren abhängig sein kann (z. B. der Bonität des Emittenten, dem allgemeinen Zinsniveau und sonstigen relevanten Marktumständen).

21 Bei Optionsscheinen, die z. B. einen durch Barausgleich zu erfüllendes Recht zum Kauf oder Verkauf des Basiswerts verbriefen, ergibt sich die Abhängigkeit zwischen Wertpapier und Basiswert nicht bereits aus einer entsprechenden expliziten Verknüpfung. Die Auswirkungen von Wertschwankungen des Basiswerts auf den Optionsschein ist also zu erläutern, und es ist zu erklären, dass der Optionsschein nur dann einen Wert hat, wenn der Marktpreis den Ausübungspreis bei Call-Optionen übersteigt bzw. bei Put-Optionen unterschreitet.

22 Bei Credit Linked Notes genügt nicht bereits die Erklärung des aus den Bedingungen des Wertpapiers ersichtlichen Mechanismus, dass der Eintritt eines Kreditereignisses zum Wegfall des Zahlungsanspruchs führt, sondern es muss erläutert werden, dass bereits eine Bonitätsverschlechterung des in Bezug genommenen Schuldners Auswirkungen auf den Wert der Credit Linked Note hat.

23 Anders als im Zusammenhang mit den Risikofaktoren braucht sich die Darstellung nicht auf Risiken und nachteilige Auswirkungen von Veränderungen des Basiswerts zu beschränken. Es ist aber – wie sich aus dem Wortlaut von Ziff. 4.1.2 ergibt – besonderes Augenmerk darauf zu richten, dass gerade die Risiken verständlich werden.

24 **Erwägungsgrund 18** enthält die in diesem Zusammenhang relevante Empfehlung: „Um mittels einer klaren und umfassenden Erläuterung den Anlegern dabei zu helfen, zu verstehen, wie der Wert ihrer Anlage durch den Wert des Basisinstruments beeinflusst wird, sollten die Emittenten – auf freiwilliger Basis – auf zweckmäßige Beispiele zurückgreifen können. So könnten einige komplexe derivative Wertpapiere anhand von Beispielen am besten erläutert werden." Ziff. 4.1.2 macht deutlich, dass die Erläuterung der Basiswertabhängigkeit als solche nicht freiwillig ist. Auch die Verwendung von Beispielen ist letztlich nicht wirklich freiwillig, wenn bei komplexen Derivaten eine für den Anleger hinreichend verständliche und klare Erläuterung anders nicht erreicht werden kann.

II. Inhaltliche Anforderungen an die Wertpapierbeschreibung **Anhang XII**

Besteht die Verknüpfung des Wertpapiers und des Basiswert in einer anspruchsvollen mathematischen Formel, sollte diese nicht nur wiedergegeben, sondern erläutert werden, wobei es nicht notwendigerweise das technisch-mathematische Verständnis im Mittelpunkt zu stehen braucht. Es kommt vielmehr auch darauf an, dass der praktische Zweck der Formel und die damit verbundenen Chancen und Risiken verständlich werden, d. h. diejenigen Aspekte, die vernünftigerweise für eine Anlageentscheidung maßgeblich sind. 25

Bei Wertpapieren mit einer **Mindeststückelung von 100.000 Euro** oder Wertpapieren, die lediglich für mindestens 100.000 Euro erworben werden können, ist die in Ziff. 4.1.2 vorgesehene besondere Erläuterung der Basiswertabhängigkeit nicht vorgeschrieben. Dies entspricht den verminderten inhaltlichen Anforderungen an die Wertpapierbeschreibung bei Schuldtiteln mit einer Mindeststückelung von 100.000 Euro. Anleger, die Beträge in dieser Größenordnung anzulegen haben, werden als weniger schutzwürdig angesehen, und es wird davon ausgegangen, dass sie der besonderen Erläuterung nach Ziff. 4.1.2 nicht bedürfen. Freilich darf diese Maßgabe nicht überschätzt werden. Sie betrifft lediglich die das Verständnis fördernde Erläuterung, auf die in diesem Fall verzichtet werden kann. Die typischerweise in den Bedingungen des Wertpapiers beschriebene Verknüpfung zum Basiswert muss dem Anleger schon aus zivilrechtlichen Gründen zur Kenntnis gebracht werden, weil der Anleger sich in der Praxis in aller Regel über den Prospekt und nicht die in den Tresoren des Zentralverwahrers lagernde Globalurkunde über die Bedingungen des Wertpapiers unterrichten wird. Zum anderen gehört sie zu der Ausgestaltung der Rechte, die sich aus den Wertpapieren ergeben, z. B. der Ausgestaltung des vom Basiswert abhängigen Zahlungsanspruch, so dass diesbezügliche Angaben nach Ziffer 4.7 aufzunehmen sind. Gerade derivative Wertpapiere werden oft keine in einem Geldbetrag ausgedrückte Stückelung haben, so dass eine Mindeststückelung nicht existiert. Insbesondere für diese Fälle ist die Regelung vorgesehen, dass die Ausnahme von der besonderen Erläuterungspflicht nach Ziff. 4.1.2 auch dann besteht, wenn das Wertpapier lediglich für mindestens 100.000 Euro erworben werden kann. Da eine solche Regelung nicht in den Wertpapieren selbst getroffen werden kann, handelt es sich hierbei nicht um eine Eigenschaft des Wertpapiers als solchem, sondern der Art und Weise, wie es angeboten wird. Die entsprechende Beschränkung ist nach Ziff. 5.1.4 im Prospekt anzugeben. Erforderlich und ausreichend ist, dass das Wertpapier zunächst für mindestens Euro 100.000 angeboten wird und dass kein prospektpflichtiges Angebot zu einem diesen Schwellenwert unterschreitenden Betrag erfolgt. Unmaßgeblich sollte sein, dass das Wertpapier bei einem Wertverfall vom Anleger ggf. zu einem geringeren Betrag als Euro 100.000 weiter veräußert werden kann. Es ist also nicht erforderlich, die Übertragbarkeit des Wertpapiers einzuschränken, was bei den in Deutschland üblichen Inhaberschuldverschreibungen auch nicht praktikabel wäre. 26

Ziff. 4.1.3 verlangt Angaben zu den **Rechtsvorschriften, auf deren Grundlagen die Wertpapiere geschaffen werden**. Dies erfordert zunächst die Bestimmung des Wertpapierstatuts, das in aller Regel mit dem Recht übereinstimmt, das nach Maßgabe der einschlägigen Rechtswahlklausel auf die Bedingungen des Wertpapiers und die verbriefte Forderung anwendbar ist. In Deutschland ist die einschlägige Bestimmung in der Praxis ausnahmslos § 793 BGB. Denn andere sammelverwahrfähige Wertpapiere im Sinne von § 2 Nr. 1 WpPG gibt es nach deutschem Recht nicht. Fremde Rechtsordnungen sehen häufig zusätzlich oder sogar in der Praxis allein solche Wertpapiere vor, bei denen sich die Berechtigung aus einem Register ergibt („registered notes"). Die im Hinblick auf solche Wertpapiere anzugebende Norm muss nicht notwendigerweise – wie § 793 BGB – die Be- 27

Anhang XII   Mindestangaben für die Wertpapierbeschreibung

gebung einer körperlichen Urkunde vorsehen, sondern es genügt eine Bestimmung, bei der durch einen anderen Akt (z. B. eine Eintragung oder Einbuchung) ein wertpapiermäßig, d. h. mit Gutglaubensschutz, übertragbares Recht geschaffen wird. Das Gesellschaftsstatut des Emittenten, das auf ihn anzuwendende Insolvenzrecht oder andere Rechtsvorschriften, die für die Anlage relevant sind (z. B. weil sie für den Basiswert maßgeblich sind), brauchen nicht angegeben oder gar erläutert zu werden.

28   Die in **Ziff. 4.1.4** angesprochene Unterscheidung zwischen **Namenspapieren und Inhaberpapieren** hat ihren Hintergrund darin, dass in vielen ausländischen Rechtsordnungen Wertpapiere sowohl „in registered form" als auch in „bearer form" begeben werden können. Namenspapier ist eine übliche, aber irreführende deutsche Übersetzung für die „registered securities", d. h. die Wertpapiere, bei denen sich der Berechtigte aus einem Register ergibt und für eine Übertragung (zumindest grundsätzlich) eine Umschreibung im Register erforderlich ist. Mit den deutschen Namensschuldverschreibungen, bei denen eine Urkunde auf den Namen des Gläubigers ausgestellt wird, sind sie nicht zu vergleichen, und sie sind anders als deutsche Namensschuldverschreibungen Wertpapiere im Sinne der Prospektrichtlinie und des WpPG (§ 2 Nr. 1 WpPG). Für diese Wertpapiere ist die Stelle anzugeben, die für die Führung des Registers zuständig ist. Auch wenn die deutsche Fassung in diesem Zusammenhang den Begriff „Institut" verwendet, braucht es sich bei dieser Stelle nicht um ein Kreditinstitut zu handeln. Dies ergibt sich aus der englischen Fassung („entity in charge of keeping the records"). Diese für das Register zuständige Stelle ist auch nicht mit den zahlreichen unterschiedlichen Banken bzw. Brokern zu verwechseln, bei denen die Anleger ihre Wertpapierdepots unterhalten. Es wird sich dabei typischerweise auch nicht um den Zentralverwahrer (in Deutschland die Sammelverwahrbank handeln, über die die Wertpapiere gehalten werden. Maßgeblich ist vielmehr die Stelle, die das für das Registerpapier charakteristische Register führt, selbst wenn der dort Eingetragene lediglich als Treuhänder (Nominee) für die wirtschaftlich berechtigten Anleger handelt.

29   Mit der in **Ziff. 4.1.5** in Bezug genommenen **Währung** der Wertpapieremission ist die Währung gemeint, in der ggf. der Nennbetrags des Wertpapiers ausgewiesen wird bzw. die Währung, in der Zahlungen nach den Bedingungen des Wertpapiers zu leisten sind oder auch die Währung von Kauf- oder Verkaufsgeschäften, auf die der Anleger bei Optionsscheinen einen Anspruch hat. Die für oder im Zusammenhang mit dem oder den Basiswerten maßgeblichen Währungen können abweichen. Auf sie bezieht sich Ziff. 4.1.5 nicht.

30   **Ziff. 4.1.6** bezieht sich auf den **Rang** der verbrieften Forderung im Vergleich zu den Forderungen anderer Gläubiger (insbesondere im Fall der Insolvenz). Die hierfür maßgeblichen Bedingungen des Wertpapiers sind zu erläutern. Derivative Wertpapiere, die zugleich nachrangig sind, sind unüblich. Lediglich bei Emissionen über Zweckgesellschaften ist ein beschränktes Rückgriffsrecht üblich (limited recourse), das dann aber bei allen Emissionen der betreffenden Zweckgesellschaft vorgesehen ist. Forderungen aus bei solchen Emissionen üblichen Garantien einer Bank oder Forderungen aus Deckungsgeschäften der Zweckgesellschaft mit der Bank, die als Sicherheit für die Verbindlichkeiten der Zweckgesellschaft dienen, sind in diesen Fällen üblicherweise nicht mit einem Nachrang ausgestattet, so dass die Anleger als Gläubiger der wirtschaftlich den Emittenten darstellenden Bank denselben Rang wie andere nicht nachrangige Gläubiger haben.

31   **Ziff. 4.1.7** verlangt eine Beschreibung der verbrieften Forderung, d. h. des Zahlungs- bzw. Lieferungsanspruchs oder (wie bei einem Optionsschein) des auf das Zustandekommen

II. Inhaltliche Anforderungen an die Wertpapierbeschreibung **Anhang XII**

eines Kaufs oder Verkaufs gerichteten Gestaltungsrechts. Es ist im Einzelnen anzugeben, wie diese Rechte auszuüben sind. Ein besonderes Augenmerk ist auf etwaige Beschränkungen dieser Rechte zu richten.

Ziff. 4.1.8 hat jedenfalls bei deutschem Recht unterliegenden Wertpapieren, d.h. deutschen Inhaberschuldverschreibungen, und bei deutschen Emittenten keine größere Bedeutung. Derivative Wertpapiere werden nämlich typischerweise von Banken begeben, die derartige Wertpapiere typischerweise laufend in großer Zahl emittieren. Auch sind die in Ziff. 4.1.8 genannten Beschlüsse, Ermächtigungen und Billigungen jedenfalls bei deutschen Wertpapieren und (in aller Regel) deutschen Emittenten keine Voraussetzung der Wirksamkeit der Begebung der Wertpapiers. Bei ausländischen Emittenten und ausländischem Recht unterliegenden Wertpapieren kann dies aber anders sein. 32

Nach **Ziffer 4.1.9** genügt die Angabe des erwarteten Emissionstermin, so dass eine später eintretende Veränderung des Termins unschädlich ist. 33

Die in **Ziff. 4.1.10** in Bezug genommenen Beschränkungen für die freie Übertragbarkeit der Wertpapiere sind zumindest bei deutschem Recht unterliegenden derivativen Wertpapieren gänzlich unüblich und lassen sich bei den in Deutschland allein gebräuchlichen Inhaberschuldverschreibungen nach § 793 BGB auch wertpapierrechtlich jedenfalls nicht in der Weise sicherstellen, dass bereits das Wertpapier als solches nicht anderweitig übertragen werden kann. 34

Die **Ziffern 4.1.11**, **4.1.12** und **4.1.13** befassen sich mit weiteren technischen Angaben, die gerade für derivative Wertpapiere wichtig sind. Die in den beiden Spiegelstrichen von Ziffer 4.1.11 verwendete unterschiedliche Terminologie hängt mit den unterschiedlichen Typen derivativer Wertpapiere zusammen. So kann das verbriefte Recht zu einem bestimmten Termin unter bestimmten Voraussetzungen verfallen oder aber der Zahlungsanspruch fällig werden. Die Bedingungen des Wertpapiers können aber auch vorsehen, dass ein Gestaltungsrecht zu einem bestimmten Termin auszuüben ist oder eine für den Zahlungsanspruch maßgebliche Wertbestimmung an einem bestimmten Termin stattfindet. Funktionell vergleichbare Begriffe in den Bedingungen der Wertpapiere sind ebenfalls anzugeben. Auf die in den Bedingungen verwendete Terminologie kommt es nicht an. Die nach den Ziffern 4.1.12 und 4.1.13 anzugebenden Einzelheiten richten sich nach den Bedingungen des Wertpapiers, aber auch den einschlägigen Bestimmungen der für die Wertpapiere maßgeblichen Rechtsordnung sowie ggf. den für den Zentralverwahrer und die Zwischenverwahrer maßgeblichen Bestimmungen. 35

Die Angabe nach **Ziffer 4.1.14 (a)** richtet sich nach dem anwendbaren Steuerrecht, wobei nur Angaben im Hinblick auf den Sitzstaat des Emittenten und den Staat erforderlich sind, in dem das Angebot stattfindet bzw. die Zulassung beantragt wird. Die Frage, ob der Emittent die Verantwortung für die Einbehaltung von Steuern an der Quelle übernimmt und ggf. hierfür einen Ausgleich leistet (sogen. gross-up), richtet sich demgegenüber nach den Bedingungen der Wertpapiere. 36

Der Wortlaut der **Überschrift von Ziff. 4.2** ist zu eng, weil es sich bei dem Basiswert keineswegs notwendigerweise um Aktien handeln muss. Insbesondere aus 4.2.2 zweiter Spiegelstrich ergibt sich, dass es sich bei dem Basiswert nicht einmal um Wertpapiere (geschweige denn notwendigerweise um Aktien) handeln muss. Die Bezugnahme auf Aktien in der Überschrift von Ziff. 4.2 ist also als eine solche auf den oder die Basiswerte zu lesen. 37

Anhang XII Mindestangaben für die Wertpapierbeschreibung

38 Nach Erwägungsgrund 19 soll, „je nachdem, welche Merkmale die zu emittierenden Papiere haben", der Punkt Angaben über die zugrunde liegenden Aktien für derivative Wertpapiere durch das zusätzliche Modul über die zugrunde liegenden Aktien ersetzt werden. Das gilt jedoch nur bei den Wertpapieren, die die in Art. 17 Abs. 2 genannten Bedingungen erfüllen.

39 **Ziff. 4.2** stellt neben Ziff. 4.2.1 das Herzstück von Anhang XII dar. Aufgrund der nach Ziff. 4.2.1 zu beschreibenden Basiswertabhängigkeit des derivativen Wertpapiers benötigt der Anleger auch Informationen zum Basiswert selbst.

40 Die in **Ziff. 4.2.1** genannten Begriffe des Ausübungspreises und Referenzpreises des Basiswerts gehören systematisch eigentlich nicht zu den in Ziff. 4.2 zu behandelnden Angaben über den Basiswert, sondern zu der Art der Verknüpfung des derivativen Wertpapiers mit dem Basiswert (Ziff. 4.2.1). Dabei ist der Ausübungspreis z. B. der Preis, zu dem bei einem Call-Optionsschein der Basiswert gekauft bzw. bei einem Put-Optionsschein der Basiswert verkauft werden kann. Der endgültige Referenzpreis des Basiswerts kann naturgemäß nicht der zum Zeitpunkt der Emission noch ungewisse Preis des Basiswerts am Ende der Laufzeit des derivativen Wertpapiers sein. Es muss sich um den Preis handeln, zu dem beispielsweise der Nennbetrag des derivativen Wertpapiers ggf. in einen Anspruch auf Lieferung des Basiswerts gewandelt wird. Weder der Ausübungspreis noch der endgültige Referenzpreis ist eine Eigenschaft des Basiswerts. Es handelt sich um Eigenschaften des derivativen Wertpapiers bzw. genauer Einzelheiten der in den Bedingungen des derivativen Wertpapiers enthaltenen Bezugnahme auf den Basiswert.

41 Nach **Ziff. 4.2.2** ist zu erläutern, worum es sich bei dem Basiswert handelt (eine Aktie, ein anderes Wertpapiere, ein anderer Vermögenswert bzw. eine andere Messgröße bzw. ein künftiges ungewisses Ereignis) und wo Angaben über den Basiswert eingeholt werden können. Der Anleger ist insbesondere darüber zu informieren, wo Angaben über die vergangene und künftige Wertentwicklung des Basiswertes und seine Volatilität eingeholt werden können. Ausreichend ist selbstverständlich die Angabe, wo Informationen über die künftige Wertentwicklung des Basiswertes in Zukunft verfügbar sein werden. Auf gegenwärtige Vorhersagen oder Schätzungen im Hinblick auf die künftige Wertentwicklung kommt es nicht an.

42 Es folgen Regeln in Bezug auf bestimmte Arten von Basiswerten sowie eine Auffangvorschrift für sonstige Basiswerte. Bei Wertpapieren ist der Name des Emittenten und die ISIN anzugeben, wobei auch hier wieder der Begriff „security" (= Wertpapier) unzutreffend mit „Sicherheit" („Sicherheitsidentifikationscode") übersetzt wurde.

43 Besonderes Augenmerk widmet die Vorschrift den Indices als Basiswert für derivative Wertpapiere, wobei es hierbei wiederum in besonderem Maße auf Indices ankommt, die vom Emittenten bzw. einer derselben Gruppe angehörenden juristischen Person oder aber von einer Person zusammengestellt werden, die in Verbindung mit dem Emittenten steht oder in dessen Namen handelt. Es ist nämlich entscheidend, ob der Emittent auf die Zusammenstellung des Index einen Einfluss hat, wobei mit Index eine Bezugsgröße gemeint ist, die sich auch nach der Emission ändern kann.[7] Der Emittent eines auf einen Index bezogenen derivativen Wertpapiers kann nämlich durch einen Einfluss auf die veränderliche Zusammenstellung des Index zugleich seine eigene Verbindlichkeit aufgrund des derivativen Wertpapiers

---

[7] Ein nach Beginn der Laufzeit des derivativen Wertpapiers unveränderlicher Index dürfte gar kein Index im Sinne der vorliegenden Bestimmungen sein, sondern einen Korb von Basiswerten im Sinne des letzten Stichwortes von Ziff. 4.2.2 darstellen (z. B. einen Korb von Aktien).

II. Inhaltliche Anforderungen an die Wertpapierbeschreibung **Anhang XII**

beeinflussen. Deswegen sind die Regeln im Hinblick auf Veränderungen der laufenden Zusammensetzung des Index von entscheidender Bedeutung. Trotzdem darf nicht vergessen werden, dass die ProspektVO nur Anforderungen an den Prospekt, nicht aber Vorschriften für die Zulässigkeit der betreffenden derivativen oder sonstigen Wertpapiere aufstellen kann. Die im dritten Spiegelstrich in Bezug genommenen Regeln sind also nur zu beschreiben, wenn es sie gibt. Fehlen solche Regeln und ist der Emittent in der laufenden Zusammenstellung des Index frei, genügt die Wertpapierbeschreibung den prospektrechtlichen Anforderungen, wenn sie eben dies angibt. Der Vertrieb eines solchen Produkts mag dann aus anderen Gründen problematisch sein, und es stellt sich die Frage, ob eine freie Änderbarkeit der Index-Zusammenstellung die zivilrechtliche Wirksamkeit der einschlägigen Bestimmungen des Wertpapiers berührt, was sich nach dem auf die Bedingungen anwendbaren Recht richtet. Diese Fragen sind jedoch nicht mit den aufsichtsrechtlichen Anforderungen an den Prospekt zu verwechseln, bei denen es allein um die vollständige und zutreffende Information des Anlegers und nicht darum geht, ihn vor für ihn ungeeigneten oder schlechthin einseitig zugunsten des Emittenten ausgestalteten Wertpapieren zu schützen.

Soweit im vierten Spiegelstrich von Ziff. 4.2.2 die Möglichkeit angesprochen wird, dass es sich bei dem Basiswert um einen **Zinssatz** handelt, ist damit kein feststehender in absoluten Zahlen ausgedrückter Prozentsatz, sondern ein variabler Zinssatz (wie z. B. EURIBOR) gemeint, weil ein Basiswert eine veränderliche Größe sein muss. 44

Bei **sonstigen** in Ziff. 4.2.2 nicht genannten **Basiswerten** sind nach dem fünften Spiegelstrich funktionell gleichwertige Angaben erforderlich, wobei sich die Einzelheiten nach der Art des Basiswertes richten. Bei einem **Korb von Basiswerten**, d. h. einer Mehrzahl von gemeinsam als Bezugsgröße verwendeten Basiswerten, benötigt der Anleger neben den Informationen zu jedem Basiswert auch die Gewichtung jedes einzelnen Basiswertes (ein Punkt der systematisch eigentlich nicht zu den in Ziff. 4.2.2. zu behandelnden Angaben zum Basiswert, sondern zu der in Ziff. 4.1.2 zu behandelnden Verknüpfung des Wertpapiers mit dem Basiswert gehört). 45

Die nach den **Ziffern 4.2.3** und **4.2.4** erforderlichen Angaben werden sich in aller Regel aus den Bedingungen des Wertpapiers (Bestimmungen über Marktstörungen oder Anpassungen) bzw., falls solche Bestimmungen fehlen, aus allgemeinen Prinzipien des auf die Wertpapiere anwendbaren Rechts ergeben (z. B. § 313 BGB). 46

5. Bedingungen und Voraussetzungen für das Angebot

Im Hinblick auf diese Angaben wird auf die Kommentierung zu den Anhängen für Aktien und Schuldtitel verwiesen. 47

6. Zulassung zum Handel und Handelsregeln

Im Hinblick auf diese Angaben wird auf die Kommentierung in den Anhängen für Aktien und Schuldtitel verwiesen. 48

7. Zusätzliche Angaben

Im Hinblick auf diese Angaben wird auf die Kommentierung in den Anhängen für Aktien und Schuldtitel verwiesen. 49

Anhang XIII
Mindestangaben für die Wertpapierbeschreibung für Schuldtitel mit einer Mindeststückelung von 100000 EUR (Schema)

Übersicht

	Rn.		Rn.
I. Einleitung	1	5. Zulassung zum Handel und Handelsregeln (Ziff. 5)	7
II. Einzelne Anforderungen von Anhang XIII	2	6. Kosten der Zulassung zum Handel (Ziff. 6)	9
1. Verantwortliche Personen (Ziff. 1)	2	7. Zusätzliche Angaben (Ziff. 7)	10
2. Risikofaktoren (Ziff. 2)	3		
3. Grundlegende Angaben (Ziff. 3)	4		
4. Angaben über die zum Handel zuzulassenden Wertpapiere (Ziff. 4)	5		

I. Einleitung

1 Zur Abgrenzung des Anwendungsbereichs von Anhang XIII zu anderen Anhängen der Prospektverordnung wird auf die Kommentierung zu Art. 16 Prospektverordnung verwiesen.

II. Einzelne Anforderungen von Anhang XIII

1. Verantwortliche Personen (Ziff. 1)

1.1. Alle Personen, die für die im Prospekt gemachten Angaben bzw. für bestimmte Abschnitte des Prospekts verantwortlich sind. Im letzteren Fall ist eine Angabe der entsprechenden Abschnitte vorzunehmen. Im Falle von natürlichen Personen, zu denen auch Mitglieder der Verwaltungs-, Geschäftsführungs- und Aufsichtsorgane des Emittenten gehören, sind der Name und die Funktion dieser Person zu nennen. Bei juristischen Personen sind Name und eingetragener Sitz der Gesellschaft anzugeben.

1.2. Erklärung der für den Prospekt verantwortlichen Personen, dass sie die erforderliche Sorgfalt haben walten lassen, um sicherzustellen, dass die im Prospekt genannten Angaben ihres Wissens nach richtig sind und keine Tatsachen ausgelassen worden sind, die die Aussage des Prospekts wahrscheinlich verändern. Ggf. Erklärung der für bestimmte Abschnitte des Prospekts verantwortlichen Personen, dass sie die erforderliche Sorgfalt haben walten lassen, um sicherzustellen, dass die in dem Teil des Prospekts genannten Angaben, für die sie verantwortlich sind, ihres Wissens nach richtig sind und keine Tatsachen ausgelassen worden sind, die die Aussage des Prospekts wahrscheinlich verändern.

II. Einzelne Anforderungen von Anhang XIII **Anhang XIII**

Ziff. 1 von Anhang XIII ist weitgehend **inhaltsgleich mit Ziff. 1 von Anhang I**; auf die 2
entsprechende Kommentierung kann daher verwiesen werden.[1] Zur insbesondere bei Basisprospekten bedeutsamen Übernahme der Verantwortung (nur) für bestimmte Abschnitte der Wertpapierbeschreibung vgl. Rn. 2 zu Ziff. 1 von Anhang IV.

2. Risikofaktoren (Ziff. 2)

Klare Offenlegung der Risikofaktoren, die für die zum Handel zuzulassenden Wertpapiere von wesentlicher Bedeutung sind, wenn es darum geht, das Marktrisiko zu bewerten, mit dem diese Wertpapiere behaftet sind. Diese Offenlegung muss unter der Rubrik „Risikofaktoren" erfolgen.

Ziff. 2 von Anhang XIII ist **identisch mit Ziff. 2 zu Anhang V**; auf die entsprechende 3
Kommentierung kann daher verwiesen werden.[2] Ob die **Detailtiefe** der Risikofaktoren in Anhang XIII geringer ausfallen kann als bei Anhang V, erscheint vor dem Hintergrund einer möglichen Prospekthaftung nach §§ 21, 22 WpPG zumindest nicht eindeutig,[3] da §§ 21, 22 WpPG seinem Wortlaut nach nicht nach verschiedenen Anlegerklassen differenziert[4] und auch der Verordnungsgeber in der Formulierung von Ziff. 2 von Anhang XIII eine solche Differenzierung nicht vorgesehen hat. Im Zweifel dürfte daher anzuraten sein, die Risikofaktoren in ähnlicher Detailtiefe wie bei Anhang V darzustellen.

3. Grundlegende Angaben (Ziff. 3)

Interessen von Seiten natürlicher und juristischer Personen, die an der Emission beteiligt sind.

Beschreibung jeglicher Interessen – einschließlich Interessenskonflikte –, die für die Emission von wesentlicher Bedeutung sind, wobei die involvierten Personen zu spezifizieren und die Art der Interessen darzulegen ist.

Die Mindestangaben nach Ziff. 3 von Anhang XIII sind **identisch mit Ziff. 3.1 von An-** 4
hang V; auf die entsprechende Kommentierung kann daher verwiesen werden.[5] Im Gegensatz zu Ziff. 3.2 von Anhang V wird allerdings in Anhang XIII die Angabe von Gründen für das Angebot und über die Verwendung der Erträge nicht gefordert.

4. Angaben über die zum Handel zuzulassenden Wertpapiere (Ziff. 4)

4.1. Gesamtbetrag der Wertpapiere, die zum Handel zuzulassen sind.

4.2. Beschreibung des Typs und der Kategorie der zum Handel zuzulassenden Wertpapiere einschließlich der ISIN (International Security Identification Number) oder eines ähnlichen Sicherheitsidentifikationscodes.

---

1 Vgl. *Meyer*, Anhang I Ziff. 1 Rn. 3 ff.
2 Vgl. *Wolf/Wink*, Art. 8 Rn. 10 ff.
3 Vgl. *Seitz/Maier*, in: Assmann/Schlitt/von Kopp-Colomb, WpPG/VerkProspG, EU-ProspektVO Anhang XIII Rn. 14.
4 Vgl. zu einer ähnlichen Konstellation z. B. *Groß*, Kapitalmarktrecht, § 21 WpPG Rn. 41 ff.
5 Vgl. *Wolf/Wink*, Art. 8 Rn. 18 f.

Anhang XIII Mindestangaben für die Wertpapierbeschreibung für Schuldtitel

4.3. Rechtsvorschriften, auf deren Grundlage die Wertpapiere geschaffen wurden.

4.4. Angabe, ob es sich bei den Wertpapieren um Namenspapiere oder um Inhaberpapiere handelt und ob die Wertpapiere verbrieft oder stückelos sind. In letzterem Fall sind der Name und die Anschrift des die Buchungsunterlagen führenden Instituts zu nennen.

4.5. Währung der Wertpapieremission.

4.6. Rangfolge der Wertpapiere, die zum Handel zugelassen werden sollen, einschließlich der Zusammenfassung etwaiger Klauseln, die die Rangfolge beeinflussen können oder das Wertpapier derzeitigen oder künftigen Verbindlichkeiten des Emittenten nachordnen können.

4.7. Beschreibung der Rechte – einschließlich ihrer etwaigen Beschränkungen –, die an die Wertpapiere gebunden sind, und des Verfahrens zur Ausübung dieser Rechte.

4.8. Angabe des nominalen Zinssatzes und Bestimmungen zur Zinsschuld:
– Datum, ab dem die Zinsen zahlbar werden, und Zinsfälligkeitstermine;
– Gültigkeitsdauer der Ansprüche auf Zins- und Kapitalrückzahlungen.

Ist der Zinssatz nicht festgelegt, eine Erklärung zur Art des Basiswerts und eine Beschreibung des Basiswertes, auf den er sich stützt, und der bei der Verbindung von Basiswert und Zinssatz angewandten Methode.

– Beschreibung etwaiger Ereignisse, die eine Störung des Marktes oder der Abrechnung bewirken und den Basiswert beeinflussen,
– Anpassungsregeln in Bezug auf Ereignisse, die den Basiswert betreffen,
– Name der Berechnungsstelle.

4.9. Fälligkeitstermin und Vereinbarungen für die Darlehenstilgung, einschließlich der Rückzahlungsverfahren. Wird auf Initiative des Emittenten oder des Wertpapierinhabers eine vorzeitige Tilgung ins Auge gefasst, so ist sie unter Angabe der Tilgungsbedingungen zu beschreiben.

4.10. Angabe der Rendite.

4.11. Repräsentation der Schuldtitelinhaber unter Angabe der die Anleger vertretenden Organisation und der auf die Repräsentation anwendbaren Bestimmungen. Angabe des Ortes, an dem die Anleger die Verträge einsehen können, die diese Repräsentationsformen regeln.

4.12. Angabe der Beschlüsse, Ermächtigungen und Billigungen, die die Grundlage für die erfolgte Schaffung der Wertpapiere und/oder deren Emission bilden.

4.13. Angabe des Emissionstermins der Wertpapiere.

4.14. Darstellung etwaiger Beschränkungen für die freie Übertragbarkeit der Wertpapiere.

5   Ziff. 4 von Anhang XIII weist einen **nahezu identischen Wortlaut mit Ziff. 4** von **Anhang V** auf; auf die Kommentierung zu Ziff. 4 Anhang V kann daher verwiesen werden.[6]

6   Auf die folgenden **Abweichungen** zu Ziff. 4 von Anhang V ist jedoch hinzuweisen:

---

6 Vgl. *Wolf/Wink*, Art. 8 Rn. 21 ff.

II. Einzelne Anforderungen von Anhang XIII **Anhang XIII**

- Ziff. 4.1 von Anhang XIII verlangt die **Angabe des Gesamtbetrags der Wertpapiere**, die zum Handel zuzulassen sind. Verfügen die Wertpapiere nicht über einen Nennbetrag, ist die Anzahl der Wertpapiere anzugeben, die zum Handel zugelassen werden sollen.[7]
- Anders als Ziff. 4.7 von Anhang V verlangt Ziff. 4.8 von Anhang XIII nicht, dass **Angaben, wo Informationen über die vergangene und künftige Wertentwicklung** des Basiswertes und seine Volatilität eingeholt werden können, in den Wertpapierprospekt aufzunehmen sind.
- Abweichend von Ziff. 4.7 von Anhang V verlangt Ziff. 4.8 von Anhang XIII nicht, dass für den Fall, dass der **Zinssatz eine derivative Komponente** aufweist, den Anlegern zu erläutern ist, wie der Wert ihrer Anlage durch den Wert des Basiswerts beeinflusst wird.
- Bei der **Angabe der Rendite** ist anders als in Ziff. 4.9 von Anhang V nicht die Methode zur Berechnung der Rendite darzulegen.
- Ziff. 4.13 von Anhang XIII verlangt die **Aufnahme des erwarteten Emissionstermins** in den Wertpapierprospekt nicht nur im Fall von Neuemissionen.
- Angaben zur **Quellenbesteuerung** sind im Gegensatz zu Ziff. 4.14 von Anhang V nicht erforderlich.

5. Zulassung zum Handel und Handelsregeln (Ziff. 5)

5.1. Angabe des Marktes, auf dem die Wertpapiere gehandelt werden und für die ein Prospekt veröffentlicht wurde. Wenn bekannt, sollten die frühestmöglichen Termine für die Zulassung der Wertpapiere zum Handel angegeben werden.

5.2. Name und Anschrift etwaiger Zahlstellen und Verwahrstellen in jedem Land.

Ziff. 5.1 von Anhang XIII verlangt die Aufnahme von **Angaben über den Markt**, auf dem die Wertpapiere gehandelt werden. Wenn möglich sollen daneben die frühestmöglichen Termine für die Zulassung der Wertpapiere zum Handel aufgenommen werden. Wie Ziff. 6.2 von Anhang I dient dies dazu, den Anleger darüber zu informieren, an welcher Börse und ab welchem Zeitpunkt die Wertpapiere an der Börse gehandelt werden können.[8] 7

Daneben sind auch der Name und die Anschrift der **Zahlstelle** in jedem Land in den Prospekt aufzunehmen. Diesbezüglich kann auf die Kommentierung zu Ziff. 5.4.2 von Anhang III verwiesen werden.[9] 8

6. Kosten der Zulassung zum Handel (Ziff. 6)

Angabe der geschätzten Gesamtkosten für die Zulassung zum Handel.

Abweichend von Anhang V verlangt Ziff. 6 von Anhang XIII die Aufnahme von Angaben über die geschätzten Gesamtkosten für die Zulassung der Wertpapiere zum Handel. Darun- 9

---

[7] *Glismann*, in: Holzborn, WpPG, Anhang XIII EU-ProspV Rn. 11; *Seitz/Maier*, in: Assmann/Schlitt/von Kopp-Colomb, WpPG/VerkProspG, EU-ProspektVO Anhang XIII Rn. 19.
[8] *Seitz/Maier*, in: Assmann/Schlitt/von Kopp-Colomb, WpPG/VerkProspG, EU-ProspektVO Anhang XIII Rn. 25.
[9] Vgl. *Seiler*, Anhang III Ziff. 5 Rn. 120.

Anhang XIII Mindestangaben für die Wertpapierbeschreibung für Schuldtitel

ter fallen nicht nur die Gebühren, die sich nach der Gebührenordnung der jeweiligen Börse richten, sondern auch Kosten für Wirtschaftsprüfer und Rechtsanwälte.[10]

7. Zusätzliche Angaben (Ziff. 7)

7.1. Werden an einer Emission beteiligte Berater in der Wertpapierbeschreibung genannt, ist eine Erklärung zu der Funktion abzugeben, in der sie gehandelt haben.

7.2. Angabe weiterer Informationen in der Wertpapierbeschreibung, die von gesetzlichen Abschlussprüfern teilweise oder vollständig geprüft wurden und über die die Abschlussprüfer einen Prüfungsbericht erstellt haben. Reproduktion des Berichts oder mit Erlaubnis der zuständigen Behörden Zusammenfassung des Berichts.

7.3. Wird in die Wertpapierbeschreibung eine Erklärung oder ein Bericht einer Person aufgenommen, die als Sachverständiger handelt, so sind der Name, die Geschäftsadresse, die Qualifikationen und – falls vorhanden – das wesentliche Interesse am Emittenten anzugeben. Wurde der Bericht auf Ersuchen des Emittenten erstellt, so ist eine diesbezügliche Erklärung dahingehend abzugeben, dass die aufgenommene Erklärung oder der aufgenommene Bericht in der Form und in dem Zusammenhang, in dem sie bzw. er aufgenommen wurde, die Zustimmung von Seiten dieser Person erhalten hat, die den Inhalt dieses Teils der Wertpapierbeschreibung gebilligt hat.

7.4. Sofern Angaben von Seiten Dritter übernommen wurden, ist zu bestätigen, dass diese Information korrekt wiedergegeben wurde und dass – soweit es dem Emittenten bekannt ist und er aus den von dieser dritten Partei veröffentlichten Informationen ableiten konnte – keine Tatsachen unterschlagen wurden, die die wiedergegebenen Informationen unkorrekt oder irreführend gestalten würden. Darüber hinaus ist/sind die Quelle(n) der Informationen anzugeben.

7.5. Angabe der Ratings, mit dem ein Emittent oder seine Schuldtitel auf Anfrage des Emittenten oder in Zusammenarbeit mit dem Emittenten im Rahmen eines Ratingverfahrens bewertet wurde(n).

10 Ziff. 7 von Anhang XIII ist **nahezu inhaltsgleich mit den Angaben nach Ziff. 7 von Anhang V**; auf die entsprechende Kommentierung kann daher verwiesen werden.[11] Allerdings verlangt Ziff. 7.5. von Anhang XIII nicht, dass hinsichtlich des Ratings eine **kurze Erläuterung der Bedeutung des Ratings** in den Prospekt aufgenommen wird, wenn das Rating erst vor kurzem von einer Ratingagentur erstellt worden ist.

---

10 *Seitz/Maier*, in: Assmann/Schlitt/von Kopp-Colomb, WpPG/VerkProspG, EU-ProspektVO Anhang XIII Rn. 28.
11 Vgl. *Wolf/Wink*, Art. 8 Rn. 42 f.

Anhang XIV
Zusätzliches Modul für die zugrunde liegende Aktie

1. Beschreibung des Basistitels.

1.1. Beschreibung des Typs und der Kategorie der Anteile.

1.2. Rechtsvorschriften, denen zufolge die Anteile geschaffen wurden oder noch werden.

1.3. Angabe, ob es sich bei den Wertpapieren um Namenspapiere oder um Inhaberpapiere handelt und ob die Wertpapiere verbrieft oder stückelos sind. In letzterem Fall sind der Name und die Anschrift des die Buchungsunterlagen führenden Instituts zu nennen.

1.4. Angabe der Währung der Emission.

1.5. Beschreibung der Rechte – einschließlich ihrer etwaigen Beschränkungen –, die an die zu Grunde liegenden Aktien gebunden sind, und des Verfahrens zur Ausübung dieser Rechte:

- Dividendenrechte:
  - fester/e Termin/e, ab dem/denen die Dividendenberechtigung entsteht;
  - Frist für den Verfall der Dividendenberechtigung und Angabe des entsprechenden Begünstigten;
  - Dividendenbeschränkungen und Verfahren für gebietsfremde Wertpapierinhaber;
  - Dividendensatz bzw. Methode zu seiner Berechnung, Angabe der Frequenz und der kumulativen bzw. nichtkumulativen Wesensart der Zahlungen;
- Stimmrechte;
- Vorzugsrechte bei Angeboten zur Zeichnung von Wertpapieren derselben Kategorie;
- Recht auf Beteiligung am Gewinn des Emittenten;
- Recht auf Beteiligung am Saldo im Falle einer Liquidation;
- Tilgungsklauseln;
- Wandelbedingungen.

1.6. Im Falle von Neuemissionen Angabe der Beschlüsse, Ermächtigungen und Billigungen, die die Grundlage für die erfolgte bzw. noch zu erfolgende Schaffung der Wertpapiere und/oder deren Emission bilden und Angabe des Emissionstermins.

1.7. Angabe des Orts und des Zeitpunkts der erfolgten bzw. noch zu erfolgenden Zulassung der Papiere zum Handel.

1.8. Darstellung etwaiger Beschränkungen für die freie Übertragbarkeit der Wertpapiere.

1.9. Angabe etwaig bestehender obligatorischer Übernahmeangebote und/oder Ausschluss- und Andienungsregeln in Bezug auf die Wertpapiere.

1.10. Angabe öffentlicher Übernahmeangebote von Seiten Dritter in Bezug auf das Eigenkapital des Emittenten, die während des letzten oder im Verlauf des derzeiti-

Anhang XIV   Zusätzliches Modul für die zugrunde liegende Aktie

gen Geschäftsjahres erfolgten. Zu nennen sind dabei der Kurs oder die Wandelbedingungen für derlei Angebote sowie das Resultat.

1.11. Auswirkungen der Ausübung des Rechts des Basistitels auf den Emittenten und eines möglichen Verwässerungseffekts für die Aktionäre.

2. Wenn der Emittent des Basistitels ein Unternehmen ist, das derselben Gruppe angehört, so sind die für diesen Emittenten beizubringenden Angaben jene, die im Schema des Registrierungsformulars für Aktien gefordert werden.

1   Im Hinblick auf die nach Ziffer 1 erforderlichen Angaben wird auf die Kommentierung zu Anhang III Ziffer 4 EU-ProspektVO verwiesen. Zu Ziffer 2 siehe die Kommentierung zu Art. 17 EU-ProspektVO.

Anhang XV
Mindestangaben für das Registrierungsformular für Wertpapiere, die von Organismen für gemeinsame Anlagen des geschlossenen Typs ausgegeben werden (Schema)

Zusätzlich zu den in diesem Schema geforderten Angaben müssen die Organismen für gemeinsame Anlagen die Angaben beibringen, die unter den Absätzen und Punkten 1, 2, 3, 4, 5.1, 7, 9.1, 9.2.1, 9.2.3, 10.4, 13, 14, 15, 16, 17.2, 18, 19, 20, 21, 22, 23, 24, 25 in Anhang I (Mindestangaben für das Registrierungsformular für Aktien (Schema)) gefordert werden.

1. ANLAGEZIEL UND ANLAGEPOLITIK

1.1. Detaillierte Beschreibung der Anlagepolitik und der Anlageziele, die der Organismus für gemeinsame Anlagen verfolgt, und Erläuterung, wie diese Anlageziele und die Anlagepolitik geändert werden können, einschließlich solcher Umstände, unter denen eine derartige Änderung die Zustimmung der Anleger erfordert. Beschreibung der Techniken und Instrumente, die bei der Verwaltung des Organismus für gemeinsame Anlagen zum Einsatz kommen können.

1.2. Angabe der Obergrenzen für die Kreditaufnahme und/oder für das Leverage des Organismus für gemeinsame Anlagen. Sind keine Obergrenzen gegeben, muss dies angegeben werden.

1.3. Status des Organismus für gemeinsame Anlagen, der durch eine Regulierungs- oder Aufsichtsbehörde kontrolliert wird, und Angabe des/der Namens/Namen der Regulierungs- bzw. Aufsichtsbehörde(n) im Land seiner Gründung.

1.4. Profil eines typischen Anlegers, auf den der Organismus für gemeinsame Anlagen zugeschnitten ist.

2. ANLAGEBESCHRÄNKUNGEN

2.1. Ggf. Angabe der Anlagebeschränkungen, denen der Organismus für gemeinsame Anlagen unterliegt, und Angabe, wie die Wertpapierinhaber über Maßnahmen informiert werden, die der Vermögensverwalter im Falle eines Verstoßes gegen die Beschränkungen ergreift.

2.2. Können mehr als 20 % der Bruttovermögenswerte eines Organismus für gemeinsame Anlagen wie folgt angelegt werden (es sei denn, die Punkte 2.3. oder 2.5. finden Anwendung):

a) direkte oder indirekte Anlage oder Ausleihung an jeden einzelnen Basisemittenten (einschließlich seiner Tochtergesellschaften oder verbundenen Unternehmen);

oder

b) Anlage in einen Organismus oder mehrere Organismen für gemeinsame Anlagen, die über die 20 % ihrer Bruttovermögenswerte hinaus in andere Organismen für

Anhang XV Mindestangaben für das Registrierungsformular für Wertpapiere

gemeinsame Anlagen (des geschlossenen oder des offenen Typs) investieren dürfen;

oder

c) Exponierung in Bezug auf die Bonität oder die Solvenz einer anderen Gegenpartei (einschließlich Tochtergesellschaften oder verbundenen Unternehmen);

sind folgende Informationen zu veröffentlichen:

i) Angaben über jeden Basisemittenten/jeden Organismus für gemeinsame Anlagen/ jede Gegenpartei, so als wäre er ein Emittent im Sinne des Schemas der Mindestangaben für das Registrierungsformular für Aktien (im Fall von a)) oder im Sinne des Schemas der Mindestangaben für das Registrierungsformular für Wertpapiere, die von Organismen für gemeinsame Anlagen des geschlossenen Typs ausgegeben werden (im Fall von b)) oder im Sinne des Schemas der Mindestangaben für das Registrierungsformular für Schuldtitel und derivative Wertpapiere mit einer Mindeststückelung von 100 000 EUR (im Falle von c));

oder

ii) wenn die Wertpapiere, die von einem Basisemittenten/einem Organismus für gemeinsame Anlagen/einer Gegenpartei ausgegeben wurden, bereits zum Handel auf einem geregelten Markt oder einem gleichwertigen Markt zugelassen sind, oder wenn die Verpflichtungen von einem Unternehmen garantiert werden, dessen Wertpapiere bereits zum Handel auf einem geregelten oder einem gleichwertigen Markt zugelassen sind, Name, Anschrift, Land der Gründung, Art der Geschäftstätigkeit und Name des Marktes, auf dem seine Wertpapiere zugelassen werden.

Diese Anforderung gilt nicht, wenn die 20%-Grenze aus folgenden Gründen überschritten wird: Wertsteigerungen und Wertminderungen, Wechselkursänderungen oder Erhalt von Rechten, Gratifikationen, Leistungen in Form von Kapital oder sonstige Maßnahmen, die jeden Inhaber einer Anlage betreffen, sofern der Vermögensverwalter den Schwellenwertberücksichtigt, wenn er die Veränderungen im Anlageportfolio analysiert.

2.3. Darf ein Organismus für gemeinsame Anlagen über die Grenze von 20% seiner Bruttovermögenswerte hinaus in andere Organismen für gemeinsame Anlagen (des offenen und/oder des geschlossenen Typs) investieren, ist zu beschreiben, ob und wie das Risiko bei diesen Anlagen gestreut wird. Darüber hinaus findet Punkt 2.2. in aggregierter Form so auf die Basisanlagen Anwendung, als wären diese direkt getätigt worden.

2.4. Werden hinsichtlich Punkt 2.2. Buchstabe c Sicherheiten zur Abdeckung des Teils des Risikos in Bezug auf eine Gegenpartei gestellt, bei der die Anlage über die 20%-Grenze der Bruttovermögenswerte des Organismus für gemeinsame Anlagen hinausgeht, sind die Einzelheiten derartiger Sicherheitsvereinbarungen anzugeben.

2.5. Darf ein Organismus für gemeinsame Anlagen über die Anlagegrenze von 40% seiner Bruttovermögenswerte hinaus Anlagen in einen anderen Organismus für gemeinsame Anlagen tätigen, muss eine der nachfolgend genannten Informationen veröffentlicht werden:

Mindestangaben für das Registrierungsformular für Wertpapiere **Anhang XV**

a) Angaben über jeden „Basis"-Organismus für gemeinsame Anlagen, so als wäre er ein Emittent im Sinne des Schemas der Mindestangaben für das Registrierungsformular für Wertpapiere, die von Organismen für gemeinsame Anlagen des geschlossenen Typs ausgegeben werden;
b) wenn die Wertpapiere, die von einem „Basis"-Organismus für gemeinsame Anlagen ausgegeben wurden, bereits zum Handel auf einem geregelten Markt oder einem gleichwertigen Markt zugelassen sind, oder wenn die Verpflichtungen von einem Unternehmen garantiert werden, dessen Wertpapiere bereits zum Handel auf einem geregelten oder einem gleichwertigen Markt zugelassen sind, Name, Anschrift, Land der Gründung, Art der Geschäftstätigkeit und Name des Marktes, auf dem seine Wertpapiere zugelassen werden.

2.6. Physische Warengeschäfte

Investiert ein Organismus für gemeinsame Anlagen direkt in physische Waren/Güter, Angabe dieser Tatsache und des investierten Prozentsatzes.

2.7. Organismen für gemeinsame Anlagen, die in Immobilien investieren

Handelt es sich bei dem Organismus für gemeinsame Anlagen um einen Organismus, der in Immobilien investiert, sind diese Tatsache und der Prozentsatz des Portfolios zu veröffentlichen, der in Immobilien investiert werden soll. Ferner sind eine Beschreibung der Immobilie vorzunehmen und etwaige bedeutende Kosten anzugeben, die mit dem Erwerb und dem Halten einer solchen Immobilie einhergehen. Zudem ist ein Bewertungsgutachten für die Immobilie(n) beizubringen.

Die Veröffentlichung unter Punkt 4.1. gilt für:

a) den Gutachter;
b) eine andere Stelle, die für die Verwaltung der Immobilie zuständig ist.

2.8. Derivative Finanzinstrumente/Geldmarktinstrumente/Währungen

Investiert ein Organismus für gemeinsame Anlagen in derivative Finanzinstrumente, Geldmarktinstrumente oder Währungen, die nicht dem Ziel einer effizienten Portfolioverwaltung dienen (z.B. ausschließlich, um das Anlagerisiko in den Basisanlagen eines Organismus für gemeinsame Anlagen zu reduzieren, zu übertragen oder auszuschließen, wozu auch eine Technik oder Instrumente zur Absicherung gegen Wechselkurs- und Kreditrisiken gehören können), so ist anzugeben, ob diese Anlagen für das Hedging oder für Anlagezwecke verwendet werden und zu beschreiben, ob und wie das Risiko in Bezug auf diese Anlagen gestreut wird.

2.9. Punkt 2.2. gilt nicht für Anlagen in Wertpapiere, die von einer Regierung, den öffentlichen Organen und Stellen eines Mitgliedstaats, seinen regionalen und lokalen Gebietskörperschaften oder von einem OECD-Land ausgegeben oder garantiert werden.

2.10. Punkt 2.2. Buchstabe a gilt nicht für Organismen für gemeinsame Anlagen, deren Anlageziel darin besteht, ohne wesentliche Änderung einen Index nachzubilden, der sich auf ein großes Wertpapierspektrum stützt und allgemein anerkannt ist. Beizufügen ist eine Erklärung mit Einzelheiten zu dem Ort, wo Informationen zu diesem Index erhältlich sind.

Anhang XV Mindestangaben für das Registrierungsformular für Wertpapiere

3. DIENSTLEISTER EINES ORGANISMUS FÜR GEMEINSAME ANLAGEN

3.1. Angabe des tatsächlichen oder geschätzten Höchstbetrages der wesentlichen Vergütungen, die ein Organismus für gemeinsame Anlagen direkt oder indirekt für jede Dienstleistung zu zahlen hat, die er im Rahmen von Vereinbarungen erhalten hat, die zum Termin der Abfassung des Registrierungsformulars oder davor geschlossen wurden, und eine Beschreibung, wie diese Vergütungen berechnet werden.

3.2. Beschreibung jeglicher Vergütung, die von einem Organismus für gemeinsame Anlagen direkt oder indirekt zu zahlen ist und nicht Punkt 3.1. zugeordnet werden kann, dennoch aber wesentlich ist oder sein könnte.

3.3. Erhält ein Dienstleister eines Organismus für gemeinsame Anlagen Leistungen von Seiten Dritter (also nicht vom Organismus für gemeinsame Anlagen) für die Erbringung einer Dienstleistung für eben diesen Organismus für gemeinsame Anlagen, und können diese Leistungen nicht dem Organismus für gemeinsame Anlagen zugeordnet werden, so ist darüber eine Erklärung abzugeben und ggf. der Name der dritten Partei, und eine Beschreibung der Wesensmerkmale der Leistungen beizubringen.

3.4. Angabe des Namens des Dienstleisters, der für die Bestimmung und Berechnung des Nettoinventarwerts des Organismus für gemeinsame Anlagen zuständig ist.

3.5. Beschreibung potenzieller wesentlicher Interessenkonflikte, die ein Dienstleister eines Organismus für gemeinsame Anlagen eventuell zwischen seinen Verpflichtungen gegenüber diesem Organismus und Verpflichtungen gegenüber Dritten und ihren sonstigen Interessen sieht. Beschreibung etwaiger Vereinbarungen, die zur Behebung derartiger Interessenkonflikte eingegangen wurden.

4. VERMÖGENSVERWALTER/VERMÖGENSBERATER

4.1. Für jeden Vermögensverwalter Beibringung von Informationen, so wie sie gemäß den Punkten 5.1.1 bis 5.1.4 offen zu legen sind, und falls erheblich gemäß Punkt 5.1.5 von Anhang I. Ebenfalls Beschreibung seines Regulierungstatus und seiner Erfahrungen.

4.2. Bei Unternehmen, die eine Anlageberatung in Bezug auf die Vermögenswerte eines Organismus für gemeinsame Anlagen vornehmen, sind der Name und eine kurze Beschreibung des Unternehmens beizubringen.

5. VERWAHRUNG

5.1. Vollständige Beschreibung, wie und von wem die Vermögenswerte eines Organismus für gemeinsame Anlagen gehalten werden, und einer jeglichen treuhänderischen oder ähnlichen Beziehung zwischen dem Organismus für gemeinsame Anlagen und einer dritten Partei in Bezug auf die Verwahrung.

Wird ein solcher Verwahrer, Verwalter oder sonstiger Treuhänder bestellt, sind folgende Angaben zu machen:

a) Angaben, so wie sie gemäß den Punkten 5.1.1 bis 5.1.4 offen zu legen sind, und falls erheblich, gemäß Punkt 5.1.5 von Anhang I;
b) Beschreibung der Verpflichtungen einer solchen Partei im Rahmen der Verwahrung oder einer sonstigen Vereinbarung;

c) etwaige delegierte Verwahrungsvereinbarungen;
d) ob Regulierungsstatus des Verwahrers und der Unterverwahrer.

5.2. Hält ein anderes Unternehmen als die unter Punkt 5.1. genannten Vermögenswerte am Organismus für gemeinsame Anlagen, Beschreibung, wie diese Vermögenswerte gehalten werden und etwaiger sonstiger Risiken.

6. BEWERTUNG

6.1. Beschreibung wie oft und aufgrund welcher Bewertungsprinzipien und -methoden der Nettoinventarwert eines Organismus für gemeinsame Anlagen bestimmt wird, unterschieden nach den verschiedenen Anlagekategorien sowie Erklärung, wie der Nettoinventarwert den Anlegern mitgeteilt werden soll.

6.2. Detaillierte Beschreibung aller Umstände, unter denen Bewertungen ausgesetzt werden können. Erklärung, wie eine derartige Aussetzung den Anlegern mitgeteilt oder zur Verfügung gestellt werden soll.

7. WECHSELSEITIGE HAFTUNG

7.1. Im Falle eines Dach-Organismus für gemeinsame Anlagen („umbrella collective investment undertaking") Angabe etwaiger wechselseitiger Haftung, die zwischen verschiedenen Teilfonds oder Anlagen in andere Organismen für gemeinsame Anlagen auftreten kann, und Angabe der Maßnahmen zur Begrenzung einer derartigen Haftung.

8. FINANZINFORMATIONEN

8.1. Hat ein Organismus für gemeinsame Anlagen seit dem Datum seiner Gründung oder Niederlassung bis zum Tag der Erstellung des Registrierungsformulars seine Tätigkeit nicht aufgenommen und wurde kein Jahresabschluss erstellt, Angabe dieser Tatsache.

Hat ein Organismus für gemeinsame Anlagen seine Tätigkeit aufgenommen, gelten die Bestimmungen von Punkt 20 in Anhang I zu den Mindestangaben für das Registrierungsformular für Aktien.

8.2. Umfassende und aussagekräftige Analyse des Portfolios des Organismus für gemeinsame Anlagen (wenn ungeprüft, entsprechender klarer Hinweis).

8.3. Angabe des aktuellsten Nettoinventarwerts pro Wertpapier im Schema für die Wertpapierbeschreibung (wenn ungeprüft, entsprechender klarer Hinweis).

(ohne Kommentierung)

Anhang XVI
Mindestangaben für das Registrierungsformular für Wertpapiere, die von Mitgliedstaaten, Drittstaaten und ihren regionalen und lokalen Gebietskörperschaften ausgegeben werden (Schema)

1. VERANTWORTLICHE PERSONEN

1.1 Alle Personen, die für die im Registrierungsformular gemachten Angaben bzw. für bestimmte Abschnitte des Registrierungsformulars verantwortlich sind. Im letzteren Fall sind die entsprechenden Abschnitte aufzunehmen. Im Falle von natürlichen Personen, zu denen auch Mitglieder der Verwaltungs-, Geschäftsführungs- und Aufsichtsorgane des Emittenten gehören, sind der Name und die Funktion dieser Person zu nennen. Bei juristischen Personen sind Name und eingetragener Sitz der Gesellschaft anzugeben.

1.2 Erklärung der für das Registrierungsformular verantwortlichen Personen, dass sie die erforderlichen Sorgfalt haben walten lassen, um sicherzustellen, dass die im Registrierungsformular genannten Angaben ihres Wissens nach richtig sind und keine Tatsachen ausgelassen worden sind, die die Aussage des Registrierungsformulars wahrscheinlich verändern. Ggf. Erklärung der für bestimmte Abschnitte des Registrierungsformulars verantwortlichen Personen, dass sie die erforderliche Sorgfalt haben walten lassen, um sicherzustellen, dass die in dem Teil des Registrierungsformulars genannten Angaben, für die sie verantwortlich sind, ihres Wissens nach richtig sind und keine Tatsachen ausgelassen worden sind, die die Aussage des Registrierungsformulars wahrscheinlich verändern.

2. RISIKOFAKTOREN

Klare Offenlegung der Risikofaktoren, die die Fähigkeit des Emittenten beeinträchtigen können, seinen sich aus den Wertpapieren gegenüber den Anlegern ergebenen Verpflichtungen nachzukommen (unter der Rubrik „Risikofaktoren").

3. ANGABEN ÜBER DEN EMITTENTEN

3.1 Gesetzlicher Name des Emittenten und kurze Beschreibung seiner Stellung im nationalen öffentlichen Rahmen.

3.2 Wohnsitz oder geografische Belegenheit sowie Rechtsform des Emittenten, seine Kontaktadresse und Telefonnummer.

3.3 Etwaige Ereignisse aus jüngster Zeit, die für die Bewertung der Zahlungsfähigkeit des Emittenten relevant sind.

3.4 Beschreibung des wirtschaftlichen Umfelds des Emittenten, insbesondere aber:

a) der Wirtschaftsstruktur mit detaillierten Angaben zu den Hauptwirtschaftszweigen;

Mindestangaben für das Registrierungsformular **Anhang XVI**

b) des Bruttoinlandsprodukts mit einer Aufschlüsselung nach Wirtschaftszweigen für die letzten beiden Geschäftsjahre.

3.5 Allgemeine Beschreibung des politischen Systems des Emittenten und der Regierung, einschließlich detaillierter Angaben zu dem verantwortlichen Organ, dem der Emittent untersteht.

4. ÖFFENTLICHE FINANZEN UND HANDEL

Angaben zu den nachfolgend genannten Punkten für die letzten beiden Geschäftsjahre, die dem Datum der Erstellung des Registrierungsformulars vorausgehen:

a) Steuer- und Haushaltssystem;
b) Bruttostaatsverschuldung, einschließlich einer Übersicht über die Verschuldung, die Fälligkeitsstruktur der ausstehenden Verbindlichkeiten (unter besonderer Kennzeichnung der Verbindlichkeiten mit einer Restlaufzeit von weniger als einem Jahr), die Schuldentilgung und die Teile der Verschuldung, die in nationaler Währung sowie in Fremdwährung notiert ist;
c) Zahlen für den Außenhandel und die Zahlungsbilanz;
d) Devisenreserven einschließlich möglicher Belastungen dieser Reserven, wie Termingeschäfte oder Derivate;
e) Finanzlage und Ressourcen, einschließlich in einheimischer Währung verfügbarer Bareinlagen;
f) Zahlen für Einnahmen und Ausgaben.

Beschreibung der Audit-Verfahren und der Verfahren der externen Prüfung der Abschlüsse des Emittenten.

5. WESENTLICHE VERÄNDERUNGEN

Einzelheiten über wesentliche Veränderungen seit Ende des letzten Geschäftsjahres bei den Angaben, die gemäß Ziff. 4 beigebracht wurden. Ansonsten ist eine negative Erklärung abzugeben.

6. Gerichts- und Schiedsgerichtsverfahren

6.1 Angaben über etwaige staatliche Interventionen, Gerichts- oder Schiedsgerichtsverfahren (einschließlich derjenigen Verfahren, die nach Kenntnis des Emittenten noch anhängig sind oder eingeleitet werden könnten), die im Zeitraum der mindestens letzten 12 Monate bestanden/abgeschlossen wurden, und die sich erheblich auf die Finanzlage des Emittenten auswirken bzw. in jüngster Zeit ausgewirkt haben. Ansonsten ist eine negative Erklärung abzugeben.

6.2 Angaben über eine etwaige Immunität, die der Emittent bei Gerichtsverfahren genießt.

7. ERKLÄRUNGEN VON SEITEN SACHVERSTÄNDIGER UND INTERESSENERKLÄRUNGEN

Wird in das Registrierungsformular eine Erklärung oder ein Bericht einer Person aufgenommen, die als Sachverständiger handelt, so sind der Name, die Geschäfts-

Anhang XVI Mindestangaben für das Registrierungsformular

adresse und die Qualifikationen anzugeben. Wurde der Bericht auf Ersuchen des Emittenten erstellt, so ist eine diesbezügliche Erklärung dahingehend abzugeben, dass die aufgenommene Erklärung oder der aufgenommene Bericht in der Form und in dem Zusammenhang, in dem sie bzw. er aufgenommen wurde, die Zustimmung von Seiten der Person erhalten hat, die den Inhalt dieses Teils des Registrierungsformulars gebilligt hat.

Soweit dem Emittenten bekannt, sind Angaben über etwaige Interessen des Sachverständigen beizubringen, die sich auf seine Unabhängigkeit bei der Abfassung des Berichts auswirken können.

8. EINSEHBARE DOKUMENTE

Abzugeben ist eine Erklärung dahingehend, dass während der Gültigkeitsdauer des Registrierungsformulars ggf. die folgenden Dokumente (oder deren Kopien) eingesehen werden können:

a) Finanzberichte und Bestätigungsvermerke über den Emittenten für die beiden letzten Geschäftsjahre und Budget für das laufende Geschäftsjahr;

b) sämtliche Berichte, Schreiben und sonstige Dokumente, Bewertungen und Erklärungen, die von einem Sachverständigen auf Ersuchen des Emittenten erstellt bzw. abgegeben wurden, sofern Teile davon in das Registrierungsformular eingeflossen sind oder in ihm darauf verwiesen wird.

Anzugeben ist auch, wo in diese Dokumente entweder in Papierform oder auf elektronischem Wege Einsicht genommen werden kann.

Übersicht

	Rn.		Rn.
I. Einführung	1	d) Ziff. 3.4	26
II. Erstellung des Registrierungsformulars	4	e) Ziff. 3.5	29
		4. Öffentliche Finanzen und Handel	30
1. Verantwortliche Personen	4	5. Wesentliche Veränderungen	31
a) Ziff. 1.1	4	6. Gerichts- und Schiedsgerichtsverfahren	32
b) Ziff. 1.2	9	a) Ziff. 6.1	32
2. Risikofaktoren	10	b) Ziff. 6.2	35
a) Darstellung von spezifischen Risiken	11	7. Erklärungen von Seiten Sachverständiger und Interessenerklärungen	36
b) Typische Risikofaktoren	15	8. Einsehbare Dokumente	38
3. Angaben über den Emittenten	18	III. Exkurs: *Simplified Prospectus* in Luxemburg	39
a) Ziff. 3.1	19		
b) Ziff. 3.2	22		
c) Ziff. 3.3	23		

I. Einführung

1   Anhang XVI enthält das Schema zur Erstellung eines Registrierungsformulars für Wertpapiere, die von Mitgliedstaaten, Drittstaaten und ihren regionalen und lokalen Gebietskörperschaften ausgegeben werden. Anhang XVI ist auch uneingeschränkt auf solche Emit-

I. Einführung Anhang XVI

tenten anwendbar, auf die die Prospektrichtlinie an sich nicht anwendbar wäre, die aber ein *Opt-in* nach Art. 1 Abs. 3 Prospektrichtlinie erklärt haben (vgl. Art. 19 EU-ProspektVO Rn. 4).

Grundlage für die Vorgaben nach diesem Anhang sind nach den Beratungen des Committee of European Securities Regulators (CESR als Vorgängerinstitution der European Securities and Markets Authority – ESMA) die von der International Organisation of Securities Commissions (IOSCO)[1] veröffentlichten Offenlegungsstandards. Die ursprünglich nur auf Dividendenpapiere anwendbaren Standards wurden im Rahmen der CESR-Beratungen auch für Nichtdividendenwerte allgemein[2] und für unter Anhang XVI fallende öffentlich-rechtliche Emittenten im Besonderen als hilfreich angesehen.[3]

Zum Teil stellen die Vorgaben die gleichen Anforderungen wie an Registrierungsformulare für Emissionen von Aktien (Anhang I), Nichtdividendenwerten (Anhang IV oder IX), durch Vermögenswerte unterlegte Wertpapiere (*Asset-backed Securities*), (Anhang VII), Zertifikate, die Aktien vertreten (Anhang X) oder Emissionen durch Banken (Anhang XI). Naturgemäß bestehen im Detail indes wesentliche Unterschiede, so dass **gesonderte Anhänge für öffentlich-rechtliche Emittenten notwendig** waren. Im Rahmen der CESR-Beratungen hat man bei der Aufstellung der Anforderungen versucht, das Informationsinteresse der Investoren mit der Tatsache in Ausgleich zu bringen, dass über die Staaten und ihren Gebietskörperschaften bereits zahlreiche Informationen in der Öffentlichkeit vorhanden sind; zudem ging CESR davon aus, dass die Ausfallwahrscheinlichkeit bei diesen Emittenten geringer als bei anderen Emittenten ist und damit auch das Informationsbedürfnis der potentiellen Anleger.[4] Dafür hat man sich an den Inhalten bereits von öffentlich-rechtlichen Emittenten veröffentlichten Prospekten orientiert.[5] So sind auch nach Anhang XVI unter anderem Angaben zur Prospektverantwortlichkeit, zu Risikofaktoren und zur Wirtschafts- und Finanzlage des Emittenten erforderlich. An geeigneten Stellen werden daher Verweise auf die Kommentierungen zu den anderen Anhängen, insbesondere Anhang I, gezogen.

---

1 Die IOSCO ist ein Verband von Aufsichtsbehörden für Kapitalmärkte. Mitglieder sind die Aufsichtsbehörden aus über 100 Staaten, die ca. 90% des weltweiten Kapitalmarkts regulieren. Die IOSCO soll hohe regulatorische Standards fördern und den Mitgliedsaufsichtsbehörden eine Plattform bieten, ihre Aufsichtsarbeit zu koordinieren und zu verbessern. Die IOSCO wurde 1983 gegründet und hat ihren Sitz in Madrid.
2 CESR, Advice on Level 2 implementing measures for the Prospectus Directive, Ref. CESR/03-208 von Juli 2003, Tz. 56; CESR, Consultation Paper on CESR's advice on possible Level 2 implementing measures for the proposed Prospectus Directive, Ref: CESR/02.185b von Oktober 2002, Tz. 125.
3 CESR, Advice on Level 2 implementing measures for the Prospectus Directive, Ref: CESR/03-399 von Dezember 2003, III.2 Tz. 40–47.
4 Staatsfinanzkrisen aus jüngerer Zeit, wie Argentinien und Griechenland, dürften diese Annahme jedoch mittlerweile in Frage gestellt haben.
5 CESR, Advice on Level 2 implementing measures for the Prospectus Directive, Ref: CESR/03-399 von Dezember 2003, III.2 Tz. 41–42.

Anhang XVI Mindestangaben für das Registrierungsformular

II. Erstellung des Registrierungsformulars

1. Verantwortliche Person
a) Ziff. 1.1

4 Die Ziff. 1.1 entspricht wortgleich der Ziff. 1.1 von Anhang I oder auch Anhang IV, VII, IX und XI; es kann daher im Wesentlichen auf die Kommentierungen dort verwiesen werden.

5 Ziff. 1.1 beinhaltet keine materielle Haftungsregelung, sondern spiegelt lediglich Art. 5 Abs. 4 Prospektrichtlinie bzw. die deutsche Umsetzung in § 5 Abs. 4 Satz 1 WpPG. Die nach Ziff. 1.1 erforderliche Aussage bildet also die Grundlage dafür, wer als **Prospektverantwortlicher im Sinne der materiellen Prospekthaftungsnorm** in § 21 Abs. 1 Nr. 1 WpPG angesehen werden kann. Die Prospekte enthalten im Abschnitt „Verantwortung für den Inhalt dieses Prospekts" (*Responsibility Statement*) die entsprechende Aussage darüber, wer die Verantwortung für die Richtigkeit und Vollständigkeit der im Prospekt enthaltenen Informationen übernimmt.

6 Dies wird in erster Linie der **Emittent** selbst sein, kann aber auch der **Anbieter** im Sinne des Art. 2 Abs. 1 Buchst. i) Prospektrichtlinie oder der **Zulassungsantragsteller** sein. Zum zuletzt Genannten gehört nach der deutschen Umsetzung der Prospektrichtlinie in § 5 Abs. 4 Satz 2 WpPG auch das Kreditinstitut, mit dem der Emittent die Zulassung der Wertpapiere beantragt. Dient der Prospekt der Zulassung der Wertpapiere zum Handel in einem regulierten Markt, muss er nach § 5 Abs. 4 Satz 2 WpPG zwingend auch von dem Kreditinstitut unterzeichnet werden, das die Zulassung beantragt (dazu § 5 WpPG Rn. 79).

7 Bei den für Anhang XVI relevanten Emissionen ist daher der Staat bzw. die betreffende Gebietskörperschaft **mit seiner amtlichen Bezeichnung** anzugeben, die im Regelfall auch die Staatsform des Staates erkennen lässt. Diese Angaben sind grundsätzlich in der Verfassung des jeweiligen Staats bzw. in der die Gebietskörperschaft begründenden Rechtsgrundlage verankert. Bei der Bundesrepublik Deutschland ergibt sich dies aus Art. 20 Abs. 1 GG; bei den Bundesländern und Gemeinden als Gebietskörperschaften aus deren jeweiligen Landesverfassungen auf Basis von Art. 28 GG, für zum Beispiel Hessen siehe Art. 64, 65 der hessischen Landesverfassung.

8 Neben dem Namen ist noch der **Sitz** anzugeben. Die Formulierung in Ziff. 1.1 „Sitz der Gesellschaft" ist im Zusammenhang von öffentlich-rechtlichen Schuldnern eher unglücklich, aber dem Umstand geschuldet, dass die Ziff. 1.1 aus zum Beispiel Anhang I unverändert übernommen wurde. Hier wird der eingetragene Sitz der für die Emission der öffentlichen Hand verantwortlichen Stelle angegeben, oftmals ist dies das Finanzministerium.[6]

---

6 Zum Beispiel jeweils die Prospekte für USD 1.000.000.000 3,15 % Schuldverschreibungen fällig 2023 und USD 1.000.000.000 4,50 % Schuldverschreibungen fällig 2043 jeweils der Republik Israel vom 27.9.2012, ergänzt zum 6.3.2013, S. S-36; EUR 1.000.000.000 4,125 % Schuldverschreibungen fällig 2023 der Republik Türkei vom 3.2.2011, ergänzt zum 11.4.2014, S. 18; USD 500.000.000 4,25 % Schuldverschreibungen fällig 2022 und USD 250.000.000 5,50 % Schuldverschreibungen fällig 2042 des Königreichs Marokko vom 28.5.2013, S. (i). Siehe auch die Empfehlung der European Securities and Markets Authority (ESMA), Questions and Answers – Prospectuses (25th Updated Version – July 2016), Frage 49, S. 40, wonach der Terminus „Prospectus" nicht für Dokumente verwendet werden soll, die nicht im Einklang mit der Prospektrichtlinie er-

b) Ziff. 1.2

Die in Ziff. 1.2 geforderte Erklärung wird im Regelfall durch **wörtliche Wiederholung des Verordnungstextes** widergegeben (vgl. Anhang I EU-ProspektVO Ziff. 1 Rn. 9). Der Wortlaut in Ziff. 1.2 dahingehend, dass keine ausgelassenen Tatsachen vorhanden sind, die die Aussage des Registrierungsformulars „wahrscheinlich verändern", unterscheidet sich geringfügig von den entsprechend geforderten Bestätigungen bei Anhängen für andere Emissionen.[7] Hierbei ist davon auszugehen, dass es sich um Ungenauigkeiten bei der Übersetzungsarbeit handelt, letztendlich aber die gleiche Aussage verlangt wird.[8] Die entsprechende englische Version der Passagen differenziert zum Beispiel nicht und verlangt einheitlich ausgelassene Tatsachen *„which are likely to affect its import"*.

2. Risikofaktoren

Der Prospekt für die Emission von Mitgliedstaaten, Drittstaaten oder ihren Gebietskörperschaften hat wie Prospekte für andere Arten von Emissionen auch Risikofaktoren zu enthalten, die die Fähigkeit des Emittenten beeinträchtigen könnten, seinen Verpflichtungen aus den Wertpapieren nachzukommen.

a) Darstellung von spezifischen Risiken

Insbesondere diese Vorgabe beruht nach den Beratungen des CESR auf den Offenlegungsstandards der IOSCO. Die CESR gelangte zu der Überzeugung, dass bei Investoren in Schuldverschreibungen generell ein Interesse **an der Zahlungsfähigkeit des Emittenten** besteht.[9] Auch Prospekte von öffentlich-rechtlichen Emittenten sollen daher ein gewisses Mindestmaß an Informationen zum Emittenten enthalten (vgl. Rn. 3) und auch Risikofaktoren angeben, die die Zahlungspflichten des Emittenten tangieren können.[10]

Danach müssen im Prospekt die für den Emittenten spezifischen Risiken dargestellt werden. Diese müssen nicht in eine bestimmte Reihenfolge, zum Beispiel nach Dringlichkeit, sortiert werden, sondern sie sollten primär **transparent und übersichtlich** gestaltet sein. Keine Rolle spielt, ob die Risiken aus internen, der Machtsphäre des Emittenten entstammend oder externen Faktoren resultieren (vgl. Anhang I EU-ProspektVO Ziff. 4 Rn. 6ff.).

Es ist nicht erforderlich, im Rahmen der Risikosektion auch auf vorhandene Chancen zu verweisen.[11] Dies widerspricht bereits dem Wortlaut der Ziff. 2. **Aus haftungsrechtlicher Sicht** wird der Emittent aber ebenso kein Interesse daran haben können, sich übertrieben positiv darzustellen. Dies hat in der Praxis dazu geführt, dass die Risikofaktoren oftmals umfangreich sind.

---

stellt worden sind. Der Begriff wird hier gleichwohl der Einfachheit halber auch für diese Dokumente benutzt.

7 Namentlich Anhang I Ziff. 1.2, Anhang III Ziff. 1.2, Anhang IV Ziff. 1.2 und Anhang V Ziff. 1.2, die von ausgelassenen Tatsachen sprechen, die die Aussage „wahrscheinlich verändern *können*".
8 So auch *Breuer*, in: Holzborn, WpPG, Anhang XVI EU-ProspektVO Rn. 9.
9 Vgl. CESR, Advice on Level 2 implementing measures for the Prospectus Directive, Ref. CESR/03-208 von Juli 2003, Tz. 56.
10 Vgl. CESR, Advice on Level 2 implementing measures for the Prospectus Directive, Ref: CESR/03-399 von Dezember 2003, III.2 Tz. 41 ff., 46.
11 So auch *Breuer*, in: Holzborn, WpPG, Anhang XVI EU-ProspektVO Rn. 11.

Anhang XVI Mindestangaben für das Registrierungsformular

14 Schwierig kann im Einzelfall die **Abgrenzung zu bestimmten emittentenbezogenen Darstellungen** sein, wie zum Beispiel die für die Bewertung der Zahlungsfähigkeit des Emittenten relevanten Ereignisse jüngerer Zeit nach Ziff. 3.3. Grundsätzlich würde im Rahmen der Emittentenangaben gemäß Ziff. 3.3 das eigentliche Ereignis dargestellt werden (zum Beispiel Angaben zur Handelsbeziehung mit der EU) und bei den Risikofaktoren nach Ziff. 2 die möglichen Konsequenzen oder Risiken für die Entwicklung des Emittenten (zum Beispiel Auswirkungen für die Wirtschaftskraft des Emittenten, wenn die Nachfrage aus der EU erheblich nachlassen würde).[12]

b) Typische Risikofaktoren

15 Typischerweise sind im Risikoabschnitt unter anderem **Angaben zu politischen Risiken** (aktuelle Unruhen innerhalb des Landes oder in angrenzenden Staaten, anstehende politische Wahlen), **wirtschaftlichen Risiken** (Abhängigkeit von Nachfragen/Lieferungen aus spezifischen Regionen oder nach/von bestimmten Produkten/Bodenschätzen), Haushaltsdefiziten, zur globalen Finanzkrise und deren Auswirkungen auf die lokale Kreditwirtschaft, Ratings und deren Ausblick sowie die Konsequenzen für die Kursentwicklung der ausstehenden Schuldverschreibungen und die Refinanzierungsmöglichkeit des Emittenten zu finden.

16 Insbesondere bei Emittenten, deren Rechtsordnung sich relativ deutlich von westlich geprägten Jurisdiktionen unterscheidet, wird es im Rahmen der Risikofaktoren auch Hinweise darauf geben, dass Investoren im Einzelfall Schwierigkeiten haben könnten, ihre Ansprüche gegen den Emittenten in dessen Heimatrechtsordnung durchzusetzen bzw. im Ausland erhaltene Urteile gegen den Emittenten zu vollstrecken.[13] In diesem Zusammenhang enthalten die Prospekte auch Hinweise auf eine etwa vorhandene **Immunität des jeweiligen Emittenten**. Grundsätzlich geht die herrschende Meinung zwar davon aus, dass privatrechtlich begründete Verbindlichkeiten von Staaten auch gegenüber privaten Gläubigern rechtsverbindlich sind.[14] Dies gilt zumindest gegenüber Privatpersonen auch dann, wenn sich der Staat aufgrund von Zahlungsunfähigkeit auf Staatsnotstand beruft oder auf eine mit der Gläubigermehrheit freiwillig zustande gekommene Umschuldung verweisen kann.[15] In der Vergangenheit haben vereinzelte Staaten zur Vermeidung eventueller Rechtsunsicherheiten auf die **Immunität explizit verzichtet** (*Waiver of Immunity*).[16] Üb-

---

12 Vgl. z. B. die Risikofaktoren in den Prospekten von den USD 500.000.000 4,25 % Schuldverschreibungen fällig 2022 und USD 250.000.000 5,50 % Schuldverschreibungen fällig 2042 des Königreichs Marokko vom 28.5.2013, S. 1 ff., 26 ff.
13 Z.B. die Prospekte von USD 25.000.000.000 *Global Medium-Term Note Program* der Republik Libanon vom 2.4.2014, S. (v) und 24; USD 500.000.000 4,25 % Schuldverschreibungen fällig 2022 und USD 250.000.000 5,50 % Schuldverschreibungen fällig 2042 jeweils des Königreichs Marokko vom 28.5.2013, S. 5; EUR 1.000.000.000 4,125 % Schuldverschreibungen fällig 2023 der Republik Türkei vom 3.2.2011, ergänzt zum 11.4.2014, S. 12; USD 8.000.000.000 8,95 % Schuldverschreibungen fällig 2018 der Republik Weißrussland vom 24.1.2011, S. 5 f.
14 BVerfG, Beschl. v. 30.4.1963 – 2 BvM 1/62, BVerfGE 16, 27 ff. (Iran-Beschluss); BGH, Urt. v. 24.2.2015 – XI ZR 193/14, BKR 2015, 254 (Argentinien); *v. Schönfeld*, NJW 1986, 2980, 2984; *Siebel*, Rechtsfragen internationaler Anleihen, 1997, S. 142 ff., 153 ff.
15 BGH, Urt. v. 24.2.2015 – XI ZR 193/14, BKR 2015, 254 (Argentinien).
16 Zum Beispiel OLG Frankfurt a. M., Urt. v. 13.6.2006 – 8 U 107/03, NJW 2006, 2931 zu einer Argentinien-Anleihe nach deutschem Recht; dazu *Keller*, in: Baums/Cahn, Reform des Schuldverschreibungsrechts, 2004, S. 157, 162; *Cranshaw*, DZWiR 2007, 133 ff.; *Einsele*, WM 2009,

1484 *Oulds*

lich ist allerdings ein eingeschränkter Verzicht auf Immunität, in dem zum Beispiel darauf hingewiesen wird, dass der Verzicht nicht in Bezug auf Vollstreckungen in im Land des Emittenten belegene Vermögenswerte oder konsularisch genutzte Grundstücke und Gebäude gilt, allgemein im Einklang mit dem *US Foreign Sovereign Immunities Act* von 1976 stehen muss oder generell nicht für das Gebiet der Vereinigten Staaten gilt.[17] Die Hinweise auf US-Recht sind typischerweise bei Schuldverschreibungen enthalten, die unter US-Recht begeben worden sind.[18] Eine Einschränkung des Verzichts auf Immunität ist jedenfalls nach Völkerrecht zulässig.[19]

Verschiedentlich findet sich auch der Risikofaktor, dass bestimmte Regelungen der Emissionsbedingungen über so genannte **Umschuldungsklauseln** („*Collective Action Clauses*")[20] nachträglich geändert werden können, ohne dass dafür die Zustimmung *aller* Gläubiger erforderlich ist.[21] In erster Linie ist hier an Mehrheitsentscheidungen der Anleger zu denken, die im Zweifel auf Vorschlag des Schuldners bestimmte Klauseln der Emissionsbedingungen nachträglich ändern.[22] Handelt es sich bei dem Emittenten um einen Staat, ist auch die Möglichkeit in Erwägung zu ziehen, dass **dieser einseitig die gesetzliche Grundlage** seiner ausstehenden, seinem eigenen Recht unterliegenden Emissionen **nachträglich ändert** und damit die Ansprüche der Anleihegläubiger (zu seinen Gunsten) anpasst. Zu

17

---

289 ff.; *Kleinlein* NJW 2007, 2591, 2593; sehr eingeschränkt und einen Verzicht auf Immunität nur in Bezug auf Streitigkeiten erhoben beim Gerichtsstand New York erklärend: Prospekt der USD 2.000.000.000 5,875% Schuldverschreibungen fällig 2025 der Republik Südafrika vom 18.12.2009, ergänzt am 12.9.2013, S. S-15 und S. 10.

17 Siehe z.B. die jeweiligen Prospekte der USD 1.000.000.000 3,15% Schuldverschreibungen fällig 2023 und USD 1.000.000.000 4,50% Schuldverschreibungen fällig 2043 jeweils der Republik Israel vom 27.9.2012, ergänzt am 6.3.2013, S. S-7; USD 25.000.000.000 *Global Medium-Term Note Program* der Republik Libanon vom 2.4.2014, S. 24; USD 500.000.000 4,25% Schuldverschreibungen fällig 2022 und USD 250.000.000 5,50% Schuldverschreibungen fällig 2042 jeweils des Königreichs Marokko vom 28.5.2013, S. 5; EUR 1.000.000.000 4,125% Schuldverschreibungen fällig 2023 der Republik Türkei vom 3.2.2011, ergänzt zum 11.4.2014, S. S-12 i.V.m. 12; USD 8.000.000.000 8,95% Schuldverschreibungen fällig 2018 der Republik Weißrussland vom 24.1.2011, S. 5.

18 Neben englischem Recht ist global die Wahl von US-Recht, insbesondere das Recht des Bundesstaats New York, häufig als das auf die Anleihe anwendbare Recht bei Staatsanleihen anzutreffen.

19 BVerfG, Beschl. v. 6.12.2006 – 2 BvM 9/03, WM 2007, 57 ff.; vgl. *Baars/Böckel*, ZBB 2004, 445, 452 f.; *Kleinlein*, NJW 2007, 2591 ff.; *Mayer*, WM 2008, 425.

20 Allgemein hierzu *Oulds*, in: Veranneman, SchVG, Vor § 5 Rn. 25 ff. m.w.N.

21 Prospekte zu den USD 1.000.000.000 3,15% Schuldverschreibungen fällig 2023 und USD 1.000.000.000 4,50% Schuldverschreibungen fällig 2043 jeweils der Republik Israel vom 27.9.2012, ergänzt zum 6.3.2013, S. S-9; USD 25.000.000.000 *Global Medium-Term Note Program* der Republik Libanon vom 2.4.2014, S. 24; USD 2.000.000.000 5,875% Schuldverschreibungen fällig 2025 der Republik Südafrika vom 18.12.2009, ergänzt am 12.9.2013, S. S-14; EUR 1.000.000.000 4,125% Schuldverschreibungen fällig 2023 der Republik Türkei vom 3.2.2011, ergänzt zum 11.4.2014, S. 13 f.; USD 8.000.000.000 8,95% Schuldverschreibungen fällig 2018 der Republik Weißrussland vom 24.1.2011, S. 6.

22 Vgl. für die EU-Mitgliedsstaaten das Übereinkommen im Vertrag zur Errichtung des Europäischen Stabilitätsmechanismus (ESM-Vertrag) vom 2.2.2012, wonach ab 1.1.2013 bei Emissionen von EU-Mitgliedsstaaten die Emissionsbedingungen Umschuldungsklauseln enthalten sollen, vgl. Erwägungsgrund 11 und Art. 12 Abs. 3 des ESM-Vertrages, abgedruckt unter BT-Drucks. 17/9045 vom 20.3.2012, S. 6 ff.; dazu allgemein der Überblick von *Kube*, WM 2012, 245 ff. Die deutsche Umsetzung des ESM-Vertrags erfolgte im BSchuWG, Gesetz vom 13.9.2012, BGBl. I, S. 1914 mit Geltung ab dem 19.9.2012.

Anhang XVI Mindestangaben für das Registrierungsformular

denken ist hier beispielhaft an die Gesetzesänderungen der Republik Griechenland in 2012, die im Rahmen der Staatskrise nachträglich in die griechischem Recht unterliegenden Schuldverschreibungen *Collective Action Clauses* eingebaut hat. Eingeschränkt lässt sich aber auch hier das Beispiel der Restrukturierung der Hypo Alpe Adria Bank nennen, für die die Republik Österreich ein Gesetzespaket geschnürt hat, nach dem unter anderem Nachranggläubiger nachträglich nicht mehr von einer ursprünglich erteilten Garantie des Landes Kärnten profitieren können sollen, letztendlich um die mittelbare Haftung der Steuerzahler zu reduzieren.[23] Soweit ersichtlich, hat noch kein Staat auf dieses spezielle Risiko bei Staatsanleihen in den Risikofaktoren hingewiesen. Angesichts der nunmehr vorhandenen Präzedenzfälle erscheint indes ein Hinweis dahingehend, dass der Staat die gesetzlichen Grundlagen seiner dem eigenen Recht unterstehenden, ausstehenden Schuldverschreibungen nachträglich eigenmächtig ändern und daher auch die Ansprüche der Anleiheigläubiger sogar gänzlich ohne deren Zustimmung anpassen könnte, als angemessen.

3. Angaben über den Emittenten

18   Auch in Prospekten nach Anhang XVI sind Angaben zum Emittenten erforderlich; die Vorgaben unterscheiden sich indes aufgrund des wesentlich anderen Status des Emittenten erheblich von denen nach Anhang IV bzw. IX für Emissionen von Nichtdividendenwerten.

a) Ziff. 3.1

19   Nach Ziff. 3.1 ist der **gesetzliche Name des Emittenten** und seine Stellung im nationalen öffentlichen Rahmen anzugeben. Der gesetzliche Name des Emittenten ergibt sich, wie bereits ausgeführt (oben Rn. 7 f.) typischerweise aus der Verfassung des Staats bzw. der die Gebietskörperschaft begründenden gesetzlichen Ermächtigungsgrundlage.[24] Oftmals wird in diesem Zusammenhang auf das zuständige Ministerium innerhalb der Landesregierung hingewiesen.

20   Zum „**nationalen öffentlichen Rahmen**" im Sinne der Ziff. 3.1 gibt es in der Regel Ausführungen zur Staatsorganisation, den Staatsorganen und ihre einzelnen Kompetenzen hinsichtlich zum Beispiel Gesetzgebung. Bei Gebietskörperschaften, wie in Deutschland einem Bundesland, würde auf das föderalistische System hingewiesen werden und das Verhältnis zwischen Bund und Länder sowie die Kompetenzverteilung in einzelnen Bereichen beschrieben werden. Detaillierte Angaben zum politischen System erfolgen indes unter Ziff. 3.5.

21   Auch wenn die Vorschrift von der Stellung des Emittenten „im nationalen öffentlichen Rahmen" spricht, nutzen die Emittenten im Regelfall die Gelegenheit, auch ihre **Stellung im internationalen Rahmen** zu beschreiben. Typischerweise werden daher die Mitgliedschaft in Gemeinschaften wie die Vereinten Nationen (UN), Europäische Union (EU), Nordatlantikpakt-Organisation (North Atlantic Treaty Organisation – NATO), Organisation für wirtschaftliche Zusammenarbeit und Entwicklung (Organisation for Economic Cooperation and Development – OECD), Greater Arab Free Trade Area (GAFTA) oder

---

23 Siehe Österreichisches Bundesgesetzblatt I Nr. 51/2014 vom 31.7.2014, S. 1 ff.; vgl. kritisch dazu statt vieler: Stellungnahme des BVI vom 26.6.2014, abrufbar unter www.bvi.de (Stand: 5.1.2016).
24 Vgl. für den Bund Art. 20 GG.

aktuelle Bemühungen, in eine bestimmte Gemeinschaft aufgenommen zu werden,[25] beschrieben.

b) Ziff. 3.2

Nach Ziff. 3.2 sind neben der Rechtsform des Emittenten auch seine Kontaktdaten sowie seine **geographische Lage** (Kontinent, Anrainerstaaten, Landesgröße, Bevölkerungszahl) anzugeben. Statt „Rechtsform" würde hier wahrscheinlich besser „**Staatsform**" passen. Jedenfalls werden in der Regel zur Reflexion der Ziff. 3.2 Angaben zur Bestimmung und Legitimierung des Staatsoberhaupts, Vorhandensein einer Gewaltenteilung sowie die Einordnung des Emittenten zum Beispiel als (parlamentarische) Demokratie oder Monarchie getätigt. Als Kontaktdaten wird die Anschrift des für die Emissionen zuständigen Ministeriums nebst Telefonnummer aufgeführt.

22

c) Ziff. 3.3

Nach Ziff. 3.3 sind **Ereignisse aus jüngster Zeit** anzugeben, die für die Bewertung der Zahlungsfähigkeit des Emittenten relevant sind. Hierunter fallen nicht nur Ereignisse mit negativem Einfluss, sondern auch – mangels Einschränkung im Wortlaut – positive Faktoren. Irrelevant ist auch, ob das jeweilige Ereignis nationalen oder internationalen Ursprung hat. Die Relevanz ergibt sich daraus, ob aus Sicht des durchschnittlichen Anlegers – als Adressat des Prospekts (vgl. § 21 WpPG Rn. 38 ff.)[26] – die Darstellung des relevanten Ereignisses dazu geeignet ist, das Urteil über die Vermögenswerte und Verbindlichkeiten, die Finanz- und Ertragslage sowie die Zukunftsaussichten des Emittenten im Sinne des Art. 5 Abs. 1 Satz 1 Prospektrichtlinie (bzw. die deutsche Umsetzung in § 5 Abs. 1 Satz 1 WpPG) zu beeinflussen.

23

In Abgrenzung zu Ziff. 2 (siehe Rn. 14) würde im Rahmen der Darstellung zu Ziff. 3.3 die **Hintergrundinformation oder Ausgangslage** beschrieben, aus denen eventuell gewisse Risiken resultieren könnten, die im Rahmen der Risikofaktoren behandelt werden würden.[27]

24

Die Referenz auf „jüngste Ereignisse" rührt daher, dass in diesem Zusammenhang nicht auf Ereignisse eingegangen werden muss, die bereits in Rechnungsabschlüssen reflektiert sind. Es geht vielmehr um die Ereignisse, die nach Abschluss des letzten Geschäftsjahres aufgetreten sind.[28] Der Terminus „Geschäftsjahr" ist etwas missverständlich und in Bezug auf die öffentlichen Emittenten somit als „**Rechnungsjahr**" zu lesen. In Deutschland wäre

25

---

25 Vgl. z. B. der Prospekt der EUR 1.000.000.000 4,125 % Schuldverschreibungen fällig 2023 der Republik Türkei vom 3.2.2011, ergänzt zum 11.4.2014, S. S-6 und 24 im Hinblick auf den gewünschten Eintritt in die EU.
26 Grundlegend: BGH, Urt. v. 12.7.1982 – II ZR 175/81, WM 1982, 862, 865 (BuM); OLG Düsseldorf, Urt. v. 5.4.1984 – 6 U 239/82, WM 1984, 586, 591 f.; OLG Frankfurt a. M., Urt. v. 6.7.2004 – 5 U 122/03, ZIP 2004, 1411, 1412: „ein Anleger, der nicht mit allen Einzelheiten vertraut ist, jedoch im Stande ist, eine Bilanz zu lesen"; BGH, Urt. v. 18.9.2012 – XI ZR 344/11, WM 2012, 2147, 2150 (Wohnungsbau Leipzig).
27 *Breuer*, in: Holzborn, WpPG, Anhang XVI EU-ProspektVO Rn. 20.
28 So auch *Breuer*, in: Holzborn, WpPG, Anhang XVI EU-ProspektVO Rn. 21; *Fingerhut/Voß*, in: Just/Voß/Ritz/Zeising, WpPG, Anhang XI EU-ProspektVO Rn. 20.

Anhang XVI   Mindestangaben für das Registrierungsformular

das für zum Beispiel den Bund gemäß § 4 Haushaltsgrundsätzegesetz (HGrG) und § 4 Bundeshaushaltsordnung (BHO) mit dem Kalenderjahr gleichzusetzen.

d) Ziff. 3.4

26 Zur Einhaltung der Vorgaben aus Ziff. 3.4 sind detaillierte Angaben zum **Wirtschaftsumfeld des Emittenten**, wie Hauptwirtschaftszweige und das Bruttoinlandsprodukt aufgeschlüsselt nach den Wirtschaftszweigen für die letzten beiden Geschäftsjahre zu machen.

27 Fraglich ist, ab wann es sich um einen **Hauptwirtschaftszweig** handelt. Die EU-Prospekt-VO enthält hierzu keinen Richtwert, so dass zum Teil in der Literatur als Orientierung die alte Fassung des § 20 Abs. 1 Nr. 3 BörsZulVO herangezogen wird,[29] der zu den wesentlichen Geschäftszweigen eines Emittenten solche zählte, die zehn Prozent vom Umsatz bzw. – bezogen auf die öffentlichen Emittenten – vom Bruttoinlandsprodukt ausmachten. Im Wesentlichen stellt diese Grenze eine sinnvolle grobe Richtschnur dar, die aber im Einzelfall konkret reflektiert werden muss. Im Lichte der Anforderungen des Art. 5 Abs. 1 Prospektrichtlinie wird der Emittent hiervon unter einer Einzelfallbetrachtung unter Umständen abweichen müssen.

28 Wie dargestellt, ist zum Beispiel für Emissionen des Bundes das „Geschäftsjahr" als „Rechnungsjahr" zu verstehen und mit dem Kalenderjahr gleichzusetzen. Gemäß § 37 HGrG und § 80 BHO haben die zuständigen Stellen für jedes Haushaltsjahr auf Grundlage der abgeschlossenen Bücher Rechnung zu legen. Ziff. 3.4 fordert analog den Erfordernissen für Emittenten von Nichtdividendenwerten (vgl. Anhang IV und IX) die Angabe der beiden letzten Rechnungsjahre.

e) Ziff. 3.5

29 Zu Ziff. 3.5 erfolgen eine detailliertere **Beschreibung des politischen Systems** des Emittenten und der Regierung sowie Angaben zu dem Organ, dem der Emittent untersteht. Insbesondere werden hier die Verfassung, Verfassungsorgane, Regierungsform, Gewaltenteilung, Wahl- und Parteiensystem sowie die aktuellen Besetzungen der wichtigsten Funktionen und Repräsentanz der Parteien in den jeweiligen Gremien (Parlament, Rat) beschrieben.[30]

4. Öffentliche Finanzen und Handel

30 Nach Ziff. 4 sind detaillierte Angaben insbesondere in Bezug auf **Steuer- und Haushaltssystem**, **Bruttostaatsverschuldung** einschließlich einer Fälligkeitsstruktur, Außenhandel, Zahlungsbilanz, Devisenreserven und Einnahmen/Ausgaben-Aufstellung für die letzten beiden Rechnungsjahre im Prospekt aufzuführen. Interessant ist dabei, dass die Forderung nach einer Beschreibung *der* Audit-Verfahren und *der* **Verfahren der exter-**

---

29 Vgl. *Fingerhut/Voß*, in: Just/Voß/Ritz/Zeising, WpPG, Anhang XI EU-ProspektVO Rn. 5; *Breuer*, in: Holzborn, WpPG, Anhang XVI EU-ProspektVO Rn. 24 m. w. N. zum Streitstand unter der alten Rechtslage.

30 Vgl. hierzu z.B. die ausführliche Beschreibung des politischen Systems im Prospekt der USD 500.000.000 4,25 % Schuldverschreibungen fällig 2022 und USD 250.000.000 5,50 % Schuldverschreibungen fällig 2042 jeweils des Königreichs Marokko vom 28.5.2013, S. 19 ff.

nen **Prüfung der Abschlüsse** des Emittenten in der deutschen Fassung offenbar voraussetzt, dass solche Verfahren vorhanden sind, wohingegen die englische Fassung (*„any auditing"*) Ausführungen hierzu nur verlangt, wenn solche existieren. Es ist davon auszugehen, dass es sich hierbei um Schwächen bei der Erstellung der deutschen Fassung handelt und auch das deutsche „der Verfahren" so zu lesen ist, dass die Angabe nur erforderlich ist, wenn es tatsächlich solche Verfahren gibt.[31] Denn eine Rechnungsprüfung erfolgt bei Staaten und ihren Gebietskörperschaften eher selten.[32] Fehlt es an einem solchen Verfahren, resultiert die Möglichkeit des Weglassens der Information zu Ziff. 4 Satz 2 aus Art. 23 Abs. 4 EU-ProspektVO. Zum Teil finden sich in Prospekten allerdings auch entsprechende Risikofaktoren, dass die enthaltenen Finanzinformationen ungenau und möglicherweise revidiert werden müssen, weil sie zum Beispiel auf statistischen Werten basieren, die sich nachträglich als nicht korrekt herausstellen können.[33]

5. Wesentliche Veränderungen

Der Prospekt hat eine Angabe zu wesentlichen Veränderungen zu den unter Ziff. 4 gemachten Angaben seit dem Ende des letzten Geschäftsjahrs zu enthalten. Die Veränderungen sind in diesem Zusammenhang wie unter Ziff. 3.3 nicht auf negative Veränderungen beschränkt (siehe Rn. 23). Bei fehlenden Veränderungen ist eine negative Erklärung abzugeben, die in der Regel durch Wiederholung des Verordnungswortlauts abgegeben wird.

31

6. Gerichts- und Schiedsgerichtsverfahren

a) Ziff. 6.1

Nach Ziff. 6.1 ist die Angabe von staatlichen Interventionen, Gerichts- oder Schiedsgerichtsverfahren der letzten zwölf Monate erforderlich, die sich **auf die Finanzlage des Emittenten erheblich auswirken** können oder ausgewirkt haben. Zu nennen sind auch Verfahren, die noch anhängig sind oder eingeleitet werden könnten.

32

---

31 Im Ergebnis auch *Breuer*, in: Holzborn, WpPG, Anhang XVI EU-ProspektVO Rn. 26, die dies offenbar aber aus einer Maßgeblichkeit der englischen Fassung der EU-ProspektVO herleitet.
32 Auf keinerlei Audit-Verfahren oder externe Prüfung weisen z. B. hin: die jeweiligen Prospekte der USD 1.000.000.000 3,15% Schuldverschreibungen fällig 2023 und USD 1.000.000.000 4,50% Schuldverschreibungen fällig 2043 jeweils der Republik Israel vom 27.9.2012, ergänzt zum 6.3.2013; vgl. auch die Prospekte von den USD 25.000.000.000 *Global Medium-Term Note Program* der Republik Libanon vom 2.4.2014, S. 21 f.; USD 500.000.000 4,25% Schuldverschreibungen fällig 2022 und USD 250.000.000 5,50% Schuldverschreibungen fällig 2042 jeweils des Königreichs Marokko vom 28.5.2013, S. (v) und 6; EUR 1.000.000.000 4,125% Schuldverschreibungen fällig 2023 der Republik Türkei vom 3.2.2011, ergänzt zum 11.4.2014; **anders** der Prospekt der USD 2.000.000.000 5,875% Schuldverschreibungen fällig 2025 der Republik Südafrika vom 18.12.2009, ergänzt am 12.9.2013, S. S-43, mit dem Verweis auf einen *„Auditor General of South Africa"*, der entsprechende Prüfungsberichte gegenüber jedem Interessierten abgibt; eingeschränkt der Prospekt der USD 8.000.000.000 8,95% Schuldverschreibungen fällig 2018 der Republik Weißrussland vom 24.1.2011, S. 75, mit Verweis auf ein *„State Control Committee"*, das für den Staatspräsidenten einen Prüfungsbericht zum von der Regierung erstellten Haushaltsplan erteilt.
33 Prospekt zum USD 25.000.000.000 *Global Medium-Term Note Program* der Republik Libanon vom 2.4.2014, S. 21 f.; vgl. auch der Prospekt zu den USD 500.000.000 4,25% Schuldverschreibungen fällig 2022 und USD 250.000.000 5,50% Schuldverschreibungen fällig 2042 jeweils des Königreichs Marokko vom 28.5.2013, S. (v) und 6.

Anhang XVI Mindestangaben für das Registrierungsformular

33 Im Einzelfall kann die Ermittlung der **„Erheblichkeit" des Verfahrens** für die Finanzlage des Emittenten schwierig sein. Auch hier lässt sich die zehn Prozent-Schwelle, wie zur Wesentlichkeit im Rahmen von Ziff. 3.4 (siehe Rn. 27), heranziehen. Diese muss aber im Rahmen einer Einzelfallentscheidung gegebenenfalls angepasst werden. Aus deutscher Sicht lässt sich die Finanzlage nämlich in Anlehnung an § 264 Abs. 2 HGB als die Beschreibung der Finanzierung und der künftigen Liquidität des Emittenten begreifen.[34] Aus zum Beispiel Reputationsgesichtspunkten könnten aber auch Rechtsstreitigkeiten unterhalb dieser Schwelle einen bedeutenden Einfluss auf die Finanzierungsmöglichkeit und damit auf die Finanzlage des Emittenten haben, so dass diese auch im Prospekt Einfluss finden sollten.

34 Sind keine erheblichen Verfahren aus Sicht des Emittenten erwähnenswert, ist eine entsprechende Negativaussage aufzuführen, die in der Praxis grundsätzlich durch Wiederholung des Verordnungstexts gewährt wird.

b) Ziff. 6.2

35 Nach Ziff. 6.2 sind auch Angaben zur **eventuell vorhandenen Immunität**, die der Emittent bei Gerichtsverfahren genießen würde, zu tätigen. An dieser Stelle kann ein Emittent auch einen Verzicht auf die Immunität erklären (*Waiver of Immunity*)[35] bzw. wie üblich auf die Einschränkungen und Voraussetzungen der Verzichtserklärung eingehen. Zum Teil werden diese Erläuterungen aber – abgesehen von einem Hinweis in den Anleihebedingungen – im Rahmen der eigentlichen Emittentenbeschreibung eher kurz und schwerpunktmäßig im Abschnitt „Risikofaktoren" abgehandelt.[36] Es sei daher hier auf die Ausführungen oben zu Ziff. 2 (Rn. 16) hingewiesen.

7. Erklärungen von Seiten Sachverständiger und Interessenerklärungen

36 Werden Erklärungen oder Berichte von Dritten als Sachverständige in den Prospekt aufgenommen, ist darauf unter Angabe des Namens, der Geschäftsadresse und Qualifikation des Sachverständigen entsprechend hinzuweisen.

37 Nach Absatz 2 der Ziff. 7 sind zudem, soweit dem Emittenten bekannt, etwaige Interessen des Sachverständigen anzugeben, die sich **auf seine Unabhängigkeit** bei Abfassung des Berichts **auswirken können**. Die Formulierung unterscheidet sich von den entsprechenden in anderen Anhängen,[37] da man im Rahmen der Konsultationen davon ausging, dass bei

---

34 Vgl. statt vieler: *Merkt*, in: Baumbach/Hopt, HGB, 36. Aufl. 2014, § 264 Rn. 13.
35 Kein Verzicht erklärt zum Beispiel die Republik Südafrika im Prospekt ihrer USD 2.000.000.000 5,875 % Schuldverschreibungen fällig 2025 vom 18.12.2009, ergänzt am 12.9.2013, S. S-15.
36 Vgl. die Prospekte der USD 1.000.000.000 3,15 % Schuldverschreibungen fällig 2023 und USD 1.000.000.000 4,50 % Schuldverschreibungen fällig 2043 jeweils der Republik Israel vom 27.9.2012, ergänzt zum 6.3.2013, S. S-7, S-36 und 8; USD 25.000.000.000 *Global Medium-Term Note Program* der Republik Libanon vom 2.4.2014, S. (v); USD 500.000.000 4,25 % Schuldverschreibungen fällig 2022 und USD 250.000.000 5,50 % Schuldverschreibungen fällig 2042 jeweils des Königreichs Marokko vom 28.5.2013, S. (iii) und 5; EUR 1.000.000.000 4,125 % Schuldverschreibungen fällig 2023 der Republik Türkei vom 3.2.2011, ergänzt zum 11.4.2014, S. S-12 und 12; USD 8.000.000.000 8,95 % Schuldverschreibungen fällig 2018 der Republik Weißrussland vom 24.1.2011, S. 5.
37 Siehe z. B. Anhang I Ziff. 23; Anhang IV Ziff. 16 und Anhang IX Ziff. 13.

öffentlichen Emittenten der typische Sachverständige in den seltensten Fällen ein Interesse an dem jeweiligen Staat oder dessen Gebietskörperschaft haben dürfte.[38] Daher ist hier nicht wie bei anderen Emissionen die Bestätigung der Richtigkeit und Vollständigkeit der Informationen des Dritten unter Angabe der Quellen erforderlich.

8. Einsehbare Dokumente

Der Wortlaut der Ziff. 8 ist von der Zielrichtung her identisch mit dem in Ziff. 24 des Anhang I und nur auf die jeweilige Besonderheit des Emittenten sprachlich angepasst, so dass diesbezüglich auf die Kommentierung zu Anhang I verwiesen werden kann (dazu Anhang I EU-ProspektVO Ziff. 24 Rn. 1 ff.). 38

III. Exkurs: *Simplified Prospectus* in Luxemburg

In Luxemburg, als wichtiger europäischer Markt für die Billigung von Prospekten insbesondere für Nichtdividendenwerte, enthält das dortige Gesetz zur Umsetzung der Prospektrichtlinie vom 3.7.2012 (*Loi relative aux prospectus pour valeures mobilières* – Luxemburger Umsetzungsgesetz) eine eigene nationale Vorschrift für **öffentliche Angebote** und für die **Zulassung zu einem regulierten Markt** von Wertpapieren in Luxemburg, die aber nicht in den Anwendungsbereich der Prospektrichtlinie fallen. Praktisch relevant ist diese Variante insbesondere für Emittenten, die nach Art. 1 Abs. 2 Buchst. b) und d) Prospektrichtlinie nicht in den Anwendungsbereich der Prospektrichtlinie fallen, aber auch keinen Gebrauch vom *Opt-in* nach Art. 1 Abs. 3 Prospektrichtlinie machen wollen. 39

Für diese Konstellationen ist nach Teil III des Luxemburger Umsetzungsgesetzes die Erstellung eines so genannten *Simplified Prospectus* grundsätzlich erforderlich.[39] Eine **Ausnahme von dieser Prospektpflicht** besteht unter anderem nach Art. 30 Abs. 3 f) des Luxemburger Umsetzungsgesetzes für Emissionen des Großherzogtums Luxemburg und seiner Gebietskörperschaften sowie für EU/EWR-Mitgliedstaaten. Von Gebietskörperschaften der zuletzt Genannten ist daher ein *Simplified Prospectus* zu erstellen, obgleich diese nicht unter die Prospektrichtlinie fallen. 40

Der *Simplified Prospectus* ist nicht prospektrichtlinienkonform sowie damit auch nicht in andere EU-Mitgliedstaaten notifizierbar. Er kann lediglich für die Börsenzulassung und für ein öffentliches Angebot in Luxemburg genutzt werden (vgl. Art. 30 Luxemburger Umsetzungsgesetz). Für ein grenzüberschreitendes Angebot in anderen Ländern müsste demnach von Ausnahmen von der Prospektpflicht nach Art. 1 Abs. 2 Prospektrichtlinie Gebrauch gemacht werden. Zum Teil erfolgt ein Angebot in Ländern außerhalb von Luxem- 41

---

38 CESR, Advice on Level 2 implementing measures for the Prospectus Directive – Consultation Paper, Ref: CESR/03-210b von Juli 2003, III.1 Tz. 41; vgl. ESMA, update of the CESR recommendations, The consistent implementation of Commission regulation (EC) No 809/2004 implementing the Prospectus Directive, Ref. ESMA/2013/319 von März 2013, III.2h Tz. 156 ff.
39 Ein solcher ist z. B. von den folgenden Emittenten erstellt worden: KfW für ihr unlimitiertes *KfW Note Programme* vom 18.6.2014; Kommuninvest i Sverige Aktiebolag (publ) für ihr EUR 25.000.000.000 garantiertes *Note Programme* vom 10.6.2014; Stadt Prag für die EUR 200.000.000 3,125 % Schuldverschreibungen fällig 2023 vom 28.6.2013.

Anhang XVI Mindestangaben für das Registrierungsformular

burg prospektfrei; der *Simplified Prospectus* dient in diesen Ländern dann als **reines Vertriebsdokument**.[40]

42 Voraussetzung für ein öffentliches Angebot in Luxemburg ist nach Teil III des Luxemburger Umsetzungsgesetzes, dass ein *Simplified Prospectus* nach **Billigung** durch die Commission de Surveillance du Secteur Financier (CSSF) vor Beginn des Angebots veröffentlicht wurde (Art. 31 Luxemburger Umsetzungsgesetz). Im Falle einer angestrebten Zulassung zum regulierten Markt in Luxemburg ist die Luxemburger Börse für die Billigung des Prospekts zuständig (Art. 47 Luxemburger Umsetzungsgesetz). In beiden Konstellationen hat der *Simplified Prospectus* alle **Informationen zum Emittenten und den Wertpapieren** zu enthalten, die die Voraussetzungen von Art. 5 Abs. 1 Prospektrichtlinie erfüllen. Der konkrete Inhalt kann dabei zwar im Zweifel von der jeweils billigenden Behörde bestimmt werden,[41] allerdings hat die CSSF in einer Verlautbarung mitgeteilt, dass Emittenten bei der Erstellung des Prospekts sich nach den entsprechenden Anhängen der EU-ProspektVO oder den Anhängen der Börsenregularien der Luxemburger Börse richten können.[42] Die billigende Behörde übernimmt allerdings trotz dieses Ermessens wie unter dem Regime der Prospektrichtlinie keine verbindliche Aussage über das ökonomische Potential der Transaktion oder der Solvenz des Emittenten (vgl. Art. 31 Abs. 6 bzw. 47 Abs. 5 des Luxemburger Umsetzungsgesetz). In der Praxis wird der *Simplified Prospectus* von Emittenten dazu genutzt, einen wesentlichen kürzeren Prospekt zu erstellen. Allerdings ist auch dieser wie prospektrichtlinienkonforme Prospekte gemäß Art. 9 Abs. 1 Prospektrichtlinie lediglich zwölf Monate nach Billigung gültig und muss daher zum Beispiel im Falle von Emissionsprogrammen ebenso jährlich aktualisiert werden.

---

40 *A. Meyer*, in: Habersack/Mülbert/Schlitt, Unternehmensfinanzierung, § 36 Rn. 13.
41 Vgl. zum Beispiel Art. 32 Abs. 2, 34 Abs. 2, 41, 42, 43 des Luxemburger Umsetzungsgesetz für ein öffentliches Angebot und Art. 48 Abs. 2, 50, 57, 58, 59 des Luxemburger Umsetzungsgesetz für eine Zulassung zum regulierten Markt.
42 CSSF Rundschreiben 05/210 vom 10.10.2005 mit Verweis auf Anhang I, III bis VI der Börsenregularien der Luxemburger Börse vom Januar 2016, beide Dokumente jeweils abrufbar unter www.bourse.lu (Stand 5.1.2016).

Anhang XVII
Mindestangaben für das Registrierungsformular für Wertpapiere, die von internationalen öffentlichen Organismen ausgegeben werden, und für Schuldtitel, deren Garantiegeber ein OECD-Mitgliedstaat ist (Schema)

1. VERANTWORTLICHE PERSONEN

1.1 Alle Personen, die für die im Registrierungsformular gemachten Angaben bzw. für bestimmte Abschnitte des Registrierungsformulars verantwortlich sind. Im letzteren Fall sind die entsprechenden Abschnitte aufzunehmen. Im Falle von natürlichen Personen, zu denen auch Mitglieder der Verwaltungs-, Geschäftsführungs- und Aufsichtsorgane des Emittenten gehören, sind der Name und die Funktion dieser Person zu nennen. Bei juristischen Personen sind Name und eingetragener Sitz der Gesellschaft anzugeben.

1.2 Erklärung der für das Registrierungsformular verantwortlichen Personen, dass sie die erforderlichen Sorgfalt haben walten lassen, um sicherzustellen, dass die im Registrierungsformular genannten Angaben ihres Wissens nach richtig sind und keine Tatsachen ausgelassen worden sind, die die Aussage des Registrierungsformulars wahrscheinlich verändern. Ggf. Erklärung der für bestimmte Abschnitte des Registrierungsformulars verantwortlichen Personen, dass sie die erforderliche Sorgfalt haben walten lassen, um sicherzustellen, dass die in dem Teil des Registrierungsformulars genannten Angaben, für die sie verantwortlich sind, ihres Wissens nach richtig sind und keine Tatsachen ausgelassen worden sind, die die Aussage des Registrierungsformulars wahrscheinlich verändern.

2. RISIKOFAKTOREN

Klare Offenlegung der Risikofaktoren, die die Fähigkeit des Emittenten beeinträchtigen können, seinen sich aus den Wertpapieren gegenüber den Anlegern ergebenen Verpflichtungen nachzukommen (unter der Rubrik „Risikofaktoren").

3. ANGABEN ÜBER DEN EMITTENTEN

3.1 Gesetzlicher Name des Emittenten und kurze Beschreibung seines Rechtsstatus.

3.2 Belegenheit des Hauptsitzes sowie Rechtsform des Emittenten, seine Kontaktadresse und Telefonnummer.

3.3 Einzelheiten über das verantwortliche Organ, dem der Emittent untersteht, und ggf. Beschreibung seiner Verwaltungsvereinbarungen.

3.4 Kurze Beschreibung der Hauptzielsetzungen und ber seinen Mitgliedern.

3.6 Etwaige Ereignisse aus jüngster Zeit, die für die Bewertung der Zahlungsfähigkeit des Emittenten relevant sind.

3.7 Liste der Mitglieder des Emittenten.

Anhang XVII Mindestangaben für das Registrierungsformular

4. FINANZINFORMATIONEN

Die beiden jüngsten veröffentlichten und geprüften Jahresabschlüsse, die gemäß den Rechnungslegungs- und den Abschlussprüfungsgrundsätzen erstellt wurden, die zuvor vom Emittenten angenommen wurden, und kurze Beschreibung dieser beiden Grundsatzkategorien.

Einzelheiten zu etwaigen wesentlichen Veränderungen in der Finanzlage des Emittenten, die seit der Veröffentlichung des letzten geprüften Jahresabschlusses eingetreten sind. Ansonsten ist eine negative Erklärung abzugeben.

5. GERICHTS- UND SCHIEDSGERICHTSVERFAHREN

5.1 Angaben über etwaige staatliche Interventionen, Gerichts- oder Schiedsgerichtsverfahren (einschließlich derjenigen Verfahren, die nach Kenntnis des Emittenten noch anhängig sind oder eingeleitet werden könnten), die im Zeitraum der mindestens letzten 12 Monate bestanden/abgeschlossen wurden, und die sich erheblich auf die Finanzlage des Emittenten auswirken bzw. in jüngster Zeit ausgewirkt haben. Ansonsten ist eine negative Erklärung abzugeben.

5.2 Angaben über eine etwaige sich aus den Gründungsdokumenten ergebene Immunität, die der Emittent bei Gerichtsverfahren genießt.

6. ERKLÄRUNGEN VON SEITEN SACHVERSTÄNDIGER UND INTERESSENERKLÄRUNGEN

Wird in das Registrierungsformular eine Erklärung oder ein Bericht einer Person aufgenommen, die als Sachverständiger handelt, so sind der Name, die Geschäftsadresse und die Qualifikationen anzugeben. Wurde der Bericht auf Ersuchen des Emittenten erstellt, so ist eine diesbezügliche Erklärung dahingehend abzugeben, dass die aufgenommene Erklärung oder der aufgenommene Bericht in der Form und in dem Zusammenhang, in dem sie bzw. er aufgenommen wurde, die Zustimmung von Seiten der Person erhalten hat, die den Inhalt dieses Teils des Registrierungsformulars gebilligt hat.

Soweit dem Emittenten bekannt, sind Angaben über etwaige Interessenkonflikte des Sachverständigen beizubringen, die sich auf seine Unabhängigkeit bei der Abfassung des Berichts auswirken können.

7. EINSEHBARE DOKUMENTE

Abzugeben ist eine Erklärung dahingehend, dass während der Gültigkeitsdauer des Registrierungsformulars ggf. die folgenden Dokumente (oder deren Kopien) eingesehen werden können:

a) Jahresberichte und Bestätigungsvermerke über den Emittenten für die beiden letzten Geschäftsjahre, die gemäß den vom Emittenten angenommenen Rechnungslegungs- und Abschlussprüfungsgrundsätzen erstellt wurden;

b) Sämtliche Berichte, Schreiben und sonstige Dokumente, Bewertungen und Erklärungen, die von einem Sachverständigen auf Ersuchen des Emittenten erstellt bzw. abgegeben wurden, sofern Teile davon in das Registrierungsformular eingeflossen sind oder in ihm darauf verwiesen wird;

I. Einführung **Anhang XVII**

c) **Die Gründungsdokumente des Emittenten.**

Anzugeben ist auch, wo in diese Dokumente entweder in Papierform oder auf elektronischem Wege Einsicht genommen werden kann.

Übersicht

	Rn.		Rn.
I. Einführung	1	d) Ziff. 3.4	18
II. Erstellung des Registrierungs-		e) Ziff. 3.5	19
formulars	5	f) Ziff. 3.6	22
1. Verantwortliche Personen	5	g) Ziff. 3.7	23
a) Ziff. 1.1	5	4. Finanzinformationen	24
b) Ziff. 1.2	9	5. Gerichts- und Schiedsgerichtsverfahren	26
2. Risikofaktoren	10	6. Erklärungen von Seiten Sachverständiger und Interessenerklärungen	28
3. Angaben über den Emittenten	15	7. Einsehbare Dokumente	30
a) Ziff. 3.1	15		
b) Ziff. 3.2	16		
c) Ziff. 3.3	17		

I. Einführung

Anhang XVII enthält das Schema zur Erstellung des Registrierungsformulars für Wertpapiere, die von internationalen Organismen ausgegeben werden, und für Schuldtitel, deren Garantiegeber ein OECD-Mitgliedstaat ist. 1

Die in Anhang XVII gemachten Vorgaben beruhen nach den Beratungen des Committee of European Securities Regulators (CESR als Vorgängerinstitution der European Securities and Markets Authority – ESMA) auf den **Offenlegungsstandards der International Organisation of Securities Commissions** (IOSCO).[1] Diese bezogen sich zwar eigentlich auf Dividendenpapiere; CESR wendete diese allerdings auch auf Nichtdividendenwerte an[2] und damit auch auf solche Emissionen von öffentlich-rechtlichen Organisationen, die in den Anwendungsbereich des Anhang XVII fallen. 2

Zum Teil stellen die Vorgaben die gleichen Anforderungen wie an Registrierungsformulare für zum Beispiel Emissionen von Aktien (Anhang I), Nichtdividendenwerten (Anhang IV oder IX) oder Emissionen durch Banken (Anhang XI). Wesentliche Unterschiede im Detail resultierten allerdings in der Erstellung von **gesonderten Anhängen für öffentlich-rechtliche Emittenten**. Im Rahmen der CESR-Beratungen ging man zunächst davon aus, dass internationale Organisationen in ihrer Struktur eher mit privatrechtlichen Unternehmen vergleichbar seien und sich zu sehr von den Mitgliedstaaten unterscheiden. Daher wäre nicht Anhang XVI (also der entsprechende Anhang für Registrierungsformulare für EU/EWR-Mitgliedstaaten, Drittstaaten und ihren regionalen und lokalen Gebietskörperschaf- 3

---

[1] Die IOSCO ist ein Verband von Aufsichtsbehörden für Kapitalmärkte. Mitglieder sind die Aufsichtsbehörden aus über 100 Staaten, die ca. 90 % des weltweiten Kapitalmarkts regulieren. Die IOSCO soll hohe regulatorische Standards fördern und den Mitgliedsaufsichtsbehörden eine Plattform bieten, ihre Aufsichtsarbeit zu koordinieren und zu verbessern. Die IOSCO wurde 1983 gegründet und hat ihren Sitz in Madrid.
[2] CESR, Advice on Level 2 implementing measures for the Prospectus Directive, Ref. CESR/03-208 von Juli 2003, Tz. 56.

Anhang XVII Mindestangaben für das Registrierungsformular

ten) anwendbar gewesen, sondern die Anhänge für Unternehmen wie Anhang IV bzw. IX.[3] Die durchgeführten Konsultationen hatten allerdings im Wesentlichen ergeben, dass der Markt diese internationalen Organismen eher anhand ihres Risikoprofils bewerten und daher den Staaten gleichsetzen würde.[4] Die CESR hatte daraufhin eine **exemplarische Liste von internationalen Organismen** erstellt, auf die Anhang XVII anwendbar sein soll (vgl. Art. 20 Rn. 7 ff.).[5] Bei der Erarbeitung der Vorgaben für den Prospektinhalt dieser Organismen hat man sich an den Inhalten der Prospekte orientiert, die in der Vergangenheit von diesen Emittenten veröffentlicht worden waren.[6]

4   Es lässt sich allerdings feststellen, dass die auf dieser Liste enthaltenen Emittenten in der Regel **von der Ausnahmevorschrift von der Prospektpflicht** nach Art. 1 Abs. 2 Prospektrichtlinie Gebrauch machen und allenfalls nicht prospektrichtlinienkonforme Prospekte erstellen, die verschiedentlich deutlich kürzer ausfallen. Diese Dokumente werden dann als *Information Memorandum*, *Offering Circular* oder *Simplified Prospectus* bezeichnet. Zum Teil enthalten diese Dokumente überhaupt keine Emittentenbeschreibung, sondern beschränken sich auf die Darstellung der Schuldverschreibungen und der allgemeinen Beschreibungen wie der Steuerregelungen oder anwendbaren Verkaufsbeschränkungen.[7]

II. Erstellung des Registrierungsformulars

1. Verantwortliche Personen

a) Ziff. 1.1

5   Der Wortlaut entspricht dem der Ziff. 1.1 bei zum Beispiel Anhang I, IV, VII, IX oder XI. Im Wesentlichen kann daher auf die Kommentierung dort verwiesen werden. Die Vorschrift dokumentiert mithin den **Prospektverantwortlichen im Sinne des § 21 Abs. 1 Satz 1 Nr. 1 WpPG**, der primär der Emittent sein wird, aber auch insbesondere der Garantiegeber oder Anbieter im Sinne des Art. 2 Abs. 1 Buchst. i) Prospektrichtlinie sein kann. Dies kann auch der Zulassungsantragssteller sein (Anhang XVI Rn. 6).

6   In der Regel werden juristische Personen als Prospektverantwortliche angegeben; es ist nicht erforderlich, eine natürliche Person als gesetzlichen Vertreter einer juristischen Per-

---

[3] CESR, Advice on Level 2 implementing measures for the Prospectus Directive, Ref: CESR/03-399 von Dezember 2003, III.3 Tz. 49.

[4] CESR, Advice on Level 2 implementing measures for the Prospectus Directive, Ref: CESR/03-399 von Dezember 2003, III.3 Tz. 50.

[5] Dazu CESR, Advice on Level 2 implementing measures for the Prospectus Directive, Ref: CESR/03-399 von Dezember 2003, III.3 Tz. 50 in Fn. 5.

[6] Vgl. CESR, Advice on Level 2 implementing measures for the Prospectus Directive, Ref: CESR/03-399 von Dezember 2003, III.2 Tz. 50 i.V.m. Annex C.

[7] So zum Beispiel der Prospekt zum unlimitierten *Global Medium-Term Note Programm* vom 28.4.2011 der Asian Development Bank; *Information Memorandum* zum unlimitierten *Debt Issuance Programme* des European Stability Mechanism vom 17.3.2014. Siehe auch die Empfehlung der European Securities and Markets Authority (ESMA), Questions and Answers – Prospectuses (25th Updated Version – July 2016), Frage 49, S. 40, wonach der Terminus „Prospectus" nicht für Dokumente verwendet werden soll, die nicht im Einklang mit der Prospektrichtlinie erstellt worden sind. Der Begriff wird hier gleichwohl der Einfachheit halber auch für diese Dokumente benutzt.

son aufzuführen. Anzugeben sind in diesen Fällen Name und eingetragener Sitz des Emittenten.

Bei den unter Anhang XVII fallenden Emissionen ist demnach die internationale öffentliche Organisation **in ihrer offiziellen Bezeichnung,** wie sie sich aus den Statuten ergibt, anzugeben. Für Schuldtitel mit einer Garantie eines OECD-Mitgliedstaats ergeben sich für die Bezeichnung des Emittenten keine Besonderheiten; hierzu daher im Einzelnen die Kommentierung zu Anhang I Ziff. 1 Rn. 7.

Neben dem Namen ist noch der Sitz anzugeben. Die Formulierung in Ziff. 1.1 „Sitz der Gesellschaft" ist im Zusammenhang von Emissionen nach Anhang XVII möglicherweise ein wenig unpassend, aber dem Umstand geschuldet, dass die Ziff. 1.1 aus den anderen, bereits erwähnten Anhängen unverändert übernommen wurde. Hier wird der eingetragene Sitz für die Emission verantwortlichen Stelle in der internationalen öffentlichen Organisation angegeben. In der Regel wird hierbei auf die Finanzabteilung (*Treasury*) verwiesen.

b) Ziff. 1.2

Analog der anderen Anhänge muss auch hier die für den Prospekt verantwortliche Person eine Bestätigung dahingehend abgeben, dass sie bei der Erstellung die **erforderliche Sorgfalt** hat walten lassen. Siehe hierzu im Einzelnen die Kommentierung zu Anhang XVI unter Rn. 9.

2. Risikofaktoren

Auch bei Emissionen, die unter Anhang XVII fallen, ist die Angabe von Faktoren, die die Fähigkeit des Emittenten beeinträchtigen könnten, seinen Verpflichtungen aus der Schuldverschreibung nachzukommen, in einem Abschnitt „Risikofaktoren" erforderlich. Diese Vorgabe beruht nach den Beratungen des CESR auf den Offenlegungsstandards der IOSCO. Die CESR war bei Schuldverschreibungen davon ausgegangen, dass Investoren wie bei Aktien ein generelles Interesse an der Zahlungsfähigkeit des Emittenten besitzen.[8] Daher sollen auch im Rahmen des Anhang XVII Risiken angegeben werden, die die **Fähigkeit zur Erfüllung der Zahlungspflichten des Emittenten** tangieren könnten.[9] Es müssen in transparenter Weise für den Emittenten spezifische Risiken dargestellt werden; es ist nicht die Darstellung von Chancen erforderlich (zum Ganzen die Kommentierung bei Anhang XVI Rn. 12 f.).

Die typischerweise präsentierten Risikofaktoren **entstammen häufig der Bankpraxis,** da die öffentlichen Organismen in der Regel als Banken agieren, wie zum Beispiel die Bank für Internationalen Zahlungsausgleich, Europäische Bank für Wiederaufbau und Entwicklung (European Bank for Reconstruction and Development), Interamerikanische Entwicklungsbank (Inter-American Development Bank), Internationale Bank für Wiederaufbau und Entwicklung (International Bank for Reconstruction and Development) und Weltbank

---

8 Vgl. CESR, Advice on Level 2 implementing measures for the Prospectus Directive, Ref. CESR/03-208 von Juli 2003, Tz. 56.
9 CESR, Advice on Level 2 implementing measures for the Prospectus Directive, Ref: CESR/03-399 von Dezember 2003, III.2 Tz. 50 iVm Annex C.

Anhang XVII Mindestangaben für das Registrierungsformular

(siehe auch die Auflistung bei Art. 20 Rn. 10). Demnach werden Kredit-, Liquiditäts- oder Marktrisiken dargestellt.[10] Emittenten würden daher zum Beispiel darauf hinweisen, dass die Kredit- und Zahlungsfähigkeit ihrer Kreditnehmer, die bei den hierunter fallenden Organismen oftmals konjunkturschwache Entwicklungsländer sein werden, negative Auswirkungen auf die Finanzlage des Emittenten haben könnte.[11] Aufgrund der Beteiligung mindestens eines Mitgliedstaats wird oftmals auch das Risiko beschrieben, dass der entsprechende Staat seine vertraglich eingegangenen Verpflichtungen gegenüber dem Emittenten nicht erfüllt. Die Prospekte enthalten allerdings oftmals gleichzeitig den expliziten Hinweis, dass die Schuldverschreibungen keine direkten Verbindlichkeiten von Staaten begründen.[12] Die genaue Darstellung der Verpflichtungen der am Emittenten beteiligten Staaten erfolgt sodann unter Ziffer 3.5 (siehe dazu Rn. 19 ff.).

12 Bei einer Garantie eines OECD-Mitgliedstaats sind neben den emittentenspezifischen Ausfallrisiken auch die **mit dem Garantiegeber zusammenhängende Risiken** darzustellen.[13]

13 Zum Teil findet sich ein Risikofaktor dahingehend, dass die Anleihebedingungen im Regelfall auf Vorschlag des Schuldners mit einem **Mehrheitsbeschluss der Gläubiger** nachträglich geändert werden könnten und eine Minderheit dabei also überstimmt werden könnte (*Collective Action Clauses*, dazu Anhang XVI Rn. 17).[14]

14 Aufgrund der grundsätzlich hohen Kreditwürdigkeit der unter Anhang XVII fallenden Emittenten, ist der Abschnitt „Risikofaktoren" oftmals kurz gehalten und beschränkt sich auf solche Risiken, die von den Schuldverschreibungen und ihrer jeweiligen Ausgestaltung herrühren, wie Währungsrisiko, Zinsrisiko, fehlende Liquidität im Markt oder allgemeine Risiken bei der Anlage in strukturierte Schuldverschreibungen. Spezifische emittentenbezogene Faktoren fehlen bisweilen sogar völlig.[15]

---

10 So auch *Breuer*, in: Holzborn, WpPG, Anhang XVII EU-ProspektVO Rn. 12.
11 Vgl. z. B. die jeweiligen Prospekte zum unlimitierten *Global Medium-Term Note Programm* vom 28.4.2011, S. 14, der Asian Development Bank; International Bank for Reconstruction and Development, unlimitierte *Global Debt Issuance Facility* vom 28.5.2008, S. 18; International Finance Corporation, unlimitiertes *Global Medium-Term Note Programme* vom 3.6.2008, S. 18; N.V. Bank Nederlandse Gemeenten, EUR 90.000.000.000 *Debt Issuance Programme* vom 3.7.2013, S. 16 f., 20; vgl. Prospekt der European Bank for Reconstruction and Development zum EUR 30.000.000.000 *Global Medium Term Note Programme* vom 11.8.2010, S. 11.
12 Prospekte der International Bank for Reconstruction and Development für das unlimitierte *Global Debt Issuance Facility* vom 28.5.2008, S. 2; International Finance Corporation für das unlimitierte *Global Medium-Term Note Programme* vom 3.6.2008, S. 2, 8; Council of Europe Development Bank für das EUR 25.000.000.000 *Euro Medium Term Note Programme* vom 14.11.2012, S. 12.
13 So auch *Breuer*, in: Holzborn, WpPG, Anhang XVII EU-ProspektVO Rn. 12.
14 Prospekt zum EUR 25.000.000.000 *Euro Medium Term Note Programme* vom 14.11.2012 der Council of Europe Development Bank, S. 5; vgl. Nordic Investment Bank, Prospektnachtrag vom 6.5.2011 zum Prospekt vom 22.5.2007 zum USD 20.000.000.000 *Medium-Term Notes Programme*, S. S-30 und S. 7; allgemein hierzu: *Oulds*, in: Veranneman, SchVG, Vor § 5 Rn. 25 ff. m. w. N.
15 Zum Beispiel bei: Prospekt zum EUR 25.000.000.000 *Euro Medium Term Note Programme* vom 14.11.2012 der Council of Europe Development Bank, S. 5 ff.; der Prospekt zum EUR 15.000.000.000 *Debt Securities Programme* der European Investment Bank (EIB) vom 21.11.2011 enthält keine Risikofaktoren, der Prospekt zum unlimitierten *Debt Issuance Programme* vom 22.9.2010 der EIB enthielt dagegen noch einen sehr kurzen Abschnitt, vgl. S. 6.

3. Angaben über den Emittenten
a) Ziff. 3.1

Es ist nach Ziff. 3.1 der gesetzliche Name des Emittenten und sein Rechtsstatut zu beschreiben. Die internationalen, öffentlichen Organismen sind oft privatrechtlich gegründete und geführte Unternehmen, die in der Regel von Staaten zur Übernahme von hoheitlichen (Finanzierungs-)Aufgaben etabliert worden sind. Die Gründung der Organisation erfolgt in der Regel über einen Gründungsvertrag, dessen Inhalt kurz dargestellt wird. 15

b) Ziff. 3.2

Nach Ziff. 3.2 ist die Belegenheit des Hauptsitzes, die Rechtsform des Emittenten und seine Kontaktdaten anzugeben. Insofern bestehen keine Besonderheiten und es kann auf die Kommentierung zu Anhang I Ziff. 5 dort Rn. 3 ff. verwiesen werden. 16

c) Ziff. 3.3

Der Prospekt hat zudem auch Angaben über die **gesellschaftsrechtliche Struktur des Emittenten** zu enthalten. Zu diesem Zweck sieht Ziff. 3.3. vor, dass Einzelheiten über das „verantwortliche Organ", dem der Emittent untersteht, und gegebenenfalls Verwaltungsvereinbarungen zu beschreiben sind. Die sprachliche Fassung erscheint schwer verständlich; gemeint sein dürfte das Leitungsorgan des Emittenten.[16] Prospekte beschreiben allerdings in diesem Zusammenhang typischerweise alle Organe des Emittenten wie Vorstand, Aufsichtsrat, Beirat und/oder sonstige Ausschüsse hinsichtlich ihrer Einsetzung, Aufgaben, Zusammensetzung und Beschlussfähigkeit, wie sie sich jeweils aus dem Gründungsvertrag ergeben. 17

d) Ziff. 3.4

Es sind Angaben zu den **Hauptzielsetzungen und -aufgaben des Emittenten** aufzunehmen. Diese ergeben sich im Regelfall aus dem Gründungsvertrag des Emittenten. Hierzu zählen, unter anderem, bei den nach dem Leitbild der CESR hierunter fallenden Emittenten beispielsweise die Finanzierung von Entwicklungsmaßnahmen in konjunkturschwachen Ländern mit jeweiligem geographischem Fokus, Entwicklungsprogramme zur Förderung der Einführung von freien Marktwirtschaften und Mehrparteiensystemen, von Sozialprogrammen zur Unterstützung von Flüchtlingen oder Opfern von Naturkatastrophen, Bekämpfung von Armut, Umweltschutz oder zur allgemeinen Verbesserung der Lebensverhältnisse. 18

e) Ziff. 3.5

Es sind auch die **Finanzierungsmittel des Emittenten**, eventuelle Garantien und andere Verpflichtungen gegenüber seinen Mitgliedern anzugeben. 19

Die unter Anhang XVII fallenden Organismen finanzieren sich zu großen Teilen hauptsächlich über die Emission von Schuldverschreibungen am Kapitalmarkt und beziehen ihre Finanzkraft aus der von den Mitgliedstaaten erhaltenen stabilen Kapitalausstattung 20

---

16 Die englische Fassung spricht von „*governing body*".

Anhang XVII   Mindestangaben für das Registrierungsformular

und der hohen Diversifizierung ihrer Anlagen. Sollten darüber hinaus **Garantien oder sonstige Stützungsverpflichtungen** von deren Mitgliedstaaten bestehen, so sollen diese in diesem Zusammenhang dargestellt werden. Bestehen solche gerade nicht, so wird typischerweise eine entsprechende Negativaussage aufgenommen.[17] Darüber hinaus enthalten die Prospekte oftmals auch die Information, dass die Schuldverschreibungen keine direkten Verpflichtungen von Staaten oder Regierungen darstellen.[18]

21   Der Prospekt soll indes auch **eventuelle Verbindlichkeiten des Emittenten** gegenüber seinen Mitgliedstaaten aufzeigen. Hierbei wird das Geschäftsmodell des Emittenten dargestellt, inwieweit der Emittent mithin zum Beispiel zu Finanzierungszwecken Darlehen direkt an die Mitgliedstaaten ausreicht, ob lediglich Garantien erteilt werden oder inwieweit zum Beispiel Garantien des Mitgliedstaats, in dem das jeweilige Projekt finanziert werden soll, erforderlich sind.

f) Ziff. 3.6

22   Der Prospekt hat Angaben über **etwaige Ereignisse aus jüngster Zeit**, die für die Bewertung der Zahlungsfähigkeit des Emittenten relevant sind, zu machen. Die Vorschrift entspricht wortgleich der Ziffer 3.3 des Anhang XVI. Insofern kann auf die Kommentierung dort unter Rn. 23 ff. verwiesen werden.

g) Ziff. 3.7

23   Im Prospekt sind auch die **Mitglieder des Emittenten** zu nennen. Hier werden typischerweise die/der Staat(en) aufgeführt, der den Emittenten gegründet hat und betreibt. In diesem Zusammenhang werden auch damit verbundene Aspekte wie die Immunität des Emittenten in bestimmten Staaten beschrieben. Wird die Frage der Verbindlichkeit von privatrechtlich begründeten Ansprüchen gegenüber Staaten zumindest diskutiert (vgl. die Kommentierung bei Anhang XVI Rn. 16),[19] ist die Verbindlichkeit von privatrechtlichen Ansprüchen von internationalen, öffentlichen Organismen als privatrechtlich gegründeten Gesellschaften unzweifelhaft zu bejahen. Trotzdem genießen diese Organismen aufgrund der Gründung durch Staaten oftmals gewisse Privilegien,[20] so dass auch die öffentlichen Organismen – wie Staaten als Direktemittenten – zum Teil zur Vermeidung eventueller Rechtsunsicherheiten auf eine eventuell vorhandene Immunität explizit verzichten (**Waiver of Immunity**).[21] Üblich ist allerdings ein eingeschränkter Verzicht auf Immunität, in

---

17   Vgl. z. B. Prospekt der International Finance Corporation zum unlimitierten *Global Medium-Term Note Programme* vom 3.6.2008, S. 8.
18   Siehe die jeweiligen Prospekte der: International Bank for Reconstruction and Development zum unlimitierten *Global Debt Issuance Facility* vom 28.5.2008, S. 2; International Finance Corporation zum unlimitierten *Global Medium-Term Note Programme* vom 3.6.2008, S. 2, 8; Council of Europe Development Bank zum EUR 25.000.000.000 *Euro Medium Term Note Programme* vom 14.11.2012, S. 12.
19   Im Ergebnis die Verbindlichkeit bejahend: BVerfGE 16, 27 ff. (Iran-Beschluss*)*; *v. Schönfeld*, NJW 1986, 2980, 2984; *Siebel*, Rechtsfragen internationaler Anleihen, 1997, S. 142 ff., 153 ff.
20   Z. B. Unverletzlichkeit der Wohnung, Unzulässigkeit von Beschlagnahmen, Durchsuchungen oder Vollstreckungen, Befreiung von der Steuerpflicht.
21   Nordic Investment Bank, Prospektnachtrag vom 6.5.2011 zum Prospekt vom 22.5.2007 zum USD 20.000.000.000 *Medium-Term Notes Programme*, S. S-13 f.; kein Verzicht erklärend: Europäische Union und Europäische Atomgemeinschaft (EURATOM) im Prospekt zum EUR 80.000.000.000

II. Erstellung des Registrierungsformulars **Anhang XVII**

dem zum Beispiel darauf hingewiesen wird, dass der Verzicht sich nur auf Verfahren bei bestimmten Gerichtsständen bezieht, Vollstreckungsmaßnahmen allgemein im Einklang mit dem *US Foreign Sovereign Immunities Act* von 1976 stehen müssen oder generell in bestimmten Staatsgebieten unzulässig sind.[22] Die oftmals zu findenden US-Bezüge erklären sich dadurch, dass weltweit viele Anleihen von Staaten nach US-Recht begeben werden, insbesondere nach dem Recht des Bundesstaats New York. Eine Einschränkung des Immunitätsverzichts ist aus Sicht des Völkerrechts zulässig.[23]

4. Finanzinformationen

Im Prospekt sind die **beiden jüngsten veröffentlichten und geprüften Jahresabschlüsse** 24 aufzunehmen. In der Regel erfolgt dies über eine Einbeziehung durch Verweis i.S.v. § 11 WpPG. Anhang XVII verlangt hierbei nicht wie bei sonstigen Emittenten die Erstellung dieser historischen Finanzinformationen nach den *International Financial Reporting Standards* (IFRS) oder ausnahmsweise nationalen Rechnungslegungsgrundsätzen.[24] Vielmehr genügt, dass die Jahresabschlüsse nach den Rechnungslegungs- und Abschlussprüfungsgrundsätzen erstellt wurden, die zuvor vom Emittenten angenommen worden sind. Diese Rechnungslegungsgrundsätze sind kurz darzustellen.[25]

Darüber hinaus ist eine Angabe über **etwaige wesentliche Veränderungen in der Finanz-** 25 **lage** des Emittenten seit der Veröffentlichung des letzten geprüften Jahresabschluss erforderlich. Im Zweifel ist eine negative Erklärung abzugeben. Hier folgt Anhang XVII den allgemeinen Regelungen, so dass im Wesentlichen auf die Kommentierung bei Anhang I Ziff. 20.9 unter Rn. 1 ff. verwiesen werden kann.

5. Gerichts- und Schiedsgerichtsverfahren

Es sind Angaben zu etwaigen staatlichen Interventionen, Gerichts- oder Schiedsgerichts- 26 verfahren zu machen, die in den letzten zwölf Monaten bestanden bzw. abgeschlossen wurden und die sich **erheblich auf die Finanzlage des Emittenten** auswirken können. Bei Fehlen solcher Verfahren ist eine dahingehende negative Aussage aufzunehmen. Die Ermittlung einer potentiell erheblichen Auswirkung auf die Finanzlage des Emittenten kann im Einzelfall schwierig sein, siehe dazu die Kommentierung zu Anhang XVI unter Rn. 33.

Darüber hinaus ist nach Ziff. 5.2 auch auf eine aus den Gründungsdokumenten des Emit- 27 tenten resultierende **Immunität** hinzuweisen. Hierzu gibt es in der Regel eine Darstellung

---

Euro Medium Term Note Programme vom 20.12.2012, S. 44; Council of Europe Development Bank im Prospekt zum EUR 25.000.000.000 *Euro Medium Term Note Programme* vom 14.11.2012, S. 12; Prospekt zum EUR 15.000.000.000 *Debt Securities Programme* der European Investment Bank vom 21.11.2011, S. 7.

22 Nordic Investment Bank, Prospektnachtrag vom 6.5.2011 zum Prospekt vom 22.5.2007 zum USD 20.000.000.000 *Medium-Term Notes Programme*, S. S-13 f. und S. 9 f.; Prospekt der European Bank for Reconstruction and Development zum EUR 30.000.000.000 *Global Medium Term Note Programme* vom 11.8.2010, S. 67.

23 BVerfGE, WM 2007, 57 ff.; vgl. *Baars/Böckel*, ZBB 2004, 445, 452 f.; *Kleinlein*, NJW 2007, 2591 ff.; *Mayer*, WM 2008, 425.

24 Vgl. etwa Anhang IV Ziff. 13.1.

25 So auch *Breuer*, in: Holzborn, WpPG, Anhang XVII EU-ProspektVO Rn. 22.

Anhang XVII Mindestangaben für das Registrierungsformular

von vorhandenen Privilegien und Immunitäten, die der Emittent besitzt, wie zum Beispiel, dass bestimmte Vermögenswerte keiner Zwangsvollstreckung unterliegen, Gerichtsentscheidungen im Zweifel nicht gegen den Emittenten vollstreckt werden können oder die Unverletzlichkeit der Räumlichkeiten des Emittenten.[26]

6. Erklärungen von Seiten Sachverständiger und Interessenerklärungen

28 Werden Berichte oder Erklärungen von Sachverständigen in den Prospekt mitaufgenommen, so ist der Name, die Anschrift und Qualifikation des Sachverständigen sowie **Hinweise auf eventuelle Interessenkonflikte** aufzunehmen. CESR ist hierbei davon ausgegangen, dass bei einem Staat als Emittent bzw. bei internationalen öffentlichen Organismen ein Sachverständiger eher selten ein wesentliches Interesse am Emittenten haben dürfte.[27] Daher liegt der Fokus hier auf den Angaben von Konfliktpotential, das sich auf die Unabhängigkeit des Sachverständigen auswirken könnte.[28]

29 Ansonsten gelten hier keine Besonderheiten zu den Regelungen in anderen Anhängen, vgl. daher Anhang I Ziff. 23 Rn. 1 ff.

7. Einsehbare Dokumente

30 Die Erklärung über die Verfügbarkeit von bestimmten Dokumenten während der Gültigkeitsdauer des Registrierungsformulars ist nahezu wortgleich mit den vergleichbaren Regelungen anderer Anhänge; es wird daher auf die Kommentierung von Anhang I Ziff. 24 unter Rn. 1 ff. verwiesen.

---

26 Prospekt zum EUR 25.000.000.000 *Euro Medium Term Note Programme* vom 14.11.2012 der Council of Europe Development Bank, S. 12.
27 CESR, disclosure requirements sovereign issuers, Ref.: CESR/03-210b, Tz. 41.
28 Vgl. ESMA, Update CESR recommendation, consistent implementation, ESMA/2013/319, III.2h.

Anhang XVIII

TEIL I: Kombinationsübersicht

Nr.	ANHANG XVIII Teil I	REGISTRIERUNGSFORMULAR					MODUL	SCHEMATA		
			SCHEMATA							
	ARTEN VON WERTPAPIEREN	Aktien	Schuldtitel und derivative Wertpapiere (< 100 000 EUR)	Schuldtitel und derivative Wertpapiere (> oder = 100 000 EUR)	Asset backed securities	Schuldtitel und derivative Wertpapiere von Banken	Pro-forma-Informationen (falls zutreffend)	Organismen für gemeinsame Anlagen des geschlossenen Typs	Staaten und ihre regionalen und lokalen Gebietskörperschaften	Internationale öffentliche Organisationen/Schuldtitel, deren Garantiegeber ein OECD-Mitgliedstaat ist
1	Aktien (Vorzugsaktien, rückzahlbare Aktien, Aktien mit Vorzugszeichnungsrechten usw. ...)									
2	Schuldtitel (Standardschuldtitel, Gewinnschuldverschreibungen, strukturierte Schuldtitel usw. ...) mit einer Stückelung von weniger als 100 000 EUR		oder							
3	Schuldtitel (Standardschuldtitel, Gewinnschuldverschreibungen, strukturierte Schuldtitel usw. ...) mit einer Stückelung von mindestens 100 000 EUR			oder		oder				
4	Von Dritten garantierte Schuldtitel		oder	oder		oder				
5	Von Dritten garantierte derivative Wertpapiere		oder	oder		oder				
6	Asset backed securities									
7	Schuldtitel, die in Aktien Dritter oder in Aktien des Emittenten oder der Gruppe, die an einem geregelten Markt zugelassen sind, umtausch- oder wandelbar sind		oder	oder		oder				

Anhang XVIII

	oder		oder				oder	oder
	oder		oder				oder	oder
	oder		oder				oder	oder
Schuldtitel, die in nicht an einem geregelten Markt zugelassene Aktien Dritter umtausch- oder wandelbar sind	Emittent der umtausch- oder wandelbaren Schuldtitel Emittent der (zugrunde liegenden) Aktien	Schuldtitel, die in nicht an einem geregelten Markt zugelassene Aktien des Emittenten umtausch- oder wandelbar sind	Emittent der umtausch- oder wandelbaren Schuldtitel Emittent der (zugrunde liegenden) Aktien	Schuldtitel mit Optionsscheinen zum Erwerb von Aktien des Emittenten, die nicht zum Handel an einem geregelten Markt zugelassen sind	Aktien mit Optionsscheinen zum Erwerb von Aktien des Emittenten, die nicht zum Handel an einem geregelten Markt zugelassen sind	Derivative Wertpapiere, die zur Zeichnung oder zum Erwerb von nicht zum Handel an einem geregelten Markt zugelassene Aktien des Emittenten berechtigen	Derivative Wertpapiere, die zum Erwerb von nicht zum Handel an einem geregelten Markt zugelassen Aktien der Gruppe berechtigen	Derivative Wertpapiere, die zur Zeichnung oder zum Erwerb von zum Handel an einem geregelten Markt zugelassenen Aktien des Emittenten oder der Gruppe berechtigen, und derivative Wertpapiere, die an einen anderen Basiswert als Aktien des Emittenten oder der Gruppe gebunden und nicht zum Handel an einem geregelten Markt zugelassen sind (einschließlich sämtlicher derivativer Wertpapiere, die zur Barregulierung berechtigen)
8		9	10	11	12	13	14	15

Anhang XVIII

Nr.	ANHANG XVIII Teil I	WERTPAPIERBESCHREIBUNG					ZUSÄTZLICHE MODULE		
		SCHEMATA							
	ARTEN VON WERTPAPIEREN	Aktien	Schuldtitel (< 100 000 EUR)	Schuldtitel (> oder = 100 000 EUR)	Derivative Wertpapiere	Garantien	Asset backed securities	Zugrunde liegende Aktien
1	Aktien (Vorzugsaktien, rückzahlbare Aktien, Aktien mit Vorzugszeichnungsrechten usw.)							
2	Schuldtitel (Standardschuldtitel, Gewinnschuldverschreibungen, strukturierte Schuldtitel usw. …) mit einer Stückelung von weniger als 100 000 EUR							
3	Schuldtitel (Standardschuldtitel, Gewinnschuldverschreibungen, strukturierte Schuldtitel usw. …) mit einer Stückelung von mindestens 100 000 EUR							
4	Von Dritten garantierte Schuldtitel		oder	oder				
5	Von Dritten garantierte derivative Wertpapiere		oder	oder				
6	Asset backed securities		oder	oder				
7	Schuldtitel, die in an einem geregelten Markt zugelassene Aktien Dritter oder Aktien des Emittenten oder der Gruppe umtausch- oder wandelbar sind		oder	oder	und nur Punkt 4.2.2			
8	Schuldtitel, die in nicht an einem geregelten Markt zugelassene Aktien Dritter umtausch- oder wandelbar sind — Umtausch- oder wandelbare Schuldtitel		oder					
8	(Zugrunde liegende) Aktien							und außer Punkt 2
9	Schuldtitel, die in nicht an einem geregelten Markt zugelassene Aktien des Emittenten umtausch- oder wandelbar sind	und nur Punkte 3.1 und 3.2	oder					

1505

Anhang XVIII

10	Schuldtitel, die in nicht an einem geregelten Markt zugelassene Aktien der Gruppe umtausch- oder wandelbar sind	Umtausch- oder wandelbare Schuldtitel				
		(Zugrunde liegende) Aktien	und nur Punkte 3.1 und 3.2			
11	Schuldtitel mit Optionsscheinen zum Erwerb von Aktien des Emittenten, die nicht zum Handel an einem geregelten Markt zugelassen sind		oder	oder	und außer Punkt 4.2.2	
12	Aktien mit Optionsscheinen zum Erwerb von Aktien des Emittenten, die nicht zum Handel an einem geregelten Markt zugelassen sind				und außer Punkt 4.2.2	
13	Derivative Wertpapiere, die zur Zeichnung oder zum Erwerb von nicht zum Handel an einem geregelten Markt zugelassen Aktien des Emittenten berechtigen				und außer Punkt 4.2.2	
14	Derivative Wertpapiere, die zum Erwerb von nicht zum Handel an einem geregelten Markt zugelassen Aktien der Gruppe berechtigen				und außer Punkt 4.2.2	
15	Derivative Wertpapiere, die zur Zeichnung oder zum Erwerb von zum Handel an einem geregelten Markt zugelassenen Aktien des Emittenten oder der Gruppe berechtigen, und derivative Wertpapiere, die an einen anderen Basiswert als Aktien des Emittenten oder der Gruppe gebunden und nicht zum Handel an einem geregelten Markt zugelassen sind (einschließlich sämtlicher derivativer Wertpapiere, die zur Barregulierung berechtigen)					

Anhang XVIII

TEIL II: Kombinationsübersicht für Bezugsrechtsemissionen für Schuldtitel, die in Aktien des Emittenten wandel- oder umtauschbar sind, und Schuldtitel, die in Aktien des Emittenten wandel- oder umtauschbar sind, wenn diese Bezugsrechtsemissionen und Schuldtitel von kleinen und mittleren Unternehmen („KMU") oder von Unternehmen mit geringer Marktkapitalisierung („Small Caps") emittiert werden (verhältnismäßige Angabepflichten)

Die Emittenten können ihren Prospekt jedoch auch unter Einhaltung der vollen Angabepflichten erstellen

Nr.	ANHANG XVIII Teil II: Verhältnismäßige Angabepflichten	REGISTRIERUNGSFORMULAR							
			SCHEMATA				MODUL	SCHEMATA	
	ARTEN VON WERTPAPIEREN	Aktien	Schuldtitel und derivative Wertpapiere (< 100 000 EUR)	Schuldtitel und derivative Wertpapiere (> oder = 100 000 EUR)	Asset backed securities	Schuldtitel und derivative Wertpapiere von Banken	Pro-forma-Informationen (falls zutreffend)	Organismen für gemeinsame Anlagen des geschlossenen Typs	Staaten und ihre regionalen und lokalen Gebietskörperschaften	Internationale öffentliche Organisationen/Schuldtitel, deren Garantiegeber ein OECD-Mitgliedstaat ist
1	Bezugsrechtsemissionen für Schuldtitel, die in Aktien des Emittenten wandel- oder umtauschbar sind, wenn Aktien des Emittenten derselben Gattung bereits an einem geregelten Markt oder bei einer MHP zugelassen und die in Artikel 26a Absatz 2 genannten Bedingungen erfüllt sind.									
2	Schuldtitel von KMU und Small Caps, die in an einem geregelten Markt zugelassene Aktien Dritter oder Aktien des Emittenten oder der Gruppe umtausch- oder wandelbar sind		oder	oder		oder				
3	Schuldtitel von KMU und Small Caps, die in nicht an einem geregelten Markt zugelassene Aktien Dritter umtausch- oder wandelbar sind		oder	oder		oder				
	(Zugrunde liegende) Aktien									

1507

Anhang XVIII

		oder	
	oder	oder	
4	Schuldtitel von KMU und Small Caps, die in nicht an einem geregelten Markt zugelassene Aktien des Emittenten umtausch- oder wandelbar sind	Umtausch- oder wandelbare Schuldtitel	(Zugrunde liegende) Aktien
5	Schuldtitel von KMU und Small Caps, die in nicht an einem geregelten Markt zugelassene Aktien der Gruppe umtausch- oder wandelbar sind		

Anhang XVIII

Nr.	ARTEN VON WERTPAPIEREN	WERTPAPIERBESCHREIBUNG					
		SCHEMATA				ZUSÄTZLICHE MODULE		
		Aktien	Schuldtitel (< 100 000 EUR)	Schuldtitel (> oder = 100 000 EUR)	Derivative Wertpapiere	Garantien	Asset backed securities	Zugrunde liegende Aktien
ANHANG XVIII Teil II: Verhältnismäßige Angabepflichten								
1	Bezugsrechtsemissionen für Schuldtitel, die in Aktien des Emittenten umtausch- oder wandelbar sind, wenn Aktien des Emittenten derselben Gattung bereits an einem geregelten Markt oder bei einer MHP zugelassen und die in Artikel 26a Absatz 2 genannten Bedingungen erfüllt sind.	und nur Punkte 3.1 und 3.2	oder	oder				und außer Punkt 2
2	Schuldtitel von KMU und Small Caps, die in an einem geregelten Markt zugelassene Aktien Dritter oder Aktien des Emittenten oder der Gruppe umtausch- oder wandelbar sind		oder	oder	und nur Punkt 4.2.2			
3	Schuldtitel von KMU und Small Caps, die in nicht an einem geregelten Markt zugelassene Aktien Dritter umtausch- oder wandelbar sind — Umtausch- oder wandelbare Schuldtitel		oder	oder				
	Zugrunde liegende Aktien							und außer Punkt 2
4	Schuldtitel von KMU und Small Caps, die in nicht an einem geregelten Markt zugelassene Aktien des Emittenten umtausch- oder wandelbar sind	und nur Punkte 3.1 und 3.2	oder	oder				
5	Schuldtitel von KMU und Small Caps, die in nicht an einem geregelten Markt zugelassene Aktien der Gruppe umtausch- oder wandelbar sind — Schuldtitel		oder	oder				
	(Zugrunde liegende) Aktien	und nur Punkte 3.1 und 3.2						

(ohne Kommentierung)

Anhang XIX
Verzeichnis bestimmter Kategorien von Emittenten

– Immobiliengesellschaften
– Bergbaugesellschaften
– Investmentgesellschaften
– In der wissenschaftlichen Forschung tätige Gesellschaften
– Seit weniger als drei Jahren bestehende Gesellschaften (Startups)
– Schifffahrtsgesellschaften

(ohne Kommentierung)

Anhang XX
Verzeichnis der Schemata und Module für die Wertpapierbeschreibung

		Anhang V	Einstufung
1.		HAFTENDE PERSONEN	
1.1.		Alle Personen, die für die Angaben im Prospekt bzw. für bestimmte Teile des Prospekts haften. Im letzteren Fall sind die entsprechenden Teile anzugeben. Handelt es sich dabei um natürliche Personen, zu denen auch Mitglieder des Verwaltungs-, Leitungs- oder Aufsichtsorgans des Emittenten gehören, sind Name und Funktion dieser Person zu nennen. Bei juristischen Personen sind Name und eingetragener Sitz der Gesellschaft anzugeben.	Kategorie A
1.2.		Erklärung der für den Prospekt haftenden Personen, dass die Angaben im Prospekt ihres Wissens richtig sind und keine Auslassungen beinhalten, die die Aussage des Prospekts verzerren könnten, und dass sie die erforderliche Sorgfalt haben walten lassen, um dies zu gewährleisten. Ggf. Erklärung der für bestimmte Teile des Prospekts haftenden Personen, dass die Angaben in dem Teil des Prospekts, für den sie haften, ihres Wissens richtig sind und keine Auslassungen beinhalten, die die Aussage des Prospekts verzerren könnten.	Kategorie A
2.		RISIKOFAKTOREN	
2.1.		Klare und deutliche Angabe der Risikofaktoren, die für die Bewertung der Marktrisiken der zum Handel angebotenen und/oder zuzulassenden Wertpapiere wesentlich sind. Diese Angabe muss in einer Rubrik „Risikofaktoren" erfolgen.	Kategorie A
3.		GRUNDLEGENDE ANGABEN	
3.1.		Beteiligungen der an der Emission/dem Angebot beteiligten natürlichen und juristischen Personen	
		Beschreibung aller für die Emission/das Angebot wesentlichen – auch kollidierenden – Beteiligungen unter Angabe der betreffenden Personen und der Art der jeweiligen Beteiligung.	Kategorie C
3.2.		Gründe für das Angebot und Zweckbestimmung der Erlöse	
		Gründe für das Angebot (sofern diese nicht in der Gewinnerzielung und/oder der Absicherung bestimmter Risiken liegen). Gegebenenfalls Angabe der geschätzten Gesamtkosten der Emission/des Angebots und der geschätzten Nettoerlöse, jeweils aufgeschlüsselt nach den einzelnen wichtigsten Zweckbestimmungen und dargestellt nach Priorität dieser Zweckbestimmungen. Weiß der Emittent, dass die voraussichtlichen Erträge nicht für alle geplanten Zweckbestimmungen ausreichen werden, sind Höhe und Quellen der benötigten übrigen Finanzierungsmittel anzugeben.	Kategorie C

Anhang XX Verzeichnis der Schemata und Module für die Wertpapierbeschreibung

		Anhang V	Einstufung
4.		ANGABEN ZU DEN ANZUBIETENDEN/ZUM HANDEL ZUZULASSENDEN WERTPAPIEREN	
4.1.		i) Beschreibung von Art und Gattung der angebotenen und/oder zum Handel zuzulassenden Wertpapiere.	Kategorie B
		ii) ISIN (International Security Identification Number, internationale Wertpapierkennnummer) oder ähnliche Wertpapierkennung.	Kategorie C
4.2.		Rechtsvorschriften, auf deren Grundlage die Wertpapiere geschaffen wurden.	Kategorie A
4.3.		i) Angabe, ob es sich bei den Wertpapieren um Namens- oder Inhaberpapiere handelt und ob sie in Stückeform oder stückelos vorliegen.	Kategorie A
		ii) In letzterem Fall Name und Anschrift des die Buchungsunterlagen führenden Instituts.	Kategorie C
4.4.		Währung der Wertpapieremission.	Kategorie C
4.5.		Rangfolge der angebotenen und/oder zum Handel zuzulassenden Wertpapiere, einschließlich einer Zusammenfassung aller etwaigen Klauseln, die die Rangfolge beeinflussen oder das Wertpapier etwaigen derzeitigen oder künftigen Verbindlichkeiten des Emittenten nachordnen sollen.	Kategorie A
4.6.		Beschreibung der mit den Wertpapieren verbundenen Rechte, einschließlich aller etwaigen Beschränkungen dieser Rechte und des Verfahrens zur Wahrnehmung dieser Rechte.	Kategorie B
4.7.		i) Nominaler Zinssatz,	Kategorie C
		ii) Bestimmungen zur Zinsschuld,	Kategorie B
		iii) Datum, ab dem die Zinsen zahlbar werden,	Kategorie C
		iv) Zinsfälligkeitstermine,	Kategorie C
		v) Gültigkeitsdauer der Ansprüche auf Zins- und Kapitalrückzahlungen.	Kategorie B
		Ist der Zinssatz nicht festgelegt	
		vi) Angabe der Art des Basiswerts,	Kategorie A
		vii) Beschreibung des Basiswerts, auf den er sich stützt,	Kategorie C
		viii) und der Methode, die zur Verknüpfung der beiden Werte verwendet wird,	Kategorie B
		ix) Hinweis darauf, wo Informationen über die vergangene und künftige Wertentwicklung des Basiswerts und dessen Volatilität erhältlich sind.	Kategorie C

Verzeichnis der Schemata und Module für die Wertpapierbeschreibung **Anhang XX**

	Anhang V	**Einstufung**
	x) Beschreibung aller etwaigen Ereignisse, die eine Störung des Markts oder der Abrechnung bewirken und den Basiswert beeinflussen,	Kategorie B
	xi) Anpassungsregeln in Bezug auf Ereignisse, die den Basiswert betreffen,	Kategorie B
	xii) Name der Berechnungsstelle,	Kategorie C
	xiii) wenn das Wertpapier bei der Zinszahlung eine derivative Komponente aufweist, klare und umfassende Erläuterung, die den Anlegern verständlich macht, wie der Wert ihrer Anlage durch den Wert des Basisinstruments/der Basisinstrumente beeinflusst wird, insbesondere in Fällen, in denen die Risiken am offensichtlichsten sind.	Kategorie B
4.8.	i) Fälligkeitstermin,	Kategorie C
	ii) Tilgungsmodalitäten, einschließlich der Rückzahlungsverfahren. Wird auf Initiative des Emittenten oder des Wertpapierinhabers eine vorzeitige Tilgung ins Auge gefasst, so ist diese unter Angabe der Tilgungskonditionen zu beschreiben.	Kategorie B
4.9.	i) Angabe der Rendite.	Kategorie C
	ii) Beschreibung der Methode zur Berechnung der Rendite in Kurzform.	Kategorie B
4.10.	Vertretung der Schuldtitelinhaber unter Angabe der die Anleger vertretenden Organisation und der für diese Vertretung geltenden Bestimmungen. Angabe des Ortes, an dem die Öffentlichkeit die Verträge, die diese Repräsentationsformen regeln, einsehen kann.	Kategorie B
4.11.	Bei Neuemissionen Angabe der Beschlüsse, Ermächtigungen und Genehmigungen, aufgrund deren die Wertpapiere geschaffen und/ oder emittiert wurden oder werden sollen.	Kategorie C
4.12.	Bei Neuemissionen Angabe des voraussichtlichen Emissionstermins.	Kategorie C
4.13.	Beschreibung aller etwaigen Beschränkungen für die freie Übertragbarkeit.	Kategorie A
4.14.	Zum Staat, in dem der Emittent seinen eingetragenen Sitz unterhält, und zum Staat/den Staaten, in dem bzw. denen das Angebot unterbreitet oder die Zulassung zum Handel beantragt wird, sind folgende Angaben zu machen: – Informationen über Steuern, die an der Quelle auf die Wertpapiererträge erhoben werden – Hinweis darauf, ob der Emittent die Einbehaltung der Steuern an der Quelle übernimmt.	Kategorie A

Anhang XX Verzeichnis der Schemata und Module für die Wertpapierbeschreibung

	Anhang V	**Einstufung**
5.	KONDITIONEN DES ANGEBOTS	
5.1.	Konditionen, Angebotsstatistiken, erwarteter Zeitplan und erforderliche Maßnahmen für die Antragstellung	
5.1.1.	Angebotskonditionen.	Kategorie C
5.1.2.	Gesamtsumme der Emission/des Angebots. Ist diese nicht festgelegt, Beschreibung der Regelungen und Angabe des Zeitpunkts für die öffentliche Bekanntmachung des Angebotsbetrags.	Kategorie C
5.1.3.	i) Frist – einschließlich etwaiger Änderungen – während deren das Angebot gilt,	Kategorie C
	ii) Beschreibung des Antragsverfahrens.	Kategorie C
5.1.4.	Beschreibung der Möglichkeit zur Reduzierung der Zeichnungen und des Verfahrens für die Erstattung des zu viel gezahlten Betrags an die Antragsteller.	Kategorie C
5.1.5.	Mindest- und/oder maximale Zeichnungshöhe (ausgedrückt als Anzahl der Wertpapiere oder aggregierte Anlagesumme).	Kategorie C
5.1.6.	Methode und Fristen für die Bedienung der Wertpapiere und ihre Lieferung.	Kategorie C
5.1.7.	Umfassende Beschreibung der Modalitäten und des Termins für die öffentliche Bekanntgabe der Angebotsergebnisse.	Kategorie C
5.1.8.	Verfahren für die Ausübung eines etwaigen Vorkaufsrechts, die Übertragbarkeit der Zeichnungsrechte und die Behandlung nicht ausgeübter Zeichnungsrechte.	Kategorie C
5.2.	Verteilungs- und Zuteilungsplan	
5.2.1.	i) Angabe der verschiedenen Anlegerkategorien, denen die Wertpapiere angeboten werden,	Kategorie A
	ii) werden die Papiere gleichzeitig an den Märkten zweier oder mehrerer Staaten angeboten und ist eine bestimmte Tranche einigen dieser Märkte vorbehalten, so ist diese Tranche anzugeben.	Kategorie C
5.2.2.	Verfahren für die Benachrichtigung der Zeichner über den ihnen zugeteilten Betrag und Hinweis darauf, ob mit dem Handel schon vor einer solchen Benachrichtigung begonnen werden kann.	Kategorie C
5.3.	Preisfestsetzung	

	Anhang V	Einstufung
5.3.1.	i) Angabe des Preises, zu dem die Wertpapiere voraussichtlich angeboten werden, oder	Kategorie C
	ii) Methode, nach der der Preis festgesetzt wird, und Verfahren für seine Bekanntgabe,	Kategorie B
	iii) Angabe etwaiger Kosten und Steuern, die speziell dem Zeichner oder Käufer in Rechnung gestellt werden.	Kategorie C
5.4.	Platzierung und Übernahme (Underwriting)	
5.4.1.	Name und Anschrift des Koordinators/der Koordinatoren des gesamten Angebots sowie einzelner Angebotsteile und – sofern dem Emittenten oder Bieter bekannt – Name und Anschrift derjenigen, die das Angebot in den verschiedenen Staaten platzieren.	Kategorie C
5.4.2.	Name und Anschrift der Zahl- und Verwahrstellen in jedem Land.	Kategorie C
5.4.3.	Name und Anschrift der Institute, die sich fest zur Übernahme einer Emission verpflichtet haben, sowie Name und Anschrift der Institute, die die Emission ohne verbindliche Zusage oder zur Verkaufsvermittlung platzieren. Angabe der wesentlichen Bestandteile der entsprechenden Vereinbarungen einschließlich Kontingente. Wird nicht die gesamte Emission übernommen, Angabe des nicht übernommenen Teils. Angabe der Gesamthöhe der Übernahmeprovision und der Platzierungsprovision.	Kategorie C
5.4.4.	Datum, zu dem der Emissionsübernahmevertrag geschlossen wurde oder geschlossen wird.	Kategorie C
6.	ZULASSUNG ZUM HANDEL UND HANDELSMODALITÄTEN	
6.1.	i) Es ist anzugeben, ob für die angebotenen Wertpapiere ein Antrag auf Zulassung zum Handel gestellt wurde oder werden soll, um sie an einem geregelten Markt oder anderen gleichwertigen Märkten zu platzieren, wobei die betreffenden Märkte zu nennen sind. Dieser Umstand muss angegeben werden, ohne den Eindruck zu erwecken, dass die Zulassung zum Handel auf jeden Fall erteilt wird.	Kategorie B
	ii) Falls bekannt, sollten die ersten Termine angegeben werden, zu denen die Wertpapiere zum Handel zugelassen sind.	Kategorie C
6.2.	Anzugeben sind alle geregelten oder gleichwertigen Märkte, an denen nach Kenntnis des Emittenten bereits Wertpapiere derselben Gattung wie die angebotenen oder zum Handel zuzulassenden Wertpapiere zum Handel zugelassen sind.	Kategorie C
6.3.	Name und Anschrift der Institute, die aufgrund einer festen Zusage als Intermediäre im Sekundärhandel tätig sind und über An- und Verkaufskurse Liquidität zur Verfügung stellen, sowie Beschreibung der maßgeblichen Konditionen ihrer Zusage.	Kategorie C

Anhang XX Verzeichnis der Schemata und Module für die Wertpapierbeschreibung

	Anhang V	**Einstufung**
7.	ZUSÄTZLICHE ANGABEN	
7.1.	Werden an einer Emission beteiligte Berater in der Wertpapierbeschreibung genannt, ist anzugeben, in welcher Funktion sie gehandelt haben.	Kategorie C
7.2.	Es ist anzugeben, welche anderen in der Wertpapierbeschreibung enthaltenen Informationen von gesetzlichen Abschlussprüfern geprüft oder durchgesehen wurden, über die die Abschlussprüfer einen Vermerk erstellt haben. Wiedergabe oder bei entsprechender Erlaubnis der zuständigen Behörden Zusammenfassung des Vermerks.	Kategorie A
7.3.	Wird in die Wertpapierbeschreibung eine Erklärung oder ein Vermerk einer Person aufgenommen, die als Sachverständiger handelt, so sind deren Name, Geschäftsadresse und Qualifikationen sowie jede etwaige wesentliche Beteiligung dieser Person am Emittenten anzugeben. Wurde der Vermerk im Auftrag des Emittenten erstellt, ist zu bestätigen, dass die Aufnahme der Erklärung oder des Vermerks in der vorliegenden Form und im vorliegenden Kontext mit Zustimmung der Person erfolgt ist, die den Inhalt dieses Teils der Wertpapierbeschreibung gebilligt hat.	Kategorie A
7.4.	Sofern Angaben von Seiten Dritter übernommen wurden, ist zu bestätigen, dass diese korrekt wiedergegeben wurden und nach Wissen des Emittenten und soweit für ihn aus den von diesem Dritten veröffentlichten Angaben ersichtlich, nicht durch Auslassungen unkorrekt oder irreführend gestaltet wurden. Darüber hinaus ist/sind die Informationsquelle/n anzugeben.	Kategorie C
7.5.	i) Angabe der Ratings, die für einen Emittenten in dessen Auftrag oder in Zusammenarbeit mit ihm beim Ratingverfahren erstellt wurden, und kurze Erläuterung der Bedeutung des Ratings, sofern zuvor von der Ratingagentur veröffentlicht.	Kategorie A
	ii) Angabe der Ratings, die für die Wertpapiere im Auftrag des oder in Zusammenarbeit mit dem Emittenten beim Ratingverfahren erstellt wurden, und kurze Erläuterung der Bedeutung des Ratings, sofern zuvor von der Ratingagentur veröffentlicht.	Kategorie C

		Anhang XII	**Einstufung**
1.		HAFTENDE PERSONEN	
1.1.		Alle Personen, die für die Angaben im Prospekt bzw. für bestimmte Teile des Prospekts haften. Im letzteren Fall sind die entsprechenden Teile anzugeben. Handelt es sich dabei um natürliche Personen, zu denen auch Mitglieder des Verwaltungs-, Leitungs- oder Aufsichtsorgans des Emittenten gehören, sind Name und Funktion dieser Person zu nennen. Bei juristischen Personen sind Name und eingetragener Sitz der Gesellschaft anzugeben.	Kategorie A
1.2.		Erklärung der für den Prospekt haftenden Personen, dass die Angaben im Prospekt ihres Wissens richtig sind und keine Auslassungen beinhalten, die die Aussage des Prospekts verzerren könnten, und dass sie die erforderliche Sorgfalt haben walten lassen, um dies zu gewährleisten. Ggf. Erklärung der für bestimmte Teile des Prospekts haftenden Personen, dass die Angaben in dem Teil des Prospekts, für den sie haften, ihres Wissens richtig sind und keine Auslassungen beinhalten, die die Aussage des Prospekts verzerren könnten, und dass sie die erforderliche Sorgfalt haben walten lassen, um dies zu gewährleisten.	Kategorie A
2.		RISIKOFAKTOREN	
2.1.		Klare und deutliche Angabe der Risikofaktoren, die für die Bewertung der Marktrisiken der zum Handel angebotenen und/oder zuzulassenden Wertpapiere wesentlich sind. Diese Angabe muss in einer Rubrik „Risikofaktoren" erfolgen. Diese muss einen Risikohinweis darauf enthalten, dass der Anleger seinen Kapitaleinsatz ganz oder teilweise verlieren könnte, und/oder gegebenenfalls einen Hinweis darauf, dass die Haftung des Anlegers nicht auf den Wert seiner Anlage beschränkt ist, sowie eine Beschreibung der Umstände, unter denen es zu einer zusätzlichen Haftung kommen kann und welche finanziellen Folgen dies voraussichtlich nach sich zieht.	Kategorie A
3.		GRUNDLEGENDE ANGABEN	
3.1.		Beteiligungen der an der Emission/dem Angebot beteiligten natürlichen und juristischen Personen	
		Beschreibung aller für die Emission/das Angebot wesentlichen – auch kollidierenden – Beteiligungen unter Angabe der betreffenden Personen und der Art der jeweiligen Beteiligung.	Kategorie C
3.2.		Gründe für das Angebot und Zweckbestimmung der Erlöse (sofern diese nicht in der Gewinnerzielung und/oder der Absicherung bestimmter Risiken liegt)	
		Werden die Gründe für das Angebot und die Zweckbestimmung der Erlöse genannt, sind die Gesamtnettoerlöse anzugeben und die Gesamtkosten der Emission/des Angebots zu schätzen.	Kategorie C

Anhang XX Verzeichnis der Schemata und Module für die Wertpapierbeschreibung

	Anhang XII	Einstufung
4.	ANGABEN ZU DEN ANZUBIETENDEN UND ZUM HANDEL ZUZULASSENDEN WERTPAPIEREN	
4.1.	Angaben zu den Wertpapieren	
4.1.1.	i) Beschreibung von Art und Gattung der angebotenen und/oder zum Handel zuzulassenden Wertpapiere.	Kategorie B
	ii) ISIN (International Security Identification Number, internationale Wertpapierkennnummer) oder ähnliche Wertpapierkennung.	Kategorie C
4.1.2.	Klare und umfassende Erläuterung für die Anleger, wie der Wert ihrer Anlage durch den Wert des Basisinstruments/der Basisinstrumente beeinflusst wird, insbesondere in Fällen, in denen die Risiken am offensichtlichsten sind, es sei denn, die Wertpapiere haben eine Mindeststückelung von 100 000 EUR oder können lediglich für mindestens 100 000 EUR pro Stück erworben werden.	Kategorie B
4.1.3.	Rechtsvorschriften, auf deren Grundlage die Wertpapiere geschaffen wurden.	Kategorie A
4.1.4.	i) Angabe, ob es sich bei den Wertpapieren um Namens- oder Inhaberpapiere handelt und ob sie in Stückeform oder stückelos vorliegen.	Kategorie A
	ii) In letzterem Fall Name und Anschrift des die Buchungsunterlagen führenden Instituts.	Kategorie C
4.1.5.	Währung der Wertpapieremission.	Kategorie C
4.1.6.	Rangfolge der angebotenen und/oder zum Handel zuzulassenden Wertpapiere, einschließlich einer Zusammenfassung aller etwaigen Klauseln, die die Rangfolge beeinflussen oder das Wertpapier etwaigen derzeitigen oder künftigen Verbindlichkeiten des Emittenten nachordnen sollen.	Kategorie A
4.1.7.	Beschreibung der mit den Wertpapieren verbundenen Rechte, einschließlich aller etwaigen Beschränkungen dieser Rechte, und des Verfahrens zur Wahrnehmung dieser Rechte.	Kategorie B
4.1.8.	Bei Neuemissionen Angabe der Beschlüsse, Ermächtigungen und Billigungen, aufgrund deren die Wertpapiere geschaffen und/oder emittiert wurden oder werden sollen.	Kategorie C
4.1.9.	Emissionstermin.	Kategorie C
4.1.10.	Beschreibung aller etwaigen Beschränkungen für die freie Übertragbarkeit der Wertpapiere.	Kategorie A
4.1.11.	i) Verfalltermin der derivativen Wertpapiere	Kategorie C
	ii) Ausübungstermin oder letzter Referenztermin.	Kategorie C

	Anhang XII	**Einstufung**
4.1.12.	Beschreibung des Abrechnungsverfahrens für die derivativen Wertpapiere.	Kategorie B
4.1.13.	i) Beschreibung der Ertragsmodalitäten bei derivativen Wertpapieren[(1)],	Kategorie B
	ii) Zahlungs- oder Liefertermin,	Kategorie C
	iii) Berechnungsweise.	Kategorie B
4.1.14.	Zum Staat, in dem der Emittent seinen eingetragenen Sitz unterhält, und zum Staat/den Staaten, in dem bzw. denen das Angebot unterbreitet oder die Zulassung zum Handel beantragt wird, sind folgende Angaben zu machen: – Informationen über Steuern, die an der Quelle auf die Wertpapiererträge erhoben werden, – Hinweis darauf, ob der Emittent die Einbehaltung der Steuern an der Quelle übernimmt.	Kategorie A
4.2.	Angaben zum Basiswert	
4.2.1.	Ausübungspreis oder endgültiger Referenzpreis des Basiswerts.	Kategorie C
4.2.2.	Erklärung zur Art des Basiswerts.	Kategorie A
	Hinweis darauf, wo Informationen über die vergangene und künftige Wertentwicklung des Basiswerts und dessen Volatilität erhältlich sind.	Kategorie C
	i) Wenn es sich bei dem Basiswert um ein Wertpapier handelt,	
	– Name des Wertpapieremittenten,	Kategorie C
	– die ISIN (International Security Identification Number, internationale Wertpapierkennnummer) oder eine ähnliche Wertpapierkennung.	Kategorie C
	ii) Wenn es sich bei dem Basiswert um einen Index handelt:	
	– die Bezeichnung des Indexes.	Kategorie C
	– Beschreibung des Indexes, wenn er vom Emittenten oder einer derselben Gruppe angehörenden juristischen Person zusammengestellt wird.	Kategorie A
	– Beschreibung des Indexes, der durch eine juristische oder natürliche Person zur Verfügung gestellt wird, die in Verbindung mit dem Emittenten oder in dessen Namen handelt, es sei denn, der Prospekt enthält die folgenden Erklärungen: – sämtliche Regeln des Indexes und Informationen zu seiner Wertentwicklung sind kostenlos auf der Website des Emittenten oder des Indexanbieters abrufbar; und	

Anhang XX Verzeichnis der Schemata und Module für die Wertpapierbeschreibung

	Anhang XII	**Einstufung**
	– die Regeln des Indexes (einschließlich Indexmethode für die Auswahl und die Neuabwägung der Indexbestandteile, Beschreibung von Marktstörungen und Anpassungsregeln) basieren auf vorher festgelegten und objektiven Kriterien.	Kategorie A
	– der Index nicht vom Emittenten zusammengestellt, den Ort, wo Informationen zu diesem Index erhältlich sind.	Kategorie C
	iii) Wenn es sich bei dem Basiswert um einen Zinssatz handelt,	
	– eine Beschreibung des Zinssatzes.	Kategorie C
	iv) Wenn der Basiswert unter keine der oben genannten Kategorien fällt,	
	– muss die Wertpapierbeschreibung gleichwertige Angaben enthalten.	Kategorie C
	v) Wenn es sich bei dem Basiswert um einen Korb von Basiswerten handelt,	
	– die Gewichtung der einzelnen Basiswerte im Korb.	Kategorie C
4.2.3.	Beschreibung aller etwaigen Ereignisse, die eine Störung des Marktes oder der Abrechnung bewirken und den Basiswert beeinflussen.	Kategorie B
4.2.4.	Anpassungsregeln in Bezug auf Ereignisse, die den Basiswert betreffen.	Kategorie B
5.	KONDITIONEN DES ANGEBOTS	
5.1.	Konditionen, Angebotsstatistiken, erwarteter Zeitplan und erforderliche Maßnahmen zur Zeichnung des Angebots	
5.1.1.	Angebotskonditionen.	Kategorie C
5.1.2.	Gesamtsumme der Emission/des Angebots; ist diese nicht festgelegt, Beschreibung der Regelungen und Angabe des Zeitpunkts für die öffentliche Bekanntmachung des endgültigen Angebotsbetrags.	Kategorie C
5.1.3.	i) Frist – einschließlich etwaiger Änderungen – während deren das Angebot gilt,	Kategorie C
	ii) Beschreibung des Zeichnungsverfahrens.	Kategorie C
5.1.4.	Mindest- und/oder maximale Zeichnungshöhe (ausgedrückt als Anzahl der Wertpapiere oder aggregierte Anlagesumme).	Kategorie C
5.1.5.	Methode und Fristen für die Bedienung der Wertpapiere und ihre Lieferung.	Kategorie C
5.1.6.	Umfassende Beschreibung der Modalitäten und des Termins für die öffentliche Bekanntgabe der Angebotsergebnisse.	Kategorie C
5.2.	Verteilungs- und Zuteilungsplan	

Verzeichnis der Schemata und Module für die Wertpapierbeschreibung **Anhang XX**

	Anhang XII	**Einstufung**
5.2.1.	i) Angabe der verschiedenen Anlegerkategorien, denen die Wertpapiere angeboten werden,	Kategorie A
	ii) werden die Papiere gleichzeitig an den Märkten zweier oder mehrerer Staaten angeboten und ist eine bestimmte Tranche einigen dieser Märkte vorbehalten, so ist diese Tranche anzugeben.	Kategorie C
5.2.2.	Verfahren für die Benachrichtigung der Zeichner über den ihnen zugeteilten Betrag und Hinweis darauf, ob mit dem Handel schon vor einer solchen Benachrichtigung begonnen werden kann.	Kategorie C
5.3.	Preisfestsetzung	
5.3.1.	i) Angabe des Preises, zu dem die Wertpapiere voraussichtlich angeboten werden, oder	Kategorie C
	ii) Methode, nach der der Preis festgesetzt wird, und Verfahren für seine Bekanntgabe,	Kategorie B
	iii) Angabe etwaiger Kosten und Steuern, die speziell dem Zeichner oder Käufer in Rechnung gestellt werden.	Kategorie C
5.4.	Platzierung und Übernahme (Underwriting)	
5.4.1.	Name und Anschrift des Koordinators/der Koordinatoren des gesamten Angebots sowie einzelner Angebotsteile und – soweit dem Emittenten oder Anbieter bekannt – Name und Anschrift derjenigen, die das Angebot in den verschiedenen Ländern platzieren.	Kategorie C
5.4.2.	Name und Anschrift der Zahl- und Verwahrstellen in jedem Land.	Kategorie C
5.4.3.	Angabe der Institute, die sich fest zur Übernahme einer Emission verpflichtet haben, und Angabe der Institute, die die Emission ohne verbindliche Zusage oder zu bestmöglichen Bedingungen platzieren. Wird die Emission nicht zur Gänze übernommen, ist anzugeben, welchen Teil dies betrifft.	Kategorie C
5.4.4.	Datum, an dem der Emissionsübernahmevertrag geschlossen wurde oder wird.	Kategorie C
5.4.5.	Name und Anschrift einer Berechnungsstelle.	Kategorie C
6.	ZULASSUNG ZUM HANDEL UND HANDELSMODALITÄTEN	
6.1.	i) Es ist anzugeben, ob für die angebotenen Wertpapiere ein Antrag auf Zulassung zum Handel gestellt wurde oder werden soll, um sie an einem geregelten Markt oder anderen gleichwertigen Märkten zu platzieren, wobei die betreffenden Märkte zu nennen sind. Dieser Umstand ist anzugeben, ohne den Eindruck zu erwecken, dass die Zulassung zum Handel auf jeden Fall erteilt wird.	Kategorie B
	ii) Falls bekannt, sollten die ersten Termine angegeben werden, zu denen die Wertpapiere zum Handel zugelassen sind.	Kategorie C

Anhang XX Verzeichnis der Schemata und Module für die Wertpapierbeschreibung

	Anhang XII	**Einstufung**
6.2.	Anzugeben sind alle geregelten oder gleichwertigen Märkte, an denen nach Wissen des Emittenten bereits Wertpapiere der gleichen Gattung wie die angebotenen oder zuzulassenden Wertpapiere zum Handel zugelassen sind.	Kategorie C
6.3.	Name und Anschrift der Institute, die aufgrund einer bindenden Zusage als Intermediäre im Sekundärhandel tätig sind und über An- und Verkaufskurse Liquidität zur Verfügung stellen, sowie Beschreibung der Hauptbedingungen ihrer Zusage.	Kategorie C
7.	ZUSÄTZLICHE ANGABEN	
7.1.	Werden an einer Emission beteiligte Berater in der Wertpapierbeschreibung genannt, ist anzugeben, in welcher Funktion sie gehandelt haben.	Kategorie C
7.2.	Es ist anzugeben, welche anderen in der Wertpapierbeschreibung enthaltenen Informationen von gesetzlichen Abschlussprüfern geprüft oder durchgesehen wurden, über die die Abschlussprüfer einen Vermerk erstellt haben. Wiedergabe oder bei entsprechender Erlaubnis der zuständigen Behörden Zusammenfassung des Vermerks.	Kategorie A
7.3.	Wird in die Wertpapierbeschreibung eine Erklärung oder ein Vermerk einer Person aufgenommen, die als Sachverständiger handelt, so sind deren Name, Geschäftsadresse und Qualifikationen sowie jede etwaige wesentliche Beteiligung dieser Person am Emittenten anzugeben. Wurde der Vermerk im Auftrag des Emittenten erstellt, ist zu bestätigen, dass die Aufnahme der Erklärung oder des Vermerks in der vorliegenden Form und im vorliegenden Kontext mit Zustimmung der Person erfolgt, die den Inhalt dieses Teils der Wertpapierbeschreibung gebilligt hat.	Kategorie A
7.4.	Wurden Angaben von Seiten Dritter übernommen, ist zu bestätigen, dass diese korrekt wiedergegeben wurden und nach Wissen des Emittenten und soweit für ihn aus den von diesem Dritten veröffentlichten Angaben ersichtlich, nicht durch Auslassungen unkorrekt oder irreführend gestaltet wurden. Darüber hinaus hat der Emittent die Informationsquelle(n) anzugeben.	Kategorie C
7.5.	Im Prospekt ist anzugeben, ob der Emittent nach erfolgter Emission Informationen veröffentlichen will oder nicht. Hat er dies angekündigt, so gibt er im Prospekt an, welche Informationen er vorlegen wird und wo sie erhältlich sein werden.	Kategorie C

Verzeichnis der Schemata und Module für die Wertpapierbeschreibung **Anhang XX**

	Anhang XIII	**Einstufung**
1.	HAFTENDE PERSONEN	
1.1.	Alle Personen, die für die Angaben im Prospekt bzw. für bestimmte Teile des Prospekts haften. Im letzteren Fall sind die entsprechenden Teile anzugeben. Handelt es sich um natürliche Personen, zu denen auch Mitglieder des Verwaltungs-, Leitungs- oder Aufsichtsorgan des Emittenten gehören, sind Name und Funktion dieser Person zu nennen. Bei juristischen Personen sind Name und eingetragener Sitz der Gesellschaft anzugeben.	Kategorie A
1.2.	Erklärung der für den Prospekt haftenden Personen, dass die im Prospekt enthaltenen Angaben ihres Wissens richtig sind und keine Auslassungen beinhalten, die die Aussage des Prospekts verzerren könnten, und dass sie die erforderliche Sorgfalt haben walten lassen, um dies zu gewährleisten. Ggf. Erklärung der für bestimmte Teile des Prospekts haftenden Personen, dass die Angaben in dem Teil des Prospekts, für den sie haften, ihres Wissens richtig sind und keine Auslassungen beinhalten, die die Aussage des Prospekts verzerren könnten.	Kategorie A
2.	RISIKOFAKTOREN	
	Klare und deutliche Angabe der Risikofaktoren, die für die Bewertung der Marktrisiken der zum Handel zuzulassenden Wertpapiere wesentlich sind. Diese Angabe muss in einer Rubrik „Risikofaktoren" erfolgen.	Kategorie A
3.	GRUNDLEGENDE ANGABEN	
	Beteiligungen der an der Emission beteiligten natürlichen und juristischen Personen.	
	Beschreibung aller für die Emission wesentlichen – auch kollidierenden – Beteiligungen unter Angabe der betreffenden Personen und der Art der Beteiligung.	Kategorie C
4.	ANGABEN ZU DEN ZUM HANDEL ZUZULASSENDEN WERTPAPIEREN	
4.1.	Gesamtbetrag der zum Handel zuzulassenden Wertpapiere.	Kategorie C
4.2.	i) Beschreibung von Art und Gattung der angebotenen und/oder zum Handel zuzulassenden Wertpapiere.	Kategorie B
	ii) ISIN (International Security Identification Number, internationale Wertpapierkennnummer) oder ähnliche Wertpapierkennung.	Kategorie C
4.3.	Rechtsvorschriften, auf deren Grundlage die Wertpapiere geschaffen wurden.	Kategorie A

Anhang XX Verzeichnis der Schemata und Module für die Wertpapierbeschreibung

	Anhang XIII	Einstufung
4.4.	i) Angabe, ob es sich bei den Wertpapieren um Namens- oder Inhaberpapiere handelt und ob sie in Stückeform oder stückelos vorliegen.	Kategorie A
	ii) In letzterem Fall Name und Anschrift des die Buchungsunterlagen führenden Instituts.	Kategorie C
4.5.	Währung der Wertpapieremission.	Kategorie C
4.6.	Rangfolge der angebotenen und/oder zum Handel zuzulassenden Wertpapiere, einschließlich einer Zusammenfassung aller etwaigen Klauseln, die die Rangfolge beeinflussen oder das Wertpapier etwaigen derzeitigen oder künftigen Verbindlichkeiten des Emittenten nachordnen sollen.	Kategorie A
4.7.	Beschreibung der mit den Wertpapieren verbundenen Rechte, einschließlich aller etwaigen Beschränkungen dieser Rechte und des Verfahrens zur Wahrnehmung dieser Rechte.	Kategorie B
4.8.	i) Nominaler Zinssatz,	Kategorie C
	ii) Bestimmungen zur Zinsschuld,	Kategorie B
	iii) Datum, ab dem die Zinsen fällig werden,	Kategorie C
	iv) Zinsfälligkeitstermine,	Kategorie C
	v) Gültigkeitsdauer der Ansprüche auf Zins- und Kapitalrückzahlungen.	Kategorie B
	Ist der Zinssatz nicht festgelegt,	
	vi) Angabe der Art des Basiswerts,	Kategorie A
	vii) Beschreibung des Basiswerts, auf den er sich stützt,	Kategorie C
	viii) und der Methode, die zur Verknüpfung der beiden Werte verwendet wird,	Kategorie B
	ix) Beschreibung aller etwaigen Ereignisse, die eine Störung des Markts oder der Abrechnung bewirken und den Basiswert beeinflussen,	Kategorie B
	x) Anpassungsregeln in Bezug auf Ereignisse, die den Basiswert betreffen,	Kategorie B
	xi) Name der Berechnungsstelle.	Kategorie C
4.9.	i) Fälligkeitstermin,	Kategorie C
	ii) Tilgungsmodalitäten, einschließlich der Rückzahlungsverfahren. Wird auf Initiative des Emittenten oder des Wertpapierinhabers eine vorzeitige Tilgung ins Auge gefasst, so ist diese unter Angabe der Tilgungskonditionen zu beschreiben.	Kategorie B

Verzeichnis der Schemata und Module für die Wertpapierbeschreibung Anhang XX

	Anhang XIII	**Einstufung**
4.10.	Angabe der Rendite.	Kategorie C
4.11.	Vertretung der Schuldtitelinhaber unter Angabe der die Anleger vertretenden Organisation und der für diese Vertretung geltenden Bestimmungen. Angabe des Ortes, an dem die Öffentlichkeit die Verträge, die diese Repräsentationsformen regeln, einsehen kann.	Kategorie B
4.12.	Angabe der Beschlüsse, Ermächtigungen und Billigungen, aufgrund deren die Wertpapiere geschaffen und/oder emittiert wurden.	Kategorie C
4.13.	Emissionstermin.	Kategorie C
4.14.	Beschreibung aller etwaigen Beschränkungen für die freie Übertragbarkeit der Wertpapiere.	Kategorie A
5.	ZULASSUNG ZUM HANDEL UND HANDELSMODALITÄTEN	
5.1.	i) Angabe des Markts, an dem die Wertpapiere künftig gehandelt werden und für den ein Prospekt veröffentlicht wurde.	Kategorie B
	ii) Falls bekannt, sollten die ersten Termine angegeben werden, zu denen die Wertpapiere zum Handel zugelassen sind.	Kategorie C
5.2.	Name und Anschrift der Zahl- und Verwahrstellen in jedem Land.	Kategorie C
6.	KOSTEN DER ZULASSUNG ZUM HANDEL	
	Schätzung der durch die Zulassung zum Handel insgesamt verursachten Kosten.	Kategorie C
7.	ZUSÄTZLICHE ANGABEN	
7.1.	Werden in der Wertpapierbeschreibung Berater genannt, ist anzugeben, in welcher Funktion sie gehandelt haben.	Kategorie C
7.2.	Es ist anzugeben, welche anderen in der Wertpapierbeschreibung enthaltenen Informationen von gesetzlichen Abschlussprüfern geprüft oder durchgesehen wurden, über die die Abschlussprüfer einen Vermerk erstellt haben. Wiedergabe oder bei entsprechender Erlaubnis der zuständigen Behörden Zusammenfassung des Vermerks.	Kategorie A
7.3.	Wird in die Wertpapierbeschreibung eine Erklärung oder ein Vermerk einer Person aufgenommen, die als Sachverständiger handelt, so sind deren Name, Geschäftsadresse und Qualifikationen sowie jede etwaige wesentliche Beteiligung dieser Person am Emittenten anzugeben. Wurde der Vermerk im Auftrag des Emittenten erstellt, ist zu bestätigen, dass die Aufnahme der Erklärung oder des Vermerks in der vorliegenden Form und im vorliegenden Kontext mit Zustimmung der Person erfolgt, die den Inhalt dieses Teils der Wertpapierbeschreibung gebilligt hat.	Kategorie A

Anhang XX Verzeichnis der Schemata und Module für die Wertpapierbeschreibung

	Anhang XIII	Einstufung
7.4.	Wurden Angaben von Seiten Dritter übernommen, ist zu bestätigen, dass diese korrekt wiedergegeben wurden und nach Wissen des Emittenten und soweit für ihn aus den von diesem Dritten veröffentlichten Angaben ersichtlich, keine Auslassungen beinhalten, die die wiedergegebenen Angaben unkorrekt oder irreführend gestalten würden. Darüber hinaus ist/sind die Informationsquelle(n) anzugeben.	Kategorie C
7.5.	i) Angabe der Ratings, die für einen Emittenten in dessen Auftrag oder in Zusammenarbeit mit ihm beim Ratingverfahren erstellt wurden.	Kategorie A
	ii) Angabe der Ratings, die im Auftrag des Emittenten oder in Zusammenarbeit mit ihm beim Ratingverfahren für Wertpapiere erstellt wurden.	Kategorie C

	Anhang VIII	Einstufung
1.	DIE WERTPAPIERE	
1.1.	Mindeststückelung einer Emission.	Kategorie C
1.2.	Werden Angaben zu einem nicht an der Emission beteiligten Unternehmen/Schuldner veröffentlicht, ist zu bestätigen, dass die das Unternehmen/den Schuldner betreffenden Angaben korrekt den vom Unternehmen/Schuldner selbst publizierten Informationen entnommen wurden und nach Wissen des Emittenten und soweit für ihn aus den von dem Unternehmen bzw. Schuldner veröffentlichten Angaben ersichtlich nicht durch Auslassungen irreführend gestaltet wurden.	Kategorie C
	Darüber hinaus ist/sind die Quelle(n) der in der Wertpapierbeschreibung enthaltenen Informationen, d. h. die Fundstelle der vom Unternehmen oder Schuldner selbst publizierten Angaben zu nennen.	Kategorie C
2.	DIE BASISWERTE	
2.1.	Es ist zu bestätigen, dass die der Emission zugrunde liegenden verbrieften Aktiva so beschaffen sind, dass sie die Erwirtschaftung von Finanzströmen gewährleisten, die alle für die Wertpapiere fälligen Zahlungen abdecken.	Kategorie A
2.2.	Liegt der Emission ein Pool von Einzelaktiva zugrunde, sind folgende Angaben zu liefern:	
2.2.1.	Die für diesen Aktiva-Pool geltende Rechtsordnung,	Kategorie C

	Anhang VIII	**Einstufung**
2.2.2.	a) bei einer kleineren Zahl leicht identifizierbarer Schuldner eine allgemeine Beschreibung jedes Schuldners,	Kategorie A
	b) in allen anderen Fällen eine Beschreibung der allgemeinen Charakteristika der Schuldner und des wirtschaftlichen Umfelds,	Kategorie B
	sowie globale statistische Daten in Bezug auf die verbrieften Aktiva,	Kategorie C
2.2.3.	Rechtsnatur der Aktiva,	Kategorie C
2.2.4.	Verfall- oder Fälligkeitstermin(e) der Aktiva,	Kategorie C
2.2.5.	Betrag der Aktiva,	Kategorie C
2.2.6.	Beleihungsquote oder Besicherungsgrad,	Kategorie C
2.2.7.	Verfahren zur Originierung oder Schaffung der Aktiva sowie bei Darlehen oder Kreditverträgen die Hauptvergabekriterien samt Hinweis auf etwaige Darlehen, die diesen Kriterien nicht genügen, sowie etwaige Rechte oder Verpflichtungen im Hinblick auf die Zahlung weiterer Vorschüsse,	Kategorie B
2.2.8.	Hinweis auf wichtige Zusicherungen und Sicherheiten, die dem Emittenten in Bezug auf die Aktiva gemacht oder gestellt wurden,	Kategorie C
2.2.9.	etwaige Substitutionsrechte für die Aktiva und eine Beschreibung der Art und Weise, wie die Aktiva ersetzt werden können, und der Art der substituierbaren Aktiva; sollte die Möglichkeit einer Substitution durch Aktiva einer anderen Gattung oder Qualität bestehen, ist dies anzugeben und sind die Auswirkungen einer solchen Substitution darzulegen,	Kategorie B
2.2.10.	Beschreibung sämtlicher relevanter Versicherungspolicen, die für die Aktiva abgeschlossen wurden. Eine Konzentration bei ein und demselben Versicherer sollte angegeben werden, wenn sie für die Transaktion wesentlich ist.	Kategorie B
2.2.11.	Setzen sich die Aktiva aus Schuldverschreibungen von maximal fünf Schuldnern zusammen, bei denen es sich um juristische Personen handelt, oder sind mehr als 20 % der Aktiva einem einzigen Schuldner zuzurechnen oder ist nach Kenntnis des Emittenten und/oder soweit für ihn aus den von dem/den Schuldner(n) veröffentlichten Informationen ersichtlich, ein wesentlicher Teil der Aktiva einem einzelnen Schuldner zuzurechnen, so ist eine der beiden folgenden Angaben zu machen:	
	a) Angaben über jeden Schuldner, als wäre er ein Emittent, der für Schuldtitel und derivative Wertpapiere mit einer Mindeststückelung von 100 000 EUR ein Registrierungsformular zu erstellen hat,	Kategorie A

Anhang XX Verzeichnis der Schemata und Module für die Wertpapierbeschreibung

	Anhang VIII	Einstufung
	b) wenn es sich um einen Schuldner oder Garantiegeber handelt, dessen Wertpapiere bereits zum Handel an einem geregelten oder vergleichbaren Markt zugelassen wurden, oder wenn die Schuldverschreibungen von einem Unternehmen garantiert werden, das bereits zum Handel an einem geregelten oder vergleichbaren Markt zugelassen wurde, Name, Anschrift, Land der Gründung, Art der Geschäftstätigkeit und Bezeichnung des Marktes, an dem die Wertpapiere zugelassen sind.	Kategorie C
2.2.12.	Besteht zwischen dem Emittenten, dem Garantiegeber und dem Schuldner eine für die Emission wesentliche Beziehung, sind die Hauptkennzeichen dieser Beziehung im Einzelnen anzugeben.	Kategorie C
2.2.13.	Umfassen die Aktiva nicht an einem geregelten oder gleichwertigen Markt gehandelte Schuldverschreibungen, sind die wichtigsten Konditionen dieser Schuldverschreibungen darzulegen.	Kategorie B
2.2.14.	Umfassen die Aktiva Dividendenwerte, die zum Handel an einem geregelten oder gleichwertigen Markt zugelassen sind, ist Folgendes anzugeben:	
	a) eine Beschreibung der Wertpapiere,	Kategorie C
	b) eine Beschreibung des Markts, an dem sie gehandelt werden, einschließlich seines Gründungsdatums, der Art und Weise, wie Kursinformationen veröffentlicht werden, der täglichen Handelsvolumina, der Bedeutung des Markts in seinem Land und der für den Markt zuständigen Regulierungsbehörde,	Kategorie C
	c) die Abstände, in denen die Kurse der einschlägigen Wertpapiere veröffentlicht werden.	Kategorie C
2.2.15.	Sind mehr als zehn (10) Prozent der Aktiva Dividendenwerte, die nicht an einem geregelten oder gleichwertigen Markt gehandelt werden, sind diese Dividendenwerte zu beschreiben und gleichwertige Angaben zu liefern, die im Schema für das Aktien-Registrierungsformular für jeden Emittenten dieser Wertpapiere vorzulegen sind.	Kategorie A
2.2.16.	Ist ein wesentlicher Teil der Aktiva durch Immobilien besichert oder unterlegt, ist ein Gutachten für diese Immobilien vorzulegen, in dem sowohl die Immobilien selbst als auch die Kapitalfluss- und Einkommensströme geschätzt werden. Diese Angaben können entfallen, wenn es sich um eine Emission von Wertpapieren handelt, die durch immobilienbesicherte Hypothekendarlehen unterlegt sind, die Immobilien für die Zwecke der Emission nicht neubewertet wurden und unmissverständlich angegeben ist, dass es sich bei den genannten Schätzungen um die zum Zeitpunkt des ursprünglichen Hypothekendarlehens durchgeführten Schätzungen handelt.	Kategorie A
2.3.	Liegt der Emission ein aktiv gemanagter Pool von Aktiva zugrunde, sind folgende Angaben zu liefern:	

		Anhang VIII	**Einstufung**
2.3.1.	Gleichwertige Angaben wie unter 2.1 und 2.2, damit Art, Qualität, Hinlänglichkeit und Liquidität der im Portfolio gehaltenen Aktiva-Arten, die die Emission besichern, bewertet werden können.		Siehe Punkte 2.1 und 2.2
2.3.2.	Die Parameter, innerhalb deren die Anlagen getätigt werden können; Name und Beschreibung des für die Verwaltung zuständigen Unternehmens, einschließlich einer Beschreibung des in diesem Unternehmen vorhandenen Sachverstands bzw. der bestehenden Erfahrungen; Zusammenfassung der Bestimmungen über die Abbestellung eines solchen Unternehmens und die Bestellung einer anderen Verwaltungsgesellschaft und Beschreibung der Beziehung dieses Unternehmens zu allen anderen an der Emission beteiligten Parteien.		Kategorie B
2.4.	Schlägt ein Emittent vor, weitere, mit denselben Aktiva unterlegte Wertpapiere zu emittieren, ist dies klar und deutlich anzugeben und für den Fall, dass diese neuen Wertpapiere nicht mit den vorhandenen Schuldtitelgattungen austauschbar oder diesen nicht nachgeordnet sind, darzulegen, wie die Inhaber dieser Gattung unterrichtet werden sollen.		Kategorie C
3.	STRUKTUR UND KAPITALFLUSS		
3.1.	Beschreibung der Struktur der Transaktion, erforderlichenfalls mit Strukturdiagramm.		Kategorie A
3.2.	Beschreibung der an der Emission beteiligten Unternehmen und der von ihnen auszuführenden Aufgaben.		Kategorie A
3.3.	Beschreibung der Methode und des Datums des Verkaufs, der Übertragung, der Novation oder der Zession der Aktiva bzw. etwaiger sich aus den Aktiva ergebender Rechte und/oder Pflichten gegenüber dem Emittenten, oder ggf. der Art und Weise und der Frist, auf die bzw. innerhalb deren der Emittent die Erträge der Emission vollständig investiert haben wird.		Kategorie B
3.4.	Erläuterung des Mittelflusses, einschließlich		
3.4.1.	der Art und Weise, wie der sich aus den Aktiva ergebende Kapitalfluss den Emittenten in die Lage versetzen soll, seinen Verpflichtungen gegenüber den Wertpapierinhabern nachzukommen. Erforderlichenfalls ist eine Tabelle mit der Bedienung der finanziellen Verpflichtungen aufzunehmen sowie eine Beschreibung der Annahmen, die bei der Erstellung dieser Tabelle zugrunde gelegt wurden.		Kategorie B
3.4.2.	Angaben über etwaige Bonitätsverbesserungen; Angabe, wo wesentliche Liquiditätsengpässe auftreten und Liquiditätshilfen vorhanden sein könnten; Angabe der Bestimmungen, die die Zinsrisiken bzw. Kapitalausfallrisiken auffangen sollen.		Kategorie B
3.4.3.	unbeschadet des Punktes 3.4.2 Einzelheiten zur Finanzierung etwaiger nachgeordneter Verbindlichkeiten.		Kategorie C

Anhang XX Verzeichnis der Schemata und Module für die Wertpapierbeschreibung

	Anhang VIII	Einstufung
3.4.4.	Angabe etwaiger Parameter für die Anlage zeitweiliger Liquiditätsüberschüsse und Beschreibung der für eine solche Anlage zuständigen Parteien,	Kategorie B
3.4.5.	der Art und Weise, wie Zahlungen in Bezug auf die Aktiva vereinnahmt werden,	Kategorie B
3.4.6.	der Rangfolge der Zahlungen, die der Emittent an die Inhaber der betreffenden Wertpapiergattungen leistet,	Kategorie A
3.4.7.	detaillierter Angaben zu etwaigen anderen Vereinbarungen, von denen Zins- und Kapitalzahlungen an die Anleger abhängen.	Kategorie A
3.5.	Name, Anschrift und wesentliche Geschäftstätigkeiten der Originatoren der verbrieften Aktiva.	Kategorie C
3.6.	Ist die Rendite und/oder Rückzahlung des Wertpapiers an die Wertentwicklung oder Kreditwürdigkeit anderer Aktiva geknüpft, die keine Aktiva des Emittenten sind, gelten die Punkte 2.2 und 2.3.	Siehe Punkte 2.2 und 2.3
3.7.	Name, Anschrift und wesentliche Geschäftstätigkeiten des Verwalters, der Berechnungs- oder einer ähnlichen Stelle, samt einer Zusammenfassung der Aufgaben des Verwalters bzw. der Berechnungsstelle und deren Beziehung zu dem Institut, das die Aktiva originiert oder geschaffen hat, sowie eine Zusammenfassung der Bestimmungen über die Abbestellung des Verwalters/der Berechnungsstelle und die Bestellung eines anderen Verwalters/einer anderen Berechnungsstelle.	Kategorie C
3.8.	Namen und Anschriften sowie eine kurze Beschreibung	
	a) etwaiger Swap-Vertragsparteien und Steller anderer wesentlicher Formen der Bonitäts- oder Liquiditätsverbesserung,	Kategorie A
	b) der Banken, bei denen die Hauptkonten in Bezug auf die Transaktion geführt werden.	Kategorie C
4.	„EX POST"-ANGABEN	
4.1.	Im Prospekt ist anzugeben, ob in Bezug auf die zum Handel zuzulassenden Wertpapiere und die Wertentwicklung der zugrunde liegenden Sicherheiten nach erfolgter Emission Transaktionsinformationen veröffentlicht werden sollen. Hat der Emittent seine entsprechende Absicht bekundet, ist im Prospekt anzugeben, welche Angaben veröffentlicht werden, wo sie erhältlich sind und in welchen Abständen sie veröffentlicht werden.	Kategorie C

	Anhang XIV	Einstufung
1.	Beschreibung des Basistitels.	
1.1	Beschreibung von Typ und Gattung der Aktien.	Kategorie A

	Anhang XIV	Einstufung
1.2.	Rechtsvorschriften, auf deren Grundlage die Aktien geschaffen wurden oder werden sollen.	Kategorie A
1.3.	Angabe, ob es sich um Namens- oder Inhaberpapiere handelt und ob sie in Stückeform oder stückelos vorliegen. In letzterem Fall Name und Anschrift des die Buchungsunterlagen führenden Instituts.	Kategorie A
1.4.	Angabe der Währung der Emission.	Kategorie A
1.5.	Beschreibung der mit den Wertpapieren verbundenen Rechte, einschließlich aller etwaigen Beschränkungen dieser Rechte, und des Verfahrens zur Wahrnehmung dieser Rechte. – Dividendenrechte: – feste(r) Termin(e), zu dem/denen der Anspruch entsteht, – Frist, nach deren Ablauf der Dividendenanspruch verfällt und Nennung des in diesem Fall Begünstigten, – Dividendenbeschränkungen und Verfahren für gebietsfremde Wertpapierinhaber, – Dividendensatz bzw. Methode für dessen Berechnung, Häufigkeit und Art der Zahlungen (kumulativ oder nichtkumulativ), – Stimmrechte, – Vorkaufsrechte bei Angeboten von Wertpapieren derselben Gattung, – Recht auf Beteiligung am Gewinn des Emittenten, – Recht auf Beteiligung am Saldo im Falle einer Liquidation, – Tilgungsklauseln, – Wandelbedingungen.	Kategorie A
1.6.	Bei Neuemissionen Angabe der Beschlüsse, Ermächtigungen und Billigungen, aufgrund deren die Aktien geschaffen und/oder emittiert wurden oder werden sollen, und Angabe des Emisionstermins.	Kategorie C
1.7.	Ort und Zeitpunkt der künftigen bzw. erfolgten Zulassung der Aktien zum Handel.	Kategorie C
1.8.	Beschreibung aller etwaigen Beschränkungen für die freie Übertragbarkeit der Aktien.	Kategorie A
1.9.	Angabe etwaiger obligatorischer Übernahmeangebote und/oder Squeeze-Out- und Sell-Out-Regeln in Bezug auf die Wertpapiere.	Kategorie A
1.10.	Angabe öffentlicher Übernahmeangebote für das Eigenkapital des Emittenten, die Dritte während des letzten oder des laufenden Geschäftsjahres unterbreitet haben. Für solche Angebote sind der Preis oder die Wandelbedingungen sowie das Resultat zu nennen.	Kategorie A
1.11.	Auswirkungen der Rechteausübung auf den Emittenten des Basistitels und möglicher Verwässerungseffekt für die Aktionäre.	Kategorie C
2.	Ist der Emittent des Basistitels ein Unternehmen derselben Gruppe, sind für diesen Emittenten die gleichen Angaben zu liefern wie im Aktien-Registrierungsformular.	Kategorie A

Anhang XX Verzeichnis der Schemata und Module für die Wertpapierbeschreibung

	Anhang VI	**Einstufung**
1.	ART DER GARANTIE	
	Beschreibung jeder Vereinbarung, mit der sichergestellt werden soll, dass jede für die Emission wesentliche Verpflichtung angemessen erfüllt wird, ob in Form einer Garantie, einer Sicherheit, einer Patronatserklärung (keep well agreement), einer „Mono-line"-Versicherungspolice oder einer gleichwertigen anderen Verpflichtung (nachfolgend unter dem Oberbegriff „Garantien" zusammengefasst, wobei der Steller als „Garantiegeber" bezeichnet wird).	Kategorie B
	Unbeschadet der Allgemeingültigkeit des vorstehenden Absatzes umfassen derartige Vereinbarungen auch Verpflichtungen zur Gewährleistung der Rückzahlung von Schuldtiteln und/oder der Zahlung von Zinsen. In der Beschreibung sollte auch dargelegt werden, wie mit der Vereinbarung sichergestellt werden soll, dass die garantierten Zahlungen ordnungsgemäß geleistet werden.	
2.	UMFANG DER GARANTIE	
	Konditionen und Umfang der Garantie sind im Einzelnen darzulegen. Unbeschadet der Allgemeingültigkeit des vorstehenden Absatzes sollten diese Angaben sämtliche Auflagen für die Inanspruchnahme der Garantie bei Ausfall umfassen, die in den Wertpapierkonditionen und den wesentlichen Bestimmungen etwaiger „Mono-line"-Versicherungen oder Patronatserklärungen zwischen Emittent und Garantiegeber festgelegt sind. Auch etwaige Vetorechte des Garantiegebers in Bezug auf Änderungen bei den Wertpapierinhaberrechten, wie sie häufig in „Mono-line"-Versicherungen zu finden sind, müssen im Einzelnen dargelegt werden.	Kategorie B
3.	ANGABEN ZUM GARANTIEGEBER	
	Der Garantiegeber muss über sich selbst die gleichen Angaben machen wie der Emittent der Art von Wertpapieren, die Gegenstand der Garantie ist.	Kategorie A
4.	EINSEHBARE DOKUMENTE	
	Angabe der Orte, an denen die Öffentlichkeit die wesentlichen Verträge und sonstige mit der Garantie verbundene Dokumente einsehen kann.	Kategorie A

	Anhang XXX	**Einstufung**
1.	ZUR VERFÜGUNG ZU STELLENDE INFORMATIONEN ÜBER DIE ZUSTIMMUNG DES EMITTENTEN ODER DER FÜR DIE ERSTELLUNG DES PROSPEKTS ZUSTÄNDIGEN PERSON	

Verzeichnis der Schemata und Module für die Wertpapierbeschreibung **Anhang XX**

	Anhang XXX	**Einstufung**
1.1.	Ausdrückliche Zustimmung seitens des Emittenten oder der für die Erstellung des Prospekts zuständigen Person zur Verwendung des Prospekts und Erklärung, dass er/sie die Haftung für den Inhalt des Prospekts auch hinsichtlich einer späteren Weiterveräußerung oder endgültigen Platzierung von Wertpapieren durch Finanzintermediäre übernimmt, die die Zustimmung zur Verwendung des Prospekts erhalten haben.	Kategorie A
1.2.	Angabe des Zeitraums, für den die Zustimmung zur Verwendung des Prospekts erteilt wird.	Kategorie A
1.3.	Angabe der Angebotsfrist, während deren die spätere Weiterveräußerung oder endgültige Platzierung von Wertpapieren durch Finanzintermediäre erfolgen kann.	Kategorie C
1.4.	Angabe der Mitgliedstaaten, in denen Finanzintermediäre den Prospekt für eine spätere Weiterveräußerung oder endgültige Platzierung von Wertpapieren verwenden dürfen	Kategorie A
1.5.	Alle sonstigen klaren und objektiven Bedingungen, an die die Zustimmung gebunden ist und die für die Verwendung des Prospekts relevant sind.	Kategorie C
1.6.	Deutlich hervorgehobener Hinweis für die Anleger, dass für den Fall, dass ein Finanzintermediär ein Angebot macht, dieser Finanzintermediär die Anleger zum Zeitpunkt der Angebotsvorlage über die Angebotsbedingungen unterrichtet.	Kategorie A
2A.	ZUSÄTZLICHE INFORMATIONEN FÜR DEN FALL, DASS EIN ODER MEHRERE SPEZIFISCHE FINANZINTERMEDIÄRE DIE ZUSTIMMUNG ERHALTEN	
2A.1.	Liste und Identität (Name und Adresse) des Finanzintermediärs/der Finanzintermediäre, der/die den Prospekt verwenden darf/dürfen.	Kategorie C
2A.2.	Angabe, wie etwaige neue Informationen zu Finanzintermediären, die zum Zeitpunkt der Billigung des Prospekts, des Basisprospekts oder ggf. der Übermittlung der endgültigen Bedingungen unbekannt waren, zu veröffentlichen sind, und Angabe des Ortes, an dem sie erhältlich sind.	Kategorie A
2B.	ZUSÄTZLICHE INFORMATIONEN FÜR DEN FALL, DASS SÄMTLICHE FINANZINTERMEDIÄRE DIE ZUSTIMMUNG ERHALTEN	
2B.1.	Deutlich hervorgehobener Hinweis für Anleger, dass jeder den Prospekt verwendende Finanzintermediär auf seiner Website anzugeben hat, dass er den Prospekt mit Zustimmung und gemäß den Bedingungen verwendet, an die die Zustimmung gebunden ist.	Kategorie A

[1] Ist eine Komponente der Formel 0 oder 1 und wird diese bei einer bestimmten Emission nicht verwendet, sollte die Möglichkeit bestehen, die Formel in den endgültigen Bedingungen ohne die nicht angewandte Komponente wiederzugeben.

Anhang XX Verzeichnis der Schemata und Module für die Wertpapierbeschreibung

I. Regelungsgegenstand von Anhang XX

1 Anhang XX weist alle Angaben aus den wertpapierbezogenen Anhängen V, VI, VIII, XII, XIII, XIV und XXX einer der drei Kategorien A, B oder C zu. Die Kategorien sind in Art. 2a, an dem Anhang XX in der EU-Prospektverordnung aufgehängt ist, definiert und bestimmen den Umfang, in dem Angaben zu den Wertpapieren, die unter Verwendung des Basisprospektes angeboten oder zugelassen werden können, im Basisprospekt selbst enthalten sein müssen bzw. in den endgültigen Bedingungen enthalten sein dürfen.

II. Einzelheiten

2 Der **Titel** von Anhang XX trifft nicht den Inhalt des Anhangs. Nicht nur handelt es sich nicht nur um ein Verzeichnis der Schemata und Module für die Wertpapierbeschreibung, sondern um die komplette Wiedergabe derselben. Insbesondere geht es bei diesem Anhang aber gar nicht darum, ein Verzeichnis der wertpapierbezogenen Anhänge zu bieten, sondern, wie in Rn. 1 beschrieben, darum, die wertpapierbezogenen Prospektangaben einer bestimmten Kategorie zuzuweisen.

3 Dabei bleibt auch unklar, warum ein gesonderter Anhang geschaffen und alle wertpapierbezogenen Anhänge darin wiederholt wurden,[1] statt einfach die Kategorien zu den jeweiligen Angaben in den existierenden wertpapierbezogenen Anhängen hinzuzufügen. Da fällt es dann auch nicht mehr ins Gewicht, dass in Anhang XX die Angabe der Kategorie genügt hätte, ohne zweihundert Mal das Wort „Kategorie" davor zu setzen.

4 Anhang XX behandelt nur Anhänge, die zur Erstellung der **Wertpapierbeschreibung** dienen, da in den endgültigen Bedingungen überhaupt nur wertpapierbezogene Angaben enthalten sein dürfen. Im Einzelnen handelt es sich dabei zunächst um die drei wertpapierbeschreibenden Schemata für Schuldtitel mit einer Stückelung von weniger als EUR 100.000 (Anhang V), für derivative Wertpapiere (Anhang XII) und für Schuldtitel mit einer Mindeststückelung von EUR 100.000 (Anhang XIII). Hinzu kommen die vier Module mit Bezug zur Wertpapierbeschreibung für durch Vermögenswerte unterlegte Wertpapiere (Anhang VIII), für den Basistitel für bestimmte Dividendenwerte, also die einem derivativen Wertpapier als Basiswert zugrundeliegenden Aktien (Anhang XIV), für Garantien (Anhang VI) und für die Zustimmung gem. Art. 20a (Anhang XXX).

5 Die Bedeutung der drei Kategorien besteht darin, zu definieren, in welchem Umfang wertpapierbezogene Angaben bereits in den Basisprospekt aufgenommen werden müssen oder inwieweit sie den später veröffentlichten endgültigen Bedingungen vorbehalten bleiben dürfen. Angaben der Kategorie A sind nach Art. 2a Abs. 1 Satz 1 Buchst. a) stets vollständig in den Basisprospekt aufzunehmen. Dagegen müssen Angaben der Kategorie B gem. Art. 2a Abs. 1 Satz 1 Buchst. b) nur in allen grundsätzlichen Punkten im Basisprospekt enthalten sein. Angaben der Kategorie C schließlich können nach Art. 2a Abs. 1 Satz 1 Buchst. c) im Basisprospekt ganz weggelassen werden, wenn sie zum

---

1 Eine inhaltliche Veränderung der betroffenen Anhänge sollte nicht erfolgen, *Glismann/Pegel*, in: Holzborn, WpPG, EU-ProspV Anh. XX.

II. Einzelheiten **Anhang XX**

Zeitpunkt der Billigung nicht bekannt sind. Es genügt deren Angaben in den endgültigen Bedingungen (siehe Art. 2a Rn. 6 ff.). Über die Hälfte der Angaben fallen in die flexibelste Kategorie C (126). Danach kommt die strengste Kategorie A (65), gefolgt von der mittleren Kategorie B (46).

Anhang XXI
Liste der zusätzlichen Angaben in den endgültigen Bedingungen

ZUSÄTZLICHE ANGABEN

Beispiel(e) für die in Erwägungsgrund 18 der Prospektverordnung genannten komplexen derivativen Wertpapiere.

In der entsprechenden Wertpapierbeschreibung nicht vorgeschriebene zusätzliche Bestimmungen zum Basiswert.

Land/Länder, in dem/denen das Wertpapier öffentlich angeboten wird.

Land/Länder, in dem/denen die Zulassung zum Handel am geregelten Markt/an den geregelten Märkten beantragt wird.

Land/Länder, dem/denen die Billigung des betreffenden Basisprospekts mitgeteilt wurde.

Seriennummer

Tranchennummer

I. Regelungsgegenstand von Anhang XXI

1 Anhang XXI ist in **Art. 22 Abs. 4 Buchst. b)** verankert und zählt im Zusammenspiel mit diesem Artikel sieben zusätzliche, freiwillige Angaben auf, die in endgültigen Bedingungen enthalten sein dürfen. Diese Liste zusätzlicher wertpapierbeschreibender Angaben trägt dem Umstand Rechnung, dass die endgültigen Bedingungen den Investoren traditionell weitergehende, als nützlich erachtete[1] Informationen zur Verfügung gestellt haben, die in den wertpapierbeschreibenden Anhängen nicht gefordert sind. Diese sinnvolle Praxis wird durch Anhang XXI in eingeschränktem Umfang weiterhin ermöglicht.

2 Die Liste von Anhang XXI ist **abschließend**, weitere Angaben auf freiwilliger Basis, in Abgrenzung zu den in den wertpapierbeschreibenden Anhängen enthaltenen Pflichtangaben, sind in endgültigen Bedingungen nicht zulässig. In der Praxis sind hier selten Beanstandungen der zuständigen Behörden zu vermelden. Zum einen, weil sich die beteiligten Emittenten und Banken im Wesentlichen an die strengen Vorgaben der Prospektverordnung zum Inhalt der endgültigen Bedingungen halten, sowohl im mitgebilligten Formular, als auch dann in den ausgefertigten und hinterlegten endgültigen Bedingungen. Zum anderen vielleicht auch, weil die zuständigen Behörden für die bei ihnen hinterlegten endgültigen Bedingungen keinen fortlaufenden Prüfungsauftrag haben und sich nur im Rahmen von Stichproben von der Orientierung am gebilligten Formular und generell der Einhaltung der anwendbaren Regeln überzeugen.

---

1 *Glismann*, in: Holzborn, WpPG, Anh. XXI EU-ProspV Rn. 1.

II. Einzelheiten

Die **Beispiele für die in Erwägungsgrund 18 der Prospektverordnung genannten komplexen derivativen Wertpapiere** sollen den Anlegern dabei helfen, zu verstehen, wie der Wert ihrer Anlage durch den Wert des Basisinstruments beeinflusst wird. Dies spielt eine Rolle im Rahmen der Wertpapierbeschreibung für derivative Wertpapiere in Anhang XII.

Des Weiteren sind **in der entsprechenden Wertpapierbeschreibung nicht vorgeschriebene zusätzliche Bestimmungen zum Basiswert** in den endgültigen Bedingungen erlaubt. Hier hat der Verordnungsgeber das Interesse der Investoren an möglichst umfassender Information über das Interesse an Vorabkenntnis und -prüfung gestellt und damit die Bestimmung des Basiswerts erst in den endgültigen Bedingungen weiter ermöglicht.

Die **Länder, in denen das Wertpapier öffentlich angeboten wird,** die **Länder, in denen die Zulassung zum Handel am geregelten Markt beantragt wird** und die **Länder, denen die Billigung des betreffenden Basisprospekts mitgeteilt wurde** sind relevante Angaben für die Emissionsbeteiligten, einschließlich der zuständigen Behörden, und werden häufig erst im Rahmen der einzelnen Emission bestimmt. Sie sind allerdings in den wertpapierbeschreibenden Anhängen nicht erwähnt und tauchen daher in Anhang XX nicht auf. Ohne ausdrückliche Nennung in Anhang XXI dürften sie in endgültigen Bedingungen nicht enthalten sein.

Die endgültigen Bedingungen dürfen auch die **Seriennummer** und **Tranchennummer** der jeweiligen Ziehung unter dem Emissionsprogramm enthalten. Diese rein organisatorische Angabe hilft allen Beteiligten, die Transaktion eindeutig zu identifizieren und sollte eigentlich selbstverständlich erlaubt sein. Die ausdrückliche Nennung verdeutlicht aber eindringlich, wie ernst es dem Verordnungsgeber mit der abschließenden Natur der aufgezählten zulässigen Elemente in endgültigen Bedingungen ist.

Insgesamt ist der Verordnungsgeber mit der sehr restriktiven Liste der zusätzlich zulässigen freiwilligen Angaben über das Ziel hinausgeschossen. Um die zuvor praktizierte Übung einzudämmen, ganze Auszahlungsstrukturen über die endgültigen Bedingungen nachzuschieben, hätte auch ein deutlich grobmaschigeres Netz genügt und die letzten fünf Punkte der Liste des Anhangs XXI bedürften keiner Erwähnung.[2]

---

2 Den Mehrwert des Konzepts ebenso in Frage stellend: *von Kopp-Colomb/Seitz*, WM 2012, 1220, 1223.

Anhang XXII
Für die Zusammenfassungen vorgeschriebene Angaben

LEITFADEN FÜR DIE TABELLEN

1. Die Zusammenfassungen werden auf Modularbasis gemäß den Anhängen dieser Verordnung verfasst, auf deren Grundlage der Prospekt erstellt wurde. So würde beispielsweise die Zusammenfassung eines Aktienprospekts die in den Anhängen I und III verlangten Angaben enthalten.
2. Jede Zusammenfassung besteht aus fünf Tabellen (siehe unten).
3. Die Reihenfolge der Abschnitte A-E ist verbindlich. Innerhalb der einzelnen Abschnitte sind die Angaben in der in den Tabellen angegebenen Reihenfolge zu machen.
4. Ist eine Angabe für einen Prospekt irrelevant, sollte in der Zusammenfassung an der betreffenden Stelle „entfällt" vermerkt werden.
5. Die Beschreibungen sollten kurz, d. h. nicht länger sein, als es die jeweilige Angabe erfordert.
6. Die Zusammenfassungen sollten keine Querverweise auf spezielle Teile des Prospekts enthalten.
7. Betrifft ein Prospekt die Zulassung von Nichtdividendenwerten mit einer Mindeststückelung von 100 000 EUR zum Handel an einem geregelten Markt gemäß Anhang IX oder XIII oder beiden, und wird von einem Mitgliedstaat gemäß Artikel 5 Absatz 2 und Artikel 19 Absatz 4 der Richtlinie 2003/71/EG eine Zusammenfassung verlangt oder eine solche freiwillig erstellt, so sind in der Zusammenfassung für die Anhänge IX und XIII die in den Tabellen genannten Angaben zu veröffentlichen. Ist ein Emittent nicht dazu verpflichtet, eine Zusammenfassung in den Prospekt aufzunehmen, möchte darin aber einen Überblick über seinen Prospekt geben, sollte er für den Fall, dass er dabei nicht alle Angabepflichten für Zusammenfassungen erfüllt, dafür sorgen, dass dieser Abschnitt nicht die Überschrift „Zusammenfassung" trägt.

[Die Tabellen mit den Inhalten der Abschnitte A–E sind im Anschluss an die Kommentierung als Anhang abgedruckt.]

1   Die nach Art. 24 zwingend zu befolgenden Vorgaben für Inhalt und Format der Zusammenfassungen sind im Anhang XXII in Tabellenformat als sog. **Module** dargestellt. Diese teilen sich in fünf Abschnitte A–E. Die konkreten Inhalte der in den einzelnen Abschnitten anzugebenden Informationen ergeben sich aus den Vorgaben derjenigen Anhänge der EU-Prospektverordnung, die als Mindestangaben i. S. v. § 7 WpPG i.V.m. der EU-Prospektverordnung für den konkreten Prospekt maßgeblich sind. Das bedeutet: für einen Prospekt, der zum Angebot und/oder zur Börsenzulassung von Aktien erstellt wird, sind die Angaben in der Zusammenfassung an den Vorgaben der Anhänge I und III auszurichten. Denn diese

sind auch für den Hauptteil des Prospektes (d. h. das Registrierungsformular und die Wertpapierbeschreibung) maßgeblich.

Jede Zusammenfassung besteht nach dem Wortlaut der Ziff. 2 des Anhang XXII aus **den fünf Tabellen der Abschnitte A–E**. Nach Ziff. 3 des Anhangs XXII sind sowohl die Reihenfolge der Abschnitte A–E als auch die Reihenfolge der innerhalb dieser Abschnitte verlangten Angaben verbindlich, d. h. in der Reihenfolge der Tabellen des Anhangs XXII zu machen. Sofern eine Angabe für einen konkreten Prospekt irrelevant ist, schreibt Ziff. 4 des Anhangs XXII vor, dass in der Zusammenfassung an der betreffenden Stelle der Hinweis „entfällt" zu vermerken ist (zu Besonderheiten bei „verhältnismäßigen" Anhängen für Bezugsrechtsemissionen s.u. Rn. 8).

2

Im Interesse der Klarheit und Vergleichbarkeit von Prospektzusammenfassungen erwartet ESMA ferner bei der Anwendung der Formatvorgaben des Anhangs XXII, dass die **Überschriften der Abschnitte A–E** des Anhangs XXII in der Zusammenfassung wiedergegeben werden (mit Ausnahme des Verweises auf den Garanten in Abschnitt B, der weggelassen werden kann, wenn er nicht einschlägig ist). Zudem soll die Nummerierung der einzelnen Angaben (sog. **Elemente**) nach Maßgabe des Anhangs XXII genannt werden, ebenso eine kurze Beschreibung des konkreten Offenlegungserfordernisses des jeweiligen Elements samt einer einführenden Überschrift. Auch im Fall einer nicht einschlägigen Angabe, die nach Ziff. 4 des Anhangs XII entfallen kann (s. o. Rn. 2) erwartet ESMA eine kurzen Beschreibung der betreffenden Angabe; die bloße Nennung der Abkürzung ‚N/A' genügt nicht. Verweise auf die jeweils einschlägigen Anhänge der EU-Prospektverordnung sind dagegen nicht erforderlich.[1]

3

ESMA erwartet zudem, dass der Zusammenfassung eine **Einführung** wie folgt vorangestellt wird, um dem Leser Hilfestellung zum Verständnis der Zusammenfassung und ihrer Zielsetzung zu geben:[2]

4

„Zusammenfassungen von Prospekten müssen aus Offenlegungserfordernissen bestehen, die als ‚Elemente' bezeichnet werden. Diese Elemente sind in den Abschnitten A–E (A.1–E.7) aufgezählt.

Diese Zusammenfassung enthält alle Elemente, die eine Zusammenfassung für Wertpapiere dieses Typs und für diese Art eines Emittenten enthalten muss. Da manche Elemente hier nicht einschlägig sind, können sich entsprechende Lücken in der durchnummerierten Abfolge der Elemente ergeben.

Obwohl ein Element in einer Zusammenfassung für Wertpapiere dieses Typs und für diesen Emittenten enthalten sein müsste, ist es möglich, dass zu diesem Element keine relevanten Angaben gemacht werden können. In einem solchen Fall beinhaltet die Zusammenfassung eine kurze Beschreibung des Elements mit dem Hinweis ‚entfällt'."

Nach Ziff. 5 des Anhangs XXII sollen die **Beschreibungen**, d. h. die Darstellungen in der Zusammenfassung, kurz sein, also nicht länger, als es die jeweilige Angabe erfordert. Dies empfiehlt sich ohnehin angesichts der gesetzlichen Umfangsbegrenzung (s. Art. 24 Rn. 5).

5

---

1 ESMA-Questions and Answers – Prospectuses (25th Updated Version – July 2016), ESMA/2016/1133, Antworten zu Frage 80.
2 Übersetzung des Verfassers; die Textvorgabe in den ESMA „Questions and Answers" ist in englischer Sprache abgefasst.

Anhang XXII Für die Zusammenfassungen vorgeschriebene Angaben

6   Ziff. 6 des Anhangs XXII wiederholt das **Verbot der Aufnahme von Querverweisen** auf bestimmte andere Passagen des Prospekts in der Zusammenfassung, das bereits in Art. 24 Abs. 1 2. Unterabs. ausdrücklich geregelt ist. Auf die Ausführungen in der Kommentierung zu Art. 24 (dort Rn. 5) ist daher zu verweisen.

7   ESMA erwartet ferner, dass für das Format der Zusammenfassung die folgende **tabellarische Darstellung** gewählt wird:[3]

„Abschnitt B – Emittent

B.1	*Juristische und kommerzielle Bezeichnung*	*[…]*
B.2	*Sitz, Rechtsform, geltendes Recht, Land der Gründung*	*[…].*
B.4b	*Bekannte Trends*	*Entfällt. Es sind keine Trends bekannt, die den Emittenten und die Branche, in der er tätig ist, betreffen.*
B.5	*Gruppe des Emittenten*	*Entfällt. Der Emittent ist nicht Teil einer Unternehmensgruppe.*
[…]"		

8   In den Tabellen des Anhangs XXII wird auch konkretisiert, welche Angaben im Einzelnen in der Zusammenfassung erfolgen müssen. Dabei wird nach den für den Hauptteil des betreffenden Prospektes einschlägigen Anhängen der ProspV (sog. Module und Schemata) differenziert. Die verkürzten Anhänge XXIII bis XXIX des sog. verhältnismäßigen Prospektregimes in den Tabellen der Abschnitte A–E des Anhangs XXII werden jedoch nicht erwähnt. Diese betreffen Prospekte für Bezugsrechtsemissionen gem. Art. 26a, Emissionen kleiner und mittlerer Unternehmen oder Unternehmen mit geringer Marktkapitalisierung gem. Art. 26b sowie Kreditinstitute gem. Art. 26c. Das bedeutet jedoch nicht, dass für die Zusammenfassungen dieser Prospekte die Inhalts- und Formatvorgaben des Anhangs XXII nicht gelten oder gar eine Zusammenfassung nicht erforderlich wäre. Vielmehr ist in diesen Fällen für die in der Zusammenfassung vorzunehmenden Angaben zunächst von den Anforderungen für das allgemeine Prospektregime auszugehen. So sind bei der Zusammenfassung für einen dem **verhältnismäßigen Prospektregime** nach Anhängen XXIII und XXIV folgenden Prospekt für eine Bezugsrechtskapitalerhöhung die in Bezug auf „normale" Aktienprospekte nach Anhängen I und III vorgesehenen Angaben in der Zusammenfassung maßgebend. Sofern aber nach den „verhältnismäßigen" Anhängen für Bezugsrechtsemissionen (Anhänge XXIII und XXIV) Angaben aus den Anhängen I und III im Hauptteil des Prospektes (Registrierungsformular oder Wertpapierbeschreibung) nicht gemacht werden müssen, können sie konsequenterweise auch in der Zusammenfassung entfallen.[4] Ein aus-

---

[3] ESMA-Questions and Answers – Prospectuses (25th Updated Version – July 2016), ESMA/2016/1133, Antwort zu Frage 80.
[4] ESMA-Questions and Answers – Prospectuses (25th Updated Version – July 2016), ESMA/2016/1133, Antwort zu Frage 82.

Für die Zusammenfassungen vorgeschriebene Angaben **Anhang XXII**

drücklicher Hinweis „entfällt" (s. o. Rn. 2) kann dabei an der betreffenden Stelle unterbleiben. Allerdings erwartet die BaFin eine Mitteilung im Rahmen des Billigungsverfahrens, welche Angaben aus den sog. regulären Anhängen aus diesem Grund unterblieben sind. Werden solche Angaben dagegen im Hauptteil des Prospektes freiwillig gemacht, dann sind entsprechende Informationen auch in die Zusammenfassung aufzunehmen.[5]

Eine Sonderregelung beinhaltet die Ziff. 7 des Anhangs XXII. Sie bezieht sich auf Prospekte für die Zulassung von **Nichtdividendenwerten mit einer Mindeststückelung von 100.000 EUR** zum Handel an einem geregelten Markt. Diese Prospekte müssen gem. § 5 Abs. 1 Satz 5 WpPG keine Zusammenfassung enthalten. Allerdings haben Mitgliedstaaten nach Art. 5 Abs. 2 und Art. 19 Abs. 4 der EU-Prospektrichtlinie das Wahlrecht, in ihren nationalen Umsetzungsgesetzen eine Zusammenfassung zu verlangen. Ist also nach solchen Bestimmungen nationalen Prospektrechts eine Zusammenfassung zu erstellen oder wird eine solche freiwillig erstellt, so müssen darin die in den Tabellen der Abschnitte A–E genannten Angaben nach Maßgabe der Anhänge IX und XIII erfolgen. Besteht keine Pflicht zur Erstellung einer Zusammenfassung, beabsichtigen die Prospektverantwortlichen jedoch einen überblicksartigen Abschnitt in den Prospekt aufzunehmen, darf dieser nur dann als „Zusammenfassung" bezeichnet werden, wenn er den Angabepflichten für Zusammenfassungen entspricht. Ziff. 7 wiederholt damit die entsprechende Regelung in Art. 24 Abs. 1 3. Unterabs.. Ein überblicksartiger Abschnitt, der den Anforderungen an eine Zusammenfassung nicht entspricht, ist freilich nicht verboten. Er muss nur anders bezeichnet werden (etwa mit „Überblick", „Übersicht" etc.).

9

Die Aufnahme **ausgewählter wesentlicher historischer Finanzinformationen** in die Zusammenfassung ist für Aktienprospekte unter Verweis auf Annex I nach Element B.7, für Prospekte für Schuldtitel nach Anhang IV gemäß Element B.12 vorgesehen. Die genannten Anhänge sehen entsprechende (Mindest-) Angaben auch für den Hauptteil des Prospektes vor. Dagegen verlangen die Anhänge IX (Mindestangaben für das Registrierungsformular für Schuldtitel und derivative Wertpapiere mit einer Mindeststückelung von 100.000 EUR) und XI (Mindestangaben für das Registrierungsformular für Banken) keine Angabe ausgewählter wesentlicher historischer Finanzinformationen im Hauptteil des Prospektes. Element B.12 differenziert insoweit jedoch nicht nach den unterschiedlichen Schemata für Schultitel. Es verlangt vielmehr auch für Prospekte nach den Anhängen IX und XI ausgewählte wesentliche historische Finanzinformationen sowie eine Erklärung, dass sich die Aussichten des Emittenten seit dem Datum des letzten veröffentlichten geprüften Abschlusses nicht wesentlich verschlechtert haben bzw. eine Beschreibung jeder wesentlichen Verschlechterung. Daneben ist eine Beschreibung wesentlicher Veränderungen der Finanzlage oder Handelsposition des Emittenten, die nach dem von den historischen Finanzinformationen abgedeckten Zeitraum eingetreten sind, vorgesehen. Nach Auffassung von ESMA dient dies dazu, dass die Zusammenfassung auf jeden Fall Finanzinformationen enthält. Sofern der Hauptteil des Prospektes keine ausgewählten wesentlichen historischen Finanzinformationen eigens ausweist, sind diese Angaben in der Zusammenfassung aus den im Prospekt enthaltenen historischen Finanzinformationen abzuleiten.[6]

10

---

5 *Henningsen*, BaFin-Journal 9/12, S. 5, 6.
6 ESMA-Questions and Answers – Prospectuses (25th Updated Version – July 2016), ESMA/2016/1133, Antwort zu Frage 93.

Anhang XXII   Für die Zusammenfassungen vorgeschriebene Angaben

11 Im Fall eines Prospektes nach Maßgabe des **verhältnismäßigen Schemas nach Anhang XXVII** (Registrierungsformular für Schuldtitel und derivative Wertpapiere (≥ 100.000 EUR) von KMU und Unternehmen mit geringer Marktkapitalisierung) kann nach § 5 Abs. 2 Satz 5 WpPG die Zusammenfassung entfallen. Wird aber dennoch eine Zusammenfassung aufgenommen, so hat diese den Anforderungen des Anhangs IX (Mindestangaben für das Registrierungsformular für Schuldtitel und derivative Wertpapiere mit einer Mindeststückelung von 100.000 EUR) zu folgen.[7]

12 In Bezug auf die Mindestinformationen nach Abschnitt D des Anhangs XXII (**Risiken**) stellt ESMA klar, dass für die Darstellung der Risiken in der Zusammenfassung ein anderer Wesentlichkeitsmaßstab gilt als für den Abschnitt Risikofaktoren im Hauptteil des Prospektes. Letzterer muss alle wesentlichen Risiken enthalten. Dagegen kann sich die Zusammenfassung auf die Darstellung von Schlüsselinformationen in Bezug auf die Risiken beschränken, die für den Emittenten (Elemente D.1 und D.2) und seine Branche (Element D.1) sowie die betreffenden Wertpapiere (Element D.3) spezifisch sind. Das bedeutet, dass die Zusammenfassung nicht alle Risiken enthalten muss, die im Abschnitt „Risikofaktoren" dargestellt sind. Dabei muss die Darstellung der Risiken in der Zusammenfassung den Investoren die Quelle, Art und, wenn möglich, Auswirkungen der Risiken zu erkennen geben. Wenn die Überschrift des jeweiligen Risikofaktors diesen Anforderungen gerecht wird und das betreffende Risiko im Zusammenhang mit dem Geschäftsbetrieb des Emittenten bzw. der jeweiligen Wertpapieremission ausreichend erklärt, bedarf es darüber hinaus keiner weiteren Angaben.[8] In der Praxis ist dies regelmäßig der Fall.[9]

---

[7] ESMA-Questions and Answers – Prospectuses (25th Updated Version – July 2016), ESMA/2016/1133, Antwort zu Frage 93.

[8] ESMA-Questions and Answers – Prospectuses (25th Updated Version – July 2016), ESMA/2016/1133, Antwort zu Frage 94.

[9] *Meyer*, in: Habersack/Mülbert/Schlitt, Unternehmensfinanzierung, 3. Aufl. 2013, § 36 Rn. 24, 53.

Für die Zusammenfassungen vorgeschriebene Angaben **Anhang XXII**

Abschnitt A – Einleitung und Warnhinweise

Anhänge	Punkt	Geforderte Angaben
Alle	A.1	Warnhinweis, dass – die [betreffende] Zusammenfassung als Prospekteinleitung verstanden werden sollte, – sich der Anleger bei jeder Entscheidung, in die Wertpapiere zu investieren, auf den Prospekt als Ganzen stützen sollte, – ein Anleger, der wegen der in dem [betreffenden] Prospekt enthaltenen Angaben Klage einreichen will, nach den nationalen Rechtsvorschriften seines Mitgliedstaats möglicherweise für die Übersetzung des Prospekts aufkommen muss, bevor das Verfahren eingeleitet werden kann, und – zivilrechtlich nur diejenigen Personen haften, die die Zusammenfassung samt etwaiger Übersetzungen vorgelegt und übermittelt haben, und dies auch nur für den Fall, dass die Zusammenfassung verglichen mit den anderen Teilen des Prospekts irreführend, unrichtig oder inkohärent ist oder verglichen mit den anderen Teilen des Prospekts wesentliche Angaben, die in Bezug auf Anlagen in die betreffenden Wertpapiere für die Anleger eine Entscheidungshilfe dar stellen, vermissen lassen.
Alle	A.2	– Zustimmung des Emittenten oder der für die Erstellung des Prospekts verantwortlichen Person zur Verwendung des Prospekts für die spätere Weiterveräußerung oder endgültige Platzierung von Wertpapieren durch Finanzintermediäre. – Angabe der Angebotsfrist, innerhalb deren die spätere Weiterveräußerung oder endgültige Platzierung von Wertpapieren durch Finanzintermediäre erfolgen kann und für die die Zustimmung zur Verwendung des Prospekts erteilt wird. – Alle sonstigen klaren und objektiven Bedingungen, an die die Zustimmung gebunden ist und die für die Verwendung des Prospekts relevant sind. – Deutlich hervorgehobener Hinweis für die Anleger, dass Informationen über die Bedingungen des Angebots eines Finanzintermediärs von diesem zum Zeitpunkt der Vorlage des Angebots zur Verfügung zu stellen sind. – Angabe der Angebotsfrist, innerhalb deren die spätere Weiterveräußerung oder endgültige Platzierung von Wertpapieren durch Finanzintermediäre erfolgen kann und für die die Zustimmung zur Verwendung des Prospekts erteilt wird. – Alle sonstigen klaren und objektiven Bedingungen, an die die Zustimmung gebunden ist und die für die Verwendung des Prospekts relevant sind.

Anhang XXII Für die Zusammenfassungen vorgeschriebene Angaben

Abschnitt B – Emittent und etwaige Garantiegeber

Anhänge	Punkt	Geforderte Angaben
1, 4, 7, 9, 11	B.1	Gesetzliche und kommerzielle Bezeichnung des Emittenten.
1, 4, 7, 9, 11	B.2	Sitz und Rechtsform des Emittenten, das für den Emittenten geltende Recht und Land der Gründung der Gesellschaft.
1	B.3	Art der derzeitigen Geschäftstätigkeit und Haupttätigkeiten des Emittenten samt der hierfür wesentlichen Faktoren, wobei die Hauptprodukt- und/oder -dienstleistungskategorien sowie die Hauptmärkte, auf denen der Emittent vertreten ist, anzugeben sind.
1	B.4a	Wichtigste jüngste Trends, die sich auf den Emittenten und die Branchen, in denen er tätig ist, auswirken.
4, 11	B.4b	Alle bereits bekannten Trends, die sich auf den Emittenten und die Branchen, in denen er tätig ist, auswirken.
1, 4, 9, 11	B.5	Ist der Emittent Teil einer Gruppe, Beschreibung der Gruppe und der Stellung des Emittenten innerhalb dieser Gruppe.
1	B.6	Soweit dem Emittenten bekannt, Name jeder Person, die eine direkte oder indirekte Beteiligung am Eigenkapital des Emittenten oder einen Teil der Stimmrechte hält, die/der nach den für den Emittenten geltenden nationalen Rechtsvorschriften meldepflichtig ist, samt der Höhe der Beteiligungen der einzelnen Personen. Angabe, ob die Hauptanteilseigner des Emittenten unterschiedliche Stimmrechte haben, falls vorhanden. Soweit dem Emittenten bekannt, ob an ihm unmittelbare oder mittelbare Beteiligungen oder Beherrschungsverhältnisse bestehen, wer diese Beteiligungen hält bzw. diese Beherrschung ausübt und welcher Art die Beherrschung ist.
1	B.7	Ausgewählte wesentliche historische Finanzinformationen über den Emittenten, die für jedes Geschäftsjahr des von den historischen Finanzinformationen abgedeckten Zeitraums und für jeden nachfolgenden Zwischenberichtszeitraum vorgelegt werden, sowie Vergleichsdaten für den gleichen Zeitraum des vorangegangenen Geschäftsjahres, es sei denn, diese Anforderung ist durch Vorlage der Bilanzdaten zum Jahresende erfüllt. Sollten sich Finanzlage und Betriebsergebnis des Emittenten in oder nach dem von den wesentlichen historischen Finanzinformationen abgedeckten Zeitraum erheblich geändert haben, sollten auch diese Veränderungen dargelegt werden.
1, 2	B.8	Ausgewählte wesentliche Pro-forma-Finanzinformationen, die als solche gekennzeichnet sind. Diese müssen einen klaren Hinweis auf den hypothetischen Charakter von Pro-Forma-Finanzinformationen, d.h. darauf enthalten, dass sie nicht die tatsächliche Finanzlage oder die tatsächlichen Ergebnisse des Unternehmens widerspiegeln.

Anhang XXII

Anhänge	Punkt	Geforderte Angaben
1, 4, 9, 11	B.9	Liegen Gewinnprognosen oder -schätzungen vor, ist der entsprechende Wert anzugeben.
1, 4, 9, 11	B.10	Art etwaiger Beschränkungen im Bestätigungsvermerk zu den historischen Finanzinformationen.
3	B.11	Reicht das Geschäftskapital des Emittenten nicht aus, um die bestehenden Anforderungen zu erfüllen, sollte eine Erläuterung beigefügt werden.
4, 9, 11	B.12	**Berücksichtigen Sie unter Punkt B.7 nur den ersten Absatz und liefern Sie darüber hinaus:** – eine Erklärung, dass sich die Aussichten des Emittenten seit dem Datum des letzten veröffentlichten geprüften Abschlusses nicht wesentlich verschlechtert haben, oder beschreiben Sie jede wesentliche Verschlechterung, – eine Beschreibung wesentlicher Veränderungen bei Finanzlage oder Handelsposition des Emittenten, die nach dem von den historischen Finanzinformationen abgedeckten Zeitraum eingetreten sind.
4, 9, 11	B.13	Beschreibung aller Ereignisse aus der jüngsten Zeit der Geschäftstätigkeit des Emittenten, die für die Bewertung seiner Zahlungsfähigkeit in hohem Maße relevant sind.
4, 9, 11	B.14	B.5 sowie: „Ist der Emittent von anderen Unternehmen der Gruppe abhängig, ist dies klar anzugeben."
4, 9, 11	B.15	Beschreibung der Haupttätigkeiten des Emittenten.
4, 7, 9, 11	B.16	**Berücksichtigen Sie unter Punkt B.6 nur den letzten Absatz.**
5, 13	B.17	Die Ratings, die im Auftrag des Emittenten oder in Zusammenarbeit mit ihm beim Ratingverfahren für den Emittenten oder seine Schuldtitel erstellt wurden.
6	B.18	Beschreibung von Art und Umfang der Garantie.
6	B.19	Es sind die in Abschnitt B vorgesehenen Angaben zum Garantiegeber zu liefern, als wäre er der Emittent der gleichen Art von Wertpapieren, die Gegenstand der Garantie ist. Legen Sie deshalb für den betreffenden Anhang die für eine Zusammenfassung vorgeschriebenen Angaben vor.
7	B.20	Angabe, ob der Emittent als Zweckgesellschaft zur Emission von ABS gegründet wurde.
7	B.21	Beschreibung der Haupttätigkeiten des Emittenten einschließlich eines Gesamtüberblicks über die Teilnehmer des Verbriefungsprogramms, sowie Angaben über unmittelbare oder mittelbare Beteiligungen oder Beherrschungsverhältnisse zwischen diesen Teilnehmern.
7	B.22	Hat ein Emittent seit seiner Gründung oder Niederlassung seine Tätigkeit nicht aufgenommen und wurde zum Datum des Registrierungsformulars kein Abschluss erstellt, ist dies anzugeben.

Anhang XXII Für die Zusammenfassungen vorgeschriebene Angaben

Anhänge	Punkt	Geforderte Angaben
7	B.23	**Berücksichtigen Sie unter Punkt B.7 nur den ersten Absatz**
7	B.24	Beschreibung jeder wesentlichen Verschlechterung der Aussichten des Emittenten seit dem Datum des letzten veröffentlichten geprüften Abschlusses.
8	B.25	Beschreibung der Basiswerte, einschließlich – einer Bestätigung, dass die der Emission zugrunde liegenden verbrieften Aktiva so beschaffen sind, dass sie die Erwirtschaftung von Finanzströmen gewährleisten, die alle für die Wertpapiere fälligen Zahlungen abdecken, – einer Beschreibung der allgemeinen Charakteristika der Schuldner und bei einer kleineren Zahl leicht identifizierbarer Schuldner eine allgemeine Beschreibung der einzelnen Schuldner, – einer Beschreibung der Rechtsnatur der Aktiva, – der Beleihungsquote oder des Besicherungsgrades, – für den Fall, dass der Prospekt ein Immobiliengutachen enthält, eine Beschreibung der Schätzung.
8	B.26	Wenn der Emission ein aktiv gemanagter Pool von Aktiva zugrunde liegt, Beschreibung der Parameter, innerhalb deren die Anlagen getätigt werden können, Name und Beschreibung des für die Verwaltung zuständigen Unternehmens, einschließlich einer kurzen Beschreibung der Beziehung dieses Unternehmens zu allen anderen an der Emission beteiligten Parteien.
8	B.27	Schlägt ein Emittent die Ausgabe weiterer Wertpapiere vor, die mit den gleichen Aktiva unterlegt sind, ist dies anzugeben.
8	B.28	Beschreibung der Struktur der Transaktion, erforderlichenfalls mit Strukturdiagramm.
8	B.29	Beschreibung des Mittelflusses und Angabe von Swap-Vertragsparteien und etwaigen anderen wesentlichen Formen der Bonitäts- oder Liquiditätsverbesserung sowie deren Steller.
8	B.30	Name und Beschreibung der Originatoren der verbrieften Aktiva.
10	B.31	Angaben zum Emittenten der Basiswerte: – B.1 – B.2 – B.3 – B.4 – B.5 – B.6 – B.7 – B.9 – B.10 – D.4
4, 9, 11	B.15	Beschreibung der Haupttätigkeiten des Emittenten.
4, 7, 9, 11	B.16	**Berücksichtigen Sie unter Punkt B.6 nur den letzten Absatz.**

Für die Zusammenfassungen vorgeschriebene Angaben — Anhang XXII

Anhänge	Punkt	Geforderte Angaben
5, 13	B.17	Die Ratings, die im Auftrag des Emittenten oder in Zusammenarbeit mit ihm beim Ratingverfahren für den Emittenten oder seine Schuldtitel erstellt wurden.
6	B.18	Beschreibung von Art und Umfang der Garantie.
6	B.19	Es sind die in Abschnitt B vorgesehenen Angaben zum Garantiegeber zu liefern, als wäre er der Emittent der gleichen Art von Wertpapieren, die Gegenstand der Garantie ist. Legen Sie deshalb für den betreffenden Anhang die für eine Zusammenfassung vorgeschriebenen Angaben vor.
7	B.20	Angabe, ob der Emittent als Zweckgesellschaft zur Emission von ABS gegründet wurde.
7	B.21	Beschreibung der Haupttätigkeiten des Emittenten einschließlich eines Gesamtüberblicks über die Teilnehmer des Verbriefungsprogramms, sowie Angaben über unmittelbare oder mittelbare Beteiligungen oder Beherrschungsverhältnisse zwischen diesen Teilnehmern.
7	B.22	Hat ein Emittent seit seiner Gründung oder Niederlassung seine Tätigkeit nicht aufgenommen und wurde zum Datum des Registrierungsformulars kein Abschluss erstellt, ist dies anzugeben.
7	B.23	**Berücksichtigen Sie unter Punkt B.7 nur den ersten Absatz**
7	B.24	Beschreibung jeder wesentlichen Verschlechterung der Aussichten des Emittenten seit dem Datum des letzten veröffentlichten geprüften Abschlusses.
8	B.25	Beschreibung der Basiswerte, einschließlich – einer Bestätigung, dass die der Emission zugrunde liegenden verbrieften Aktiva so beschaffen sind, dass sie die Erwirtschaftung von Finanzströmen gewährleisten, die alle für die Wertpapiere fälligen Zahlungen abdecken, – einer Beschreibung der allgemeinen Charakteristika der Schuldner und bei einer kleineren Zahl leicht identifizierbarer Schuldner eine allgemeine Beschreibung der einzelnen Schuldner, – einer Beschreibung der Rechtsnatur der Aktiva, – der Beleihungsquote oder des Besicherungsgrades, – für den Fall, dass der Prospekt ein Immobiliengutachen enthält, eine Beschreibung der Schätzung.
8	B.26	Wenn der Emission ein aktiv gemanagter Pool von Aktiva zugrunde liegt, Beschreibung der Parameter, innerhalb deren die Anlagen getätigt werden können, Name und Beschreibung des für die Verwaltung zuständigen Unternehmens, einschließlich einer kurzen Beschreibung der Beziehung dieses Unternehmens zu allen anderen an der Emission beteiligten Parteien.
8	B.27	Schlägt ein Emittent die Ausgabe weiterer Wertpapiere vor, die mit den gleichen Aktiva unterlegt sind, ist dies anzugeben.
8	B.28	Beschreibung der Struktur der Transaktion, erforderlichenfalls mit Strukturdiagramm.

Anhang XXII Für die Zusammenfassungen vorgeschriebene Angaben

Anhänge	Punkt	Geforderte Angaben
8	B.29	Beschreibung des Mittelflusses und Angabe von Swap-Vertragsparteien und etwaigen anderen wesentlichen Formen der Bonitäts- oder Liquiditätsverbesserung sowie deren Steller.
8	B.30	Name und Beschreibung der Originatoren der verbrieften Aktiva.
10	B.31	Angaben zum Emittenten der Basiswerte: – B.1 – B.2 – B.3 – B.4 – B.5 – B.6 – B.7 – B.9 – B.10 – D.4
10	B.32	Angaben zum Emittenten der Zertifikate, die Aktien vertreten: – „Name und eingetragener Sitz." – „Rechtsordnung, unter der der Emittent tätig ist, und Rechtsform, die er unter dieser Rechtsordnung angenommen hat."
15	B.33	Folgende Angaben aus Anhang 1: – B.1 – B.2 – B.5 – B.6 – B.7 – B.8 – B.9 – B.10 – C.3 – C.7 – D.2
15	B.34	Beschreibung des Anlageziels und der Anlagepolitik (einschließlich etwaiger Anlagebeschränkungen), die der Organismus für gemeinsame Anlagen verfolgt, einschließlich einer Beschreibung der genutzten Instrumente.
15	B.35	Obergrenzen für die Kreditaufnahme und/oder Leverage-Limits, denen der Organismus für gemeinsame Anlagen unterliegt. Sind keine Obergrenzen vorhanden, ist dies anzugeben.
15	B.36	Beschreibung des Status des Organismus für gemeinsame Anlagen, der durch eine Regulierungs- oder Aufsichtsbehörde kontrolliert wird, und Angabe des Namens der Regulierungs- bzw. Aufsichtsbehörde(n) im Land seiner Gründung.
15	B.37	Kurzes Profil des Anlegertyps, auf den der Organismus für gemeinsame Anlagen zugeschnitten ist.

Für die Zusammenfassungen vorgeschriebene Angaben **Anhang XXII**

Anhänge	Punkt	Geforderte Angaben
15	B.38	Wird im Hauptteil des Prospekts angegeben, dass mehr als 20% der Bruttovermögenswerte des Organismus für gemeinsame Anlagen a) direkt oder indirekt in einen einzigen Basiswert investiert werden können oder b) in einen oder mehrere Organismen für gemeinsame Anlagen investiert werden können, die ihrerseits mehr als 20% ihrer Bruttovermögenswerte in andere Organismen für gemeinsame Anlagen investieren können, oder c) eine über diesen Betrag hinausgehende Exposition in Bezug auf die Bonität oder Zahlungsfähigkeit einer anderen Vertragspartei besteht, sollte dieses Unternehmen genannt und die Exposition (z.B. der Vertragspartner) beschrieben werden und sollten Angaben zu dem Markt gemacht werden, an dem die Wertpapiere dieses Unternehmens zum Handel zugelassen sind.
15	B.39	Darf ein Organismus für gemeinsame Anlagen mehr als 40% seiner Bruttovermögenswerte in einen anderen Organismus für gemeinsame Anlagen investieren, sollte(n) in der Zusammenfassung entweder a) die Exponierung und der Name des Basisorganismus für gemeinsame Anlagen genannt und die gleichen Angaben geliefert werden, die in einer Zusammenfassung von diesem Organismus für gemeinsame Anlagen verlangt würden, oder b) für den Fall, dass die von einem Basisorganismus für gemeinsame Anlagen emittierten Wertpapiere bereits zum Handel an einem geregelten oder gleich wertigen Markt zugelassen sind, der Name des Basisorganismus für gemeinsame Anlagen angegeben werden.
15	B.40	Beschreibung der Dienstleister des Antragstellers einschließlich der maximal zu entrichtenden Entgelte.
15	B.41	Name und Regulierungsstatus aller etwaigen Vermögensverwalter, Anlageberater, Verwahrer, Verwalter oder sonstigen Treuhänder (einschließlich etwaiger delegierter Verwahrungsverträge).
10	B.32	Angaben zum Emittenten der Zertifikate, die Aktien vertreten: – „Name und eingetragener Sitz." – „Rechtsordnung, unter der der Emittent tätig ist, und Rechtsform, die er unter dieser Rechtsordnung angenommen hat."
15	B.33	Folgende Angaben aus Anhang 1: – B.1 – B.2 – B.5 – B.6 – B.7 – B.8 – B.9 – B.10 – C.3 – C.7 – D.2

Anhang XXII   Für die Zusammenfassungen vorgeschriebene Angaben

Anhänge	Punkt	Geforderte Angaben
15	B.34	Beschreibung des Anlageziels und der Anlagepolitik (einschließlich etwaiger Anlagebeschränkungen), die der Organismus für gemeinsame Anlagen verfolgt, ein schließlich einer Beschreibung der genutzten Instrumente.
15	B.36	Beschreibung des Status des Organismus für gemeinsame Anlagen, der durch eine Regulierungs- oder Aufsichtsbehörde kontrolliert wird, und Angabe des Namens der Regulierungs- bzw. Aufsichtsbehörde(n) im Land seiner Gründung.
15	B.37	Kurzes Profil des Anlegertyps, auf den der Organismus für gemeinsame Anlagen zugeschnitten ist.
15	B.38	Wird im Hauptteil des Prospekts angegeben, dass mehr als 20 % der Bruttovermögenswerte des Organismus für gemeinsame Anlagen a) direkt oder indirekt in einen einzigen Basiswert investiert werden können oder b) in einen oder mehrere Organismen für gemeinsame Anlagen investiert werden können, die ihrerseits mehr als 20 % ihrer Bruttovermögenswerte in andere Organismen für gemeinsame Anlagen investieren können, oder c) eine über diesen Betrag hinausgehende Exposition in Bezug auf die Bonität oder Zahlungsfähigkeit einer anderen Vertragspartei besteht, sollte dieses Unternehmen genannt und die Exposition (z. B der Vertragspartner) beschrieben werden und sollten Angaben zu dem Markt gemacht werden, an dem die Wertpapiere dieses Unternehmens zum Handel zugelassen sind.
15	B.39	Darf ein Organismus für gemeinsame Anlagen mehr als 40 % seiner Bruttovermögenswerte in einen anderen Organismus für gemeinsame Anlagen investieren, sollte(n) in der Zusammenfassung entweder a) die Exponierung und der Name des Basisorganismus für gemeinsame Anlagen genannt und die gleichen Angaben geliefert werden, die in einer Zusammenfassung von diesem Organismus für gemeinsame Anlagen verlangt würden, oder b) für den Fall, dass die von einem Basisorganismus für gemeinsame Anlagen emittierten Wertpapiere bereits zum Handel an einem geregelten oder gleichwertigen Markt zugelassen sind, der Name des Basisorganismus für gemeinsame Anlagen angegeben werden.
15	B.40	Beschreibung der Dienstleister des Antragstellers einschließlich der maximal zu entrichtenden Entgelte.
15	B.41	Name und Regulierungsstatus aller etwaigen Vermögensverwalter, Anlageberater, Verwahrer, Verwalter oder sonstigen Treuhänder (einschließlich etwaiger delegierter Verwahrungsverträge).
15	B.42	Häufigkeit der Bestimmung des Nettoinventarwerts des Organismus für gemeinsame Anlagen und Art der Übermittlung dieses Werts an die Anleger.

Anhang XXII

Anhänge	Punkt	Geforderte Angaben
15	B.43	Bei einem Dachorganismus für gemeinsame Anlagen ist jede wechselseitige Haftung, die zwischen verschiedenen Teilfonds oder Anlagen in andere Organismen für gemeinsame Anlagen auftreten kann, darzulegen.
15	B.44	B.7 sowie: – „Hat ein Organismus für gemeinsame Anlagen seine Tätigkeit noch nicht aufgenommen und wurde zum Datum des Registrierungsformulars kein Abschluss erstellt, ist dies anzugeben."
15	B.45	Beschreibung des Portfolios des Organismus für gemeinsame Anlagen.
15	B.46	Angabe des aktuellsten Nettoinventarwerts pro Wertpapier (falls anwendbar).
16	B.47	Beschreibung des Emittenten, einschließlich – seiner gesetzlichen Bezeichnung und seiner Stellung im nationalen öffentlichen Rahmen, – der Rechtsform des Emittenten, – aller etwaigen Ereignisse aus jüngster Zeit, die für die Bewertung seiner Zahlungsfähigkeit relevant sind, – einer Beschreibung des wirtschaftlichen Umfelds des Emittenten, einschließlich der Wirtschaftsstruktur mit detaillierten Angaben zu den Hauptwirtschaftszweigen.
16	B.48	Beschreibung/Eckdaten der öffentlichen Finanzen und Handelsinformationen für die beiden Geschäftsjahre, die dem Datum des Prospekts vorausgehen, samt einer Beschreibung aller wesentlichen Veränderungen, die seit Ende des letzten Geschäftsjahres bei diesen Angaben eingetreten sind.
17	B.49	Beschreibung des Emittenten, einschließlich – seiner gesetzlichen Bezeichnung und einer Beschreibung seines Rechtsstatus, – seiner Rechtsform, – einer Beschreibung seiner Zielsetzung und Aufgaben, – seiner Finanzierungsquellen sowie der Garantien und anderer Verpflichtungen, die seine Mitglieder ihm gegenüber übernommen haben, – aller etwaigen Ereignisse aus jüngster Zeit, die für die Bewertung seiner Zahlungsfähigkeit relevant sind.
17	B.50	Ausgewählte wesentliche historische Finanzinformationen der letzten beiden Geschäftsjahre samt einer Beschreibung aller wesentlichen Veränderungen, die seit den letzten geprüften Finanzinformationen bei der Finanzlage des Emittenten eingetreten sind.

Anhang XXII Für die Zusammenfassungen vorgeschriebene Angaben

Abschnitt C – Wertpapiere

Anhänge	Punkt	Geforderte Angaben
3, 5, 12, 13	C.1	Beschreibung von Art und Gattung der angebotenen und/oder zum Handel zuzulas senden Wertpapiere, einschließlich jeder Wertpapierkennung.
3, 5, 12, 13	C.2	Währung der Wertpapieremission.
1	C.3	Zahl der ausgegebenen und voll eingezahlten Aktien und der ausgegebenen, aber nicht voll eingezahlten Aktien. Nennwert pro Aktie bzw. Angabe, dass die Aktien keinen Nennwert haben.
3	C.4	Beschreibung der mit den Wertpapieren verbundenen Rechte.
3, 5, 12, 13	C.5	Beschreibung aller etwaigen Beschränkungen für die freie Übertragbarkeit der Wert papiere.
3	C.6	Angabe, ob für die angebotenen Wertpapiere die Zulassung zum Handel an einem geregelten Markt beantragt wurde bzw. werden soll, und Nennung aller geregelten Märkte, an denen die Wertpapiere gehandelt werden oder werden sollen.
1	C.7	Beschreibung der Dividendenpolitik.
5, 12, 13	C.8	C.4 sowie: – „einschließlich der Rangordnung" – „einschließlich Beschränkungen dieser Rechte"
5, 13	C.9	C.8 sowie: – „nominaler Zinssatz" – „Datum, ab dem die Zinsen zahlbar werden und Zinsfälligkeitstermine" – „ist der Zinssatz nicht festgelegt, Beschreibung des Basiswerts, auf den er sich stützt" – „Fälligkeitstermin und Vereinbarungen für die Darlehenstilgung, einschließlich der Rückzahlungsverfahren" – „Angabe der Rendite" – „Name des Vertreters der Schuldtitelinhaber"
5	C.10	C.9 sowie: – „wenn das Wertpapier eine derivative Komponente bei der Zinszahlung hat, eine klare und umfassende Erläuterung, die den Anlegern verständlich macht, wie der Wert ihrer Anlage durch den Wert des Basisinstruments/der Basis instrumente beeinflusst wird, insbesondere in Fällen, in denen die Risiken am offensichtlichsten sind"
5, 12	C.11	Es ist anzugeben, ob für die angebotenen Wertpapiere ein Antrag auf Zulassung zum Handel gestellt wurde oder werden soll, um sie an einem geregelten Markt oder anderen gleichwertigen Märkten zu platzieren, wobei die betreffenden Märkte zu nennen sind.
8	C.12	Mindeststückelung einer Emission.

Für die Zusammenfassungen vorgeschriebene Angaben **Anhang XXII**

Anhänge	Punkt	Geforderte Angaben
10	C.13	Angaben über die zugrunde liegenden Aktien: – C.1 – C.2 – C.3 – C.4 – C.5 – C.6 – C.7
10	C.14	Angaben zu den Zertifikaten, die Aktien vertreten: – C.1 – C.2 – C.4 – C.5 – „Beschreibung der Wahrnehmung und Nutzung der an die zugrunde liegenden Aktien gebunden Rechte, insbesondere der Stimmrechte, der Bedingungen, unter denen der Zertifikateemittent diese Rechte wahrnehmen kann, und der Maßnahmen, die geplant sind, um von den Zertifikateinhabern entsprechende Anweisungen – sowie das Recht auf Beteiligung am Gewinn und am Liquidationserlös, die nicht auf den Inhaber der Zertifikate übertragen werden, zu erhalten." – „Beschreibung der Bankgarantien oder sonstigen Garantien, die für die Zertifikate gestellt werden und die Verpflichtungen des Emittenten unterlegen sollen."
12	C.15	Beschreibung, wie der Wert der Anlage durch den Wert des Basisinstruments/der Basisinstrumente beeinflusst wird, es sei denn, die Wertpapiere haben eine Mindeststückelung von 100 000 EUR.
12	C.16	Verfalltag oder Fälligkeitstermin der derivativen Wertpapiere – Ausübungstermin oder letzter Referenztermin.
12	C.17	Beschreibung des Abrechnungsverfahrens für die derivativen Wertpapiere.
12	C.18	Beschreibung der Ertragsmodalitäten bei derivativen Wertpapieren.
12	C.19	Ausübungspreis oder endgültiger Referenzpreis des Basiswerts.
12	C.20	Beschreibung der Art des Basiswerts und Angabe des Ortes, an dem Informationen über den Basiswert erhältlich sind.
13	C.21	Angabe des Markts, an dem die Wertpapiere künftig gehandelt werden und für den ein Prospekt veröffentlicht wurde.

Anhang XXII Für die Zusammenfassungen vorgeschriebene Angaben

Anhänge	Punkt	Geforderte Angaben
14	C.22	Angaben über die zugrunde liegenden Aktien: – „Beschreibung der zugrunde liegenden Aktie." – C.2 – C.4 sowie „und des Verfahrens für die Wahrnehmung dieser Rechte." – „Ort und Zeitpunkt der künftigen bzw. erfolgten Zulassung der Aktien zum Handel." – C.5 – „Ist der Emittent des Basistitels ein Unternehmen derselben Gruppe, sind zu diesem Emittenten die gleichen Angaben zu liefern wie im Aktien-Registrierungsformular. Legen Sie deshalb für Anhang 1 die für eine Zusammenfassung vorgeschriebenen Angaben vor."

Abschnitt D – Risiken

Anhänge	Punkt	Geforderte Angaben
1	D.1	Zentrale Angaben zu den zentralen Risiken, die dem Emittenten oder seiner Branche eigen sind.
4, 7, 9, 11, 16, 17	D.2	Zentrale Angaben zu den zentralen Risiken, die dem Emittenten eigen sind.
3, 5, 13	D.3	Zentrale Angaben zu den zentralen Risiken, die den Wertpapieren eigen sind.
10	D.4	Angaben zum Emittenten der zugrunde liegenden Aktien: – D.2
10	D.5	Angaben zu den Zertifikaten, die Aktien vertreten: – D.3
12	D.6	D.3 sowie: – „Diese müssen einen Risikohinweis darauf enthalten, dass der Anleger seinen Kapitaleinsatz ganz oder teilweise verlieren könnte, sowie gegebenenfalls einen Hinweis darauf, dass die Haftung des Anlegers nicht auf den Wert seiner Anlage beschränkt ist, sowie eine Beschreibung der Umstände, unter denen es zu einer zusätzlichen Haftung kommen kann und welche finanziellen Folgen dies voraussichtlich nach sich zieht."

Abschnitt E – Angebot

Anhänge	Punkt	Geforderte Angaben
3, 10	E.1	Gesamtnettoerlöse und geschätzte Gesamtkosten der Emission/des Angebots, einschließlich der geschätzten Kosten, die dem Anleger vom Emittenten oder Anbieter in Rechnung gestellt werden.
3, 10	E.2a	Gründe für das Angebot, Zweckbestimmung der Erlöse, geschätzte Nettoerlöse.

Für die Zusammenfassungen vorgeschriebene Angaben **Anhang XXII**

Anhänge	Punkt	Geforderte Angaben
5, 12	E.2b	Gründe für das Angebot und Zweckbestimmung der Erlöse, sofern diese nicht in der Gewinnerzielung und/oder der Absicherung bestimmter Risiken liegt.
3, 5, 10, 12	E.3	*Beschreibung der Angebotskonditionen.*
3, 5, 10, 12, 13	E.4	Beschreibung aller für die Emission/das Angebot wesentlichen, auch kollidierenden Beteiligungen.
3, 10	E.5	Name der Person/des Unternehmens, die/das das Wertpapier zum Verkauf anbietet. Bei Lock-up-Vereinbarungen die beteiligten Parteien und die Lock-up-Frist.
3, 10	E.6	Betrag und Prozentsatz der aus dem Angebot resultierenden unmittelbaren Verwässerung. Im Falle eines Zeichnungsangebots an die existierenden Anteilseigner Betrag und Prozentsatz der unmittelbaren Verwässerung, für den Fall, dass sie das neue Angebot nicht zeichnen.
Alle	E.7	Schätzung der Ausgaben, die dem Anleger vom Emittenten oder Anbieter in Rechnung gestellt werden.

Meyer

Anhang XXIII
Mindestangaben für das Aktienregistrierungsformular bei Bezugsrechtsemissionen (verhältnismäßiges Schema)

1. HAFTENDE PERSONEN

1.1 Alle Personen, die für die Angaben im Registrierungsformular bzw. für bestimmte Teile des Registrierungsformulars haften. Im letzteren Fall sind die entsprechenden Teile anzugeben. Handelt es sich dabei um natürliche Personen, zu denen auch Mitglieder des Verwaltungs-, Leitungs- oder Aufsichtsorgans des Emittenten gehören, sind Name und Funktion dieser Person zu nennen. Bei juristischen Personen sind Name und eingetragener Sitz der Gesellschaft anzugeben.

1.2 Erklärung der für das Registrierungsformular haftenden Personen, dass die Angaben im Registrierungsformular ihres Wissens richtig sind und keine Auslassungen beinhalten, die die Aussage des Registrierungsformulars verzerren könnten, und dass sie die erforderliche Sorgfalt haben walten lassen, um dies sicherzustellen. Ggf. Erklärung der für bestimmte Teile des Registrierungsformulars haftenden Personen, dass die Angaben in dem Teil des Registrierungsformulars, für den sie haften, ihres Wissens richtig sind und keine Auslassungen beinhalten, die die Aussage des Registrierungsformulars verzerren könnten, und dass sie die erforderliche Sorgfalt haben walten lassen, um dies sicherzustellen.

2. ABSCHLUSSPRÜFER

2.1 Name und Anschrift der Abschlussprüfer des Emittenten, die für den von den historischen Finanzinformationen abgedeckten Zeitraum zuständig waren (einschließlich ihrer Mitgliedschaft in einer Berufsvereinigung).

2.2 Wurden Abschlussprüfer während des von den historischen Finanzinformationen abgedeckten Zeitraums abberufen, nicht wieder bestellt oder haben sie ihr Mandat selbst niedergelegt, so sind entsprechende Einzelheiten – soweit wesentlich – anzugeben.

3. RISIKOFAKTOREN

Klare Angabe der Risikofaktoren, die für den Emittenten oder seine Branche charakteristisch sind, unter der Rubrik „Risikofaktoren".

4. ANGABEN ZUM EMITTENTEN

4.1 Gesetzliche und kommerzielle Bezeichnung des Emittenten.

4.2 Investitionen

4.2.1 Beschreibung (einschließlich des Betrags) der wichtigsten Investitionen des Emittenten zwischen dem Ende des von dem zuletzt veröffentlichten geprüften Abschluss abgedeckten Zeitraums und dem Datum des Registrierungsformulars.

4.2.2 Beschreibung der wichtigsten laufenden Investitionen des Emittenten, einschließlich ihrer geografischen Verteilung (Inland und Ausland) und der Finanzierungsmethode (Eigen- oder Fremdfinanzierung).

4.2.3 Angaben zu den wichtigsten künftigen Investitionen des Emittenten, die von seinen Leitungsorganen bereits fest beschlossen sind.

5. ÜBERBLICK ÜBER DIE GESCHÄFTSTÄTIGKEIT

5.1 Haupttätigkeitsbereiche

Kurze Beschreibung des Betriebs und der Haupttätigkeiten des Emittenten sowie etwaiger bedeutender Änderungen, die sich seit dem Ende des von dem zuletzt veröffentlichten geprüften Abschluss abgedeckten Zeitraums auf den Betrieb und die Haupttätigkeiten des Emittenten ausgewirkt haben, und Angaben zu neu eingeführten wesentlichen Produkten und Dienstleistungen sowie zum Stand der Entwicklung neuer Produkte oder Dienstleistungen, soweit deren Entwicklung öffentlich bekanntgegeben wurde.

5.2 Wichtigste Märkte

Kurze Beschreibung der wichtigsten Märkte, auf denen der Emittent tätig ist, sowie etwaiger wesentlicher Änderungen auf diesen Märkten seit dem Ende des von dem zuletzt veröffentlichten geprüften Abschluss abgedeckten Zeitraums.

5.3 Wurden die unter den Punkten 5.1 und 5.2 genannten Informationen seit dem Ende des von dem zuletzt veröffentlichten geprüften Abschluss abgedeckten Zeitraums durch außergewöhnliche Faktoren beeinflusst, so ist dies anzugeben.

5.4 Kurze Darstellung, inwieweit der Emittent von Patenten oder Lizenzen, Industrie-, Handels- oder Finanzierungsverträgen oder neuen Herstellungsverfahren abhängig ist, wenn diese Faktoren für die Geschäftstätigkeit oder die Rentabilität des Emittenten von wesentlicher Bedeutung sind.

5.5 Grundlage für etwaige Angaben des Emittenten zu seiner Wettbewerbsposition.

6. ORGANISATIONSSTRUKTUR

6.1 Ist der Emittent Teil einer Gruppe, kurze Beschreibung der Gruppe und der Stellung des Emittenten innerhalb dieser Gruppe.

7. TRENDINFORMATIONEN

7.1 Angabe der wichtigsten aktuellen Trends bei Produktion, Umsatz und Vorräten sowie bei Kosten und Verkaufspreisen zwischen dem Ende des letzten Geschäftsjahres und dem Datum des Registrierungsformulars.

7.2 Angabe aller bekannten Trends, Unsicherheiten, Anfragen, Verpflichtungen oder Vorfälle, die die Aussichten des Emittenten nach vernünftigem Ermessen zumindest im laufenden Geschäftsjahr wesentlich beeinflussen werden.

Anhang XXIII Mindestangaben für das Aktienregistrierungsformular

8. GEWINNPROGNOSEN ODER -SCHÄTZUNGEN

Entscheidet sich ein Emittent zur Aufnahme einer Gewinnprognose oder -schätzung, so muss das Registrierungsformular die unter den Punkten 8.1 und 8.2 genannten Angaben enthalten.

8.1 Erläuterung der wichtigsten Annahmen, auf die der Emittent seine Prognose oder Schätzung gestützt hat. Hier muss klar unterschieden werden zwischen Annahmen in Bezug auf Faktoren, die die Mitglieder des Verwaltungs-, Leitungs- oder Aufsichtsorgans beeinflussen können, und Annahmen in Bezug auf Faktoren, die klar außerhalb des Einflussbereichs der Mitglieder des Verwaltungs-, Leitungs- oder Aufsichtsorgans liegen. Die Annahmen müssen für die Anleger ohne Weiteres verständlich, spezifisch sowie präzise sein und dürfen sich nicht auf die allgemeine Genauigkeit der der Prognose zugrunde liegenden Schätzungen beziehen.

8.2 Einen Bericht, der von unabhängigen Buchprüfern oder Abschlussprüfern erstellt wurde und in dem festgestellt wird, dass die Prognose oder die Schätzung nach Meinung der unabhängigen Buchprüfer oder Abschlussprüfer auf der angegebenen Grundlage ordnungsgemäß erstellt wurde und dass die Rechnungslegungsgrundlage, die für die Gewinnprognose oder -schätzung verwendet wurde, mit den Rechnungslegungsstrategien des Emittenten konsistent ist.

Beziehen sich die Finanzinformationen auf das letzte Geschäftsjahr und enthalten ausschließlich nicht irreführende Zahlen, die im Wesentlichen mit den im nächsten geprüften Jahresabschluss zu veröffentlichenden Zahlen konsistent sind, sowie die zu deren Bewertung nötigen erläuternden Informationen, ist kein Bericht erforderlich, sofern der Prospekt alle folgenden Erklärungen enthält:

a) die für diese Finanzinformationen verantwortliche Person, sofern sie nicht mit derjenigen identisch ist, die für den Prospekt insgesamt verantwortlich ist, genehmigt diese Informationen;
b) unabhängige Buchprüfer oder Abschlussprüfer haben bestätigt, dass diese Informationen im Wesentlichen mit den im nächsten geprüften Jahresabschluss zu veröffentlichenden Zahlen konsistent sind;
c) diese Finanzinformationen wurden nicht geprüft.

8.3 Die Gewinnprognose oder -schätzung ist auf einer Grundlage zu erstellen, die mit den historischen Finanzinformationen vergleichbar ist.

8.4 Wurde in einem Prospekt, der noch aussteht, eine Gewinnprognose veröffentlicht, dann ist zu erläutern, ob diese Prognose noch so zutrifft wie zur Zeit der Erstellung des Registrierungsformulars, und ggf. darzulegen, warum diese Prognose nicht mehr zutrifft.

9. VERWALTUNGS-, LEITUNGS- UND AUFSICHTSORGAN UND OBERES MANAGEMENT

9.1 Name und Geschäftsanschrift folgender Personen sowie Angabe ihrer Stellung beim Emittenten und der wichtigsten Tätigkeiten, die sie neben der Tätigkeit beim Emittenten ausüben, sofern diese für den Emittenten von Bedeutung sind:

a) Mitglieder des Verwaltungs-, Leitungs- und Aufsichtsorgans;

b) persönlich haftende Gesellschafter bei einer Kommanditgesellschaft auf Aktien;
c) Gründer, wenn es sich um eine Gesellschaft handelt, die seit weniger als fünf Jahren besteht, und
d) sämtliche Mitglieder des oberen Managements, die für die Feststellung relevant sind, ob der Emittent über die für die Führung der Geschäfte erforderliche Kompetenz und Erfahrung verfügt.

Art einer etwaigen verwandtschaftlichen Beziehung zwischen diesen Personen.

Für jedes Mitglied des Verwaltungs-, Leitungs- oder Aufsichtsorgans des Emittenten und für jede der in Unterabsatz 1 Buchstaben b und d genannten Personen detaillierte Angabe der einschlägigen Managementkompetenz und -erfahrung sowie folgende Angaben:

a) die Namen sämtlicher Kapital- und Personengesellschaften, bei denen die betreffende Person während der letzten fünf Jahre Mitglied des Verwaltungs-, Leitungs- oder Aufsichtsorgans bzw. Gesellschafter war, und Angabe, ob die Mitgliedschaft in diesen Organen oder der Gesellschafterstatus weiter fortbesteht. Es ist nicht erforderlich, sämtliche Tochtergesellschaften des Emittenten aufzulisten, bei denen die betreffende Person ebenfalls Mitglied des Verwaltungs-, Leitungs- oder Aufsichtsorgans ist;
b) etwaige Verurteilungen wegen Betrugsdelikten während zumindest der letzten fünf Jahre;
c) detaillierte Angaben über etwaige Insolvenzen, Insolvenzverwaltungen oder Liquidationen während zumindest der letzten fünf Jahre, mit der eine in Unterabsatz 1 Buchstaben a und d genannte Person im Zusammenhang stand, die in einer der in Unterabsatz 1 Buchstaben a und d genannten Funktionen handelte, und
d) detaillierte Angaben zu etwaigen öffentlichen Anschuldigungen und/oder Sanktionen gegen die genannte Person durch die gesetzlich befugten Stellen oder die Regulierungsbehörden (einschließlich bestimmter Berufsverbände) und ggf. Angabe, ob diese Person während zumindest der letzten fünf Jahre von einem Gericht für die Mitgliedschaft in einem Verwaltungs-, Leitungs- oder Aufsichtsorgan eines Emittenten oder für die Tätigkeit im Management oder der Führung der Geschäfte eines Emittenten als untauglich angesehen wurde.

Liegt keiner der genannten Umstände vor, ist eine entsprechende Erklärung abzugeben.

9.2 Verwaltungs-, Leitungs- und Aufsichtsorgan sowie oberes Management – Interessenkonflikte

Potenzielle Interessenkonflikte zwischen den Verpflichtungen der unter Punkt 9.1 genannten Personen gegenüber dem Emittenten und ihren privaten Interessen und/oder sonstigen Verpflichtungen sind klar anzugeben. Falls keine derartigen Konflikte bestehen, ist eine entsprechende Erklärung abzugeben.

Ferner ist jede Vereinbarung oder Abmachung mit den Hauptaktionären, Kunden, Lieferanten oder sonstigen Personen zu nennen, aufgrund deren eine unter Punkt 9.1 genannte Person zum Mitglied eines Verwaltungs-, Leitungs- oder Aufsichtsorgans bzw. zum Mitglied des oberen Managements bestellt wurde.

Anhang XXIII   Mindestangaben für das Aktienregistrierungsformular

Zudem sind die Einzelheiten aller Veräußerungsbeschränkungen zu nennen, die die unter Punkt 9.1 genannten Personen für die von ihnen gehaltenen Wertpapiere des Emittenten für einen bestimmten Zeitraum vereinbart haben.

10. VERGÜTUNG UND SONSTIGE LEISTUNGEN

Bei Emittenten, die nicht an einem geregelten Markt notiert sind, sind für das letzte abgeschlossene Geschäftsjahr in Bezug auf die unter Punkt 9.1 Unterabsatz 1 Buchstaben a und d genannten Personen folgende Angaben vorzulegen:

10.1 Höhe der Vergütung (einschließlich etwaiger erfolgsgebundener oder nachträglicher Vergütungen) und Sachleistungen, die diesen Personen vom Emittenten und seinen Tochterunternehmen für Dienstleistungen gezahlt bzw. gewährt wurden, die für den Emittenten oder eine seiner Tochtergesellschaften von jeglicher Person in jeglicher Funktion erbracht wurden.

Diese Angaben sind individuell vorzulegen, außer wenn eine individuelle Offenlegung im Herkunftsland des Emittenten nicht vorgeschrieben ist oder wenn die Angaben vom Emittenten bereits anderweitig veröffentlicht wurden.

10.2 Gesamthöhe der vom Emittenten oder seinen Tochtergesellschaften gebildeten Reserven oder Rückstellungen für Pensions- und Rentenzahlungen oder ähnliche Leistungen.

11. PRAKTIKEN DES LEITUNGSORGANS

Bei Emittenten, die nicht an einem geregelten Markt notiert sind, sind für das letzte abgeschlossene Geschäftsjahr – sofern nichts anderes angegeben ist – in Bezug auf die unter Punkt 9.1. Unterabsatz 1 Buchstabe a genannten Personen folgende Angaben vorzulegen:

11.1 Ggf. Ende der laufenden Mandatsperiode und Zeitraum, in dem die betreffende Person ihre Aufgabe wahrgenommen hat.

11.2 Angaben zu den Dienstleistungsverträgen, die zwischen den Mitgliedern des Verwaltungs-, Leitungs- oder Aufsichtsorgans und dem Emittenten bzw. einer seiner Tochtergesellschaften geschlossen wurden und die bei Beendigung des Beschäftigungsverhältnisses Leistungen vorsehen. Ansonsten ist eine negative Erklärung abzugeben.

11.3 Angaben zum Audit-Ausschuss und zum Vergütungsausschuss des Emittenten, einschließlich der Namen der Ausschussmitglieder und einer Zusammenfassung der Satzung des Ausschusses.

11.4 Erklärung, ob der Emittent der/den Corporate-Governance-Regelung(en) im Land seiner Gründung genügt. Sollte der Emittent einer solchen Regelung nicht folgen, ist eine entsprechende Erklärung zusammen mit einer Erläuterung aufzunehmen, aus der hervorgeht, warum der Emittent dieser Regelung nicht Folge leistet.

12. BESCHÄFTIGTE

12.1 In Bezug auf jede der unter Punkt 9.1 Unterabsatz 1 Buchstaben a und d genannten Personen sind so aktuelle Informationen wie möglich über ihren Aktienbesitz und etwaige Optionen auf Aktien des Emittenten beizubringen.

12.2 Beschreibung etwaiger Vereinbarungen über eine Beteiligung der Beschäftigten am Kapital des Emittenten.

13. HAUPTAKTIONÄRE

13.1 Soweit dem Emittenten bekannt, sind alle Personen anzugeben, die nicht Mitglied des Verwaltungs-, Leitungs- oder Aufsichtsorgans sind und die direkt oder indirekt eine Beteiligung am Eigenkapital des Emittenten oder den entsprechenden Stimmrechten halten, die nach nationalem Recht zu melden ist, einschließlich des Betrags der Beteiligung. Ansonsten ist eine negative Erklärung abzugeben.

13.2 Angabe, ob die Hauptaktionäre des Emittenten unterschiedliche Stimmrechte haben. Ansonsten ist eine negative Erklärung abzugeben.

13.3 Soweit dem Emittenten bekannt, Angabe, ob an dem Emittenten unmittelbare oder mittelbare Beteiligungen oder Beherrschungsverhältnisse bestehen und wer diese Beteiligungen hält bzw. diese Beherrschung ausübt. Beschreibung der Art und Weise einer derartigen Beherrschung und der vorhandenen Maßnahmen zur Verhinderung des Missbrauchs einer solchen Beherrschung.

13.4 Sofern dem Emittenten bekannt, Beschreibung etwaiger Vereinbarungen, deren Ausübung zu einem späteren Zeitpunkt zu einer Änderung in der Beherrschung des Emittenten führen könnte.

14. GESCHÄFTE MIT VERBUNDENEN PARTEIEN

Soweit die gemäß der Verordnung (EG) Nr. 1606/2002 übernommenen internationalen Rechnungslegungsstandards auf den Emittenten keine Anwendung finden, sind folgende Informationen für den Zeitraum, auf den sich die historischen Finanzinformationen beziehen, bis zum Datum des Registrierungsformulars anzugeben:

a) Art und Umfang der Geschäfte, die als einzelnes Geschäft oder insgesamt für den Emittenten von wesentlicher Bedeutung sind. Erfolgt der Abschluss derartiger Geschäfte mit verbundenen Parteien nicht auf marktkonforme Weise, ist zu erläutern, weshalb. Im Falle ausstehender Darlehen einschließlich Garantien jeglicher Art ist der ausstehende Betrag anzugeben.

a) Betrag der Geschäfte mit verbundenen Parteien oder Anteil dieser Geschäfte am Umsatz des Emittenten.

Finden gemäß der Verordnung (EG) Nr. 1606/200 übernommene internationale Rechnungslegungsstandards auf den Emittenten Anwendung, so sind die vorstehend genannten Informationen nur für diejenigen Geschäfte anzugeben, die seit dem Ende des letzten Berichtszeitraums, für den geprüfte Finanzinformationen veröffentlicht wurden, getätigt wurden.

Anhang XXIII Mindestangaben für das Aktienregistrierungsformular

15. FINANZINFORMATIONEN ÜBER DIE VERMÖGENS-, FINANZ- UND ERTRAGSLAGE DES EMITTENTEN

15.1 Historische Finanzinformationen

Beizubringen sind geprüfte historische Finanzinformationen, die das letzte Geschäftsjahr abdecken (bzw. einen entsprechenden kürzeren Zeitraum, in dem der Emittent tätig war), sowie der Bestätigungsvermerk. Hat der Emittent in der Zeit, für die historische Finanzinformationen beizubringen sind, seinen Bilanzstichtag geändert, so decken die geprüften historischen Finanzinformationen mindestens 12 Monate oder – sollte der Emittent seiner Geschäftstätigkeit noch keine 12 Monate nachgegangen sein – den gesamten Zeitraum seiner Geschäftstätigkeit ab. Derartige Finanzinformationen sind gemäß der Verordnung (EG) Nr. 1606/2002 zu erstellen bzw. für den Fall, dass diese Verordnung nicht anwendbar ist, gemäß den nationalen Rechnungslegungsgrundsätzen eines Mitgliedstaats, wenn der Emittent aus der Europäischen Union stammt.

Bei Emittenten aus Drittstaaten sind diese Finanzinformationen nach den im Verfahren des Artikels 3 der Verordnung (EG) Nr. 1606/2002 übernommenen internationalen Rechnungslegungsstandards oder nach diesen Standards gleichwertigen nationalen Rechnungslegungsgrundsätzen eines Drittstaates zu erstellen. Ist keine Gleichwertigkeit mit den Standards gegeben, so sind die Finanzinformationen in Form eines neu zu erstellenden Abschlusses vorzulegen.

Die geprüften historischen Finanzinformationen sind in einer Form zu erstellen und vorzulegen, die mit der Form des folgenden Jahresabschlusses des Emittenten im Einklang steht, wobei die Rechnungslegungsgrundsätze und -strategien sowie die für diese Jahresabschlüsse geltenden Rechtsvorschriften zu berücksichtigen sind.

Ist der Emittent in seiner aktuellen Wirtschaftsbranche weniger als ein Jahr tätig, so sind die geprüften historischen Finanzinformationen für diesen Zeitraum gemäß den Standards zu erstellen, die auf Jahresabschlüsse im Sinne der Verordnung (EG) Nr. 1606/2002 anwendbar sind, bzw. für den Fall, dass diese Verordnung nicht anwendbar ist, gemäß den nationalen Rechnungslegungsgrundsätzen eines Mitgliedstaats, wenn der Emittent aus der Europäischen Union stammt. Bei Emittenten aus Drittstaaten sind diese historischen Finanzinformationen nach den im Verfahren des Artikels 3 der Verordnung (EG) Nr. 1606/2002 übernommenen internationalen Rechnungslegungsstandards oder nach diesen Standards gleichwertigen nationalen Rechnungslegungsgrundsätzen eines Drittstaates zu erstellen. Diese historischen Finanzinformationen müssen geprüft worden sein.

Wurden die geprüften Finanzinformationen gemäß nationalen Rechnungslegungsgrundsätzen erstellt, dann müssen die unter dieser Rubrik geforderten Finanzinformationen zumindest Folgendes enthalten:

a) die Bilanz;
b) die Gewinn- und Verlustrechnung;
c) eine Übersicht, aus der entweder alle Veränderungen im Eigenkapital oder nur die Veränderungen im Eigenkapital hervorgehen, die sich nicht aus Eigenkapitaltransaktionen mit Eigenkapitalgebern oder Ausschüttungen an diese ergeben;
d) Kapitalflussrechnung;

e) Rechnungslegungsstrategien und erläuternde Vermerke.

Die historischen jährlichen Finanzinformationen müssen unabhängig und in Übereinstimmung mit den in dem jeweiligen Mitgliedstaat anwendbaren Prüfungsstandards oder gleichwertigen Grundsätzen geprüft worden sein, oder es muss für das Registrierungsformular vermerkt werden, ob sie in Übereinstimmung mit den in dem jeweiligen Mitgliedstaat anwendbaren Prüfungsstandards oder gleichwertigen Grundsätzen ein den tatsächlichen Verhältnissen entsprechendes Bild vermitteln.

15.2 Pro-Forma-Finanzinformationen

Im Falle einer bedeutenden Brutto-Veränderung ist zu beschreiben, wie die Transaktion ggf. die Aktiva und Passiva sowie die Erträge des Emittenten beeinflusst hätte, wenn sie zu Beginn des Berichtszeitraums oder zum Berichtszeitpunkt durchgeführt worden wäre.

Dieser Anforderung wird normalerweise durch die Aufnahme von Pro-Forma-Finanzinformationen Genüge getan.

Diese Pro-Forma-Finanzinformationen sind gemäß Anhang II zu erstellen und müssen die darin geforderten Angaben enthalten.

Den Pro-Forma-Finanzinformationen ist ein Vermerk beizufügen, der von unabhängigen Buchprüfern oder Abschlussprüfern erstellt wurde.

15.3 Abschlüsse

Erstellt der Emittent sowohl einen eigenen Jahresabschluss als auch einen konsolidierten Jahresabschluss, so ist zumindest der konsolidierte Abschluss in das Registrierungsformular aufzunehmen.

15.4 Prüfung der historischen jährlichen Finanzinformationen

15.4.1 Es ist eine Erklärung dahingehend abzugeben, dass die historischen Finanzinformationen geprüft wurden. Sofern Bestätigungsvermerke über die historischen Finanzinformationen von den Abschlussprüfern abgelehnt wurden bzw. sofern sie Vorbehalte enthalten oder eingeschränkt erteilt wurden, sind diese Ablehnung bzw. diese Vorbehalte oder die eingeschränkte Erteilung in vollem Umfang wiederzugeben und die Gründe dafür anzugeben.

15.4.2 Angabe sonstiger Informationen im Registrierungsformular, die von den Abschlussprüfern geprüft wurden.

15.4.3 Wurden die Finanzdaten im Registrierungsformular nicht dem geprüften Abschluss des Emittenten entnommen, so ist die Quelle dieser Daten anzugeben und darauf hinzuweisen, dass die Daten ungeprüft sind.

15.5 Alter der jüngsten Finanzinformationen

15.5.1 Das letzte Jahr der geprüften Finanzinformationen darf nicht länger zurückliegen als

a) 18 Monate ab dem Datum des Registrierungsformulars, wenn der Emittent geprüfte Zwischenabschlüsse in sein Registrierungsformular aufnimmt, oder

b) Monate ab dem Datum des Registrierungsformulars, wenn der Emittent ungeprüfte Zwischenabschlüsse in sein Registrierungsformular aufnimmt.

Anhang XXIII Mindestangaben für das Aktienregistrierungsformular

15.6 Zwischenfinanzinformationen und sonstige Finanzinformationen

15.6.1 Hat der Emittent seit dem Datum des letzten geprüften Abschlusses vierteljährliche oder halbjährliche Finanzinformationen veröffentlicht, so sind diese in das Registrierungsformular aufzunehmen. Wurden diese vierteljährlichen oder halbjährlichen Finanzinformationen einer Prüfung oder prüferischen Durchsicht unterzogen, so sind die entsprechenden Vermerke ebenfalls aufzunehmen. Wurden die vierteljährlichen oder halbjährlichen Finanzinformationen keiner prüferischen Durchsicht oder Prüfung unterzogen, so ist dies anzugeben.

15.6.2 Wurde das Registrierungsformular mehr als neun Monate nach Ablauf des letzten geprüften Geschäftsjahres erstellt, muss es Zwischenfinanzinformationen enthalten, die ungeprüft sein können (worauf hinzuweisen ist) und zumindest die ersten sechs Monate des Geschäftsjahres abdecken.

Diese Zwischenfinanzinformationen sollten einen Vergleich mit dem gleichen Zeitraum des letzten Geschäftsjahres beinhalten, es sei denn, diese Anforderung ist durch Vorlage der Bilanzdaten zum Jahresende erfüllt.

15.7 Dividendenpolitik

Beschreibung der Politik des Emittenten auf dem Gebiet der Dividendenausschüttungen und etwaiger diesbezüglicher Beschränkungen.

15.7.1 Angabe des Betrags der Dividende pro Aktie für den Zeitraum, der von den historischen Finanzinformationen abgedeckt wird. Wurde die Zahl der Aktien des Emittenten geändert, ist eine Bereinigung zu Vergleichszwecken vorzunehmen.

15.8 Gerichts- und Schiedsgerichtsverfahren

Angaben über etwaige staatliche Interventionen, Gerichts- oder Schiedsgerichtsverfahren (einschließlich derjenigen Verfahren, die nach Kenntnis des Emittenten noch anhängig sind oder eingeleitet werden könnten), die im Zeitraum der mindestens 12 letzten Monate stattfanden und die sich in jüngster Zeit erheblich auf die Finanzlage oder die Rentabilität des Emittenten und/oder der Gruppe ausgewirkt haben oder sich in Zukunft auswirken könnten. Ansonsten ist eine negative Erklärung abzugeben.

15.9 Bedeutende Veränderungen in der Finanzlage oder der Handelsposition des Emittenten

Beschreibung jeder bedeutenden Veränderung in der Finanzlage oder der Handelsposition der Gruppe, die seit dem Ende des letzten Geschäftsjahres eingetreten ist, für das entweder geprüfte Finanzinformationen oder Zwischenfinanzinformationen veröffentlicht wurden. Ansonsten ist eine negative Erklärung abzugeben.

16. ZUSÄTZLICHE ANGABEN

16.1 Aktienkapital

Aufzunehmen sind die folgenden Angaben zum Stichtag der jüngsten Bilanz, die Bestandteil der historischen Finanzinformationen sind:

16.1.1 Betrag des ausgegebenen Kapitals und für jede Gattung des Aktienkapitals:

Mindestangaben für das Aktienregistrierungsformular **Anhang XXIII**

a) Zahl der genehmigten Aktien,
b) Zahl der ausgegebenen und voll eingezahlten Aktien und Zahl der ausgegebenen und nicht voll eingezahlten Aktien,
c) Nennwert pro Aktie bzw. Angabe, dass die Aktien keinen Nennwert haben, und
d) Überleitungsrechnung für die Zahl der ausstehenden Aktien zu Beginn und zum Ende des Geschäftsjahres. Wurde mehr als 10 % des Kapitals während des Zeitraums, auf den sich die historischen Finanzinformationen beziehen, mit anderen Aktiva als Barmitteln eingezahlt, so ist dies anzugeben.

16.1.2 Sollten Aktien vorhanden sein, die nicht Bestandteil des Eigenkapitals sind, so sind die Anzahl und die wesentlichen Merkmale dieser Aktien anzugeben.

16.1.3 Angabe etwaiger wandelbarer Wertpapiere, umtauschbarer Wertpapiere oder etwaiger Wertpapiere mit Optionsscheinen, wobei die geltenden Bedingungen und Verfahren für die Wandlung, den Umtausch oder die Zeichnung darzulegen sind.

16.1.4 Angaben über eventuelle Akquisitionsrechte und deren Bedingungen und/ oder über Verpflichtungen in Bezug auf genehmigtes, aber noch nicht ausgegebenes Kapital oder in Bezug auf eine Kapitalerhöhung.

16.1.5 Angaben, ob auf den Anteil eines Mitglieds der Gruppe ein Optionsrecht besteht oder ob bedingt oder bedingungslos vereinbart wurde, einen Anteil an ein Optionsrecht zu knüpfen, sowie Einzelheiten über solche Optionen, die auch jene Personen betreffen, die diese Optionsrechte erhalten haben.

17. WESENTLICHE VERTRÄGE

Zusammenfassung jedes im letzten Jahr vor der Veröffentlichung des Registrierungsformulars abgeschlossenen wesentlichen Vertrags (mit Ausnahme von Verträgen, die im Rahmen der normalen Geschäftstätigkeit abgeschlossen wurden), bei dem der Emittent oder ein sonstiges Mitglied der Gruppe eine Vertragspartei ist.

Zusammenfassung aller sonstigen zum Datum des Registrierungsformulars bestehenden Verträge (mit Ausnahme von Verträgen, die im Rahmen der normalen Geschäftstätigkeit abgeschlossen wurden), die von Mitgliedern der Gruppe abgeschlossen wurden und eine Bestimmung enthalten, der zufolge ein Mitglied der Gruppe eine Verpflichtung eingeht oder ein Recht erlangt, die bzw. das für die Gruppe von wesentlicher Bedeutung ist.

18. ANGABEN VON SEITEN DRITTER, ERKLÄRUNGEN VON SEITEN SACHVERSTÄNDIGER UND INTERESSENERKLÄRUNGEN

18.1 Wird in das Registrierungsformular eine Erklärung oder ein Bericht einer Person aufgenommen, die als Sachverständiger handelt, so sind der Name, die Geschäftsanschrift, die Qualifikationen und eine etwaige wesentliche Beteiligung dieser Person an dem Emittenten anzugeben. Wurde der Bericht auf Ersuchen des Emittenten erstellt, so ist eine Erklärung abzugeben, dass die aufgenommene Erklärung oder der aufgenommene Bericht in der Form und in dem Zusammenhang, in dem sie bzw. er aufgenommen wurde, die Zustimmung von Seiten der Person erhalten hat, die den Inhalt dieses Teils des Registrierungsformulars gebilligt hat.

Anhang XXIII Mindestangaben für das Aktienregistrierungsformular

18.2 Wurden Angaben von Seiten Dritter übernommen, ist zu bestätigen, dass diese Angaben korrekt wiedergegeben wurden und nach Wissen des Emittenten und soweit für ihn aus den von diesem Dritten veröffentlichten Angaben ersichtlich, nicht durch Auslassungen unkorrekt oder irreführend gestaltet wurden. Darüber hinaus hat der Emittent die Quelle(n) der Angaben zu nennen.

19. EINSEHBARE DOKUMENTE

Abzugeben ist eine Erklärung dahingehend, dass während der Gültigkeitsdauer des Registrierungsformulars ggf. die folgenden Dokumente oder deren Kopien eingesehen werden können:

a) die Satzung und die Statuten des Emittenten,
a) sämtliche Berichte, Schreiben und sonstigen Dokumente, historischen Finanzinformationen, Bewertungen und Erklärungen, die von einem Sachverständigen auf Ersuchen des Emittenten abgegeben wurden, sofern Teile davon in das Registrierungsformular eingefügt worden sind oder in ihm darauf verwiesen wird.

Anzugeben ist auch, wo in diese Dokumente in Papierform oder auf elektronischem Wege Einsicht genommen werden kann.

Siehe Kommentierung zu Art. 26a EU-ProspektVO.

Anhang XXIV
Mindestangaben für die Wertpapierbeschreibung für Aktien bei Bezugsrechtsemissionen (verhältnismäßiges Schema)

1. HAFTENDE PERSONEN

1.1 Alle Personen, die für die Angaben im Prospekt bzw. für bestimmte Teile des Prospekts haften. Im letzteren Fall sind die entsprechenden Teile anzugeben. Handelt es sich dabei um natürliche Personen, zu denen auch Mitglieder des Verwaltungs-, Leitungs- oder Aufsichtsorgans des Emittenten gehören, sind Name und Funktion dieser Person zu nennen. Bei juristischen Personen sind Name und eingetragener Sitz der Gesellschaft anzugeben.

1.2 Erklärung der für den Prospekt haftenden Personen, dass die Angaben im Prospekt ihres Wissens richtig sind und keine Auslassungen beinhalten, die die Aussage des Prospekts verzerren könnten, und dass sie die erforderliche Sorgfalt haben walten lassen, um dies sicherzustellen. Ggf. Erklärung der für bestimmte Teile des Prospekts haftenden Personen, dass die Angaben in dem Teil des Prospekts, für den sie haften, ihres Wissens richtig sind und keine Auslassungen beinhalten, die die Aussage des Prospekts verzerren könnten, und dass sie die erforderliche Sorgfalt haben walten lassen, um dies sicherzustellen.

2. RISIKOFAKTOREN

Klare Angabe der Risikofaktoren, die für die Bewertung des mit den anzubietenden und/oder zum Handel zuzulassenden Wertpapiere verbundenen Marktrisikos von wesentlicher Bedeutung sind, unter der Rubrik „Risikofaktoren".

3. GRUNDLEGENDE ANGABEN

3.1 Erklärung zum Geschäftskapital

Erklärung des Emittenten, dass das Geschäftskapital seiner Meinung nach seine derzeitigen Anforderungen deckt. Ansonsten ist darzulegen, wie das zusätzlich erforderliche Geschäftskapital beschafft werden soll.

3.2 Kapitalbildung und Verschuldung

Aufzunehmen ist eine Übersicht über Kapitalbildung und Verschuldung (wobei zwischen garantierten und nicht garantierten, besicherten und unbesicherten Verbindlichkeiten zu unterscheiden ist) zu einem Zeitpunkt, der höchstens 90 Tage vor dem Datum des Dokuments liegt. Zur Verschuldung zählen auch indirekte Verbindlichkeiten und Eventualverbindlichkeiten.

3.3 Beteiligungen natürlicher und juristischer Personen, die an der Emission/dem Angebot beteiligt sind.

Beschreibung aller für die Emission wesentlichen – auch kollidierenden – Beteiligungen unter Angabe der betreffenden Personen und der Art der Beteiligung.

Anhang XXIV Mindestangaben für die Wertpapierbeschreibung für Aktien

3.4 Gründe für das Angebot und Verwendung der Erträge

Angabe der Gründe für das Angebot und ggf. des geschätzten Nettobetrages der Erträge, aufgegliedert nach den wichtigsten Verwendungszwecken und dargestellt nach Priorität dieser Verwendungszwecke. Wenn der Emittent weiß, dass die voraussichtlichen Erträge nicht ausreichen werden, um alle vorgeschlagenen Verwendungszwecke zu finanzieren, sind der Betrag und die Quellen anderer Mittel anzugeben. Die Verwendung der Erträge muss im Detail dargelegt werden, insbesondere wenn sie außerhalb der normalen Geschäftstätigkeit zum Erwerb von Aktiva verwendet, zur Finanzierung des angekündigten Erwerbs anderer Unternehmen oder zur Begleichung, Reduzierung oder vollständigen Tilgung der Schulden eingesetzt werden.

4. ANGABEN ÜBER DIE ANZUBIETENDEN BZW. ZUM HANDEL ZUZULASSENDEN WERTPAPIERE

4.1 Beschreibung der Art und Gattung der anzubietenden und/oder zum Handel zuzulassenden Wertpapiere einschließlich der ISIN (International Security Identification Number) oder einer ähnlichen Wertpapierkennung.

4.2 Rechtsvorschriften, auf deren Grundlage die Wertpapiere geschaffen wurden.

4.3 Angabe, ob es sich bei den Wertpapieren um Namens- oder Inhaberpapiere handelt und ob sie in Stückeform oder stückelos vorliegen. In letzterem Fall sind Name und Anschrift des die Buchungsunterlagen führenden Instituts zu nennen.

4.4 Währung der Wertpapieremission.

4.5 Beschreibung der mit den Wertpapieren verbundenen Rechte einschließlich etwaiger Beschränkungen und des Verfahrens zur Ausübung dieser Rechte.

Dividendenrechte:
- feste(r) Termin(e), ab dem/denen die Dividendenberechtigung entsteht;
- Frist für den Verfall der Dividendenberechtigung und Angabe des Begünstigten;
- Dividendenbeschränkungen und Verfahren für gebietsfremde Wertpapierinhaber;
- Dividendensatz bzw. Methode zu dessen Berechnung, Häufigkeit und Art der Zahlungen (kumulativ oder nichtkumulativ);

Stimmrechte;
Vorkaufsrechte bei Angeboten zur Zeichnung von Wertpapieren derselben Gattung;
Recht auf Beteiligung am Gewinn des Emittenten;
Recht auf Beteiligung am Liquidationserlös;
Tilgungsklauseln;
Wandelbedingungen.

4.6 Angabe der Beschlüsse, Ermächtigungen und Genehmigungen, aufgrund deren Wertpapiere geschaffen und/oder begeben wurden oder werden.

4.7 Voraussichtlicher Emissionstermin der Wertpapiere.

4.8 Beschreibung etwaiger Beschränkungen für die freie Übertragbarkeit der Wertpapiere.

4.9 Hinsichtlich des Lands des eingetragenen Sitzes des Emittenten und des Landes bzw. der Länder, in dem bzw. denen das Angebot unterbreitet oder die Zulassung zum Handel beantragt wird, sind folgende Angaben zu machen:

- Angaben zu den Steuern, die an der Quelle auf die Wertpapiererträge erhoben werden,
- Hinweis darauf, ob der Emittent die Einbehaltung der Steuern an der Quelle übernimmt.

5. KONDITIONEN DES ANGEBOTS

5.1 Konditionen, Angebotsstatistiken, erwarteter Zeitplan und erforderliche Maßnahmen für die Antragstellung.

5.1.1 Angebotskonditionen.

5.1.2 Gesamtsumme der Emission/des Angebots.

5.1.3 Frist – einschließlich etwaiger Änderungen – während deren das Angebot gilt, und Beschreibung des Antragsverfahrens.

5.1.4 Zeitpunkt und Umstände, zu dem bzw. unter denen das Angebot widerrufen oder ausgesetzt werden kann, und Angabe, ob der Widerruf nach Beginn des Handels erfolgen kann.

5.1.5 Beschreibung der Möglichkeit zur Reduzierung der Zeichnungen und der Art und Weise der Erstattung des zu viel gezahlten Betrags an die Zeichner.

5.1.6 Einzelheiten zum Mindest- und/oder Höchstbetrag der Zeichnung (entweder in Form der Anzahl der Wertpapiere oder des aggregierten zu investierenden Betrags).

5.1.7 Angabe des Zeitraums, während dessen ein Antrag zurückgezogen werden kann, sofern dies den Anlegern gestattet ist.

5.1.8 Methode und Fristen für die Bedienung der Wertpapiere und ihre Lieferung.

5.1.9 Umfassende Beschreibung der Modalitäten und des Termins für die öffentliche Bekanntgabe der Angebotsergebnisse.

5.1.10 Verfahren für die Ausübung eines etwaigen Vorkaufsrechts, die Handelbarkeit der Zeichnungsrechte und die Behandlung der nicht ausgeübten Zeichnungsrechte.

5.2 Zuteilung.

5.2.1 Soweit dem Emittenten bekannt, Angabe, ob Hauptaktionäre oder Mitglieder des Leitungs-, Aufsichts- oder Verwaltungsorgans des Emittenten an der Zeichnung teilnehmen wollen oder ob Personen mehr als 5 % des Angebots zeichnen wollen.

5.2.2 Verfahren zur Meldung gegenüber den Zeichnern über den zugeteilten Betrag und Angabe, ob eine Aufnahme des Handels vor der Meldung möglich ist.

5.3 Preisfestsetzung.

5.3.1 Angabe des Preises, zu dem die Wertpapiere angeboten werden. Ist der Preis nicht bekannt oder besteht kein etablierter und/oder liquider Markt für die Wertpapiere, ist die Methode anzugeben, mittels deren der Angebotspreis festgelegt wird,

Anhang XXIV Mindestangaben für die Wertpapierbeschreibung für Aktien

einschließlich der Person, die die Kriterien festgelegt hat oder offiziell für deren Festlegung verantwortlich ist. Angabe der Kosten und Steuern, die speziell dem Zeichner oder Käufer in Rechnung gestellt werden.

5.3.2 Verfahren für die Offenlegung des Angebotspreises.

5.3.3 Verfügen die Aktionäre des Emittenten über Vorkaufsrechte und werden diese Rechte eingeschränkt oder entzogen, ist die Basis des Emissionspreises anzugeben, wenn die Emission in bar erfolgt, zusammen mit den Gründen und den Begünstigten einer solchen Beschränkung oder eines solchen Entzugs.

5.4 Platzierung und Übernahme (Underwriting).

5.4.1 Name und Anschrift des Koordinators/der Koordinatoren des gesamten Angebots oder einzelner Teile des Angebots und – sofern dem Emittenten oder dem Bieter bekannt – Angaben zu den Platzierern in den einzelnen Ländern des Angebots.

5.4.2 Name und Anschrift etwaiger Zahlstellen und Verwahrstellen in jedem Land.

5.4.3 Name und Anschrift der Institute, die bereit sind, eine Emission auf Grund einer festen Zusage zu zeichnen, und Name und Anschrift der Institute, die bereit sind, eine Emission ohne feste Zusage oder „zu den bestmöglichen Bedingungen" zu platzieren. Angabe der Hauptmerkmale der Vereinbarungen, einschließlich der Quoten. Wird die Emission nicht zur Gänze übernommen, ist eine Erklärung zum verbleibenden Teil einzufügen. Angabe des Gesamtbetrags der Übernahmeprovision und der Platzierungsprovision.

5.4.4 Datum, zu dem der Emissionsübernahmevertrag geschlossen wurde oder wird.

6. ZULASSUNG ZUM HANDEL UND HANDELSMODALITÄTEN

6.1 Angabe, ob die angebotenen Wertpapiere Gegenstand eines Antrags auf Zulassung zum Handel sind oder sein werden und auf einem geregelten Markt oder sonstigen gleichwertigen Märkten platziert werden sollen, wobei die jeweiligen Märkte zu nennen sind. Dieser Umstand ist anzugeben, ohne den Eindruck zu erwecken, dass die Zulassung zum Handel auf jeden Fall erteilt wird. Falls bekannt, sollten die ersten Termine angegeben werden, zu denen die Wertpapiere zum Handel zugelassen sind.

6.2 Anzugeben sind alle geregelten oder gleichwertigen Märkte, an denen nach Kenntnis des Emittenten bereits Wertpapiere der gleichen Gattung wie die zum Handel angebotenen oder zuzulassenden Wertpapiere zum Handel zugelassen sind.

6.3 Falls gleichzeitig oder fast gleichzeitig zur Schaffung von Wertpapieren, für die eine Zulassung zum Handel an einem geregelten Markt beantragt werden soll, Wertpapiere der gleichen Gattung privat gezeichnet oder platziert werden, oder falls Wertpapiere anderer Gattungen für eine öffentliche oder private Platzierung geschaffen werden, sind Einzelheiten zur Art dieser Geschäfte sowie zur Zahl und den Merkmalen der Wertpapiere anzugeben, auf die sie sich beziehen.

6.4 Detaillierte Angaben zu den Instituten, die aufgrund einer festen Zusage als Intermediäre im Sekundärhandel tätig sind und über An- und Verkaufskurse Liquidität zur Verfügung stellen, sowie Beschreibung der Hauptbedingungen ihrer Zusage.

7. LOCK-UP-VEREINBARUNGEN

7.1 Lock-up-Vereinbarungen:

a) Anzugeben sind die beteiligten Parteien,
b) Inhalt und Ausnahmen der Vereinbarung,
c) der Zeitraum des „Lock-up".

8. KOSTEN DER EMISSION/DES ANGEBOTS

8.1 Angabe der Gesamtnettoerträge und Schätzung der Gesamtkosten der Emission/des Angebots.

9. VERWÄSSERUNG

9.1 Betrag und Prozentsatz der unmittelbaren Verwässerung, die sich aus der Emission/dem Angebot ergibt.

9.2 Betrag und Prozentsatz der unmittelbaren Verwässerung, wenn die existierenden Aktionäre das neue Angebot nicht zeichnen.

10. ZUSÄTZLICHE ANGABEN

10.1 Werden an einer Emission beteiligte Berater in der Wertpapierbeschreibung genannt, ist anzugeben, in welcher Funktion sie gehandelt haben.

10.2 Es ist anzugeben, welche anderen in der Wertpapierbeschreibung enthaltenen Angaben von Abschlussprüfern geprüft oder durchgesehen wurden, über die die Abschlussprüfer einen Vermerk erstellt haben. Der Vermerk ist wiederzugeben oder bei entsprechender Erlaubnis der zuständigen Behörden zusammenzufassen.

10.3 Wird in die Wertpapierbeschreibung eine Erklärung oder ein Bericht einer Person aufgenommen, die als Sachverständige(r) handelt, so sind der Name, die Geschäftsanschrift, die Qualifikationen und eine etwaige wesentliche Beteiligung dieser Person am Emittenten anzugeben. Wurde der Bericht auf Ersuchen des Emittenten erstellt, so ist eine Erklärung dahingehend abzugeben, dass die aufgenommene Erklärung oder der aufgenommene Bericht in der Form und in dem Zusammenhang, in dem sie bzw. er aufgenommen wurde, die Zustimmung von Seiten der Person erhalten hat, die den Inhalt dieses Teils der Wertpapierbeschreibung gebilligt hat.

10.4 Wurden Angaben von Seiten Dritter übernommen, ist zu bestätigen, dass diese Angaben korrekt wiedergegeben wurden und nach Wissen des Emittenten und soweit für ihn aus den von diesem Dritten veröffentlichten Angaben ersichtlich, nicht durch Auslassungen unkorrekt oder irreführend gestaltet wurden. Darüber hinaus hat der Emittent die Quelle(n) der Angaben zu nennen.

Siehe Kommentierung zu Art. 26a EU-ProspektVO.

Anhang XXV
Mindestangaben für das Aktienregistrierungsformular von KMU und Unternehmen mit geringer Marktkapitalisierung (verhältnismäßiges Schema)

Übersicht

	Rn.
I. Einleitung	1
II. Einzelne Anforderungen von Anhang XXV	2
1. Haftende Personen (Ziff. 1)	3
2. Abschlussprüfer (Ziff. 2)	4
3. Ausgewählte Finanzinformationen (Ziff. 3)	5
4. Risikofaktoren (Ziff. 4)	6
5. Angaben über den Emittenten (Ziff. 5)	7
6. Überblick über die Geschäftstätigkeit (Ziff. 6)	8
7. Organisationsstruktur (Ziff. 7)	10
8. Sachanlagen (Ziff. 8)	11
9. Angaben zur Geschäfts- und Finanzlage (Ziff. 9)	12
10. Eigenkapitalausstattung (Ziff. 10)	15
11. Forschung und Entwicklung, Patente und Lizenzen (Ziff. 11)	16
12. Trendinformationen (Ziff. 12)	17
13. Gewinnprognosen oder -schätzungen (Ziff. 13)	18
14. Verwaltungs-, Leitungs- und Aufsichtsorgane und oberes Management (Ziff. 14)	19
15. Vergütungen und sonstige Leistungen (Ziff. 15)	20
16. Praktiken des Leitungsorgans (Ziff. 16)	21
17. Beschäftigte (Ziff. 17)	22
18. Hauptaktionäre (Ziff. 18)	23
19. Geschäfte mit verbundenen Parteien (Ziff. 19)	24
20. Finanzinformationen über die Vermögens-, Finanz- und Ertragslage des Emittenten (Ziff. 20)	25
21. Zusätzliche Angaben (Ziff. 21)	28
22. Wesentliche Verträge (Ziff. 22)	29
23. Angaben von Seiten Dritter, Erklärungen von Seiten Sachverständiger und Interessenerklärungen (Ziff. 23)	30
24. Einsehbare Dokumente (Ziff. 24)	31
25. Angaben über Beteiligungen (Ziff. 25)	32

I. Einleitung

1 Zum Anwendungsbereich von Anhang XXV wird auf die Kommentierung zu Art. 26b Prospektverordnung verwiesen.

II. Einzelne Anforderungen von Anhang XXV

2 Anhang XXV Prospektverordnung behandelt das Registrierungsformular für Aktien in den Fällen, in denen der Emittent KMU oder Small Cap ist. Die inhaltlichen Anforderungen sind daher weitgehend identisch mit denen für sonstige Emittenten aus Anhang I Prospektverordnung, mit Ausnahme der im Folgenden im Einzelnen beschriebenen Abweichungen.

II. Einzelne Anforderungen von Anhang XXV **Anhang XXV**

1. Haftende Personen (Ziff. 1)

1.1. Alle Personen, die für die Angaben im Registrierungsformular bzw. für bestimmte Teile des Registrierungsformulars haften. Im letzteren Fall sind die entsprechenden Teile anzugeben. Handelt es sich dabei um natürliche Personen, zu denen auch Mitglieder des Verwaltungs-, Leitungs- oder Aufsichtsorgans des Emittenten gehören, sind Name und Funktion dieser Person zu nennen. Bei juristischen Personen sind Name und eingetragener Sitz der Gesellschaft anzugeben.

1.2. Erklärung der für das Registrierungsformular haftenden Personen, dass die Angaben im Registrierungsformular ihres Wissens richtig sind und keine Auslassungen beinhalten, die die Aussage des Registrierungsformulars verzerren könnten, und dass sie die erforderliche Sorgfalt haben walten lassen, um dies sicherzustellen. Ggf. Erklärung der für bestimmte Teile des Registrierungsformulars haftenden Personen, dass die Angaben in dem Teil des Registrierungsformulars, für den sie haften, ihres Wissens richtig sind und keine Auslassungen beinhalten, die die Aussage des Registrierungsformulars verzerren könnten, und dass sie die erforderliche Sorgfalt haben walten lassen, um dies sicherzustellen.

Der Inhalt von Ziff. 1 Anhang XXV ist **inhaltsgleich mit Ziff. 1 von Anhang I**; auf die entsprechende Kommentierung kann verwiesen werden.[1] Die sprachlichen Abweichungen zwischen Ziff. 1 Anhang XXV und Ziff. 1 Anhang I haben keine Auswirkungen, da sich die sprachliche Fassung der Übernahmeerklärung in der Verwaltungspraxis der BaFin vor allem an § 5 Abs. 4 WpPG orientiert und die englischen Fassungen von Ziff. 1 Anhang XXV und Ziff. 1 Anhang I wortgleich sind.

3

2. Abschlussprüfer (Ziff. 2)

2.1. Name und Anschrift der Abschlussprüfer des Emittenten, die für den von den historischen Finanzinformationen abgedeckten Zeitraum zuständig waren (einschließlich ihrer Mitgliedschaft in einer Berufsvereinigung).

2.2. Wurden Abschlussprüfer während des von den historischen Finanzinformationen abgedeckten Zeitraums abberufen, nicht wieder bestellt oder haben sie ihr Mandat selbst niedergelegt, so sind entsprechende Einzelheiten – soweit wesentlich – anzugeben.

Der Wortlaut von Ziff. 2 von Anhang XXV ist **im Wesentlichen inhaltsgleich mit dem Wortlaut von Ziff. 2 von Anhang I**; die Abweichungen im Wortlaut sind rein redaktionell. Auf die Kommentierung zu Ziff. 2 von Anhang I kann daher verwiesen werden.[2]

4

3. Ausgewählte Finanzinformationen (Ziff. 3)

3.1. Ausgewählte historische Finanzinformationen über den Emittenten sind für jedes Geschäftsjahr für den Zeitraum vorzulegen, auf den sich die historischen Fi-

---

1 Vgl. *Meyer*, Anhang I Ziff. 1 Rn. 1 ff.
2 Vgl. *Müller*, Anhang I Ziff. 3.

Anhang XXV Mindestangaben für das Aktienregistrierungsformular von KMU

nanzinformationen beziehen, sowie für jeden darauf folgenden Zwischenzeitraum, und zwar in derselben Währung wie die Finanzinformationen.

Die ausgewählten historischen Finanzinformationen müssen Kennzahlen enthalten, anhand deren sich die Finanzlage des Emittenten beurteilen lässt.

3.2. Werden ausgewählte Finanzinformationen für Zwischenzeiträume vorgelegt, so sind auch Vergleichsdaten für den gleichen Zeitraum des vorhergehenden Geschäftsjahres vorzulegen, es sei denn, die Anforderung der Beibringung vergleichbarer Bilanzinformationen wird durch die Vorlage der Bilanzdaten zum Jahresende erfüllt.

5 Der Wortlaut von Ziff. 3 von Anhang XXV **ist im Wesentlichen inhaltsgleich mit dem Wortlaut von Ziff. 3 von Anhang I**; die Abweichungen im Wortlaut sind rein redaktionell. Auf die Kommentierung von Ziff. 3 von Anhang I kann daher verwiesen werden.[3]

4. Risikofaktoren (Ziff. 4)

Klare Angabe der Risikofaktoren, die für den Emittenten oder seine Branche charakteristisch sind, unter der Rubrik „Risikofaktoren".

6 Der Wortlaut von Ziff. 4 von Anhang XXV **ist im Wesentlichen inhaltsgleich mit dem Wortlaut von Ziff. 4 von Anhang I**; die Abweichungen im Wortlaut sind rein redaktionell. Auf die entsprechende Kommentierung kann daher verwiesen werden.[4]

5. Angaben über den Emittenten (Ziff. 5)

5.1. Geschichte und Entwicklung des Emittenten.

5.1.1. Gesetzliche und kommerzielle Bezeichnung des Emittenten.

5.1.2. Eintragungsort und -nummer.

5.1.3. Datum der Gründung der Gesellschaft und Existenzdauer des Emittenten, soweit diese nicht unbefristet ist.

5.1.4. Sitz und Rechtsform des Emittenten, das für den Emittenten geltende Recht, Land der Gründung der Gesellschaft, Anschrift und Telefonnummer seines eingetragenen Sitzes (oder des Hauptorts der Geschäftstätigkeit, falls nicht mit dem eingetragenen Sitz identisch).

5.1.5. Wichtige Ereignisse in der Entwicklung der Geschäftstätigkeit des Emittenten.

5.2. Investitionen.

5.2.1. Beschreibung (einschließlich des Betrags) der wichtigsten Investitionen des Emittenten für jedes Geschäftsjahr in dem Zeitraum, auf den sich die historischen Finanzinformationen beziehen, bis zum Datum des Registrierungsformulars.

---

3 Vgl. *Müller*, Anhang I Ziff. 3.
4 Vgl. *Kopp/Metzner*, Anhang I Ziff. 4.

5.2.2. Beschreibung der wichtigsten laufenden Investitionen des Emittenten, einschließlich ihrer geografischen Verteilung (Inland und Ausland) und der Finanzierungsmethode (Eigen- oder Fremdfinanzierung).

5.2.3. Angaben zu den wichtigsten künftigen Investitionen des Emittenten, die von seinen Leitungsorganen bereits fest beschlossen sind, und zu den voraussichtlichen Finanzierungsquellen zur Erfüllung dieser Verpflichtungen.

Ziff. 5 von Anhang XXV **stimmt weitestgehend mit Ziff. 5 von Anhang I überein**; die Abweichungen im Wortlaut sind rein redaktionell. Auf die Kommentierung von Ziff. 5 von Anhang I kann daher verwiesen werden.[5] Ziff. 5.2.3 von Anhang XXV verlangt **über die Angaben in Ziff. 5.2.3 von Anhang I hinausgehend**, dass auch hinsichtlich der künftigen Investitionen die voraussichtlichen Finanzierungsquellen in das Registrierungsformular aufzunehmen sind; dies entspricht inhaltlich der Regelung aus **Ziff. 10.5 von Anhang I**.

6. Überblick über die Geschäftstätigkeit (Ziff. 6)

6.1. Haupttätigkeitsbereiche

Kurze Beschreibung des Betriebs und der Haupttätigkeiten des Emittenten sowie etwaiger bedeutender Änderungen, die sich seit den beiden zuletzt veröffentlichten geprüften Abschlüssen auf den Betrieb und die Haupttätigkeiten des Emittenten ausgewirkt haben, und Angaben zu neu eingeführten wesentlichen Produkten und Dienstleistungen sowie zum Stand der Entwicklung neuer Produkte oder Dienstleistungen, soweit deren Entwicklung öffentlich bekanntgegeben wurde.

6.2. Wichtigste Märkte

Kurze Beschreibung der wichtigsten Märkte, auf denen der Emittent tätig ist, sowie etwaiger wesentlicher Änderungen auf diesen Märkten seit den beiden zuletzt veröffentlichten geprüften Abschlüssen.

6.3. Wurden die unter den Punkten 6.1 und 6.2 genannten Angaben durch außergewöhnliche Faktoren beeinflusst, so ist dies anzugeben.

6.4. Kurze Darstellung, inwieweit der Emittent von Patenten oder Lizenzen, Industrie-, Handels- oder Finanzierungsverträgen oder neuen Herstellungsverfahren abhängig ist, wenn diese Faktoren für die Geschäftstätigkeit oder die Rentabilität des Emittenten von wesentlicher Bedeutung sind.

6.5. Grundlage für etwaige Angaben des Emittenten zu seiner Wettbewerbsposition.

Ziff. 6 von Anhang XXV ist **in weiten Teilen inhaltsgleich mit den Mindestangaben von Ziff. 6 von Anhang I**; die Abweichungen im Wortlaut sind rein redaktionell. Auf die Kommentierung von Ziff. 6 von Anhang I kann daher verwiesen werden.[6] Allerdings ist Ziff. 6.1 von Anhang XXV insofern **weniger streng als Ziff. 6.1.1 von Anhang I**, da nur eine „kurze" Beschreibung der Geschäftstätigkeit des Emittenten erforderlich ist. Zudem sind nur der gegenwärtige Stand der Geschäftstätigkeit sowie die etwaigen bedeutenden Änderungen, die sich seit den beiden zuletzt veröffentlichten geprüften Abschlüssen auf

---
5 Vgl. Vgl. *Kopp/Metzner*, Anhang I Ziff. 5.
6 Vgl. *Kopp/Metzner*, Anhang I Ziff. 6.

Anhang XXV   Mindestangaben für das Aktienregistrierungsformular von KMU

den Betrieb und die Haupttätigkeiten des Emittenten ausgewirkt haben, im Registrierungsformular zu beschreiben. Ziff. 6.1.1 von Anhang I verlangt demgegenüber die Aufnahme der Beschreibung der Geschäftstätigkeit für den Gesamtzeitraum, der von den historischen Finanzinformationen abgedeckt ist (also für die vollen letzten drei Geschäftsjahre bis zum Datum des Registrierungsformulars).

9   Ziff. 6.2 von Anhang XXV (Marktbeschreibung) verlangt in dreierlei Hinsicht **im Vergleich zu Ziffer 6.2. von Anhang I weniger Informationen**:
 – Es ist nur eine „**kurze**" Beschreibung der wichtigsten Märkte in den Prospekt aufzunehmen;
 – Eine **Aufschlüsselung der Gesamtumsätze** nach Art der Tätigkeit und nach geografischen Märkten ist **nicht erforderlich**; und
 – Die Beschreibung muss nur den **gegenwärtigen Stand** zum Zeitpunkt der Veröffentlichung des Wertpapierprospekts umfassen, einschließlich etwaiger wesentlicher Änderungen seit den beiden zuletzt veröffentlichten Abschlüssen (aber nicht für den Zeitraum, der von den historischen Finanzinformationen abgedeckt ist, wie in Ziffer 6.2. von Anhang I).

7. Organisationsstruktur (Ziff. 7)

7.1. Ist der Emittent Teil einer Gruppe, kurze Beschreibung der Gruppe und der Stellung des Emittenten innerhalb dieser Gruppe.

7.2. Soweit nicht in den Abschlüssen enthalten, Auflistung der wichtigsten Tochtergesellschaften des Emittenten mit Angabe des Namens, des Landes der Gründung oder des Sitzes, des Anteils an Beteiligungsrechten und – falls nicht identisch – des Anteils der gehaltenen Stimmrechte.

10   Ziff. 7 von Anhang XXV ist **nahezu inhaltsgleich mit Ziff. 7 von Anhang I**; auf die Kommentierung zu Ziff. 7 von Anhang I kann daher verwiesen werden.[7] Allerdings ist eine **Auflistung der Tochtergesellschaften** im Wertpapierprospekt nur dann erforderlich, wenn sich die Tochtergesellschaften nicht schon aus den Jahresabschlüssen ergeben.

8. Sachanlagen (Ziff. 8)

8.1 Beschreibung etwaiger Umweltfragen, die die Verwendung der Sachanlagen durch den Emittenten beeinflussen könnten.

11   Ziff. 8 von Anhang XXV ist **inhaltsgleich mit Ziff. 8.2 von Anhang I**; auf die entsprechende Kommentierung kann daher verwiesen werden.[8] Im Gegensatz zu Ziff. 8.1 von Anhang I ist nach Anhang XXV **nicht erforderlich**, eine Beschreibung der wesentlichen bestehenden oder geplanten Sachanlagen in das Registrierungsformular aufzunehmen.

---

7   Vgl. *Kopp/Metzner*, Anhang I Ziff. 7.
8   Vgl. *Kopp/Metzner*, Anhang I Ziff. 8.

9. Angaben zur Geschäfts- und Finanzlage (Ziff. 9)

9.1. Finanzlage.

Sofern nicht an anderer Stelle im Registrierungsformular vermerkt, Beschreibung der Finanzlage des Emittenten, der Veränderungen in der Finanzlage und der Geschäftsergebnisse für jedes Jahr und jeden Zwischenzeitraum, für den historische Finanzinformationen verlangt werden, einschließlich der Ursachen wesentlicher Veränderungen, die von einem Jahr zum anderen in den Finanzinformationen auftreten, soweit dies für das Verständnis der Geschäftstätigkeit des Emittenten insgesamt erforderlich ist.

9.2. Betriebsergebnisse.

9.2.1. Angaben zu bedeutenden Faktoren, einschließlich ungewöhnlicher oder seltener Vorfälle oder neuer Entwicklungen, die die Geschäftserträge des Emittenten wesentlich beeinträchtigen, und über das Ausmaß, in dem die Erträge auf diese Weise beeinflusst wurden.

9.2.2. Falls der Abschluss wesentliche Veränderungen bei den Nettoumsätzen oder den Nettoerträgen ausweist, sind die Gründe für diese Veränderungen in einer ausführlichen Erläuterung darzulegen.

9.2.3. Angaben zu staatlichen, wirtschaftlichen, steuerlichen, monetären oder politischen Strategien oder Faktoren, die die Geschäfte des Emittenten direkt oder indirekt wesentlich beeinträchtigt haben oder beeinträchtigen könnten.

Im Gegensatz zu Ziff. 9 von Anhang I ist eine **Aufnahme der Angaben zur Geschäfts- und Finanzlage** nach Ziff. 9 von Anhang XXV (in der Praxis als „**Management's Discussion and Analysis of Financial Condition and Results of Operation**" oder kurz „MD&A" bezeichnet) nur dann erforderlich, wenn die gemäß Art. 46 der Richtlinie 78/660/EWG und Art. 36 der Richtlinie 83/349/EWG erstellten und vorgelegten Lageberichte für die Zeiträume, auf die sich die historischen Finanzinformationen beziehen, nicht im Prospekt enthalten oder diesem beigefügt sind. Durch eine Aufnahme der Lageberichte in den Wertpapierprospekt kann der Emittent daher vermeiden, die entsprechenden Angaben in den Prospekt aufnehmen zu müssen, was in der Praxis eine **erhebliche Arbeitserleichterung** für den Emittenten bedeutet.

Die **Richtlinien 78/660/EWG und 83/349 EWG** sind inzwischen durch die Richtlinie 2013/34/EU des Europäischen Parlaments und des Rats vom 26. Juni 2013 aufgehoben und entsprechend ersetzt worden; die Regelungen der Richtlinie 2013/34/EU über den Lagebericht ist durch das Bilanzrichtlinie-Umsetzungsgesetz – BilRUG vom 17. Juli 2015 inzwischen in nationales Recht umgesetzt worden.[9]

Ob im konkreten Einzelfall die von Ziff. 9 von Anhang I geforderten Angaben tatsächlich nicht in den Prospekt aufgenommen werden, sollte allerdings **in jedem Einzelfall umfassend geprüft** werden. Gerade die im Rahmen der „MD&A" erfolgende Darstellung der Vermögens-, Finanz- und Ertragslage ist für viele Investoren eine der zentralen Informationsquellen des Wertpapierprospekts; zudem sind häufig die in den Finanzabschlüssen

---

[9] Vgl. BGBl. I 2015, 1245 ff.

Anhang XXV Mindestangaben für das Aktienregistrierungsformular von KMU

und im Lagebericht enthaltenen Informationen nicht mit den üblicherweise in einer MD&A enthaltenen Informationen gleichwertig.[10]

10. Eigenkapitalausstattung (Ziff. 10)

10.1. Erläuterung der Quellen und der Beträge der Kapitalflüsse des Emittenten und ausführliche Darstellung dieser Posten.

10.2. Angaben zu jeglichen Beschränkungen des Rückgriffs auf die Eigenkapitalausstattung, die die Geschäfte des Emittenten direkt oder indirekt wesentlich beeinträchtigt haben oder beeinträchtigen könnten.

15 Im Gegensatz zu Ziff. 10 von Anhang I[11] verlangt Ziff. 10 von Anhang XXV **keine umfassenden Angaben über die Eigenkapitalausstattung**. Notwendig ist nur eine Erläuterung und ausführliche Darstellung über die **Quellen und Beträge der Kapitalflüsse**; zudem ist auf Beschränkungen hinzuweisen, die einen Rückgriff auf die Eigenkapitalausstattung wesentlich beeinträchtigen. In weiterer Abweichung von Ziff. 10 von Anhang I verlangt Ziff. 10 von Anhang XXV **keine Angaben über den Fremdfinanzierungsbedarf und die Finanzierungsstruktur** des Emittenten.

11. Forschung und Entwicklung, Patente und Lizenzen (Ziff. 11)

Soweit von wesentlicher Bedeutung, Beschreibung der Forschungs- und Entwicklungsstrategien des Emittenten für jedes Geschäftsjahr innerhalb des Zeitraums, auf den sich die historischen Finanzinformationen beziehen, und Angabe des vom Emittenten für die finanzielle Förderung von Forschung und Entwicklung aufgewandten Betrags.

16 Ziff. 11 von Anhang XXV ist **inhaltsgleich mit Ziff. 11 von Anhang I**; auf die Kommentierung kann daher entsprechend verwiesen werden.[12]

12. Trendinformationen (Ziff. 12)

12.1. Angabe der wichtigsten aktuellen Trends bei Produktion, Umsatz und Vorräten sowie bei Kosten und Verkaufspreisen zwischen dem Ende des letzten Geschäftsjahres und dem Datum des Registrierungsformulars.

12.2. Angaben aller bekannten Trends, Unsicherheiten, Anfragen, Verpflichtungen oder Vorfälle, die die Aussichten des Emittenten nach vernünftigem Ermessen zumindest im laufenden Geschäftsjahr wesentlich beeinflussen werden.

17 Ziff. 12 von Anhang XXV ist inhaltsgleich mit Ziff. 12 von Anhang I; auf die Kommentierung kann daher entsprechend verwiesen werden.[13]

---

10 Vgl. *Berrar*, Art. 26a Rn. 44 ff.
11 Vgl. *Kopp/Metzner*, Anhang I Ziff. 10 Rn. 3 ff.
12 Vgl. *Kopp/Metzner*, Anhang I Ziff. 11.
13 Vgl. *Meyer*, Anhang I Ziff. 12.

13. Gewinnprognosen oder -schätzungen (Ziff. 13)

Entscheidet sich ein Emittent zur Aufnahme einer Gewinnprognose oder -schätzung, so muss das Registrierungsformular die unter den Punkten 13.1 und 13.2 genannten Angaben enthalten.

13.1. Erläuterung der wichtigsten Annahmen, auf die der Emittent seine Prognose oder Schätzung gestützt hat.

Hier muss klar unterschieden werden zwischen Annahmen in Bezug auf Faktoren, die die Mitglieder des Verwaltungs-, Leitungs- oder Aufsichtsorgans beeinflussen können, und Annahmen in Bezug auf Faktoren, die klar außerhalb des Einflussbereiches der Mitglieder des Verwaltungs-, Leitungs- oder Aufsichtsorgans liegen. Die Annahmen müssen für die Anleger ohne Weiteres verständlich sowie spezifisch und präzise sein und dürfen sich nicht auf die allgemeine Genauigkeit der der Prognose zugrunde liegenden Schätzungen beziehen.

13.2. Einen Bericht, der von unabhängigen Buchprüfern oder Abschlussprüfern erstellt wurde und in dem festgestellt wird, dass die Prognose oder die Schätzung nach Meinung der unabhängigen Buchprüfer oder Abschlussprüfer auf der angegebenen Grundlage ordnungsgemäß erstellt wurde und dass die Rechnungslegungsgrundlage, die für die Gewinnprognose oder -schätzung verwendet wurde, mit den Rechnungslegungsstrategien des Emittenten konsistent ist.

Beziehen sich die Finanzinformationen auf das letzte Geschäftsjahr und enthalten ausschließlich nicht irreführende Zahlen, die im Wesentlichen mit den im nächsten geprüften Jahresabschluss zu veröffentlichenden Zahlen konsistent sind, sowie die zu deren Bewertung nötigen erläuternden Informationen, ist kein Bericht erforderlich, sofern der Prospekt alle folgenden Erklärungen enthält:

a) die für diese Finanzinformationen verantwortliche Person, sofern sie nicht mit derjenigen identisch ist, die für den Prospekt insgesamt verantwortlich ist, genehmigt diese Informationen;

b) unabhängige Buchprüfer oder Abschlussprüfer haben bestätigt, dass diese Informationen im Wesentlichen mit den im nächsten geprüften Jahresabschluss zu veröffentlichenden Zahlen konsistent sind;

c) diese Finanzinformationen wurden nicht geprüft.

13.3. Die Gewinnprognose oder -schätzung ist auf einer Grundlage zu erstellen, die mit den historischen Finanzinformationen vergleichbar ist.

13.4. Wurde in einem Prospekt, der noch aussteht, eine Gewinnprognose veröffentlicht, ist zu erläutern, ob diese Prognose noch so zutrifft wie zur Zeit der Erstellung des Registrierungsformulars, und ggf. darzulegen, warum diese Prognose nicht mehr zutrifft.

Ziff. 13 von Anhang XXV ist **inhaltsgleich mit Ziff. 13 von Anhang I**; auf die entsprechende Kommentierung kann daher verwiesen werden.[14]

---

14 Vgl. *Meyer*, Anhang I Ziff. 13.

Anhang XXV Mindestangaben für das Aktienregistrierungsformular von KMU

14. Verwaltungs-, Leitungs- und Aufsichtsorgane und oberes Management (Ziff. 14)

14.1. Name und Geschäftsanschrift folgender Personen sowie Angabe ihrer Stellung beim Emittenten und der wichtigsten Tätigkeiten, die sie neben der Tätigkeit beim Emittenten ausüben, sofern diese für den Emittenten von Bedeutung sind:

a) Mitglieder des Verwaltungs-, Leitungs- und Aufsichtsorgans;

b) persönlich haftende Gesellschafter bei einer Kommanditgesellschaft auf Aktien;

c) Gründer, wenn es sich um eine Gesellschaft handelt, die seit weniger als fünf Jahren besteht, und

d) sämtliche Mitglieder des oberen Managements, die für die Feststellung relevant sind, ob der Emittent über die für die Führung der Geschäfte erforderliche Kompetenz und Erfahrung verfügt.

Art einer etwaigen verwandtschaftlichen Beziehung zwischen diesen Personen.

Für jedes Mitglied des Verwaltungs-, Leitungs- oder Aufsichtsorgans des Emittenten und für jede der in Unterabsatz 1 Buchstaben b und d genannten Personen detaillierte Angabe der einschlägigen Managementkompetenz und -erfahrung sowie folgende Angaben:

a) die Namen sämtlicher Kapital- und Personengesellschaften, bei denen die betreffende Person während der letzten fünf Jahre Mitglied des Verwaltungs-, Leitungs- oder Aufsichtsorgans bzw. Gesellschafter war, und Angabe, ob die Mitgliedschaft in diesen Organen oder der Gesellschafterstatus weiter fortbesteht. Es ist nicht erforderlich, sämtliche Tochtergesellschaften des Emittenten aufzulisten, bei denen die betreffende Person ebenfalls Mitglied des Verwaltungs-, Leitungs- oder Aufsichtsorgans ist;

b) etwaige Verurteilungen wegen Betrugsdelikten während zumindest der letzten fünf Jahre;

c) detaillierte Angaben über etwaige Insolvenzen, Insolvenzverwaltungen oder Liquidationen während zumindest der letzten fünf Jahre, mit der eine in Unterabsatz 1 Buchstaben a und d genannte Person im Zusammenhang stand, die in einer der in Unterabsatz 1 Buchstaben a und d genannten Funktionen handelte, und

d) detaillierte Angaben zu etwaigen öffentlichen Anschuldigungen und/oder Sanktionen gegen die genannte Person durch die gesetzlich befugten Stellen oder die Regulierungsbehörden (einschließlich bestimmter Berufsverbände) und ggf. Angabe, ob diese Person während zumindest der letzten fünf Jahre von einem Gericht für die Mitgliedschaft in einem Verwaltungs-, Leitungs- oder Aufsichtsorgan eines Emittenten oder für die Tätigkeit im Management oder die Führung der Geschäfte eines Emittenten als untauglich angesehen wurde.

Liegt keiner der genannten Umstände vor, ist eine entsprechende Erklärung abzugeben.

14.2. Verwaltungs-, Leitungs- und Aufsichtsorgane und oberes Management – Interessenkonflikte

Potenzielle Interessenkonflikte zwischen den Verpflichtungen der unter Punkt 14.1 genannten Personen gegenüber dem Emittenten und ihren privaten Interessen oder sonstigen Verpflichtungen sind klar anzugeben. Falls keine derartigen Konflikte bestehen, ist eine entsprechende Erklärung abzugeben.

Ferner ist jede Vereinbarung oder Abmachung mit den Hauptaktionären, Kunden, Lieferanten oder sonstigen Personen zu nennen, aufgrund deren eine unter Punkt 14.1 genannte Person zum Mitglied eines Verwaltungs-, Leitungs- oder Aufsichtsorgans bzw. zum Mitglied des oberen Managements bestellt wurde.

Zudem sind die Einzelheiten aller Veräußerungsbeschränkungen anzugeben, die die unter Punkt 14.1 genannten Personen für die von ihnen gehaltenen Wertpapiere des Emittenten für einen bestimmten Zeitraum vereinbart haben.

Ziff. 14 von Anhang XXV ist **inhaltsgleich mit Ziff. 14 von Anhang I**; auf die Kommentierung zu Ziff. 14 von Anhang I kann entsprechend verwiesen werden.[15]   **19**

15. Vergütungen und sonstige Leistungen (Ziff. 15)

Für das letzte abgeschlossene Geschäftsjahr sind in Bezug auf die unter Punkt 14.1 Unterabsatz 1 Buchstaben a und d genannten Personen folgende Angaben vorzulegen:

15.1. Höhe der Vergütung (einschließlich etwaiger erfolgsgebundener oder nachträglicher Vergütungen) und Sachleistungen, die diesen Personen vom Emittenten und seinen Tochterunternehmen für Dienstleistungen gezahlt oder gewährt wurden, die für den Emittenten oder seine Tochtergesellschaften von jeglicher Person in jeglicher Funktion erbracht wurden.

Diese Angaben sind individuell vorzulegen, außer wenn eine individuelle Offenlegung im Herkunftsland des Emittenten nicht vorgeschrieben ist oder wenn die Angaben vom Emittenten bereits anderweitig veröffentlicht wurden.

15.2. Gesamthöhe der vom Emittenten oder seinen Tochtergesellschaften gebildeten Reserven oder Rückstellungen für Pensions- und Rentenzahlungen oder ähnliche Leistungen.

Ziff. 15 von Anhang XXV ist **inhaltsgleich mit Ziff. 15 von Anhang I**; auf die entsprechende Kommentierung kann daher verwiesen werden.[16]   **20**

16. Praktiken des Leitungsorgans (Ziff. 16)

Für das letzte abgeschlossene Geschäftsjahr des Emittenten sind – sofern nichts anderes angegeben ist – in Bezug auf die unter Punkt 14.1 Unterabsatz 1 Buchstabe a genannten Personen folgende Angaben vorzulegen:

16.1. Ggf. Ende der laufenden Mandatsperiode und Zeitraum, während dessen die jeweilige Person ihre Aufgabe wahrgenommen hat.

---

15 Vgl. *Kopp/Metzner*, Anhang I Ziff. 14.
16 Vgl. *Kopp/Metzner*, Anhang I Ziff. 15.

Anhang XXV Mindestangaben für das Aktienregistrierungsformular von KMU

16.2. Angaben zu den Dienstleistungsverträgen, die zwischen den Mitgliedern des Verwaltungs-, Leitungs- oder Aufsichtsorgans und dem Emittenten bzw. einer seiner Tochtergesellschaften geschlossen wurden und die bei Beendigung des Beschäftigungsverhältnisses Leistungen vorsehen. Ansonsten ist eine negative Erklärung abzugeben.

16.3. Angaben zum Audit-Ausschuss und zum Vergütungsausschuss des Emittenten, einschließlich der Namen der Ausschussmitglieder und einer Zusammenfassung der Satzung des Ausschusses.

16.4. Erklärung, ob der Emittent der/den Corporate-Governance-Regelung(en) im Land seiner Gründung genügt. Sollte der Emittent einer solchen Regelung nicht folgen, ist eine entsprechende Erklärung zusammen mit einer Erläuterung aufzunehmen, aus der hervorgeht, warum der Emittent dieser Regelung nicht Folge leistet.

21 Ziff. 16 von Anhang XXV ist **inhaltsgleich mit Ziff. 16 von Anhang I**; auf die Kommentierung zu Ziff. 16 von Anhang I kann entsprechend verwiesen werden.[17]

17. Beschäftigte (Ziff. 17)

17.1. Entweder Angabe der Zahl der Beschäftigten zum Ende des Berichtzeitraums oder Angabe des Durchschnitts für jedes Geschäftsjahr im Zeitraum, auf den sich die historischen Finanzinformationen beziehen, bis zum Datum der Erstellung des Registrierungsformulars (und Angabe etwaiger wesentlicher Veränderungen bei diesen Zahlen). Sofern möglich und wesentlich, Aufschlüsselung der beschäftigten Personen nach Haupttätigkeitskategorie und Ort der Tätigkeit. Beschäftigt der Emittent eine erhebliche Zahl von Zeitarbeitskräften, ist die durchschnittliche Zahl dieser Zeitarbeitskräfte während des letzten Geschäftsjahrs anzugeben.

17.2. In Bezug auf die unter Punkt 14.1 Unterabsatz 1 Buchstaben a und d genannten Personen sind so aktuelle Informationen wie möglich über ihren Aktienbesitz und etwaige Optionen auf Aktien des Emittenten beizubringen.

17.3. Beschreibung etwaiger Vereinbarungen über eine Beteiligung der Beschäftigten am Kapital des Emittenten.

22 Ziff. 17 von Anhang XXV ist **inhaltsgleich mit Ziff. 17 von Anhang I**; auf die entsprechende Kommentierung kann daher verwiesen werden.[18]

18. Hauptaktionäre (Ziff. 18)

18.1. Soweit dem Emittenten bekannt, Angabe aller Personen, die nicht Mitglied des Verwaltungs-, Leitungs- oder Aufsichtsorgans sind und die direkt oder indirekt eine Beteiligung am Eigenkapital des Emittenten oder den entsprechenden Stimmrechten halten, die nach nationalem Recht zu melden ist, einschließlich des Betrags der Beteiligung der jeweiligen Person. Ansonsten ist eine negative Erklärung abzugeben.

---

17 Vgl. *Kopp/Metzner*, Anhang I Ziff. 16.
18 Vgl. *Kopp/Metzner*, Anhang I Ziff. 17.

18.2. Angaben darüber, ob die Hauptaktionäre des Emittenten unterschiedliche Stimmrechte haben. Ansonsten ist eine negative Erklärung abzugeben.

18.3. Soweit dem Emittenten bekannt, Angabe, ob an dem Emittenten unmittelbare oder mittelbare Beteiligungen oder Beherrschungsverhältnisse bestehen und wer diese Beteiligungen hält bzw. diese Beherrschung ausübt. Beschreibung der Art und Weise einer derartigen Beherrschung und der vorhandenen Maßnahmen zur Verhinderung des Missbrauchs einer solchen Beherrschung.

18.4. Sofern dem Emittenten bekannt, Beschreibung etwaiger Vereinbarungen, deren Ausübung zu einem späteren Zeitpunkt zu einer Änderung in der Beherrschung des Emittenten führen könnte.

Ziff. 18 von Anhang XXV ist **inhaltsgleich mit Ziff. 18 von Anhang I**; auf die Kommentierung zu Ziff. 18 von Anhang I kann daher verwiesen werden.[19]

23

19. Geschäfte mit verbundenen Parteien (Ziff. 19)

Soweit die gemäß der Verordnung (EG) Nr. 1606/2002 übernommenen internationalen Rechnungslegungsstandards auf den Emittenten keine Anwendung finden, sind folgende Informationen für den Zeitraum, auf den sich die historischen Finanzinformationen beziehen, bis zum Datum des Registrierungsformulars anzugeben:

a) Art und Umfang der Geschäfte, die als einzelnes Geschäft oder insgesamt für den Emittenten von wesentlicher Bedeutung sind. Erfolgt der Abschluss derartiger Geschäfte mit verbundenen Parteien nicht auf marktkonforme Weise, ist zu erläutern, weshalb. Im Falle ausstehender Darlehen einschließlich Garantien jeglicher Art ist der ausstehende Betrag anzugeben.

b) Betrag der Geschäfte mit verbundenen Parteien oder Anteil dieser Geschäfte am Umsatz des Emittenten.

Finden gemäß der Verordnung (EG) Nr. 1606/2002 übernommene internationale Rechnungslegungsstandards auf den Emittenten Anwendung, so sind die vorstehend genannten Informationen nur für diejenigen Geschäfte offenzulegen, die seit dem Ende des letzten Berichtszeitraums, für den geprüfte Finanzinformationen veröffentlicht wurden, getätigt wurden.

Ziff. 19 von Anhang XXV unterscheidet sich von Ziff. 19 von Anhang I insoweit, als Ziff. 19 von Anhang I bei der **Anwendbarkeit der IFRS/IAS** auf die Abschlüsse des Emittenten verlangt, dass für den Zeitraum, der von den historischen Finanzinformationen abgedeckt wird (also die letzten drei Geschäftsjahre) Angaben über die Geschäfte mit verbundenen Parteien in den Prospekt aufzunehmen sind. Ziff. 19 von Anhang XXV verlangt hingegen nur Informationen für diejenigen Geschäfte mit verbundenen Parteien in den Prospekt aufzunehmen, die seit dem Ende des letzten Berichtszeitraums, für den geprüfte Finanzinformationen veröffentlicht wurden, getätigt wurden. Sind die **IFRS/IAS** hingegen **nicht anwendbar**, unterscheiden sich die inhaltlichen Anforderungen von Ziff. 19 von Anhang XXV und Ziff. 19 von Anhang I nicht.[20]

24

---

[19] Vgl. *Kopp/Metzner*, Anhang I Ziff. 18.
[20] Vgl. dazu die Kommentierung von *Kopp/Metzner*, Anhang I Ziff. 19.

Anhang XXV Mindestangaben für das Aktienregistrierungsformular von KMU

20. Finanzinformationen über die Vermögens-, Finanz- und Ertragslage des Emittenten (Ziff. 20)

20.1. Historische Finanzinformationen

Es ist eine Erklärung vorzulegen, dass geprüfte historische Finanzinformationen für die letzten zwei Geschäftsjahre (bzw. für einen kürzeren Zeitraum, in dem der Emittent tätig war) gemäß der Verordnung (EG) Nr. 1606/2002 (bzw. bei Emittenten aus der Europäischen Union, die der Verordnung nicht unterliegen, gemäß den nationalen Rechnungslegungsgrundsätzen eines Mitgliedstaats) erstellt wurden, und anzugeben, wo eigene bzw. konsolidierte Abschlüsse erhältlich sind.

Für jedes Jahr ist der Bestätigungsvermerk beizufügen.

Bei Emittenten aus Drittstaaten ist eine Erklärung vorzulegen, dass diese Finanzinformationen nach den im Verfahren des Artikels 3 der Verordnung (EG) Nr. 1606/2002 übernommenen internationalen Rechnungslegungsstandards oder nach diesen Standards gleichwertigen nationalen Rechnungslegungsgrundsätzen eines Drittstaates erstellt wurden, und anzugeben, wo diese erhältlich sind. Ist keine Gleichwertigkeit mit den Standards gegeben, so ist eine Erklärung abzugeben, dass für die Finanzinformationen ein neuer Abschluss erstellt wurde, und anzugeben, wo dieser erhältlich ist.

20.2. Pro-Forma-Finanzinformationen

Im Falle einer bedeutenden Brutto-Veränderung ist zu beschreiben, wie die Transaktion ggf. die Aktiva und Passiva sowie die Erträge des Emittenten beeinflusst hätte, wenn sie zu Beginn des Berichtszeitraums oder zum Berichtszeitpunkt durchgeführt worden wäre.

Dieser Anforderung wird normalerweise durch die Aufnahme von Pro-Forma-Finanzinformationen Genüge getan.

Diese Pro-Forma-Finanzinformationen sind gemäß Anhang II zu erstellen und müssen die darin geforderten Angaben enthalten.

Den Pro-Forma-Finanzinformationen ist ein Vermerk beizufügen, der von unabhängigen Buchprüfern oder Abschlussprüfern erstellt wurde.

20.3. Prüfung der historischen jährlichen Finanzinformationen

20.3.1. Es ist eine Erklärung dahingehend abzugeben, dass die historischen Finanzinformationen geprüft wurden. Sofern Bestätigungsvermerke über die historischen Finanzinformationen von den Abschlussprüfern abgelehnt wurden bzw. sofern sie Vorbehalte enthalten oder eingeschränkt erteilt wurden, sind diese Ablehnung bzw. diese Vorbehalte oder die eingeschränkte Erteilung in vollem Umfang wiederzugeben und die Gründe dafür anzugeben.

20.3.2. Angabe sonstiger Informationen im Registrierungsformular, die von den Abschlussprüfern geprüft wurden.

20.3.3. Wurden die Finanzdaten im Registrierungsformular nicht dem geprüften Abschluss des Emittenten entnommen, so ist die Quelle dieser Daten anzugeben und darauf hinzuweisen, dass die Daten ungeprüft sind.

20.4. Alter der jüngsten Finanzinformationen

20.4.1. Das letzte Jahr der geprüften Finanzinformationen darf nicht länger zurückliegen als:

a) 18 Monate ab dem Datum des Registrierungsformulars, wenn der Emittent geprüfte Zwischenabschlüsse in sein Registrierungsformular aufnimmt, oder

b) 15 Monate ab dem Datum des Registrierungsformulars, wenn der Emittent ungeprüfte Zwischenabschlüsse in sein Registrierungsformular aufnimmt.

20.5. Zwischenfinanzinformationen und sonstige Finanzinformationen

20.5.1. Hat der Emittent seit dem Datum des letzten geprüften Abschlusses vierteljährliche oder halbjährliche Finanzinformationen veröffentlicht, so ist eine entsprechende Erklärung in das Registrierungsformular aufzunehmen und anzugeben, wo diese Informationen erhältlich sind. Wurden diese vierteljährlichen oder halbjährlichen Finanzinformationen einer prüferischen Durchsicht oder Prüfung unterzogen, so sind die entsprechenden Vermerke ebenfalls aufzunehmen. Wurden die vierteljährlichen oder halbjährlichen Finanzinformationen keiner prüferischen Durchsicht oder Prüfung unterzogen, so ist dies anzugeben.

20.6. Dividendenpolitik

Beschreibung der Politik des Emittenten auf dem Gebiet der Dividendenausschüttungen und etwaiger diesbezüglicher Beschränkungen.

20.6.1. Angabe des Betrags der Dividende pro Aktie für jedes Geschäftsjahr innerhalb des Zeitraums, auf den sich die historischen Finanzinformationen beziehen. Wurde die Zahl der Aktien am Emittenten geändert, ist eine Bereinigung zu Vergleichszwecken vorzunehmen.

20.7. Gerichts- und Schiedsgerichtsverfahren

Angaben über etwaige staatliche Interventionen, Gerichts- oder Schiedsgerichtsverfahren (einschließlich derjenigen Verfahren, die nach Kenntnis des Emittenten noch anhängig sind oder eingeleitet werden könnten), die im Zeitraum der mindestens 12 letzten Monate stattfanden und die sich in jüngster Zeit erheblich auf die Finanzlage oder die Rentabilität des Emittenten und/oder der Gruppe ausgewirkt haben oder sich in Zukunft auswirken könnten. Ansonsten ist eine negative Erklärung abzugeben.

20.8. Bedeutende Veränderungen in der Finanzlage oder der Handelsposition des Emittenten

Beschreibung jeder bedeutenden Veränderung in der Finanzlage oder der Handelsposition der Gruppe, die seit dem Ende des letzten Berichtszeitraums eingetreten ist, für den entweder geprüfte Finanzinformationen oder Zwischenfinanzinformationen veröffentlicht wurden. Ansonsten ist eine negative Erklärung abzugeben.

Ziff. 20 von Anhang XXV enthält hinsichtlich der in den Prospekt aufzunehmenden Finanzinformationen **vielfältige Erleichterungen** gegenüber Ziff. 20 von Anhang I, insbesondere die folgenden:

25

Anhang XXV Mindestangaben für das Aktienregistrierungsformular von KMU

- Die **Finanzinformationen müssen nicht zwingend in den Prospekt aufgenommen werden**; es ist vielmehr ausreichend, wenn eine Erklärung in den Prospekt aufgenommen wird, dass die Finanzinformationen entweder nach den IFRS/IAS oder (bei Nichtanwendbarkeit) nach den anwendbaren nationalen Rechnungslegungsgrundsätzen erstellt worden sind. Dies gilt auch für Zwischeninformationen (vgl. Ziff. 20.5.1 von Anhang XXV);
- Es ist im Gegensatz zu Ziff. 20 Anhang I **nicht erforderlich**, dass der Emittent seine Abschlüsse für die letzten zwei Geschäftsjahre **auf Basis der IFRS/IAS erstellt hat**;
- Die Erklärung bezüglich der Abschlüsse muss sich **nur auf die letzten zwei vollen Geschäftsjahre** vor Erstellung des Registrierungsformulars beziehen;
- Es bestehen **keine Sondervorschriften für Emittenten, die in ihrer aktuellen Wirtschaftsbranche für weniger als ein Jahr tätig sind**; diese Emittenten haben dementsprechend keine Abschlüsse für ein Rumpfgeschäftsjahr aufzustellen;
- Ziff. 20 Anhang XXV verlangt im Gegensatz zu Ziff. 20 Anhang I **keinen Mindestinhalt hinsichtlich der Finanzinformationen**, eine Bilanz, eine Gewinn- und Verlustrechnung sowie ein Anhang reicht daher grundsätzlich aus;
- Wurde das Registrierungsformular mehr als neun Monate nach Stichtag des letzten geprüften Abschlusses erstellt, enthält Ziff. 20.5 von Anhang XXV **keine Verpflichtung, Zwischeninformationen zu erstellen**.

26 Nicht in Ziff. 20 von Anhang XXV enthalten ist eine Ziff. 20.3 von Anhang I entsprechende Bestätigung, dass für die Fälle, dass der Emittent einen Konzernabschluss erstellt, nur der Konzernabschluss, nicht aber zwingend auch der Jahresabschluss in den Wertpapierprospekt aufzunehmen ist. Daraus kann gefolgert werden, dass im Rahmen von Ziff. 20.1 **sowohl auf die Konzern- als auch auf die Jahresabschlüsse** des Emittenten im Rahmen der Erklärung hinzuweisen ist. Darauf lässt auch der verunglückte Wortlaut von Ziff. 20.1 schließen, der von „eigenen" und „konsolidierten" Abschlüssen spricht.

27 Im Übrigen sind die Anforderungen von Ziff. 20 von Anhang XXV **mit den Anforderungen von Ziff. 20 Anhang I im Wesentlichen inhaltsgleich**; auf die entsprechende Kommentierung kann daher verwiesen werden.[21]

21. Zusätzliche Angaben (Ziff. 21)

21.1. Aktienkapital

Aufzunehmen sind die folgenden Angaben zum Stichtag der jüngsten Bilanz, die Bestandteil der historischen Finanzinformationen sind:

21.1.1. Betrag des ausgegebenen Kapitals und für jede Gattung des Aktienkapitals:

a) Zahl der genehmigten Aktien;

b) Zahl der ausgegebenen und voll eingezahlten Aktien und Zahl der ausgegebenen und nicht voll eingezahlten Aktien;

c) Nennwert pro Aktie bzw. Angabe, dass die Aktien keinen Nennwert haben, und

d) Überleitungsrechnung für die Zahl der ausstehenden Aktien zu Beginn und zum Ende des Geschäftsjahres. Wurde mehr als 10 % des Kapitals während des von den

---

21 Vgl. die Kommentierungen von *Meyer* und *Müller* zu Anhang I Ziff. 20.

historischen Finanzinformationen abgedeckten Zeitraums mit anderen Aktiva als Barmitteln eingezahlt, so ist dies anzugeben.

21.1.2. Sollten Aktien vorhanden sein, die nicht Bestandteil des Eigenkapitals sind, so sind die Anzahl und die wesentlichen Merkmale dieser Aktien anzugeben.

21.1.3. Angabe der Anzahl, des Buchwertes sowie des Nennbetrages der Aktien, die Bestandteil des Eigenkapitals des Emittenten sind und die vom Emittenten selbst oder in seinem Namen oder von Tochtergesellschaften des Emittenten gehalten werden.

21.1.4. Angabe etwaiger wandelbarer Wertpapiere, umtauschbarer Wertpapiere oder etwaiger Wertpapiere mit Optionsscheinen, wobei die geltenden Bedingungen und Verfahren für die Wandlung, den Umtausch oder die Zeichnung darzulegen sind.

21.1.5. Angaben über eventuelle Akquisitionsrechte und deren Bedingungen und/oder über Verpflichtungen in Bezug auf genehmigtes, aber noch nicht ausgegebenes Kapital oder in Bezug auf eine Kapitalerhöhung.

21.1.6. Angaben, ob auf einen Anteil eines Mitglieds der Gruppe ein Optionsrecht besteht oder ob bedingt oder bedingungslos vereinbart wurde, einen Anteil an ein Optionsrecht zu knüpfen, sowie Einzelheiten über solche Optionen, die auch jene Personen betreffen, die diese Optionsrechte erhalten haben.

21.1.7. Die Entwicklung des Eigenkapitals mit besonderer Hervorhebung der Angaben über etwaige Veränderungen, die während des von den historischen Finanzinformationen abgedeckten Zeitraums erfolgt sind.

21.2. Satzung und Statuten der Gesellschaft

21.2.1. Beschreibung der Zielsetzungen des Emittenten und an welcher Stelle sie in der Satzung und den Statuten der Gesellschaft verankert sind.

21.2.2. Zusammenfassung etwaiger Bestimmungen der Satzung und der Statuten des Emittenten sowie der Gründungsurkunde oder sonstiger Satzungen, die die Mitglieder des Verwaltungs-, Leitungs- und Aufsichtsorgans betreffen.

21.2.3. Beschreibung der Rechte, Vorrechte und Beschränkungen, die an jede Gattung der vorhandenen Aktien gebunden sind.

21.2.4. Erläuterung, welche Maßnahmen erforderlich sind, um die Rechte der Inhaber von Aktien zu ändern, wobei die Fälle anzugeben sind, in denen die Bedingungen strenger sind als die gesetzlichen Vorschriften.

21.2.5. Beschreibung der Art und Weise, wie die Jahreshauptversammlungen und die außerordentlichen Hauptversammlungen der Aktionäre einberufen werden, einschließlich der Teilnahmebedingungen.

21.2.6. Kurze Beschreibung etwaiger Bestimmungen der Satzung und der Statuten des Emittenten sowie der Gründungsurkunde oder sonstiger Satzungen, die eine Verzögerung, einen Aufschub oder die Verhinderung eines Wechsels in der Beherrschung des Emittenten bewirken könnten.

Anhang XXV Mindestangaben für das Aktienregistrierungsformular von KMU

21.2.7. Angabe etwaiger Bestimmungen der Satzung und der Statuten des Emittenten sowie der Gründungsurkunde oder sonstiger Satzungen, die für den Schwellenwert gelten, ab dem der Aktienbesitz offengelegt werden muss.

21.2.8. Darlegung der Bedingungen, die in der Satzung und den Statuten des Emittenten sowie der Gründungsurkunde oder sonstigen Satzungen vorgesehen sind und die die Veränderungen im Eigenkapital betreffen, sofern diese Bedingungen strenger sind als die gesetzlichen Vorschriften.

28   Ziff. 21 von Anhang XXV ist **inhaltsgleich mit Ziff. 21 von Anhang I**; auf die Kommentierung kann entsprechend verwiesen werden.[22]

22. Wesentliche Verträge (Ziff. 22)

Zusammenfassung jedes in den letzten beiden Jahren vor der Veröffentlichung des Registrierungsformulars abgeschlossenen wesentlichen Vertrags (mit Ausnahme von Verträgen, die im Rahmen der normalen Geschäftstätigkeit abgeschlossen wurden), bei dem der Emittent oder ein sonstiges Mitglied der Gruppe eine Vertragspartei ist.

Zusammenfassung aller sonstigen zum Datum des Registrierungsformulars bestehenden Verträge (mit Ausnahme von Verträgen, die im Rahmen der normalen Geschäftstätigkeit abgeschlossen wurden), die von Mitgliedern der Gruppe abgeschlossen wurden und eine Bestimmung enthalten, der zufolge ein Mitglied der Gruppe eine Verpflichtung eingeht oder ein Recht erlangt, die bzw. das für die Gruppe von wesentlicher Bedeutung ist.

29   Ziff. 22 von Anhang XXV ist **inhaltsgleich mit Ziff. 22 von Anhang I**; auf die entsprechende Kommentierung kann daher verwiesen werden.[23]

23. Angaben von Seiten Dritter, Erklärungen von Seiten Sachverständiger und Interessenerklärungen (Ziff. 23)

Wird in das Registrierungsformular eine Erklärung oder ein Bericht einer Person aufgenommen, die als Sachverständige(r) handelt, so sind der Name, die Geschäftsadresse, die Qualifikationen und eine etwaige wesentliche Beteiligung dieser Person am Emittenten anzugeben. Wurde der Bericht auf Ersuchen des Emittenten erstellt, so ist eine Erklärung dahingehend abzugeben, dass die aufgenommene Erklärung oder der aufgenommene Bericht in der Form und in dem Zusammenhang, in dem sie bzw. er aufgenommen wurde, die Zustimmung von Seiten der Person erhalten hat, die den Inhalt dieses Teils des Registrierungsformulars gebilligt hat.

23.2. Wurden Angaben von Seiten Dritter übernommen, ist zu bestätigen, dass diese Angaben korrekt wiedergegeben wurden und nach Wissen des Emittenten und soweit für ihn aus den von diesem Dritten veröffentlichten Angaben ersichtlich, nicht durch Auslassungen unkorrekt oder irreführend gestaltet wurden. Darüber hinaus hat der Emittent die Quelle(n) der Angaben zu nennen.

---

22   Vgl. *Kopp/Metzner*, Anhang I Ziff. 21.
23   Vgl. *Kopp/Metzner*, Anhang I Ziff. 22.

II. Einzelne Anforderungen von Anhang XXV   **Anhang XXV**

Ziff. 23 von Anhang XXV ist **inhaltsgleich mit Ziff. 23 von Anhang I**; auf die Kommentierung zu Ziff. 23 von Anhang I kann daher verwiesen werden.[24]

30

24. Einsehbare Dokumente (Ziff. 24)

Erklärung, dass während der Gültigkeitsdauer des Registrierungsformulars ggf. die folgenden Dokumente oder deren Kopien eingesehen werden können:

a) die Satzung und die Statuten des Emittenten;

b) sämtliche Berichte, Schreiben und sonstigen Dokumente, historischen Finanzinformationen, Bewertungen und Erklärungen, die von einem/einer Sachverständigen auf Ersuchen des Emittenten abgegeben wurden, sofern Teile davon in das Registrierungsformular eingefügt worden sind oder in ihm darauf verwiesen wird;

c) die historischen Finanzinformationen des Emittenten oder im Falle einer Gruppe die historischen Finanzinformationen für den Emittenten und seine Tochtergesellschaften für jedes der beiden letzten Geschäftsjahre vor der Veröffentlichung des Registrierungsformulars.

Anzugeben ist auch, wo in diese Dokumente in Papierform oder auf elektronischem Wege Einsicht genommen werden kann.

Ziff. 24 von Anhang XXV ist **inhaltsgleich mit Ziff. 24 von Anhang I**; auf die entsprechende Kommentierung kann daher verwiesen werden.[25]

31

25. Angaben über Beteiligungen (Ziff. 25)

Angaben zu Unternehmen, an denen der Emittent einen Teil des Eigenkapitals hält, der bei der Bewertung seiner eigenen Vermögens-, Finanz- und Ertragslage eine wichtige Rolle spielen dürfte.

Ziff. 25 von Anhang XXV ist **inhaltsgleich mit Ziff. 25 von Anhang I**; auf die Kommentierung zu Ziff. 25 von Anhang I kann daher grundsätzlich verwiesen werden.[26]

32

---

24 Vgl. *Kopp/Metzner*, Anhang I Ziff. 23.
25 Vgl. *Kopp/Metzner*, Anhang I Ziff. 24.
26 Vgl. *Kopp/Metzner*, Anhang I Ziff. 25.

Anhang XXVI
Mindestangaben für das Registrierungsformular für Schuldtitel und derivative Wertpapiere (< 100 000 EUR) von KMU und Unternehmen mit geringer Marktkapitalisierung (verhältnismäßiges Schema)

1. HAFTENDE PERSONEN
2. ABSCHLUSSPRÜFER
3. AUSGEWÄHLTE FINANZINFORMATIONEN
4. RISIKOFAKTOREN
5. ANGABEN ZUM EMITTENTEN
6. ÜBERBLICK ÜBER DIE GESCHÄFTSTÄTIGKEIT
7. ORGANISATIONSSTRUKTUR
8. TRENDINFORMATIONEN
9. GEWINNPROGNOSEN ODER -SCHÄTZUNGEN
10. VERWALTUNGS-, LEITUNGS- UND AUFSICHTSORGAN
11. PRAKTIKEN DES LEITUNGSORGANS
12. HAUPTAKTIONÄRE
13. FINANZINFORMATIONEN üBER DIE VERMÖGENS-, FINANZ- UND ERTRAGSLAGE DES EMITTENTEN

13.1. Historische Finanzinformationen

Bei Emittenten aus der Europäischen Union ist eine Erklärung abzugeben, dass geprüfte historische Finanzinformationen für das letzte Geschäftsjahr (bzw. für einen kürzeren Zeitraum, in dem der Emittent tätig war) gemäß der Verordnung (EG) Nr. 1606/2002 (bzw. sofern die Verordnung nicht anwendbar ist, gemäß den Rechnungslegungsgrundsätzen eines Mitgliedstaats) erstellt wurden, und anzugeben, wo eigene bzw. konsolidierte Abschlüsse erhältlich sind.

Der Bestätigungsvermerk ist beizufügen.

Bei Emittenten aus Drittstaaten ist eine Erklärung abzugeben, dass diese Finanzinformationen nach den im Verfahren des Artikels 3 der Verordnung (EG) Nr. 1606/2002 übernommenen internationalen Rechnungslegungsstandards oder nach diesen Standards gleichwertigen nationalen Rechnungslegungsgrundsätzen eines Drittstaates erstellt wurden, und anzugeben, wo diese erhältlich sind. Ist keine Gleichwertigkeit mit den Standards gegeben, so ist eine Erklärung abzugeben, dass für die Finanzinformationen ein neuer Abschluss erstellt wurde, und anzugeben, wo dieser erhältlich ist.

13.2. Prüfung der historischen jährlichen Finanzinformationen

13.2.1. Es ist eine Erklärung abzugeben, dass die historischen Finanzinformationen geprüft wurden. Sofern Bestätigungsvermerke über die historischen Finanzinformationen von den Abschlussprüfern abgelehnt wurden bzw. sofern sie Vorbehalte enthalten oder eingeschränkt erteilt wurden, sind diese Ablehnung bzw. diese Vorbehalte oder die eingeschränkte Erteilung in vollem Umfang wiederzugeben und die Gründe dafür anzugeben.

13.2.2. Angabe sonstiger Informationen im Registrierungsformular, die von den Abschlussprüfern geprüft wurden.

13.2.3. Wurden die Finanzdaten im Registrierungsformular nicht dem geprüften Abschluss des Emittenten entnommen, so ist die Quelle dieser Daten anzugeben und darauf hinzuweisen, dass die Daten ungeprüft sind.

13.3. Zwischenfinanzinformationen und sonstige Finanzinformationen

Hat der Emittent seit dem Datum des letzten geprüften Abschlusses vierteljährliche oder halbjährliche Finanzinformationen veröffentlicht, so ist eine entsprechende Erklärung in das Registrierungsformular aufzunehmen und anzugeben, wo diese Informationen erhältlich sind. Wurden diese vierteljährlichen oder halbjährlichen Finanzinformationen einer prüferischen Durchsicht oder Prüfung unterzogen, so sind die entsprechenden Vermerke ebenfalls aufzunehmen. Wurden die vierteljährlichen oder halbjährlichen Finanzinformationen keiner prüferischen Durchsicht oder Prüfung unterzogen, so ist dies anzugeben.

13.4. Gerichts- und Schiedsgerichtsverfahren

Angaben über etwaige staatliche Interventionen, Gerichts- oder Schiedsgerichtsverfahren (einschließlich derjenigen Verfahren, die nach Kenntnis des Emittenten noch anhängig sind oder eingeleitet werden könnten), die im Zeitraum der mindestens 12 letzten Monate stattfanden und die sich in jüngster Zeit erheblich auf die Finanzlage oder die Rentabilität des Emittenten und/oder der Gruppe ausgewirkt haben oder sich in Zukunft auswirken könnten. Ansonsten ist eine negative Erklärung abzugeben.

13.5. Bedeutende Veränderungen in der Finanzlage oder der Handelsposition des Emittenten

Beschreibung jeder bedeutenden Veränderung in der Finanzlage oder der Handelsposition der Gruppe, die seit dem Ende des letzten Geschäftsjahres eingetreten ist, für das entweder geprüfte Finanzinformationen oder Zwischenfinanzinformationen veröffentlicht wurden. Ansonsten ist eine negative Erklärung abzugeben.

14. ZUSÄTZLICHE ANGABEN

15. WESENTLICHE VERTRÄGE

16. ANGABEN VON SEITEN DRITTER, ERKLÄRUNGEN VON SEITEN SACHVERSTÄNDIGER UND INTERESSEN-ERKLÄRUNGEN

17. EINSEHBARE DOKUMENTE

Anhang XXVI Mindestangaben für das Registrierungsformular für Schuldtitel

1 Anhang XXVI Prospektverordnung behandelt das **Registrierungsformular für Schuldtitel und derivative Wertpapiere mit einem Nennbetrag oder einer Mindesterwerbsgröße von weniger als EUR 100.000** in den Fällen, in denen der Emittent KMU oder Small Cap ist. Die inhaltlichen Anforderungen von Anhang XXVII sind **mit den Anforderungen von Anhang IV identisch**, mit **Ausnahme** der Angaben zu den Finanzinformationen.

2 Hinsichtlich der Finanzinformationen ist auf die **folgenden Unterschiede** zu Anhang IV hinzuweisen:

– Die **Finanzinformationen müssen nicht zwingend in den Prospekt aufgenommen werden**; es ist vielmehr ausreichend, wenn eine Erklärung in den Prospekt aufgenommen wird, dass die Finanzinformationen entweder nach den IFRS/IAS oder (bei Nichtanwendbarkeit) nach den anwendbaren nationalen Rechnungslegungsgrundsätzen erstellt worden sind. Dies gilt auch für Zwischeninformationen (vgl. Ziff. 13.3 von Anhang XXVI);
– Die Erklärung bezüglich der Abschlüsse muss sich **nur auf das letzte volle Geschäftsjahr** vor Erstellung des Registrierungsformulars beziehen;
– Es bestehen **keine Sondervorschriften für Emittenten, die in ihrer aktuellen Wirtschaftsbranche für weniger als ein Jahr tätig sind**; diese Emittenten haben dementsprechend keine Abschlüsse für ein Rumpfgeschäftsjahr aufzustellen;
– Ziff. 20 Anhang XXV verlangt im Gegensatz zu Ziff. 20 Anhang I **keinen Mindestinhalt hinsichtlich der Finanzinformationen**, eine Bilanz, eine Gewinn- und Verlustrechnung sowie ein Anhang reicht daher grundsätzlich aus;
– Ziff. 20 Anhang XXVI enthält **kein Erfordernis**, dass die letzten Finanzinformationen des Emittenten **nicht älter als 18 Monate** ab dem Datum des Registrierungsformulars sein dürfen;
– Wurde das Registrierungsformular mehr als neun Monate nach Stichtag des letzten geprüften Abschlusses erstellt, enthält Ziff. 13.5 von Anhang XXV **keine Verpflichtung, Zwischeninformationen** zu erstellen.

3 Wie in Ziff. 20 von Anhang XXV ist auch in Anhang XXVI keine entsprechende Bestätigung enthalten, dass für die Fälle, dass der Emittent einen Konzernabschluss erstellt, nur der Konzernabschluss, nicht aber zwingend auch der Jahresabschluss in den Wertpapierprospekt aufzunehmen ist.

Anhang XXVII
Mindestangaben für das Registrierungsformular für Schuldtitel und derivative Wertpapiere (= 100 000 EUR) von KMU und Unternehmen mit geringer Marktkapitalisierung (verhältnismäßiges Schema)

1. HAFTENDE PERSONEN
2. ABSCHLUSSPRÜFER
3. RISIKOFAKTOREN
4. ANGABEN ZUM EMITTENTEN
5. ÜBERBLICK ÜBER DIE GESCHÄFTSTÄTIGKEIT
6. ORGANISATIONSSTRUKTUR
7. TRENDINFORMATIONEN
8. GEWINNPROGNOSEN ODER -SCHÄTZUNGEN
9. VERWALTUNGS-, LEITUNGS- UND AUFSICHTSORGAN
10. HAUPTAKTIONÄRE
11. FINANZINFORMATIONEN ÜBER DIE VERMÖGENS-, FINANZ- UND ERTRAGSLAGE DES EMITTENTEN

11.1. Historische Finanzinformationen

Bei Emittenten aus der Europäischen Union ist eine Erklärung abzugeben, dass geprüfte historische Finanzinformationen für das letzte Geschäftsjahr (bzw. für einen kürzeren Zeitraum, in dem der Emittent tätig war) gemäß der Verordnung (EG) Nr. 1606/2002 (bzw. sofern die Verordnung nicht anwendbar ist, gemäß den nationalen Rechnungslegungsgrundsätzen eines Mitgliedstaats) erstellt wurden, und anzugeben, wo die eigenen bzw. konsolidierten Abschlüsse erhältlich sind.

Der Bestätigungsvermerk ist beizufügen.

Bei Emittenten aus Drittstaaten ist eine Erklärung abzugeben, dass diese Finanzinformationen nach den im Verfahren des Artikels 3 der Verordnung (EG) Nr. 1606/2002 übernommenen internationalen Rechnungslegungsstandards oder nach diesen Standards gleichwertigen nationalen Rechnungslegungsgrundsätzen eines Drittstaates erstellt wurden, und anzugeben, wo diese Informationen erhältlich sind. Ist keine Gleichwertigkeit mit den Standards gegeben, so ist eine Erklärung abzugeben, dass für die Finanzinformationen ein neuer Abschluss erstellt wurde, und anzugeben, wo dieser erhältlich ist.

11.2. Prüfung der historischen jährlichen Finanzinformationen

11.2.1. Es ist eine Erklärung abzugeben, dass die historischen Finanzinformationen geprüft wurden. Sofern Bestätigungsvermerke über die historischen Finanzinformationen von den Abschlussprüfern abgelehnt wurden bzw. sofern sie Vorbehalte enthalten oder eingeschränkt erteilt wurden, sind diese Ablehnung bzw. diese Vorbehalte oder die eingeschränkte Erteilung in vollem Umfang wiederzugeben und die Gründe dafür anzugeben.

11.2.2. Angabe sonstiger Informationen im Registrierungsformular, die von den Abschlussprüfern geprüft wurden.

11.2.3. Wurden die Finanzdaten im Registrierungsformular nicht dem geprüften Abschluss des Emittenten entnommen, so ist die Quelle dieser Daten anzugeben und darauf hinzuweisen, dass die Daten ungeprüft sind.

11.3. Zwischenfinanzinformationen und sonstige Finanzinformationen

Hat der Emittent seit dem Datum des letzten geprüften Abschlusses vierteljährliche oder halbjährliche Finanzinformationen veröffentlicht, so ist eine entsprechende Erklärung in das Registrierungsformular aufzunehmen und anzugeben, wo diese Informationen erhältlich sind. Wurden diese vierteljährlichen oder halbjährlichen Finanzinformationen einer prüferischen Durchsicht oder Prüfung unterzogen, so sind die entsprechenden Vermerke ebenfalls aufzunehmen. Wurden die vierteljährlichen oder halbjährlichen Finanzinformationen keiner prüferischen Durchsicht oder Prüfung unterzogen, so ist dies anzugeben.

11.4. Gerichts- und Schiedsgerichtsverfahren

Angaben über etwaige staatliche Interventionen, Gerichts- oder Schiedsgerichtsverfahren (einschließlich derjenigen Verfahren, die nach Kenntnis des Emittenten noch anhängig sind oder eingeleitet werden könnten), die im Zeitraum der mindestens 12 letzten Monate stattfanden und die sich in jüngster Zeit erheblich auf die Finanzlage oder die Rentabilität des Emittenten und/oder der Gruppe ausgewirkt haben oder sich in Zukunft auswirken könnten. Ansonsten ist eine negative Erklärung abzugeben.

11.5. Bedeutende Veränderungen in der Finanzlage oder der Handelsposition des Emittenten

Beschreibung jeder bedeutenden Veränderung in der Finanzlage oder der Handelsposition der Gruppe, die seit dem Ende des letzten Geschäftsjahres eingetreten ist, für das entweder geprüfte Finanzinformationen oder Zwischenfinanzinformationen veröffentlicht wurden. Ansonsten ist eine negative Erklärung abzugeben.

12. WESENTLICHE VERTRÄGE

13. ANGABEN VON SEITEN DRITTER, ERKLÄRUNGEN VON SEITEN SACHVERSTÄNDIGER UND INTERESSEN-ERKLÄRUNGEN

14. EINSEHBARE DOKUMENTE

Mindestangaben für das Registrierungsformular für Schuldtitel **Anhang XXVII**

Anhang XXVII Prospektverordnung behandelt das **Registrierungsformular für Schuldtitel und derivative Wertpapiere mit einem Nennbetrag oder einer Mindesterwerbsgröße von mindestens EUR 100.000** in den Fällen, in denen der Emittent KMU oder Small Cap ist. Die inhaltlichen Anforderungen von Anhang XXVII sind **mit den Anforderungen von Anhang IX identisch**, mit **Ausnahme** der Angaben zu den Finanzinformationen. 1

Ziff. 11 von Anhang XXVII bezüglich der Anforderungen an die Finanzinformationen ist wiederum **inhaltsgleich mit Ziff. 13 von Anhang XXVI**; auf die Kommentierung hierzu kann entsprechend verwiesen werden.[1] 2

---

1 Vgl. *Wolf/Wink*, Anhang XXVI Rn. 2.

Anhang XXVIII
Mindestangaben für Aktienzertifikate von KMU und Unternehmen mit geringer Marktkapitalisierung (verhältnismäßiges Schema)

1. HAFTENDE PERSONEN

1.1. Alle Personen, die für die Angaben im Registrierungsformular bzw. für bestimmte Teile des Registrierungsformulars haften. Im letzteren Fall sind die entsprechenden Teile anzugeben. Handelt es sich dabei um natürliche Personen, zu denen auch Mitglieder des Verwaltungs-, Leitungs- oder Aufsichtsorgans des Emittenten gehören, sind Name und Funktion dieser Person zu nennen. Bei juristischen Personen sind Name und eingetragener Sitz der Gesellschaft anzugeben.

1.2. Erklärung der für das Registrierungsformular haftenden Personen, dass die Angaben im Registrierungsformular ihres Wissens richtig sind und keine Auslassungen beinhalten, die die Aussage des Registrierungsformulars verzerren könnten, und dass sie die erforderliche Sorgfalt haben walten lassen, um dies sicherzustellen. Ggf. Erklärung der für bestimmte Teile des Registrierungsformulars haftenden Personen, dass die Angaben in dem Teil des Registrierungsformulars, für den sie haften, ihres Wissens richtig sind und keine Auslassungen beinhalten, die die Aussage des Registrierungsformulars verzerren könnten, und dass sie die erforderliche Sorgfalt haben walten lassen, um dies sicherzustellen.

2. ABSCHLUSSPRÜFER

2.1. Name und Anschrift der Abschlussprüfer des Emittenten, die für den von den historischen Finanzinformationen abgedeckten Zeitraum zuständig waren (einschließlich ihrer Mitgliedschaft in einer Berufsvereinigung).

2.2. Wurden Abschlussprüfer während des von den historischen Finanzinformationen abgedeckten Zeitraums abberufen, nicht wieder bestellt oder haben sie ihr Mandat selbst niedergelegt, so sind entsprechende Einzelheiten anzugeben, wenn sie von wesentlicher Bedeutung sind.

3. AUSGEWÄHLTE FINANZINFORMATIONEN

3.1. Ausgewählte historische Finanzinformationen über den Emittenten sind für jedes Geschäftsjahr für den Zeitraum vorzulegen, auf den sich die historischen Finanzinformationen beziehen, sowie für jeden darauf folgenden Zwischenberichtszeitraum, und zwar in derselben Währung wie die Finanzinformationen.

Die ausgewählten historischen Finanzinformationen müssen Kennzahlen enthalten, anhand deren sich die Finanzlage des Emittenten beurteilen lässt.

3.2. Werden ausgewählte Finanzinformationen für Zwischenzeiträume vorgelegt, so sind auch Vergleichsdaten für den gleichen Zeitraum des vorhergehenden Geschäftsjahres vorzulegen, es sei denn, die Anforderung der Beibringung vergleichbarer Bilanzinformationen wird durch die Vorlage der Bilanzdaten zum Jahresende erfüllt.

4. RISIKOFAKTOREN

Klare Angabe der Risikofaktoren, die für den Emittenten oder seine Branche charakteristisch sind, unter der Rubrik „Risikofaktoren".

5. ANGABEN ZUM EMITTENTEN

5.1. Geschichte und Entwicklung des Emittenten.

5.1.1. Gesetzliche und kommerzielle Bezeichnung des Emittenten.

5.1.2. Eintragungsort und -nummer.

5.1.3. Datum der Gründung der Gesellschaft und Existenzdauer des Emittenten, soweit diese nicht unbefristet ist.

5.1.4. Sitz und Rechtsform des Emittenten; das für den Emittenten geltende Recht, Land der Gründung der Gesellschaft, Anschrift und Telefonnummer seines eingetragenen Sitzes (oder des Hauptorts der Geschäftstätigkeit, falls nicht mit dem eingetragenen Sitz identisch).

5.1.5. Wichtige Ereignisse in der Entwicklung der Geschäftstätigkeit des Emittenten.

5.2. Investitionen

5.2.1. Beschreibung (einschließlich des Betrags) der wichtigsten Investitionen des Emittenten für jedes Geschäftsjahr, und zwar für den Zeitraum, auf den sich die historischen Finanzinformationen beziehen, bis zum Datum des Prospekts.

5.2.2. Beschreibung der wichtigsten laufenden Investitionen des Emittenten, einschließlich ihrer geografischen Verteilung (Inland und Ausland) und der Finanzierungsmethode (Eigen- oder Fremdfinanzierung).

5.2.3. „Angaben zu den wichtigsten künftigen Investitionen des Emittenten, die von seinen Leitungsorganen bereits fest beschlossen sind, und zu den voraussichtlichen Finanzierungsquellen zur Erfüllung dieser Verpflichtungen."

6. ÜBERBLICK ÜBER DIE GESCHÄFTSTÄTIGKEIT

6.1. Haupttätigkeitsbereiche

6.1.1. Kurze Beschreibung des Betriebs und der Haupttätigkeiten des Emittenten sowie etwaiger bedeutender Änderungen, die sich seit den beiden zuletzt veröffentlichten geprüften Jahresabschlüssen auf den Betrieb und die Haupttätigkeiten des Emittenten ausgewirkt haben, und Angaben zu neu eingeführten wesentlichen Produkten und Dienstleistungen sowie zum Stand der Entwicklung neuer Produkte oder Dienstleistungen, soweit deren Entwicklung öffentlich bekanntgegeben wurde.

6.2. Wichtigste Märkte

Kurze Beschreibung der wichtigsten Märkte, auf denen der Emittent tätig ist, sowie etwaiger wesentlicher Änderungen auf diesen Märkten seit den beiden zuletzt veröffentlichten Abschlüssen.

6.3. Wurden die unter den Punkten 6.1 und 6.2 genannten Angaben durch außergewöhnliche Faktoren beeinflusst, so ist dies anzugeben.

Anhang XXVIII   Mindestangaben für Aktienzertifikate von KMU

6.4. Kurze Darstellung, inwieweit der Emittent von Patenten oder Lizenzen, Industrie-, Handels- oder Finanzierungsverträgen oder neuen Herstellungsverfahren abhängig ist, wenn diese Faktoren für die Geschäftstätigkeit oder die Rentabilität des Emittenten von wesentlicher Bedeutung sind.

6.5. Grundlage für etwaige Angaben des Emittenten zu seiner Wettbewerbsposition.

7. ORGANISATIONSSTRUKTUR

7.1. Ist der Emittent Teil einer Gruppe, kurze Beschreibung der Gruppe und der Stellung des Emittenten innerhalb dieser Gruppe.

8. SACHANLAGEN

8.1. Beschreibung etwaiger Umweltfragen, die die Verwendung der Sachanlagen durch den Emittenten beeinflussen könnten.

9. ANGABEN ZUR GESCHÄFTS- UND FINANZLAGE

Der Emittent muss folgende Angaben machen, wenn die gemäß Artikel 46 der Richtlinie 78/660/EWG und Artikel 36 der Richtlinie 83/349/EWG erstellten und vorgelegten Lageberichte für die Zeiträume, auf die sich die historischen Finanzinformationen beziehen, nicht im Prospekt enthalten oder diesem beigefügt sind:

9.1. Finanzlage

Sofern nicht an anderer Stelle im Registrierungsformular vermerkt, Beschreibung der Finanzlage des Emittenten, der Veränderungen in der Finanzlage und der Geschäftsergebnisse für jedes Jahr und jeden Zwischenzeitraum, für den historische Finanzinformationen verlangt werden, einschließlich der Ursachen wesentlicher Veränderungen, die von einem Jahr zum anderen in den Finanzinformationen auftreten, sofern dies für das Verständnis der Geschäftstätigkeit des Emittenten insgesamt erforderlich ist.

9.2. Betriebsergebnisse

9.2.1. Angaben zu wichtigen Faktoren, einschließlich ungewöhnlicher oder seltener Vorfälle oder neuer Entwicklungen, die die Geschäftserträge des Emittenten wesentlich beeinträchtigen, und über das Ausmaß, in dem die Erträge auf diese Weise beeinflusst wurden.

9.2.2. Falls der Abschluss wesentliche Veränderungen bei den Nettoumsätzen oder den Nettoerträgen ausweist, sind die Gründe für diese Veränderungen in einer ausführlichen Erläuterung darzulegen.

9.2.3. Angaben zu staatlichen, wirtschaftlichen, steuerlichen, monetären oder politischen Strategien oder Faktoren, die die Geschäfte des Emittenten direkt oder indirekt wesentlich beeinträchtigt haben oder beeinträchtigen könnten.

10. EIGENKAPITALAUSSTATTUNG

10.1. Erläuterung der Quellen und der Beträge der Kapitalflüsse des Emittenten und ausführliche Darstellung dieser Posten.

10.2. Angaben zu jeglichen Beschränkungen des Rückgriffs auf die Eigenkapitalausstattung, die die Geschäfte des Emittenten direkt oder indirekt wesentlich beeinträchtigt haben oder beeinträchtigen könnten.

11. FORSCHUNG UND ENTWICKLUNG, PATENTE UND LIZENZEN

Soweit wesentlich, Beschreibung der Forschungs- und Entwicklungsstrategien des Emittenten für jedes Geschäftsjahr innerhalb des Zeitraums, auf den sich die historischen Finanzinformationen beziehen, und Angabe des vom Emittenten für die finanzielle Förderung von Forschung und Entwicklung aufgewandten Betrags.

12. TRENDINFORMATIONEN

12.1. Angabe der wichtigsten aktuellen Trends bei Produktion, Umsatz und Vorräten sowie bei Kosten und Verkaufspreisen zwischen dem Ende des letzten Geschäftsjahres und dem Datum des Registrierungsformulars.

12.2. Angabe aller bekannten Trends, Unsicherheiten, Anfragen, Verpflichtungen oder Vorfälle, die die Aussichten des Emittenten nach vernünftigem Ermessen zumindest im laufenden Geschäftsjahr wesentlich beeinflussen werden.

13. GEWINNPROGNOSEN ODER -SCHÄTZUNGEN

Entscheidet sich ein Emittent zur Aufnahme einer Gewinnprognose oder -schätzung, so muss das Registrierungsformular die unter den Punkten 13.1 und 13.2 genannten Angaben enthalten.

13.1. Erläuterung der wichtigsten Annahmen, auf die der Emittent seine Prognose oder Schätzung gestützt hat.

Hier muss klar unterschieden werden zwischen Annahmen in Bezug auf Faktoren, die die Mitglieder des Verwaltungs-, Leitungs- oder Aufsichtsorgans beeinflussen können, und Annahmen in Bezug auf Faktoren, die klar außerhalb des Einflussbereichs der Mitglieder des Verwaltungs-, Leitungs- oder Aufsichtsorgans liegen. Die Annahmen müssen für die Anleger ohne Weiteres verständlich, spezifisch sowie präzise sein und dürfen sich nicht auf die allgemeine Genauigkeit der der Prognose zugrunde liegenden Schätzungen beziehen.

13.2. Einen Bericht, der von unabhängigen Buchprüfern oder Abschlussprüfern erstellt wurde und in dem festgestellt wird, dass die Prognose oder die Schätzung nach Meinung der unabhängigen Buchprüfer oder Abschlussprüfer auf der angegebenen Grundlage ordnungsgemäß erstellt wurde und dass die Rechnungslegungsgrundlage, die für die Gewinnprognose oder -schätzung verwendet wurde, mit den Rechnungslegungsstrategien des Emittenten konsistent ist.

Beziehen sich die Finanzinformationen auf das letzte Geschäftsjahr und enthalten ausschließlich nicht irreführende Zahlen, die im Wesentlichen mit den im nächsten geprüften Jahresabschluss zu veröffentlichenden Zahlen konsistent sind, sowie die zu deren Bewertung nötigen erläuternden Informationen, ist kein Bericht erforderlich, sofern der Prospekt alle folgenden Erklärungen enthält:

a) die für diese Finanzinformationen verantwortliche Person, sofern sie nicht mit derjenigen identisch ist, die für den Prospekt insgesamt verantwortlich ist, genehmigt diese Informationen;

b) unabhängige Buchprüfer oder Abschlussprüfer haben bestätigt, dass diese Informationen im Wesentlichen mit den im nächsten geprüften Jahresabschluss zu veröffentlichenden Zahlen konsistent sind;

Anhang XXVIII Mindestangaben für Aktienzertifikate von KMU

c) diese Finanzinformationen wurden nicht geprüft.

13.3. Die Gewinnprognose oder -schätzung ist auf einer Grundlage zu erstellen, die mit den historischen Finanzinformationen vergleichbar ist.

13.4. Wurde in einem Prospekt, der noch aussteht, eine Gewinnprognose veröffentlicht, dann ist zu erläutern, ob diese Prognose noch so zutrifft wie zur Zeit der Erstellung des Registrierungsformulars, und ggf. darzulegen, warum diese Prognose nicht mehr zutrifft.

14. VERWALTUNGS-, LEITUNGS- UND AUFSICHTSORGAN UND OBERES MANAGEMENT

14.1. Name und Geschäftsanschrift folgender Personen sowie Angabe ihrer Stellung beim Emittenten und der wichtigsten Tätigkeiten, die sie neben der Tätigkeit beim Emittenten ausüben, sofern diese für den Emittenten von Bedeutung sind:

a) Mitglieder des Verwaltungs-, Leitungs- und Aufsichtsorgans;

b) persönlich haftende Gesellschafter bei einer Kommanditgesellschaft auf Aktien;

c) Gründer, wenn es sich um eine Gesellschaft handelt, die seit weniger als fünf Jahren besteht, und

d) sämtliche Mitglieder des oberen Managements, die für die Feststellung relevant sind, ob der Emittent über die für die Führung der Geschäfte erforderliche Kompetenz und Erfahrung verfügt.

Art einer etwaigen verwandtschaftlichen Beziehung zwischen diesen Personen.

Für jedes Mitglied des Verwaltungs-, Leitungs- oder Aufsichtsorgans des Emittenten und für jede der in Unterabsatz 1 Buchstaben b und d genannten Personen detaillierte Angabe der einschlägigen Managementkompetenz und -erfahrung sowie folgende Angaben:

a) die Namen sämtlicher Kapital- und Personengesellschaften, bei denen die betreffende Person während der letzten fünf Jahre Mitglied des Verwaltungs-, Leitungs- oder Aufsichtsorgans bzw. Gesellschafter war, und Angabe, ob die Mitgliedschaft in diesen Organen oder der Gesellschafterstatus weiter fortbesteht. Es ist nicht erforderlich, sämtliche Tochtergesellschaften des Emittenten aufzulisten, bei denen die betreffende Person ebenfalls Mitglied des Verwaltungs-, Leitungs- oder Aufsichtsorgans ist;

b) etwaige Verurteilungen wegen Betrugsdelikten während zumindest der letzten fünf Jahre;

c) detaillierte Angaben über etwaige Insolvenzen, Insolvenzverwaltungen oder Liquidationen während zumindest der letzten fünf Jahre, mit der eine in Unterabsatz 1 Buchstaben a und d genannte Person im Zusammenhang stand, die in einer der in Unterabsatz 1 Buchstaben a und d genannten Funktionen handelte, und

d) detaillierte Angaben zu etwaigen öffentlichen Anschuldigungen und/oder Sanktionen gegen die genannte Person durch die gesetzlich befugten Stellen oder die Regulierungsbehörden (einschließlich bestimmter Berufsverbände) und ggf. Angabe, ob diese Person während zumindest der letzten fünf Jahre von einem Gericht für die Mitgliedschaft in einem Verwaltungs-, Leitungs- oder Aufsichtsorgan eines Emittenten oder für die Tätigkeit im Management oder der Führung der Geschäfte eines Emittenten als untauglich angesehen wurde.

Liegen keine der genannten Umstände vor, ist eine entsprechende Erklärung abzugeben.

14.2. Verwaltungs-, Leitungs- und Aufsichtsorgan und oberes Management – Interessenkonflikte

Potenzielle Interessenkonflikte zwischen den Verpflichtungen der unter Punkt 14.1 genannten Personen gegenüber dem Emittenten und ihren privaten Interessen oder sonstigen Verpflichtungen müssen klar angegeben werden. Falls keine derartigen Konflikte bestehen, ist eine entsprechende Erklärung abzugeben.

Ferner ist jegliche Vereinbarung oder Abmachung mit den Hauptaktionären, Kunden, Lieferanten oder sonstigen Personen zu nennen, aufgrund deren eine unter Punkt 14.1 genannte Person zum Mitglied eines Verwaltungs-, Leitungs- oder Aufsichtsorgans bzw. zum Mitglied des oberen Managements bestellt wurde.

15. VERGÜTUNGEN UND SONSTIGE LEISTUNGEN

Für das letzte abgeschlossene Geschäftsjahr sind in Bezug auf die unter Punkt 14.1 Unterabsatz 1 Buchstaben a und d genannten Personen folgende Angaben vorzulegen:

15.1. Betrag der Vergütungen (einschließlich etwaiger erfolgsgebundener oder nachträglicher Vergütungen) und Sachleistungen, die diesen Personen vom Emittenten und seinen Tochterunternehmen für Dienstleistungen gezahlt oder gewährt wurden, die für den Emittenten oder seine Tochtergesellschaften von jeglicher Person in jeglicher Funktion erbracht wurden.

Diese Angaben sind individuell vorzulegen, außer wenn eine individuelle Offenlegung im Herkunftsland des Emittenten nicht vorgeschrieben ist oder wenn die Angaben vom Emittenten bereits anderweitig veröffentlicht wurden.

15.2. Gesamthöhe der vom Emittenten oder seinen Tochtergesellschaften gebildeten Reserven oder Rückstellungen für Pensions- und Rentenzahlungen oder ähnliche Leistungen.

16. PRAKTIKEN DES LEITUNGSORGANS

Für das letzte abgeschlossene Geschäftsjahr des Emittenten sind – sofern nichts anderes angegeben ist – in Bezug auf die unter Punkt 14.1 Unterabsatz 1 Buchstabe a genannten Personen folgende Angaben vorzulegen:

16.1. Ggf. Ende der laufenden Mandatsperiode und Zeitraum, während dessen die betreffende Person ihre Aufgabe wahrgenommen hat.

16.2. Angaben zu den Dienstleistungsverträgen, die zwischen den Mitgliedern des Verwaltungs-, Leitungs- oder Aufsichtsorgans und dem Emittenten bzw. seinen Tochtergesellschaften geschlossen wurden und die bei Beendigung des Beschäftigungsverhältnisses Leistungen vorsehen. Ansonsten ist eine negative Erklärung abzugeben.

Anhang XXVIII Mindestangaben für Aktienzertifikate von KMU

16.3. Angaben zum Audit-Ausschuss und zum Vergütungsausschuss des Emittenten, einschließlich der Namen der Ausschussmitglieder und einer Zusammenfassung der Satzung des Ausschusses.

16.4. Erklärung, ob der Emittent der/den Corporate-Governance-Regelung(en) im Land seiner Gründung genügt. Sollte der Emittent einer solchen Regelung nicht folgen, ist eine entsprechende Erklärung zusammen mit einer Erläuterung aufzunehmen, aus der hervorgeht, warum der Emittent dieser Regelung nicht Folge leistet.

17. BESCHÄFTIGTE

17.1. Entweder Angabe der Zahl der Beschäftigten zum Ende des Berichtzeitraums oder Angabe des Durchschnitts für jedes Geschäftsjahr in dem Zeitraum, auf den sich die historischen Finanzinformationen beziehen, bis zum Datum der Erstellung des Registrierungsformulars (und Angabe etwaiger wesentlicher Veränderungen bei diesen Zahlen). Sofern möglich und wesentlich, Aufschlüsselung der beschäftigten Personen nach Haupttätigkeitskategorie und Ort der Tätigkeit. Beschäftigt der Emittent eine erhebliche Zahl von Zeitarbeitskräften, ist die durchschnittliche Zahl dieser Zeitarbeitskräfte während des letzten Geschäftsjahrs anzugeben.

17.2. In Bezug auf die unter Punkt 14.1 Unterabsatz 1 Buchstaben a und d genannten Personen sind so aktuelle Informationen wie möglich über ihren Aktienbesitz und etwaige Optionen auf Aktien des Emittenten beizubringen.

17.3. Beschreibung etwaiger Vereinbarungen über eine Beteiligung der Beschäftigten am Kapital des Emittenten.

18. HAUPTAKTIONÄRE

18.1. Soweit dem Emittenten bekannt, Angabe jeglicher Person, die nicht Mitglied des Verwaltungs-, Leitungs- oder Aufsichtsorgans ist und die direkt oder indirekt eine Beteiligung am Eigenkapital des Emittenten oder den entsprechenden Stimmrechten hält, die nach nationalem Recht zu melden ist, einschließlich des Betrags der Beteiligung dieser Person. Ansonsten ist eine negative Erklärung abzugeben.

18.2. Angabe, ob die Hauptaktionäre des Emittenten unterschiedliche Stimmrechte haben. Ansonsten ist eine negative Erklärung abzugeben.

18.3. Soweit dem Emittenten bekannt, Angabe, ob an dem Emittenten unmittelbare oder mittelbare Beteiligungen oder Beherrschungsverhältnisse bestehen und wer diese Beteiligungen hält bzw. diese Beherrschung ausübt. Beschreibung der Art und Weise einer derartigen Beherrschung und der vorhandenen Maßnahmen zur Verhinderung des Missbrauchs einer solchen Beherrschung.

18.4. Sofern dem Emittenten bekannt, Beschreibung etwaiger Vereinbarungen, deren Ausübung zu einem späteren Zeitpunkt zu einer Änderung in der Beherrschung des Emittenten führen könnte.

19. GESCHÄFTE MIT VERBUNDENEN PARTEIEN

Soweit die gemäß der Verordnung (EG) Nr. 1606/2002 übernommenen internationalen Rechnungslegungsstandards auf den Emittenten keine Anwendung finden, sind folgende Angaben für den Zeitraum, auf den sich die historischen Finanzinformationen beziehen, bis zum Datum des Registrierungsformulars vorzulegen:

a) Art und Umfang der Geschäfte, die als einzelnes Geschäft oder insgesamt für den Emittenten von wesentlicher Bedeutung sind. Erfolgt der Abschluss derartiger Geschäfte mit verbundenen Parteien nicht auf marktkonforme Weise, ist zu erläutern, weshalb. Im Falle ausstehender Darlehen einschließlich Garantien jeglicher Art ist der ausstehende Betrag anzugeben.

b) Betrag der Geschäfte mit verbundenen Parteien oder Anteil dieser Geschäfte am Umsatz des Emittenten.

Finden gemäß der Verordnung (EG) Nr. 1606/2002 übernommene internationale Rechnungslegungsstandards auf den Emittenten Anwendung, so sind die vorstehend genannten Informationen nur für diejenigen Geschäfte anzugeben, die seit dem Ende des letzten Berichtszeitraums, für den geprüfte Finanzinformationen veröffentlicht wurden, getätigt wurden.

20. FINANZINFORMATIONEN ÜBER DIE VERMÖGENS-, FINANZ- UND ERTRAGSLAGE DES EMITTENTEN

20.1. Historische Finanzinformationen

Bei Emittenten aus der Europäischen Union ist eine Erklärung abzugeben, dass geprüfte historische Finanzinformationen für die letzten beiden Geschäftsjahre (bzw. für einen entsprechenden kürzeren Zeitraum, in dem der Emittent tätig war) gemäß der Verordnung (EG) Nr. 1606/2002 (bzw. sofern die Verordnung nicht anwendbar ist, gemäß den nationalen Rechnungslegungsgrundsätzen eines Mitgliedstaats) erstellt wurden, und anzugeben, wo eigene bzw. konsolidierte Abschlüsse erhältlich sind.

Für jedes Jahr ist der Bestätigungsvermerk beizufügen.

Bei Emittenten aus Drittstaaten ist eine Erklärung vorzulegen, dass diese Finanzinformationen nach den im Verfahren des Artikels 3 der Verordnung (EG) Nr. 1606/2002 übernommenen internationalen Rechnungslegungsstandards oder nach diesen Standards gleichwertigen nationalen Rechnungslegungsgrundsätzen eines Drittstaates erstellt wurden, und anzugeben, wo diese Informationen erhältlich sind. Ist keine Gleichwertigkeit mit den Standards gegeben, so ist eine Erklärung abzugeben, dass für die Finanzinformationen ein neuer Abschluss erstellt wurde, und anzugeben, wo dieser erhältlich ist.

20.2. Prüfung der historischen jährlichen Finanzinformationen

20.2.1. Es ist eine Erklärung abzugeben, dass die historischen Finanzinformationen geprüft wurden. Sofern Bestätigungsvermerke über die historischen Finanzinformationen von den Abschlussprüfern abgelehnt wurden bzw. sofern sie Vorbehalte enthalten oder eingeschränkt erteilt wurden, sind diese Ablehnung bzw. diese Vorbehalte oder die eingeschränkte Erteilung in vollem Umfang wiederzugeben und die Gründe dafür anzugeben.

20.2.2. Angabe sonstiger Informationen im Registrierungsformular, die von den Abschlussprüfern geprüft wurden.

20.2.3. Wurden die Finanzdaten im Registrierungsformular nicht dem geprüften Abschluss des Emittenten entnommen, so ist die Quelle dieser Daten anzugeben und darauf hinzuweisen, dass die Daten ungeprüft sind.

Anhang XXVIII Mindestangaben für Aktienzertifikate von KMU

20.3. Alter der jüngsten Finanzinformationen

20.3.1. Das letzte Jahr der geprüften Finanzinformationen darf nicht länger zurückliegen als:

a) 18 Monate ab dem Datum des Registrierungsformulars, wenn der Emittent geprüfte Zwischenabschlüsse in sein Registrierungsformular aufnimmt; oder

b) 15 Monate ab dem Datum des Registrierungsformulars, wenn der Emittent ungeprüfte Zwischenabschlüsse in sein Registrierungsformular aufnimmt.

20.4. Zwischenfinanzinformationen und sonstige Finanzinformationen

20.4.1. Hat der Emittent seit dem Datum des letzten geprüften Abschlusses vierteljährliche oder halbjährliche Finanzinformationen veröffentlicht, so ist eine entsprechende Erklärung in das Registrierungsformular aufzunehmen und anzugeben, wo diese Informationen erhältlich sind. Wurden diese vierteljährlichen oder halbjährlichen Finanzinformationen einer prüferischen Durchsicht oder Prüfung unterzogen, so sind die entsprechenden Bestätigungsvermerke ebenfalls aufzunehmen. Wurden die vierteljährlichen oder halbjährlichen Finanzinformationen keiner prüferischen Durchsicht oder Prüfung unterzogen, so ist dies anzugeben.

20.5. Dividendenpolitik

Beschreibung der Politik des Emittenten auf dem Gebiet der Dividendenausschüttungen und etwaiger diesbezüglicher Beschränkungen.

20.5.1. Angabe des Betrags der Dividende pro Aktie für jedes Geschäftsjahr innerhalb des von den historischen Finanzinformationen abgedeckten Zeitraums. Wurde die Zahl der Aktien am Emittenten geändert, ist eine Bereinigung zu Vergleichszwecken vorzunehmen.

20.6. Gerichts- und Schiedsgerichtsverfahren

Angaben über etwaige staatliche Interventionen, Gerichts- oder Schiedsgerichtsverfahren (einschließlich derjenigen Verfahren, die nach Kenntnis des Emittenten noch anhängig sind oder eingeleitet werden könnten), die im Zeitraum der mindestens 12 letzten Monate stattfanden und die sich in jüngster Zeit erheblich auf die Finanzlage oder die Rentabilität des Emittenten und/oder der Gruppe ausgewirkt haben oder sich in Zukunft auswirken könnten. Ansonsten ist eine negative Erklärung abzugeben.

20.7. Bedeutende Veränderungen in der Finanzlage oder der Handelsposition des Emittenten

Beschreibung jeder bedeutenden Veränderung in der Finanzlage oder der Handelsposition der Gruppe, die seit dem Ende des letzten Geschäftsjahres eingetreten ist, für das entweder geprüfte Finanzinformationen oder Zwischenfinanzinformationen veröffentlicht wurden. Ansonsten ist eine negative Erklärung abzugeben.

21. ZUSÄTZLICHE ANGABEN

21.1. Aktienkapital

Aufzunehmen sind die folgenden Angaben zum Stichtag der jüngsten Bilanz, die Bestandteil der historischen Finanzinformationen sind:

Anhang XXVIII — Mindestangaben für Aktienzertifikate von KMU

21.1.1. Betrag des ausgegebenen Kapitals und für jede Gattung des Aktienkapitals:

a) Zahl der genehmigten Aktien;

b) Zahl der ausgegebenen und voll eingezahlten Aktien und Zahl der ausgegebenen und nicht voll eingezahlten Aktien;

c) Nennwert pro Aktie bzw. Angabe, dass die Aktien keinen Nennwert haben, und

d) Überleitungsrechnung für die Zahl der ausstehenden Aktien zu Beginn und zum Ende des Geschäftsjahres. Wurde mehr als 10 % des Kapitals während des Zeitraums, auf den sich die historischen Finanzinformationen beziehen, mit anderen Aktiva als Barmitteln eingezahlt, so ist dies anzugeben.

21.1.2. Sollten Aktien vorhanden sein, die nicht Bestandteil des Eigenkapitals sind, so sind die Anzahl und die wesentlichen Merkmale dieser Aktien anzugeben.

21.1.3. Angabe der Anzahl, des Buchwertes sowie des Nennbetrags der Aktien, die Bestandteil des Eigenkapitals des Emittenten sind und die vom Emittenten selbst oder in seinem Namen oder von Tochtergesellschaften des Emittenten gehalten werden.

21.1.4. Angabe etwaiger wandelbarer Wertpapiere, umtauschbarer Wertpapiere oder etwaiger Wertpapiere mit Optionsscheinen, wobei die geltenden Bedingungen und Verfahren für die Wandlung, den Umtausch oder die Zeichnung darzulegen sind.

21.1.5. Angaben über eventuelle Akquisitionsrechte und deren Bedingungen und/oder über Verpflichtungen in Bezug auf genehmigtes, aber noch nicht ausgegebenes Kapital oder in Bezug auf eine Kapitalerhöhung.

21.1.6. Angaben, ob auf den Anteil eines Mitglieds der Gruppe ein Optionsrecht besteht oder ob bedingt oder bedingungslos vereinbart wurde, einen Anteil an ein Optionsrecht zu knüpfen, sowie Einzelheiten über solche Optionen, die auch jene Personen betreffen, die diese Optionsrechte erhalten haben.

21.1.7. Die Entwicklung des Eigenkapitals mit besonderer Hervorhebung der Angaben über etwaige Veränderungen, die während des von den historischen Finanzinformationen abgedeckten Zeitraums erfolgt sind.

21.2. Satzung und Statuten der Gesellschaft

21.2.1. Beschreibung der Zielsetzungen des Emittenten und an welcher Stelle sie in der Satzung und den Statuten der Gesellschaft verankert sind.

21.2.2. Zusammenfassung etwaiger Bestimmungen der Satzung und der Statuten des Emittenten sowie der Gründungsurkunde oder sonstiger Satzungen, die die Mitglieder des Verwaltungs-, Leitungs- und Aufsichtsorgans betreffen.

21.2.3. Beschreibung der Rechte, Vorrechte und Beschränkungen, die an jede Gattung der vorhandenen Aktien gebunden sind.

21.2.4. Erläuterung, welche Maßnahmen erforderlich sind, um die Rechte der Inhaber von Aktien zu ändern, wobei die Fälle anzugeben sind, in denen die Bedingungen strenger sind als die gesetzlichen Vorschriften.

21.2.5. Beschreibung der Art und Weise, wie die Jahreshauptversammlungen und die außerordentlichen Hauptversammlungen der Aktionäre einberufen werden, einschließlich der Teilnahmebedingungen.

21.2.6. Kurze Beschreibung etwaiger Bestimmungen der Satzung und der Statuten des Emittenten sowie der Gründungsurkunde oder sonstiger Satzungen, die eine Verzögerung, einen Aufschub oder die Verhinderung eines Wechsels in der Beherrschung des Emittenten bewirken könnten.

21.2.7. Angabe etwaiger Bestimmungen der Satzung und der Statuten des Emittenten sowie der Gründungsurkunde oder sonstiger Satzungen, die für den Schwellenwert gelten, ab dem der Aktienbesitz offengelegt werden muss.

21.2.8. Darlegung der Bedingungen, die in der Satzung und den Statuten des Emittenten sowie der Gründungsurkunde oder sonstigen Satzungen vorgeschrieben sind und die die Veränderungen im Eigenkapital betreffen, sofern diese Bedingungen strenger sind als die gesetzlichen Vorschriften.

22. WESENTLICHE VERTRÄGE

Zusammenfassung jedes in den letzten beiden Jahren vor der Veröffentlichung des Registrierungsformulars abgeschlossenen wesentlichen Vertrags (mit Ausnahme von Verträgen, die im Rahmen der normalen Geschäftstätigkeit abgeschlossen wurden), bei dem der Emittent oder ein sonstiges Mitglied der Gruppe eine Vertragspartei ist.

Zusammenfassung aller sonstigen zum Datum des Registrierungsformulars bestehenden Verträge (mit Ausnahme von Verträgen, die im Rahmen der normalen Geschäftstätigkeit abgeschlossen wurden), die von Mitgliedern der Gruppe abgeschlossen wurden und eine Bestimmung enthalten, der zufolge ein Mitglied der Gruppe eine Verpflichtung eingeht oder ein Recht erlangt, die bzw. das für die Gruppe von wesentlicher Bedeutung ist.

23. ANGABEN VON SEITEN DRITTER, ERKLÄRUNGEN VON SEITEN SACHVERSTÄNDIGER UND INTERESSEN-ERKLÄRUNGEN

23.1. Wird in das Registrierungsformular eine Erklärung oder ein Bericht einer Person aufgenommen, die als Sachverständige(r) handelt, so sind der Name, die Geschäftsadresse, die Qualifikationen und eine etwaige wesentliche Beteiligung dieser Person an dem Emittenten anzugeben. Wurde der Bericht auf Ersuchen des Emittenten erstellt, so ist eine Erklärung abzugeben, dass die aufgenommene Erklärung oder der aufgenommene Bericht in der Form und in dem Zusammenhang, in dem sie bzw. er aufgenommen wurde, die Zustimmung von Seiten der Person erhalten hat, die den Inhalt dieses Teils des Registrierungsformulars gebilligt hat.

23.2. Wurden Angaben von Seiten Dritter übernommen, ist zu bestätigen, dass diese Angaben korrekt wiedergegeben wurden und nach Wissen des Emittenten und soweit für ihn aus den von diesem Dritten veröffentlichten Angaben ersichtlich, nicht durch Auslassungen unkorrekt oder irreführend gestaltet wurden. Darüber hinaus hat der Emittent die Quelle(n) der Angaben zu nennen.

24. EINSEHBARE DOKUMENTE

Abzugeben ist eine Erklärung, dass während der Gültigkeitsdauer des Registrierungsformulars ggf. die folgenden Dokumente oder deren Kopien eingesehen werden können:

a) die Satzung und die Statuten des Emittenten;

b) sämtliche Berichte, Schreiben und sonstigen Dokumente, historischen Finanzinformationen, Bewertungen und Erklärungen, die von einem/einer Sachverständigen auf Ersuchen des Emittenten abgegeben wurden, sofern Teile davon in das Registrierungsformular eingefügt worden sind oder in ihm darauf verwiesen wird;

c) die historischen Finanzinformationen des Emittenten oder im Falle einer Gruppe die historischen Finanzinformationen für den Emittenten und seine Tochtergesellschaften für beide der Veröffentlichung des Registrierungsformulars vorausgegangenen Geschäftsjahre.

Anzugeben ist auch, wo in diese Dokumente in Papierform oder auf elektronischem Wege Einsicht genommen werden kann.

25. ANGABEN ÜBER BETEILIGUNGEN

Beizubringen sind Angaben über Unternehmen, an denen der Emittent einen Teil des Eigenkapitals hält, dem bei der Bewertung seiner eigenen Vermögens-, Finanz- und Ertragslage voraussichtlich eine erhebliche Bedeutung zukommt.

26. ANGABEN ZUM EMITTENTEN DER ZERTIFIKATE, DIE AKTIEN VERTRETEN

27. ANGABEN ZU DEN ZUGRUNDE LIEGENDEN AKTIEN

28. ANGABEN ZU DEN ZERTIFIKATEN, DIE AKTIEN VERTRETEN

29. ANGABEN ZU DEN KONDITIONEN DES ANGEBOTS VON ZERTIFIKATEN, DIE AKTIEN VERTRETEN

30. ZULASSUNG ZUM HANDEL UND HANDELSMODALITÄTEN BEI ZERTIFIKATEN, DIE AKTIEN VERTRETEN

31. GRUNDLEGENDE ANGABEN ÜBER DIE EMISSION VON HINTERLEGUNGSSCHEINEN

32. KOSTEN DER EMISSION/DES ANGEBOTS VON ZERTIFIKATEN, DIE AKTIEN VERTRETEN

Anhang XXVIII enthält die **Mindestangaben für das Registrierungsformular für Aktienzertifikate von KMUs und Small Caps**. Die Erleichterungen gegenüber den Mindestangaben in Anhang X **entsprechen im Wesentlichen** den Erleichterungen der Mindestangaben für das Registrierungsformular für Aktienemissionen von KMUs und Small Caps in Anhang XXV gegenüber den in Anhang I enthaltenen Mindestangaben.[1]

---

[1] Vgl. *Wolf/Wink*, Anhang XXV Rn. 1 ff.

Anhang XXVIII Mindestangaben für Aktienzertifikate von KMU

2   Im Wesentlichen sind dies die folgenden Punkte:

- **Verkürzter Umfang der Geschäfts- und Marktbeschreibung**, Ziff. 6.1 und 6.2;[2]
- Keine Aufnahme der **Liste der Tochtergesellschaften** in den Prospekt erforderlich;
- Keine Angaben zu bestehenden oder wesentlichen **Sachanlagen** erforderlich;
- **Keine Angaben zur Geschäfts- und Finanzlage** nach Ziff. 9 erforderlich, solange die Lageberichte der letzten zwei Geschäftsjahre in den Prospekt mit aufgenommen werden (Ziff. 9);[3]
- Vereinfachte Darstellung der **Eigenkapitalausstattung** (Ziff. 10);[4]
- Darstellung der **Geschäfte mit verbundenen Parteien** (Ziff. 19);[5]
- Keine Aufnahme von **historischen Finanzinformationen** in den Prospekt erforderlich und weitere Erleichterungen (Ziff. 20).[6]

3   Die Ziff. 26 bis 32 von Anhang XXVIII sind mit den **Mindestangaben von Ziff. 26 bis 32 von Anhang X identisch**; auf die entsprechende Kommentierung kann daher verwiesen werden.[7]

---

2 Vgl. *Wolf/Wink*, Anhang XXV Rn. 8 f.
3 Vgl. *Wolf/Wink*, Anhang XXV Rn. 12 ff.
4 Vgl. *Wolf/Wink*, Anhang XXV Rn. 15.
5 Vgl. *Wolf/Wink*, Anhang XXV Rn. 24.
6 Vgl. *Wolf/Wink*, Anhang XXV Rn. 25 ff.
7 Vgl. *Kopp/Metzner*, Anhang X Rn. 1 ff.

Anhang XXIX
Mindestangaben bei Emissionen von Kreditinstituten gemäß Artikel 1 Absatz 2 Buchstabe j der Richtlinie 2003/71/EG (verhältnismäßiges Schema)

Mindestangaben bei Emissionen von Kreditinstituten gemäß Artikel 1 Absatz 2 Buchstabe j der Richtlinie 2003/71/EG (verhältnismäßiges Schema) (11)

1. HAFTENDE PERSONEN
2. ABSCHLUSSPRÜFER
3. RISIKOFAKTOREN
4. ANGABEN ZUM EMITTENTEN
5. ÜBERBLICK ÜBER DIE GESCHÄFTSTÄTIGKEIT
6. ORGANISATIONSSTRUKTUR
7. TRENDINFORMATIONEN
8. GEWINNPROGNOSEN ODER -SCHÄTZUNGEN
9. VERWALTUNGS-, LEITUNGS- UND AUFSICHTSORGAN
10. HAUPTAKTIONÄRE
11. FINANZINFORMATIONEN ÜBER DIE VERMÖGENS-, FINANZ- UND ERTRAGSLAGE DES EMITTENTEN

Beizubringen sind geprüfte historische Finanzinformationen, die das letzte Geschäftsjahr abdecken (bzw. einen entsprechenden kürzeren Zeitraum, in dem der Emittent tätig war), sowie der Bestätigungsvermerk. Hat der Emittent in der Zeit, für die historische Finanzinformationen beizubringen sind, seinen Bilanzstichtag geändert, so decken die geprüften historischen Finanzinformationen mindestens 12 Monate oder – sollte der Emittent seiner Geschäftstätigkeit noch keine 12 Monate nachgegangen sein – den gesamten Zeitraum seiner Geschäftstätigkeit ab. Derartige Finanzinformationen sind gemäß der Verordnung (EG) Nr. 1606/2002 zu erstellen bzw. für den Fall, dass diese Verordnung nicht anwendbar ist, gemäß den nationalen Rechnungslegungsgrundsätzen eines Mitgliedstaats, wenn der Emittent aus der Europäischen Union stammt.

12. WESENTLICHE VERTRÄGE
13. ANGABEN VON SEITEN DRITTER, ERKLÄRUNGEN VON SEITEN SACHVERSTÄNDIGER UND INTERESSENERKLÄRUNGEN
14. EINSEHBARE DOKUMENTE

(ohne Kommentierung)

Anhang XXX
Zusätzliches Angabemodul für die Zustimmung gemäß Artikel 20a (Zusätzliches Modul)

1. ZUR VERFÜGUNG ZU STELLENDE INFORMATIONEN ÜBER DIE ZUSTIMMUNG DES EMITTENTEN ODER DER FÜR DIE ERSTELLUNG DES PROSPEKTS ZUSTÄNDIGEN PERSON:

1.1 Ausdrückliche Zustimmung seitens des Emittenten oder der für die Erstellung des Prospekts zuständigen Person zur Verwendung des Prospekts und Erklärung, dass er/sie die Haftung für den Inhalt des Prospekts auch hinsichtlich einer späteren Weiterveräußerung oder endgültigen Platzierung von Wertpapieren durch Finanzintermediäre übernimmt, die die Zustimmung zur Verwendung des Prospekts erhalten haben.

1.2 Angabe des Zeitraums, für den die Zustimmung zur Verwendung des Prospekts erteilt wird.

1.3 Angabe der Angebotsfrist, während deren die spätere Weiterveräußerung oder endgültige Platzierung von Wertpapieren durch Finanzintermediäre erfolgen kann.

1.4 Angabe der Mitgliedstaaten, in denen Finanzintermediäre den Prospekt für eine spätere Weiterveräußerung oder endgültigen Platzierung von Wertpapieren verwenden dürfen.

1.5 Alle sonstigen klaren und objektiven Bedingungen, an die die Zustimmung gebunden ist und die für die Verwendung des Prospekts relevant sind.

1.6 Deutlich hervorgehobener Hinweis für die Anleger, dass für den Fall, dass ein Finanzintermediär ein Angebot macht, dieser Finanzintermediär die Anleger zum Zeitpunkt der Angebotsvorlage über die Angebotsbedingungen unterrichtet.

2A. ZUSÄTZLICHE INFORMATIONEN FÜR DEN FALL, DASS EIN ODER MEHRERE SPEZIFISCHE FINANZINTERMEDIÄRE DIE ZUSTIMMUNG ERHALTEN

2A.1 Liste und Identität (Name und Adresse) des Finanzintermediärs/der Finanzintermediäre, der/die den Prospekt verwenden darf/dürfen.

2A.2 Angabe, wie etwaige neue Informationen zu Finanzintermediären, die zum Zeitpunkt der Billigung des Prospekts, des Basisprospekts oder ggfs. der Übermittlung der endgültigen Bedingungen unbekannt waren, zu veröffentlichen sind, und Angabe des Orts, an dem sie erhältlich sind.

2B. ZUSÄTZLICHE INFORMATIONEN FÜR DEN FALL, DASS SÄMTLICHE FINANZINTERMEDIÄRE DIE ZUSTIMMUNG ERHALTEN

Deutlich hervorgehobener Hinweis für Anleger, dass jeder den Prospekt verwendende Finanzintermediär auf seiner Website anzugeben hat, dass er den Prospekt mit Zustimmung und gemäß den Bedingungen verwendet, an die die Zustimmung gebunden ist.

Übersicht

	Rn.		Rn.
I. Einführung	1	IV. Zusätzliche Informationen bei der generellen Zustimmung	12
II. Informationen über die Zustimmung des Emittenten	3	V. Angaben zur Zustimmung in der Zusammenfassung des Prospekts	13
III. Zusätzliche Informationen bei der spezifischen Zustimmung	10		

I. Einführung

Anhang XXX führt die Informationen auf, die in Bezug auf die Erteilung einer Zustimmung zu einer Prospektverwendung im Prospekt enthalten sein müssen. Mit der Zustimmung zur Prospektverwendung ermöglicht der Prospektverantwortliche die so genannte **Vertriebskette** (ausführlich zum Begriff Art. 20a EU-ProspektVO Rn. 3), wonach ein Emittent bzw. die von ihm beauftragten Emissionsbanken typischerweise bei der Emission einer Schuldverschreibung diese nicht sogleich an den Endinvestor veräußern. Vielmehr gelangt die Anleihe erst über verschiedene Weiterveräußerungen der Platzeure und weiterer Finanzintermediäre zum Endinvestor, der sie tatsächlich als eigene Geldanlage betrachtet und gegebenenfalls bis zur Endfälligkeit hält. Der Prospektverantwortliche sollte dazu den Platzeuren und Finanzintermediären die Zustimmung erteilen, bei diesen grundsätzlich prospektpflichtigen Weiterveräußerungen den Prospekt zu verwenden. Andernfalls müssten die Finanzintermediäre für jede Weiterveräußerung einen neuen Prospekt erstellen (vgl. dazu Art. 20a EU-ProspektVO Rn. 12). 1

Die Vorschrift unterscheidet zwischen allgemeinen Angaben über die Zustimmung des Emittenten (dazu unter Rn. 3 ff.) und analog Art. 20a Abs. 1 zwischen (i) den zusätzlichen Informationen, die erforderlich sind, wenn ein oder mehrere Finanzintermediäre die Zustimmung enthalten (unter Rn. 10) und (ii) den Informationen für eine generelle Zustimmung der Prospektverwendung an alle Finanzintermediäre (unter Rn. 12). 2

II. Informationen über die Zustimmung des Emittenten

Ziff. 1 des Anhang XXX führt die Informationen über die Zustimmung des Emittenten bzw. über die für den Prospekt zuständige Person auf. 3

Wesentlicher Inhalt der Zustimmung ist die Aussage, dass der Prospektverantwortliche explizit darauf hinweist, dass er der Prospektverwendung zustimmt und er die **Haftung für den Prospektinhalt** auch in Bezug auf eine Weiterveräußerung oder endgültigen Platzierung der Wertpapiere durch Finanzintermediäre übernimmt, sofern diese die Zustimmung zur Prospektverwendung erhalten haben. Diese Einschränkung bezieht sich auf die Bedingungen, die an die Zustimmung geknüpft worden sind (zu den Bedingungen in der Praxis: Art. 20a EU-ProspektVO Rn. 33 ff.). Nur wenn der Finanzintermediär diese Voraussetzungen seinerseits eingehalten hat, kann von einer **einvernehmlichen Kooperation zwischen Emittent/Prospektverantwortlichen und dem jeweiligen Finanzintermediär** gesprochen werden und sodann die Übernahme der Prospekthaftung durch den Emittenten bzw. des Prospektveranlassers auch in Bezug auf diese Weiterveräußerungen ohne ihre direkte Beteiligung in Betracht kommen (dazu Art. 20a EU-ProspektVO Rn. 16). 4

Anhang XXX   Zusätzliches Angabemodul für die Zustimmung gem. Artikel 20a

5   Des Weiteren ist die Angabe des Zeitraums, für den die Zustimmung zur Prospektverwendung erteilt wird (**Consent Period**), sowie die Angabe der Angebotsfrist, während der die Weiterveräußerung oder endgültige Platzierung der Wertpapiere durch Finanzintermediäre erfolgen kann (**Offer Period**), erforderlich. Oftmals laufen die *Offer Period* und die *Consent Period* allerdings parallel (vgl. Art. 20a EU-ProspektVO Rn. 30 ff.).

6   Außerdem muss der Prospekt eine **Angabe über die Mitgliedstaaten** enthalten, in denen der Prospekt von den Finanzintermediären für eine spätere Weiterveräußerung oder endgültigen Platzierung verwendet werden kann. Dies sind neben dem Herkunftsstaat, in dem der Prospekt von der zuständigen Behörde gebilligt worden ist (Art. 2 Nr. 13 Prospektrichtlinie), auch die EU-Mitgliedstaaten, an die die Billigung gemäß Art. 17, 18 Prospektrichtlinie notifiziert worden ist (Europäischer Pass).

7   Anhang XXX sieht in Ziff. 1.5 auch vor, dass die Zustimmung durch den Emittenten/Prospektverantwortlichen an **bestimmte Bedingungen** geknüpft werden kann. Die ProspektVO hat hierbei darauf verzichtet, konkrete Vorgaben zu machen, welche Bedingungen zulässig sind, sondern sieht lediglich vor, dass Bedingungen „klar und objektiv" sein müssen.[1] Eine Legaldefinition hierfür findet sich nicht, man wird aber darunter eine Bedingung zu verstehen haben, die der Finanzintermediär als eindeutige Voraussetzung für das Vorliegen der Zustimmung zur Prospektverwendung erkennen kann und die kein subjektives Element enthält, d. h. deren Einhaltung in seiner Machtsphäre liegt. Es sind damit jegliche Bedingungen als zulässig anzusehen, die transparent und durch den typischen Finanzintermediär erfüllbar sind.

8   Der Katalog an im Markt vorhandenen Bedingungen ist aufgrund der fehlenden abschließenden Aufzählung in der EU-ProspektVO recht weit, auch wenn sich ein **gewisser Marktstandard** herausgebildet hat (dazu Art. 20a EU-ProspektVO Rn. 34 ff.). Im Wesentlichen wird es im Markt als angemessen angesehen, dass die in der Prospektrichtlinie und Ziff. 1 des Anhang XXX vorgesehenen Beschränkungen und Bedingungen einzuhalten sind. Darüberhinausgehende Bedingungen haben sich bislang nicht wesentlich durchgesetzt.

9   Schließlich muss nach Ziff. 1.6 im Prospekt ein klarstellender Hinweis enthalten sein, dass ein Finanzintermediär bei Unterbreiten eines Angebots an einen Anleger diesem die zum Zeitpunkt des Angebots **aktuellen Informationen und Angebotsbedingungen** zur Verfügung stellen muss. Darunter fallen nicht nur eventuelle Nachträge zum Prospekt im Sinne des Art. 16 Prospektrichtlinie, sondern auch die entsprechenden Preisinformationen, weil zum Beispiel der aktuelle Kurs sich vom Emissionspreis am Begebungstag aufgrund geänderter Marktverhältnisse unterscheiden kann.

III. Zusätzliche Informationen bei der spezifischen Zustimmung

10   Neben den allgemeinen Informationen zur Zustimmung sind bei einer spezifizierten Zustimmungserteilung (dazu Art. 20a EU-ProspektVO Rn. 21 ff.) nach Anhang XXX

---

1   In der englischen Umsetzung heißt es entsprechend *„clear and objective"*.

Ziff. 2A.1 selbstredend die Namen und Adressen der Finanzintermediäre, die eine Zustimmung erhalten haben, zur genauen Identifikation anzugeben.

Ziff. 2A.2 von Anhang XXX antizipiert richtigerweise und praxisgerecht, dass zum Zeitpunkt der Veröffentlichung des Prospekts, Basisprospekts oder der Übermittlung der endgültigen Bedingungen eventuell noch nicht alle involvierten Finanzintermediäre bekannt sind und weitere nachnominiert werden sollen (vgl. Art. 20a EU-ProspektVO Rn. 23). Im Prospekt sind daher Hinweise aufzunehmen, wie Informationen zu **neuen Finanzintermediären** (*Authorised Offerors*) veröffentlicht werden und wo diese Informationen erhältlich sind. In der Regel bietet sich hierfür die Website des Emittenten an, auf der Investoren im Zweifel nach solchen Informationen suchen werden. Analog Ziff. 2B.1 des Anhang XXX sind die Intermediäre aber auch aus Gründen der Transparenz dazu verpflichtet, auf ihrer eigenen Website einen Hinweis aufzunehmen, dass sie beabsichtigen, den Prospekt zu verwenden und sich dabei an die bestehenden gesetzlichen Vorgaben sowie an die vom Emittenten an die Zustimmung gestellten Bedingungen zu halten.

IV. Zusätzliche Informationen bei der generellen Zustimmung

Bei einer generellen Zustimmung des Emittenten bzw. Prospektverantwortlichen zur Prospektverwendung (dazu Art. 20a EU-ProspektVO Rn. 27 ff.) durch alle an einer Weiterplatzierung beteiligten Finanzintermediäre sind neben den allgemeinen Informationen zur Zustimmung nach Ziff. 1 des Anhang XXX gemäß Ziff. 2B geringe Anforderungen an die zu erteilenden Informationen im Prospekt zu stellen. Danach ist nur ein deutlicher Hinweis auf der Website des Finanzintermediärs dahingehend aufzunehmen, dass er den Prospekt mit Zustimmung des Emittenten bzw. Prospektverantwortlichen verwendet und sich im Rahmen dessen an die Bedingungen hält.

V. Angaben zur Zustimmung in der Zusammenfassung des Prospekts

Auch in der Zusammenfassung des Prospekts sind entsprechende Angaben zur erteilten Zustimmung zur Verwendung des Prospekts durch Finanzintermediäre erforderlich. Nach Anhang XXII Ziff. A.2 sind insbesondere die Tatsache der Erteilung der Zustimmung an sich (vgl. dort Ziff. 1.1), die Frist, in der die Weiterveräußerungen unter Verwendung des Prospekts erfolgen können und für die die Zustimmung erteilt wird (*Consent Period*, vgl. Ziff. 1.2 und 1.3), die Bedingungen, unter denen die Zustimmung erteilt wird (vgl. Ziff. 1.5), und der Hinweis für die Anleger, dass der Finanzintermediär alle Informationen über die Bedingungen des Angebots zur Verfügung stellen muss (vgl. Ziff. 1.6). Bei fehlender Zustimmung zur Prospektverwendung ist eine entsprechende Negativerklärung aufzunehmen.

Sachregister

Fette Zahlen verweisen auf die Paragrafen des WpPG bzw. die Artikel der ProspektVO/ TRS/Ziffern der Anhänge der ProspektVO, magere auf die Randnummern. Fundstellen ohne Gesetzesangabe beziehen sich auf das WpPG.

Abänderungsverlangen
– Adressat **26** 18 f.
– Anbieter **26** 18
– Aufnahme zusätzlicher Angaben **26** 6, 16 f.
– Billigungsverfahren **26** 8, 14
– Prospekt **26** 14 f.
– Prüfungsmaßstab **26** 11 ff.
– Schutz des Publikums **26** 10
– Unterrichtung **26** 8
– Zulassungsantragsteller **26** 18
Abschlussprüfer
– Buchprüfungsgesellschaften **ProspektVO Anhang I 2** 4
– Einzelheit von besonderer Bedeutung **ProspektVO Anhang I 2** 7
– Geschäftsanschrift **ProspektVO Anhang I 2** 4
– interne Rotation **ProspektVO Anhang I 2** 7
– mehrere Abschlussprüfer **ProspektVO Anhang I 2** 3
– vereidigte Buchprüfer **ProspektVO Anhang I 2** 4
– Wechsel **ProspektVO Anhang I 2** 6
– Wirtschaftsprüfer **ProspektVO Anhang I 2** 4
– Wirtschaftsprüfungsgesellschaft **ProspektVO Anhang I 2** 4
Absicherungsgeschäft (Hedginggeschäft) **ProspektVO 15** 10
Abtretung
– Bezugsrecht **2** 15
– Wertpapierbegriff **2** 4 ff.
Ad-hoc-Publizität **2** 58
Adressatenkreis
– begrenzter **2** 34; **3** 22 f.; **4** 27
– Disclaimer **3** 8 f., 16 f.
– öffentliches Angebot **2** 33, 35 f., 39
– unbeschränkter **3** 24

Aktien
– 10%-Kapitalerhöhung **4** 60 ff.
– Aktiengattungen **3** 50
– Anteile oder Aktien nach dem Kapitalanlagegesetzbuch **1** 7
– Barabfindungsangebot **4** 29
– Bezugsrechtsausschluss **4** 72 f.
– Inhaberpapiere **2** 6 f.
– Kapitalerhöhung **4** 68 ff., 87
– Kapitalerhöhung aus Gesellschaftsmitteln **4** 32, 87 f.
– Kapitalerhöhung aus Gesellschaftsmitteln und Sachdividenden **4** 87 f.
– Mitarbeiter- und Managementbeteiligungsprogramme **4** 40 ff., 89
– Namensaktien **2** 6, 8
– Umplatzierung **3** 3, 43
– Verbriefung **2** 9 f.
Aktienanleihen **2** 24
Aktienoptionen **2** 16
Aktienregistrierungsformulare
– Anwendungsfragen **ProspektVO 4a** 26 ff.
– bedeutende Brutto-Veränderung **ProspektVO 4a** 10
– bedeutende finanzielle Verpflichtungen **ProspektVO 4a** 7 ff.
– Bedeutung und Regelungsgegenstand **ProspektVO 4a** 1 ff., 5 ff.
– Ermessen der Billigungsbehörde **ProspektVO 4a** 16 ff.
– EU-Prospektverordnung **ProspektVO 4a** 1 ff.
– komplexe finanztechnische Vorgeschichte **ProspektVO 4a** 6
– Neuregelung und Verhältnis zu Anhang I Ziff. 20.2 **ProspektVO 4a** 4
– Rechtsfolgen des Art. 4a **ProspektVO 4a** 11 ff.
– Schema **ProspektVO 19** 3 ff.

Sachregister

– Verpflichtung der Prospektverantwortlichen **ProspektVO 4a** 14 f.
Aktientausch 3 62; **4** 74 ff., 76 f.
– prospektfreie Zulassung **4** 90 ff.
Aktualisierung **2** 98, 110; **3** 52
Akzessorietät **1** 11
Alter der jüngsten Finanzinformationen
– Aufnahme von Zwischenfinanzinformationen **ProspektVO Anhang I 20.6** 7 ff.
– Aufnahme wegen Fristablauf **ProspektVO Anhang I 20.6** 13 ff.
– Aufnahme wegen vorheriger Veröffentlichung **ProspektVO Anhang I 20.6** 7 ff.
– inhaltliche Anforderungen **ProspektVO Anhang I 20.6** 19 ff.
– maximales Alter **ProspektVO Anhang I 20.6** 3 ff.
– Prospekte mit geprüften Zwischenfinanzinformationen **ProspektVO Anhang I 20.6** 6
– Prospekte ohne geprüfte Zwischenfinanzinformationen **ProspektVO Anhang I 20.6** 3 ff.
– Regelungsgegenstand **ProspektVO Anhang I 20.6** 1 f.
American Depository Receipts **2** 13, 20, 109
Amtshaftung der BaFin
– gegenüber dem Anbieter **13** 72 f.
– gegenüber dem Anleger **13** 70 f.
Analystenpräsentation **2** 50
Anbieter
– Abgrenzung zum Emittent **2** 112
– Anleihen **2** 123 f.
– Definition **2** 110
– Emittent **2** 107 ff., 115 ff.; **ProspektVO Anhang I 5** 1 ff.
– Garantiegeber **2** 124
– gesamtschuldnerische Haftung **2** 111
– Haftung **4** 22 ff.
– Hilfspersonen **2** 126
– Informationsanbieter **2** 95
– mehrere Anbieter **2** 111
– Umplatzierung **2** 120
Änderung der Prospektrichtlinie Vor 1 4 ff.; **32** 4

Änderungsrichtlinie 2010/73/EU Vor 1 8; **1** 17, 44; **2** 73 f., 100; **3** 22, 28, 44; **4** 1; **13** 5; **14** 6; **15** 7; **16** 12; **ProspektVO 20a** 3 ff.; **ProspektVO 26a** 4, 6 ff.; **ProspektVO 26b** 1
Anfechtungsklage **31** 4
Angaben, siehe auch Mindestangaben
– Ersatzangaben **8** 66 ff.
– Prospektpflicht **2** 65
– über Beteiligungen **ProspektVO Anhang I 25** 1 ff.
– wesentliche Angaben **2** 148
– zum Aktienkapital **ProspektVO Anhang I 21** 2 ff.
– zur Satzung und den Statuten der Gesellschaft **ProspektVO Anhang I 21** 16 ff.
– zusätzliche **ProspektVO Anhang III** 157 ff.; **ProspektVO Anhang IV** 42 ff.; **ProspektVO Anhang XXI** 1 ff.
Angaben zur Geschäfts- und Finanzlage
– Adressatenkreis **ProspektVO Anhang I 9** 4
– Ausgewogenheit **ProspektVO Anhang I 9** 6
– Inhalt **ProspektVO Anhang I 9** 8 ff.
– MD&A **5** 26; **16** 55; **ProspektVO Anhang I 9** 1; **ProspektVO Anhang XXV 12** 12, 14
– Regelungsgegenstand **ProspektVO Anhang I 9** 1
– Regelungszweck **ProspektVO Anhang I 9** 2
– Vergleichbarkeit **ProspektVO Anhang I 9** 7 ff.
– Zeitraum **ProspektVO Anhang I 9** 5
Angebot
– Abwicklung Bezugsangebot im Inland **2** 77
– Ad-hoc-Verpflichtung **2** 58
– aufschiebende, auflösende Bedingung **2** 36
– Bedingungen und Voraussetzungen **ProspektVO Anhang III** 85 ff.
– befristeter Vertrag **2** 45
– Begriff **2** 42 ff.
– Bezugsrechtsangebot **2** 72 ff.
– Disclaimer **2** 38; **3** 8 ff., 16 ff.

1616

Sachregister

- Einbeziehung in den Freiverkehr **2** 67 ff.
- Emissionskonsortium **2** 113
- Erwerb kraft Gesetzes **2** 54
- Gesamtkostenschätzung **ProspektVO Anhang III** 141 ff.
- Gesellschafter verbundener Unternehmen **2** 86 f.
- Gratisangebot **2** 92 ff.
- Informationsanbieter **2** 95
- Inlandsbezug **3** 5 ff.
- Investitionsentscheidung **2** 53
- Invitatio ad offerendum **2** 44
- Konkretisierung **2** 48
- Mitarbeiterbeteiligungsprogramm **2** 86 f.
- öffentliches Angebot **2** 29 ff., 33 ff.; **3** 5 ff.
- Privatplatzierung **2** 59
- rechtlicher Rahmen **Vor 1** 1 f.
- Rechtsentwicklungen für das öffentliche Angebot und die Zulassung von Wertpapieren **Vor 1** 4 ff.
- Retail Cascade **3** 8 ff.
- Tombstone **2** 55
- Umplatzierung **3** 41 ff.
- Umtauschangebot **4** 7 ff.
- Underlying **2** 89 ff.
- Werbung **2** 49 ff.
- Wertpapierkennnummern **2** 68
- Zeichnungsmöglichkeit **2** 52
- Zeichnungsvertrag **2** 44
- zielgerichtete Ansprache **2** 47 ff.

Angebotsbedingungen **1** 14; **2** 48 ff.
Angebotsfrist **4** 10
Angebotsprogramm **2** 96 ff.
Anleger
- begrenzter Anlegerkreis **3** 20 f., 22 ff.
- Informationsbedürfnis **3** 17
- Inlandsbezug **3** 5 ff.
- kleinere und mittlere Unternehmen **2** 104
- qualifizierte Anleger **2** 99 ff.

Anlegerschutz **Vor 1** 3; **1** 41; **2** 9, 99; **3** 65; **4** 1, 42; **11** 2; **13** 71
Anpassung
- Definitionen **2** 149
- Wertgrenzen **1** 44

Anteil an Personengesellschaft **2** 14
- als Wertpapier **2** 91

Antrag auf Zulassung **2** 141
Anwendungsbereich **1** 2, 24
- Abgrenzung zur Anwendbarkeit des Kapitalanlagegesetzbuchs **1** 7
- Ausnahmen vom Anwendungsbereich **Vor 1** 14 ff.; **1** 3 ff., 28; **4** 76 ff.
- Prospektpflicht bei einem öffentlichen Angebot in Deutschland **3** 1 ff.
- staatlich garantierte Wertpapiere **1** 9 ff.
- staatliche/von staatlichen Organisationen ausgegebene Nichtdividendenwerte **1** 8

Aufmachung des Prospekts, siehe auch einteiliger und mehrteiliger Prospekt
- Darstellung der erforderlichen Informationsbestandteile **ProspektVO 25** 11 ff.
- Ergänzung der Zusammenfassung **ProspektVO 25** 18 ff.
- Regelungsgegenstand **ProspektVO 25** 1
- Überkreuz-Checkliste **ProspektVO 25** 15 ff.

Aufnahmestaat **2** 143
Aufstockung
- bei bereits vorliegendem Prospekt **3** 53 ff.

ausgewählte Finanzinformationen
- Beurteilungsspielraum **ProspektVO Anhang I 3** 3 f.
- historische Finanzinformationen **ProspektVO Anhang I 3** 1 ff.
- nachfolgender Zwischenzeitraum **ProspektVO Anhang I 3** 7
- Präsentation **ProspektVO Anhang I 3** 5
- Pro-forma-Finanzangaben **ProspektVO Anhang I 3** 6
- Zeitraum **ProspektVO Anhang I 3** 2
- zusätzliche Schlüsselfinanzinformationen **ProspektVO Anhang I 3** 8
- Zwischenfinanzinformationen **ProspektVO Anhang I 3** 1

Auskunftspflicht von Wertpapierdienstleistungsunternehmen
- Adressaten **32** 14

Sachregister

- allgemein **32** 1 ff.
- Voraussetzungen **32** 9 ff.

Auskunfts-, Vorlage- und Überlassungspflicht
- Abschlussprüfer **26** 31 f.
- Adressaten **26** 21 f.
- Anbieter **26** 21 f.
- Aufsichtsorgan **26** 29
- Auskunftsverweigerungsrecht **26** 34 ff.
- Bestimmungen dieses Gesetzes **26** 23, 33
- elektronische Auskünfte **26** 26
- Emittent **26** 21
- Geschäftsführungsorgan **26** 29
- Kopien **26** 27
- Sachverhaltsermittlung **26** 26
- Scheinanbieter **26** 22 ff.
- Unterlagen **26** 27

Ausnahmen von der Prospektpflicht
- Angebote an weniger als 100 nicht qualifizierte Anleger **3** 22 ff.
- Angebote zu geringer Gegenleistung **3** 32 ff.
- Angebotsbezogenheit **3** 14
- Arbeitnehmerbeteiligungsprogramm **4** 40 ff.
- bereits vorliegender Prospekt **3** 44
- Grundlagen **Vor 1** 14 ff.
- Kleinstemissionen **Vor 1** 17
- Kompetenz der Geschäftsführung der Börse **Vor 1** 25 f.
- kumulative Anwendung von Ausnahmen **Vor 1** 17, **3** 15
- Mindestanlagebetrag, Mindeststückelung **3** 28 ff.
- Privatplatzierung durch inhaltliche Gestaltung **3** 16 ff.
- Prüfung durch die BaFin **Vor 1** 14 ff., 18 f.
- qualifizierte Anleger **3** 20 f.
- staatliche garantierte Wertpapiere **1** 9 ff.
- Verschmelzungsfälle **4** 26 ff., 76 ff.
- Weiterveräußerung **3** 36 ff.
- Wertpapierangebot anlässlich einer Übernahme im Wege eines Tauschangebots **2** 42

Aussetzung
- Adressat **26** 49
- Anhaltspunkte **26** 48
- Befristung **26** 50 f.
- Gegenstand **26** 49
- öffentliche Angebote **26** 46 f.
- Verfügung **26** 52

BaFin **Vor 1** 19 ff., 23 f.; **4** 14
- Begriff **2** 147

Basisprospekt
- Abgrenzung Basisprospekt/endgültige Bedingungen **6** 38 ff.
- Aktualisierung **6** 30 ff.
- Anwendungsbereich **6** 14 ff.
- Aufmachung **ProspektVO 1** 15 f.; **ProspektVO 25** 1 ff.; **ProspektVO 26** 1 ff.
- Begriff **6** 1 ff., 6 ff.; **12** 7
- dauernd oder wiederholt von Einlagenkreditinstituten begebene Pfandbriefe **6** 23 ff.
- Format **ProspektVO 26** 1 ff.
- Gültigkeit für Angebotsprogramme **6** 20 ff.; **9** 11 f.
- Gültigkeit für bestimmte Nichtdividendenwerte **6** 21, 24; **9** 12 ff.
- Mindestangaben **ProspektVO 22** 3 ff.
- Nachtrag **6** 30 ff.; **ProspektVO 22** 31 f.
- Zusammenfassung **ProspektVO 24** 3 ff.

Basiswert **2** 23

Befreiung von der Prospektpflicht
- Aktienemission nach der Ausübung von Umtausch- oder Bezugsrechten **4** 90 ff.
- Altfälle **4** 111 ff.
- Ausgabe von Aktien an Mitarbeiter **4** 40 ff., 89
- Bezugsrechtskapitalerhöhungen ohne Erwerbsmöglichkeiten durch Nicht-Aktionär **4** 104 ff.
- Grundlagen **4** 1 f.
- Haftung der begleitenden Bank **4** 25
- Haftung des Anbieters **4** 22 ff.
- im Austausch ausgegebene Aktien **4** 4 f.
- Kapitalerhöhung aus Gesellschaftsmitteln und Sachdividenden **4** 32 ff., 87 f.

Sachregister

- öffentliche Angebote 4 3 ff.
- Platzierung und Zulassung der Schuldverschreibungen ohne Prospekt 4 102 f.
- Prüfungskompetenz der BaFin 4 14
- Umtauschangebote 4 6 ff.
- Verfügbarkeit des prospektbefreienden Dokuments 4 21
- Zeitpunkt und Umfang der Zulassung von Aktien 4 96 f.
- Zulassung zum Handel 4 59 ff.
- Zusammenhang mit § 11 Abs. 1 BörsZulV 4 98 ff.

Begrenzter Personenkreis 3 22 ff.
Behörde des Aufnahmestaates 29 1
Behörde des Herkunftsstaates 29 1; TRS 8 4
Bekanntmachung
- Ermessen 30 10 ff.
- Veröffentlichung 30 14 ff.

Bekanntmachung von Maßnahmen
- Einstellung auf Website der BaFin 30 14 ff.
- Gegenstand der Bekanntmachung 30 7 ff.
- Rechtsmittel 30 6
- Voraussetzung für eine Bekanntmachung 30 5 ff.

Benennung
- Mitteilung 34 6 ff.
- Pflicht 34 6 ff.
- unterlassene 34 12 f.

Berufsvereinigung
- Berufsaufsicht **ProspektVO Anhang I 2** 5 f.
- freiwillige Mitgliedschaft **ProspektVO Anhang I 2** 5
- gesetzliche Mitgliedschaft **ProspektVO Anhang I 2** 5 f.
- IDW **ProspektVO Anhang I 2** 5
- private **ProspektVO Anhang I 2** 5
- Wirtschaftsprüferkammer **ProspektVO Anhang I 2** 5

Bescheinigung der Billigung, siehe Grenzüberschreitende Geltung von Prospekten

Bestätigungsvermerk

- eingeschränkter **ProspektVO Anhang I 20.4** 1
- nicht erteilter **ProspektVO Anhang I 20.4** 1
- uneingeschränkter **ProspektVO Anhang I 20.4** 1

Bevollmächtigter
- Sitz im Inland 34 11
- umfassend vertreten 34 10
- Vollmacht 34 9 f.

Bezugsrechtsangebot 2 72 ff., 82
- Abwicklung durch Depotbanken 2 77 ff.

Bezugsrechtshandel 2 15, 75
Bezugsrechtskapitalerhöhung 8 19
Billigung, siehe auch Prospektbilligung Vor 1 2, 23 ff.; **2** 12; **9** 17
- mehrere EWR-Staaten 12 15

Bookbuilding 2 51; 8 14 ff.
- decoupled Bookbuilding 8 18; **ProspektVO Anhang III** 146

Börsenzulassungen von Wertpapieren 26 40
Börsenzulassungsprospekt 26 5 ff.
Businesspläne ProspektVO Anhang I 20.4 4

CESR Vor 1 3
Commercial Paper 1 35; 2 2
CRR-Kreditinstitut 2 105 f.; 6 17, 23, 29; 9 12, 14

Datenübermittlung
- Bestimmungen dieses Gesetzes 26 58
- Geschäftsführung der Börse 26 53 f.
- Verdacht 26 59
- Voraussetzung 21 56 ff.
- Zulassungsstelle 26 53
- Zweck 26 55

Daueremission 1 21 ff.
Daueremittentenprivileg Vor 1 17; **6** 23
Delegierte Verordnung (EU) Nr. 759/ 2013 ProspektVO 15, 28 ff., 51 ff.
Depositary Receipt Programm ProspektVO 13 1 ff.; **ProspektVO Anhang X** 11 f.
Derivate 1 31
Disclaimer 2 38; 3 8 ff., 16

1619

Sachregister

Dividendenwerte 2 17 ff.; 3 29
– Abgrenzung zum Nichtdividendenwert
 2 17 ff.
Dreiteiliger Prospekt 12 5 f.
Drittstaatemittenten
– Billigung durch die BaFin 20 2 ff.
– Erstellung des Prospekts nach den
 Rechtsvorschriften eines nicht dem EWR
 angehörenden Staates 20 5
– Erstellung des Prospekts nach internationalen Standards 20 6
– europaweite Verwendung 20 10
– materielle Gleichwertigkeit 20 7 ff.
– Sprachregime 20 11
– Verordnungsermächtigung 20 12 f.
– Verweis 11 13

**Eigenkapitalausstattung ProspektVO
 Anhang I 10** 3 ff.
Einzelabschluss, siehe Jahresabschluss
Einlagenkreditinstitut, siehe auch
 CRR-Kreditinstitut 1 21 ff.; 5 1
Einteiliger Prospekt 12 5 f.
– Aufbau ProspektVO 25 2 ff.
– Inhaltsverzeichnis ProspektVO
 25 3
– Risikofaktoren ProspektVO 25 6 ff.
Einbeziehung in den Freiverkehr
 2 67 ff.; 4 102
Emissionspreis 8 9 f.
– Ausgabepreis, Angebotspreis 8 9
Emissionsprogramm 6 12
Emissionsvolumen 3 53 ff.; 8 11
– Höchstpreis 8 15
– Orderbuch 8 14
– Preisspanne 8 14
Emittent 2 107 ff.
– Abgrenzung zum Anbieter, siehe
 Anbieter
– Angaben über den Emittenten
 ProspektVO Anhang I 5 1 ff.; ProspektVO Anhang IV 13 ff.; ProspektVO
 Anhang IX 5 f.; ProspektVO Anhang X
 22; ProspektVO Anhang XXV 7
– Angaben zum Geschäftsbereich des
 Emittenten ProspektVO Anhang I 6
 2 ff.; ProspektVO Anhang IV 17 ff.

– Hauptaktionäre ProspektVO Anhang I
 18 1 ff.
– Organisationsstruktur des Emittenten
 ProspektVO Anhang I 7 1 ff.
– Weiterveräußerung, Weiterplatzierung
 3 39 f.
Emittent mit Sitz im Ausland
– Anbieter 34 3 f.
– Emittent 34 2 ff.
– Zulassungsantragsteller 34 3 f.
Endgültige Bedingungen
– Abgrenzung zum Basisprospekt
 6 33 ff., 39, 56 ff.
– Abgrenzung zum Nachtrag 6 34 ff., 45
– Anwendung des Verfahrens nach § 8
 Abs. 1 bei endgültigen Bedingungen
 6 56 ff.
– Begriff 6 33 ff., 38 ff.
– Hinterlegung bei der BaFin 6 52 ff.
– Veröffentlichung 6 43 ff.
Ermessen
– Billigung von Drittstaatenemittenten
 20 4
ESME Vor 1 6
Europäische Wertpapier- und Marktaufsichtsbehörde, ESMA 29 3 ff.
– Möglichkeiten bei verspäteter oder unterlassener Weitergabe von Informationen
 28a 16 ff.
– Weitergabe von Informationen an
 ESMA 28a 5 ff.
– Zusammenarbeit 28a 3 ff.
Europäischer Pass 1 6; 2 143; 17 1
EWR
– Staat des EWR 2 143

Filter 3 10; 14 6 b, 45; ProspektVO 1 19;
 TRS 6 4, 14
Finanzdaten
– die nicht dem geprüften Jahresabschluss
 des Emittenten entnommen wurden
 ProspektVO Anhang I 20.4 5 f.
– ungeprüft ProspektVO
 Anhang I 20.4 5
Finanzinformationen, siehe auch Proforma-Finanzinformationen 1 43
– Verordnungen Vor 1 3

Finanzintermediär Vor 1 8, 44 ff.;
ProspektVO 20a 10 ff., 21 ff., 27 ff., 38;
ProspektVO Anhang III 130
Finanzmarktstabilisierungsfonds, siehe
Sonderfonds Finanzmarktstabilisierung
Freiverkehr 2 146
Freiwillige Prospekterstellung 1 35 ff.,
39 ff.
Friends and Family-Programme
ProspektVO Anhang III 107
Fungibilität 2 4 f.

Garantie
– staatlich garantierte Wertpapiere 1 9 ff.
Gattung 3 50; 4 63
Gebühren
– Amtshandlung 33 1a
– Auskünfte 33 5
– Auslagen 33 4
– außergewöhnlich hoher Verwaltungsaufwand 33 8 f.
– Bescheid 33 13
– emissionsbezogene 33 7
– Entstehung der Gebührenschuld 33 11 f.
– Gebührenverzeichnis 33 3, 7
– Höhe 33 8, 10
– Rücknahme eines Antrags 33 12
– Widerspruch 33 14 ff.
Geldmarktinstrumente 2 2, 14
Generalklausel 5 3
Genossenschaften 2 14
Genussschein 2 13
Gesamtschuldnerische Lösung 2 111
GmbH-Anteil 4 41
Geschäfts- und Betriebsgeheimnisse
27 14
Gesetz zur Novellierung des Finanzanlagenvermittler- und Vermögensanlagerecht Vor 21 6
Gesetz zur Verbesserung der Haftung für Kapitalmarktinformation (KapInHaG) Vor 21 5
Gewinnprognosen oder -schätzungen
– Ableitung der Gewinnprognose
ProspektVO Anhang I 13 41
– Anforderungen an Gewinnprognosen
ProspektVO Anhang I 13 22 ff.

– Bericht eines Wirtschaftsprüfers
ProspektVO Anhang I 13 42 ff.
– Ermittlung der Gewinnprognose
ProspektVO Anhang I 13 31 ff.
– Freiwilligkeit oder Aufnahmepflicht
ProspektVO Anhang I 13 13 ff.
– Gewinnprognose ProspektVO
Anhang I 13 4 ff.
– Gewinnschätzung ProspektVO
Anhang I 13 8 ff.
– Regelungsgegenstand ProspektVO
Anhang I 13 1 ff.
– Vergleichbarkeit mit historischen Finanzinformationen ProspektVO Anhang I
13 26 ff.
Greenshoe-Option 16 29; 21 65;
ProspektVO 26a 31; ProspektVO
Anhang III 112, 135
Grenzüberschreitende Geltung von Prospekten
– Anwendungsbereich 17 6 ff.
– Bescheinigung der Notifizierung
18 4 ff.
– Erfordernis der Notifizierung 17 13
– europäische Grundlagen und Entstehungsgeschichte 17 1 ff.
– Fristenregelung 18 20 ff.
– Gebühren für eine Notifizierung 18 27
– Geltung eines ausländischen Prospekts in Deutschland 17 9
– Geltung im Inland gebilligter Prospekte im EWR-Ausland 17 23 f.
– Gestattung der Nichtaufnahme von Angaben 18 24
– Maßnahmen der BaFin bei in Deutschland gebilligten Prospekten 17 26 ff.
– Maßnahmen der BaFin bei nach Deutschland notifizierten Prospekten
17 30
– Mitteilung endgültiger Angaben 17 19
– notifizierungsfähige Dokumente
17 6 ff.; 18 5
– Notifizierungsverfahren 18 3 f.
– Notifizierungsverfahren als zwischenbehördliches Verfahren 17 21
– Ort der Prospekthinterlegung 17 18
– Prüfungsrecht der BaFin 17 10

Sachregister

- Prüfungsumfang der Behörde des Aufnahmestaates **18** 19
- Rechtssicherheit im Notifizierungsverfahren **17** 22
- Sprachanforderungen **17** 14; **18** 13 ff.
- Sprachenregelung in den EWR-Staaten **18** 18
- subsidiäre Notmaßnahmen der BaFin **17** 20
- Veröffentlichungsmodalitäten **17** 16 ff.
- zuständige Behörden im EWR-Ausland **18** 12

Gültigkeit des Prospekts
- Aktualisierungspflicht **9** 18
- Fristablauf **9** 20 f.
- Fristberechnung **9** 7 f.
- Regelungsinhalt **9** 1 ff.

Herkunftsstaat 2 133 ff.; **17** 3
- Drittstaatemittent **2** 141; **36** 11 ff.
- Mindeststückelung von 1.000 € **2** 131
- Nichtdividendenwert **2** 137
- Sitzstaat **2** 134 f.
- Wahlrecht **2** 139 ff.

Hinterlegung
- EU-Prospektrichtlinie **14** 6
- jährliches Dokument **10** 1
- Pflicht **14** 7 ff.
- Verweise **11** 10 ff.

Hinweis auf den Verkaufsprospekt
- Vorgaben nach Art. 8 TRS (Art. 30 ProspektVO a. F.) **14** 33
- Bezugsmöglichkeit **15** 25
- Form **15** 26
- Gegenstand einer Hinweisbekanntmachung **15** 25
- Hinweis auf den Prospekt und dessen Veröffentlichung **15** 25
- Hinweisbekanntmachungspflicht **15** 25 ff.
- Veröffentlichung **15** 27

Historische Finanzinformationen
- Abschluss, Aufstellung **ProspektVO Anhang I 20.1** 5
- Abschluss, Feststellung **ProspektVO Anhang I 20.1** 5
- Abschluss, Offenlegung **ProspektVO Anhang I 20.1** 5
- aktuelle Wirtschaftsbranche **ProspektVO Anhang I 20.1** 53
- Anforderungen **ProspektVO Anhang I 20.1** 3
- Begriff **ProspektVO Anhang I 20.1** 3
- bridge approach **ProspektVO Anhang I 20.1** 18
- Drittstaatemittent **ProspektVO Anhang I 20.1** 29
- Einzelabschlüsse **ProspektVO Anhang I 20.1** 6, 27
- Emittenten, die weniger als ein Jahr existent sind **ProspektVO Anhang I 20.1** 52
- Emittenten mit komplexer Finanzgeschichte **ProspektVO Anhang I 20.1** 7
- Emittenten mit Sitz im EWR **ProspektVO Anhang I 20.1** 21
- europäisches Übernahmeverfahren **ProspektVO Anhang I 20.1** 22
- Finanzteil **ProspektVO Anhang I 20.1** 17
- freiwillige Abschlüsse **ProspektVO Anhang I 20.1** 27
- freiwillige Anwendung der vom IASB erlassenen IFRS **ProspektVO Anhang I 20.1** 24
- GAAP China **ProspektVO 35** 18 f.
- GAAP eines Drittstaates **ProspektVO 35** 11 ff.; **Anhang I 20.1** 30
- GAAP Indien **ProspektVO 35** 22
- GAAP Kanada **ProspektVO 35** 18, 20
- GAAP Südkorea **ProspektVO 35** 18, 21
- GAAP USA **ProspektVO 35** 12, 14
- GAAP Japan **ProspektVO 35** 12, 15
- geprüfte historische Finanzinformationen **ProspektVO Anhang I 20.1** 62
- Geschäftsjahr **ProspektVO Anhang I 20.1** 9, 18
- handelsrechtliche Berichtspflichten **ProspektVO Anhang I 20.1** 4
- handelsrechtliche Rechnungslegungsgrundsätze **ProspektVO Anhang I 20.1** 26, 47

Sachregister

- IASB **ProspektVO Anhang I 20.1** 22
- IAS-Verordnung **ProspektVO Anhang I 20.1** 21 ff., 26
- IFRS **ProspektVO Anhang I 20.1** 21 ff.
- IFRS in der EU anwendbar **ProspektVO Anhang I 20.1** 30, 37
- japanische GAAP, siehe GAAP Japan
- Konzernabschlüsse **ProspektVO Anhang I 20.1** 6, 27
- Mindestangaben **ProspektVO Anhang I 20.1** 14
- Mindestbestandteile **ProspektVO Anhang I 20.1** 46, 51
- nationale Rechnungslegungsstandards **ProspektVO Anhang I 20.1** 21, 26
- Präsentation **ProspektVO Anhang I 20.1** 16
- Prüfer **ProspektVO Anhang I 2** 2 f.
- Prüfung **ProspektVO Anhang I 20.1** 61
- rechtlicher Emittentenbegriff **ProspektVO Anhang I 20.1** 8
- Rumpfgeschäftsjahr **ProspektVO Anhang I 20.1** 9, 56, 59
- start-up companies **ProspektVO Anhang I 20.1** 60
- Übergangsregelung **ProspektVO Anhang I 20.1** 45
- US-GAAP, siehe GAAP USA
- Verständlichkeit **ProspektVO Anhang I 20.1** 15, 19
- Zeitpunkt **ProspektVO Anhang I 20.1** 23
- Zeitraum **ProspektVO Anhang I 20.1** 9, 12
- zulässiger Rechnungslegungsstandard **ProspektVO Anhang I 20.1** 29, 36
- zusätzliche **ProspektVO Anhang I 20.1** 13, 15

Hyperlink 2 46, **11** 7

Incorporation by reference Vor 1 12; **4** 12; **5** 58; **11** 1, 4b f.; **ProspektVO 26a** 24, 35; **TRS 6** 9

Informationsbefugnisse 21 77, siehe auch Auskunfts-, Vorlage- und Überlassungspflicht

Intermediär
- Platzierung durch Intermediär **3** 42

Investmentgesetz, siehe Kapitalanlagegesetzbuch

Jahresabschluss
- ausländische Emittenten **ProspektVO Anhang I 20.3** 5
- für das letzte Geschäftsjahr **ProspektVO Anhang I 20.3** 4
- Mindestbestandteile **ProspektVO Anhang I 20.3** 6 ff.
- nach Ziffer 20.3 aufzunehmen **ProspektVO Anhang I 20.3** 2
- Prüfung **ProspektVO Anhang I 20.3** 9

Jährliches Dokument 10 1; **36** 10, 18; **ProspektVO 1** 4

Kapitalanlagebetrug 16 111
Kapitalanlagegesetzbuch 1 7 f.
Kapitalerhöhung
- Ausnahme von der Prospektpflicht **4** 106 ff.

Kleinere und mittlere Unternehmen 2 104
Komitologieverfahren Vor 1 3, 5
Konsistenzerfordernis
- Bewertungs- und Bilanzierungsmethoden **ProspektVO Anhang I 20.1** 41
- „derlei Jahresabschlüsse" **ProspektVO Anhang I 20.1** 39 f.
- Entstehungsgeschichte **ProspektVO Anhang I 20.1** 40
- Folge **ProspektVO Anhang I 20.1** 36
- Übergangsregelung **ProspektVO Anhang I 20.1** 45
- Wechsel des Rechnungslegungsstandards **ProspektVO Anhang I 20.1** 38

Kreditanstalt für Wiederaufbau, KfW 1 12; **ProspektVO 19** 20

Lamfalussy-Verfahren Vor 1 3; **8** 23

Marktmissbrauchsverordnung 16 167, 169; **ProspektVO 26a** 22
Maßnahme
- unanfechtbar **25** 1, 3, 5 f.

1623

Maßnahmen der Behörde des Herkunftsstaates
– unzweckmäßig   29 20
Mehrteiliger Prospekt, siehe auch Dreiteiliger Prospekt
– Aufbau   **ProspektVO 25** 10
– Erstellung anderer Bestandteile   **12** 14 ff.
– Registrierungsformular   **12** 8 f.
Mindestangaben
– für das Aktienregistrierungsformular von KMU und Unternehmen mit geringer Marktkapitalisierung   **ProspektVO Anhang XXV** 1 ff.
– für das Registrierungsformular für Schuldtitel und derivative Wertpapiere mit einer Mindeststückelung von EUR 100.000   **ProspektVO Anhang IX** 2 ff.
– für das Registrierungsformular für Schuldtitel und derivative Wertpapiere mit einer Stückelung von weniger als EUR 100.000   **ProspektVO Anhang IV** 2 ff.
– für das Registrierungsformular für Wertpapiere, die von internationalen öffentlichen Organismen ausgegeben werden, und für Schuldtitel, deren Garantiegeber ein OECD-Mitgliedstaat ist   **ProspektVO Anhang XVII** 1 ff.
– für das Registrierungsformular für Wertpapiere, die von Mitgliedstaaten, Drittstaaten und ihren regionalen und lokalen Gebietskörperschaften ausgegeben werden   **ProspektVO Anhang XVI** 1 ff.
– für die Wertpapierbeschreibung für Aktien (Schema)   **ProspektVO Anhang III** 1 ff.
– für die Wertpapierbeschreibung für derivative Wertpapiere   **ProspektVO Anhang XII** 1 ff.
– für die Wertpapierbeschreibung für Schuldtitel mit einer Stückelung von weniger als EUR 100.000 (Schema)   **ProspektVO Anhang V** 2 ff.
– für die Wertpapierbeschreibung für Schuldtitel mit einer Mindeststückelung von EUR 100.000   **ProspektVO Anhang XIII** 2 ff.
– für Garantien   **ProspektVO Anhang VI** 2 ff.
– für Zertifikate, die Aktien vertreten   **ProspektVO Anhang X** 1 ff.
– Inhalt   **7** 5 ff.
– nicht relevante Mindestangaben   **7** 29
– nicht von Mindestangaben erfasste Wertpapiere und Emittenten   **7** 27 f.
– Prospektverordnung   **7** 4 ff.
– Rechtsnatur des Verweises   **7** 4 ff.
– Schemata und Module   **7** 15 ff.
– Specialist issuers   **7** 24 ff.
– Verhältnis zu § 5/Erfordernis weiterer Angaben   **7** 8 ff.
– weitere Mindestangaben außerhalb der EU-Prospektverordnung   **7** 30 ff.
Mindestanlagebetrag   **3** 28 ff.
Mindestbestandteile
– Lagebericht   **ProspektVO Anhang I 20.1** 50 f.
– nachträglich erstellte Elemente   **ProspektVO Anhang I 20.1** 48 f.
– nationale Rechnungslegungsstandards   **ProspektVO Anhang I 20.1** 49
Mindeststückelung   **3** 28 f., 31
Missstand
– Beseitigung   **30** 7 ff., 11
– Verhinderung   **30** 9
Mitarbeiterbeteiligungsprogramm   **2** 16; **4** 40 ff.
– Art der bestehenden Zulassung der Wertpapiere des Arbeitgebers   **4** 52 f.
– Art der Wertpapiere des Arbeitgebers   **4** 54
– Emittent der angebotenen Wertpapiere   **4** 46
– privilegierter Personenkreis   **4** 44 f.
Mitigating Language   **ProspektVO Anhang 1** 20; **ProspektVO Anhang III** 3
Modul für Pro-forma-Finanzinformationen
– allgemeine Anforderungen   **ProspektVO Anhang II** 1

Sachregister

- Art der Erstellung von Pro-forma-Finanzinformationen **ProspektVO Anhang II** 28 ff.
- Bescheinigung **ProspektVO Anhang II** 44 ff.
- Beschreibung des Gegenstandes **ProspektVO Anhang II** 3 f.
- Bestandteile von Pro-forma-Finanzinformationen **ProspektVO Anhang II** 9 ff.
- Darstellung von Pro-forma-Finanzinformationen **ProspektVO Anhang II** 21 ff.
- Erläuterung des hypothetischen Charakters **ProspektVO Anhang II** 7 f.
- Erstellung zu illustrativen Zwecken **ProspektVO Anhang II** 6
- Pro-forma-Anpassungen **ProspektVO Anhang II** 39 ff.
- Pro-forma-Bilanz **ProspektVO Anhang II** 10
- Pro-forma-Ergebnis pro Aktie **ProspektVO Anhang II** 14
- Pro-forma-Erläuterungen **ProspektVO Anhang II** 15 ff.
- Pro-forma-Gewinn- und Verlustrechnung **ProspektVO Anhang II** 11 f.
- Pro-forma-Kapitalflussrechnung **ProspektVO Anhang II** 13
- von Pro-forma-Finanzinformationen darzustellende Zeiträume **ProspektVO Anhang II** 32 ff.
- Zweck ihrer Erstellung **ProspektVO Anhang II** 5

Nachtrag zum Prospekt
- Abgrenzung der Berichtigungspflicht zu sonstigen Veröffentlichungen 16 32
- Adressat der Nachtragspflicht 16 103
- Aktualisierung 3 52
- Aktualisierungs- und Berichtigungspflicht 16 16
- Änderung von endgültigen Bedingungen per Nachtrag 16 54
- Aufnahme eines neuen Anbieters oder Zulassungsantragstellers per Nachtrag 16 46 ff.
- Aufstockung des Emissionsvolumens per Nachtrag 16 39 ff.
- Ausübung und Rechtsfolgen des Widerrufs 16 156 ff.
- Beginn der Nachtragspflicht 16 75 ff.
- Belehrung über Widerrufsrecht 16 163 ff.
- Bezugspreis 16 26
- Billigungsentscheidung 16 121 ff.
- Billigungsverfahren 16 112 ff.
- Decoupled-Approach 16 9 ff.
- Einreichungsfrist 16 106
- Ende der Nachtragspflicht 16 78 ff.
- Ende der Widerrufsmöglichkeit mit Erfüllung 16 149 ff.
- endgültiger Schluss des öffentlichen Angebots 16 78 ff.
- Ergänzung der Zusammenfassung und von Übersetzungen 16 128 f.
- Erweiterung der Produktpalette per Nachtrag 16 51 ff.
- europäische Grundlagen und Entstehungsgeschichte 16 12 ff., 84
- Form und Inhalt des Nachtrags 16 96 ff.
- Fristen für die BaFin 16 119 f.
- Inhalt der Nachtragspflicht 16 16 ff.
- Integrations- und Trennungslösung 16 99 f.
- kein Berichtigungsrecht per Nachtrag bei Unwesentlichkeit 16 30 ff.
- Korrektur unwesentlicher Prospektmängel 16 30 f.
- mehrere Angebote 16 3 ff.
- Möglichkeit zur Beeinflussung der Beurteilung 16 27 ff.
- Muster 16 102
- Nachtrag bei grenzüberschreitender Geltung von Prospekten 16 8
- Nachtrag zum Basisprospekt 16 72 f.
- Nachträge bei Schuldverschreibungen 16 50
- Nachträge nach Ablauf des in § 16 Abs. 1 Satz 1 genannten Zeitraums 16 92 ff.
- Nachtragspflicht 9 9 ff., 15; 16 15 ff., 104 f.
- Nachtragspflicht bei Festlegung bzw. Veränderung der Preisspanne und/oder des Emissionsvolumens 16 25, 62 ff., 65 ff.

1625

Sachregister

- Nachtragspflicht bei Veränderungen von Angebotsbedingungen **16** 58 ff.
- Notifizierungsverfahren **16** 8
- Ordnungswidrigkeit **16** 110
- Prospekthaftung, siehe auch Prospekthaftung bei einem Nachtrag **16** 111
- Rechtscharakter des Nachtrags **16** 96
- Rechtsfolgen bei Verstoß **16** 107 ff.
- Rechtsfolgen des unterbliebenen Widerrufs im Hinblick auf Prospekthaftung **16** 159 ff.
- Registrierungsformulare **16** 71 ff.
- sonstige und verwandte Vorschriften **16** 10 f.
- spezielle Fälle bei Bestehen einer Nachtragspflicht **16** 55 ff.
- Verhältnis Berichtigungsmöglichkeit zu Nachtragspflicht **16** 32
- Verhältnis Nachtragspflicht zur Ad-hoc-Publizität **16** 167 ff.
- VerkProspG **16** 10
- Verkürzung bzw. Verlängerung der Angebotsfrist **16** 68 ff.
- Veröffentlichung des Nachtrags **16** 124 ff.
- wichtiger neuer Umstand bzw. wesentliche Unrichtigkeit in Bezug auf Prospektangaben **16** 16 ff.
- widerrufsberechtigte Anleger **16** 133 ff.
- Widerrufsfrist **16** 146 ff.
- Widerrufsrecht **16** 130 ff.
- Willenserklärung beim Widerruf **16** 134 ff.

Nichtaufnahme von Angaben
- „Bis zu"-Kapitalerhöhungen **8** 32
- Nichtaufnahme sonstiger Angaben **8** 58 ff.
- Offenlassen von Emissionspreis und Emissionsvolumen **8** 20 ff.
- Unmöglichkeit der Nennung im Prospekt **8** 12 f.
- Verhältnis zum Nachtrag nach § 16 **8** 54 ff.
- Veröffentlichung und Hinterlegung **8** 47 ff., 53
- Widerrufsrecht bei fehlenden Angaben **8** 37 ff.

Nichtdividendenwerte
- Ausnahme vom Anwendungsbereich bei Staatsemissionen **1** 8
- Basisprospekt **6** 2, 15 ff., 23 ff.
- Begriff **2** 27 f.
- Wahlrecht **2** 136 ff.

Notifizierungsverfahren 18 3 f.

OECD-Mitgliedstaat ProspektVO 19 19; **ProspektVO 20** 12 ff.

Offenlegungsstandards der International Organisation of Securities Commission ProspektVO Anhang XVII 2

Opt-in 15 11; **ProspektVO 19** 6 ff., 19; **ProspektVO 20** 2 ff.

Optionsanleihe 2 13, 23 f.

Optionsschein 2 13, 27; **6** 22

Organisierter Markt
- Begriff **2** 145 f.
- Prospektpflicht **3** 60 ff.

Ordnungswidrigkeiten
- Auskunfts- und Vorlagepflichten **35** 60
- Bagatellverstöße **35** 68 f.
- Bestimmtheitsgebot **35** 38
- Bußgeldhöhe **35** 82 ff.
- Bußgeldrahmen **35** 62 ff.
- Bußgeldverfahren **35** 70 f.
- fehlende, fehlerhafte, nicht rechtzeitige Einreichung eines Nachtrags **35** 57 f.
- geschützte Rechtsgüter **35** 6
- gesetzwidrige Veröffentlichung eines Verkaufsprospekts **35** 37 ff.
- Gewinnabschöpfung **35** 83 f.
- Handeln für einen anderen, Beteiligung, Verletzung einer Aufsichtspflicht **35** 74 f.
- jährliches Dokument **10** 1; **35** 29 ff.
- juristische Personen und Personenvereinigungen **35** 74 f.
- Kategorisierung der Ordnungswidrigkeiten **35** 8 ff.
- Konkurrenzen **35** 43
- Nichtveröffentlichung eines Verkaufsprospekts **35** 44 ff.
- öffentliches Angebot von Wertpapieren ohne Prospekt **35** 14 ff.

– ProspektRL **35** 7
– räumliche Geltung **35** 66
– rechtswidrige vollziehbare Anordnung **35** 61
– Unterlassung der Überlassung einer Papierversion des Prospekts **35** 54 ff.
– Verfall **35** 85 f.
– Verfolgungs- und Ahndungszuständigkeit **35** 66
– Verjährung **35** 88
– Veröffentlichung eines Nachtrags **35** 57 f.
– Verstoß gegen die Mitteilungspflicht zur Prospektveröffentlichung **35** 52 f.
– Verstoß gegen die Pflicht der Hinterlegung von Emissionspreis und/oder -volumen **35** 26 ff.
– Verstoß gegen die Pflicht zur Veröffentlichung von Emissionspreis und -volumen **35** 19 ff.
– Verstöße nach § 35 Abs. 1 **35** 13 ff.
– vollziehbare Anordnung **35** 59 f.
– Vorsatz, Fahrlässigkeit und Irrtum **35** 13, 79 ff.
– zuständige Verwaltungsbehörde nach § 35 Abs. 4 **35** 66

Personenbezogene Daten
– Nutzen **26** 61
– Speichern **26** 61
– Verändern **26** 61
– Verarbeiten **26** 61
– Weitergeben **26** 61
Pfandbrief 1 8; **6** 23 ff.
Preisfestsetzungsverfahren
– entkoppeltes **8** 18
Primärmarktplatzierung ProspektVO 20a 3 f., 8 ff.
Privatplatzierung 2 37, 71; **3** 16 ff.; **ProspektVO Anhang III** 126 ff.
Pro-forma-Finanzinformationen
– 25 %-Veränderung **ProspektVO Anhang I 20.2** 7
– Alternativkriterien **ProspektVO Anhang I 20.2** 11
– Ausnahmen **ProspektVO Anhang I 20.2** 17 f.
– bedeutende Bruttoveränderung **ProspektVO Anhang I 20.2** 5
– Berichtszeitraum **ProspektVO Anhang I 20.2** 19
– Bescheinigung eines Wirtschaftsprüfers **ProspektVO Anhang I 20.2** 21
– Bestandteile **ProspektVO Anhang I 20.2** 20
– freiwillige Aufnahme **ProspektVO Anhang I 20.2** 23
– Größenindikatoren **ProspektVO Anhang I 20.2** 8 ff.
– mehrere Unternehmenstransaktionen **ProspektVO Anhang I 20.2** 14, 22
– noch nicht vollzogene Transaktion **ProspektVO Anhang I 20.2** 12 f.
– Pflicht zur Aufnahme **ProspektVO Anhang I 20.2** 16 ff.
– Rechnungslegung bei Fusionen **ProspektVO Anhang I 20.2** 15
– Strukturverändernde Transaktion **ProspektVO Anhang I 20.2** 6
– Umstrukturierungen **ProspektVO Anhang I 20.2** 1
– Zusammenstellung **ProspektVO 5** 1
Prognosen, siehe Gewinnprognosen
– Regelungsgegenstand **5** 3
Proportionate Disclosure Regime ProspektVO 26a 8, 12 ff.
Prospekt 5 4 ff.
– Ablauf der Gültigkeit **9** 20 ff.
– Aktualität des Prospekts **6** 30 ff.
– allgemeine Grundsätze **5** 4 ff.
– Bedeutung und systematische Stellung des 2. Abschnitts **5** 1 f.
– Begriff **15** 22, **21** 2, **25** 9 ff.
– Billigungsfassung **5** 81
– Gliederung **5** 45 ff.
– Gültigkeit **3** 51, **9** 5 ff.
– Gültigkeit bei mehrteiligem Prospekt **9** 19
– Klarheit des Prospekts **5** 37 ff.
– kleine und mittlere Unternehmen (KMU) **ProspektVO 26b** 1, 3; **ProspektVO Anhang XXV** 2 ff.
– Opting-in **1** 35 ff.
– Prospekthaftung, siehe Prospekthaftung

Sachregister

– Prospektinhalt **5** 6 ff.
– Prospektwahrheit **5** 7 f.
– Sprache der Zusammenfassung **5** 59
– Unternehmen mit geringer Marktkapitalisierung **ProspektVO 26b** 1, 5; **ProspektVO Anhang XXV** 1 ff.
– Unterzeichnung des Prospekts **5** 72 ff.
– Verantwortliche für den Prospekt **5** 66 f., 73, 85 ff.; **ProspektVO Anhang III** 1 ff.; **ProspektVO Anhang V** 2
– Verantwortungsklausel **5** 83 f.
– Verzicht auf die Zusammenfassung **5** 68 ff.
– Vollständigkeit und Wesentlichkeit des Prospekts **5** 9 ff.
– Warnhinweis **5** 60 ff.
– Zusammenfassung **5** 50 ff.

Prospektbilligung
– Anfechtungs- und Verpflichtungsklage **13** 64
– Antragsberechtigter im Billigungsverfahren **13** 17 f.
– Bescheinigung der Billigung **13** 25
– Billigung durch die BaFin **13** 9 ff., 19 ff., 22 f.
– Billigung von Drittstaatenemittenten **20** 2 ff.
– Billigungsvorbehalt **13** 6 f.
– Datenbank **13** 53, 58
– dreiteiliger Prospekt **13** 14
– Emissionsbegleiter **13** 82 f.
– freiwillige Prospekte **21** 6 f.
– Haftungsansprüche gegen die BaFin **13** 69 ff.
– Hinterlegung und Veröffentlichung **13** 46
– Kohärenzprüfung **13** 10, 12
– Kosten des Billigungsverfahrens **13** 44
– Nachträge **13** 15
– Negativbescheinigung **13** 23, 79
– Obliegenheit zur Übermittlung **13** 31 f.
– Preliminary Offering Circular **13** 45
– Prospektbilligungsverfahren **13** 16 ff.
– Prospekthaftung **13** 47 f.
– Prüfungsfristen **13** 34 ff.
– Rechtsschutz im Billigungsverfahren **13** 62 ff.
– Rechtsnatur der Billigung **13** 8
– schriftliche Darstellungen **21** 8 ff.
– Übermittlung Prospekt in elektronischer Form **13** 59 ff.
– Verwendung nicht gebilligter Entwurfsfassungen **13** 43 f.
– Vollständigkeitsprüfung **13** 10, 12
– Zugänglichmachung des Prospekts im Internet **13** 52 ff.
– Zulassungsverfahren nach §§ 32, 34 BörsG **13** 74 ff.

Prospekthaftung
– Ablauf der Prospektgültigkeit **9** 22 f.
– analoge Anwendung des § 22 WpPG **21** 17
– Anspruchsberechtigte **21** 22 ff.
– Ausschlussfrist **21** 30 ff.
– bei fehlendem Prospekt **24** 1, 6 ff.
– bei fehlerhaftem Prospekt **21** 1 ff.
– bei Sachverhalten mit grenzüberschreitendem Bezug **Vor 21** 12; **21** 34
– Berichtigung **23** 39 ff.
– Beweislastumkehr **23** 4, 49; **24** 13
– Billigung des Prospekts durch die BaFin **13** 46 ff.; **21** 37, 42 f.
– bürgerlich-rechtliche Prospekthaftung **25** 8 ff., 21 ff.
– deliktische Haftung **9** 23
– doppeltes Kausalitätserfordernis **21** 104
– Due Diligence Prüfung **23** 15
– durch Werbung ausgelöste wesentliche Fehlinformationen **21** 14
– einheitliches europäisches Anlegerbild **21** 41
– Entwicklung in Deutschland **Vor 21** 3 ff.
– Fehlerhaftigkeit des Prospekts **21** 36 ff.
– Haftung für fehlerhafte Angaben bei bestehender Prospektbefreiung **Vor 1** 29 ff.
– Haftungsadressaten **21** 79 ff.; **23** 49; **24** 17
– Haftungsmaßstab **Vor 1** 33 f.
– Heranziehen der Regelungen zur Auslegung des § 5 WpPG **5** 5
– in Europa **Vor 21** 8 ff.

Sachregister

- Konsortium 21 86 f.; 23 23 f.
- Mitursächlichkeit 23 34
- Plausibilitätskontrolle 23 13, 16 f., 22
- prospektähnliche Dokumente 21 17
- typisierende Betrachtungsweise 21 38
- unterbliebener Widerruf 16 159 ff.
- Verletzung einer selbständigen Aufklärungspflicht 25 22
- Vermögensschaden-Haftpflichtversicherung 25 4
- Vertrauenshaftung Vor 21 1, 25 ff.; 21 121; 24 4
- Verschuldensvermutung 23 4
- Verweis 11 26
- Wirksamkeit des Kaufvertrags 24 5
- Zusammenfassung 23 47 ff.
- zwingendes Recht 25 1

Prospektierung
- Allgemeines 5 13 ff.
- erforderliche Angaben und Form 5 80 ff.
- Garantiegeber 5 17 f.
- Gegenstand der Prospektdarstellung 5 13 ff.
- Grundsatz der Klarheit 5 37 ff.
- Grundsatz der Vollständigkeit 5 9 ff.
- Grundsatz der Wahrheit 5 7 f.
- Grundsatz der Wesentlichkeit 5 9 ff.
- Kriterien für die Beurteilung des Gegenstandes der Prospektdarstellung 5 20 ff.

Prospektpflicht
- Ausnahmen, siehe Ausnahmen von der Prospektpflicht
- Besonderheiten bei bestimmten gesellschaftsrechtlichen Maßnahmen 3 61 ff.
- Inlandsbezug 3 5 ff.
- öffentliches Angebot im Inland 3 2 ff.
- Platzierung durch Intermediäre 3 56 ff., **ProspektVO 20a** 7 ff.
- prospektpflichtige Weiterveräußerung 3 42, 57 ff., 75
- Verletzung der Prospektpflicht Vor 1 27 f.
- Zulassung zum Handel an einem organisierten Markt 3 60 ff.

Prospektrichtlinie Vor 1 3
Prospektunterzeichnung
- allgemein 5 72
- Unterzeichnende 5 74 ff., 79

Prospektveranlasser 21 89 ff., 95; 23 25
Prospektverordnung Vor 1 3
Prüfung
- Prüfungsbescheinigung **ProspektVO Anhang I 20.1** 80
- weitere Angaben **ProspektVO Anhang I 20.4** 4

Prüfung der historischen Finanzinformationen
- Abschlussprüfung **ProspektVO Anhang I 20.1** 62, 67
- agreed upon procedures **ProspektVO Anhang I 20.1** 64 f.
- äquivalenter Prüfungsstandard **ProspektVO Anhang I 20.1** 70
- Ausschlussgründe **ProspektVO Anhang I 20.1** 73 f.
- Bericht über die Prüfung **ProspektVO Anhang I 20.1** 77
- berufsständische Prüfungsstandards des IDW **ProspektVO Anhang I 20.1** 67
- Bescheinigung **ProspektVO Anhang I 20.1** 77
- Bestätigungsvermerk **ProspektVO Anhang I 20.1** 77; **ProspektVO Anhang I 20.4** 1
- Erklärung des Emittenten **ProspektVO Anhang I 20.4** 1
- ISAs **ProspektVO Anhang I 20.1** 70
- Lagebericht **ProspektVO Anhang I 20.1** 78
- nachträglich erstellte Elemente **ProspektVO Anhang I 20.1** 48
- prüferische Durchsicht **ProspektVO Anhang I 20.1** 64 f.
- Prüfungsstandards eines Mitgliedstaats **ProspektVO Anhang I 20.1** 71
- unabhängige **ProspektVO Anhang I 20.1** 72, 75 f.
- Vermerk **ProspektVO Anhang I 20.1** 63
- zulässiger Standard **ProspektVO Anhang I 20.1** 66

Prüfungsumfang der BaFin
– im Billigungsverfahren **13** 9 ff.
Publikum 2 33

Qualifizierte Anleger, siehe auch Anleger **2** 99 ff.
– Angebot an qualifizierte Anleger **3** 20 ff.
Querverweisliste ProspektVO 25 15

Rechtsbehelfe
– Anfechtungsklage **31** 4
– aufschiebende Wirkung **31** 5
– sofortige Vollziehung **31** 5
– Widerspruch **31** 4
Regelungen über Aufnahme von Angaben in Form eines Verweises
– Aktualität **ProspektVO 28** 14 ff.
– Anlegerschutz **ProspektVO 28** 23 ff.
– geeignete Dokumente **ProspektVO 28** 3 ff.
– Konkretisierung des § 11 WpPG **ProspektVO 28** 3 ff.
– Regelungsgegenstand **ProspektVO 28** 1 f.
– Sprache **ProspektVO 28** 17 ff.
– Teilverweis **ProspektVO 28** 21 f.
Registrierungsformular
– Aktualisierungspflicht **9** 18; **12** 17 ff.
– dreiteiliger Prospekt **12** 13
– für Schuldtitel und derivative Wertpapiere (Schema) **ProspektVO Anhang IV** 1 ff.; **ProspektVO Anhang IX** 1 ff.
– gebrochenes Sprachregime **12** 16
– Gültigkeit **9** 16 f.
– Hinterlegung des nicht gebilligten Registrierungsformulars **12** 19 f.
– mehrfache Verwendung **12** 13 ff.
– Nachträge **12** 18 ff.
– Registrierungsformularsystem **ProspektVO 28** 25
Retail Kaskade (Retail Cascade), siehe auch Vertriebskette **2** 119; **3** 56 ff.; **ProspektVO 1** 11; **ProspektVO 20a** 1, 3, 8 f.

Risikofaktoren ProspektVO Anhang I 4 11 ff.; **ProspektVO Anhang III** 3 ff.; **ProspektVO Anhang IV** 8 ff.; **ProspektVO Anhang V** 3 ff.; **ProspektVO Anhang IX** 4; **ProspektVO Anhang X** 21; **ProspektVO Anhang XII** 10 ff.; **ProspektVO Anhang XXV** 6

Sachnorm Vor 21 14; **21** 34
Sachanlage ProspektVO Anhang I 8 1 ff.
Schatzanweisung 2 2, 14
Scheme of arrangement 4 80
Schlüsselfinanzinformationen ProspektVO Anhang I 3 8
Schuldtitel 2 17
Schuldverschreibungen 1 32; **2** 13
Sitzstaat 2 134 f.; **13** 20
Sonderfonds Finanzmarktstabilisierung (SoFFin) 1 9; **ProspektVO 19** 21
Sparbrief 2 14
Specialist Issuers
– Allgemeines **ProspektVO 23** 1 ff.
– andere Emittenten mit besonderen Geschäftsbereichen **ProspektVO 23** 69
– Bergbaugesellschaften **ProspektVO 23** 28 ff.
– Bewertungsgutachten bei Schifffahrtsgesellschaften **ProspektVO 23** 63, 67 f.
– ESMA-Empfehlungen zu den Specialist Issuers **ProspektVO 23** 5
– Expertenbericht bei Bergbaugesellschaften **ProspektVO 23** 37 ff.
– Haftungsausschlüsse für das Bewertungsgutachten **ProspektVO 23** 24 ff.
– Immobiliengesellschaft **ProspektVO 23** 6 ff.
– in der wissenschaftlichen Forschung tätige Gesellschaften **ProspektVO 23** 45 ff.
– Investmentgesellschaften **ProspektVO 23** 42 ff.
– Real Estate Investment Trust **ProspektVO 23** 8
– relevante Kapitalmarkttransaktionen **ProspektVO 23** 12 f., 33, 47, 53, 65

Sachregister

- Schifffahrtsgesellschaften **ProspektVO 23** 63 ff.
- Special Purpose Acquisition Companies (SPACs) **ProspektVO 23** 60 ff.
- Start-up-Gesellschaften **ProspektVO 23** 50 ff.
- Verpflichtung zur Offenlegung von spezifischen Informationen **ProspektVO 23** 34 ff., 48 ff., 54 ff., 66 ff.
- Verwendungsverbote und -beschränkungen für das Bewertungsgutachten **ProspektVO 23** 23
- Vorgaben für das Bewertungsgutachten bei Immobiliengesellschaften **ProspektVO 23** 14 ff.

Sprache
- der engültigen Bedingunen im Basisprospekt **ProspektVO 26** 18 ff.
- gebrochenes Sprachregime **19** 24 ff.
- In- und Auslandsemissionen von Wertpapieren mit einer Mindeststückelung von EUR 100.000 **19** 32 ff.
- Inlandsemissionen im Herkunftsstaat Deutschland **19** 6 ff., 9 ff.
- Regelungen in anderen EU-Staaten **19** 14

Staat des Europäischen Wirtschaftsraums **2** 144

Staatsgarantien ProspektVO 19 17 ff.

Tatsache
- Offenbaren **27** 15, 19 f.
- unbefugt **27** 22 ff.
- Verwerten **27** 19 ff.
- Werturteile **27** 15

Tilgungsklauseln ProspektVO Anhang III 72

Trendinformationen ProspektVO Anhang I 12 1; **ProspektVO Anhang IV** 22 ff.; **ProspektVO Anhang IX** 9; **ProspektVO Anhang X** 29; **ProspektVO Anhang XXV** 17

Übergangsbestimmungen
- Auslaufen der Übergangsregelung **36** 4

- bezüglich der Bestimmung des Herkunftsstaats von Drittstaatenemittenten (Abs. 1) **36** 5 f.
- Grundlagen **36** 1 f.; **37** 1
- Haftung für fehlerhafte Prospekte **37** 2
- Haftung für fehlende Prospekte **37** 3
- zur Aufhebung des Verkaufsprospektgesetzes **37** 1 ff.

Übernahmevertrag **3** 57; **16** 23; **21** 118; **23** 42; **ProspektVO Anhang III** 6, 92, 121

Übervorteilung des Publikums
- Beurteilungsspielraum **26** 73 ff.

Umplatzierung
- Anbieter der Umplatzierung **2** 114, 120
- Prospektpflicht **3** 3
- Umplatzierungen im Wege eines öffentlichen Angebots **3** 41 ff.

Umstände bekannt gegeben
- Anhaltspunkte **26** 71
- Börsenzulassungsprospekte **26** 68 f.
- Dritter **26** 70
- Unrichtigkeit **26** 71 f.
- Unvollständigkeit **26** 71 f.

Umtauschangebot **4** 6 ff., 75
- Umtauschangebote nach Maßgabe des WpÜG **4** 7 ff.
- Umtauschangebote außerhalb des WpÜG **4** 15 ff.

Umtauschanleihe **2** 26

Umwandlung **3** 61 ff.; **4** 26 ff.

Underwriting **2** 118; **ProspektVO Anhang III** 121

Underwriting Agreement **15** 4

Unternehmen, siehe kleinere und mittlere Unternehmen

Unterrichtung der Geschäftsführung der Börse **26** 80

Untersagung
- Adressat **26** 43
- Gegenstand **26** 43
- öffentliches Angebot **26** 41 ff.
- Verfügung **26** 44 f.
- Veröffentlichung **26** 41
- Verstoß **26** 42
- Verwaltungszwang **26** 45
- Zulassung zum Handel **26** 40

1631

Sachregister

- Zweck 26 39 f.
Unterzeichnung
- Unterzeichnung des Prospekts
  5 72 ff.

Veränderungen von Emissionspreis und/ oder Emissionsvolumen 3 53 ff.
Verantwortlichkeitserklärung 2 129, ProspektVO Anhang III 1; ProspektVO Anhang X 15
Verbriefungstransaktionen ProspektVO 2 7
Verkaufsprospektgesetz 37 1 ff.
Veröffentlichung
- Abschluss des Angebots 14 29
- Aufbewahrungsfrist 14 61
- Bereithalten zur kostenlosen Ausgabe 14 36 ff.
- Bezugsrechtshandel 14 24 f.
- Dauer der Bereithaltung des Prospekts 14 27 f.
- Einführung von Wertpapieren ohne öffentliches Angebot 14 23
- Ersatzvornahme TRS 8 3
- Fristen, Fristberechnung 14 11 ff., 15 ff.
- getrennte Veröffentlichung 2 46
- Internetpublizität 14 40 ff.
- Liste der gebilligten Prospekte TRS 10 1 f.
- Mitteilung über die Art und Weise der Zurverfügungstellung des Prospekts TRS 9 1 ff.
- Mitteilungspflicht an die BaFin 14 49 ff.
- öffentliches Erstangebot von Aktien einer Gattung 14 26 ff.
- Papierversion bei Internetveröffentlichung 14 57 ff.
- Pflicht 14 11
- rechtzeitige Veröffentlichung 14 19
- Schalterpublizität 14 36 ff.
- Streichung der Hinweisbekanntmachungspflicht 14 52 f.
- überregionales Börsenpflichtblatt 14 33
- unverzügliche Veröffentlichung 14 12 ff.
- Veröffentlichung der endgültigen Bedingungen 6 43 ff.; TRS 7
- Veröffentlichung des jährlichen Dokuments 10 1
- Veröffentlichung in mehreren Einzeldokumenten 14 54 ff.
- Verweise 14 56
- Verzicht auf die Prospektbilligung 14 22
- Wahlrecht zwischen den Veröffentlichungsformen 14 30 ff.
- Wertpapiere, für die ein Prospekt nach Deutschland notifiziert worden ist 14 3
- Widerruf 14 21
- Zeitungspublizität 14 32 ff.; TRS 8 1
Veröffentlichung in elektronischer Form
- Art. 6 VO 2016/301 ProspektVO 1 19
- Bedingungen der Veröffentlichung in elektronischer Form ProspektVO 29 2 ff.
- Filter 3 10; 14 6b, 45; ProspektVO 1 19; TRS 6 4
- keine Modifizierbarkeit des Prospekts ProspektVO 29 5 f.
- leichte Zugänglichkeit des Prospekts ProspektVO 29 4
- Möglichkeit zum Herunterladen und Ausdrucken des Prospekts ProspektVO 29 10 ff.
- Verbot von Hyperlinks ProspektVO 29 7 ff.
- Vorkehrungen gegen Zugriff durch nicht angesprochene Anleger ProspektVO 29 13 ff.
- Zusätzliche Sicherheitsmaßnahmen TRS 6 1
Verschmelzung
- Ausnahme von der Prospektpflicht 4 26 ff.
Verschwiegenheit, siehe Verschwiegenheitspflicht
Verschwiegenheitspflicht
- Adressat 27 9 ff.
- Akteneinsicht 27 3
- beauftragte Personen 27 9
- Beschäftigte 27 9, 11

Sachregister

- Börse 27 11
- Bundesanstalt 27 9
- dienstliche Berichterstattung 27 10
- Europäische Wertpapieraufsichtsbehörde, ESMA 27 5 ff.
- Finanzbehörden 27 27 f.
- Fortgeltung 27 12
- Geheimhaltungsinteresse 27 17 f.
- Informationsfreiheitsgesetz 27 3
- Kenntniserlangung 27 16
- Konsequenzen 27 4
- nach dem WpPG Verpflichtete 27 9 ff.
- Offenbaren 27 15, 20
- Strafverfolgungsbehörde 27 11, 24
- Tatsachen 27 13 ff.
- unbefugt 27 22 ff.
- Verstöße 27 19 ff.
- Verwerten 27 21
- Zusammenarbeit 27 26

Verstoß gegen das WpPG
- bestimmte Regelungen des WpPG 29 12
- Maßnahmen der Bundesanstalt, wenn Herkunftsstaat des Emittenten ein anderer EWR-Staat ist 29 18 ff.
- Unterrichtung der Europäischen Kommission 29 21 ff.

Vertriebskette, siehe auch Retail Kaskade 2 119; **ProspektVO 20a** 9 f., 13, 15

Verwaltungsakt
- Rechtsbehelfe 31 9
- Zwangsmittel 31 1

Verweise
- Allgemeines 11 1 ff., 5 ff.
- Billigung oder Hinterlegung des Dokuments 11 10 ff.
- eingeschränkter Anwendungsbereich 11 14 f.
- Finanzinformationen 11 14
- Formalien 11 8, 18 ff.
- Gültigkeit des Verweisdokuments 11 10
- Gültigkeitsdauer 11 25
- Inhalt 11 18 ff.
- Kettenverweis 11 20a
- Prospekthaftung 11 26
- Unzulässigkeit eines Verweises 11 21 f.
- Verfügbarkeit 11 7 f.
- Verweis auf Teile eines Dokuments 11 9
- Verweisliste 11 23 f.
- zuvor oder gleichzeitig veröffentlichte Dokumente 11 6 ff.

Vinkulierung 4 63

Vorsichtsmaßnahmen
- Unterrichtung der Herkunftsstaatsbehörde durch die BaFin 29 18 ff.
- Zulässigkeit von Maßnahmen der Aufnahmestaatsbehörde 29 20

VwKostG 28 11

Wahlrecht
- für bestimmte, von Drittstaatenemittenten ausgegebene Wertpapiere, siehe Herkunftsstaat
- für bestimmte Nichtdividendenwerte, siehe Nichtdividendenwerte

Wandelanleihe 1 20; 2 23, 25, 82

Weiterveräußerung, siehe Prospektpflicht

Werbung
- Abgrenzung der Werbung von einem Prospekt 15 19 ff.
- Ansprüche der Anleger 15 37 f.
- Aussetzungsbefugnis 15 55 ff.
- Befugnisse der BaFin 15 52 ff.
- Begriff 15 15; **ProspektVO 2** 11 f.
- Directed selling efforts 15 16
- formale und inhaltliche Anforderungen an eine Werbeanzeige 15 31 ff.
- Gleichbehandlungsgrundsatz bei Bestehen einer Prospektpflicht 15 49 ff.
- Gleichbehandlungsgrundsatz bei Nichtbestehen einer Prospektpflicht 15 42 ff.; **TRS 12** 42
- Hinweis auf Prospekt 15 25 ff.
- Inhaltliche Anforderungen an sonstige Informationen 15 39 ff.
- Interessierte Parteien **TRS 11** 3
- Irreführung über den Umfang der Prüfung 15 33 ff.
- Kongruenzverpflichtung 15 4; **TRS 12** 1
- „Mini"-Prospekt 15 23
- Normadressat 15 14; **TRS 11** 3

1633

Sachregister

– Prospekthaftung **15** 22
– sachlicher Anwendungsbereich **15** 10
– selective Disclosure **15** 47, 50
– solicitation of interest **15** 16
– Untersagungsbefugnis **15** 58 ff.
– zeitlicher Anwendungsbereich **15** 13
Wertpapiere
– Aktien, siehe Aktien
– Angaben über die anzubietenden bzw. zum Handel zuzulassenden Wertpapiere **ProspektVO Anhang III** 54 ff.
– ausländische **2** 11 f.; **ProspektVO 6** 3
– Begriff **2** 2 ff.
– dauernde und wiederholte Ausgabe von Wertpapieren **1** 33 f.; **2** 130 ff.
– derivative Wertpapiere **1** 31; **ProspektVO 7** 1; **15** 1, 11 ff.
– durch hoheitliche Emittenten garantierte Wertpapiere **1** 9 ff.
– eigenkapitalähnliches Wertpapier **2** 21
– Kleinstemissionen **1** 13 ff.
– Übertragbarkeit und Handelbarkeit **2** 4
– wandelbare **2** 22 ff.
– Werterecht **2** 9
– wertpapiermäßige Verbriefung **ProspektVO 15** 19 ff.
Wertpapierdienstleistungsunternehmen
– Auskunftpflicht **32** 9 ff.
Widerruf der Billigung **26** 65, 79
Widerrufsrecht **16** 130 ff.

Zeitungspublizität TRS **8** 1
Zertifikate
– aktienvertretende **2** 13
Zulassungsantragsteller Vor **1** 19; **1** 6, 14; **2** 127 ff.; **3** 60; **5** 79, 86; **6** 18, 44; **8** 52; **13** 17, 32; **ProspektVO Anhang I** 5; **ProspektVO Anhang XVI** 6
Zulassungsfolgepflicht **29** 7, 12, 17

Zusammenarbeit mit zuständigen Stellen
– Befugnisse nach dem WpPG **28** 2, 10
– CESR **28** 5 ff.
– einheitliche Wettbewerbsbedingungen **28** 4
– Ersuchen der Bundesanstalt **28** 25 ff.
– Ersuchen einer zuständigen EWR-Behörde **28** 10 ff.
– ESMA **28** 6 ff.
– Heimatlandaufsichtsbehörde **28** 1
– internationale Rechtshilfe **28** 28
– übermittelte Informationen **28** 2, 24
– Übermittlung von Informationen **28** 15, 18 ff.
– Überwachungszwecke **28** 27
– Untersuchungen **28** 15, 17
– Vorschriften des WpHG **28** 28
– Weigerungsmöglichkeit **28** 21 ff.
Zusammenfassung
– allgemein **5** 50 ff.
– Ergänzungen **ProspektVO 26** 22
– für verschiedene Wertpapiere **ProspektVO 26** 21
– Inhalt der Zusammenfassung **5** 53 ff.; **ProspektVO Anhang XXII** 1 ff.
– Inhalt der Zusammenfassung des Basisprospekts **ProspektVO 24** 3 ff.
– Verzicht **5** 68 ff.
– Warnhinweise **5** 60 ff.
– wesentliche Merkmale und Risiken **5** 54
Zwangsmittel
– Androhung **31** 2, 9
– Festsetzung **31** 10
– sofortige Vollziehung **31** 4 f.
Zwischenfinanzinformationen
– Vergleichsdaten **ProspektVO Anhang I** 3 9

Umfassend kommentiert

INHALT
- Umfassende und praxisnahe Kommentierung der Empfehlungen und Anregungen des DCGK auf Grundlage der einschlägigen Rechtsprechun
- Darlegung der Verbindungslinien zum Aktien-, Kapitalmarkt- und Europarecht
- Aktuelle Entwicklungen und Best-Practice-Erfahrungen
- Umsetzung der Empfehlungen und Anregungen des DCGK zur rechtssicheren Ausgestaltung der Entsprechenserklärung
- Berechnungshinweise zur Vergütung von Vorstand und Aufsichtsrat

HERAUSGEBER UND AUTOREN
Dr. **Lambertus Fuhrmann** und
Markus Linnerz, LL.M. (Eur.) sind Rechtsanwälte bei Flick Gocke Schaumburg mit Schwerpunkt Aktien- und Kapitalmarktrecht.
Dr. **Andreas Pohlmann** ist Rechtsanwalt in der interdisziplinären Kanzlei Pohlmann & Company.

ZIELGRUPPEN
Vorstandsmitglieder, Aufsichtsratsmitglieder, Mitarbeiter der Rechtsabteilung, Investor-Relations-Verantwortliche, Mitarbeiter von Compliance-Abteilungen, Rechtsanwälte, Wirtschaftsprüfer, Vergütungsberater

2016, Frankfurter Kommentar, 707 Seiten, Geb., € 198,-
ISBN: 978-3-8005-1579-0

Deutscher Fachverlag GmbH
Fachmedien Recht und Wirtschaft
www.shop.ruw.de
buchverlag@ruw.de

Praxisnah und umfassend

INHALT
- Praxisnahe, wissenschaftlich fundierte und umfassende Abbildung des am 22.07.2013 in Kraft getretenen neuen Kapitalanlagegesetzbuchs (KAGB)
- Ablösung des Investmentgesetzes durch das KAGB; Bildung eines geschlossenen Regelwerks für Investmentfonds und Fondsmanager
- Integrierung der Regelungen zur Umsetzung der OGAW-RL; Schaffung umfassender Regelungen für Manager von sog. alternativen Investmentfonds (AIF) und Fondsmanager

HERAUSGEBER UND AUTOREN
- **Joachim Moritz** war bis Frühjahr 2015 Mitglied des VIII. Senats am Bundesfinanzhof in München, der die alleinige Zuständigkeit betreffend die Besteuerung der Einkünfte aus Kapitalvermögen und der Freiberufler hat; er praktiziert jetzt als Rechtsanwalt und Fachanwalt für Steuerrecht in einer international tätigen Großkanzlei. Daneben ist er Autor und Herausgeber zahlreicher Veröffentlichungen.
- Dr. **Ulf Klebeck** ist Head Fund Governance & Legal bei einem Asset Manager mit Sitz in Zürich, Schweiz. Zudem ist er als Lehrbeauftragter an der Universität Liechtenstein in Vaduz und an der Humboldt-Universität in Berlin tätig.
- Dr. **Thomas A. Jesch** ist Rechtsanwalt in Frankfurt und praktiziert in den Bereichen Steuerrecht, Fondsstrukturierung und Private Equity. Er ist spezialisiert auf die steueroptimierte Beratung im Zusammenhang mit der Aufsetzung von sowie Investitionen in Fondsvehikel.

ZIELGRUPPEN
- Kapitalanlagegesellschaften, Emissionshäuser, Investmentfonds, Initiatoren geschlossener Fonds, private und institutionelle Investoren, Geschäfts- und Investmentbanken, Vermittler von Kapitalanlagen, Asset Manager, Depotbanken, Versicherungen, Pensionsfonds sowie Rechtsanwälte, Wirtschaftsprüfer und Steuerberater, ebenso wie Bankenverbände, Aufsichts- und Finanzbehörden

2016, Frankfurter Kommentar, Band 1, 5.059 S., Geb. € 529,-
ISBN: 978-3-8005-1570-7

Deutscher Fachverlag GmbH
Fachmedien Recht und Wirtschaft
www.shop.ruw.de
buchverlag@ruw.de

Umfassend, zuverlässig und praxisnah

INHALT
- Umfassende Kommentierung des KWG sowie im Sachzusammenhang die neuen Regeln
  - des CRD-IV-Umsetzungsgesetzes und der VO (EU) 575/2013,
  - des Gesetzes zur Abschirmung von Risiken und zur Planung der Sanierung und Abwicklung von Kreditinstituten und Finanzgruppen,
  - des Gesetzes zur Umsetzung der AIFM-Richtlinie,
  - des EMIR-Ausführungsgesetzes,
  - des Finanzkonglomerate-Aufsichtsgesetzes,
  - des Gesetzes zur Umsetzung der Transparenzrichtlinie-Änderungsrichtlinie sowie
  - die durch die MiFID II/MiFIR-Regulierung zu erwartenden Änderungen
- Mit besonderem Blick auf Verwaltungs- und Verfolgungspraxis der BaFin
- Verbindet wissenschaftlichen Tiefgang mit praktischen Lösungen

HERAUSGEBER UND AUTOREN
RA Dr. **Thorsten Voß** verfügt als früherer Mitarbeiter der BaFin über umfangreiche Erfahrung im Bank- und Bankaufsichtsrecht, Kapitalmarkt- und Investmentrecht. Neben der Beratung zum Kreditwesengesetz, zur MAD/MAR und zur MiFID II/MiFIR liegt der Fokus seiner Praxis auf der Konzeption von alternativen Fondsprodukten. Er ist Mitherausgeber und -autor zahlreicher kapitalmarktrechtlicher Kommentare sowie Lehrbeauftragter an der Frankfurt School of Finance.

RA **Sebastian Harter**, LL.M., M.Jur. (Durham) ist Syndikus einer großen Bank in Süddeutschland; zuvor war er mehrere Jahre beim Deutschen Sparkassen- und Giroverband in Berlin tätig. Er ist Mitautor eines Standardkommentars zum WpHG und zahlreicher weiterer Fachbeiträge.

November 2016, Frankfurter Kommentar, ca. 1.712 S., Geb., € 198,-
ISBN: 978-3-8005-1579-0

Deutscher Fachverlag GmbH
Fachmedien Recht und Wirtschaft
www.shop.ruw.de
buchverlag@ruw.de

www.ruw-shop.de
ihrverlag@ruw.de